官制總部

通紀概説部

綜　述

《南齊書》卷五七《魏虜傳》　國中呼内左右爲「直真」，外左右爲「烏矮真」，曹局文書吏爲「比德真」，檐衣人爲「樸大真」，帶仗人爲「胡洛真」，通事人爲「乞萬真」，守門人爲「可薄真」，偽臺乘驛賤人爲「拂竹真」，諸州乘驛人爲「咸真」，殺人者爲「契害真」，爲主出受辭人爲「折潰真」，貴人作食人爲「附真」。三公貴人，通謂之「羊真」。佛貍置三公、太宰、尚書令、僕射、侍中，與太子共決國事。殿中尚書知殿内兵馬倉庫，樂部尚書知伎樂及角史伍伯，駕部尚書知牛馬驢騾，南部尚書知南邊州郡，北部尚書知北邊州郡。又有俟勤地何，比尚書；莫堤，比刺史；郁若，比二千石；受別官比諸侯。諸曹府有倉庫，悉置比官，皆使通虜、漢語，以爲傳驛。蘭臺置中丞御史，知城内事。又置九豆和官，宮城三里内民户籍不屬諸軍戍者，悉屬之。

《魏書》卷一一三《官氏志九》　魏氏世君玄朔，遠統□臣，掌事立司，各有號秩。及交好南夏，頗亦改創。昭成之即王位，已命燕鳳爲右長史，許謙爲郎中令矣。餘官雜號，多同於晉朝。建國二年，初置左右近侍之職，無常員，或至百數，侍直禁中，傳宣詔命。皆取諸部大人及豪族良家子弟儀貌端嚴，機辯才幹者應選。又置内侍長四人，主顧問，拾遺應對，若今之侍中、散騎常侍也。其諸方雜人來附者，總謂之「烏丸」，各以多少稱酋、庶長，分爲南北部，復置二部大人以統攝之。時帝弟觚監北部，子寔君監南部，分民而治，若古之二伯焉。

太祖登國元年，因而不改，南北猶置大人，對治二部。是年置都統長，又置幢將及外朝大人官。其都統長，領殿内之兵，直王宮；幢將員六人，主三郎衛士直宿禁中者。自侍中已下，中散已上，皆統之外朝大人，無常員。主受詔命，外使，出入禁中，國有大喪大禮皆與參知，隨所典焉。

皇始元年，始建曹省，備置百官，封拜五等；外職則刺史、太守、令長已下有未備者，隨而置之。

天興元年十一月，詔吏部郎鄧淵典官制，立爵品。

十二月，置八部大夫、散騎常侍、待詔管官。其八部大夫于皇城四方四維面置一人，以擬八座，謂之八國常侍。待詔侍直左右，出入王命。

二年三月，分尚書三十六曹及諸外署，凡置三百六十曹，令大夫主之。大夫各有屬官，其有文簿，當曹敷奏，欲以省彈駁之煩。初令《五經》諸書各置博士，國子學生員三十人。

三年十月，置受恩、蒙養、長德、訓士四官。受恩職比特進，無常員，有人則置，親貴器望者爲之。蒙養職比光禄大夫，無常員，取勤舊休閑者。長德職比中散大夫，無常員。訓士職比諫議大夫，規諷時政，匡刺非違。又置仙人博士官，典煮鍊百藥。

四年七月，罷匈奴中郎將官，令諸部護軍皆屬大將軍府。

九月，罷外蘭臺御史，總屬内省。

十二月，復尚書三十六曹，曹置代人令史一人，譯令史一人，書令史二人。

天賜元年八月，初置六謁官，準古六卿，其秩五品。屬官有大夫，秩六品。大夫屬官有元士，秩七品。元士屬官有署令長，秩八品。令長屬官有署丞，秩九品。

九月，減五等之爵，始分爲四，曰王、公、侯、子，除伯、男二號。皇子及異姓元功上勳者封王，宗室及始蕃王皆降爲公，諸公降爲侯，侯、子亦以此爲差。於是封王者十人，公者二十二人，侯者七十九人，子者一百三人。王封大郡，公封小郡，侯封大縣，子封小縣。王第一品，公第二品，侯第三品，子第四品。又制散官五等：五品散官比三都尉，六品散官比議郎，七品散官比太中、中散、諫議三大夫，八品散官比郎中，九品散官比舍人。文官五品已下，才能秀異者總比之造士，亦有五等。武官五品已下堪任將帥者，亦有五等。若百官有闕者，則於中擢以補之。

初，帝欲法古純質，每於制定官號，多不依周漢舊名，或取諸身，或取諸物，或以民事，皆擬遠古雲鳥之義。諸曹走使謂之鳧鴨，取飛之迅疾；以伺察者爲候官，謂之白鷺，取其延頸遠望。自餘之官，義皆類此，咸有比況。又制諸州各置都尉以領兵。

十一月，以八國姓族難分，故國立大師、小師，令辯其宗黨，品舉人才。自八國以外，郡各自立師，職分如八國，比今之中正也。宗室立宗師，亦如州郡八國之儀。

十二月，詔始賜王、公、侯、子國臣吏，大郡王二百人，次郡王、上郡公百人，次郡公五十人，侯二十五人，子十二人，皆立典師，職比家丞，總統羣隸。

二年二月，復罷尚書三十六曹，別置武歸、修勤二職。武歸比郎中，修勤比令史，分主省務。

二年正月，置内官員二十人，比侍中、常侍，迭直左右。

又制諸州置三刺史，刺史用品第六者，宗室一人，異姓二人，比古之上中下三大夫也。郡置三太守，用七品者。縣置三令長，八品者。刺史、令長各之州縣，以太守上有刺史，下有令長，雖置而未臨民。自前功臣爲州者徵還京師，以爵歸第，置散騎郎、獵郎、諸省令史、省事、典籤等。

四年五月，增置侍官，侍直左右，出内詔命，取八國良家，代郡、上谷、廣寧、雁門四郡民中年長有器望者充之。

永興元年十一月，置騏驎官四十人，宿直殿省，比常侍、侍郎。

神瑞元年春，置八大人官，大人下置三屬官，總理萬機，故世號八公云。

泰常二年夏，置六部大人官，有天部，地部，東、西、南、北部，皆以諸公爲之。大人置三屬官。

始光元年正月，置右民尚書。

神䴥元年三月，置左右僕射、左右丞、諸曹尚書十餘人，各居別寺。

七月，詔諸征鎮大將依品開府，以置佐吏。

延和元年三月，改代尹爲萬年尹，代令爲萬年令。後復。

真君五年正月，侍中、中書監、宜都王穆壽，司徒、東郡公崔浩，侍中、廣平公張黎輔政，置通事四人。又選諸曹良吏，給事東宮。

正平元年七月，以諸曹吏多，減其員。

興安二年正月，置駕部尚書、右士尚書。

太安三年五月，以諸部護軍各爲太守。

延興二年五月，詔曰：『非功無以受爵，非能無以受禄，凡出外遷者皆引此奏聞，求乞假品。在職有效，聽下附正，若無殊稱，隨而削之。舊制諸鎮將、刺史假五等爵，及有所貢獻而得假爵者，皆不得世襲。』

四年二月，置外牧官。

五年九月，置監御曹。

四年，省二部内部幢將。

太和二年五月，減置候職四百人，司察非違。

十一年八月，置散官員一百人，朝請員二百人。

十五年七月，置司儀官。

十二月，置侍中、黄門各四人，又置散騎常侍、侍郎，員各四人；通直散騎常侍、侍郎，員外散騎常侍、侍郎，各六人。又置司空、主客、太倉、庫部、都牧、太樂、虞曹、宫興、覆育少卿官。又置光爵、驍游、五校、中大夫、散員士官。又置侍官一百二十人。改立諸局監羽林、虎賁。

舊制，諸以勳賜官爵者子孫世襲軍號。十六年，改降五等，始革之，止襲爵而已。

舊制，緣邊皆置鎮都大將，統兵備御，與刺史同。城隍、倉庫皆鎮將主之，但不治。故爲重于刺史。【略】

正始元年十一月，罷郡中正。

四年九月詔曰：『五校昔統營，位次於列卿，奉車都尉禁侍美官，顯加通貴。世移時變，遂爲冗職。既典名猶昔，宜有定員，並殿中二司馬亦須有常數。今五校可各二十人，奉車都尉二十人，騎都尉六十人，殿中司馬二百人，員外司馬三百人。』

永平元年十二月，尚書令高肇，尚書僕射、清河王懌等奏置小學博士員三千人。

二年正月，尚書令高肇奏，都水臺請依舊二使者，參軍事、謁者並録事、令史亦隨事更立。詔曰：『使者置二，可如所奏。其下屬司，唯須充事耳，亦何勞多也。參軍、録事並更置一，謁者加二，令史依舊。』肇又奏諸州諮議、記室、户曹、刑獄、田曹、水曹、集曹、士曹參軍悉併省之。

四年七月，詔改宗子羽林爲宗士，其本秩付尚書計其資集，敍從七已下、從八已上官。

正光元年七月，置左、右衛將軍各二人。

十二月，罷諸州中正，郡縣定姓族，後復。

孝昌二年十月，詔宗士、庶子二官各增二百人。置望士隊四百人，取肺腑之族有武藝者。

孝莊初，以爾朱榮有扶翼之功，拜柱國大將軍，位在丞相上；又拜大丞相、天柱大將軍，增佐吏。又以太尉、上黨王天穆爲太宰，增佐吏。

永安二年各詔復置司直十人，視五品，隸廷尉，復治御史檢劾事。

普泰初，以爾朱世隆爲儀同三師，位次上公。又侍中、黄門、武衛將軍，並增置六人。

永安已後，遠近多事，置京畿大都督，復立州都督，俱總軍人。

天平四年夏，罷六州都督，悉隸京畿，其京畿大都督仍不改焉。立府置佐。

舊制：有大將軍，不置太尉；有丞相，不置司徒。自正光已後，天下多事，勳賢並軌，乃俱置之。

武定二年十一月，有司奏：『齊獻武王勳高德重，禮絶羣辟。昔霍光陵邑亦置長、丞主陵，今請置長一人，丞一人，録事一人，户曹史一人，禁備史一人，侍一人，皆降帝陵官品一等。其侍依舊。』詔『可』。

七年三月，詔左右光禄大夫各置二人，金紫光禄大夫置四人，光禄大夫置四人，太中、中散各置六人。五月，又詔以四中郎將，世宗永平中權隸領軍，今還屬護軍。

隋·虞世南《北堂書鈔》卷四九《設官部一·總載篇》 建官以經治。李重《雜奏議》云：古聖王建官垂制，所以體國經治，而功在簡要者也。

賢才以級進。仲長子云：公卿大夫莫不先歷三七之官，雖有賢才，皆級次進。官之有級，猶階之有等也。

治亂在官楊泉《物理論》云：人主務在審官擇人者也。

舜命九官，周分六職。李重《雜奏議》云：舜命九官，周分六職，秦承古制，漢仍秦舊，倚丞相，任九卿。

《周書》卷二四《盧辯傳》 初，太祖欲行《周官》，命蘇綽專掌其事。未幾而綽卒，乃令辯成之。於是依《周禮》建六官，置公、卿、大夫、士，並撰次朝儀，車服器用，多依古禮，革漢、魏之法。事並施行。

【略】

辯所述六官，太祖以魏恭帝三年始命行之。自兹厥後，世有損益。宣帝嗣位，事不師古，官員班品，隨意變革。至如初置四輔官，及六府諸司復置中大夫，並御正、內史增置上大夫等，則載於外史。餘則朝出夕改，莫能詳録。于時雖行《周禮》，其內外衆職，又兼用秦漢等官。今略舉其名號及命數，附之於左。其紀傳內更有餘官而於此不載者，亦史闕文也。

柱國大將軍，大將軍。

驃騎、車騎等大將軍，開府、儀同三司，雍州牧。

驃騎、車騎等將軍，左、右光禄大夫，户三萬以上州刺史。

征東、征西、征南、征北、中軍、鎮軍、撫軍等將軍，左、右金紫光禄大夫，大都督，户二萬以上州刺史，京兆尹。

平東、平西、平南、平北、前、後將軍，左、右將軍，左、右銀青光禄大夫，帥都督，户一萬以上［州］刺史，柱國大將軍府長史、司馬、司録。

冠軍、輔國等將軍，太中、中散等大夫，都督，户五千以上［州］刺史，户一萬五千以上郡守。

鎮遠、建忠等將軍，諫議、誠議等大夫，別將，開府長史、司馬、司録，［户不滿五千以下州刺史］，户一萬以上郡守，大呼藥。

中堅、寧朔等將軍；左、右中郎將；儀同府、正八命州長史，司馬，司録；户五千以上郡守；小呼藥。

寧遠、揚烈（伏波）等將軍；左、右員外常侍；統軍；驃騎車騎府、八命州長史，司馬，司録；柱國大將軍府中郎掾［屬］；户一千以上郡守；長安、萬年縣令。

［伏波］、輕車［等］將軍；奉車、奉騎等都尉；四征中鎮撫軍府、正七命州長史，司馬，司録；開府府中郎掾屬；户不滿千以下郡守；户七千以上縣令；正八命州呼藥。

宣威、明威等將軍；武賁、冗從等給事；儀同府中郎掾屬；柱國大將軍府列曹參軍；四平前後左右將軍府、七命州長史，司馬，司録；正八命州別駕；户四千以上縣令，八命州呼藥。

襄威、厲威將軍；給事中；奉朝請；軍主；開府府列曹參軍；冠軍輔國府、正六命州長史，司馬，司録；正七命州別駕；正八命州治中；七命郡丞；户二千以上縣令；正七命州呼藥。

威烈、討寇將軍，左、右員外侍郎，幢主，儀同府、正八命州列曹參軍，柱國府參軍，鎮遠建忠中堅寧朔府長史、司（録）［馬］，正六命州別駕，正七命州治中，正六命郡丞，户五百以上縣令，七命州呼藥。

蕩寇、蕩難將軍，武騎常侍，侍郎，開府府參軍，驃騎車騎府、八命州列曹參軍，寧遠揚烈伏波輕車府長史，正六命州治中，六命郡丞，户不滿五百以下縣令，戍主，正六命州呼藥。

殄寇、殄難將軍，强弩、［積弩］司馬，四征中鎮撫［軍］府、正七命州列曹參軍，正五命郡丞。

掃寇、掃難將軍，［武騎］、武威司馬，四平前後左右府、七命州列曹參軍，戍副，五命郡丞。

曠野、横野將軍，殿中、員外二司馬，冠軍輔國府、正六命州列曹參軍。

武威、武牙將軍，淮海、山林二都尉，鎮遠建忠中堅寧朔寧遠揚烈伏波輕車府列曹參軍。

周制：封郡縣五等爵者，皆加開國；授柱國大將軍、開府、儀同者，並加使持節、大都督；其開府又加［驃騎大將軍、侍中；其儀同又加］車騎大將軍、散騎常侍；其授總管刺史，則加使持節、諸軍事。以此爲常。大象元年，詔總管刺史及行兵者，加持節，餘悉罷之。建德四年，增置上柱國大將軍，改儀同三司爲儀同大將軍。

《隋書》卷二六《百官志上》 梁武受命之初，官班多同宋、齊之舊，有丞相、太宰、太傅、太保、大將軍、大司馬、太尉、司徒、司空、開府儀同三司等官。諸公及位從公開府者，置官屬。有長史、司馬、諮議參軍，掾屬從事中郎、記室、主簿、列曹參軍、行參軍、舍人等官。其司徒則有左、右二長史，又增置左西掾一人，自餘僚佐，同於二府。有公則置，無則省。而司徒無公，唯省舍人，餘官常置。開府儀同三司，位次三公，諸將軍、左右光禄大夫，優者則加之，同三公，置官屬。【略】

陳承梁，皆循其制官，而又置相國，位列丞相上。并丞相、太宰、太傅、太保、大司馬、大將軍，並以爲贈官。定令，尚書置五員，郎二十一員。其餘並遵梁制，爲十八班，而官有清濁。自十二班以上並詔授，表啓不稱姓。從十一班至九班，禮數復爲一等。又流外有七班，此是寒微士人爲之。從此班者，方得進登第一班。其親王起家則爲侍中。若加將軍，方得有佐史，無將軍則無府，止有國官。皇太子冢嫡者，起家封王，依諸王起家。餘子並封公，起家中書郎。諸王子並諸侯世子，起家給事。三公子起家員外散騎侍郎，令僕子起家秘書郎。若員滿，亦爲板法曹，雖高半階，望終秘書郎下。次令僕子起家著作佐郎，亦爲板行參軍。此外有揚州主簿、太學博士、王國侍郎、奉朝請、嗣王行參軍，並起家官，未合發詔。諸王公參佐等官，仍爲清濁。或有選司補用，亦有府牒即授者，不拘年限，去留隨意。在府之日，唯賓遊宴賞，時復修參，更無餘事。若隨府王在州，其僚佐等，或亦得預催督。若其驅使，便有職務。其衣冠子弟，多自修立，非氣類者，唯利是求，暴物亂政，皆此之類。國之政事，並由中書省。有中書舍人五人，領主事十人，書吏二百人。書吏不足，並取助書。分掌二十一局事，各當尚書諸曹，並爲上司，總國内機要，而尚書唯聽受而已。被委此官，多擅威勢。其庶姓爲州，若無將軍者，謂之單車。郡縣官之任代下，有迎新送故之法，餉饋皆百姓出，並以定令。其所制品秩，今列之云。

又 卷二七《百官志中》 後齊制官，多循後魏，置太師、太傅、太保，是爲三師，擬古上公，非勳德崇者不居。次有大司馬、大將軍，是爲二大，並典司武事。次置太尉、司徒、司空，是爲三公。三師、二大、三公府，三門，當中開黄閤，設内屏。各置長史，司馬，諮議參軍，從事中郎，掾屬，主簿，録事，功曹，記室，户曹，金曹，中兵，外兵，騎兵，長流，城局，刑獄等參軍事，東西閤祭酒及參軍事，法、墨、田、水、鎧、集、士等曹行參軍，兼左户右户行參軍，長兼行參軍，參軍，督護等員。司徒則加有左右長史。三公下次有儀同三司。加開府者，亦置長史已下官屬，而減記室、倉、城局、田、水、鎧、士等七曹，各一人。其

品亦每官下三府一階。三師、二大置佐史，則同太尉府。乾明中，又置丞相。河清中，分爲左右，亦各置府僚云。**【略】**

周太祖初據關內，官名未改魏號。及方隅粗定，改創章程，命尚書令盧辯，遠師周之建職，置三公三孤，以爲論道之官。次置六卿，以分司庶務。

唐·杜佑《通典》卷一九《職官一·歷代官制總序》 光武中興，**【略】**洎於叔世，事歸臺閣。論道之官，備員而已。

魏與吳、蜀，多依漢制。晉氏繼及，大抵略同。《山公啓事》曰：『晉制，諸坐公事者，皆三年乃得敍用。其中多有好人，令逍遥無事。臣以爲略依左遷法，隋資才減之，亦足懲戒，而官不失其用。』詔善之。又傅玄奏曰：『諸官有病滿百日不差，宜令去職，優其禮秩。既差而復用。』太元六年，改制減費，損吏士職員，凡七百人。時議省州郡縣半吏，以赴農功。荀勖議以爲：『省吏不如省官，省官不如省事，省事不如清心。昔蕭曹相漢，載其清静，此清心也。漢文垂拱，幾致刑措，此省事也。光武并合吏員，縣官國邑，纔置十一，此省官也。魏太和中，遣王人四出，減天下吏員，正始中亦併合郡縣，此省吏也。今必欲求之於本，則宜以省事爲先。設官分職，委事責成。量能受任，思不出位。若欲省官，竊謂九寺可並於尚書，蘭臺宜省付三府。』至東晉，桓温又表曰：『愚謂門下三省、秘書、著作，通可減半。古以九卿綜事，不專尚書。今事歸内臺，則九卿爲虚設，皆宜省并。若郊廟籍田之屬，則臨時權兼，事訖省矣。』

爰及宋齊，亦無改作。宋時新制，長吏以父母疾去官，禁錮三年。山陰令沈叔任父疾去職，御史中丞鄭鮮之上議曰：『所以爲其制者，涖官不久，則奔競互生，故杜其欲速之情，以申考績之實耳。今父母之疾，而加以罪名，損義疾理，莫此爲大。』詔從之。於是自二品以上父母及爲祖父母後者，墳墓崩毁及疾病，族屬輒去，並不禁錮。又劉祗爲中書郎，江夏王義恭領中書監，服親不得相臨，表解職也。孝武詔曰：『昔二王兩謝，俱至崇禮。自今三臺五省，悉同此例。』又詔曰：『方鎮所假禮白版郡縣，年限依臺除，食禄三分之一，不給送。』官司有三臺、五省之號，三臺，蓋兩漢舊名。五省，謂尚書、中書、門下、秘書、集書省也。郡縣有三歲爲滿之期。宋州、郡、縣居職，以三周爲小滿。梁武受終，多遵齊舊。然而定諸卿之位，分配四時，説在《列卿》中。置戎秩之官，百有餘號。武帝時，置百二十五號將軍，爲二十四班。陳遵梁制，不失舊物。陳依梁制，年未滿三十者，不得入仕。唯經學生策試得第，諸州迎主簿，西曹左奏及經爲挽郎得仕。其諸郡，唯正王任丹陽尹經迎得出身，庶姓尹不得。必有奇才、異行、殊勳，別降恩旨敍用者，不在常例。其相知表啓通舉者，每常有之。亦無年常考校黜陟之法。既不爲此式，所以勤惰無辨。凡選官無定期，隨闕卽補，多更互遷官，未必卽進班秩。其官唯論清濁。從濁官得微清，卽勝於轉。若有遷授，或由別敕，但移轉一人爲官，則諸官多須改動。《陳書》曰：『舊式，拜官皆在午後。唯拜蔡景歷爲度支尚書日，駕幸玄武觀，帝恐景歷是日不得預宴，特令早拜。』

後魏昭成之卽王位，初置官司，分掌衆職。以燕鳳爲右長史，許謙爲郎中令。然而其制草創，名稱乖疏。皇始元年，道武平并州，始建臺省，置百官，封拜公侯、將軍、刺史、太守，尚書郎等官悉用文人。天興中，太史言天文錯亂，當改王易政，故官號數革。初，道武制官，皆擬遠古雲鳥之義，諸曹走使謂之『鳧鴨』，取飛之迅疾也。以伺察者爲候官，謂之『白鷺』，取其延頸遠視。他皆類此。至孝文太和中，王肅來奔，爲制官品，百司位號，皆準南朝，改次職令，以爲永制。凡守令以六年爲滿，後經六年乃敍。又作考格，以之黜陟。太和十八年，詔曰：『古者三載考績，三考黜陟。朕今三載一考，考便黜陟，各令當司考其優劣爲三等。六品以下，尚書重問；五品以上，朕與公卿親論善惡。上上者遷之，下下者黜之，中中者守本位。』又宣武帝行考陟之法，任事上中者，三年升一階；散官上第者，四載登一級。孝明以後，授受多濫。自明帝孝昌以後，天下多難，刺史、太守，皆爲當部都督，雖無兵事，並立佐僚，所在頗爲煩擾。及東魏静帝時，齊神武作相，高隆之表請自非實在邊要、見有兵馬者，悉皆斷之。又時諸朝貴多假常侍以取貂蟬之飾。隆之自表解侍中，並陳諸假侍服者，請亦罷之。又自軍國多事，冒竊官者不可勝數。隆之奏請檢括，得五萬餘人。而羣小喧囂，隆之懼而止。北齊創業，亦遵後魏，臺省位號，多類江東。以門下省掌獻納諫正，中書省管司王言，秘書省典司經籍，集書省掌從容諷議，中常侍省掌出入門閤，御史臺掌察糾彈劾。後主臨御，爵禄犬馬。御馬及犬，乃有儀同、郡君之號，藉以旃罽，食物十餘種。其宮婢、閹人、商人、胡户、雜户、歌舞人、見鬼人濫富貴者萬數。至末年，太宰、三師、大司馬、大將軍、三公等官，並增員而授，或兩或三，不可稱數。後周之初據關中，猶依魏制。及平江陵之後，別立憲章，酌《周禮》之文，建六官之職，其他官亦兼用秦漢。他官，謂將軍、都督、刺史、太守之類。

又《職官一·要略·官數》 晉六千八百三十六員。

宋六千一百七十二員。

齊二千一百三員。

後魏七千七百六十四員。

北齊二千三百二十二員。並內官。

後周二千九百八十九員。並內官。

又《官品》魏秩次多因漢制，更置九品。

晉、宋、齊並因之。

梁因之，更置十八班，班多爲貴。

陳並因之。

後魏置九品，品各置從，凡十八品。自四品以下，每品分爲上下階，凡三十階。

北齊並因之。

後周制九命，每命分爲二，以正爲上，凡十八命。

又《設官沿革略舉崇著者。其當部之官長，雖品秩下者，亦附此。》

魏：五兵尚書，至後魏有七兵尚書。【略】度支尚書、吳有户部。晉以後爲度支。【略】祠部曹尚書。至後魏有儀曹尚書。後周有禮部。【略】殿中監。秩甚卑。【略】中衛、晉分爲左右衛將軍。【略】中領軍、尋改曰領軍。【略】鎮軍、冠軍、遊騎、【略】四平、鎮北、虎威、撫軍、淩江、寧朔等將軍。行臺。

晉：三公尚書，掌刑獄。起部尚書。有事卽置，事畢卽省。國子祭酒。唯宋曰總明觀祭酒。【略】中軍、龍驤、寧遠。【略】

宋：殿中將軍。

齊：都官尚書。【略】

梁：太府卿。【略】雲麾、中武、壯武、明威、定遠、【略】宇宙等大將軍。始以太常等名卿，分爲四時，凡十二卿。

後魏：柱國、【略】天柱二大將軍。諸少卿。

後周：軍器。

又《封爵》魏，王、公、侯、伯、子、男，次縣侯，次鄉侯，次亭侯，次關内侯，凡九等。關内侯爲虛封，自此始。

晉亦有王、公、侯、伯、子、男，又有開國郡公、縣公、郡侯、縣侯、伯、子、男及鄉亭、關內等侯，凡十五等。王大國二萬户，三軍，兵五千；次國一萬户，二軍，兵三千；下國五千户，一軍，兵千五百。其公之制如五千户國。侯如不滿五千户國，並置一軍，千人。其伯、子、男以下各有差，不置軍。

宋皆因晉制，唯大小國皆三軍。至孝建中，凡國官屬不得稱臣於其主，改稱下官。

齊因之。

梁因前代。定制：諸王言曰令，境內稱之曰殿下；公侯言曰教，境內稱之曰第下。皆自稱曰寡人。相已下表疏如臣而不稱臣，文書下羣官皆曰告。

陳有郡王、嗣王、藩王、開國郡公、開國縣公、侯、伯、子、男、沐食侯、鄉亭侯、開國中關外侯，凡十二等。

後魏有王、開國郡公、散公、侯、散侯、伯、散伯、子、散子、男、散男，凡十一等。王食半，公三分食一，侯伯四分食一，子男五分食一。

北齊有王、公、侯、伯、子、男六等。

後周有公、侯、伯、子、男五等。

又《祿秩》宋制：州郡秩俸，多隨土所出，無有定准。有父母、祖父母年登七十者，並給見錢。其郡縣田祿，以芒種爲斷。此前去官者，則一年秩皆入前人；此後去官者，悉入後人。

梁制：一品秩萬石，二品三品爲中二千石，四品五品秩爲二千石。

後魏其祿每季一請。諸宰人之官，各隨近給公田，刺史十五頃，太守十頃，治中、別駕各八頃，縣令、郡丞六頃，更代相付。

北齊官秩，一品每歲八百疋，從一品七百疋，二品六百疋，從二品五百疋，三品四百疋，從三品三百疋，四品二百四十疋，從四品二百疋，五品一百六十疋，從五品一百二十疋，六品一百疋，從六品八十疋，七品六十疋，從七品四十疋，八品三十六疋，從八品三十二疋，九品二十八疋，從九品二十四疋。執事官一品以下，給公田各有差。

後周制祿秩，下士一百二十五石，中士以上至上大夫各倍之，上大夫是爲四千石，卿二分，孤三分，公四分，各益其一，公因盈數爲一萬石。其九秩一百二十石，八秩至於七秩，每二秩六分而下各去其一，二秩、一秩俱爲四十石。

《南齊書》卷一六《百官志》　建官設職，興自炎昊，方乎隆周之册，表乎盛漢之書。存改迥沿，備於歷代，先賢往學，以之雕篆者衆矣。若夫胡廣《舊儀》，事惟簡撮；應劭《官典》，殆無遺恨。王朗奏議，屬霸國之初基；陳矯增曹，由軍事而補闕。今則有《魏氏官儀》、魚豢《中外官》也。山濤以意辯人，不□□□。荀勖欲去事煩，唯論并省。定制成文，本之《晉令》，後代承業，案爲前准。肇域官品，區別階資，蔚宗選簿梗概，欽明階次詳悉，虞通、劉寅因荀氏之作，矯舊增新，今古相校。齊受宋禪，事遵常典，既有司存，無所偏廢。其餘散在史注，多已筌拾，覽者易知，不重述也。諸臺府郎令史職吏以下，具見長水校尉王珪之《職儀》。

又　《百官志贊》　百司分置，惟皇命職。雲師鳥紀，各有其式。

《魏書》卷二《太祖紀》　（天興三年十有二月）時太史屢奏天文錯亂，帝親覽經占，多云改王易政，故數革官號，一欲防塞凶狡，二欲消災應變。已而慮羣下疑惑，心謗腹非，丙申復詔曰：『上古之治，尚德下名，有任而無爵，易治而事序，故邪謀息而不起，姦慝絶而不作。周姬之末，下凌上替，以號自定，以位制禄，卿世其官，大夫遂事，陽德不暢，議發家陪，故釁由此起，兵由此作。秦漢之弊，捨德崇侈，能否混雜，賢愚相亂，庶官失序，任非其人。於是忠義之道寢，廉耻之節廢，退讓之風絶，毁譽之議興，莫不由乎貴尚名位，而禍敗及之矣。古置三公，職大憂重，故曰「待罪宰相」，將委任責成，非虚寵禄也。而今世俗，僉以臺輔爲榮貴，企慕而求之。夫此職司，在人主之所任耳，用之則重，捨之則輕。然則官無常名，而任有定分，是則所貴者至矣，何取于鼎司之虚稱也。夫桀紂之南面，雖高而可薄；姬旦之爲下，雖卑而可尊。一官可以效智，蓽門可以垂範。苟以道德爲實，賢於覆餗蔀家矣。故量已者，令終而義全；昧利者，身陷而名滅。利之與名，毁譽之疵競；道之與德，神識之家實。是故道義，治之本；名爵，治之末。名不本於道，不可以爲宜；爵無補于時，不可以爲用。用而不禁，爲病深矣。能通其變，不失其正者，其惟聖人乎？來者誠思成敗之理，察治亂之由，鑑殷周之失，革秦漢之弊，則幾於治矣。』

又　卷一一三《官氏志》　百姓不能以自治，故立君以司牧；元首不可以獨斷，乃命臣以佐之。然則安海内，正國家，非一人之力也。書契已外，其事蔑聞，至於羲、軒、昊、頊之間，龍、火、鳥、人之職，頗可知矣。唐虞六十，夏商倍之，周過三百，是爲大備。而秦、漢、魏、晉代有加減，罷置盛衰，隨時適務。且國異政，家殊俗，設官命職，何常之有。帝王爲治，禮樂不相沿；海内作家，物色非一用。其由來尚矣。

《北齊書》卷四《文宣帝紀》　（天保二年）九月壬申，詔免諸伎作、屯、牧、雜色役隷之徒爲白户。【略】（四年十月）甲辰，帝【略】大破之，虜獲十萬餘口、雜畜數十萬頭。（潘相）樂又于青山大破契丹別部。所虜生口皆分置諸州。【略】

五年春正月癸巳，帝討山胡，【略】大破之，斬首數萬，獲雜畜十餘萬，遂平石樓。【略】

夏四月，茹茹寇肆州。丁巳，帝自晉陽討之，【略】虜乃退走，追擊之，伏尸二十里，獲菴羅辰妻子及生口三萬餘人。【略】（七年十月）是月，發山東寡婦二千六百人以配軍士，有夫而濫奪者五分之一。【略】

十一月壬子，詔曰：『【略】魏自孝昌之季，數鍾澆否，禄去公室，政出多門，衣冠道盡，黔首塗炭。銅馬、鐵脛之徒，黑山、青犢之侣，梟張晉、趙，豕突燕、秦，綱紀從兹而頹，彝章因此而紊。是使豪家大族，鳩率鄉部，託迹勤王，規自署置。或外家公主，女謁内成，昧利納財，啓立州郡。離大合小，本逐時宜，部竹分符，蓋不獲已，牧守令長，虚增其數，求功録實，諒足爲煩，損害公私，爲弊殊久，既乖爲政之禮，徒有驅羊之費。自爾因循，未遑删改。朕寅膺寶曆，恭臨八荒，建國經野，務存簡易。將欲鎮躁歸静，反薄還淳，苟失其中，理從刊正。傍觀舊史，逖聽前言，周曰成、康，漢稱文、景，編户之多，古今爲最。而丁口減於疇日，守令倍於昔辰，非所以馭俗調風，示民軌物。且五嶺内賓，三江乃化，拓土開疆，利窮南海。但要荒之所，舊多浮僞，百室之邑，便立州名，三户之民，空張郡目。譬諸木犬，猶彼泥龍，循名督實，事歸烏有。今所併省，一依別制。』於是併省三州、一百五十三郡、五百八十九縣、二鎮二十六戍。

《隋書》卷二六《百官志上》 《易》曰：『天尊地卑，乾坤定矣，卑高既陳，貴賤位矣。』是以聖人法乾坤以作則，因卑高以垂教，設官分職，錫珪胙土。由近以制遠，自中以統外，內則公卿大夫士，外則公侯伯子男。咸所以協和萬邦，平章百姓，允釐庶績，式敘彝倫。其由來尚矣。然古今異制，文質殊途。【略】魏、晉繼及，大抵略同，爰及宋、齊，亦無改作。梁武受終，多循齊舊，然而定諸卿之位，各配四時，置戎秩之官，百有餘號。陳氏繼梁，不失舊物。高齊創業，亦遵後魏，臺省位號，與江左稍殊，所有節文，備詳於志。有周創據關右，日不暇給，洎乎克清江、漢，爰議憲章。酌禁鎬之遺文，置六官以綜務，詳其典制，有可稱焉。

《晉書》卷二《文帝紀》 （咸熙元年）秋七月，帝奏司空荀顗定禮儀，中護軍賈充正法律，尚書僕射裴秀議官制，太保鄭沖總而裁焉。始建五等爵。

又 卷二四《職官志》 《書》曰：『唐虞稽古，建官惟百。』所以獎導民萌，裁成庶政。《易》曰：『天垂象，聖人則之。』執法在南宮之右，上相處端門之外，而鳥龍居位，雲火垂名，前史詳之，其以尚矣。黄帝置三公之秩，以親黎元，少昊配九扈之名，以爲農正，命重黎於天地，詔融冥於水火，則可得而言焉。伊尹曰：『三公調陰陽，九卿通寒暑，大夫知人事，列士去其私。』而成湯居亳，初置二相，以伊尹、仲虺爲之，凡厥樞會，仰承君命。總及周武下車，成康垂則，六卿分職，二公弘化，咸樹司存，各題標準，苟非其道，人弗虚榮。貽厥孫謀，其固本也如此。及秦變周官，漢遵嬴舊，或隨時適用，或因務遷革，霸王之典，義在於斯，既獲厥安，所謂得其時制者也。四征興於漢代，四安起於魏初，四鎮通於柔遠，四平止於喪亂，其渡遼、淩江，輕車、强弩，式揚遐外，用表攻伐，興而復毁，厥號彌繁。及當塗得志，克平諸夏，初有軍師祭酒，參掌戎律。建安十三年，罷漢臺司，更置丞相，而以曹公居之，用兼端揆。孫吳、劉蜀，多依漢制，雖復臨時命氏，而無忝舊章。世祖武皇帝即位之初，以安平王孚爲太宰，鄭沖爲太傅，王祥爲太保，司馬望爲太尉，何曾爲司徒，荀顗爲司空，石苞爲大司馬，陳騫爲大將軍，世所謂八公同辰，攀雲附翼者也。若乃成乎棟宇，非一枝之勢；處乎經綸，稱萬夫之敵。或牽羊以葉於夢，或垂釣以申其道，或空桑以獻其術，或操版以啓其心。臥龍飛鴻，方金擬璧，秦奚、鄭產，楚材晉用，斯亦曩時之良具，其又昭彰者焉。宣王既誅曹爽，政由己出，網羅英俊，以備天官。及蘭卿受羈，貴公顯戮，雖復策名魏氏，而乃心皇晉。及文王纂業，初啓晉臺，始置二衛，有前驅養由之弩；及設三部，有熊渠佽飛之衆。是以武帝龍飛，乘茲奮翼，猶武王以周之十亂而理殷民者也。是以泰始盡於太康，喬柯茂葉，來居斯位；自太興訖於建元，南金北銑，用處茲秩。雖未擬乎夔拊龍言，天工人代，亦庶幾乎任官惟賢，莅事惟能者也。

又 卷三九《荀勖傳》 時又議省州郡縣半吏以赴農功，勖議以爲：『省吏不如省官，省官不如省事，省事不如清心。昔蕭曹相漢，載其清静，致畫一之歌，此清心之本也。漢文垂拱，幾致刑措，此省事也。光武并合吏員，縣官國邑裁置十一，此省官也。魏太和中，遣王人四出，減天下吏員，正始中亦并合郡縣，此省吏也。今必欲求之於本，則宜以省事爲先。凡居位者，使務思蕭曹之心，以翼佐大化。篤義行，崇敦睦，使昧寵忘本者不得容，而僞行自息，浮華者懼矣。重敬讓，尚止足，令賤不妨貴，少不陵長，遠不間親，新不間舊，小不加大，淫不破義，則上下相安，遠近相信矣。位不可以進趣得，譽不可以朋黨求，則是非不妄而明，官人不惑於聽矣。去奇技，抑異説，好變舊以徼非常之利者必加其誅，則官業有常，人心不遷矣。事留則政稽，政稽則功廢。處位者而孜孜不怠，奉職司者而夙夜不懈，則雖在挈瓶而守不假器矣。使信若金石，小失不害大政，忍忿悁以容之。簡文案，略細苛，令之所施，必使人易視聽，願之如陽春，畏之如雷震。勿使微文煩撓，爲百吏所黷，二三之命，爲百姓所饜，則吏竭其誠，下悦上命矣。設官分職，委事責成。君子心競而不力爭，量能受任，思不出位，則官無異業，政典不奸矣。凡此皆愚心謂省事之本也。苟無此徑，雖不省吏，天下必謂之省矣。若欲省官，私謂九寺可并於尚書，蘭臺宜省付三府。然施行歷代，世之所習，是以久抱愚懷而不敢言。至於省事，實以爲善。若直作大例，皆減其半，恐文武衆官郡國職業，及事之興廢，不得皆同。凡發號施令，典而當則安，儻有駁者，或致壅否。凡職所臨履，先精其得失。使忠信之官，明察之長，各裁其中，先條上言之。然後混齊大體，詳宜所省，則令下必行，不可搖動。如其不爾，恐適惑人聽，比前行所省，皆須臾輒復，或激而滋繁，亦不可不重。』勖論議損益多此類。

太康中詔曰：『勖明哲聰達，經識天序，有佐命之功，兼博洽之才。久典内任，著勳弘茂，詢事考言，謀猷允誠。宜登大位，毗贊朝政。今以勖爲光禄大夫、儀同三司、開府辟召，守中書監、侍中、侯如故。』時太尉賈充、司徒李胤並薨，太子太傅又缺，勖表陳：『三公保傅，宜得其人。若使楊珧參輔東宫，必當仰稱聖意。尚書令衛瓘、吏部尚書山濤皆可爲司徒。若以瓘新爲令未出者，濤即其人。』帝並從之。

明年秋，諸州郡大水，兗土尤甚。勖陳宜立都水使者。其後門下啓通事令史伊羨、趙咸爲舍人，對掌文法。詔以問勖，勖曰：『今天下幸賴陛下聖德，六合爲一，望道化隆洽，垂之將來。而門下上稱程咸、張惲，下稱此等，欲以文法爲政，皆愚臣所未達者。昔張釋之諫漢文，謂獸圈嗇夫不宜見用；邴吉住車，明調和陰陽之本。此二人豈不知小吏之惠，誠重惜大化也。昔魏武帝使中軍司荀攸典刑獄，明帝時猶以付内常侍。以臣所聞，明帝時唯有通事劉泰等官，不過與殿中同號耳。又頃言論者皆云省官減事，而求益吏者相尋矣。多云尚書郎太令史不親文書，乃委付書令史及幹，誠吏多則相倚也。增置文法之職，適恐更耗擾臺閣，臣竊謂不可。』

又　卷四七《傅咸傳》　咸寧初，【略】時（晉武）帝留心政事，詔訪朝臣政之損益。咸上言曰：『【略】泰始開元以暨于今，十有五年矣。而軍國未豐，百姓不贍，一歲不登便有菜色者，誠由官衆事殷，復除猥濫，蠶食者多而親農者少也。臣以頑疏，謬忝近職，每見聖詔以百姓饑饉爲慮，無能云補，伏用慚恧，敢不自竭，以對天問。舊都督有四，今并監軍，乃盈於十。夏禹敷土，分爲九州，今之刺史，幾向一倍。户口比漢十分之一，而置郡縣更多。空校牙門，無益宿衛，而虚立軍府，動有百數。五等諸侯，復坐置官屬。諸所寵給，皆生於百姓。一夫不農，有受其飢，今之不農，不可勝計。縱使五稼普收，僅足相接；暫有災患，便不繼贍。以爲當今之急，先并官省事，静事息役，上下用心，惟農是務也。』

又　卷一二一《李雄載記》　雄時建國草創，素無法式，諸將恃恩，各爭班位。其尚書令閻式上疏曰：『夫爲國制法，勳尚仍舊。漢、晉故事，惟太尉、大司馬執兵，太傅、太保父兄之官，論道之職，司徒、司空掌五教九土之差。秦置丞相，總領萬機。漢武之末，越以大將軍統政。今國業初建，凡百未備，諸公大將班位有差，降而兢請施置，不與典故相應，宜立制度以爲楷式。』雄從之。

宋・李昉等《太平御覽》卷二〇三《職官部一・總敍官》　仲長子《昌言》曰：官之有級，猶階之有等，升階越等，其步也亂。亂登朝級，敗禮傷法。是以古人之初仕也，雖有賢才皆以級次進焉。賈生有言：治國取人，務在求能。故裁國之無利器，猶鏤以鉛刀而望其巧，不亦疏乎！

楊泉《物理論》曰：吏者，理也，所以理萬機、平百揆也。武士宰民物，猶使狼牧羊、鷹養雛也。是以人主務在審官擇人。

《李重集・雜奏議》曰：古之聖王建官垂制，所以體國經治，而功在簡易。自帝王而下，世有增損。舜命九官，周分六職，秦采古制，漢仍秦舊，倚丞相，任九卿。雖置五曹尚書令僕之職，始於掌封奏以宣内外，事任尚輕；而郡守牧民官，故漢宣稱『所與爲治，惟良二千石』。其有殊效者，輒璽書勉勵，或賜爵進秩，禮遇豐厚，得爲治大體，所以遠蹤三代也。及至東京，雖漸優顯，令僕出爲郡守，鍾離意、黄香、胡廣是也。郡守入爲三公，虞延、第五倫、鮑昱是也。自魏朝名守杜畿、滿寵、田預、胡質等郡，或二十年，或秩中二千石，假節猶不去郡，或還不易方。此亦古人『苟善其事，雖没世不徙官』之義也。漢魏以來，内官之貴於今最隆。太始以前，多以散官補臺郎，亦經補黄門中書郎，而今皆數等而後至，衆職率亦如此。陵遲之俗未久，篤尚之風未洽，百事等級遂多，遷補轉徙如流，能否無以著，黜陟不得彰，此爲治之大弊也。漢法，官人不得真秩，京房爲魏郡太守，以八百石居之。魏初用輕貧，先亦試守，不稱，則繼以左遷。然則俊才登進，無能降退，此則所謂有知必試而使人以器者也。臣以爲今宜大郡守等級，使同古者，明試守左遷之例，官人之理盡，則士必量能而受爵矣。

《桓温集・略表》曰：今天下分崩，喪亂殄瘁，雖道隆中興，而户口凋寡，近方漢時不當一郡之民。民户既少，則勢不多而當必同古制。百官備職，實非大易；隨時之宜，且設官以理務。務寡則官省，官省以國治，則職顯而人清。故光武初興，多所并省；諸葛亮相蜀，簡才併官。

此皆達治之成規，今日之所先也。宜從權制，併官省職。愚謂門下三省、秘書、著作，通可減半。古以九卿綜事，不專尚書，故重九棘也。今事歸内臺，則九卿爲虚設之位，惟太常、廷尉職不可闕。其諸員外散官及軍府參佐職無所掌者，皆並若車駕、郊廟、籍田之屬。凡諸大事於禮宜置者，臨時權兼，事訖則罷職。既並則官少而才精，職理則無害民而治道康矣。

元·馬端臨《文獻通考·自序》　竊嘗以爲理亂興衰，不相因者也，晉之得國異乎漢，隋之喪邦殊乎唐，代各有史，自足以該一代之始終，無以參稽互察爲也。典章經制，實相因者也，殷因夏，周因殷，繼周者之損益，百世可知，聖人蓋已預言之矣。爰自秦漢以至唐宋，禮樂兵刑之制，賦斂選舉之規，以至官名之更張，地理之沿革，雖其終不能以盡同，而其初亦不能以遽異。如漢之朝儀、官制，本秦規也；唐之府衛、租庸，本周制也。其變通張弛之故，非融會錯綜，原始要終而推尋之，固未易言也。其不相因者，猶有温公之成書，而其本相因者，顧無其書，獨非後學之所宜究心乎！【略】

古之用人，德行爲首，才能次之。虞朝載采，亦有九德，周家賓興，考其德行，於才不屑屑也。兩漢以來，刺史、守、相得以專辟召之權；魏晉而後，九品中正得以司人物之柄。皆考之以里閈之毁譽，而試之以曹掾之職業，然後俾之入備王官，以階清顯。蓋其爲法，雖有愧於古人德行之舉，而猶可以得才能之士也。至於隋，而州郡僚屬皆命於銓曹，搢紳發軔悉由於科目。自以銓曹署官，而所按者資格而已，於是勘籍小吏得以司升沉之權；自以科目取士，而所試者詞章而已，於是操觚末技得以階榮進之路。夫其始進也，試之以操觚末技，而專主於詞章；其既仕也，付之於勘籍小吏，而專校其資格，於是選賢與能之意，無復存者矣。然此二法者，歷數百年而不可以復更，一或更之則蕩無法度，而僥濫者愈不可澄汰，亦獨何哉？又古人之取士，蓋將以官之。三代之時，法制雖簡，而考核本明，毁譽既公，而賢愚自判。往往當時士之被舉者，未有不入官，初非有二途也。降及後世，巧僞日甚，而法令亦滋多，遂以科目爲取士之途，銓選爲舉官之途，二者各自爲防閑檢柅之法。至唐則以試士屬之禮部，試吏屬之吏部，於是科目之法、銓選之法，日新月異，不相爲謀。蓋有舉於禮部而不得官者，不舉於禮部而得官者，而士之所以進身之塗轍亦復不一，不可比而同之也。於是立舉士、舉官兩門以該之。作《選舉考》第九。凡十二卷。

古之教者，家有塾，黨有庠，術有序，國有學，所謂學校，至不一也。然惟國學有司樂、司成，專主教事，而州、閭、鄉、黨之學，則未聞有司職教之任者。【略】秦漢以來，儒與吏始異趨，政與教始殊途。於是曰郡守，曰縣令，則吏所以治其民；曰博士官，曰文學掾，則師所以教其弟子。二者漠然不相爲謀，所用非所教，所教非所用。士方其從學也，曰習讀；及進而登仕版，則棄其詩書禮樂之舊習，而從事乎簿書期會之新規。古人有言曰：『吾聞學而後入政，未聞以政學者。』後之爲吏者，皆以政學者也。自其以政學，則儒者之學術皆筌蹄也，國家之學宫皆芻狗也，民何由而見先王之治哉？又況榮途捷徑，旁午雜出，蓋未嘗由學而升者滔滔也。於是所謂學者，姑視爲粉飾太平之一事，而庸人俗吏直以爲無益於興衰理亂之故矣。作《學校考》第十，敍歷代學校之制，及祠祭褒贈先聖先師之首末，幸學養老之儀，而郡國鄉黨之學附見焉。凡七卷。

古者因事設官，量能授職，無清濁之殊，無内外之別，無文武之異，何也？【略】漢有宫中、府中之分，唐有南司、北司之黨，職掌不相爲謀，品流亦復殊異，而官之内外始分矣。古者文以經邦，武以撥亂，其在大臣，則出可以將，入可以相；其在小臣，則簪筆可以待問，荷戈可以前驅。後世人才日衰，不供器使，司文墨者不能知戰陣，被介胄者不復識簡編，於是官人者制爲左右兩選，而官之文武始分矣。至於有侍中、給事中之官，而未嘗司宫禁之事，是名内而實外也。太常有卿佐而未嘗審音樂，將作有監貳而未嘗諳營繕，不過爲儒臣養望之官，是名濁而實清也。尚書令在漢爲司牘小吏，而後世則爲大臣所不敢當之穹官；校尉在漢爲兵師要職，而後世則爲武弁所不齒之冗秩【略】，蓋官之名同而古今之崇卑懸絶如此。參稽互考，曲暢旁通，而因革之故可以類推。作《職官考》第十一，首敍官制次序、官數，内官則自公師宰相而下，外官則自州牧郡守而下，以至散官、禄秩、品從之詳。凡二十一卷。【略】

然愚又嘗夷考歷代之故，魏文帝忌其諸弟，帝子受封有同幽縶，再傳之後，主勢稍弱，司馬氏父子即攘臂取之，曾無顧憚。晉武封國至多，宗藩强壯，俱自得以領兵卒，置官屬，可謂懲魏之弊矣。然八王首難，阻兵安忍，反以召五胡之釁。宋、齊皇子俱童孺當方面，名爲藩鎮，而實受制於典籤、長史之手，每一易主，則前帝之子孫殲焉，而運祚卒以不永。梁武享國最久，諸子孫皆以盛年雄材出爲邦伯，專制一方，可謂懲宋、齊之弊矣，然諸王擁兵，捐置君父，卒不能止侯景之難，然則魏、宋、齊疏忌骨肉，固以取亡，而晉、梁崇奬宗藩，亦不能救亂。於是封建之得失不可復議，而王綰、李斯、陸士衡、柳宗元輩所論之是非，亦不可得而偏廢矣。【略】作《封建考》第二十。凡十八卷。

清·王鳴盛《十七史商榷》卷四八《晉書六·荀勖論省官》　《周官》以六卿兼統羣職，兩漢雖承秦制，大改周禮，然尚有條序。惟晉之官制最爲雜亂無章，荀勖雖小人，其奏請省官，以九寺可并於尚書，蘭臺宜省付三府，見勖本傳。此奏甚可行，而當時亦未之用。

又　卷六一《南史合宋齊梁陳書九·顔竣鑄錢議》　宋制，有事百官集議，衆議不同，并以啓上，《宋書》中往往載之，如《顔竣傳》中載其鑄錢兩議，《孔季恭傳》中載其墾湖田議，是也。但所議攙用吏牘，殊不可讀，《南史》雖痛削之，僅存一二，若無《宋書》，則當時制度全不見。《竣傳》鑄錢議删削尤多，不見其本意，當從《宋書》補正。

清·汪士鐸《南北史補志未刊稿·職官志第一·序》　粤自龍師雲職，四子九官，夏倍於虞，殷增於夏，周監二代，沿革不同。秦廢先典，創立朝儀，事不師古，罷封侯，立郡縣，以太尉主五兵，丞相總百揆，又置御史大夫以貳於相，自餘衆職各有司存。漢因於嬴，同異可知。光武中興，聿遵前緒，惟廢丞相與御史大夫，而以三司綜理衆務。洎於叔世，事歸臺閣，論道之官備員而已。魏、晉繼及，大抵略同。泰元六年，減省吏士，凡七百人。爰及宋、齊，亦無改作。宋制，新長吏以父母疾去官，禁錮三年。山陰令沈叔任父疾去職，御史中丞鄭鮮之上議曰：『所以爲其制者，莅官不久，則奔競互生，故杜其欲速之情，以申考績之實。今父母之疾，而加以罪名，損義疾理，莫此爲大。』詔從之。於是自二品以上父母及爲祖父母後者，墳墓崩毁，及疾病，輒去不禁錮。又劉祗爲中書郎，江夏王義恭領中書監，服親不得相臨，表解職。孝武詔曰：『昔二王、兩謝俱至崇禮，自今三臺、五省悉同此例。』又詔：『方鎮所假禮，白板郡縣，年限依臺除食禄三分之一，惟不給送。』官司有三臺、漢舊名。五省尚書、中書、門下、秘書、集書也。之號，郡縣有三歲爲滿之期。宋州郡縣居職以三周爲小滿。梁武受終，多遵齊舊，然而定諸卿之位，分配四時，十二卿也。置戎秩之官一百二十五號，以鎮、衛、驃騎、車騎爲二十四班，以法氣序，四征、四中爲二十三班，八鎮爲二十二班，八安爲二十一班，四平、四翊爲二十班，凡三十六號爲重號將軍。又有忠勇軍師等爲五德將軍，併以班多者爲貴。其選法自小遷大，列臺槐之下焉。陳遵梁制，不失舊物。後魏昭成之即王位，初置官司，分掌衆職。以燕鳳爲右長史，許謙爲郎中令。然而其制草創，名稱乖疏。皇始元年，道武平并州，始建臺省，置百官，封公侯，將軍、刺史、太守、尚書郎等悉用文人。又制諸州各置都尉以領兵。天興中，太史言天文錯亂，當改王易政，故官號數革。初，道武制官，皆擬遠古雲鳥之義，諸曹走使謂之鳧鴨，取飛之迅疾也；以伺察候官禁謂之白鷺，取其延頸遠視；他皆類此。至孝文太和中，王肅來奔，爲制官品百司位號，皆準南朝，改次職令，以爲永制。凡守令以六年爲滿，後經六年乃敍。又作考格，以之黜陟。文宣武帝行考陟之法。任事上中者，三年升一階；散官上第者，四載登一級。孝明以後，授受多濫，魏氏世居元朔，掌事立司各有號秩。及交好南夏，頗亦改創。建國二年，初置左右近侍之職，無常員，或至百數，侍直禁中，傳宣詔命，皆取諸部大人及豪族良家子弟儀貌端嚴、機辯才幹者應選，又置内侍長四人，主顧問拾遺應對，若北齊侍中、散騎常侍。其諸方雜人來附者，總曰烏丸，各以多少稱酋庶長，分爲南北部，復置二部大人以統之。時帝弟觚監北部，子實君監南部，分民而治，若古二伯。登國元年，因而不改，南北酋置大人，對治二部。是年，置都統長，又置幢將，及外朝大人官。都統長領殿之内兵直王宫，幢將六人，主三郎衛士直宿禁中者，自侍中已下、中散已上皆統之；外朝大人無常員，主受詔命外使，出入禁中，國有大喪大禮，皆與參知，隨所典焉。皇始元年，始建曹省，備置百官，封拜五等，外職則刺史、太守、令長，已下有未備者，隨而置之。天興元年十一月，詔吏部郎鄧淵典官制，立爵品。十二月，置八部大人、散騎常侍、待詔等官，常侍、待詔、待直左右出入王命。三年十月，置受恩、蒙養、長德、訓士四官。受恩職比特進，無常員，有人則置，親貴器望者爲之。蒙養職比光禄大夫，無常員，取勤舊休閑者。長德職比中散大夫，無常員。訓士職比諫議大夫，規諷時政，匡刺非違。又置仙人博士官，典煮鍊百藥。天賜元年八月，初置六謁官，準古六卿，其秩五品。屬官有大夫，秩六品，大夫屬官有元士，秩七品，元士屬官有署令長，秩八品，令長屬官有署丞，秩九品。四年五月，增置侍官、侍直左右，出内詔命，取八國良家、代郡、上谷、廣寧、雁門四郡民中年長有器望者充之。永興元年十一月，置麒麟官四十人，宿直殿省，比常侍侍郎。四年，置四廂大將、十二小將。神瑞元年春，置八大人官，大人下置三屬官，總理萬機，故世號『八公』云。泰常二年夏，置六部大人官，有天部、地部、東西南北部，皆以諸公爲之大人，置三屬官。真君五年正月，侍中中書監宜都王穆壽、司徒東郡公崔浩、侍中廣平公張黎輔政、置通事四人，又選諸曹良吏給事東宫。和平元年，復置史官。天安元年，立鄉學，郡置博士二人，助教二人，學生六十人。四年二月，置外牧官。五年九月，置監御官。太和二年五月，減置侯職四百人，司察非違。四年，省二部内部幢將。十五年七月，置司儀官，分置左右史官。十二月，又置司空、主客、太倉、庫部、都牧、太樂、虞曹、宫興、覆育、少卿官，又置光爵驍遊五校中大夫散員士官，又置侍官一百二十人，改立諸局監羽林虎賁。太和十八年十二月，降車驃將軍、侍中黄門秩，依魏晉舊事。十九年八月，初置直齊御仗左右武官。前世職次皆無從品，魏氏始置之，亦一代之别制也。正始四年六月，置國子太學，幷樹小學於四門，九月，詔曰：五校昔統營位，次於列卿，奉車都尉禁侍美官，顯加通貴，世移時變，遂爲冗職，既典名猶昔，宜有定員，幷殿中二司馬亦須有常數，今五校可各二十人，奉車都尉二十人，騎都尉六十人，殿中司馬二百人，員外司馬三百人。四年七月，詔改宗子羽林爲宗士，其本秩付尚書，計其資集，敍從七已下、從八已上官。孝昌二年十月，詔宗士、庶子二官各增二百人，置望士隊四百人，取肺腑之族有武藝者。永熙三年，置勳府庶子箱別六百人，騎官箱别二百人，閤内部曲數千人。自明帝孝昌以後，天下多難，刺史、太守皆爲當部督，雖無兵事，並立佐僚，所以頗爲煩擾。及東魏靜帝時，齊神武作相，高隆之表請自非實在邊要，見有兵馬者，悉皆斷之。又時諸朝貴多假常侍以取貂蟬之飾，隆之自表解侍中，幷陳諸路假侍服者，請亦罷之。又自軍國多事，冒竊官者不可勝數，隆之奏請檢括，得五萬餘人，而羣小喧囂，隆之懼。而止。北齊創業，亦遵後魏，臺省位號多類江東。後主臨御，爵祿犬馬。後周之初，據關中，猶依魏制，及平江陵之後，别立憲章，酌《周禮》之文，建六官之職，其他官亦兼用秦、漢。他官謂將軍、都尉、刺史、太守之類。

又《職官志第三·後序》 鐸按：天澤既奠，雲火攸分，時宜所趨，沿革靡定。總論大凡，華而鮮實。夫吏治以得人爲本，道國以足民爲先，而選曹雖設，僅循資格之常；農田有司，惟事會計之末。他若既有宗伯，復有奉常，爰立爽鳩，更增大理。官名典午，而牧事歸於冏；司職在司空，而河隄别爲謁者。鴻臚擯禮，可副儀曹；光禄優賢，宜爲階品。納言政舉，則給諫侍御之長也。春坊局立，則典醫司膳之會也。外如州郡之僚，不廢丞倅之佐，然惟任當繁劇，道在分防，用襄緊赤之勞，是曰股肱之助，則士人初仕李唐之舊例也，農桑人銜趙宋之故實也。不在此科，槩宜載柞，乃南北之分職，俱多寡之異。宜清濁混於官階，闒冗儕於流品。政務因之掣肘，簿書因之等身。日事浮文，無益治理；蠹國妨政，繁縟相仍，選舉、考課所關至鉅，天下不必有全才，國家不容有廢事，乃所學非所取，所取非所用。倖登仕途，即入利藪，甚或朝爲散職，暮玷清班，春居齊、秦，夏莅交、廣，以至以宦場如傳舍，視國事如秦越。兑弓垂矢，既失教於箕裘；西贐南琛，惟乞恩於臺省。在上有備於人之患，在下無陳力就列之心。彼此相蒙，徼幸涉世，處常或可濟變，其難天下隱夏莫此爲甚，用識其槩，以睎來茲。

中央決策機構部

相國丞相分部

綜　述

《三國志》卷一《魏志·武帝紀》 （建安十三年）漢罷三公官，置丞相、御史大夫。夏六月，以公（曹操）爲丞相。【略】

（二十年九月）天子命公承制封拜諸侯守相。裴松之注：孔衍《漢魏春秋》曰：天子以公典任於外，臨事之賞，或宜速疾，乃命公得承制封拜諸侯守相，詔曰：『夫軍之大事，在茲賞罰，勸善懲惡，宜不旋時，故司馬法曰「賞不逾日」者，欲民速睹爲善之利也。昔在中興，鄧禹入關，承制拜軍祭酒李文爲河東太守，來歙又承制拜高峻爲通路將軍，察其本傳，皆非先請，明臨事刻印也，斯則世祖神明，權達損益，蓋所用速示威懷而著鴻勳也。其春秋之義，大夫出疆，有專命之事，苟所以利社稷安國家而已。況君秉任二伯，師尹九有，實征夷夏，軍行藩甸之外，失得在於斯須之間，停賞俟詔以滯世務，固非朕之所圖也。自今已後，臨事所甄，當加寵號者，其便刻印章假授，咸使忠義得相獎勵，勿有疑焉。」

又　卷六《魏志·董卓傳》　（董）卓遷相國，封郿侯，贊拜不名，劍履上殿，【略】卓既率精兵來，適值帝室大亂，得專廢立，據有武庫甲兵，國家珍寶，威震天下。

又　卷二四《魏志·崔林傳》　景初元年，司徒、司空並缺，散騎侍郎孟康薦林曰：『夫宰相者，天下之所瞻效，誠宜得秉忠履正本德仗義之士，足爲海内所師表者。竊見司隸校尉崔林，稟自然之正性，體高雅之弘量。論其所長以比古人，忠直不回則史魚之儔，清儉守約則季文之匹也。牧守州郡，所在而治，及爲外司，萬里肅齊，誠臺輔之妙器，衮職之良才也。』後年遂爲司空，封安陽亭侯，邑六百户。三公封列侯，自林始也。臣松之以爲漢封丞相邑，爲荀悦所譏。魏封三公，其失同也。

又　卷三二《蜀志·先主傳》　章武元年夏四月，【略】以諸葛亮爲丞相，許靖爲司徒。

又　卷三五《蜀志·諸葛亮傳》　先主於是即帝位，策亮爲丞相曰：『【略】丞相亮其悉朕意，無怠輔朕之闕，助宣重光，以照明天下，君其勖哉！』亮以丞相録尚書事，假節。

又　卷四七《吴志·吴主傳》　（黄武）四年夏五月，丞相孫邵卒。《吴録》曰：【略】黄武初爲丞相，威遠將軍，封陽羨侯。【略】《志林》曰：吴之創基，邵爲首相，史無其傳，竊常怪之。【略】六月，以太常顧雍爲丞相。

又　卷四八《吴志·孫皓傳》　（寶鼎元年）於是改年，大赦。以陸凱爲左丞相，常侍萬彧爲右丞相。

《後漢書》卷九《獻帝紀》　（建安元年）十一月癸酉，董卓自爲相國。【略】

（建安十三年）夏六月，罷三公官，置丞相、御史大夫。癸巳，曹操自爲丞相。

又　卷七二《董卓傳》　尋進（董）卓爲相國，入朝不趨，劍履上殿。

《宋書》卷三九《百官志上》　相國，一人。漢高帝十一年始置，以蕭何居之，罷丞相；何薨，曹參代之；參薨，罷。魏齊王以晉景帝爲相國。晉惠帝時趙王倫，愍帝時南陽王保，安帝時宋高祖，順帝時齊王，並爲相國。自魏、晉以來，非復人臣之位矣。

丞相，一人。殷湯以伊尹爲右相，仲虺爲左相。秦悼武王二年，始置丞相官。丞，奉。相，助也。悼武王子昭襄王始以樗里疾爲丞相，後又置左右丞相。漢高帝初，置一丞相；十一年，更名相國。孝惠、高后置左右丞相，文帝二年，復置一丞相。哀帝元壽二年，更名大司徒。漢東京不復置。至獻帝建安十三年，復置丞相。魏世及晉初又廢。惠帝世，趙王倫篡位，以梁王肜爲丞相。永興元年，以成都王穎爲丞相。愍帝建興元年，以琅邪王睿爲左丞相，南陽王保爲右丞相；三年，以保爲相國，睿爲丞相。元帝永昌元年，以王敦爲丞相，轉司徒荀組爲太尉，以司徒官屬并丞相爲留府，敦不受。成帝世，以王導爲丞相，罷司徒府以爲丞相府，導薨，罷丞相，復爲司徒府。宋世祖初，以南郡王義宣爲丞相，而司徒府如故。【略】

有蒼頭字宜禄。至漢，丞相府每有所關白，到閤輒傳呼『宜禄』，以此爲常。【略】

丞相有疾，御史大夫率百僚三旦問起居，及瘳，詔遣尚書令若光禄大夫賜養牛，上尊酒。

《南齊書》卷一六《百官志》　相國。

蕭、曹以來，爲人臣極位。宋孝建用南譙王義宣。至齊不用人，以爲贈，不列官。

《魏書》卷六《顯祖紀》　（和平六年）秋七月癸巳，太尉乙渾爲丞相，位居諸王上，事無大小，皆決於渾。

《陳書》卷一《高祖紀上》　（太平二年）九月辛丑，詔曰：【略】其進公位相國，總百揆。

《北齊書》卷四《文宣帝紀》　（武定八年五月）甲寅，（高洋）進相國，總百揆。

《隋書》卷二六《百官志上》　梁武受命之初，官班多同宋、齊之舊，有丞相、太宰、太傅、太保、大將軍、大司馬、太尉、司徒、司空、開府儀同三司等官。諸公及位從公開府者，置官屬。有長史、司馬、諮議參軍，掾屬從事中郎、記室、主簿、列曹參軍、行參軍、舍人等官。其司徒則有左、右二長史，又增置左西掾一人，自餘僚佐，同於二府。有公則置，無則省。而司徒無公，唯省舍人，餘官常置。開府儀同三司，位次三公，諸將軍、左右光禄大夫，優者則加之，同三公，置官屬。【略】陳承梁，皆循其制官，【略】相國，丞相，太宰，太傅，太保，大司馬，大將軍，太尉，司徒，司空，開府儀同三司，已上秩萬石。巴陵王、汝陰王後，尚書令，已上秩中二千石。品並第一。

又 卷二七《百官志中》 後齊制官，多循後魏，置太師、太傅、太保，是爲三師，擬古上公，非勳德崇者不居。次有大司馬、大將軍，是爲二大，並典司武事。次置太尉、司徒、司空，是爲三公。三師、二大、三公府，三門，當中開黄閤，設内屏。各置長史，司馬，諮議參軍，從事中郎，掾屬，主簿，録事，功曹，記室，户曹，金曹，中兵，外兵，騎兵，長流，城局，刑獄等參軍事，東西閤祭酒及參軍事，法，墨，田，水，鎧，集，士等曹行參軍，兼左户右户行參軍，長兼行參軍，參軍，督護等員。司徒則加有左右長史。三公下次有儀同三司。加開府者，亦置長史已下官屬，而減記室、倉、城局、田、水、鎧、士等七曹，各一人。其品亦每官下三府一階。三師、二大置佐史，則同太尉府。乾明中，又置丞相。河清中，分爲左右，亦各置府僚云。

《晉書》卷二《文帝紀》 （景元四年）冬十月，天子以諸侯獻捷交至，乃申前命曰：【略】公有濟六合之勳，加以茂德，實總百揆，允釐庶政。

又 卷一〇《安帝紀》 （元興元年三月）壬申，桓玄自爲侍中、丞相、録尚書事，【略】玄俄又自稱太尉、揚州牧，總百揆。

又 卷二四《職官志》 丞相、相國，並秦官也。晉受魏禪，並不置，自惠帝之後，省置無恒。爲之者，趙王倫、梁王肜、成都王穎、南陽王保、王敦、王導之徒，皆非復尋常人臣之職。

又 卷九九《桓玄傳》 玄入京師，【略】又矯詔加己總百揆，侍中、都督中外諸軍事、丞相、録尚書事、揚州牧，領徐州刺史，【略】又矯詔加其相國，總百揆。

又 卷一〇二《劉聰載記》 聰以劉易爲太尉。初置相國，官上公，有殊勳德者死乃贈之。於是大定百官，置太師、丞相，自大司馬以上七公，位皆上公，緑綟綬，遠遊冠。置輔漢，都護，中軍，上軍，輔軍，鎮、衛京，前、後、左、右、上、下軍，輔國，冠軍，龍驤，武牙大將軍，營各配兵二千，皆以諸子爲之。置左右司隸，各領户二十餘萬，萬户置一内史，凡内史四十三。單于左右輔，各主六夷十萬落，萬落置一都尉。省吏部，置左右選曹尚書。自司隸以下六官，皆位次僕射。置御史大夫及州牧，位皆亞公。以其子粲爲丞相、領大將軍、録尚書事，進封晉王，食五都。劉延年録尚書六條事，劉景爲太師，王育爲太傅，任顗爲太保，馬景爲大司徒，朱紀爲大司空，劉曜爲大司馬。【略】聰以（劉）粲爲相國，總百揆，省丞相以并相國。【略】（盧）志等曰：『主上往以殿下爲太弟者，蓋以安衆望也。志在晉王久矣，王公已下莫不希旨歸之。相國之位，自魏武已來，非復人臣之官，主上本發明詔，置之爲贈官，今忽以晉王居之，羽儀威尊逾于東宫，萬機之事無不由之，置太宰、大將軍及諸王之營以爲羽翼，此事勢去矣，殿下不得立明也。』

《北史》卷五《魏紀》 （武定八年）五月甲寅，詔齊王爲相國，總百揆，備九錫之禮。

又 卷七《齊紀中》 （武定八年五月）甲寅，魏帝遣兼太尉彭城王韶、司空潘相樂奉册，進帝位相國，總百揆。【略】（天保二年三月）己未，詔梁承制湘東王繹爲梁使持節、假黄鉞、相國，建梁臺，總百揆、承制梁王。

又 卷九《周紀上》 （大統）十七年三月，魏文帝崩，皇太子嗣位，帝以冢宰總百揆。

又 卷一一《隋紀上》 （大象二年）十二月甲子，周帝授帝相國，總百揆，去都督内外諸軍事、大冢宰之號，進爵爲王。

又 卷三五《鄭譯傳》 明日，隋文爲丞相，拜譯柱國、相府長史，行内史上大夫事。及隋文爲大冢宰，總百揆，以譯兼領天官都府司會，總六府事。

又 卷七二《李德林傳》 禪代之際，其相國總百揆、九錫殊禮詔策箋表璽書，皆德林之辭也。

唐·杜佑《通典》卷一九《職官一·要略·宰相》 獻帝復置宰相。魏改丞相爲司徒。而文帝復置中書監、令，並掌機密，自是中書多爲樞機之任，亦宰相也。又置大丞相及相國。

晉惠帝改丞相爲司徒，尋復舊，俱爲宰相。而中書監、令，常管機要，亦是相也。

宋齊梁陳，並相因習，或爲丞相，或爲相國，多非尋常人臣之職。或掌機密，或録尚書，或綜朝權，或管朝政，或爲侍中，或給事中，或受顧命，皆爲宰相。然中書職任機務之司，不必他名，亦爲宰相。其有侍中兼外官，若宋王弘，侍中兼内官，若沈演之，其例不少，即非宰相，並在當時委任而已。

後魏、北齊亦置丞相，俱爲宰相。尤重門下官，多以侍中輔政，亦宰相也。

後周大冢宰，亦其任也。其後亦置左右丞相。

又 卷二一《職官三·宰相》 至獻帝建安十三年，復置丞相，而以曹公居之。又有相國。

魏黄初元年，改爲司徒。吴有左、右丞相。而文帝復置中書監、令，並掌機密，自是中書多爲樞機之任。説在《中書令篇》。其後定制，置大丞相，第一品。後又有相國，齊王以司馬師爲之，晉景帝。高貴鄉公以司馬昭爲之。晉文帝。

晉惠帝永寧元年，罷丞相，復置司徒。永昌元年，罷司徒並丞相，則與司徒不並置矣。丞相與司徒，廢置非一。其後或有相國，或有丞相，省置無恒，而中書監、令常管機要，多爲宰相之任。自魏晉以來，相國、丞相多非尋常人臣之職。晉趙王倫、梁王肜、成都王穎、南陽王保並爲之。元帝渡江，以王敦爲丞相，轉司徒，荀組爲太尉，以司徒官屬并丞相爲留府，敦不受。成帝以王導爲丞相，罷司徒府以爲丞相府。導薨，罷丞相，復爲司徒府。相國、丞相，皆衮冕緑盭綬。盭音隸。

宋孝武帝初，唯以南郡王義宣爲丞相，而司徒府始如故。亦有相國。丞相金章紫綬，進賢三梁冠，絳朝服，佩山玄玉，相國則緑盭綬也。齊丞相不用人，以爲贈官。梁罷相國，置丞相；罷丞相，置司徒。陳又置相國，位列丞相上，并丞相並爲贈官。【略】

後魏舊制，有大將軍，不置太尉；有丞相，不置司徒。自正光以後，始俱置之，神瑞元年，置八大人官，總理萬機，時號『八公』。然而尤重門下官，多以侍中輔政，則侍中爲樞密之任。説在《侍中篇》。

北齊乾明中，置丞相。河清中分爲左右，各置府僚。然而爲宰相秉持朝政者，亦多爲侍中。趙彦琛、元文遥、和士開同爲宰相，皆兼侍中。

後周大冢宰亦其任也，其後亦置左右丞相。大象二年，以楊堅爲大丞相，遂罷左右丞相官。

清·汪士鐸《南北史補志未刊稿·職官志第一·職官》 相國、丞相。古官。黄帝得六相而天地治。商時，伊尹爲右相，仲虺左相。秦悼武王三年，始立丞相、掌丞奉也。天子相助也。理萬幾，後又立左右丞相。始皇立，以吕不韋爲相國，至二世復有中丞相。漢高祖三年，以曹參爲假左丞相。十一年，改曰相國。孝惠又分爲左右。成帝以來，以大司馬、大司空、大司徒爲宰相。漢以御史大夫爲丞相之副。若唐之同平章事、宋之參知政事、今之協辦大學士也。成帝時，何武自御史大夫爲大司空，王根爲大司馬。元壽二年，以丞相爲大司徒是也。東京去『大』字，而不立丞相。獻帝建安十三年，復立。魏元帝咸熙中，晉文帝爲相國，相國府置中衛將軍、驍騎將軍、左右長史、司馬從事中郎四人，主簿四人，舍人十九人，參軍二十二人，參戰十一人，掾屬三十三人，東曹掾屬各一人，西曹屬一人，户曹掾一人，屬二人，賊曹掾一人，屬二人，金曹掾屬各一人，兵曹掾屬各一人，騎兵掾二人，屬一人，車曹掾屬各一人，鐵曹掾屬各一人，水曹掾屬各一人，集曹掾屬各一人，法曹掾屬各一人，奏曹掾屬各一人，倉曹屬二人，戎曹屬一人，馬曹屬一人，媒曹屬一人，各爲三十三人，散屬九人，凡四十二人。晉初，凡位從公以上置長史、西閤東閤祭酒、西曹東曹掾、户曹、倉曹、賊曹屬各一人，加兵者又置司馬、從事中郎、主簿、記室督各一人，舍人四人，爲持節都督者置參軍六人。趙王倫爲相國，置左右長史、司馬、從事中郎四人，參軍二十人，主簿、記室督、祭酒各四人，掾屬四十人，東西曹屬，其餘十八曹皆置掾，則四十人矣。凡諸曹皆置御屬令史學幹御屬職録事也。丞相置三長史。丞相有疾，御史大夫率百僚三旦問起居，及瘳，詔遣尚書令，若光禄大夫賜養牛上尊酒。漢景帝三公病，遣中黄門問病。魏晉則黄門郎尤重者，或侍中也。魏武爲丞相以來，置左右二長史而已。魏文帝置中書監令，職同丞相，相國或立或省，以至於晉，二者率非尋常人臣所居，其管樞密則中書也。宋世丞相、相國、司徒並立。丞相金章紫綬，進賢三梁冠，絳朝服，佩山玄玉。相國則佩緑盭綬。永初三年，詔宰相帶揚州，置甲士千人。齊以爲贈，梁罷相國立丞相，罷丞相立司徒。陳又立相國，在丞相上，并爲贈官，然皆以爲尊崇之位，而典樞密率在中書、門下、侍中録尚書，及僕射而已，後魏舊制有大將軍，不置太尉，有丞相不置司徒。自正光以後，始爲樞密之任。北齊天保元年，罷相國府，留騎兵外兵曹，各立一省，別掌樞密。乾明中，置丞相。河清中，分爲左右，各置府僚，然而爲宰相秉持朝政者，亦多爲侍中。後周大冢宰亦其任也。其後，亦置左右丞相。大象二年，以楊堅爲大丞相，遂罷左右丞相官。隋有内史、納言，是爲宰相，亦有他官參與焉。四輔古官，丞相職也。秦漢以來無之。後周大象元年，立曰大前疑、大右弼、大左輔、大後丞。

論說

唐·杜佑《通典》卷二一《職官三·宰相》 按：自魏晉以來，宰相但以他官參掌機密，或委知政事者則是矣，無有常官。其相國、丞相，或爲贈官，或則不置，自爲尊崇之位，多非人臣之職。其真爲宰相者，不必居此官。魏文帝以劉放、孫資爲中書監、令，並掌機密。晉武帝詔以荀勖爲中書監、侍中，毗贊朝政。張華爲中書令，侍中劉卞謂華曰：『公居阿衡之地。』東晉庾亮、庾冰相次爲中書監。先是，王導輔政，以寬和得衆，庾亮以法裁物，頗失人心。至冰，經綸時務，升擢後進，朝野注心，咸曰賢相。殷浩爲揚州刺史，參綜朝權。王敦爲大將軍、侍中，上表曰『臣備位宰輔』。謝安爲中書監，録尚書省事。宋文帝初，徐羨之爲司空，録尚書事。後以江湛、王僧綽俱爲侍中，任以機密。後又以殷景仁爲侍中、左衛將軍，與侍中、右衛將軍王華，侍中、左衛將軍王曇首，侍中劉湛四人俱居門下，皆以風力局幹，冠冕一時，同昇之美，近代莫及。初，王弘爲江州刺史，加侍中，後徵輔政，以爲侍中、司徒，録尚書事。而弘弟曇首爲文帝所任，與華相埒。華常謂己力用不盡，每歎息云：『宰相頓有數人，天下何由得理？』湛母憂去職，後徵爲太子詹事，加給事中，與殷景仁並被任遇。湛常云：『今代宰相何難？此正可當我南陽郡漢代功曹耳。』沈演之爲侍中、右衛將軍，文帝謂之曰：『侍中領衛，俱爲優重，此蓋宰相便坐，卿其勉之。』齊王儉爲侍中、尚書令，常謂人曰：『江左風流宰相，唯有謝安。』蓋自況也。明帝顧命江祏兄弟及始安王遥光、尚書令徐孝嗣、領軍蕭坦之，更日帖敕，時呼爲『六貴』，皆宰相也。梁何敬容初爲吏部尚書、侍中。時徐勉爲僕射，參掌機事，以疾陳解，因舉敬容自代，故敬容遷爲僕射，掌選事，侍中如故，此並爲宰相。後敬容屢轉他官，而參掌如故。又王訓爲侍中，武帝問敬容曰：『褚彦回年幾爲宰相？』對曰：『少過三十。』帝曰：『今之王訓，無謝彦回。』彦回，宋明帝時爲侍中。又周捨卒後，朱異爲散騎常侍，代掌機密。北齊韓軌爲中書令，尋授司空，自以勳庸，歷登臺鉉。按此則或掌機密，或録尚書，或綜機權，或管朝政，或單侍中，或給事中，或受顧命，皆爲宰相也。然侍中職任機務之司，不必他名，亦多爲宰相。其有侍中兼外官，若宋王弘；侍中兼内官，若沈演之，其例不少，則非宰相，蓋在當時委任而已。自晉宋已來，宰相皆文義自逸，何敬容獨勤庶務，爲代所嗤鄙。姚察曰：『魏正始及晉之中朝，俗尚於玄虛，貴爲放誕。尚書丞郎以上，簿領文案，不復經懷，皆成於令史。逮乎江左，此道彌扇。唯卞壼以臺閣之務，頗欲綜理，阮孚謂之曰：「卿常無閒暇，不乃勞乎？」宋代王敬弘身居端右，未嘗省牒，風流相尚，其流遂遠。睹白署空，是稱清貴；恪勤匪懈，終滯鄙俗。是使朝經廢於上，衆職隳於下，小人道長，抑此之由。嗚呼！傷風敗俗，而使何國禮之識理見譏簿俗者哉！』

元·馬端臨《文獻通考》卷四九《職官考三·宰相》 後漢廢丞相及御史大夫，而以三公綜理衆務，則三公復爲宰相矣。前代丞相有倉頭字宜禄。至漢代，有所關白，則叩閤呼宜禄遂以爲常。閤，古還切。至於中年以後，事歸臺閣，則尚書官爲機衡之任。至獻帝建安十三年，復置丞相，而以曹公居之。又有相國。魏黄初元年，改爲司徒。吴有左、右丞相。而文帝復置中書監、令，並掌機密，自是中書多爲樞機之任，說在《中書令篇》。其後定制，置大丞相，第一品。後又有相國，齊王以司馬師爲之，晉景帝，高貴鄉公以司馬昭爲之。晉文帝。晉初並不置。武帝初，安平王孚爲太宰，鄭沖爲太傅，王祥爲太保，義陽王子初爲太尉，何曾爲司徒，荀顗爲司空，石苞爲司馬，陳騫爲大將軍，凡八公，同時並置，唯無丞相焉。至惠帝永康元年，改司徒爲丞相；永寧元年，罷丞相，復置司徒官；永昌元年，罷司徒並丞相，則與司徒不並置矣。丞相與司徒廢置非一。其後或有相國，或有丞相，省置無恒，而中書監、令常管機要，多爲宰相之任。自魏、晉以來，相國、丞相多非尋常人臣之職。晉趙王倫、梁王彤、成都王穎、南陽王保並爲之。元帝渡江，以王敦爲丞相，轉司徒，荀組爲太尉，以司徒官屬並丞相爲留府，敦不受。成帝以王導爲丞相，罷司徒府爲丞相府。導薨，罷丞相，復爲司徒府。相國、丞相皆衮冕，緑盭綬。盭音吏。宋孝武帝初，唯以南郡王義宣爲丞相，而司徒府如故。亦有相國。丞相，金章紫綬，進賢三梁冠，絳朝服，佩山元玉，相國則緑盭綬也。齊丞相不用人，以爲贈官。梁罷相國，置丞相；罷丞相，置司徒。陳又置相國，位列丞相上，並丞相並爲贈官。按：自魏、晉以來，宰相但以他官參掌機密，或委知政事者則是矣，無有常官。其相國、丞相，或爲贈官，或則不置，自爲尊崇之位，多非人臣之職。其真爲宰相者，不必居此官。魏文帝以劉放、孫資爲中書監、令，並掌機密，晉武帝詔以荀勖爲中書監、侍中，毗質朝政。張華爲中書令，侍中劉卞謂華曰：『公居阿衡之地。』東晉庾亮、庾冰相次爲中書監。先是王導輔政，以寬和得衆，庾亮以法裁飭，頗失人心。至冰，經綸時務，升擢後進，朝野注心，咸曰賢相。殷浩爲揚州刺史，參綜朝權。王敦爲大將軍、侍中，上表曰『臣備位宰輔』。謝安爲中書監，録尚書省事。宋文帝初，徐羨之爲司空，録尚書事。後以江湛、王僧綽俱爲侍中，任以機密。後又以殷景仁爲侍中、左衛將軍，與侍中右衛將軍王華、侍中左衛將軍王曇首、侍中劉湛四人俱居門下，皆以風力局幹，冠冕一時，同昇之美，近代莫及。初，王弘爲江州刺史，加侍中，後徵輔政，以爲侍中、司徒，録尚書事。而弘弟曇首爲文帝所任，與華相持。華常謂己力用不盡，每歎息云：『宰相頓有數人，天下何由得理？』湛母憂去職，後徵爲太子詹事，加給事中，與殷景仁並被任遇。湛常云：『今代宰相何難，此正可當我南陽郡漢代功曹耳。』沈演之爲侍中、右衛將軍，文帝謂之曰：『侍中領衛，俱爲優重，此蓋宰相便坐，卿其勉之。』齊王儉爲侍中、尚書令，常謂人曰：『江左風流宰相，惟有謝安。』蓋自況也。明帝顧命江祏兄弟及始安王遥光、尚書令徐孝嗣、領軍蕭坦之，更日貼敕，時呼爲『六貴』，皆宰相也。梁何敬容初爲吏部尚書、侍中，時徐勉爲僕射參掌機事，以疾陳解，因舉敬容自代，故敬容遷爲僕射，掌選事，侍中如故。此並爲宰相。後敬容屢轉他官，而參掌如故。又王訓爲侍中，武帝問敬容曰：『褚彦回年幾爲宰相？』對曰：『少過三十。』帝曰：『今之王訓，無謝彦回。』彦回，宋明帝時爲侍中。又周捨卒後，朱異爲散騎常侍，代掌機密。北齊韓軌爲中書令，尋授司空，自以勳庸，歷登台鉉。按：此則或掌機密，或録尚書，或綜機權，或管朝政，或單侍中，或給事中，或受顧命，皆爲宰相也。然侍中職任機密之司，不必他名，亦多爲宰相。其侍中兼外官，若宋王弘；侍中兼内官，若沈演之，其例不少，則非宰相，蓋在當時委任而已。自晉、宋以來，宰相皆文武自逸，何敬容獨勤庶務，爲代所嗤鄙。姚察曰：『魏正始及晉之中朝，俗尚於玄虛，貴爲放誕。尚書丞郎以上，簿領文案，不復經懷，皆成於令、史。逮乎江左，此道彌扇。唯卞壼以臺閣之務頗欲綜理，阮孚謂之曰：「卿常無閒暇，不乃勞乎？」宋代王敬弘身居端右，未嘗省牒，風流相尚，其流遂遠。睹白署空，是稱清貴；恪勤匪懈，終滯鄙俗。是使朝經廢於上，衆職隳於下，小人道長，抑此之由也。嗚呼！傷風敗俗，而使何敬容之識理見譏薄俗者哉！』。後魏舊制，有大將軍，不置太尉；有丞相，不置司徒。自正光以後，俱始置之，神瑞元年，置八大人官，總理萬機，時號『八公』，然而尤重門下官，多以侍中輔政，則侍中又爲樞密之任矣。說在《侍中》篇。北齊乾明中，置丞相；河清中中分爲左、右，各置府僚。天統三年，以太宰段韶爲左丞相，太師賀拔仁爲右丞相。又斛律金、斛律光，並由右丞相轉拜爲左丞相。然其時爲宰相秉朝政者，亦多爲侍中。趙彦深、元文遥、和士開同爲宰相，皆兼侍中。後周大冢宰亦其任也，其後亦置左、右丞相。大象二年，以楊堅爲大丞相，遂罷左、右丞相官。【略】

按：自後漢時，雖置三公，而事歸臺閣，尚書始爲機衡之任。然當時尚書，不過預聞國政，未嘗盡奪三公之權也。至魏、晉以來，中書、尚書之官始真爲宰相，而三公遂爲具員。其故何也？蓋漢之典事尚書、中書者，號爲天子之私人；及叔季之世，則奸雄之謀篡奪者，亦以其私人居是官。而所謂三公者，古有其官，雖鼎命將遷之時，大權一出於私門，然三公未容遽廢也，故必擇其老病不任事，依違不侵權者居之。東漢之末，曹公爲丞相，而三公則楊彪、趙温，尚書令、中書監則二荀、華歆、劉放、孫資之徒也。魏之末，司馬師、昭爲丞相，而三公則王祥、鄭沖，尚書令、中書監則賈充、荀勖、鍾會之徒也。蓋是時，凡任中書者，皆運籌帷幄、佐命移祚之人；凡任三公者，皆備員高位，畏權遠勢之人。而三公之失權任，中書之秉機要，自此判矣。至丞相一官，西漢廢於哀帝之時。東漢本不置丞相，建安特置之，以處曹操。魏本不置丞相，正始特置之，以處司馬師、昭。及晉則不置，正苻堅所謂『朕以龍驤建業』之説也。然東晉以至宋、齊、梁、陳、隋皆有之。夫中書監既爲宰相之任，則升其品秩可也；丞相既不爲宰相之任，而嘗爲擅代之階，則廢其名字可也。今觀魏以後之官品，中書監僅爲三品，而黄鉞大將軍、大丞相、諸大將軍則爲一品、二品。然此數官者，未嘗以授人，特宋、齊、梁、陳、隋將受禪則居之，此外則王敦、桓温、侯景亦嘗爲之。夫高官極品不以處輔佐之臣，而又存其名字，使亂臣賊子遞相承襲，以爲竊取大物之漸，非所以昭德塞違，明示百官也。【略】

按：以三省爲宰相之司存，以三省長官爲宰相之職任，其説肇於魏、晉以來，而其制定於唐。然中書、尚書之名，始於漢。《通典》言漢武帝游宴後庭，始令宦者典事尚書，謂之中書謁者。則中書、尚書只是一所。然考《霍光傳》，光薨，霍山以奉車都尉領尚書事。故事，諸上書者皆爲二封，署其一曰副，領尚書者先發之，所言不善，屏去不奏。魏相請去副封，以防壅蔽。而光夫人顯及禹、山、雲等言上書者益黠，盡奏封事，輒下中書令出取之，不關尚書。則其時中書、尚書似已分而爲二。蓋尚書在漢時乃御前管文書之所，故漢人上書言『昧死上言尚書』。如丞相、大將軍已下連名奏太后廢昌邑王，亦是尚書令讀奏。武帝雖令宦者典其事，然其末年以霍光出入禁闥謹慎，可屬大事，輔少主，則以光領之。光薨，而山繼領其事，蓋既以大臣之秉政者領之，則其事始在外庭矣。然則所謂上書者爲二封，意正本則徹中書而人主閱之，副封則徹尚書而大將軍閱之。自此始判而爲二，而有內外之分。此顯、禹所以有『中書令出取之，不關尚書』之説歟。霍氏既敗，張安世復以大司馬、車騎將軍領尚書事。史言安世職典樞機，謹慎周密，每定大政，已決，輒移病出，聞有詔令，乃驚，使使之丞相府問焉。蓋霍光領尚書之時，丞相乃蔡義、楊敞也；張安世領尚書時，丞相乃魏相、丙吉也。是時，尚書雖在外庭，以腹心重臣領之，然於宰相並無干預。此安世所以密議大政，及出詔令而佯爲不知，遣使問之丞相府。則丞相府，乃宣行尚書所議之政令耳，而尚書非丞相之司存也。漢丞相府有東曹、西曹，爲處掾屬、議政令之地，於尚書並無干預。至魏明帝，常卒至尚書門，陳矯爲尚書令，跪問欲何之，帝曰：『欲案行文書。』然則魏時尚書猶去禁中不遠。

清·王鳴盛《十七史商榷》卷四一《三國志三·宮府》　《諸葛亮傳》：『亮率軍北駐漢中，上疏曰：「宮中、府中，俱爲一體，陟罰臧否，不宜異同。」』案『府』者，卽三公之府，見《前漢書》；『宮中』者，黃門常侍也。弘恭、石顯排擊蕭望之，周堪、曹節、王甫輩反噬陳蕃、竇武，此宮、府不一之禍也。時雖以攸之、禕、允分治宮中政令，猶恐後主柔暗，或有所暱，故首以此為言。其後董允既卒，黃皓專政，而國亡矣。當檢《允傳》同勸，又可與三十七卷《臺閣》一條參尋之。

又　卷四九《晉書七·東宮西宮》　『倫自爲相國，一依宣文輔魏故事，增相府兵爲二萬人，起東宮三門四角華櫓。倫與孫秀並聽妖邪之説，使牙門趙奉詐爲宣帝神語，命倫早入西宮』，案『東宮』者，相府也；『早入西宮』者，爲天子也。上文言司馬雅給事東宮，又言孫秀知太子若還東宮，將與賢人圖政。彼東宮皆太子所居，與此東宮爲相府不同。大約自魏及晉，洛京宮室，天子居西而相府在東，故《段灼傳》：『武帝卽位，灼陳時宜云：「陛下受禪，從東府入西宮，兵刃耀天，旌旗翳日。」』而《齊王冏傳》亦云：『冏起兵討趙王倫，惠帝反正，拜大司馬，加九錫，備物典策，如宣、景、文、武輔魏故事。冏輔政，大築第館，北取五穀市，南開諸署，毀壞廬舍以百數，使大匠營制，與西宮等。』是也。

《南史·宋武帝紀》：『帝在晉末，既爲大將軍、揚州牧，給班劍二十人，改太尉、中書監，進太傅，加羽葆、鼓吹。及誅劉毅之後，剋期至都，於是輕舟密至，已還東府。』其下又云：『息人簡役，築東府城。』其下又言：『帝戒嚴，北討姚泓，以世子爲中軍將軍，監太尉留府事，尚書右僕射劉穆之爲左僕射，領監軍、中軍二府軍司，入居東府。』《齊高帝紀》：『元徽五年七月戊子，弑蒼梧王。甲午，帝移鎭東府。內申，加侍中、司空、錄尚書事。』又：『前湘州刺史王蘊還至東府前，期見高帝。』可知南朝建康，凡宰相之府亦稱東府，猶沿晉制也。凡《宋》、《齊》、《梁》、《陳》各紀傳及《南史》各紀傳中稱東府者，不可枚舉。

又　卷六四《南史合宋齊梁陳書十二·東府》　張敦頤《六朝事迹·宮殿》門云：『有曰臺城，蓋宮省之所寓也；有曰東府，蓋宰相之所居也；有曰西州，蓋諸王之所宅也，皆不出都城之內。』此段提綱挈領甚佳。今既考得臺城所在，則東府、西州約略可見，試先以東府考之。前第四十九卷論晉時宰相居東，天子在西，因及南朝宰相居東爲仿晉，是矣。但彼以對天子之西爲東，此則居臺城之東，因西州居臺城之西，而爲東西微不同。《元和郡縣志》二十五卷《江南道》：『東府城在上元縣東七里，其地西則簡文帝爲會稽王時邸第，東則丞相王道子府。謝安薨，道子代領揚州，仍先府舍，故稱爲東府，而謂揚州廨爲西州。』此條詮取名之所自，似是，然有辨，説見下。《江南通志》三十卷《古迹門》云：『東府城在江寧縣舊皇城西安門外，青溪橋東南，臨淮水。』是舊迹猶可見。

宰相居此，非尋常宰相，乃秉權最重者。第四十九卷考得宋武帝、齊高帝未卽眞皆居此，凡五事。玆又考得《宋書》宋武帝之繼母孝懿蕭皇后傳，裕北伐，仍停彭城壽陽，至元熙二年入朝，因受禪。在外凡五年，后常留東府。《南齊書・紀》宋順帝昇明二年正月，沈攸之死，齊太祖旋鎮東府。宋武、齊高皆居之，非秉權至重者而何？其餘散見，不可枚舉。姑隨舉之，如《宋書・文九王傳》『建平王宏之子景素舉兵，冠軍將軍齊王世子鎮東府城』。齊王者，齊高帝世子者，齊武帝也。《南齊書・豫章王嶷傳》沈攸之之難，太祖入朝堂，嶷出鎮東府。此皆秉權最重者。

《南史・宋彭城王義康傳》：『爲侍中、司徒、錄尚書事、領揚州刺史，四方獻饋以上品薦義康，次者供御上。冬月噉柑，嘆其味劣，義康曰：「今年柑殊有佳者。」遣還東府取柑大供御者三寸。』又《宋文帝子江夏文獻王義恭傳》：『授大將軍、南徐州刺史，還鎮東府。』《宋書・始安王休仁傳》：『前廢帝死，休仁推崇太宗即明帝，便執臣禮。明旦，休仁出住東府。』《南史・宋建安王休仁傳》：『宋明帝疾，暴甚，内外皆屬意休仁，主書以下皆往東府詣休仁，所親信豫自結納。』又《王融傳》：『魏軍動，竟陵王子良於東府募人。』凡此皆親王也，而即為幸輔，是以皆居東府耳。

每建康有事，必置兵守，此事屢見，隨舉之，則如《南齊書・高帝紀》：『休範反，太祖曰：「宜頓新亭白下，堅守宮掖東府石頭以待。」賊進至杜姥宅，車騎典籤茅恬開東府納賊。』是也。

相國丞相屬官分部

綜述

《三國志》卷四三《蜀志・馬忠傳》　建興元年，丞相亮開府，以忠爲門下督。

《宋書》卷三九《百官志上》　丞相置三長史。【略】魏武爲丞相以來，置左右二長史而已。【略】

魏元帝咸熙中，晉文帝爲相國，相國府置中衛將軍、驍騎將軍、左右長史、司馬、從事中郎四人，主簿四人，舍人十九人，參軍二十二人，參戰十一人，掾、屬三十三人。東曹掾、屬各一人，西曹屬一人，户曹掾一人，屬二人，賊曹掾一人，屬二人，金曹掾、屬各一人，兵曹掾、屬各一人，騎兵掾二人，屬一人，車曹掾、屬各一人，鎧曹掾、屬各一人，水曹掾、屬各一人，集曹掾、屬各一人，法曹掾、屬各一人，奏曹掾、屬各一人，倉曹屬二人，戎曹屬一人，馬曹屬一人，媒曹屬一人，合爲三十三人。散屬九人，凡四十二人。【略】

趙王倫爲相國，置左右長史、司馬、從事中郎四人，參軍二十人，主簿、記室督、祭酒各四人，掾、屬四十人，東西曹又置屬，其餘十八曹皆置掾，則四十人矣。【略】

宋高祖爲相，止置諮議參軍，無定員。【略】江左初，晉元帝鎮東丞相府有録事、記室、東曹、西曹、度支、户曹、法曹、金曹、倉曹、理曹、中兵、外兵、騎兵、典兵、兵曹、賊曹、運曹、禁防、典賓、鎧曹、田曹、士曹、騎士、車曹參軍。其東曹、西曹、度支、金曹、理曹、典兵、兵曹、賊曹、運曹、禁防、典賓、騎士、車曹凡十三曹，今闕所餘十二曹也。其後又有直兵、長流、刑獄、城局、水曹、右户、墨曹七曹。高祖爲相，合中兵、直兵置一參軍，曹則猶二也。今小府不置長流參軍者，置禁防參軍。蜀丞相諸葛亮府有行參軍。

隋・虞世南《北堂書鈔》卷六八《設官部二十・長史》　銅印墨綬。《晉百官表》注云：太宰長史銅印墨綬，朝服進賢兩梁冠，官品第六，俸月五十斛。

差次九品，詮衡人倫。干寶《司徒儀》云：左長史之職，掌差次九品，詮衡人倫。

掌察郡吏。干寶《司徒儀》云：左長史職，掌佐公脩文，政檢其法，憲其分，職各以云云。

又《司馬》　脩武政，簡軍旅。干寶《司徒儀》云：司馬之職掌佐公修武政，上簡其軍旅，飭其器械也。

又《從事中郎》　維正大體。干寶《司徒儀》云：從事中郎之職，各當其所治之曹，而綱紀其事，維正大體，恭參謀議。

又《掾》　敦明教義，肅厲清風，以訓羣吏，以貴朝望。干寶《司徒儀》云：掾屬之職，敦明教義，肅厲清風，非禮不言，非法不行，以訓羣吏，以貴朝望，名常長其理者也。

又《屬》　參定九品。干寶《晉紀》云：王導爲司徒，置西屬一人，佐長史參定九品。

了無事。《山公啓事》云：事職有年限，如公府掾屬，了無一事，亦限三年近也。

又《功曹》　糾司外内，扶直繩違。孫綽爲功曹參軍騎曹，箋云：綱紀居管轄之任，以糾司外内，駁議彈劾，誠無所拘，然亦所以獻可替否，扶直繩違者也。

又　卷六九《設官部二十一・主簿》　職在拾遺。崔駰《竇憲牋》：主簿職在拾遺，夙夜致思，智慮淺短，何益也？

又《録事參軍》　總録衆曹，管其文案。干寶《司徒儀》云：録事之職，掌總録衆曹，管其文案，凡府自上章以下意遠失者彈正以法，掌凡諳同案之事。

舉善彈非。劉弘教云：録事參軍務舉善彈非，令史亦各隨職事修習也。

舉直錯枉。干寶《司徒儀》云：録事參軍掌舉直錯枉也。

又《記室參軍》　掌啓奏。干寶《司徒儀》云：記室掌章表、啓奏、弔賀之禮也。

記室之事創其草。干寶《司徒儀》云：記室主書儀，凡有表章、雜記之書，掌創其草。

弔賀之禮則題署。干寶《司徒儀》又云：記室之職，凡掌文墨、章表、啓奏、弔賀之禮，則題署也。

又《中兵參軍》　掌帳内。干寶《司徒儀》云：中兵參軍掌督帳内牙門將及軍器，給其軍事也。

罷姦詐，均勞逸。干寶《司徒儀》云：中兵之任，凡在軍者名於赤録，以時科其器械，稽其人數，身上死及老，所以罷姦詐、均勞逸也。

又《行參軍》　掌使命，不限數。干寶《晉紀》云：參軍宰吏，惠帝立。河間王顒爲太宰輔政，置行參軍，不限數也。

《隋書》卷二六《百官志上》　梁武受命之初，官班多同宋、齊之舊，有丞相、太宰、太傅、太保、大將軍、大司馬、太尉、司徒、司空、開府儀同三司等官。諸公及位從公開府者，置官屬。有長史、司馬、諮議參軍，掾屬從事中郎、記室、主簿、列曹參軍、行參軍、舍人等官。其司徒則有左、右二長史，又增置左西掾一人，自餘僚佐，同於二府。有公則置，無則省。而司徒無公，唯省舍人，餘官常置。開府儀同三司，位次三公，諸將軍、左右光禄大夫，優者則加之，同三公，置官屬。

又　卷二七《百官志中》　後齊制官，多循後魏，【略】各置長史，司馬，諮議參軍，從事中郎，掾屬，主簿，録事，功曹，記室，户曹，金曹，中兵、外兵、騎兵、長流、城局、刑獄等參軍事，東西閤祭酒及參軍事，法、墨、田、水、鎧、集、士等曹行參軍，兼左户右户行參軍，長兼行參軍，參軍，督護等員。司徒則加有左右長史。三公下次有儀同三司。加開府者，亦置長史已下官屬，而減記室、倉、城局、田、水、鎧、士等七曹，各一人。其品亦每官下三府一階。三師、二大置佐史，則同太尉府。

《晉書》卷二四《職官志》　諸公及開府位從公者，品秩第一，食奉日五斛。太康二年，又給絹，春百匹，秋絹二百匹，綿二百斤。元康元年，給菜田十頃，田騶十人，立夏後不及田者，食奉一年。置長史一人，秩一千石；西東閤祭酒、西東曹掾、户倉賊曹令史屬各一人；御屬閤下令史，西東曹倉户賊曹令史、門令史、記室省事令史、閤下記室書令史、西東曹學事各一人。給武賁二十人，持班劍。給朝車駕駟、安車黑耳駕三各一乘，祭酒掾屬白蓋小車七乘，軺車施耳後户、皁輪犢車各一乘。自祭酒已下，令史已上，皆皁零辟朝服。太尉雖不加兵者，吏屬皆絳服。司徒加置左右長史各一人，秩千石；主簿、左西曹掾屬各一人，西曹稱右西曹，其左西曹令史已下人數如舊令。司空加置導橋掾一人。

諸公及開府位從公加兵者，增置司馬一人，秩千石；從事中郎二人，秩比千石；主簿、記室督各一人；舍人四人；兵鎧、士曹，營軍、刺姦、帳下都督，外都督，令史各一人。主簿已下，令史已上，皆絳服。司馬給吏卒如長史，從事中郎給侍二人，主簿、記室督各給侍一人。其餘臨時增崇者，則褒加各因其時爲節文，不爲定制。

諸公及開府位從公爲持節都督，增參軍爲六人，長史、司馬、從事中郎、主簿、記室督、祭酒、掾屬、舍人如常加兵公制。

唐・杜佑《通典》卷二一《職官三・宰相並官屬》　丞相司直。

【略】

獻帝建安八年，復置司直，不屬司徒，掌督中都官，不領諸州。九年，詔司直皆比司隸校尉，坐同席，在上，假傳置也，伏湛字惠公，光武以湛才任宰相，拜爲司直，行大司徒事。後無。石勒置都部從事，各部一州，秩二千石，准丞相司直。

丞相長史。【略】魏武爲丞相以來，置左右二長史而已。

丞相諸曹吏。【略】魏武爲丞相，置徵事二人。建安十五年，初置徵事二人，以邴原、王烈選補之。舊有東西曹，自魏武大軍還鄴，乃省西曹。時毛玠爲東曹掾，與崔琰並典選舉。玠請謁不行，時人憚之。及議併省，咸欲省東曹，皆曰『舊西曹爲上，東次之，宜省東曹也』。魏武知其情，令曰：『日出於東，月盛於西。凡人言方，亦復先東。』遂省西曹。及咸熙中，司馬昭爲相國，相國府置中衛、驍騎二將軍，左右長史，司馬，從事中郎，主簿，舍人，參軍，參戰，東西曹及户、賊、金、兵、騎兵、車、鎧、水、集、法、奏、倉、戎、馬、媒等曹掾屬，凡四十二人。晉元帝以鎮東大將軍爲丞相，丞相府置從事中郎，分掌諸曹；有録事中郎、度支中郎、三兵中郎。其參軍則有諮議參軍二人，主諷議事。江左初置軍諮祭酒，有録事、記室、東曹、西曹等十三曹，其後又置七曹。宋武帝爲相，合中兵、直兵，置一參軍曹，則猶二也。其小府不置長流參軍者，置禁防參軍。蜀丞相諸葛亮府有行參軍，晉太傅司馬越府又有行參軍、兼行參軍。後漸加長兼字，除拜則爲參軍事，府板則爲行參軍。晉末以來，參軍事、行參軍各有除板。板行參軍下則長兼行參軍。又有參軍督護、東曹督護，二督護江左置。

元・馬端臨《文獻通考》卷四九《職官考三・宰相屬官》 丞相司直。【略】獻帝建安八年，復置司直，不屬司徒，掌督中都官，不領諸州。九年，詔司直皆比司隸校尉，坐同席在上，假傳置也伏湛字惠公。光武以湛才任宰相，拜爲司直，行大司徒事。後無石勒置都部從事，各部一州，秩二千石，准丞相司直。【略】

丞相諸曹吏。掾屬三十，御屬一。獻帝建安中，魏武爲丞相，置徵事二人。建安十五年，初置徵事二人，以邴原、王烈選補之。舊有東、西曹，自魏武大軍還鄴，乃省西曹。時毛玠爲東曹掾，與崔琰並典選舉。玠請謁不行，時人憚之。及議併省，咸欲省東曹，皆曰：『舊西曹爲上，東次之，宜省東曹也。』魏武知其情，令曰：『日出於東，月盛於西。凡人言方，亦復先東。』遂省西曹。及咸熙中，司馬昭爲相國，相國府置中衛、驍騎二將軍，左、右長史，司馬，從事中郎，主簿，舍人，參軍，參戰，東西曹及户、賊、金、兵、騎兵、車、鎧、水、集、法、奏、倉、士、馬、媒等曹掾屬，凡四十二人。晉元帝以鎮東大將軍爲丞相，丞相府置從事中郎，分掌諸曹；有録事中郎、度支中郎、三兵中郎；其參軍則有諮議參軍二人，主諷議事。江左初置軍諮祭酒，有録事、記室，東曹、西曹等十三曹，其後又置七曹。宋武帝爲相，合中兵、直兵，置一參軍曹，則猶二也。其小府不置長流參軍者，置禁防參軍。蜀丞相諸葛亮府有行參軍。晉太傅司馬越府又有行參軍、兼行參軍。後漸加長兼字。除拜則爲參軍事，府版則爲行參軍。晉末以來，參軍事、行參軍各有除版，行參軍下則長兼行參軍。又有參軍督護、東曹督護二督護，江左置。

中書省官員分部

綜　述

《宋書》卷四〇《百官志下》 中書令，一人。中書監人，一人。中書侍郎，四人。中書通事舍人，四人。漢武帝游宴後廷，始使宦者典尚書事，謂之中書謁者，置令、僕射。元帝時，令弘恭，僕射石顯，秉勢用事，權傾内外。成帝改中書謁者令曰中謁者令，罷僕射。漢東京省中謁者令，而有中宫謁者令，非其職也。魏武帝爲王，置秘書令，典尚書奏事，又其任也。文帝黄初初，改爲中書令，又置監，及通事郎，次黄門郎。黄門郎已署事過，通事乃奉以入，爲帝省讀書可。晉改曰中書侍郎，員四人。晉江左初，改中書侍郎曰通事郎，尋復爲中書侍郎。晉初置舍人一人，通事一人。江左初，合舍人通事謂之通事舍人，掌呈奏案章。後省通事，中書差侍郎一人直西省，又掌詔命。宋初又置通事舍人，而侍郎之任輕矣。舍人直閣内，隸中書。其下有主事，本用武官，宋改用文吏。

《南齊書》卷一六《百官志》 中書監一人，令一人，侍郎四人，通事舍人無員。

中書省職，置主書、令史、正書以下。

隋・虞世南《北堂書鈔》卷五七《設官部九・中書總》 掌内事。

環濟《要略》云：中書掌内事，密召下州郡及邊將，不由尚書也。

非良才何可斯任。温嶠上疏云：中書之職，酬對無方，斟酌輕重，豈唯文疏而已？自非望士良才，何可妄居斯任？

非輕才所可獨任。王獻之《啓琅邪文孝王爲中書監表》云：中書職掌詔命，當否是寄，故非輕才所可獨任也。

又《中書監》 監令同車。曹嘉之《晉紀》云：中書監、令常同車入朝。至和嶠爲令，而荀勖爲監。嶠意强抗，專車而坐，乃使監、令異車，自嶠而始也。

宰相參領。王獻之《啓琅邪王爲中書監表》云：中書重職，掌詔命，自大晉建國，常令宰相參領，中興以來益重其任，故王言珍徽，德音四塞。【略】

當否是寄，故非輕才。王獻之《啓琅邪文孝王爲中書監表》云：中書重職，掌詔命，當否是寄，故非輕才所任。

又《中書令》 掌機管。《王治集辭中書令表》云：竊以中書職掌機管，有由來矣。漢武之世始建此職，歷代時宜，拜參遂重。武帝朝，荀勖，張華並爲其任。中興以來宰相居也。

又《中書侍郎》 掌詔書。《魏志》：黄初中，改秘書，始置通事郎，掌詔章也。

又《中書舍人》 舍人古官。環濟《要略》云：舍人，古官也，掌平宫中穀敷也。

掌詔密。環濟《要略》云：中書掌内密詔，令僕射丞郎。

對掌文誥。《荀勖集》云：晉武帝時，門下辟通事令史，伊羨、趙成爲中書舍人，對掌文誥。

《隋書》卷二六《百官志上・梁》 中書省置監、令各一人，掌出内帝命。侍郎四人，功高者一人，主省内事。又有通事舍人、主事令史等員，及置令史，以承其事。通事舍人，舊入直閤内。梁用人殊重，簡以才能，不限資地，多以他官兼領。其後除通事，直曰中書舍人。

又 卷二七《百官志中・北齊》 中書省，管司王言，及司進御之音樂。監、令各一人，侍郎四人。並司伶官西涼部直長、伶官西涼四部、伶官龜茲四部、伶官清商部直長、伶官清商四部。又領舍人省，掌署敕行下，宣旨勞問。中書舍人、主書各十人。

《晉書》卷二四《職官志》 中書監及令，案漢武帝游宴後庭，始使

宦者典事尚書，謂之中書謁者，置令、僕射。成帝改中書謁者令曰中謁者令，罷僕射。漢東京省中謁者令，而有中官謁者令，非其職也。魏武帝爲魏王，置秘書令，典尚書奏事。文帝黄初初改爲中書，置監、令，以秘書左丞劉放爲中書監，右丞孫資爲中書令；監、令蓋自此始也。及晉因之，並置員一人。

中書侍郎，魏黄初初，中書既置監、令，又置通事郎，次黄門郎。黄門郎已署事過，通事乃署名。已署，奏以入，爲帝省讀，書可。及晉，改曰中書侍郎，員四人。中書侍郎蓋此始也。及江左初，改中書侍郎曰通事郎，尋復爲中書侍郎。

中書舍人，案晉初初置舍人、通事各一人，江左合舍人通事謂之通事舍人，掌呈奏案章。後省，而以中書侍郎一人直西省，又掌詔命。

唐・李林甫等《唐六典》卷九《中書省集賢院史館匭使》 中書令二人，正三品。【略】後漢省。獻帝時，魏武爲魏王，置秘書令，典尚書奏事，此又中書之任也。魏黄初，改秘書令典尚書奏事爲中書令，又置監與令各一人，秩並千石，以秘書左丞劉放爲中書監，右丞孫資爲中書令，二人用事，權自此重矣。魏制監右於令，故孟康自中書令遷中書監，時以爲美也。魏中書典尚書奏事，若密詔下州郡及邊將，則不由尚書。晉氏監、令並第三品，秩千石，銅印、墨綬，進賢兩梁冠，絳朝服，佩水蒼玉，軺車。監、令掌贊詔命，記會時事，典作文書。舊尚書並掌詔奏，既有中書官，而詔悉由中書也。故荀勖從中書監爲尚書令，人賀之，乃發恚曰：『奪我鳳皇池，何賀之有？』東晉朝更重其職，多以諸公領之。中興之後，以中書之任幷入散騎省，後復置之。宋、齊置監、令，品秩並同晉氏。梁監增秩至中二千石，令秩增二千石，監、令並增至二品；後定十八班，監班第十五，令班第十三信。陳氏監、令品秩依梁；中書分爲二十一局，各掌尚書諸曹，總國機要，而尚書唯聽受而已。後魏置監、令各一人。孝文初，定命中書監正第一品，中書令正第二品中；太和末，監從第二品，令正第三品。北齊依魏。後周依《周官》，春官府置内史中大夫二人，掌王言，蓋比中書監、令之任；後又增爲上大夫。【略】

中書侍郎二人，正四品上。【略】魏黄初，中書置監、令，又置通事郎，次黄門郎，即中書侍郎之任也。《魏志》：『明帝詔舉中書郎，謂盧毓曰：「得人與否，在盧生耳。」』又：『司馬宣王辟王伯與，擢爲中書侍郎。』則其名起於魏氏。《晉令》：『中書侍郎四人，品第四，給五時朝服，進賢一梁冠。』晉氏每一

郎入直西省，專掌詔草，更直省五日；從駕，則正直從，次直守。東晉又改爲通事郎，尋復舊。宋、齊並同晉氏。梁功高者一人主直內事，秩千石，班第九。陳依梁。後魏置四人，初，正第四品上；太和末，從第四品上。北齊因之。後周依《周官》，春官府置小內史下大夫二人，蓋比中書侍郎之任也。【略】

中書舍人六人，正五品上。魏氏中書置通事一人，掌呈奏案章，《魏志》云『明帝時有通事劉泰』是也。高貴鄉公正始中改爲通事舍人，尋又改爲通事侍郎，則猶兼侍郎之任也。《晉書・百官志》云：『晉初，中書舍人、通事各一人，至東晉合爲一職，謂之通事舍人，專掌呈奏。後復省之，而以侍郎兼其職。』《晉令》：『中書通事舍人品第七。絳朝服，武冠。』宋初又置通事舍人四人，品秩同晉氏，入直閤內，出宣詔命，而侍郎之任輕矣。齊武永明初，中書通事舍人四人，各住一省，時謂之『四户』，既總重權，勢傾天下。會熒惑入太微，太史奏宜修祈禳之禮，太尉王儉謂帝曰：『天文乖忤，此由四户。』帝納之，不能改也。梁氏秩四百石，品第八。梁用人殊重，簡以才能，不限資地，多以他官兼領，併入合內，專掌中書詔誥，猶兼呈奏之事。故裴子野以中書侍郎、鴻臚卿常兼中書通事舍人，別敕知詔誥。自魏、晉，詔誥皆中書令及中書侍郎掌之，至梁始舍人爲之；其後，除『通事』，直曰中書舍人。陳氏置五人，餘同梁氏。後魏第六品上，史闕其員。北齊置十人，品同魏氏，並掌詔誥。後周春官府置小史上士二人，比其任也。

【略】

主書四人，從七品上；《周官》天官有司書中士四人，鄭注云：『主計會之簿書。』掌邦國六典、八法、九職，蓋比主書之任也。王道秀《百官春秋》：『初，晉中書置主書，用武官，宋文帝改用文吏。』齊氏中書置主書令史。梁氏不置。陳氏中書置主書十人，去令史之名。後魏中書有主書令史八人，從第七品上。北齊十人，從八品上。天保中，文宣躬親政事，主書令史頗亦受委，并得奏事。文宣曾立看主書令史題署，嫌其遲，語云：『但主書，何須復著「令史」二字也。』即以去之。至武成河清初，左丞劾其輒改吏稱，皆云文宣口敕，尋屬新令初頒，遂去『令史』之字。文宣之代，雖曰委任，用人猶輕。至孝昭、武成，召引才學之士荀士遜、李德林、樊孝廉爲之，頗曰清舉，猶未有灼然子弟屈爲此職。【略】主事四人，從八品下；魏氏所置。歷宋、齊，中書並置主事，品並第八。梁中書令史二人，品第八。陳氏及後魏、北齊並不置。令史二十五人；書令史五十人。魏置中書令史，呂第八。晉氏品第九，宋氏品第八。齊中書令史品第六。梁中書令史八人、書令史十二人，品皆第九。陳氏中書吏不置令史。後魏、北齊中書並有令史。自前代已來，令史皆有品秩，至隋開皇初始降爲流外行署。

【略】

通事舍人十六人，從六品上。【略】魏置謁者十人。晉武帝省僕射，以謁者並蘭臺。晉初，置舍人、通事各一人，隸中書。《東晉令》舍人、通事兼謁者之任，通事舍人之名，自此始也。宋武帝置謁者僕射，領謁者十八人。齊因之。梁置謁者十人，亦隸謁者臺。陳亦有之。後魏謁者從第五品中。北齊謁者三十人，正第九品下。【略】

集賢殿書院。【略】漢、魏已來，其職具秘書省。梁武帝於文德殿內列藏衆書。北齊有文林館學士，後周有麟趾殿學士，皆掌著述。【略】

史館史官。【略】至魏明帝太和中，始置著作郎及佐郎，隸中書省，專掌國史。至晉惠帝元康二年，改隸秘書省。歷宋、齊、梁、陳、後魏並置著作，隸秘書省，北齊因之，代亦謂之史閣，亦謂之史館。史閣、史館之名，自此有也。故北齊邢子才作詩訓魏收『冬夜直史館』是也。後周有著作上士、中士，掌國史，隸春官府。

唐・杜佑《通典》卷二一《職官三・中書省》 中書之官舊矣，謂之中書省，自魏晉始焉。梁陳時，凡國之政事，並由中書省。省有中書舍人五人，領主書十人，書吏二百人，書吏不足，並取助書。分掌二十一局事，各當尚書諸曹，並爲上司，總國內機要，而尚書唯聽受而已。被委此官，多擅威勢。後魏亦謂之西臺。宣武帝謂中書監崔光曰：『卿是朕西臺大臣。』北齊中書省管司王言，并司進御之樂及清商、龜茲諸部伶官。

又《中書令侍郎　舍人　通事舍人　集賢學士　史官　主書》 魏武帝爲魏王，置秘書令，典尚書奏事，又其任也。文帝黃初初，改爲中書令，又置監，以秘書左丞劉放爲中書監，右丞孫資爲中書令，並掌機密。中書監、令，始於此也。及明帝時，中書監、令，號爲專任，其權重矣。時中護軍蔣濟上疏諫曰：『夫人臣太重者國危，左右太親者身蔽，古之至誡。權在下者，則衆心慢上，勢之常也。今外所言，輒云中書，實握事要，日在目前，儻因疲倦之間有所割制，衆臣見其能推移於事，即亦迴附向之。請分任衆官，不使聖明之朝有專吏之名也。』晉因之，置監、令一人，始皆同車，後乃異焉。初，監、令常同車入朝。及和嶠爲令，荀勖爲監，嶠意抗，鄙荀巧佞，以意氣加之，專車而坐，自此監令乃使異車。魏晉以來，中書監、令掌贊詔命，記會時事，典作文書。司馬景王命中書令虞松作表，再呈，不可意。松竭思不能改正，鍾會視其草，爲定五字，松大悅服。又荀勖爲中書監，使子組草詔。傅祗爲監，病風，又使息暢爲啓。華廙爲監，時戎事多不洩，廙啓武帝，召授子薈草詔。前後相承，以子弟管之，自此始也。又王獻之爲中書令，啓瑯琊王爲中書監，表曰：『中書職掌詔命，非輕才所能獨任。自晉建國，嘗命宰相參領。中興以來，益重其任，故能王言彌徽，德音四塞者也。』又後魏孝文時，蠕蠕有國喪，帝遣高閭爲書與之，不敍凶事。時孝文謂曰：『卿爲中書監，職典文辭，若情思不至，應謝所任。』又曰，崔光爲中書令，敕光爲詔，逡巡不作。薈，烏隊切。廙，餘力切。蠕，如兗切。以其地在樞近，多承寵任，是以人固其位，謂之『鳳凰池』焉。荀勖守中書監、侍中，毗贊朝政。及遷尚書令，勖久在中書，專管機事，失之甚惱。人有賀者，勖怒曰：『奪我鳳凰池，諸公何賀焉！』晉制，銅印墨綬，進賢兩梁冠，絳朝服，佩水蒼玉，乘軺車。《吳紀》亮爲尚書令，其子鷺爲中書令，每朝會，吳主以屏風隔其坐。《晉書》曰：張華爲監，裴楷爲令，共掌機密。又王洽字敬和，爲中書令，時年二十九。後洽子珉又爲中書令，時謂爲奕世令德。東晉嘗併其職入散騎省，尋復置之。宋冠佩印綬與晉同。梁中書監、令，清貴華重，大臣多領之。其令舊遷吏部尚書，才地俱美者爲之。陳因梁制。後魏亦有監、令。高允字伯恭，爲中書令。文帝重之，不名，呼爲『令公』。北齊因魏制。後周置內史中大夫二人，掌王言，亦其任也。【略】

中書侍郎。【略】魏黄初初，中書既置監、令，又置通事郎，《魏志》曰：『掌詔草，即漢尚書郎之位。』次黄門郎。黄門郎已署事過，通事乃署名。已署奏以入，爲帝省讀，書可。後改通事郎爲中書侍郎。明帝詔舉中書郎，謂盧毓曰：『得人與否，在盧生耳。』又魏末張華遷長史，兼中書郎，朝議表奏，多見施用。晉置四員，及江左初，又改爲通事郎，尋復爲中書侍郎。其職副掌王言，更入直省五日，從駕則正直從，次直守。張華兼中書郎，從駕征鍾會，掌書疏表檄。又《荀勖集》：泰始中，中書郎張華、王濟猶尚自起草，及後，遂失舊體。又嵇含字君道，爲中書郎，書檄云集，含初不立草。又華廙爲人弘雅，加以名家子孫，以婦父盧毓典選，至三十五，爲中書通事郎。又王濛爲中書郎四年，無人對，以濛難比肩故也。宋中書侍郎，進賢一梁冠，介幘，絳朝服，用散騎常侍爲之。齊、梁皆四人，梁以功高者一人主省內事。陳因之。後魏、北齊置四員。【略】

中書舍人。魏置中書通事舍人，或曰舍人通事，各爲一職。魏明帝時，有通事劉泰。晉江左乃合之，謂之通事舍人。武冠，絳朝服，掌呈奏案章。後省之，而以中書侍郎一人直西省，即侍郎兼其職，而掌其詔命。宋初，又置中書通事舍人四員，入直閤內，出宣詔命。凡有陳奏，皆舍人持入，參決於中，自是則中書侍郎之任輕矣。齊永明初，中書通事舍人四員，各住一省，時謂之『四户』，權傾天下，茹法亮久爲中書通事舍人，後出爲大司農。中書勢利之職，法亮戀之，垂涕而去。又熒惑入太微，太尉王儉謂武帝曰：『天文乖誤，此由四户。』帝納之而不改。與給事中爲一流。梁用人殊重，簡以才能，不限資地，多以他官兼領。後除『通事』字，直曰中書舍人，專掌詔誥，兼呈奏之事。裴子野以中書侍郎、鴻臚卿兼中書通事舍人，別敕知詔誥。自是詔誥之任，舍人專之。魏晉以來，詔誥並中書令及侍郎掌之，説在《中書令》篇。陳置五人。後魏有舍人省，而不言其員。北齊舍人省掌署敕行下，宣旨勞問，領舍人十人。後周有小史上士二人，此其任也，屬春官。【略】

通事舍人。【略】魏置僕射，掌大拜授及百官班次，統謁者十人。及晉武，省僕射，以謁者並蘭臺。江左復置僕射，後又省。宋武帝大明中，復置僕射一人，職與魏同，亦領謁者十人，掌小拜授及百官報章。齊因之。梁謁者臺，僕射一人，掌朝覲賓饗之事；屬官謁者十人，掌奉詔出使拜假，朝會擯贊；功高者一人爲假史，掌差次謁者。陳亦有之。後魏、北齊謁者臺掌凡諸吉凶公事，導相禮儀。儀射二人，謁者三十人。【略】初，魏置中書通事舍人官，其後歷代皆有，然非今任。【略】

集賢殿書院。【略】漢魏以來，秘書省有其職。梁武帝於文德殿內列藏衆書，北齊有文林館學士，後周有麟趾殿學士，皆掌著述。【略】

史官。【略】自後漢以後，至於有隋，中間唯魏明太和中，史職隸中書，其餘悉多隸秘書。【略】

主書。晉中書有主書之員，本用武官，宋改用文吏。齊於中書置主書令史。陳置主書而去令史之名。後魏又爲主書令史，置八人。北齊置主書十八人。北齊初曰主書令史。文宣帝嘗立遺主書令史題署，嫌其遲，語曰：『但著主書，何煩著令史字！』自此除『令史』字。

《舊唐書》卷四三《職官志二》 中書省秦始置中書謁者，漢元帝去『謁者』二字。歷代但云中書。後周謂之內史省。【略】

中書令二員。漢、魏品卑而付重。魏置監、令各一員，歷南朝不改。

中書侍郎二員。漢置中書，掌密詔，有令、僕、丞、郎四官。魏曰中書郎，晉加『侍』字。

中書舍人六員。正五品上。曹魏於中書置通事一人，掌呈奏按章。高貴鄉公於通事下加『舍人』二字。晉於中書置舍人、通事各一人。自魏、晉、齊、梁，詔誥皆出於中書令、中書侍郎，中書通事舍人但掌呈奏而已。或通事有文字者，别敕知詔誥。至梁武，制誥專令舍人掌之，兼去『通事』二字。

通事舍人十六人。從六品上。通事舍人，晉置舍人、通事各一人，隸中書。東晉曰通事舍人。

集賢殿書院：【略】漢、魏已來，職在秘書。梁於文德殿内藏聚羣書。北齊有文林館學士，後周有麟趾殿學士，皆掌著述。

史館：歷代史官，隸秘書省著作局，皆著作郎掌修國史。史官。古者天子諸侯，皆有史官，以紀言動、曆數之事。至後漢明帝，召當時名士入東觀，撰《光武紀》，而史官因以他官兼之。魏明帝始置著作郎，專掌國史，隸中書。晉改隸秘書省，因而不改。【略】楷書手二十五人，典書四人，亭長二人，掌固六人，裝潢直一人，熟紙匠六人。史官掌修國史，不虚美，不隱惡，直書其事。凡天地日月之祥，山川封域之分，昭穆繼代之序，禮樂師旅之事，誅賞廢興之政，皆本於起居注、時政記，以爲實録，然後立編年之體，爲褒貶焉。既終藏之于府。

宋・李昉等《太平御覽》卷二二〇《職官部十八・中書令》 《晉令》曰：中書爲詔令、記會時事、典作文書也。

《晉制》曰：中書令：銅印，墨綬，進賢兩梁冠，絳朝服，佩水蒼玉，乘軺車。

又《中書監》 環濟《要略》曰：中書掌内事，密詔下州郡及邊將，不由尚書者也。後關百官事益重，有令、僕射、丞、郎、令史，秩與尚書同。

陶氏《職官要録》曰：中書監，舊視僕射，梁選簿書。自宋已來比尚書令，特進之流而無事任，清貴華重大位多領之。

又《中書侍郎》 《晉起居注》曰：今之士大夫，多不樂出宰牧而好内官。今皆先經外官，治民著績，然後入爲常伯中書郎。

又卷二二一《職官部十九・黄門侍郎》 《齊職儀》曰：給事黄門侍郎，四人，秩六百石，武冠，絳朝服。漢有中黄門，給事黄門，位從諸大夫，秦制也。與侍中掌奏文案，贊相威儀，典署其事。

又《給事中》 《胡廣集》曰：給事中掌侍從左右，無員，位次侍中、常侍，或名儒，或國親。

《東晳集》曰：員外侍郎及給事、冗從皆是帝室茂親，或貴遊子弟。若悉從高品則非本意，若精鄉議則必有降損。

又卷二二二《職官部二十・中書舍人》 陶氏《職官要録》曰：中書舍人，舊視給事中。

《梁選簿》云：梁天監用人務簡英才，不限資次。

元・馬端臨《文獻通考》卷五一《職官考五・中書省》 中書之官舊矣，謂之中書省，自魏、晉始焉。梁、陳時，凡國之政事，並由中書省。省有中書舍人五人，領主書十人，書吏二百人書吏不足，並取助書，分掌二十一局事，各當尚書諸曹，並爲上司，總國内機要，而尚書唯聽受而已。被委此官，多擅威勢。後魏亦謂之西臺宣武帝謂中書監崔光曰：『卿是朕西臺大臣。』北齊中書省管司王言，並司進御之樂及清商、龜茲諸部伶官。

又《中書令》 魏武帝爲魏王，置秘書令，典尚書奏事，又其任也。文帝黄初初，改爲中書令，又置監，以秘書左丞劉放爲中書監，右丞孫資爲中書令，並掌機密。中書監、令始於此也。及明帝時，中書監、令號爲專任，其權重矣時中護軍蔣濟上疏諫曰：『夫大臣太重者國危，左右太親者身蔽，古之至戒。威權在下，則衆心慢上，勢之常也。今外所言，輒云中書，實握事要，日在目前，倘因疲倦之間有所割制，衆臣見其能推移於事，即亦迴附向之。請分任衆官，不使聖明之朝有專吏之名也。』。晉因之，置監、令一人，始皆同車，後乃異焉初，監、令常同車入朝。及和嶠爲令，荀勖爲監，嶠意抗，鄙荀巧佞，以意氣加之，專車而坐。自此，監、令乃使異車。魏晉以來，中書監、令掌贊詔命，記會時事，典作文書司馬景王命中書令虞松作表，再呈不可意，松竭思不能改正，鍾會視其草，爲定五字，松大悦服。又荀勖爲中書監，使子組草詔。傅祗爲監，病風，又使息暢爲啓。華廙爲監，時成事多不洩，廙啓武帝召授子薈草詔。前後相承，以子弟管之，自此始也。又王獻之爲中書令，啓琅琊王爲中書監，表曰：『中書職掌詔命，非輕才所能獨任。自晉建國，嘗命宰相參領。中興以來，益重其任，故能王言彌徽，德音四塞者也。』又後魏孝文時，蠕蠕有國喪，帝遣高閭爲書與之，不敍凶事。時孝文謂曰：『卿爲中書監，職典文辭，若情思不至，應謝所任。』又曰崔光爲中書令，敕光爲詔，逡巡不作。薈，烏隊切。廙，餘力切。蠕，如兗切。以其地在樞近，多承寵任，是以人固其位，謂之『鳳凰池』焉。荀勖守中書監、侍中，參贊朝政。及遷尚書令，勖久在中書專管機事，失之甚惱。人有賀者，勖怒曰：『奪我鳳凰池，諸公何賀焉！』晉制，銅印墨綬，進賢兩梁冠，絳朝服，佩水蒼玉，乘軺車。吳紀亮爲尚書令，其子騭爲中書令，每朝會，吳主以屏風隔其坐。《晉書》曰張華爲監，裴楷爲令，其掌機密。又王洽字敬和，爲中書令，時年二十九。後泠子瑁又爲中書令，時謂爲奕世令德。東晉常並其職入散騎省，尋復置之。宋冠佩印綬與晉同。梁中書監、令清貴華重，大臣多領之。其令舊遷吏部尚書，才地俱美者爲之。陳因梁制。後魏亦有監、令。高允字伯恭，爲中書令，文帝重之，不名，呼爲『令公』。北齊因魏制。後周置內史中大夫二人，掌王言，亦其任也。

又《侍郎》 魏黄初初，中書既置監、令，又置通事郎，《魏志》曰：『掌詔草，卽漢尚書郎之位。』次黄門郎。黄門郎已署事過，通事乃署名；已署奏以入，爲帝省讀書可。後改通事郎爲中書侍郎。明帝詔舉中書郎，謂盧毓曰：『得人與否，在盧生耳。』又魏末，張華遷掌兼中書郎，朝議表奏多見施用。晉置四員。及江左初，又改爲通事郎，尋復爲中書侍郎。其職副掌王言，更入直省五日，從駕則正直從、次直守。張華兼中書郎，從駕征鍾會，掌書疏表檄。嵇含爲中書郎，書檄雲集，含初不立草。宋中書侍郎，進賢一梁冠，介幘，絳朝服，用散騎常侍爲之。齊、梁皆四人。梁以功高者一人主省內事。陳因之。後魏、北齊置四員。

又《舍人》 中書舍人。魏置中書通事舍人，或曰舍人、通事，各爲一職。魏明帝時，有通事劉泰，晉江左乃合之，謂之通事舍人。武冠，絳朝服。掌呈奏案章。後省之，而以中書侍郎一人直西省，卽侍郎兼其職而掌其詔命。宋初，又置中書通事舍人四員，入直門內，出宣詔命。凡有陳奏，皆舍人持入，參決於中，自是則中書侍郎之任輕矣。齊永平初，中書通事舍人四員，各住一省，時謂之『四户』，權傾天下，茹法亮久爲中書通事舍人，後出爲大司農。中書勢利之職，法亮戀之，垂涕而去。又熒惑入太微，太尉王儉謂武帝曰：『天文乖誤，此由四户。』帝納之而不改。與給事中爲一流。梁用人殊重，簡以才能，不限資地，多以他官兼領。後除『通事』字，直曰中書舍人，專掌詔誥，兼呈奏之事。裴子野以中書侍郎、鴻臚卿掌兼中書通事舍人，別敕知詔誥。自是詔誥之任，舍人專之。魏晉以來，詔誥並中書令及侍郎掌之，說在《中書令》篇。陳置五人。後魏有舍人省，而不言其員。北齊舍人省掌署敕行下，宣旨勞問，領舍人十人。後周有小史上士二人，此其任也，屬春官。

又《通事舍人》 魏置僕射，掌大拜授及百官班次，統謁者十人。及晉武，省僕射，以謁者幷蘭臺。江左復置僕射，後又省。宋武帝大明中，復置僕射一人，職與魏同，亦領謁者十人，掌小拜授及百官報章。齊因之。梁謁者臺，僕射一人，掌朝覲賓饗之事；屬官謁者十人，掌奉詔出使拜假，朝會賓贊；功高者一人爲假史，掌差次謁者。陳亦有之。後魏、北齊謁者臺，掌凡諸吉凶公事，導相禮儀。僕射二人，謁者三十人。【略】初，魏置中書通事舍人官，其後歷代皆有，然非今任。

又《集賢殿》 集賢殿書院，唐開元中置。漢、魏以來，秘書省有其職。梁武帝於文德殿內列藏衆書。北齊有文林館學士，後周有麟趾殿學士，皆掌箸述。

又《史官》 自後漢以後至於有隋，中間唯魏明太和中史職隸中書，其餘悉多隸秘書。

清・汪士鐸《南北史補志未刊稿・職官志第一・職官》 中書省。始自魏、晉中書，則漢已有之。梁、陳時國之政事必由之。有中書舍人五人，領主書十八人，書吏二百人，分掌二十一局事，各當尚書諸曹，總國家機要。後魏曰西臺，北齊管司王言，並司進御燕樂、清商、龜茲、西涼等各地四部直長伶官。【略】周之內史，漢之中書謁者，魏武帝之秘書令，典尚書奏事。文帝黄初初，改爲中書令，又置監焉並掌機密，贊詔令記會，時事典作文書，出內帝命，晉因之。荀勖比之鳳凰池。東晉併入散騎省，尋復宋制。一人，銅印墨綬，進賢兩梁冠，絳朝服，佩水蒼玉，乘軺車。齊置監一人，令一人，梁以清貴大臣領之。陳世國之政事由中書省，中書舍人五人，領主事十八，書吏二百人，書吏不足，並取助書，分掌二十一局事，各當尚書諸曹，爲上司總國內機要，尚書聽受而已。後魏、北齊亦有監、令各一人，後周置內史。大象元年，秩上大夫。【略】

中書侍郎。漢置中書，領尚書事，有丞郎。魏黄初初，中書既置監、令，又置通事郎，次黄門郎，黄門郎已署事過，通事乃署名，已署奏以入，爲帝省讀書可。後改通事郎爲書侍郎。

中書舍人。魏置中書通事舍人，或曰『舍人通事』，各爲一職。晉江左乃合之，謂之『通事舍人』，武冠絳朝服，掌呈奏案章，後省之，而以中書侍郎一人直西省，即侍郎兼其職，而掌其詔命。宋初，又置中書通事舍人四員，入直閤内，出宣詔命，凡有陳奏，皆舍人持入，參決於中，自是則中書侍郎之任輕矣。齊永平初，中書通事舍人四員各住一省，時謂之『四户』，權傾天下，與給事中爲一流。梁用人殊重，簡以才能，不限資地，多以他官兼領。後陳除『通事』字，直曰『中書舍人』，專掌詔誥，兼呈奏之事，自是詔誥之任，舍人專之。陳置五人。後魏有舍人省，而不言其員。北齊舍人省掌署敕行天下，宣旨勞問，領舍人十人。後周有小史，上士二人，此其任也。屬《春官》。【略】

通事舍人。昔堯命禹賓於四門，蓋今任也。秦置謁者，漢因之。掌儐贊受事，員七十人，選孝廉年未五十，威容嚴恪，能儐贊者爲之。有僕射冠，高山冠。後漢謁者僕射爲謁者，謁者臺，銅印青綬，天子出，掌奉引。謁者三十人。謁者初上官稱曰灌謁者，滿歲稱給事。和帝代，陳郡何熙爲謁者僕射，贊拜殿中，音動左右，然則又掌謁贊。二漢隸光禄勳。魏置僕射，掌大拜授，及百官班次，統謁者十人。及晉武，省僕射，以謁者幷蘭臺。江左復置僕射，後又省。宋武帝大明中，復置僕射一人，職與魏同，亦領謁者十人，掌小拜授，及百官報章。齊因之。梁謁者臺僕射，掌朝覲賓饗之事，屬官謁者十人，掌奉詔出使拜假、朝會賓贊；功高者一人，爲假史，掌差次謁者。陳亦有之。後魏、北齊謁者臺，掌凡諸吉凶公事，導相禮儀。僕射二人，謁者三十人。【略】初，魏置中書通事舍人官，其後歷代皆有，然非今任。【略】

正書。南齊立。

主書。晉有之，本用武官，宋改用文吏。齊立主書令史，陳除『令史』字。後魏又爲主書令史八人，北齊立主書十人。

論説

元・馬端臨《文獻通考》卷五一《職官考五・中書省》　中書之官舊矣。謂之中書省，自魏、晉始焉。梁、陳時，凡國之政事並由中書省。省有中書舍人五人，領主書十人，書吏二百人書吏不足，並取助書，分掌二十一局事，各當尚書諸曹，並爲上司，總國内機要，而尚書唯聽受而已。被委此官，多擅威勢。後魏亦謂之西臺。宣武帝謂中書監崔光曰：『卿是朕西臺大臣。』北齊中書省管司王言，並司進御之樂及清商、龜兹諸部伶官。

又《職官考五・中書令》　容齋洪氏《隨筆》曰：『中書、尚書令在西漢時爲少府官屬，與太官、湯官、上林諸令品秩略等；侍中但爲加官。在東漢亦屬少府，而秩稍增。尚書令爲千石，然銅印墨綬，雖居機要，而去公卿甚遠，至或出爲縣令。魏晉以來，浸以華重。

又《舍人》　按：後漢章、和以後，尚書爲機衡之任。尚書郎含香握蘭，直宿於建禮門，太官供膳，奏事明光殿，下筆爲詔誥，出語爲誥令。曹公爲魏王，置秘書令典尚書奏事，則秘書之職近密，尚書之職疏遠。魏文帝初，改秘書爲中書，自後歷代相沿，並管樞密。而後漢尚書郎，非今之尚書郎，乃中書舍人也。

門下省官員分部

綜述

《隋書》卷二六《百官志上・梁》　門下省置侍中、給事黄門侍郎各四人，掌侍從左右，擯相威儀，盡規獻納，糾正違闕。監令嘗御藥，封璽書。侍中高功者，在職一年，詔加侍中祭酒，與侍郎高功者一人，對掌禁令，公車、太官、太醫等令，驊騮廄丞。

又　卷二七《百官志中・北齊》　門下省，掌獻納諫正，及司進御之職。侍中、給事黄門侍郎各六人，録事四人，通事令史、主事令史八人。統局六。領左右局，領左右各二人，掌知朱華閤内諸事。宣傳已下，白衣齋子已上，皆主之。左右直長四人。尚食局，典御二人，總知御膳事。丞、監各四人。尚藥局，典御及丞各二人，總知御藥事。侍御師、尚藥監各四人。主衣局、都統、子統各二人。掌御衣服玩等事。齋帥局，齋帥四人。掌鋪設灑掃事。殿中局，殿中監四人。掌駕前奏引行事，制請修補。東耕則進末耜。

唐・李林甫等《唐六典》卷八《門下省》

侍中二人，正三品。【略】《獻帝起居注》云：『初置侍中六人，出入禁中，近侍帷幄，省尚書事。』魏氏侍中置四人，省祭酒，而加官不在數，服秩依漢氏，掌儐贊威儀。大駕出，則次直侍中護駕；正直侍中負璽陪乘，不帶劍；餘皆騎從。御登殿，與散騎常侍對扶，侍中居左，常侍居右，備切問近對，拾遺補闕。《晉令》：『侍中品第三，武冠，絳朝服，佩水蒼玉。』東晉桓温奏省二人，後又復舊。宋氏掌奏事，直侍左右，殿内、門下衆事皆掌之，餘同晉氏。齊氏又以高功者一人爲祭酒，掌詔令機密，朝會多以美姿容者兼其官，餘同宋氏。梁氏秩二千石，品第三，後班第十二，與給事黄門侍郎一人對掌禁令。陳氏依梁。後魏侍中六人，加官在數，初從第一品中，太和末革令，正第三品，北齊因之，掌獻納諫正及進御之職。後周天官府置御伯中大夫二人，天子出入則侍於左右，大祭祀盥洗則授巾。武帝改御伯爲納言，蓋侍中之職也。宣帝末，又别置侍中，爲加官。【略】初，秦、漢置侍中曹，無臺省之名，自晉始有門下省。歷宋、齊、梁、陳、後魏、北齊【略】皆曰門下省。【略】

黄門侍郎二人，正四品上。《晉・職官志》云：『黄門侍郎，秦官也，無常員，掌侍從左右。漢因之，秩六百石。』劉向《誡子故書》曰：『今若年少，得黄門侍郎，要處也。』應劭曰：『黄門侍郎每日暮向青瑣門拜，謂之「夕郎」。』初，秦又有給事黄門之職，漢因之。至後漢，并二官曰給事黄門侍郎，掌侍從左右，關通中外，諸王朝見則引王就坐。至獻帝時，與侍中各置六員，出入禁中，近侍帷幄，省尚書事；後又改爲侍中侍郎，尋復舊，爲給事黄門侍郎。魏氏置四人。東晉桓温奏省二人，後又復舊，所掌與侍中俱，置四人，管門下衆事，與散騎常侍並清華，而代謂之黄散焉。《晉令》云：『品第五，秩六百石，武冠，絳朝服。』宋氏因晉，而郊廟則一人執蓋，臨軒朝會則一人執麾。齊因晉、宋，又與侍中參典詔命，侍中呼爲『門下』，給事黄門侍郎呼爲『小門下』。梁氏增秩二千石，品第五，後班第十，與侍中同掌侍從左右，儐相威儀，盡規獻納，糺正違闕，監合嘗御藥，封璽書；高功者一人，與侍中祭酒對掌禁令。陳氏因梁。後魏給事黄門侍郎史闕其員，初，正第三品；太和末，正第四品上。北齊置六人，品依魏氏，所掌與侍中同。後周天官府置御伯下大夫二人，武帝爲納言下大夫，掌貳納言上大夫之職。【略】

給事中四人，正五品上。【略】魏氏復置，或爲加官，或爲正員。晉氏無加官，亦無常員，隷散騎省，位次散騎常侍。《晉令》云：『品第五，武冠，絳朝服。』宋、齊隷集書省，位次諸散騎下、奉朝請上。梁、陳秩六百石，品第七，與諸散騎常侍侍從左右，獻納得失，省諸奏聞。後魏史闕其員，初，從第三品上；太和末，從第六品上。北齊集書省置六十員，從第六品上。後周天官府置給事中士六十人，掌理六經及諸文志，給事於帝左右；其後，六官之外又别置給事中，曰四命。【略】

録事四人，從七品上；後魏門下省録事從第八品。北齊門下録事置四人，從第八品上。【略】主事四人，從八品下；晉置門下主事，歷宋、齊，品第八。梁、陳名爲門下主事令史。北齊門下主事令史八人，從第八品上。【略】甲庫令史七人；晉置門下令史，品第九。宋及梁、陳並同晉氏。後魏、北齊門下並有令史、書令史。自漢已來，令史皆有品秩。【略】傳制八人。《晉書》：『劉裕舉義兵襲徐州刺史桓修，令何無忌僞著傳詔服稱敕使，城中無敢動者。』又，齊受禪時，侍中謝朏在直，傳詔呼云：『須侍中解印。』朏曰：『齊當自有侍中。』乃朝服步出。梁、陳二代並有傳詔之職，用人猶重。【略】

左散騎常侍二人，從三品。【略】魏黄初復置散騎，典中常侍合爲一，直曰散騎常侍，復用士人。晉置四人，典章表、詔命、優文、策文等，雖隷門下，别爲一省，潘岳云『寓直散騎之省』是也。又，領六散騎則有員外散騎常侍，無常員，魏末，散騎常侍有在員外者，因名焉。又有通直散騎常侍四人，晉太始十年，使二人與散騎常侍通員直，因名焉。又有散騎侍郎四人，魏與散騎常侍同置。自魏至晉，散騎常侍、侍郎與侍中、黄門侍郎其平章尚書奏事，江左乃罷之。又有員外散騎侍郎，無常員，晉武所置。又有通直散騎侍郎四人。東晉并中書入散騎省，故庾亮《讓中書箋》曰：『方今并省，不宜多官。往以中書事并附散騎，此事宜也。方今喉舌之要則任在門下，章表詔命則取之散騎，殊無事復立中書也。』晉代此官選望甚重，時與黄門侍郎謂之黄散。《晉令》云：『散騎常侍品第三，冠右貂、金蟬，絳朝服，佩水蒼玉。』宋置散騎常侍四人，亦以加官，久次者爲祭酒，領六散騎焉；又置集書省領之。齊因省祭酒之號。梁因之，而加秩中二千石，後班第十二；高功一人爲祭酒，與散騎侍郎一人對掌禁令。自宋以來用人雜，故其官漸替。宋大明雖革選比侍中，而人終不見重。天監六年，詔曰：『散騎常侍、員外散騎常侍、通直散騎常侍爲清望，宜革選，參舊例。』自是，散騎視侍中，通直視中丞，員外視黄門侍郎。陳氏因之。後魏集書省置散騎常侍，第二品；太和末，從三品，亦領六散騎。北齊置六人，餘同魏氏。後周散騎常侍爲加官。【略】

左散騎常侍掌侍奉規諷，備顧問應對。

諫議大夫四人，正五品上。【略】光武中興，諫議大夫置十三員。魏氏因之，史闕員、品。晉、宋、齊、梁、陳並省。至後魏始置之，正第四品。北齊集書省置諫議大夫七人，從第四品下。後周地官府置保氏下大夫一人，掌規諫于天子，蓋其任也。【略】

起居郎二人，從六品上；【略】魏、晉已來，皆中書著作兼修國史。元康二年，著作隸入秘書，別名著作省，歷宋、齊、梁、陳皆掌國史。後魏及北齊集書省領起居注，令史之職從第七品上。後周春官府置外史，掌書王言及動作，以爲國志，即其任也；又有著作二人，掌綴國録，蓋起居、著作自此分也。【略】

起居郎掌録天子之動作法度，以修記事之史。凡記事之制，以事繫日，以日繫月，以月繫時，以時繫年。必時書其朔日甲乙以紀曆數，典禮文物以考制度，遷拜旌賞以勸善，誅伐黜免以懲惡。季終則授之於國史焉。漢獻帝及西晉已後諸帝皆有起居注，皆史官所録。【略】

典儀二人，從九品下；《周禮》秋官有司儀上士八人、中士十有六人，蓋皆典儀之任也。《齊職儀》云：『東宮殿中將軍屬官有導客局，置典儀録事一人，掌朝會之事。』史闕其品秩。梁有典儀之職，未詳何曹之官，掌唱警、唱奏之事，朱服，武冠。陳亦有之。後魏置典儀監，從第五品，史闕其員及所掌。【略】

城門郎四人，從六品上；《周禮》地官有司門下大夫二人、上士四人，蓋城門郎之任也。初，漢置城門校尉員一人，秩二千石，掌城門屯兵；有司馬及丞各一人，十二城門候各一人，出從緹騎百二十人，蓋兼監門將軍之職。魏因之。晉氏品第四，秩二千石，銀章，青綬，絳朝服，武冠，佩水蒼玉。元帝省之。宋、齊俱以衛尉掌宫城屯兵及管鑰之事。梁、陳二代依秦、漢，以光禄卿掌宫殿門户，亦無城門之職。後魏置城門校尉，第三品下；太和末，第四品上。北齊衛尉寺統城門寺，置城門校尉二人，第四品上，掌宫殿、城門並諸倉庫管鑰之事。後周地官府置宫門中士一人、下士一人，掌皇城五門之禁令；又置城門中士一人、下士一人，掌皇城十二門之禁令，蓋並其任也。【略】門僕八百人。按：晉光禄勳左中郎將有崇禮等門僕各二人。【略】

符寶郎四人，從六品上；【略】魏符節令位次御史中丞。晉武帝太始元年，省併蘭臺，置符節御史。宋因之。齊置主璽令史于蘭臺，以持書侍御史領之。梁、陳御史臺並置符節令史。後魏御史臺置符節令，領符璽郎中。初，從第四品中；太和末，從第六品上。北齊御史臺領符節署令一人，領符璽郎中四人。後周天官府置主璽下士四人，分掌神璽、傳國璽與六璽之藏。【略】主符三十人。【略】後漢太守、都尉初除，與璽書；及發兵，亦與璽書，或與詔書，奸僞刻造，無由檢知。至順帝，以此制煩擾，但召符節令發銅獸、竹使符耳。歷魏、晉、宋、梁、陳皆用之。後魏有傳符，與北齊、隋皆用之。【略】

弘文館學士，無員數。後漢有東觀，魏有崇文館，宋元嘉有玄、史兩館，宋太始至齊永明有總明館，梁有士林館，北齊有文林館，後周有崇文館，或典校理，或司撰著，或兼訓生徒，若今弘文館之任也。

唐·杜佑《通典》卷二一《職官三·門下省》 門下省，【略】《晉志》曰：給事黄門侍郎與侍中，俱管門下衆事，或謂之門下省。至齊，亦呼侍中爲門下，領給事黄門侍郎、公車、太學、太醫等令丞及内外殿中監、内外驊騮廄、散騎常侍、給事中、奉朝請、駙馬都尉等官。梁門下省有侍中、給事黄門侍郎四人，掌侍從儐相，盡規獻納，糾正違闕，監合嘗御藥，封璽書。後魏尤重。北齊門下省掌獻納諫正及司進御之職，有侍中、給事黄門侍郎各六人，統左右局、左右局掌朱華閣内諸事。尚食、知御膳。尚藥、主御藥。尚衣、主御衣服。殿中，領殿中監，掌駕前奏引行事，制請修補。東耕則進耒耜事。【略】凡六局焉。

又《侍中侍郎　給事中　散騎常侍　諫議大夫　起居　補闕　拾遺　典儀　城門郎　符寶郎　弘文館校書》 侍中者，【略】獻帝即位，初置六人，贊法駕則正直一人負璽陪乘。大駕出，則次直侍中護駕，正直侍中負璽參乘，不帶劍，餘皆騎從。殿内門下衆事皆掌之。馮魴字孝孫，父子兄弟並帶青紫，三代侍中。又劉淑爲侍中，補政二百餘事，悉有篇章。又戴憑字次仲，拜侍中。帝令羣臣説經，更相難詰，義不通，輒奪其席以益通者，憑遂重坐五十餘席，故語曰：『解經不窮戴侍中。』盧植爲侍中，董卓欲廢帝，唯植獨正色止之。後選侍中，皆舊儒高德，學識淵懿，仰瞻俯視，切問近對，喻旨公卿，上殿稱制，秉笏陪見。舊在尚書令、僕射下，尚書上。司隸校尉見侍中，執板揖。侍中舊與中官俱止禁中，因武帝時侍中馬何羅挾刃謀逆，由是出禁外，有事乃召之，畢即出。【略】魏、晉以來置四人，別加官者則非數。辛毗字佐理，爲侍中。文帝欲徙冀州人家十萬户實河南，時連蝗，民饑，毗諫其不可。帝不答，起入内，毗隨而引其裾，帝奮衣不還。良久乃出，曰：『佐理，卿持我何太急耶？』遂徙其半。王粲爲侍中，《曹植集》贈粲詩曰：『戴蟬珥貂，朱衣皓帶。入侍帷幄，出擁華蓋。』御登樓，與散騎常侍扶，侍中居左，常侍居右，備切問近對，拾遺補闕。及江左興寧四年，桓温奏省二人。後復舊。晉武帝時，彭權爲侍中，帝問侍臣：『髦頭之義何也？』權曰：『《秦紀》云：秦國有奇怪獸，觸山截波，無不崩潰，唯畏髦頭，故使持之以衛至尊也。』又嵇紹字延祖，晉惠帝時爲侍中。王師敗績，左右皆奔散，唯紹儼然端冕，以身捍衛，遂遇害於帝側，血濺御服。及事定，左右欲浣之，帝曰：『此是嵇侍中血，勿去之。』又庾珉爲侍中，隨孝懷没胡在平陽。劉聰大會，使帝著青衣行酒，珉不勝悲憤，跪受號哭，聰殺之，後贈貞侯。又褚翜字謀遠，爲侍中。蘇峻作亂，王師敗績，火及宫室，手抱天子，登太極殿。峻兵入，叱翜令下，翜不動，曰：『蘇冠軍來覲至尊，軍人豈得逼斥宫禁！』於是兵士不敢上太極殿。峻執政，猶以爲侍中。時鍾雅亦爲侍中，謀奉天子出投義軍，事覺，爲峻所害。又王爽爲侍中，孝武崩，王國寶夜欲開門，入爲遺詔。爽拒之曰：『皇帝晏駕，太子未至，輒入者斬。』國寶懼，乃止。

侍中，漢代爲親近之職，魏、晉選用，稍增華重，而大意不異。晉任愷字元褒，爲侍中，萬機大小，多管綜之。性中正，以社稷爲己任。惡賈充之爲人，不欲久執朝政。或爲充謀曰：『愷總門下樞要，得與上親接，宜啓令典選，使得漸疏，此一都令史事耳。九流難精，間隙易乘。』充因稱愷才能，宜在官人之職，即日以愷爲吏部尚書，由是侍覲轉稀。武冠，絳朝服，佩水蒼玉。舊遷列曹尚書，美遷中領護、吏部尚書。宋文帝元嘉中，王華、王曇首、殷景仁等並爲侍中，情任親密。王華等每與帝接膝共語，貂拂帝手，拔貂置案上，語畢，復手插之。孝武時，侍中何偃南郊陪乘，鑾輅過白門闕，偃將匐，帝反手接之曰：『朕反陪卿也。』又宋孝武代，選侍中四人，並以風貌，王彧與謝莊爲一雙，阮韜與何偃爲一雙，常充兼假。又謝朏字敬沖，宋末爲侍中。及齊受禪之日，朏在直，百寮陪位。侍中當解帝璽，朏佯不知。傳詔曰：『解璽授齊王。』朏曰：『齊自應有侍中。』乃引枕臥。傳詔懼，使稱疾，朏曰：『我無疾，何可道！』遂朝服步出門，得車還宅。是日，遂以王儉爲侍中，解璽。齊高祖曰：『我若誅之，令遂成名。』乃廢於家。永明中，復爲侍中。至梁，亦爲侍中。齊侍中高功者，稱侍中祭酒。其朝會，多以美姿容者兼官。欲以陸慧曉爲侍中，以形短小，乃止。永元三年，東昏南郊，不欲親朝士，以主璽陪乘，前代未嘗有。齊有主璽、主衣等官。梁侍中高功者在職一年，詔加侍中祭酒，與散騎侍郎高功者一人對掌禁令，此頗爲宰相矣。王訓字懷範，遷侍中。既拜入見，武帝問何敬容曰：『褚彦回年幾爲宰相？』對曰：『少過三十。』上曰：『今之王訓，不謝彦回。』又曰：柳慶遠爲侍中，嘗失火，禁中驚懼。帝悉斂諸門鑰，問：『柳侍中何在？』既至，悉付之。又王峻與謝覽約，官至侍中，不復謀仕進。陳侍中亦如梁制。後魏置六人，加官在其數。宜都王穆壽、廣平公張黎並以侍中輔政。北齊侍中亦六人。後周初，有御伯中大夫二人，掌出入侍從，屬天官府。保定四年，改御伯爲納言，斯侍中之職也。宣帝末，又別置侍中爲加官。【略】

門下侍郎。【略】獻帝初即位，置侍中、給事黄門侍郎，員各六人，出入禁中，近侍帷幄，省尚書事。後改給事黄門侍郎爲侍中侍郎，去給事黄門之號，旋復故。初，誅黄門後，侍中、侍郎出入禁闥，機事頗露。由是王允乃奏比尚書，不得出入，不通賓客，自此始。荀悦爲黄門侍郎。郭況以後弟，小心謙慎，年十六爲黄門侍郎。魏、晉以來，給事黄門侍郎並爲侍衛之官，員四人。魏杜君名恕，字務伯，爲黄門侍郎，每政有得失，常引綱維以正言。吴孫丞爲黄門侍郎，與顧榮俱爲侍臣。吴歸命詔曰：『自今以後，用侍郎當如皇室丞、顧榮儔也。』《山公啓事》曰：『黄門侍郎和嶠，最有才，可爲吏部郎。』詔曰：『欲令在左右，更求其次。』又曰：『黄門侍郎荀彧，清和理正，動可觀採，真侍衛之美者。』宋制，武冠，絳朝服，多以中書侍郎爲之。齊亦管知詔令，呼爲『小門下』。梁增品第，與侍中同掌侍從，儐相威儀，盡規獻納，糾正違闕，監合嘗御藥，封璽書。陳制亦然。後魏亦有。崔光爲黄門侍郎，未嘗留心文案，唯從容論議，參贊大政。北齊置六人，所掌與侍中同。後周天官府置御伯下大夫二人，武帝改爲納言下大夫。【略】

給事中，加官也。【略】魏代復置，或爲加官，或爲正員。晉無加官，亦無常員，在散騎常侍下，給事黄門侍郎上，武冠，絳朝服。宋、齊隸集書省。梁、陳亦掌獻納，省諸聞奏。後魏無員。北齊亦屬集書省，凡六十人。後周天官之屬，有給事中士六十人，掌理六經，給事左右。其後別置給事中，在六官之外。【略】

散騎常侍。【略】魏文帝黄初初，置散騎，合於中常侍，謂之散騎常侍。後用士人，始以孟達補之，久次者爲祭酒。孟達字子度，自蜀降魏。魏文帝善達之姿才容觀，以爲散騎常侍。散騎常侍掌規諫，不典事。貂璫插右，騎而散從。又有員外者，因曰員外散騎常侍。晉泰始中，令員外散騎常侍二人與散騎常侍通員直，因曰通直散騎常侍，亦武冠，右貂，金蟬，絳朝服，佩水蒼玉。《山公啓事》曰：『郤詵才志器局，當爲黄散。』黄散謂黄門侍郎及散騎常侍。又曰『散騎常侍缺，當取素行者補之』，遂舉郤詵。又阮孚字遙集，爲散騎常侍，嘗以金貂換酒，爲所司彈糾，帝宥之。又曰賈充爲常侍，後改常侍爲侍中，未詳其義。散騎常侍、黃門侍郎，共平尚書奏事。雖隸門下，而別爲一省。潘岳云：『寓直散騎省。』自魏至晉，共平尚書奏事，東晉乃罷之，而以中書職入散騎省，故散騎亦掌表詔焉。鄭默字思元，爲散騎常侍。武帝出南郊，侍中以部陪乘，詔曰：『使鄭常侍。』謂默曰：『卿知何以得參乘？昔州内舉卿也。』爲十二郡中正舉也。又傅玄爲散騎常侍，與皇甫陶俱掌直諫。又華嶠字叔駿，加散騎常侍，班同中書。寺爲内臺，中書、散騎、著作及理禮音律，天文數術，南省文章，門下撰集，皆典掌統之。宋置四人，屬集書省。齊散騎侍郎、通直散騎侍郎、員外散騎侍郎並爲集書省職，而散騎常侍爲東省官。其二衛、四軍、五校爲西省官，說在《將軍總敘》篇。周盤龍自平北將軍爲散騎常侍，武帝戲之曰：『卿著貂蟬，何如兜鍪？』對曰：『此貂蟬從兜鍪中出耳。』散騎常侍、通直散騎常侍、員外散騎常侍舊爲顯職，與侍中通官。其通直員外，用衰老人士，故其官漸替。宋大明中，雖革選比侍中，而人情久習，終不見重，尋復如初。梁謂之散騎省，天監六年，詔又革之，六年，詔曰：『在昔晉初，仰惟盛化，常侍、侍中，並參帷幄。員外常侍，特爲清顯。可分門下二局，委散騎常侍、侍中，並參帷幄，尚書案奏，分曹入集書。通直常侍，本爲顯爵，員外之選，宜參舊准人數，依正員格。』自是散騎視中丞，通直視侍中，員外視黃門郎。然而常侍終非華冑所悅。常侍亦四人，功高者一人爲祭酒，與侍中高功者一人對掌禁令，糾諸逋違。陳因梁制。後魏、北齊皆爲集書省，掌諷議左右，從容獻納，領諸散騎常侍、侍郎及諫議大夫、給事中等官，兼以出入王命，位在中書之右，魏高祖謂散騎常侍元景曰：『卿等自在集書，閣省逋墮，致使王言違滯，起居不修。』又宋弁爲散騎常侍，遷右衛將軍，領黃門。弁屢讓，高祖曰：『散騎位在中書之右，常侍者，黃門之庶兄，領軍者，二衛之假攝，不足空存推讓而棄大委者。』其資敘爲第三清。明亮爲常侍，加勇武將軍，進曰：『臣本官常侍，是第三清，今授勇武，其號至濁。』北齊常侍定限八員，如金紫光禄大夫。【略】

諫議大夫。【略】後魏亦曰諫議大夫，北齊有七人，屬集書省。後周地官府有保氏下大夫，規諫於天子，蓋比其任也。【略】

今起居，【略】自魏至晉，起居注則著作掌之。其後起居，皆近侍之臣録記也，録其言行與其勳伐，歷代有其職而無其官。後魏始置其起居令史，每行幸宴會，則在御左右，記録帝言及宴賓客訓答。後又別置修起居注二人，以他官領之。北齊有起居省。後周有外史，掌書王言及動作之事，以爲國志，即起居之職。又有著作二人，掌綴國録，則起居注、著作之任，自此而分也。【略】

城門郎。【略】魏因之。晉氏銀章青綬，絳朝服，武冠，佩水蒼玉。元帝省之。宋、齊俱以衛尉掌宮城屯兵及管鑰之事。梁陳二代依秦漢，以光禄卿等掌宮殿門户，亦無城門之職。後魏置城門校尉。北齊衛尉寺統城門寺，置城門校尉二人，掌宮殿城門并諸倉庫管鑰之事。後周地官府置宮門中士一人，下士一人，掌皇城十二門之禁令，蓋並在其任。

符寶郎。【略】後漢有符節令，兩梁冠，位次御史中丞。別爲一臺，而符節令一人爲臺率，掌符節之事，屬少府。魏與後漢同。晉泰始九年，省並蘭臺，置符節御史掌其事。宋與晉。齊蘭臺有主璽令史，以治書侍御史領之。梁陳御史臺亦有符節令史。後魏御史臺領符節令，符節令領符璽郎中。北齊有符節署，餘與後魏同。符節令一人，符璽郎中四人。後周有主璽下士，掌國璽之藏。

《舊唐書》卷四三《職官志二》 門下省。秦、漢初，置侍中，曾無臺省之名。自晉始置門下省，南、北朝皆因之。【略】

左散騎常侍二人。從三品。魏、晉置散騎常侍、侍郎，與侍中、黃門侍郎共平尚書奏事。其後用人或雜，江左不重此官，或省或置。【略】

典儀二員。從九品。南齊有典儀録事一員，梁有典儀之官，後省。

門僕八百人。門僕，晉代有之。

弘文館。後漢有東觀，魏有崇文館，宋有玄、史二館，南齊有總明館，梁有士林館，北齊有文林館，後周有崇文館，皆著撰文史，鳩聚學徒之所也。

元·馬端臨《文獻通考》卷五〇《職官考四·門下省》 門下省，後漢謂之侍中寺。嘉平六年改侍中寺。《晉志》曰：『給事黃門侍郎，與侍中俱管門下衆事。』或謂之門下省。至齊，亦呼侍中爲門下，領給事黃門侍郎、公車太學太醫等令丞，及内外殿中監、内外驊騮廄、散騎常侍、給事中、奉朝請、駙馬都尉等官。梁門下省有侍中、給事黃門侍郎四人，掌侍從儐相，盡規獻納，糾正違闕，監合嘗御藥、封璽書。後魏尤重。北齊門下省掌獻納諫正及司進御之職，有侍中、給事黃門侍郎各六人，統左右局、左右局掌承華閣内諸事、尚食、知御膳、尚藥、主御藥、尚衣、主御衣服、殿中，領殿中監，掌駕前奏引行事，制諸修補，東耕則進耜。【略】凡六局。

又《侍中》 侍中者，【略】魏、晉以來置四人，別加官者則非數。王粲爲侍中，《曹植集》贈粲詩曰：『戴蟬珥貂，朱衣皓帶。入侍帷幄，出擁華蓋。』。御登樓，與散騎常侍對扶，侍中居左，常侍居右，備切問近對，拾遺補闕。及江左興寧四年，桓温奏省二人，後復舊。晉武帝時，彭權爲侍中，帝問侍臣：『髦頭之義何也？』權曰：『《秦紀》云秦國有奇怪獸，觸山截波，無不崩潰，唯畏髦頭，故使持之以衛至尊也。』又褚翼字謀遠，爲侍中。蘇峻作亂，王師敗績，火及宫室，手抱天子登太極殿。峻兵入，叱翼令下，翼不動，曰：『蘇冠軍來覲至尊，軍人豈得逼侵宫禁！』於是兵士不敢上太極殿。峻執政，猶以爲侍中。時鍾雅亦爲侍中，謀奉天子出投義軍，事覺，爲峻所害。又王爽爲侍中，孝武崩，王國寶夜欲開門人爲遺詔。爽拒之曰：『皇帝晏駕，太子未至，輒入者斬！』國寶懼，乃止。侍中，漢代爲親近之職，魏、晉選用，稍增華重，而大意不異。晉任愷字元褒，爲侍中，萬機大小，多管綜之。愷中正，以社稷爲己任，惡賈充之爲人，不欲久執朝政。或爲充謀曰：『愷總門下樞要，得與上親接，宜啓令典選，使得漸疏，此一都令史事耳。九流難精，間隙易乘。』充因稱愷才能，宜在官人之職。即日以愷爲吏部尚書，由是侍覲轉稀。武冠，絳朝服，佩水蒼玉。舊遷列曹尚書，美遷中領護、吏部尚書。宋文帝元嘉中，王華、王曇首、殷景仁等並爲侍中，情任親密。王華等每與帝接膝共語，貂拂帝手，拔貂置案上，語畢，復手插之。孝武時，侍中何偃南郊陪乘，鑾輅過白門闕，偃將匐，帝反手接之曰：『朕反陪卿也。』又宋孝武代，選侍中四人，並以豐貌，王彧與謝莊爲一雙，阮韜與何偃爲一雙，常充兼假。又謝朏字敬沖，宋末爲侍中。及齊受禪之日，朏在直，百僚陪位。侍中當解帝璽，朏佯不知。傳詔曰：『解璽授齊王。』朏曰：『齊自應有侍中。』乃引枕臥。傳詔懼，使稱疾，朏曰：『我無疾，何可道。』遂朝服步出門，得車還宅。是日，遂以王儉爲侍中解璽。齊高祖曰：『我若誅之，彼遂成名。』乃廢於家。永明中，復爲侍中；至梁亦爲侍中。齊侍中，功高者稱侍中祭酒。其朝會，多以美姿容者兼官。欲以陸慧曉爲侍中，以形短小，乃止。永元三年，東昏南郊，不欲親朝士，以主璽陪乘，前代未嘗有。齊有主璽、主衣等官。梁侍中功高者在職一年，詔加侍中祭酒，與侍郎功高者一人對掌禁令，此頗爲宰相矣。王訓字懷範，遷侍中。既拜入見，武帝問何敬容曰：『褚彦回年幾爲宰相？』對曰：『少過三十。』上曰：『今之王訓，不謝彦回。』又曰：柳慶遠爲侍中，嘗失火，禁中驚懼。帝悉斂諸門鑰，問柳侍中何在。既至，悉付之。又王峻與謝瀹約，官至侍中，不復謀仕進。陳侍中亦如梁制。後魏置六人，加官在其數。宜都王穆壽、廣平公張黎並以侍中輔政。北齊侍中亦六人。後周初有御伯中大夫二人，掌出入侍從，屬天官府。保定四年，改御伯爲納言，斯侍中之職也。宣帝末，又別置侍中爲加官。

又《侍郎》 門下侍郎。【略】獻帝初即位，置侍中、給事黄門侍郎員各六人，出入禁中，近侍帷幄，省尚書事。後改給事黄門侍郎爲侍中侍郎，去給事黄門之號，旋復故。初，誅黄門後，侍中、侍郎出入禁闥，機事頗露。由是王允乃奏比尚書，不得出入，不通賓客，自此始。荀悦爲黄門侍郎。郭況以後弟，小心謙慎，年十六爲黄門侍郎。魏、晉以來，給事黄門侍郎並爲侍衛之官，員四人。《山公啓事》曰：『黄門侍郎和嶠最有才，可爲吏部郎。』詔曰：『欲令在左右，更求其次。』。宋制，武冠，絳朝服，多以中書侍郎爲之。齊亦管知詔令，呼爲『小門下』。梁增品第，與侍中同掌侍從，儐相威儀，盡規獻納，糾正違闕，監合嘗御藥，封璽書。陳制亦然。後魏亦有。崔光爲黄門侍郎，未嘗留心文案，唯從容論議，參贊大政。北齊置六人，所掌與侍中同。後周天官府置御伯下大夫二人，武帝改爲納言下大夫。隋六人，屬門下省。

又《給事中》 給事中，加官也。【略】漢東京省。魏代復置，或爲加官，或爲正員。晉無加官，亦無常員，在散騎常侍下、給事黄門侍郎上，武冠，絳朝服。宋、齊隸集書省。梁、陳亦掌獻納，省諸聞奏。後魏無員。北齊亦屬集書省，凡六十人。後周天官之屬有給事中士六十人，掌理六經，給事左右。其後別置給事中，在六官之外。

又《散騎常侍》 散騎常侍。【略】魏文帝黄初初，置散騎。合於中常侍，謂之散騎常侍。後用士人，始以孟達補之，久次者爲祭酒孟達字子度，自蜀降魏。魏文帝善達之姿才容觀，以爲散騎常侍。散騎常侍掌規諫，不典事。貂璫插右，騎而散從。又有員外者，因曰員外散騎常侍。晉泰始中，令員外散騎常侍二人與散騎常侍通員直，因曰通直散騎常侍，亦武冠，右貂金蟬，絳朝服，佩水蒼玉。《山公啓事》曰：『郤詵才志器局，當爲黄、散。』黄散謂黄門侍郎及散騎常侍。又曰：『散騎常侍闕，當取素行者補之。』

遂舉郤詵。又阮孚字遥集，爲散騎常侍，嘗以金貂換酒，爲所司彈糾，帝宥之。又曰賈充爲常侍。後改常侍爲侍中，未詳其義。散騎常侍、黄門侍郎，共平尚書奏事。雖隸門下，而別爲一省。潘岳云寓直散騎省。自魏至晉，共平尚書奏事。東晉乃罷之，而以中書職入散騎省，故散騎亦掌表詔焉。傅玄爲散騎常侍，與皇甫陶俱掌直諫。又華嶠字叔駿，加散騎常侍，班同中書。寺爲内臺，中書、散騎、著作，及理禮音律，天文數術，南省文章，門下撰集，皆典掌统之。宋置四人，屬集書省。齊散騎侍郎、通直散騎侍郎、員外散騎侍郎並爲集書省職，而散騎常侍爲東省官。其二衛、四軍、四校爲西省官，説在《將軍總敍》篇。周盤龍自平北將軍爲散騎常侍，武帝戲之曰：『卿著貂蟬，何如兜鍪？』對曰：『此貂蟬從兜鍪中出耳。』。散騎常侍、通直散騎常侍、員外散騎常侍舊爲顯職，與侍中通官。其通直、員外用衰老人士，故其官漸替。宋大明中，雖革選比侍中，而人情久習，終不見重。尋復如初。梁謂之散騎省，天監六年詔又革之。六年詔曰：『在昔晉初，仰惟盛化，常侍、侍中，並參帷幄。員外常侍，特爲清顯。可分門下二局，委散騎常侍、侍中，並侍帷幄。尚書案奏，分曹入集書。通直常侍，本爲顯爵，員外之選，宜參舊准人數，依正員格。』自是散騎視侍中，通直視中丞，員外視黄門郎，然而常侍終非華胄所悦。常侍亦四人，功高者一人爲祭酒，與侍中功高者一人對掌禁令，糾諸逋違。陳因梁制。後魏、北齊皆爲集書省。掌諷議左右，從容獻納，領諸散騎常侍、侍郎及諫議大夫、給事中等官，兼以出入王命，位在中書之右。魏高祖謂散騎常侍元景曰：『卿等自在集書，閤省逋墮，致使王言違滯，起居不修。』又宋弁爲散騎常侍，遷右衛將軍，領黄門。弁屢讓，高祖曰：『散騎位在中書之右，常侍者黄門之庶兄，領軍者二衛之假攝，不足空存推讓而棄大委任。』，其資敍爲第三清。明亮爲常侍，加武勇將軍，進曰：『臣本官常侍，是第三清。今授勇武，其號至濁。』北齊常侍定限八員，如金紫光禄大夫。隨諸散騎官，並屬門下省。凡歷代散騎官，有郎騎常侍。《漢書》有之。顔師古曰：『官爲郎而常侍，以侍天子，故爲郎騎常侍。』散騎常侍、散騎侍郎、魏初，與散騎常侍同置。員外散騎常侍，魏末置。齊、梁用人卑雜。又朱异爲員外常侍、侍中、中領軍、中書舍人，四職並驅鹵簿，近代未之有也。又賀琛字國寶，遷員外散騎常侍。舊尚書南座，無貂，貂自琛始。員外散騎侍郎，晉武帝置。晉代名家，身有國制者起家多爲員外散騎侍郎。通直散騎常侍、按魏末散騎常侍又有在員外者。晉太始十年，武帝使二人與散騎常侍通員直，故謂之通直散騎常侍。齊、梁微輕。北齊張景仁除通直散騎常侍，及奏，御筆點除『通直』字，遂爲正常侍。通直散騎侍郎。初，晉武帝置員外散騎侍郎，及大興中，元帝使一人與散騎侍郎通直，故謂之通直散騎侍郎。按：歷代常侍，或有員外者，或有通直者，故史傳中謂員外散騎侍郎或單謂之員外郎；謂通直散騎侍郎或單爲之通直郎；其非員外及通直者，或謂之正員散騎侍郎，或單謂之正員郎。

又《諫議大夫》 秦署諫議大夫，掌論議，無常員，多至數十人，屬郎中令。至漢武帝元狩五年，始更置之。劉輔以美才擢爲諫議大夫。成帝欲立趙婕妤爲皇后，輔上書諫，書奏，收輔繫掖庭秘獄。又王褒、貢禹、王吉、匡衡、何武、夏侯勝、嚴助等並爲之。後漢增諫大夫爲諫議大夫，亦無常員。二漢並屬光禄勳。韋彪字孟達，上疏曰：『諫議之職，應用公直之士，通才謇正，有補益於朝者。今或從徵試輩爲之，不宜也。』自後則無聞矣。後魏亦曰諫議大夫。北齊有七人，屬集書省。後周地官府有保氏下大夫，規諫於天子，蓋比其任也。

又《起居》 起居，《周官》有左、右史，記其言、事，蓋今起居之本。『動則左史書之，言則右史書之』。『左史記言，右史記事』。漢武帝有《禁中起居注》。後漢馬皇后撰《明帝起居注》，則漢《起居注》似在宫中，爲女史之任。又王莽時，置柱下五史，秩如御史，聽事侍傍，記其言行，此又起居之職。自魏至晉，起居注則著作掌之。其後起居，皆近侍之臣録記也，録其言行與其勳伐。歷代有其職而無其官。後魏始置其起居令史，每行幸、宴會，則在御左右，記録帝言及宴賓客訓答。後又別置修起居注二人，以他官領之。北齊有起居省。後周有外史，掌書王言及動作之事，以爲國志，卽起居之職；又有著作二人，掌綴國録，則起居注、著作之任自此而分也。

又《典儀》 典儀二人，【略】《齊職儀》云：『東宫殿中將軍屬官有導客局，置典儀録事一人，掌朝會之事。』梁有典儀之職，未詳何曹之官，掌唱警唱奏之事，朱服武冠。陳亦有之。後魏置典儀監，史闕其員及所掌。

又《城門郎》 《周禮·地官》有司門下大夫二人、上士四人，並城門郎之任。初，漢置城門校尉員一人，掌城門屯兵，有司馬及丞各一人，十二城門候各一人，出從緹騎百二十人，緹，徒兮切，蓋兼監門將軍之職。魏因之。晉制，銀章青綬，絳朝服，武冠，佩水蒼玉。元帝省之。

宋、齊俱以衛尉掌宮城屯兵及管鑰之事。梁、陳二代依秦、漢，以光禄卿等掌宮殿門户，亦無城門之職。後魏置城門校尉。北齊衛尉寺統城門寺，置城門校尉二人，掌宮殿城門幷諸倉庫管鑰之事。後周地官府置宮門中士一人、下士一人，掌皇城十二門之禁令，蓋並在其任。

又《符寶郎》 《周官》有典瑞、掌節二官，掌瑞、節之事。瑞、節，信也。典瑞屬春官，掌節屬地官。秦漢有符節令、丞，領符璽郎。昭帝幼沖，霍光秉政。殿中夜驚，光召求符璽，符璽郎不肯授。光奪之，郎按劍對曰：『臣頭可得，璽不可得也！』光壯之，增秩二等。文帝二年，初與郡守爲銅虎符、竹使符之制，又皆屬焉。應劭曰：『銅虎符第一至第五，國家當發兵，遣使者至郡合符，符合乃聽受之。竹使符者，以竹箭五枚，長五寸，鐫刻篆書第一至第五。』顏師古曰：『符，與郡守各分其半，右則留京師，左以與之。』後漢有符節令，兩梁冠，位次御史中丞，別爲一臺，而符節令一人爲臺率，掌符節之事，屬少府。魏與後漢同。晉泰始元年，省幷蘭臺，置符節御史掌其事。宋與晉、齊蘭臺有主璽令史，以治書侍御史領之。梁、陳御史臺亦有符節令史。後魏御史臺領符節令，符節令領符璽郎中。北齊有符節署，餘與後魏同。符節令一人，符璽郎中四人。後周有主璽下士，掌國璽之藏。

清·汪士鐸《南北史補志未刊稿·職官志第一·職官》 門下省。集書省、散騎省同附。後漢謂之侍中寺。《晉志》曰：給事黃門侍郎與侍中俱管門下衆事，或謂之門下省。宋孝武詔『自今三臺五省』，則宋亦以爲省也。齊亦呼侍中爲『門下』，梁、陳同。後魏尤重，北齊、隋同。周無其長官，則侍中。侍中者，立政所云常伯、常任也，掌盡規獻納，諫正違闕。秦爲侍中，本丞相史也。使五人，往來殿中奏事，故名。漢爲加官，漢凡侍中、左右曹諸吏、散騎、中常侍皆爲加官。與中常侍得入禁中，諸曹受尚書事，漢侍中冠武弁大冠，亦曰惠文冠，加金璫，附蟬爲文，左貂飾之，常侍則右貂。頻繁左右，擯相威儀，與帝升降，無定員，多至數十人，舊用儒者。本有僕射一人，光武改爲祭酒。魏、晉已來置四人，備顧問應對，拾遺補闕，秩比二千石。江左省二人，然選用增華，管轄樞要。宋世亦然。南齊、梁、陳以功高在職一年者一人爲侍中祭酒，監合御藥、封璽書，與散騎常侍高功者一人對掌禁令。後魏天賜二年正月，置內官員二十人，比侍中常侍，迭直左右。太和四年，置侍中、黃門各四人。普泰中，增侍中、黃門爲六人。北齊亦置六人。後周初，有御伯二人，掌出入侍從。保定四年，改爲納言二人，斯侍中職也。宣帝末，又置以爲加官。【略】宋侍中四人，掌奏事，直侍左右，應對獻替。法駕出，則正直一人，負璽陪乘，殿內、門下衆事皆掌之，久次者爲僕射。漢東京又屬少府，猶無員，掌侍左右，贊導衆事，顧問應答。法駕出，則多職者一人，負傳國璽，操斬白蛇劍，參乘，餘皆騎，在乘與車後。

門下侍郎。秦官，本曰黃門侍郎。漢因之。副侍中，管門下衆事，無員，郊廟則一人，執蓋，臨軒朝會則一人，執麾。初，秦、漢別有給事黃門之職，後漢並爲一官，故曰給事黃門侍郎。魏、晉已來員四人，並爲侍衛。宋制四人，秩六百石，武冠絳朝服，多以中書侍郎爲之。齊亦管知詔令，呼爲『小門下』。梁增品第與侍中同，掌侍從，儐相威儀，盡規獻納，糾正違闕，監合御藥、封璽書。陳制亦然，後魏亦有。崔光爲黃門侍郎，未嘗留心文案，唯從容論議，參贊大政。北齊置六人，所掌與侍中同。後周天官府置御伯下大夫二人，武帝改爲納言下大夫。【略】給事黃門侍郎，漢東京無員，掌侍從左右，闕通中外，諸王引見，則引王就坐。應劭曰：每日莫，向青瑣門拜，謂之『夕郎』。

給事中。秦置，加官也。漢因之。諸給事中日上朝謁，平尚書奏事，分爲左右曹。東京省，魏又置。晉位散騎常侍下、給事黃門侍郎上。武官絳朝服。宋、齊隸集書省，梁、陳亦有獻納，省諸聞奏。後魏無員，北齊亦屬集書，省凡六十人。後周天官司之，屬有給事中士六十人，掌理六經，給事左右，其後別置給事中，在六官之外。【略】

散騎常侍。自秦置散騎，又置中常侍，散騎並乘輿車後，中常侍得入禁中，皆無員，漢因之。並加官散騎，有常侍侍郎與侍中黃門侍郎。後漢中初省散騎，而中常侍改用宦者。魏文帝黃初初置散騎，合於中常侍，謂之『散騎常侍』，後用士人，始以孟達補之久次者，【略】因曰員外散騎常侍。晉太始中令員外散騎常侍二人，與散騎常侍通員直因曰通直散騎常侍江左五人。宋四人，亦武官右貂金蟬絳朝服，佩水蒼玉，雖隸門下，而別爲一省。自魏至晉，共平尚書奏事。東晉乃罷之，而以中書職入散騎省，故散騎亦掌表詔焉。宋置四人，屬集書省。始立此省。齊散騎常侍、通直散騎常侍、員外散騎常侍、散騎侍郎、通直散騎侍郎、員外散騎侍郎並爲集書省職，置正書令史，而散騎常侍、四人，爲東省官散騎常侍通直散騎常侍各四人，員外散騎常侍無員舊爲顯職與侍中通官，其通直員外用衰老人士，故其官漸替。宋大明中，雖華選比侍中，而人情久習，終不見重，尋復加初。梁謂之散騎省。天鑑六年，詔又革之，自是散騎視中丞，通直視中，員外視黃門郎。又有通直郎四人，給事中、奉朝請皆隸集書省，而常侍終非華胄所悅常侍亦四人，與侍郎掌侍從獻内，省諸奏文書，隨事駁正，集録詔璽爲優策文平處文章詩頌功高者，一人，爲祭酒，與侍郎高功者一人對掌禁令，糾諸逋違。陳因梁制。後魏太和四年十二月，置散騎常侍侍郎、員外各四人，通直散騎常侍侍郎、員外散騎常侍侍郎各六人，與北齊皆爲集書省，掌諷議左右，從容獻納，有散騎常侍、通直散騎常侍各六人，散騎常侍六人，員外散騎常侍二十人，通直散騎侍郎六人，及諫議大夫七人，給事中六人，員外散騎侍郎百二十人，奉朝請二百四十人，又領起居省等官，兼以出入王命，位在中書之右，其資敍爲第三清，北齊常侍定限人員如金紫光禄大夫。【略】

諫議大夫。秦置諫議大夫，掌議論，無常員，多至數十人，後漢、魏諫議大夫。後魏亦曰諫議大夫。北齊七人，後周地官保氏其任也。【略】

起居郎。《周官》有左右史，記言事，此其職也。漢在宮中爲女史之任。魏、晉皆著作掌之，其後起居皆近侍之臣録記也。録其言行與其勳伐，歷代有其職而無其官。後魏始置其起居令史，每行幸宴會，則在御左右，記録帝言，及宴賓客訓答，後又別置修起居注二人，以他官領之。北齊有起居省散騎常侍、通直散騎常侍、散騎侍郎、通直散騎侍郎各一人，校書郎二人。後周有外史，掌書王言及動作之事，以爲國志，卽起居之職。又有著作二人，掌綴國録，則起居注、著作之任自此而分也。【略】

公車司馬令。秦官，屬衛尉。漢因之，掌宮南闕門殿、司馬門也。夜徼宮中，受天下所上章奏、四方貢獻，及闕下，凡所徵召詣公車者，皆總領之。後漢有丞一人，丞選曉諱、掌知非法，尉主闕門兵，禁戒非常。晉江左以來，直曰公車令。宋令一人，以後屬侍中。南齊令一人，屬尚書。北齊掌尚書所不理，有枉屈，經判奏聞。【略】

城門郎。《周禮》司門之職也。漢置城門校尉一人，十二城門侯各一人，出從緹騎百二十人。宋、齊俱以衛尉掌宮城屯兵及管鑰之事。梁、陳二代依秦、漢以光禄卿等掌宮禁門户，亦無城門之職。後魏置城門校尉，北齊衛尉寺統城門寺，置城門校尉二人，掌宮殿、城門並諸倉庫管鑰之事。後周地官府置宮門上士一人、下士一人，掌皇城十二門之禁令，蓋並在其任。【略】

符寶郎。《周官》：典瑞，掌節之職也。秦、漢有符節令，魏、晉因之。宋、齊蘭臺有主璽令史，以治書侍御史領之。梁、陳御史臺，亦有符節署，餘與後魏同。符節令一人，符璽郎中四人。後周有主璽下士，掌國璽之藏。【略】

太醫令。《周官》：有醫師上士、下士，掌醫之政令。秦、兩漢有太醫令丞，亦主醫藥，屬少府，後漢又有醫丞，有醫士長。魏因之。晉銅印墨綬，進賢一梁冠，絳朝服，而屬宗正。過江，省宗正，而屬門下省。宋有令一人、丞一人。齊隸侍中，梁、陳因之。後魏有太醫博士助教，北齊又曰太醫令丞。後周太醫下大夫。【略】

太官令。《周官》：爲膳夫、庖人、外饔、中士、下士，蓋其任也。秦爲太官令丞，屬少府，兩漢因之。桓帝延熙元年，使太官令得補二千石。魏亦屬少府。晉屬光禄勳。宋置令一人、丞一人，屬侍中。齊亦屬侍中。梁門下省領太官。陳因之。後魏分太官爲尚食中尚食知御膳，隸門下省，而太官掌百官之饌，屬光禄卿，北齊因之。後周有典庖中士、内膳中士。【略】

驊騮廐丞。一人，漢西京爲龍馬長，漢東京爲未央廐令。魏爲驊騮令。自公車令至此隸侍中。

南齊門下統侍中祭酒、侍中給事黃門侍郎、諸散騎給事中、奉朝請、駙馬都尉諸員。按：齊門下省領給事黃門侍郎、公車、太學、太醫等令丞，及内外殿中監、内外驊騮廐、散騎常侍、給事中、奉朝請、駙馬都尉等官。梁門下省有侍中給事黃門侍郎四人，掌侍從擯相，盡規獻納，糾正違闕，監合嘗御藥、對璽書，後魏尤重。北齊門下省掌獻納諫正，及司進御之職，有侍中給事黃門侍郎各六人。録事四人，通事令史、主事令史八人，統局六，領左右、局領左右各二人，掌知朱華閣内諸事宣傳已下白衣齊子已上皆主之。左右直長四人，尚食局典御二人，總知御膳。丞、監各四人，尚藥局典御及丞各二人，總知御藥。侍御師、尚藥監各四人，主衣局都統、子統各二人，掌御衣服玩弄。齊帥局齊帥四人，掌鋪設灑掃。殿中局殿中監四人，掌駕前奏引、行事、制請、修補、東耕，則進耒耜。

集書省官員分部

綜　述

隋·虞世南《北堂書鈔》卷五八《設官部十·給事黄門侍郎》　讚相威儀。《晉官品令》：給事黄門四人，與侍中掌文案，讚相威儀，典署其事。

次直護駕。《晉官品令》：給事黄門四人，大法駕出，次直黄門侍郎從駕。

又《散騎常侍》　承答顧問。《華嶠集》云：詔曰：散騎以從容侍從，承答顧問爲職。又掌讚詔命，平處文籍，故前世多參用言語文學之才。議郎華嶠有論議、著作之才，其以嶠爲散騎常侍。

朝夕規獻。應據新詩云：散騎常師友朝夕進規獻。【略】

集比詔策。《晉中興書》云：熙寧二年，桓温奏請散騎常侍二人，復置四人，凡一省文書奏表意異者爲散騎常侍，比於侍中，貂璫插石。黄初始置四人，出入侍從，與上談議，不典事，後因以爲加官。【略】

入侍左右。環濟《要略》云：散騎常侍從侍郎入侍左右，出則侍事於廊廡下。

又《通直散騎常侍》　東平王楙爲通直之始。《晉起居注》云：太始十年，詔東平王楙爲員外常侍，通直殿中兼散騎常侍『通直』之號蓋自此始也。

又《員外散騎常侍》　爲賓宴臣。《桓氏家傳》云：延康元年，初置散騎之官，皆選新舊文武之才，以爲賓宴之臣。遷桓範字元則爲散騎常侍郎官。

帝室茂親。《東晳集》云：員外侍郎皆帝室茂親，或貴遊子弟。

又《散騎侍郎》　公族閑任。《晉諸公讚》云：任愷、王俊、齊王攸皆爲魏員外散騎常侍。于時公族務在閑任，故置外位。

《隋書》卷二六《百官志上·梁》　集書省置散騎常侍、通直散騎常侍各四人。員外散騎常侍無員，散騎侍郎、通直郎各四人。又有員外散騎侍郎、給事中、奉朝請、常侍侍郎，掌侍從左右，獻納得失，省諸奏聞文書。意異者，隨事爲駁。集録比詔比璽，爲諸優文策文，平處諸文章詩頌。常侍高功者一人爲祭酒，與侍郎高功者一人，對掌禁令，糾諸逋違。

又　卷二七《百官志中·北齊》　集書省，掌諷議左右，從容獻納。散騎常侍、通直散騎常侍各六人，諫議大夫七人，散騎侍郎六人，員外散騎常侍二十人，通直散騎侍郎六人，給事中六人，員外散騎侍郎一百二十人，奉朝請二百四十人。又領起居省，散騎常侍、通直散騎常侍、散騎侍郎、通直散騎侍郎各一人，校書郎二人。

宋·李昉等《太平御覽》卷二二四《職官部二十二·散騎常侍》

《魏略》曰：散騎常侍比於侍中，貂璫插石。黄初中始置四人。出入侍從與上談議，不典事。【略】

《齊職儀》曰：魏氏侍中皆騎從御，登殿與散騎常侍對挾帝，侍中居左，常侍居右。【略】

董巴《志》曰：內常侍右貂金璫，銀附蟬，內書今亦同此。今宦者去貂，內史金蟬右貂，納言金蟬左貂。開皇時特加散騎常侍，在門下者貂蟬，至是罷之，唯加常侍。聘外國者特給貂蟬，還則輸納於內省。

環濟《要略》曰：散騎常侍入侍左右，出則侍事於廊廡之下。

《華嶠集》云：詔曰：『散騎以從容侍從，承答顧問，掌讚詔命，平處文籍，故前世多參用文學之士。議郎華嶠有論議著述之才，其以嶠爲散騎常侍兼與中書共參著作事。』璚表謝云：『非臣典筆申辭所能陳謝。』

又《通直散騎常侍》　陶氏《職官要録》曰：晉太始十年，詔東平王楙爲員外常侍，通直殿中，與散騎常侍通直。通直之號，蓋自此始也。

又《散騎侍郎》　《桓氏家傳》曰：延康元年初，置散騎之官，皆選親舊文武之才，以爲賓宴之臣，遷桓範爲散騎侍郎。

陶氏《職官要録》曰：案漢初有騎郎，常侍有資者得爲騎郎，資滿五萬爲常侍郎。張釋之以資爲常侍郎，蓋此官也。

又《通直散騎侍郎》　《晉大興元年起居注》曰：置通直散騎侍郎四人。

尚書臺省官員分部

綜　述

《三國志》卷二三《魏志·裴潛傳》　明帝卽位，入爲尚書。出爲河南尹，轉太尉軍師、大司農，封清陽亭侯，邑二百户。入爲尚書令，奏正分職，料簡名實，出事使斷官府者百五十餘條。

《宋書》卷三九《百官志上》　尚書，古官也。舜攝帝位，命龍作納言，卽其任也。《周官》司會，鄭玄云，若今尚書矣。秦世少府遣吏四人在殿中主發書，故謂之尚書。尚猶主也。漢初有尚冠、尚衣、尚食、尚浴、尚席、尚書，謂之六尚。戰國時已有尚冠、尚衣之屬矣。秦時有尚書令、尚書僕射、尚書丞。至漢初並隸少府，漢東亦猶文屬焉。古者重武官，以善射者掌事，故曰僕射。僕射者，僕役於射事也。秦世有左右曹諸吏，官無職事，將軍大夫以下皆得加此官。漢武帝世，使左右曹諸吏分平尚書奏事。昭帝卽位，霍光領尚書事；成帝初，王鳳録尚書事。漢東京每帝卽位，輒置太傅，録尚書事，薨輒省。晉康帝世，何充讓録表曰：『咸康中，分置三録，王導録其一，荀崧、陸曄各録六條事。』然則似有二十四條，若止有二十條，則荀、陸各録六條，導又何所司乎？若導總録，荀、陸分掌，則不得復云導録其一也。其後每置二録，輒云各掌六條事，又是止有十二條也。十二條者，不知悉何條。晉江右有四録，則四人參録也。江右張華、江左庾亮並經關尚書七條，則亦不知皆何事也。後何充解録，又參關尚書。録尚書職無不總，王肅注《尚書》『納於大麓』曰：『堯納舜於尊顯之官，使大録萬機之政也。』凡重號將軍刺史，皆得命曹授用，唯不得施除及加節。宋世祖孝建中，不欲威權外假，省録。大明末復置。此後或置或省。漢獻帝建安四年，以執金吾榮郃爲尚書左僕射，衛臻爲右僕射。二僕射分置，自此始也。漢成帝建始四年，初置尚書，員四人，增丞亦爲四人。曹尚書其一曰常侍曹，主公卿事；其二曰二千石曹，主郡國二千石事；其三曰民曹，主吏民上書事；其四曰客曹，主外國夷狄事。光武分二千石曹爲二，又分客曹爲南主客曹、北主客曹，改常侍曹爲吏曹，凡六尚書。減二丞，唯置左右二丞而已。應劭《漢官》云：『尚書令、左丞，總領綱紀，無所不統。僕射、右丞，掌稟假錢穀。三公尚書二人，掌天下歲盡集課；吏曹掌選舉、齋祠；二千石曹掌水、火、盜賊、詞訟、罪法；客曹掌羌、胡朝會，法駕出，護駕；民曹掌繕治、功作、鹽池、苑囿。吏曹任要，多得超遷。』則漢末曹名及職司又與光武時異也。魏世有吏部、左民、客曹、五兵、度支五曹尚書。晉初有吏部、三公、客曹、駕部、屯田、度支六曹尚書。武帝咸寧二年，省駕部尚書，四年又置。太康中，有吏部、殿中、五兵、田曹、度支、左民六尚書。惠帝世，又有右民尚書。尚書止於六曹，不知此時省何曹也。江左則有祠部、吏部、左民、度支、五兵，合爲五曹尚書。宋高祖初，又增都官尚書。若有右僕射，則不置祠部尚書。世祖大明二年，置二吏部尚書，而省五兵尚書，後還置一吏部尚書。順帝昇明元年，又置五兵尚書。

尚書令，任總機衡；僕射、尚書，分領諸曹。左僕射領殿中、主客二曹；吏部尚書領吏部、删定、三公、比部四曹；祠部尚書領祠部、儀曹二曹；度支尚書領度支、金部、倉部、起部四曹。左民尚書領左民、駕部二曹；都官尚書領都官、水部、庫部、功論四曹；五兵尚書領中兵、外兵二曹。昔有騎兵、別兵、都兵，故謂之五兵也。五尚書、二僕射、一令，謂之八坐。若營宗廟宫室，則置起部尚書，事畢省。

《南齊書》卷一六《百官志》　録尚書。

尚書令。

總領尚書臺二十曹，爲内臺主。行遇諸王以下，皆禁駐。左右僕射分道。無令，左僕射爲臺主，與令同。

左僕射。

領殿中主客二曹事，諸曹郊廟、園陵、車駕行幸、朝儀、臺内非違、文官舉補滿敍疾假事，其諸吉慶瑞應衆賀、災異賊發衆變、臨軒崇拜、改號格制、莅官銓選，凡諸除署、功論、封爵、貶黜、八議、疑讞、通關案，則左僕射主，右僕射次經，維是黄案，左僕射右僕射署朱符見字，經都丞竟，右僕射横畫成目，左僕射畫，令畫。右官闕，則以次并畫。若無左右，則直置僕射在其中間，總左右事。

隋·虞世南《北堂書鈔》卷五九《設官部十一·尚書總》 銅印墨綬，執笏負符。《晉官品令》云：尚書僕射尚書六人，皆銅印墨綬，進賢兩梁冠納，言幘，絳朝服，佩水蒼玉，執笏負符，加侍中者，武官左貂金蟬。

王之喉舌。崔駰《尚書箴》云：龍惟納言，是機是密，出入朕命，王之喉舌。

喉舌之任。《傅子》云：尚書者出入王命，喉舌之任也。

省案平處。韋昭《辨釋名》云：尚者上也。辨云：言當省。案平處奏上，故曰『尚書』也。

萬事之本。《晉起居注》云：建元二年，詔曰：『尚書，萬事之本，朕所責成者也。而廩禄儉薄，甚非治體，今雖軍國多費，不爲元凱惜禄。其依令僕，給尚書各親信五十人廩賜。』

士之樞機。《皇甫謐集》云：尚書，文士之樞機也。

非賢莫居。《晉中興書》蔡謨爲尚書上疏曰：『八座之任，非賢莫居。孔愉、諸葛恢並以清節令才，少著名望。今猥以輕鄙超倫踰等，上亂聖朝貫魚之序，下違士庶准平之論，豈惟微臣斯亡之誡，乃實貽聖政惟塵之累。

又 《尚書令》 銅印墨綬。《晉百官表》注云：尚書令唐虞官也。銅印墨綬，五時朝服。

納言幘，進賢冠。又云：尚書令服，納言幘，進賢兩梁冠，佩水蒼玉。

古之冢宰。《晉公卿禮秩》云：尚書令拜皆策命，薨則於堂發哀，古之冢宰。《荀勖集》云：昔六官分掌，冢宰爲首，秦漢公卿贊以丞相、御史爲冠。今者尚書令總此三者，非臣駑闇所宜忝竊。

周之冢宰。曹嘉之《晉記》云：荀勖字公曹，爲守尚書令。詔曰：『周之冢宰，今尚書令，皆古百揆之任，以其亮采惠疇，熙帝之載，實允於此。勖肆力先朝，庸勳典格，受終之揆，協於大麓，故受以此位也。

總攝諸曹。《晉百官表》云：尚書令官品第三，俸月三十五斛，領總攝諸曹，出納王命。

出納王命。又云：尚書令出納王命，敷奏萬機。【略】

百揆之首。《晉起居注》云：武帝太始元年詔曰：『尚書令，百揆之首，乃總齊機衡，出納朝政，治績之所由也。』

七政以齊。摯虞《尚書令箴》云：虞帝納麓，七政以齊。內成外平，風雨不迷。雖曰聖明，必賴良才。無曰我智，官不任能。發言如絲，其出如綸。千里之應，樞機在身。

端右之職。《晉起居注》云：太始元年詔曰：『夫尚書令總百揆之得失，管王政之開塞者，端右之職也。是以自漢代以來，每選此官，必慎其人。』【略】

文昌天府。《晉百官表》注曰：尚書令，唐虞官也，是謂文昌天府。

總齊機衡。《晉起居注》云：武帝太始元年詔曰：『尚書令總齊機衡，出納朝政。』

又 《尚書僕射》 銅印墨綬。《晉百官表》注云：僕射一人，銅印墨綬。

納言幘，進賢冠。又云：僕射五時朝服，納言幘，進賢兩梁冠，佩水蒼玉，官品第三。建安中，以執金吾邵榮爲尚書左僕射，僕射之有左右，自此始也。

【略】

協宣庶績。《晉起居注》云：永昌元年詔曰：『尚書置左右僕射，所以恢演治典，協宣庶績也。中間又廢，其復置也。

綜詳朝政。《晉起居注》云：泰始七年詔曰：尚書□括萬機，以二紀綱，綜詳朝政也。

《梁書》卷三四《張緬傳》 大同四年元日，舊制僕射中丞坐位東西相當，時緬兄纘爲僕射，及百司就列，兄弟導騶，分趨兩陛，前代未有也，時人榮之。

《隋書》卷二六《百官志上·梁》 尚書省，置令，左、右僕射各一人。【略】

尚書掌出納王命，敷奏萬機。令總統之。僕射副令，又與尚書分領諸曹。令闕，則左僕射爲主。其祠部尚書多不置，以右僕射主之。若左、右僕射並闕，則置尚書僕射，以掌左事，置祠部尚書，以掌右事。然則尚書僕射、祠部尚書不恆置矣。

又 卷二七《百官志中·北齊》 尚書省，置令、僕射，吏部、殿中、祠部、五兵、都官、度支等六尚書。又有録尚書一人，位在令上，掌與令同，但不糾察。令則彈糾見事，與御史中丞更相廉察。僕射職爲執法，置二則爲左、右僕射，皆與令同。左糾彈，而右不糾彈。録、令、僕射，總理六尚書事，謂之都省。其屬官，左丞、掌吏部、考功、主爵、殿中、儀曹、三公、祠部、主客、左右中兵、左右外兵、都官、二千石、度支、左右户十七曹，并彈糾見事。又主管轄臺中，有違失者，兼糾駁之。右丞各一人。掌駕部、虞曹、屯田、起部、都兵、比部、水部、膳部、倉部、金部、庫部十一曹。亦管轄臺中，又主凡諸用度雜物、脂、燈、筆、墨、幃帳。唯不彈糾，餘悉與左同。幷都令史八人，共掌其事。其六尚書，分統列曹。吏部統吏部、掌褒崇、選補等事。考功、掌考第及秀孝貢士等事。主爵掌封爵等事。三曹。殿中統殿中、掌駕行百官留守名帳，宮殿禁衛，供御衣倉等事。儀曹、掌吉凶禮制事。三公、掌五時讀時令，諸曹囚帳，斷罪，赦日建金雞等事。駕部掌車輿、牛馬廄牧等事。四曹。祠部統祠部、掌祠部醫藥，死喪贈賜等事。主客、掌諸蕃雜客等事。虞曹、掌地圖，山川遠近，園囿田獵，肴膳雜味等事。屯田、掌藉田、諸州屯田等事。起部掌諸興造工匠等事。五曹。祠部，無尚書則右僕射攝。五兵統左中兵、掌諸郡督告身、諸宿衛官等事。右中兵、掌畿内丁帳、事力、蕃兵等事。左外兵、掌河南及潼關已東諸州丁帳，及發召徵兵等事。右外兵、掌河北及潼關已西諸州，所典與左外同。都兵掌鼓吹、太樂、雜户等事。五曹。都官統都官、掌畿内非違得失事。二千石、掌畿外得失等事。比部、掌詔書律令勾檢等事。水部、掌舟船、津梁，公私水事。膳部掌侍官百司禮食肴饌等事。五曹。度支統度支、掌計會，凡軍國損益、事役糧廩等事。倉部、掌諸倉帳出入等事。左户、掌天下計帳、户籍等事。右户、掌天下公私田宅租調等事。金部、掌權衡量度、外内諸庫藏文帳等事。庫部掌凡是戎仗器用所須事。六曹。凡二十八曹。吏部、三公，郎中各二人，餘並一人。凡三十郎中。吏部、儀曹、三公、虞曹、都官、二千石、比部、左户、各量事置掌故主事員。

《晉書》卷二四《職官志》 尚書令，秩千石，假銅印墨綬，冠進賢兩梁冠，納言幘，五時朝服，佩水蒼玉，食奉月五十斛。受拜則策命之，以在端右故也。太康二年，始給賜絹，春三十匹，秋七十匹。綿七十斤。元康元年，始給菜田六頃，田騶六人，立夏後不及田者，食奉一年。始賈充爲尚書令，以目疾表置省事吏四人，省事蓋自此始。

僕射，服秩印綬與令同。案漢本置一人，至漢獻帝建安四年，以執金吾榮郃爲尚書左僕射，僕射分置左右，蓋自此始。經魏至晉，迄於江左，省置無恆，置二，則爲左右僕射，或不兩置，但曰尚書僕射。令闕，則左爲省主；若左右並闕，則置尚書僕射以主左事。

唐·李林甫等《唐六典》卷一《尚書都省》 尚書令一人，正二品。

【略】晉氏尚書令假銅印、墨綬，冠進賢兩梁，納言幘，五時朝服，佩水蒼玉；受拜則策命之，以在端右故也。及賈充爲尚書令，以目疾表置省事吏四人。自魏至晉、宋、齊，秩皆千石，品並第三。梁加秩中二千石，班第十六。陳加品至第一。後魏、北齊及隋品皆第二，皇朝因之。服鷩冕、八旒，七章，三梁冠。後漢以尚書令、僕射及六曹尚書爲八座。魏氏省爲五曹，則僕射有二；若僕射省一，則尚書有六，率以爲常。今則以二丞相、六尚書爲八座。然後漢尚書稱臺，魏、晉已來爲省。【略】

尚書令掌總領百官，儀形端揆。其屬有六尚書，法周之六卿，一曰吏部，二曰户部，三曰禮部，四曰兵部，五曰刑部，六曰工部，凡庶務皆會而決之。【略】魏、晉已來，其任尤重。【略】自太師已下，皆古宰相之職，今不常置，故備敍之。

尚書左丞相一人，右丞相一人，並從二品。【略】自晉以後，給省事吏三人。魏、晉、來、齊秩皆六百石，品並第三。梁品猶第三，秩中二千石，班第十五。陳品加至第二。後魏、北齊及隋品皆從第二。自魏、晉以來，置二則爲左、右僕射；或不兩置，但曰尚書僕射。《宋百官階次》云：『尚書僕射，勝右減左，望在二者之間。僕射職爲執法，置二則曰左、右執法。又與列曹尚書分領諸曹郎。令闕，則左僕射爲省主。自東晉以來，祠部尚書多不置，以右僕射主之。若左、右僕射並闕，則置尚書僕射以掌左事，置祠部尚書以掌右事。』然則尚書僕射、祠部尚書不常置矣。【略】自漢已來，章服並與令同。【略】

左、右丞相掌總領六官，紀綱百揆，以貳令之職，今則專統焉。初亦宰相之職也。

唐·杜佑《通典》卷二二《職官四·尚書上·録尚書》 自魏晉以後，亦公卿權重者爲之，職無不總。蜀蔣琬字公琰，爲録尚書事。時新喪諸葛亮，遠近悚懼。琬出類拔萃，處羣寮之右，既無戚容，又無喜色，神守舉止，有如平日，由是衆情漸服。晉宗室會稽王道子及世子元顯，並録尚書事，時道子爲『東録』，元顯爲『西録』。晉康帝時，何充讓録表曰：『咸康中分置三録，王導録其一，荀崧、陸曄各録一條事。』晉江右有四録，則四人參録也。江右張華，江左庾亮，並經闕上書七條。凡重號將軍刺史，皆得命曹授用，唯不得施陳及加節。宋孝武孝建中，不欲威權外假，省録。大明末復置，此後或置或省。齊世録尚書及尚書令，並總領尚書臺二十曹，爲内臺主，行遇諸王以下皆禁駐，號爲『録公』。齊明帝爲宣成王，録尚書。廢帝昭業思蒸魚，太官以無『録公』命，不與。高帝崩，遺詔以褚彦回録尚書事。江左以來，無單爲録者，有司擬立優策，王儉議宜有策書，乃從之。王儉議以爲：『見居本官，別拜録，推理應有策書，而舊事不載。中朝以來，三公王侯，則優策並設，官品第二，策而不優。優者褒美，策者兼明委寄。尚書職居天官，政化之本。故尚書令品雖第三，拜必有策。録尚書品秩不見，而總任彌重，前代多與本官同拜，故不別有策。即事緣情，不容均之凡僚。宜有策書，用申重寄，既異王侯，不假優文。』從之。北齊録尚書一人，位在令上，掌與令同，但不糾察。

又《尚書令》 魏、晉印綬與漢同，冠進賢兩梁，納言幘，五時朝服，佩水蒼玉。受拜則策命之，以在端右故也。薨，於朝堂發哀。陳矯字季弼，爲尚書令。魏明帝卒至尚書門，矯跪問曰：『陛下欲何之？』帝曰：『欲案行文書耳。』矯曰：『此臣職分，非陛下所宜臨也。若臣不稱職，則請就黜。』帝慚，迴車。晉樂廣爲尚書令，無當時稱，爲後人所思。又太熙元年，詔曰：『夫總百揆之得失，管王政之開塞者，端右之職也。是以自漢代以來，慎選其人。議郎王戎可爲尚書令。』又，衛瓘字伯玉，拜尚書令，性嚴憚，以法御下，視尚書若參佐，尚書郎若掾屬。又能遠啓曰：『伏見吏部以太尉荀組爲尚書令，復領荆州牧。自三代以來，未聞以納言之官而出領牧伯者。』王彪之字叔虎，爲尚書令，與謝安共掌朝政。安每稱曰：『朝之大事，衆不能決者，諮之王公，無不得判之。』魏晉以下，任總機衡，事無大小，咸歸令僕。宋孝建元年，詔曰：『尚書，百官之元本，庶績之樞機。丞郎、列曹，局司有任。自頃事無巨細，悉歸令僕，非所以羣能濟業也。可更明體制，責厥成也。』齊梁舊用左僕射，美遷司空。謝朏字敬沖，徵爲司徒、尚書令。朏辭脚疾，不堪朝謁，乃角巾肩輿，詣雲龍門謝。既見，乘小車就席。梁陳並有之。後魏、北齊掌彈糾見事，與御史中丞更相廉察。

又《僕射左右丞 左右司郎中 員外郎附》 僕射：【略】獻帝建安四年，以執金吾榮邵爲左僕射，衛臻爲右僕射。僕射分置左右，蓋自此始。鍾離意字子游，拜尚書僕射。嘗賜胡侍子，當五十疋，尚書郎受詔，誤以三十疋。上怒，召郎，欲鞭之。意入曰：『臣位大罪重，郎位小罪輕，臣當先坐，然後及郎。』遂解衣當鞭。上釋之曰：『非鍾離尚書，幾誤降威於此郎。』又明帝作北宮，意諫止之，出爲魯相。及德陽殿成，百官大會。上笑曰：『鍾離尚書在，朕不得成此殿。』鮑永字君長，拜僕射，將兵案河東。永好文德，雖行大將軍事，常白襜，路稱『白衣尚書』。經魏至晉，迄於江左，省置無恆。魏徐宣字寶堅，爲左僕射，加侍中。車駕幸許昌，宣統留事。帝還，主者奏呈文書。詔曰：『吾省與僕射何異？』竟不視。又，時欲以賈詡爲僕射，詡辭曰：『尚書僕射，官之師長，天下所屬，其忝於國朝何？』置二，則爲左右僕射；或不兩置，但曰尚書僕射。荀顗字景倩，其外生陳泰，啓顗代己。泰薨，代泰爲僕射，領吏部，四辭而受。顗承泰後，加之淑慎，綜覈名實，風俗澄一。又武帝詔曰：『中軍將軍羊祜，秉德清劭，經緯文武，雖處腹心之任，不處樞機之重，非垂拱無爲之意也。其以祜爲尚書左僕射。』又司馬珪爲尚書右僕射，時年四十九，衆以爲美。又周顗爲左僕射，風德雖重，過江積年，恆飲酒，三日醒，時人謂爲『三日僕射』。謝安亦爲僕射。令闕，則左爲省主。若左右並闕，則置尚書僕射以主左事，置祠部尚書以掌右事，則尚書僕射、祠部尚書不恆置矣。若無令，則左僕射爲省主，與令同。若左右並闕，則直置僕射，在其中閒，總左右事。宋尚書僕射勝右減左，右居二者之閒。僕射職爲執法，置二則爲左右執法。王敬弘爲僕射，關署文案。初不省讀，嘗陪聽訟，文帝問以疑獄，敬弘不對。帝變色，問左右：『何故不以訊牒副僕射？』敬弘曰：『臣乃得訊牒，正自不解。』帝不悅，後遷尚書令。又與尚書分領諸曹，兼掌彈舉。王弘爲僕射，奏彈康樂縣公謝靈運：『力人桂興淫其嬖妾，殺興江涘，請免官削爵，付大理。內臺舊體不得用風聲舉彈。此事彰赫，暴之朝野，不敢拱默。』武帝令免官而已。齊左右僕射行則分道，左僕射領殿中、主客二曹，掌諸曹郊廟園陵、車駕行幸、朝儀臺內非違、文官舉補滿敍疾假事。其諸吉慶、瑞應、衆賀、災異、賊發、衆變、臨軒策命，改號格制，莅官銓選，凡諸除署、功論、封爵、貶黜、八議、疑讞通關案，則左僕射主，右僕射次經之。右僕射領祠部、儀曹。掌諸曹庫藏穀帛、文武廩給，諸軍資差量人役百工，死病亡叛討捕，考剔非違，租布稅調，理船車兵器。其祠部郊廟喪贈，儀曹儀典禮學，武官除署，移井城邑，人户復除，家宅田地興工創架運寫，拘慮刑獄聽訟，百工免遣，通關及案奏事，則右僕射主，左僕射次經之。黄案，左僕射上署，右僕射次署。凡僕射掌朝軌，尚書掌讞奏，都丞任在彈違。諸詳讞事，應須命議相值者，皆郎先立意，應奏黄案及關事，以立意官爲議主。凡辭訴有慢命者，曹掾咨如舊。若命有咨，則以立意者爲議主。齊、梁舊制，右僕射遷左僕射，左僕射美遷令，其僕射處於中。陳亦然。後魏二僕射，左居上，右居下。令、僕、中丞騶唱而入宮門，至於馬道。及郭祚爲僕射，以爲非盡敬之宜，乃奏請：御在太極，騶唱至止車門；御在朝堂，止司馬門。騶唱不入宮，自此始也。又爾朱仲遠爲行臺僕射，請准朝式，在軍鳴騶，廢帝笑而許之，其肆情若此。北齊僕射，職爲執法，置二則爲左

右僕射，皆與令同，左糾彈而右不糾彈。【略】

議曰：【略】曹公、司馬師、昭、趙王倫、王敦、王導、劉義宣、齊高帝、梁武帝、爾朱榮、侯景、陳武帝、齊獻武【略】皆爲之。歷代多非尋常人臣之職，亦多爲贈官。然自秦以降，實居百寮之長。【略】或謂尚書令、僕射、録尚書之職，是官之師長。按前代録尚書霍光、張安世、王鳳、趙熹、牟融、鄧彪、張禹、李固、王導、褚彦回、齊明帝之徒，或是丞相，或是三公，或是大將軍、大司馬兼之，皆秉朝政，猶古冢宰，百官總己，實宰輔也，其時別自有令僕。今僕射雖嘗改爲丞相，名同而職異，品秩又未崇極，上有三師、三公、尚書令七人，豈得比前代丞相受任也？其襲舊名無實者，若今刺史皆云使持節，按前代使持節，得戮二千石；其王公以下封國，皆南面臣人，分茅建社；其開府儀同三司，則禮數班秩皆如三公，置府辟吏：今並豈有其實乎？此例甚衆，不能遍舉。安有僕射因改丞相之名，都無丞相之實，而爲百寮師長也？又與丞郎絶禮，若不隔品致敬，則諸司長官與隔品寮屬，其可絶禮乎？斯不然矣。

左右丞：【略】魏、晉左、右丞銅印，青黑綬，進賢一梁冠，介幘，絳朝服。左丞主臺内禁令，寢廟祠祀，朝儀禮制，選用署吏，急假兼糾彈之事；傅咸答辛曠詩序曰：『尚書左丞，彈八座以下，居萬機之會，乃皇朝之司直，天臺之管轄。』又郤詵爲左丞，奏推吏部尚書崔洪。洪曰：『我舉郤丞，而還奏我，此挽弓自射之謂也。』右丞掌臺内庫藏廬舍，凡諸器用之物及刑獄兵器，督録遠道文書章表奏事。宋因之，而右丞亦主錢穀。虞玩之字茂瑶，宋元徽中爲右丞。齊高帝參政，與玩之書曰：『今漕藏有闕，吾賢居右丞，已覺金粟可積矣。』皆銅印黄綬。齊左丞掌寢廟郊祠、吉慶瑞應、災異、立作格制、諸案彈、選用除置、吏補滿除遺注職。任遐爲左丞，奏御史中丞陸澄不糾事，請免澄官。又建康令與秣陵令同乘行車，前導四卒。左丞沈昭略奏，凡有鹵簿官共乘，不得兼列騶道，請免其官。視中書郎遷黄門郎。右丞掌兵士百工補役死叛考代、年老疾病解遺，其内外諸庫藏穀帛，刑罪創業諍訟，田地船乘，稟拘兵工死叛，考剔討捕，差分百役，兵器諸營署人領，州郡租布，民户移徙，州郡縣併帖，城邑人户割屬，刺史二千石令長丞尉被收及免贈，文武諸犯削官事。白案則右丞上署，左丞次署。黄案則左丞上署，右丞次署。諸立格制及詳讞大事，郊廟朝廷儀體，亦左丞上署，右丞次署。梁皆銅印黄綬，一梁冠。左丞掌臺内分職儀、禁令、報人章，督録近道文書章表奏事，糾諸不法。凡諸尚書文書詣中書省者，密事皆以契刀囊盛之，封以丞相印。劉洽字義瓘，爲左丞，準繩不避貴戚，尚書省賄賂莫敢通。右丞掌臺内藏及廬舍，凡諸器用之物，督録遠道文書章表之事。陳因之。後魏、北齊左丞爲上階，右丞爲下階。北齊左丞掌吏部等十七曹，吏部、考功、主爵、殿中、儀曹、三公、祠部、主客、左右中兵、左右外兵、都官、二千石、度支、左右户。並糾彈見事，又主管轄臺中違失，並糾駁之。崔昂除左丞，兼度支尚書。左丞兼尚書，近代未有，唯昂爲冠首，朝野榮之。又酷吏宋遊道爲左丞，始依故事，於尚書省立門名，以記出入早晚，令僕以下皆側目。右丞掌駕部等十一曹，駕部、虞曹、屯田、起部、兵部、比部、水部、膳部、倉部、金部、庫部。亦管轄臺中，唯不彈糾，餘悉與左同。

宋·李昉等《太平御覽》卷二一〇《職官部八·尚書令》

《晉公卿禮秩》曰：尚書令拜受命皆策命，薨則於朝堂發哀，古之冢宰以在端右故也。

《晉故事》曰：賈充爲尚書令，以目疾表置省事，於是遂置省事吏四人，品職章服與諸曹令史同。【略】

《齊職儀》曰：秦漢之世，委政公卿。尚書之職，掌封奏令，贊文書；僕射主開閉，令不在，則僕射奏下其事。魏氏重内職，八座尚書任同六卿；舜舉八元八凱，以隆唐朝。今號八座爲元凱，謂賢能用事，義如昔也。【略】

徐廣《車服儀制》曰：尚書令軺車，黑耳後户。

又　卷二一一《職官部九·左右僕射》

《晉起居注》又曰：『太康元年詔曰：尚書置左右僕射，所以恢演治典，協宣庶政。』

謝靈運《晉書》曰：古者重武事，貴射御，取其捷御如僕，各置一人，尚書六人，謂之八座。參攝百揆，出納王命，古元凱之任也。【略】

《晉公卿禮秩》曰：尚書僕射，魏晉以來或置左右，或不置。【略】

《齊職儀》曰：魏朝以尚書僕射毛玠領選曹，晉武以僕射領吏曹，後依擬至今，或領焉。【略】

《後魏書》曰：郭祚爲右僕射，時議定新令，詔祚與侍中、門下參議刊正。故事，令、僕射、中丞騶唱而入宮，至於馳道。及祚爲僕射，以爲非盡敬之宜，言於帝，納之，下詔：『御在太極，騶唱至止車門；御在朝堂，至司馬門。』騶唱不入宮，自此始也。

又　卷二一二《職官部十・總敍尚書》　韋昭《辯釋名》曰：尚，上也。言最在上，總領之也。辯云：尚，猶奉也。百官言事，當省案平處奉之，故曰尚書。尚食、尚方亦然。【略】

《魏略》曰：帝游晏在內，選女子知書可付信者六人爲女尚書，使典省外奏事，處當書可云也。【略】

《晉康帝起居注》：詔曰：『尚書，萬事之本，朕所責成也。而稟秩儉薄，甚非治體。今雖軍國多費，不爲元凱惜禄，其依令、僕給尚書各親信五十人稟賜。』【略】

《宋・志》曰：今朝士詣三公，尚書丞郎詣令僕射尚書，並門外下車履，度門閫乃納履。

《齊職儀》曰：尚書六人，品第三，秩六百户，進賢兩梁冠，納言幘，絳朝服，佩水蒼玉，執笏負荷。【略】

王昶《考課事》曰：尚書侍中考課：一曰掌建六材以考官人，二曰綜理萬機以考庶績，三曰進視惟允以考讜言，四曰出納王命以考賦政，五曰罰法以考典刑。

元・馬端臨《文獻通考》卷五一《職官考五・録尚書》　漢武帝時，左右曹諸吏分平尚書奏事，知樞要者始領尚書事。張安世以車騎將軍、霍光以大將軍、王鳳以大司馬、師丹以左將軍，並領尚書事。張安世領尚書事，職典樞機，以謹慎周密自著。每言大政，已決，輒移病出。聞有詔命，乃驚，使吏之丞相府問焉，每朝廷大臣莫知與議也。又孔光字子夏，領尚書，凡典樞機十餘年，守法度，修政事，不希旨苟合。或問溫室、省中樹皆何木也，光答以他語，其謹密如此。後漢章帝以太傅趙憙、太尉牟融並録尚書事。尚書有『録』名，蓋自憙、融始，亦西京領尚書之任，唐、虞大麓之職也。和帝時，太尉鄧彪爲太傅録尚書事，猶古冢宰總己之義，薨輒罷之。自魏、晉以後，亦公卿權重者爲之，職無不總。蜀蔣琬字公琰，爲録尚書事。晉宗室會稽王道子及世子元顯並録尚書事，時道子爲『東録』，元顯爲『西録』。晉康帝時，何充《讓録表》曰：『成康中，分置三録，王導録其一，荀崧、陸曄各録二條事。』晉江右有四録，則四人參録也。江右張華、江左庾亮並經闕上書七條。凡重號將軍、刺史皆得命曹受用，唯不得施陳及加節。宋孝武孝建中，不欲威權外假，省録；大明末復置。此後或置或省。齊世，録尚書及尚書令並總領尚書臺二十曹，爲內臺主，行遇諸王以下皆禁駐，號爲『録公』。齊明帝爲宣城王，録尚書。廢帝昭業思蒸魚，太官以無『録公』命，不與。高帝崩，遺詔以褚彦回録尚書事。江左以來，無單爲録者，有司擬立優策，王儉議宜有策書，乃從之。王儉議以爲：『見居本官，別拜録，推理應有策書，而舊事不載。中朝以來，三公、王侯則優策並設，官品第一，策而不優。優者，褒美策者。兼明委寄，尚書職居天官，政化之本，故尚書令品雖第三，拜必有策。録尚書品秩不見，而總任彌重，前代多與本官同拜，故不別有策。即事緣情，不容均之凡僚。宜有策書，用申重寄，既異王侯，不假優文。』從之。北齊録尚書一人，位在令上，掌與令同，俱不糾察。

又《尚書令》　秦置尚書令。尚，主也。漢因之。銅印青綬。武帝用宦者，更爲中書謁者令。成帝去中書謁者令官，更以士人爲尚書令。時弘恭、石顯相繼爲中書令，專權邪僻。前將軍蕭望之領尚書事，建言以爲：『尚書百官之本，國家樞機，宜以通明公正處之。武帝遊宴後庭，故用宦者，非古制也。宜罷中書宦官。』後漢衆務，悉歸尚書，三公但受成事而已。尚書令主贊奏事，總領紀綱，無所不統，與司隸校尉、御史中丞朝會皆專席而坐，京師號曰『三獨坐』。故公爲令、僕射者，朝會不陛奏事。天子封禪，則尚書令奉玉牒檢兼藏封之禮。後漢光武以侯霸爲尚書令，每春帝下寬大之詔，奉四時之令，皆霸所建也。郭伋遷尚書令，處職機密，數納忠諫。陳忠爲尚書令，前後所奏，悉條於南宮閣上，以爲故事。鄭弘爲尚書令，亦著於南宮，以爲故事。郭賀字喬卿，爲尚書令，百姓歌之曰：『厥德仁明郭喬卿，忠政朝廷上下平。』又左雄字伯豪，爲尚書令。自雄任尚書令，天下不敢謬選，十餘年間稱爲得人；自雄掌納言，多所正肅。沈勳字異徵，詣南宮，賜酒，拜尚書令；持節臨辟雍，名冠百僚。荀彧字文若，爲尚書令，居中持重，焚毀故案，奇策密謀不得盡聞；又舉荀攸可以代己。後攸爲尚書令，亦推賢進士。魏武帝曰：『二荀令之論人，久而益信，没世不忘。』。魏、晉印綬與漢同，冠進賢兩梁，納言幘，五時朝服，佩水蒼玉。受拜則策命之，以在端右故也。薨，於朝堂發哀。陳矯字季弼，爲尚書令。魏明帝卒至尚書門，矯跪問曰：『陛下欲何之？』帝曰：『欲案行文書耳。』矯曰：『此臣職分，非陛下所宜臨也。若臣不稱職，則請就黜。』帝慚而迴。又晉樂廣爲尚書令，無當時稱，爲後人所思。又太熙元年詔曰：『夫總百揆之得失，管王政之開塞者，端右之職也。是以自漢代以來，愼選其人。議郎王戎可爲尚書令。』又衛瓘字伯玉，拜尚書令，性嚴憚，以法御下，視尚書若參佐，尚書郎若掾屬。又熊遠啓曰：『伏見吏部以太尉荀組爲尚書令，復領荆州牧。自三代以來，未聞以納言之官而出領牧伯者。』王彪之字叔虎，爲尚書令，與謝安共掌朝政。安每稱曰：『朝之大事，衆不能決者，諮之王公，無不立判。』。魏、晉以下，任總機衡，事無大小，咸歸令、僕。宋孝建元年，詔曰：『尚書，百官之元本，庶績之樞機。丞、郎、列曹，局司有任。自須事無巨細，悉歸令、僕，非所以羣能濟業也。可更明體制，責厥成也。』齊、梁舊用左僕射美遷司空。謝朏字敬沖，徵爲司徒、尚書令，朏辭脚疾不堪朝謁，仍角巾肩輿，詣雲龍門謝。既見，乘小車就席。梁、陳並有之。後魏、北齊掌彈糾見事，與御史中丞更相廉察。

又《僕射》 僕射，秦官。漢因之，自侍中、尚書、博士、郎皆有之。古者重武官，有主射以督課。古者重武官，以善射者掌事，故曰僕射。僕射者，僕役於射也。一云，僕，主也。軍屯吏、騶、宰、永巷宫人皆有，取其領事之號。凡此諸官，皆有僕射，隨所領之事以號也。若軍屯吏則曰軍屯僕射，永巷則曰永巷僕射。成帝建始元年，初置尚書五人，以一人爲僕射，主封門，掌授廩假錢穀。鄭崇字子游，爲尚書僕射，數直諫諍。每見，曳革履，上笑曰：『我識鄭尚書履聲。』。後漢尚書僕射一人，署尚書事，令不在，則奏下衆事，印綬與令同自漢以下，章服並與令同。獻帝建安四年，以執金吾榮邵爲左僕射，衛臻爲右僕射。侍者分置左右，蓋自此始。經魏至晉，迄於江左，省置無恒。置二，則爲左、右僕射；或不兩置，但曰尚書僕射。令闕，則左爲省主；若左、右並闕，則置尚書僕射以主左事，置祠部尚書以掌右事，則尚書僕射、祠部尚書不恒置矣。若無令，則左僕射爲省主，與令同。若左、右並闕，則直置僕射，在其中間，總左、右事。宋尚書僕射勝右減左，右居二者之間。僕射職爲執法，置二則爲左、右執法，又與尚書分領諸曹，兼掌彈舉。齊左、右僕射行則分道。左僕射領殿中、主客二曹，諸曹、郊廟、園陵、車駕行幸、明議、臺内非違、文官舉補滿敍疾假事。其諸吉慶、瑞應、衆賀、災異、賊發、衆變、臨軒策命、改號格制、莅官銓選，凡諸除署、論功、封爵、貶黜、入議、疑讞通關案，則左僕射主，右僕射次經之；右僕射領祠部、儀曹。掌諸曹庫藏穀帛，文武廩給，諸軍資差量人役百工，死病亡叛討捕、考剔非違，租布税調，理船車兵器。其祠部郊廟、喪贈，儀曹儀典禮學，武官除署，移幷城邑，人户復除，家宅田地興工創架運寫，拘慮刑獄聽訟，百工免遣、通關及案奏事，則右僕射主，左僕射次經之。黄案，左僕射上署，右僕射次署。凡僕射掌朝軌，尚書掌獻奏，都丞任在彈違。諸詳讞事，應須命議相值者，皆郎先立意。應奏黄案及關事，以立意官爲議主。凡辭訴有慢命者，曹掾咨如舊。若或命有咨，則以其主意者爲議主。齊、梁舊制，右僕射遷左僕射，左僕射美遷令，其僕射處於中。陳亦然。後魏二僕射，左居上，右居下。令、僕、中丞騶唱而入宫門，至於馬道。及郭祚爲僕射，以爲非盡敬之宜，乃奏請：御在太極，騶唱至止車門；御在朝堂，止司馬門。騶唱不入宫，自此始也。又爾朱仲遠爲行臺僕射，請准朝式，在軍鳴騶，廢帝笑而許之，其肆情如此。北齊僕射職爲執法，置二則爲左、右僕射，皆與令同，左糾彈而右不糾彈。

清·汪士鐸《南北史補志未刊稿·職官志第一·職官》 尚書省。鄭君注《周官·司會》云『若今尚書』，則尚書周司會也。秦時，少府遣吏四人，在殿中主發書，曰尚主也。書。漢初有六尚，曰尚冠、尚衣、尚食、尚浴、尚席、尚書。戰國已有尚冠、尚衣矣。秦時有尚書令、尚書僕射、古者重武官，以善射者掌事，故曰僕射。僕射者，僕役於射事也。漢獻帝建安四年，以執金吾榮郃爲尚書左僕射，衛臻爲右僕射，二僕射分置自此始也。尚書丞。漢初並隸少府，漢東京猶文屬焉。秦世有左右曹諸吏，官無職事，將軍、大夫以下皆得加此官。漢武帝世，使左右曹諸吏分平尚書事知樞要者，領尚書事。霍光之領尚書事、王鳳之録尚書事是也。東京每帝卽位，輒置太傅，録尚書事，録尚書職無不總。王肅注《尚書》『納於大麓』曰：『堯納舜於尊顯之官。大録，萬機之政也。』凡重號將軍、刺史皆得命曹授用，唯不得施除及加節。薨輒省。漢武帝遊宴後庭，始用宦者主中書，以司馬遷爲之，中間遂罷其官，以爲中書之職。至成帝建始四年，罷中書宦者，又置尚書五人，一人爲僕射，四人分爲四曹，通掌圖書秘記章奏之事，及封奏宣示内外而已。其任尤輕。至後漢，則爲優重，出納王命，敷奏萬機，蓋政令之所由宣，選舉之所由定，罪賞之所由正，斯乃文昌天府，衆務淵藪，内外所折衷，遠近所稟仰，故李固云：『陛下之有尚書，猶天之有北斗。斗爲天喉舌，尚書亦爲陛下喉舌，斗斟酌元氣，運平四時，尚書出納王命，賦政四海。』令及左丞，總領綱紀，無所不統。僕射及右丞分掌廩假錢穀。漢初尚書雖有曹名，不以爲號，及靈帝，【略】總謂之尚書臺，亦謂之中臺大事，八座連名，而有不合，得建異議。二漢皆屬少府。

魏置中書省，有監令，遂掌機衡之任，而尚書之權由此減矣。晉何允讓録表曰：咸康中，分置二録，王導録其一，荀崧、陸曄各録六條事，然則似有二十四條。若止有十二條，則荀、陸各録六條，導又何所司乎？若導總録，荀、陸分掌，則不得復云導録其一也。其後每置二録，輒云各掌六條事，又是止有十二條也。十二條者，不知悉何條。然江右有四録，則四人參録也。江右張華、江左庾亮並經關尚書七條，則亦不知皆何事也。後何充解録，又參關尚書。宋世祖孝建中，不欲威權外假，省録。大明末復置。此後或置或省。漢成帝建始四年，初置尚書員四人，丞四人，其一曰常侍曹，主公卿事，其二曰二千石曹，主郡國二千石事，其三曰民曹，主吏民上書事，其四曰客曹，主外國夷狄事。光武分二千石曹爲二，又分客曹爲南主客曹、北主客曹，改常侍曹爲吏曹，凡六尚書，減二丞，唯置左右二丞而已。應劭《漢官》云：尚書令、左丞，總領綱紀，無所不統；僕射、右丞，掌廩假錢穀；三公尚書二人，掌天十歲盡集課；吏曹，掌選舉齋祠；二千石曹，掌水火盜賊、詞訟罪法；客曹，掌羌胡朝會、法駕出護駕；民曹，掌繕治功作、鹽池苑囿。吏曹任舉多得超遷，則漢末民曹及職司，又與光武時異也。魏世有吏部、左民、民曹、五兵、度支五曹尚書。【略】武帝咸寧二年，省駕部尚書。四年，又置。太康中，有吏部、殿中、五兵、田曹、度支、坐民六尚書。惠帝世，又有右民尚書。尚書止於六曹，不知此時省何曹也。江左則有祠部、吏部、左民、度支、五兵，合爲五曹尚書。宋高祖初，又增都官尚書，若有右僕射，則不置祠部尚書。僕射副令，又與尚書分領諸曹。令闕，則左僕射爲主，右僕射主祠部尚書。若二僕射並闕，則以尚書僕射掌左事，立祠部尚書，掌右事。世祖大明二年，置二吏部尚書，省五兵尚書，後還置一吏部尚書。順帝昇明元年，又置五兵尚書，宋曰尚書寺，建禮門內，亦曰尚書省，亦謂之內臺，每八座以下入寺門生隨入者，各有差不得雜以人士，凡尚書官大罪，則免小罪，則遣出。遣出者，百日無代人，聽還本職，其令及二僕射出行分道之制與中丞同，令、僕各給威儀十八人，自晉以後入座，及郎中多不奏事。梁天監元年，詔曰：『自禮闈陵替，歷茲永久，郎署備員無取職事，糠粃文案，貴尚虛閒，空有趨墀之名，了無握蘭之實，曹郎可依昔奏事。』自是始奏事矣。又詔尚書中有疑事，先於朝堂參議，然後啓聞舊尚書官不以爲贈，唯朱異卒，特贈右僕射，武帝寵之故也。自魏晉重中書之官，居喉舌之任，則尚書之職稍以疏遠。至梁、陳，尚書五員、郎二十一員，然舉國機要悉在中書，獻納之任又歸門下，而尚書但聽命受事而已。後魏天興元年，置八部大夫於皇城，四方四維面置一人，以擬八座，謂之八國，各有屬官。二年三月，分尚書三十六曹及諸外署，凡置三百六十曹，令大夫主之，各有屬官，其有文簿，當曹敷奏以省彈駮。四年，又復尚書三十六曹，曹置代人令史一人，譯令史一人，書令史二人。天賜二年二月，復罷尚書三十六曹，別置武歸、修勤二職，分主省務。至始光元年，置右民尚書。神䴥元年三月，始置左右僕射、左右丞及諸曹尚書十餘人，各居別寺。興安二年，置駕部、右士二尚書。正平元年，以諸曹吏多減其員。北齊尚書省亦有録一人，在令上，掌與令同，但不糾察；令一人，彈糾見事，與御史中丞相廉察，僕射總理六尚書事，謂之都省，亦謂之北省。後濟北王以太子監國，立大都督府，與尚書省分理衆事，仍開府置佐。後周無尚書。齊世録尚書，及尚書令，並總領尚書臺二十曹爲內臺，主行遇，諸王以下皆禁駐，號爲録公。齊明帝爲宣城王，録尚書，廢帝昭業思蒸魚，太官以無録公命不與。高帝崩，遺詔以褚彦回録尚書事。江左以來無單爲録者，有司儀理優策王檢議以爲見居本官，別拜録推理應有策書，而舊事不載，中朝以來三公王侯則優策並設官品第二策，而不優優者，褒美策者，兼明委寄尚書職居天官政化之本，故尚書令品雖第三，拜必有策録尚書品秩不見，而總任彌重，前代多與本官同。拜故不別有策，即事緣情不容均之，凡僚宜有策書用申重寄，既異王侯，不假優文，從之。北齊録尚書一人，位在令上，掌與令同，俱不糾察。【略】其尚書令，古冢宰也。秦曰尚書令，漢因之。武帝用宦者，曰中書謁者，成帝更以士人爲之。後漢機務悉歸尚書，三公受成事而已。尚書令，宋制千石，掌贊奏事，總領綱紀，無所不統，與司隸校尉、御史中丞朝會皆專席而坐，京師號曰『三獨坐』，故公爲令、僕射者，朝會不陛奏事。天子封禪，則尚書令奉玉牒檢兼藏封之禮。魏晉印綬與漢同，冠進賢，兩梁，納言幘，五時朝服，佩水蒼玉，受拜則策命之，以在端右故也。薨，於朝堂發哀，魏晉以下任總機衡，事無大小，咸歸令、僕。齊、梁舊用左僕射，美遷司空。梁、陳並有之，後魏、北齊，掌彈糾見事與御史中丞更相廉察。【略】宋有吏部、祠部、度支、左民、都官、五兵六尚書。齊、梁與宋同，亦別有起部，而不常置也。陳與梁同。後魏初，有殿中、樂部、駕部、南部、北部五尚書。其後亦有吏部、兵部、都官、度支、七兵、祠部、民曹等尚書。又有金部、庫部、虞曹、儀曹、右民、宰官、都牧、牧曹、右曹、太倉、太官、祈曹、神都、儀同曹等尚書。北齊六尚書，分統列曹。吏部統吏部、掌褒崇選補等事。考功、掌考第，及秀孝貢士等事。主爵掌封爵等事。三曹，殿中統殿中、掌駕行百官留守名帳、宮殿、禁衛、供御、衣倉等事。儀曹、掌吉凶禮制事。三公、掌五時讀時令諸曹囚帳斷罪赦日建金雞等事。駕部掌車輿牛馬、廄牧等事。四曹，祠部統祠部、掌祠部、醫藥、死喪、贈賜等事。主客、掌諸蕃、雜客等事。虞曹、掌地圖山川遠近園囿田獵殺膳雜味等事。屯田、掌耕田、諸州屯田等事。起部掌諸興造、工匠等事。五曹，祠部無尚書，則右僕射攝五兵，統左中兵、掌諸郡督告身諸宿衛官等事。右中兵、掌畿内丁帳事、力蕃兵等事。左外兵、掌河南及潼關已東諸州丁帳，及發召徵兵等事。右外兵、掌河北及潼關已西諸州，所典與左外同。都兵掌鼓吹太樂、雜户等事。五曹，都官統都官、掌畿内非違得失事。二千石、掌畿外得失等事。比部、掌詔書律令勾檢等事。水部、掌舟船津梁、公私水事。膳部掌侍官百司禮食肴饌等事。五曹，度支統度支、掌計會凡軍國損益事役糧廩等事。倉部、掌諸倉帳出入等事。左户、掌天下計帳户籍等事。右户、掌天下公私田宅租調等事。金部、掌權衡度量、内外諸庫藏文帳等事。庫部掌凡是戎仗器用所須事。六曹，凡二十八曹，有吏部、殿中、祠部、五兵、都官、度支六尚書。後周無尚書。【略】歷代吏部尚書、侍郎品秩悉高於諸曹。又案：後魏有神部尚書，掌宗廟祭祀事。

僕射。秦官，漢因之。自侍中尚書博士郎皆有之。古重武官，凡軍屯吏驅宰永巷宫人，皆有僕射以督課之。漢成帝建始元年，初立尚書五人，以一人，爲僕射主封門、掌授廩假錢穀。後漢尚書僕射一人，署尚書事。令不在，則奏下衆事，印綬與令同。獻帝建安四年，以執金吾榮卲爲左僕射，衛臻爲右僕射，侍者分置左右，蓋自此始。經魏至晉，於江左省，置無互置二，則爲左右僕射，或不兩置，但曰尚書僕射。令闕，則左爲省主；若左右並闕，則置尚書僕射以主左事置祠部尚書以掌右事，則尚書僕射、祠部尚書不互置矣。宋尚書僕射勝右減左右居二者之間僕射職爲執法置二，則爲左右執，又與尚書分領諸曹，兼掌彈舉齊左右僕射，行，則分道，無令左僕射爲臺主，與令同。左僕射領殿中、主客二曹，右僕射領祠部、儀曹。黄案：左僕射上署右僕射，次署朱符見字經都丞竟右僕射横畫成目，左僕射畫令畫，右僕射闕，則以次並畫；若無左右，則直立僕射統衆事。凡僕射掌朝軌，尚書掌獻奏，都丞任在彈違。尚書令任總機衡，僕射、尚書分領諸曹，左僕射領殿中、主客二曹，吏部尚書領吏部，删定三公比部四曹，祠部尚書領祠部、儀曹二曹，度支尚書領度支、金部、倉部、起部四曹，左民尚書領左民、駕部二曹，都官尚書領都官、水部、庫部、功部（齊曰功論）四曹，五兵尚書領中兵、外兵二曹。昔有騎兵、别兵、都兵，故謂之五兵也。五尚書、二僕射、一令，謂之八座。若營宗廟宫室，則置起部尚書，事畢省，以其事分屬都官左右二尚書。齊、梁舊制，右僕射遷左僕射，左僕射美遷令其僕射處於中。陳亦然。後魏二僕射左居上、右居下。北齊僕射職爲執法置二，則爲左右僕射皆與令同。左糾彈，而右不糾彈。僕射、尚書，宋六百石。

論説

唐·杜佑《通典》卷二二《職官四·尚書上·尚書省並總論尚書》

魏置中書省，有監、令，遂掌機衡之任，而尚書之權漸減矣。晉以後，所掌略同，八座丞郎初拜，並集都省交禮，遷職又解交，本漢制也。至於晉、宋，唯八座解交，丞郎不復解交也。梁陸杲遷尚書殿中曹郎，拜日，八座丞郎並到上省交禮。而杲至晚，不及時刻，坐免官。宋曰尚書寺，居建禮門内，亦曰尚書省，令若闕，則左僕射爲省主。亦謂之内臺。每八座以下入寺，門生隨入者各有差，不得雜以人士。凡尚書官，大罪則免，小罪遣出。遣出者百日無代人，聽還本職。宋顧琛爲庫部郎，以顧碩頭寄尚書張茂度門名，而碩頭與同席坐，琛坐此遣出。又《宋·志》曰：『今朝士詣三公，尚書丞郎詣令，僕射，尚書丞郎並門外下車履，度門閾，乃納履也。』其令及二僕射出行分道之制，與中丞同。令、僕各給威儀十八人。説在《御史大夫》篇。自晉以後，八座及郎中多不奏事。梁天監元年，詔曰：『自禮闈陵替，歷茲永久，郎署備員，無取職事。糠粃文案，貴尚虚閑。空有趨墀之名，了無握蘭之實。曹郎可依昔奏事。』自是始奏事矣。又詔：『尚書中有疑事，先於朝堂參議，然後啓聞。』舊尚書官不以爲贈，唯朱異卒，特贈右僕射，武帝寵之故也。故周捨問劉杳：『尚書官著紫荷橐，相傳云「挈囊」，竟何所出？』答曰：『《張安世傳》云：「持橐簪筆，事武帝數十年。」注云：「橐，囊也。近臣簪筆，以待顧問。」』自魏、晉重中書之官，居喉舌之任，則尚書之職，稍以疏遠。至梁、陳，舉國機要，悉在中書，獻納之任，又歸門下，而尚書但聽命受事而已。後魏天興元年，置八部大夫於皇城四方四維，面置一人，以擬八座，謂之八國常侍，各有屬官。分尚書三十六曹及諸外署，令大夫主之。崔玄伯通署三十六曹，如令僕統事。四年，又復尚書三十六曹。天賜元年，復罷尚書三十六曹，別置武歸、脩勤二職，分主省務。武歸比郎中，脩勤比令史。至神麚元年，始置僕射、左右丞及諸曹尚書十餘人，各居別寺。舊例，尚書簿，諸曹須，即出借。任城王澄爲尚書時，公車署以理冤事重，奏請真案。澄執奏，以爲『尚書政本，特宜遠慎，故凡所奏事，閣道通之，蓋以秘要之切，防其宣露。寧有古制所重，今反輕之？宜盡寫其事意，以付公車。』詔從之。北齊尚書省亦有録、令、僕射，總理六尚書事，謂之都省，亦謂之北省。後濟南王以太子監國，立大都督府，與尚書省分理衆事，仍開府置佐。顯祖特崇此官，以趙郡王守侍中，攝大都督府長史。後周無尚書。

清·王鳴盛《十七史商榷》卷五八《南史合宋齊梁陳書六·南朝官録尚書權最重》　相國、三師、三公、大將軍、特進、開府儀同三司及一切將軍之下，方次以九卿，九卿之下方次以尚書，次侍中，次中書秘書御史謁者，次領、護二衛及六軍等，此《宋》、《齊志》所同也。而《齊志》於『尚書』中又特標『録尚書』一目，前未有如此特標一目者。夫公、師等在漢皆宰相也，其職要重無比，況三公中之太尉本掌禁軍，大將軍亦掌武，故每連大司馬，可見總統文武，其後權移於尚書、侍中、中書而一切尊官顯號皆爲空名矣。馴至南朝，惟録尚書權最重，此志。

列曹尚書曹郎分部

綜　述

《宋書》卷三九《百官志上》　魏世有殿中、吏部、駕部、金部、虞曹、比部、南主客、祠部、度支、庫部、農部、水部、儀曹、三公、倉部、民曹、二千石、中兵、外兵、別兵、都兵、考功、定科，凡二十三郎。青龍二年有軍事，尚書令陳矯奏置都官、騎兵二曹郎，合爲二十五曹。晉西朝則直事、殿中、祠部、儀曹、吏部、三公、比部、金部、倉部、度支、都官、二千石、左民、右民、虞曹、屯田、起部、水部、左主客、右主客、駕部、車部、庫部、左中兵、右中兵、左外兵、右外兵、別兵、都兵、騎兵、左士右士、北主客、南主客爲三十四曹郎；後又置運曹，凡三十五曹。晉江左初，無直事、右民、屯田、車部、別兵、都兵、騎兵、左士、右士、運曹十曹郎，而主客、中外兵各置一郎而已，所餘十七曹也。康、穆以來，又無虞曹、二千石二郎，猶有殿中、祠部、吏部、儀曹、三公、比部、金部、倉部、度支、都官、左民、起部、水部、主客、駕部、庫部、中兵、外兵十八曹郎。後又省主客、起部、水部，餘十五曹。宋高祖初，加置騎兵、主客、起部、水部四曹郎，合爲十九曹。太祖元嘉十年，又省儀曹、主客、比部、騎兵四曹郎。十一年，又並置。十八年，增刪定曹郎，次在左民曹上，蓋魏世之定科郎也。三十年，又置功論郎，次都官之下，在刪定之上。太宗世，省騎兵。今凡二十曹郎。以三公、比部主法制。度支主算。支，派也；度，景也。都官主軍事刑獄。其餘曹所掌，各如其名。

漢制，公卿御史中丞以下，遇尚書令、僕、丞、郎，皆辟車豫相迴避，臺官過，乃得去。今尚書官上朝及下，禁斷行人，猶其制也。漢又制，丞、郎見尚書，呼曰明時。郎見二丞，呼曰左君、右君。郎以下則有都令史、令史、書令史、書吏幹。漢東京尚書令史十八人，晉初正令史百二十人，書令史百三十人。自晉至今，或減或益，難以定言。《漢儀》有丞相令史。令史，蓋前漢官也。晉西朝有尚書都令史朱誕，則都令史其來久矣。分曹所掌如尚書也。

晉西朝八坐丞郎，朝晡詣都坐朝，江左唯旦朝而已。八坐丞郎初拜，並集都坐，交禮。遷，又解交。漢舊制也。今唯八坐解交，丞郎不復解交也。尚書令千石，僕射尚書六百石，丞郎四百石。

又　武庫令，一人。掌軍器，秦官。至二漢，屬執金吾。晉初罷執金吾，至今隸尚書庫部。

車府令，一人。丞一人。秦官也。二漢、魏、晉並隸太僕。太僕既省，隸尚書駕部。

上林令，一人。丞一人。漢西京上林中有八丞、十二尉、十池監。丞、尉屬水衡都尉。池監隸少府。漢東京曰上林苑令及丞各一人，隸少府。晉江左闕。宋世祖大明三年復置，隸尚書殿中曹及少府。

材官將軍，一人。司馬一人。主工匠土木之事。漢左右校令，其任也。魏右校又置材官校尉，主天下材木事。晉江左改材官校尉曰材官將軍，又罷左校令。今材官隸尚書起部及領軍。

又　卷四〇《百官志下》　公車令，一人。掌受章奏。秦有公車司馬令，屬衛尉，漢因之，掌宮南闕門。凡吏民上章，四方貢獻，及徵詣公車者，皆掌之。晉江左以來，直云公車令。

太醫令，一人。丞一人。《周官》爲醫師，秦爲太醫令，至二漢屬少府。太官令，一人。丞一人。《周官》爲膳夫，秦爲太官令，至漢屬少府。驊騮廄丞，一人。漢西京爲龍馬長，漢東京爲未央廄令，魏爲驊騮令。自公車令至此，隸侍中。

《南齊書》卷一六《百官志》　吏部尚書。

領吏部、刪定、三公、比部四曹。

度支尚書。

領度支、金部、倉部、起部四曹。

左民尚書。

領左民、駕部二曹。

都官尚書。

領都官、水部、庫部、功論四曹。

五兵尚書。

領中兵、外兵二曹。

祠部尚書。

右僕射通職，不俱置。

起部尚書。

興立宮廟權置。事畢省。

左丞一人。

掌宗廟郊祠、吉慶瑞應、災異、立作格制、諸案彈、選用除置、吏補滿除遣注職。

右丞一人。

掌兵士百工補役死叛考代年老疾病解遣、其内外諸庫藏穀帛、刑罪創業諍訟、田地船乘、稟拘兵工死叛、考剔討補、差分百役、兵器諸營署人領、州郡租布、（人）民户移徙、州郡縣併帖、城邑民户割屬、刺史二千石令長丞尉被收及免贈、文武諸犯削官事。白案，右丞上署，左丞次署。黄案，左丞上署，［右丞次署］。諸立格制及詳讞大事宗廟朝廷儀體，左丞上署，右丞次署。自令僕以下五尚書八座二十曹，各置郎中令史以下，又置都令史分領之。僕射掌朝軌，尚書掌讞奏，都丞任碎，在彈違諸曹緣常及外詳讞事。應須命議相值者，皆郎先立意，應奏黄案及關事，以立意官爲議主。凡辭訴有漫命者，曹緣咨如舊。若命有咨，則以立意者爲議主。

武庫令一人。

屬庫部。

車將令一人，丞一人。

屬駕部。

公車令一人。

大官令一人，丞一人。

大醫令一人，丞一人。

内外殿中監各一人。

内外驊騮廄丞各一人。

材官將軍一人，司馬一人。

屬起部，亦屬領軍。

隋・虞世南《北堂書鈔》卷六〇《設官部十二・吏部尚書》　掌選舉。《百官表》注云：尚書一人，秩六百石，掌選舉事。

掌人物。《華譚集》云：《尚書二曹論》云：劉道真曰：『漢氏重戎曹爲是矣。吳、晉重吏部爲非。曰：八座秩同班等，選望宜同百揆，以先廊不足偏有所重，蓋人才或多或少，選例難精，如不得已，吏部職掌人物，人物難明，謂吳、晉爲得，而君何是古而非今？

專選百官。《袁子》曰：魏家署吏部尚書，專選天下百官。夫用人，人君之所司，不可以假人者也。使治亂之柄制在一人之手，權重而人才難得，居此職、稱此才者未有一二也，是百亂而一治者矣。

位處三曹。《華譚集·尚書二曹論》云：今吏部非爲能刊虚名、舉沈朴、部磐石而名未齒也，故録已成之人，位處三曹，署所採鄉譽而用之者也。【略】

建九品之法。《魏略》云：陳羣字長文，延康元年始建九品官人之法，拜吏部尚書。【略】

吏部宜重。華譚《尚書二曹論》云：今吏部非爲能刊虚名、舉沈朴、部磐石而名未齒也，故録成人耳。然人有精粗而事有難易，在於朝野者，牽君子、難精擇，吏部實爲宜重者也。

選曹尤劇。李重《選吏部尚書箴》云：難以選曹，尤鍾其劇，三季陵遲，請謁方起，書牘交横，貨賄若市，屬請難從，亦不可杜，唯在善察斷、簡舉止。

易貴好爵，書慎官人。傅玄《吏部尚書箴》云：修己以道，弘道以身，易貴好爵，書慎官人。

刊虚名，舉沈朴。《華譚集·尚書二曹論》云：今吏部非爲能刊虚名、舉沈朴、部磐石而名未齒也。

又《諸曹尚書》 軍糧校計。朱鳳《晉書》云：文帝立度支尚書，軍粮校計一由之。以司馬孚爲度支尚書。【略】

王衵考課。王衵《考課事》云：尚書侍中考課，一曰掌選六才，以考官人。二曰綜理萬機，以考庶績。三曰進規惟允，以考讜言。四曰出納王命，以考賦政。五曰罰法，以考典刑。

又《諸尚書左右丞》 主臺内體制。《晉百官表》注云：左右丞，主臺内宗廟祠祀、朝儀體制、彈按選用署吏、督近道文書給假。

皇朝司直，天臺管轄。傅咸《答辛曠詩·序》云：尚書左右丞，彈八坐以下，居萬機之會，斯乃皇朝之司直，天臺之管轄。余前爲左丞，具知此職之要，忝此任僶俛從事，日慎一日。

職輕事重，以賤制貴。傅咸表云：左丞職輕事重，以賤制貴，人所難居。臣以闇劣，猥忝斯任，愧於不稱，懼罪之及也。

揔典綱紀。《晉百官志》云：左丞總領綱紀，緒不去也。【略】

領都令史。《晉百官表》注云：左丞領都令史七人、史五人韓二蕃人八也。【略】

量物多少。《晉百官表》云：右丞，主臺内庫藏廨舍，量物多少，及稟賜民户租布、刑獄兵器，督録遠道文書。

又《尚書郎總》 郎極清望。《山濤啓事》云：舊選尚書郎，極清望也。

臺郎清顯。郭璞《辭尚書郎表》云：臺郎清顯，論望宜允也。

簡良能以親職。裴秀《奏事》云：謹按：臺閣簡統萬機，動爲法制，是以特宜精簡良能，以親其職，臺郎皆朝之俊選，當之處事，宜辨正疑滯也。

邦之俊茂。《晉起居注》云：臺郎御史，萬邦之俊茂，數出掌牧，頌聲興矣。

朝之俊選。裴秀《奏事》云：臺郎皆朝之俊選當之，處事宜辨正疑滯。

又《尚書吏部郎》 非但正己，乃當正人。《山濤啓事》云：吏部郎與辟事，日夜相接，非但當正己而已，乃當能正人。議郎杜默德履亦佳，太子庶子崔諒、中書郎陳准皆有意正人，其次不審有可用者不也。

又《尚書令史》 掌録上事。《百官表》注云：諸曹郎令史與郎並處事，宜别掌録上事立草。

掌發章表。又云：直事令史掌發内章表及上事上書條牒疏奏，門下注發日月，其啓皆直注也。

别録判按。又云：尚書令史偕左、右丞共所司别掌録、判按朝會也。

别掌立草。又云：蘭臺御史二十八人，朝是賢官，一梁冠，官第九，與御史其詔何所典并處事，宜别掌録、上事立草者也。

《隋書》卷二六《百官志上·梁》 又置吏部、祠部、度支、左户、都官、五兵等六尚書。左右丞各一人。吏部、删定、三公、比部、祠部、儀曹、虞曹、主客、度支、殿中、金部、倉部、左户、駕部、起部、屯田、都官、水部、庫部、功論、中兵、外兵、騎兵等郎二十三人。令史百二十人，書令史百三十人。

又有起部尚書，營宗廟宫室則權置之。事畢則省，以其事分屬都官、左户二尚書。左、右丞各一人，佐令、僕射知省事。左掌臺内分職儀、禁令，報人章，督録近道文書章表奏事，糾諸不法。右掌臺内藏及廬舍、凡諸器用之物，督録遠道文書章表奏事。凡諸尚書文書，詣中書省者，密事皆以挈囊盛之，封以左丞印。自晉以後，八座及郎中，多不奏事。天監元年詔曰：『自禮闈陵替，歷茲永久，郎署備員，無取職事。糠粃文案，貴尚虚閑，空有趨墀之名，了無握蘭之實。曹郎可依昔奏事。』自是始奏事矣。三年，置侍郎，視通直郎。其郎中在職勤能，滿二歲者，轉之。又有五都令史，與左、右丞共知所司。舊用人常輕，九年詔曰：『尚書五都，職參政要，非但總領衆局，亦乃方軌二丞。頃雖求才，未臻妙簡，可革用士流，每盡時彦，庶同持領，秉此羣目。』於是以都令史視奉朝請。其年，以太學博士劉納兼殿中都，司空法曹參軍劉顯兼吏部都，太學博士孔虔孫兼金部都，司空法曹參軍蕭軌兼左户都，宣毅墨曹參軍王顒兼中兵都。五人並以才地兼美，首膺茲選矣。駕部又別領車府署，庫部領南、北武庫二署令丞。

又　卷二七《百官志中・北齊》　自諸省臺府寺，各因其繁簡而置吏。有令史、書令史、書吏之屬。又各置曹兵，以共其役。其員因繁簡而立。其餘主司專其事者，各因事立名，條流甚衆，不可得而具也。

《晉書》卷二四《職官志》　列曹尚書，案尚書本漢承秦置，及武帝遊宴後庭，始用宦者主中書，以司馬遷爲之，中間遂罷其官，以爲中書之職。至成帝建始四年，罷中書宦者，又置尚書五人，一人爲僕射，而四人分爲四曹，通掌圖書秘記章奏之事，各有其任。其一曰常侍曹，主丞相御史公卿事。其二曰二千石曹，主刺史郡國事。其三曰民曹，主吏民上書事。其四曰主客曹，主外國夷狄事。後成帝又置三公曹，主斷獄，是爲五曹。後漢光武以三公曹主歲盡考課諸州郡事，改常侍曹爲吏部曹，主選舉祠祀事，民曹主繕修功作鹽池園苑事，客曹主護駕羌胡朝賀事，二千石曹主辭訟事，中都官曹主水火盜賊事，合爲六曹。并令僕二人，謂之八座。尚書雖有曹名，不以爲號。靈帝以侍中梁鵠爲選部尚書，於此始見曹名。及魏改選部爲吏部，主選部事，又有左民、客曹、五兵、度支、凡五曹尚書、二僕射、一令爲八座。及晉置吏部、三公、客曹、駕部、屯田、度支六曹，而無五兵。咸寧二年，省駕部尚書。四年，省一僕射，又置駕部尚書。太康中，有吏部、殿中及五兵、田曹、度支、左民爲六曹尚書，又無駕部、三公、客曹。惠帝世又有右民尚書，止於六曹，不知此時省何曹也。及渡江，有吏部、祠部、五兵、左民、度支五尚書。祠部尚書常與右僕射通職，不恒置，以右僕射攝之，若右僕射闕，則以祠部尚書攝知右事。

左右丞，自漢武帝建始四年置尚書，而便置丞四人。及光武始減其二，唯置左右丞，左右丞蓋自此始也。自此至晉不改。晉左丞主臺內禁令，宗廟祠祀，朝儀禮制，選用署吏，急假；右丞掌臺內庫藏廬舍，凡諸器用之物，及廩振人租布，刑獄兵器，督録遠道文書章表奏事。八座郎初拜，皆沿漢舊制，並集都座交禮，遷職又解交焉。

尚書郎，西漢舊置四人，以分掌尚書。其一人主匈奴單于營部，一人主羌夷吏民，一人主户口墾田，一人主財帛委輸。及光武分尚書爲六曹之後，合置三十四人，秩四百石，并左右丞爲三十六人。郎主作文書起草，更直五日於建禮門內。尚書郎初從三署詣臺試，守尚書郎，中歲滿稱尚書郎，三年稱侍郎，選有吏能者爲之。至魏，尚書郎有殿中、吏部、駕部、金部、虞曹、比部、南主客、祠部、度支、庫部、農部、水部、儀曹、三公、倉部、民曹、二千石、中兵、外兵、都兵、別兵、考功、定課，凡二十三郎。青龍二年，尚書陳矯奏置都官、騎兵，合凡二十五郎。每一郎缺，白試諸孝廉能結文案者五人，謹封奏其姓名以補之。及晉受命，武帝罷農部、定課，置直事、殿中、祠部、儀曹、吏部、三公、比部、金部、倉部、度支、都官、二千石、左民、右民、虞曹、屯田、起部、水部、左右主客、駕部、車部、庫部、左右中兵、左右外兵、別兵、都兵、騎兵、左右士、北主客、南主客，爲三十四曹郎。後又置運曹，凡三十五曹，置郎二十三人，更相統攝。及江左，無直事、右民、屯田、車部、別兵、都兵、騎兵、左右士、運曹十曹郎。康、穆以後，又無虞曹、二千石二郎，但有殿中、祠部、吏部、儀曹、三公、比部、金部、倉部、度支、都官、左民、起部、水部、主客、駕部、庫部、中兵、外兵十八曹郎。後又省主客、起部、水部，餘十五曹云。

《南史》卷七七《恩幸傳・呂文顯》　時中書舍人四人各住一省，世謂之四户。既總重權，勢傾天下。晉、宋舊制，宰人之官，以六年爲限，近世以六年過久，又以三周爲期，謂之小滿。而遷換去來，又不依三周之制，送故迎新，吏人疲於道路。四方守宰餉遺，一年咸數百萬。舍人茹法亮於衆中語人曰：『何須覓外禄，此一户內年辦百萬。』蓋約言之也。其後玄象失度，史官奏宜修祈禳之禮。王儉聞之，謂上曰：『天文乖忤，此禍由四户。』仍奏文顯等專擅愆和，極言其事。上雖納之而不能改也。文顯累遷左中郎將，南東莞太守。

故事，府州部內論事，皆籤前直敍所論之事，後云謹籤，日月下又云某官某籤，故府州置典籤以典之。本五品吏，宋初改爲七職。宋氏晚運，多以幼少皇子爲方鎮，時主皆以親近左右領典籤，典籤之權稍重。大明、泰始，長王臨蕃，素族出鎮，莫不皆出内教命，刺史不得專其任也。宗慤爲豫州，吳喜公爲典籤。慤刑政所施，喜公每多違執。慤大怒曰：『宗慤年將六十，爲國竭命，政得一州如斗大，不能復與典籤共臨！』喜公稽顙流血乃止。自此以後，權寄彌隆，典籤遞互還都，一歲數反，時主輒與閒言，訪以方事。刺史行事之美惡，係於典籤之口，莫不折節推奉，恒慮不及。於是威行州郡，權重蕃君。劉道濟、柯孟孫等姧慝發露，雖即顯戮，而權任之重不異。明帝輔政，深知之，始制諸州急事宜密有所論，不得遣典籤還都，而典籤之任輕矣。後以文顯守少府，見任使，歷建武、永元之世，至尚書右丞，少府卿，卒官。

唐・李林甫等《唐六典》卷一《尚書都省》 左丞一人，正四品上，右丞一人，正四品下。【略】晉傅咸云：『左丞得奏彈八座。』魏、晉已來，左丞主臺内禁令，宗廟祠祀，朝儀禮制，選用置吏，糺諸不法，無所迴避；右丞掌庫藏，廬舍，凡諸器用之物，刑獄，兵器。然則右減於左，其來尚矣。魏、晉、宋已來，左、右丞銅印、墨綬，絳朝服，進賢一梁冠。自魏至宋、齊，品皆第六，秩四百石。梁左丞班第九，右丞班第八，並第四品，秩六百石。陳因之。後魏、北齊左丞正四品下，右丞從四品上。【略】

左司郎中一人，右司郎中一人，並從五品上。【略】魏有殿中、吏部、駕部、金部、虞曹、比部、南主客、祠部、度支、庫部、農部、水部、儀曹、三公、倉部、民曹、二千石、中兵、外兵、别兵、都兵、考功、定課、都官、騎兵，凡二十五曹郎。晉氏又加直事、屯田、起部、車部、左士、右士、運曹，其民曹、中兵、外兵分爲左、右，主客又分爲左、右、南、北，無農部、定課、考功，凡三十五曹，置郎二十三人，更相統攝。東晉置殿中、祠部、吏部、儀曹、三公、比部、金部、倉部、度支、都官、左民、駕部、庫部、中兵、外兵十五曹。宋高祖加騎兵、主客、起部、水部，合爲十九曹。元嘉以後，又增刪定、功論二曹而省騎兵，凡二十曹郎。齊因之。梁加騎兵、虞曹、屯田，合二十三曹。隙省梁二曹，不知省何曹也。後魏有三十六郎，史闕曹名。北齊有吏部、考功、主爵、殿中、儀曹、三公、駕部、祠部、主客、虞曹、屯田、起部、左中兵、左外兵、右中兵、右外兵、都兵、都官、二千石、比部、水部、膳部、度支、倉部、左民、右民、金部、庫部二十八曹郎。【略】及晉、宋、齊、梁，尚書官上朝及下禁斷行人，猶其制也。【略】至宋已後，唯八座解交，而丞、郎不解交也。自晉已後，八座及丞、郎多不奏事。梁武帝天監初，詔曰：『自禮闈陵替，歷茲永久，郎署備員，無取職事，秕糠文案，貴尚虚閑，空有趨墀之名，了無握蘭之實。曹郎可依昔奏事。』自是始奏事矣。【略】魏、二晉以後，無三署郎矣。自漢以來，尚書諸曹並通謂之尚書郎。漢代兩置，其職則同。魏、晉、宋、齊惟置郎中，梁、陳兩置，後魏、北齊惟置郎中。【略】

都事六人，從七品上。都事，本尚書都令史之職。【略】《齊職儀》云：『自魏、晉、宋、齊，正令史、書令史皆有品秩，朱衣，執版，進賢一梁冠。』楊楞伽《北齊鄴都故事》云：『尚書郎判事正坐，都令史側坐，書令史過事。洛京、鄴都令史皆平揖郎，由來無拜。吏部郎選試高第及工書者奏補，皆加戎號。』案：歷代令史皆有品秩。漢尚書臺令史秩二百石。魏氏令史皆八品。《晉百官公卿表》云：『尚書都令史八人，秩二百石，與左、右丞總知都臺事。』宋、齊八人，梁、陳五人，品並第八。梁武天監初，制曰：『尚書五都，職參政要，非但總領衆局，亦乃方軌二丞。頃雖求才，未臻妙簡。可革用士流，每盡時彦，庶同持領，秉此羣目。』於是，以都令史視奉朝請。太學博士劉納、司空法曹參軍劉顯、太學博士孔虔孫，司空法曹參軍蕭軌、宣毅墨曹參軍王顒並以才地兼美，首膺茲選矣。【略】自晉、宋、齊、後魏、北齊、隋，都令史置八者，當八座之數。梁、陳置五者，南朝多不置祠部尚書，當五曹之數。【略】

主事六人，從九品上。【略】後魏尚書吏部、儀曹、三公、虞曹、都官、二千石、比部各量事置掌故主事員，門下置主事令史，並從八品上。【略】

令史十八人，書令史三十六人。自魏、晉已來，令史之任，用人常輕。梁、陳、後魏、北齊雖預品秩，益又微矣。

又 卷二《尚書吏部》 吏部尚書一人，正三品；【略】漢末，又改吏部爲選部，專掌選舉事。靈帝以梁鵠爲選部尚書。魏改選部爲吏部。歷晉，至宋孝武大明二年，置二吏部尚書，廢五兵尚書，尋復舊名。齊、梁、陳、後魏、北齊皆曰吏部尚書。後周依《周官》，置大冢宰卿一人，正七命。【略】然此官歷代班序常尊，不與諸曹同也。《漢官儀》：『尚書秩六百石，次補二千石。』《晉令》：『吏部尚書五時朝服，納言幘，進賢兩梁冠，佩水蒼玉，乘軺車皁輪。』《袁子正書》曰：『尚書佩契刀囊，執版，加簪筆焉。』自魏至梁並第三品。梁秩加至中二千石；後定十八班，班多爲貴，吏部尚書班第十四，諸曹尚書班第十三。陳因梁。後魏、北齊、隋吏部尚書並正第三品，【略】侍郎二人，正四品上。周之天官小宰中大夫也。【略】後周依《周官》。【略】

郎中二人，從五品上；【略】魏、晉用人，妙于時選，其諸曹郎功高者遷爲吏部郎。其吏部朗歷代品秩皆高於諸曹郎。魏、晉、宋、齊吏部郎品第五，諸曹郎第六。梁吏部郎品第四，班第十一。諸曹郎班第十。陳因梁。後魏、北齊吏部郎品正第四上，諸曹郎品正第六上。後周依《周官》。【略】員外郎二人，從六品上。《周官》太宰屬官有上士，蓋今員外郎之任也。《宋百官階次》有員外郎，美遷爲尚書郎。後周依《周官》。【略】

郎中一人，掌考天下文吏之班、秩、品、命。凡敍階二十九：從一品曰開府儀同三司，後漢殤帝延平元年，鄧騭爲車騎將軍、儀同三司，『儀同』之名，自此始也。又呂布有平董卓之勳，開府如三司；魏黃初三年，黃權爲車騎將軍、開府儀同三司，『開府』之名，自此始也，其品第一。梁班第十七，陳氏秩萬石，北齊從一品。後周置上開府儀同三司、開府儀同三司、上儀同三司、儀同三司等十一號，以酬勤勞。【略】正二品曰特進，二漢及魏、晉以爲加官，從本官服，無吏、卒，品第二，位次諸公下，在開府、驃騎上，進賢兩梁冠、黑介幘、五時朝服，無章綬。又《漢朝雜事》云：『諸侯功德優盛，朝廷所敬異，有賜位特進，在三公下，平冕、玄衣，侍祠郊廟。』《宋百官階次》：『江左皆兼官。晉傅咸奏特進品第二，執皮帛，坐侍臣之下。』梁班第十七。北齊特進第二品。【略】從二品曰光祿大夫，【略】自魏以來，諸公卿告老，多加其位。晉太始初，分爲左、右光祿大夫，皆無員；若致仕，又給六尺床、帳、簟、褥。宋氏因之。濟光祿勳府有左、右光祿大夫，皆銀章、青綬；若加金章、紫綬者，爲金紫光祿大夫。王晏乞一片金，乃啓轉金紫。梁、陳並因之，光祿大夫十三班。後魏左、右光祿大夫從第一品；太和二十三年，第二品。北齊因之。後周左、右光祿大夫正八命。【略】正三品曰金紫光祿大夫，本兩漢光祿大夫也。至魏、晉，有加金章、紫綬者，則謂爲金紫光祿大夫。晉則金紫、銀青、左、右四職並置，假金章、紫綬及加金章、紫綬並秩第二，祿賜、班位、冠幘、車服、佩玉及諸所賜給皆與特進同。自晉已後，皆爲兼官，少有正授。梁金紫光祿大夫爲第十四班，陳爲中二千石，北齊從二品，【略】從三品曰銀青光祿大夫，本末與金紫同。晉有銀青光祿大夫王翹之。宋、齊之後，或置或省。梁、陳無職。北齊三品。【略】從四品上曰太中大夫，【略】梁班第十一，陳秩千石。北齊從第三品。【略】從四品下曰中大夫，秦置中大夫。漢武帝太初元年，改爲光祿大夫。北齊中大夫第四品。【略】正五五品上曰中散大夫，後漢有中散大夫，六百石，無員。魏、晉因之。《齊職儀》：『品第七，絳朝服，進賢一梁冠。』梁班第十，陳秩千石。【略】正六品上曰朝議郎，宋、齊、梁、陳、後魏、北齊，諸九品散官皆以將軍爲品秩，謂之加戎號。【略】從六品下曰通直郎，晉、宋以來，諸官皆有通直，蓋謂官有高下，而得通爲宿直者。【略】正七品上曰朝請郎，晉、宋、齊、梁、陳並有奉朝請員。【略】從七品下曰宣義郎，梁有宣義將軍。【略】正九品上曰儒林郎，前史各有《儒林傳》，取其義也。正九品下曰登仕郎，從九品上曰文林郎，北齊置文林館，徵文學之士以充之，取其義也。從九品下曰將仕郎。【略】

司封郎中一人，從五品上；北齊置主爵郎中一人，【略】主事二人，從九品上。

司封郎中、員外郎掌邦之封爵。凡有九等：一曰王，正一品，食邑一萬戶。二曰郡王，從一品，食邑五千戶。三曰國公，從一品，食邑三千戶。四曰郡公，正二品，食邑二千戶。五曰縣公，從二品，食邑一千五百戶。六曰縣侯，從三品，食邑一千戶。七曰縣伯，正四品，食邑七百戶。八曰縣子，正五品，食邑五百戶。九曰縣男，從五品，食邑三百戶。【略】魏氏五等，皆以鄉、亭，多假空名，不食本邑。及司馬宣王誅曹爽，封舞陽侯。至晉，復五等之制。宋、齊之後，或置或廢，亦不常也。【略】皇兄弟、皇子皆封國，謂之親王。親王之子承嫡者，爲嗣王。皇太子諸子並爲郡王。親王之子承恩澤者亦封郡王，諸子封郡公。其嗣王、郡王及特封王子孫承襲者，降授國公。諸王、公、侯、伯、子、男若無嫡子及罪、疾，立嫡孫。無嫡孫，以次立嫡子同母弟；無母弟，立庶子。無庶子，立嫡孫同母弟；無母弟，立庶孫。曾、玄已下亦同此。無後者，國除。凡名山、大川及畿內縣皆不得以封。至郡公，有餘爵，聽回授子孫。其國公皆特封焉。凡內命婦之制：貴妃、淑妃、德妃、賢妃並爲夫人，皆正一品；昭儀、昭容、昭媛、充儀、充容、充媛並爲嬪，正二品；婕妤九員，正三品；美人九員，正四品；才人九員，正五品；寶林二十七員，正六品；御女二十七員，正七品；采女二十七員，正八品。【略】《晉諸公贊》曰：『舊制：貴嬪、夫人比三公，假金紫；淑媛、淑儀、修容、修儀、婕妤、容華、充華爲九嬪，比九卿，假銀青。』後魏孝文改定內官，各有視品。宋、齊、梁、陳、北齊、後周多依古制，或有增損，事則不經。【略】皇太子良娣二員，正三品；良媛六員，正四品；承徽十員，正五品；昭訓十六員，正七品；奉儀二十四員，正九品。《漢書》曰：『太子有妃，有良娣，有孺子，妻、妾三等。』歷代因之。至宋明帝，更爲太子置内職二等，有保林、良娣。齊建元中，太子宫置三内職：良娣比關内侯，保林比五等侯，才人比駙馬都尉。【略】外命婦之制：皇姑封大長公主，皇姊妹封長公主，皇女封公主，皆視正一品；皇太子之女封郡主，視從一品；王之女封縣主，視正二品。【略】自魏、晉已來，尚主皆拜駙馬都尉。晉、宋已來，皇女皆封郡公主，王女皆封縣主。王母、妻爲妃。一品及國公母、妻爲國夫人；三品已上母、妻爲郡夫人；四品、若勳官二品有封，母、妻爲郡君；五品、若勳官三品有封，母、妻爲縣君。散官並同職事。勳官四品有封，母、妻爲鄉君。其母邑號皆加『太』字。各視其夫及子之品，若兩有官爵者，皆從高。若内命婦一品之母爲正四品郡君，二品母爲從四品郡君，三品、四品母並爲正五品郡君。凡婦人不因夫及子而別加邑號，夫人云『某品夫人』，郡君爲『某品郡君』，縣君、鄉君亦然。【略】晉封虞潭母孫氏武昌侯太夫人，加金章、紫綬。太康元年，封羊祜夫人爲鄉君。孝武時，哀帝外祖母高安鄉君進封宣城郡廣德君。宋高祖母蕭氏初封豫章國太夫人，妻臧氏爲國夫人。《晉令》式云：『郡公·侯太夫人、夫人，銀印、青綬，佩水蒼玉。』宋、齊之後，多用其制。【略】凡庶子有五品已上官封，皆封嫡母；無嫡母，即封所生母。凡二王後夫人、職事五品已上、散官三品已上、王及國公母·妻朝參，各視其夫及子之禮。凡親王孺人二人，視正五品；媵十人，視正六品。嗣王、郡王及一品媵十人，視從六品；二品媵八人，視正七品；三品及國公媵六人，視從七品；四品媵四人，視正八品，五品媵三人，視從八品。降此已往皆爲妾。古者，諸侯一娶九女，其嫡者爲夫人，餘爲侄、娣、孺人及媵，蓋因此。凡皇家五等親及諸親三等存亡、升降，皆立簿籍，每三年一造。除附之制，並載于宗正寺焉。

司勳郎中一人，從五品上；《周官》有司勳上士二人，凡有功者，司勳詔之。後周夏官有司勳上士一人，掌六勳之賞。【略】主事四人，從九品上。

司勳郎中、員外郎掌邦國官人之勳級。凡勳十有二等：十二轉爲上柱國，比正二品；柱國，楚官也。【略】至西魏之末，始置柱國，用旌戎秩。時隴西郡公李諱、廣陵王元欣、趙郡公李弼、河内郡公獨孤信、南陽公趙貴、常山公于謹、彭城公侯莫陳崇與周太祖爲八柱國。至後周建德四年，初置上大將軍、上開府儀同三司、開府儀同三司、上儀同三司、儀同三司、上柱國、柱國之秩，以賞勤勞。始以齊王憲、蜀公尉遲迥爲上柱國是也。【略】十一轉爲柱國，比從二品；戰國時，楚有柱國昭陽，楚、漢之際，共敖爲柱國也。十轉爲上護軍，比正三品；九轉爲護軍，比從三品；【略】魏武帝以牽招爲中護軍將軍。晉中護軍將軍、護軍將軍等並銀章、青綬，武冠，絳朝服，品第四。宋、齊、梁、陳並有護軍將軍、中護軍之職。梁武廬江置鎮蠻護軍，武陵置安遠護軍。【略】八轉爲上輕車都尉，比正四品；七轉爲輕車都尉，比從四品；【略】梁、陳、後魏、北齊、隋皆有輕車將軍。六轉爲上騎都尉，比正五品；五轉爲騎都尉，比從五品；【略】晉、宋、齊、梁、陳、隋並有其名。四轉爲驍騎尉，比正六品；三轉爲飛騎尉，比從六品；二轉爲雲騎尉，比正七品；一轉爲武騎尉，比從七品。【略】凡有功效之人合授勳官者，皆委之覆定，然後奏擬。凡征、鎮勳未授身亡者，其勳依例加授。其餘泛勳未授身亡者，不在敍限。

考功郎中一人，從五品上。【略】魏尚書郎曹有考功郎中一人。宋、齊並置功論郎中，梁有秩論侍郎，並考功郎中之任也。北齊有考功郎中。

又 卷三《尚書户部》 户部尚書一人，正三品。【略】魏置左民尚書，晉初省之，太康中又置。惠帝時有右民尚書。東晉及宋、齊並置左民尚書，梁、陳並置左户尚書，並掌户籍，兼知工官之事。後魏、北齊有度支尚書，亦左民、左户之任也。後周依《周官》，置地官府大司徒卿。【略】

郎中二人，從五品上；《周官》司徒屬官有下大夫，蓋郎中之任也。【略】魏有左民郎曹，西晉兼置右民郎曹，東晉及宋、齊唯有民部曹，梁、陳爲左户郎，後魏爲左户曹郎，北齊有左民郎曹。【略】員外郎二人，從六品上。《周官》司徒屬官有上士，後周依焉，蓋今員外之任也。【略】

度支郎中一人，從五品上；漢有度支侍郎，即郎中之任也。歷魏、晉、宋、齊、後魏、北齊並有度支郎中，梁、陳、隋屬侍郎，煬帝但曰『郎』。自漢、魏已來，皆度支尚書領度支郎。【略】主事二人，從九品上。【略】

金部郎中一人，從五品上；漢置尚書郎四人，其一人主財帛委輸，蓋金部郎曹之任也。歷魏、晉、宋、齊、後、魏、北齊並有金部郎中，梁、陳、隋爲侍郎。【略】主事三人，從九品上。【略】

倉部郎中一人，從五品上；《周禮·地官》有廩人下大夫之職，爲舍人、倉人、司禄之長，掌九穀之數，賙賜稍食，以知足否，蓋倉部之任也。自魏、晉、宋、齊、後魏，北齊並有倉部郎中，梁、陳爲侍郎。後周地官府有司倉下大夫一人。【略】宋、齊、梁、陳、後魏、北齊並以度支尚書領倉部。【略】員外郎一人，從六品上；後周地官府有小司倉上士一人，則其任也。【略】主事三人，從九品上。

又　卷四《尚書禮部》　禮部尚書一人，正三品；【略】東晉始置祠部尚書，常與右僕射通職，若右僕射闕，則以祠部尚書知右事。宋、齊、梁、陳皆號祠部尚書。後魏稱儀曹尚書。北齊亦爲祠部尚書，掌祠祭、醫藥、死喪、贈賻等事。後周依《周官》，置春官府大宗伯卿一人。【略】侍郎一人，正四品下。《周禮・春官・小宗伯》中大夫也。漢已來尚書侍郎，今郎中之任。後周依《周官》。【略】

郎中一人，從五品上；《周官》大宗伯屬官有下大夫，蓋郎中之任也。魏、晉、宋、齊、梁、陳、後魏、北齊有殿中郎、儀曹郎，而殿中掌表疏，儀曹掌吉凶禮制，皆禮部之職也。後周依《周官》。【略】員外郎一人，從六品上；《周官》大宗伯屬官有上士，後周依焉，蓋今員外郎之任也。【略】主事二人，從八品下。【略】

膳部郎中一人，從五品上。後魏職品令：太和中改定百官，都官尚書管左士郎。北齊《河清令》，改左士郎爲膳部。【略】

主客郎中一人，從五品上。《漢舊儀》云：「尚書郎四人，其一主匈奴單于營部。」蓋主客之任也。至魏爲南主客。晉氏主客分爲左、右、南、北。東晉省。宋置主客，齊、梁、陳並因之。後魏《職品令》：太和中，吏部管南主客、北主客，祠部管左主客、右主客。北齊《河清令》，改左主客爲主爵，南主客爲主客，掌諸蕃雜客事。

又　卷五《尚書兵部》　兵部尚書一人，正三品；《周官》夏官卿也。【略】魏始置五兵尚書，謂中兵、外兵、騎兵、別兵、都兵也。晉太始中，省五兵尚書；太康中，又置七兵尚書，以舊五兵尚書中兵、外兵分爲左右。東晉及宋又爲五兵，孝武大明二年又省之，順帝昇明元年又置。歷齊、梁、陳、後魏、北齊皆置五兵尚書。後周依《周官》，置大司馬卿一人。【略】侍郎二人，正四品下。《周官》夏官小司馬中大夫也。漢以來尚書侍郎，今郎中之任也。後周依《周官》。【略】

郎中二人，從五品上；《周官》大司馬屬官有軍司馬下大夫，蓋郎中之任也。魏有五兵郎曹，皆置郎中。晉有七兵，皆置郎中。宋有中兵、外兵、騎兵，元嘉已後，省騎兵。齊因之。梁、陳有左中兵、右中兵、左外兵、右外兵、騎兵郎曹。皆置侍郎，亦郎中任也。後魏、北齊有左中兵、右中兵、左外兵、右外兵、都兵郎曹，並置郎中。後周依《周官》。【略】員外郎二人，從六品上；《周官》大司馬屬官有輿馬上士。後周依焉，蓋員外之任也。【略】從一品曰驃騎大將軍；【略】魏有王泉，晉有紀瞻、王駿並爲之。《齊職儀》云：「驃騎品秩第二，金章、紫綬，武冠，絳朝服，佩水蒼玉。」《梁官品令》：「雜號將軍一百二十五，分爲二十四班，班多者爲貴，驃騎班第二十四。」陳品第一，秩中二千石。後魏《職品令》：第二。後周驃騎大將軍九命。【略】正二品曰輔國大將軍；魏《甲辰令》、晉《官品令》、梁《官品令》輔國將軍並第三品，後魏從第三品，後周七命。【略】從二品曰鎮軍大將軍；《魏志》曰文帝以陳羣爲鎮軍大將軍，秩二千石。《晉公卿秩》云：「楊駿、胡奮並領鎮軍將軍。」《齊職儀》云：「品第三。」後周八命。【略】正三品曰冠軍大將軍，《史記》曰楚義帝以宋義爲卿子冠軍；漢武帝以霍去病功冠三軍，封冠軍侯。其名起於此也。魏以文欽爲冠軍將軍。《齊職儀》云：「品秩第三。」《晉令》云：「金章、紫綬，給五時服，武冠，佩水蒼玉。」《梁令》「第三品。」陳品第四，秩中二千石。【略】懷化大將軍；皇朝所置，以授蕃官。從三品曰雲麾將軍，梁班第十八。陳品第四，秩中二千石。【略】正四品上曰忠武將軍，梁班第十九。陳品第四，秩中二千石。正四品下曰壯武將軍。梁大通三年又置二百四十二號將軍。爲四十四班，壯武班第十六。陳品第六，秩千石。【略】

職方郎中一人，從五品上；《周禮》夏官有職方氏中大夫之職，掌天下之地圖，主四方之職貢，職方郎中之任也。後周依《周官》。【略】員外郎一人，從六品上。《周禮》夏官有職方上士。後周依《周官》。【略】

駕部郎中一人，從五品上；《周禮》夏官屬有輿司馬之職，蓋駕部之任也。魏氏始置駕部郎曹，歷晉、宋、齊、後魏、北齊並爲駕部郎中，梁、陳爲駕部侍郎。後周夏官府有駕部中大夫一人，【略】宋、齊左民尚書領駕部，梁、陳左民部尚書領駕部，後魏、北齊殿中尚書領駕部。【略】員外郎一人，從六品上；《周禮》夏官卿有輿司馬上士，後周夏官府小駕部上士一人，蓋駕部員外郎之任也。【略】主事三人，從九品上。【略】

庫部郎中之一人。從五品上；《周禮》夏官有司甲下大夫，爲司戈盾、弓矢之長，各辨其物以待軍事，今庫部郎中之任也。魏氏始置庫部郎曹，歷晉、宋、齊、後魏、北齊並有庫部郎中，梁、陳爲侍郎。後周夏官府有武藏中大夫一人，【略】宋、齊、梁、陳並都官尚書領庫部，後魏、北齊度支尚書領。【略】員外郎一人，從六品上；《周禮》夏官卿有司兵中士，後周有小武藏下大夫一人，蓋今庫部員外郎之任也。【略】主事二人，從九品上。

又　卷六《尚書刑部》　刑部尚書一人，正三品，周之秋官卿也。【略】晉初，依漢置三公尚書，掌刑獄；太康中，省三公尚書，以吏部尚書兼領刑獄。宋始置都官尚書，掌應該師非違得失事，兼掌刑獄。齊、梁、陳、後魏、北齊皆置都官尚書。後周依《周官》，置大司寇卿一人。【略】侍郎一人，正四品下。周之秋官小司寇中大夫也。漢以來尚書侍郎，今郎中之任。後周依《周官》。【略】

郎中二人，從五品上；《周禮》大司寇屬官有士師下大夫，蓋郎中之任也。【略】魏、晉、宋、齊並以三公郎曹掌刑獄，置郎中各一人；梁、陳因爲侍郎。後魏、北齊三公郎中各置二人。後周秋官府有小刑部下大夫一人。【略】員外郎二人，從六品上；《周禮》大司寇屬官有上士，後周依焉，蓋員外之任也。【略】主事四人，從九品上。【略】

都官郎中一人，從五品上；都官者，本因漢置司隸校尉，其屬官有都官從事一人，掌中都官不法事，因以名官。都官者，義取掌中都官。中都官者，京師官也。至魏明帝青龍二年，尚書陳矯奏置都官郎曹郎中。晉、宋、齊都官郎中二人，後魏、北齊一人，梁、陳爲侍郎，並掌京師非違得失事，非今都官之任。後周置秋官府，有司厲之職，掌諸奴男女。男子入於罪隸，女子入於舂饎之事，蓋比今都官郎中之任也。【略】員外郎一人，從六品上；《周禮》秋官有司厲下士二人，掌男女奴，蓋比今都官員外郎之任也。後周依焉。【略】主事二人，從九品上。【略】

比部郎中一人，從五品上。魏氏置，歷晉、宋、齊、後魏、北齊皆有郎中。後周天官府有計部中大夫，蓋其任也。梁、陳、隋並爲侍郎，煬帝曰比部郎。自晉、宋、齊、梁、陳皆吏部尚書領比部，後魏、北齊及隋則都官尚書領之。【略】

司門郎中一人，從五品上；《周禮》大司徒屬官有司門下大夫，掌授管鍵，以啓閉國門。後周依《周官》。【略】員外郎一人，從六品上。《周禮》有司門上士，後周有小司門上士。

又　卷七《尚書工部》　工部尚書一人，正三品；周之冬官卿也。【略】自晉、宋、齊、梁、陳，營宗廟則權置起部尚書，事畢省之。後周依《周官》，置大司空卿一人。【略】侍郎一人，正四品下。蓋周之冬官小司空中大夫也。【略】後周依《周官》。【略】

郎中一人，從五品上；蓋《周禮》大司空屬官下大夫，郎中之任也。晉、宋、齊、後魏、北齊皆有起部郎中，梁、陳改置起部侍郎，後周置冬官小司空下大夫。【略】員外郎一人，從六品上。後周依《周禮》，置小司空上士，蓋員外郎任也。【略】

屯田郎中一人，從五品上。【略】魏有農部郎曹，晉始置屯田郎中，東晉及宋、齊並左民郎中兼知屯田事，後魏、北齊並置屯田郎中。梁、陳、隋並爲侍郎，亦郎中之任也。【略】後魏、北齊祠部尚書領屯田。【略】

虞部郎中一人，從五品上；《周禮・地官》有山虞、澤虞，蓋虞部之職也。魏始有虞曹郎中一人，晉因之，宋、齊省，梁、陳爲侍郎。後魏、北齊並有虞曹郎中，後周冬官有虞部下大夫一人。【略】梁、陳、後魏、北齊並祠部尚書領之。【略】員外郎一人，從六品上；後周依《周官》，有山虞、澤虞中士，蓋今虞部員外郎之任也。【略】主事二人，從九品上。【略】

水部郎中一人，從五品上；魏置水部郎中。歷晉、宋、齊、後魏、北齊並有水部郎中，梁、陳爲侍郎。後周冬官府有司水中大夫，【略】宋、齊、梁、陳、後魏、北齊並都官尚書領之。【略】員外郎一人，從六品上。後周冬官府有小司水上士，則水部員外郎之任也。

唐・杜佑《通典》卷二二《職官四・尚書上・歷代尚書八座附》　魏有吏部、左民、客曹、五兵、度支，凡五尚書。晉初有吏部、三公、客曹、駕部、屯田、度支六曹。無五兵。太康有吏部、殿中、五兵、田曹、度支、左民，爲六曹尚書。無駕部、三公、客曹。及渡江，有吏部、祠部、五兵、左民、度支五尚書。皆銅印墨綬，進賢兩梁冠，納言幘，絳朝服，佩水蒼玉。乘軺車，皂輪，執笏負荷。加侍官者，武官左貂金蟬。宋有吏部、祠部、度支、左民、左民尚書統左民及駕部二曹。都官、五兵六尚書。尚書納言幘，進賢兩梁冠，佩水蒼玉。齊、梁與宋同，侯景改梁五兵爲七兵尚書。又職官録曰：『齊尚書品服悉與令同。』亦別有起部，而不常置也。梁何胤字子季，爲左民尚書。後辭官，隱於若耶山雲門寺，敕給白衣尚書禄，胤固辭。又到洽爲御史中丞，兄溉爲左民尚書。舊中丞不得入尚書下舍。洽引服親不應有礙，刺省詳決。乃許入溉省，亦以其兄弟素篤，不能相別。陳與梁同。後魏初有殿中、掌殿内兵馬倉庫。樂部、掌伎樂及角使伍伯。駕部、掌牛馬驢騾。南部、掌南邊州郡。北部掌北邊州郡。五尚書。其後亦有吏部、初曰選部。兵部、都官、度支、七兵、祠部、民曹等尚書。又有金部、庫部、虞曹、儀曹、右民、宰官、元禔爲宰官尚書。都牧、元禎爲都牧尚書。牧曹、右曹、太倉、太官、祈曹、神都、儀同曹等尚書。自金部以下，但有尚書之名，而不詳職事。北齊有吏部、殿中、殿中統殿中曹，主駕行百官留守名帳、宮殿禁衛，及儀曹、三公、駕部四曹。祠部、五兵、都官、度支六尚書。後周無尚書。【略】

八座：後漢以六曹尚書並令、僕二人，謂之八座。魏以五曹尚書、二僕射、一令爲八座，宋齊八座與魏同。晉梁、陳不言八座之數。

又《歷代郎官》 魏自黃初，改秘書爲中書，置通事郎，掌詔草。即今中書舍人之任。而尚書郎有二十三人，有殿中、吏部、駕部、金部、虞曹、比部、南主客、祠部、度支、庫部、農部、水部、儀曹、三公、倉部、民曹、二千石、中兵、外兵、都兵、別兵、考功、定課。非復漢時職任。青龍二年，尚書令陳矯奏置都官、騎兵，合凡二十五郎。每一郎缺，白試諸孝廉能結文案者五人，謹封奏其姓名以補之。魏韓宣爲尚書郎，嘗以職事當受罰，已縛，束杖未行，文帝輦過，聞而解之。晉尚書郎選極清美，號爲大臣之副。武帝時，有三十四曹。加魏直事、屯田、起部、左士、右士。其民曹、中兵、外兵分爲左右，主客又分爲左右南北。無農部、定課、考功。凡三十四曹。後又置運曹，爲三十五曹。置郎中二十三人，更相統攝。晉魏舒字陽元，爲尚書郎。時欲沙汰郎官，非其才者罷之。舒曰：『吾即其人也。』襆被而出，同寮無清論者，咸有媿色。又解參兄弟少連、叔連、稚連，俱歷太子洗馬、舍人、尚書郎，州里榮之。又賈充改定律令，以裴楷爲定科郎。或爲三十六曹。晉裴秀以尚書三十六曹統事，准例不明，宜使諸卿任職，未及奏而薨。當五王之難，其都官、中騎、三曹郎晝出督戰，夜還理事。嵇含言於長沙王乂曰：『昔魏武每有軍事，增置掾屬。尚書令陳矯以有軍事，亦奏增郎。況今都官、中騎、三曹，晝出督戰，夜還理事，一人兩役，內外廢乏。含謂各有主帥，委之大將軍，不宜復令臺寮雜與其閒。』又從之，乃增郎及令史。東晉有十五曹，殿中、祠部、吏部、儀曹、三公、比部、金部、度支、都官、左民、起部、倉部、庫部、中兵、外兵。自過江之後，官資小減。王坦之字文度，選曹將擬爲尚書郎，坦之聞曰：『自過江，尚書郎正用第二人，何得以此見擬？』其子國寶好傾側，婦父謝安惡之，除尚書郎。國寶以爲中興膏腴之族，唯作吏部，不作餘曹郎，怨之，辭不拜。又宋江智淵改尚書庫部郎。時高流官序，不爲臺郎，智淵門孤援寡，獨有此選，意甚不悅，固辭不拜。梁王筠除尚書殿中郎。王氏過江以來，未有居郎署者。或勸不就，筠曰：『陸平原東南之秀，王文度獨步江東，吾得比蹤昔人，何所多恨。』乃忻然就職。桓玄僭位，改都官郎爲賊曹。宋高祖時，有十九曹。元嘉以後，有二十曹郎。三公、比部主法制，度支主算，都官主軍事、刑獄。其餘曹所掌各如其名。宋武帝初，加置騎兵、主客、起部、水部四曹，幷東晉舊十五曹，合爲十九曹。元嘉十八年，增刪定曹郎，即魏世之定科郎也。三十年，又置功論郎，後又省騎兵，故爲二十曹。齊依元嘉制，其拜吏部郎，亦有表讓之禮。齊謝朓遷尚書吏部郎，上表三讓。中書疑朓官未及讓，以問沈約。約曰：『宋元嘉中，范曄讓吏部，朱循之讓黃門，蔡興宗讓中書，並三表詔答，其事宛然。近代小官不讓，遂成常俗，恐此有乖讓意。王藍田、劉安西並貴重，初自不讓，今豈可慕此不讓耶？孫興公、孔顗並讓記室，今豈可三署皆讓耶？謝吏部今授超階，讓別有意，豈關官之大小？』梁加三曹，爲二十三曹。加殿中、虞曹、屯田。其郎中舊用員外郎、正主簿、正佐有才地者爲之，遷通直郎。天監三年，復置侍郎，視通直郎，郎中遷爲之。梁到溉爲尚書殿中郎。溉兄弟羣從，遞居此職，時人榮之。又殿中郎闕，武帝曰：『此曹舊用文學，且居鴈行之首，宜詳擇其人。』乃以張緬爲之。陳有二十一曹。省梁二曹，不知何曹。後魏三十六曹。史闕其文。至西魏十二年，改爲十二部。後周既改爲部，遂以柳慶爲計部郎中。又柳靖爲尚書度支郎，遷正員郎。今人或謂前代正員郎即今尚書郎中。按歷代所稱正員郎者，即散騎侍郎耳，謂非員外通直者，故謂之正員郎，則非尚書之職。自魏、晉以後，尚書省自有郎中官，不應更置正員郎。北齊有二十八曹。吏部、考功主爵、殿中、儀曹、三公、駕部、祠部、主客、虞曹、屯田、起部、左中兵、右中兵、左外兵、右外兵、都兵、都官、二千石、比部、水部、膳部、度支、倉部、左民、右民、金部、庫部。其吏部、三公各二人，餘並一人，凡三十郎中。後魏、北齊唯置郎中。

又《歷代都事主事令史》 都事：晉有尚書都令史八人，秩二百石，與左右丞總知都臺事。宋、齊八人，梁五人，謂之五都令史，職與晉同。舊用人常輕，武帝詔曰：『尚書五都，職參政要，非但總領衆局，亦乃方軌二丞。頃雖求才，未臻妙簡。可革用士流，以盡時彥。』乃以都令史視奉朝請。其時，以太學博士劉訥兼殿中都，司空法曹參軍蕭軌兼左民都，太學博士孔虔孫兼金部都，司空法曹參軍劉顯兼吏部都，宣毅墨曹參軍王顒兼中兵都。五人並以才地兼美，歷茲選矣。【略】

主事：【略】後魏於尚書諸司置主事令史。【略】

令史：【略】舊制，尚書郎限滿補縣長，令史補丞尉。尚書令鄭弘奏曰：『職尊賞薄，多無樂者，請郎補千石，令史爲長。』帝從之。《蜀志》：董厥爲府令史，諸葛亮稱之曰：『董令史，良士也。』後遷至尚書令，平臺事。西晉令史朝晡詣都座朝，江左唯早朝而已。又賈充爲尚書令，以目疾，表置省事吏四人。尚書置省事，自此始也。其品職與諸曹令史同。姚萇圍苻堅，遣僕射尹緯詣堅問事。堅見其瓌傑，問曰：『卿於朕代爲何官？』緯答曰：『尚書令史。』堅曰：『卿宰相才，王景略之儔也，而朕失之。今日之亡，不亦宜乎！』晉、宋蘭臺寺正書令史雖行文書，皆有品秩，朱衣執板，給書僮。孔顗爲御史中丞，坐鞭令史，爲有司所糾。孔顗性素儉，蘭臺令史皆三吳富人，輕顗故也。梁、陳與晉、宋同。後魏令史亦朱衣執笏，然謂之流外勳品。北齊尚書郎判事，正令史側坐，書令史過事，令史皆平揖郎，無拜。

又　卷二三《職官五·尚書下·吏部尚書侍郎　郎中、員外郎　司封郎中、員外郎　司勳郎中、員外郎　考功郎中、員外郎》　《周禮·天官》，太宰掌建邦之六典，以佐王理邦國。【略】至光武，乃分爲六曹。迄於魏、晉，或五或六，亦隨宜施制，無有常典。自宋齊以來，多定爲六曹，稍似《周禮》。【略】魏改選部爲吏部，主選事。陳羣爲尚書，延康元年，羣始建九品官人之法，拜吏部尚書。又毛玠字孝先，爲吏部尚書，無敢好衣美食者。魏武嘆曰：『孤之法不如毛尚書。』吳暨艷字子休，爲選曹尚書，性峭厲，好清議。當時郎署混濁，多非其人，欲區別賢愚，彈射百寮，覈選三署，皆貶高就下，降減等數。其居位貪鄙、志節污卑者，皆以爲軍吏，置營府以處之。故惋憤聲積，競言艷用私情，愛憎不由公理，艷坐自殺。晉與魏同。山濤爲吏部尚書，用人皆先密啓，然後公奏，舉無失才，凡所題目，終始如其言。唯用陸亮，尋以賄敗。啓事曰：『臣欲以郤詵爲温令。』詔可。尋又啓曰：『訪聞詵喪母不時葬，遂於所居屋後假葬，有異同之議，請更選之。』詔曰：『君爲管人倫之職，此輩應爲清議，與不便當裁處之。』江霦字思玄，三爲選官，始爲吏部郎，遷侍中、吏部尚書、僕射。《世説》曰：『鍾會見王戎、裴楷總角，曰：「裴楷清通，王戎簡要，後二十年，此二賢當爲吏部尚書，冀爾時天下無復滯才。」』劉聰僭號，省吏部，置左右選曹。石勒時，又置左右執法郎，典定士族，副選舉之任。霦音彬。宋時吏部尚書領吏部、删定、三公、比部四曹。孝武不欲威權在下，大明二年，分吏部尚書，置二人以輕其任，而省五兵，後還置一吏部尚書。順帝昇明元年，又置五兵尚書。晉宋以來，吏部尚書資位尤重。宋時，徵豫章太守蔡廓爲吏部尚書。廓至，謂左丞傅隆曰：『選皆出我乎？』隆言之執政。徐羨之曰：『黄門以下，專以相委；過此則與衆參之。』廓聞之曰：『我不能爲徐羨之署紙尾。』遂不就。選案黄紙，録尚書與吏部尚書連名，故云『署紙尾』。又庾炳之爲吏部尚書，通貨賄。吏部令史錢泰能琵琶，主客令史周伯齊善歌，詣炳之宅諮事，因留宿。尚書舊制，令史諮事，不得停外，雖有八座命亦不許。爲所司奏，免官。梁、陳亦然。梁蕭子顯爲吏部尚書，性凝簡，負才氣，見九流賓客，不與交言，但舉扇一揮而已，衣冠竊恨之。又謝覽字景滌，朏弟瀹之子，自祖至孫，三世居選部，時以爲榮。又王泰字仲通，爲都官尚書，能接人士，皆願其居選官。頃之，爲吏部尚書，衣冠傾屬。又謝舉字言揚，遷掌吏部。舉祖莊，宋代再典選。至舉又三爲此職，前代未有。後魏、北齊吏部統吏部、掌褒崇、選補。考功、主爵三曹。自洛陽遷鄴以後，掌大選知名者數四。文襄帝少年高明，所蔽也疎；袁叔德沈密謹厚，所傷者細；楊愔風流辨給，取士失於浮華。唯辛術爲尚書，性尚貞明，擢士以才以器，循名責實，新舊參舉，管庫必擢，門閥不遺，前後銓衡，術最爲折衷，甚爲當時所稱。後周有吏部中大夫一人，掌羣臣及諸子之簿，辨其貴賤與其年歲，歲登下其損益之數。依六勳之賞，頒禄之差。小吏部下大夫一人，掌貳吏部之事。領司勳上士等官，屬大司馬。【略】

郎中二人。漢魏以來，尚書屬或有侍郎，或有郎中，或曰尚書郎，或曰某曹郎，或則兩置，或爲互名，雖稱號不同，其職一也，皆今郎中之任。《山公啓事》曰：『吏部郎主選舉，宜得能整風俗、理人倫者。』又曰：『吏部郎以碎事日夜相接，非但當正己而已，乃當能正人，不容穢雜也。』乃以議郎杜默爲之。齊謝朓爲吏部郎，上表三讓，説在《歷代郎官篇》。又王儉爲吏部郎，專斷曹事。又陸慧曉字叔明，爲吏部郎。吏部都令史歷政以來，咨執選事。慧曉任己獨行，未嘗與語。帝遣左右以事誚問之，慧曉曰：『六十之年，不復能諮都令史爲吏部郎也。』梁顧憲之字士思，爲吏部郎。初，其祖覬之嘗爲吏部，於庭植嘉樹，謂人曰：『吾爲憲之種耳。』至是，憲之果爲此官。然自過江，吏部郎不復典大選。又王亮字奉叔，爲吏部郎，銓序著稱。及後爲吏部尚書，拘資次而已，當代謂爲不能。又任昉爲吏部郎，參掌大選，居職不稱，轉御史中丞。又《職官録》曰：『梁吏部郎舊視中丞，遷侍中。』又陳吏部郎中秩六百石。後魏孝文帝欲創革舊制，選置百官，謂羣臣曰：『爲朕舉一吏部郎，給卿三日假。』尋曰：『朕已得之矣。』乃徵崔亮爲之。亮字敬儒，自參選事，垂將二十年，廉慎明決。尚書曰：『非崔郎中，選事不辦。』又曰：韋瑒爲吏部郎，性貪婪，鬻賣官吏，皆有定價。【略】

司封郎中一人。【略】晉尚書有左右主客曹。北齊河清中，改爲主爵，置

郎中一人，屬吏部，主封爵之事。【略】

司勳郎中一人。《周禮・夏官》有司勳上士，掌六鄉賞地之法。歷代無聞。至後周，吏部有司勳上士一人，掌六勳之賞，以等其功，如古之主爵。【略】

考功郎中一人。【略】魏尚書有考功、定課二曹。宋元嘉三十年，又置功論郎，並其任也。例在《吏部郎中篇》。後魏考功郎掌考第、孝秀。北齊考功郎中亦掌考第及孝秀貢士。

又《户部尚書侍郎　郎中、員外郎　度支郎中、員外郎　金部郎中、員外郎　倉部郎中、員外郎》　至魏文帝，置度支尚書寺，專掌軍國支計。吳有户部，吳孫休初即位，户部尚書階下讀奏。而晉有度支，晉當陽侯杜元凱爲度支尚書，内以利民，外以救邊，備物置用，以濟當時之益者五十餘條。又張華爲度支尚書，量計運漕，決定廟算。皆主算也。宋、齊度支尚書領度支、金部、倉部、起部四曹。梁亦有之。後魏度支亦掌支計。崔亮爲度支尚書，經營費用，歲減億計。北齊度支統度支、掌計會，凡軍國損益，供糧廩等事。倉部、左户、左户，掌天下計帳、户口。右户、掌天下公私田宅租課。金部、庫部六曹。後周置大司徒卿一人，如《周禮》之制。其屬有民部中大夫二人，掌承司徒教，以籍帳之法，贊計人民之衆寡。【略】

侍郎二人。蓋《周官》小司徒中大夫，頗同其任。後周依《周官》。【略】

郎中二人。【略】吳時張温爲尚書户曹郎。魏有民曹郎。晉分爲左、右民曹。宋、齊以下，或爲左民，或爲左户。後魏有户部郎。北齊有左、右民曹，例在《户部郎中篇》。【略】

度支郎中一人。【略】魏尚書有度支，歷代度支具尚書中。【略】

金部郎中一人。【略】魏尚書有金部郎，其後歷代多有之。北齊金部主才量尺度、内外諸庫藏文帳。【略】

倉部郎中一人。【略】魏尚書有倉部郎，後魏有太倉尚書，亦其任也。故《後魏書》曰：『李訢爲太倉尚書，攝南部事，令千里之外，户別轉運，詣倉輸之，所在委積，延停歲月，大爲困弊。』歷代多有倉部曹，皆掌倉廩之事。後周有地官屬司倉下大夫。

又《禮部尚書侍郎　郎中、員外郎　祠部郎中、員外郎　膳部郎中、員外郎　主客郎中、員外郎》　魏尚書有祠部曹。及晉江左，有祠部尚書，掌廟祧之禮。嵇含《臺中宴會詩》，其祠部云：『仰承宗廟懷祗虔。』常與右僕射通職，不常置，以右僕射攝之。歷代皆與右僕射通職。宋祠部尚書領祠部、儀曹二曹。齊梁陳皆有祠部尚書。後魏爲儀曹尚書。北齊祠部尚書統祠部、掌祠部、醫藥、死喪、贈賻。主客、虞曹、屯田、起部五曹。又有儀曹，主吉凶禮制，屬殿中尚書。後周置春官卿，又有禮部，而不言職事。後改禮部爲宗伯。又春官之屬有典命，掌内外九族之差及玉器衣服之令，沙門道士之法。後改典命爲大司禮，俄改大司禮復爲禮部，謂之禮部大夫。後周盧愷爲禮部大夫，充聘陳使。

侍郎一人。《周官・春官》小宗伯中大夫，頗同今任。後周依《周官》。【略】

郎中一人。《周官・春官》肆師下大夫，亦頗同今任。魏尚書有儀曹郎，掌吉凶禮制。歷代多有，例在《吏部篇》。宋、齊儀曹屬祠部。《梁書》曰：『武帝謂徐勉云：「今帝業初構，須一人有學藝、解朝儀者，爲尚書儀曹郎。」勉曰：「孔休源識具清通，詳練故事，自晉、宋《起居注》，略誦上口。」遂拜爲儀曹郎。』後周依《周官》。【略】員外郎一人。《周禮》肆師上士，後周依焉。【略】

祠部郎中一人。魏尚書有祠部郎，歷代皆有。主禮制。後魏裴修爲中大夫，兼祠部曹。祠部曹主禮樂，每有疑議，修斟酌故實，咸有條貫。後周有典祠中大夫。【略】

膳部郎中一人。【略】晉尚書有左士、右士曹。後魏都官尚書管左士郎。北齊改左士爲膳部郎，掌侍官百司禮食餚饌，屬都官尚書。後周有膳部大夫一人，亦掌飲食，屬大冢宰。【略】

主客郎中一人。【略】至魏，亦爲南主客。至晉氏，分爲左右南北四主客，或單爲客曹。宋齊梁陳單有主客。後魏吏部管南主客，祠部管左主客。

又《兵部尚書侍郎　郎中、員外郎　職方郎中、員外郎　駕部郎中、員外郎　庫部郎中、員外郎》　《周禮・夏官》，大司馬之職，掌以九伐之法正邦國，制軍詰禁，以糾邦國。領校人、牧師、職方、司兵之屬，即今兵部之任也。魏置五兵尚書，《周官》有司兵，掌五兵、五盾，各辨其物與其等，以待軍事。五兵之名，當出於此。鄭司農云：『五兵者，戈、殳、戟、酋矛、夷矛也。』五兵謂中兵、外兵、騎兵、別兵、都兵也。晉初無，太康中乃有五兵尚書，而又分中兵、外兵各爲左右。按：晉雖分中兵、外兵爲左右，與舊五兵爲七曹，然尚書唯置五兵而已，無七兵尚書之名。至後魏始有七兵尚書耳。今諸家著述或謂晉太康中置七兵尚書，誤矣。宋五兵尚書唯領中兵、外兵二曹，餘則無矣。齊梁陳皆有之，後魏爲七兵尚書。北齊爲五兵，統左中兵、掌諸都督告身、諸宿衛官。右中兵、掌畿内丁帳事、諸兵力士。左外兵、掌河南及潼關以東諸州丁帳及發召諸兵。右外兵、掌河北及潼關以西諸州，所典與左外兵同。都兵掌鼓吹、太樂、部小兵等事。五曹。後周置大司馬，其屬又有兵部中大夫，小兵部下大夫，其職並缺。【略】

郎中一人。歷代兵部曹皆有郎，具《尚書》中。或單爲郎，或置郎中，例在《吏部郎中篇》。【略】

職方郎中一人。《周禮·夏官》有職方氏，掌天下之圖，辨九州之國。歷代無聞。至後周，依《周官》。【略】員外郎一人。《周官·夏官》職方上士，後周依《周官》。【略】

駕部郎中一人。《周禮·夏官》之屬有輿司馬，又有校人，主馬之官，又有牧師，掌牧放，又有巾車，掌公車之政及王之五輅，此皆駕部之本也。魏晉尚書有駕部郎。宋時駕部屬左民尚書。齊亦有之。後魏與北齊並曰駕部郎中。後周有駕部中大夫，屬夏官。

庫部郎中一人。《周官》有司甲，掌戈、盾、弓、矢之長，各辨其物，以待軍事。魏尚書有庫部郎，晉因之。宋庫部主兵仗。文帝宴，會有荒服外歸化人，帝問尚書庫部郎顧琛曰：『庫中仗有幾許？』琛詭對曰：『有十萬人仗。』舊武庫仗多秘不言，帝既問失言，及琛詭對，善之。歷代或有或缺。後魏、北齊庫部屬度支尚書，掌凡戎仗器用。後周有武藏中大夫。

又《刑部尚書侍郎　郎中、員外郎　都官郎中、員外郎　比部郎中、員外郎　司門郎中、員外郎》　後漢光武改三公曹主歲盡考課諸州郡政；二千石曹掌中都官水火、盜賊、詞訟、罪法，亦謂之賊曹，重於諸曹。《華譚集·尚書二曹論》曰：『劉道真問薛令長在吳何作。答曰：「爲吏部尚書。」問曰：「吳待吏部，何如餘曹？」答曰：「並通高選，吏部特一時之俊。」劉曰：「晉魏以來俱爾。獨謂漢氏重賊曹爲是，吳晉重吏部爲非。」薛君曰：「八座秩同班等，其選並清，宜同一揆。若人才或多或少，選例難精。如不得已，吏部職掌人物，人物難明，謂吳晉爲得。而君何是古而非今？」劉難曰：「今吏部非爲能刊虚名、舉沈朴者，故録以成人，位處三署，聽曹探鄉，論而用之耳，無煩乎聰明。賊曹職典刑獄，刑獄難精，是以欲重之。」答曰：「今之賊曹，不能聽聲觀色以別真僞，縣不能斷讞之尚書也。夫在獄者率小人，在朝者率君子。小人易檢，君子難精。俱不得已，吏部宜重，賊曹宜輕也。」』魏青龍二年，置尚書都官郎，佐督軍事。晉復以三公尚書掌刑獄。宋三公、比部皆主法制，又置都官尚書，主軍事、刑獄，領都官、水部、庫部、功論四曹。齊梁陳並有都官尚書。後魏亦有都官尚書。北齊都官統都官、掌畿内非違得失。二千石、掌畿外得失。比部、水部、膳部五曹。又有三公曹，掌諸曹囚帳、斷罪、赦日建金雞等事，又掌五時讀時令。屬殿中尚書。後周有秋官大司寇卿，掌刑邦國；其屬官又有刑部中大夫，掌五刑之法。【略】

侍郎一人。《周官》小司寇中大夫，蓋今任也。後周依《周官》。【略】

郎中二人。【略】魏有都官曹，皆掌刑法、獄訟之事。歷代沿革，具《尚書》中。或爲侍郎，或置郎中，例在《吏部郎中篇》。後周有小刑部下大夫，屬秋官府。【略】

都官郎中一人。【略】魏青龍二年，始置尚書都官郎，佐督軍事。晉、宋尚書都官兼主刑獄。歷代事具《尚書》中，其官例在《吏部郎中注》。後周則曰司厲。【略】員外郎一人。《周官》曰司厲下士，蓋並今任也。後周依焉。【略】

比部郎中一人。魏尚書有比部曹，晉因之。宋時比部主法制。齊梁陳皆有比部曹。後魏亦然。北齊掌詔書、律令、勾檢等事。後周曰計部中大夫，蓋其任也。

司門郎中一人。《周禮·地官》有司門下大夫，掌授管鍵啓閉。歷代多缺。至後周，依《周官》。

又《工部尚書侍郎　郎中、員外郎　屯田郎中、員外郎　虞部郎中、員外郎　水部郎中、員外郎》　魏置左民尚書，亦領其職。晉宋以來，有起部尚書而不常置，每營宗廟宮室則權置之，事畢則省，以其事分屬都官、左民二尚書。北齊起部亦掌工造，屬祠部尚書。後周有冬官大司空卿，掌五材九範之法；其屬工部中大夫二人，承司之事，掌百工之籍，而理其禁令。【略】

郎中一人。晉尚書有起部曹。歷代皆有，具《尚書》中。【略】

屯田郎中一人。漢成帝置尚書郎四人，其一人掌户口、墾田，蓋尚書屯田郎之始也。至魏，尚書有農部郎，又其職也。至晉始有屯田尚書。及太康中，謂之田曹，後復爲屯田。江左及宋齊則左民郎中兼知屯田事，梁陳則曰侍郎，後魏、北齊並爲屯田郎。【略】

虞部郎中一人。【略】至魏，尚書有虞曹郎中，晉因之。梁、陳曰侍郎。後魏、北齊虞曹掌地圖、山川、近遠園囿、田獵、雜味等，並屬虞部尚書。後周有虞部下大夫一人，掌山澤草木鳥獸而阜蕃之；又有小虞部，並屬大司馬。

【略】

水部郎中一人。《周禮·夏官》有司險，掌設國之五溝、五塗而達其道路，蓋其職也。魏尚書有水部郎。歷代或置或否。後魏、北齊有水部，屬都官尚書，亦掌舟船津梁之事。後周有司水大夫。【略】員外郎一人。後周小司水上士。

宋·李昉等《太平御覽》卷二一三《職官部十一·左丞》 傅咸表曰：左丞職輕事重，以賤制貴，所以難居。臣以闇劣，猥忝斯任，愧於不稱，懼罪之及，夙夜惶恐，寢食無寧。

卞壺《彈尚書丞郎事》曰：舊丞、郎取急及屬出，皆尚有對，使職局不廢，而昨左右二丞及諸郎皆出，唯次直二郎在，設使有兵火警急，便爲無復行事者。二丞頓行，無印可以封符疏。此之逋慢，莫斯之甚！

傅咸《答辛曠詩·序》曰：尚書左丞彈八座以下，居万機之會。斯乃皇朝之司直，天臺之管轄。余前爲右丞，具知此職之要；後忝此任，僶從事，日慎一日。

又《右丞》 《晉書·百官表》注曰：右丞主臺内庫藏、廨舍、量物用多少及廩賜、民户、租布、刑獄、兵器，稽遠道文書、章表、奏事。

又《令史》 《齊職儀》曰：自魏晉宋齊，正令史、書令史皆有品秩，朱衣執板，進賢一梁冠。

楊楞伽《北齊鄴都故事》曰：尚書郎判事，正令史側坐，書令史過事。

又 卷二一四《職官部十二·吏部尚書》 《晉陽秋》曰：陳羣爲吏部尚書，制九品格，登用皆由中正考之簿册，然後授任。【略】

《後魏書》曰：崔玄伯遷吏部尚書，命有司制官爵，撰朝儀，協音樂，定律令，申科禁，玄伯總而裁之，以爲永式。及置八部大夫，擬八座，玄伯通置三十六曹，如令、僕統事。【略】

《北齊書》曰：叚孝言爲吏部尚書。孝言既無深鑑，又待物不平，抽擢之徒，非賄則舊。有將作丞崔成，忽於衆中抗言曰：『尚書，天下尚書，豈獨叚家尚書也！』孝言無辭以答，惟厲色遣下而已。

又曰：陳孔奂爲吏部尚書，太子叔寶欲以江摠爲太子詹事，令管記陸瑜言之於奂。奂謂瑜曰：『江有潘、陸之才，而無園、綺之實，輔弼儲后，竊有所難。』瑜具以白太子，太子深以爲恨。乃自言於陳主，將許之，奂乃啓曰：『江摠，文章之人，今太子文藻不少，無藉於摠！如臣愚見，願選敦重之才以居輔導。』陳主曰：『即如卿言，誰當居此？』奂曰：『尚書王廓，世有懿德，識性敦敏，可以居之。』太子時亦在側，乃曰：『廓，王泰之子，不可爲太子詹事。』奂又啓曰：『宋朝范蔚宗即范泰之子，亦爲太子詹事，前世不疑。』太子固爭之，陳主卒以摠，果共太子爲長夜之飲，養良娣陳氏爲女。太子微行游摠家，陳主怒而免之。

《袁子》曰：魏家置吏部尚書，專選天下百官。夫用人，人君之所司，不可以假人者也。使治亂之柄，制在一人之手，權重而人才難居此職，稱此才者，未有一也。【略】

《魏名臣奏》曰：羽林右監朱遺言：『天下之任非吏部尚書所能獨辦，令長以下可專付吏部，守以上八座舉。』

又 卷二一五《職官部十三·總敘尚書郎》 《魏武集·選舉令》曰：國家舊法選尚書郎，取年未五十者，使文筆真草，有才能謹慎，典曹治事，起草立義，又以草呈示令、僕，訖乃付令史書之耳。書訖，共省讀内之。事本來臺郎統之，令史不行知也。書之不好，令史坐之；至於謬誤，讀省者之責。若郎不能爲文書，當御令史，是爲牽牛不可以服箱，而當取辯於繭角也。

《魏名臣奏·駙馬都尉甄毅奏》曰：漢時公卿皆奏事選尚書郎，試，然後得爲之。其在職，自齎所發書，詣天子前發省便處當，事輕重口自決定。或天子難問，據案處正，乃見郎之割斷材伎。魏則不然。今尚書郎皆天下之選，材伎鋒出，亦欲騁其能於萬乘之前，宜如故事，令郎口自奏事，自處當。

又 卷二一六《職官部十四·吏部郎中》 《山濤啓事》曰：人才既自難知，中人已下情僞又難，吏部郎以碎事日夜相接，非但當正己而已，乃當能正人。議郎杜默，德履亦佳，太子庶子崔諒、中郎陳淮皆有意，正又其次，不審有可用者不？

又《司封郎中 司封員外郎》 《職員令》曰：司封郎中掌封璽，皇宗諸親、內外命婦及國官、邑官，告身並選流外親品等第等。

又 卷二一七《職官部十五·度支尚書》 朱鳳《晉書》曰：文帝

立度支尚書，軍糧計校一由之，以司馬孚爲之。

《晉起居注》曰：咸寧五年詔曰：『一年不收，使公私俱匱；不唯天時，乃人事有不盡也。故揔要者，正在度支尚書也。其以散騎常侍中書令張華爲度支尚書。』

又 卷二一八《職官部十六·禮部尚書》 《後魏書》曰：孝文車駕征馬圈，留宋弁以本官兼祠部尚書，攝七兵事。及行，執其手曰：『國之大事在祀與戎，故令卿綰攝二曹。』弁頓首辭謝。東晉始置祠部尚書，宋、齊、梁、陳、後魏、北齊皆同。東晉至隋乃更爲禮部尚書。

元·馬端臨《文獻通考》卷五一《職官考五·尚書省》 左右丞

秦置尚書丞一人，屬少府。【略】魏、晉左右丞，銅印青黑綬，進賢一梁冠，介幘，絳朝服。左丞主臺内禁令、寢廟祠祀、朝儀禮制、選用置吏、急假兼糾彈之事傳咸答辛曠詩序曰：『尚書左丞，彈八座以下，居萬機之會，乃皇朝之司直，天臺之管轄。』又郤詵爲左丞，奏推吏部尚書崔洪。洪曰：『我舉郤丞，而還奏我，此挽弓自射之謂。』。右丞掌臺内庫藏、廬舍，凡諸器用之物及刑獄兵器，督録遠道文書章表奏事。宋因之，而右丞亦主錢穀，虞玩之字茂瑶，宋元徽中爲右丞。齊高帝參政，與玩之書曰：『今漕藏有闕，吾賢居右丞，已覺金粟可積矣。』皆銅印黄綬。齊左右丞寢廟郊祀、吉慶瑞應、災異、立作格制、諸案彈、用除置、吏補滿除遣。任遐爲左丞，奏御史中丞陸澄不糾事，請免其官。視中書郎遷黄門郎。右丞掌兵士百工補役死叛考代、年老疾病解遣，其内外諸庫藏穀帛，刑辠創業爭訟，田地船乘，稟拘，兵工死叛、考剔討捕，差分百役，兵器、諸營署人領，州郡租布、民户移徙，州郡縣併帖，城邑人户割屬，刺史二千石令長丞尉被收及免贈，文武諸犯削官事。白案則右丞上署，左丞次署。黄案則左丞上署，右丞次署。諸立格制及詳讞大事，郊廟朝廷儀體，亦左丞上署，右丞次署。梁皆銅印黄綬，一梁冠。左丞掌臺内分職儀、禁令、報人章，督録近道文書章表奏事，糾諸不法。凡諸尚書文詣中書省者，密事皆以契刀囊盛之，封以左丞印。劉洽字義瓘，爲左丞，準繩不避貴戚，尚書省賄賂莫敢通。右丞掌臺内藏及廬舍，凡諸器用之物，督録遠道文書章表之事。陳因之。後魏、北齊左丞爲上階，右丞爲下階。北齊左丞掌吏部等十七曹，吏部、考功、主爵、殿中、儀曹、三公、祠部、主客、左右中兵、左右外兵、都官、二千石、度支、左右户，并糾彈見事，又主管轄臺中違失，並糾駁之。崔昂除左丞，兼度支尚書。左丞兼尚書，近代未有，唯昂爲冠首，朝野榮之。右丞掌駕部等十一曹，駕部、虞曹、屯田、起部、都兵、比部、水部、膳部、倉部、金部、庫部，亦管轄臺中，唯不彈糾，餘悉與左同。

又 卷五二《職官考六·歷代尚書八座附》 魏有吏部、左民、客曹、五兵、度支，凡五尚書。晉初有吏部、三公、客曹、駕部、屯田、度支六曹無五兵。太康有吏部、殿中、五兵、田曹、度支、左民，爲六曹尚書。無駕部、三公、客曹。及渡江，有吏部、祠部、五兵、左民、度支五尚書。皆銅印黑綬，進賢兩梁冠，納言幘，絳朝服，佩水蒼玉，乘軺車，皂輪，執笏負荷；加侍官者，武冠、左貂金蟬。宋有吏部、祠部、度支、左民、左民尚書統右民及駕部二曹，都官、五兵六尚書。尚書納言幘，進賢兩梁冠，佩水蒼玉。齊、梁與宋同，侯景改梁五兵爲七兵尚書。又《職官録》曰：『齊尚書品服悉與今同。』亦別有起部，而不常置也。陳與梁同。後魏初有殿中、掌殿内兵馬、倉庫。樂部、掌伎樂及角使五百。駕部、掌牛馬驢騾。南部、掌南邊州郡。北部、掌北邊州郡。五尚書。其後亦有吏部、初曰選部。兵部、都官、度支、七兵、祠部、民曹等尚書，又有金部、庫部、虞曹、儀曹、右民、宰官、元禔爲宰官尚書。都牧、元禎爲都牧尚書。牧曹、右曹、太倉、太官、祈曹、神都、儀同曹等尚書。自金部以下，但有尚書之名，而不詳職事。北齊有吏部、殿中、殿中統殿中曹，主駕行百官留守名賬、宮殿禁衛，及儀曹、三公、駕部四曹。祠部、五兵、都官、度支六尚書。後周無尚書。

【略】歷代吏部尚書及侍郎品秩，悉高於諸曹。

八座，後漢以六曹尚書并令、僕二人謂之八座。魏以五曹尚書、二僕射、一令爲八座。宋、齊八座與魏同。晉、梁、陳不言八座之數。凡歷代尚書，有五曹則兼以二僕射、一令爲八座；有六曹則以左、右僕射爲一座，兼令共爲八座，若有六曹而左、右僕射並闕，則以尚書僕射及令爲八座；若尚書唯有五曹，又無左、右僕射，則不備矣。

又 《歷代郎官》 魏自黄初改秘書爲中書，置通事郎掌詔草，即今中書舍人之任，而尚書郎有二十三人，有殿中、吏部、駕部、金部、虞曹、比部、南主客、祠部、度支、庫部、農部、水部、儀曹、三公、倉部、民曹、二千石、中兵、外兵、別兵、都兵、考功、定課，非復漢時職任。青龍二年，尚書令陳矯奏置都官、騎兵，合凡二十五郎。每一郎缺，白試諸孝廉能給文案者五人，謹封奏其姓名以補之。魏韓宣爲尚書郎，常以職事當受罰，已背縛，束杖未行，文帝輦過，聞而解之。晉尚書郎選極清美，號爲大臣之副。武帝時有三十四曹，加魏直事、屯田、起部、左士、右士；其民曹、中兵、外兵，分爲左、右，主客又分爲左、右、南、北；無農部、定課、考功，凡三十四曹；後又置運曹，爲三十五曹。置郎中二十三人，更相統攝。晉魏舒爲尚書郎，時欲沙汰郎官，非其才者罷之。舒曰：『吾即其人也。』襆被而出，同僚無清論者咸有愧色。或爲三十六曹。當五王之難，其都官、中騎、三曹郎晝出督戰，夜還理事。東晉有十五曹。殿中、祠部、吏部、儀曹、三公、比部、金部、度支、都官、左民、起部、倉部、庫部、中兵、外兵。自過江之後，官資少減。王坦之，選曹將擬爲尚書郎，坦之聞，曰：『自過江，尚書郎正用第二人，何得以此見擬！』其子國寶好傾側，婦父謝安惡之，除尚書郎。國寶以爲中興膏腴之族，唯作吏部，不作餘曹郎，辭不拜。又宋江智淵改尚書庫部郎，時高流官序不爲臺郎，智淵門孤援寡，此選意不悦，固辭不拜。梁王筠除尚書殿中郎。王氏過江以來未有居郎署者。或勸不就，筠曰：『陸平原東南之秀，王文度獨步江東。吾得比蹤昔人，何所多恨。』乃忻然就職。桓玄僭位，改都官郎爲賊曹。宋高祖時，有十九曹。元嘉以後有二十曹郎。三公、比部主法制，度支主算，都官主軍事、刑獄，其餘曹所掌各如其名。宋武帝初，加置騎兵、主客、起部、水部四曹，并東晉舊十五曹合爲十九曹。元嘉十八年增删定曹郎，即魏世之定科郎也。三十年又置功論郎；後又省騎兵，故爲二十曹。齊依元嘉制，其拜吏部郎，亦有表讓之禮。齊謝朓遷尚書吏部郎，上表三讓。中書疑朓官未及讓，以問沈約。約曰：『宋元嘉中，范曄讓吏部，朱循之讓黄門，蔡興宗讓中書，並三表詔答，其事宛然。近代小官不讓，遂成常俗，恐此有乖讓意。王藍田、劉安西並貴重，初自不讓，今豈可慕此不讓邪？孫興公、孔頭並讓記室，今豈可三署皆讓邪？謝吏部今授超階，讓別有意，豈關官之大小邪？』梁加三曹爲二十三曹。殿中、虞曹、屯田。其郎中舊用員外郎、正主簿、正佐有才地者爲之，遷通直郎。天監三年，復置侍郎，視通直郎，郎中遷爲之。梁到洽爲尚書殿中郎，洽兄弟羣從遞居此職，時人榮之。又殿中郎缺，武帝曰：『此曹舊用文學，且居鴈行之首，宜詳擇其人。』乃以張緬爲之。陳有二十一曹。後魏三十六曹。至西魏改爲十二部。北齊有二十八曹。吏部、考功、主爵、殿中、儀曹、三公、祠部、駕部、主客、虞曹、屯田、起部、左中兵、右中兵、左外兵、右外兵、都兵、都官、二千石、比部、水部、膳部、度支、倉部、左民、右民、金部、庫部。其吏部、三公各二人，餘並一人，凡三十郎中。後魏、北齊唯置郎中。隋初，尚書有六曹、二十四司，凡領三十六侍郎，吏部、司勳、主客、膳部、兵部、職方、都官、司門、度支、户部、比部、刑部等侍郎各二人，主爵、考功、禮部、祠部、駕部、庫部、金部、倉部、工部、屯田、虞部、水部侍郎各一人。分司官曹務，直禁省，如漢之制。

清·汪士鐸《南北史補志未刊稿·職官志第一·職官》 左、右丞。

魏晉左丞主臺内禁令、寢廟祠祀、朝儀禮制、選用置吏、急假兼糾彈之事。右丞掌臺内庫藏廬舍，凡諸器用之物及刑獄兵器，督録遠道文書、章表奏事。宋因之，而右丞亦主錢穀，皆銅印黄綬。齊左、右丞各一人。左丞掌寢廟郊祠吉慶、瑞應災異，立作格制諸案，彈選用，除置吏，補滿除，遣職視中書郎，遷黄門郎。右丞掌兵士百工補役死叛考代、年老疾病解遣。其内外諸庫藏穀帛，刑罪創架，爭訟田地，船乘稟拘，兵工死叛，考剔討補，差分百役，兵器諸營署人，領州郡租布，人民户移徙州郡縣，併帖城邑人户割屬，刺史二千石令長丞校尉被收，及免贈交文武諸犯削官事。白案則右丞上署，左丞次署。黄案則左丞上署，右丞次署。諸立格制，及詳讞大事，郊廟朝廷儀禮，亦左丞上署，右丞次署。梁皆銅印黄綬，一梁冠。左丞，掌臺内分職儀禁令報人章，督録近道文書、章表奏事，糾諸不法。凡諸尚書文詣中書省者，密事皆以契刀囊盛之，封以丞相印。右丞掌臺内藏及廬舍，凡諸器用之物，録遠道文書章表之事。陳因之。後魏、北齊左丞爲上階，右丞爲下階。北齊左丞一人，掌吏部等十七曹，吏部、考功、主爵、殿中、儀曹、三公、祠部、主客、左右中兵、左右外兵、都官、二千石、度支、左右户。并糾彈見事，又主管轄臺中違失並糾駮之。右丞一人，掌駕部等十一曹，駕部、虞曹、屯田、起部、兵部、比部、水部、膳部、倉部、金部、庫部。亦管轄臺中主諸用度雜物，脂燈、筆墨、幃帳，唯不彈糾，餘悉與左同。【略】宋丞郎四百石。漢制八座，丞郎初拜，並集都堂坐，交禮，遷時又如之，曰解交。宋惟八座解交，丞郎則否矣。

左右司郎中。按：【略】魏世有殿中、吏部、駕部、金部、虞曹、比部、南主客、祠部、度支、庫部、農部、水部、儀曹、三公、倉部、民曹、二千石、中兵、外兵、別兵、都兵、考功、定科，凡二十三郎。青龍二年，尚書令陳矯奏置都官騎兵二曹郎合爲二十五曹。晉西朝則直事、殿中、祠部、儀曹、吏部、三公、比部、金部、倉部、度支、都官、二千石、左民、右民、虞曹、屯田、起部、水部、左主客、右主客、駕部、車部、庫部、左中兵、右中兵、左外兵、右外兵、別兵、都兵、騎兵、左士、右士、北主客、南主客爲三十四曹郎，後又置運曹，凡三十五曹。晉江左初無直事、民屯、田車部、別兵、都兵、騎兵、左士、右士、運曹十曹郎，而主客、中兵各置一郎，所餘十七曹也。康、穆以來，又無虞曹、二千石二郎，猶有殿中、祠部、吏部、儀曹、三公、比部、倉部、度支、都官、左民、都部、水部、主客、駕部、庫部、中兵十八曹郎，後又省主客起部、水部，餘十五曹。宋高祖初加置騎兵、主客、起部、水部四曹郎。十一年，又並置。十八年，增删定曹郎，次在左民曹上，蓋魏氏之定科郎也。三十年，又置功論郎，次都官之下，在删定之上。太宗世，省騎兵，凡二十曹郎，以三公、比部，主法制，度支主算支派，都官主軍事，刑獄餘曹所掌各如其名。漢制，公卿御史中丞已下遇尚書令僕、丞郎，皆辟，車豫相間避，臺官過，乃得去。後尚書官上朝及下，禁斷行人，猶其制也。齊依元嘉制，令僕、五尚書、八座、二十曹各立郎中，其拜吏部郎，亦有表讓之禮。梁加三曹爲二十三曹，加殿中、虞曹、屯田。其駕部別領車府署，庫部領南、北武庫二署令丞，而郎中舊用員外郎、正主簿、正佐有才地者爲之，遷通直郎。天監三年，復置。侍郎視通直郎，郎中在職勤、能滿二載者，遷爲之。陳有二十一曹。後魏三十六曹，至西魏十二年，改爲十二部。北齊有二十八曹，吏部、考功、主爵、殿中、儀曹、三公、駕部、祠部、主客、虞曹、屯田、起部、左中兵、右中兵、左外兵、右外兵、都兵、都官、二千石、部水、部膳、部度、支倉部、左民、右民、金部、庫部。其吏部三公各二人，餘並一人，凡三十郎中。後魏、北齊唯置郎中。【略】

都事。晉有尚書都令史八人，秩二百石，與左、右丞總知都臺事。宋、齊八人，梁五人，謂之五都令史。南齊令史以下又立都令史。職與晉同。舊用人常輕，天監九年，詔曰：『尚書五都職參政要，非但總領衆局，亦乃方軌二丞，可革用士流以盡時彦。』乃以都令史視奉朝請。北齊八人。【略】

主事。二漢有之。後魏於尚書諸司置主事令史。北齊吏部、儀曹、三公、虞曹、都官、二千石、比部在户各量事，置掌故主事員。【略】

令史。【略】西晉八座、丞郎、令史朝晡詣都坐朝，江左唯早朝而已。又賈充爲尚書令，以目疾，表置省事吏四人，尚書置省事自此始也。其品職與諸曹令史同。晉、宋蘭臺寺正書令史，雖行文書，皆有品秩，朱衣執板，給書僮。孔顗爲御史中丞，坐鞭令史爲有司所糾。梁令史百二十人，書令史百三十人。陳與晉、宋同。後魏令史亦朱衣執笏，然謂之流外勳品。正平元年，省諸曹吏員三分之一。北齊尚書郎判事，正令史側坐，書令史過，事令史皆平揖，郎無拜。《宋·志》郎以下有都令史、令史、書令史、書吏幹。晉初正令史百二十人，書令史百三十人。自晉至宋，或益或減。漢儀有丞相令史，蓋前漢官也。

武庫令。一人，秦官。於《周官》司甲、司弓矢等下大夫、司戈盾等中士、下士蓋其任也。兩漢曰武庫令，屬執金吾。後漢又有考工、齡丞，屬太僕，主造兵器，成付武庫令。晉、魏因之。晉後罷執金吾，屬衛尉。宋、齊武庫令、丞各一人，屬尚書庫部。梁、陳屬衛尉卿。北齊掌甲兵吉凶儀仗。後周如《周官》。隋如北齊，令、丞各一人。車府令一人，丞一人，秦官也。二漢、魏、晉，並隸太僕。太僕既省，隸尚書駕部。南齊曰車將令。北齊以下，又屬太僕

上林令一人，丞一人，漢西京上林中有八丞、十二尉、十池監。丞、尉屬水衡都池監，隸少府。漢東京曰上林苑令，及丞各一人，隸少府。魏、晉因之。江左闕。宋世祖大明三年，復置，隸尚書殿中曹，及少府。漢水衡都尉之職，主苑中禽獸，頗有人居，然主之。齊屬尚書殿中曹，梁、陳、北齊、隋屬司農。【略】

吏部。宋大明中增吏部尚書爲二人，統吏部、删定、三公、比部四曹。後又增五兵曹。梁、陳同宋。後魏、北齊統吏部、考功、主爵三曹。後周有吏部、掌羣臣，及諸子之簿，辨其貴賤與其年，歲歲登下。其損益之數，而依六勳之賞以頒禄。小吏部，領司勳等，屬大司馬。【略】

禮部。宋祠部領祠部、儀曹二曹。齊、梁、陳同。後魏爲儀曹尚書。《禮志》內有神部尚書。北齊祠部統祠部、主客、虞曹、屯田、起部五曹。後周有春官卿。又有禮部，後改禮部爲司宗，又春官之屬有典命，掌內外九族之差，及王器衣服之令、沙門道士之法。後改典命爲大司禮。保定四年，

改大司禮。復爲禮部，謂之禮部大夫。後周盧凱爲禮部大夫，充聘陳使。【略】

兵部。宋大明二年，省五兵尚書。齊、梁、陳五兵統中兵、外兵二曹。後魏七兵尚書。北齊五兵統左中兵、掌諸郡督告身、諸宿衛官。右中兵、掌畿內丁帳事諸兵力士。左外兵、掌河南潼關以東諸州丁帳，及發召諸兵。右外兵、掌河北及潼關以西諸州，所典與左外兵同。都兵掌鼓吹太樂部、小兵等事。五曹。後周立大司馬，屬有兵部、小兵部。【略】

刑部。宋三公比部皆主法制。永初元年九月，又置都官尚書，主軍事，刑獄領都官、水部、庫部、功論四曹。齊、梁、陳並有都官尚書，後魏亦有都官尚書。北齊都官統都官、掌畿內非違得失。二千石、掌畿外得失。比部、水部、膳部五曹。又有三公曹，掌諸曹囚帳、斷罪赦、日建、金雞等事，又掌五時讀時令。屬殿中尚書。後周有秋官大司寇卿，掌刑邦國，其屬官又有刑部中大夫，掌五刑之法。【略】

工部。宋有起部尚書，而不常置，每營宗廟宮室，則權置之，事畢則省，以其事分屬都官、左民二尚書。北齊起部亦掌工造，屬祠部尚書。後周有冬官大司空卿，掌五材、九範之法，其屬工部、中大夫二人，承司之事掌百工之籍，而理其禁令。【略】

南齊尚書省，統録令僕五、尚書二，丞、武庫、公車令各一人，車將、太官、太醫令、丞各一人，內、外殿中監各一人，內外驊騮廐丞各一人，材官將軍及司馬各一人。屬起部，亦屬領軍。

論說

清·王夫之《讀通鑑論》卷一七《梁武帝》 梁制：尚書令史，並以才地兼美之士爲之，善政也，而亦不可繼也。何也？掾史之任，凡簿書期要，豪毛委瑣，一或差訛，積之久則脫漏大。而下行於州郡吏民者爭訟不已，其事褻矣。故修志行者，不屑問焉。刑名錢穀工役物料之紛亂，無賞罰以督其後，則不肖者縱以行私，賢者抑忽而廢事，若必覈以賞罰，則以細故而傷清流之品行，人士終厭棄而不肯爲；其屑爲之者，必其冒昧而不惜廉隅者也。則其勢抑必于令史之下，別委簿書之職於胥役，而令史但統其綱。是以今之部郎，仍置吏書以司案籍，則令史虛懸而權仍下替。蓋自有職官以來，皆苦胥吏之奸詭，而終莫之能禁。夫官則有去來矣，而吏不易，以乍此乍彼之儒生，仰行止于習熟之奸吏，雖智者不能勝也。於是而吏亦有三載考成、別遷曹署之例，然而無補也。官者，唯朝廷所命，不私相授受者也；吏雖易，而私相授受者無從禁止。且其繁細之章程，必熟嘗而始悉，故其練達者，欲弗久留其司而不得；易之，而欲禁其授受也，抑必不能；則其玩長上以病國殃民，如屍蚘之在腹，殺之攻之，而相續者不息。此有職官以來不可革之害，又將奚以治之邪？

夫奸吏亦有畏焉，訶責非所畏也，清察非所畏也，誅殺猶非所畏也，而莫畏于法之簡。法簡而民之遵之者易見，其違之者亦易見，上之察之也亦易矣。即有疏漏，可容侵罔者，亦纖微耳，不足爲國民之大害也。唯制法者，以其偶至之聰明，察絲忽之利病，而求其允協，則吏益爭以繁密詰曲銜其慎而讎其奸。雖有明察之上官，且爲所惑蔽，而昏窳者勿論矣。夫法者，本簡者也，一部之大綱，數事而已矣；一事之大綱，數條而已矣。析大綱以爲細碎之科條，連章屢牘，援彼證此，眩於目而熒於心，則吏之依附以藏慝者，萬端詭出而不可致詰。惟簡也，劃然立不可亂之法於此，則奸與無奸，如白黑之粲然。民易守也，官易察也，無所用其授受之密傳；而遠郊農圃之子，苟知書數，皆可抱案以事官。士人旦絃誦而暮簿領，自可授以新而習如其故，雖閑有疏脫，而受其愚蔽，不亦鮮乎！則梁以士流充令吏之選，治其末而不理其本，乍一清明而後必淆亂，故曰不可繼也。語曰：『有治人，無治法。』人不可必得者也，人乃以開治，而法則以制亂，安能于令史之中求治人乎？簡爲法而無啓以亂源，人可爲令史也，奚必士哉？

清·王鳴盛《十七史商榷》卷六八《北史合魏齊周隋書四·三處郎中》 《宋·世軌傳》：『天保初，歷三尚書三公、二千石、都官郎中，兼并州長史。』考齊制，三公郎中二千石，郎中、都官郎中皆屬尚書省，故云云也。并州長史是外官，而郎中是京官，云兼者，蓋遥領之。《北齊書》無此幾句，下文『稍遷廷尉少卿』，《北齊書》直作『卿』，皆當從《北史》。

行臺尚書分部

綜述

《魏書》卷二《太祖紀》（天興元年春正月）庚子，車駕自中山行幸常山之真定，次趙郡之高邑，遂幸於鄴。民有老不能自存者，詔郡縣賑恤之。帝至鄴，巡登臺榭，遍覽宮城，將有定都之意，乃置行臺，以龍驤將軍日南公和跋爲尚書，與左丞賈彝率郎吏及兵五千人鎮鄴。車駕自鄴還中山，所過存問百姓。詔大軍所經州郡，復貲租一年，除山東民租賦之半。車駕將北還，發卒萬人治直道，自望都鐵關鑿恆嶺至代五百餘里。帝慮還後山東有變，乃置行臺於中山，詔左丞相、守尚書令、衛王儀鎮中山，撫軍大將軍、略陽西元遵鎮勃海之合口。右軍將軍尹國先督租于冀州，聞帝將還，謀反，欲襲信都。安南將軍長孫嵩執送，斬之。

又 卷九《肅宗紀》（熙平元年）春正月戊辰朔，大赦，改年。荆沔都督元志大破蕭衍軍，斬其恆農太守王世定等。以吏部尚書李平爲鎮軍大將軍兼尚書右僕射，爲行臺，節度討硤石諸軍。【略】（二月）乙丑，鎮南崔亮、鎮軍李平等克硤石，斬衍豫州刺史趙祖悅，傳首京師，盡俘其衆。

《隋書》卷二七《百官志中・北齊》 行臺，在令無文。其官置令、僕射。其尚書丞郎，皆隨權制而置員焉。其文未詳。

唐・杜佑《通典》卷二二《職官四・尚書上・行臺省》 行臺省，魏、晉有之。昔魏末晉文帝討諸葛誕，散騎常侍裴秀、尚書僕射陳泰、黄門侍郎鍾會等以行臺從。至晉永嘉四年，東海王越帥衆許昌，以行臺自隨，是也。越請討石勒，表以行臺隨軍。及後魏，謂之尚書大行臺，別置官屬。後魏道武帝置中山行臺，以秦王儀爲尚書令以鎮之。孝武永熙三年，以宇文泰爲大行臺，以蘇綽爲行臺度支尚書。北齊行臺兼統民事，自辛術始焉。武定八年，辛術爲東南道行臺。東徐州刺史郭志殺郡守。文宣聞之，飭術曰：『江淮初附，百姓難向京師，留卿爲行臺，亦欲理邊民冤枉，監理牧守。自今以後，所統十餘州地諸有犯法者，刺史先啓聽報，以下先理後表。』齊代行臺兼總民事，自術始也。其官置令、僕射，其尚書丞郎皆隨時權制。江左無行臺，唯梁末以侯景爲河南王大行臺，承制如鄧禹故事。

元・馬端臨《文獻通考》卷五二《職官考六・行臺省》 行臺自魏、晉有之。昔魏末晉文帝討諸葛誕，散騎常侍裴秀、尚書僕射陳泰、黄門侍郎鍾會等以行臺從。至晉永嘉四年，東海王越帥衆許昌，以行臺自隨是也。越請討石勒，表以行臺隨軍。及後魏，謂之尚書大行臺，別置官屬。後魏道武帝置中山行臺，以秦王儀爲尚書令以鎮之。孝文永熙三年，以宇文泰爲大行臺，以蘇綽爲行臺度支尚書。北齊行臺兼統民事，自辛術始焉。武定八年，辛術爲東南道行臺。東徐州刺史郭志殺郡守。文宣聞之，敕術曰：『江淮初附，百姓難向京師。留卿爲行臺，亦欲理邊民冤枉，監理牧守。自今以後，所統十餘州地諸有犯法者，刺史先啓聽報，以下先理後表。』齊代行臺兼總民事，自術始也。其官置令、僕射，其尚書丞、郎皆隨時權制。江左無行臺，唯梁末以侯景爲河南王大行臺，承制如鄧禹故事。

清・汪士鐸《南北史補志未刊稿・職官志第一・職官》 行臺。魏晉有之。晉文帝討諸葛誕，散騎常侍裴秀、尚書僕射陳泰、黄門侍郎鍾會等以行臺從至。晉永嘉四年，東海王越帥衆許昌，以行臺自隨是也。越請討石勒，表以行臺隨軍。及後魏謂之尚書大行臺，別置官屬。後魏道武帝置中山行臺，以秦王儀爲尚書令以鎮之。孝文永熙三年，以宇文泰爲大行臺，以蘇綽爲行臺度支尚書。北齊行臺兼統民事，自辛術始焉。武定八年，辛術爲東南道行臺。東徐州刺史郭志殺郡守，文宣聞之，勑術曰：『江淮初附，百姓難向京師，留卿爲行臺，亦欲理邊民冤枉，監理牧守，自今以後，所統十餘州地諸有犯法者，刺史先啓聽報，以下先理後表。』齊代行臺兼總民事，自術始也。其官置令、僕射，其尚書丞、郎皆隨時權制。江左無行臺，唯梁末以侯景爲河南王、大行臺，承制如鄧禹故事。

秘書著作監省官員分部

綜　述

《宋書》卷四〇《百官志下》　秘書監，一人。秘書丞，一人。秘書郎，四人。漢桓帝延熹二年，置秘書監。皇甫規與張奐書云『從兄秘書它何動静』是也。應劭《漢官》曰：『秘書監一人，六百石。』後省。魏武帝爲魏王，置秘書令、秘書丞。秘書典尚書奏事。文帝黄初初，置中書令，典尚書奏事，而秘書改令爲監。後欲以何楨爲秘書丞，而秘書先自有丞，乃以楨爲秘書右丞。後省。掌蓺文圖籍。《周官》外史掌四方之志、三皇五帝之書，卽其任也。漢西京圖籍所藏，有天禄、石渠、蘭臺、石室、延閣、廣内之府是也。東京圖書在東觀。晉武帝以秘書幷中書，省監，謂丞爲中書秘書丞。惠帝復置著作郎一人，佐郎八人，掌國史。周世左史記事，右史記言，卽其任也。漢東京圖籍在東觀，故使名儒碩學，著作東觀，撰述國史。著作之名，自此始也。魏世隸中書。晉武世，繆徵爲中書著作郎。元康中，改隸秘書，後别自爲省，而猶隸秘書。著作郎謂之大著作，專掌史任。晉制，著作佐郎始到職，必撰名臣傳一人。宋氏初，國朝始建，未有合撰者，此制遂替矣。

《南齊書》卷一六《百官志》　秘書監一人，丞一人。郎。著作佐郎。

晉秘書閣有令史，掌衆書，見《晉令》。令亦置令史、正書及弟子，皆典教書畫。

隋·虞世南《北堂書鈔》卷五七《設官部九·秘書總》　秘書爲内閣。《魏略》云：太和中，秘書常以事移蘭臺，自以爲臺也，而秘書署耳，謂不得移推，使當有所坐者。秘書丞薛夏報之曰：『蘭臺爲外臺，秘書爲内閣，臺閣一也。何不相移之？』有蘭臺屈，無以折之。

職爲近密。王肅表云：臣愚以爲，秘書職於三臺爲近密。

儀依御史。王肅《論秘書表》云：武帝初置秘書，儀依侍御史臺。文帝屢有優詔，丞、郎之選比黄門郎，秘書經遷中書，而其名不易議、不改名，位與中書相比爲連官，不宜與他官爲連者也。

綜經籍。《晉起居注》云：惠帝永平九年詔曰：秘書綜理經籍，考核古今，課試署吏四百人，宜專其事者也。

崇儒術。王肅表云：臣愚以爲秘書職於三臺爲近密，中書郎在尚書丞、郎上，秘書丞、郎宜次上書郎下，不然則宜次御史下，秘書丞、郎俱秩四百石，遷比尚書郎，出亦宜爲郡，此陛下崇儒術之盛旨也。【略】

掌秘務。王肅《論秘書表》云：昔時秘書掌國秘務，進監、令、丞、郎。【略】

考核古今。王隱《晉書》云：惠帝永平元年詔曰：秘書綜理經籍，考核古今，課試署吏，須四百人，宜專其事，然後精詳。中書自有職事，務相連統，攝寺事，付丞理，必未盡，其後責秘書監也。

又《秘書監》　宣明文籍。温嶠表荀崧爲秘書監云：夫國史之典，將明得失之迹，以諷其上，記功書過，謂之實録。使一代之典焕然可觀，今之秘書、著作是也。宜得平允文史之才，以經之緯之。散騎常侍、光禄大夫、西陵侯荀崧文質杉彬，思義倫博，且歷位先朝，莅事以穆，宜掌秘奥，宣明文籍。臣等參之衆議，謂崧可領秘書監。【略】

得文史之才。温嶠表薦荀崧爲秘書監云：夫國史之興，將明得失之迹，記功書過，謂之實録，今秘書、著作是也。宜得文史之才以辨經緯。

又《秘書丞》　選比黄門。王肅《論秘書表》云：武皇帝初置秘書，儀依御史臺。文帝屢有優詔，丞、郎之選位次比黄門郎。

位次議郎。王肅《論秘書表》云：青龍中，議秘書丞郎位次，與博士議郎同，職近日月。

出宜爲郡。王肅表云：秘書丞、郎俱秩四百石，遷宜比尚書郎，出宜爲郡。

何元幹特詔參秘書丞。虞預《晉書·何禎傳》云：禎字元幹，爲尚書郎，少而好學，特詔參秘書丞。秘書本有一丞，時尚未轉，遂以禎爲右丞，右丞之置自禎始也。

又《秘書郎》　各掌一部。《晉太康起居注》云：秘書□□遣郎中四人，各掌一部。

正定脱誤。《晉官品令》云：秘書郎掌中外五閣經書，覆核閣事，正定脱誤。【略】

選比黃門。王肅《論秘書表》云：武皇帝初置秘書，儀依御史臺。文帝屢有優詔，丞、郎之選比黃門郎者也。

又《著作郎》典司文籍。晉元康元年詔云：著作郎舊隸中書，而秘書既典司文籍，今改中書著作郎爲秘書著作郎。

記功書過。温嶠表云：夫國史之興，將明得失之迹，以諷其上，記功書過，謂之實録，使一代之典煥然可觀。今之秘書、著作是也。宜得平允之才，以辨經緯者也。

《周書》卷三八《柳虯傳》虯以史官密書善惡，未足懲勸。乃上疏曰：

古者人君立史官，非但記事而已，蓋所以爲監誡也。動則左史書之，言則右史書之，彰善癉惡，以樹風聲。故南史抗節，表崔杼之罪；董狐書法，明趙盾之愆。是知直筆於朝，其來久矣。而漢魏已還，密爲記注，徒聞後世，無益當時，非所謂將順其美，匡救其惡者也。且著述之人，密書其事，縱能直筆，人莫之知。何止物生橫議，亦自異端互起。故班固致受金之名，陳壽有求米之論。著漢魏，者非一氏；造晉史者，至數家。後代紛紜，莫知准的。

伏惟陛下則天稽古，勞心庶政。開誹謗之路，納忠讜之言。諸史官記事者，請皆當朝顯言其狀，然後付之史閣。庶令是非明著，得失無隱。使聞善者日修，有過者知懼。敢以愚管，輕冒上聞。乞以瞽言，訪之衆議。事遂施行。

（大統）十四年，除秘書丞。秘書雖領著作，不參史事，自虯爲丞，始令監掌焉。十六年，遷中書侍郎，修起居注，仍領丞事。

《隋書》卷二六《百官志上・梁》秘書省置監、丞各一人，郎四人，掌國之典籍圖書。著作郎一人，佐郎八人，掌國史，集注起居。著作郎謂之大著作，梁初周捨、裴子野，皆以他官領之。又有撰史學士，亦知史書。佐郎爲起家之選。

又　卷二七《百官志中・北齊》秘書省，典司經籍。監、丞各一人，郎中四人，校書郎十二人，正字四人。又領著作省，郎二人，佐郎八人，校書郎二人。

《晉書》卷二四《職官志》秘書監，案漢桓帝延熹二年置秘書監，後省。魏武爲魏王，置秘書令、丞。及文帝黃初初，置中書令，典尚書奏事，而秘書改令爲監。後以何禎爲秘書丞，而秘書先自有丞，乃以禎爲秘書右丞。及晉受命，武帝以秘書幷中書省，其秘書著作之局不廢。惠帝永平中，復置秘書監，其屬官有丞，有郎，並統著作省。

著作郎，周左史之任也。漢東京圖籍在東觀，故使名儒著作東觀，有其名，尚未有官。魏明帝太和中，詔置著作郎，於此始有其官，隸中書省。及晉受命，武帝以繆徵爲中書著作郎。元康二年，詔曰：『著作舊屬中書，而秘秘書既典文籍，今改中書著作爲秘書著作。』於是改隸秘書省。後別自置省而猶隸秘書。著作郎一人，謂之大著作郎，專掌史任，又置佐著作郎八人。著作郎始到職，必撰名臣傳一人。

唐・李林甫等《唐六典》卷一〇《秘書省》秘書省：監一人，從三品；【略】後漢則藏之東觀，亦禁中也。至桓帝延熹二年，始置秘書監，屬太常，掌禁中圖書秘記，故曰秘書。漢官云：『秘書監一人，秩六百石。』魏武爲魏王，置秘書令，典尚書奏事，郎中書之任也，兼掌圖書秘記。文帝黃初中，分秘書立中書，因置監、令，乃以散騎常侍王象領秘書監，撰《皇覽》。魏氏蘭臺亦藏書，御史掌焉。《魏略》：『薛夏云：「蘭臺爲外臺，秘書爲內閣。」』是也。魏初，秘書屬少府。及王肅爲監，以爲秘書之職卽漢東觀之任，安可復屬少府！自此之後，不復屬焉。至晉武，又以秘書併入中書。惠帝永平元年詔：『秘書典綜經籍，考校古今，中書自有職務，遠相統攝，於事不專。宜令復別置秘書寺，掌中外三閣圖書。』自是，秘書寺始外置焉。《晉令》云：『品第五，絳朝服，銅印、墨綬，進賢兩梁冠，佩水蒼玉。』宋、齊同晉氏。梁改爲省，與尚書、中書、門下、集書爲五省，秘書監增秩中二千石，品第三；後制十八班，秘書監班第十一。陳依梁。後魏亦以秘書爲五省之數。監，初從第二品中；太和末，正第三品。北齊依魏。後周春官府置外史下大夫，掌書籍，此秘書監之任也。【略】丞一人，從五品上。漢獻帝建安中，魏武爲魏王，置秘書令及二丞，典尚書奏事，卽中書之任也。《魏志》『劉劭，建安末自秘書郎轉秘書丞』是也。魏文黃初中，分秘書立中書，以秘書左丞倒放爲中書監，秘書右丞孫資爲中書令，而秘書置丞一人，秩四百石。《魏志》云：『何楨，文帶時上許都賦，帝異之，公車徵到爲秘書郎。後月餘，楨閱事，帝問外：「吾本用楨爲丞，何故爲郎？」案主者罪，遂改爲丞。時秘書丞尚未轉，遂以楨爲右丞。』晉武並秘書入中書，謂之中書秘書丞。惠帝又置秘書丞二人。《晉令》：『秘書丞品第六，銅印、墨綬，進賢一梁冠，絳胡服。』《晉書》稱：『桓石綏爲秘書丞，啓校四部圖書。』宋、齊並一人，品、服同晉氏。梁增品第五，秩六百石，銅印、黄綬。陳依梁。後魏秘書丞一人，正第五品上。北齊因之。後周春官府有小外史上士之職，蓋比秘書丞之任也。【略】

秘書郎四人，從六品上；魏武置秘書郎，秩四百石。《魏起居注》：『青龍中，議秘書丞、郎職近日月，宜居三臺上，亞尚書丞、郎。』《魏志》云王伯輿、鍾會、何楨、鄭默並起家拜秘書郎中，而默在秘書掌中外三閣，删省繁文，除其浮穢，始制《中經》。時，虞松爲中書令，謂默曰：『而今而後，朱紫別矣。』《晉令》：『秘書郎中品第六，進賢一梁冠，絳朝服。』《晉起居注》云：『武帝遣『左太沖爲《三都賦》，自以所見不博，求爲秘書郎中。』宋氏除『中』字。《宋書》稱：『王敬弘子恢之，召爲秘書郎。敬弘求爲奉朝請，與恢之書曰：「且秘書有限故有競，朝請無限故無競，吾欲使汝處無競之地。」文帝喜而許之。』《齊書》稱王僧虔、王慈並早有令譽，皆起家拜秘書郎。梁秩六百石。江左多任貴遊年少，而梁代尤甚，當時諺言：『上車不落則著作，體中何如則秘書。』陳著《令》：令、僕子起家爲之。後魏亦置四人，正第七品上。《後魏書》云：『高謐，天安中以功臣子召入禁中，專掌秘閣，拜秘書郎。奏請廣訪羣書，大加繕寫，北京圖籍，稍以審正。』北齊又增『中』字，正第七品下。【略】校書郎八人，正九品上；【略】自漢、魏歷宋、齊、梁、陳，博學之士往往以佗官典校秘書。至後魏，秘書省始置校書郎，正第九品上。北齊置十二人。【略】正字四人，正九品下；掌詳定典籍，正其文字，前代才學之士多以佗官兼其任者。齊秘書省有正書，蓋是正字之任。北齊秘書省始置正字四人，從第九品上。【略】令史四人，書令史九人，《魏甲辰儀》：『秘書令史品第八。』晉品第九，宋品第八。齊秘書令史品勳位第六，梁、陳品第九。後魏秘書令史從第九品下，北齊正第九品上。【略】典書八人。《齊職儀》云：『宋孝武大明年，開府儀同及三公府、皇子府皆有典書吏。』【略】

著作局：著作郎二人，從五品上；【略】至魏明帝太和中，置著作郎，隸中書省。晉惠帝元康二年，詔曰：『著作舊屬中書，而秘書既別典文籍，今改中書著作爲秘書著作。』後又別自名省，曰著作省，而猶隸秘書。魏、晉著作郎一人，俗謂之大著作，專掌史任，亦或爲兼官。《晉令》：『著作郎品第六，進賢一梁冠，絳朝服。』《晉書》稱陳壽作《益部耆舊傳》，武帝善之，以爲著作郎；張載作《創閣銘》，世祖以爲能，除著作郎；孫楚自佐著作郎轉著作郎，此皆謂大著作也。又：荀勖以中書監，干寶、虞預、徐廣以敬騎常侍，孫綽以給事中，伏滔以游擊將軍，孫盛以秘書監，並兼領著作。又：陳郡王隱待詔著作，單衣介幘，朝朔望於著作省，亦其任也。宋、齊並同晉氏。《宋書》云：『何承天除著作郎，撰國史。承天已老，諸佐郎並名家年少，荀伯子嘲之，常呼爲你母焉。』梁著作秩六百石，品第六。陳依梁。後魏正第五品上。《後魏書》：崔浩學究精微，宗欽好學不倦，並爲著作郎。北齊二人，從五品上。後周春官府置著作上士二人，即其職也。【略】著作佐郎四人，從六品上；著作佐郎修國史。《宋百官春秋》云：『《常道鄉公咸熙百官名》有著作佐郎三人。』晉定員八人；哀帝興寧二年，大司馬桓温表省四人；孝武帝寧康元年復置八人。《晉令》：『著作佐郎品第六，進賢一梁冠，絳朝服。』孝武太元四年詔：『秘書監自選著作佐郎，今並無監，使吏部選，有監復舊焉。』宋、齊並同。晉制：著作佐郎始到職，必撰名臣傳一人。宋氏之初，國朝始建，未有合撰者，此制遂替矣。梁秩四百石，品第七。陳令、僕子起家爲之，品制同梁。後魏正第七品上，北齊正第七品下。後周春官府置著作中士四人，即著作佐郎之任也。【略】書令史一人；自晉以來，秘書著作皆有令史，史闕其員、品。校書郎二人，正九品上。後魏著作省置校書郎，史闕其員、品。北齊著作省置校書郎二人，正第九品上。【略】

太史局：令二人，從五品下；【略】後漢太史令一人，秩六百石，掌天時、星曆、祥瑞、妖災，凡歲將終，奏新年曆而已。魏因之。晉太史令品第七，秩六百石，銅印、墨綬，進賢一梁冠，絳朝服。江左，高瑩以侍中、隙卓以義熙守、吳道欣以殿中侍御史兼領太史。宋、齊、梁、陳並同晉氏，後魏、北齊亦然。後周春官府置太史中大夫一人，掌曆家之法。【略】丞二人，從七品下。司馬彪《續漢・志》云：『太史丞一人，秩二百石。』魏、晉、宋、齊皆同漢氏。梁、陳太史丞三品藴位。後魏、北齊，史失其品第。【略】

司曆二人，從九品上；【略】至晉，太史令吏員有典曆四人。宋、齊、梁、陳、後魏、北齊皆有典曆，並史闕其員、品。【略】保章正一人，從八品上。《周禮・春官・太史》屬有保章氏，『掌天星，以志星、辰、日、月之變動，辯其吉凶』。自秦、漢已來無其職。至後周，春官府置太史，其屬有保章上士、中士之職，即其任也。【略】

監候五人，從九品下。魏、晉太史令吏員有望候郎二十人、候部吏十五人，掌候天文，並監候之任也。【略】

靈臺郎二人，正八品下。掌習知天文。【略】魏太史有靈臺丞，主候望、頒曆。晉、宋、齊、梁、陳太史皆有靈臺丞。

唐·杜佑《通典》卷二六《職官八·諸卿中·秘書監丞　秘書郎　秘書校書郎　秘書正字　著作郎　佐郎　校書郎正字附太史局令　丞》　魏武帝又置秘書令，典尚書奏事。卽中書令之任。文帝黄初初，乃置中書令，典尚書奏事，而秘書改令爲監，掌藝文圖籍之事。初屬少府，後乃不屬。自王肅爲監，乃不屬。其蘭臺亦藏書籍，而御史掌之。魏薛夏云：『蘭臺爲外臺，秘書爲内閣。』晉武帝以秘書併入中書省，其秘書著作之局不廢。惠帝永平中，復别置秘書監，並統著作局，掌三閣圖書。自是秘書之府，始居於外。其監，銅印墨綬，進賢兩梁冠，絳朝服，佩水蒼玉。華嶠爲秘書監，南省文章、門下撰集皆統之。《嶠集》謝秘書監表曰：『劉向父子，世典史籍，馬融博通，三入東觀，非臣庸賤所敢投迹。』華譚爲秘書監，自負宿名，意甚不快，曰：『臣老矣，將待死秘閣。汲黯之言，復存於今日。』上不悦。温嶠表曰：『國史之興，將明得失，使一代之典，焕然可觀。』今之秘書著作是也。宋與晉同。梁曰秘書省。任昉字彦昇，爲秘書監。自齊永元以來，秘閣四部，篇卷紛雜，昉手自讎校，由是篇目定焉。陳因之。後魏亦有之。後周秘書監亦領著作，監掌國史。【略】

丞：魏武帝置秘書令及丞一人，典尚書奏事。後文帝黄初中，欲以何禎爲秘書丞，而秘書先自有丞，乃以禎爲秘書右丞。文帝徵何禎，至爲秘書郎，月餘，禎因事，帝令問外曰：『吾本用禎爲丞，何故爲郎？』按主者罪，遂改爲丞。時秘書舊丞尚未轉，乃以禎爲右丞。其後遂有左右二丞，劉放爲左丞，孫資爲右丞，後省。魏薛夏字宣聲，爲秘書丞，帝常與推論書傳，呼之不名，謂之『薛君』。晉復置秘書丞，銅印墨綬，進賢一梁冠，絳朝服。嵇紹、司馬彪、傅暢、王謐等並爲此官。宋爲黄綬，餘與晉同。齊、梁尤重。齊王儉字仲寶，爲秘書丞，上表求校墳籍，依《七略》撰《七志》四十卷，獻之。梁劉孝綽除秘書丞，武帝曰：『第一官當與第一人。』又張率字士簡，吴郡人，遷秘書丞。武帝曰：『秘書丞天下清官，東南胄緒未有爲之者，今以相處，卿定有名稱也。』陳、隋印綬與齊同，歷代皆有。後周柳虯爲秘書丞，時秘書雖領著作，不參史事，因虯爲丞，始令監掌焉。【略】

秘書郎：【略】晉秘書郎掌中外三閣經書，校閲脱誤。進賢一梁冠，絳朝服。亦謂之郎中。武帝分秘書圖籍爲甲乙丙丁四部，使秘書郎中四人各掌其一。左太沖爲《三都賦》，自以所見不博，求爲秘書郎中。又鄭默字思元，爲秘書郎，删省舊文，除其浮穢。中書令虞松曰：『而今而後，朱紫别矣。』鍾會、左太沖、劉隗等並爲此官。宋、齊秘書郎皆四員，尤爲美職，皆爲甲族起家之選，待次入補，其居職，例十日便遷。宋王敬弘子恢之，召爲秘書郎，敬弘爲求奉朝請，與恢之書曰：『秘書日有限，故有競，朝請無限，故無競。吾欲使汝處無競之地。』文帝許之。梁亦然。張纘字伯緒，爲秘書郎，固求不遷，欲遍觀閣内圖籍。自齊、梁之末，多以貴遊子弟爲之，無其才實。當時諺曰：『上車不落則著作，體中何如則秘書。』歷代皆有，北齊又謂之郎中。【略】

秘書校書郎：【略】至魏，始置秘書校書郎。晉、宋以下無聞。至後魏，有秘書校書郎。北齊亦有校書郎。後周有校書郎下士十二人，屬春官之外史。【略】

秘書正字：【略】齊集書省有正書。北齊秘書省有正字。【略】

著作郎：【略】魏明帝太和中，始置著作郎官，隸中書省，專掌國史。衛覬字伯儒，以侍中尚書典著作。晉元康二年，詔曰：『著作舊屬中書，而秘書既典文籍，宜改中書著作爲秘書著作。』於是改隸秘書，後别自置省，謂之著作省。而猶隸秘書。著作郎一人，謂之大著作，專掌史任。李充字弘度，爲大著作。於時典籍混亂，充删除煩重，分作四部，秘閣以爲永制。又曰：荀勖以中書監、孫盛以秘書監並領著作。孫綽以散騎常侍及陳壽並爲大著作。又應亨祖嘉讓著作表曰：『自司隸校尉奉至臣父，五代著作不絶，邦族以爲美談。』進賢兩梁冠，介幘，絳朝服。王隱待詔著作，單衣介幘，月朔詣於著作省，亦其任也。宋、齊與晉同。梁制一梁冠，而無印綬。以上並大著作。

魏氏又置佐著作郎，亦屬中書。晉佐著作郎八人，進賢一梁冠，絳朝服。秘書監自調補之。太元四年詔：『秘書無監，使吏部選佐著作郎，有監復舊。』又《閣纂集》云：『鄒湛謂秘書監華嶠曰：「閣纂可佐著作。」嶠曰：「此職閒重，勢貴多爭，不暇求才。」』按此則大著作亦監自調也。晉制，佐著作郎始到職，必撰名臣傳一人；宋初，以國朝始建，未有合撰者，其制遂廢矣。宋、齊以來，遂遷『佐』於下，謂之著作佐郎，亦掌國史，集注起居。梁初，周捨、裴子野皆以他官領其職，冠制與大著作同。陳氏爲令、僕子起家之選。後魏有著作郎、佐郎。北齊有著作郎、佐郎各二人。後周有著作上士二人，中士四人，掌綴國録，屬春官之外史。【略】初，著作郎掌修國史及製碑頌之屬，分判局事，佐郎貳之，徒有撰史之名，而實無其任，其任盡在史館矣。其屬官有校書郎二人，後魏著作省置校書郎，北

齊著作亦置校書郎二人。【略】

太史局令：【略】自漢、晉、宋、齊，並屬太常，銅印墨綬，進賢一梁冠，絳朝服。梁、陳亦同。後魏、北齊皆如晉、宋。【略】

丞二人：司馬彪《續漢·志》云，太史有『丞一人』。魏以下歷代皆同。

《舊唐書》卷四七《職官志二》 秘書省。隸中書之下。漢代藏書之所，有延閣、廣内、石渠之藏。又御史中丞，在殿内，掌蘭臺秘書圖籍。後漢桓帝延熹二年，始置秘書監，屬太常寺，掌禁中圖書秘文，後併入中書。至晉惠帝，別置秘書寺，掌中外二閣圖書。梁武改寺爲省。【略】

秘書監一員，從三品。監之名，後漢桓帝置，魏、晉不改。後周謂之外史下大夫。【略】丞一員。從五品上。魏武帝置，丞二人。【略】秘書監之職，邦國經籍圖書之事。有二局：一曰著作，二曰太史，皆率其屬而修其職。少監爲之貳，丞掌判省事。

宋·李昉等《太平御覽》卷二三三《職官部三十一·秘書監》 魚豢《魏略》曰：蘭臺，臺也。而秘書署耳。【略】

（王隱《晉書》）又曰：惠帝永平元年，詔云：『秘書監綜理經籍，考校古今，課試署吏，領有四百人，宜專其事。』【略】

魚豢《典略》曰：蕓臺香辟紙魚蠹，故藏書臺稱蕓臺。【略】

王肅《表》曰：青龍之末，主者啓選秘書監，詔秘書騶吏以上三百餘人，非但學問義理，當聞有威嚴能檢下者，詔肅以常侍領焉。

又王肅《論秘書不應屬少府表》曰：魏之秘書即漢之東觀，郡國稱敢言之上東觀，且自大魏分秘書而爲中書以來，傳緒相繼，于今三監未有隸名於少府者也。今欲使臣編名於騶隸，言事於外府，不亦隳朝章而辱國典乎？太和中，蘭臺、秘書爭議，三府奏議秘書司先王之載籍，掌制書之典謨，與中書相亞，宜與中書爲官聯。

又 《秘書丞》 虞預《晉書》曰：何楨字元幹，廬江人也。爲尚書郎，特詔參秘書丞。秘書本有一丞，時尚未轉，遂以楨爲右丞。右丞之置，自楨始也。【略】

《齊職儀》云：秘書丞，銅印墨綬。【略】

王肅《論秘書表》云：青龍中議秘書丞、郎與博士議郎同職，近日月，宜在三臺上。

又曰：秘書丞、郎宜比尚書郎，侍御史，今侍御史乘犢車奏事，用尺一；秘書丞、郎乘鹿車，猶用尺奏，恐非陛下崇儒之本意也。

又 《秘書郎》 《晉令》云：秘書郎掌外三閣經書，覆省校閲。正定脱誤。【略】

王肅《表》曰：臣以爲秘書職於三臺爲近密，中書郎在尚書丞、郎上，秘書丞、郎宜次尚書郎下，不然則宜次侍御史下。秘書丞、郎俱四百石，遷宜比尚書郎，出亦宜爲郡。此陛下崇儒術之盛旨也。尚書郎、侍御史，皆乘犢車，而秘書丞、郎獨鹿車不得朝服。又恐非陛下轉臺郎以爲秘書丞、郎之本意也。

又 卷二三四《職官部三十二·著作郎》 陶氏《職官要録》曰：著作郎。舊視通直郎，史才富博者爲之。

又 《校書郎》 《晉令》曰：秘書郎掌中外三閣經書，覆校闕遺，正定脱誤。

又 卷二三五《職官部三十三·太史令》 環濟《要略》曰：太史令取善紀述者，使記時事，天子圖書計最典籍皆副焉。

元·馬端臨《文獻通考》卷五六《職官考十·諸卿少卿》 秘書監少監 丞 郎 校書郎 正字 著作郎 佐郎 正字 太史局令 丞

《周官》太史掌建邦之六典，又有外史掌四方之志、三皇五帝之書。漢氏圖籍所在，有石渠、石室、延閣、廣内，貯之於外府。又有御史中丞居殿中，掌蘭臺秘書及麒麟、天禄二閣，藏之於内禁。後漢圖書在東觀，桓帝延熹二年，始置秘書監一人，掌典圖書，古今文字考合同異，屬太常。以其掌圖書秘記，故曰秘書。後省。魏武帝又置秘書令，典尚書奏事。即中書令之任。文帝黄初初，乃置中書令典尚書奏事，而秘書改令爲監，掌藝文圖籍之事。初屬少府，後乃不屬。自王肅爲監，乃不屬。其蘭臺亦藏書籍，而御史掌之。魏薛夏云蘭臺爲外臺，秘書爲内閣。晉武帝以秘書併入中書省，其秘書著作之局不廢。惠帝永平中，復別置秘書監，並統著作局，掌三閣圖書。自是秘書之府始居於外。其監，銅印墨綬，進賢兩梁冠，絳朝服，佩水蒼玉。宋與晉同。梁曰秘書省。任昉字彦昇，爲秘書監。自齊永元以來，秘閣四部篇卷紛雜，昉手自讎校，由是篇目定焉。陳因之。後魏

亦有之。後周秘書監亦領著作，監掌國史。說在《秘書丞》注。【略】

魏武帝置秘書令及丞一人，典尚書奏事。後文帝黄初中，欲以何楨爲秘書丞，而秘書先自有丞，乃以楨爲秘書右丞。其後遂有左、右二丞。劉放爲左丞，孫資爲右丞。後省。晉復置秘書丞，銅印墨綬，進賢一梁冠，絳朝服。嵇紹、司馬彪、傅暢、王謐等並爲此官。宋爲黄綬，餘與晉同。齊、梁尤重。陳、隋印綬與齊同。歷代皆有。後周柳虯爲秘書丞，時秘書雖領著作，不參史事，因虯爲丞，始命監掌焉。【略】

秘書郎。後漢馬融字季長爲秘書郎，詣東觀典校書。及魏武建國，又置秘書郎，嘗以劉邵爲之，出乘鹿車。王肅表曰：『臣以爲秘書職於三臺爲近密，中書郎在尚書丞、郎上，秘書丞、郎宜次尚書郎下，不然則宜次侍御史下。秘書丞、郎俱四百石，遷宜比尚書郎，出亦宜爲郡，此陛下崇儒術之盛旨也。尚書郎、侍御史皆乘犢車，而秘書丞、郎獨乘鹿車，不得朝服，又恐非陛下轉臺郎以爲秘書丞、郎之本意也。』晉秘書郎掌中外三閣經書，校閱脱誤。進賢一梁冠，絳朝服，亦謂之郎中。武帝分秘書圖籍爲甲、乙、丙、丁四部，使秘書郎中四人各掌其一。宋、齊秘書郎皆四員，尤爲美職，皆爲甲族起家之選，待次入補，其居職，例十月便遷。宋王敬弘子恢之召爲秘書郎，敬弘求爲奉朝請，與恢之書曰：『秘書日有限，故有競，朝請無限，故無競，吾欲使汝處無競之地。』大帝許之。梁亦然。張纘字伯緒，爲秘書郎，固求不遷，欲遍觀閣内圖籍。自齊、梁之末，多以貴遊子弟爲之，無其才實。當時諺曰：『上車不落則著作，體中何如則秘書。』歷代皆有。北齊又謂之郎中。【略】

秘書省校書郎。漢之蘭臺及後漢東觀皆藏書之室，亦著述之所，多當時文學之士，使讎校於其中，故有校書之職。初，漢成帝時，已命光禄大夫劉向於天禄閣校經傳、諸子、詩賦，步兵校尉任宏校兵書，太史令尹咸校數術，太醫令李柱國校方伎。後以諸大夫揚雄等亦典校於其中。後於蘭臺置令史十八人，秩百石，屬御史中丞。又選他官入東觀，皆令典校秘書，或撰述傳記。後漢明帝以班固爲蘭臺令史，撰《光武本紀》及諸傳記；又以傅毅爲蘭臺令史，與班固、賈逵等共典校書。蓋有校書之任而未爲官也。故以郎居其任，則謂之校書郎；以郎中居其任，則謂之校書郎中。當時重其職，故學者稱東觀爲老氏藏室，道家蓬萊山焉。至魏始置秘書校書郎。晉、宋以下無聞。至後魏有秘書校書郎，北齊亦有校書郎。後周有校書郎下士十二人，屬春官之外史。【略】

秘書正字。後漢桓帝初置秘書監，掌圖書古今文字考合同異。其後監、令掌圖籍之紀，監述作之事，不復專文字之任矣。今之正字，蓋令、監之遺職，校書之通制。歷代無聞。齊集書省有正書。北齊秘書省有正字。【略】

著作郎。漢東京圖書悉在東觀，故使名儒碩學入直東觀，撰述國史，謂之著作東觀，皆以他官領焉。蓋有著作之任，而未爲官員也。蘭臺令史班固、傅毅，睢洛陽令陳崇，長陵令尹敏，司隸從事孟異及楊彪等，著作東觀。魏明帝太和中，始置著作郎官，隸中書省，專掌國史。衛覬字伯儒，以侍中、尚書典著作。晉元康二年，詔曰：『著作舊屬中書，而秘書既典文籍，宜改中書著作爲秘書著作。』於是改隸秘書。後別自置省，謂之著作省。而猶隸秘書。著作郎一人，謂之大著作，專掌史任。進賢兩梁冠，介幘，絳朝服。宋、齊與晉同。梁制，一梁冠而無印綬。以上並大著作。魏氏又置佐著作郎，亦屬中書。晉佐著作郎八人，進賢一梁冠，絳朝服，秘書監自調補之。太元四年詔：『秘書無監，使吏部選佐著作郎，有監復舊。』又《閻纂集》云：鄒湛謂秘書監華嶠曰：『閻纂可佐著作。』嶠曰：『此職閑重，勢貴多爭，不暇求才。』按此，則大著作秘監自調也。晉制，佐著作郎始到職，必撰名臣傳一人。宋初，以國朝始建，未有合撰者，其制遂廢矣。宋、齊以來，遂遷『佐』於下，謂之著作佐郎，亦掌國史，集注起居。梁初，周捨、裴子野皆以他官領其職，冠制與大著作同。陳氏爲令、僕子起家之選。後魏有著作郎、佐郎。北齊有著作郎、佐郎各二人。後周有著作上士二人、中士四人，掌綴國録，屬春官之外史。【略】初，著作郎掌修國史及製碑頌之屬，分判局事，佐郎貳之，徒有撰史之名而實無其任，其任盡在史館矣。其屬官有校書郎二人。後魏著作省置校書郎。北齊著作亦置校書郎二人。【略】

太史局令。【略】自漢、晉、宋、齊並屬太常，銅印墨綬，進賢一梁冠，絳朝服。梁、陳亦同。後魏、北齊皆如晉、宋。【略】

丞二人。司馬彪《續漢·志》云太史有丞一人。魏以下歷代皆同。

中央事務機構部

列卿分部

綜述

《三國志》卷四《魏志·陳留王奐傳》 （咸熙元年）是歲，罷屯田官以均政役，諸典農皆爲太守，都尉皆爲令長。

又 卷一五《魏志·賈逵傳》 以逵領弘農太守。【略】其後發兵，逵疑屯田都尉藏亡民。都尉自以不屬郡，言語不順。逵怒，收之，數以罪，撾折脚，坐免。然太祖心善逵，以爲丞相主簿。

又 卷一六《魏志·任峻傳》 是時歲饑旱，軍食不足，羽林監潁川棗祇建置屯田，太祖以峻爲典農中郎將，「募百姓屯田於許下，得穀百萬斛，郡國列置田官」，數年中所在積粟，倉廩皆滿。

又 卷二三《魏志·裴潛傳》 文帝踐阼，入爲散騎常侍。出爲魏郡、潁川典農中郎將，奏通貢舉，比之郡國，由是農官進仕路泰。

又 卷二八《魏志·毌丘儉傳》 明帝即位，爲尚書郎，遷羽林監。以東宮之舊，甚見親待。出爲洛陽典農。

《宋書》卷三九《百官志上》 太常，一人。舜攝帝位，命伯夷作秩宗，掌三禮，即其任也。周時曰宗伯，是爲春官，掌邦禮。秦改曰奉常，漢因之。景帝中六年，更名曰太常。應劭曰：『欲令國家盛大常存，故稱太常。』前漢常以列侯忠孝敬慎者居之，後漢不必列侯也。

博士，班固云，秦官。史臣案，六國時往往有博士，掌通古今。漢武建元五年，初置《五經》博士。宣、成之世，《五經》家法稍增，經置博士一人。至東京凡十四人。《易》，施、孟、梁丘、京氏；《尚書》，歐陽、大小夏侯；《詩》，齊、魯、韓；《禮》，大小戴；《春秋》，嚴、顔：各一博士。而聰明有威重者一人爲祭酒。魏及晉西朝置十九人，江左初減爲九人，皆不知掌何經。元帝末，增《儀禮》、《春秋公羊》博士各一人，合爲十一人。後又增爲十六人，不復分掌《五經》，而謂之太學博士也。秩六百石。

國子祭酒一人，國子博士二人，國子助教十人。《周易》、《尚書》、《毛詩》、《禮記》、《周官》、《儀禮》、《春秋左氏傳》、《公羊》、《穀梁》各爲一經，《論語》、《孝經》爲一經，合十經，助教分掌。國子，周舊名，周有師氏之職，即今國子祭酒也。晉初復置國子學，以教生徒，而隸屬太學焉。晉初助教十五人，江左以來，損其員。自宋世若不置學，則助教唯置一人，而祭酒、博士常置也。

太廟令，一人。丞一人。並前漢置。西京曰長，東京曰令。領齋郎二十四人。

明堂令，一人。丞一人。丞，漢東京初置；令，宋世祖大明中置。

太祝令，一人。丞一人。掌祭祀讀祝迎送神。太祝，周舊官也。漢西京置太祝令、丞，武帝太初元年，更名曰廟祀。漢東京改曰太祝。

太史令，一人，丞一人。掌三辰時日祥瑞妖災，歲終則奏新曆。太史，三代舊官，周世掌建邦之六典，正歲年，以序事頒朔于邦國。又有馮相氏，掌天文次序；保章氏，掌天文。今之太史，則並周之太史、馮相、保章三職也。漢西京曰太史令。漢東京有二丞，其一在靈臺。

太樂令，一人。丞一人。掌凡諸樂事。周時爲大司樂。漢西京曰太樂令。漢東京曰大予樂令。魏復爲太樂令。

陵令，每陵各一人。漢舊官也。

乘黄令，一人。掌乘輿車及安車諸馬。魏世置。自博士至乘黄令，並屬太常。

光禄勳，一人。丞一人。光，明也；禄，爵也；勳，功也。秦曰郎中令，漢因之。漢武太初元年，更名光禄勳。掌三署郎，郎執戟衛宮殿門户。光禄勳居禁中如御史，有獄在殿門外，謂之光禄外部。光禄勳郊祀掌三獻。魏、晉以來，光禄勳不復居禁中，又無復三署郎，唯外宮朝會，則以名到焉。二臺奏劾，則符光禄加禁止，解禁止亦如之。禁止，身不得入殿省，光禄主殿門故也。宮殿門户，至今猶屬。晉哀帝興寧二年，省光禄勳，并司徒。孝武寧康元年，復置。漢東京三署郎有行應四科者，歲舉茂才二人，四行二人，及三署郎罷省，光禄勳猶依舊舉四行，衣冠子弟充之。三署者，五官署、左署、右署也，各置中郎將以司之。郡舉孝廉以補三署郎，年五十以上，屬五官，其次分在左右署。凡有中郎、議郎、侍郎、郎中四等，無員，多至萬人。【略】

衛尉，一人。丞二人。掌宫門屯兵，秦官也。漢景初，改爲中大夫令。後元年，復爲衛尉。晉江右掌冶鑄，領冶令三十九，户五千三百五十。冶皆在江北，而江南唯有梅根及冶塘二冶，皆屬揚州，不屬衛尉。衛尉，江左不置，宋世祖孝建元年復置。舊一丞，世祖增置一丞。

廷尉，一人。丞一人。掌刑辟。凡獄必質之朝廷，與衆共之之義。兵獄同制，故曰廷尉。舜攝帝位，咎繇作士，即其任也。周時大司寇爲秋官，掌邦刑。秦爲廷尉。漢景帝中六年，更名大理。武帝建元四年，復爲廷尉。哀帝元壽二年，復爲大理。漢東京初，復爲廷尉。

廷尉正，一人。廷尉監，一人。正、監並秦官。本有左右監，漢光武省右，猶云左監；魏、晉以來，直云監。廷尉評，一人。漢宣帝地節三年，初置左右評。漢光武省右，猶云左評。魏、晉以來，直云評。正、監、評並以下官禮敬廷尉卿。正、監秩千石，評六百石。廷尉律博士，一人。魏武初建魏國置。

大司農，一人。丞一人。掌九穀六畜之供膳羞者。舜攝帝位，命棄爲后稷，即其任也。周則爲太府，秦治粟内史；漢景帝後元年，更名大農令，武帝太初元年，更名曰大司農。晉哀帝末，省并都水，孝武世復置。漢世丞二人，魏以來一人。

太倉令，一人。丞一人。秦官也。晉江左以來，又有東倉、石頭倉丞各一人。

導官令，一人。丞一人。掌春御米。漢東京置。導，擇也。擇米令精也。司馬相如《封禪書》云，導一莖六穗於庖。

籍田令，一人。丞一人。掌耕宗廟社稷之田，於周爲甸師。漢文帝初立籍田，置令、丞各一人。漢東京及魏並不置。晉武泰始十年復置。江左省。宋太祖元嘉中又置。自太倉至籍田令，並屬司農。

少府，一人。丞一人。掌中服御之物。秦官也，漢因之。掌禁錢以給私養，故曰少府。晉哀帝末，省并丹陽尹。孝武世復置。

左尚方令、丞各一人。右尚方令、丞各一人。並掌造軍器。秦官也，漢因之。於周則爲玉府。晉江右有中尚方、左尚方、右尚方，江左以來，唯一尚方。宋高祖踐阼，以相府作部配臺，謂之左尚方，而本署謂之右尚方焉。又以相府細作配臺，即其名置令一人，丞二人，隸門下。世祖大明中，改曰御府，置令一人，丞一人。御府，二漢世典官婢作褻衣服補浣之事。魏、晉猶置其職，江左乃省焉。後廢帝初，省御府，置中署，隸右尚方。漢東京太僕屬官有考工令，主兵器弓弩刀鎧之屬，成則傳執金吾入武庫，及主織綬諸雜工。尚方令唯主作御刀綬劍諸玩好器物而已。然則考工令如今尚方，尚方令如今中署矣。

東冶令，一人。丞一人。南冶令，一人。丞一人。漢有鐵官，晉署令，掌工徒鼓鑄，隸衛尉。江左以來，省衛尉，度隸少府。宋世雖置衛尉，冶隸少府如故。江南諸郡縣有鐵者或署冶令，或署丞，多是吴所置。

平準令，一人。丞一人。掌染，秦官也，漢因之。漢隸司農，不知何世隸少府。宋順帝即位，避帝諱，改曰染署。

將作大匠，一人。丞一人。掌土木之役。秦世置將作少府，漢因之。景帝中六年，更名將作大匠。光武建武中元二年省，以謁者領之。章帝建初元年復置。晉氏以來，有事則置，無則省。

大鴻臚，掌贊導拜授諸王。秦世爲典客，漢景帝中六年，更名大行令；武帝太初元年，更名大鴻臚。鴻，大也。臚，陳也。晉江左初省。有事則權置，事畢即省。

太僕，掌輿馬。周穆王所置，秦因之。《周官》則校人掌馬，巾車掌車，及置太僕，兼其任也。晉江左或署或省，宋以來不置。郊祀則權置太僕執轡，事畢即省。

太后三卿，各一人。應氏《漢官》曰：『衛尉、少府，秦官；太僕，漢成帝置。皆隨太后宫爲號，在正卿上，無太后乃闕。』魏改漢制，在九卿下。晉復舊，在同號卿上。

大長秋，皇后卿也。有后則置，無則省。秦時爲將行，漢景帝中六年，更名大長秋。韋曜曰：『長秋者，以皇后陰官，秋者陰之始，取其終而長，欲其久也。』自太常至長秋，皆置功曹、主簿、五官。漢東京諸郡有五官掾，因其名也。漢制卿尹秩皆中二千石，丞一千石。

又　卷四〇《百官志下》　謁者僕射，一人。掌大拜授及百官班次。領謁者十人。謁者掌小拜授及報章。蓋秦官也。謁，請也。應氏《漢官》曰，堯以試舜，賓於四門，是其職也。秦世謁者七十人，漢因之。後漢《百官志》，謁者僕射掌奉引。和帝世，陳郡何熙爲謁者僕射，贊拜殿中，音動左右。然則又掌唱贊。有常侍謁者五人，謁者則置三十五人，半減西京也。二漢並隸光禄勳。魏世置謁者十人。晉武帝省僕射，以謁者隸蘭臺。江左復置僕射，後又省。宋世祖大明中，復置。秩比千石。

都水使者，一人。掌舟航及運部。秦、漢有都水長、丞，主陂池灌溉，保守河渠，屬太常。漢東京省都水，置河堤謁者，魏因之。漢世水衡都尉主上林苑，魏世主天下水軍舟船器械。晉武帝省水衡，置都水使者，而河隄爲都水官屬。有參軍二人，謁者一人，令史減置無常員。晉西朝有參軍而無謁者，謁者則江左置也。懷帝永嘉六年，胡入洛陽，都水使者爰濬先出督運得免。然則武帝置職，便掌運矣。江左省河隄。

《南齊書》卷一六《百官志》　太常。

府置丞一人，五官、功曹、主簿，九府九史皆然。領官如左：

博士，謂之太學博士。

國子祭酒一人。博士二人。助教十人。

建元四年，有司奏置國學，祭酒准諸曹尚書，博士准中書郎，助教准南臺御史。選經學爲先。若其人難備，給事中以還明經者，以本位領。其下典學二人，三品，准太常主簿；户曹、儀曹各二人，五品；白簿治禮吏八人，六品；保學醫二人；威儀二人。其夏，國諱廢學，有司奏省助教以下。永明三年，立學，尚書令王儉領祭酒。八年，國子博士何胤單爲祭酒，疑所服，陸澄等皆不能據，遂以玄服臨試。月餘日，博議定，乃服朱衣。

總明觀祭酒一人。

右泰始六年，以國學廢，初置總明觀，玄、儒、文、史四科，科置學士各十人，正令史一人，書令史二人，幹一人，門吏一人，典觀吏二人。建元中，掌治五禮。永明三年，國學建，省。

太廟令一人，丞一人。

明堂令一人，丞一人。

太祝令一人，丞一人。

太史令一人，丞一人。

廩犧令一人，丞一人。

置令丞以下皆有職吏。

太樂令一人，丞一人。

諸陵令。

永明末置，用二品三品勳。置主簿、户曹各一人，六品保舉。

光禄勳。

府置丞一人。領官如左：

左右光禄大夫。

位從公，開府置佐史如公。

光禄大夫。

皆銀章青綬，詔加金章紫綬者，爲金紫光禄大夫。樂安任遐爲光禄，就王晏乞一片金，晏乃啓轉爲金紫，不行。

太中大夫。

中散大夫。

諸大夫官，皆處舊齒老年，重者加親信二十人。

衛尉。

府置丞一人。掌宫城管籥。張衡《西京賦》曰『衛尉八屯，警夜巡晝』。宫城諸却敵樓上本施鼓，持夜者以應更唱，太祖以鼓多驚眠，改以鐵磬云。

廷尉。

府置丞一人，正一人，監一人，評一人，律博士一人。

大司農。

府置丞一人。領官如左：

太倉令一人，丞一人。

導官令一人，丞一人。

籍田令一人，丞一人。

少府。

府置丞一人。領官如左：

左右尚方令各一人，丞一人。

鍛署丞一人。永明三年省，四年復置。

御府令一人，丞一人。

東冶令一人，丞一人。

南冶令一人，丞一人。

平准令一人，丞一人。

上林令一人，丞一人。亦屬尚書殿中曹。

將作大匠。

太僕。

大鴻臚。

三卿不常置。將作掌宮廟土木。太僕掌郊禮執轡。鴻臚掌導護贊拜。有事權置兼官，畢乃省。

乘黃令一人。

掌五輅安車，大行凶器轀輬車。

客館令。

掌四方賓客。

宣德衛尉、少府、太僕。

鬱林王立，文安太后即尊號，以宮名置之。

大長秋。

鬱林立皇后置。【略】

謁者僕射一人。

謁者十人。

謁者臺，掌朝覲賓饗。

《陳書》卷一七《袁樞傳》 初，高祖長女永世公主先適陳留太守錢蒧，生子岊，主及岊並卒于梁世。高祖受命，唯公主追封。至是將葬，尚書主客請詳議，欲加蒧駙馬都尉，並贈岊官。樞議曰：『昔王姬下嫁，必適諸侯，同姓爲主，聞於《公羊》之說，車服不繫，顯於詩人之篇。漢氏初興，列侯尚主，自斯以後，降嬪素族。駙馬都尉置由漢武，或以假諸功臣，或以加於戚屬，是以魏曹植表駙馬、奉車趣爲一號。《齊職儀》曰，凡尚公主必拜駙馬都尉，魏、晉以來，因爲瞻準。蓋以王姬之重，庶姓之輕，若不加其等級，寧可合巹而酳，所以假駙馬之位，乃崇於皇女也。今公主早薨，伉儷已絶，既無禮數致疑，何須駙馬之授？案杜預尚晉宣帝第二女高陵宣公主，晉武踐祚，而主已亡，泰始中追贈公主，元凱無復駙馬之號。梁文帝女新安穆公主早薨，天監初王氏無追拜之事。遠近二例，足以據明。公主所生，既未及成人之禮，無勞此授，今宜追贈亭侯。』時以樞議爲長。

《北齊書》卷四四《儒林傳・張景仁》 張景仁者，濟北人也。幼孤家貧，以學書爲業，遂工草隸，選補内書生。與魏郡姚元標、潁川韓毅、同郡袁買奴、滎陽李超等齊名，世宗並引爲賓客。天保八年，敕授太原王紹德書，除開府參軍。後主在東宮，世祖選善書人性行淳謹者令侍書，景仁遂被引擢。小心恭慎，後主愛之，呼爲博士。歷太子門大夫、員外散騎常侍、諫議大夫。後主登祚，除通直散騎常侍。及奏，御筆點除『通』字，遂正常侍。左右與語，猶稱博士。

又 卷四五《文苑傳・樊遜》 （天保）七年，詔令校定群書，供皇太子。遜與冀州秀才高幹和、瀛州秀才馬敬德、許散愁、韓同寶、洛州秀才傅懷德、懷州秀才古道子、廣平郡孝廉李漢子、渤海郡孝廉鮑長暄、陽平郡孝廉景孫、前梁州府主簿王九元、前開府水曹參軍周子溧等十一人同被尚書召共刊定。時秘府書籍紕繆者多，遜乃議曰：『按漢中壘校尉劉向受詔校書，每一書竟，表上，輒言：臣向書、長水校尉臣參書，太史公、太常博士書、中外書合若干本以相比校，然後殺青。今所讎校，供擬極重，出自蘭臺，御諸甲館。向之故事，見存府閣，即欲刊定，必藉衆本。太常卿邢子才、太子少傅魏收、吏部尚書辛術、司農少卿穆子容、前黃門郎司馬子瑞、故國子祭酒李業興並是多書之家，請牒借本參校得失。』秘書監尉瑾移尚書都坐，凡得別本三千餘卷，《五經》諸史，殆無遺闕。

隋・虞世南《北堂書鈔》卷五三《設官部五・諸卿總》 萬國慶賴。

韋昭《辨釋名》云：卿，慶也。言萬國皆慶賴之也。

參三公。《帝王世紀》曰：九卿者，所以參三公也。

掌建邦治，以考事典；經綸國體，以考留獄。王昶《考課事》云：卿考課，一曰掌建邦國，以考制治。二曰九功時敍，以考事典。三曰經綸國體，以考奏議。四曰共屬衆職，以考□攝。五曰明慎用刑，以考留獄。六卿分掌。韋昭《辨釋名》云：六卿分掌諸官卿孤不掌傑然特立也。

又《太常》 太常典天地。《晉中興書》：康帝建元元年訓云：太常典天地，兼掌宗廟，其爲任也重矣。是以古今選建未常不，妙簡時望，兼之儒雅，遠通天人，洽暢神祇。

又《光禄勳》 選置惟允。《庾冰集·用樂謨詔草》云：光禄又卿列首，且職典吏署，選置惟允，其以謨爲光禄勳。

又　卷五四《設官部六·執金吾》 徼循宫外。韋昭《辨釋名》云：執金吾掌徼循宫外，司執奸邪，至武帝更名爲金吾，爲外卿，不見九卿之列，然以觸奸邪也。司執奸邪。韋昭云：執金吾掌徼循宫外及司執奸邪也。

又《大司農》 孝武復置。臧榮緒《晉書》：哀帝興寧二年，省司農之職。後孝武寧康復置。國之淵。《急就章》云：司農少府國之淵。司農掌六府。崔瑗《鮑德誄》曰：乃司大農，掌是六府三事九功，迺脩迺聚。

又《少府》 少府秦官，銀章青綬。《晉百官表》注云：少府一人，秦官，銀章青綬，五時朝服，進賢兩梁冠。【略】考定百工。傅玄《太尉楊彪銘》曰：莅于少府，考定百工。

又《鴻臚》 主胡事。《山濤啓事》云：鴻臚職主胡事，前後爲之者率多不善，今缺，當選御史中丞刁攸，舊能可參。允正九儀。傅玄《楊彪銘》云：賓於鴻臚，允正九儀。

又《大長秋》 非天子卿。韋昭《辨釋名》：長秋自皇后官，非天子卿。釋云：長秋主宫中，凡物次春生秋成，欲使宫中之祚如之，故爲名。辨云：皇后陰官，秋者陰之始，取其名。長者，欲其久也。

又　卷五五《設官部七·太史令》 記時事。環濟《要略》云：太史令，取善記述者，使記時事，天下圖書計最典籍皆副焉，秩六百石。

又《廟令》 銅印墨綬。《晉百官表》注云：太醫令一人，周官也。銅印墨綬，進賢一梁冠。

又《公車令》 銅印墨綬，冠一梁。《晉百官表》注云：公車司馬令一人，周官也。銅印墨綬，絳服，冠集賢一梁冠。官品第七，俸月二十七斛。

又《太官令》 掌諸御米。環濟《要略》云：導官令，掌諸御米飛麥也。

又《符節》 珍玩是聚。崔寔《尚方令箴》曰：煌煌尚方，古之王府。九貢是鍾，珍玩是聚。

又《太倉》 銅印墨綬。《晉百官表》注云：太倉令一人，銅印墨綬，朝服，進賢一梁冠，品第七，俸月二十斛，品俸與上太醫令同也。藉田令。杜預《奏事》云：竊惟籍田令本意，以籍田千畝、十頃之田，計其按行周旋，不過數里。供宗廟粢盛。又云：籍田令，凡宗廟粢盛、御用饍羞及羣神之調於是取，所籍户口足以當一縣之邑，所供至重，事貴臨履也。

又《車府令》 銅印墨綬，官品第七。《晉百官表》注云：車府令，銅印墨綬，朝服，進賢一梁冠，官品第七，俸月二十斛。

又《武庫令》 銅印墨綬，朝服武冠。《晉百官志》注云：武庫令，銅印墨綬，朝服，武冠，官品第七，俸月二十斛。

又　卷六二《設官部十四·謁者僕射》 掌朝覲威儀。《晉百官表》注：謁者僕射一人，秦官，凡掌朝覲，威儀神禮，容拜望奉，卿校以上，朝録謁者，凡臺白謁，於所司摠統也。【略】威容者爲之。《晉百官表》注：舊謁者七十人，後省，置三十人，皆用孝廉年五十，威容嚴恪，能擯者爲之也。朝則儐贊。《晉百官表》注云：謁者十八，掌捧詔書，使拜從之事。朝會則儐贊引王卿校尉上殿。領臺内禁令。《晉百官表》注云：詔謁者問免卿校以上官，監祀請雨，及喪葬吊祭，高功者兼領臺内禁令。

又　卷六七《設官部十九·祭酒》 以酒沃酹。《辯釋名》云：祭酒者，謂祭六神，以酒沃酹之也。

又《國子祭酒》 掌國子學。《晉百官表》注云：博士祭酒，掌國子學。

又《博士》 端委佩玉。《晉中興書》：博士之職，端委佩玉，朝之大典必詢度之，當以直道。【略】博習舊説，訓教學徒。《晉中興書》：博士之職非徒博習舊説、訓教學徒而已。端委佩玉，烈爲朝吏人大典。【略】

參訓國子。《晉中興書·潁川荀録》云：崧上疏云：國子博士，一則應對殿堂，奉觴問顧，一則參訓國子，以弘儒訓。

明典義。《晉令》云：博士皆取履行清淳，通明典義，若散騎中書侍郎。

通藝事。《晉百官表》云：博士俸有二十五斛云云。

禮義所寄。《晉中興書》云：郭璞言：秦博士典，於職禮義所寄。

又《學士》 通二經補文學。（摯虞《決疑要注》）又云：弟子滿二歲通二經者補文學掌故，不通者後輩試之。

通一經稱弟子。又云：魏時募學者好誦《大學》爲門人，滿三年，試通一經者稱弟子。

《周書》卷三七《李彦傳》 （大統）三年，拜安東將軍、銀青光禄大夫、太保轉太傅長史、儀曹郎中、左民郎中。十二年，省三十六曹爲十二部，改授民部郎中，封平陽縣子，邑三百户。十五年，進號中軍將軍，兼尚書左丞，領選部。

《隋書》卷二六《百官志上·梁》 謁者臺，僕射一人，掌朝覲賓饗之事。屬官謁者十人，掌奉詔出使拜假，朝會擯贊。高功者一人爲假史，掌差次謁者。

諸卿，梁初猶依宋、齊，皆無卿名。天監七年，以太常爲太常卿，加置宗正卿，以大司農爲司農卿，三卿是爲春卿。加置太府卿，以少府爲少府卿，加置太僕卿，三卿是爲夏卿。以衛尉爲衛尉卿，廷尉爲廷尉卿，將作大匠爲大匠卿。三卿是爲秋卿。以光禄勳爲光禄卿，大鴻臚爲鴻臚卿，都水使者爲太舟卿，三卿是爲冬卿。凡十二卿，皆置丞及功曹、主簿。而太常視金紫光禄大夫，統明堂、二廟、太史、太祝、廩犧、太樂、鼓吹、乘黄、北館、典客館等令丞，及陵監、國學等。又置協律校尉、總章校尉監、掌故、樂正之屬，以掌樂事。太樂又有清商署丞，太史別有靈臺丞。詔以爲陵監之名，不出前誥，且宗廟憲章，既備典禮，園寢職司，理不容異，諸正陵先立監者改爲令。於是陵置令矣。

國學，有祭酒一人，博士二人，助教十人，太學博士八人。又有限外博士員。天監四年，置五經博士各一人。舊國子學生，限以貴賤，帝欲招來後進，五館生皆引寒門俊才，不限人數。大同七年，國子祭酒到溉等，又表立正言博士一人，位視國子博士。置助教二人。

宗正卿，位視列曹尚書，主皇室外戚之籍。以宗室爲之。

司農卿，位視散騎常侍，主農功倉廩。統太倉、導官、籍田、上林令，又管樂遊、北苑丞，左右中部三倉丞，莢庫、荻庫、箬庫丞，湖西諸屯主。天監九年，又置勸農謁者，視殿中御史。

太府卿，位視宗正，掌金帛府帑。統左右藏令、上庫丞，掌太倉、南北市令。關津亦皆屬焉。

少府卿，位視尚書左丞，置材官將軍、左中右尚方、甄官、平水署、南塘邸稅庫、東西冶、中黄、細作、炭庫、紙官、柴署等令丞。

太僕卿，位視黄門侍郎，統南馬牧、左右牧、龍廄、内外廄丞。又有弘訓太僕，亦置屬官。

衛尉卿，位視侍中，掌宫門屯兵。卿每月、丞每旬行宫徼，糾察不法。統武庫令、公車司馬令。又有弘訓衛尉，亦置屬官。

廷尉卿，梁國初建，曰大理，天監元年，復改爲廷尉。有正、監、平三人。元會，廷尉三官與建康三官，皆法冠玄衣朝服，以監東、西、中華門。手執方木，長三尺，方一寸，謂之執方。四年，置胄子律博士，位視員外郎。

大匠卿，位視太僕，掌土木之工。統左、右校諸署。

光禄卿，位視太子中庶子，掌宫殿門户。統守宫、黄門、華林園、暴室等令。又有左右光禄、金紫光禄、太中、中散等大夫，並無員，以養老疾。

鴻臚卿，位視尚書左丞，掌導護贊拜。

太舟卿，梁初爲都水臺，使者一人，參軍事二人，河堤謁者八人。七年，改焉。位視中書郎，列卿之最末者也。主舟航堤渠。

大長秋，主諸宦者，以司宫闈之職。統黄門、中署、奚官、暴室、華林等署。

又 卷二七《百官志中·北齊》 都水臺，管諸津橋。使者二人，參事十人。又領都尉、合昌、坊城等三局。尉皆分司諸津橋。

謁者臺，掌凡諸吉凶公事，導相禮儀事。僕射二人，謁者三十人，録事一人。

太常、光禄、衛尉、宗正、太僕、大理、鴻臚、司農、太府，是爲九寺。置卿、少卿、丞各一人。各有功曹、五官、主簿、録事等員。

太常，掌陵廟羣祀、禮樂儀制，天文術數衣冠之屬。其屬官有博士、四人，掌禮制。協律郎、二人，掌監調律吕音樂。八書博士二人。等員。統諸陵、掌守衛山陵等事。太廟、掌郊廟社稷等事。太樂、掌諸樂及行禮節奏等事。衣冠、掌冠幘、舄履之屬等事。鼓吹、掌百戲、鼓吹樂人等事。太祝、掌郊廟贊祝，祭社衣服等事。太史、掌天文地動，風雲氣色，律曆卜筮等事。太醫、掌醫藥等事。廪犧、掌養犧牲，供祭羣祀等事。太宰掌諸神祀烹宰行禮事。等署令、丞。而太廟兼領郊祠、掌五郊羣神事。崇虚掌五岳四瀆神祀，在京及諸州道士簿帳等事。二局丞，太樂兼領清商部丞，掌清商音樂等事。鼓吹兼領黄户局丞，掌供樂人衣服。太史兼領靈臺、掌天文觀候。太卜掌諸卜筮。二局丞。

光禄寺，掌諸膳食，帳幕器物，宫殿門户等事。統守宫、掌凡張設等事。太官、掌食膳事。宫門、主諸門籥事。供府、掌供御衣服玩弄之事。肴藏、掌器物鮭味等事。清漳、主酒，歲二萬石。春秋中半。華林掌禁御林木等事。等署。宫門署，置僕射六人，以司其事。餘各有令、丞。又領東園局丞員。掌諸凶具。

衛尉寺，掌禁衛甲兵。統城門寺，置校尉二人，以司其職。掌宫殿城門，並諸倉庫管籥等事。又領公車、掌尚書所不理，有枉屈，經判奏聞。武庫、掌甲兵及吉凶儀仗。衛士掌京城及諸門士兵。等署令。武庫又有修故局丞。掌領匠修故甲等事。

大宗正寺，掌宗室屬籍。統皇子王國、諸王國、諸長公主家。

太僕寺，掌諸車輦、馬、牛、畜産之屬。統驊騮、掌御馬及諸鞍乘。左右龍、左右牝、掌駝馬。駝牛、掌飼駝騾驢牛。司羊、掌諸羊。乘黄、掌諸輦輅。車府掌諸雜車。等署令、丞。驊騮署，又有奉承直長二人。左龍署，有左龍局。右龍署，有右龍局。左牝署，有左牝局。右牝署，有右牝局。駝牛署，有典駝、特牛、牸牛三局。司羊署，有特羊、牸羊局。諸局並有都尉。寺又領司訟、典腊、出入等三局丞。

大理寺，掌決正刑獄。正、監、評各一人，律博士四人，明法掾二十四人，檻車督二人，掾十人，獄丞、掾各二人，司直、明法各十人。

鴻臚寺，掌蕃客朝會，吉凶弔祭。統典客、典寺、司儀等署令、丞。典客署，又有京邑薩甫二人，諸州薩甫一人。典寺署，有僧祇部丞一人。司儀署，又有奉禮郎三十人。

司農寺，掌倉市薪菜，園池果實。統平準、太倉、鈎盾、典農、導官、梁州水次倉、石濟水次倉、藉田等署令、丞。而鈎盾又别領大囿、上林、遊獵、柴草、池藪、苜蓿等六部丞。典農署，又别領山陽、平頭、督亢等三部丞。導官署，又有御細部、麴麵部、典庫部等倉督員。

太府寺，掌金帛府庫，營造器物。統左、中、右三尚方，左藏、司染、諸冶東西道署、黄藏、右藏、細作、左校、甄官等署令、丞。左尚方，又别領别局、樂器、器作三局丞。中尚方，又别領别局、涇州絲局、雍州絲局、定州紬綾局四局丞。右尚方，又别領别局丞。司染署，又别領京坊、河東、信都三局丞。諸冶東道，又别領滏口、武安、白間三局丞。諸冶西道，又别領晉陽冶、泉部、大邪、原仇四局丞。甄官署，又别領石窟丞。

國子寺，掌訓教胄子。祭酒一人，亦置功曹、五官、主簿、録事員。領博士五人，助教十人，學生七十二人。太學博士十人，助教二十人，太學生二百人。四門學博士二十人，助教二十人，學生三百人。

長秋寺，掌諸宫閣。卿、中尹各一人，並用宦者。丞二人。亦有功曹、五官、主簿、録事員。領中黄門、掖庭、晉陽宫、中山宫、園池、中宫僕、奚官等署令、丞。又有暴室局丞。其中黄門，又有冗從僕射及博士四人。掖庭、晉陽、中山，各有宫教博士二人。中山署，又别有麵豆局丞。園池署，又别有桑園部丞。中宫僕署，又别有乘黄局教尉、細馬車都督、車府部丞。奚官署，又别有染局丞。

將作寺，掌諸營建。大匠一人，丞四人。亦有功曹，主簿，録事員。若有營作，則立將、副將、長史、司馬、主簿、録事各一人。又領軍主、副，幢主、副等。

昭玄寺，掌諸佛教。置大統一人，統一人，都維那三人。亦置功曹、主簿員，以管諸州郡縣沙門曹。

《晉書》卷三《武帝紀》（泰始六年七月）詔曰：『自泰始以來，大事皆撰録秘書，寫副。後有其事，輒宜綴集以爲常。』

又　卷二四《職官志》　太常、光禄勳、衛尉、太僕、廷尉、大鴻臚、宗正、大司農、少府、將作大匠、太后三卿、大長秋，皆爲列卿，各置丞、功曹、主簿、五官等員。

太常，有博士、協律校尉員，又統太學諸博士、祭酒及太史、太廟、太樂、鼓吹、陵等令，太史又別置靈臺丞。

太常博士，魏官也。魏文帝初置，晉因之。掌引導乘輿。王公已下應追謚者，則博士議定之。

協律校尉，漢協律都尉之職也，魏杜夔爲之。及晉，改爲協律校尉。

晉初承魏制，置博士十九人。及咸寧四年，武帝初立國子學，定置國子祭酒、博士各一人，助教十五人，以教生徒。博士皆取履行清淳，通明典義者，若散騎常侍、中書侍郎、太子中庶子以上，乃得召試。及江左初，減爲九人。元帝末，增《儀禮》、《春秋公羊》博士各一人，合爲十一人。後又增爲十六人，不復分掌《五經》，而謂之太學博士也。孝武太元十年，損國子助教員爲十人。

光禄勳，統武賁中郎將、羽林郎將、冗從僕射、羽林左監、五官左右中郎將、東園匠、太官、御府、守宮、黄門、掖庭、清商、華林園、暴室等令。哀帝興寧二年，省光禄勳，並司徒。孝武寧康元年復置。

衛尉，統武庫、公車、衛士、諸治等令，左右都候，南北東西督治掾。及渡江，省衛尉。

太僕，統典農、典虞都尉，典虞丞，左右中典牧都尉，車府典牧，乘黄廄、驊騮廄、龍馬廄等令。典牧又別置羊牧丞。太僕，自元帝渡江之後或省或置。太僕省，故驊騮爲門下之職。

廷尉，主刑法獄訟，屬官有正、監、評，并有律博士員。

大鴻臚，統大行、典客、園池、華林園、鈎盾等令，又有青宮列丞、鄴玄武苑丞。及江左，有事則權置，無事則省。

宗正，統皇族宗人圖諜，又統太醫令史，又有司牧掾員。及渡江，哀帝省并太常，太醫以給門下省。

大司農，統太倉、籍田、導官三令，襄國都水長，東西南北部護漕掾。及渡江，哀帝省并都水，孝武復置。

少府，統材官校尉、中左右三尚方、中黄左右藏、左校、甄官、平準、奚官等令，左校坊、鄴中黄左右藏、油官等丞。及渡江，哀帝省并丹楊尹，孝武復置。自渡江唯置一尚方，又省御府。

將作大匠，有事則置，無事則罷。

太后三卿，衛尉、少府、太僕，漢置，皆隨太后宮爲官號，在同名卿上，無太后則闕。魏改漢制，在九卿下。及晉復舊，在同號卿上。

大長秋，皇后卿也，有后則置，無后則省。【略】

謁者僕射，秦官也，自漢至魏因之。魏置僕射，掌大拜授及百官班次，統謁者十人。及武帝省僕射，以謁者并蘭臺。江左復置僕射，後又省。

都水使者，漢水衡之職也。漢又有都水長丞，主陂池灌溉，保守河渠，屬太常。漢東京省都水，置河隄謁者，魏因之。及武帝省水衡，置都水使者一人，以河隄謁者爲都水官屬。及江左，省河隄謁者，置謁者六人。

又　卷八二《干寶傳》　中興草創，未置史官，中書監王導上疏曰：『夫帝王之迹，莫不必書，著爲令典，垂之無窮。宣皇帝廓定四海，武皇帝受禪於魏，至德大勳，等蹤上聖，而紀傳不存於王府，德音未被乎管絃。陛下聖明，當中興之盛，宜建立國史，撰集帝紀，上敷祖宗之烈，下紀佐命之勳，務以實録，爲後代之準，厭率土之望，悦人神之心，斯誠雍熙之至美，王者之弘基也。宜備史官，敕佐著作郎干寶等漸就撰集。』元帝納焉。寶於是始領國史。以家貧，求補山陰令，遷始安太守。王導請爲司徒右長史，遷散騎常侍，著《晉紀》，自宣帝迄於愍帝五十三年，凡二十卷，奏之。其書簡略，直而能婉，咸稱良史。

《南史》卷二二《王儉傳》　（永明）三年，領國子祭酒，又領太子少傅。舊太子敬二傅同，至是朝議接少傅以賓友禮。宋時國學頽廢，未暇修復，宋明帝泰始六年，置總明觀以集學士，或謂之東觀，置東觀祭酒一人，總明訪舉郎二人；儒、玄、文、史四科，科置學士十人，其餘令史以下各有差。是歲，以國學既立，省總明觀，於儉宅開學士館，以總明四部書充之。又詔儉以家爲府。四年，以本官領吏部。先是宋孝武好文章，天下悉以文采相尚，莫以專經爲業。儉弱年便留意三禮，尤善《春秋》，發言吐論，造次必於儒教，由是衣冠翕然，並尚經學，儒教於此大興。何承天《禮論》三百卷，儉抄爲八帙，又別抄條目爲十三卷。朝儀舊典，晉、宋來施行故事，撰次諳憶，無遺漏者。所以當朝理事，斷決如流。每博議引證，先儒罕有其例，八坐丞郎，無能異者。令史諮事，賓客滿席，儉應接銓序，傍無留滯。十日一還，監試諸生，巾卷在庭，劍衛令史，儀容甚盛。作解散幘，斜插簪，朝野慕之，相與放效。儉常謂人曰『江左風流宰相，惟有謝安』，蓋自況也。武帝深委仗之，士流選用，奏無不可。

《後漢書》卷三六《百官志三・大司農》李賢注 《魏志》曰：『曹公置典農中郎將，秩二千石。典農都尉，秩六百石，或四百石。典農校尉，秩比二千石。所主如中郎。部分别而少，爲校尉丞。』

唐・李林甫等《唐六典》卷一四《太常寺》 太常寺：卿一人，正三品；【略】魏因之。晉太常置功曹、主簿、五官等員，品第三，銀章、青綬，進賢兩梁冠，五時朝服，佩水蒼玉。宋太常用尚書，亦轉爲尚書，如遷選曹尚書、領、護等。齊因之。梁天監七年，象四時，置十二卿，太常、宗正、司農爲春卿。太常位視金紫光禄大夫，班第十四。陳因梁。後魏太常與光禄勳、衛尉爲三上卿，位從一品下。北齊太常寺掌陵廟、羣祀、儀制、天文、術數、衣冠之屬；太常卿第三品。後周爲大宗伯。【略】少卿二人，正四品上。【略】後魏太和十五年，初置少卿官，太常少卿一人，第三品上；至二十二年，降爲正四品上。北齊因之。後周爲小宗伯。【略】

丞二人，從五品上；【略】魏、晉、宋置一人。《宋百官春秋》：『太常丞視尚書郎，銅印、黄綬，一梁冠，品第七，掌舉陵廟非法。』齊因之。梁班第五。《梁選簿》：『太常丞舊用員外郎，遷尚書郎。天監七年，改視尚書郎。』陳因之。後魏太常丞五品下太和二十二年，降爲七品上。北齊從六品下。【略】主簿二人，從七品上；《漢官儀・鹵簿》篇：『太常駕四馬，主簿前車八乘，有鈴下、侍閤、辟車、騎吏、伍伯等員。』梁天監七年，十二卿各置主簿一人，遷爲五官、功曹；又位不登十八班者别爲七班，太常主簿班第四。《梁選簿》：『太常主簿視二衛主簿。』陳因之。後魏不見。北齊太常寺有功曹、五官、主簿等。【略】録事二人，從九品上。《晉令》：『太常置主簿、録事。』北齊亦置之。【略】

太常博士四人，從七品上。【略】後漢置十四人，魏因之。《晉中興書》：『博士之職，端委佩玉，朝之大典，必詢度焉。當道正詞，克猒人望，然後爲可。』宋、齊太常府有博士，亦謂之太學博士。梁、陳亦兼統國學博士。後魏太常博士從七品下。北齊置四人，品同魏。【略】

太祝三人，正九品上；【略】晉、宋皆有太祝令、丞。《齊職儀》：『太祝令，品第七，四百石，銅印、墨綬，進賢一梁冠，絳朝服，用三品勳位。』《梁選簿》：『太祝令與二廟令品秩同。』陳氏因之。後魏太祝令從五品中；太和二十二年，改爲正九品上。北齊太常寺置太祝令、丞。後周太祝下大夫一人。【略】祝史六人；晉太祝令史三十人。後魏祝史從七品中。【略】奉禮郎二人，從九品上。漢大鴻臚有治禮郎三十七人。晉太常諸博士有治禮史二十四人，大行令有治禮郎四人。後魏治禮郎從六品下；太和二十二年，改爲從九品下。北齊司儀置奉禮郎三十人。後周治禮中士一人、下士一人。【略】

協律郎二人，正八品上。【略】至魏武帝平荆州，得杜夔，能識舊樂章，以爲協律都尉。晉改爲協律校尉。宋、齊亦有其官。梁太常屬官有協律校尉。後魏有協律郎。太和初，協律中郎從四品下，協律郎從五品上；至二十三年，協律郎正八品下。北齊太常屬官有協律郎二人。【略】

兩京郊社署：令各一人，從七品下；【略】魏、晉有太祝令、丞。宋有明堂令、丞，掌宗祀五帝之事。齊有大祝及明堂令、丞。梁太常卿統明堂、太祝等令、丞。北齊太廟令、丞兼領郊祠、崇虚二局丞，郊祠掌五郊羣神，崇虚掌五嶽、四瀆神祠。後周有司郊上士一人、中士一人，又有司社中士一人、下士一人。【略】齋郎一百一十人。後魏祀官齋郎九品中。【略】

獻陵、昭陵、乾陵、定陵、橋陵、恭陵署：令各一人，從五品上；【略】晉太常統陵令、丞、主簿、録事、户曹史、禁備吏各一人，侍一人；凡吏四人，卒一人。宋太常統陵令。《齊職儀》：『每陵令一人，品第七，秩四百石，銅印、墨綬，進賢一梁冠，絳朝服。舊用三品勳位，孝建三年改爲二品。』梁太常統陵監，其後改爲令，班第二，品正第九。陳承梁制，秩六百石。北齊太常寺亦統諸陵令、丞。後周守陵，每陵上士一人。【略】丞一人，從七品下。漢、魏、晉諸陵並有丞，宋、齊、梁、陳並有陵令，無丞；北齊有丞。【略】

太樂署：令一人，從七品下；【略】魏復爲大樂令、丞。黄初中，以杜夔爲之，使正雅樂。時，散騎侍郎鄧靜善詠雅樂，歌師尹胡能習宗祀之曲，舞師馮肅曉知前代諸儛，夔與創定，遷協律都尉。至晉元帝，并太樂於鼓吹。宋太常有大樂令、丞。齊因之，品第七，四百石、銅印、墨綬，進賢一梁冠，絳朝服。梁太常屬官有太樂令，班第一，品從九；又别領清商丞。大樂有庫丞，與清商丞並三品蘊位。陳因之。後魏太和十五年，置太樂官，有太樂博士，六品下。北齊太常寺有太樂令、丞。後周有司樂上士、中士。【略】樂正八人，從九品下。後周依《周官》，置樂師上士一人、中士一人。【略】

鼓吹署：令一人，從七品下。【略】晉遂置鼓吹令、丞，屬太常。元帝省太樂，并于鼓吹；哀帝又省鼓吹，而存太樂。宋、齊並無其官。至梁，太常卿統鼓吹令、丞及清商署，陳因之。後魏闕文。北齊太常領鼓吹令、丞，掌百戲、鼓吹樂人等事，又兼黄户局，掌供樂人衣服等；太樂又領清商部。【略】

太醫署：令二人，從七品下；【略】後漢又有藥丞一人，魏因之。晉氏宗正屬官有大醫令、丞，銅印、墨綬，進賢一梁冠，絳朝服，品第七；過江，省宗正，而太醫以給門下省。宋、齊太醫令，丞隸侍中。梁門下省領太醫令、丞，令班第一，丞爲三品藴位。陳因之。後魏有太醫博士，助教。北齊太常寺統太醫令、丞。後周有大醫下大夫、小醫上士。【略】丞二人，從八品下；秦、漢已來皆有丞一人。【略】醫監四人，從八品下；醫正八人，從九品下；後周有醫正上士、中士、下士。【略】醫生四十人，典學二人。後周醫正有醫生三百人。【略】

醫博士一人，正八品上；助教一人，從九品上。晉代以上手醫子弟代習者，令助教部教之。宋元嘉二十年，太醫令秦承祖奏置醫學，以廣教授；至三十年省。後魏有太醫博士、助教。【略】

太卜署：令一人，正八品下。【略】魏、晉、宋、齊、梁、陳無其職。後魏有太卜博士，從七品下。北齊太常有太卜丞。後周有太卜下大夫、小卜上士，及又有龜占中士。【略】

廩犧署：令一人，從八品下。【略】後漢河南尹屬官有廩犧令、丞，魏、晉因之。宋、齊亦有令、丞。《齊職儀》：『令，品第七，秩四百石，銅印、墨綬，進賢一梁冠，絳朝服。今用三品勳位。』梁太常卿統廩犧令、丞，爲三品勳位。陳因之。後魏，令從五品下。北齊太常寺屬官有廩犧令、丞。

又　卷一五《光禄寺》

光禄寺：卿一人，從三品；【略】獻帝末，又改爲郎中令。魏文帝黄初元年，復爲光禄勳。晉光禄勳有署丞、功曹、主簿、五官等員。東晉哀帝興寧二年，省并司徒；孝武帝寧康元年，復置。魏、晉已來無三署郎，光禄勳不復居禁中，宫殿門户猶屬焉。宋、齊因之。梁置十二卿，除『勳』字，光禄卿爲冬卿，班第十一。陳因梁。後魏光禄卿從第一品下；太和二十二年重次職令，九卿並第三品。北齊光禄寺置卿，掌諸膳食、帳幕、器物、肴藏。【略】少卿二人，從四品上。後魏太和十五年，初置少卿官，第三品上；至二十二年，降爲正四品上。北齊因之。【略】

丞二人，從六品上；漢光禄勳丞一人，秩比千石。魏、晉因之，銅印、黄綬。宋、齊列卿丞並視朝請；梁天監七年，改視員外郎，陳因之。後魏列卿丞從五品中；太和二十二年，第七品上。北齊光禄寺丞一人，從六品。【略】主簿二人，從七品上；《漢官儀》光禄有主簿，《晉令》亦置主簿，宋、齊因之。梁天監七年，位不登十八班者別置七班，主簿位三班；陳因之。後魏闕文。北齊光禄寺有功曹、五官、主簿。【略】録事二人，從九品上。《晉令》光禄勳置録事史。北齊光禄寺置録事等員。【略】丞掌判寺事。主簿掌印，勾檢稽失。録事掌受事發辰。

太官署：令二人，從七品下；【略】秦、漢少府屬官有太官、湯官令·丞，太官主膳食，湯官主餅餌。《漢官儀》：『太官令秩一千石。』桓帝延熹元年，使太官令得補二千石，置四丞。魏氏因之。晉光禄勳屬官有太官令。宋侍中屬官有太官令一人，齊因之。梁門下省領太官，陳因之。後魏、北齊分太官令爲尚食、中尚食。尚食，門下省領之；中尚食，集書省領之；太官，光禄卿領之。尚食、中尚食掌知御膳，太官掌知百官之饌。後周有典庖中士一人。【略】丞四人，從八品下；《周禮》庖人外饔有下士，秦有太官丞，漢太官二丞。後漢太官丞一人，三百石；又有左丞、甘丞、湯官丞、果丞。桓帝時，太官置四丞，又有左、右丞。魏、晉、宋、齊並有太官丞。梁有四人，又有市買丞、正廚丞。後魏、北齊有太官丞一人。後周内膳有中士四人。【略】監膳十人，從九品下。晉太官令有廚史二十四人，後周内膳有主食十二人。【略】

珍羞署：令一人，正八品下；【略】晉太官令有餳官史二人，又有果官二人。北齊光禄寺有肴藏令。後周有肴藏中士一人、下士一人。【略】丞二人，正九品下。後周有肴藏下士一人，北齊有肴藏署丞。【略】

良醖署：令二人，正八品下。【略】晉太官有監釀吏四人；酒丞一人，四百石。《齊職儀》：『食官局有酒吏一人。』梁有酒庫丞。北齊光禄寺有清漳令、丞，主造酒，冬、春萬石，夏、秋半之。後周有酒正中士二人、下士四人。【略】

掌醢署：令一人，正八品下。【略】《齊職儀》：『諸公府有釀倉典軍二人。』後周有掌醢中士一人、下士十二人。

又　卷一六《衛尉宗正寺》

衛尉寺：卿一人，從三品；【略】荀綽《百官表》：『衛尉，品第三，銀章、青綬，五時朝服，武冠，佩水蒼玉。』過江省，宋孝建元年復置，齊因之。梁天監七年置十二卿，衛尉與廷尉、大匠爲秋卿，班第十二，位視侍中，兼統武庫令。陳因之。後魏衛尉卿從第一品下，太和二十二年降爲第三品，北齊因之。少卿二人，從四品上。後魏太和十五年初置

少卿官，第三品上；二十二年，降爲正四品上，北齊因之。【略】

丞二人，從六品上；秦、漢衛尉丞一人，比千石。魏、晉並同。宋孝建元年增置一人。梁、陳各一人。《梁選簿》：『列卿丞班第三。』後魏列卿丞從五品中；太和二十二年，第七品上。北齊衛尉丞一人，從六品下。【略】主簿二人，從七品上。【略】《晉令》：『衛尉主簿二人。』宋、齊衛尉並有主簿員。梁天監七年，十二卿各置主簿，位三班。陳因之。北齊衛尉寺有主簿。【略】

武庫令：兩京各一人，從六品下；【略】後漢太僕屬官有考工令、丞，主作兵器，弓、弩、刀、鎧之屬，成則付執金吾入武庫。又云：『武庫令，六百石。』魏、晉因之。宋尚書庫部屬官有武庫令，掌軍器；齊因之。梁衛尉卿統武庫令。北齊衛尉寺統武庫署令、丞，掌甲兵及吉凶儀仗。後周依《周官》。【略】丞一人，從八品下。漢、魏、晉時並有武庫丞，北齊亦同。【略】

守宮署：令一人，正八品下；【略】晉光祿勳屬官有守宮令，梁、陳光祿卿屬官有守宮令員。北齊光祿寺統守宮令、丞，掌凡張設之事。【略】

宗正寺：卿一人，從三品；【略】魏亦以宗室居之。晉桓温奏省屬太常，宋、齊並不置，梁天監七年乃置焉。宗正，春卿，位視列曹尚書，皆以宗室爲之，班第十三。陳因之。後魏亦曰宗正卿，第二品上。北齊第三品。【略】少卿二人，從四品上；後魏太和中初置少卿，第三品；二十三年，爲第四品。【略】丞二人，從六品上；漢宗正有丞，秩千石，歷魏、晉亦如之。東晉省，宋、齊因之。梁宗正丞爲四班。陳六百石，第八品。後魏第七品，北齊因之。【略】主簿二人，從七品上；梁天監七年置，爲七班。陳因之，北齊同。【略】

崇玄署：令一人，正八品下；北齊有昭玄寺，掌釋、道二教，置大統一人、都維那三人，亦有主簿、功曹員，以管諸州、縣沙門，又鴻臚寺統典寺署，有丞一人。後周有司寂上士、中士，掌法門之政；又有司玄中士、下士，掌道門之政。【略】丞一人，正九品下。北齊典寺署有僧祇部丞。

又 卷一七《太僕寺》 太僕寺：卿一人，從三品；【略】後漢有車府、未央廐、長樂廐令、丞，魏因之。晉太僕銀章、青綬，五時朝服，進賢兩梁冠，佩水蒼玉，品第四；丞一人，部丞五人；置功曹、主簿、五官等員；統典農·典虞都尉、典虞丞、牧官都尉、左·右·中典牧都尉、典牧令、諸羊牧丞、乘黄·驊騮·龍馬三廐令。過江省，其後又置。成帝永和七年，省併宗正。蓋有事則權置，無事則省。宋因晉不置，若如祀，則權置太僕執轡，事畢省。齊亦如之。梁天監七年置十二卿，太僕與太府、少府爲夏卿，統南牧、左·右牧、龍廐、内·外廐，班第十。陳因之。後魏太僕卿第二品上，又置少卿；太和二十二，九卿並第三品。北齊太僕寺統驊騮、左·右龍、左·右牝、駝牛、司羊、乘黄、車府等署。後周依《周官》。【略】少卿二人，從四品上。後魏太和十五年，九卿各置少卿一人，品第三上；二十二年，降爲正四品上。北齊因之。【略】

丞四人，從六品上；【略】後漢一人，魏、晉並因之，東晉或省或置，宋、齊省。梁天監七年置十二卿，各有丞；列卿丞通視朝請，班第三。陳因之。後魏列卿丞從五品中，太和末，降爲七品下。北齊丞一人，正七品下。【略】主簿二人，從七品上；梁天監七年，十二卿各置主簿一人；位不登十八班者別置七班，主簿班第三。陳因之。北齊置一人。【略】

乘黄署：令一人，從七品下；【略】至魏，遂改爲乘黄廐，晉因之。宋太常屬官有乘黄令一人，掌乘輿金根車及安車、追鋒諸馬車。《齊職儀》云：『乘黄，獸名也，龍翼馬身，黄帝乘之而仙，因以名廐。乘黄令品第七，秩四百石，銅印，墨綬，進賢一梁冠，絳朝服。』梁太常屬官有乘黄令、丞，三品勳位。陳因之。後魏有乘黄令、丞。北齊掌諸輦輅。【略】丞一人，從八品下。魏有乘黄丞，晉因之。宋、齊並有乘黄令，無丞。梁、陳、後魏、北齊、隋並有乘黄丞，【略】乘黄令掌天子車輅，辨其名數與馴馭之法；丞爲之貳。凡乘輿五輅。【略】晉武帝始備五輅，爲天子法車。宋、齊、梁、陳相因不絶。後魏五輅各依方色，並駕五馬。後周設六官，置司輅之職。皇帝之輅十有二等：一曰蒼輅，二曰青輅，三曰朱輅，四曰黄輅，五曰白輅，六曰玄輅，七曰玉輅，八曰碧輅，九曰金輅，十曰象輅，十一曰革輅，十二曰木輅。後閲視武庫，得魏舊物，有乾象輦，駕二十四馬；又有大樓輦車，駕二十牛；又有象輦，初駕二象，後以六駝代之，皆魏天興中之所制也。宣帝以來，皆服御之，兼以賜皇后。【略】

典廐署：令二人，從七品下。【略】魏有驊騮廐令。晉太僕統乘黄、驊騮、龍馬等廐令，過江之後，或省或置；哀帝時，省驊騮爲門下之職。宋、齊因之。梁太僕統龍廐、内外廐，陳因之。後周有左、右廐，各上士一人。北齊太僕寺統驊騮、左·右龍等署。【略】

典牧署：令三人，正八品上。【略】秦、漢太僕屬官有牧師苑令，皆在邊郡。歷魏、晉已下，皆牧監之職。【略】

車府署：令一人，正八品下。【略】後漢主乘輿諸車，魏、晉因之。宋、齊、梁、陳並尚書駕部領。後魏闕文。北齊太僕寺領車府令、丞，遂與乘黄令分職。【略】

上牧，監一人，從五品下。【略】魏置牧官都尉，晉因之。宋、齊闕文。梁太僕統南牧、左·右牧等丞，陳因之。後魏闕文。北齊太僕寺統左·右牝、駝牛、司羊等署令、丞。後周有典牡、典牝上士一人·中士一人；又有典駝、典羊、典牛，各有中士一人。

又　卷一八《大理寺　鴻臚寺》

大理寺：卿一人，從三品；【略】魏初爲大理，後復爲廷尉。置律博士。晉置丞、主簿、明法、掾。歷宋、齊，皆爲廷尉。梁爲秋卿，班第十一。陳因之。後魏置少卿、司直。北齊及隋爲大理寺，【略】兩漢卿秩中二千石，魏、晉、宋、齊、梁、陳俱第三品。後魏第二品上，太和以後降爲第三品。【略】少卿二人，從四品上。後魏置，爲第三品上；太和以後，降爲第四品上。北齊第四品。【略】

大理正二人，從五品下；【略】魏氏第六品。晉置二人，宋、齊、梁、陳並一人，品同魏氏。後魏第六品上，北齊及隋並正第六品。【略】丞六人，從六品上；晉武帝咸寧中，曹志上書請廷尉置丞，自此始也。宋、齊、梁各置一人，第七品。陳第八品，後魏第七品。【略】主簿二人，從七品上；魏、晉、宋、齊、梁、陳大理皆有主簿，晉至陳俱二人，正七品上。【略】録事二人，從九品上；獄丞四人，從九品下；《晉令》有獄左、右丞各一人，宋、齊因之，史闕其品秩。梁、陳置獄丞二人，第七品；後魏、北齊亦二人，正九品下。【略】司直六人，從六品上；後魏永安三年，御史中尉高穆奏置司直十人，視五品，隸廷尉，位在正、監上，不署曹事，唯覆理御史檢劾事。北齊及隋因之，並置十人，從第五品下。【略】評事十二人，從八品下。【略】至後漢光武省右平。唯置左平。魏、晉以來，不復云『左』，但云廷尉平。宋、齊各一人，第六品。陳第七品。後魏、北齊及隋各置一人，正第六品下，官爲評事。【略】

鴻臚寺：卿一人，從三品；【略】魏及晉初皆有之。自東晉至於宋、齊，有事則權置兼官，畢則省。梁初猶依宋、齊，無卿名。天監以光禄勁勳爲光禄卿，大鴻臚爲鴻臚卿，都水使者爲太舟卿，三卿是爲冬卿。鴻臚卿位視尚書左丞，掌導護贊拜，班第九。陳品第三。後魏大鴻臚卿第二品上；太和二十三年，降爲第三品。北齊鴻臚寺卿一人，掌蕃客朝會，吉凶弔祭；統典客、典寺、司儀等署令，丞。後周司寇有蕃部中大夫，掌諸侯朝覲之敍；有賓部中大夫，掌大賓客之儀。【略】少卿二人，從四品上。後魏太和十五年，九卿各置少卿一人，第三品上；二十三年，降爲正四品上。北齊因之。後周有小賓部下大夫一人。【略】

丞二人，從六品上；【略】魏、晉皆因之。東晉省。梁鴻臚丞班第二，陳因之。後魏列卿丞從五品中，太和二十二年，降爲第七品。北齊爲第七品下。後周賓部有上士一人。【略】主簿一人，從七品上；【略】《晉令》：『大鴻臚置主簿、録事、史。』梁天監七年，十二卿各置主簿；位不登十八班者，別爲七班，主簿班第三。陳因之。後魏闕文。北齊有功曹、五官、主簿。【略】録事二人，從九品上。丞掌判寺事。主簿掌印，勾檢稽失。録事掌受事發辰。

典客署：令一人，從七品下；【略】魏改曰客館令，晉改曰典客。宋永初中，分置南、北客館令·丞。齊有客館令。梁有典客館令、丞，在七班之下，爲三品勳位。陳因之。後魏典客監從五品；太和十五年，置主客令。北齊鴻臚寺統典客署。後周有東、南、西、北四掌客，各上士一人。【略】丞二人，從八品下。《周禮》掌客有下士四人，漢大行令有丞，北齊有典客丞。【略】

司儀署：令一人，正八品下；【略】後魏太和十五年置司儀官。北齊鴻臚寺統司儀令、丞。後周司儀上士一人、中士二人。【略】丞一人，正九品下。北齊有司儀丞一人。

又　卷一九《司農寺》

司農寺：卿一人，從三品；【略】後漢改爲大司農，魏因之，品第三。晉置功曹、主簿、録事等員，哀帝省併都水，孝武帝復置。宋、齊因之，未有卿名。梁天監七年，象四時置十二卿，司農爲春卿，班第十一；又置勸農謁者，亦隸司農。陳因之。後魏大司農第二品上，太和二十二年改第三品，北齊因之。後周依《周官》，有司農上士一人，掌三農、九穀、稼穡之政令。【略】少卿二人，從四品上。後魏初置少卿，第三品；太和二十二年，爲正第四品上。北齊因之。後周司農有中士一人。【略】

丞六人，從六品上；【略】後漢司農丞一人，比千石；部丞一人六百石；部丞主帑藏。魏因之，品第七。晉亦品第七，進賢一梁冠，介幘，皁衣，銅印、黄綬。宋、齊、梁、陳司農丞墨綬。後魏從五品中，太和二十二年爲七品下，北齊因之。【略】主簿二人；從七品上。晉太康中置主簿二人。宋、齊無聞。梁置一人，七班之中第三；陳因之。後魏不見。北齊司農寺有功曹、五官、主簿。【略】

上林署：令二人，從七品下；【略】魏、晉因之。江左闕其官。宋武帝復置，隸尚書殿中曹及少府；齊因之。梁、陳屬司農。後魏闕文。北齊及隋並屬司農，【略】丞四人，從八品下。【略】後漢、魏、晉並一人，江左省，宋武帝置，齊、梁、陳並一人。後魏闕文。北齊上林丞八人。【略】

太倉署：令三人，從七品下；【略】魏品第七，晉、宋、齊、梁、陳亦然。後魏闕文。北齊司農統太倉令、丞。後周有司倉下大夫。【略】丞六人，從八品下。秦、漢、魏、晉、宋、齊、梁、陳、北齊皆有丞一人。【略】

鉤盾署：令二人，正八品上；【略】魏氏闕文。晉大鴻臚屬官有鉤盾令，宋、齊、梁、陳省其官。後魏闕文。北齊司農統鉤盾令、丞。【略】丞四人，正九品上；【略】後漢置一人，四百石；又有苑丞、永安·鴻池丞，並隸鉤盾。魏氏因之。【略】監事十人，從九品下。【略】晉鉤盾令置主簿、録事各一人。【略】

導官署：令二人，正八品下；【略】魏、晉、宋、齊皆有令、丞。梁在七班之下，爲三品藴位；陳因之。後魏闕文。北齊及隋皆有令、丞，並屬司農。【略】丞四人，正九品下；秦、漢、魏皆有丞，晉氏不置，宋、齊又置，梁、陳復省。【略】監事十人，從九品下。晉導官令置主簿、録事、酒吏、豉吏等。北齊導官有御細部、麴麪部、典庫部等倉督。【略】

太原、永豐、龍門等諸倉，每倉監一人，正七品下。【略】《魏書》有邸閣倉，亦其事也。東晉有東倉、石頭倉，宋、齊因之。梁司農統左、中、右三部倉丞，陳氏亦同。後魏闕文。北齊司農有梁州及石濟之水次倉。【略】

司竹監：監一人，正七品下。【略】魏、晉河内、淇園竹各置司守之官，江左省，後魏有司竹都尉，北齊、後周並闕。

又 卷二〇《太府寺》 太府寺：卿一人，從三品；【略】梁天監七年始置太府卿，班第十三，掌金帛、府帑，統左·右藏令、上庫丞、太市·南市·北市令，關津亦皆屬焉。陳因之，品第三。後魏太和中，始改少府爲太府卿，品第三。北齊因之。後周有太府中大夫，又有計部中大夫。【略】少卿二人，從四品上。後魏孝文帝改少府爲太府，置少卿一人，第四品上。北齊因之。【略】

丞四人，從六品上；《梁選簿》：『太府丞一人，品從弟七。』陳因之。後魏亦一人，品第七下。後周太府上士二人，亦丞之任也。【略】主簿二人，從七品上。梁置太府主簿一人，七班之中爲第三；陳因之。後魏主簿一人。【略】

兩京諸市署：各令一人，從六品上；【略】後漢河南尹屬官有雒陽市長、丞，魏、晉因之。東晉隸丹陽尹，宋、齊因之。梁始隸太府。《梁選簿》：『太市令屬四品市職之任，不容過卑，天監三年革其選。』陳因之。後魏京邑市令從五品中。北齊司州牧領東、西市署令·丞。後周司市下大夫一人。【略】丞各二人，正八品上。後漢雒陽市丞一人，二百石。魏、晉、宋、齊因之。梁有太、南、北三市丞，位在七班之下；陳因之。後魏闕文。北齊有東、西市丞。後周有小司市上士、下士一人。【略】

平準署：令二人，從七品下。【略】魏氏闕文。晉少府屬官有平準令、丞。宋順帝諱『準』，改曰染署。齊少府有平準令、丞。梁、陳有平水令、丞。後魏闕文。北齊司農寺統平準令、丞。後周有平準中士、下士。【略】

左藏署：令三人，從七品下。【略】後漢少府屬官有中藏府令、丞各一人，掌中藏幣帛、金銀，貨物。魏氏因之。晉少府屬官有左、右藏令。東晉御史九人，各掌一曹，有庫曹御史，後復分庫曹置外左庫、内左庫。宋文帝省外左庫，而内左庫直云左庫，孝武帝復置，前廢帝又省。齊、梁、陳有右藏庫，無左藏。後魏闕文。北齊太府寺統左、右藏令·丞。後周有外府上士、中士二人，掌絹帛、絲麻、錢物、皮角、筋骨之藏。【略】

常平署：令一人，從七品下。【略】晉武帝泰始四年乃立常平倉，豐則糴，儉則糶，以利百姓。東晉、宋、齊無聞。梁有常平倉而不糶，陳亦如之。後魏太和十二年，有司上言：請京都度支歲用之餘，各立官司，年豐，糴貯於倉；時儉，加私之二，糶之於人。北齊諸州郡皆別置『富人倉』。初立之日，準所領中、下之户數，口數，得支一年糧，逐次當州穀價賤時，斟量割當年義租充入。穀貴，下價糶之；賤則還用所糶物依時價糴貯。

又 卷二一《國子監》 國子監：祭酒一人，從三品；【略】後漢以博士聰明有威重者一人爲祭酒。韋昭《辨釋名》曰：『祭酒者，凡宴饗必尊長老，以酒祭先，故曰祭酒。』徐廣曰：『古人具饌，則賓中長者舉酒祭地，示有先也。』魏因之。晉武帝立國子學，置祭酒一人。《晉令》曰：『祭酒博士當爲訓範，總統學中衆事。』傅暢《諸公讚》云：『裴頠爲國子祭酒，奏立國子太學，起講堂，築門闕，刻石寫五經。』《百官志》：『祭酒，皁朝服，介幘，進賢兩梁冠，佩水蒼玉，官品第三。』東晉及宋、齊並同。梁置國子祭酒一人，班第十三；比列曹尚書。陳國子祭酒秩中二千石，品第三。後魏初，第四品上；太和二十二年，增爲從第三品。北齊改爲國子寺，祭酒一人，從三品。後周闕。【略】

主簿一人，從七品下；北齊國子寺置主簿員。【略】録事一人，從九品下。北齊國子寺有録事員。【略】

國子博士二人，正五品上；【略】魏以太常統太學博士、祭酒。晉初置博士十九人，咸寧四年立國子學，置國子博士一人。晉官品第六，介幘，兩梁冠，服、佩同祭酒。宋、齊無所改作。梁置國子博士二人，爲九班。陳品第四，秩千石。後魏初，國子博士從五品上；太和二十二年，增爲第五品。北齊置國子寺，有博士五人，品第五。【略】助教二人，從六品上。晉武帝初立國子學，置助教十五人，官品視南臺御史，服同博士。東晉孝武損爲十人，宋、齊並同。梁班第二。陳品第八，秩六百石。後魏第七品。北齊置十人，品同後魏。【略】

太學博士三人，正六品上；東晉元帝增置國子博士十六人，謂之太學博士，品、服同國子博士。梁置太學博士八人，班第二。陳品第八，秩六百石。後魏初，第六品中；太和二十二年，從第七品。北齊國子寺有太學博士十人，從第七品。後周置太學博士下大夫六人，正四命。【略】助教二人，從七品上。後魏置太學助教，第八品中。北齊國子寺有太學助教二十人，從第九品下。後周置太學助教上士六人，正三命。【略】

四門博士三人，正七品上；《後魏書》：「劉芳表云：『太和二十年立四門博士，於四門置學。按：《禮記》云天子設四學。鄭玄《注》：周四郊之虞庠也。今以其遼遠，故置於四門。請移與太學同處。」從之。」《後魏·百官志》：「四門博士，第九品。」北齊置二十人，正九品上。後周闕。【略】助教三人，從八品上。北齊國子寺有四門助教二十人。【略】

律學博士一人，從八品下。《晉·百官志》：「廷尉官屬有律博士員。」《晉·刑法志》曰：「衛覬奏請置律學博士，轉相教授。」東晉、宋、齊並同。梁天監四年，廷尉官屬置胄子律博士，位視員外郎，第三班。陳律博士秩六百石，品第八。後魏初，律博士第六品中；太和二十二年，爲第九品上。北齊大理寺官屬有律博士四人，第九品上。

又 卷二二《少府軍器監》 少府監：監一人，從三品。【略】後漢復爲少府，其尚書、侍中、符節皆屬焉，餘職多所并省。《漢官解詁》云：「少府主供養，陂池、禁錢，服御、口實，掖庭、中宮。」魏因之。晉置功曹、主簿、五官等員；少府，銀章、青綬，五時朝服，進賢兩梁冠，絳朝服，佩水蒼玉，品第三，統材官校尉、中·左·右三尚方、中黄·左·右藏、左校、甄官、平準、奚官等令，左校坊、鄴中黄·左·右藏、油官等丞。及過江，唯置一尚方，又省御府。至哀帝時，桓温表省少府，以并于丹陽尹。孝武復置。宋少府領左，右尚方、御府、東冶、南冶、平準等令、丞。齊又加以領左、右尚鍛署。梁以少府爲夏卿，統材官將軍、左·中·右尚方、甄官、平水、南塘、邸稅庫、東·西冶、中黄、細作、炭庫、紙官、柴署等令、丞，班第十一，品從第四。陳因之。後魏少府、宗正、太僕、廷尉、司農、鴻臚爲六次卿，第二品上；太和末，改少府爲太府。北齊不置少府，其左·中·右三尚方、司染、諸冶及細作、甄官等署並隸太府寺。【略】

丞四人，從六品下；【略】後漢置一人，以明法補。魏、晉因之。宋、齊、梁、陳皆一人，梁班第四。後魏少府丞一人，從五品中。【略】主簿二人，從七品下。《晉令》：「少府置主簿二人。」宋、齊因之。梁主簿七班之中第三。【略】

中尚署：令一人，從六品上；【略】魏氏因之。晉過江左，唯置一尚方，哀帝以隸丹陽尹，孝武帝復舊。晉代掌造軍器。宋高祖踐阼，以相府部配臺，謂之左尚方，而本署謂之右尚方，令、丞各一人。孝武帝改右尚方曰御府，又置中署，隸右尚方。齊置左、右尚方令·丞各一人。梁置左、中、右尚方三令、丞，其令並從九品；其後廢中尚方，唯存左、右而已。陳因之。北齊太府寺管左、中、右三尚方。【略】丞四人，從八品下。【略】後漢丞一人，四百石。魏、晉、宋、齊皆隨署改易。梁位在七班之下，爲三品勳位。【略】

左尚署：令一人，正七品下；後漢末，分尚方爲三：中、左、右。魏、晉因之。晉過江，唯尚方而已。宋、齊、梁、陳有左、右尚方。晉、宋已來並四百石，梁班第一，從九品。北齊太府寺左、中、右尚方。【略】丞五人，從八品下。前·後漢、魏、晉、宋、齊、梁、陳皆隨署置省。《梁選簿》：「左尚丞爲三品勳位。」【略】

右尚署：令一人，正七品下；後漢分尚方爲三：中、左、右。魏、晉因之。晉過江，唯尚方而已。宋、齊、梁、陳有左、右尚方。北齊亦有三尚方。【略】丞四人，從八品下。漢、魏已來，與左尚方同。【略】

織染署：令一人，正八品上；【略】後漢有織室丞一人，此後無聞。北齊中尚方領涇州、雍州絲局丞，定州紬綾局丞。後周有司織下大夫一人，掌凡機材之工。【略】晉平準令有監染吏六人，初隸司農，後屬少府。宋順帝名準，始改曰染署令。齊復爲平準令，梁、陳爲平水令。北齊太府寺有司染署，長秋寺有染局丞。後周有染工上士一人，又有司色下大夫一人。【略】丞二人，正九品上；漢、魏已來，並具於本署。【略】監作六人，從九品下。織染署令掌供天子、皇太子及羣臣之冠冕，辨其制度，而供其職務；丞爲之貳。【略】

掌冶署：令一人，正八品上。【略】晉衛尉屬官有冶令、丞各一人，掌工徒鼓鑄；過江，省衛尉，而冶令始隸少府。宋有東冶令·丞、南冶令·丞，齊因之。梁有東冶令，西冶令，從九品下。《選簿》：「舊，東冶重，西冶輕。」然則梁朝之西冶，蓋宋、齊南冶也。陳因之。後魏無聞。北齊太府寺有司冶令、丞。後周有冶工中士一人，又有鐵工中士一人。【略】

諸冶監：監各一人，正七品下。【略】《晉令》：「諸冶官庫各置督監一

人。』《宋書》云：『江南諸郡縣有鐵者，或置冶令，或丞，皆吳時置也。』齊、梁有梅根諸冶令。北齊諸冶皆有局丞。【略】

諸鑄錢監：監各一人。【略】魏初專以粟、帛爲貨，明帝復立五銖錢，至西晉不改。吳孫權鑄大錢一當五百文，又鑄一當千錢。蜀劉備鑄一直百錢。東晉沈充鑄小錢，謂之『沈郎錢』。宋文帝又鑄四銖錢，體完厚。孝武帝四銖，形小薄。廢帝鑄二銖，謂之耒子錢；又有綖環錢，貫之以縷，入水不沈。南齊亦用四銖。梁武帝乃鑄二種錢：肉好周郭，文曰『五銖』，重如其文；又除肉郭，謂之女錢。百姓私用古錢，有直百五銖、女錢、太平百錢、定平一百、五銖稚錢、五銖對文等號，輕重不一。普通中，議罷銅錢，鑄鐵錢。陳初，有梁末兩柱及鵝眼錢，時雜用之；文帝改鑄五銖，宣帝又鑄大貨六銖。後魏太和十九年鑄錢，文曰『太和五銖』；永安二年改鑄，文曰『永安五銖』。東魏齊文襄以錢文『五銖』，名須稱實，一文重五銖，計百錢重一斤四兩二十銖。北齊文宣帝鑄常平五銖，重如文。周武帝鑄布泉錢，以一當五，與五銖並行；建德中，復鑄五行大布，一當十。宣帝又鑄永通萬國，以一當千。【略】錢官，漢氏初屬少府，後屬水衡；後漢屬司農；魏、晉已下，或屬少府，或屬司農。【略】

諸互市監監各一人，從六品下。漢、魏已降，緣邊郡國皆有互市，與夷狄交易，致其物產也。並郡縣主之，而不別置官吏。

又　卷二三《將作都水監》　將作監：大匠一人，從三品；【略】後漢光武中元二年省，常以謁者兼之；至章帝建初元年又置。魏因之。晉將作大匠置功曹、主簿、五官等員，掌土木之役。過江後及宋、齊並不常置。梁天監七年置十二卿，改將作大匠爲大匠卿，是爲秋卿，班第十，品正第五。陳因之。後魏太和初，將作大匠從第二品下；二十二年，降爲從三品。北齊因之。後周有匠師中大夫一人，掌城郭、宮室之制及諸器物度量；又有司木中大夫一人，掌木工之政令。【略】少匠二人，從四品下。後周官有小匠師下大夫一人。【略】

丞四人，從六品下；【略】後漢置一人，魏、晉因之。東晉、宋、齊有事則置，無事則罷。梁天監七年置大匠丞一人，班第三。陳因之。後魏從五品中；太和二十二年，第七品下。北齊丞四人，從第七品上。後周匠師上士一人。【略】主簿二人，從七品下。晉將作置主簿員。江左有事則置，無事則省。梁天監七年復置將作主簿一員，七班中第三。北齊將作寺有功曹、主簿員；若有營作，又別立長史、司馬、主簿各一員。【略】

左校署：令二人，從八品下；【略】後漢唯置左、右校令·丞各一人，令六百石；又有材官校尉。魏并左校於材官。晉過江，省將作大匠，而左、右校隸少府；又改材官校尉爲將軍，罷左校令。宋、齊、梁、陳又有左校令、丞，別置材官將軍、司馬。北齊太府寺有左校署令、丞。後周有掌材上士。【略】丞四人，正九品下。【略】後漢置左、右校丞各一人，秩三百石。魏因之。東晉隸少府。宋、齊、梁、陳、北齊皆有丞。後周有掌材中士二人。【略】

右校署：令二人，從八品下；後漢安帝廷光三年，置左校令、右校丞，其後又置右校令。魏因之。晉少府屬官有左校，無右校，其職蓋并于左校矣。宋、齊、梁、陳皆無。北齊太府寺管左校，亦無右校。【略】丞三人，正九品下。漢右校丞一人，三百石。魏因之。宋、齊、梁、陳並置，北齊省。【略】

甄官署：令一人，從八品下；【略】晉少府領甄官署，掌塼瓦之任。宋、齊有東、西陶官瓦署督，令各一人。北齊太府寺統甄官署，甄官又別領石窟丞。後周有陶工中士一人，掌爲罇、彝、簠、簋等器。【略】丞二人，正九品下。後漢前、後、中三甄官各丞一人，晉有甄官丞，後周有陶工下士一人。【略】

都水監：使者二人，正五品上。【略】後漢省都水以屬郡國，而置河堤謁者五人。魏因之，又兼有水衡都尉，主天下水軍舟船器械。晉置都水臺都水使者一人，掌舟檝之事，官品第四；又有左、右、前、後、中五水衡。《晉起居注》及《元康百官名》：陳慎、戴熊俱以都水使者領水衡都尉。宋孝武帝省都水臺，置永衡令。齊氏復置都水臺使者一人。梁武帝天監七年改爲太舟卿，爲冬卿，班第九，吏員依晉，又加當關四人。陳因之。後魏亦二官並置建，都水使者正第四品中，水衡都尉從五品中；太和二十二年，都水使者從五品，而省水衡。北齊都水臺使者二人，後周有司水中大夫一人。【略】

丞二人，從七品上；【略】後漢省。晉初置都水使者，有參軍二人，蓋丞之職也。宋因之。孝武帝省都水臺，置水衡令，亦無丞。梁天監七年置太舟卿，始置丞一人，班第一。陳因之。後魏都水有參事六人，北齊有參事十人，並丞之任也。【略】主簿一人，從八品下。《晉令》：『水衡都尉置主簿一人。』又：『左、右、前、後、中五水衡皆有主簿。』梁天監七年，太舟主簿七班之中第三，與宗正主簿同。後魏、北齊並不置。【略】

舟檝署：令一人，正八品下。【略】晉水衡令各有舩曹吏。《齊職儀》有船官典軍一人。後周有舟工中士一人。【略】

諸津：令一人，正九品上。【略】《晉令》：『諸津渡二十四所，各置監津吏一人。』北齊三局尉皆分司諸津、橋之事。後周有掌津中士一人，掌津渡、川瀆之制，而爲之橋樑。

又　卷二六《太子三師三少詹事府左右春坊内官》　崇文館：學士。魏文帝招文儒之士，始置崇文館，王肅以散騎常侍領崇文館祭酒。自後無聞。
【略】

司經局：洗馬二人，從五品下；【略】後漢員十六人，秩比六百石，職如謁者。太子出，則當直者一人在前導威儀，蓋洗馬之義也。魏因之。晉太子詹事屬官太子洗馬八人，掌皇太子圖籍經書；職如謁者，局準秘書郎；品第七：班同舍人，次中舍人下；絳朝服，進賢一梁冠，黑介幘。宋祖置八人。齊太子洗馬一人。梁典經局有太子洗馬八人，統典經守舍人、典事守舍人員，班第六，正七品。陳因之。北齊典書坊有太子洗馬二人，從五品上。【略】文學三人，正六品下；魏置太子文學。魏武爲丞相，命司馬宣王爲文學掾，甚爲世子所信，與吳質、朱鑠、陳羣號爲太子四友。自晉之後不置。至後周建德三年，置太子文學十人，後廢。【略】校書四人，正九品下。宋孝建中，太子洗馬有校書吏四人。此後無聞。至北齊，有太子校書郎，從九品上。【略】

典膳局：典膳郎二人，正六品上；【略】北齊門下坊始別置典膳局，有監、丞各二人；監六品下。【略】丞二人，正八品上。北齊典膳局有丞二人，正八品下。【略】

藥藏局：藥藏郎二人，正六品上；北齊門下坊領藥藏局，有監、丞各二人，正六品下；侍藥四人，正七品下。【略】丞二人，正八品上。北齊藥藏局有丞二人，正八品下。【略】

内直局：内直郎二人，從六品下；《齊職儀》：『太子有内直兵局内直兵史二人，五品勳位。』梁有齋内、主璽、主衣、扶持等局，各置有司，以承其事。陳因之。北齊門下坊領殿内局，有内直監二人，正六品下。【略】丞二人，正八品下。北齊殿内局有副直監四人，從六品下。【略】

典設局：典設郎四人，從六品下。南齊有齋居局齋居庫丞一人。梁有齋内局，各置有司，以承其事。陳因之。北齊門下坊有齋帥局，有太子齋帥、内閣帥各二人；太子齋帥，正八品下。【略】

宮門局：宮門郎二人，從六品下。【略】後漢置二人，秩六百石，職比郎將。魏因之。晉太子門大夫局准公車令，班同中舍人；主通遠近箋表，宮門禁防。宋品第六，秩六百石，從駕在詹事後。齊、梁、陳因之，皆置一人。北齊門大夫坊置門大夫、主簿各一人，門大夫從六品上，并統伶官西凉二部、伶官清商二部。

唐·杜佑《通典》卷二五《職官七·諸卿上·總論諸卿少卿附》　魏九卿與漢同。九卿名數與漢同。晉以太常等九卿卽漢九卿。兼將作大匠、太后三卿、大長秋皆爲列卿，各置丞、功曹、主簿、五官等員。太康四年，增九卿禮秩。元帝以賀循爲太常，而散騎常侍如故。循以九卿舊不加官，唯拜太常而已。宋、齊及梁初，皆因舊制。宋卿、尹皆銀章青綬，進賢兩梁冠，佩水蒼玉，衛尉則武冠。晉服制以九卿皆文冠，乃進賢兩梁冠，非舊也。梁武帝天監七年，以太常爲太常卿，加置宗正卿，以大司農爲司農卿，三卿是爲春卿。加置太府卿，以少府爲少府卿，加置太僕卿，三卿是爲夏卿。以衛尉爲衛尉卿，廷尉爲廷尉卿，將作大匠爲大匠卿，三卿是爲秋卿。以光禄勳爲光禄卿，大鴻臚爲鴻臚卿，都水使者爲大舟卿，三卿是爲冬卿。凡十二卿，皆置丞及功曹、主簿。後魏又以太常、光禄勳、衛尉謂之三卿。太僕、廷尉、大鴻臚、宗正、大司農、少府爲六卿，各有少卿。太和十五年，初置少卿，官掌同大卿。北齊以太常、光禄、衛尉、宗正、太僕、大理、鴻臚、司農、太府是爲九寺，晉荀勖曰：『九寺可併於尚書。』後魏亦有三府、九寺，則九卿稱寺久矣。然通其名，不連官號。其官寺連稱，自北齊始也。置卿、少卿、丞各一人，各有功曹、五官、主簿、録事等員。

又《太常卿　丞　主簿　博士　太祝　奉禮郎　協律郎　兩京郊社署　太樂署　鼓吹署　太醫署　太卜署　廩犧署》　今太常者，【略】建安中爲奉常。魏黄初元年改爲太常。魏、晉皆銀章青綬，進賢兩梁冠，絳朝服，佩水蒼玉。魏夏侯玄爲太常，多所注改。晉王祥爲太常，高貴鄉公命爲三老。又鄭默字思元，爲太常。山濤欲舉一親爲博士，見默，語曰：『卿似尹翁歸，令吾不敢言。』柔而能整也。又蔡謨字道明，拜太常。咸康四年，臨軒，門下奏『非祭祀宴饗則無設樂』。奏宜金石，帝納焉。臨軒作樂自此始。宋、齊皆有之，舊用列曹尚書好遷選曹尚書領護。梁視金紫光禄大夫。陳因之。後魏爲上卿，兼置少卿官。《周禮》有小宗伯中大夫二人，卽其任。北齊曰太常寺，置卿及少卿、丞各一人，掌陵廟、羣祀、禮樂、儀制、天文、術數、衣冠之屬。後周建六官，置大宗伯卿一人，掌邦禮，以佐皇帝和邦國。是爲春官。【略】

丞：【略】後漢凡諸丞，皆掌行禮及祭祀小事，總署曹事，舉廟中非法。皆銅印墨綬，進賢兩梁冠。《職官要録》曰：『晉、宋九卿丞皆進賢一梁冠，介幘皁衣，銅印黄綬。齊、梁墨綬。』歷代皆有。梁舊用員外郎遷尚書

郎，天監七年，改視尚書郎。陳因之。後魏、北齊亦有之。【略】

主簿：【略】魏、晉亦有焉。梁天監七年，十二卿各置主簿一人。陳因之。北齊有功曹、五官主簿二人，歷代諸主簿多，說在《列卿篇》。【略】

博士：魏官也，魏文帝初置，晉因之，掌引導乘輿。王公以下應追謚者，則博士議定之。秦有博士數十人。兩漢太常屬官皆有博士，掌以五經教子弟，則今國子博士是也。說在本篇。端委佩玉。朝之大典，必於詢度。歷代皆有。【略】

太祝：【略】晉、宋、齊、梁、陳、後魏、北齊皆因之。後周依《周官》。【略】

奉禮郎：【略】晉理禮郎四人，屬大行令。後魏理禮郎四人，北齊有奉禮郎三十人，屬鴻臚寺之司儀署。後周有理禮中士、下士各一人。【略】

協律郎：【略】魏杜夔亦爲之。魏武平荆州，初得杜夔，知音識舊樂，故爲此官。晉改爲協律校尉。後魏有協律郎，又有協律中郎。北齊及隋協律郎皆二人。【略】

兩京郊社署：【略】魏、晉有太祝令、丞。宋曰明堂令、丞，掌祀五帝之事。齊有太祝及明堂二令，梁有明堂、太社二令，並屬太常。北齊太廟令兼領郊祀、崇虚二丞。郊祀掌五郊羣神，崇虚掌五嶽四瀆神。後周有司郊上士、中士，司社中士、下士。【略】

太樂署：【略】魏復曰太樂令、丞，晉亦有之。齊銅印墨綬，進賢一梁冠，絳朝服。齊太樂及諸陵令，永明末置，用二品三品勳。置主簿、户曹，六品保舉。梁、陳因之。後魏置太樂博士。北齊曰太樂令、丞。後周有大司樂，掌成均之法。後改爲樂部，有上士、中士。【略】

鼓吹署：【略】晉置鼓吹令、丞，屬太常。元帝省太樂幷鼓吹，哀帝復省鼓吹而存太樂。梁有鼓吹令、丞，又有清商署。北齊鼓吹令、丞及清商部並屬太常。【略】

太醫署：【略】魏因之。晉銅印墨綬，進賢一梁冠，絳朝服，而屬宗正；過江省宗正，而屬門下省。宋、齊隸侍中，梁、陳因之。後魏有太醫博士、助教。北齊又曰太醫令、丞。後周太醫下大夫。【略】

太卜署：【略】後漢幷於太史，自後無聞。後魏有太卜博士。北齊有太卜局丞。後周有太卜大夫、小卜上士、龜占中士。【略】

廩犧署：【略】魏、晉、宋、齊、梁、陳、後魏、北齊、隋皆有之。

又《光禄卿　丞　主簿　太官署　珍羞署　良醖署　掌醢署》

建安末，復改光禄勳爲郎中令。魏黄初元年，復爲光禄勳。東晉哀帝興寧二年，省光禄勳，併司徒。孝武寧康元年，復置。自魏、晉以後，無復三署郎，而光禄不復居禁中，唯外官朝會，則以名到焉。二臺奏劾，則符光禄加禁止，解禁止亦如之。禁入殿省，光禄主殿門故也。其宫殿門户，至宋文猶屬焉。梁除勳字，謂之光禄卿。卿舊視列曹尚書，天監中，視中庶子，職與漢同。後魏又置少卿。北齊曰光禄寺，置卿、少卿，兼掌諸膳食、帳幕。【略】

丞：【略】魏、晉因之，銅印黄綬。梁、陳視員外郎。其員外，說在通直散騎常侍郎中。後魏、北齊並有之。【略】

主簿：漢置。晉、宋、齊、梁、陳並有之。北齊曰功曹、五官主簿。【略】

太官署令、丞：【略】魏亦屬少府。晉屬光禄勳。宋、齊屬侍中。梁門下省領太官，陳因之。後魏分太官爲尚食、中尚食，知御膳，隸門下省；而太官掌百官之饌，屬光禄卿。北齊因之。後周有典庖中士、内膳中士。【略】

珍羞署令、丞：【略】晉太官令有餳官、果官吏各二人，自後無聞。北齊餚藏令屬光禄寺。後周有餚藏中士、下士。【略】

良醖署令、丞：【略】晉有酒丞一人。齊食官局有酒吏。梁曰酒庫丞。北齊有清漳令、丞，主酒。後周如古周之制。【略】

掌醢署令、丞：於《周官》有醢人，掌四豆之實。自後無聞。至齊，諸公府有釀食典軍二人。後周有掌醢中士。

又《衛尉卿　丞　主簿　武庫署　武器署　守宫署　公車司馬令　左右都候》

衛尉，【略】晉銀章青綬，五時朝服，武冠，佩水蒼玉，掌冶鑄，領冶令三十九。户五千三百五十。冶在江北；而江南唯有梅根及冶塘二冶，皆屬揚州，不屬衛尉。晉江左不置衛尉。宋孝武復置。南齊掌宫城管鑰。後漢張衡《西京賦》曰：『衛尉八屯，警夜巡晝。』南齊宫城諸卻敵樓上本施鼓，持夜者以應更唱，高帝以鼓多驚眠，遂改以鐵磬。梁衛尉卿位視侍中，職與漢

同。卿每月、丞每旬行宮徼，糾察不法。陳因之。後魏亦有之。北齊爲衛尉寺，有卿及少卿各一人。【略】

丞：【略】後漢一人，魏、晉並同。宋孝武增置一人。梁亦有之，後魏、北齊並有。【略】

主簿一人，【略】晉有衛尉主簿二人，宋、齊、梁、陳因之。北齊、隋亦有二人。【略】

武庫令、丞：【略】魏、晉因之，晉後屬衛尉。宋、齊武庫令丞屬尚書庫部，梁、陳屬衛尉卿。北齊亦有。後周如《周官》。【略】

守宮署：【略】晉及北齊屬光禄勳，北齊守宮令掌張設之事。梁、陳屬大匠卿。【略】

公車司馬令：【略】晉江左以來，直曰公車令。宋以後屬侍中。

又《宗正卿 丞 主簿 崇玄署 諸陵署 太廟令》 兩漢皆以皇族爲之，不以他族。楚元王子郢客、劉辟彊，劉德等迭爲此官。又《後漢書》曰：『梁孝王之胤，爲宗正，卒官，遂世掌焉。』魏亦然。晉兼以庶姓。《山公啓事》曰：『羊祜忠篤寬厚，然不長理劇。宗正卿缺，不審可轉作否。』咸寧三年，又置宗師，以扶風王亮爲之，使皇室戚屬奉率德義，所有施行，必令誥之。梁王肜亦爲宗師。東晉省之，屬太常。桓温奏省。宋、齊不置宗正。梁天監七年，復置之，視列曹尚書，主皇室外戚之籍，以皇族爲之。陳因之。後魏有宗正卿、少卿。北齊亦然。後周有宗師中大夫，掌皇族，定世系，辨昭穆，訓以孝悌。屬大冢宰。【略】

丞：【略】歷代皆有之。【略】

主簿：梁置，陳、北齊、隋皆有。【略】

崇玄署：令一人。初，後魏天興二年，置仙人博士，掌煮鍊百藥。北齊置昭玄等寺，掌諸佛教，有大統一人，都維那三人，兼置功曹、主簿等員，以管諸州縣沙門之法。後周置司寂上士、中士，掌法門之政。【略】

諸陵署：【略】晉、宋皆曰令，而梁初爲監，後亦改爲令。梁以下皆有之。【略】

太廟令：【略】晉有太廟令。宋太廟令領齋郎二十四人。齊、梁以下皆有。後魏有太常齋郎。《漢書》曰：『田千秋爲高廟寢郎。』舊屬太常。

又《太僕卿 丞 主簿 乘黄署 典廐署 典牧署 車府署 諸牧監》 魏因之。晉初有之，銀章青綬，五時朝服，進賢兩梁冠，佩水蒼玉，領典牧、乘黄、驊騮、龍馬等廐令。自元帝過江之後，或置或省。太僕既省，故驊騮廐爲門下之職。潘尼字正叔，爲太僕，造乘輿箴。《晉諸公贊》云：『郭展爲太僕，留心於養生，是以廐馬充多，征吳得以濟事。』晉、宋以來，不常置，郊祀則權置太僕執轡，事畢則省。齊亦然。梁太僕卿位視黄門侍郎，統南牧、左右牧、龍廐、内外廐。陳因之。後魏兼置少卿。太武帝平統萬赫連昌，定隴右禿髮、沮渠等，河西水草善，乃以爲牧地，六畜滋息，馬三百餘萬匹，駝駞將半之，牛則無數。孝文帝遷洛陽之後，復以河陽爲牧場，恒置戎馬十萬匹，以擬京師軍警之備。每歲自河西徙牧於并州，漸南，欲其習水土而無死傷也，而河西之牧滋甚。北齊太僕寺統驊騮、左右龍、左右牝、乘黄、車府署，卿及少卿各一人。後周如古周。【略】

丞：【略】魏、晉因之。東晉或省或置。梁有丞，陳因之。後魏、北齊丞一人。【略】

主簿：梁置一人，北齊亦一人。【略】

乘黄署：【略】魏改爲乘黄廐。乘黄，古之神馬，因以爲名。乘黄亦名飛黄，背有角，日行萬里。《淮南子》云：『天下有道，飛黄伏皁。』一云：神黄，獸名，龍翼馬身，黄帝乘而仙。晉以下因之。宋屬太常，銅印墨綬，進賢二梁冠，絳朝服。歷代皆有，悉掌乘輿。【略】

典廐署：【略】魏爲驊騮廐，晉有驊騮、龍馬二廐。自宋以後，分驊騮廐屬門下。梁太僕有龍廐及内外等廐，陳因之。北齊有驊騮、左右龍等署。後周有左右廐，各上士一人。【略】

典牧署：【略】魏、晉以下因之。【略】

車府署：【略】漢、魏屬太僕，宋、齊以後屬尚書駕部，北齊以下又屬太僕。【略】

諸牧監：【略】魏置牧官都尉，晉因之，自後無聞。北齊有左右牝牡、駝牛、羊等署令。後周曰典牝、典牡上士中士，又有典駝、典羊、典牛中士。

又《大理卿 正 丞 主簿 獄丞 司直 評事 監》 建安中，復爲大理。鍾繇以大理爲相國。魏黄初元年，改爲廷尉。鍾毓字雉叔，爲廷尉，聽君父亡没，臣子得爲理謗；及士爲侯，其妻不復改嫁，毓所制也。歷代皆爲廷尉。梁國初建，曰大理；天監元年，復改爲廷尉。舊用黄門，後視秘書監。有正、監、平三人。元會，廷尉三官與建康三官，皆法冠玄衣朝服，以監東、西、中華門，手執方木，長三尺，方一寸，謂之『執方』。天監元年，詔建康獄依廷尉三官置正、監、平，革選士流，視給事中，以尚書郎出爲之，冠服與廷尉三官同。陳因之。後魏亦曰廷尉。北齊曰大理寺，置卿、少卿各一人。北齊宋世軌爲廷尉少卿，時大理正蘇珍之亦以平幹知名，寺中爲之語曰：『決定嫌疑蘇珍之，視表見裏宋世軌。』時人以爲寺中二絶。卒官，廷尉、御史諸囚皆哭曰：『宋廷尉死，我等豈有生路！』後周有刑部中大夫，掌五刑之法，附萬人之罪，屬大司寇，亦其任也。今刑部侍郎之任。【略】

正：【略】魏、晉謂正、監、平爲廷尉三官，晉廷尉三官通視南臺持書，舊尚書郎下遷。梁制，服獬豸冠，介幘皁衣，銅印墨綬。其後皆有。魏司馬芝字子華，遷大理正。有盜官練置都厠上者，吏疑女工，收以付獄。芝曰：『贓物先得而後訊其辭，若不勝掠，或至誣服。誣服之情，不可以折獄。且簡而易從，大人之化也。不失有罪，庸世之理耳。』魏武從之。晉江統字應元，爲廷尉正，作三刑議文。【略】

丞：自晉武咸寧中，曹志上表請廷尉置丞。宋、齊、梁並因之，後魏亦然。北齊曰大理，丞一人。【略】

主簿：自魏、晉、宋、齊、梁、陳皆有。【略】

獄丞：晉有左右丞各一人，宋、齊因之，梁、陳置二人，後魏、北齊亦然。【略】

司直：後魏永安二年，置司直十人，御史中尉高穆所奏置。視五品，隸廷尉，位在正、監上，不署曹事，唯覆理御史檢劾事。漢武已置司直，屬丞相府，非此司直。北齊、隋因之。【略】

評事：【略】魏、晉以來，無左右而直謂之廷尉評。後魏、北齊及隋，廷尉評各一人。

監：【略】魏、晉以來無左右，而直云廷尉監。《晉起居注》云：『廷尉監陸鸞上表，求增築訊堂，圖畫先賢像，詔許之。』

又 卷二六《職官八・諸卿中・鴻臚卿 丞 主簿 典客署 司儀署》

魏及晉初皆有之。魏韓宣字景然，爲大鴻臚。始，南陽韓暨以宿儒在宣前爲大鴻臚。及宣在官，亦稱職。故鴻臚中爲之語曰：『大鴻臚，小鴻臚，前後理行曷相如。』自東晉至於宋、齊，有事則權置兼官，畢則省。梁除『大』字，但曰鴻臚卿，位視尚書左丞，常導護贊拜。《職官録》曰『舊視散騎常侍，天監中，視中丞、吏部。』後魏曰大鴻臚。北齊曰鴻臚寺，有卿、少卿各一人，亦掌蕃客朝及吉凶弔祭。後周司寇有蕃部中大夫，掌諸侯朝覲之敍；有賓部中大夫，掌大賓客之儀。【略】

丞：【略】魏、晉亦然。王敦爲鴻臚卿，謂阮修曰：『卿常無食，鴻臚差有禄，能作否？』修遂爲丞。梁、陳、後魏、北齊皆有之。後周曰賓部上士。【略】

主簿一人。

典客署：【略】魏改大行令爲客館令，晉改爲典客。宋分置南北客館令，齊、梁、陳皆有客館令、丞。後魏初曰典客監，太和中置主客令。北齊有典客署。後周置東南西北四掌客上士、下士。【略】

司儀署：【略】後魏置司儀官。北齊置署令、丞。後周置上士等員。

又《司農卿 丞 主簿 上林署 太倉署 鉤盾署 導官署 苑總監 諸倉監 司竹監 温泉湯監 諸屯監 駛粟都尉等官 典農中郎將等官》

魏黄初元年，又改爲司農。大司農桓範出奔，謂曹爽曰：『大司農印在吾手，所在得開倉而食。』範爲司農，以清省稱。晉初因之，渡江，哀帝末，省司農并都水，孝武復置。宋、齊皆有之。梁司農卿位視散騎常侍，主農功倉廩。陳因之。後魏曰大司農。北齊曰司農寺，有卿、少卿各一人，掌倉市薪米，園池果實。後周有司農上士一人，掌三農、九穀、稼穡之政令，屬大司徒。【略】

丞：【略】魏、晉因之，銅印黄綬，宋、齊以來墨綬。進賢一梁冠，介幘皁衣。後魏、北齊皆有司農丞。【略】

主簿：晉太康中置，自後無聞。梁、陳又有。北齊亦然。【略】

上林署：【略】魏、晉因之，江左無聞。宋初復置，隸尚書殿中曹。齊因之。梁、陳屬司農。北齊及隋亦然。【略】

太倉署：【略】歷代並有之。晉江左以來，又有東倉、石頭倉，丞各一人。北齊亦然。後周曰司倉下大夫。【略】

鉤盾署：【略】晉大鴻臚屬官有鉤盾令，自後無聞。北齊如晉制。【略】

導官署：導，擇。周有春人。秦漢有令、丞，屬少府。漢東京令、丞主舂御米及作乾糒，糒音備。屬大司農。歷代皆有之。【略】

諸倉監：後漢河南尹屬官有滎陽穀倉長、丞。梁司農有左中右三部倉丞，陳因之。【略】

籍田令：【略】晉武泰始十年復置，江左省。宋文帝元嘉中，又置。

典農中郎將、典農都尉、典農校尉、並曹公置。晉武帝泰始二年，罷農官爲郡縣，後復有之。【略】勸農謁者。梁武天監九年置，視殿中御史。自騪粟以下，盡屬司農，今並無。

又《太府卿 丞 主簿 諸市署 平準署 左右藏署 常平署》

《周官》有太府下大夫，掌貢賦之貳，受其貨賄之入，頒其貨賄於受藏之府。歷代不置，然其職在司農、少府。至梁天監七年，置太府卿，位視宗正，掌金帛府帑及關津市肆。陳因之。後魏太和中，改少府爲太府卿。兼有少卿，掌財物庫藏。王顯謂楊固曰：『吾作太府卿，庫藏充實。』固曰：『減百官之禄及贓贖悉入京藏，以此充府，未足爲多。且「有聚斂之臣，寧有盜臣」。』北齊曰太府寺，亦有卿、少卿各一人，又兼掌造器物。後周有太府中大夫，掌貢賦貨賄，以供國用，屬大冢宰。【略】

丞：於《周官》爲太府上士之任，自後無聞。梁太府丞一人，陳因之。後魏、北齊各一人。後周曰太府上士。【略】

主簿：亦《周官》太府下士之任，自後無聞。梁置一人，陳因之。後魏亦然。【略】

諸市署：【略】魏、晉因之，東晉則丹陽尹管之。宋、齊因之。梁始隸太府，陳因之。後魏有京邑市令。北齊則司州牧領東西市令、丞。後周司市下大夫。【略】

平準署：【略】晉少府屬官有平準令。宋唯掌染，順帝即位，以帝諱準，故曰染署。齊又曰平準，屬少府。梁、陳則曰平水令、丞。北齊平準屬司農。後周曰平準中士、下士。【略】

左、右藏署：【略】魏因之。晉有左、右藏令，屬少府。晉江東置御史，掌庫曹，後分庫曹曰外左庫、內左庫。至宋省外左庫，而內左庫直曰左庫。齊、梁、陳曰右藏。北齊曰左、右藏令，屬太府寺。後周曰外府上士、中士。【略】

常平署：【略】晉又曰常平倉，自後無聞。梁亦曰常平倉，而不糴糶。陳因之。後魏太和中，雖不名曰常平，亦各令官司糴貯，儉則出糶。

又 卷二七《職官九·諸卿下·少府監 監 丞 主簿 中尚、左尚、右尚、織染、掌冶等五署 暴室等丞》

晉制，銀章青綬，五時朝服，進賢兩梁冠，絳朝服，佩水蒼玉。哀帝末，省并丹陽尹，孝武復置。宋少府領左右尚方、御府、東冶、南冶、平準等令、丞。齊又加領左右銀鍛署。梁少府爲夏卿，位視尚書左、右丞。陳因之。後魏少府謂之六卿，以少府、宗正、太僕、廷尉、司農、鴻臚爲六卿。至孝文太和中，易制官品，遂改少府爲太府。北齊無少府，其尚方等署皆隸太府。【略】

丞：漢有六人，後漢省五，而有一丞，其後歷代皆一人。《山公啓事》曰：『中郎衛昱，往爲少府丞，其有損益。』【略】

主簿：晉置二人，自後歷代一人，【略】

中尚署：【略】漢末分尚方爲中、左、右三尚方。魏、晉因之，自過江，唯置一尚方，哀帝以隸丹陽尹。宋武帝踐祚，以相府作部配臺，謂之左尚方，而本署謂之右尚方，並掌造軍器。又以相府細作配臺，即其名置令一人，隸門下。孝武大明中，改曰御府。御府，二漢已有之，典官婢作褻衣服補浣之事。魏、晉猶置其職，江左乃省焉。後廢帝初，省御府，置中署，隸右尚方。則漢之考工令如宋之尚方令，尚方令如宋中署矣。齊置左右尚方令各一人。梁有中、左、右尚方。北齊亦三尚方，隸太府。【略】

織染署：令一人。《周禮》天官典絲掌受文織絲組焉，染人掌染絲帛。秦置平準令。韋昭《辨釋名》曰：『平準令，主染色，染有常平之法，故準而則之。』漢因之，及主物價、練染。初，少府屬官有東織、西織，成帝省東織，更名西織爲織室。北齊中，尚方領涇州、雍州絲局、定州細綾局丞。後周有司織下大夫。【略】

掌冶署：【略】晉冶令掌工徒鼓鑄，隸衛尉。江左以來省衛尉，始隸少府。宋有東冶、南冶，各置令、丞，東冶令、丞各一人，南冶令、丞各一人。而屬少府。齊因之。江南諸郡縣有鐵者，或置冶令，或置冶丞，多是吳所置。梁、陳有東、西冶。東冶重，西冶輕。其西冶即宋、齊之南冶。北齊諸冶屬太府。後周有冶工、鐵工中士。

又《將作監 監 丞 主簿 左校署 右校署 甄官署 中校署》今

將作，【略】魏、晉因之。江左至宋、齊，皆有事則置，無事則省。而梁改爲大匠卿，陳因之。後魏亦有之。北齊有將作寺，其官曰大匠。兼領功曹、主簿、長史、司馬等官屬。後周有匠師中大夫，掌城郭宮室之制；又有司木中大夫，掌木工之政令。【略】

丞：【略】魏、晉因之。東晉以後，有事則置，無事則省。梁又置一人，陳因之。後魏有之。北齊四人。後周曰匠師中士。【略】

主簿：晉置，自後與丞同。【略】

左、右校署：【略】魏併左校、右校於材官。晉左、右校屬少府。宋以後並有左校令、丞。北齊亦有之。【略】

甄官署：令、丞一人。【略】晉有甄官署，掌甄瓦之事。宋、齊、北齊、隋悉有之。【略】

中校署令：秦漢有，自後無。

又《國子監　祭酒　司業　丞　主簿　國子、太學、廣文、四門、律學、書學、算學等博士助教等》　魏因之。晉武帝咸寧四年，初立國子學，置國子祭酒一人。永嘉中，又置儒林祭酒，以杜夷爲之。國子，周之舊名，《周官》有師氏之職，即魏國子祭酒。《周禮》師氏以三德三行教國子。又有保氏而養國子以道，教之六藝也。晉介幘皁朝服，進賢兩梁冠，佩水蒼玉。舊視侍中、列曹尚書。劉毅、嵇紹並爲此官。又袁瓌字山甫，爲國子祭酒。時屢經喪亂，禮教陵遲。瓌上疏求立學徒，帝從之。國學之興，自瓌始也。又裴頠爲祭酒，奏立太學，起講堂，築門闕，刻石寫五經也。宋代若不置學，則助教唯置一人，而祭酒、博士常置也。明帝泰始六年，以國學廢，初置總明觀祭酒一人，有玄、儒、文、史四科，科置學士各十人。齊高帝建元四年，有司奏置國學，祭酒準諸曹尚書，博士準中書郎，助教準南臺御史，選經學爲先，若其人難備，給事中以還明經者，以本位領。其後國諱廢學。永明三年，立學，尚書令王儉領祭酒，學既建，乃省總明觀。八年，國子博士何胤單爲祭酒，疑所服，陸澄等皆不能據，遂以玄服臨試，月餘日，博議定，乃服朱衣。齊、梁號爲國師。梁王承字安期，爲國子祭酒。承祖儉，父暕，並居此職，三代爲國師，前代未有，當時以爲榮。暕音簡。陳、後魏亦曰國子祭酒。其初定中原，先立太學，置五經博士。北齊國子寺有祭酒一人。【略】

主簿：北齊置。【略】

魏及西晉朝博士置十九人。魏樂詳字文載，拜博士。於時太學初立，有博士十餘人，其學多偏，不敢親教，備員而已，唯詳五業並授。武帝咸寧四年，初立國子學，置國子博士一人，皆取履行清淳，通明典義，若散騎常侍、中書侍郎、太子中庶子以上，乃得召試。元帝時，荀崧上疏曰：『昔咸寧、太康、永嘉之中，侍中、常侍、黄門通洽古今、行爲世表者，領國子博士。』宋、齊諸博士皆皁朝服，進賢兩梁冠，佩水蒼玉。梁國學有博士二人，天監四年，置五經博士各一人。魏、晉、宋、齊並不置五經博士，至此始置焉。舊國子學生限以貴賤，武帝欲招來後進，五館生皆引寒門儁才，不限人數。陳因之。後魏、北齊並有之。後魏崔逸爲國子博士，每有公事，逸常被詔獨進，博士特命，自逸始也。【略】助教：晉咸寧四年，初立國子學，置助教十五人，以教生徒。江左及宋並十人。宋制，《易》、《尚書》、《毛詩》、《禮記》、《周禮》、《儀禮》、《左傳》、《公羊》、《穀梁》，各爲一經；《論語》、《孝經》爲一經，合十經，助教分掌。宋、齊並同。梁國子助教舊視南臺御史，品服與博士同，陳因之。後魏亦有。北齊置十人。【略】

太學博士：晉江左增置國子博士十六人，謂之太學博士，品服同國子博士。梁置太學博士八人，陳因之。後魏亦然。北齊國子寺有太學博士十人。後周置太學博士下大夫六人。【略】助教：後魏置。北齊亦有之，置二十人。後周曰太學助教上士。【略】

廣文館：博士一人，助教一人，並以文士爲之。【略】

四門博士：《後魏書》劉芳表：『去太和二十年，立四門博士，於四門置學。按《禮記》曰「天子設四學」，鄭玄注：「同四郊之虞庠也。」今以其遼遠，故置於四門，請移與太學同處。』從之。北齊二十人，【略】

助教：北齊國子寺有二十人。【略】

律學博士：晉置，屬廷尉，衛覬奏請置律學博士，轉相教授，東晉以下因之。梁曰胄子律博士，屬廷尉。陳亦有律博士。後魏、北齊並有之。

又《軍器監　監　丞　主簿　甲坊署　弩坊署》　後周武帝四年，初置軍器監。

又《都水使者　丞　主簿　舟楫署　河渠署》　魏世主天下水軍舟船

器械。晉武帝省水衡，置都水臺，有使者一人，掌舟航及運部，而河隄爲都水官屬。元康中，復有水衡都尉。《元康百官名》及《晉起居注》曰：『陳愼、戴熊俱以都水使者領水衡都尉。』懷帝永嘉六年，胡賊入洛陽，都水使者奚濬先出督運得免。江左省河隄。《諸公贊》曰：『陳勰字太和，有巧思，爲都水使者。』《洛陽記》云：『千金隄，勰所置。』宋都水使者，銅印墨綬，進賢兩梁冠，與御史中丞同。孝武帝初，省都水臺，罷都水使者，置水衡令，孝建元年復置。齊有都水臺使者一人。梁初與齊同，天監七年，改都水使者爲大舟卿，位視中書郎，列卿之最末者，主舟航河隄。陳因之。後魏初皆有水衡都尉及河隄謁者、都水使者官，至永平二年，都水臺依舊置二使者。北齊亦置二使者。【略】

丞：【略】後漢、晉初都水使者有參軍二人，蓋亦丞之職任。宋因之。梁大舟卿有丞。陳因之。後魏、北齊又曰參軍。【略】

主簿：晉水衡都尉有之，爲左、右、前、後、中五水衡令，悉皆有之。梁大舟卿亦有之。【略】

舟檝署令：【略】晉曰船曹吏。齊曰官船典軍。後周曰舟中士。

《舊唐書》卷四四《職官志三》 太常寺。古曰秩宗，秦曰奉常，漢高改爲太常，梁加『寺』字，後代因之。 卿一員，正三品。梁置十二卿，太常卿爲一。周、隋品第三。

光祿寺【略】梁置十二卿，加『寺』字，除『勳』字，曰光祿卿，掌膳食，後因之。品第三。【略】

衛尉寺。【略】梁置十二卿，衛尉加『寺』字，官加『卿』字。【略】

宗正寺。【略】梁置十二卿，宗正爲一，署加『寺』字。【略】

太僕寺。太僕，古官。梁置十二卿，署加『寺』字，後因之。【略】 卿一員。從三品。古有太僕正，卽其名也。後無正字，唯名太僕。梁置爲列卿，魏復。

大理寺。【略】魏復爲大理。南朝又名廷尉，梁改名秋卿，北齊、隋爲大理，加『寺』字。【略】

卿一員，從三品。古或名廷尉，北齊加『寺』字。【略】少卿二員。從四品上。卿之職，掌邦國折獄詳刑之事。少卿爲之貳。凡犯至流死，皆詳而質之，以申刑部。仍于中書、門下詳覆。凡吏曹補署法官，則與刑部尚書、侍郎議其人可否，然後注擬。【略】

鴻臚寺。【略】梁置十二卿，鴻臚爲冬卿，去『大』字，署爲寺。【略】

司農寺。【略】梁置十二卿，以署爲寺，以官爲卿。【略】

太府寺。【略】梁始置太府卿，掌帑藏。【略】卿一員，從三品。卽後周太府中大夫。少卿二員。從四品上。卿掌邦國財貨，總京師四市、平準、左右藏、常平八署之官屬，舉其綱目，修其職務。少卿爲之貳。以二法平物。一曰度量，二曰權衡。凡四方之貢賦，百官之俸秩，謹其出納，而爲之節制焉。凡祭祀，則供其幣。【略】

左藏署。左右藏令，晉始有之，後代因之。

常平署。【略】晉曰常平，後魏曰邸閣倉。

國子監。【略】晉武始立國子學。北齊曰國子寺。【略】祭酒一員。從三品。【略】漢始置祭酒博士，歷代因之。【略】

少府監。【略】梁始爲卿。歷代或置或省。【略】監一員。從三品。秦、漢有少府，梁始爲卿。

將作監。秦置將作，掌營繕宫室，歷代不改。【略】大匠一員。從三品。大匠之名，漢景帝置。梁置十二卿，將作爲一卿。後周曰匠師中大夫。【略】

都水監。使者二人。正五品上。【略】晉復置都水臺，立使者一人，掌舟檝之事。梁改爲太舟卿，北齊亦曰都水臺。

宋·李昉等《太平御覽》卷二二八《職官部二十六·敍卿》 韋昭《辨釋名》曰：卿，慶也。言萬國皆慶賴之也。

又《太常卿》 《齊職儀》曰：太常卿一人，品第三，秩中二千石，銀章、青綬，進賢兩梁冠，絳朝服，佩水蒼玉。王朗云：『西京太常行陵，赤車千乘。』

又 卷二二九《職官部二十七·太常少卿》 《後魏書》曰：太和十五年，置少卿官，太常少卿一人，第三品上，至二十二年降爲正四品。又曰：景明初班職，令太常少卿，第四品上，第一清選，明禮兼天文陰陽者爲之。

又《太常丞》 《宋百官春秋》曰：太常丞視尚書郎，銅印、黄綬，一梁冠，品第七，掌舉陵廟非法。【略】

陶氏《職官要録》曰：晉、宋九卿丞，皆進賢一梁冠，介幘，皂衣，銅印，黄綬。齊、梁墨綬。

又《太常博士》《晉中興書》曰：博士之職，端委佩玉。朝之大典必於詢度，當以正道，克厭人望，然後爲可。

又《陵令》（《齊職儀》）又曰：每陵令一人，品第七，秩四百石，銅印、墨綬、進賢一梁冠、絳朝服。

又《廩犧令》韋昭《辨釋名》曰：釋云：廩犧。犧，戲也；廩，養之也。辨云：六牲，取其純毛者，别養之以奉祭祀。純色者少，故名犧。犧，希也。

又《光禄少卿》《後魏職令》曰：光禄少卿，第四品上，第二清用肅勤明敏，兼職古典者。

又 卷二三〇《職官部二十八・宗正少卿》《後魏職令》曰：宗正卿第四品上，第二清用懿清和識參教典者，先盡皇宗，無則用庶姓。

又《乘黄令》《齊職儀》曰：乘黄，獸名也。龍翼馬身，黄帝乘之而仙，後人以名廄。

又《廄令》《齊職儀》曰：諸廄有圉師、牧人，養馬之官；校人，掌王之馬正也。

又 卷二三一《職官部二十九・大理卿》《天文録》曰：平星主建廷，平主天下之獄事，若今廷尉之象。故《星贊》曰：『平星執法，正綱紀也。』

摯虞《新禮儀》曰：故事，祀皋陶於廷尉寺，祀以社日，新禮改以孟秋之月，以應秋。

又《大理少卿》《後魏職令》曰：廷尉少卿第四品上，第二清，用思理平斷、明刑識法者。

又 卷二三二《職官部三十・鴻臚卿》韋昭《辨釋名》曰：腹前肥者臚，言以京師爲心腹，王侯外國爲四體以養之也。辨云：鴻臚，本故典客，掌賓禮。鴻，大也；臚，陳序也。欲以大禮陳序賓客也。

又《鴻臚少卿》《後魏職令》曰：鴻臚少卿第四品上，第二清，用雅學詳當、明樞達理者。

又《司農卿》《齊職儀》曰：司農卿耕籍則掌其禮儀。

韓揚《天文要集》曰：天倉者，大司農也。

又《司農少卿》《後魏職令》曰：司農少卿第三清，用堪勤有幹能者。

又《太府少卿》《後魏職令》曰：太府少卿第四品上，士人官上用勤篤有幹，細務無滯者。

又《平准令》韋昭《辨釋名》曰：釋云：平准令，主染色。色有常平之法，准的之也。辨云：主平物價，使相依準。

又《左右藏令》《齊職儀》曰：右藏庫，周天府内府之任。天府，物所藏也。内府，掌邦市之出入，以待王用。後漢中藏府令、丞，掌幣帛、金銀諸物；晉置中黄左右藏。

又 卷二三六《職官部三十四・國子祭酒》韋昭《辯釋名》曰：祭酒者，謂祭六神以酒醊之也。辯云：凡會同饗讌，必尊長先用，酒以祭先，故曰祭酒。漢時吳王年長，以爲劉氏祭酒是也。【略】

《齊職儀》曰：晉令博士祭酒掌國子學，而國子生師事祭酒，執經，葛巾單衣，終身致敬。

又《博士》《晉令》曰：博士皆取履行清淳，通明典義，若散騎、中書侍郎、太子中庶子以上乃得。召試諸生有法度者及白衣試在高等，拜郎中。

元・馬端臨《文獻通考》卷五五《職官考九・太常卿少卿 丞 主簿 博士 太祝 奉禮郎 協律郎 兩京郊社署 太樂署 鼓吹署 太醫署 太卜署 廩犧署 汾祠署》 今太常者，亦唐虞伯夷爲秩宗，兼夔典樂之任也。周時曰宗伯，爲春官，掌邦禮。秦改曰奉常。漢初曰太常，欲令國家盛太常存，故稱太常。顔師古曰：『太常者，王之旌也，畫日月焉。王者有大事，則建以行，禮官主奉持之，故曰奉常，後改爲太，尊大之義也。』惠帝更名奉常。景帝六年，更名太常。惠帝時，叔孫通爲奉太常。定宗廟儀法及定漢儀法，皆叔孫通所著論也。王莽改太常卿爲秩宗。後漢秩與漢同。每祭祀前，奏其禮儀；及行事，贊天子。每選試博士，奏其能否。大射、養老、大喪，皆奏其儀。每月前晦，察行陵廟。助祭則平冕七旒。漢舊常以列侯忠敬孝慎者居之，後漢不必侯也。舊制陵縣悉屬，歲舉孝廉，後漢則否。建安中爲奉常。魏黄初元年改爲太常。魏晉皆銀章青綬，進賢兩梁冠，絳朝服，佩水蒼玉。宋齊皆有之。舊用列曹尚書好遷選曹尚書領護。梁視金紫光禄大夫，陳因之。後魏爲上卿，兼置小卿官。《周禮》有小宗伯、中大夫二人卽其任。北齊曰太常寺，置卿及少卿、丞各一人。掌陵廟、羣祀、禮樂、儀制、天文、術數、衣冠之屬。後周建六官，置大宗伯卿一人，掌邦禮，以佐皇帝和邦國。是爲春官。【略】

丞，秦置，一人。漢多以博士、議郎爲之。後漢凡諸丞皆掌行禮及祭祀小事，總署曹事，舉廟中非法。皆銅印墨綬，進賢兩梁冠。《職官要録》曰：『晉、宋九卿丞皆進賢一梁冠，介幘，皂衣，銅印黄綬。齊、梁墨綬。』歷代皆有。韋弘爲太常丞，父賢以弘當嗣，太常職掌陵廟，煩劇多過，敕弘自免。及賢疾篤，弘坐廟事繫獄。梁舊用員外郎遷尚書郎，天監七年改視尚書郎。陳因之。後魏、北齊亦有之。【略】

主簿，漢有之，漢鹵簿之制，太常駕四馬，主簿前車八乘，魏、晉亦有焉。梁天監七年，十二卿各置主簿一人。陳因之。北齊有功曹、五官主簿二人。歷代諸主簿多説在《列卿篇》。【略】

博士，魏官也，魏文帝初置，晉因之。掌引導乘輿；王公以下應追謚者，則博士議定之。秦有博士數十人。兩漢太常屬官皆有博士，掌以《五經》教子弟，則今國子博士是也。説在本篇。端委佩玉。朝之大典，必於詢度。歷代皆有。

太祝，殷官，與太宰等官爲六太。《周官》，太祝下大夫二人、上士四人，掌六祝之辭，以祈福祥。秦、漢有太祝令、丞，後漢亦曰太祝令、丞。晉、宋、齊、梁、陳、後魏、北齊皆因之。後周依《周官》。【略】

奉禮郎，漢大鴻臚有理禮郎四十七人。晉理禮郎四人，屬大行令。後魏理禮郎四人。北齊有奉禮郎三十人，屬鴻臚寺之司儀署。後周有理禮中士、下士各一人。【略】

協律郎，漢曰協律都尉，李延年爲之。武帝以李延年善新聲，故爲此官。後漢亦有之。魏杜夔亦爲之。魏武平荆州，初得杜夔，知音識舊樂，故爲此官。晉改爲協律校尉。後魏有協律郎，又有協律中郎。北齊及隋協律郎皆二人。

兩京郊社署。《周官》有典祀，掌以時祭祀。秦、漢有太祝令、丞、屬奉常。景帝改爲祠祀，武帝更曰廟祀。後漢祠祀屬少府。魏、晉有太祝令、丞。宋曰明堂令、丞，掌祀五帝之事。齊有太祝及明堂二令。梁有明堂、太社二令，並屬太常。北齊太廟令兼領郊祀、崇虚二丞。郊祀掌五郊羣神，崇虚掌五嶽四瀆神。後周有司郊上士、中士，司社中士、下士。

太樂署。《周官》有大司樂，掌成均之法，亦謂之樂尹，以樂舞教國子。《左傳》楚鍾建爲樂尹，卽大司樂也。秦、漢奉常屬官有太樂令及丞，又少府屬官並有樂府令、丞。後漢永平三年，改太樂爲大予樂令。掌伎樂人，凡國祭饗，掌諸奏樂。盧植《禮注》云：『大予令如古大胥。漢《大樂律》，卑者之子，不得舞宗廟之酎。除吏二千石到六百石及關内侯到五大夫子，取適子高五尺以上、年十二到三十、顔色和順、身體循禮者爲舞人。』魏復曰太樂令、丞。晉亦有之。齊銅印墨綬，進賢一梁冠，絳朝服。齊太樂及諸陵令，永明末置，用二品、三品勳。置主簿，六曹、六品保舉。梁、陳因之。後魏置太樂博士。北齊曰太樂令、丞。後周有大司樂，掌成均之法，後改爲樂部，有上士、中士。

鼓吹署，《周禮》有鼓人，掌六鼓四金之音。後漢有承華令，典黄門鼓吹，屬少府。晉置鼓吹令、丞，屬太常。元帝省太樂幷鼓吹，哀帝復省鼓吹而存太樂。梁有鼓吹令、丞，又有清商署。北齊鼓吹令、丞及清商署並屬太常。【略】

太醫署。《周官》有醫師上士、下士，掌醫之政令。秦、兩漢有太醫令、丞，亦主醫藥，屬少府。後漢又有醫丞，有醫工長。魏因之。晉銅印墨綬，進賢一梁冠，絳朝服，而屬宗正。過江省宗正而屬門下省。宋、齊隸侍中，梁、陳因之。後魏有太醫博士、助教。北齊又曰太醫令、丞。後周太醫下大夫。

太卜署。殷官太卜爲六太。《周官》太卜掌三兆之法。秦、漢有太卜令。後漢幷於太史，自後無聞。後魏有卜博士。北齊有太卜局丞。後周有太卜大夫、小卜上士、龜占中士。【略】

廩犧署。《周禮》有牧人，掌牧六牲，以供祭祀。秦、漢内史、左馮翊廩犧令、丞，並掌犧牲鴈鶩，後屬大司農。後漢河南尹屬官有廩犧丞。魏、晉、宋、齊、梁、陳、後魏、北齊、隋皆有之。【略】

汾祠署、齊太公廟署，並有令、丞各一人。

又《光禄卿少卿　丞　主簿　太官署　珍饈署　良醖署　掌醢署》秦有郎中令，主郎内諸官，故曰郎中令，掌宫殿掖門户，漢因之。石建爲郎中令，奏事，事已下，建省讀，驚曰：『書「馬」者與尾而五，今乃不足一，獲譴死矣！』其謹慎如此。至武帝太初元年，更名光禄勳。應劭曰：『光，明也。禄，爵也。勳，功也。』如淳曰：『勳之言閽也。閽，古主門之官。光禄主宫門故也。』張安世爲光禄勳。郎有醉，小便殿上，主事行法。安世曰：『何以知其不覆水也？』其隱人過失如此。王莽時，乃改光禄勳爲司中。後漢曰光禄勳，所掌同。典三署郎更直執戟宿衛，考其德行而進退之。漢東京三署郎有德應四科者，歲舉茂才二人，四行二人。及三署郎罷省，光禄勳猶依舊舉四行衣冠子弟以充之。郊祀之事掌三獻。光禄勳居禁中。如宋之殿中御史。有獄在殿門外，謂之光禄外部。兩漢自光禄、大中、中散、諫議等大夫，及謁者僕射、羽林郎、郎中、侍郎，五官、武賁、左右等中郎將，奉車、駙馬二都尉，車、户、騎三將，如淳曰：『主車曰車郎，主户衛曰户郎。』並屬光禄勳。後漢張湛字子孝，拜光禄勳。光武臨朝，或有惰容，湛輒陳諫其失。又杜林字伯山，爲光禄勳，内供奉宿衛，外總三署，周密敬慎，選舉稱平。郎有好學者，輒見誘進，朝夕滿堂，士以此高而慕附。又荀爽爲光禄勳，視事三日，册拜司空。建安末，復改光禄勳爲郎中令。魏黄初元年，復爲光禄勳。東晉哀帝興寧二年，省光禄勳，併司徒，孝武寧康元年復置。自魏、晉以後，無復三署郎，而光禄不復居禁中，唯外官朝會則以名到焉。二臺奏劾則符光禄加禁止，解禁止亦如之禁入殿省，光禄主殿門故也。其宫殿門户，至宋文猶屬焉。梁除『勳』字，謂之光禄卿。卿舊視列曹尚書，天監中視中庶子，職與漢同。後魏又置少卿。北齊曰光禄寺，置卿、少卿，兼掌諸膳食、帳幕。【略】

丞，漢二人，多以博士、議郎爲之。後漢一人，魏、晉因之。銅印黄綬。梁、陳視員外郎。其員外説在《通直散騎常侍郎》中。後魏、北齊並有之。【略】

主簿，漢置。晉、宋、齊、梁、陳並有之。北齊曰功曹、五官主簿。【略】

太官署令、丞，於《周官》爲膳夫、庖人、外饔中士下士，蓋其任也。秦爲太官令、丞，屬少府，兩漢因之。桓帝延熹元年，使太官令得補二千石。魏亦屬少府。晉屬光禄勳。宋、齊屬侍中。梁門下省領太官，陳因之。後魏分太官爲尚食、中尚食，知御膳，隸門下省；而太官掌百官之饌，屬光禄卿。北齊因之。後周有典庖中士、内膳中士。【略】

珍饈署令、丞於《周官》有籩人，掌四籩之實，蓋其任也。後漢少府屬官有甘丞，主膳具。晉太官令有餳官、果官吏各二人，自後無聞。北齊餚藏令屬光禄寺，後周有餚藏中士、下士。【略】

良醖署令、丞，於《周官》有酒正中士、下士，掌酒之政令。後漢湯官丞主酒，屬少府。晉有酒丞一人。齊食官局有酒吏。梁曰酒庫丞。北齊有清漳令、丞主酒。後周如古周之制。

掌醢署令、丞，於《周官》有醢人，掌四豆之實。自後無聞。至齊，諸公府有釀食典軍二人。後周有掌醢中士、下士。

又《衛尉卿丞　主簿　武庫令丞　武器令丞　守宫署　公車司馬令　左右都候附》

衛尉，秦官，掌門衛屯兵，漢因之。《漢舊儀》曰：『衛尉寺在宫内。』胡廣云主宫闕之内衛寺，於周垣下爲區廬。區廬者，若今之仗宿屋。景帝初更名中大夫令，後元年復爲衛尉。又有長樂、建章、甘泉衛尉，皆掌其宫，其職略同，而不常置。顔師古曰：『各隨所掌之宫以爲官名。』後漢有衛尉卿一人，職與漢同。晉銀章青綬，五時朝服，武官，佩水蒼玉，掌冶鑄，領冶令。户五千三百五十，冶在江北，而江南唯有梅根及冶塘二冶，皆屬揚州，不屬衛尉。晉江左不置衛尉。宋孝武復置。以南齊掌宫城管鑰。後漢張衡《西京賦》曰：『衛尉八屯，警夜巡晝。』南齊宫城諸卻敵樓上本施鼓，持夜者以應更唱，高帝以鼓多驚眠，遂改以鐵磬。梁衛尉卿位視侍中，職與漢同。卿每月、丞每旬行宫徼，糾察不法。陳因之。後魏亦有之。北齊爲衛尉寺，有卿及少卿各一人。【略】

丞，秦、漢多以博士、議郎爲之。後漢一人，魏、晉並同。宋孝武增置一人。梁亦有之。後魏、北齊並有。【略】

主簿一人。漢衛尉駕四馬，主簿前車以乘。晉有衛尉主簿二人，宋、齊、梁、陳因之。北齊、隋亦有二人。【略】

武庫令、丞，於《周官》司甲、司弓矢等下大夫，司戈盾等中士、下士，蓋其任也。兩漢曰武庫令，屬執金吾。後漢又有考工令、丞，屬太僕，主造兵器，成，付武庫令，魏、晉因之。晉後屬衛尉。宋、齊武庫令、丞屬尚書庫部。梁、陳屬衛尉卿。北齊亦有。後周如《周官》。【略】

守宫署，漢有守宫令、丞，掌御紙筆墨及諸財用并封泥之事，屬少府。晉及北齊屬光禄勳。北齊守宫令掌張設之事，梁、陳屬大匠卿。

【略】公車司馬令，秦屬衛尉，漢因之。掌殿司馬門，夜徼宮中，天下上章、四方貢獻及闕下凡所徵召公車者，皆總領之。漢張釋之爲公車令，時太子與梁王共車入朝，不下司馬門，釋之遂劾其不敬。文帝免冠謝太后，太后詔赦之，然後得入宮也。後漢有丞一人。丞選曉諱，掌知非法；尉主闕門兵禁，戒非常。胡廣曰：『諸門部各陳屯夾道，其旁設兵，以示威武，交戟以遮妄出入者。』晉江左以來直曰公車令。宋以後屬侍中。【略】

左、右都候，《周禮》司寤氏有夜士，干寶注曰：『今都候之屬。』後漢各一人，主劍戟士，徼循宮及天子有所收考。宮中諸有劾奏罪，左都候執戟戲車，縛送付詔獄，在官大小各付所屬。見尚書令、僕射、尚書，皆執版拜，見郎對揖。屬衛尉。後無。

又《宗正卿少卿　丞　主簿　崇玄署　諸陵署　太廟令》　《周官》小宗伯掌三族之別，以辨其親疏。秦置宗正，掌親屬。漢因之，更以敍九族。平帝元始四年，更名宗伯；五年，又於郡國置宗師，以糾皇室親族世氏，致教訓焉，選有德義者爲之。有寃失職者，宗師得因郵亭上書宗伯，請以聞。爲書付郵亭，令送至宗伯。常以正月賜宗伯帛十匹。王莽併宗伯於秩宗。後漢曰宗正，卿一人，掌序録王國嫡庶之次，及諸皇室親屬遠近，郡國歲因計上皇族名籍。若有犯法當髡以上，先上諸宗正，宗正以聞，乃報決。胡廣曰：『宗正又歲一理諸王世譜，差敍秩第。』兩漢皆以皇族爲之，不以他族。楚元王子郢客、劉辟疆、劉德等迭爲此官。又《後漢書》曰：『劉軫字君文，梁孝王之胤，爲宗正，卒官，遂世掌焉。』魏亦然。晉兼以庶姓。《山公啓事》曰：『羊祜忠篤寬厚，然不長理劇，宗正卿缺，不審可轉作否？』咸寧三年，又置宗師，以扶風王亮爲之，使皇室戚屬奉率德義，所有施行，必令詰之。梁王肜亦爲宗師。東晉省之，屬太常。桓温奏省。宋、齊不置宗正。梁天監七年復置之，視列曹尚書，主皇室外戚之籍，以皇族爲之。陳因之。後魏有宗正卿、少卿。北齊亦然。後周有宗師中大夫，掌皇族，定世系，辨昭穆，訓以孝悌。屬大冢宰。【略】

丞，漢亦用皇族。後漢一人。劉茂字子衛，爲宗正丞。歷代皆有之。

【略】

主簿，梁置。陳、北齊、隋皆有。【略】

崇玄署。令，一人。初，後魏天興二年置仙人博士，掌煮煉百藥。北齊置昭玄等寺，掌諸佛教，有大統一人，都維那三人，兼置功曹、主簿等員，以管諸州縣沙門之法。後周置司寂上士、中士，掌法門之政；又置司玄中士、下士，掌道門之政。【略】

諸陵園寢官，漢置，屬太常。長陵令，秩二千石，爲高祖陵也，故尊其秩。元帝永光元年，分諸陵邑屬三輔。《史記》曰司馬相如爲孝文園令。後漢每陵園令各一人，掌按行掃除，丞及校長各一人。校長主戒盜賊。晉、宋皆曰令。而梁初爲監，後亦改爲令。梁以下皆有之。【略】

諸廟寢園令、長、丞，漢置。《宋·志》曰漢西京曰長，東京曰令。晉有太廟令。宋太廟令領齋郎二十四人。齊、梁以下皆有後魏有太常齋郎。《漢書》曰田千秋爲高廟寢郎。舊屬太常。

又　卷五六《職官考十·太僕卿少卿　丞　主簿　乘黄署　典廄署　典牧署　車府署　諸牧監》　《周官》有太僕下大夫，掌正王之服位，出入王之大命，似今太僕之職。一云周穆王置太僕正，以伯冏爲之，冏，俱永切，掌輿馬。秦因之。在《周官》則校人掌馬，巾車掌車，及置太僕，兼其任也。漢初，夏侯嬰常爲之。《漢書》曰夏侯嬰爲沛公太僕，常奉車，自高帝至文帝，常爲太僕。又石慶爲太僕，御出，上問車中幾馬，慶以策數馬畢，曰：『六馬。』領五監，龍馬、閑駒、橐泉、騊駼、承華五監，各有長、丞。六廄各有令。或曰，六廄謂未央、承華、騊駼、龍馬、輅軨、大廄也，馬皆萬匹。武帝承文、景蓄積，海内殷富，廄馬有四十萬匹。時匈奴數寇邊，遣衛青、霍去病發十萬騎，并負私從馬，凡十四萬匹，窮追，大破匈奴。漢馬死者十餘萬匹。匈奴雖病遠去，而漢亦馬少，無以復往。王莽改太僕爲太御。後漢太僕與漢同，亦掌車馬，天子每出，奏駕上鹵簿用，大駕則執馭。初，漢西京置六廄，東京約省，唯置一廄。魏因之。晉初有之，銀章青綬，五時朝服，進賢兩梁冠，佩水蒼玉，領典牧、乘黄、驊騮、龍馬等廄令。自元帝過江之後，或置或省，故驊騮廄爲門下之職。晉、宋以來不常置，郊祀則權置太僕執轡，事畢則省。齊亦然。梁太僕卿位視黄門侍郎，統南牧、左右牧、龍廄、内外廄。陳因之。後魏兼置少卿。太武帝平統萬赫連昌，定隴右禿髮、沮渠等，河西水草善，乃以爲牧地，六畜滋息，馬三百餘萬匹，馲駝將半之，牛則無數。孝文帝遷洛陽之後，復以河陽爲牧場，恒置戎馬十萬匹，以擬京師軍警之備。每歲自河西徙牧於并州，漸南，欲其習水土而無死傷也，而河西之牧滋甚。

北齊太僕寺統驊騮、左右龍、左右牝、乘黃、車府署，卿及少卿各一人。後周如古周。【略】

丞，秦漢有二人，後漢一人，《漢書》張敬字子高，爲太僕丞。魏、晉因之。東晉或省或置。梁有丞，陳因之。後魏、北齊丞一人。【略】

主簿，梁置一人，北齊亦一人。【略】

乘黃署。後漢太僕有未央廄令，魏改爲乘黃廄。乘黃，古之神馬，因以爲名。乘黃亦名飛黃，背有角，日行萬里。《淮南子》云天下有道，飛黃伏皁。一云神黃，獸名，龍翼馬身，黃帝乘而仙。晉以下因之。宋屬太常。銅印墨綬，進賢一梁冠，絳朝服。歷代皆有，悉掌乘輿。【略】

典廄署。《周官》有校人、圉師、趣馬，掌十二閑之馬。漢西京太僕有龍馬長，東京有未央廄令，掌乘輿及宮中之馬。魏爲驊騮廄，晉有驊騮、龍馬二廄。自宋以後，分驊騮廄屬門下。梁太僕有龍廄及內外等廄，陳因之。北齊有驊騮、左右龍等署。後周有左右廄，各上士一人。【略】

典牧署。《周官》牧師下士四人，掌牧馬而頒之。秦、漢邊郡置六牧師令。說在《諸牧監》篇。魏、晉以下因之。【略】

車府署。秦有車府令，以趙高爲之。歷代皆有。漢、魏屬太僕。【略】

諸牧監，漢太僕有牧師諸苑三十六所，在北邊、西邊，以郎爲苑監官。魏置牧官都尉，晉因之。自後無聞。北齊有左右牝牡、駝牛、羊等署令。後周曰典牝典牡上士、中士，又有典駝、典羊、典牛中士。

又《大理卿少卿　正　丞　主簿　獄丞　司直　評事　監》 今大理者，亦舜攝帝位，皋繇作士，正五刑，周秋官之任。秦爲廷尉，漢因之。掌刑辟，凡獄必質之朝廷，與衆共之之義也，兵獄同制，故曰廷尉。此應劭注也。顔師古曰：『廷，平也。理獄貴平，故以爲號。』景帝中元六年更名大理，武帝建元四年復爲廷尉，哀帝元壽初年復爲大理。後漢廷尉卿，凡郡國讞疑，讞，質。皆處當以報。楊賜爲廷尉，乃歎曰：『昔「三后成功，惟殷於民」，而皋繇不與焉。』蓋吝之也，遂以世非法家固辭。《漢官儀》曰：『光武時有疑獄，見廷尉曹史張禹，所問輒對，處當詳理，於是策免廷尉，以禹代之。雖越次而授，亦足以勵其臣節。』以世家爲之，而郭氏尤盛。郭躬爲廷尉。躬家世掌法，務在寬平，乃條諸重文可從輕者四十一事奏之，事皆施行，著之於令。建安中，復爲大理。鍾繇以大理爲相國。魏黃初元年，改爲廷尉。鍾毓字稚叔，爲廷尉。聽君父亡没，臣子得爲理謗；及士爲侯，其妻不復改嫁，毓所制也。歷代皆爲廷尉。梁國初建，曰大理；天監元年，復改爲廷尉。舊用黃門，後視秘書監。有正、監、平三人。元會，廷尉三官與建康三官皆法冠，玄衣朝服，以監東、西、中華門。手執方木，長三尺、方一寸，謂之『執方』。天監元年，詔建康獄依廷尉三官，置正、監、平，革選士流，視給事中，以尚書郎出爲之；冠服，廷尉三官同。陳因之。後魏亦曰廷尉。北齊曰大理寺，置卿、少卿各一人。後周有刑部中大夫，掌五刑之法，附萬人之罪，屬大司寇，亦其任也。今刑部侍郎之任。【略】

正。秦置廷尉正，漢因之。後漢一人。魏晉謂正、監、平爲廷尉三官晉廷尉三官通視南臺持書，舊尚書郎下遷。梁制，服獬豸冠，介幘，皁衣，銅印墨綬。其後皆有。【略】

丞。自晉武咸寧中，曹志上表，請廷尉置丞。宋、齊、梁並因之，後魏亦然。北齊曰大理丞，一人。【略】

主簿，自魏、晉、宋、齊、梁、陳皆有。【略】

獄丞。晉有左、右丞各一人，宋、齊因之。梁、陳置二人，後魏、北齊亦然。【略】

司直，後魏永安二年置司直十人，御史中尉高穆所奏置。視五品，隸廷尉。位在正、監上，不署曹事，唯覆理御史檢劾事。漢武已置司直，屬丞相府，非此司直。北齊、隋因之。【略】

評事。漢宣帝地節三年，初於廷尉置左、右平，員四人。宣帝詔曰：『今遣廷吏與郡鞫獄，任輕禄簿，其爲置正、平，員四人，其務平之。』涿郡太守鄭昌上言曰：『聖王立法明刑者，非以爲理救衰亂之起也。今明主躬垂明聽，不置廷平，獄將自正。若開後嗣，不若删定律令。律令定，愚民知所避就，姦吏無所弄法。今不正其本，而置廷平，以理其末，代衰聽惑，則廷平將摇權而爲亂首也』。宣帝始置左、右平，而《三輔決録》注云『何比干，漢武帝爲廷尉右平』，謬矣。後漢光武省右平，唯有左平一人，掌平決詔獄，冠法冠。魏、晉以來無左、右，而直謂之廷尉平。後魏、北齊及隋，廷尉平各一人。【略】

監。秦置廷尉監，漢有左、右監，邴吉字少卿，爲廷尉監。光武省右監，唯有左監一人。魏、晉以來無左、右，而直云廷尉監。

又《鴻臚卿少卿　丞　主簿　典客署　司儀署》 《周官》大行人掌

大賓客之禮。《周禮》又有象胥，干寶注云，若晉鴻臚也。秦官有典客，掌諸侯及歸義蠻夷。《史記》曰：『韓信亡楚歸漢，爲連敖。』徐廣注云：『連敖，典客。』。漢改爲鴻臚。應劭曰：『郊廟行禮，贊導九賓。鴻，聲也；臚，傳也。所以傳聲贊導，故曰鴻臚。』景帝中二年令：諸侯王薨，列侯初封及之國，大鴻臚奏謚、誄、策；應劭曰：『皇帝延王建諸侯，賓王諸侯，王皆屬大鴻臚。故其薨，奏其行迹，賜與謚及哀策誄之。』列侯薨及諸侯、太傅初除之官，大行奏謚、誄、策。《周禮》有大行人、小行人，主謚官，故以名之。臣瓚曰：『大行是官名，掌九儀之制，以賓諸侯者。』顔師古曰：『事之尊重者遣大鴻臚，而輕賤者遣大行人。』中六年，改大鴻臚爲大行令。武帝太初元年，更名大鴻臚，又更名其屬官行人爲大行令。其屬官又有郡邸長、丞，主諸郡之邸在京師者。至後漢省，但令郎理郡邸。秦時又有典屬國官，掌蠻夷降者。漢因之，成帝河平元年省之，併大鴻臚。王莽改曰典樂。後漢大鴻臚卿一人。諸王入朝，當郊迎，典其禮儀及郡國上計，餘職與漢同。凡皇子拜王，贊授印綬；及拜諸侯、諸侯嗣子及四方夷狄封者，臺下鴻臚召拜之；王薨，則使使弔之及拜王嗣。魏及晉初皆有之。自東晉至於宋、齊，有事則權置兼官，畢則省。梁除『大』字，但曰鴻臚卿，位視尚書左丞，常導護贊拜。《職官録》曰：『舊視散騎常侍，天監中視中丞、吏部。』後魏曰大鴻臚。北齊曰鴻臚寺，有卿、少卿各一人，亦掌蕃客朝及吉凶弔祭。後周司寇有蕃部中大夫，掌諸侯朝覲之敍；有賓部中大夫，掌大賓客之儀。【略】

丞。秦曰典客丞，漢爲鴻臚丞，蕭望之爲之。魏、晉亦然。梁、陳、後魏、北齊皆有之。後周曰賓部上士。【略】

主簿一人。

典客署。《周官》有掌客上士、中士，秦官有典客，漢改爲鴻臚。鴻臚屬官有大行令、丞。本名行人，武帝改爲大行令、丞。魏改大行令爲客館令。晉改爲典客。宋分置南、北客館令。齊、梁、陳皆有客館令、丞。後魏初曰典客監，太和中置主客令。北齊有典客署。後周置東南西北四掌客上士、下士。【略】

司儀署。《周官》有司儀上士、中士。漢大鴻臚有理禮郎，自後無聞。後魏置司儀官。北齊置署令、丞。後周置上士等員。

又《司農卿少卿　丞　主簿　上林署　太倉署　鈎盾署　導官署　苑總監　諸倉監　司竹監　温泉湯監　諸屯監　搜粟都尉等官　典農中郎將等官　籍田令》

少皞氏以九鳲爲九農正。鳲，鳥也。鳲有九種，以爲農號，各隨其宜，以教人事。舜攝帝位，命棄爲后稷，周則爲太府下大夫。秦爲理粟内史，掌穀貨。漢景帝更名大農令，武帝太初元年更名大司農。掌九穀、六畜之供膳羞者，見《宋・志》。《漢書》曰主穀貨。凡郡國諸倉、農監、都水六十五官皆屬焉。毋將崇字君房，爲執金吾。上發武庫兵送董賢及乳母，崇以爲：『武庫兵器，天下公用，繕修造作，皆度大司農錢。自乘輿不以給供養，勞賜一出少府，蓋不以本藏給末用，不以人力供私費也。』王莽改曰羲和，後改爲納言。後漢大司農掌諸錢穀金帛，劉據爲大司農，以職事被譴，靈帝召諸尚書，傳呼促步，將加捶撻。尚書令左雄奏曰：『九卿位亞三公，行有佩玉之節，動有庠序之儀。孝明永平始加撻罰，非古典也。』帝從之。九卿於此始免捶扑。郡國四時上月旦見錢穀簿，其逋未畢，各具別之。邊郡諸官請調度者，皆爲給報，損多益寡，取相給足。初，郡國鹽官、鐵官並屬司農，中興皆屬郡縣。建安中爲大農。魏黄初元年又改爲司農，晉初因之。渡江，哀帝末，省司農并都水，孝武復置。宋、齊皆有之。梁司農卿位視散騎常侍，主農功倉廩。陳因之。後魏曰大司農。北齊曰司農寺，有卿、少卿各一人，掌倉市薪米，園池果實。後周有司農上士一人，掌三農、九穀、稼穡之政令，屬大司徒。【略】

丞。秦曰理粟内史丞，有二人。漢爲大司農丞，亦二人，或謂之中丞。耿壽昌爲大司農中丞，奏設常平倉給北邊，省轉漕。又桑弘羊爲大司農中丞，管諸計會事。平帝又置大司農部丞十三人，人部一州，勸農桑。後漢司農丞一人、部丞一人，部丞主帑藏。魏、晉因之。銅印黄綬，宋、齊以來墨綬。進賢一梁冠，介幘皂衣。後魏、北齊皆有司農丞。【略】

主簿，晉太康中置，自後無聞。梁、陳又有。北齊亦然。【略】

上林署，漢水衡都尉之職。説在《都水》篇。後漢曰上林苑令、丞，主苑中禽獸；頗有人居，皆主之。魏、晉因之。江左無聞。宋初復置，隸尚書殿中曹。齊因之。梁、陳屬司農。北齊及隋亦然。【略】

太倉署。《周官》有廩人下大夫、上士，秦官有太倉令、丞。漢因之，屬大司農。後漢令主受郡國傳漕穀。其滎陽敖倉官，中興後屬河南尹。歷代並有之。晉江左以來，又有東倉、石頭倉，丞各一人。北齊亦然。後

周曰司倉下大夫。【略】

鈎盾署。漢鈎盾令，宦者，典諸近園苑遊觀之事，屬少府。後漢亦有之。晉大鴻臚屬官有鈎盾令，自後無聞。北齊如晉制。【略】

導官署。導，擇。周有春人，秦、漢有令、丞，屬少府。漢東京令、丞主春御米，及作乾糒，音備。屬大司農。歷代皆有。【略】

諸倉監。後漢河南尹屬官有滎陽穀倉長、丞。梁司農有左、中、右三部倉丞，陳因之。【略】

司竹監。漢有司竹長、丞。魏、晉河南淇園竹，各置官守之。後魏有司竹都尉。【略】

典農中郎將，典農都尉，典農校尉，並曹公置。晉泰始二年，罷農官爲郡縣，後復有之。【略】

勸農謁者，梁武帝天監九年置，視殿中御史，自騶粟以下，盡屬司農。【略】

籍田令，周爲甸師。漢文帝感賈誼之言，始開籍田，置令、丞，掌耕國廟社稷之田。春始東耕於籍田，祠先農，大賜三輔二百里孝弟力田、三老帛種。百穀收萬斛，立爲籍田館，穀皆以給祭天地、宗廟、羣臣之祀。東漢及魏闕。晉武復置，江左省。宋元嘉中又置。

又《太府卿少卿　丞　主簿　諸市署　平準署　左右藏署　常平署》

《周官》有太府下大夫，掌貢賦之貳，受其貨賄之入，頒其貨賄於受藏之府。歷代不置，然其職在司農、少府。至梁天監七年，置太府卿，位視宗正，掌金帛、府帑及關津市肆。陳因之。後魏太和中，改少府爲太府卿，兼有少卿，掌財物庫藏。王顯謂楊固曰：『吾作太府卿，庫藏充實。』固曰：『減百官之祿及贓贖悉入京藏，以此充府，未足爲多。且「有聚斂之臣，寧有盜臣」。』北齊曰太府寺，亦有卿、少卿各一人，又兼掌造器物。後周有太府中大夫，掌貢賦貨賄，以供國用，屬大冢宰。【略】

丞，於《周官》爲太府上士之任，自後無聞。梁太府丞一人，陳因之。後魏、北齊各一人。後周曰太府上士。【略】

主簿，亦《周官》太府下士之任，自後無聞。梁置一人，陳因之。後魏亦然。【略】

諸市署。《周官》有司市下大夫，掌市之理。漢京兆尹屬官有長安市長、丞。後漢則河南尹屬官雒陽市長、丞。魏、晉因之。東晉則丹陽尹管之。宋、齊因之。梁始隸太府，陳因之。後魏有京邑市令。北齊則司州牧領東西市令、丞。後周司市下大夫。【略】

平準署。《周官》有貨人中士、下士，主平定物價。秦置平準令，漢因之。掌知物價及主練染，作彩色。趙廣漢，州舉茂才，爲平準令。後漢平準令、丞隸大司農。嘉平四年，改平準爲中準，使宦者爲之，列於內署，自是諸署悉以閹人爲令、丞。魏少府屬官有平準令。宋唯掌染。順帝即位，以帝諱『準』，故曰染署。齊又曰平準，屬少府。梁、陳則曰平水令、丞。北齊平準屬司農。後周曰平準中士、下士。【略】

左、右藏署。《周官》有職幣上士、中士，掌邦財之幣；又外府中士主泉藏；有玉府掌王之金玉兵器之藏；內府中士主貨賄，藏在內也；職內上士主泉貨所入；蓋其任也。漢少府屬官有中藏府令、丞，魏因之。晉有左、右藏令，屬少府。晉江東置御史掌庫曹，後分庫曹曰外左庫、內左庫。至宋省外左庫，而內左庫直曰左庫。齊、梁、陳曰右藏。北齊曰左、右藏令，屬太府寺。後周曰外府上士、中士。【略】

常平署。漢宣帝時，耿壽昌請於邊郡皆築倉，穀賤時增價而糴，貴時減價而糶，名曰常平倉。常平之名，起於此也。後漢明帝置常滿倉。晉又曰常平倉，自後無聞。梁亦曰常平倉而不糴、糶。陳因之。後魏太和中，雖不名曰常平，亦各令官司糴貯，儉則出糶。

又　卷五七《職官考十一·少府監少監　丞　主簿　中尚、左尚、右尚、織染、掌冶等署　暴室等丞》

少府，秦官。漢因之，是爲九卿。掌山海池澤之稅，以給供養應劭曰：『山海池澤之稅名曰禁錢，以給私養，自別爲藏。少者，小也，故稱少府。』顏師古曰：『大司農供軍國之用，少府以養天子也。』天子曰少府，諸侯曰私府。漢時官有司府長，掌禁錢。後光武改屬司農也。王莽曰共工。後漢少府卿一人，掌中服御之諸物，衣服寶貨珍膳之屬。朝賀則給璧。後漢東平王蒼爲驃騎，正月朔朝，蒼當入賀。故事，少府給璧。時陰就爲少府，貴傲不奉法，漏將盡而求璧不得。蒼掾朱暉遥見少府主簿持璧，乃往紿曰：『試請睹之。』既得而馳奉之，就復以他璧朝。紿，徒改反。凡中書謁者、尚書令僕、侍中、中常侍、黃門、御史中丞以下皆屬焉。晉制，銀章青綬，五時朝服，進賢兩梁冠，絳朝服，佩水蒼玉。哀帝末，省併丹陽尹，孝武復置。宋少府領左右尚方、御府、東冶、南冶、平準等令丞。齊又加領左、右銀鍛署。梁少府爲夏卿，位視尚書左、右丞。陳因之。後魏少府謂之六卿，以少府、宗正、太僕、廷尉、司農、鴻臚爲六卿。至孝文太和中，易制官品，遂改少府爲太府。北齊無少府，其尚方等署皆隸太府。【略】

丞，漢有六人，後漢省五而有一丞，其後歷代皆一人。《山公啓事》曰：『中郎衛昱往爲少府丞，具有損益。』【略】

主簿，晉置二人，自後歷代一人。【略】

中尚署，《周官》爲玉府。秦置尚方令，漢因之。後漢主作手工作，御刀劍、玩好器物及寶玉作器。宦者蔡倫爲尚方令，監作秘劍及諸器械，莫不精工堅密，爲後代法。兩漢又有考工令，主作兵器，其職稍同。考工令作兵器，兵器成則傳執金吾入武庫；及主織綵諸雜工。初屬少府，中屬主爵，光武時屬太僕。漢末，分尚方爲中、左、右三尚，魏、晉因之。自過江，唯置一尚方，哀帝以隸丹陽尹。宋武帝踐祚，以相府作部配臺，謂之左尚方，而本署謂之右尚方，並掌造軍器。又以相府細作配臺，卽其名置令一人，隸門下。孝武大明中，改曰御府。御府，二漢已有之，典官婢作藝衣服補浣之事。魏、晉猶置其職，江左乃省焉。後廢帝初，省御府，置中署，隸右尚方。則漢之考工令如宋之尚方令，尚方令如宋中署矣。齊署左、右尚方令各一人。梁有中、左、右尚方。北齊亦有三尚方，隸太府。【略】

織染署令一人。《周禮·天官》典絲，掌受文織綵組焉，染人掌染綫帛。秦置平準令。韋昭《辨釋名》曰：『平準令主染色，染有均平之法，故準而則之。』漢因之，及主物價、練染。初，少府屬官有東織、西織，成帝省東織，更名西織爲織室。北齊中尚方領涇州雍州絲局、定州綢綾局丞。後周有司織下大夫。【略】

掌冶署。秦及漢郡國有鐵官。諸郡國出鐵者，署鐵官長、丞。晉冶令掌工徒鼓鑄，隸衛尉。江左以來，省衛尉，始隸少府。宋有東冶、南冶，各置令、丞，東冶令、丞各一人，南冶令、丞各一人。而屬少府。齊因之。江南諸郡縣有鐵者，或置冶令，或置冶丞，多是吳所置。梁陳有東、西冶。東冶重，西冶輕，其西冶卽宋、齊之南冶。北齊諸冶屬太府。後周有冶工、鐵工中士。

又《將作監少監　丞　主簿　左校　右校　甄官　中校等署令　東園主章令》　今將作，亦少皥氏以五雉爲五工正，以利器用；雉有五種，故曰五雉。唐虞共工、《周官》考工之官，蓋其職也。秦有將作少府，掌治宮室。漢景帝中元六年，更名將作大匠。後漢位次河南尹，中元二年省，以謁者領之。章帝建初元年，復置。初以任隗爲之，掌修作宗廟、路寢、宮室、陵園木土之工，幷樹桐梓之類列於道側。《後漢志》注曰：『古列樹以表道。』。魏、晉因之。江左至宋、齊，皆有事則置，無事則省。而梁改爲大匠卿，陳因之，後魏亦有之。北齊有將作寺，其官曰大匠。兼領功曹、主簿、長史、司馬等官屬。後周有匠師中大夫，掌城郭宮室之制；又有司木中大夫，掌木工之政令。【略】

丞，漢有二人，後漢一人。魏、晉因之。東晉以後，有事則置，無事則省。梁又置一人，陳因之。後魏有之。北齊四人。後周有匠師中士。【略】

主簿，晉置。自後與丞同。【略】

左、右校署。秦及漢初有左、右、前、後、中五校令，後唯置左、右校令。後漢因之，掌左、右工徒。魏併左校、右校於材官。晉左、右校屬少府。宋以後，並有左校令、丞。北齊亦有之。【略】

甄官署令、丞一人。後漢有前、後、中甄官令，屬將作。晉有甄官署，掌磚瓦之事。宋、齊、北齊、隋悉有之。

又《國子監祭酒　司業　丞　主簿　國子博士　助教　太學　廣文　四門　律學　書學　算學等博士　武學宗學附》　孫卿在齊爲三老，稱祭酒。胡廣曰：『凡官名祭酒，皆一位之元長。古者賓得主人饌，則老者一人舉酒以祭地，故以祭酒爲稱。』漢之侍中、魏之散騎常侍，功高者並爲祭酒，用其義也。公府有祭酒，亦因其名。漢吳王濞年老不朝，爲劉氏祭酒，則祭酒之名久矣。王莽以安車駟馬迎夏侯勝爲講學祭酒，勝推而不受。又漢置博士，至東京，凡十四人，而聰明有威重者一人爲祭酒，謂之博士祭酒。蓋本曰僕射，中興轉爲祭酒。魏因之。晉武帝咸寧四年，初立國子學，置國子祭酒一人。永嘉中，又置儒林祭酒，以杜夷爲之。國子，周之舊名，《周官》有師氏之職，卽魏國子祭酒。《周禮》師氏以三德、三行教國子，又有保氏而養國子以道，教之六藝也。晉介幘，皂朝服，進賢兩梁冠，佩水蒼玉。舊視侍中、列曹尚書。劉毅、嵇紹並爲此官。又袁瓌字山甫，爲國子祭酒。時屢經喪亂，禮教陵遲，瓌上疏求立學徒，帝從之。國學之興，自瓌始也。又裴顗爲祭酒時，奏立太學，起講堂，築門立，刻石以寫《五經》也。宋代若不置學，則助教唯置一人，而祭酒、博士常置也。明帝太始六年，以國學廢，初置總明觀祭酒一人，有玄、儒、文、史四科，科置學士各十人。齊高帝建元四年，有司奏置國學，祭酒准諸曹尚書，博士准中書郎，助教准南臺御史，選經學爲先，若其人難備，給事中以還明經者，以本位領。其後國諱廢學。永明三年立學，尚書令王儉領祭酒。學既建，乃省總明觀。八年，國子博士何胤單爲祭酒，疑所服，陸澄等皆不能據，遂以玄服臨試；月餘日，博議定，乃服朱衣。齊、梁號爲國師，陳、後魏亦曰國子祭酒。其初定中原，先立太學，置《五經》博士。北齊國子寺有祭酒一人。【略】

主簿，北齊置。【略】

國子博士，班固云，按六朝時往往有博士，掌通古今。又曰：博士，秦官，漢因之。漢博士多至數十人，冠兩梁。文帝時，博士朝服玄端，章甫冠。武帝建元五年，初置《五經》博士。宣帝、成帝之代，《五經》定法稍增，置博士一人。博士選有三科，高第爲尚書，次爲刺史，其不通政事，以久次補諸侯太傅。於時孔光爲博士，數使録冤獄，行風俗，以高第爲尚書。叔孫通爲博士，初制漢禮。又賈誼年二十餘，文帝召爲博士，年最少。每有詔議下，諸老生未能言，誼盡爲對之，人人各如其意。後漢博士凡十四人，《易》：施、孟、梁丘、京氏；《尚書》：歐陽、大小夏侯；《詩》：齊、魯、韓氏；《禮》：大、小戴；《春秋》：嚴、顏，各一博士。華嶠《漢書》曰：『初，欲立《左氏傳》博士。范昇以爲《左氏》淺末，不宜立。陳元聞之，乃詣闕上疏爭之，更相辯對，凡十餘上，帝卒立《左氏》學。』掌以《五經》教子弟，國有疑事掌丞問對。舊時從議郎爲博士，其通叡異藝，入平尚書，出部刺史、諸侯、守相，久次轉諫議大夫。中興高第爲侍中，小郡若都尉。士限年五十。其《督郵版狀》曰：『生事愛敬，喪没如禮。理《易》、《尚書》、《孝經》、《論語》，兼崇載籍，窮微闡奥，師事某官，經明受謝。見授門徒尚五十人以上。正席謝坐，三郡三人。隱居樂道，不求聞達。身無金痍痼疾，三十六屬，不與妖惡交通。王侯賜賞，行應四科，經任博士。』下言某官某甲保舉。順帝諱『保』，故稱『守』。安帝以博士多非其人，詔命三公、將軍、中二千石舉博士各一人，務得經明行高，卓爾茂異。是時羣僚承風，凡所旌貢，綽有餘裕。後旋復故，遂用陵遲。初，平帝元始四年，改博士爲博士師。後漢兼而存之，並擇儒者。桓榮、魯恭、戴憑等並爲博士。魏及西晉朝，博士置十九人。武帝咸寧四年，初立國子學，置國子博士一人，皆取履行精淳、通明典義，若散騎常侍、中書侍郎、太子中庶子以上，乃得召試。元帝時，荀崧上疏曰：『昔咸寧、太康、永嘉之中，侍中、常侍、黄門通洽古今、行爲世表者領國子博士。』宋、齊諸博士皆皂朝服，進賢兩梁冠，佩水蒼玉。梁國學有博士二人；天監四年，置《五經》博士各一人。魏、晉、宋、齊並不置《五經》博士，至此始置焉。舊國子學生限以貴賤，武帝欲招來後進，五館生皆引寒門儁才，不限人數。陳因之。後魏、北齊並有之。【略】

助教。晉咸寧四年，初立國子學，置助教十五人，以教生徒。江左及宋，並十人。宋制，《易》、《尚書》、《毛詩》、《禮記》、《周禮》、《儀禮》、《左傳》、《公羊》、《穀梁》各爲一經，《論語》、《孝經》爲一經，合十經，助教分掌。宋、齊並同。梁國子助教，舊視南臺御史，品服與博士同。陳因之。後魏亦有。北齊置十人。【略】

太學博士。晉江左增置國子博士十六人，謂之太學博士，品服同國子博士。梁置太學博士八人。陳因之。後魏亦然。北齊國子寺有太學博士十人。後周置太學博士下大夫六人。【略】

四門博士。《後魏書》劉芳表：『去太和二十年，立四門博士，於四門置學。按《禮記》曰「天子設四學」，鄭玄注「同四郊之虞庠也」。今以其遼遠，故置於四門。請移與太學同處。』從之。北齊二十人。【略】

律學博士，晉置，屬廷尉。衛覬奏請置律學博士，轉相教授。東晉以下因之。梁曰胄子律博士，屬廷尉。陳亦有律博士。後魏、北齊並有之。

又《軍器監丞　主簿　甲坊署　弩坊署》　後周武帝四年，初置軍器監。

又《都水使者丞　主簿　舟檝署　河渠署》　虞舜命益作虞，以掌山澤。《周官》有林衡、川衡二官，掌林麓、川澤之禁。漢武帝元鼎二年，初置水衡都尉。應劭曰：『山林之官曰衡。掌諸池苑，故稱水衡。』張晏曰：『主都水及上林苑，故曰水衡。主諸官，故曰都。有卒徒武事，故曰尉。』師古曰：『衡，平也，主平其稅也。』掌上林苑，漢趙充國以中郎爲水衡都尉，主船官也蓋主上林離宮燕休之處。王莽改曰予虞。後漢光武省之，併其職於少府。每立秋貙劉之日，輒暫置水衡都尉，貙劉，將祭大獵之名。貙，敕俱反。事訖省。初，秦、漢又有都水長丞，主陂池灌溉，保守河渠，自太常、少府及三輔等皆有其官。漢武帝以都水官多，乃置左、右使者以領之。劉向爲左都水使者是也。又《續漢・百官志》曰劉向領三輔都水。至漢哀帝，省使者官。至東京，凡都水皆罷之，併置河隄謁者。漢之水衡都尉本主上林苑，魏世主天下水軍舟船、器械。晉武帝省水衡，置都水臺，有使者一人，掌舟航及運部，而河隄爲都水官屬。元康中，復有水衡都尉。《元康百官名》及《晉起居注》曰：『陳慎、戴熊俱以都水使者領水衡都尉。』懷帝永嘉六年，胡賊入洛陽，都水使者奚濬先出督運得免。江左省河隄。諸公贊曰：『陳勰字太和，有巧思，爲都水使者。』《洛陽記》曰：『千金隄，勰所置。』宋都水使者，銅印墨綬，進賢兩梁冠，與御史中丞同。孝武帝初，省都水臺，罷都水使者，置水衡令，孝建元年復置。齊有都水臺使者一人。梁初與齊同；天監七年，改都水使者爲大舟卿，位視中書郎，列卿之最末者，主舟航河隄。陳因之。後魏初，皆有水衡都尉及河隄謁者、都水使者官；至永平二年，都水臺依舊置二使者。北齊亦置二使者。【略】

丞。漢有水衡丞五人，亦有都水丞。後漢、晉初都水使者有參軍二人，蓋亦丞之職任。宋因之。梁大舟卿有丞，陳因之。後魏、北齊又曰參軍。【略】

主簿，晉水衡都尉有之，爲左、右、前、後、中五水衡令，悉皆有之。梁大舟卿亦有之。【略】

舟檝署令。漢主爵中尉屬官有都船令、丞，水衡都尉有檝櫂令、丞。晉曰船曹吏。齊曰官船典軍。後周曰舟中士。

又　卷六〇《職官考十四・六院四轄・檢院》　周置大司寇。南梁武帝天監元年，詔於公府置。

清・汪士鐸《南北史補志未刊稿・職官志第二・職官》　九寺卿。夏制九卿，殷亦九卿。周之九卿卽少師、少傅、少保、冢宰、司徒、宗伯、司馬、司寇、司空。漢以太常、光禄勳、衛尉、太僕、廷尉、大鴻臚、宗正、大司農、少府謂之九寺太卿。後漢九卿而分屬三司。太常、光禄勳、衛尉，三卿並太尉所部，太僕、廷尉、大鴻臚三卿並司徒所部，宗正、大司農、少府三卿並司空所部。多進爲三公，各有署曹掾史，隨事爲員。九卿有疾，使者臨問，加賜錢布。魏九卿與漢同。晉以太常等九卿兼將作大匠。太后三卿大長秋皆爲列卿，各置丞、功曹、主簿五官等員。太康四年，增九卿禮秩。宋、齊及梁初皆因舊制，而無卿名。宋鄉尹皆銀章青綬，進賢兩梁冠，佩水蒼玉。衛尉則武冠。晉服制以九卿皆文冠，乃進賢兩梁冠非舊也。

梁武帝天監七年五月，以太常爲太常卿，加置宗正卿，以大司農爲司農卿，三卿是爲春卿，加置太府卿，以少府卿加置太僕卿，三卿是爲夏卿；以衛尉爲衛尉卿，廷尉爲廷尉卿，將作大匠爲大匠卿，三卿是爲秋卿；以光禄勳爲光禄卿，大鴻臚爲鴻臚卿，都水使者爲大舟卿，三卿是爲冬卿；凡十二卿，皆置丞及功曹主簿。後魏又以太常光禄勳、衛尉謂之三卿，太僕、廷尉、大鴻臚、宗正、大司農、少府爲六卿，各有少卿。北齊以太常、光禄、衛尉、宗正、太僕、大理、鴻臚、司農、太府是爲九寺，置卿、少卿、丞各一人，各有功曹、五官主簿、録事等員。【略】

其一曰太常寺卿。太常者，秩宗典樂之任也。周曰宗伯爲春官，掌邦禮，秦改曰奉常。漢景帝六年，初曰太常。應劭曰：欲令國家盛太常存，故稱太常。後漢秩與漢同。每祭祀前奏其禮儀及行事，贊天子每選試博士，奏其能否。大射、養老、大喪皆具禮儀，每月前晦察行陵廟助祭，則平冕七旒，漢舊常以列侯忠孝、敬愼者居之。後漢不必侯也。舊制陵縣悉屬歲舉孝廉，後漢則否。建安中爲奉常。魏黄初元年，改爲太常。魏、晉皆銀章青綬，進賢兩梁冠，絳朝服，佩水蒼玉，宋、齊皆有之，舊用列曹尚書好遷選曹尚書領護。梁視金紫光禄大夫，陳因之。後魏爲上卿兼置少卿官。北齊曰太常寺，置卿及少卿、丞各一人，掌陵廟羣祀、禮樂儀制、天文、術數、衣冠之屬。後周建六官，置大宗伯卿一人，是爲春官。隋曰太常，與北齊同，煬帝加置少卿二人，梁屬官又有乘黄、北館、典客館等令、丞，及陵監國學等，又置總章校尉，監掌故，樂正之屬以掌樂事，又改陵監爲令。

丞。秦置，一人。漢多以博士、議郎爲之。後漢凡諸丞皆掌行禮及祭祀小事，總署曹事，舉廟中非法，皆銅印墨綬，進賢兩梁冠。歷代皆有。南齊丞一人，五官、功曹、主簿、九府、九史皆然。梁舊用員外郎遷尚書郎。天監七年，改視尚書郎。陳因之。後魏、北齊亦有之。【略】

主簿。漢鹵簿制，太常駕四馬，主簿前車八乘，魏晉亦有焉。梁天監七年，十二卿各置主簿一人。陳因之。北齊有功曹、五官、主簿二人。

【略】

博士。秦有數十人，二漢博士掌以五經教子弟，後之國子博士任也。魏文帝置，以掌引導乘輿，議定王公以下之謚，端委佩玉，朝之大典必於詢度，晉、宋以來皆有。

太祝。殷官與太宰等官爲六太，《周官》太祝、下大夫二人，上士四人，掌六祝之辭，以祈福祥。秦漢有太祝令、丞，後漢亦曰太祝令、丞。晉、宋齊、梁、陳、後魏皆因之。北齊掌郊廟、贊祝、祭祀、衣服等事。後周依《周官》。【略】

太史令一人。丞一人。掌三辰時日、祥瑞、妖災，歲終則奏新曆。太史，三代舊官，周氏掌建邦之六典，正歲年以序事，頒朔於邦國。又有馮相氏，掌天文次序，保章氏，掌天文。今之太史，則幷周之太史、馮相、保章三職也。漢西京曰太史令，東京有二丞，其一在靈臺。梁有靈臺丞，北齊掌天文、地動、風氣色、律曆、卜筮，統靈臺、太卜二局丞。

理事郎。漢大鴻臚有理禮郎四十七人。晉理禮郎四人，屬太常令。後魏理禮郎四人。北齊有奉禮郎三十人，屬鴻臚寺之司儀署。後周有理禮中士、下士各一人。【略】

協律郎。漢曰協律都尉，李延年爲之。後漢亦有之，魏杜夔亦爲之，晉改爲協律校尉，梁因之。後魏有協律郎，又有協律中郎。北齊二人。【略】

大樂署。《周官》有大司樂，掌成均之法，亦謂之樂尹，以樂舞教國子。《左傳》：楚鍾建爲樂尹，即大司樂也。秦漢奉常屬官有太樂令及丞，少府屬官幷有樂令、丞。後漢永平三年，改太樂爲太予樂令，掌伎樂人，凡國家祭饗，掌諸奏樂。盧植《禮》注云：太予令，如古大胥，漢大樂律，卑者之子不得舞宗廟之酎，除吏二千石到六百石，按關内侯到五大夫子，取適子高五尺以上、年十二到三十，顏色和順，身體循禮者，以爲舞人也。魏復曰太樂令、丞，晉亦有之。宋太樂令一人，丞一人，掌凡諸樂事。齊銅印墨綬，進賢一梁冠，絳朝服。齊大樂及諸陵令，永明末置，用二品、三品勳子，置主簿、户曹，六品保舉。梁、陳因之。後魏置太樂博士。北齊曰太樂令、丞，掌諸樂及行禮節奏，兼領清商部丞。後周有大司樂，掌成均之法，保定四年，改爲樂部，有上士、中士。【略】

鼓吹署。《周禮》有鼓人，掌六鼓、四金之音。後漢有承華令，典黄門鼓吹，屬少府。晉置鼓吹令、丞，屬太常。元帝省大樂幷鼓吹，哀帝復省鼓吹而存大樂。梁有鼓吹令、丞，又有清商署丞。北齊鼓吹令、丞，掌百戲鼓吹樂人等事，兼領黄户局丞，管樂人衣服及清商部，並屬太常。【略】

郊社令。《周官》有典祀，掌以時祭祀。秦漢有太祝令、丞，屬奉常，景帝改爲祠祀，武帝更曰廟祀，後漢祠祀屬少府。魏、晉有太祝令、丞，宋曰明堂令、丞，掌祀五帝之事。齊有太祝及明堂二令。梁大同二年六月，明堂、太社二令改視散騎侍郎，並屬太常。北齊太廟令掌郊廟社稷，兼領郊祀、崇虚二局丞。郊祀掌五郊羣神，崇虚掌五嶽四瀆神祀，及天下道士簿帳。後周有司郊上士、中士，司社中士、下士。【略】

明堂令一人，丞一人。丞，漢東京初置。令，宋世祖大明六年八月置，《南史》作『清臺令』。

諸陵署。漢有諸陵園寢官屬。太常長陵令秩二千石，爲高祖陵也，故尊其秩。元帝永光元年，分諸陵邑屬三輔。《史記》曰：司馬相如爲孝文園令。後漢每陵園令各一人，掌按行掃除。丞及校長各一人，校長主戒賊盜。晉、宋皆曰令。永初元年，置晉諸陵守衛，而宋每陵令各一人。齊永明末，置用二品、三品勳，有主簿、户曹各一人。六品保舉。梁初爲監。天監七年六月，改爲令。大同二年六月，改視散騎侍郎。梁以下皆有之。武定二年十一月，有司奏：『齊獻武王勳高德重，禮絶羣辟。昔霍光陵邑亦置長丞主陵，今請置長一人，丞一人，錄事一人，户曹史一人，禁備史一人，侍一人，皆降帝陵官品一等，其侍依舊。』詔可。

太廟令。漢有諸廟寢園令、長丞。《宋·志》曰：漢西京曰長，東京曰令。晉有太廟令。宋太廟令一人，丞一人，領齊郎二十四人，齊、梁以下皆有，後魏有太常、齊郎。《漢書》曰：田千秋爲高廟寢郎。舊屬太常。【略】

太卜署。殷官有太卜爲六太。《周官》太卜，掌三兆之法。秦漢有太卜令。後漢幷于太史。自後無聞。後魏有太卜博士。【略】北齊太史領太卜局丞。後周有太卜、大夫、小卜、上士、龜占、中士。【略】

廩犧署。《周禮》有牧人，掌牧六牲以供祭祀。秦漢内使左馮翊廩犧令、丞，並掌犧牲鴈鶩，後屬大司農。後漢河南尹屬官有廩犧丞。魏、晋、宋無之。齊、梁、陳、後魏、北齊、隋令、丞各一人。

北齊太常。又統諸陵、掌守衛山陵。衣冠、掌冠幘舄履。【略】太宰、掌神祀烹宰。等署令、丞。【略】

南齊太常。統博士、國子監、總明觀、太廟、太祝、明堂、太史、廩犧、太樂，各令、丞一人，及諸陵令，各有職吏。

二曰光禄寺卿。秦有郎中令，主郎内諸官，故曰郎中令。掌宫殿掖門户。漢因之。石建爲郎中令，奏事，事已下，建省讀驚曰書，馬者與尾而五，今乃不足獲譴死矣。其謹慎如此。至武帝太初元年，更名光禄勳。應劭曰：光，明也。禄，爵也。勳，功也。如淳曰：勳之言閽也。閽，古主門之官。光禄卿者，所以專主宫門之故也。後漢曰光禄勳，所掌同典三署郎，更直執戟宿衛，考其德行而進退之。漢東京三署郎有德應四科者，歲舉茂才二人、德行二人，及三署郎罷省，光禄勳，猶依舊舉四行衣冠子弟以充之。郊祀之事，掌三獻。光禄勳居禁中，如宋之殿中御史也。有獄在殿門外，謂之光禄外部。兩漢自光禄、太中、中散、諫議等大夫，及謁者僕射、羽林郎、郎中、侍郎、五官、武賁、左右等中郎將，奉車、駙馬二都尉，車、户、騎三將，如淳曰：主車曰車郎，主户衛曰户郎。並屬光禄勳。建安末，復改光禄勳爲郎中令。魏黄初元年，復爲光錄勳。東晋哀帝興寧二年，省光禄勳，並司徒。孝武寧康元年，復置。自魏晋以後，無復三署郎，而光禄不復局禁中，唯外官朝會則以名到焉。二臺奏劾，則符光禄加禁止解禁止，亦如之。禁入殿省光禄主殿門故也。其宫殿門户至宋文猶屬焉。宋曰光禄勳，一人。梁除。勳字，謂之『光禄卿』，卿舊視列曹尚書。天監中，視太子中庶子，職與漢同，統守宫黄門、華林園、暴室等令。後魏又置少卿，北齊曰光禄寺，置卿、少卿，兼掌諸膳食、帳幕器物。【略】

丞。漢二人，多以博士、議郎爲之。後漢一人，魏、晋、宋因之。銅印黄綬，梁、陳視員外郎。後魏、北齊並有之。【略】

主簿。漢置，晋、宋、齊、梁、陳並有之。北齊曰功曹、五官、主簿。【略】

謁者臺。謁者，僕射一人，掌凡吉凶、公事、相導、禮儀、大拜授及百官班次，領謁者十人。謁者掌小拜授及報章，蓋秦官也。謁，請也。應氏《漢官》曰：堯以試舜，賓於四門，是其職也。秦世謁者七十人，漢因之。《後漢·百官志》：謁者僕射，掌奉引。和帝世，陳郡向熙爲謁者僕射，贊拜殿中，音動左右。又有常侍謁者五人，謁者則置三十五人，半減西京也。二漢並隸光禄勳。魏世置謁者十人。晋武帝省僕射，以謁者隸蘭臺。江左復置僕射。後又省。宋世祖大明三年十二月，復置，秩比千石。齊僕射一人。梁謁者臺僕射一人，掌朝覲賓饗之事。屬官謁者十人，掌奉詔出使，拜假朝會，擯贊高功者一人，爲假史，掌差次謁者。北齊僕射二人，謁者三十人，録事一人，隋謁者臺大夫一人，從四品，五年改爲正四品。掌受詔勞問，出使慰撫，持節察授，及受冤枉而申奏之。駕出，對御史，引駕，置司朝謁者二人，以貳之。從五品。屬官有丞一人，主簿、録事各一人，通事謁者二十人，從六品。即内史、通事舍人職也。議郎二十四人，通直三十六人，將事謁者三十人，謁者七十人，皆掌出使。其後廢議郎、通直、將事謁者，謁者等員，而置員外郎八十員。尋詔門下、内史、御史、司隸、謁者五司監受表以爲恒式，不復專謁者矣。然又置散騎郎從五品。二十人，承議郎、正六品。通直郎從六品。各三十人，宣德郎正七品。宣義郎從七品。各四十人，徵事郎、正八品。將仕郎、從八品。常從郎、正九品。奉信郎從九品。各五十人，爲正員，並得禄當品，又各有散員郎，無員無禄，尋改常從爲登仕，奉信爲散從，散騎已下皆主出使，量事大小，據品以發之。

太官署令丞。於《周官》爲膳夫、庖人、外饔，中士、下士，蓋其任也。秦爲太官令、丞，屬少府。兩漢因之。桓帝延熙元年，使太官令得補二千石。魏亦屬少府，晋屬光禄勳。宋置令一人，丞一人。齊亦屬侍中。梁門下省領太官。陳因之。後魏分太官爲尚食、中尚食、知御膳，隸門下省，而太官掌百官之饌，屬光禄卿，北齊因之。後周有典庖、中士、内膳、中士。【略】

珍羞署令丞。於《周官》有籩人，蓋其任也。後漢少府屬官有甘果丞，主膳具。晋太官令有餳官、果官吏各二人，自後無聞。北齊餚藏令掌器物鮭味。後周有餚藏中士、下士。【略】

良醖署令丞。於《周官》有酒正中士、下士，掌酒之政令。後漢湯官丞，主酒，屬少府。晋有酒丞一人。齊食官局有酒吏。梁曰酒庫丞。北齊有清漳令、丞，主酒。後周如古周之制。【略】

南齊統左、右光禄、光禄、太中、中散五大夫。

北齊光禄寺，又統守宫、掌張設。宫門、主門籥。供府、主供御衣服玩弄。清漳、主酒，歲二萬石，春秋中半。華林主禁籞林木。等署，宫門署立僕射六人司其事，餘各有令、丞，又領東園局丞，掌凶事。【略】

三曰衛尉寺卿。掌宫城管鑰之事。衛尉，秦官，掌門衛屯兵。漢因之。景帝初，更名中大夫令。後元年，復爲衛尉。又有長樂、建章、甘泉衛尉，皆掌其宫。其職略同，而不常置。後漢有衛尉卿一人，職與漢同。晉銀章青綬，五時朝服，武冠，佩水蒼玉，掌冶鑄，領冶金。凡領冶令三十九户五千三百五十冶在江北，而江南唯有梅根及冶塘二冶，皆屬揚州，不屬衛尉。晉江左不置衛尉。宋孝武復置，一人，南齊掌宫城管鑰，後漢張衡《西京賦》曰：衛尉八屯，以驚夜巡，置南齊宫城，諸卻敵樓上本施鼓持夜者，以應更唱。高帝以鼓多醫眠，遂改以鐵磬。梁衛尉卿位視侍中，職與漢同。卿每月、丞每旬行宫徼，糾察不法。又有宏訓衛尉，亦立屬官。陳因之。後魏亦有之。北齊爲衛尉寺，有卿及少卿，各一人，統城門寺，置校尉二人，主宫殿城門、倉庫管籥。【略】

丞。秦漢多以博士、議郎爲之。後漢一人，魏、晉並同，宋孝武增置一人，齊一人，梁亦有之，後魏、北齊並有。【略】

主簿。一人，漢衛尉駕四馬，主簿前車以乘，晉有衛尉、主簿二人，宋、齊、梁陳因之。北齊、隋亦有二人。

守宫署。漢有守宫令、丞，掌御紙筆墨，及諸財用幷封泥之事，屬少府。晉及北齊屬光禄勳。北齊守宫令掌張設之事，梁、陳屬大匠卿，【略】北齊又統公車、武庫、衛士主京城諸門兵。等署令。武庫又有修故局丞。主匠修故甲。【略】

四曰宗正寺。《周官》少宗伯，掌三族之别以辨其親疎。秦置宗正，掌親屬。漢因之，更以敍九族。平帝元始四年，更名宗伯。五年，又於郡國置宗師，以糾皇室親族世氏致教訓焉。選有德義者爲之，有冤失職者，宗師得因郵亭書宗伯，請以聞，帝以正月賜宗伯帛十疋。王莽併宗伯、秩宗。後漢曰宗正正卿一人，掌序錄王國嫡庶之次，及諸皇室親屬遠近。郡國歲因計上皇族名籍，若有犯法當髡以上，先上諸宗正，宗正以聞，乃報決。兩漢皆以皇族爲之，不以他族。魏亦然。晉兼以庶姓。咸寧三年，又置宗師，以扶風王亮爲之，使皇室戚屬奉率德義，所有施行必令諮之。東晉省之，屬太常。宋、齊不置宗正。梁天監七年，復置之，視列曹尚書，主皇室外戚之籍，以皇族爲之。陳因之。後魏有宗正卿、少卿。北齊太宗正寺，掌宗室屬籍，統皇子王國、諸王國、諸長公主家。後周有宗師中大夫，屬大冢宰。【略】

丞。漢亦用皇族，後漢一人，歷代皆有之。至隋有二人。主簿，梁置，陳、北齊、隋皆有。

崇玄署令。一人。初，後魏天興二年，置仙人博士，掌煑錬百藥。北齊置昭玄等寺，掌諸佛教，有大統一人，統一人，都維那三人，兼置功曹、主簿等員，以管諸州縣沙門之法。後周置司寂上士、中士，掌法門之政，又置司員中士、下士，掌道門之政。【略】

宗師。後魏宗室立宗，總如州之中正也。

五曰太僕寺。《周官》有太僕下大夫，掌正王之服位出入，王之大命似今太僕之職，一云周穆王置太僕正，以伯冏爲之，掌輿馬。秦因之。在《周官》，則校人掌馬、巾車掌車，及置太僕，兼其任也。漢初，夏侯嬰常爲之領五監。龍馬、閑駒、橐泉、駒駼、承華五監，各有長、丞。六廐皆有令，或曰六廐，謂未央、承華、駒駼、龍馬、輅軨六廐也。馬皆萬匹。王莽改太僕爲太御。後漢太僕與漢同，亦掌軍馬。天子每出奏駕，一鹵簿用大駕，則執馭。初，漢西京置六廐，東京約省，唯置一廐。魏因之。晉初有之，銀章青綬，五時朝服，進賢兩梁冠，佩水蒼玉，領典牧、乘黄、驊騮、龍馬等廐令。自元帝過江之後，或置或省，太僕既省，故驊騮廐爲門下之職。晉、宋以來，不常置，郊祀則權置太僕，執轡事，畢則省。齊亦然。梁太僕卿位視黄門侍郎，統南馬牧、左右牧龍廐、内外廐丞。又有宏訓太僕，亦立官屬。陳因之。後魏兼置少卿一人。北齊，掌諸車輦、馬牛、畜産之屬，統驊騮、掌御馬及諸鞍乘。左右龍、左右牝、掌駝馬。駝牛、掌飼駝騾驢牛。司羊、掌諸羊。乘黄、掌諸輦輅。車府掌諸雜車。等署令、丞。驊騮署，又有奉承、直長二人，左龍署有左龍局，右龍署有右龍局，左牝署有左牝局，右牝署有右牝局，駝牛署有典駝、特牛、牸牛三局，司羊署有特羊、牸羊局，諸局並有都尉寺，又領司訟、典腊、出入等三局丞。後周如古周。【略】

丞。秦漢有兩人，後漢一人，魏晉因之。東晉或省或置。梁有丞，陳因之。後魏、北齊丞一人【略】。

主簿。梁立一人，北齊亦一人。【略】

乘黃署。後漢太僕有未央廄令。魏改爲乘黃廄。乘黃，古之神馬，因以爲名乘。黃，亦名飛黃，背有角，日行萬里。《淮南子》云：天下有道，飛黃伏皁，一名神皇，獸名。龍翼馬身，黄帝乘而仙。晉以下因之。宋一人，屬太常，銅印墨綬，進賢一梁冠，絳朝服，歷代皆有，悉掌乘輿車及安車諸馬。齊令一人，掌五輅、安車、大行、凶器、轀輬車。

典廄署。於《周官》有校人、圉師、趣馬，掌十二閑之馬。漢西京太僕有龍馬長，東京有未央廄令。丞，掌輿及宮中之馬。魏爲驊騮廄，晉有驊騮龍馬二廄。自宋已後，分驊騮廄屬門下。梁太僕有龍廄，及内外等廄。陳因之。北齊有驊騮、左右龍等署。後周有左、右廄，各上士一人。【略】

典牧署。於《周官》牧師下士四人，掌牧馬而頒之。秦漢邊郡置六牧師令。魏晉以下因之。【略】

諸牧監。漢太僕有牧師諸苑三十六所，在北邊、西邊，以郎爲苑監官。魏置牧官都尉。晉因之。自後無聞。北齊有左、右牝牡駝牛羊等署令。後周曰典牝、典牡上士、中士。又有典駝、典牛、典羊中士。【略】

六曰大理寺卿。大理者，皋繇作士正五刑。《韓詩外傳》曰：晉文公使李離爲大理。《新序》曰：楚昭王時，石奢爲大理。秦爲廷尉。漢因之。掌刑辟，凡獄必質之朝廷，與衆共之之義也。兵獄同制，故曰廷尉。景帝中元六年，更名大理。武帝建元四年，復爲廷尉。哀帝元壽二年，復爲大理。後漢復爲廷尉卿，凡郡國讞疾皆處當以報。魏以世家爲之，而郭氏尤盛。建安中復爲大理。黄初元年，改爲廷尉。鍾毓字稚叔，爲廷尉，聽君父亡没，臣子得爲理謗，及士爲侯，其妻不得改嫁，毓所制也。歷代皆爲廷尉。宋大明三年三月，復置廷尉監。梁國初建，曰大理。天監元年，復改爲廷尉。舊用黄門，後視秘書監，有正、監、平三人，元會廷尉三官，與建康三官皆法冠、玄衣、朝服，以監東、西中華門，手執方木，長三尺，方一寸，謂之執方。陳因之。後魏亦曰廷尉。北齊曰大理寺，置卿、少卿各一人。後周有刑部中大夫，掌五刑之法，附萬人之罪，屬大司寇，亦其任也。【略】

正。秦置廷尉正。漢因之。後漢一人。魏晉謂正、監、平爲廷尉三官。宋一人。齊同。其後皆有。北齊一人。【略】

丞。晉武咸寧中，曹志上表，請廷尉置丞。宋一人，齊、梁並因之。後魏亦然，北齊曰大理丞一人。【略】

主簿。魏、晉、宋、齊、梁、陳皆同。

獄丞。晉有左、右丞各一人。宋、齊因之。梁、陳置二人，後魏亦然，北齊獄丞及掾各二人。【略】

司直。後魏永安二年，置司直十人，視五品，隸廷尉，位在正、監上，不署曹事，唯覆理御史檢劾事。北齊司直、明法各十人。【略】

評事。漢宣帝地節三年，初於廷尉置左右平員四人，後漢光武省右平唯有左平一人，掌平決詔獄冠法冠魏晉以來無左右，而直謂之廷尉評。宋、齊一人，後魏、北齊及隋廷尉評各一人。【略】

監。秦置廷尉監。漢有左右監。光武省右監，唯有左監一人。魏晉以來無左右，而直云廷尉監。宋元嘉二十九年省，而大明三年三月置一人，齊、北齊一人，【略】正監平並以下官禮敬廷尉卿正監，宋秩千石，評六百石。律學博士晉置。沈約云：魏武初建魏國置。屬廷尉衛覬奏請律學博士轉相教授。東晉以下因之。宋、齊一人。梁天監四年二月置冑子律博士，位視員外郎屬廷尉，陳亦有律博士，後魏、北齊四人，【略】又有明法掾二十四人，【略】檻車督二人，獄掾十人。【略】

七曰鴻臚寺卿。《周官》大行人，掌大賓客之禮。《周禮》又有象胥。干寶注云：若晉鴻臚也。秦官有典客，掌贊導拜授諸王、諸侯及歸義蠻夷。《史記》曰：韓信亡楚歸漢，爲連敖。徐廣注云：連敖，典客。漢改爲鴻臚。應劭曰：郊廟行禮，贊導九賓。鴻，聲也。臚，傳也。所以傳聲贊導，故曰鴻臚。景帝二年，令諸侯王薨，列侯初封，及之國，大鴻臚奏謚誄策。應劭曰：皇帝廷諸侯，王賓王諸侯，皆屬大鴻臚，故其薨奏其行迹，賜與謚及哀策誄文。列侯薨，及諸侯太傅初除之官，大行奏謚誄策。《周禮》有大行人、小行人，主謚官，故以名之。臣瓚曰：大行是官名，掌九儀之制，以賓諸侯者。顔師古曰：事之尊重者遣大鴻臚，而輕賤者遣大行人。中六年，改大鴻臚爲大行令。武帝太初元年，更名大鴻臚。鴻，大也。臚，陳也。又更名其屬官行人爲大行令，其屬官又有郡邸長、丞，主諸郡之邸在京師者。後漢省，但令郎理郡邸。秦時又有典屬國官，掌蠻夷降者。漢因之。成帝和平元年，省之，並大鴻臚，王莽改曰典樂。後漢大鴻臚卿一人，諸王入朝當郊迎，典其禮儀，及郡國上計，餘職與漢同。凡皇子拜王，贊授印綬，及拜諸侯、諸侯嗣子，及四方夷狄封者，臺下鴻臚召拜之。王薨，則使弔之，及拜嗣王。魏及晉初皆有之。自東晉至于宋、齊省。有事則權置，兼官畢則省。齊將作太僕同。梁除大字，但曰鴻臚卿，位視尚書左丞，掌導護贊拜。《職官録》曰：舊視散騎常侍。天監中，視中丞吏部。後魏曰大鴻臚。北齊曰鴻臚寺，有卿、少卿各一人，亦掌蕃客朝會吉凶弔祭。後周司寇有蕃部中大夫，掌諸侯朝覲之敍，有賓部中大夫，掌大賓客之儀。【略】

丞。秦曰典客丞，漢爲鴻臚丞，魏晉亦然。梁陳、後魏、北齊皆有之。後周曰賓部上士。【略】

主簿。一人。

典客署。《周官》有掌客上士、中士，秦官。有典客。漢改爲鴻臚，屬官有大行令、丞。魏改大行令爲客館令。晉改爲典客。宋分置南、北客館令。齊、梁、陳皆有客館丞，掌令四方賓客。後魏初曰典客監。太和中，置主客令。北齊有典客署，有京邑薩甫二人，諸州薩甫一人。後周置東南西北，四掌客上士、下士。【略】

典寺署。北齊立，又領僧祇部丞一人。

司儀署。《周官》有司儀上士、中士。漢大鴻臚有理禮郎。自後無聞。後魏置司儀官。北齊置署令、丞，有奉禮郎三十人。後周置上士等員。【略】

八曰司農寺卿。昔少皞以九鳩爲九農正。舜攝帝位，命棄以爲后稷。周則爲太府下大夫。秦爲治粟内史，掌穀貨。漢景帝後元年，更名大農令。武帝太初元年，更名大司農，掌九穀六畜之供膳羞者，凡郡國諸倉農監、都水六十五官皆屬焉。後漢大司農，掌諸錢穀、金帛。郡國四時上月旦見錢穀，薄其逋未畢，各具列之。邊郡諸官請調度者，皆爲給報損多益寡，取相給足。初，郡國鹽官、鐵官並屬司農，中興皆屬郡縣。建安中，爲大農。魏黄初元年，又改爲司農。晉初因之。渡江哀帝末，省司農幷都水，孝武復置。宋大明四年十一月，立大司農，一人。齊亦有之。梁司農卿，位視散騎常侍，主農功倉廩。陳因之。後魏曰大司農，北齊曰司農寺，有卿、少卿各一人。掌倉市、薪菜、園池、果實。後周有司農上士一人，掌三農九穀稼穡之政令，屬大司徒。【略】

丞。秦曰理粟内史，丞有二人，漢爲大司農丞，亦二人，或謂之中丞平常，又置大司農部丞十三人，人部一州勸農桑，後漢司農丞一人，部丞一人。晉、魏、宋、齊因之。一人，銅印黄綬，進賢一梁冠介幘阜衣。後魏、北齊皆有司農丞。【略】

主簿。晉太康中置，後無聞。梁、陳、北齊皆有。

勸農謁者，位視殿中御史。梁天監九年置。

太倉署。《周官》有廩人，下大夫、上士。秦官有太倉令，丞。漢因之。屬大司農，後漢令主受郡國，傳漕穀其滎陽，敖倉官中興，皆屬河南尹。宋令、丞各一人，齊同。歷代並有之，晉江左以來。又有東倉、石頭倉、丞各一人，北齊亦有。後周曰司倉下大夫。【略】

上林署。漢，水衡都尉之職。後漢曰上林苑令、丞，主苑中禽獸，頗有人居，皆主之。魏、晉因之。江左無聞。宋初復置，隸尚書殿中曹。齊因之，令、丞各一人，梁、陳屬司農。北齊及隋亦然。

鉤盾署。漢鉤盾令，官典諸近園苑遊觀之事，屬少府。後漢亦有之。晉大鴻臚屬官有鉤盾令，自後無聞。北齊如晉制，別領大囿、上林、遊獵、柴草、池藪、苜蓿等六部丞。【略】

導官署。周有舂人。秦漢有令丞，屬少府。漢東京令、丞主舂御米，及作乾糒，屬大司農。齊令、丞各一人，歷代皆有之。宋導官令一人，丞一人，掌舂御米，漢東京置導擇也。擇米，令精也。

北齊又領御細部麴麫部典庫部等倉督員。【略】

苑總監。梁司農卿，統樂游苑，北面總監。【略】

諸倉監。後漢河南尹屬官有滎陽穀倉長丞。梁司農有左、中、右三部倉丞，陳因之。北齊統梁州石、濟二水次倉。【略】

司竹監。漢有司竹長丞。魏、晉河南淇園竹，各置官守之。後魏有司竹都尉。【略】畿内者屬司農，外屬諸州。

籍田令一人，丞一人。掌耕宗廟、社稷之田，於周爲甸師。漢文帝初立籍田，置令、丞各一人。漢東京及魏，並不置。晉武太始十年，復置。

江左省。宋太祖元嘉中，又置。齊令、丞各一人。

典農中郎將。

典農都尉。北齊有典農署令、丞，別領山陽、平頭、督亢等三部丞。【略】並曹公置。晉武帝太始二年，罷農官爲郡縣，後復有之。【略】

勸農謁者。梁武天監九年置，視殿中御史，自騶粟以下盡屬司農，後並無。【略】

九曰太府寺卿。《周官》有太府下大夫，掌貢賦之貳，受其貨賄之入，頒其貨賄于受藏之府。歷代不置，然其職在司農少府。至梁天監七年，置太府卿，位視宗正，掌金帛府帑，及關津太倉南北市肆。陳因之。後魏太和中，又改少府爲太府卿，兼有少卿，掌財物庫藏。北齊曰太府寺，亦有卿、少卿，各一人，掌金帛府庫造器物。後周有太府中大夫，掌貢賦貨賄，以供國用，屬大冢宰。【略】南齊無太府，而少府統左右尚方、東冶、南冶、平準令、丞各一人，又統鍛署御府上林等署。

少府監。秦官。漢因之。位九卿，掌山海池澤之稅，以給供養。應劭曰：山海池澤之稅，名曰禁錢，以給私養，自別爲藏。少者，小也。故稱少府。顔師古曰：大司農供軍國之用，少府以養天子也。天子曰少府，諸侯曰私府。漢時官有私府長，掌禁錢。後光武改屬司農也。王莽曰共工。後漢少府卿一人，掌市服御之諸物、衣服、寶貨、珍膳之屬，朝賀則給璧。凡中書謁者、尚書令僕射、中常侍、黃門、御史中丞以下皆屬焉。晉制，銀章青綬，五時朝服，進賢兩梁冠，絳朝服，佩水蒼玉。哀帝末省并陽尹，孝武復置。宋少府領左右尚方，御府、東冶、南、冶平準等令一人，丞一人。齊同，又加領左、右銀鍛署。梁少府爲夏卿，位視尚書左丞，置材官將軍左、中、右尚方，甄宫平水署。南塘邸稅庫東西冶、中黃、細作、炭庫、紙官、柴署等令、丞。陳因之。後魏少府謂之六卿，至孝文太和中，易制官品，遂改少府爲太府。北齊無少府，其尚方等署皆隸太府。【略】

中尚署。《周官》爲玉府。秦置尚方令，漢因之。後漢主作手工作御刀綬劍玩好器物，及寶玉作器。宦蔡倫爲尚方令，監作秘官器械，莫不精工，堅密爲後代法。兩漢太僕屬官。又有考工令，主作兵器、弓弩、刀鎧之屬，其職稍同。考工令作兵器，兵器成，則傳執金吾入武庫，及主織綵諸雜工，初屬少府，中屬主爵。光武時屬太僕。漢末分尚方爲中、左、右三尚方。魏、晉因之。自過江唯，置一尚方。哀帝以隸丹陽尹。宋隸少府。武帝踐祚，以相府作部，配臺，謂之左尚方，而本署謂之右尚方，並掌造軍器，置左、右尚方令、丞各一人，又以相府細作配臺卽其右置令一人，丞二人，隸門下。孝武大明四年十一月，改曰御府，置令、丞各一人，御府，二漢已有之，典官婢作褻衣服、補浣之事。魏、晉猶置其職。江左乃省焉。後廢帝初，省御府，置中署，隸右尚方，則漢之考工令如宋之尚方，令尚方令如宋中署矣。齊置左、右尚方令各一人。梁有中、左、右尚方。北齊亦有三尚方，隸太府。左尚方領別局、樂器作三局丞，中尚方領別局、涇州、雍州絲局、定州紬綾局四局丞，右尚方領別局丞。【略】

丞。《周官》爲太府上士之任。自後無聞。梁立丞一人，陳因之。後魏、北齊各一人，後周曰太府上士。【略】漢六人，後漢一人，歷代同。【略】主簿，亦太府下士之位，後無聞。梁置一人，陳、後魏同。【略】少府主簿亦有二人，自後一人。

諸市署。《周官》有司市下大夫，掌市之理。漢京兆尹屬官有長安市長丞。後漢則河南尹屬官雒陽市長、丞。魏晉因之。東晉則丹陽尹管之。宋、齊因之。梁始隸大府，陳因之。後魏有京邑市令，北齊則司州牧領東西市令丞。後周有司市下大夫。【略】

鍛署丞。一人，南齊立。永明三年省，四年復。宋無。

御府令丞。各一人，宋無，齊立。

平準署。《周官》有貨人中士、下士，主平定物價。秦置平準令。漢因之，掌知物價，及主練染作彩色。後漢平準令、丞，隸大司農。嘉平四年，改平準，爲中準使宦者爲之，列於內署，自是諸署悉以閹人爲令、丞。魏少府屬官有平準令。宋唯掌染，置令、丞各一人。順帝卽位，以帝諱準，故曰染署。齊又曰平準，屬少府。梁、陳則曰平水令、丞。北齊平準署令、丞，屬司農。後周曰平準中士、下士。【略】

織染署令。一人，《周官》典絲，掌受文織綵組焉。染人，掌染線帛。秦置平準令，漢因之，及主物價練染。初，少府屬官有東織、西織，成帝省東織，更名西織爲織室。北齊司染署領京坊、河東、信都三局丞。後周有司織下大夫。【略】

左右藏署。《周官》有職幣上士、中士，掌邦財之幣。又外府中士，主泉藏，有玉府。掌王之金玉兵器之藏内府中士，主貨賄職内上士，主泉貨所入，蓋其任也。漢少府屬官有中藏府令、丞，魏因之。晉有左右藏令，屬少府。晉江東置御史，掌庫藏。後分庫曹曰外左庫、内左庫。至宋，省外左庫，而内左庫直曰左庫。齊、梁、陳曰左、右藏令，上庫丞。北齊曰左藏、右藏署令、丞，屬太府寺。後周曰外府上士、中士。【略】

黄藏署。北齊立令、丞一人。【略】

常平署。漢宣帝時，耿壽昌請於邊郡皆築倉，穀賤時增價而糴，貴時減價而糶，名曰常平倉。『常平』之名起於此也。後漢明帝置常滿倉。晉又曰常平倉。自後無聞。梁亦曰常平倉，而不糴糶。陳因之。後魏太和中雖不名曰常平，亦各令官司糴貯，儉則出糶。【略】

掌冶署。秦及漢郡國有鐵官。諸郡國出鐵者，置鐵官長丞。晉冶令，掌工徒鼓鑄，隸衛尉。江左以來，省衛尉，始隸少府。宋雖復衛尉，而冶仍隸少府，有東冶、南冶，各置令、丞。東冶令、丞各一人，南冶令、丞各一人，而屬少府。齊因之。江南諸郡縣有鐵者，或置冶令，或置冶丞，多是吴所置。梁、陳有東西冶。東冶重，西冶輕，其西冶卽宋、齊之南冶。北齊諸冶屬太府，而東道領滏口、武安、白間三局丞，西道領晉陽冶、泉部、大邘、原仇四局丞。後周有冶工中士。【略】

甄官署。北齊立令、丞一人，領石窟丞。【略】北齊又領細作左校等署令、丞。【略】

將作監。少皞氏以五雉爲五工正，以利器用。唐虞共工，《周官》考工之官，蓋其職也。秦有將作少府，掌治宫室。漢景帝中六年，更名將作大匠。後漢位次河南尹。中元二年省，以謁者領之。章帝建初元年，復置。初以任隗爲之，掌修作宗廟、路寢、宫室、陵園木土之功，并樹桐梓之類，列於道側。魏、晉因之。江左至宋、齊大匠一人，丞一人，皆有事則置，無事則省。而梁改爲大匠卿，位視太僕。陳因之。後魏亦有之。北齊有將作寺，其官曰大匠一人，亦有功曹主簿、録事員。若有營作，則立將、副將、長史、司馬、主簿、録事等各一人，又領軍主副、幢主副等。後周有匠師中大夫，掌城郭、宫室之制。又有司木中大夫，掌木工之政令。【略】

丞。漢有二人，後漢一人，魏晉因之。東晉以後有事置，無事省，梁又置一人，陳因之。後魏有之，北齊四人，後周曰匠師中士。【略】

主簿。晉置【略】。

左右校署。秦及漢初，有左、右、前、後、中五校令，後唯置左、右校令。後漢因之，掌左、右工徒。魏併左校、右校於材官。晉左、右校屬少府。宋以後並有左校令丞，北齊亦有之。隋左右校令各二人，丞左校四人，右三人，屬將作左校署令丞二人，掌營構、木作、採材等事。右校署令丞二人，掌營土作瓦泥並燒石灰廁溷等事。甄官署令丞一人，後漢有前後中甄官令屬將作。晉有甄官署、掌磚瓦之事。宋、齊、北周、隋悉有之，領監作左校十一人，右校八人。【略】

國子監。孫卿在齊爲三老，稱祭酒。胡廣曰：凡官名祭酒，皆一位之元長古者，賓得主人饌，則老者一人，舉酒以祭地，故以祭酒爲稱。漢之侍中、魏之散騎常侍，功高者升爲祭酒，用其義也。公府有祭酒，亦因其名。漢吴王濞年老不朝，爲劉氏祭酒，則祭酒之名久矣。王莽以安車駟馬迎夏侯勝，爲請學祭酒，勝推而不受。又漢置博士，至東京凡十四人，而聰明有威重者一人爲祭酒，謂之博士祭酒，蓋本曰僕射，中興轉爲祭酒。昭帝增博士弟子員，滿百人，宣帝末增倍之。元帝時詔能通一經者皆復數年，郡國置五經百石卒史。成帝末增弟子員三千人。平帝時，王莽增元士之子得受業如弟子以爲員，歲課甲科四十人爲郎中，乙科二十人爲太子舍人，丙科四十人補文學掌故。後漢安帝薄於藝文，博士倚席不講，學舍頹弊，鞠爲園蔬，牧兒蕘豎至於薪刈其下。順帝感翟酺之言，乃更修黌宇，凡所構二百四十房、千八百五十室，試明經下弟子，增甲、乙之科員各十人，餘郡國諸儒皆補郎舍人。魏因之。晉武帝咸寧四年，初立國子學，置國子祭酒一人。永嘉中，又置儒林祭酒，以杜夷爲之。國子，周之舊名，周官有師氏之職，卽魏國子祭酒。晉初復立國子學，教生徒，而隸太學。介幘，皁朝服，進賢兩梁冠，佩水蒼玉，舊視侍中、列曹尚書。宋元嘉二十七年，罷國子學，助教唯置一人，而祭酒一人、博士二人常置也。明帝太始六年九月，以國學良廢，初置總明觀，東觀祭酒一人，有玄、儒、文、史四科，科置學士各十人，又有東觀訪舉一人。齊高帝建元四年，有司奏置國學祭酒一人，博士二人，助教十人，祭酒準諸曹尚書，博士準中書郎，助教準南臺御史。選經學爲先。若其人難備，給事中以還明經者，以本位領。其後國諱廢學。永明三年，立學，尚書令王儉領祭酒。學既建，乃省總明觀。八年，國子博士何胤單爲祭酒，疑所服陸澄等皆不能據，遂以玄服臨試。月餘日博議定，乃服朱衣。齊、梁祭酒一人，號爲國師。梁元帝在荆州，嘗立學，立儒林參軍一人，勸學從事二人，生三十人。陳、後魏亦曰國子祭酒，其初定中原，先立太學，置五經博士。北齊國子寺有祭酒一人，亦立功曹、五官、主簿、録事員。周天和二年，立路門學，置生七十二人，【略】凡國學諸官自漢以下並屬太常。至隋始革之。【略】南齊祭酒下典學二人，三品準太常主簿、户曹、儀曹各二人，五品白簿治禮吏八人，六品保學醫二人，威儀二人，後以國諱廢學，有司奏省助教已下。【略】

總明觀祭酒。宋無。南齊泰始六年，以國學廢，初立，有玄、儒、文、史四科，各學士十人、正令史一人、書令史二人、幹一人、門吏一人、典觀吏二人。建元中，掌治五禮。永明三年，國學建省。梁天監中，置集雅館以招遠學，亦其類也。【略】

主簿。北齊立。【略】

國子博士。班固云：按六國時往往有博士，掌通古今。又曰：博士，秦官，漢因之。漢博士多至數十人，冠兩梁。文帝時博士朝服玄端章甫冠。武帝建元五年，初置五經博士。宣帝、成帝之代，五經，家法稍增經置博士一人。博士選有三科，高第爲尚書，次爲刺史，其不通政事以久次補諸侯太傅。于時孔光爲博士，數使録冤獄、行風俗，以高第爲尚書。後漢博士凡十四人。《易》施、孟、梁邱、京；《尚書》歐陽、大小夏侯；《詩》齊、魯、韓；《禮》，大小戴；《春秋》嚴、顔各一博士。華嶠《漢書》曰：初欲立《左氏傳》，博士范升以爲《左氏》淺末，不宜立，陳元聞之，乃詣闕上疏爭之，更相辯對，凡十餘上，帝卒立《左氏》學。掌以五經教子弟。國有疑事，掌承問對。舊時從議郎爲博士，其通叡異藝，入平尚書，出部刺史、諸侯守相，久次轉諫議大夫、中興高第爲侍中、小郡若都尉，博士限年五十。其督郵板狀曰：生事愛敬，喪没如禮，理《易》、《尚書》、《孝經》、《論語》，兼崇載籍，窮微闡奥，師事某官，經明受謝，見授門徒，尚五十人以上，正席謝生，三郡三人，隱居樂道，不求聞達，身無金痍，痼三十六屬，不與妖惡交通，王侯賞賜行應四科，經任博士，下言某官某甲保舉。順帝諱保，故稱守。安帝以博士多非其人，詔命三公、將軍、中二千石舉博士各一人，務得經明行高，卓爾茂異。是時羣僚承風，凡所旌貢綽有餘裕。後旋復故，遂用陵遲。初，平帝元始四年，改博士爲博士師，後漢兼而存之，並擇儒者。魏及西晉朝博士置十九人。武帝咸寧四年，初立國子學，置國子博士一人，皆取履行精淳，通明典義，若散騎常侍、中書侍郎、太子中庶子以上，乃得召試。江左初減爲九人，皆不知掌何經。元帝末增《儀禮》、《春秋公羊》博士各一人，合爲十一人，後又增爲十六人，不復分掌五經，謂之太學博士。秩六百石。宋、齊諸博士，皆皁朝服，進賢兩梁冠，佩水倉玉。梁國學有博士二人。天監四年，置五經博士各一人。舊國子學生限以貴賤，武帝欲招來後進，五館生皆引寒門儁才，不限人數。大同七年，又立正言博士一人，同國子博士。陳因之。後魏、北齊五人。【略】

助教。晉咸寧四年，初立國子學，置助教十五人，以教生徒。江左及宋、齊並十人。宋制《易》、《尚書》、《毛詩》、《禮記》、《周禮》、《儀禮》、《左傳》、《公羊》、《穀梁》各爲一經，《論語》、《孝經》爲一經，合十經，助教分掌。梁國子助教十人，舊視南臺御史，品服與博士同。大同七年，又立助教二人。陳因之。後魏亦有。北齊置十人，學生七十二人。【略】

太學博士。晉江左增置國子博士十六人，謂之太學博士，品服同國子博士。梁置太學博士八人，又有限外博士員。陳因之。後魏永平元年十二月，立博士三十人。北齊國子寺有太學博士十人，助教二十人，太學生二百人。後周置太學博士下大夫六人。【略】助教，後魏置，北齊亦有之，置二十人。後周曰太學助教上士。【略】

四門博士。《後魏書》劉芳表云：『大和二十年，立四門博士於四門，置學。按《禮記》曰：天子設四學。鄭注：同四郊之虞庠也。今以其遼遠，故置於四門，請移與太學同處。』從之。北齊二十人。【略】

都水臺。虞舜命益作虞，以掌山澤。《周官》有林衡、川衡二官，掌林麓、川澤之禁。漢武帝元鼎二年，初置水衡都尉。顔師古曰：山川之官曰衡，掌諸池苑，故稱水衡。張晏曰：主都水及林苑，故曰水衡；主諸官，故曰都。有卒徒武士，故曰尉。衡，平也，主平其税也。掌上林苑，漢趙充國以中郎爲水衡都尉，主船官也。蓋主上林離宫燕休之處。後漢光武省之，幷其職於少府。每立秋貙劉之日，輒暫置水衡都尉，事訖省。初，秦漢又有都水長丞，主陂池灌溉，保守河渠，自太常少府及三輔等，皆有其官。漢武帝以都水官多，乃置左右使者以領之。至漢哀帝省使者，官至東京，凡都水皆罷之，併置河堤謁者。漢之水衡都尉，本主上林苑。魏因之，主天下水軍舟船、器械。晉武帝省水衡，置都水臺，有使者一人，掌舟航及運部，而河堤爲都水，官屬有參軍二人。元康中，復有水衡都尉。懷帝永嘉六年，胡賊入洛陽，都水使者奚濬『奚』，《宋・志》作『爰』。先出都運得免。江左省河堤。宋都水使者，銅印墨綬，進賢兩梁冠，與御史中丞同。孝武帝初省都水臺，罷都水使者，置水衡令。孝建元年十一月，復置。齊有都水臺使者一人。梁初與齊同。天監七年，改都水使者爲大舟卿，位視中書郎，列卿之最末者，主舟航河堤。陳因之。後魏初皆有水衡都尉，及河堤謁者、都水使者官。至永平二年，都水臺依舊置二使者，參軍錄事亦各二人，謁者三人，令史如故。北齊亦置二使者，管諸津橋，領都尉、合昌、坊城三局尉，分司諸津。【略】

丞。漢有水衡丞五人，亦有都水丞，後漢、晉初都水使者，有參軍二人，蓋亦丞之職任。宋因之。梁大舟卿有丞，陳因之。後魏、北齊參軍十人。【略】

舟楫署。漢主爵中尉，屬官有都船令、丞，水衡都尉有楫櫂令、丞。晉曰船曹吏。齊曰官船典軍。後周曰舟工中士。【略】領掌船局都水尉二人，又領諸津上津每尉一人，丞二人，中津每尉丞各一人，下津每典作一人，津長四人。

論說

《三國志》卷二一《魏志・衛覬傳》 （衛）覬奏曰：『九章之律，自古所傳，斷定刑罪，其意微妙。百里長吏，皆宜知律。刑法者，國家之所貴重，而私議之所輕賤；獄吏者，百姓之所縣命，而選用者之所卑下。王政之弊，未必不由此也。請置律博士，轉相教授。』事遂施行。

又 卷三三《蜀志・後主傳論》 後主任賢相則爲循理之君，惑閹豎則爲昏闇之后，傳曰『素絲無常，唯所染之』，信矣哉！禮，國君繼體，踰年改元，而章武之三年，則革稱建興，考之古義，體理爲違。又國不置史，注記無官，是以行事多遺，災異靡書。諸葛亮雖達於爲政，凡此之類，猶有未周焉。

《晉書》卷八二《陳壽等傳論》 古之王者咸建史臣，昭法立訓，莫近於此。若夫原始要終，紀情括性，其言微而顯，其義皎而明，然後可以茵藹緹油，作程遐世者也。丘明卽没，班馬迭興，奮鴻筆於西京，騁直詞於東觀。自斯已降，分明競爽，可以繼明先典者，陳壽得之乎！江漢英靈，信有之矣。允源將率之子，篤志典墳；紹統戚藩之胤，研機載籍。咸能綜緝遺文，垂諸不朽，豈必克傳門業，方擅箕裘者哉！處叔區區，勵精著述，混淆蕪舛，良不足觀。叔寧寡聞，穿窬王氏，雖勒成一家，未足多尚。令升、安國有良史之才，而所著之書惜非正典。悠悠晉室，斯文將墜。鄧粲、謝沈祖述前史，葺宇重軒之下，施牀連榻之上，奇詞異義，罕見稱焉。習氏、徐公俱云筆削，彰善癉惡，以爲懲勸。夫蹈忠履正，貞士之心；背義圖榮，君子不敢。而彥威迹淪寇壤，逡巡於僞國；野民運遭革命，流漣於舊朝。行不違言，廣得之矣。

又 《陳壽等傳贊》 陳壽含章，巖巖孤峙。彪溥勵節，摛辭綜理。王叵雅才，虞慚悖史。干孫撫翰，前良可擬。鄧謝懷鉛，異聞無紀。習亦研思，徐非絢美，咸被簡册，共傳遥祀。

元・馬端臨《文獻通考》卷五五《職官考九・諸卿少卿》 夏制九卿，《記》曰：『夏后氏官百。』天子有三公九卿也，亦有六卿。殷、周皆然，殷亦九卿。伊尹曰：『三公調陰陽，九卿通寒暑。』周之九卿，卽少師、少傅、少保、冢宰、司徒、宗伯、司馬、司寇、司空。三代諸卿，雖名號不同，然其官職相沿，與周不異。說在《歷代官制》篇。漢以太常、光禄勳、衛尉、太僕、廷尉、大鴻臚、宗正、大司農、少府，謂之九寺大卿。後漢九卿而分屬三司，太常、光禄勳、衛尉三卿並太尉所部，太僕、廷尉、大鴻臚三卿並司徒所部，宗正、大司農、少府三卿並司空所部。多進爲三公，各有署曹掾史，隨事爲員。九卿有疾，使者臨問，加賜錢布。尚書令陳忠常欲褒崇大臣，故奏建此禮。魏九卿與漢同。九卿名數與漢同。晉以太常等九卿卽漢九卿。兼將作大匠，太后三卿、大長秋皆爲列卿，各置丞、功曹、主簿、五官等員。太康四年，增九卿禮秩。元帝以賀循爲太常，而散騎常侍如故。循以九卿舊不加官，惟拜太常而已。宋、齊及梁初，皆因舊制。宋卿尹皆銀章青綬，進賢兩梁冠，佩水蒼玉，衛尉則武官。晉服制，以九卿皆文冠，乃進賢兩梁冠，非舊也。梁武帝天監七年，以太常爲太常卿，加置宗正卿，以大司農爲司農卿，三卿是爲春卿。加置太府卿，以少府爲少府卿，加置太僕卿，三卿是爲夏卿。以衛尉爲衛尉卿，廷尉爲廷尉卿，將作大匠爲大匠卿，三卿是爲秋卿。以光禄勳爲光禄卿，大鴻臚爲鴻臚卿，都水使者爲大舟卿，三卿是爲冬卿。凡十二卿，皆置丞及功曹、主簿。後魏又以太常、光禄勳、衛尉謂之三卿，太僕、廷尉、大鴻臚、宗正、大司農、少府爲六卿，各有少卿。太和十五年初置少卿，官常掌大卿。北齊以太常、光禄、衛尉、宗正、太僕、大理、鴻臚、司農、太府是爲九寺，晉荀勖曰：『九寺可併於尚書。』後魏亦有三府九寺，則九卿稱寺久矣，然通其名，不連官號。其官寺連稱，自北齊始也。置卿、少卿、丞各一人，各有功曹、五官、主簿、録事等員。【略】自昔三代以上，分置六卿，至周明備。至秦及漢，雖事不師古，猶制度未繁。後漢有三公、九卿，而尚書之任又益重矣。魏晉以降，職制日增。後周依《周禮》置六官，而年代短促，人情相習已久，不能革其視聽。故隋氏復廢六官，多依北齊之制。官職重設，庶務煩滯，加六尚書似周之六卿；又更別立寺、監，則户部與太府分地官司徒職事，禮部與太常分春官宗伯職事，刑部與大理分秋官司寇職事，工部與將作分冬官司空職事。自餘百司之任，多類於斯。欲求理要，實在簡省。

宋初，雖有九卿，皆以爲命官之品秩而無職事。元豐正名，始有職掌。中興初，併省冗職，除太常寺、大理寺不罷外，宗正以太常兼，而衛尉太僕併兵部，太僕併駕部太府、司農併户部，光禄、鴻臚併禮部。紹興復置宗正、太府、司農，餘遂廢。

殿中省官員分部

綜述

唐·李林甫等《唐六典》卷一一《殿中省》 殿中省：監一人，從三品。魏氏初置殿中監，品第七，晉、宋因之。齊有内殿中監八人，外殿中監八人。梁初，位不登七班者別署蘊位、勳位，殿中外監爲三品蘊位，内監爲三品勳位。陳因之，然其官甚微。後魏殿中監從五品下。北齊門下省屬官有殿中監四人，掌駕前奉引行事，東耕則進耒耜。【略】

尚食局：奉御二人，正五品下；【略】至北齊，門下省統六局，尚食局有典御二人，丞、監各四人；又有集書省，統三局，有中尚食局典御二人、監四人，品與尚食同。後周有内膳上士二人、中士四人，凡進食必先嘗之。【略】食醫八人，正九品下；【略】後周置主食、主膳等。【略】主食十六人。後周内膳有主食十二人。【略】

尚藥局：奉御二人，正五品下；自梁、陳、後魏已往，皆太醫兼其職。北齊門下省統尚藥局，有典御二人，侍御師四人，尚藥監四人，總御藥之事；又集書省統三局，有中尚藥局典御二人、丞二人、中謁者僕射二人，總知中宫醫藥之事。【略】侍御醫四人，從六品上；北齊尚藥局有侍御師四人。【略】主藥十二人；藥童三十人。【略】後周有主藥六人。【略】

尚衣局：奉御二人，從五品上。【略】後漢又掌宦者，典官婢作中衣服及補浣之事。魏因之。晉屬光禄勳，東晉省。宋大明中，改尚方曰左、右御府，各置令、丞一人。後廢帝初，省御府，置中署，隸右尚方；其後又置。至齊高祖省，文帝又置。初，宋氏用三品勳位，明帝改用二品，准南臺御史，掌金銀、綵帛，凡諸造作，以供奉，及妃、主、六宫。梁、陳無御府，其職隸在尚方。後魏有掌服郎，從六品上。北齊門下省統主衣局都統、子統各二人。後周有司服上士二人、中士二人。【略】

尚舍局：奉御二人，從五品上。【略】魏殿中監掌帳設監護之事。晉、宋已下，其職並在殿中監。【略】

尚乘局：奉御二人，從五品上；自秦、漢已來，其職皆在太僕。北齊大僕驊騮署有奉乘十人，管十二閑馬。【略】奉乘十八人，正九品下；後魏有奉乘郎，從五品下。後周左、右廐各有奉乘二十人。【略】習馭五百人；後周左、右廐各有馭夫一百二十人。【略】獸醫七十人。【略】北齊内廐局有馬醫二人。【略】

尚輦局：奉御二人，從五品上。【略】魏、晉小出則乘之，及過江而亡。太元中，謝安率意而作，及破符堅得之，形制無差，大小如一，時人嗟其默識。宋武執慕容超，獲金鉦輦。古之輦輿，大率以六尺爲度，齊武帝造大、小二輦，彫飾甚工，下桐轅軛，悉金花銀獸。梁大輦中方八尺，左、右開四望，金鸞棲軛。【略】秦、漢、魏、晉並太僕屬官車府令掌之，東晉省太僕，遂隸尚書駕部。宋、齊、梁、陳車府、乘黄令·丞掌之，後魏、北齊則乘黄、車府令兼掌之，後周則司車輅主之。

唐·杜佑《通典》卷二六《職官八·諸卿中·殿中監丞 尚食、尚藥、尚衣、尚舍、尚乘、尚輦等局奉御、直長》 魏置殿中監官，晉、宋並同。

齊有内外殿中監各八人，梁、陳因之，其資品極下。後魏亦有殿中監。北齊有殿中局，置監四人，屬門下省，掌駕前奉引。【略】

尚食局奉御：始秦置六尚，有尚食焉。如淳曰：『謂掌天子之物曰尚。』後漢以後，并其職於太官、湯官。北齊門下省又有尚食局，置典御二人。後周有内膳上士、中士，凡進食，先嘗之。【略】

尚藥局奉御：自梁、陳以後，皆太醫兼其職。北齊門下省有典御二人。【略】

尚衣局奉御：【略】魏因之。晉屬光禄勳，江東省。宋大明中，改尚方曰左右御府，各置令、丞一人。後廢帝初，省御府，置中署，隸右尚方，其後又置。初，宋氏用三品勳位，明帝改用二品，準南臺御史，掌金銀綵帛，凡諸造作以供奉及妃主六宫。梁、陳其職隸在尚方。後魏有掌服郎。北齊門下省統主衣局，都統、子統各二人。後周有司服上士二人，中士二人。【略】

尚舍局奉御：【略】魏殿中監掌帳設監護之事。晉、宋以下。其職並在殿中監。【略】

尚乘局奉御：自秦漢以來，其職皆在太僕。北齊太僕驊騮署，有奉乘十人，管十二閑馬。【略】

尚輦局奉御：《周官》小司徒中大夫，掌六畜車輦。又宗伯巾車下大夫，掌王后之五輅輦車，組輓有翣羽蓋。古謂人牽爲輦。春秋宋萬以乘車輦其母。秦始皇乃去其輪而輿之，漢代遂為人君之乘。【略】時人嗟其默識。宋武破慕容超，獲金鉦輦。古之輦輿，大率以六尺爲度。齊武帝造大小二輦輿，雕飾甚工，不下檉轅軛，悉金花銀獸。梁大輦中方八尺，左右開視，金鸞拱振。【略】漢、魏、晉並太僕屬官，車府令掌之。東晉省太僕，遂隸尚書駕部。宋、齊梁、陳車府，乘黄令、丞掌之。後魏、北齊則乘黄、車府令兼掌之。後周則司車輅主之。

《舊唐書》卷四四《職官志三》 殿中省。魏初置殿中監。

監一員，從三品。魏初置，品第二。梁品第三。

元・馬端臨《文獻通考》卷五七《職官考十一・殿中監少監 丞 尚食、尚藥、尚衣、尚舍、尚乘、尚輦等局奉御、直長》 魏置殿中監官，晉、宋並同。齊有内、外殿中監各八人，梁、陳因之，其資品極下。後魏亦有殿中監。北齊有殿中局，置監四人，屬門下省，掌駕前奉引。【略】

尚食局奉御。始秦置六尚，有尚食焉。如淳曰：『謂掌天子之物曰尚。』後漢以後，并其職於太官、湯官。北齊門下省又有尚食局，置典御二人。後周有内膳上士、中士，凡進食先嘗之。【略】

尚藥局奉御，自梁、陳以後，皆太醫兼其職。北齊門下省有典御二人。【略】

尚衣局奉御。《周官》有司服中士，掌王之服，辨其名物。戰國有尚衣、尚冠之職。秦、漢有御府令、丞，掌供御服，而屬少府。後漢又掌宦者，典官婢作中衣服。魏因之。晉屬光禄勳，江東省。宋大明中，改尚方曰左、右御府，各置令、丞一人。後廢帝初，省御府，置中署，隸右尚方，其後又置。初，宋氏用三品勳位，明帝改用二品，準南臺御史，掌金銀綵帛，凡諸造作以供奉及妃主六宫。梁、陳其職隸在尚方。後魏有掌服郎。北齊門下省統主衣局，都統、子統各二人。後周有司服上士二人、中士二人。【略】

尚舍局奉御。《周禮》有掌舍，掌行所解止之處，帷幕幄帟之事。漢少府屬官有守宫令、丞，掌宫殿陳設。魏殿中監掌帳設監護之事。晉、宋以下，其職並在殿中監。【略】

尚乘局奉御，自秦、漢以來，其職皆在太僕。北齊太僕驊騮署有奉御十人，管十二閑馬。【略】

尚輦奉御。《周官》小司徒中大夫，掌六畜車輦；又宗伯巾車下大夫，掌王后之五輅、輦車，組輓有翣羽蓋。古謂人牽爲輦。春秋宋萬以乘車輦其母，秦始皇乃去其輪而輿之，漢代遂爲人君之乘。漢、魏、晉並太僕屬官，車府令掌之。東晉省太僕，遂隸尚書駕部。宋、齊、梁、陳車府，乘黄令、丞掌之。後魏、北齊則乘黄、車府令兼掌之。後周則司車輅主之。

清・汪士鐸《南北史補志未刊稿・職官志第二・職官》 殿中監。

魏置殿中監官，晉、宋並同。齊有内、外殿中監各八人，梁、陳因之，其資品極下。後魏亦有殿中監。北齊有殿中局，置監四人，屬門下省，掌駕前奉引。【略】

尚食局奉御。始秦置六尚，有尚食焉。後漢以後，并其職於太官、湯官。北齊門下省又有尚食局，置典御二人。後周有内膳上士、中士，凡進

食先嘗之。【略】

尚樂局奉御。自梁、陳以後，皆太醫兼其職，北齊門下省有典御二人。【略】

尚衣局奉御。《周官》有司服中士，掌王之服，辨其名物。戰國有尚衣、尚冠之職。秦、漢有御府令丞，掌供御服，而屬少府。後漢又有掌宦者，典官婢作中衣服。魏因之。晉屬光禄勳，江東省。宋大明中，改尚方曰左右御府，各置令、丞一人。後廢帝初省御府，置中署，隸右尚方。其後又置。初，宋氏用三品勳位，明帝改用二品，准南臺御史，掌金銀綵帛，凡諸造作以供奉，及妃主六宫。梁、陳其職隸在尚方。後魏有掌服郎。北齊門下省統主衣局，都統、子統各二人。後周有司服上士二人、中士二人。【略】

尚舍局奉御。《周禮》有掌舍，掌行所解止之處、帷幕幄帟之事。漢少府屬官有守宫令、丞，掌宫殿陳設。魏殿中監掌帳設監護之事。晉、宋以下，其職並在殿中監。【略】

尚乘局奉御。自秦、漢以來，其職皆在太僕。北齊太僕驊騮署有奉御十人，管十二閑馬。【略】

尚輦局奉御。《周官》小司徒中大夫，掌六畜車輦，又宗伯巾車。下大夫，掌王后之五輅輦車組輓，有翣羽蓋。漢、魏、晉並太僕屬官，車府令掌之。東晉省太僕，遂隸尚書駕部。宋、齊、梁陳車府乘黄令、丞掌之。後魏、北齊則乘黄車府令兼掌之。後周則司車輅主之。

《舊唐書》卷四四《職官志三》　殿中省。魏初置殿中監。監一員，從三品。魏初置，品第二。梁品第三。

内官宫官内侍省官員分部

綜述

《隋書》卷二七《百官志中・北齊》　中侍中省，掌出入門閤。中侍中二人，中常侍中、給事中各四人。又有中尚藥典御及丞，并中謁者僕射，各二人。中尚食局，典御、丞各二人，監四人。内謁者局，統、丞各一人。

唐・李林甫等《唐六典》卷一二《内官宫官内侍省》　内官。【略】

漢、晉已來，雖有位號，多不盡備。【略】

六儀六人，正二品。【略】後魏孝文改定内官。【略】

宫官。【略】《魏略》：『魏明帝遊宴在内，選女子知書可付信者爲女尚書，省奏事。』《晉令》有崇德殿大監、尚衣・尚食大監，並銀章、艾綬，二千石；崇華殿大監、元華食監、都監、上監，銅印、墨綬，千石；女史、賢人、恭人、中使、大使，碧綸綬。宋明帝留心後房，擬外百官，備置其職。兩齊、梁、陳不見。後魏、後周亦擬外官置内職。【略】

尚服局：尚服二人，正五品。【略】魏、晉、宋、齊、梁、陳略同。後魏，北齊皇后璽，綬、佩同乘輿，假髻，步搖，十二鎮，八爵、九華。助祭、朝會以褘衣，郊、禖以褕翟，小宴以闕翟，親蠶以鞠衣，見皇帝以展衣，宴居以褖衣，俱有蔽膝、織成緄帶。後周皇后衣十二等。翟衣六：從祀、郊、禖，享先皇，服翬衣；祭陰社，朝命婦，服褕衣；獻繭，服鷩衣；採桑，服鳪衣；聽女教，服鵫衣；歸寧，服翐衣，以翬雉爲領、褾。臨婦學，燕命婦，蒼衣；春齋、祭還，青衣；夏齋、祭還，朱衣；采桑齋、采桑還，黄衣；秋齋、祭還，素衣；冬齋、祭還，玄衣；其褾、領以相生色，華皆十二樹。【略】

内侍四人，從四品上；【略】魏改在九卿下。晉大長秋卿有后則置，無后則省。宋、齊因之。梁大長秋主諸宦者，以司宫闈之職，統中署、奚官、暴室、華林等署。陳氏亦同。後魏有大長秋，又置内侍長四人，掌顧問，拾遺，應對。北齊中侍中省有中侍中二人、中常侍四人，掌出入門閤；長秋寺，掌諸宫閤，卿、中尹各一人，領掖庭，晉陽・中山宫、中宫僕、奚官等令。後周六官有司内上士、小司内中士、巷伯中士等官。【略】内常侍六人，正五品下。【略】獻帝末，有董卓之難，自是諸宦署悉用士人焉。後魏有中謁者僕射等官員。至太武帝時，有宦人宗愛。文明馮后時，宦官用事，大者令、僕，小者卿、守；趙默爲選曹尚書，張祐封異姓王。北齊中侍中省有中常侍四人，掌出入門禁。【略】内侍之職，掌在内侍奉，出入宫掖，宣傳制令。揔掖庭、宫闈、奚官、内僕、内府五局之官屬。内常侍爲之貳。凡季春吉日，皇后親蠶于功桑，享先蠶於北郊，則升壇執儀。【略】魏遵《周禮》，蠶於北郊。晉武楊皇后蠶于西郊，依漢故事。東晉闕。宋孝武大明四年，於臺城西白石里爲西蠶，設北域，置殿七間及蠶觀。歷齊、梁、陳，並有其禮。後魏無聞。北齊置蠶坊於城北。後周皇后乘翠輅，帥三妃等至蠶所，以少牢親祭，進奠先蠶西陵氏。【略】

內給事八人，從五品下。【略】自魏、晉至於梁、陳無其職。後魏有中給事中，太和二十二年改爲中給事。北齊中侍中省有中給事中四人。【略】

內謁者，監六人，正六品下；內謁者十二人，從八品下。【略】後魏、北齊有中謁者僕射。【略】

掖庭局：令二人，從七品下；【略】魏、晉並有掖庭令、黃門令，而非宦者。後魏有掖庭監。北齊長秋寺統掖庭署令、丞。【略】丞三人，從八品下。【略】北齊有掖庭丞。【略】宮教博士二人，從九品下。北齊掖庭、中山、晉陽署各有宮教博士二人。【略】

宮闈局：【略】內給使，無常員。北齊內職有散給使五十人。【略】

奚官局：令二人，正八品下。【略】梁、陳大長秋寺統奚官署，北齊大長秋寺統奚官署令、丞。【略】

內僕局：令二人，正八品下。【略】北齊長秋寺統中宮僕署令、丞。【略】

內府局：令二人，正八品下。【略】後魏有內者令。北齊中侍中省有內者丞一人。

唐・杜佑《通典》卷二七《職官九・諸卿下・內侍省內侍　內常侍　內給事　內謁者監　內寺伯　掖庭局　宮闈局　奚官局　內僕局　內府局》

及袁紹大誅宦者之後，永巷、掖庭復用士人，闈闥出入，莫有禁切，侍中、侍郎、門部騶宰，中外雜錯，醜聲彰聞。魏改漢制，太后三卿在九卿下；晉復舊，在同號卿上，有后則置，無后則闕。齊鬱林王立，文安太后即尊號，以宮名置宣德衛尉、少府、太僕。梁有弘訓太后，亦置屬官。陳亦有太后三卿。後魏大長秋掌顧問應對，自文明馮后，閹官用事，大者令、僕，小者卿、守。宦者趙黑爲選曹尚書。北齊有中侍中省，置中侍中二人，中常侍四人，掌出入門閤。又有長秋寺，置卿、中尹各一人，掌諸宮閤，領掖庭等令，並用宦者。後周有司內上士、小司內中士、巷伯中士等官。【略】

內給事：《周禮》內小臣之職，掌王后之命，后出入，前驅。後漢少府有給事黃門，掌侍左右，止在內宮，關通中外及中宮以下衆事。自魏、晉至於梁、陳無其職。後魏有中給事中，後改爲中給事。北齊中侍中省有中給事中四人。【略】

內謁者：後漢大長秋屬官有中宮謁者三人，主報中章。後魏、北齊有中謁者僕射。【略】

內寺伯：《周禮》寺人，掌王之內人及女宮之戒令。【略】

宮闈局：令二人。【略】

奚官局：令二人。齊、梁、陳、隋有奚官署令，掌守宮人、使藥、疾病、罪罰、喪葬等事。

《舊唐書》卷四四《職官志三》　內侍省。【略】晉置大長秋卿爲後宮官，以宦者爲之。

內侍四員。從四品上。漢、魏曰長秋卿，梁曰大長秋，北齊曰中侍中，後周曰司內上士。

元・馬端臨《文獻通考》卷五七《職官考十一・內侍省內侍　內常侍　內給事　內謁者監　內寺伯　掖庭局　宮闈局　奚官局　內僕局　內府局》

天文有宦者四星，在帝座之西。【略】及袁紹大誅宦者之後，永巷、掖庭復用士人，闈闥出入，莫有禁切，侍中、侍郎、門部騶宰，中外雜錯，醜聲彰聞。魏改漢制，太后三卿在九卿下。晉復舊，在同號卿上，有后則置，無后則闕。齊鬱林王立，文安太后即尊號，以宮名置宣德衛尉、少府、太僕。梁有弘訓太后，亦置屬官。陳亦有太后三卿。後魏大長秋掌顧問應對，自文明馮后，閹官用事，大者令、僕，小者卿、守。宦者趙黑爲選曹尚書。北齊有中侍中省，置中侍中二人，中常侍四人，掌出入閤門；又有長秋寺，置卿、中尹各一人，掌諸宮閤，領掖庭等令，並用宦者。後周有司內上士、小司內中士、巷伯中士等官。【略】

內給事。《周禮》內小臣之職，掌王后之命，后出入，前驅。後漢少府有給事黃門，常侍左右，上在內宮，關通中外，及中宮已下衆事。自魏、晉至於梁、陳，無其職。後魏有中給事中。後改爲中給事。北齊中侍中省有中給事中四人。【略】

內謁者。後漢大長秋屬官有中宮謁者二人，主報中章。後魏、北齊有中謁者僕射。【略】

內寺伯。《周禮》寺人掌王之內人及女宮之戒令。【略】

掖庭局令。秦置永巷，漢武更名掖庭，置令，掌宮人簿帳、公桑養蠶

及女工等事。後漢掖庭令掌後宮貴人采女；又有永巷令，典官婢，皆宦者，並屬少府。【略】

奚官局令二人。齊、梁、陳、隋有奚官署令，掌守宮人、使藥、疾病、罪罰、喪葬等事。【略】

內僕局令二人。後漢有中宮僕，掌車輿、雜畜及導等。【略】

內府局令二人，漢有內者局令。

清·汪士鐸《南北史補志未刊稿·職官志第二·職官》 內侍省。天文有宦者四星，在帝座之西。【略】及袁紹大誅宦者之後，永巷、掖庭復用士人。漢制，秩皆中二千石，丞一千石。魏改漢制，三卿在九卿下。晉復舊，有后則置，無后則闕。宋氏太后三卿，各一人，其皇后卿亦曰大長秋，有后始置。韋曜曰：以皇后陰宮，秋者陰之，始取其終，而長欲其久也。皆置功曹、主簿、五官。漢東京諸郡有五官掾，因其名也。齊鬱林王立，文安太后卽尊號，以宫名置宣德衛尉、少府、太僕，及立后，又置大長秋。梁統黄門、中署、奚官、暴室、華林等署。又有宏訓太后，亦置屬官。陳亦有太后三卿。後魏大長秋掌顧問應對。自文明馮后閹宦用事，大者令僕，小者卿守。北齊爲中侍中省，置中侍中二人、中常侍四人，掌出入門閤。又有長秋寺，置卿、中尹各一人、丞二人，掌諸宮閤，領掖庭等令，並用宦者。後周有司內上士、小司內中士、巷伯中士等官。【略】

內常侍。通判局事六人，屬官有內給事八人，內謁者監六人，內寺伯二人，寺人六人，領掖庭、宫闈、奚官、內僕、內府等五局。【略】

內給事。《周禮》內小臣之職，掌王后之命。后出入前驅。後漢少府有給事黄門，常侍左右，止在內宫門，通中外及中宮以下衆事。自魏、晉至于梁、陳無其職。後魏有中給事中，後改爲中給事。北齊中侍中省有中給事中四人。【略】

內謁者，後漢大長秋屬官有中宮謁者三人，主報中章。後魏、北齊有中謁者、僕射二人。【略】

內寺伯。《周禮》寺人，掌王之內人，及女宫之戒令。【略】

內廚局令。漢有內者，局令。【略】

北齊中侍中省有中尚藥典御及丞各二人，中尚食局典御丞各二人，監四人，內謁者局統丞各一人，而長秋寺亦有功曹、五官、主簿、錄事員，領中黄門、掖庭、晉陽宮、中山宮、園池、中宮僕、奚官等署令、丞。又有暴室局丞，其中黄門又有冗從僕射及博士四人。掖庭、晉陽、中山各有宫教博士二人。中山署又別有麪豆局丞。園池署又別有桑園部丞。中宫僕署又別有乘黄局教尉、細馬車都督、車府部丞。奚官署又別有染局丞。

又《職官志第三·内官》 魏武帝因西漢置夫人、昭儀、婕妤、容華、美人。文帝增置貴嬪二人，並位次皇后，爵無所視。淑媛，位次御史大夫，爵比縣公。脩容，比亭侯。順城，明帝除之。良人。視千石。明帝又增淑妃，位視相國，爵比諸侯王。昭華，比鄉侯。脩儀。比關內侯。自夫人已下爵凡十二等。明帝遊宴在內，又選女子六人爲女尚書，典省外奏事也。晉武帝采漢魏之制，置貴嬪，魏文帝立。夫人，魏武帝立。貴人，漢光武立。是爲三夫人，位視三公；淑妃，魏明帝立。淑媛，魏文帝立。淑儀，修華，皆晉武立。修容，魏文帝立。脩儀，魏明帝立。婕妤，容華，皆前漢立。充華，晉武帝立。是爲九嬪，位視九卿。其餘有美人，漢光武立。才人，中才人，爵視千石以下。宋武帝省二才人，其餘仍用晉制。及孝武孝建三年，省夫人，置貴妃，比相國。進貴嬪，比丞相。貴人比三司。以爲三夫人，又置昭儀，漢元帝立。昭容，孝武立。昭華魏明帝立。以代修華、修儀、修容，又置中才人晉武帝立。充儀前漢立。以爲散位。明帝泰始二年，省淑妃、昭華、中才人、充儀，復置修華、修儀、修容、才人、良人。三年，又省貴人，置貴姬以備三夫人之數。又置昭華，增淑容、承徽、列榮，以淑媛、淑儀、淑容、昭華、昭儀、昭容、修華、修儀、修容爲九嬪，婕妤、容華、充華、承徽、列榮凡五職，而九嬪、美人、才人、良人三職爲散役。其後帝留心後房，擬百官，備置內職焉。又廢帝卽位，上明帝陳貴妃尊號曰皇太妃，依晉孝武李太妃故事，置家令一人，改諸國太妃曰太姬。齊高帝建元元年，有司奏置貴嬪、夫人、貴人爲三夫人，修華、修儀、修容、淑妃、淑媛、淑儀、婕妤、容華、充華爲九嬪，美人、中才、人才、人爲散職。三年，太子宮置三內職，良娣、比開國侯。保林、比五等侯。才人。比駙馬都尉。及永明元年，有司奏貴妃、淑妃，並加金章紫綬，佩于寘玉。淑妃舊儗九棘，以淑爲温恭之稱，妃爲亞后之名，進同貴妃，以比三司夫人之號，不殊蕃國，降淑媛以比九卿。七年，復置昭容，位在九嬪焉。梁武撥亂反正，深鑑奢逸，配德早終，長秋曠位，定令制貴妃、貴嬪、貴姬爲三夫人，淑媛、淑儀、淑容、昭華、昭儀、昭容、修華、修儀、修容爲九嬪，婕妤、容華、充華、承徽、列榮爲五職，美人、才人、良人爲三職，東宮置良娣、保林爲二職。及簡文元年，出自儲蕃，或迫在拘縶，或逼於寇亂，且妃並先殂，更不建椒闈。陳武光膺天曆，以樸素自居，故後宮員位其數多闕。文帝天嘉之後，詔宮職備員，其所制立無改梁舊，編之令文，以爲後法。然帝性恭儉，而嬪嬙不備。宣帝、後主無所改作。魏氏王業之兆始於神元，昭成之前，章、平、思、昭、穆、惠、煬、烈八帝妃后無聞。道武追尊祖妣，皆從帝謚爲皇后。始立中宮，餘妾稱夫人者多少無限，皆有品次。太武稍增左、右昭儀、貴人、椒房等。然魏故事，立后，必令手鑄金人，成者爲吉，不則不得立也。又太武、文成保母劬勞之恩，並極尊崇之義，雖事乖典禮，而觀過知仁。孝文改定內官左、右昭儀，位視大司馬。三夫人，視三公。三嬪，視三卿。六嬪視六卿。世婦，視中大夫。御女，視元士。後置女職，以典內司視尚書令僕作司太監女侍中三宮視二品。女尚書、美人、女史、女賢人、女書史、女小書、女五官、視三品。中才人、供人中使、女生、才人、恭使宮人、視四品。青衣、女酒、女饗、女食、奚官、女奴。視五品。及齊神武、文襄俱未踐尊極，神武嫡妻稱妃，其所聘茹茹女稱爲茹茹公主。文襄既尚魏朝公主，故無別號，自餘姬侍稱娘而已。文宣後庭有夫人、嬪御之稱，未具員數。孝昭內職甚少，唯楊嬪才貌兼，美復是貴家，襄城王母桑氏有德行，並蒙恩禮，其餘無聞。河清新令內命婦依古制，有三夫人、九嬪、二十七世婦、八十一御女，又準漢制置昭儀左右二人。比丞相。其宏德、正德、崇德，爲三夫人，比三公。光猷、昭訓、隆徽爲上嬪，比三卿。宣徽、凝暉、宣明、舜華、凝華、光訓爲下嬪，比六卿。正華、令則、修訓、曜儀、明淑、芳華、敬婉、昭華、光正、昭寧、貞範、宏徽、和德、宏猷、茂光、明信、靜訓、曜德、廣訓、暉範、敬訓、芳猷、婉華、明範、艷儀、暉則、敬信爲二十七世婦，比從三品。穆光、茂德、貞懿、曜光、貞凝、光範、令儀、內儀、穆閨、婉德、明婉、艷婉、妙範、暉章、敬茂、靜肅、瓊章、穆華、慎儀、妙儀、明懿、崇明、麗則、婉儀、彭媛、修閒、修靜、宏慎、艷光、漪容、徽淑、秀儀、芳婉、貞慎、明艷、真穆、修範、肅容、茂儀、英淑、宏艷、正信、凝婉、英範、懷順、修媛、良則、瑤章、訓成、潤儀、寧訓、淑懿、柔則、穆儀、修禮、昭慎、貞媛、肅閨、敬順、柔華、昭順、敬寧、明訓、宏儀、崇敬、修敬、承閑、昭容、麗儀、閑華、思柔、媛光、懷德、良媛、淑猗、茂範、良信、艷華、徽娥、肅儀、妙則爲八十一御女。比正四品。武成好內，並具其員，又置才人、采女以爲散號。後主既立二后，昭儀已下皆倍其數。武平五年，又置左右娥英，比左右丞相。降昭儀比二大夫，尋又置淑妃一人。比相國。周氏率由姬制，內職有序。文帝創基，衽席儉約。武皇嗣曆，節於情欲。宮闈有貫魚之美，戚里無私溺之尤。建德二年，改三夫人爲三妃。六年，置妃二人、世婦三人、御妻三人，自外皆省。四年，改置司內官員，可謂得君人之體矣。宣皇外行其志，內逞其欲，於是立正陽宮皇后，又曰皇后，又立天皇后，又曰天元大皇后，又立天大皇后、天中大皇后、天右大皇后、天左大皇后，並后匹嫡，不止一族，辛癸荒淫，趙李傾惑，未足髣髴也。

東宮官員分部

綜述

《宋書》卷四〇《百官志下》　太子太傅，一人。丞一人。太子少傅，一人。丞一人。傅，古官也。《文王世子》曰：『凡三王教世子，太傅在前，少傅在後，並以輔導爲職。』漢高帝九年，以叔孫通爲太子太傅，位次太常。二漢並無丞。魏世無東宮，然則晉氏置丞也。晉武帝泰始五年，詔太子拜太傅、少傅，如弟子事師之禮；二傅不得上疏曲敬。二傅並有功曹、主簿、五官。太傅中二千石，少傅二千石。

太子詹事，一人。丞一人。職比臺尚書令、領軍將軍。詹，省也。漢西京則太子門大夫、庶子、洗馬、舍人屬二傅，率更令、家令、僕、衛率屬詹事。皆秦官也。後漢省詹事，太子官屬悉屬少傅，而太傅不復領官屬。晉初，太子官屬通屬二傅。咸寧元年，復置詹事，二傅不復領官屬。詹事，二千石。

家令，一人。丞一人。晉世置。漢世太子食湯沐邑十縣，家令主之。

又主刑獄飲食，職比廷尉、司農、少府。漢東京主食官令。食官令，晉世自爲官，不復屬家令。

率更令，一人。主宮殿門户及賞罰事，職如光禄勳、衛尉。漢東京掌庶子、舍人，晉世則不也。自漢至晉，家令在率更下；宋則居上。

僕，一人。漢世太子五日一朝，非入朝日，遣僕及中允旦入請問起居，主車馬、親族，職如太僕、宗正。自家令至僕，爲太子三卿。三卿，秩千石。

門大夫，二人。漢東京置，職如中郎將，分掌遠近表牋。秩六百石。

中庶子，四人。職如侍中。漢東京員五人，晉減爲四人。秩六百石。

中舍人，四人。漢東京太子官屬有中允之職，在中庶子下，洗馬上，疑若今中書舍人矣。中舍人，晉初置，職如黄門侍郎。

食官令，一人。職如太官令。漢東京官也。今屬中庶子。

庶子，四人。職比散騎常侍、中書監令。晉制也。漢西京員五人，漢東京無員，職如三署中郎。古者諸侯世子，禄卿大夫之子卽爲副倅謂國子，天子諸侯有庶子之官以掌教之，秦因其名也。秩四百石。

舍人，十六人。職如散騎、中書侍郎。晉制也。二漢無員，掌宿衛如三署中郎。

洗馬，八人。職如謁者、秘書郎也。二漢員十六人。太子出，則當直者前驅導威儀。秩比六百石。

太子左衛率，七人。太子右衛率，二人。二率職如二衛。秦時直云衛率，漢因之。主門衛。晉初曰中衛率，泰始分爲左右，各領一軍。惠帝時，愍懷太子在東宮，加置前後二率。成都王穎爲太弟，又置中衛，是爲五率。江左初，省前後二率。孝武太元中又置。皆有丞，晉初置。宋世止置左右二率。秩舊四百石。

太子屯騎校尉。太子步兵校尉。太子翊軍校尉。三校尉各七人，並宋初置。屯騎、步兵，因臺校尉；翊軍，晉武帝太康初置，始爲臺校尉，而以唐彬居之，江左省。

太子冗從僕射，七人。宋初置。

太子旅賁中郎將，十人。職如虎賁中郎將。宋初置。《周官》有旅賁氏。漢制，天子有虎賁，王侯有旅賁。旅，衆也。

太子左積弩將軍，十人。太子右積弩將軍，二人。漢東京積弩將軍，雜號也，無左右之積弩。魏世至晉江左，左右積弩爲臺職，領營兵。宋世度東宮，無復營矣。

《南齊書》卷一六《百官志》　太子太傅。

少傅。

府置丞、功曹、五官、主簿。

太子詹事。

府置丞一人以下。

太子率更令。

太子家令。

置丞。

太子僕。

太子門大夫。

太子中庶子。

太子中舍人。

太子洗馬。

太子舍人。

太子左右衛率各一。

太子翊軍步兵屯騎三校尉。

太子旅賁中郎將一人。

太子左右積弩將軍。

太子殿中將軍、員外殿中將軍。

太子倉官令。

太子常從虎賁督。

右東宮職僚。

隋·虞世南《北堂書鈔》卷六五《設官部十七·太子太師》　秩與卿同。《晉公卿禮秩》云：太子太師秩與卿同。

視尚書令。《晉官品令》云：太子太師品第三，舊視尚書令，位在卿下，進賢兩梁冠，五時朝服。

銀印青綬。《晉官品令》云：太子太師，銀印青綬。

佩水蒼玉。《晉官品令》云：太子太師，佩水蒼玉。

又《太子太傅》 與卿同班。《晉公卿禮秩》云：太子諸傅與卿同班。

【略】

太子拜傅如事師之禮。《晉起居注》：武帝太始五年，詔太子拜傅，如弟子事師之禮。【略】

宮事大小皆由。《晉起居注》：晉武帝太始三年，始置太子二傅。是時宮事大小皆由太傅立章，少傅寫之。

盡天下之選。《山濤啓事》云：太子始之東宮，四海屬目，保傅不可不高，盡天下之選也。

又《太子少傅》 與卿同班。《晉公卿禮秩》云：諸傅與卿同班。【略】

宮事皆由。《晉起居注》：武帝太始置二傅，宮事皆由太傅立章、少傅寫之。【略】

不朝朔望。《漢魏故事》云：太傅不稱臣，少傅稱臣，並不朝朔望。

又《太子詹事》 銀章青綬。《晉令》云：詹事，分清，兩梁冠，絳朝服，銀章青綬。

舊規領護。《晉令》云：詹事，品第三，舊規中領護。

掌一宮事務。《晉公卿禮秩》云：詹事亦宦者主中諸官事務也。【略】

彈肅一宮。王珉《答徐邈書》：詹事彈肅一宮，如尚書臺令中丞也。

又《太子左右衛率》 舊視中領護。《晉令》：左右衛率，品第五，舊視中領護。

泰始分置左右。《晉公卿禮秩》云：衛護，漢魏未見。入晉建，置衛率令一人。秦始始分置左、右率，一人領兵各五千人也。【略】

侍衛威重，宜得其才。《山濤啓事》云：左衛率缺，侍衛威重，宜得其才，無疾患者。

又 卷六六《設官部十八・太子中庶子庶子附》 八舍之職。環濟《要略》：庶子，謂宮中諸吏之適子及支庶在版籍者也。

一官要任。《晉起居注》云：武帝置中庶子四人，惠帝建武元年也。

管綜門下。王恂《啓以桓謙恪太子中庶子》曰：東宮之選，宜盡一時之美。中庶子管綜門下。

侍接左右。晉齊王攸《與山濤書》云：太子中庶子侍接左右，誠宜得篤粹有行檢之人。

切問近對。《吴録》云：孫登爲太子太傅。張温言於上曰：『中庶子切問近對』。

東宮顯職。晉齊王攸《與山濤書》云：太子中庶子東宮顯職。

又《太子家令》 進品第五。《續起居注》云：太康八年詔曰：太子家令進品第五。

東宮達官。《晉起居注》曰：太康八年詔曰：『太子家令，東宮之達官也。』

又《太子率更令》 東宮之達官。《晉起居注》云：武帝太康八年詔曰：『太子率更令，東宮之達官也。』

秩與衛率同。引《晉起居注》云：武帝太康八年詔曰：『太子率更令，其進品第五，秩與衛率同。』

又《太子中舍人》 盛寧加名。《晉中興書・百官公卿》注云：惠帝在東宮，以舍人四人才學美者與中庶子共治文書者也。

似黄門任。徐邈《與王珣書》：或説中書舍人職居黄門，不與中庶子中間出内。

典文疏。王珣《答徐邈書》云：中書舍人典文疏位，如中書郎也。

流治文書。《晉中興書・百官公卿志》云：惠帝在東宮，以舍人才學云云。

又《太子洗馬》 掌圖籍。引《晉起居注》云：正帝制洗馬八人，掌圖籍，釋奠稱經，則掌其事。

典文書。晉齊王攸《與山濤書》云：洗馬，今之清選，前後典文書才義也。

【略】

今之清選。晉齊王攸《與山濤書》云：洗馬，今之清選也。

又《太子舍人》 掌表啓。摯虞《決疑》云：太子舍人，晉置十六人，掌表啓也。

太常弟子通三經，補舍人。摯虞《決疑》云：太常弟子通三經，補太子舍人。【略】

今之清選。晉齊王攸《與山濤書》云：舍人，今之清選也。

《隋書》卷二六《百官志上・梁》 太子太傅一人，位視尚書令。少傅一人，位視左僕射。天監初，又置東宮常侍，皆散騎常侍爲之。

詹事，位視中護軍，任總宮朝。二傅及詹事，各置丞、功曹、主簿。五官、家令、率更令僕各一人。家令，自宋、齊已來，清流者不爲之。天監六年，帝以三卿陵替，乃詔革選。家令視通直常侍，率更、僕視黄門三等，皆置丞。中大通三年，以昭明太子妃居金華宫，又置金華家令。

左、右衛率各一人，位視御史中丞。各有丞。左率領果毅、統遠、立忠、建寧、陵鋒、夷寇、祚德等七營，右率領崇榮、永吉、崇和、細射等四營。二率各置殿中將軍十人，員外將軍十人，正員司馬四人。又有員外司馬督官。共屯騎、步兵、翊軍三校尉各一人，謂之三校。旅賁中郎將、冗從僕射各一人，謂之二將。左、右積弩將軍各一人。門大夫一人，視謁者僕射。

中庶子四人，功高者一人爲祭酒。行則負璽，前後部護駕。

中舍人四人，功高者一人，與中庶子祭酒共掌其坊之禁令。又有通事守舍人、典事守舍人、典法守舍人員。

庶子四人，掌侍從左右，獻納得失。高功者一人，與高功舍人共掌其坊之禁令。

舍人十六人，掌文記。通事舍人二人，視南臺御史，多以餘官兼職。典經局洗馬八人，位視通直郎。置典經守舍人、典事守舍人員。又有外監殿局，内監殿局，導客局，齋内局，主璽、主衣、扶侍等局，門局，錫庫局，内廄局，中藥藏局，食官局，外廄局，車廄局等，各置有司，以承其事。

皇弟、皇子府，置師，長史，司馬，從事中郎，諮議參軍，及掾屬中録事、中記室、中直兵等參軍，功曹史，録事，記室，中兵等參軍，文學，主簿，正參軍、行參軍、長兼行參軍等員。嗣王府則減皇弟皇子府師、友、文學、長兼行參軍。蕃王府則又減嗣王從事中郎，諮議參軍，掾屬録事、記室、中兵參軍等員。自此以下，則並不登二品。

又 卷二七《百官志中·北齊》 太子太師、太傅、太保，是爲三師，掌師範訓導，輔翊皇太子。少師、少傅、少保，是爲三少，各一人，掌奉皇太子，以觀三師之德。出則三師在前，三少在後。

詹事，總東宫内外衆務，事無大小，皆統之。府置丞、功曹、五官、主簿、録事員。領家令，率更令，僕等三寺，左右衛二坊。三寺各置丞，二坊各置司馬，俱有功曹、主簿，以承其事。

家令，領食官、典倉、司藏等署令、丞。又領内坊令、丞。掌知閤内諸事。其食官，又別領器局、酒局二丞，典倉又別領園丞。司藏又別領仗庫、典作二局丞。率更領中盾署令、丞各一人。掌周衛禁防，漏刻鐘鼓。僕寺領廄牧署令、丞，署又別有車輿局丞。

左右衛坊率，各領騎官備身正副都督、騎官備身五職、騎官備身員。又有内直備身正副都督、内直備身五職、内直備身員。又有備身正副都督、備身五職員。又有直閤、直前、直後員。又有旅騎、屯衛、典軍等校尉各二人，騎尉三十人。

門下坊，中庶子、中舍人、通事守舍人、主事守舍人，各四人。又領殿内、典膳、藥藏、齋帥等局，殿内局有内直監二人，副直監四人。典膳、藥藏局，監、丞各二人。藥藏又有侍醫四人。齋帥局，齋帥、内閤帥各二人。

典書坊，庶子四人，舍人二十八人。又領典經坊，洗馬八人，守舍人二人，門大夫、坊門大夫、主簿各一人。并統伶官西涼二部、伶官清商二部。

《晉書》卷二四《職官志》 太子太傅、少傅，皆古官也。泰始三年，武帝始建官，各置一人，尚未置詹事，官事無大小，皆由二傅，並有功曹、主簿、五官。太傅中二千石，少傅二千石。其訓導者，太傅在前，少傅在後。皇太子先拜，諸傅然後答之。武帝後以儲副體尊，遂命諸公居之；以本位重，故或行或領。時侍中任愷，武帝所親敬，復使領之，蓋一時之制也。咸寧元年，以給事黄門侍郎楊珧爲詹事，掌宫事，二傅不復領官屬。及楊珧爲衛將軍，領少傅，省詹事，遂崇廣傅訓，命太尉賈充領太保，司空齊王攸領太傅，所置吏屬復如舊。二傅進賢兩梁冠，黑介幘，五時朝服，佩水蒼玉，食奉日三斛。太康二年，始給春賜絹五十匹，秋絹百匹，綿百斤。其後太尉汝南王亮、車騎將軍楊駿、司空衛瓘、石鑒皆領傅保，猶不置詹事，以終武帝之世。惠帝元康元年，復置詹事，二傅給菜田六頃，田騶六人，立夏後不及田者，食奉一年。置丞一人，秩千石；主簿、五官掾、功曹史、主記門下史、録事、户曹法曹倉曹賊曹功曹書佐、門下亭長、門下書佐、省事各一人，給赤耳安車一乘。及愍懷建官，乃置六傅，三太、三少，以景帝諱師，故改太師爲太保，通省尚書事，詹事文書關由六傅。然自元康之後，諸傅或二或三，或四或六，及永康中復不置詹事也。自太安已來置詹事，終孝懷之世。渡江之後，有太傅少傅，不立師保。

中庶子四人，職如侍中。

中舍人四人，咸寧四年置，以舍人才學美者爲之，與中庶子共掌文翰，職如黄門侍郎，在中庶子下，洗馬上。

食官令一人，職如太官令。

庶子四人，職比散騎常侍、中書監令。

舍人十六人，職比散騎、中書等侍郎。

洗馬八人，職如謁者秘書，掌圖籍。釋奠講經則掌其事，出則直者前驅，導威儀。

率更令，主宫殿門户及賞罰事，職如光禄勳、衛尉。

家令，主刑獄、穀貨、飲食，職比司農、少府。漢東京主食官令，食官令及晉自爲官，不復屬家令。

僕，主車馬、親族，職如太僕、宗正。

左右衛率，案武帝建東宫，置衛率，初曰中衛率。泰始五年，分爲左右，各領一軍。惠帝時，愍懷太子在東宫，又加前後二率。及江左，省前後二率，孝武太元中又置。

又　卷三五《裴頠傳》　頠以賈后不悦太子，抗表請增崇太子所生謝淑妃位號，仍啓增置後衛率吏，給三千兵，於是東宫宿衛萬人。

又　卷三六《張華傳》　及賈后謀廢太子，左衛率劉卞甚爲太子所信遇，每會宴，卞必預焉。屢見賈謐驕傲，太子恨之，形于言色，謐亦不能平。卞以賈后謀問華，華曰：『不聞。』卞曰：『卞以寒悴，自須昌小吏受公成拔，以至今日。士感知己，是以盡言，而公更有疑於卞邪！』華曰：『假令有此，君欲如何？』卞曰：『東宫俊乂如林，四率精兵萬人。公居阿衡之任，若得公命，皇太子因朝入録尚書事，廢賈后於金墉城，兩黄門力耳。』

唐·李林甫等《唐六典》卷二六《太子三師三少詹事府左右春坊内坊内官》　太子太師一人，太傅一人，太保一人，並從一品。【略】至後漢，太子太傅秩中二千石，掌輔導太子，禮如師，不領官屬。至魏，太子太傅爲第三品。《漢魏故事》：皇太子於二傅執弟子禮，皆爲『書』，不曰『令』；太傅於太子不稱臣。晉初，東宫不置詹事，事由二傅，少傅立草，太傅書真。武帝後以爲儲副體尊，遂命諸公居之，而本司位重，或行或領也。咸寧中，備六傅之職：朗陵公何劭爲太子太師，避景帝諱，改爲『帥』；安豐侯王戎爲太傅；武陵侯楊濟爲太保。其後或置或省。懷帝爲太弟，又備六傅。東晉明帝在儲宫，置保、傅之位，而無二師。《晉令》：『太子太保品第三，進賢兩梁冠，絳朝服，佩水蒼玉，銀章、青綬。』宋、齊、梁並不置。後魏、北齊置之，正第二品，號『東宫三太』。後周不置。【略】

太子少師一人，少傅一人，少保一人，並正二品。【略】後漢秩二千石，總領東宫官屬。魏故事：太傅于太子不稱臣，少傅稱臣。晉咸寧中備六傅之職，始置少師、少保，以臨海侯裴楷爲少師，以上蔡伯和嶠爲少保。其後或置或廢。至晉懷帝爲太弟，又備六傅之職。東晉明帝在儲宫，置保傅之位，而無師。歷宋、齊、梁、陳並不置。後魏、北齊皆置之，號『東宫三少』。【略】

太子詹事府：詹事一人，正三品。【略】魏復置詹事，品第三，掌東宫内外衆務。晉初不置詹事，東宫諸署悉隸二傅。後以保、傅位尊，不宜親務，武帝咸寧初，用黄門侍郎楊珧爲詹事，掌東宫之任。珧遷爲少傅，復省。惠帝元康中復置。永康中，齊王冏輔政，復省。太安中復置，懷帝又省，江左復置。《晉令》：『詹事，品第三，銀章、青綬，絳朝服，兩梁冠。局事擬尚書令，位視領·護將軍、中書令。長三令、四率、中庶子、庶子、洗馬、舍人。』其後用人漸重，或以令、僕射領之。品秩、儀服略同於晉。梁秩中二千石，品第三；後定十八班，班第十四。陳因之。後魏太子詹事左、右置二人，其後唯置一人；初第二品下，太和末，降爲第三品。北齊品同魏氏，總東宫内外衆務，事無大小皆統之；領家令、率更、僕三寺，左、右衛二坊。後周置太子宫正、宫尹。【略】

丞一人，正六品上。【略】至魏、晉，皆隨詹事置省。永康中，省詹事，置丞一人，文書關六傅。《晉令》：『詹事丞一人，品第七，銅印、墨綬，進賢一梁冠，皂朝服；局擬尚書左、右丞。』過江，多用員外郎及博士爲之，遷爲尚書郎。宋、齊品服同晉氏。梁、陳品第八。後魏初，從五品中；太和末，第七品下。北齊第七品下。【略】主簿一人，從七品上；晉始置主簿，史闕其員品。歷宋、齊、梁、陳、後魏、北齊、隋，詹事府皆有五官、功曹、主簿，亦史闕其員品。【略】

太子左春坊：左庶子二人，正四品上。【略】後漢太子少傅屬官有太子中庶子，員五人，秩六百石，職如侍中；庶子，無員數，秩四百石。庶子職如三署郎。環濟《要略》曰：『庶子主宫中並諸吏之適子及支庶版籍。』魏因之。晉太子詹事有中庶子、庶子各四人，局擬散騎常侍，品第五；班同三令、四率，次中書侍郎下；絳朝服，武冠，平巾幘。高功中庶子與高功中舍人共掌禁令，糺正違闕，侍從左右，儐相威儀，盡規獻納，奏事文書皆典綜之。釋奠，中庶子扶左，庶子扶右。宋文帝元嘉初，詔中庶子隨太子入直上宮；十四年，又詔還直東宮。梁中庶子、庶子各四人，中庶子功高者一人爲祭酒，行則負璽，前、後部護駕，與高功中舍人一人共掌其坊之禁令，班第十一，從四品；庶子班第九，從五品。陳因之。後魏有太子中庶子、庶子員。北齊有門下坊，中庶子四人領之；有典書坊，庶子四人領之。中庶子第四品上。【略】

太子右春坊：右庶子二人，正四品下；其説已具於左庶子。【略】太子中舍人二人，正五品下。太子中舍人，本漢、魏太子舍人也。晉惠帝在儲宮，以舍人四人有文學才美者，與中庶子共理文書，至咸寧二年，齊王攸爲太傅，遂加名爲中舍人，位敍同尚書郎。其後資漸高，擬黄門侍郎，班同門大夫，次尚書郎下。高功中舍人與高功中庶子共掌禁令，糺正違闕，侍從左右，儐相威儀，盡規獻納，奏事文書，皆典給之，監合嘗藥。大、小會二官舉案正直，從大、小駕，一人前部護駕，一人後部護駕，同中庶子。月檢奏直臣名，更直五日，典文疏，如中書郎。宋有四人，齊有一人。梁有四人，高功一人與中庶子祭酒共掌其坊之禁令，班第八，正六品。陳因之。後魏第五品上。北齊門下坊有四人，品同後魏。【略】

太子舍人四人，正六品上。【略】晉十六人，品第七，班同食官令，在洗馬下，掌表、啓、牋、疏。高功一人，與高功庶子共掌一坊禁令，糾諸逋違。從駕，則正直從，次直守；妃出，則次直從。宋四人，齊一人。梁庶子下有太子舍人十六人，職如晉氏，班第三，從八品。陳因之。後魏有太子舍人員。北齊二十人，從第六品。【略】

太子通事舍人八人，正七品下。《齊職儀》：『中庶子下有門下通事守舍人四人，三品勳禄敍，武冠，朱服。』又：『庶子下有内典書通事舍人二人，品服同舍人，擬中書通事舍人，掌宣傳令書，内外啓奏。』梁中庶子有通事舍人；又庶子下通事舍人二人，視南臺御史，並一班，從九品。陳因之。北齊門下坊有通事守舍人四人。【略】

太子内坊：典内二人，從五品下。晉有太子寺人監員。又，《齊職儀》：『太子三卿、校，各有寺人二人。』【略】

太子内官。《漢書》曰：『太子有妃，有良娣，有孺子，妻妾凡三等。』歷代因之。至宋明帝，更爲太子置内職二等，有寶林、良娣。齊建元中，太子宮置三内職：良娣比關内侯，寶林比五等侯，才人比駙馬都尉。

又　卷二七《家令率更僕寺》　太子家令寺：家令一人，從四品上；【略】後漢太子少傅屬官有太子家令，秩一千石，主倉穀、飲食，又領食官令、丞。魏因之。晉家令品第五，銅印、墨綬，進賢兩梁冠，絳朝服，比司農、少府。晉太康八年，詔曰：『太子家令、率更令、僕，東宮之達官也，宜進品第五，與中庶子、二率同。』宋太子家令主内茵蓐、牀几諸供中之物，又知官奴婢月用錢、内庫米鹽、車牛、刑獄。齊因之。自宋、齊已來，清流者不爲之。梁天監六年，武帝以三卿陵替，乃詔革選，家令視通直常侍，率更，僕視黄門。陳因之。後魏太子三卿從三品上，太和二十二年降爲從四品上。北齊詹事領家令，有丞、功曹、主簿，領食官、典倉、司藏等三署令、丞，又領内坊令、丞。【略】丞二人，從七品上；【略】後漢、魏無聞。《宋書》云：『家令丞一人，晉代置。』宋、齊因之。梁、陳家令丞一人；位不登十八班者别爲七班，家令丞七班。後魏太和二十二年，太子三卿丞第九品下。北齊家令丞一人。【略】主簿一人，正九品下。晉家令置主簿，宋、齊因之。《齊職儀》：『家令主簿一人，四品勳位，掌總署諸曹事。』梁、陳、後魏無聞。北齊家令有主簿員。【略】

食官署：令一人，從八品下；【略】晉太子食官令職如太官令。宋中庶子屬官有食官令，齊詹事屬官有太子食官令。《齊職儀》：『食官令一人，三品勳位，掌厨膳之事。』梁庶子有食官局，陳因之。後魏太子食官令五品上。北齊食官令、丞又别領器局、酒局二丞。【略】丞二人，從九品下。兩漢食官皆有丞，魏、晉、宋無聞。齊建元中，置食官丞四人。《梁選簿》有東宮食官丞，爲三品藴位。後魏、北齊太子食官丞一人。【略】

典倉署：令一人，從八品下。【略】魏、晉已下無聞。後魏有太子倉令，第五品中。北齊家令寺領典倉器令、丞，典倉署又别領園丞。【略】

司藏署：令一人，從八品下；晉家令有主物吏四人。梁庶子屬官有錫庫局丞；又有東宮衛庫丞，爲三品勳位。北齊家令寺領司藏署令、丞，司藏又别領仗庫、典作二局丞。【略】

太子率更寺：令一人，從四品上；漢詹事府屬官有太子率更令、丞。後漢太子少傅屬官有太子率更令，秩千石，主庶子、舍人更直，職似光禄勳。魏因之。晉詹事屬官有太子率更令一人，銅印、墨綬，進賢兩梁冠，絳朝服；掌宫殿門户之禁，郎將屯衛之士；局擬光禄勳、衛尉。太康八年，進品第五。宋、齊因之。梁率更令視黄門，陳因之。後魏太和二十二年爲從四品上。北齊詹事率更令有丞、功曹、主簿，領中盾署令、丞各一人，掌周衛禁防，漏刻鐘鼓。【略】丞一人，從七品上；【略】魏、晉、陳、齊、梁、陳皆一人。後魏太子三卿丞第九品下。北齊、隋皆一人，【略】主簿一人，正九品下。晉率更令置主簿一人，宋代無聞。《齊職儀》：『太子率更令主簿，四品勳位。』梁、陳、後魏無聞。北齊、隋太子率更寺主簿一人。【略】

太子僕寺：僕一人，從四品上；【略】後漢太子少傅屬官有太子僕一人，秩千石，主車馬，職如太僕。太子五日一朝；非入朝日，遣僕及中允朝朝入，請問起居。魏因之。晉詹事屬官有太子僕，銅印、墨綬，進賢兩梁冠，絳朝服；主輿馬、親族，局擬太僕、宗正；太康八年，進品第五。宋、齊品秩・冠服同家令寺；從駕乘安車，次家令。梁太子僕視黄門，陳因之。後魏品同家令。北齊詹事領太子僕；僕寺置丞、功曹、主簿，領廄牧署令、丞，又別有車輿局丞。【略】丞一人，從七品上；梁太子僕有丞，陳因之。後魏太子三卿丞第九品下。北齊、隋太子僕丞一人。【略】主簿一人，正九品下。晉太子僕置主簿，宋無聞。《齊職儀》：『太子僕主簿，四品勳位。』梁、陳、後魏無聞。北齊、隋有太子僕主簿一人。【略】

廄牧署：令一人，從八品下；【略】後漢太子少傅屬官有太子廄長一人，秩四百石，主車馬。魏、晉因之。《齊職儀》云：『東宮屬官有內廄局、外廄局。』梁、陳因之。後魏有太子廄長，從九品上。【略】丞二人，從九品下。【略】齊置太子內廄、外廄丞各一人，梁、陳因之。北齊有太子廄牧署丞、車輿局丞。

又　卷二八《太子左右衛及諸率府》　太子左右衛率府，率各一人，正四品上。【略】後漢爲少傅屬官，秩四百石，主門衛士。魏因之。晉初爲中衛率，太始五年，分爲左、右二率。惠帝爲太子，加置前衛率；愍懷在東宮，又加後衛率。故元康之中凡四衛率。成都王穎爲太弟。又置中衛率，是爲五率。凡太子出，前衛率導，在前黄麾外；左、右二率從，俠導輿車；後衛率從，在烏皮外；並載戟執刀。四率各丞一人。服視左、右衛將軍，品第五，位同中庶子。過江，省前、後率，至孝武帝復置，宋又省。齊左、右衛率武冠，絳朝服，品第五，秩千石。梁位視御史中丞，左衛率領果毅、統遠、立忠、建寧、陵鋒、夷寇、祚德等七營，右衛率領崇榮、永吉、崇和、細射等四營。陳因之。後魏太和二十二年，太子左、右衛率從第三品。北齊有太子左、右衛坊率。後周東宮官員有司戎、司武、司衛之類。【略】

左、右率府親府・勳府・翊府中郎將各一人，從四品上。中郎將之説，已具上左、右衛。梁左衛率領七營，右衛率領四營。二率各領殿中將軍十人、員外將軍十人。又有正員司馬、員外司馬；屯騎，步兵、翊軍三校尉，謂之三校；旅賁中郎將、冗從僕射，謂之二將。又有左、右積弩將軍各一人。北齊太子左、右衛坊率各領騎官備身員，又有內直備身、備身正・副都督，備身五職等員，又有直閤、直前，直後員，又有旅騎、屯衛、典軍等校尉各二人，騎尉三十人。

唐・杜佑《通典》卷三〇《職官十二・東宮官・東宮官敍》　凡三王教世子，必以禮樂。樂所以修內，禮所以修外，禮樂交錯於中，發形於外，是故其成也懌，恭敬而温文。中，心也。懌，悦也。立太傅少傅以養之，欲其知父子君臣之道也。言養者，積浸成長也。【略】自魏明帝以後，久曠東宮，制度闕廢，官司不具。吳孫權即位，孫登爲太子，兼置四友等官。以諸葛恪爲左輔，張休爲右弼，顧譚爲輔正都尉，陳表爲翼正都尉，是爲四友。於是東宮號爲多士。晉初，詹事、左右率、庶子、中舍人諸官並未置。唯置衛率令典兵，二傅幷攝衆事。至咸寧元年，始置詹事，以領宮事。宋孝武置東宮率更令等官，其中庶子、庶子、中舍人、舍人、洗馬各減舊員之半。後周加置太子諫議員四人。

又　《太子六傅三太　三少》　漢、魏故事，太子於二傅執弟子禮，皆爲書不曰令。少傅稱臣，而太傅不臣。吳薛綜，綜子瑩、瑩子兼，三代並爲太子少傅。晉泰始三年，武帝始建置東宮，各置一人。尚未置詹事，宮事無大小，皆由二傅。少傅立草，太傅書真，以爲儲訓。並有功曹、主簿、五官。秩與後漢同。皇太子先拜，諸傅然後答之，如弟子事師之禮。二傅不得上疏曲敬。武帝後以儲副體尊，遂命諸公居之。以本位重，故或行或領。時侍中任愷，武帝所親敬，復使領之，蓋一時之制也。咸寧元年，以給事黄門侍郎楊珧爲詹事，掌宮事，二傅不復領官屬。及楊珧爲衛將軍，領少傅，復省詹事，遂崇廣傅訓，命太尉賈充領太保，司空齊王攸領太傅，所置吏屬復如舊。二傅皆進賢兩梁冠，黑介幘，五時朝服，佩水蒼玉。《晉令》曰：『太子太保銀印青綬。』其後，太尉汝南王亮、車騎將軍楊駿、司空衛瓘、石鑒皆領傅、保，猶不置詹事，以終武帝之代。惠帝元康元年，復置詹事。二傅給菜田六頃，田騶五十人，夏後不及田者，食俸一年。給赤耳安車一乘。及愍懷建宮，乃置六傅，三太三少。《晉書》曰：『東宮舊制，月請錢五十萬，以備衆用。愍懷太子恆探取三月以供嬖寵。』以景帝諱師，故改太師爲太帥，通省尚書事詹事，文書關由六傅。《職官要録》曰：『晉太子六傅，各有丞一人。』自元康之後，諸傅或二或三，或四或六。渡江之後，有太傅少傅，不立師保。晉王導爲太傅。時孝懷太子爲胡所害，始奉諱，有司奏天子三朝舉哀，羣臣一哭而已。導以皇太子普天有情，羣下宜同三朝之制。元帝從之。又齊王攸領太傅，作太傅箴，獻於太子。傅玄亦有少傅箴。又任愷、山濤、張華並爲少傅。又云衛瓘領少傅，加千兵百騎，鼓吹之府。《山公啓事》曰：『太子保傅，不可不高盡天下之選。羊祜秉德尚義，可出入周旋，令太子每覩儀形。方任雖重，比此爲輕。又可朝會，與聞國議。』宋有太傅、少傅，各兼丞一人。其保傅並銀章青綬。齊與宋同。武帝時以王儉爲少傅。舊太子敬二傅同，至是，朝議接少傅以賓友之禮。梁太傅位視尚書令，少傅視左僕射。《職官要録》曰：『三少舊視左僕射，冠服同三太也。』陳因之。自宋以下，唯有傅而無師、保。後魏有太師、太傅、太保，謂之東宮三師；少師、少傅、少保，謂之東宮三少。孝明在東宮，宣武皇帝欲以崔光爲太子師傅，光固辭。帝令太子南面再拜，宮臣皆從太子拜。光北面立，不敢答拜，唯西面拜謝而出，乃授光太子少傅。北齊皆有之，出則三師在前，三少在後。後周不置。

又**《太子賓客》** 晉元康元年，愍懷太子始之東宮，惠帝詔曰：『遹幼蒙，今出止東宮，雖賴師傅羣賢之訓，其遊處左右，宜得正人，能相長益者。太保衛瓘息庭，司空隴西王泰息略，太子太傅楊濟息毖，太子少師裴楷息憲，太子少傅華廙息恆，各道義之門，有不肅之訓。其令五人更往來與太子習數，備賓友也。』其時雖非官，而謂之東宮賓客，皆選文義之士，以侍儲皇。其後無聞。

又**《太子詹事丞 主簿 司直》** 魏復置詹事，領東宮衆務。晉不置，至咸寧元年，復置以掌宮事。事具《六傅篇》。及永康中，復不置。自太安以來，又置，終孝懷之代。其職擬尚書令，掌三令、四率、中庶子、庶子、洗馬、舍人等官。銀印青綬，介幘，進賢兩梁冠，絳朝服，佩水蒼玉。晉卞壼爲詹事，時稱卞壼裁斷切直，忠於事上。宋與晉同。齊置府，領官屬。齊沈文季爲太子詹事。梁、陳任總宮朝。後魏有太子左右詹事。北齊東宮衆事，無大小皆統之，領三寺左右衛二坊。後周置太子宮正、宮尹。【略】

丞：秦官，漢因之。後漢省。魏、晉隨詹事省置。至晉永康中，詹事特置丞一人，掌文書，關通六傅。過江多用員外郎，遷尚書郎。宋、齊因之。梁、陳制，一梁冠，皂朝服，銅印墨綬。後魏、北齊並有之。後魏楊昱字元略，爲詹事丞。孝明爲太子，尚在懷抱，其所出入，唯乳母而已，不令官僚聞知。昱諫曰：『太子動止，宜令翼從。陛下若召太子，必降手敕，令臣下咸知。』乃詔曰：『自此以後，非朕手敕，勿令兒出宮。宮臣在直，從至萬歲門。』【略】

主簿：一人。晉始置，自後歷代皆有。

又**《太子庶子中允 司議郎 中舍人 舍人 通事舍人 諭德 贊善 崇文館學士 洗馬 文學校書 正字 典膳郎 藥藏郎 内直郎 典設郎 宮門郎》** 古者，天子有庶子之官，《周官》謂之諸子。職諸侯卿大夫之庶子，掌其戒令與其教理，有大事則帥國子而致於太子，唯所用之。【略】魏因之。在吳爲親近之官。吳張温言於孫權曰：『中庶子官最親密，切問近對，宜用儁選。』由是以顧譚爲之。晉中庶子、庶子各四員，職比侍中、散騎常侍及中書監令，皆以俊茂者爲之，或以郡守參選。《山公啓事》曰：『中庶子缺，宜得俊茂者。以濟陰太守劉儼、城陽太守石崇參選。』《晉書》曰：『鄭默爲中庶子，朝廷以爲太子官屬，宜稱陪臣。默上言皇太子體皇極之尊，無私於天下，宮臣皆受命天朝，不得同之藩國。事遂施行。』又温嶠爲中庶子，獻侍臣箴，甚見補益。又王珣啓以桓謙爲中庶子曰：『東宮之選中庶子，總管門下，尤不可不得其才。』若釋奠，中庶子扶左，庶子扶右。宋與晉同。武冠，平巾幘，絳朝服。元嘉初，詔二率、中庶子隨太子入直上宮。十四年，又詔還直東宮。至齊，其庶子用人卑雜。梁天監七年詔革選。其年，以太子中舍人、司徒從事中郎爲之。凡中庶子四人，以功高者一人爲祭酒，行則負璽，前後部護駕，與功高中舍人一人共掌其坊之禁令。庶子四人，掌侍從左右，獻納得失，功高者一人與功高舍人一人共掌其坊之禁令。冠服並同前代。陳因梁制。後魏亦有中庶子、庶子官。北齊門下坊，中庶子四人領之；典書坊，庶子四人領之。【略】

中允：後漢太子官屬有之，職在中庶子下，洗馬上。漢制，太子五日一朝，其非朝日，即使僕及中允朝，朝請問起居。其後無聞。宋、齊有中舍人，是其職也。【略】

中舍人：晉咸寧初，置中舍人四人，以舍人才學之美者爲之，與中庶子共掌文翰，在中庶子下，洗馬上。晉陸雲爲中舍人。凡奏事文書皆綜典之，監和嘗藥，月檢奏直臣名，更直五日，典文疏如中書郎。宋亦四人。齊有一人。梁時功高者一人，與中庶子祭酒共掌其坊之禁令。陳因之。後魏、北齊並有之。【略】

舍人：【略】魏因之。晉有十六人，職比散騎中書侍郎，從駕則正直從，次直守。妃出則次直從。晉王衍以名門超爲太子舍人。又樂廣、潘岳、顧榮、夏侯湛並爲之。元帝大興元年，以太子舅虞胤爲舍人，太子奏曰：『舅甥宜崇敬，不欲降舅氏之親爲侍臣。』詔乃轉胤爲常侍。《山公啓事》曰：『太子舍人夏侯湛有盛才而不長理人，有益臺閣。』宋有四人。齊有一人。梁有十六人，掌文記。梁劉杳字士深，爲舍人。及昭明太子薨，新宫建，舊人例無住者，敕特留杳焉。陳因梁制。後魏亦有之。北齊典書坊置二十人。【略】

通事舍人：齊中庶子屬官有通事守舍人，庶子下有内典書通事舍人二人，掌宣傳令旨，内外啓奏。梁亦有之。視南臺御史，多以餘官兼職。陳因之。北齊門下坊有通事舍人八人。【略】

左右諭德：龍朔三年，初置太子左右諭德各一員，掌侍從贊諭，職比常侍。【略】

崇文館學士：魏文帝始置崇文觀，以王肅爲祭酒。其後無聞。【略】

洗馬：【略】魏因之。晉有八人，職如謁者，准秘書郎。進賢一梁冠，黑介幘，絳朝服。掌圖籍，釋奠講經則掌其事，餘與後漢同。晉江統爲洗馬，太子頗好遊宴，或闕朝侍，統以五事諫之。又陸機、鄧攸、傅咸並爲洗馬，又衛玠爲洗馬。宋與晉同。齊置一人。梁有典經局，又置八人，掌文翰，尤爲清選，皆取甲族有才名者爲之，位視通直郎。梁庾於陵拜洗馬，舍人如故。舊事，東宫官屬，通爲清選，洗馬掌文翰，尤其清者。東宫近代用人，皆取甲族有才名者。時於陵、周捨並擢充斯職。武帝曰：『官以人而清，豈限於甲族。』時論美之。陳因之。北齊典經坊洗馬二人。【略】

文學：【略】魏武置太子文學，魏武爲丞相，以司馬宣王爲文學掾，甚爲世子所親信。自後並無。至後周建德三年，太子文學十人，後省。【略】

校書：宋孝建中，洗馬有校書吏四人，自後無聞。北齊有太子校書。【略】

典膳郎：漢、魏以來並有太子食官局。至北齊，門下坊始别置典膳局，有監、丞各二人。【略】

藥藏郎：北齊門下坊領藥藏局，有監、丞各二人，侍藥四人。【略】

内直郎：齊有太子内直兵局，内直兵史二人。梁有齋内、主璽、主衣、扶侍等局，各置有司，以承其事。陳因之。北齊門下坊領殿内局，有内直監二人，副監四人。【略】

典設郎：南齊置齋居局齋居庫，丞一人。梁齋内局各置有司，以承其事。陳因之。北齊門下坊有齋帥局，有太子齋帥、内閣帥各二人。【略】

宫門郎：【略】魏因之。晉太子門大夫准公車令，掌通牋表及宫門禁防。宋因之。梁代視謁者僕射。陳因之。北齊謂之門大夫坊，並統伶官。

又《太子家令丞　主簿　食官署　典倉署　司藏署》　家令，【略】魏因之。晉又兼主刑獄、穀貨、飲食，職比廷尉、司農、少府。其家令、率更令及僕，爲太子三卿。太康八年，進品與中庶子、二率同。自漢至晉，家令在率更下，宋則居上。銅印墨綬，進賢兩梁冠，絳朝服。主内茵褥牀几諸供中之物及官奴婢、月用錢、内庫、鹽米、車牛、刑獄。齊因之。自宋、齊以來，清流者不爲之。沈約爲齊文惠太子家令。至梁天監六年，武帝以三卿陵替，乃詔革選，家令視通直常侍，率更、僕視黄門。陳因之。後魏亦曰三卿。北齊家令有功曹、主簿，領食官、典倉、司藏等三署及領内坊令、丞。【略】

丞：漢家令有丞，後無聞。《宋書》云『家令丞一人，晉置』。宋、齊以後並有之。後周無。【略】

主簿：晉家令有主簿，宋、齊因之，自後無。北齊家令有主簿員。【略】

食官署令、丞：【略】晉太子食官令，職如太官令。宋則屬中庶子。齊則屬詹事，掌厨膳之事。梁食官局屬庶子。陳因之。後魏亦有。北齊有食官令、丞，又别領器局、酒局二丞。【略】

典倉署令：【略】魏以下無聞。後魏有之。北齊家令寺領典倉署令、丞，典倉署又别領園丞。【略】

司藏署令：晉家令有主物吏四人。梁有錫賜庫局丞庶子，又有東宫衛庫丞。北齊家令寺領司藏署令、丞，司藏又别領仗庫、典作二局丞。

又《太子率更令丞　主簿》　率更令，【略】魏因之。晉主宫殿門户及賞罰事，職如光禄勳、衛尉，而屬詹事。宋制，銅印墨綬，進賢兩梁冠，絳朝服。梁、陳、後魏並有之。北齊領中盾署，掌周衛禁防漏刻鐘鼓，亦屬詹事。【略】

丞：後漢率更置丞一人。歷代悉有，唯後周無。【略】

主簿：晉置一人。宋無，齊有之，自後無聞。北齊、隋又有之。

又《太子僕丞　主簿　廄牧署》　僕，【略】魏因之。晉主輿馬，兼主親族，如太僕、宗正。從駕乘安車，次家令而屬詹事。宋、齊並有之。梁視黄門郎。陳因之。後魏亦有。北齊詹事領僕寺，置令、丞、功曹、主簿，領廄牧署令。【略】

丞：梁有之，陳因之。後魏、北齊、隋並有之。【略】

主簿：晉置，宋無，齊有之。梁、陳、後魏無，北齊、隋皆有之。

【略】

廄牧署令、丞：【略】魏、晉因之。齊東宮屬有内廄局、外廄局，皆有丞。梁、陳因之。後魏有之。北齊則曰廄牧署令、丞，車輿局丞。

又《左右衛率府副率以下官屬》　衛率府，【略】魏因之。晉武帝建東宮，置衛率，初曰中衛率。泰始五年，分爲左右衛率，各領一軍。惠帝時，愍懷太子在東宮，又加前後二衛率。《晉・志》曰：『凡太子出，前衛率導在前，黄麾，左右二率從，使導輿車。後衛率從，在烏皮外。並帶戟執刀，其服並視左右衛將軍。』《山公啓事》曰：『太子左率缺，侍衛威重，宜得其才無疾患者。城陽太守石崇，忠篤有文武，河東太守焦勝，清貞著信義，皆其選也。』劉卞爲愍懷太子左率，知賈后必害太子，乃問張華，華曰：『君欲如何？』卞曰：『東宮雋乂如林，四率精兵萬人。公居阿衡之任，若得公命，皇太子因朝，使録尚書事，廢賈后於金墉，兩黄門力耳。』華曰：『廢立大事，恒懼禍甚，又非所能。』賈后微聞，遷卞爲雍州刺史，卞恐終露，乃服藥卒。成都王穎爲太弟，又置中衛率，是爲五率。及江左，省前後率。孝武太元中，又置。宋、齊止置左右二率。齊沈約爲太子右率。又徐孝嗣自吏部尚書轉領太子右率，臺閣事多以委之。沈文季亦嘗爲此官。梁二率視御史中丞。銅印墨綬，武冠，絳朝服。左率領七營，右率領四營。陳有二率。後魏曰左右衛率。北齊謂之左右衛率坊。後周東宮有司戎、司武、司衛等員。【略】

親府、勳府、翊府中郎將各一人。梁左右衛率共領十一營，二率各領殿中將軍十人、員外將軍十人。北齊左右衛坊率各領騎官備身員外，又有内直備身正副都督。

又《太子旅賁中郎將》　旅賁中郎將一人，職如武賁中郎將，宋初置。天子有武賁，習武訓也。諸侯有旅賁，禦災害也。

《舊唐書》卷四四《職官志三・東宮官屬》　太子太師、太傅、太保各一員。並從一品。師傅，宫官，南朝不置。後魏、北齊，師傅品第二，號東宮三太。隋品亦第二。武德定令，加從一品也。

太子少師、少傅、少保各一員。並正二品。三少，亦古官，歷代或置或省。南朝並不置。後魏、北齊置之，品第三，號東宮三少。皇家定令，正二品。

三師三少之職，掌教諭太子。無其人，則闕之。

又《東宮武官》　太子左、右衛率府：秦、漢有太子衛率，主門衛。晉分左、右、中、前四衛率，後代因置左、右率。北齊爲衛率坊。

宋・李昉等《太平御覽》卷二四四《職官部四十二・太子太傅》

《晉起居注》曰：武帝太始三年始置太子二傅。是時官事大小皆由二傅，太傅立章，少傅寫之。【略】

《魏故事》曰：太傅於太子不稱臣，少傅稱臣。

又《太子少師》　《陶氏職官録》曰：三少舊視左僕射，冠服同三太也。

又《太子少傅》　傅玄《太子少傅箴》曰：夫金木無常，方員應形，亦有隱括，習以性成。故近朱默者黑，聲和則響清，形正則影直。正人在側，德義盈堂；鮑肆先入，蘭蕙不芳。傅臣司訓，敢告君王。

又　卷二四五《職官部四十三・太子詹事》　《晉公卿禮秩》曰：太始中立詹事，掌宫事。【略】

《齊職儀》曰：詹事品第三，茂陵書，秩二千石，銀章、青綬。局擬尚書令，位視領護將軍。【略】

王珉《荅徐邈書》曰：詹事彈一官，如尚書左丞矣。

又《太子中庶子》　晉齊王攸《與山濤書》曰：太子中庶子，東宫顯職，加侍接左右，誠宜得篤粹有行撿之人，必允衆望。

又《太子左右庶子》　環濟《要略》曰：庶子主宫中，並諸吏之適子，及支庶在版籍者也。行其秩序，作其徒役，授八次八舍之職，以徵候。

又　卷二四六《職官部四十四·太子洗馬》　徐邈《問玉珉》曰：漢法制：洗馬，冠高山冠，職如謁者。中朝新制：洗馬，進賢冠，出則在馬前清道，故曰洗馬。

又《太子舍人》　摯虞云：太常弟子通二經，補文學；三經，補太子舍人，晉置十六人，掌表、啓。

又　卷二四七《職官部四十五·太子率更令》　《晉起居注》曰：武帝太康八年，詔曰：『太子率更僕，東宫之達官也。其進品第五，秩與中庶子，左、右衛率同。職擬光禄勳也。』

元·馬端臨《文獻通考》卷六〇《職官考十四·東宫官總敍》　凡三王教世子，必以禮樂。樂所以修内，禮所以修外，禮樂交錯於中，發形於外，是故其成也懌，恭敬而温文。中，心也。懌，悦也。立太傅、少傅以養之，欲其知父子君臣之道也。言養者，積浸成長也。太傅審父子君臣之道以示之，少傅奉世子以觀太傅之德行而審諭之。太傅在前，少傅在後，謂其在學時也。入則有保，出則有師，謂燕居出入時也。漢班彪上書曰：『昔成王爲孺子，出則周公、召公，入則太顛、閎夭、南宫适、散宜生，左右前後皆正禮。』是以教諭而德成也。師也者，教之以事，而諭諸德者也。保也者，慎其身以輔翼之而歸諸道者也。慎其身者，謹安護之。秦、漢以下，始加置詹事、中庶子及諸府寺等官，亦有以他官而監護者。漢孝宣帝欲令中郎將許舜監護太子家，疏廣以爲示狹，非所以廣太子也。後漢順帝立太子居承光宫，以侍御史種暠監護。有中常侍卒乘衣車來載太子，太子太傅杜喬憂懼不能止，開門將出，而暠至手劍當車曰：『太子國之儲副，人命所係。常侍來，無尺一，何以得將太子去，何知不與内寵奸臣共挾邪謀？今日之事，有死而已。』乃遣喬詣臺啓自，得中奉敕，乃聽之。自魏明帝以後，久曠東宫，制度闕廢，官司不具。吴孫權即位，孫登爲太子，兼置四友等官。以諸葛恪爲左輔，張休爲右弼，顧譚爲輔正都尉，陳表爲翼正都尉，是爲四友。於是東宫號爲多士。晉初，詹事、左右率、庶子、中舍人諸官並未置，惟置衛率令典兵，二傅並攝衆事。至咸寧元年，始置詹事，以領官事。宋孝武置東宫率更令等官，其中庶子、庶子、中舍人、舍人、洗馬各減舊員之半。後周加置太子諫議員四人。

又《太子六傅》　太子師保二傅，殷、周已有，逮乎列國，秦亦有之。孝公時，商鞅設法黥太子師傅是也。漢高帝以叔孫通爲太子太傅，位次太常後，亦有少傅。高帝東征，留太子監關中兵，謂張良曰：『子房雖病，强卧而傅太子。』時叔孫通爲太傅，留侯行少傅事。又疏廣字仲翁，爲太傅，兄子受爲少傅，父子並爲師傅，朝廷以爲榮。又韋玄成、丙吉並爲太傅。又匡衡、王丹並爲少傅。後漢太傅禮如師，不領官屬，而少傅主太子官屬。漢、魏故事，太子於二傅執弟子禮，皆爲書不曰令。少傅稱臣，而太傅不臣。吴薛綜、綜子瑩、瑩子兼，三代並爲太子少傅。晉泰始三年，武帝始建置東宫，各置一人，尚未置詹事，官事無大小，皆由二傅。少傅立草，太傅書真，以爲儲訓。並有功曹、主簿、五官。秩與後漢同。皇太子先拜，諸傅然後答之，如弟子事師之禮，二傅不得上疏曲敬。武帝後以儲副體尊，遂命諸公居之；以本位重，故或行或領。時侍中任愷，武帝所親敬，復使領之，蓋一時之制也。咸康元年，以給事黄門侍郎楊珧爲詹事，掌宫事，二傅不復領官屬。及楊珧爲衛將軍，領少傅，復省詹事，遂崇廣傅訓，命太尉賈充領太保，司空、齊王攸領少傅，所置吏屬復如舊。二傅皆進賢兩梁冠，黑介幘，五時朝服，佩水蒼玉。《晉令》曰：『太子太保，銀印青綬。』其後，太尉汝南王亮、車騎將軍楊駿、司空衛瓘、石鑒皆領傅、保，猶不置詹事，以終武帝之代。惠帝元康元年，復置詹事。二傅給菜田六頃，田騶五十人，夏後不及田者，食俸一年，給赤耳安車一乘。又愍懷建宫，乃置六傅三太、三少，以景帝諱師，故改太師爲太帥，通省尚書事，詹事文書關由六傅。《職官要録》曰：『晉太子六傅，各有丞一人。』自元康之後，諸傅或二或三，或四或六。渡江之後，有太傅、少傅，不立師、保。宋有太傅、少傅，各兼丞一人。其保、傅並銀章青綬。齊與宋同。武帝時，以王儉爲少傅，舊太子敬二傅同，至是朝議接少傅以賓友之禮。梁太傅位視尚書令，少傅視左僕射。《職官要録》曰：『三少舊視左僕射，冠服同三太也。』陳因之。自宋以下，惟有傅，而無師、保。後魏有太師、太傅、太保，謂之東宫三師；少師、少傅、少保，謂之東宫三少。孝明在東宫，宣武皇帝欲以崔光爲太子師傅，光固辭。帝令太子南面再拜，宫臣皆從太子拜。光北面立，不敢答拜，唯西面拜謝而出，乃授光太子少傅。北齊皆有之，出則三師在前，三少在後。後周不置。

又《太子賓客》　漢高帝時，有四人年老，以上慢侮，逃匿山中，義不爲漢臣，謂之四皓。東園公、綺里季、夏黄公、甪里先生。高帝不能致。及將廢太子，太子迎四人至，侍從太子，鬚眉皓白，衣冠甚偉。高帝既見，曰：『煩公幸卒護太子。』太子由是不廢。至孝武帝，又爲太子立博望苑，使通賓客。晉元康元年，愍懷太子始之東宮，惠帝詔曰：『遹幼蒙，今出止東宮，雖賴師傅羣賢之訓，其遊處左右，宜得正人能相長益者。太保衛瓘息庭，司空隴西王泰息略，太子太傅楊濟息毖，太子少師裴楷息憲，太子少傅華廙各道義之門，有不肅之訓。其令五人更往來，與太子習數，備賓友也。』其時雖非官，而謂之東宮賓客，皆選文義之士，以侍儲皇。其後無聞。

又《太子詹事少詹　丞　主簿　司直》　詹事，秦官應劭曰：『詹，省也，給也。』漢因之。掌皇后、太子家。皇后、太子各置詹事，隨其所在以名官。《漢官》曰：『詹事位長秋上，亦宦者，主中諸官。』《後漢·志》曰：『初，成帝鴻嘉三年，省詹事職幷大長秋。是後，皇后當法駕出，則中謁中宦者職吏權兼詹事，奉引訖罷。宦者誅後，尚書選兼職吏一人奉引，此皆皇后詹事也。』漢時，太子門大夫、庶子、洗馬、舍人，皆屬二傅。其太子家令丞、率更令丞、僕、中盾、衛率等官，並屬詹事。後漢省詹事，而太子官悉屬少傅。魏復置詹事，領東宮衆務。晉不置，至咸寧元年復置，以掌宮事。事具《六傅》篇。及永康中，復不置。自太安以來又置，終孝懷之代。其職擬尚書令，掌三令、四率、中庶子、庶子、洗馬、舍人等官。銀印青綬，介幘，進賢兩梁冠，絳朝服，佩水蒼玉。宋與晉同。齊置府，領官屬。齊沈文季爲太子詹事。梁、陳任總宮朝。後魏有太子左、右詹事。北齊東宮衆事，無大小皆統之，領三寺及左右衛二坊。後周置太子宮正、宮尹。

丞，秦官。漢因之。後漢省。魏、晉隨詹事省置。至晉永康中，詹事特置丞一人，掌文書關通六傅。過江，多用員外郎，遷尚書郎。宋、齊因之。梁、陳制，一梁冠，皁朝服，銅印墨綬。後魏、北齊並有之。後魏楊昱字元略，爲詹事丞。孝明爲太子，尚在懷抱，其所出入，唯乳母而已，不令宮僚聞知。昱諫曰：『太子動止，宜令翼從。陛下若召太子，必降手敕，令臣下咸知。』乃詔曰：『自此已後，非朕手敕，勿令兒出宮。宮臣在直，從至萬歲門。』【略】

主簿一人，晉始置。自後歷代皆有。

又《太子庶子中允　司議郎　中舍人　舍人　通事舍人　諭德　贊善　崇文館學士　洗馬　文學　校書　正字　典膳　藥藏　內直　典設　宮門等郎》　古者天子有庶子之官，《周官》謂之諸子。職諸侯卿大夫之庶子，掌

其戒令與其教理，有大事則帥國子而致於太子，惟所用之。秦因之，置中庶子、庶子員。《宋志》云後漢置中庶子。按：齊人鄒陽上疏云秦皇帝任中庶子蒙嘉之言而匕首竊發，則秦官明矣。漢因之，有庶子員五人。史丹、王商、歐陽地餘並爲中庶子。王莽改曰中尚翼子。後漢員五人，職如侍中，而庶子無員，職如三署中郎。凡庶子主宮中幷諸吏之適子及支庶版籍。魏因之。在吳爲親近之官。晉中庶子、庶子各四員，職比侍中、散騎常侍及中書監、令，皆以俊茂者爲之，或以郡守參選。鄭默爲中庶子，朝廷以爲太子官屬宜稱陪臣，默上言：『皇太子體皇極之尊，無私於天下。宮臣皆受命天朝，不得同之藩國。』事遂施行。又王珣啓以桓謙爲中庶子，曰：『東宮之選，中庶子總管門下，尤不可不得其才。』若釋奠，中庶子扶左，庶子扶右。宋與晉同。武冠平巾幘，絳朝服。元嘉初，詔二率、中庶子隨太子入直上宮。十四年，又詔還直東宮。至齊，其庶子用人卑雜。梁天監七年，詔革選。其年，以太子中舍人、司徒從事中郎爲之。凡中庶子四人，以功高者一人爲祭酒，行則負璽，前後部護駕，與功高中舍人一人共掌其坊之禁令。庶子四人，掌侍從左右，獻納得失，與功高通事舍人一人共掌其坊之禁令。冠服並同前代。陳因梁制。後魏亦有中庶子、庶子官。北齊門下坊，中庶子四人領之；典書坊，庶子四人領之。【略】

中允，後漢太子官屬有之，職在中庶子下，洗馬上。漢制，太子五日一朝，其非朝日，即使僕及中允朝，朝請問起居。其後無聞。宋、齊有中舍人，是其職也。【略】

中舍人。晉咸寧初置中舍人四人，以舍人才學之美者爲之，與中庶子共掌文翰，在中庶子下，洗馬上。晉陸雲爲中舍人。凡奏事文書皆綜典之，監和嘗藥，月檢奏直臣名，更直五日，典文疏如中書郎。宋亦四人。齊有一人。梁時，功高者一人與中庶子祭酒共掌其坊之禁令。陳因之。後魏、北齊並有之。【略】

舍人，秦官也。漢因之，比郎中，選良家子孫晁錯、鄭當時並爲太子舍人。後漢無員，更直宿衛如三署郎中。凡帝初即位，未有太子，太子官屬皆罷，唯舍人不省，屬少府。魏因之。晉有十六人，職比散騎、中書侍郎，從駕則正直從，次直守；妃出則次直從。宋有四人。齊有一人。梁有十六人，掌文記。陳因梁制。後魏亦有之。北齊典書坊置二十人。

【略】

通事舍人。齊中庶子屬官有通事守舍人，庶子下有内典書通事舍人二人，掌宣傳令旨，内外啓奏。梁亦有之，視南臺御史，多以餘官兼職。陳因之。北齊門下坊有通事舍人八人。【略】

掌文館學士，魏文帝始置崇文觀，以王肅爲祭酒。其後無聞。【略】

洗馬，秦官。漢亦曰先馬。如淳曰：『前驅也。』《國語》曰：『勾踐親爲夫差先馬。』先或作洗。後漢員十六人，職如謁者，太子出則當直者前驅，導威儀也。漢選郎中補。安帝時，太子謁廟，洗馬高山冠，非乘從時著小冠。魏因之。晉有八人，職如謁者，准秘書郎。進賢一梁冠，黑介幘，絳朝服。掌圖籍，釋奠講經則掌其事，餘與後漢同。宋與晉同。齊置一人。梁有典經局，又置八人，掌文翰，尤爲清選，皆取甲族有才名者爲之，位視通直郎。陳因之。北齊典經坊洗馬二人。【略】

文學。漢時郡及王國並有文學，而東宮無聞。魏武置太子文學，自後並無。至後周建德三年，太子文學十人，後省。【略】

校書，宋孝建中，洗馬有校書吏四人，自後無聞。北齊有太子校書。【略】

典膳郎，漢、魏以來，並有太子食官局。至北齊，門下坊始別置典膳局，有監、丞各二人。【略】

藥藏郎。北齊門下坊領藥藏局，有監、丞各二人，侍藥四人。【略】

内直郎。齊有太子内直兵局，内直兵史二人。梁有齊内、主璽、主衣、扶侍等局，各置有司，以丞其事。陳因之。北齊門下坊領殿内局，有内直監二人，副監四人。【略】

典設郎。南齊置居局齋庫，丞一人。梁齋内局各置有司，以丞其事。陳因之。北齊門下坊有齋師局，有太子齋師、内閤師各二人。【略】

宮門郎。秦有太子門大夫。漢因之，員二人《漢官儀》曰：『門大夫選四府掾屬。』職比郎將。《漢官儀》曰：『安帝時，太子謁廟，門大夫乘從，冠兩梁冠。』魏因之。晉太子門大夫准公車令，掌通牋表及宮門禁防。宋因之。梁代視謁者僕射。陳因之。北齊謂之門大夫坊，并統伶官。

又《太子家令丞　主簿　食官署　典倉署　司藏署》　家令，秦官，屬詹事。服虔曰：『太子稱家，故曰家令。』漢因之，有丞主倉穀、飲食，職似司農、少府。漢代太子食湯沐邑十縣，家令主之。後漢則屬少傅，主倉穀、飲食。魏因之。晉又兼主刑獄、穀貨、飲食，職比廷尉、司農、少府。其家令、率更令及僕，爲太子三卿。太康八年，進品與中庶子、二率同。自漢至晉，家令在率更下，宋則居上。銅印墨綬，進賢兩梁冠，絳朝服。主内茵褥牀几諸供中之物及官奴婢、月用錢、内庫、鹽米、車牛、刑獄。齊因之。自宋、齊以來，清流者不爲之。至梁天監六年，武帝以三卿陵替，乃詔革選，家令視通直常侍，率更、僕視黄門。陳因之。後魏亦曰三卿。北齊家令有功曹、主簿，領食官、典倉、司藏等三署，及領内防令、丞。【略】

丞。漢家令有丞，後無聞。《宋書》云家令丞一人，晉置。宋、齊以後並有之。後周無。【略】

主簿。晉家令有主簿，宋、齊因之，自後無。北齊家令有主簿員。【略】

食官署令、丞。漢詹事屬官有食官令長丞，後漢亦有，而屬少傅。主飲食。晉太子食官令，職如太官令。宋則屬中庶子，齊則屬詹事。掌厨膳之事。梁食官局屬庶子。陳因之。後魏亦有。北齊有食官令、丞，又別領器局、酒局二丞。【略】

典倉署令。後漢太子倉令屬少傅，主倉穀。魏以下無聞。後魏有之。北齊家令寺領典倉署令、丞，典倉署又別領園丞。【略】

司藏署令。晉家令有主物吏四人。梁有錫賜庫局丞庶子，又有東宮衛庫丞。北齊家令寺領司藏署令、丞司，藏又別領仗庫、興作二局丞。

又《太子率更令丞　主簿》　率更令，秦官。顔師古曰：『掌知漏刻，故曰率更。』漢因之，與丞、主簿、庶子、舍人更直，職似光禄勳而屬詹事。後漢因之，後屬少傅。魏因之。晉主宮殿門户及賞罰事，職如光禄勳、衛尉而屬詹事。宋制，銅印墨綬，進賢兩梁冠，絳朝服。梁、陳、後魏並有之。北齊領中盾署，掌周衛禁防、漏刻鐘鼓，亦屬詹事。【略】

丞，後漢率更置丞一人，歷代悉有，唯後周無。

主簿，晉置一人，宋無，齊有之，自後無聞。北齊、隋又有之。

又《太子僕丞　主簿　廄牧署》　僕，秦官。漢因之，又有長、丞主車馬。又有太子廄長一人，亦主車馬。後漢因之，而屬少傅，職如太僕。

太子五日一朝；其非太子朝日，即與中允入問起居。魏因之。晉主輿馬，兼主親族，如太僕、宗正；從駕乘安車，次家令而屬詹事。宋、齊並有之。梁視黃門郎。陳因之。後魏亦有。北齊詹事領僕寺，置令、丞、功曹、主簿，領廐牧署令。【略】

丞，梁有之，陳因之。後魏、北齊、隋並有之。【略】

主簿，晉置，宋無，齊有之。梁、陳、後魏無，北齊、隋皆有之。

【略】

廐牧署令、丞，漢有太子廐長、丞，屬詹事。後漢亦有而屬少傅，主車馬。魏、晉因之。齊東宮屬有内廐局、外廐局，皆有丞。梁、陳因之。後魏有之。北齊則曰廐牧署令丞、車輿局丞。

又《左右衛率府副率 長史以下官屬》 衛率府，秦官。漢因之，屬詹事。後漢主門衛徼循衛士，而屬少傅。魏因之。晉武帝建東宮，置衛率，初曰中衛率。泰始五年，分爲左、右衛率，各領一軍。惠帝時，愍懷太子在東宮，又加前、後二衛率。《晉志》曰：『凡太子出，前衛率導在前，黃麾，左右二率從，使導輿車；後衛率從，在烏皮外。並帶戟執刀，其服並視左、右衛將軍。』劉卞爲愍懷太子左率，知賈后必害太子，乃謂張華曰：『東宮雋又如林，四率精兵萬人。公居阿衡之任，若得公命，皇太子因朝，使録尚書事，廢賈后於金墉，兩黃門力耳。』華不從。成都王穎爲太弟，又置中衛率，是爲五率。及江左，省前後率，孝武太元中又置。宋、齊止署左、右二率。梁二率視御史中丞，銅印墨綬，武冠絳朝服。左率領七營，右率領四營。陳有二率。後魏曰左、右衛率。北齊謂之左、右衛率坊。後周東宮有司戎、司武、司衛等員。【略】

親府、勳府、翊府中郎將各一人。梁左、右衛率共領十一營，一率各領殿中將軍十人、員外將軍十人。北齊左、右衛坊率，各領騎官備身員外，又有内直備身正副都督。

清·汪士鐸《南北史補志未刊稿·職官志第二》 東宮官。凡三王教世子，立太傅、少傅以養之。太傅審父子君臣之道以示之，少傅奉世子以觀太傅之德行，而審諭之。太傅在前，少傅在後，入則有保，出則有師。秦、漢以下始加置詹事、中庶子，及諸府寺等官，亦有以他官而監護者。魏明以後久曠，東宮制度闕廢，官司不具。晉初，詹事、左右率、庶子、中舍人諸官並未置，唯置衛率令、典兵、二傅，并攝衆事。咸寧元年，始置詹事。宋孝武省東宮率，令更、左右弩將軍、步兵、翊軍校尉、旅賁中郎將、冗從僕射等官，其中庶子、庶子、中舍人、舍人、洗馬各減舊員之半。後周建德二年，增改東宮官，加置太子諫議四人。北齊東宮置門下坊、典書坊分統諸局。【略】

太子二傅。古官，漢高帝九年，以叔孫通爲太子太傅，位次太常。二漢並無丞。魏世無東宮，然則晉氏置丞也。晉武帝太始五年，詔太子拜太傅、少傅，如弟子事師之禮。二傅不得上疏，曲敬二傅、並有功曹、主簿、五官。太傅中二千石，少傅二千石。晉愍、懷建宮，乃置六傅、三太、三少。自景帝諱師，故改太師爲太帥，通省尚書事。詹事詹事文書，關由六傅。自元康之後，諸傅或二或四或六。渡江之後，有太傅、少傅，不立師保。宋有太傅、少傅，各兼丞一人，其保、傅並銀章青綬。齊與宋同。武帝時，以王儉爲少傅，舊太子敬二傅同，至是朝議接少傅以賓有之禮。梁太傅位視尚書令，少傅視左僕射。天監初，又立東宮常侍，皆散騎常侍爲之。陳因之。自下唯有傅，而無師保。後魏太師、太傅、太保謂之東宮三師，少師、少傅、少保謂之東宮三少。北齊皆有之。出則三師在前，三少在後。後周不置。【略】

詹事。秦官。應劭曰：詹，省也，給也。漢因之。掌皇后太子家。漢時太子、門大夫、庶子、洗馬、舍人皆屬二傅，其太子家令丞、率更、令丞僕、中盾、衛率等官並屬詹事。後漢省詹事，而太子官悉屬少傅。魏復置。詹事領東宮衆務。晉不置。至咸寧元年，復置，以掌宮事。及永康中，復不置。自大安以來，終孝懷之代，晉職儗尚書令，掌三令、四率、中庶子、洗馬、舍人等官，銀印青綬，介幘，進賢兩梁冠，絳朝服，佩水蒼玉。宋詹事一人，千石，與晉同。齊置府領官屬，梁位視中護軍，任總宮朝。陳同。後魏有太子左右詹事。北齊東宮衆事無大小皆統之，領家令，率更、令僕、三寺、左右衛、二坊。後周置太子宮正宮尹。【略】

丞。秦官，漢因之。後漢省。魏晉、隋詹事省置。至晉永康中，詹事特置丞一人，掌文書，關通六傅，過江多用員外郎，遷尚書郎。宋、齊因之。梁二傅、詹事各立丞、功曹、主簿、五官。梁、陳制一梁冠，皁朝服，銅印墨綬。後魏有之。北齊府置丞、功曹、五官、主簿、録事員。

【略】

庶子。《周官》曰諸子，秦曰庶子。鄒陽曰：秦人用中庶子蒙之言。漢因之。庶子員五人，餘曰中庶子。後漢員五人，職如侍中，而庶子無員，職如三署中郎。凡庶子主宮中并諸吏之適子，及支庶版籍。魏因之。在吳爲親近之官。晉中庶子、庶子各四員，職比散騎常侍，及中書監令，皆以後茂者爲之，或以郡守參選。若釋奠，中庶子扶左，庶子扶右。宋與晉同，秩六百石，職如侍中，武冠，平巾幘，絳朝服。元嘉初，詔二率、中庶子隨太子入直上宮。十四年，又詔還直東宮。至齊，其庶子用人卑雜。梁天監七年，詔革選。其年，以太子中舍人、司徒、從事中郎爲之，凡中庶子四人，以功高者一人爲祭酒，行則負璽，前後部護駕庶子四人，掌侍從左右，獻納得失，皆高功者一人，與功高中舍人、通事舍人一人，共掌其坊之禁令，冠服並同前代。陳因梁制，後魏亦有中庶子、庶子官。北齊有門下坊、中庶子四人領之。又有典書房、庶子四人領之。【略】

中允。後漢太子官屬有之，職在中庶子下、洗馬上。漢制，太子五日一朝，其非朝日卽使僕及中允朝，朝請問起居。其後無聞。宋有中舍人中舍人，晉咸寧中置舍人四人，以舍人才學之美者爲之，職如黃門侍郎，與中庶子共掌文翰。凡奏事文書皆統典之，監和嘗藥，月檢奏直臣名，更直五日典文疏，如中書郎。四人，職如中書舍人。齊一人，梁四人，陳因之。後魏有之。北齊門下坊、中書舍人、通事守舍人、主事守舍人各四人。【略】

舍人。秦官也。漢因之。比郎中，選良家子孫。後漢無員，更直宿衛，如三署郎中，凡帝初卽位，未有太子，太子官屬皆罷，唯舍人不省，屬少府。魏因之。有晉有十六人，職比散騎、中書侍郎。從駕則正直從、次直守，妃出則次直從。宋有四人，齊有一人，梁有十六人，陳因梁制，後魏亦有之。北齊典書坊置舍人二十八人。【略】

通事舍人。齊中庶子屬官有通事守舍人，庶子下又有內典書、通事舍人二人，掌宣傳令旨、內外啓奏。梁有通事、典事、典法三守舍人員，又有通事舍人二人，視南臺御史，多以餘官兼職。陳因之。北齊門下坊有通事舍人八人。【略】

洗馬。秦官。漢亦曰洗馬。如淳曰：前驅也。後漢員十六人，職如謁者太子出，則當直者前驅，導威儀也。安帝時，太子謁廟，洗馬高山冠，非乘從時著小冠。魏因之。晉有八人，職如謁者秘書郎。進賢一梁冠，黑介幘，絳朝服，掌圖籍。釋奠講經，則掌其事，餘與後漢同。宋與晉同，秩比六百石。齊置一人。梁有典經局洗馬八人，有典經守舍人、典事守舍人員，掌文翰尤爲清選，皆取甲族有才名者爲之，位視通直郎。陳因之。北齊典經坊洗馬八人，守舍人二人。【略】

食官令。漢東京官也。職如太官令。宋屬中庶子一人，秩四百石。齊屬詹事，掌廚膳。梁、陳屬庶子。北魏亦有。北齊門下坊別置典膳局監、丞各二人。北齊食官令丞別領器局酒局二丞。【略】

藏藥郎。北齊門下坊有藥藏局監、丞各二人，侍醫四人。【略】

文學。後周建德三年，立十人，後省。

校書。宋孝建中，洗馬有校書吏四人，後無聞。北齊有太子校書。【略】

內直郎。齊有太子內直兵局內直兵史二人，梁有直內、主璽、主衣、扶侍等局，各置有司，以丞其事。陳因之。北齊門下坊領殿內局，有內直監二人，副監四人。【略】

典設郎。南齊立居局齊庫丞一人。梁有外監、殿內、監殿、導客、齋內、主璽、主衣扶侍等局。又有門局、錫庫、內廐、中藏、藥食官、外廐車、廐等局，各置有司以承其事。陳因之。北齊門下坊有齊帥局有太子齊帥各二人。【略】

宮門郎。秦有太子門大夫。漢因之，員二人，職比中郎將。魏因之。晉太子門大夫，準公車令，掌通表及宮門禁防。宋二人，分掌遠近表牋，秩六百石。齊同。梁代，視謁者僕射。陳因之。北齊謂之門大夫、坊門大夫、主簿各一人，并統伶官、西涼二部伶官、清商二部。【略】

太子家令。秦官，屬詹事。服虔曰：太子稱家，故曰家令。漢因之。有丞，主倉穀飲食，職似司農少府。漢代太子食湯沐邑十縣，家令主之。後漢則屬少傅，主倉穀飲食。魏因之。晉又兼主刑獄、穀貨、飲食，職比廷尉，司農少府，其家令、率更令及僕爲太子三卿。太康八年，進品，與中庶子、二率同。自漢至晉，家令在率更下，宋則居上。一人，銅印墨綬，進賢兩梁冠，絳朝服，主內茵褥、牀几諸供宮中之物，及官奴婢月用錢庫、內監米車牛、刑獄。齊因之。自宋、齊以來，清流者不爲。之至梁天監六年，武帝以三卿陵替，乃詔革選家令一人，視通直常侍。中大通三年，以昭明太子妃居金華宮，又立金華家令。陳因之。後魏亦曰三卿。北

齊家令有功曹、主簿，領食官、典倉、司藏等三署，及領内坊令、丞。【略】

家令丞。漢家令有丞，後無聞。《宋書》云：家令丞一人，晉置。宋齊以後並有之。北齊三寺各置丞、典二坊，皆有功曹、主簿以承其事。後周無。【略】

主簿。晉家令有主簿。宋、齊因之。自後無。北齊家令有主簿員。【略】

典倉署。後漢太子倉令，屬少傅，主倉穀。魏已下無聞。南齊有太子倉官令。後魏有之。北齊家令寺領典倉署令、丞。典倉署又別領園丞。【略】

司藏署。晉家令有主物吏四人。梁有錫賜庫局丞庶子，又有東宮衛庫丞。北齊家令寺領司藏署令丞，司藏又別領仗庫、興作二局丞。【略】

内坊署。掌知閣内諸事。北齊有令丞。【略】

太子率更令。秦官。顔師古曰：掌漏刻，故曰率更。漢因之。有丞、主簿、庶子、舍人、更直、職似光禄勳，而屬詹事。後漢因之，後屬少傅。魏因之。晉主宮殿門户及賞罰事，職如光禄勳衛尉，而屬詹事。宋孝武省。齊制，銅印墨綬，進賢兩梁冠，統朝服。梁一人，視黄門。陳、後魏並有之北齊領中盾署令、丞各一人，掌周衛、禁防、漏刻、鐘鼓，亦屬詹事。【略】漢、晉家令在率更下，宋則居上。

丞。後漢立，一人。歷代有，後周無。

主簿。晉立一人。宋無，齊有，北齊、隋亦有，餘無。【略】

太子僕。秦官，漢因之。又有長丞，主車馬。又有太子廄長一人，以主車馬。後漢因之。而屬少傅，職如太僕。太子五日一朝，其非太子朝日，即令僕與中允旦入問起居。魏因之。晉主車馬，兼主親族如太僕、宗正、從駕、乘安、車次、家令，而屬詹事。宋一人。元嘉二十九年七月，省。齊並有之。梁一人，視黄門郎，與家令率更皆置丞。陳因之。後魏亦有。北齊詹事領僕寺，置令丞、功曹、主簿，領廄牧署令、丞。【略】

丞。梁、陳有，北魏、北齊、隋同。

主簿。晉立，宋無，齊有，梁、陳、北魏無。【略】

廄牧署令、丞。漢有太子廄長丞，屬詹事。後漢亦有，而屬少傅，主車馬。魏、晉因之。齊東宮屬有内廄局、外廄局，皆有丞。梁、陳因之。後魏有之。北齊則曰廄牧署令、丞、車輿局丞。【略】

太子左右衛率府。秦官，漢因之。屬詹事。後漢主門衛繳循衛士，而屬少傅。魏因之。晉武帝東宮置衛率。初曰中衛率。太始五年，分爲左右衛率，各領一軍。惠帝時，愍懷太子在東宮，又加前、後二衛率。成都王穎爲太弟，又置中衛率是，爲五率。及江左省前、後率，孝武太元中，又置。宋二率職如二衛，左衛率七人，右衛率二人，秩四百石。齊止署左、右二率。梁二率各一人，視御史中丞，銅印墨綬，武冠，絳朝服，左率領果毅，統遠、立忠、建寧、陵鋒、夷寇、祚德等七營，右率領崇榮、永吉、崇和、細射等四營。陳有二率，後衛曰左、右衛率。北齊謂之左、右衛率坊，各置司馬。左、右衛坊率，各領騎官備身正負都督、騎官備身五職、騎官備身員。又有内直備身正負都督内、直備身五職、内置備身員。又有備身正負都督、備身五職員。又有直閣、直前、直後院。又有旅騎、屯衛、典軍等校尉，各二人，騎射三十人。後周東宮有司戎、司武、司衛等員。【略】

倉曹。掌官員假使儀式、糧廪膳羞、田園公廨過所、監藥等事。

丞。晉初立，宋有。【略】

兵曹。掌府内衛事，以上名帳差科、公私馬驢事。【略】

胄曹。掌軍器儀仗公廨營造罪罰。【略】

親府、勳府、翊府中郎將。各一人，梁左、右衛率共領十一營，二率各領殿中將軍十人、員外將軍十八人。北齊左、右衛坊率各領騎官備身員外，又有内道備身正副都督。【略】

太子殿中將軍十人，員外殿中將軍二十人。宋永初元年九月立，南齊有。

太子旅賁中郎將。職如武賁中郎將。《周官》有旅賁氏。旅，衆也。宋永初元年七月置。天子有省。齊有。梁與冗從僕射，各一人，曰二將。

太子屯騎、步兵、翊軍三校尉。各七人，並宋永初二年五月置。孝武省屯騎步兵因臺校尉翊軍。晉武帝太康初置，始爲臺校尉。江左省，齊、梁有。

太子亢從僕射。七人，宋永初元年立。孝武省。南齊有太子常從虎賁督。梁有。

太子左、右積弩將軍。太子左積弩將軍十人，右積弩將軍二人，漢東京積弩將軍雜號也，無左、右之名。魏至晉江左，左、右積弩爲臺，職傾營兵。宋孝武省，而東宮無復營矣。齊、梁有。

右東宮官。

以上爲內官。

顧問優禮機構部

三老五更分部

綜　述

《三國志》卷四《魏志・高貴鄉公髦傳》（甘露三年）秋八月甲戌，以驃騎將軍王昶爲司空。丙寅，詔曰：『夫養老興教，三代所以樹風化垂不朽也，必有三老、五更以崇至敬，乞言納誨，著在惇史，然後六合承流，下觀而化。宜妙簡德行，以充其選。關内侯王祥，履仁秉義，雅志淳固。關内侯鄭小同，温恭孝友，帥禮不忒。其以祥爲三老，小同爲五更。』車駕親率羣司，躬行古禮焉。《漢晉春秋》曰：帝乞言於祥，祥對曰：『昔者明王禮樂既備，加之以忠誠，忠誠之發，形于言行。夫大人者，行動乎天地；天且弗違，况於人乎？』祥事別見《呂虔傳》。小同，鄭玄孫也。《玄別傳》曰：『玄有子，爲孔融吏，舉孝廉。融之被圍，往赴，爲賊所害。有遺腹子，以丁卯日生；而玄以丁卯歲生，故名曰小同。』《魏名臣奏》載太尉華歆表曰：『臣聞勵俗宣化，莫先於表善，班禄叙爵，莫美於顯能，是以楚人思子文之治，復命其胤，漢室嘉江公之德，用顯其世。伏見故漢大司農北海鄭玄，當時之學，名冠華夏，爲世儒宗。文皇帝旌録先賢，拜玄適孫小同以爲郎中，長假在家。小同年逾三十，少有令質，學綜六經，行著鄉邑。海岱之人莫不嘉其自然，美其氣量。迹其所履，有質直不渝之性，然而恪恭靜默，色養其親，不治可見之美，不競人間之名，斯誠清時所宜式敍，前後明詔所斟酌而求也。臣老病委頓，無益視聽，謹具以聞。』《魏氏春秋》曰：小同詣司馬文王，文王有密疏，未之屏也。如廁還，謂之曰：『卿見吾疏乎？』對曰：『否。』文王猶疑而鴆之，卒。鄭玄注《文王世子》曰『三老、五更各一人，皆年老更事致仕者也』。注《樂記》曰『皆老人更知三德五事者也』。蔡邕《明堂論》云：『更』應作『叟』。叟，長老之稱，字與『更』相似，書者遂誤以爲『更』。『嫂』字『女』傍『叟』，今亦以爲『更』，以此驗知應爲『叟』也。臣松之以爲邕謂『更』爲『叟』，誠爲有似，而諸儒莫之從，未知孰是。

《魏書》卷五〇《尉元傳》　其年，頻表以老乞身。八月，詔曰：『元年尊識遠，屢表告退。朕以公秉德清挹，體懷平隱，仁雅淵廣，謀猷是仗，方委之民政，用康億兆，故頻文累札，仍違沖志。而謙光逾固，三請彌切，若不屈從高謨，復何以成其美德也。已許其致仕，主者可出表付外，如禮申遂。』元詣闕謝老，引見於庭，命昇殿勞宴，賜玄冠素服。又詔曰：『夫大道凝虛，至德沖挹，故后王法玄猷以御世，聖人崇謙光而降美。是以天子父事三老，兄事五更，所以明孝悌于萬國，垂教本于天下。自非道高識博，孰能處之？是故五帝憲德，三王乞言，若求備一人，同之古哲，叔世之老，孰能克堪？師上聖則難爲其舉，傅中庸則易爲其選。朕既虛寡，德謝曩哲，更、老之選，差可有之。前司徒、山陽郡開國公尉元，前大鴻臚卿、新泰伯游明根並元亨利貞，明允誠素，少著英風，老敷雅迹，位顯臺宿，歸終私第。可謂知始知卒，希世之賢也。公以八十之年，宜處三老之重；卿以七十之齡，可充五更之選。』於是養三老五更於明堂，國老庶老於階下。高祖再拜三老，親袒割牲，執爵而饋；於五更行肅拜之禮，賜要老、庶老衣服有差。既而元言曰：『自天地分判，五行施則，人之所崇，莫重于孝順。然五孝六順，天下之所先，願陛下重之，以化四方。臣既衰老，不究遠趣，心耳所及，敢不盡誠。』高祖曰：『孝順之道，天地之經，今承三老明言，銘之於懷。』明根言曰：『夫至孝通靈，至順感幽，故《詩》云：孝悌之至，通於神明，光於四海。如此則孝順之道，無所不格。願陛下念之，以濟黎庶。臣年志朽弊，識見昧然，在於心慮，不敢不盡。』高祖曰：『五更助三老以言至範，敷展德音，當克己復禮，以行來授。』禮畢，乃賜步挽一乘。詔曰：『夫尊老尚更，列聖同致；欽年敬德，綿哲齊軌。朕雖道謝玄風，識昧叡則，仰稟先誨，企遵猷旨。故推老以德，立更以元，父焉斯彰，兄焉斯顯矣。前司徒西元、前鴻臚卿明根並以沖德懸車，懿量歸老，故尊公以三，事更以五。雖更、老非官，耄耋罔禄，然況事既高，宜加殊養。三老可給上公之禄，五更可食元卿之俸，供食之味，亦同其例。』

又 卷五五《遊明根傳》 明根以年踰七十，表求致仕，詔不許。頻表固請，乃詔曰：『明根風度清幹，志尚貞敏，温恭靜密，乞言是寄，故抑其高蹈之操，至於再三。表請殷勤，不容違奪，便已許其告辨。可出前後表付外，依禮施行。』引明根入見，高祖曰：『卿年耆德茂，服勤累朝，歷職内外，並著顯績，逮于耆老，履道不渝。是以釐革之始，委以禮任，遲能迂德，匡贊於朕。然高尚悠邈，便爾言歸，君臣之禮，于斯而畢，眷德思仁，情何可已。夫七十致仕，典禮所稱；位隆固辭，賢者達節。但季俗陵遲，斯道弗繼。卿獨秉沖操，居令行古，有魏以來，首振頹俗，進可以光我朝化，退可以榮慰私門。』明根對曰：『臣桑榆之年，鐘鳴漏盡，蒙陛下之澤，首領獲全，待盡私庭，下奉先帝，陛下大恩，臣之願也。但犬馬之戀，不勝悲塞。』因泣不自勝。高祖命之令進，言別殷勤，仍爲流涕。賜青紗單衣、委貌冠、被褥、錦袍等物。

其年，以司徒尉元爲三老，明根爲五更，行禮辟雍。語在《元傳》。賜步挽一乘，給上卿之禄，供食之味，太官就第月送之。以定律令之勤，賜布帛一千匹、穀一千斛。後明根歸廣平，賜絹五百匹、安車一乘、馬二匹、幄帳被褥。車駕幸鄴，明根朝于行宫。詔曰：『遊五更光素蓬簷，歸終衡里，可謂朝之舊德，國之老成。可賜帛五百匹、穀五百斛。』敕太官備送珍羞。後車駕幸鄴，又朝行宫，賜穀帛如前，爲造甲第。國有大事，恒璽書訪之。舊疹發動，手詔問疾，太醫送藥。太和二十三年卒於家，年八十一。世宗遣使弔祭，賻錢一十萬、絹三百匹、布二百匹，贈光禄大夫，加金章紫綬，謚靖侯。

隋·虞世南《北堂書鈔》卷六七《設官部十九·三老五更》 以崇至敬。《魏氏春秋》云：甘露二年詔曰：『右者必有三老五更以崇至敬。』

《晉書》卷三三《王祥傳》 高貴鄉公即位，與定策功，封關内侯，拜光禄勳，轉司隸校尉。從討毌丘儉，增邑四百户，遷太常，封萬歲亭侯。天子幸太學，命祥爲三老。祥南面几杖，以師道自居。天子北面乞言，祥陳明王聖帝君臣政化之要以訓之，聞者莫不砥礪。

唐·杜佑《通典》卷一九《職官一·要略·三老五更》 《禮》：『天子父事三老，兄事五更。』【略】

魏高貴鄉公以王祥爲三老，鄭小同爲五更。

後魏孝文以尉元爲三老，遊明根爲五更。

後周武帝以于謹爲三老。

又 卷二〇《職官二·三老五更》 三老五更，昔三代所尊也。三者，道成於三，謂天、地、人也。老者，舊也，壽也。《詩》云：『方叔元老。』《書》稱：『無遺我黄耇之言，則罔所愆。』五者，訓於五品。更者，更也，五世長久，更相代，言其能以善道改更己也。故三老五更，皆取有道、妻男女完具者爲之。鄭玄曰：『老更互言之耳，皆老人更知三德五事者也。』蔡邕曰：『更，當爲叟字之誤也。』天子父事三老，兄事五更，親袒割牲，執醬而饋，執爵而酳。三公設几，九卿正履，祝骾在前，祝饐在後。骾音鯁。饐音咽。使者安車輭輪，送迎至家，天子獨拜於屏。其明日，三老詣闕謝，以其禮遇泰尊故也。【略】

魏高貴鄉公即位，幸太學，命王祥爲三老，祥字休徵。鄭小同爲五更。康成之孫。祥南面几杖，以師道自居，天子北面乞言。祥陳明王聖帝君臣政化之要以訓之，聞者莫不砥礪。

後魏孝文養老於明堂，以尉元爲三老，元字苟仁。游明根爲五更。明根字遠志。帝再拜，三老肅拜。鄭衆云：『但俯下手，今時撎拜是也。』撎音於志反，卽今之揖也。給三老上公之禄，五更元卿之禄。

後周武帝保定三年，詔以太傅、燕國公謹於謹。爲三老，賜延年杖。帝幸太學以食之。三老入門，皇帝迎拜門屏之間，三老答拜。有司設三老席於中楹，南向。太師、晉國公護升階，設几於席。三老升席，南面，憑几而坐。大司寇、楚國公寧升階，正舄。皇帝升，立於斧扆之前，西面。有司進饌，皇帝跪設醬豆，親自袒割。三老食訖，皇帝又親跪授爵以酳。有司徹訖，皇帝北面立，訪道。三老乃起，立於席後。皇帝曰：『猥當天下重任，自惟不才，不知政治之要，公其誨之。』三老答曰：『木受繩則正，后從諫則聖。自古明王聖主，虛心納諫，以知得失，天下用安，惟陛下念之』云云。三老言畢，皇帝再拜受之，三老答拜，禮成而出。其餘歷代皆無。

上公三公八公分部

綜述

《三國志》卷二《魏志·文帝紀》 黄初元年十一月癸酉，【略】改相國爲司徒，御史大夫爲司空，奉常爲太常，郎中令爲光禄勳，大理爲廷尉，大農爲大司農。

又 卷四《魏志·陳留王奂傳》 （景元四年）十二月庚戌，以司徒鄭沖爲太保。

又 卷一三《魏志·鍾繇傳》 遷太尉，轉封平陽鄉侯。時司徒華歆、司空王朗，並先世名臣。文帝罷朝，謂左右曰：『此三公者，乃一代之偉人也，後世殆難繼矣！』明帝即位，進封定陵侯，增邑五百，并前千八百户，遷太傅。繇有膝疾，拜起不便。時華歆亦以高年疾病，朝見皆使載輿車，虎賁舁上殿就坐。是後三公有疾，遂以爲故事。

又 《華歆傳》 （魏文帝）下詔曰：『司徒，國之俊老，所與和陰陽理庶事也。今大官重膳，而司徒蔬食，甚無謂也。』

又 卷二四《魏志·崔林傳》 景初元年，司徒、司空並缺，散騎侍郎孟康薦林曰：『夫宰相者，天下之所瞻效，誠宜得秉忠履正本德仗義之士，足爲海内所師表者。竊見司隸校尉崔林，稟自然之正性，體高雅之弘量。論其所長以比古人，忠直不回則史魚之儔，清儉守約則季文之匹也。牧守州郡，所在而治，及爲外司，萬里肅齊，誠臺輔之妙器，衮職之良才也。』後年遂爲司空，封安陽亭侯，邑六百户。三公封列侯，自林始也。頃之，又進封安陽鄉侯。

又 《高柔傳》 魏初，三公無事，又希與朝政。柔上疏曰：『天地以四時成功，元首以輔弼興治；成湯仗阿衡之佐，文、武憑旦、望之力，逮至漢初，蕭、曹之儔並以元勳代作心膂，此皆明王聖主任臣於上，賢相良輔股肱於下也。今公輔之臣，皆國之棟樑，民所具瞻，而置之三事，不使知政，遂各偃息養高，鮮有進納，誠非朝廷崇用大臣之義，大臣獻可替否之謂也。古者刑政有疑，輒議於槐棘之下。自今之後，朝有疑議及刑獄大事，宜數以咨訪三公。三公朝朔望之日，又可特延入，講論得失，博盡事情，庶有裨起天聽，弘益大化。』帝嘉納焉。

又 卷三二《蜀志·先主傳》 章武元年夏四月，【略】以諸葛亮爲丞相，許靖爲司徒。

又 卷四八《吴志·孫皓傳》 （寶鼎）三年春二月，以左右御史大夫丁固、孟仁爲司徒、司空。

又 卷一〇《魏志·賈詡傳》裴松之注 《荀勗別傳》曰：晉司徒闕，武帝問其人於勖。答曰：『三公具瞻所歸，不可用非其人。昔魏文帝用賈詡爲三公，孫權笑之。』

又 卷五九《吴志·孫登傳》裴松之注 《吴録》曰：【略】以爲太尉。

《後漢書》卷九《獻帝紀》 （建安元年）十二月戊戌，司徒黄琬爲太尉，司空楊彪爲司徒，光禄勳荀爽爲司空。

又 卷七二《董卓傳》 （董）卓遷太尉，領前將軍事，加節傳斧鉞虎賁，更封郿侯。

《宋書》卷三九《百官志上》 太宰，一人。周武王時，周公旦始居之，掌邦治，爲六卿之首。秦、漢、魏不常置。晉初依《周禮》，備置三公。三公之職，太師居首，景帝名師，故置太宰以代之。太宰，蓋古之太師也。殷紂之時，箕子爲太師。周武王時，太公爲太師。周成王時，周公爲太師；周公薨，畢公代之。漢西京初不置，平帝始復置太師官，而孔光居焉。漢東京又廢。獻帝初，董卓爲太師，卓誅又廢。魏世不置。晉既因太師而置太宰，以安平王孚居焉。

太傅，一人。周成王時，畢公爲太傅。漢高后元年，初用王陵。

太保，一人。殷太甲時，伊尹爲太保。周武王時，召公爲太保。漢平帝元始元年，始用王舜。後漢至魏不置，晉初復置焉。自太師至太保，是爲三公。論道經邦，燮理陰陽，無其人則闕，所以訓護人主，導以德義者。【略】

太尉，一人。自上安下曰尉。掌兵事，郊祀掌亞獻，大喪則告謚南郊。堯時舜爲太尉官，漢因之。武帝建元二年省。光武建武二十七年，罷大司馬，置太尉以代之。靈帝末，以劉虞爲大司馬，而太尉如故。

司徒，一人。掌民事，郊祀掌省牲視濯，大喪安梓宮。少昊氏以鳥名官，而祝鳩氏爲司徒。堯時舜爲司徒。舜攝帝位，命契爲司徒。契玄孫之孫曰微，亦爲夏司徒。周時司徒爲地官，掌邦教。漢西京初不置。哀帝元壽二年，罷丞相，置大司徒。光武建武二十七年，去『大』。

司空，一人。掌水土事，郊祀掌掃除陳樂器，大喪掌將校復土。舜攝帝位，以禹爲司空。契之子曰冥，亦爲夏司空。殷湯以咎單爲司空。周時司空爲冬官，掌邦事。漢西京初不置。成帝綏和元年，更名御史大夫爲大司空；哀帝建平二年，復爲御史大夫；元壽二年，復爲大司空；光武建武二十七年，去『大』字。獻帝建安十三年，又罷司空，置御史大夫。御史大夫郗慮免，不復補。魏初，又置司空。

大司馬，一人。掌武事。司，主也；馬，武也。堯時棄爲后稷，兼掌司馬。周時司馬爲夏官，掌邦政。項籍以曹無咎、周殷並爲大司馬。漢初不置，武帝元狩四年，初置大司馬。始直云司馬，議者以漢有軍候千人司馬官，故加大。及置司空，又以縣道官有獄司空，又加大。王莽居攝，以漢無小司徒，而定司馬、司徒、司空之號並加大。光武建武二十七年，省大司馬，以太尉代之。魏文帝黄初二年，復置大司馬，以曹仁居之，而太尉如故。

大將軍，一人。凡將軍皆掌征伐。周制，王立六軍。晋獻公作二軍，公將上軍。將軍之名，起於此也。楚懷王遣三將入關，宋義爲上將。漢高帝以韓信爲大將軍。漢西京以大司馬冠之。漢東京大將軍自爲官，位在三司上。魏明帝青龍三年，晋宣帝自大將軍爲太尉，然則大將軍在三司下矣。其後又在三司上。晋景帝爲大將軍，而景帝叔父孚爲太尉，奏改大將軍在太尉下，後還復舊。

晋武帝踐阼，安平王孚爲太宰，鄭沖爲太傅，王祥爲太保，義陽王望爲太尉，何曾爲司徒，荀顗爲司空，石苞爲大司馬，陳騫爲大將軍，凡八公同時並置，唯無丞相焉。【略】

漢景帝三公病，遣中黄門問病。魏、晋則黄門郎，尤重者或侍中也。

《南齊書》卷一六《百官志》　太宰。

宋大明用江夏王義恭，以後無人。齊以爲贈。

太傅。

太師、太保、太傅，周舊官。漢末，董卓爲太師。晋惠帝初，衛瓘爲太保。自後無太師，而太保爲贈。齊唯置太傅。

大司馬。

大將軍。

宋元嘉用彭城王義康，後無人。齊以爲贈。

太尉。

司徒。

司空。

三公，舊爲通官。司徒府領天下州郡名數户口簿籍，雖無，常置左右長史、左西曹掾屬、主簿、祭酒、令史以下。晋世王導爲司徒，右長史干寶撰立官府《職儀》已具。

《魏書》卷一一三《官氏志》　太和中高祖詔羣僚議定百官，著於令，今列於左，勳品、流外位卑而不載矣。

太師

太傅

太保

右三師

大司馬

大將軍

右第一品上

太尉

司徒

司空

右三公

右第一品中【略】

（太和）二十三年，高祖復次職令，及帝崩，世宗初班行之，以爲永制。

太師 太傅 太保

右三師上公

王

大司馬 大將軍

右二大

太尉 司徒 司空

開國郡公

右第一品【略】

舊制：有大將軍，不置太尉；有丞相，不置司徒。自正光已後，天下多事，勳賢並軌，乃俱置之。

隋·虞世南《北堂書鈔》卷五〇《設官部二·總載三公》 韋昭《辨釋名》云：公，貢也。才德兼於人，人咸貢薦於上而王用之也。辨云：公，猶直也，取其正直無私也，故公字從公。八音背。厶，古之私字。辨背私，則爲公者也。【略】

皇甫謐《帝王世紀》曰：三公者，智運乎天道，應變而不窮，辨於萬物之情者也，其言足以調陰陽四時而節風雨，如是舉以爲三公之事。【略】

環濟《要略》云：公者，謂太師、太傅、太保也。師，王所尊也。傅，助王事。保，安也，保王身也。凡此皆内與王道論、中參六官之事。三公者，象鼎三足，共承其上也。殷時有阿衡、伊陟佐之，太甲改爲保衡，皆三公官也。有三少，少師、少保、少傅，是爲三孤，副助三公者也。孤者不掌官，榮然孤特也。【略】

徐廣《衣服儀制》云：三公安車駕三，特進駕二。

徐廣《車服儀制》曰：太康七年，詔：衣舊，三公既拜，爲之小會。

又 卷五一《設官部三·太宰》 太宰，古官，金章紫綬。《晉百官表》注云：太宰，古官，金章紫綬，五時朝服，進賢三梁冠，佩山玄玉，官品第一也。

又 《太尉》 太尉古官，金章紫綬。《晉百官表》注云：太尉，古官也，金章紫綬，五時朝服，武冠，佩山玄玉，官品第一。《河圖録運法》云：堯坐舟中，與太尉舜聽河，觀鳳凰御圖，以授堯《春秋運斗樞》云：『舜以太尉即位，不得已而爲天子者也。』【略】

九州用綬，羣公咸理。崔駰《太尉箴》云：制軍詰禁，王旅惟式。九州用綬，羣公咸理。

又 《大司馬》 絳服玄玉。《晉官品令》：司馬，官品第一，武冠，絳朝服，佩山玄玉。

教治兵之法。環濟《要略》云：夏官司馬，教四時軍旅治兵之法。

大總武事。《辨釋名》云：大司馬，馬者武也，大總武事。訓馬爲武者，取其健行也。【略】

平諸侯正天下。《晉百官表》注云：司馬，武官也。《周禮》：事邦攻者，所以平諸侯以正天下也。

違命則征，害民則伐。環濟《要略》云：夏官司馬，職若有違命則征之，暴賢害民則伐之也。

又 《大將軍》 位在三公上，奏在丞相下。《辨釋名》曰：大將軍位在三公之上，昭帝時霍光爲大將軍，猶在丞相下。《晉公卿禮秩》云：『陳騫爲大將軍，位次三司下，瑯琊王伯爲大將軍，復在三司上。』

又 卷五二《設官部四·司徒》 王者象地，立司徒。《晉百官表》注：司徒，唐虞官也。王者象地，立司徒，使掌邦教。

司徒主吏。《晉百官表》注云：司徒令總治天下之吏，其屬官如太宰也。

示民軌儀。《晉起居注》云：武帝太始六年詔曰：『昔舜命九官，敬敷五教，所以崇弘王化，示民軌儀也。』

理人倫。《古今通語》云：異官通爵，共位別職。和五品，理人倫，使風行俗平，萬國咸寧者，謂之司徒也。【略】

戴育庶物，安撫萬民。《晉百官表》注云：司徒掌邦教，戴育庶民，安撫百姓。

又 《司空》 俸同司徒。《晉百官表》注云：司空，唐虞官也。章服官佩，品俸皆與司徒同也。

司空使法錯刑清，事均民聚。《古今通語》云：司空使國無枉治，法錯刑清，事均民聚者，謂之司空。

又 《太傅》 服進賢冠，佩山玄玉。《晉百官表》注云：太傅給五時朝服，進賢三梁冠，佩山玄玉，官品次第一。

位在三公上又云：太傅，古官也。光武徵故密令卓茂爲之，位在三公上，不置長吏，掾屬十人，秩百石，御屬一人，令史十二人。

《周書》卷二《文帝紀下》（西魏恭帝）三年春正月丁丑，初行周禮，建六官。以太祖爲太師、大冢宰，柱國李弼爲太傅，大司徒趙貴爲太保，大宗伯獨孤信爲大司馬，于謹爲大司寇，侯莫陳崇爲大司空。初，太祖以漢魏官繁，思革前弊。大統中，乃命蘇綽、盧辯依周制改創其事，尋亦置六卿官，然爲撰次未成，衆務猶歸臺閣。至是始畢，乃命行之。

又 卷七《宣帝紀》（宣政元年）十二月甲子，以柱國、畢王賢爲大司空。【略】大象元年春正月癸巳，【略】初置四輔官，以上柱國大冢宰越王盛爲大前疑，相州總管蜀國公尉遲迥爲大右弼，申國公李穆爲大左輔，大司馬隨國公楊堅爲大後丞。【略】（大象元年二月）戊子，以上柱國大前疑越王盛爲太保，大右弼蜀公尉遲迥爲大前疑，代王達爲大右弼。【略】秋七月庚寅，以大司空、畢王賢爲雍州牧，大後丞、隨國公楊堅爲大前疑，柱國、滎陽公司馬消難爲大後丞。【略】（八月）壬午，以上柱國、雍州牧、畢王賢爲太師，上柱國、郇國公韓建業爲大左輔。

《隋書》卷二六《百官志上》梁武受命之初，官班多同宋、齊之舊，有丞相、太宰、太傅、太保、大將軍、大司馬、太尉、司徒、司空、開府儀同三司等官。諸公及位從公開府者，置官屬。有長史、司馬、諮議參軍，掾屬從事中郎、記室、主簿、列曹參軍、行參軍、舍人等官。其司徒則有左、右二長史，又增置左西掾一人，自餘僚佐，同於二府。有公則置，無則省。而司徒無公，唯省舍人，餘官常置。開府儀同三司，位次三公，諸將軍、左右光禄大夫，優者則加之，同三公，置官屬。【略】

陳承梁，皆循其制官，而又置相國，位列丞相上。并丞相、太宰、太傅、太保、大司馬、大將軍，並以爲贈官。定令，尚書置五員，郎二十一員。其餘並遵梁制，爲十八班，而官有清濁。自十二班以上並詔授，表啓不稱姓。從十一班至九班，禮數復爲一等。又流外有七班，此是寒微士人爲之。從此班者，方得進登第一班。其親王起家則爲侍中。若加將軍，方得有佐史，無將軍則無府，止有國官。皇太子冢嫡者，起家封王，依諸王起家。餘子並封公，起家中書郎。諸王子並諸侯世子，起家給事。三公子起家員外散騎侍郎，令僕子起家秘書郎。若員滿，亦爲板法曹，雖高半階，望終秘書郎下。次令僕子起家著作佐郎，亦爲板行參軍。此外有揚州主簿、太學博士、王國侍郎、奉朝請、嗣王行參軍，並起家官，未合發詔。諸王公參佐等官，仍爲清濁。或有選司補用，亦有府牒即授者，不拘年限，去留隨意。在府之日，唯賓遊宴賞，時復修參，更無餘事。若隨府王在州，其僚佐等，或亦得預催督。若其驅使，便有職務。其衣冠子弟，多自修立，非氣類者，唯利是求，暴物亂政，皆此之類。國之政事，並由中書省。有中書舍人五人，領主事十人，書吏二百人。書吏不足，并取助書。分掌二十一局事，各當尚書諸曹，並爲上司，總國内機要，而尚書唯聽受而已。被委此官，多擅威勢。其庶姓爲州，若無將軍者，謂之單車。郡縣官之任代下，有迎新送故之法，餉饋皆百姓出，並以定令。其所制品秩，今列之云。

相國，丞相，太宰，太傅，太保，大司馬，大將軍，太尉，司徒，司空，開府儀同三司，已上秩萬石。巴陵王、汝陰王後，尚書令，已上秩中二千石。品並第一。

又 卷二七《百官志中》後齊制官，多循後魏，置太師、太傅、太保，是爲三師，擬古上公，非勳德崇者不居。次有大司馬、大將軍，是爲二大，並典司武事。次置太尉、司徒、司空，是爲三公。三師、二大、三公府，三門，當中開黄閤，設内屏。【略】乾明中，又置丞相。河清中，分爲左右，亦各置府僚云。【略】

周太祖初據關内，官名未改魏號。及方隅粗定，改創章程，命尚書令盧辯，遠師周之建職，置三公三孤，以爲論道之官。次置六卿，以分司庶務。

《晉書》卷三《武帝紀》（泰始元年）以驃騎將軍石苞爲大司馬，封樂陵公，【略】太保鄭沖爲太傅、壽光公，太尉王祥爲太保、睢陵公，丞相何曾爲太尉、郎陵公，御史大夫王沈爲驃騎將軍、博陵公，司空荀顗爲臨淮公。【略】（三年九月）以太尉何曾爲太保，義陽王望爲太尉，司空荀顗爲司徒。（八年二月）壬辰，太宰、安平王孚薨。【略】（十年）九月癸亥，以大將軍陳騫爲太尉。

又 卷二四《職官志》太宰、太傅、太保，周之三公官也。魏初唯置太傅，以鍾繇爲之，末年又置太保，以鄭沖爲之。晉初以景帝諱故，又採《周官》官名，置太宰以代太師之任，秩增三司，與太傅太保皆爲上公，論道經邦，燮理陰陽，無其人則闕。以安平獻王孚居之。自渡江以後，其名不替，而居之者甚寡。

太尉、司徒、司空，並古官也。自漢歷魏，置以爲三公。及晉受命，迄江左，其官相承不替。

大司馬，古官也。漢制以冠大將軍、驃騎、車騎之上，以代太尉之職，故恒與太尉迭置，不並列。及魏有太尉，而大司馬、大將軍各自爲官，位在三司上。晉受魏禪，因其制，以安平王孚爲太宰，鄭沖爲太傅，王祥爲太保，義陽王望爲太尉，何曾爲司徒，荀顗爲司空，石苞爲大司馬，陳騫爲大將軍，凡八公同時並置，唯無丞相焉。自義陽王望爲大司馬之後，定令如舊，在三司上。

大將軍，古官也。漢武帝置，冠以大司馬名，爲崇重之職。及漢東京，大將軍不常置，爲之者皆擅朝權。至景帝爲大將軍，亦受非常之任。後以叔父孚爲太尉，奏改大將軍在太尉下。及晉受命，猶依其制，位次三司下，後復舊，在三司上。太康元年，琅邪王伷遷大將軍，復制在三司下，伷薨後如舊。

開府儀同三司，漢官也。殤帝延平元年，鄧騭爲車騎將軍，儀同三司；儀同之名，始自此也。及魏黄權以車騎將軍開府儀同三司；開府之名，起於此也。

驃騎、車騎、衛將軍、伏波、撫軍、都護、鎮軍、中軍、四征、四鎮、龍驤、典軍、上軍、輔國等大將軍，左右光禄、光禄三大夫，開府者皆爲位從公。

太宰、太傅、太保、司徒、司空、左右光禄大夫、光禄大夫，開府位從公者爲文官公，冠進賢三梁，黑介幘。

大司馬、大將軍、太尉、驃騎、車騎、衛將軍諸大將軍，開府位從公者爲武官公，皆著武冠，平上黑幘。

又 **卷三六《張華傳》** 數年，代下邳王晃爲司空，領著作。【略】華將死，謂張林曰：『卿欲害忠臣耶？』林稱詔詰曰：『卿爲宰相，任天下事，太子之廢，不能死節，何也？』

唐·李林甫等《唐六典》卷一《三師三公》 太師一人，正一品；太傅一人，正一品；太保一人，正一品。【略】後漢因之，師、傅尊號曰『上公』，置府僚。魏、晉、江左皆然。後魏太師、太傅、大保尊號曰『三師』，後周又爲三公。【略】《齊職儀》云：『品第一，金章、紫綬，進賢三梁冠，絳朝服，佩山玄玉。』【略】迄於漢末，獻帝初平二年，又置太師，以相國董卓爲之。魏氏以鍾繇、司馬宣王爲太傅，鄭沖爲太保，太師不見其人。晉以景王名師，乃依《周官》名，置太宰以代之。武帝以安平王孚爲太宰，鄭沖爲太傅，王祥爲太保。江左太師並因晉爲太宰。梁制十八班，班多者爲貴，上公班第十八，秩萬石。陳以爲贈官。後魏三師正一品，非勳德崇重不居焉。北齊因之。後周依《周官》，以太師、太傅、太保爲三公，不置府僚。隋氏依後魏爲三師，因後周不置府僚，初拜，於尚書省上。【略】

三師，訓導之官也，【略】其後或廢或置，大抵無所統職。至後魏，特稱三師，以正其名。然非道德崇重則不居其位，無其人則闕之，故近代多以爲贈官。【略】

太尉一人，正一品。【略】《齊職儀》云：『太尉，品第一，金章、紫綬，進賢三梁冠，絳朝服，佩山玄玉。郊廟冕服、七旒，玄衣纁裳，服七章。』《春秋合誠圖》云：『堯坐舟中，與太尉舜臨觀鳳凰授圖。』《運斗樞》云：『舜以太尉爲天子。』然緯書通人皆疑其僞，故班氏所不取，而大國亦有其職。【略】獻帝建安十三年，省三公官，置丞相。魏初又置，而兼置大司馬。晉以司馬望爲太尉。歷宋、齊、梁、陳、後魏、北齊並爲三公，置府僚。宋有大將軍則不置太尉。齊以大司馬爲贈官。梁氏三公加秩至萬石，班第十八。陳正第一品，而與大司馬兩置。後魏有大將軍，不置太尉，正光已後，又並置之。【略】

司徒一人，正一品。【略】漢末罷三公，置丞相。魏罷丞相，置三公，以華歆爲司徒。晉以何曾爲司徒。趙王倫篡位，以梁王肜爲丞相，省司徒；肜遷，復舊。永嘉元年，王夷甫爲司徒，東海王越爲丞相，則始兩置矣。成帝以王導爲丞相，以司徒府爲丞相府；導薨，復舊。宋有丞相，又置司徒。齊以丞相爲贈官，梁又兩置，陳氏以丞相爲贈官，後魏正光之後復兩置。北齊廢丞相，乾明中又兩置。後周並廢。【略】歷代品秩、章服皆同太尉。

司空一人，正一品。【略】魏省御史大夫，置司空。景初二年，以司隸校尉崔林爲司空。晉以荀顗爲司空。歷宋、齊、梁、陳、後魏、北齊，皆省御史大夫，置司空。後周二職並廢。【略】

三公，論道之官也。蓋以佐天子，理陰陽，平邦國，無所不統，故不以一職名其官。然周、漢已來，代存其任。

唐・杜佑《通典》卷一九《職官一・要略・三公》 魏、晉、宋、齊、梁、陳、後魏、北齊皆以太尉、司徒、司空爲三公。

又 卷二〇《職官二・三公總敘四輔二大附》 《記》曰：『虞夏商周有師、保，有疑、丞，設四輔及三公，《尚書大傳》曰：『古者天子必有四鄰，前曰疑，後曰丞，左曰輔，右曰弼。天子有問無以對，責之疑；有志而不志，責之丞；可正而不正，責之輔；可揚而不揚，責之弼。其爵視卿，其禄視次國之君。』《漢官儀》曰：『倉頡作書，自環者謂之厶，背私者謂之公。』《韓子》曰：『背私曰公。鼎足三者，三光也。』不必備，唯其人。語使能也。』言也。得能則用之，無則已，不必備其官。小人處其位，不如且闕。故天子無爵，三公無官，參職天子，何官之稱？天文三臺，以三公法焉。三臺，星名。臺，一作能。伊尹曰：『三公調陰陽，九卿通寒暑，大夫知人事，列士去其私。』周成王作《周官》，曰：『立太師、太傅、太保，茲惟三公，論道經邦，燮理陰陽。師，天子所師法；傅，傅相天子；保，保安天子於德義者。此惟三公之任，佐王論道，以經緯國事，和理陰陽。少師、少傅、少保曰三孤。此三官名曰三孤。孤，特也。言卑於公，尊於卿，特置此三人。貳公弘化，寅亮天地，弼予一人。』副貳三公，弘大道化，敬信天地之教，以輔我一人之治。則三太，周之三公也，故不以一職爲官名。公，八命也。九命則分陝爲二伯。又以三少爲孤卿，與六卿爲九焉。六卿，冢宰、司徒、宗伯、司馬、司寇、司空也。《周禮》正義曰：『按婚義云三公九卿者，六卿并三孤而言九，其三公又下兼六卿。故傳云司徒公、司馬公、司空公，公各兼二卿。按《顧命》，太保領冢宰，畢公領司馬，毛公領司空，别有芮伯爲司徒，彤伯爲宗伯，衛侯爲司寇，則周時三公，各兼一卿之職，與古異矣。』又《周禮》王畿有六卿，每二卿則公一人，蓋一公領二卿也。舜之於堯，伊尹於湯，周公、召公於周，是其任也。賈誼曰：『天子不喻於前聖之德，不知君民之道，不見禮義之正，詩書無宗，學業不法，太師之責也，古者齊太公職之。天子不惠於庶民，不禮於大臣，不中於折獄，無經於百官，不哀於喪，不敬於祭，不誠不信，太傅之責也，古者周公職之。天子處位不端，受業不敬，言語不敍，音聲不中，進退升降不以禮，俯仰周旋無以節，此太保之責也，古者燕召公職之。天子燕業反其學，左右之習詭其師，荅諸侯，過大臣，不知文雅之辭，此少師之責也。天子居處出入不以禮，衣服冠帶不以制，御器列側不以度，采服從好不以章，忿悦不以義，與奪不以節，此少傅之責也。天子居燕私，安而易，樂而躭，飲食不時，醉飽不節，寢起早晏無常，玩好器弄無制，此少保之責也。』故《周禮》建外朝之法，左九棘，孤、卿、大夫位焉，羣士在其後；右九棘，公、侯、伯、子、男位焉，羣吏在其後；面三槐，三公位焉，州長衆庶在其後。樹棘以爲位者，取其赤心而外刺，象以赤心三刺也。槐，懷也，言懷來人於此，欲與之謀也。羣吏，謂府史也。州長，鄉遂之官。三公一命衮，若有加則賜也，不過九命。三公八命矣，復加一命，則服衮龍，與王者之後同，多於此則賜也，非命服也。虞夏之制，天子有日月星辰。《周禮》曰：『諸公之服，自衮冕而下，如王之服。』春秋九命作伯，尊公曰宰，言於海内無不宰統焉。或説司馬主天，司徒主人，司空主土，是爲三公。《韓詩外傳》曰：『故陰陽不和，四時不節，星辰失度，災變非常，則責之司馬；君臣不正，人道不和，國多盜賊，民怨其上，則責之司徒；山陵崩弛，川谷不通，五穀不殖，草木不茂，則責之司空。』

【略】至獻帝建安十三年，乃罷三公官。

魏初復置，與後漢同，有太傅、太尉、司徒、司空。然皆無事，不與朝政。高柔上疏云：『今公輔之臣，民所具瞻。而置之三事，不使知政，非朝廷崇用大臣之義、大臣獻可替否之謂也。』初封司空崔林爲安陽亭侯。三公封列侯，自林始也。林字德儒。裴松之曰：『漢封丞相已爲荀悦所譏。魏封三公，其失同也。』黄初二年，又分三公户邑，封子弟各一人爲列侯。末年增置太保。

晉武帝卽位之初，以安平王孚爲太宰，鄭沖爲太傅，王祥爲太保，義陽王子初爲太尉，何曾爲司徒，荀顗爲司空，石苞爲大司馬，陳騫爲大將軍，凡八公，同時並置。唯無丞相焉，時所謂『八公同辰，攀雲附翼』者也。遂以太傅、太保爲上公，論道經邦，燮理陰陽。無其人則闕，蓋居者甚寡。諸公品第一，食俸日五斛。太康二年，又給絹，春百疋，秋二百疋，緜二百斤。元康元年，給菜田十頃，田騶十人。立夏以後不及田者，食俸一年。又給虎賁二十人，持班劍。給朝車駕，安車黑耳。其太尉、司徒、司空，自漢歷魏，皆爲三公。及晉迄於江左，相承不改。上公、三公之制不改。前代三公策拜，皆設小會，所以崇宰輔之制也。自魏末廢而不行。至晉，拜石鑒字林伯爲左光禄大夫，開府，領司徒，始有詔令會，遂以爲常。十六國姚泓僭號，受經於博士淳于岐。岐病，泓親省疾，拜於床下。自是公侯見師傅皆拜。

宋皆有八公之官，而不言爲八公也。《宋・志》曰：『三公黄閤，前史無其義。按《禮記》云：「士韠與天子同，公侯、大夫則異。」鄭玄注云：「士賤，與君同，不嫌也。」夫朱門洞啓，當陽之正色也。三公之與天子禮秩相亞，故黄其閤以示謙，不敢斥天子，宜是漢舊制也。』韠音畢。

齊時，三公唯有太傅。

梁有丞相、太宰、太傅、太保、大司馬、大將軍、太尉、司徒、司空、開府儀同三司等官，諸公及位從公開府者，亦置官屬。

陳以丞相、太宰、太傅、太保、大司馬、大將軍並爲贈官。三公之制，開黄閤，廳事置鴟尾。

後魏以太師、太傅、太保謂之三師，上公也。大司馬、大將軍謂之二大，太尉、司徒、司空謂之三公。

北齊皆有三師、二大、三公之官，並置府，其府三門，當中門黄閤，設内屏。三師、二大置佐吏，則同太尉府。

後周置六卿之外，又改三師官謂之三公，兼置三孤以貳之。少師、少傅、少保。而以司徒爲地官，大司馬爲夏官，司空爲冬官，如姬周之制，無復太尉、三師之號。宣帝又置四輔官。以大冢宰越王盛爲大前疑，蜀國公尉遲迥爲大右弼，申國公李穆爲大左輔，隋國公楊堅爲大後丞。

又《太師》 太師，古官。【略】獻帝初，董卓爲太師，卓誅又廢。魏世不置。

晉初置三上公，以景帝諱師，故置太宰，以代太師之名，《晉書》曰：惠帝太安元年，『以齊王冏爲太師』。當時撰述者之誤也。秩增三司。蜀李雄僭號，時范長生自西山乘素輿詣成都，雄拜長生爲天地太師，封西山侯。

後魏、北齊、後周【略】皆有之。

又《太傅》 太傅，古官。傅，傅之德義也。【略】

魏初置太傅，以鍾繇爲之。鍾繇字元常，遷太傅，有疾。時華歆亦以高年病，朝見，皆使乘轝上殿就坐。是後三公有疾，遂以爲故事。

晉宋金章紫綬，進賢三梁冠，介幘，絳朝服，佩山玄玉。

梁、後魏、北齊、後周【略】皆有。

又《太保》 太保，古官。【略】

魏初不置，末年始置太保，以鄭沖爲之。沖，字文和。位在三司上。

晉武初踐祚，以王祥爲太保，進爵爲公，加置七官之職。太保，所以訓護人主，導以德義者也。汝南王亮爲太宰，録尚書事，與太保衛瓘對掌朝政。又衛瓘爲太保，以公就第，置長史、司馬、從事、中郎掾屬也。章綬佩服冠秩與太傅同。

梁、後魏、北齊、後周【略】皆有之。

又《太宰》 太宰，【略】秦、漢、魏並不置。【略】

晉初，依周禮，備置三公。三公之職，太師居首，以景帝名師，故置太宰以代之，而以安平獻王孚居焉。增掾屬十人，蓋爲太師之互名，非周冢宰之任也。何曾爲太宰，朝會乘輿入朝，劍履上殿，如蕭何、田千秋、鍾繇故事。又安帝以太宰瑯琊王德文不宜嬰拂事務，以紆論道之重，可衮冕之服，緑盭綬，羽葆鼓吹。盭音戾。盭，緑也，以緑爲質。盭，草名也，出瑯琊平昌縣，似艾，可染綬，因以爲綬名。

宋大明中，用江夏王義恭爲之，冠綬服秩悉與太傅同。至齊以爲贈。

梁初有之。至陳，又以爲贈，有事則權兼之。

後魏初無。至孝莊時，以太尉上黨王天穆爲之，增置佐吏。

北齊無聞。

後周文帝又依周禮建六官，遂置天官大冢宰卿一人，掌邦治，以建邦之六典，佐皇帝治邦國。

又《太尉》 太尉，【略】靈帝末，以劉虞爲大司馬，而太尉如故。自此則大司馬與太尉始並置矣。【略】

魏亦有之。王祥字休徵，爲太尉。司馬文王進爵爲王，祥與司徒何曾、司空荀顗並詣王。顗曰：『相王尊重，今可相率而拜。』祥曰：『相國勢位，誠爲尊貴。然要是魏之宰相，吾等魏之三公，公王相去，一階而已。班列大同，安有天子三公可輒拜人者耶？損魏朝之美，虧晉王之德，君子愛人以禮，吾不爲也。』及入，何曾、荀顗遂拜，祥獨長揖。文王謂祥曰：『今日然後知君見顧之重也。』

晉太尉進賢三梁冠，介幘，絳朝服，金章紫綬，佩山玄玉。若郊廟，冕服七旒，玄衣纁裳，七章。

宋制，武冠，山玄玉。

齊制，九旒。

後魏初，與大將軍不並置。正光之後，亦皆置焉。

歷代唯後周無，其餘皆有，悉爲三公。

又《司徒》 司徒，【略】建安末爲相國。

魏黄初元年，改爲司徒。華歆字子魚，爲司徒，家無擔石之儲。詔曰『司徒，國之俊老。今大官重膳，而司徒蔬食，甚無謂也』。特賜歆及妻、男等衣服。

晉司徒與丞相通職，更置迭廢，未嘗並立。至永嘉元年，始兩置焉。王衍爲司徒，東海王越爲丞相，始兩置也。陳騫爲司徒，仰理萬機，俯澄邦教。又王戎字濬沖，爲司徒，高選長吏西曹掾，委任責成，常得無爲。又蔡謨字道明，遷司徒，謨固讓曰：『若我作司徒，將爲後世哂，義不敢拜。』詔數十下，謨章表十餘上，陳以疾篤。帝臨軒，自旦至申，而徵不至。公卿以蔡公傲無人臣之禮，奏送謨廷尉。謨率子弟詣闕稽顙，詔免爲庶人。謨每歎曰：『若使劉王喬得南渡，司徒之美選也。』王喬名疇，少有重名。

宋制：司徒金章紫綬，進賢三梁冠，佩山玄玉。掌治民事，郊祀則省牲，視滌濯，大喪安梓宮。凡四方功課，歲盡則奏其殿最而行賞罰，亦與丞相並置。

齊司徒之府，領天下州郡名數，户口簿籍。

梁罷丞相，置司徒，歷代皆有。

至後周，以司徒爲地官，謂之大司徒卿，掌邦教，職如《周禮》。

又《司空》 司空，【略】獻帝建安十三年，又罷司空，置御史大夫。御史大夫郤慮免，不復補。荀綽《百官注》曰：『獻帝置御史大夫，職如司空，不領侍御史。』

魏初，又置司空，冠綬及郊廟之服與太尉同。鄭袤字林叔，爲司空。天子臨軒，遣就第拜授。袤謂使曰：『魏以徐景山爲司空，徐公曰：「三公當上應天心，苟非其人，實傷和氣。」』固辭，見許。

宋制：進賢三梁冠，佩山玄玉。掌治水土，祠祀掌掃除樂器，大喪掌將校復土。

歷代皆有之。至後周爲冬官，謂之大司空卿。掌邦事，以五材九範之徒，佐皇帝，富邦國。大祭祀行灑掃，廟社四望則奉豕牲。

又《大司馬》 魏文帝黄初二年，復置大司馬，以曹仁居之，而太尉如故。則太尉、大司馬、大將軍各自爲官，位在三司上。吳有左、右大司馬。

晉定令，亦在三司上。《晉諸公贊》曰：『義陽王爲太尉、大司馬時，父孚爲太宰，父子居上公，中代以來，未之有也。』又汝南王亮爲大司馬，正旦大會，乘車入殿。又陳騫爲大司馬，賜衮冕之服。武冠，絳朝服，金章紫綬，佩山玄玉，與大將軍同。

宋時唯元嘉中用彭城王義康爲之，冠玉與晉同。

至齊以爲贈。

梁時置官屬。

陳以爲贈。

後魏、北齊與大將軍爲二大，位居三師之下，三公之上。

後周以爲夏官，謂之大司馬卿。掌邦政，以建邦國之九法，佐皇帝，平邦國，大祭祀掌其宿衛，廟社則奉羊牲。

《舊唐書》卷四七《職官志二》 太師、太傅、太保各一員。謂之三師，並正一品。後漢初，太傅置府僚。至周、隋，三師不置府僚，初拜於尚書省上。【略】三師，訓導之官，天子所師法，大抵無所統職，然非道德崇重，則不居其位。無其人，則闕之。

太尉、司徒、司空各一員。謂之三公，並正一品。魏、晉至北齊，三公置府僚。【略】三公，論道之官也。蓋以佐天子理陰陽，平邦國，無所不統，故不以一職名其官。大祭祀，則太尉亞獻，司徒奉俎，司空掃除。

宋·李昉等《太平御覽》卷二〇六《職官部四·太傅》 《齊職儀》曰：太傅，品秩冠服同太宰。成王卽位，周公爲太傅，遷太師，秦無其職。漢惠帝崩，呂后以丞相王陵爲少帝太傅，位在三公上。

又《太宰》 《齊職儀》曰：太宰品第一，金章紫綬，佩山玄玉。【略】秦、漢、魏無其職。晉武以從祖安平王孚爲太宰，安平薨，省；咸寧四年又置。或謂本太師之職。避景皇諱，改爲太宰。或謂太宰，周之卿位。晉武依周置職以尊安平，非避諱也。元興中，恭帝爲太宰，桓玄都督中外，博士徐豁議：『太宰非武官不應都督。』遂從豁議。

《後周書》曰：文帝依《周禮》，建六官，遂置天官大冢宰卿一人，掌邦理，以建邦之六典佐皇帝，理邦國。

又《總敍三公》 《晉官品令》曰：三公，綠綟綬也。綟，音戾。

【略】

《天文録》曰：三台星，一名三能，一名天柱。三公之位也。在人曰三公，在天曰三台。

陶氏《職官要録》曰：三台，擬三公。黄帝以風后配上台，天老配中台，五聖配下台。【略】

環濟《要略》曰：三公者，象鼎三足，共承其上也。

《古今通語》曰：異官同爵，共位別職，興仁隆化，幽贊神明者，謂之太尉；和五教，理人倫，使風行俗平，万國咸寧者，謂之司徒；使國無枉理，法錯刑清，事均民聚者，謂之司空。若仁義之路開，和平之氣通，則五星順行，庶績咸熙。

又　卷二〇七《職官部五·太尉》　《天文録》曰：三公星在北斗杓南，主宣德化，和陰陽，若今之太尉、司空之象也。

又　卷二〇八《職官部六·司徒下》　《齊職儀》曰：司徒，品秩冠服同丞相，郊廟服冕同太尉。漢哀帝從朱博議，始置三司，改丞相爲大司徒，以孔光爲之。魏以華歆爲之。【略】

曹植《輔臣論》曰：辨博通幽，見傳異度。德實充塞于內，知謀從横於外。解疑釋滯，剖散盤結者，主司徒。

又　《司空》　《後周書》曰：冬官謂之大司空卿，掌邦事，以五材九範之徒，佐皇帝，富邦國，大祭祀，行灑掃，廟社四望則奉豕牲。【略】

環濟《要略》曰：冬官司空，掌邦事，營城郭都邑，立社稷宗廟，造宫宅器械，監百工。

元·馬端臨《文獻通考》卷四八《職官考二·三孤》　周成王立少師、少傅、少保，曰三孤，貳公弘化，寅亮天地，弼予一人。注：『孤，特也。言其卑於公，尊於卿。』《周禮》孤卿特揖，其位東面，乘夏篆，謂五采畫轂，服希冕，執皮帛。又公之孤四命。注：『九命上公，得置孤一人。』春秋時，隨、楚皆有少師。秦、漢而下省。後周置三孤，以貳三公。

清·王鳴盛《十七史商榷》卷四七《晉書五·三師三公》　晉人以避景帝諱，改太師爲太宰，與太傅、太保爲三公。但古以三師兼太尉、司徒、司空，漢晉則三師之外，別有三司，固與古異矣。而漢以大司馬即太尉，晉則太尉之外別自有大司馬；漢以大司馬、大將軍爲一，晉則大司馬之外別自有大將軍。名號益亂，枝分錯出，世愈降而愈多制，觀《晉書·職官志》可見。三代以上，將軍即六卿也，漢魏以下，別有大將軍，又增雜號將軍。

又　卷六八《北史合魏齊周隋書四·三公》　司徒公、太尉公之類，《北史》中甚多，此皆古者三公之稱，後周人改官制所定，蘇綽慕古而為之，後周時古制尚可考，詳予《尚書後案》。近人校此者不識，往往去『公』字，非也。

清·汪士鐸《南北史補志未刊稿·職官志第一·職官》　太師。古官，箕子、太公、周公、畢公並爲之，漢則孔光爲之，晉以景帝諱改爲太宰，以安平王孚居焉。孚增兵、凱、士、營軍、刺奸五曹，皆置屬，並爲掾屬十人。南齊、陳以爲贈。梁、後魏、北齊、後周皆有之。【略】

太傅。古官，畢公爲之。漢、魏、晉末皆有焉。晉楊駿增祭酒爲四人，兵曹分爲左右、法、金田、集、水、戎、車、馬十曹，皆置屬，爲掾屬二十人。按：漢東京太傅無長史，有掾屬十人，御屬一人，令史十二人，不知皆何曹也。晉、宋金章紫綬，進賢三梁冠，介幘，絳朝服，佩山玄玉。南齊、梁、後魏、北齊、後周皆有。後魏以上黨王天穆爲太宰，增佐史。陳爲贈。

太保。古官。伊尹、召公爲之。後漢、魏不置。晉初復置。三公者，論道經邦、燮理陰陽者也。無其人則闕。宋、梁、後魏、北齊、後周、隋有之。南齊無，陳以爲贈。梁武受命之初，官班多同。宋、齊之舊有丞相、太宰、太傅、太保、大將軍、大司馬、太尉、司徒、司空等官。諸公及位從公開府者，置官屬。有長史、司馬、諮議參軍、掾屬、從事中郎、記事、主簿、列曹參軍、行參軍、舍人等官。其司徒則有左、右二長史，又增置左西掾一人，自餘僚佐同於二府。有公則置，無則省，而司徒無公，唯省舍人，餘官常置。後周以太師、太傅、太保爲三公。【略】

太尉。一人，秦官，見《月令》。歷代有之。自上安下曰尉，掌兵事，郊祀則亞獻，大喪則告諡南郊。宋制，武冠，山玄玉。齊制九旒，自太尉至大將軍、車騎、驃騎衛將軍皆有長史一人，將軍又各置司馬一人，太尉府置掾屬二十四人，西曹主府吏署用事，東曹主二千石長史遷除事，户曹主民户祠祀農桑事，奏曹主奏議事，辭曹主辭訟事，法曹主陲驛科程事，尉曹主卒徒轉運事，賊曹主盜賊事，決曹主罪法事，兵曹主兵事，金曹主貨幣鹽鐵事，倉曹主倉穀事，閤主簿省録衆事，御屬一人，令史二十二人，御屬主爲公卿令史，則有閤下記室、門下令史，其餘史闕。案：掾屬二十四人也。宋、南齊、梁、陳皆有，後魏舊制，有將軍則省。正光後並置，北齊皆有。周無。【略】

司徒。一人，古官，少皞時祝鳩氏也。掌民事，凡四方之功課，歲終則奏其殿最，而行賞罰，郊祀則省牲灌，大喪掌安梓宮，三代有之。秦省。漢復置，曰大司徒，光武去『大』字。魏、晉有，宋、南齊以來皆有之。南齊司徒領天下州郡名數户目簿籍，雖無常，亦立左、右長史，左西掾屬、主簿、祭酒、司徒掾屬三十一人，御屬一人，令長史三十五人。後魏有丞相，則省。正光後，乃並置。【略】

司空。一人，古官，少皞之鳲鳩氏也。掌水土郊祀，則埽除陳樂器大喪則帥將校而復土，唐虞三代有之。秦曰御史大夫。漢復置，曰大司空。光武去『大』字。魏、晉、宋、齊皆有之。司空置掾屬二十九人，御屬一人，令史三十一人。別有橋道掾，其餘張滅之號，史缺無征。自後漢以至隋，皆以太尉、司徒、司空爲三公，參議大事，以後齊立，府僚無其人則缺，祭祀行掃除。尋省府僚，唯後周異。

又《職官志第三·戎秩》 大司馬。一人，古官。兒時棄爲后稷，兼掌司馬，歷代有之。光武代以太尉，魏復置，掌武事，司主馬武也。宋元嘉二十九年七月，省。齊、陳與大將軍俱爲贈。

大將軍。一人，戰國時官也。秦敗楚，虜其大將軍屈丐是也。凡將軍皆掌征伐。周制，王立六軍。晉獻公作二軍，公將上軍，將軍之名起於此也。楚懷王遣三將入關，宋義爲上將。漢高祖以韓信爲大將軍。漢武帝寵衛青，故以大司馬冠之。漢東京大將軍自爲官位在三司上。魏黄初中，又有上大將軍。明帝青龍三年，晉宣帝自大將軍爲太尉，而大將軍在三司下矣。晉司馬孚爲太尉，奏改大將軍在太尉後，位次三司下，後復舊，在三司上。宋大將軍一人，唯彭城王義康爲之，章綬冠佩，亦與晉同。齊以爲贈，梁有之。陳以爲贈，後魏、北齊爲二大，與大司馬同。至後周建德四年，增置上大將軍。【略】晉武帝是太宰、太傅、太保、太尉、司徒、司馬、司空、大將軍並置曰八公。唯無丞相。漢大將軍位三公下，置官屬依太尉。和帝寵竇憲，使位太傅下、三公上，長史、司馬秩中而千石，從事中郎二人，六百石，餘各有增，有大將軍、驃騎將軍，有長史、司馬、從事中郎二人，掾屬二十九人，御屬一人，令史三十人，騎衛將軍、從事中郎二人，掾屬二十人，御屬一人，令史二十四人，官騎四十人，及鼓吹。其領軍皆有部曲、兵曹、掾史主兵事，掾史主稟假。又置外刺姦、主罪法，其領兵外討，則大將軍營有五部，部有校尉一人，軍司馬一人，部下有曲，曲有軍候一人，曲下有屯，屯有屯長一人。若不置校尉，則部但有軍司馬一人，又有軍假司馬、軍假司馬、假候。又有門候。其別營領屬者，則爲別部司馬。兵多少各隨時宜，其餘將軍置以征伐者，府無員職，亦有部曲、司馬、軍候以領兵焉。案：大將軍以下掾屬與三府增減，史闕不可得知，置令史御屬者，則是同三府也。其云掾史者，則是有掾而無屬，又無令史、御屬，不同三府也。魏初公府職寮史不備書。及晉景帝爲大將軍置掾十人，西曹、東曹、户曹、倉曹、賊曹、金曹、水曹、兵曹、騎兵各一人，則無屬矣。江左以來，諸公置長史、倉曹、掾户、曹、屬、東西閤祭酒各一人，主簿、舍人二人，御屬二人，令史無定員。領兵者置司馬一人，從事中郎二人，參軍無定員，加崇者，置左右長史、司馬從事、郎中四人，掾屬四人，則倉曹置屬、户曹置掾，江左加崇，極於比也。長史、司馬、舍人，秦官。從事中郎、掾屬、主簿、令史，前漢官。御屬、參軍，後漢官。參軍本於府主無敬。晉太原孫楚爲大司馬石苞參軍，輕慢，苞始制施敬。祭酒，晉官。漢侍中、魏散騎常侍高功者，並爲祭酒，公府祭酒因其名也。長史、從事中郎主吏，司馬主將，主簿、祭酒舍人主閤內事。參軍、掾屬、令史主諸曹事。司徒若無公，唯省舍人，其府常置，其職寮異於餘府。有左右長史、左西曹掾屬各一人，餘則同矣。餘府有公則置，無則省。諸曹則有録事、記室、户曹、倉曹、中直兵、外兵、騎兵、長流、賊曹、刑獄、賊曹、城局、賊曹、法曹、田曹、水曹、鎧曹、軍曹、士曹、集、右户、墨曹，凡十八曹參軍，參軍不署曹者無定員。初，晉元帝鎮東丞相府有録事，記室、東曹、西曹、度支、户曹、法曹、金曹、倉曹、理曹、中兵、外兵、騎兵、典兵、兵曹、賊曹、運曹、禁防、典賓、鎧曹、田曹、士曹、尉士、車曹參軍，其東曹、西曹、度支、金曹、理典兵、兵曹、賊曹、運曹、禁防、典兵、尉士、軍曹，凡十三曹，金闕，所餘十二曹也。其後又有直兵、長流、刑獄、城局、水曹、集右户、墨曹七曹。宋高祖爲相，合中兵道置一參軍曹，則猶二也。後小府不置長流參軍者，置禁防參軍。蜀丞相諸葛亮府有行參軍。晉太傅司馬越府又有行參軍，兼行參軍，後漸加『長兼』字，除拜則爲參軍事，府板則爲行參軍。晉末以來，參軍事、行參軍又各有除板。板行參軍下則長兼行參軍。參軍督護，江左置。本皆領營，有部曲，後則無矣。公府長史、司馬，秩千石；從事中郎六百石；東西曹掾，四百石；他掾，三百石；屬，二百石。魏以司馬景王爲大將軍，置掾十人，別無屬官。其驃騎、車騎府有長史、司馬。晉驃騎、衛將軍、伏波、撫軍、督護、鎮軍、中領、四征、四領、龍驤、典軍、上軍、輔國等大將軍開府者皆爲位從公，品秩俸賜亦與諸公同。加兵者，增置司馬一人，從事中郎二人，主簿記室督各一人。宋大將軍、車騎、驃騎、衛將軍諸府皆有長史一人，將一人，軍又各置司馬一人。齊有大將軍爲贈官，無僚屬。諸驃騎、車騎、衛、鎮軍、中軍、撫軍、四征、四鎮等將軍，凡加『大』字位從公，長史、司馬諸官屬亦同公。梁因之。諸將軍優者亦然。陳爲贈官，無僚屬。後魏大將軍僚屬如三公。北齊大司馬、大將軍爲二大，典司武事，次置太尉、司徒、司空三公。三師、二大、三公府三門，當中開黃閣，設内屏，各置長史、司馬、諮議、參軍、從事中郎、掾屬、主簿、録事、功曹、記室、户曹、金曹、中兵、外兵、騎兵、長流、城局、刑獄等參軍事，東西閤祭酒及參軍事、法、墨、田、水、鎧、集、士等曹行參軍，兼左户、右户行參軍，長兼行參軍、參軍都護等員，後周大將軍有長史、司馬、中郎、掾屬諸曹參軍、典籤等員。

三公屬官分部

綜述

《宋書》卷三九《百官志上》 漢東京太傅府置掾、屬十人，御屬一人，令史十二人，不知皆何曹也。自太尉至大將軍、驃騎、車騎、衛將軍，皆有長史一人，將軍又各置司馬一人，太傅不置長史也。

太尉府置掾、屬二十四人，西曹主府吏署用事，東曹主二千石長吏遷除事，户曹主民户祠祀農桑事，奏曹主奏議事，辭曹主辭訟事，法曹主郵驛科程事，尉曹主卒徒轉運事，賊曹主盜賊事，決曹主罪法事，兵曹主兵事，金曹主貨幣鹽鐵事，倉曹主倉穀事，黄閤主簿省録衆事。御屬一人，令史二十二人。御屬主爲公御，令史則有閤下、記室、門下令史，其餘史闕。案掾、屬二十四人，自東西曹凡十二曹，然則曹各置掾、屬一人，合二十四人也。

司徒置掾、屬三十一人，御屬一人，令史三十五人。司空置掾二十九人，御屬一人，令史三十一人。司空别有道橋掾。其餘張減之號，史闕不可得知也。

漢東京大將軍、驃騎將軍從事中郎二人，掾、屬二十九人，御屬一人，令史三十人。騎、衛將軍從事中郎二人，掾、屬二十人，御屬一人，令史二十四人。兵曹掾史主兵事，稟假掾史主稟假，又置外刺姦主罪法。其領兵外討，則營有五部，部有校尉一人，軍司馬一人；部下有曲，曲有軍候一人；曲下有屯，屯有屯長一人。若不置校尉，則部但有軍司馬一人。又有軍假司馬、軍假候，其别營者則爲别部司馬。其餘將軍置以征伐者，府無員職，亦有部曲司馬、軍候以領兵焉。案大將軍以下掾屬與三府張減，史闕不可得知。置令史、御屬者，則是同三府也。其云掾史者，則是有掾而無屬，又無令史、御屬，不同三府也。

魏初公府職僚，史不備書。及晉景帝爲大將軍，置掾十人，西曹、東曹、户曹、倉曹、賊曹、金曹、水曹、兵曹、騎兵各一人，則無屬矣。【略】

晉初，凡位從公以上，置長史、西閤、東閤祭酒、西曹、東曹掾、户曹、倉曹、賊曹屬各一人；加兵者又置司馬、從事中郎、主簿、記室督各一人，舍人四人；爲持節都督者，置參軍六人。安平獻王孚爲太宰，增掾、屬爲十人，兵、鎧、士、營軍、刺姦五曹皆置屬，并前爲十人也。楊駿爲太傅，增祭酒爲四人，掾、屬爲二十人，兵曹分爲左、右、法、金、田、集、水、戎、車、馬十曹，皆置屬，則爲二十人。【略】凡諸曹皆置御屬、令史、學幹，御屬職録事也。江左以來，諸公置長史、倉曹掾、户曹屬、東西閤祭酒各一人，主簿、舍人二人，御屬二人，令史無定員。領兵者置司馬一人，從事中郎二人，參軍無定員；加崇者置左右長史、司馬、從事中郎四人，掾、屬四人，則倉曹增置屬，户曹置掾，江左加崇，極於此也。

長史、司馬、舍人，秦官。從事中郎、掾、屬、主簿、令史，前漢官，陳湯爲大將軍王鳳從事中郎是也。御屬、參軍，後漢官，孫堅爲車騎參軍事是也。本於府主無敬，晉世太原孫楚爲大司馬石苞參軍，輕慢，苞始制施敬。祭酒，晉官也，漢吳王濞爲劉氏祭酒。夫祭祀以酒爲本，長者主之，故以祭酒爲稱。漢之侍中、魏之散騎常侍高功者，並爲祭酒焉。公府祭酒，蓋因其名也。長史、從事中郎主吏，司馬主將，主簿、祭酒、舍人主閤内事，參軍、掾、屬、令史主諸曹事。司徒若無公，唯省舍人，其府常置，其職僚異于餘府。有左右長史、左西曹掾、屬各一人，餘則同矣。餘府有公則置，無則省。晉元帝爲鎮東大將軍及丞相，置從事中郎，無定員，分掌諸曹，有録事中郎、度支中郎、三兵中郎。其參軍則有諮議參軍二人，主諷議事，晉江左初置，因軍諮祭酒也。【略】今諸曹則有録事、記室、户曹、倉曹、中直兵、外兵、騎兵、長流賊曹、刑獄賊曹、城局賊曹、法曹、田曹、水曹、鎧曹、車曹、士曹、集、右户、墨曹，凡十八曹參軍。參軍不署曹者，無定員。【略】晉太傅司馬越府又有行參軍、兼行參軍，後漸加『長兼』字。除拜則爲參軍事，府板則爲行參軍。晉末以來，參軍事、行參軍又各有除板。板行參軍下則長兼行參軍。參軍督護，江左置。本皆領營，有部曲，今則無矣。公府長史、司馬，秩千石；從事中郎，六百石；東西曹掾，四百石；他掾三百石；屬二百石。

《晉書》卷一《宣帝紀》（嘉平）二年春正月，天子命帝立廟于洛陽，置左右長史，增掾屬、舍人滿十人，歲舉掾屬任御史、秀才各一人，增官騎百人，鼓吹十四人。

又　卷二《文帝紀》（景元四年）三月，詔大將軍府增置司馬一人，從事中郎二人，舍人十人。

又　卷二四《職官志》　諸公及開府位從公者，品秩第一，食奉日五斛。太康二年，又給絹，春百匹，秋絹二百匹，緜二百斤。元康元年，給菜田十頃，田騶十人，立夏後不及田者，食奉一年。置長史一人，秩一千石；西東閤祭酒、西東曹掾、户倉賊曹令史屬各一人；御屬閤下令史、西東曹倉户賊曹令史、門令史、記室省事令史、閤下記室書令史、西東曹學事各一人。給武賁二十人，持班劍。給朝車駕駟、安車黑耳駕三各一乘，祭酒掾屬白蓋小車七乘，軺車施耳後户、皁輪犢車各一乘。自祭酒已下，令史已上，皆皁零辟朝服。太尉雖不加兵者，吏屬皆絳服。司徒加置左右長史各一人，秩千石；主簿、左西曹掾屬各一人，西曹稱右西曹，其左西曹令史已下人數如舊令。司空加置導橋掾一人。

諸公及開府位從公加兵者，增置司馬一人，秩千石；從事中郎二人，秩比千石；主簿、記室督各一人；舍人四人；兵鎧、士曹，營軍、刺姦、帳下都督，外都督，令史各一人。主簿已下，令史已上，皆絳服。司馬給吏卒如長史，從事中郎給侍二人，主簿、記室督各給侍一人。其餘臨時增崇者，則褒加各因其時爲節文，不爲定制。

諸公及開府位從公爲持節都督，增參軍爲六人，長史、司馬、從事中郎、主簿、記室督、祭酒、掾屬、舍人如常加兵公制。

唐·杜佑《通典》卷二〇《職官二·總敘三師三公以下官屬》

三師、太師、太傅、太保，歷代多有之。一太、殷建官有六太，其一曰太宰。自周以後，亦常有之。餘五太則無。三公、太尉、司徒、司空，歷代有之。二大、大司馬、大將軍，歷代亦有之。諸位從公諸將軍及光禄大夫開府者，歷代亦時有之。官屬等。歷代有置有省，亦多同説，所以不更各具本府，但依時代都言之。其大將軍，自具本篇。【略】

魏置太傅、太保，而不見官屬。太尉、司徒、司空有長史、司馬、從事中郎、正行參軍。大司馬亦有正行參軍也。

晉有太宰、太傅、太保。唯楊駿爲太傅，增祭酒爲四人，掾屬二十人，兵曹爲左右也。楊駿輔政，引潘岳爲太傅主簿。初，譙人公孫宏客於河陽，岳待之甚厚。及駿誅，宏爲楚王瑋長史，凡駿綱紀皆從坐，同署主簿已被戮。宏言於瑋，謂岳爲假吏，故得免。太宰、太保官屬不見。太尉、司徒、司空並有長史、司馬。太尉雖不加兵者，吏屬皆絳服。泰始三年，又置太尉軍參軍六人，騎司馬五人，官騎十人。而司徒加置左長史，掌差次九品，銓衡人倫，冠綬與丞相長史同。主簿、左右東西曹掾各一人，若有所循行者，增置掾屬十人。武帝時，司徒奏州郡農桑未有賞罰之制，宜遣掾屬循行。詔遂使司徒督察州郡播殖。若有所循者，增掾屬十人。又温嶠請司徒置田曹掾，州一人，勸課農桑。初，王渾字玄沖遷司徒，仍加兵。渾以司徒文官，主吏不持兵，持兵乃吏屬絳衣，自以非是舊典，皆令皁服，論者美其謙而識禮。司空府加置導橋掾一人，餘略同後漢。咸寧初，詔以前太尉府爲大司馬府，增置祭酒二人，帳下司馬、官騎、大車、鼓吹，左右光禄、光禄三大夫。開府者皆爲位從公，品秩、俸賜、儀制與諸公同。加兵者增置司馬一人，從事中郎二人，劉琨爲司空，以盧諶爲從事中郎。主簿、記室督各一人，舍人四人，兵、鎧、士曹，營軍、刺姦、帳下都督、外都督、令史各一人。主簿以下、令史以上皆絳服。司馬給吏卒如長史，從事中郎給侍二人，主簿、記室督各給侍一人。其餘臨時增崇者，則褒加各因其時爲節文，不爲定制。其祭酒掾屬，白蓋小車七乘，軺車施耳後户、皁輪犢車各一乘。自祭酒以下、令史以上皆皁零辟朝服。其爲持節都督者，增參軍爲六人，其餘如常加兵公制。孫楚字子荆，爲佐著作郎，參石苞驃騎軍事。楚既負其才氣，頗侮易苞。初至，揖曰：『天子命我參卿軍事。』初，參軍不敬府主，楚既輕苞，遂制施敬，自楚始也。

宋有太傅、太保、太宰、太尉、司徒、司空、大司馬，諸府皆有長史一人，將軍一人。又各置司馬一人，而太傅不置。長史、掾屬亦與後漢略同。自江左以來，諸公置長史、倉曹掾、户曹屬、東西閤祭酒各一人，主簿、舍人二人，御屬二人，令史無定員。領兵者置司馬一人，從事中郎二人，參軍無定員；加崇者置左右長史、司馬、從事中郎四人，掾屬四人，則倉曹增置屬，户曹置掾。加崇極於此也。其司徒府若無公，唯省舍人，其府常置，其職僚異於餘府，有左、右長史，東、西曹掾屬，餘則同矣。餘府有公卽置，無則省。

齊有太宰、大司馬，並爲贈官，無僚屬。太尉、司徒、司空，是爲三公。特進，位從公。諸開府儀同三司，位從公。開府儀同，如公。凡公督府置佐：長史、司馬各一人，諮議參軍二人。諸曹有録事，功曹，記室，户曹，倉曹，中、直兵，外兵，騎兵，長流，賊曹，城局，法曹，田曹，水曹，鎧曹，集曹，右户十八曹。城局曹以上署正參軍，法曹以下署行參軍，各一人。其行參軍無署者，爲長兼員。其公府佐史，則從事中郎二人，倉曹掾、户曹屬、東西閤祭酒各一人，主簿、舍人、御屬二人。加崇者，則左右長史四人，中郎、掾屬並增數。其未及開府，則置府亦有佐史，其數有減。小府無長流，置禁防參軍。初，《晉令》公府長史著朝服，自宋大明以來著朱衣。齊王儉爲司徒左長史，請依《晉令》復舊制，不著朱衣，時議不許。又曰：王秀之常云：『位至司徒左長史，可以知止足矣。』又陸慧曉爲司徒右長史，謝朏爲左長史，府公竟陵王子良謂王融曰：『我府二上佐，前代誰可比？』融曰：『兩賢同時，未有前例。』朏，滂佩反。

梁武受命之初，官班多同宋齊之舊。有丞相、太宰、太傅、太保、大司馬、太尉、司徒、司空、開府儀同三司等官。諸公及位從公開府者置官屬，有長史、司馬、諮議參軍、掾屬、從事中郎、記室、建安王爲雍州刺史，表求管記，乃以江革爲征北記室參軍。革弟觀又爲參軍兼記室。任昉曰：『文房之任，總卿兄弟。』故歷代皆爲文士之華選云。主簿、列曹參軍、行參軍、舍人等官。其司徒則有左、右二長史，褚球字仲寶，爲司徒右長史，加貂。臺佐加貂，自球始也。又增置左西掾一人，自餘僚佐，同於二府。有公則置，無則省。而司徒無公，唯省舍人，餘官常置。開府儀同三司，位次三公，左右光禄大夫優者則加之，同三公，置官屬。

陳三師、二大並爲贈官，而無僚屬。其三公有府長史、司馬、諮議參軍、從事中郎、掾曹屬、主簿、祭酒、録事、記室、正參軍、板正參軍。

後魏三師無官屬。後又置太宰，以元天穆爲之，增置佐吏。三公及二大並有長史，司馬，諮議參軍，從事中郎，掾屬，主簿，録事參軍，功曹，記室、户曹、中兵等參軍，諸曹行參軍，祭酒，參軍事，長兼行參軍，督護。其太尉、司徒與二大屬官階同。唯司空府官每降一階。

北齊三師、二大、三公各置長史，司馬，諮議參軍，從事中郎，掾屬，主簿，録事，功曹，記室、户曹、倉曹、中兵、外兵、騎兵、長流、城局、刑獄等參軍事，東西閤祭酒及參軍事，法、墨、田、水、鎧、集、士等曹行參軍，兼左户右户行參軍，長兼行參軍，參軍，督護等員。司徒則加左、右長史。長史、主吏。司馬、主將。舍人，主閤内事。皆自秦官也。從事中郎、從事中郎，漢末官也。陳湯爲大將軍王鳳從事中郎，在主簿上，所掌秩與長史同。掾屬、主諸曹事。主簿、所主與舍人同，祭酒所主亦同。令史，主諸曹文書。此皆自漢官也。陳湯爲大將軍王鳳從事中郎是也。御屬、參軍自後漢也。孫堅參驃騎軍事是也。參軍所主與掾屬同。其儀同三司加開府者，亦置長史以下官屬，而減記室、倉、城局、田、水、鎧、士等七曹，各一人。其品亦下三公府一階。其三師、二大佐吏，則同太尉府也。

後周以太師、太傅、太保爲三公，而不見僚屬。

宋・李昉等《太平御覽》卷二〇九《職官部七・大司馬》

韋昭《辯釋名》曰：大司馬：馬，武也，大總武事也。大司馬掌軍，古者兵車，一車四馬，故以馬名官。【略】

《晉公卿禮秩》曰：司馬，兵官也。魏氏大司馬、大將軍各自爲官，在三司上；晉以石苞爲大司馬，次三司下。【略】

《齊職儀》曰：大司馬，品第一，秩中二千石，金章紫綬，武冠絳服朝，佩山玄玉。其在少昊，則雎鳩氏之任；顓頊以司馬主火；堯命羲叔爲司馬，夏官也。虞夏二代以司夏官，棄居其職。周成王以畢公高爲司馬。楚漢之際，曹參、周勃始居其職。

又曰：大司馬府，舊爲闕，王莽簒位，故貶去闕焉。【略】

《後周書》曰：夏官謂之大司馬。卿掌邦政，以建邦國之九法。佐皇帝平邦國，大祭祀掌其宿衛，廟社列奉犧牲。

又《三公府掾屬》 太尉從事中郎【略】

干寶《司徒議》曰：從事中郎之職，各掌其所治之曹而紀綱其事，維正大體，參輔謀議。

司徒長史【略】

干寶《司徒儀》曰：右長史，職掌檢其法憲，明其分職。

司徒掾【略】

干寶《司徒儀》曰：掾屬之職，敦明教義，肅厲清風，非禮不言，非法不行，以訓羣吏，以貴朝望，各掌其所治之曹。

監察機構部

御史臺分部

綜　述

《宋書》卷四〇《百官志下》 御史丞，一人。掌奏劾不法。秦時御史大夫有二丞，其一曰御史丞，其二曰御史中丞。殿中蘭臺秘書圖籍在焉，而中丞居之。外督部刺史，內領侍御史，受公卿奏事，舉劾按章。時中丞亦受奏事，然則分有所掌也。成帝綏和元年，更名御史大夫爲大司空，置長史，而中丞官職如故。哀帝建平二年，復爲御史大夫。元壽二年，復爲大司空。而中丞出外爲御史臺主，名御史長史。光武還曰中丞，又屬少府。獻帝時，更置御史大夫，自置長史一人，不復領中丞也。漢東京御史中丞遇尚書丞郎，則中丞止車執版揖，而丞郎坐車舉手禮之而已。不知此制何時省。中丞每月二十五日，繞行宮垣白壁。史臣按《漢志》執金吾每月三繞行宮城，疑是省金吾，以此事併中丞。中丞秩千石。

治書侍御史，掌舉劾官品第六已上。漢宣帝齋居決事，令御史二人治書，因謂之治書御史。漢東京使明法律者爲之，天下讞疑事，則以法律當其是非。魏、晉以來，則分掌侍御史所掌諸曹，若尚書二丞也。

侍御史，于周爲柱下史。《周官》有御史，掌治令，亦其任也。秦置侍御史，漢因之。二漢員並十五人。掌察舉非法，受公卿奏事，有違失者舉劾之。凡有五曹，一曰令曹，掌律令；二曰印曹，掌刻印，三曰供曹，掌齋祠；四曰尉馬曹，掌官廄馬；五曰乘曹，掌護駕。魏置御史八人，有治書曹，掌度支運，課第曹，掌考課，不知其餘曹也。晉西朝凡有吏曹、課第曹、直事曹、印曹、中都督曹、外都督曹、媒曹、符節曹、水曹、中壘曹、營軍曹、算曹、法曹，凡十三曹，而置御史九人。晉江左初，省課第曹，置庫曹，掌廄牧牛馬市租。後復分庫曹，置外左庫、內左庫二曹。宋太祖元嘉中，省外左庫，而內左庫直云左庫。世祖大明中，復置。廢帝景和元年又省。順帝初，省營軍併水曹，省算曹併法曹，吏曹不置御史，凡十御史焉。魏又有殿中侍御史二人，蓋是蘭臺遣二御史居殿內察非法也。晉西朝四人，江左二人。秦、漢有符節令，隸少府，領符璽郎、符節令史。蓋《周禮》典瑞、掌節之任也。漢至魏別爲一臺，位次御史中丞，掌授節、銅虎符、竹使符。晉武帝泰始九年，省并蘭臺，置符節御史掌其事焉。

《後漢書》卷二四《百官志一》劉昭注 臣昭案：獻帝建安十三年，又罷司空，置御史大夫。御史大夫郗慮，慮免，不得補。荀綽《晉百官表》注曰：『獻帝置御史大夫，職如司空，不領侍御史。』

《南齊書》卷一六《百官志》 御史中丞一人。

晉江左中丞司隸分督百僚，傅咸所云『行馬內外』是也。今中丞則職無不察，專道而行，騶輻禁呵，加以聲色，武將相逢，輒致侵犯，若有鹵簿，至相驅擊。宋孝建二年制，中丞與尚書令分道，雖丞郎下朝相值，亦得斷之，餘內外衆官，皆受停駐。

治書侍御史二人。

侍御史十人。

蘭臺置諸曹內外督令以下。

北齊・顏之推《顏氏家訓》卷下《省事》 上書陳事，起自戰國，逮於兩漢，風流彌廣。原其體度：攻人主之長短，諫諍之徒也；訐羣臣之得失，訟訴之類也；陳國家之利害，對策之伍也；帶私情之與奪，遊説之儔也。總此四塗，賈誠以求位，鬻言以干祿。或無絲毫之益，而有不省之困，幸而感悟人主，爲時所納，初獲不貲之賞，終陷不測之誅，則嚴助、朱買臣、吾丘壽王、主父偃之類甚衆。良史所書，蓋取其狂狷一介，論政得失耳，非士君子守法度者所爲也。今世所覩，懷瑾瑜而握蘭桂者，悉恥爲之。守門詣闕，獻書言計，率多空薄，高自矜夸，無經略之大體，咸粃糠之微事，十條之中，一不足採，縱合時務，已漏先覺，非謂不知，但患知而不行耳。或被發姦私，面相酬證，事途迴穴，翻懼愆尤；人主外護聲教，脱加含養，此乃僥倖之徒，不足與比肩也。

隋·虞世南《北堂書鈔》卷六一《設官部十三·司隸校尉》 司隸周官，銀章青綬。《晉百官表》注曰：司隸校尉，周官也。銀章青綬，五時朝服，武佩水蒼玉。

主徒隸。環濟《要略》云：司隸，周官也，主徒隸。漢武始置，從中都官徒千二百人捕巫蠱事，復其兵，然使重領京師也。【略】

從緹騎。環濟《要略》云：司隸出從緹騎。【略】

察按公卿。環濟《要略》：司隸主徒隸，董京師察按公卿以下。【略】

時惟鷹鸇。胡伯始《司隸校尉箴》：率隸掘蠱，以詰其姦。既定既寧，爰遂其官。俾督京甸，時惟鷹鸇。應璩詩云：司隸鷹揚吏，爪牙徒握空。折翹躍毛距，宛頸還入籠。世人指爲武，誰復勵嚴冬。

舊號臥虎。《傅咸集·教》云：司隸校尉，舊號臥虎，誠以舉綱而萬目理，提領而衆毛從也。

又 卷六二《設官部十四·御史中丞》 不得糾尚書。《傅咸集》：上表自理云：中丞司隸，俱糾皇太子以下，則共對司内外矣。得糾皇太子而不得糾尚書，臣之闇塞既所未喻。

督太子以下。《晉百官表》注：御史中丞，掌督太子以下，在宫門行，爲内違犯法者皆彈糾之。雖在行馬外，而監司不糾，亦得奏之。

居殿内察非法。韋昭《辨釋名》云：御史中丞有二人，一人別居殿内舉非法，故曰中丞。

遇洛陽令分路而行。《晉百官表》注云：御史中丞，故事與洛陽令相遇，則分路而行，以土主逐輔，不欲稽留也。

又 《侍御史》 初上稱守，滿歲拜真。《晉百官表》注：侍御史，員十五人，皆用公府掾屬高第補，或用故守相議郎中爲之，初上稱守，滿歲拜真。

【略】

治詔獄。《晉百官奏事箴》云：侍御史一人，秩與御史同，掌治詔獄及廷尉不當者皆治之。

掌殿門宿衛。《晉百官表》注云：侍御史掌殿門以内，案防宿衛署在殿中者皆總攝。

不入殿案行。《傅咸集百官表》云：侍御史不得入殿案行。

監祭祀。《晉百官表》：侍御史，周爲柱下史，老聃爲之，職掌諸曹，其治事糾察不法，監祭祀朝會及諸公象也。

《隋書》卷二六《百官志上·梁》 御史臺，梁國初建，置大夫，天監元年，復曰中丞。置一人，掌督司百僚。皇太子已下，其在宫門行馬内違法者，皆糾彈之。雖在行馬外，而監司不糾，亦得奏之。專道而行，逢尚書丞郎，亦得停駐。其尚書令、僕、御史中丞，各給威儀十人。其八人武冠絳鞲，執青儀囊在前，囊題云『宜官吉』以受辭訴。一人緗衣，執鞭杖，依列行，七人唱呼入殿，引喤至階。一人執儀囊，不喤。屬官治書侍御史二人，掌舉劾官品第六已下，分統侍御史。侍御史九人，居曹，掌知其事，糾察不法。殿中御史四人，掌殿中禁衛内。又有符節令史員。

又 卷二七《百官志中·北齊》 御史臺，掌察糾彈劾。中丞一人，治書侍御史二人，侍御史八人，殿中侍御史、檢校御史各十二人，録事四人。領符節署，令一人，符璽郎中四人。

《晉書》卷三《武帝紀》 （太康）九年春正月壬申朔，日有蝕之。詔曰：『興化之本，由政平訟理也。二千石長吏不能勤恤人隱，而輕挾私故，興長刑獄，又多貪濁，煩撓百姓。其敕刺史二千石糾其穢濁，舉其公清，有司議其黜陟。令内外羣官舉清能，拔寒素。』

又 卷二四《職官志》 御史中丞，本秦官也，秦時，御史大夫有二丞，其一御史丞，其一爲中丞。中丞外督部刺史，内領侍御史，受公卿奏事，舉劾案章。漢因之，及成帝綏和元年，更名御史大夫爲大司空，置長史，而中丞官職如故。哀帝建平二年，復爲御史大夫。元壽二年，又爲大司空，而中丞出外爲御史臺主。歷漢東京至晉因其制，以中丞爲臺主。

治書侍御史，案漢宣帝幸宣室齋居而決事，令侍御史二人治書侍側，後因別置，謂之治書侍御史，蓋其始也。及魏，又置治書執法，掌奏劾，而治書侍御史掌律令，二官俱置。及晉，唯置治書侍御史，員四人。泰始四年，又置黃沙獄治書侍御史一人，秩與中丞同，掌詔獄及廷尉不當者皆治之。後并河南，遂省黃沙治書侍御史。及太康中，又省治書侍御史二員。

侍御史，案二漢所掌凡有五曹：一曰令曹，掌律令；二曰印曹，掌刻印；三曰供曹，掌齋祠；四曰尉馬曹，掌廄馬；五曰乘曹，掌護駕。魏置八人。及晉，置員九人，品同治書，而有十三曹：吏曹、課第曹、直事曹、印曹、中都督曹、外都督曹、媒曹、符節曹、水曹、中壘曹、營軍曹、法曹、算曹。及江左初，省課第曹，置庫曹，掌廄牧牛馬市租，後分曹，置外左庫、內左庫云。

殿中侍御史，案魏蘭臺遣二御史居殿中，伺察非法，即其始也。及晉，置四人，江左置二人。又案魏晉官品令又有禁防御史第七品，孝武太元中有檢校御史吳琨，則此二職亦蘭臺之職也。

符節御史，秦符璽令之職也。漢因之，位次御史中丞。至魏，別爲一臺，位次御史中丞，掌授節、銅武符、竹使符。及泰始九年，武帝省並蘭臺，置符節御史掌其事焉。

《北史》卷八七《酷吏傳·崔暹》 初以秀才累遷南兗州刺史，盜用官瓦，贓污狼籍，爲御史中尉李平所糾，免官。後行豫州事，尋即真。遣子析户，分隸三縣，廣占田宅，藏匿官奴，障吝陂葦，侵盜公私，爲御史中尉王顯所彈，免官。

唐·李林甫等《唐六典》卷一三《御史臺》 御史大夫一人，從三品；【略】獻帝建安十三年，又置御史大夫。魏黃初二年，又省。歷晉、宋、齊、梁、陳、後魏、北齊、後周，並不置大夫，而以中丞爲臺主。【略】御史臺，漢名御史府；後漢曰憲臺，時以尚書爲中臺，謁者爲外臺，謂之三臺。魏、晉、宋、齊曰蘭臺，梁、陳、後魏、北齊、隋皆曰御史臺，【略】中丞二人，正五品上；【略】魏黃初，改中丞爲宫正。魏鮑勳以宫正忤旨，左遷持書執法。後又爲中丞。歷晉、宋、齊、梁、陳，並以中丞爲臺主，品第四。梁制十八班，中丞班第十一。後魏改中丞曰中尉，正三品；太和二十三年，爲從三品。北齊復曰中丞，從三品。後周秋官置司憲中大夫二人，掌丞司寇之法，以左右刑罰，蓋比御史中丞之職也。【略】持書侍御史者【略】歷代品秩並同御史，惟北齊爲從五品。【略】

侍御史四人，從六品下。【略】魏置八人，品第六，所掌凡八部，有持書曹、課第曹，其餘則史闕云。晉置九人，所掌有十三曹，曰：吏曹，課第曹，直事曹，印曹，中都督曹，外都督曹，媒曹，符節曹，水曹，中壘曹，營軍曹，法曹，筭曹。東晉初，省課第曹，置庫曹；後又分庫曹爲外左庫曹、内左庫曹焉。宋置十人。元嘉中，省二庫曹，直云左庫。大明中，復置二庫；景和初，復省之。昇明初，省營軍曹，併入水曹；省筭曹，併入法曹；而吏曹罷御史掌之。齊置十人，梁、陳皆九人。後魏八人，初，從五品；太和末，爲正八品下。北齊置八人，從七品下。後魏、北齊尤重御史，選御史必答策高第始補之，並分掌諸曹内外督令史以下。後周秋官有司憲中士。【略】

主簿一人，從七品下，【略】魏、晉已下無聞。【略】

殿中侍御史六人，從七品上。魏氏御史二人居殿中察非法，故曰殿中侍御史。晉置四人，東晉省二人。梁、陳史不載其品秩。後魏初，從五品；太和末，爲從八品上。北齊置十二人，正八品。【略】

監察御史十人，正八品上。【略】《晉書》云：『孝武太元中，創置檢校御史，而吳混之爲之。』沈約《宋書》云：『古司隸校尉知行馬外事。晉江左罷司隸。置檢校御史，專掌行馬外事。』是也。歷宋、齊、梁、陳，無聞其職。後魏太和末，復置檢校御史，正九品上。北齊置檢校御史十二人，從八品上。後周秋官府有司憲旅下士八人。

唐·杜佑《通典》卷二四《職官六·御史臺》 梁及後魏、北齊或謂之南臺。北齊王高澄用崔暹爲御史中尉，宋遊道爲尚書左丞，謂之曰：『卿一人處南臺，一人處北省，當使天下肅然。』後魏之制，有公事，百官朝會，名簿自尚書令、僕以下，悉送南臺。後魏臨洮王舉哀，兼尚書左僕射元順不肯送名，又不送簿。中尉舉彈之。順奏曰：『尚書百揆之本，令、僕納言之貴，不宜下隸中尉，送名御史。』詔許之。後元子思爲御史中尉，朔朝，臺移尚書索應朝名帳。尚書郎裴獻伯移注云：『按蔡氏《漢儀》，御史中尉逢臺郎於複道，中尉下避執版，郎中車上舉手禮之。以此而言，明非敵體。』子思奏曰：『臣按《漢書》，御史中丞爲獨坐。又按《魏書》曰：「崔琰既爲中丞，百僚震恐。」則中丞不揖省郎，亦已久矣；憲臺不屬都坐，亦非今日。又按孝文帝職令：「朝會失時，則御史彈之。」若不送名，到否何驗。獻伯等亂常變紀，請付法。』詔曰：『國異政，不可據以古事。檢孝文帝舊格以聞。』尋從子思奏。後周曰司憲，屬秋官府。

又《御史大夫》 御史大夫，【略】至建安十三年，罷三公官，始復置之，以郗慮居焉，華歆亦爲之。不領中丞，置長史一人。魏黄初二年，又改御史大夫爲司空，末年復有大夫。而吴有左右焉。《晉書》曰，魏以司空何曾爲晉國丞相，以王沈爲御史大夫是也。吴孫休以丁密、孟宗爲左右御史大夫。晉初省之。此皆爲三公，非今御史大夫也。今御史大夫，卽漢以來御史中丞是也。後代或置大夫，皆中丞之互名，非漢舊大夫之任。唯劉聰僭號，置御史大夫，亞於三公，頗似漢制也。

又《中丞》 魏初，改中丞爲宫正，舉鮑勳爲之，百僚嚴憚。陳羣及司馬宣王舉勳爲之。後復爲中丞。晉亦因漢，以中丞爲臺主，與司隸分督百僚。自皇太子以下，無所不糾。初不得糾尚書，後亦糾之。晉傅咸奏云：『司隸、中丞得糾太子而不得糾尚書，臣所未譬。』朝廷無以易之。又劉暾字長叔，兼中丞，奏免尚書僕射等十餘人，朝廷嘉之，遂以卽真。晉元帝卽尊號，省司直，置中丞，皇太子以下悉得糾劾之。中丞專糾行馬內，司隸專糾行馬外。雖制如是，然亦更奏衆官，實無其限。王恬字元愉，爲中丞。簡文初卽位，未解嚴，大司馬桓温屯中堂，夜吹警角，恬奏劾温大不敬，請理罪。明日，温見奏事，歎曰：『此兒乃敢彈我，真可畏也。』宋中丞一人，每月二十五日，繞行宫垣白壁。《漢志》：『執金吾每月三繞行宫城。』疑是省金吾，以此事併中丞也。銅印墨綬，進賢兩梁冠，佩水蒼玉，介幘，絳朝服。職官録兼云青綬。孝武帝孝建二年制，中丞與尚書令分道，雖丞、郎下朝相值，亦得斷之，餘內外衆官，皆受停駐。宋文帝元嘉十三年，有司奏：『御史中丞劉式之議：「每至出行，未知制與何官分道。舊科法唯稱中丞專道，傳詔荷信，詔喚衆官，應詔者得行，制令無分別他官之文。皇太子不宜與衆同例，中丞應與分道。揚州刺史、丹陽尹、建康令並是京輦土地之主，或檢校非違，或赴救水火，事應神速，不宜稽駐，並合分道。又尋六門則爲行馬之內，且禁衛非違，並由二衛及領軍，未詳京尹、建康令門內之從及公事，亦得與中丞分道與否？」其六門內既非郡縣部界，卽不合依門外也。』齊中丞職無不察，專道而行，騶輻禁呵，加以聲色，武將相逢，輒致侵犯，若有鹵簿，至相毆擊。齊沈冲與兄淵、淡三人，並歷中丞。梁國初建，又置御史大夫。天監元年，復曰中丞。中丞一人，掌督司百僚。皇太子以下，其在宫門行馬內違法者，皆糾彈之。雖在行馬外而監司不糾，亦得奏之。專道而行，逢尚書丞郎，亦得停駐。其尚書令、僕、御史中丞，各給威儀十人。其八人武冠絳鞲，音溝。執青儀囊，題云『宜官告』，以受辭訟；一人緗衣，執鞭杖，依行列行；七人唱呼入殿，引喤至階；一人執儀囊，不喤。自齊梁皆謂中丞爲南司。梁江淹字文通，爲中丞。齊明帝曰：『今君爲南司，足以震肅百僚也。』淹乃彈中書令謝朏等以久疾不預山陵公事。又奏收梁益二州刺史贓賄，付廷尉理罪。臨海、永嘉二太守及諸郡二千石、大縣長官等，多被劾理，內外肅然。明帝曰：『君可謂近世獨步。』又何敬容爲宰相，妾弟盜米，執送領軍，敬容以書解之。領軍將軍河東王譽封其書以奏，武帝怒，付南司推劾。中丞張綰奏敬容協私罔上，合棄市，詔特免職。舊制，僕射、中丞坐位東西相向。元日大會，張綰爲中丞，兄纘爲僕射，及百司就列，兄弟並道騶，分趨兩陛，前代未有，時人榮之。喤音横。陳因梁制。陳徐陵爲中丞，奏彈司空安成王頊，導從南臺官屬，列奏案而入，陳主爲斂容正坐。陵進讀奏，時安成王在殿上侍立，陵命殿中侍御史引下，遂劾免之。江左中丞雖亦一時髦彦，然膏粱名士猶不樂。宋顔延之爲御史中丞，何尚之與延之書曰：『絳騶清路，白簡深刻，取之仲容，或有虧耶？』王球甚矜曹地，遇從弟僧朗除御史中丞，球謂曰：『汝爲此官，不復成膏粱矣。』齊王僧虔遷御史中丞，甲族由來多不居憲職，王氏分枝居烏衣者，爲官微減，僧虔爲此官，乃曰：『此是烏衣諸郎坐處，我亦可試爲耳。』後魏爲御史中尉，督司百僚，其出入，千步清道，與皇太子分路，王公百辟，咸使遜避，其餘百僚，下馬弛車止路傍，其違緩者，以棒棒之。其後，洛陽令得與分道。元志爲洛陽令，與中尉李彪爭路，俱入見。彪曰：『御史中尉辟承華羽蓋，駐論道劒鼓，安有洛陽令與臣抗衡？』志曰：『臣神州縣主，普天之下，誰非編民？豈有俯同衆官，趨避中尉。』孝文遂令分路。自東魏徙鄴，無復此制。北齊武成以其子琅琊王儼兼爲御史中丞，欲雄寵之，復興舊制。儼出北宫，凡京畿之步騎，領軍之官屬，中丞之威儀，司徒之鹵簿，莫不畢備。時儼總領四職。武成觀之，遣中使馳馬趣仗，不得入，自言奉勅，赤棒應聲碎其鞍，馬騰人顛，觀者傾京邑。北齊高恭之字道穆，爲御史中丞。帝姊壽陽公主行犯清路，執以赤棒，卒呵之，不止。道穆令卒棒破其車，主泣訴於帝，帝不責穆，謂曰：『家姊行路相犯，極以爲愧。』後周有司憲中大夫二人，掌司寇之法，辨國之五禁，亦其任也。【略】

御史中丞，舊持書侍御史也。【略】魏置持書執法，掌奏劾，而持書侍御史掌律令，二官俱置。《宋・志》曰：『魏置御史八人，有持書曹，掌度支運，課第曹掌考課。不知餘復何曹。』晉置四人，泰始四年，又置黃沙獄持書侍御史一人，秩與中丞同，掌詔獄及廷尉不當者皆理之，後并河南，遂省黃沙持書侍御史。及太康中，又省持書侍御史二員。魏晉以來，持書侍御史分掌侍御史所掌諸曹，若尚書二丞。宋代掌舉劾，齊、梁並同，皆統侍御史。自宋、齊以來，此官不重，自郎官轉持書者，謂之『南奔』。梁謝幾卿自尚書三公郎爲持書侍御史，『頗失志，多陳疾，臺事略不復理』是也。梁天監初，始重其選，車前依尚書二丞給三騶，執盛印青囊，舊事糾彈官印綬在前故也。後魏掌糾禁内朝會失時，服章違錯，饗宴會見，悉所監之。北齊亦有焉。後周有司憲上士二人，亦其任也。

又《侍御史》 侍御史，【略】魏置御史八人。當大會殿中，御史簪白筆，側陛而坐。帝問左右：『此何官？何主？』辛毗曰：『此謂御史，舊時簪筆以奏不法。當如今者，直備位，但毦筆耳。』晉侍御史九人，頗用郡守爲之，《山公啓事》曰：『舊侍御史頗用郡守，今散二千石有才能尚少者可用不？』詔使八座詳之。毦音餌。品同持書，而有十三曹。十三曹者，謂吏曹、課第曹、直事曹、印曹、中都督曹、外都督曹、媒曹、符節曹、水曹、中壘曹、營軍曹、法曹、筭曹。及江左初，省課第曹，置庫曹，掌廐牧馬牛市租。後分庫曹，置左庫、外左庫二曹。宋代多併諸曹，凡十御史焉。自漢以來，皆朝服法冠。晉武庫失火，尚書郭彰與侍御史劉暾典知修復。彰以后親輕傲，以功程之間呵暾曰：『我不能截卿角耶？』以御史著法冠，有兩角故也。暾厲色曰：『天子法冠，而欲截角！』命紙筆奏之。暾音他昆反。齊有十人，梁陳皆九人，居曹糾察不法。後魏御史甚重，必以對策高第者補之。侍御史與殿中侍御史晝則外臺受事，夜則番直内臺。御史舊式不隨臺主簡代。延昌中，王顯有寵於宣武，爲御史中尉，始請革選。此後踵其事，每一中尉，則更簡代御史。北齊有八人，亦重其選。後周有司憲中士，則其任也。

又《殿中侍御史》 殿中侍御史。魏蘭臺遣二御史居殿中，察非法，卽殿中侍御史之始也。晉置四人，江左多置二人。宋徐爰自殿中侍御史轉南臺侍御史。梁有四人，掌殿内禁衛内事。後魏、北齊皆有之。

又《監察侍御史》 監察御史。【略】至晉太元中，始置檢校御史，以吴混之爲之，掌行馬外事，《晉志》云：『古司隸知行馬外事。晉過江，罷司隸官，故置檢校御史，專掌行馬外事。』亦蘭臺之職。又有禁防御史。宋、齊以來無聞。後魏太和末，亦置此官，宿直外臺，不得入宿内省。北齊檢校御史十二人。後周司憲旅下士八人，蓋亦其職。

《舊唐書》卷四四《職官志三》 御史臺【略】魏、晉、宋改爲蘭臺，梁、陳、北朝咸曰御史臺。

大夫一員，正三品。【略】魏、晉之後，多不置大夫，以中丞爲臺主。中丞二員。正四品下。漢御史臺有二丞，掌殿内秘書，謂之中丞。漢末改爲御史長史，後漢復爲中丞。後魏改爲中尉正，北齊復曰中丞。後周曰司憲中大夫。【略】大夫、中丞之職，掌持邦國刑憲典章，以肅正朝廷。中丞爲之貳。凡天下之人，有稱冤而無告者，與三司訊之。凡中外百僚之事，應彈劾者，御史言於大夫。大事則方幅奏彈之，小事則署名而已。若有制使覆囚徒，則與刑部尚書參擇之。凡國有大禮，則乘輅車以爲之導。

侍御史四員。從六品下。御史之名，《周官》有之，亦名柱下史。秦改爲侍御史。後周曰司憲中士。【略】掌糾舉百僚，推鞫獄訟。【略】凡有別付推者，則按其實狀以奏。若尋常之獄，推訖斷于大理。凡事非大夫、中丞所劾，而合彈奏者，則具其事爲狀，大夫、中丞押奏。大事則冠法冠，衣朱衣纁裳，白紗中單以彈之。小事常服而已。凡三司理事，則與給事中、中書舍人、更直直於朝堂受表。若三司所按而非其長官，則與刑部郎中員外、大理司直評事往訊之。

宋·李昉等《太平御覽》卷二二五《職官部二十三·御史大夫》 北齊楊楞伽《鄴都故事》云：御史臺在宮闕西南，其門北開，取冬殺之義也。

又《御史中丞上》 韋昭《辨釋名》曰：御史中丞，居中丞相者也。辨云：此中丞自御史大夫下丞有二，其一別居殿中，舉不法，故曰中丞。【略】

《魏志》曰：鮑勳字叔勳。黃初四年，尚書令陳羣、僕射司馬宣王並舉勳爲官正，官正卽御史中丞也。帝不得已而用之，百寮嚴憚，罔不肅然。

《魏氏春秋》曰：故事，御史中丞與洛陽令相遇，則分路而行，以土主多逐捕，不欲稽留也。

又 卷二二六《職官部二十四·御史中丞下》 袁淑《謝中丞章》曰：『竊惟此職，昭贊實預損益，必須廉明威正。刺骨窮文，使權家勳族不敢藉强而侮物；戚門右姓不得稱雄以掩衆。昔傅咸卧治，僚辟戢懼；孫寶移疾，卿尹皆怠。』

清·汪士鐸《南北史補志未刊稿·職官志第一·職官》

御史臺。《周禮》有御史，非執法臣也。秦以御史監郡。漢以御史執法，司糾察彈劾。漢御史府亦曰寺，在大司馬門內，無塾門署，用梓板，不膢色，題曰『御史大夫寺』。亦曰憲臺。中列柏樹，常有野鳥棲宿其上，晨去暮來，曰爲『朝夕鳥』。後漢以來曰蘭臺寺，亦曰御史臺。漢尚書曰中臺御史，曰憲臺謁者，曰外臺。梁、後魏、北齊或曰南臺。後魏有公事，百官朝會簿，自尚書令僕以下悉送南臺。天興四年九月，罷外蘭臺御史，總屬內省。後周曰司憲，屬秋官。【略】其長官曰御史大夫，秦官也。侍御史之率，故曰大夫。漢因之。成帝更名大司空。哀帝時復爲御史大夫，皆宰相之任。是後，或廢或立，此皆三公，非後所稱御史大夫也。而長官則爲中丞。初，漢御史大夫有兩丞，一曰中丞，亦謂中丞爲御史中執法。中丞在殿中蘭臺，掌圖籍秘書，外督刺史，內領侍御史十五員，受公卿奏事舉劾案章，蓋居殿中，察舉非法，也。及御史大夫轉爲大司空，而中丞出外爲御史臺，即今之御史大夫任也。《周官》小宰之職，掌建邦之官刑，以理王宮之政令。凡宮之糾禁，又其任也。初，御史大夫更名大司空，置長史，而中丞官職如故。武帝時，以中丞督司隸，司隸督丞相，丞相督司直，司直督刺史，刺史督二千石，下至黑綬。哀帝元壽二年，御史中丞兩梁，銅印，青綬，與尚書令司、隸校尉朝會皆專席而坐，京師號爲『三獨坐』，言其尊也。凡中丞以下並官屬少府。魏初改中丞爲宮正，舉鮑勳爲之，百僚嚴憚後，復爲中丞。晉亦因漢以中丞爲臺，主司隸，分督百僚，自皇太子以下無所不糺。初不得糾尚書，後亦糾之。中丞專糾行馬內，司隸專糾行馬外，雖制如是，然亦更奏衆官，實無所限。宋中丞一人，每月二十五日，繞行宮垣白壁。《漢·志》執金吾，每月一日三繞行宮城，宜是省金吾此事併中丞也。銅印墨綬，進賢兩梁冠，佩水蒼玉，介幘，絳朝服。孝武帝孝建二年制，中丞與尚書令分道，雖丞郎下朝相值，亦得斷之，餘內外衆官皆受停駐。齊中丞一人，職無不察，專道而行，騶輻禁呵，加以聲色，武將相逢，輒致侵犯，若有鹵簿，至相毆擊。梁國初建，又置御史大夫。天監元年，復曰中丞，掌督司百僚。皇太子在宮門行馬內違法者，皆糾彈之。雖在行馬外，而監司不糾，亦得奏之。專道而行，逢尚書丞郎，亦得停駐。其尚書令僕、御史中丞各給威儀十人。其八人武冠、絳鞲、執青儀囊，題云『宜告官』以受詞訟。一人緗衣，執鞭杖，依行列行，七人唱呼入殿，引喤至階，一人執儀囊不喤。自齊、梁皆謂中丞爲南司。陳因梁制。江左中丞雖亦一時髦彥，然膏粱名士猶不樂。後魏爲御史中尉，督司百僚。其出入千步清道，與皇太子分路王公百辟咸使遜避，其餘百僚下馬弛車，止路傍。有違緩者，以棒棒之。其後洛陽令得與分道。自東魏徙鄴，無復此制。北齊一人，武成以其子瑯琊王儼兼爲御史中丞，欲雄寵之。復興舊制，儼出北宮，凡京畿之步騎、領軍之官屬、中丞之威儀、司徒之鹵簿，莫不畢備。武成觀之，遣中使馳馬趣仗，不得入，自言奉勑，赤棒應聲碎其鞍馬，騰入顛觀者，傾京邑。後周有司憲中大夫二人，掌司寇之法辨國之五禁亦其任也。【略】漢東京時，御史中丞遇尚書丞郎，則中丞止車執版揖，而中丞坐車舉手而已，不知此制何時省也。宋中丞秩千石。又案：宋有符節御史。【略】後魏延昌中王顯有寵於宣武，爲御史中尉，請革選御史，此後踵其事，每一中尉則更置御史。【略】

侍御史。【略】又按：二漢侍御史所掌凡有五曹，一曰令曹、掌律令。二曰印曹、掌刻印。三曰供曹、掌齋祀。四曰尉馬曹、掌官廄馬。五曰乘曹、掌車駕。豹尾之內便爲禁省。魏置御史八人，當大會，殿中御史簪白筆側陛而坐。帝問左右：『此何官何主？』辛毗曰：『此謂御史，舊時簪筆以奏不法，當如今者，直備位但眊筆耳。』晉侍御史九人，頗用郡守爲之，品同治書，而有十三曹。十三曹者，謂吏部課第曹、直事曹、印曹、中都督曹、外都督曹、媒曹、符節曹、水曹、中壘曹、營軍曹、法曹竿曹，及江左初省課第曹、置庫曹，掌廄牧馬牛市租，後分庫曹置外左庫、外右庫二曹。宋代多併諸曹，凡十御史焉。自漢以來皆朝服法冠。齊有十人，蘭臺置諸曹，內外督令以下，梁、陳皆九人，居曹糺察不法。後魏御史甚重，必以對策高第者補之。侍御史與殿中侍御史，晝則外臺受事，夜則番直內臺。御史舊式不隨臺主簡代。延昌中，王顯有寵於宣武，爲御史中尉，始請革選。此後踵其事，每一中尉則更簡代御史。北齊有八人，亦重其選。後周有司憲中士，則其任也。【略】周時有御史，掌治令，亦其任也。魏有治書曹，掌度支運；課第曹，掌考課，不知餘曹。宋元嘉中省外左庫，而因左庫直云左庫。

世祖大明中復置。廢帝景和元年，又置。順帝初省營軍併水曹，省算曹併法曹，吏曹不置御史，凡十御史焉。梁屬官有符節令史員。

治書侍御史。魏置，掌律令。晉置四人。太始四年，又置黄沙獄治書侍御史一人，秩與中丞同，掌詔獄，又廷尉不當者皆理之。後并江南，遂省黄沙治書侍御史。及太康中，又省治書侍御史二員。魏、晉以來，治書侍御史二人，分掌侍御史，所掌諸曹若尚書二丞。宋代掌舉劾，官品第六以下。齊二人，與梁並同，皆統侍御史。自宋、齊以來，此官不重，自郎官轉治書者，謂之南奔。梁天監初，始重其選，車前依尚書二丞給三騶，執盛印青囊。舊事，糾彈，官印綬在前故也。後魏掌糾禁内朝會失時、服章違錯、饗宴會見，悉所監之。北齊二人。後周有司憲上士二人，亦其任也。【略】

殿中侍御史。魏蘭臺遣二御史，居殿中，察非法，即殿中侍御史之始也。晉置四人，江左多置二人。梁有四人，掌殿中禁衛内事。後魏、北齊十二人。【略】

監察侍御史、監察侍御史。初，秦以御史監理諸郡，謂之監察御史。漢初罷其名。至晉太元中，始置檢校御史，以吴混之爲之，掌行馬外事，亦蘭臺之職。宋、齊以來無聞。後魏太和末，亦置此官，宿直外臺，不得入宿内省。北齊檢校御史十二人。後周司憲旅下士八人，蓋亦其職。【略】

主簿。漢有御史主簿，魏、晉以來無聞。北齊録事四人。

司隸校尉分部

綜　述

《梁書》卷三四《張緬傳》　時丹陽尹西昌侯蕭淵藻以久疾未拜，敕（張）緬權知尹事。

《北齊書》卷五《補廢帝紀》　乾明元年二月戊申，以常山王演爲大丞相、都督中外諸軍、録尚書事，以大司馬、長廣王湛爲太傅、京畿大都督。

又　卷六《補孝昭帝紀》　乾明元年，從廢帝赴鄴，居于領軍府。時楊愔、燕子獻、可朱渾天和、宋欽道、鄭子默等以帝威望既重，内懼權逼，請以帝爲太師、司州牧、録尚書事；長廣王湛爲大司馬、録并省尚書事，解京畿大都督。

《晉書》卷二四《職官志》　司隸校尉，案漢武初置十三州，刺史各一人，又置司隸校尉，察三輔、三河、弘農七郡，歷漢東京及魏晉，其官不替。屬官有功曹、都官從事、諸曹從事、部郡從事、主簿、録事、門下書佐、省事、記室書佐、諸曹書佐守從事、武猛從事等員，凡吏一百人，卒三十二人。及渡江，乃罷司隸校尉官，其職乃揚州刺史也。

又　卷四七《傅玄傳》　獻皇后崩於弘訓宫，設喪位。舊制，司隸於端門外坐，在諸卿上，絶席。其入殿，按本品秩在諸卿下，以次坐，不絶席。而謁者以弘訓宫爲殿内，制玄位在卿下。玄恚怒，厲聲色而責謁者。謁者妄稱尚書所處，玄對百僚而罵尚書以下。御史中丞庾純奏玄不敬，玄又自表不以實，坐免官。然玄天性峻急，不能有所容；每有奏劾，或值日暮，捧白簡，整簪帶，竦踊不寐，坐而待旦。於是貴遊懾伏，臺閣生風。

又　卷四七《傅咸傳》　咸再爲本郡中正，遭繼母憂去官。頃之，起以議郎，長兼司隸校尉。【略】時朝廷寬弛，豪右放恣，交私請托，朝野溷淆。咸奏免河南尹澹、左將軍倩、廷尉高光、兼河南尹何攀等，京都肅然，貴戚懾伏。咸以『聖人久於其道，天下化成。是以唐虞三載考績，九年黜陟。其在《周禮》，三年大比。孔子亦云，「三年有成」。而中間以來，長吏到官，未幾便遷，百姓困於無定，吏卒疲於送迎』。時僕射王戎兼吏部，咸奏：『戎備位臺輔，兼掌選舉，不能謐静風俗，以凝庶績，至令人心傾動，開張浮競。中郎李重、李義不相匡正。請免戎等官。』詔曰：『政道之本，誠宜久於其職，咸奏是也。戎職在論道，吾所崇委，其解禁止。』御史中丞解結以咸劾戎爲違典制，越局侵官，干非其分，奏免咸官。詔亦不許。

咸上事以爲『按令，御史中丞督司百僚。皇太子以下，其在行馬内，有違法憲者皆彈糾之。雖在行馬外，而監司不糾，亦得奏之。如令之文，行馬之内有違法憲，謂禁防之事耳。宫内禁防，外司不得而行，故專施中丞。今道路橋樑不修，鬬訟屠沽不絶，如此之比，中丞推責州坐，即今所謂行馬内語施於禁防。既云中丞督司百僚矣，何復説行馬之内乎！既云百僚，而不得復説行馬之内者，内外衆官謂之百僚，則通内外矣。司隸所以不復説行馬内外者，禁防之事已於中丞説之故也。中丞、司隸俱糾皇太子以下，則共對司内外矣，不爲中丞專司内百僚，司隸專司外百僚。自有中丞、司隸以來，更互奏内外衆官，惟所糾得無内外之限也。而結一旦横挫臣，臣前所以不羅縷者，冀因結奏得從私願也。今既所願不從，而敕云但爲過耳，非所不及也，以此見原。臣忝司直之任，宜當正己率人，若其有過，不敢受原。是以申陳其愚，司隸與中丞俱共糾皇太子以下，則從皇太子以下無所不糾也。得糾皇太子而不得糾尚書，臣之闇塞既所未譬。皇太子爲在行馬之内邪，皇太子在行馬之内而得糾之，尚書在行馬之内而不得糾，無有此理。此理灼然，而結以此挫臣。臣可無恨耳，其於觀聽，無乃有怪邪！臣識石公前在殿上脱衣，爲司隸荀愷所奏，先帝不以爲非，于時莫謂侵官；今臣裁糾尚書，而當有罪乎？』咸累自上稱引故事，條理灼然，朝廷無以易之。

唐·杜佑《通典》卷三二《職官十四·州郡上·司隸校尉》　魏晉司隸與二漢同。劉聰僭號，置左右司隸。司隸於端門外坐，在諸卿上，絶席。其入殿，按本品秩在諸卿下，不絶席。魏鍾會爲司隸，雖在外司，時政損益，當世與奪，無不必綜。《晉諸公贊》云：『劉毅字仲雄，爲司隸，奏太尉何曾、尚書劉寔父子及羊琇、張佗等所犯狼藉。司郡守令事相連及觀風投印綬者甚衆，皆以爲毅能繼諸葛豐、蓋寬饒。初以司隸官屬制置如州儀，而俗稱之司州。見《太康記》。及魏晉，乃以京輔所部定名，置司州，以司隸校尉統之。及東晉渡江，罷司隸校尉官，變其職爲揚州刺史。

後魏、北齊爲司州牧。

後周有司隸下大夫，掌五隸及徒者，捕盜賊囚執之事，屬大司寇。

宋·李昉等《太平御覽》卷二五十《職官部四十八·司隸校尉》　《傅咸集·教》曰：司隸校尉，舊號卧虎，誠以舉綱而萬目理，提領而衆毛順。

校事分部

綜　述

《三國志》卷一四《魏志·程曉傳》　曉，嘉平中爲黄門侍郎。時校事放横，曉上疏曰：『《周禮》云：「設官分職，以爲民極。」《春秋傳》曰：「天有十日，人有十等。」愚不得臨賢，賤不得臨貴。於是並建聖哲，樹之風聲。明試以功，九載考績。各脩厥業，思不出位。故欒書欲拯晉侯，其子不聽；死人横於街路，邴吉不問。上不責非職之功，下不務分外之賞，吏無兼統之勢，民無二事之役，斯誠爲國要道，治亂所由也。遠覽典志，近觀秦漢，雖官名改易，職司不同，至于崇上抑下，顯分明例，其致一也。初無校事之官干與庶政者也。昔武皇帝大業草創，衆官未備，而軍旅勤苦，民心不安，乃有小罪，不可不察，故置校事，取其一切耳，然檢御有方，不至縱恣也。此霸世之權宜，非帝王之正典。其後漸蒙見任，復爲疾病，轉相因仍，莫正其本。遂令上察宫廟，下攝衆司，官無局業，職無分限，隨意任情，唯心所適。法造於筆端，不依科詔；獄成於門下，不顧覆訊。其選官屬，以謹慎爲粗疏，以謥詗爲賢能。其治事，以刻暴爲公嚴，以循理爲怯弱。外則託天威以爲聲勢，内則聚羣姦以爲腹心。大臣恥與分勢，含忍而不言，小人畏其鋒芒，鬱結而無告。至使尹模公于目下肆其奸慝；罪惡之著，行路皆知，纖惡之過，積年不聞。既非《周禮》設官之意，又非《春秋》十等之義也。今外有公卿將校總統諸署，内有侍中尚書綜理萬機，司隸校尉督察京輦，御史中丞董攝宫殿，皆高選賢才以充其職，申明科詔以督其違。若此諸賢猶不足任，校事小吏，益不可信。若此諸賢各思盡忠，校事區區，亦復無益。若更高選國士以爲校事，則是中丞司隸重增一官耳。若如舊選，尹模之奸今復發矣。進退推算，無所用之。昔桑弘羊爲漢求利，卜式以爲獨烹弘羊，天乃可雨。若使政治得失必感天地，臣恐水旱之災，未必非校事之由也。曹恭公遠君子，近小人，國風託以爲刺。衛獻公舍大臣，與小臣謀，定姜謂之有罪。縱令校事有益於國，以禮義言之，尚傷大臣之心，況姦回暴露，而復不罷，是兗闕不補，迷而不返也。』於是遂罷校事官。

行事典籤分部

綜　述

《南齊書》卷三五《長沙威王晃傳》　太祖踐祚，晃欲用政事，輒爲典籤所裁，晃執殺之，上大怒，手詔賜杖。【略】諸王在京都，唯置捉刀左右四十人，晃愛武飾，罷徐州還，私載數百人仗還都，爲禁司所覺，投之江水。世祖禁諸王畜私仗，聞之大怒，將糾以法。豫章王嶷於御前稽首流涕曰：『晃罪誠不足宥。陛下當憶先朝念白象。』白象，晃小字也。上亦垂泣。

清·趙翼《廿二史劄記》卷一二《宋齊梁陳並南史·齊制典籤之權太重》　齊制：諸王出鎮，其年小者，則置行事及典籤以佐之。一州政事以及諸王之起居飲食，皆聽命焉。而典籤尤爲切近。

《齊書·孝武諸子傳·論》謂，帝子臨州，年皆幼小，故輔以上佐，簡自帝心。州國府第，先事後行。飲食起居，動應聞啓。行事執其權，典籤掣其肘，處地雖重，行己莫由。斯宋氏之餘風，在齊而彌甚也。

今見於列傳者：

武陵王曄爲丹陽尹，始不置行事，得自親政。《曄傳》隨郡王子隆督益州，始親府州事。子隆傳可見其始皆有行事，不得自專也。

蔡約爲宜都王長史，行府州事，時諸王行事多相裁割，約在任，主佐之間穆如也。約傳可見行事如約者少也。

劉暄爲江夏王寶玄郢州行事，執事過刻。有人獻馬，寶玄欲看之，暄曰：『馬何須看。』妃索煮肫，暄曰：『已煮鵝，不復煩此。』寶玄曰：『舅殊無渭陽之情。』《詩經·秦風·渭陽》：『我送舅氏，曰至渭陽。』謂甥舅之情。《江祏傳》可見行事之威制也，此行事之弊也。

其簽帥之權：

如武陵王曄在江州，忤典籤趙渥之，趙渥之啓其得失，卽召還京。《曄傳》

宜都王鏗，舉動每爲簽帥所制，立意多不得行。《鏗傳》

南海王子罕欲暫遊東堂，典籤姜秀不許，還泣謂母曰：『兒欲移五步不得，與囚何異。』

邵陵王子貞求熊白，《本草綱目》：熊白，熊背上肪。色白如玉，味甚美，寒月則有，夏月則無。廚人答以無典籤命，不敢與。

西陽王子明欲送書侍讀鮑僎，典籤吳修之不許，乃止。俱見《子倫傳》

其有不甘受制而擅殺典籤者，則必治以專輒之罪。

如長沙王晃爲典籤所裁，晃殺之，高帝大怒，手詔賜杖。《晃傳》

魚復侯子響爲行事劉寅、典籤吳修之等所奏，武帝遣臺使檢校，子響憤殺寅、修之等，後以抗拒臺兵被誅。《子響傳》

是以威行州郡，權重藩君，勢積重而難反。

當子響之殺寅等也，武帝聞之曰：『子響遂反！』戴僧靜大言曰：『諸王都應反！』帝問故，對曰：『諸王無罪，而一時被囚，取一挺藕、一杯漿，簽帥不在，則竟日忍渴。諸州但聞有簽帥，不聞有刺史。』見《子倫傳》。而《僧靜傳》：武帝使僧靜往討，僧靜曰：『王年少，長史捉之太急，忿不思難，故耳！天子兒過悞殺人，有何大罪？而忽遣軍西上耶？僧靜不敢奉詔。』

竟陵王子良嘗問范雲曰：『士大夫何故詣簽帥？』雲曰：『詣長史以下皆無益，詣簽帥便有十倍之利，不詣何爲？』《子倫傳》

故明帝殺諸王，無一不就典籤殺之。

其初輔政時，防制諸王，先致密旨於上佐。《孔琇之傳》又令蕭諶召諸王典籤，約不許諸王外接人物。《諶傳》

其害巴陵王子倫也，懼其有兵能拒命，以問典籤華伯茂，伯茂曰：『若遣兵恐不可卽得，委伯茂則一小吏力耳。』果以酖逼之死。《子倫傳》

又遣裴叔業害南平王銳，防閤周伯玉欲斬叔業，舉兵匡社稷，典籤叱左右斬之，銳遂見害。《銳傳》積威之漸，一至於此。

按《南史·呂文顯傳》，故事，府州部内論事皆用簽，前敍所論之事，後書某官某簽，故府州置典籤掌之，本五品吏耳。

宋季多以幼小王子出爲方鎮，人主皆以親近左右爲典籤，一歲中還都者數四，人主輒問以刺史之賢否，往往出於其口，於是威行州郡，權重藩君。齊明帝知之，始制諸州論事不得遣典籤，其任稍輕，其後仍復積重。《梁書》，江革爲廬陵王長史，時少王行事，多傾意於籤帥，革以正直自處，不與籤帥同坐。蓋以典籤本微賤者也，然官小而權重，革之爲此，豈至梁時籤帥已輕，不復如齊時之威福在手耶？

軍事機構部

内軍外軍官員分部

綜　述

《三國志》卷九《魏志·夏侯惇傳》　浩至中護軍，（史）渙至中領軍，皆掌禁兵，封列侯。《魏書》曰：【略】『今兵勢彊盛，威加四海，戰勝攻取，無不如志，不以此時遂除天下之患，將爲後憂。且公神武，舉無遂策，吾與君爲中軍主，不宜沮衆。』遂從破柳城，改其官爲中護軍，置長史、司馬。從討張魯，魯降。議者以浩智略足以綏邊，欲留使都督諸軍，鎮漢中。太祖曰：『吾安可以無護軍？』乃與俱還。

又　《曹休傳》　常從征伐，使領虎豹騎宿衛。【略】太祖拔漢中，諸軍還長安，拜休中領軍。

又　卷一八《魏志·許褚傳》　文帝踐阼，進封萬歲亭侯，遷武衛將軍，都督中軍宿衛禁兵，甚親近焉。初，褚所將爲虎士者從征伐，太祖以爲皆壯士也，同日拜爲將，其後以功爲將軍封侯者數十人，都尉、校尉百餘人，皆劍客也。

又　卷二八《魏志·毌丘儉傳》裴松之注　儉、欽等表曰：『【略】近者領軍許允當爲鎮北，以廚錢給賜；而師舉奏加辟，雖云流徙，道路餓殺，天下聞之，莫不哀傷，其罪九也。【略】臣等先人皆隨從太祖武皇帝征討兇暴，獲成大功，與高祖文皇帝卽受漢禪，開國承家，猶堯舜相傳也。臣與安豐護軍鄭翼、廬江護軍呂宣、太守張休、淮南太守丁尊、督守合肥護軍王休等議，各以累世受恩，千載風塵，思盡軀命，以完全社稷安主爲效。斯義苟立，雖焚妻子，吞炭漆身，死而不恨也。【略】護軍散騎常侍望，忠公親事，當官稱能，遠迎乘輿，有宿衛之功，可爲中領軍。』

《宋書》卷二《武帝紀下》　辛卯，復置五校三將官，增殿中將軍員二十人，餘在員外。【略】九月壬子朔，置東宮殿中將軍十人，員外二十人。壬申，置都官尚書。【略】三月乙丑，初限荆州府置將不得過二千人，吏不得過一萬人；州置將不得過五百人，吏不得過五千人。兵士不在此限。

又　卷三九《百官志上》　驃騎將軍，一人。漢武帝元狩二年，始用霍去病爲驃騎將軍。漢西京制，大將軍、驃騎將軍位次丞相。

車騎將軍，一人。漢文帝元年，始用薄昭爲車騎將軍。魚豢曰：『魏世車騎爲都督，儀與四征同。若不爲都督，雖持節屬四征者，與前後左右雜號將軍同。其或散還從文官之例，則位次三司。』晉、宋車騎、衛不復爲四征所督也。

衛將軍，一人。漢文帝元年，始用宋昌爲衛將軍。三號位亞三司。漢章帝建初三年，始使車騎將軍馬防班同三司。班同三司自此始也。漢末奮威將軍，晉江右伏波、輔國將軍，並加大而儀同三司。江左以來，將軍則中、鎮、撫、四鎮以上或加大，餘官則左右光禄大夫以上並得儀同三司，自此以下不得也。

持節都督，無定員。前漢遣使，始有持節。光武建武初，征伐四方，始權時置督軍御史，事竟罷。建安中，魏武帝爲相，始遣大將軍督軍。二十一年，征孫權還，夏侯惇督二十六軍是也。魏文帝黄初二年，始置都督諸州軍事，或領刺史。三年，上軍大將軍曹眞都督中外諸軍事，假黄鉞，則總統外内諸軍矣。明帝太和四年，晉宣帝征蜀，加號大都督。高貴公正元二年，晉文帝都督中外諸軍，尋加大都督。晉世則都督諸軍爲上，監諸軍次之，督諸軍爲下。使持節爲上，持節次之，假節爲下。使持節得殺二千石以下；持節殺無官位人，若軍事得與使持節同；假節唯軍事得殺犯軍令者。晉江左以來，都督中外尤重，唯王導居之。宋氏人臣則無也。江夏王義恭假黃鉞。假黃鉞，則專戮節將，非人臣常器矣。

征東將軍，一人。漢獻帝初平三年，馬騰居之。征南將軍，一人。漢光武建武中，岑彭居之。征西將軍，一人。漢光武建武中，馮異居之。征北將軍，一人。魚豢曰：『四征，魏武帝置，秩二千石。黃初中，位次三公。漢舊諸征與偏裨雜號同。』

鎮東將軍，一人。後漢末，魏武帝居之。鎮南將軍，一人。後漢末，劉表居之。鎮西將軍，一人。後漢初平三年，韓遂居之。鎮北將軍，一人。

中軍將軍，一人。漢武帝以公孫敖爲之，時爲雜號。鎮軍將軍，一人。魏以陳羣爲之。撫軍將軍，一人。魏以司馬宣王爲之。中、鎮、撫三號比四鎮。

安東將軍，一人。後漢末，陶謙爲之。安南將軍，一人。安西將軍，一人。後漢末，段煨爲之。安北將軍，一人。魚豢曰：『鎮北、四安，魏黃初、太和中置。』

平東將軍，一人。平南將軍，一人。平西將軍，一人。平北將軍，一人。四平，魏世置。

左將軍。右將軍、前將軍。後將軍。左將軍以下，周末官，秦、漢並因之，光武建武七年省，魏以來復置。

征虜將軍，漢光武建武中，始以祭遵居之。冠軍將軍，楚懷王以宋義爲卿子冠軍。冠軍之名，自此始也。魏正始中，以文欽爲冠軍將軍、揚州刺史。輔國將軍，漢獻帝以伏完居之。宋太宗泰始四年，改爲輔師；後廢帝元徽二年復故。龍驤將軍，晉武帝始以王濬居之。

東中郎將，漢靈帝以董卓居之。南中郎將，漢獻帝建安中，以臨淄侯曹植居之。西中郎將。北中郎將，漢建安中，以鄢陵侯曹彰居之。凡四中郎將，何承天云，並後漢置。

建威將軍，漢光武建武中，以耿弇爲建威大將軍。振威將軍，後漢初，宋登爲之。奮威將軍，前漢世，任千秋爲之。揚威將軍，魏置。廣威將軍，魏置。建武將軍，魏置。振武將軍，前漢末，王況爲之。奮武將軍，後漢末，呂布爲之。揚武將軍，光武建武中，以馬成爲之。廣武將軍，晉江左置。

鷹揚將軍，漢建安中，魏武以曹洪居之。折衝將軍，漢建安中，魏武以樂進居之。輕車將軍，漢武帝以公孫賀爲之。揚烈將軍，建安中，以假公孫淵。寧遠將軍，晉江左置。材官將軍，漢武帝以李息爲之。伏波將軍，漢武帝征南越，始置此號，以路博德爲之。

淩江將軍，魏置。自淩江以下，則有宣威、明威、驤威、厲威、威厲、威寇、威虜、威戎、威武、武烈、武毅、武奮、綏遠、綏邊、綏戎、討寇、討虜、討難、討夷、蕩寇、蕩虜、蕩難、蕩逆、殄寇、殄虜、殄難、掃夷、掃寇、掃虜、掃難、掃逆、厲武、厲鋒、虎威、虎牙、廣野、横野、偏將軍、裨將軍，凡四十號。其威虜，漢光武以馮俊居之。虎牙，以蓋延居之，爲虎牙大將軍。横野，以耿純居之。蕩寇，漢建安中，滿寵居之。虎威，于禁居之。其餘或是後漢及魏所置，今則或置或不。自左右前後將軍以下至此四十號，唯四中郎將各一人，餘皆無定員。自車騎以下爲刺史又都督及儀同三司者，置官如領兵；但云都督不儀同三司者，不置從事中郎，置功曹一人，主吏，在主簿上，漢末官也。漢東京司隸有功曹從事史，如諸州治中，因其名也。功曹參軍一人，主佐口口記室下，户曹上。監以下不置諮議、記室，餘則同矣。宋太宗已來，皇子、皇弟雖非都督，亦置記室參軍。小號將軍爲大郡邊守置佐吏者，又置長史，餘則同也。

又　卷四〇《百官志下》　領軍將軍，一人。掌内軍。漢有南北軍，衛京師。武帝置中壘校尉，掌北軍營。光武省中壘校尉，置北軍中候，監五校營。魏武爲丞相，相府自置領軍，非漢官也。文帝即魏王位，魏始置領軍，主五校、中壘、武衛三營。晉武帝初省，使中軍將軍羊祜統二衛前後左右驍騎七軍營兵，即領軍之任也。祜遷罷，復置北軍中候。北軍中候置丞一人。懷帝永嘉中，改曰中領軍。元帝永昌元年，復改曰北軍中候；尋復爲領軍。成帝世，復以爲中候，而陶回居之。尋復爲領軍。領軍今猶有南軍都督。

護軍將軍，一人。掌外軍。秦時護軍都尉，漢因之。陳平爲護軍中尉，盡護諸將。然則復以都尉爲中尉矣。武帝元狩四年，以護軍都尉屬大司馬，于時復爲都尉矣。《漢書・李廣傳》，廣爲驍騎將軍，屬護軍將軍。

蓋護軍護諸將軍。哀帝元壽元年，更名護軍都尉曰司寇。平帝元始元年，更名護軍都尉。東京省，班固爲大將軍中護軍，隸將軍莫府，非漢朝列職。魏武爲相，以韓浩爲護軍，史奐爲領軍，非漢官也。建安十二年，改護軍爲中護軍，領軍爲中領軍，置長史、司馬。魏初因置護軍，主武官選，隸領軍，晉世則不隸也。晉元帝永昌元年，省護軍并領軍。明帝太寧二年，復置。魏、晉江右領、護各領營兵；江左以來，領軍不復別置營，總統二衛驍騎材官諸營，護軍猶別有營也。領、護資重者爲領軍、護軍將軍，資輕者爲中領軍、中護軍。官屬有長史、司馬、功曹、主簿、五官。受命出征，則置參軍。

左衛將軍，一人。右衛將軍，一人。二衛將軍掌宿衛營兵。二漢、魏不置。晉文帝爲相國，相國府置中衛將軍。武帝初，分中衛置左右衛將軍，以羊琇爲左衛，趙序爲右衛。二衛江右有長史、司馬、功曹、主簿，江左無長史。

驍騎將軍，漢武帝元光六年，李廣爲驍騎將軍。魏世置爲内軍，有營兵，高功者主之。先有司馬、功曹、主簿，後省。

游擊將軍，漢武時，韓説爲游擊。是爲六軍。

左軍將軍。右軍將軍。前軍將軍。後軍將軍。魏明帝時，有左軍將軍，然則左軍魏官也。晉武帝初，置前軍、右軍，泰始八年，又置後軍。是爲四軍。

左中郎將。右中郎將。秦官，漢因之。與五官中郎將領三署郎，魏無三署郎，猶置其職。晉武帝省。宋世祖大明中又置。

屯騎校尉。步兵校尉。越騎校尉。長水校尉。射聲校尉。五校並漢武帝置。屯騎、步兵掌上林苑門屯兵；越騎掌越人來降，因以爲騎也；一説取其材力超越也。長水掌長水宣曲胡騎。長水，胡部落名也。胡騎屯宣曲觀下。韋曜曰：『長水校尉，典胡騎，廐近長水，故以爲名。長水，蓋關中小水名也。』射聲掌射聲士，聞聲則射之，故以爲名。漢光武初改屯騎爲驍騎，越騎爲青巾。建武十五年，復舊。漢東京五校，典宿衛士。自游擊至五校，魏、晉逮於江左，初猶領營兵，並置司馬、功曹、主簿，後省。二中郎將本不領營也。五營校尉，秩二千石。

虎賁中郎將，《周官》有虎賁氏。漢武帝建元三年，始微行出遊，選材力之士執兵從送，期之諸門，故名期門。無員，多至千人。平帝元始元年，更名曰虎賁郎，置中郎將領之。虎賁舊作虎奔，言如虎之奔走也。王莽輔政，以古有勇士孟賁，故以奔爲賁。比二千石。

冗從僕射，漢東京有中黄門冗從僕射，非其職也。魏世因其名而置冗從僕射。

羽林監，漢武帝太初元年，初置建章營騎，亦掌從送次期門，後更名羽林騎，置令、丞。宣帝令中郎將騎都尉監羽林，謂之羽林中郎將。漢東京又置羽林左監、羽林右監，至魏世不改。晉罷羽林中郎將，又省一監，置一監而已。自虎賁至羽林，是爲三將。哀帝省。宋高祖永初初，復置。江右領營兵，江左無復營兵。羽林監六百石。

積射將軍。强弩將軍。漢武帝以路博德爲强弩校尉，李沮爲强弩將軍。宣帝以許延壽爲强弩將軍。强弩將軍至東漢爲雜號。前漢至魏無積射。晉太康十年，立射營、弩營，置積射、强弩將軍主之。自驍騎至强弩將軍，先並各置一人；宋太宗泰始以來，多以軍功得此官，今並無復員。

殿中將軍。殿中司馬督。晉武帝時，殿内宿衛，號曰三部司馬，置此二官，分隸左右二衛。江右初，員十人。朝會宴饗，則將軍戎服，直侍左右，夜開城諸門，則執白虎幡監之。晉孝武太元中，改選，以門閥居之。宋高祖永初初，增爲二十人。其後過員者，謂之殿中員外將軍、員外司馬督。其後並無復員。

武衛將軍，無員。初魏王始置武衛中郎將，文帝踐阼，改爲衛將軍，主禁旅，如今二衛，非其任也。晉氏不常置。宋世祖大明中，復置，代殿中將軍之任，比員外散騎侍郎。

武騎常侍，無員。漢西京官。車駕游獵，常從射猛獸。後漢、魏、晉不置。宋世祖大明中，復置。比奉朝請。

《魏書》卷一一三《官氏志》　興安二年正月，以諸部護軍各爲太守。

《南齊書》卷一六《百官志》　驃騎將軍。

車騎將軍。

衛將軍。

鎮軍將軍。

中軍將軍。

撫軍將軍。

四征將軍。東、西、南、北。

四鎮將軍。

凡諸將軍加『大』字，位從公。開府儀同如公。凡公督府置佐：長史、司馬各一人，諮議參軍二人。諸曹有録事，【略】記室，户曹，倉曹，中、直兵，外兵，騎兵，長流，賊曹，城局，法曹，田曹，水曹，鎧曹，車曹，集曹，右户，十八曹。［城］局曹以上署正參軍，法曹以下署行參軍，各一人。其行參軍無署者，爲長兼員。其府佐史則從事中郎二人，倉曹掾，户曹屬，東西閤祭酒各一人，主簿舍人御屬二人。加崇者，則左右長史四人，中郎掾屬並增數。其未及開府，則置府亦有佐史，其數有減。小府無長流，置禁防參軍。

四安將軍。

四平將軍。

左、右、前、後將軍。

征虜將軍。

四中郎將。

晉世荀羨、王胡之並居此官。宋、齊以來，唯處諸王，素族無爲者。

冠軍將軍。

輔國將軍。

寧朔將軍。

寧遠將軍。

龍驤將軍。

凡諸小號，亦有置府者。【略】

領軍將軍、中領軍。

護軍將軍、中護軍。

凡爲中，小輕，同一官也。諸爲將軍官，皆敬領、護。諸王爲將軍，道相逢，則領、護讓道。置長史、司馬、五官、功曹、主簿。

左右二衛將軍。

驍騎將軍。

游擊將軍。

晉世以來，謂領、護至驍、遊爲六軍。二衛置司馬、次官、功曹、主簿以下。

左右二中郎將。

前軍將軍，後軍將軍、左軍將軍右軍將軍，號四軍。

屯騎、步兵、射聲、越騎、長水。五校尉。

虎賁中郎將。

冗從僕射。

羽林監。

積射將軍。

彊弩將軍。

殿中將軍、員外殿中將軍。

殿中司馬督。

武衛將軍。

武騎常侍。

自二衛、四軍、五校已下，謂之『西省』，而散騎爲『東省』。

隋·虞世南《北堂書鈔》卷六一《設官部十三·五校尉》 各領千兵。《晉令》云：晉承漢，置五校尉，爲宿衛宣，各領千兵。晉初，諸王起家多爲之。

又《城門校尉》 掌諸軍兵田。《魏略》：司農校尉，黄初四年置，秩比二千石，前主無憲，後掌諸軍屯田。

主天下材木。《魏略》云：材官校尉，黄初中置，秩比二千石，主天下材木，屬少府。

又 卷六三《設官部十五·五官中郎將左右中郎將附》 領三署郎。環濟《書·百官志》：五官中郎將，凡郎官皆主更直，執戟宿衛諸殿門，出充車騎。

領三署郎。環濟《要略》云：五官中郎將，領三署郎之官也。

又《虎賁中郎將》 王師是成，戎事是御。崔駰《虎賁中郎將箴》云：赫矣帝臣，越越厥武。桓桓征夫，蟜蟜其旅。王師是成，戎事是御。

又《冗從僕射》 掌散從師射事。環濟《要略》云：冗從，其有射事則掌師之。

領黃門。董巴《中官傳》：黄門非尚書者，宂居宿衞，直守户，行則騎從，伏雕鈹，帶赤質，虎爪交劍，童子佩刀，從僕射領。

又《奉車都尉駙馬都尉　協律都尉　武衞都尉　水衡都尉　騎都尉附》主舟舡。《魏略》云：水衡尉舊主上苑，以主天下水軍舟舡器械。

又《都尉》典其戎伍。胡伯始《邊郡都尉箴》云：巍巍上聖，光被八垠。矧惟八面，胡不來賓。蕩蕩率土，來同幷守。撫其民尉，典其戎伍。口才程功，並施文武。

又　卷六四《設官部十六·將軍總》出征授鉞朝堂。《漢魏故事》云：夫遣將軍出征，授冠節鉞於朝堂。

又《中軍將軍衞尉將軍附撫軍將軍附》中軍總宿衞。《晉起居注》：太始元年置中軍將軍，總宿衞，羊祜爲之也。

又《護軍將軍》武士管籥。《皇甫謐集》云：護軍武士，軍之管籥。典武選。《晉起居注》云：泰始七年，詔曰：『中護軍與領軍史渙皆掌禁兵，典武選』。

又《驍騎將軍殿中將軍　龍驤將軍　輔國將軍　冠軍將軍　征虜將軍並附》選名家以參顧問。《晉起居注》：殿中將軍，武帝太元中募選名家以參顧問，始用琅琊王茂之奏也。

《梁書》卷二《武帝紀中》（天監）四年春正月癸卯朔，詔曰：『今九流常選，年未三十，不通一經，不得解褐。若有才同甘、顏，勿限年次。』置《五經》博士各一人。【略】（天監七年二月）乙丑，增置鎮衞將軍以下各有差。

《隋書》卷二六《百官志上·梁》領軍，護軍，左、右衞，驍騎、游騎等六將軍，是爲六軍。又有中領、中護，資輕於領、護。又左右前後四將軍，左右中郎將，屯騎、步騎、越騎、長水、射聲等五營校尉，武賁、宂從、羽林三將軍，積射、强弩二軍，殿中將軍、武騎之職，皆以分司丹禁，侍衞左右。天監六年，置左右驍騎、左右游擊將軍，位視二率。改舊驍騎曰雲騎，游擊曰遊騎，降左右驍、遊一階。又置朱衣直閤將軍，以經爲方牧者爲之。其以左右驍、遊帶領者，量給儀從。

又　卷二七《百官志中·北齊》領軍府，將軍一人，掌禁衞宫掖。朱華閤外，凡禁衞官，皆主之。輿駕出入，督攝仗衞。中領軍亦同。有長史、司馬、功曹、五官、主簿、錄釐事其府事。又領左右衞、領左右等府。

左右衞府，將軍各一人，掌左右廂。所主朱華閤以外，各武衞將軍二人貳之。皆有司馬、功曹、主簿、録事，厘其府事。其御仗屬官，有御仗正副都督、御仗五職、御仗等員。其直盪屬官，有直蕩正副都督、直入正副都督、勳武前鋒正副都督、勳武前鋒五藏等員。直衞屬官，有直衞正副都督、翊衞正副都督、前鋒正副都督等員。直突屬官，有直突都督、勳武前鋒散都督等員。直閤屬官，有朱衣直閤、直閤將軍、直寢、直齋、直後之屬。又有武騎、雲騎將軍各一人，驍騎、游擊、前後左右等四軍將軍，左右中郎將，各五人，步兵、越騎、射聲、屯騎、長水等校尉，奉車都尉等，各十人，武賁中郎將，羽林監各十五人，宂從僕射三十人，騎都尉六十人，積弩、積射、强弩等將軍及武騎常侍，各二十五人，殿中將軍五十人，員外將軍一百人，殿中司馬督五十人，員外司馬督一百人。

領左右府，有領左右將軍、領千牛備身，又有左右備身正副都督、左右備身五職、左右備身員。又有刀劍備身正副都督、刀劍備身五職、刀劍備身員。又有備身正副督、備身五職員。

護軍府，將軍一人，掌四中關津。輿駕出則護駕。中護軍亦同。有長史、司馬、功曹、五官、主簿、録事，厘其府事。其屬官，東西南北四中府皆統之。四府各中郎將一人，長史、司馬、録事參軍、統府録事各一人。又有統府直兵及功曹、倉曹、中兵、外兵、騎兵、長流、城局等參軍各一人，法、田、鎧等曹行參軍各一人。又領諸關尉、津尉。

《晉書》卷三《武帝紀》（太康元年）六月丁丑，初置翊軍校尉官。

又　卷二四《職官志》驃騎已下及諸大將軍不開府非持節都督者，品秩第二，其禄與特進同。置長史、司馬各一人，秩千石；主簿，功曹史，門下督，録事，兵鎧士賊曹，營軍、刺姦、帳下都督，功曹書佐門吏，門下書吏各一人。其假節爲都督者，所置與四征鎮加大將軍不開府爲都督者同。

四征鎮安平加大將軍不開府、持節都督者，品秩第二，置參佐吏卒，幕府兵騎如常都督制，唯朝會禄賜從二品將軍之例。然則持節、都督無定員，前漢遺使始有持節。光武建武初，征伐四方，始權時置督軍御史，事竟罷。建安中，魏武爲相，始遣大將軍督之。二十一年，征孫權還，夏侯惇督二十六軍是也。魏文帝黄初三年，始置都督諸州軍事，或領刺史。又上軍大將軍曹真都督中外諸軍事，假黄鉞，則總統内外諸軍矣。魏明帝太和四年秋，宣帝征蜀，加號大都督。高貴鄉公正元二年，文帝都督中外諸軍，尋加大都督。及晉受禪，都督諸軍爲上，臨諸軍次之，督諸軍爲下；使持節爲上，持節次之，假節爲下。使持節得殺二千石以下；持節殺無官位人，若軍事，得與使持節同；假節唯軍事得殺犯軍令者。江左以來，都督中外尤重，唯王導等權重者乃居之。

三品將軍秩中二千石者，著武冠，平上黑幘，五時朝服，佩水蒼玉，食奉、春秋賜緜絹、菜田、田騶如光禄大夫諸卿制。置長史、司馬各一人，秩千石；主簿，功曹，門下都督，録事，兵鎧士賊曹，營軍，刺奸吏、帳下都督，功曹書佐門吏，門下書吏各一人。【略】

中領軍將軍，魏官也。漢建安四年，魏武丞相府自置，及拔漢中，以曹休爲中領軍。文帝踐阼，始置領軍將軍，以曹休爲之，主五校、中壘、武衛等三營。武帝初省，使中軍將軍羊祜統二衛、前、後、左、右、驍衛等營，卽領軍之任也。懷帝永嘉中，改中軍曰中領軍。永昌元年，改曰北軍中候，尋復爲領軍。成帝世，復爲中候，尋復爲領軍。

護軍將軍，案本秦護軍都尉官也。漢因之，高祖以陳平爲護軍中尉，武帝復以爲護軍都尉，屬大司馬。魏武爲相，以韓浩爲護軍，史涣爲領軍，非漢官也。建安十二年，改護軍爲中護軍，領軍爲中領軍，置長史、司馬。魏初，因置護軍將軍，主武官選，隸領軍，晉世則不隸也。元帝永昌元年，省護軍，並領軍。明帝太寧二年，復置領、護，各領營兵。江左以來，領軍不復別領營，總統二衛、驍騎、材官諸營，護軍猶別有營也。資重者爲領軍、護軍，資輕者爲中領軍、中護軍。屬官有長史、司馬、功曹、主簿、五官，受命出征則置參軍。

左右衛將軍，案文帝初置中衛，及武帝受命，分爲左右衛，以羊琇爲左，趙序爲右。並置長史、司馬、功曹、主薄員，江左罷長史。

驍騎將軍、游擊將軍，並漢雜號將軍也。魏置爲中軍。及晉，以領、護、左右衛、驍騎、游擊爲六軍。

左右前後軍將軍，案魏明帝時有左軍，則左軍魏官也，至晉不改。武帝初又置前軍、右軍，泰始八年又置後軍，是爲四軍。

屯騎、步兵、越騎、長水、射聲等校尉，是爲五校，並漢官也。魏晉逮于江左，猶領營兵，並置司馬、功曹、主簿。後省左軍、右軍、前軍、後軍爲鎮衛軍，其左右營校尉自如舊，皆中領軍統之。

二衛始制前驅、由基、强弩爲三部司馬，各置督史。左衛，熊渠武賁；右衛，佽飛武賁。二衛各五部督。其命中武賁、驍騎、游擊各領之。又置武賁、羽林、上騎、異力四部，並命中爲五督。其衛鎮四軍如五校，各置千人。更制殿中將軍，中郎、校尉、司馬比驍騎。持椎斧武賁，分屬二衛。尉中武賁、持鈒冗從、羽林司馬，常從人數各有差。武帝甚重兵官，故軍校多選朝廷清望之士居之。先是，陳勰爲文帝所待，特有才用，明解軍令。帝爲晉王，委任使典兵事。及蜀破後，令勰受諸葛亮圍陣用兵倚伏之法，又甲乙校標幟之制，勰悉暗練之，遂以勰爲殿中典兵中郎將，遷將軍。久之，武帝每出入，勰持白獸幡在乘輿左右，鹵簿陳列齊肅。太康末，武帝嘗出射雉，勰時已爲都水使者，散從。車駕逼暗乃還，漏已盡，當合函，停乘輿，良久不得合，乃詔勰合之。勰舉白獸幡指麾，須臾之間而函成。皆謝勰閑解，甚爲武帝所任。

又 卷六〇《孟觀傳》 遷積弩將軍，封上谷郡公。氐帥齊萬年反於關中，衆數十萬，諸將覆敗相繼。【略】觀所領宿衛兵，皆趫捷勇悍，并統關中士卒，身當矢石，大戰十數，皆破之，生擒萬年，威懾氐羌。

又 卷六五《王導傳》 永嘉末，遷丹陽太守，加輔國將軍。導上箋曰：『昔魏武，達政之主也；荀文若，功臣之最也，封不過亭侯。倉舒，愛子之寵，贈不過別部司馬。以此格萬物，得不局迹乎！今者臨郡，不問賢愚豪賤，皆加重號，輒有鼓蓋，動見相準。時有不得者，或爲恥辱。天官混雜，朝望頽毁。導忝荷重任，不能崇浚山海，而開導亂源，饕竊名位，取紊彝典，謹送鼓蓋加崇之物，請從導始。庶令雅俗區別，羣望無惑。』帝下令曰：『導德重勳高，孤所深倚，誠宜表彰殊禮。而更約己沖心，進思盡誠，以身率衆，宜順其雅志，式允開塞之機。』拜寧遠將軍，尋加振威將軍。愍帝卽位，征吏部郎，不拜。

晉國既建，以導爲丞相軍諮祭酒。【略】俄拜右將軍、揚州刺史、監江南諸軍事，遷驃騎將軍，加散騎常侍、都督中外諸軍、領中書監、録尚書事、假節，刺史如故。導以敦統六州，固辭中外都督。後坐事除節。

又　卷一一六《姚萇載記》　初，萇隨楊安伐蜀，嘗晝寢水旁，上有神光煥然，左右咸異之。及苻堅寇晉，以萇爲龍驤將軍、督益、梁州諸軍事，謂萇曰：『朕本以龍驤建業，龍驤之號未曾假人，今特以相授，山南之事一以委卿。』堅左將軍竇衝進曰：『王者無戲言，此將不祥之徵也，惟陛下察之。』堅默然。

唐·李林甫等《唐六典》卷二四《諸衛》　左、右衛，大將軍各一人，正三品；【略】秦、漢始置衛將軍，後漢及魏並因之，然增其班秩。晉文帝置臺，又置中衛將軍。武帝受命，分爲左、右二衛，各將軍一人，品第四，銀章、青綬，武冠，絳朝服，佩水蒼玉。宋、齊因之。建元二年，詔二衛將軍日暮常一人宿。永明元年，詔二衛儀從可增爲九十人。又，左衛領營五十，司馬二十五人；右衛領營四十，司馬二十人。梁左、右衛將軍班第十二，陳秩二千石。後魏從二品，太和二十二年，降爲第三品。北齊因之。【略】然自兩漢至北齊，大將軍位視三公。【略】將軍各二人，從三品。後魏永光元年，始增置左、右衛將軍魚一人，從三品上，太和二十二年，降爲第三品。北齊左、右衛府各將軍一人，各武衛將軍二人，皆有司馬、功曹、主簿、録事等員。【略】

長史各一人，從六品上；《晉·職官志》云：『武帝置左、右衛，各有長史、司馬員。過江，罷長史。』歷宋、齊、梁、陳、後魏、北齊，唯有司馬，無長史。【略】録事參軍事各一人，正八品上；晉元帝初爲鎮東大將軍，置録事參軍一人。梁皇弟、皇子府有中録事參軍及録事參軍各一人。後魏二大、二公府及第一、第二、第三品將軍府，及始蕃王、二蕃王、三蕃王府各有録事參軍員。北齊因之。【略】倉曹參軍事各二人，正八品下，晉元帝爲鎮東大將軍，有倉曹參軍一人。宋高祖相府亦置。後號與録事參軍同置，北齊因之。【略】兵曹參軍事各二人，正八品下；晉代與倉曹同置。騎曹參軍事各一人，正八品下；魏司馬景王爲大將軍，有騎兵掾一人。宋高祖有相府騎兵參軍一人。【略】胄曹參軍事各一人，正八品下。晉元帝爲鎮東大將軍，有鎧曹參軍。宋高祖爲相亦有之。《齊職儀》云：『左、右鎧曹一人。』【略】

親府、勳一府、勳二府、翊一府、翊二府等五府中郎將各一人，正四品下；秦、漢有五官中郎將，左·右中郎將，並比二千石，掌領三署郎侍衛也；又有虎賁中郎將，漢平帝置，比二千石。後漢因之。建安十六年，魏公子丕爲五官中郎將，置官屬，以副相國，位在諸侯王上。晉代不置。宋、齊、梁、陳並有左、右中郎將；後魏、北齊亦有之，各五人。【略】左、右郎將各一人，正五品上。自漢以來並名曰中郎將。【略】

左、右驍衛，大將軍各一人，正三品。【略】晉文帝置臺，以爲宿衛之官。歷宋、齊、梁、陳、後魏、北齊並有驍騎將軍之職。後周有左、右驍騎率上士二人。【略】

左、右武衛，大將軍各一人，正三品。魏武爲丞相，有武衛營。晉、宋、齊、梁、陳又有建武、奮武等將軍，又有武烈、武毅等將軍。【略】

左、右領軍衛，大將軍各一人，正三品；漢建安十四年，魏武爲丞相，相府始置中領軍；既拔漢中，還長安，以曹休爲之，主五校、中壘、武衛等營。魏文帝爲魏王，又置領軍，而領軍差勝，中領微劣。晉因之，領軍與中領三將軍並置，領軍品第三，金章、紫綬；中領軍將軍第四品，銀章、青綬，武冠，絳朝服，佩水蒼玉。太始元年，武帝省領軍、北軍中候，中軍將軍羊祜統二衛、前、後、左、右、驍騎等七軍營兵。宋、齊領軍、中領軍將軍掌內禁兵，大駕出則御軍在前，住則守。舊制：輿駕出行，則與護軍將軍更日直，領隊于止車門內。梁領軍、護軍與左·右衛、驍騎、遊騎爲六軍將軍，班第十五。陳領軍將軍秩二千石。後魏領軍、護軍第二品上，太和二十三年降爲第三品。北齊領軍府將軍一人，掌禁衛宮掖，朱華閤外，凡禁衛皆主之；中領軍亦同。【略】將軍各二人，從三品。魏、晉已來並有領軍之職，然則領軍如今領軍大將軍也，中領軍如今領軍將軍也。宋、齊、梁、陳、後魏、北齊有之。【略】

長史各一人，從六品上；録事參軍事各一人，正八品上；倉曹參軍事各二人，正八品下；兵曹參軍事各二人，正八品下；騎曹參軍事各一人，正八品下；胄曹參軍事各一人，正八品下。《齊職儀》：『領軍將軍有長史，品第六，秩六百石。』梁、陳亦有之。北齊領軍有長史、司馬。

又　卷二五《諸衛府》　左、右金吾衛，大將軍各一人，正三品。【略】漢末，魏武執政，復爲中尉。晉、宋、齊、梁、陳並不置。後魏雖有中尉之職，改御史中丞名之。至後周，置武環率、武候率，各下大夫二人。【略】

左、右監門衛，大將軍各一人，正三品。漢、魏以來城門校尉之職也。【略】

左、右千牛衛，大將軍各一人，正三品；謝綽《宋拾遺録》有千牛刀，即入主防身刀也。後魏有千牛備身，本掌乘輿御刀，蓋取莊子：『庖丁爲文惠君解牛十九年，所割者數千牛，而刀刃若新發于硎石。』言此刀可以備身，因以名官。《後魏書》：『奚康生有勇力，以其子難爲千牛備身。』又：『楊保，弘農人，爲千牛備身。』北齊領左右府有領左右將軍，亦統千牛備身，第六品下。【略】將軍各一人，從三品；北齊領左右府有領左右將軍一人，【略】中郎將各二人，正四品下。北齊有左右備身正、副都督，並四品上。【略】

左、右羽林軍衛，大將軍各一人，正三品。【略】魏羽林監品第五。晉光禄勳屬官有羽林郎將、羽林左、右監，品第五，銅印、墨綬，武冠，絳朝服；其侍升殿，著鶡尾冠，紗縠單衣。哀帝時，桓温執政，省羽林中郎將，唯置一監；宋高祖復置。初，江右領營兵；及過江，無復營兵。齊、梁、陳並有羽林監。後魏羽林監第六品下。北齊羽林監十五人，品同後魏。後周有左、右羽林率，各上士二人、中士二人，掌羽林之士。

唐·杜佑《通典》卷二八《職官十·武官上·將軍總敍》 四征興於漢代，四安起於魏初，四鎮通於柔遠，鎮東西南，並後漢末有之。鎮北，魏置。四平止於喪亂。魏置。晉武帝重兵官，故軍校多選朝廷清重之士居之。置中軍將軍以統宿衛七軍。及五王作難，東海王越以頃興事皆由殿省，乃奏宿衛有侯爵者皆罷之。時殿中武官並封侯，由是出者略盡，皆涕泣而去。乃以東海國官領左右衛，以國兵宿衛。晉、宋以來，以領軍、護軍、左右二衛、驍騎、游擊將軍，謂之六軍。《宋·輿服志》曰：『驃騎、車騎、衛將軍及諸將軍加大者，皆金章紫綬，武冠，佩水蒼玉。諸軍司馬，銀章青綬，朝服武冠。』其四安、四平、左右前後、征虜等將軍及四中郎將，晉代荀羡、王胡之並居此官。宋齊以來，唯處諸王素族無爲者。齊以二衛，左右。四軍，前後左右將軍，謂之四軍。五校，即漢之五校。驍騎、游擊、積射、强弩、殿中員外、殿中、武衛七將軍，殿中司馬督及虎賁中郎將，冗從僕射《宋·志》曰：『冗從僕射，漢東京有中黄門冗從僕射，非其職也。魏代因其名而置冗從僕射。』《職官要録》曰：『本期門之職，漢桓帝時置冗從僕射，掌諸散從，其射事則主帥之。』羽林監，武騎常侍謂之西省，而散騎謂東省。梁武帝以將軍之名高下舛雜，命更加釐定，於是有司奏置一百二十五號將軍。以鎮衛、驃騎、車騎爲二十四班，内外通用。四征、四中爲二十三班，四中謂軍、衛、撫、權。八鎮爲二十二班，東西南北左右前後八安爲二十一班，東西南北左右前後。四平、四翊爲二十班，四平，東西南北。四翊，左右前後。凡三十五號，爲重號將軍。又有五德將軍，忠武、軍師，武臣、爪牙、龍驤、雲麾、鎮兵、翊師、宣惠、宣毅，智威、仁威、勇威、信威、嚴威，智武、仁武、勇武、信武、嚴武，謂五德將軍。以班多者爲貴。凡十品二十四班。品十取其盈數，班二十四以法氣序。制簿悉以大號居後，以爲選法，自小遷大也。前史所記，以位得從公，故將軍之名，次於臺槐之下。至是備其班品，敍於百官之外，凡一百二十五將軍。後魏將軍之名多矣，謂驃騎、車騎、衛爲三將軍。末年有八柱國大將軍，其中六人各督二大將軍，事在《柱國將軍篇》。凡十二大將軍。元贇、元育、元廓、侯莫陳順、宇文導、達奚武、李遠、豆盧寧、宇文貴、賀蘭祥、楊忠、王雄，此十二大將軍。又各分統開府二人，一開府領一軍兵，是爲二十四軍，分掌禁旅，當爪牙禦侮之寄。自大統十六年以後，功臣位至柱國及大將軍者衆矣，咸是散秩，無復統禦。

又《左右衛并親衛》 初有衛將軍。說在本篇。魏末，晉文王又置中衛將軍。武帝受禪，分中衛爲左右衛將軍。以羊琇爲左，趙序爲右。並置佐吏，皆掌宿衛營兵，銀章青綬，武冠，絳朝服，佩水蒼玉。宋齊謂之二衛，各領營兵，每暮一人宿直。後增二衛儀從爲九十人。陳因之。後魏永光初，又增置左右衛將軍各二人。北齊二人，分掌左右廂，所主朱華閣以外，各武衛將軍二人貳之。【略】

長史各一人。晉武帝置左右衛，各有長史、司馬。東晉省長史。歷宋、齊、梁、陳、後魏、北齊並同。【略】

録事參軍各一人。東晉元帝初爲鎮東大將軍，置録事參軍。自後無聞。梁皇弟皇子府有中録事參軍及録事參軍各一人。後魏二大公府及第一、第二、第三品將軍府及始蕃王、二蕃王、三蕃王府各有録事參軍官。北齊因之。【略】

倉曹參軍各二人。東晉元帝爲鎮東大將軍，有倉曹參軍。宋武帝相府亦置。後魏與録事參軍同置。北齊因之。【略】

兵曹參軍各二人。歷代皆與倉曹同置。

騎曹參軍各一人。魏司馬景王爲大將軍，有騎兵掾。宋武帝爲相，有騎兵參軍。【略】

胄曹參軍各一人。東晉元帝爲鎮東大將軍，有鎧曹參軍。宋武帝爲相，亦有之。齊有左右鎧曹各一人。【略】

凡自十六衛及東宮十率府録事及兵、倉、騎、胄等曹參軍，通謂之衛佐，並爲美職。漢、魏以來，諸將軍有長史以下官屬。今諸衛所置，蓋亦因其舊號，考其資位，則全校微矣。其下諸衛官屬並同。

左右親衛中郎將府。中郎將之名，秦漢以來有之，非今任也。別具《中郎將》、《五官左右篇》中。

又《左右驍衛》 魏置爲中軍。晉領營兵，兼統宿衛。梁以來，其任愈重。天監六年，置左右驍騎，領朱衣直閤，並給儀從。北徐州刺史昌義之首爲此職。出則羽儀清道，入則與二衛通直，臨軒則升殿夾侍。改舊驍騎曰雲騎。陳有左右驍騎及雲騎。陳韋翽爲驍騎將軍，素有名稱，每大事恆令夾侍左右，時人榮之。永定二年，詔云：『左右驍騎，宜通文武，文官則用心腹，武官則用功臣，所給儀從，同太子二衛率。』後魏、北齊並有驍騎將軍之職。後周有左右驍騎率上士。

又《左右武衛》 後漢末，曹公爲丞相，有武衛營。及魏文帝，乃置武衛將軍，以主禁旅。晉、宋、齊、梁、陳、又有建武、奮武、廣武等將軍。

又《左右領軍衛》 初，魏武爲漢丞相，相府自置領軍，非漢官也。建安十二年，改爲中領軍，以史渙爲之，與護軍韓浩皆領禁兵。文帝受漢禪，始置領軍將軍，主五校、中壘、武衛三營。魏文帝踐祚，始置領軍將軍，以曹休爲之。晉武帝初省，使中軍將軍羊祜統二衛、前後左右、驍騎七軍營兵，即領軍之任也。祜遷罷，復置北軍中候。懷帝永嘉中，改中軍曰中領軍。元帝永昌元年，復改曰北軍中候，尋復爲領軍。成帝時，復以爲中候，而陶侃居之，尋復爲領軍。魏晉領、護皆金章紫綬，中領、中護銀章青綬，武冠，絳朝服，佩水蒼玉。晉郤鑒、庾亮、紀瞻、卞壼、陸曄、褚翼、王彪之、會稽王道子、沈嘉、武陵王遵、孔安國、謝混等並爲領軍。宋置領軍將軍一人，掌內軍；護軍將軍一人，掌外軍。齊有領軍及中領軍，凡爲中，小輕，同一官也。諸爲將軍官，皆敬領、護。諸王爲將軍，相逢，則領、護讓道。領軍置長史以下官屬。梁領軍將軍管天下兵要，謂之禁司，與左右僕射爲一流。中領軍與吏部尚書爲一流。梁蕭景爲領軍將軍，管天下兵要。監局官僚皆近倖，多驕侈，景在職峻切，官曹肅然。其監局多事，唯景及臧盾長於撥繁，繼居此職，並著聲稱。陳因之。後魏有領軍、護軍。二職若侍臣帶者，加中。又有領軍將軍、護軍將軍，二軍與領護不並置。北齊領軍府，凡禁衛官皆主之，以高歸彥爲領軍大將軍。領軍加大自歸彥始。

又《左右金吾衛》 魏武秉政，復爲中尉。晉初罷。直至後周，置武環率、武候率下大夫各二人。

又《左右千牛衛》 千牛，刀名。後魏有千牛備身，掌執御刀，因以名職。謝綽《宋拾遺》有千牛刀，卽人君防身刀也。齊尚書楊玉夫取千牛刀殺蒼梧王是也。其義蓋取《莊子》云：『庖丁爲文惠君解牛十九年，所割者數千牛，而刀刃若新發於硎。』因以爲備身刀名。北齊千牛備身屬左右將軍。

又《左右羽林軍》 魏羽林左右監與漢同。夏侯玄爲右，桓範爲左。晉罷羽林中郎將，又省一監，置一監而已。哀帝省，宋武帝永初，復置江右領營兵，江左無復營兵。羽林監及虎賁中郎將並銅印墨綬，武冠，絳朝服；其在陛列，則鶡尾冠，鶡鳥每鬥死不止。絳紗縠單衣。江左不復著鶡冠。齊因之。後魏有羽林監。北齊置監十五人。後周有左右羽林率，屬大司馬。

又 卷二九《職官十一・武官下・大將軍并官屬》 大將軍，【略】漢末猶在三公上。魏武爲大將軍，袁紹爲太尉，紹恥班在下，魏武乃固以大將軍讓紹。魏黃初中，又有上大將軍，以曹真爲之。吳亦以陸遜爲上大將軍，諸葛恪爲大將軍。明帝青龍三年，晉宣帝自大將軍爲太尉，然則大將軍在三司下矣。其後又在三司上。自漢東京，大將軍不常置，爲之者皆擅朝權。至晉景帝爲大將軍，亦受非常之任。後以叔父孚爲太尉，奏改大將軍在太尉後，位次三司下。後復舊，在三司上。太康元年，瑯琊王伷遷大將軍，復制在三司下。伷薨，復如舊。冠綬佩服與大司馬同。宋唯彭城王義康爲之，章綬冠佩亦與晉同。齊以爲贈。梁有之。陳以爲贈。後魏、北齊爲二大，與大司馬同。後周建德四年，增置上大將軍。【略】

漢不見官屬。【略】魏以司馬景王爲大將軍，置掾十人，則無屬官。其驃騎、車騎府有長史、司馬。晉驃騎、車騎、衛將軍，伏波、撫軍、都護、鎮軍、中領、四征、四鎮、龍驤、典軍、上軍、輔國等大將軍開府者，皆爲位從公，品秩俸賜亦與諸公同。加兵者增置司馬一人，從事中郎二人，主簿、記室督各一人，官屬並與公同。宋大將軍、驃騎、車騎、衛將軍諸府皆有長史一人，又各置司馬一人。齊有大將軍，爲贈官，無僚屬。諸驃騎、車騎、衛、鎮軍、中軍、撫軍、四征、四鎮等將軍，凡加大字位從公。長史、司馬諸官屬亦同公。梁因之，諸將軍優者亦然。陳爲贈官，無僚屬。後魏大將軍僚屬如三公。北齊亦然。後周大將軍有長史、司馬、中郎掾屬、諸曹參軍、典籤等員。

又《車騎將軍》 魏車騎爲都督，儀與四征同。若不爲都督，雖持節屬四征者，與前後左右雜號將軍同。其或散還，從文官之例，則位次三司。晉宋車騎、衛不復爲四征所督。晉羊祜爲車騎將軍，開府如三司之儀。後魏制與驃騎同。位次升降並同。

又《衛將軍》 晉以陸曄爲衛將軍，兼儀同三司，加千兵百騎。東晉以後，尤爲要重。後魏初，加大則次儀同三司。孝文太和中制，加大則位在太子太師上。歷代多有。

又《前後左右將軍》 魏以來復置。晉武初又置前軍、左軍、右軍，泰始八年，又置後軍，是爲四軍。齊亦號左右前後四軍。陳並有之。北齊左右將軍領千牛備身。

又《四征將軍》 四征將軍皆漢魏以來置，加大者始曰方面。征東將軍，漢獻帝初平三年，以馬騰爲之，或云以張遼爲。征西將軍漢光武建武中，以馮異爲大將軍。征南將軍漢光武建武二年置以馮異爲之，亦以岑彭爲大將軍，征北將軍，魏明帝太和中置，劉靖爲之，許允亦爲之。各一人。魏黄初中，位次三公。後魏加大則次衛將軍。

又《四鎮將軍》 鎮東將軍，後漢末，魏武帝爲之。鎮南將軍，後漢末，劉表爲之。魏張魯、晉當陽侯杜元凱並爲之。鎮西將軍，後漢劉表爲之，魏鍾會、鄧艾並爲之。鎮北將軍，魏明帝太和中置。劉靖、許允並爲之。各一人。宋時四鎮與中軍爲雜號。後魏加大，次尚書令。

又《四安將軍》 安東將軍，後漢陶謙、曹休並爲之。安南將軍，光武元年，以岑彭爲之。晉范陽王虓亦爲之。【略】晉范陽王虓亦爲之。安西將軍，後漢末段煨、魏鍾會、石鑑並爲之。安北將軍，晉以郗鑑爲之。各一人。後魏亦有。

又《四平將軍》 平東將軍，晉當陽侯杜元凱、王濬等爲之。平南將軍，晉盧欽、羊祜、胡奮等爲之。平西將軍，晉以嵇紹。平北將軍，漢獻以張燕，晉以阮坦亦爲之。各一人，並漢魏閒置。後魏亦有。

又《雜號將軍歷代雜號將軍凡有數百，不可俱載，今録其著者。》 積射，漢有之。晉武帝泰始四年省。太康十五年立射營弩營，置積射强弩將軍主之。建威，【略】九武，【略】征虜，後漢建武中，始以祭遵爲，後張飛亦爲之。武牙，【略】横野，【略】捕虜，【略】鷹揚，後漢建安中，魏武以曹洪爲之。討逆，後漢末，以孫策爲之。破虜，後漢末，以孫堅爲之。討虜，後漢末，以孫權爲之。安漢，蜀糜竺爲之，班在軍師將軍之右。武威，魏武帝以于禁爲之。撫軍，魏武帝置，以司馬宣王爲之。淩江，魏置，以羅獻爲之。寧朔，魏以王渾爲之。横江，吴魯肅爲之。又曰：『魯潢江昔仗萬人，屯據陸口界。』龍驤，晉武帝置，以王濬爲之。殿中，宋初置之。黑稍，後魏于粟磾好持黑稍以自衛，劉裕遥見，題書與之曰『黑稍公麾下』。明帝因授黑稍將軍。牙門將。冠服與將軍同。魏文帝黄初中置。明帝以胡烈爲之。又王隱《晉書》云：『陸機少襲父爲牙門將，吴人重武官故也。』晉惠帝特置四部牙門，以汝南王祐爲之。蜀以趙雲爲之。

又《監軍軍師祭酒、理曹掾屬附》 後漢末，劉焉以監軍使者領益州牧。劉璋亦爲監軍使者。魏晉皆有之。魏時，司馬文王征壽春，石苞爲監軍。鍾會伐蜀，衛瓘爲監軍。晉孟康持節監石苞諸軍事。初，隗囂軍中嘗置軍師。隗囂聘平陵人方望以爲軍師。又袁紹請盧損爲軍師。至魏武帝，又置師官四人。魏荀攸爲軍師，軍國選舉及刑獄法制皆使決焉。又梁義爲左軍師。吴朱然爲右軍師。蜀以諸葛亮爲軍師將軍。晉避景帝諱，改爲軍司。凡諸軍皆置之，以爲常員，所以節量諸宜，亦監軍之職也。而太尉軍司尤重，故《山公啓事》曰『太尉軍司缺，當選上宰監，宜得宿有資重者』也。宋齊以來，此官頗廢。至梁大通四年，元法僧北討，復以羊侃爲大軍司。後代多不置。【略】

軍師祭酒，後漢建安三年，曹公還許，初置此官。理曹掾屬。後漢建安十九年，魏武令曰：『軍中典獄者，或非其人，而任以三軍死生，吾甚懼之。』遂置此，選明達法理者爲之。

又《三署郎官敍》 晉議郎遷爲太守，《山公啓事》曰：『議郎許允，宜參廣漢太守選。』亦有郎中等官。其後雖有中郎將等官，而無三署郎矣。

又《中郎將五官中郎將　左右中郎將》 五官、左、右中郎將，【略】魏無三署郎，猶置左右中郎將。晉武帝省左右中郎將官。宋孝武大明中，復置，銀章青綬，武冠絳朝服，佩水蒼玉。齊左右中郎將屬西省。梁代並分司丹禁。今中郎將四十四員，郎將六十四員，各附諸軍諸衛篇。

又《虎賁中郎將》 前賢亦多爲者。【略】魏桓階字伯緒，爲虎賁中郎將，遷尚書，典選。

又《四中郎將東西南北》 東中郎將，後漢靈帝以董卓爲之。南中郎將，後漢獻帝以臨淄侯曹植爲之。西中郎將，晉以謝曼、桓沖爲之。北中郎將，後漢以盧植爲之。建安中以鄢陵侯曹彰爲之。並後漢置。江左彌重，或領刺史，或持節爲之。銀印青綬，服同將軍。後魏靈太后時，四中郎將兵數寡弱，不足以襟帶京師。任城王澄奏宜以東中帶滎陽郡，南中帶魯陽郡，西中帶恆農郡，北中帶河南郡。選二品三品親賢兼稱者居之，配以强兵，則深根固本之計也。靈太后初從之，後復止。

又《雜中郎將》 使匈奴中郎將，後漢主護南單于，以張奐爲之。後魏天興四年罷。平越中郎將，晉武帝置，理廣州，主護南越。司金中郎將，魏王脩爲之。武衛中郎將。魏始以許褚爲之。

又《三都尉奉車　駙馬　騎　奉朝請附》 奉車、駙馬、騎三都尉，【略】晉武帝亦以皇室、外戚爲三都尉而奉朝請焉。元帝爲晉王，以參軍爲奉車都尉，掾屬爲駙馬都尉，行參軍舍人爲騎都尉，皆奉朝請。後罷奉車、騎二都尉，唯留駙馬都尉奉朝請而已。諸尚公主者，若劉惔、桓温等皆爲之。宋武帝永初以來，以奉朝請選雜，其尚主者唯拜駙馬都尉。齊奉朝請駙馬都尉及散騎給事中等官，並集書省職。朝散用衣冠之餘，人數猥積。武帝永明中，奉朝請至六百餘人。《齊職儀》曰：『凡尚公主拜駙馬都尉。』梁三都尉並無員秩，其奉車駙馬，皆武冠絳朝服，銀章青綬。梁陳駙馬皆尚公主者爲之。陳武帝長女永世公主先適陳留太守錢蕆，生子岊，主及岊並卒。武帝受禪，唯公主追封，將葬，尚書主客牒詳議，欲加蕆駙馬都尉，並贈岊官。袁樞議曰：『昔王姬下降，必適諸侯。同姓爲主，聞於《公羊》之説，車服不繫，著於詩人之篇。漢氏之初，列侯尚主，自斯以後，降嬪素族。駙馬都尉，置由漢武，或以假諸功臣，或以加於戚屬，是以魏表駙馬奉車爲一號。魏晉以來，因爲常準。蓋明王姬之重，庶姓之輕，若不加其等級，莫可合巹而酳，所以假駙馬之位，乃崇於皇女。今公主早薨，伉儷已絶，既無禮數致疑，何須駙馬之授。按當陽侯杜元凱尚晉宣帝第二女高陸宣公主，晉武踐祚，而主已亡，泰始中，追贈公主，杜君無復駙馬之號。梁文帝女新安穆公主早薨，天監初王氏無追拜之事。遠近二例，足以據明。公主所生，既未及成人之禮，無勞此授。今宜追贈亭侯。』時以樞議爲衷。蕆，丑善反。岊音節。後魏駙馬都尉亦爲尚公主官，雖位高卿尹，而此職不去。奉車二十人，騎都尉六十人。北齊駙馬與後魏同。

又　卷一四八《兵考一・兵序》 其後若王綱解紐，主權外分，藩翰既崇，衆力自盛，問鼎輕重，無代無之，如東漢之董卓、袁紹，晉之王敦、桓玄，宋謝晦、劉義宣，齊陳達、王敬則，梁侯景，陳華皎，後魏爾朱榮、高歡之類是矣。斯誠失其宜也。

《舊唐書》卷四四《職官志三・武官》 左右衛【略】至秦、漢，始置衛將軍，後漢、魏因之。晉武帝始置左右中三衛將軍。【略】

左右武衛魏武爲丞相，有武衛營。【略】

左右領軍衛漢建安中，魏武爲丞相，始置中領軍，後因之。北齊置領軍府，後因之。煬帝改爲屯衛，國家改爲領軍衛。龍朔改爲戎衛，光宅改爲玉鈐衛，神龍後爲領軍衛。【略】

左右金吾衛【略】魏復爲中尉。南朝不置。【略】

左右監門衛漢、魏曰城門校尉，始置左右監門府，省將軍、郎將等官，國家因之。龍朔二年，去府字爲衛。【略】

左右千牛衛宋謝綽《拾遺》有千牛刀，卽人主防身刀也。後魏有千牛備身，取《莊子》庖刀解牛之義，後代因之。

宋・李昉等《太平御覽》卷二三八《職官部三十六・驃騎將軍》 韋昭《辨釋名》曰：驃騎將軍、車騎將軍，秩比三公。辨云：此二將軍，秩本二千石。【略】

陳思王《輔臣論》曰：魁傑雄特，秉心平直；威嚴足憚，風行草靡；戎昭果毅，折衝厭難者：司馬驃騎。

又《後將軍》 《晉起居注》曰：太始八年，置後軍將軍，掌宿衛。

又　卷二三九《職官部三十七・雜號將軍上》 積弩將軍【略】《齊職儀》曰：積弩將軍，品第四，銀章、青綬、武冠、絳朝服、佩水蒼玉。

晉太康十年，立積弩、積射營各二千五百人，並以將軍領之。

又　卷二四〇《職官部三十八・雜號將軍下》 伏波將軍環濟《要略》曰：伏波，船涉江海，欲浪伏息也。【略】

中領軍

《魏略》曰：中領軍，延康中置，故漢北軍中候之官。【略】

《高堂隆集》曰：己巳詔書：中領軍、游擊皆清玉佩。

中護軍【略】

《皇甫謐集》云：護軍，武士之官。【略】

直齋

《後魏書・官氏志》曰：大和九年十月初，置直齋。

又 卷二四一《職官部三十九・都尉》《魏略》曰：積弩都尉，秩比二千石。後更爲典弩都尉。又有典鎧都尉，秩與弩同，皆屬積弩。

又曰：撫軍都尉，秩比二千石，本校事官。始太祖欲廣耳目，使盧洪、趙達二人主刺舉，洪、達多所陷人，故于時軍中爲之語曰：『不畏曹公，但畏盧洪；盧洪尚可，趙達殺我。』後達竟爲人迫死。【略】

胡廣《邊都尉箴》曰：巍巍上聖，光被八埏。矧惟内面，罔不來賓。季末陵遲，王澤壅隔。戎狄作難，鬼方騷逖。桓桓猛將，是攘是闢。殷宗周宣，用顯其績。大漢龍興，念存治平。蕩蕩率土，來同門幷。守撫其民，尉典其戎。五才並用，文武程功。

又《奉車都尉》韋昭《辯釋名》曰：奉車都尉，奉天子乘輿。辯云：奉車都尉，主乘輿乘車，尊不敢言主，故言奉。

又 卷二四二《職官部四十・諸校尉》屯騎校尉

《陶氏職官要録》曰：屯騎、越騎、步兵、長水、射聲，五校尉。案：晉官，晉承漢置，以爲宿衛官，各領千兵。興寧三年，桓温奏省五校尉。永初元年復置，以敍勳舊。【略】

長水校尉

《釋名》曰：長水校尉，長於水戰、用船之事。韋昭辯云：『長水校尉，典胡騎，不主水戰也。其廐近水，故以爲名。』【略】

城門校尉

環濟《要略》曰：城門校尉，高祖置，秩二千石，出從緹騎百二十人。【略】

三巴校尉

《齊職儀》曰：三巴校尉，銀印、青綬、虎冠、絳朝服，宋太始五年置，以巴東、巴西、梓潼、建平五郡隸焉。建元二年省校尉，改置巴州刺史。【略】

翊軍校尉

王隱《晉書》曰：太康中伐吳還，欲以王濬爲五官校尉而無缺，始置翊軍校尉，班同長水步兵，以梁、益所省兵爲營。【略】

材官校尉

《魏略》曰：材官校尉，黄初中置，秩比二千石，主天下材官，屬少府。【略】

典農校尉

《魏略》曰：典農校尉，太祖置，秩比二千石。

司農度支校尉

《魏略》曰：司農度支校尉，黄初四年置，比二千石，掌諸軍兵田。

宋・司馬光《資治通鑑》卷一六五《梁紀二一・世祖孝元皇帝下》（梁元帝承聖三年）泰諸子皆幼，兄子章武公導、中山公護皆出鎮導，護皆泰兄顥之子也。導鎮上邽，唯以諸壻爲心膂，大都督清河公李基、義城公李暉、常山公于翼俱爲武衛將軍，胡三省注：魏武爲丞相，有武衛營。元魏之制于高齊，左、右衛將軍各一人，掌左、右廂，所主朱華合以外，各武衛將軍二人貳之。宇文相魏，亦置武衛將軍以掌宿衛，而盧辯所定九命無其官，此蓋猶在盧辯定官之前，以武衛授諸婿。然宇文所置，如大都督八命，帥都督正七命，抑李基等皆以大都督敍官邪？【略】分掌禁兵。

元・馬端臨《文獻通考》卷五八《職官考十二・將軍總敍》光武中興，諸將軍皆稱『大』；及天下已定，武官悉省。四征興於漢代，四安、四平起於魏初。後漢有三鎮之稱，魏有鎮北之號。晉武帝重兵官，故軍校多選朝廷清重之士居之，置中軍將軍以統宿衛七軍。及五王作難，東海王越以頃興事皆由殿省，乃奏宿衛有侯爵者皆罷之。時殿中武官並封侯，由是出者略盡，皆涕泣而去。乃以東海國官領左右衛，以國兵宿衛。晉、宋以來，以領軍、護軍、左右二衛、驍騎、游擊將軍，謂之六軍。《宋・輿服志》曰：『驃騎、車騎，衛將軍及諸將軍加大者，皆金章紫綬，武冠，佩水蒼玉。諸軍司馬，銀章青綬，朝服武冠。』其四安、四平、左、右、前、後、征虜等將軍及四中郎將，晉代荀羨、王胡之並居此官。宋、齊以來，唯處諸王素族無爲者。齊以二衛，四軍，五校，驍騎、游擊、積射、強弩、殿中員外、殿中武衛七將軍，殿中司馬左右及虎賁中郎將，冗從僕射，羽林監，武騎常侍謂之西省，而散騎爲東省。梁武帝以將軍之名高下舛雜，命更加釐定，於是有司奏置一百二十五號將軍，以鎮衛、驃騎、車騎爲二十四班，四征、四中爲二十三班，八鎮爲二十二班，八安爲二十一班，四平、四翊爲二十班，凡三十六號，爲重號將軍；又有五德將軍，忠勇、軍師、武臣、爪牙、龍騎、雲麾、鎮兵、翊師、宣惠、果毅、智威、仁威、勇威、信威、嚴威、智武、仁武、勇武、信武、嚴武是爲五德將軍也。以班多者爲貴。凡十品，二十四班。品取其盈數，班法氣候之數。制簿悉以大號居後，以爲選法，自小遷大也。前史所記，以位得從公，故將軍之名次於臺槐之下。至是備其班品，敍於百官之外，凡一百二十五將軍。後魏將軍之名多矣，謂驃騎、軍騎、衛爲三將軍；末年有八柱國大將軍，其中六人各督二大將軍，凡十二大將軍。元贇、元育、元廓、侯莫陳順、宇文導、達奚武、李遠、豆盧寧、宇文貴、賀蘭祥、楊忠、王雄等是也。又各分統開府二人，一開府領一軍兵，是爲二十四軍，分掌禁旅，當爪牙禦侮之寄。自大統十六年以後，功臣位至柱國及大將軍者衆矣，咸是散秩，無復統禦。後周武帝三年，改諸軍軍士並爲侍官。

又《左右衛并親衛》　漢京師有南、北軍，掌理禁衛。南軍若唐諸衛，北軍若唐羽林等軍。周勃馳入北軍是也。初有衛將軍，魏末晉文王又置中衛將軍。武帝受禪，分中衛爲左、右衛將軍，以羊琇爲左，趙序爲右。並置佐史，皆掌宿衛營兵，銀章青綬，武冠，絳朝服，佩水蒼玉。宋、齊謂之二衛，各領營兵，每暮一人宿直。後增二衛儀從爲九十人。陳因之。後魏永光初，又增置左、右衛將軍各二人。北齊二人，分掌左右厢所，主朱華閤以外，各武衛將軍二人貳之。【略】

長史。左、右衛各一人。晉武帝置左、右衛，各有長史、司馬。東晉省長史。歷宋、齊、梁、陳、後魏、北齊並同。【略】

録事參軍左、右衛各一人。東晉元帝初爲鎮東大將軍，置録事參軍，自後無聞。梁皇弟、皇子府内有録事參軍及録事參軍各一人。後魏二大公府及第一、第二、第三品將軍府，及始蕃王、二蕃王、三蕃王府，各有録事參軍官。北齊因之。【略】

倉曹參軍。左、右衛各二人。東晉元帝爲鎮東大將軍，有倉曹參軍。宋武帝相府亦置。後魏與録事參軍同置。北齊因之。【略】

兵曹參軍。左、右衛各二人。歷代皆與倉曹同置。

騎曹參軍。左、右衛各一人。魏司馬景王爲大將軍，有騎兵掾。宋武帝爲相，有騎兵參軍。隋左、右衛府有騎兵參軍。【略】

胄曹參軍。左、右衛各一人。東晉元帝爲鎮東大將軍，有鎧曹參軍。宋武帝爲相亦有之。齊有左、右鎧曹各一人。【略】

左、右親衛中郎將府。中郎將之名，秦、漢以來有之。

又《左右驍衛》　漢有驍衛將軍，謂之雜號將軍。武帝以李廣爲之，後省。後漢初，改屯衛爲驍騎。魏置爲中軍。晉領營兵，兼統宿衛。梁以來，其任愈重。天監六年，置左、右驍騎，領朱衣直閤，並給儀從。北徐州刺史昌義之首爲此職。出則羽儀清道，入則與二衛通直，臨軒則升殿夾侍。改舊驍騎曰雲騎。陳有左、右驍騎及雲騎。後魏、北齊並有驍騎將軍之職。後周有左、右驍騎率上士。

又《左右武衛》　後漢末，曹公爲丞相，有武衛營。及魏文帝，乃置武衛將軍，以主禁旅。晉、宋、齊、梁、陳，又有建武、奮武、廣武等將軍。

又《左右領軍衛》　初，魏武爲漢丞相，相府自置領軍，非漢官也。建安十二年，改爲中領軍，以史涣爲之，與護軍韓浩皆領禁兵。文帝受漢禪，始置領軍將軍，以曹休爲之，主五校，中壘、武衛三營。晉武帝初省，使中軍將軍羊祜統二衛、前、後、左、右、驍騎七軍營兵，即領軍之任也。祜遷罷，復置北軍中候。懷帝永嘉中，改中軍爲中領軍。元帝永昌元年，復改曰北軍中候，尋復爲領軍。成帝時，復以爲中候，而陶侃居之。尋復爲領軍。魏晉領、護皆金章紫綬，中領、中護銀章青綬，武冠，絳朝服，佩水蒼玉。晉郗鑒、庾亮、紀瞻、卞壼、陸曄、褚翼、王彪之、會稽王道子、沈嘉、武陵王遵、孔安國、謝鯤等並爲領軍。宋置領軍將軍一人，掌内軍；護軍將軍一人，掌外軍。齊有領軍及中領軍。梁領軍將軍管天下兵要，謂之禁司，與左、右僕射爲一流，中領軍與吏部尚書爲一流。陳因之。後魏有領軍、護軍，二職若侍臣帶者加『中』。又有領軍將軍、護軍將軍，二軍與領、護不並置。北齊領軍府，凡禁衛官皆主之，以高歸彦爲領軍大將軍，領軍加『大』自歸彦始。

又《左右金吾衛》　秦有中尉，掌徼循京師。如淳曰：『所謂游徼，徼循禁備盜賊也。』顔師古曰：『徼謂遮繞。』漢武帝太初元年，更名執金吾，顔師古曰：『金吾，鳥名也。按《起居注》，天子出，職主先導，以禦非常，故執此鳥之象，因以名官。』緹騎二百人，緹騎無秩，比史食俸。執戟五百二十人，輿服導從，光生滿路，羣僚之中，斯最壯矣。光武微時，歎曰：『仕宦當爲執金吾。』舊掌京師盜賊，考按疑事。後漢掌宫外戒司非常、水火之事。衛尉巡行宫内，金吾徼巡宫外，相爲表裏，以擒姦捕猾。月三繞行宫外，及主兵器。自中興，但專徼循，不與他政。魏武秉政，復爲中尉。晉初罷。直至後周置武環率、武候率下大夫各二人。

又《左右千牛衛》 千牛，刀名。後魏有千牛備身，掌執御刀，因以名職。謝綽《宋拾遺》：有千牛刀，即人君防身刀也。齊尚書楊玉夫取千牛刀殺蒼梧王是也。其義蓋取《莊子》云：『庖丁解牛十九年，所割者數千牛，而刀刃若發於硎。』因以爲備身刀名。北齊千牛備身屬左、右將軍。

又《左右羽林衛》 二漢並屬光禄勳。後漢竇固、鄧彪並爲羽林。魏羽林左、右監與漢同。夏侯玄爲右，桓範爲左。晉罷羽林中郎將，又省一監，置一監而已。哀帝省。宋武帝永初初，復置江右領營兵，江左無復營兵。羽林監及虎賁中郎將並銅印墨綬，武冠，絳朝服；其在陛列，則鶡尾冠，鶡鳥每鬬死不止。絳紗縠單衣。江左不服著鶡冠。齊因之。後魏有羽林監。北齊置監十五人。後周有左右羽林率，屬大司馬。

又 卷五九《職官考十三·大將軍并官屬》 大將軍，戰國時官也。【略】漢末猶在三公上。魏武爲大將軍，袁紹爲太尉，紹耻班在下，魏武乃固以大將軍讓紹。魏黄初中，又有上大將軍，以曹真爲之。吴亦以陸遜爲上大將軍，諸葛恪爲大將軍。明帝青龍三年，晉宣帝自大將軍爲太尉，然則大將軍在三司下矣。其後，又在三司上。自漢東京，大將軍不常置，爲之者皆擅朝權。至晉景帝爲大將軍，亦受非常之任，後以叔父孚爲太尉，奏改大將軍在太尉後，位次三司下。後復舊，在三司上。太康元年，琅琊王伷遷大將軍，復制在三司下。伷薨，復如舊。冠綬佩服與大司馬同。宋唯彭城王義康爲之，章綬冠佩亦與晉同。齊以爲贈。梁有之。陳以爲贈。後魏、北齊爲二大，與大司馬同。後周建德四年，增置上大將軍。【略】魏以司馬景王爲大將軍，置掾十人，則無屬官。其驃騎、車騎府有長史、司馬。晉驃騎、衛將軍，伏波、撫軍、都護、鎮軍、中領、四征、四鎮、龍驤、典軍、上軍、輔國等大將軍開府者，皆爲位從公，品秩俸賜亦與諸公同；加兵者，增置司馬一人，從事中郎二人，主簿、記室督各一人，官屬並與公同。宋大將軍、驃騎、車騎、衛將軍諸府，皆有長史一人，又各置司馬一人。齊有大將軍爲贈官，無僚屬；諸驃騎、車騎、衛、鎮軍、中軍、撫軍、四征、四鎮等將軍，凡加大字位從公，長史、司馬諸官屬亦同公。梁因之，諸將軍優者亦然。陳爲贈官，無僚屬。後魏大將軍僚屬如三公。北齊亦然。後周大將軍有長史、司馬、中郎掾屬、諸曹參軍、典籤等員。

又《都督》 魏文帝黄初三年，以大將軍曹真都督中外諸軍，假黄鉞，總統内外諸軍。明帝太和四年，司馬懿征蜀，加號大都督。高貴鄉公正元二年，司馬昭都督中外諸軍，尋加大都督。晉武帝伐吴，以賈充爲使持節、假黄鉞、大都督，總統六師。江左以來，都督中外尤重，唯王導等權重者乃居之。宋氏人臣無居者，惟江夏王義恭得假黄鉞，則專戮節將，非人臣常器也。後魏亦有都督中外諸軍事。後周以來，改都督爲總管、校尉。

又《車騎將軍》 魏車騎爲都督，儀與四征同；若不爲都督，雖持節屬四征者，與前、後、左、右、雜號將軍同；其或散還，從文官之例，則位次三司。晉、宋車騎、衛，不復爲四征所督。晉羊祜爲車騎將軍，開府如三司之儀。後魏制，與驃騎同。位次升降並同。

又《衛將軍》 漢文帝始用宋昌爲衛將軍，位亞三司。其官屬附見《大將軍》後。凡驃騎、車騎、衛三將軍，皆金印紫綬，武冠，絳朝服，佩水蒼玉。晉以陸曄爲衛將軍，兼儀同三司，加千兵百騎。東晉已後，尤爲要重。後魏初，加大則次儀同三司。孝文太和中制，加『大』則位在太子太師上。歷代多有。

又《前後左右將軍》 前、後、左、右將軍皆周末官，秦因之，位上卿，金印紫綬。漢不常置，或有前、後，或有左、右，皆掌兵及四夷。李廣爲前將軍，趙充國爲後將軍，辛慶忌、王商爲左將軍，馮奉世爲右將軍。光武建武七年省。魏以來復置。晉武初，又置前軍、左軍、右軍；太始八年，又置後軍，是爲四軍。齊亦號左、右、前、後四軍。陳並有之。北齊左、右將軍領千牛備身。

又《四征將軍》 四征將軍，皆漢、魏以來置，加『大』者始曰方面。征東將軍，漢獻帝初平三年，以馬騰爲之，或云以張遼爲。征西將軍，漢光武建武中，以馮異爲大將軍。征南將軍，漢光武建武二年置，以馮異爲之，亦以岑彭爲大將軍。征北將軍，魏明帝太和中置，劉靖爲之，許允亦爲之。各一人。魏黄初中，位次三公。後魏加大則次衛將軍。

又**《四鎮將軍》** 鎮東將軍，後漢末，魏武帝爲之。鎮南將軍，後漢末，劉表爲之。魏張魯、晉當陽侯杜元凱並爲之。鎮西將軍，後漢劉表爲之。魏鍾會、鄧艾並爲之。鎮北將軍，魏明帝太和中置，劉靖、許允並爲之。各一人。宋時，四鎮與中軍爲雜號。後魏加大，次尚書令。

又**《四安將軍》** 安東將軍，後漢陶謙、曹休並爲之。安南將軍，光武元年，以岑彭爲之。晉范陽王虓亦爲之。安西將軍，後漢末段煨、魏鍾會、晉郗鑒並爲之。安北將軍，晉以郗鑒爲之。各一人。後魏亦有。

又**《四平將軍》** 平東將軍，晉當陽侯杜元凱、王濬等爲之。平南將軍，晉盧欽、羊祜、胡奮等爲之。平西將軍，晉以嵇紹爲之。平北將軍，漢獻以張燕、晉以阮坦並爲之。各一人，並漢、魏間置。後魏亦有。

又**《雜號將軍》** 積射，漢有之。晉武帝大始四年省。太康十五年，立射營、弩營，置積射、强弩將軍主之。建威，漢元帝以韓安國、王晏並爲之。光武以耿弇爲之。九武，王莽拜將軍九人，皆以武爲號，號曰九武將軍。征虜，後漢建武中，始以祭遵爲，後張飛亦爲之。武牙，後漢光武以蓋延爲之。横野，漢光武以王常爲横野大將軍，位與諸將絶席。捕虜，後漢永平中，馬武爲之。鷹揚，後漢建安中，魏武以曹洪爲之。討逆，後漢末，以孫策爲之。破虜，後漢末，以孫堅爲之。討虜，後漢末，以孫權爲之。安漢，蜀糜竺爲之，班在軍師、將軍之右。武威，魏武帝以于禁爲之。撫軍，魏武帝置，以司馬宣王爲之。淩江，魏置，以羅獻爲之。寧朔，魏以王渾爲之。横江，吳魯肅爲之。又曰：『魯横江昔仗萬人，屯據陸口界。』龍驤，晉武帝始以王濬爲之。殿中，宋初置之。黑稍，後魏于粟磾好持黑稍以自衛，劉裕遥見，題書與之，曰『黑稍公麾下』，明帝因授黑稍將軍。牙門將。冠服與將軍同。魏文帝黄初中置。明帝以胡烈爲之。又王隱《晉書》云：『陸機少襲父爲牙門將，吳人重武官故也。』晉惠帝特置四部牙門，以汝南王祐爲之。蜀以趙雲爲之。

又**《監軍軍師祭酒、理曹掾屬附》** 周代，齊景公使穰苴將兵捍燕、晉之師，穰苴願得君之寵臣以監軍。公使莊賈往，賈不時至，苴斬之。是其始也。漢武帝置監軍使者。光武以來叙監諸將。後漢末，劉焉以監軍使者領益州牧。劉璋亦爲監軍使者。魏、晉皆有之。魏時，司馬文王征壽春，石苞爲監軍。鍾會伐蜀，衛瓘爲監軍。晉孟康持節監石苞諸軍事。初，隗囂軍中嘗置軍師，隗囂聘平陵人方望，以爲軍師。又袁紹請盧損爲軍師。至魏武帝，又置師官四人。魏荀攸爲軍師，軍國、選舉及刑獄、法制皆使決焉。又梁義爲左軍師。吳朱然爲右軍師。蜀以諸葛亮爲軍師將軍。晉避景帝諱，改爲軍司，凡諸軍皆置之，以爲常員，所以節量諸軍，亦監軍之職也。而太尉軍司尤重，故《山公啓事》曰『太尉軍司缺，當選上宰監，宜得宿有資重者』也。宋、齊以來，此官頗廢。至梁大通四年，元法僧北討，復以羊侃爲大軍司。後代多不置。【略】

軍師祭酒。後漢建安三年，曹公還許，初置此官。

理曹掾屬。後漢建安十九年，魏武令曰：『軍中典獄，或非其人，而任以三軍死生，吾甚懼之。』遂置此選。

又**《三署郎官敍》** 晉議郎遷爲太守，《山公啓事》曰：『議郎許允宜參廣漢太守選。』亦有郎中等官。其後雖有中郎將等官，而無三署郎矣。

又**《中郎將五官中郎將　左右中郎將》** 五官、左、右中郎將皆秦官，漢因之，並領三署郎從。【略】魏無三署郎，猶置左、右中郎將。晉武帝省左、右中郎將官。宋孝武大明中，復置。銀章青綬，武冠，絳朝服，佩水蒼玉。齊左、右中郎將屬西省。梁代並分司丹禁。今中郎將四十四員，郎將六十四員，各附《諸軍諸衛》篇。

又**《四中郎將東西南北》** 東中郎將後漢靈帝以董卓爲之。南中郎將，後漢獻帝以臨淄侯曹植爲之。西中郎將，晉以謝曼、桓沖爲之，北中郎將，後漢以盧植爲之。建安中，以鄢陵侯曹彰爲之。並後漢置。江左彌重，或領刺史，或持節爲之。銀印青綬，服同將軍。後魏靈太后時，四中郎將兵數寡弱，不足以襟帶京師。任城王澄奏，宜以東中帶滎陽郡，南中帶魯陽郡，西中帶恒農郡，北中帶河南郡，選二品、三品親賢兼稱者居之，配以强兵，則深根固本之計也。靈太后初從之，後復止。

又**《雜中郎將》** 使匈奴中郎將，後漢主護南單于，以張奂爲之。後魏天興四年罷。平越中郎將，晉武帝置，理廣州，主護南越。司金中郎將，魏王脩爲之。武衛中郎將。魏始以許褚爲之。

又《三都尉奉車　駙馬　騎　奉朝請附》　奉車、駙馬、騎三都尉，並漢武帝元鼎二年初置。李陵爲騎都尉。至更始時官亂，謡曰：『爛羊胃，騎都尉。』舊無員，或以冠常侍，或卿尹、校尉左遷爲之。奉車掌御乘輿車，《漢官》曰三人。駙馬掌駙馬，駙馬，非正駕車皆爲副馬。一曰駙，近也，疾也。騎都尉本監羽林騎。《漢官》十人。又竇嬰爲朝請。竇太后除嬰門籍，不得入朝請。《漢律》，諸侯春朝天子曰朝，秋曰請。後漢並屬光禄勳。奉朝請無員，本不爲官，漢東京罷省三公、外戚、皇室、諸侯多奉朝請。奉朝請者，奉朝會請召而已。晉武帝亦以皇室、外戚爲三都尉而奉朝請焉。元帝爲晉王，以參軍爲奉車都尉，掾屬爲駙馬都尉，行參軍舍人爲騎都尉，皆奉朝請。後罷奉車、騎二都尉，唯留駙馬都尉奉朝請而已。諸尚公主者若劉惔、桓温等皆爲之。宋武帝永初已來，以奉朝請選雜，其尚主者唯拜駙馬都尉。齊奉朝請、駙馬都尉及散騎、給事中等官，並集書省職。朝散用衣冠之餘，人數猥積。武帝永明中，奉朝請至六百餘人。《齊職儀》曰：『凡尚公主，拜駙馬都尉。』梁三都尉並無員秩，其奉車、駙馬皆武官降朝服，銀章青綬。梁、陳駙馬，皆尚公主者爲之。陳武帝長女永世公主先適陳留太守錢蒧，生子岊，主及岊並卒于梁世。武帝受禪，唯公主追封。將葬，尚書主客牒詳議，欲加蒧駙馬都尉，幷贈岊官。袁樞議曰：『昔王姬下降，必適諸侯，同姓爲主，聞於《公羊》之説。車服不繫，著於詩人之篇。漢氏之初，列侯尚主，自斯以後，降嬪素族。駙馬都尉，置由漢武，或以假諸功臣，或以加於戚屬。是以魏表駙馬奉車爲一號。魏、晉以來，因爲常准。蓋明王姬之重，庶姓之輕，若不加其等級，莫可合巹而酳，所以假駙馬之位，乃崇於皇女。今公主早薨，伉儷已絶，既無禮數致疑，何須駙馬之授。按當陽侯杜元凱尚晉宣帝第二女高陸宣公主，晉武踐祚而主已亡，泰始中追贈公主，杜君無復駙馬之號。梁元帝女新安穆公主早薨，天監初王氏無追拜之事。遠近二例，足以相明。公主所生，既未及成人之禮，無勞此授。今宜追贈亭侯。』時以樞議爲衷。後魏駙馬都尉亦爲尚公主官，雖位高卿尹，而此職不去。奉車二十人，騎都尉六十人。北齊駙馬與後魏同。

又　卷六四《職官考十八・武散官》　驃騎將軍

漢武帝元狩二年，始用霍去病爲驃騎將軍，定令令驃騎將軍秩禄與大將軍等。光武中興，以景丹爲驃騎大將軍，位在三公下。明帝初卽位，以弟東平王蒼有賢才，以爲驃騎將軍，以王故，位在公上。蒼爲驃騎輔政，開東閤，延英雄。及蒼歸國，有驃騎時吏丁牧、周栩以蒼敬賢下士，不忍去之，遂爲王家大夫，數十年事祖及孫。帝聞，褒美之。數年復罷。其官屬附見《大將軍》後。魏晉齊並有之。梁雜號中亦有。陳後主以蕭摩訶爲侍中、驃騎大將軍，加左光禄大夫，特開黄閤，施行馬，廳事、寢堂置鴟尾，如三公制。後魏初，加『大』則在三司上。太和中制，加『大』則在都督中外諸軍下。後周亦有之。【略】

輔國將軍

後漢獻帝置輔國將軍，以伏完爲之。晉王濬平吴後，拜輔國大將軍。有司奏，輔國依比未爲達官，不置司馬，不給官騎。詔依征、鎮給五百大車，增兵五百人爲輔國營，給親騎百人、官騎十人，置司馬。宋明帝泰始四年，改爲輔師將軍。後廢帝昱元徽二年復故。梁、後魏、後周、隋並有之。【略】

鎮軍將軍以下

鎮軍大將軍，魏置，文帝以陳羣爲之。晉則楊駿、胡奮並領鎮軍將軍。齊、後周、隋亦有之。【略】

冠軍將軍，魏置，以文欽爲之。蓋因《史記》楚義帝以宋義爲卿子冠軍；漢武帝以霍去病功冠三軍，封冠軍侯之義也。晉亦有之。金章紫綬，給五時朝服，武冠，佩水蒼玉。歷代並有。【略】

雲麾將軍，梁置雜號。陳及唐並有之。

忠武將軍，梁置雜號。陳有之。【略】

壯武將軍，梁置雜號。陳有之。【略】

明威將軍，梁置雜號。後魏亦有之。【略】

定遠將軍，梁置雜號。【略】

寧遠將軍，晉置。【略】

游騎將軍，魏置。陳有之。【略】

游擊將軍，漢置，武帝以蘇建、韓説爲之。後漢鄧晨亦爲之。晉及陳並有之。【略】

諸校尉

漢武帝初置中壘、屯騎、步兵、越騎、長水、胡騎、射聲、虎賁等校尉爲八校，各有司馬。後漢以屯騎、越騎、步兵、長水、射聲爲五校，皆掌宿衛兵，按大駕鹵簿，五校尉在前，各有鼓吹一部。各有司馬，蔡質《漢儀》曰：『五營司馬見校尉，執版不拜。』並屬北軍中候。時五校官顯職閒，而府寺寬敞，輿服光麗，伎巧必給，故多以皇族肺腑居之。至靈帝，又置西園八校尉。其名曰上軍、中軍、下軍、典軍、助軍、佐軍，及左、右校尉。自魏、晉以下，五校之名與後漢同，唯後魏五校各置二十人。【略】

屯騎校尉。漢掌騎士。後漢初，改爲驍騎，建武十五年復舊。

步兵校尉。漢掌上林苑門屯兵。晉阮籍聞步兵廚營人善釀，有貯酒三百斛，求爲之。

越騎校尉。漢掌越騎。越人内附以爲騎也。後漢初，改爲青巾左校尉，建武十五年復舊。

長水校尉。漢掌長水、宣曲胡騎。宣曲，觀名，胡騎之屯於宣曲者。《宋・志》引韋昭曰：『長水校尉有胡騎，廐近長水，故以爲名。長水蓋關中小水名也。』又主烏桓騎也。【略】

射聲校尉。漢掌待詔射聲士。工射者，冥冥中聞聲射則中之，因以名也。須待命而射，故曰待詔射聲。【略】

護羌校尉。後漢涼州部持節，職如護烏桓，主西羌。元康中，改爲涼州刺史。

儒林校尉。蜀先主以周羣爲之。

南蠻校尉。晉武帝於襄陽置之。元康中，荆州刺史領。江左初省，尋又置於江陵。《齊書》曰：『晉、宋之際，刺史多不領南蠻，別以重人居之。』唯齊豫章郡王嶷爲南蠻校尉、荆湘二州刺史。

南夷校尉。晉武帝於寧州置之。及江左，改曰鎮蠻校尉。

西戎校尉。晉武帝於長安置之。元康中，改爲雍州刺史。安帝義熙中又置，治漢中。

寧蠻校尉。晉安帝置，治襄陽，以授魯宗之。

護三巴校尉。宋置。齊建元二年，改爲刺史。

清・汪士鐸《南北史補志未刊稿・職官志第三・戎秩》 驃騎將軍。一人，漢武帝元狩二年立，位次丞相。魚豢曰：魏世驃騎爲都督，儀與四征同，若不爲都督，雖持節屬四征者，與前後、左右、雜號將軍同。其或散還，從文官之例，則位次三司。按：漢將軍比公者四，謂大將軍、驃騎、車騎、衛也。魏、晉、宋、齊並有之。梁隸雜號中。陳後主以蕭摩訶爲侍中、驃騎大將軍加左光禄大夫，特開黄閤施行馬廳事，寢堂置鴟尾如三公制。後魏初加『大』，則在三司上。太和中制加『大』，則在都督中外諸軍下。後周亦有之。【略】

車騎將軍一人。漢文帝元年立。漢章帝建初三年，始使車騎將軍馬防班同三司，班同三司自此始。後漢銀印青綬，位卿上，絶席。和帝始賜金紫，次司空。齊有。後魏。制與驃騎同。【略】

衛將軍。一人，漢文帝元年立。位亞三司，凡車騎、驃騎、衛三將軍皆金印紫綬，武冠，絳朝服，佩水蒼玉。晉兼儀同三司。宋、齊有。後魏初加『大』，則次儀同三司。孝文太和中制加『大』，則位在太子太師上。歷代多有。

持節都督。無定員。前漢遣使，始有持節。光武建武初，始權置督軍御史，事竟卽罷。建安中魏武帝爲相，始遣大將軍督軍。魏文帝黄初二年，始置都督諸州軍事，或領刺史。三年，上軍大將軍曹真都督中外諸軍事，假黄鉞，則總統外内諸軍矣。明帝太和四年，晉宣帝征蜀，加號大都督。高貴鄉公正元二年，晉文帝都督中外諸軍，尋加大都督。晉世則都督諸軍爲上，監諸軍次之，督諸軍爲下；使持節爲上，持節次之，假節爲下。使持節得殺二千石以下；持節殺無官位人，若軍事得與持節同；假節唯軍事得殺犯軍令者。晉江左以來，都督中外尤重，唯王導居之。宋氏人臣則無也。江夏王義恭假黄鉞假黄鉞，則專戮節制，非人臣常器矣。

征東將軍。漢獻帝初平三年立。征南、征西將軍，光武建武中立。征北將軍，魏明帝太和中立。各一人。魚豢曰：四征，魏武帝時秩二千石。黄初中位次三公。按漢舊，諸征與偏裨雜號同。南齊有。後魏加『大』，則次衛將軍。

監軍。齊景公使穰苴將兵捍燕晉之師，穰苴願得君之寵臣以監軍。公使莊賈往。漢武帝置監軍使者光武以來，歛監諸將。後漢末劉焉以監軍使者，領益州牧。魏晉皆有之。初隗囂軍中嘗置軍師，至魏武帝，又置師官四人，晉避景帝諱改爲『軍司』。凡諸軍使置之以爲常員，所以節量諸宜，亦監軍之職也。而太尉軍司尤重。宋、齊以來，此官頗廢。至梁大通四年，復以羊品爲大軍司。後代多不置。【略】

鎮東、鎮南、鎮西、鎮北、中軍、鎮軍、撫軍諸將軍。各一人，皆後漢及魏立。中、鎮、撫三號比四鎮。宋時與中軍爲雜號，南齊有。後魏加『大』，次尚書令。

安東、安南、安西、安北四將軍。各一人，安東、西，後漢置。安北晉立。魚豢曰：鎮北、四安，魏黃初太和中置，南齊、後魏，亦有。

南齊諸將軍加『大』字，位從公，開府儀同如公。凡公督府置佐長史、司馬各一人，諮議參軍二人，諸曹有録事、記室、户曹、倉曹、中直兵、外兵、騎兵、長流賊曹、城局法曹、田曹、水曹、鎧曹、集曹、右户十八曹，局曹以上署正參軍，法曹以下署行參軍，各一人。其行參軍無署者，爲長兼員。其府佐史，則從事中郎二人，倉曹掾户屬東西閤祭酒各一人，主簿舍人御屬二人，加崇者則左右長史四人，中郎掾屬並增數，其未及開府，則置府，亦有佐史，其數有減小。府無長流，置禁防參軍。南齊開府儀同，驃、車騎、衛、鎮、中撫、四征、四鎮諸將軍同。

平東、平南、平西、平北將軍。各一人，漢、魏置。南齊有，後魏亦有。

左右前後將軍。周末官。秦、漢因之。光武建武七年省。魏晉復立，曰四軍。齊、陳並有。北齊左右將軍領千牛備身，而四軍將軍各五人。

積射强弩將軍。漢武帝立。東漢爲雜號。前漢至魏無積射。晉太康十年立。射營、弩營置積射强弩將軍主之。自驍騎至强弩將軍，先並各置一人，宋元嘉九年六月立。積射强弩將軍。官太宗泰始以來，多以軍功得此官，後並無復員。齊有。北齊積弩、積射、强弩各二十五人。

征虜、漢光武建武中立。宋、齊皆有。冠軍、始於楚懷王之卿子冠軍也。宋、齊有。輔國、漢末立。宋泰始四年，改爲輔師。元徽元年六月，復故。宋、齊皆有。龍驤、晉武帝立。建威、漢光武立。振威、後漢初立。奮威、前漢立。揚威、廣威、並爲魏立。振武、前漢立。奮武、後漢立。揚武、光武立。建武、魏立。廣武、晉江左立。輕車、材官、伏波、並漢武立。鷹揚、折衝、揚烈、並建安立。寧遠、晉江左立。宋、齊有。淩江魏立。以下，則有宣威、明威、驤威、厲威、虎威、威厲、威寇、威虜、威戎、威武、武烈、武毅、武奮、綏遠、綏邊、綏戎、討虜、討寇、討難、討夷、蕩寇、蕩虜、蕩難、蕩逆、殄寇、殄難、掃夷、掃寇、掃虜、掃難、掃逆、厲武、厲鋒、虎牙、廣野、横野、偏裨、各將軍自淩江以下，凡四十號。皆後漢及魏立。宋則或置或否。按：上騎、樓船、横海、材官、貳師、輕車、伏波、中軍、强弩、戈船、奮威、度遼、積射、建威，皆漢立。九武、王莽立。征虜、虎牙、横野、淩江、捕虜、鷹揚、討逆、破虜、討虜，皆後漢立。安漢、蜀立。武威、撫軍、牙門、亭朔，皆魏立。横江、吴立。龍驤、晉立。殿中、宋立。黑矟、後魏立。南齊諸小號將軍，亦有開府者。後齊一品以下，從九品以上，亦有驃騎、車騎、衛、四征、四鎮、中軍、鎮軍、撫軍、翊軍、四安、冠軍、輔國、龍驤、鎮遠、安遠、建忠、建節、中堅、中壘、振威、奮威、廣德、宏義、折衝、制勝、伏波、陵江、輕車、樓船、勁武、昭勇、明威、顯信、度遼、横海、跋岷、越嶂、戎昭、武毅、雄烈、恢猛、揚摩、曜鋒、蕩邊、開城、靜漠、綏戎、平越、殄夷、飛騎、隼擊、武牙、武奮、清野、横野、偏裨等將軍，以褒賞勳庸。

自左右、前後將軍以下，至此四十號，唯四中郎將各一人，餘皆無定員。自車騎以下爲刺史，及都督義同三司者，置官，如領兵但云都督不義同三司者，不置從事中郎，置功曹一人，主吏簿上，漢末官也。漢東京司隸有功曹從事史，如諸州治中，因其名也。功曹參軍一人，主佐吏記室下，户曹上，監軍以下不置諮議、記室，餘則同矣。宋太宗已來，皇子、皇弟雖非都督，亦置記室參軍。小號將軍爲大郡邊守置佐吏者，又置長史，餘則同也。

領軍將軍一人，掌内軍，漢有南、北軍，衛京師。武帝置中壘校尉，掌北軍營。光武省中壘校尉，置北軍中侯，監五校營。魏武爲丞相，相府自置領軍，非漢官也。建安十二年，改爲中領軍，領禁兵。文帝受漢禪，始置領軍將軍，主五校、中壘、武衛三營。晉武帝初省，使中軍將軍羊祜統二衛、前後、左右、驍騎七軍營兵，即領軍之任也。復置北軍中侯，置丞一人。懷帝永嘉中，改中軍曰中領軍。元帝永昌元年，復改曰北軍中侯，尋復爲領軍。宋置領軍將軍一人，掌内軍；護軍將軍一人，掌外軍，其資輕者不曰將軍，而曰中領軍中、護軍官，屬有長史、司馬、功曹、主簿、參軍等。齊有領軍將軍及中領軍。

材官將軍一人，司馬一人，主工匠土木之事。漢左右校令其任也。魏右校又置材官校尉，主天下材木事。晉江左改材官校尉曰材官將軍，又罷左校令，後材官隸尚書起部及領軍。

護軍將軍一人，掌外軍。秦時護軍都尉。漢因之。陳平爲護軍中尉，盡護諸將，然則復以都尉爲中尉矣。武帝元狩四年，以護軍都尉屬大司馬。《漢書·李廣傳》：廣爲驍騎將軍，屬護軍將軍，蓋護軍護諸將軍。元壽元年，更名曰司寇。元始元年，更名護軍都尉。東京省。班固爲大將軍中護軍，隸將軍幕府，非漢朝列職。魏武爲相，以韓浩爲護軍，史奂爲領軍，非漢官也。建安十二年，改護軍爲中護軍，領軍爲中領軍，置長史、司馬。魏初因置護軍，主武官選，隸領軍。晉世則不隸也。晉永昌元年，省護軍并領軍。大寧二年，復置。魏、晉江左領護各領營兵。江左以來領軍不復別營，總統二衛。驍騎、材官諸軍，猶別有營也。領護資重者爲領軍，護軍將軍資輕重者，爲中領軍、中護軍，官屬有長史、司馬、功曹、主簿、五官受命出征則置參軍。諸爲將軍官皆敬護諸王爲將軍。相逢則領護讓道領軍，置長史以下官屬。齊有護軍將軍、中護軍。梁領軍將軍管天下兵要，謂之禁司，與左右僕射爲一流。中領與吏部尚書爲一流。陳因之。後魏有領軍護軍。又有領軍將軍、護軍將軍二軍，與領護不並置。北齊領軍，掌衛宮掖朱華閣外，凡禁衛官皆主之，與駕出入，督攝仗衛。中領軍亦同。有長史、司馬、功曹、五官、主簿、録事等官，並立佐史。又護軍府將軍一人，掌四中關津與駕出，則護駕。中護軍亦同。有長史、司馬、功曹、五官、主簿、録事釐其府事，其屬官東、西、南、北四中郎府皆統之。四府各中郎將一人，長史、司馬、録事、參軍統府録事，各一人。又有統府直兵，及功曹、倉曹、中兵、外兵、騎兵、長流城局等參軍各一人，法田録等曹行參軍各一人，又領諸關尉、津尉，而領軍加『大』自高歸彦始。【略】

左右衛將軍。漢京師有南、北軍，掌理禁衛。南軍若唐之諸衛，北軍若唐之羽林。初有衛將軍，魏末晉文王始置。中衛將軍，武帝分爲左右衛將軍，並有長史、司馬、五官、功曹、主簿。江左省長史。宋二衛將軍各一人，掌宿衛營兵，銀章青綬，武冠，絳朝服，佩水蒼玉。齊亦曰二衛，各領營兵，每暮，一人直宿。後增二衛，儀從爲九十人。陳因之。後魏正光元年七月，置左右衛將軍各二人。北齊二人，分掌左右廂，所主朱華閣以外。各武衛將軍二人貳之，屬領軍府，與領軍皆有司馬、功曹、主簿、録事等官釐其府事，其御仗屬官有御仗正副都督、御仗五職、御仗等員，其直盪屬官有直盪正副都督、直入正副都督、動武前鋒正副都督、動武前鋒五職等員，直衛屬官有直衛正副都督、翊衛正副都督、前鋒正副都督等員，直突屬官有直突都督、動武前鋒散都督等員，直閣屬官有朱衣直閣、直閣將軍、直寢、直齋、直後之屬。【略】

其官屬有長史一人。晉武帝置左右衛各有長史、司馬。東晉省長史，歷宋、齊、梁、陳，後魏、北齊並同。【略】

録事、參軍。各一人，東晉元帝初，爲鎮東大將軍置録事、參軍，自後無聞。梁皇弟、皇子府有録事、參軍，各一人。後魏二大公府各有第一、第二、第三品兩軍府，及始蕃王二、蕃王、三蕃王府各有録事、參軍官。北齊因之。【略】

倉曹參軍。各二人，東晉元帝爲鎮東大將軍，有倉曹參軍。宋武帝相府亦置。後魏與録事參軍同置。北齊隋左右衛府各有倉曹參軍一人，

兵曹參軍。各二人，歷代皆與倉曹同置。

騎曹參軍。一人，魏司馬景王爲大將軍，有騎兵。宋武帝爲相，有騎兵參軍。【略】

冑曹參軍。一人，東晉元帝爲鎮東大將軍，有鎧曹參軍。宋武帝爲相，亦有之。齊有左右鎧曹各一人。【略】凡自十六衛，及東宮十率府録事，及兵、倉、騎、冑等曹參軍通謂之衛佐，並爲美職。漢魏以來諸將軍有長史以下官屬。今諸衛所置，蓋亦因其舊號。

左右親衛中郎將。中郎將之名，秦漢以來有之，非此任也。此中郎將因隋每衛各置開府一員統之左、右中郎將一人，隋備身府置左、右郎將。

驍騎將軍。漢武帝元光六年，立離號將軍。後漢初改屯衛、驍騎。魏置爲中軍，有營兵，高功者主之。先有司馬、功曹、主簿，後省。晉領營兵，兼統宿衛。宋、齊有。梁以來其任踰重。天監六年，置左右驍騎，領朱衣直閣，並給儀從。出則羽儀清道，入則與二衛通直，臨軒則升殿夾侍。改舊驍騎曰雲騎。陳有左、右驍騎及雲騎。永平二年，詔曰左、右驍騎宜通文武，文官則用心腹，武官則用功臣，所給儀從，同太子二衛率。後魏、北齊並有驍騎將軍之職。後周有左、右驍騎率上士。梁天監六年三月，置左、右驍騎將軍，位親二率。五月改曰雲騎，下左右驍騎一階。北齊有武騎、雲騎將軍各一人。

游擊將軍。漢武立。以上是爲六軍。宋、齊、梁以領、護、左、右衛、驍騎、游擊爲六軍。梁天監六年，置游擊將軍。五月改曰游騎，下左、右游騎一階。曾立左、右游擊將軍，位親二率。北齊五人。

輔國將軍。漢獻帝立。宋泰始四年，改爲輔師將軍。元徽二年，復故。梁、後魏、後周、隋皆有奉車都尉六人，掌馭副車。【略】

輕車將軍。漢武立，梁、陳、後魏、北齊有。

殿中將軍。二十人，宋永初元年置。殿中員外將軍二十人，亦宋立。殿中司馬督，晉武帝時殿内宿衛，號曰三部司馬，置此二官，分隸左、右二衛，江左初，員十人。朝會宴饗則將軍戎服直侍左右，夜開諸城門，則執白虎幡監之。晉孝武太元中，改選以門閥居之。宋高祖永初初，增爲二十人，其後過員者謂之殿中員外將軍、員外司馬督，其後並無復員。梁武騎之職分司丹禁，侍衛左右。天監七年五月，又置朱衣直閤將軍，以經爲方牧者爲之。其以左、右驍游帶領者，量給儀從。北齊殿中將軍五十人，員外將軍一百人，殿中司馬督五十人，员外司馬督一百人，殿内將軍十五人，尋省；員外將軍二十人，殿内司馬督二十人，員外司馬督四十人，尋省，並以參軍府朝出使勞問。

典儀。《周官》司儀之屬也。《齊職儀》云：東宫殿中將軍屬官有導客局，置典儀録事一人，掌朝會之事。梁有典儀之職，未詳何曹之官，掌唱警、唱奏之事，朱服，武冠。陳亦有之。後魏置典儀監史，闕其員及所掌。

武衛將軍。漢末曹公爲丞相，有武衛營，置武衛中郎將。文帝立，改爲武衛將軍，主禁旅。晉氏不常置。宋大明二年九月復置，代殿中將軍之任，比員外散騎侍郎齊、梁、陳、隋又有建武、奮武、廣武等將軍。後魏普泰中，立六人。【略】

武騎常侍。無員。漢西京官，車駕游獵，常從射猛獸。後漢、魏、晉不置。宋世祖大明二年九月復置。比奉朝請。齊有。北齊二十五人。【略】

左右武侯衛。秦有中尉，掌徼循京師。如淳曰：所謂遊徼循禁、備盜賊也。顔師古曰：徼遮。漢武帝大初元年，更名執金吾。應劭曰：執者，禦也。掌執金革以禦非常。顔師古曰：金吾爲名也，主辟不祥。天子出職，主先導以禦非常。故執此爲之象，因以名官。緹騎二百人。緹騎，無秩，比史食俸。五百二十人，與服導從，光生滿路，羣僚之中斯最壯矣。舊掌京師盜賊，

椄按疑事，後漢掌宫外戒司非常水火之事，月三繞行宫外，及主兵器。魏武秉政，復爲中尉。晉初罷直，至後周置武環率、武侯率、下大夫各二人。

左右千牛衛。千牛，刀名後魏有千牛備身，掌執御刀，因以名職。北齊領左、右府，屬領軍府，有領左右將軍、領千牛備身，又有左右備身正副都督、左右備身五職、左右備身員，又有刀劍備身正副都督、刀劍備身五職、刀劍備身員，又有備身正副都督、備身五職員。【略】

四中郎將。東中郎將、南中郎將、西中郎將、北中郎將，並後漢置。江左彌重，或領刺史，或持節爲之。銀印青綬，服同將軍。齊有之。後魏霍太后時，四中郎將兵數寡弱，不足以襟帶京師，任城王澄奏宜以東中帶滎陽郡，南中帶魯陽郡，西中帶恆農郡，北中帶河南郡，選二品、三品親賢兼稱者居之。東魏天平元年，置四中郎將，東於礓石，西於蒲泉，南於濟北，北於洛水。其雜中郎將，若後漢有使匈奴中郎將，魏有武衛中郎將，晉有司金中郎將等是也。武定七年五月，詔以永平中權隸領軍，宜還屬護軍。天興四年七月，罷匈奴中郎將官，令諸部護軍皆屬大將軍府。

五官左、右中郎將。皆秦官。漢因之，並領三署郎。後漢從之。魏無三署郎，猶置左、右中郎將。晉武帝省左、右中郎將官。宋孝武大明六年正月，復置五官左、右中郎將，銀章青綬，武冠，絳朝服，佩水蒼玉。齊左、右中郎將屬西省。梁代並分司丹禁。北齊各五人。

虎賁中郎將。《周官》有虎賁氏，掌領虎士八百人，軍旅會同，君宿於外，則守王閑。閑，梐枑行馬也。漢武帝建元三年，初置期門，比郎中，蓋以微行出遊，選才力之士，執兵從送，期之諸門，故名期門，無員，多至千人。平帝元始元年，更名虎賁郎。舊名『虎賁』，言如虎之奔。置中郎將領之故。有虎賁中郎將，主虎賁宿衛官，插兩鶡尾，紗縠單衣，虎文錦袴，餘郎亦然。凡有虎賁中郎將、虎賁侍郎、虎賁郎中節從虎賁，皆父死子繼，若死王事，亦如之，前賢亦多爲者。宋比二千石。齊有。梁有虎賁將軍。北齊有十五人。

三都尉。奉車、駙馬、騎三都尉並漢武帝元鼎二年初置。舊無員，或以冠常侍，或卿尹、校尉左遷爲之。奉車，掌御乘與車。《漢官》曰三人。駙馬掌駙馬，駙馬非正駕車，皆爲副馬。一曰：駙，近也，疾也。騎都尉本監

羽林騎，漢官十人，晉武帝亦以皇室外族爲三部都尉，而奉朝請焉。元帝爲晉王，以參軍爲奉車都尉，掾屬爲駙馬都尉，行參軍舍人爲騎都尉，皆奉朝請。後罷奉車、騎二都尉，留駙馬都尉，奉朝請而已，諸尚公主者爲之。宋武帝永初已來，以朝請選雜，其尚公主者唯拜駙馬都尉。齊奉朝請、駙馬都尉，及散騎給事中等官並集書省職。《齊職儀》曰：凡尚公主拜駙馬都尉。天監七年九月，置童子奉車郎，而三都尉並無員秩，其奉車、騎、駙馬皆武官，絳朝服，銀章青綬。梁、陳駙馬皆尚公主者爲之。後魏駙馬都尉亦爲尚公主官，雖位高卿尹，而此職不去。奉車二十人，騎都尉六十人，北齊駙馬與後魏同。【略】漢武又立騎都尉。歷代皆有，北齊亦有奉車十人，騎都尉六十人。【略】

屯騎、步兵、越騎、長水、射聲五營校尉。並漢武帝置。屯騎、步兵，掌上林苑門屯兵。越騎，掌越人來降因以爲騎也。一説取其材力超越也。長水，掌長水宣曲胡騎。長水胡，部落名也。胡騎屯宣曲觀下。韋曜曰：長水校尉典胡騎，就近長水，故以爲名。長水蓋關中小水名也。射聲，掌射，聞聲則射之，故以爲名。漢光武初，改屯騎爲驍騎，越騎爲青巾。建武十五年，復舊。漢東京五校典宿衛，士自游擊至五校，魏、晉逮于江左初猶領營兵，並置司馬、功曹、主簿，後省二中郎將，本不領營也。宋永初元年，置五營校尉，秩二千石。齊有。北齊各十人。

冗從僕射。漢東京有中黄門、冗從僕射，非其職也。魏世因其名而置冗從僕射。齊有。梁有冗從將軍。北齊三十人。按：虎賁中郎將、冗從僕射、羽林監曰三將。宋永初元年七月復置三將是也。

羽林監。漢武帝太初元年初置監章營騎，掌從送，次期門後，後更名羽林騎，置令丞，言其爲國羽翼如林之盛。顔師古曰：如羽之疾，如林之多。一云象天文羽林星，主車騎也。宣帝令中郎將、騎都尉監羽林，謂之羽林中郎將，領郎百人，與虎賁中郎將、冗從僕射爲三將，謂之羽林郎，選隴西、漢陽、安定、北地、西河、上郡六郡良家子便弓馬者爲之。一名巖郎，言其禦侮巖除之下。《後漢·志》曰：言從游獵，還宿殿階巖下室中，故號『巖郎。』或説爲巖郎，取其巖屬素整也。又置羽林左、右監，《後漢·志》曰：羽林左監一人，主羽林左騎；羽林右監一人，主羽林右騎，皆六百石。取從軍死事之子孫養之。羽林官教以五兵，號曰羽林孤兒。五兵謂弓、矢、殳、矛、戈。光武中興以後，征伐士勞苦者爲之。其後復檢五營高手别爲左、右監。羽林父死子繼，與武賁同。所居之署謂之寺，二漢並屬光禄勳。魏羽林左、右監與漢同。晉罷羽林中郎將，又置一監。宋武帝永初元年七月復置。江右領營兵，江左無復營兵，羽林監六百石，及虎賁中郎將並銅印墨綬，武冠，絳朝服。其在陛列，則鶡尾冠。鶡鳥每鬬，死不止。絳紗縠單衣，江左不復著鶡冠。齊因之。後魏有羽林監。北齊置監十五人。後周有左、右羽林率。【略】梁有羽林將軍，北齊十五人。

州郡兵官員分部

綜述

《三國志》卷八《魏志·公孫瓚傳》（劉）虞從事漁陽鮮于輔、齊周、騎都尉鮮于銀等，率州兵欲報瓚，以燕國閻柔素有恩信，共推柔爲烏丸司馬。

又 **卷九《魏志·夏侯惇傳》** 復領陳留、濟陰太守，加建武將軍，封高安鄉侯。

又 **《曹真傳》** 文帝即王位，以真爲鎮西將軍，假節都督雍、涼州諸軍事。【略】黄初三年還京都，以真爲上軍大將軍，都督中外諸軍事，假節鉞。【略】轉拜中軍大將軍，加給事中。

又 **卷一五《魏志·司馬朗傳》** 朗以爲天下土崩之勢，由秦滅五等之制，而郡國無蒐狩習戰之備故也。今雖五等未可復行，可令州郡並置兵，外備四夷，内威不軌，於策爲長。又以爲宜復井田。往者以民各有累世之業，難中奪之，是以至今。今承大亂之後，民人分散，土業無主，皆爲公田，宜及此時復之。議雖未施行，然州郡領兵，朗本意也。

又 **《賈逵傳》** （豫）州南與吳接，刺史賈逵明斥候，繕甲兵，爲守戰之備，賊不敢犯。外修軍旅，内治民事，遏鄢、汝，造新陂，又斷山溜長谿水，造小弋陽陂，又通運渠二百餘里，所謂賈侯渠者也。

又 **卷一六《魏志·任峻傳》** 任峻字伯達，河南中牟人也。漢末擾亂，關東皆震。中牟令楊原愁恐，欲棄官走。峻説原曰：『董卓首亂，天下莫不側目，然而未有先發者，非無其心也，勢未敢耳。明府若能唱之，必有和者。』原曰：『爲之奈何？』峻曰：『今關東有十餘縣，能勝兵者不減萬人，若權行河南尹事，總而用之，無不濟矣。』原從其計，以峻爲主簿。峻乃爲原表行尹事，使諸縣堅守，遂發兵。會太祖起關東，入中牟界，衆不知所從，峻獨與同郡張奮議，舉郡以歸太祖。峻又別收宗族及賓客家兵數百人，原從太祖。太祖大悦，表峻爲騎都尉，妻以從妹，甚見親信。

又《杜畿傳》 以固爲都督，行丞事，領功曹；將校吏兵三千餘人，皆范先督之。固等喜，雖陽事畿，不以爲意。固欲大發兵，畿患之，説固曰：『夫欲爲非常之事，不可動衆心。今大發兵，衆必擾，不如徐以貲募兵。』固以爲然，從之，遂爲貲調發，數十日乃定，諸將貪多應募而少遣兵。又入喻固等曰：『人情顧家，諸將掾吏，可分遣休息，急緩召之不難。』固等惡逆衆心，又從之。於是善人在外，陰爲己援；惡人分散，各還其家，則衆離矣。

又《杜恕傳》 時公卿以下大議損益，恕以爲『古之刺史，奉宣六條，以清靜爲名，威風著稱，今可勿令領兵，以專民事。』俄而鎮北將軍呂昭又領冀州，乃上疏曰：

帝王之道，莫尚乎安民；安民之術，在於豐財。豐財者，務本而節用也。方今二賊未滅，戎車亟駕，此自熊虎之士展力之秋也。然搢紳之儒，橫加榮慕，搤腕抗論，以孫、吳爲首，州郡牧守，咸共忽恤民之術，脩將率之事，農桑之民，競干戈之業，不可謂務本。帑藏歲虛而制度歲廣，民力歲衰而賦役歲興，不可謂節用。今大魏奄有十州之地，而承喪亂之弊，計其户口不如往昔一州之民，然而二方僭逆，北虜未賓，三邊遘難，繞天略帀；所以統一州之民，經營九州之地，其爲艱難，譬策羸馬以取道里，豈可不加意愛惜其力哉？以武皇帝之節儉，府藏充實，猶不能十州擁兵；郡且二十也。今荆、揚、青、徐、幽、并、雍、凉緣邊諸州皆有兵矣，其所恃内充府庫外制四夷者，惟兖、豫、司、冀而已。臣前以州郡典兵，則專心軍功，不勤民事，宜別置將守，以盡治理之務；而陛下復以冀州寵秩呂昭。冀州户口最多，田多墾闢，又有桑棗之饒，國家徵求之府，誠不當復任以兵事也。若以北方當須鎮守，自可專置大將以鎮安之。計所置吏士之費，與兼官無異。然昭於人才尚復易；中朝苟乏人，兼才者勢不獨多。以此推之，知國家以人擇官，不爲官擇人也。官得其人，則政平訟理；政平故民富貴，訟理故囹圄空虛。陛下踐阼，天下斷獄百數十人，歲歲增多，至五百餘人矣。民不益多，法不益峻。以此推之，非政教陵遲，牧守不稱之明效歟？往年牛死，通率天下十能損二；麥不半收，秋種未下。若二賊遊魂於疆埸，飛芻輓粟，千里不及。究此之術，豈在彊兵乎？武士勁卒愈多，愈多愈病耳。夫天下猶人之體，腹心充實，四支雖病，終無大患；今兖、豫、司、冀亦天下之腹心也。是以愚臣慺慺，實原四州之牧守，獨脩務本之業，以堪四支之重。然孤論難持，犯欲難成，衆怨難積，疑似難分，故累載不爲明主所察。凡言此者，類皆疏賤；疏賤之言，實未易聽。若使善策必出於親貴，親貴固不犯四難以求忠愛，此古今之所常患也。

又 卷二三《魏志·裴潛傳》 潛出爲沛國相，遷兖州刺史。太祖次摩陂，歎其軍陳齊整，特加賞賜。

又 卷二八《魏志·王淩傳》 文帝踐阼，拜散騎常侍，出爲兖州刺史，【略】仍徙爲揚、豫州刺史，咸得軍民之歡心。【略】正始初，爲征東將軍，假節都督揚州諸軍事。二年，【略】進封南鄉侯，邑千三百五十户，遷車騎將軍、儀同三司。

是時，淩外甥令狐愚以才能爲兖州刺史，屯平阿。舅甥並典兵，專淮南之重。

又 卷四三《蜀志·馬忠傳》 先主東征，敗績猇亭，巴西太守閻芝發諸縣兵五千人以補遺闕，遣忠送往。

晉·常璩《華陽國志》卷八《大同志》 太康三年，更以益、梁州爲輕車刺史，乘傳奏事。以蜀多羌夷，置西夷府，以平吳軍司張牧爲校尉，持節統兵。州別立治。西夷治蜀。各置長史、司馬。五年，罷寧州諸郡還益州。置南夷校尉，持節，如西夷，皆舉秀才、廉良。【略】元康六年，復以梁益州爲重州，遷益州刺史栗□爲梁州，加材官將軍，揚烈將軍趙廞爲益州刺史，加折衝將軍。

《後漢書》卷二八《百官志五》劉昭注 臣昭曰：昔在先代，列爵殊等，九服不同，畿荒制異。雖連帥相司，牧伯分長，而封疆置限，兼庸有數，如身之使臂，手之使指，故能高卑相固，遠近維緝，髃后克穆，共康兆庶。爰及周衰，稍競吞廣，邦國侵爭，遞懷貪略，猶歷數百年，乃能成其幷一，豈非樹之有本，使其然乎？秦兼天下，開設郡縣，孤立獨王，卽以顛亡。漢祖因循，雖不頓革，分置子弟，終龕諸呂之難，漸剖列郡，以減大都之權。後嚴安之徒，猶忼慨發憤，謂千里之威，卽古之强國，慮非安本無窮之計也。孝武之末，始置刺史，監糾非法，不過六條，傳車周流，匪有定鎮，秩裁數百，威望輕寡，得有察舉之勤，未生陵犯之釁。成帝改牧，其萌始大，既非識治之主，故無取焉爾。世祖中興，監乎政本，復約其職，還遵舊制，斷親奏事，省入惜煩，漸得自重之路。因茲以降，彌於歲年，母后當朝，多以弱守，六合危動，四海潰弊，財盡力竭，綱維撓毀，而八方不能內侵，諸侯莫敢入伐，豈非幹强枝弱，控制素重之所致乎？至孝靈在位，横流既及，劉焉徼偽，自爲身謀，非有憂國之心，專懷狼據之策，抗論昏世，薦議愚主，盛稱宜重牧伯，謂足鎮壓萬里，挾姦樹筭，苟罔一時，豈可永爲國本，長期勝術哉？夫聖主御世，莫不大庇生民，承其休謀，傳其典制。猶云事久弊生，無或通貫，故變改正服，革異質文，分爵三五，參差不一。況在豎騃之君，挾奸詐之臣，共所創置，焉可仍因？大建尊州之規，竟無一日之治。故焉牧益土，造帝服於岷、峨；袁紹取冀，下制書於燕、朔；劉表荆南，郊天祀地；魏祖據兖，遂構皇業；漢之殄滅，禍源乎此。

及臻後代，任寄彌廣，委之邦宰之命，授之斧鉞之重，假之都督之威，開之征討之略。晉太康之初，武帝亦疑其然，乃詔曰：『上古及中代，或置州牧，或置刺史，置監御史，皆總綱紀，而不賦政，治民之事，任之諸侯郡守。昔漢末四海分崩，因以吳、蜀自擅，自是刺史內親民事，外領兵馬，此一時之宜爾。今賴宗廟之靈，士大夫之力，江表平定，天下合之爲一，當韜戢干戈，與天下休息。諸州無事者罷其兵，刺史分職，皆如漢氏故事，出頒詔條，入奏事京城。二千石專治民之重，監司清峻於上，此經久之體也。其便省州牧。』晉武帝又見其弊矣，雖有其言，不卒其事，後嗣纘繼，牧鎮愈重，據地分爭，竟覆天下。

昔王畿之大，不過千里，州之所司，廣袤兼遠。爭强虎視之辰，遷鼎革終之日，未嘗不藉蕃兵之權，挾董司之力，逼迫伺隙，陵奪沖幼。其甚者臣主揚兵，骨肉戰野，昆弟梟懸，伯叔屠裂。末壯披心，尾大不掉，既用此始，亦病以終。

傾輈愈襲，莫或途改，致雒京有銜璧之痛，秦臺有不守之酷。胡、羌遞興，氐、鮮更起，靡滅髃黎，流禍百世。堅冰所漸，兼緣茲蠹。嗚呼！後之聖王，必不久滯斯迹，靈長之終，當有神筭。不然，則雄捍反拒之事，懼甚於此心，憑强作害之謀，方盛於後意。

《宋書》卷三九《百官志》 魏文帝黄初二年，始置都督諸州軍事，或領刺史。

《南齊書》卷五七《魏虜傳》 乃於梁山置一軍，南置三軍，慈姥置一軍，洌州置二軍，三山置二軍，白沙洲置一軍，蔡州置五軍，長蘆置三軍，菰浦置二軍，徐浦置一軍，内外悉班階賞，以示威刑。

《魏書》卷一九下《章武王彬傳》 是時吐京胡反，詔彬持節，假平北將軍，行汾州事，率幷肆之衆往討之。【略】彬奉詔大懼，而率州兵，身先將士，討胡平之。

又 卷五八《楊播傳》 自太祖平中山，多置軍府，以相威攝。凡有八軍，軍各配兵五千，食禄主帥軍各四十六人。自中原稍定，八軍之兵，漸割南戍，一軍兵纔千餘，然主帥如故，費禄不少。椿表罷四軍，減其帥百八十四人。州有宗子稻田，屯兵八百户，年常發夫三千，草三百車，修補畦堰。椿以屯兵惟輸此田課，更無徭役，及至閑月，卽應修治，不容復勞百姓，椿亦表罷。朝廷從之。

隋・虞世南《北堂書鈔》卷七二《設官部・刺史》注 王隱《晉書》云：太康三年，罷刺史將軍官，刺史依漢制，三年一入奏事。

《梁書》卷一二《韋睿傳》 出爲輔國將軍、豫州刺史、領歷陽太守。（天監）三年，魏遣衆來寇，率州兵擊走之。

《陳書》卷一四《鄭萬頃傳》 尋拜散騎常侍、昭武將軍、豊州刺史。【略】初，萬頃之在周，深被隋文帝知遇，及隋文踐祚，常思還北。及王勇之殺方慶，萬頃乃率州兵拒勇，遣使由間道降于隋軍。拜上儀同，尋卒。

《周書》卷二三《蘇椿傳》 大統初，拜鎮東將軍、金紫光禄大夫，賜姓賀蘭氏。四年，出爲武都郡守。改授西夏州長史，除帥都督，行弘農郡事。椿當官强濟，特爲太祖所知。十四年，置當州鄉帥，自非鄉望允當衆心，不得預焉。乃令驛追椿領鄉兵。

又 卷二八《史寧傳》 久之，遷車騎將軍、行涇州事。時賊帥莫折後熾寇掠居民，寧率州兵與行原州事李賢討破之。

又 卷三〇《于翼傳》 孝閔帝踐阼，出爲渭州刺史。【略】賀蘭祥討吐谷渾，翼率州兵先鋒深入。以功增邑一千二百户。尋徵拜右宫伯。

又 卷三二《柳敏傳》 及文帝剋復河東，見而器異之，乃謂之曰：『今日不喜得河東，喜得卿也。』即拜丞相府參軍事。俄轉户曹參軍，（掌）［兼］記室。每有四方賓客，恒令接之，爰及吉凶禮儀，亦令監綜。又與蘇綽等修撰新制，爲朝廷政典。遷禮部郎中，封武城縣子，加帥都督，領本鄉兵。俄進大都督。

又 卷三七《郭彦傳》 郭彦，太原陽曲人也。其先從宦關右，遂居馮翊。父胤，郡功曹、靈武令。彦少知名，太祖臨雍州，辟爲西曹書佐。尋除開府儀同主簿，轉司空記室、太尉府屬，遷虞部郎中。大統十二年，初選當州首望，統領鄉兵，除帥都督、持節、平東將軍。

又 卷三九《韋瑱傳》 大統八年，齊神武侵汾、絳，瑱從太祖御之。軍還，令瑱以本官鎮蒲津關，帶中潬城主。尋除蒲州總管府長史。頃之，征拜鴻臚卿。以望族，兼領鄉兵，加帥都督。遷大都督，通直散騎常侍，行京兆郡事，進車騎大將軍、儀同三司、散騎常侍。

《晉書》卷四三《山濤傳》 吴平之後，帝詔天下罷軍役，示海内大安，州郡悉去兵，大郡置武吏百人，小郡五十人。帝嘗講武于宣武場，濤時有疾，詔乘步輦從。因與盧欽論用兵之本，以爲不宜去州郡武備，其論甚精。于時咸以濤不學孫吴，而闇與之合。帝稱之曰：『天下名言也。』而不能用。及永寧之後，屢有變難，寇賊猋起，郡國皆以無備不能制，天下遂以大亂，如濤言焉。

又 卷五四《陸機傳》 陸機字士衡，吴郡人也。祖遜，吴丞相。父抗，吴大司馬。機身長七尺，其聲如鐘。少有異才，文章冠世，伏膺儒術，非禮不動。抗卒，領父兵爲牙門將。年二十而吴滅，退居舊里，閉門勤學，積有十年。

又 卷五七《滕修傳》 滕修字顯先，南陽西鄂人也。仕吴爲將帥，封西鄂侯。孫晧時，代熊睦爲廣州刺史，甚有威惠。征爲執金吾。廣州部曲督郭馬等爲亂，晧以修宿有威惠，爲嶺表所伏，以爲使持節、都督廣州軍事、鎮南將軍、廣州牧以討之。未克而王師伐吴，修率衆赴難。至巴丘而晧已降，乃縞素流涕而還，與廣州刺史閭豐、蒼梧太守王毅各送印綬，詔以修爲安南將軍，廣州牧、持節、都督如故，封武當侯，加鼓吹，委以南方事。修在南積年，爲邊夷所附。

又 《馬隆傳》 初，涼州刺史楊欣失羌戎之和，隆陳其必敗。俄而欣爲虜所没，河西斷絶，帝每有西顧之憂，臨朝而歎曰：『誰能爲我討此虜通涼州者乎？』朝臣莫對。隆進曰：『陛下若能任臣，臣能平之。』帝曰：『必能滅賊，何爲不任，顧卿方略何如耳。』隆曰：『陛下若能任臣，當聽臣自任。』帝曰：『云何？』隆曰：『臣請募勇士三千人，無問所從來，率之鼓行而西，稟陛下威德，醜虜何足滅哉！』帝許之，乃以隆爲武威太守。公卿僉曰：『六軍既衆，州郡兵多，但當用之，不宜横設賞募以亂常典。隆小將妄説，不可從也。』帝弗納。

又 《陶璜傳》 吴既平，普減州郡兵，璜上言曰：『交土荒裔，斗絶一方，或重譯而言，連帶山海。又南郡去州海行千有餘里，外距林邑纔七百里。夷帥范熊世爲逋寇，自稱爲王，數攻百姓。且連接扶南，種類猥多，朋黨相倚，負險不賓。往隸吴時，數作寇逆，攻破郡縣，殺害長吏。臣以尫駑，昔爲故國所採，偏戍在南，十有餘年。雖前後征討，翦其魁桀，深山僻穴，尚有逋竄。又臣所統之卒本七千餘人，南土溫濕，多有氣毒，加累年征討，死亡減耗，其見在者二千四百二十人。今四海混同，無思不服，當卷甲清刃，禮樂是務。而此州之人，識義者寡，厭其安樂，好爲禍亂。又廣州南岸，周旋六千餘里，不賓屬者乃五萬餘户，及桂林不羈之輩，復當萬户。至於服從官役，纔五千餘家。二州脣齒，唯兵是鎮。又寧州興古接據上流，去交阯郡千六百里，水陸並通，互相維衛。州兵未宜約損，以示單虚。夫風塵之變，出於非常。臣亡國之餘，議不足採，聖恩廣厚，猥垂飾擢，蠲其罪釁，改授方任，去辱即寵，拭目更視，誓念投命，以報所受，臨履所見，謹冒瞽陳。』又以『合浦郡土地磽确，無有田農，百姓唯以采珠爲業，商賈去來，以珠貿米。而吴時珠禁甚嚴，慮百姓私散好珠，禁絶來去，人以飢困。又所調猥多，限每不充。今請上珠三分輸二，次者輸一，粗者蠲除。自十月訖二月，非采上珠之時，聽商旅往來如舊』。並從之。

又　《**吾彥傳**》　會交州刺史陶璜卒，以彥爲南中都督、交州刺史。

又　**卷九〇《良吏傳·丁紹》**　時南陽王模爲都督，留紹，啓轉爲冀州刺史。到鎮，率州兵討破汲桑有功，加寧北將軍、假節、監冀州諸軍事。

又　**卷一一一《慕容暐載記》**　豫州刺史李邦率州兵五千斷温餽運。

《南史》卷五八《韋叡傳》　天監二年，改封永昌，再遷豫州刺史，領歷陽太守。魏遣衆來伐，叡率州兵擊走之。

元·馬端臨《文獻通考》卷一五一《兵考三·兵制》　魏制略如東漢，南北軍如故。

魏武爲相國，置武衛營，相府以領軍主之。

文帝增置中營，於是武衛、中壘二營，以領軍將軍併五校統之。是時有中、左、右、前軍各一帥，又有中護、中領軍、領護軍將軍各一人。

黄初中，復令州郡典兵，州置都督，尋加四征、四鎮將軍之號，又置大將軍，都督中外兵之柄，世在司馬氏，而魏祚移矣。

吳多舟師，而兵有解煩、敢死兩部，又有車下虎士，《甘寧傳》：『從攻合肥，疫疾，軍旅皆已引出，唯車下虎士千餘人。』丹陽青巾，《孫皓傳》：『丹陽太守沈瑩領丹陽鋭卒刀楯五千，號曰「青巾兵」，屢捷。』交州義士《步騭傳》：『權遣呂岱代騭，騭將交州義士萬人出長沙。』及健兒、武射之名。調度亦無法，健兒見《淩統》、《甘寧傳》，武射吏見《駱統傳》。大率强者爲兵，羸者補户，見《陸遜傳》。至有二百餘家輒皆料取，以他郡羸民還補其處。《陳武傳》：『武子表領新安都尉。初，表所受賜復人得二百家，在會稽新安縣。表簡視其人皆堪好兵，乃上疏陳讓，乞以還官，充足精鋭。詔曰：「先將軍有功於國，國家以此報之，卿何得辭。」表乃稱曰：「今除國賊，報父之讎，以人爲本。空枉此勁鋭以爲童僕，非表志也。」皆輒料取以充部伍。所在以聞，權甚嘉之。下郡縣，料正户羸民，以補其處。』其後又以五子分將，而吳遂亡。

晉文帝置二衛，中衛、後衛。三部司馬，前驅、由基、强弩。以中領之軍領之。武帝以伐吳，遂分左、右各一將軍，又置羽林、虎賁、上騎、異力四部，皆領於驍騎。又有左、右、前、後四軍，四護軍領之。凡二衛、左、右、前、後驍騎七軍，皆以中軍將軍羊祜領之。祜罷，改北中軍候。

帝懲魏氏孤立，大封同姓。大國三軍，兵五千人；次國二軍，兵三千人；小國一軍，兵千五百人。

太康元年，既平吳，詔悉去州郡兵。

詔曰：『昔自漢末，四海分崩，刺史内親民事，外領兵馬。今天下爲一，當韜戢干戈，刺史分職，皆如漢氏故事，悉去州郡兵，郡置武吏百人，小郡五十人。』交州牧陶璜上言：『交、廣東西數千里，不賓屬者六萬餘户，至於服從官役纔五千餘家，二州唇齒，唯兵是鎮。又寧州諸夷，接據上流，水陸俱通，州兵未宜約損，以示單虚。』僕射山濤亦言不宜去州郡武備，帝不聽。及永寧以後，盜賊羣起，州郡無備，不能禽制，天下遂大亂，乃濤所言然，其後刺史復兵民之政，州鎮愈重矣。

元帝南渡有大將軍、都督、四鎮、四征、四平之號，然調兵不出三吳，大發毋過三萬，每議出討，多取奴兵。

自用刁協議，後皆以奴爲兵。會稽王道子發諸郡奴，號曰樂屬，庾翼發六州奴北伐是也。

漢主劉聰置輔漢等十六大將軍，各配兵二千，以諸子爲之。又置左右司隸，各領户二十餘萬，萬户置一内史。單于左右輔，各主六夷十萬落，萬落置一都尉。趙王石虎命司冀、青、徐、幽、并、雍七州之民，五丁取三，四丁取二，合鄴城舊兵滿五十萬，興舡萬艘，自河通海，運穀千一百萬斛於樂安城，徙遼西、北平、漁陽萬餘户於兖、豫、雍、洛四州之地，興屯田，括民馬得萬餘。大閲於宛陽，欲以擊燕。又制征士五人出軍一乘，牛二頭，米十五斛，絹十疋，調不辦者斬，民至鬻子以共軍須，猶不能給，死者相望。

秦王苻堅下詔大舉入寇，民每十丁遣一兵，其良家子二十以下有材勇者皆拜羽林郎。良家子至者三萬餘騎。

宋文帝元嘉二十七年，大舉伐魏，以兵力不足，悉發青、冀、徐、豫、二兖六州三五民丁，倩使暫行，符到十日裝束。緣江五郡集廣陵，緣淮三郡集盱眙。又募中外有馬步衆藝武力之士應科者，皆加厚賞。江南白丁輕進易退，卒以敗師。

晉氏南遷，以揚州爲京畿，所資皆出焉。以荆、江爲重鎮，甲兵所聚盡在焉。常使大將居之，三州户口居江南之半。宋孝武惡其大，故分揚州、浙東五郡，置東揚州，治會稽，分荆、湘、江、豫州之郡，置郢州，治江夏。罷南蠻校尉，遷其營於建康。

齊高祖受禪。自泰始以來，内外多虞，將帥各募部曲，屯聚建康。李安上表請自非淮北常備，其外餘軍悉皆輸遣，若親近宜以隨身者聽限人數，上從之。武帝末年，魏孝文欲遷都洛陽，聲言南伐，詔發揚、徐州民丁，廣設詔募以備之。

後魏明元帝置四厢大將，又放十二時，置十二小將。詔諸州六十户出戎馬一疋，大閲於東郊，署將帥，以山陽侯奚斤爲前軍，衆三萬，陽平王熙等十二將各一萬騎。帝臨白登，躬自校覽。其後又詔天下户二十輸戎馬一疋，大牛一頭，六部人羊滿百口者，調戎馬一疋。

太平真君十一年，遣師南伐，圍盱眙，遺臧質書曰：『吾今所遣鬬兵，盡非我國人，城東北是丁零與胡，南是氐、羌。設使丁零死，正可減常山、趙郡賊；胡死，減幷州賊；氐、羌死，減關中賊。卿殺之無所不利。』

孝文帝定都洛陽，選武勇之士十五萬人爲羽林、虎賁，以充宿衛。其後詔軍士自代來者，皆以爲羽林、虎賁。司州民十二夫調一吏，以供公私力役。

宣武時，源懷奏：『邊鎮事少，而置官猥多。沃野一鎮，自將以下八百餘人，請一切五分損二。』從之。

孝明時，任城王澄以北邊鎮將選舉彌輕，恐賊虜橑邊，山陵危迫，奏求重鎮將之選，修警備之嚴。詔公卿議之。廷尉少卿袁翻議，以爲：『比緣邊州郡，官不擇人，唯論資級。或值貪汙之人，廣開戍邏，多置帥領，或用其左右姻親，或受人貨財請屬，皆無防寇之心，唯有聚斂之意。其勇力之兵，驅令抄掠，若值彊敵，即爲奴虜；如有執獲，奪爲己富。其羸弱老小之輩，微解金鐵之工，少閑草木之作，無不搜營窮壘，苦役百端。自餘或伐木深山，或芸草平陸，販貿往還，相望道路。此等禄既不多，貲亦有限，皆收其實絹，給其虛粟，窮其力，薄其衣，用其功，節其食，緣冬歷夏，加之疾苦，死於溝瀆者什常七八，是以鄰敵伺間，擾我疆埸，皆由邊任不得其人故也。愚謂自今已後，南北邊諸番，及所統郡縣，府佐、統軍至於戍主，皆令朝臣王公已下，各舉所知，必選其才，不拘階級。若稱職及敗官，並所舉之人，隨事賞罰。』太后不能用。及正光之末，北邊盜賊羣起，遂逼舊都，犯山陵，如澄所慮。

李崇長史鉅鹿魏蘭根説崇曰：『昔緣邊初置諸鎮，地廣人稀，或徵發中原强宗子弟，或國之肺腑，寄以爪牙。中年以來，有司號爲府户，役同廝養，官婚班齒，致失清流，而本來族類，各居榮顯，顧瞻彼此，理當憤怨。宜改鎮立州，分置郡縣，凡是府户，悉免爲民。入仕次敘，一準其舊，文武兼用，威恩並施。此計若行，國家無北顧之憂矣。』崇爲之聞奏，事寢不報。

廣陽王深上言：『先朝都平城，以北邊爲重，盛簡親賢，擁麾作鎮，配以高門子弟，以死防遏，非唯不廢仕宦，乃更獨得復除，當時人物，欣慕爲之。太和中，僕射李沖用事，涼州土人，悉免廝役，帝鄉舊門，仍防邊戍。自非得罪當世，莫肯與之爲伍。本鎮驅使，但爲虞候、白直，一生推遷，不過軍主。然其同族留京師者得上品通官，在鎮者即爲清途所隔。或多逃逸，乃峻邊兵之格，鎮人不聽，浮遊在外，於是少年不得從師，長者不得遊宦，獨爲匪人，言之流涕。自定鼎伊、洛，邊任益輕，唯底滯凡才，乃出爲鎮。轉相模習，專事聚斂。或諸方姦吏，犯罪配邊，爲之指蹤，政以賄立，邊人無不切齒。及阿那瓌背恩，縱掠竊奔，命追之，十五萬衆度沙漠，不日而還。邊人見此援師，遂自意輕中國。尚書令臣崇求改鎮爲州，抑亦先覺，朝廷未許。而高闕戍主御下失和，拔陵殺之，遂相帥爲亂，攻城掠地，所過夷滅。王師屢北，賊黨日盛。此段之舉，指望銷平，而崔暹隻輪不返。臣崇與臣，逡巡復路，相與還次雲中，將士之情，莫不解體。今日所慮，非止西北，將恐諸鎮尋亦如此，天下之事，何易可量。』書奏，不省。

孝明神龜二年，征西將軍張彝子仲瑀上封事，求銓削選格，排抑武人，不使豫清品，於是諠謗盈路，立榜剋期集會，屠其家。二月，羽林、虎賁近千人，直造其第，焚殺彝父子，遠近震駭。胡太后收羽林、虎賁凶强者八人斬之，其餘不復窮治，大赦以安之。高歡時給使至洛，歸而散家財以結客，曰：『宿衛相帥焚大臣之第，朝廷懼其亂而不問，爲政如此，事可知矣。』

按先儒因高歡之言，以爲當時不能伸張彝之冤酷，殲羽林之驕横，可以見魏政之不綱。然愚嘗考之，拓跋氏起自雲、朔，據有中原，兵戎乃其所以爲國也，羽林、虎賁則宿衛之兵，六鎮將卒則禦侮之兵，往往皆代北部落之苗裔，其初藉之以横行中國者。孝文詔軍士自代來者，皆以爲羽林、虎賁。自孝文定鼎伊、洛，務欲以夏變夷，遂至矯枉過正，宗文鄙武，六鎮兵卒，多擯抑之，有同奴隸，邊任浸輕，裔夷内侮，魏之衰弱實肇於此。任城、廣陽二王之言，可見當時爲國遠慮者。正當少遵創造之規，優假介胄之士，以救其偏。而彝復欲排抑武人，不豫清品，且當時幼主尸位，政出房闥，選舉無章，賢否混雜，所謂清品，豈皆佳士？而獨欲擯羽林、虎賁，使不得預乎？軍士賊殺大臣而不能討，紀綱隳矣！然彝父子謀之不臧，固有以取死也。

北齊軍制，別爲内外，領之二曹，外步兵曹，内騎兵曹，十八受田，二十充兵，六十免役，頗追古意。

神武王將出兵拒魏，行臺郎中杜弼請先除内賊，歡問内賊爲誰，弼曰：『諸勳貴掠奪百姓者是也。』歡不應，使軍士皆張弓注矢，舉刀按矟，夾道羅列，命弼冒出其間，弼戰慄流汗，歡乃徐諭之曰：『矢雖注，不射；刀雖舉，不擊；槊雖按，不刺。爾猶亡魂失膽。諸勳人身犯鋒鏑，百死一生，雖或貪鄙，所取者大，豈可同之常人也？』弼乃頓首謝不及。歡每號令軍人，常令丞相屬代郡張華原宣旨，其語鮮卑，則曰：『漢民是汝奴，夫爲汝耕，婦爲汝織，輸汝粟帛，令汝温飽，汝何爲陵之？』其語華人，則曰：『鮮卑是汝作客，得汝一斛粟，一疋絹，爲汝擊賊，令汝安寧，汝何爲疾之？』

周太祖輔西魏時，用蘇綽言，始仿周典置六軍，籍六等之民，擇魁健材力之士，以爲之首，盡蠲租調，而刺史以農隙教之，合爲百府。每府一郎將主之，分屬二十四軍，開府各領一軍。大將軍凡十二人，每一將軍統二開府。一柱國主二大將，將復加持節都督以統焉。凡柱國六員，衆不滿五萬人。

閔帝時，改八丁兵爲十二丁兵，率歲一月一役。

武帝既誅晉公護，始親政。初，周太祖爲魏相，立左右十二軍，總屬相府。太祖殂，皆受晉公護處分。凡所徵發，非護書不行，護第屯兵侍衛盛於宫闕。帝既親政，始收兵權，既克齊之後，併相，各置六府，而東北別爲七總管。

州級政府機構部

州牧刺史分部

綜　述

《三國志》卷一五《魏志・賈逵傳》 是時天下初復，州郡多不攝。逵曰：『州本以御史出監諸郡，以六條詔書察長吏二千石已下，故其狀皆言嚴能鷹揚有督察之才，不言安靜寬仁有愷悌之德也。今長吏慢法，盜賊公行，州知而不糾，天下復何取正乎？』兵曹從事受前刺史假，逵到官數月，乃還；考竟其二千石以下阿縱不如法者，皆舉奏免之。帝曰：『逵眞刺史矣。』佈告天下，當以豫州爲法。賜爵關内侯。

州南與吴接，逵明斥候，繕甲兵，爲守戰之備，賊不敢犯。外修軍旅，内治民事，遏鄢、汝，造新陂，又斷山溜長谿水，造小弋陽陂，又通運渠二百餘里，所謂賈侯渠者也。

又　卷三一《蜀志・劉二牧傳》 焉覩靈帝政治衰缺，王室多故，乃建議言：『刺史、太守，貨賂爲官，割剝百姓，以致離叛。可選清名重臣以爲牧伯，鎮安方夏。』焉【略】出爲監軍使者，領益州牧，封陽城侯。

《後漢書》卷七五《劉焉傳》 時靈帝政化衰缺，四方兵寇，焉以爲刺史威輕，既不能禁，且用非其人，輒增暴亂，乃建議改置牧伯，鎮安方夏，清選重臣，以居其任。【略】出焉爲監軍使者，領益州牧，太僕黄琬爲豫州牧，宗正劉虞爲幽州牧，皆以本秩居職。州任之重，自此而始。

《宋書》卷四〇《百官志下》　刺史，每州各一人。【略】後漢世，所治始有定處，止八月行部，不復奏事京師。晉江左猶行郡縣詔，棗據《追遠詩》曰：『先君爲鉅鹿太守，迄今三紀。忝私爲冀州刺史，班詔次于郡傳』是也。靈帝世，天下漸亂，豪桀各據有州郡，而劉焉、劉虞並自九卿出爲益州、幽州牧，其任漸重矣。【略】牧二千石，刺史，六百石。

《南齊書》卷一六《百官志》　州牧、刺史。

魏、晉世州牧隆重，刺史任重者爲使持節都督，輕者爲持節督，起漢從帝時，御史中丞馮赦討九江賊，督揚、徐二州軍事，而何、徐《宋・志》云起魏武遣諸州將督軍，王珪之《職儀》云起光武，並非也。晉太康中，都督知軍事，刺史治民，各用人。惠帝末，乃并任，非要州則單爲刺史。州朝置别駕、治中、議曹、文學祭酒、諸曹部從事史。

又　卷二二《豫章文獻王嶷傳》　會北虜動，上思爲經略。乃詔曰：『神牧總司王畿，誠爲治要；荆楚領馭遐遠，任寄弘隆。自頃公私凋盡，綏撫之宜，尤重恒日。』復以爲都督荆湘雍益梁寧南北秦八州諸軍事、南蠻校尉，荆湘二州刺史，持節、侍中、將軍、開府如故。晉宋之際，刺史多不領南蠻，别以重人居之，至是有二府二州。荆州資費歲錢三千萬，布萬匹，米六萬斛，又以江、湘二州米十萬斛給鎮府，湘州資費歲七百萬，布三千匹，米五萬斛；南蠻資費歲三百萬，布萬匹，綿千斤，絹三百匹，米千斛，近代莫比也。尋給油絡俠望車。

隋・虞世南《北堂書鈔》卷七二《設官部二十四・刺史》　天王所使。黄恭《交州記》：刺者言其刺舉不法，史者使也。言爲天子之所使也。【略】三年入奏事。王隱《晉書》云：太康三年，罷刺史、將軍官。刺史依漢制三年一入奏事。

《隋書》卷二六《百官志上・梁》　州刺史二千石，受拜之明日，辭宫廟而行。州置别駕、治中從事各一人，主簿，西曹，議曹從事，祭酒從事，部傳從事，文學從事，各因其州之大小而置員。

又　卷二七《百官志中・北齊》　司州，置牧。屬官有别駕從事史，治中從事史，州都，主簿，西曹書佐，記室，户曹，功曹，金曹，租曹，兵曹，騎曹，都官，法曹，部郡等從事員。主簿置史，西曹已下各置掾史。又領西、東市署令、丞，及統清都郡諸畿郡。

《晉書》卷三《武帝紀》　（太康三年）秋七月，罷平州、寧州刺史三年一入奏事。

又　卷二四《職官志》　州置刺史，别駕、治中從事、諸曹從事等員。所領中郡以上及江陽、朱提郡，郡各置部從事一人，小郡亦置一人。又有主簿，門亭長、録事、記室書佐、諸曹佐、守從事、武猛從事等。凡吏四十一人，卒二十人。諸州邊遠，或有山險，濱近寇賊羌夷者，又置弓馬從事五十餘人。徐州又置淮海，涼州置河津，諸州置都水從事各一人。涼、益州置吏八十五人，卒二十人。荆州又置監佃督一人。

唐・李林甫等《唐六典》卷三〇《三府督護州縣官吏》　大都督府：都督一人，從二品。魏黄初二年，始置都督諸州軍事，或領鎮戎、總夷校尉；三年，上軍大將軍曹真都督中外諸軍事。司馬宣王征蜀，加號大都督。自此之後，歷代皆有。【略】長史一人，從三品；秦、漢邊郡有長史。魏、晉已來，諸州皆有别駕、治中。至北齊，八命、七命、六命州刺史各有長史。【略】司馬二人，從四品下。北齊及隋九等州各有司馬。【略】市令一人，從九品上；漢代諸郡、國皆有市長，晉、宋已後皆因之。【略】丞一人；佐一人；史二人；帥三人；倉督二人，史四人。北齊九等州、縣各有倉督員。【略】

中都督府：都督一人，正三品。别駕一人，正四品下。【略】後漢改曰别駕從事史，三國因之。晉代諸州各置别駕，治中從事史一人，宋、齊、梁、陳、後魏、周、隋因而不改。【略】

上州，凡户滿四萬已上爲上州。刺史一人，從三品。【略】自漢、魏已來，或爲牧，或爲刺史，皆管郡。【略】舊周、齊州郡縣職，自州都，縣正已下皆自調用以理事，至是不知事，直謂之鄉官，别置品官，皆吏部選除；佐官以曹爲名者，皆改爲司。

唐・杜佑《通典》卷三二《職官十四・州郡上・州牧刺史》　魏、晉爲刺史，任重者爲使持節都督，輕者爲持節，皆銅印墨綬，進賢兩梁冠，絳朝服；領兵者武冠。而晉罷司隸校尉，置司州，江左則揚州刺史。魏賈逵字梁道，爲荆河州刺史，逵曰：『州本監郡，謂察二千石以下。其狀皆言嚴能鷹揚有督察之才，不言安靜寬仁有愷悌之德也。』於是不如法者，皆奏免之。帝曰：『逵真刺史也，布告天下，當以荆河州爲法。』當陽侯杜元凱爲荆州，人號爲杜父。舊水道惟沔漢達江陵千數百里。君乃開陽口，起夏水，導洪洞，達巴陵，徑近千餘里。南土美而謡曰：『後世無叛由杜翁，孰識智名與勇功。』又，吴隱之召爲廣州，州界有貪泉，父老云：『飲此水使廉士變貪。』隱之先至水，酌而飲之，賦詩曰：『古人云此水，一飲重千金。若使夷齊飲，終當不易心。』自魏以來，庶姓爲州而無將軍者，謂之單車刺史。庶姓謂非帝族。凡單車刺史，加督進一品，都督進二品，不論持節、假節。晉制，刺史三年一入奏。《甲午詔書》曰：『刺史銜命，國之外臺，其非所部而在境者，刺史并糾之。』

宋與魏同。

梁刺史受拜之明日，辭宫廟而行，皆持節。梁蔡道恭字懷儉，出爲使持節、右將軍、司州刺史。後魏圍司州，會道恭病篤，呼其兄弟及諸將曰：『以死固節，無令吾没有遺恨。』令取所持節曰：『稟命出疆，憑此而已，既不還朝，欲與同逝，可與棺柩相隨也。』又何胤字子季，爲建安太守，民不忍欺。伏臘放囚還家，及期而至。又，安成康王秀都督雍、梁、南北秦四州諸軍事，雍州刺史，有疾，百姓商賈咸爲請命。既薨，四州人裂裳爲白帽，哀哭送迎。又，夏侯亶字世龍，弟夔字季龍，並任荆河州刺史。州人歌曰：『我之有州，任仍夏侯，前兄後弟，布政優優。』

後魏天賜二年，又制，諸州置三刺史，皇室一人，異姓二人，比古之上中下三士也。郡置三太守，縣置三令長。孝文太和中，次職令。具《官品篇》。上黨王天穆世襲并州刺史。又，李崇爲并州，州舊多劫盜，崇乃村置一樓，樓懸一鼓，盜發則擊之，俄頃之間，聲布百里，遂多擒獲。諸州鼓樓自崇始。自後魏、北齊，則司州曰牧。而北齊制州爲上中下三等，每等又有上中下之差，自上上州至下下州凡九等。

後周則雍州曰牧。而制刺史初除，奉辭之日，備列鹵簿。凡總管刺史則加使持節諸軍事，以此爲常。及蘇綽爲六條之制，初文帝秉魏政，令百官誦習，其牧守令長非通六條及計帳者，不得居官。六條之制，其略曰：其一先治心，心不清淨則思慮妄生，見理不明，是以治民之要，在於清心而已。其二敦教化。其三盡地利。其四擢賢良。其五恤獄訟。其六均賦役。靜帝大象元年，詔總管刺史及行兵者加持節，餘悉罷之。

《舊唐書》卷四八《職官志三·州縣官員》　上州：【略】初，漢代奉使者皆持節，故刺史臨部，皆持節。至魏、晉，刺史任重者，爲使持節都督，輕者爲持節。後魏、北齊，總官、刺史，則加使持節諸軍事，以此爲常。

宋·司馬光《資治通鑑》卷八一《晉紀三·世祖武皇帝中》　（晉武帝太康元年）詔曰：『昔自漢末，四海分崩，刺史內親民事，外領兵馬。今天下爲一，當韜戢干戈，刺史分職，皆如漢氏故事；悉去州郡兵，大郡置武吏百人，小郡五十人。』交州牧陶璜上言：『交、廣東西數千里，不賓屬者六萬餘户，至於服從官役，纔五千餘家。二州脣齒，唯兵是鎮。又，寧州諸夷，接據上流，水陸並通，州兵未宜約損，以示單虚。』僕射山濤亦言『不宜去州郡武備』；帝不聽。及永寧以後，盜賊羣起，州郡無備，不能禽制，天下遂大亂，如濤所言。然其後刺史復兼兵民之政，州鎮愈重矣。

清·汪士鐸《南北史補志未刊稿·職官志第三·外官》　司隸。周官也，帥其民而捕盜賊。漢武帝征和四年，初立司隸校尉。魏、晉與二漢同。東晉改爲揚州刺史。後魏、北齊曰司州牧，屬官有別駕從事史、治中從事史、州郡主簿、西曹、書佐、記室、户曹、功曹、金曹、租曹、兵曹、騎曹、都官、法曹、部郡從事員。主簿置史，西曹已下各置掾史。又領西東市署令、丞，及統清都郡諸畿郡。【略】後周有司隸下大夫，掌五隸及徒者，捕盜賊囚執之事，屬大司寇。【略】自黄帝立四監以治萬國，唐有九州，舜置十二州，有牧。夏爲九州牧。殷、周八命曰牧。秦置監察御史。漢興，省之。至惠帝三年，又遣御史監三輔郡，察詞訟，所察之事凡九條，監者二歲更之，常以十月奏事，十二月還監。其後諸州復置監察御史。文帝十三年，以御史不奉法，下失其職，乃遣丞相出刺史，并督察御史。武帝元封元年，御史不止不復監，至五年，乃置部刺史，掌詔六條察州，凡十二州焉。秦漢遣丞相史分刺諸州，謂之刺史。刺之爲言，猶參覬也。寫書，亦謂之刺。漢制不得刺尚書事是也。刺史班行六條詔書，其一條曰：强宗豪右田宅踰制，以强淩弱，以衆暴寡；其二條曰：二千石不奉詔書，遵承典制，背公向私，旁詔守利，侵漁百姓，聚斂爲奸；其三條曰：二千石不恤疑獄，風厲殺人，怒則加罰，喜則任賞，煩擾苛暴，剥戮黎元，爲百姓所疾，山崩石裂，妖祥訛言；其四條曰：二千石選署不平，苟阿所愛，蔽賢寵頑；其五條曰：二千石子弟恃怙榮勢，請托所監；其六條曰：二千石違公下比，阿附豪强，通行貨賂，割損正令，歲終則乘傳詣京師奏事。居部九歲，舉爲守相。成帝綏和元年，以爲刺史位下大夫，而臨二千石，輕重不相準，乃更爲州牧，秩真二千石，位次九卿，九卿缺，以高第補。哀帝建平二年，復爲刺史。元壽二年，復爲牧。後漢光武建武十八年，復爲刺史，外十二州各一人，其一州屬司隸校尉。漢刺史乘傳周行郡國，無適所治，中興所治有定處。舊常以八月巡行所部，録囚徒，考殿最。初歲盡詣京都奏事，中興但因計吏，不復自詣京師，雖父母之喪不得去職。或謂州府爲外臺。魏晉爲刺史任重者，爲使持節；都督輕者爲持節，銅印墨綬，進賢兩梁冠，絳朝服；領兵者，武冠，而晉罷司隸校尉，置司州，江左則揚州刺史。自魏至陳，庶姓爲州，而無將軍者，謂之單車刺史，凡單車刺史加督進一品，都督進二品，不論持節、假節。晉制，刺史三年一入奏。晉江左猶行郡縣，詔裹據追遠《詩》曰：『先君爲鉅鹿太守，迄今三紀，忝私爲冀州刺史。班詔次於郡傅是也。』宋與魏同。官屬有孝經師一人，主試經；月令師一人，主時節祠祀；律令師一人，平律簿；曹佐一人，主簿書；典佐每郡各一人，主一郡文，漢制也。今有別駕從事史、治中從事史、主簿、西曹、書佐、祭酒、從事史、議從事史、部郡從事史。自主簿已下置人多少各隨州，舊無定制也。晉成帝咸康中，江州又有別駕祭酒，居僚職之上，而別駕從事史如故，後則無也。荆州有從事史在議曹從事史下，大較魏、晉置也。宋廣州、徐州有月令從事，若諸州之曹史，漢舊名也。牧二千石，刺史六百石。梁制，史受之，明日辭宮廟，而行皆持節。後魏天賜二年，又制諸州置三刺史。用六品者。皇室一人，異姓二人，比右之上、中、下三大夫也。郡置三太守，用七品者。縣置三令長，用八品者。刺史、令長各之州縣，而太守上有刺史、下有令長，雖置而不臨民，自前功臣爲州者，徵還京師，以爵歸第。置散騎郎、獵郎、諸省令史、省事殿簽等。孝文太和中，次職令。《具官品》篇上黨王天穆世襲幷州刺史，又李崇爲幷州刺史，舊多劫盜，崇乃村置一樓，樓懸一鼓，盜發則擊之，俄頃之間聲布百里，遂多擒獲。諸州置樓自崇始。自後魏北齊，則司州曰牧，而北齊制州爲上、中、下三等，每等又有上、中、下之差。自上上州、下下州，凡九等。上上州刺史置府，屬官有長史、司馬、録事、功曹、食曹、中兵等參軍事，及掾史、主簿，及掾記室、掾史外兵、騎兵、長流、城局、刑獄等參軍事，及掾史參軍事，及法、墨、田、鎧、集、士等曹行參軍，及掾史右户、掾史行參軍長兼行參軍、督護統府録事、統府直兵、箱録事等員。州屬官有別駕從事史。【略】後周則雍州曰牧，而制刺史初除，奉辭之日，備列鹵簿，凡總管刺史，則加史持節諸軍事，以此爲常，及蘇綽爲六條之制。文帝秉魏政令，百官誦習其牧守令長，非通六條及計帳者不得居官。靜帝大象元年，詔總管刺史及行兵者，加持節，餘悉罷之。周幷、相二州置六府。建德二年，省六府諸州中大夫以下官府，置四司，以下大夫爲長官，上士貳之，省六府員外諸官皆爲丞。【略】北齊九等之制，總管、刺史加使持節。

論説

清·王夫之《讀通鑑論》卷一七《梁武帝二四》 梁分諸州爲五品，以大小爲牧守高下之差，而定升降之等，立此法者朱異也。然唐制：州縣有畿、赤、望、緊、雄、上、中、下之別，垂及於今，亦有腹、邊、衝、疲、繁、簡、調除之法，皆祖此焉。夫異之爲此，未可以其人而盡非之也。古者諸侯之國，以提封之大小，差五等之尊卑；以疆域之遠近，定五服之內外；固不名之爲諸侯而一之矣。州郡亦猶是也，政有勞逸，民有淳澆，賦役有多寡，防禦有緩急，而人才有長短，惡容不爲之等邪？顧其爲法，爲治之求得其理也，非爲人之求遂其欲而設也。大非以寵，小非以辱也。腹裏之安，雖大而非安危之寄；邊方之要，雖小而固非菲薄所堪。大而繁者以任才臣，而非以裕清流而使富；小而簡者以養貞士，而非以窘罣議者而使偷。而不然者，人競于饒，而疲者以居孤陋無援之士，則窮鄉下邑，守令挾日暮途遠之心，倒行逆施，民重困而盜以興，職此繇矣。

朱異之法，以異國降人邊陲之地爲下州，則亂政也。以安富遂巧宦之欲，而使頑懦之夫困邊民、開邊釁，日蹙國而國因以危。後世北鄙南荒，寇亂不息，莫不自守吏召之，非分品之制不善，而所以分之者逆其理也。邊之重於腹也，瘠之重于饒也，拔邊瘠之任置之腹饒之上，以勸能吏，以賤貪風，是在善通其法而已矣。

清·王鳴盛《十七史商榷》卷六四《南史合宋齊梁陳書十二·都督刺史》 凡各書中都督某某幾州諸軍事、某州刺史，《南史》則但書某州刺史，而於其下添『加都督』三字，或直書都督某州刺史，就使二者皆是，而二者本是一例，今忽自岐其例，使人疑爲異其詞，則似別有意義者，已非史法，乃予詳考之，則二者皆非也。凡都督或督二三州，或有多至十餘州者，又有於某州不全督，督其數郡者，都有會聚之意，各州郡皆所總統，今如《南史》二種書法皆但書其本治，所總統等州郡之數與名皆不見敍，至下文忽露某州某郡，突如其來，使觀者眩惑，且於敍事中全不得當日勢望權任之所在，只因欲圖簡嚴，自誇裁斷，獨不思詣謯支贅，談神説佛，不以為煩，何以紀載實事，反矜貴筆墨乃爾。

《宋書・百官志》：『持節都督，無定員。前漢遣使，始有持節。光武建武初征伐四方，始權時置督軍御史，事竟罷。建安中，魏武帝爲相，始遣大將軍督軍。二十一年，征孫權還，夏侯惇督二十六軍是也。魏文帝黄初二年，始置都督諸州軍事，或領刺史。三年，上軍大將軍曹眞都督中外諸軍事，假黄鉞，則總統外内諸軍矣。明帝太和四年，晉宣帝征蜀，加號大都督。高貴鄉公正元二年，晉文帝都督中外諸軍，尋加大都督。』《南齊書・百官志》：『魏晉世州牧隆重，刺史任重者爲使持節都督，輕者爲持節督，起漢順帝時，御史中丞馮赦討九江賊，督揚徐二州軍事，而何、徐《宋・志》云起魏武遣諸州將督軍，王珪之《職儀》云起光武，並非也。晉太康中，都督知軍事，刺史治民，各用人。惠帝末，乃并任，非要州則單爲刺史。』愚案二志不同，宋以爲起魏武帝，齊以爲起漢順帝，觀《齊志》，知《宋・志》本之何承天、徐爰，沈約多襲取舊史，即此可見，但二説雖不同，而其疏解都督、刺史之所由起並佳。

其書法則魏晉已詳書之，今未暇多舉，姑隨便舉之，如《晉書・庾亮傳》：『亮爲持節、都督豫州揚州之江西宣城諸軍事、平西將軍、假節、豫州刺史，鎮蕪湖。遷都督江荆豫益梁雍六州諸軍事，領江荆豫三州刺史，進號征西將軍，鎮武昌。』此等書法極其詳明，不可以累墜爲嫌，大凡一時官制，宜據實詳書之，使後世可考。宋、齊、梁、陳皆依《晉書》書法，不料李延壽出一人私見，創爲兩種書法，失實而不明妥，皆非是。

如《宋書・劉道憐傳》云『都督荆湘益寧秦梁雍七州諸軍事、驃騎將軍、開府儀同三司、護南蠻校尉、荆州刺史』，而《南史》則云『爲驃騎將軍、開府儀同三司、荆州刺史、護南蠻校尉，加都督』。彼文又云『都督徐兗青三州揚州之晉陵諸軍事、守尚書令、徐兗二州刺史』，而《南史》則云『拜司空、徐兗二州刺史，加都督，出鎮京口』。又營浦侯劉遵考，《宋書》本傳云：『督并州司州之北河東北平陽北雍州之新平安定五郡諸軍事、并州刺史，領河東太守』，而《南史》則但書爲『并州刺史、領河東太守，鎮蒲坂』，而删去督五郡，《宋書》又言其爲『使持節、督雍梁南北秦四州荆州之南竟陵順陽襄陽新野隨六郡諸軍事、雍州刺史、新野襄陽二郡太守』，《南史》則但書『雍州刺史，加都督』，是時遵考未爲都督，似有誤，而新野、襄陽二郡太守不書，則又與前異矣。又考遵考以督南徐兗州諸軍事、南兗州刺史、領廣陵太守，以監豫司雍并四州等諸軍事、豫州刺史、領南梁郡太守，《南史》於此二條則竟删去不書。又彭城王義康初除督豫司雍并四州諸軍事、豫州刺史，徙監南豫豫司雍并五州諸軍事、南豫州刺史，又授使持節，都督南徐兗二州揚州之晉陵諸軍事、南徐州刺史，其所加冠軍將軍、右將軍、驃騎將軍及散騎常侍、開府儀同三司皆其爵號，而於職任無與也。《南史》但書義康歷南豫、南徐二州刺史，並加都督。又《宋書・謝晦傳》行都督荆湘等七州諸軍事、領護南蠻校尉、撫軍將軍，而《南史》則云少帝廢徐羨之，以晦領護南蠻校尉、荆州刺史，加都督。凡此其失實而不妥顯然。至直書都督某州刺史者，其謬更不待言，今不悉出。

大凡縣屬於郡，郡屬於州，郡有太守，州有刺史，而刺史有都督、監、督之異，又有使持節、持節、假節之分，《宋書・百官志》云：『都督諸軍爲上，監諸軍次之，督諸軍爲下。使持節爲上，持節次之，假節爲下。使持節得殺二千石以下，持節殺無官位人，若軍事得與使持節同。假節唯軍事得殺犯軍令者。』此段剖析甚明，蓋其不假節者謂之單車刺史，專治一州之事而已，然則不但都督等各有等級，不可併爲一談，而假節亦斷不可略也。《南史》於都督諸州者，或添加都督，或謂之都督某州刺史，問或於監諸州、督諸州之督而亦云加都督，又或因監、督與都督不同，故監、督則竟直書某州刺史，而使持節等遂抹去之，如《宋書》檀道濟監南徐兗之江北淮南諸郡軍事、南兗州刺史，又都督江州之江夏豫州之西陽新蔡晉熙四郡諸軍事、江州刺史，《南史》只書南兗州刺史、江州刺史，而監都督諸軍皆不書，又《張沖傳》，《宋書》云『持節、督豫州諸軍事、豫州刺史，又督南兗兗等五州、南兗州刺史，又督司州軍事、司州刺史，又督郢司二州、郢州刺史，并持節如故』，《南史》則於豫州删去不書，而其餘直作南兗刺史、司州郢州刺史，至持節與督諸州皆略之，其妄如此，謬誤洪多，不可枚舉。以上二事，王先生懋竑字予中，寶應人，康熙戊戌進士，翰林院編修。《讀書記疑》曾論之，予既自考得，又參王説。

州刺史僚佐分部

綜　述

《宋書》卷四〇《百官志下》　刺史，【略】官屬有别駕從事史一人，從刺史行部；治中從事史一人，主財穀簿書；兵曹從事史一人，主兵事；部從事史每郡各一人，主察非法；主簿一人，録閤下衆事，省署文書；門亭長一人，主州正門；功曹書佐一人，主選用；《孝經》師一人，主試經；月令師一人，主時節祠祀；律令師一人，平律；簿曹書佐一人，主簿書；典郡書佐每郡各一人，主一郡文書：漢制也。今有别駕從事史、治中從事史、主簿、西曹書佐、祭酒從事史、議曹從事史、部郡從事史，自主簿以下，置人多少，各隨州，舊無定制也。晉成帝咸康中，江州又有别駕祭酒，居僚職之上，而别駕從事史如故，今則無也。别駕、西曹主吏及選舉事，治中主衆曹文書事。西曹，卽漢之功曹書佐也。祭酒分掌諸曹兵、賊、倉、户、水、鎧之屬。揚州無祭酒，而主簿治事。荆州有從事史，在議曹從事史下，大較應是魏、晉以來置也。今廣州、徐州有月令從事，若諸州之曹史，漢舊名也。【略】晉東海王越爲豫州牧，牧置長史，參軍，庾凱爲長史，謝鯤爲參軍，此爲牧者則無也。

《南齊書》卷一六《百官志》　州朝置别駕、治中、議曹、文學祭酒、諸曹部從事史。

隋・虞世南《北堂書鈔》卷七三《設官部二十五・别駕》　夫别駕者，顯化之鷹揚。管寧《讓别駕表》文云：夫别駕者，明使君羽翼顯化之鷹揚，非誕闇昧所可私者。【略】。

任居刺史半，安可非其人。《庾亮集》云《答郭豫書》曰：别駕舊與刺史别乘同流，宣王化於萬里者，其任居刺史之半，安可非其人也？

宜授英儒。管寧《讓别駕表》文：别駕者，明使君之羽翼，宜授英儒也。

又《主簿》　主簿書，普聞諸事。韋昭《辨釋名》云：主簿者，主諸簿書。辨云：簿，普也。普聞諸事也。簿書必有掌者，録事總領之耳。

又《中正》　清定之選。湛方生《與劉車騎讓中正牋》云：清定之選，實須其人。【略】

操人主之威。劉毅論九品之令：立中正，定九品，操人主之威。

掌州鄉之論。傅暘自序云：時清定九品，以祖考歷代掌州鄉之論。【略】

事名九品而有八損。劉毅論九品云：臣聞官才三難，治亂之所由也。人物難知一也，愛憎難防二也，情僞難明三也。今立中正、定九品，實爲姦府事，名九品而有八損，宜罷中正、除九品。

《隋書》卷二七《百官志中・北齊》　上上州刺史，置府。屬官有長史，司馬，録事，功曹、倉曹、中兵等參軍事及掾史，主簿及掾，記室掾史，外兵、騎兵、長流、城局、刑獄等參軍事及掾史，參軍事及法、墨、田、鎧、集、士等曹行參軍及掾史，右户掾史，行參軍，長兼行參軍，督護，統府録事，統府直兵，箱録事等員。州屬官，有别駕從事史，治中從事史，州都光迎主簿，主簿，西曹書佐，市令及史，祭酒從事史，部郡從事，皁服從事，典籤及史，門下督，省事，都録事及史，箱録事及史，朝直，刺姦，記室掾，户曹、田曹、金曹、租曹、兵曹、左户等掾史等員。

上上州府，州屬官佐史，合三百九十三人。上中州減上上州十人，上下州減上中州十人，中上州減上下州五十一人，中中州減中上州十人，中下州減中中州十人，下上州減中下州五十人，下中州減下上州十人，下下州減下中州十人。

《晉書》卷六《元帝紀》　（太興四年秋七月）甲戌，以尚書戴若思爲征西將軍、都督司兗豫并冀雍六州諸軍事、司州刺史，鎮合肥；丹陽尹劉隗爲鎮北將軍、都督青徐幽平四州諸軍事、青州刺史，鎮淮陰。

唐・杜佑《通典》卷三二《職官十四・州郡上・總論州佐别駕　治中　主簿　功曹書佐　部郡國從事　典郡書佐　祭酒從事　中正》　州之佐吏，【略】漢、魏之際，復增祭酒、文學從事員。晉又有武猛從事員。其州邊遠有山險寇賊者，置弓馬從事五十人。歷代職員，互相因襲，雖小有更易，而大抵不異。自魏晉以後，刺史多帶將軍。開府則州與府各置僚屬，州官理民，别駕、治中以下是。府官理戎。長史、司馬等官是。後魏舊以州牧親人，班九條之制，使前政選吏，以待後人。獻文帝革制，刺史守宰到官之日，仰自舉擇，以爲選官，若簡任失所，以罔上論。自孝明孝昌以後，四方多難，刺史、太守皆爲當部都督，雖無兵事，皆立僚佐，頗爲煩擾。高隆之乃表請，自非邊要見有兵馬者，悉皆斷之。北齊上上州刺史屬官佐史合三百九十三人，以下州遞減十人。其州郡佐史，皆州府辟除。及後主失政，賜諸佞幸賣官，分州郡，下逮鄉官，多降中旨。故有敕用州主簿、郡功曹者。後周刺史府官則命於天朝，州吏并牧守自置。【略】

別駕從事史一人，從刺史行部，別乘一乘傳車，故謂之別駕，漢制也。歷代皆有。【略】袁紹領冀州，以審配爲別駕，委以腹心，並總幕府。紹又以田豐爲別駕，豐勸迎天子，紹不納。及敗，曰：『吾慚田別駕。』晉王祥爲徐州別駕，以股肱之忠，糾合義衆，州境獲寧。人歌曰：『海沂之康，實賴王祥。邦國不空，別駕之功。』《烈士傳》曰：『孔恂字巨卿，爲別駕，車舊有屏星，如刺史車，刺史因怒，欲去別駕車屏星。恂曰：「徹去屏星，毀國舊儀，別駕可去，屏星不可省。」乃止。』《管寧集》辟文云：『州民管誕，燕雀之賤，棲朝桐之華。別駕者，明君之羽翼，宜得英儒。』《王丞相集·有教》曰：『顧和理識清敏，劭今端右，宜得其才，以爲別駕。』《庾亮集·答郭豫書》云：『別駕，舊與刺史別乘同流，宣王化於萬里，其任居刺史之半。』梁時別駕官品，揚州視黄門郎，南徐州視散騎常侍。【略】

治中從事史一人，居中治事，主衆曹文書，漢制也。歷代皆有。蜀龐統以從事守耒陽令，不治，免官。魯肅遺先主書曰：『龐士元非百里之才，使處治中、別駕之任，始當展其驥足耳。』乃以爲治中。晉郗鑒爲治中。又，車胤爲桓溫治中，有會不同，溫輒云『無車公不樂』。梁眭裹字師卿，爲揚州治中，裹父終此官，乃固辭。武帝許聽，與府司馬換廨居之。【略】

主簿一人，録門下衆事，省署文書，漢制也。歷代至隋皆有。晉習鑿齒字彦威，爲桓溫荆州主簿，親遇深密。時語曰：『徒三十年看儒書，不如一詣習主簿。』

功曹書佐一人，主選用，【略】晉以來，改功曹爲西曹書佐。宋有別駕西曹，主吏及選舉，即漢之功曹書佐也。【略】

典郡書佐，每郡國各一人，漢制也。各主一郡文書，以郡吏補，歲滿一更。

祭酒從事史，漢魏以來置。宋世分掌諸曹兵、賊、倉、户、水、鎧之事。自江左揚州無祭酒，而以主簿治事。

中正，【略】魏司空陳羣以天臺選用，不盡人才，擇州之才優有昭鑑者，除爲中正，自拔人才，銓定九品，州郡皆置。吴有太公平，亦其任也。吴習温爲荆州太公平。太公平即州都也。後潘秘爲尚書僕射，代温爲公平，甚得州里之稱。晉宣帝加置大中正，故有大小中正，其用人甚重。晉劉毅字仲雄，年七十已告老，後舉爲青州大中正。尚書以毅懸車致仕，不宜勞以碎務。孫尹表曰：『司徒魏舒、司隸嚴詢與毅年齒相近，管四十萬户州，兼董司百寮，總攝機要。舒所統殷廣，兼執九品，銓十六州，議者不以爲劇。昔鄭武公年過八十，入爲司徒。毅志氣聰明，一州品第，不足勞其思慮。』毅遂爲州都，銓正人流，清濁區別。其所彈貶，自親貴始。又干寶稱，晉宣帝除九品，置大中正。晉令曰：『大小中正爲内官者，聽月三會議上東門外，設幔陳席。』又劉毅上表：『刺史初臨州，大中正選州里才業高者兼主簿從事，迎刺史。若吏部選用，猶下中正，問人事所在、父祖位狀。』又《晉起居注》曰：『僕射諸葛恢啓稱：州都大中正爲吏部尚書，及郎、司徒左長史掾屬皆爲中正。臣今領吏部，請解大中正。以爲都中正，職局司理，不宜兼也。』齊、梁亦重焉。梁沈約遷侍中、光禄大夫，領太子詹事，揚州大中正，關尚書八條事。後魏有之。孝文云：『中正之任必須得才業兼資者。』太武帝時，崔浩爲冀州中正。北齊郡縣皆有，其本州中正以京官爲之。乾明中，邢劭爲中書監，同郡許惇與劭競本州中正，遂憑附宋欽道，出劭爲刺史。

宋·李昉等《太平御覽》卷二六三《職官部六十一·別駕》 《庾亮集·答郭遜書》曰：別駕舊與刺史別乘，周流宣化於萬里者。其任居刺史之半，安可任非其人。

又 卷二六四《職官部六十二·功曹參軍》 韋昭《辯釋名》曰：曹，羣也。功曹，吏所羣聚；户曹，民所羣聚也。其他皆然。

又 卷二六五《職官部六十三·州主簿》 韋昭《辯釋名》曰：主簿，主諸簿書。簿，普也，普關諸事。

又 《中正》 《晉起居注》曰：僕射諸葛恢各稱：『州都大中正爲吏部尚書，侍郎、司徒、左長史屬掾皆爲中正。臣今領吏部，請解大中正以爲都中正，職局司理，不宜兼者也。』【略】

《襄陽耆舊傳》曰：晉朝以江表始通人物，未悉使江南別立大中正。【略】

《曹羲集·九品議》曰：伏見明論，欲除九品，而置州中正，欲檢虛實。一州闊遠，略不相識，訪不得知，會復轉訪本郡先達者耳。此爲問州中正而實決於郡人。

《孫楚集·奏》曰：九品，漢氏本無，班固著《漢書》，序先往代賢智以爲九條，此蓋《記鬼録》次第耳。而陳羣依之，以品生人。又魏武拔奇，決於胸臆，收才不問階次，豈賴九品而後得人！今可令長守爲大小中正，各自品其編户也。

《劉毅集·論九品》曰：臣聞用治理者，以官才爲本。官才有三難，而治亂之所由。人物難知，一也；愛憎難，二也；情僞難明，三也。今立中正，定九品，操人主之威福，奪天朝之權柄，上品無寒門，下品無勢族。今職名中正，實爲奸府；事名九品，而有八損。宜罷中正，除九品，棄魏弊法，更立一代之美制。【略】

應璩《新論》曰：百郡立中正，九州置都士。州閭與郡縣，希疏如馬齒生，不相識面，何緣別義理？

元·馬端臨《文獻通考》卷六二《職官考十六·書記支使》 書記、支使，自魏以來有其名。魏太祖以陳琳、阮瑀爲司空軍謀祭酒，管記室。宋江夏王恭取邱巨源爲掌書記。陳有文房書記之任。《南史》趙知禮、蔡景歷屬陳武帝經論之日。

清·汪士鐸《南北史補志未刊稿·職官志第三·外官》 別駕從事史一人。從刺史行部別乘乘專車，故謂之別駕，漢制也。歷代皆有。

治中從事史一人。居中治事，主衆曹文書，用漢制也。歷代皆有。【略】

主簿一人。録門下衆事省署文書，漢制也。歷代至隋皆有。

兵曹從事史一人。宋有主兵事。後魏初諸州各置都尉以典兵，非其任也。

功曹書佐一人。主選用，漢制也。其司隸功曹從事史兼録衆事。晉以來改功曹爲西曹書佐。宋有別駕西曹，主吏及選舉，卽漢之功曹書佐也。

門亭長一人。宋有主州正門。

部郡國從事史。每郡國一人，漢制也。主督促文書舉非法。歷代皆有。

參軍。後魏永平二年正月併省。諸州諮議、記室、户曹、刑獄、田曹、水曹、集曹、士曹諸參軍。

典郡書佐。漢制，每郡國一人，各主一郡文書，以郡吏補，歲滿一更。

祭酒從事史。漢、魏以來置。宋世分掌諸曹兵、賊、倉、户、水、鎧之事。自江左揚州無祭酒，而以主簿治事。梁有西曹議曹、從事祭酒、從事部專、從事文學、從事各國，其州之大小，而置員。

中正陳勝爲楚王以來，朱房爲中正，而不言職事。兩漢無聞。魏司空陳羣以天臺選用不盡人才，擇州之才優有昭鑑者，除爲中正，自拔人才，銓定九品，州郡皆置。吳有太公平，亦其任也。晉宣帝加置大中正，故有大、小中正，其用人甚重齊、梁，亦重焉。後魏天賜元年十一月，以八國姓族雜分故國，立大師、小師，令辯其宗當、品舉人才，自外郡各自立師，職分如八國。正光元年罷，後復。北齊郡縣皆有，其本州中正以京官爲之。

都督總管分部

綜述

《三國志》卷九《魏志·夏侯惇傳》（建安）二十一年，從征孫權還，使惇都督二十六軍，留居巢。

清·嚴可均《全晉文》卷一四六《晉護羌校尉彭祈碑》 君諱祈，字子互，隴西襄武人也，其先出自顓頊。有陸絳之裔子大彭，實主夏盟，君則其後也。

歷郡右職州別駕從事，于時庸蜀未殄，侵擾王路，洮西之戰，因敗運奇，元帥獲安，克厭强虜，列上功狀。除舍人，還參本軍事，除涼州護軍。河右未清，戎寇鼎沸，諶諶神略，簡在帝心。遷西羣太守，至官未久，復臨酒泉，遠夷望風，糸强負歸命，白山丁令，率服賓貢。敦煌令孤豐，距違王度，淵泉之陣，兵不血刃，母老弟亡，辭職去官，聖上仁慈，聽君所求，轉略陽太守，近家禄養，遂罹大難，侍喪還家，服紀終始，有詔以軍州始分，河右未清，豺狼肆虐，授君節蓋。除護羌校尉，統攝涼□

上前後軍功，應封七侯，勞謙退讓，陰德不伐，年未知命，以太康十年三月癸酉死，天子愍掉，遣使者監護喪事。策曰：君秉心公亮，所莅有方，不幸殞歿，朕甚痛惜，故孝廉參護羌軍事酒泉馬朔、改吏部郎中綦毋番、主簿郭曉良吏夏侯俊等追思洪烈，感想口嗟，乃刊石勒銘焉。

《南齊書》卷一六《百官志》 晉太康中，都督知軍事，刺史治民，各用人。

《魏書》卷八《世宗紀》 自碣石至於劍閣，東西七千里，置二十二都督。

《周書》卷五《武帝紀上》 （保定元年）六月己亥，以柱國蜀國公尉遲迥爲大司馬，邵國公會爲蒲州總管。分山南荆州、安州、襄州、江陵爲四州總管。

《晉書》卷三六《衛瓘傳》 泰始初，轉征東將軍，進爵爲公，都督青州諸軍事、青州刺史，加征東大將軍、青州牧。所在皆有政績。除征北大將軍、都督幽州諸軍事、幽州刺史、護烏桓校尉。至鎮，表立平州，後兼督之。

又《張華傳》 乃出華爲持節、都督幽州諸軍事、領護烏桓校尉、安北將軍。

又 卷四二《唐彬傳》 北虜侵掠北平，以彬爲使持節、監幽州諸軍事、領護烏丸校尉、右將軍。彬既至鎮，訓卒利兵，廣農重稼，震威耀武，宣喻國命，示以恩信。

唐・杜佑《通典》卷三二《職官十四・州郡上・都督總管、節度、團練、都統等使附》 四方，始權置督軍御史，事竟罷。後漢光武建武初，征伐 建安中，魏武爲相，始遣大將軍督之。而袁紹分沮授所統諸軍爲三都督。紹以沮授、郭圖、淳于瓊各典一軍。魏武征孫權還，又使夏侯惇督二十六軍。

魏文帝黄初三年，始置都督諸州軍事，或領刺史。又，上軍大將軍曹真都督中外諸軍，假黄鉞，則總統外内諸軍矣。明帝太和四年，司馬宣王征蜀，加號大都督。高貴鄉公正元二年，司馬文王都督中外諸軍，尋加大都督。

晉受魏禪，則都督諸軍爲上，監諸軍次之，督諸軍爲下。使持節爲上，持節次之，假節爲下。使持節得殺二千石以下。持節殺無官位人，若軍事，得與使持節同。假節，唯軍事得殺犯軍令者。及伐吴之役，以賈充爲使持節、假黄鉞、大都督，總統六師。兼給羽葆、鼓吹、緹幢、兵萬人、騎二千，置左右長史、司馬、從事中郎，增參軍、騎司馬各十人，帳下司馬二十人，大車、官騎各三十人。太康中，都督知軍事，刺史理人，各用人也。惠帝末，乃並任，非要州則單爲刺史。庾翼都督征討諸軍事，鎮襄陽，綏懷招納，立客館，置典賓參軍。江左以來，都督中外尤重，唯王導等權重者乃居之。

宋氏人臣則無居者，唯江夏王義恭得假黄鉞。假黄鉞則專戮節將，非人臣常器。又有都督諸州諸軍事者，則爲常職。舊曰監某州諸軍事，文帝即位，改監爲都督。

後魏有都督中外諸軍事。永安以後，近遠多事，置京畿大都督，總攝軍人，立府置佐。

後周改都督諸軍事爲總管，則總管爲都督之任矣。又有大都督、帥都督、都督。【略】若朝覲則置留後，擇其人而任之。宋武帝起義討桓玄，既平京口，向建業，以孟昶爲長史，總攝後事。及討司馬休之，伐荆州，以中軍將軍劉道鄰監留府事，皆留後之任也。自後無代無之，不復遍舉。

《舊唐書》卷四八《職官志三・州縣官員》 大都督府：魏黄初二年，始置都督諸州軍事之名，後代因之。【略】

上州：州之名，古也。【略】後漢遂以名臣爲刺史，專州郡之政，仍置別駕、治中、諸曹掾屬，號曰外置。【略】初，漢代奉使者皆持節，故刺史臨部，皆持節。至魏、晉，刺史任重者，爲使持節都督，輕者爲持節。後魏、北齊，總官、刺史，則加使持節諸軍事，以此爲常。

宋・司馬光《資治通鑑》卷一三六《齊紀二・世祖武皇帝上之下》 （齊武帝永明二年）晉氏以來，益州刺史皆以名將爲之。十一月，丁亥，帝始以始興王鑑爲督益、寧諸軍事，郡縣不能禁。

元・馬端臨《文獻通考》卷五九《職官考十三・都督》 魏文帝黄初三年，以大將軍曹真都督中外諸軍，假黄鉞，總統内外諸軍。明帝太和四年，司馬懿征蜀，加號大都督。高貴鄉公正元二年，司馬昭都督中外諸軍，尋加大都督。晉武帝伐吴，以賈充爲使持節、假黄鉞、大都督，總統六師。江左以來，都督中外尤重，唯王導等權重者乃居之。宋氏人臣無居者，惟江夏王義恭得假黄鉞，則專戮郎將，非人臣常器也。後魏亦有都督中外諸軍事。後周以來，改都督爲總管、校尉。

又《都統》　晉孝武帝太元十九年，有河西大都統。

又《都總管副總管附》　魏黄初始置都督諸州軍事。後周改都督諸軍事爲總管。武帝時，以王謙爲益州總管，總管之名始此。

又　卷六一《職官考十五·都督總管節度團練都統等使附》　後漢光武建武初征伐四方，始權置督軍御史，事竟罷。建安中，魏武爲相，始遣大將軍督之，而袁紹分沮授所統諸軍爲三都督。紹以沮授、郭圖、淳于瓊各典一軍。魏武征孫權還，又使夏侯惇督二十六軍。魏文帝黄初三年，始置都督諸州軍事，或領刺史。又上軍大將軍曹真都督中外諸軍，假黄鉞，則總統外内諸軍矣。明帝太和四年，司馬宣王征蜀，加號大都督。高貴鄉公正元二年，司馬文王都督中外諸軍，尋加大都督。晉受魏禪，則都督諸軍爲上，監諸軍次之，督諸軍爲下；使持節爲上，持節次之，假節爲下。使持節得殺二千石以下。持節殺無官位人，若軍事，得與使持節同。假節唯軍事得殺犯軍令者。及伐吴之役，以賈充爲使持節、假黄鉞、大都督，總統六師。兼給羽葆、鼓吹、緹幢，兵萬人、騎二千，置左右長史、司馬、從事中郎，增參軍、騎司馬各十人，帳下司馬二十人，大車、官騎各三十人。太康中，都督知軍事，刺史理人，各用人也。惠帝末，乃並任，非要州則單爲刺史。庾翼都督征討諸軍事，鎮襄陽，綏懷招納，立客館，置典賓參軍。江左以來，都督中外尤重，惟王導等權重者乃居之。宋氏人臣則無居者，惟江夏王義恭得假黄鉞。假黄鉞則專戮節將，非人臣常器。又有都督諸州諸軍事者，則爲常職。舊曰監某州諸軍事，文帝卽位，改監爲都督。後魏有都督中外諸軍事。永安以後，近遠多事，置京畿大都督，總攝軍人，立府置佐。後周改都督諸軍事爲總管，則總管爲都督之任矣。又有大都督、帥都督、都督。【略】若朝覲則置留後，擇其人而任之。宋武帝起義討桓元既平京口，向建業，以孟昶爲長史，總攝後事；及討司馬休之，伐荆州，以中軍將軍劉道鄰監留府事，皆留後之任也。自後無代無之，不復遍舉。

又　卷一五一《兵考三·兵制》　黄初中，復令州郡典兵，州置都督，尋加四征、四鎮將軍之號，又置大將軍，都督中外兵之柄世在司馬氏，而魏祚移矣。

清·汪士鐸《南北史補志未刊稿·職官志第三·外官》　都督總管。後漢光武始立，督軍御史事，竟罷。此後乃有都督諸軍之名。魏、晉世州牧隆重。刺史任重者，爲史持節；都督輕者，爲持節，督始漢順帝時，御史中丞馮赦討九江賊，督揚徐二州軍事，而何、徐《宋·志》云：起魏武遣諸州將督軍王珪之。《職儀》云：起光武並非也。太康中，都督知軍事，刺史理人，各用人焉。惠帝末，乃幷任非要州，則單爲刺史。江左以來中外尤重，唯王導等權重者乃居之。宋氏人臣，則無居者，唯江夏王義恭得假黄鉞，假黄鉞則專戮，節制非人臣常器。又有都督諸州諸軍事者，則爲常職。舊曰監某州諸軍事，文帝卽位改監爲郡都督，後魏有都督中外諸軍事。永安以後，近遠多事，置京畿大都督，復立州都督，總攝軍人，立府置佐。天平四年夏，罷六州都督悉隸京畿。其京畿大都督仍不改焉。後周改都督諸軍事爲總管，則總管爲都督之任矣。又有大都督爲校尉，帥都督爲旅帥，都督爲隊正。按此，則都督之名微矣。

北朝行臺官員分部

綜　述

《魏書》卷一一三《官氏志》　始光元年正月，置右民尚書。

神麚元年三月，置左右僕射、左右丞、諸曹尚書十餘人，各居别寺。

神麚元年七月，詔諸征鎮大將依品開府，以置佐史。

延和元年三月，改代尹爲萬年尹，代令爲萬年令。後又恢復原稱。

真君五年正月，侍中、中書監、宜都王穆壽，司徒、東郡公崔浩，侍中、廣平公張黎輔政，置通事四人。又選諸曹良吏，給事東宮。

正平元年七月，以曹官吏多，減其員。

興安二年正月，設置駕部尚書、右士尚書。太安三年五月，人諸部護軍各爲太守。

郡級政府機構部

首都政府分部

綜　述

《三國志》卷九《魏志·夏侯惇傳》　轉領河南尹。太祖平河北，爲大將軍後拒。鄴破，遷伏波將軍，領尹如故，使得以便宜從事，不拘科制。

又　卷二三《魏志·裴潛傳》　明帝即位，入爲尚書。出爲河南尹，轉太尉軍師、大司農，封清陽亭侯，邑二百户。

《南齊書》卷一六《百官志》　丹陽尹。位次九卿下。

隋·虞世南《北堂書鈔》卷七六《設官部二十八·京尹》　遐邇所模。《晉起居注》：咸寧三年詔曰：『河南乃爲百郡之首，其風教宜爲遐邇所模也。』

《隋書》卷二六《百官志上·梁》　建康舊置獄丞一人。天監元年，詔依廷尉之官，置正、平、監，革選士流，務使任職。又令三官更直一日，分受罪擊，事無小大，悉與令籌。若有大事，共詳，三人具辨。脱有同異，各立議以聞。尚書水部郎袁孝然、議曹郎孔休源，並爲之。位視給事中。

唐·李林甫等《唐六典》卷三〇《三府督護州縣官吏》　京兆、河南、太原府：牧各一人，從二品；【略】後漢都洛陽，爲河南尹，魏、晉因之。歷代所都皆爲尹：江左爲丹陽尹，北齊爲清都尹，後周及隋復爲京兆尹。始秦分天下，令御史監郡，漢省之，丞相遣史分刺諸州。武帝初置部刺史十三人，掌奉詔條察州，秩六百石，類今之十道使也；又置司隸校尉，部三輔、三河、弘農，類今之京畿按察使也。成帝更名刺史爲牧，秩二千石。後漢復爲刺史，後復爲牧。魏、晉已下皆爲刺史。晉武帝罷司隸校尉，置司州牧。江左爲揚州刺史，後魏、北齊皆爲司州牧。後周置雍州牧。【略】尹一人，從三品；【略】後漢省都尉，州又置别駕、治中，皆刺史自辟除。魏、晉已下皆因之。【略】少尹二人，從四品下。魏、晉已下有治中。【略】司録參軍事二人，正七品上；漢、魏已來及江左，郡有督郵、主簿，蓋録事參軍之任也，皆太守自辟除。後魏、北齊、後周、隋氏，州皆有録事參軍。及罷郡，以州統縣，皆吏部選除。【略】府、史各二人。功曹參軍事二人，正七品下，漢、魏已下，司隸校尉及州、郡皆有功曹、户曹、賊曹、兵曹等員。北齊諸州有功曹、倉曹、中兵、外兵、甲曹、法曹、士曹、左户等參軍事。【略】府八人；史十六人。户曹參軍事二人，正七品下；漢、魏已來，州、郡皆有户曹掾，或爲左户。【略】兵曹參軍事二人，正七品下；漢、魏已下，諸州皆有兵曹，或爲中兵、外兵、騎兵。北齊已下，改復並與功曹同。府九人；史十八人。法曹參軍事二人，正七品下；漢、魏已下，州、郡有賊曹、決曹掾，或法曹，或墨曹。【略】府九人；史十八人。士曹參軍事二人，正七品下；北齊諸州有士曹行參軍。已下改復，並與上同。府七人；史十四人。參軍事六人，正八品下。注見王府參軍文下。執刀十五人。典獄十八人。問事十二人。白直二十四人。經學博士一人，從八品上；助教二人。魏、晉已下，郡、國並有文學，即博士、助教之任。

唐·杜佑《通典》卷三三《職官十五·州郡下·京尹京兆尹　左馮翊　右扶風　河南尹　留守附》　魏、晉爲京兆太守。後周都關中，又爲京兆郡。【略】凡前代帝王所都，皆曰尹。南朝曰丹陽尹。

河南尹，【略】魏、晉皆爲河南尹。魏司馬芝爲河南尹，莫有及者。又晉傅嘏爲河南尹，有大益於民，皆隱其端迹，若不由己出。故當時無赫赫之名，人久而後安。後魏太和中，遷都洛陽，又置河南尹。東魏置洛州刺史。後周置洛州總管，尋罷之。【略】

留守，【略】晉張方劫惠帝幸長安，僕射荀藩等與其遺官在洛陽爲留臺，承制行事，號爲東西臺。至安帝時，劉裕置留臺，具百官。又後魏孝文南伐，以太尉元丕、廣陵王羽留守京帥，並加使持節。

《舊唐書》卷四八《職官志三·州縣官員》　京兆河南太原等府：【略】牧，古官，舜置十二牧是也。秦以京城守爲内史，漢武改爲尹。後魏、北齊、周、隋又自秦、漢已來爲雍、洛、并州。周、隋或置總管都督，通名爲府。

以京守爲牧。【略】京城守，秦曰内史，漢曰尹，後代因之。【略】少尹各二員，從四品下。魏、晉已下，州府有治中。

宋・李昉等《太平御覽》卷二五二《職官部五十・尹》　《晉中興書》云：晉天興元年，改丹陽内史爲丹陽尹。

清・汪士鐸《南北史補志未刊稿・職官志第三・外官》　留守。周之君陳似其任也，此後無聞。後漢和帝南巡祠園廟，張禹以太尉兼衛留守。晉張方劫惠帝幸長安，僕射荀藩等與其遺官在洛陽爲留臺，承制行事，號爲東、西臺。至安帝時劉裕置留臺，具百官。後魏孝文南伐，以太尉元丕、廣陵王羽留守京師，後並加使持節。

郡守分部

綜　述

《宋書》卷四〇《百官志下》　郡守，秦官。秦滅諸侯，隨以其地爲郡，置守、丞、尉各一人。守治民，丞佐之。郡當邊戍者，丞爲長史。晉江左皆謂之丞。尉典兵，備盜賊。漢景帝中二年，更名守曰太守，尉爲都尉。【略】太守，二千石；丞，六百石。

《魏書》卷一一三《官氏志》　太安三年五月，以諸部護軍各爲太守。

《南齊書》卷一六《百官志》　郡太守、内史。

隋・虞世南《北堂書鈔》卷七四《設官部二十六・太守上》　比古國君。王隱《晉書》云：何曾上言：郡守之權雖輕，猶御千里，比之於古，列國之君也。

奉宣國恩，興利除害。王隱《晉書・何曾傳》云：曾上言：郡守上奉宣國恩，以致惠和，下爲民興利而除害也。

《隋書》卷二六《百官志上・梁》　郡置太守，置丞。國曰内史。郡丞，三萬户以上，置佐一人。

又　卷二七《百官志中・北齊》　清都郡，置尹，丞，中正，功曹、主簿、督郵，五官，門下督，録事，主記，議生，及功曹、記室、户、田、金、租、兵、騎、賊、法等曹掾，中部掾等員。

《晉書》卷二四《職官志》　郡皆置太守，河南郡京師所在，則曰尹。諸王國以内史掌太守之任，又置主簿、主記室、門下賊曹、議生、門下史、記室史、録事史、書佐、循行、幹、小史、五官掾、功曹史、功曹書佐、循行小史、五官掾等員。郡國户不滿五千者，置職吏五十人，散吏十三人；五千户以上，則職吏六十三人，散吏二十一人；萬户以上，職吏六十九人，散吏三十九人。郡國皆置文學掾一人。

唐・杜佑《通典》卷三三《職官十五・州郡下・郡太守》　郡守，【略】三國時有郡守、國相、内史。

晉郡守皆加將軍，無者爲恥。王導永嘉末遷丹陽太守，加輔國將軍。導上牋曰：『昔魏武，達政之主也，荀文若，功臣之最也，封不過亭侯。倉舒，愛子之寵，贈不過別部司馬。今者臨郡，不問賢愚，皆加重號，輒有鼓蓋。有不得者爲恥。導饕名竊位，取紊彝典。謹送鼓蓋加崇之物，請從導始。』帝嘉而從之。又《山公啓事》曰：『晉制，春夏農月不遷改長吏郡守縣令之屬，以其妨農事故也。』晉、宋守相、内史，並銀章青綬，進賢兩梁冠。梁謝朏字敬沖，齊時爲義興太守，加秩中二千石。不省雜事，悉付綱紀。曰：『吾不能作主者吏，但能作太守耳。』又任昉爲吴興太守，清潔。友人到溉與弟治從昉爲山澤遊。被代而還，無衣，沈約遣裙迎也。

後魏初，郡置三太守。説在《刺史篇》。孝文初，二千石能靜二郡至三郡者，遷爲刺史。説在《縣令篇》。太和中，次職令，郡太守、内史、相、縣令，並以六年爲限。

北齊制，郡爲上中下三等，每等又有上中下之差，自上上郡至下下郡凡九等。

後周郡太守各以户多少定品命。

宋・李昉等《太平御覽》卷二五九《職官部五十七・太守》　《晉起居注》：太康八年詔曰：『昔先王御俗，以興至治，未有不先成民事者也。漢宣識其如此，是以歎息。良二千石，今欲皆先外郡，治民著績，然後入爲常伯納言及典兵宿衛、黄門散騎、中書郎。』

元・馬端臨《文獻通考》卷六三《職官考十七・郡太守》　按：

魏、晉制，有使持節、持節、假節。使持節得戮二千石以下，持節得戮無官人，若軍事得與使持節同，假節唯軍事得戮犯令者。皆是刺史兼總軍戎，若唐採訪、節度使也。自宋、齊以降，雖天下分裂，其州郡漸衆。

清・汪士鐸《南北史補志未刊稿・職官志第三・外官》 尹、太守。《周官》有内史。秦因之，掌治京師。漢太初元年，更右内史曰京兆尹，左内史曰左馮翊，又以都尉爲右扶風，是曰三輔。魏、晉有河南尹。齊丹陽尹位次九卿下。北齊清都郡置尹丞、中正、功曹、主簿、督郵五官，門下督録事，主記議生，及功曹、記室、户田、金、租、兵、騎、賊、法等曹掾，中部掾等員，北周、隋有京兆尹，有士曹佐等，並佐史合二百四十人。都城之外則曰太守，秦官也。秦滅諸侯，隨以其地爲郡，置守、丞、尉各一人。守治民，丞佐之。郡當邊戍者，丞爲長史。晉江左皆謂之丞。尉典兵，備盜賊。漢景帝中二年，更名守曰太守，太守秩二千石，丞六百石。尉爲都尉。光武省都尉，後又往往置。東部、西部都尉，有蠻夷者，又有屬國都尉。漢末及三國多以諸部都尉爲郡。晉成帝咸康七年，又省諸郡丞。宋太祖元嘉四年復置郡官屬，略如公府。永初二年正月，罷會稽郡府。無東、西曹，有功曹史，主選舉。五官掾，主諸曹事。部縣有都郵門、亭長史。又有主記史，催督期會，漢制也，宋略如之。諸郡各有舊俗，諸曹名號往往不同。漢制歲遣上計掾史，各一人，條上郡内衆事，謂之偕簿。宋猶行之。晉郡守皆加將軍，無者爲恥。晉、宋、齊守相、内史並銀章青綬，進賢兩梁冠。梁普通七年四月，南州津改置校尉。承聖三年十一月，置江陵南北兩城主。陳時郡官之任，代下有迎新送故之法，餉饋皆百姓出之，並以定令。後魏初，郡置三太守。延和元年三月，改代尹爲萬年，代令爲萬年令，後復太安三年，以諸部護軍爲太守。孝文初，二千石能静二郡，至三郡者遷爲刺史。太和中，次職令郡太守、内史、相，縣令並以六年爲限，北齊制郡爲上、中、下三等，每等又有上、中、下之差，自上上郡至下下郡，凡九等。上上郡太守屬官有丞，隋有尉中正；光迎功曹，隋曰光初下同；光迎主簿功曹，隋曰縣正，功曹、主簿、五官、省事、録事，及西曹、户曹、金曹、租曹、兵曹、集曹等掾佐，隋有法、士二曹，無租、集二曹；太學博士、助教、太學生。市長，隋曰市令，食督等員。合屬官佐史二百一十二人，隋一百四十六人。上中郡減上上郡吏屬五人，隋同。上下郡減上中郡五人，隋減四人。中上郡減上下郡四十五人，隋減十九人。中中郡減中上郡五人，隋減六人。中下郡減中中郡五人，隋同。下上郡減中下郡四十人，隋減十九人。下中郡減下上郡二人，隋減五人。下下郡減下中郡二人，隋減六人。後周郡太守各以户多少定品命。

都尉郡佐郡中正分部

綜　述

《宋書》卷四〇《百官志下》 郡守，秦官。秦滅諸侯，隨以其地爲郡，置守、丞、尉各一人。守治民，丞佐之。郡當邊戍者，丞爲長史。晉江左皆謂之丞。尉典兵，備盜賊。漢景帝中二年，更名守曰太守，尉爲都尉。光武省都尉，後又往往置東部、西部都尉。有蠻夷者，又有屬國都尉。漢末及三國，多以諸部都尉爲郡。晉成帝咸康七年，又省諸郡丞。宋太祖元嘉四年，復置。郡官屬略如公府，無東西曹，有功曹史，主選舉，五官掾，主諸曹事，部縣有都郵、門亭長，又有主記史，催督期會，漢制也，今略如之。諸郡各有舊俗，諸曹名號，往往不同。【略】漢制，歲遣上計掾史各一人，條上郡内衆事，謂之階簿，至今行之。

《周書》卷六《武帝紀下》 （建德四年春正月）初置營軍器監。

（建德四年二月）辛卯，改置宿衛官員。【略】

（建德四年三月）郡縣各省主簿一人。

隋・虞世南《北堂書鈔》卷七七《設官部二十九・郡尉》 羅姦非。韋昭《辨釋名》：尉羅姦也。言以罪羅姦非。

又《吏》 理萬物，平百揆。楊泉《物理論》云：吏者，理也。所以理萬物平百揆。

善樹德。《胡子》云：善爲吏者樹其德。

刀筆之吏。王粲《儒吏論》云：彼刀筆之吏，豈生而察剋哉？起於几案之下也。

有勸農之名，無賞罰之實。王粲《務本論》曰：末世之吏有勸農之名，無賞罰之實。【略】

著巾幘。魏武《選舉令》云：聞小吏或有著巾幘。

負青幡。《務本論》曰：末世之吏負青幡，而令春有勸農之名。

又《小吏》 幼未有用，從容在職。韋昭《辨釋名》云：門下吏當作三綱，幼，未有用，從容在職也。

《隋書》卷二七《百官志中·北齊》 上上郡太守，屬官有丞，中正，光迎功曹，光迎主簿，功曹，主簿，五官，省事，録事，及西曹、户曹、金曹、租曹、兵曹、集曹等掾佐，太學博士，助教，太學生，市長，倉督等員。合屬官佐史二百一十二人。上中郡減上上郡五人，上下郡減上中郡五人。中上郡減上下郡四十五人。中中郡減中上郡五人。中下郡減中中郡五人。下上郡減中下郡四十人。下中郡減下上郡二人。下下郡減下中郡二人。

唐·杜佑《通典》卷三三《職官十五·州郡下·總論郡佐 郡丞 別駕 長史 司馬 録事參軍 司功 司倉 司户 司兵 司法 司士 參軍事 經學博士 醫博士 中正 通守 五官掾 督郵 郡尉》 郡之佐吏，【略】晉、宋以下，雖官曹名品互有異同，大抵略如漢制。北齊上郡太守屬官合二百一十二人，以下郡遞減之。【略】

郡丞：秦置之，以佐守。【略】晉成帝咸康七年，省諸郡丞。唯丹陽丞不省。宋文帝元嘉四年復置。齊、梁有之。【略】

長史：秦置郡丞，其郡當邊戍者，丞爲長史，掌兵馬。【略】其後長史遂爲軍府官。【略】

司馬：本主武之官。自魏、晉以後，刺史多帶將軍，開府者則置府僚。司馬爲軍府之官，理軍事。晉謝奕字無奕，桓温辟爲安西司馬，在温座，岸幘嘯詠如常。温曰：『我方外司馬也。』宋制，司馬銅印墨綬，絳朝服，武冠。【略】

録事參軍：晉置。本爲公府官，非州郡職也。掌總録衆曹文簿，舉彈善惡。後代刺史有軍而開府者，並置之。自後漢有郡主簿，官職與州主簿同。【略】

司功參軍：兩漢有功曹史，主選署功勞。歷代皆同。晉山濤，年四十始爲郡功曹，後位至司徒。又劉毅字仲雄，陽平太守杜恕選舉爲功曹，月餘，沙汰郡吏百餘人。三魏僉曰：『但聞劉功曹，不聞杜府君。』《決録》曰：『孫晨爲功曹十月，有藁一束，暮臥其中。』北齊諸州有功曹參軍。【略】

司倉參軍：兩漢有倉曹史，主倉庫。北齊以下並同功曹。【略】

司户參軍：漢、魏以下有户曹掾，主民户。【略】北齊以下與功曹同。【略】

司兵參軍：漢司隸屬官有兵曹從事史，蓋有軍事則置之，以主兵事。至北齊以後，並同功曹。【略】

司法參軍：兩漢有決曹賊曹掾，主刑法。歷代皆有，或謂之賊曹，或爲法曹，或爲墨曹。【略】

司士參軍：【略】北齊以後與功曹同。【略】

參軍事：後漢靈帝時，陶謙以幽州刺史參司空車騎張温軍事。獻帝時，孫堅亦爲張温參軍。荀彧參丞相軍事、孫楚參石苞軍事是也。楚輕苞，謂曰：『天子命我參卿軍事』晉時軍府乃置爲官員。中軍羊祜置參軍二人。太尉楊濬置參軍六人。歷代皆有。【略】

中正：魏置。中正之始，已具《州中正篇》。晉諸中正率一國所推，臺閣取信。後魏孝明正光元年，罷諸郡中正。北齊郡縣皆有之，他史多闕。

宋·李昉等《太平御覽》卷二五三《職官部五十一·督郵》 韋昭《辯釋名》曰：釋云：督郵主諸縣罰，以負郵，殷糾攝之也。

元·馬端臨《文獻通考》卷六三《職官考十七·郡尉京輔、屬國等都尉附》 魏、晉以後，無都尉之官，然晉郡守皆加將軍之號。

又《郡丞別駕 長史 司馬 通判》 秦置郡丞以佐守，在邊爲長史，掌兵馬。漢因之。于定國條州大小，爲設吏員治中、別駕、諸郡從事，秩六百石。晉因之，而省郡丞，唯丹陽不省。宋、梁以下復置。

司馬本主武之官。自魏、晉以後，刺史多帶將軍，開府者則置府寮。司馬爲軍府之官，理軍事。晉謝弈字無弈，桓温辟爲安西司馬，在温座，岸幘嘯詠如常。温曰：『我方外司馬也。』宋制，司馬銅印墨綬，絳朝服，武冠。【略】

按：漢所置郡佐，只丞及長史而已，其後又有治中、別駕。至魏、晉間，始有司馬，本主武之官。自後長史、司馬與治中、別駕迭爲廢復，然歷代皆並設二員。

又《教授》 漢郡國有文學，文翁治蜀，起學成都市，招下縣子弟以爲學官弟子。武帝時，天下郡國皆立學校官，自文翁爲之始云。平帝時，郡國曰學，縣、道、邑、侯國曰校。校、學置經師一人。鄉曰庠，聚曰序，序、庠置《孝經》師一人。魏、晉以下，郡國並有文學，卽博士、助教之任。《唐六典》。

又《録事參軍司功、司倉、司兵、司士等參軍　參軍事　經學博士　醫學博士　中正　通守　五官掾　督郵　司理　司法　司戶》　後漢有郡主簿官，在漢、魏間及江左爲督郵主簿。皆太守自辟除。晉置本爲公府官，非州郡職也。掌總録衆曹文簿，舉彈善惡。後代刺史有軍而開府者，並置之。後魏洎隋，皆有録事參軍。及罷郡，以州統縣，皆吏部選除之。【略】

司功參軍。兩漢有功曹史，主選署功勞。後漢范滂字孟博，汝南太守宗資請爲功曹，委任政事，抽拔幽陋，不軌者皆掃迹。謡曰：『汝南太守范孟博，南陽宗資主畫諾。』又岑晊字公孝，南陽太守成瑨請爲功曹。謡曰：『南陽太守岑公孝，弘農成瑨但坐嘯。』又許劭字子將，爲郡功曹。府中聞子將爲史，莫不改操歸行。歷代皆同。北齊諸州有功曹參軍。【略】

司倉參軍。兩漢有倉曹史主倉庫。北齊以下，並同功曹。【略】

司兵參軍。漢司隸屬官有兵曹從事史。蓋有軍事則置之，以主兵事。至北齊以後，並同功曹。【略】

司士參軍，兩漢無聞。北齊以後，與功曹同。【略】

參軍事。後漢靈帝時，陶謙以幽州刺史參司空、車騎張温軍事。晉時，軍府乃置爲官員。中軍羊祜置參軍二人，太尉楊濬置參軍六人。歷代皆有。【略】前代又有行參軍者，晉河間王顒以太宰輔政，始置之，掌使命。歷代皆有。【略】

中正，魏置。中正之始，已具《州中正》篇。晉諸中正，率一國所推，臺閣取信。後魏孝明正光元年，罷諸郡中正。北齊郡、縣皆有之。他史多闕。【略】

司法。兩漢有決曹、賊曹掾主刑法。歷代皆有。或謂之賊曹、法曹、墨曹。【略】

司户。漢、魏以下有户曹掾，主民户。北齊以下，與功曹同。

清·汪士鐸《南北史補志未刊稿·職官志第三·外官》　郡丞。秦置之，以佐守。漢因而不改。晉成帝咸康七年，省諸郡丞。宋文帝元嘉四年，復置。齊、梁有之，梁郡置太守、置丞。國曰内史、郡丞，三萬户以上置佐一人。

長史。秦置郡丞。其郡當邊戍者，丞爲長史，掌兵馬。漢因而不改。《古今注》曰：守相病，丞、長史行事。後罷邊郡太守、丞，而長史領丞職。其後長史遂爲軍府官。【略】

司馬。本主武之官。自魏、晉以後，刺史多帶將軍，開府者則置府寮。司馬爲軍府之官，理軍事。司馬，銅印墨綬，絳朝服，武冠。【略】

録事參軍。晉置，本爲功府公，非州郡職也。掌總録聚曹文簿，舉彈善惡，後代刺史有軍而開府者並置之。自，後漢有郡主簿，官職與州主簿同。【略】

司功參軍。兩漢有功曹史，主選署功勞，歷代皆同。北齊諸州有功曹參軍。

司倉參軍。兩漢有倉曹史，主倉庫。北齊以下並同功曹。

司户參軍。漢、魏以下有户曹掾，主民户。北齊以下與功曹同。

司兵參軍。漢司隸屬官有兵曹從事史，蓋有軍事則置之，以主兵事。至北齊以後並同功曹。

司法參軍。兩漢有決曹、賊曹掾，主刑法，歷代皆有。或謂之賊曹，或爲法曹。【略】

司士參軍。兩漢無聞，北齊以後，與功曹同。

參軍事。後漢靈帝時，陶謙以幽州刺史參司空、車騎張温軍事。晉時軍府乃置爲官員，歷代皆有。【略】

中正。魏置，晉諸中正率一國所推，臺閣取信。後魏正始元年，罷郡中正後復置。孝明正光元年，以郡縣定，罷諸州中正。北齊郡縣皆有之，他史多闕。【略】

郡尉。秦官有郡尉，掌佐守，典武職、甲卒。漢凡郡口二十萬舉一人，典兵禁、備盜賊。景帝更名曰都尉。武帝元鼎四年，又置三輔都尉各二人，出入。邊郡置農都尉，主屯田殖穀，又置屬國都尉，主蠻夷降者。中興建武七年，省諸郡都尉，並職太守，無都試之役。後魏正始中，自碣石至劍閣，東西七千里，置二十二郡尉。【略】

郡之佐史，秦漢有丞、尉。丞以佐守，尉典武職。後漢諸郡各置諸曹掾史，略如公府曹，無東曹。晉、宋以下，雖官曹名品互有異同，大抵略如漢制。北齊上郡太守屬官合二百一十人，以下郡遞減之。

王國屬官分部

綜述

《三國志》卷一《魏志・武帝紀》（建安十八年）五月丙申，天子使御史大夫郗慮持節策命公爲魏公，曰：『【略】魏國置丞相已下羣卿百寮，皆如漢初諸侯王之制。』

又 卷二《魏志・文帝紀》（延康）元年二月壬戌，以大中大夫賈詡爲太尉，御史大夫華歆爲相國，大理王朗爲御史大夫。置散騎常侍、侍郎各四人，其宦人爲官者不得過諸署令；爲金策著令，藏之石室。

又 卷四《魏志・陳留王奐傳》（咸熙二年九月）戊午，司徒何曾爲晉丞相。

又 卷二八《魏志・毌丘儉傳》 儉襲父爵，爲平原侯文學。

又 卷一《魏志・武帝紀》裴松之注 《魏書》曰：始置奉常宗正官。

《魏書》曰：初置衛尉官。

又 卷九《魏志・夏侯惇傳》裴松之注 《魏書》曰：時諸將皆受魏官號，惇獨漢官，乃上疏自陳不當不臣之禮。太祖曰：『吾聞太上師臣，其次友臣。夫臣者，貴德之人也，區區之魏，而臣足以屈君乎？』惇固請，乃拜爲前將軍。

《宋書》卷四〇《百官志下》 魏氏謁者官屬，史闕不知次第。晉武帝初置師、友、文學各一人。師卽傅也，景帝諱師，改爲傅。宋世復改曰師。其文學，前漢已置也。友者，因文王、仲尼四友之名也。改太守爲內史，省相及僕。有郎中令、中尉、大農爲三卿。大國置左右常侍各三人，省郎中，置侍郎二人。大國又置上軍、中軍、下軍三將軍；次國上軍將軍、下軍將軍各一人；小國上軍而已。典書、典祠、典衛、學官令、典書令丞各一人，治書四人，中尉、司馬、世子庶子陵廟、牧長各一人，謁者四人，中大夫六人，舍人十人，典醫丞、典府丞各一人。宋氏以來，一用晉制，雖大小國，皆有三軍。晉制，典書令在常侍下，侍郎上；江左則侍郎次常侍，而典書令居三軍下矣。江左以來，公國則無中尉、常侍、三軍，侯國又無大農、侍郎，伯子男唯典書以下，又無學官令矣。吏職皆以次損省焉。晉江右公侯以下置官屬，隨國小大，無定制也。晉江左諸國，並三分食一。元帝太興元年，始制九分食一。

《南齊書》卷一六《百官志》 郡縣爲國者，爲內史、相。【略】

諸王師、友、文學各一人。

國官郎中令、中尉、大農爲三卿，左右常侍、侍郎，上軍、中軍、下軍三軍，典書、典祠、學官、典衛四令，食官、廐牧長、謁者以下。公侯置郎中令一卿。

《隋書》卷二六《百官志上・梁》 王國置郎中令、將軍、常侍官。又置典祠令、廟長、陵長、典醫丞、典府丞、典書令、學官令、食官長、中尉、侍郎、執事中尉、司馬、謁者、典衛令、舍人、中大夫、大農等官。嗣王國則唯置郎中令、中尉、常侍、大農等員。蕃王則無常侍。自此以下，並不登二品。

諸王皆假金獸符第一至第五左，竹使符第一至第十左。諸公侯皆假銅獸符，竹使符第一至第五。名山大澤不以封。鹽鐵金銀銅錫，及竹園別都，宮室園囿，皆不以屬國。

諸王言曰令，境內稱之曰殿下。公侯封郡縣者，言曰教，境內稱之曰第下。自稱皆曰寡人。相以下，公文上事，皆詣典書。世子主國，其文書表疏，儀式如臣而不稱臣。文書下羣官，皆言告。諸王公侯國官，皆稱臣。上於天朝，皆稱陪臣。有所陳，皆曰上疏。其公文曰言事。五等諸公，位視三公，班次之。開皇諸侯，位視孤卿、重號將軍、光禄大夫，班次之。開國諸伯，位視九卿，班次之。開國諸子，位視二千石，班次之。開國諸男，位視比二千石，班次之。公已下，各置相、典祠、典書令、典衛長一人。而伯子典書謂之長，典衛謂之丞。男典祠謂之長，典書謂之丞，無典衛。諸公已下，臺爲選置相，掌知百姓事。典祠已下，自選補上。諸列侯食邑千户已上，置家丞、庶子員。不滿千户，則但置庶子員。

又　卷二七《百官志中・北齊》　王，位列大司馬上。非親王則位在三公下。置師一人，餘官大抵與梁制不異。其封内之調，盡以入臺，三分食一。公已下，四分食一。

皇子王國，置郎中令，大農，中尉，常侍，各一人。侍郎，二人。上、中、下三將軍，各一人。上、中大夫，各二人。防閤，四人。典書、典祠、學官、典衛等令，各一人。齋帥，四人。食官、廄牧長，各一人。典醫丞，二人。典府丞，一人。執書，二人。謁者，四人。舍人十人。等員。

諸王國，則加有陵長、廟長、常侍各一人，而無中將軍員。上、中大夫各減一人。諸公又減諸王防閤、齋帥、典醫丞等員。諸侯伯子男國，又減諸公國將軍、大夫員。諸公主則置家令、丞、主簿、録事等員。

《晉書》卷二《文帝紀》　（咸熙二年五月）晉國置御史大夫、侍中、常侍、尚書、中領軍、衛將軍官。

又　卷二四《職官志》　王置師、友、文學各一人，景帝諱，故改師爲傅。友者因文王、仲尼四友之名號。改太守爲内史，省相及僕。有郎中令、中尉、大農爲三卿。大國置左右常侍各一人，省郎中，置侍郎二人，典書、典祠、典衛、學官令、典書丞各一人，治書四人，中尉司馬、世子庶子、陵廟牧長各一人，謁者四人，中大夫六人，舍人十人，典府各一人。

咸寧三年，衛將軍楊珧與中書監荀勖以齊王攸有時望，懼惠帝有後難，因追故司空裴秀立五等封建之旨，從容共陳時宜於武帝，以爲『古者建侯，所以藩衛王室。今吳寇未殄，方岳任大，而諸王爲帥，都督封國，既各不臣其統内，於事重非宜。又異姓諸將居邊，宜參以親戚，而諸王公皆在京都，非扞城之義，萬世之固』。帝初未之察，於是下詔議其制。有司奏，從諸王公更制户邑，皆中尉領兵。其平原、汝南、琅邪、扶風、齊爲大國，梁、趙、樂安、燕、安平、義陽爲次國，其餘爲小國，皆制所近縣益滿萬户。又爲郡公制度如小國王，亦中尉領兵。郡侯如不滿五千户王，置一軍一千一百人，亦中尉領之。于時，唯特增魯公國户邑，追進封故司空博陵公王沈爲郡公，鉅平侯羊祜爲南城郡侯。又南宫王承、隨王萬各於泰始中封爲縣王，邑千户，至是改正縣王增邑爲三千户。制度如郡侯，亦置一軍。自此非皇子不得爲王，而諸王之支庶，皆皇家之近屬至親，亦各以土推恩受封。其大國次國始封王之支子爲公，承封王之支子爲侯，繼承封王之支子爲伯。小國五千户已上，始封王之支子爲子，不滿五千户始封王之支子及始封公侯之支子皆爲男，非此皆不得封。其公之制度如五千户國，侯之制度如不滿五千户國，亦置一軍千人，中尉領之，伯子男以下各有差而不置軍。大國始封之孫罷下軍，曾孫又罷上軍，次國始封子孫亦罷下軍，其餘皆以一軍爲常。大國中軍二千人，上下軍各千五百人，次國上軍二千人，下軍千人。其未之國者，大國置守土百人，次國八十人，小國六十人，郡侯縣公亦如小國制度。既行，所增徙各如本奏遣就國，而諸公皆戀京師，涕泣而去。及吳平後，齊王攸遂之國。

中朝制，典書令在常侍下，侍郎上。及渡江，則侍郎次常侍，而典書令居三軍下。公國則無中尉、常侍、三軍，侯國又無大農、侍郎，伯子男唯典書以下，又無學官、令史職，皆以次損焉。公侯以下置官屬，隨國大小無定制，其餘官司各有差。名山大澤不以封，鹽鐵金銀銅錫，始平之竹園，別都宫室園囿，皆不爲屬國。其仕在天朝者，與之國同，皆自選其文武官。諸入作卿士而其世子年已壯者，皆遣莅國。其王公已下，茅社符璽，車旗命服，一如泰始初故事。

唐・李林甫等《唐六典》卷二九《諸王府公主邑司》　親王府：傅一人，從三品；【略】後漢曰傅，秩二千石。魏、晉因之。宋、齊、梁、陳皆爲師，後魏始蕃王、二蕃王、三蕃王各有師、傅，北齊唯置師。【略】諮議參軍事一人，正五品上；晉氏公府置諮議參軍事，蓋取諮詢謀議軍事也。宋、齊因之。梁、陳諸王・公府及位從公開府者，及皇弟、皇子、皇弟・皇子之庶子府各有諮議參軍員。【略】友一人，從五品下；【略】魏、晉諸王置友一人，宋、齊因之，品第六，進賢一梁冠，絳朝服。梁皇弟、皇子府友各一人，班第八，正六品。陳因之。後魏諸王友從四品下。北齊皇子置友一人，第五品上。【略】文學二人，從六品上；漢氏公府、州郡並有文學，魏氏諸王始有文學員，晉、宋、齊、梁、陳皆因之。梁班第五，從七品。後魏太和末，六品上。北齊因之。【略】東閤祭酒、西閤祭酒各一人，從七品上。晉初，位從公以上並置東閤、西閤祭酒，宋、齊、梁、陳、後魏、北齊皆相因。親王府及嗣王、上柱國府各有東、西卜祭酒，從七品上。【略】

長史一人，從四品上；【略】魏太祖、吳長沙桓王府因之。宋、齊諸王領鎮者有長史，品第六，秩千石，銅印、墨綬，進賢兩梁冠，絳朝服。梁、陳公府並有長史，後魏、北齊亦同。【略】司馬一人，從四品下；【略】宋、齊諸王領鎮者各有司馬。梁、陳、後魏、北齊、隋並與長史同置。【略】掾一人，正六品上；【略】魏、晉皆相因置，多者或至數十人。江左以來，諸公置掾二人，其加崇者置四人。掾、屬常敦明教義，肅清風俗，非禮不言，非法不行，以訓羣吏。宋、齊、梁、陳、後魏、北齊公府皆有掾、屬。【略】屬一人，正六品上；漢、魏已來，與掾同置。過江之後，則爲曹名，諸公置户曹屬一人，其加崇者置倉曹屬一人。梁、陳諸公、皇子、皇弟府並有屬，後魏、北齊三師·三公府各有屬，【略】主簿一人，從六品上；漢三公府有黄閤主簿，省録衆事。魏、晉已下皆有。梁、陳諸公、皇弟、皇子府各有主簿。後魏皇子主簿從六品。北齊諸王皆有主簿。【略】記室參軍事二人，從六品上；漢三公及大將軍皆有記室令史，主上章表，奏報書記。魏太祖輔漢，以陳琳、阮瑀管記室，軍國書檄，多二人所作。晉氏諸公及位從公以上並有記室員，宋諸公府有記室參軍事，梁、陳公府及王府皆有記室參軍，北齊因之。【略】録事參軍事一人，從六品上；晉元帝初爲鎮東大將軍，有録事參軍一人。梁、陳王府有中録事參軍及録事參軍各一人，後魏亦同，北齊因之。【略】録事一人，從九品下；功曹參軍事一人，正七品上；漢、魏、晉、宋、齊、梁、陳、後周，州、郡、縣並有功曹員。後魏太和末，諸王府並有功曹員。【略】倉曹參軍事一人，正七品上；後魏諸王府有倉曹參軍。【略】户曹參軍事一人，正七品上；後魏、隋氏並與倉曹同置。兵曹參軍事一人，正七品上，梁、陳王府有中兵曹參軍、中直兵曹參軍各一人。後魏有皇子府中兵參軍，始蕃王、二蕃王有兵曹參軍。北齊皇子府有中兵、外兵參軍。【略】法曹參軍事一人，正七品上；梁、陳、後魏諸王府。【略】士曹參軍事一人，正七品上；後魏諸王府、隋親王府皆有士曹行參軍。【略】參軍事二人，正八品下；後漢末，三公府有參軍事，如孫堅參車騎軍事，荀彧參丞相軍事是也。魏武帝征荆州，請邯鄲淳參軍事。自晉、宋已來，代有其任。《梁選簿》：『皇弟、皇子府有正參軍。』後魏有皇子參軍，北齊因之。【略】行參軍四人，從八品上；晉氏加置行參軍，以自辟召，故曰『行』也。宋、齊、梁、陳皆有之。《梁選簿》：『嗣王府行參軍降正王府一階。』【略】典籤二人，從八品下。《齊職儀》云：『諸公領兵，局有典籤二人。』【略】

親王親事府，典軍二人，正五品上。《齊職儀》：『諸公領兵職，局有庫典軍七職二人、倉典軍七職二人，又有船官典軍、茭箬典軍、樵炭典軍等員。』【略】

親王帳内府，典軍二人，正五品上；《齊職儀》：『諸公領兵職，局有車廐典軍五品二人、馬典軍五品二人，又有釀倉典軍、炭屯典軍、樵屯典軍。』【略】

親王國：【略】大農二人，從八品下；【略】晉諸王國置大農，與郎令、中尉爲三卿。宋、齊、梁、陳、北齊王國並有大農。【略】尉二人，正九品下；漢諸王國有王尉，魏、晉、宋、齊、梁、陳、北齊並有中尉。【略】典衛八人；【略】晉諸王國有典衛令，宋、齊、梁、陳、北齊並有。【略】舍人四人；陳、北齊王國皆有舍人。【略】學官長一人；晉、宋、齊、梁、陳王國並有學官令。【略】食官長一人，丞一人；宋、齊、梁、陳、北齊王國並有食官長。【略】廐牧長二人，丞二人；【略】晉、宋王國置牧長，南齊、北齊爲廐牧長。【略】典府長二人，丞二人。晉氏王國有典府丞，梁、陳、北齊亦因之。【略】

公主邑司，令一人，從七品下；《漢書·百官表》：『宗正屬官有公主家令。』公主所食曰『邑』。晉太康中，爲長山長公主置家令一人。宋、齊已後，時有其職。【略】丞一人，從八品下。《晉起居注》云：『太康十一年，詔曰：「南郡公主家令丞缺，何以不補？」』

《舊唐書》卷四八《職官志三·王府官屬公主邑司》 親王府：傅一人。從三品。漢官有王傅、太傅，魏、晉後唯置師。

宋·李昉等《太平御覽》卷二四九《職官部四十七·府參軍》 干寶《司徒儀》曰：行參軍之職掌，凡使命及督察覆行之事，彈劾、補遺、獻納、聞見，以達視聽。【略】

孫綽《爲功曹參軍駁事箋》曰：綱紀居管轄之任，以糾司外内，駁議彈射，誠無所拘。然亦所以獻可替否，舉直繩違而已。

縣級政府機構部

縣長令分部

綜　述

《宋書》卷四〇《百官志下》　縣令、長，秦官也。大者爲令，小者爲長，侯國爲相。【略】縣令，千石至六百石；長，五百石。

《南齊書》卷一六《百官志》　縣令、相。

隋·虞世南《北堂書鈔》卷七八《設官部三十·縣令》　晉千户已上爲令。《晉令》云：縣千户已上、州郡治五百以上皆爲令，不滿此爲長也。從小補大表其能。崔寔《正論》曰：舊制，萬户以上置大縣令，以表其能字人之力也。

才堪治民以參選。《晉起居注》曰：太始元年詔曰：若夫縣令有缺，掾屬才堪治民者，故當以參選。

長吏親民之要。《晉起居注》云：泰始元年詔曰：百里長吏，親民之要也。【略】

治民之職。《起居注》云：太始元年詔曰：昔孝宗重治民之職。

當清當慎當勤。李康《家誡》云：侍坐於武帝之時，有三長吏俱臨辭出。上曰：『爲長吏，當清、當慎、當勤，修此三者，何患不治乎？』

未更長吏不爲臺郎。《晉起居注》云：太康八年，吏部郎師襲、向凱上言，欲使舍人、洗馬未更長吏不得爲臺郎，未更吏不得爲主尉三官也。

《隋書》卷二六《百官志上·梁》　縣爲國曰相，大縣爲令，小縣爲長，皆置丞、尉。郡縣置吏，亦各准州法，以大小而制員。郡縣吏有書僮，有武吏，有醫，有迎新、送故等員。亦各因其大小而置焉。

又　卷二七《百官志中·北齊》　鄴、臨漳、成安三縣令，各置丞、中正、功曹、主簿、門下督、録事、主記，議及功曹、記室、户、田、金、租、兵、騎、賊、法等曹掾員。鄴又領右部、南部、西部三尉，又領十二行經途尉。凡一百三十五里，里置正。臨漳又領左部、東部二尉，左部管九行經途尉。凡一百一十四里，里置正。成安又領後部、北部二尉，後部管十一行經途尉，七十四里，里置正。清都郡諸縣令已下官員，悉與上上縣同。諸畿郡太守已下，悉與上上郡同。

《晉書》卷二四《職官志》　縣大者置令，小者置長。有主簿、録事史、主記室史、門下書佐、幹、游徼、議生、循行功曹史、小史、廷掾、功曹史、小史書佐幹、户曹掾史幹、法曹門幹、金倉賊曹掾史、兵曹史、吏曹史、獄小史、獄門亭長、都亭長、賊捕掾等員。户不滿三百以下，職吏十八人，散吏四人；三百以上，職吏二十八人，散吏六人；五百以上，職吏四十人，散吏八人；千以上，職吏五十三人，散吏十二人；千五百以上，職吏六十八人，散吏一十八人；三千以上，職吏八十八人，散吏二十六人。

縣皆置方略吏四人。洛陽縣置六部尉。江左以後，建康亦置六部尉，餘大縣置二人，次縣、小縣各一人。鄴、長安置吏如三千户以上之制。

唐·李林甫等《唐六典》卷三〇《三府督護州縣官吏》　萬年、長安、河南、洛陽、奉先、太原、晉陽，令各一人，正五品上。【略】魏、晉已後皆因之。【略】主簿二人，從八品上。自漢以來，主簿皆令、長辟除。周、隋長安縣令、丞已下有功曹主簿，西曹、兵·倉·户·法·士等曹主簿。【略】尉六人，從八品下。【略】後漢洛陽置四尉，皆孝廉作，有東部、南部、西部、北部尉。魏氏因之。晉洛陽置六部尉，過江，亦于建康置六部尉，宋、齊、梁、陳並因之。北齊鄴縣亦置三尉。【略】

京兆、河南、太原諸縣，令各一人，正六品上。【略】尉二人，正九品下。後漢置尉，大縣二人，小縣一人，主捕盜賊。三國、晉、宋之後並因之。

唐·杜佑《通典》卷三三《職官十五·州郡下·縣令》　晉制，大縣令有治績，官報以大郡。《山公啓事》曰：『温令許奇等，並見能名，雖在職日淺，宜顯報大郡，以勸天下。』詔曰：『按其資歷，悉自足爲郡守，各以在職日淺，則宜盡其政績，不宜速他轉也。』不經宰縣，不得入爲臺郎。

宋諸縣署令，銅印墨綬，進賢兩梁冠。自晉、宋以後，令、長、國相皆如漢制。齊傅琰字季珪，爲山陰令，父僧祐，亦爲山陰令。父子並著奇績。世云『諸傅有治縣譜，子孫相傳，不以示人』。梁顧憲之字士思，爲建康令。京師飲酒得醇旨者，輒號爲顧建康，謂其清且美也。又何遠字義方，自武昌太守除名，後起爲武康令，愈勵廉節，除淫祀，武帝聞其能，擢爲宣城太守。自縣令爲近畿大郡，近代未有。又張稷字公喬，爲剡縣令，多爲山水遊。及山賊作亂，又保全縣境。又蕭景字子昭，爲永寧令。永嘉太守牓郡門曰：『諸縣有疑滯，可就永寧令決之。』

後魏縣置三令長。說在《刺史篇》。孝文初制，縣令能靜一縣劫盜者，兼理二縣，即食其禄；能靜二縣者，兼理三縣，三年遷爲郡守。二千石能靜二郡者，兼理，至三郡，亦如之，三年遷爲刺史。太和中，次職令，其禄甚厚。後魏孝文以北中府長史裴聿、中書侍郎崔亮並清貧，欲以俸禄優之，乃以亮帶野王令，聿帶溫縣令，時人榮之。其後令長用人益雜，但選勤舊令史爲之，而縉紳之流恥居其位。

北齊制縣爲上中下三等，每等又有上中下之差，自上上縣至下下縣凡九等。然猶因循後魏，用人濫雜，至於士流恥居之。元文遥遂奏於武成帝，請革之，乃密令搜揚世胄子弟，恐其辭訴，總召集神武門，宣旨慰諭而遣。自此縣令始以士人爲之。

清·汪士鐸《南北史補志未刊稿·職官志第三·外官》 縣令。秦官也。《周官》有縣正，各掌其縣之政，合而賞罰之。春秋時列國相減，多以其地爲縣，則縣大而郡小，故《傳》云『上大夫受縣，下大夫受郡』。縣邑之長曰宰、曰尹、曰公、曰大夫，其職一也。至於戰國，則郡大而縣小矣。故甘茂謂秦武王曰『宜陽大縣，名曰縣，其實郡也。』漢制，列侯所食縣曰國、曰相，皇太后、公主所食曰邑，有蠻夷曰道。凡縣萬户以上爲令，減萬户爲長，侯國爲相，秩次亦如之，皆秦制也，漢因之。《漢書》曰：凡縣，大率萬百里，民稠則減，稀則曠。成帝綏和元年，長相墨綬。哀帝建平二年，復黄綬。秋冬集課，上計於所屬郡國。胡廣云：秋冬歲盡，各計縣户口、墾田、糧入出、盜賊多少，上集簿丞尉，以下歲詣郡課校其功，功多尤爲最者，於庭慰勞勉之，以勸其後。賈多尤爲殿者，於後曹對責以亂怠慢也。其郡有監官、工官、都水官者，隨事廣狹置令、長，及丞秩次皆如縣道，無分土給均吏。晉制，大縣令有治績，官報以大郡，不經宰縣不得入爲臺郎。宋諸縣署，縣令千石至六百石，長五百石，而令銅印墨綬，進賢兩梁冠，自晉、宋、齊以後令、長、國相皆如漢制。後魏縣置三令長。孝文延興三年制，縣能靜一縣劫盜者，兼理二縣，即食其禄；能靜二縣者，兼理三縣，三年選爲郡守；二千石能靜二郡者，兼理至三郡，亦如之，三年選爲刺史。太和中次職令，其禄甚厚。其後令、長用人益雜，但選勤舊令史爲之，而縉紳之流恥居其位。北齊制，縣爲上、中、下三等，每等又有上、中、下之差，自上上縣至下下縣爲九等，然猶因循。後魏用人濫雜，至於士流恥居之。元文遥遂奏於武成帝請革之，乃密令搜揚世胄子弟，恐其辭訴，總詔集神武門，宣旨慰諭而遣。自此縣令始以士人爲之。鄴、臨漳、成安三縣令，各置丞、中正、功曹、主簿、門下督、録事、主記、議生，及功曹、記室、户、田、金、租、兵、騎、賊、法等曹掾員。鄴又領右部、南部、西部三尉，又領十二行經塗尉，凡一百三十五里，里置正。臨漳又領左部、東部二尉，左部管九行經途尉，凡一百一十四里，里置正。成安又領後部、北部二尉，後部管十一行經途尉，凡七十四里，里置正。清都郡諸縣令已下官員，悉與上上縣同。諸畿郡太守已下，悉與上上郡同。隋大興、長安二令又有西曹、士曹等員，幷佐史合一百四十七人。上上縣令屬官有丞、中正、光迎功曹、光迎主簿，隋皆曰光初功曹；主簿、録事，及四曹，户曹、金曹、租曹、兵曹等；市長等員，隋曰市令，合屬官佐史五十四人，隋合九十九人，並有尉、法、士等曹佐。上中縣減上上縣吏屬五人，隋減四人；上下縣減上中縣五人，隋同；中下縣減中中縣一人，隋同；中上縣減上下縣六人，隋減十人；中中縣減中上縣五人，隋減五人；下上縣減中下縣一人，隋減十二人；下中縣減下上縣一人，隋減六人；下下縣減下中縣一人，隋減五人。自州郡縣各因其大小置白道以供其役。

縣丞尉分部

綜　述

《宋書》卷四〇《百官志下》 漢制，置丞一人，尉大縣二人，小縣一人。【略】其餘諸曹，略同郡職。以五官爲廷掾，後則無復丞，唯建康有獄丞，其餘衆職，或此縣有而彼縣無，各有舊俗，無定制也。晉江右洛陽縣置六部都尉，餘大縣置二人，次縣、小縣各一人。宋太祖元嘉十五年，縣小者又省之。諸官府至郡，各置五百者，舊説古君行師從，卿行旅從。旅，五百人也。今縣令以上，古之諸侯，故立四五百以象師從旅從，依古義也。韋曜曰，五百字本爲伍伯。伍，當也；伯，道也。使之導引當道伯中以驅除也。周制，五百爲旅，帥皆大夫，不得卑之如此説也。又《周禮》秋官有條狼氏，掌執鞭以趨辟，王出入則八人夾道，公則六人，侯伯則四人，子男則二人，近之矣，名之異爾。又《漢官》中有伯使，主爲諸官驅使辟路于道伯中，故言伯使，此其比也。

《隋書》卷二七《百官志中・北齊》 上上縣令，屬官有丞，中正，光迎功曹，光迎主簿，功曹，主簿，録事，及西曹、户曹、金曹、租曹、兵曹等掾，市長等員。合屬官佐史五十四人。上中縣減上上縣五人。上下縣減上中縣五人，中上縣減上下縣六人，中中縣減中上縣五人，中下縣減中中縣一人，下上縣減中下縣一人，下中縣減下上縣一人，下下縣減下中縣一人。

自州、郡、縣，各因其大小置白直，以供其役。

唐・杜佑《通典》卷三三《職官十五・州郡下・總論縣佐 丞 主簿 尉 五百附》 晉縣有主簿，功曹，廷掾，法曹，金，倉，賊曹掾，兵曹，賊捕掾等員。【略】

丞：【略】自晉後無丞。宋時唯建康有獄丞。【略】

主簿：【略】晉亦有之。他史多闕。自漢以來皆令長自調用，至隋始置之。【略】

尉：【略】魏因之。晉洛陽、建康皆置六部尉。宋、齊、梁、陳並因之。餘縣如漢制。諸縣道尉，銅印黄綬，朝服，武冠。江左止單衣介幘。北齊郡縣置三尉。【略】

五百。《宋・志》曰：『謂官府至郡各置五百。』又韋曜曰：『五百字本爲伍伯也。伍，當也。伯，道也。使之導引，當道陌中以驅除也。』又《周禮・秋官》有條狼氏，掌執鞭以趨辟，王出入則八人夾道。此近之矣。又《漢官》中有伯使，主爲諸侯官驅使避路於道陌中，故言伯使。此其比也。今州縣官有雜職者，掌行鞭撻，每官出，則執楚導引，呵闢行路，殆其職也。

宋・李昉等《太平御覽》卷二六九《職官部六十七・縣尉》 宋武帝詔曰：百里之任，總歸官長。縣尉實效甚微，其費不少。二品縣可置一尉而已，餘悉停省。

元・馬端臨《文獻通考》卷六三《職官考十七・縣丞主簿 縣尉》 漢氏縣丞、尉多以本郡人爲之，三輔縣則兼用他郡。諸縣皆有，主刑獄、囚徒。後漢署文書，典知倉獄。署諸曹掾史。凡諸縣署丞，皆銅印黄綬，進賢一梁冠。自晉後無丞。宋惟建康有獄丞。【略】漢已下皆用一人。【略】

主簿，漢、晉有之。自漢以來，皆令長自調用。【略】

縣尉，漢大縣兩尉，小縣一人。《漢官儀》、《後漢・百官志》。長安有四尉，分爲左、右部，城東、南置廣部尉，是爲左部；城西、北置明部尉，是爲右部，並四百石，黄綬，大冠。主追捕盜賊，伺察姦非。魏因之。晉洛陽、建康皆置左部尉。宋、齊、梁、陳並因之。餘縣如漢制。諸縣道尉銅印黄綬，朝服，武冠。北齊郡縣置三尉。

清・汪士鐸《南北史補志未刊稿・職官志第三・外官》 丞。漢諸縣皆有，兼主刑獄囚徒。後漢令、長、國相各置丞一人，署文書典知倉獄，署諸曹掾史。凡諸縣署丞，皆銅印黄綬，進賢一梁冠。自晉後無丞。宋時唯建康有獄丞一人。南齊建元三年九月，置會稽山陰縣獄丞。梁天監元年八月，立建康正監平三官。【略】又梁置丞尉，郡縣置吏，亦各准州法，以大小而制員，郡縣吏有書僮，有武吏，有醫，有迎新、送故等員，亦各因其大小而置焉。建康舊置獄丞一人。天監元年，詔依廷尉之官置正平監，革選士流，務使任職。又令三官更道一日分受罪繫事無大小悉與令籌，若有大事共詳三人，具辨。脱有同異，各立議以聞。位親給事中。主簿，漢有之，晉亦有之，他史多闕。

尉。漢諸縣皆有。後漢令、長、國相亦皆有尉，大縣二人，小縣一人，主盜賊，案察奸宄，署諸曹撰史。邊縣有障塞尉，掌禁備羌犯塞。魏因之。晉洛陽、建康皆置六部尉。宋、齊、梁、陳並因之。餘縣如漢制。諸縣、道尉，銅印黄綬，朝服，武冠。江左止單衣介巾。北齊郡縣置三尉。【略】

案：晉大縣二人，次縣、小縣皆一人，宋元嘉十五年，縣小者又省之。

五百。諸官府至郡各置五百者，舊説古君行師從卿、行旅從旅五百人也。今縣令已上，古之諸侯，故立四五百以象師從旅從，依古義也。韋曜曰：五百字本爲五伯。伍當也，伯道也，使之導引當道伯中以驅除也。

周制五百爲旅，帥皆大夫，不得卑之，如此説也。又《周禮》秋官有條狼氏、掌執鞭以超辟王出入，則八人夾道，公，則六人，侯伯，則四人，子男，則二人，近之矣。名之異兩，又《漢官》中有伯使，主爲諸官驅使辟路於道伯中，故言伯使，此其比也。縣以五官爲廷撰，其餘聚職，或此縣有，彼縣無，各有舊俗，無定制也。

侯國相丞尉分部

綜述

清・王鳴盛《十七史商榷》卷五七《南史合宋齊梁陳書五・宋州郡國相》 揚州、南徐州諸州但有令長，自南豫州以下始有國相，然甚少。此下江州一州各郡所屬之縣，幾盡是公侯伯子男國相，令但一二見矣。此下青、冀，司仍多是令，其下荆、郢、湘、雍四州令與相相間，其下梁州、秦州、益州、寧州、廣州、交州、越州又純是令長，而國相偶一見焉。若云近於京都者不以封，國遠者則封之；或云有實土者不以封，寄治假立之名則以封。二者皆不然也，凡此諸國皆是空封，不之國也，而其立制之意則似是隨便取其縣名以封之，而未必有一定之成例者。

又《王公等國視守令之例》 封國之制，王國之相名内史，公侯伯子男國之相名相。王公等皆不治民，但食其祿耳，相則治民，内史治民視太守公侯等，相治民視令長，就《州郡志》約之，當如此。以内史治郡而所屬之縣有國相者，如南平、如長沙、如衡陽、如零陵、如臨慶、如始建是也。以太守治郡而所屬之縣有國相者，如鄱陽、如廬陵、如安城、如宜都、如新興、如永寧、如武寧、如江夏、如竟陵、如武陵、如巴陵、如武昌、如西陽、如桂陽、如營陽、如湘東、如邵陵、如南陽、如新野、如順陽、如始平、如南上洛、如河南、如義成、如南天水、如建昌是也。以公相治郡而所屬之縣有國相者，如巴東、如廣興是也。若豫章、若南郡、若建平以太守治郡而所屬之縣又有公相，若南康以公相治郡而所屬之縣又有公相，此則例之變者。

基層政府機構部

鄉官分部

綜述

《宋書》卷四〇《百官志下》 五家爲伍，伍長主之；二五爲什，什長主之；十什爲里，里魁主之；十里爲亭，亭長主之；十亭爲鄉，鄉有鄉佐、三老、有秩、嗇夫、遊徼各一人。鄉佐、有秩主賦稅，三老主教化，嗇夫主爭訟，遊徼主奸非。

《魏書》卷七下《高祖紀下》 （太和十年）二月甲戌，初立黨、里、鄰三長，定民户籍。

隋・虞世南《北堂書鈔》卷七九《設官部三十一・嗇夫》 扶助縣國。黄義恭《交州記》云：秦兼天下，又除附庸爲鄉，有鄉則有旅，今之嗇夫是也。鄉之爲言境也，言在人境域之中，是社稷之臣，非王所置，故言鄉也。夫之爲言扶也，直扶助縣國，無自專之威，爲主民之吏，當愛人，故言嗇也。

《隋書》卷二四《食貨志》 武帝保定二年【略】及頒新令。制人五家爲保，保有長。保五爲閭，閭四爲族，皆有正。畿外置里正，比閭正，黨長比族正，以相檢察焉。

《晉書》卷二四《職官志》 郡國及縣，農月皆隨所領户多少爲差，散吏爲勸農。又縣五百以上皆置鄉，三千以上置二鄉，五千以上置三鄉，萬以上置四鄉，鄉置嗇夫一人。鄉户不滿千以下，置治書史一人；千以上置史、佐各一人，正一人；五千五百以上，置史一人，佐二人。縣率百户置里吏一人，其土廣人稀，聽隨宜置里吏，限不得減五十户。户千以上，置校官掾一人。

唐・杜佑《通典》卷三三《職官十五・州郡下・鄉官》 晉縣五百

户以上皆置一鄉，三千户以上置二鄉，五千户以上置三鄉，萬户以上置四鄉。鄉置嗇夫一人。縣率百户置里吏一人。其土廣人稀，聽隨宜置里吏，限不得減五十户。户千以上置校官掾一人。縣皆置方略吏四人。

宋五家爲伍，伍長主之；二伍爲什，什長主之；什十爲里，里魁主之；十里爲亭，亭長主之；十亭爲鄉，鄉有鄉佐、三老、有秩、嗇夫、遊徼各一人，所職與秦漢同。

清·汪士鐸《南北史補志未刊稿·職官志第三·外官》 鄉官。《周禮》有鄉師、鄉老、鄉大夫之職，其任大矣。鄉老管一萬二千五百家。次有州長、二千五百家爲州。黨正、五百家爲黨。族師、百家爲族，凡師者，帥也。閭胥、二十五家爲閭，凡胥者，有才智之稱。鄙師、五酇爲鄙。酇長、四里爲酇。里宰、五隣有宰。隣長，五家爲隣，皆不命之士爲之。皆鄉里之官也。大凡各掌其鄉黨、州里之政。理云秦制，大率五家爲伍，伍長主之，二伍爲什，什長主之，十什爲里，里魁主之，十里爲亭，亭長主之，十亭爲鄉，鄉有鄉佐、三老、有秩、嗇夫、遊徼各一人。鄉佐、有秩主賦稅，三老主教化，嗇夫主德訟，遊徼主巡禁盜賊，其餘略同郡職。漢因之。魏、晉、宋大略相同。

宗主督護黨閭里鄰分部

綜述

《南齊書》卷五七《魏虜傳》 （永明）三年，初令鄰、里、黨各置一長，五家爲鄰，五鄰爲里，五里爲黨。四年，造户籍。

《魏書》卷一一〇《食貨志》 魏初不立三長，故民多蔭附。蔭附者皆無官役，豪强徵斂，倍於公賦。（太和）十年，給事中李沖上言：「宜准古，五家立一鄰長，五鄰立一里長，五里立一黨長，長取鄉人强謹者。鄰長復一夫，里長二，黨長三。所復復征戍，餘若民。三載亡愆則陟用，陟之一等。」

唐·杜佑《通典》卷三《食貨三·鄉黨土斷、版籍並附》 後魏初不立三長，唯立宗主督護，所以人多隱冒，五十、三十家方爲一户，謂之蔭附。蔭附者皆無官役，豪强徵斂，倍於公賦矣。孝文太和十年，給事中李沖以三正理人，所由來遠，於是創三長之制，曰：「宜準古，五家立一鄰長，五鄰立一里長，五里立一黨長，黨長取鄉人强謹者。鄰長復一夫，里長二，黨長三。所復復征戍，餘若人。三長三載亡愆則陟用之一等。」太后覽而稱善，引見公卿議之。中書令鄭羲、秘書令高祐等曰：「沖求立三長者，乃欲混天下爲一法，言似可用，事實難行。」太尉元丕曰：「臣謂此法若行，公私有益。」咸稱方今有事之月，校比人户，新舊未分，人心勞怨。請過今秋，至冬閑月，徐乃遣使，於事爲宜。沖曰：「『人可使由之，不可使知之。』若不因調時，百姓徒知立長校户之勤，未見均徭省賦之益，心必生怨。宜及課調之月，令知賦税之均。既識其事，又得其利，因人之欲，爲之易行。」著作郎傅思益進曰：「人俗既異，險易不同，九品差調，爲日已久，一朝改法，恐成擾亂。」太后曰：「立三長，則課有常準，賦有恒分，苞蔭之户可出，僥倖之人可止，何爲而不可？」遂立三長，公私便之。

論說

清·王夫之《讀通鑑論》卷一六《齊武帝四》 拓拔氏太和九年，從李沖之請，五家立鄰長，五鄰立里長，五里立黨長，此里長之名所自昉也。沖蓋師《周禮》之遺制而設焉。乃以周制考之，王畿爲方千里，爲田九萬萬畝，以古畝百步今畝二百四十步約之，爲田三萬七千萬有奇，以今起科之中制準之，爲糧大約二百二十萬石，視今吴縣、長洲二邑之賦而不足，則其爲地也狹，爲民也寡矣。周之侯國千八百，視今州縣之數而尤儉也。以甚狹之地，任甚寡之民，區別而屑分之也易。且諸侯制賦治民之法，固有不用周制者，如齊之軌里，楚之牧隰，不能强天下以同也。以治衆大之法治寡小，則疏而不理；以治寡小之法治衆大，則潰而不行。故《周禮》之制，行之一邑而效，行之天下而未必效者多矣。

三長之立，李沖非求以靖民，以覈民之隱冒爾。拓拔氏之初制，三五十家而制一宗主，始爲一户，略矣，於是而多隱冒。沖立繁密之法，使民無所藏隱，是數罟以盡魚之術，商鞅之所以彊秦而塗炭其民者也。且夫一切之法不可齊天下，雖聖人復起，不能易吾説也。地有肥瘠，民有淳頑，而爲之長者亦異矣。民疲而瘠，則五家之累耑於一家；民悍而頑，則是五家而置一豺虎以臨之也。且所責于三長者，獨以課覈賦役與？抑以兼司其訟獄禁制也？兼司禁制，則弱肉强食，相迫而無窮；獨任賦役，則李代桃僵，交傾而不給。黠者因公私斂，拙者奔走不遑，民之困於斯極矣。非商鞅其孰忍爲此哉？

夫民無長，則不可也，隱冒無稽，而非違莫詰也。乃法不可不簡，而任之也不可不輕，此王道之所以易易也。然則三五十家而立宗主，未嘗不爲已密，而五家櫛比以立長，其禍豈有涯乎？民不可無長，而置長也有道；酌古今之變，參事會之宜，簡其數而網不密，遞相代而互相制，則疲羸者不困，而强豪者不横。若李沖之法，免其賦役，三載無過，則升爲黨長，復其三夫，（而）［吾］吾知奸民之恣肆無已矣。

要而論之，天下之大，田賦之多，人民之衆，固不可以一切之法治之也。有王者起，酌腹裏邊方、山澤肥瘠、民人衆寡、風俗淳頑，因其故俗之便，使民自陳之，邑之賢士大夫酌之，良有司裁之，公卿決之，天子制之，可以行之數百年而不敝。而不可合南北、齊山澤、均剛柔、一利鈍，一概强天下以同而自謂均平。蓋一切之法者，大利於此，則大害於彼者也。如之何其可行也！

特設職官部

都護分部

綜述

唐・李林甫等《唐六典》卷三〇《三府督護州縣官吏》　大都護府，大都護一人，從二品；副大都護一人，從三品；副都護二人，正四品上。【略】魏、晉之間，有都護左・右軍、都護將軍之號，遂廢都護之名。【略】長史一人，正五品上。漢宣帝置西域都護長史一人，自後不絶，今單于則不置。

唐・杜佑《通典》卷三二《職官十四・州郡上・都護》　晉、宋以後，有都護之官，亦其任也。《齊書》曰：『廣州西南有二江，川源深遠，別置都護，專征討之事。陳伯超爲西江都護，沈顗爲南江都護。』

鎮戍將官分部

綜述

《隋書》卷二七《百官志中・北齊》　三等諸鎮，置鎮將、副將，長史，録事參軍，倉曹、中兵、長流、城局等參軍事，鎧曹行參軍，市長，倉督等員。

三等戍，置戍主，副，掾，隊主、副等員。

唐・李林甫等《唐六典》卷三〇《三府督護州縣官吏》　上鎮，將一人，正六品下；鎮副一人，正七品下。魏有鎮東、鎮西、鎮南、鎮北將軍之名，晉、宋已後皆因之。【略】

上戍，主一人，正八品下；戍副一人，從八品下。【略】至後魏孝文，使趙遐爲梁城戍主。又王榮世爲三城戍主，遇賊陷城，與戍副鄧元興等皆不屈節，被害。《宋書》云：『劉德願爲游擊將軍，領石頭戍事。』宋檀道濟以護軍領石頭戍事。宋、齊已下至隋，皆有其官。

元・馬端臨《文獻通考》卷六三《職官考十七・鎮戍關市官》　關令，古官。戍主，晉、宋之顯職。鎮將，後周之通班。

清・汪士鐸《南北史補志未刊稿・職官志第三・外官》　關令，古官。戍主，晉、宋官。鎮將，後魏置。舊制，緣邊置鎮，都大將統兵備禁，主倉庫、城隍，與刺史同城。北齊諸鎮置鎮將、副將、長史、録事、參軍、食曹、中兵、長流、城局等參軍事，鎧曹行參軍、市長、食督等員，三等戍置主副、撰隊主副等員，副戍置主副、關市置令、丞。其官屬各立三等之差。

護戎校尉中郎將分部

綜　述

《三國志》卷一五《魏志·温恢傳》　數年，遷涼州刺史，持節領護羌校尉。

《宋書》卷四〇《百官志下》　平越中郎將，晉武帝置，治廣州，主南越。

南蠻校尉，晉武帝置，治襄陽。江左初省。尋又置，治江陵。宋世祖孝建中省。

西戎校尉，晉初置，治長安。安帝義熙中又置，治漢中。

寧蠻校尉，晉武帝置，治襄陽，以授魯宗之。

南夷校尉，晉武帝置，治寧州。江左改曰鎮蠻校尉。四夷中郎校尉，皆有長史、司馬、參軍。魏、晉有雜號護軍，如將軍，今猶有鎮蠻、安遠等護軍。鎮蠻以加廬江、晉熙、西陽太守。安遠以加武陵内史。

《南齊書》卷一六《百官志》　護南蠻校尉。

府置佐史。隸荆州。晉、宋末省。建元元年，復置，三年，省。延興元年置，建武省。

護三巴校尉。

宋置。建元二年，改爲刺史。

寧蠻校尉。

府亦置佐史，隸雍州。

平蠻校尉。

永明三年置，隸益州。

鎮蠻校尉。

隸寧州。

護西戎校尉。

護羌校尉。

右四校尉，亦置四夷。

平越中郎將。

府置佐史，隸廣州。【略】

鎮蠻護軍。

安遠護軍。

晉世雜號，多爲郡領之。

《晉書》卷二四《職官志》　四中郎將，並後漢置，歷魏及晉並有其職，江左彌重。

護羌、夷、蠻等校尉，案武帝置南蠻校尉于襄陽，西戎校尉于長安，南夷校尉于寧州。元康中，護羌校尉爲涼州刺史，西戎校尉爲雍州刺史，南蠻校尉爲荆州刺史。及江左初，省南蠻校尉，尋又置於江陵，改南夷校尉曰鎮蠻校尉。及安帝時，于襄陽置寧蠻校尉。

護匈奴、羌、戎、蠻、夷、越中郎將，案武帝置四中郎將，或領刺史，或持節爲之。武帝又置平越中郎將，居廣州，主護南越。

又　卷三六《衛瓘傳》　除征北大將軍、都督幽州諸軍事、幽州刺史、護烏桓校尉。

清·汪士鐸《南北史補志未刊稿·職官志第三·戎秩》　平越中郎將。晉武帝立，治廣州，主南越。齊亦立佐史，陳曰安越校尉中郎將。

南蠻校尉。晉武帝立，治襄陽。江左省，尋又立，治江陵，宋孝建元年六月，省。齊建元元年九月，復立。三年二月，省海陵已。延興元年立，建武元年，又省原府，亦立佐史，隸荆州刺史。

寧蠻校尉。晉武立，治襄陽。齊有府，亦置佐史，隸雍州。

護西戎校尉。晉初立長史。義熙中，又加治中。齊有。陳曰安戎校尉中郎將。

護羌校尉。南齊立。

南夷校尉。晉武帝立，治寧州。江左改曰鎮蠻校尉。四夷中郎校尉皆有長史、司馬、參軍。魏晉有雜號護軍，如將軍令，猶有鎮蠻、安遠等護軍。鎮蠻以加廬江、晉熙、西陽太守，安遠以加武陵内史。南齊曰鎮蠻校尉，陳曰安蠻校尉中郎將。

護三巴校尉。宋泰始五年十二月置。齊建元二年，改爲刺史。

平蠻校尉。南齊永明三年七月立，隸益州。九年正月，省。

鎮蠻護軍。宋無，齊有。

安遠護軍。並有。晉世雜號多爲郡領之，宋無，齊有。

使職分部

綜　述

《宋書》卷二《武帝紀下》（永初元年六月）丁丑，詔曰：『古之王者，巡狩省方，躬覽民物，搜揚幽隱，拯災恤患，用能風澤遐被，遠至邇安。朕以寡暗，道謝前哲，因受終之期，托兆庶之上，鑑寐屬慮，思求民瘼。才弱事艱，若無津濟，夕惕永念，心馳遐域。可遣大使分行四方，旌賢舉善，問所疾苦。其有獄訟虧濫，政刑乖愆，傷化擾治，未允民聽者，皆當具以事聞。萬事之宜，無失厥中。暢朝遷乃眷之旨，宣下民壅隔之情。』【略】

（閏月）又詔曰：『諸處冬使，或遣或不，事役宜省，今可悉停。唯元正大慶，不在其例。郡縣遣冬使詣州及都督府，亦停之。』

《魏書》卷七上《高祖紀上》（延興八年）春正月，詔隴西公元琛、尚書陸叡爲東西二道大使，褒善罰惡。

又　卷一二《孝靜帝紀》（天平元年十有二月）丙子，遣侍中封隆之等五人爲大使，巡諭天下。【略】

（天平二年）冬十有一月戊申，詔尚書可遣使巡檢河北流移饑人，邢陘、滏口所經之處，若有死屍，即爲藏掩。勿使靈臺枯骨，有感於通夢；廣漢露骸，時聞於夜哭。【略】（十二月）辛未，遣使者板假老人官，百歲已下各有差。【略】

（興和元年）六月乙酉，以尚書左僕射司馬子如爲山東黜陟大使，尋爲東北道大行臺，差選勇士。

又　卷六四《張彝傳》　以參定遷都之勳，進爵爲侯，轉太常少卿，遷散騎常侍，兼侍中，持節巡察陝東、河南十二州，甚有聲稱。使還，以從征之勤，遷尚書。

《北齊書》卷五《補廢帝紀》（天保十年十一月）戊午，分命使者巡省四方，求政得失，省察風俗，問人疾苦。

又　卷六《補孝昭帝紀》（皇建元年八月）壬辰，詔分遣大使巡省四方，觀察風俗，問人疾苦，考求得失，搜訪賢良。

《周書》卷七《宣帝紀》（宣政元年八月）遣大使巡察諸州。

元・馬端臨《文獻通考》卷六一《職官考十五・安撫使》　梁武帝普通五年，魏以酈道元爲大使，慰撫六鎮，大使始此。

論　說

清・趙翼《廿二史劄記》卷一二《宋齊梁陳並南史・齊梁臺使之害》

《齊書・竟陵王子良傳》：宋元嘉中，簿書賦稅皆責成郡縣，孝武帝急速，乃遣臺使，自此公私勞擾。齊初子良疏曰：『此輩使人，既非詳慎，或貪險崎嶇，營求此役。朝辭禁門，形態即異，暮宿村縣，威福便行，脅遏津吏，恐喝郵傳。既望城郭，便飛下嚴符，但稱行臺，未知所督。先訶官吏，卻攝羣曹，絳標寸紙，一日數至。四鄉所召，莫辨枉直，萬姓駭迫，爭致饋遺，今日酒諧肉飫，即許附申，明日禮輕貨薄，復責科筭。及其豚蒜轉積，鵝栗漸盈，遠則分鬻他境，近則托貿吏民，反請郡邑，助民祈緩。』此齊室臺使之害也。《梁書・賀琛傳》亦有疏曰：『今東境户口空虛，皆由使命繁數，大邦大縣，舟船銜命者，非惟十數，即窮幽之鄉，極遠之邑，亦皆必至駑困。邑宰則拱手聽其漁獵，桀黠長吏又因之而爲貪殘，故細民棄業流冗者多。』此梁室臺使之弊也。以田租丁賦動遣臺使分催，本非政體，此輩假公營私，騷及雞犬，固事之所必有也。然如子良所云『豚蒜鵝栗』之類，則徵索尚屬微細。

後世固不至以簿書賦役，動遣使徵求，然有時以重案特命大官出勘，名曰欽差，其中未嘗無公正之人，能廉潔持身，平反定獄，然不可多得也。不肖者，則因以爲利，藉權索賄，動至數萬金，小民之受累猶少，官府之被禍已深。前明劉瑾竊柄時，科道出使歸，例以千金爲饋，猶覺其細已甚也，何況齊、梁臺使僅索雞豚果栗之類，固不足數矣。夫外吏不可信而遣朝官，小官不可信而遣大僚，宜其勵官方而達民隱，乃滋累更甚，則不如不遣之爲愈也。

後漢桓帝數遣黄門常侍及中使伯榮往來甘陵。伯榮尤驕蹇，所經郡國，莫不迎送禮謁，陳忠上言『使者所過，威權翕赫，震動郡縣。王侯二千石爲伯榮獨拜車下，儀體上僭，侔於人主。長吏懼責，發人修道，繕理亭傳，徵役無度，老幼相隨，動以萬計。賂遺僕從，人數百匹。頓踣呼嗟，莫不叩心。』後代欽差之弊往往類此。

加散勳官封爵部

加官分部

綜　述

《三國志》卷六四《吳志·孫綝傳》　又復加（孫綝）恩侍中，與（孫）綝分省文書。

《宋書》卷三九《百官志上》　特進，前漢世所置，前後二漢及魏、晉以爲加官，從本官車服，無吏卒。晉惠帝元康中定位令在諸公下，驃騎將軍上。【略】

侍中，四人。掌奏事，直侍左右，應對獻替。法駕出，則正直一人負璽陪乘。殿内門下衆事皆掌之。周公戒成王《立政》之篇所云『常伯』，即其任也。侍中本秦丞相史也，使五人往來殿内東廂奏事，故謂之侍中。漢西京無員，多至數十人，入侍禁中，分掌乘輿服物，下至褻器虎子之屬。武帝世，孔安國爲侍中，以其儒者，特聽掌御唾壺，朝廷榮之。久次者爲僕射。漢東京又屬少府，猶無員。掌侍左右，贊導衆事，顧問應答。法駕出，則多識者一人負傳國璽，操斬白蛇劍，參乘；餘皆騎，在乘輿車後。光武世，改僕射爲祭酒焉。漢世，與中官俱止禁中。武帝時，侍中莽何羅挾刃謀逆，由是侍中出禁外，有事乃入，事畢即出。王莽秉政，侍中復入，與中官共止。章帝元和中，侍中郭舉與後宫通，拔佩刀驚御，舉伏誅，侍中由是復出外。魏、晉以來，置四人，別加官，不主數。秩比二千石。

又　卷四〇《百官志下》　給事黄門侍郎，四人，與侍中俱掌門下衆事。郊廟臨軒，則一人執麾。《漢百官表》秦曰給事黄門，無員，掌侍從左右，漢因之。漢東京曰給事黄門侍郎，亦無員，掌侍從左右，關通中外，諸王朝見，則引王就坐。應劭曰：『每日莫向青瑣門拜，謂之夕郎。』史臣按，劉向與子歆書曰：『黄門郎，顯處也。』然則前漢世已爲黄門侍郎矣。董巴《漢書》曰：『禁門曰黄闥，中人主之，故號曰黄門令。』然則黄門郎給事黄闥之内，故曰黄門郎也。魏、晉以來員四人，秩六百石。

散騎常侍，四人。掌侍左右。秦置散騎，又置中常侍，散騎，並乘輿車後；中常侍得入禁中。皆無員，並爲加官。漢東京初省散騎，而中常侍因用宦者。魏文帝黄初初，置散騎，合於中常侍，謂之散騎常侍，始以孟達補之。久次者爲祭酒散騎常侍，秩比二千石。

通直散騎常侍，四人。魏末散騎常侍又有在員外者，晉武帝使二人與散騎常侍通直，故謂之通直散騎常侍。晉江左置五人。員外散騎常侍，魏末置，無員。

散騎侍郎，四人。魏初與散騎常侍同置。魏、晉散騎常侍、侍郎，與侍中、黄門侍郎共平尚書奏事，江左乃罷。通直散騎侍郎，四人。初晉武帝置員外散騎侍郎四人，元帝使二人與散騎侍郎通直，故謂之通直散騎侍郎，後增爲四人。員外散騎侍郎，晉武帝置，無員。

給事中，無員。漢西京置。掌顧問應對，位次中常侍。漢東京省，魏世復置。

奉朝請，無員，亦不爲官。漢東京罷省三公、外戚、宗室、諸侯，多奉朝請。奉朝請者，奉朝會請召而已。晉武帝亦以宗室外戚爲奉車、駙馬、騎都尉，而奉朝請焉。元帝爲晉王，以參軍爲奉車都尉，掾、屬爲駙馬都尉，行參軍、舍人爲騎都尉，皆奉朝請。後省奉車、騎都尉，唯留駙馬都尉、奉朝請。永初已來，以奉朝請選雜，其尚主者唯拜駙馬都尉。三都尉並漢武帝置。孝建初，奉朝請省。駙馬都尉、三都尉秩比二千石。

又　卷四一《源懷傳》　景明二年，徵爲尚書左僕射，加特進。時有詔，以奸吏犯罪，每多逃遁，因眚乃出，並皆釋然。自今已後，犯罪不問輕重，而藏竄者悉遠流。若永避不出，兄弟代徙。懷乃奏曰：『謹按知制：逃吏不在赦限。竊惟聖朝之恩，事異前宥，諸流徙在路，尚蒙旋反，況有未發而仍遣邊戍？按守宰犯罪，逃走者衆，禄潤既優，尚有茲失，及蒙恩宥，卒然得還。今獨苦此等，恐非均一之法。如臣管執，謂宜免之。』書奏，門下以成式既班，駁奏不許。懷重奏曰：『臣以爲法貴經通，治尚簡要，刑憲之設，所以綱羅罪人。苟理之所備，不在繁典；行之可通，豈容峻制？此乃古今之達政，救世之恒規。伏尋條制，勳品已下，罪發逃亡，遇恩不宥，仍流妻子。雖欲抑絶奸途，匪爲通式。謹按事條，侵官敗法，專據流外，豈九品已上，人皆貞白也？其諸州守宰，職任清流，至有貪濁，事發逃竄，而遇恩免罪。勳品已下，獨乖斯例。如此，則寬縱上流，法切下吏，育物有差，惠罰不等。又謀逆滔天，輕恩尚免；吏犯微罪，獨不蒙赦，使大宥之經不通，開生之路致壅，進違古典，退乖今律？輒率愚見，以爲宜停。』書奏，世宗納之。

又　卷六六《王敬弘傳》　子恢之被召爲秘書郎，敬弘爲求奉朝請，與恢之書曰：『秘書有限，故有競。朝請無限，故無競。吾欲使汝處於不競之地。』太祖嘉而許。

又　卷七六《宗慤傳》　廢帝即位，爲寧蠻校尉、雍州刺史，加都督。

又　卷八一《顧覬之傳》　（大明）八年，復爲吏部尚書，加給事中，未拜，欲以爲會稽，不果。還爲吳郡太守。

《南齊書》卷一六《百官志》　特進。

位從公。【略】

侍中祭酒。高功者稱之。

侍中。

漢世爲親近之職。魏、晉選用，稍增華重，而大意不異。宋文帝元嘉中，王華、王曇首、殷景仁等，並爲侍中，情在親密，與帝接膝共語，貂拂帝手，拔貂置案上，語畢復手插之。孝武時，侍中何偃南郊陪乘，鑾輅過白門闕，偃將匐，帝乃接之曰：『朕乃陪卿。』齊世朝會，多以美姿容者兼官。永元三年，東昏南郊，不欲親朝士，以主璽陪乘，前代未嘗有也。侍中呼爲門下。亦置令史。領官如左：

給事黄門侍郎。

亦管知詔令，世呼爲小門下。

散騎常侍，通直散騎常侍，員外散騎常侍（郎）。

舊與侍中通官，其通直員外，用衰老人士，故其官漸替。宋大明雖華選比侍中，而人情久習，終不見重，尋復如初。

散騎侍郎，通直散騎侍郎，員外散騎侍郎。

給事中。

奉朝請。

駙馬都尉。

集書省職，置正書、令史。朝散用衣冠之餘，人數猥積。永明中，奉朝請至六百餘人。

《魏書》卷一〇《孝莊帝紀》　（建義元年）秋七月丁巳，詔從四品以上從征者不得優階，正四品者優一階。軍級從三品以上從征，四品者優一大階。正五品以下，還依前格，若有征階十餘，計入四品、三品。限授五階。己未，詔前試守東郡太守唐景宣爲持節、都督，于東郡召募僑居流民二千人，渡河隨便爲柵，准望臺軍。【略】乙丑，加大將軍爾朱榮柱國大將軍、録尚書事。

又　卷三九《李寶傳》　（李韶）肅宗初，入爲殿中尚書，行雍州事。後除中軍大將軍、吏部尚書，加散騎常侍。【略】（李瑾）轉著作佐郎，加龍驤將軍。稍遷通直散騎侍郎，與給事黄門侍郎王遵業、尚書郎盧觀典領儀注。【略】（李彦）及六軍次於淮南，徵爲廣陵王羽長史，加恢武將軍、西翼副將軍。【略】（李虔）還後將軍、燕州刺史。還爲光禄大夫，加平西將軍，兼大司農卿。

隋·虞世南《北堂書鈔》卷五二《設官部四·特進》　執璧繼公。

《傅咸集》云：特進品第二，執皮帛，坐侍臣之下，執璧以有舊制，今致特進，宜執璧繼公。

又　卷五八《設官部十・侍中》　侍中古官。環濟《要略》云：侍中古官也。或曰：風后爲黄帝侍中。

侍中王喉舌，萬機無□亂。應璩《新詩》云：侍中王喉舌，萬機無亂也。

【略】

負國璽。《晉官品令》云：大法駕出，則正直侍中負傳國璽陪乘。

入侍帷幄。環濟《要略》云：侍中入侍帷幄，受顧問，拾遺左右者也。

【略】

出則參乘。環濟《要略》云：侍中大駕出，負璽以送之，小出則參乘，秩二千石。

次直護駕。《晉官品令》云：大法駕出，則次直侍中護駕，正直侍中負傳國璽陪乘，不置劍，餘皆騎從。御登殿，與散騎常侍對戕，侍中居左，常侍居右。

【略】

親近起居。《魏略》云：舊儀，侍中親省起居，故俗因請之執席子。

糾正補違。《晉官品令》云：舊侍中職掌，擯威儀，盡獻納，糾正補過，文樂若有不正，皆得駁除，書表章奏皆掌署也。

顧和奏舊冕。《晉中興書》云：顧和字□子，遷侍中。中興初，儀服不備，冕旒飾以翡翠、珊瑚、雜珠。和奏：舊冕十有二旒，皆用玉，用雜珠非禮。今不能得玉，可用白琁珠。於是始下太常改之。

又　《給事中》　帝室茂親，貴遊子弟。《束皙集》云：員外侍郎及給事中、亢從，皆帝室茂親，或是貴遊子弟。

又　《奉朝請》　從容閑豫。《晉起居注》云：武宣三年詔曰：『前相國掾主簿雖奉朝請，並從容閑豫。若大縣缺，宜以治民也。』【略】

宜兼三公。晉太常劉寔□云：廊廟諸王見在奉朝請，宜兼三公，奏可。

《梁書》卷一三《沈約傳》　梁臺建，爲散騎常侍、吏部尚書，兼右僕射。高祖受禪，爲尚書僕射，封建昌縣侯，邑千户，常侍如故。又拜約母謝爲建昌國太夫人。奉策之日，右僕射范雲等二十餘人咸來致拜，朝野以爲榮。俄遷尚書左僕射，常侍如故。尋兼領軍，加侍中。

又　卷三一《袁昂傳》　（天監十一年），入爲五兵尚書，復兼右僕射，未拜，有詔即真封。尋以本官領起部尚書，加侍中。

《北齊書》卷三一《王晞傳》　帝欲以晞爲侍中，苦辭不受，或勸晞勿自疏。晞曰：『我少年以來，閲要人多矣，充詘少時，鮮不敗績。且性實疏緩，不堪時務，人主恩私，何由可保，萬一披猖，求退無地。非不愛作熱官，但思之爛熟耳。』

又　卷三四《補楊愔傳》　久之，以本官兼尚書吏部郎中。武定末，以望實之美，超拜吏部尚書，加侍中、衛將軍，侍學典選如故。

又　卷四五《文苑傳・劉逖》　還，除通直散騎常侍。尋遷給事黄門侍郎，修國史，加散騎常侍。又除假儀同三司，聘周使副。

《周書》卷五《武帝紀上》　（保定二年四月）癸亥，詔曰：『比以寇難猶梗，九州未一，文武之官立功效者，雖錫以茅土，而未（及）［給］租賦。諸柱國等勳德隆重，宜有優崇，各准別制，邑户聽寄食他縣。』

《隋書》卷二六《百官志上・梁》　特進，舊位從公。武帝以鄧禹列侯就第，特進奉朝請，是特引見之稱，無官定體。於是革之。

又　卷二七《百官志中・北齊》　特進，左右光禄，金紫、銀青等光禄大夫，用人俱以舊德就閑者居之。

《晉書》卷二四《職官志》　特進，漢官也。二漢及魏晉以加官從本官車服。無吏卒。太僕羊琇遜位，拜特進，加散騎常侍，無餘官，故給吏卒車服。其餘加特進者，唯食其禄賜，位其班位而已，不別給特進吏卒車服，後定令。特進品秩第二，位次諸公，在開府驃騎上，冠進賢兩梁，黑介幘，五時朝服，佩水蒼玉，無章綬，食奉日四斛。太康二年，始賜春服絹五十匹，秋絹百五十匹，綿一百五十斤。元康元年，給菜田八頃，田騶八人，立夏後不及田者，食奉一年。置主簿、功曹史、門亭長、門下書佐各一人，給安車黑耳駕御一人，軺車施耳後户一乘。【略】

録尚書，案漢武時，左右曹諸吏分平尚書奏事，知樞要者始領尚書事。張安世以車騎將軍，霍光以大將軍，王鳳以大司馬，師丹以左將軍並領尚書事。後漢章帝以太傅趙憙、太尉牟融並録尚書事。尚書有録名，蓋自憙、融始，亦西京領尚書之任，猶唐虞大麓之職也。和帝時，太尉鄧彪爲太傅，録尚書事，位上公，在三公上，漢制遂以爲常，每少帝立則置太傅録尚書事，猶古冢宰總己之義，薨輒罷之。自魏晉以後，亦公卿權重者爲之。【略】

侍中，案黄帝時風后爲侍中，于周爲常伯之任，秦取古名置侍中，漢因之。秦漢俱無定員，以功高者一人爲僕射。魏晉以來置四人，別加官者則非數。掌儐贊威儀，大駕出則次直侍中護駕，正直侍中負璽陪乘，不帶劍，餘皆騎從。御登殿，與散騎常侍對扶，侍中居左，常侍居右。備切問近對，拾遺補闕。及江左哀帝興寧四年，桓温奏省二人，後復舊。

給事黄門侍郎，秦官也。漢已後並因之，與侍中俱管門下衆事，無員。及晉，置員四人。

散騎常侍，本秦官也。秦置散騎，又置中常侍，散騎騎從乘輿車後，中常侍得入禁中，皆無員，亦以爲加官。漢東京初，省散騎，而中常侍用宦者。魏文帝黄初初，置散騎，合之於中常侍，同掌規諫，不典事，貂璫插右，騎而散從，至晉不改。及元康中，惠帝始以宦者董猛爲中常侍，後遂止。常爲顯職。

給事中，秦官也。所加或大夫、博士、議郎，掌顧問應對，位次中常侍。漢因之。及漢東京省，魏世復置，至晉不改。在散騎常侍下，給事黄門侍郎上，無員。

通直散騎常侍，案魏末散騎常侍又有在員外者。泰始十年，武帝使二人與散騎常侍通員直，故謂之通直散騎常侍。江左置四人。

員外散騎常侍，魏末置，無員。

散騎侍郎四人，魏初與散騎常侍同置。自魏至晉，散騎常侍、侍郎與侍中、黄門侍郎共平尚書奏事，江左乃罷。

通直散騎侍郎四人。初，武帝置員外散騎侍郎，及太興元年，元帝使二人與散騎侍郎通員直，故謂之通直散騎侍郎，後增爲四人。

員外散騎侍郎，武帝置，無員。

奉朝請，本不爲官，無員。漢東京罷三公、外戚、宗室、諸侯多奉朝請。奉朝請者，奉朝會請召而已。武帝亦以宗室、外戚爲奉車、駙馬、騎三都尉而奉朝請焉。元帝爲晉王，以參軍爲奉車都尉，掾屬爲駙馬都尉，行參軍舍人爲騎都尉，皆奉朝請。後罷奉車、騎二都尉，唯留駙馬都尉奉朝請。諸尚公主者劉惔、桓温皆爲之。

《北史》卷四八《爾朱世隆傳》 節閔特置儀同三師之官，位次上公之下，以世隆爲之。

又 《爾朱天光傳》 （天光）又加開府儀同三司、尚書令、關西大行臺。

唐·徐堅《初學記》卷一一《職官部上·太師太傅太保·敘事》

東漢已後，皆以太尉、司徒、司空爲三公，太尉與大司馬恒不兩置，歷代或以太尉或以大司馬爲三公。師、傅、保常曰上公。《後魏書·官氏志》云：後魏尊師、傅、保爲三師。《五代史·百官志》云：北齊因後魏亦曰三師，後周依周禮，又以師、傅、保爲三公；【略】自漢魏以來，皆開府置寮屬，至隋省寮屬。

唐·杜佑《通典》卷三四《職官十六·文散官·特進》 自二漢及魏、晉以爲加官，從本官車服，無吏卒。太僕羊琇遜位，拜特進，加散騎常侍，無餘官，故給吏卒車服。其餘加特進者，唯食其禄賜，列其班位而已，不别給特進吏卒車服。晉惠帝元康中定令，特進位次諸公，在開府、驃騎上，冠進賢兩梁冠，黑介幘，五時朝服，佩水蒼玉。食俸日四斛。太康二年，始賜春絹五十疋，秋絹百五十疋，綿百五十斤。元康元年，給菜田八頃，田騶八人。立夏後不及田者，食俸一年。置主簿、功曹史、門亭長、門下書佐各一人，給安車黑耳，駕御一人，軺車施耳後户一乘。無章綬。齊時位從公，陳因之。後魏、北齊用人，皆以舊德就閒者居之。

宋·李昉等《太平御覽》卷二一九《職官部十七·侍中》 《齊職儀》曰：魏，侍中掌儐贊。大駕出，則次直侍中護駕，正直侍中負璽陪乘，不帶劍，皆騎從。御登殿，與散騎侍郎對挾帝，侍中居左，常侍居右。備切問近對，拾遺補缺也。【略】

環濟《要略》曰：侍中，古官也。或曰風后爲黄帝侍中，周時號常伯。常者，言其道德可常遵也。秦始皇復故冠貂蟬，漢因而不改。侍帷幄，受顧問，拾遺於左右，出則負璽以從，秩二千石。

又 卷二四三《職官部四十一·特進》 傅咸奏曰：公，品第一，執珪坐侍臣之上；特進，品第二，執皮帛坐侍臣之下，今啓特進宜執璧繼公。【略】

《齊職儀》曰：特進，以功德特進見之。

清·汪士鐸《南北史補志未刊稿·職官志第二·加官》 奉朝請。無員，亦不爲官，漢東京罷省三公、外戚、宗室、諸侯多奉朝請。奉朝請者，奉朝會請召而已。永初已來，以奉朝請選親，其尚主者，唯拜駙馬都尉、三都尉，並漢武帝置。孝建初，奉朝請省駙馬都尉、三都尉，秩比二千石。按：漢曇始爲朝請。漢律云：諸侯春朝天子曰朝，秋曰請。南齊永明中，奉朝請至六百餘人。【略】

開府儀同三司。漢文帝元年，始以宋昌爲衛將軍，班亞三司。章帝建初三年，始使車騎將軍馬防班同三司。『同三司』之名始於此。殤帝延平九年，鄧騭爲車騎將軍、儀同三司。『儀同』之名始於此。魏黃權以車騎將軍、開府儀同三司。『開府』之名始於此。漢末舊威。晉西京伏波、輔國諸將軍並加『大』。而儀同三司，江左已來，將軍則中、鎮、撫四鎮已上或加『大』，餘官則左、右光禄大夫已上並得儀同三司，已下不得也。言其儀同於司徒、司馬、司空，得開置府第辟吏也。齊如三公，梁次三公，諸將軍、左右光禄大夫優者則加之，同三公，置官屬。自晉以來又有如開府同三司之儀者，自羊祜始焉。江左亦多有之，後魏亦有之。晉、秦初特以爾朱世隆爲儀同三司位次上公，北齊亦有儀同三司者，又有開府儀同三司，及儀同三司。後周建德四年，改開府儀同三司爲開府儀同大將軍，仍增置上開府、上儀同大將軍，又改儀同三司爲儀同大將軍，仍增置上儀同大將軍。【略】後齊三公下有儀同三司加開府者，亦有置長吏已下官屬，而減記室、倉、城局、田、水、鎧、士等七曹各一人，其品亦每官下三府一階。

特進。漢制，諸侯功德優盛者，賜位特進，位三公下。成都侯王商以特進領城門兵，置幕府，得舉吏如將軍是也。後漢皇后父兄率爲特進侯，朝會位次三公。《隋・志》曰：特進舊位從公。光武帝以鄧禹列侯加特進、奉朝請，是特進引見之稱無官定體也。而竇篤進，位特進得舉吏，見禮依三公，自二漢及魏、晉以爲加官。從本官車服，無吏卒，惟太僕羊琇遜位，拜特進加散騎常侍，以無餘官故，給吏卒、車服。他加特進者，食禄賜、列班位，不別給也。元康中定令，特進位諸公下，開府、驃騎上。宋同冠進賢兩梁冠，黑介幘，五時朝服，佩水倉玉，食俸月四斛。太康三年，始賜春絹五十四、秋絹五十四、綿百五十斤。元康元年，給菜田八頃，田騶八人，立夏後不及田者，食俸一年，置主簿、功曹吏、門亭長、門下書佐各一人，給安車黑耳，駕御一人，輅車施耳後户一乘，無章綬。齊時位從公。梁無，陳有。後魏、北齊皆以舊德就閑者居之。【略】

光禄大夫。秦時光禄勳屬官有中大夫。漢武帝太初元年，更名光禄大夫，銀章青綬，掌議論，屬光禄勳，門外特施行馬以旌之，無常事，唯顧問應對，詔命所使，無員。後漢光禄大夫三人，凡諸國嗣王之喪，則掌弔，多以爲拜假□，贈之使，及監設喪事。魏氏以來，無員，轉優重，不復以爲使命之官。其諸公告老，皆加拜此位，及在朝故職，復用加之。西晉置左、右光禄大夫，假金章紫綬，曰金紫光禄大夫，而光禄大夫如故，加金章紫綬，並與卿同進賢兩梁冠，黑介幘，五時朝服，佩水蒼玉，禄次、班位、吏卒皆與特進同。復以爲優崇之制，而諸公遜位，不復加之。其以爲加官者唯假章綬，禄賜、班位而已，不別給車服、吏卒也，秩比二千石。宋氏因之。齊左、右光禄大夫皆以處舊齒年老者，位從公，開府置佐史如公，年重加親信二十八人左右，及光禄大夫、三大夫皆銀章青綬，詔加金章紫綬，則謂之金紫光禄大夫，而本光禄爲銀青光禄大夫。梁又有左、右金紫光禄大夫，視吏部尚書；左、右光禄大夫，視諸曹，皆無員，並養老病。陳因之。自晉已後多爲監。後魏武定七年三月，詔左、右光禄大夫各二人，金紫銀青光禄大夫四人。光禄大夫四人，北齊皆以舊德就閑者居之，與特進同。後周有左右金紫、左右銀青四光禄大夫。

清・王鳴盛《十七史商榷》卷五五《南史合宋齊梁陳書三・開府儀同三司》 『天監十一年冬十月己酉，降太尉、揚州刺史臨川王宏爲驃騎將軍、開府同三司之儀。十二年秋九月，以司空王茂爲驃騎將軍、開府同三司之儀。十四年夏四月丁丑，驃騎將軍、開府同三司之儀、江州刺史王茂薨』，其他尚有見者甚多，今不悉出。愚考儀同三司，從來以此作官名，三司者司徒、司馬、司空，即三公，謂儀與之同也。今改爲『同三司之儀』，義固可通，但其文特殊，甚覺無謂。《梁書》如此而《南史》仍其謬。各書中如此者似亦有，未能詳考。

散官分部

綜　述

《宋書》卷三九《百官志上》 左光禄大夫，右光禄大夫，二大夫，晉初置。光禄大夫，秦時爲中大夫，漢武太初元年，更名光禄大夫；晉初又置左右光禄大夫，而光禄大夫如故。光禄大夫銀章青綬，其重者加金章紫綬，則謂之金紫光禄大夫。舊秩比二千石。

中散大夫，王莽所置，後漢因之。前漢大夫皆無員，掌論議。後漢光禄大夫三人，中大夫二十人，中散大夫三十人。魏以來復無員。自左光禄大夫以下，養老疾，無職事。中散，六百石。

隋・虞世南《北堂書鈔》卷五六《設官部八・左右光禄大夫》　銀章青綬。《晉百官表》注云：光禄大夫、銀章青綬，五時進賢兩梁冠，佩水蒼玉，官品第二，俸月三十五斛。

獻可替否，讚揚德化。《晉百官表》注云：光禄大夫，右官也。詩云：『三事大夫，莫肯夙夜。職掌言議，獻可替否，讚揚德化者也。

又《諫議大夫》　大夫最高大。韋曜《辨釋名》云：太中大夫在中最爲高大者也。

《隋書》卷二六《百官志上・梁》　駙馬、奉車、車騎三都尉，並無員。駙馬以加尚公主者，無班秩。

散騎常侍、通直散騎常侍、員外散騎常侍，舊並爲顯職，與侍中通官。宋代以來，或輕或雜，其官漸替。天監六年革選，詔曰：『在昔晉初，仰惟盛化，常侍、侍中，並奏帷幄，員外常侍，特爲清顯。陸始名公之胤，位居納言，曲蒙優禮，方有斯授。可分門下二局，委散騎常侍尚書案奏，分曹入集書。通直常侍，本爲顯爵，員外之選，宜參舊准人數，依正員格。』自是散騎視侍中，通直視中丞，員外視黄門郎。

《晉書》卷二四《職官志》　左右光禄大夫，假金章紫綬。光禄大夫加金章紫綬者，品秩第二，禄賜、班位、冠幘、車服、佩玉，置吏卒羽林及卒，諸所賜給皆與特進同。其以爲加官者，唯假章綬、禄賜班位而已，不别給車服吏卒也。又卒贈此位，本已有卿官者，不復重給吏卒，其餘皆給。

光禄大夫假銀章青綬者，品秩第三，位在金紫將軍下，諸卿上。漢時所置無定員，多以爲拜假賵贈之使，及監護喪事。魏氏已來，轉復優重，不復以爲使命之官。其諸公告老者，皆家拜此位；及在朝顯職，復用加之，及晉受命，仍舊不改，復以爲優崇之制。而諸公遜位，不復加之，或更拜上公，或以本封食公禄。其諸卿尹中朝大官年老致仕者，及内外之職加此者，前後甚衆。由是或因得開府，或進加金章紫綬，又復以爲禮贈之位。泰始中，唯太子詹事楊珧加給事中光禄大夫。加兵之制，諸所供給依三品將軍。其餘自如舊制，終武、惠、孝懷三世。

光禄大夫與卿同秩中二千石，著進賢兩梁冠，黑介幘，五時朝服，佩水蒼玉，食奉日三斛。太康二年，始給春賜絹五十匹，秋絹百匹，綿百斤。惠帝元康元年，始給菜田六頃，田騶六人，置主簿、功曹史、門亭長、門下書佐各一人。

《舊唐書》卷四六《職官志一》　武散官，舊謂之散位，不理職務，加官而已。後魏及梁，皆以散號將軍記其本階。【略】

光禄大夫已下，朝散大夫已上，衣服依本品，無禄俸，不預朝會。朝議郎已下，黄衣執笏，於吏部分番上下承使及親驅使，甚爲猥賤。每當上之時，至有爲主事令史守局鑰執鞭帽者。兩番已上，則隨番許簡，通時務者始令參選。一登職事已後，雖官有代滿，即不復番上。

唐・杜佑《通典》卷三四《職官十六・文散官・光禄大夫以下》

魏氏以來無員，轉優重，不復以爲使命之官。其諸公告老，皆家拜此位；及在朝顯職，復用加之。魏文帝以楊彪爲光禄大夫，賜几杖衣袍。因朝會引見，令彪著布單衣、鹿皮冠，杖而入，待以賓客之禮。及晉受命，置左右光禄大夫，假金章紫綬，而光禄大夫如故，加金章紫綬，並與卿同。進賢兩梁冠，黑介幘，五時朝服，佩水蒼玉。并禄賜、班位、吏卒皆與特進同。復以爲優崇之制，而諸公遜位，不復加之。其以爲加官者，唯假章綬、禄賜、班位而已，不别給車服、吏卒也。或更拜上公，或以本封食公禄。其諸卿尹中朝大官年老致仕者，及内外之職加此者，前後甚衆。由是或因得開府，或進加金章紫綬，又復以爲禮贈之官。本已有卿官者，不復重給。其餘皆給。其假銀章青綬者，位在金紫將軍下，諸卿上。泰始中，唯太子詹事楊珧加給事中光禄大夫。加兵之制，諸所供給依三品將軍。晉宣帝子平原王幹拜光禄大夫，加侍中，特假金章紫綬，班次三司。其餘自如舊制，終武惠孝懷三世。食俸日三斛。太康二年，始給春絹五十疋，秋絹百疋，綿百斤。惠帝元康元年，始給菜田六頃，田騶六人，置主簿、功曹史、門亭長、門下書佐各一人。宋氏因之。齊左右光禄大夫，皆據舊齒，位從公，開府置佐吏如公。年重加親信二十人。魏、晉以來無員。以左右光禄大夫、光禄三大夫皆銀章青綬，其重者詔加金章紫綬，則謂之金紫光禄大夫。其重者既有金紫之號，故謂本光禄爲銀青光禄大夫。晉時王翹之爲銀青光禄大夫。樂安任遐爲光禄，就王晏乞一片金，晏乃啓轉爲金紫，是也。猶屬光禄勳。梁又有左右金紫光禄大夫，視吏部尚書，左右光禄大夫視諸曹，並養老病。陳因之。自晉以後多爲兼官。後魏有光禄大夫，金紫、銀青光禄大夫。北齊皆以舊德就閒者居之，與特進同。後周有左右金紫、左右銀青四光禄大夫。【略】

太中大夫，【略】魏以來無員。晉視中丞、吏部，絳朝服，進賢一梁冠，介幘。泰始末，詔除王覽爲太中大夫，禄賜與卿同。梁、北齊皆有。

【略】

中大夫，【略】自後無聞。北齊有之。【略】

中散大夫，【略】魏、晉無員。齊梁視黄門侍郎，品服冠幘與太中同。陳亦有之。

又《武散官・驃騎將軍》 魏、晉、齊並有之。梁雜號中亦有。陳後主以蕭摩訶爲侍中、驃騎大將軍，加左光禄大夫，特開黄閤，施行馬，聽事寢堂置鴟尾，如三公制。後魏初，加大則在三司上。太和中制，加大則在都督中外諸軍下。後周亦有之。

又《輔國將軍》 後漢獻帝置輔國將軍，以伏完爲之。晉王濬平吳後，拜輔國大將軍。有司奏輔國依比未爲達官，不置司馬，不給官騎。詔依征、鎮給五百大車，增兵五百人爲輔國營，給親騎百人，官騎十人，置司馬。宋明帝泰始四年，改爲輔師將軍，後廢帝昱元徽二年復故。梁、後魏、後周、隋並有之。

又《鎮軍將軍以下》 鎮軍大將軍，魏置，文帝以陳羣爲之。晉則楊駿、胡奮並領鎮軍將軍。齊、後周、隋亦有之。【略】

冠軍將軍，魏置，以文欽爲之。蓋因《史記》楚義帝以宋義爲卿子冠軍、漢武帝以霍去病功冠三軍封冠軍侯之義也。晉亦有之。金章紫綬，給五時朝服，武冠，佩水蒼玉。歷代並有。【略】

雲麾將軍，梁置雜號。陳及大唐並有之。

忠武將軍，梁置雜號。陳有之。【略】

壯武將軍，梁置雜號。陳有之。【略】

明威將軍，梁置雜號。後魏亦有之。【略】

定遠將軍，梁置雜號。【略】

寧遠將軍，晉置。【略】

游騎將軍，魏置。陳有之。【略】

游擊將軍，【略】晉及陳並有之。【略】又置懷化大將軍、歸德將軍以授蕃官。

又《諸校尉》 自魏、晉以下，五校之名與後漢同。唯後魏五校各置二十人。

中壘校尉，漢掌北軍營壘門内，又外掌西域。後漢省中壘，但置北門中候，掌監五營。屯騎校尉，漢掌騎士，後漢初改爲驍騎，建武十五年復舊。步兵校尉，漢掌上林苑門屯兵。晉阮籍聞步兵廚營人善釀，有貯酒三百斛，乃求爲之。【略】越騎校尉，漢掌越騎，越人内附以爲騎也。後漢初改爲青巾左校尉，建武十五年復舊。長水校尉，漢掌長水、宣曲胡騎，宣曲觀名，胡騎之屯於宣曲者。《宋・志》引韋昭曰：『長水校尉典胡騎，廄近長水，故以爲名。長水蓋關中小水名也。』又主烏桓騎也。胡騎校尉，漢掌池陽胡騎，不常置。胡騎之屯池陽者，後漢並長水也。射聲校尉，漢掌待詔射聲士，工射者冥冥中聞聲射則中之，因以名也。須待所命而射，故曰待詔射聲。虎賁校尉，漢掌輕車，後漢並射聲。城門校尉，漢掌京師城門屯兵，凡八屯。後漢掌雒陽城門十二所，若《周禮》司門。晉干寶注曰：『如今校尉也。』驃姚校尉，漢武以霍去病爲之。護烏桓校尉，漢武帝時，烏桓屬漢，始於幽州部置之，擁節監領。至後漢，亦謂之領烏桓校尉。後漢主烏桓胡，並領鮮卑。李膺爲此官。戊己校尉，漢元帝初元元年置。甲乙丙丁庚辛壬癸皆有正位，唯戊己寄治耳。此所置校尉，亦無常居，故取戊己爲名。一説戊己居中，鎮覆四方。漢所置校尉，亦處西域之中撫諸國也。護羌校尉，後漢在涼州部，持節，職如護烏桓，主西羌。元康中，改爲涼州刺史。儒林校尉，蜀先主以周羣爲之。南蠻校尉，晉武帝於襄陽置之。元康中，荆州刺史領。江左初省，尋又置於江陵。齊書曰：『晉、宋之際，刺史多不領南蠻，別以重人居之。唯齊豫章郡王嶷爲南蠻校尉、荆湘二州刺史。』南夷校尉，晉武帝於寧州置之。及江左，改曰鎮蠻校尉。西戎校尉，晉武帝於長安置之。元康中，改爲雍州刺史。安帝義熙中，又置，治漢中。寧蠻校尉，晉安帝置，治襄陽，以授魯宗之。護三巴校尉。宋置。齊建元二年，改爲刺史。

宋・李昉等《太平御覽》卷二四三《職官部四十一・太中大夫》

韋昭《辨釋名》曰：太中大夫，大夫之中最高大也。

元・馬端臨《文獻通考》卷六四《職官考十八・文散官・光禄大夫以下》 按前代光禄大夫始加金章紫綬及銀章青綬者，並尊崇之，皆在光禄之上。後魏定令誤，遂因仍不改。

清・汪士鐸《南北史補志未刊稿・職官志第二・文散官隋居曹有職務者，爲職事官無職務者，爲散官散官番直常出使監檢》 太中大夫。秦官。亦掌論議。漢因之。後漢二十人，魏以來無員。晉視中丞吏部，絳朝服，進賢一梁冠，介幘。太始末，詔除王覽爲太中大夫，禄賜與卿同。宋無，齊有，梁、北齊皆有。

中大夫。秦官。漢武改爲光禄大夫。後無聞，北齊有之。

中散大夫。王莽置，後漢因之，三十人。前漢大夫皆無員，掌論議。魏、晉無員，六百石。宋自左右光禄大夫以下至中散，六百石。皆養老病，無職事。齊、梁視黃門侍郎，品服冠幘與大中同。陳亦有之。後魏太中中散各六人。【略】

以上八大夫。皆交散官大夫南齊朝散用衣冠之餘，人數猥積。【略】

魏又制散官五等，五品散官比三都尉，六品散官比議郎，七品散官比太中、中散、諫議三大夫，八品散官比郎中，九品散官比舍人，文官五品已下才能秀異者，總比之造士。太和十一年八月，置散官員一百人，朝請員二百人。

又《武散官》 鎮軍將軍。魏置，齊、後周、隋亦有之。已下爲散號官。

冠軍將軍。魏立，歷代有。

雲麾、忠武、壯武三將軍。梁立，陳有之。

明威將軍。梁立，後魏有之。

定遠將軍。立。

游騎將軍。魏立，陳有之。

游擊將軍。漢立，陳有之。已上十一將軍皆武散官將軍。

校尉。漢武初置中壘、屯騎、步兵、越騎、長水、胡騎、射聲、虎賁八校，後漢以屯騎、越騎、步兵、長水、射聲爲武校，皆掌宿衛，屬北軍中候。靈帝置西園八校，曰上軍、中軍、下軍、助軍、典軍、佐軍，及左右校。魏、晉以下五校與後漢同。宋永初元年，復置五校官。後魏五校各二十人。自鎮軍將軍已下皆武散官。【略】

魏亦有五等武官。五品已下堪任將帥者，亦有五等。若百官有闕者，則於中擢補之。

勳官分部

綜 述

《南齊書》卷一六《百官志》 諸開府儀同三司。

《周書》卷六《武帝紀下》 （建德四年）冬十月戊子，初置上柱國、上大將軍官，改開府儀同三司爲開府儀同大將軍，儀同三司爲儀同大將軍，又置上開府、上儀同官。

《隋書》卷二七《百官志中・北齊》 自一品已下，從九品已上，又有驃騎、車騎、衛、四征、四鎮、中軍、鎮軍、撫軍、翊軍、四安、冠軍、輔國、龍驤、鎮遠、安遠、建忠、建節、中堅、中壘、振威、奮威、廣德、弘義、折衝、制勝、伏波、陵江、輕車、樓船、勁武、昭勇、明威、顯信、度遼、橫海、逾岷、越嶂、戎昭、武毅、雄烈、恢猛、揚麾、曜鋒、蕩邊、開城、靜漠、綏戎、平越、殄夷、飛騎、隼擊、武牙、武奮、清野、橫野、偏、裨等將軍，以褒賞勳庸。

《晉書》卷二四《職官志》 開府儀同三司，漢官也。殤帝延平元年，鄧騭爲車騎將軍，儀同三司；『儀同』之名，始自此也。及魏黃權以車騎將軍開府儀同三司；『開府』之名，起於此也。

唐・杜佑《通典》卷三四《職官十六・文散官・開府儀同三司》

魏黃權以車騎將軍開府儀同三司。開府之名，自此始也。漢末奮威將軍，晉江右伏波、輔國將軍，並加大，而儀同三司。江左以來，將軍則中、鎮、撫、四鎮以上或加大，餘官則左右光禄大夫以上，並得儀同三司。齊開府儀同三司如公。梁開府儀同三司，位次三公。諸將軍、左右光禄大夫優者則加之，同三公置官屬。自晉以來，又有如開府同三司之儀者，自羊祜始焉。漢末呂布開府如三司，其他無聞。至晉羊祜爲車騎將軍、荆州諸軍事，加開府如同三司之儀。累年謙讓，不辟士，不備僚屬。及始有所命辟士，未到而卒，不得除署。後當陽侯杜元凱表哀其家無胤嗣，官無命士，請更議之。詔不許。江左亦多有之。梁沈約爲侍中、右光禄大夫，徐勉爲約請三司之儀，武帝不許。又邵陵王綸爲平南將軍，湘州刺史王茂爲使持節、散騎常侍、驃騎將軍，並同三司之儀。後魏亦有之。普泰初，特以爾朱世隆爲儀同三司，位次上公。北齊亦有儀同三司者，任城王湝等諸王多爲之。又有開府儀同三司及儀同三司。後周建德四年，改開府儀同三司爲開府儀同大將軍，仍增置上開府儀同大將軍。又改儀同三司爲儀同大將軍，仍增置上儀同大將軍。

又《勳官》 歷代無聞。至後魏孝莊，以爾朱榮有翊戴之功，拜爲柱國大將軍，位在丞相上。又拜大丞相、天柱大將軍，增佐吏。及榮敗後，天柱及柱國將軍官遂廢。天柱之名，尊崇莫二。昔王莽末，劉伯升起兵，自號柱天大將軍。而梁末侯景克建業後，亦自爲宇宙大將軍、都督六合諸軍事。至大統中，始以宇文泰爲之。其後功參佐命、聲實俱重者，亦居此職。自大統十六年以前，任者凡有八人。宇文泰、元欣、隴西公諱、李弼、獨孤信、趙貴、于謹、侯莫陳崇。時宇文泰任總百揆，督中外軍事。元欣以魏氏懿戚，從容禁闈而已。其餘六人各督二大將軍，凡十二大將軍。當時榮盛，莫以爲比。其稱門閥者，咸推八柱國家。其後功臣位至柱國者衆矣，咸是散秩，無復統御也。後周建德四年，增置上柱國大將軍。【略】

魏武帝爲丞相，以韓浩爲護軍，史奐爲領軍，亦非漢官也。建安十二年，改護軍爲中護軍，領軍爲中領軍。魏初因置護軍將軍，主武官選，隸領軍。晉世則不隸矣。歷代史籍皆云護軍將軍主武官選，則領軍無主選之文。唯陶藻《職官要録》云『領軍將軍主武官選舉』，而護軍不言主選。又引曹昭叔述孝詩敍曰：『余年三十，遷中領軍，總六軍之要，秉選舉之機。』以此爲證。今按：漢高帝初，以陳平爲護軍中尉，令已主武官選矣，故平有受金之譏。又《魏略》云：『護軍之官，總統諸將，主武官選。前後當此官者，不能止貨賂。故蔣濟爲護軍，時有謡曰：「欲求牙門，當得千匹；五百人督，得五百匹。」司馬宣王與濟善，聞此聲以問濟，濟無以解之。及夏侯玄代濟，故不能止絶人事。及晉景帝代玄爲中護軍，整頓法分，人莫敢犯者。』又王隱《晉書》曰：『景帝爲中護軍，作選用之法，舉不越功，吏無私焉。』又晉起居注云：『武帝詔曰「中護軍職典戎選，宜得幹才」，遂以羊琇爲之。』《宋·志》又云主武官選。按此，則護軍主選明矣。而陶藻所言領軍主選及昭叔之敍者，當因省併之際，爲一之權宜，非歷代之恒制。元帝永昌元年，省護軍幷領軍。明帝太寧二年復置。魏、晉江右領護各領營兵。江左以來，領軍不復別置營，總管二衛、驍騎、材官諸營，護軍猶別有營也。周顗、庾亮、王羲之、謝安、王彪之等並爲護軍。宋護軍將軍一人，掌外軍。領、護資重者爲領軍將軍、護軍將軍，資輕者爲中領軍、中護軍。其官屬有長史、司馬、功曹、主簿、五官，受命出征則置參軍。齊、梁、陳並有之。北齊護軍府統四中郎將，皆置佐史。【略】

輕車將軍，【略】梁、陳、後魏、北齊亦有輕車將軍。【略】

騎都尉，【略】晉以後歷代皆有之。

《舊唐書》卷四六《職官志一》 勳官者，出於周、齊交戰之際。本以酬戰士，其後漸及朝流。階爵之外，更爲節級。周置上開府儀同三司、開府儀同三司、上儀同三司、儀同三司等十一號。

宋·李昉等《太平御覽》卷二四三《職官部四十一·儀同》 《齊職儀》曰：開府儀同三司，置舍人官騎。建初三年，馬防爲車騎將軍，儀同三司。魏以黄權爲車騎開府，此後甚衆，將軍開府，依大司馬，朱服；光禄大夫開府，依司徒，皂服。

元·馬端臨《文獻通考》卷六四《職官考十八·勳官》 岳氏《愧郯録》曰：『按階、散、勳官，在前世合於一，至唐則析而爲二。【略】自宋、齊、梁、陳、後魏、北齊以來，諸九品官皆以將軍爲品秩，謂之加戎號，此正如國初軍制皆以御史爲品秩，謂之加憲銜也。梁制，雖親王起家，未加將軍不開府，不置佐史官，可以見一時以此號爲重，然其實未嘗將屯，亦虛名耳。隋既受命，高祖采後周之制，置上柱國、柱國、上大將軍、大將軍、上開府儀同三司、開府儀同三司、上儀同三司、儀同三司、大都督、帥都督、都督，總十一等，以酬勤勞。又有特進、左右光禄大夫、金紫光禄大夫、銀青光禄大夫、朝議大夫、朝散大夫，並爲散官，又加文武官之德聲者，並不理事。又有翊軍等四十三號將軍，品凡十六等，爲散號將軍，以加將校。居曹有職務者爲執事官，無職務者爲散官。戎上柱國已下爲散實官，軍爲散號官。諸省及左右衛、武候、餘左右監門府爲內官，自餘爲外官。散官之名，肇見於是。還考漢制，光禄大夫、太中大夫、郎、議郎、中郎、侍郎、郎中皆無員，多至數十人。特進、奉朝請亦皆無職守，優遊禄秩。則官之有散，自漢已有之矣。然當時之仕於朝者，不任以事，則置之散，正如今日宮觀設官之比，未有以職爲實，以散爲號如後世者也。故成都侯王商以特進領城門兵，置幕府，得舉吏，是正如今日兼官不可以官稱爲比。梁制，左右光禄、金紫光禄、太中、中散等大夫並無員，以養老疾。溯而考之魏、晉、宋、齊、元魏，下而考之陳、北齊、後周、隋，亦莫不有之，九品十八班之間。元魏初，又嘗置散官五等，其品第五至第九，百官有闕則取於其中以補之，蓋皆以儲才待須，而亦與諸職事官均其勞佚也。【略】因虚以濟實，即名以輔治，一歸之君上，則雖盡復之亦可也。世之議者多以其名之混淆未易別白，故表而著之，以俟觀者擇焉。』

清・汪士鐸《南北史補志未刊稿・職官志第二・勳官柱國將軍儀同都督等十一號爲散實官》 上柱國、柱國。皆楚官。後魏孝莊以爾朱榮爲柱國大將軍，位丞相上，又拜爲天柱大將軍，增佐史，後廢。大統中，以宇文泰爲之，其後遂有八柱國，宇文泰、元欣、李虎、李弼、獨孤信、趙貴、于謹、侯莫陳崇。自宇文泰、元欣之外六人，各督二大將軍，凡十二大將軍。然是散秩。後周建德四年，增置上柱國、上大將軍。

封爵分部

綜　述

《三國志》卷一《魏志・武帝紀》 （建安）十二年春二月，公自淳于還鄴。丁酉，令曰：『吾起義兵誅暴亂，於今十九年，所征必克，豈吾功哉？乃賢士大夫之力也。天下雖未悉定，吾當要與賢士大夫共定之；而專饗其勞，吾何以安焉！其促定功行封。』於是大封功臣二十餘人，皆爲列侯，其餘各以次受封，及復死事之孤，輕重各有差。裴松之注：《魏書》載公令曰：『昔趙奢、竇嬰之爲將也，受賜千金，一朝散之，故能濟成大功，永世流聲。吾讀其文，未嘗不慕其爲人也。與諸將士大夫共從戎事，幸賴賢人不愛其謀，羣士不遺其力，是以夷險平亂，而吾得竊大賞，户邑三萬。追思竇嬰散金之義，今分所受租與諸將掾屬及故戍于陳、蔡者，庶以疇答衆勞，不擅大惠也。宜差死事之孤，以租穀及之。若年殷用足，租奉畢入，將大與衆人悉共饗之。』

【略】

（建安二十年）冬十月，始置名號侯至五大夫，與舊列侯、關内侯凡六等，以賞軍功。裴松之注：《魏書》曰：置名號侯爵十八級，關中侯爵十七級，皆金印紫綬；又置關内、外侯十六級，銅印龜紐墨綬，五大夫十五級，銅印環紐，亦墨綬，皆不食租，與舊列侯、關内侯凡六等。臣松之以爲今之虚封蓋自此始。

又　卷二《魏志・文帝紀》 （黄初三年三月）初制封王之庶子爲鄉公，嗣王之庶子爲亭侯，公之庶子爲亭伯。

又　卷四《魏志・陳留王奂傳》 （咸熙元年）夏五月庚申，相國晉王奏復五等爵。

又　卷六《魏志・董卓傳》 又封（董）卓母爲池陽君，置（丞）家令、丞。

《後漢書》卷七二《董卓傳》 封（董卓）母爲池陽君，置令、丞。

《魏書》卷七下《高祖紀下》 （太和十六年正月）乙丑，制諸遠屬非太祖子孫及異姓爲王，皆降爲公，公爲侯，侯爲伯，子男仍舊，皆除將軍之號。【略】

（十八年十二月）己酉，詔王、公、侯、伯、子、男開國食邑者：王食半，公三分食一，侯伯四分食一，子男五分食一。

又　卷八《世宗紀》 （永平二年）十有二月，詔曰：『五等諸侯，比無選式。其同姓者出身：公正六下，侯從六上，伯從六下，子正七上，男正七下。異族出身：公從七上，侯從七下，伯正八上，子正八下，男從八上。清修出身：公從八下，侯正九上，伯正九下，子從九上，男從九下。可依此叙之。』

《北齊書》卷六《補孝昭帝紀》 （皇建元年八月）丙申，詔九州勳人有重封者，聽分授子弟，以廣骨肉之恩。

又　卷四四《儒林傳・劉晝》 河清初，還冀州，舉秀才入京，考策不第。乃恨不學屬文，方復緝綴辭藻，言甚古拙。制一首賦，以『六合』爲名，自謂絶倫，吟諷不輟。乃歎曰：『儒者勞而少工，見於斯矣。我讀儒書二十餘年而答策不第，始學作文，便得如是。』曾以此賦呈魏收，收謂人曰：『賦名六合，其愚已甚，及見其賦，又愚於名。』

又《馬敬德》 卒。贈開府、瀛滄安州諸軍事、瀛州刺史。其後侍書張景仁封王。趙彦深云：『何容侍書封王，侍講翻無封爵。』於是亦封敬德廣漢郡王。子元熙襲。

又 卷四八《段灼傳》 臨去，遺息上表曰：【略】其五曰：昔周、漢之興，樹親建德，周因五等之爵，漢有河山之誓。及其衰也，神器奪於重臣，國祚移於他人。故滅周者秦，非姬姓也；代漢者魏，非劉氏也。於今國家大計，使異姓無裂土專封之邑，同姓並據有連城之地，縱復令諸王後世子孫還自相幷，蓋亦楚人失繁弱於雲夢，尚未爲亡其弓也。其於神器不移他族，則始祖不遷之廟，萬年億兆不改其名矣。大晉諸王二十餘人，而公侯伯子男五百餘國，欲言其國皆小乎，則漢祖之起，俱無尺土之地，況有國者哉！將謂大晉世世賢聖，而諸侯之胤常不肖邪，則放勳欽明而有丹朱，瞽瞍頑凶而有虞舜。天下有事無不由兵，而無故多樹兵本，廣開亂原，臣故曰五等不便也。臣以爲可如前表，諸王宜大其國，增益其兵，悉遣守藩，使形勢足以相接，則陛下可高枕而臥耳。臣以爲諸侯伯子男名號皆宜改易之，使封爵之制，禄奉禮秩，並同天下諸侯之例。

隋·虞世南《北堂書鈔》卷四六《封爵部上·總篇》 論功封爵。《晉百官表》注云：高祖定天下，論功封爵一百三十有三人，大侯邑至萬户，小者五六百户。【略】

斬一將封侯。《袁子》云：今有卿相之才，居三公之位，修其理政，以寧國家，未始封侯。

從無爵封侯。王粲《爵論》云：近世賞人不由等級，從無爵封爲列侯。

【略】

孳孳恤下曰子。環濟《要略》云：孳孳恤下，子之稱。

任治政事曰男。環濟《要略》云：男，任也。任治政事，受王命以爲君也。

金章朱綬。《晉百官表》注云：諸公三等。諸公，周官也，金章朱綬，朱質四等云文質，百四十官也。

又《親戚封》 封域相近。《晉起居注》云：武帝詔曰：『全封相近，吾傷口之也。』

又 卷四八《封爵部下·婦人封》 典籍無婦人分土之制。《魏氏春秋》云：黄初三年，帝欲封太后父母，尚書陳羣奏曰：『按典籍之文，無婦人分土命爵之制。在禮，婦人用失爵耳。』

婦人之封，亡國亂政。孫盛《晉陽秋·論》云：婦人之封，亡國亂政。

又 卷七〇《設官部二十二·諸王》 封皇子翰帝室。《晉百官表》注云：故封皇子及公族親屬爲王，所以維翰帝室也。【略】

尚書名尺一。摯虞《決疑要注》云：尚書名王公及位班王公者，皆用尺一杖作用尺一也。【略】

建設蕃屏。《晉百官表》注云：王者親建設蕃屏，故封皇子也。【略】

鎮衛九服，置兵三千。《晉起居注》：武帝太始二年詔曰：列土樹蕃，以鎮衛九服云云。

皆五萬户。《晉官品令》云：太康十年，皇子三人爲郡王，領四郡爲城，皆五萬户。

户二萬爲大國，不滿二萬爲小國。《晉百官表》注曰：今制，王國户二萬爲小國也。【略】

改守爲内史。王《晉書》：太始十年，令諸侯王國置相，改太守爲内史也。

又 卷七一《設官部二十三·諸王國子尉》 司執姦邪。韋曜《辨釋名》：執金吾大中尉，掌徼宫，亦司執金吾。

又《諸王國常侍》 贊相威儀，獻納臧否。《晉起居注》：成帝咸寧三年制：大國置左、右常侍，如上之言。

又《諸王國侍郎》 通傳教令。《晉百官表》注：侍郎朝服，武官，掌徒贊，相威儀，通傳教令，大國置四人，小國置二人。

又《諸王國三軍》 三軍之將。《晉起居注》：太始二年詔曰：大國三軍，領兵五千人，次國二軍，兵三千，人小國一軍，兵二千人，上、中、下三等將軍。陸機答吳王上將軍四言詩。

又《諸王國典書》 掌國教令。《晉起居注》：晉武置典書令，掌國教令也。

典衛王宫。又《起居注》云：晉武置學官令，主典學考異云云。

《晉書》卷一〇六《石季龍載記上》 石邃保母劉芝初以巫術進，既養邃，遂有深寵，通賄賂，豫言論，權傾朝廷，親貴多出其門，遂封芝爲宜城君。

唐·杜佑《通典》卷三一《職官十三·王侯總敍》 法古者多封國之制，魏曹元首《六代論》、晉陸士衡《五等論》皆言封建之利。是今者賢郡縣之理，【略】雖備徵利病，而終莫究詳。嘗試論之曰：【略】曹魏翦弱藩戚，未幾覆亡。晉室分兵八王，致亂尤速。晉以魏公族微弱，神器易遷，故委兵諸王，未幾迭相攻伐，遂亡天下，所謂矯枉過當，其敗愈速也。劉宋改更舊制，國吏不得稱臣。孝武性多猜忌，諸國吏人於本國君不得稱臣，改稱曰『下官』也。自茲以還，建侯日削，欲行古道，勢莫能遵。天生烝人，樹君司牧。人既庶焉，牧之理得，人既寡焉，牧之理失。庶則安所致，寡則危所由。漢、隋、大唐，海内統一，人户滋殖，三代莫儔。若以爲人而置君，欲求既庶，誠宜政在列郡，然則主祀或促矣。若以爲君而生人，不病既寡，誠宜政在列國，然則主祀可永矣。主祀雖永乃人鮮，主祀雖促則人繁。建國利一宗，列郡利萬姓，損益之理，較然可知。夫立法作程，未有不弊之者，固在度其爲患之長短耳。政在列國也，其初有維城磐石之固，其末有下堂中肩之辱。遠則萬國屠滅，近則鼎峙戰爭，所謂其患也長。夏、殷、周三代，諸國相滅。魏，晉鼎峙六十餘年，車書方一。永嘉之後，天下幅裂，三百餘載，江左乃平。政在列郡也，其初有四海一家之盛，其末有土崩瓦解之虞。高、光及於國初，戡定之勳易集，所謂其患也短。豈非已然之證歟！夫君尊則理安，臣强則亂危。《管子》曰：『君尊則國安，君卑則國危。』是故李斯相秦，堅執罷侯置守。其後立議者，以秦祚促，遂爾歸非。向使胡亥不嗣，趙高不用，閭左不發，酷法不施，百姓未至離心，陳、項何由興亂？自昔建侯，多舊國也。周立藩屏，唯數十焉，餘皆先去聲封，不廢其爵。楚滅六、蓼，魯臧文仲歎曰：『皋繇、庭堅，不祀忽諸。』按：皋繇、庭堅，重於唐虞之際，封立國邑，不應殷周之時。略徵一二，是沿習也。諒無擇其利遂建諸國，懼其害不立郡縣。故曰『事皆相因』，斯之謂矣。自五帝至於三王，相習建國之制，當時未先知封建則理，郡縣則亂。而後人睹秦漢一家天下，分置列郡，有潰叛陵篡之禍，便以爲先王建萬國之時，本防其萌，務固其業，冀其分樂同憂，饗利共害之慮。乃將後事以酌前旨，豈非强爲之説乎？覽曹、陸著論，誠謂文高理明，不本爲人樹君，不稽烝甿損益。觀李、馬陳諫，乃稱冥數素定，不在法度得失，不關政理否臧。故曰『終莫究詳』，斯之謂矣。但立制可久，施教得宜，君尊臣卑，榦强枝弱，致人庶富，享代長遠。爲理之道，其在茲乎！

又《歷代王侯封爵公主并官屬附》 魏黄初三年，初制，封王之庶子爲鄉公，嗣王庶子爲鄉侯，公之庶子爲亭伯。其後定制，凡國王、公、侯、伯、子、男六等，次縣侯，次鄉侯，次亭侯，次關内侯。又置名號侯爵十八級，關中侯爵十七級，皆金印紫綬。關外侯爵十六級，銅印龜紐，墨綬。五大夫十五級，銅印環紐，亦墨綬。自關内侯皆不食租，虚封爵。

自魏始而有保、傅、相、常侍、侍郎、郎中令、中尉、大農、文學、友、謁者大夫、諸雜署令、丞。公主有家令、僕、丞、行夜督郵。王太妃有家令、僕、丞。

晉亦有王、公、侯、伯、子、男六等之封。《晉令》曰：『有開國郡公、縣公、郡侯、縣侯、伯、子、男及鄉、亭、關中、關内外等侯之爵。』唯安平郡公孚邑萬户，制度如魏諸王。其餘縣公，邑千八百户，地方七十五里。大國侯，邑千六百户，地方七十里。次國侯，邑千四百户，地方六十五里。大國伯，邑千二百户，地方六十里。次國伯，邑千户，地方五十里。大國子，邑八百户，地方五十里。次國子，邑六百户，地方四十里。男，邑四百户，地方四十里。

武帝受禪之初，泰始元年，封建子弟爲王二十餘人，以郡爲國。邑二萬户爲大國，置上中下三軍，兵五千人。邑萬户爲次國，置上軍下軍，兵三千人。邑五千户爲小國，置一軍，兵千五百人。王不之國，官於京師。罷五等之制。公侯，邑萬户以上爲大國，五千以上爲次國，不滿五千户爲小國。初雖有封國，而王公皆在京都。

咸寧三年，詔徙諸王公皆歸國。時楊珧、荀勖以齊王攸有時名，懼惠帝有後難，乃追故司空裴秀立封建之旨，遂詔王公悉令歸國。更制户邑，皆中尉領兵。其平原、汝南、瑯琊、扶風、齊爲大國，梁、趙、樂安、燕、安平、義陽爲次國，其餘爲小國，皆制所近縣益滿萬户。又爲郡公制度如小國王，亦中尉領兵。郡侯如不滿五千户王，置一軍，千一百人，亦中尉領之。於時唯特增魯國公户邑，追進封故司空博陵公王沈爲郡公，鉅平侯羊祜爲南城郡侯。又南宫王承、隨王萬各於泰始中封爲縣王，邑千户，至是改正縣王增邑爲三千户，制度如郡侯，亦置一軍。自此非皇子不得爲王，而諸王之支庶，皆皇家之近屬至親，亦各以土推恩受封。其大國、次國，始封王之支子爲公，承封王之支子爲侯，繼承封王之支子爲伯。小國五千户以上，始封王之支子爲子，不滿五千户始封王之支子及始封公侯之支子皆爲男，非此皆不得封。其公之制度如五千户國，侯之制度如不滿五千户國，亦置一軍千人，中尉領之。伯子男以下各有差，而不置軍。大國始封之孫罷下軍，曾孫又罷上軍，次國始封之孫亦罷下軍。其餘皆以一軍爲常。大國中軍二千人，上下軍各千五百人。次國上軍二千人，下軍千人。其未之國者，大國置守士百人，次國八十人，小國六十人，郡侯、縣公亦如小國制度。既行，所增徙各如本奏。既遣就國，而諸公皆戀京師，涕泣而去。及吴平後，齊王攸遂之國。凡名山大澤不以封。鹽鐵金銀銅錫，始平之竹園，別都宫室園囿，皆不爲屬國。其仕在天朝者，與之國同，皆自選其文武官。晉齊王攸國相上長史缺，典書令請求差選。攸下令曰：『官人敍才，皆朝廷之事，非國所宜裁也。其令自上請之。』又當時王家人衣食皆出御府，攸乃表租秩足自供，遂求絶之。諸入作卿士而其世子年已壯者，皆遣莅國。其王公侯以下，茅社符璽，車旗命服，一如泰始故事。凡王，金印龜紐，纁朱綬，遠遊三梁冠，絳紗朝服，佩山玄玉。開國郡公、縣公，金章皂朱紱綬，郡侯青朱綬，同進賢三梁冠，絳朝服，佩山玄玉。開國縣侯、伯、子、男，金章朱墨綬，冠玉亦同。

初，武帝踐祚，封宣帝子伷爲東莞郡王，始置二卿。

侯以下置官屬，隨國大小無定制。諸侯並三分食一。

東晉元帝大興元年，始置九分食一。元帝以西陽王羕屬尊，元會特爲設床。明帝以羕皇室元老，特爲之拜。成帝詔羕依安平獻王孚故事，設床帳於殿上，帝親迎拜。王國有傅、傅卽師也，以景帝諱故曰傅。武帝初置，亦謂之師。《山公啓事》曰：『王楙爲燕王師。』友、武帝初置一人，蓋因文王、仲尼四友之名。典書令丞、掌國教令。《職官録》曰：『漢制本曰尚書，改爲持書，國諱又改爲典書。至晉武置典書令。』文學、一人。郎中令、中尉、大農、此爲三卿。左右常侍、大國各二人，次國各一人，掌贊相獻替。內史、改太守爲內史。又《晉書》曰：『改國相爲內史。』將軍、大國上中下軍三將軍，次國上下二軍，將軍各一人，小國上軍而已。典祠、典衛、學官令、治書中尉、司馬、世子庶子、陵廟牧長、謁者、中大夫、舍人、典府等。其後省相及僕，省郎中，置侍郎二人。初，晉文帝輔魏政，阮籍常言於帝曰：『平生曾遊東平，樂其風土。』卽拜爲東平相。籍乘驢到郡，壞府舍屏障，使内外相通，法令清簡，旬日而還。公侯以下國官屬遞減。《晉書》曰：『詔以壽光公鄭沖及朗陵公何曾國皆置郎中令。』又曰：『元帝初渡江卽晉王位，諸參軍、奉車都尉、掾屬者百餘人，時人謂之百六掾。』

宋氏一用晉制，唯大小國皆有三軍。自明帝以後，皇子、皇弟雖非都督，亦置記室參軍。小號將軍爲大郡邊守置佐吏者，又不置長史，餘則同矣。凡王子爲侯者，食邑皆千户。諸王世子皆金印紫綬，進賢兩梁冠，佩山玄玉。

初，江夏王義恭爲孝武所忌，憂懼，故奏革諸侯廳事，不得南向坐；國官正冬不得跣登國殿及夾侍；障扇不得雉尾；劍不得鹿盧形；誕馬不得過二；諸侯常行車前後不得過六隊；白直夾轂，不在其限。刀不得過銀銅爲飾；諸王子繼體爲王者，婚葬吉凶，悉依諸國公侯之禮，不得同皇弟、皇子；諸王女封縣主，諸王子孫襲封之王妃及封侯者夫人，並不得鹵簿。詔可。

王國有師，改傅爲之。自內史、相、記室以下，官多與晉同。孔覬字思遠，爲江夏內史，好酒多醉，而明曉政事。咸曰：『一月二十九日醉，勝他人二十九日醒。』又有辭記室參軍箋曰：『記室之要，須通才敏思、性情綸密者爲之。』

凡郡縣內史、相，並於國主稱臣，去任便止。孝武孝建中，始革此制，不得追敬，不得稱臣，止宜云下官而已。劉邕嗣封南康侯，河東王歆之嘗爲南康國相，素輕邕，後俱元會，邕性嗜酒，謂歆之曰：『卿昔嘗見臣，今不能勸一盃酒乎？』歆之效孫皓歌答之曰：『昔爲汝作臣，今與汝比肩。既不勸汝酒，亦不願汝年。』

公主有傅、令，傅、令不得朱服。不得朱服，亦江夏王所奏。

齊封爵史闕。齊竟陵王子良開西邸，延才俊以爲士林。自永明末，京邑士人盛爲文章談議，皆湊於西邸。王國有師、王琨爲武陵王師，時王儉爲宰相，屬琨用東海迎吏。琨謂信人曰：『語郎，三臺五省皆是郎用人。外方小郡，當乞寒賤，省官何容復奪之。』遂不果其事。諮議、張岱字景山，歷臨海、章郡、晉安三王府諮議。三王行事，事舉而情得。文學等官。齊永明元年，竟陵王子良表置文學官。公侯置郎中令一人卿，餘與晉、宋同。

梁封爵亦如晉、宋之制。諸王皆假金獸符，第一至第五左，竹使符第一至第十左。諸公侯皆假銅獸符、竹使符，第一至第五。名山大澤不以封。鹽鐵金銀銅鐵錫及竹園、别都、宫室、園圃皆不以屬國。諸王言曰令，境内稱之曰殿下。公侯封郡縣者言曰教，境内稱之曰第下。自稱皆曰寡人。相以下公文上事，皆詣典書。世子主國，其文書表疏儀式如臣，而不稱臣。文書下羣官，皆言告。諸王公侯國官皆稱臣，上於天朝皆稱陪臣，有所陳皆曰上疏。其公文曰言事。梁南平元襄王偉，好學重士，四方遊士當世知名者，莫不畢至。齊世有清溪宫，改爲芳林苑，賜偉爲宅，穿築種植，與賓客遊其中，梁世藩邸之盛無過。

五等諸公位視三公，班次之。開國諸侯位視孤卿、重號將軍、光禄大夫，班次之。開國諸伯位視九卿，班次之。開國諸子位視二千石，班次之。開國諸男位視比二千石，班次之。

王國置傅、相、公以下則臺各爲選置之，皆掌知百姓事。郎中令、將軍、常侍、典書令、典衛長。伯、子無典衛。典祠以下，自選備上。諸官多同前代。若王加將軍開府，則置長史、司馬及記室、掾屬、祭酒、主簿、録事等官屬。張綰字孝卿，自中軍宣城王長史徙御史中丞。武帝使宣旨曰：『爲國之急，唯在執憲直繩，用人本不限升降。晉宋代周閔、蔡廓並以侍中爲之，卿勿疑是左遷。』時宣城王府資重，故有此旨。嗣王則唯置郎中令、中尉、常侍、大農。藩王則無常侍，制與後漢同。

陳置九等，公主有家令之制。郡有王，嗣王，藩王，開國郡、縣公，開國縣侯，開國縣伯，開國縣子，開國縣男，沐食侯，鄉、亭侯，關内侯，關外侯。

鄱陽王之封也，遣度支尚書蕭睿持節兼太宰告於太廟、五岳，尚書王質持節兼太宰告於太社。

凡親王起家則爲侍中。若將軍方得有佐吏，無將軍則無府，止有國官。皇太子子，冢嫡者封王，依諸王起家，餘子並封公，起家中書郎。諸王子並諸侯代子，起家給事。三公子起家員外散騎侍郎。令僕子起家秘書郎。若員滿，亦爲版法曹，雖高半階，資級秘書郎下。次令僕子起家著作佐郎，亦爲版行參軍。此外有揚州主簿、太學博士、國常侍、奉朝請、嗣王行參軍，並起家官，未合發詔。

皇弟、皇子府置師、長史、司馬、從事中郎、諮議參軍、友、掾屬、記室等官。其嗣王、藩王府，則遞減之。王國置郎中令、將軍、常侍、典祠令、舍人等官。其嗣王、藩王，則遞減其員。諸王公參佐等官，仍爲清濁，或爲選司補用，亦有府牒拜授者，不拘年限，去留隨意。在府之日，唯賓遊宴賞，時復循參，更無餘事。若隨府王在州，其僚佐等或亦得預催督。若其驅使，便有職務。其衣冠子弟，多自修立。非氣類者，惟利是求，暴物亂政，皆此之類。

後魏道武皇始元年，始封五等。至天賜元年，減五等之爵，始分爲四，曰王、公、侯、子，除伯男之號。皇子及異姓元功上勳者封王。皇族及始藩王皆降爲公，諸公降爲侯，侯、子亦以此爲差。於是封王者十人，公者二十二人，侯者七十九人，子者百有三人。王封大郡，公封小郡，侯封大縣，子封小縣。其後復加伯男焉。

孝文太和十八年詔：『凡王、公、侯、伯、子、男開國食邑者，王食半，公三分食一，侯伯四分食一，子男五分食一。』

舊制，諸鎮將刺史假五等爵及有所貢獻而得假爵者，皆得世襲。延興二年，詔革此類，不得世襲。又舊制，諸以勳賜官爵者，子孫世襲並襲軍號。後改降五等，始革之，止襲爵而已。

凡公主皆嫁於賓附之國；朝臣子弟，雖名族美彦，不得尚焉。後魏道武帝因見《漢書》婁敬説高帝，欲以魯元公主妻匈奴，良久，故立此制。又江陽王女卒，靈太后詔贈鄉主。

諸王侯亦各有師、友、文學、侍郎、掾屬、舍人等官。時王國舍人應取八族及清修之門，咸陽王禧乃取任城王隸户爲之，深爲孝文所責。公主有家令丞。高平公主薨，欲使公主家令居廬制服。太常博士常景曰：『婦人無專國之理。婦人爲君，男子爲臣，古禮所不載，則家令不得純臣，公主不得爲正君，明矣。』乃寢。

北齊有王、公、侯、伯、子、男六等之爵。王位列大司馬上，非親王則在三公下，封内之調，盡以入臺，三分食一，公以下四分食一。王置師一人，餘官大抵與晉、宋、梁制不異。公主則置家令、丞等官。

後周制封爵，郡縣亦有公、侯、伯、子、男五等爵者，皆加開國。授柱國大將軍開府儀同者，並加使持節大都督。皇弟、皇子置友及學士等員外，餘吏闕聞。

宋·李昉等《太平御覽》卷一九八《封建部一·爵》

《魏氏春秋》

曰：黄初三年，帝欲封太后母，尚書陳羣奏曰：『案典籍之文，無婦人分土命爵之制。在《禮》，婦人因夫爵。秦違古法，漢氏因之，非先王之令典。』帝曰是也。【略】

王粲《爵論》曰：爵自一級，轉登十級而爲列侯；譬猶秩自百石，轉遷而至於公也。而近世賞人，皆不由等級從，無爵封，無列侯。原其所以，爵廢故也。《司馬法》曰：『賞不逾時，欲民速觀爲善之利也。』近世爵廢，人有小功，無以賞也，乃積累焉，須事足乃封侯，非所以速爲而及時也。上觀古比高祖功臣，及白起、衛鞅，皆稍賜爵，爲五大夫、客卿、庶長，以至於侯，非一頓而封也。夫稍稍賜爵，與功大小相稱而俱登，既得其義，且侯次有緒，使慕進者逐之不倦矣。

又　卷一九九《封建部二·公封》　韋昭《辨釋名》曰：公，直也；取其正直無私。【略】

魏咸熙元年，相國晉王奏建五等，諸公地方七十五里，邑一千八百户，置相一人，典祠、典書、典衛、典禮各一人，妾六人，車前司馬十人，旅賁四十人。

又　《子封》　環濟《要略》曰：子獨孶孶，栖下之稱也。

又　《男封》　環濟《要略》曰：男，任也，任治事，受王命爲君也。

又　卷二〇〇《封建部三·功臣封》　（王隱《晉書》）又曰：封文帝爲高都侯，太始元年詔曰：『昔唐虞三代之盛，暨于漢魏創制，褒崇元勳，班爵行賞，與國同禮，施禄逮下，萬邦咸乂，朕以寡德，登于天位，托于王公之上。腹心股肱，文武之臣，光齊帝業，余嘉乃勳。慶賞之行，其用宜速。』

元·馬端臨《文獻通考》卷二七〇《封建考十一·魏封建諸侯王》

黄初五年，詔曰：『先王建國，隨時而制。漢祖增秦所置郡，至光武以天下損耗，并省郡縣。以今比之，益不及焉。其改封諸王皆爲縣王。』

《陳思王傳》：『時法制，待藩國既自峻迫，寮屬皆賈豎下才，兵人給其殘老，大數不過二百人。又植以前過，事事復減半，十一年中而三徙都，常汲汲無歡，遂發疾薨。』正始間，宗室曹冏上書曰：『古之王者，必建同姓以明親親，必樹異姓，以明賢賢。親親之道，專用則其漸也微弱；賢賢之道，偏任則其敝也劫奪。先聖知其然也，故博求親疏而並用之，故能保其社稷，歷紀長久。今魏尊尊之法雖明，親親之道未備。或任而不重，或釋而不任。臣竊惟此，寢不安席。謹撰合所聞，論其成敗。曰：昔夏、商、周歷世數十，而秦二世而亡，何則？三代之君，惟天下共其民，故天下同其憂。秦王獨制其民，故傾危而莫救也。秦觀周之敝，以爲小弱見奪，於是廢五等之爵，立郡縣之官，内無宗子以自毗輔，外無諸侯以爲藩衛，譬猶芟刈股肱，獨任胸腹，觀者爲之寒心，而始皇晏然，自以爲子孫帝王萬世之業也。豈不悖哉！故漢祖奮三尺之劍，驅烏集之衆，五年之中，遂成帝業。何則？伐深根者難爲功，摧枯朽者易爲力，理勢然也。漢監秦之失，封殖子弟，及諸吕擅權，圖危劉氏，而天下所以不傾動者，徒以諸侯强大，磐石膠固故也。然高祖封建，地過古制，故賈誼以爲「欲天下之治安，莫若衆建諸侯而少其力」，文帝不從。至於孝景，猥用晁錯之計，削黜諸侯，遂有七國之患。蓋兆發高帝，釁鍾文、景，由寬之過制，急之不漸故也。所謂末大必折，尾大難掉。尾同於體，猶或不從，況乎非體之尾，其可掉乎？武帝從主父策，下推恩之令，自是之後，遂以陵夷，子孫微弱，衣食租税，不預政事。至於哀、平，王氏秉權，假周公之事，而爲田常之亂，宗室王侯，或乃爲之符命，頌莽恩德，豈不哀哉！由斯言之，非宗子獨忠孝於惠、文之間，而叛逆於哀、平之際也，徒以權輕勢弱，不能有定耳。賴光武皇帝挺不世之姿，擒王莽於已成，紹漢嗣於既絶，斯豈非宗子之力也？而曾不監秦之失策，襲周之舊制。至於桓、靈，閹宦用事，君孤立於上，臣弄權於下。由是天下鼎沸，奸宄並爭，宗廟焚爲灰燼，宫室變爲榛藪。太祖皇帝龍飛鳳翔，掃除凶逆。大魏之興，於今二十有四年矣，觀五代之存亡而不用其長策，睹前車之傾覆而不改於轍迹。子弟王空虚之地，君有不使之民，宗室竄於閭閻，不聞邦國之政，權均匹夫，勢齊凡庶。内無深根不拔之固，外無磐石宗盟之助，非所以安社稷，爲萬世之業也。且今之州牧、郡守，古之方伯、諸侯，皆跨有千里之上，兼軍武之任，或比國數人，或兄弟並據；而宗室子弟曾無一人身廁其間，與相維持，非所以强幹弱枝，備萬一之虞也。今之用賢，或超爲名都之主，或爲偏師之帥，而宗室有文者必限小縣之宰，有武者必致百人之上，非所以勸進賢能，褒異宗室之禮也。語曰：

「百足之蟲，至死不僵。」以其扶之者衆也。此言雖小，可以譬大。是以聖王安不忘危，存不忘亡，故天下有變而無傾危之患矣。』冏冀以此論感悟曹爽，爽不能用。

陳壽評曰：『魏氏王公，既徒有王國之名，而無社稷之實，又禁防壅隔，同於囹圄；位號靡定，大小歲易；骨肉之恩乖，《棠棣》之義廢。爲法之弊，一至於此乎！』《袁子》曰：『魏興，承大亂之後，民人損減，不可則以古始。於是封建侯王，皆使寄地空名，而無其實。王國使有老兵百餘人，以衛其國。雖有王侯之號，而乃儕於匹夫。縣隔千里之外，無朝聘之儀，鄰國無會同之制。諸侯遊獵不得過三十里，又爲設防輔監國之官以伺察之。王侯皆思爲布衣而不能得，既違宗國藩屏之義，又虧親戚骨肉之恩。』

又《魏列侯》 按：漢人嘗稱萬户侯，蓋列侯大者多食萬户；魏則雖親王所食未有及萬户者。漢光武封功臣，如鄧、寇輩皆以元功食四縣，范曄猶以爲懲韓、彭之戮，存矯枉之志，故不大其封土，使之得以功名自終。魏則諸王所食不過一縣。蓋封建之制，至曹魏而規模益貶矣。然以天下户口之數考之，西漢盛時至一千餘萬，而魏氏不過六十六萬有奇，蓋郡國所上户口猶不及漢十之一，則宜其分封之户數不能如漢制也。又兩漢户賦輕，而魏晉以來户賦重，受封者皆食其户賦，則輕者不容不多，而重者不容不少也。《張繡傳》言『時天下户口減耗，十裁一存，諸將封未有滿千户者，』而繡獨以功封二千户，亦一證也。

又 卷二七一《封建考十二·晉諸侯王》 武帝太康時，劉頌上疏曰：『三代並建明德，以藩帝室，延祚久遠，近者五六百歲，遠者千載。秦氏罷侯置守，二世而亡。漢承周、秦之後，雜而用之，前後二代各二百餘年。揆其封建不用，雖强弱不適，不盡事中，然迹其衰亡，常在同姓失職，諸侯微時，不在强盛。昔呂氏之亂，賴齊、代以寧社稷。七國叛逆，梁王扞之，以彌其難。自是之後，威權日削，王莽得以遂其奸謀，傾蕩天下。光武紹起，雖封樹子弟，而不建成國之制，祚亦不延。魏氏乘之，圈閉親戚，幽囚子弟，是以神器速傾，天命移在陛下。又魏氏時，三方未賓，實有戰國相持之勢。大晉之興，宣帝定燕，太祖平蜀，陛下滅吳，可謂功格天地，宜因聖明之時，開啓土宇，使同姓必王，建久安於萬載，垂長世於無窮。今諸王裂土，皆兼於古之諸侯，而君賤其爵，臣恥其位，莫有安志，其故何也？法同郡縣，無成國之制故也。今之建置，宜一如古典。』

惠帝永興初，劉弘上言曰：『自頃兵戈紛亂，猜禍蜂生，疑隙構於羣王，災難延於宗子。今夕爲忠，明旦爲逆，翩其反而，互爲戎首。載籍以來，骨肉之禍，未有如今者，臣切悲之。今邊陲無備豫之儲，中華有杼軸之困，而股肱之臣，不惟國體，職競尋常，自相楚剝，萬一四夷乘虛爲變，此亦猛虎交鬭，自效於卞莊者矣。臣以爲宜速發明詔，詔顒、越等，令兩釋猜嫌，各保分局，自今以後，其有不被詔書，擅興兵馬者，天下共伐之。』

按：魏疏忌骨肉，故武之子、文之母弟，不過食一縣，且刻削遷徙，殊無寧日，幾不能以自存。晉矯其敝，受禪之初，不特宣、文之子孫畢王，雖宣帝諸弟，如孚如泰輩之子孫，亦且同時俱封，又許其自選官屬，而王家人衣食，御府別給之，親親之意亦厚矣。劉頌所言『無成國之制』，蓋以其徒享封土而不治吏民，有同郡縣，此乃漢景、武以後之法制。然惠帝既立之後，諸王或鎮雄藩，或專國政，廢賈誅趙，猶運之掌，則亦不可以言無事任矣。而干戈相侵，自相屠毒，遂以覆國，蓋晉之創業不以道，而垂統非其人，故天命不祐，雖有磐石之宗，適以基禍，固難以周、漢自諉也。

又《晉五等侯》 右，西晉列侯姓名之見於史者。按：晉始分五等，則侯之秩已不一。又永熙初，楊駿輔政，普進封爵，以求媚於衆，議者以爲優於泰始革命之初，及諸將平吳之功。其後趙王倫既誅，賈后遂竊帝位，在職者皆封侯，廝役亦加以爵位，金銀冶鑄，不給於印，故有白版之侯，君子恥之，則其所濫及者，蓋不可勝道矣。

又 卷二七二《封建考十三·宋齊梁陳諸侯王列侯》 先是（齊）高帝、武帝爲諸王置典籤帥，一方之事，悉以委之。每至覲接，輒留心顧問，刺史行事之美惡，係於典籤之口，莫不折節推奉，恒慮弗及，於是威行州部，權重藩君。武陵王曄爲江州，性烈直不可忤，典籤趙渥之曰：『今出郡易刺史。』及見武帝相誣，曄遂免還。南海王子罕戍琅琊，欲暫遊東堂，典籤姜秀不許而止，還泣謂母曰：『兒欲移五步亦不得，與囚何異？』秀後輒取子罪屐繖飲器等供其兒昏，武帝知之，鞭二百，繫尚方，然而擅命不改。邵陵王子貞嘗求熊白，廚人答典籤不在，不敢與。西陽王子明欲送書參侍讀鮑僎病，典籤吳脩之不許，曰：『應諮行事。』乃止。言行舉動，不得自專，徵衣求食，必須諮訪。永明中，巴東王子響殺行事劉寅等，武帝聞之。謂羣臣曰：『子響遂反。』戴僧靜大言曰：『諸王都自應反，豈惟巴東？』武帝問故，答曰：『夫王無罪，而一時被囚，取一挺藕，一杯漿，皆諮籤帥，不在則竟日忍渴。諸州唯聞有籤帥，不聞有刺史。』竟陵王子良嘗問衆曰：『士大夫何意諂籤帥？』參軍范雲答曰：『諂長史以下皆無益，諂籤帥便有倍本之價，不諂謂何！』子良有愧色。及明帝誅異己者，諸王見害，悉典籤所殺，竟無一人相抗。孔珪聞之流涕曰：『齊之衡陽、江夏最有意，而復害之。若不立籤帥，故當不至於此。』

按：宋、齊之制，諸王之爲刺史者，立長史以佐之，既而復立典籤以制之。然大概多以童稚之年膺方面之寄，而主其事者，則皆長史、典籤也。宋蒼梧王以凶狂遇弒，明帝嗣位，而江州長史鄧琬不受命，奉晉安王子勛起兵稱帝。會稽長史孔覬、雍州長史孔道存俱不受命，皆奉其王以應晉安。未幾兵敗，而臣主俱就誅夷，而孝武之子孫殲焉。及齊明帝以支代宗，欲盡除高、武之子孫，而皆以典籤殺之。然則長史、典籤之設，皆所以禍諸王，而當時之居此職者，皆輕躁傾險之人，或假之以稱亂，或賣之以爲功，其情雖異，而構禍則同。童孺無知，騈首横死於鋒鏑鴆毒之下，至晳『不願生帝王家』，及乞爲奴以紓死而不可得，哀哉！【略】

自漢景、武始裁抑諸侯王，雖受封連城，而不得以擅其土地甲兵。至東漢，諸侯王惟得食其邑入而已。曹魏則并邑入亦鮮薄，猜防尤甚，卒以孤立速亡。晉、宋、齊、梁之制，諸王皆出爲都督、刺史，星羅棋布，各據强藩，蓋將假以事任，庶收宗子維城之功，而矯孤立之弊。然宋、齊一再傳而後，二明帝皆以旁支入繼大統，忮忍特甚，前帝之子孫，雖在童孺，皆以逼見讎。其據雄藩處要地者，適足以殞其身於典籤輩之手，而二明亦復享年不永，置嗣無狀，淪胥以亡，不足復議。若晉若梁，則諸王皆以盛年雄材出當方面，非宋、齊帝子輩比也。然京師有變，則俱無同獎王室之忠，而各有帝制而天子自爲之志。賈、趙之亂，如冏如顒，如乂如越之徒，縱兵不戢，屠其骨肉，以啓戎狄之禍，而神州覆亡。侯景之亂，如綸如繹、如紀如譽之徒，擁兵不救，委其祖父以餧寇賊之口，而天倫殄絶矣。蓋其初之立制也，非不欲希風宗周，懲鑑漢、魏，然世俗險惡，人心澆漓，齊桓、晉文之事尚矣。晉、梁諸王，雖欲求一人如鄭厲公、虢叔輩而不可得，後儒所以疑封建之不可行有由矣。【略】

江左承西晉，諸王開國，並以户數相差爲大小三品。大國置上、中、下三將軍，及置司馬一人。次國置中、下二將軍。小國置將軍一人。餘官亦準此爲差。武帝受命，自永定訖於禎明，唯衡陽王昌特加禮命，至五千户，自餘大國不過二千，小國則千户云。

又《宋列侯》 武帝受禪之初，詔晉氏封爵當隨運改，獨置始興、廬陵、始安、長沙、康樂五公，降始興公爲縣公、廬陵公爲柴桑縣、公始安公爲荔浦縣侯、長沙公爲醴陵縣侯、康樂公即降爲縣侯，以奉王導、謝安、温嶠、陶侃、謝元之祀。

又《齊列侯》 高帝受禪之初，詔諸王皆降爲公，自非宣力齊室，一皆除國，獨置南康、華容、萍鄉三國，仍降爲縣公、侯、伯，減户有差，以奉劉穆之、王弘、何無忌之祀。除國者，凡百二十人。

又 卷二七三《封建考十四·後魏列侯》 右，元魏時，封爵所及者尤衆，蓋自道武興於代北以來，凡部落之大人與鄰境之降附者，皆封以五等之爵，令其世襲，或賜以王封。逮中世以後，則不緣有功而封者愈多。《程駿傳》載：『獻文崩，初遷神主於太廟，有司奏：舊事，廟中執事官例皆賜爵，今宜依舊。詔百寮詳議，羣臣咸以爲宜依舊事。駿獨以爲不可，表曰：「臣聞名器爲帝王所貴，山河爲區夏之重，是以漢祖有約，非功不侯。未聞預事於宗廟，而獲賞於疆土。雖復帝王制作，弗相沿襲，然一時恩澤，豈足爲長世之軌乎？」書奏，從之。』可見當時封爵之濫。然高允在太武時，以平涼州勳封汶陽子，至文成時，史言其爲郎二十七年不徙官。時百官無禄，允第唯草屋，衣唯緼袍，食唯鹽菜，恒使諸子採樵自給。則其時雖有受封之名，而未嘗與之食邑。又道武以來，有受封爲建業公、丹陽侯、會稽侯、蒼梧伯之類，此皆江南土地，未嘗爲魏所有。可見當時五等之爵多爲虛封，前史雖言魏制侯伯四分食一，子、男五分食一，然若真食五分之一，則不至如高允之貧乏；且受封丹陽、會稽等處者，雖五分之一，亦於何而取之乎？』

清·汪士鐸《南北史補志未刊稿·職官志第二·封爵》 魏黄初三年，初制：封王之庶子爲鄉公，嗣王庶子爲鄉侯，公之庶子爲亭伯。其後定制：凡國王、公、侯、伯、子、男六等，次縣侯，次鄉侯，次亭侯，次關内侯。又置名號侯爵十八級、關中侯爵十七級，皆金印紫綬；關外侯爵十六級，銅印龜紐墨綬；五大夫十五級，銅印環紐，亦墨綬。自關内侯皆不食租，虚封爵曰魏使。晉亦有王、公、侯、伯、子、男、開國郡公、縣公、郡侯、縣侯、伯、子、男，及鄉亭、關内、外等侯，凡十五等之封。宋氏一用晉制，唯大小國皆有三軍。自有明帝已後，皇子、皇弟雖非都督，亦置記事、參軍、小號將軍。爲大郡、邊守置佐吏者，又不置長史，餘則同矣。凡王子爲侯者，食邑皆千户。諸王世子皆金印紫綬，進賢兩梁冠，佩山玄玉。初，江夏王義恭爲孝武所忌，憂懼，故奏革諸侯廳事，不得南向坐，國官正冬不得跳登國殿，及夾侍障扇不得雉尾，劍不得鹿盧形，但馬不得過二。諸侯常行車，前後不得過六隊，刀不得過銀、銅爲飾。諸王子繼體爲王者，婚葬吉凶悉依諸國公侯之禮，不得同皇弟、皇子。諸王女封縣主、諸王子孫襲封之王妃及封侯者夫人並不得鹵簿。詔可。王國有師，自内史、相、記室已下，官多與晉同。凡郡縣内史、相並於國主稱臣，去任便止。孝武建中始革此制，不得追敬，不得稱臣，止宜云『下官』而已。公主有傅令，傅令不得朱服。漢初王國立太傅，掌輔導内史，主治民。丞相統衆官，中尉掌武職，分官置職，略同。京師至景帝懲七國之亂，更制諸王，不得治國。漢爲置吏，改丞相曰相，省御史大夫、廷尉、少府、宗正、博士官。其大夫謁者，諸官長、丞皆損其員數。後改漢内史爲京兆尹，中尉爲執金吾，郎中令爲光禄勳，而王國如故。又太僕爲僕，司農爲大農。成帝更令相治民如郡太守，省内史，其中尉如郡尉，太傅但曰傅。漢東京亦置傅一人，王師事之；相一人，主治民；中尉一人，主盜賊；郎中令一人，掌郎中宿衛；僕一人，治書一人，治齊，本曰尚書，後更名治書中大夫，無員，掌奉使京師及諸國者，及禮樂、衛士、醫工、永巷、記禮長各一人。郎中無員，魏氏謁者官屬，史闕不知次第。晉武帝初置師、友、交學各一人，師卽傅也。景帝諱師，改爲傅。宋世復改曰師。其文學，前漢已置也。友者，因文王仲尼四友之名也。改太守爲内史，省相及僕。有郎中令、中尉、大農，爲三卿。大國置左、右常侍各三人。省郎中，置侍郎二人，大國又置上軍、中軍、下軍三將軍，次國上軍將軍、下軍將軍各一人，小國上軍而已。典書、典祠、典衛、學官令、典書令、丞各一人，治書四人，中尉、司馬、世子、庶子、陵廟牧長各一人，謁者四人，中大夫六人，舍人十人，典醫丞、典府丞各一人。宋氏已來，一用晉制，唯大小國皆有三軍。晉制典書令在常侍下、侍郎上，江左則侍郎次常侍，而典書令居三軍下矣。又江左公國無中尉、常侍、三軍，侯國又無大農侍郎，伯、子、男唯典書已下，又無學官令矣。吏職皆以次損省，爲晉江右公侯已下置官屬，隨國大小無定制也。江左諸國並三分食一。元帝太興元年，始制九分食一。齊諸王師、友、文學各一人，而封爵史闕。王國有師、諮議、文學等官，公侯置郎中令一人，卿餘與典晉、宋同梁封爵亦如晉、宋之制，諸王皆假金獸符第一至第五，左竹使符第一至第十，左諸公侯皆假銅獸符、竹使符第一至第五。名山大澤不以封鹽鐵、金銀、銅鐵，及竹園、別都、宮室、園圃皆不以屬國。諸王言曰令，境内稱之曰殿下。公侯封郡縣者言曰教，境内稱之曰第下，自稱皆曰寡人。相以下公文上事皆詣典書。世子主國，其文書表疏議式如臣，而不稱臣。文書下羣官皆言告。諸王公侯國官皆稱臣，上於天朝皆稱陪臣，有所陳皆曰上疏，其公文曰言事。五等諸公位視三公，班次之；開國諸侯位視孤卿、重號將軍、光禄大夫，班次之；開國諸伯位視九卿，班次之；開國諸子位視二千石，班次之；開國諸男位視比二千石，班次之。王國置傅相、郎中令、將軍、常侍官、典書令、典衛長、典祠令、廟長、陵長、典醫丞、典府丞、學官令、食官長、中尉侍郎、執事中尉、司馬謁者、典衛令、舍人、中大夫、大農等官，而典祠以下自選備上，諸侯官多同前代，若王加將軍開府，則置長史、司馬，及記室掾屬、祭酒、主簿、録事等官屬。嗣王則唯置郎中令、中尉、常侍、大農。藩王則無常侍，制與後漢同。陳置公主，有家令之制，有郡王、嗣王、藩王、開國郡縣公侯伯子男、沐食侯、鄉亭侯、關内侯、關外侯十二等。而鄱陽王之封也，遣度支尚書蕭睿持節兼太宰，告於太廟、五嶽，尚書王質持節兼太宰，告於太社。皇弟、皇子府置師、長史、司馬、從事中郎、諮議、參軍、友、掾屬、記室等官，其嗣王、藩王則遞減之。王國置郎中令、將軍、常侍、典祠令、舍人等官，其嗣王、藩王亦遞減。後魏道武皇始元年，始封五等。至天賜元年九月，減五等爵，始分爲四，曰：王、公、侯、子，除伯、男之號。皇子及異姓元功上勳者封王。皇族及始藩王皆降爲公，諸公降爲侯、子亦以此爲差。於是封王者十人，公者二十二人，侯者七十九人，子者百有三人。王第一品，封大郡；公二品，封小郡；侯三品，封大縣；小縣其後復加伯、男焉。十二月，詔大郡三臣、吏二百人，次郡王上郡公百人，次郡公五十人，侯二十五人，子十二人，皆立典師，比家丞，統去羣隸。孝文太和十五年，詔非太子祖子孫，及異姓封者，王降爲公，公爲侯，侯爲伯，子、男仍舊，皆除將軍之號。十八年詔，凡王、開國郡公、散公侯、散侯伯、散伯子、散子男、散男，凡十一等，開國食邑者，王食半，公三分食一，侯、伯四分食一，子男五分食一。舊制，鎮將、刺史假五等，及貢獻，而得假爵者皆世襲。延興二年，詔革之，及諸以勳賜官爵者，舊世襲幷襲軍號，後改降五等，始革之，止襲爵而已。永平二年，詔五等諸侯同姓者，公正六下，侯從六上，伯從六下，子正七上，男正七下；異姓者，公從七上，侯七下，伯、子、男以是爲差。清修出身者，公從八下，侯正九上，伯、子、男以是爲差。凡公主皆嫁賓附之國，朝臣子弟雖名族美彦，不得尚諸王侯，亦各有師、友、文學、侍郎、掾屬、舍人等官。公主有家令、丞。北齊有王、公、侯、伯、子、男六等之爵。王位列大司馬上，非親王則位三公下。封内之調盡以入臺，三分食一，公以下四分食一，王置師一人，餘官大抵與晉、宋、梁制不異。公主則置家令、丞、主簿、録事等官。後周制封爵郡縣，亦有公、侯、伯、子、男五等爵者，皆加開國，授柱國大將軍、開府儀同者，並加使持節、大都督。皇弟、皇子置友及學士等員外，餘吏闕聞。【略】

太史公《貨殖傳》曰：封者食租稅，歲率户二百，千户之君則二十萬，朝見聘享出其中。此漢千户侯制也。其時量吏禄，度官用，以賦于民，山川園池、市井租稅之入，自天子至封君，各爲私養，不領於天下之經費，而七大夫已上皆令食邑。其後列侯，乃得食，得臣其所食吏民，關内侯無土寄食，在所縣民租多少，以户數爲限。列侯户數百以至二千不等。魏氏始假空名，不食本邑。晉武定制，以本户三分之一爲食，然其户亦不多。公千八百户，大國侯千六百户，次國侯千四百户，大國伯千二百户，次國千户，大國子八百户，次國子六百户，男四百户。東晉成帝咸和元年，改國秩九分食一，《六典》謂宋、齊已來置廢不常。【略】《六典》云：舊制，户皆三丁已上，一分入國。開元中定制，以三丁爲限，租賦全入封家。按此卽東晉三分食一之制，開元始更，則南北朝皆仍之可證矣。附識於此，以便稽考云爾。

右封爵。

又《職官志第三・命婦》 三代之制，諸侯之婦曰夫人，大夫曰孺人，士曰婦人，庶人曰妻。公侯有夫人，有世婦，有妻，有妾。邦君之妻，君稱之曰夫人，自稱於天子曰老婦，自稱於諸侯曰寡小君，自稱於其君曰小童，邦人稱之曰君夫人。自世婦以下者，自稱曰婢子。凡婦人，無爵，從夫命之爵，坐以夫之齒。至秦漢，婦人始有封君之號，公主有邑司之制，其餘多闕。宋鄱陽縣侯孟懷玉上母檀拜國夫人，有奏許之，御史中丞袁豹以爲：婦人，從夫之爵，懷玉父綽，見任大司農，其妻不宜從子。後周宣帝令内外命婦皆執笏，其拜廟及天臺皆俯伏。

右内官命婦。

論説

《後漢書》卷二八《百官志五》劉昭注 臣昭曰：【略】漢氏得之微，猶能四百載，魏人失之甚，不滿數十年。爰自晉世，矯枉太過，入列皇朝，非簡賢之授，唯親是貴，無愚智之辨。不能勝衣冠，早據公相之尊，童蒙幼子，遄登槐獄之位。職應論道，而未離保母之養，續侯賦政，而服二三尺衣。英賢大度，稟彼昏稚，高才碩儒，恭承藐識。公餗覆而不憂，美錦碎而愈截。兼授若流，迴遷競路，才駑任重，功尠釁多。曉比名於公旦，夕同罪於盜跖，裒稱無位，可以充德，貶退刑轘，不足以塞咎。(或)［威］力强濟，聲實隆重，嫌猜畏逼，身受其弊。

覆滅分體，若梟仇寇，(齎)［齏］粉同氣，有過他逆。忠貞之士，横羅其凶，志節之人，狼狽其禍。閼伯、實沈，繼踵史筆，顯思顯甫，比有國書。趙倫以(惷)［惷］愚排天，齊攸以賢明謝世，枉鬱殄夷，冤孫就盡，不可勝載矣。豈周、漢之君多孝悌之性，晉、宋之主稟豺狼之情，蓋事勢使之然也。朝行斯術，夕窮崩亂，未能革悛，來事愈甚。蒼生爲此將盡矣，四海爲此構蹴矣！

聖帝英君，欲反斯敗，必當更開同姓之國，置不增之約，罷皇胤入宫之禍，守盟牲礪河之篤，乃可還嶮墜之路，反乎全安之轍也。

清・趙翼《廿二史劄記》卷一四《魏齊周隋書並北史・異姓封王之

濫自後魏始》　太武帝卽位，封長孫嵩北平王，奚斤宜城王，長孫翰平陽王，叔孫建丹陽王，司馬楚之琅琊王，杜超陽平王，穆壽宜都王，長孫道生上黨王，樓伏連廣陵王。自是功臣無有不王者。文成帝封周忸樂陵王，杜遺、閭若文、劉尼、杜元寶、源賀、閭武皮、常英、閭毗、閭紇、尉眷、乙惲、李峻，俱進爵爲王。又封陸麗爲平原王，麗乞以讓父，帝曰：『吾豈不能以二王封卿父子也？』乃封其父俟東平王。後麗之子叡事獻文帝，又封東郡王，一門之內，遂有三王。獻文帝又封慕容白曜濟南王，韓頹襄城王。孝文帝亦封陳建魏郡王，苟頹河東王，王叡中山王，張佑新平王。太和十六年，始詔諸遠族非太祖子孫及異姓封王者，皆降爲公，公爲侯，侯爲伯，其子男仍舊。皆除將軍之號，惟長孫道生以大功特不降，自是名器稍重。至北齊武成帝時，又極猥褻。奄人鄧長顒、韓寶業、盧勒叉、齊紹、秦子徵、陳德信俱封王。後主緯時，庶姓封王者尤多，穆提婆城陽郡王，高阿那肱淮陽郡王，韓長鸞昌黎郡王，皆倖臣也。張景仁以侍書封王，傳謂倉頡以來，八體進爵，一人而已。又有倉頭陳山提、蓋豐樂、劉郁斤、趙道德、劉桃枝、梅勝郎、辛洛周、高舍洛，至武平時，皆封王，其不及武平者，亦追贈王爵。《齊書》謂諸倉頭始自家人，情寄深密，及後主時，已是先朝勳舊，故致此叨竊。又有樂人曹僧奴及其子妙達，以能彈琵琶，亦封王。

此外官階，更不可數計，開府千餘，儀同無數。諸貴寵追贈祖父，歲一進官，位極而止。馬及鷹犬皆有郡君、儀同之號，如：赤彪儀同逍遥郡君、淩霄郡君之類，甚至鬭雞亦號開府。官爵之濫，至此極矣。故當時受之者不以爲榮，且反有以爲辱者。陽休之爲中書監，封燕郡王，謂人曰：『我非奴，何忽有此授。』可見人之賤之，至不齒於人列也。荒亂之朝，何所不至，固不可以常理論矣。

人事制度部

培養制度分部

綜　述

《三國志》卷一《魏志·武帝紀》（建安八年）秋七月，令曰：『喪亂已來，十有五年，後生者不見仁義禮讓之風，吾甚傷之。其令郡國各脩文學，縣滿五百戶置校官，選其鄉之俊造而教學之，庶幾先王之道不廢，而有以益于天下。』【略】

（建安二十二年）五月，作泮宫。

又　卷二《魏志·文帝紀》（黄初五年）夏四月，立太學，制五經課試之法，置《春秋穀梁》博士。

又　卷一六《魏志·杜畿傳》於是追拜畿爲河東太守。【略】是時天下郡縣皆殘破，河東最先定，少耗減。畿治之，崇寬惠，與民無爲。【略】漸課民畜牸牛、草馬，下逮雞豚犬豕，皆有章程。百姓勤農，家家豐實。畿乃曰：『民富矣，不可不教也。』於是冬月修戎講武，又開學宫，親自執經教授，郡中化之。《魏略》曰：博士樂詳，由畿而升。至今河東特多儒者，則畿之由矣。

又　卷四七《吴志·吴主傳》（黄龍）二年春正月，魏作合肥新城。詔立都講祭酒，以教學諸子。

又　卷四八《吴志·孫休傳》（永安元年十二月）詔曰：『古者建國，教學爲先，所以道世治性，爲時養器也。自建興以來，時事多故，吏民頗以目前趨務，去本就末，不循古道。夫所尚不惇，則傷化敗俗。其案古置學官，立五經博士，核取應選，加其寵禄，科見吏之中及將吏子弟有志好者，各令就業。一歲課試，差其品第，加以位賞。使見之者樂其榮，聞之者羨其譽。以敦王化，以隆風俗。』

《宋書》卷三《武帝紀下》（永初三年正月）乙丑，詔曰：『古之建國，教學爲先，弘風訓世，莫尚於此；發蒙啓滯，咸必由之。故爰自盛王，迄于近代，莫不敦崇學藝，修建庠序。自昔多故，戎馬在郊，旌旗卷舒，日不暇給。遂令學校荒廢，講誦蔑聞，軍旅日陳，俎豆藏器，訓誘之風，將墜于地。後生大懼于牆面，故老竊歎於子衿。此《國風》所以永思，《小雅》所以懷古。今王略遠屆，華域載清，仰風之士，日月以冀。便宜博延胄子，陶獎童蒙，選備儒官，弘振國學。主者考詳舊典，以時施行。』

又 卷五《文帝紀》（元嘉）十九年正月乙巳，詔曰：『夫所因者本，聖哲之遠教；本立化成，教學之爲貴。故詔以三德，崇以四術，用能納諸義方，致之軌度。盛王聖世，咸必由之。永初受命，憲章弘遠，將陶鈞庶品，混一殊風。有詔典司，大啓庠序，而頻遘屯夷，未及修建。永瞻前猷，思敷鴻烈。今方隅乂寧，戎夏慕嚮，廣訓胄子，實維時務。便可式遵成規，闡揚景業。』夏四月甲戌，以久疾愈，始奉祠祠，大赦天下。五月庚寅，梁秦二州刺史劉真道、龍驤將軍裴方明破氐楊難當，仇池平。閏月，京邑雨水；丁巳，遣使巡行賑恤。六月壬午，以大沮渠無諱爲征西大將軍、涼州刺史。秋七月，以梁、秦二州刺史劉真道爲雍州刺史，龍驤將軍裴方明爲梁、南秦二州刺史。甲戌晦，日有蝕之。冬十月甲申，芮芮國遣使獻方物。己亥，以晉寧太守周萬歲爲寧州刺史。十二月丙申，詔曰：『胄子始集，學業方興。自微言泯絶，逝將千祀，感事思人，意有慨然。奉聖之胤，可速議繼襲。於先廟地，特爲營造，依舊給祠置令，四時饗祀。闕里往經寇亂，黌校殘毁，并下魯郡修復學舍，採召生徒。昔之賢哲及一介之善，猶或衛其丘壟，禁其芻牧，況尼父德表生民，功被百代，而墳塋荒蕪，荆棘弗翦。可蠲墓側數户，以掌灑掃。』【略】

（二十三年）九月己卯，車駕幸國子學，策試諸生，答問凡五十九人。冬十月戊子，詔曰：『庠序興立累載，胄子肄業有成。近親策試，睹濟濟之美，緬想洙、泗，永懷在昔。諸生答問，多可採覽。教授之官，並宜沾賚。』賜帛各有差。【略】

（二十七年月）戊寅，罷國子學。

又 卷八《明帝紀》（泰始六年九月）戊寅，立總明觀，徵學士以充之。置東觀祭酒。

又 卷一四《禮志一》 元嘉二十年，太祖將親耕，以其久廢，使何承天撰定儀注。史學生山謙之已私鳩集，因以奏聞。【略】

漢獻帝建安二十二年，魏國作泮宫于鄴城南。魏文帝黄初五年，立太學於洛陽。齊王正始中，劉馥上疏曰：『黄初以來，崇立太學，二十餘年，而成者蓋寡。由博士選輕，諸生避役，高門子弟，恥非其倫，故無學者。雖有其名，而無其實；雖設其教，而無其功。宜高選博士，取行爲人表，經任人師者，掌教國子。依遵古法，使二千石以上子孫，年從十五，皆入太學。明制黜陟，陳榮辱之路。』不從。晉武帝泰始八年，有司奏：『太學生七千餘人，才任四品，聽留。』詔：『已試經者留之，其餘遣還郡國。大臣子弟堪受教者，令入學。』咸寧二年，起國子學。蓋《周禮》國之貴游子弟所謂國子，受教於師氏者也。太康五年，修作明堂、辟雍、靈臺。孫休永安元年，詔曰：『古者建國，教學爲先。所以導世治性，爲時養器也。自建興以來，時事多故，吏民頗以目前趨務，棄本就末，不循古道。夫所尚不淳，則傷化敗俗。其按舊置學官，立五經博士，覈取應選，加其寵禄。科見史之中及將吏子弟有志好者，各令就業。一歲課試，差其品第，加以位賞。使見之者樂其榮，聞之者羨其譽。以淳王化，以隆風俗。』於是立學。

元帝爲晉王，建武初，驃騎將軍王導上疏：

夫治化之本，在於正人倫。人倫之正，存乎設庠序。庠序設而五教明，則德化洽通，彝倫攸敘，有恥且格也。父子兄弟夫婦長幼之序順，而君臣之義固矣。《易》所謂正家而天下定者也。故聖王蒙以養正，少而教之，使化沾肌骨，習以成性，有若自然，日遷善遠罪，而不自知。行成德立，然後裁之以位，雖王之嫡子，猶與國子齒，使知道而後貴。其取才用士，咸先本之於學。故《周禮》，鄉大夫『獻賢能之書于王，王拜而受之』。所以尊道而貴士也。人知士之所貴，由乎道存。則退而修其身，修其身以及其家，正家以及於鄉，學於鄉以登於朝。反本復始，各求諸己，敦素之業著，浮僞之道息，教使然也。故以之事君則忠，用之莅下則仁，即孟軻所謂『未有仁而遺其親，義而後其君者也』。

自頃皇綱失統，禮教陵替，頌聲不興，于今二紀。傳曰『三年不爲禮，禮必壞；三年不爲樂，樂必崩』。而況如此其久者乎？先進漸忘揖讓之容，後生唯聞金革之響。干戈日尋，俎豆不設，先王之道彌遠，華僞之風遂滋，非所以習民靖俗，端本抑末之謂也。殿下以命世之資，屬當傾危之運，禮樂征伐，翼成中興，將滌穢蕩瑕，撥亂反正。誠宜經綸稽古，建明學校；闡揚六藝，以訓後生，使文武之道，墜而復興。方今《小雅》盡廢，戎虜扇熾，節義陵遲，國恥未雪。忠臣義士，所以扼腕拊心，禮樂政刑，當並陳以俱濟者也。苟禮義膠固，純風載洽，則化之所陶者廣，而德之所被者大，義之所屬者深，而威之所震者遠矣。由斯而進，則可朝服濟河，使帝典闕而復補，王綱弛而更張，饕餮改情，獸心革面，揖讓而蠻夷服，緩帶而天下從，得乎其道者，豈難也哉。故有虞舞干戚而三苗化，魯僖作泮宮而淮夷平，桓、文之霸，皆先教而後戰。今若聿遵前典，興復教道，使朝之子弟，並入于學，立德出身者咸習之而後通。德路開而僞塗塞，則其化不肅而成，不嚴而治矣。選明博修禮之士以爲之師，隆教貴道，化成俗定，莫尚於斯也。

散騎常侍戴邈又上表曰：

臣聞天道之所運，莫大於陰陽；帝王之至務，莫重於禮學。是以古之建國，教學爲先。國有明堂辟雍之制，鄉有庠序黌校之儀，皆所以抽導幽滯，啓廣才思，蓋以六四有《困》、《蒙》之吝，君子大養正之功也。昔仲尼列國之大夫耳，興禮修學於洙、泗之間，四方髦俊，斐然向風，受業身通者七十餘人。自茲以來，千載寂漠。豈天下小於魯國，賢哲乏于曩時，厲與不厲故也。

自頃遭無妄之禍，社稷有綴旒之危；寇羯飲馬于長江，凶狡虎步於萬里，遂使神州蕭條，鞠爲茂草；四海之內，人迹不交。霸主有旰食之憂，黎民懷荼毒之痛，戎首交并于中原，何遽籩豆之事哉！然『三年不爲禮，禮必壞；三年不爲樂，樂必崩』。況曠載累紀，如此之久邪！今末進後生，目不睹揖讓升降之禮，耳不聞鐘鼓管弦之音，文章散滅胡馬之足，圖讖無復孑遺於世。此蓋聖達之所深悼，有識之所咨嗟也。夫治世尚文，遭亂尚武，文武迭用，久長之道。譬之天地，昏明之迭，自古以來，未有不由之者也。今以天下未一，非興禮學之時，此言似是而非。夫儒道深奧，不可倉卒而成，古之俊乂，必三年而通一經。比須寇賊清夷，天下平泰，然後修之，則功成事定，誰與制禮作樂者哉！又貴遊之子，未必有斬將搴旗之才，亦未有從軍征戍之役，不及盛年講肄道義，使明珠加瑩磨之功，荆、隨發采琢之美，不亦良可惜乎。

愚以世喪道久，民情玩於所習，純風日去，華競日彰，猶火之消膏而莫之覺也。今天地造始，萬物權輿，聖朝以神武之德，值革命之運，蕩近世之流弊，繼千載之絶軌，篤道崇儒，創立大業。明主唱之於上，宰輔篤之於下，夫上之所好，下必有過之者焉。是故雙劍之節崇，而飛白之俗成；挾琴之容飾，而赴曲之和作。君子之德風，小人之德草，實在所以感之而已。臣以闇淺，不能遠識格言，謂宜以三時之隙，漸就經始。

太興初，議欲修立學校，唯《周易》王氏、《尚書》鄭氏、《古文》孔氏、《毛詩》《周官》《禮記》《論語》《孝經》鄭氏、《春秋左傳》杜氏、服氏，各置博士一人。其《儀禮》、《公羊》、《穀梁》及鄭《易》，皆省不置博士。太常荀崧上疏曰：

臣聞孔子有云，『才難，不其然乎』。自喪亂以來，經學尤寡。儒有席上之珍，然後能弘明道訓。今處學則闕朝廷之秀，仕朝則廢儒學之美。昔咸寧、太康、元康、永嘉之中，侍中、常侍、黄門之深博道奧，通洽古今，行爲世表者，領國子博士。一則應對殿堂，奉酬顧問；二則參訓門子，以弘儒學；三則祠、儀二曹，及太常之職，以得藉用質疑。今皇朝中興，美隆往初，宜憲章令軌，祖述前典。

世祖武皇帝聖德欽明，應運登禪，受終于魏。崇儒興學，治致升平。經始明堂，營建辟雍，告朔班政，鄉飲大射，西閣東序，圖書禁籍，臺省有宗廟太府金墉故事，太學有《石經》、《古文》。先儒典訓，賈、馬、鄭、杜、服、孔、王、何、顔、尹之徒，章句傳注衆家之學，置博士十九人。九州之中，師徒相傳，學士如林，猶是選張華、劉寔居太常之官，以重儒教。

《傳》稱『孔子没而微言絶，七十子終而大義乖』。自頃中夏殄瘁，講誦遏密，斯文之道，將墜于地。陛下聖哲龍飛，闡弘祖烈，申命儒術，恢崇道教，樂正《雅》、《頌》，於是乎在。江、揚二州，先漸聲教，學士遺文，於今爲盛；然方之疇昔，猶千之一也。臣學不章句，才不弘道，階緣光寵，遂忝非服。方之華、寔，儒風邈遠，思竭駑駘，庶增萬分，願斯道隆於百代之上，搢紳詠於千載之下。

伏聞節省之制，皆三分置二，博士舊員十有九人，今五經合九人。准古計今，猶未中半。九人以外，猶宜增四。願陛下萬機餘暇，時垂省覽。《周易》一經，有鄭玄注，其書根源，誠可深惜，宜爲鄭《易》博士一人。《儀禮》一經，所謂曲禮，鄭玄於《禮》特明，皆有證據，宜置鄭《儀禮》博士一人。《春秋公羊》，其書精隱，明於斷獄，宜置博士一人。《穀梁》簡約隱要，宜存於世，置博士一人。昔周之衰，下陵上替，臣弑其君，子弑其父；上無天子，下無方伯；善者誰賞，惡者誰罰，綱紀亂矣。孔子懼而作《春秋》，諸侯諱妬，懼犯時禁，是以微辭妙旨，義不顯明，故曰『知我者其唯《春秋》，罪我者其唯《春秋》』。時左丘明、子夏造膝親受，無不精究。孔子既没，微言將絶，於是丘明退撰所聞而爲之《傳》。其書善禮，多膏腴美辭；張本繼末，以發明經意，信多奇偉，學者好之。儒者稱公羊高親受子夏，立於漢朝，辭義清俊，斷決明審，多可採用，董仲舒之所善也。穀梁赤師徒相傳，暫立于漢，時劉向父子，漢之名儒，猶執一家，莫肯相從。其書文清義約，諸所發明，或是《左氏》、《公羊》所不載，亦足有所訂正，是以《三傳》並行於先代，通才未能孤廢。今去聖久遠，斯文將墜，與其過廢，寧過而立也。臣以爲《三傳》雖同一《春秋》，而發端異趣。案如三家異同之説，此何義則戰爭之場，辭亦劍戟之鋒，於理不可得共。博士宜各置一人，以傳其學。

元帝詔曰：『崧表如此，皆經國大務，而爲治所由。息馬投戈，猶可講藝。今雖日不暇給，豈忘本而遺存邪。可共博議之。』有司奏宜如崧表。詔曰：『《穀梁》膚淺，不足立博士。餘如所奏。』會王敦之難，事不施行。

成帝咸康三年，國子祭酒袁環、太常馮懷又上疏曰：

臣聞先王之教也，崇典訓，明禮學，以示後生，道萬物之性，暢爲善之道也。宗周既興，文史載焕，端委治於南蠻，頌聲逸於四海。故延州入聘，聞《雅》音而嗟咨；韓起適魯，觀《易》象而歎息。何者？立人之道，于此爲首也。孔子恂恂，道化洙、泗；孟軻皇皇，誨誘無倦。是以仁義之聲，於今猶存，禮讓之風，千載未泯。疇昔陵替，喪亂屢臻，儒林之教暫頽，庠序之禮有闕，國學索然，墳卷莫啓，有心之徒，抱志無由。昔魏武身親介冑，務在武功，猶尚息鞍披覽，投戈吟詠，以爲世之所須者，治之本宜崇。況今陛下以聖明臨朝，百官以虔恭莅事，朝野無虞，江外静謐。如之何泱泱之風，漠焉無聞；洋洋之美，墜於聖世乎。古人有言，《詩》、《書》義之府，禮樂德之則。實宜留心經籍，闡明學義，使諷頌之音，盈於京室，味道之賢，是則是詠，豈不盛哉！

疏奏，帝有感焉。由是議立國學，徵集生徒，而世尚莊、老，莫肯用心儒訓。穆帝永和八年，殷浩西征，以軍興罷遣，由此遂廢。征西將軍庾亮在武昌，開置學官。教曰：

人情重交而輕財，好逸而惡勞，學業致苦，而禄答未厚，由捷徑者多，故莫肯用心。洙、泗邈遠，《風》、《雅》彌替，後生放任，不復憲章典謨；臨官宰政者，務目前之治，不能閑以典誥。遂令《詩》、《書》荒塵，頌聲寂漠，仰瞻俯省，能弗歎慨。自胡夷交侵，殆三十年矣。而未革面嚮風者，豈威武之用盡，抑文教未洽，不足綏之邪？昔魯秉周禮，齊不敢侮；范會崇典，晉國以治。楚、魏之君，皆阻帶山河，憑城據漢，國富民殷，而不能保其强大，吴起、屈完所以爲歎也。由此言之，禮義之固，孰與金城湯池？季路稱攝乎大國之間，加之以師旅，因之以饑饉，爲之三年，猶欲行其義方。況今江表晏然，王道隆盛，而不能弘敷禮樂，敦明庠序，其何以訓彝倫而來遠人乎！魏武帝於馳騖之時，以馬上爲家，逮于建安之末，風塵未弭。然猶留心遠覽，大學興業，所謂顛沛必於是，真通才也。

今使三時既務，五教並修，軍旅已整，俎豆無廢，豈非兼善者哉！便處分安學校處所，籌量起立講舍。參佐大將子弟，悉令入學，吾家子弟，亦令受業。四府博學識義通涉文學經綸者，建儒林祭酒，使班同三署，厚其供給，皆妙選邦彦，必有其宜者，以充此舉。近臨川、臨賀二郡，並求修復學校，可下聽之。若非束修之流，禮教所不及，而欲階緣免役者，不得爲生。明爲條制，令法清而人貴。

又繕造禮器俎豆之屬，將行大射之禮。亮尋薨，又廢。

孝武帝太元九年，尚書謝石又陳之曰：

立人之道，曰仁與義。翼善輔性，唯禮與學。雖理出自然，必須誘導。故洙、泗闡弘道之風，《詩》、《書》垂軌教之典。敦《詩》悅《禮》，王化以斯而隆；甄陶九流，羣生於是乎穆。世不常治，道亦時亡。光武投戈而習誦，魏武息馬以修學，懼墜斯文，若此之至也。大晉受命，值世多阻。雖聖化日融，而王道未備，庠序之業，或廢或興。遂令陶鑄闕日用之功，民性靡素絲之益，亹亹玄緒，翳焉莫抽，臣所以遠尋伏念，寤寐永歎者也。今皇威遐震，戎車方靜，將灑玄風於四區，導斯民於至德。豈可不弘敷禮樂，使焕乎可觀。請興復國學，以訓胄子；班下州郡，普修鄉校。雕琢琳琅，和寶必至；大啓羣蒙，茂茲成德。匪懈于事，必由之以通，則人競其業，道隆學備矣。

烈宗納其言。其年，選公卿二千石子弟爲生，增造廟屋一百五十五間。而品課無章，士君子恥與其列。國子祭酒殷茂言之曰：

臣聞弘化正俗，存乎禮教，輔性成德，必資於學。先王所以陶鑄天下，津梁萬物，閑邪納善，潛被於日用者也。故能疏通玄理，窮綜幽微，一貫古今，彌綸治化。且夫子稱回，以好學爲本，七十希仰，以善誘歸宗。《雅》、《頌》之音，流詠千載，聖賢之淵範，哲王所同風。

自大晉中興，肇基江左，崇明學校，修建庠序，公卿子弟，並入國學。尋值多故，訓業不終。陛下以聖德玄一，思隆前美，順通居方，導達物性，興復儒肆，僉與後生。自學建彌年，而功無可名。憚業避役，就存者無幾；或假託親疾，真僞難知，聲實渾亂，莫此之甚。臣聞舊制，國子生皆冠族華胄，比列皇儲。而中者混雜蘭艾，遂令人情恥之。子貢去朔之餼羊，仲尼猶愛其禮。況名實兼喪，面牆一世者乎。若以當今急病，未違斯典，權宜停廢者，別一理也。若其不然，宜依舊准。竊謂羣臣內外，清官子姪，普應入學，制以程課。今者見生，或年在扞格，方圓殊趣，宜聽其去就，各從所安。所上謬合，乞付外參議。

烈宗下詔褒納，又不施行。朝廷及草萊之人有志於學者，莫不發憤歎息。

清河人李遼又上表曰：『臣聞教者，治化之本，人倫之始，所以誘達羣方，進德興仁，譬諸土石，陶冶成器。雖復百王殊禮，質文參差，至於斯道，其用不爽。自中華湮没，闕里荒毁，先王之澤寢，聖賢之風絶，自此迄今，將及百年。造化有靈，否終以泰，河、濟夷徙，海、岱清通，黎庶蒙蘇，鳧藻奮化。而典訓弗敷，《雅》、《頌》寂蔑，久凋之俗，大弊未改。非演迪斯文，緝熙宏猷，將何以光贊時邕，克隆盛化哉。事有如賒而實急，此之謂也。亡父先臣回，綏集邦邑，歸誠本朝。以太元十年，遣臣奉表。路經闕里，過覲孔廟，庭宇傾頓，軌式頹弛，萬世宗匠，忽焉淪廢；仰瞻俯慨，不覺涕流。既達京輦，表求興復聖祀，修建講學。至十四年十一月十七日，奉被明詔，采臣鄙議，敕下兗州魯郡，准舊營飾。故尚書令謝石令臣所須列上，又出家布，薄助興立。故鎮北將軍譙王恬版臣行北魯縣令，賜許供遣。二臣薨徂，成規不遂。陛下體唐堯文思之美，訪宣尼善誘之勤，矜荒餘之凋昧，愍聲教之未浹。愚謂可重符兗州刺史，遂成舊廟，蠲復數户，以供掃灑。并賜給《六經》，講立庠序，延請宿學，廣集後進，使油然入道，發剖琢之功。運仁義以征伐，敷道德以服遠，何招而不懷，何柔而不從。所爲者微，所弘甚大。臣自致身輦轂，于今八稔，違親轉積，夙夜匪寧。振武將軍何澹之今震扞三齊，臣當隨反。裴回天邑，感戀罔極。乞臣表付外參議。』又不見省。

宋高祖受命，詔有司立學，未就而崩。太祖元嘉二十年，復立國子學，二十七年廢。

魏高貴鄉公甘露三年，車駕親率羣司行養老之禮於太學。於是王祥爲三老，鄭小同爲五更。今無其注，然漢禮具存也。

晉武帝泰始六年十二月，帝臨辟雍，行鄉飲酒之禮。詔曰：『禮儀之廢久矣，乃今復講肄舊典。賜太常絹百匹，丞、博士及學生牛酒。』咸寧三年，惠帝元康九年，復行其禮。

魏齊王正始中，齊王每講經遍，輒使太常釋奠先聖先師於辟雍，弗躬親。晉惠帝、明帝之爲太子，及愍懷太子講經竟，並親釋奠於太學，太子進爵於先師，中庶子進爵於顔淵。元帝詔曰：『吾識太子此事，祠訖便請王公以下者，昔在洛時，嘗豫清坐也。』成、穆、孝武三帝，亦皆親釋奠。孝武時，以太學在水南懸遠，有司議依升平元年，於中堂權立行太學。于時無復國子生，有司奏：『應須二學生百二十人。太學生取見人六十，國子生權銓大臣子孫六十人，事訖罷。』奏可。釋奠禮畢，會百官六品以上。元嘉二十二年，太子釋奠，采晉故事，官有其注。祭畢，太祖親臨學宴會，太子以下悉豫。

又　卷一七《禮志四》　魏文帝黃初二年正月，詔曰：『昔仲尼資大聖之才，懷帝王之器，當衰周之末，無受命之運，乃退考五代之禮，修素王之事，因魯史而制《春秋》，就太師而正《雅》、《頌》，俾千載之後，莫不宗其文以述作，仰其聖以成謀。茲可謂命世大聖，億載之師表者也。以遭天下大亂，百祀墮廢，舊居之廟，毀而不修，褒成之後，絶而莫繼，闕里不聞講頌之聲，四時不睹烝嘗之位，斯豈所謂崇化報功，盛德百世必祀者哉！其以議郎孔羨爲宗聖侯，邑百户，奉孔子祀。命魯郡修舊廟，置百户吏卒，以守衛之。』

晉武帝泰始三年十一月，改封宗聖侯孔震爲奉聖亭侯。又詔太學及魯國四時備三牲，以祀孔子。

明帝太寧三年，詔給事奉聖亭侯孔亭四時祠孔子，祭宜如泰始故事。亭五代孫繼之博塞無度，常以祭直顧進，替慢不祀。宋文帝元嘉八年，有司奏奪爵。至十九年，又授孔隱之。兄子熙先謀逆，又失爵。二十八年，更以孔惠雲爲奉聖侯。後有重疾，失爵。孝武大明二年，又以孔邁爲奉聖侯。邁卒，子莽嗣，有罪，失爵。

魏齊王正始二年三月，帝講《論語》通，五年五月，講《尚書》通；七年十二月，講《禮記》通；並使太常釋奠，以太牢祀孔子於辟雍，以顔淵配。晉武帝泰始七年，皇太子講《孝經》通；咸寧三年，講《詩》通；太康三年，[講《論語》通，惠帝元康三年，皇太子]講《論語》通，太子並親釋奠，以太牢祠孔子，以顔淵配。成帝咸康元年，帝講《詩》通，穆帝升平元年三月，帝講《孝經》通；孝武寧康三年七月，帝講《孝經》通，並釋奠如故事。

穆帝、孝武並權以中堂爲太學。宋文帝元嘉二十二年四月，皇太子講《孝經》通，釋奠國子學，如晉故事。

又　卷六〇《范泰傳》　明年（永初二年），議建國學，以泰領國子祭酒。泰上表曰：

臣聞風化興於哲王，教訓表於至世。至説莫先講習，甚樂必寄朋來。古人成童入學，易子而教，尋師無遠，負糧忘艱，安親光國，莫不由此。若能出不由户，則斯道莫從。是以明詔爰發，已成渙汗，學制既下，遠近遵承。臣之愚懷，少有未達。

今惟新告始，盛業初基，天下改觀，有志景慕。而置生之制，取少停多，開不來之端，非一塗而已。臣以家推國，則知所聚不多，恐不足以宣大宋之風，弘濟濟之美。臣謂合選之家，雖制所未達，父兄欲其入學，理合開通；雖小違晨昏，所以大弘孝道。不知《春秋》，則所陷或大，故趙盾忠而書弑，許子孝而得罪，以斯爲戒，可不懼哉！十五志學，誠有其文，若年降無幾，而深有志尚者，何必限以一格，而不許其進邪！揚烏豫《玄》，實在弱齒；五十學《易》，乃無大過。

昔中朝助教，亦用二品。潁川陳載已辟太保掾，而國子取爲助教，即太尉淮之弟。所貴在於得才，無繫於定品。教學不明，獎厲不著，今有職閑而學優者，可以本官領之，門地二品，宜以朝請領助教，既可以甄其名品，斯亦敦學之一隅。其二品才堪，自依舊從事。

會今生到有期，而學校未立。覆簣實望其速，回轍已淹其遲。事有似賒而宜急者，殆此之謂。古人重寸陰而賤尺璧，其道然也。

時學竟不立。

又　卷九五《索虜傳》　（北魏天賜）元年，治代郡桑乾縣之平城。立學官，置尚書曹。開頗有學問，曉天文。

《南齊書》卷三《武帝紀》　（建元四年）九月丁巳，以國哀故，罷國子學。【略】（永明四年）三月，辛亥，國子講《孝經》，車駕幸學，賜國子祭酒、博士、助教絹各有差。

又　卷九《禮志上》　宋初因循改革，事係羣儒，其前史所詳，並不重述。永明二年，太子步兵校尉伏曼容表定禮樂。於是詔尚書令王儉制定新禮，立治禮樂學士及職局，置舊學四人，新學六人，正書令史各一人，幹一人，秘書省差能書弟子二人。【略】

建元四年正月，詔立國學，置學生百五十人。其有位樂入者五十人。生年十五以上，二十以還，取王公已下至三將、著作郎、廷尉正、太子舍人、領護諸府司馬諮議經除敕者、諸州別駕治中等見居官及罷散者子孫。悉取家去都二千里爲限。太祖崩，乃止。

永明三年正月，詔立學，創立堂宇，召公卿子弟下及員外郎之胤，凡置生二百人。其年秋中悉集。有司奏：『宋元嘉舊事，學生到，先釋奠先聖先師，禮又有釋菜，未詳今當行何禮？用何樂及禮器？」尚書令王儉議：「《周禮》「春入學，舍菜合舞」。《記》云「始教，皮弁祭菜，示敬道也」。又云「始入學，必祭先聖先師」。中朝以來，釋菜禮廢，今之所行，釋奠而已。金石俎豆，皆無明文。方之七廟則輕，比之五禮則重。陸納、車胤謂宣尼廟宜依亭侯之爵；范寧欲依周公之廟，用王者儀，范宣謂當其爲師則不臣之，釋奠日，備帝王禮樂。此則車、陸失於過輕，二范傷於太重。喻希云「若至王者自設禮樂，則肆賞於至敬之所；若欲嘉美先師，則所況非備」。尋其此說，守附情理。皇朝屈尊弘教，待以師資，引同上公，即事惟允。元嘉立學，裴松之議應舞六佾，以郊樂未具，故權奏登歌。今金石已備，宜設軒縣之樂，六佾之舞，牲牢器用，悉依上公。」其冬，皇太子講《孝經》，親臨釋奠，車駕幸聽。

建武四年正月，詔立學。永泰元年，東昏侯即位，尚書符依永明舊事廢學。領國子助教曹思文上表曰：「古之建國君民者，必教學爲先，將以節其邪情，而禁其流欲，故能化民裁俗，習與性成也。是以忠孝篤焉，信義成焉，禮讓行焉，尊教宗學，其致一也。是以成均煥於古典，虎門炳於前經。陛下體睿淳神，纘承鴻業，今制書既下，而廢學先聞，將恐觀國之光者，有以擬議也。若以國諱故宜廢，昔漢成立學，爰洎元始，百餘年中，未嘗暫廢，其閒有國諱也。且晉武之崩，又其學猶存，斯皆先代不以國諱而廢學之明文也。永明以無太子故廢，斯非古典也。尋國之有學，本以興化致治也，天子于以諮謀焉，於以行禮焉。《記》云「天子出征，受命於祖，受成於學。執有罪反，釋奠於學」。又云「食三老五更於太學，天子袒而割牲，執爵而酳，以教諸侯悌也」。於斯學，是天子有國之基，教也或以之。所言皆太學事也，今引太學不非證也。據臣所見，今之國學，即古之太學。晉初太學生三千人，既多猥雜，惠帝時欲辯其涇渭，故元康三年始立國子學，官品第五以上得入國學。天子去太學入國學，以行禮也。太子去太學入國學，以齒讓也。太學之與國學，斯是晉世殊其士庶，異其貴賤耳。然貴賤士庶，皆須教成，故國學太學兩存之也，非有太子故立也。然繫廢興于太子者，此永明之鉅失也。漢崇儒雅，幾致刑厝，而猶道謝三、五者，以其致教之術未篤也。古之教者，家有塾，黨有庠，術有序，國有學，以諷誦相摩。今學非唯不宜廢而已，乃宜更崇尚其道，

望古作規，使郡縣有學，鄉閭立教。請付尚書及二學詳議。」有司奏。從之。學竟不立。

又　卷二一《文惠太子傳》（永明）五年冬，太子臨國學，親臨策試諸生，於坐問少傅王儉曰：「《曲禮》云「無不敬」。尋下之奉上，可以盡禮，上之接下，慈而非敬。今總同敬名，將不爲昧？」儉曰：「鄭玄云「禮主於敬」，便當是尊卑所同。」太子曰：「若如來通，則忠惠可以一名，孝慈不須另稱。」儉曰：「尊卑號稱，不可悉同，愛敬之名，有時相次。忠惠之異，誠以聖旨，孝慈互舉，竊有徵據。《禮》云「不勝喪比於不慈不孝」，此則其義。」太子曰：「資敬奉君，資愛事親，兼此二塗，唯在一極。今乃移敬接下，豈復在三之義？」儉曰：「資敬奉君，必同至極，移敬逮下，不慢而已。」太子曰：「敬名雖同，深淺既異，而文無差別，彌復增疑。」儉曰：「繁文不可備設，略言深淺已見。《傳》云「不忘恭敬，民之主也」。《書》云「奉先思孝，接下思恭」。此又經典明文，互相起發。」太子問金紫光祿大夫張緒，緒曰：「愚謂恭敬是立身之本，尊卑所以並同。」太子曰：「敬雖立身之本，要非接下之稱。《尚書》云「惠鮮鰥寡」，何不言恭敬鰥寡邪？」緒曰：「今別言之，居然有恭惠之殊，總開記首，所以共同斯稱。」竟陵王子良曰：「禮者敬而已矣。自上及下，愚謂非嫌。」太子曰：「本不謂有嫌，正欲使言與事符，輕重有別耳。」臨川王映曰：「先舉必敬，以明大體，尊卑事數，備列後章，亦當不以總略而礙。」太子又以此義問諸學生，謝幾卿等十一人，並以筆對。太子問王儉曰：「《周易·乾卦》本施天位，而《說卦》云「帝出乎《震》」。《震》本非天，義豈相主？」儉曰：「《乾》健《震》動，天以運動爲德，故言「帝出《震》」。」太子曰：「天以運動爲德，君自體天居位，《震》雷爲象，豈體天所出？」儉曰：「主器者莫若長子，故受之以《震》。萬物出乎《震》，故亦帝所與焉。」儉又諮太子曰：「《孝經》「仲尼居，曾子侍」。夫孝理弘深，大賢方盡其致，何故不授顏子，而寄曾生？」太子曰：「曾生雖德慚體二，而色養盡禮，去物尚近，接引非隔，弘宣規教，義在於此。」儉曰：「接引非隔，弘宣雖易，去聖轉遠，其事彌輕。既云「人能弘道」，將恐人輕道廢。」太子曰：「理既有在，不容以人廢言，而況中賢之才，弘上聖之教，寧有壅塞之嫌？」臨川

王映諮曰：『孝爲德本，常是所疑。德施萬善，孝由天性，自然之理，豈因積習？』太子曰：『不因積習而至，所以可爲德本。』映曰：『率由斯至，不俟明德，大孝榮親，衆德光備，以此而言，豈得爲本？』太子曰：『孝有深淺，德有小大，因其分而爲本，何所稍疑？』太子以長年臨學，亦前代未有也。

《魏書》卷二《太祖紀》（天興二年三月）甲子，初令《五經》羣書各置博士，增國子太學生員三千人。

又 卷四《世祖紀下》（太平真君五年春正月）戊申，詔曰：『愚民無識，信惑妖邪，私養師巫，挾藏讖記、陰陽、圖緯、方伎之書；又沙門之徒，假西戎虛誕，生致妖孽。非所以壹齊政化，布淳德於天下也。自王公已下至於庶人，有私養沙門、師巫及金銀工巧之人在其家者，皆遣詣官曹，不得容匿。限今年二月十五日，過期不出，師巫、沙門身死，主人門誅。明相宣告，咸使聞知。』庚戌，詔曰：『自頃以來，軍國多事，未宣文教，非所以整齊風俗，示軌則於天下也。今制自王公已下至於卿士，其子息皆詣太學。其百工伎巧、騶卒子息，當習其父兄所業，不聽私立學校。違者師身死，主人門誅。』

又 卷六《顯祖紀》（天安元年九月）己酉，初立鄉學，郡置博士二人、助教二人、學生六十人。

又 卷八《世宗紀》（正始元年）十有一月戊午，詔曰：『古之哲王，創業垂統，安民立化，莫不崇建膠序，開訓國胄，昭宣《三禮》，崇明四術，使道暢羣邦，風流萬宇。自皇基徙構，光宅中區，軍國務殷，未遑經建。靖言思之，有慚古烈。可敕有司依漢魏舊章，營繕國學。』【略】

（四年）六月己丑朔，詔曰：『高祖德格兩儀，明並日月，播文教以懷遠人，調禮學以旌俊造；徙縣中區，光宅天邑，總霜露之所均，一姬卜於洛涘。戎繕兼興，未遑儒教。朕纂承鴻緒，君臨寶曆，思模聖規，述遵先志。今天平地寧，方隅無事，可敕有司准訪前式，置國子，立太學，樹小學於四門。』【略】

（延昌元年夏四月）丁卯，詔曰：『遷京嵩縣，年將二紀，虎闈闕唱演之音，四門絶講誦之業。博士端然，虛祿歲祀；貴遊之胄，歎同子衿。靖言念之，有兼愧慨。可嚴敕有司，國子學孟冬使成，太學、四門明年暮春令就。』

又 卷四八《高允傳》 又詔允曰：『自頃以來，庠序不建，爲日久矣。道肆陵遲，學業遂廢，子衿之歎，復見於今。朕既纂統大業，八表晏寧，稽之舊典，欲置學官于郡國，使進修之業，有所津寄。卿儒宗元老，朝望舊德，宜與中、秘二省參議以聞。』允表曰：『臣聞經綸大業，必以教養爲先；咸秩九疇，亦由文德成務。故辟雍光于周詩，泮宮顯于《魯頌》。自永嘉以來，舊章殄滅。鄉閭蕪没《雅頌》之聲，京邑杜絶釋奠之禮。道業陵夷，百五十載。仰惟先朝每欲憲章昔典，經闡素風，方事尚殷，弗遑克復。陛下欽明文思，纂成洪烈，萬國咸寧，百揆時敍。申祖宗之遺志，興周禮之絶業，爰發德音，惟新文教。搢紳黎獻，莫不幸甚。臣承旨敕，並集二省，披覽史籍，備究典紀，靡不敦儒以勸其業，貴學以篤其道。伏思明詔，玄同古義。宜如聖旨，崇建學校以厲風俗。使先王之道，光演于明時；郁郁之音，流聞于四海。請制大郡立博士二人、助教四人、學生一百人，次郡立博士二人、助教二人、學生八十人，中郡立博士一人、助教二人、學生六十人，下郡立博士一人、助教一人、學生四十人。其博士取博關經典、世履忠清、堪爲人師者，年限四十以上。助教亦與博士同，年限三十以上。若道業夙成，才任教授，不拘年齒。學生取郡中清望、人行修謹、堪循名教者，先盡高門，次及中第。』顯祖從之。郡國立學，自此始也。

又 卷六四《郭祚傳》 時詔營明堂國學。祚奏曰：『今云羅西舉，開納岷蜀；戎旗東指，鎮靖淮荆；漢沔之間，復須防捍。徵兵發衆，所在殷廣，邊郊多壘，烽驛未息，不可于師旅之際，興板築之功。且獻歲云暨，東作將始，臣愚量謂宜待豐靖之年，因數來之力，可不時而就。』從之。

隋·虞世南《北堂書鈔》卷六七《設官部十九·學士》 通一經稱弟子。摯虞《決疑要注》又云：魏時募學者好誦《大學》爲門人，滿三年試通一經者稱弟子。

《梁書》卷二《武帝紀中》（天監）七年春正月乙酉朔，詔曰：『建國君民，立教爲首。不學將落，嘉植靡由。朕肇基明命，光宅區宇，雖耕耘雅業，傍闡藝文，而成器未廣，志本猶闕，非所以熔範貴游，納諸軌度。思欲式敦讓齒，自家刑國。今聲訓所漸，戎夏同風，宜大啓庠斅，博延胄子，務彼十倫，弘此三德，使陶鈞遠被，微言載表。』【略】

（天監八年）五月壬午，詔曰：『學以從政，殷勤往哲，禄在其中，抑亦前事。朕思闡治綱，每敦儒術，軾閭闢館，造次以之。故負帙成風，甲科間出，方當置諸周行，飾以青紫。其有能通一經，始末無倦者，策實之後，選可量加敍録。雖復牛監羊肆，寒品後門，並隨才試吏，勿有遺隔。』【略】

（九年）三月己丑，車駕幸國子學，親臨講肆，賜國子祭酒以下帛各有差。乙未，詔曰：『王子從學，著自禮經，貴遊咸在，實惟前誥，所以式廣義方，克隆教道。今成均大啓，元良齒讓，自斯以降，並宜肄業。皇太子及王侯之子，年在從師者，可令入學。』【略】五月己亥，詔曰：『朕達聽思治，無忘日昃。而百司羣務，其途不一，隨時適用，各有攸宜，若非總會衆言，無以備兹親覽。自今臺閣省府州郡鎮戍應有職僚之所，時共集議，各陳損益，具以奏聞。』【略】冬十二月癸未，輿駕幸國子學，策試胄子，賜訓授之司各有差。

又　卷二一《王訓傳》　（王）訓字懷範，【略】十六，召見文德殿，應對爽徹。上目送久之，顧謂朱异曰：『可謂相門有相矣。』補國子生，射策高第，除秘書郎，遷太子舍人、秘書丞。

又　《王錫傳》　十二，爲國子生。十四，舉清茂，除秘書郎，與范陽張伯緒齊名，俱爲太子舍人。

又　《王僉傳》　八歲丁父憂，哀毁過禮。服闋，召補國子生，祭酒袁昂稱爲通理。策高第，除長史兼秘書郎中，歷尚書殿中郎，太子中舍人，與吴郡陸襄對掌東宫管記。出爲建安太守。

又　《蔡撙傳》　撙少方雅退默，與兄寅俱知名。選補國子生，舉高第，爲司徒法曹行參軍。

又　《江蒨傳》　選爲國子生，通《尚書》，舉高第。起家秘書郎，累遷司徒東閤祭酒、廬陵王主簿。

《陳書》卷二四《袁憲傳》　袁憲，字德章，尚書左僕射樞之弟也。幼聰敏，好學，有雅量。梁武帝修建庠序，別開五館，其一館在憲宅西，憲常招引諸生，與之談論，每有新議，出人意表，同輩咸嗟服焉。

《北齊書》卷六《補孝昭帝紀》　（皇建元年八月甲午）又詔國子寺可備立官屬，依舊置生，講習經典，歲時考試。其文襄帝所運石經，宜即施列於學館。外州大學亦仰典司勤加督課。

又　卷四四《儒林傳·序》　高祖生於邊朔，長於戎馬之間，因魏氏喪亂之餘，屬爾朱殘酷之舉，文章咸蕩，禮樂同奔，弦歌之音且絶，俎豆之容將盡。及仗義建旗，掃清區縣，以正君臣，以齊上下，至乎一人播越，九鼎潛移，文武神器，顧眄斯在；猶且援立宗支，重安社稷，豈非局名教之地，漸仁義之風與？

屬疆埸多虞，戎車歲駕，雖庠序之制有所未遑，而儒雅之道遽形心慮。魏天平中，范陽盧景裕同從兄禮于本郡起逆，高祖免其罪，置之賓館，以經教授太原公以下。及景裕卒，又以趙郡李同軌繼之，二賢並大蒙恩遇，待以殊禮。同軌之亡，復征中山張雕、渤海李鉉、刁柔、中山石曜等遞爲諸子師友。及天保、大寧、武平之朝，亦引進名儒，授皇太子諸王經術。

然爰自始基，暨于季世，唯濟南之在儲宫，性識聰敏，頗自砥礪，以成其美，自餘多驕恣傲狠，動違禮度，日就月將，無聞焉爾。鏤冰雕朽，迄用無成，蓋有由也。夫帝子王孫，稟性淫逸，況義方之情不篤，邪僻之路競開，自非得自生知，體包上智，而内有聲色之娱，外多犬馬之好，安能入便篤行，出則友賢者也。徒有師傅之資，終無琢磨之實。下之從化，如風靡草，是以世胄之門，罕聞强學。若使貴遊之輩，飾以明經，可謂稽山竹箭，加之以括羽，俯拾青紫，斷可知焉。而齊氏司存，或失其守，師、保、疑、丞皆賞勳舊，國學博士徒有虚名，唯國子一學，生徒數十人耳。欲求官正國治，其可得乎？胄子以通經仕者唯博陵崔子發、廣平宋遊卿而已，自外莫見其人。

幸朝章寬簡，政網疏闊，遊手浮惰，十室而九。故横經受業之侶，遍於鄉邑；負笈從宦之徒，不遠千里。伏膺無怠，善誘不倦。入閭里之内，乞食爲資；憩桑梓之陰，動逾千數。燕、趙之俗，此衆尤甚。齊制：諸郡並立學，置博士助教授經，學生俱差逼充員，士流及豪富之家皆不從調。備員既非所好，墳籍固不關懷，又多被州郡官人驅使。縱有遊惰，亦不檢治，皆由上非所好之所致也。諸郡俱得察孝廉，其博士、助教及遊學之徒通經者，推擇充舉。射策十條，通八以上，聽九品出身，其尤異者亦蒙抽擢。

凡是經學諸生，多出自魏末大儒徐遵明門下。河北講鄭康成所注《周易》。遵明以傳盧景裕及清河崔瑾，景裕傳權會，權會傳郭茂。權會早入京都，郭茂恒在門下教授。其後能言《易》者多出郭茂之門。河南及青、齊之間，儒生多講王輔嗣所注《周易》，師訓蓋寡。齊時儒士，罕傳《尚書》之業，徐遵明兼通之。遵明受業于屯留王總，傳授浮陽李周仁及渤海張文敬及李鉉、權會，並鄭康成所注，非古文也。下里諸生，略不見孔氏注解。武平末，河間劉光伯、信都劉士元始得費甝《義疏》，乃留意焉。其《詩》、《禮》、《春秋》尤爲當時所尚，諸生多兼通之。《三禮》並出遵明之門。徐傳業于李鉉、沮儁、田元鳳、馮偉、紀顯敬、呂黃龍、夏懷敬。李鉉又傳授刁柔、張買奴、鮑季詳、邢峙、劉晝、熊安生。安生又傳孫靈暉、郭仲堅、丁恃德。其後生能通《禮經》者多是安生門人。諸生盡通《小戴禮》，于《周、儀禮》兼通者十二三焉。通《毛詩》者多出於魏朝博陵劉獻之。獻之傳李周仁，周仁傳董令度、程歸則，歸則傳劉敬和、張思伯、劉軌思。其後能言詩者多出二劉之門。河北諸儒能通春秋者，並服子慎所注，亦出徐生之門。張買奴、馬敬德、邢峙、張思伯、張雕、劉晝、鮑長暄、王元則並得服氏之精微。又有衛覬、陳達、潘叔度雖不傳徐氏之門，亦爲通解。又有姚文安、秦道靜初亦學服氏，後更兼講杜元凱所注。其河外儒生俱伏膺杜氏。其《公羊》、《穀梁》二傳，儒者多不措懷。《論語》、《孝經》，諸學徒莫不通講。諸儒如權會、李鉉、刁柔、熊安生、劉軌思、馬敬德之徒多自出義疏。雖曰專門，亦皆粗習也。

今序所録諸生，或終於魏朝，或名宦不達，縱能名家，又闕其由來及所出郡國，並略存其姓名而已。俱取其尤通顯者列于儒林云。熊安生名在周史，光伯、士元著于《隋書》，輒不重述。

《周書》卷三五《薛裕傳》 端弟裕，字仁友。少以孝悌聞於州里。初爲太學生，時黌中多是貴游，好學者少，唯裕耽翫不倦。

又 《薛慎傳》 太祖于行臺省置學，取丞郎及府佐德行明敏者充生。悉令旦理公務，晚就講習，先六經，後子史。又于諸生中簡德行淳懿者，侍太祖讀書。慎與李璨及隴西李伯良、辛韶，武功蘇衡，譙郡夏侯裕，安定梁曠、梁禮，河南長孫璋，河東裴舉、薛同，滎陽鄭朝等十二人，並應其選。又以慎爲學師，以知諸生課業。太祖雅好談論，並簡名僧深識玄宗者一百人，於第内講説。又命慎等十二人兼學佛義，使内外俱通。由是四方競爲大乘之學。

《晉書》卷三《武帝紀》 （泰始六年）冬十一月，幸辟雍，行鄉飲酒之禮，賜太常博士、學生帛牛酒各有差。【略】

（咸寧二年五月）立國子學。

又 卷七五《范寧傳》 （桓）溫薨之後，始解褐爲餘杭令，在縣興學校，養生徒，潔己修禮，志行之士莫不宗之。期年之後，風化大行。自中興已來，崇學敦教，未有如寧者也。

又 卷八六《張軌傳》 徵九郡胄子五百人，立學校，始置崇文祭酒，位視別駕，春秋行鄉射之禮。

又 卷八七《涼武昭王傳》 又立泮宮，增高門學生五百人。

又 卷一〇三《劉曜載記》 曜立太學于長樂宮東、小學于未央宮西，簡百姓年二十五已下十三已上，神志可教者千五百人，選朝賢宿儒明經篤學以教之。以中書監劉均領國子祭酒。置崇文祭酒，秩次國子。散騎侍郎董景道以明經擢爲崇文祭酒。以游子遠爲大司徒。

又 卷一〇四《石勒載記上》 立太學，簡明經善書吏署爲文學掾，選將佐子弟三百人教之。【略】

勒增置宣文、宣教、崇儒、崇訓十餘小學于襄國四門，簡將佐豪右子弟百餘人以教之，且備擊柝之衛。

又 卷一〇五《石勒載記下》 （趙王元年）署從事中郎裴憲、參軍傅暢、杜嘏並領經學祭酒，參軍續咸、庾景爲律學祭酒，任播、崔濬爲史學祭酒。【略】

勒親臨大小學，考諸學生經義，尤高者賞帛有差。勒雅好文學，雖在軍旅，常令儒生讀史書而聽之，每以其意論古帝王善惡，朝賢儒士聽者莫不歸美焉。嘗使人讀《漢書》，聞酈食其勸立六國後，大驚曰：『此法當失，何得遂成天下！』至留侯諫，乃曰：『賴有此耳。』其天資英達如此。【略】

命郡國立學官，每郡置博士祭酒二人，弟子百五十人，三考修成，顯升臺府。於是擢拜太學生五人爲佐著作郎，録述時事。

又　卷一〇六《石季龍載記上》　下書令諸郡國立五經博士。初，勒置大小學博士，至是復置國子博士、助教。季龍以吏部選舉斥外耆德，而勢門童幼多爲美官，免郎中魏奐爲庶人。以其太子宣爲大單于，建天子旌旗。【略】

季龍雖昏虐無道，而頗慕經學，遣國子博士詣洛陽寫石經，校中經于秘書。國子祭酒聶熊注《穀梁春秋》，列於學官。

又　卷一一〇《慕容儁載記》　儁立小學於顯賢里以教胄子。

又　卷一一三《苻堅載記上》　課後宮，置典學，立內司，以授於掖庭，選閹人及女隸有聰識者署博士以授經。

又　卷一二六《禿髮利鹿孤載記》　利鹿孤謂其羣下曰：『吾無經濟之才，忝承業統，自負乘在位，三載於茲。雖夙夜惟寅，思弘道化，而刑政未能允中，風俗尚多凋弊；戎車屢駕，無辟境之功；務進賢彦，而下猶蓄滯。豈所任非才，將吾不明所致也？二三君子其極言無諱，吾將覽焉。』祠部郎中史暠對曰：『古之王者，行師以全軍爲上，破國次之，拯溺救焚，東征西怨。今不以綏寧爲先，惟以徙户爲務，安土重遷，故有離叛，所以斬將克城，土不加廣。今取士拔才，必先弓馬，文章學藝爲無用之條，非所以來遠人，垂不朽也。孔子曰：「不學禮，無以立。」宜建學校，開庠序，選耆德碩儒以訓胄子。』利鹿孤善之，於是以田玄沖、趙誕爲博士祭酒，以教胄子。

又　卷一二七《慕容德載記》　建立學官，簡公卿已下子弟及二品士門二百人爲太學生。

《南史》卷二二《王儉傳》　永明二年，領丹陽尹。三年，領國子祭酒，又領太子少傅。舊太子敬二傅同，至是朝議接少傅以賓友禮。宋時國學頹廢，未暇修復，宋明帝泰始六年，置總明觀以集學士，或謂之東觀，置東觀祭酒一人，總明訪舉郎二人；儒、玄、文、史四科，科置學士十人，其餘令史以下各有差。是歲，以國學既立，省總明觀，於儉宅開學士館，以總明四部書充之。又詔儉以家爲府。四年，以本官領吏部。先是宋孝武好文章，天下悉以文采相尚，莫以專經爲業。儉弱年便留意三禮，尤善春秋，發言吐論，造次必於儒教，由是衣冠翕然，並尚經學，儒教於此大興。

又　卷四七《崔祖思傳》　武帝即位，祖思啓陳政事，以爲：『自古開物成務，必以教學爲先。宜太廟之南，弘修文序，司農以北，廣開武校。』

唐·杜佑《通典》卷五三《禮十三·大學小學庠序附》　獻帝建安中，侍中鮑衡奏：『按《王制》，立大學、小學，自王太子以下，皆教以詩書，而升之司馬，謂之賢者，任之以官，故能致刑措之盛，立太平之化也。今學博士並設表章，而無所教授，兵戎未戢，人並在公，而學者少。可聽公卿一千石、六百石子弟在家及將校子弟見爲郎舍人，皆可聽詣博士受業。其高才秀達，學通一藝，太常爲作品式。』從之。晉摯虞《決疑》云：『漢初置博士，而無弟子。後置弟子五十人，與博士俱共習肄禮儀。又增滿五百人，漢末至數千人。』

魏文帝黄初五年，立大學於洛陽。時慕學者，始詣大學爲門人。滿二歲，試通一經者，稱弟子；不通一經，罷遣。弟子滿二歲，試通二經者，補文學掌故；不通經者，聽須後輩試，試通二經，亦得補掌故。掌故滿二歲，試通三經者，擢高第爲太子舍人；不第者，隨後輩復試，試通亦爲太子舍人。舍人滿二歲，試通四經者，擢其高第爲郎中；不通者，隨後輩復試，試通亦爲郎中。郎中滿二歲，能通五經者，擢高第，隨才敍用；不通者，隨後輩復試，試通亦敍用。齊王正始中，劉靖上疏，簡高門子孫爲生曰：『黄初以來，崇立大學，二十餘年，而成者蓋寡。由博士選輕，諸生避役，高門子孫，恥非其倫，故學者雖有其名，而無其實，雖設其教，而無其功。宜高選博士，取行爲人表，經任人師者，掌教國子。依遵古法，使二千石以上子孫，年從十五，皆入大學。明制黜陟，陳榮辱之路。』不從。吳孫休永安元年，立學制曰：『古者建國，教學爲先，所以遵理爲時養器也。宜按舊制置學官，立五經博士，覈取應選，加其寵禄。見吏之中及將吏子弟有志好者，各令就業。一歲課試，差其品第，加以位賞。使見之者樂其榮，聞之者羨其稱。以惇王化，以正風俗。』不行也。

晉武帝初，大學生三千人。泰始八年，有司奏：『大學生七千餘人，才任四品，聽留。』詔曰：『已試經者留之。大臣子弟堪受教者，令入學。其餘遺還郡國。』咸寧二年，起國子學。法《周禮》國之貴遊子弟，國子受教於師者也。惠帝元康三年，以人多猥雜，欲辨其涇渭，於是制立學官品，第五以上得入國學。

東晉元帝時，太常賀循上言：『尚書被符，經置博士一人。又多故歷紀，儒道荒廢，學者能兼明經義者少。且《春秋》三傳，俱出聖人，而義歸不同，自前代通儒，未有能通得失兼而學之者也。況今學義甚頽，不可令一人總之。今宜《周禮》、《儀禮》二經置博士二人，《春秋》三傳置博士三人，其餘則經置一人，合八人。』太常車胤上言：『按二漢舊事，博士之職，唯舉明經之士，遷轉各以本資，初無定班。魏及中朝多以侍中常侍儒學最優者領之，職雖不同漢氏，盡於儒士之用，其揆一也。今博士八人，愚謂宜依魏氏故事，擇朝臣一人經學最優者，不繫位之高下，常以領之。每舉太常，共研厥中。其餘七人，自依常銓選。』太興初，欲脩立學校，唯《周易》王氏，《尚書》鄭氏、《古文》孔氏，《毛詩》、《周官》、《禮記》、《論語》、《孝經》鄭氏，《春秋左傳》杜氏、服氏，各置博士一人。其《儀禮》、《公羊》、《穀梁》及鄭《易》皆省，不置博士。太常荀崧上疏曰：『昔武皇帝崇儒術，以賈馬鄭杜服孔王何之徒，章句傳注衆家之學，置博士十九人。二十州之中，師徒相傳，學士如林，猶選張華、劉寔居太常之官，以重儒教。伏聞節省之制，皆三分置二，博士舊員十有九人，今五經合九人，準古計今，猶未中半。九人以外，猶宜增置。《周易》有鄭氏注，其書根源，誠可深惜。《儀禮》，所謂曲禮也，鄭玄於禮特明，皆有證據。昔周之衰，孔子作《春秋》，左丘明、子夏造膝親受，孔子没，丘明撰其所聞，爲之傳，微辭妙旨，無不精究。公羊高親受子夏，立於漢朝，多可採用。穀梁赤師徒相傳，諸所發明，或是《左氏》、《公羊》不載，亦足有所訂正。臣以爲宜各置一人，以傳其學。』遇王敦難，不行。孝武帝太元初，於中堂立行大學。於時無復國子生，置大學生六十人，國子生權銓大臣子孫六十人，事訖罷。其國子生見祭酒、博士，單衣角巾，執經一卷以代手板。自穆帝至孝武，並以中堂爲大學。太元九年，尚書謝石請興復國學，以訓冑子，頒下州郡，普修鄉校。帝納其言。明年，選公卿二千石子弟生，增造廟房屋百五十五間。而品課無章，君子恥與其列。國子祭酒殷茂上言：『臣聞舊制，國學生皆取冠族華冑，比列皇儲。而中混雜蘭艾，遂令人情恥之。』詔雖褒納，竟不施行。

宋武帝詔有司立學，未就而崩。文帝元嘉二十年，立國學；二十七年，廢。明帝泰始中，初置總明觀祭酒一人，有玄儒文史四科，科置學士十人。

齊高帝建元四年，詔立國學，置學生百五十人。取王公以下子孫年十五以上，二十以下，家去都二千里爲限。帝崩，乃以國諱廢學。武帝永明三年，詔立學，乃省總明觀，召公卿以下子弟，置生二百二十人。其年秋中悉集。東昏侯永元初，詔依永明舊事廢學。時有司奏，國學大學兩存焉。領國子助教曹思文上表曰：『古之建國君人者，必教學爲先，將以節其邪情，化人裁俗。今制書既下，而廢學先聞，將恐觀國之光，有以闕也。若以國諱宜廢，昔漢武立學，爰洎元始，百餘年中，未嘗暫廢，其間豈無國諱矣。永明以無太子故廢，斯非古典。尋國之有學，本以興化致理，故《記》云「天子出征，受命於祖，受成於學」。今之國學，即古之大學，天子入國學，以行禮也；太子入國學，以齒讓也。大學之與國學，斯是晉代殊其士庶，異其貴賤耳。然貴賤士庶，皆須教，國學大學兩存之也。』時立學，太尉王儉復依晉代國子生，單衣角巾，執經代手板也。

後魏道武帝初定中原，始於平城立大學，置五經博士，生員千餘人。天興二年春，增國子、大學生員三千。太武始光三年，別起大學於城東。後徵盧玄、高允等，令州郡各舉才學，於是人多砥厲，儒術轉興。獻文帝天安初，立鄉學，郡置博士二人，助教二人，學生六十人。後令大郡立博士二人，助教四人，學生百人；次郡立博士二人，助教四人，學生八十人；中郡博士一人，助教二人，學生六十人；下郡立博士一人，助教一人，學生四十人。郡縣學始乎此矣。孝文太和中，改中書爲國子，又開皇子之學。及遷都洛邑，立國子、大學、四門小學。

又《諸侯立學》 後漢建安末，魏國作頖宮於鄴城南。

東晉穆帝永和中，征西將軍庾亮在武昌開置學官，起立講舍。亮家子弟及參佐大將子弟，悉令入學。四府博學識義，通涉文學經論者，建儒林祭酒，班同三署，厚其供給，皆妙選邦彦，必有其宜者，以充此舉。近臨川、臨賀二郡，並求修復學校。若非束脩之流，禮教所不及，而欲階緣免役者，不得爲生，明爲條制，令法清而人貴。教曰：『人情重交而忽財，好逸而惡勞。學業致苦，而禄荅未厚，由捷徑者多，故莫肯用心。洙泗邈遠，風雅彌替，後生放縱，不復憲章典謨。臨官宰政者，務目前之理，遂令《詩》、《書》荒廢，頌聲寂寞。昔魯秉《周禮》，齊不敢侮；范會崇典，晉國以理。楚魏之君，皆阻帶山河，而不能保，禮義之固孰與金城湯池哉！今江表晏然，王道日崇，三時既務，五教並修，軍旅已整，俎豆無廢，豈非善哉！』便處分安學校處所，又繕造禮器，將行大射之禮，亮死，尋廢。

又 卷一七九《州郡九·古冀州下·風俗》 山西土瘠，其人勤儉，而河東，魏晉以降，文學盛興，魏豐樂侯杜君畿爲河東守，開置學官，親執經教授，郡中化之，自後河東特多儒者。閭井之間，習於程法。

宋·李昉等《太平御覽》卷二三六《職官部三十四·國子祭酒》

《齊職儀》曰：晉令博士祭酒掌國子學，而國子生師事祭酒，執經，葛巾單衣，終身致敬。

宋·司馬光《資治通鑑》卷一三二《宋紀一四·太宗明皇帝中》

（宋明帝泰始六年九月）戊寅，立總明觀，置祭酒一人，儒、玄、文、史學士各十人。胡三省注：文帝元嘉十五年，立儒、玄、文、史四學，今置總明觀祭酒以總之。

又 卷一三六《齊紀二·世祖武皇帝上之下》 （齊武帝永明三年）初，宋太宗置總明觀以集學士，亦謂之東觀。上以國學既立，五月，乙未，省總明觀。時王儉領國子祭酒，詔于儉宅學士館，以總明四部書充之。胡三省注：分經、史、子、集爲甲、乙、丙、丁四部。又據《宋·紀》：明帝泰始六年立總明觀，徵學士以充之；舉士二十人，分爲儒、道、文、史、陰陽五部學，言陰陽者遂無其人。然則四部書者，其儒、道、文、史之書歟？

（齊武帝永明四年）是歲，魏改中書學曰國子學。胡三省注：魏先置中書博士及中書學生，今改曰國子學，從晉制也。

又 卷一四五《梁紀一·高祖武皇帝》 （梁武帝天監三年）上雅好儒術，以東晉、宋、齊雖開置國學，不及十年輒廢之，其存亦文具而已，無講授之實。胡三省注：晉元帝建武元年，戴邈請建太學，王敦、蘇峻之難，學校廢矣。成帝咸康三年復立，而儒術終不振。穆帝永和八年殷浩以軍興罷太學生。宋文帝元嘉十五年，徵雷次宗開館教授，而儒、玄、文、史四學並立。齊高帝建元四年，置國子學生二百人，隆昌、建武之間已倚席而不講矣。

又 卷一四六《梁紀二·高祖武皇帝二》 （梁武帝天監四年）春，正月，癸卯朔，詔曰：『二漢登賢，莫非經術，服膺雅道，名立行成。魏、晉浮蕩，儒教淪歇，風節罔樹，抑此之由。可置五經博士各一人，廣開館宇，招内後進。』於是以賀瑒及平原明山賓、吳興沈峻、建平嚴植之補博士，各主一館，館有數百生，給其餼廩，其射策通明者卽除爲吏。《漢書音義》曰：作簡策難問，列置案上，在試者意投射取而答之，謂之射策。期年之間，懷經負笈者雲會。瑒，循之玄孫也。又選學生，往會稽雲門山從何胤受業，胤時隱雲門山，今在會稽南三十一里，有雲門寺。命胤選門徒中經明行修者，具以名聞。分遣博士祭酒巡州郡立學。

宋·蕭常《續後漢書》卷三九《魏載記四·杜畿》 課民蓄牸牛草馬，下逮雞豚犬豕，皆有章程。百姓力農，家家豐實。乃曰：『民富矣！不可不教也。』於是冬月講武。又開官學，親執經教授，郡中化之。

宋·樂史《太平寰宇記》卷四六《河東道七·蒲州·風俗》 而河東魏晉已降，文學盛興，始自魏封樂侯杜畿爲河東守，開置學官，親執經教授，郡中化之。自後，河東特多儒者，然市閭之間習於成法。

宋·鄭樵《通志》卷五九《選舉略第二·學校》 魏文帝黄初五年，立太學於洛陽。時慕學者始詣太學爲門人，滿二歲，試通一經者稱弟子，不通者罷遣。弟子滿二歲，試通二經者補文學掌故，不通者聽隨後輩試，試通二經亦得補掌故。滿三歲，試通三經者擢高第爲太子舍人，不第者隨後輩復試，試通亦爲太子舍人。舍人滿二歲，試通四經者擢其高第爲郎中，不通者隨後輩復試，試通亦爲郎中。郎中滿二歲，能通五經者擢高第隨才敍用，不通者隨後輩復試，試通亦敍用。晉武帝初太學生三千人。泰始八年，有司奏太學生七千餘人，才任四品，聽留。詔曰：已試經者，留之。大臣子弟堪受教者，令入學。其餘遣還郡國。咸寧二年，起國子學。《周禮》：國之貴遊子弟，故曰國子。東晉元帝時，太常賀循上言：尚書被符經置博士一人。又多故歷紀，儒道荒廢，學者能兼明經義者少。今宜《周禮》、《儀禮》二經置博士二人，《春秋》三傳置三人，其餘則經置一人，合八人。太常車允上言：按二漢舊事，博士之職唯舉明經之士，遷轉各以本資，初無定班，魏及中朝多以侍中常侍儒學最優者領之。今博士八人，愚謂宜依魏氏故事，擇朝臣一人經學最優者，不繫位之高下，常以領之，每舉太常共研厥中，其餘七人自依常銓選。大興初，欲修立學校，唯《周易》王氏，《尚書》鄭氏、《古文》孔氏，《毛詩》、《周官》、《禮記》、《論語》、《孝經》鄭氏，《春秋左傳》杜氏、服氏，各置博士一人，其《儀禮》、《公羊》、《穀梁》及鄭《易》皆省不置博士。孝武帝太元初，于中堂權立行太學行釋奠禮。于時無復國子生，置太學生六十人。

國子生權銓大臣子孫六十人，行事訖罷。其國子生見祭酒博士，單衣角巾，執經一卷，以代手版。自穆帝至孝武，並以中堂爲太學。太元九年，尚書謝石請興國學以訓冑子，頒下州郡，普修鄉校。帝納其言。明年，選公卿二千石子弟爲生。然品課無章，君子恥與其列。國子祭酒殷茂上言：臣聞舊制，國學生皆取冠族華冑，比列皇儲，中間混雜蘭艾，遂令人情恥之。詔雖褒納，終不施行。宋武帝詔有司立學，未就而崩。文帝元嘉二十年，立國學。二十七年，廢。明帝泰始中，初置總明觀祭酒一人，有道、儒、文、史四科，科置學士十人。齊高帝建元四年，詔立國學，置學生百五十人，取王公以下子孫年十五以上、二十以下、家去都二千里爲限。帝崩，乃以國諱廢學。武帝永明三年，詔立學。乃省總明觀，召公卿以下子弟置生二百二十人。其年秋中悉集。東昏侯永元初詔：依永明舊事，廢學。時有司奏國學、太學兩存焉。領國子助教曹思文上表曰：太學之與國學，斯是晉代，殊其士庶，異其貴賤耳。然貴賤士庶皆須教之，國學、太學兩存可也。時太尉王儉復依晉代國子生單衣角巾，執經代手版。後魏道武帝初定中原，始于平城立太學，置五經博士生員千餘人。天興二年春，增國子太學生員三千。太武始光三年，別起太學於城東。後徵盧元、高允等令州郡各舉才學。於是人多砥礪，儒術轉興。獻文帝天安初，立鄉學郡置博士二人，助教二人，學生六十人。後令大郡學立博士二人，助教四人，學生百人；次郡立博士二人，助教四人，學生八十人；中郡博士一人，助教三人，學生六十人；下郡立博士一人，助教一人，學生四十人。郡縣學始乎此矣。孝文太和中，改中書爲國子。又開皇子之學及遷都洛邑，立國子太學、四門小學。

元・馬端臨《文獻通考》卷四一《學校考二・太學》 《魏志・王肅傳》注：『自初平之元，至建安之末，天下分崩，人懷苟且，紀綱既衰，儒道尤甚。至黃初元年之後，新主乃復始掃除太學之灰炭，補舊石碑之缺壞，備博士之員錄，依漢甲乙以考課。申告州郡，有欲學者皆遣詣太學。太學始開，有弟子數百人。至太和、青龍中，中外多事，人懷避就，雖性非解學，多求詣太學。太學諸生有千數，而諸博士率皆粗疏，無以教弟子。弟子本亦避役，竟無能習學，冬來春去，歲歲如是。又雖有精者，而臺閣舉格太高，加不念統其大義，而問字指墨法點注之間，百人同試，度者未十。是以志學之士，遂復陵遲，而來求浮虛者各競逐也。正始中，有詔議圜丘，普延學士。時郎官及司徒領吏二萬餘人，雖復分布，見在京師者尚且萬人，而應書與議者略無幾人。又是時朝堂公卿以下四百餘人，其能操筆者未有十人，多皆相從飽食而退。嗟夫！學業沈隕，乃至於此。是以區區私心，常貴乎數公者，各處荒亂之際，而能守志彌篤者也。』數公，謂董遇、賈洪、邯鄲淳、薛夏、隗禧、蘇林、樂詳等七人爲儒宗。黃初五年，立太學，制《五經》課試之法，置《春秋穀梁》博士。時慕學者始詣太學爲門人。滿二歲，試通一經者稱弟子，不通一經者罷遣。選舉補官，並如後漢建和之制。

明帝太和二年，詔申敕郡國貢士以經學爲先。

四年，詔曰：『世之質文，隨教而變。兵亂以來，經學廢絕，後生進趣，不由典謨。豈訓導未洽，將進用者不以德顯乎？其郎吏學通一經，才任牧民，博士課試，擢其高第者，亟用；其浮華不務道本者，皆罷退之。』

齊王正始中，劉馥上言：『黃初以來，崇立太學，二十餘年，而成者蓋寡。由博士選輕，諸生避役，高門子弟，恥非其倫，故無學者。雖有其名，而無其實；雖設其教，而無其功。宜高選博士，取行爲人表，經任人師者，掌教國子。依遵古法，使二千石以上子孫，年從十五，皆入太學。明制黜陟，陳榮辱之路。』

明帝時，高柔上疏曰：今博士皆經明行修，一國清選，而使遷除限不過長，懼非所以崇顯儒術，帥勵怠惰也。宜隨學行優劣，待以不次之位，敦崇道教，以勸學者，於化爲弘。

按：兩漢博士皆名儒，而由博士入官者多至公卿。今觀劉馥、高柔所言，則知魏時博士之遴選既不精，而博士之遷升亦復有限矣。

吳主孫休永壽元年立學制曰：『古者建國，教學爲先，所以遵理，爲時養器也。宜按舊制，置學官，立《五經》博士，覈取應選，加其寵祿。見吏之中及將吏子弟有志好者，各令就業。一歲課試，差其品第，加以位賞。使見之者樂其榮，聞之者羨其稱，以惇王化，以正風俗。』

晉武帝初，太學生三千人。太始八年，有司奏：『太學生七千餘人，才任四品，聽留。』詔曰：『已試經者留之。大臣子弟堪受教者，令入學。其餘遺還郡國。』

咸寧二年，起國子學。法《周禮》國之貴遊子弟國子，受教於師者也。

惠帝元康元年，以人多猥雜，欲辨其涇渭，於是制立學官品，第五品以上得入國學。

東晉元帝時，太常賀循言：『尚書被符，經置博士一人。又多故歷紀，儒道荒廢，學者能兼明經義者少。且《春秋》三傳，俱出聖人，而義歸不同，自前代通儒，未有能通得失兼而學之者也。況今學義甚頹，不可令一人總之。今宜《周禮》、《儀禮》二經置博士二人，《春秋》三傳置三人，其餘則經置一人，合八人。』太常車允上言：『按二漢舊事，博士之職唯舉明經之士，選轉各以本資，初無定班。魏及中朝多以侍中、常侍儒學最優者領之，職雖不同漢氏，盡於儒士之用，其揆一也。今博士八人，愚謂宜依魏氏故事，擇朝臣一人經學最優者，不繫位之高下，常以領之。每舉太常共研厥中。其餘七人，自依常銓選。』大興初，欲脩立學校，唯《周易》王氏，《尚書》鄭氏、《古文》孔氏，《毛詩》、《周官》、《禮記》、《論語》、《孝經》鄭氏，《春秋左傳》杜氏、服氏，各置博士一人。其《儀禮》、《公羊》、《穀梁》及鄭《易》皆省，不置博士。

太常荀崧上疏曰：『昔武皇帝崇儒術，以賈、馬、鄭、杜、伏、孔、王、何、顏、尹之徒，章句傳注衆家之學，置博士十九人。二十州之中，師徒相傳，學士如林，猶選張華、劉實居太常之官，以重儒教。伏聞節省之制，皆三分置二。博士舊員十有九人，准古計今，猶未中半。九人以外，猶宜增置。《周禮》、《左氏》、《公羊》、《穀梁春秋》，臣以爲宜各置一人，以傳其學。』遇王敦難，不行。

征南軍司戴邈上言：『喪亂以來，庠序隳廢。議者或謂平世尚文，遭亂尚武，此言似之而實不然。夫儒道深奧，不可倉卒而成，比天下平泰然後脩之，則廢墜已久矣。又貴遊之子，未必有斬將搴旗之才，從軍征戍之役，不及盛年使之講肄道義，良可惜也。世道久喪，禮俗日弊，如火之消膏，莫之覺也。今王業肇建，萬物權輿，宜篤道崇儒，以勵風化。』從之。

成帝咸康三年，國子祭酒袁瓌、太常馮懷以江左浸安，請興學校。帝從之。乃立太學，徵生徒。而士大夫習尚老、莊，儒術終不振。

致堂胡氏曰：『東晉請建學校者，惟戴邈與袁、馮三君子懇懇言之，而終不能革清談之俗，還孔、孟之教，任是責者，其庾亮乎。』

先公曰：『是時趙亦下書，令郡國立《五經》博士。初，勒置大小博士，至是復置國子博士。南北之學並興，而江左雖微，中原喪亂，則自若也。』

孝武太元初，於中堂立行太學。於時無復國子生，置太學生六十人，國子生權銓大臣子孫六十人。事訖罷。其國子生見祭酒、博士，單衣角巾，執經一卷以代手版。

自穆帝至孝武，並以中堂爲太學。

太元九年，尚書謝石請興復國學，以訓胄子，頒下州郡，普修鄉校。帝納其言。明年，選公卿二千石子弟爲生，增造廟房屋百五十五間。而品課無章，君子恥與其列。國子祭酒殷茂上言：『臣聞舊制，國學生皆取冠族華胄，比列皇儲。而中混雜蘭艾，遂令人情恥之。』詔雖褒納，竟不施行。

秦王堅臨太學考學生經義，上第擢敘者八十三人。又作教武堂於渭城，命太學生明陰陽、兵法者教授諸將。陽平公融坐擅起學舍，爲有司所糾。高泰謂王猛曰：『昔魯僖公以泮宮發《頌》，齊宣王以稷下垂聲，今陽平公開建學宮，追蹤齊、魯，不聞明詔褒美，乃更煩有司舉劾乎？』乃止。自永嘉之亂，庠序無聞。及堅之僭，頗留心儒學。

宋武帝詔有司立學，未就而崩。

文帝元嘉二十年，立國學，二十七年廢。

帝雅好藝文，使丹陽尹廬江何尚之立玄學，太子率更令何承天立史學，司徒參軍謝元立文學，散騎常侍雷次宗立儒學，爲四學。

司馬氏曰：『《易》曰：「君子多識前言往行，以畜其德。」孔子曰：「辭達而已矣。」然則史者，儒之一端；文者，儒之餘事。至於老、莊虛無，固非所以爲教也。夫學者所以求道，天下無二道，安有四學哉！』

齊高帝建和四年，詔立國學，以張緒爲祭酒，置學生百五十人，取王公以下子孫年十五以上，二十以下，家上都二千里爲限。帝崩，乃以國諱廢學。

先公曰：『齊高即位之初，求直言，崔祖思以爲人不學則不知道，此逆亂之所由生，宜開文武二學，使人依方習業，優殊者待以不次。此國學之所以置歟？《南史·儒林傳·敍》言：「國學時或建置，而勸課未博，建之不能十年，取文具而已。」宋、齊一也。張緒見謂風流，在清簡寡欲之目，以爲有正始之風。善清言而已，師道恐不止於清言。然當時以爲極選矣。是春置學，秋以國哀罷，曾不及歲。江左之學校如此。』武帝永明三年，詔立學。初，宋太宗置總明觀以集學士，亦謂之東觀。上以國學既立，省總明觀。召公卿以下子弟，置生二百二十人。其年秋中悉集。

時王儉領國子祭酒。詔於儉宅開學士館，以總明四部書充之。又詔儉以家爲府。自宋世祖好文章，士大夫悉以文章相尚，無以專經爲業者。儉少好禮樂及《春秋》，言論造次必於儒者。由是衣冠翕然，更尚儒術。儉十日一還學，監試諸生，巾卷在庭，劍衛、令史，儀容甚盛。作解散髻，斜插簪，朝野慕之，相與仿效。儉以宰相領祭酒。令國子生單衣角巾，執經代手版。

東昏侯永元初，詔依永明舊事廢學。時有司奏，國學、太學兩存焉。國子助教曹思文上表曰：『今制書始下，而廢學先聞，將恐觀國之光者，有所闕也。若以國諱官廢，昔晉武立學，爰洎元始，百餘年中，未嘗暫廢，其間豈無國諱？永明以德太子故廢，斯非古典。今之國學，卽古之太學，天子入國學，以行禮也；太子入國學，以齒讓也。太學之與國學，斯是晉代殊其士庶，異其貴賤耳。然貴賤士庶皆須教，國學、太學兩存之可也。』

梁武帝天監四年，置《五經》博士各一人，又置胄子律博士。

五年，置集雅館以招遠學。又詔皇太子及王侯之子，年在從師者，皆入學。幸國子學，策試胄子，賜訓授之司各有差。

致堂胡氏曰：『史稱武帝雅好儒術，至是置《五經》博士，開館宇，招後進，四館所養士逾千人，射策通明者除吏。又修孔子廟以示尊師。他日，又幸國子監，親臨講肄。且令皇太子及王侯之子，年可從師者，皆入學。可謂勤矣。然儒風不振，人才不出，何也？帝心尚佛，自天監改元，卽不肉食，此躬行也，故特以美行興學養士，故人不從其令而從其意。意乃身率，令乃文具。其後綱維不立，人紀胥廢，國破身隕，爲萬世笑，蓋始於此。人主心術所尚，可不慎哉！』

陳天嘉以後，稍置學官，雖博延生徒，成業蓋寡。其所采掇，蓋亦梁之遺儒。

後魏道武帝初定中原，始於平城立太學，置《五經》博士，生員千餘人。天興二年，增國子、太學生員三千人。

帝問博士李先曰：『天下何物最善，可以益人神智？』對曰：『書籍。』帝曰：『書籍凡有幾何？如何可集？』對曰：『自書契以來，世有滋益，以至於今，不可勝計。苟人主所好，何憂不集？』珪從之，命郡縣大索書籍，送平城。又命集博士、儒生，比衆經文字義類相從者凡四萬餘字，號曰《衆文經》。

明年，特改國子爲中書學，立教授、博士。

太武始光三年，別立太學於城東。後徵盧元、高允等，令州郡各舉才學，於是人多砥礪，儒術轉興。

孝文太和中，改中書爲國子，又開皇子之學，建明堂、辟廱。及遷都洛陽，立國子、太學、四門小學。又詔求天下遺書，秘閣所無、有裨時用者，加以厚賞。

宣武時，復詔營國學，樹小學於四門，大選儒生以爲小學博士，員四十人。雖黌宇未立，而經術彌顯。時天下承平，學業大盛，故燕、齊、趙、魏之間，橫經著録，不可勝數。大者千餘人，小者猶數百。州舉茂異，郡舉孝廉，對揚王庭，每年逾衆。正光三年，始置國子生三十六人。

齊時，師保疑丞皆賞勳舊，國學博士徒有虛名，唯國子一學，生徒數十人耳。胄子以通經進仕者，唯博陵崔子發、廣平宋遊卿而已。

周武帝保定三年，幸太學，以太傅燕公于謹爲三老而乞言焉。

天和元年，詔：『諸胄子入學，但束脩於師，不勞釋奠。釋奠者，學成之祭。自今永以爲式。』

又 卷四三《學校考四·祠祭褒贈先聖先師録後》 魏文帝黃初二年，詔曰：『昔仲尼資大聖之才，懷帝王之器，當衰周之末，無受命之運，在魯衛之朝，教化乎洙、泗之上，淒淒焉，遑遑焉，欲屈己以存道，貶身以救世。於時王公終莫能用之，乃退考五代之禮，修素王之事，因魯史而制《春秋》，就太師而正雅、頌，俾千載之後，莫不宗其文以述作，仰其聖以成謀咨，可謂命世之大聖，億載之師表者也。遭天下大亂，百祀墮壞，舊居之廟，毀而不修，褒成之後，絶而莫繼，闕里不聞講頌之聲，四時不睹烝嘗之位，斯豈所謂崇禮報功，盛德百世必祀者哉！其以議郎孔羡爲宗聖侯，邑百户，奉孔子祀。』令魯郡修起舊廟，置百户吏卒以守衛之；又於其外廣爲室屋，以居學者。

齊王正始七年，令太常釋奠，以太牢祀孔子於辟雍，以顔淵配。

晉武帝太始三年，改封孔子二十三代孫宗聖侯震爲奉聖亭侯，又詔太學及魯國四時備三牲以祀孔子。

七年，皇太子講經，親釋奠於太學，如正始禮。

惠帝元康三年，皇太子講經，行釋奠禮於太學。

元帝大興二年，皇太子講經，行釋奠禮於太學。

明帝大寧三年，詔給奉聖亭侯四時祠孔子祭，如太始故事。

成、穆、孝武三帝，皆以講經親釋奠，唯成帝在辟雍，自是一時制也。孝武以太學在水南懸遠，有司議依穆帝升平元年，於中堂權立太學。釋奠禮畢，會百官六品以上。

宋文帝元嘉八年，奉聖侯有罪奪爵。至十七年，又授孔隱之。隱之兄子熙先謀逆，又失爵。二十八年，更以孔惠雲爲奉聖侯，後有重疾，失爵。孝武大明二年，又以孔邁爲奉聖侯。邁卒，子莽嗣，有罪失爵。

元嘉二十二年，太子釋奠，採晉故事。裴松之議舞六佾，宜設軒懸之樂，器用悉依上公。祭畢，親臨學宴會，太子以上悉在。

齊武帝永明三年，有司奏：『宋元嘉舊事，學生到，先釋奠先聖、先師，禮又有釋菜，未詳今當行何禮？用何樂及禮器？』時從喻希議，用元嘉故事，設軒懸之樂，六佾之舞，牲牢、器用悉依上公。尚書令王儉議：『《周禮》「春入學，釋菜合舞。」《記》云：「始教皮弁祭菜，示敬道也。」又云：「始入學，必釋奠先聖、先師。」中朝以來，釋菜禮廢，金石俎豆，皆無明文。方之七廟則輕，比之五祀則重。陸納、車允謂宣尼廟宜依亭侯之爵；范寧欲依周公之廟，用王者儀，范宣謂當其爲師則不臣之，釋奠日，宜備帝王禮樂。此則車、陸失於過輕，二范傷於太重。喻希云：「若王者自設禮樂，則肆賞於致敬之所；若欲嘉美先聖，則須所況非備。」細尋此説，守附情理。皇朝屈尊弘教，推以師資，引同上公，即事惟允。元嘉裴松之議，故事可依也。』

梁武帝天監八年，皇太子釋奠。周捨議：既惟大禮，請依東宫元會，太子著絳紗襮，音博，衣領也。樂用軒懸。合升殿坐者，皆服朱衣。帝從之。又有司以爲，《禮》云『凡爲人子者，升降不由阼階』。吏部郎徐勉議：鄭玄云：『由命士以上，父子異宫。』宫室既異，無不由阼階之禮。請釋奠及宴會，太子升堂，並宜由東階。若轝駕幸學，自然中階。其會賓客，依舊西階。大同七年，皇太子表其子寧國、臨城公入學，時議者以與太子有齒胄之議，疑之。議中臣續等以爲：『參、點、回、路，並事尼父，鄒、魯稱盛，洙、汶無譏。師道既光，得一資敬，無虧亞二。』制可。

後魏封孔子二十七葉孫乘爲崇聖大夫。

孝文太和十九年，改封二十八葉孫珍爲崇聖侯。

文成帝詔：宣尼之廟，當別敕有司行薦享之禮。

北齊改封三十一代孫爲恭聖侯。

北齊將講於天子。講畢，以一太牢釋奠孔宣父，配以顔回，列軒懸樂，六佾舞。皇太子每通一經及新立學，必釋奠禮先聖、先師，每歲春、秋二仲，常行其禮。每月朔，制：祭酒領博士以下及國子諸學生以上，太學、四門博士升堂，助教以下、太學諸生階下，拜孔聖，揖顔回。日出行事。郡學則於坊内立孔、顔廟，博士以下亦每月朝。張憑議曰：『不拜顔子者，按學堂舊有聖賢之象，既備禮盡敬，奉尼父以爲師，而未詳顔子拜揖之儀。臣以聖者，君道也；師者，賢臣道也。若乃堯、舜、禹於君位，則稷、契與我並爲臣矣。師玄風於洙、泗，則顔子吾同門也。夫大賢恭己，既揖讓於君德；回也如愚，豈越分於人師哉！是以王聖佐賢，而君臣之義著；拜孔揖顔，而師資之分同矣。』

後周武帝平齊，改封孔子後爲鄒國公。

又　卷四五《學校考六·幸學養老》　魏高貴鄉公甘露二年，天子親帥羣司行養老之禮於太學，命王祥爲三老，鄭同爲五更。祥南面几杖，以師道自居。天子北面，乞言。祥陳明王聖帝君臣政化之要以訓之，聞者莫不砥礪。

東晉成、穆、孝武三帝，皆以講經親詣學釋奠。孝武以太學在水南懸遠，有司議依穆帝升平元年，於中堂權立太學釋奠。禮畢，會百官六品以上。

後魏孝文帝太和十六年，詔以前司徒尉元爲三老，前大鴻臚卿游明根爲五更，於明堂設國老位，庶老位於階下。皇帝再拜三老，親袒割牲，執醬而饋，執爵而酳。於五更行肅拜之禮。賜國老、庶老衣服有差。既而三老言曰：『自古人所崇，莫重於孝順，然五孝六順，天下之所先。願陛下重之，以化四方。』帝曰：『孝順之道，天地之經，今承三老明言，銘之朕懷。』五更言曰：『夫至孝通靈，至順感幽，故《詩》云「孝弟之至，通於神明，光於四海」。願陛下念之，以濟黎庶。』帝曰：『五更助三老以言至範，敷展德音，當克己復禮，以行來授。』禮畢，乃賜步挽一乘。詔曰：『三老可給上公之禄，五更可食九卿之俸，供養之味亦同其例。』

北齊制，仲春令辰，陳養老禮。先一日，三老、五更齋於國學。皇帝進賢冠，玄紗袍，至辟雍，入總章堂。列宮懸。王公以下及國老、庶老各定位。司徒以羽儀、武賁、安車迎三老五更於國學。並進賢冠，玄服，黑舄，素帶。國子生黑介幘，青衿，單衣，乘馬從以至。皇帝釋劍，執珽，迎於門內。三老至門，五更去門十步，皆降車以入。皇帝拜，三老、五更攝齊答拜。皇帝揖進，三老在前，五更在後，升自右階，就筵，三老坐，五更立。皇帝升堂，北面。公卿升自左階，北面。三公授几杖，卿正履，國老、庶老各就位。皇帝拜三老，羣臣皆拜。不拜五更。乃坐。皇帝西向，肅拜五更。進珍羞酒食，親袒割牲，執醬而饋，執爵而酳，以次進五更。又設酒醢於國老、庶老。皇帝升御座，三老乃論五孝六順典訓大綱，皇帝虛躬請授。禮畢而還。又都下及外州，人年七十以上，賜鳩杖黃帽有敕則給，不爲常也。

後周武帝保定三年，詔以太傅、燕國公于謹爲三老，賜延年杖。皇帝幸太學以食之。三老入門，皇帝迎拜門屏之間，三老答拜。設三老席於中楹，南面。太師、晉國公宇文護升階，設几於席。三老升席，南面，憑几而坐。大司寇、楚國公豆盧寧升階，正舄。皇帝升，立於斧扆之前，西向。有司進饌，皇帝跪設醬豆，親袒割牲。三老食訖，皇帝又親跪授爵以酳，撤去。皇帝北面立，訪道，三老乃起，立於席後。皇帝曰：『猥當天下重任，自惟不才，不知政理之要，公其誨之。』三老答曰：『木從繩則正，后從諫則聖。自古明王聖主，皆虛心納諫，以知得失，天下乃安。惟陛下念之。』又曰：『爲國之本，存乎忠信，是以古人云去食、去兵，信不可失。國家興廢，在於賞罰，若有功必賞，有罪必罰，則爲善者日益，爲惡者日止；若有功不賞，有罪不罰，則天下善惡不分，下人無所措手足。』又曰：『言行者，立身之本，言出行隨，誠宜相顧。陛下三思而言，九慮而行，若不思不慮，必有過失。天子之過，事無大小，如日月之蝕，莫不知者。願陛下慎之。』三老言畢，皇帝再拜受之，三老答拜。禮成而出。

又 卷四六《學校考七·郡國鄉黨之學》 魏明帝時，延壽亭侯高柔上疏曰：『漢末陵遲，禮樂崩壞，太祖初興，愍其如此，在於撥亂之際，並使州縣立教學之官。高祖即位，遂闡其業，興復辟雍，州立課試，於是天下之士，復聞庠序之教，親俎豆之禮焉。』

晉虞溥，太康時爲鄱陽內史，大修庠序，廣招學徒，移告屬縣，具爲條制。於是至者七百餘人，溥乃作誥以獎諭之，曰：『文學諸生，皆冠帶之流，年盛志美，始涉學庭，講修典訓，此大成之業，立德之基也。夫聖人之道，淡而寡味，故始學者不好也。及至期月，所觀彌博，所習彌多，日聞所不聞，見所不見，然後心開意朗，敬業樂羣，忽然不覺大化之陶己，至道之入神也。故學之染人，甚於丹青。丹青吾見其久而渝矣，未見久學而渝也。夫工人之染，先修其質，後事其色，修色積積，而染工畢矣。學亦有質，孝弟忠信是也。君子內正其心，外修其行，行有餘力，則以學文，文質彬彬，然後爲德。夫學者不患才不及，而患志不立，故曰希驥之馬，亦驥之乘，希顔之徒，亦顔之倫。又曰鍥而舍之，朽木不知，鍥而不捨，金石可虧。斯非其效乎！』時祭酒求更起屋行禮，溥曰：『君子行禮，無常處也，故孔子射於矍相之圃，而行禮於大樹之下。況今學庭庠序，高堂顯敞乎！』

右係鄱陽郡學事迹之見於前史者。溥之言有味可書，《郡志》殊欠登載。

穆帝永和中，征西將軍庾亮在武昌開置學官，起立講舍，亮家子弟及參佐大將子弟，悉令入學。四府博學識義，通涉文學經綸者，建儒林祭酒，使班同三署，厚其供給。皆妙選邦彥，必有其宜者以充此舉。近臨川、臨賀二郡，並求修復學校。若非束脩之流，禮教所不及，而欲階緣免役者，不得爲生。明爲條制，令法清而人貴。

梁武帝選學生，遣就會稽雲門山，受業於廬江何胤。分遣博士、祭酒到州郡立學。

後魏獻文帝天安初，立鄉學，郡置博士二人，助教二人，學生六十人。後令大郡立博士二人，助教四人，學生百人；次郡立博士二人，助教四人，學生八十人；中郡博士一人，助教二人，學生六十人；下郡立博士一人，助教一人，學生四十人。郡縣學始乎此矣。

北齊制：諸郡並立學，置博士、助教授經，學生俱被差逼充員，士流及豪富之家皆不從調。備員既非所好，墳籍固不關懷，又多被州郡官人驅使。縱有游惰，亦不檢察，皆由上非所好之所致也。諸郡俱得察孝廉，其博士、助教及游學之徒通經者，推擇充舉。射策十條，通八以上，聽九品出身。其尤異者亦蒙抽擢。

論說

《三國志》卷一五《魏志·劉靖傳》（劉靖）上疏陳儒訓之本曰：『夫學者，治亂之軌儀，聖人之大教也。自黄初以來，崇立太學二十餘年，而寡有成者，蓋由博士選輕，諸生避役，高門子弟，恥非其倫，故無學者。雖有其名而無其人，雖設其教而無其功。宜高選博士，取行爲人表，經任人師者，掌教國子。依遵古法，使二千石以上子孫，年從十五，皆入太學。明制黜陟榮辱之路；其經明行修者，則進之以崇德；荒教廢業者，則退之以懲惡；舉善而教不能則勸，浮華交遊，不禁自息矣。闡弘大化，以綏未賓；六合承風，遠人來格。此聖人之教，致治之本也。』

又 卷二四《魏志·高柔傳》 時博士執經，柔上疏曰：

臣聞遵道重學，聖人洪訓；褒文崇儒，帝者明義。昔漢末陵遲，禮樂崩壞，雄戰虎爭，以戰陣爲務，遂使儒林之羣，幽隱而不顯。太祖初興，愍其如此，在於撥亂之際，並使郡縣立教學之官。高祖即位，遂闡其業，興復辟雍，州立課試。於是天下之士，復聞庠序之教，親俎豆之禮焉。陛下臨政，允迪叡哲，敷弘大猷，光濟先軌，雖夏啓之承基，周成之繼業，誠無以加也。然今博士皆經明行修，一國清選，而使遷除限不過長，懼非所以崇顯儒術、帥勵怠墮也。孔子稱『舉善而教不能則勸』，故楚禮申公，學士鋭精；漢隆卓茂，搢紳競慕。臣以爲博士者，道之淵藪，六藝所宗，宜隨學行優劣，待以不次之位，敦崇道教，以勸學者，於化爲弘。

又 卷一三《魏志·王肅傳》裴松之注 《魏略》以（董）遇及賈洪、邯鄲淳、薛夏、隗禧、蘇林、樂詳等七人爲儒宗，其序曰：『從初平之元，至建安之末，天下分崩，人懷苟且，綱紀既衰，儒道尤甚。至黄初元年之後，新主乃復，始掃除太學之灰炭，補舊石碑之缺壞，備博士之員録，依漢甲乙以考課。申告州郡，有欲學者，皆遣詣太學。太學始開，有弟子數百人。至太和、青龍中，中外多事，人懷避就。雖性非解學，多求詣太學。太學諸生有千數，而諸博士率皆粗疏，無以教弟子。弟子本亦避役，竟無能習學，冬來春去，歲歲如是。又雖有精者，而臺閣舉格太高，加不念統其大義，而問字指墨法點注之間，百人同試，度者未十。是以志學之士，遂復陵遲，而末求浮虚者各競逐也。正始中，有詔議圜丘，普延學士。是時郎官及司徒領吏二萬餘人，雖復分布，見在京師者尚且萬人，而應書與議者略無幾人。又是時朝堂公卿以下四百餘人，其能操筆者未有十人，多皆相從飽食而退。嗟夫！學業沈隕，乃至於此。是以私心常區區貴乎數公者，各處荒亂之際，而能守志彌敦者也。』

《北齊書》卷三六《邢邵傳》 後楊愔與魏收及邵請置學。奏曰：

世室明堂，顯于周、夏；一黌兩學，盛自虞、殷。所以宗配上帝，以著莫大之嚴；宣布下土，以彰則天之軌。養黄髮以詢哲言，育青衿而敷教典，用能享國長久，風徽萬祀者也。爰暨亡秦，改革其道，坑儒滅學，以蔽黔黎。故九服分崩，祚終二代。炎漢勃興，更修儒術。故西京有六學之義，東都有三本之盛。逮自魏、晉，撥亂相因，兵革之中，學校不絶。仰惟高祖孝文皇帝稟聖自天，道鏡今古，列校序於鄉黨，敦《詩》、《書》於郡國。但經始事殷，戎軒屢駕，未遑多就，弓劍弗追。世宗統歷，聿遵先緒，永平之中，大興板築。續以水旱，戎馬生郊，雖逮爲山，還停一簣。而明堂禮樂之本，乃鬱荆棘之林；膠序德義之基，空盈牧豎之迹；城隍嚴固之重，闕磚石之功；墉構顯望之要，少樓榭之飾。加以風雨稍侵，漸致虧墜。非所謂追隆堂構，儀刑萬國者也。伏聞朝議以高祖大造區夏，道侔姬文，擬祀明堂，式配上帝。今若基址不修，乃同丘畎，即使高皇神享，闕於國陽，宗事之典，有聲無實。此臣子所以匪寧，億兆所以佇望也。

臣又聞官方授能，所以任事，事既任矣，酬之以禄。如此則上無曠官之譏，下絶屍素之謗。今國子雖有學官之名，無教授之實，何異兔絲燕麥，南箕北斗哉？

昔劉向有言，王者宜興辟雍，陳禮樂以風天下。夫禮樂所以養人，刑法所以殺人，而有司勤勤，請定刑法，至於禮樂，則曰未敢。是敢於殺人，不敢於養人也。臣以爲當今四海清平，九服寧宴，經國要重，理應先營，脱復稽延，則劉向之言徵矣。但事不兩興，須有進退。以臣愚量，宜罷尚方雕靡之作，頗省永寧土木之功，並減瑶光材瓦之力，兼分石窟鐫琢之勞，及諸事役非世急者，三時農隙，修此數條。使辟雍之禮，蔚爾而復興；諷誦之音，焕然而更作。美榭高墉嚴壯於外，槐宫棘寺顯麗於中。更明古今，重遵鄉飲，敦進郡學，精課經業，如此則元、凱可得之於上序，游、夏可致之於下國，豈不休歟！

靈太后令曰：『配饗大禮，爲國之本，比以戎馬在郊，未遑修繕。今四表晏寧，當敕有司，別議經始。』

《晉書》卷四七《傅玄傳》 玄復上疏曰：

臣聞舜舉五臣，無爲而化，用人得其要也。天下羣司猥多，不可不審得其人也。不得其人，一日則損不貲，況積日乎！典謨曰『無曠庶官』，言職之不可久廢也。諸有疾病滿百日不差，宜令去職，優其禮秩而寵存之，既差而後更用。臣不廢職于朝，國無曠官之累，此王政之急也。

臣聞先王分士農工商以經國制事，各一其業而殊其務。自士已上子弟，爲之立太學以教之，選明師以訓之，各隨其才優劣而授用之。農以豐其食，工以足其器，商賈以通其貨。故雖天下之大，兆庶之衆，無有一人游手。分數之法，周備如此。漢、魏不定其分，百官子弟不修經藝而務交遊，未知莅事而坐享天禄；農工之業多廢，或逐淫利而離其事；徒繫名於太學，然不聞先王之風。今聖明之政資始，而漢、魏之失未改，散官衆而學校未設，游手多而親農者少，工器不盡其宜。臣以爲亟定其制，通計天下若干人爲士，足以副在官之吏；若干人爲農，三年足有一年之儲；若干人爲工，足其器用；若干人爲商賈，足以通貨而已。尊儒尚學，貴農賤商，此皆事業之要務也。

前皇甫陶上事，欲令賜拜散官皆課使親耕，天下享足食之利。禹、稷躬稼，祚流後世，是以《明堂》、《月令》著帝藉之制。伊尹古之名臣，耕於有莘；晏嬰齊之大夫，避莊公之難，亦耕于海濱。昔者聖帝明王，賢佐俊士，皆嘗從事于農矣。王人賜官，冗散無事者，不督使學，則當使耕，無緣放之使坐食百姓也。今文武之官既衆，而拜賜不在職者又多，加以服役爲兵，不得耕稼，當農者之半，南面食禄者參倍於前。使冗散之官農，而收其租税，家得其實，而天下之穀可以無乏矣。夫家足食，爲子則孝，爲父則慈，爲兄則友，爲弟則悌。天下足食，則仁義之教可不令而行也。爲政之要，計人而置官，分人而授事，士農工商之分不可斯須廢也。若未能精其防制，計天下文武之官足爲副貳者使學，其餘皆歸之于農。若百工商賈有長者，亦皆歸之于農。務農若此，何有不贍乎！《虞書》曰：『三載考績，三考黜陟幽明。』是爲九年之後乃有遷敍也。故居官久，則念立慎終之化，居不見久，則競爲一切之政。六年之限，日月淺近，不周黜陟。陶之所上，義合古制。

夫儒學者，王教之首也。尊其道，貴其業，重其選，猶恐化之不崇；忽而不以爲急，臣懼日有陵遲而不覺也。仲尼有言：『人能弘道，非道弘人。』然則尊其道者，非惟尊其書而已，尊其人之謂也。貴其業者，不妄教非其人也。重其選者，不妄用非其人也。若此，而學校之綱舉矣。

又 卷六五《王導傳》 於時軍旅不息，學校未修，導上書曰：

夫治化之本，在於正人倫。人倫之正，存乎設庠序。【略】

自頃皇綱失統，禮教陵替，頌聲不興，於今二紀，《傳》曰：『三年不爲禮，禮必壞；三年不爲樂，樂必崩。』而況如此其久者乎？先進漸忘揖讓之容，後生唯聞金革之響，干戈日尋，俎豆不設，先王之道彌遠，華僞之風遂滋，非所以習民靖俗，端本抑末之謂也。殿下以命世之資，屬當傾危之運，禮樂征伐，翼成中興，將滌穢蕩瑕，撥亂反正。誠宜經綸稽古，建明學校，闡揚六藝，以訓後生，使文武之道，墜而復興。方今《小雅》盡廢，戎虜扇熾，節義陵遲，國恥未雪。忠臣義士，所以扼腕拊心，禮樂政刑，當並陳以俱濟者也。苟禮義膠固，純風載洽，則化之所陶者廣，而德之所被者大，義之所屬者深，而威之所震者遠矣。由斯而進，則可朝服濟河，使帝典闕而復補，王綱弛而更張，饕餮改情，獸心革面，揖讓而蠻夷服，緩帶而天下從，得乎其道者，豈難也哉。故有虞舞干戚而三苗化，魯僖作泮宫而淮夷平，桓、文之霸，皆先教而後戰。今若聿遵前典，興復教道，使朝之子弟，併入於學，立德出身者咸習之而後通。德路開而僞塗塞，則其化不肅而成，不嚴而治矣。選明博修禮之士以爲之師，隆教貴道，化成俗定，莫尚於斯也。

清・王鳴盛《十七史商榷》卷四〇《三國志二・弟子避役》 《王朗子肅傳》注引《魏略》云：「從初平之元至建安之末，天下分崩，儒道尤甚。至黄初元年後，新主乃復始掃除太學之灰炭，補舊石碑之缺壞，備博士之員錄，依漢甲乙以考課。申告州郡，有欲學者，遣詣太學。太學始開，有弟子數百人。至太和、青龍中，中外多事，人懷避就，雖性非解學，多求詣太學。太學諸生有千數，而諸博士率皆粗疏，無以教弟子。弟子本以避役，竟無能習學，冬來春去，歲歲如是。雖有精者，而臺閣舉格太高，加不念統其大義，而問字指墨法點注之間，百人同試，度者未十。是以志學之士，遂復陵遲。」案「補舊碑缺壞」，疑卽指蔡邕《石經》而言，太和、青龍正孔明屢出祁山之時，所謂「避就」者，卽避役也。《劉馥子靖傳》『靖上疏曰：「黄初以來，崇立太學，二十餘年，寡有成者，蓋由博士選輕，諸生避役，高門子弟，恥非其倫」』云云，正指此事也。上文《朗傳》注中引《魏名臣奏》載朗節省奏謂「西京學官博士七千餘人」，『博士』下當脱『弟子』二字，今此曰數百人，曰千數，較漢盛時多寡懸殊乃爾。

又 《太學課試》 《文紀》：「黄初五年，立太學，制五經課試之法。」亦見《明紀》太和四年。《高堂隆傳》：『景初中，詔：「科郎吏高才解經義者三十人，從光祿勳隆、散騎常侍林蘇林、博士静秦静分受四經三《禮》，主者具爲設課試之法。」』案太學課試之法，略載前續二《漢書・儒林傳》，魏亦行之。如上所引而又略載《王肅傳》。説已見前。然其科條不可得詳，所可見者，惟漢於《五經》立十四家，今增《穀梁春秋》一家，又用王朗《易傳》課試。《三國志》但有紀傳，別無志，遂使遺制零落難尋。

又 卷四一《三國志三・勸學從事譙周》 建安二十五年，群臣勸進先主，内有勸學從事譙周。顧氏曰：「《譙周傳》：『建興中，丞相亮領益州牧，以周爲勸學從事。』與此不同。周卒於晉泰始六年，年七十二，當先主卽位，年僅二十三，未必與勸進之列，從本傳爲是。」

又 卷五四《南史合宋齊梁陳書二・立國子學》 元嘉十九年，詔立國學。二十三年，車駕幸國子學，策試諸生。見《宋書》。《南史》俱删去，於後二十七年卻書『廢國子學』，齊高帝建元四年，詔修建國學。是年武帝卽位，罷國子學。《南史》删去建學，於後卻書『罷學』，李延壽之粗疏如此。

選拔制度分部

綜述

《三國志》卷二《魏志・文帝紀》 （黄初二年春正月）初令郡國口滿十萬者，歲察孝廉一人；其有秀異，無拘户口。辛巳，分三公户邑，封子弟各一人爲列侯。

又 卷三《魏志・明帝紀》 （太和二年）六月，詔曰：「尊儒貴學，王教之本也。自頃儒官或非其人，將何以宣明聖道？其高選博士，才任侍中常侍者。申敕郡國，貢士以經學爲先。」【略】

（太和）四年春二月壬午，詔曰：「世之質文，隨教而變。兵亂以來，經學廢絶，後生進趣，不由典謨。豈訓導未洽，將進用者不以德顯乎？其郎吏學通一經，才任牧民，博士課試，擢其高第者，亟用；其浮華不務道本者，皆罷退之。」【略】（十二月）丙寅，詔公卿舉賢良。【略】

（青龍元年）三月甲子，詔公卿舉賢良篤行之士各一人。

又 卷九《魏志・夏侯玄傳》 太傅司馬宣王問以時事，（夏侯）玄議以爲：「夫官才用人，國之柄也，故銓衡專於臺閣，上之分也，孝行存乎閭巷，優劣任之鄉人，下之敍也。夫欲清教審選，在明其分敍，不使相涉而已。何者？上過其分，則恐所由之不本，而干勢馳騖之路開；下逾其敍，則恐天爵之外通，而機權之門多矣。夫天爵下通，是庶人議柄也；機權多門，是紛亂之原也。自州郡中正品度官才之來，有年載矣，緬緬紛紛，未聞整齊，豈非分敍參錯，各失其要之所由哉！若令中正但考行倫輩，倫輩當行均，斯可官矣。何者？夫孝行著於家門，豈不忠恪於在官乎？仁恕稱於九族，豈不達於爲政乎？義斷行於鄉黨，豈不堪於事任乎？三者之類，取於中正，雖不處其官名，斯任官可知矣。行有大小，比有高下，則所任之流，亦渙然明別矣。奚必使中正干銓衡之機於下，而執機柄者有所委仗於上，上下交侵，以生紛錯哉？且臺閣臨下，考功校否，衆職之屬，各有官長，旦夕相考，莫究於此；閭閻之議，以意裁處，而使匠宰失位，衆人驅駭，欲風俗清靜，其可得乎？天臺縣遠，衆所絶意。所得至者，更在側近，孰不脩飾以要所求？所求有路，則脩己家門者，已不如自達於鄉黨矣。自達鄉黨者，已不如自求之於州邦矣。苟開之有路，而患其飾真離本，雖復嚴責中正，督以刑罰，猶無益也。豈若使各帥其分，官長則各以其屬能否獻之臺閣，臺閣則據官長能否之第，參以鄉閭德行之次，擬其倫比，勿使偏頗。中正則唯考其行迹，別其高下，審定輩類，勿使升降。臺閣總之，如其所簡，或有參錯，則其責負自在有司。官長所第，中正輩擬，比隨次率而用之，如其不稱，責負在外。然則內外相參，得失有所，互相形檢，孰能相飾？斯則人心定而事理得，庶可以靜風俗而審官才矣。』又以爲：『古之建官，所以濟育羣生，統理民物也，故爲之君長以司牧之。司牧之主，欲一而專，一則官任定而上下安，專則職業脩而事不煩。夫事簡業脩，上下相安而不治者，未之有也。先王建萬國，雖其詳未可得而究，然分疆畫界，各守土境，則非重累羈絆之體也。下考殷、周五等之敍，徒有小大貴賤之差，亦無君官臣民而有二統互相牽制者也。夫官統不一，則職業不脩；職業不脩，則事何得而簡？事之不簡，則民何得而靜？民之不靜，則邪惡並興，而奸僞滋長矣。先王達其如此，故專其職司而一其統業。始自秦世，不師聖道，私以御職，姦以待下；懼宰官之不脩，立監牧以董之，畏督監之容曲，設司察以糾之；宰牧相累，監察相司，人懷異心，上下殊務。漢承其緒，莫能匡改。魏室之隆，日不暇及，五等之典，雖難卒復，可粗立儀準以一治制。今之長吏，皆君吏民，橫重以郡守，累以刺史。若郡所攝，唯在大較，則與州同，無爲再重。宜省郡守，但任刺史；刺史職存則監察不廢，郡吏萬數，還親農業，以省煩費，豐財殖穀，一也。大縣之才，皆堪郡守，是非之訟，每生意異，順從則安，直己則爭。夫和羹之美，在於合異，上下之益，在能相濟，順從乃安，此琴瑟一聲也，蕩而除之，則官省事簡，二也。又幹郡之吏，職監諸縣，營護黨親，鄉邑舊故，如有不副，而因公掣頓，民之困弊，咎生於此，若皆併合，則亂原自塞，三也。今承衰弊，民人彫落，賢才鮮少，任事者寡，郡縣良吏，往往非一，郡受縣成，其劇在下，而吏之上選，郡當先足，此爲親民之吏，專得底下，吏者民命，而常頑鄙，今如并之，吏多選清良者造職，大化宣流，民物獲寧，四也。制使萬户之縣，名之郡守，五千以上，名之都尉，千户以下，令長如故，自長以上，考課遷用，轉以能升，所牧亦增，此進才效功之敍也，若經制一定，則官才有次，治功齊明，五也。若省郡守，縣皆徑達，事不擁隔，官無留滯，三代之風，雖未可必，簡一之化，庶幾可致，便民省費，在於此矣。』又以爲：『文質之更用，猶四時之迭興也，王者體天理物，必因弊而濟通之，時彌質則文之以禮，時泰侈則救之以質。今承百王之末，秦漢餘流，世俗彌文，宜大改之以易民望。今科制自公、列侯以下，位從大將軍以上，皆得服綾錦、羅綺、紈素、金銀餝鏤之物，自是以下，雜綵之服，通于賤人，雖上下等級，各示有差，然朝臣之制，已得侔至尊矣，玄黃之采，已得通於下矣。欲使市不鬻華麗之色，商不通難得之貨，工不作彫刻之物，不可得也。是故宜大理其本，準度古法，文質之宜，取其中則，以爲禮度。車輿服章，皆從質樸，禁除末俗華麗之事，使幹朝之家，有位之室，不復有錦綺之飾，無兼采之服，纖巧之物，自上以下，至於樸素之差，示有等級而已，勿使過一二之覺。若夫功德之賜，上恩所特加，皆表之有司，然後服用之。夫上之化下，猶風之靡草。樸素之教興於本朝，則彌侈之心自消於下矣。』

宣王報書曰：『審官擇人，除重官，改服制，皆大善。禮鄉閭本行，朝廷考事，大指如所示。而中間一相承習，卒不能改。秦時無刺史，但有郡守長吏。漢家雖有刺史，奉六條而已，故刺史稱傳車，其吏言從事，居無常治，吏不成臣，其後轉更爲官司耳。昔賈誼亦患服制，漢文雖身服弋綈，猶不能使上下如意。恐此三事，當待賢能然後了耳。』玄又書曰：『漢文雖身衣弋綈，而不革正法度，內外有僭擬之服，寵臣受無限之賜，由是觀之，似指立在身之名，非篤齊治制之意也。今公侯命世作宰，追蹤上古，將隆至治，抑末正本，若制定於上，則化行於衆矣。夫當宜改之時，留殷勤之心，令發之日，下之應也猶響尋聲耳，猶垂謙謙，曰「待賢能」，此伊周不正殷姬之典也。竊未喻焉。」

又　卷一二《魏志・毛玠傳》　太祖爲司空、丞相，玠嘗爲東曹掾，與崔琰並典選舉。其所舉用，皆清正之士，雖於時有盛名而行不由本者，終莫得進。務以儉率人，由是天下之士莫不以廉節自勵，雖貴寵之臣，輿服不敢過度。太祖歎曰：『用人如此，使天下人自治，吾復何爲哉！』文帝爲五官將，親自詣玠，屬所親眷。玠答曰：『老臣以能守職，幸得免戾，今所説人非遷次，是以不敢奉命。』大軍還鄴，議所并省。玠請謁不行，時人憚之，咸欲省東曹。乃共白曰：『舊西曹爲上，東曹爲次，宜省東曹。』太祖知其情，令曰：『日出於東，月盛於東，凡人言方，亦復先東，何以省東曹？』遂省西曹。初，太祖平柳城，班所獲器物，特以素屏風素馮几賜玠，曰：『君有古人之風，故賜君古人之服。』玠居顯位，常布衣蔬食，撫育孤兄子甚篤，賞賜以振施貧族，家無所餘。遷右軍師。魏國初建，爲尚書僕射，復典選舉。

又　卷二二《魏志・衛臻傳》　明帝即位，進封康鄉侯，後轉爲右僕射，典選舉，如前加侍中。中護軍蔣濟遺臻書曰：『漢祖遇亡虜爲上將，周武拔漁父爲太師；布衣廝養，可登王公，何必守文，試而後用？』臻答曰：『古人遺智慧而任度量，須考績而加黜陟；今子同牧野於成、康，喻斷蛇於文、景，好不經之舉，開拔奇之津，將使天下馳騁而起矣。』

又　《盧毓傳》　時舉中書郎，詔曰：『得其人與否，在盧生耳。選舉莫取有名，名如畫地作餅，不可啖也。』毓對曰：『名不足以致異人，而可以得常士。常士畏教慕善，然後有名，非所當疾也。愚臣既不足以識異人，又主者正以循名案常爲職，但當有以驗其後。故古者敷奏以言，明試以功。今考績之法廢，而以毀譽相進退，故真僞渾雜，虚實相蒙。』帝納其言，即詔作考課法。會司徒缺，毓舉處士管寧，帝不能用。更問其次，毓對曰：『敦篤至行，則太中大夫韓暨；亮直清方，則司隷校尉崔林；貞固純粹，則太常常林。』帝乃用暨。毓於人及選舉，先舉性行，而後言才。黄門李豐嘗以問毓，毓曰：『才所以爲善也，故大才成大善，小才成小善。今稱之有才而不能爲善，是才不中器也。』豐等服其言。

又　卷五七《吴志・陸瑁傳》　陸瑁字子璋，丞相遜弟也。少好學篤義。【略】州郡辟舉，皆不就。【略】嘉禾元年，公車徵瑁，拜議郎、選曹尚書。

又　卷一一《魏志・邴原傳》裴松之注　《原别傳》曰：【略】後爲郡所召，署功曹主簿。時魯國孔融在郡，教選計當任公卿之才，乃以鄭玄爲計掾，彭璆爲計吏，原爲計佐。融有所愛一人，常盛嗟歎之。後恚望，欲殺之，朝吏皆請。時其人亦在坐，叩頭流血，而融意不解。原獨不爲請。融謂原曰：『衆皆請而君何獨不？』原對曰：『明府於某，本不薄也，常言歲終當舉之，此所謂「吾一子」也。如是，朝吏受恩未有在某前者矣，而今乃欲殺之。明府愛之，則引而方之於子，憎之，則推之欲危其身。原愚，不知明府以何愛之？以何惡之？』融曰：『某生於微門，吾成就其兄弟，拔擢而用之；某今孤負恩施。夫善則進之，惡則誅之，固君道也。往者應仲遠爲泰山太守，舉一孝廉，旬月之間而殺之。夫君人者，厚薄何常之有！』原對曰：『仲遠舉孝廉，殺之，其義焉在？夫孝廉，國之俊選也。舉之若是，則殺之非也；若殺之是，則舉之非也。《詩》云：「彼己之子，不遂其媾。」蓋譏之也。《語》云：「愛之欲其生，惡之欲其死。既欲其生，又欲其死，是惑也。」仲遠之惑甚矣。明府奚取焉？』融乃大笑曰：『吾直戲耳！』原又曰：『君子於其言，出乎身，加乎民；言行，君子之樞機也。安有欲殺人而可以爲戲者哉？』融無以答。是時漢朝陵遲，政以賄成，原乃將家人入郁洲山中。郡舉有道，融書喻原曰：『脩性保貞，清虚守高，危邦不入，久潛樂土。王室多難，西遷鎬京。聖朝勞謙，疇咨儁乂。我徂求定，策命懇惻。國之將隕，嫠不恤緯，家之將亡，緹縈跋涉，彼匹婦也，猶執此義。實望根矩，仁爲己任，授手援溺，振民於難。乃或晏晏居息，莫我肯顧，謂之君子，固如此乎！根矩，根矩，可以來矣！』原遂到遼東。

又　卷一二《魏志・毛玠傳》裴松之注　《先賢行狀》曰：玠雅亮公正，在官清恪。其典選舉，拔貞實，斥華僞，進遜行，抑阿黨。諸宰官治民功績不著而私財豐足者，皆免黜停廢，久不選用。于時四海翕然，莫不勵行。至乃長吏還者，垢面羸衣，常乘柴車。軍吏入府，朝服徒行。人擬壺飧之絜，家象濯纓之操，貴者無穢欲之累，賤者絶姦貨之求，吏絜於上，俗移乎下，民到于今稱之。

又　卷一五《魏志・賈逵傳》裴松之注　《魏略列傳》【略】黄初

中，儒雅並進，而（楊）沛本以事能見用，遂以議郎冗散里巷。沛前後宰歷城守，不以私計介意，又不肯以事貴人，故身退之後，家無餘積。治疾於家，借舍從兒，無他奴婢。後占河南（夕）［几］陽亭部荒田二頃，起瓜牛廬，居止其中，其妻子凍餓。沛病亡，鄉人親友及故吏民爲殯葬也。

又　卷四七《吴志·吴主傳》裴松之注　《江表傳》載權赤烏二年春正月詔曰：『郎吏者，宿衛之臣，古之命士也。間者所用頗非其人。自今選三署皆依四科，不得以虚辭相飾。』

北魏·崔鴻《十六國春秋》卷四《前秦録·苻健》　皇始三年春正月，下書曰：『其自公卿已下，歲舉賢良、方正、孝廉、清才、多略、博學、秀才、異行各一人，或獻書規諫，或面陳朕過，其悉以聞。勿懼貴賤。』

《宋書》卷二《武帝紀中》　（永初二年）二月己丑，車駕幸延賢堂策試諸州郡秀才、孝廉。揚州秀才顧練、豫州秀才殷朗所對稱旨，並以爲著作佐郎。

又　卷六《孝武帝紀》　（孝建元年春正月）戊申，詔曰：『首食尚農，經邦本務，貢士察行，寧朝當道。內難甫康，政訓未洽，衣食有仍耗之弊，選造無觀國之美。昔衛文勤民，高宗恭默，卒能收賢岩穴，大殷季年。朕每側席疚懷，無忘鑒寐。凡諸守莅親民之官，可詳申舊條，勤盡地利。力田善蓄者，在所具以名聞。褒甄之科，精爲其格。四方秀孝，非才勿舉，獻答允值，即就銓擢。若止無可採，猶賜除署；若有不堪酬奉，虚竊榮薦，遣還田里，加以禁錮。尚書百官之元本，庶績之樞機，丞郎列曹，局司有在。而頃事無巨細，悉歸令僕，非所以衆材成構，羣能濟業者也。可更明體制，咸責厥成，糾核勤惰，嚴施賞罰。』【略】

（大明六年正月，）下四方旌賞茂異，其有懷真抱素，志行清白，恬退自守，不交當世，或識通古今，才經軍國，奉公廉直，高譽在民，具以名奏。

又　卷七《前廢帝紀》　（永光元年八月）乙亥，詔曰：『昔凝神佇逸，磻溪贊道，湛慮思才，傅巖毗化。朕位御三極，風澄萬宇，資鈇電斷，正卯斯戮。思所以仰宣遺烈，俯弘景祚，每結夢庖鼎，瞻言板築，有劬日昃，無忘昧旦。可甄訪郡國，招聘間部：其有孝性忠節，幽居遁棲，信誠義行，廉正表俗，文敏博識，幹事治民，務加旌舉，隨才引擢。庶官克順，彝倫咸敍。主者精加詳括，稱朕意焉。』

又　卷八《明帝紀》　（泰始五年九月）己未，詔曰：『夫箕、潁之操，振古所貴，沖素之風，哲王攸重。朕屬横流之會，接難晦之辰，龕暴剪亂，日不暇給。今雖關、隴猶靄，區縣澄氛，偃武修文，於是乎在。思崇廉恥，用靜馳薄，固已物色載懷，寢興佇歎。其有貞棲隱約，自事衡樊，鑿壞遺榮，負釣辭聘，志恬江海，行高塵俗者，在所精加搜括，時以名聞。將賁園矜德，茂昭厥禮。羣司各舉所知，以時授爵。』

又　卷九《後廢帝紀》　（泰豫元年）六月壬辰，詔曰：『夫興王經制，實先民隱，方求廣教，刑於四維。朕以煢眇，夙膺寶曆，永言民政，未接聽覽，眷言乃顧，無忘鑒寐。可遣大使分行四方，觀采風謡，問其疾苦。令有咈民，法不便俗者，悉各條奏。若守宰威恩可紀，廉勤允著，依事騰聞；如獄訟誣枉，職事紕繆，惰公存私，害民利己者，無或隱昧。廣納芻輿之議，博求獻藝之規。巡省之道，務令精洽，深簡行識，俾若朕親覽焉。』又詔曰：『夫寢夢期賢，往誥垂美，物色求良，前書稱盛。朕以沖昧，嗣膺寶業，思仰述聖猷，勉弘政道，興言多士，常想得人。可普下牧守，廣加搜採。其有孝友聞族，義讓光閭，或匿名屠釣，隱身耕牧，足以整厲澆風，扶益淳化者，凡厥一善，咸無遺逸。虚輪佇帛，俟聞嘉薦。』

漢武元封四年，令諸州歲各舉秀才一人。後漢避光武諱，改茂才。魏復曰秀才。晉江左揚州歲舉二人，諸州舉一人，或三歲一人，隨州大小，並對策問。【略】漢武帝納董仲舒之言，元光元年，始令郡國舉孝廉，制郡口二十萬以上，歲察一人；四十萬以上，二人；六十萬，三人；八十萬，四人；百萬，五人；百二十萬，六人；不滿二十萬，二歲一人；不滿十萬，三歲一人。限以四科，一曰德行高妙，志節清白；二曰學通行修，經中博士；三曰明習法令，足以決疑，能案章覆問，文中御史；四曰剛毅多略，遭事不惑，明足決斷，材任三輔縣令。魏初，更制口十萬以上，歲一人，有秀異，不拘户口。江左以丹陽、吴、會稽、吴興並大郡，歲各舉二人。

又　卷五八《謝弘微傳》　晉世名家身有國封者，起家多拜員外散騎侍郎，弘微亦拜員外散騎，琅邪王大司馬參軍。

又　卷八四《鄧琬傳》　時軍旅大起，國用不足，募民上米二百斛，錢五萬，雜穀五百斛，同賜荒縣除。上米三百斛，錢八萬，雜穀千斛，同賜四品正令史；滿報，若欲署四品在家，亦聽。上米四百斛，錢十二萬，雜穀一千三百斛，同賜四品正令史；滿報，若欲署三品在家，亦聽。上米五百斛，錢十五萬，雜穀一千五百斛，同賜三品令史；滿報，若欲署内監在家，亦聽。上米七百斛，錢二十萬，雜穀二千斛，同賜荒郡除；若欲署諸王國三令在家，亦聽。

又　卷九四《恩幸傳序》　夫君子小人，類物之稱。蹈道則爲君子，違之則爲小人。屠釣，卑事也；版築，賤役也，太公起爲周師，傅説去爲殷相。非論公侯之世，鼎食之資，明揚幽仄，唯才是與。逮于二漢，茲道未革，胡廣累世農夫，伯始致位公相；黄憲牛醫之子，叔度名重京師。且任子居朝，咸有職業，雖七葉珥貂，見崇西漢，而侍中身奉奏事，又分掌御服。東方朔爲黄門侍郎，執戟殿下。郡縣掾史，並出豪家，負戈宿衛，皆由勢族，非若晚代，分爲二途者也。漢末喪亂，魏武始基，軍中倉卒，權立九品。蓋以論人才優劣，非爲世族高卑。因此相沿，遂爲成法。自魏至晉，莫之能改，州都郡正，以才品人，而舉世人才，升降蓋寡。徒以憑藉世資，用相陵駕，都正俗士，斟酌時宜，品目少多，隨事俯仰，劉毅所云『下品無高門，上品無賤族』者也。歲月遷訛，斯風漸篤，凡厥衣冠，莫非二品，自此以還，遂成卑庶。周、漢之道，以智役愚，臺隸參差，用成等級；魏晉以來，以貴役賤，士庶之科，較然有辨。夫人君南面，九重奥絶，陪奉朝夕，義隔卿士，階闥之任，宜有司存。既而恩以幸生，信由恩固，無可憚之姿，有易親之色。孝建、泰始，主威獨運，官置百司，權不外假，而刑政糾雜，理難遍通，耳目所寄，事歸近習。賞罰之要，是謂國權，出内王命，由其掌握，於是方途結軌，輻湊同奔。人主謂其身卑位薄，以爲權不得重。曾不知鼠憑社貴，狐藉虎威，外無逼主之嫌，内有專用之功，勢傾天下，未之或悟。挾朋樹黨，政以賄成，鈇鉞創痏，構於筵笫之曲，服冕乘軒，出乎言笑之下。南金北毳，來悉方艚，素縑丹魄，至皆兼兩，西京許、史，蓋不足云，晉朝王、庾，未或能比。及太宗晚運，慮經盛衰，權幸之徒，慴憚宗戚，欲使幼主孤立，永竊國權，構造同異，興樹禍隙，帝弟宗王，相繼屠剿。民忘宋德，雖非一途，寔祚夙傾，實由於此。嗚呼！《漢書》有《恩澤侯表》，又有《佞幸傳》。今采其名，列以爲《恩倖》篇云。

《南齊書》卷三一《豫章文獻王傳》　王侯出身官無定，准素姓三公長子一人爲員外郎。建武中，子操解褐爲給事中，自此齊末皆以爲例。

又　卷三七《謝超宗傳》　泰始初，爲建安王司徒參軍事，尚書殿中郎。三年，都令史駱宰議策秀才考格，五問並得爲上，四、三爲中，二爲下，一不合與第。超宗議以爲『片辭折獄，寸言挫衆，魯史褒貶，孔《論》興替，皆無俟繁而後秉裁。夫表事之淵，析理之會，豈必委牘方切治道。非患對不盡問，患以恒文弗奇。必使一通峻正，寧劣五通而常；與其俱奇，必使一亦宜採。』詔從宰議。

《魏書》卷七上《高祖紀上》　（延興二年六月）丙申詔曰：『頃者州郡選貢，多不以實，碩人所以窮處幽仄，鄙夫所以超分妄進，豈所謂旌賢樹德者也！今年貢舉，尤爲猥濫。自今所遣，皆門盡州郡之高，才極鄉閭之選。』

又　卷七下《高祖紀下》　（太和十九年冬十月）辛酉，詔州郡諸有士庶經行修敏、文思遒逸，才長吏治、堪幹政事者，以時發遣。【略】十有二月乙未朔，引見羣臣於光極堂，宣示品令，爲大選之始。【略】（二十年三月）丁丑，詔諸州中正各舉其鄉之民望，年五十以上守素衡門者，授以令長。

又　卷八《世宗紀》　（正始元年）冬十月乙未，詔斷羣官白衣募吏。【略】（永平二年）十有二月，詔曰：『五等諸侯，比無選式。其同姓者出身：公正六下，侯從六上，伯從六下，子正七上，男正七下。異族出身：公從七上，侯從七下，伯正八上，子正八下，男從八上。清修出身：公從八下，侯正九上，伯正九下，子從九上，男從九下。可依此敍之。』

又　卷九《肅宗紀》　（熙平元年二月）癸亥，初聽秀才對策，第居中上已上，敍之。【略】

（熙平二年正月）庚寅，詔遣大使巡行四方，問疾苦，恤孤寡，黜陟幽明。又詔：『選曹用人，務在得才，廣求棲遁，共康治道。【略】偷竊軍階，亦悉沙汰。籍貫不實，普使糾案，聽自歸首，逋違加罪。』【略】

（八月）己亥，詔庶族子弟年未十五不聽入仕。詔曰：『皇魏開基，道邁周漢，蟬連二都，德盛百祀。雖帝胤蕃衍，親賢並茂，而猶沉屈素履，巾褐衡門，非所謂廣命戚族，翼屏王室者也。今可依世近遠，敍之列位。』

又 卷一〇《敬宗紀》（建義元年五月）壬午，詔求德行、文藝、政事强直者，縣令、太守、刺史皆敍其志業，具以表聞。得三人以上，縣令、太守、刺史賞一階；舉非其人，亦黜一階。又以舊敍軍勳不過征虜，自今以後宜依前式以上，餘階積而爲品。其從輿駕北來之徒，不在此例。悉不聽破品受階，破階請帛。

又 卷一一《前廢帝廣陵王紀》（普泰元年三月）庚寅，詔天下有德孝仁賢忠義志信者，可以禮召赴闕，不應召者以不敬論。

又 卷一二《孝靜帝紀》（天平三年春正月）戊申，詔百官舉士，舉不稱才者兩免之。

又 卷六〇《韓麒麟傳》（韓）顯宗又上言曰：『進賢求才，百王之所先也。前代取士，必先正名，故有賢良、方正之稱。今之州郡貢察，徒有秀、孝之名，而無秀、孝之實。而朝廷但檢其門望，不復彈坐。如此，則可令別貢門望，以敍士人，何假冒秀、孝之名也？夫門望者，是其父祖之遺烈，亦何益於皇家？益于時者，賢才而已。苟有其才，雖屠釣奴虜之賤，聖皇不恥以爲臣；苟非其才，雖三后之胤，自墜於阜隸矣。是以大才受大官，小才受小官，各得其所，以致雍熙。議者或云，今世等無奇才，不若取士於門。此亦失矣。豈可以世無周邵，便廢宰相而不置哉？但當校其有寸長銖重者，即先敍之，則賢才無遺矣。』

隋・虞世南《北堂書鈔》卷七九《設官部三十一・孝廉》 鄉舉。陳羣《同歲論》云：初選孝廉，鄉舉里選，郡舉一人，後積增益至六人也。【略】

無裝帛。孔融《同歲論》云：記吏孝廉，無裝帛也。

孝廉皆限年，恐失賢才之士。《崔氏家傳》：崔瓊上疏曰：『字孝廉，皆限年三十，乃得察舉，恐失賢才速成之士也。』

試之以下。王朗《論考試考》云：臣聞試可，乃已謂試之以事，非謂試之以誦而已。

孝廉經通，誰應此舉。應璩詩云：京師何繽紛，車馬相奔起。孝廉經術通，誰能應此舉，真言有所爲。

經能博學，可爲孝廉。唐廉《孝廉經》：能博學，行不犯經，可謂孝廉之士也。

賢則光君，愚則虧政。荀爽《讓孝廉記》云：伏惟孝廉，古之貢士。賢則光君，愚則虧政，乃上世士也。【略】

三年考德，再拜受之。杜真奏事云：令諸國舉孝廉卽古之貢士也。三年考德□道藝之士于王，王再拜，兩受之也。

又《秀才》 舉秀《晉令》云：舉秀才明經，傳者簡以衆典才茂。

五策《晉令》：舉秀才必五策皆通。拜爲郎中，一策不通不得選。

會樂賢堂。《晉中興書》云：咸和六年，會秀才於樂賢堂廟見也。

皆取才行一州之俊。《晉令》云：舉秀才，皆行儀典，爲一州之俊。

《梁書》卷一《武帝紀上》（中興二年二月）高祖上表曰：

臣聞以言取士，士飾其言，以行取人，人竭其行。所謂才生於世，窮達惟時；而風流遂往，馳騖成俗，媒孽夸衒，利盡錐刀，遂使官人之門，肩摩轂擊。豈直暴蓋露冠，不避寒暑，遂乃戢屨杖策，風雨必至。良由鄉舉里選，不師古始，稱肉度骨，遺之管庫。加以山河梁畢，闕輿徵之恩；金、張、許、史，忘舊業之替。吁，可傷哉！且夫譜牒訛誤，詐僞多緒，人物雅俗，莫肯留心。是以冒襲良家，即成冠族；妄修邊幅，便爲雅士；負俗深累，遽遭寵擢；墓木已拱，方被徽榮。故前代選官，皆立選簿，應在貫魚，自有銓次。冑籍升降，行能臧否，或素定懷抱，或得之餘論，故得簡通賓客，無事掃門。頃代陵夷，九流乖失。其有勇退忘進，懷質抱真者，選部或以未經朝謁，難於進用。或有晦善藏聲，自埋衡蓽，又以名不素著，絕其階緒。必須畫刺投狀，然後彈冠，則是驅迫廉撝，獎成澆競。愚謂自今選曹宜精隱括，依舊立簿，使冠屨無爽，名實不違，庶人識崖涘，造請自息。

且聞中間立格，甲族以二十登仕，後門以過立試吏，求之愚懷，抑有未達。何者？設官分職，惟才是務。若八元立年，居阜隸而見抑；四凶弱冠，處鼎族而宜甄。是則世祿之家，無意爲善；布衣之士，肆心爲惡。

豈所以弘獎風流，希向後進？此實巨蠹，尤宜刊革。不然，將使周人有路傍之泣，晉臣興漁獵之歎。且俗長浮競，人寡退情，若限歲登朝，必增年就宦，故貌實昏童，籍已逾立，滓穢名教，於斯爲甚。

臣總司內外，憂責是任，朝政得失，義不容隱。伏願陛下垂聖淑之姿，降聽覽之末，則彝倫自穆，憲章惟允。

詔依高祖表施行。

又 卷二《武帝紀中》 （天監）四年春正月癸卯朔，詔曰：「今九流常選，年未三十，不通一經，不得解褐。若有才同甘、顔，勿限年次。」置《五經》博士各一人。【略】（七年二月）庚午，詔於州郡縣置州望、郡宗、鄉豪各一人，專掌搜薦。【略】（八年）五月壬午，詔曰：「學以從政，殷勤往哲，禄在其中，抑亦前事。朕思闡治綱，每敦儒術，軾閭闢館，造次以之。故負帙成風，甲科間出，方當置諸周行，飾以青紫。其有能通一經，始末無倦者，策實之後，選可量加敍録。雖復牛監羊肆，寒品後門，並隨才試吏，勿有遺隔。」【略】（天監九年）三月己丑，車駕幸國子學，親臨講肆，賜國子祭酒以下帛各有差。乙未，詔曰：「王子從學，著自禮經，貴遊咸在，實惟前誥，所以式廣義方，克隆教道。今成均大啓，元良齒讓，自斯以降，並宜肄業。皇太子及王侯之子，年在從師者，可令入學。」

又 卷三《武帝紀下》 （普通三年五月）癸巳，赦天下。並班下四方，民所疾苦，咸即以聞，公卿百僚各上封事，連率郡國舉賢良、方正、直言之士。【略】

（普通七年四月）詔在位羣臣，各舉所知，凡是清吏，咸使薦聞，州年舉二人，大郡一人。

又 卷三四《張纘傳》 纘年十一，尚高祖第四女富陽公主，拜駙馬都尉，封利亭侯，召補國子生。起家秘書郎，時年十七。【略】纘好學，兄緬有書萬餘卷，晝夜披讀，殆不輟手。秘書郎有四員，宋、齊以來，爲甲族起家之選，待次入補，其居職，例數十百日便遷任。纘固求不徙，欲遍觀閣內圖籍。嘗執四部書目曰：「若讀此畢，乃可言優仕矣。」如此數載，方遷太子舍人，轉洗馬、中舍人，並掌管記。

又 卷四八《儒林傳・賀瑒》 賀瑒，字德璉，會稽山陰人也。祖道力，善《三禮》，仕宋爲尚書三公郎、建康令。

瑒少傳家業。齊時，沛國劉瓛爲會稽府丞，見蒨深器異之。嘗與俱造吳郡張融，指蒨謂融曰：「此生神明聰敏，將來當爲儒者宗。」瓛還，薦之爲國子生。舉明經，揚州祭酒，俄兼國子助教。歷奉朝請、太學博士、太常丞，遭母憂去職。天監初，復爲太常丞，有司舉治賓禮，召見説《禮》義，高祖異之，詔朝朔望，預華林講。四年初，開五館，以瑒兼《五經》博士，別詔爲皇太子定禮，撰《五經義》。瑒悉禮舊事。時高祖方創定禮樂，蒨所建議，多見施行。七年，拜步兵校尉，領《五經》博士。【略】瑒於《禮》尤精，館中生徒常百數，弟子明經封策至數十人。

二子。革，字文明。少通《三禮》，及長，遍治《孝經》、《論語》、《毛詩》、《左傳》。起家晉安王國侍郎、兼太學博士，侍湘東王讀。敕於永福省爲邵陵、湘東、武陵三王講禮。稍遷湘東王府行參軍，轉尚書儀曹郎。尋除秣陵令，遷國子博士，于學講授，生徒常數百人。出爲西中郎湘東王諮議參軍，帶江陵令。王初於府置學，以革領儒林祭酒，講《三禮》，荆楚衣冠聽者甚衆。

又 卷三一《袁君正傳》 君正，美風儀，善自居處，以貴公子得當世名譽。頃之，兼吏部郎，以母憂去職。服闋，爲邵陵王友、北中郎長史、東陽太守。尋徵還都，郡民徵士徐天祐等三百人詣闕乞留一年，詔不許，仍除豫章內史，尋轉吳郡太守。

《陳書》卷六《後主紀》 （太建十四年四月）癸卯，詔曰：「中歲克定淮、泗，爰涉青、徐，彼土酋豪，並輸罄誠款，分遣親戚，以爲質任。今舊土淪陷，復成異域，南北阻遠，未得會同，念其分乖，殊有愛戀。夷狄吾民，斯事一也，何獨譏禁，使彼離析？外可即檢任子館及東館並帶保任在外者，並賜衣糧，頒之酒食，遂其鄉路，所之阻遠，便發遣船仗衛送，必令安達。若已預仕宦及別有事義不欲去者，亦隨其意。」

又 卷二四《袁憲傳》 大同八年，武帝撰《孔子正言章句》，詔下國學，宣制旨義。憲時年十四，被召爲國子《正言》生，謁祭酒到溉，溉目而送之，愛其神彩。在學一歲，國子博士周弘正謂憲父君正曰：「賢子今茲欲策試不？」君正曰：「經義猶淺，未敢令試。」居數日，君正遣門下客岑文豪與憲候弘正，會弘正將登講坐，弟子畢集，乃延憲入室，授以麈尾，令憲樹義。時謝岐、何妥在坐，弘正謂曰：『二賢雖窮奧賾，得無憚此後生耶！』何、謝於是遞起義端，深極理致，憲與往復數番，酬對閑敏。弘正謂妥曰：『恣卿所問，勿以童稚相期。』時學衆滿堂，觀者重沓，而憲神色自若，辯論有餘。弘正請起數難，終不能屈，因告文豪曰：『卿還咨袁吳郡，此郎已堪見代爲博士矣。』時生徒對策，多行賄賂，文豪請具束脩，君正曰：『我豈能用錢爲兒買第耶？』學司銜之。及憲試爭起劇難，憲隨問抗答，剖析如流，到溉顧憲曰：『袁君正其有後矣。』及君正將之吳郡，溉祖道於征虜亭，謂君正曰：『昨策生蕭敏孫、徐孝克，非不解義，至於風神器局，去賢子遠矣。』尋舉高第。以貴公子選尚南沙公主，即梁簡文之女也。

又　卷二六《徐儀傳》　儀少聰警，以《周易》生舉高第爲秘書郎，出爲烏傷令。禎明初，遷尚書殿中郎，尋兼東宮學士。

《北齊書》卷六《補昭帝紀》（皇建二年）二月丁丑，詔内外執事之官從五品已上及三府主簿録事參軍、諸王文學、侍御史、廷尉三官、尚書郎中、中書舍人，每二年之内各舉一人。

又　卷八《補後主紀》（天統三年春正月）戊戌，太上皇帝詔京官執事散官三品已上各舉三人，五品已上各舉二人；稱事七品已上及殿中侍御史、尚書都檢校御史、主書及門下録事各舉一人。

又　《補幼主紀》　任陸令萱、和士開、高阿那肱、穆提婆、韓長鸞等宰制天下，陳德信、鄧長顒、何洪珍參預機權。各引親黨，超居非次，官由財進，獄以賄成，其所以亂政害人，難以備載。諸宮奴婢、閹人、商人、胡户、雜户、歌舞人、見鬼人濫得富貴者將萬數，庶姓封王者百數，不復可紀。開府千餘，儀同無數。領軍一時二十，連判文書，各作依字，不具姓名，莫知誰也。諸貴寵祖禰追贈官，歲一進，位極乃止。宮掖婢皆封郡君，【略】承武成之奢麗，以爲帝王當然。【略】賦斂日重，徭役日繁，人力既殫，幣藏空竭。乃賜諸佞幸賣官。或得郡兩三，或得縣六七，各分州郡，下逮鄉官亦多降中旨，故有『敕用州主簿』、『敕用郡功曹』。於是州縣職司多出富商大賈，競爲貪縱，人不聊生。

又　卷三四《補楊愔傳》　久之，以本官兼尚書吏部郎中。武定末，以望實之美，超拜吏部尚書，加侍中、衛將軍，侍學典選如故。典選二十餘年，奬擢人倫，以爲己任。然取士多以言貌，時致謗言，以爲愔之用人，似貧士市瓜，取其大者。愔聞，不屑焉。其聰記强識，半面不忘。每有所召問，或單稱姓，或單稱名，無有誤者。後有選人魯漫漢，自言猥賤，獨不見識。愔曰：『卿前在元子思坊，騎禿尾草驢，經見我不下，以方麴鄣面，我何不識卿？』漫漢驚服。又調之曰：『名以定體，漫漢果自不虚。』又令吏唱人名，誤以盧士深爲士琛，士深自言。愔曰：『盧郎玉潤，所以從玉。』自尚公主後，衣紫羅袍，金縷大帶。遇李庶，頗以爲耻，謂曰：『我此衣服，都是内裁，既見子將，不能無愧。』

又　卷四四《儒林傳・劉晝》　河清初，還冀州，舉秀才入京，考策不第。乃恨不學屬文，方復緝綴辭藻，言甚古拙。制一首賦，以『六合』爲名，自謂絶倫，吟諷不輟。乃歎曰：『儒者勞而少工，見於斯矣。我讀儒書二十餘年而答策不第，始學作文，便得如是。』曾以此賦呈魏收，收謂人曰：『賦名「六合」，其愚已甚，及見其賦，又愚於名。』

又　《馬敬德》　馬敬德，河間人也。少好儒術，負笈隨大儒徐遵明學《詩》、《禮》，略通大義而不能精。遂留意于《春秋左氏》，沉思研求，晝夜不倦，解義爲諸儒所稱。教授于燕、趙間，生徒隨之者衆。河間郡王每於教學追之，將舉爲孝廉，固辭不就。乃詣州求舉秀才，舉秀才例取文士，州將以其純儒，無意推薦。敬德請試方略，乃策問之，所答五條，皆有文理。乃欣然舉送至京。依秀才策問，唯得中第，乃請試經業，問十條並通。擢授國子助教，遷太學博士。

天統初，除國子博士。世祖爲後主擇師傅，趙彦深進之，入爲侍講。其妻夢猛獸將來向之，敬德走超叢棘，妻伏地不敢動。敬德占之曰：『吾當得大官。超棘，過九卿也。爾伏地，夫人也。』後主既不好學，敬德侍講甚疏，時時以《春秋》入授。武平初，猶以師傅之恩，超拜國子祭酒，加儀同三司、金紫光禄大夫，領瀛州大中正。

又　卷四五《文苑傳・樊遜》　梁州刺史劉殺鬼以遜兼録事參軍，仍舉秀才。尚書案舊令，下州三載一舉秀才，爲五年已貢開封人鄭祖獻，計至此年未合。兼別駕王聰抗議，右丞陽斐不能卻。尚書令高隆之曰：『雖遜才學優異，待明年仕非遠。』遜竟還本州。八年，轉兼長史，從軍南討。軍還，殺鬼移任潁川，又引遜兼潁州長史。天保元年，本州復召舉秀才。二年春，會朝堂對策罷，中書郎張子融奏入。至四年五月，遜與定州秀才李子宣等以對策三年不調，被付外，上書請從聞罷，詔不報。

梁州重表舉遜爲秀才。

《周書》卷三《閔帝紀》　（元年八月）甲午，詔曰：『帝王之治天下，罔弗博求衆才，以乂厥民。今二十四軍宜舉賢良堪治民者，軍列九人。被舉之人，於後不稱厥任者，所舉官司，皆治其罪。』

又　卷六《武帝紀下》　（建德四年閏十月）詔諸畿郡各舉賢良。

【略】

（建德五年十二月）并州平。壬戌，詔曰：

【略】可大赦天下。高緯及王公以下，若釋然歸順，咸許自新。諸亡入僞朝，亦從寬宥。官榮次序，依例無失。其齊僞制令，即宜削除。鄒魯縉紳，幽并騎士，一介可稱，並宜銓録。百年去殺，雖或難希，期月有成，庶幾可勉。【略】

（六年）三月壬午，詔山東諸州，各舉明經幹治者二人。若奇才異術，卓爾不羣者，弗拘多少。【略】

（七月）己丑，詔山東諸州舉有才者，上縣六人，中縣五人，下縣四人，赴行在所，共論治政得失。【略】

（九月）壬辰，詔東土諸州儒生，明一經已上，並舉送，州郡以禮發遣。

又　卷七《宣帝紀》　（宣政元年八月）詔制九條，宣下州郡：一曰，決獄科罪，皆准律文；二曰，母族絶服外者，聽婚；三曰，以杖決罰，悉令依法；四曰，郡縣當境賊盜不擒獲者，並仰録奏；五曰，孝子順孫義夫節婦，表其門閭，才堪任用者，即宜申薦；六曰，或昔經驅使，名位未達，或沉淪蓬蓽，文武可施，宜並採訪，具以名奏；七曰，僞齊七品以上，已勑收用，八品以下，爰及流外，若欲入仕，皆聽預選，降二等授官；八曰，州舉高才博學者爲秀才，郡舉經明行修者爲孝廉，上州、上郡歲一人，下州、下郡三歲一人；九曰，年七十以上，依式授官，鰥寡困乏不能自存者，並加稟恤。

又　卷八《靜帝紀》　（大定元年春正月）丙戌，詔曰：『帝王設官，惟才是務，人臣報國，薦賢爲重。去歲已來，屢有妖寇，宰臣英算，咸得清蕩。逆亂之後，兵車始揭，遐邇勞役，生民未康。居官之徒，致治者寡。斯故上失其道，以至於兹，亦由下有幽人，未展其力。今四海寧一，八表無塵，元輔執鈞，垂風揚化。若使天下英傑，盡升於朝，銓衡陟降，量才而處，垂拱無爲，庶幾可至。』於是遣戎秩上開府以上，職事下大夫以上，外官刺史以上，各舉清平勤幹者三人。被舉之人，居官三年有功過者，所舉之人，隨加賞罰。

《隋書》卷二六《百官志上·陳》　陳依梁制，年未滿三十者，不得入仕。唯經學生策試得第，諸州光迎主簿，西曹左奏及經爲挽郎得仕。其諸郡，唯正王任丹陽尹經迎得出身，庶姓尹則不得。必有奇才異行殊勳，別降恩旨敍用者，不在常例。其相知表啓通舉者，每常有之，亦無年常考校黜陟之法。既不爲此式，所以勤惰無辨。凡選官無定期，隨闕即補，多更互遷官，未必即進班秩。其官唯論清濁，從濁官得微清，則勝於轉。若有遷授，或由別勑，但移轉一人爲官，則諸官多須改動。其用官式，吏部先爲白牒，録數十人名，吏部尚書與參掌人共署奏。勑或可或不可。其不用者，更銓量奏請。若勑可，則付選，更色別，量貴賤，内外分之，隨才補用。以黄紙録名，八座通署，奏可，即出付典名。而典以名貼鶴頭板，整威儀，送往得官之家。其有特發詔授官者，即宜付詔誥局，作詔章草奏聞。勑可，黄紙寫出門下。門下答詔，請付外施行。又畫可，付選司行召。得詔官者，不必皆須待召。但聞詔出，明日，即與其親入謝後，詣尚書，上省拜受。若拜王公則臨軒。

又　卷七五《儒林傳·劉炫》　（牛）弘嘗從容問炫曰：『案《周禮》士多而府史少，今令史百倍于前，判官減則不濟，其故何也？』炫對曰：『古人委任責成，歲終考其殿最，案不重校，文不繁悉，府史之任，掌要目而已。【略】古今不同，若此之相懸也，事繁政弊，職此之由。』弘又問：『魏、齊之時，令史從容而已，今則不遑寧舍，其事何由？』炫對曰：『齊氏立州不過數十，三府行臺，遞相統領，文書行下，不過十條。今州三百，其繁一也。往者州唯置綱紀，郡置守丞，縣唯令而已。其所具僚，則長官自辟，受詔赴任，每州不過數十。今則不然，大小之官，悉由吏部，纖介之迹，皆屬考功，其繁二也。省官不如省事，省事不如清心。官事不省而望從容，其可得乎？』弘甚善其言而不能用。

《晉書》卷三《武帝紀》（咸熙二年十一月）乙未，令諸郡中正以六條舉淹滯：一曰忠恪匪躬，二曰孝敬盡禮，三曰友于兄弟，四曰潔身勞謙，五曰信義可復，六曰學以爲己。【略】

（泰始五年）十二月，詔州郡舉勇猛秀異之才。

又 卷二八《五行志中·羽蟲之孽》 魏文帝黄初四年五月，有鵜鶘鳥集靈芝池。案劉向説，此羽蟲之孽，又青祥也。詔曰：『此詩人所謂汙澤者也。《曹詩》「刺共公遠君子近小人」，今豈有賢智之士處於下位，否則斯鳥何爲而至哉！其博舉天下俊德茂才獨行君子，以答曹人之刺。』於是楊彪、管寧之徒咸見薦舉，此所謂睹妖知懼者也。

又 《毛蟲之孽》 成帝咸和六年正月丁巳，會州郡秀孝于樂賢堂，有麏見於前，獲之。孫盛以爲吉祥。夫秀孝，天下之彦士；樂賢堂，所以樂養賢也。自喪亂以後，風教陵夷，秀孝策試，乏四科之實。麏興於前，或斯故乎？

又 卷四四《盧欽傳》 盧欽，字子若，范陽涿人也。【略】欽清澹有遠識，篤志經史，舉孝廉，不行，魏大將軍曹爽辟爲掾。

又 卷四五《郭奕傳》 時亭長李含有俊才，而門寒爲豪族所排，奕用爲別駕，含後果有名位，時以奕爲知人。

又 卷四六《李重傳》 （重）上疏陳九品曰：

先王議制，以時因革，因革之理，維變所適。九品始於喪亂，軍中之政，誠非經國不刊之法也。且其檢防轉碎，徵形失實，故朝野之論，僉謂驅動風俗，爲弊已甚。而至於議改，又以爲疑。臣以革法創制，當先盡開塞利害之理，舉而錯之，使體例大通而無否滯亦未易故也。

古者諸侯之治，分土有常，國有定主，人無異望，卿大夫世禄，仕無出位之思，臣無越境之交，上下體固，人德歸厚。秦反斯道，罷侯置守，風俗淺薄，自此來矣。漢革其弊，斟酌周、秦，並建侯守，亦使分土有定，而牧司必各舉賢，貢士任之鄉議，事合聖典，比蹤三代。方今聖德之隆，光被四表，兆庶顒顒，欣睹太平。然承魏氏凋弊之迹，人物播越，仕無常朝，人無定處，郎吏蓄於軍府，豪右聚於都邑，事體駁錯，與古不同。謂九品既除，宜先開移徙，聽相並就。且明貢舉之法，不濫於境外，則冠帶之倫將不分而自均，即土斷之實行矣。又建樹官司，功在簡久。階級少，則人心定；久其事，則政化成而能否著，此三代所以直道而行也。以爲選例九等，當今之要，所宜施用也。聖王知天下之難，常從事于其易。故寄隱括于閭伍，則邑屋皆爲有司。若任非所由，事非所核，則雖竭聖智，猶不足以贍其事。由此而觀，誠令二者即行，即人思反本，修之於鄉，華競自息，而禮讓日隆矣。

又 卷四七《傅咸傳》 咸再爲本郡中正，遭繼母憂去官。頃之，起以議郎，長兼司隸校尉。咸前後固辭，不聽，敕使者就拜，咸復送還印綬。公車不通，催使攝職。咸以身無兄弟，喪祭無主，重自陳乞，乃使於官舍設靈坐。咸又上表曰：『臣既駑弱，不勝重任。加在哀疚，假息日闋，陛下過意，授非所堪。披露丹款，歸窮上聞，謬詔既往，終然無改。臣雖不能滅身以全禮教，義無靦然，虚忝隆寵。前受嚴詔，視事之日，私心自誓，隕越爲報。以貨賂流行，所宜深絶，切敕都官，以此爲先。而經彌日月，未有所得。斯由陛下有以奬厲，慮於愚戇，將必死繫，故自掩檢以避其鋒耳。在職有日，既無赫然之舉，又不應弦垂翅，人誰復憚？故光禄大夫劉毅爲司隸，聲震内外，遠近清肅。非徒毅有王臣匪躬之節，亦由所奏見從，威風得伸也。』詔曰：『但當思必應繩中理，威風日伸，何獨劉毅！』

時朝廷寬弛，豪右放恣，交私請托，朝野溷淆。咸奏免河南尹澹、左將軍倩、廷尉高光、兼河南尹何攀等，京都肅然，貴戚懾伏。咸以『聖人久于其道，天下化成。是以唐、虞三載考績，九年黜陟。其在《周禮》，三年大比。孔子亦云，「三年有成」。而中間以來，長吏到官，未幾便遷，百姓困于無定，吏卒疲於送迎』。時僕射王戎兼吏部，咸奏：『戎備位臺輔，兼掌選舉，不能謐靜風俗，以凝庶績，至令人心傾動，開張浮競。中郎李重、李義不相匡正。請免戎等官。』詔曰：『政道之本，誠宜久於其職，咸奏是也。戎職在論道，吾所崇委，其解禁止。』御史中丞解結以咸劾戎爲違典制，越局侵官，干非其分，奏免咸官。詔亦不許。

又 卷四八《段灼傳》 （段灼）又陳曰：

昔伐蜀，募取涼州兵馬、羌胡健兒，許以重報，五千餘人，隨艾討賊，功皆第一。而《乙亥詔書》，州郡將督，不與中外軍同，雖在上功，無應封者。唯金城太守楊欣所領兵，以逼江由之勢，得封者三十人。自金城以西，非在欣部，無一人封者。苟在中軍之例，雖下功必侯；如在州郡，雖功高不封，非所謂近不重施，遠不遺恩之謂也。

臣聞魚懸由於甘餌，勇夫死於重報。故荆軻慕燕丹之義，專諸感闔閭之愛，匕首振于秦庭，吴刀耀於魚腹，視死如歸，豈不有由也哉！夫功名重賞，士之所競，不平致怨，由來久矣。《詩》云：『屍鳩在桑，其子七兮。淑人君子，其儀一兮。』臣以爲此等宜蒙爵封。

又　《閻纘傳》　愍懷太子之廢也，纘輿棺詣闕，上書理太子之冤曰：

【略】臣伏念（司馬遹）生於聖父而至此者，由於長養深宫，沈淪富貴，受饒先帝，父母驕之。每見選師傅下至羣吏，率取膏粱擊鐘鼎食之家，希有寒門儒素如衛綰、周文、石奮、疏廣，洗馬、舍人亦無汲黯、鄭莊之比，遂使不見事父事君之道。臣案古典，太子居以士禮，與國人齒，以此明先王欲令知先賤然後乃貴。自頃東宫亦微太盛，所以致敗也。非但東宫，歷觀諸王師友文學，皆豪族力能得者，率非龔遂、王陽，能以道訓。友無亮直三益之節，官以文學爲名，實不讀書，但共鮮衣好馬，縱酒高會，嬉遊博弈，豈有切磋，能相長益！臣常恐公族遲陵，以此歎息。今遹可以爲戒，恐其被斥，棄逐遠郊，始當悔過，無所復及。【略】

今遹【略】尚可禁持，重選保傅。如司空張華，道德深遠，乃心忠誠，以爲之師。光禄大夫劉寔，寒苦自立，終始不衰，年同吕望，經藉不廢，以爲之保。尚書僕射裴頠，明允恭肅，體道居正，以爲之友。置游談文學，皆選寒門孤宦以學行自立者，及取服勤更事、涉履艱難、事君事親、名行素聞者，使與共處。使嚴御史監護其家，絶貴戚子弟、輕薄賓客。如此，左右前後，莫非正人。師傅文學，可令十日一講，使共論議於前。敕使但道古今孝子慈親，忠臣事君，及思愆改過之義，皆聞善道，庶幾可全。

臣素寒門，無力仕宦，不經東宫，情不私遹。

又　卷六四《會稽王道子傳》　于時朝政既紊，左衛領營將軍會稽許榮上疏曰：『今臺府局吏、直衛武官及僕隸婢兒取母之姓者，本臧獲之徒，無鄉邑品第，皆得命議，用爲郡守縣令，並帶職在内，委事於小吏手中；僧尼乳母，競進親黨，又受貨賂，輒臨官領衆。無衛霍之才，而比方古人，爲患一也。』【略】

嬖人趙牙出自優倡，茹千秋本錢塘捕賊吏，因賂諂進，道子以牙爲魏郡太守，千秋驃騎諮議參軍。牙爲道子開東第，築山穿池，列樹竹木，功用鉅萬。道子使宫人爲酒肆，沽賣于水側，與親昵乘船就之飲宴，以爲笑樂。帝嘗幸其宅，謂道子曰：『府内有山，因得遊矚，甚善也。然修飾太過，非示天下以儉。』道子無以對，唯唯而已，左右侍臣莫敢有言。帝還宫，道子謂牙曰：『上若知山是板築所作，爾必死矣。』牙曰：『公在，牙何敢死！』營造彌甚。千秋賣官販爵，聚資貨累億。

又　卷七〇《甘卓傳》　中興初，以邊寇未静，學校陵遲，特聽不試孝廉，而秀才猶依舊策試。卓上疏以爲：『答問損益，當須博通古今，明達政體，必求諸墳索，乃堪其舉。臣所忝州往遭寇亂，學校久替，人士流播，不得比之餘州。策試之由，當藉學功，謂宜同孝廉例，申與期限。』疏奏，朝議不許。卓於是精加隱括，備禮舉桂陽谷儉爲秀才。儉辭不獲命，州厚禮遣之。諸州秀才聞當考試，皆憚不行，惟儉一人到臺，遂不復策試。儉恥其州少士，乃表求試，以高第除中郎。

又　卷七六《王彪之傳》　時衆官漸多，而遷徙每速，彪之上議曰：

爲政之道，以得賢爲急，非謂雍容廊廟，標的而已，固將莅任贊時，職思其憂也。得賢之道，在於莅任；莅任之道，在於能久；久於其道，天下化成。是以三載考績，三考黜陟，不收一切之功，不採速成之譽。故勳格辰極，道融四海，風流遐邈，聲冠百代。凡庸之族衆，賢能之才寡，才寡於世而官多於朝，焉得不賢鄙共貫，清濁同官！官衆則闕多，闕多則遷速，前後去來，更相代補，非爲故然，理固然耳。所以職事未修，朝風未澄者也。職事之修，在於省官；朝風之澄，在於并職。官省則選清而得久，職并則吏簡而俗静；選清則勝人久於其事，事久則中才猶足有成。

今内外百官，較而計之，固應有并省者矣。六卿之任，太常望雅而職重，然其所司，義高務約。宗正所統蓋鮮，可以并太常。宿衛之重，二衛任之，其次驍騎、左軍各有所領，無兵軍校皆應罷廢。四軍皆罷，則左軍之名不宜獨立，宜改游擊以對驍騎。内官自侍中以下，舊員皆四，中興之初，二人而已。二人對直，或有不周，愚謂三人，於事則無闕也。凡餘諸官，無綜事實者，可令大官隨才位所帖而領之，若未能頓廢，自可因缺而省之。委之以職分，責之以有成，能否因考績而著，清濁隨黜陟而彰。雖緝熙之隆、康哉之歌未可，使庶官之選差清，莅職之日差久，無奉禄之虚費，簡吏寺之煩役矣。

又　卷七七《陸曄傳》　預討華軼功，封平望亭侯，累遷散騎常侍、本郡大中正。太興元年，遷太子詹事。時帝以侍中皆北士，宜兼用南人，曄以清貞著稱，遂拜侍中，徙尚書，領州大中正。

又　卷七八《孔坦傳》　先是，以兵亂之後，務存慰悅，遠方秀孝到，不策試，普皆除署。至是，帝申明舊制，皆令試《經》，有不中科，刺史、太守免官。太興三年，秀孝多不敢行，其有到者，並托疾。帝欲除署孝廉，而秀才如前制。坦奏議曰：

臣聞經邦建國，教學爲先，移風崇化，莫尚斯矣。古者且耕且學，三年而通一經，以平康之世，猶假漸漬，積以日月。自喪亂以來，十有餘年，干戈載揚，俎豆禮戢，家廢講誦，國闕庠序，率爾責試，竊以爲疑。然宣下以來，涉歷三載，累遇慶會，遂未一試。揚州諸郡，接近京都，懼累及君父，多不敢行。其遠州邊郡，掩誣朝廷，冀於不試，冒昧來赴，既到審試，遂不敢會。臣愚以不會與不行，其爲闕也同。若當偏加除署，是爲肅法奉憲者失分，僥倖投射者得官，頹風傷教，懼於是始。

夫王言如絲，其出如綸，臨事改制，示短天下，人聽有惑，臣竊惜之。愚以王命無貳，憲制宜信。去年察舉，一皆策試。如不能試，可不拘到，遣歸不署。又秀才雖以事策，亦汜問經義，苟所未學，實難暗通，不足復曲碎垂例，違舊造異。謂宜因其不會，徐更革制。可申明前下，崇修學校，普延五年，以展講習，鈞法齊訓，示人軌則。夫信之與法，爲政之綱，施之家室，猶弗可貳，況經國之典而可玩黷乎！

帝納焉。聽孝廉申至七年，秀才如故。

又　卷七九《謝安傳》　于時苻堅强盛，邊境數被侵寇，朝廷求文武良將可以鎮禦北方者，（謝）安乃以（謝）玄應舉。中書郎郗超雖素與玄不善，聞而歎之，曰：『安違衆舉親，明也。玄必不負舉，才也。』時咸以爲不然。

又　卷八八《孝友傳・李密》　李密，【略】少仕蜀，爲郎。數使吳，有才辯，吳人稱之。蜀平，泰始初，詔徵爲太子洗馬。密以祖母年高，無人奉養，遂不應命。【略】後劉終，服闋，復以洗馬徵至洛。

又　《王裒》　王裒【略】痛父非命，未嘗西向而坐。示不臣朝廷也。於是隱居教授，三徵七辟皆不就。

又　《庾袞》　庾袞，【略】於是鄉黨薦之，州郡交命，察孝廉，舉秀才、清白異行，皆不降志，世遂號之爲異行。

元康末，潁川太守召爲功曹，袞服造役之衣，杖鍤荷斧，不俟駕而行，曰：『請受下夫之役。』太守飾車而迎，袞逡巡辭退，請徒行入郡，將命者遂逼扶升車，納于功曹舍。既而袞自取己車而寢處焉，形雖恭而神有不可動之色。太守知其不屈，乃歎曰：『非常士也，吾何以降之！』厚爲之禮而遣焉。

又　《孫晷》　司空何充爲揚州，檄晷爲主簿，司徒蔡謨辟爲掾屬，並不就。尚書經國明，州土之望，表薦晷，公車特徵。

又　《顔含》　本州辟，不就。東海王越以爲太傅參軍，出補闓陽令。

又　《劉殷》　弱冠，博通經史，綜核羣言，文章詩賦靡不該覽，性倜儻，有濟世之志，儉而不陋，清而不介，望之頹然而不可侵也。鄉黨親族莫不稱之。郡命主簿，州辟從事，皆以供養無主，辭不赴命。司空、齊王攸辟爲掾，征南將軍羊祜召參軍事，皆以疾辭。同郡張宣子，識達之士也，勸殷就徵。【略】太傅楊駿輔政，備禮聘殷，殷以母老固辭。駿於是表之，優詔遂其高志，聽終色養，敕所在供其衣食，蠲其徭賦，賜帛二百匹，穀五百斛。趙王倫篡位，孫秀重殷名，以散騎常侍徵之，殷逃奔雁門。

又　《何琦》　司空陸玩、太尉桓温並辟命，皆不就。詔徵博士，又不起。簡文帝時爲撫軍，欽其名行，召爲參軍，固辭以疾。公車再徵通直散騎侍郎、散騎常侍，不行。

又　卷八九《忠義傳・虞悝》　少仕州郡，兄弟更爲治中、別駕。元帝爲丞相，招延四方之士，多辟府掾，時人謂之『百六掾』。望亦被召，恥而不應。

又　卷九一《儒林傳・陳邵》　陳邵，字節良，東海襄賁人也。郡察孝廉，不就。以儒學徵爲陳留内史，累遷燕王師。

又　《虞喜》　察孝廉，州舉秀才，司徒辟，皆不就。元帝初鎮江左，上疏薦喜。懷帝卽位，公車徵拜博士，不就。【略】太寧中，與臨海任旭俱以博士徵，不就。復下詔曰：『夫興化致政，莫尚乎崇道教，明退素也。喪亂以來，儒雅陵夷，每覽《子衿》之詩，未嘗不慨然。臨海任旭、會稽虞喜並潔靜其操，歲寒不移，研精墳典，居今行古，志操足以勵俗，博學足以明道，前雖不至，其更以博士徵之。』喜辭疾不赴。咸和末，詔公卿舉賢良方正直言之士，太常華恆舉喜爲賢良。會國有軍事，不行。咸康初，内史何充上疏曰：『臣聞二八舉而四門穆，十亂用而天下安，徽猷克闡，有自來矣。方今聖德欽明，思恢遐烈，旌輿整駕，俟賢而動。伏見前賢良虞喜天挺貞素，高尚邈世，束脩立德，皓首不倦，加以傍綜廣深，博聞强識，鑽堅研微有弗及之勤，處靜味道無風塵之志，高枕柴門，怡然自足。宜使蒲輪紆衡，以旌殊操，一則翼贊大化，二則敦勵薄俗。』疏奏，詔曰：『尋陽翟湯、會稽虞喜並守道清貞，不營世務，耽學高尚，操擬古人。往雖徵命而不降屈，豈素絲難染而搜引禮簡乎！政道須賢，宜納諸廊廟，其並以散騎常侍徵之。』又不起。

又　《劉兆》　武帝時五辟公府，三徵博士，皆不就。

又　《氾毓》　或薦之武帝，召補南陽王文學、秘書郎、太傅參軍，並不就。

又　《徐苗》　徐苗，字叔胄，高密淳于人也。累世相承，皆以博士爲郡守。【略】弱冠，與弟賈就博士濟南宋鈞受業，遂爲儒宗。【略】遠近咸歸其義，師其行焉。郡察孝廉，州辟從事、治中、別駕，舉異行，公府五辟博士，再徵，並不就。武惠時計吏至臺，帝輒訪其安不。

又　《崔遊》　泰始初，武帝禄敍文帝故府僚屬，就家拜郎中。【略】及劉元海僭位，命爲御史大夫，固辭不就。

又　《范隆》　惠帝時，天下將亂，隆隱迹不應州郡之命，【略】後與（朱）紀依于劉元海，元海以隆爲大鴻臚，紀爲太常，並封公。

又　《杜夷》　年四十餘，始還鄉里，閉門教授，生徒千人。惠帝時三察孝廉，州命別駕，永嘉初，公車徵拜博士，太傅、東海王越辟，並

不就。懷帝詔王公舉賢良方正，刺史王敦以賀循爲賢良，夷爲方正。

又　《孔衍》　弱冠，公府辟，本州舉異行直言，皆不就。避地江東，元帝引爲安東參軍，專掌記室。

又　《范宣》　太尉郗鑒命爲主簿，詔徵太學博士、散騎郎，並不就。

又　卷九四《隱逸傳・范喬》　時張華領司徒，天下所舉凡十七人，于喬特發優論。又吏部郎郗隆亦思求海内幽遁之士，喬供養衡門，至於白首，於是除樂安令。辭疾不拜。喬凡一舉孝廉，八薦公府，再舉清白異行，又舉寒素，一無所就。

又　《任旭》　尋察孝廉，除郎中，州郡仍舉爲郡中正，固辭歸家。永康初，惠帝博求清節俊異之士，太守仇馥薦旭清貞潔素，學識通博，詔下州郡以禮發遣。旭與賀循於守死不迴，敏卒不能屈。

又　《譙秀》　譙秀，字元彦，巴西人也。祖周，以儒學著稱，顯明蜀朝。【略】郡察孝廉，州舉秀才，皆不就。

又　《郭翻》　翻少有志操，辭州郡辟及賢良之舉。

又　《索襲》　索襲，字偉祖，敦煌人也。虚靖好學，不應州郡之命，舉孝廉、賢良方正，皆以疾辭。

又　《宋纖》　宋纖，字令艾，敦煌效穀人也。少有遠操，沈靖不與世交，隱居于酒泉南山。明究經緯，弟子受業三千餘人。不應州郡辟命，【略】張祚後遣使者張興備禮徵爲太子友，興逼喻甚切，纖喟然歎曰：『德非莊生，才非幹木，何取稽停明命！』遂隨興至姑臧。祚遣其太子太和以執友禮造之，纖稱疾不見，贈遺一皆不受。尋遷太子太傅。

又　《郭荷》　郭荷，字承休，略陽人也。六世祖整，漢安、順之世，公府八辟，公車五徵，皆不就。自整及荷，世以經學致位。荷明究羣籍，特善史書。不應州郡之命。張祚遣使者以安車束帛徵爲博士祭酒，使者迫而致之。及至，署太子友。荷上疏乞還，祚許之，遣以安車蒲輪送還張掖東山。

又　《郭瑀》　郭瑀字元瑜，敦煌人也。少有超俗之操，東遊張掖，師事郭荷，盡傳其業。精通經義，雅辯談論，多才藝，善屬文。【略】張天賜遣使者孟公明持節，以蒲輪玄纁備禮徵之，遺瑀書曰：『先生潛光

九皋，懷真獨遠，心與至境冥符，志與四時消息，豈知蒼生倒懸，四海待拯者乎！孤忝承時運，負荷大業，思與賢明同贊帝道。昔傅説龍翔殷朝，尚父鷹揚周室，孔聖車不停軌，墨子駕不俟旦，皆以黔首之禍不可以不救，君不獨立，道由人弘故也。況今九服分爲狄埸，二都盡爲戎穴，天子僻陋江東，名教淪于左衽，創毒之甚，開避未聞。先生懷濟世之才，坐觀而不救，其于仁智，孤竊惑焉。故遣使者虛左授綏，鶴企先生，乃眷下國。』公明至山，瑀指翔鴻以示之曰：『此鳥也，安可籠哉！』遂深逃絶迹。公明拘其門人，瑀歎曰：『吾逃禄，非避罪也，豈得隱居行義，害及門人！』乃出而就徵。

又《龔玄之》 玄之好學潛默，安於陋巷。州舉秀才，公府辟，不就。【略】

弟子元壽，亦有德操，高尚不仕，舉秀才及州辟召，並稱疾不就。

又《陶淡》 （陶淡）於長沙臨湘山中結廬居之，養一白鹿以自偶。親故有候之者，輒移渡澗水，莫得近之。州舉秀才，淡聞，遂轉逃羅縣埤山中，終身不返，莫知所終。

又 卷一二〇《李庠傳》 李庠，字玄序，特第三弟也。少以烈氣聞。仕郡督郵、主簿，皆有當官之稱。元康四年，察孝廉，不就。後以善騎射，舉良將，亦不就。州以庠才兼文武，舉秀異，固以疾辭。州郡不聽，以其名上聞，中護軍切徵，不得已而應之，拜中軍騎督。弓馬便捷，膂力過人，時論方之文鴦。

《南史》卷六〇《徐勉傳》 （天監）六年，除給事中、五兵尚書，遷吏部尚書。勉居選官，彝倫有序。既閑尺牘，兼善辭令，雖文案填積，坐客充滿，應對如流，手不停筆。又該綜百氏，皆避其諱。嘗及門人夜集，客有虞暠求詹事五官。勉正色答云：『今夕止可談風月，不宜及公事。』故時人服其無私。天監初，官名互有省置，勉撰立選簿奏之，有詔施用。其制開九品爲十八班，自是貪冒苟進者以財貨取通，守道淪退者以貧寒見没矣。

《北史》卷三《魏紀第三》 （延興二年六月）丙申，詔：『今年貢舉，尤爲猥濫。自今所遣，皆可門盡州郡之高，才極鄉閭之選。』【略】秋七月壬寅，詔州郡縣各遣二人才堪專對者，赴九月講武，當親問風俗。

唐·杜佑《通典》卷一四《選舉二·歷代制中》 魏文帝爲魏王時，三方鼎立，士流播遷，四人錯雜，詳覈無所。延康元年，吏部尚書陳羣以天朝選用不盡人才，乃立『九品官人之法』，州郡皆置中正，以定其選，擇州郡之賢有識鑒者爲之，區別人物，第其高下。又制：郡口十萬以上，歲察一人，其有秀異，不拘户口。初，曹公時，魏府初建，以毛玠、崔琰爲東曹掾史，銓衡人物，選用先尚勤儉。於是天下士人皆砥礪名節，務從約損。和洽言於公曰：『天下大器，在位與人，不可以一節檢也。儉素過中，自以處身則可，以此格物，所失或多。今朝廷之儀，吏有著新衣、乘好車者，不謂之廉潔。至令士大夫故污辱其衣，藏其輿服，朝府大吏或自挈壺飧，以入官寺。夫立教觀俗，貴處中庸，爲可繼也。今崇一概難堪之行，以檢殊塗，勉而爲之，必有疲瘁。古之大教，務在通人情而已。凡激詭之行，則容僞矣。』其武官之選，俾護軍主之。黄初三年，始除舊漢限年之制，令郡國貢舉，勿拘老幼，儒通經術，吏達文法，到皆試用。

自明帝太和之後，俗用浮靡，遞相標目，而夏侯、諸葛、何、鄧之儔，有四聰八達之稱，帝深所嫉之。於是，惡士大夫之有名聲者，或禁錮廢黜以懲之。吏部尚書盧毓奏曰：『古者敷奏以言，明試以功。今考績之法久廢，而毁稱相進退，故真僞混雜也。』帝遂詔散騎常侍劉劭作都官考課之法，以考覈百官。具《考績篇》。

齊王嘉平初，曹爽既誅，司馬宣王秉政，詳求理本。中護軍夏侯玄言曰：『夫官才用人，國之柄也。故銓衡專於臺閣，上之分也；孝行考乎閭巷，優劣任之鄉人，下之敍也。夫欲清教審選，在明其分敍，不使相涉而已。今令中正但考行倫輩，輩當行均，斯可官矣。行有大小，比有高下，則所任之次亦渙然別矣。奚必使中正干銓衡之機於下，而執機柄者有所委仗於上，上下交侵，以生紛錯哉？且衆職之屬，各有官長，但使官長各以其屬能否獻之臺閣，臺閣則據官長能否之第，參以鄉閭德行之次，擬其倫比，勿使偏頗；中正則唯考行迹，別其高下，審定輩類，勿使升降，而總之於臺閣。官長所第，中正輩擬，比隨次率而用之。如其不稱，責負在外。則內外相參，得失有所，庶可靜風俗而審官才矣。』兼請除重設之官，定服制之等。宣王辭不能改，請俟於他賢。按：九品之制，初因後漢建安中天下兵興，衣冠士族多離本土，欲徵源流，慮難委悉，魏氏革命，州郡縣俱置大小中正，各取本處人任諸府公卿及臺省郎吏有德充才盛者爲之，區別所管人物，定爲九等。其有言行修著，則升進之，或以五升四，以六升五；儻或道義虧闕，則降下之，或自五退六，自六退七矣。是以吏部不能審定覈天下人才士庶，故委中正銓第等級，憑之授受，謂免乖失及法弊也。唯能知其閥閱，非復辨其賢愚，所以劉毅云：『下品無高門，上品無寒士。』南朝至於梁、陳，北朝至於周、隋，選舉之法，雖互相損益，而九品及中正至開皇中方罷。討其根本，陳壽《魏志》言之太略，故詳辯之也。蜀先主既没，諸葛孔明秉政，懲惡舉善，量材授任，不計資敍。時犍爲郡守李嚴以楊洪爲功曹，嚴未去郡，而洪已爲蜀郡守；洪門下書佐何祗有才策，洪未去郡，而祗已爲廣漢郡守。後李嚴、廖立皆得罪於亮，或廢或徙，聞亮卒，垂泣發疾，以至於死也。

晉依魏氏九品之制，内官吏部尚書、司徒、左長史，外官州有大中正，郡國有小中正，皆掌選舉。若吏部選用，必下中正，徵其人居及父祖官名。

武帝泰始初，又議考課，具《課績篇》。散騎常侍傅玄、皇甫陶以爲政教頽弊，風俗不淳，上疏曰：『臣聞先王之臨天下也，明其大教，長其義節，道化崇於上，清議行於下，上下相奉，人懷義心。亡秦蕩滅先王之制，以法術相御，而義心亡矣。近者魏武好法術，而天下貴刑名；魏文慕通達，而天下賤守節。其後綱維不攝，而虚無放誕之論盈於朝野，使天下無復清議，而亡秦之病復發於今。陛下聖德，化鄰唐、虞，唯未舉清遠有禮之臣以敦風節，未退虚鄙以懲不恪也。』帝乃使玄草詔進之。

玄奏曰：『臣聞先王分士農工商以經國制事，各一其業，而殊其務。自士以上子弟，則爲之立太學以教之，選明師以訓之，隨才優劣以授用之。農以豐其食，工以足其器，商賈以通其貨。故雖天下之大，兆庶之衆，而無游人在其間。漢魏不定其分，百官子弟不修經藝而務交遊，未知莅事而坐享天禄，農工之業多廢，或逐淫利而離其事，徒繫名於太學，然不聞先王之風。今聖政資始，而漢魏之失未改，散官衆而學校未設，游手多而親農者少，工器不盡其宜。臣以爲宜亟定其制。前皇甫陶上事，欲令賜拜散官皆課使親耕，天下享足食之利。禹、稷躬稼，祚崇後代，是以《明堂》、《月令》著帝籍之制。伊尹，古之名臣，耕於有莘；晏嬰，齊之大夫，避莊公之難，亦耕於海濱。昔者聖帝明王，賢佐俊士，皆嘗從事於耕農矣。王人賜官，冗散無事者，不督使學，則當使耕，無緣放之使坐食百姓也。今文武之官既衆，而拜賜不在職者又多，加以服役爲兵，不得耕稼，當農者之半，南面食禄者參倍於前。使冗散之官爲農，而收其租税，家得其實，而天下之穀可以無乏矣。夫家足食，爲子則孝，爲父則慈，爲兄則友，爲弟則悌。天下足食，則仁義之教可不令而行也。夫士農工商之分，不可斯須而廢。若未能精其防制，計天下文武之官足爲副貳者使學，其餘皆歸之於農。若百工商賈有長者，亦歸之農。務農若此，何有不贍乎！《虞書》曰：「三載考績，三考黜陟幽明。」是爲九年之後乃有遷敍也。故居官久，則念立慎終之化；不久，則競爲一切之政。六年之限，日月淺近，不周黜陟。陶之所上，義合古制。惟陛下裁之。』武帝甚善之而終不能用。山濤爲吏部尚書十有餘年，每官闕，輒啓擬數人。曰：『侍中彭權遷，當選代。按，雍州刺史郭奕，高簡有雅量，在兵閒，少不盡下情；處朝廷，足以肅正左右。衙將軍王濟，才高美茂，後來之冠。此二人，誠顧問之秀。聖意儻惜濟主兵者，驍騎將軍荀愷，智器明敏，其典宿衛，終不減濟。博士祭酒庾純，强正有學義，亦堪此選。國學初建，王、荀已亡，純能其事，宜當小留，粗立其制，不審宜爾有當聖旨者不？又尚書令闕，宜得其人。征南大將軍祜，體義立正，可以肅整朝廷。』又云：『有疾苦者，大將軍雖不整正，須筋力戎馬閒，猶宜得健者。征北大將軍瓘，貞正静一；中書監勖，達練物事。三人皆人彦，不審有可參舉者不？』皆隨帝意所欲然後明奏。而帝之用者，或非舉首，衆情不察，以濤輕重任意，或譖之於帝，故帝手詔戒濤曰：『夫用人惟才，不遺疏遠單賤，天下便化矣。』而濤行之自若，一年之後，衆情乃服。濤所奏甄拔人物，各爲題目，時稱《山公啓事》。又，王戎字濬沖，遷尚書左僕射，領吏部。戎始爲甲午制，凡選舉皆先理百姓，然後授用。司隸傅咸奏戎曰：『《書》稱「三載考績，三考黜陟幽明」。今内外羣官，居職未周，而戎奏還，既未定其優劣，且送故迎新，相繼道路，欺巧由生，傷農害政。戎不仰依堯、舜典謨，而驅扇浮華，虧敗風俗，非徒無益，乃有大損。宜免戎官。』戎與賈、郭通親，竟得不坐。

於時雖風教頽失而無典制，然時有清議，尚能勸俗。陳壽居喪，使女奴丸藥，積年沈廢；郤詵篤孝，以假葬違常，降品一等。其爲懲勸也如是。

其後，中正任久，愛憎由己，而九品之法漸弊。遂計官資以定品格，天下惟以居位者爲貴。尚書僕射劉毅以九品者，始因魏初喪亂，是軍中權時之制，非經久之典也，因用土斷，復古鄉舉里選之法，上疏曰：『夫九品有八損，而官才有三難，皆興替之所由也。人物難知，一也；愛憎難防，二也；情僞難明，三也。今之中正定九品，高下任意，榮辱在手，操人主威福，奪天朝權勢，愛惡隨心，情僞由己，上品無寒門，下品無勢族。公無考校之負，私無告訴之忌。損政之道一也。置州都者，本取州里清議咸所歸服，將以鎮異同，一言議。不謂一人之身，了一州之才，一人不審，遂爲坐廢。若然，雖宣尼之聖，莫不有過，則可廢，何獨責於中人哉？使是非之論横於州里，嫌隙之讎結於大臣。損政之道二也。本立格制，謂人倫有序，若貫魚成次，才德優劣，倫輩有首尾也。今之中正，坐徇其私，推貴異之器，使在凡品之下；負戴不肖，越在成人之首。損政之道三也。委以一國之重，而無賞罰之防，使得縱横，無所顧憚。諸受枉者，抱怨積久，獨不蒙天地無私之德，長壅蔽於邪人之銓。損政之道四也。古先政教，崇鄉黨之義，故得天下之人退而修本。今一國之士，多者千數，或流徙異邦，或給事殊方，猶不識其面，況能盡其才乎！而中正知與不知，將定品狀，必采聲於臺府，納毁於流言。任己則有不識之弊，聽受則有彼此之偏。所知者以愛憎奪其平，所不知者以人事亂其度。既無鄉老紀行之議，又非朝廷考績之課，遂使爲官之人，棄近求遠，背本趨末。損政之道五也。凡所以立品設狀者，求人才而論功報也。今於限當報，雖職之高，還附卑品，無績於官，而獲高敍，是爲抑功實而崇虚名也。損政之道六也。凡官不同事，人不同能。今九品不狀才能之所宜，而以九等爲例。以品取人，或非才能之所長；以狀取人，則爲本品之所限。若狀得其實，猶品狀相妨，況不實者乎？損政之道七也。前九品詔書，善惡必書，以爲褒貶。今之九品，所下不彰其罪，所上不列其善，廢褒貶之義，任愛憎之斷，天下之人焉得不懈於德行而鋭於人事乎？損政之道八也。職名中正，實爲姦府；事名九品，而有八損。臣以爲宜罷中正，除九品，棄魏氏之弊法，立一代之美制。』司空衛瓘又表請除九品，復古鄉議里選。

時始平王文學李重復上疏曰：『九品始於喪亂軍中之政，誠非經國不刊之法也。且檢防轉碎，徵形失實，故朝野之論，僉謂驅動風俗，爲弊已甚。晉承魏氏凋弊之迹，人物播越，仕無常朝，人無定處，郎吏蓄於軍府，豪右聚於都邑，事體駁錯，與古不同。謂九品既除，宜先開移徙，聽相幷就。且明貢舉之法，不濫於境外，則冠帶之倫將不分而自均，卽土斷之實行矣。若使人思反本，修之於鄉，華競自息，而禮義日崇矣。』及劉頌爲吏部尚書，復建九班之制，令百官在職少遷。時賈、郭專朝，仕者務速進，故皆不行。孫氏有江東，選曹尚書主選舉。吴郡暨艷性峭刻，好清議，爲尚書，以郎署混淆，多非其人，艷欲激濁揚清，别其善否，乃覈選三署，皆貶高就下，降損數等。其居位貪婪、志節卑污者，皆以爲軍吏，置之營府。於是，怨聲囂然，競言艷用私情，虧公法，艷坐自殺。

東晉元帝制，揚州歲舉二人，諸州各一人。時以天下喪亂，務存慰勉，遠方孝、秀，不復策試，到卽除署。既經略粗定，乃詔試經，有才不中舉者，免其太守。其後孝、秀莫敢應命，有送至京師，皆以疾辭。太興三年，尚書孔坦議請普延五歲，許其講習。乃詔孝廉申至七年，而秀才如故。

宋制，丹陽、吴、會稽、吴興四郡歲舉二人，餘郡各一人。凡州秀才、郡孝廉，至皆策試，天子或親臨之。及公卿所舉，皆屬於吏部，敍才銓用。凡舉得失，各有賞罰。失者，其人加禁錮，年月多少，隨羣議制。初，廢帝滎陽王時，以蔡廓爲吏部尚書。録尚書徐羡之謂中書令傅亮曰：『黄門以下悉委蔡，吾徒不復厝懷，自此以上，故宜共參同異。』廓聞之曰：『我不能爲徐羡之署紙尾也。』遂辭不拜。選案黄紙，録尚書與吏部尚書連名，故廓云『署紙尾』也。按，宋黄門，第五品也。

文帝元嘉中，限年三十而仕，郡縣以六周而代，刺史或十餘年。及孝武卽位，仕者不復拘老幼，守宰以三周爲滿。時中軍録事參軍周朗上疏曰：『今爲政者，宜以二十五家選一長，百家置一師。男子十三至十七，皆令學經；十八至二十，皆令習武。訓以書記圖緯，忠孝仁義之禮，廉讓恭勤之則；授以兵經戰略，軍部舟騎之容，挽强擊刺之法。習經者五年有成，而言之司徒；習武者三年能藝，亦升之司馬。若七年而經不明，五年而勇不達，卽更求其言行，考其事業，必不足取者，雖公卿子弟，長歸農畝，終身不得爲吏。』兼述農桑生植之本及禮教刑政之端。帝省之，不悦。

左衛將軍謝莊以其時搜才路狹，又上表曰：『九服之曠，九流之難，提鈞懸衡，委之選部。一人之鑑易限，而天下之才難源。以易限之鑑，照難源之才，使國罔遺授，野無滯器，其可得乎？請普令大臣，各舉所知，以付尚書銓用。』不從。帝又不欲重權在下，乃分吏部，置兩尚書以散其權。裴子野曰：『官人之難，先王言之尚矣。居家視其孝友，鄉黨察其誠信，出入觀其志義，憂難取其智謀。煩之以事，以求其理；臨之以利，以察其廉。《周禮》，始於學校，論之州里，告諸六事，而後貢於王庭。其在漢家，尚猶然也。州郡積其功能，然後爲五府所辟；五府舉其掾屬，而升之於朝；三公參其得失，除署，尚書奏之天子。一人之身，所閱者衆；一賢之進，其課也詳。故能官得其才，鮮有敗事。魏晉易是，而所失弘多。夫厚貌深衷，險如谿壑；擇言觀行，猶懼弗周。況今萬品千羣，俄折乎一面；庶僚百位，專斷於一司。於是囂風遂行，不可止也。已擊轂攘袂，填彼寺臺，求者干進，以務必得，加之以諂黷。吏曹按閥閱而選舉，不遑訪采於鄉邑。父誨其子曰：「不索何獲。」兄勵其弟曰：「努力窺窬。」無廉恥之風，謹愿之操。官邪國敗，而不可紀綱。假使龍作納言，舜居南面，而治致平章，不可必也，況後之官人者哉！孝武雖分曹爲兩，不能反之於周、漢，朝三暮四，其病癒甚也。』

齊尚書都令史駱宰議策秀才格，五問並得爲上，四、三爲中，二爲下，一不合與第。謝超宗議以爲：『片辭折獄，寸言挫衆，魯史褒貶，孔論興替，皆無俟繁而後秉裁。夫表事之深，析理之會，豈必委牘方切理道。非患對不盡問，患以常文弗奇。必使一通峻正，寧劣五通而常；與其俱奇，一亦宜采。』詔從宰議。因習宋代限年之制。然而鄉舉里選，不覈才德，其所進取，以官婚胄籍爲先，遂令甲族以二十登仕，後門以三十試吏，故有增年矯貌，以圖進者。其時士人皆厚結姻援，奔馳造請，浸以成俗。

至和帝時，梁武帝爲丞相，上表曰：『前代選官，皆立選簿，應在貫魚，自有銓次，胄籍升降，行能臧否，或素定懷抱，或得之餘論，故得簡通賓客，無俟掃門。頃代陵夷，九流乖失，其有勇退忌進、懷質抱真者，選部或以未經朝謁，難於進用；或有晦善藏聲，自埋衡蓽者，又以名不表著，絕其階緒。必須書刺投狀，然後彈冠，則是驅迫廉撝，獎成澆競。愚謂自今選曹，宜精隱覈，依舊立簿，使冠屨無爽，名實不違，庶人識涯涘，造請自息。且聞中閒立格，甲族以二十登仕，後門以過立試吏，求之愚懷，抑有未達。何者？設官分職，惟才是務。若限歲登朝，必增年就官，故貌實幼童，籍已踰立。滓穢名教，於斯爲甚。』乃施行。

梁初無中正制，年二十有五方得入仕。天監中又制：『凡九流常選，年未三十，不通一經者，不得爲官。若有才同甘、顏，勿限年次。』至七年，州置州重，郡置郡宗，鄉置鄉豪，各一人，專典搜薦，無復膏粱寒素之隔。普通七年，詔凡州歲舉二人，大郡一人。敬帝太平二年，復令諸州各置中正，仍舊訪選舉，皆須中正押上，然後量授，不然則否。

陳依梁制，凡年未三十，不得入仕。唯經學生策試得第，諸州迎主簿，西曹左奏及嘗爲挽郎，得未壯而仕。諸郡唯正王爲丹陽尹經迎得出身者亦然，庶姓尹則否。有高才、異行、殊勳，別降恩旨敘用者，不在常例。凡選無定時，隨闕則補。官有清濁，以爲升降，從濁得清，則勝於遷。若有遷授，吏部先爲白牒，列數十人名，尚書與參掌者共署奏。敕或可或否。其可者，則下於選曹，量貴賤，別內外，隨才補用。以黃紙錄名，八座通署，奏可，乃出以付於典名。典名書其名帖鶴頭板，脩容整儀，送所授之家。其別發詔除者，即宣付詔局，詔局草奏聞。敕可，黃紙寫出門下。門下答詔，請付外施行。又畫『可』，付選司行召。得官者，不必皆待召到。但聞詔出，明日，即入謝後，詣尚書，上省拜受。若拜王公，則臨軒。凡拜官，皆在午後。

初，武帝承侯景喪亂之後，綱維頹壞，制度未立，百官無復考校殿最之法，但更年互遷，驟班進秩，法無可稱者。後徐陵、孔奐繼爲吏部尚書，差有其序。

後魏州郡皆有中正掌選舉，每以季月，與吏部銓擇可否。其秀才對策，第居中上，表敘之。成帝和平三年，詔曰：『今選舉之官，多不以次，令班白處後，晚進居先，豈所謂彝倫攸敘者也。諸曹選補，宜各書勞舊才能。』初，崔浩爲冀州大中正，薦冀、定、相、幽、并五州士數十人，各起家爲郡守。景穆帝謂浩曰：『先召之人，亦州郡選也，在職已久，勤勞未答。今可先補前召，外任郡縣；以新召者代爲郎吏。又守令宰人，宜使更事者。』浩固爭而遣之。高允聞之，謂東宮博士管恬曰：『崔公其不免乎！苟逞其非，而校勝於上，何以能濟。』又李孝伯，趙郡人。父曾，理鄭氏《禮》、《左氏春秋》，郡三辟功曹不就，門人勸之，曾曰：『功曹之職，雖曰鄉選高第，猶是郡吏耳，北面事人，亦何容易。』任郡主簿，到官月餘日，乃嘆曰：『梁叔敬有云：「州郡之職，徒勞人耳。」道之不行，身之憂也。』遂還家。又郭祚爲吏部尚書，持身潔清，重惜官位，至於銓授，假令得人，必徘徊久之，然後下筆，即云：『此人便以貴矣。』由是事頗爲稽滯，當時每招怨讟。然所拔用者，量材稱職，時又以此歸之。其後，中正所銓，但在門第，吏部彝倫，仍不才舉。至孝文帝，勵精求理，內官通班以上，皆自考覈，以爲黜陟。具《考績篇》。宣武帝詔：『庶族子弟，年未十五，不聽入仕。』任城王澄從幸鄴宫，除吏部尚書。及幸代，車駕自北巡，留澄銓簡舊臣。初，魏自公侯以下，迄於選臣，動有萬數，冗散無事。澄品爲三等，量其優劣，盡其能否之用，咸無怨者。又，皇甫光兄子瑒爲吏部郎，性貪婪，鬻賣吏官，皆有定價。自太和以前，精選中正，德高鄉國者充。其邊州小郡，人物單鮮者，則併附他州。其在僻陋者，則闕而不置。當時稱爲簡當，頗謂得人。及宣武、孝明之時，州無大小，必置中正，既不可悉得其人，故或有蕃落庸鄙操銓覈之權，而選敘頹紊。至正始元年冬，乃罷諸郡中正。時有以雜類冒登清流，遂令在位者皆五人相保，無人任據者，奪官還役。

初，孝明嗣位幼沖，靈太后臨朝。征西將軍、冀州大中正張彝之子仲瑀上封事，事銓別選格，排抑武夫，不使在清品。於是武夫怨怒，聲諠道路，乃懸牓於衢，會期屠害。彝父子不以爲懷。神龜二年，羽林、虎賁相率千餘人，至尚書省詬詈，求彝長子、尚書郎始均不獲，以瓦礫投擊臺門，聲如雷霆，京師懾震，莫敢討遏。遂聚火就焚其第，拽彝於庭，捶辱恣心，而呼聲動京邑。其子叩頭流血，爲父請命，羽林乃執始均，生投火中，灼爲煨燼。仲瑀被創以竄免，彝信宿而死。既而詔斬其尤兇者八人，餘大赦以安之。天下冤痛，聞者驚駭。靈太后於是乃命武官得依資入選。既而官員少而應調者多，選曹無以處之。

及崔亮爲吏部尚書，乃奏爲格制，官不問愚賢，以停解日月爲斷，雖復官須此人，停日後者終不得取；庸才下品，年月久者則先擢用。時沉滯者皆稱其能。時亮外甥、司空諮議劉景安書規亮曰：『殷、周以鄉塾貢士，兩漢由州郡舉才，魏晉因循，又置中正。諦觀在昔，莫不審舉，雖未盡美，足應十收六七。朝廷貢才，止求其文，不取其理；察孝廉惟論章句，不及理道；立中正不考人才行業，空辨姓氏高下。至於取士之途不溥，沙汰之理未精。而舅屬當銓衡，宜須改張易調，如之何反爲停年格以限之？天下士誰復修厲名行哉！』亮答書曰：『汝所言乃有深致。吾昨爲此格，有由而然。今已爲汝所怪，千載之後，誰知我哉！可靜念吾言。吾兼正六爲吏部郎，三爲尚書，銓衡所宜，頗知之矣。但古今不同，時宜須異。何者？昔有中正，品其才第，上之尚書，據狀，量人授職，此乃與天下羣賢共爵人也。吾謂當爾之時，無濫舉矣，而汝猶云「十收六七」。況今日之選，專歸尚書，以一人之鑑，照察天下，劉毅所云一吏部、兩郎中而欲究鑑人物，何異以管窺天而求其溥哉！今勳人甚多，又羽林入選，武夫崛起，而不解書計，唯可彍弩前驅，指蹤捕噬而已。忽令佩組乘軒，求其烹鮮之效，未嘗操刀，而使專割。又武人至多，官員至少，不可周溥。設令十人共一官，猶無官可授，況一人望一官，何由可不怨哉？吾近面執，不宜使武人入選，請賜其爵，厚其祿。既不見從，是以權立此格，限以停年耳。昔子產鑄刑書以救弊，叔向譏之以正法，何異汝以禮法難權宜哉！仲尼云：「德我者《春秋》，罪我者亦《春秋》。」吾之此指，其由是也。但令當來君子，知吾意焉。』後甄琛、元脩義、城陽王徽相繼爲吏部尚書，利其便己，踵而行之。自是賢愚同貫，涇渭無別。魏之失才，從亮始也。

及辛雄爲尚書右丞，轉吏部郎中，上疏曰：『自神龜以來，專以停年爲選。士無善惡，歲久先敍；職無劇易，名到授官。執案之吏，以差次日月爲功能；銓衡之人，以簡得老舊爲平直。且庸劣之人，莫不貪鄙。委斗筲以共理之重，託碩鼠以百里之命，皆貨賄是求，肆心縱意。禁制雖煩，不勝其欲。致令徭役不均，發調違謬，聚斂盈門，因執滿道。蓋助陛下理天下者，唯在守令，最須簡置，以康國道。但郡縣選舉，由來所輕，貴遊俊才，莫肯居此。宜改其弊，以定官方。請上等郡縣爲第一清，中等爲第二清，下等爲第三清。選補之法，妙盡才具，如不可並，後地先才，不得拘以停年，竟無銓革。三載黜陟，有稱者補在京名官，如前代故事，不歷郡縣不得爲內職。則人思自勉，上下同心，枉屈可申，强暴自息。』書奏，會帝崩。

及孝莊帝初，詔求德行、文藝、政事强直者，縣令、郡守、刺史皆敍其志業，具以表聞。得三人以上，縣令、太守、刺史賞一階；舉非其人者，黜一階。凡官，郡守、縣令六年爲滿，滿後六年乃敍。

北齊選舉，多沿後魏之制，凡州縣皆置中正。其課試之法，中書策秀才，集書策貢士，考功郎中策廉良。天子常服，乘輿出，坐於朝堂中楹，秀孝各以班草對。字有脫誤者，呼起立席後；書有濫劣者，飲墨水一升；文理孟浪者，奪席脫容刀。

初，東魏元象中，文襄王高澄秉政，攝吏部尚書，乃革後魏崔亮年勞之制，務求才實。自遷鄴以後，掌大選知名者，不過數四。文襄年少高朗，其弊也疏；袁聿脩沈密謹厚，所傷者細；楊遵彥風流辯給，所取失於浮華；唯辛術貞明簡實，新舊參舉，管庫必擢，門閥不遺，衡鑑之美，一人而已。

至孝昭帝皇建二年，詔：『内外執事官從五品以上、三府主簿録事參軍、諸王文學、侍御史、廷尉三官、尚書郎中、中書舍人，每在二年之内，各舉一人。或夙在朝倫，沈屈未用；或先官後進，今見停散；或白屋之人，巾褐未釋。其高才良器，允文允武，理識深長，幹具通濟，操履凝峻，學業宏贍，諸如此輩，隨取一長，無待兼資，方充舉限。表薦之文，指論事實，隨能量用，必陳所堪，不得高談，謬加褒飾。所舉之人，止在一職。三周之内，有犯死罪以下、刑年以上，舉主準舉人之犯，各罰其金；自鞭以下，舉主勿論。若未經三載而更餘轉，通計後官日月，合滿三周。凡所舉人，必主事立功，裨益時政，不限年之遠近。舉主之賞，亦當非次；被舉之人，别當擢授。其違限不舉，依式罰金。又擁旄作鎮，任總百城，分符共理，職司千里，凡其部統，理宜委悉刺史，於所管之内，下郡太守、縣令、丞、尉、府佐、録事參軍以降，州官州都、主簿以下，但需在吏職及前爲官并白人等，並聽表薦。太守則曹掾以下及管内之人，亦聽表舉。其大州、中州、下州，畿内，上郡、中郡，並三年之内各舉一人。其不入品州并自餘郡守，不在舉限。』

昔三代以前，天下列國有三卿、五大夫、二十七士。大國三卿，二卿命於天子，一卿命於其君；小國三卿，一卿命於天子，二卿命於其君。公、侯、伯之大夫再命，子、男之大夫一命，其士以下不命，皆國君專之。漢初，王侯國百官皆如漢朝，唯丞相命於天子，其御史大夫以下皆自置。及景帝懲吴、楚之亂，殺其制度，罷御史大夫以下官。至武帝，又詔：『凡王侯吏職秩二千石者，不得擅補。其州郡佐吏，自别駕、長史以下，皆刺史、太守自辟。』歷代因而不革。洎北齊武平中，後主失政，多有佞倖，乃賜其賣官，分占州郡，下及鄉官，多降中旨，故有敕用州主簿、郡功曹者。自是之後，州郡辟士之權，浸移於朝廷。以故外吏不得精覈，由此起也。

後周以吏部中大夫一人掌選舉，吏部下大夫一人以貳之。初霸府時，蘇綽爲六條詔書，其四曰『擢賢良』。綽深思本始，懲魏、齊之失，罷門資之制。其所察舉，頗加精慎。及武帝平齊，廣收遺逸，乃詔山東諸州舉明經幹理者，上縣六人，中縣五人，下縣四人。至宣帝大成元年，詔州舉高才博學者爲秀才，郡舉經明行脩者爲孝廉，上州、上郡歲一人。其刺史僚佐州吏則自署，府官則命於朝廷。

元·馬端臨《文獻通考》卷二八《選舉考一·舉士》 魏文帝時，三方鼎立，士流播遷，四民錯雜，詳覆無所。延康元年，尚書陳羣以爲天朝選用，不盡人才，乃立九品官人之法。州郡皆置中正，以定其選，擇州郡之賢有識鑑者爲之，區别人物，第其高下。又制郡口十萬以上，歲察一人，其有秀異，不拘户口。其武官之選，俾護軍主之。

州、郡、縣俱置大小中正，各取本處人在諸府公卿及臺省郎吏有德充才盛者爲之，區别所管人物，定爲九等。其有言行修著則升進之，或以五升四，以六升五；倘或道義虧缺則降下之，或自五退六，自六退七矣。是以吏部不能審定，覈天下人才士庶，故委中正銓第等級，憑之授受，謂免乖失。及法弊也，唯能知其閥閲，非復辨其賢愚，所以劉毅云：『下品無高門，上品無寒士。』南朝至於梁、陳，北朝至於周、隋，選舉之法，雖互相損益，而九品及中正，至開皇中方罷。

黄初三年，詔曰：『今之計、孝，古之貢士也，十室之邑，必有忠信，若限年然後取士，是呂尚、周晉不顯於前世也。其令郡國所選勿拘老幼，儒通經術，吏達文法，到皆試用。有司糾故不以實者。』

齊王嘉平初，曹爽既誅，司馬宣王秉政，詳求理本。中護軍夏侯玄言曰：『夫官才用人，國之柄也，故銓衡專於臺閣，上之分也；孝行存乎閭巷，優劣任之鄉人，下之敍也。夫欲清教審選，在明其分敍，不使相涉而已。今令中正但考行倫輩，倫輩當行均，斯可官矣。行有大小，比有高下，則所任之次，渙然别矣。奚必使中正干銓衡之機於下，而執機柄者有所委仗於上，上下交侵，以生紛錯哉！且衆職之屬，各有官長，但使官長各以其屬能否獻之臺閣，則據官長能否之第，參以鄉閭德行之次，擬其倫比，勿使偏頗。中正則唯考行迹，别其高下，審定輩類，勿使升降，而總之於臺閣。官長所第，中正所輩擬，比隨次率而用之，如其不稱，責負在外。則内外相參，得失有所，庶可靜風俗而審官才矣。』兼請除重設之官，定服制之等。宣王辭不能改，請俟於他賢。

晉武帝泰始五年，詔州郡舉勇猛秀異之才。

散騎常侍傅玄、皇甫陶以爲政教頹敝，風俗不淳，上疏曰：『近者魏武好法術，而天下貴刑名；魏文慕通達，而天下賤守節。其後綱維不攝，而虛無放誕之論盈於朝野，使天下無復清議，而亡秦之病復發於今。陛下聖德，化鄰唐、虞，唯未舉清遠有禮之臣以敦風節，未退虛鄙以懲不恪也。』帝乃使元草詔進之。玄奏曰：『臣聞先王分士農工商以經國制事，各一其業而殊其務。自士以上子弟，則爲之立太學以教之，選明師以訓之，隨才優劣以之授用。農以豐其食，工以足其器，商賈以通其貨。故雖天下之大，兆庶之衆，而無游人在其間。漢魏不定其分，百官子弟不修經藝而務交游，未知莅事而坐享天禄；農工之業多廢，或逐淫利而離其事；徒繫名於太學，然不聞先王之風。今聖政資始，而漢魏之失未改，散官衆而學校未設，游手多而親農者少，工器不盡其宜。臣以爲宜亟定其制。前皇甫陶上事，欲令賜拜散官皆課使親耕，天下享足食之利。禹、稷躬稼，祚崇後代，是以《明堂》、《月令》著帝籍之制。伊尹古之名臣，耕於有莘；晏嬰齊之大夫，避莊公之難，亦耕於海濱。昔者聖帝明王，賢佐俊士，皆嘗從事於耕農矣。王人賜官，冗散無事者，不督使學，則當使耕，無緣放之，使坐食百姓也。今文武之官既衆，而賜拜不在職者又多，加服役爲兵，不得耕稼，當農者之半，南面食禄者參倍於前。使冗散之官爲農，收其租税，家得其實，而天下之穀可以無乏矣。《虞書》曰：「三載考績，三考黜陟幽明。」是爲九年之後乃有遷敍也。故居官久，則念立慎終之化；不久，則競爲一切之政。六年之限，日月淺近，不周黜陟。陶之所上，義合古制，惟陛下裁之。』武帝甚善而終不能用。於時雖風教頹失而無典制，然時有清議，尚能勸俗。陳壽居喪，使女奴丸藥，積年沈廢；郤詵篤孝，以假葬違常，降品一等，其爲懲勸如是。其後中正任久，愛憎由己，而九品之法漸弊，遂計官資以定品格，天下惟以居位者爲貴。尚書僕射劉毅以九品者始因魏初喪亂，是軍中權時之制，非經久之典也，宜用土斷，復古鄉舉里選之法。上疏曰：『夫九品有八損，而官才有三難，皆興替之所由也。人物難知，一也；愛憎難防，二也；情僞難明，三也。今之中正，定九品，高下任意，榮辱在手，操人主威福，奪天朝權勢，愛惡隨心，情僞由己，上品無寒門，下品無世族，公無考校之負，私無告訴之忌，損政之道一也。置州郡者，本取州里清議，咸所歸服，將以鎮異同，一言議，不謂一人之身，了一州之才。一人不審，遂爲坐廢。若然，雖宣尼之聖，莫不有過，則可廢何獨責於中人哉？使是非之論，橫於州里，嫌隙之讎，結於大臣，損政之道二也。本立格制，謂人倫有序，若貫魚成次；才德有優劣，倫輩有首尾也。今之中正，坐徇其私，推貴異之器，使在凡品之下，負戴不肖，越在成人之首，損政之道三也。委以一國之重，而無賞罰之防，使得縱橫，無所顧憚。諸受枉者抱怨積久，獨不蒙天地無私之德，長壅蔽於邪人之銓，損政之道四也。古先政教，崇鄉黨之義，故得天下之人，退而修本。今一國之士，多者千數，或流徙異邦，或給事殊方，猶不識其面，況能盡其才乎？而中正知與不知，將定品狀，必采聲於臺府，納毁於流言。任己則有不識之弊，聽受則有彼此之偏，所知者以愛憎奪其平，所不知者以人事亂其度，既無鄉老紀行之議，又非朝廷考績之課，遂使爲官之人，棄近求遠，背本趨末，損政之道五也。凡所以立品設狀者，求人才而論功報也。今於限當報，雖職之高，還附卑品，無績於官，而獲高敍，是爲抑功實而崇虛名也，損政之道六也。凡官不同事，人不同能，今品不狀才能之所宜，而以九等爲例。以品取人，或非才能之所長，以狀取人，則爲本品之所限。若狀得其實，猶品狀相妨，況不實者乎！損政之道七也。前九品詔書，善惡必書，以爲褒貶。今之九品，所下不章其罪，所上不列其善，廢褒貶之義，任愛憎之斷，天下之人焉得不懈於德行而鋭於人事乎！損政之道八也。職名中正，實爲姦府；事名九品，而有八損。臣以爲宜罷中正，除九品，棄魏氏之弊法，立一代之美制。』

按：魏、晉以來，雖立九品中正之法，然仕進之門則與兩漢一而已。或公府辟召，或郡國薦舉，或由曹掾積累而升，或由世胄承襲而用，大率不外此三四塗轍。然諸賢之説，多欲廢九品，罷中正，何也？蓋鄉舉里選者，採毁譽於衆多之論，而九品中正者，寄雌黄於一人之口。且兩漢如公府辟掾屬，州郡選曹僚，皆自薦舉而自試用之，若非其人，則非特累衡鑑之明，抑且失侍毗之助，故終不敢十分徇其私心。至中正之法行，則評論者自是一人，擢用者自是一人，評論所不許，則司擢用者不敢違其言，擢用或非其人，則司評論者本不任其咎。體統脈絡，各不相關，故徇私之弊，無由懲革。又必限以九品，專以一人，其法太拘，其意太狹，其迹太露，故趨勢者不暇舉賢，如劉毅所謂『上品無寒門，下品無世族』是也。

畏禍者不敢疾惡，如孫秀爲琅琊郡吏，求品於清議王戎從弟衍，衍將不許，戎勸品之，及秀得志，朝士有怨者皆被害，戎、衍獨免是也。快恩讎者得以自恣，如何劭初亡，袁粲弔劭子岐，岐辭以疾，粲曰：『今年決下婢子品』是也。又如陳壽遭父喪，有疾，使婢丸藥，客見之，鄉里以爲貶，坐是沈滯累年。謝惠連愛幸會稽郡吏杜德靈，及居父憂，贈以五言詩十餘首，坐廢，不豫榮伍。尚書僕射殷景仁愛其才，乃白文帝，言：『臣小兒時，便見此文，而論者云是惠連，其實非也。』文帝曰：『若此，便應通之。』元嘉七年，乃始爲彭城王義康參軍。閻纘父卒，繼母不慈，纘恭事彌謹，而母疾之愈甚，乃誣纘盜父時金寶，訟於有司，遂被清議十餘年。纘孝謹不怠，母後意解，更移中正，乃得復品。以此三事觀之，其法甚嚴，然亦太拘。蓋人之履行稍虧者，一入品目，遂永不可以技拭湔滌，則天下無全人矣。況中正所品者未必皆當乎！固不若採之於無心之鄉評，以詢其履行，試之以可見之職業，而驗其才能，一如兩漢之法也。

東晉元帝制：揚州歲舉二人，諸州各一人。時以天下喪亂，務存慰勉，遠方孝、秀，不復策試，到卽除署。既經略粗定，乃詔試經，有不中科，刺史、太守免官。其後，孝、秀莫敢應命，有送至京師，皆以疾辭。太興三年，尚書郎孔坦議請普延五歲，許其講習。乃詔孝廉申至七年，而秀才如故也。

按：孝廉諸科，自東漢以來，皆有策試之事。夫以文墨小技，而定其優劣，已不足以稱其科名矣。今觀東晉之事，則應舉者皆不能試之人，且以孝廉、秀才自名，而必遲以五歲，待其講習，乃能預於試，不亦有靦面目乎？然觀惠帝永寧初，王接舉秀才，報友人書曰：『今世道交喪，將遂剝亂，而智識之士鉗口韜筆，非榮此行，欲極陳所見，冀有覺悟。』會是歲三王舉義，惠帝復阼，以國有大慶，天下秀才、孝廉，一皆不試，接以爲恨。然則上下相蒙，姑息具文，其來久矣，宜其皆欲僥倖於不試也。

宋制：丹陽、吳、會稽、吳興四郡，歲舉二人，餘郡各一人。凡州秀才、郡孝廉至，皆策試，天子或親臨之。及公卿所舉，皆屬於吏部，序才銓用。凡舉得失，各有賞罰，失者其人加禁錮，年月多少，隨郡議制。

文帝元嘉中，限年三十而仕。孝武卽位，仕者不拘長幼。詳見《舉官門》。

齊尚書都令史駱宰議策秀才格，五問並得爲上，四三爲中，二爲下，一不合與第。謝超宗以爲片辭折獄，寸言挫衆，魯史褒貶，孔《論》興替，皆無俟繁而後秉裁。夫表事之深，析理之會，豈必委牘方切理道，非患對不盡問，患以常文弗奇，必使一通峻正，寧劣五通而常；與其俱奇，必使一亦宜採。詔從宰議。因習宋代限年之制，然而鄉舉里選，不覈才德，其所進取以官婚、胄籍爲先。遂令甲族以二十登仕，後門以三十試吏，故有增年矯貌以圖進者。其時士人皆厚結姻援，奔馳造請，浸以成俗。至和帝時，梁武帝爲丞相，上表曰：『前代選官，皆立選簿，應在貫魚，自有銓次。胄籍升降，行能臧否，或素定懷抱，或得之餘論，故得簡通賓客，無俟掃門。頃代陵夷，九流乖失。其有勇退忌進，懷質抱真者，選部或以未經朝謁，難於進用。或有晦善藏聲，自埋衡華者，又以名不表著，絕其階緒。必須書刺投狀，然後彈冠，則是驅迫廉撝，獎成澆競。愚謂自今選曹宜精隱核，依舊立簿，使冠履無爽，名實不違，庶人識涯涘，造請自息。且聞中間立格，甲族以二十登仕，後門以過立試吏，求之愚懷，抑有未達。何者？設官分職，惟才是務。若限歲登朝，必增年就宦，故貌實幼童，籍已逾立，滓穢名教，於斯爲甚。』乃施行。

梁初，無中正制，年二十五方得入仕。天監中，又制九流常選，年未三十不通一經者，不得爲官。若有才同甘、顏，勿限年次。至七年，州置州望，郡置郡宗，鄉置鄉豪，各一人，專典搜薦，無復膏粱寒素之隔。普通七年，詔凡州歲舉二人，大郡一人。

敬帝太平二年，復令諸州各置中正，仍舊選舉，皆須中正押上，然後量授，不然則否。

尚書左僕射沈約論曰：『漢末喪亂，魏武始創，軍中倉卒，權立九品。蓋以論人才優劣，非謂代族高卑。因此相沿，遂爲成法。自魏至晉，莫之能改，州都郡正，以才品人，而舉代人才，升降蓋寡。徒以憑籍代資，用相淩駕，都正俗士，斟酌時宜，品目多少，隨事俯仰，劉毅所云「下品無高門，上品無賤族」也。歲月遷訛，斯風漸篤，凡厥衣冠，莫非二品，自此已還，遂成卑庶。周、漢之道，以智役愚，臺隸參差，用成等級。魏晉以來，以貴役賤，士庶之科，較然有辨。夫人君南面，九重懸絶，陪奉朝夕，義隔鄉士，階闥之任，宜有司存。』武帝天監中，約又上疏曰：『頃自漢代，本無士庶之別，自非仕宦，不至京師，罷公卿、牧守，並還鄉里，小人瞻仰，以成風俗。且庠校棋布，傳經授受，學優而仕，始自鄉邑。本於小吏幹佐，方至文學、功曹，積以歲月，乃得察舉人才秀異，始爲公府所辟，遷爲牧守，入作臺司。漢之得人，於斯爲盛。今之士人，並聚京邑，其有守土不還，見謂愚賤。且當今士子繁多，略以萬計，常患官少才多，無地以處。秀才自別是一種任官，非若漢代取人之例也。假使秀才對五問可稱，孝廉答一策能過，此乃雕蟲小道，非關理功得失，以此求才，徒虛語耳。』鴻臚卿裴子野又論曰：『《書》云：「貴貴，爲其近於君也。」天下無生而貴者，是故道義可尊，無擇負販，苟非其人，何取代族？周衰禮壞，政出臣下，卿士大夫，自相繼及，非夫嗣嫡，猶等家臣。且徒步匹夫，見禮侯伯，式閭擁篲，無絶於時。其後四方豪勢之家，門客千數，卑身折節，比食同袍，雖相傾倚，亦成風俗。迄於二漢，尊儒重道，朝廷州里，學行是先。雖名公子孫，還齊布衣之士，士庶雖分，而無華素之隔。有晉以來，其流稍改，草澤高士，猶厠清塗。降及季年，專稱閥閱。自是三公之子，傲九棘之家；黄散之孫，蔑令長之室。轉相驕矜，互爭銖兩，所論必門户，所議莫賢能。苟且之俗成，傲慢之禍作，非所以敦弘退讓、厲德興化之道也。』

陳依梁制，凡年未三十，不得入仕，唯經學生策試得第、諸州光迎主簿、西曹左奏及嘗爲挽郎，得未壯而仕。詳見《舉官門》。

後魏州郡皆有中正掌選舉，每以季月與吏部銓擇可否。其秀才對策第居中，上表敍之。詳見《舉官門》。

韓麒麟子顯宗上言：『前代取士，必先正名，故有賢良、方正之稱。今州郡貢察，徒有秀、孝之名，而無秀、孝之實。而朝廷但檢其有門地，不復彈坐。如此，則可令別貢門地，以敍士人，何假冒秀、孝之名？或云，代無奇才，不若取士於門，此亦失矣！豈可以代無周、召，便廢宰相而不置哉？但當較其寸長銖重者，卽先敍之，則賢才無遺矣。』

正始元年冬，乃罷諸郡中正。詳見《舉官門》。

北齊選舉多沿後魏之制，凡州縣皆置中正。其課試之法：中書策秀才，集書策貢士，考功郎中策廉良。天子常服，乘輿出，坐於朝堂中楹。秀、孝各以班草對。字有脱誤者，呼起立席後；書有濫劣者，飲墨水一升；文理孟浪者，奪席脱容刀。

周武帝既平齊，廣收遺佚。乃詔山東諸州舉明經幹理者，上縣六人，中縣五人，下縣四人。至宣帝大成元年，詔州舉高才博學者爲秀才，郡舉經明行修者爲孝廉，上州、上郡歲一人。【略】

治書侍御史李諤以選才失中，上書曰：『自魏之三祖，更尚文詞，忽君人之大道，好雕蟲之小藝。下之從上，有同影響，競騁浮華，遂成風俗。江左齊、梁，其弊彌甚，貴賤賢愚，唯務吟詠。遂復遺理存異，尋虛逐微，競一韻之奇，爭一字之巧。連篇累牘，不出月露之形；積案盈箱，惟是風雲之狀。代俗以此相高，朝廷據茲擢士。禄利之路既開，愛尚之情愈篤。於是閭里童昏，貴遊總丱，未窺六甲，先製五言。捐本逐末，流遍華壤，遞相師祖，澆漓愈扇。』

又　卷三四《選舉考七・孝廉》　獻帝建安五年，詔三公舉至孝二人，九卿、校尉、郡國各一人，皆上封事，靡有所諱。

徐氏曰：『按《荀爽傳》：太常趙典舉爽至孝，對策陳便宜。靈帝詔舉有道之士，而謝弼、陳淳、公孫度俱對策，除郎中。由是觀之，漢世諸科皆有制策，有司因以定其科第之等也。』【略】

魏黄初二年，初令郡國口滿十萬者，歲察孝廉一人，其有秀異，無拘户口。

三府議：『舉孝廉本以德行，不復限以試經。』司徒華歆以爲：『喪亂以來，六籍墮廢，當務存立，以崇王道。夫制法者所以經盛衰，今聽孝廉不以經試，恐學業從此而廢。若有秀異，可特徵用，患於無其人，何患不得哉！』帝從其言。

魏舒年四十餘，郡舉上計掾，察孝廉，宗黨以舒無學業，勸令不就，可以爲高。舒曰：『若試而不中，其負在我，安可虛竊不就之高，以爲己榮乎？』於是自課百日，習一經，因而對策升第。

東晉元帝初，以天下喪亂，務存慰勉，遠方孝、秀，不復策試。後以經略粗定，乃令試經。其後孝、秀莫敢應命，至者多辭以疾。詳見《舉士門》。

宋制，州舉秀才，郡舉孝廉，皆策試。見《舉士門》。

北齊制，中書策秀才，集書策貢士，考功郎中策賢良。見《舉士門》。周武帝詔郡舉經明行修者爲孝廉，歲一人。見《舉士門》。

又《任子》 按：任子法始於漢，而其法尤備於唐。漢、唐史列傳中，凡以門蔭入仕者，皆備言之，獨《魏》、《晉》、《南》、《北史》不言門蔭之法，而列傳中亦不言以門蔭入仕之人，何也？蓋兩漢入仕之途，或從辟召，或舉孝廉，至隋唐則專以科目取人，所以漢唐之以門蔭入仕者，皆不由科目與辟召者也。自魏晉以來，始以九品中正爲取人之法，而九品所取，大概多以世家爲主，所謂『上品無寒門，下品無世族』，故自魏晉以來，仕者多世家。逮南北分裂，凡三百年，而用人之法，多取之世族，如南之王、謝，北之崔、盧，雖朝代推移，鼎遷物改，猶卬然以門地自負，上之人亦緣其門地而用之，故當時南人有『三公之子傲九棘之家，黄散之孫蔑令長之室』之説，北人亦有『以貴襲貴，以賤襲賤』之説。往往其時仕者，或從辟召，或舉孝廉，雖與兩漢無異，而所謂從辟召、舉孝廉之人，則皆貴胄也。其起自單族匹士而顯貴者，蓋所罕見。當時既皆尊世胄而賤孤寒，故不至如後世之誇特起而鄙門蔭，而史傳中所以不言以蔭敍入官者，蓋所以見當時雖以他途登仕版，居清要者，亦皆世家也。

又 卷三五《選舉考八·吏道》 令史，漢官也。【略】《蜀志》：董厥爲府令史，諸葛亮稱之曰：『董令史，良士也。』後遷至尚書令史、平臺事。

【略】

元、成以來，至東漢之初，流品漸分，儒漸鄙吏，故以孝廉補尚書郎、令史而深以爲恥，蓋亦習俗使然。然胡廣、袁安之進身者亦由郡吏，而丁邯則決不肯爲尚書令史，何也？蓋東都亦未嘗廢試吏入仕之塗，故方其未遇，而浮沉里巷無所知名也，則雖郡吏亦屑爲之；及其既以孝廉異科薦舉徵召，則未免自負清流，雖尚書機要之地，亦恥其爲郎、令史矣。然考《晉書·職官志》：『魏青龍二年，尚書陳矯奏置都官、騎兵，合凡二十五郎。每一郎缺，白試諸孝廉能結文案者五人，謹封奏其姓名以補之。』然則丁邯雖誓死不爲，而自光武立法之後，孝廉之爲郎者遂爲久例歟？

都事，晉有尚書都令史八人，秩二百石，與左右丞總知都臺事。宋、齊八人；梁五人，謂之五都令史，職與晉同。舊用人常輕，武帝詔曰：『尚書五都，職參政要，非但總領衆局，亦乃方軌二丞。頃雖求才，未臻妙簡，可革用士流，以盡時彦。』乃以都令史視奉朝請。其時以太學博士劉訥兼殿中都，司空法曹參軍劉顯兼吏部都，太學博士孔虔孫兼金部都，司空法曹參軍蕭軏兼左民都，宣毅墨曹參軍王顒兼中兵都：五人並以才地兼美歷茲選。

【略】

主事，後魏於尚書諸司置主事令史。【略】右歷代都事、主事，皆吏長之名也。

西晉令史，朝晡詣都座朝，江左唯早朝而已。賈充爲尚書令，以目疾，表置省事吏四人，尚書置省事自此始也。其品職與諸曹令史同。劉卞入太學，試經爲臺四品吏。訪問令寫黄紙一鹿車，卞曰：『劉卞非爲人寫黄紙者也。』訪問知，怒，退爲尚書令史。姚萇執苻堅，遣僕射尹緯詣堅問事。堅見其瓌傑，問曰：『卿於朕世何官？』緯答曰：『尚書令史。』堅曰：『卿宰相材，王景略之儔，而朕不知，宜其亡也。』

晉、宋蘭臺寺正書令史，雖行文書，皆有品秩，朱衣執版。孔僟爲御史中丞，坐鞭令史，爲有司所糾。梁、陳與晉、宋同。

後魏令史亦朱衣執笏，然謂之流外勳品。

北齊尚書郎判事，正令史側坐。書令史、過事令史皆平揖郎，無拜。

又《貲選進納》 晉武帝太康三年，問司隸校尉劉毅曰：『朕可方漢何帝？』毅曰：『桓、靈。』帝曰：『吾雖德不及古人，猶克己爲治，南平吳會，混一天下，方之桓、靈，不已甚乎？』對曰：『桓、靈賣官錢入官庫，陛下賣官錢入私門，以此言之，乃不如也。』

後魏明帝時，孝昌二年初，承喪亂之後，倉廩虚罄，遂班入粟之制：輸粟八千石賞散侯，六千石散伯，四千石散子，三千石散男；職人輸七百石賞一大階，授以實官；白人輸五百石聽依第出身，千石加一大階；諸沙門有輸粟四千石入京倉者，授本州統，各有差。

又 卷三六《選舉考九·舉官》 曹公初建魏府，以毛玠、崔琰爲東曹掾吏，銓衡人物，選用先尚勤儉，於是天下士人皆砥礪名節，務從約損。和洽言於公曰：『天下大器，在位與人，不可以一節儉也。儉素過中，自以處身則可，以此格物，所失或多。今朝廷之儀，吏有著新衣好車者，不謂之廉潔。至令士大夫故汙辱其衣，藏其輿服，朝府大吏或自挈壺殽，以入官寺。夫立教觀俗，貴處中庸，爲可繼也。今崇一概難堪之行，以檢殊途，勉而爲之，必有疲瘁。古之大教，務在通人情而已，凡激詭之行，則容僞矣。』

魏文帝立九品官人之法，州郡皆置中正。見《舉士門》

漢昭烈既崩，諸葛孔明秉政，懲惡舉善，量能授任，不計資敍。時犍爲郡守李嚴以楊洪爲功曹，嚴未去郡，而洪以才能已爲蜀郡守。洪門下書佐何祇有才策，洪未去郡，而祇已爲廣漢郡守。

孫氏有江東，選曹尚書主選舉。吳郡暨艷性峭刻，好清議，爲尚書，以郎署混淆，多非其人，艷欲激濁揚清，別其善否，乃覈選三署，皆貶高就下，降損數等，其居位貪婪，志節卑污者，皆以爲軍吏，置之營府。於是怨聲囂然，競言艷用私情，虧公法，艷坐自殺。

明帝太和之後，俗用浮靡，遞相標目，而夏侯、諸葛、何、鄧之儔，有『四聰』、『八達』之稱，帝深所嫉惡。於是士大夫之有名聲者，或禁錮廢黜以懲之。帝曰：『選舉莫取有名，名如畫地作餅，不可啖也。』吏部尚書盧毓曰：『名不足以致異人，而可以得常士；常士畏教慕善，然後有名。』

其後士人多務進趨，廉遜道缺，劉寔著《崇讓論》以矯之，其略曰：『古聖王之化天下，所以貴讓者，欲以出賢才，息爭競也。夫人情莫不欲己之賢也，故勸令讓賢以自明賢也，豈假讓不賢哉！故讓道興，賢能之人不賢而自至出矣，至公之舉自立矣，百官之副亦豫具矣。一官缺，擇衆官所讓最多者而用之，審才之道也。在朝之士相讓於上，下皆化之，推賢讓能之風從此生矣。爲一國所讓，則一國士也；天下所共推，則天下士也。推讓之風行，則賢不肖灼然殊矣。故非時獨乏賢也，時不貴讓，一人有先衆之譽，毀必隨之，名不得成，使之然也。雖令稷、契復存，亦不復全其名矣。能否混雜，優劣不分，士無素定之價，官職有缺，主選之吏不知所用，但按官次而舉之。同才之人先用者，非勢家之子，則必爲有勢者之所念也。非能獨賢，因其先用之資而復遷之無已，不勝其任之病發矣。夫一時在官之人，雖雜有凡猥之材，其中賢明者亦多矣，豈可謂皆不知讓賢爲貴邪？直以時皆不讓，習以成俗，故遂不爲耳。人臣初除，皆通表上聞，名之謝章，所由來尚矣。原謝章之本意，欲進賢能以謝國恩也。昔舜以禹爲司空，禹拜稽首，讓於稷、契及咎繇，益讓熊羆，伯夷讓夔、龍。唐、虞之時，衆官初除，莫不皆讓也。謝章之義，蓋取於此。季代不能讓賢，虛謝見用之恩而已。相承不變，習俗之失也。夫敍用之官得通章表者，其讓賢推能乃通，其不能有所讓，徒費簡紙者，皆絕不通。人臣初除，各思推賢能而讓之矣，讓文付主者掌之。三司有缺，擇三司所讓最多者而用之，此爲一公缺，三公已豫選之矣。且主選之吏，不必任公而選三公，不如令三公自共選一公爲詳也。推之四征、尚書、郡守皆然。夫衆官百郡之讓，與主者共相比，不可同歲而論也。賢愚皆讓，百姓耳目盡爲國耳目。夫人情爭則欲毀己所不如，讓則競推於勝己。故世爭則毀譽交錯，優劣不分，難得而讓也；時讓則賢智顯出，能否之美，歷歷相次，不可得而亂也。當此時也，能退身修己者，讓之者多矣，雖欲守貧賤，不可得也；馳騖進取而欲人見讓，猶卻行而求前也。夫如此，愚智皆知進身求通，非修之於己則無由矣，浮聲虛論，不禁而自止矣。』詳見《舉士門》。

齊王嘉平初，夏侯玄請使官長各考其屬能否，而中正則惟考行迹。

晉武帝泰始七年，詔公卿以下舉將帥各一人。

太康九年，令內外羣官舉清能，拔寒素。又令舉守令之才。

晉依魏氏九品之制，內官吏部尚書、司徒、左長史，外官州有大中正，郡國有小中正，皆掌選舉。凡吏部選用，必下中正徵其人居及祖父官名。

山濤爲吏部尚書，再居選職，共十有餘年。每一官缺，輒啓擬數人，詔旨有所向，然後顯奏，隨帝意所欲爲先。故帝之所用，或非舉首，衆情不察，以濤輕重任意。或譖之於帝，故帝手詔戒濤曰：『夫用人惟才，不遺疏遠單賤，天下便化之。』而濤行之自若，一年之後，衆情乃寢。濤所奏甄拔人物，各爲題目，時稱『山公啓事』。

侍中彭權遷，當選代。按：『雍州刺史郭奕高簡有雅量，在朝廷足以肅正左右；衛將軍王濟才高美茂，後來之冠，此二人誠顧問之秀。聖意倘惜濟主兵者，驍騎將軍荀愷智器明敏，其典宿衛，終不減濟。博士祭酒庾純強正有學義，亦堪此選。國學初建，王、荀已亡，純能其事，宜當小留，粗立其制，不審宜爾有當聖旨者否？又尚書令缺，宜得其人。征南大將軍祜體義立政，可以肅整朝廷。』又云：『有疾苦者，大將軍雖不整，正須筋力，戎馬間猶宜得健者。征北大將軍瓘貞正靜一，中書監荀勖達練事物。三者皆人彥，不審有可參舉者不？』

王戎遷尚書左僕射，領吏部，始爲甲午制。凡選舉皆先治百姓，然後授用。司隸傅咸奏戎，曰：『《書》稱「三載考績，三考黜陟幽明」，今內外羣官，居職未期而戎奏還，既未定其優劣，且送故迎新，相望道路，巧詐由生，傷農害政。戎不仰依堯舜典謨，而驅動浮華，虧敗風俗，宜免戎官。』戎與賈、郭通親，竟得不坐。戎與時卷舒，自經典選，未嘗進寒素，退虛名，但與時浮沉，户調門選而已。

王戎有人倫鑒識，嘗目山濤如璞玉渾金，人皆欽其寶，莫能名其器；王衍神姿高徹，於瑶林瓊樹，自然是風塵表物。謂裴頠拙於用長，荀勖工於用短，陳道寧纆纆如束長竿。族弟敦有高名，戎惡之。敦每候戎，戎輒託疾不之見，敦後果爲逆亂。其鑑賞先見如此。

按：西晉時，以吏部尚書執用人之柄，山濤、王戎相繼居是職，二人雖賢否不同，而皆有知人之鑑。《巨源啓事》中所處分者，內則要地，外則方面；戎所評議者，亦一時名勝，非後進小吏也。蓋當時尚書權任之重如此。後來居是職者，既未嘗有二公之鑑識，且其所權衡，不過麽麽微官，所謂『唯取年勞，不簡賢否，使義均行雁，次若貫魚，勘簿呼名，一吏足矣，數人而用，何謂銓衡』者是也。近世葉水心言：『今之大臣，以堂除與人者，乃昔日銓選常行之事。大臣不知其職任有大於此者，而止以堂除爲宰相之大權，則毋怪銓選爲奉行文書之地也。使今日銓選得稍稍自用，若堂除之選盡歸銓部，然後大臣知職任，而銓選亦能少助朝廷用人，尚書、侍郎不虛設矣。』此語足以箴後來之失。然後來之大臣，苟非作姦擅權，固位植黨者，其於用人亦不過謹守資格，以爲寡過之地，毋以異於吏部之銓衡。如蕭何之以大將舉韓信，狄仁傑之以宰相舉張柬之，其事亦寥寥矣。

九品之法漸敝，中正任久，愛憎由己，遂計官資以定品格，天下唯以居位爲貴。尚書僕射劉毅上言：『九品始因魏初喪亂，是軍中權時之制，非經久之典也。宜用土斷，復古鄉舉里選之法。』因言九品有八損，而官才有三難：『人物難知，一也；愛憎難防，二也；情僞難明，三也。凡官不同事，人不同能。今九品不狀才能之所宜，而以九等爲例，以品取人，或非才能之所長，以狀取人，則爲本品之所限。若狀得其實，猶品狀相妨，況不實者乎！』詳見《舉士門》

按：既曰九品中正之官設之於州縣，是即鄉舉里選之遺意。然未仕者，居鄉有履行之善惡，所謂品也；既仕者，居官有才能績效之優劣，所謂狀也。品則中正可得而定，狀則非中正可得而知。今欲爲中正者，以其才能之狀，著於九品，則宜其難憑。要知既入仕之後，朝廷自合別有考課之法，而復以中正所定之品目第其升沉，拘矣。況中正所定者，又未必允當乎！

宋營陽王時，以蔡廓爲吏部尚書，廓謂傅亮曰：『選事若悉以見付，不論；不然，不能拜也。』亮以語録尚書徐羨之，羨之曰：『黄、散以下，悉以委蔡，吾徒不復措懷；自此以上，故宜互參同異。』廓曰：『我不能爲徐干木署紙尾。』遂不拜。干木，羨之小字。選案黄紙，録尚書與吏部尚書連名，故云『署紙尾』。宋黄門，第五品也。

文帝元嘉中，限年三十而仕，郡縣以六周而代，刺史或十餘年。及孝武卽位，仕者不復拘老幼，守宰以三周爲滿。時中軍録事參軍周朗上疏曰：『欲爲教者，宜以二十五家選一長，百家置一師。男子十三至十七，皆令學經；十七至二十，皆令習武。訓以書記圖緯、忠孝仁義之禮，廉讓恭勤之則；授以兵經戰略、軍部舟騎之容，挽强擊刺之法。習經者五年有成，而言之司徒；習武者三年善藝，亦升之司馬。若七年而經不明，五年而勇不達，卽更求其言行，考其事業，必不足取者，雖公卿子弟，長歸農畝，終身不得爲吏。』兼述農桑生植之本，及禮教刑政之端。帝省之不悅。左衛將軍謝莊以其時搜才路狹，又上表曰：『九服之曠，九流之難，提鈞懸衡，委之選部。一人之鑑易限，而天下之才難原。以易限之鑑，照難原之才，使國無遺授，野無滯器，其可得乎？請普令大臣，各舉所知，以付尚書銓用。』不從。帝又不欲重權在下，乃分吏部，置兩尚書，以散其權。

裴子野曰：『官人之難，尚矣。居家視其孝友，鄉黨察其誠信，出入觀其志義，憂難取其智謀，煩之以事，以求其理，臨之以利，以察其廉。《周禮》，始於學校，論之州里，告諸六事，然後貢於王庭。其在漢家，州郡積其功能，五府舉爲掾屬，三公參其得失，尚書奏之天子。一人之身，所閲者衆，故能官得其才，罕有敗事。魏晉易是，所失弘多。夫厚貌深衷，險如谿壑，擇言觀行，猶懼弗周，況今萬品千羣，俄析乎一面，庶僚百位，專斷於一司，於是囂風遂行，不可抑止，干進務得，兼加諂黷，無復廉恥之風、謹愿之操，官邪國敗，不可紀綱。假使龍作納言，舜居南面，而治致平章，不可必也，況後之官人者哉！孝武雖分曹爲兩，不能反之於周漢，朝三暮四，其庸愈乎。」

顔峻爲吏部尚書，留心選舉，奏無不可。後謝莊代峻，意多不行。峻容貌嚴毅，莊風姿甚美，賓客喧訴，嘗歡笑答之。人言：「顔竣嗔而予人官，謝莊笑而不與人官。」

按：自魏晉以來，州郡無上計之事，公府無辟召之舉。士之入仕者，始則中正别其賢否，次則吏部司其升沉而已。所以尚書之權最重，而其於人恩怨亦深。故賈充與任愷爭權，則啓令其典選，俾之易生間隙；蔡廓以主闇時艱，不欲居通塞之地。蓋非精於裁鑑者，不能稱其任，而恬於權勢者，多不樂居其位也。

齊因宋代限年之制，鄉舉里選不覈才德，其所進取以官婚胄籍爲先，遂令甲族以二十登仕，後門以三十試吏，故有增年矯貌以圖進者。詳見《舉士門》。

左僕射王儉請解領選，謂褚淵曰：「選曹之始，近自漢末。今若反古，使州郡貢計，三府辟士，與衆共之，猶賢一人之意。古者選衆，今則不然，奇才絶智所以見遺於草澤也。」淵曰：「誠如卿言。但行之已久，卒難爲改也。」

梁初，無中正制，年二十五方得入仕。天監中，制：「九流常選，年未三十，不得一經者，不得爲官。」詳見《舉士門》

陳依梁制，凡年未三十不得入仕，唯經學生策試得第、諸州光迎主簿、西曹左奏及嘗爲挽郎，得未壯而仕。諸郡唯正王爲丹陽尹經迎得出身者亦然，庶姓尹則否。有高才、異行、殊勳，别降恩旨敍用，不在常例。凡選無定時，隨缺則補。官有清濁，以爲升降，從濁得清，則勝於遷。若有遷授，或由别敕，但移轉一人爲官，則諸官多須改動。其用官式，吏部先爲白牒，列數十人名，尚書與參掌者共署奏，敕或可或否。其可者則下於選曹，量貴賤，别内外，隨才補用；以黄紙録名，八座通署，奏可乃出，以付於典名；典名書其名帖鶴頭板，修容整儀，送所授之家。其别發詔除者，即宣付詔局，詔局草奏聞，敕可，黄紙寫出門下，門下答詔，請付外施行，又敕可，付選司行名。得官者不必待行名到，但聞詔出，明日即入謝後，詣尚書上省拜受。若拜王公則臨軒。凡拜官皆在午後。初，武帝承侯景喪亂之後，綱維頽壞，制度未立，百官無復考校殿最之法，但更年互遷，驟班進秩，法無可稱者。後徐陵、孔奐繼爲吏部尚書，差有其序。

後魏州郡皆有中正，掌選舉。每以季月與吏部銓擇可否；其秀才對策第居中，上表敍之。

文成帝和平三年，詔曰：「今選舉之官，多不以次，令班白處後，晚進居先，豈所謂彝倫攸敍也！諸曹選補，宜各書勞舊才能。」其後中正所銓，但在門第，吏部彝倫，仍不才舉。

崔浩爲冀州大中正，薦冀、定、相、幽、并五州士數十人，各起家爲郡守。景穆帝謂浩曰：「先召之人亦州郡選也，在職已久，勤勞未荅，令先補前召外任郡縣，以新召者代爲郎吏。又守宰人宜使更事者。」浩固爭而遣之。高允曰：「崔公其不免乎！苟遂其非，而較勝於上，何以能濟。」

郭祚爲吏部尚書，特絜清，重惜官位，至於銓授，假令得人，必徘徊久之，然後下筆，即云：「此人便已貴矣。」由是事頗爲稽滯，每招怨罷。然而所拔用者，量材稱職，士論歸之。

孝文勵精求治，内官通班以上，皆自考覈，以爲黜陟。見《考課門》。

任城王澄爲吏部尚書，詔澄簡舊臣。初，魏自公侯以下迄於選臣，動有萬數，冗散無事。澄品爲三等，量其優劣，盡其能否，咸無怨言。

自太和以前，精選中正，德高鄉國者充；其邊州小郡，人物單鮮者，則並附他州；其在遐陋者，則闕而不置。當時稱爲簡當，頗爲得人。及宣武、孝明之時，州無大小，必置中正。既不可悉得其人，故或有庸鄙者操銓覈之權，而選敍頽紊。至正始元年冬，乃罷諸郡中正。時有以雜類冒登清流，遂令在位者皆五人相保，無人保任者奪官還役。

清河王懌以官人失序，上表曰：「孝文帝制出身之人，本以門品高下有恆。若准資蔭，自公卿令僕之子，甲乙丙丁之族，上則散騎秘著，下逮御史長兼，皆條例昭然，文無虧没。自此或身非三事之子，解褐公府正佐；地非甲乙之類，而得上宰行僚。自兹以降，亦多乖舛。且參軍事專非出身之職，今必釋褐而居；秘著本爲起家之官，今或遷轉以至。斯皆仰失先准，有違明令，非所謂式遵遺範，奉順成規。此雖官人之失，相循已久，然推其瀰漫，抑亦有由。何者？信一人之明，當九流之廣，必令該鑑氏族，辨照人倫，才識有限，固難審悉。所以州置中正之官，清定門冑，品藻高卑，四海畫一，專尸衡石，任實不輕。故自置中正以來，暨於太和之日，莫不高擬其人，妙盡兹選，皆須名位重於鄉國，才德允於具瞻，然後可以品裁州郡，綜覈人物。今之所置，多非其人。乞明爲敕制，使官人選才，備依先旨，無令能否乖方，違才易務；幷革選中正，一依前軌，庶清源有歸，流序允穆。』靈太后詔依表施行，而終不能用。

征西將軍、冀州大中正張彝之子仲瑀上封事，請銓別選格，排抑武夫，不使預清品。於是武夫憤怒，羽林、虎賁千餘人焚彝第，殺其父子。詔斬其凶强者八人，餘大赦以安之。

張彝既死，靈太后乃命武官得依資入選。既而官員少，應調者多，選曹無以處之。及崔亮爲吏部尚書，乃奏爲格制，官不問賢愚，以停解日月爲斷。雖復官需此人，停日後者終不得取；庸才下品，年月久者則先擢用。時沉滯者，皆稱其能。

亮甥劉景安貽書規之，亮答曰：『昔有中正，品其才第，上之尚書，據狀量人授職，此乃與天下羣賢共爵人也。吾謂當爾之時，無遺才，無濫舉矣，而汝猶云十收六七。況今日之選，專歸尚書，以一人之鑑，照察天下，劉毅所云：「一吏部、兩郎中而欲究鑑人物，何異以管窺天而求其博哉！」今勳人甚多，又羽林入選，武夫倔起，而不解書計，唯可彍弩前驅，指蹤捕噬而已。忽令佩組乘軒，求其烹鮮之效，未嘗操刀，而使剸割。又武人至多，官員至少，不可周溥。設令十人共一官，猶無官可授，況一人冀一官，何由不怨哉？吾近面執，不宜使武人入選，請賜其爵，厚其禄。既不見從，是以權立此格，限以停年耳。』

水心葉氏曰：『按：《蕭寶寅傳》載魏世外官代還六年方敘，内官四年爲限。今亮立此格，專以停罷後歲月斷之，不總計其平生資歷，抑新進，拔滯淹，故爲有意，利柄在己，人不得干，雖曰失之，猶有所獲。不若後世泛論考任，無復止法，容僥倖，長躁求，使士大夫皆安傲然取必於上，其得失相較又遠矣。』

先公曰：『按：《停年格》立於武人入選之後，武人入選始於羽林作亂之餘，此當時事情也。《通鑑》述崔亮答書，削去本旨，已爲未然；胡氏、葉氏之論古今得失則然矣，而停年之所以立，弗深考也。』

後甄琛、元修義、城陽王徽相繼爲吏部尚書，利其便己，踵而行之。自是賢愚同貫，涇渭無別，魏之失才，從亮始也。及辛雄爲吏部郎中，上疏曰：『自神龜以來，專以停年爲選。士無善惡，歲久先敘；職無劇易，名到授官。執案之吏，以差次日月爲功能；銓衡之人，以簡用老舊爲平直。且庸劣之人，莫不貪鄙。委斗筲以共理之重，託碩鼠以百里之命，皆貨賄是求，肆心縱意，禁制雖煩，不勝其欲。致令徭役不均，發調違謬，聚斂盈門，囚執滿道。蓋助陛下理天下者，唯在守令，最須簡置，以康國道。但郡縣選舉，由來所輕，貴遊儁才，莫肯居此，宜改其弊，以定官方。請上等郡縣爲第一清，中等爲第二清，下等爲第三清。選補之法，妙盡才望。如不可並，後地先才，不得拘以停年，竟無銓革。三載黜陟，有稱者補在京名官，如前代故事，不歷郡縣不得爲内職，則人思自勉，上下同心，枉屈可申，强暴自息。』書奏，會帝崩。及孝莊帝初，詔求德才文藝政事强直者，縣令、郡守、刺史皆敘其志業，具以表聞。得三人以上，縣令、太守、刺史賞一階，舉非其人者黜一階。凡官郡守、縣令，六年爲滿，滿後六年爲敘。

薛琡爲吏部郎中，上言：『使選曹唯取年勞，不簡賢否，義均行雁，次若貫魚，勘簿呼名，一吏足矣，數人而用，何謂銓衡！請積勞之中，有材堪牧人者，在先用之限；其餘不堪者，既壯藉其力，豈容老而棄之。將佐丞尉，去人稍遠，小小當否，未爲多失，宜依次補序，以酬其勞。』不報。

東魏元象中，文襄王高澄秉政，攝吏部尚書，乃革後魏崔亮年勞之制，務求才實。自遷鄴以後，掌大選知名者不過數四，文襄年少高朗，其弊也疏；袁聿修沈密謹厚，所傷者細；楊遵彦風流辯給，所取失於浮華；唯辛術貞明簡實，新舊參舉，管庫必擢，門閥不遺，衡鑑之美，一人而已。至孝昭帝皇建二年，詔：『內外執事官從五品以上、三府主簿、録事參軍、諸王文學、侍御史、廷尉三官、尚書郎中、中書舍人，每在三年之內，各舉一人：或夙在朝倫，沈屈未用；或先官後進，今見停散；或白屋之人，巾褐未釋。其高才良器，允文允武，理識深長，幹具通濟，操履凝峻，學業宏贍，諸如此輩，隨取一長，無待兼資，方充舉限。舉薦之文，指論事實，隨能量用，必陳所堪，不得高談，謬加褒飾。所舉之人，止在一職，三載之內，有犯死罪以下、刑年以上，舉主准舉人之犯，各罰其金；自鞭以下，舉主勿論。若未經三載而更，餘轉通計後官日月，合滿三周。凡所舉人，必主事立功，裨益時政，不限年之遠近，舉主之賞，亦當非次，被舉之人，別當擢授。其違限不舉，依式罰金。又擁旄作鎮，任總百城，分符共理，職司千里，凡其部統，理宜委悉。刺史於所管之內下郡太守、縣令、丞、尉、府佐、録事參軍以降，州官、州官都主簿以下，但霑在吏職，及前爲官并白人等並聽表薦。太守則曹掾以下及管內之人，亦聽表舉。其大州、中州、小州，畿內、上郡、中郡，並三年之內各舉一人，其不入品州並自餘郡守，不在舉限。』

楊愔典選二十餘年，奬擢人倫，以爲己任。然取士多以言貌，時致謗言，以爲愔之用人，似貧士市瓜，取其大者。

水心葉氏曰：『魏以停年致亂，高氏反之。觀此，則奔走一時材用，以赴功名，自不係君德也。銓敍羣彥，雖曰吏部之職，然宰相知人，能盡器使，乃職業中一大事。』

後周以吏部中大夫一人掌選舉，小吏部下大夫一人以貳之。初，霸府時，蘇綽爲六條詔書，其四曰擢賢良。綽深思本始，懲魏、齊之失，罷門資之制，其所察舉，頗加精謹。及武帝平齊，廣收遺逸，乃詔山東諸州舉明經幹理者，上縣六人，中縣五人，下縣四人。

樂遜上疏論選舉曰：『選曹賞録勳賢，補擬官爵，必宜與衆共之，有明揚之授，使人得盡心，如睹白日。其材有升降，功有厚薄，禄秩所加，無容不審。即如州郡選置，猶集鄉閭，況天下選曹，不取人物？若方州列郡，自可內除，此外付選曹銓敍者，既非機事，何足可密。人生處世，以榮禄爲重，修身履行，以基身名，逢時既難，失時爲易。其選置之目，宜令衆心明白，然後呈奏，使功勤見知，品物稱悅。』【略】

沈既濟曰：『選法之難行，久矣。夫天產萬類，美寡而惡衆，人分九流，君子孤而小人羣。雖消長迭有，而善惡不常，此古今之通理然也。將退不肖而懲其濫，必懸法以示人，而俾人知懼，舉善以勸，而不仁自遠，可以陰騭而潛移之，固難明斥其惡而强擠也，暨艷、張彝皆以不及是而敗，悲夫！斯理甚明，蓋非英明之君，不可以語焉。故崔、毛當魏武而政舉，盧、薛值隋文而身墜，時難不其然乎！』

又 卷三九《選舉考十二·辟舉》 魏王淩爲青州刺史。青土初定，請王基爲別駕，後召爲秘書郎，淩復請還。頃之，司徒王郎辟基，淩不遣。朗書劾州曰：『凡家臣之良，則升於公輔，公臣之良，則入於王職，是故古者侯伯有貢士之禮。今州取宿衞之臣，留秘閣之吏，所希聞也。』淩猶不遣。淩流稱青土，亦由基葉和之輔也。

劉虞備禮署田疇爲從事，令其奉表行。在既而虞爲公孫瓚所殺，疇至，哭於虞墓。北歸，率宗族附從數百人，掃地而盟曰：『君讎不報，不可以立於世。』遂入徐無山中，營深險平敞地而居，徵辟皆不就。

曹爽辟王沈及羊祜，沈勸祜應命，祜曰：『委質事人，復何容易。』遂不就。

古人之於所爲主也，有君臣之義焉，故難則死之。羊叔子之賢，蓋知曹爽之不足以死故也。

北齊武平中，後主失政，多有佞幸，乃賜其賣官分占州郡，下及鄉官，多降中旨，故有敕用州主簿、郡功曹者。自是之後，州郡辟士之權浸移於朝廷，以故外吏不得精核，由此起也。

後周時，刺史僚佐、州吏則自署，府官則命於朝廷。

論說

晉·葛洪《抱朴子·外篇》卷三《勖學》 世道多難，儒教淪喪，文武之軌，將遂凋墜。或沈溺於黃色之中，或驅馳於競逐之路。孤貧而精六藝者，以游夏之資，而抑頓乎九泉之下；因風而附鳳翼者，以駑庸之質，猶迴遑乎霞霄之表。捨本逐末者，謂之勤修庶幾；擁經求己者，謂之陸沈迂闊。於是莫不蒙塵觸雨，戴霜履冰，懷黃握白，提清挈肥，以赴邪徑之近易，規朝種而暮獲矣。

又　卷四《崇教》　若夫王孫公子，優遊貴樂，婆娑綺紈之間，不知稼穡之艱難，目倦於玄黃，耳疲乎鄭衛，鼻饜乎蘭麝，口爽於膏粱，冬沓貂狐之縕麗，夏縝紗縠之翩飄，出驅慶封之輕軒，入宴華房之粲蔚，飾朱翠於楹棁，積無已於篋匱，陳妖冶以娛心，湎醽醁以沈醉，行爲會飲之魁，坐爲博奕之帥。省文章既不曉，睹學士如草芥，口筆乏乎典據，牽引錯於事類。劇談則方戰而已屈，臨疑則未老而憔悴。雖菽麥之能辯，亦奚別乎瞽瞶哉！

又　卷一六《交際》　或有德薄位高，器盈志溢，聞財利則驚掉，見奇士則坐睡。褴褸杖策，被褐負笈者，雖文艷相雄，學優融玄，同之埃芥，不加接引。若夫程鄭王孫羅裒之徒，乘肥衣輕，懷金挾玉者，雖筆不集劄，菽麥不辯，爲之倒屣，吐食握髮。

又　卷二七《刺驕》　存亡之機，於是乎在。輕而爲之，不亦蔽哉！亦有出自卑碎，由微而著，徒以翕肩斂迹，偓伊側立，低眉屈膝，奉附權豪，《意林》作『趨事豪貴』。因緣運會，超越不次，毛成翼長，蟬蛻泉壤，便自軒昂，目不步足，器滿意得，視人猶芥。或曲晏密集，管弦嘈雜，後賓填門，不復接引。或於同造之中，偏有所見，復未必全得也。直以求之，差勤以數接其情，苞苴繼到，壺榼不曠者耳。

又　卷三四《吳失》　秉維之佐，牧民之吏，非母后之親，則阿諂之人也。進無補過拾遺之忠，退無聽訟之幹，虛談則口吐冰霜，行己則濁於泥潦。莫愧尸禄之刺，莫畏致戎之禍，以毀譽爲蠶織，以威福代稼穡。車服則光可以鑑，豐屋則羣鳥爰止。叱吒疾於雷霆，禍福速於鬼神，勢利傾於邦君，儲積富乎公室。出飾翟黃之衛從，入遊玉根之藻棁。僮僕成軍，閉門爲市，牛羊掩原隰，田池布千里。有魚滄濯裘之儉，以竊趙宣平仲之名。內崇陶侃文信之訾，實有安昌董鄧之汙。雖造賓不沐嘉旨之俟，饑士不蒙升合之救，而金玉滿堂，妓妾溢房，商販千艘，腐穀萬庾，園囿擬上林，館第僭太極，粱肉餘於犬馬，積珍陷於帑藏。

其接士也，無葭莩之薄；其自奉也，有盡理之厚。或有不開律令之篇卷，而竊大理之位；不識几案之所置，而處機要之職；不知五經之名目，而饗儒官之禄；不閑尺紙之寒暑，而坐著作之地。筆不狂簡，而受駁議之榮；低眉垂翼，而充奏劾之選；不辨人物之精粗，而委以品藻之政；不知三才之軍勢，而軒昂節蓋之下；屢爲奔北之辱將，而不失前鋒之顯號；不別菽麥之同異，而忝叨顧問之近任。夫魚質龍文，似是而非，遭水而喜，見獺即悲，雖臨之以斧鉞之威，誘之以傾城之寶，猶不能奪鉛鋒於犀兕，聘駑蹇以追風，非不忌重誅也，非不悅美賞也，體不可力，無自奈何，而欲與之輯熙百揆，弘濟大務，猶托萬鈞於尺舟之上，求千鍾於升合之中，緤猢狗而責盧鵲之效，構雞駑而崇鷹揚之功，其不可用，亦較然矣！

北齊·顏之推《顏氏家訓》卷四《涉務》　吾見世中文學之士，品藻古今，若指諸掌，及有試用，多無所堪。居承平之世，不知有喪亂之禍；處廟堂之下，不知有戰陳之急；保俸禄之資，不知有耕稼之苦；肆吏民之上，不知有勞役之勤，故難可以應世經務也。晉朝南渡，優借士族；故江南冠帶，有才幹者，擢爲令僕已下尚書郎中書舍人已上，典掌機要。其餘文義之士，多迂誕浮華，不涉世務；纖微過失，又惜行捶楚，所以處於清高，蓋護其短也。至於臺閣令史，主書監帥，諸王籤省，並曉習吏用，濟辦時須，縱有小人之態，皆可鞭杖肅督，故多見委使，蓋用其長也。人每不自量，舉世怨梁武帝父子愛小人而疏士大夫，此亦眼不能見其睫耳。

梁世士大夫，皆尚褒衣博帶，大冠高履，出則車輿，入則扶侍，郊郭之內，無乘馬者。周弘正爲宣城王所愛，給一果下馬，常服御之，舉朝以爲放達。至乃尚書郎乘馬，則糾劾之。及侯景之亂，膚脆骨柔，不堪行步，體羸氣弱，不耐寒暑，坐死倉猝者，往往而然。建康令王復性既儒雅，未嘗乘騎，見馬嘶歕陸梁，莫不震懾，乃謂人曰：『正是虎，何故名爲馬乎？』其風俗至此。

古人欲知稼穡之艱難，斯蓋貴穀務本之道也。夫食爲民天，民非食不生矣，三日不粒，父子不能相存。耕種之，茠鉏之，刈穫之，載積之，打拂之，簸揚之，凡幾涉手，而入倉廩，安可輕農事而貴末業哉？江南朝士，因晉中興，南渡江，卒爲羈旅，至今八九世，未有力田，悉資俸禄而食耳。假令有者，皆信僮僕爲之，未嘗目觀起一墢土，耘一株苗；不知幾月當下，幾月當收，安識世間餘務乎？故治官則不了，營家則不辦，皆優閑之過也。

《晉書》卷三六《衛瓘傳》 瓘以魏立九品，是權時之制，非經通之道，宜復古鄉舉里選。與太尉亮等上疏曰：

昔聖王崇賢，舉善而教，用使朝廷德讓，野無邪行。誠以閭伍之政，足以相檢，詢事考言，必得其善，人知名不可虛求，故還修其身。是以崇賢而俗益穆，黜惡而行彌篤。斯則鄉舉里選者，先王之令典也。自茲以降，此法陵遲。魏氏承顛覆之運，起喪亂之後，人士流移，考詳無地，故立九品之制，粗且爲一時選用之本耳。其始造也，鄉邑清議，不拘爵位，褒貶所加，足爲勸勵，猶有鄉論餘風。中間漸染，遂計資定品，使天下觀望，唯以居位爲貴，人棄德而忽道業，爭多少於錐刀之末，傷損風俗，其弊不細。今九域同規，大化方始，臣等以爲宜皆蕩除末法，一擬古制，以土斷定，自公卿以下，皆以所居爲正，無復懸客遠屬異土者。如此，則同鄉鄰伍，皆爲邑里，郡縣之宰，卽以居長，盡除中正九品之制，使舉善進才，各由鄉論。然則下敬其上，人安其教，俗與政俱清，化與法並濟。人知善否之教，不在交遊，卽華競自息，各求於己矣。今除九品，則宜准古制，使朝臣共相舉任，於出才之路既博，且可以厲進賢之公心，覈在位之明暗，誠令典也。

又 卷四五《劉毅傳》 毅以魏立九品，權時之制，未見得人，而有八損，乃上疏曰：

臣聞：立政者，以官才爲本，官才有三難，而興替之所由也。人物難知，一也；愛憎難防，二也；情僞難明，三也。今立中正，定九品，高下任意，榮辱在手。操人主之威福，奪天朝之權勢。愛憎決於心，情僞由於己。公無考校之負，私無告訐之忌。用心百態，求者萬端。廉讓之風滅，苟且之俗成。天下訩訩，但爭品位，不聞推讓，竊爲聖朝恥之。

夫名狀以當才爲清，品輩以得實爲平，安危之要，不可不明。清平者，政化之美也；枉濫者，亂敗之惡也，不可不察。然人才異能，備體者尟。器有大小，達有早晚。前鄙後修，宜受日新之報；抱正違時，宜有質直之稱；度遠闕小，宜得殊俗之狀；任直不飾，宜得清實之譽；行寡才優，宜獲器任之用。是以三仁殊途而同歸，四子異行而均義。陳平、韓信笑侮於邑里，而收功於帝王；屈原、伍胥不容於人主，而顯名於竹帛，是篤論之所明也。

今之中正，不精才實，務依黨利；不均稱尺，務隨愛憎。所欲與者，獲虛以成譽；所欲下者，吹毛以求疵。高下逐强弱，是非由愛憎。隨世興衰，不顧才實，衰則削下，興則扶上，一人之身，旬日異狀。或以貨賂自通，或以計協登進，附託者必達，守道者困悴。無報於身，必見割奪；有私於己，必得其欲。是以上品無寒門，下品無勢族。暨時有之，皆曲有故。慢主罔時，實爲亂源。損政之道一也。

置州都者，取州里清議，咸所歸服，將以鎭異同，一言議。不謂一人之身，了一州之才，一人不審便坐之。若然，自仲尼以上，至于庖犧，莫不有失，則皆不堪，何獨責于中人者哉！若殊不修，自可更選。今重其任而輕其人，所立品格，還訪刁攸。攸非州里之所歸，非職分之所置。今訪之，歸正於所不服，決事於所不職，以長讒構之源，以生乖爭之兆，似非立都之本旨，理俗之深防也。主者既善刁攸，攸之所下而復選以二千石，已有數人。劉良上攸之所下，石公罪攸之所行，駁違之論横於州里，嫌讎之隙結于大臣。夫桑妾之訟，禍及吳、楚；鬭雞之變，難興魯邦。況乃人倫交爭而部黨興，刑獄滋生而禍根結。損政之道二也。

本立格之體，將謂人倫有序，若貫魚成次也。爲九品者，取下者爲格，謂才德有優劣，倫輩有首尾。今之中正，務自遠者，則抑割一國，使無上人；穢劣下比，則拔舉非次，并容其身。公以爲格，坐成其私。君子無大小之怨，官政無繩姦之防。使得上欺明主，下亂人倫。乃使優劣易地，首尾倒錯。推貴異之器，使在凡品之下，負戴不肖，越在成人之首。損政之道三也。

陛下踐阼，開天地之德，弘不諱之詔，納忠直之言，以覽天下之情，太平之基，不世之法也。然賞罰，自王公以至於庶人，無不加法。置中正，委以一國之重，無賞罰之防。人心多故，清平者寡，故怨訟者衆。聽之則告訐無已，禁絕則侵枉無極，與其理訟之煩，猶愈侵枉之害。今禁訟訴，則杜一國之口，培一人之勢，使得縱横，無所顧憚。諸受枉者抱怨積直，獨不蒙天地無私之德，而長壅蔽于邪人之銓。使上明不下照，下情不上聞。損政之道四也。

昔在前聖之世，欲敦風俗，鎭靜百姓，隆鄉黨之義，崇六親之行，禮教庠序以相率，賢不肖於是見矣。然鄉老書其善以獻天子，司馬論其能以官於職，有司考績以明黜陟。故天下之人退而修本，州黨有德義，朝廷有公正，浮華邪佞無所容厝。今一國之士多者千數，或流徙異邦，或取給殊方，面猶不識，況盡其才力！而中正知與不知，其當品狀，采譽於臺府，納毁於流言。任己則有不識之蔽，聽受則有彼此之偏。所知者以愛憎奪其平，所不知者以人事亂其度；既無鄉老紀行之譽，又非朝廷考績之課；遂使進宮之人，棄近求遠，背本逐末。位以求成，不由行立，品不校功，黨譽虚妄。損政五也。

凡所以立品設狀者，求人才以理物也，非虚飾名譽，相爲好醜。雖孝悌之行，不施朝廷，故門外之事，以義斷恩。既以在官，職有大小，事有劇易，各有功報，此人才之實效，功分之所得也。今則反之，於限當報，雖職之高，還附卑品，無績於官，而獲高敍，是爲抑功實而隆虚名也。上奪天朝考績之分，下長浮華朋黨之士。損政六也。

凡官不同事，人不同能，得其能則成，失其能則敗。今品不狀才能之所宜，而以九等爲例。以品取人，或非才能之所長；以狀取人，則爲本品之所限。若狀得其實，猶品狀相妨，繫縶選舉，使不得精於才宜。況今九品，所疏則削其長，所親則飾其短。徒結白論，以爲虚譽，則品不料能，百揆何以得理，萬機何以得修？損政七也。

前九品詔書，善惡必書，以爲褒貶，當時天下，少有所忌。今之九品，所下不彰其罪，所上不列其善，廢褒貶之義，任愛憎之斷，清濁同流，以植其私。故反違前品，大其形勢，以驅動衆人，使必歸己。進者無功以表勸，退者無惡以成懲。懲勸不明，則風俗污濁，天下人焉得不解德行而鋭人事？損政八也。

由此論之，選中正而非其人，授權勢而無賞罰，或缺中正而無禁檢，故邪黨得肆，枉濫縱横。雖職名中正，實爲奸府；事名九品，而有八損。或恨結於親親，猜生于骨肉，當身困于敵讎，子孫離其殃咎。斯乃歷世之患，非徒當今之害也。是以時主觀時立法，防奸消亂，靡有常制，故周因于殷，有所損益。至于中正九品，上聖古賢皆所不爲，豈蔽於此事而有不周哉，將以政化之宜無取於此也。自魏立以來，未見其得人之功，而生讎薄之累。毁風敗俗，無益於化，古今之失，莫大於此。愚臣以爲宜罷中正，除九品，棄魏氏之弊法，立一代之美制。

疏奏，優詔答之。後司空衛瓘等亦共表宜省九品，復古鄉議里選。帝竟不施行。【略】

後司徒舉毅爲青州大中正，尚書以毅懸車致仕，不宜勞以碎務。陳留相樂安孫尹表曰：『禮，凡卑者執勞，尊得居逸，是順敍之宜也。司徒魏舒、司隸校尉嚴詢與毅年齒相近，往者同爲散騎常侍，後分授外内之職，資途所經，出處一致。今詢管四十萬户州，兼董司百僚，總攝機要，舒所統殷廣，兼執九品，銓十六州論議，主者不以爲劇。毅但以知一州，便謂不宜累以碎事，於毅太優，詢、舒太劣。若以前聽致仕，不宜復與遷授位者，故光禄大夫鄭袤爲司空是也。夫知人則哲，惟帝難之。尚可復委以宰輔之任，不可諮以人倫之論，臣竊所未安。昔鄭武公年過八十，入爲周司徒，雖過懸車之年，必有可用。毅前爲司隸，直法不撓，當朝之臣，多所按劾。諺曰：「受堯之誅，不能稱堯。」直臣無黨，古今所悉。是以汲黯死于淮陽，董仲舒裁爲諸侯之相。而毅獨遭聖明，不離輦轂，當世之士咸以爲榮。毅雖身偏有風疾，而志氣聰明，一州品第，不足勞其思慮。毅疾惡之心小過，主者必疑其論議傷物，故高其優禮，令去事實，此爲機閣毅，使絶人倫之路也。臣州茂德惟毅，越毅不用，則清談倒錯矣。』

於是青州自二品已上光禄勳石鑒等共奏曰：『謹按陳留相孫尹表及與臣等書如左。臣州履境海岱，而參風齊、魯，故人俗務本，而世敦德讓，今雖不充於舊，而遺訓猶存，是以人倫歸行，士識所守也。前被司徒符，當參舉州大中正。僉以光禄大夫毅，純孝至素，著在鄉閭。忠允亮直，竭於事上，仕不爲榮，惟期盡節。正身率道，崇公忘私，行高義明，出處同揆。故能令義士宗其風景，州閭歸其清流。雖年耆偏疾，而神明克壯，實臣州人士所思準繫者矣。誠以毅之明格，能不言而信，風之所動，清濁必偃，以稱一州咸同之望故也。竊以爲禮賢尚德，教之大典，王制奪與，動爲開塞，而士之所歸，人倫爲大。臣等虚劣，雖言廢於前，今承尹書，敢不列啓。按尹所執，非惟惜名議於毅之身，亦通陳朝宜奪與大準。以爲尹言當否，應蒙評議。』

由是毅遂爲州都，銓正人流，清濁區別，其所彈貶，自親貴者始。

唐・杜佑《通典》卷一六《選舉四・雜議論上》 魏文帝時詔曰：

『選舉莫取有名。名如畫地作餅，不可啖也。』吏部尚書盧毓對曰：『名不足以致異人，而可以得常士。常士畏教慕善，然後有名。』其後士人多務進趨，廉遜道闕。時劉寔乃著《崇讓論》以矯之，其辭曰：

古之聖王之化天下，所以貴讓者，欲以出賢才，息爭競也。夫人情莫不皆欲己之賢，故勸令讓賢以自明賢，豈假讓不賢哉！故讓道興，賢能之人不求而自出矣，至公之舉自立矣，百官之副亦先具矣。一官闕，擇衆官所讓最多者而用之，審之道也。在朝之士相讓於上，草廬之人咸皆化之，推能讓賢之風從此生矣。爲一國所讓，則一國士也；天下所共推，則天下士也。推讓之風行，則賢與不肖殊矣。此道之行，在上者無所用其心，因成清議，隨之而已。賢人相讓於朝，大才之人恒在大官，小人不爭於野，天下無事矣。以賢才化無事，至道興矣。已仰其成，復何與焉！孔子曰，能以禮讓爲國乎，則不難也。

在朝之人不務相讓久矣，天下化之。自魏代以來，登進辟命之士，及縣在職之吏，臨見授敘，雖自辭不能，終莫肯讓有勝己者。夫推讓之風息，爭競之心生。孔子曰，上興讓則下不爭也。議者僉然言，代少高名之才，朝廷不有大才之人可以爲大官者。山澤人小官吏亦復云，朝廷之士雖大官名德，皆不及往時人也。余以爲此二言皆失之矣。非時獨乏賢也，時不貴讓。一人有先衆之稱，毁必隨之，名不得成使之然也。雖令稷、契復存，亦不復能全其名矣。能否混雜，優劣不分，士無素定之價，官職有闕，主選之吏不知所用，但按官次而舉之。同才之人先用者，非勢家之子，則必爲有勢者之所念也。非能獨賢，因其先用之資而復遷之無已，不勝其任之病發矣。

所以見用不息者，由讓道廢，因資用人之有失久矣。故自漢、魏以來，時開大舉，令衆官各舉所知，唯才所任，不限階次，如此者甚數矣。其所舉必有當者，不聞時有擢用，不知何誰最賢故也。所舉必有不當者，而罪不加，不知何誰最不肖也。所以不可得知，由當時之人莫肯相推，賢愚之名不別，令其如此。舉者知在上者察不能審，故敢漫舉而進之。或舉所賢，因及所念，一頓而至，人數猥多，言所舉賢，加之高狀，相似如一，難得而分矣。雖舉者不能盡忠之罪，亦由上開聽察之路濫，令其爾也。才高守道之士日退，馳走於有勢之門日多矣。雖國有典刑，弗能禁矣。

夫讓不興之弊，非徒賢人在下位，不得時進也，國之良臣荷重任者，亦將以漸受罪退矣。何以知其然也？孔子以爲顔氏之子不貳過耳，明非聖人皆有過。寵貴之地，欲之者多矣，惡賢能塞其路，過而毁之者亦多矣。夫謗毁之生，非徒空設，必因人之微過而甚之者也。毁謗之言數聞，在上者雖欲弗納，不能不杖所聞，因事之來而微察之，察之無已，其驗至矣。得其驗，安得不理其罪。若知而縱之，主威日衰，令之不行，自此始矣。知而皆理之，受罪退者稍多，大臣有不自固之心。夫賢才不進，貴臣日疏，此有國者之深憂也。

竊以爲改此俗甚易耳。何以知之？夫一時在官之人，雖雜有凡猥之才，其中賢明者亦多矣，豈可謂皆不知讓賢爲貴邪！直以其時皆不讓，習以成俗，故遂不爲耳。人臣初除，皆通表上聞，名之謝章，所由來尚矣。原謝章之本意，欲進賢能以謝國恩也。昔舜以禹爲司空，禹拜稽首，讓於稷、契及咎繇；使益爲虞官，讓於熊、羆；使伯夷典三禮，讓於夔龍：唐虞之時，衆官初除，莫不皆讓也。謝章之義，蓋取於此。《書》記之者，欲以永代作則。季代所用，不能讓賢，虚謝見用之恩而已。相承不變，習俗之失也。

夫敘用之官得通章表者，其讓賢推能，乃通其章；其不能有所讓，徒費簡紙者，皆絶不通。人臣初除，各思推賢能而讓之矣，讓文付主者掌之。三司有闕，擇三司所讓最多者而用之。此爲一公闕，三公已先選之矣。且主選之吏，不必任公而選三公，不如令三公自共選一公爲詳也。四征闕，擇四征所讓最多者而用之。此爲一征闕，四征已先選之矣，必詳於停闕而令主者選四征也。尚書闕，擇尚書所讓最多者而用之。此爲令諸尚書共選一尚書，詳於臨闕令主者選八尚書也。郡守闕，擇衆郡所讓最多者而用之，詳於任主者，此爲令百郡守共選一郡守也。

夫以衆官百郡之讓，與主者共相比，不可同歲而論也。賢愚皆讓，百姓耳目盡爲國耳目。夫人情爭則欲毁己所不知，讓則競推於勝己。故代爭則毁譽交錯，優劣不分，難得而讓也。夫貴讓則賢智明出，能否之美歷歷相次，不可得亂也。當此時也，能退身修己者，讓之者多矣。雖賢智欲守貧賤，不可得也。馳騖進取而欲人見讓，猶卻行而求前也。夫如此，愚智咸知進身求通，非修之於己則無由進矣。遊外求者，於此相隨而歸矣。浮聲虛論，不禁而自止矣。人無所用其心，任衆人議，而天下自化。讓可以致此，豈可不務之哉！

晉始平王文學李重又以爲等級繁多，又外官輕而内官重，使風俗大弊，宜釐改，重外選，簡階級，使官久。議曰：『古之聖王，建官垂制，所以體國經野。自帝王以下，代有增損：舜命九官，周分六職，秦采古制，漢仍秦舊，倚丞相，任九卿。雖置五曹尚書令僕射之職，始於掌封奏以宣外内，事任尚輕，而郡守牧人之官重，故漢宣稱「所與爲理唯良二千石」，其有殊政者，或賜爵進秩，諒得爲理大體，所以遠比三代也。及於東京，尚書雖漸優重，然令、僕出爲郡守，鍾離意、黄香、胡廣是也；郡守入爲三公，虞延、第五倫、桓虞、鮑昱是也。近自魏朝名守杜畿、滿寵、田國讓、國諱改稱字。胡質等，居郡或十餘年，或二十年，或加秩假節而不去郡，此亦古人「苟善其事，雖没代不徙官」之義也。漢魏以來，内官之貴，於今最崇，而百官等級遂多，遷補轉徙如流，能否無以著，黜陟不得彰，此爲理之大弊也。夫階級繁多而冀官久，官不久而冀理功成，不可得也。《虞書》云：「三考黜陟幽明。」《周官》，三年大計羣吏之理，而行其誅賞。漢法，官人或不真秩。魏初，用輕資以先試守。臣以爲今宜大并羣官等級，使同班者不得復稍遷；又簡法外議罪之制，明試守左遷之例，則官人之理盡，士必量能而受爵矣。居職者日久，則政績可考，人心自定，務求諸己也。』帝雖善之，竟不能行。

齊左僕射王儉請解領選，謂褚彦回曰：『選曹之始，近自漢末。今若反古，使州郡貢計，三府辟士，與衆共之，猶賢一人之意。古者選衆，今則不然，奇才絶智所以見遺於草澤也。』彦回曰：『誠如卿言。但行之已久，卒難爲改也。』

梁尚書左僕射沈約論曰：『漢末喪亂，魏武始創，軍中倉卒，權立九品。蓋以論人才優劣，非謂代族高卑。因此相沿，遂爲成法。自魏至晉，莫之能改。州都、郡正，以才品人，而舉代人才，升降蓋寡，徒以憑籍代資，用相淩駕。都正俗士，斟酌時宜，品目少多，隨事俯仰，劉毅所云「下品無高門，上品無賤族」也。歲月遷訛，斯風漸篤，凡厥衣冠，莫非二品，自此以還，遂成卑庶。周漢之道，以智役愚，臺隸參差，用成等級。魏晉以來，以貴役賤，士庶之科，較然有辨。夫人君南面，九重奥絶，陪奉朝夕，義隔卿士，階闥之任，宜有司存。』

武帝天監中，約又上疏曰：『頃自漢代，本無士庶之别，自非仕宦，不至京師，罷公卿牧守，並還鄉里，小人瞻仰，以成風俗。且黌校棋布，傳經授業，學優而仕，始自鄉邑，本於小吏幹佐，方至文學功曹，積以歲月，乃得察舉。人才秀異，始爲公府所辟，遷爲牧守，入作臺司。漢之得人，於斯爲盛。今之士人，並聚京邑，其有守土不遷，非直愚賤。且當今士子繁多，略以萬計，常患官少才多，無地以處。秀才自别是一種任官，非若漢代取人之例也。假使秀才對五問可稱，孝廉答一策能過，此乃雕蟲小道，非關理功得失。以此求才，徒虚語耳。』

鴻臚卿裴子野又論曰：『《書》云「貴貴」，爲其近於君也。天下無生而貴者，是故道義可尊，無擇負販；苟非其人，何取代族。周衰禮壞，政出臣下，卿士大夫自相繼及，非夫嗣嫡，猶等家臣。且徒步匹夫，見禮侯伯，軾閭擁篲，無絶於時。其後四方豪勢之家，門客千數，卑身折節，比食同袍，雖相傾倚，亦成風俗。迄於二漢，尊儒重道，朝廷州里，學行是先，雖名公子孫，還齊布衣之士，士庶雖分，而無華素之隔。有晉以來，其流稍改，草澤高士，猶廁清塗，降及季年，專稱閥閲。自是三公之子，傲九棘之家，黄散之孫，蔑令長之室，轉相驕矜，互爭銖兩，所論必門户，所議莫賢能。苟且之俗成，傲慢之禍作，非所以敦弘退讓，勵德興化之道也。』宋明帝聰博，好文史，才思朗捷，省讀書奏，號七行俱下。每國有禎祥及行幸讌集，輒陳詩展義，且以命朝臣。其戎士武夫，則託請不暇，困於課限，或買以應詔焉。於是天下向風，人自藻飾，雕蟲之藝，盛於時矣。又論曰：『古者四始六義，總而爲詩。既形四方之風，且彰君子之志，勸美懲惡，王化本焉。而後之作者，思存枝葉，繁華蘊藻，用以自通。若夫徘惻芳芬，楚騷爲之祖；靡漫容與，相如扣其音。由是隨聲逐響之儔，棄指歸而無執，賦歌詩頌，百揆五車。蔡邕等之俳優，楊雄悔爲童子，聖人不作，雅鄭誰分。其五言爲詩家，則蘇、李自出，曹、劉偉其風力，潘、陸固其枝柯，爰及江左，稱彼顔、謝，箴繡鞶帨，無取廟堂。宋初迄於元嘉，多爲經史；大明之代，實好斯文。高才逸韻，頗謝前哲，波流同尚，滋有篤焉。自是閭閻少年，貴游總角，罔不擯落六藝，吟詠情性。學者以博依爲急務，謂章句爲「專魯」，淫文破典，斐爾爲曹；無被於管絃，非止乎禮義，深心主卉木，遠致極風雲，其興浮，其志弱，巧而不要，隱而不深，討其宗途，亦有宋之遺風也。若季子聆音，則非興國；鯉也趨室，必有不敦。荀卿有言：「亂代之徵，文章匿綵。」而斯豈近之乎？』蕭子顯曰：『自宋以來，謝靈運、顔延年以文章彰於代，謝莊、袁淑又以才藻係之，朝廷之士及閭閻衣冠，莫不仰其風流，競爲詩賦之事。五經文句，無復通其義者。』

後魏孝文帝時，高祐上疏云：『今之選舉，不采識理之優劣，專簡年勞之多少，斯非盡才之謂。宜停此薄藝，棄彼巧勞，唯才是取，官方斯穆。又勳舊之臣，雖年勤可録，而才非撫人，則可加之以爵賞，不宜委之以方任。所謂王者可私人以財，不私人以官。』帝善之。

韓麒麟子顯宗上言：『前代取士，必先正名，故有賢良方正之稱。今州郡貢察，徒有秀、孝之名，而無秀、孝之實。而朝廷但檢其有門地，不復彈坐。如此則可別貢門地以敍士人，何假置秀、孝之名也！夫門地者，是其父祖之遺烈，亦何益於皇家。苟有奇才，雖屠釣奴虜之賤亦用之；苟非其人，雖三后之胤，自墜於皁隸矣。或云，代無奇才，不若取士於門。此亦失矣。豈可以代無周召，便廢宰相而不置哉！但當校其寸長銖重者，卽先敍之，則賢才無遺矣。』

孝明帝時，清河王懌以官人失序，上表曰：『孝文帝制，出身之人，本以門品高下有恆，若準資蔭，自公卿令僕之子，甲乙丙丁之族，上則散騎秘著，下逮御史長兼，皆條例昭然，文無虧没。自此，或身非三事之子，解褐公府正佐；地非甲乙之類，而得上宰行僚。自茲以降，亦多乖舛。且參軍事專非出身之職，今必釋褐而居，秘著本爲起家之官，今或遷轉以至：斯皆仰失先準，有違明令，非所謂式遵遺範，奉順成規。此雖官人之失，相循已久，然推其瀰漫，抑亦有由。何者？信一人之明，當九流之廣，必令該鑑氏族，辨照人倫，才識有限，固難審悉。所以州置中正之官，清定門胄，品藻高卑，四海畫一，專尸衡石，任實不輕。故自置中正以來，暨於太和之日，莫不高擬其人，妙盡茲選，皆須名位重於鄉國，才德允於具瞻，然後可以品裁州郡，綜覈人物。今之所置，多非其人。乞明爲敕制，使官人選才，備依先旨，無令能否乖方，違才易務；并革選中正，一依前軌。庶清源有歸，流序允穆。』靈太后詔依表施行，而終不能用。

薛琡爲吏部郎中。先是，崔亮奏立停年之格，不簡人才，專問勞舊。琡乃上書曰：『若使選曹唯取年勞，不簡賢否，便卽義均行雁，次若貫魚，勘簿呼名，一吏足矣。數人而用，何謂銓衡？今請郡縣之職，吏部先盡擇才，務取廉平淳直，素行有聞，并學通古今，曉達理體者，以應其選。不拘入職遠近，年勳多少。其積勞之中，有才堪牧人者，先在用之限。其餘不堪者，既壯藉其力，豈容老而棄之，將佐丞尉，去人積遠，小小當否，未爲多失，宜依次補序，以酬其勞。』書奏，不報。徐因引見，復陳言曰：『漢朝常令三公大臣，舉賢良方正、有道直言之士，以爲長吏，監撫黎元。自晉末以來，此風遂替。今四方初定，務在養人。臣請依漢氏，更立四科，令三公宰貴各薦時賢，以補郡縣。明立條格，防其阿黨之端。』詔下公卿議之，亦寢矣。

後周樂遜上疏論選舉曰：『選曹賞録勳賢，補擬官爵，必宜與衆共之，有明揚之授。使人得盡心，如睹白日。其材有升降，其功有厚薄，禄秩所加，無容不審。卽如州郡選置，猶集鄉閭，況天下選曹，不取人物。若方州列郡，自可內除。此外付選曹銓敍者，既非機事，何足可密？人生處代，以榮禄爲重，修身履行，以纂聲名。然逢時既難，失時爲易。其選置之日，宜令衆心明白，然後呈奏。使功勤見知，品物稱悅。』

又 卷一七《選舉五·雜議論中》 天授三年，右補闕薛謙光以其時雖有學校之設，禁防之制，而風俗流弊，皆背本而趨末，矯飾行能，以請託奔馳爲務，上疏曰：

自七國以來，雖雜以縱橫，而漢興求士，猶徵百行。是以禮讓之士，砥才毓德，既閭里推高，然後爲府寺所辟。而魏氏取人，好其放達。晉、宋之後，祇重門資，奬爲人求官之風，乖授職惟賢之義。梁、陳之閒，特好詞賦，故其俗以詩酒爲重，未嘗以修身爲務。降及隋室，餘風尚存，開皇中李諤奏於文帝曰：『昔魏之三祖，更好文詞，忽君人大道，好雕蟲小藝，連編累牘，盈箱積案，獨有月露風雲之狀而已。代俗以之相高，朝廷以茲擢人，故文筆日煩，其政日亂。』帝納其言，乃下制禁文筆之爲浮詞者。

又　卷一八《選舉六・雜議論下》　評曰：

夫人生有欲，無君乃亂。君不獨理，故建庶官。昔在唐、虞，皆訪於衆，則舜舉八元、八凱，四嶽之舉夔龍、稷、契，此蓋用人之大略也。降及三代，擇於鄉庠，然後授任，其制漸備。秦漢之道，雖不師古，閭塾所推，猶本乎行。而郡國佐吏，並自獎擢，備嘗試效，乃登王朝；內官有僚屬者，亦得徵求俊彦。暨於東漢，初置選職，推擇之制，尚習前規，左雄議以限年，其時不敢謬舉，所以二漢號爲多士。魏晉設九品，置中正，蓋論閥閲，罕考行能，選曹之任，益爲崇重。州郡之刺史、太守，內官之卿、尹、大夫，咸吏部所署，而辟召及鄉里之舉，舊式不替。永嘉之後，天下幅裂，三百餘祀，方遂混同，中閒各承正號，凡有九姓，大抵不變魏晉之法，皆亂多理少，諒無足可稱。夫文質相矯，有如循環，教化所由，興衰是繫。自魏三主俱好屬文，晉、宋、齊、梁風流彌扇，體非典雅，詞尚綺麗，澆訛之弊，極於有隋。【略】

緬徵往昔，論選舉者，無代無之，或云『官繁人困，要省吏員』，或云『等級太多，患在速進』，或云『守宰之職，所擇殊輕』，或云『以言取人，不如求行』：是皆能知其失，而莫究所失之由。【略】

始後魏崔亮爲吏部尚書，無問賢愚，以停解日月爲斷，時沉滯者皆稱其能，魏之失才，實從亮始。【略】

凡爲國之本，資乎人甿；人之利害，繫乎官政。欲求其理，在久其任；欲久其任，在少等級；欲少等級，在精選擇；欲精選擇，在減名目。俾士寡而農工商衆，始可以省吏員，始可以安黎庶矣。誠宜斟酌理亂，詳覽古今，推仗至公，矯正前失，或許辟召，或令薦延，舉有否臧，論其誅賞，課績以考之，升黜以勵之，拯斯刓弊，其效甚速，實爲大政，可不務乎！

宋・章如愚《羣書考索・後集》卷二五《官制門・銓選》　其後簡試之法壞而復變。惟毛玠之典選，其所進用皆清正之士。雖時有盛名，而行不由本者，終莫得進。於是而有名於魏。山濤之典選，每一官闕，輒擇才資可爲者，擬數人，甄拔人物，各爲題目而奏之，故於是而有名於晉。後魏崔亮奏爲格制，不問士之賢愚，專以停解日月爲斷，而魏之失人自崔亮始。

宋・司馬光《資治通鑑》卷七三《魏紀五・烈祖明皇帝中之下》

（魏明帝景初元年）臣光曰：爲治之要，莫先於用人，而知人之道，聖賢所難也。《書》皋陶曰：盡在知人，在安民。禹曰：呼！咸若時，惟帝其難之。是故求之於毁譽，則愛憎競進而善惡渾殽；考之於功狀，則巧詐橫生而真僞相冒。要之，其本在於至公至明而已矣。爲人上者至公至明，則羣下之能否焯然形於目中，無所復逃矣。苟爲不公不明，則考課之法，適足爲曲私欺罔之資也。

何以言之？公明者，心也，功狀者，迹也。己之心不能治，而以考人之迹，不亦難乎！爲人上者，誠能不以親疏貴賤異其心，喜怒好惡亂其志，欲知治經之士，則視其記覽博洽，講論精通，斯爲善治經矣；欲知治獄之士，則視其曲盡情僞，無所冤抑，斯爲善治獄矣；欲知治財之士，則視其倉庫盈實，百姓富給，斯爲善治財矣；欲知治兵之士，則視其戰勝攻取，敵人畏服，斯爲善治兵矣。至於百官，莫不皆然。雖詢謀於人而決之在己，雖考求於迹而察之在心，研覈其實而斟酌其宜，至精至微，不可以口述，不可以書傳也，安得豫爲之法而悉委有司哉！溫公之論善矣，然必英明之君，然後能行之。自漢以下，循名責實，莫孝宣若也。宣帝之政，非由師傳之論教，公輔之吞沃也。公所謂不可以口述，不可以書傳，其萬世之名言也歟！

或者親貴雖不能而任職，疏賤雖賢才而見遺；所喜所好者敗官而不去，所怒所惡者有功而不録；詢謀於人，則毁譽相半而不能決，考求其迹，則文具實亡而不能察。雖復爲之善法，繁其條目，謹其簿書，安能得其真哉！

或曰：人君之治，大者天下，小者一國，內外之官以千萬數，考察黜陟，安得不委有司而獨任其事哉？曰：非謂其然也。凡爲人上者，不特人君而已；太守居一郡之上，刺史居一州之上，九卿居屬官之上，三公居百執事之上，皆用此道以考察黜陟在下之人，爲人君者亦用此道以考察黜陟公卿太守奚煩勞之有哉！古人有言曰：舉一綱，衆目張。又曰：正其本，萬事理，此之謂也。而所謂本者，豈易言哉！

或曰：考績之法，唐、虞所爲，京房、劉劭述而修之耳，烏可廢哉？曰：唐、虞之官，其居位也久，其受任也專，其立法也寬，其責成也遠。是故鯀之治水，九載績用弗成，然後治其罪；事見《尚書》。治其罪，謂殛鯀於羽山也。禹之治水，九州攸同，四隩既宅，然後賞其功；事見《高書》賞其功，謂錫禹以玄珪也。非若京房、劉卲之法，校其米鹽之課，責其旦夕之效也。事固有名同而實異者，不可不察也。考績非可行於唐、虞而不可行于漢、魏，由京房、劉卲不得其本而奔趨其末故也。

又 卷一四〇《齊紀六·高宗明皇帝中》（齊明帝建武三年）魏主雅重門族，以范陽盧敏、清河崔宗伯、滎陽鄭羲、太原王瓊四姓，衣冠所推，咸納其女以充後宮。隴西李沖以才識見任，當朝貴重，所結姻婕，莫非清望；《史記·南越傳》：呂嘉宗室兄弟及蒼梧秦王有連。《漢書音義》曰：連，親婚也。《史記索隱》曰：有連者，皆親姻也。後人因以姻連之『連』其旁加『女』，遂爲『婕』字。帝亦以其女爲夫人。詔黄門郎、司徒左長史宋弁定諸州士族多所升降。又詔以：『代人先無姓族，唯功賢之胤，無異寒賤；故宦達者位極公卿，其功、衰之親仍居猥任。功、衰，自小功、大功以上至齊衰也。猥，卑下也。鄙也。其穆、陸、賀、劉、樓、于、嵇、尉八姓，『嵇』恐當作『奚』。今按《魏書·官氏志》，自有嵇姓，嵇敬之嵇是也。自太祖已降，勳著當世，位盡王公，灼然可知者，且下司州、吏部，勿充猥官，一同四姓。四姓，盧、崔、鄭、王也。自此以外，應班士流者，尋續別敕。其舊爲部落大人，而皇始已來三世官在給事已上及品登王公者爲姓；若本非大人，而皇始已來三世官在尚書已上及品登王公者亦爲姓。其大人之後而官不顯者爲族；若本非大人而官顯者亦爲族。凡此姓族，皆應審核，勿容僞冒。令司空穆亮、尚書陸琇等詳定，務令平允。』琇，馛之子也。魏孝文受内禪，陸馛傅之，故其子皆通顯。

魏舊制：王國舍人皆應娶八族及清修之門。王國舍人，舍，謂諸王妃嬪之舍，其人卽妃嬪也。八族，卽前自代來八姓。咸陽王禧娶隸户爲之，隸户，謂没入爲奴隸之户。帝深責之；因下詔爲六弟聘室：『前者所納，可爲妾媵。咸陽王禧，可聘故潁川太守隴西李輔女；河南王幹，可聘故中散大夫代郡穆明樂女；太和十八年，河南王幹已徙封趙郡王，史蓋以舊封書之。廣陵王羽，可聘驃騎諮議參軍滎陽鄭平城女；潁川王雍，可聘故中書博士范陽盧神寶女；潁川王雍亦以太和十八年徙封高陽，史以舊封書之。始平王勰，可聘廷尉卿隴西李沖女；北海王詳，可聘吏部郎中滎陽鄭懿女。』魏定氏族，固亦未能盡允清議；至令詔者王改納室，則大悖於人倫。夫妻者齊也，一與之齊，終身不改。富而易妻，人士猶或羞之，況天子之弟乎！此詔一出，天下何觀！懿，羲之子也。宋泰始之初，鄭羲從拓跋石平汝、潁。

時趙郡諸李，人物尤多，各盛家風，故世之言高華者，以五姓爲首。盧、崔、鄭、王並李爲五姓。趙郡諸李，北人謂之趙李；李靈、李順、李孝伯羣從子姪，皆趙李也。

衆議以薛氏爲河東茂族。帝曰：『薛氏，蜀也，豈可入郡姓！』直合薛宗起執戟在殿下，出次對曰：『臣之先人，漢末仕蜀，二世復歸河東，今六世相襲，非蜀人也。伏以陛下黄帝之胤，受封北土，豈可亦謂之胡邪！今不預郡姓，何以生爲！』乃碎戟於地。帝徐曰：『然則朕甲、卿乙乎？』乃入郡姓，仍曰：『卿非「宗起」，乃「起宗」也！』郡姓者，郡之大姓、著姓也。今百氏郡望，蓋始於此。《考異》曰：《北史·薛聰傳》：『爲羽林監。帝會與朝臣論海内姓地人物，戲謂聰曰：「人謂卿諸薛是蜀人。定是蜀人不？」聰對曰：「臣遠祖廣德，世事漢朝，時人呼爲漢臣。九世祖永，隨劉備入蜀，時人呼爲蜀臣。今事陛下，是虜，非蜀也。」帝撫掌笑曰：「卿可自明非蜀，何乃遂復苦朕！」聰因投戟而出。帝曰：「薛監醉耳。」其見知如此。』今從元行沖《後魏國典》。

帝與羣臣論選調曰：『近世高卑出身，各有常分；此果如何？』李沖對曰：『未審上古以來，張官列位，爲膏粱子弟乎，爲致治乎？』帝曰：『欲爲治耳。』沖曰：『然則陛下何爲專取門品，不拔才能乎？』帝曰：『苟有過戈之才，不患不知。然君子之門，借使無當世之用，要自德行純篤，朕故用之。』沖曰：『傅説、呂望，豈可以門地得之！』謂傅説起於版築，呂望起於屠釣也。帝曰：『非常之人，曠世乃有一二耳。』秘書令李彪曰：『陛下若專取門地，不審魯之三卿，孰若四科？』魯三卿，季孫、孟孫、叔孫氏也。孔門四科，德行、言語、政事、文學也。著作佐郎韓顯宗曰：『陛下豈可以貴襲貴，以賤襲賤！』帝曰：『必有高明卓然、出類拔萃者，朕亦不拘此制。』頃之，劉昶入朝。劉昶自彭城入朝。帝謂昶曰：『或言唯能是寄，不必拘門；朕以爲不爾。何者？清濁同流，混齊一等，君子小人，名器無別，此殊爲不可。我今八族以上士人，品第有九；九品之外，小人之官復有七等。後之流内銓、流外銓蓋分於此。若有其人，可起家爲三公。正恐賢才難得，不可止爲一人渾我典制也。』

臣光曰：選舉之法，先門地而後賢才，此魏、晉之深弊，而歷代相因，莫之能改也。夫君子、子人，不在於世禄與側微，《書序》：虞舜側微。孔穎達疏曰：不在朝庭謂之側，其人貧賤謂之微。以今日視之，愚智所同知也；當是之時，雖魏孝文之賢，猶不免斯蔽。故夫明辯是非而不惑於世俗者誠鮮矣。

清·王夫之《讀通鑑論》卷一〇《三國》 魏從陳羣之議，置州郡中正，以九品進退人才，行之百年，至隋而始易，其於選舉之道，所失亦多矣。人之得以其姓名與於中正之品藻者鮮也，非名譽弗聞也，非華族弗與延譽也。故晉宋以後，雖有英才勤勞於國，而非華族之有名譽者，謂之寒人，不得與於薦紳之選。其于公天爵於天下，而獎斯人以同善之道，殊相背戾，而帝王公天下之心泯矣。

然且行之六代而未嘗不收人才之用，則抑有道焉。人之皆可爲善者，性也；其有必不可使爲善者，習也。習之於人大矣，耳限於所聞，則奪其天聰；目限於所見，則奪其天明；父兄熏之於能言能動之始，鄉黨姻亞導之於知好知惡之年，一移其耳目心思，而泰山不見，雷霆不聞；非不欲見與聞也，投以所未見未聞，則驚爲不可至，而忽爲不足容心也。故曰：『習與性成。』成性而嚴師益友不能勸勉，醲賞重罰不能匡正矣。

是以古之爲法，士之子恒爲士，農之子恒爲農，非絶農人之子於天性之外也，雖欲引之於善，而曀霾久蔽，不信上之有日，且必以白晝秉燭爲取明之具，聖人亦無如此習焉何也。故曰：『民可使由之，不可使知之。』不可使知矣，欲滌除而拂拭之，違人之習，殆於拂人之性，而惡能哉？則靳取之華胄之子、清流之士，以品隲而進退之，亦未甚爲過也。父母者，乾坤也，即以命人之性者也；師友交遊者，臭味也，即以發人之情者也；見聞行習者，造化也，即以移人之氣體者也。知此，則於是以求材焉，有所溢，有所漏，然而鮮矣。

又 卷一八《陳高祖》 被徵不屈，名爲徵士，名均也，而實有辨。守君臣之義，遠篡逆之黨，非無當世之心，而潔已以自靖者，管寧陶潛是也。矯厲亢爽，恥爲物下，道非可隱，而自旌其志，嚴光、周黨是也。閒適自安，蕭清自喜，知不足以經世，而怡然委順，林逋、魏野之類是也。處有餘之地，可以優遊，全身保名而得其所便，則韋、種放是也。考其行，論其世，察其志，辨其方，則其高下可得而睹矣。

瓊者，孝寬之兄，放者，世衡、師道之族也，故二子者尤相肖。其家，赫然著顯名，居厚實於天下，而已得以高臥，邀人主之尊獎，則亦何求於一命之榮哉？二子者尤相肖也，此爲逍遥公、豹林處士而已矣。

清·王鳴盛《十七史商榷》卷四七《晉書五·九品中正》 魏陳羣始立九品官人之法，《晉·武帝紀》則云：『咸熙二年十一月，令諸郡中正以六條舉淹滯：一曰忠恪匪躬，二曰孝敬盡禮，三曰友于兄弟，四曰潔身勞謙，五曰信義可復，六曰學以爲己。』故《三國志》、《晉書》及《南史》諸列傳中多有爲州郡大中正者，蓋以他官或老於鄉者充之，掌鄉黨評論人才臧否，清議係焉。説見前《魏·夏侯玄傳》中，乃《晉·職官志》中絶不一見，何也？

清·趙翼《廿二史劄記》卷八《晉書·九品中正》 魏文帝初定九品中正之法，郡邑設小中正，州設大中正。由小中正品第人才以上大中正，大中正核實以上司徒，司徒再核，然後付尚書選用。此陳羣所建白也。然魏武時，何夔疏言『今草創之際，用人未詳其本，是以各引其類。宜先核之鄉閭，使長幼順序，無相踰越，則賢不肖先分。』《夔傳》杜恕亦疏言『宜使州郡考士，必由四科皆有事效，然後察舉，試辟公府。』《恕傳》此又在陳羣之前。蓋漢以來，本以察舉孝廉爲士人入仕之路。迨日久弊生，夤緣勢利，猥濫益甚。故夔等欲先清其源，專歸重於鄉評，以核其素行。羣又密其法而差等之。固論定官才之法也。然行之未久，夏侯元已謂『中正干銓衡之權。』《元傳》而晉衛瓘亦言『魏因喪亂之後，人士流移，考詳無地，故立此法，粗具一時選用。其始鄉邑清議，不拘爵位，褒貶所加，足爲勸勵，猶有鄉論餘風。其後遂計資定品，惟以居位爲重。』是可見法立弊生，而九品之升降，尤易淆亂也。今以各史參考，鄉邑清議亦時有主持公道者。如陳壽遭父喪，有疾，令婢丸藥，客見之，鄉黨以爲貶議，由是沈滯累年。張華申理之，始舉孝廉。《壽傳》閻乂亦西州名士，被清議，與壽皆廢棄。《何攀傳》卞粹因弟裒有門内之私，粹遂以不訓見議，被廢。《卞壺傳》並有已服官而仍以清議升黜者。長史韓預强聘楊欣女爲妻，時欣有姊喪未經旬，張輔爲中正，遂貶預以清風俗。《輔傳》陳壽因張華奏，已官治書侍御史，以葬母洛陽，不歸喪於蜀，又被貶議，由此遂廢。《壽傳》劉頌嫁女於陳嶠，嶠本劉氏子，出養於姑，遂姓陳氏。中正劉友譏之。《頌傳》李含爲秦王郎中令，王薨，含俟葬訖，除喪。本州大中正以名義貶含，傅咸申理之，詔不許，遂割爲五品。《含傳》淮南小中正王式，父没，其繼母終喪，歸於前夫之子，後遂合葬於前夫。卞壼劾之，以爲犯禮害義，並劾司徒及揚州大中正、淮南大中正含弘徇隱，詔以式付鄉邑清議，廢終身。《壼傳》温嶠已爲丹陽尹，平蘇峻有大功，司徒長史以嶠母亡，遭亂不葬，乃下其品。《愉傳》是已入仕者，尚須時加品定，其法非不密也。且石虎詔云『魏立九品之制，三年一清定之，亦人倫之明鏡也。先帝黄紙再定，以爲選舉。今又閲三年，主者更銓論之。』是魏以來尚有三年更定之例，初非一經品定，卽終身不改易。其法更未嘗不詳愼也。

且中正内，亦多有矜愼者，如劉毅告老，司徒舉爲青州大中正，尚書謂『毅既致仕，不宜煩以碎務。』石鑒等力爭，乃以毅爲之。銓正人流，清濁區别，其所彈貶，自親貴者始。《毅傳》司徒王渾，奏周馥理識清正，主定九品，檢括精詳，褒貶允當。《馥傳》燕國中正劉沈，舉霍原爲二品，司徒不過，沈上書謂『原隱居求志，行成名立。』張華等又特奏之，乃爲上品。《李重傳》、《霍原傳》張華素重張軌，安定中正蔽其善，華爲延譽，得居二品。《軌傳》王濟爲太原大中正，訪問者論邑人品狀，至孫楚則曰：『此人非卿所能目，吾自爲之。』乃狀曰：『天才英博，亮拔不羣。』《楚傳》華恒爲州中正，鄉人任讓輕薄無行，爲恒所黜。《恒傳》韓康伯爲中正，以周勰居喪廢禮，脱落名教，不通其議。《康伯傳》陳慶之子暄以落魄嗜酒，不爲中正所品，久不得調。《慶之傳》此皆中正之秉公不撓者也。然進退人才之權，寄之於下，豈能日久無弊？晉武爲公子時，以相國子當品，鄉里莫敢與爲輩，十二郡中正共舉鄭默以輩之。《默傳》劉卞初入太學，試經當爲四品，臺吏訪問助中正採訪之人。欲令寫黄紙一鹿車，卞不肯，訪問怒言於中正，乃退爲尚書令史。《卞傳》孫秀初爲郡吏，求品於鄉議，王衍將不許，衍從兄戎勸品之。及秀得志，朝士有宿怨者皆誅，而戎、衍獲濟。《戎傳》何劭初亡，袁粲晉臣，非宋袁粲。來弔，其子岐辭以疾，粲獨哭而出曰：『今年決下婢子品。』王銓曰：『岐前多罪時，爾何不下，其父新亡，便下岐品。』人謂畏强易弱也。《何劭傳》可見是時中正所品高下，全以意爲輕重。故段灼疏言『九品訪人，惟問中正。據上品者，非公侯之子孫，卽當途之昆弟。』《灼傳》劉毅亦疏言『高下任意，榮辱在手，用心百態，求者萬端。』《毅傳》此九品之流弊，見於章疏者。眞所謂上品無寒門，下品無世族。高門華閥有世及之榮，庶姓寒人無寸進之路。選舉之弊至此而極。然魏晉及南北朝三、四百年，莫有能改之者，蓋當時執權者卽中正高品之人，各自顧其門户，固不肯變法，且習俗已久，自帝王以及士庶皆視爲固然，而無可如何也。

又《南朝多以寒人掌機要》 魏正始、晉永熙以來，皆大臣當國。晉元帝忌王氏之盛，欲政自己出，用刁協、劉隗等爲私人，卽召王敦之禍。自後非幼君卽孱主，悉聽命於柄臣，八、九十年，已成故事。晉韋華謂姚興曰：『晉主雖有南面之尊，無統馭之實。』宰輔執政，權在臣下，遂成習俗。至宋、齊、梁、陳諸君，則無論賢否，皆威福自己，不肯假權於大臣。而其時高門大族，門户已成，令僕三司，可安流平進，不屑竭智盡心，以邀恩寵，且風流相尚，罕以物務關懷，人主遂不能藉以集事，於是不得不用寒人。人寒則希榮切而宣力勤，便於驅策，不覺倚之爲心膂。《南史》謂宋孝武不任大臣，而腹心耳目不能無所寄，於是戴法興、巢尚之等皆委任隆密。齊武帝亦曰：『學士輩但讀書耳，不堪經國，經國一劉係宗足矣！』此當時朝局相沿，位尊望重者，其任轉輕，而機要多任用此輩也。然地當清切，手持天憲，口銜詔命，則人雖寒而權自重，權重則勢利盡歸之。如法興威行内外，江夏王義恭雖録尚書事，而積相畏服，猶不能與之抗。阮佃夫、王道隆等，權侔人主，其捉車人官虎賁中郎將，傍馬者官員外郎。茹法亮當權，太尉王儉嘗曰：『我雖有大位，權寄豈及茹公？』朱異權震内外，歸飲私第，慮日晚臺門閉，令鹵簿自家列至城門，門者遂不敢閉。此可見威勢之薰灼也。法亮在中書，嘗語人曰：『何須覓外禄，此户内歲可辦百萬。』佃夫宅舍園池，勝於諸王邸第，女妓數十，藝貌冠絶當時，出行遇勝流，便邀與同歸。一時珍羞，莫不畢具，凡諸火劑，並皆始熟，至數十種，雖晉之王、石，不能過此。此可見賄賂之盈溢也。蓋出身寒賤，則小器易盈，不知大體，雖一時得其力用，而招權納賄，不復顧惜名檢。其中亦有如法興遇廢帝無道，頗能禁制，然持正者少，乘勢作姦者多。唐寓之反，説者謂始於虞玩之而成於呂文度，此已見蠹國害民之大概。甚至佃夫弒主而推戴明帝。周石珍當侯景圍臺城，輒與景相結，遂爲景佐命。至陳末，施文慶、沈客卿用事，自取身榮，不存國計。隋軍臨江，猶曰：『此常事，邊臣足以當之。』不復警備，以致亡國。小人而乘君子之器，其害可勝道哉？大臣不能體國，致人主委任下僚；人主不信大臣，而轉以羣小爲心膂，此皆江左之流弊也。按：公孫瓚常言『衣冠之人，皆自謂職當富貴，不謝人惠。』故所寵皆商販庸兒，亦同此見。

又　卷一二《宋齊梁陳並南史・江左世族無功臣》　六朝最重世族，已見《叢考》前編。其時有所謂舊門、次門、後門、勳門、役門之類，以士庶之別，爲貴賤之分，積習相沿，遂成定制。陶侃微時，郎中令楊晫與之同乘，温雅謂晫曰：『奈何與小人同載？』郗鑒陷陳午，賊中有同邑人張實，先附賊，來見，竟卿鑑，鑑曰：『相與邦壤，義不及通，何可怙亂至此？』實慚而退。楊方在都，縉紳咸厚之，方自以地寒，不願留京，求補遠郡，乃出爲高梁太守。王僧虔爲吳興郡守，聽民何係先等一百十家爲舊門，遂爲阮佃夫所劾。張敬兒斬桂陽王休範，以功高當乞鎮襄陽，齊高輔政，以敬兒人位本輕，不欲便處以襄陽重鎮。侯景請婚王謝，梁武曰：『王謝門高，可於朱張以下求之。』一時風尚如此，即有出自寒微，奮立功業，官高位重，而其自視猶不敢與世族較。陳顯達既貴，自以人微位重，每遷官，常有愧懼之色。誡諸子曰：『我本志不及此，汝等勿以富貴驕人。』又謂諸子曰：『麈尾是王謝家物，汝不須捉此。』王敬則與王儉同拜開府，褚淵戲儉以爲連璧，儉曰：『老子遂與韓非同傳。』或以告敬則，敬則欣然曰：『我本南沙小吏，今得與王衛軍同拜三公，復何恨？』《敬則傳》王琳爲梁元帝所忌，出爲廣州刺史，琳私謂李膺曰：『官正疑琳耳，琳分望有限，豈與官爭爲帝乎？何不使琳鎮雍州？琳自放兵作田，爲國捍禦外侮也。』《琳傳》且不特此也。齊高在宋，以平桂陽之功，加中領軍，猶固讓與袁粲、褚淵，書自稱『下官常人，志不及遠。』《褚淵傳》及即位後，臨崩遺詔，亦曰：『吾本布衣素族，念不到此。』《本紀》可見當時門第之見，習爲固然，雖帝王不能改易也。然江左諸帝乃皆出自素族。宋武本丹徒京口里人，少時伐荻新洲，又嘗負刁逵社錢被執，其寒賤可知也。齊高自稱素族，則非高門可知也。梁武與齊高同族，亦非高門也。陳武初館於義興許氏，始仕爲里司，再仕爲油庫吏，其寒微亦可知也。其他立功立事，爲國宣力者，亦皆出於寒人。如顧榮、卞壼、毛寶、朱伺、朱序、劉牢之、劉毅等之於晉。檀道濟、朱齡石、沈田子、毛修之、朱修之、劉康祖、到彦之、沈慶之等之於宋。王敬則、張敬兒、陳顯達、崔慧景等之於齊，陳伯之、陳慶之、蘭欽、曹景宗、張惠紹、昌義之、王琳、杜龕等之於梁。周文育、侯安都、黃法氍、吳明徹等之於陳。皆禦武戡亂，爲國家所倚賴。而所謂高門大族者，不過雍容令僕，裙屐相高，求如王導、謝安，柱石國家者，不一二數也。次則如王弘、王曇首、褚淵、王儉等，與時推遷，爲興朝佐命，以自保其家世，雖朝市革易，而我之門第如故，以是爲世家大族，迥異於庶姓而已。此江左風會習尚之極敝也。

又　《陳武帝多用敵將》　陳武帝起自寒微，數年有天下，其將帥自侯安都、黃法氍、胡穎、徐度、杜稜、吳明徹諸人外，其餘功臣，皆出於仇敵中者。杜僧明、周文育則起兵圍廣州，爲帝所擒者也。歐陽頠亦事蕭勃，爲周文育擒送於帝者也。侯瑱、周鐵虎、程靈洗則王僧辯故將也。魯悉達、孫瑒、周炅、樊毅、樊猛，則王琳故將也。或臨陣擒獲，或力屈來降，帝皆釋而用之，委以心膂，卒得其力，以成偏安之業。其度量恢廓，知人善任，固自有過人者。如侯瑱據豫章，自以本事僧辯，不肯入朝，及部衆叛散，或勸其投北齊，瑱以帝有大量，必能容人，乃詣闕歸罪。魯悉達據晉熙，王琳授以鎮北將軍，帝亦授以征西將軍，悉達兩受之而皆不就，帝使沈泰潛師襲之，亦不克，後爲北齊師所破，乃來歸。武帝謂曰：『來何遲也？』對曰：『陛下授臣以官，恩至厚矣，使沈泰來襲，威亦深矣，臣所以自歸者，以陛下豁達大度，同符漢祖故也。』帝曰：『卿言得之矣！』可見帝之度量，當時早有以見信於人，故能驅策羣雄，藉以集事。魏鄭公史論，謂帝：『志度宏遠，懷抱豁如。或取士於仇讎，或擢才於亡命，掩其受金之過，宥其吠堯之罪，委以心腹爪牙，咸得其死力，方諸鼎峙之雄，足以無慚權、備矣！然則雖偏安江左，固亦有帝王之量哉！』

又　卷一四《魏齊周隋書並北史・魏以奄人爲外史》　後魏多以奄人爲外史。《楊範傳》謂『靈太后臨朝，中官貴者，皆許以方岳，故宦寺多爲外史。』今考《魏書》，不自靈太后始也。蓋魏時籍没之制甚嚴，凡官吏有罪者，一經籍没，則婦女入掖廷，男子小者即爲奄寺，故其中往往有士人子孫，知義理有才具者。如仇洛齊，其父本殿中侍御史，洛齊在太武時爲奄人，因綾羅户不屬，守宰多隱漏，乃奏請悉歸郡縣。後出爲冀州刺史，有能名。王琚先世晉豫州刺史，琚被刑入宫，歷事數朝，志在公正。出爲冀州刺史，年老致事。孝文時隨遷洛，以家貧特蒙賜帛。趙黑先世本晉平遠將軍，黑没爲奄人，官選部尚書，能自謹厲，當官任舉，頗能得人。獻文欲傳位京兆王子推，黑願以死奉太子，孝文以是得立。後出爲定州刺史，克己清儉，憂濟公私，有欲行賂者，黑曰：『高官厚禄，足以自給，敢賣公營私耶？』孝文聞之，特賜絹穀。孫小父本姚秦護軍，守城殉節，小没入宫刑，後出爲并州刺史，州内四郡百餘人詣闕頌其政化。後遷冀州刺史，清約自守，當時牧伯無能及。他如抱嶷以忠謹被擢，後因老病乞外禄，乃出爲涇州刺史，自以故老前宦，爲政多守法。王質解書學，出爲瀛州刺史，在州十年，風化粗行，察奸糾慝，究其情狀，民庶畏服之。此皆在靈太后之前。而閹寺爲吏，亦有能勤於其官者。自靈太后後，楊範爲白水太守，王温爲鉅鹿太守、瀛州刺史，然皆無可稱。蓋亦視朝政之盛衰爲賢否，朝政肅則刑餘爲吏亦能砥節奉公，朝政弛則士大夫亦多貪縱，况此輩乎？俱見《魏書·奄官傳》。

又 卷一五《魏齊周隋書並北史·假官》 後魏孝静帝時，吏部令史張永和、崔闊等僞假人官事覺，糾檢首者六萬餘人。《本紀》此在荒亂之朝，吏弊官邪，固無足怪。至隋文帝以綜核爲政，宜無敢有作僞者矣！乃有向道力者，僞作高平郡守將之官，薛胄遇諸途，疑之，使主簿按問：『有徐俱羅者，先爲海陵郡守，已爲道力所代，秩滿而公私未悟。』俱羅亦曰：『道力已代我一任，使君豈容疑之？』胄不聽，遽收道力，道力果引服。《薛胄傳》郡守非卑秩，任滿非暫時，乃作僞而莫之悟，亦可見法網之疏矣。然亦有不可信者，彼既爲僞守，則真守何在，豈肯聽人之假冒數年，而不出理者？恐作史者之謏聞也。

又 《北齊以廝役爲縣令》 後魏光宅中原，頗以吏治爲意。如明元帝神瑞元年，詔使者巡行諸州，閲守令資財，非自家所齎，悉簿爲贓。二年，又詔刺史守令惰逋今年租調者，罰出家財以充，不得征發於民。太武帝行幸中山，免守宰貪污者數十人。神麚元年，以天下守宰多非法，精選忠良悉代之。太延三年，又詔天下吏民得告守令之不法者。是皆能整飭官吏，不至猥濫。及其末造，國亂政淆，權移於下，遂至宰縣者多廝役，士流皆耻爲之。入北齊，其風更甚。僕射元文遥深見其弊，奏縣令乃治民之官，請革其選。於是密令搜揚貴遊子弟，發敕用之，猶恐其披訴，乃召集神武門外，令趙郡王叡宣旨唱名，厚加慰諭遣之，士人爲縣自此始。《元文遥傳》自是李仲舉、盧昌衡等八人，以門資並見徵用。仲舉爲修武令，人號曰寬明；昌衡爲平恩令，人號曰恩明，時稱盧李之政。《李仲舉傳》以親民之官而寄之廝役，衰亂之朝，何事蔑有？此亦可以觀世變也。

按《晉書》，趙王倫篡位時，奴卒廝役亦加爵位。每朝會貂蟬滿座，時人語曰：『貂不足，狗尾續。』又《會稽王道子傳》，孝武不親萬機，與道子酣飲，姏姆尼僧尤爲親昵，竊弄其權。許榮上疏曰，今臺府局吏、直衛武官，凡僕隸婢兒取母之姓者，本臧獲之徒，無鄉邑品第，皆得用爲郡守縣令云云。嬖人趙牙出自倡優，道子以爲魏郡太守；茹千秋本捕賊吏，爲諮議參軍。是又在北齊以前故事也。

貂不足，狗尾續：晉官以貂尾爲冠飾，司馬倫任官太濫，以致貂尾不足，而以狗尾代之。

清·汪士鐸《南北史補志未刊稿·職官志第一·選舉》 按：九品中正之法起於建安，劉毅、衛瓘、李重論之詳矣。南北朝雖互有損益，而其制至開皇中始罷。江左自東晉制揚州歲貢二人，諸州各一人，遠方孝秀不復策試。後以經略粗定，詔試經不中者，罪太守，孝秀至京者，皆以疾辭。尚書孔坦議請延五歲，許其講習。詔孝廉申至七年，而秀才如故。宋制丹陽、吳、會稽、吳興四郡歲舉二人，餘郡各一人，凡州秀才、郡孝廉至皆策試，天子或親臨之。漢武元封四年，令諸州歲各舉秀才一人。後漢避光武諱改『茂才』，魏復曰『秀才』。晉江左揚州歲舉二人，諸州舉一人，或三歲一人，隨州大小並對策問。漢武帝元光元年，始令郡國舉孝廉。制郡口二十萬已上歲察一人，四十萬已上二人，六十萬三人，八十萬四人，百萬五人，百二十萬六人，不滿二十萬二歲一人，不滿十萬三歲一人。限以四科，一曰德行高妙，志節清白，二曰學通行修，經中博士；三曰明習法令，足以決疑，能案章覆問，文中御史；四曰剛毅多略，遭事不惑，明足決斷，材任三輔縣令。魏初更制口十萬已上歲一人，有秀異不拘户口。江左以丹陽、吳、會稽、吳興並大郡歲各舉二人。

及公卿所舉，皆屬於吏部，敍才銓用，凡舉得失各有賞罰，失者其人加禁錮，年月多少隨部議制。文帝元嘉中，限年三十而仕，郡縣以六周而代，郡史或十餘年。及孝武即位，仕者不復拘老幼，守宰以三周爲滿。時中軍録事參軍周朗上疏曰：『今爲政者，宜以二十五家選一長、百家置一師，男子十三至十七皆令學經，十七至二十皆令習武，訓以書記圖緯、忠孝仁義之禮、廉讓恭勤之則，授以兵經戰略、軍部舟騎之容，挽强、擊刺之法。習經者，五年有成而言之司徒，習武者三年能藝亦升之司馬。若七年而經不明，五年而勇不達，即更求其言行，考其事業，必不足取者，雖公卿子弟長歸農畝，終身不得爲吏，兼述農桑生植之本，及禮教刑政之端。』帝省之，不悅。左衛將軍謝莊以其時搜才路狹，又上表曰：『九服之曠、九流之難，提鈞懸衡，委之選部，一人之鑑易限，而天下之才難知，以易限之鑑，照難知之才，使國罔遺授，野無滯器，其可得乎？請普令大臣各舉所知，以付尚書銓用。』不從。帝又不欲重權在下，乃分吏部置兩尚書，以散其權。宋帝明聰，博好文史，每國有禎祥，及行幸讌集，輒陳詩展義，且以命朝臣。其戎士武夫，則托情不暇，困於課限，或買以應詔焉。於是天下向風，人自藻飾，雕蟲之藝盛於時矣。

齊尚書都令史駱宰策秀才格：五問並得爲上，四三爲中，二爲天下，一不合與第。謝超宗議以爲片辭折獄、寸言挫，魯史褒貶，孔論興言，皆無俟繁，而後秉裁。詔從宰議，因習宋代限年之制。然，而鄉舉里選，不覈才德，其所進取，以官婚胄籍爲先，遂令甲族以二十登仕，後門以三十試吏，故有增年、矯貌以圖進者，其時士人皆厚結姻援，賓士造請浸以成俗。至於梁武爲丞相，上表曰：『前代選官，皆立選簿，或素定懷抱，或得之於餘論，故得簡通賓客，無俟掃門，頃代陵夷，九流乖失，或以未經朝謁，難以進用，或有晦善藏聲，自埋衡蓽，必須刺投狀，然後彈冠，則是驅迫廉撝，獎成澆競，且聞中間立格，甲族以二十登仕，後門以過立試吏，求之愚懷，抑有未達，何者？設官分職，唯才是務，若限歲登朝，必登年就官，故貌實幼童，籍已逾立，滓穢名教，於斯爲盛。』乃施行。左僕射王儉請解領選，謂褚彦回曰：選曹之始，近自漢末，今若反古，使州郡貢計，三府辟士，與衆共之，猶賢一人之意。古者選衆，今則不然。奇才絶智，所以見遺於草澤也。彦回誠如卿言，但行之已久，卒難爲改也。

梁初無中正，制年二十有五方得入仕。天監中，又制，凡九流常選，年未三十、不通一經者不得爲官，若有才同甘、顔勿限年次。至七年，州置州重、郡置郡崇、鄉置鄉豪各一人，專典搜薦，無復膏粱寒素之隔。普通七年，詔，凡州歲舉二人，大郡一人。敬帝太平二年，復令諸州各置中正，仍舊訪選舉，皆須中正押上，然後景授，不然則否。尚書左僕射沈約論曰：『漢末喪亂，魏氏武創業，軍中倉卒，權立九品，蓋以論人才優劣，非謂代族高卑。因此相沿，遂爲成法。自魏至晉，莫之能改，州都、郡正才品人而舉代，人才升降蓋寡，徒以憑籍代資，用相淩駕都正俗士，斟酌時宜，品目少多，隨事俯仰。劉毅所云「下品無高門，上品無賤族」也。歲月遷訛，斯化漸篤，凡厥衣冠莫非二品，自此還遂成卑庶，周、漢之道以智役愚，臺隷差用成等級。魏、晉以來以貴役賤，士庶之科較然有辨。夫人君南面，九重奥絶，陪奉朝夕，義隔卿士，階闥之任，宜有司存。』武帝天監中，約又上疏曰：『頃自漢代本，無士庶之別，自非仕宦，不至京師，罷公卿牧守，並還卿里，小人瞻仰以成風俗。且黌校棋布，傳經授業，皆學優而仕，始自鄉邑，本於小吏幹佐，方至太學功曹，積以歲月，乃得察舉人才秀異，始爲公府所辟，遷爲牧守，入作臺司。漢之得人，於斯爲盛。今之士人並聚京邑，其有守土不遷，非直愚賤，且當今士人繁多，略以萬計，常患官少才多，無地以處，秀才自別是一種任官，非若漢代取人之例也。假使秀才對五問可稱，孝廉答一策能過，此乃雕蟲小道，非關理功得失，以此求才，徒虚語耳。』鴻臚卿培子野又語曰：『書云貴貴，爲其近於君也。天下無生而貴者，是故道義可尊，無擇買販，苟非其人，何取代族？周衰禮壞，政出臣下，卿士大夫自相繼世，非夫嗣嫡，猶據家臣。且徒步匹夫，見禮侯伯，軾閭擁篲，無絶於時。其後四方豪勢之家，門客千數，卑身折節，比食同袍，雖相傾倚，亦成風俗。迄于二漢，尊儒重道，朝廷州里，學行是先，雖名公子孫，還齊布衣之士，士庶雖分，而無華素之隔。自晉以來，其流稍改，草澤高士猶廁清塗。降及季年，專稱閥閱，與是三公之子傲九棘之家，黄散之孫蔑令、長之室，轉令互爭銖兩，所論必門户，所議莫賢能苟且之俗成，傲慢之禍作，非所以敦宏退讓，厲德興化之道也。』

陳依梁制，凡年未三十不得入仕，唯經學生策試得第，諸州光迎主簿、西曹左奏，及嘗爲挽郎，得未壯而仕，諸郡唯正王爲丹陽尹，經迎得出身者亦然，庶姓尹則否，有高才異行殊動，別降恩旨敍用，不在常例。凡選，無定時，隨缺則補官，有清濁以爲升降，從濁得清，則勝於遷。若有遷授，吏部先爲白牒，列數十人名，尚書與參掌者共署奏敕，或可或否，其可者則下於選曹，量貴賤，別内外，隨才補用，以黄紙録名、八座通署。奏可乃出，以付於典名。典名書其名帖鶴頭板，修容整儀，送所授之家，其別列發詔除者，卽宣付詔誥局，作詔章草奏。聞敕可，黄紙寫出門下，門下答詔請付外施行，又書可，付選司行名。得官者，不必皆行名到，但聞詔出，明日卽入謝，後詣尚書，上省拜受，若拜王，公。則臨軒，凡拜官皆在午後。初，武帝承侯景喪亂之後，綱維頹壞，制度未立，百官無復考校殿最之法，但更年互遷，驟班進秩，法無可稱者。後徐陵、孔奐繼爲吏部尚書，差有其序。其吏部奏敕不可者，更銓量，奏請敕可，則付選更色。凡遷授移轉，一人，則諸官多須改動，亦有相知表啓爲之通舉者。其親王起家，侍中加將軍方有佐史，無將軍則無府，只止有國官。皇太子家嫡，起家封王，依諸王，起家中書郎，諸王子并諸侯世子起家給事，事三公子，起家員外散騎侍郎，令僕子起家秘書郎，若員滿，亦爲板法曹，雖高半階，望終秘書郎。下次，令僕子起家著作佐郎，亦爲板行參軍。此外有揚州太學博士、王國侍郎、奉朝請、嗣王行參軍，並起家官，未合發詔。諸王公參佐等官仍爲清濁，或有選司補用，亦有府牒，卽授者不拘年限，去留隨意，在府之日，唯賓遊宴賞，時復修參，更無餘事。若隨府王在州，其僚佐等亦預催督，若其驅使，便有職務。其衣冠子弟多有修立，若菲氣類者則唯利是求，暴物亂政。又有流外七班皆寒微。士人之階由此方得登進第一班。陳遵梁制，爲十八班，而官有清、濁之分。自十二班已上詔授表啓不稱姓。自十一班至九班，禮數復爲一等。

後魏州郡中正，掌選舉。每以季月與吏部銓擇可否，其秀才對策第居中上表敍之。成帝和平三年，詔曰：『今選舉之官，多不以次，令班白處，後晚進居先，豈所謂彝倫攸敍也？諸曹選補，宜各書勞舊才能。』初崔浩爲冀州大中正，薦冀、定、相、幽并五州士數十人，各起家爲郡守。景穆帝謂浩曰：『先召之人，亦州郡選也。在職已久，勤勞未答，令先補前召外任。郡縣以新召者，代爲郎吏，又守宰人宜使更事者』浩固爭，而遣之。高允聞之，謂東宫博士管恬曰：『崔公其不免乎，苟逞其非，而校勝於上，何以能濟？』又季孝伯，趙郡人，治《魯論》、《鄭氏禮》、《左氏春秋》。郡三辟功曹不就，門人勸之，答曰：『功曹之職，雖曰卿選高第，猶是郡吏耳。北面事人，亦何容易？在郡主簿，到官月餘日，乃歎曰：『梁叔敬有云，州郡之職徒勞人耳，道之不行身之憂也。』遂還家。又郭祚爲吏部尚書，時潔清重惜，官位至於銓授。假令得人，必徘徊久之，然後下筆，卽云『此人便已貴』矣。由是事頗爲稽遲，當時每招怨讟，然所拔用者，量材稱職，時又以此歸之。其後中正所銓，但在門第，吏部彝倫，仍不才舉。至孝文帝，勵精求治，内官通班已上皆自考覈以爲黜陟。具《考績》篇。宣武帝詔：『庶族子弟年十五不聽入仕。任城王澄從幸鄴宫，除吏部尚書。及幸代，車駕自北巡，留澄銓簡舊臣。初，魏自公侯已下迄于選臣，動有萬數，冗散無事。澄品爲三等，量其優劣，盡其能否之用，咸無怨者。又韋伯昕兄子場爲吏部郎，性貪婪饕，賣官吏，官皆有定價。自太和以前，精選中正，德高鄉國者，充其邊州。小郡人物單鮮者，則並附他州。其在選陋，則闕而不置，當時稱爲簡當，頗謂得人。及宣武孝明之時，州無大小，必置中正，既不可悉得其人，故或有蕃落。庸鄙操銓覈之權，而選敍頹紊。至正始元年冬，乃罷諸郡中正，時有以雜類冒登清流，遂令在位者皆五人相保，無人保任者，奪官還役。初孝明嗣位幼沖，靈太后臨朝，征西將軍、冀州大中正張彝之子仲瑀上封事，請銓別選格，排抑武夫，不使在清品。於是武夫怨怒，聲喧道路，乃懸牓於衢，會期屠害。彝父子不以爲懷。神龜二年，羽林、虎賁相率千餘人，至尚書省訴詈，求彝長子尚書郎始均不獲，以瓦礫投擊臺閣，聲如雷霆。京師懾震，莫敢討遏。遂聚火就焚其第，拽彝於庭，捶辱恣心，而呼聲動京邑。其子叩頭流血，爲父請命。羽林乃執始均，生投火中，灼爲煨燼。仲瑀被創，以竄免。彝一宿而死。既而，詔斬其猶凶者八人，餘大赦以安之，天下寃痛，聞者驚駭。靈太后於是乃命武官得依資入選。既而官員少，而應調者多，選曹無以處之。及崔亮爲吏部尚書，乃奏爲格制官，不問愚賢，以停解日月爲斷，雖復官須此人停日，後者終不得取庸才。下品年，月久者，則先擢用。時沈滯者皆稱其能。時亮外甥司空諮議劉景安書規亮曰：『殷周以鄉藝貢士，兩漢由州郡薦才，魏、晉因循，乃置中正，諦觀在昔莫不審舉，雖未盡美，足應十收六七。朝廷貢才，止求其文，不取其理，察孝廉惟論章句，不及理道。中正不考人才行業，空辯姓氏高下。至於取士之途不溥，沙汰之理未精，而舊屬當銓衡，宜須改張易調，如之何反爲停年格以限之，天下之士誰復修厲名行哉？』亮答書曰：『汝所言乃有深致，吾昨爲此格有由而然，今已爲汝所怪，千載之後誰知我哉？可靜念吾言。吾廉正，六爲吏部郎中，三爲尚書，銓衡所宜頗知之矣。但古今不同，時宜復異，何者？昔有中正，品其十第，上之尚書，據狀量人授帽，此乃與天下羣賢共爵人也。吾謂當爾之時無濫舉矣。而汝猶十收六七，況今日之選專歸尚書，以一人之鑑照察天下。劉毅所云一吏部、兩郎中，而欲究鑑人物，何異以管窺天，而求其溥哉？今勳人甚多，又羽林入選，武夫崛起，而不解書計，唯可彍弩前驅，指蹤捕噬而已。若今佩祖乘軒，求其烹鮮之效，未嘗操刃，而使剸割，又武人至多，官員至少，不可周溥，設令十人共一官，猶無官可授，況一人冀一官，何由可不怨哉？吾近面執，不宜使武人入選，請賜其爵、厚其禄。既不見從，是以權立此格限以停年耳。昔子產鑄刑書以救弊，叔向譏之以正法，何異汝以禮法難權？宜仲尼云：知我者《春秋》，罪我者亦《春秋》。吾之此指其由是也，但令當今君子知其意焉爾。』後甄琛、元修、義城陽王徽、相繼爲吏部尚書，利其便己，踵而行之。自是賢愚同貫，涇渭無別，魏之失才從亮始也。及辛雄爲尚書右丞，轉吏部郎中，上疏曰：『自神龜以來，專以停年爲選，士無善惡，歲久敍用，職無劇易，名到授官。執案之吏以差次日月爲功能，銓衡之人以簡得老舊爲平直。且庸劣之人，莫不貪鄙，委斗筲以共理之重托，碩鼠以百里之命皆貨賄是求，肆心縱意。其制雖煩，不勝其欲，致令徭役不均，發調違謬，聚斂盈門，囚執滿道。蓋助陛下理天下者，唯在守令，最須簡選以康國道。但郡縣選舉由來所輕，貴游儁才，莫肯居此。宜改其弊以定官方。請上等郡縣爲第一清，中等爲第二清，下等爲第三清。選補之法，妙盡才具，如不可並，後地先才，不得拘以停年，竟無銓革。三載黜陟，有稱者補。在京名官，如前代故事，不歷郡縣，不得爲內職，則人思自勉，上下同心，枉屈可伸，强暴自息。』書奏，惠帝崩，及孝專莊帝，詔求德行文藝政事强直者。縣令、郡守、刺史皆敍其志業，具以表聞，三人已上縣令、太守、刺史賞一階，舉非其人者黜一階。凡官郡守、縣令，六年爲滿，滿後六年乃敍任。後魏孝文帝時，高祐上疏云：『今之選舉，不採識理之優劣，事簡年勞之多少，斯非盡才之謂。宜停此簿藝，棄彼功勞，唯才是取，官方穆乂。勳舊之族，雖年、勞可録，而才非撫人，則可加之以爵賞，不宜委之以方任，所謂王者，可以私人以財、不私人以官。』帝善之。韓麒麟子顯宗上言：『前代取士，必先正名，故有賢良、方正之稱。今州郡貢察，徒有秀孝之名實，而朝廷但檢其有門地，遂不復彈坐，如此則可別貢門地，以敍士人，何暇置秀孝之名哉！夫門第者，是其祖父之遺烈，亦何益於皇家？苟有奇才，雖屠釣奴虜之賤，亦用之；苟非其人，雖三后之胤自墜於卑隸矣。或云代無奇才，不若取士於門，此亦失矣。豈可以代無周召，便廢宰相而不置哉？但當校其才長望重者，卽先敍之，則賢才無遺矣。』孝明帝時清河王懌以官人失序上表曰：『孝文帝制出身之人，本以門品高下有恆。若准資蔭，自公卿、令僕之子，甲、乙、丙、丁之族，上則散騎秘著，下逮御史長兼，皆條例昭然，文無虧没。自此或身非三事之子，解褐公府正佐；地非甲乙之類，而得上宰行僚。自茲以降，亦多乖舛，且參軍事專非出身之職。今必釋褐，而居秘著，本爲起家之官，今或遷轉以致，斯皆仰失先准，有違明令，非所謂式遵遺範，奉順成規。此雖官人之失，相循已久，然推其瀰漫，抑亦有由。何者？信一人之明，當九流之廣，必令該鑑氏族、辯照人倫，才識有限，固難審悉。所以州置中正之官，清定門胄，品藻高卑，四海畫一，專尸衡石，任實不輕，故置中正以來，曁於太和之日，莫不高儗其人，妙盡茲選，皆須名位，重於鄉國，才德允於具瞻，然後可以品裁州郡、綜覈人物。今之所置，多非其人，乞明爲敕制，使官人選才，備依先旨，無令能否乖方，違才易務，并革選中正，一依前軌，庶清源有歸，流序允穆。』靈太后照依表施行，而終不能用。薛淑爲吏部郎中。先是崔亮奏立停年之格，不簡人才，專問勞舊，淑乃上書曰：『若使選曹唯取年勞，不簡賢否，便卽義均行雁次、若貫魚，循例書名，一吏足矣。數人而用，何謂銓衡？今請郡縣之職，吏部先盡擇才，務取廉平淳直，素行有聞，并學通古今、曉答禮體者以應其選，不拘入職遠近、年勳多少。其積勞之中，有才堪牧人者，先在用之限，其餘不堪者，既壯借其力，豈容老而棄之？將作丞尉，去人積遠，小小當否，未爲多失，宜依次補序以酬其勞。』書奏，不報。徐因引見，復陳言曰：『漢朝常令三公大臣，舉賢良方正，有道直言，極諫之士，以爲長吏，鑑撫黎元。自晉末以來，此風遂替。今四方初定，務在養賢，請依漢氏更立四科，令三公宰貴各薦時賢，以補郡縣，明立條格，防其阿黨之端。』詔下公卿議之，亦寢。

北齊選舉，多沿後魏之制，凡州縣皆制中正。其課試之法，中書策秀才，集書策貢士，考功郎中策廉良。天子常服乘輿，出座于朝堂中楹，秀孝各以班草對。字有脱誤者，呼起立席後；書有濫劣者，飲墨水一升；文理孟浪著，奪席脱容刀。初，東魏元象中，文襄王高澄秉政，攝吏部尚書，乃革後魏崔亮年勞之制，務求才實。自遷鄴以後，掌大選知名者，不過數四。文襄年少，高朗其弊也疎，袁聿修、沈密謹厚，所傷者細，楊遵彥風流辯給，所取失於浮華，唯辛術才明簡實，新舊參舉，管庫必擢，門閥不遺，衡鑑之美，一人而已。至孝昭帝皇建二年，詔內外執事官從二品以上，三府主簿、録事、參軍、諸王文學、侍御史、廷尉三官、尚書郎中、中書舍人，每在三年之內，各舉一人。或夙在朝倫，沈屈未用，或先官後進，今見停散，或白屋之人巾褐未釋，其高才良器，允文允武，理識深長，幹具通濟，操履凝峻，學業宏瞻，諸如此輩，隨取一長，無待兼資，方充舉限未薦之文，指論事實，隨能量用，必陳所堪，不得高談，繆加褒飾。所舉之人，此在一職，三載之內，有犯死罪以下，刑罪以上，舉主准舉人之犯，各罰其金，自鞭以下舉主勿論。若未經三載而更餘轉，通計後官日月，合滿三周。凡所舉人必主事立功，裨益時政，不限年之遠近。舉主之賞，亦當非次。被舉之人別當擢授，其違限不舉式罰金。又擢旄作鎮，任總百城，分符共理，識司千里。凡其部統，理宜委悉，刺史於所管之內，下郡太守、縣令、丞、尉、府佐、録事、參軍以降，州官、郡主簿以下，但沾在吏職，及前爲官並白人等並薦，則太守曹掾以下，及管內之人，亦聽表舉。其大州、中州、下州畿內上郡、中郡並三年之內各舉一人，其不入品州並自餘郡守，不在舉限。三代以前，天下列國有三卿、五大夫、二十七元士。大國三卿，二卿命於天子，一卿命於其君；小國三卿，一卿命於天子，二卿命於其君。公侯伯之大夫再命，子男之大夫一命，其士以下不命，皆國君專之。漢初王侯國百官皆如漢朝，唯丞相命於天子，其御史大夫以下皆有自置。及景帝懲吴楚之亂，殺其制度，罷御史大夫以下官。至武帝又詔：凡王侯吏職秩二千石者，不得擅補。其州郡佐吏，自別駕、長史以下，皆刺史、太守自辟。歷代因而不革。洎北齊武平中，後主失政，多有佞倖，乃賜其賣官分占州郡，下及鄉官，多降中旨，故有敕用州主簿、郡功曹者。自是之後，州郡辟士之權浸移於朝廷，以故外吏不得精覈，由此起也。後周以吏部中大夫一人掌選舉，小吏部下大夫一人以貳之。初霸府時，蘇綽爲六條詔書，其四曰擢賢良。綽深思本始，懲魏、齊之失，罷門資之制，其所察舉，頗加精慎。及武帝平齊，廣收遺逸，乃詔山東諸州舉明經幹理者，上縣六人，中縣五人，下縣四人。至宣帝大成元年，詔州舉高才博學者爲秀才，郡舉經明行修者爲孝廉。上州、上郡，畿一人，其刺僚佐州吏則自署，府官則命於朝廷。樂遜上書論選舉曰：『選曹賞録勳賢，補擬官爵，必宜興衆共之，有明揚之授，使人得盡心如親白曰：其才有陞降，其功有厚薄，禄秩所加，無容不審，卽如州郡選置，猶集鄉閭，況天下選曹，不取人物。若方州列郡，自可內除，此外付選曹銓敘者，既非機事，何足可密？人生處代，以榮禄爲重，修身履行，以慕聲名。然逢時既難，失時爲易，其選置之日，宜令衆心明白，然後呈奏使功覩見知，品物稱悅。』【略】

右選舉。

藝文

《晉書》卷九二《文苑傳·王沈》 王沈，字彦伯，高平人也。少有俊才，出於寒素，不能隨俗沈浮，爲時豪所抑。仕郡文學掾，鬱鬱不得志，乃作《釋時論》，其辭曰：

東野丈人觀時以居，隱耕汙腴之墟。有冰氏之子者，出自沍寒之谷，過而問塗。丈人曰：『子奚自？』曰：『自涸陰之鄉。』『奚適？』曰：『欲適煌煌之堂。』丈人曰：『入煌煌之堂者，必有赫赫之光。今子困於寒而欲求諸熱，無得熱之方。』冰子瞿然曰：『胡爲其然也？』丈人曰：『融融者皆趣熱之士，其得爐冶之門者，惟挾炭之子。苟非斯人，不如其已。』冰子曰：『吾聞宗廟之器不要華林之木，四門之賓何必冠蓋之族。前賢有解韋索而佩朱韍舍徒擔而乘丹轂。由此言之，何恤而無禄！惟先生告我塗之速也。』

丈人曰：『嗚呼！子聞得之若是，不知時之在彼。吾將釋子。夫道有安危，時有險易，才有所應，行有所適。英奇奮於從横之世，賢智顯於霸王之初，當厄難則騁權譎以良圖，值制作則展儒道以暢攄，是則衮龍出於縕褐，卿相起於匹夫，故有朝賤而夕貴，先卷而後舒。。當斯時也，豈計門資之高卑，論勢位之輕重乎！今則不然。上聖下明，時隆道寧，羣后逸豫，宴安守平。百辟君子，奕世相生，公門有公，卿門有卿。指秃腐骨，不簡蚩儜。多士豐于貴族，爵命不出閨庭。四門穆穆，綺襦是盈，仍叔之子，皆爲老成。賤有常辱，貴有常榮，肉食繼踵于華屋，疏飯襲迹於耨耕。談名位者以諂媚附勢，舉高譽者因資而隨形。至乃空囂者以泓噌爲雅量，瑣慧者以淺利爲鎗鎗，脢胎者以無檢爲弘曠，僂垢者以守意爲堅貞。嘲哮者以粗發爲高亮，韞蠢者以色厚爲篤誠，痷婪者以博納爲通濟，眡々者以難入爲凝清，拉答者有沈重之譽，嗛閃者得清勦之聲，嗆哼怯畏于謙讓，闒茸勇敢於饕諍。斯皆寒素之死病，榮達之嘉名。凡茲流也，視其用心，察其所安，責人必急，於己恒寬。德無厚而自貴，位未高而自尊，眼罔嚮而遠視，鼻醔齃而刺天。忌惡君子，悅媚小人，敖蔑道素，懾吁權門。心以利傾，智以勢惛，姻黨相扇，毁譽交紛。當局迷於所受，聽採惑於所聞。京邑翼翼，羣士千億，奔集勢門，求官買職，童僕窺其車乘，閽寺相其服飾，親客陰參於靖室，疏賓徙倚於門側。時因接見，矜屬容色，心懷内荏，外詐剛直，譚道義謂之俗生，論政刑以爲鄙極。高會曲宴，惟言遷除消息，官無大小，問是誰力。今以子孤寒，懷真抱素，志陵雲霄，偶景獨步，直順常道，關津難渡，欲騁韓盧，時無狡兔，衆塗圮塞，投足何錯！』

於是冰子釋然乃悟曰：『富貴人之所欲，貧賤人之所惡。僕少長於孔顔之門，久處於清寒之路，不謂熱勢自共遮錮。敬承明誨，服我初素，彈琴詠典，以保年祚。伯成、延陵，高節可慕。丹轂滅族，呂霍哀吟，朝榮夕滅，旦飛暮沈。聃周道師，巢由德林。豐屋蔀家，《易》著明箴。人薄位尊，積罰難任，三郤尸晉，宋華咎深，投局正幅，實獲我心。』

是時王政陵遲，官才失實，君子多退而窮處，遂終于里閭。

任用制度分部

綜　述

任職方式

《三國志》卷一四《魏志·董昭傳》　太和四年，行司徒事，六年，拜真。

又　卷三五《蜀志·諸葛亮傳》　諸葛瞻景耀四年，爲行都護衛將軍，與輔國大將軍南鄉侯董厥並平尚書事。【略】

董厥者，丞相亮時爲府令史，亮稱之曰：『董令史，良士也。吾每與之言，思慎宜適。』徙爲主簿。亮卒後，稍遷至尚書僕射，代陳祇爲尚書令，遷大將軍平臺事，而義陽樊建代焉。【略】後爲侍中，守尚書令。

又　卷三九《蜀志·董和傳》　先主定蜀，徵和爲掌軍中郎將，與軍師將軍諸葛亮並署左將軍大司馬府事，獻可替否，共爲歡交。自和居官食禄，外牧殊域，内幹機衡，二十餘年，死之日家無儋石之財。亮後爲丞相，教與羣下曰：『夫參署者，集衆思廣忠益也。若遠小嫌，難相違覆，曠闕損矣。違覆而得中，猶棄弊蹻而獲珠玉。然人心苦不能盡，惟徐元直處茲不惑，又董幼宰參署七年，事有不至，至於十反，來相啓告。苟能慕元直之十一，幼宰之殷勤，有忠於國，則亮可少過矣。』

又　卷四三《蜀志·馬忠傳》　（延熙）七年春，大將軍費禕北禦魏敵，留忠成都，平尚書事。

又　卷五二《吴志·顧雍傳》　（黄武四年）是歲，改爲太常，進封醴陵侯，代孫邵爲丞相，平尚書事。【略】祖父雍卒數月，拜太常，代雍平尚書事。

又　卷一三《魏志·華歆傳》裴松之注　華嶠《譜叙》曰：歆有三子。表字偉容，年二十餘爲散騎侍郎。時同僚諸郎共平尚書事，年少，並兼厲鋒氣，要（君）［召］名譽。尚書事至，或有不便，故遺漏不視，及傳書者去，即入深文論駮。惟表不然，事來有不便，輒與尚書共論盡其意，主者固執，不得已，然後共奏議。司空（陳泰）［陳羣］等以此稱之。

又　卷六四《吴志·孫綝傳》裴松之注　《吴歷》曰：綝求中書兩郎，典知荆州諸軍事，主者奏中書不應外出，休特聽之，其所請求，一皆給與。

《宋書》卷五《文帝紀》　（元嘉）二十七年春正月辛未，制交、寧二州假板郡縣，俸禄聽依臺除。

又　卷六《孝武帝紀》　（大明五年八月）庚寅，制方鎮所假白板郡縣，年限依臺除，食禄三分之一，不給送故。

又　卷一八《禮志五》　諸假印綬而官不給鞶囊者，得自具作。其但假印不假綬者，不得佩綬。

又　卷四三《徐羨之傳》　義旗建，高祖版爲鎮軍參軍，尚書庫部郎，領軍司馬。

又　卷四六《張邵傳》　帝益親之，轉太尉參軍，署長流賊曹。

又　卷四七《劉懷肅傳》　（義熙元年）道規加懷肅督江夏九郡，權鎮夏口。

又 卷七七《顔師伯傳》 世祖啓爲長流正佐，太祖又曰：『朝廷不能除之，郎可自板，亦不宜署長流。』世祖乃板爲參軍事，署刑獄。及入討元兇，轉主簿。

又 卷八一《顧覬之傳》 大明元年，徵守度支尚書，領本州中正。

又 卷八四《袁顗傳》 始令顗與沈慶之、徐爰參知選事，尋復反以爲罪，使有司糾奏，坐白衣領職。

《南齊書》卷二三《褚淵傳》 宋明帝卽位，加領太子屯騎校尉，不受。遷侍中，知東宫事。

《魏書》卷七上《高祖紀上》 （延興二年正月，）詔假員外散騎常侍邢祐使于劉彧。

（三年）夏四月戊申，詔假司空、上黨王長孫觀等討吐谷渾拾寅。

（四年）九月，以劉昱内相攻戰，詔將軍元蘭等五將三萬騎及假東陽王丕爲後繼，伐蜀漢。

（承明元年冬十月）乙丑，進征西大將軍、假東陽王元丕爵爲正王。

（太和三年十有一月）癸丑，進假梁郡公元嘉爵爲假王，督二將出淮陰。【略】（四年）三月丙午，詔車騎大將軍馮熙督衆迎還假梁郡王嘉等諸軍。

又 卷七下《高祖紀下》 （太和十五年十一月）詔假通直散騎常侍李彪、假散騎侍郎蔣少游使蕭賾。【略】丁亥，詔二千石考在上上者，假四品將軍，賜乘黄馬一匹；上中者，五品將軍；上下者，賜衣一襲。【略】

（十八年春正月）詔相、兖、豫三州：百年以上假縣令，九十以上賜爵二級，七十以上賜爵一級；孤老鰥寡不能自存者，賜粟五石、帛二匹；孝悌廉義、文武應求者，皆以名聞。【略】

十有一月辛未朔，詔冀、定二州民：百年以上假以縣令，九十以上賜爵三級，八十以上賜爵二級，七十以上賜爵一級；鰥寡孤獨不能自存者，賜以穀帛；孝義廉貞、文武應求者具以名聞。

（十二月）己酉，詔王、公、侯、伯、子、男開國食邑者：王食半，公三分食一，侯伯四分食一，子男五分食一。【略】丁卯，詔鄴豫二州之民：百齡以上假縣令，九十以上賜爵三級，八十以上賜爵二級，七十以上賜爵一級；孤寡鰥老不能自存者，賜以穀帛；緣路之民復田租一歲；孝悌廉義、文武應求具以名聞。

（十九年夏四月）辛亥，詔賜百歲以上假縣令，九十以上賜爵三級，八十以上賜爵二級，七十以上賜爵一級；孤寡老疾不能自存者，賜以穀帛；德著丘園者具以名聞；蕭鸞民降者，給復十五年。【略】（元月）壬子，詔濟州、東郡、滎陽及河南諸縣車駕所經者，百年以上賜假縣令，九十以上賜爵三級，八十以上賜爵二級，七十以上賜爵一級；孤老鰥寡不能自存，賜以穀帛；孝悌廉義、文武應求者具以名聞。【略】

冬十月甲辰，曲赦相州。民百年以上假郡守，九十以上假縣令，八十以上賜爵三級，七十以上賜爵二級；孤老痼疾不能自存者，賜以穀帛。【略】

（二十年三月）詔曰：『國老黄耇以上，假中散大夫、郡守；耆年以上，假給事中、縣令；庶老，直假郡縣。各賜鳩杖、衣裳。』【略】

（二十一年二月）乙丑，詔并州士人年六十已上，假以郡守。【略】

（三月）甲寅，詔汾州民百年以上假縣令，九十以上賜爵三級，八十以上賜爵二級，七十以上賜爵一級。【略】

（五月）庚寅，詔雍州士人百年以上假華郡太守，九十以上假荒郡，八十以上假華縣令，七十以上假荒縣；庶老以年各減一等，七十以上賜爵三級；其營船之夫，賜爵一級；孤寡鰥貧、窮痾廢疾，各賜帛二匹，穀五斛；其孝友德義、文學才幹，悉仰貢舉。【略】

（十一月）丁酉，大破賊軍於沔北，獲其將軍王伏保等。於是民皆復業，九十以上假以郡守，六十五以上假以縣令。

又 卷九《肅宗紀》 （熙平二年夏四月）丁酉，詔京尹所統，百年以上賜大郡板，九十以上賜小郡板。【略】

（神龜元年春正月）壬申，詔曰：『朕沖昧撫運，政道未康，民之疾苦，弗遑紀恤。夙宵矜慨，鑑寐深懷，眷彼百齡，悼茲六極。京畿百年以上給大郡板，九十以上給小郡板，八十以上給大縣板，七十以上給小縣板；諸州百姓，百歲以上給小郡板，九十以上給大縣板，八十以上給中縣板；鰥寡孤獨不能自存者，賜粟五斛、帛二匹。』庚辰，詔以雜役之户或冒入清流，所在職人皆五人相保，無人任保者奪官還役。

又　卷二四《崔玄伯傳》　及置八部大夫以擬八坐，玄伯通署三十六曹，如令僕統事，深爲太祖所任。

又　卷三九《李寶傳》　世祖嘉其忠款，拜懷達散騎常侍、敦煌太守，別遣使授寶使持節、侍中、都督西垂諸軍事、鎮西大將軍、開府儀同三司、領護西戎校尉、沙州牧、敦煌公，仍鎮敦煌，四品以下聽承制假授。真君五年，因入朝，遂留京師，拜外都大官。轉鎮南將軍、并州刺史。還，除内都大官。【略】車駕征宛鄧，復起佐，假平遠將軍、統軍。

又　卷四四《羅結傳》　世祖初，遷侍中、外都大官，總三十六曹事。

又　卷六一《薛安都傳》　道異弟道次。既質京師，拜南中郎將、給事中，賜爵安邑侯，加安遠將軍。出爲安西將軍、秦州刺史、假河南公。【略】

子繼，襲爵，降爲平溫子。尚書郎、秦州刺史、鎮遠將軍、隴西鎮將，帶隴西太守。【略】正光五年，莫折念生反于秦州。【略】肅宗以繼爲持節、光禄大夫、假安南將軍、西道別將，與伊甕生等討之。【略】

安都從祖弟真度。【略】太和初，賜爵河北侯，加安遠將軍，爲鎮遠將軍、平州刺史、假陽平公。後降侯爲伯，除冠軍將軍。隨駕南討，假平南將軍。【略】尋除假節、假冠軍將軍、東荆州刺史。

又　卷六四《郭祚傳》　祖逸，州別駕，前後以二女妻司徒崔浩，一女妻浩弟上黨太守恬。世祖時，浩親寵用事，拜逸徐州刺史，假榆次侯，終贈光禄大夫。【略】

高祖初，（郭祚）舉秀才，對策上第，拜中書博士，轉中書侍郎，遷尚書左丞，長兼給事黄門侍郎。祚清勤在公，夙夜匪懈，高祖甚知賞之。從高祖南征，及還，正黄門。【略】祚以兼侍中從，拜尚書，進爵爲伯。高祖崩，咸陽王禧等奏祚兼吏部尚書，尋除長兼吏部尚書、并州大中正。【略】尋正吏部。

又《張彝傳》　遷尚書。坐舉元昭爲兼郎中，黜爲守尚書。世宗初，除正尚書、兼侍中，尋正侍中。世宗親政，罷六輔，彝與兼尚書邢巒聞處分非常，出京奔走。

又　卷六五《邢巒傳》　詔曰：『巒至彼，須有板官，以懷初附。高下品第，可依征義陽都督之格也。』拜巒使持節、安西將軍、梁秦二州刺史。

又　卷六九《裴延俊傳》　延俊族兄聿，【略】時高祖以聿與中書侍郎崔亮並清貧，欲以幹禄優之，乃以亮帶野王縣，聿帶溫縣，時人榮之。

又　卷七〇《傅豎眼傳》　朝廷以西南爲憂，乃驛徵豎眼於淮南。既至，以爲右將軍、益州刺史，尋加散騎常侍、平西將軍、假安西將軍、西征都督，率步騎三千以討張齊。給銅印千餘，須有假職者，聽六品以下板之。

又　卷八九《酷吏傳·酈道元》　累遷輔國將軍、東荆州刺史。威猛爲治，蠻民詣闕訟其刻峻，坐免官。久之，行河南尹，尋即真。

唐·歐陽詢等《藝文類聚》卷四八《職官部四·録尚書》　王隱《晉書》曰：賈充爲太尉，録尚書。五年，伐吳，爲大都督。吳平，上遣侍中程咸犒勞，增邑八千户。

《晉中興書》曰：明帝后庾氏爲皇太后，九月癸卯，皇太后臨朝制，司徒王導録尚書事。【略】

傅暢《故事》曰：何劭、王戎、張華、裴楷、楊濟、和嶠爲愍懷太傅，通省尚書事。張華爲光禄大夫，尚書七條事皆諮而後行。惠帝之世，太保衛瓘、太宰河間王顒、太傅東海王越皆録三省尚書秘書事。

《梁書》卷一三《沈約傳》　服闋，遷侍中、右光禄大夫，領太子詹事，揚州大中正，關尚書八條事，遷尚書令，侍中、詹事、中正如故。

又　卷二五《徐勉傳》　天監二年，除給事黄門侍郎、尚書吏部郎，參掌大選。遷侍中。時王師北伐，候驛填委。勉參掌軍書，【略】昭明太子尚幼，敕知宫事。【略】爰自小選，迄於此職，常參掌衡石，甚得士心。

又　卷二六《傅昭傳》　梁臺建，遷給事黄門侍郎，領著作郎，頃之，兼御史中丞，黄門、著作、中正並如故。天監三年，兼五兵尚書，參選事，四年，即真。六年，徙爲左民尚書，未拜，出爲建威將軍、平南安成王長史、尋陽太守。七年，入爲振遠將軍、中權長史。八年，遷通直散騎常侍，領步兵校尉，復領本州大中正。十年，復爲左民尚書。

又　卷三四《張緬傳》　（張緬）初爲國子生，射策高第。起家長兼秘書郎，遷太子舍人，洗馬，中舍人，並掌管記。累遷中書郎，國子博士。出爲北中郎長史、蘭陵太守，還除員外散騎常侍。時丹陽尹西昌侯蕭淵藻以久疾未拜，敕綰權知尹事，遷中軍宣城王長史，俄徙御史中丞。

又　卷三八《賀琛傳》　普通中，刺史臨川王辟爲祭酒從事史。【略】仍補王國侍郎，俄兼太學博士，稍遷中衛參軍事、尚書通事舍人，參禮儀事。累遷通直正員郎，舍人如故。又征西鄱陽王中録事，兼尚書左丞，滿歲爲真。

又　卷四〇《司馬褧傳》　累遷正員郎、鎮南諮議參軍，兼舍人如故。遷尚書右丞。出爲仁威長史、長沙内史。還除雲騎將軍，兼御史中丞，頃之即真。十六年，出爲宣毅南康王長史、行府國並石頭戍軍事。

又　卷五三《良吏傳·伏暅》　高祖踐阼，遷國子博士，父憂去職。服闋，爲車騎諮議參軍，累遷司空長史、中書侍郎、前軍將軍、兼《五經》博士，與吏部尚書徐勉、中書侍郎周捨，總知五禮事。

《陳書》卷一七《袁樞傳》　天嘉元年，守吏部尚書。三年，即真。尋領右軍將軍，又領丹陽尹，本官如故。

又　卷二一《蕭乾傳》　年九歲，召補國子《周易》生，梁司空袁昂時爲祭酒，深敬重之。十五，舉明經。釋褐東中郎湘東王法曹參軍，遷太子舍人。建安侯蕭正立出鎮南豫州，又板録事參軍。累遷中軍宣城王中録事諮議參軍。

又　《張種傳》　天嘉元年，除左民尚書。二年，權監吳郡，尋徵復本職。遷侍中，領步兵校尉，以公事免，白衣兼太常卿，俄而即真。

又　《孔奐傳》　（太建）五年，改領太子中庶子，與左僕射徐陵參掌尚書五條事。

又　卷二六《徐孝克傳》　（太建）六年，除國子博士，遷通直散騎常侍，兼國子祭酒，尋爲真。

又　卷三〇《陸瓊傳》　永定中，州舉秀才。天嘉元年，爲寧遠始興王府法曹行參軍。尋以本官兼尚書外兵郎，以文學轉兼殿中郎，滿歲爲真。【略】後主即位。直中書省，掌詔誥。俄授散騎常侍，兼度支尚書，領揚州大中正。至德元年，除度支尚書，參掌詔誥，並判廷尉、建康二獄事。

《北齊書》卷五《廢帝紀》　（天保十年十月）癸卯，太子即帝位於晉陽宣德殿，大赦，内外百官普加汎級，亡官失爵，聽復資品。庚戌，尊皇太后爲太皇太后，皇后爲皇太后。詔九州軍人七十已上授以板職，武官年六十已上及癃病不堪驅使者，並皆放免。

又　卷三六《邢卲傳》　累遷太常卿、中書監，攝國子祭酒。是時朝臣多守一職，帶領二官甚少，卲頓居三職，並是文學之首，當世榮之。

《周書》卷五《武帝紀上》　（保定元年春正月）戊申，詔曰：『【略】可改武成三年爲保定元年。嘉號既新，惠澤宜布，文武百官，各增四級。』以大冢宰、晉國公護爲都督中外諸軍事，令五府總於天官。【略】戊辰，詔曰：『履端開物，實資元后；代終成務，諒惟宰棟。故周文公以上聖之智，翼彼姬周，爰作六典，用光七百。自茲厥後，代失其緒，俾巍巍之化，歷千祀而莫傳；郁郁之風，終百王而永墜。我太祖文皇帝稟純和之氣，挺天縱之英，德配乾元，功侔造化，故能捨末世之弊風，蹈隆周之叡典，誕述百官，厥用允集。所謂乾坤改而重構，豈帝王洪範而已哉。朕入嗣大寶，思揚休烈。今可班斯禮於太祖廟庭。』己巳，祠太廟，班太祖所述六官焉。【略】甲戌，詔先經兵戎官年六十已上，及民七十已上，節級板授官。

《隋書》卷二四《食貨志》　大抵自侯景之亂，國用常褊。京官文武，月別唯得廩食，多遥帶一郡縣官而取其禄秩焉。

又　卷二六《百官志上》　陳承梁，皆循其制官，【略】三公子起家員外散騎侍郎，令僕子起家秘書郎。若員滿，亦爲板法曹，雖高半階，望終秘書郎下。次令僕子起家著作佐郎，亦爲板行參軍。【略】

諸將起自第六品已下，板則無秩。其雖除不領兵，領兵不滿百人，並除此官而爲州郡縣者，皆依本條減秩石。二千石減爲千石，千石降爲六百石。自四百石降而無秩。其州郡縣，自各以本秩論。凡板將軍，皆降除一品。諸依此減降品秩。其應假給章印，各依舊差，不貶奪。

《晉書》卷四七《傅咸傳》　咸再爲本郡中正，遭繼母憂去官。頃之，起以議郎，長兼司隸校尉。

又　卷五九《趙王倫傳》　（倫）乃僭即帝位，大赦，改元建始。是歲，賢良方正直言、秀才、孝廉、良將皆不試；計吏及四方使命之在京邑者，太學生年十六以上及在學二十年，皆署吏；郡縣二千石令長赦日在職者，皆封侯；郡綱紀並爲孝廉，縣綱紀爲廉吏。以世子荂爲太子，馥爲侍中、大司農、領護軍、京兆王，虔爲侍中、大將軍領軍、廣平王，詡爲侍中、撫軍將軍、霸城王，孫秀爲侍中、中書監、驃騎將軍、儀同三司，張林等諸黨皆登卿將，並列大封。其餘同謀者咸超階越次，不可勝紀，至於奴卒厮役亦加以爵位。每朝會，貂蟬盈坐，時人爲之頦曰：『貂不足，狗尾續。』而以苟且之惠取悅人情，府庫之儲不充於賜，金銀冶鑄不給於印，故有白版之侯，君子恥服其章，百姓亦知其不終矣。

又　卷六四《元顯傳》　會道子有疾，加以昏醉，元顯知朝望去之，謀奪其權，諷天子解道子揚州、司徒，而道子不之覺元顯自以少年頓居權重，慮有譏議，於是以琅邪王領司徒，元顯自爲揚州刺史。既而道子酒醒，方知去職，於是大怒，而無如之何。【略】又加元顯録尚書事。然道子更爲長夜之飲，政無大小，一委元顯。時謂道子爲東録，元顯爲西録。西府車騎填湊，東第門下可設雀羅矣。【略】尋以星變，元顯解録，復加尚書令。

又　卷六九《周顗傳》　中興建，補吏部尚書。頃之，以醉酒爲有司所糾，白衣領職。復坐門生斫傷人，免官。

又　卷七五《范寧傳》　帝詔公卿牧守普議得失，寧又陳時政曰：【略】守宰之任，宜得清平之人。頃者選舉，惟以卹貧爲先，雖制有六年，而富足便退。又郡守長吏，牽置無常，或兼臺職，或帶府官。夫府以統州，州以監郡，郡以莅縣，如令互相領帖，則是下官反爲上司。【略】

帝善之。

《南史》卷七七《恩幸傳·呂文顯》　（永明）三年，帶南清河太守，與茹法亮等迭出入爲舍人，並見親幸。

宋·李昉等《太平御覽》卷二一〇《職官部八·録尚書》　《晉中興書》曰：泰和元年，詔會稽王體道沖虛，理識明允。阿衡孝文，有保乂之規；輔弼哀皇，盡翼亮之道。朕承洪緒，仍聞善誘，慎徽五教，儀形具瞻，登賢顯親，國之典也。其以爲丞相，録尚書事。入朝不趨，贊拜不名，劍履上殿，給羽葆鼓吹班劍六十人。

又曰：元興元年八月庚子，尚書下舍火。是時桓玄用事，出鎮姑熟，名雖在外，實遥録尚書，故天火示不復用也。

又曰：明帝后庾氏爲皇太后，九月癸卯，皇太后臨朝稱制，司徒王導録尚書事。

傅暢《晉故事》曰：何劭、王戎、張華、裴楷、楊濟、和嶠爲愍懷太傅，通省尚書事。張華爲光禄大夫，尚書七條事皆咨而後行。惠帝之世，太保衛瓘、太宰河間王顒、太傅東海王越皆録三省尚書秘書事。【略】

《三國典略》曰：齊以并省，尚書令高阿那肱爲録尚書事。那肱才伎庸劣，不涉文史，尚書郎中源師常白那肱云：『龍見當雩。』那肱問曰：『何處龍見？作何顔色？』師答曰：『此是龍星，須雩祭也，非是真有龍見。』那肱曰：『漢兒多事，强知星宿。』

任期

《宋書》卷九二《良吏傳·序》　守宰之職，以六期爲斷，雖没世不徙，未及曩時，而民有所係，吏無苟得。家給人足，即事雖難，轉死溝渠，於時可免。

《南齊書》卷三《武帝紀》　（永明元年）三月癸丑，詔曰：『宋德將季，風軌陵遲，列宰庶邦，彌失其序，遷謝遄速，公私凋弊。泰運初基，草昧惟始，思述先範，永隆治根。莅民之職，一以小滿爲限。其有聲績克舉，厚加甄異；理務無庸，隨時代黜。』

又　卷六《明帝紀》　（建武三年春正月）己巳，詔申明守長六周之制。

又　卷五三《良政傳·序》　郡縣居職，以三周爲小滿。

《魏書》卷七上《高祖紀上》　（延興二年）十有二月庚戌，詔曰：『《書》云：「三載一考，三考黜陟幽明。」頃者已來，官以勞升，未久而代。牧守無恤民之心，競爲聚斂，送故迎新，相屬於路，非所以固民志，隆治道也。自今牧守温仁清儉、克己奉公者，可久於其任。歲積有成，遷位一級。其有貪殘非道、侵削黎庶者，雖在官甫爾，必加黜罰。著之於令，永爲彝准。』

又　卷二七《穆羆傳》　前吐京太守劉升，在郡甚有威惠，限滿還都，胡民八百餘人詣羆請之。前定陽令吳平仁亦有恩信，户增數倍。羆以吏民懷之，並爲表請。高祖皆從焉。羆既頻薦升等，所部守令，咸自砥礪，威化大行，百姓安之。州民李軌、郭及祖等七百餘人，詣闕頌羆恩德。高祖以羆政和民悦，增秩延限。

又　卷四三《房景伯傳》　除清河太守。【略】舊守令六年爲限，限滿將氏，郡民韓靈和等三百餘人表訴乞留，復加二載。

又　卷四五《韋崇傳》　崇頻居衡品，以平直見稱。出爲鄉郡太守，更滿應代，吏民詣闕乞留，復延三年。在郡九年，轉司徒諮議。

唐・歐陽詢等《藝文類聚》卷五〇《職官部六・令長》　陳陰鏗《罷故章縣詩》曰：秩滿三秋暮，舟虚一水濱。漫漫遵歸道，悽悽對別津。晨風下散葉，岐路起飛塵。長岑舊知遠，萊蕪本自貧。被裏恒容吏，正朝不繫民。唯當有一犢，留持贈後人。

《陳書》卷二〇《到仲舉傳》　文帝爲宣毅將軍，以仲舉爲長史，尋帶山陰令。文帝嗣位，授侍中，參掌選事。天嘉元年，守都官尚書，封寶安縣侯，邑五百户。三年，除都官尚書。其年，遷尚書右僕射、丹陽尹，參掌並如故。尋改封建昌縣侯。仲舉既無學術，朝章非所長，選舉引用，皆出自袁樞。性疏簡，不干涉世務，與朝士無所親狎，但聚財酣飲而已。六年，秩滿，解尹。

《晉書》卷四七《傅咸傳》　咸以『聖人久於其道，天下化成。是以唐、虞三載考績，九年黜陟。其在《周禮》，三年大比。孔子亦云，「三年有成」。而中間以來，長吏到官，未幾便遷，百姓困於無定，吏卒疲於送迎』。【略】詔曰：『政道之本，誠宜久於其職，咸奏是也。』

又　卷七五《范寧傳》　帝詔公卿牧守普議得失，寧又陳時政曰：【略】頃者選舉，惟以卹貧爲先，雖制有六年，而富足便退。【略】帝善之。

又　卷八二《虞預傳》　太守庾琛命爲主簿，預上記陳時政所失，曰：『軍寇以來，賦役繁數，兼值年荒，百姓失業，是輕傜薄斂，寬刑省役之時也。自頃長吏輕多去來，送故迎新，交錯道路。受迎者惟恐船馬之不多，見送者惟恨吏卒之常少。窮奢竭費謂之忠義，省煩從簡呼爲薄俗，轉相放效，流而不反，雖有常防，莫肯遵修。加以王途未夷，所在停滯，送者經年，永失播植。一夫不耕，十夫無食，況轉百數，所妨不訾。愚謂宜勒屬縣，若令、尉先去官者，人船吏侍皆具條列，到當依法減省，使公私允當。又今統務多端，動加重制，每有特急，輒立督郵。計今直兼三十餘人，人船吏侍皆當出官，益不堪命，宜復減損，嚴爲之防。』琛善之，即皆施行。

《南史》卷二〇《謝莊傳》　于時搜才路狹，莊表陳求賢之義曰：

臣聞功傾魏后，非特照車之珍，德柔秦客，豈徒秘璧之貴。隆陂所漸，成敗之由，何嘗不興資得才，替因失士。故《楚書》以善人爲寶，虞典以則哲爲難。而進選之舉既隳中代，登造之律，未聞當今，必欲豐本康務，庇人濟俗，匪更沿灃，奚取九成。夫才生於時，古今豈貳，士出於世，屯泰焉殊。升歷中陽，英賢起於徐沛，受籙白水，茂異出於荆宛。寧二都智之所産，七隩愚之所育，實遇與不遇、用與不用耳。今大道光亨，萬務俟德，而九服之曠，九流之艱，提鈞懸衡，委之選部。一人之鑒易限，天下之才難源，以易限之鑑，鏡難源之才，使國罔遺賢，野無滯器，其可得乎？昔公叔登臣，管仲升盜，趙文非私親疏嗣，祁奚豈諂讎比子。茹茅以準，作範前經，舉爾所知，式昭往牒。且自古任薦，弘明賞罰，成子舉三哲而身致魏輔，應侯任二士而已捐秦相，臼季稱冀缺而疇以田采，張勃進陳湯而坐之褫爵。此則先事之盛准，亦後王之彝鑑。臣謂宜普命大臣，各舉所知，以付尚書依分銓用。若任得其才，舉主延賞，有不稱職，宜及其坐。重者免黜，輕者左遷。被舉之身，加以禁錮，年數多少，隨愆議制。若犯大辟，則任者刑論。

又政平訟理，莫先親人，親人之要，實歸守宰。故黄霸莅潁川累稔，杜畿居河東歷載。或就加恩秩，或入崇暉寵。今莅人之職，宜遵六年之限，進得章明庸惰，退得人不勤勞，如此，則上靡棄能，下無浮謬，考績之風載泰，薪槱之歌克昌。

初，文帝世，限年三十而仕郡縣，六周乃選代，刺史或十年餘。至是皆易之，仕者不拘長少，莅人以三周爲滿，宋之善政於是乎衰。

又　卷七七《恩幸傳・吕文顯》　晉、宋舊制，宰人之官，以六年爲限，近世以六年過久，又以三周爲期，謂之小滿。而遷換去來，又不依三周之制，送故迎新，吏人疲於道路。四方守宰餉遺，一年咸數百萬。舍人茹法亮於衆中語人曰：『何須覓外禄，此一户内年辦百萬。』蓋約言之也。

任用限制

《三國志》卷一五《魏志·張既傳》 以既爲京兆尹，招懷流民，興復縣邑，百姓懷之。魏國既建，爲尚書，出爲雍州刺史。太祖謂既曰：『還君本州，可謂衣繡晝行矣。』

又《劉馥傳》裴松之注 《晉陽秋》曰：劉弘字叔和，熙之弟也。弘與晉世祖同年，居同里，以舊恩屢登顯位。自靖至弘，世不曠名，而有政事才。晉西朝之末，弘爲車騎大將軍開府，荆州刺史，假節都督荆、交、廣州諸軍事，封新城郡公。其在江、漢，值王室多難，得專命一方，盡其器能。推誠羣下，厲以公義，簡刑獄，務農桑。每有興發，手書郡國，丁寧款密，故莫不感悦，顛倒奔赴，咸曰『得劉公一紙書，賢於十部從事也』。時帝在長安，命弘得選用宰守。徵士武陵伍朝高尚其事，牙門將皮初有勳江漢，弘上朝爲零陵太守，初爲襄陽太守。詔書以襄陽顯郡，初資名輕淺，以弘壻夏侯陟爲襄陽。弘曰：『夫統天下者當與天下同心，治一國者當與一國推實。吾統荆州十郡，安得十女壻，然後爲治哉！』乃表『陟姻親，舊制不得相監臨事，初勳宜見酬』。報聽之，衆益服其公當。

《後漢書》卷六〇下《蔡邕傳》 初，朝議以州郡相黨，人情比周，乃制婚姻之家及兩州人士不得對相監臨。至是復有三互法，禁忌轉密，選用艱難。幽、冀二州，久缺不補。邕上疏曰：『伏見幽、冀舊壤，鎧馬所出，比年兵饑，漸至空耗。今者百姓虚縣，萬里蕭條，闕職經時，吏人延屬，而三府選舉，踰月不定。臣經怪其事，而論者云「避三互」。十一州有禁，當取二州而已。又二州之士，或復限以歲月，狐疑遲淹，以失事會。愚以爲三互之禁，禁之薄者，今但申以威靈，明其憲令，在任之人豈不戒懼，而當坐設三互，自生留閡邪？昔韓安國起自徒中，朱買臣出於幽賤，並以才宜，還守本邦。又張敞亡命，擢授劇州。豈復顧循三互，繼以末制乎？三公明知二州之要，所宜速定，當越禁取能，以救時敝；而不顧爭臣之義，苟避輕微之科，選用稽滯，以失其人。臣願陛下上則先帝，蠲除近禁，其諸州刺史器用可换者，無拘日月三互，以差厥中。』書奏不省。

《宋書》卷五一《長沙景王道憐傳》 瑾弟祗，字彦期，大明中爲中書郎。太宰江夏王義恭領中書監，服親不得相臨，表求解職。世祖詔曰：『昔二王兩謝，俱至崇禮，自今三臺五省，悉同此例。』

又《臨川烈武王道規傳》 荆州居上流之重，地廣兵强，資實兵甲，居朝廷之半，故高祖使諸子居之。

又卷七八《劉延孫傳》 大明元年，除金紫光禄大夫，領太子詹事，中正如故。其年，又出爲鎮軍將軍、南徐州刺史。先是高祖遺詔，京口要地，去都邑密邇，自非宗室近戚，不得居之。延孫與帝室雖同是彭城人，别屬呂縣。劉氏居彭城縣者，又分爲三里，帝室居綏輿里，左將軍劉懷肅居安上里，豫州刺史劉懷武居叢亭里，及呂縣凡四劉。雖同出楚元王，由來不序昭穆。延孫於帝室本非同宗，不應有此授。時司空竟陵王誕爲徐州，上深相畏忌，不欲使居京口，遷之於廣陵。廣陵與京口對岸，欲使腹心爲徐州，據京口以防誕，故以南徐授延孫，而與之合族，使諸王序親。

《魏書》卷九《肅宗紀》 （熙平二年八月）己亥，詔庶族子弟年未十五不聽入仕。詔曰：『皇魏開基，道邁周漢，蟬連二都，德盛百祀。雖帝胤蕃衍，親賢並茂，而猶沉屈素履，巾褐衡門，非所謂廣命戚族，翼屏王室者也。今可依世近遠，敍之列位。』

又卷五四《高閭傳》 閭每請本州以自效，詔曰：『閭以懸車之年，方求衣錦。知進忘退，有塵謙德，可降號平北將軍。朝之老成，宜遂情願，徙授幽州刺史，令存勸兩修，恩法並舉。』閭以諸州罷從事，依府置參軍，於治體不便，表宜復舊。高祖不悦。歲餘，表求致仕，優答不許。

又卷五八《楊播傳》 在（朔）州，爲廷尉奏（楊）椿前爲太僕卿日，招引細人，盜種牧田三百四十頃，依律處刑五歲。尚書邢巒，據《正始别格》奏椿罪應除名爲庶人，注籍盜門，同籍合門不仕。世宗以新律既班，不宜雜用舊制，詔依寺斷，聽以贖論。

又卷六一《畢衆敬傳》 畢衆敬，小名捺，東平須昌人。【略】皇興初，就拜散騎常侍、寧南將軍、兖州刺史，賜爵東平公，與中書侍郎李璨對爲刺史。【略】後復爲兗州刺史，將軍如故，徵還京師。【略】子元賓，【略】後以元賓勳重，拜使持節、平南將軍、兗州刺史，假彭城公。父子相代爲本州，當世榮之。時衆敬以老還鄉，常呼元賓爲使君。每於元賓聽政之時，乘輿出至元賓所，先遣左右敕不聽起，觀其斷決，忻忻然喜見顔色。衆敬善持家業，尤能督課田產，大致儲積。元賓爲政清平，善撫民物，百姓愛樂之。以父憂解任，喪中遥授長兼殿中尚書。其年冬末卒。贈撫軍將軍、衛尉卿，謚曰平。賜帛八百匹。【略】元賓入國，初娶東平劉氏，有四子：祖朽、祖髦、祖歸、祖旋；賜妻元氏生二子：祖榮、祖暉。【略】

祖朽，【略】起家員外郎。尚書郎、治書侍御史，加寧遠將軍、本州中正。【略】

祖髦，【略】後爲本州別駕，卒於官。

又　卷六四《張彝傳》　第二子仲瑀上封事，求銓別選格，排抑武人，不使預在清品。由是衆口喧喧，謗讟盈路，立榜大巷，剋期會集，屠害其家。彝殊無畏避之意，父子安然。神龜二年二月，羽林虎賁幾將千人，相率至尚書省詬罵，求其長子尚書郎始均，不獲，以瓦石擊打公門。上下畏懼，莫敢討抑。遂便持火，虜掠道中薪蒿，以杖石爲兵器，直造其第，曳彝堂下，捶辱極意，唱呼嗸嗸，焚其屋宇。始均、仲瑀當時逾北垣而走。始均回救其父，拜伏羣小，以請父命。羽林等就加毆擊，生投之於煙火之中。及得尸骸，不復可識，唯以髻中小釵爲驗。仲瑀傷重走免。彝僅有餘命，沙門寺與其比鄰，輿致於寺。遠近聞見，莫不惋駭。

又　卷六六《崔亮傳》　光韶弟光伯，尚書郎、青州別駕。後以族弟休臨州，遂申牒求解。尚書奏：『按禮：始封之君不臣諸父昆弟，封君之子臣昆弟不臣諸父，封君之孫得盡臣。計始封之君，卽是世繼之祖，尚不得臣，況今之刺史，既非世繼，而得行臣吏之節、執笏稱名者乎？檢光伯請解，率禮不愆，請宜許遂，以明道教。』靈太后令從之。尋除北海太守，有司以其更滿，依例奏代。肅宗詔曰：『光伯自莅海沂，清風遠著，兼其兄光韶復能辭榮侍養，兄弟忠孝，宜有甄録。可更申三年，以厲風化。』後歷太傅諮議參軍。

隋・虞世南《北堂書鈔》卷七八《設官部三十・縣令》　《晉起居注》云：太康八年，吏部郎師襲、向凱上言，欲使舍人、洗馬未更長吏不得爲臺郎，未更吏不得爲主尉三官也。

唐・歐陽詢等《藝文類聚》卷四八《職官四・中書侍郎》　《晉起居注》：詔曰：今之士大夫，多不樂出宰牧，而好内官，今皆先經外郡，治民著績，然後入爲常伯中書郎。

《梁書》卷一《武帝紀上》　高祖上表曰：

臣聞以言取士，士飾其言，以行取人，人竭其行。所謂才生於世，窮達惟時；而風流遂往，馳騖成俗，媒孽夸衒，利盡錐刀，遂使官人之門，肩摩轂擊。豈直暴蓋露冠，不避寒暑，遂乃戢屨杖策，風雨必至。良由鄉舉里選，不師古始，稱肉度骨，遺之管庫。加以山河梁畢，闕輿徵之恩；金、張、許、史，忘舊業之替。吁，可傷哉！且夫譜牒訛誤，詐僞多緒，人物雅俗，莫肯留心。是以冒襲良家，卽成冠族；妄修邊幅，便爲雅士；負俗深累，遽遭寵擢；墓木已拱，方被徽榮。故前代選官，皆立選簿，應在貫魚，自有銓次。胄籍升降，行能臧否，或素定懷抱，或得之餘論，故得簡通賓客，無事掃門。頃代陵夷，九流乖失。其有勇退忘進，懷質抱真者，選部或以未經朝謁，難於進用。或有晦善藏聲，自埋衡蓽，又以名不素著，絶其階緒。必須畫刺投狀，然後彈冠，則是驅迫廉撝，奬成澆競。愚謂自今選曹宜精隱括，依舊立簿，使冠屨無爽，名實不違，庶人識崖涘，造請自息。

且聞中間立格，甲族以二十登仕，後門以過立試吏，求之愚懷，抑有未達。何者？設官分職，惟才是務。若八元立年，居皁隸而見抑；四凶弱冠，處鼎族而宜甄。是則世祿之家，無意爲善；布衣之士，肆心爲惡。豈所以弘奬風流，希向後進？此實巨蠹，尤宜刊革。不然，將使周人有路傍之泣，晉臣興漁獵之歎。且俗長浮競，人寡退情，若限歲登朝，必增年就宦，故貌實昏童，籍已逾立，滓穢名教，於斯爲甚。

臣總司内外，憂責是任，朝政得失，義不容隱。伏願陛下垂聖淑之姿，降聽覽之末，則彝倫自穆，憲章惟允。

詔依高祖表施行。

又　卷二《武帝紀中》　（天監）四年春正月癸卯朔，詔曰：『今九流常選，年未三十，不通一經，不得解褐。若有才同甘、顔，勿限年

次。』置《五經》博士各一人。【略】

（天監八年）五月壬午，詔曰：『學以從政，殷勤往哲，禄在其中，抑亦前事。朕思闡治綱，每敦儒術，軾間闢館，造次以之。故負袟成風，甲科間出，方當置諸周行，飾以青紫。其有能通一經，始末無倦者，策實之後，選可量加敍録。雖復牛監羊肆，寒品後門，並隨才試吏，勿有遺隔。』

又　卷三八《朱異傳》　其年，上書言建康宜置獄司，比廷尉。敕付尚書詳議，從之。舊制，年二十五方得釋褐。時異適二十一，特敕擢爲揚州議曹從事史。尋有詔求異能之士，《五經》博士明山賓表薦異曰：『竊見錢唐朱異，年時尚少，德備老成。在獨無散逸之想，處暗有對賓之色，器宇弘深，神表峰峻。金山萬丈，緣陟未登；玉海千尋，窺映不測。加以珪璋新琢，錦組初構，觸響鏗鏘，值采便發。觀其信行，非惟十室所稀，若使負重遥途，必有千里之用。』高祖召見，使説《孝經》、《周易》義，甚悦之，謂左右曰：『朱異實異。』後見明山賓，謂曰：『卿所舉殊得其人。』仍召異直西省，俄兼太學博士。

《北齊書》卷二一《高乾傳》　父翼，字次同，豪俠有風神，爲州里所宗敬。孝昌末，葛榮作亂于燕、趙，朝廷以翼山東豪右，即家拜渤海太守。至郡未幾，賊徒愈盛，翼部率合境，徙居河、濟之間。魏因置東冀州，以翼爲刺史，加鎮東將軍、樂城縣侯。及爾朱兆弑莊帝，翼保境自守。

又　卷二二《李元忠傳》　李元忠，趙郡柏人人也。【略】家素富實，其家人在鄉，多有舉貸求利，元忠每焚契免責。鄉人甚敬重之。魏孝明時，盜賊蜂起，清河有五百人西戍，還經南趙郡，以路梗共投元忠。奉絹千匹，元忠唯受一匹，殺五羊以食之，遣奴爲導，曰：『若逢賊，但道李元忠遣送。』奴如其言，賊皆舍避。

永安初，就拜南趙郡太守，以好酒，無政績。值洛陽傾覆，莊帝幽崩，元忠棄官還家，潛圖義舉。

又　《盧文偉傳》　盧文偉，字休族，范陽涿人也。爲北州冠族。父敞，出後伯假。文偉少孤，有志尚，頗涉經史，篤於交遊，少爲鄉閭所敬。州辟主簿。年三十八，始舉秀才。除本州平北府長流參軍，説刺史裴

儁按舊迹修督亢陂，溉田萬餘頃，民賴其利，修立之功，多以委文偉。文偉既善於營理，兼展私力，家素貧儉，因此致富。孝昌中，詔兼尚書郎中，時行臺常景啓留爲行臺郎中。及北方將亂，文偉積稻穀於范陽城，時經荒儉，多所賑贍，彌爲鄉里所歸。尋爲杜洛周所虜。洛周敗，復入葛榮，榮敗，歸家。時韓樓據薊城，文偉率鄉閭屯守范陽，與樓相抗。乃以文偉行范陽郡事。防守二年，與士卒同勞苦，分散家財，拯救貧乏，莫不人人感説。爾朱榮遣將侯深討樓，平之，文偉以功封大夏縣男，邑二百户，除范陽太守。深乃留鎮范陽。及榮誅，文偉知深難信，乃誘之出獵，閉門拒之。深失據，遂赴中山。

《周書》卷二三《蘇綽傳》　太祖方欲革易時政，務弘强國富民之道，故綽得盡其智能，贊成其事。減官員，置二長，並置屯田以資軍國。又爲《六條詔書》，奏施行之。

其一先治心，曰：凡今之方伯守令，皆受命天朝，出臨下國，論其尊貴，並古之諸侯也。是以前世帝王，每稱共治天下者，唯良宰守耳。明知百僚卿尹，雖各有所司，然其治民之本，莫若宰守之最重也。凡治民之體，先當治心。心者，一身之主，百行之本。心不清淨，則思慮妄生。思慮妄生，則見理不明。見理不明，則是非謬亂。是非謬亂，則一身不能自治，安能治民也！是以治民之要，在清心而已。夫所謂清心者，非不貪貨財之謂也，乃欲使心氣清和，志意端靜。心和志靜，則邪僻之慮，無因而作。邪僻不作，則凡所思念，無不皆得至公之理。率至公之理以臨其民，則彼下民孰不從化。是以稱治民之本，先在治心。【略】

其四擢賢良，曰：天生蒸民，不能自治，故必立君以治之。人君不能獨治，故必置臣以佐之。上至帝王，下及郡國，置臣得賢則治，失賢則亂，此乃自然之理，百王不能易也。

今刺史守令，悉有僚吏，皆佐治之人也。刺史府官則命於天朝，其州吏以下，並牧守自置。自昔以來，州郡大吏，但取門資，多不擇賢良；末曹小吏，唯試刀筆，並不問志行。夫門資者，乃先世之爵禄，無妨子孫之愚瞽；刀筆者，乃身外之末材，不廢性行之澆僞。若門資之中而得賢良，是則策騏驥而取千里也；若門資之中而得愚瞽，是則土牛木馬，形似而用非，不可以涉道也。若刀筆之中而得志行，是則金相玉質，内外俱

美，實爲人寶也；若刀筆之中而得澆僞，是則飾畫朽木，悅目一時，不可以充榱椽之用也。今之選舉者，當不限資蔭，唯在得人。苟得其人，自可起厮養而爲卿相，伊尹、傅説是也，而況州郡之職乎。苟非其人，則丹朱、商均雖帝王之胤，不能守百里之封，而況於公卿之胄乎。由此而言，觀人之道可見矣。

凡所求材藝者，爲其可以治民。若有材藝而以正直爲本者，必以其材而爲治也；若有材藝而以姦僞爲本者，將由其官而爲亂也，何治之可得乎。是故將求材藝，必先擇志行。其志行善者，則舉之；其志行不善者，則去之。

而今擇人者多云『邦國無賢，莫知所舉』。此乃未之思也，非適理之論。所以然者，古人有言：明主聿興，不降佐於昊天；大人基命，不擢才於后土。常引一世之人，治一世之務。故殷、周不待稷、契之臣，魏、晉無假蕭、曹之佐。仲尼曰：『十室之邑，必有忠信如丘者焉。』豈有萬家之都，而云無士，但求之不勤，擇之不審，或用之不得其所，任之不盡其材，故云無耳。古人云：『千人之秀曰英，萬人之英曰儁。』今之智效一官，行聞一邦者，豈非近英儁之士也。但能勤而審察，去虚取實，各得州郡之最而用之，則民無多少，皆足治矣。孰云無賢！

夫良玉未剖，與瓦石相類；名驥未馳，與駑馬相雜。及其剖而瑩之，馳而試之，玉石駑驥，然後始分。彼賢士之未用也，混於凡品，竟何以異。要任之以事業，責之以成務，方與彼庸流較然不同。昔吕望之屠釣，百里奚之飯牛，寧生之扣角，管夷吾之三敗，當此之時，悠悠之徒，豈謂其賢。及升王朝，登霸國，積數十年，功成事立，始識其奇士也。於是後世稱之，不容於口。彼瑰偉之材，不世之傑，尚不能以未遇之時，自異於凡品，況降此者哉。若必待太公而後用，是千載無太公；必待夷吾而後任，是百世無夷吾。所以然者，士必從微而至著，功必積小以至大，豈有未任而已成，不用而先達也。若識此理，則賢可求，士可擇。得賢而任之，得士而使之，則天下之治，何向而不可成也。

然善官人者必先省其官。官省，則善人易充，善人易充，則事無不理；官煩，則必雜不善之人，雜不善之人，則政必有得失。故語曰：『官省則事省，事省則民清；官煩則事煩，事煩則民濁。』清濁之由，在於官之煩省。案今吏員，其數不少。昔民殷事廣，尚能克濟，況今户口減耗，依員而置，猶以爲少。如聞在下州郡，尚有兼假，擾亂細民，甚爲無理。諸如此輩，悉宜罷黜，無得習常。非直州郡之官，宜須善人，爰至黨族閭里正長之職，皆當審擇，各得一鄉之選，以相監統。夫正長者，治民之基。基不傾者，上必安。

凡求賢之路，自非一途。然所以得之審者，必由任而試之，考而察之。

起於居家，至於鄉黨，訪其所以，觀其所由，則人道明矣，賢與不肖别矣。率此以求，則庶無愆悔矣。【略】

太祖甚重之，常置諸座右。又令百司習誦之。其牧守令長，非通六條及計帳者，不得居官。

又 卷二九《王傑傳》 孝閔帝踐阼，進爵張掖郡公，增邑一千户，出爲河州刺史。朝廷以傑勳望俱重，故授以本州。

又 《劉雄傳》 劉雄字猛雀，臨洮子城人也。【略】高祖嘗從容謂雄曰：『古人云：「富貴不歸故鄉，猶衣錦夜遊。」今以卿爲本州，何如？』雄稽首拜謝。於是詔以雄爲河州刺史。雄先已爲本縣令，復有此授，鄉里榮之。

又 卷三八《蘇亮傳》 十四年，除秘書監、車騎大將軍、儀同三司，尋拜大行臺尚書，出爲岐州刺史。朝廷以其作牧本州，特給路車、鼓吹，先還其宅，並給騎士三千。列羽儀，遊鄉黨，經過故人，歡飲旬日，然後入州。世以爲榮。

《晉書》卷八九《忠義傳·沈勁》 年三十餘，以刑家不得仕進。郡將王胡之深異之，及遷平北將軍、司州刺史，將鎮洛陽，上疏曰：『臣當藩衛山陵，式遏戎狄，雖義督羣心，人思自百，然方翦荆棘，奉宣國恩，艱難急病，非才不濟。吴興男子沈勁，清操著於鄉邦，貞固足以幹事。且臣今西，文武義故，吴興人最多，若令勁參臣府事者，見人既悅，義附亦衆。勁父充昔雖得罪先朝，然其門户累蒙曠蕩，不審可得特垂沛然，許臣所上否？』詔聽之。

《南史》卷一九《謝裕傳》 時從兄混爲尚書左僕射，依制不得相監，帝啓依僕射王彪之、尚書王劭前例不解職。坐選吏部令史邢安泰爲都令史、平原太守，二官共除，安泰以令史職拜謁陵廟，爲御史中丞鄭鮮之所糾，白衣領職。十一年，爲左僕射。

藝　文

唐·歐陽詢等《藝文類聚》卷四八《職官部四·録尚書》　齊謝朓《爲明帝拜録尚書表》曰：升降玉階，對揚休命，六轡在手，千里何偕。司會天官之統，尚書百僚之本，弘之卽庶績惟凝，替之則彝倫斯斁。修身踐言，本慚五美，果行育德，未階六正。安屬負圖之寄，多謝五仁之績。操檜楫於龍津，荷梓梁於雲構，無以輔位明堂，遺象麟閣。

陳徐陵安成王《讓録尚書表後啓》曰：臣聞閒平就國，乃盛漢之常儀；郕霍無官，實宗周之明典。何則？皇季之重，非待歷階，王爵之隆，自高羣辟。況臣戢翼要荒，亟離寒暑，進慚趙勝，能定楚從，退匪齊文，馳免秦厄。固以內切皇心，外貽家耻，甘輪重餌，降禮單于。迾城十五，如諸和璧，市鄉三十，聊同寶劍。武夫力而獲諸原，微臣還而反諸敵。瞻言馬駿，著隴右之功，追念曹彰，克烏丸之虜。前王子弟，若此勳庸，偏其反而，豈可勝愧！

考核制度分部

綜　述

《三國志》卷一六《魏志·杜恕傳》　時又大議考課之制，以考內外衆官。恕以爲用不盡其人，雖才且無益，所存非所務，所務非世要。上疏曰：

《書》稱『明試以功，三考黜陟』，誠帝王之盛制。使有能者當其官，有功者受其禄，譬猶烏獲之舉千鈞，良、樂之選驥足也。雖歷六代而考績之法不著，關七聖而課試之文不垂，臣誠以爲其法可粗依，其詳難備舉故也。語曰：『世有亂人而無亂法。』若使法可專任，則唐、虞可不須稷契之佐，殷、周無貴伊、呂之輔矣。今奏考功者，陳周、漢之法爲，綴京房之本旨，可謂明考課之要矣。於以崇揖讓之風，興濟濟之治，臣以爲未盡善也。其欲使州郡考士，必由四科，皆有事效，然後察舉，試辟公府，爲親民長吏，轉以功次補郡守者，或就增秩賜爵，此最考課之急務也。臣以爲便當顯其身，用其言，使具爲課州郡之法，法具施行，立必信之賞，施必行之罰。至於公卿及內職大臣，亦當俱以其職考課之也。

古之三公，坐而論道，內職大臣，納言補闕，無善不紀，無過不舉。且天下至大，萬機至衆，誠非一明所能遍照。故君爲元首，臣作股肱，明其一體相須而成也。是以古人稱廊廟之材，非一木之支；帝王之業，非一士之略。由是言之，焉有大臣守職辨課可以致雍熙者哉！且布衣之交，猶有務信誓而蹈水火，感知己而披肝膽，徇聲名而立節義者；況於束帶立朝，致位卿相，所務者非特匹夫之信，所感者非徒知己之惠，所徇者豈聲名而已乎！

諸蒙寵禄受重任者，不徒欲舉明主於唐虞之上而已；身亦欲廁稷、契之列。是以古人不患於念治之心不盡，患於自任之意不足，此誠人主使之然也。唐、虞之君，委任稷、契、夔、龍而責成功，及其罪也，殛鯀而放四凶。今大臣親奉明詔，給事目下，其有夙夜在公，恪勤特立，當官不撓貴勢，執平不阿所私，危言危行以處朝廷者，自明主所察也。若尸禄以爲高，拱默以爲智，當官苟在於免負，立朝不忘於容身，絜行遜言以處朝廷者，亦明主所察也。誠使容身保位，無放退之辜，而盡節在公，抱見疑之勢，公義不脩而私議成俗，雖仲尼爲謀，猶不能盡一才，又況於世俗之人乎！今之學者，師商、韓而上法術，競以儒家爲迂闊，不周世用，此最風俗之流弊，創業者之所致慎也。

後考課竟不行。

又　卷二一《魏志·劉劭傳》　景初中，受詔作都官考課。劭上疏曰：『百官考課，王政之大較，然而歷代弗務，是以治典闕而未補，能否混而相蒙。陛下以上聖之宏略，愍王綱之弛頹，神慮內鑑，明詔外發。臣奉恩曠然，得以啓矇，輒作《都官考課》七十二條，又作《說略》一篇。臣學寡識淺，誠不足以宣暢聖旨，著定典制。』

又　《傅嘏傳》　時散騎常侍劉劭作考課法，事下三府。嘏難劭論曰：『蓋聞帝制宏深，聖道奧遠，苟非其才，則道不虛行，神而明之，存乎其人。暨乎王略虧頹而曠載罔綴，微言既没，六籍泯玷。何則？道弘致遠而衆才莫晞也。案劭考課論，雖欲尋前代黜陟之文，然其制度略以闕亡。禮之存者，惟有周典，外建侯伯，藩屏九服，內立列司，筦齊六職，土有恒貢，官有定則，百揆均任，四民殊業，故考績可理而黜陟易通也。大魏繼百王之末，承秦、漢之烈，制度之流，靡所修采。自建安以來，至于青龍，神武撥亂，肇基皇祚，掃除凶逆，芟夷遺寇，旌旗卷舒，日不暇給。及經邦治戎，權法並用，百官羣司，軍國通任，隨時之宜，以應政機。以古施今，事雜義殊，難得而通也。所以然者，制宜經遠，或不切近，法應時務，不足垂後。夫建官均職，清理民物，所以立本也。循名考實，糾勵成規，所以治末也。

本綱未舉而造制未呈，國略不崇而考課是先，懼不足以料賢愚之分，精幽明之理也。昔先王之擇才，必本行於州閭，講道於庠序，行具而謂之賢，道修則謂之能。鄉老獻賢能于王，王拜受之，舉其賢者，出使長之，科其能者，入使治之，此先王收才之義也。方今九州之民，爰及京城，未有六鄉之舉，其選才之職，專任吏部。案品狀則實才未必當，任薄伐則德行未爲敍，如此則殿最之課，未盡人才。述綜王度，敷贊國式，體深義廣，難得而詳也。』

又　卷二二《魏志・盧毓傳》　時舉中書郎，詔曰：『得其人與否，在盧生耳。選舉莫取有名，名如畫地作餅，不可啖也。』毓對曰：『名不足以致異人，而可以得常士。常士畏教慕善，然後有名，非所當疾也。愚臣既不足以識異人，又主者正以循名案常爲職，但當有以驗其後。故古者敷奏以言，明試以功。今考績之法廢，而以毁譽相進退，故真僞渾雜，虛實相蒙。』帝納其言，即詔作考課法。

又　卷二四《魏志・崔林傳》　散騎常侍劉劭作《考課論》，制下百僚。林議曰：『案《周官》考課，其文備矣，自康王以下，遂以陵遲，此即考課之法存乎其人也。及漢之季，其失豈在乎佐吏之職不密哉？方今軍旅，或猥或卒，備之以科條，申之以內外，增減無常，固難一矣。且萬目不張舉其綱，衆毛不整振其領。皋陶仕虞，伊尹臣殷，不仁者遠。五帝三王未必如一，而各以治亂。《易》曰：「易簡，而天下之理得矣。」太祖隨宜設辟，以遺來今，不患不法古也。以爲今之制度，不爲疏闊，惟在守一勿失而已。若朝臣能任仲山甫之重，式是百辟，則孰敢不肅？』

又　卷二七《魏志・王昶傳》　嘉平初，太傅司馬宣王既誅曹爽，乃奏博問大臣得失。昶陳治略五事：其一，欲崇道篤學，抑絶浮華，使國子入太學而脩庠序；其二，欲用考試，考試猶準繩也，未有舍準繩而意正曲直，廢黜陟而空論能否也；其三，欲令居官者久於其職，有治績則就增位賜爵；其四，欲約官實祿，勵以廉恥，不使與百姓爭利；其五，欲絶侈靡，務崇節儉，令衣服有章，上下有敍，儲穀畜帛，反民於樸。詔書褒贊，因使撰百官考課事。昶以爲唐虞雖有黜陟之文，而考課之法不垂。周制冢宰之職，大計羣吏之治而誅賞，又無校比之制。由此言之，聖主明於任賢，略舉黜陟之體，以委達官之長，而總其統紀，故能否可得而知也。其大指如此。

又　卷六一《吳志・陸凱傳》　凱上疏曰：『【略】先帝時，居官者咸久於其位，然後考績黜陟。今州縣職司，或莅政無幾，便徵召遷轉，迎新送舊，紛紜道路，傷財害民，於是爲甚，是不遵先帝十九也。』

《宋書》卷五《文帝紀》　（元嘉二十年冬十二月）壬午，詔曰：『國以民爲本，民以食爲天。故一夫輟稼，饑者必及。倉廩既實，禮節以興。自頃在所貧罄，家無宿積。賦役暫偏，則人懷愁墊；歲或不稔，而病乏比室。誠由政德弗孚，以臻斯弊；抑亦耕桑未廣，地利多遺。宰守微化導之方，萌庶忘勤分之義。永言弘濟，明發載懷，雖制令亟下，終莫徵勸，而坐望滋殖，庸可致乎！有司其班宣舊條，務盡敦課。遊食之徒，咸令附業，考覈勤惰，行其誅賞，觀察能殿，嚴加黜陟。古者躬耕帝籍，敬供粢盛，仰瞻前王，思遵令典。便可量處千畝，考卜元辰。朕當親率百辟，致禮郊甸，庶幾誠素，將被斯民。』

又　卷六三《沈勃傳》　（沈）勃好爲文章，善彈琴，能圍棋，而輕薄逐利。歷尚書殿中郎。太宗泰始中，爲太子右衛率，加給事中。時欲北討，使勃還鄉里募人，多受貨賄。上怒，下詔曰：『沈勃琴書藝業，口有美稱，而輕躁耽酒，幼多罪愆。比奢淫過度，妓女數十，聲酣放縱，無復劑限。自恃吳興土豪，比門義故，脅說士庶，告索無已。又輒聽募將，委役還私，託注病叛，遂有數百。周旋門生，競受財貨，少者至萬，多者千金，考計贓物，二百餘萬，便宜明罰敕法，以正典刑。故光禄大夫演之昔受深遇，忠績在朝，尋遠矜懷，能無弘律，可徙勃西垂，令一思愆悔。』於是徙付梁州。廢帝元徽初，以例得還。結事阮佃夫、王道隆等，復爲司徒左長史。爲廢帝所誅。

又　卷六九《劉湛傳》　爲人剛嚴用法，姦吏犯贓百錢以上，皆殺之，自下莫不震肅。

又　卷七五《王僧達傳》　與（兄）錫不協，訴家貧，求郡，太祖欲以爲秦郡，吏部郎庾炳之曰：『王弘子既不宜作秦郡，僧達亦不堪莅民。』乃止。尋遷太子洗馬，母憂去職。兄錫罷臨海郡還，送故及奉禄百萬以上，僧達一夕令奴輦取，無復所餘。

清・嚴可均《全後魏文》卷五七《懷令李超墓誌銘》（正光六年正月）君諱超，字景昇。本字景宗，後承始族叔在江左者懸同。故避改云。秦州隴西郡狄道縣都鄉華風里人也。雅著高節，敦襲世風，言行足師，興作成准，修情孝友，因心名義。安貧樂道，息詭遇之襟；介然峻特，標確焉之操。弱冠舉司州秀才，拜奉朝請，除恒農郡冠軍府録事參軍事，宰沁水縣。巨政崇治，綽居尤最。爲受罪者所誣章，憲臺誤聽，被茲深劾，除名爲民。于是廿年中浮沉閭巷，玉潔金志，卓爾無悶。到熙平二年，甫更從宦，補荆州前將軍騎兵參軍事，復作懷令。已受拜，垂垂述職，遭疾，正光五年八月十八日卒于洛陽縣之永年里宅，時年六十一。孤貞華首，訖于二邑，門從無兩，遠邇酸恨，懷之百姓，長慕喪氣，雖陳留之哀望胡季睿，不是過也。越六年正月丙午朔十六日辛酉，葬洛陽縣覆舟山之東南，玄壤難窮，陵谷時異，刻茲陰石，照序光塵：

泱泱顯族，斂蔓西垂，代襲清則，沓炳羽儀。道妙之門，緒風屬斯，惟祖惟考，倜儻瑰奇。昌謨迭駕，高籰明規，沓量無堤，玄契不貲。總修異貫，員應紛枝，灼灼伊君，山立淵渟。棲真宅正，寢繩履程，懿鑠爲質，醇素用情。均治禮世氣重財輕，亦既從招，旁溢鴻聲。隨牒出入，密勿力誠，爰莅近邑，先邁儀形。絶交獨坐，化動陰□，尚德貽咎，衆實叵蓋。拂衽歸來，飾轅褫帶，恂恂鄉□，萬殊一會。優柔善成，無小無大，垂白再仕，汎爾沿流。階倫稍降，盛業愈遒，逮作後城，士女承休。轡頓方馳，盡土悲愁，克節炯言，引賞靡徵。端恭妄砥，家俗虛膺，擢彼圮迹，事罕篇繒。長源未輸，深圖乍卷蘊此逸機，空生徒返。茲冤易削，疇毒難遣，楨掬疏辣泉房寒遠。孀孤内爛，妹弟摧□亙，式鏤沉石，托注幽篆。

《南齊書》卷三《武帝紀》（永明元年）三月，癸丑，詔曰：『宋德將季，風軌陵遲，列宰庶邦，彌失其序，遷謝遄速，公私凋弊。泰運初基，草昧惟始，思述先範，永隆治根。莅民之職，一以小滿爲限。其有聲績克舉，厚加甄異；理務無庸，隨時代黜。』

又　卷二三《王儉傳論》　褚淵、袁粲，俱受宋明帝顧托，粲既死節於宋氏，而淵逢興運，世之非責淵者衆矣。臣請論之：夫湯、武之迹，異乎堯、舜，伊、呂之心，亦非稷、契。降此風規，未足爲證也。自金、張世族，袁、楊鼎貴，委質服義，皆由漢氏，膏腴見重，事起於斯。魏氏君臨，年祚短促，服褐前代，宦成後朝。晉氏登庸，與之從事，名雖魏臣，實爲晉有，故主位雖改，臣任如初。自是世禄之盛，習爲舊准，羽儀所隆，人懷羨慕，君臣之節，徒致虛名。貴仕素資，皆由門慶，平流進取，坐至公卿，則知殉國之感無因，保家之念宜切。市朝亟革，寵貴方來，陵闕雖殊，顧眄如一。中行、智伯，未有異遇。褚淵當泰始初運，清塗已顯，數年之間，不患無位，既以民望而見引，亦隨民望而去之。夫爵禄既輕，有國常選，恩非己獨，責人以死，斯故人主之所同謬，世情之過差也。

又　卷四六《王秀之傳》　王秀之，字伯奮，琅邪臨沂人也。【略】出爲晉平太守。至郡期年，謂人曰：『此邦豐壤，禄俸常充。吾山資已足，豈可久留以妨賢路。』上表請代，時人謂『王晉平恐富求歸』。

《梁書》卷二《武帝紀中》（天監）十五年春正月己巳，詔曰：『觀時設教，王政所先，兼而利之，寔惟務本，移風致治，咸由此作。頃因革之令，隨事必下，而張弛之要，未臻厥宜，民瘼猶繁，廉平尚寡，所以佇旒纊而載懷，朝玉帛而興歎。可申下四方，政有不便於民者，所在具條以聞。守宰若清潔可稱，或侵漁爲蠹，分別奏上，將行黜陟。長吏勸課，躬履堤防，勿有不修，致妨農事。關市之賦，或有未允，外時參量，優減舊格。』

《陳書》卷五《宣帝紀》（太建四年九月）又詔曰：『舉善從諫，

在上之明規；進賢謁言，爲臣之令範。朕以寡德，嗣守寶圖，雖世襲隆平，治非寧一。辨方分職，旰食早衣；傍闕爭臣，下無貢士。何其闕爾，鮮能抗直。豈余獨運，匪薦讜言。置鼓公車，罕論得失；施石象魏，莫陳可否。朱雲摧檻，良所不逢；禽息觸楹，又爲難值。至如衣褐以見，簪簦以遊，或耆艾絶倫，或妙年異等，干時而不偶，左右莫之譽，黑貂改弊，黃金且殫，終其滯淹，可爲太息。又貴爲百辟，賤有十品，工拙並騖，勸沮莫分，街謡徒擁，廷議斯闕。寔朕之弗明，而時無獻替。永言至治，何乃爽歟？外可通示文武：凡厥在位，風化乖殊，朝政紕蠹，正色直辭，有犯無隱。兼各舉所知，隨才明試。其莅政廉穢，在職能否，分別矢言，俟茲黜陟。』

《魏書》卷四上《世祖紀上》（太延元年）十有二月甲申，詔曰：『操持六柄，王者所以統攝；平政理訟，公卿之所司存；勸農平賦，宰民之所專急；盡力三時，黔首之所克濟。各修其分，謂之有序；今更不然，何以爲治？越職侵局，有紊綱紀；上無定令，民知何從？自今以後，亡匿避難，羈旅他鄉，皆當歸還舊居，不問前罪。民相殺害，牧守依法平決，不聽私輒報復，敢有報者，誅及宗族；鄰伍相助，與同罪。州郡縣不得妄遣吏卒，煩擾民庶。若有發調，縣宰集鄉邑三老計貲定課，裒多益寡，九品混通，不得縱富督貧，避強侵弱。太守覆檢能否，核其殿最，列言屬州。刺史明考優劣，抑退奸吏，升進貞良，歲盡舉課上臺。牧守荷治民之行，當宣揚恩化，奉順憲典，與國同憂。直道正身，肅居官次，不亦善乎？』

又 卷五《高宗紀》（和平）二年春正月乙酉，詔曰：『刺史牧民，爲萬里之表。自頃每因發調，逼民假貸，大商富賈，要射時利，旬日之間，增贏十倍。上下通同，分以潤屋。故編户之家，困於凍餒；豪富之門，日有兼積。爲政之弊，莫過於此。其一切禁絶，犯者十疋以上皆死。布告天下，咸令知禁。』

又 卷六《顯祖紀》（天安元年）秋七月辛亥，詔諸有詐取爵位，罪特原之，削其爵職。其有祖、父假爵號貨賕以正名者，不聽繼襲。諸非勞進超遷者，亦各還初。不以實聞者，以大不敬論。

又 卷七上《高祖紀上》（延興二年六月）丙申，詔曰：『頃者州郡選貢，多不以實，碩人所以窮處幽仄，鄙夫所以超分妄進，豈所謂旌賢樹德者也。今年貢舉，尤爲猥濫。自今所遣，皆門盡州郡之高，才極鄉閭之選。』【略】

十有二月庚戌，詔曰：『《書》云：「三載一考，三考黜陟幽明。」頃者已來，官以勞升，未久而代。牧守無恤民之心，競爲聚斂，送故迎新，相屬于路，非所以固民志，隆治道也。自今牧守温仁清儉、克己奉公者，可久于其任。歲積有成，遷位一級。其有貪殘非道、侵削黎庶者，雖在官甫爾，必加黜罰。著之於令，永爲彝准。』【略】

（三年二月）甲戌，詔縣令能靜一縣劫盜者，兼治二縣，即食其禄；能靜二縣者，兼治三縣，三年遷爲郡守。二千石能靜二郡，上至三郡，亦如之，三年遷爲刺史。

五年春二月【略】癸丑，詔定考課，明黜陟。

又 卷七下《高祖紀下》（太和十五年十有一月）乙亥，大定官品。戊寅，考諸牧守。【略】丁亥，詔二千石考在上上者，假四品將軍，賜乘黃馬一匹；上中者，五品將軍；上下者，賜衣一襲。【略】

（太和十八年）九月壬申朔，詔曰：『三載考績，自古通經；三考黜陟，以彰能否。今若待三考然後黜陟，可黜者不足爲遲，可進者大成賒緩。是以朕今三載一考，考卽黜陟，欲令愚滯無妨於賢者，才能不壅於下位。各令當曹考其優劣，爲三等。六品以下，尚書重問；五品以上，朕將親與公卿論其善惡。上上者遷之，下下者黜之，中中者守其本任。』壬午，帝臨朝堂，親加黜陟。【略】

（十九年冬十月）壬戌，詔諸州牧精品屬官，考其得失，爲三等之科以聞，將親覽而升降焉。【略】

（二十一年正月）己亥，遣兼侍中張彝、崔光，兼散騎常侍劉藻，巡方省察，問民疾苦，黜陟守宰，宣揚風化。

又 卷八《世宗紀》（太和二十三年）六月乙卯，分遣侍臣巡行郡國，問民疾苦，考察守令，黜陟幽明。【略】

（景明二年正月）詔曰：『朕幼承寶曆，艱憂在疚，庶事不親，風化未洽。今始覽政務，義協惟新，思使四方風從率善，可分遣大使，黜陟幽明。』【略】

六月丁亥，考諸州刺史，加以黜陟。【略】

（正始二年）秋七月甲戌，詔曰：『朕纂馭寶曆，於今七載。德澤未敷，鑑不燭遠；人之冤瘼，所在猶滋；而糾察之獄未暢於下，賢愚靡分，皁白均貫，非所以革民耳目，使善惡勵心。今分遣大使，省方巡檢，隨其愆負與風響相符者，即加糾黜，以明雷霆之威，以申旄軒之舉。因以觀風辨俗，採訪功過，褒賞賢者，糾罰淫慝，理窮恤弊，以稱朕心。』【略】

（永平四年）十有二月壬申，詔曰：『進善退惡，治之通規；三載考察，政之明典。正始二年以來，于今未考，功過難齊，寧無升降？從景明二年至永平四年，通考以聞。』

（延昌三年）八月甲申，帝臨朝堂，考百司而加黜陟。

又 卷九《肅宗紀》 （熙平）二年春正月，大乘餘賊復相聚結，攻瀛州。刺史宇文福討平之。甲戌，大赦天下。戊子，勿吉國遣使朝貢。庚寅，詔遣大使巡行四方，問疾苦，恤孤寡，黜陟幽明。又詔：『選曹用人，務在得才，廣求栖遁，共康治道。州鎮城隍，各令嚴固。齋會聚集，糾執妖誼。囹圄皆令造屋，桎梏務存輕小。工巧浮迸，不得隱藏。絹布繒綵，長短合式。偷竊軍階，亦悉沙汰。籍貫不實，普使糾案，聽自歸首，逋違加罪。』詔中尉元匡考定權衡。【略】

（四年）秋七月辛亥，詔曰：『達尊斯在，齒預一焉，崇敬黄耉，先代通訓。故方叔以元老處位，充國緣自强見留。雖七十致仕，明乎典故，然以德尚壯，許其縶維。今庶僚之中，或年迫懸車，循禮宜退。但少收其力，老棄其身，言念勤舊，眷然未忍。或戴白在朝，未當外任；或停私歷紀，甫受考級；如此之徒，雖滿七十，聽其莅民，以終常限。或新解郡縣，或外佐始停，已滿七十，方求更敘者，吏部可依令不奏。其有高名俊德、老成髦士、灼然顯達、爲時所知者，不拘斯例。若才非秀異，見在朝官，依令合解者，可給本官半禄，以終其身。使辭朝之叟，不恨歸於閭巷矣。』

又 卷一九中《任城王澄傳》 御史中尉東平王匡奏請取景明元年以來内外考簿、吏部除書、中兵勳案並諸殿最，欲以案校竊階盜官之人，靈太后許之。澄表曰：

臣聞三季之弊，由於煩刑；火德之興，在於三約。是以老聃云『法令滋彰，盜賊多有』，又曰『其政察察，其民缺缺』，又曰『天網恢恢，疏而不漏』。是故欲求治本，莫若省事清心。昔漢文斷獄四百，幾致刑措，省事所致也。蕭曹爲相，載其清靜畫一之歌，清心之本也。今欲求之於本，宜以省事爲先，使在位羣官，纂蕭曹之心，以毗聖化。如此，則上下相安，遠近相信，百司不怠，事無愆失。豈宜擾世教以深文，烹小鮮以煩手哉！

臣竊惟景明之初暨永平之末，内外羣官三經考課。逮延昌之始，方加黜陟。五品以上，引之朝堂，親決聖目；六品以下，例由敕判。自世宗晏駕，大宥三行，所以蕩除故意，與物更始。革世之事，方相窮覈，以臣愚見，謂爲不可。

又尚書職分，樞機出納。昔魏明帝卒至尚書門，陳矯亢辭，帝慚而返。夫以萬乘之重，非所宜行，猶屈一言，慚而回駕，羣官百司，而可相亂乎？故陳平不知錢穀之數，邴吉不問僵道之死，當時以爲達治，歷代用爲美談。但宜各守其職，思不出位，潔己以勵時，靖恭以致節。又尋御史之體，風聞是司，至於冒勳妄考，皆有處别，若一處有風謡，即應攝其一簿，研檢虚實。若差舛不同，僞情自露，然後繩以典刑，人孰不服。豈有移一省之案，取天下之簿，尋兩紀之事，窮革世之尤，如此求過，誰堪其罪！斯實聖朝所宜重慎也。

靈太后納之，乃止。

又 卷二一上《廣陵王羽傳》 羽奏：『外考令文，每歲終，州鎮列牧守治狀。及至再考，隨其品第，以彰黜陟。去十五年中，在京百僚，盡已經考爲三等。此年便是三載，雖外有成令，而内令未班。内外考察，理應同等。臣輒推准外考，以定京官治行。』詔曰：『雖内考未宣，績已久著，故《明堂》、《月令》載公卿大夫論考屬官之治，職區分著。三公疑尚書三載殿最之義，此之考内，已爲明矣。但論考之事，理在不輕，問績之方，應關朕聽，輒爾輕發，殊爲躁也。每考之義，應在年終，既云此年，何得春初也！今始維夏，且待至秋後。』【略】

後高祖臨朝堂，謂羣臣曰：『兩儀既闢，人生其間，故上天不言，樹君以代。是以《書》稱三考之績，《禮》云考成之章。自皇王以降，斯道靡易。朕以寡德，猥荷洪基，思與百辟，允釐庶務。然朕識乏知人，不能使朝絶素餐之譏，野無《考盤》之刺，夙宵寤寐，載懷怵惕。卿等皆是朝賢國彥，匡弼是寄，各率乃心，以旌考績之義。如乖忠正，國有常刑。賢者雖疏必進，不肖者雖親必黜。』顧謂羽曰：『上下二等，可爲三品，中等但爲一品。所以然者，上下是黜陟之科，故旌絲髮之美，中等守本，事可大通。』

又 《高陽王雍傳》 世宗行考陟之法，雍表曰：

竊惟三載考績，百王通典。今任事上中者，三年升一階。散官上第者，四載登一級。閑冗之官，本非虛置，或以賢能而進，或因累勤而舉。如其無能，不應忝茲高選。既其以能進之朝伍，或任官外戍，遠使絶域，催督逋懸，察檢州鎮，皆是散官，以充劇使。及於考陟，排同閑伍。檢散官之人，非才皆劣；稱事之輩，未必悉賢。而考閑以多年，課煩以少歲，上乖天澤之均，下生不等之苦。又尋景明之格，無折考之文；正始之奏，有與奪之級。明參差之考，非聖慈之心；改典易常，乃有司之意。又尋考級之奏，委于任事之手；涉議科勤，絶於散官之筆。遂使在事者得展自勤之能，散輩者獨絶披衿之所。抑以上下之閑，限以旨格之判，致使近侍禁職，抱槩屈之辭；禁衛武夫，懷不申之恨。欲克平四海，何以獲諸？又散官在直，一玷成尤；銜使愆失，差毫即坐。徽纆所逮，未以事閑優之；節慶之賚，不以祿微加賞。罪殿之犯，未殊任事；考陟之機，推年不等。臣聞君舉必書，書而不法，後代何觀。《詩》云『王事靡盬，不遑啓處』，又曰『豈不懷歸，畏此簡書』。依依楊柳，以敍治兵之役；霏霏雨雪，又申振旅之勤。若折往來日月，便是《採薇》之詩廢，《杕杜》之歌罷。又任事之官，吉凶請假，定省掃拜，動歷十旬，或因患重請，動輒經歲。征役在途，勤泰百倍。苦樂之勢，非任事之倫；在家私閑，非理務之日，論優語劇，先宜折之。

武人本挽上格者爲羽林，次格者爲虎賁，下格者爲直從。或累紀征戍，靡所不涉；或帶甲連年，負重千里；或經戰損傷；或年老衰竭。今試以本格，責其如初，有爽於先，退階奪級。此便責以不衰，理未通也。又蕃使之人，必抽朝彥。或歷險千餘，或履危萬里，登有死亡之憂，咸懷不返之戚，魂骨奉忠，以尸將命。先朝賞格，酬以爵品；今朝改式，止及階勞。折以代考，有乖使望。非所以奬勵《皇華》而敦崇《四牡》者也。

復尋正始之格：泛後任事上中者，三年升一階；汎前任事上中者，六年進一級。三年一考，自古通經。今以汎前六年升一階，檢無愆犯，倍年成級。以此推之，明以汎代考。新除一日，同霑階榮，下第之人因汎上陟，上第之士由汎而退。

臣又見部尉資品，本居流外，刊諸明令，行之已久。然近爲里巷多盜，以其威輕不肅，欲進品清流，以壓姦宄。甄琛啓云：『爲法者施而觀之，不便則改。』竊謂斯言有可採用，聖慈昭覽，更高宰尉之秩。

今考格始宣，懷怨者衆，臣竊觀之，亦謂不可，有光國典，改之何難。

世宗乃引雍共論時務。

又 《北海王詳傳》 詳與八座奏曰：『竊惟姦劫難除，爲蠹日久，羣盜作患，有國攸病。故五刑爲用，猶陷觸網之誅；道幾勝殘，寧息狗竊之響。是以班制垂式，名爲治本，整網提目，政之大要。謹尋奪祿事條，班已周歲。然京邑尹、令，善惡易聞；邊州遠守，或難聽審，皆上下同情，迭相掩沒。設有賊發，隱而不言，或以劫爲偷，或遏掠成盜，更令賊發難知，攘竊惟甚。臣等參議，若依制削奪，則縣無期月之宰；附條貶黜，郡靡歲稔之守。此制必行，所謂法令滋章，盜賊多有。昔黃龔變風，不由削祿；張趙稱美，豈憚貶退。然綏導之體，得失在人。乃可重選慎官，依律劾禁，不宜輕改法令，削黜羣司。今請改制條，還附律處。其勵己公清，賞有常典，風謠黷賄，案爲考第。』世宗從之。

又 卷四〇《陸定國傳》 前後大駕征巡，每擢爲行臺錄都曹事。超遷司空。定國恃恩，不修法度，延興五年，坐事免官爵爲兵。

又 卷六四《郭祚傳》 初，高祖以李彪爲散騎常侍。祚因入見，高祖謂祚曰：『朕昨誤授一人官。』祚對曰：『陛下聖鏡照臨，論才授職，進退可否，黜陟幽明，品物既彰，人倫有序。豈容聖詔一行而有差異。』高祖沉吟曰：『此自應有讓。因讓，朕欲別授一官。』須臾，彪有啓云：『伯石辭卿，子產所惡。臣欲之已久，不敢辭讓。』高祖歎謂祚曰：『卿之忠諫，李彪正辭，使朕遲回不能復決。』遂不換彪官也。**【略】**

祚奏曰：『謹案前後考格雖班天下，如臣愚短，猶有未悟。今須定職人遷轉由狀，超越階級者卽須量折。景明初考格，五年者得一階半。正始中，故尚書、中山王英奏考格，被旨：但可正滿三周爲限，不得計殘年之勤。又去年中，以前二制不同，奏請裁決。旨云：「黜陟之體，自依舊來恆斷。」今未審從舊來之旨，爲從景明之斷，爲從正始爲限？景明考法：東西省文武閑官悉爲三等，考同任事；而前尚書盧昶奏上第之人三年轉半階。今之考格，復分爲九等，前後不同，參差無准。』詔曰：『考在上中者，得汎以前，有六年以上遷一階，三年以上遷半階，殘年悉除。考在上下者，得汎以前，六年以上遷半階，不滿者除。其得汎以後，考在上下者，三年遷一階。散官從盧昶所奏。』

祚又奏言：『考察令：公清獨著，德績超倫，而無負殿者爲上上，一殿爲上中，二殿爲上下，累計八殿，品降至九。未審今諸曹府寺，凡考：在事公清，然才非獨著，績行稱務，而德非超倫；幹能粗可，而守平堪任；或人用小劣，處官濟事，並全無負殿之徒爲依何第？景明三年以來，至今十有一載，准限而判，三應升退。今既通考，未審爲十年之中通其殿最，積以爲第，隨前後年斷，各自除其善惡而爲升降？且負注之章，數成殿爲差，此條以寡愆爲最，多戾爲殿。未審取何行是寡愆？何坐爲多戾？結累品次，復有幾等？諸文案失衷，應杖十者爲一負。罪依律次，過隨負記。十年之中，三經肆眚，赦前之罪，不問輕重，皆蒙宥免。或爲御史所彈，案驗未周，遇赦復任者，未審記殿得除以不？』詔曰：『獨者、超倫及才備、寡咎，皆謂文武兼上上之極言耳。自此以降，猶有八等，隨才爲次，令文已具。其積負累殿及守平得濟，皆含在其中，何容別疑也。所云通考者，據總多年之言，至於黜陟之體，自依舊來年斷，何足復請。其罰贖已決之殿，固非免限，遇赦免罪，惟記其殿，除之。』

又　卷六六《崔亮傳》　尋除殿中尚書，遷吏部尚書。時羽林新害張彝之後，靈太后令武官得依資入選。官員既少，應選者多，前尚書李韶循常擢人，百姓大爲嗟怨。亮乃奏爲格制，不問士之賢愚，專以停解日月爲斷。雖復官須此人，停日後者終於不得；庸才下品，年月久者灼然先用。沉滯者皆稱其能。亮外甥司空諮議劉景安書規亮曰：『殷周以鄉塾貢士，兩漢由州郡薦才，魏晉因循，又置中正。諦觀在昔，莫不審舉，雖未盡美，足應十收六七。而朝廷貢才，止求其文，不取其理；察孝廉唯論章句，不及治道；立中正不考人才行業，空辨氏姓高下。至於取士之途不溥，沙汰之理未精。而舅屬當銓衡，宜須改張易調。如之何反爲停年格以限之？天下士子，誰復修厲名行哉！』亮答書曰：『汝所言乃有深致。吾乘時邀幸，得爲吏部尚書。當其壯也，尚不如人，況今朽老而居帝難之任。常思同升舉直，以報明主之恩；盡忠竭力，不爲貽厥之累。昨爲此格，有由而然，今已爲汝所怪，千載之後，誰知我哉？可靜念吾言，當爲汝論之。吾兼正六爲吏部郎，三爲尚書，銓衡所宜，頗知之矣。但古今不同，時宜須異。何者？昔有中正，品其才第，上之尚書，尚書據狀，量人授職，此乃與天下羣賢共爵人也。吾謂當爾之時，無遺才，無濫舉矣，而汝猶云十收六七。況今日之選專歸尚書，以一人之鑑照察天下。劉毅所云：「一吏部、兩郎中，而欲究竟人物，何異以管窺天，而求其博哉。」今勳人甚多，又羽林入選，武夫崛起，不解書計，唯可彍弩前驅，指蹤捕噬而已。忽令垂組乘軒，求其烹鮮之效，未曾操刀，而使專割。又武人至多，官員至少，不可周溥。設令十人共一官，猶無官可授，況一人望一官，何由可不怨哉？吾近面執，不宜使武人入選，請賜其爵，厚其祿。既不見從，是以權立此格，限以停年耳。昔子產鑄刑書以救弊，叔向譏之以正法，何異汝以古禮難權宜哉！仲尼云：德我者亦《春秋》，罪我者亦《春秋》。吾之此指，其由是也。但令當來君子，知吾意焉。』後甄琛、元修義、城陽王徽相繼爲吏部尚書，利其便己，踵而行之。自是賢愚同貫，涇渭無別。魏之失才，從亮始也。

又　卷六七《崔鴻傳》　延昌二年，將大考百僚，鴻以考令於體例不通，乃建議曰：『竊惟王者爲官求才，使人以器，黜陟幽明，揚清激濁，故績效能官，才必稱位者朝升夕進，年歲數遷，豈拘一階半級，閡以同僚等位者哉？二漢以降，太和以前，苟必官須此人，人稱此職，或超騰升陟，數歲而至公卿，或長兼、試守稱允而遷進者，披卷則人人而是，舉目則朝貴皆然。故能時收多士之譽，國號豐賢之美。竊見景明以來考格，三年成一考，一考轉一階。貴賤內外萬有餘人，自非犯罪，不問賢愚，莫不上中，才與不肖，比肩同轉。雖有善政如黃龔，儒學如王鄭，史才如班馬，文章如張蔡，得一分一寸必爲常流所攀，選曹亦抑爲一概，不曾甄別。琴瑟不調，改而更張，雖明旨已行，猶宜消息。』世宗不從。

《周書》卷二《文帝紀下》 （魏大統十年）秋七月，魏帝以太祖前後所上二十四條及十二條新制，方爲中興永式，乃命尚書蘇綽更損益之，總爲五卷，班於天下。於是搜簡賢才，以爲牧守令長，皆依新制而遣焉。數年之間，百姓便之。【略】

十一年春三月，令曰：

古之帝王所以外建諸侯内立百官者，非欲富貴其身而尊榮之，蓋以天下至廣，非一人所能獨治，是以博訪賢才，助己爲治。若其知賢也，則以禮命之。

其人聞命之日，則慘然曰：『凡受人之事，任人之勞，何捨己而從人。』又自勉曰：『天生俊士，所以利時。彼人主者，欲與我爲治，安可苟辭。』於是降心而受命。及居官也，則晝不甘食，夜不甘寢，思所以上匡人主，下安百姓；不遑恤其私而憂其家，故妻子或有饑寒之弊而不顧也。於是人主賜之以俸禄，尊之以軒冕，而不以爲惠也。賢臣受之，亦不以爲德也。位不虚加，禄不妄賜。爲人君者，誠能以此道授官，爲人臣者，誠能以此情受位，則天下之大，可不言而治矣。昔堯、舜之爲君，稷、契之爲臣，用此道也。及後世衰微，此道遂廢，乃以官職爲私恩，爵禄爲榮惠。人君之命官也，親則授之，愛則任之。人臣之受位也，可以尊身而潤屋者，則迂道而求之；損身而利物者，則巧言而辭之。於是至公之道没，而姦詐之萌生。天下不治，正爲此矣。

今聖主中興，思去澆僞。諸在朝之士，當念職事之艱難，負闕之招累，夙夜兢兢，如臨深履薄。才堪者，則審己而當之；不堪者，則收短而避之。使天官不妄加，王爵不虚受，則淳素之風，庶幾可反。

又 卷三五《鄭孝穆傳》 孝穆下車之日，户止三千。留情綏撫，遠近咸至，數年之内，有四萬家。每歲考績，爲天下最。

又 《崔謙傳》 謙外御强敵，内撫軍民，風化大行，號稱良牧。每年考績，常爲天下最，屢有詔褒美焉。

《晉書》卷三《武帝紀》 （泰始四年）六月甲申朔，詔曰：『郡國守相，三載一巡行屬縣，必以春，此古者所以述職宣風展義也。見長吏，觀風俗，協禮律，考度量，存問耆老，親見百年。録囚徒，理冤枉，詳察政刑得失，知百姓所患苦。無有遠近，便若朕親臨之。敦喻五教，勸務農功，勉勵學者，思勤正典，無爲百家庸末，致遠必泥。士庶有好學篤道，孝弟忠信，清白異行者，舉而進之；有不孝敬於父母，不長悌於族黨，悖禮棄常，不率法令者，糾而罪之。田疇闢，生業修，禮教設，禁令行，則長吏之能也。人窮匱，農事荒，姦盜起，刑獄煩，下陵上替，禮義不興，斯長吏之否也。若長吏在官公廉，慮不及私，正色直節，不飾名譽者，及身行貪穢，諂黷求容，公節不立，而私門日富者，並謹察之。揚清激濁，舉善彈違，此朕所以垂拱總綱，責成於良二千石也。於戲戒哉！』【略】十二月，班五條詔書於郡國：一曰正身，二曰勤百姓，三曰撫孤寡，四曰敦本息末，五曰去人事。

（五年二月）丁亥，詔曰：『古者歲書羣吏之能否，三年而誅賞之。諸令史前後，但簡遣疏劣，而無有勸進，非黜陟之謂也。其條勤能有稱尤異者，歲以爲常。吾將議其功勞。』

又 卷二六《食貨志》 （泰始）八年，司徒石苞奏：『州郡農桑未有殿最之制，宜增掾屬令史，有所循行。』帝從之。事見《石苞傳》。苞既明於勸課，百姓安之。【略】元帝爲晉王，課督農功，詔二千石長吏以入穀多少爲殿最。其非宿衛要任，皆宜赴農，使軍各自佃作，即以爲廩。太興元年，詔曰：『徐、揚二州土宜三麥，可督令熯地，投秋下種，至夏而熟，繼新故之交，於以周濟，所益甚大。昔漢遣輕車使者汜勝之督三輔種麥，而關中遂穰。勿令後晚。』其後頻年麥雖有旱蝗，而爲益猶多。二年，三吴大饑，死者以百數，吴郡太守鄧攸輒開倉廩賑之。元帝時使黄門侍郎虞騑、桓彝開倉廩振給，並省衆役。百官各上封事，後軍將軍應詹表曰：『夫一人不耕，天下必有受其飢者。而軍興以來，征戰運漕，朝廷宗廟，百官用度，既已殷廣，下及工商流寓僮僕不親農桑而遊食者，以十萬計。不思開立美利，而望國足人給，豈不難哉！古人言曰，飢寒並至，堯舜不能使野無寇盜；貧富並兼，雖皋陶不能使强不陵弱。故有國有家者，何嘗不務農重穀。近魏武皇帝用棗祇、韓浩之議，廣建屯田，又於征伐之中，分帶甲之士，隨宜開墾，故下不甚勞，而大功克舉也。間者流人奔東吴，東吴今儉，皆已還反。江西良田，曠廢未久，火耕水耨，爲功差易。宜簡流人，興復農官，功勞報賞，皆如魏氏故事。一年中與百姓，二年分稅，三年計賦稅以使之，公私兼濟，則倉盈庾億，可計日而待也。』又曰：『昔高祖使蕭何鎮關中，光武令寇恂守河内，魏武委鍾繇以西事，故能使八表夷蕩，區内輯寧。今中州蕭條，未蒙疆理，此兆庶所以企望。壽春一方之會，去此不遠，宜選都督有文武經略者，遠以振河洛之形勢，近以爲徐豫之藩鎮，綏集流散，使人有攸依，專委農功，令事有所局。趙充國農於金城，以平西零；諸葛亮耕於渭濱，規抗上國。今諸軍自不對敵，皆宜齊課。』

又　卷三三《石苞傳》　苞奏：『州郡農桑未有賞罰之制，宜遣掾屬循行，皆當均其土宜，舉其殿最，然後黜陟焉。』

又　卷三四《杜預傳》　泰始中，守河南尹。預以京師王化之始，自近及遠，凡所施論，務崇大體。受詔爲黜陟之課，其略曰：『臣聞上古之政，因循自然，虚己委誠，而信順之道應，神感心通，而天下之理得。逮至淳樸漸散，彰美顯惡，設官分職，以頒爵禄，弘宣六典，以詳考察。然猶倚明哲之輔，建忠貞之司，使名不得越功而獨美，功不得後名而獨隱，皆疇咨博詢，敷納以言。及至末世，不能紀遠而求於密微，疑諸心而信耳目，疑耳目而信簡書。簡書愈繁，官方愈偽，法令滋章，巧飾彌多。昔漢之刺史，亦歲終奏事，不制算課，而清濁粗舉。魏氏考課，即京房之遺意，其文可謂至密。然由於累細以違其體，故歷代不能通也。豈若申唐堯之舊，去密就簡，則簡而易從也。夫宣盡物理，神而明之，存乎其人。去人而任法，則以傷理。今科舉優劣，莫若委任達官，各考所統。在官一年以後，每歲言優者一人爲上第，劣者一人爲下第，因計偕以名聞。如此六載，主者總集採案，其六歲處優舉者超用之，六歲處劣舉者奏免之，其優多劣少者敘用之，劣多優少者左遷之。今考課之品，所對不鈞，誠有難易。若以難取優，以易而否，主者固當准量輕重，微加降殺，不足復曲以法盡也。《己丑詔書》以考課難成，聽通薦例。薦例之理，即亦取於風聲。六年頓薦，黜陟無漸，又非古者三考之意也。今每歲一考，則積優以成陟，累劣以取黜。以士君子之心相處，未有官故六年六黜清能，六進否劣者也。監司將亦隨而彈之。若令上下公相容過，此爲清議大穨，亦無取於黜陟也。』

又　卷四〇《賈充傳》　拜尚書郎，典定科令，兼度支考課。

又　卷七〇《應詹傳》　詹將行，上疏曰：

夫欲用天下之智力者，莫若使天下信之也。商鞅移木，豈禮也哉？有由而然。自經荒弊，綱紀穨陵，清直之風既澆，糟秕之俗猶在，誠宜濯以滄浪之流，漉以吞舟之網，則幽顯明别，於變時雍矣。弘濟茲務，在乎官人。今南北雜錯，屬托者無保負之累，而輕舉所知，此博采所以未精，職理所以多闕。今凡有所用，宜隨其能否而與舉主同乎褒貶，則人有慎舉之恭，官無廢職之咨。昔冀缺有功，胥臣蒙先茅之賞；子玉敗軍，子文受薦賈之責。古既有之，今亦宜然。漢朝使刺史行部，乘傳奏事，猶恐不足以辨彰幽明，弘宣政道，故復有繡衣直指。今之艱弊，過於往昔，宜分遣黄、散若中書郎等循行天下，觀採得失，舉善彈違，斷截苟且，則人不敢爲非矣。漢宣帝時，二千石有居職修明者，則入爲公卿；其不稱職免官者，皆還爲平人。懲勸必行，故歷世長久。中間以來，遷不足競，免不足懼。或有進而失意，退而得分。莅官雖美，當以素論降替；在職實劣，直以舊望登敘。校游談爲多少，不以實事爲先後。以此責成，臣未見其兆也。今宜峻左降舊制，可二千石免官，三年乃得敘用，長史六年，户口折半，道里倍之。此法必明，使天下知官難得而易失，必人慎其職，朝無惰官矣。都督可課佃二十頃，州十頃，郡五頃，縣三頃。皆取文武吏醫卜，不得撓亂百姓。三臺九府，中外諸軍，有可減損，皆令附農。市息末伎，道無遊人，不過一熟，豐穰可必。然後重居職之俸，使禄足以代耕。頃大事之後，遐邇皆想宏略，而寂然未副，宜早振綱領，肅起羣望。

《南史》卷二二《王騫傳》　嘗從容謂諸子曰：『吾家本素族，自可依流平進，不須苟求也。』歷黄門郎、司徒右長史。不事產業，有舊墅在鍾山八十餘頃，與諸宅及故舊共佃之。常謂人曰：『我不如鄭公業有田四百頃，而食常不周。』以此爲愧。永元末，召爲侍中，不拜。【略】（梁）武帝於鍾山西造大愛敬寺，騫舊墅在寺側者，即王導賜田也。帝遣主書宣旨，就騫市之，欲以施寺。答云：『此田不賣；若敕取，所不敢言。』酬對又脫略。帝怒，遂付市評田價，以直逼還之。由是忤旨，出爲吳興太守。

《北史》卷八七《酷吏傳·崔暹》　後累遷瀛州刺史。貪暴安忍，人庶患之。嘗出獵州北，單騎至人村，有汲水婦人，暹令飲馬，因問曰：『崔瀛州何如？』婦人不知是暹，答曰：『百姓何罪！得如此癩兒刺史。』暹默然而去。以不稱職，被解還京。

唐·歐陽詢等《藝文類聚》卷四八《職官部四·尚書》 王昶《考課事》曰：尚書侍中考課，一曰掌建六材，以考官人，二曰綜理萬機，以考庶績，三曰進視惟允，以掌讜言，四曰出納王命，以考賦政，五曰罰法，以考典刑，《會稽典録》曰：鄭弘拜尚書郎，舊典，科滿補縣長，令史爲丞尉，弘奏以爲臺職位尊而賞薄，人無樂者，諸使郎補縣令，令史爲長，上從其議，自此爲始。

唐·徐堅《初學記》卷二〇《政理部·刑罰》 梁沈約【略】又《立左降詔》。刑乖政失，其源已久。罰罪之奏，日聞於早朝；弊獄之書，亟勞於晏寢。免黜相係，補代紛紜。一離囹囚，乃永歲月。非所以棄瑕録、用隨分盡才者也。是故減秩居官，前代通則，貶職左遷，往朝繼軌。自今内外羣司有事者可開左降之科。

唐·杜佑《通典》卷一五《選舉三·考績》 周制，三載考績，三考黜陟。其訓曰：『三歲而小考其功也。小考者，正職而行事也。九歲而大考有功也。大考者，黜無職而賞有功也。』【略】

魏明帝時，以士人毁稱是非，混雜難辨，遂令散騎常侍劉劭作《都官考課之法》七十二條，考覈百官。其略欲使州郡考士，必由四科，皆有效，然後察舉，或辟公府爲親人長吏，轉以功次補郡守者，或就秩而加賜爵焉。至於公卿及内職大臣，率考之。事下三府。

是時大議考課之制，散騎黄門侍郎杜君務伯名恕。以爲，用不盡其人，雖文具無益。上疏曰：『《書》稱「明試以功，三考黜陟」，帝王之盛制。然歷六代而考績之法不著，關七聖而課試之要未立。臣誠以爲其法可粗依，其詳難備舉故也。語曰：「世有亂人而無亂法。」若使法可專任，則唐虞可不須稷契之佐，殷周無貴伊呂之輔矣。今奏考功者，陳周、漢之云爲，掇京房之本旨，可謂明考課之要；至於崇揖讓之風，興濟濟之理，臣以爲未盡善也。古之三公，坐而論道，内職大臣，納言補闕，無善不紀，無過不舉。且天下至大，萬機至衆，誠非一明所能遍照。故君爲元首，臣爲股肱，明一體相資而成也。』後考課竟不行。

晉武帝泰始初，務崇理本，詔河南尹杜君元凱爲黜陟之課，其略曰：『臣聞上古之政，因循自然。虚己委誠，而信順之道應；神感心通，而天下之理得。其後淳樸漸散，彰美顯惡，設官分職，以頌爵禄，弘宣六典，以詳考察。然猶倚明哲之輔，建忠貞之司，使名不得越功而獨美，功不得後名而獨隱，皆疇咨博訪，敷納以言。及至末代，不能紀遠而求於密微，疑諸心而信耳目，疑耳目而信簡書。簡書愈繁，官方愈僞，法令滋彰，巧飾彌多。昔漢之刺史，亦歲終奏事，不制算課，而清濁粗舉。魏氏考課，即京房之遺意，其文可謂至密。然由於累細，故歷代不能通也。豈若申唐堯之舊典，去密就簡，則簡而易從也。今科舉優劣，莫若委任達官，各考所統。在官一年以後，每歲言優者一人爲上第，劣者一人爲下第，因計偕以名聞。如此六載，主者總集采案，其六歲處優舉者超用之，六歲處劣舉者奏免之，其優多劣少者敘用之，劣多優少者左遷之。今考課之品，所對不均，誠有難易。若以難取優，以易而否，主者固當準量輕重，微加降殺，不足復曲以法盡也。』

後魏孝文帝太和中，詔曰：『三載考績，自古通經；三考黜陟，以彰能否。今若待三考然後黜陟，可黜者不足爲遲，可進者大成賒緩。是以朕今三載一考，考即黜陟，欲令愚滯無妨於賢者，才能不壅於下位。各令當曹，考其優劣爲三等。六品以下，尚書重問；五品以上，朕將親與公卿論其善惡。上上者遷之，下下者黜之，中中者守其本任。』時否臧必舉，賞罰大行，其薄賞者猶賜車馬器服，以申獎勸。後帝臨朝堂，顧謂録尚書兼廷尉卿、廣陵王羽曰：『凡考績，上下二等，可爲三品；中等，但爲一品。所以然者，上下是黜陟之科，故旌絲髮之美惡；中等守本，事可大通。』帝又謂尚書等曰：『卿等在任，年垂二周，未嘗進一賢，退一不肖，此二事罪之大者。』謂羽曰：『汝居樞端之任，在職以來，功勤之績不聞於朝，阿黨之音頻干朕聽。今黜汝録尚書、廷尉，但居特進、太保。』自尚書令、僕射以下，凡黜退二十餘人，皆略舉遺闕。諸如此黜官者，令一年之後，任官如初。

宣武帝時，太尉、侍中、高陽王雍上表曰：『竊惟三載考績，百王通典。今任事上中者，三年升一階；散官上第者，四載登一級。閒冗官本非虚置，或以賢能而進，或因累勤而舉。如其無能，不應忝兹高選。以勤以能，進之朝伍，或征官外戍，遠使絶域，催督逋懸，察檢州鎮，皆是散官，以充劇使。乃於考陟，排同閒伍。檢散官之人，才非皆劣，稱事之輩，未必悉賢。而考閒以多，課煩以少，上乖天澤之均，下生不等之苦。復尋正始之格，汎後任事上中者，三年升一階；汎前任事上中者，六年進一級。三年一考，自古通經。今以汎前六年升一階，檢無愆犯，倍年成級。以此推之，明以汎代考也。』

徐州刺史蕭寶夤又論曰：『方今守令，厥任非輕。及考課，悉以六載爲程，既而限滿代還，復經六年而敍。是則歲周十二，始得一階。於東西兩省、文武閒職、公府散佐、無事冗官，或數旬方應一直，或弦朔止於暫朝，及其考日，更得四年爲限。是則一紀之内，便登三級。彼以實勞劇任，而遷貴之路至難；此以散位虚名，而升陟之方甚易。何内外之相懸，令厚薄之如是？』

孝明帝延昌二年，又將大考百僚。散騎常侍、領三公郎中崔鴻以考令於體例不通，乃建議曰：『竊惟王者爲官求才，使人以器，黜陟幽明，揚清激濁。故績效能官、才必稱位者，朝升夕進，年歲數遷。豈拘一階半級，閡以同僚等位者哉！二漢以降，太和以前，苟必官須此人，人稱其職，或超騰轉陟，數歲而至公卿，或長兼試守，稱允而遷進者，披卷則人人而是，舉目則朝貴皆然。故能時收多士之稱，國號豐賢之美。竊見景明以來考格，三年成一考，轉一階。貴賤内外，萬有餘人，自非犯罪，不問賢愚，莫不上中，才與不肖，比肩同轉。雖有善政如龔、黄，儒學如王、鄭，史才如班、馬，文章如張、蔡，得一分一寸，必爲常流所攀，選曹亦抑爲一概，不曾甄別。琴瑟不調，改而更張，雖明旨已行，猶宜消息。』時不從。

元·馬端臨《文獻通考》卷三九《選舉考十二·考課》 《虞書》言『三載考績，三考黜陟幽明』，此古帝王考課之法。董仲舒言：『古之所謂功者，以任官稱職爲差，非謂積日累久也。故小才雖累日，不離於小官；賢才雖未久，不害爲輔佐。今則不然。累日以取貴，積久以致官，是以廉耻貿亂，賢不肖渾淆，未得其真。』此後世年勞之法，二法雖相似，而其意實相反。考課是以日月驗其職業之修廢，年勞是以日月計其資格之深淺。後世之所謂考課者，皆年勞之法耳。故賢者當陟，或反以資淺而抑之；不肖者當黜，或反以年深而升之。故考課之法行，則庸愚畏之；年勞之法行，則庸愚便之。崔鴻所言，卽崔亮所行也。亮奏立停年之格，見《舉官門》。

宋文帝元嘉時，守宰以六期爲斷。及宋末，以治民之官六年過久，乃以三年爲斷，謂之『小滿』。

清·汪士鐸《南北史補志未刊稿·職官志第一·考課》 三載考績，其來已久。《尚書大傳》曰『三歲而小考』者，正職而行事；九歲而大考者，絀無職而賞有功也。積不善至於幽六極以降類，故黜之，積善至於明五福以類升，故陟之。太宰三歲，大計羣吏。漢世京房作考課法，不行於時。魏明帝時，散騎常侍劉劭作都官考課法七十二條。杜恕以爲用不盡其人，雖文具無益，後竟不行。晉杜預爲黜陟之課，大略以爲去京房之細密，而就古人之簡易。科舉優劣，委任達官，各考所統。在官一年以後，每歲言優者一人爲上第，劣者一人爲下第，因計偕以名聞如此。六載主者，總集案其六載處優舉者超用之，處劣舉者奏免之。優多劣少者敍用之，劣多優少者左遷之。以難取優，以易而否。主者，准量輕重量加降殺。元康中，劉頌建九班之制，欲令百官居職遞遷，考課能否。時不能行。南朝皆循晉舊，無所改革。南齊東昏帝永元年，考課百司。

陳時無年，常考校黜陟之法，所以勸惰無辨，惟更互遷官，不能卽進班秩。

後魏太武、大延元年，詔三考計資定課。孝文延興二年，詔牧守克己奉公者，久於其任，遷位一級；侵削黎庶者，黜之。太和十五年，考諸牧守。十八年，詔考課爲上、中、下三等，黜退三十餘人。九月，詔三考黜陟，可黜者不足爲遲，可進者大成賒緩。可三載一考，卽黜陟六品以下。尚書重問五品以上，帝親臨問上上者遷之，下下者黜之，中中者守本任。十九年十月，詔諸州牧精品歷官，考其得失，爲三等之科，親覽而升降之。後帝臨朝堂，顧謂録尚書兼廷尉卿廣陵王羽，凡考績上、下二等，可爲三品，中等但爲一品，所以然者，上下無黜陟之科，故旌絲髮之美惡，中等守本事大通。』帝又謂尚書等曰：『卿等在任，年垂二周，未當進一賢、退一不肖。此二事罪之大者謂。』羽曰：『汝居極端之任，在職以來功勤之績不聞於朝，阿黨之音頻于朕聽。黜汝録尚書、廷尉，但居特進、大保。』自尚書令、僕射以下，凡黜退二十餘人，皆略舉遺闕，諸如此黜官者，令一年之後任官如初。『宣武初，尚書令王肅奏：『考以顯能，陟由績著，昇明退暗，於是乎在。自百僚曠，四念於茲，請依舊式，考檢能否。』從之。景明二年六月，黜陟諸州刺史。永平六年十二月，詔從。景明三年至永平四年，通考以聞。時劉總立考課法，甚有條貫。高陽王雍表謂任事者，三年升一階，散官四載登一級，然散官或征戍出使，督逋監州，不應排同閒伍。』蕭寶寅謂守令六載考課限滿，復六年而敍，十二年始得一階，而兩府閒職、公府散佐便一紀而登三級，内外厚薄，何其相懸？』郭祚謂：『景明考格五年者得一階半。』正始中，中山王英奏：『准三周爲限，不得復計殘年之勤，去年以此二制，不同奏請，旨云依舊，且景明考法，東、西兩省閒官悉爲三等。考同任事，前尚書盧昶謂上第者，三年轉半階，而令考格分爲九等，參差無准。』詔曰：『考在上中者，得汎以前，有六年以上遷一階，三年以上遷半階，殘年悉除，考在上下者，得汎以前，六年以上遷半階，不滿者除其得汎以後，考在上下者，三年遷一官，散官從盧昶奏。』祚又言：『考察令公清獨著，德績超倫，而無負殿者爲上上，一殿爲上中，二殿爲上下，累計八殿，品將至九。未審今諸曹府寺之在事公清，而才非獨著；績行稱務，而德非超倫；幹能粗可，而守平堪任；人用小劣，而處官濟事，並全無負殿之徒，爲依何第？景明三年以來，至今十一載，通其殿最寡愆，爲最多戾，爲殿愆戾，所指亦未明。言且十年之中，三經肆赦，赦前之罪不問輕重，皆蒙宥免，未審記殿亦除之否。詔謂獨著超倫云云，皆謂文武上上之極耳。此外猶有八等績，負累殿等皆具今文，何容別疑黜陟之體，自依舊來年限，其遇赦免罪之殿可除之。』孝明延昌元年，令每歲終，郡守列令長、刺史列守相以定考課。二年，崔鴻上言：『三年一考，而轉一階，雖有善政，如龔儒學，如王、鄭史才，如班、馬文章，如張、蔡選曹，抑爲一概，宜爲消息。』宣武不從。【略】

右考課。

請假制度分部

綜述

《三國志》卷四七《吳志·吳主傳》　（嘉禾）六年春正月，詔曰：『大三年之喪，天下之達制，人情之極痛也；賢者割哀以從禮，不肖者勉而致之。世治道泰，上下無事，君子不奪人情，故三年不逮孝子之門。至於有事，則殺禮以從宜，要經而處事。故聖人制法，有禮無時則不行。遭喪不奔非古也，蓋隨時之宜，以義斷恩也。前故設科，長吏在官，當須交代，而故犯之，雖隨糾坐，猶已廢曠。方事之殷，國家多難，凡在官司，宜各盡節，先公後私，而不恭承，甚非謂也。中外羣僚，其更平議，務令得中，詳爲節度。』顧譚議，以爲『奔喪立科，輕則不足以禁孝子之情，重則本非應死之罪，雖嚴刑益設，違奪必少。若偶有犯者，加其刑則恩所不忍，有減則法廢不行。愚以爲長吏在遠，苟不告語，勢不得知。比選代之間，若有傳者，必加大辟，則長吏無廢職之負，孝子無犯重之刑。』將軍胡綜議，以爲『喪紀之禮，雖有典制，苟無其時，所不得行。方今戎事軍國異容，而長吏遭喪，知有科禁，公敢干突，苟念聞憂不奔之恥，不計爲臣犯禁之罪，此由科防本輕所致。忠節在國，孝道立家，出身爲臣，焉得兼之？故爲忠臣不得爲孝子。宜定科文，示以大辟，若故違犯，有罪無赦。以殺止殺，行之一人，其後必絶。』丞相雍奏從大辟。其後吳令孟宗喪母奔赴，已而自拘於武昌以聽刑。陸遜陳其素行，因爲之請，權乃減宗一等，後不得以爲比，因此遂絶。

《三國志》卷九《魏志·夏侯玄傳》裴松之注　《魏略》曰：【略】正始中，遷侍中尚書僕射。（李）豐在臺省，常多託疾，時臺制，疾滿百日當解禄，豐疾未滿數十日，輒暫起，已復臥，如是數歲。

又　卷一五《魏志·梁習傳》裴松之注　《魏略·苛吏傳》曰：【略】（王）思爲人雖煩碎，而曉練文書，敬賢禮士，傾意形勢，亦以是顯名。正始中，爲大司農，年老目瞑，瞋怒無度，下吏嗷然不知何據。性少信，時有吏父病篤，近在外舍，自白求假。思疑其不實，發怒曰：『世有思婦病母者，豈此謂乎！』遂不與假。吏父明日死，思無恨意。其爲刻薄類如此。

《宋書》卷五二《謝述傳》　景仁愛其第三弟劭而憎述，嘗設饌請高祖，希命劭豫坐，而高祖召述。述知非景仁夙意，又慮高祖命之，請急不從。高祖馳遣呼述，須至乃歡。

又　卷六〇《范泰傳》　時會稽王世子元顯專權，内外百官請假，不復表聞，唯籤元顯而已。泰建言以爲非宜，元顯不納。

又　《王韶之傳》　又駁員外散騎侍郎王寔之請假事曰：『伏尋舊制，羣臣家有情事，聽併急六十日。太元中改制，年賜假百日。又居在千里外，聽併請來年限，合爲二百日。此蓋一時之令，非經通之旨。會稽雖途盈千里，未足爲難，百日歸休，於事自足。若私理不同，便應自表陳解，豈宜名班朝列，而久淹私門。臣等參議，謂不合開許。或家在河、洛及嶺、沔、漢者，道阻且長，猶宜別有條品，請付尚書詳爲其制。』從之。

又　卷六六《王敬弘傳》　敬弘見兒孫歲中不過一再相見，見輒剋日。（子王）恢之嘗請假還東定省，敬弘剋日見之，至日輒不果，假日將盡，恢之乞求奉辭，敬弘呼前，既至閤，復不見。恢之於閤外拜辭，流涕而去。

又　卷六七《謝靈運傳》　靈運意不平，多稱疾不朝直。穿池植援，種竹樹堇，驅課公役，無復期度。出郭遊行或一日百六七十里，經旬不歸，既無表聞，又不請急。上不欲傷大臣，諷旨令自解。靈運乃上表陳疾，上賜假東歸。

《南齊書》卷六《明帝紀》　（建武元年十一月）丁亥，詔『細作中署、材官、車府，凡諸工，可悉開番假，遞令休息』。

又　卷四一《周顒傳》　顒還正員郎，始興王前軍諮議。直侍殿省，復見賞遇。【略】顒於鍾山西立隱舍，休沐則歸之。轉太子僕，兼著作，撰起居注。

又　卷四二《蕭諶傳》　鬱林即位，深委信諶，諶每請急出宿，帝通夕不得寐，諶還乃安。

《周書》卷四二《蕭撝傳》　武成中，世宗令諸文儒於麟趾殿校定經史，仍撰《世譜》，撝亦預焉。尋以母老，兼有疾疹，五日番上，便隔晨昏，請在外著書。有詔許焉。

《晉書》卷二四《職官志》　尚書郎，【略】郎主作文書起草，更直五日於建禮門内。

又　卷四八《段灼傳》　灼前後陳事，輒見省覽。然身微宦孤，不見進序，乃取長假還鄉里。

又　卷七六《王彪之傳》　永和末，多疾疫。舊制，朝臣家有時疾，染易三人以上者，身雖無病，百日不得入宮。至是，百官多列家疾，不入。彪之又言：『疾疫之年，家無不染。若以之不復入宮，則直侍頓闕，王者宮省空矣。』朝廷從之。

又　卷七七《陸曄傳》　陸曄，字士光，吳郡吳人也。【略】咸和中，求歸鄉里拜墳墓。有司奏，舊制假六十日。侍中顔含、黄門侍郎馮懷駁曰：『曄内藴至德，清一其心，受託付之重，居臺司之位，既蒙詔許歸省墳塋，大臣之義本在忘己，豈容有期而反，無期必遠。愚謂宜還自還，不須制日。』帝從之，曄因歸。

《南史》卷一九《謝裕傳》　（謝）景仁性矜嚴整潔，居宇淨麗，每唾輒唾左右人衣，事畢，即聽一日澣濯。每欲唾，左右爭來受之。

唐・徐堅《初學記》卷二〇《政理部・假》　急，告，寧，皆休假名也。《釋名》曰：急，及也，言操切之使相逮及也。李斐《漢書》曰：告，請也，言請休謁也。寧，安也，告曰寧也。《漢律》：使二千石有予告，有賜告。予告者，在官有功最，法所當得者也。賜告者，病滿三月當免。天子優賜其告，使得印綬將官屬歸家理疾。至成帝時，郡二千石賜告不得歸家。自馮野王始也，休假亦曰休沐。《漢律》：吏五日得一下沐，言休息以洗沐也。《晉令》：急假者，一月五急，一年之中，以六十日爲限。千里内者疾病申延二十日，及道路解故九十五日。此其事也，書記所稱曰歸休，亦曰休急、休澣、取急、請急。又有長假、併假。

【略】

王隱《晉書》曰：王尼，字季孫。洛中貴盛名士王澄，胡母輔之，李坦等皆與尼交。時尼爲兵，在大將軍幕。澄等持羊酒詣軍門，吏疏名内請入見大將軍。澄等既入，語吏過王尼，炙羊飲酒訖而去，竟不見將軍。

將軍聞之，因與尼長假，遂得離兵。《晉起居注》曰：孝武太康元年詔：大臣疾病，假滿三月，解職。

唐·杜佑《通典》卷二一《職官三·中書令》 中書侍郎。【略】及江左初，【略】其職副掌王言，更入直省五日，從駕則正直從，次直守。

宋·李昉等《太平御覽》卷六三四《治道部十五·急假》 《晉起居注》曰：孝武太元元年，詔大臣疾病假滿三月，解職。

王隱《晉書》曰：王尼字季孫。洛中貴盛名士王澄、胡母輔之等皆與尼交。時尼爲兵曹左大將軍幕，澄等持羊酒詣軍門，吏疏名內，請入見大將軍。澄等既入，語吏過王尼，炙羊飲酒訖而去，竟不見。將軍聞之，因與尼長假，遂得離兵。【略】

徐爰《宋書》曰：申恬字道獻。少懷貞恪，志業介然。拜殿中將軍，禁省八載，不休急，時莫之比。【略】

《襄陽耆舊傳》曰：習溫長子宇爲執法郎，取急歸，賓從甚盛。溫怒，杖宇，責之曰：『吾聞生於亂世，貴而能貧，始可以後亡，況侈競乎？』

《文士傳》曰：顧榮兼侍中，安慰河北。以前後功封嘉興伯，求急還南。既造江渚，欣然自得。

《風俗通》曰：濟北李登爲從事吏，病，得假歸家，復移刺延。斯後被召，登自嫌不甚羸瘦，謂雙生弟寧曰：『我兄弟相似，人不能別。汝類病者，代我至府。』寧曰：『府君大嚴，得無不可？』登曰：『我新吏耳，無能覺者。我自行見診必死。』寧便詣府。醫藥集診有驗。後爲人所言，事發覺，遂殺登。

《俗説》曰：張邈在彭城，請假當歸東。傅亮時爲宋臺侍中，下舫中與張別。張不起，授兩手指着舫户外。傅遂不執其手，熟視張面，云：『樝是梨中之不臧者。』便去。

陸機《思歸賦·序》曰：余牽役京室，去家四載，以元康六年冬取急歸。而羌虜作亂，王師外征，機興憤而成篇。

范寧《啓國子生假故事》曰：國學開建，彌歷年載。講誦之音靡聞，考課之績不著。良由道達之訓未弘，鑽仰之心弗至。陵替文源，宜見整正；謂應斷假，精加督勵。嚴其師訓，舉善黜違啓斷。

《衆官受假故事》曰：伏見內外衆官，陳假紛紜，煩黷無已。舊有急假，一月五急，一年之中六十日爲限，不問虛實，相率如此，誣罔視聽，煩穢官曹，舉世行之，不以爲非。急假之制，唯以父母妻子爲辭，而伯叔兄弟，制所不及。長偷薄之風，傷敦睦之化。臣謂宜去病解故之制一年，令賜衣。假日隨其所欲之，適任其取日多少。《假寧令》曰：諸內外官五月給田假，九月給受衣假，爲兩番，各十五日。田假若風土異宜，種收不等，通隨給之。

又曰：諸百官九品私家祔廟，除程給假五日；四時祭祀各給假四日。並課主祭者。去任所三百里内亦給程。若在京都，除祭日，仍各依朝參。

又曰：諸文武官，若流外已上者，父母在，三年給定假三十日。其拜墓，五年一假十日，並除程。若已經還家者，計還後給。其五品已上所司勘當於事，每闕者奏，不得輒自奏請。請冠，給假三日；五服内親冠，給假一日，並不給程。

又曰：諸婚給假九日，除程。周親婚嫁五日，大功三日，小功已下一日，並不給程。周已下無主者，百里内除程。諸本服周親已上，疾病危篤，遠行久別，及諸急難，並量給假。

致仕制度分部

綜　述

《南齊書》卷六《明帝紀》 永明中，御史中丞沈淵表百官年登七十，皆令致仕，並窮困私門。庚子，詔曰：『日者百司耆齒，許以自陳，東西二省，猶沾微俸，辭事私庭，榮禄兼謝，興言愛老，實有矜懷。自縉紳年及，可一遵永明七年以前銓敍之科。』

《魏書》卷九《肅宗紀》 （正光四年）秋七月辛亥，詔曰：『達尊斯在，齒預一焉，崇敬黃耇，先代通訓。故方叔以元老處位，充國緣自强見留。雖七十致仕，明乎典故，然以德尚壯，許其縶維。今庶僚之中，或年迫懸車，循禮宜退。但少收其力，老棄其身，言念勤舊，眷然未忍。或戴白在朝，未嘗外任；或停私曆紀，甫受考級；如此之徒，雖滿七十，聽其莅民，以終常限。或新解郡縣，或外佐始停，已滿七十，方求更敍者，吏部可依令不奏。其有高名俊德、老成髦士、灼然顯達、爲時所知者，不拘斯例。若才非秀異，見在朝官，依令合解者，可給本官半禄，以終其身。使辭朝之叟，不恨歸於閭巷矣。』

又　卷三九《李寶傳》　詔以年及懸車，抗表遜位。優旨不許。

又　卷四四《羅結傳》　年一百七歲，精爽不衰。世祖以其忠慤，甚見信待，監典後宮，出入臥内，因除長信卿。年一百一十，詔聽歸老，賜大寧東川以爲居業，並爲築城，即號曰羅侯城，至今猶存。朝廷每有大事，驛馬詢訪焉。年一百二十歲，卒。贈寧東將軍、幽州刺史，謚曰貞。

又　卷五四《高閭傳》　歲餘，表求致仕，優答不許。徵爲太常卿。頻表陳遜，不聽。【略】

世宗踐阼，閭累表遜位。詔曰：『閭貞幹早聞，儒雅素著，出内清華，朝之俊老。以年及致仕，固求辭任，宜聽解宗伯，遂安車之禮，特加優授，崇老成之秩。可光禄大夫，金印、紫綬。』使散騎常侍、兼吏部尚書邢巒就家拜授。及辭，引見於東堂，賜以餚羞，訪之大政。以其先朝儒舊，告老永歸，世宗爲之流涕。詔曰：『閭歷官六朝，著勳五紀，年禮致辭，義光進退，歸軒首路，感悵兼懷。安駟籯金，漢世榮貺，可賜安車、几杖、輿馬、繒綵、衣服、布帛，事從豐厚。百僚餞之，猶昔羣公之祖二疏也。』閭進陟北邙，上望闕表，以示戀慕之誠。景明三年十月，卒于家。世宗遣使弔慰，賵帛四百匹。四年三月，贈鎮北將軍、幽州刺史，謚曰文侯。

《北齊書》卷二三《魏蘭根傳》　高乾之死，蘭根懼，去宅，避於寺。武帝大加譴責，蘭根憂怖，乃移病解僕射。天平初，以病篤上表求還鄉里。魏帝遣舍人石長宣就家勞問，猶以開府儀同，門施行馬，歸於本鄉。二年卒，時年六十一。

《晉書》卷三三《王祥傳》　武帝踐阼，拜太保，進爵爲公，加置七官之職。帝新受命，虚己以求讜言。祥與何曾、鄭沖等耆艾篤老，希復朝見，帝遣侍中任愷諮問得失，及政化所先。祥以年老疲耄，累乞遜位，帝不許。御史中丞侯史光以祥久疾，闕朝會禮，請免祥官。詔曰：『太保元老高行，朕所毗倚以隆政道者也。前後遜讓，不從所執，此非有司所得議也。』遂寢光奏。祥固乞骸骨，詔聽以睢陵公就第，位同保傅，在三司之右，禄賜如前。詔曰：『古之致仕，不事王侯。今雖以國公留居京邑，不宜復苦以朝請。其賜几杖，不朝，大事皆諮訪之。賜安車駟馬，第一區，錢百萬，絹五百匹，牀帳簟褥，以舍人六人爲睢陵公舍人，置官騎二十人。以公子騎都尉肇爲給事中，使常優游定省。又以太保高潔清素，家無宅宇，其權留本府，須所賜第成乃出。』

又　《王覽傳》　頃之，（王覽）以疾上疏乞骸骨。詔聽之，以太中大夫歸老，賜錢二十萬，牀帳薦褥，遣殿中醫療疾給藥。後轉光禄大夫，門施行馬。

又　《鄭沖傳》　武帝踐阼，拜太傅，進爵爲公。頃之，司隸李憙、中丞侯史光奏沖及何曾、荀顗等各以疾病，俱應免官。帝不許。沖遂不視事，表乞骸骨。優詔不許，遣使申喻。沖固辭，上貂蟬印綬，詔又不許。泰始六年，詔曰：『昔漢祖以知人善任，克平宇宙，推述勳勞，歸美三俊。遂與功臣剖符作誓，藏之宗廟，副在有司，所以明德庸勳，藩翼王室者也。昔我祖考，遭世多難，攬授英俊，與之斷金，遂濟時務，克定大業。太傅壽光公鄭沖、太保郎陵公何曾、太尉臨淮公荀顗各尚德依仁，明允篤誠，翼亮先皇，光濟帝業。故司空博陵元公王沈、衛將軍鉅平侯羊祜才兼文武，忠肅居正，朕甚嘉之。《書》不云乎：「天秩有禮，五服五章哉！」其爲壽光、郎陵、臨淮、博陵、鉅平國置郎中令，假夫人、世子印綬，食本秩三分之一，皆如郡公侯比。』

九年，沖又抗表致仕。詔曰：『太傅韞德深粹，履行高潔，恬遠清虚，確然絶世。艾服王事，六十餘載，忠肅在公，慮不及私。遂應衆舉，歷登三事。仍荷保傅之重，綢繆論道之任，光輔奕世，亮茲天工，迪宣謀猷，弘濟大烈，可謂朝之雋老，衆所具瞻者也。朕昧于政道，庶事未康，挹仰耆訓，導揚厥蒙，庶賴顯德，緝熙有成。而公屢以年高疾篤，致仕告退。惟從公志，則朕孰與諮謀？譬彼涉川，罔知攸濟。是用未許，迄于累載。而高讓彌篤，至意難違，覽其盛指，俾朕憮然。夫功成弗有，上德所隆，成人之美，君子與焉。豈必遂朕憑賴之心，以枉大雅進止之度哉！今聽其所執，以壽光公就第，位同保傅，在三司之右。公宜頤精養神，保衛太和，以究遐福。其賜几杖，不朝。古之哲王，欽祇國老，憲行乞言，以彌縫其闕。若朝有大政，皆就諮之。又賜安車駟馬，第一區，錢百萬，絹五百匹，床帷簟褥，置舍人六人，官騎二十人，以世子徽爲散騎常侍，使常優遊定省。禄賜所供，策命儀制，一如舊典而有加焉。』

又　卷四五《劉毅傳》　年七十，告老。久之，見許，以光禄大夫歸第，門施行馬，復賜錢百萬。

宋・李昉等《太平御覽》卷二四三《職官部四十一・光禄大夫》　王隱《晉書》曰：劉毅字仲雄，年七十告老，以光禄大夫致仕，門施行馬，賜錢百三十萬。

贈謚制度分部

綜　述

《三國志》卷二三《魏志・杜襲傳》　以疾徵還，拜太中大夫。薨，追贈少府，謚曰定侯。

又　卷一三《魏志・鍾繇傳》裴松之注　《魏書》曰：有司議謚，以爲繇昔爲廷尉，辨理刑獄，決嫌明疑，民無怨者，由于、張之在漢也。詔曰：『太傅功高德茂，位爲師保，論行賜謚，常先依此，兼敍廷尉于、張之德耳。』乃策謚曰成侯。

《宋書》卷三《武帝紀下》　（永初元年六月）又詔曰：『夫銘功紀勞，有國之要典，慎終追舊，在心之所隆。自大業創基，十有七載，世路迍邅，戎車歲動，自東徂西，靡有寧日。實賴將帥竭心，文武盡效，寧内拓外，迄用有成。威靈遠著，寇逆消蕩，遂當揖讓之禮，猥饗天人之祚。念功簡勞，無忘鑑寐，凡厥誠勤，宜同國慶。其酬賞復除之科，以時論舉。戰亡之身，厚加復贈。』【略】

（七月）從征關、洛，殞身戰場，幽没不反者，贍賜其家。

又　卷五〇《劉康祖傳》　便弓馬，膂力絶人。【略】康祖回軍，未至壽陽數十里，會虜永昌王庫仁真以長安之衆八萬騎，與康祖相及于尉武。康祖凡有八千人，軍副胡盛之欲附山依險，間行取至。康祖怒曰：『吾受命本朝，清蕩河洛。寇今自送，不復遠勞王師，犬羊雖多，實易摧滅。吾兵精器練，去壽陽裁數十里，援軍尋至，亦何患乎。』乃結車營而進。虜四面來攻，大戰一日一夜，殺虜填積。虜分衆爲三，且休且戰，以騎負草燒車營。康祖率厲將士，無不一當百，虜死者太半。會矢中頸死，於是大敗，舉營淪覆，爲虜所殺盡，自免者裁數十人。虜傳康祖首示彭城，面如生。【略】（元嘉）二十八年，詔曰：『康祖班師尉武，戎律靡忒。對衆以寡，殲殄太半。猛氣雲騰，志申力屈，没世徇節，良可嘉悼。宜加甄寵，以旌忠烈。可贈益州刺史，謚曰壯男。』

又　卷五九《江智淵傳》　初，上寵姬宣貴妃殷氏卒，使羣臣議謚，智淵上議曰『懷』。上以不盡嘉號，甚銜之。後車駕幸南山，乘馬至殷氏墓，羣臣皆騎從，上以馬鞭指墓石柱謂智淵曰：『此上不容有「懷」字！』智淵益惶懼。

《南齊書》卷一六《百官志》　相國。【略】

至齊不用人，以爲贈，不列官。

太宰。【略】

齊以爲贈。

太傅。【略】

自後無太師，而太保爲贈。【略】

大將軍。【略】

齊以爲贈。

又　卷三五《長沙威王晃傳》　世祖嘗幸鍾山，晃從駕。以馬矟刺道邊枯蘗，上令左右數人引之，銀纏皆卷聚，而矟不出。乃令晃復馳馬拔之，應手便去。每遠州獻駿馬，上輒令晃於華林中調試之。太祖常曰：『此我家任城也。』世祖緣此意，故謚曰『威』。

又　卷四二《王晏傳》　留爲吏部尚書，領太子右衛率。終以舊恩見寵。時［尚書］令王儉雖貴而疏，晏既領選，權行臺閣，與儉頗不平。儉卒，禮官議謚，上欲依王導謚爲『文獻』，晏啓上曰：『導乃得此謚，但宋以來不加素族。』出謂親人曰：『平頭憲事已行矣。』

《魏書》卷七下《高祖紀下》　（太和十六年正月）丁未，改謚宣尼曰文聖尼父，告謚孔廟。

（二十二年）夏四月甲寅，從征武直之官進位三階，文官二級，外官一階。【略】五月丙午，詔在征身喪者，四品已下及卑兼之職給帛有差。六月庚申，詔諸王將士戰没皆加優贈。

又　卷九《肅宗紀》　（熙平二年）五月辛酉，詔曰：『揚州硤石、荆山、新淮、酇城兵士戰没者，追給斂財，復一房五年；若無妻子，復其家一人二年。身被三創，賞一階；雖一創而四體廢落者，亦同此賞。』

又　卷三九《李韶傳》　正光五年四月，卒於官，年七十二。詔贈帛七百匹，贈侍中、持節、散騎常侍、車騎大將軍、司空公、雍州刺史，謚曰文恭。

又　卷四一《源賀傳》　（太和）三年秋薨，年七十三。贈侍中、太尉、隴西王印綬，謚曰宣，賻雜綵五百匹，賜轀輬車及命服、温明秘器，陪葬于金陵。【略】源懷，正始三年六月卒，年六十三。詔給東園秘器、朝服一具、衣一襲、錢二十萬、布七百匹、蠟三百斤，贈司徒、冀州刺史。兼吏部尚書盧昶奏：『太常寺議謚曰，懷體尚寬柔，器操平正，依謚法，柔直考終曰「靖」，宜謚靖公。司徒府議，懷作牧陝西，民餘惠化，入總端貳，朝列歸仁，依謚法，布德執議曰「穆」，宜謚穆公。二謚不同。』詔曰：『府、寺所執，並不克允，愛民好與曰「惠」，可謚惠公。』

又　卷六八《甄琛傳》　正光五年冬卒。詔給東園秘器、朝服一具、衣一襲、錢十萬、物七百段、蠟三百斤。贈司徒公、尚書左僕射，加後部鼓吹。太常議謚『文穆』。吏部郎袁翻奏曰：『案《禮》：謚者，行之迹也；號者，功之表也；車服者，位之章也。是以大行受大名，細行受細名。行生於己，名生於人，故闔棺然後定謚。皆累其生時美惡，所以爲將來勸戒；身雖死，使名常存也。凡薨亡者，屬所即言大鴻臚，移本郡大中正，條其行迹功過，承中正移言公府，下太常部博士評議，爲謚列上。謚不應法者，博士坐如選舉不以實論。若行狀失實，中正坐如博士。自古帝王莫不殷勤重慎，以爲褒貶之實也。今之行狀，皆出自其家，任其臣子自言君父之行，無復相是非之事。臣子之欲光揚君父，但苦迹之不高、行之不美，是以極辭肆意，無復限量。觀其狀也，則周孔聯鑣，伊顔接衽；論其謚也，雖窮文盡武，罔或加焉。然今之博士與古不同，唯知依其行狀，又先問其家人之意，臣子所求，便爲議上，都不復斟酌與奪，商量是非。致號謚之加，與汎階莫異，專以極美爲稱，無復貶降之名，禮官之失，一至於此！案甄司徒行狀，至德與聖人齊蹤，鴻名共大賢比迹，「文穆」之謚，何足加焉？但比來贈謚，於例普重，如甄琛之流，無不復謚。謂宜依謚法「慈惠愛民曰孝」，宜謚曰孝穆公。自今已後，明勒太常、司徒有行狀如此，言辭流宕，無復節限者，悉請裁量，不聽爲受。必准人立謚，不得甚加優越。復仍踵前來之失者，付法司科罪。』從之。琛祖載，肅宗親送，降車就輿，弔服哭之，遣舍人慰其諸子。

《梁書》卷三五《蕭子顯傳》　及葬請謚，手詔『恃才傲物，宜謚曰驕』。

又　卷二二《安成郡王機王傳》　（蕭機）好弄，尚力，遠士子，近小人。爲州專意聚斂，無治績，頻被案劾。及將葬，有司請謚，高祖詔曰：『王好内怠政，可謚曰煬。』

又　卷五一《處士傳·何點》　天監三年，卒，時年六十八。詔曰：『新除侍中何點，栖遲衡泌，白首不渝。奄至殞喪，倍懷傷惻。可給第一品材一具，賻錢二萬、布五十匹。喪事所須，内監經理。』

《陳書》卷一八《袁泌傳》　臨終戒其子蔓華曰：『吾於朝廷素無功績，瞑目之後，斂手足旋葬，無得輒受贈謚。』其子述泌遺意，表請之，朝廷不許，贈金紫光禄大夫，謚曰質。

《北齊書》卷六《孝昭帝紀》　（皇建元年八月）乙酉，詔：自太祖創業已來，諸有佐命功臣子孫絶滅，國統不傳者，有司搜訪近親，以名聞，當量爲立後；【略】軍人戰亡死王事者，以時申聞，當加榮贈；督將、朝士名望素高，位歷通顯，天保以來未蒙追贈者，亦皆録奏。

又　卷一八《孫騰傳》　（孫騰）與奪由己，求納財賄，不知紀極。生官死贈，非貨不行。

又　《高隆之傳》　贈冀定瀛滄幽五州諸軍事、大將軍、太尉、太保、冀州刺史、陽夏王。竟不得謚。

又　《司馬子如傳》　贈使持節、都督冀定瀛滄懷五州諸軍事、太師、太尉、懷州刺史，贈物一千段，謚曰文明。

《周書》卷六《武帝紀下》　（建德六年正月）甲午，帝入鄴城。

【略】己亥，詔曰：『自晉州大陣至于平鄴，身殞戰場者，其子卽授父本官。』

又 卷一四《賀拔岳傳》 贈侍中、太傅、録尚書、都督關中三十州諸軍事、大將軍、雍州刺史，謚曰武壯，葬以王禮。

又 卷二〇《尉遲綱傳》 薨于京師，時年五十三。贈太保、十二州諸軍事、同州刺史。謚曰武。

《隋書》卷三二《經籍志一》 《謚法》三卷劉熙撰。

《謚法》十卷特進、中軍將軍沈約撰。

《謚法》五卷梁太府卿賀瑒撰。

《晉書》卷二〇《禮志中》 《五經通義》以爲有德則謚善，無德則謚惡，故雖君臣可同。魏朝初謚宣帝爲文侯，景王爲武侯，文王表不宜與二祖同，於是改謚宣文、忠武。至文王受晉王之號，魏帝又追命宣文爲宣王，忠武爲景王。太康八年十月，太常上謚故太常平陵男郭奕爲景侯。有司奏云：『晉受命以來，祖宗號謚羣下未有同者，故郭奕爲景，與景皇同，不可聽，宜謚曰「穆」。』王濟、羊璞等並云：『夫無窮之祚，名謚不一，若皆相避，于制難全。如悉不避，復非推崇事尊之禮。宜依諱名之義，但及七廟祖宗而已，不及遷毁之廟。』成粲、武茂、劉訥並云：『同謚非嫌。號謚者，國之大典，所以厲時作教，經天人之遠旨也。固雖君父，義有所不隆，及在臣子，或以行顯。故能使上下邁德，罔有怠荒。臣願聖世同符堯舜，行周同謚之禮，舍漢魏近制相避之議。』又引周公父子同謚曰「文」。武帝詔曰：『非言君臣不可同，正以奕謚景不相當耳，宜謚曰「簡」。』及太元四年，侍中王欣之表君臣之嫌同謚，尚書奏以欣之言爲然。詔可。

驃騎將軍温嶠前妻李氏，在嶠微時便卒。又娶王氏、何氏，並在嶠前死。及嶠薨，朝廷以問陳舒：『三人並得爲夫人不？』舒云：『《禮記》「其妻爲夫人而卒，而後其夫不爲大夫，而祔於其妻，則不易牲。妻卒。而後夫爲大夫，而祔於其妻，則以大夫牲」。然則夫榮於朝，妻貴於室，雖先夫没，榮辱常隨於夫也。《禮記》曰「妻祔於祖姑，祖姑有三人，則祔其親者」。如禮，則三人皆爲夫人也。自秦漢已來，廢一娶九女之制，近世無復繼室之禮，先妻卒則更娶。苟生加禮，則亡不應貶。』庾蔚之云：『賤時之妻不得並爲夫人，若有追贈之命則不論耳。』《嶠傳》，贈王、何二人夫人印綬，不及李氏。

永和十一年，彭城國爲李太妃求謚。博士曹耽之議：『夫婦行不必同，不得以夫謚謚婦。《春秋》婦人有謚甚多，經無譏文，知禮得謚也。』胡訥云：『禮，婦人生以夫爵，死以夫謚。《春秋》夫人有謚，不復依禮耳。安平獻王李妃、琅邪武王諸葛妃，太傅東海王裴妃並無謚，今宜率舊典。』王彪之云：『婦人有謚，禮壞故耳。聲子爲謚，服虔諸儒以爲非。杜預亦云「禮，婦人無謚」。《春秋》無譏之文，所謂不待貶絶自明者也。近世惟后乃有謚耳。』

太尉荀顗上謚法云：『若賜謚而道遠不及葬者，皆封策下屬，遣所承長吏奉策卽家祭賜謚。』

又 卷四五《劉毅傳》 太康六年卒，武帝撫几驚曰：『失吾名臣，不得生作三公！』卽贈儀同三司，使者監護喪事。羽林左監北海王宫上疏曰：『中詔以毅忠允匪躬，贈班臺司，斯誠聖朝考績以毅著勳之美事也。臣謹按，謚者行之迹，而號者功之表。今毅功德並立，而有號無謚，於義不體。臣竊以《春秋》之事求之，謚法主於行而不繫爵。然漢魏相承，爵非列侯，則皆没而高行，不加之謚，至使三事之賢臣，不如野戰之將。銘迹所殊，臣願聖世舉《春秋》之遠制，改列爵之舊限，使夫功行之實不相掩替，則莫不率賴。若以革舊毁制，非所倉卒，則毅之忠益，雖不攻城略地，論德進爵，亦應在例。臣敢惟行甫請周之義，謹牒毅功行如右。』帝出其表使八坐議之，多同宫議。奏寢不報。

又 《郭奕傳》 太康八年卒，太常上謚爲景。有司議以貴賤不同號，謚與景皇同，不可，請謚曰穆。詔曰：『謚所以旌德表行，按謚法一德不懈爲簡。奕忠毅清直，立德不渝。』於是遂賜謚曰簡。

又 卷九一《儒林傳·范弘之》 范弘之，字長文，安北將軍汪之孫也。襲爵武興侯。雅正好學，以儒術該明，爲太學博士。時衛將軍謝石薨，請謚，下禮官議。弘之議曰：

石階藉門廕，屢登崇顯，總司百揆，翼贊三臺，閑練庶事，勤勞匪懈，内外僉議，皆曰與能。當淮肥之捷，勳拯危墜，雖皇威遐震，狡寇天亡，因時立功，石亦與焉。又開建學校，以延胄子，雖盛化未洽，亦愛禮存羊。然古之賢輔，大則以道事君，侃侃終日；次則厲身奉國，夙夜無怠；下則愛人惜力，以濟時務。此數者，然後可以免惟塵之議，塞素餐之責矣。今石位居朝端，任則論道，唱言無忠國之謀，守職則容身而已，不可謂事君；貨黷京邑，聚斂無厭，不可謂厲身；坐擁大衆，侵食百姓，《大東》流於遠近，怨毒結於衆心，不可謂愛人；工徒勞於土木，思慮殫於機巧，紈綺盡於婢妾，財用縻於絲桐，不可謂惜力。此人臣之大害，有國之所去也。

先王所以正風俗，理人倫者，莫尚乎節儉，故夷吾受謗乎三歸，平仲流美於約己。自頃風軌陵遲，奢僭無度，廉恥不興，利競交馳，不可不深防原本，以絶其流。漢文襲弋綈之服，諸侯猶侈；武帝焚雉頭之裘，靡麗不息。良由儉德雖彰，而威禁不肅；道自我建，而刑不及物。若存罰其違，亡貶其惡，則四維必張，禮義行矣。

案《謚法》，因事有功曰『襄』，貪以敗官曰『墨』，宜謚曰『襄墨公』。

《南史》卷六〇《徐勉傳》 及卒，帝聞而流涕。即日車駕臨殯，贈右光禄大夫、開府儀同三司。皇太子亦舉哀朝堂。有司奏謚『居敬行簡曰簡』，帝益『執心決斷曰肅』，因謚簡肅公。

又 卷五二《梁宗室傳下》 初，（蕭）瞱寢疾歷年，官曹壅滯，有司案謚法『言行相違曰替』，乃謚替侯。

宋·李昉等《太平御覽》卷五六二《禮儀部四十一·謚》 干寶《晉記》曰：何曾卒，下禮官謚。博士秦秀議曰：『曾資性驕奢，不修軌則。弈世以來，宰臣輔相未有受詬辱之聲、被有司之劾、父子塵累而蒙恩貸若曾者也。謹按《謚法》：名與實爽曰「繆」，怙威肆行曰「醜」。曾宜謚爲「繆醜」。』

又曰：太尉魯公賈充薨。初，充用韓謐爲賈氏嗣，上特許之。及議謚，博士秦秀曰：『充位冠羣俊，惟民之望。而悖禮溺情，以亂大倫。案《謚法》：昏亂紀度曰「荒」。充宜謚曰「荒」。』上弗從，賜謚曰『武』。

【略】

《晉中興書》曰：中宗即尊號也，時賜謚多由封爵，不考德行。王遵上疏曰：『臣聞大行受大名，小行受小名。名則實稱，不誣而已。近代以來，惟爵得謚，武官牙門有爵必謚，卿校常伯無爵，悉不賜謚，甚失制謚之本。今中興肇建，勳德兼被，宜深體前訓，使行以謚彰，豈可限以有爵？』中宗納焉。自後公卿無爵而謚，自遵始也。

論說

清·趙翼《廿二史劄記》卷一四《魏齊周隋書並北史·後魏追謚之濫》 有天下追尊其先世，禮也。然不過兩三代，獨後魏則無限制。道武帝建國稱帝，既追尊其始祖力微爲神元皇帝。

自神元以下，沙漠汗曰文帝，悉鹿曰章帝，綽曰平帝，弗曰思帝，禄官曰昭帝，猗㐌曰桓帝，猗盧曰穆帝，鬱律曰太祖平文帝，賀曰惠帝，紇那曰煬帝，翳槐曰烈帝，什翼犍曰昭成帝，凡十三帝。

又從神元而上，追尊極遠之祖，毛曰成帝，貸曰節帝，觀曰莊帝，樓曰明帝，越曰安帝，推寅曰宣帝，利曰景帝，俟曰元帝，肆曰和帝，機曰定帝，蓋曰僖帝，儈曰威帝，鄰曰獻帝，詰汾曰聖武帝，又共十四帝。則不惟謚號遥加，并名諱亦出於追制，苟欲崇其祖先而至於濫褻已甚，此不經之甚者也。

按漢制：開國之君稱祖，以下則俱稱宗。自曹魏始三代稱祖，武帝稱太祖，文帝稱高祖，明帝稱烈祖明帝廟號乃生前所定，尤屬不經，故孫盛譏之。晉亦三代稱祖，司馬懿追稱高祖，昭追稱太祖，武帝稱世祖。慕容氏亦三代稱祖，廆追稱高祖，皝追稱太祖，儁僭號稱烈祖。姚秦亦三代稱祖，弋仲追稱始祖，萇稱太祖，興稱高祖。至元魏則更有兩太祖，道武既追尊平文帝爲太祖，及道武崩，其廟號又稱太祖，此列朝所未見也。其後太武帝稱世祖，獻文帝稱顯祖，孝文帝稱高祖。北齊則高歡追稱高祖，文宣帝稱顯祖，武成帝稱世祖，亦三代稱祖。周宇文泰追稱太祖，武帝稱高祖。南朝則宋武帝稱高祖，文帝稱太祖，孝武帝稱世祖，亦三代稱祖。齊高帝稱太祖，武帝稱世祖。梁武帝稱高祖，元帝稱世祖。陳武帝稱高祖，文帝稱世祖。祖以功，宗以德，原非必一祖之外不得再稱祖，然亦須揆其功而祖之。如魏明帝、宋文帝、孝武帝、後魏獻文帝、北齊武成帝諸君，不過蒙業繼體，在位僅數年，無功可紀，乃亦以祖爲廟號，僭偽之朝，苟爲崇奉，固不可爲法也。

品階班制度分部

綜　述

《三國志》卷四《魏志・陳留王奐傳》裴松之注　《漢晉春秋》曰：晉公既進爵爲王，太尉王祥、司徒何曾、司空荀顗並詣王。顗曰：『相王尊重，何侯與一朝之臣皆已盡敬，今日便當相率而拜，無所疑也。』祥曰：『相國位勢，誠爲尊貴，然要是魏之宰相，吾等魏之三公，公、王相去，一階而已，班列大同，安有天子三公可輒拜人者！損魏朝之望，虧晉王之德，君子愛人以禮，吾不爲也。』及入，顗遂拜，而祥獨長揖。王謂祥曰：『今日然後知君見顧之重！』

《宋書》卷七《前廢帝紀》　（八月）改元爲景和元年，文武賜位二等。

又　卷四〇《百官志下》　太傅，太保，太宰，太尉，司徒，司空，大司馬，大將軍，諸位從公。右第一品。

特進，驃騎，車騎，衛將軍，諸大將軍，諸持節都督。右第二品。

侍中，散騎常侍，尚書令，僕射，尚書，中書監，令，秘書監，諸征、鎮至龍驤將軍，光禄大夫，諸卿，尹，太子二傅，大長秋，太子詹事，領、護軍，縣侯。右第三品。

二衛至五校尉，寧朔至五威、五武將軍，四中郎將，刺史領兵者，戎蠻校尉，御史中丞，都水使者，鄉侯。右第四品。

給事中，黄門，散騎、中書侍郎，謁者僕射，三將，積射、强弩將軍，太子中庶子，庶子，三卿，率，鷹揚至陵江將軍，刺史不領兵者，郡國太守，内史，相，亭侯。右第五品。

尚書丞，郎，治書侍御史，侍御史，三都尉，博士，撫軍以上及持節都督領護長史，司馬，公府從事中郎將，廷尉正，監，評，秘書著作丞，郎，王國公三卿，師，友，文學，諸縣署令千石者，太子門大夫，殿中將軍，司馬督，雜號護軍，關内侯。右第六品。

謁者，殿中監，諸卿尹丞，太子傅詹事率丞，諸軍長史、司馬六百石者，諸府參軍，戎蠻府長史，司馬，公府掾，屬，太子洗馬，舍人，食官令，諸縣令六百石者。右第七品。

内臺正令史，郡丞，諸縣署長，雜號宣威將軍以下。右第八品。

内臺書令史，外臺正令史，諸縣署丞，尉。右第九品。

凡新置不見此諸條者，隨秩位所視，蓋□□右所定也。

又　卷五四《羊玄保傳》　善弈棋，棋品第三，太祖與賭郡戲，勝，以補宣城太守。先是，劉式之爲宣城，立吏民亡叛制，一人不禽，符伍里吏送州作部，若獲者賞位二階。

玄保兄子希，字泰聞，少有才氣。大明初，爲尚書左丞。時揚州刺史西陽王子尚上言：『山湖之禁，雖有舊科，民俗相因，替而不奉，熂山封水，保爲家利。自頃以來，頽弛日甚，富强者兼嶺而占，貧弱者薪蘇無託，至漁採之地，亦又如兹。斯實害治之深弊，爲政所宜去絶，損益舊條，更申恒制。』有司檢壬辰詔書：『占山護澤，强盜律論，贓一丈以上，皆棄市。』希以『壬辰之制，其禁嚴刻，事既難遵，理與時弛。而占山封水，漸染復滋，更相因仍，便成先業，一朝頓去，易致嗟怨。今更刊革，立制五條。凡是山澤，先常熂爈種養竹木雜果爲林芿，及陂湖江海魚梁鰌鮆場，常加功修作者，聽不追奪。官品第一、第二，聽占山三頃；第三、第四品，二頃五十畝；第五、第六品，二頃；第七、第八品，一頃五十畝；第九品及百姓，一頃。皆依定格，條上貲簿。若先已占山，不得更占；先占闕少，依限占足。若非前條舊業，一不得禁。有犯者，水土一尺以上，並計贓，依常盜律論。停除咸康二年壬辰之科。』從之。

《魏書》卷四一《源賀傳》　（源）懷又表曰：『景明以來，北蕃連年災旱，高原陸野，不任營殖，唯有水田，少可菑畝。然主將參僚，專擅腴美，瘠土荒疇給百姓，因此困弊，日月滋甚。諸鎮水田，請依地令分給細民，先貧後富。若分付不平，令一人怨訟者，鎮將已下連署之官，各奪一時之禄，四人已上奪禄一周。北鎮邊蕃，事異諸夏，往日置官，全不差別。沃野一鎮，自將已下八百餘人，黎庶怨嗟，僉曰煩猥。邊隅事尠，實少畿服，請主帥吏佐五分減二。』詔曰：『省表具恤民之懷，已敕有司一依所上，下爲永淮。如斯之比，不便於民，損化害政者，其備列以聞。』時細民爲豪强陵壓，積年枉滯，一朝見申者，日有百數。所上事宜便於北邊者，凡四十餘條，皆見嘉納。

又　卷五四《高閭傳》　淮南王他奏求依舊斷禄，文明太后令召羣臣議之。閭表曰：

天生烝民，樹之以君，明君不能獨理，必須臣以作輔。君使臣以禮，臣事君以忠。故車服有等差，爵命有分秩；德高者則位尊，任廣者則禄重。下者禄足以代耕，上者俸足以行義。庶民均其賦，以展奉上之心；君王聚其材，以供事業之用。君班其俸，垂惠則厚；臣受其禄，感恩則深。於是貪殘之心止，竭效之誠篤，兆庶無侵削之煩，百辟備禮容之美。斯則經世之明典，爲治之至術。自堯、舜以來，逮于三季，雖優劣不同，而斯道弗改。自中原崩否，天下幅裂，海内未一，民户耗減，國用不充，俸禄遂廢。此則事出臨時之宜，良非久長之道。

大魏應期紹祚，照臨萬方，九服既和，八表咸謐。二聖欽明文思，道冠百代，動遵禮式，稽改舊章，准百王不易之勝法，述前聖利世之高軌，置立鄰黨，班宣俸禄，事設令行，於今已久，苛慝不生，上下無怨，姦巧革慮，窺覦絶心，利潤之厚，同於天地。以斯觀之，如何可改？

又洪波奔激，則堤防宜厚；姦悖充斥，則禁網須嚴。且飢寒切身，慈母不保其子；家給人足，禮讓可得而生。但廉清之人，不必皆富；豐財之士，未必悉賢。今給其俸，則清者足以息其濫竊，貪者足以感而勸善；若不班禄，則貪者肆其姦情，清者不能自保。難易之驗，灼然可知，如何一朝便欲去俸？淮南之議，不亦謬乎？

詔從閭議。

又　卷五九《劉昶傳》　（太和十八年）十月，昶朝于京師。高祖臨光極堂大選。高祖曰：『朝因月旦，欲評魏典。夫典者，爲國大綱，治民之柄。君能好典則國治，不能則國亂。我國家昔在恆代，隨時制作，非通世之長典。故自夏及秋，親議條制。或言唯能是寄，不必拘門，朕以爲不爾。何者？當今之世，仰祖質樸，清濁同流，混齊一等，君子小人，名品無別，此殊爲不可。我今八族以上，士人品第有九，九品之外，小人之官，復有七等。若苟有其人，可起家爲三公。正恐賢才難得，不可止爲一人，渾我典制。故令班鏡九流，清一朝軌，使千載之後，我得髣像唐虞，卿等依俙元、凱。』昶對曰：『陛下光宅中區，惟新朝典，刊正九流爲不朽之法，豈唯髣像唐虞，固以有高三代。』高祖曰：『國家本來有一事可慨。可慨者何？恆無公言得失。今卿等各盡其心。人君患不能納羣下之諫，爲臣患不能盡忠於主。朕今舉一人，如有不可，卿等盡言其失；若有才能而朕所不識者，宜各舉所知。朕當虚己延納。若能如此，能舉則受賞，不言則有罪。』

又　卷一一三《官氏志九》　自太祖至高祖初，其内外百官屢有減置，或事出當時，不爲常目，如萬騎、飛鴻、常忠、直意將軍之徒是也。舊令亡失，無所依據。太和中高祖詔羣僚議定百官，著於令，今列于左，勳品、流外位卑而不載矣。

太師

太傅

太保

右三師

大司馬

大將軍

右第一品上

太尉

司徒

司空

右三公

右第一品中

儀同三司

都督中外諸軍事

特進

諸開府

驃騎將軍

車騎將軍二將軍加大者位在三司上。

衛將軍加大者，次儀同三司。

右三將軍
右第一品下
太子太師
太子太傅
太子太保
右東宮三師
尚書令
都督府州諸軍事
右從第一品上
四征加大者，次衛將軍。
左右光禄大夫
尚書左僕射
尚書右僕射
中書監
右從第一品中
四鎮加大者，次尚書令。
吏部尚書
太常
光禄勳
衛尉
右三卿
中軍將軍
鎮軍將軍
撫軍將軍
右三將軍加大者，秩次四征下。
金紫光禄大夫
右從第一品下
太子少師
太子少傅
太子少保
右東宮三少
中侍中
都督三州諸軍事
太僕
廷尉
大鴻臚
宗正
大司農
少府
右六卿
領軍將軍
護軍將軍二將軍與領護不並置。
右第二品上
列曹尚書
中書令
領軍
護軍二職若侍臣帶者加中。
司州刺史
右從第二品上
四安加大者，秩次三少下。
凡將軍三品已下、五品已上加大者。
散騎常侍
太子左右詹事
右第二品下
前、後、左、右將軍
四平加大者，秩次護軍下。
大長秋卿
左衛將軍
右從第二品上
秘書監

光禄大夫銀青者。
右從第二品中
武衛將軍
都督一州諸軍事
將作大匠
右衛將軍
右從第二品下
駙馬
諸王師
太子左右衛率
御史中尉
中常侍
征虜將軍
輔國將軍
龍驤將軍
司衛監
中尹
少卿
光爵
代尹
右第三品上
給事黄門侍郎
太子中庶子
南、北、東、西中郎將
護匈奴、羌、戎、夷、蠻、越中郎將
右第三品中
通直散騎常侍
城門校尉
羽林中郎將
太中大夫
護羌、戎、夷、蠻、越校尉
右第三品下
員外散騎常侍
驍騎將軍
太子家令
太子率更令
太子僕
太子庶子
給事中
前、後、左、右軍將軍
中大夫
秘書令
給事
右從第三品上
中給事
射聲校尉
越騎校尉
屯騎校尉
步兵校尉
長水校尉
監軍
右從第三品中
鎮遠將軍
安遠將軍
建遠將軍
建中將軍
建節將軍
立義將軍
立忠將軍
立節將軍

恢武將軍
勇武將軍
曜武將軍
昭武將軍
顯武將軍
直閣將軍
右從第三品下
國子祭酒
下大夫
公府長史
尚書左丞
太子三校
散騎侍郎
中書侍郎
中謁者大夫
中散大夫
中堅將軍
中壘將軍
寧朔將軍
揚威將軍
右第四品上
公府司馬
尚書右丞
司馬別駕
太子中舍人
中黃門令
令
內署令
都水使者
符節令
通直散騎常侍
建威將軍
振威將軍
奮威將軍
右第四品中
諫議大夫
秘書丞
建武將軍
振武將軍
奮武將軍
揚武將軍
廣武將軍
廣威將軍
右第四品下
元士
公府諮議參軍
諸開府長史
尚書吏部郎中
太子洗馬
武騎侍郎
奉車都尉
駙馬都尉
騎都尉
羽林中郎
中散庶長
謁者僕射
羽林郎將
高車羽林郎將
冗從僕射
右從第四品上

諸開府司馬
司州功曹都官
五局司直
司敗
諸局校尉
符璽郎中
右從第四品中
諸王友
員外散騎侍郎
太子門大夫
協律中郎
戟楯虎賁將軍
募員虎賁將軍
高車虎賁將軍
左右積弩射將軍
强弩將軍
右從第四品下
中軍、鎮軍、撫軍長史
鷹揚將軍
折衝將軍
寧遠將軍
揚烈將軍
諸開府諮議參軍
秘書著作郎
治書侍御史
中謁者僕射
中黄門冗從僕射
侍御中散
中軍、鎮軍、撫軍司馬
公府從事中郎
尚書郎中
伏波將軍
陵江將軍
平漠將軍
太子食官令
太子中盾
右第五品上
中書議郎
諸開府從事中郎
公府正參軍
公府主簿
廷尉正、監、評
太子舍人
司州主簿
中黄門
輕車將軍
威遠將軍
虎威將軍
中散
殿中將軍
散臣監
太子倉令
右第五品中
皇宗博士
歸義侯
率義侯
順義侯
朝服侯
太常丞
右第五品下

秘書郎
國子博士
太學祭酒
秘書著作佐郎
武士將軍
虎賁司馬
虎賁郎將
方舞郎庶長
宿衛軍將
掖庭監
典客監
典儀監
協律郎
太祝令
右從第五品上
太子廐長
諸局監
尚書郎
侍御史
殿中御史
京邑市令
典牧都尉
水衡都尉
司鹽都尉
司竹都尉
崇虚都尉
列卿丞
詹事丞
代尹丞
小黄門
謁者
員外將軍
散員大夫
太樂祭酒
門下録事
奉乘郎
羽林郎
右從第五品中
附義中郎將
歸義中郎將
率義中郎將
順義中郎將
戟楯虎賁司馬
募員虎賁司馬
高車虎賁司馬
戟楯虎賁將
募員虎賁將
高車虎賁將
嘗藥監
中謁者
宮門司馬
宗聖士
諸開府正參軍
諸門府主簿
辨章郎
太宰令
廪犧令
殿中監
翼馭郎
高車羽林郎

瞻人郎
方者郎
右從第五品下
公府行參軍
宣威將軍
明威將軍
襄武將軍
厲威將軍
公府掾屬
中軍、撫軍、鎮軍正參軍
主書郎
詹事五官
門下主書舍人
門下通事舍人
司州司事
司州從事
代郡功曹主簿
右第六品上
太學博士
太史博士
律博士
禮官博士
公府記室督
威烈將軍
威寇將軍
威虜將軍
威戎將軍
威武將軍
右第六品中
散騎
奉朝請
武烈將軍
武毅將軍
武奮將軍
太樂博士
河堤謁者
右第六品下
諸開府行參軍
散員士
中書舍人
領、護二衛主簿
主事郎
詹事主簿
集書舍人
中軍、鎮軍、撫軍行參軍
領、護功曹掾
領、護五官
散臣中校
宿衛統
太子常從虎賁督
侍幹
寺人
閹人
掌璽郎
太子守舍人
掌服郎
掌筵郎
虎賁郎
諸開府掾屬
集書校書郎

秘書校書郎
秘書鍾律郎
右從第六品上
監淮海津都尉
諸局中校尉
方舞郎
諸宫門僕
諸開府記室督
司馬督
千人督
校尉
右從第六品中
戟楯虎賁
募員虎賁
高車虎賁
治禮郎
獄丞
右從第六品中
公府舍人
太子主書舍人
太子主衣舍人
都令史
主書令史
門下令史
太子左、右衛率主簿
司事郎
司州録事
代郡通事
御屬
綏遠將軍

綏虜將軍
綏邊將軍
右第七品上
國子學生
討寇將軍
討虜將軍
討難將軍
討夷將軍
右第七品中
秘書舍人
符史郎
盪寇將軍
盪虜將軍
盪難將軍
盪逆將軍
太廟門僕
右第七品下
諸門府舍人
秘書令史
主書令史
集書令史
起居注令史
直事郎
司州本曹
散臣督事
宿衛幢將
右從第七品上
祝史
太常齊郎
王家尉

公主家令
右從第七品中
諸局督事
獄掾
太學典録
太史博士
太卜博士
太醫博士
太常日者
扶令
太樂典録
右從第七品下
公府令史
太子典書令史
太子典衣令史
司事令史
諸局通事
殄寇將軍
殄虜將軍
殄難將軍
殄夷將軍
右第八品上
太學助教
掃寇將軍
掃虜將軍
掃難將軍
掃逆將軍
右第八品中
厲武將軍
厲鋒將軍
虎牙將軍
虎奮將軍
右第八品下
直事令史
宿衛軍司馬
諸局省事
尚書記室令史
右從第八品上
尚書算生
典客舍人
符券史
公府閤下令史
右從第八品中
諸寺算生
諸局書令史
虎賁軍書令史
乘傳使者
右從第八品下
諸開府令史
宿衛軍吏
諸局書吏
書幹
主書幹
典書幹
廣野將軍
橫野將軍
偏將軍
裨將軍
右第九品上
祀官齊郎

典客參軍
太醫、太史助教
右第九品中
白衣臣
右第九品下
統史
中校尉
右從第九品上
方驛博士
右從第九品中
八書吏
王家吏
右從第九品下
太和十八年十二月，降車、驃將軍，侍中，黄門秩，依魏晉舊事。
十九年八月，初置直齊、御仗左右武官。
二十三年，高祖復次職令，及帝崩，世宗初班行之，以爲永制。
太師　太傅　太保
右三師上公
王
大司馬　大將軍
右二大
太尉　司徒　司空
開國郡公
右第一品
儀同三司　開國縣公　都督中外諸軍事　諸開府　散公
右從第一品
太子太師　太子太傅　太子太保　特進　尚書令　驃騎將軍　車騎將軍二將軍加大者，位在都督中外之下。衛將軍加大者，位在太子太師之上。四征將軍加大者，位次衛大將軍。　諸將軍加大者左右光禄大夫　開國縣侯
右第二品
尚書僕射若並置左右，則左居其上，右居其下。中書監　司州牧　四鎮將軍加大者，次衛將軍。
中軍將軍　鎮軍將軍　撫軍將軍
右三將軍
金紫光禄大夫　散侯
右從第二品
吏部尚書　四安將軍　中領軍　中護軍二軍加將軍，則去中，位次撫軍。
太常　光禄　衛尉
右三卿
太子少師　太子少傅　太子少保　中書令　太子詹事　侍中　列曹尚書
四平將軍
太僕　廷尉　大鴻臚　宗正　大司農　太府
右六卿
河南尹　上州刺史　秘書監　諸王師　左右衛將軍　前、左、右、後將軍　光禄大夫銀青者。　開國縣伯
右第三品
散騎常侍　四方郎將　護匈奴、羌、戎、夷、蠻、越中郎將　國子祭酒
御史中尉　大長秋卿　將作大匠　征虜將軍　二大、二公長史若司徒置二長史，左在散騎常侍下，右在中庶子下。　太子左右衛率　武衛將軍　冠軍將軍　護羌、戎、夷、蠻、越校尉　太中大夫　輔國將軍　中州刺史
龍驤將軍　散伯
右從第三品
二大、二公司馬
太常　光禄　衛尉
右三少卿
尚書吏部郎中　給事黄門侍郎　太子中庶子　司空、皇子長史　太僕
廷尉大鴻臚　宗正　大司農　太府
右六少卿
中常侍　中尹　城門校尉　司空、皇子司馬　從第一品將軍開府長史
驍騎將軍　游擊將軍

以前上階

鎮遠將軍　安遠將軍　平遠將軍　建義將軍　建忠將軍　建節將軍　立義將軍　立忠將軍　立節將軍　恢武將軍　勇武將軍　曜武將軍　昭武將軍　顯武將軍　從第一品將軍開府司馬　通直散騎常侍　司徒諮議參軍事　中散大夫　下州刺史　上郡太守、內史、相　開國縣子

右第四品

中堅將軍　中壘將軍　尚書左丞　二大、二公諮議參軍事　司州別駕從事史第二品將軍、始蕃王長史　太子家令　太子率更令　太子僕　中書侍郎　太子庶子　第二品將軍、始蕃王司馬　前、左、右、後軍將軍

以前上階

寧朔將軍　建威將軍　振威將軍　奮威將軍　揚威將軍　廣威將軍　諫議大夫　尚書右丞　司空、皇子諮議參軍事　司州治中從事史　左、右中郎將　建武將軍　振武將軍　奮武將軍　揚武將軍　廣武將軍　從第一品將軍開府諮議參軍事　散子

右從第四品

寧遠將軍　鷹揚將軍　折衝將軍　揚烈將軍　從第二品將軍、二蕃王長史二大、二公從事中郎　秘書丞　皇子友　國子博士　散騎侍郎　太子中舍人　員外散騎常侍　從第二品將軍、二蕃王司馬

以前上階

射聲校尉　越騎校尉　屯騎校尉　步軍校尉　長水校尉　司空、皇子之開府從事中郎　第二品將軍、始蕃王諮議參軍事　開府從事中郎　中郡太守、內史、相　開國縣男

右第五品

伏波將軍　陵江將軍　平漢將軍　第三品將軍、三蕃王長史　二大、二公掾屬　著作郎　通直散騎常侍　太子洗馬　從第二品將軍、二蕃王諮議參軍事　第三品將軍、三蕃王司馬　奉車都尉

以前上階

太子屯騎校尉　太子步兵校尉　太子翊軍校尉　都水使者　司空、皇子之開府掾屬　領、護長史　司馬　歸義侯　率義侯　順義侯　朝服侯輕車將軍　威遠將軍　開府掾屬　虎威將軍　洛陽令　中給事中　散男

右從第五品

宣威將軍　明威將軍　從第三品將軍長史二大、二公主簿二大、二公録事　皇子郎中令　司空主簿　司空、皇子録事參軍事　從第三品將軍司馬　第三品將軍、三蕃王諮議參軍事　二大、二公功曹、記室、户曹、倉曹、中兵參軍事　皇子文學　治書侍御史　謁者僕射　從第一品將軍開府録事參軍　司空、皇子功曹、記室、户曹、倉曹、中兵參軍事　皇子功曹史

以前上階

河南郡丞　虎賁中郎將　羽林監　冗從僕射　駙馬都尉　廷尉正、監、評尚書郎中　中書舍人　從第一品將軍開府功曹、記室、倉曹、户曹、中兵參軍事，功曹史　下郡太守、內史、相上縣令、相

右第六品

襄威將軍　厲威將軍　第二品將軍、始蕃王録事參軍二大、二公列曹參軍事　給事中　太子門大夫　皇子大農　騎都尉　符璽郎

以前上階

從第二品將軍、二蕃王録事參軍　皇子主簿　司空、皇子列曹參軍事　第二品將軍、始蕃王功曹、記室、户曹、倉曹、中兵參軍事，功曹史　從第一品將軍開府主簿、列曹參軍事　從第二品將軍、二蕃功功曹、記室、户曹、倉曹、中兵參軍事，功曹史　太子舍人　三卿丞

右從第六品

威烈將軍　威寇將軍　威虜將軍　威戎將軍　威武將軍　四品正從將軍長史司馬　二大、二公祭酒　第三品將軍三蕃王録事參軍　司空皇子之開府祭酒　武烈將軍　武毅將軍　武奮將軍　王、公國郎中令　積弩將軍　積射將軍　員外散騎侍郎　皇子中尉　二大、二公參軍事　二大、二公列曹行參軍　開府祭酒

以前上階

司空、皇子參軍事　司空、皇子列曹行參軍　從第三品將軍録事參軍　第二品將軍、始蕃王主簿、列曹參軍事　從第一品將軍開府列曹行參軍　第三品將軍、三蕃王功曹、記室、户曹、倉曹、中兵參軍，功曹史　從第二品將軍、二蕃王主簿、列曹參軍事　二衛司馬　討寇將軍　討虜將軍

討難將軍　討夷將軍　從第三品將軍功曹、户曹、倉曹、中兵參軍事　詹事丞　列卿丞　秘書郎中　著作佐郎　中縣令、相

右第七品

盪寇將軍　盪虜將軍　盪難將軍　盪逆將軍　五品正從將軍長史、司馬　强弩將軍　二大、二公行參軍　司空、皇子行參軍　第二品將軍、始蕃王列曹行參軍　第三品將軍、三蕃王主簿、列曹參軍事　第一品將軍開府行參軍　王、公國大農

以前上階

太學博士　皇子常侍　太常博士　從第二品將軍、二蕃王參軍事　從第二品將軍、二蕃王列曹行參軍　從第三品將軍主簿、列曹參軍事　四品正從將軍録事、功曹、户曹、倉曹、中兵參軍事　司州主簿　奉朝請　國子助教

右從第七品

殄寇將軍　殄虜將軍　殄難將軍　殄夷將軍　第二品將軍、始蕃王行參軍　第三品將軍、三蕃王參軍事　第三品將軍、三蕃王列曹行參軍　四品正從將軍主簿、列曹參軍事　侯、伯國郎中令　司州西曹書佐　殿中將軍　皇子侍郎　大長秋丞

以前上階

侍御史　協律郎　辨章郎　從第二品將軍、二蕃王行參軍　從第三品將軍參軍事　從第三品將軍列曹行參軍　五品正從將軍録事、功曹、户曹、倉曹、中兵參軍事　王、公國中尉　司州祭酒從事　下縣令、相

右第八品

掃寇將軍　掃虜將軍　掃難將軍　掃逆將軍　司州議曹從事史二大、二公長兼行參軍　公車令　符節令　諸署令千石已上者。中黄門令　門下録事　尚書都令史　主書令史　殿中侍御史　中謁者僕射　中黄門冗從僕射

以前上階

宫門僕射　侯、伯國大農　司空、皇子長兼行參軍　二大、二公長兼行參軍皇子上、中、下將軍　皇子中大夫　二率丞　四品正從將軍列曹行參軍　王、公國常侍　厲武將軍　厲鋒將軍　虎牙將軍　虎奮將軍　五品正從將軍主簿、列曹行參軍　司州文學　從第一品將軍、開府長兼行參軍　員外將軍

右從第八品

曠野將軍　横野將軍　子、男國郎中令　太祝令　諸署令六百石已上者。中黄門　公主家令　皇子典書令　四門小學博士　律博士　校書郎　二大、二公參軍督護　檢校御史

以前上階

王、公國侍郎　侯、伯國中尉　謁者　太子三卿丞　五品正從將軍列曹行參軍　司空、皇子參軍督護　第二品將軍始蕃王長兼行參軍　從第一品將軍、開府參軍督護　殿中司馬督

右第九品

偏將軍　裨將軍　太子廐長　監淮海津都尉　諸局都尉　皇子典祠令　皇子學官令　皇子典衛令　王公國上中下將軍　王公國中大夫　諸署令不滿六百石者。

以前上階

第二品將軍、始蕃王參軍督護　從第二品將軍、二蕃王長兼行參軍　太常、光禄、衛尉、領、護詹事功曹、五官　治禮郎　子、男國大農　小黄門　員外司馬督

右從第九品

前世職次皆無從品，魏氏始置之，亦一代之別制也。

《梁書》卷三《武帝紀下》（普通元年）秋七月辛未，賜北討義客位一階。【略】

（十年三月）壬寅，詔曰：『朕自違桑梓，五十餘載，乃眷東顧，靡日不思。今四方款關，海外有截，獄訟稍簡，國務小閑，始獲展敬園陵，但增感慟。故鄉老少，接踵遠至，情貌孜孜，若歸於父，宜有以慰其此心。并可錫位一階，并加頒賚。所經縣邑，無出今年租賦。監所責民，蠲復二年。』並普賚內外從官軍主左右錢米各有差。

《周書》卷二《文帝紀》（魏廢帝）三年春正月，始作九命之典，以敍內外官爵。以第一品爲九命，第九品爲一命。改流外品爲九秩，亦以九爲上。

《隋書》卷二四《食貨志》 晉自中原喪亂，元帝寓居江左，百姓之自拔南奔者，並謂之僑人。皆取舊壤之名，僑立郡縣，往往散居，無有土著。而江南之俗，火耕水耨，土地卑濕，無有蓄積之資。諸蠻陬俚洞，霑沐王化者，各隨輕重，收其賧物，以裨國用。又嶺外酋帥，因生口翡翠明珠犀象之饒，雄於鄉曲者，朝廷多因而署之，以收其利。歷宋、齊、梁、陳，皆因而不改。其軍國所須雜物，隨土所出，臨時折課市取，乃無恆法定令。列州郡縣，制其任土所出，以爲徵賦。其無貫之人，不樂州縣編户者，謂之浮浪人，樂輸亦無定數，任量，准所輸，終優於正課焉。都下人多爲諸王公貴人左右、佃客、典計、衣食客之類，皆無課役。官品第一第二，佃客無過四十户。第三品三十五户。第四品三十户。第五品二十五户。第六品二十户。第七品十五户。第八品十户。第九品五户。其佃穀，皆與大家量分。其典計，官品第一第二，置三人。第三第四，置二人。第五第六及公府參軍、殿中監、監軍、長史、司馬、部曲督、關外侯、材官、議郎已上，一人。皆通在佃客數中。官品第六已上，並得衣食客三人。第七第八二人。第九品及舉輦、迹禽、前驅、由基强弩司馬、羽林郎、殿中冗從武賁、殿中武賁、持椎斧武騎武賁、持鈒冗從武賁、命中武賁武騎，一人。客皆注家籍。其課，丁男調布絹各二丈，絲三兩，綿八兩，禄絹八尺，禄綿三兩二分，租米五石，禄米二石。丁女並半之。男女年十六歲已上至六十，爲丁。男年十六，亦半課，年十八正課，六十六免課。女以嫁者爲丁，若在室者，年二十乃爲丁。其男丁，每歲役不過二十日。又率十八人出一運丁役之。其田，畝稅米二斗。蓋大率如此。其度量，斗則三斗當今一斗，稱則三兩當今一兩，尺則一尺二寸當今一尺。【略】

大抵自侯景之亂，國用常褊。京官文武，月別唯得廩食，多遥帶一郡縣官而取其禄秩焉。揚、徐等大州，比令、僕班。寧、桂等小州，比參軍班。丹陽、吴郡、會稽等郡，同太子詹事、尚書班。高凉、晉康等小郡，三班而已。大縣六班，小縣兩轉方至一班。品第既殊，不可委載。州郡縣禄米絹布絲綿，當處輸臺傳倉庫。若給刺史守令等，先准其所部文武人物多少，由敕而裁。凡如此禄秩，既通所部兵士給之，其家所得蓋少。諸王諸主，出閤就第婚冠所須，及衣裳服飾，並酒米魚鮭香油紙燭等，並官給之。王及主婿外禄者，不給。解任還京，仍亦公給云。

魏自永安之後，政道陵夷，寇亂實繁，農商失業。官有征伐，皆權調於人，猶不足以相資奉，乃令所在迭相糾發，百姓愁怨，無復聊生。尋而六鎮擾亂，相率内徙，寓食于齊、晉之郊。齊神武因之，以成大業。魏武西遷，連年戰爭，河、洛之間，又並空竭。天平元年，遷都於鄴，出粟一百三十萬石，以振貧人。是時六坊之衆，從武帝而西者，不能萬人，餘皆北徙，並給常廩，春秋二時賜帛，以供衣服之費。常調之外，逐豐稔之處，折絹糴粟，以充國儲。於諸州緣河津濟，皆官倉貯積，以擬漕運。於滄、瀛、幽、青四州之境，傍海置鹽官，以煮鹽，每歲收錢，軍國之資，得以周贍。自是之後，倉廩充實，雖有水旱凶饑之處，皆仰開倉以振之。元象、興和之中，頻歲大穰，穀斛至九錢。是時法網寬弛，百姓多離舊居，闕於徭賦。神武乃命孫騰、高隆之，分括無籍之户，得六十餘萬。於是僑居者各勒還本屬，是後租調之入有加焉。及文襄嗣業，侯景北叛，河南之地。困於兵革。尋而侯景亂梁，乃命行臺辛術，略有淮南之地。其新附州郡，羈縻輕稅而已。

及文宣受禪，多所創革。六坊之内徙者，更加簡練，每一人必當百人，任其臨陣必死，然後取之，謂之百保鮮卑。又簡華人之勇力絶倫者，謂之勇士，以備邊要。始立九等之户，富者稅其錢，貧者役其力。北興長城之役，南有金陵之戰，其後南征諸將，頻歲陷没，士馬死者以數十萬計。重以修創臺殿，所役甚廣，而帝刑罰酷濫，吏道因而成姦，豪黨兼併，户口益多隱漏。舊制，未娶者輸半床租調，陽翟一郡，户至數萬，籍多無妻。有司劾之，帝以爲生事，由是姦欺尤甚。户口租調，十亡六七。是時用度轉廣，賜與無節，府藏之積，不足以供。乃減百官之禄，撤軍人常廩，併省州郡縣鎮戍之職。又制刺史守宰行兼者，並不給幹，以節國之費用焉。

天保八年，議徙冀、定、瀛無田之人，謂之樂遷，于幽州范陽寬鄉以處之。百姓驚擾。屬以頻歲不熟，米糴踊貴矣。廢帝乾明中，尚書左丞蘇珍芝，議修石鱉等屯，歲收數萬石。自是淮南軍防，糧廩充足。孝昭皇建中，平州刺史嵇曄建議，開幽州督亢舊陂，長城左右營屯，歲收稻粟數十萬石，北境得以周贍。又於河内置懷義等屯，以給河南之費。自是稍止轉輸之勞。

至河清三年定令，乃命人居十家爲比鄰，五十家爲閭里，百家爲族黨。男子十八以上六十五已下爲丁；十六已上，十七已下爲中；六十六已上爲老；十五已下爲小。率以十八受田，輸租調，二十充兵，六十免力役，六十六退田，免租調。

京城四面，諸坊之外三十里内爲公田。受公田者，三縣代遷户執事官一品已下，逮于羽林武賁，各有差。其外畿郡，華人官第一品已下，羽林武賁已上，各有差。職事及百姓請墾田者，名爲永業田。奴婢受田者，親王止三百人；嗣王止二百人；第二品嗣王已下及庶姓王，止一百五十人；正三品已上及皇宗，止一百人；七品已上，限止八十人；八品已下至庶人，限止六十人。奴婢限外不給田者，皆不輸。其方百里外及州人，一夫受露田八十畝，婦四十畝。奴婢依良人，限數與在京百官同。丁牛一頭，受田六十畝，限止四牛。又每丁給永業二十畝，爲桑田。其中種桑五十根，榆三根，棗五根，不在還受之限。非此田者，悉入還受之分。土不宜桑者，給麻田，如桑田法。

率人一床，調絹一疋，綿八兩，凡十斤綿中，折一斤作絲，墾租二石，義租五斗。奴婢各准良人之半。牛調二尺，墾租一斗，義租五升。墾租送臺，義租納郡，以備水旱。墾租皆依貧富爲三梟。其賦税常調，則少者直出上户，中者及中户，多者及下户。上梟輸遠處，中梟輸次遠，下梟輸當州倉。三年一校焉。租入臺者，五百里内輸粟，五百里外輸米。入州鎮者，輸粟。人欲輸錢者，准上絹收錢。諸州郡皆别置富人倉。初立之日，准所領中下户口數，得支一年之糧，逐當州穀價賤時，斟量割當年義租充入。穀貴，下價糶之；賤則還用所糶之物，依價糴貯。

每歲春月，各依鄉土早晚，課人農桑。自春及秋，男十五已上，皆布田畝。桑蠶之月，婦女十五已上，皆營蠶桑。孟冬，刺史聽審邦教之優劣，定殿最之科品。人有人力無牛，或有牛無力者，須令相便，皆得納種。使地無遺利，人無遊手焉。

緣邊城守之地，堪墾食者，皆營屯田，署都使子使以統之。一子使當田五十頃，歲終考其所入，以論褒貶。

是時頻歲大水，州郡多遇沉溺，穀價騰踴。朝廷遣使開倉，從貴價以糶之，而百姓無益，饑饉尤甚。重以疾疫相乘，死者十四五焉。至天統中，又毁東宫，造修文、偃武、隆基嬪嬙諸院，起玳瑁樓。又于游豫園穿池，周以列館，中起三山，構臺，以象滄海，并大修佛寺，勞役鉅萬計。財用不給，乃減朝士之禄，斷諸曹糧膳及九州軍人常賜以供之。武平之後，權幸並進，賜與無限，加之旱蝗，國用轉屈，乃料境内六等富人，調令出錢。而給事黄門侍郎顔之推奏請立關市邸店之税，開府鄧長顒贊成之，後主大悦。於是以其所入，以供御府聲色之費，軍國之用不豫焉。未幾而亡。

後周太祖作相，創制六官。載師掌任土之法，辨夫家田里之數，會六畜車乘之稽，審賦役斂弛之節，制畿疆修廣之域，頒施惠之要，審牧產之政。司均掌田里之政令。凡人口十已上，宅五畝；口九已上，宅四畝；口五已下，宅三畝。有室者，田百四十畝，丁者田百畝。司賦掌功賦之政令。凡人自十八以至六十有四，與輕癃者，皆賦之。其賦之法，有室者，歲不過絹一匹，綿八兩，粟五斛；丁者半之。其非桑土，有室者，布一匹，麻十斤；丁者又半之。豐年則全賦，中年半之，下年一之，皆以時徵焉。若艱凶札，則不徵其賦。司役掌力役之政令。凡人自十八以至五十有九，皆任於役。豐年不過三旬，中年則二旬，下年則一旬。凡起徒役，無過家一人。其人有年八十者，一子不從役，百年者，家不從役。廢疾非人不養者，一人不從役。若凶札，又無力征。掌鹽掌四鹽之政令。一曰散鹽，煮海以成之；二曰監鹽，引池以化之；三曰形鹽，物地以出之；四曰飴鹽，於戎以取之。凡監鹽形鹽，每地爲之禁，百姓取之，皆稅焉。司倉掌辨九穀之物，以量國用。國用足，即蓄其餘，以待凶荒；不足則止。餘用足，則以粟貸人。春頒之，秋斂之。

閔帝元年，初除市門稅。及宣帝即位，復興人市之稅。武帝保定元年，改八丁兵爲十二丁兵，率歲一月役。建德二年，改軍士爲侍官，募百姓充之，除其縣籍。是後夏人半爲兵矣。宣帝時，發山東諸州，增一月功爲四十五日役，以起洛陽宮。并移相州六府於洛陽，稱東京六府。

武帝保定二年正月，初于蒲州開河渠，同州開龍首渠，以廣溉灌。

高祖登庸，罷東京之役，除人市之稅。是時尉迴、王謙、司馬消難，相次叛逆，興師誅討，賞費鉅萬。

又　卷二六《百官志上・梁》　天監初，武帝命尚書刪定郎濟陽蔡法度，定令爲九品。秩定，帝於品下注一品秩爲萬石，第二第三爲中二千石，第四第五爲二千石。至七年，革選，徐勉爲吏部尚書，定爲十八班。以班多者爲貴，同班者，則以居下者爲劣。

丞相、太宰、太傅、太保、大司馬、大將軍、太尉、司徒、司空，爲十八班。

諸將軍開府儀同三司、左右光禄開府儀同三司，爲十七班。

尚書令、太子太傅、左右光禄大夫，爲十六班。

尚書左僕射，太子少傅，尚書僕射、右僕射，中書監，特進，領、護軍將軍，爲十五班。

中領、護軍，吏部尚書，太子詹事，金紫光禄大夫，太常卿，爲十四班。

中書令，列曹尚書，國子祭酒，宗正、太府卿，光禄大夫，爲十三班。

侍中，散騎常侍，左、右衛將軍，司徒左長史，衛尉卿，爲十二班。

御史中丞，尚書吏部郎，秘書監，通直散騎常侍，太子左、右二衛率，左、右驍騎，左、右游擊，太中大夫，皇弟皇子師，司農、少府、廷尉卿，太子中庶子，光禄卿，爲十一班。

給事黄門侍郎，員外散騎常侍，皇弟皇子府長史，太僕、大匠卿，太子家令、率更令、僕，揚州别駕，中散大夫，司徒右長史，雲騎、遊騎，皇弟皇子府司馬，朱衣直閤將軍，爲十班。

尚書左丞，鴻臚卿，中書侍郎，國子博士，太子庶子，揚州中從事，皇弟皇子公府從事中郎，太舟卿，大長秋，皇弟皇子府諮議，嗣王府長史，前左右後四軍，嗣王府司馬，庶姓公府長史，司馬，爲九班。

秘書丞，太子中舍人，司徒左西掾，司徒屬，皇弟皇子友，散騎侍郎，尚書右丞，南徐州别駕，皇弟皇子公府掾屬，皇弟皇子單爲二衛司馬，嗣王庶姓公府從事中郎，左、右中郎將，嗣王庶姓公府諮議，皇弟皇子之庶子府長史、司馬，蕃王府長史、司馬，庶姓持節府長史、司馬，爲八班。

五校，東宫三校，皇弟皇子之庶子府中録事、中記室、中直兵參軍，南徐州中從事，皇弟皇子之庶子府、蕃王府諮議，爲七班。

太子洗馬，通直散騎侍郎，司徒主簿，尚書侍郎，著作郎，皇弟皇子府功曹史，五經博士，皇弟皇子府録事、記室、中兵參軍，皇弟皇子荆江雍郢南兗五州别駕，領、護軍長史、司馬，嗣王庶姓公府掾屬，南臺治書侍御史，廷尉三官，謁者僕射，太子門大夫，嗣王庶姓公府中録事、中記室、中直兵參軍，庶姓府諮議，爲六班。

尚書郎中，皇弟皇子文學及府主簿，太子太傅、少傅丞，皇弟皇子湘豫司益廣青衡七州别駕，皇弟皇子荆江雍郢南兗五州中從事，嗣王庶姓荆江雍郢南兗五州别駕，太常丞，皇弟皇子國郎中令、三將，東宫二將，嗣王府功曹史，庶姓公府録事、記室、中兵參軍，皇弟皇子之庶子府、蕃王府中録事、中記室、中直兵參軍，爲五班。

給事中，皇弟皇子府正參軍，中書舍人，建康三官，皇弟皇子北徐北兗梁交南梁五州别駕，皇弟皇子湘豫司益廣青衡七州别駕、中從事，嗣王庶姓湘豫司益廣青衡七州别駕，嗣王庶姓荆江雍郢南兗五州中從事，宗正、太府、衛尉、司農、少府、廷尉、太子詹事等丞，積射、强弩將軍，太子左右積弩將軍，皇弟皇子國大農，嗣王國郎中令，嗣王庶姓公府主簿，皇弟皇子之庶子府蕃王府功曹史，皇弟皇子之庶子府蕃王府録事、記室、中兵參軍，爲四班。

太子舍人，司徒祭酒，皇弟皇子公府祭酒，員外散騎侍郎，皇弟皇子府行參軍，太子太傅少傅五官功曹主簿，二衛司馬，公車令，胄子律博士，皇弟皇子越桂寧霍四州别駕，皇弟皇子北徐北兗梁交南梁五州中從事，嗣王庶姓北徐北兗梁交南梁五州别駕，湘豫司益廣青衡七州中從事，嗣王庶姓公府正參軍，皇弟皇子之庶子府蕃王府曹主簿，武衛將軍，光禄丞，皇弟皇子國中尉，太僕大匠丞，嗣王國大農，蕃王國郎中令，庶姓持節府中録事、中記室、中直兵參軍，北館令，爲三班。

秘書郎，著作佐郎，揚、南徐州主簿，嗣王庶姓公府祭酒，皇弟皇子單爲領護詹事二衛等五官、功曹、主簿，太學博士，皇弟皇子國常侍，奉朝請，國子助教，皇弟皇子越桂寧霍四州中從事，皇弟皇子荆江雍郢南兗五州主簿，嗣王庶姓越桂寧霍四州别駕，嗣王庶姓北徐北兗梁交南梁五州中從事，鴻臚丞，尚書五都令史，武騎常侍，材官將軍，明堂二廟帝陵令，嗣王府庶姓公府行參軍，皇弟皇子之庶子府正參軍，蕃王國大農，庶姓持節府録事、記室、中兵參軍，庶姓持節府功曹史，爲二班。

揚南徐州西曹祭酒從事，皇弟皇子國侍郎，嗣王國常侍，揚南徐州議曹從事，東宫通事舍人，南臺侍御史，太舟丞，二衛殿中將軍，太子二率殿中將軍，皇弟皇子之庶子府蕃王府行參軍，蕃王國中尉，皇弟皇子湘豫司益廣青衡七州主簿，皇弟皇子荆雍郢南兖四州西曹祭酒議曹從事，皇弟皇子江州西曹從事、祭酒議曹祭酒部傳從事，嗣王庶姓越桂寧霍四州中從事，嗣王庶姓荆江雍郢南兖五州主簿，庶姓持節府主簿，汝陰巴陵二國郎中令，太官、太樂、太市、太史、太醫、太祝、東西冶、左右尚方、南北武庫、車府等令，爲一班。

位不登二品者，又爲七班。皇弟皇子府長兼參軍，皇弟皇子國三軍、嗣王國侍郎、蕃王國常侍，揚南徐州文學從事，殿中御史，庶姓持節府除正參軍、太子家令丞、二衛殿中員外將軍、太子二率殿中員外將軍、鎮蠻安遠護軍度支校尉等司馬，皇弟皇子北徐北兖梁交南梁五州主簿、皇弟皇子湘豫司益廣青衡七州西曹祭酒議曹從事，皇弟皇子荆雍郢三州從事史，江州議曹從事，南兖州文學從事，嗣王庶姓湘豫司益廣青衡七州主簿、嗣王庶姓荆雍郢南兖四州西曹祭酒議曹從事，嗣王庶姓江州西曹從事、祭酒部傳從事、勸農謁者，汝陰巴陵二王國大農，郡公國郎中令，爲七班。

皇弟皇子國典書令，嗣王國三軍，蕃王國侍郎，領護詹事五官功曹，皇弟皇子府參軍督護，嗣王府長兼參軍，庶姓公府長兼參軍，庶姓持節府板正參軍，皇弟皇子越桂寧霍四州主簿，皇弟皇子北徐北兖梁交南梁五州西曹祭酒議曹從事，嗣王庶姓北徐北兖梁交南梁五州主簿，嗣王庶姓湘豫司益廣青衡七州西曹祭酒議曹從事，皇弟皇子豫司益廣青五州文學從事，湘衡二州從事，嗣王庶姓荆霍郢三州從事史，江州議曹從事，南兖州文學從事，汝陰巴陵二王國中尉，皇弟皇子之庶子縣侯國郎中令，郡公國大農，縣公國郎中令，爲六班。

皇弟皇子國三令，嗣王國典書令，蕃王國三軍，皇弟皇子公府東曹督護，嗣王府庶姓公府參軍督護，皇弟皇子之庶子長兼參軍，蕃王府長兼參軍，二衛正員司馬督，太子二率正員司馬督，領護主簿，詹事主簿，二衛功曹，太常五官功曹，石頭戍軍功曹，庶姓持節府行參軍，皇弟皇子越桂寧霍四州西曹祭酒議曹從事，皇弟皇子北徐北兖梁交南梁五州文學從事，嗣王庶姓越桂寧霍四州主簿，嗣王庶姓北徐北兖梁交南梁五州西曹祭酒議曹從事，嗣王庶姓豫司益廣青五州文學從事，湘衡二州從事，汝陰巴陵二王國常侍，郡公國中尉，縣侯國郎中令，皇弟皇子府功曹督護，爲五班。

嗣王國三令，蕃王國典書令，嗣王府功曹督護，庶姓公府東曹督護，皇弟皇子之庶子府參軍督護，蕃王府參軍督護，二衛員外司馬督，太子二率員外司馬督，二衛主簿，太常主簿，宗正等十一卿五官功曹，石頭戍軍主簿，庶姓持節府板行參軍，皇弟皇子越桂寧霍四州文學從事，嗣王庶姓越桂寧霍四州西曹祭酒議曹從事，嗣王庶姓北徐北兖梁交南梁五州文學從事，汝陰巴陵二王國侍郎，縣公國中尉，爲四班。

蕃王國三令，皇弟皇子之庶子府蕃王府功曹督護，宗正等十一卿主簿，庶姓持節府長兼參軍，嗣王庶姓越桂寧霍四州文學從事，郡公國侍郎，爲三班。

庶姓持節府參軍督護，汝陰巴陵二王國典書令，縣公國侍郎，爲二班。

庶姓持節府功曹督護，汝陰巴陵二王國三令，郡公國典書令，爲一班。

又著作正令史，集書正令史，尚書度支三公正令史，函典書、殿中外監、齋監、東堂監、尚書都官左降正令史，諸州鎮監、石頭城監、琅邪城監、東宫外監、殿中守舍人，齋臨、東宫典經守舍人，上庫令，太社令，細作令，導官令，平水令，太官市署丞，正廚丞，酒庫丞，柒署丞，太樂庫丞，別局校丞，清商丞，太史丞，太醫二丞，中藥藏丞，東冶小庫等三丞，作堂金銀局丞，木局丞，北武庫二丞，南武庫二丞，東宫食官丞，上林丞，湖西磚屯丞，衹箬庫丞，紋絹簟席丞，國子典學，材官司馬，宣陽等諸門候，東宫導客守舍人，運署謁者，都水左右二裝五城謁者，石城宣城陽新屯謁者，南康建安晉安伐船謁者，晉安練葛屯主，爲三品藴位。

又門下集書主事通正令史，中書正令史，尚書正令史，尚書監籍正令史，都正令史，殿中内監，題閤監，婚局監，東宫門下通事守舍人，東宫典書守舍人，東宫内監，殿中守舍人，題閤監，乘黄令，右藏令，籍田令，廩犧令，梅根諸冶令，典客館令，太官四丞，庫存丞，太樂丞，東冶太庫丞，左尚方五丞，右尚方四丞，東宮衛庫丞，司農左右中部倉丞，廷尉律博士，公府舍人，諸州別署監，山陰獄丞，爲三品勳位。

其州二十三，並列其高下，選擬略視内職。郡守及丞，各爲十班。縣制七班。用人各擬内職云。

又詔以將軍之名，高卑舛雜，命更加釐定。於是有司奏置一百二十五號將軍。以鎮、衛、驃騎、車騎，爲二十四班。内外通用。四征、東南西北，止施外。四中，軍、衛、撫、護，止施内。爲二十三班。八鎮東南西北，止施在外。左右前後，止施在内。爲二十二班。八安東西南北，止施在外。左右前後，止施在内。爲二十一班。四平、東南西北。四翊，左右前後。爲二十班。凡三十五號，爲一品。是爲重號將軍。忠武、軍師，爲十九班。武臣、爪牙、龍騎、雲麾，爲十八班。代舊前後左右四將軍。鎮兵、翊師、宣惠、宣毅，爲十七班。代舊四中郎。十號爲一品。智威、仁威、勇威、信威、嚴威，爲十六班。代舊征虜。智武、仁武、勇武、信武、嚴武，爲十五班。代舊冠軍。十號爲一品，所謂五德將軍者也。輕車、征遠、鎮朔、武旅、貞毅，爲十四班。代舊輔國。凡將軍加大者，唯至貞毅而已。通進一階。優者方得比加位從公。凡督府，置長史司馬諮議諸曹，有録事記室等十八曹。天監七年，更置中録事、中記室、中直兵參軍各一人。寧遠、明威、振遠、電耀、威耀，爲十三班。代舊寧朔。十號爲一品。武威、武騎、武猛、武壯、飈武，爲十二班。電威、馳鋭、追鋒、羽騎、突騎，爲十一班。十號爲一品。折衝、冠武、和戎、安壘、猛烈，爲十班。掃狄、雄信、掃虜、武鋭、摧鋒，爲九班。十號爲一品。略遠、貞威、決勝、開遠、光野，爲八班。厲鋒、輕鋭、討狄、蕩虜、蕩夷，爲七班。十號爲一品。武毅、鐵騎、樓船、宣猛、樹功，爲六班。克狄、平虜、討夷、平狄、威戎，爲五班。十號爲一品。伏波、雄戟、長劍、衝冠、雕騎，爲四班。佽飛、安夷、克戎、綏狄、威虜，爲三班。十號爲一品。前鋒、武毅、開邊、招遠、金威，爲二班。綏虜、蕩寇、殄虜、横野、馳射，爲一班。十號爲一品。凡十品，二十四班。亦以班多爲貴。其制品十，取其盈數。班二十四，以法氣序。制簿悉以大號居後，以爲選法自小遷大也。前史所記，以位得從公，故將軍之名，次於臺槐之下。至是備其班品，敍於百司之外。其不登二品，應須軍號者，有牙門、代舊建威。期門，代舊建武。爲八班。候騎、代舊振威。熊渠，代舊振武。爲七班。中堅、代舊奮威。典戎，代舊奮武。爲六班。戈船、代舊揚威。繡衣，代舊揚武。爲五班。執訊、代舊廣威。行陣，代舊廣武。爲四班。鷹揚爲三班。陵江爲二班。偏將軍、裨將軍，爲一班。凡十四號，別爲八班，以象八風。所施甚輕。又有武安、鎮遠、雄義，擬車騎。爲二十四班。四撫東南西北，擬四征。爲二十三班。四寧東南西北，擬四鎮。爲二十二班。四威東南西北，擬四安。爲二十一班。四綏東南西北，擬四平。爲二十班。凡十九號，爲一品。安遠、安邊，擬忠武、軍師。爲十九班。輔義、安沙、衛海、撫河，擬武臣等四號。爲十八班。平遠、撫朔、寧沙、航海，擬鎮兵等四號。爲十七班。凡十號，爲一品。翊海、朔野、拓遠、威河、龍幕，擬智威等五號。爲十六班。威隴、安漠、綏邊、寧寇、梯山，擬智武等五號。爲十五班。凡十號，爲一品。寧境、綏河、明信、明義、威漠，擬輕車等五號。爲十四班。安隴、向義、宣節、振朔、候律，擬寧遠等五號。爲十三班。凡十號，爲一品。平寇、定遠、陵海、寧隴、振漠，擬武威等五號。爲十二班。馳義、横朔、明節、執信、懷德，擬電威等五號。爲十一班。凡十號，爲一品。撫邊、定隴、綏關、立信、奉義，擬折衝等五號。爲十班。綏隴、寧邊、定朔、立節、懷威，擬掃狄等五號。爲九班。凡十號，爲一品。懷關、靜朔、掃寇、寧河、安朔，擬略遠等五號。爲八班。揚化、超隴、執義、來化、度嶂，擬厲鋒等五號。爲七班。凡十號，爲一品。平河、振隴、雄邊、横沙、寧關，擬武毅等五號。爲六班。懷信、宣義、弘節、浮遼、鑿空，擬克狄等五號。爲五班。凡十號，爲一品。扞海、款塞、歸義、陵河、明信，擬伏波等五號。爲四班。奉忠、守義、弘信、仰化、立義，擬佽飛等五號。爲三班。凡十號，爲一品。綏方、奉正、承化、浮海、度河，擬先鋒等五號。爲二班。懷義、奉信、歸誠、懷澤、伏義，擬綏虜等五號。爲一班。凡十號，爲一品。大凡一百九號將軍，亦爲十品，二十四班。正施於外國。

及大通三年，有司奏曰：『天監七年，改定將軍之名，有因有革。普通六年，又置百號將軍，更加刊正，雜號之中，微有移異。大通三年，奏移寧遠班中明威將軍進輕車班中，以輕車班中征遠度入寧遠班中。又置安遠將軍代貞武，宣遠代明烈。其戎夷之號，亦加附擬。選序則依此承用。』遂以定制。轉則進一班。黜則退一班。班即階也。同班以優劣爲前後。有鎮、衛、驃騎、車騎同班。四中、四征同班。八鎮同班。八安同班。四平、四翊同班。忠武、軍師同班。武臣、爪牙、龍騎、雲麾、冠軍同班。鎮兵、翊師、宣惠、宣毅四將軍，東南西北四中郎將同班。智威、仁威、勇威、信威、嚴威同班。智武、仁武、勇武、信武、嚴武同班。謂爲五德將軍。輕車、鎮朔、武旅、貞毅、明威同班。寧遠、安遠、征遠、振遠、宣遠同班。威雄、威猛、威烈、威振、威信、威勝、威略、威風、威力、威光同班。武猛、武略、武勝、武力、武毅、武健、武烈、武威、武銳、武勇同班。猛毅、猛烈、猛威、猛銳、猛震、猛進、猛智、猛武、猛勝、猛駿同班。壯武、壯勇、壯烈、壯猛、壯銳、壯盛、壯毅、壯志、壯意、壯力同班。驍雄、驍桀、驍猛、驍烈、驍武、驍勇、驍銳、驍名、驍勝、驍迅同班。雄猛、雄威、雄明、雄烈、雄信、雄武、雄勇、雄毅、雄壯、雄健同班。忠勇、忠烈、忠猛、忠銳、忠壯、忠毅、忠捍、忠信、忠義、忠勝同班。明智、明略、明遠、明勇、明烈、明威、明勝、明進、明銳、明毅、同班。光烈、光明、光英、光遠、光勝、光銳、光命、光勇、光戎、光野同班。飆勇、飆猛、飆烈、飆銳、飆奇、飆決、飆起、飆略、飆勝、飆出同班。龍驤、武視、雲旗、風烈、電威、雷音、馳銳、追銳、羽騎、突騎同班。折衝、冠武、和戎、安壘、超猛、英果、掃虜、掃狄、武銳、摧鋒同班。開遠、略遠、貞威、決勝、清野、堅銳、輕銳、拔山、雲勇、振旅同班。超武、鐵騎、樓船、宣猛、樹功、克狄、平虜、棱威、昭威、威戎同班。伏波、雄戟、長劍、衝冠、雕騎、佽飛、勇騎、破敵、克敵、威虜同班。前鋒、武毅、開邊、招遠、金威、破陣、蕩寇、殄虜、橫野、馳射同班。牙門、期門同班。候騎、熊渠同班。中堅、典戎同班。執訊、行陣同班。伏武、懷奇同班。偏、裨將軍同班。凡二百四十號，爲四十四班。

又雍州置寧蠻校尉，廣州置平越中郎將，北涼、南秦置西戎校尉，南秦、梁州置平戎校尉，寧州置鎮蠻校尉，西陽、南新蔡、晉熙、廬江等郡，置鎮蠻護軍，武陵郡置安遠護軍，巴陵郡置度支校尉。皆立府，隨府主號輕重而不爲定。其將軍施于外國者，雄義、鎮遠、武安同班，擬鎮、衛等三號。四撫同班，擬四征，四威同班。擬四安。四綏同班，擬四平。安遠、安邊同班，擬忠武等號。撫河、衛海、安沙、輔義同班，擬武臣等號。航海、寧沙、撫朔、平遠同班，擬鎮兵等號。龍幕、威河、和戎、拓遠、朔野、翊海同班，擬智威等號。梯山、寧寇、綏邊、安漠、威隴五號同班，擬智武等號。威漠、明義、昭信、綏河、寧境同班，擬輕車等號。候律、振朔、宣節、向義、安隴同班，擬寧遠等號。振漠、寧隴、陵海、安遠、平寇同班，擬威雄等號。懷德、執信、明節、橫朔、馳義同班，擬武猛等號。安朔、寧河、掃寇、靜朔、懷關同班，擬驍雄等號。度嶂、奉化、康義、超隴、揚化同班，擬猛烈等號。寧關、橫沙、雄邊、振隴、平河同班，擬忠勇等號。鑿空、浮遼、弘節、宣義、懷信同班，擬明智等號。明信、陵河、歸義、款塞、扞海同班，擬光烈等號。立義、仰化、弘信、守義、奉忠同班，擬飆勇等號。奉誠、立誠、建誠、顯誠、義誠同班，擬龍驤等號。尉遼、寧渤、綏嶺、威塞、通侯同班，擬折衝等號。掃荒、威荒、定荒、開荒、理荒同班，擬開遠等號。奉節、掃節、建節、效節、伏節同班，擬超武等號。渡河、陵海、承化、奉正、綏方同班，擬伏波等號。伏義、懷澤、歸誠、奉信、懷義同班，擬前鋒等號。凡一百二十五將軍，二十八班，並施外國戎號，准於中夏焉。大同四年，魏彭城王爾朱仲遠來降，以爲定洛大將軍，仍使其北討，故名云。

又《陳》相國，丞相，太宰，太傅，太保，大司馬，大將軍，太尉，司徒，司空，開府儀同三司，已上秩萬石。巴陵王、汝陰王後，尚書令，已上秩中二千石。品並第一。

中書監，尚書左右僕射，特進，太子二傅，左右光禄大夫，已上中二千石。品並第二。

中書令，侍中，散騎常侍，領、護軍，中領、護軍，吏部尚書，列曹尚書，金紫光禄大夫，光禄大夫，已上並中二千石。左右衛將軍，御史中丞，已上二千石。太后衛尉、太僕、少府三卿，太常、宗正、太府、衛尉、司農、少府、廷尉、光禄、大匠、太僕、鴻臚、太舟等卿，太子詹事，國子祭酒，已上中二千石。揚州刺史，凡單車刺史，加督進一品，都督進二品。不論持節假節，揚州、徐州加督，進二品右光禄已下。加都督，第一品尚書令下。南徐、東揚州刺史，皇弟皇子封國王世子，品並第三。

通直散騎常侍，員外散騎常侍，黄門侍郎，已上二千石。秘書監，中二千石。左右驍騎、左右游擊等將軍，太子中庶子，已上二千石。太子左右衛率，二千石。朱衣直閤，雲騎、游騎將軍，中書侍郎，已上千石。尚書左右丞，尚書、吏部侍郎、郎中，已上六百石。尚書郎中與吏部郎同列，今品同。太子三卿，太中、中散大夫，司徒左右長史，已上千石。諸王師，依秩減之例。國子博士，千石。荆江南兖郢湘雍等州刺史，六州加督，進在第三品東揚州下。加都督，進在第二品右光禄下。嗣王、蕃王、郡公、縣公等世子，品並第四。

秘書丞，明堂、太廟、帝陵等令，已上六百石。散騎侍郎，前左右後軍將軍，左右中郎將，已上千石。大長秋，二千石。太子中舍人、庶子，六百石。豫益廣衡等州，青州領冀州，北兖北徐等州，梁州領南秦州，司南梁交越桂霍寧等十五州，加督，進在第四品雍州下。加都督，進在第三品南徐州下。不言秩。丹陽尹，中二千石。會稽太守，二千石。加督，進在第四品雍州下。加都督，進在第三品南徐州下。諸郡若督及都督，皆以此差次爲例。吴郡、吴興二太守，二千石。侯世子，不言秩。皇弟皇子府諮議參軍，八百石。皇弟皇子府板諮議參軍，不言秩。皇弟皇子府長史，千石。皇弟皇子府板長史，不言秩。皇弟皇子府司馬，千石。皇弟皇子府板司馬，不言秩。皇弟皇子公府從事中郎，六百石。品並第五。

通直散騎侍郎，千石。著作郎，六百石。步兵、射聲、長水、越騎、屯騎五校尉，並千石。太子洗馬，六百石。太子步兵、翊軍、屯騎三校尉，並秩同臺校。司徒左西掾屬，並本秩四百石。依減秩例。皇弟皇子友，依減秩例。皇弟皇子公府屬，本秩四百石。依減秩例。五經博士，六百石。子男世子，不言秩。萬户以上郡太守、内史、相，嗣王府、皇弟皇子之庶子府諮議參軍，六百石。板者不言秩。嗣王府、皇弟皇子之庶子府長史、司馬，並八百石。嗣王府官減正王府一階。其板長史、司馬，並不言秩。庶姓公府諮議參軍，六百石。與嗣王府同。其板者並不言秩。庶姓公府長史、司馬，並八百石。其板者並不言秩。嗣王庶姓公府從事中郎，六百石。皇帝皇子府中録事參軍、板府中録事參軍，中記室參軍、板中記室參軍，中直兵參軍、板中直兵參軍，揚州別駕中從事，皇弟皇子南徐荆江南兖郢湘雍州別駕中從事，並不言秩，品並第六。

給事中，六百石，員外散騎侍郎，秘書著作佐郎，並四百石。依減秩例。奉車、駙馬都尉，武賁中郎將，羽林監，冗從僕射，已上並六百石。謁者僕射，千石。南臺治書侍御史，六百石。太子舍人，二百石。依減秩例。太子門大夫，六百石。太子旅賁中郎將、冗從僕射，並秩同臺將。司徒主簿，依減秩例。司徒祭酒，不言秩。領護軍長史、司馬，廷尉正、監、平，並六百石。皇弟皇子府録事記室中兵等參軍、板録事記室中兵等參軍、功曹史、主簿，公府祭酒，並不言秩。皇弟皇子文學，依減秩例。嗣王庶姓公府掾屬，並本秩四百石。依減秩例。太子二傅丞，並六百石。蕃王府諮議參軍，四百石。蕃王府板諮議參軍，不言秩。蕃王府長史、司馬，六百石。板者並不言秩。庶姓持節府諮議參軍，四百石。庶姓非公不持節將軍置長史，六百石。庶姓持節府板諮議參軍，不言秩。庶姓持節府長史、司馬，並六百石。板者皆不言秩。嗣王府、皇弟皇子之庶子、及庶姓公府中録事中記室中直兵參軍、及板中録事中記室中直兵參軍，並不言秩。不滿萬户太守、内史、相，二千石。丹陽、會稽、吴郡、吴興及萬户郡丞，並六百石。建康令，千石。建康正、監、平，秩同廷尉。品並第七。

中書通事舍人，依減秩例。積射、强弩、武衛等將軍，公車令，太子左右積弩將軍，並六百石。奉朝請武騎常侍，依減秩例。太后三卿、十二卿、大長秋等丞，並六百石。左右衛司馬，不言秩。太子詹事丞，胄子律博士，並六百石。皇弟皇子府正參軍、板正參軍、行參軍、板行參軍，嗣王府、皇弟皇子之庶子府録事記室中兵參軍、板録事記室中兵參軍、功曹史、主簿，庶姓非公不持節諸將軍置主簿，庶姓公府録事記室中兵參軍、板録事記室中兵參軍、主簿，嗣王庶姓公府祭酒，蕃王府中録事記室直兵參軍、板中録事記室直兵參軍，庶姓持節府中録事記室直兵參軍、及板中録事記室直兵參軍，太子太傅、五官功曹史、主簿，少傅、五官功曹史、主簿，已上並不言秩。太學博士，六百石。國子助教，司樽郎，安蠻戎越校尉中郎將府等長史，六百石。蠻戎越等府佐無定品。自隨主軍號輕重。小府減大府一階。蠻戎越校尉中郎將等府板長史，不言秩。蠻戎越校尉中郎將等司馬，六百石。板者不言秩。庶姓南徐荆江南兖郢湘雍等州別駕中從事，不言秩。不滿萬户已下郡丞，六百石。五千户已上縣令、相，一千石。皇弟皇子國郎中令、大農、中尉，並六百石。品並第八。

左右二衛殿中將軍，不言秩。南臺侍御史，依秩減例。東宮通事舍人，不言秩。材官將軍，六百石。太子左右二衛率、殿中將軍及丞、嗣王府、皇弟皇子之庶子府正參軍、板正參軍、行參軍、板行參軍，庶姓公府正參軍、板正參軍、蕃王府録事記室中兵等參軍、板録事記室中兵等參軍、功曹史、主簿，正參軍、板正參軍、行參軍、板行參軍，庶姓持節府録事記室中兵等參軍、板録事記室中兵等參軍、功曹史、主簿庶姓豫益廣衡青冀北兗北徐梁秦司南徐等州別駕中從事史，揚州主簿、西曹及祭酒、議曹二從事，南徐州主簿、西曹、祭酒議曹二從事，皇弟皇子諸州主簿、西曹，已上並不言秩。不滿五千户已下縣令、相，六百石。皇弟皇子國常侍、侍郎，不言秩。嗣王國郎中令、大農、中尉，並四百石。嗣王國常侍，不言秩。蕃王國郎中令、大農、殿中，並二百石。品並第九。

又有戎號擬官，自一品至於九品，凡二百三十七。鎮衛、驃騎、車騎等三號將軍，擬官品第一。比秩中二千石。四中、軍、撫、衛、權。四征、東南西北。八鎮東南西北，左右前後。等十六號將軍，擬官品第二。秩中二千石。八安、左前右後，東南西北。四翊、左前右後。四平東南西北。等十六號將軍，擬官品第三。秩中二千石。忠武、軍師、武臣、爪牙、龍騎、雲麾、冠軍、鎮兵、翊師、宣惠、宣毅等將軍，四中郎將，智、仁、勇、信、嚴等五威、五武將軍，合二十五號，擬官品第四。秩中二千石。輕車、鎮朔、武旅、貞毅、明威等將軍，將軍加大者至此。凡加大，通進一階。寧、安、征、振、宣等五遠將軍，寧蠻校尉，雍州小府、蠻越校尉中郎將，隨府主軍號輕重。若單作，則減刺史一階。若有將軍，減將軍一階。合十八號，擬官品第五。威雄、猛、烈、震、信、略、勝、風、力、光等十威，武猛、略、勝、力、毅、健、烈、威、銳、勇等十武，猛毅、烈、威、震、銳、進、智、勝、駿等十猛，壯武、勇、烈、猛、銳、威、力、毅、志、意等十壯，驍雄、桀、猛、烈、武、勇、銳、名、勝、迅等十驍，雄猛、威、明、烈、信、武、勇、毅、壯、健等十雄，忠勇、烈、猛、銳、壯、毅、捍、信、義、勝等十忠，明智、略、遠、勇、烈、威、銳、毅、勝、進等十明，光烈、明、英、遠、勝、銳、命、勇、戎、野等十光，飆勇、烈、猛、銳、奇、決、起、勝、略、出等十飆將軍，平越中郎，廣、梁、南秦、南梁、寧等州小府。西戎、平戎、鎮蠻三校尉等，擬官一百四號，品第六。並千石。龍驤、武視、雲旗、風烈、電威、雷音、馳銳、追銳、羽騎、突騎、折衝、冠武、和戎、安壘、超猛、英果、掃虜、掃狄、武銳、摧鋒、開遠、略遠、貞威、決勝、清野、堅銳、輕車、拔山、雲勇、振旅等將軍，擬官三十號，品第七。並六百石。超武、鐵騎、樓船、宣猛、樹功、克狄、平虜、棱威、戎昭、威戎、伏波、雄戟、長劍、衝冠、雕騎、佽飛、勇騎、破敵、克敵、威虜等將軍，鎮蠻護軍，西陽、南新蔡、晉熙、廬江郡小府、鎮蠻安遠護軍、度支校尉，隨府主號輕重。若單作，則減太守內史相一階。若有將軍，減一階。安遠護軍，度支校尉巴陵郡丞等，擬官二十三號，品第八。並六百石。前鋒、武毅、開邊、招遠、金威、破陣、蕩寇、殄虜、橫野、馳射等將軍，擬官十號，品第九。並四百石。諸將起自第六品已下，板則無秩。其雖除不領兵，領兵不滿百人，并除此官而爲州郡縣者，皆依本條減秩石。二千石減爲千石，千石降爲六百石。自四百石降而無秩。其州郡縣，自各以本秩論。凡板將軍，皆降除一品。諸依此減降品秩。其應假給章印，各依舊差，不貶奪。

其封爵亦爲九等之差。郡王第一品。秩萬石。嗣王、蕃王、開國郡縣公，第二品。開國郡、縣侯，第三品。開國縣伯，第四品，並視中二千石。開國子，第五品。開國男，第六品。並視二千石。湯沐食侯，第七品。鄉、亭侯，第八品。並視千石。關中、關外侯，第九品。視六百石。

又 卷二七《百官志中·北齊》 三師、王、二大、大司馬、大將軍。三公，爲第一品。

開府儀同三司、開國郡公，爲從一品。

儀同三司，太子三師，特進，尚書令，驃騎、車騎將軍，二將軍加大者，在開國郡公下。衛將軍，加大者，在太子太師上。四征將軍，加大者，次衛大將軍。左右光祿大夫，散郡公，開國縣公，爲第二品。

尚書僕射，置二，左居右上。中書監，四鎮，加大者，次四征。中、鎮、撫軍將軍，三將軍，武職罷任者爲之。領軍、加大者，在尚書令下。護軍、翊軍將軍，金紫光祿大夫，散縣公，開國縣侯，爲從二品。

吏部尚書，四安將軍，中領、護，太常、光祿、衛尉卿，太子三少，中書令，太子詹事，侍中，列曹尚書，四平將軍，大宗正、太僕、大理、鴻臚、司農、太府卿，清都尹，三等上州刺史，左右衛將軍，秘書監，銀青光祿大夫，散縣侯，開國縣伯，爲第三品。

散騎常侍、三等中州刺史、司徒左長史、四方中郎將、四護匈奴、羌戎、夷、蠻越。中郎將、國子祭酒、御史中丞、中侍中、長秋卿、將作大匠、冠軍將軍、太尉長史、領左右將軍、武衛將軍、太子左右衛率、輔國將軍、四護校尉、太中大夫、龍驤將軍、三等上郡太守、散縣伯，爲從第三品。

鎮遠、安遠將軍，太常、光禄、衛尉少卿，尚書，吏部郎中，給事黄門侍郎，太子中庶子，司徒右長史，司空長史，大宗正、太僕、大理、鴻臚、司農、太府少卿，三公府司馬，中常侍，中尹，城門校尉，武騎、雲騎、驍騎、游擊將軍，已前上階。建忠、建節將軍，通直散騎常侍，諸開府長史，中大夫，三等下州刺史，三等鎮將，諸開府司馬，開國縣子，爲第四品。

中堅、中壘將軍，尚書左丞，三公府諮議參軍事，司州別駕從事史，三等上州長史，太子三卿，前、左、右、後軍將軍，中書侍郎，太子庶子，三等中郡太守，左右備身，刀劍備身、備身、衛仗、直蕩等正都督，三等上州司馬，已前上階。振威、奮武將軍，諫議大夫，尚書右丞，諸開府諮議參軍，司州治中從事史，左右中郎將，步兵、越騎、射聲、屯騎、長水校尉，朱衣直閤，直閤將軍，太子騎官備身、內直備身等正都督，三等鎮副將，散縣子，爲從第四品。

廣德、弘義將軍，太子備身，直入、直衛等正都督，領左右、三等中州長史，三公府從事中郎，秘書丞，皇子友，國子博士，散騎侍郎，太子中舍人，員外散騎常侍，三等中州司馬，已前上階。折衝、制勝將軍，主衣都統，尚食、尚樂二典御，太子旅騎、屯衛、典軍校尉，領護府長史司馬，諸開府從事中郎，開國縣男，爲第五品。

伏波、陵江將軍，三等下州長史，三公府掾屬，著作郎，通直散騎侍郎，太子洗馬，左右備身、刀劍備身、御仗、直蕩等副都督，左右直長，中尚食，中尚藥典御，三等下州司馬，已前上階。輕車、樓船將軍，駙馬都尉，翊衛正都督，直寢，直齋，奉車都尉，都水使者，諸開府掾屬，崇聖、歸義、歸正、歸命、歸德侯，清都郡丞，治書侍御史，鄴、臨漳、成安三縣令，中給事中，三等下郡太守，大理司直，太子直閤、二衛隊主，太子騎官、內直備身副都督，開國鄉男，散縣男，爲從第五品。

勁武、昭勇將軍，尚書諸曹郎中，中書舍人，三公府主簿，三等上州別駕從事史，四中府三等鎮守長史，三公府録事參軍事，皇子郎中令，三公府功曹、記室、户、倉、中兵參軍事，皇子文學，謁者僕射，已前上階。明威、顯信將軍，太子備身副都督，四中府司馬，武賁中郎將，羽林監，冗從僕射，直入副都督，千牛備身，大理正、監、評，侍御師諸開府録事、功曹、記室、倉、中兵等曹參軍事，三等上州録事參軍事，治中從事史，三等上郡丞，三等上縣令，太子內直監，平準署令，爲第六品。

度遼、横海將軍，直突都督，三等中州別駕從事史，三公府列曹參軍事，給事中，太子門大夫，三等上州功、倉、中兵等參軍事，皇子大農，騎都尉，直後，符璽郎中，三等中州録事參軍事，已前上階。逾岷、越嶂將軍，直衛副都督，三等中州從事史，諸開府主簿、列曹參軍事，三等中州功、倉、中兵等參軍事，太子舍人，三寺丞，太子直前，太子副直監，太子諸隊主，爲從第六品。

戎昭、武毅將軍，勳武前鋒正都督，三公府東西閤祭酒，三等下州別駕從事史，三等上州府主簿、列曹參軍事，三等下州録事參軍事，四中府録事參軍事，王公國郎中令，積弩、積射將軍，員外散騎侍郎，皇子中尉，三公府參軍事，列曹行參軍，已前上階。雄烈、恢猛將軍，翊衛副都督，諸開府東西閤祭酒參軍事、列曹行參軍，三等下州功、倉、中兵參軍事，四中府功、倉、中兵參軍事，三等中州府主簿、列曹參軍事，二衛府司馬，詹事府丞，左右備身五職，三等鎮録事參軍事，六寺丞，秘書郎中，著作佐郎，太子侍醫，太子騎尉，太子騎官備身五職，三等中郡丞，三等中縣令，爲第七品。

揚麾、曜鋒將軍，勳武前鋒副都督，强弩將軍，三公府行參軍，三等上州參軍事、列曹行參軍，三等下州府主簿、列曹參軍事，四中府列曹參軍事，王公國大農，長秋、將作寺丞，太子二率坊司馬，三等鎮倉、中兵參軍事，已前上階。蕩邊、開域將軍，勳武前鋒散都督，太學博士，皇子常侍，太常博士，武騎常侍，左右備身，刀劍備身五職，都將、別、統、軍主、幢主。三等中州參軍事、列曹行參軍，諸開府行參軍，奉朝請，國子助教，公車、京邑二市署令，三等鎮列曹參軍事，三縣丞，侍御史，尚食、尚藥丞，齋帥，中尚食、中尚藥丞，太子直後、二衛隊副，前鋒正都督，太子騎官備身，太子內直備身五職，已見前。諸戍主、軍主，爲從第七品。

靜漠、綏戎將軍，協律郎，三等上州行參軍，三等下州參軍事、列曹參軍事，四中府列曹行參軍，侯、伯國郎中令，殿中將軍，皇子侍郎，已前上階。平越、殄夷將軍，刀劍備身五職，已見前。前鋒副都督，太子内直備身，主書，殿中侍御史，太子典膳、藥藏丞，太子齋帥，三等中州行參軍，王、公國中尉，三等鎧曹行參軍，三等下郡丞，三等下縣令。爲第八品。

飛騎、隼擊將軍，三公府長兼左右户行參軍、長兼行參軍，門下録事，尚書都令史，檢校御史，諸署令，諸開府典籤，中謁者僕射，中黄門冗從僕射，已前上階。武牙、武奮將軍。備身御仗五職，宫門署僕射，太子備身五職，侯、伯國大農，皇子上、中、下將軍，皇子上、中大夫，王、公國常侍，諸開府長兼左右户行參軍，諸開府長兼行參軍，員外將軍，勳武前鋒五職，司州及三等上州典籤，太子諸隊副，諸戍諸軍副，清都郡丞，爲從第八品。

清野將軍，子、男國郎中令，諸署内謁者局統，三等上州長兼行參軍，中黄門、太子内坊令，公主家令，皇子防閤、典書令，四門博士，大理律博士，校書郎，三公府參軍督護，都水參軍事，七部尉，諸郡尉，已前上階。横野將軍，王、公國侍郎，侯、伯國中尉，謁者，太子三寺丞，諸開府參軍督護，殿中司馬督，御仗，太子食官、中省、典倉等令，太子備身，平準、公車丞，三等中州典籤，爲第九品。

偏將軍，諸宫教博士，太子司藏、廄牧令，太子校書，諸署別局都尉，諸尉，諸關津尉，三等上州參軍督護，三等中州長兼行參軍，秘書省正字，皇太子三令，王、公國上中下將軍及上中大夫，諸署令，諸縣丞，已前上階。禆將軍，領軍護軍府、太常光禄衛尉寺、詹事府等功曹、五官、奉禮郎，子、男國大農，小黄門，員外司馬督，太學助教，諸幢主、遥途尉，中侍中，省録事，三等下州典籤，尚書、門下、中書等省醫師，爲從第九品。

流内比視官十三等。第一領人酋長，視從第三品。第一不領人酋長，視第四品。第二領人酋長，第一領人庶長，視從第四品。諸州大中正，第二不領人酋長，第一不領人庶長，視第五品。諸州中正，畿郡邑中正，第三領人酋長，第二領人庶長，視從第五品。第三不領人酋長，第二不領人庶長，視第六品。第三領人庶長，視從第六品。第三不領人庶長，視第七品。司州州都主簿，國子學生，視從第七品。諸州州都督簿，司州西曹書佐，清都郡中正、功曹，視第八品。司州列曹從事，諸州西曹書佐，諸郡中正、功曹，清都郡主簿，視從第八品。司州部郡從事，諸州祭酒從事史，視第九品。諸州部郡從事，司州守從事，諸郡主簿，司州武猛從事，視從第九品。

又 《北周》 周太祖初據關内，官名未改魏號。及方隅粗定，改創章程，命尚書令盧辯，遠師周之建職，置三公三孤，以爲論道之官。次置六卿，以分司庶務。其所制班序：

内命，謂王朝之臣。三公九命，三孤八命，六卿七命，上大夫六命，中大夫五命，下大夫四命，上士三命，中士再命，下士一命。

外命，謂諸侯及其臣。諸公九命，諸侯八命，諸伯七命，諸子六命，諸男五命，諸公之孤卿四命，侯之孤卿、公之大夫三命，子男之孤卿，侯伯之大夫、公之上士再命，子男之大夫、公之中士、侯伯之上士一命，公之下士、侯伯之中士下士、子男之士不命。

其制禄秩，下士一百二十五石，中士已上，至於上大夫，各倍之。上大夫是爲四千石。卿二分，孤三分，公四分，各益其一。公因盈數爲一萬石。其九秩一百二十石，八秩至於七秩，每二秩六分而下各去其一，二秩一秩俱爲四十石。凡頒禄，視年之上下。畝至四釜爲上年，上年頒其正。三釜爲中年，中年頒其半。二釜爲下年，下年頒其一。無年爲凶荒，不頒禄。六官所制如此。

制度既畢，太祖以魏恭帝三年，始命行之。所設官名，訖於周末，多有改更。並具《盧傳》，不復重序云。

《晉書》卷九《孝武帝紀》 （太元四年三月）壬戌，詔曰：『狡寇縱逸，藩守傾没，疆埸之虞，事兼平日。其内外衆官，各悉心戮力，以康庶事。又年穀不登，百姓多匱。其詔御所供，事從儉約，九親供給，衆官廪俸，權可減半。凡諸役費，自非軍國事要，皆宜停省，以周時務。』

又 卷二六《食貨志》 及平吴之後，有司又奏：『詔書「王公以國爲家，京城不宜復有田宅。今未暇作諸國邸，當使城中有往來處，近郊有芻槁之田」。今可限之，國王公侯，京城得有一宅之處。近郊田，大國田十五頃，次國十頃，小國七頃。城内無宅城外有者，皆聽留之。」

又制户調之式：【略】其官品第一至於第九，各以貴賤占田，品第一者占五十頃，第二品四十五頃，第三品四十頃，第四品三十五頃，第五品三十頃，第六品二十五頃，第七品二十頃，第八品十五頃，第九品十頃。而又各以品之高卑蔭其親屬，多者及九族，少者三世。宗室、國賓、先賢之後及士人子孫亦如之。而又得蔭人以爲衣食客及佃客，品第六已上得衣食客三人，第七第八品二人，第九品及舉輦、迹禽、前驅、由基、强弩、司馬、羽林郎、殿中冗從武賁、殿中武賁、持椎斧武騎武賁、持鈒冗從武賁、命中武賁武騎一人。其應有佃客者，官品第一第二者佃客無過五十户，第三品十户，第四品七户，第五品五户，第六品三户，第七品二户，第八品第九品一户。

又　卷三三《王祥傳》　及武帝爲晉王，祥與荀顗往謁，顗謂祥曰：「相王尊重，何侯既已盡敬，今便當拜也。」祥曰：「相國誠爲尊貴，然是魏之宰相。吾等魏之三公，公王相去，一階而已，班例大同，安有天子三司而輒拜人者！損魏朝之望，虧晉王之德，君子愛人以禮，吾不爲也。」及入，顗遂拜，而祥獨長揖。帝曰：「今日方知君見顧之重矣！」

又　卷四六《劉頌傳》　元康初，從淮南王允入朝。會誅楊駿，頌屯衛殿中，其夜，詔以頌爲三公尚書。又上疏論律令事，爲時論所美。久之，轉吏部尚書，建九班之制，欲令百官居職希遷，考課能否，明其賞罰。

又　《李重傳》　後爲始平王文學，上疏陳九品曰：「先王議制，以時因革，因革之理，唯變所適。九品始於喪亂，軍中之政，誠非經國不刊之法也。且其檢防轉碎，徵刑失實，故朝野之論，僉謂驅動風俗，爲弊已甚。而至於議改，又以爲疑。臣以革法創制，當先盡開塞利害之理，舉而錯之，使體例大通而無否滯亦未易故也。古者諸侯之治，分土有常，國有定主，人無異望，卿大夫世禄，仕無出位之思，臣無越境之交，上下體固，人德歸厚。秦反斯道，罷侯置守，風俗淺薄，自此來矣。漢革其弊，斟酌周、秦，並建侯守，亦使分土有定，而牧司必各舉賢，貢士任之鄉議，事合聖典，比蹤三代。方今聖德之隆，光被四表，兆庶顒顒，欣睹太平。然承魏氏彫弊之迹，人物播越，仕無常朝，人無定處，郎吏蓄於軍府，豪右聚於都邑，事體駁錯，與古不同。謂九品既除，宜先開移徙，聽相并就。且明貢舉之法，不濫於境外，則冠帶之倫將不分而自均，即土斷之實行矣。又建樹官司，功在簡久。階級少，則人心定；久其事，則政化成而能否著，此三代所以直道而行也。以爲選例九等，當今之要，所宜施用也。聖王知天下之難，常從事于其易，故寄隱括于閭伍，則邑屋皆爲有司。若任非所由，事非所覈，則雖竭聖智，猶不足以贍其事。由此而觀，誠令二者既行，即人思反本，修之于鄉，華競自息，而禮讓日隆矣。」

遷太子舍人，轉尚書郎。時太中大夫恬和表陳便宜，稱漢孔光、魏徐幹等議，使王公已下制奴婢限數，及禁百姓賣田宅。中書啓可，屬主者爲條制。重奏曰：「先王之制，士農工商有分，不遷其業，所以利用厚生，各肆其力也。《周官》以土均之法，經其土地井田之制，而辨其五物九等貢賦之序，然後公私制定，率土均齊。自秦立阡陌，建郡縣，而斯制已没。降及漢、魏，因循舊迹，王法所峻者，唯服物車器有貴賤之差，令不僭擬以亂尊卑耳。至于奴婢私產，則實皆未嘗曲爲之立限也。八年《己巳詔書》申明律令，諸士卒百工以上，所服乘皆不得違制。若一縣一歲之中，有違犯者三家，洛陽縣十家已上，官長免。如詔書之旨，法制已嚴。今如和所陳而稱光、幹之議，此皆衰世踰侈，當時之患。然盛漢之初不議其制，光等作而不行，非漏而不及，能而不用也。蓋以諸侯之軌既滅，而井田之制未復，則王者之法不得制人之私也。人之田宅既無定限，則奴婢不宜偏制其數，懼徒爲之法，實碎而難檢。方今聖明垂制，每尚簡易，法禁已具，和表無施。」

重與李毅同爲吏部郎，時王戎爲尚書，重以清尚見稱，毅淹通有智識，雖二人操異，然俱處要職，戎以識會待之，各得其所。毅字茂彦，舊史闕其行事。于時内官重，外官輕，兼階級繁多，重議之，見《百官志》。

又　卷六四《司馬元顯傳》　于時軍旅薦興，國用虚竭，自司徒已下，日廩七升，而（司馬）元顯聚斂不已，富過帝室。

《南史》卷六〇《徐勉傳》　（天監）六年，除給事中、五兵尚書，遷吏部尚書。【略】天監初，官名互有省置，勉撰立選簿奏之，有詔施

用。其制開九品爲十八班，自是貪冒苟進者以財貨取通，守道淪退者以貧寒見没矣。【略】

在選曹，撰《選品》三卷。

唐・杜佑《通典》卷三六《職官十八・秩品一》 魏官置九品：自魏以下，並爲九品，其禄秩差次大約亦漢制。已列品第，不可重出。

第一品

黄鉞大將軍　三公　諸國王公侯伯子男爵　大丞相

第二品

諸四征、四鎮、車騎、驃騎將軍　諸大將軍

第三品

侍中　散騎常侍　中常侍　尚書令　左右僕射　尚書　中書監、令　秘書監　諸征、鎮、安、平將軍　光禄大夫　九卿　司隸校尉　京兆、河南尹　太子保、傅　大長秋　太子詹事　中領軍　諸縣侯爵　龍驤將軍　征虜將軍　輔國將軍

第四品

城門校尉　武衛、左右衛、中堅、中壘、驍騎、遊騎、前軍、左軍、右軍、後軍、寧朔、建威、建武、振威、振武、奮威、奮武、揚武、廣威、廣武、左右積弩、積射、强弩等將軍　護軍監軍五營校尉　南北東西中郎將　御史中丞　都水使者　州領兵刺史　越騎、烏丸、諸匈奴、護羌蠻夷等校尉　諸鄉侯爵

第五品

給事中　給事黄門侍郎　散騎侍郎　中書侍郎　謁者僕射　虎賁中郎將　符節令冗從僕射　羽林監　太子中庶子　太子庶子　太子家令　太子率更令、僕　衛率　諸軍司北軍中候　都督護軍　西域校尉　西戎校尉　禮見諸將軍　鷹揚、折衝、輕車、虎烈、宣威、威遠、寧遠、伏波、虎威、淩江等將軍　太學博士　將兵都尉　牙門將　騎督　安夷撫夷護軍　郡國太守、相、内史　州郡國都尉　國子祭酒　諸亭侯爵　州單車刺史

第六品

尚書左右丞　尚書郎中　秘書郎　著作丞郎　治書侍御史　部曹侍御史　諸督軍奉車、駙馬都尉　諸博士　公府長史、司馬　驃騎車騎長史、司馬　廷尉正、監、評　將兵助郡尉置司馬史卒者　諸護軍　太子侍講門大夫　太子中舍人　太子常從虎賁督、司馬督　水衡、典虞、牧官都尉　司鹽都尉　度支中郎將校尉　司竹都尉　材官校尉　驃騎、車騎、衛將軍府從事中郎　四征鎮公府從事中郎　公車令　諸縣署令千石者　千人督校尉　督守殿内將軍　殿内典兵　黄門冗從僕射　諸關内名號侯爵　諸王公友

第七品

期門郎　諸國公謁者　殿中監　諸卿尹丞　諸獄丞　太子保傅丞　詹事丞　諸軍長史司馬秩六百石者　護羌戎蠻夷越烏丸校尉長史、司馬　諸軍諸大將軍正行參軍　諸持節督正行參軍　二品將軍正行參軍　門下督　中書通事舍人　尚書曹典事　中書佐著作太子洗馬　北軍候丞　城門五營校尉司馬　宜禾伊吾都尉　度支都尉　典農都尉　諸封公保、傅、相、郎中令及中尉、大農　監淮海津都尉　諸國文學　太子食官令、舍人　單于率正　都水參軍　諸縣令相秩六百石以上者　左右都尉　武衛左右衛長史、司馬　京城門候　諸門候副　散牙門將　部曲督　殿中中郎將校尉　尚藥監　食監　太官食監中署監　南北軍監　中廷御史　禁防御史　小黄門諸署長僕謁者　藥長寺人監　靈芝園監　黄門署丞　中黄門　太中、中散、諫議三大夫　議郎　三臺五都侍御史　太廟令　諸公府掾屬　諸府記室　督主督受除遣者　符璽郎　門下郎　中書主事通事　散騎集書　公主及諸國丞萬户以上典書令及家令

第八品

尚書中書秘書著作及主書主圖主譜史　太常齋郎　京城門郎　四平四安長史司馬三品四品將軍正行參軍　郡國太守相内史中丞長史　西域戎部譯長　諸縣署令千石以上者丞　州郡國都尉司馬　司鹽、司竹監丞　水衡典虞牧材官都尉司馬　秘書校書郎　東宫摘句郎　諸雜署長史　關谷長王公妃公主家令　諸部護軍司馬　王郡公諸雜署令　國子太學助教　諸京城四門學博士　諸國常侍侍郎　殿中都尉司馬　諸部護軍司馬　殿中羽林郎　左右度支中郎將司馬　黄門從官　寺人中郎郎中　諸雜號宣威將軍以下五品將軍長史、司馬　蘭臺謁者　都水使者令史　門下禁防　金鼓幢麾城門令史　校尉部司馬、軍司馬、假司馬　諸鄉有秩、三老　司馬史從掾

諸州郡防門　尚書中書秘書

第九品

蘭臺殿中蘭臺謁者及都水使者書令史　諸縣長令相　關谷塞尉　倉簟河津督監　殿中監典事　左右太官督監內者　總章戲馬監　諸紙署監　王郡公郡諸署長　司理治書異族封公世子庶子諸王友國謁者大夫諸署丞　諸王太妃及公主家僕丞　公主行夜督郎太廟令行夜督郎　太子掌固　主事候郎　王官舍人　副散部曲將　武猛中郎將校尉部司馬、軍司馬、假司馬　諸鄉有秩　司徒史從掾　諸州郡防門

右官數及命數未詳。

又　卷三七《職官十九・秩品二》　晉官品：

第一品

公　諸位從公　開國郡公、縣公爵

第二品

特進　驃騎、車騎、衛將軍　諸大將軍　諸持節都督　開國縣侯伯子男爵

第三品

侍中　散騎常侍　中常侍　尚書令、僕射　尚書　中書監、令　秘書監　諸征、鎮、安、平、中軍、鎮軍、撫軍、前後左右、征虜、輔國、龍驤等將軍　光祿大夫　諸卿尹　太子保傅　大長秋　太子詹事　司隸校尉　中領軍　中護軍　縣侯爵

第四品

武衛、左右衛、中堅、中壘、驍騎、游擊、前軍、左軍、右軍、後軍、寧朔、建威、振威、奮威、廣威、建武、振武、揚武、廣武、五營校尉、左右積弩、積射、强弩、奮武等將軍　城門校尉　護軍監軍　東西南北中郎將　州刺史領兵者　護匈奴中郎將　護羌戎夷蠻越烏丸校尉　御史中丞　都水使者　鄉侯爵

第五品

給事中　給事黃門、散騎、中書侍郎　謁者僕射　虎賁中郎將　冗從僕射　羽林監太子中庶子、庶子、家令、率更令、僕、衛率　諸軍司北軍中候　都督護軍　護匈奴中郎　西域代部護羌烏丸等校尉　禮見諸將軍　鷹揚、折衝、輕車、武牙、威遠、寧遠、虎威、材官、伏波、淩江等將軍　牙門將　騎督　安夷撫夷護軍　郡國太守、相、內史　州郡國都尉　亭侯爵

第六品

尚書左右丞　尚書郎　治書侍御史　侍御史　諸督軍　奉車、駙馬、騎等都尉　諸博士　公府長史、司馬、從事中郎　二品將軍諸大將軍特進都督中護軍長史、司馬　廷尉正、監、平　秘書郎　著作郎　丞郎　黃沙治書侍御史　諸護軍長史、司馬　水衡、典虞、牧官、典牧、司鹽都尉　太子門大夫　度支中郎將校尉都督　材官校尉　王郡公侯郎中令、中尉、大農　王傅師及國將軍　諸縣置令秩千石者　太子侍講門大夫、中舍人、司馬督　太子常從虎賁督千人督校尉　督守殿中將軍　黃門令　黃門冗從僕射　關內名號侯爵

第七品

殿中監　諸卿尹丞　符節御史　獄丞部丞　黃沙典事　太子保傅詹事丞　諸軍長史司馬秩六百石者　護匈奴中郎將護羌戎夷蠻越烏丸校尉長史、司馬　北軍中候丞　城門五營校尉司馬　宜禾伊吾都尉　公府行相郎中令　監淮海津都尉　門下中書通事舍人　尚書典事　太子洗馬、食官令、舍人　黃門中郎將校尉都督　諸縣置令六百石者　左右都候　閶闔門司馬　城門候　尚藥監　大官食監　中署監　小黃門諸署令僕射謁者　藥長寺人監　副牙門將　部曲部督殿中　中黃門尉都尉　黃門諸署丞長史　中黃門　太中、中散、諫議大夫　議郎　關外侯爵

第八品

門下中書主事通事　散騎集書中書尚書秘書著作治書主書主圖主譜令史　郡國相內史丞長史　烏丸西域代部騎馬　四安四平長史、司馬　水衡、典虞、牧官、典牧、材官、州郡國都尉司馬　司鹽司竹監丞　諸縣令長相　關谷長　諸縣署令千石之丞尉　王郡公侯諸侍郎、諸雜署令　王太妃公主家令　副散督司馬長史　部曲將郡中都尉司馬　羽林郎　黃門從官寺人中郎、郎中　雜號宣威將軍以下

第九品

蘭臺謁者都水黃沙令史　門下散騎中書尚書秘書令史　殿中蘭臺謁者

都水黃沙書令史　諸縣署令長相之丞尉　關谷塞護道尉　王郡公侯諸署長司理治書　謁者中大夫署丞　王太妃公主家丞、僕、舍人　副散部曲將武猛中郎將校尉　別部司馬、軍司馬、軍假司馬

右内外文武官六千八百三十六人，内八百九十四人，外五千九百四十二人。内外諸色職掌一十一萬一千八百三十六人，百八十九人内職掌，據史所載數。門亭長、書佐、書吏、卒騶等，其餘色目史闕。一十一萬一千六百四十七人外職掌，王國及州縣職吏散吏鄉里吏等。都計内外官及職掌人一十一萬八千六百七十二人。又每四鄉置一嗇夫，及鄉據大小户口數多少等級置治書史及佐正等數，并命數未詳。

宋官品：

第一品

太傅　太保　太宰　太尉　司徒　司空　大司馬　大將軍　諸位從公

第二品

特進　驃騎、車騎、衛將軍　諸大將軍　諸持節都督

第三品

侍中　散騎常侍　尚書令、僕射　尚書　中書監、令　秘書監　諸征、鎮至龍驤將軍光禄大夫　諸卿、尹　太子二傅　大長秋　太子詹事領、護軍　縣侯爵

第四品

二衛至五校尉　寧朔至五威、五武將軍　四中郎將　刺史領兵者　戎蠻校尉　御史中丞　都水使者　鄉侯爵

第五品

給事中　黄門、散騎、中書侍郎　謁者僕射　三將　積射、强弩將軍太子中庶子、庶子、三卿、率　鷹揚至淩江將軍　刺史不領兵者　郡國太守、内史、相　亭侯爵

第六品

尚書丞、郎　治書侍御史　侍御史　三都尉　博士　撫軍以上及持節都督領護長史、司馬　公府從事中郎將　廷尉正、監、評　秘書著作丞、郎　王國公三卿、師、友、文學諸縣署令千石者　太子門大夫　殿中將軍、司馬督　雜號護軍　關中侯爵

第七品

謁者　殿中監　諸卿尹丞　太子傅詹事率丞　諸軍長史司馬六百石者諸府參軍戎蠻府長史、司馬　公府掾、屬　太子洗馬、舍人、食官令諸縣令六百石者

第八品

内臺正令史　郡丞　諸縣署長　雜號宣威將軍以下

第九品

内臺書令史　外臺正令史　諸縣署丞、尉

右内外文武官六千一百七十二人，八百二十三人内，五千三百四十九人外。内職掌人，門亭長、《孝經》師、月令律令師及書佐等一千四百六十一人，都計内外官及職掌人七千六百三十三人。其京都臺省監寺及府衛等府令史并諸色職掌人，未詳。其州署人各隨州舊定無制，亦不得而知也。命數亦未詳。

齊官品：未詳。

右内外文武官二千六十三人。九百四十七人内，一千一百一十六人外。州刺史及官屬并太守内史相、縣令相、寧蠻等校尉、中郎將、護軍等。其中書省及令史，司徒府、門下省、尚書秘書曹省、蘭臺諸曹、内外督令史，并太廟、明堂、太祝、太史、廪犧等職吏，本志但有名目，皆附其下。外州佐史、郡縣官屬佐史等名目及數並命數，並未詳。

梁官品：秩禄之差，亦如前代，更定十八班。

十八班

丞相　太宰　太傅　太保　大司馬　大將軍　太尉　司徒　司空

十七班

諸將軍開府儀同三司　左右光禄開府儀同三司

十六班

尚書令　太子太傅　左右光禄大夫

十五班

尚書左僕射　太子少傅　尚書右僕射　中書監　特進　領、護軍將軍

十四班

中領護軍　吏部尚書　太子詹事　金紫光禄大夫　太常卿

十三班

中書令　列曹尚書　國子祭酒　宗正、太府卿　光禄大夫

十二班

侍中　散騎常侍　左右衛將軍　司徒左長史　衛尉卿

十一班

御史中丞　尚書吏部郎　秘書監　通直散騎常侍　太子左右二衛率　左右驍騎　左右游擊　太中大夫　皇弟皇子師　司農、少府、廷尉卿　太子中庶子　光禄卿

十班

給事黄門侍郎　員外散騎常侍　皇弟皇子府長史　太僕、大匠卿　太子家令、率更令、僕　揚州別駕　中散大夫　司徒右長史　雲騎　游騎　皇弟皇子府司馬　朱衣直閤將軍

九班

尚書左丞　鴻臚卿　中書侍郎　國子博士　太子庶子　揚州中從事　皇弟皇子公府從事中郎　大舟卿　大長秋　皇弟皇子府諮議　嗣王府長史　前左右後四軍及嗣王府司馬　庶姓公府長史、司馬

八班

秘書丞　太子中舍人　司徒左西掾　司徒屬　皇弟皇子友　散騎侍郎　尚書右丞　南徐州別駕　皇弟皇子公府掾屬　皇弟皇子單爲二衛司馬　嗣王庶姓公府從事中郎　左右中郎將　嗣王庶姓公府諮議　皇弟皇子之庶子府長史、司馬　蕃王府長史、司馬　庶姓持節府長史、司馬

七班

五校　東宫三校　皇弟皇子之庶子府中録事、中記室、中直兵參軍　南徐州中從事皇弟皇子之庶子府蕃王府諮議

六班

太子洗馬　通直散騎侍郎　司徒主簿　尚書侍郎　著作郎　皇弟皇子府功曹史　五經博士　皇弟皇子府録事、記室、中兵參軍　皇弟皇子荆江雍郢南兖五州別駕　領護軍長史、司馬　嗣王庶姓公府掾屬　南臺治書侍御史　廷尉三官　謁者僕射　太子門大夫庶姓府諮議　嗣王府庶姓公府中録事、中記室、中直兵參軍

五班

尚書郎中　皇弟皇子文學及府主簿　太子太傅少傅丞　太常丞　皇弟皇子湘荆河司益廣青衡七州別駕　皇弟皇子荆江雍郢南兖五州中從事　嗣王庶姓荆江雍郢南兖五州別駕　皇弟皇子國郎中令、三將　東宫二將　嗣王府功曹史　庶姓公府録事、記室、中兵參軍　皇弟皇子之庶子府蕃王府中録事、中記室、中直兵參軍

四班

給事中　皇弟皇子府正參軍　中書舍人　建康三官　皇弟皇子北徐北兖梁交南梁五州別駕　皇弟皇子湘荆河司益廣青衡七州別駕、中從事　嗣王庶姓湘荆河司益廣青衡七州別駕　嗣王庶姓荆江雍郢南兖五州中從事　宗正、太府、衛尉、司農、少府、廷尉、太子詹事等丞　積射、强弩將軍　太子左右積弩將軍　皇弟皇子國大農　嗣王國郎中令　皇弟皇子之庶子府蕃王府功曹史　皇弟皇子之庶子府蕃王府録事、記室、中兵將軍　嗣王府庶姓公府主簿

三班

太子舍人　司徒祭酒　皇弟皇子公府祭酒　員外散騎侍郎　皇弟皇子府行參軍　太子太傅少傅五官功曹主簿　二衛司馬　公車令　胄子律博士　皇弟皇子越桂寧霍四州別駕　皇弟皇子北徐北兖梁交南梁五州中從事　嗣王庶姓北徐北兖梁交南梁五州別駕湘荆河司益廣青衡七州中從事　皇弟皇子之庶子府蕃王府主簿　嗣王庶姓公府正參軍　武衛將軍　光禄丞　皇弟皇子國中尉　太僕大匠丞　嗣王國大農　蕃王國郎中令　北館令　庶姓持節府中録事、中記室、中直兵參軍

二班

秘書郎　著作佐郎　揚南徐州主簿　嗣王庶姓公府祭酒　皇弟皇子單爲領護詹事二衛等五官、功曹、主簿　太學博士　皇弟皇子國常侍　奉朝請　國子助教　皇弟皇子越桂寧霍四州中從事　皇弟皇子荆江雍郢南兖五州主簿　嗣王庶姓越桂寧霍四州別駕　嗣王庶姓北徐北兖梁交南梁五州中從事　鴻臚丞　尚書五都令史　武騎常侍　材官將軍明堂二廟帝陵令　嗣王庶姓公府行參軍　皇弟皇子之庶子府正參軍　蕃王國大農庶姓持節府録事、記室、中兵參軍　庶姓持節府功曹史

一班

揚南徐州西曹祭酒從事　皇弟皇子國侍郎　嗣王國常侍　揚南徐州議曹從事　東宮通事舍人　南臺侍御史　大舟丞　二衛殿中將軍　太子二率殿中將軍　皇弟皇子之庶子府蕃王府行參軍　蕃王國中尉　皇弟皇子湘荆河司益廣青衡七州主簿　皇弟皇子荆雍郢南兖四州西曹祭酒議曹從事　皇弟皇子江州西曹從事祭酒部傳從事　嗣王庶姓越桂寧霍四州中從事　嗣王庶姓荆江雍郢南兖五州主簿　庶姓持節府主簿　汝陰巴陵二國郎中令　太官、太樂、太市、太史、太醫、太祝、東西冶、左右尚方、南北武庫、車府等令

位不登二品者，又爲七班。

七班

皇弟皇子府長史參軍　皇弟皇子國三軍　嗣王國侍郎　蕃王國常侍　揚南徐州文學從事　殿中御史　庶姓持節府除正參軍　太子家令丞　二衛殿中員外將軍　太子二率殿中員外將軍　鎮蠻、安遠、護軍、度支校尉等司馬　皇弟皇子北徐北兖梁交南梁五州主簿　皇弟皇子湘荆河司益廣青衡七州西曹祭酒議曹從事　皇弟皇子荆雍郢三州從事史、江州議曹從事、南兖州文學從事　嗣王庶姓湘荆河司益廣青衡七州主簿　嗣王庶姓荆雍郢南兖四州西曹祭酒議曹從事　嗣王庶姓江州西曹從事、祭酒部傳從事、勸農謁者　汝陰巴陵二王國大農　郡公國郎中令

六班

皇弟皇子國典書令　嗣王國三軍　蕃王國侍郎　領護倉事五官功曹　皇弟皇子府參軍督護　嗣王府長兼參軍　庶姓公府長兼參軍　庶姓持節府板正參軍　皇弟皇子越桂寧霍四州主簿　皇弟皇子北徐北兖梁交南梁五州西曹祭酒議曹從事　嗣王庶姓北徐北兖梁交南梁五州主簿　嗣王庶姓湘荆河司益廣青衡七州西曹祭酒議曹從事　皇弟皇子荆河司益廣青五州文學從事、湘衡二州從事　嗣王庶姓荆霍郢三州從事史、江州議曹從事、南兖州文學從事　汝陰巴陵二王國中尉　皇弟皇子之庶子縣侯國郎中令　郡公國大農　縣公國郎中令

五班

皇弟皇子國三令　嗣王典書令　蕃王國三軍　皇弟皇子公府東曹督護　嗣王府庶姓公府參軍督護　皇弟皇子之庶子府長兼參軍　蕃王府長兼參軍　二衛正員司馬督太子二率正員司馬督　領護主簿　倉事主簿　二衛功曹　太常五官功曹　石頭戍軍功曹　庶姓持節府行參軍　皇弟皇子越桂寧霍四州西曹祭酒議曹從事　皇弟皇子北徐北兖梁交南梁五州文學從事　嗣王庶姓越桂寧霍四州主簿　嗣王庶姓北徐北兖梁交南梁五州西曹祭酒議曹從事　嗣王庶姓荆河司益廣青五州文學從事、湘衡二州從事　汝陰巴陵二王國常侍　郡公國中尉　縣侯國郎中令　皇弟皇子府功曹督護

四班

嗣王國三令　蕃王國典書令　嗣王府功曹督護　庶姓公府東曹督護　蕃王府參軍督護　皇弟皇子之庶子府參軍督護　二衛員外司馬督　太子二率員外司馬督　二衛主簿　太常主簿　石頭戍軍主簿　宗正等十一卿五官功曹　庶姓持節府板行參軍皇弟皇子越桂寧霍四州文學從事　嗣王庶姓越桂寧霍四州西曹祭酒議曹從事　嗣王庶姓北徐北兖梁交南梁五州文學從事　汝陰巴陵二王國侍郎　縣公國中尉

三班

蕃王國三令　皇弟皇子之庶子府蕃王府功曹督護　宗正等十一卿主簿　庶姓持節府長兼參軍　郡公國侍郎　嗣王庶姓越桂寧霍四州文學從事

二班

庶姓持節府參軍督護　汝陰巴陵二王國典書令　縣公國侍郎

一班

庶姓持節府功曹督護　汝陰巴陵二王國三令　郡公國典書令

三品藴位

著作正令史　集書正令史　尚書度支三公正令史　函典書、殿中外監、齋監、東堂監、尚書都官左降正令史　諸州鎮監、石頭城監、瑯琊城監、東宮外監、殿中守舍人　齋監、東宮典經守舍人　上庫令　太社令　細作令　導官令　平水令　太官市署丞　正廚丞　酒庫丞　柴署丞　太樂庫丞　别局校丞　清商丞　太史丞　太醫二丞　中藥藏丞　東冶小庫等三丞　作堂金銀局丞　木局丞　北武庫丞　南武庫丞　東宮食官丞　上林丞　湖西塼屯丞　湖東塼屯丞　茭替庫丞　綾絹簟席丞　國子典學材官司馬　宣揚等諸門候　東宮導客守舍人　運署謁者　都水左右二裝五城謁者

石城宣城陽新屯謁者　南康建安晉安伐船謁者　晉安練葛屯主

三品勳位

門下集書主通事正令史　中書正令史　尚書正令史　尚書監籍正令史　都正令史　殿中内監　題閤監　婚局監　東宮門下通事守舍人　東宮典書守舍人　東宮内監、殿中守舍人、題閤監　乘黄令　右藏令　籍田令　廪犧令　梅根諸冶令　典客館令　太官四丞　庫丞　大樂丞　東冶大庫丞　左尚方五丞　右尚方四丞　東宮衛庫丞司農左右部倉丞　廷尉律博士　公府舍人　諸州别署監　山陰獄丞

其州二十三，並列其高下，選擬略視内職。郡守及丞爲十班，縣制七班，各擬内職。

又詔以將軍之名，高卑舛雜，命更加釐定，置百二十五號。

二十四班　鎮衛、驃騎、車騎等將軍。内外通用。　二十三班　四征東南西北，止施外。　四中軍、衛、撫、權，止施内。　二十二班　八鎮東西南北，止施在外；　左右前後，止施在内。　二十一班　八安東西南北，止施在外；　前後左右，止施在内。　二十班　四平東西南北。　四翊左右前後。以上三十五號爲一品，是爲重號將軍。　十九班　忠武　軍師　十八班　武臣　爪牙　龍騎　雲麾代舊前後左右四將軍。　十七班　鎮兵　翊師　宣惠　宣毅代舊四中郎。以上十號爲一品。　十六班　智威　仁威　勇威　信威　嚴威代舊征虜。　十五班　智武　仁武　勇武　信武　嚴武代舊冠軍。以上十號爲一品，所謂五德將軍。　十四班代舊輔國。凡將軍加大者，唯至貞毅而已，通進一階。優者方得比加位從公。凡督府置長史、司馬、諮議諸曹，有録事、記室等十八曹。天監七年，更置中録事、中記室、中兵參軍各一人。輕車　征遠　鎮朔　武旅　貞毅　十三班　寧遠　明威　振遠　電輝　威輝代舊寧朔。以上十號爲一品。　十二班　武威　武騎　武猛　壯武　飈武　十一班　電威　馳鋭　追鋒　羽騎　突騎以上十號爲一品。　十班　折衝　冠武　和戎　安壘　猛烈　八班　略遠　貞威　決勝　開遠　光野　七班　厲鋒　輕鋭　討狄　蕩虜　蕩夷以上十號爲一品。　六班　武毅　鐵騎　樓船　宣猛　樹功　五班　剋狄　平虜　討夷　平狄　威戎以上十號爲一品。　四班　伏波　雄戟　長劍　衝冠　雕騎　三班　佽飛　安夷　剋戎　綏狄　威虜以上十號爲一品。　二班　前鋒　武毅　開邊　招遠　金威　一班　綏虜　蕩寇　殄虜　横野　馳射以上十號爲一品。

右十品二十四班，以班多爲貴。

其不登二品應須軍號者，凡十四號，别爲八班。　八班　牙門舊建威。　期門舊建武。　七班　候騎舊振威。　雄渠舊振武。　六班　中堅舊奮威。　典戎舊奮武。　五班　戈船舊揚威。　繡衣舊揚武。　四班　執訊舊廣威。　行陣舊廣武。　三班　鷹揚　二班　淩江　一班　偏將軍　裨將軍

又有百九號將軍，亦爲十品二十四班，施於外國。　二十四班　武安　鎮遠　雄義擬車騎。　二十三班　四撫東西南北，擬四征。　二十二班　四寧東西南北，擬四鎮。　二十一班　四威東西南北，擬四安。　二十班　四綏東西南北，擬四平。以上十九號爲一品。　十九班　安遠　安邊擬忠武、軍師。　十八班　輔義　安沙　衛海　撫河擬武臣等四號。　十七班　平遠　撫朔　寧沙　航海擬鎮兵等四號。以上十號爲一品。　十六班　翊海　朔野　拓遠　威河　龍幕擬智威等五號。　十五班　威隴　安漠　綏邊　寧寇　梯山擬智武等五號。以上十號爲一品。　十四班　寧境　綏河　明信　明義　威漠擬輕車等五號。　十三班　安隴　向義　宣節　振朔　候律擬寧遠等五號。以上十號爲一品。　十二班　平寇　定遠　淩海　寧隴　振漠擬武威等五號。　十一班　馳義　横朔　明節　執信　懷德擬電威等五號。以上十號爲一品。　十班　撫邊　定隴　綏關　立信　奉義擬折衝等五號。　九班　綏隴　寧邊　定朔　立節　懷威擬掃狄等五號。以上十號爲一品。　八班　懷關　靜朔　掃寇　寧河　安朔擬略遠等五號。　七班　揚化　超隴　執義　來化　度嶂擬厲鋒等五號。以上十號爲一品。　六班　平河　振隴　雄邊　横沙　寧關擬武毅等五號。　五班　懷信　宣義　弘節　浮遼　鑿空擬剋狄等五號。以上十號爲一品。　四班　捍海　款塞　歸義　陵河　明信擬伏波等五號。　三班　奉忠　守義　弘信　仰化　立義擬佽飛等五號。以上十號爲一品。　二班　綏方　奉正　承化　浮海　度河擬先鋒等五號。　一班　懷義　奉信　歸誠　懷澤　伏義擬綏虜等五號。以上十號爲一品。

右内外官數未詳。天監初年，尚書删定郎濟陽蔡法度定令爲九品。至七年革選，徐勉爲吏部尚書，又定爲十八班。班多者爲貴，同班者則以居下者爲劣。又置諸將軍之號爲二十四班，亦以班多者爲貴，而九品之制

不廢。

又　卷三八《職官二十・秩品三》　陳官品：官品禄秩班次，多因梁制。

第一品

相國　丞相　太宰　太傅　太保　大司馬　大將軍　太尉　司徒　司空　開府儀同三司　巴陵王、汝陰王後　尚書令　郡王爵

第二品

中書監　尚書左僕射、右僕射　特進　太子二傅　左右光禄大夫　嗣王爵　蕃王爵　開國郡公爵　開國縣公爵

第三品

中書令　侍中　散騎常侍　領、護軍　中領護軍　吏部尚書　列曹尚書　金紫光禄大夫　光禄大夫　左右衛將軍　御史中丞　太后衛尉、太僕、少府三卿　太常卿　宗正卿　太府卿　衛尉卿　司農卿　少府卿　廷尉卿　光禄卿　大匠卿　太僕卿　鴻臚卿大舟卿　太子詹事　國子祭酒　揚州刺史　南徐、東揚州刺史　皇弟皇子封國王世子開國縣侯爵

第四品

通直散騎常侍　員外散騎常侍　黄門侍郎　秘書監　左右驍騎將軍　左右游擊將軍　太子中庶子　太子左右衛率　朱衣直閤　雲騎將軍　游騎將軍　中書侍郎　尚書左右丞　尚書吏部侍郎、郎中　太子三卿　太中大夫　中散大夫　司徒左右長史　諸王師國子博士　荆江南兗郢湘雍等州刺史　嗣王、蕃王、郡公、縣公等世子　開國縣伯爵

第五品

秘書丞　明堂令　太廟令　帝陵令　散騎侍郎　前左右後軍將軍　左右中郎將大長秋　太子中舍人、庶子　豫益廣衡等州、青州領冀州、北兗北徐等州、梁州領南秦州、司南梁交越桂霍寧等十五州刺史　丹陽尹　會稽太守　吴郡太守　吴興太守　侯世子　皇弟皇子府諮議參軍　皇弟皇子府版諮議參軍　皇弟皇子府長史　皇弟皇子府版長史　皇弟皇子府司馬　皇弟皇子府版司馬　皇弟皇子公府從事中郎　開國縣子爵

第六品

通直散騎侍郎　著作郎　步兵、射聲、長水、越騎、屯騎五校尉　太子洗馬　太子步兵、翊軍、屯騎三校尉　司徒左西掾屬　皇弟皇子友　皇弟皇子公府屬　五經博士　子男世子　萬户以上郡太守、内史、相　嗣王府皇弟皇子之庶子府諮議參軍　嗣王府皇弟皇子之庶子府長史、司馬　庶姓公府諮議參軍　庶姓公府長史、司馬　嗣王府庶姓公府從事中郎　皇弟皇子府中録事參軍、版府中録事參軍、中記室參軍、版中記室參軍、中直兵參軍、版中直兵參軍　揚州別駕中從事　皇弟皇子南徐荆江南兗郢湘雍州別駕中從事　開國縣男爵

第七品

給事中　員外散騎侍郎　秘書著作佐郎　奉車、駙馬、騎都尉　武賁中郎將　羽林監冗從僕射　謁者僕射　南臺治書侍御史　太子舍人　太子門大夫　太子旅賁中郎將、冗從僕射　司徒主簿　司徒祭酒　領護軍長史、司馬　廷尉正、監、評　皇弟皇子府録事記室中兵等參軍、版録事記室中兵等參軍、功曹史、主簿　公府祭酒　皇弟皇子府文學　嗣王庶姓公府掾屬　太子二傅丞　蕃王府諮議參軍　蕃王府版諮議參軍　蕃王府長史、司馬　庶姓持節府諮議參軍　庶姓非公不持節府將軍置長史　庶姓持節府版諮議參軍　庶姓持節府長史、司馬　嗣王府皇弟皇子之庶子及庶姓公府中録事、中記室、中直兵參軍及版中録事、中記室、中直兵參軍　不滿萬户太守、内史、相　丹陽會稽吴郡吴興及萬户郡丞　建康令　建康正、監、評　沐食侯爵

第八品

中書通事舍人　積射、强弩、武衛等將軍　公車令　太子左右積弩將軍　奉朝請　武衛常侍　太后三卿丞　十二卿丞　大長秋丞　左右衛司馬　太子詹事丞　冑子律博士　皇弟皇子府正參軍、版正參軍、行參軍、版行參軍　嗣王府皇弟皇子之庶子府録事記室中兵參軍、版録事記室中兵參軍、功曹史、主簿　庶姓非公不持節諸將軍置主簿　庶姓公府録事記室中兵參軍、版録事記室中兵參軍、主簿　嗣王府庶姓公府祭酒　蕃王府中録事記室直兵參軍、版中録事記室直兵參軍　庶姓持節府中録事記室直兵參軍、板中録事記室直兵參軍　太子太傅五官功曹史、主簿　少傅五官功曹史、主簿　太學博士　國子助教　司罇郎　安蠻戎越校尉中郎將等府長史　蠻戎越校尉中郎將等府版長史　蠻戎越校尉中郎將等司馬　庶姓南徐荆

江南兗郢湘雍等州別駕中從事　不滿萬户以下郡丞五千户以上縣令、相皇弟皇子國郎中令、大農、中尉　鄉亭侯爵

第九品

南臺侍御史　左右二衛殿中將軍　東宫通事舍人　材官將軍　太子左右二衛率殿中將軍丞　嗣王府皇弟皇子之庶子府正參軍、版正參軍、行參軍、版行參軍　庶姓公府正參軍、版正參軍　蕃王府録事記室中兵等參軍、版録事記室中兵等參軍、功曹史、主簿、正參軍、版正參軍、行參軍、版行參軍　庶姓持節府録事記室中兵等參軍、版録事記室中兵等參軍、功曹史、主簿　庶姓荆河益廣衡青冀北兗北徐梁秦司南徐等州別駕中從事史　揚州主簿、西曹及祭酒、議曹二從事　南徐州主簿、西曹及祭酒、議曹二從事　皇弟皇子諸州主簿、西曹　不滿五千户以下縣令、相皇弟皇子國常侍、侍郎　嗣王國郎中令、大農、中尉　嗣王國常侍　蕃王國郎中令、大農、中尉　開國中關外侯爵

右承梁制，而又置相國，位列丞相上，並及丞相、太宰、太傅、太保、大司馬、大將軍並以爲贈官。定令尚書置五員，郎二十一員。其餘並遵梁制，爲十八班。官數未詳。大抵其官唯論清濁，從濁得官微清，則勝於轉。自十二班以上，並詔授。表啓不稱姓。從十一班至九班，禮數復爲一等。又流外有七班，此是寒微士人爲之。從此班者。

後魏百官：後魏官，初有九品及有從品。每一品之中，又有上中下三等之差。至孝文太和二十三年，改次職令，除其中等，而有上下二等，以爲永制。其今所列者是也。

第一品

太師　太傅　太保　王爵　大司馬　大將軍　太尉　司徒　司空　開國郡公爵

從一品

儀同三司　開國縣公爵　都督中外諸軍事　諸開府　散公爵

第二品

太子太師、太傅、太保　特進　尚書令　驃騎、車騎將軍二將軍加大者，位在都督中外之下。衛將軍加大者，位在太子太師上。　四征將軍加大者，位次衛大將軍。　諸將軍加大者　左右光禄大夫　開國縣侯爵

從二品

尚書僕射若並置者則左居上。　中書監　司州牧　四鎮將軍加大者，次衛將軍。　中軍、鎮軍、撫軍將軍三將軍加大者，四鎮同之。　金紫光禄大夫　散侯爵

第三品

吏部尚書　四安將軍　中領軍、中護軍二軍加將軍，則去中，位次撫軍。太常　光禄勳　衛尉　太子少師、少傅、少保　中書令　太子詹事　侍中　諸曹尚書　四平將軍　太僕　廷尉　大鴻臚　宗正　大司農　太府河南尹　上州刺史　秘書監　諸王師　銀青光禄大夫　前左右後將軍　左右衛將軍　開國縣伯爵

從三品

散騎常侍　四方中郎將　護匈奴羌戎夷蠻越中郎將　國子祭酒　御史中尉　大長秋卿　將作大匠　征虜將軍　二大二公長史　太子左右衛率武衛將軍　冠軍將軍　護羌戎夷蠻越校尉　太中大夫　輔國將軍　中州刺史　龍驤將軍　散伯爵

第四品

二大二公司馬　太常、光禄、衛尉三少卿　尚書吏部郎中　給事黄門侍郎　太子中庶子　司空、皇子長史　太僕、廷尉、大鴻臚、宗正、大司農、太府六少卿　中常侍　中尹　城門校尉　驍騎、游擊將軍　從一品將軍開府長史　司空、皇子司馬

以前上階

鎮遠、安遠、平遠、建義、建忠、建節、立義、立忠、立節、恢武、勇武、曜武、昭武等將軍　從第一品將軍開府司馬　通直散騎常侍　司從諮議參軍　中散大夫　下州刺史　上郡太守、内史、相　開國縣子爵

從四品

中堅、中壘將軍　尚書左丞　二大二公諮議參軍　司州別駕從事史　第二品將軍始蕃王長史　太子家令、率更令、僕　中書侍郎　太子庶子　第二品將軍始蕃王司馬　前左右後軍將軍

以前上階

寧朔、建威、振威、奮威、揚威、廣威等將軍　諫議大夫　尚書右丞

司空、皇子諮議參軍事　司州治中從事史　左右中郎將　建武、振武、奮武、揚武、廣武將軍　從一品將軍開府諮議參軍事　散子爵

第五品

寧遠、鷹揚、折衝、揚烈等將軍　從二品將軍二蕃王長史　二大二公從事中郎　秘書丞　皇子友　國子博士　散騎侍郎　太子中舍人　員外散騎常侍　從二品將軍二蕃王司馬

以前上階

射聲、越騎、屯騎、步兵、長水等校尉　司空、皇子之開府從事中郎　第二品將軍始蕃王諮議參軍　開府從事中郎　中郡太守、內史、相　開國縣男爵

從五品

伏波、淩江、平漢將軍　第三品將軍三蕃王長史　二大二公掾屬　著作郎　通直散騎侍郎　太子洗馬　從二品將軍二蕃王諮議參軍事　第三品將軍三蕃王司馬　奉車都尉

以前上階

太子屯騎、步兵、翊軍校尉　都水使者　司空、皇子之開府掾屬　領護長史、司馬　歸義、率義、順義、朝服侯　輕車、威遠、虎威等將軍開府掾屬　洛陽令　中給事中

第六品

宣威、明威將軍　從三品將軍長史　二大二公主簿及録事參軍事　皇子郎中令　司空主簿　司空、皇子録事參軍事　從三品將軍司馬　三品將軍三蕃王諮議參軍事二大二公功曹、記室、户曹、倉曹、中兵參軍事　皇子文學　治書侍御史　謁者僕射　從一品將軍開府録事參軍　司空皇子功曹、記室、户曹、倉曹、中兵參軍事　皇子功曹史

以前上階

河南郡丞　虎賁中郎將　羽林監　宂從僕射　駙馬都尉　廷尉正、監、評　尚書諸曹郎中　中書舍人　從一品將軍府功曹、記室、户曹、倉曹、中兵參軍事，功曹史　下郡太守、內史、相　上縣令、相

從六品

襄威將軍　厲威將軍　第二品將軍始蕃王録事參軍事　二大二公諸曹行參軍事　給事中　太子門大夫　皇子大農　騎都尉　符璽郎

以前上階

從二品將軍二蕃王録事參軍事　皇子主簿　司空、皇子諸曹行參軍事　第二品將軍始蕃王功曹、記室、户曹、倉曹、中兵參軍事，功曹史　正一品將軍開府主簿、諸曹參軍事　從二品將軍二蕃王功曹、記室、户曹、倉曹、中兵參軍事，功曹史　太子舍人　太常、光禄勳、衛尉丞

第七品

威烈、威寇、威虜、威戎、威武將軍　四品正從將軍長史、司馬　二大二公祭酒　三品將軍三蕃王録事參軍　司空、皇子之開府祭酒　王公國郎中令　武烈、武毅、武奮將軍　積弩、積射將軍　員外散騎侍郎　皇子中尉　二大二公參軍事及諸曹行參軍　開府祭酒　司空、皇子參軍事及諸曹行參軍

以前上階

從三品將軍録事參軍事　二品將軍始蕃王主簿、諸曹行參軍事　從一品將軍開府諸曹行參軍事　三品將軍三蕃王功曹、記室、户曹、倉曹、中兵參軍，功曹史　二品將軍二蕃王主簿、諸曹行參軍事　二衛司馬　討寇、討虜、討難、討夷將軍　從三品將軍功曹、户曹、倉曹、中兵參軍　詹事丞　六卿丞　秘書郎中　著作佐郎　中縣令、相

從七品

蕩寇、蕩虜、蕩難、蕩逆將軍　五品正從將軍長史、司馬　强弩將軍　二大二公行參軍　司空、皇子行參軍　二品將軍始蕃王諸曹行參軍事　二品將軍三蕃王主簿及諸曹行參軍　三品將軍三蕃王主簿、列曹參軍　從一品將軍開府行參軍　王公國大農

以前上階

太學博士　皇子常侍　太常博士　武騎常侍　從二品將軍二蕃王行參軍事及諸曹行參軍事　從三品將軍主簿及諸曹行參軍事　四品正從將軍録事、功曹、倉曹、中兵參軍事　司州主簿　奉朝請　國子助教

第八品

殄寇、殄虜、殄難、殄夷將軍　二品將軍始蕃王行參軍事　三品將軍三蕃王行參軍事及諸曹行參軍事　四品正從將軍主簿及諸曹行參軍事　侯

伯國郎中令　司州西曹書佐　殿内將軍　皇子侍郎　大長秋丞

以前上階

侍御史　協律郎　辨章郎　從二品將軍二蕃王行參軍　從三品將軍行參軍事及諸曹行參軍事　五品正從將軍録事、功曹、户曹、倉曹、中兵參軍　王公國中尉　司州祭酒從事史　下縣令、相

從八品

掃寇、掃虜、掃難、掃逆將軍　司州議曹從事史　二大二公長兼行參軍　公車令　符節令　諸署令千石以上者　中黄門令　門下録事　尚書都令史　主書令史　殿中侍御史　中謁者僕射　中黄門冗從僕射

以前上階

宫門僕射　侯伯國大農　司空、皇子長兼行參軍　二大二公長兼行參軍　皇子上中下將軍　皇子中大夫、二率丞　四品正從將軍諸曹行參軍事　王公國常侍　厲武、厲鋒、虎牙、虎奮將軍　五品正從將軍主簿、諸曹行參軍　司州文學　從一品將軍開府長兼行參軍員外將軍

第九品

曠野、横野將軍　子男國郎中令　太祝令　諸署令六百石以上者　中黄門　公主家令　皇子典書令　四門小學博士　律博士　校書郎　二大二公參軍督護　都水參軍　檢校御史

以前上階

王公國侍郎　侯伯國中尉　謁者　太子三卿丞　五品正從將軍列曹行參軍　司空、皇子參軍督護　二品將軍始蕃王長兼行參軍　從一品將軍開府參軍督護　殿内司馬督

從九品

偏、裨將軍　太子廄長　監淮海津都尉　諸局都尉　皇子典祠、學官令皇子典衛令　王公國上、中、下將軍　王公國中大夫　諸署令不滿六百石者

以前上階

二品將軍始蕃王參軍督護　從二品將軍二蕃王長兼行參軍　太常光禄衛尉領護詹事功曹、五官、治禮郎　子男國大農　小黄門　員外司馬督

右内外文武官七千七百六十四人，二千三百七十一人内，五千三百九十三人外，州刺史、郡太守、縣令長等。内文學學生三千人，都計内外官及學生一萬七百六十四人。其京城諸司令史及諸色職掌人及外州郡縣屬官並諸色職掌人等並未詳，命數亦未詳。按魏氏之初，法制簡略，設官分職，多因事宜，罕依故實，誠非經遠。既列九品，每品又分爲上中下三等。至孝文帝太和十八年定令，方有倫序。今所録者，以此爲正焉。又按前代職次，皆無從品，魏氏始有之。自四品以下，正從又分爲上下階，亦一代之別制也。

北齊職品：

正一品

太師　太傅　太保　王　大司馬　大將軍　太尉公　司徒公　司空公

從一品

開府儀同三司　開國郡公爵

正二品

儀同三司　太子太師、太傅、太保　特進　尚書令　驃騎、車騎將軍二將軍加大者，在開國郡公下。衛將軍加大者，在太子太師上。　四征將軍加大者，次衛大將軍。　左右光禄大夫　散郡公、開國縣公爵

從二品

尚書僕射　中書監　司州牧　四鎮將軍加大者，次四征。　中軍、鎮軍、撫軍將軍　領軍、加大者，次尚書令下。護軍、翊軍將軍　金紫光禄大夫　散縣公、開國縣侯爵

正三品

吏部尚書　四安將軍　中領軍　中護軍　太常、光禄、衛尉卿　太子少師、少傅、少保　中書令　太子詹事　侍中　諸曹尚書　四平將軍　諸王師　大宗正、太僕、太理、鴻臚、司農、太府卿　清都尹　三等上州刺史　左衛將軍　右衛將軍　秘書監　銀青光禄大夫　散縣侯爵　開國縣伯爵

從三品

散騎常侍　三等中州刺史　司徒左長史　四方中郎將　護匈奴、羌戎、夷、蠻越中郎將　國子祭酒　御史中丞　中侍中　長秋卿　將作大匠　冠軍將軍　太尉長史　領左右將軍　武衛將軍　太子左衛率　太子右衛

率 輔國將軍 護匈奴、羌戎、夷、蠻越校尉 太中大夫 龍驤將軍 散縣伯爵 三等上郡太守

正四品

鎮遠、安遠將軍 太常、光禄、衛尉少卿 尚書吏部郎中 給事黄門侍郎 太子中庶子 司徒右長史 司空長史 三公府司馬 中常侍 中尹城門校尉 虎騎、雲騎、驍騎、游擊等將軍 大宗正、太僕、大理、鴻臚、司農、太府少卿

以前上階

建忠、建節將軍 通直散騎常侍 諸開府長史 中散大夫 三等下州刺史 三等鎮將 諸開府司馬 開國縣子爵

從四品

中堅、中壘將軍 尚書左丞 三公府諮議參軍事 司州別駕從事史 三等上州長史 太子家令、率更令、僕 前左右後軍將軍 中書侍郎 太子庶子 三等中郡太守 左右備身正都督 刀劍備身正都督 備身正都督 御仗正都督 直蕩正都督 三等上州司馬

以前上階

振威、奮威將軍 諫議大夫 尚書右丞 諸開府諮議參軍 司州治中從事史 左右中郎將 步兵、越騎、射聲、屯騎、長水校尉 朱衣直閤 直閤將軍 太子騎官及内直備身正都督 三等鎮副將 散縣子爵

第五品

廣德、弘義將軍 太子備身正都督、直入、直衛正都督 領左右、三等中州長史三公府從事中郎 秘書丞 皇子友 國子博士 散騎侍郎 太子中舍人 員外散騎常侍 三等中州司馬

以前上階

折衝、制勝將軍 主衣都統 尚食、尚藥典御 太子旅騎、屯衛、典軍校尉 領護府長史、司馬 諸開府從事中郎 開國縣男爵

從五品

伏波、淩江將軍 三等下州長史 三公府掾屬 著作郎 通直散騎侍郎 太子洗馬 左右備身刀劍備身副都督 御仗、直蕩副都督 左右直長 中尚藥、中尚食典御 三等下州司馬

以前上階

輕車、樓船將軍 駙馬都尉 翊衛正都督 直寢、直齋 奉車都尉 都水使者 諸開府掾屬 崇聖、歸義、歸正、歸命、歸德侯 清都郡丞 治書侍御史 鄴臨漳成安三縣令 中給事中 三等下郡太守 大理司直 太子直閤、二衛隊主 太子騎官備身副都督、内直備身副都督 開國鄉男爵 散縣男爵

正六品

勁武、昭勇將軍 尚書諸曹郎中 中書舍人 三公府主簿 三等上州別駕從事史 四中府長史 三等鎮長史 三公府録事、功曹、記室、户曹、倉曹、中兵參軍事 皇子文學 謁者僕射 皇子郎中令

以前上階

明威、顯信將軍 太子備身副都督 四中府司馬 虎賁中郎將 羽林監 冗從僕射 直入副都督 千牛備身 大理正、監、評 侍御師 諸開府録事、功曹、記室、户曹、倉曹、中兵參軍事 三等上州録事參軍事、治中從事史 三等上郡丞 三等上縣令 太子内直監 平準署令

從六品

度遼將軍 橫海將軍 直突都督 三等中州別駕從事史 三公府諸曹行參軍事 給事中 太子門大夫 三等上州功曹、倉曹、中兵參軍事 皇子大農 騎都尉直後 符璽郎中 三等中州録事參軍事

以前上階

踰岷、越障將軍 直衛副都督 三等中州治中從事史 諸開府主簿、諸曹行參軍 太子舍人 三等中州功曹、倉曹、中兵參軍事 三寺丞 太子直前 太子副直監 太子諸隊主

正七品

戎昭、武毅將軍 勳武前鋒正都督 三公府東西閤祭酒 三等下州別駕從事史 三等上州府主簿、諸曹參軍事 三等下州録事參軍事 四中府録事參軍事 王公國郎中令積弩、積射將軍 員外散騎常侍 皇子中尉 三公府參軍事及諸曹行參軍

以前上階

雄烈、恢猛將軍 翊衛副都督 諸開府東西閤祭酒及參軍事、諸曹行

參軍　三等下州功曹、倉曹、中兵參軍事　四中府功曹、倉曹、中兵參軍

三等中州主簿、諸曹參軍事　二衛府司馬　詹事府丞　左右備身五職三等鎮録事參軍　六寺丞　秘書郎中　著作佐郎　太子侍醫　太子騎尉太子騎官備身五職都將、別將、統軍、軍主、幢主是也。下同。　三等中郡丞

三等中縣令

從七品

揚麾、耀鋒將軍　勳武前鋒副都督　强弩將軍　三公府行參軍　三等上州參軍事、諸曹行參軍事　三等下州府主簿、諸曹參軍事　四中府諸曹參軍事　王公國大農　長秋寺丞　將作寺丞　太子二率坊司馬　三等鎮倉曹、中兵參軍事

以前上階

蕩邊、開域將軍　勳武前鋒散都督　太學博士　皇子常侍　太常博士

武騎常侍　左右備身五職　三等中州參軍事及諸曹行參軍　諸開府行參軍　奉朝請　國子助教　公車、京邑二市署令　三等鎮諸曹參軍事　三縣丞　侍御史　尚食、尚藥丞　齋帥　中尚食、中尚藥等丞　太子直後、二衛隊副　前鋒正都督　太子騎官備身　太子内直備身五職　諸戍主　諸軍主

正八品

靜漠、綏戎將軍　協律郎　三等上州行參軍　三等下州參軍事、諸曹參軍事　四中府諸曹行參軍　侯伯國郎中令　殿中將軍　皇子侍郎

以前上階

平越、殄夷將軍　刀劍備身五職　前鋒副都督　太子内直備身　主書殿中侍御史　太子典膳、藥藏丞　太子齋帥　三等中州行參軍　王公國中尉　三公府典籤　三等鎮鎧曹行參軍　三等下郡丞　三等下縣令

從八品

飛騎、隼擊將軍　三公府長兼左右户行參軍及長兼行參軍　門下録事尚書都令史　檢校御史　諸陵、太廟令　大樂、武庫諸署令　衣冠將軍太倉、典客、驊騮、鈎盾、鼓吹、守宮、左右尚方、左藏、太官、掖庭、司染、典農、左右龍、左右牝、治東西、駝牛、司羊諸署令　諸開府典籤　中謁者僕射　中黃門冗從僕射

以前上階

虎牙、虎奮將軍　備身御仗五職　宮門署僕射　大子備身五職　侯伯國大農　皇子上、中、下將軍　皇太子上、中大夫　王公國常侍　諸開府長兼左右户行參軍及長兼行參軍　員外將軍　勳武前鋒五職　司州及三等上州典籤　太子諸隊副　諸戍副諸軍副　清都郡丞

正九品

清野將軍　子男國郎中令　太祝、導官、太史、太醫、黃藏、衛士、細作諸署令　内謁者局統　三等上州長兼行參軍　中黃門　太子内坊令公主家令　皇子防閤　皇子典書令　四門博士　大理律博士　校書郎　三公府參軍督護　都水參軍　七部尉　諸郡尉

以前上階

横野將軍　王公國侍郎　侯伯國中尉、謁者　太子三寺丞　諸開府參軍督護　殿中司馬督　御仗　太子食官、中盾、典倉令　太子備身　平準署丞　公車署丞　三等中州典籤

從九品

偏將軍　諸宫教博士　太子司藏、廄牧令　太子校書　諸署別部局都尉及合昌、方城局都尉　諸關津尉　三等上州參軍督護　三等中州長兼行參軍　秘書省正字　皇子典書、典祠、學官、典衛等令　王公國上中下將軍、上中大夫　廩犧、太宰、司儀、左校、中宮僕、奚官、肴藏、清潭、典寺、乘黃、車府、籍田、華林、甄官諸署令　諸縣丞

以前上階

裨將軍　領護府、太常光禄衛尉三寺、詹事府功曹、五官、治禮郎子男國大農　小黃門　員外司馬督　太學助教　諸幢主　廷尉中侍中省録事　三等下州典籤　尚書省、門下省、中書省醫師

右内品二千三百二十二人，國子、太學、四門等學生並尚書都令史、門下通事主事等令史五百九十六人，都計文武官及學生、令史等總二千九百一十八人。其諸省臺府，因其繁簡而置吏，有令史、書令史、書史之屬。又各置曹兵，以供其役。其員因繁簡而立。其餘司專其事者，各因事立名，條流甚衆，不可得而具也。其州郡官及命數並未詳。

又　卷三九《職官二十一·秩品四》　後周官品：六卿屬官之外，内

外衆職，亦多參秦漢。

正九命

太師　太傅　太保　王爵　國公　柱國大將軍　大將軍

九命

驃騎大將軍　開府儀同三司建德四年，改爲開府儀同大將軍，仍增置上開府儀同大將軍。　車騎大將軍　儀同三司建德四年，改爲儀同大將軍，仍增置上儀同大將軍。　雍州牧

正八命

少師　少傅　少保　侯爵　驃騎將軍　左光禄大夫　車騎將軍　右光禄大夫　刺史户三萬以上者

八命

四征將軍　左金紫光禄大夫　中軍、鎮軍、撫軍將軍　右金紫光禄大夫　大都督　刺史二萬户以上者　京兆尹

正七命

大冢宰　大司徒　大宗伯　大司馬　大司寇　大司空　伯爵　四平將軍　左銀青光禄大夫　前後左右四將軍　右銀青光禄大夫　帥都督　柱國大將軍府長史、司馬、司録　刺史萬户以上者

七命

冠軍將軍　太中大夫　輔國將軍　中散大夫　都督　刺史户五千以上者　郡守萬五千户以上者

正六命

小冢宰、小司徒、小宗伯、小司馬、小司寇、小司空等上大夫　子爵　鎮遠將軍　諫議大夫　建忠將軍　諮議大夫　別將開府長史、司馬、司録　刺史户不滿五千以下者　郡守萬户以上者

六命

中堅將軍　左中郎將　寧朔將軍　儀同府、正八命州長史，司馬，司録　右中郎將　郡守户五千以上者　大呼藥

正五命

天官：司會、宗師、左宫伯、御正、御伯、主膳、太府、計部等中大夫　地官：鄉伯、左右遂伯、每方稍伯、每方縣伯、每方畿伯、每方載師、師氏等中大夫　春官：禮部、守廟、典祀、内史、太史、大司樂等中大夫　夏官：軍司馬、職方、吏部、右武伯、兵部、大馭、司右、駕部、武藏等中大夫　秋官：司憲、刑部、蕃部、賓部等中大夫　冬官：工部、匠師、司木、司土、司金、司水等中大夫　男爵　寧遠將軍　左員外常侍　揚烈將軍　右員外常侍　統軍　驃騎車騎將軍府、八命州長史，司馬，司録　柱國大將軍府中郎掾屬　郡守千户以上者　長安、萬年令

五命

伏波將軍　奉車都尉　輕車將軍　奉騎都尉　四征中鎮撫軍將軍府、正七命州長史，司馬，司録　開府中郎掾屬　郡守户不滿一千以下者　縣令户七千以上者　正八命州呼藥

正四命

天官：小宗師、小左宫伯、小御正、小膳部、大醫、小醫、小計部等下大夫　地官：小鄉伯、鄉大夫，每鄉小遂伯、遂大夫，每遂小稍伯、稍大夫，每稍小縣伯、縣大夫，每縣小畿伯、畿大夫，每畿小載師，小師氏、保氏、司倉、司門、司市、虞部等下大夫　春官：小守廟、小典祀、小内史、外史、典命、小史、小司樂、太學博士、太卜、太祝、司車路、夏采等下大夫　夏官：小職方、小吏部、小右武伯、小兵部、小馭、戎馭、齊馭、小司右、戎右、齊右、司射、小駕部、小武藏等下大夫　秋官：小刑部、掌朝、布憲、小蕃部、小賓部、司要、田正、司隸等下大夫　冬官：小匠師、小司木、小司土、小司金、小司水、司玉、司皮、司色、司織、司卉等下大夫　公之孤卿　宣威將軍　虎賁給事　明威將軍　冗從給事　儀同府中郎掾屬　柱國大將軍府列曹參軍　四平前後左右將軍府、七命州長史，司馬，司録　縣令户四千以上者　八命州呼藥　八命州別駕

四命

襄威將軍　給事中　厲威將軍　奉朝請　軍主　開府列曹參軍　冠軍輔國將軍府、正六命州長史，司馬，司録　縣令户三千以上者　正七命州呼藥　正七命州別駕　正八命州治中　七命郡丞

正三命

天官：司會、小宗師、宗正、小右宫伯、右中侍、小御正、主寢、

御伯、掌式、小膳部、内膳、外膳、小醫、醫正、瘍醫、太府、玉府、内府、外府、左府、右府、縫工、染工、小計部、掌納、掌出、司内奄等上士　地官：民部吏、小鄉伯、鄉正、州長、每州小遂伯、遂正、小稍伯、稍正、小縣伯、縣正、小畿伯、畿正、小載師、司農、司均、司賦、司役、小師氏、保氏、司諫、司救、司媒、小司倉、小司門、小司市、小虞部等上士　春官：禮部、小守廟、小典祀、司郊、掌次、小内史、著作、小典命、司寂、小史、馮相、保章、小司樂、太學助教、小學博士、樂師、小卜、小祝、小司車路、守陵等上士　夏官：軍司馬、小職方、小吏部、司士、司勳、司録、小右武伯、右虎賁率、右旅賁率、右射聲率、右驍騎率、右羽林率、右游擊率、小兵部、武環率、武候率、司固、道馭、田馭、小司右、賓右、道右、田右、小司射、司仗、小田駕部、左廄、右廄、典牝、典牡、獸醫等上士　秋官：司憲、小刑部、司刺、鄉法、遂法、稍法、縣法、畿法、方憲、小掌朝、掌察、小布憲、小蕃部、小掌交、司匡、小賓部、司儀、東掌客、南掌客、西掌客、北掌客、小司要、小田正、小司隸等上士　冬官：工部、小匠師、内匠、外匠、掌材、小司木、小司土、小司金、鍛工、函工、小司水、典壅、小司玉、小司皮、小司色、小司織、小司卉等上士　侯伯之孤卿　公之大夫　威烈將軍　左員外侍郎　討寇將軍　右員外侍郎　幢主　儀同府、正八命州列曹參軍　鎮遠、建忠、中堅、寧朔將軍府長史，司馬　柱國大將軍參軍　縣令户五百以上者　七命州呼藥　正六命州別駕　正七命州治中　正六命郡丞

三命

蕩寇將軍　武騎常侍　蕩難將軍　武騎侍郎　戍主　開府參軍　驃騎車騎將軍府、八命州列曹參軍　寧遠、揚烈、伏波、輕車將軍府長史　縣令户不滿五百以下者　正六命州呼藥　正六命州治中　六命郡丞

正二命

天官：司會、宗正、右侍、右前侍、右後侍、主寢、司服、給事、掌式、内膳、外膳、典庖、典饎、酒正、餚藏、掌醢、司鼎俎、掌冰、醫正、瘍醫、玉府、内府、外府、左府、右府、縫工、染工、掌納、掌出、小司内、内小臣奄、内司服奄、典婦功奄、巷伯等中士　地官：民部吏、小鄉伯、鄉正、州長、每州小遂伯、遂正、小稍伯、稍正、小縣伯、縣正、小畿伯、畿正、司封、司農、司均、司賦、司役、掌鹽、每地中士、掌遺、典牧、典牛、司諫、司救、司媒、土訓、誦訓、神倉、黍倉、稷倉、稻倉、豆倉、麥倉、米倉、鹽倉、典麴、典舂、典磑、掌節、宮門、城門、司關、均工、平準、泉府、山虞、澤虞、林衡、川衡、掌禽、掌囿、掌炭、掌芻等中士　春官：禮部、司几筵、司罇彝、掌鬱、司巹、充犧、司雞、司郊、司社、御史、著作、典瑞、典服、司寂、司玄、治禮、司謁、馮相、保章、小學助教、樂師、樂胥、司歌、司鐘磬、司鼓、司吹、司舞、籥章、掌散樂、典夷樂、典庸器、龜占、筮占、夢占、視祲、司巫、喪祝、甸祝、詛祝、神士、典路、司車、司常、守陵、掌墓、職喪等中士　夏官：軍司馬、土方、山師、川師、懷方、訓方、司士、司勳、司録、右虎賁率、右旅賁率、右射聲率、右驍騎率、右羽林率、右游擊率、倅長、司固、司火、司辰、銜枚、司仗、左廄、右廄、典牝、典牡、典駝、典羊、獸醫、司袍襖、司弓矢、司甲、司矟、司刀盾等中士　秋官：司憲、司刺、鄉法、遂法、稍法、縣法、畿法、方憲、掌囚、掌察、司約、司盟、職金、掌璧、司厲、修閭、掌墐、禁殺戮、禁遊、禁暴、司寤、掌交、司匡、司儀、東掌客、南掌客、西掌客、北掌客、掌訝、司環、野廬、象謂、掌財賄、司烜、伊耆氏、司調、司柞、司薙、掌犬、司迹、弋禽、捕獸、掌皮、弭妖、翦蠹、庶蠹、掌罪隸、掌夷隸、掌蠻隸、掌戎隸、掌狄隸、掌徒等中士　冬官：工部、内匠、外匠、司量、司準、司度、掌材、車工、角工、彝工、器工、弓工、箭工、盧工、復工、陶工、塗工、典丱、冶工、鑄工、鍛工、函工、雕工、典壅、掌津、舟工、典魚、典彘、琯工、磬工、石工、裘工、履工、鞄工、韗工、韋工、膠工、毳工、繢工、漆工、油工、弁工、織絲、織綵、織枲、織組、竹工、籍工、罟工、紙工等中士　子男之孤卿　侯伯之大夫公之上士　殄寇將軍　强弩司馬　殄難將軍　積弩司馬　四征中鎮撫將軍府、正七命州列曹參軍　正五命郡丞

二命

掃寇將軍　武騎司馬　掃難將軍　武威司馬　四平前左右後將軍府、七命州列曹軍戍副　五命郡丞

正一命

天官：司會旅、宗正、右騎侍、右宗侍、右庶侍、右勳侍、主璽、食醫、外膳、典庖、典饎、酒正、餚藏、掌醢、司鼎俎、掌冰、主藥、正醫、瘍醫、內小臣奄、內司服奄、典婦功奄、巷伯奄等下士　地官：黨正旅、每黨司封、掌鹽、掌壇、典牧、典牛、土訓、誦訓、神倉、稷倉、黍倉、稻倉、豆倉、麥倉、米倉、鹽倉、典麴、典舂、典磑、掌節、宮門、城門、司關、均工、平準、泉府、山虞、澤虞、林衡、川衡、掌禽、掌囿、掌圃、掌炭、掌薪、掌芻等下士　春官：禮部旅、小守廟奄、司几筵、司罇彝、掌鬱、司鬯、充犧、司雞、司郊、司社、掌次、御史、校書、典瑞、典服、司玄、治禮、司謁、樂胥、司歌、司鐘磬、司鼓、司吹、司舞、籥章、掌散樂、典夷樂、典庸器、龜占、筮占、夢占、視祲、司巫、喪祝、甸祝、詛祝、神士、典路、司車、司常、小夏采、掌幕、職喪等下士　夏官：軍司馬旅、土方、山師、川師、懷方、訓方、右虎賁倅長、右旅賁倅長、右射聲倅長、右驍騎倅長、右羽林倅長、右游擊倅長、武環倅長、武候倅長、司火、司辰、銜枚、右廐閑長、典駝、典羊、獸醫、司袍襖、司弓矢、司稍、司甲、司刀盾等下士　秋官：司憲旅、小刑、掌囚、掌察、司約、司盟、職金、掌璧、司厲、脩閭、掌墐、禁殺戮、禁游、司寤、小蕃司行、掌訝、司環、野廬、象諝、掌貨賄、司烜、伊耆氏、司調、司柞、司薙、掌犬、司迹、弋禽、捕獸、掌皮、弭妖、翦蠹、庶蠹、掌罪隸、掌夷隸、掌蠻隸、掌戎隸、掌狄隸、掌徒等下士　冬官：工部旅、司量、司準、司皮、掌材、車工、角工、彝工、器工、弓工、箭工、盧工、復工、陶工、塗工、典丱、冶工、鑄工、鍛工、函工、雕工、典壅、掌津、舟工、典魚、典鹺、琯工、磬工、石工、裘工、屨工、鞄工、鞾工、韋工、膠工、毳工、繢工、漆工、油工、弁工、織絲、織綵、織枲、織組、竹工、籍工、罟工、紙工等下士　子男之大夫　公之中士　侯伯之上士　曠野將軍　殿中司馬橫野將軍　員外司馬　冠軍輔國將軍府、正六命州列曹參軍

一命

山林都尉　武威將軍　淮海都尉　武牙將軍　鎮遠、建忠、中堅、寧朔、寧遠、揚烈、伏波、輕車將軍府列曹參軍

右按所建六官並徒屬及府史雜色職掌人二萬一千七十三人。二千九百八十九人諸色官，萬八千八十四人府史、學生、算生、書生、醫生、倅長、虎賁、驍騎、羽林、游擊、奉車、馭夫、武環、武候、卜筮、占夢、視祲、相生等人也。其六官之外，兼用秦漢等官及州郡官吏之數，並未詳。按九命之中，分爲正命，若今之上下階。謂王朝之官爲內命，謂諸侯及州縣官爲外命。

《舊唐書》卷四二《職官志一》　武散官，舊謂之散位，不理職務，加官而已。後魏及梁，皆以散號將軍記其本階，自隋改用開府儀同三司已下。

宋·司馬光《資治通鑑》卷一六五《梁紀二一·世祖孝元皇帝下》

胡三省注　《五代志》曰：泰命尚書盧辯遠師周之建職，置三公、三孤，以爲論道之官；次置六卿，以分司庶務。其內命謂王朝之臣：三公九命，三孤八命，六卿七命，上大夫六命，中大夫五命，下大夫四命，上士三命，中士再命，下士一命。外命謂諸侯及其臣：諸公九命，諸侯八命，諸伯七命，諸子六命，諸男五命，諸公之孤卿四命，侯之孤卿、公之大夫三命，子男之孤卿、侯伯之大夫、公之上士再命，公之中士、侯伯之上士一命，公之下士、侯伯之中士、下士、子男之士不命。其制祿秩：下士一百二十五石，中士以上至於上大夫各倍之，上大夫是爲四千石；卿二分，孤三分，公四分，各益其一，公因盈數爲一萬石。其九秩一百二十石，八秩至於七秩，每二秩六分，而下各去其一，二秩俱爲四十石。凡頒祿，視其年之上下：畝至四釜爲上年，上年頒其正；三釜爲中年，中年頒其半；二釜爲下年，下年頒其一；無年爲凶荒，不頒祿。《盧辯傳》曰：柱國大將軍，建德四年增置上柱國上將軍也：正九命。驃騎大將軍、開府儀同三司，建德四年改爲開府儀同大將軍，仍增上將軍將軍二字衍開府儀同大將軍，雍州牧：九命。驃騎大將軍，右光祿大夫，車騎將軍，左光祿大夫，户三萬以上州刺史：正八命。征東、征南、征西、征北等將軍，右金紫光祿大夫，中軍、鎮軍、撫軍等將軍，左金紫光祿大夫，[大]都督，二萬户以上州刺史，京兆尹：八命。平東、平西、平南、平北等將軍，右銀青光祿大夫，前、右、左、後等將軍，左銀青光祿大夫，帥都督，柱國大將軍府長史、司馬、司録，户一萬以上州刺史：正七命。冠軍將軍，太中大夫，輔國將軍，中散大夫，都督，五千户以上

州刺史，户一萬五千户以上郡守：七命。鎮遠將軍，諫議大夫，建忠將軍，朝散［誠議］大夫，州［別］將，開府長史、司馬、司録，户不滿五千以下州刺史，户一萬以上郡守：正六命。中堅將軍，右中郎將，寧朔將軍，左中郎將，儀同府，正八命州長史、司馬、司録，户五千以上郡守，大呼藥：六命。寧遠將軍，右員外常侍，揚烈將軍，左員外常侍，統軍、驃騎、車騎將軍府，八命州長史、司馬、司録，柱國大將軍府中郎掾屬，户一千以上郡守，長安、萬年縣令：正五命。伏波將軍，奉車都尉，輕車將軍，奉騎都尉，四征、中、鎮、撫將軍府，正七命州長史、司馬，司録，開府正［府］中郎掾屬，户不滿一千以下郡守，户七千以上縣令，正八命州呼藥：五命。宣威將軍、虎賁給事，明威將軍，宂從給事，儀同府中郎掾屬，柱國大將軍府列曹參軍，冠軍輔國上四字衍［四平、前、後、左、右］將軍府，正六［七］命州長史、司馬、司録，正七［八］命州中從事上三字衍［別駕］，七命郡丞上四字衍，户四千以上縣令，八命州呼藥：正四命。給事中，厲威將軍，奉朝請，軍主，開府列曹參軍，冠軍、輔國將軍府，正六命州長史、司馬、司録，正七命州別駕，正八命州從事，七命郡丞，户二千以上縣令，正七命州呼藥：四命。威烈將軍，右員外侍郎，討寇將軍，左員外侍郎，幢主，儀同府，正八命州列曹參軍，柱國大將軍府參事，鎮遠、建忠、中堅、寧朔將軍府長史、司馬，正六命州別駕，正七命州［中］從事，正六命郡丞，五百户以上縣令，七命州呼藥：正三命。蕩寇將軍，武騎常侍，蕩難將軍，武騎侍郎，開府參軍，驃騎、車騎將軍府，正八命州列曹參軍，寧遠、揚烈、伏波、輕車將軍府長史，正六命州中從事，六命郡丞，户不滿五百以下縣令，戍主，正六命州呼藥：三命。殄寇將軍，强弩司馬，殄難將軍，【略】武威司馬，四平、前、右、左、後將軍府，七命州列曹參軍，五命郡丞，戍副：二命。曠野將軍，殿中司馬，橫野將軍，員外司馬，冠軍、輔國將軍府，正六命州列曹參軍：正一命。武威將軍，淮海都尉，虎牙將軍，山林都尉，鎮遠、建忠、中堅、寧朔、寧遠、揚烈、伏波、輕車將軍府列曹參軍：一命。

元·馬端臨《文獻通考》卷六六《職官考二十·官品》 按：成周之命數，兩漢之石禄，皆所以辨官位之高卑也。自魏以後，始有九品之制，至梁分爲十八班。後魏以九品分正、從，【略】宇文周又以九命分正、從，皆十八等。今分爲十八門，以盡魏以來歷代之官，而著代名其下，品同而代異者，並見細注，更不重出。魏、晉、宋、陳無從品，則只以各品之官入正品，餘則隨其正、從分入云。

一品魏、晉、劉宋、陳。　正一品北魏、北齊。【略】　十八班周。　正九命：周。

黄鉞大將軍，魏。三公，魏。諸國王，魏、陳、後魏、北齊、周。【略】公、侯、伯、子、男，魏、晉。大丞相，魏、梁、陳。宋左右丞相。太傅，劉宋、梁、陳、後魏、北齊、周。【略】太保，劉宋、梁、陳、後魏、北齊、周。【略】太尉，劉宋、梁、陳、後魏、北齊。【略】司徒，劉宋、梁、陳、後魏、北齊。【略】司空，劉宋、梁、陳、後魏、北齊。【略】大司馬，劉宋、梁、陳、後魏、北齊。大將軍，劉宋、梁、陳、後魏、北齊、周。太宰，梁、陳。開府儀同三司，陳。巴陵、汝陰王後，陳。尚書令，陳。太師，後魏、北齊、周。【略】郡公，晉、後魏。國公，周。柱國大將軍。周。【略】

從一品北魏、北齊。【略】　十七班梁。　九命：

諸將軍、左右光禄開府儀同三司，梁、周。儀同三司，北魏、北齊、周。縣公，北魏。【略】都督中外諸軍事，北魏。諸開府散公，北魏。郡公，北齊。【略】驃騎大將軍，【略】周。車騎大將軍，周。雍州牧，周。【略】

二品　正二品　十六班　正八命：

諸四征、四鎮、車騎、驃騎將軍，魏、晉、劉宋、北魏、北齊、周。諸大將軍，魏、晉、劉宋、陳、北魏、北齊。【略】諸持節都督，晉、劉宋。縣侯伯子男，晉。尚書令，梁、北魏、北齊。【略】太子太傅，梁、陳。左右光禄大夫，梁、陳、北魏、北齊、周。【略】中書監，陳。尚書左、右僕射，陳。嗣王，陳。蕃王，陳。郡公，陳、北齊。【略】縣公，陳、北齊。太子太師、太傅、太保，北魏、【略】北齊。衛將軍，北魏、北齊。縣侯，北魏、周。儀同三司，北齊。少師、少傅、少保，周。車騎將軍，周。刺史户三萬以上者。周。【略】

從二品　十五班　八命：

尚書左、右僕射，梁、北魏。【略】太子少傅，梁。中書監，梁、北魏。特進，梁、北齊。領護軍將軍，梁。司州牧，北魏。四鎮將軍，北魏。中軍、鎮軍、撫軍將軍，北魏、周。金紫光禄大夫，北魏、周、【略】北齊，左右光禄大夫。散侯，北魏。儀同三司，北齊。太子太師、太傅、太保，北齊。尚書令，北齊。驃騎、車騎將軍，北齊。衛將軍，北齊。四征將軍，北齊、周。郡公，北齊。縣公，北齊。【略】都督，周。【略】刺史二萬户以上者，周。京兆尹。周。【略】

三品　正三品　十四班　正七命：

侍中，魏、晉、劉宋、陳、北魏、北齊。【略】散騎常侍，魏、晉、劉宋、陳。中常侍，魏、晉。尚書令，魏、晉、劉宋。左、右僕射，魏、晉、劉宋。諸尚書，魏、晉、劉宋、陳、北齊、北魏。【略】中書監、令，魏、晉、劉宋。陳、北齊令。【略】秘書監，魏、晉、劉宋、北魏、北齊。諸征、鎮、安、平將軍，魏、晉、劉宋、北魏、北齊、周。光禄大夫，魏、晉、劉宋。九卿，魏。司隸校尉，魏、晉。京兆、河南尹，魏、隋京兆。太子保、傅，魏、晉、劉宋。大長秋，魏、晉、劉宋。太子詹事，魏、晉、劉宋、梁、陳、北魏、北齊。【略】中領軍，魏、晉、劉宋、梁、陳、北魏、北齊。諸縣侯，魏、晉、劉宋、陳、北齊。龍驤、征虜將軍，魏、晉、劉宋。輔國將軍，魏、晉。鎮軍、撫軍，晉。諸卿、尹，晉、劉宋。中護軍，晉、劉宋、梁、陳、北魏、北齊。吏部尚書，梁。金紫光禄大夫，梁、陳。【略】太常卿，梁、陳、北魏、北齊。【略】左右衛將軍，陳、北魏、北齊。【略】御史中丞，太后衛尉、太僕、少府三卿，陳。衛尉，北魏、北齊。【略】宗正卿，陳、北魏、北齊。【略】太府卿，陳、北魏、北齊。【略】司農卿，陳、北齊。廷尉卿，陳、北魏。光禄卿，陳、北魏、北齊。【略】大匠卿，陳。鴻臚卿，陳、北魏、北齊。【略】大舟卿，陳。國子祭酒，陳。揚州刺史，陳。【略】皇弟皇子封國王世子，陳。太子少師、少傅、少保，北魏、北齊。【略】中書令，北魏。太僕，北魏、北齊。【略】大司農，北魏、隋卿，河南尹，北魏。上州刺史，北魏、北齊。【略】周萬户以上。諸王師，北魏、北齊。銀青光禄大夫，北魏、北齊、周。【略】前、左、右、後將軍，北魏、周。【略】大理卿，北齊。【略】清都尹，北齊。大冢宰，周。大司徒，周。大宗伯，周。大司馬，周。大司寇，周。大司空，周。帥都督，周。【略】柱國大將軍府長史、司馬、司録。周。【略】

從三品　十三班　七命：

中書令，梁。列曹尚書，梁。國子祭酒，梁、北魏、北齊。【略】宗正、太府卿，梁。光禄大夫，梁。散騎常侍，北魏、北齊。【略】四方中郎將，北魏、北齊。護匈奴、羌、戎、夷、蠻、越中郎將，北魏、北齊。御史中尉，北魏。大長秋卿，北魏、北齊。將作大匠，北魏、北齊。【略】征虜將軍，北魏。二大、二公長史，北魏。太子左右衛率，北魏、北齊。武衛將軍，北魏、北齊。冠軍將軍，北魏、北齊、周。護羌、戎、夷、蠻、越校尉，北魏。太中大夫，北魏、北齊、周。輔國將軍，北魏、北齊、周。中州刺史，北魏、北齊、周。龍驤將軍，北魏、北齊。散伯，北魏、北齊。司徒左長史，北齊。御史中丞，北齊。【略】中侍中，北齊。太尉長史，北齊。領左右將軍，北齊。【略】護匈奴、羌、戎、蠻、越校尉，北齊。三等上郡太守，北齊。中散大夫，周。都督，刺史户五千以上者，周。郡守萬五千以上者。周。【略】

四品　正四品　十二班　正六命：

城門校尉，魏、北魏、晉、北齊。護軍、監軍，魏、晉。積弩、强弩等將軍，魏、晉。武衛、左右衛、中堅、中壘、驍騎、遊騎等將軍，魏、晉、陳、北魏、北齊。前軍、左軍、右軍、後軍、寧朔、建威、建武等將軍，魏、晉、劉宋。振威、振武、奮威、奮武、揚武、廣威、廣武、左右積弩等將軍，魏、晉。五營校尉，魏、晉、劉宋。南、北、東、西中郎將，魏、晉、劉宋。御史中丞，魏、晉、劉宋。都水使者，魏、晉、劉宋。州領兵刺史，魏、晉、劉宋。諸卿侯，魏、晉、劉宋。越騎、烏桓、諸匈奴、護羌、蠻、夷等校尉，魏、晉、劉宋。護匈奴中郎將，晉。侍中、散騎常侍，梁。左右衛將軍，梁。衛尉卿，梁。通直散騎常侍，陳、北魏、北齊。【略】黄門侍郎，陳、北魏、北齊。【略】秘書監，陳。【略】太子中庶子，陳、北魏、北齊。太子左右衛率，陳。【略】朱衣直閣，陳。中書侍郎，陳。【略】尚書左、右丞，陳。【略】尚書吏部侍郎，陳。【略】郎中，陳、北魏、北齊。太子三卿，陳。太中大夫，陳。中散大夫，陳、北魏。司徒左、右長史，陳。梁、北齊。諸王師，陳。【略】國子博士，陳。荆、江、南兖、郢、湘、雍等州刺史，陳。嗣王、蕃王、郡縣公等世子，陳。開國縣伯，陳。【略】二大、二公司馬，北魏、北齊。太常、光禄、衛尉三少卿，北魏、【略】北齊。司空、皇子長史，北魏。中常侍、中尹，北魏、北齊。太僕、廷尉、鴻臚、宗正、司農、太府六少卿，北魏、【略】北齊。從一品將軍開府長史、司馬，北魏、北齊。司空、皇子司馬，北魏。鎮遠、安遠、平遠、建義、建忠、建節等將軍，北魏、北齊、周。立義、立忠、立節、恢武、勇武、曜武、昭武等將軍，北魏。司徒諮議參軍，北魏。下州刺史，北魏、北齊。【略】上郡太守、內史、相，北魏。開國縣子，北魏、北齊。【略】中散大夫，北齊。三等鎮將軍，北齊。小冢宰，周。小司徒、宗伯、司馬、司寇、司空等以上大夫，子，周。諫議大夫，周。諮議大夫，周。別將開府長史、司馬、司録，周。刺史户不滿五千以下者，周。郡守萬户以上者。周。【略】

從四品　十一班　六命：

御史中丞，梁。尚書吏部郎，梁。秘書監，梁。通直散騎常侍，梁。太子左右二衛率，梁。左右驍騎、游擊，梁。太中大夫，梁。皇弟皇子師，梁。司農、少府、廷尉卿，梁。太子中庶子，梁、北魏、北齊。光禄卿，梁。中堅、中壘將軍，北魏、北齊、周。尚書左、右丞，北魏、北齊。【略】二大二公諮議參軍，北魏、北齊。司州別駕從軍史，北魏。太子家令，北魏、北齊。【略】第二品將軍、始蕃王長史、司馬，北魏。率更令、僕，北魏、北齊。【略】中書侍郎，北魏、北齊。諫議大夫，北魏、北齊。【略】寧朔、建威、奮威、振威、揚威、廣威等將軍，北魏、周。司空、北魏。皇子諮議參軍事，北魏。司州治中從事史，北魏、北齊。建武、振武、奮武、揚武、廣武將軍，北魏、北齊。左、右中郎將，北魏、北齊、周。從一品將軍北魏。開府諮議參軍事，北魏、北齊。開國子，北魏、北齊。三等上州長史、司馬，北齊。前、左、右、後將軍，北齊。三等中郡太守，北齊。左右備身正都督，北齊。刀劍備身正都督，北齊。御仗正都督，北齊。直蕩正都督，北齊。步兵、越騎、射聲、屯騎、長水校尉，北齊。朱衣直閤，北齊。直閤將軍，北齊。【略】太子騎官及內直備身都督，北齊。三等鎮副將，北齊。郡守五千户以上，周。儀同府、正八命州長史、司馬、司録，周。大呼藥。周。【略】

五品　正五品　十班　正五命：

給事中，魏。給事黃門侍郎，魏、晉、劉宋、梁。散騎侍郎，魏、晉、劉宋、梁、陳、北魏、北齊。【略】中書侍郎，魏、晉、劉宋。謁者僕射，魏、晉、劉宋。虎賁中郎將，魏、晉。符節令，魏。冗從僕射，魏、晉。羽林監，魏、晉。太子中庶子，魏、晉、劉宋。太子庶子，魏、晉、陳。太子家令，魏、晉、梁。太子率更令、僕，魏、晉、梁。衛率，魏、晉、劉宋。諸軍司北軍中候，魏、晉。都督，魏、晉。護軍，魏、晉。西域、西戎校尉，魏、晉。禮見諸將軍，魏。太學博士，魏。鷹揚、折衝、輕車、虎烈、宣威、威遠、懷遠、伏波、虎威、淩江等將軍，魏、晉、劉宋。將兵都尉，魏。牙門將，魏、晉。騎督，魏。安夷、撫夷護軍，魏、晉。郡國太守、相、內史，魏、晉、劉宋、北魏中都。州郡國都尉，魏、晉。國子祭酒，魏。諸亭侯，魏、晉、劉宋。州單車刺史，魏。護匈奴中郎，晉。三將，積射、强弩將軍，劉宋。刺史不領兵者，劉宋。三卿，劉宋。皇弟皇子府長史、司馬，梁、陳。太僕、大匠卿，梁。揚州別駕，梁。中散大夫，梁。【略】司徒右長史，梁。雲騎、游騎，梁。朱衣直閤將軍，梁。秘書丞，陳、北魏、北齊。【略】明堂、太廟、帝陵令，陳。前、左、右、後將軍陳。左右中郎將，陳。大長秋，陳。太子中舍人，陳、北魏、北齊。【略】丹陽尹，陳。會稽、吴興、吴郡太守，侯世子，陳。豫、益、廣、衡、青、冀、北兗、北徐、梁、南秦、司、南梁、交、越、桂、霍、寧等十五州刺史，陳。皇弟、皇子府諮議參軍，【略】陳。【略】皇弟、皇子公府從事中郎，陳。開國縣子，陳。【略】寧遠、折衝、鷹揚、揚烈等將軍，北魏、周。從二品將軍二蕃王長史、司馬，北魏。二大二公從事中郎，北魏、北齊。皇子友，北魏、北齊。國子博士，北魏、北齊。【略】員外散騎常侍，北魏、北齊。開府從事中郎，北魏、北齊。射聲、越騎、屯騎、步兵、長水等校尉，北魏。開國縣男，北魏、北齊、周。【略】第三品將軍、始蕃王諮議參軍，北魏。廣德、弘義將軍，北齊。太子備身正都督，北齊。直入、直衛正都督，領左右，北齊。三等中州長史、司馬，北齊。折衝、制勝將軍，北齊。主衣都統，北齊。尚食、尚藥典御，北齊。【略】太子旅騎、屯衛、典軍校尉，北齊。領護府長史、司馬，北齊。天官司會、宗師、左宫伯、御伯、主膳、太府、計部等中大夫，周。地官鄉伯、左右遂伯、每方稍伯、每方縣伯、每方畿伯、每方載師、師氏等中大夫，周。春官禮部、守廟、典祀、內史、太史、大司樂等中大夫，周。夏官軍司馬、職方、吏部、右武伯、兵部、大馭、司右、駕部、武藏等中大夫，周。秋官司憲、刑部、番部、賓部等中大夫，周。冬官工部、匠師、司木、司土、司金、司水等中大夫，周。左、右員外常侍，周。【略】郡守千户以上者，周。統軍驃騎車騎將軍府、八命州長史、司馬、司録，周。柱國大將軍府中郎掾屬，周。長安、萬年令。周。

【略】

從五品　九班　五命：

尚書左丞，梁。鴻臚卿，梁。中書侍郎，梁。國子博士，梁。太子庶子，梁。揚州中從事，梁。皇弟、皇子公府從事中郎，梁。大舟卿，梁。大長秋，梁。皇弟、皇子府諮議，梁。庶姓公府及左右前後四軍府長史、司馬，梁。嗣王府長史、司馬，梁。伏波、淩江、平漢將軍，北魏、周、北齊。第三品將軍、三蕃王長史，北魏。二大、二公掾屬，北魏、北齊。著作郎，北魏、北齊。【略】通直散騎侍郎，北魏、北齊。【略】太子洗馬，北魏、北齊。【略】從二品將軍、二蕃王諮議參軍，北魏。第三品將軍、三蕃王司馬，北魏。奉車都尉，北魏、北齊、周。【略】太子屯騎、步兵、翊軍校尉，北魏。都水使者，北魏、北齊。【略】司空、皇子開府掾屬，北魏。領護長史、司馬，北魏。開府掾屬，北魏、北齊、周。歸義、率義、順義、朝服侯，輕車、威遠、虎威等將軍，北魏。中給事中，北魏、北齊。【略】散男，北魏、北齊。三等下州長史、司馬，北齊。御仗、直蕩副都督，北齊。太子騎官、左右備身、刀劍備身、内直備身副都督，北齊。左右直長，北齊。中尚藥、中尚食典御，北齊。輕車、樓船將軍，北齊、周。【略】駙馬都尉，北齊。【略】翊衛正都督，北齊。直寢、直齋，北齊。【略】清都郡丞，北齊。崇聖、歸義、歸正、歸命、歸德侯，北齊。治書侍御史，北齊。【略】鄴、臨漳、成安三縣令，北齊。三等下郡太守，北齊。大理司直，北齊。【略】太子直閣，北齊。【略】二衛隊主，北齊。開國卿男，北齊。【略】奉騎都尉，周。郡守户不滿一千石以下，周。正八命州呼藥，周。四征中鎮撫軍將軍府、正七命州長史、司馬，周。縣令户七千以上者。周。【略】

六品　正六品　八班　正四命：

尚書左右丞，魏、晋、劉宋。梁右丞。尚書郎中，魏、晋、劉宋、北魏、北齊。秘書郎，魏、晋、劉宋。著作丞郎，魏、晋、劉宋、陳。治書侍御史，魏、晋、劉宋。部曹侍御史，魏。諸督軍，魏、晋。奉車、駙馬都尉，魏、晋、劉宋、後魏。諸博士，魏、晋、劉宋、陳。公府長史、司馬，魏、晋。驃騎、車騎長史、司馬，魏。廷尉正、監、評，魏、晋、劉宋、陳。北齊改大理。【略】將兵助郡尉置司馬史卒者，魏。諸護軍，魏、劉宋。太子侍講、門大夫，魏。太子中舍人，魏、晋、梁。【略】太子常從賁督司馬，魏、晋。水衡、典虞、牧官都尉，魏、晋。司鹽都尉，魏、晋。度支中郎將校尉，魏。司竹都尉，魏。材官校尉，魏、晋。驃騎車騎衛將軍府、四鎮征公府從事中郎，魏。公車令，魏。諸縣署令千石者，魏、晋、劉宋。千人督校尉，魏。督守殿内將軍，魏。殿内典兵，魏。黄門冗從僕射，魏、晋、北魏、北齊。諸關内名號侯，魏。諸王公友，魏、梁、陳。侍御史，晋、劉宋。從事中郎，晋。黄沙治書侍御史，晋。二品將軍諸大將軍特進都督中護軍長史、司馬，晋、劉宋，諸護軍長史、司馬晋，太子門大夫晋、劉宋。王郡公侯郎中令，晋。中尉、大農，晋。王傅師及國將軍，晋。督守殿中將軍，晋。黄門令，晋。公府從事中郎將，劉宋、梁。王國公三卿、師、友、文學，劉宋。殿中將軍、司馬督，劉宋。關内侯，劉宋。秘書丞，梁。司徒左西掾屬，梁、陳。散騎侍郎，梁、陳。南徐州別駕，梁。皇弟、皇子單爲二衛司馬，梁。皇弟皇子公府掾屬、庶子府長史，梁、陳。嗣王、庶姓公府諮議，梁、陳。蕃王府長史、司馬，梁。庶姓持節府長史、司馬，梁、陳。步兵、射聲、長水越騎、屯騎五校尉，陳。太子洗馬，陳。太子步兵、翊軍、屯騎三校尉，陳。子、男世子，陳。【略】萬户以上郡太守、内史、相，陳。嗣王府、庶姓公府從事中郎，陳。板府中録事參軍，陳。中記室參軍、直兵參軍，陳。揚州別駕中從事，陳。開國縣男，陳。皇弟皇子南徐荆江南兖郢湘雍州別駕中從事，陳。宣威、明威將軍，北魏、北齊、周。從三品將軍長史，司馬，北魏。二大二公主簿、功曹、記室、户曹參軍、中兵參軍及録事參軍事，北魏。司空主簿，北魏。皇太子郎中令，北魏、北齊。司空、皇子録事參軍事，北魏。三品將軍、三蕃王諮議參軍事，北魏。皇太子文學，治書侍御史，諮議參軍事，北魏、北齊。【略】皇子文學，治書侍御史，謁者僕射，北魏、北齊。皇子功曹史，北魏。從一品將軍開府録事參軍，北魏。司空皇子功曹、記室、户曹、倉曹、中兵參軍事，北魏。河南郡丞，北魏。虎賁中郎將，北魏、北齊。羽林監，北魏、北齊。中書舍人，北魏、北齊。從一品將軍府功曹、記室、户曹、倉曹中兵參軍事、功曹史，北魏。下郡太守、内史、相，北魏。【略】上縣令，北魏、北齊。勁武、昭勇將軍，北齊。三公府主簿，北齊。三等上州別駕從事史，北齊。四中府長史、司馬，北齊。三等鎮長史，北齊。太子備身副都督，北齊。直入副都督，北齊。千牛備身，北齊。【略】三公府録事、功曹、記室、户曹、倉曹、中兵參軍事，北齊。諸開府録事、功曹、記室、户曹、倉曹、中兵參軍事，北齊。三等上州録事參軍事，北齊。治中從事史，北齊。三等上郡丞，北齊。太子内直監，北齊。平准署令，北齊。天官小宗師、小左宫伯、小御正、小膳部、大醫、小醫、小計部等下大夫，周。地官小鄉伯、鄉大夫，每鄉小遂伯、遂大夫，每遂小稍伯、稍大夫，每稍小縣伯、縣大夫，每縣小畿伯、畿大夫，每畿小載師、小師氏、保氏、司倉、司門、司市、虞部等下大夫，周。春官小守廟、小典祀、小内史、外史、典命、小史、小司樂、太學博士、太卜、太祝、司車路、夏采等下大夫，周。夏官小職方、小吏部、小右武伯、小兵部、小馭、戎馭、齊馭、小司右、戎右、齊右、司射、小駕部、小武藏等下大夫，周。秋官小刑部、掌朝、布憲、小蕃部、小賓部、司要、田正、司隸等下大夫，周。冬官小匠師、小司木、小司土、小司金、小司水、司玉、司皮、司色、司織、司卉等下大夫，周。公之孤、卿，周。虎賁給事，周。冗從給事，周。儀同府中郎掾屬，周。柱國大將軍府列曹參軍，周。縣令户四千以上者，周。四平前後左右將軍府、七命州長史、司馬、司録，周。八命州呼藥，周。八命州別駕。周。【略】

從六品　七班　四命：

五校，梁。東宫三校，梁。皇弟、皇子之庶子府中録事，梁。南徐州中從事，梁。中記室、中直兵參軍，梁。襄威、厲威將軍，北魏、周。皇弟皇子之庶子府、蕃王府諮議，梁。二大二公諸曹參軍事，北魏、北齊。從第二品將軍始蕃王録事參軍事，北魏。給事中，北魏、北齊、周。太子門大夫，北魏、北齊。【略】皇子大農，騎都尉，北魏、北齊。符璽郎，北魏、北齊。從二品將軍二蕃王録事參軍事，北魏。皇子主簿，北魏。司空皇子諸曹參軍事，北魏。從一品將軍開府主簿、諸曹參軍事，北魏。第二品將軍始蕃王功曹、記室、户曹、倉曹、中兵參軍事，功曹史，北魏。從第二品將軍二蕃王功曹、記室、户曹、倉曹、中兵參軍事，功曹史，北魏。太子舍人，北魏、北齊。【略】太常、光禄勳、衛尉丞，北魏、北齊。度遼、横海將軍直突都督，北齊。三等中州治中、別駕從事史，北齊。三等上州中州功曹、倉曹、中兵參軍事，北齊。三等中州録事參軍事，北齊。踰岷、越障將軍，北齊。直衛副都督，北齊。諸開府主簿、諸曹參軍，北齊、周。太子直前，北齊。太子副直監，太子諸隊主，北齊。【略】奉朝請，周。軍主，周。冠軍輔國將軍府、正六命州長史、司馬、司録，周。縣令户三千以上者，周。正七命州呼藥，周。正七命州別駕、正八命州治中，周。七命郡丞，周。

又　卷六七《職官考二十一·官品》　七品　正七品　六班　正三命：

期門郎，魏。諸國公謁者，魏。殿中監，魏、晉、劉宋。諸卿尹丞，魏、晉、劉宋。諸獄丞，魏、晉。太子保傅丞，魏、晉、劉宋。詹事丞，魏、晉、劉宋。諸軍長史、司馬秩六百石者，魏、晉、劉宋。護羌戎蠻夷越烏桓校尉長史、司馬，魏、晉、劉宋。門下督，魏。諸軍、諸大將軍正行參軍，魏、劉宋。諸持節督正行參軍，魏。二品將軍正行參軍，魏。中書通事舍人，魏、晉。尚書曹典事，魏、晉。中書佐，著作，魏、梁、陳。太子洗馬，魏、晉、劉宋、梁。北軍候丞，魏、晉。城門、五營校尉司馬，魏、晉。宜禾伊吾都尉，魏、晉。度支都尉，魏。典農都尉，魏。諸封公保、傅、相，郎中令及中尉、大農，魏、晉。監淮海津都尉，魏、晉。諸國文學，魏。太子食官令、舍人，魏、晉、劉宋。單于率正，魏。都水參軍，魏。諸縣令、相秩六百石以上者，魏。左右都尉，魏、晉。武衛左右衛長史、司馬，魏。京城門候，魏、晉。諸門候副、散牙門將，魏。部曲督，魏。殿中中郎將校尉，魏。尚藥、尚食監，魏、晉。太官食監，中署監，魏。南北軍監，魏。中廷、禁防御史，魏。小黄門諸署長、僕、謁者，魏、晉。藥長、寺人監，魏、晉。靈芝園監，魏。黄門署丞，中黄門，魏。太中、中散、諫議三大夫，議郎，魏、晉。太廟令，魏。三臺五都侍御史，魏。諸公府掾屬，魏、劉宋。諸府記室，魏。督主督受除遣者，魏。符璽郎、門下郎，魏。中書主事、通事，魏。散騎、集書，魏。符節御史，晉。公主及諸國丞、萬户以上典書令及家令，晉。黄沙典事，晉。護匈奴中郎將，晉。黄門中郎將、校尉、都督，晉。諸縣置令六百石者，晉、劉宋。閶闔門司馬，晉。副牙門將，晉。中黄門，晉。部曲部督，殿中中黄門尉、都尉，晉。黄門諸署丞、長史，晉。關外侯，晉。通直散騎侍郎，梁、陳、北魏、北齊。【略】司徒主簿，梁、陳。尚書侍郎，梁。皇弟、皇子府功曹史，梁。《五經》博士，梁。皇弟皇子府録事、記室、中兵參軍，荆、江、雍、郢、南兗五州別駕，梁。嗣王庶姓公府掾屬，南臺治書侍御史，梁、陳。領護軍長史、司馬，梁。廷尉三官，梁。謁者僕射，梁、陳。太子門大夫，庶姓府諮議，梁。給事中，陳。嗣王府庶姓公府中録事、中記室、中直兵參軍，梁。奉車、駙馬、騎都尉，陳。武賁中郎將，陳。羽林監，陳。冗從僕射，陳。南臺治書侍御史，陳。領護軍長史、司馬，陳。太子舍人、門大夫、旅賁中郎將、冗從僕射，陳。皇弟皇子府録事記室中兵等參軍、版録事記室中兵等參軍、文學，陳。廷尉正、監、平，陳。功曹史、主簿，陳。太子二傅丞，陳。公府祭酒，陳、北齊。蕃王府諮議參軍、長史、司馬，陳。庶姓持節府諮議參軍、長史、司馬，陳。庶姓非公不持節府將軍署長史，陳。建康令、正、監、平，陳。嗣王府、皇弟皇子之庶子，及庶姓公府中録事、中記室、中直兵參軍，陳。不滿萬户太守、內史、相，陳。丹陽、會稽、吳郡、吳興及萬户郡丞，陳。湯沐食侯，陳。威烈、威虜、威戎、威武將軍，北魏、周。四品正從將軍長史、司馬，北魏。二大、二公開府祭酒，北魏。三品將軍、三蕃王録事參軍，北魏。司空、皇子之開府祭酒，北魏。王公國郎中令，北魏。武烈、武毅、武奮將軍，北魏。司空、皇子參軍事及諸曹行參軍，北魏。積弩、積射將軍，北魏、北齊。三品將軍始蕃王主簿、諸曹行參軍事，北魏。從三品將軍録事參軍事，北魏。二衛司馬，北魏、北齊。討寇、討虜、討難、討夷將軍，北魏、周。從三品將軍功曹、户曹、倉曹、中兵參軍，北魏。詹事丞，北魏、北齊。六卿丞，北魏、北齊。秘書郎中、著作佐郎，北魏、【略】北齊。中縣令、相，北魏。戎昭、武毅將軍，北齊。勳武前鋒正都督、翊衛副都督，北齊。四中府録事參軍事，北齊。三等下州別駕從事史、録事參軍事，北齊。王公國郎中令，北齊。三等上州府主簿、諸曹參軍事，北齊。皇子中尉，北齊。三公府參軍事及諸曹行參軍，北齊。雄烈、恢猛將軍，北齊。諸開府東西閤祭酒及參軍事，北齊。諸曹行參軍，北齊。三等下州功曹、倉曹、中兵參軍事，北齊。左右備身五職，北齊。三等上州主簿、諸曹參軍事，北齊。四中府功曹、倉曹、中兵參軍，北齊。三等鎮録事參軍，北齊。太子侍醫、騎尉，北齊。太子騎官備身五職，北齊。三等中郡丞，北齊。三等中縣令，北齊。天官司會、小宗師、宗正、小右宮伯、右中侍、小御正、主寢、御伯、掌式、小膳部、內膳、外膳、小醫、醫正、瘍醫、太府、玉府、內府、外府、左府、右府、縫工、染工、小計部、掌納、掌出、內司奄等上士，周。地官民部吏、小鄉伯、鄉正、州長，每州小遂伯、遂正、小稍伯、稍正、小縣伯、縣正、小畿伯、畿正、小載師、司農、司均、司賦、司役、小師氏、保氏、司諫、司救、司媒、小司倉、小司門、小司市、小虞部等上士，周。春官禮部、小守廟、小典祀、司郊、掌次、小內史、著作、小典命、司寂、小史、馮相、保章、小司樂、太學助教、小學博士、樂師、小卜、小祝、小司車路、守陵等上士，周。夏官軍司馬、小職方、小吏部、司士、司勳、司録、小右武伯、右虎賁率、右旅賁率、右射聲率、右驍騎率、右羽林率、右游擊率、小兵部、武環率、武候率、司固、道馭、田馭、小司右、賓右、道右、田右、小司射、司仗、小田駕部、左廄、右廄、典牝、典牡、獸醫等上士，周。秋官司憲、小刑部、司刺、鄉法、遂法、稍法、縣法、畿法、方憲、小掌朝、掌察、小布憲、小蕃部、小掌交、司匡、小賓部、司儀、東南西北掌客、小司要、小田正、小司隸等上士，周。冬官工部、小匠師、內匠、外匠、掌材、小司木、小司土、小司金、鍛工、函工、小司水、典壅、小司玉、小司皮、小司色、小司織、小司卉等上士，周。侯伯之孤、卿，公之大夫，周。左、右員外侍郎，周。幢主，周。儀同府、正八命州列曹參軍，周。柱國大將軍參軍，周。縣令户五百以上者，周。鎮遠建忠中堅寧朔將軍府長史、司馬，周。七命州呼藥，周。正六命州別駕、郡丞，正七命治中。周。【略】

從七品　五班　三命：

皇弟皇子文學及府主簿、郎中令，梁。尚書郎中，梁。太子太傅、少傅丞，梁。太常丞，梁。皇弟皇子湘豫司益廣青衡七州別駕，梁。皇弟皇子荊江雍郢南兗五州中從事，嗣王庶姓荊江等五州別駕，梁。三將，東宮二將，嗣王府功曹史，庶姓公府録事、記室、中兵參軍，梁。皇弟皇子之庶子府蕃王府中録事、中記室、中直兵參軍，梁。蕩寇、蕩虜、蕩難、蕩逆將軍，北魏、周。五品正從將軍長史、司馬，北魏。强弩將軍，北魏、北齊。二大、二公行參軍，北魏、北齊。司空、皇子行參軍，北魏。三品將軍三蕃王主簿、列曹參軍，從一品將軍開府行參軍，北魏。王公國大農，北魏、北齊。太學博士，北魏、北齊。皇子常侍，北魏、北齊。太常博士，北魏、北齊。武騎常侍，北魏、北齊、周。司州主簿，北魏。【略】從二品將軍、二蕃王參軍事及諸曹行參軍事，北魏。從三品將軍主簿及諸曹參軍事，北魏。奉朝請，北魏、北齊。正從四品將軍録事、功曹、户曹、倉曹、中兵參軍事，北魏。國子助教，北魏、北齊。揚麾、耀鋒將軍，北齊。勳武前鋒副都督，北齊。三等上州參軍事、諸曹行參軍事，北齊。三等下州府主簿、諸曹參軍事，北齊。四中府諸曹參軍事，北齊。長秋寺丞，北齊。將作丞，北齊。【略】蕩邊、開域將軍，北齊。太子二率坊司馬，三等鎮倉曹、中兵參軍事，北齊。勳武前鋒散都督，北齊。左右備身五職，北齊。三等中州參軍事及諸曹行參軍，北齊。諸開府行參軍，北齊。公車、京邑二市署令，北齊。三等鎮諸曹參軍，北齊。三等縣丞，北齊。侍御史，北齊。尚食、尚藥丞，齋帥，北齊。中尚食、中尚藥等丞，北齊。太子直後，北齊。諸戍主、軍主，北齊、周。二衛隊副，前鋒正都督，北齊。武騎侍郎，周。太子騎官備身、内直備身五職，北齊。縣令户不滿五百以下者，周。驃騎車騎將軍府、八命州列曹參軍，周。【略】寧遠、揚烈、伏波、輕車將軍府長史，周。正六命州治中，周。六命郡丞。周。【略】

八品　正八品　四班　正二命：

尚書、中書、秘書、著作及主書、主圖、主譜史，魏、晉。太常齋郎，魏。京城門郎，魏。四平四安長史、司馬，魏、晉。三品、四品將軍正行參軍，魏。西域戎部譯長，魏。郡國太守相内史中丞長史，魏、晉。州郡國都尉司馬，魏。諸縣署令千石以上署丞，魏、晉。司鹽、司竹監丞，魏。水衡、典虞牧、材官、都尉司馬，魏、晉。秘書校書郎，魏。東宫摘句郎，魏。諸雜署長史，魏。關谷長，魏、晉。王公妃公主家令，魏、晉。諸部護軍司馬，魏。王、郡公諸雜署令，魏。國子、太學助教，諸京四門學博士，魏。諸國常侍、侍郎，魏。殿下都尉司馬，諸部護軍司馬，魏。殿中羽林郎，魏。左右度支中郎將司馬，魏。黄門從官，魏、晉。寺人中郎、郎中，魏、晉。蘭臺謁者，魏。門下禁防，魏。諸雜號宣威將軍以下五品將軍長史、司馬，魏。都水使者令史，魏。金鼓幢麾、城門令史，魏。司馬史從掾，魏。校尉部司馬、軍司馬、假司馬，魏。諸鄉有秩、三老，魏。諸州郡防門，魏。尚書、中書、秘書令史，魏。中書門下主事通事，晉、陳。烏桓、西域、代部騎馬，晉。諸縣令，晉。副散督司馬、長史，晉。部曲將郡中都尉司馬，晉。内臺正令史，劉宋。郡丞，劉宋。諸縣署長，劉宋。雜號宣威將軍以下，晉、劉宋。給事中，梁。皇弟、皇子府正參軍，梁。中書舍人，梁。建康三官，梁。宗正、太府、衛尉、司農、少府、廷尉、太子詹事等丞，梁。皇弟皇子北徐北兗梁交南梁五州别駕、湘豫司益廣青衡七州别駕、中從事，嗣王庶姓湘豫司益廣青衡七州别駕，嗣王庶姓荆江雍郢南兗五州中從事，梁。積射、强弩將軍，梁。太子左右積弩將軍，梁、陳。嗣王國郎中令，梁。皇弟、皇子之庶子府蕃王府記室、中兵參軍，梁。嗣王府庶姓公府主簿，梁。積射、强弩、武衛等將軍，陳。皇弟皇子之庶子府蕃王府功曹史、録事，梁。公車令，陳。奉朝請，陳。武騎常侍，陳。太后三卿丞，陳。十二卿丞，陳。大長秋丞，陳、北魏。左右衛司馬，陳。太子詹事丞，陳。胄子律博士，陳。皇弟皇子府正參軍、版正參軍、行參軍、版行參軍，陳。嗣王府皇弟皇子之庶子府録事記室中兵參軍、功曹史、主簿，陳。庶姓非公不持節諸將軍署主簿，陳。嗣王府庶姓公府祭酒，陳。蕃王府庶姓持節府中録事、記室、直兵參軍，陳。庶姓公府録事、記室、中兵參軍，陳。太子太傅、少傅、五官功曹史、主簿，陳。太學博士，國子助教，陳。司鐏郎，陳。安蠻戎越校尉中郎將等府長史、司馬，陳。庶姓南徐荆江南兗郢湘雍等州别駕、中從事，陳。不滿萬户以下郡丞，陳。五千户以上縣令、相，陳。皇弟、皇子國郎中令，陳。鄉、亭侯，陳。大農、中尉，陳。殄寇、殄虜、殄難、殄夷將軍，北魏、周。三品將軍、始蕃王行參軍事，北魏。三品將軍、三蕃王行參軍事，及諸曹行參軍事，北魏。四品正、從將軍主簿及諸曹行參軍事，北魏。侯、伯國郎中令，北魏、北齊。司州西曹書佐，北魏。殿内將軍，北魏、北齊。【略】皇子侍郎，北魏、北齊。侍御史，北魏。協律郎、辨章郎，北魏、北齊。【略】下縣令、相，北魏、北齊。【略】王、公國中尉，北魏。從三品將軍、二蕃王行參軍及諸曹行參軍事，北魏。五品正從將軍録事、功曹、户曹、倉曹、中兵參軍，北魏。司州祭酒從事史，北魏。靜漠、綏戎將軍，北齊。三等上州行參軍、下州諸曹行參軍，北齊。【略】四中府諸曹行參軍，北齊。平越、殄夷將軍，北齊。刀劍備身五職，北齊。前鋒副都督，北齊。太子内直備身，主書，北齊。殿中侍御史，北齊。【略】太子典膳、藥藏丞，北齊。【略】太子齋帥，北齊。三等中州行參軍，北齊。【略】王、公國中尉，北齊。三公府典籤，北齊。三等鎮鎧曹行參軍，北齊。天官司會、宗正、右侍、右前侍、右後侍、主寢、司服、給士、掌式、內膳、外膳、典庖、典饎、酒正、餚藏、掌醢、司鼎俎、掌冰、醫正、瘍醫、玉府、內府、外府、左府、右府、縫工、染工、掌納、掌出、小司內、內小臣奄、內司服奄、典婦功奄、巷伯等中士，周。地官民部吏、小鄉伯、鄉正、州長、每州小遂伯、遂正、小稍伯、稍正、小縣伯、縣正、小畿伯、畿正、司封、司農、司均、司賦、司役、掌鹽、每地中士、掌遺、典牧、典牛、司諫、司救、司媒、土訓、誦訓、神倉、黍倉、稷倉、稻倉、豆倉、麥倉、米倉、鹽倉、典麴、典舂、典磑、掌節、宮門、城門、司關、均工、平準、泉府、山虞、澤虞、林衡、川衡、掌禽、掌囿、掌炭、掌芻等中士，周。春官禮部、司几筵、司樽彝、掌鬱、司鬯、充犧、司雞、司郊、司社、御史、著作、典瑞、典服、司寂、司玄、治禮、司謁、馮相、保章、小學助教、樂師、樂胥、司歌、司鐘磬、司鼓、司吹、司舞、籥章、掌散樂、典夷樂、典庸器、龜占、筮占、夢占、視祲、司巫、喪祝、甸祝、詛祝、神士、典路、司車、司常、守陵、掌墓、職喪等中士，周。夏官軍司馬、上方、山師、川師、懷方、訓方、司士、司勳、司録、右虎賁率、右旅賁率、右射聲率、右驍騎率、右羽林率、右游擊率、倅長、司固、司火、司辰、銜枚、司仗、右廄、左廄、典牝、典牡、典駝、典羊、獸醫、司袍襖、司弓矢、司甲、司矟、司刀盾等中士，周。秋官司憲、司刺、鄉法、遂法、稍法、縣法、畿法、方憲、掌囚、掌察、司約、司盟、職金、掌璧、司厲、修閭、掌墐、禁殺戮、禁游、禁暴、司寤、掌交、司匡、司儀、東南西北掌客、掌訝、司環、野廬、象胥、掌貨賄、司烜、伊耆氏、司調、司柞、司薙、掌犬、司迹、弋禽、捕獸、掌皮、弭妖、翦蠹、庶蠹、掌罪隸、掌夷隸、掌蠻隸、掌戎隸、掌狄隸、掌徒等中士，周。冬官工部、內匠、外匠、司量、司準、司度、掌材、車工、角工、彝工、器工、弓工、箭工、盧工、復工、陶工、塗工、典丱、冶工、鑄工、鍛工、函工、雕工、典甕、掌津、舟工、典魚、典甗、瑻工、磬工、石工、裘工、履工、鞄工、韗工、韋工、膠工、毳工、績工、漆工、油工、弁工、織絲、織采、織枲、織組、竹工、籍工、罟工、紙工等中士，周。子男之孤卿，侯伯之大夫，公之上士，周。强弩、積射司馬，周。四征中鎮撫將軍府、正七命州列曹參軍，周。正五命郡丞，周。【略】

從八品　三班　二命：

太子舍人，梁。司徒祭酒，梁。員外散騎侍郎，梁。皇弟皇子公府祭酒、行參軍，梁。太子太傅少傅五官功曹主簿，梁。二衛司馬，公車令，梁。皇弟皇子越桂寧霍四州別駕、北徐北兗梁交南梁五州中從事，梁。嗣王庶姓北徐北兗梁交南兗五州別駕，湘豫司益廣青衡七州中從事，梁。冑子律博士，梁。皇弟皇子之庶子府、蕃王府主簿，嗣王庶姓公府正參軍，梁。光禄丞，梁。皇弟皇子國中尉，梁。太僕、大匠丞，梁。嗣王國大農，蕃王國郎中令，梁。司州議曹從事史，北魏。北館令，庶姓持節府中録事、中記室、中直兵參軍，梁。掃寇、掃虜、掃難、掃逆將軍，北魏、周。二大、二公長兼行參軍，北魏、北齊。公車令，符節令，諸署令千石以上者，北魏。中黄門令，北魏。門下録事，北魏、北齊。【略】尚書都令史，北魏、北齊。主書令史，北魏。【略】殿中侍御史，北魏。中謁者僕射，北魏、北齊。中黄門冗從僕射，北魏、北齊。司空、皇子長兼行參軍，北魏。侯、伯大農，北魏、北齊。宮門僕射，北魏、北齊。二大、二公長兼行下參軍，北魏、北齊。皇子上、中、下將軍，北魏、北齊。皇子中大夫、二率丞，北魏。【略】王、公國常侍，北魏、北齊。司州文學，北魏。四品正從將軍諸曹行參軍事，北魏。厲武、厲鋒、虎牙、虎奮將軍，北魏、北齊。五品正從將軍主簿、諸曹行參軍，北魏。員外將軍，北魏、北齊。從一品將軍開府長兼行參軍，北魏。飛騎、隼擊將軍，北齊。檢校御史，北齊。諸陵、太廟令，北齊。太樂、武庫諸署令，北齊。衣冠將軍，北齊。太倉、典客、驊騮駒盾、鼓吹、守宮、左右尚方、左藏、太官、掖庭、司染、典農、左右龍、左右牝、冶東西、牛羊司諸署令，北齊。諸開府典籤，北齊。備身御仗五職，北齊。皇太子上、中大夫，北齊。勳武前鋒五職，北齊。諸開府長兼左右户行參軍及長兼行參軍，北齊。司州及三等上州典籤，北齊。太子諸隊副，北齊。諸戍副、諸軍副，北齊。清都郡丞，北齊。四平前左右後將軍、七命州列曹、軍戍副，周。武騎、武威司馬，周。五命郡丞。周。【略】

九品　正九品　二班　正一命：

蘭臺殿中、蘭臺謁者及都水使者書令史，魏、晉、劉宋。諸縣長、令、相，魏、晉。關谷塞尉，魏、晉。倉簟河津督監，魏。殿中監典事，魏。左右太官督監內者，魏。總章戲馬監，魏。主事侯，魏。諸紙署監，魏。王郡公郡諸署長，魏、晉。司理治書，魏。異族封公世子庶子諸王友、國謁者大夫諸署丞，魏。諸王太妃及公主家僕、丞，魏、晉。公主行夜督郎，太廟令行夜督郎，太子掌固，魏。主事候郎，王官舍人，魏。副散部曲將，武猛中郎將，魏、晉。校尉部司馬、軍司馬、假司馬，魏、晉。諸鄉有秩，魏。諸州郡防門，魏。門下、散騎、中書、尚書、秘書令史，晉。都水黄河令史、書令史，晉。殿中、蘭臺謁者，晉。護道尉，晉。司理治書，謁者、中大夫署丞，晉。諸縣署丞、尉，劉宋。秘書郎，著作佐郎，梁。揚、南徐州主簿，梁。嗣王庶姓府祭酒，梁。太學博士，梁。皇弟、皇子國常侍，梁。奉朝請，梁。皇弟皇子單爲領護詹事二衛等五官、功曹、主簿，梁。國子助教，梁。鴻臚丞，梁。尚書五都令史，梁。武騎常侍，梁。皇弟皇子越桂寧霍四州中從事、荆江雍郢南兖五州主簿，梁。嗣王庶姓公府行參軍，皇弟皇子之庶子府正參軍，梁。庶姓持節府録事、記室、中兵參軍、功曹史，梁。明堂二廟帝陵令，梁。蕃王國大農，梁。南臺侍御史，陳。左右二衛殿中將軍，陳。東宫通事舍人，陳。材官將軍，陳。太子左右二衛率，陳。殿中將軍丞，陳。嗣王府皇弟皇子之庶子府正參軍、版正參軍、行參軍、版行參軍，陳。蕃王府録事記室中兵等參軍、版録事記室中兵等參軍，陳。庶姓公府正參軍、版正參軍陳。功曹史、主簿，陳。庶姓持節府録事記室中兵等參軍、功曹史、主簿，陳。庶姓豫益廣衡青冀北兖北徐梁秦司南徐等州別駕、中從事史，陳。揚州南徐州主簿、西曹及祭酒議曹二從事，陳。皇弟皇子諸州主簿，陳。西曹，不滿五千户縣令、相，陳。皇弟皇子國常侍、侍郎，嗣王國郎中令，陳。大農、中尉，陳。嗣王國常侍，陳。蕃王國郎中令，陳。開國中關外侯，陳。曠野、横野將軍，北魏、周。子、男國郎中令，北魏、北齊。太祝令，北魏。【略】中黄門，北魏。諸署令六百石以上者，北魏、北齊。公主家令，北魏、北齊。皇子典書令，北魏。四門小學博士、律博士，北魏、北齊。【略】校書郎，北魏、北齊。【略】二大二公參軍督護，北魏、北齊。都水參軍，北魏、北齊。【略】檢校御史，北魏。王、公國侍郎，北魏、北齊。侯、伯國中尉，北魏、北齊。謁者，北魏、北齊。太子三卿丞，北魏、北齊。五品正從將軍列曹行參軍，北魏。司空、皇子參軍督護，北魏。二品將軍、始蕃王長兼行參軍，北魏。殿内司馬督，北魏、北齊。【略】從一品將軍、開府參軍督護，北魏、北齊。太祝、導官、太史，北齊。太醫、黄藏、衛士、細作諸署令，北齊。太子内坊令，北齊。三等上州長兼行參軍，北齊。皇子防閤、典書令，北齊。七部尉、諸郡尉，北齊。太子食官、中盾、典倉令，北齊。【略】太子備身，平準署丞、公車署丞，北齊。三等中州典籤，北齊。天官司會旅、宗正、右騎侍、右宗侍、右庶侍、右勳侍、主璽、食醫、外膳、典庖、典饎、酒正、餚藏、掌醢、司鼎俎、掌冰、主藥、正醫、瘍醫、内小臣奄、内司服奄、典婦功奄、巷伯等下士，周。地官黨正旅、每黨司封、掌鹽、掌堰、典牧、典牛、土訓、誦訓、神倉、稷倉、稻倉、豆倉、麥倉、米倉、鹽倉、典麴、典舂、典磑、掌節、宫門、城門、司關、均工、平準、泉府、山虞、澤虞、林衡、川衡、掌禽、掌囿、掌圃、掌炭、掌薪、掌芻等下士，周。春官禮部旅、小守廟奄、司几筵、司罇彝、掌鬱、司匏、司犧、司雞、司郊、司社、掌次、御史、校書、典瑞、典服、司玄治禮、司謁、樂胥、司歌、司鐘磬、司鼓、司吹、司舞、籥章、掌散樂、典夷樂、典庸器、龜占、筮占、夢占、視祲、司巫、喪祝、甸祝、詛祝、神士、典路、司車、司常、小夏采、掌墓、職喪等下士，周。夏官軍司馬旅、土方、山師、川師、懷方、訓方、右虎賁倅長、右旅賁倅長、右射聲倅長、右驍騎倅長、右羽林倅長、右游擊倅長、武環倅長、武候倅長、司火，司辰，銜枚，右廐閑長、典駝、典羊、獸醫、司袍襖、司弓矢、司稍、司甲、司刀盾等下士，周。秋官司憲旅、小刑、掌囚、掌察、司約、司盟、職金、掌璧、司厲、修閭、掌墐、禁殺戮、禁游、司寤、小蕃司行、掌訝、司環、野廬、象諝、掌貨賄、司烜、伊耆氏、司調、司柞、司薙、掌犬、司迹、弋禽、捕獸、掌皮、弭妖、剪蠹、庶蠹、掌罪隸夷隸蠻隸戎隸狄隸、掌徒等下士，周。冬官工部旅、司量、司準、司度、掌材、車工、角工、彝工、器工、弓工、箭工、盧工、復工、陶工、塗工、典丱、冶工、鑄工、鍛工、函工、雕工、典甕、掌津、舟工、典魚、典彘、琯工、磬工、石工、裘工、屨工、鞄工、韗工、韋工、膠工、毳工、繢工、漆工、油工、弁工、織絲、織綵、織枲、織組、竹工、籍工、罟工、紙工等下士，周。公之中士，侯、伯之上士，周。冠軍輔國將軍府、正六命州列曹參軍，周。殿中司馬。周。【略】

從九品　一班　一命：

楊南徐州西曹祭酒從事、議曹從事，梁。皇弟皇子國侍郎，梁。嗣王國常侍，梁。東宮通事舍人，梁。南臺侍御史梁。大舟丞梁。二衛殿中將軍，梁。太子二率殿中將軍，梁。皇弟皇子之庶子府、蕃王府行參軍，蕃王國中尉，梁。皇弟皇子湘豫司益廣青衡七州主簿、荆雍郢南兗四州西曹祭酒議曹從事、皇弟皇子江州西曹從事、祭酒議曹祭酒部傳從事，梁。嗣王庶姓越桂寧霍四州中從事、荆江雍郢南兗五州主簿，梁。庶姓持節府主簿，梁。汝陰巴陵二國郎中令，梁。偏、裨將軍，北魏、北齊。【略】太子牧長，北魏、北齊。監淮海津都尉，北魏、北齊。諸局都尉，北魏、北齊。皇子典祠、學官令、典衛令，北魏。王公國上、中、下將軍，北魏、北齊。王、公國中大夫，北魏、北齊。諸署令不滿六百石者，北魏。二品將軍始蕃王參軍督護，北魏。詹事功曹，北魏。從二品將軍二蕃王長史兼行參軍，北魏。太常光禄衛尉領護五官，治禮郎，北魏、北齊。子、男國大農，北魏、北齊。小黄門，北魏、北齊。員外司馬督，北魏、北齊。【略】掖庭局諸宫教博士，北齊。【略】三等上州參軍督護、中州長史兼行參軍，北魏。太子校書，北齊。【略】秘書省正字，北齊。【略】皇子典書、典祠、學官、典衛等令，北齊。廩犧、太宰，北齊。司儀、左校、中宫僕，北齊。諸縣丞，北齊。奚官、肴藏、清漳、典寺、乘黄、車府、籍田、華林、甄官諸署令，北齊。小黄門，北齊。太學助教，北齊。諸幢主，北齊。【略】廷尉、中侍中省録事，北齊。三等下州典籤，北齊。山林、淮海都尉，周。武威、武牙將軍，周。【略】鎮遠、建忠、中堅、寧朔、寧遠、揚烈、伏波、輕車將軍府列曹參軍，周。

論　說

唐·杜佑《通典》卷四〇《職官二十二·秩品五大唐》 佑建中中忝居户部，專掌邦賦。屬河朔用師，經費或闕，百姓頗困，加賦攸難。欲期集事，實在省用，所以輒上議曰：『【略】魏太和中，分命使臣，省州郡吏。正始中，又并合郡縣等。晉太元六年，省七百餘員。【略】自漢魏晉隋，暨於聖唐，皆因戰爭流離，征繕艱勞，即省吏職，存諸方策。晉荀勖、桓温，俱有此議，息人救弊，何莫由斯。【略】如柱國，後魏末置，並是當時宿德，勳成業崇，皆主重兵，寵貴第一。』

元·馬端臨《文獻通考》卷六七《職官考二十一·官品》 岳氏《愧郯録》曰：『《淳熙官品令》，自太師而下至翰林醫學，列爲九品，皆有正、從，蓋見行之制。故著令所載，凡蔭敍、儀制、罪贖，不以高下，概謂之品官。珂嘗溯源而求所始本。魏延康元年二月，尚書陳羣以天朝選用不盡人才，始立九品官人之法，州郡皆置中正，以定其選擇，以州郡之賢有識鑑者爲之，區别人物，第其高下。則其初立品，似非品秩也，乃人品耳。而《通典》載魏官自黄鉞大將軍至諸州郡防門，明列品第，則是肇端自魏，已循而訛矣。是時魏未受禪，蓋亦漢法也。然珂嘗考之後趙，而得名之所以訛；考之梁，而得意之所以訛。後趙王勒二年，使張賓領選，初定五品，後更定九品，命公卿及州郡歲舉秀才至孝、廉清、賢良、直言、武勇之士各一人。初用五而後以九，則是更魏而晉，品數猶未定也。《通典》可疑矣。《宋書》，九品謂晉江右所定，則懷愍以前尚無之。《通典》乃若是其較且明，豈當時循陳羣之法，謂某品人則可登某品，所謂品者，逆設以待其人而已，非謂官品也。益遠益訛，遂爲官秩之定論邪。此殆名訛之所以始也。梁定班法，與品互用，而著其説曰，十八班皆有清、濁，自十二班以上並詔授，表啓不稱姓；從十一班至九班，禮數復爲一等；又流外有七班，寒微者爲之，從此班者，方得進登第一班。梁承齊後者也，品秩久定矣，而蔡法度之所定，決非肇始。而所以寓禮數者，不附於品，而列之以班，則班蓋梁之所自立，謂一代之制不可以虚耳。意自齊而上，班之未有，則禮數亦附於品，則品蓋爲禮文之節耳，此殆意之所以訛也。詳考梁班品法，天監初，武帝命尚書删定郎濟陽蔡法度定令爲九品，秩定，帝於品下注一品秩爲萬石，第二、第三爲中二千石，第四、第五爲二千石。《隋·百官志》，梁天監七年革選；徐勉爲吏部尚書，定爲十八班，以班多者爲貴，同班者則以居下者爲劣。則品蓋非梁所專用，而易以爲班矣。謂班以選事而設，則丞相、太宰、太傅、太保、大司馬、大將軍、太尉、司徒、司空，爲第十八班，初不關選法，《通典》謂品制不廢，疑若相須而成。將軍釐定百二十五號，爲二十四班，其不登二品應須軍號者，凡十四號，别爲八班。施於外國者，又有百九號，亦爲十品、二十四班。班制之多乃如此，則不假於品矣，而莫知其徒爲禮秩之別也。陳承梁後，乃定相國、丞相、太宰、太傅、太保、大司馬、大將軍、太尉、司徒、司空、開府儀同三司、巴陵汝陰二王後、尚書令品爲第一。自此以下，明列爲九，正合今制，而不分正、從。逆而求之晉、宋、南齊，亦莫不然，則皆承魏訛，其益可信也。此裂於齊，事遵元魏，而品從之名著焉。是官之有品自曹魏始，品之有從乃自元魏始。及考其初，不特正、從也，而每品正、從復分上、中、下焉，蓋一品之間析而六矣，此高祖太和之制也。及二十三年，高祖復《次職令》，而世祖初班行之，三師、二大乃不入品，其四品以下正、從又分爲上、下階，猶析而四也，北齊蓋因之耳。至於魏之列品，顧猶曰第幾品，從幾品，而未目爲正、從，齊始別之，逮隋而曰正，曰從，截然而不可紊矣。還考梁制，品尚寡，故自九而一，乃極於丞相；班尚繁，故自一而十八，亦極於丞相。班多者品貴，品少者班尊，二者相爲用，而貴賤等差，於此參見而互明。班正於梁，隋即廢矣。祖宗朝遷轉名曹，皆各有流品。元豐後來始以寄祿無他名，遂爾相混。然禮數之異，亦係一時官守，元未嘗以品秩爲別。此則言官制者之未嘗講明也。然則陳羣之始本非始，言人品者，故當設逆待之法，故循而見於魏官品之訛。曹魏之訛亦非訛，定禮秩者固當附設官之目，故參而見於梁班法之用。不考於羣，無以知其名；不考於梁，無以知其意。在今日，名訛於魏，意訛於梁，而品不復爲輕重，蓋亦反其本哉。【略】珂按高峻《小史·劉昶傳》，元魏高祖臨光極堂大選，高祖曰：「當今之世，仰祖質樸，清濁同流，混齊一等，君子小人名品無別，此殊爲不可。我今八族以上士人品第有九品，九品之外小人之官復有七等，若有人可起家三公，恐賢才難得，不可止爲一人渾我典制。」昶對曰：「陛下刊正九流，爲不朽之法，豈惟髣髴唐、虞，固以有光二代。」此雖爲門地而言，然九品之官不混他品，亦一時之制，與今士夫、皂隸、閹豎、伎術混爲一區爲不同也。」

按：《愧郯録》前段考訂，特爲詳密。然此所謂九品者，官品也，以別官之崇庳。陳羣所謂九品者，人品也，以定人之優劣。二者皆出於曹魏之初，皆名以九品。然人品自爲人品，官品自爲官品，岳氏合而爲一，以爲官品者，逆設之以待某品之人。此説恐未然。劉毅、衛瓘論中正九品之敝，所謂上品無寒門，下品無世族。所謂其始造也，鄉邑清議，不拘爵位，褒貶所加，足爲勸勵，猶有鄉論餘風。中間漸染，遂計資定品，使天下觀望，唯以居位爲貴人，傷損風俗，其敝不細。岳氏專舉此段，以爲官品即人品之明證。然詳其所言，蓋如後世權貴之人挾勢取科第、干薦舉之類耳，非謂中正者，逆設此官之品目，以待所品之人也。蓋官品之制，即周之所謂九命，漢之所謂祿石，皆所以辨高卑之等級。其法始於魏，而後世卒不能易。若中正所定之人品，則始於陳羣，魏、晉間用之以舉人物，六朝因之，然其敝已見於立法之初。自隋、唐以來，一以科目爲仕進之塗，而中正九品之説久廢矣。想當時，必以人物之賢愚優劣分爲九等之目，如班固《古今人表》之類，但史所不載，無由知之。然決與此官制之九品不相干，固難因其同時同名而遂指此爲彼也。

清·汪士鐸《南北史補志未刊稿·職官志第三》 設官分職，唐六十員，虞同於唐，夏一百二十員，殷二百四十員。《周官》九命，凡六萬三千六百七十五員。漢自中二千石至百石，凡十六等，自丞相至佐史凡十三萬二百八十五員。後漢自中二千石至百石，凡是十三等、七千五百六十七員。魏秩次多因漢制，更置九命。晉六千八百三十六員。自蔚宗選簿，欽明階次，淹没無存。虞通、劉寅因荀氏之舊，矩作增新。王珪之《職儀》具載。諸塞府郎令史職吏以下，在當時俱已放佚，惟胡廣、應劭之裂，《漢儀》頗存。他若王朗奏議屬霸政之初基，陳矩增曹由車事而補闕。魏氏官儀。魚豢《中外官簿》、山濤之《啓事》、荀勖之並省《晉令》。後代承業，案爲前准，肇建官區別階，資夏造殷，因有所損益。江左諸朝征有改革。綜其大較，十更一二。語其紛繁，多在河北。階命之正，從上下戎秩，更換增置，徒生繁縟，無益官箴，識者無取也。北魏自太師始謂之流內，流內自此始焉。又置親正二品至九品，品各有從，自行臺尚書令始，皆謂之親流內，視流內自此始。其增置，則宋有殿中將軍，齊都官尚書，梁太府卿、雲麾、中武、壯武、明威、定遠、宇宙等大將軍，始以太常等名卿分爲四時，凡十二卿。後魏柱國、天柱二大將軍、諸少卿、後周軍器、【略】大率宋氏內外文武官六千一百七十二人，八百二十三人，內五千三百四十九人外。內職掌人門亭長、《孝經》師、月令、律令師及書佐等一千四百六十一人，都計內外官及職掌人七千六百三十三人。其京都臺省監寺及府衛等府令史幷諸色職掌人未詳。其州署人各隨州舊定無制，亦不可得而知也，命數亦未詳。南齊内外文武官二千六十三人，九百四十七人内，一千一百一十六外。州刺史及官屬并太守、内史、相，縣令、相，寧蠻等校尉、中郎將護軍等。其中書省及令史、司徒府、門下省、尚書、秘書、曹省、蘭臺、諸曹内外督令史并太廟、明堂、太祝、太史、廩犧等職史，本志但有名目，皆附其下。外州佐史、郡縣官屬佐史等名目及數并命數并未詳。梁内外官數未詳。天監初年，尚書刪定郎濟陽蔡法度定令爲九品。帝於品下注一品秩萬石，第二第、三爲中二千石，第四、第五爲二千石。七年，革選徐勉爲吏部尚書，又定爲十八班，班多者爲貴，同班者則以居下者爲劣。又置諸將軍之號爲二十四班，亦以班多者爲貴，而九品之制不廢。陳承梁制，而又置相國，位列丞相上，并及丞相、太宰、太傅、太保、大司馬、大將軍並以爲贈官，定令尚書置五員，郎二十一員，其餘遵梁制，爲十八班，官數未詳，大抵其官唯論清濁，從濁得官，微清則勝於轉。自並十二班以上，並詔授表不稱姓，從十二班禮數復爲一班，又流外有七班，此乃寒微士人爲之。從此班者方得進登第一班。魏氏百官初有九品，及有從品。每一品之中又有上、中、下三等之差。至孝文太和二十二年，改次職令，除其中等，而有上、下二等以爲永制，凡内外文武官七千七百六十四人，二千三百七十一人内，五千三百九十三人外。州刺史、郡太守、縣令長等。内文學生三千人，都計内外官及學生一萬七百六十四人，其京城諸司令史及諸色職掌人，及外州郡縣屬官并諸色職掌人等，並未詳，命數亦未詳。按：魏氏之初，法制簡略，設官分職，各因事宜，罕依故實，誠非經遠。既列九品，每品又分爲上、中、下三等。至孝文帝太和十八年定令，方有倫序，令所録者以此爲正焉。又按前代職次皆無從品。魏氏始有之，四品以下正從又分爲上下階，亦一代之別制也。北齊内品二千三百二十二人，國子太學、四門等學生并尚書都令史，門下通事、主事等令史，五百九十六人，都計文武官及學生令史等總二千九百一十八人。其諸省臺府因其繁簡而置吏，有令史、書令史、書史之屬，又各置曹兵以供其役。其員因繁簡而立，其餘司專其事者，各因事立名，條流甚衆，不可得而具也。其州郡官及命數並未詳。周所建六官并徒屬府史雜記職掌人二萬一千七十三人，二千九百八十九人諸色官，一萬八千八十四人府史學生、算生、書生、醫生、卒長、虎賁、驃騎、羽林、游擊、奉車、馭夫、武理、武侯、卜筮、占夢、視祲、相生等人也。其六官之外，兼用秦漢等官，及州郡官吏之數並未詳。案：九命之中，分爲正命，若今之上下階。謂正朝之官爲内命，謂諸侯及州縣官爲外命。

秩禄制度分部

綜述

《宋書》卷三《武帝紀下》（永初元年六月）戊寅，詔曰：『百官事殷俸薄，禄不代耕。雖國儲未豐，要令公私周濟。諸供給昔減半者，可悉復舊。六軍見禄粗可，不在此例。其餘官僚，或自本俸素少者，亦疇量增之。』【略】

（永初二年二月）戊申，制中二千石加公田一頃。

又 卷五《文帝紀》（元嘉）二十七年春正月辛未，制交、寧二州假板郡縣，俸禄聽依臺除。以軍興減百官俸三分之一。三月乙丑，淮南太守諸葛闡求減俸禄同内百官，於是州及郡縣丞尉並悉同減。

又 卷六三《沈演之傳》（沈）統，大明中爲著作佐郎。先是，五省官所給幹僮，不得雜役，太祖世，坐以免官者，前後百人。統輕役過差，有司奏免。世祖詔曰：『自頃幹僮，多不祗給，主可量聽行杖。』得行幹杖，自此始也。

又 卷七七《顔師伯傳》世祖臨崩，師伯受遺詔輔幼主，尚書中事，專以委之。廢帝卽位，復還卽真，領衛尉。師伯居權日久，天下輻輳，遊其門者，爵位莫不踰分。多納貨賄，家産豐積，伎妾聲樂，盡天下之選，園池第宅，冠絶當時，驕奢淫恣，爲衣冠所嫉。

又 卷九二《良吏傳·阮長之》時郡縣田禄，以芒種爲斷，此前去官者，則一年秩禄皆入前人；此後去官者，則一年秩禄皆入前人。始以元嘉末改此科，計月分禄。長之去武昌郡，代人未至，以芒種前一日解印綬。初發京師，親故或以器物贈別，得便緘録，後歸，悉以還之。在中書省直，夜往鄰省，誤著履出閤，依事自列門下，門下以闇夜人不知，不受列，長之固遣送之，曰：『一生不侮闇室。』前後所莅官，皆有風政，爲後人所思。宋世言善治者，咸稱之。

《南齊書》卷三《武帝紀》 永明元年春，正月【略】又詔王公卿士，各舉所知，隨方登敍。詔曰：『經邦之寄，寔資莅民，守宰禄俸，蓋有恒准。往以邊虞告警，故沿時損益；今區寓寧晏，庶績咸熙，念勤簡能，宜加優獎。郡縣丞尉，可還田秩。』【略】

（七年春正月）戊辰，詔曰：『諸大夫年秩隆重，禄力殊薄，豈所謂下車惟舊，趨橋敬老。可增俸，詳給見役。』【略】

（八年十二月）戊寅，詔『尚書丞郎職事繁劇，卹俸未優，可量增賜禄。』【略】

十年春，正月，戊午，詔『諸責負衆逋七年以前，悉原除。高貲不在例。孤老六疾，人穀五斛。內外有務衆官增禄俸。』

又 卷一四《州郡志上·南兗州》 晉元帝過江，建興四年，揚聲北討，遣宣城公裒督徐、兗二州，鎮廣陵。其後或還江南，然立鎮自此始也。時百姓遭難，流移此境，流民多庇大姓以爲客。元帝太興四年，詔以流民失籍，使條名上有司，爲給客制度，而江北荒殘，不可檢實。

又 卷二二《豫章文獻王嶷傳》 宋氏以來，州郡秩俸及［雜］供給，多隨土所出，無有定准。嶷上表曰：『循革貴宜，損益資用，治在［風］夙均，政由一典。伏尋郡縣長尉俸禄之制，雖有定科，而其餘資給，復由風俗。東北異源，西南各緒，習以爲常，因而弗變，緩之則莫非通規，澄之則靡不入罪。殊非約法明章，先令後刑之謂也。臣謂宜使所在各條公用公田秩石迎送舊典之外，守宰相承，有何供調，尚書精加洗覈，務令優衷。事在可通，隨宜開許，損公侵民，一皆（乙）［止］卻，明立定格，班下四方，永爲恒制。』從之。

又 卷四一《張融傳》 尋請假奔叔父喪，道中罰幹錢敬道鞭杖五十，寄繫延陵獄。大明五年制，二品清官行僮幹杖，不得出十。爲左丞孫緬所奏，免官。【略】

融家貧願禄，初與從叔征北將軍永書曰：『融昔稱幼學，早訓家風，雖則不敏，率以成性。布衣葦席，弱年所安，簞食瓢飲，不覺不樂。但世業清貧，民生多待，榛栗棗脩，女贄既長，束帛禽鳥，男禮已大。勉身就官，十年七仕，不欲代耕，何至此事。昔求三吳一丞，雖屬舛錯，今聞南康缺守，願得爲之。融不知階級，階級亦可不知，融政以求丞不得，所以求郡，求郡不得，亦可復求丞。』

又與吏部尚書王僧虔書曰：『融，天地之逸民也。進不辨貴，退不知賤，兀然造化，忽如草木。實以家貧累積，孤寡傷心，八侄俱孤，二弟頗弱，撫之而感，古人以悲。豈能山海陋禄，申融情累。阮籍愛東平土風，融亦欣晉平閑外。』時議以融非治民才，竟不果。

《魏書》卷七上《高祖紀上》 （延興三年二月）甲戌，詔縣令能靜一縣劫盜者，兼治二縣，即食其禄。【略】

（太和八年）六月丁卯，詔曰：『置官班禄，行之尚矣。《周禮》有食禄之典，二漢著受俸之秩。逮于魏晉，莫不聿稽往憲，以經綸治道。自中原喪亂，茲制中絕，先朝因循，未遑釐改。朕永鑑四方，求民之瘼，夙興昧旦，至於憂勤。故憲章舊典，始班俸禄。罷諸商人，以簡民事。户增調三匹、穀二斛九斗，以爲官司之禄。均預調爲二匹之賦，即兼商用。雖有一時之煩，終克永逸之益。禄行之後，贓滿一匹者死。變法改度，宜爲更始，其大赦天下，與之惟新。』【略】

八月甲辰，詔曰：『帝業至重，非廣詢無以致治；王務至繁，非博採無以興功。先王知其如此，故虛己以求過，明恕以思咎。是以諫鼓置於堯世，謗木立於舜庭，用能耳目四達，庶類咸熙。朕承累聖之洪基，屬千載之昌運，每布遐風，景行前式。承明之初，班下內外，聽人各盡規，以補其闕。中旨雖宣，允稱者少。故變時法，遠遵古典，班制俸禄，改更刑書。寬猛未允，人或異議，思言者莫由申情，求諫者無因自達，故令上明不周，下情壅塞。今制百辟卿士，工商吏民，各上便宜。利民益治，損化傷政，直言極諫，勿有所隱，務令辭無煩華，理從簡實。朕將親覽，以知世事之要，使言之者無罪，聞之者足以爲戒。』（九月）【略】戊戌，詔曰：『俸制已立，宜時班行，其以十月爲首，每季一請。』於是內外百官，受禄有差。

（九年春正月）癸未，大饗羣臣于太華殿，班賜《皇誥》。二月己亥，制皇子封王者、皇孫及曾孫紹封者、皇女封者歲禄各有差。【略】

（太和十年）十有一月，議定州郡縣官依户給俸。

又　卷九《肅宗紀》（正光三年十二月）丁亥，以牧守妄立碑頌，輒興寺塔；第宅豐侈，店肆商販。詔中尉端衡，肅厲威風，以見事糾劾。七品、六品，禄足代耕，亦不聽錮貼店肆，爭利城市。

又　卷三一《于忠傳》　忠既居門下，又總禁衛，遂秉朝政，權傾一時。初，太和中軍國多事，高祖以用度不足，百官之禄四分減一。忠既擅權，欲以惠澤自固，乃悉歸所減之禄，職人進位一級。舊制：天下之民絹布一匹之外，各輸綿麻八兩。忠悉以與之。

又　卷三三《公孫軌傳》　初，世祖將北征，發民驢以運糧，使軌部詣雍州。軌令驢主皆加絹一匹，乃與受之。百姓爲之語曰：『驢無强弱，輔脊自壯。』衆共嗤之。坐徵還。真君二年卒，時年五十一。軌既死，世祖謂崔浩曰：『吾行過上黨，父老皆曰：公孫軌爲受貨縱賊，使至今餘姦不除，軌之咎也。其初來，單馬執鞭；返去，從車百輛，載物而南。丁零渠帥乘山罵軌，軌怒，取罵者之母，以矛刺其陰而殺之，曰：「何以生此逆子！」從下到擘，分磔四支於山樹上以肆其忿。是忍行不忍之事。軌幸而早死，至今在者，吾必族而誅之。』

又　卷四八《高允傳》　司徒陸麗曰：『高允雖蒙寵待，而家貧布衣，妻子不立。』高宗怒曰：『何不先言！今見朕用之，方言其貧。』是日幸允第，惟草屋數間，布被緼袍，廚中鹽菜而已。高宗歎息曰：『古人之清貧豈有此乎！』即賜帛五百匹、粟千斛，拜長子忱爲綏遠將軍、長樂太守。允頻表固讓，高宗不許。初與允同徵遊雅等多至通官封侯，及允部下吏百數十人亦至刺史二千石，而允爲郎二十七年不徙官。時百官無禄，允常使諸子樵采自給。

又　卷一一〇《食貨志》　高宗時，牧守之官，頗爲貨利。太安初，遣使者二十餘輩循行天下，觀風俗，視民所疾苦。詔使者察諸州郡墾殖田畝、飲食衣服、閭里虛實、盜賊劫掠、貧富强劣而罰之，自此牧守頗改前弊，民以安業。

自太祖定中原，世祖平方難，收獲珍寶，府藏盈積。和平二年秋，詔中尚方作黄金合盤十二具，徑二尺二寸，鏤以白銀，鈿以玫瑰，其銘曰：『九州致貢，殊域來賓，乃作茲器，錯用具珍。假以紫金，鏤以白銀，範圍擬載，吐耀含真。纖文麗質，若化若神，皇王御之，百福惟新。』其年冬，詔出内庫綾綿布帛二十萬匹，令内外百官分曹賭射。四年春，詔賜京師之民年七十已上太官廚食以終其身。【略】

太和八年，始準古班百官之禄，以品第各有差。先是，天下户以九品混通，户調帛二匹、絮二斤、絲一斤、粟二十石；又入帛一匹二丈，委之州庫，以供調外之費。至是，户增帛三匹，粟二石九斗，以爲官司之禄。後增調外帛滿二匹。所調各隨其土所出。其司、冀、雍、華、定、相、泰、洛、豫、懷、兖、陝、徐、青、齊、濟、南豫、東兖、東徐十九州，貢綿絹及絲；幽、平、并、肆、岐、涇、荆、涼、梁、汾、秦、安、營、豳、夏、光、郢、東秦，司州萬年、雁門、上谷、靈丘、廣寧、平涼郡，懷州邵郡上郡之長平、白水縣，青州北海郡之膠東縣、平昌郡之東武平昌縣、高密郡之昌安高密夷安黔陬縣，泰州河東之蒲阪、汾陰縣，東徐州東莞郡之莒、諸、東莞縣，雍州馮翊郡之蓮芍縣、咸陽郡之寧夷縣、北地郡之三原雲陽銅官宜君縣，華州華山郡之夏陽縣，徐州北濟郡之離狐豐縣、東海郡之贛榆襄賁縣，皆以麻布充税。

九年，下詔均給天下民田：【略】

諸宰民之官，各隨地給公田，刺史十五頃，太守十頃，治中別駕各八頃，縣令、郡丞六頃。更代相付。賣者坐如律。

魏初不立三長，故民多蔭附。蔭附者皆無官役，豪强徵斂，倍於公賦。十年，給事中李沖上言：『【略】大率十匹爲工調，二匹爲調外費，三匹爲内外百官俸，此外雜調。【略】』

書奏，諸官通議，稱善者衆。高祖從之，於是遣使者行其事。【略】

魏初至於太和，錢貨無所周流，高祖始詔天下用錢焉。十九年，冶鑄粗備，文曰『太和五銖』，詔京師及諸州鎮皆通行之。内外百官禄皆準絹給錢，絹匹爲錢二百。

隋・虞世南《北堂書鈔》卷五六《設官部八・太中大夫》注　《晉録》云：太中大夫，新蔡男袁奥志高表行，所宜優異，可從九卿崇重之例，給使四人。

又　卷五九《設官部十一・尚書總》注　《晉起居注》云：建元二年詔曰：尚書，萬事之本，朕所責成者也。而廩禄儉薄，甚非治體，今雖軍國多費，不爲元凱惜禄。其依令僕，給尚書各親信五十人廩賜。

《梁書》卷三《武帝紀》 大通元年春正月乙丑，以尚書左僕射徐勉爲尚書僕射、中衛將軍。詔曰：『朕思利兆民，惟日不足，氣象環回，每弘優簡。百官俸禄，本有定數，前代以來，皆多評准，頃者因循，未遑改革。自今已後，可長給見錢，依時即出，勿令逋緩。凡散失官物，不問多少，並從原宥。惟事涉軍儲，取公私見物，不在此例。』

又 卷二二《南平元襄王偉傳》 （天監）十三年，改爲左光禄大夫。加親信四十人，歲給米萬斛，布絹五千匹，藥直二百四十萬，廚供月二十萬，並二衛兩營雜役二百人，倍先。置防閤白直左右職局一百人。

又 卷二四《蕭景傳》 （天監）十三年，徵爲領軍將軍，直殿省，知十州損益事，月加禄五萬。

又 卷五一《處士傳·何胤》 （王）果曰：『今君遂當邈然絶世，猶有致身理不？』胤曰：『卿但以事見推，吾年已五十七，月食四斗米不盡，何容得有宦情？昔荷聖王眄識，今又蒙旌賁，甚願詣闕謝恩，但比腰脚大惡，此心不遂耳。』果還，以胤意奏聞，有敕給白衣尚書禄，胤固辭。又敕山陰庫錢月給五萬，胤又不受。

《陳書》卷二九《宗元饒傳》 元饒性公平，善持法，諳曉故事，明練治體，吏有犯法、政不便民及於名教不足者，隨事糾正，多所裨益。遷貞威將軍、南康内史，以秩米三千餘斛助民租課，存問高年，拯救乏絶，百姓甚賴焉。以課最入朝，詔加散騎常侍、荆、雍、湘、巴、武五州大中正。

又 卷三〇《陸瓊傳》 瓊性謙儉，不自封植，雖位望日隆，而執志愈下。園池室宇，無所改作，車馬衣服，不尚鮮華，四時禄俸，皆散之宗族，家無餘財。

《隋書》卷二四《食貨志》 晉自中原喪亂，元帝寓居江左，百姓之自拔南奔者，並謂之僑人。【略】諸蠻陬俚洞，霑沐王化者，各隨輕重，收其賧物，以裨國用。又嶺外酋帥，因生口翡翠明珠犀象之饒，雄於鄉曲者，朝廷多因而署之，以收其利。歷宋、齊、梁、陳，皆因而不改。【略】都下人多爲諸王公貴人左右、佃客、典計、衣食客之類，皆無課役。官品第一第二，【略】佃客無過四十户。第三品三十五户。第四品三十户。第五品二十五户。第六品二十户。第七品十五户。第八品十户。第九品五户。其佃穀皆與大家量分。其典計，官品第一第二，置三人。第三第四，置二人。第五第六及公府參軍、殿中監、監軍、長史、司馬、部曲督、關外侯、材官、議郎已上，一人。皆通在佃客數中。官品第六已上，并得衣食客三人。第七第八二人。第九品及舉輦、迹禽、前驅、由基强弩司馬、羽林郎、殿中冗從武賁、殿中武賁、持椎斧武騎武賁、持鈒冗從武賁、命中武賁武騎，一人。客皆注家籍。【略】

及文宣受禪，多所創革。【略】豪黨兼并，户口益多隱漏。舊制，未娶者輸半床租調，陽翟一郡，户至數萬，籍多無妻。有司劾之，帝以爲生事，由是姦欺尤甚。户口租調，十亡六七。是時用度轉廣，賜與無節，府藏之積，不足以供。乃減百官之禄，撤軍人常廩，併省州郡縣鎮戍之職。又制刺史守宰行兼者，並不給幹，以節國之費用焉。【略】

至河清三年定令，【略】京城四面，諸坊之外三十里内爲公田。受公田者，三縣代遷、内執事官一品已下，逮于羽林武賁，各有差。其外畿郡，華人官第一品已下，羽林武賁已上，各有差。職事及百姓請墾田者，名爲永業田。奴婢受田者，親王止三百人；嗣王止二百人；第二品嗣王已下及庶姓王，止一百五十人；正三品已上及皇宗，止一百人；七品已上，限止八十人；八品已下至庶人，限止六十人。奴婢限外不給田者，皆不輸。其方百里外及州人，一夫受露田八十畝，婦四十畝。奴婢依良人，限數與在京百官同。【略】

武帝保定二年【略】及頒新令。制【略】自諸王已下，至於都督，皆給永業田，各有差。多者至一百頃，少者至四十畝。其丁男、中男永業露田，皆遵後齊之制。【略】有品爵及孝子順孫義夫節婦，並免課役。京官又給職分田。一品者給田五頃。每品以五十畝爲差，至五品，則爲田三頃，六品二頃五十畝。其下每品以五十畝爲差，至九品爲一頃。外官亦各有職分田。又給公廨田，以供公用。

又 卷二七《百官志·北齊》 官一品，每歲禄八百匹，二百匹爲一秩。從一品，七百匹，一百七十五匹爲一秩。

二品，六百匹，一百五十匹爲一秩。從二品，五百匹，一百二十五匹爲一秩。

三品，四百匹，一百匹爲一秩。從三品，三百匹，七十五匹爲一秩。

四品，二百四十匹，六十匹爲一秩。從四品，二百匹，五十匹爲一秩。

五品，一百六十匹，四十匹爲一秩。從五品，一百二十匹，三十匹爲一秩。

六品，一百匹，二十五匹爲一秩。從六品，八十匹，二十匹爲一秩。

七品，六十匹，十五匹爲一秩。從七品，四十匹，十四匹爲一秩。

八品，三十六匹，九匹爲一秩。從八品，三十二匹，八匹爲一秩。

九品，二十八匹，七匹爲一秩。從九品，二十四匹，六匹爲一秩。

禄率一分以帛，一分以粟，一分以錢。事繁者優一秩，平者守本秩，閑者降一秩。長兼、試守者，亦降一秩。官非執事、不朝拜者，皆不給禄。又自一品已下，至於流外勳品，各給事力。一品至三十人，下至於流外勳品，或以五人爲等，或以四人、三人、二人、一人爲等。繁者加一等，平者守本力，閑者降一等焉。

州、郡、縣制禄之法，刺史、守、令下車，各前取一時之秩。

上上州刺史，歲秩八百匹，與司州牧同。上中、上下各以五十匹爲差。中上降上下一百匹，中中及中下，亦以五十匹爲差。下上降中下一百匹，下中、下下，亦各以五十匹爲差。

上郡太守，歲秩五百匹，降清都尹五十匹。上中、上下各以五十匹爲差。中上降上下四十匹，中中及中下，各以三十匹爲差。下上降中下四十匹，下中、下下各以二十匹爲差。

上上縣，歲秩一百五十匹，與鄴、臨漳、成安三縣同。上中、上下各以十四匹爲差。中上降上下三十匹，中中及中下，各以五匹爲差。下上降中下二十匹，下中、下下各以十四匹爲差。

州自長史已下，逮于史吏，郡縣自丞已下，逮於掾佐，亦皆以帛爲秩。郡有尉者，尉減丞之半。皆以其所出常調課之。其鎮將，戍主，軍主、副，幢主、副，逮于掾史，亦各有差矣。

諸州刺史、守、令已下，幹及力，皆聽敕乃給。其幹出所部之人。一干輸絹十八匹，幹身放之。力則以其州、郡、縣白直充。

《晉書》卷二四《職官志》 諸公及開府位從公者，品秩第一，食奉日五斛。太康二年，又給絹，春百匹，秋絹二百匹，綿二百斤。元康元年，給菜田十頃，田騶十人，立夏後不及田者，食奉一年。

又 卷二六《食貨志》 及平吳之後，有司又奏：「詔書『王公以國爲家，京城不宜復有田宅。今未暇作諸國邸，當使城中有往來處，近郊有芻槁之田』。今可限之，國王公侯，京城得有一宅之處。近郊田，大國田十五頃，次國十頃，小國七頃。城内無宅城外有者，皆聽留之。」【略】及舉輦、迹禽、前驅、由基、强弩、司馬、羽林郎、殿中冗從武賁、殿中武賁、持椎斧武騎武賁、持鈒冗從武賁、命中武賁武騎一人。其應有佃客者，官品第一第二者佃客無過五十户，第三品十户，第四品七户，第五品五户，第六品三户，第七品二户，第八品第九品一户。

又 卷六四《司馬元顯傳》 于時軍旅薦興，國用虚竭，自司徒已下，日廩七升，而元顯聚斂不已，富過帝室。

又 卷九四《隱逸傳·陶潛》 以爲彭澤令。在縣，公田悉令種秫穀，曰：「令吾常醉於酒足矣。」妻子固請種秔。乃使一頃五十畝種秫，五十畝種秔。素簡貴，不私事上官。郡遣督郵至縣，吏白應束帶見之，潛歎曰：「吾不能爲五斗米折腰，拳拳事鄉里小人邪！」義熙二年，解印去縣。

《南史》卷五九《任昉傳》 武帝踐阼，歷給事黄門侍郎，吏部郎。出爲義興太守。歲荒民散，以私奉米豆爲粥，活三千餘人。【略】在郡所得公田奉秩八百餘石，昉五分督一，餘者悉原，兒妾食麥而已。友人彭城到溉、溉弟洽從昉共爲山澤遊。及被代登舟，止有絹七匹，米五石。至都無衣，鎮軍將軍沈約遣裙衫迎之。

又 卷六〇《徐勉傳》 勉雖居顯職，不營産業，家無畜積，奉禄分贍親族之貧乏者。門人故舊或從容致言，勉乃答曰：「人遺子孫以財，我遺之清白。子孫才也，則自致輜軿；如不才，終爲佗有。」嘗爲書戒其子崧曰：

吾家本清廉，故常居貧素。至於産業之事，所未嘗言，非直不經營而已。薄躬遭逢，遂至今日，尊官厚禄，可謂備之。每念叨竊若斯，豈由才致，仰藉先門風範及以福慶，故臻此爾。古人所謂『以清白遺子孫，不亦厚乎』。又云『遺子黄金滿籯，不如一經』。詳求此言，信非徒語。吾雖不敏，實有本志，庶得遵奉斯義，不敢墜失。所以顯貴以來，將三十載，門人故舊，承薦便宜，或使創闢田園，或勸興立邸店；又欲舳艫運致，亦令貨殖聚斂。若此衆事，皆距而不納。非謂拔葵去織，且欲省息紛紜。

中年聊于東田開營小園者，非存播藝以要利，政欲穿池種樹，少寄情賞。又以郊際閑曠，終可爲宅，儻獲懸車致事，實欲歌哭於斯。慧日、十住等既應營昏，又須住止。吾清明門宅無相容處，所以爾者，亦復有以。前割西邊施宣武寺，既失西廂，不復方幅，意亦謂此逆旅舍爾，何事須華。常恨時人謂是我宅。古往今來，豪富繼踵，高門甲第，連闥洞房，宛其死矣，定是誰室？但不能不爲培塿之山，聚石移果，雜以花卉，以娱休沐，用托性靈。隨便架立，不存廣大，唯功德處小以爲好，所以内中逼促，無復房宇。近修東邊兒孫二宅，乃藉十住南還之資，其中所須，猶爲不少。既牽挽不至，又不可中途而輟，郊間之園，遂不辦保，貨與韋黯，乃獲百金。成就兩宅，已消其半。尋園價所得，何以至此？由吾經始歷年，粗已成立，桃李茂密，桐竹成陰，塍陌交通，渠畎相屬。華樓迥榭，頗有臨眺之美，孤峰叢薄，不無糾紛之興。瀆中並饒符役，湖裏殊富芰蓮。雖云人外，城闕密邇，韋生欲之，亦雅有情趣。追述此事，非有吝心，蓋是事意所至爾。憶謝靈運山家詩云：『中爲天地物，今成鄙夫有。』吾此園有之二十載，今爲天地物。物之與我，相校幾何哉。此直所餘，今以分汝營小田舍，親累既多，理亦須此。且釋氏之教，以財物謂之外命。外典亦稱『何以聚人曰財』。況汝常情，安得忘此。聞汝所買湖熟田地，甚爲舄鹵，彌復可安，所以如此，非物競故也。雖事異寢丘，聊可髣髴。孔子曰：『居家理事，可移於官。』既已營之，宜使成立，進退兩亡，更貽恥笑。若有所收獲，汝可自分贍內外大小，宜令得所，非吾所知，又復應需之諸女爾。汝既居長，故有此及。

凡爲人長，殊復不易，當使中外諧緝，人無間言，先物後己，然後可貴。老生云：『後其身而身先。』若能爾者，更招巨利。汝當自勖，見賢思齊，不宜忽略以棄日也。棄日乃是棄身，身名美惡，豈不大哉，可不慎歟！今之所敕，略言此意。政謂爲家以來，不事資産，暨立墅舍，似乖舊業，陳其始末，無愧懷抱。兼吾年時朽暮，心力稍單，牽課奉公，略不克舉，其中餘暇，裁可自休。或復冬日之陽，夏日之陰，良辰美景，文案間隟，負杖躡履，逍遥陋館，臨池觀魚，披林聽鳥，濁酒一杯，彈琴一曲，求數刻之暫樂，庶居常以待終，不宜復勞家間細務。汝交關既定，此書又行，凡所資須，付給如别。自兹以後，吾不復言及田事，汝亦勿復與吾言之。假使堯水湯旱，豈如之何。若其滿庾盈箱，爾之幸遇，如斯之事，並無俟令吾知也。《記》云：『夫孝者善繼人之志，善述人之事。』今且望汝全吾此志，則無所恨矣。

第二子悱卒，痛悼甚至，不欲久廢王務，乃爲《答客》以自喻焉。普通末，武帝自算擇後宮《吳聲》、《西曲》女妓各一部，並華少，賚勉，因此頗好聲酒。禄奉之外，月别給錢十萬，信遇之深，故無與匹。

又 卷七四《孝義傳下·沈崇傃》 崇傃奉詔釋服，而涕泣如居喪。固辭不受官，乃除永寧令。自以禄不及養，哀思不自堪，未至縣，卒。

又 《謝貞》 府長史汝南周確新除都官尚書，請貞爲讓表，後主覽而奇之。及問知貞所作，因敕舍人施文慶曰：『謝貞在王家未有禄秩，可賜米百石。』以母憂去職。

《北史》卷七《齊紀中》 天保元年夏五月戊午，皇帝即位于南郊，升壇，柴燎告天。是日，鄴下獲赤雀，獻於郊所。事畢還宮，御太極前殿，大赦，改元。百官進兩大階，六州緣邊職人三大階。自魏孝莊已後，百官絶禄，至是復給焉。

又 卷八七《酷吏傳·李洪之》 洪之素非廉清，每有受納。時孝文始建禄制，法禁嚴峻，遂鎖洪之赴京，親臨太華，庭集羣臣數之。以其大臣，聽在家自裁。

唐·杜佑《通典》卷三五《職官十七·俸禄·禄秩》 宋氏以來，州郡秩俸及雜供給，多隨土所出，無有定準。永初元年，詔二品清官以上應食禄者，有二親或祖父母年登七十，並給見錢。其郡縣田禄，以芒種爲斷，此前去官者則一年秩禄皆入前人，此後去者悉入後人。元嘉末，又改此制，計月分禄。武帝初即位，制：凡中二千石，加公田一頃。

齊氏衆官有僮幹之役，而不詳其制。大明五年制，二品清官行僮幹杖，不得出十。張融坐鞭幹錢敬道杖五十，免官。又梁王諶爲吏部郎，坐鞭曹中免官。幹者，若門僕之類也。

梁武帝天監初，定九品令。帝於品下注：一品秩爲萬石，第二第三品爲中二千石，第四第五品爲二千石。及侯景之亂，國用常褊，京官文武月別唯得廩食，多遥帶一郡縣官，而取其禄秩焉。揚、徐等大州比令、僕班，揚州督王畿，理在建康，徐州督重鎮，理京口，並外官刺史最重者。尚書令、僕射，官品第三也。寧、桂等小州比參軍班。寧州理建寧，今雲南郡，桂州理始安，今郡，並與外官刺史最輕者。公府參軍，官品第六也。丹陽郡、吳郡、會稽等郡，同太子詹事、尚書班，丹陽尹理建康，吳郡、會稽卽今郡，並列郡重者。詹事、尚書，官品第三也。高涼、晉康等小郡，三班而已。高涼、晉康卽今郡，並列郡最輕者。梁武帝定九品後，其内官吏爲十八班，以班多者爲貴，同班者卽以居下爲劣，則與品第高下不倫，當是其時更以清濁爲差耳。本史既略，不可詳審焉。大郡六班，小縣兩轉方至一班。品第既殊，不可委載。其州郡縣禄米絹布絲綿，當處輸臺傳倉庫。若給刺史守令等，先準其所部文武人物多少，由敕而裁。凡如此禄秩，既通所部兵士給之，其家得蓋少。諸王諸主出閤就第婚冠所須及衣裳服飾幷酒米魚鮭香油紙燭等，並官給之。王及主婿外禄者不給，解任還京仍亦公給。

後魏初，無禄秩者。至孝文太和八年，始班俸禄，罷諸商人，以簡民事。户增調三疋、穀二斛九斗，以爲官司之禄，均預調爲二疋之賦。禄行之後，贓滿一疋者死。其禄每季一請，於是百官受禄有差。至十年，議定民官依户給俸。本史又曰：『初邊方小郡太守數户而已，一請止六尺絹，歲不滿疋。』

北齊官秩：一品每歲八百疋，二百疋爲一秩。從一品七百疋，一百七十五疋爲一秩。二品六百疋，一百五十疋爲一秩。從二品五百疋，一百二十五疋爲一秩。三品四百疋，一百疋爲一秩。從三品三百疋，七十五疋爲一秩。四品二百四十疋，六十疋爲一秩。從四品二百疋，五十疋爲一秩。五品一百六十疋，四十疋爲一秩。從五品一百二十疋，三十疋爲一秩。六品一百疋，二十五疋爲一秩。從六品八十疋，二十疋爲一秩。七品六十疋，十五疋爲一秩。從七品四十疋，十疋爲一秩。八品三十六疋，九疋爲一秩。從八品三十二疋，八疋爲一秩。九品二十八疋，七疋爲一秩。從九品二十四疋，六疋爲一秩。禄率一分以帛，一分以粟，一分以錢。事繁者優一秩，平者守本秩，閑者降一秩。長兼、試守者，亦降一秩。官非執事、不朝拜者，皆不給禄。州郡縣制禄之法，刺史、守、令下車，各前取一時之秩。上上州刺史，歲秩八百疋，與司州牧同。上中、上下各以五十疋爲差。中上降上下一百疋，中中及中下亦以五十疋爲差。下上降中下一百疋，下中、下下亦各以五十疋爲差。上郡太守，歲秩五百疋，降清都尹五十疋。上中、上下各以五十疋爲差。中上降上下四十疋，中中及中下各以三十疋爲差。下上降中下四十疋，下中、下下各以二十疋爲差。上上縣，歲一百五十疋，與鄴、臨漳、成安三縣同。上中、上下各以十疋爲差。中上降上下三十疋，中中及中下各以五疋爲差。下上降中下二十疋，下中、下下各以十疋爲差。州自長史下逮於史吏，郡縣自丞以下逮於掾佐，亦皆以帛爲秩。郡有尉者，尉減丞之半。皆以其所出常調課給之。自一品以下至流外勳品，各給事力。一品至三十人，下至於流外勳品，或以五人爲等，或以四人、三人、二人、一人爲等。繁者加一等，平者守本力，閑者降一等。諸州刺史、守、令以下，幹及力皆聽敕乃給。其幹出所部之人。一幹輸絹十八疋，幹身放之。力則以其州郡縣白直充。

後周制禄秩：下士一百二十五石，中士以上至於上大夫，各倍之，上大夫是爲四千石。卿二分，孤三分，公四分，各益其一，公因盈數爲萬石。其九秩一百二十石，八秩至於七秩，每二秩六分而下，各去其一，二秩一秩俱爲四十石。凡頒禄，視年之上下。畝至四釜爲上年，上年頒其正。三釜爲中年，中年頒其半。二釜爲下年，下年頒其一。無年爲凶荒，不頒禄。

又《職田公廨田》 至晉，公卿猶各有菜田及田騶多少之級，然粗舉其制，而史不備書。其餘歷代多闕。

後魏孝文太和五年，州刺史、郡太守幷官節級給公田。

元·馬端臨《文獻通考》卷六五《職官考十九·禄秩》 晉制，諸公及開府位從公有品秩第一，食俸日五斛，給絹春百疋，秋二百疋，綿二百斤；特進食俸日四斛，春服絹五十疋，秋絹百五十疋，綿一百五十斤；光禄大夫食俸日三斛，春賜絹五十疋，秋百疋，綿百斤；尚書令食俸月五十斛，春月三十疋，秋七十疋，綿七十斤；太子太傅、少傅，食俸日三斛，春賜絹五十疋，秋百疋、綿百斤。

右《通典》所載歷代禄秩，惟不及魏、晉。今於《晉書·百官志》録出前條以補之。但《志》所載惟及諸公開府位從公者與特進、光禄大夫、尚書令、太子二傅，而餘官禄秩皆無可考，則亦未爲全備也。

又《職田官品占田》　晉武帝平吳之後，有司奏：『詔書「王公以國爲家，京城不宜復有田宅。今未暇作諸國邸，當使城中有往來之處，近郊有芻槀之田。」今可限之，國王、公、侯，京城得有一宅一處。近郊田，大國田十五頃，次國十頃，小國七頃。城内無宅，城外有之，皆聽留之。』其官品第一至於第九，各以貴職占田，品第一者占五十頃，第二品四十五頃，三品四十頃，四品三十五頃，五品三十頃，六品二十五頃，七品二十頃，八品十五頃，九品十頃。而又各以品之高卑蔭其親屬，多者及九族，少者三世。宗室、國賓、先賢之後及士人子孫亦如之。而又得蔭人以爲衣食客及佃客，品第六已上得衣食客三人，第七、第八品二人，第九品及舉輦、迹禽、前驅、由基、強弩、司馬、羽林郎、殿中冗從武賁、殿中武賁、持椎斧武騎武賁、持鈒冗從武賁、武騎一人。其應有佃客者，官品第一、第二者，佃客無過五十户；三品十户；四品七户；五品五户；六品三户；七品二户；八品、九品一户。《晉書·百官志》：『諸公及開府位從公者，給菜田十頃，騶十人；立夏後不及田者，食俸一年。特進，菜田八頃，騶八人；立夏後不及田者，食俸一年。光禄大夫給菜田六頃，田騶六人。尚書令、太子太傅、少傅，給田騶，並同光禄。

按：孟獻子曰：『畜馬乘不察於雞豚，伐冰之家不畜牛羊，百乘之家不畜聚斂之臣。』言公卿士夫既有俸廩，不當與民爭利也。漢列侯封君食租稅，歲卒户二百，如千户之君則二十萬，可謂富矣。而復效富人廣畜田園，如田蚡以外戚爲相，奉邑鄃食收多，而且治宅田諸第，田園極膏腴之類是也。漢時亦未曾爲之制。至晉武，詔王公以國爲家，京城不宜復有田宅，欲爲之限，得古意矣。然所謂城中有往來之地，近郊有芻槀之田，則似《王制》所謂湯沐之地，且所限止於京城，則王戎所謂園田水碓周遍天下者，固未嘗爲之限，何邪？

東晉寓居江左以來，都下人多爲諸王公貴人左右佃客、典計、衣食客之類。詳見《官品占户門》。宋孝武時，官品第一、第二聽占山三頃，第三、第四品二頃五十畝，第五、第六品二頃，第七、第八品一頃五十畝，第九品及百姓一頃。詳見《征榷山澤門》。魏制，諸宰人之官，各隨近給公田，刺史十五頃，太守十頃，治中、別駕各八頃，縣令、郡丞六頃，更代相傳，賣者坐如律。

論說

清·王夫之《讀通鑑論》卷一六《齊武帝》　官無常禄，贓則坐死，日殺人而貪彌甚；有常禄矣，贓乃坐死，可無辭於枉矣，乃抑日殺人而貪尤彌甚。老氏曰：『民不畏死，柰何以死威之！』誠哉是言也。拓拔氏之未班禄也，枉法十疋、義贓二十疋，坐死；其既班禄也，義贓一疋、枉法無多少，皆死；徒爲殘虐之令而已。

夫吏豈能無義贓一疋者乎？非於陵仲子之徒，大賢以下，未有免焉者也。人皆游於羿之彀中，則將詭遁於法，而上下相蒙以倖免。其不免者，則無交於權貴者也，有忤于上官者也，繩姦胥之過、拂猾民之欲者也。狎姦胥，縱姦民，媚上官，事權貴，則枉法千疋而免矣。反是，不患其無義贓一疋之可搜摘者也。於是乎日殺人而貪彌甚。不知治道，而刻覈以任法，其弊必若此而不爽。故拓拔令羣臣自審不勝貪心者辭位，而慕容契曰：『小人之心無常，帝王之法有常。以無常之心，奉有常之法，非所克堪，乞從退黜。』蓋以言乎常法之設，徒使人人自危，而人人可以免脫，其意深矣！宏不悟焉，死者積而貪不懲。豈但下之流風不可止哉？以殺之者導之也。

清·趙翼《廿二史劄記》卷一四《魏齊周隋書並北史·後魏百官無禄》　後魏未有官禄之制，其廉者貧苦異常。如高允草屋數間，布被緼袍，府中惟鹽菜，常令諸子採樵自給是也。《允傳》否則必取給於富豪，如崔寬鎮陝，與豪宗盜魁相交結，莫不感其意氣。時官無禄力，惟取給於人，寬以善於結納，大有受取，而與之者無恨。《寬傳》文成帝詔，諸刺史每因調發，逼人假貸，大商富賈，要時射利，上下通同，分以潤屋，自今一切禁絶，犯者十疋以上皆死。明元帝又詔，使者巡行諸州，校閱守宰貲財，非自家所齎，悉簿爲贓。是懲貪之法未嘗不嚴，然朝廷不制禄以養廉，而徒責以不許受贓，是不清其源而徒遏其流，安可得也。至孝文帝太和八年，始詔曰：『置官班禄，行之尚矣。自中原喪亂，茲制久絶。先朝因循，未遑釐改。今宜班禄，罷諸商人，以簡人事。户增調絹二疋、穀二斛九升，以爲官司之禄，均預調爲二疋之賦，即兼商用。禄行之後，贓滿一疋者死。』俸以十月爲首，每季一請。後以軍興用不足，又詔百官禄四分減一，以充軍用。至明帝時，于忠當國，欲結人心，乃悉復所減之數。此魏制官俸之大概也。按文成詔中所謂商賈邀利，刺史分潤，孝文詔中所謂罷諸商人，以簡人事，蓋是時官未有禄，惟藉商賈取利而抽分之，至見於詔書，則陋例已習爲常矣。崔寬幷交結盜魁，爲受納之地，既取利於商賈，自幷及於盜賊，亦事之所必至也。上下交征如此，何以立國哉。

輿服制度分部

綜　述

《三國志》卷一《魏志・武帝紀》　（建安十八年）五月丙申，天子使御史大夫郗慮持節策命公爲魏公曰：『**【略】**錫君衮冕之服，赤舄副焉。』**【略】**

（十九年）三月，天子使魏公位在諸侯王上，改授金璽，赤紱、遠遊冠。**【略】**

（十二月）天子命公置旄頭，宫殿設鍾虡。

（二十二年）夏四月，天子命王設天子旌旗，出入稱警蹕。**【略】**冬十月，天子命王冕十有二旒，乘金根車，駕六馬，設五時副車。

又　卷四《魏志・陳留王奂傳》　（咸熙二年五月）又命晉王冕十有二旒，建天子旌旗，出警入蹕，乘金根車、六馬，備五時副車，置旄頭雲罕，樂舞八佾，設鍾虡宫縣。

又　卷四七《吴志・吴主傳》　（黄初二年）十一月，策命權曰：『**【略】**錫君衮冕之服，赤舄副焉。』

《宋書》卷一八《禮志五》　魏代唯作指南車，其餘雖小有改易，不足相變。晉立服制令，辨定衆儀，徐廣《車服注》，略明事目，並行於今者也。故復敍列，以通數代典事。

指南車，其始周公所作，以送荒外遠使。地域平漫，迷於東西，造立此車，使常知南北。**【略】**魏高堂隆、秦朗，皆博聞之士，爭論於朝，云無指南車，記者虚説。明帝青龍中，令博士馬鈞更造之而車成。晉亂復亡。石虎使解飛，姚興使令狐生又造焉。安帝義熙十三年，宋武帝平長安，始得此車。其制如鼓車，設木人于車上，舉手指南。車雖回轉，所指不移。大駕鹵簿，最先啓行。此車戎狄所制，機數不精，雖曰指南，多不審正。回曲步驟，猶須人功正之。范陽人祖沖之，有巧思，常謂宜更構造。宋順帝昇明末，齊王爲相，命造之焉。車成，使撫軍丹陽尹王僧虔、御史中丞劉休試之。其制甚精，百屈千回，未嘗移變。晉代又有指南舟。索虜拓跋燾使工人郭善明造指南車，彌年不就。扶風人馬岳又造，垂成，善明酖殺之。

記里車，未詳所由來，亦高祖定三秦所獲。制如指南，其上有鼓，車行一里，木人輒擊一槌。大駕鹵簿，以次指南。

輦車，**【略】**魏、晉御小出，常乘馬，亦多乘輿車。輿車，今之小輿。

犢車，軿車之流也。**【略】**孫權云『車中八牛』，即犢車也。江左御出，又載儲偫之物。漢代賤軺車而貴輜軿，魏、晉賤輜軿而貴軺車。又有追鋒車，去小平蓋，加通幰，如軺車，而駕馬。又以雲母飾犢車，謂之雲母車，臣下不得乘，時以賜王公。晉氏又有四望車，今制亦存。**【略】**除吏赤蓋杠，餘則青蓋杠云。**【略】**

晉元帝太興三年，太子釋奠。詔曰：『未有高車，可乘安車。』高車，即立乘車也。公及列侯安車，朱斑輪、倚鹿較、伏熊軾、黑蕃者謂之軒，皁繒蓋，駕二，右騑。王公旗八旒，侯七旒，卿五旒，皆降龍。公卿中二千石二千石郊陵法駕出，皆大車立乘，駕四。後導從大車，駕二，右騑。他出乘安車。其去位致仕，皆賜安車四馬。中二千石皆皁蓋、朱蕃，銅五末，駕二，右騑。《晉令》，王公之世子攝命治國者，安車，駕三，旂七旒，其侯世子，五旒。

傅暢《故事》，三公安車，駕三。特進駕二。卿一。漢制，公、列侯、中二千石、二千石夫人會廟及蠶，各乘其夫之安車，右騑，加皁交路，帷裳皆皁。非公會，則乘漆布輜軿，銅五末。晉武帝太康四年，詔依漢故事，給九卿朝車駕及安車各一乘。傅暢《故事》，尚書令軺車，黑耳後户。僕射但後户無耳。中書監令如僕射。**【略】**

薛綜《東京賦》注以雲罕九遊爲旌旗別名，亦不辨其形。案魏命晉王建天子旌旗，置旄頭雲罕。是知雲罕非旌旗也。徐廣《車服注》以爲九斿，斿車九乘。雲罕疑是罼罕。《詩敍》曰：『齊侯田獵罼弋，百姓苦之。』罼罕本施遊獵，遂爲行飾乎？潘岳《籍田賦》先敍五路九旗，次言瓊鈒雲罕。若罕爲旗，則岳不應頻句於九旗之下。又以其物匹鈒戟，宜是今罼網明矣。此説爲得之。皮軒，以虎皮爲軒也。徐又引《淮南子》『軍正執豹皮以制正其衆。』《禮記》『前有士師，則載虎皮』。乘輿豹尾，亦其義類乎？五旗者，五色各一旗，以木牛承其下。徐又云『木牛，蓋取其負重而安穩也。』五旗纏竿，即《禮記》德車結旌不盡飾也。戎事乃散之。又武車綏旌，垂舒之也。史臣案：今結旌綏旌同，而德車武車之所不建。又木牛之義，亦未灼然可曉。又案《周禮》辨載法物，莫不詳究，然無相風、罼網、旄頭之屬，此非古制明矣。何承天謂戰國並爭，師旅數出，懸烏之設，務察風祲，宜是秦矣。晉武嘗問侍臣：『旄頭何義？』彭推對曰：『秦國有奇怪，觸山截水，無不崩潰，唯畏旄頭，故虎士服之，則秦制也。』張華曰：『有是言而事不經。臣謂壯士之怒，髮踊衝冠，義取於此。』摯虞《決疑》無所是非也。徐爰曰：『彭、張之説，各言意義，無所承據。案天文畢昴之中謂之天街，故車駕以罼罕前引，畢方昴圓，因其象。《星經》，昴一名旄頭，故使執之者冠皮毛之冠也。』

輕車，古之戰車也。輪輿洞朱，不巾不蓋，建矛戟幢麾，置弩於軾上，駕二。射聲校尉司馬吏士載，以次屬車。

《漢儀》曰：『出稱警，入稱蹕。』説者云，車駕出則應稱警，入則應稱蹕也，而今俱唱之。史臣以爲警者，警戒也；蹕者，止行也。今從乘輿而出者，並警戒以備非常也。從外而入乘輿相干者，蹕而止之也。董巴、司馬彪云：『諸侯王遮迾出入，稱警設蹕。』

武剛車，有巾有蓋，在前爲先驅。又在輕車之後爲殿也。駕一。《史記》，衛青征匈奴，以武剛車爲營是也。

漢制，大行載轀輬車，四輪。其飾如金根，加施組連璧，交絡，四角金龍首銜璧垂五采，析羽流蘇，前後雲氣畫帷裳，橫文畫曲蕃，長與車等。太僕御，駕六白駱馬，以黑藥灼其身爲虎文，謂之布施馬。既下，馬斥賣，車藏城北秘宮。今則馬不虎文，不斥賣；車則毀也。自漢霍光、晉安平、齊王、賈充、王導、謝安、宋江夏王葬以殊禮者，皆大輅黃屋，載轀輬車。

《晉令》曰：『乘傳出使，遭喪以上，即自表聞，聽得白服乘騾車，到副使攝事。』徐廣《車服注》：『傳聞騾車者，犢車裝而馬車轅也。』又車無蓋者曰科車。晉武帝時，護軍將軍羊琇乘羊車，司隸校尉劉毅奏彈之。詔曰：『羊車雖無制，猶非素者所服。』江左來無禁也。

舊有充庭之制，臨軒大會，陳乘輿車輦旌鼓於殿庭。張衡《東京賦》云：『龍路充庭，鸞旗拂霓。』晉江左廢絶。宋孝武大明中修復。【略】

魏明帝以公卿衮衣黼黻之文，擬於至尊，復損略之。晉以來無改更也。天子禮郊廟，則黑介幘，平冕，今所謂平冠也。皁表朱緑裏，廣七寸，長尺二寸，垂珠十二旒。以組爲纓，衣皁上絳下，前三幅，後四幅，衣畫而裳繡，爲日、月、星辰、山、龍、華、蟲、藻、火、粉米、黼、黻之象，凡十二章也。素帶廣四寸，朱裏，以朱緣裨飾其側。中衣以絳緣其領袖，赤皮蔽膝。蔽膝，古之韍也。絳袴，絳襪，赤舃。未加元服者，空頂介幘。其釋奠先聖，則皁紗裙，絳緣中衣，絳袴襪，黑舃。其臨軒亦衮冕也。其朝服，通天冠，高九寸，金博山顔，黑介幘，蔆紗裙，皁緣中衣。其拜陵，黑介幘，緌單衣。其雜服，有青赤黄白緗黑色介幘，五色紗裙，五梁進賢冠，遠遊冠，平上幘，武冠。其素服，白帢單衣。《漢儀》，立秋日獵服緗幘。晉哀帝初，博士曹弘之等儀：『立秋御讀令，不應緗幘，求改用素。』詔從之。宋文帝元嘉六年，奉朝請徐道娛表：『不應素幘。』詔門下詳議，帝執宜如舊，遂不改。

進賢冠，前高七寸，後高三寸，長八寸，梁數隨貴賤，古之緇布冠也。文儒者之所服。上公、卿助祭於郊廟，皆平冕，王公八旒，卿七旒，以組爲纓，色如其綬。王公衣山龍以下，九章也；卿衣華蟲以下，七章也。行鄉射禮，則公卿委貌冠，以皁絹爲之，形如覆杯，與皮弁同制。長七寸，高四寸。衣黑而裳素。其中衣以皁緣領袖；其執事之人皮弁，以鹿皮爲之。

武冠，昔惠文冠，本趙服也，一名大冠。凡侍臣則加貂蟬。應劭《漢官》曰：『説者以金取堅剛，百煉不耗；蟬居高食潔，口在腋下；貂内勁悍而外温潤。』此因物生義，非其實也。其實趙武靈王變胡，而秦滅趙，以其君冠賜侍臣，故秦、漢以來，侍臣有貂蟬也。徐廣《車服注》稱其意曰：『北土寒涼，本以貂皮暖額，附施於冠，因遂變成首飾乎？』侍中左貂，常侍右貂。

法冠，本楚服也。一名柱後，一名獬豸。説者云：『獬豸獸知曲直，以角觸不正者也。』秦滅楚，以其君冠賜法官。

謁者高山冠，本齊服也。一名側注冠。秦滅齊，以其君冠賜謁者。魏明帝以其形似通天、遠遊，乃毀變之。

樊噲冠，廣九寸，制似平冕，殿門衛士服之。漢將樊噲常持鐵盾。鴻門之會，項羽欲害漢王，乃裂裳以苞盾，戴入見羽。漢承秦制，冠有十三種。魏、晉以來，不盡施用。今志其施用者也。

幘者，古賤人不冠者之服也。漢元帝額有壯髮，始引幘服之。王莽頂禿，又加其屋也。《漢注》曰：『冠進賢者宜長耳，今介幘也；冠惠文者宜短耳，今平中幘也。知時各隨所宜，後遂因冠爲別。』介幘服文吏，平上服武官也。童子幘無屋者，示未成人也。又有納言幘，後收，又一重，方三寸。又有赤幘，騎吏、武吏、乘輿鼓吹所服。救日蝕，文武官皆免冠，著赤幘，對朝服，示威武也。宋乘輿鼓吹，黑幘武冠。

漢制，祀事五郊，天子與執事所服各如方色；百官不執事者，自服常服以從。常服，絳衣也。魏秘書監秦靜曰：『漢氏承秦，改六冕之制，俱玄冠絳衣而已。』晉名曰五時朝服；有四時朝服，又有朝服。

凡兵事，總謂之戎。《尚書》云：『一戎衣而天下定。』《周禮》：『革路以即戎。』又曰：『兵事韋弁服。』以韎韋爲弁，又以爲衣裳。《春秋左傳》：『戎服將事。』又云：『晉郤至衣韎韋之跗。』注，先儒云：『韎，絳色。』今時伍伯衣。説者云，五霸兵戰，猶有綬紱、冠纓、漫胡，則戎服非袴褶之制，未詳所起。近代車駕親戎中外戒嚴之服，無定色，冠黑帽，綴紫褾。褾以繒爲之，長四寸，廣一寸。腰有絡帶，以代鞶革。中官紫褾。外官絳褾。又有纂嚴戎服，而不綴褾。行留文武悉同。其畋獵巡幸，則唯從官戎服，帶鞶革；文官不下纓，武官脱冠。宋文帝元嘉中，巡幸蒐狩皆如之；救宮廟水火，亦如之。【略】

劉向曰：『古者天子至于士，王后至于命婦，必佩玉，尊卑各有其制。』《禮記》曰：『天子佩白玉而玄組綬，公侯山玄玉而朱組綬，卿大夫水蒼玉而緇組綬，士佩瓀玟而緼組綬。』緼，赤黄色。綬者，所貫佩相承受也。上下施韍如蔽膝，貴賤亦各有殊。五霸之後，戰兵不息，佩非兵器，韍非戰儀，於是解去佩韍，留其繫襚而已。秦乃以采組連結於襚，轉相結受，謂之綬。漢承用之。至明帝始復制佩，而漢末又亡絶。魏侍中王粲識其形，乃復造焉。今之佩，粲所制也。皇后至命婦所佩，古制不存，今與外同制，秦組綬，仍又施之。

漢制，自天子至于百官，無不佩刀。司馬彪志具有其制。漢高祖爲泗水亭長，拔劍斬白蛇。雋不疑云：『劍者，君子武備。』張衡《東京賦》『紓黄組，腰干將。』然則自人君至士人，又帶劍也。自晉代以來，始以木劍代刃劍。【略】

諸王，【略】給五時朝服，遠遊冠，亦有三梁進賢冠，佩山玄玉。

郡公，【略】給五時朝服，進賢三梁冠，佩山玄玉。太宰、太傅、太保、丞相、司徒、司空，【略】給五時朝服，進賢三梁冠。佩山玄玉。【略】大司馬、大將軍、太尉、凡將軍位從公者，【略】給五時朝服，武冠。佩山玄玉。郡侯，【略】給五時朝服，進賢三梁冠。佩水蒼玉。

驃騎、車騎將軍，凡諸將軍加大者，征、鎮、安、平、中軍、鎮軍、撫軍、前、左、右、後將軍、征虜、冠軍、輔國、龍驤將軍，【略】給五時朝服，武冠。佩水蒼玉。【略】

諸王世子，【略】五時朝服，進賢兩梁冠，佩山玄玉。【略】

郡公侯世子，【略】給五時朝服，進賢兩梁冠，佩水蒼玉。

侍中、散騎常侍及中常侍，給五時朝服，武冠。貂蟬，侍中左，常侍右，皆佩水蒼玉。

尚書令、僕射，【略】給五時朝服，納言幘，進賢兩梁冠，佩水蒼玉。

尚書，給五時朝服，納言幘，進賢兩梁冠，佩水蒼玉。

中書監令、秘書監，【略】給五時朝服，進賢兩梁冠。佩水蒼玉。

光禄大夫、卿、尹、太子保、傅、大長秋、太子詹事，【略】給五時朝服，進賢兩梁冠。佩水蒼玉。

衛尉，則武冠。衛尉，江左不置。宋孝武孝建初始置，不檢晉服制，止以九卿皆文冠及進賢兩梁冠，非舊也。

司隸校尉、武尉、左右衛、中堅、中壘、驍騎、游擊、前軍、左軍、右軍、後軍、寧朔、建威、振威、奮威、揚威、廣威、建武、振武、奮武、揚武、廣武、左右積弩、强弩諸將軍、監軍，【略】給五時朝服，武冠，佩水蒼玉。

領軍、護軍、城門五營校尉、東南西北中郎將，【略】給五時朝服，武冠。佩水蒼玉。

縣、鄉、亭侯，【略】朝服，進賢三梁冠。

鷹揚、折衝、輕車、揚烈、威遠、寧遠、虎威、材官、伏波、淩江諸將軍，【略】給五時朝服，武冠。

奮武護軍、安夷撫軍、護軍、軍州郡國都尉、奉車、駙馬、騎都尉、諸護軍將兵助郡都尉、水衡、典虞、牧官、典牧都尉、度支中郎將、校尉、都尉、司監都尉、材官校尉、王國中尉、宜和伊吾都尉、監淮南津都尉，【略】五時朝服，武冠。

州刺史，【略】給絳朝服，進賢兩梁冠。

御史中丞、都水使者，【略】給五時朝服，進賢兩梁冠，佩水蒼玉。

謁者僕射，【略】給四時朝服，高山冠，佩水蒼玉。

諸軍司馬，【略】朝服，武冠。

給事中、黄門侍郎、散騎侍郎、太子中庶子、庶子，給五時朝服，武冠。

中書侍郎，給五時朝服，進賢一梁冠。

冗從僕射、太子衛率，【略】給五時朝服，武冠。

虎賁中郎將、羽林監，【略】給四時朝服，武冠。其在陛列及備鹵簿，鶡尾，絳紗縠單衣。鶡鳥似雞，出上黨。爲鳥强猛，鬬不死不止。復著鶡尾。

北軍中侯、殿中監，【略】給四時朝服，武冠。

護匈奴中郎將、護羌夷戎蠻越烏丸西域戊己校尉，【略】朝服，武冠。

郡國太守、相、内史，【略】朝服，進賢兩梁冠。江左止單衣幘。其加中二千石者，依卿、尹。

牙門將，【略】朝服，武冠。

騎都督、守，【略】朝服，武冠。

尚書左右丞、秘書丞，【略】朝服，進賢一梁冠。

尚書秘書郎、太子中舍人、洗馬、舍人，朝服，進賢一梁冠。

黄沙治書侍御史，【略】朝服，法冠。

侍御史，朝服，法冠。

關内、關中名號侯，【略】朝服，進賢兩梁冠。

諸博士，給皁朝服，進賢兩梁冠，佩水蒼玉。

公府長史、諸卿尹丞、諸縣署令秩千石者，【略】朝服，進賢兩梁冠。江左公府長史無朝服，縣令止單衣幘。宋後廢帝元徽四年，司徒右長史王儉議公府長史應服朝服。曰：『《春秋國語》云：「貌者情之華，服者心之文。」巖廊盛禮，衣冠爲大。是故軍國異容，内外殊序。而自頃承用，每有乖違。府職掌人，教四方是則。臣居毗佐，志在當官，永言先典，載懷夕惕。按晉令，公府長史，官品第六，銅印，墨綬，朝服，進賢兩梁冠。掾、屬，官品第七，朝服，進賢一梁冠。晉官表注，亦與《令》同。而今長史、掾、屬，但著朱服而已，此則公違明文，積習成謬。謂宜依舊制，長史兩梁冠，掾、屬一梁冠，並同備朝服。中單韋舃，率由舊章。若所上蒙允，幷請班司徒二府及諸儀同三府，通爲永準。又尋舊事，司徒公府領步兵者職僚悉同降朝不領兵者。主簿祭酒，中單韋舃並備，令史以下，唯著玄衣。今府既開公，謹遵此制。其或有署臺位者，玄服爲疑。按《令》稱諸有兼官，皆從重官之例。尋内官爲重，其署臺位者，悉宜著位之服，不在玄服之例。若署諸卿寺位兼府職者，雖三品，而卿寺爲卑，則宜依公府玄衣之制。服章事重，禮儀所先，請臺詳服。』議曹郎中沈俣之議曰：『制珪象德，損替因時；裁服象功，施用隨代。車旗變于商、周，冠佩革于秦、漢，豈必殊代襲容，改尚沿物哉。夫邊貂假幸侍之首，賤幘登尊極之顔，一適時用，便隆後制。況朱裳以朝，緬傾百祀，韋舃不加，浩然惟舊。服爲定章，事成永則。其儉之所秉，會非古訓。青素相因，代有損益，何事棄盛宋之興法，追往晉之頽典。變改空煩，謂不宜革。』儉又上議曰：『自頃服章多闕，有違前准。近議依令文，被報不宜改革，又稱左丞劉議，「按令文，凡有朝服，今多闕亡。然則文存服損，非唯鉉佐，用舍既久，卽爲舊章」。如下旨，伏尋皇宋受終，每因晉舊制，律令條章，同規在昔。若事有宜，必合懲改，則當上關詔書，下由朝議，縣諸日月，垂則後昆。豈得因外府之乖謬，以爲盛宋之興典，用晉氏之律令，而謂其儀爲頹法哉。順違從失，非所望于高議；申明舊典，何改革之可論。又左丞引令史之闕服，以爲鉉佐之明比。夫名位不同，禮數異等，令史從省，或有權宜；達官簡略，爲失彌重。又主簿、祭酒，備服於王庭，長史、掾、屬，朱衣以就列。於是倫比，自成矛盾。此而可忍，孰不可安。將引令以遵舊，臺據失以爲例，研詳符旨，良所未譬。當官而行，何强之有，制令昭然，守以無貳。』倶之又議：『雲火從物，沿損異儀，帝樂五殊，王禮三變，豈獨大宋造命，必咸仍於晉舊哉！夫宗社疑文，庭廟闕典，或上降制書，下協朝議，何乃鉉府佐屬裳黻，稍改白虎之詔，斷宣室之疇咨乎。又許令史之從省，咎達官之簡略。律苟可遵，固無辨於貴賤；規若必等，亦何關於權宜。一用一舍，彌增其滯。且佐非韋幹之職，吏本朝服之官，凡在班列，罔不如一，此蓋前令違而遂改，今制允而長用也。爵異服殊，寧會矛盾之譬；討論疑制，焉取强弱之辨。府執既革之餘文，臺據永行之成典，良有期於無固，非所望於行迷。』參詳並同倶，議遂寢。

諸軍長史、諸卿尹丞、獄丞、太子保傅詹事丞、郡國太守相内史、丞、長史、諸縣署令長相、關谷長、王公侯諸署令、長、司理、治書、公主家僕，【略】朝服，進賢一梁冠。江左太子保傅卿尹詹事丞，皁朝服。郡丞、縣令長，止單衣幘。

公車司馬、太史、太醫、太官、御府、内省令、太子諸署令、僕、門大夫、陵令，【略】朝服，進賢一梁冠。

太子率更、家令、僕【略】。給五時朝服，進賢兩梁冠。

黄門諸署令、僕、長【略】。四時朝服，進賢一梁冠。

黄門冗從僕射監、太子寺人監，【略】。給四時朝服，武冠。

公府司馬、諸軍城門五營校尉司馬、護匈奴中郎將護羌戎夷蠻越烏丸戊己校尉長史、司馬，【略】朝服，武冠。江左公府司馬無朝服，餘止單衣幘。

廷尉正、監、平，【略】給皁零辟朝服，法冠。

王郡公侯郎中令、大農，【略】朝服，進賢兩梁冠。北軍中候丞，銅印，黄綬。朝服，進賢一梁冠。

太子常從虎賁督、千人督校督、司馬虎賁督，【略】朝服，武冠。

殿中將軍，【略】四時朝服，武冠。【略】

水衡、典虞、牧官、典牧、材官、州郡國都尉、司馬，【略】朝服，武冠。

諸謁者，朝服，高山冠。

門下中書通事舍人令史、門下主事令史，給四時朝服，武冠。

尚書典事、都水使者參事、散騎集書中書尚書令史、門下散騎中書尚書令史、録尚書中書監令僕省事史、秘書著作治書、主書、主璽、主譜令史、蘭臺殿中蘭臺謁者都水使者令史、書令史，朝服，進賢一梁冠。江左凡令史無朝服。

節騎郎，朝服，武冠。其在陛列及備鹵簿，著鶡尾，絳紗縠單衣。

殿中中郎將校尉、都尉、黄門中郎將校尉、殿中太醫校尉、都尉，【略】四時朝服，武冠。

關外侯，【略】朝服，進賢兩梁冠。

左右都候、閶闔司馬、城門候，【略】朝服，武冠。

王郡公侯中尉，【略】朝服，武冠。

部曲督護、司馬史、部曲將，【略】朝服，武冠。司馬史【略】。

太中中散諫議大夫、議郎、郎中、舍人，朝服，進賢一梁冠。秩千石者，兩梁。

城門令史，朝服，武冠。江左凡令史無朝服。

諸門僕射佐史、東宮門吏，皁零辟朝服。僕射東宮門吏，卻非冠。佐史，進賢冠。

宮内遊徼、亭長，皁零辟朝服，武冠。

太醫校尉、都尉、總章協律中郎將校尉、都尉，【略】朝服，武冠。

小黄門，給四時朝服，武冠。黄門謁者，給四時朝服，進賢一梁冠。朝賀通謁時，著高山冠。

黄門諸署史，給四時朝服，武冠。

中黄門黄門諸署從官寺人，給四時科單衣，武冠。

殿中司馬及守陵者、殿中太醫司馬，【略】給四時朝服，武冠。

太醫司馬，【略】朝服，武冠。

總章監鼓吹監司律司馬，【略】朝服。鼓吹監總章協律司馬，武冠。

總章監司律司馬，進賢一梁冠。

諸縣署丞、太子諸署丞、王公侯諸署及公主家丞，【略】朝服，進賢一梁冠。

太醫丞，【略】朝服，進賢一梁冠。

黄門諸署丞，【略】給四時朝服，進賢一梁冠。

黄門稱長、園監，【略】給四時朝服，武冠。

諸縣尉、關谷塞護道尉，【略】朝服，武冠。江左止單衣幘。

洛陽卿有秩，【略】朝服，進賢一梁冠。

宣威將軍以下至裨將軍，【略】朝服，武冠。

平虜武猛中郎將、校尉、都尉，【略】朝服，武冠。

別部司馬、軍假司馬，【略】朝服，武冠。

圖像都匠行水中郎將、校尉、都尉，【略】朝服，武冠。

別部司馬以下，【略】朝服，武冠。其長郎壯士，武弁冠。在陛列及鹵簿，服絳縠單衣。

陛下甲僕射主事吏將騎、廷上五牛旗假使虎賁，在陛列及備鹵簿，服錦文衣，武冠，鶡尾。陛長，【略】旄頭。

羽林在陛列及備鹵簿，服絳科單衣，上著韋畫要襦，假旄頭。【略】

守陵虎賁，給絳科單衣，武冠。

殿中冗從虎賁、殿中虎賁及守陵者持鈒戟冗從虎賁，佩武猛都尉以下印者，【略】別部司馬以下，假墨綬。絳科單衣，武冠。

持椎斧武騎虎賁、五騎傳詔虎賁、殿中羽林及守陵者太官尚食虎賁、稱飯宰人、諸官尚食虎賁，佩武猛都尉以上印者，【略】別部司馬以下，【略】給絳褠，武冠。其在陛列及備鹵簿，五騎虎賁，服錦文衣，鶡尾。宰人服離支衣。

黄門鼓吹及釘官僕射、黄門鼓吹史主事、諸官鼓吹、尚書廊下都坐門下守閤、殿中威儀騶、虎賁常直殿黄雲龍門者、門下左右部虎賁羽林騶、給傳事者諸導騶、門下中書守閤，給絳幘，武冠。南書門下虎賁羽林騶、蘭臺五曹節藏射廊下守閤、威儀、發符騶、都水使者黄沙廊下守閤、謁者、録事、威儀騶、河堤謁者騶、諸官謁者騶，絳幘，武冠。給其衣服，自如故事。大誰士皁科單衣，樊噲冠。衛士墨布閤，卻敵冠。凡此前衆職，江左多不備，又多闕朝服。

諸應給朝服佩玉，而不在京都者給朝服，非護烏丸羌夷戎蠻諸校尉以上及刺史、西域戊己校尉，皆不給佩玉。其來朝會，權時假給，會罷輸還。凡應朝服者，而官不給，聽自具之。【略】

朝服一具，冠幘各一，絳緋袍、皁緣中單衣領袖各一領，革帶袷褲各一，舄、襪各一量，簪導餙自副。四時朝服者，加絳絹黄緋青緋皁緋袍單衣各一領；五時朝服者，加給白絹袍單衣一領。

諸受朝服，單衣七丈二尺，科單衣及舄五丈二尺，中衣絹五丈，緣皁一丈八尺，領袖練一匹一尺，絹七尺五寸。給褲練一丈四尺，縑二丈。襪布三尺。單衣及褠袷帶，縑各一段，長七尺。江左止給絹各有差。宋元嘉末，斷不復給，至今。山鹿、豽、柱豽、白豽、施毛狐白領、黄豹、斑白鼲子、渠搜裘、步搖、八鑷、蔽結、多服蟬、明中、櫂白，又諸織成衣帽、錦帳、純金銀器、雲母從廣一寸以上物者，皆爲禁物。

諸在官品令第二品以上，其非禁物，皆得服之。第三品以下，加不得服三鑷以上，蔽結、爵叉、假真珠翡翠校飾纓佩，雜采衣，杯文綺，齊繡黻、鑷離、袿袍。第六品以下，加不得服金鑷、綾、錦、錦繡、七緣綺、貂豽裘、金叉環鉺、及以金校飾器物、張絳帳。第八品以下，加不得服羅、紈、綺、縠，雜色真文。騎士卒百工人，加不得服大絳紫襈、假結、真珠璫珥、犀、瑇瑁、越疊，以銀飾器物、張帳，乘犢車，履色無過綠、青、白。奴婢衣食客，加不得服白幘、茜、絳、金黄銀叉、環、鈴、鑷、鉺，履色無過純青。諸去官及薨卒不禄物故，家人所服，皆得從故官之例。諸王皆不得私作禁物，及罽碧校鞍，珠玉金銀錯刻鏤雕飾無用之物。【略】

古者貴賤皆執笏，其有事則搢之於腰帶。所謂搢紳之士者，搢笏而垂紳帶也。紳垂三尺。笏者有事則書之，故常簪筆，今之白筆，是其遺象。三臺五省二品文官簪之；王公侯伯子男卿尹及武官不簪。加内侍位者，乃簪之。手板，則古笏矣。尚書令、僕射、尚書手板頭復有白筆，以紫皮裹之，名笏。朝服肩上有紫生袷囊，綴之朝服外，俗呼曰紫荷。或云漢代以盛奏事，負荷以行，未詳也。

魏文帝黄初三年，詔賜漢太尉楊彪几杖，待以客禮。延請之日，使挾杖入朝。又令著鹿皮冠。彪辭讓，不聽。乃使服布單衣皮弁以見。《傅玄子》曰：『漢末王公名士，多委王服，以幅巾爲雅。是以袁紹、崔鈞之徒，雖爲將帥，皆著縑巾。』

魏武以天下凶荒，資財乏匱，擬古皮弁，裁縑帛以爲帢，合乎簡易隨時之義，以色別其貴賤。本施軍飾，非爲國容也。徐爰曰：『俗説帢本未有歧，荀文若巾之，行觸樹枝成歧，謂之爲善，因而弗改。』通以爲慶弔服。巾以葛爲之，形如帢，而横著之，古尊卑共服也。故漢末妖賊以黄爲巾，時謂之『黄巾賊』。今國子太學生冠之，服單衣以爲朝服，執一卷經以代手板。居士野人，皆服巾焉。

徐爰曰：『帽名猶冠也。義取於蒙覆其首。其本纚也。古者有冠無幘，冠下有纚，以繒爲之。後世施幘於冠，因裁纚爲帽。自乘輿宴居，下至庶人無爵者，皆服之。』史臣案晉成帝咸和九年制，聽尚書八座丞郎、門下三省侍郎乘車白帢低幘出入掖門。又二宫直宫著烏紗帢。然則士人宴居，皆著帢矣。而江左時野人已著帽，士人亦往往而然，但其頂圓耳。後乃高其屋云。

古者人君有朝服，有祭服，有宴服，有弔服。弔服皮弁疑衰，今以單衣黑幘爲宴會服，拜陵亦如之。以單衣白帢爲弔服，修敬尊秩亦服之也。單衣，古之深衣也。今單衣裁製與深衣同，唯絹帶爲異。深衣絹帽以居喪，單衣素帢以施吉。

晉武帝泰始三年，詔太宰安平王孚服侍中之服，賜大司馬義陽王望衮冕之服。四年，又詔趙、樂安、燕王服散騎常侍之服。十年，賜彭城王衮冕之服。

僞楚桓玄將篡，亦加安帝母弟太宰琅邪王衮冕服。

宋興以來，王公貴臣加侍中、散騎常侍，乃得服貂璫也。【略】

車前五百者，卿行旅從，五百人爲一旅。漢氏一統，故去其人，留其名也。

《南齊書》卷六《明帝紀》（建武三年）三月壬午，詔『車府乘輿有金銀飾校者，皆剔除』。

又 卷一七《輿服志》 晉摯虞治禮，亦議五輅制度。江左之始，車服多闕，但有金戎，省充庭之儀。太興中，太子臨學，無高蓋車，元帝詔乘安車。元、明時，屬車唯九乘。永和中，石虎死後，舊工人奔叛歸國，稍造車輿。太元中，苻堅敗後，又得僞車輦，於是屬車增爲十二乘。義熙中，宋武平關、洛，得姚興僞車輦。宋大明改修輦輅，妙盡時華，始備僞氏，復設充庭之制。永明中，更增藻飾，盛於前矣。案《周禮》以檢《漢志》，名器不同，晉、宋改革，稍與世異，今記時事而已。【略】

指南車。四周廂上施屋，指南人衣裙襦天衣，在廂中。上四角皆施龍子竿，縣雜色真孔雀眊，烏布皂復幔，漆畫輪，駕牛，皆銅校飾。

記里鼓車。制如指南，上施華蓋子，襻衣漆畫，鼓機皆在内。

輦車，如犢車，竹蓬。廂外鑿鏤金薄，碧紗衣，織成芼，錦衣。廂裏及仰（項）［頂］隱膝後户，金塗鏤面［釘］，玳瑁帖，金塗松精，登仙花紐，綠四緣，四望紗萌子，上下前後眉，鏤鏁。轅枕長角龍，白牙蘭，玳瑁金塗校飾。漆鄣塵板在蘭前，金銀花獸攫天龍師子鏤面，榆花（細）［鈿］指子摩尼炎，金龍虎。扶轅，銀口帶，龍板頭。龍轅軛上，金鳳皇鈴璅，銀口帶，星後梢，玳瑁帖，金塗香沓，銀星花獸幔竿杖，金塗龍牽，縱横長網，背花香柒兆床副。自輦以下，二宫御車，皆綠油幢，絳繫絡。御所乘，雙棟。其公主則碧油幢云。《司馬法》曰『夏后氏輦曰金車，殷曰胡奴車，周曰輜車』，皆輦也。《漢書·叔孫通傳》云『皇帝輦出房』，成帝輦過後宫，此朝宴並用也。《輿服志》云『輦車具金銀丹青采朡雕畫蒲陶之文，乘人以行』。信陽侯陰就見井丹，左右人進輦，是爲臣下亦得乘之。晉武帝給安平獻王孚雲母輦。晉中朝又有香衣輦，江左唯御所乘。

臥輦。校飾如坐輦，不甚服用。【略】

黄屋車，建碧旗九旒，九旒，鸞輅也。漢《輿服志》云：『金根車，蓋黄繒爲裏，謂之黄屋。』今金、玉輅皆以黄地錦，唯此車以黄繒。皆金塗校具，黄隱隨陰，青毛羽，二十八爪支子花，絳繫絡。九命上公所乘。

青蓋安車，朱幡漆班輪，駕一，左右騑，通幰車爲副，諸王禮行所乘。凡車有轓者謂之軒。皁蓋安車，朱轓漆班輪，駕一，通幰牛車爲副，三公禮行所乘。

安車，黑耳皁蓋馬車，朱轓，駕一，牛車爲副，國公列侯禮行所乘。

馬車，駕一，九卿、領、護、二衛、驍游、四軍、五校從郊陵所乘。

晉制，三公下至九卿，又各安車黑耳一乘，公駕三，特進駕二，卿駕一，復各軺車施黑耳後户皁輪一乘。

油絡軺車，尚書令、僕射、中書監、令、尚書、侍中、常侍、中黄門、中書、散騎侍郎，皆駕一牛，朝直所乘。晉制，尚書令施黑耳後户皁輪，僕射、中書監、令直施後户皁輪，尚書無後户，皆漆輪轂，今猶然。

安車，赤屏，駕一，又軺車，施後户，爲副，太子二傅禮行所乘。

四望車，通幰，油幢絡，班漆輪轂。亦曰皁輪，以加禮貴臣。晉武詔給魏舒陽燧四望小車。

三望車，制度如四望。或謂之夾望，亦以加禮貴臣。次四望。

油幢絡車，制似三望而減。王公加禮者之爲常乘，次三望。

平乘車，竹箕子壁仰，資榆爲輪，通幰竿刺代棟梁，柑檽真形龍牽，金塗支子花紐，轅頭後梢還伏神承泥。庶人亦然，但不通幰。三公諸王所乘。自四望至平乘，皆銅校飾。

輼輬車。四輪，飾如金根。四角龍首，施組銜璧，垂五采，析羽葆流蘇，前後雲氣錯畫帷裳，以素爲池而黼黻。駕四白駱馬，太僕執轡。貴臣薨，亦如之，羽飾駕御，微有減降。

《虞書》曰：『予欲觀古人之象，日、月、星辰、山、龍、華蟲作續，宗彝、藻、火、粉米、黼、黻絺繡，以采章施於五色。』天子服備日、月以下，公山、龍以下，侯伯華蟲以下，子男藻、火以下，卿大夫粉米以下。天子六冕，王后六服，著在《周官》。公侯以下，咸有名則，佩玉組綬，並具禮文，後代沿革，見《漢志》《晉服制令》，其冠十三品，見蔡邕《獨斷》，並不復具詳。宋明帝泰始四年，更制五輅，議修五冕，朝會饗獵，各有所服，事見《宋注》。舊相承三公以下冕七旒，青玉珠，卿大夫以下五旒，黑玉珠。永明六年，太常丞何諲之議，案《周禮》命數，改三公八旒，卿六旒。尚書令王儉議，依漢三公服，山、龍九章，卿華蟲七章。從之。【略】

平冕，各以組爲纓，王公八旒，衣山、龍九章，卿七旒，衣華蟲七章，並助祭所服。皆畫皂絳繒爲之。

進賢冠，諸開國公、侯，鄉、亭侯，卿，大夫，尚書，關内侯，二千石，博士，中書郎，丞、郎，秘書監，丞、郎，太子中舍人，洗馬，舍人，諸府長史，卿，尹，丞，下至六百石令長小吏，以三梁、二梁、一梁爲差，事見《晉令》。

武冠，侍臣加貂蟬，餘軍校武職、黄門、散騎、太子中庶子、二率、朝散、都尉，皆冠之。唯武騎虎賁服文衣，插雉尾于武冠上。

史臣曰：應劭《漢官》釋附蟬，及司馬彪志並不見侍中與常侍有異，唯言左右珥貂而已。案項氏説云『漢侍中蟬，刻爲蟬像，常侍但爲璫而不蟬』，未詳何代所改也。

法冠，廷尉等諸執法者冠之。

高山冠，謁者冠之。

樊噲冠，殿門衛士冠之。

黑介幘冠，文冠；平幘冠，武冠。尚書令、僕射、尚書納言幘，後飾爲異。

童子空頂幘，施假髻，貴賤同服。

救日蝕，文武官皆免冠，著赤介幘對朝服。赤幘，示威武也。

袴褶，車駕親戎、中外纂嚴所服。黑冠，帽綴紫褾，以緑帶代鞶帶。中官紫褾，外官絳褾。其纂嚴戎服不綴褾，行留悉同。校獵巡幸，從官戎服革帶鞶帶，文官不纓，武官脱冠。【略】

三臺五省二品文官，皆簪白筆。王公五等及武官不簪，加内侍乃簪。百官執手板，尚書令、僕、尚書，手板頭復有白筆，以紫皮裹之，名曰『笏』。漢末仲長統謂百司皆宜執之。其肩上紫袷囊，名曰『契囊』，世呼爲『紫荷』。

佩玉，自乘輿以下，與晉、宋制同。建元四年，制王公侯卿尹珠水精，其餘用牙蚌。太官宰人服離支衣，後定。

又　卷二三《王儉傳》　母憂，服闋爲司徒右長史。《晉令》，公府長史著朝服，宋大明以來著朱衣。儉上言宜復舊，時議不許。

《魏書》卷七下《高祖紀下》　（太和十年）夏四月辛酉朔，始制五等公服。【略】八月乙亥，給尚書五等品爵已上朱衣、玉珮、大小組綬。【略】

（十五年十有二月）癸巳，頒賜刺史已下衣冠。

（十八年十二月）壬寅，革衣服之制。

又　卷一〇八之四《禮志四》　輿服之制，秦漢已降，損益可知矣。魏氏居百王之末，接分崩之後，典禮之用，故有闕焉。太祖世所制車輦，雖參采古式，多違舊章。今案而書之，以存一代之迹。【略】

公安車：緇漆，紫蓋朱裏，畫輈，朱雀、青龍、白虎，龍旂八游，駕三馬。軺車與王同。

侯車：與公同。七游，紫蓋青裏，駕二馬。副車亦如之。

子車：緇漆，草蠡文，六斿，皂蓋青裏，駕一馬。副車亦如之。

闕及公、侯、子陪列郊天，則乘之。宗廟小祀，乘軺軒而已。至高祖太和中，詔儀曹令李韶監造車輅，一遵古式焉。【略】

太祖天興元年冬，詔儀曹郎董謐撰朝覲、饗宴、郊廟、社稷之儀。六年，又詔有司制冠服，隨品秩各有差，時事未暇，多失古禮。世祖經營四方，未能留意，仍世以武力爲事，取於便習而已。至高祖太和中，始考舊典，以制冠服，百僚六宫，各有差次。早世升遐，猶未周洽。肅宗時，又詔侍中崔光、安豐王延明及在朝名學更議之，條章粗備焉。

熙平元年九月，侍中儀同三司崔光表：『奉詔定五時朝服，案北京及遷都以來，未有斯制，輒勒禮官詳據。』太學博士崔瓚議云：『《周禮》及《禮記》，三冠六冕，承用區分，璅玉五彩，配飾亦別，都無隨氣春夏之異。唯《月令》有青旗、赤玉、黑衣、白輅，隨四時而變，復不列弁冕改用之玄黄。以此而推，五時之冠，《禮》既無文，若求諸正典，難以經證。案司馬彪《續漢書·輿服》及《祭祀志》云：迎氣五郊，自永平中以《禮讖》并《月令》迎氣服色，因采元始故事，兆五郊於洛陽。又云五郊衣幘，各如方色。又《續漢·禮儀志》：立春，京都百官，皆著青衣，闕服青幘。秋夏悉如其色。自漢逮于魏晉，迎氣五郊，用幘從服，改色隨氣。斯制因循，相承不革，冠冕仍舊，未聞有變。今皇魏憲章前代，損益從宜。五時之冠，愚謂如漢晉用幘爲允。』靈太后令曰：『太傅博學洽通，多識前載，既綜朝儀，彌悉其事。便可諮訪，以決所疑。』二年九月，太傅、清河王懌、給事黄門侍郎韋延祥奏：『謹案前敕，制五時朝服，嘗訪國子議其舊式。太學博士崔瓚等議：「自漢逮于魏晉，迎氣五郊，用幘從服，改色隨氣。斯制因循，相承不革，冠冕仍舊，未聞有變。今皇魏憲章前代，損益從宜。五時之冠，謂如漢晉用幘爲允。」尚書以禮式不經，請訪議事，奉敕付臣，令加考決。臣以爲帝王服章，方爲萬世則，不可輕裁。請更集禮官下省定議，蒙敕聽許。謹集門下及學官以上四十三人，尋考史傳，量古校今，一同國子前議。幘隨服變，冠冕弗改。又四門博士臣王僧奇、蔣雅哲二人，以爲五時冠冕，宜從衣變。臣等謂從國子前議爲允。』靈太后令曰：『依議。』

《隋書》卷一〇《禮儀志五》　輿輦之別，蓋先王之所以列等威也。然隨時而變，代有不同。

梁初，尚遵齊制，其後武帝既議定禮儀，乃漸有變革。【略】

羊車一名輦，其上如軺，小兒衣青布袴褶，五辮髻，數人引之。時名羊車小史。漢氏或以人牽，或駕果下馬。梁貴賤通得乘之，名曰牽子。

畫輪車，一乘，駕牛。乘用如齊制，舊史言之詳矣。

衣書車，十二乘，駕牛。漢皁蓋朱裏，過江加綠油幢。朱絲絡，青交路，黄金塗五末。一曰副車。梁朝謂之衣書車。【略】

二千石四品已上及列侯，皆給軺車，駕牛。伏兔箱，青油幢，朱絲絡，轂輞皆黑漆。天監二年令，三公、開府、尚書令，則給鹿幡軺，施耳，後户，皁輞。尚書僕射、左右光禄大夫、侍中、中書監令、秘書監，則給鳳轄軺，後户，皁輞。領、護、國子祭酒、太子詹事、尚書、侍中、列卿、散騎常侍，給聊泥軺，無後户，漆輪。車騎、驃騎及諸王除刺史、帶將軍，給龍雀軺，以金銀飾。御史中丞給方蓋軺，形如小傘。

諸王三公有勳德者，皆特加皁輪車，駕牛，形如犢車。但烏漆輪轂，黄金雕裝，上加青油幢，朱絲絡，通幰或四望。上臺，三夫人亦乘之，以揭幢涅幰爲副。王公加禮者，給油幢絡車，駕牛。【略】

諸王三公並乘通幰平乘車，竹箕子壁，仰，檳榆爲輞。如今犢車，但舉幰通覆上。

方州刺史，並乘通幰平肩輿，從横施八横，亦得金渡裝較。天子至于下賤，通乘步輿，方四尺，上施隱膝以及襻，舉之。無禁限。載輿亦如之，但不施脚，以其就席便也。優禮者，人輿以升殿。司徒謝朏，以脚疾優之。【略】

指南車，大駕出，爲先啓之乘。漢初，置俞兒騎，並爲先驅。左太沖曰：『俞騎騁路，指南司方。』後廢其騎而存其車。

記里車，駕牛。其中有木人執槌，車行一里，則打一槌。

鼓吹車，上施層樓，四角金龍，銜旒蘇羽葆。凡鼓吹，陸則樓車，水則樓船，在殿庭則畫筍虡爲樓。樓上有翔鷺棲烏，或爲鵲形。【略】

後魏天興初，詔儀曹郎董謐撰朝饗儀，始制軒冕，未知古式，多違舊章。孝文帝時，儀曹令李韶，更奏詳定，討論經籍，議改正之。唯備五輅，各依方色，其餘車輦，猶未能具。至熙平九年，明帝又詔侍中崔光與安豐王延明、博士崔瓚採其議，大造車服。定制，五輅並駕五馬。皇太子乘金輅，朱蓋赤質，四馬。三公及王，朱屋青表，制同於輅，名曰高車，駕三馬。庶姓王、侯及尚書令、僕已下，列卿已上，並給軺車，駕用一馬。或乘四望通幰車，駕一牛。自斯以後，條章粗備，北齊咸取用焉。其後因而著令，並無增損。

王、庶姓王、儀同三司已上、親公主，雉尾扇，紫傘。皇宗及三品已上官，青傘朱裏。其青傘碧裏，達於士人，不禁。

正從第一品執事官、散官及儀同三司、諸公主，得乘油色朱絡網車，車牛飾得用金塗及純銀。二品、三品得乘卷通幰車，車牛飾用金塗。四品已下，七品已上，得乘偏幰車，車牛飾用銅。

尚書令給哄士十五人，左右僕射、御史中丞，各十二人。

周氏設六官，置司輅之職，以掌公車之政，辨其名品，與其物色。

【略】

諸公之輅九：方輅各象方之色。碧輅、金輅，皆錫面，鞶纓九就，金鉤。象輅、犀輅、貝輅、革輅、篆輅、木輅，皆疏面，鞶纓九就。凡就，皆以朱白蒼三采。諸侯自方輅而下八，又無碧輅。諸伯自方輅而下七，又無金輅。諸子自方輅而下六，又無象輅。諸男自方輅而下五，又無犀輅。凡就，各如其命。【略】

公孤卿大夫，皆以中之色乘祀輅。士乘祀車。

三公之輅車九：祀輅、犀輅、貝輅、篆輅、木輅、夏篆、夏縵、墨車、輚車。自篆已上，金塗諸末，疏錫，鞶纓，金鉤。木輅已下，銅飾諸末，疏，鞶纓皆九就。三孤自祀輅而下八，無犀輅。六卿自祀輅而下七，又無貝輅。上大夫自祀輅而下六，又無篆輅。中大夫自祀輅而下五，又無木輅。下大夫自祀輅而下四，又無夏篆。士車三：祀車、墨車、輚車。

凡就，各如其命之數。自孤下，就以朱綠二采。【略】

皆簟第，漆之。君以赤，卿大夫士以玄。【略】

卿大夫駕三，二輈五轡。士駕二，一輈四轡。

輅之制，重輪重較而加耳焉。【略】諸侯及夫人、命夫、命婦之輅車，廣六尺有二寸，輪崇六尺有六寸。畫轂，以雲牙，軾以虡文，虡內畫以雲華鹿。倚較。士不畫。【略】

凡旗，太常畫三辰，日、月、五星。旂畫青龍，【略】諸侯交龍。旟畫朱雀，旌畫黃麟，旗畫白獸，旐畫玄武，皆加雲。其旜物在軍，亦書其事號，加之以雲氣。徽幟亦如之。通帛爲旜，雜帛爲物。在軍亦書其人官與姓名之事號。徽幟亦書之，但畫其所書之例。旌節又畫白獸，而析羽於其上。

司常，掌旗物之藏。通帛之旗六，以供郊丘之祀。一曰蒼旗，二曰青旗，三曰朱旗，四曰黃旗，五曰白旗，六曰玄旗。畫繢之旗六，以充玉輅之等。一曰三辰之常，二曰青龍之旂，三曰朱鳥之旟，四曰黃麟之旌，五曰白獸之旗，六曰玄武之旐。皆左建旗而右建闟戟。又有繼旗四，以施軍旅。一曰麾，以供軍將。二曰旞，以供師帥。三曰旆，以供旅帥。四曰旃，以供倅長。諸公方輅、碧輅建旂，金輅建旜，象輅建物，木輅建旐。諸侯自金輅而下，如諸公之旗。諸伯自象輅而下，如諸侯之旗。諸子自犀輅而下，如諸伯之旗。諸男自象輅而下，如諸子之旗。三公犀輅、貝輅、篆輅建旜，木輅建旐，夏篆、夏縵及輚車建物。孤卿已下，各以其等建其旗。

旌杠，【略】諸侯五刃，大夫四刃，士三刃。

旒，【略】諸侯及軹，大夫及轂，士及軫。凡注毛於杠首曰綏，析羽曰旌，全羽曰旞。其幓，皇帝諸侯加以弧韣。闟戟，方六尺而被之以黻，唯皇帝諸侯輅建焉。闟戟、杠綢與旗同。

車之蓋圓，以象天，輿方，以象地。輪輻三十，以象日月。蓋橑二十有八，以象列宿。設和鑾以節趨行，被旗旒以表貴賤。其取象也大，其彰德也明，是以王者尚之。【略】

軺車，【略】《晉氏鹵簿》，御史軺車行中道。《晉公卿禮秩》云：『尚書令軺，黑耳後户。』【略】

犢車，案魏武書，贈楊彪七香車二乘，用牛駕之。蓋犢車也。

又　卷一一《禮儀志六》　單衣、白帢，以代古之疑衰、皮弁爲吊服，爲羣臣舉哀臨喪則服之。

天監三年，何佟之議：「公卿以下祭服，裹有中衣，即今之中單也。案後漢《輿服志》明帝永平二年，初詔有司採《周官》、《禮記》、《尚書》，乘輿服，從歐陽説；公卿以下服，從大小夏侯説。祭服，絳緣領袖爲中衣，絳袴袜，示其赤心奉神。今中衣絳緣，足有所明，無俟於袴。既非聖法，謂不可施。」遂依議除之。

四年，有司言：平天冠等一百五條，自齊以來，隨故而毀，未詳所送。何佟之議：「《禮》「祭服敝則焚之」。」於是並燒除之，其珠玉以付中署。【略】

九年，司馬筠等參議：「《禮記·玉藻》云：「諸侯玄冕以祭，裨冕以朝。」《雜記》又云：「大夫冕而祭於公，弁而祭於己。」今之尚書，上異公侯，下非卿士，止有朝衣，本無冕服。但既預齋祭，不容同在於朝，宜依太常及博士諸齋官例，著阜衣，絳襈，中單，竹葉冠。若不親奉，則不須入廟。」帝從之。

十一年，尚書參議：「按《禮》，跣襪，事由燕坐，履不宜陳尊者之側。今則極敬之所，莫不皆跣。清廟崇嚴，既絶恒禮，凡有履行者，應皆跣襪。」詔：「可。」

陳永定元年，武帝即位。【略】

諸王，【略】朝服，遠遊冠，介幘，朱衣，絳紗袍，阜緣中衣，素帶，黑舄。佩山玄玉，垂組，大帶，獸頭鞶，腰劍。若加餘官，則服其加官之服。

開國公，【略】朝服，紗朱衣，進賢三梁冠，佩山玄玉，獸頭鞶，腰劍。

開國侯、伯，【略】朝服，紗朱衣，進賢三梁冠，佩水蒼玉，獸頭鞶，腰劍。

開國子、男，【略】朝服，紗朱衣，進賢三梁冠，佩水蒼玉，獸頭鞶，腰劍。

縣、鄉、亭、關內、關中及名號侯，【略】朝服，進賢二梁冠，獸頭鞶，腰劍。【略】

關外侯，【略】朝服，進賢一梁冠，獸頭鞶，腰劍。

諸王嗣子，【略】朝服，進賢二梁冠，佩山玄玉，獸頭鞶，腰劍。

開國公、侯嗣子，【略】朝服，進賢二梁冠，佩水蒼玉，獸頭鞶，腰劍。

太宰、太傅、太保、司徒、司空，【略】朝服，進賢三梁冠，佩山玄玉，獸頭鞶，腰劍。《陳令》加有相國丞相，服制同。

大司馬、大將軍、太尉、諸位從公者，【略】朝服，武冠，佩山玄玉，獸頭鞶，腰劍。直將軍則不帶劍。

凡公及位從公，言以將軍及以左右光禄、開府儀同者，各隨本位號。其文則曰「某位號儀同之章」。五等諸侯，助祭郊廟，皆平冕九旒，青玉爲珠，有前無後。各以其綬色爲組纓，旁垂黈纊。衣，玄上纁下，畫山龍已下九章，備五采，大佩，赤舄，絇履。録尚書無章綬品秩，悉以餘官總司其任，服則餘官之服，猶執笏紫荷。其在都坐，則東面最上。

尚書令、僕射、尚書，【略】朝服，納言幘，進賢冠，佩水蒼玉，【略】腰劍，紫荷，執笏。陳尚書令、僕射，【略】獸頭鞶。尚書無印綬及鞶。餘並同梁。

侍中散騎常侍、通直常侍、員外常侍，朝服，武冠貂蟬，侍中左插，常侍右插。皆腰劍，佩水蒼玉。其員外常侍不給佩。舊至尊朝會登殿，侍中常侍夾御，御下輿，則扶左右。侍中驂乘，則不帶劍。

中書監、令、秘書監，【略】朝服，進賢兩梁冠，佩水蒼玉，腰劍，獸頭鞶。陳制，【略】獸頭鞶，腰劍。餘同梁。

左、右光禄大夫，【略】《陳令》有特進，進賢二梁冠，朝服，佩水蒼玉，腰劍。《梁令》不載。

光禄、太中、中散大夫，太常、光禄、弘訓太僕、太僕、廷尉、宗正、大鴻臚、大司農、少府、大匠諸卿，丹陽尹，太子保、傅，大長秋，太子詹事，【略】獸頭鞶，朝服，進賢冠二梁，佩水蒼玉。卿大夫助祭，則冠平冕五旒，黑玉爲珠，有前無後。各以其綬采爲組纓，旁垂黈纊。衣，玄上纁下，畫華蟲七章，皆佩五采大佩，赤舄，絇履。陳宮卿改云慈訓，餘皆同梁。又有太舟卿，服章同。

驃騎、車騎、衛將軍、中軍、冠軍、輔國將軍、四方中郎將，【略】

朝服，武冠，佩水蒼玉。《陳令》：鎮、衛、驃騎、車騎、中軍、中衛、中撫軍、中權、四征、四鎮、四安、四翊、四平將軍，【略】其冠軍、四方中郎將，【略】獸頭鞶，朝服，武冠，佩水蒼玉。自中軍已下諸將軍及冠軍、四方中郎將，並官不給佩。

領、護軍，中領、護軍，五營校尉，【略】朝服，武冠，佩水蒼玉，獸頭鞶。其屯騎，夾御日，假給佩，餘校不給。《陳令》【略】官不給佩。餘並同梁。

弘訓衛尉，衛尉，陳宮卿云慈訓，服同諸卿，但武冠。司隸校尉，陳無官服。左右衛，驍騎，游擊，前、左、右、後軍將軍，龍驤，寧朔，建威，振威、奮威、揚威、廣威、武威、建武、振武、奮武、揚武、廣武等將軍，積弩，積射，强弩將軍，監軍，【略】朝服，武冠，佩水蒼玉，獸頭鞶。驍、游已下，並不給佩。驍、游夾侍日，假給。《陳令》：左、右衛，【略】不給劍。左右驍騎，游擊，雲騎，游騎，前、左、右、後軍將軍，左右中郎將，【略】餘服飾同梁，亦官不給佩。其驍、游、雲騎，夾御日，假給。其積弩、積射、强弩，【略】帶劍。餘服同梁。又有忠武、軍師、武臣、爪牙、龍騎、雲麾、鎮兵、翊師、宣惠、宣毅、智威、仁威、勇威、信威、嚴威、智武、仁武、勇武、信武、嚴武，【略】官不給。輕車、鎮朔、武旅、貞毅、明威、寧遠、安遠、征遠、振遠、宣遠等將軍，【略】並獸頭鞶，朝服，武冠，佩水蒼玉。

國子祭酒，皁朝服，進賢二梁冠，佩水蒼玉。

御史中丞、都水使者，【略】朝服，進賢二梁冠，獸頭鞶，腰劍，佩水蒼玉。陳中丞，【略】二梁冠。餘同梁。其都水，陳、梁改爲太舟卿，服在諸卿中見。

謁者僕射，【略】朝服，高山冠，獸頭鞶，佩水蒼玉，腰劍。

諸軍司，【略】朝服，武冠，獸頭鞶。

給事中、黄門侍郎、散騎通直員外、散騎侍郎、奉朝請、太子中庶子、庶子、武衛將軍、武騎常侍，朝服，武冠，腰劍。《陳令》：庶子已上簪筆。其武衛不劍，正直夾御，白布袴褶。

中書侍郎，朝服，進賢一梁冠，腰劍。冗從僕射、太子衛率，【略】獸頭鞶，朝服，武冠。陳衛率，【略】不劍。冗從，【略】腰劍。餘並同梁。

武賁中郎將、羽林監，【略】朝服，武冠，獸頭鞶，腰劍。其在陛牙及備鹵簿，著髭尾，絳紗縠單衣。

護匈奴中郎將，護羌、戎、夷、蠻、越、烏丸、西域校尉，【略】朝服，武冠，獸頭鞶。《陳令》無此官。其庶子，鎮蠻、寧蠻、平戎、西戎校尉，平越中郎將，服章同。

安夷、撫夷護軍，州郡國都尉，奉車、駙馬、騎都尉，諸護軍，【略】獸頭鞶，朝服，武冠。陳安遠、鎮蠻護軍，州、郡、國都尉，奉車、駙馬、騎都尉，諸護軍，服章同。無餘文。

州刺史，【略】獸頭鞶，腰劍，絳朝服，進賢二梁冠。陳【略】餘同梁。

郡國太守、相、内史，【略】獸頭鞶，單衣，介幘。加中二千石，依卿尹冠服劍佩。

尚書左、右丞，秘書丞，【略】獸爪鞶，朝服，進賢一梁冠。

尚書，秘書著作郎，太子中舍人，洗馬，舍人，朝服，進賢一梁冠，腰劍。

諸王友，文學，朱服，進賢一梁冠。《陳令》，諸王師服同。

治書侍御史，侍御史，朝服，腰劍，法冠。治書侍御史，【略】陳又有殿中、蘭臺侍御史，朝服，法冠，腰劍，簪筆。

諸博士，給皁朝服，進賢兩梁冠，佩水蒼玉。

太學博士，正限八人，著佩，限外六人不給。

廷尉律博士，無佩。並簪筆。

國子助教，皁朝服，進賢一梁冠，簪筆。

公府長史，獸頭鞶。諸卿尹丞，【略】獸爪鞶，簪筆。

諸縣署令、秩千石者，獸爪鞶，【略】朝服，進賢兩梁冠。長史朱服，諸卿尹丞、建康令，玄服。

公府掾屬、主簿、祭酒，朱服，進賢一梁冠。公府令史亦同。

領、護軍長史，朱服，獸頭鞶。諸軍長史，單衣，介幘，獸頭鞶。

諸卿部丞、獄丞，並皁朝服，一梁冠，【略】獸爪鞶，簪筆。

太子保、傅、詹事丞，皁朝服，一梁冠，簪筆，獸爪鞶。【略】

郡國相、内史丞、長史，單衣，介幘。長史，獸頭鞶，其丞。【略】

諸縣署令、長、相，單衣，介幘，獸頭鞶，【略】朝服，進賢一梁冠。

諸署令，朱衣，武冠。州都大中正、郡中正，單衣，介幘。

太子門大夫，獸頭鞶，陵令、長，獸爪鞶，【略】朝服，進賢一梁冠。令、長朱服，率更、家令、僕，朝服，兩梁冠，獸頭鞶，腰劍。

黄門諸署令、僕、長丞，朱服，進賢一梁冠，【略】丞，【略】黄門冗從僕射監、太子寺人監，【略】朝服，武冠，獸頭鞶。

公府司馬，領、護軍司馬，諸軍司馬，護匈奴中郎將，護羌、戎、夷、蠻、越、烏丸、戊己校尉長史、司馬，【略】獸頭鞶，朝服，武冠。諸軍司馬，單衣，平巾幘。長史，介幘。《陳令》：公府司馬，領、護軍司馬，諸軍司馬，鎮安蠻安遠護軍，蠻、戎、越校尉中郎將長史，司馬，其服章與梁官同。

公府從事中郎，朱服，進賢一梁冠。諸將軍開府功曹、主簿，單衣，介幘，革帶。廷尉，建康正、監平，【略】皁零辟，朝服，法冠，獸爪鞶。左、右衛司馬，【略】單衣，帶，平巾幘，獸頭鞶。

諸府參軍，單衣，平巾幘。

諸州別駕、治中、從事、主簿、西曹從事，玄朝服，進賢一梁冠，簪筆。常公事，單衣，介幘，朱衣。

直閤將軍，朱服，武冠，【略】獸頭鞶。

直閤將軍、諸殿主帥，朱服，武冠。正直絳衫，從則裲襠衫。

諸開國郎中令、大農、公、傅中尉，【略】朝服，進賢兩梁冠，中尉武冠，皆獸頭鞶。

諸開國三將軍，【略】朝服，武冠。【略】陳制：【略】餘並同梁。

左右常侍、侍郎、典衛中尉司馬，朝服，武冠。典書、典祠、學官令，朝服，進賢一梁冠。餘悉朱服，一梁冠。常侍、侍郎、典書、典祠、學官令，簪筆，腰劍。

太子衛率、率更、家令丞，【略】皁朝服，進賢一梁冠，獸爪鞶。

太子常從武賁督，【略】朝服，武冠，獸爪鞶。

殿中將軍、員外將軍，朱服，武冠。

州郡國都尉司馬，【略】朱服，武冠，獸頭鞶。

諸謁者，朝服，高山冠。

中書通事舍人門下令史、主書典書令史、門下朝廷局書令史、太子門下通事守舍人、主書典守舍人、二宫齋内職左右職局齋幹已上，朱服，武冠。

殿中内外局監、太子内外監、殿中守舍人，【略】朱服，武冠。

内外監典事書吏，朱服，進賢一梁冠。内監朝廷人領局典事、外監統軍隊諮詳發遣局典事，武冠。外監及典事書吏，悉著朱衣，唯正直及齋監並受使，不在例。其東宫内外監、殿典事書吏，依臺格。五校、三將將軍主事，内監主事，外監主事，三校主事，朱服，武冠。

尚書都令史，都水參事，門下書令史，集書、中書、尚書、秘書著作掌書主書主圖主譜典客令史書令史，監、令、僕射省事，蘭臺、殿中蘭臺、謁，都水令史，公府令史書令史，太子導客、次客守舍人及諸省典事，朱衣，進賢一梁冠。

尚書都算、度支算、左右校吏，朱服，進賢一梁冠。

諸縣署丞、太子諸署丞、王公侯諸署及公主家令丞、僕，【略】朱服，進賢一梁冠。太官、太醫丞，武冠。

諸縣尉，【略】單衣，介幘，【略】獸爪鞶。節騎郎，朱服，武冠。其在陛列及備鹵簿者，髦尾，絳紗縠單衣。御節郎，黄鉞郎，朝服，赤介幘，簪筆。典儀、唱警、唱奏事、持兵、主麾等諸職，公事及備鹵簿，朱服，武冠。

殿中中郎將、校尉、都尉，【略】朱服，武冠，獸頭鞶。

城門侯，【略】朱服，武冠，獸頭鞶。

部曲督、司馬吏、部曲將，【略】朱服，武冠。司馬吏，【略】獸爪鞶。

太中、中散、諫議大夫，議郎、中郎、郎中、舍人，朱服，進賢一梁冠。

諸門郎、僕射、佐吏，東宫門吏，其郎朱服，僕射皁零辟，朝服，進賢冠，吏卻非冠，佐吏著進賢冠。

總章協律，【略】獸爪鞶，朱服，武冠。

黄門後閣舍人、主書、齋帥、監食、主食、主客、扶侍、鼓吹，朱服，武冠。鼓吹進賢冠，齋帥【略】獸頭鞶。

殿中司馬，【略】朱服，武冠，獸頭鞶。

總章監、鼓吹監，【略】朱服，武冠。

諸四品將兵都尉、牙門將、崇毅、材官、折難、輕騎、揚烈、威遠、寧遠、宣威、光威、驤威、威烈、威虜、平戎、綏遠、綏狄、綏邊、綏戎、獸威、威武、烈武、毅武、奮武、討寇、討虜、殄難、討難、討夷、厲武、橫野、陵江、鷹揚、執訊、蕩寇、蕩虜、蕩難、蕩逆、殄虜、掃虜、掃難、掃逆、掃寇、厲鋒、武奮、武牙、廣野，【略】朱服，武冠。【略】此條已下，皆陳制，與梁不同。

典儀佀帥、典儀正帥，朱衣，武冠。其本資有殿佀、正帥，【略】獸頭鞶。殿佀帥、正帥，【略】獸頭鞶，朱服，武冠。殿帥、羽儀帥、員外帥，朱衣，武冠。

威雄、猛、烈、振、信、勝、略、風、力、光等十威將軍，武猛、略、勝、力、毅、健、烈、威、鋭、勇等十武將軍，【略】獸頭鞶，武冠，朝服。

猛毅、烈、威、鋭、震、進、智、武、勝、駿等十猛將軍，【略】獸頭鞶，武冠，朝服。

壯武、勇、烈、猛、鋭、威、毅、志、意、力等十壯將軍，驍雄、桀、猛、烈、武、勇、鋭、名、勝、迅等十驍將軍，雄猛、威、明、烈、信、武、勇、毅、壯、健等十雄將軍，【略】獸頭鞶，武冠，朝服。

忠勇、烈、猛、鋭、壯、毅、捍、信、義、勝等十忠將軍，明智、略、遠、勇、烈、威、勝、進、鋭、毅等十明將軍，光烈、明、英、遠、勝、鋭、命、勇、武、野等十光將軍，飈勇、猛、烈、鋭、奇、決、起、略、勝、出等十飈將軍，【略】獸頭鞶，武冠，朝服。

龍驤、武視、雲旗、風烈、電威、雷音、馳、鋭、進鋭、羽騎、突騎、折衝、冠武、和戎、安壘、起猛、英果、掃虜、掃狄、武鋭、摧鋒、開遠、略遠、貞威、決勝、清野、堅鋭、輕鋭、拔山、雲勇、振旅等三十號將軍，【略】獸頭鞶，朝服，武冠。

超武、鐵騎、樓船、宣猛、樹功、克狄、平虜、棱威、戎昭、威戎、伏波、雄戟、長劍、衝冠、雕騎、佽飛、勇騎、破敵、克敵、威虜、前鋒、武毅、開邊、招遠、全威、破陣、蕩寇、殄虜、橫野、馳射等三十號將軍，【略】獸頭鞶，朝服，武冠。並左十二件將軍，【略】板則止朱服、武冠而已。【略】

建威、牙門、期門已下諸將軍，【略】獸頭鞶，朱服，武冠。板則無印綬，止冠服而已。【略】

千人督、校督司馬，武賁督、牙門將、騎督督、守將兵都尉、太子常從督別部司馬、假司馬，【略】朱服，武冠，【略】獸頭鞶。

武猛中郎將、校尉、都尉，【略】朱服，武冠。其以此官爲千人司馬、道賁督已上及司馬，【略】獸頭鞶。已上陳制，梁所無及不同者。

陛長、甲僕射、主事吏將騎、廷上五牛旗假吏武賁，在陛列及備鹵簿，服錦文衣，武冠，髦尾。陛長者，【略】獸頭鞶。

假旄頭羽林，在陛列及備鹵簿，服絳單衣，上著韋畫腰襦，假旄頭。輿輦、迹禽、前驅、由基强弩司馬，給絳科單衣，武冠。其本位佩武猛都尉已上印者，【略】別部司馬已下【略】，並獸頭鞶。

殿中冗從武賁、殿中武賁、持鈒戟冗從武賁，【略】絳科單衣，武冠。《陳令》：絳科單衣。【略】

持椎斧武騎武賁、五騎傳詔武賁、殿中羽林、太官尚食武賁、稱飯宰人、諸宫尚食武賁，【略】給絳褠，武冠。【略】

其在陛列及備鹵簿，五騎武賁，服錦文衣，髦尾。宰人服離支衣。領軍捉刃人，烏總帽，袴褶，皮帶。

絓是羽葆氈鼓吹，悉改著進賢冠，外給系氈。鼓吹著武冠。諸官鼓吹，尚書廊下都坐門下使守藏守閤、殿中威儀騶，武賁常直殿門雲龍門者、門下左右部武賁羽林騶，給傳事者諸導騶，門下中書守閤，尚書門下武賁羽林騶，蘭臺五曹節藏僕射廊下守閤、威儀發符騶，都水使者廊下守給騶，謁者威儀騶，諸宫謁者騶，絳褠，武冠，衣服如舊。大誰、天門士，皁科單衣，樊噲冠。衛士，涅布褠，卻敵冠。

諸將軍、使持節、都督執節史，朱衣，進賢一梁冠。自此條已下皆陳制，梁所無。

持節史，單衣，介幘。其纂戎戒嚴時，同使持節。制假節史，單衣，介幘。凡節趺，以石爲之。持節皆刻爲鞶螭形，假節及給蠻夷節，皆刻爲狗頭趺。

諸王典籤帥，單衣，平巾幘。典籤書吏，袴褶，平巾幘。

諸王書佐，單衣，介幘。

公府書佐，朱衣，進賢冠。

諸王國舍人、司理、謁者、閤下令史、中衛都尉，朱衣，進賢一梁冠。【略】謁者高山冠，令史已下武冠。

太子太傅五官功曹、主簿，皁朝服，進賢一梁冠。

太子二傅門下主記、録事、功曹書佐，門下書佐，記室帳下督、都督省事，法曹書佐，太傅外都督，皁衣，進賢一梁冠。

太子妃家令，絳朝服，進賢一梁冠。

太子三校、二將，積弩、殿中將軍，衣服皆與上宮官同。

太子正員司馬督、題閣監，【略】三校内主事、主章、扶侍，守舍人，衣帶仗局、服飾衣局、珍寶朝廷主衣統，奏事幹，内局内幹，朱衣，武冠。

諸公府御屬及省事，録尚書省事，太子門下及内外監丞、典事、導客、算書吏，次功、典書函、典書、典經、五經典書諸守宮舍人，市買清慎食官督，内直兵吏，宣華、崇賢二門舍人，諸門吏，朱衣，進賢一梁冠。

太子妃傳令，朱衣，武冠，執刀，烏信幡。

太子二傅騎吏，玄衣，赤幘，武冠，常行則袴褶。執儀、齋帥、殿帥、典儀帥，傳令、執刀戟、主蓋扇麾傘、殿上持兵、車郎、扶車、注疏、萌牀、齋閣食司馬、唱導飯、主食、殿前帥、殿前威儀、武賁威儀、散給使，閣將、鼓吹士帥副，武冠，絳褠。案軛、小輿、持車、軺車給使，平巾幘，黄布袴褶，赤罽帶。

太子諸門將，涅布褠，樊噲冠。

太子鹵簿戟吏，赤幘，武冠，絳褠。廉帥、整陣、禁防，平巾幘，白布袴褶。銚角五音帥、長麾，青布袴褶，岑帽，絳絞帶。都伯，平巾幘，黄布袴褶。

文官曹幹，白紗單衣，介幘。尚書二臺曹幹亦同。

武官問訊、將士給使，平巾幘，白布袴褶。【略】

進賢冠，古緇布冠遺象也，斯蓋文儒者之服。前高七寸，後高三寸，長八寸。有五梁、三梁、二梁、一梁之別。五梁唯天子所服，其三梁已下，爲臣高卑之別云。

武冠，一名武弁，一名大冠，一名繁冠，一名建冠，今人名曰籠冠，即古惠文冠也。天子元服，亦先加大冠。今左右侍臣及諸將軍武官通服之。侍中常侍，則加金璫附蟬焉，插以貂尾，黄金爲飾云。

高山冠，一名側注，高九寸，鐵爲卷梁。制似通天，頂直豎，不斜，無山述展筩。高山者，取其矜莊賓遠，中外謁者僕射服之。

法冠，一名柱後，或謂之獬豸冠，高五寸，以縰爲展筩，鐵爲柱卷，取其不曲撓也。侍御史、廷尉正監平，凡執法官，皆服之。

鶡冠，猶大冠也，加雙鶡尾，豎插兩邊，故以名焉。武賁中郎將、羽林監、節騎郎，在陛列及鹵簿者服之。

長冠，一名齋冠。高七寸，廣三寸，漆纚爲之。制如版，以竹爲裏。漢高祖微時，以竹皮爲此冠，所謂劉氏冠。後除竹，用漆纚焉。司馬彪曰：『長冠，楚制也。人間或謂之鵲尾冠，非也。』後代以爲祭服，尊敬之也。至天監三年，祠部郎沈宏議：『案竹葉冠，是高祖爲亭長時所服，安可緜代爲祭服哉？《禮》：「士弁祭於公。」請令太常丞、博士奉齋之服，宜改用爵弁。』明山賓同宏議。司馬褧云：『若必遵三王，則懼所改非一。長冠謂宜仍舊。案今之宗丞博士之服，未有可非。』帝竟不改。

建華冠，以鐵爲柱卷，貫大銅珠九枚。祀天地、五郊、明堂，舞人服之。

樊噲冠，廣九寸，高七寸，前後出各四寸，制似平冕。凡殿門司馬衛士服之。

卻敵冠，高四寸，通長四寸，後高三寸，制似進賢冠。凡宫殿門衛士服之。

卻非冠，高五寸，制似長冠。宫殿門吏僕射冠之。

幘，尊卑貴賤皆服之。文者長耳，謂之介幘；武者短耳，謂之平上幘。各稱其冠而制之。尚書令、僕射、尚書幘，收方三寸，名曰納言。未冠童子幘，無屋，施假髻者，示未成人也。

帢，《傅子》云：『先未有岐，荀文若巾觸樹成岐，時人慕之，因而弗改。』今通爲慶弔之服。白紗爲之，或單或裌。初婚冠送餞亦服之。

巾，國子生服，白紗爲之。晉太元中，國子生見祭酒博士，單衣，角巾，執經一卷，以代手版。宋末，闕其制。齊立學，太尉王儉更造。今形如之。

帽，自天子下及士人，通冠之。以白紗者，名高頂帽。皇太子在上省則烏紗，在永福省則白紗。又有縉皁雜紗爲之，高屋下裙，蓋無定準。

袴褶，近代服以從戎。今纂嚴，則文武百官咸服之。車駕親戎，則縛袴，不舒散也。中官紫褶，外官絳褶，腰皮帶，以代鞶革。

笏，中世以來，唯八座尚書執笏。笏者白筆綴其頭，以紫囊裹之。其餘公卿，但執手版。荷紫者，以紫生爲裌囊，綴之服外，加于左肩。周遷云：『昔周公負成王，制此衣，至今以爲朝服。』蕭驕子云：『名契囊。』案《趙充國傳》云：『張子孺持囊簪筆，事孝武帝。』張晏云：『囊，契囊也。近臣負囊簪筆，從備顧問，有所記也。』

入殿門，有籠冠者著之，有纓則下之。緣廂行，得提衣。省閣内得著履、烏紗帽。入齋閣及横度殿庭，不得人提衣及捉服飾。入閣則執手板，自搵衣。几席不得入齋正閣。介幘不得上正殿及東、西堂。儀仗傘扇，有幰牽車，不得入臺門。臺官問訊皇太子，亦皆朱服，著襪；謁諸王，單衣，幘；庶姓，單衣，帢。詣三公，必衣帢。至黄閣，下履，過閣還，著履。

古者君臣佩玉，尊卑有序，綬者，所以貫佩相承受也。又上下施韍，如蔽膝，貴賤亦各有殊。五霸之後，戰兵不息，佩非兵器，韍非戰儀，於是解去佩韍，留其繫襚而已。韍佩既廢，秦乃以采組連結於襚，轉相結受，又謂之綬。漢承用之。至明帝始復制佩，而漢末又亡絶。魏侍中王粲識其形，乃復造焉。今之佩，粲所制也。【略】

自晉左遷，中原禮儀多缺。後魏天興六年，詔有司始制冠冕，各依品秩，以示等差，然未能皆得舊制。至太和中，方考故實，正定前謬，更造衣冠，尚不能周洽。及至熙平二年，太傅、清河王懌、黄門侍郎韋廷祥等，奏定五時朝服，準漢故事，五郊衣幘，各如方色焉。及後齊因之。河清中，改易舊物，著令定制云。【略】

諸公卿平冕，黑介幘，青珠爲旒，上公九，三公八，諸卿六，以組爲纓，色如其綬。衣皆玄上纁下。三公山龍八章，降皇太子一等，九卿藻火六章，唯郊祀天地宗廟服之。

遠遊三梁，諸王所服。其未冠，則空頂黑介幘。開國公、侯、伯、子、男及五等散爵未冠者，通如之。

進賢冠，文官二品已上，並三梁，四品已上，並兩梁，五品已下，流外九品已上，皆一梁。致事者，通著委貌冠。主兵官及侍臣，通著武弁。侍臣加貂璫。御史、大理著法冠。諸謁者、太子中導客舍人，著高山冠。宮門僕射、殿門吏、亭長、太子率更寺、宮門督、太子内坊察非吏、諸門吏等，皆著卻非冠。羽林、武賁，著鶡冠。録令已下，尚書以上，著納言幘。又有赤幘，卑賤者所服。救日蝕，文武官皆免冠，著赤介幘，對朝服。賤者平巾，赤幘，示威武，以助于陽也。止雨亦服之。請雨則服緗幘，東耕則服青幘，庖人則服緑幘。【略】

鞶囊，二品已上金縷，三品金銀縷，四品銀縷，五品、六品彩縷，七、八、九品彩縷，獸爪鞶。官無印綬者，並不合佩鞶囊及爪。

一品，玉具劍，佩山玄玉。二品，金裝劍，佩水蒼玉。三品及開國子男、五等散品名號侯雖四、五品，並銀裝劍，佩水蒼玉。侍中已下，通直郎已上，陪位則像劍。帶真劍者，入宗廟及升殿，若在仗内，皆解劍。一品及散郡公、開國公侯伯，皆雙佩。二品、三品及開國子男、五等散品名號侯，皆雙佩。【略】

百官朝服公服，皆執手板。尚書録令、僕射、吏部尚書，手板頭復有白筆，以紫皮裹之，名曰笏。朝服綴紫荷，録令、左僕射左荷，右僕射、吏部尚書右荷。七品已上文官朝服，皆簪白筆。正王公侯伯子男、卿尹及武職，並不簪。朝服，冠、幘各一，絳紗單衣，白紗中單，皁領袖，皁襈，革帶，曲領，方心，蔽膝，白筆、舄、襪，兩綬，劍佩，簪導，鈎鰈，為具服。七品已上服也。公服，冠，幘，紗單衣，深衣，革帶，假帶，履襪，鈎鰈，謂之從省服。八品已下，流外四品已上服也。

流外五品已下，九品已上，皆著褠衣為公服。【略】

後周設司服之官。【略】

諸公之服九：一曰方冕。二曰袞冕，九章，宗彝已上五章在衣，藻已下四章在裳。三曰山冕，八章，衣裳各四章，衣重宗彝，為九等。四曰鷩冕，七章，衣三章，裳四章，衣重火與宗彝。五曰火冕，六章，衣裳各三章，衣重宗彝及藻，裳重黼。六曰毳冕，五章，衣三章，裳二章，衣重藻粉米，裳重黼黻。山冕已下俱九等，皆以山為領襟，冕俱九旒。七曰韋弁。八曰皮弁。九曰玄冠。

諸侯服，自方冕而下八，無袞冕。山冕八章，衣裳各四章。鷩冕七章，衣三章，裳四章，衣重宗彝。火冕六章，衣裳各三章，衣重藻，裳重黻。毳冕五章，衣三章，裳二章，衣重粉米，裳重黼黻。鷩冕已下俱八等，皆以華蟲為領褾。冕俱八旒。

諸伯服，自方冕而下七，又無山冕。鷩冕七章，衣三章，裳四章。火冕六章，衣裳各三章，裳重黻。毳冕五章，衣三章，裳二章，裳重黼黻。火冕已下俱七等，皆以火為領褾。冕俱七旒。

諸子服，自方冕而下六，又無鷩冕。火冕六章，衣裳各三章。毳冕五章，衣三章，裳二章，裳重黻。毳冕已下俱六等，皆以宗彝為領褾。冕俱六旒。

諸男服，自方冕而下五，又無火冕。毳冕五章，衣三章，裳二章。以藻為領褾。冕五旒。

三公之服九：一曰祀冕。二曰火冕，六章，衣裳各三章，衣重宗彝與藻，裳重黻。三曰毳冕，五章，衣三章，裳二章，衣重藻與粉米，裳重黼黻。四曰藻冕，四章，衣裳俱二章，衣重藻與粉米，裳重黼黻。五曰繡冕，三章，衣一章，裳二章，衣重粉米，裳重黼黻，俱九等，皆以宗彝為領褾。六曰爵弁。七曰韋弁。八曰皮弁。九曰玄冠。

三孤之服，自祀冕而下八，無火冕。毳冕五章，衣三章，裳二章，衣重粉米，裳重黼黻。藻冕四章，衣裳各二章，衣重藻與粉米，裳重黼黻，俱八等，皆以藻為領褾。繡冕三章，衣一章，裳二章，衣重粉米，裳重黼黻，為八等。

公卿之服，自祀冕而下七，又無毳冕。藻冕四章，衣裳各二章，衣重粉米，裳重黼黻，為七等，皆以粉米為領褾，各七。繡冕三章，衣一章，裳二章，衣重粉米，裳重黼黻，為七等。

上大夫之服，自祀冕而下六，又無藻冕。繡冕三章，衣一章，裳二章，衣重粉米，裳重黼，為六等。

中大夫之服，自祀冕而下五，又無皮弁。繡冕三章，衣一章，裳二章，衣重粉米，為五等。

下大夫之服，自祀冕而下四，又無爵弁。繡冕三章，衣一章，裳二章，衣重粉米，為四等。

士之服三：一曰祀弁，二曰爵弁，三曰玄冠。玄冠皆玄衣。其裳，上士以玄，中士以黄，下士雜裳，謂前玄後黄也。庶士之服一：玄冠。庶士，庶人在官，府史之屬。其服緇衣裳。

後令文武俱著常服，冠形如魏帢，無簪有纓。其凶服皆與庶人同。其弔服，諸侯於其卿大夫，錫衰；同姓，緦衰；於士，疑衰。其當事則弁經，否則皮弁。公卿卿大夫之弔服，錫衰弁經，皮弁亦如之。士之弔服，疑衰素裳，當事弁經，否則徒弁。【略】

韠，皇帝三章，龍、火、山；諸侯二章，去龍；卿大夫一章，以山。皆織綵以成之。【略】

保定四年，百官始執笏，常服上焉。宇文護始命袍加下欄。

宣帝即位，受朝於路門，【略】羣臣皆服漢、魏衣冠。【略】（大象）二年下詔，天臺近侍及宿衛之官，皆著五色衣，以錦綺繢繡為緣，名曰品色衣。

又 卷一二《禮儀志七》 高祖初即位，將改周制，【略】太子庶子、攝太常少卿裴政奏曰：『竊見後周制冕，加爲十二，即與前禮數乃不同，而色應五行，又非典故。謹案三代之冠，其名各別。六等之冕，承用區分，璪玉五采，隨班異飾，都無迎氣變色之文。唯《月令》者，起于秦代，乃有青旂赤玉，白駱黑衣，與四時而色變，全不言於弁冕。五時冕色，《禮》既無文，稽於正典，難以經證。且後魏已來，制度咸闕。天興之歲，草創繕修，所造車服，多參胡制。故魏收論之，稱爲違古，是也。周氏因襲，將爲故事，大象承統，咸取用之，輿輦衣冠，甚多迂怪。【略】謹案《續漢書·禮儀志》云「立春之日，京都皆著青衣」，秋夏悉如其色。逮于魏、晉，迎氣五郊，行禮之人，皆同此制。考尋故事，唯幘從衣色。今請冠及冕，色並用玄，唯應著幘者，任依漢、晉。』制曰：『可。』

於是定令，採用東齊之法。【略】

武弁之制，案徐爰《宋·志》，謂籠冠是也。【略】

帽，古野人之服也。【略】案宋、齊之間，天子宴私，著白高帽，士庶以烏，其制不定。或有卷荷，或有下裙，或有紗高屋，或有烏紗長耳。後周之時，咸著突騎帽，如今胡帽，垂裙覆帶，蓋索發之遺象也。又文帝項有瘤疾，不欲人見，每常著焉。相魏之時，著而謁帝，故後周一代，將

爲雅服，小朝公宴，咸許戴之。【略】

高山冠，【略】《傅子》曰：『魏明帝以高山冠似通天，乃毁變其形，除去卷筒，令如介幘。幘上加物，以象山峰，行人使者，通皆服之。』【略】

巾，【略】又袁紹戰敗，幅巾渡河。此則野人及軍旅服也。制有二等。今高人道士所著，是林宗折角，庶人農夫常服，是袁紹幅巾。故事，用全幅皁而向後襆髮，俗人謂之襆頭。自周武帝裁爲四脚，今通於貴賤矣。【略】

白筆，案徐氏《雜注》云：『古者貴賤皆執笏，有事則書之，故常簪筆。今之白筆，是遺象也。』《魏略》曰：『明帝時大會而史簪筆。』今文官七品已上，通毦之。武職雖貴，皆不毦也。【略】

劍，【略】近代以木，未詳所起。東齊著令，謂爲象劍，言象於劍。周武帝時，百官燕會，並帶刀升座。【略】又準晉咸康元年定令故事，自天子已下，皆衣冠帶劍。【略】

笏，【略】晉、宋以來，謂之手板，此乃不經，今還謂之笏，以法古名。自西魏以降，五品已上，通用象牙，六品已下，兼用竹木。

《晉書》卷二四《職官志》 太宰、太傅、太保、司徒、司空、左右光禄大夫、光禄大夫，開府位從公者爲文官公，冠進賢三梁，黑介幘。大司馬、大將軍、太尉、驃騎、車騎、衛將軍諸大將軍，開府位從公者爲武官公，皆著武冠，平上黑幘。

文武官公，【略】著五時服。其相國、丞相，皆衮冕，緑盭綬，所以殊于常公也。

諸公及開府位從公者，品秩第一，【略】給朝車駕駟、安車黑耳駕三各一乘，祭酒掾屬白蓋小車七乘，軺車施耳後户、皁輪犢車各一乘。自祭酒已下，令史已上，皆皁零辟朝服。太尉雖不加兵者，吏屬皆絳服。【略】

諸公及開府位從公加兵者，【略】主簿、記室督各一人；舍人四人；兵鎧、士曹，營軍、刺姦、帳下都督，外都督，令史各一人。主簿已下，令史已上，皆絳服。【略】

特進，漢官也。二漢及魏晉以加官從本官車服。無吏卒。太僕羊琇遜位，拜特進，加散騎常侍，無餘官，故給吏卒車服。其餘加特進者，唯食其禄賜，位其班位而已，不别給特進吏卒車服，後定令。特進品秩第二，位次諸公，在開府驃騎上，冠進賢兩梁，黑介幘，五時朝服，佩水蒼玉，【略】給安車黑耳駕御一人，軺車施耳後户一乘。【略】

光禄大夫加金章紫綬者，品秩第二，禄賜、班位、冠幘、車服、佩玉，置吏卒羽林及卒，諸所賜給皆與特進同。其以爲加官者，唯假章綬、禄賜班位而已，不别給車服吏卒也。又卒贈此位，本已有卿官者，不復重給吏卒，其餘皆給。【略】

光禄大夫與卿同秩中二千石，著進賢兩梁冠，黑介幘，五時朝服，佩水蒼玉。

又 卷二五《輿服志》 皁輪車，駕四牛，形制猶如犢車，但皁漆輪轂，上加青油幢，朱絲繩絡。諸王三公有勳德者特加之。位至公或四望、三望、夾望車。

油幢車，駕牛，形制如皁輪，但不漆轂耳。王公大臣有勳德者特給之。

通幰車，駕牛，猶如今犢車制，但舉其幰通覆車上也。諸王三公並乘之。

諸公給朝車駕四、安車黑耳駕三各一乘，皁輪犢車各一乘。自祭酒掾屬以下及令史，皆皁零，辟朝服。其武官公又别給大車。

特進及車騎將軍驃騎將軍以下諸大將軍不開府非持節都督者，給安車黑耳駕二，軺車施耳後户一乘。

三公、九卿、中二千石、二千石、河南尹、謁者僕射、郊廟明堂法出，皆大車立乘，駕駟。前後導從大車駕二，右騑。他出乘安車。其去位致仕告老，賜安車駟馬。

郡縣公侯，安車駕二，右騑。皆朱班輪，倚鹿較，伏熊軾，黑轓，皁繒蓋。

公旗旂八旒，侯七旒，卿五旒，皆畫降龍。

中二千石、二千石，皆皁蓋，朱兩轓，銅五采，駕二。中二千石以上，右騑。千石、六百石，朱左轓。車轓長六尺，下屈廣八寸，上業廣尺二寸，九丈，十二初，後謙一寸，若月初生，示不敢自滿也。

王公之世子攝命理國者，安車，駕三，旗旂七旒，其封侯之世子五旒。

太康四年，制：『依漢故事，給九卿朝車駕四及安車各一乘。』八年，詔：『諸尚書軍校加侍中常侍者，皆給傳事乘軺車，給劍，得入殿省中，與侍臣升降相隨。』

大使車，立乘，駕四，赤帷裳，騶騎導從。舊公卿二千石郊廟上陵從駕，乘大使車，他出乘安車也。

小使車，不立乘，駕四，輕車之流也。蘭輿皆朱，赤轂，赤屏泥，白蓋，赤帷裳，從騶騎四十人。又別有小使車，赤轂皁蓋，追捕考案有所執取者之所乘也。凡諸使車皆朱班輪，赤衡軛。

追鋒車，去小平蓋，加通幰，如軺車，駕二。追鋒之名，蓋取其迅速也，施於戎陣之間，是爲傳乘。

軺車，古之時軍車也。一馬曰軺車，二馬曰軺傳。漢世貴輜軿而賤軺車，魏晉重軺車而賤輜軿。三品將軍以上、尚書令軺車黑耳有後户，僕射但有後户無耳，並皁輪。尚書及四品將軍則無後户，漆轂輪。其中書監令如僕射，侍中、黄門、散騎，初拜及謁陵廟，亦得乘之。【略】

魏明帝以公卿衮衣黼黻之飾，疑於至尊，多所減損，始制天子服刺繡文，公卿服織成文。及晉受命，遵而無改。【略】

平冕，王公、卿助祭於郊廟服之。王公八旒，卿七旒。以組爲纓，色如其綬。王公衣山龍以下九章，卿衣華蟲以下七章。【略】

緇布冠，蔡邕云即委貌冠也。太古冠布，齊則緇之。緇布冠，始冠之冠也。其制有四形，一似武冠，又一似進賢，其一上方其下如幘顔，其一刺上而方下。行鄉射禮則公卿委貌冠，以皁絹爲之。形如覆杯，與皮弁同制，長七寸，高四寸。衣黑而裳素，其中衣以皁緣領袖。其執事之人皮弁，以鹿皮爲之。

進賢冠，古緇布遺象也，斯蓋文儒者之服。前高七寸，後高三寸，長八寸，有五梁、三梁、二梁、一梁。人主元服，始加緇布，則冠五梁進賢。三公及封郡公、縣公、郡侯、縣侯、鄉亭侯，則冠三梁。卿、大夫、八座，尚書，關中内侯、二千石及千石以上，則冠兩梁。中書郎、秘書丞郎、著作郎、尚書丞郎、太子洗馬舍人、六百石以下至于令史、門郎、小史、並冠一梁。漢建初中，太官令冠兩梁，親省御膳爲重也。博士兩梁，崇儒也。宗室劉氏亦得兩梁冠，示加服也。

武冠，一名武弁，一名大冠，一名繁冠，一名建冠，一名籠冠，即古之惠文冠。或曰趙惠文王所造，因以爲名。亦云，惠者蟪也，其冠文輕細如蟬翼，故名惠文。或云，齊人見千歲涸澤之神，名曰慶忌，冠大冠，乘小車，好疾馳，因象其冠而服焉。漢幸臣閎孺爲侍中，皆服大冠。天子元服亦先加大冠，左右侍臣及諸將軍武官通服之。侍中、常侍則加金璫，附蟬爲飾，插以貂毛，黄金爲竿，侍中插左，常侍插右。胡廣曰：『昔趙武靈王爲胡服，以金貂飾首。秦滅趙，以其君冠賜侍臣。』應劭《漢官》云：『説者以爲金取剛强，百鍊不耗。蟬居高飲清，口在掖下。貂内勁悍而外柔縟。』又以蟬取清高飲露而不食，貂則紫蔚柔潤而毛采不彰灼，金則貴其寶瑩，於義亦有所取。或以爲北土多寒，胡人常以貂皮温額，後世效此，遂以附冠。漢貂用赤黑色，王莽用黄貂，各附服色所尚也。

高山冠，一名側注，高九寸，鐵爲卷梁，制似通天。頂直豎，不斜卻，無山述展筩。高山者，《詩》云『高山仰止』，取其矜莊賓遠者也。中外官、謁者、謁者僕射所服。胡廣曰：『高山，齊王冠也。傳曰「桓公好高冠大帶」。秦滅齊，以其君冠賜謁者近臣。』應劭曰：『高山，今法冠也，秦行人使官亦服之。』而《漢官儀》云『乘輿冠高山之冠，飛翮之纓』，然則天子亦有時服焉。《傅子》曰：『魏明帝以其制似通天、遠遊，故改令卑下。』

法冠，一名柱後，或謂之獬豸冠。高五寸，以縰爲展筩。鐵爲柱卷，取其不曲撓也。侍御史、廷尉正監平，凡執法官皆服之。或謂獬豸神羊，能觸邪佞。《異物志》云：『北荒之中，有獸名獬豸，一角，性別曲直。見人鬬，觸不直者。聞人爭，咋不正者。楚王嘗獲此獸，因象其形以制衣冠。』胡廣曰：『《春秋左氏傳》晉侯觀于軍府，見鍾儀，曰「南冠而縶者誰也」？南冠即楚冠。秦滅楚，以其冠服賜執法臣也。』

長冠，一名齊冠。高七寸，廣三寸，漆纚爲之，制如版，以竹爲裏。漢高祖微時，以竹皮爲此冠，其世因謂劉氏冠。後除竹用漆纚。司馬彪曰：『長冠蓋楚制。人間或謂之鵲尾冠，非也。救日蝕則服長冠，而祠宗廟諸祀冠之。此高祖所造，後世以爲祭服，尊敬之至也。』

建華冠，以鐵爲柱卷，貫大銅珠九枚，古用雜木珠，原憲所冠華冠是也。又《春秋左氏傳》鄭子臧好聚鷸冠，謂建華是也。祀天地、五郊、明堂，舞人服之。漢《育命舞》樂人所服。

方山冠，其制似進賢。鄧展曰：『方山冠，以五采縠爲之。』漢《大予》、《八佾》、《五行》樂人所服，冠衣各如其行方之色而舞焉。

巧士冠，前高七寸，要後相通，直豎。此冠不常用，漢氏惟郊天，黄門從官四人冠之；在鹵簿中，夾乘輿車前，以備宦者四星。或云，掃除從官所服。

卻非冠，高五寸，制似長冠。宫殿門吏僕射冠之。負赤幡，青翅燕尾，諸僕射幡皆如之。

卻敵冠，前高四寸，通長四寸，後高三寸，制似進賢。凡當殿門衛士服之。

樊噲冠，廣九寸，高七寸，前後出各四寸，制似平冕。昔楚漢會於鴻門，項籍圖危高祖，樊噲常持鐵楯，聞急，乃裂裳苞楯，戴以爲冠，排入羽營，因數羽罪，漢王乘間得出。後人壯其意，乃制冠象焉。凡殿門司馬衛士服之。

術氏冠，前圓，吳制，差池四重。趙武靈王好服之。或曰，楚莊王復仇冠是也。

鶡冠，加雙鶡尾，豎插兩邊。鶡，鳥名也，形類鷂而微黑，性果勇，其鬬到死乃止。上黨貢之，趙武靈王以表顯壯士。至秦漢，猶施之武人。

皮弁，以鹿皮淺毛黄白色者爲之。《禮》『王皮弁，會五采璂，象邸玉笄』，謂之合皮爲弁。其縫中名曰會，以采玉朱爲璂。璂，結也。天子五采，諸侯三采。邸，冠下抵也，象骨爲之，音帝也。天子則縫十二，公侯伯七，子男五，孤四，卿大夫三。

韋弁，制似皮弁，頂上尖，韎草染之，色如淺絳。

爵弁，一名廣冕。高八寸，長尺二寸，如爵形，前小後大。增其上似爵頭色。有收持笄，所謂夏收殷冔者也。祠天地、五郊、明堂，翺舞樂人服之。

幘者，古賤人不冠者之服也。漢元帝額有壯髮，始引幘服之。王莽頂秃，又加其屋也。《漢注》曰，冠進賢者宜長耳，今介幘也。冠惠文者宜短耳，今平上幘也。始時各隨所宜，遂因冠爲別。介幘服文吏，平上幘服武官也。童子幘無屋者，示不成人也。又有納言幘，幘後收又一重，方三寸。又有赤幘，騎吏、武吏、乘輿鼓吹所服。救日蝕，文武官皆免冠著幘，對朝服，示武威也。

漢儀，立秋日獵，服緗幘。及江左，哀帝從博士曹弘之等議，立秋御讀令，改用素白帢。案漢末王公名士多委王服，以幅巾爲雅，是以袁紹、崔鈞之徒，雖爲將帥，皆著縑巾。魏武以天下凶荒，資財乏匱，擬古皮弁，裁縑帛以爲帢，合乎簡易隨時之義，以色別其貴賤，本施軍飾，非爲國容也。徐爰曰：『俗説帢本未有岐，荀文若巾之行，觸樹枝成岐，謂之爲善，因而弗改。』今通以爲慶弔服。

巾，以葛爲之，形如帢而横著之，古尊卑共服也。故漢末妖賊以黄爲巾，世謂黄巾賊。

帽名猶冠也，義取于蒙覆其首，其本纚也。古者冠無幘，冠下有纚，以繒爲之。後世施幘於冠，因或裁纚爲帽。自乘輿宴居，下至庶人無爵者皆服之。成帝咸和九年，制聽尚書八座丞郎、門下三省侍官乘車，白帢低幃，出入掖門。又，二宫直官著烏紗帢。然則往往士人宴居皆著帢矣。而江左時野人已著帽，人士亦往往而然，但其頂圓耳，後乃高其屋云。

【略】

革帶，古之鞶帶也，謂之鞶革，文武衆官牧守丞令下及騶寺皆服之。其有囊綬，則以綴於革帶，其戎服則以皮絡帶代之。八坐尚書荷紫，以生紫爲袷囊，綴之服外，加於左肩。昔周公負成王，制此服衣，至今以爲朝服。或云漢世用盛奏事，負之以行，未詳也。

車前五百者，卿行旅從，五百人爲一旅。漢氏一統，故去其人，留其名也。

袴褶之制，未詳所起，近世凡車駕親戎、中外戒嚴服之。服無定色，冠黑帽，綴紫摽，摽以繒爲之，長四寸，廣一寸，腰有絡帶以代鞶。中官紫摽，外官絳摽。又有纂嚴戎服而不綴摽，行留文武悉同。其畋獵巡幸，則惟從官戎服帶鞶革，文官不下纓，武官脱冠。

漢制，一歲五郊，天子與執事者所服各如方色，百官不執事者服常服絳衣以從。魏秘書監秦靜曰：『漢氏承秦，改六冕之制，但玄冠絳衣而已。』魏已來名爲五時朝服，又有四時朝服，又有朝服。自皇太子以下隨官受給。百官雖服五時朝服，據今止給四時朝服，闕秋服。三年一易。

諸假印綬而官不給鞶囊者，得自具作，其但假印不假綬者，不得佩綬鞶，古制也。漢世著鞶囊者，側在腰間，或謂之傍囊，或謂之綬囊，然則以紫囊盛綬也。或盛或散，各有其時。

笏，古者貴賤皆執笏，其有事則搢之於腰帶，所謂搢紳之士者，搢笏而垂紳帶也。紳垂長三尺。笏者，有事則書之，故常簪筆，今之白筆是其遺象。三臺五省二品文官簪之，王、公、侯、伯、子、男、卿尹及武官不簪，加内侍位者乃簪之。手版卽古笏矣。尚書令、僕射、尚書手版頭復有白筆，以紫皮裹之，名曰笏。

唐·杜佑《通典》卷五七《禮十七·君臣冠冕巾幘等制度·冕　大裘冕　衮冕　鷩冕　毳冕　絺冕　玄冕　通天平冕　平天冕　蒼冕　青冕　赤冕　黄冕　素冕　黑冕　象冕　山冕　火冕　藻冕　方冕　祀冕》　魏因漢故事。明帝好婦人之飾，冕旒改用珊瑚珠。

晉因之。

東晉元帝初過江，服章多闕，而冕飾以翡翠珊瑚珠。侍中顧和奏：『舊禮，冕旒用白玉珠。今美玉難得，不能備，可用白璇珠。』從之。後帝郊祀天地明堂宗廟，元會臨軒，改服黑介幘，通天冠，平冕。冕，皁表，朱綠裹，廣七寸，長一尺二寸，加於通天冠上，前圓後方，垂白玉珠十二旒，以朱組爲纓，無緌。王公卿助祭郊廟，冠平冕。王公八旒，卿七旒，組爲纓，色如綬也。

宋因之，更名曰平天冕，天子郊祀及宗廟服之，王公並用舊法。

齊因之。

梁因之。其制，前垂四寸，後垂三寸，旒長齊肩，以組爲纓，色如其綬，旁垂黈纊，充耳珠以玉瑱。乘輿郊祀天地明堂、享宗廟、元會臨軒則服之。五等諸侯助祭，平冕九旒，青玉爲珠，有前無後，各以其綬色爲組纓，旁垂黈纊。

陳因之，以爲冕旒。皇太子朝服遠遊冠，侍祭則平冕九旒。五等諸侯助祭郊廟，皆平冕九旒，青玉爲珠，有前無後，各以其綬色爲組纓，旁垂黈纊。

北齊採陳之制，旒玉用五采，以組爲纓，色如其綬。其四時郊祀封禪大事，皆服衮冕。皇太子平冕，黑介幘，白珠九旒，飾以三采玉，以組爲纓，色如其綬；未加元服，則空頂黑介幘，雙童髻，雙玉導。

後周設司服之官，掌皇帝十二冕。祀昊天則蒼冕，五帝各隨方色，朝日用青冕，夕月用素冕，地祇用黄冕，神州、社稷用玄冕，享先皇、加元服等以象冕，享先帝、食三老、耕籍等以衮冕，視朔、大射等以山冕，視朝、臨法門、適宴等以鷩冕，皆十有二旒。韋弁、皮弁，見在下文。諸公之冕九，方、衮、山、鷩、火、毳等六，皆九旒；韋弁、皮弁、玄冠三，合上爲九。諸侯八，無衮冕。諸伯七，又無山冕。諸子六，又無鷩冕。諸男五，又無火冕，冕五旒。三公之冕九，祀、火、毳、藻、繡、爵弁等冕六，韋弁、皮弁、玄冠，合上九。三孤自祀冕而下八，無火冕。公卿七，又無毳冕。上大夫六，又無藻冕。中大夫五，又無皮弁。下大夫四，又無爵弁。士服三，祀弁、爵弁、玄冕。庶士玄冠而已。其弔服，諸侯當事則弁絰，不則皮弁。以下亦如之。

又《緇布冠　進賢冠》　後漢改之，制進賢冠，爲儒者之服。前高七寸，後高三寸，長八寸。公侯三梁，中二千石以下至博士兩梁，蔡邕《獨斷》云：『千石以下一梁。』小吏私學子皆一梁。

晉因之。天子元服，始加則冠五梁進賢冠。三公及封郡公、縣侯、鄉亭侯則三梁。卿大夫下至千石則兩梁。中書門下至門郎小吏，並一梁。

宋因之，爲儒冠。

齊因之，爲開國公侯下至小吏之服，其以梁數爲降殺，則依晉制。

梁因之，以爲乘輿宴會之服，則五梁進賢冠。

陳因之，爲文散内外百官所服，以梁數爲高卑，天子所服則五梁。

北齊進賢五梁冠，不通於下。

又《牟追冠　章甫冠　委貌冠》　宋依漢制。

又《長冠　劉氏冠　齋冠》　晉依之，去竹用漆纚，救日蝕諸祀則冠之。

梁天監中，祠部郎中沈宏議：『竹葉冠是漢祖微時所服，不可爲祭服，宜改用爵弁。』司馬褧云：『若必遵三王，則所廢非一。』武帝竟不改矣。

又《**高山冠** 側注冠》 魏明帝因改之，皁下於通天、遠遊，除去卷筩，加介幘，幘上加物以象山，行人使者服之。

晋宋齊梁陳，歷代因之。

又《**法冠** 獬豸冠 柱後惠文冠》 漢晋至陳，歷代相因襲不易。

又《**建華冠** 鷸冠》 晋及陳，代相因不易，餘並無聞。

又《**趙惠文冠** 武冠 武弁 大冠 鵕鸃冠 鶡冠 繁冠 建冠 籠冠》 晋依之，名繁冠，一名建冠，一名籠冠，即惠文冠也。

宋因之不易。

齊因之，侍臣加貂蟬，餘軍校武職、黄門散騎等皆冠之，唯武騎武賁插鶡尾於武冠上。

梁因制遠遊平上幘武冠。

陳因之不易，後爲鶡冠，武者所服。

北齊依之，曰武弁，季秋講武、出征告廟則服之。

又《**方山冠**》 漢制，似進賢，以五采縠爲之。祠宗廟，八佾、四時、五行樂人服之，冠衣各如其方之色而舞焉。

晋因之。

又《**巧士冠**》 漢制，高七寸，要後相通，直豎，似高山冠。不常服，唯郊天，黄門從官者四人冠之，在鹵簿中，次乘輿車前，以備宦者四星云。

晋因之。自後無聞。

又《**卻非冠**》 梁北郊圖，執事者縮纓綏。

又《**樊噲冠**》 晋宋齊陳，不易其制，餘並無聞。

又《**術氏冠**》 漢制，前圓，差池四重。趙武靈王好服之。今不施用。或曰『楚莊王解冠』是也。

晋因之。宋以後無聞。

又《**卻敵冠**》 晋制之，前高四寸，通長四寸，後高三寸，似進賢冠。凡當殿門衛士服之。

陳依之，餘並廢。

又《**皇 收 冔 爵弁 廣冕**》 晋依漢制，更名廣冕，有收持笄，服用如舊。

又《**皮弁**》 晋依舊制，以鹿淺毛黄白色者爲之，其服用等級並准《周官》。

後周田獵則服之，以鹿子皮爲之。

又《**韋弁**》 晋以韋爲之，頂上少尖。

宋因之，或爲車駕親戎、中外戒嚴之服。

後周巡兵即戎則服之。自此以來，無復其制。

又《**幘** 童子幘 空頂幘 納言幘 赤幘 緗幘 素幘 黑幘 紺幘 緑幘 青幘》 晋因之。

東晋哀帝從博士曹弘之等議，立秋御讀《月令》，改用素幘。

宋因之，以黑幘，騎吏、鼓吹、武官服之；其救日蝕，文武官皆免冠著赤幘。

齊因之，以黑幘拜陵所服。

梁因之，以黑介幘爲朝服，元正朝賀畢，還儲更出所服。未加元服，則空頂介幘。

陳因之，諸軍司馬服平巾幘，長吏介幘，御節郎、黄鉞郎朝服，赤介幘，簪筆。

又《**帢** 白帢 烏紗帢》 魏武以天下凶荒，資財乏匱，擬古皮弁，裁縑帛以爲帢，合乎簡易隨時之義，以色別其貴賤，本施軍飾，非爲國容。或云：『本未有岐，荀文若巾之行，觸樹枝成岐，因之爲善，遂不改。』因通以慶弔。帢與帕同。

晋因之，咸和中，制聽尚書八座丞郎、門下三省侍官乘車白帢。

齊依，以素爲之，舉哀臨喪服之。

梁因之，以代古疑縗爲弔服，爲羣臣舉哀臨喪則服之。

陳因之，而初婚冠送餞亦服之。

又《**帽** 皮帽 皁帽 翠帽 黑帽 高屋白紗帽 高頂帽 岑帽 突騎帽》 魏管寧在家，嘗著皁帽。《吳書》云：『陸遜破曹休於石亭，還，當反西陵，朝廷燕賜終日，上脱翠帽以賜遜。時同羣臣朝謁而服之。』

晋因之。

宋制，黑帽，綴紫標，標以繒爲之，長四寸，廣一寸，後制高屋，白紗帽。

齊因之。

梁因制，頗同，至於高下翅之卷小異耳。皆以白紗爲之。

陳因之，天子及士人通冠之。白紗者，名高頂帽。皇太子在宮則烏紗，在永福省則白紗。又有繒皁雜紗爲之，高屋下裙，蓋無定准。又制岑帽，靴角五音帥長服之。

後魏咸著突騎帽，如今胡帽，垂裙覆帶，蓋索髮之遺象也。又文帝項上瘤疾，不欲人見，每常著焉。時爲雅服，小朝公宴，咸許戴之。

又　**《葛巾　角巾》**　東晉制，以葛爲之，形如帢，而橫著之，尊卑共服。太元中，國子生見祭酒博士，冠角巾。

齊依之。其角巾，宋不存，至齊立學，王儉議更存焉。

陳依之。

北齊依之。自後無聞。

又　**《幅巾　縑巾　黃巾》**　後周武帝因裁幅巾爲四脚。

又　卷六一《禮二十一·君臣服章制度　袍附》　魏氏多因漢法，其所損益之制，無聞。按《後漢·志》：『孝明皇帝永平二年，詔從歐陽、夏侯二家所説，制冕服。乘輿刺繡文，公卿以下織成文。』據晉志云：『魏明帝以公卿衮冕之飾，擬於至尊，多所減損，始制服刺繡，公卿織成。』未詳孰是。

晉因不改。【略】公卿助祭郊廟，王公山龍以下九章，卿華蟲以下七章。其緇布冠，衣黑而裳素，中衣以皁緣領袖。袴褶之制，未詳所起，近代車駕親戎、中外戒嚴服之。無定色，冠黑帽，綴黑標，標以繒爲之，長四寸，廣一寸，腰有絡帶以代鞶革。中官紫標，外官絳標。又有纂嚴戎服而不綴標，行留文武悉同。

宋因之，【略】王公助祭郊廟，章服降殺亦如之。其冠委貌者，衣黑而裳素，中衣以皁緣領袖。玄冠、韋弁、絳韋戎衣，復依漢法。袴褶因晉不易，腰有絡帶以代鞶革。中官紫標，外官絳標。又有纂嚴戎服，而不綴標，行留文武悉同。其畋獵巡幸，則唯從官戎服，帶鞶革。【略】

齊因制平天冠服，不易舊法，郊廟臨朝所服也。舊衮服用織成，建武中，明帝以織太重，乃采畫爲之，加金飾銀薄，時亦謂爲天衣。通天冠服，絳紗袍，皁緣中衣，乘輿臨朝所服，臣下皆同。拜陵則黑介幘，服無定色。舉哀臨喪，白帢單衣，亦謂之素服。王公助祭，平冕服，山龍以下九章，卿七章，皆畫皁絳繒爲之。袴褶相因不改。

天監三年，何佟之議：『公卿以下祭服，裏有中衣，即今中單也。後漢從夏侯氏説，祭服絳緣領袖爲中衣，絳袴韈，示其赤心奉神也。今中衣絳緣，足有所明，無俟於袴。既非聖法，謂不可施。』遂依議除之。【略】

九年，司馬筠等議云：『按《玉藻》：「諸侯玄冕以祭，裨冕以朝。」《雜記》又云：「大夫冕而祭於公，弁而祭於己。」今之尚書，上異公侯，下非卿士，止有朝衣，本無冕服。既從齋祭，不容同於在朝，宜依太常及博士諸齋官例，著皁衣，絳襈，中單，竹葉冠。』

陳因之。【略】諸王朝服，朱衣，絳紗袍，皁緣中衣，素帶，黑舄。若加餘官，則服其加官之服。開國公侯伯子男，並朝服，紗朱衣。若助祭郊廟，皆衮，玄上纁下，山龍以下九章，備五采，大佩，赤舄，絇履。餘文官朝服。武賁中郎將、羽林監，絳紗縠單衣。州刺史絳朝服。直閤將軍、諸殿主帥，朱服，正直絳衫，從則裲襠衫。太子衛率、率更令丞，皁朝服。殿中將軍、員外將軍、州郡都尉司馬、中書通事舍人、太子通事等，並朱服。玄衣，赤幘，袴褶，太子二傅騎吏所服。武冠，絳褠，殿前威儀、武賁威儀、散給使、閤將、鼓吹士帥副、太子鹵簿戟吏所服。

後周設司服之官。【略】

諸公之服九章，服之章數，隨冕而降其一。其八章以下，衣重藻粉米，裳重黼黻，俱九等，皆以山爲領褾。諸侯服八章，而下俱八等，皆以華蟲爲領褾。諸伯服七章，而下俱七等，以火爲領褾。諸子服六章，俱六等，皆以宗彝爲領褾。諸男服五章，皆以藻爲領褾。三公之服有九，章有六，衣重藻與粉米，裳重黼黻。俱爲九等，皆以宗彝爲領褾。三孤之服有八，章有五，衣重藻與粉米，裳重黼黻，爲八等。公卿服有七，章有四，衣重粉米，裳重黼黻，爲七等。皆以粉米爲領褾。大夫之服有六，章有三，衣重粉米，裳重黼黻，爲六等。中大夫之服有五，章有三，衣重粉米，爲五等。下大夫服有四，章有三，衣重粉米，爲四等。士則祀弁、爵弁、玄冠服，皆玄衣；其裳，上士以玄，中士以黃，下士雜裳。謂前玄後黃。庶士玄冠服，其在官府史之屬，服緇衣裳。

又　卷六四《禮二十四·天子車輅·皮軒車》　晉宋相因，駕四馬，皆大夫載。自後無聞。

又《安車》 晉制因之。天子所御則駕六，其餘並駕四。三公下至九卿，各一乘，公駕三，特進駕二，卿駕一。

宋因之。

齊制，諸王、三公、國公、列侯等，禮行則乘之。

又《四望車》 齊四望車，通幰，油幢絡，斑漆輪轂，亦曰皂輪車，以加禮貴臣。【略】

梁因制羊車，亦名輦，上如軺，小兒衣青布袴褶，五辮髻，數人引之。貴賤通得乘之，名牽子也。

又《畫輪車》 晉制，畫輪車，駕牛，以采漆畫輪轂，上起四夾杖，左右開四望，綠油幢，纁朱絲青交絡，其上形如輦，其下猶犢車。貴者不乘。大駕次羊車後也。

宋齊梁相因，爲羣公所乘。自後無聞。

又 卷六六《禮二十六・輦輿》 梁制，【略】又制步輿，方四尺，上施隱膝，人輿上殿。天子至下賤，通得乘之。復制副輦，加笨，如犢車，通幰朱絡，謂之蓬輦。

又《旍旗》 後周【略】諸公方輅、碧輅建旂，金輅建旟，象輅建物，木輅建旐。諸侯自金輅而下，如諸公之旗。諸伯自象輅而下，如諸侯之旗。諸子自犀輅而下，如諸伯之旗。諸男自篆輅而下，如諸子之旗。三公犀輅、貝輅、篆輅建旜，木輅建旐，夏篆、夏縵及輚車建物。孤卿以下，各以其等建其旗。旍杠，【略】諸侯五，大夫四，士三。斿，諸侯及軹，大夫及轂，士及軫。凡注毛於杠首曰綏，析羽曰旌，全羽曰旞。其縿，皇帝諸侯加以弧韣。闒戟，方六尺而被之以黻，唯皇帝諸侯輅建焉。闒戟，杠綢與旗同。

宋・司馬光《資治通鑑》卷一三七《齊紀三・世祖武皇帝中》

（齊武帝永明九年）魏舊制，羣臣季冬朝賀，服袴褶行，謂之小歲；丙戌，詔罷之。

論說

《三國志》卷九《魏志・夏侯玄傳》 太傅司馬宣王問以時事，玄議以爲：【略】今科制自公、列侯以下，位從大將軍以上，皆得服綾錦、羅綺、紈素、金銀餙鏤之物，自是以下，雜采之服，通於賤人，雖上下等級，各示有差，然朝臣之制，已得侔至尊矣，玄黃之采，已得通于下矣。欲使市不鬻華麗之色，商不通難得之貨，工不作彫刻之物，不可得也。是故宜大理其本，准度古法，文質之宜，取其中則，以爲禮度。車輿服章，皆從質樸，禁除末俗華麗之事，使幹朝之家，有位之室，不復有錦綺之飾，無兼采之服，纖巧之物，自上以下，至於樸素之差，示有等級而已，勿使過一二之覺。若夫功德之賜，上恩所特加，皆表之有司，然後服用之。夫上之化下，猶風之靡草。樸素之教興於本朝，則彌侈之心自消於下矣。』

宣王報書曰：『審官擇人，除重官，改服制，皆大善。禮鄉閭本行，朝廷考事，大指如所示。而中間一相承習，卒不能改。秦時無刺史，但有郡守長吏。漢家雖有刺史，奉六條而已，故刺史稱傳車，其吏言從事，居無常治，吏不成臣，其後轉更爲官司耳。昔賈誼亦患服制，漢文雖身服弋綈，猶不能使上下如意。恐此三事，當待賢能然後了耳。』玄又書曰：『漢文雖身衣弋綈，而不革正法度，内外有僭擬之服，寵臣受無限之賜，由是觀之，似指立在身之名，非篤齊治制之意也。今公侯命世作宰，追蹤上古，將隆至治，抑末正本，若制定於上，則化行於衆矣。夫當宜改之時，留殷勤之心，令發之日，下之應也猶響尋聲耳，猶垂謙謙，曰「待賢能」，此伊周不正殷姬之典也。竊未喻焉。』

《南齊書》卷一七《輿服志・贊》 文物煌煌，儀品穆穆。分別禮數，莫過輿服。

《晉書》卷二五《輿服志》 魏明以黼黻之美，有疑於僭，於是隨章儧略，而損者半焉。高堂隆奏曰：『改正朔，殊徽號者，帝王所以神明其政，變民耳目也。』帝從其議，改青龍五年爲景初元年，服色尚黃，從地正也。世祖武皇帝接天人之貺，開典午之基，受終之禮，皆如唐虞故事。晉氏金行，而服色尚赤，豈有司失其傳歟！

唐・杜佑《通典》卷七一《禮三十一・諸王公城國宮室服章車旗議》 晉博士孫毓、段暢等議曰：【略】旍旗斿數，繁纓貳車，各以其命之等。又曰：『金輅建大旂，同姓以封；象輅建大赤，異姓以封。』金象者，謂以金象飾其車。今制從簡除之餘，諸王從公者出就封，朝祀之車，宜路車駟馬，建大旂九斿，畫交龍。禮，公之服自衮冕而下，侯伯自鷩冕而下，皆如王之服。祭服宜玄冕朱裏，玳玉三采九旒，纓三色九就，丹組纓，玄衣纁裳，畫九章，以事宗廟。其祀社稷山川，及其羣臣助祭者，皆長冠玄衣。其位不從公者，皆以七爲節，其他則同諸王。朝服依漢魏故事，皆遠遊冠，五時服，佩山玄玉，不復以國大小爲差。其羣臣侍從冠服，皆宜如服制令也。諸王公應助祭。按司服之職：『王祀昊天上帝，則大裘而冕，享先生則衮冕，先公則鷩冕。公之服，自衮冕而下，如王之服；侯伯之服，自鷩冕而下，如公之服。』《禮記·王制》曰：『制，三公一命衮。』謂三公八命，復加一命，則服衮龍，與王者之後同。然則九命及二王之後，乃服衮衣無升龍。三公之服，當從鷩冕而下。太尉三公助祭，宜服鷩冕七章，冕繅九旒，赤舄。三公助導從外官不與齊祭者，自可如舊。

清·王鳴盛《十七史商榷》卷五七《南史合宋齊梁陳書五·將軍加大章服略同》

《宋書》卷十八《禮》五：『大司馬、大將軍、太尉、凡將軍位從公者，金章，紫綬，給五時朝服，武冠，佩山玄玉。驃騎、車騎將軍，凡諸將軍加大者，征、鎮、安平、中軍、鎮軍、撫軍、前、左、右、後將軍，征虜、冠軍、輔國、龍驤將軍，金章，紫綬，給五時朝服，武冠，水蒼玉。』愚謂大將軍乃三公之職，禮絶百僚，與凡諸將軍迥別，今《宋·志》以凡諸將軍加大者，其章綬、冠服、佩玉皆與大將軍小異而大同，則其品秩疑亦相等，蓋所重在加大，一加大則雖雜號將軍亦居然一大將軍矣。《宋·百官志》以一切將軍皆敍次於大將軍之後，此下方及九卿，儀同三司之名原從諸將軍起也。

雜録

《周書》卷六《武帝紀下》（建德六年九月）戊寅，初令民庶已上，唯聽衣綢、綿綢、絲布、圓綾、紗、絹、綃、葛、布等九種，餘悉停斷。朝祭之服，不拘此例。

《晉書》卷二七《五行志上·服妖》 魏武帝以天下凶荒，資財乏匱，始擬古皮弁，裁縑帛爲白帢，以易舊服。傅玄曰：『白乃軍容，非國容也。』干寶以爲『縞素，凶喪之象也』。名之爲帢，毁辱之言也，蓋革代之後，劫殺之妖也。【略】

尚書何晏好服婦人之服，傅玄曰：『此妖服也。夫衣裳之制，所以定上下殊内外也。《大雅》云「玄衮赤舄，鉤膺鏤錫」，歌其文也。《小雅》云「有嚴有翼，共武之服」，詠其武也。若内外不殊，王制失敍，服妖既作，身隨之亡。妺嬉冠男子之冠，桀亡天下；何晏服婦人之服，亦亡其家，其咎均也。』【略】

孫休後，衣服之制上長下短，又積領五六而裳居一二。干寶曰：『上饒奢，下儉逼，上有餘下不足之妖也。』至孫皓，果奢暴恣情於上，而百姓雕困于下，卒以亡國，是其應也。

武帝泰始初，衣服上儉下豐，著衣者皆厭褄，此君衰弱，臣放縱，下掩上之象也。至元康末，婦人出兩襠，加乎交領之上，此内出外也。爲車乘者苟貴輕細，又數變易其形，皆以白篾爲純，蓋古喪車之遺象也。夫乘者，君子之器。蓋君子立心無恆，事不崇實也。干寶以爲晉之禍徵也。及惠帝踐阼，權制在於寵臣，下掩上之應也。至永嘉末，六宫才人流冗没于戎狄，内出外之應也。及天下撓亂，宰輔方伯多負其任，又數改易不崇實之應也。

泰始之後，中國相尚用胡床貊槃，及爲羌煮貊炙，貴人富室，必畜其器，吉享嘉會，皆以爲先。太康中，又以氈爲絈頭及絡帶衿口。百姓相戲曰，中國必爲胡所破。夫氈毳產于胡，而天下以爲絈頭、帶身、衿口，胡既三制之矣，能無敗乎！至元康中，氐羌互反，永嘉後，劉、石遂篡中都，自後四夷迭據華土，是服妖之應也。【略】

初，魏造白帢，横縫其前以別後，名之曰顔帢，傳行之。至永嘉之間，稍去其縫，名無顔帢，而婦人束髮，其緩彌甚，紒之堅不能自立，髮被於額，目出而已。無顔者，愧之言也。覆額者，慚之貌也。其緩彌甚者，言天下亡禮與義，放縱情性，及其終極，至於大耻也。永嘉之後，二帝不反，天下愧焉。

孝懷帝永嘉中，士大夫競服生箋單衣。識者指之曰：『此則古者繐衰，諸侯所以服天子也。今無故服之，殆有應乎！』其後遂有胡賊之亂，帝遇害焉。

元帝太興中，兵士以絳囊縛紒。識者曰：『紒者在首，爲乾，君道也。囊者坤，臣道也。今以朱囊縛紒，臣道上侵君之象也。』於是王敦陵上焉。【略】

孝武太元中，人不復著帩頭。天戒若曰，頭者元首，帩者助元首爲儀飾者也。今忽廢之，若人君獨立無輔佐，以至危亡也。至安帝，桓玄乃篡位焉。【略】

晉末皆冠小而衣裳博大，風流相放，輿臺成俗。識者曰：『上小而下大，此禪代之象也。』尋而宋受終焉。

《舊唐書》卷四九《輿服志》 後魏、北齊，輿服奇詭。【略】

景龍二年七月，【略】太子左庶子劉子玄進議曰：

古者自大夫已上皆乘車，而以馬爲騑服。魏、晉已降，迄于隋代，朝士又駕牛車，歷代經史，具有其事，不可一二言也。至如李廣北征，解鞍憩息；馬援南伐，據鞍顧盼。斯則鞍馬之設，行於軍旅，戎服所乘，貴于便習者也。案江左官至尚書郎而輒輕乘馬，則爲御史所彈。又顔延之罷官後，好騎馬出入閭里，當代稱其放誕。此則專車憑軾，可擐朝衣；單馬御鞍，宜從褻服。求之近古，灼然之明驗矣。【略】

讌服，蓋古之褻服也，今亦謂之常服。江南則以巾褐裙襦，北朝則雜以戎夷之制。爰至北齊，有長帽短靴，合袴襖子，朱紫玄黄，各任所好。雖謁見君上，出入省寺，若非元正大會，一切通用。高氏諸帝，常服緋袍。隋代帝王貴臣，多服黄文綾袍，烏紗帽，九環帶，烏皮六合靴。百官常服，同於匹庶，皆著黄袍，出入殿省。天子朝服亦如之，惟帶加十三環以爲差異，蓋取於便事。其烏紗帽漸廢，貴賤通服折上巾，其制周武帝建德年所造也。晉公宇文護始命袍加下襴。【略】

梁制云，袴褶，近代服以從戎，今纘嚴則文武百官咸服之。

印綬制度分部

綜述

《宋書》卷一八《禮志五》 諸王，金璽，龜紐，纁朱綬，四采，赤、黄、縹、紺。【略】

郡公，金章，玄朱綬。【略】太宰、太傅、太保、丞相、司徒、司空，金章，紫綬，【略】相國則緑綟綬，三采，緑、紫、紺。綟，草名也，其色緑。大司馬、大將軍、太尉、凡將軍位從公者，金章，紫綬，【略】郡侯，金章，青朱綬，【略】驃騎、車騎將軍，凡諸將軍加大者，征、鎮、安、平、中軍、鎮軍、撫軍、前、左、右、後將軍、征虜、冠軍、輔國、龍驤將軍，金章，紫綬。【略】

侍中、散騎常侍及中常侍，【略】侍中左，右常侍，皆佩水蒼玉。尚書令、僕射，銅印，墨綬。【略】中書監令、秘書監，銅印，墨綟綬。【略】

光禄大夫、卿、尹、太子保、傅、大長秋、太子詹事，銀章，青綬。【略】

司隸校尉、武尉、左右衛、中堅、中壘、驍騎、游擊、前軍、左軍、右軍、後軍、寧朔、建威、振威、奮威、揚威、廣威、建武、振武、奮武、揚武、廣武、左右積弩、强弩諸將軍、監軍，銀章，青綬。【略】

縣、鄉、亭侯，金印，紫綬。【略】

鷹揚、折衝、輕車、揚烈、威遠、寧遠、虎威、材官、伏波、淩江諸將軍，銀章，青綬。【略】奮武護軍、安夷撫軍、護軍、軍州郡國都尉、奉車、駙馬、騎都尉、諸護軍將兵助郡都尉、水衡、典虞、牧官、典牧都尉、度支中郎將、校尉、都尉、司監都尉、材官校尉、王國中尉、宜禾伊吾都尉、監淮南津都尉，銀印，青綬。【略】

州刺史，銅印，墨綬。【略】御史中丞、都水使者，銅印，墨綬。【略】謁者僕射，銅印，墨綬。【略】諸軍司馬，銀章，青綬。【略】

給事中、黃門侍郎、散騎侍郎、太子中庶子、庶子，給五時朝服，武冠。中書侍郎，給五時朝服，進賢一梁冠。冗從僕射、太子衛率，銅印，墨綬。給五時朝服，武冠。

虎賁中郎將、羽林監，銅印，墨綬。【略】

北軍中侯、殿中監，銅印，墨綬。【略】護匈奴中郎將、護羌夷戎蠻越烏丸西域戊己校尉，銅印，青綬。【略】

郡國太守、相、內史，銀章，青綬。【略】其加中二千石者，依卿、尹。牙門將，銀章，青綬。【略】

騎都督、守，銀印，青綬。【略】

尚書左右丞、秘書丞，銅印，黃綬。【略】尚書秘書郎、太子中舍人、洗馬、舍人，【略】黃沙治書侍御史，銀印，墨綬。【略】

關內、關中名號侯，金印，紫綬。【略】公府長史、諸卿尹丞、諸縣署令秩千石者，銅印，墨綬。【略】

諸軍長史、諸卿尹丞、獄丞、太子保傅詹事丞、郡國太守相內史、丞、長史、諸縣署令長相、關谷長、王公侯諸署令、長、司理、治書、公主家僕，銅印，墨綬。【略】

公車司馬、太史、太醫、太官、御府、內省令、太子諸署令、僕、門大夫、陵令，銅印，墨綬。【略】太子率更、家令、僕，銅印，墨綬。【略】黃門諸署令、僕、長，銅印，墨綬。【略】黃門冗從僕射監、太子寺人監，銅印，墨綬。【略】

公府司馬、諸軍城門五營校尉司馬、護匈奴中郎將護羌戎夷蠻越烏丸戊己校尉長史、司馬，銅印，墨綬。

王郡公侯郎中令、大農，銅印，青綬。【略】北軍中候丞，銅印，黃綬。【略】太子常從虎賁督、校督、司馬虎賁督，銅印，墨綬。【略】殿中將軍，銀章，青綬。【略】宋末不復給章綬。水衡、典虞、牧官、典牧、材官、州郡國都尉、司馬，銅印，墨綬。【略】諸謁者，朝服，高山冠。【略】

殿中中郎將校尉、都尉、黃門中郎將校尉、殿中太醫校尉、都尉，銀印，青綬。【略】

關外侯，銀印，青綬。【略】左右都候、閶闔司馬、城門候，銅印，墨綬。【略】王郡公侯中尉，銅印，墨綬。【略】

部曲督護、司馬史、部曲將，銅印。【略】司馬史，假墨綬。【略】

太醫校尉、都尉、總章協律中郎將校尉、都尉，銀印，青綬。

殿中司馬及守陵者、殿中太醫司馬，銅印，墨綬。【略】

太醫司馬，銅印。【略】總章監鼓吹監司律司馬，銅印，墨綬。【略】

諸縣署丞、太子諸署丞、王公侯諸署及公主家丞，銅印，黃綬。【略】太醫丞，銅印。【略】黃門諸署丞，銅印，黃綬。【略】黃門稱長、園監，銅印，黃綬。【略】

諸縣尉、關穀塞護道尉，銅印，黃綬。【略】

洛陽卿有秩，銅印，青綬。【略】

宣威將軍以下至裨將軍，銅印。【略】其以此官爲刺史、郡守、若萬人司馬虎賁督以上及司馬史者，皆假青綬。平虜武猛中郎將、校尉、都尉，銀印。【略】其以此官爲千人司馬虎賁督以上及司馬史者，皆假青綬。【略】

圖像都匠行水中郎將、校尉、都尉，銀印，青綬。【略】若非以工伎巧能特加此官者，羽林長郎，佩武猛都尉以上印者，假青綬。別部司馬以下，假墨綬。【略】

陛長，假銅印，墨綬，旄頭。【略】

舉輦迹禽前驅由基强弩司馬、守陵虎賁，佩武猛都尉以上印者，假青綬。別部司馬以下，假墨綬。【略】

殿中冗從虎賁、殿中虎賁及守陵者持鈒戟冗從虎賁，佩武猛都尉以下印者，假青綬。別部司馬以下，假墨綬。【略】

持椎斧武騎虎賁、五騎傳詔虎賁、殿中羽林及守陵者太官尚食虎賁、稱飯宰人、諸官尚食虎賁，佩武猛都尉以上印者，假青綬。別部司馬以下，假墨綬。【略】

諸假印綬而官不給鞶囊者，得自具作。其但假印不假綬者，不得佩綬。

鞶，古制也。漢代著鞶囊者，側在腰間。或謂之傍囊，或謂之綬囊。然則以此囊盛綬也。或盛或散，各有其時乎。

《南齊書》卷一七《輿服志》 綬，【略】相國綠綟綬，三采，綠紫紺。郡公玄朱。侯伯青朱，子男素朱，皆三采。公世子紫，侯世子青，鄉、亭、關内侯墨綬，皆二采。郡國太守、内史青，尚書令、僕、中書監、令、秘書監皆黑，丞皆黄，諸府丞亦黄。【略】

公侯五等金章，公世子金印，侯銀印，【略】其公、將軍金章，光禄大夫、卿、尹、太子傅、諸領護將軍、中郎將、校尉、郡國太守内史、四品五品將軍，皆銀章，尚書令、僕、中書監、令、秘書［監］丞、太子二率、諸府長史、卿、尹、丞、尉、中丞、都水使者、諸州刺史，皆銅印。

隋·虞世南《北堂書鈔》卷一三一《儀飾部下·印》 以官爲名。魏武《設官令》云：魏諸官印各以官爲名，印如漢法，斷千名者章。

又《綬》 相國緑綬。蔡邕《雜章》云：相國，金印緑綬，位在公上，所以殊異，休烈羣賢，莫得而齊也。

《隋書》卷一一《禮儀志六》 陳永定元年，武帝即位。【略】定令具依天監舊事。

開國公，金章龜鈕，玄朱綬。一百四十首。【略】

開國侯、伯，金章龜鈕，青朱綬。一百二十首。【略】

開國子、男，金章龜鈕，青綬。一百首。【略】

縣、鄉、亭、關内、關中及名號侯，金印龜鈕，紫綬。【略】關内、關中及名號侯則珪鈕。

關外侯，銀印珪鈕，青綬。【略】

諸王嗣子，金印珪鈕，紫綬。八十首。【略】

開國公、侯嗣子，銀印珪鈕，青綬。八十首。【略】

太宰、太傅、太保、司徒、司空，金章龜鈕，紫綬。八十首。【略】

大司馬、大將軍、太尉、諸位從公者，金章龜鈕，紫綬。八十首。【略】

尚書令、僕射、尚書，銅印墨綬。【略】尚書則無印綬。【略】陳尚書令、僕射，金章龜鈕，紫綬，八十首。【略】尚書無印綬及鞶。【略】

中書監、令、秘書監，銅印墨綬。【略】陳制，銀章龜鈕，青綬，八十首，獸頭鞶，腰劍。餘同梁。

左、右光禄大夫，皆與加金章紫綬同。其但加金紫者，謂之金紫光禄，但加銀青者，謂之光禄大夫。【略】

光禄、太中、中散大夫，太常、光禄、弘訓太僕、太僕、廷尉、宗正、大鴻臚、大司農、少府、大匠諸卿，丹陽尹，太子保、傅，大長秋，太子詹事，銀章龜鈕，青綬，【略】各以其綬采爲組纓，旁垂黈纊。【略】

驃騎、車騎、衛將軍、中軍、冠軍、輔國將軍、四方中郎將，金章紫綬。【略】《陳令》：鎮、衛、驃騎、車騎、中軍、中衛、中撫軍、中權、四征、四鎮、四安、四翊、四平將軍，金章獸鈕。其冠軍、四方中郎將，金章豹鈕，並紫綬，八十首。【略】

領、護軍，中領、護軍，五營校尉，銀印青綬。【略】《陳令》：領、護，金章龜鈕，紫綬，八十首。中領、護，銀章龜鈕，青綬，八十首。其五營校尉，銀印珪鈕，青綬，八十首。【略】

弘訓衛尉，衛尉，【略】司隸校尉，陳無官服。左右衛、驍騎、游擊、前、左、右、後軍將軍，龍驤、寧朔、建威、振威、奮威、揚威、廣威、武威、建武、振武、奮武、揚武、廣武等將軍，積弩、積射、强弩將軍，監軍，銀章青綬。【略】《陳令》：左、右衛，銀章龜鈕，不給劍。左右驍騎、游擊、雲騎、游騎、前、左、右、後軍將軍，左右中郎將，銀印珪鈕。【略】其積弩、積射、强弩，銅印環鈕，墨綬，帶劍。餘服同梁。又有忠武、軍師、武臣、爪牙、龍騎、雲麾、鎮兵、翊帥、宣惠、宣毅、智威、仁威、勇威、信威、嚴威、智武、仁武、勇武、信武、嚴武，金章豹鈕，紫綬，八十首。官不給。輕車、鎮朔、武旅、貞毅、明威、寧遠、安遠、征遠、振遠、宣遠等將軍，金章貔鈕，紫綬。【略】

御史中丞、都水使者，銀印，墨綬。【略】陳中丞，銀章龜鈕，青綬，八十首。

謁者僕射，銅印環鈕，墨綬。八十首。【略】

諸軍司，銀章龜鈕，青綬。【略】

給事中、黄門侍郎、散騎通直員外、散騎侍郎、奉朝請、太子中庶子、庶子、武衛將軍、武騎常侍。【略】

冗從僕射、太子衛率，銅印，墨綬，獸頭鞶。【略】陳衛率，銀章龜鈕，青綬，【略】冗從，銅印環鈕，墨綬。【略】

武賁中郎將、羽林監，銅印環鈕，墨綬。【略】

護匈奴中郎將，護羌、戎、夷、蠻、越、烏丸、西域校尉，銀印珪

鈕，青綬。【略】

安夷、撫夷護軍，州郡國都尉，奉車、駙馬、騎都尉，諸護軍，銀印珪鈕，青綬，獸頭鞶。【略】

州刺史，銅印，墨綬。【略】陳銅章龜鈕，青綬。餘同梁。

郡國太守、相、內史，銀章龜鈕，青綬。【略】

尚書左、右丞，秘書丞，銅印環鈕，黃綬。【略】

治書侍御史、侍御史。【略】治書侍御史，則有銅印環鈕，墨綬。【略】

公府長史，獸頭鞶。諸卿尹丞，黃綬，獸爪鞶。【略】

諸縣署令、秩千石者，獸爪鞶，銅印環鈕，墨綬。【略】

諸卿部丞、獄丞，【略】黃綬。【略】

太子保、傅，詹事丞，【略】黃綬。

郡國相、內史丞，長史，【略】其丞，黃綬。【略】

諸縣署令、長、相，【略】銅印環鈕，墨綬。【略】

陵令、長，【略】銅印環鈕，墨綬。【略】

黃門諸署令、僕、長丞，【略】銅印環鈕，墨綬。丞，黃綬。黃門冗從僕射監、太子寺人監，銅印環鈕，墨綬。【略】

公府司馬，領、護軍司馬，諸軍司馬，護匈奴中郎將，護羌、戎、夷、蠻、越、烏丸、戊己校尉長史、司馬，銅印環鈕，墨綬。【略】

廷尉，建康正、監平，銅印環鈕，墨綬。【略】

左、右衛司馬，銅印環鈕，墨綬。【略】

直閤將軍，朱服，武冠，銅印珪鈕，青綬。【略】

諸開國郎中令、大農、公、傅中尉，銅印環鈕，青綬。【略】

諸開國三將軍，銅印環鈕，青綬，【略】限外者不給印。陳制：墨綬，餘並同梁。

開國掌書中尉、司馬，陵廟食官，廐牧長，典醫典府丞，銅印。常侍、侍郎、世子、庶子、謁者、中大夫、舍人，不給印。典書、典祠、學官令，典膳丞、長，銅印。限外者不給印。【略】

太子衛率、率更、家令丞，銅印環鈕，黃綬。【略】

太子常從武賁督，銅印環鈕，墨綬。【略】

州郡國都尉司馬，銅印環鈕，墨綬。【略】

殿中內外局監、太子內外監、殿中守舍人，銅印環鈕。【略】

諸縣署丞、太子諸署丞、王公侯諸署及公主家令丞、僕，銅印環鈕，黃綬。【略】

諸縣尉，銅印環鈕，【略】黃綬。【略】

殿中中郎將、校尉、都尉，銀印珪鈕，青綬。【略】

城門候，銅印環鈕，墨綬。【略】

部曲督、司馬吏、部曲將，銅印環鈕，【略】司馬吏，假墨綬。【略】

總章協律，銅印環鈕，艾綬。【略】

齋帥墨綬。【略】

殿中司馬，銅印環鈕，墨綬。【略】

總章監、鼓吹監，銅印環鈕，艾綬。【略】

以此官爲刺史、太守，皆青綬。此條已下，皆陳制，與梁不同。

典儀伹帥、典儀正帥，【略】其本資有殿伹、正帥，得帶艾綬，【略】殿伹帥、正帥，艾綬。【略】

威雄、猛、烈、振、信、勝、略、風、力、光等十威將軍，武猛、略、勝、力、毅、健、烈、威、銳、勇等十武將軍，並銀章熊鈕，青綬。【略】

猛毅、烈、威、銳、震、進、智、武、勝、駿等十猛將軍，銀章羆鈕，青綬。【略】

壯武、勇、烈、猛、銳、威、毅、志、意、力等十壯將軍，驍雄、桀、猛、烈、武、勇、銳、名、勝、迅等十驍將軍，雄猛、威、明、烈、信、武、勇、毅、壯、健等十雄將軍，並銀章羔鈕，青綬。【略】

忠勇、烈、猛、銳、壯、毅、捍、信、義、勝等十忠將軍，明智、略、遠、勇、烈、威、勝、進、銳、毅等十明將軍，光烈、明、英、遠、勝、銳、命、勇、武、野等十光將軍，飈勇、猛、烈、銳、奇、決、起、略、勝、出等十飈將軍，並銀章鹿鈕，青綬。【略】

龍驤、武視、雲旗、風烈、電威、雷音、馳銳、進銳、羽騎、突騎、折衝、冠武、和戎、安壘、起猛、英果、掃虜、掃狄、武銳、摧鋒、開遠、略遠、貞威、決勝、清野、堅銳、輕銳、拔山、雲勇、振旅等三十號將軍，銀印菟鈕，青綬。【略】

超武、鐵騎、樓船、宣猛、樹功、剋狄、平虜、棱威、戎昭、威戎、伏波、雄戟、長劍、衝冠、雕騎、佽飛、勇騎、破敵、剋敵、威虜、前鋒、武毅、開邊、招遠、全威、破陣、蕩寇、殄虜、横野、馳射等三十號將軍，銅印環鈕，墨綬，【略】并左十二件將軍，除並假給章印綬。【略】其勳選除，亦給章印。

建威、牙門、期門已下諸將軍，並銅印環鈕，墨綬，獸頭鞶，朱服，武冠。板則無印綬，止冠服而已。其在將官，以功次轉進，應署建威已下諸號，不限板除，悉給印綬。若武官署位轉進，登上條九品馳射已上諸戎號，亦不限板除，悉給印綬。

千人督、校督司馬，武賁督、牙門將、騎督督、守將兵都尉、太子常從督別部司馬、假司馬，假銅印環鈕，【略】墨綬。【略】

武猛中郎將、校尉、都尉，銅印環鈕，【略】其以此官爲千人司馬、道賁督已上及司馬，皆假墨綬。【略】

陛長者，假銅印環鈕，墨綬。【略】

假旄頭羽林，在陛列及備鹵簿，【略】其本位佩武猛都尉已上印者，假墨綬，別部司馬已下假墨綬，並獸頭鞶。

殿中冗從武賁、殿中武賁、持鈒戟冗從武賁，假青綬。【略】《陳令》：絳科單衣，其本位職佩武猛、都尉等印，假鞶、綬，依前條。

持椎斧武騎武賁、五騎傳詔武賁、殿中羽林、太官尚食武賁、稱飯宰人、諸宫尚食武賁，假墨綬。【略】其佩武猛、都尉等位印，皆依上條假鞶、綬之例。【略】

諸王國【略】司理假銅印。【略】

太子正員司馬督、題閣監。銅印墨綬。【略】

古者君臣佩玉，尊卑有序，綬者，所以貫佩相承受也。又上下施韍如蔽膝，貴賤亦各有殊。五覇之後，戰兵不息，佩非兵器，韍非戰儀，於是解去佩韍，留其繫璲而已。韍佩既廢，秦乃以采組連結於璲，轉相結受，又謂之綬。漢承用之。至明帝始復制佩，而漢末又亡絶。魏侍中王粲識其形，乃復造焉。今之佩，粲所制也。【略】

印綬，二品已上，並金章，紫綬；三品銀章，青綬；三品已上，凡是五省官及中侍中省，皆爲印，不爲章。四品得印者，銀印，青綬；五品、六品得印者，銅印，墨綬，四品已下，凡是開國子、男及五等散品名號侯，皆爲銀章，不爲印。七品、八品、九品得印者，銅印，黄綬。金銀章印及銅印，並方一寸，皆龜鈕。東西南北四藩諸國王章，上藩用中金，中藩用銀，並方寸，龜鈕。佐官唯公府長史、尚書二丞，給印綬。六品已下，九品已上，唯當曹爲官長者給印。餘自非長官，雖位尊，並不給。

諸王纁朱綬，四采，赤黄縹紺，純朱質，纁文織，長二丈一尺，二百四十首，廣九寸。開國郡縣公、散郡縣公，玄朱綬，四采，玄赤縹紺，朱質，青文織，長一丈八尺，百八十首，廣八寸。開國縣侯伯、散縣侯伯，青朱綬，四采，青赤白縹，朱質，青文織，長一丈六尺，百四十首，廣七寸。開國縣子男、散縣子男、名號侯、開國鄉男，素朱綬，三采，青赤白，朱質，白文織，長一丈四尺，百二十首，廣六寸。一品、二品，紫綬，三采，紫黄赤，純紫質，長一丈八尺，百八十首，廣八寸。三品、四品，青綬，三采，青白紅，純青質，長一丈六尺，百四十首，廣七寸。五品、六品，墨綬，二采，青紺，純紺質，長一丈四尺，百首，廣六寸。七品、八品、九品，黄綬，二采，黄白，純黄質，長一丈二尺，六十首，廣五寸。官品從第二已上，小綬間得施玉環。凡綬，先合單紡爲一絲，絲四爲一扶，扶五爲一首，首五成一文。采純爲質。首多者絲細，首少者絲粗。官有綬者，則有紛，皆長八尺，廣三寸，各隨綬色。若服朝服則佩綬，服公服則佩紛。官無綬者，不合佩紛。

《晉書》卷二四《職官志》 文武官公，皆假金章紫綬，著五時服。其相國、丞相，皆衮冕，綠盭綬，所以殊于常公也。

又 卷二五《輿服志》 諸假印綬而官不給鞶囊者，得自具作，其但假印不假綬者，不得佩綬鞶，古制也。漢世著鞶囊者，側在腰間，或謂之傍囊，或謂之綬囊，然則以紫囊盛綬也。或盛或散，各有其時。

唐·杜佑《通典》卷六三《禮二十三·天子諸侯玉佩劍綬璽印》

晉制，【略】相國綠綟綬，綟與盭同。三采，綠紫紺。郡公玄朱，侯伯青朱，子男素朱，皆三采。公嗣子紫，侯嗣子青，鄉、亭、關内侯紫綬，皆二采。郡國太守、内史青；尚書令僕射、中書監令、秘書監皆黑；丞皆黄，諸府丞亦然。其佩刀者，以木代真刀也。

宋【略】郡公，金章，玄朱綬，佩山玄玉。太宰、太傅、太保、丞相、司徒、司空，金章，紫綬，佩山玄玉。相國則綠綟綬，三采，綠紫紺。大司馬、大將軍、太尉、凡將軍位從公者，金章，紫綬，佩山玄玉。郡侯，金章，青朱綬，佩水蒼玉。驃騎、車騎、衛將軍、凡諸將軍加大者，征、鎮、安、平、中軍、鎮軍、撫軍、前、左、右、後，征虜、冠軍、輔國、龍驤將軍，並金章，紫綬，佩水蒼玉。諸王嗣子，金印，紫綬，佩山玄玉。郡公侯嗣子，銀印，青綬，佩水蒼玉。侍中、散騎常侍及中常侍，給五時朝服，武冠；貂蟬，侍中左，常侍右，皆佩水蒼玉。尚書令、僕射，銅印，墨綬，佩水蒼玉。中書監令、秘書監，銅印，墨綬，佩水蒼玉。光禄大夫、卿、尹、太子保傅、大長秋、太子詹事，司隸校尉、武尉、左右衛、中堅、中壘、驍騎、游擊、前軍、左軍、右軍、後軍、寧朔、建威、振威、奮威、揚威、廣威、建武、振武、奮武、揚武、廣武、左積弩、右積弩、强弩諸將軍、監軍，銀章，青綬，佩水蒼玉。領軍、護軍、城門五營校尉、東南西北中郎將，銀印，青綬，佩水蒼玉。縣、鄉、亭侯，金印，紫綬。鷹揚、折衝、輕車、揚烈、威遠、寧遠、武威、材官、伏波、淩江諸將軍，銀章，青綬。奮武護軍，安夷撫軍、護軍，軍州郡國都尉，奉車、駙馬、騎都尉，諸護軍將兵助郡都尉，水衡、典虞、牧官、典牧都尉，度支中郎將、校尉，都尉，司鹽都尉，材官校尉，王國中尉，宜禾伊吾都尉，監淮南津都尉，銀印，青綬。州刺史，銅印，墨綬。御史中丞、都水使者，銅印，墨綬，佩水蒼玉。謁者僕射，銅印，墨綬，佩水蒼玉。諸軍司馬，銀章，青綬。冗從僕射、太子衛率、武賁中郎將、羽林監，銅印，墨綬；其在陛列具備鹵簿，髭尾，絳紗縠單衣。北軍中候、殿中監，銅印，墨綬。護匈奴中郎將、護羌戎夷蠻越烏丸西域戊己校尉，銅印，青綬。郡國太守、相、内史，銀章，青綬；江左止單衣幘，其加中二千石者，依卿、尹。牙門將，銀章，青綬。騎都督、守，銀印，青綬。尚書左右丞、秘書丞，銅印，黄綬。尚書郎、秘書郎、太子中舍人、洗馬、舍人，侍御史。關内、關中、名號侯，金印，紫綬，朝服，進賢兩梁冠。諸博士，水蒼玉。公府長史，諸卿尹丞，諸縣署令秩千石者，諸軍長史，諸卿尹丞，獄丞，太子保傅詹事丞，郡國太守相内史丞、長史，諸縣署令長相，關谷長，王公侯諸署令、長、司理、持書，公主家僕，公車司馬，太史、太醫、太官、御府、内省令，太子諸署令、僕、門大夫、陵令，太子率更、家令、僕，黄門諸署令、僕、長，黄門冗從僕射監，太子寺人監，公府司馬，諸軍城門五營校尉司馬，護匈奴中郎將護羌戎夷蠻越烏丸戊己校尉長史、司馬，廷尉正、監、平，並銅印墨綬。王郡公侯郎中令、大農，銅印青綬。北軍中候丞，銅印黄綬。太子常從武賁督、千人督、校督、司馬武賁督，銅印墨綬。殿中將軍，銀章青綬。宋末不復給章綬。水衡、典虞、牧官、典牧、材官、州郡國都尉司馬，銅印墨綬。殿中中郎將校尉、都尉，黄門中郎將校尉、都尉，殿中太醫校尉、都尉，關外侯，並銀印青綬。左右都候、閶闔司馬、城門候、王郡公侯中尉，銅印墨綬。部曲督護、司馬史、部曲將，銅印；司馬史，假墨綬。太醫校尉、都尉，總章協律中郎將校尉、都尉，銀印青綬。殿中司馬及守陵者，殿中太醫司馬、總章監鼓吹監司律司馬，銅印墨綬。諸縣署丞、太子諸署丞、王公侯諸署及公主家丞，銅印黄綬。太醫丞，銅印。黄門諸署丞、黄門稱長、園監、諸縣尉、關穀塞護道尉，銅印黄綬。洛陽鄉有秩，銅印青綬。宣威將軍以下至裨將軍，銅印；其以此官爲刺史、郡守、千人司馬武賁督以上及司馬長史者，皆假青綬。平虜武猛中郎將、校尉、都尉，銀印；武賁督以上及司馬長史者，皆假青綬。別部司馬、軍假司馬，銀印。圖像都匠、行水中郎將、校尉、都尉，銀印青綬；若非以工巧技能特加此官者，不假綬。羽林郎、羽林長郎，佩武猛都尉以上印者，假青綬。別部司馬以下，假墨綬。武賁在陛列及備鹵簿，服錦文衣；陛長，假銅印墨綬。旄頭。羽林在陛列及備鹵簿，服絳科單衣，假旄頭。舉輦、迹禽、前驅、填街、强弩司馬，守陵武賁，佩武猛都尉以上印者，假青綬。別部司馬以下，假墨綬。守陵武賁、殿中武賁及守陵者持鈒戟冗從武賁，佩武猛都尉以上印者，假青綬。別部司馬以下，假墨綬。持椎斧武騎武賁、五騎傳詔武賁、殿中羽林及守陵者太官尚食武賁、稱飯宰人、諸宮尚食武賁，佩武猛都尉以上印者，假青綬。別部司馬以下，假墨綬。凡此前衆職，江左多不備，又多闕朝服。諸應給朝服佩玉，而不在京都者給朝服，非護烏丸羌夷戎蠻諸校尉以上及刺史、西域戊己校尉，皆不給佩玉。其來朝會，權時假給，會罷輸還。凡應朝服者而官不給，聽自具之。諸假印綬而官不給鞶囊者，得自具作。其但假印不假綬者，不得佩綬。鞶，古制也。按漢代著鞶囊者，側在腰間。或云傍囊，或云綬囊，然則以此囊盛綬也。或盛或散，各有其時。

齊【略】公侯五等金章，其公、將軍，金章。光禄大夫、卿、尹、太子傅、諸領護將軍、中郎將、校尉、郡國太守内史、四品五品將軍，皆銀章。尚書令、僕射、中書監令、秘書監丞、太子二率、諸府長史、卿、尹、丞、尉、中丞、都水使者、諸州刺史，皆銅印。

其綬，乘輿黄赤綬，黄赤縹緑紺五采。太子朱綬，諸王纁朱綬，赤黄縹紺色亦同。相國緑綟綬，三采，緑紫紺。郡公玄朱，侯伯青朱，子男素朱，皆三采。公嗣子紫，侯嗣子青，鄉亭侯、關中關内侯墨綬，皆二采。郡國太守、内史青，尚書令、僕射、中書監令、秘書監皆黑，丞皆黄，諸府丞亦然。

梁制，【略】開國公，金章龜鈕，玄朱綬，百四十首，佩山玄玉，獸頭鞶，腰劍。開國侯、伯，金章龜鈕，青朱綬，百二十首，佩水蒼玉，獸頭鞶，腰劍。開國子、男，金章龜鈕，青綬，百首，佩水蒼玉，獸頭鞶，腰劍。縣、鄉、亭、關内、關中及名號侯，金印龜鈕，紫綬，獸頭鞶，腰劍。關内、關中及名號侯則珪鈕。關外侯，銀印珪鈕，青綬，獸頭鞶，腰劍。諸王嗣子，金印珪鈕，紫綬，八十首，獸頭鞶，腰劍。大司馬、大將軍、太尉、諸位從公者，金章龜鈕，紫綬，八十首，獸頭鞶，腰劍。直將軍則不帶劍。凡公及位從公。言以將軍及以左右光禄開府儀同者，各隨本位號。其文則曰『某位號儀同之章』。尚書令、僕射、尚書，銅印墨綬，朝服，佩水蒼玉，尚書則無印綬。腰劍，紫荷，執笏。侍中散騎常侍、通直常侍、員外常侍，皆腰劍，佩水蒼玉。舊至尊朝會登殿，侍中常侍夾御，御下輿，則扶左右；侍中参乘，則不帶劍。中書監、令，秘書監，銅印墨綬，水蒼玉，腰劍，獸頭鞶。左右光禄大夫，與加金章紫綬同。但加金紫者，謂之金紫光禄；但加銀青者，謂之銀青光禄。光禄、太中、中散大夫，太常、光禄、弘訓太僕、太僕、廷尉、宗正、大鴻臚、大司農、少府、大匠諸卿，丹陽尹、太子保傅、大長秋、太子詹事，銀章龜鈕，青綬，獸頭鞶，佩水蒼玉。卿大夫助祭，皆佩五采大佩，赤舄絇屨。驃騎、車騎、衛將軍、中軍、冠軍、輔國將軍、四方中郎將，金章紫綬，中郎將則青綬。佩水蒼玉。領、護軍，中領、護軍，五營校尉，銀印青綬，佩水蒼玉，獸頭鞶。其屯騎、越騎，夾御日，假給佩，餘校不給。弘訓衛尉，衛尉，司隸校尉，左右衛、驍騎、游擊、前、後、左、右軍將軍，龍驤、寧朔、建威、振威、奮威、揚威、廣威等將軍，積弩、積射、强弩將軍，監軍，銀章青綬，佩水蒼玉，獸頭鞶。驍、游以下，並不給佩。驍、遊夾侍日，假給。國子祭酒，佩水蒼玉。御史中丞、都水使者，銀印墨綬，獸頭鞶，腰劍，佩水蒼玉。謁者僕射，銅印環鈕，墨綬，八十首，獸頭鞶，佩水蒼玉，腰劍。給事中、黄門侍郎、散騎通直員外、散騎侍郎、奉朝請、太子中庶子、庶子、武衛將軍、武騎常侍，腰劍。中書侍郎，腰劍。冗從僕射、太子衛率，銅印墨綬，獸頭鞶。武賁中郎將、羽林監，銅印環鈕，墨綬，獸頭鞶，腰劍。其在陛列及備鹵簿，著鶡尾，絳紗縠單衣。護匈奴中郎將，護羌、戎、夷、蠻、越、烏丸、西域校尉，銀印珪鈕，青綬，獸頭鞶。安夷、撫夷護軍，州郡國都尉，奉車、駙馬、騎都尉，諸護軍，銀印珪鈕，青綬，獸頭鞶。州刺史，銅印墨綬，獸頭鞶，腰劍。郡國太守、相、内史，銀章龜鈕，青綬，獸頭鞶，單衣介幘；加中二千石，依卿尹劍佩。尚書左、右丞，秘書丞，銅印環鈕，黄綬，獸爪鞶。尚書，秘書著作郎，太子中舍人、洗馬、舍人，腰劍。書侍御史、侍御史，腰劍。書侍御史，則有銅印環鈕，墨綬。諸博士，給佩水蒼玉。太學博士，正限八人，著佩，限外六人不給。廷尉律博士，無佩，並簪筆。公府長史，獸頭鞶。諸卿尹丞，黄綬，獸爪鞶，簪筆。諸縣署令秩千石者，獸爪鞶，銅印環鈕，墨綬。公府令史亦同。領、護軍長史，朱服，獸頭鞶。諸軍長史，獸頭鞶。諸卿部丞、獄丞，黄綬，獸爪鞶，簪筆。太子保傅詹事丞，簪筆，獸爪鞶，黄綬。郡國相内史丞、長史，長史獸頭鞶；其丞，黄綬，獸爪鞶。諸縣署令、長、相，獸頭鞶，銅印環鈕，墨綬。州郡大中正、郡中正。太子門大夫，獸頭鞶，陵令、長，獸爪鞶，銅印環鈕，墨綬。率更、家令、僕，獸頭鞶，腰劍。黄門諸署令、僕、長丞，銅印環鈕，墨綬。丞，黄綬。黄門冗從僕射監、太子寺人監，銅印環鈕，墨綬，獸頭鞶。公府司馬，領、護軍司馬，諸軍司馬，護匈奴中郎將護羌戎夷蠻越烏丸戊己校尉長史、司馬，銅印環鈕，墨綬，獸頭鞶。廷尉，建康正、監、平，銅印環鈕，墨綬，皁零辟，獸爪鞶。左、右衛司馬，銅印環鈕，墨綬，獸頭鞶。直閤將軍，銅印珪鈕，青綬，獸頭鞶。諸殿主帥，正直絳紗，從則褠襠衫。諸開國郎中令、大農，公傅、中尉，銅印環鈕，青綬，皆獸頭鞶。諸開國三將軍，銅印環鈕，青綬。開國掌書中尉、司馬，陵廟食官，廐牧長，典醫典府丞，銅印。常侍、侍郎，嗣子、庶子，謁者、中大夫，舍人，不假印。典書、典祠、學官令，典膳丞、長，銅印。限外者不給印。太子衛率、率更、家令丞，銅印環鈕，黄綬，獸爪鞶。太子常從武賁督，銅印環鈕，墨綬，獸爪鞶。殿中將軍、員外將軍。州郡國都尉司馬，銅印環鈕，墨綬，獸頭鞶。殿中内外局監、太子内外監、殿中守舍人，銅印環鈕。諸縣署丞，太子諸署丞，王公侯諸署及公主家令丞、僕，銅印環鈕，黄綬。諸縣尉，銅印環鈕，單衣，黄綬，獸爪鞶。節騎郎其在陛列及備鹵簿者，髦尾，絳紗縠單衣。御節郎、黄鉞郎，簪筆。典儀、唱警、唱奏事、持兵、主麾等諸職公事及備鹵簿。殿中中郎將、校尉、都尉，銀印珪鈕，青綬，獸頭鞶。城門候，銅印環鈕，墨綬，獸頭鞶。部曲督、司馬吏、部曲將，銅印環鈕。司馬吏，假墨綬，獸爪鞶。總章協律，銅印環鈕，艾綬，獸爪鞶。黄門後閤舍人、主書、齋帥、監食、主食、主客、扶侍、鼓吹。齋帥，墨綬，獸頭鞶。殿中司馬，銅印環鈕，墨綬，獸頭鞶。總章監、鼓吹監，銅印環鈕，艾綬。諸四品將兵都尉、牙門將、崇毅、材官、折難、輕騎、揚烈、威遠、寧遠、宣威、光威、驤威、威烈、威虜、平戎、綏遠、綏狄、綏邊、綏戎、獸威、威武、烈武、毅武、奮武、討寇、討虜、殄難、討難、討夷、厲武、横野、陵江、膺揚、執訊、蕩寇、蕩虜、蕩難、蕩逆、殄虜、掃虜、掃逆、掃難、掃寇、厲鋒、武奮、武牙、廣野，領兵滿五十人，給銀章，不滿五十人，除板而已，不給章；以此官爲刺史、郡守，皆青綬。

陳制，【略】諸王及開國五等諸侯，縣、鄉、亭、關內、關中及名號侯，關外侯，王嗣子，太宰，太傅，太保，司徒，司空，大司馬，大將軍，太尉，諸位從公者，並如梁制。餘官不見者，亦與梁制同，不復具云。

尚書令、僕射，金章龜鈕，紫綬，八十首，獸頭鞶；尚書無印綬及鞶。侍中常侍夾御，御下輿，則扶左右；侍中驂乘，則不帶劍。中書監令、秘書監，銀章龜鈕，青綬，八十首，獸頭鞶，腰劍。鎮、衛、驃騎、車騎、中軍、中衛、中撫軍、中權、四征、四鎮、四安、四翊、四平將軍，金章獸鈕。其冠軍、四方中郎將，金章豹鈕，紫綬，八十首，獸頭鞶，佩水蒼玉。自中軍以下諸將軍、冠軍、四方中郎將，並官不給佩也。領、護軍，金章龜鈕，紫綬，八十首。中領、護軍，銀章龜鈕，青綬，八十首。其五營校尉，銀印珪鈕，青綬，八十首。官不給佩。左、右衛，銀章龜鈕，不給劍。左右驍騎、游擊、雲騎、游騎、前左右後將軍、左右中郎將，銀印珪鈕。餘服飾同梁，亦官不給佩。其驍、遊、雲騎，夾御日，假給。其積弩、積射、强弩，銅印環鈕，墨綬，帶劍。餘服同梁。又有忠武、軍帥、武臣、爪牙、龍騎、雲麾、鎮兵、翊帥、宣惠、宣毅、智威、仁威、勇威、信威、嚴威、智武、仁武、勇武、信武、嚴武，金章豹鈕，紫綬，八十首。官不給。輕車、鎮朔、武旅、貞毅、朔威、寧遠、安遠、征遠、振遠、宣遠等將軍，金章貔鈕，紫綬，並獸頭鞶，佩水蒼玉。中丞，銀章龜鈕，青綬，八十首。庶子以上簪筆。其武衛不腰劍。衛率，銀章龜鈕，青綬，不腰劍。冗從，銅印環鈕，墨綬，腰劍。州刺史，銀章龜鈕，青綬，獸頭鞶，腰劍。典儀但帥、典儀正帥，其本資有殿但、正帥，得帶艾綬，獸頭鞶。殿帥、羽儀帥、員外帥。威雄、猛、烈、振、信、勝、略、風、力、光等十威將軍，武猛、略、勝、力、毅、健、烈、威、銳、勇等十武將軍，並銀章熊鈕，青綬，獸頭鞶。猛毅、烈、威、銳、震、進、智、武、勝、駿等十猛將軍，銀章羆鈕，青綬，獸頭鞶。壯武、勇、猛、烈、銳、威、毅、志、意、力等十壯將軍，驍雄、桀、猛、烈、武、勇、銳、名、勝、迅等十驍將軍，雄猛、威、明、烈、信、武、勇、毅、壯、健等十雄將軍，並銀章羔鈕，青綬，獸頭鞶。忠勇、烈、猛、銳、壯、毅、悍、信、義、勝等十忠將軍，明智、略、遠、勇、烈、威、勝、進、銳、毅等十明將軍，光烈、明、英、遠、勝、銳、命、勇、武、野等十光將軍，飆勇、猛、烈、銳、奇、決、超、勝、略、出等十飆將軍，並銀章鹿鈕，青綬，獸頭鞶。龍驤、虎視、雲旗、風烈、電威、雷音、馳銳、追銳、羽騎、突騎、折衝、冠武、和戎、安壘、超猛、英果、掃虜、掃狄、武銳、摧鋒、開遠、略遠、貞威、決勝、清野、堅銳、輕銳、拔山、雲勇、振旅等將軍，銀印兔鈕，青綬，獸頭鞶。超武、鐵騎、樓船、宣猛、樹功、剋狄、平虜、稜威、戎昭、威戎、伏波、雄戟、長劍、衝冠、雕騎、佽飛、勇騎、破敵、克敵、威虜、前鋒、武毅、開邊、招遠、全威、破陣、盪寇、殄虜、横野、馳射三十號將軍，銅印環鈕，墨綬，獸頭鞶。十二件將軍，除並假給章印綬。板則止。建威、牙門、期門以下諸將軍，並銅印環鈕，墨綬，獸頭鞶。其在官，以功次轉進，應署建威以下諸號，不限板除，悉給印綬。若武官署位轉進，登上條九品馳射以上諸戎號，亦不限板除，悉綬印綬。千人督、校督司馬，虎賁督、牙門將、騎督督、守將兵都尉、太子常從督，別部司馬、假司馬，假銅印環鈕，墨綬，獸頭鞶。

北齊制，【略】宮中大事用璽，小事用門下典書坊印。

諸侯印綬，二品以上，並金章紫綬；三品銀章青綬；三品以上，凡是五省官及中侍中省官，皆爲印，不爲章者也。四品得印者，銀印青綬；五品六品得印者，銅印墨綬；四品以下，凡開國子、男及五等散品名號侯，皆爲銀章，不爲印。七品、八品、九品得印者，銅印黃綬。金銀章印及銅印，並方一寸，皆龜鈕。四方諸藩國王之章，上藩用金，下藩用銀，並方寸，龜鈕。

佐官唯公府長史、尚書二丞，給印綬。六品以下，九品以上，唯當曹爲官長者給印。餘自非長官，雖位尊，並不給。

諸王，纁朱綬，四采，赤黃縹紺，純朱質，纁文織，長二丈一尺，二百四十首，廣九寸。開國郡縣公、散郡縣公，玄朱綬，四采，玄赤縹紺，朱質，玄文織，長丈八尺，百八十首，廣八寸。開國縣侯伯，青朱綬，四采，青赤白縹，朱質，青文織，長丈六尺，百四十首，廣七寸。開國縣子男、名號侯、開國鄉男，素朱綬，三采，青赤白，朱質，白文織，長丈四尺，百二十首，廣六寸。一品、二品，紫綬，三采，紫黃赤，純紫質，長丈八尺，百八十首，廣八寸。三品、四品，青綬，三采，青白紅，純青質，長丈六尺，百四十首，廣七寸。五品、六品，墨綬，二采，青紺，純紺質，長丈四尺，百首，廣六寸。七品、八品、九品，黃綬，二采，黃白，純黃質，長丈二尺，六十首，廣五寸。官品從第二以上，小綬間得施玉環。官有綬者，則有紛，皆長八尺，廣三寸，各隨綬色。若服朝服則佩綬，公服則佩紛。官無綬者，不合佩紛。

其鞶囊，二品以上金縷，三品金銀縷，四品銀縷，五品、六品綵縷，七品、八品、九品綵縷，獸爪鞶。官無印綬者，並不給佩鞶囊及爪。

其佩及劍，一品，玉具劍，佩山玄玉。二品，金裝劍，佩水蒼玉。三品及開國子男、五等散品名號侯雖四品、五品，並銀裝劍，佩水蒼玉。侍中以下，通直郎以上，陪位則象劍。木劍也，言其象真劍。帶劍者，入宗廟及升殿，若在仗内，皆解劍。

後周【略】三公諸侯金印，皆方寸二分，高八分，龜鈕。七命以上銀，四命以上銅，皆龜鈕。三命以上，銅印銅鼻。其方皆寸，其高六分，文曰『某公官之印』。

其組綬，【略】諸公九色，自黃以下。諸侯八色，自白以下。諸伯七色，自玄以下。諸子六色，自纁以下。諸男五色，自紅以下。三公之綬，如諸公。三孤之綬，如諸侯。六卿之綬，如諸伯。上大夫之綬，如諸子。中大夫之綬，如諸男。下大夫綬，自紫以下。士之綬，自緅以下。其璽印之綬，亦如之。

保定四年，百官始執笏，常服焉。宇文護始袍加下襴，遂爲後制。

清·王鳴盛《十七史商榷》卷四八《晉書六·加大夫人》 荀勖之子組傳：『進封臨潁縣公，加大夫人世子印綬。』案『大夫人』未詳，元版『加』下空一字，亦非，『大』疑當作『太』。

政治嬗變總部

三國鼎立部

曹魏建國分部

曹操統一北方

綜述

《三國志》卷一《魏志·武帝紀》 會靈帝崩，太子即位，太后臨朝。大將軍何進與袁紹謀誅宦官，太后不聽。進乃召董卓，欲以脅太后，《魏書》曰：太祖聞而笑之曰：『閹豎之官，古今宜有，但世主不當假之權寵，使至於此。既治其罪，當誅元惡，一獄吏足矣，何必紛紛召外將乎？欲盡誅之，事必宣露，吾見其敗也。』卓未至而進見殺。卓到，廢帝為弘農王而立獻帝，京都大亂。卓表太祖為驍騎校尉，欲與計事。太祖乃變易姓名，間行東歸。【略】

卓遂殺太后及弘農王。太祖至陳留，散家財，合義兵，將以誅卓。冬十二月，始起兵於己吾，《世語》曰：陳留孝廉衛茲以家財資太祖，使起兵，衆有五千人。是歲中平六年也。

初平元年春正月，後將軍袁術、冀州牧韓馥、豫州刺史孔伷、兗州刺史劉岱、河內太守王匡、勃海太守袁紹、陳留太守張邈、東郡太守橋瑁、山陽太守袁遺、濟北相鮑信同時俱起兵，衆各數萬，推紹為盟主。太祖行奮武將軍。

二月，卓聞兵起，乃徙天子都長安。卓留屯洛陽，遂焚宮室。是時紹屯河內，邈、岱、瑁、遺屯酸棗，術屯南陽，伷屯潁川，馥在鄴。卓兵強，紹等莫敢先進。太祖曰：『舉義兵以誅暴亂，大衆已合，諸君何疑？向使董卓聞山東兵起，倚王室之重，據二周之險，東向以臨天下；雖以無道行之，猶足為患。今焚燒宮室，劫遷天子，海內震動，不知所歸，此天亡之時也。一戰而天下定矣，不可失也。』遂引兵西，將據成皋。邈遣將衛茲分兵隨太祖。到滎陽汴水，遇卓將徐榮，與戰不利，士卒死傷甚多。太祖為流矢所中，所乘馬被創，從弟洪以馬與太祖，得夜遁去。榮見太祖所將兵少，力戰盡日，謂酸棗未易攻也，亦引兵還。

太祖到酸棗，諸軍兵十餘萬，日置酒高會，不圖進取。太祖責讓之，因為謀曰：『諸君聽吾計，使勃海引河內之衆臨孟津，酸棗諸將守成皋，據敖倉，塞轘轅、太谷，全制其險；使袁將軍率南陽之軍軍丹、析，入武關，以震三輔：皆高壘深壁，勿與戰，益為疑兵，示天下形勢，以順誅逆，可立定也。今兵以義動，持疑而不進，失天下之望，竊為諸君耻之！』邈等不能用。

太祖兵少，乃與夏侯惇等詣揚州募兵，刺史陳溫、丹楊太守周昕與兵四千餘人。還到龍亢，士卒多叛。《魏書》曰：兵謀叛，夜燒太祖帳，太祖手劍殺數十人，餘皆披靡，乃得出營；其不叛者五百餘人。至銍、建平，復收兵得千餘人，進屯河內。

劉岱與橋瑁相惡，岱殺瑁，以王肱領東郡太守。

袁紹與韓馥謀立幽州牧劉虞為帝，太祖拒之。《魏書》載太祖答紹曰：『董卓之罪，暴于四海，吾等合大衆、興義兵而遠近莫不回應，此以義動故也。今幼主微弱，制于姦臣，未有昌邑亡國之釁，而一旦改易，天下其孰安之？諸君北面，我自西向。』紹又嘗得一玉印，於太祖坐中舉向其肘，太祖由是笑而惡焉。《魏書》曰：太祖大笑曰：『吾不聽汝也。』紹復使人說太祖曰：『今袁公勢盛兵強，二子已長，天下羣英，孰逾於此？』太祖不應。由是益不直紹，圖誅滅之。

二年春，紹、馥遂立虞為帝，虞終不敢當。

夏四月，卓還長安。

秋七月，袁紹脅韓馥，取冀州。

黑山賊于毒、白繞、眭固等十餘萬衆略魏郡、東郡，王肱不能禦，太祖引兵入東郡，擊白繞于濮陽，破之。袁紹因表太祖為東郡太守，治東武陽。

三年春，太祖軍頓丘，毒等攻東武陽。太祖乃引兵西入山，攻毒等本屯。《魏書》曰：諸將皆以為當還自救。太祖曰：『孫臏救趙而攻魏，耿弇欲走西安攻臨菑。使賊聞我西而還，武陽自解也；不還，我能敗其本屯，虜不能拔武陽必矣。』遂乃行。毒聞之，棄武陽還。太祖要擊眭固，又擊匈奴於夫羅於內黃，皆大破之。

夏四月，司徒王允與呂布共殺卓。卓將李傕、郭汜等殺允攻布，布敗，東出武關。傕等擅朝政。

青州黃巾衆百萬入兗州，殺任城相鄭遂，轉入東平。劉岱欲擊之，鮑信諫曰：『今賊衆百萬，百姓皆震恐，士卒無鬭志，不可敵也。觀賊衆羣輩相隨，軍無輜重，唯以鈔略為資，今不若畜士衆之力，先為固守。彼欲戰不得，攻又不能，其勢必離散，後選精鋭，據其要害，擊之可破也。』岱不從，遂與戰，果為所殺。《世語》曰：岱既死，陳宮謂太祖曰：『州今無主，而王命斷絶，宮請說州中，明府尋往牧之，資之以收天下，此霸王之業也。』宮說別駕、治中曰：『今天下分裂而州無主；曹東郡，命世之才也，若迎以牧州，必寧生民。』鮑信等亦謂之然。信乃與州吏萬潛等至東郡迎太祖領兗州牧。遂進兵擊黃巾于壽張東。信力戰鬭死，僅而破之。《魏書》曰：太祖將步騎千餘人，行視戰地，卒抵賊營，戰不利，死者數百人，引還。賊尋前進。黃巾為賊久，數乘勝，兵皆精悍。太祖舊兵少，新兵不習練，舉軍皆懼。太祖被甲嬰胄，親巡將士，明勸賞罰，衆乃復奮，承間討擊，賊稍折退。賊乃移書太祖曰：『昔在濟南，毀壞神壇，其道乃與中黃太乙同，似若知道，今更迷惑。漢行已盡，黃家當立。天之大運，非君才力所能存也。』太祖見檄書，呵罵之，數開示降路；遂設奇伏，晝夜會戰，戰輒禽獲，賊乃退走。購求信喪不得，衆乃刻木如信形狀，祭而哭焉。追黃巾至濟北。乞降。冬，受降卒三十餘萬，男女百餘萬口，收其精鋭者，號為青州兵。

袁術與紹有隙，術求援於公孫瓚，瓚使劉備屯高唐，單經屯平原，陶謙屯發干，以逼紹。太祖與紹會擊，皆破之。

四年春，軍鄄城。荊州牧劉表斷術糧道，術引軍入陳留，屯封丘，黑山餘賊及於夫羅等佐之。術使將劉詳屯匡亭。太祖擊詳，術救之，與戰，大破之。術退保封丘，遂圍之，未合，術走襄邑，追到太壽，決渠水灌城。走寧陵，又追之，走九江。夏，太祖還軍定陶。

下邳闕宣聚衆數千人，自稱天子；徐州牧陶謙與共舉兵，取泰山華、費，略任城。秋，太祖征陶謙，下十餘城，謙守城不敢出。【略】

興平元年春，太祖自徐州還。初，太祖父嵩，去官後還譙，董卓之亂，避難琅邪，為陶謙所害，故太祖志在復讎東伐。《世語》曰：嵩在泰山華縣。太祖令泰山太守應劭送家詣兗州，劭兵未至，陶謙密遣數千騎掩捕。嵩家以為劭迎，不設備。謙兵至，殺太祖弟德于門中。嵩懼，穿後垣，先出其妾，妾肥，不時得出；嵩逃於廁，與妾俱被害，闔門皆死。劭懼，棄官赴袁紹。後太祖定冀州，劭時已死。韋曜《吳書》曰：太祖迎嵩，輜重百餘兩。陶謙遣都尉張闓將騎二百衛送，闓於泰山華、費間殺嵩，取財物，因奔淮南。太祖歸咎於陶謙，故伐之。

夏，使荀彧、程昱守鄄城，復征陶謙，拔五城，遂略地至東海。還過郯，謙將曹豹與劉備屯郯東，要太祖。太祖擊破之，遂攻拔襄賁，所過多所殘戮。孫盛曰：夫伐罪弔民，古之令軌；罪謙之由，而殘其屬部，過矣。

會張邈與陳宮叛迎呂布，郡縣皆應。荀彧、程昱保鄄城，范、東阿二縣固守，太祖乃引軍還。布到，攻鄄城不能下，西屯濮陽。太祖曰：『布一旦得一州，不能據東平，斷亢父、泰山之道乘險要我，而乃屯濮陽，吾知其無能為也。』遂進軍攻之。布出兵戰，先以騎犯青州兵。青州兵奔，太祖陳亂，馳突火出，墜馬，燒左手掌。司馬樓異扶太祖上馬，遂引去。袁暐《獻帝春秋》曰：太祖圍濮陽，濮陽大姓田氏為反間，太祖得入城。燒其東門，示無反意。及戰，軍敗。布騎得太祖而不知是，問曰：『曹操何在？』太祖曰：『乘黃馬走者是也。』布騎乃釋太祖而追黃馬者。門火猶盛，太祖突火而出。未至營止，諸將未與太祖相見，皆怖。太祖乃自力勞軍，令軍中促為攻具，進復攻之，與布相守百餘日。蝗蟲起，百姓大餓，布糧食亦盡，各引去。

秋九月，太祖還鄄城。布到乘氏，為其縣人李進所破，東屯山陽。於是紹使人說太祖，欲連和。太祖新失兗州，軍食盡，將許之。程昱止太祖，太祖從之。冬十月，太祖至東阿。

是歲穀一斛五十餘萬錢，人相食，乃罷吏兵新募者。陶謙死，劉備代之。

二年春，襲定陶。濟陰太守吳資保南城，未拔。會呂布至，又擊破之。夏，布將薛蘭、李封屯鉅野，太祖攻之，布救蘭，蘭敗，布走，遂斬蘭等。布復從東緡與陳宮將萬餘人來戰，時太祖兵少，設伏，縱奇兵擊，大破之。《魏書》曰：於是兵皆出取麥，在者不能千人，屯營不固。太祖乃令婦人守陴，悉兵拒之。屯西有大堤，其南樹木幽深。布疑有伏，乃相謂曰：『曹操多譎，勿入伏中。』引軍屯南十餘里。明日復來，太祖隱兵堤里，出半兵堤外。布益進，乃令輕兵挑戰，既合，伏兵乃悉乘堤，步騎並進，大破之，獲其鼓車，追至其營而還。布夜走，太祖復攻，拔定陶，分兵平諸縣。布東奔劉備，張邈從布，使其弟超將家屬保雍丘。秋八月，圍雍丘。冬十月，天子拜太祖兗州牧。十二月，雍丘潰，超自殺。夷邈三族。邈詣袁術請救，為其衆所殺，兗州平，遂東略陳地。

是歲，長安亂，天子東遷，敗于曹陽，渡河幸安邑。

建安元年春正月，太祖軍臨武平，袁術所置陳相袁嗣降。

太祖將迎天子，諸將或疑，荀彧、程昱勸之，乃遣曹洪將兵西迎，衛將軍董承與袁術將萇奴拒險，洪不得進。

汝南、潁川黃巾何儀、劉辟、黃邵、何曼等，衆各數萬，初應袁術，又附孫堅。二月，太祖進軍討破之，斬辟、邵等，儀及其衆皆降。天子拜太祖建德將軍，夏六月，遷鎮東將軍，封費亭侯。秋七月，楊奉、韓暹以天子還洛陽，《獻帝春秋》曰：天子初至洛陽，幸城西故中常侍趙忠宅。使張楊繕治宮室，名殿曰揚安殿，八月，帝乃遷居。奉別屯梁。太祖遂至洛陽，衛京都，暹遁走。天子假太祖節鉞，録尚書事。《獻帝紀》曰：又領司隸校尉。九月，車駕出轘轅而東，以太祖為大將軍，封武平侯。自天子西遷，朝廷日亂，至是宗廟社稷制度始立。張璠《漢紀》曰：初，天子敗於曹陽，欲浮河東下。侍中太史令王立曰：『自去春太白犯鎮星於牛斗，過天津，熒惑又逆行守北河，不可犯也。』由是天子遂不北渡河，將自軹關東出。立又謂宗正劉艾曰：『前太白守天關，與熒惑會；金火交會，革命之象也。漢祚終矣，晉、魏必有興者。』立後數言於帝曰：『天命有去就，五行不常盛，代火者土也，承漢者魏也，能安天下者，曹姓也，唯委任曹氏而已。』公聞之，使人語立曰：『知公忠於朝廷，然天道深遠，幸勿多言。』

天子之東也，奉自梁欲要之，不及。冬十月，公征奉，奉南奔袁術，遂攻其梁屯，拔之。於是以袁紹為太尉，紹耻班在公下，不肯受。公乃固辭，以大將軍讓紹。天子拜公司空，行車騎將軍。是歲用棗祗、韓浩等議，始興屯田。《魏書》曰：自遭荒亂，率乏糧穀。諸軍並起，無終歲之計，飢則寇略，飽則棄餘，瓦解流離，無敵自破者不可勝數。袁紹之在河北，軍人仰食桑椹。袁術在江、淮，取給蒲蠃。民人相食，州里蕭條。公曰：『夫定國之術，在於强兵足食，秦人以急農兼天下，孝武以屯田定西域，此先代之良式也。』是歲乃募民屯田許下，得穀百萬斛。於是州郡例置田官，所在積穀。征伐四方，無運糧之勞，遂兼滅羣賊，克平天下。

呂布襲劉備，取下邳。備來奔。程昱說公曰：『觀劉備有雄才而甚得衆心，終不為人下，不如早圖之。』公曰：『方今收英雄時也，殺一人而失天下之心，不可。』

張濟自關中走南陽。濟死，從子繡領其衆。二年春正月，公到宛。張繡降，既而悔之，復反。公與戰，軍敗，為流矢所中，長子昂、弟子安民遇害。《魏書》曰：公所乘馬名絶影，為流矢所中，傷頰及足，並中公右臂。《世語》曰：昂不能騎，進馬於公，公故免，而昂遇害。公乃引兵還舞陰，繡將騎來鈔，公擊破之。繡奔穰，與劉表合。公謂諸將曰：『吾降張繡等，失不便取其質，以至於此。吾知所以敗。諸卿觀之，自今已後不復敗矣。』遂還許。《世語》曰：舊制，三公領兵入見，皆交戟叉頸而前。初，公將討張繡，入覲天子，時始復此制。公自此不復朝見。

袁術欲稱帝於淮南，使人告呂布。布收其使，上其書。術怒，攻布，為布所破。秋九月，術侵陳，公東征之。術聞公自來，棄軍走，留其將橋蕤、李豐、梁綱、樂就；公到，擊破蕤等，皆斬之。術走渡淮。公還許。

公之自舞陰還也，南陽、章陵諸縣復叛為繡，公遣曹洪擊之，不利，還屯葉，數為繡、表所侵。冬十一月，公自南征，至宛。《魏書》曰：臨淯水，祠亡將士，歔欷流涕，衆皆感慟。表將鄧濟據湖陽。攻拔之，生擒濟，湖陽降。攻舞陰，下之。

三年春正月，公還許，初置軍師祭酒。三月，公圍張繡於穰。夏五月，劉表遣兵救繡，以絶軍後。《獻帝春秋》曰：袁紹叛卒詣公云：『田豐使紹早襲許，若挾天子以令諸侯，四海可指麾而定。』公乃解繡圍。公將引還，繡兵來，公軍不得進，連營稍前。公與荀彧書曰：『賊來追吾，雖日行數里，吾策之，到安衆，破繡必矣。』到安衆，繡與表兵合守險，公軍前後受敵。公乃夜鑿險為地道，悉過輜重，設奇兵。會明，賊謂公為遁也，悉軍來追。乃縱奇兵步騎夾攻，大破之。秋七月，公還許。荀彧問公：『前以策賊必破，何也？』公曰：『虜遏吾歸師，而與吾死地戰，吾是以知勝矣。』

呂布復為袁術使高順攻劉備，公遣夏侯惇救之，不利。備為順所敗。九月，公東征布。冬十月，屠彭城，獲其相侯諧。進至下邳，布自將騎逆擊。大破之，獲其驍將成廉。追至城下，布恐，欲降。陳宮等沮其計，求救於術，勸布出戰，戰又敗，乃還固守，攻之不下。時公連戰，士卒罷，欲還，用荀攸、郭嘉計，遂決泗、沂水以灌城。月餘，布將宋憲、魏續等執陳宮，舉城降，生禽布、宮，皆殺之。太山臧霸、孫觀、吳敦、尹禮、昌豨各聚衆。布之破劉備也，霸等悉從布。布敗，獲霸等，公厚納待，遂割青、徐二州附於海以委焉，分琅邪、東海、北海為城陽、利城、昌慮郡。

初，公為兖州，以東平畢諶為別駕。張邈之叛也，邈劫諶母弟妻子；公謝遣之，曰：『卿老母在彼，可去。』諶頓首無二心，公嘉之，為之流涕。既出，遂亡歸。及布破，諶生得，衆為諶懼，公曰：『夫人孝於其親者，豈不亦忠於君乎！吾所求也。』以為魯相。《魏書》曰：袁紹宿與故太尉楊彪、大長秋梁紹、少府孔融有隙，欲使公以他過誅之。公曰：『當今天下土崩瓦解，雄豪並起，輔相君長，人懷怏怏，各有自為之心，此上下相疑之秋也，雖以無嫌待之，猶懼未信；如有所除，則誰不自危？且夫起布衣，在塵垢之間，為庸人之所陵陷，可勝怨乎！高祖赦雍齒之讎而羣情以安，如何忘之？』紹以為公外託公義，內實離異，深懷怨望。臣松之以為楊彪亦曾為魏武所困，幾至於死，孔融竟不免於誅滅，豈所謂先行其言而後從之哉！非知之難，其在行之，信矣。

四年春二月，公還至昌邑。張楊將楊醜殺楊，眭固又殺醜，以其衆屬袁紹，屯射犬。夏四月，進軍臨河，使史渙、曹仁渡河擊之。固使楊故長史薛洪、河內太守繆尚留守，自將兵北迎紹求救，與渙、仁相遇犬城。交戰，大破之，斬固。公遂濟河，圍射犬。洪、尚率衆降，封為列侯，還軍敖倉。以魏種為河內太守，屬以河北事。

初，公舉種孝廉。兖州叛，公曰：『唯魏種且不棄孤也。』及聞種走，公怒曰：『種不南走越、北走胡，不置汝也！』既下射犬，生禽種，公曰：『唯其才也！』釋其縛而用之。

是時袁紹既并公孫瓚，兼四州之地，衆十餘萬，將進軍攻許，諸將以為不可敵，公曰：『吾知紹之為人，志大而智小，色厲而膽薄，忌克而少威，兵多而分畫不明，將驕而政令不一，土地雖廣，糧食雖豐，適足以為吾奉也。』秋八月，公進軍黎陽，使臧霸等入青州破齊、北海、東安，留于禁屯河上。九月，公還許，分兵守官渡。冬十一月，張繡率衆降，封列侯。十二月，公軍官渡。

袁術自敗於陳，稍困，袁譚自青州遣迎之。術欲從下邳北過，公遣劉備、朱靈要之。會術病死。程昱、郭嘉聞公遣備，言於公曰：『劉備不可縱。』公悔，追之不及。備之未東也，陰與董承等謀反，至下邳，遂殺徐州刺史車胄，舉兵屯沛。遣劉岱、王忠擊之，不克。《獻帝春秋》曰：備謂岱等曰：『使汝百人來，其無如我何；曹公自來，未可知耳！』《魏武故事》曰：岱字公山，沛國人。以司空長史從征伐有功，封列侯。《魏略》曰：王忠，扶風人，少為亭長。三輔亂，忠饑乏啖人，隨輩南向武關。值婁子伯為荆州遣迎北方客人；忠不欲去，因率等仵逆擊之，奪其兵，聚衆千餘人以歸公。拜忠中郎將，從征討。五官將知忠嘗啖人，因從駕出行，令俳取冢間髑髏繫著忠馬鞍，以為歡笑。

廬江太守劉勳率衆降，封為列侯。

五年春正月，【略】公將自東征備，諸將皆曰：『與公爭天下者，袁紹也。今紹方來而棄之東，紹乘人後，若何？』公曰：『夫劉備，人傑也，今不擊，必為後患。孫盛《魏氏春秋》云：答諸將曰：『劉備，人傑也，將生憂寡人。』臣松之以為史之記言，既多潤色，故前載所述有非實者矣，後之作者又生意改之，於失實也，不亦彌遠乎！凡孫盛制書，多用《左氏》以易舊文，如此者非一。嗟乎，後之學者將何取信哉？且魏武方以天下勵志，而用夫差分死之言，尤非其類。袁紹雖有大志，而見事遲，必不動也。』郭嘉亦勸公，遂東擊備，破之，生禽其將夏侯博。備走奔紹，獲其妻子。備將關羽屯下邳，復進攻之，羽降。昌豨叛為備，又攻破之。公還官渡，紹卒不出。

二月，紹遣郭圖、淳于瓊、顏良攻東郡太守劉延于白馬，紹引兵至黎陽，將渡河。夏四月，公北救延。荀攸說公曰：『今兵少不敵，分其勢乃可。公到延津，若將渡兵向其後者，紹必西應之，然後輕兵襲白馬，掩其不備，顏良可禽也。』公從之。紹聞兵渡，即分兵西應之。公乃引軍兼行趣白馬，未至十餘里，良大驚，來逆戰。使張遼、關羽前登，擊破，斬良。遂解白馬圍，徙其民，循河而西。紹於是渡河追公軍，至延津南。公勒兵駐營南阪下，使登壘望之，曰：『可五六百騎。』有頃，復白：『騎稍多，步兵不可勝數。』公曰：『勿復白。』乃令騎解鞍放馬。是時，白馬輜重就道。諸將以為敵騎多，不如還保營。荀攸曰：『此所以餌敵，如何去之！』紹騎將文醜與劉備將五六千騎前後至。諸將復白：『可上馬。』公曰：『未也。』有頃，騎至稍多，或分趣輜重。公曰：『可矣。』乃皆上馬。時騎不滿六百，遂縱兵擊，大破之，斬醜。良、醜皆紹名將也，再戰，悉禽，紹軍大震。公還軍官渡。紹進保陽武。關羽亡歸劉備。

八月，紹連營稍前，依沙塠為屯，東西數十里。公亦分營與相當，合戰不利。習鑿齒《漢晉春秋》曰：許攸說紹曰：『公無與操相攻也。急分諸軍持之，而徑從他道迎天子，則事立濟矣。』紹不從，曰：『吾要當先圍取之。』攸怒。時公兵不滿萬，傷者十二三。臣松之以為魏武初起兵，已有衆五千，自後百戰百勝，敗者十二三而已矣。但一破黄巾，受降卒三十餘萬，餘所吞併，不可悉紀；雖征戰損傷，未應如此之少也。夫結營相守，異於摧鋒決戰。本《紀》云：『紹衆十餘萬，屯營東西數十里。』魏太祖雖機變無方，略不世出，安有以數千之兵，而得逾時相抗者哉？以理而言，竊謂不然。紹為屯數十里，公能分營與相當，此兵不得甚少，一也。紹若有十倍之衆，理應當悉力圍守，使出入斷絶，而公使徐晃等擊其運車，公又自出擊淳于瓊等，揚旌往還，曾無抵閡，明紹力不能制，是不得甚少，二也。諸書皆云公坑紹衆八萬，或云七萬。夫八萬人奔散，非八千人所能縛，而紹之大衆皆拱手就戮，何緣力能制之？是不得甚少，三也。將記述者欲以少見奇，非其實録也。按《鍾繇傳》云：『公與紹相持，繇為司隸，送馬二千餘匹以給軍。』本《紀》及《世語》並云公時有騎六百餘匹，繇馬為安在哉？紹復進臨官渡，起土山地道。公亦於內作之，以相應。紹射營中，矢如雨下，行者皆蒙楯，衆大懼。時公糧少，與荀彧書，議欲還許。彧以為『紹悉衆聚官渡，欲與公決勝敗。公以至弱當至强，若不能制，必為所乘，是天下之大機也。且紹，布衣之雄耳，能聚人而不能用。夫以公之神武明哲而輔以大順，何向而不濟！』公從之。

孫策聞公與紹相持，乃謀襲許，未發，為刺客所殺。

汝南降賊劉辟等叛應紹，略許下。紹使劉備助辟，公使曹仁擊破之。備走，遂破辟屯。

袁紹運穀車數千乘至，公用荀攸計，遣徐晃、史渙邀擊，大破之，盡燒其車。公與紹相拒連月，雖比戰斬將，然衆少糧盡，士卒疲乏。公謂運者曰：『卻十五日為汝破紹，不復勞汝矣。』冬十月，紹遣車運穀，使淳于瓊等五人將兵萬餘人送之，宿紹營北四十里。紹謀臣許攸貪財，紹不能足，來奔，因說公擊瓊等。左右疑之，荀攸、賈詡勸公。公乃留曹洪守，自將步騎五千人夜往，會明至。瓊等望見公兵少，出陳門外。公急擊之，瓊退保營，遂攻之。紹遣騎救瓊。左右或言『賊騎稍近，請分兵拒之』。公怒曰：『賊在背後，乃白！』士卒皆殊死戰，大破瓊等，皆斬之。《曹瞞傳》曰：公聞攸來，跣出迎之，撫掌笑曰：『子卿遠來，吾事濟矣！』既入坐，謂公曰：『袁氏軍盛，何以待之？今有幾糧乎？』公曰：『尚可支一歲。』攸曰：『無是，更言之！』又曰：『可支半歲。』攸曰：『足下不欲破袁氏邪，何言之不實也！』公曰：『向言戲之耳。其實可一月，為之奈何？』攸曰：『公孤軍獨守，外無救援而糧穀已盡，此危急之日也。今袁氏輜重有萬餘乘，在故市、烏巢，屯軍無嚴備；今以輕兵襲之，不意而至，燔其積聚，不過三日，袁氏自敗也。』公大喜，乃選精鋭步騎，皆用袁軍旗幟，銜枚縛馬口，夜從間道出，人抱束薪，所歷道有問者，語之曰：『袁公恐曹操鈔略後軍，遣兵以益備。』聞者信以為然，皆自若。既至，圍屯，大放火，營中驚亂。大破之，盡燔其糧穀寶貨，斬督將眭元進、騎督韓莒子、呂威璜、趙叡等首，割得將軍淳于仲簡鼻，未死，殺士卒千餘人，皆取鼻，牛馬割脣舌，以示紹軍。將士皆怛懼。時有夜得仲簡，將以詣麾下，公謂曰：『何為如是？』仲簡曰：『勝負自天，何用為問乎！』公意欲不殺。許攸曰：『明旦鑑於鏡，此益不忘人。』乃殺之。紹初聞公之擊瓊，謂長子譚曰：『就彼攻瓊等，吾攻拔其營，彼固無所歸矣！』乃使張郃、高覽攻曹洪。郃等聞瓊破，遂來降。紹衆大潰，紹及譚棄軍走，渡河。追之不及，盡收其輜重圖書珍寶，虜其衆。《獻帝起居注》曰：公上言『大將軍鄴侯袁紹前與冀州牧韓馥立故大司馬劉虞，刻作金璽，遣故任長畢瑜詣虞，為説命録之數。又紹與臣書云：「可都鄄城，當有所立。」擅鑄金銀印，孝廉計吏，皆往詣紹。從弟濟陰太守敍與紹書云：「今海內喪敗，天意實在我家，神應有征，當在尊兄。南兄臣下欲使即位，南兄言，以年則北兄長，以位則北兄重。便欲送璽，會曹操斷道。」紹宗族累世受國重恩，而凶逆無道，乃至於此。輒勒兵馬，與戰官渡，乘聖朝之威，得斬紹大將淳于瓊等八人首，遂大破潰。紹與子譚輕身迸走。凡斬首七萬餘級，輜重財物巨億。』公收紹書中，得許下及軍中人書，皆焚之。《魏氏春秋》曰：公云：『當紹之强，孤猶不能自保，而況衆人乎！』冀州諸郡多舉城邑降者。

初，桓帝時有黄星見於楚、宋之分，遼東殷馗。馗，古逵字，見《三蒼》。善天文，言後五十歲當有真人起于梁、沛之間，其鋒不可當。至是凡五十年，而公破紹，天下莫敵矣。

六年夏四月，揚兵河上，擊紹倉亭軍，破之。紹歸，復收散卒，攻定諸叛郡縣。九月，公還許。紹之未破也，使劉備略汝南，汝南賊共都等應之。遣蔡揚擊都，不利，為都所破。公南征備。備聞公自行，走奔劉表，都等皆散。

七年春正月，公軍譙，令曰：『吾起義兵，為天下除暴亂。舊土人民，死喪略盡，國中終日行，不見所識，使吾悽愴傷懷。其舉義兵已來，將士絕無後者，求其親戚以後之，授土田，官給耕牛，置學師以教之。為存者立廟，使祀其先人，魂而有靈，吾百年之後何恨哉！』遂至浚儀，治睢陽渠，遣使以太牢祀橋玄。《褒賞令》載公祀文曰：『故太尉橋公，誕敷明德，汎愛博容。國念明訓，士思令謨。靈幽體翳，邈哉晞矣！吾以幼年，逮升堂室，特以頑鄙之姿，為大君子所納。增榮益觀，皆由獎助，猶仲尼稱不如顏淵李生之厚歎賈復。士死知己，懷此無忘。又承從容約誓之言：「殂逝之後，路有經由，不以斗酒隻雞過相沃酹，車過三步，腹痛勿怪！」雖臨時戲笑之言，非至親之篤好，胡肯為此辭乎？匪謂靈忿，能詒己疾，懷舊惟顧，念之悽愴。奉命東征，屯次鄉里，北望貴土，乃心陵墓。裁致薄奠，公其尚饗！』進軍官渡。

紹自軍破後，發病歐血，夏五月死。小子尚代，譚自號車騎將軍，屯黎陽。秋九月，公征之，連戰。譚、尚數敗退，固守。

八年春三月，攻其郭，乃出戰，擊，大破之，譚、尚夜遁。夏四月，進軍鄴。五月還許，留賈信屯黎陽。

己酉，令曰：『《司馬法》「將軍死綏」，《魏書》曰：綏，卻也。有前一尺，無卻一寸。故趙括之母，乞不坐括。是古之將者，軍破於外，而家受罪於內也。自命將征行，但賞功而不罰罪，非國典也。其令諸將出征，敗軍者抵罪，失利者免官爵。』《魏書》載庚申令曰：『議者或以軍吏雖有功能，德行不足堪任郡國之選，所謂「可與適道，未可與權」。管仲曰：「使賢者食於能則上尊，鬬士食於功則卒輕於死，二者設於國則天下治。」未聞無能之人，不鬬之士，並受祿賞，而可以立功興國者也。故明君不官無功之臣，不賞不戰之士；治平尚德行，有事賞功能。論者之言，一似管窺虎歟！』

秋七月，令曰：『喪亂已來，十有五年，後生者不見仁義禮讓之風，吾甚傷之。其令郡國各脩文學，縣滿五百户置校官，選其鄉之俊造而教學之，庶幾先王之道不廢，而有以益於天下。』

八月，公征劉表，軍西平。公之去鄴而南也，譚、尚爭冀州，譚為尚所敗，走保平原。尚攻之急，譚遣辛毗乞降請救。諸將皆疑，荀攸勸公許之，《魏書》曰：公云：『我攻呂布，表不為寇，官渡之役，不救袁紹，此自守之賊也，宜為後圖。譚、尚狡猾，當乘其亂。縱譚挾詐，不終束手，使我破尚，偏收其地，利自多矣。』乃許之。公乃引軍還。冬十月，到黎陽，為子整與譚結婚。臣松之案：紹死至此，過周五月耳。譚雖出後其伯，不為紹服三年，而於再期之內以行吉禮，悖矣。魏武或以權宜與之約言；今云結婚，未必便以此年成禮。尚聞公北，乃釋平原還鄴。東平呂曠、呂翔叛尚，屯陽平，率其眾降，封為列侯。《魏書》曰：譚之圍解，陰以將軍印綬假曠。曠受印送之，公曰：『我固知譚之有小計也。欲使我攻尚，得以其間略民聚眾，尚之破，可得自彊以乘我弊也。尚破我盛，何弊之乘乎？』

九年春正月，濟河，遏淇水入白溝以通糧道。二月，尚復攻譚，留蘇由、審配守鄴。公進軍到洹水，由降。既至，攻鄴，為土山、地道。武安長尹楷屯毛城，通上黨糧道。夏四月，留曹洪攻鄴，公自將擊楷，破之而還。尚將沮鵠守邯鄲，沮音菹，河朔間今猶有此姓。鵠，沮授子也。又擊拔之。易陽令韓範、涉長梁岐舉縣降，賜爵關內侯。

五月，毀土山、地道，作圍壍，決漳水灌城；城中餓死者過半。

秋七月，尚還救鄴，諸將皆以為『此歸師，人自為戰，不如避之』。公曰：『尚從大道來，當避之；若循西山來者，此成禽耳。』尚果循西山來，臨滏水為營。《曹瞞傳》曰：遣候者數部前後參之，皆曰『定從西道，已在邯鄲』。公大喜，會諸將曰：『孤已得冀州，諸君知之乎？』皆曰：『不知。』公曰：『諸君方見不久也。』夜遣兵犯圍，公逆擊破走之，遂圍其營。未合，尚懼，故豫州刺史陰夔及陳琳乞降，公不許，為圍益急。尚夜遁，保祁山，追擊之。其將馬延、張顗等臨陳降，眾大潰，尚走中山。盡獲其輜重，得尚印綬節鉞，使尚降人示其家，城中崩沮。

八月，審配兄子榮夜開所守城東門內兵。配逆戰，敗，生禽配，斬之，鄴定。公臨祀紹墓，哭之流涕；慰勞紹妻，還其家人寶物，賜雜繒絮，廩食之。孫盛云：昔者先王之為誅賞也，將以懲惡勸善，永彰鑒戒。紹因世艱危，遂懷逆謀，上議神器，下干國紀。薦社汙宅，古之制也，而乃盡哀於逆臣之冢，加恩於饕餮之室，為政之道，於斯躓矣。夫匿怨友人，前哲所耻，稅驂舊館，義無虛涕，苟道乖好絕，何哭之有！昔漢高失之於項氏，魏武遵謬於此舉，豈非百慮之一失也。

初，紹與公共起兵，紹問公曰：『若事不輯，則方面何所可據？』公曰：『足下意以為何如？』紹曰：『吾南據河，北阻燕、代，兼戎狄之衆，南向以爭天下，庶可以濟乎？』公曰：『吾任天下之智力，以道御之，無所不可。』《傅子》曰：太祖又云：『湯、武之王，豈同土哉？若以險固為資，則不能應機而變化也。』

九月，令曰：『河北罹袁氏之難，其令無出今年租賦！』重豪强兼并之法，百姓喜悅。《魏書》載公令曰：『有國有家者，不患寡而患不均，不患貧而患不安。袁氏之治也，使豪强擅恣，親戚兼併；下民貧弱，代出租賦，衒鬻家財，不足應命；審配宗族，至乃藏匿罪人，為逋逃主。欲望百姓親附，甲兵强盛，豈可得邪！其收田租畝四升，户出絹二匹、綿二斤而已，他不得擅興發。郡國守相明檢察之，無令强民有所隱藏，而弱民兼賦也。』天子以公領冀州牧，公讓還兗州。

公之圍鄴也，譚略取甘陵、安平、勃海、河間。尚敗，還中山。譚攻之，尚奔故安，遂并其衆。公遺譚書，責以負約，與之絕婚，女還，然後進軍。譚懼，拔平原，走保南皮。十二月，公入平原，略定諸縣。

十年春正月，攻譚，破之，斬譚，誅其妻子，冀州平。《魏書》曰：公攻譚，旦及日中不決；公乃自執桴鼓，士卒咸奮，應時破陷。下令曰：『其與袁氏同惡者，與之更始。』令民不得復私讎，禁厚葬，皆一之於法。是月，袁熙大將焦觸、張南等叛攻熙、尚，熙、尚奔三郡烏丸。觸等舉其縣降，封為列侯。初討譚時，民亡椎冰，臣松之以為討譚時，川渠水凍，使民椎冰以通船，民憚役而亡。令不得降。頃之，亡民有詣門首者，公謂曰：『聽汝則違令，殺汝則誅首，歸深自藏，無為吏所獲。』民垂泣而去；後竟捕得。

夏四月，黑山賊張燕率其衆十餘萬降，封為列侯。故安趙犢、霍奴等殺幽州刺史、涿郡太守。三郡烏丸攻鮮於輔於獷平。《續漢書·郡國志》曰：獷平，縣名，屬漁陽郡。秋八月，公征之，斬犢等，乃渡潞河救獷平，烏丸奔走出塞。

九月，令曰：『阿黨比周，先聖所疾也。聞冀州俗，父子異部，更相毀譽。昔直不疑無兄，世人謂之盜嫂；第五伯魚三娶孤女，謂之撾婦翁；王鳳擅權，谷永比之申伯，王商忠議，張匡謂之左道：此皆以白為黑，欺天罔君者也。吾欲整齊風俗，四者不除，吾以為羞。』冬十月，公還鄴。

初，袁紹以甥高幹領并州牧，公之拔鄴，幹降，遂以為刺史。幹聞公討烏丸，乃以州叛，執上黨太守，舉兵守壺關口。遣樂進、李典擊之，幹還守壺關城。十一年春正月，公征幹。幹聞之，乃留其別將守城，走入匈奴，求救於單于，單于不受。公圍壺關三月，拔之。幹遂走荆州，上洛都尉王琰捕斬之。

秋八月，公東征海賊管承，至淳于，遣樂進、李典擊破之，承走入海島。割東海之襄賁、郯、戚以益瑯邪，省昌慮郡。《魏書》載十月乙亥令曰：『夫治世御衆，建立輔弼，誡在面從，《詩》稱「聽用我謀，庶無大悔」，斯實君臣懇懇之求也。吾充重任，每懼失中，頻年已來，不聞嘉謀，豈吾開延不勤之咎邪？自今以後，諸掾屬治中、別駕，常以月旦各言其失，吾將覽焉。』

三郡烏丸承天下亂，破幽州，略有漢民合十餘萬户。袁紹皆立其酋豪為單于，以家人子為己女，妻焉。遼西單于蹋頓尤强，為紹所厚，故尚兄弟歸之，數入塞為害。公將征之，鑿渠，自呼沲入泒水，名平虜渠；又從泃河口鑿入潞河，名泉州渠，以通海。

十二年春二月，公自淳于還鄴。丁酉，令曰：『吾起義兵誅暴亂，於今十九年，所征必克，豈吾功哉？乃賢士大夫之力也。天下雖未悉定，吾當要與賢士大夫共定之；而專饗其勞，吾何以安焉！其促定功行封。』於是大封功臣二十餘人，皆為列侯，其餘各以次受封，及復死事之孤，輕重各有差。《魏書》載公令曰：『昔趙奢、竇嬰之為將也，受賜千金，一朝散之，故能濟成大功，永世流聲。吾讀其文，未嘗不慕其為人也。與諸將士大夫共從戎事，幸賴賢人不愛其謀，羣士不遺其力，是夷險平亂，而吾得竊大賞，户邑三萬。追思竇嬰散金之義，今分所受租與諸將掾屬及故戍于陳、蔡者，庶以疇答衆勞，不擅大惠也。宜差死事之孤，以租穀及之。若年殷用足，租奉畢入，將大與衆人悉共饗之。』

將北征三郡烏丸，諸將皆曰：『袁尚，亡虜耳，夷狄貪而無親，豈能為尚用？今深入征之，劉備必說劉表以襲許。萬一為變，事不可悔。』惟郭嘉策表必不能任備，勸公行。夏五用，至無終。秋七月，大水，傍海道不通，田疇請為鄉導，公從之。引軍出盧龍塞，塞外道絕不通，乃塹山堙谷五百餘里，經白檀，歷平岡，涉鮮卑庭，東指柳城。未至二百里，虜乃知之。尚、熙與蹋頓、遼西單于樓班、右北平單于能臣抵之等將數萬騎逆軍。八月，登白狼山，卒與虜遇，衆甚盛。公車重在後，被甲者少，左右皆懼。公登高，望虜陳不整，乃縱兵擊之，使張遼為先鋒，虜衆大崩，斬蹋頓及名王已下，胡、漢降者二十餘萬口。遼東單于速僕丸及遼西、北平諸豪，棄其種人，與尚、熙奔遼東，衆尚有數千騎。初，遼東太守公孫康恃遠不服。及公破烏丸，或說公遂征之，尚兄弟可禽也。公曰：『吾方使康斬送尚、熙首，不煩兵矣。』九月，公引兵自柳城還，《曹瞞傳》曰：時寒且旱，二百里無復水，軍又乏食，殺馬數千匹以為糧，鑿地入三十餘丈乃得水。既還，科問前諫者，衆莫知其故，人人皆懼。公皆厚賞之，曰：『孤前行，乘危以徼幸，雖得之，天所佐也，故不可以為常。諸君之諫，萬安之計，是以相賞，後勿難言之。』康即斬尚、熙及速僕丸等，傳其首。諸將或問：『公還而康斬送尚、熙，何也？』公曰：『彼素畏尚等，吾急之則並力，緩之則自相圖，其勢然也。』十一月至易水，代郡烏丸行單于普富盧、上郡烏丸行單于那樓將其名王來賀。

十三年春正月，公還鄴，作玄武池以肄舟師。《三蒼》曰：『肄，習也。』【略】

十五年春，下令曰：『自古受命及中興之君，曷嘗不得賢人君子與之共治天下者乎！及其得賢也，曾不出閭巷，豈幸相遇哉？上之人不求之耳。今天下尚未定，此特求賢之急時也。「孟公綽為趙、魏老則優，不可以為滕、薛大夫」。若必廉士而後可用，則齊桓其何以霸世！今天下得無有被褐懷玉而釣於渭濱者乎？又得無盜嫂受金而未遇無知者乎？二三子其佐我明揚仄陋，唯才是舉，吾得而用之。』冬，作銅雀臺。【略】

十六年春正月，【略】太原商曜等以大陵叛，遣夏侯淵、徐晃圍破之。張魯據漢中，三月，遣鍾繇討之。公使淵等出河東與繇會。

是時關中諸將疑繇欲自襲，馬超遂與韓遂、楊秋、李堪、成宜等叛。遣曹仁討之。超等屯潼關，公敕諸將：『關西兵精悍，堅壁勿與戰。』秋七月，公西征，《魏書》曰：議者多言『關西兵彊，習長矛，非精選前鋒，則不可以當也』。公謂諸將曰：『戰在我，非在賊也。賊雖習長矛，將使不得以刺，諸君但觀之耳。』與超等夾關而軍。公急持之，而潛遣徐晃、朱靈等夜渡蒲阪津，據河西為營。公自潼關北渡，未濟，超赴船急戰。校尉丁斐因放牛馬以餌賊，賊亂取牛馬，公乃得渡，《曹瞞傳》曰：公將過河，前隊適渡，超等奄至，公猶坐胡床不起。張郃等見事急，共引公入船。河水急，比渡，流四五里，超等騎追射之，矢下如雨。諸將見軍敗，不知公所在，皆惶懼，至見，乃悲喜，或流涕。公大笑曰：『今日幾為小賊所困乎！』循河為甬道而南。賊退，拒渭口，公乃多設疑兵，潛以舟載兵入渭，為浮橋，夜，分兵結營于渭南。賊夜攻營，伏兵擊破之。超等屯渭南，遣信求割河以西請和，公不許。九月，進軍渡渭。《曹瞞傳》曰：時公軍每渡渭，輒為超騎所衝突，營不得立，地又多沙，不可築壘。婁子伯說公曰：『今天寒，可起沙為城，以水灌之，可一夜而成。』公從之，乃多作縑囊以運水，夜渡兵作城，比明，城立，由是公軍盡得渡渭。或疑于時九月，水未應凍。臣松之按《魏書》：公軍八月至潼關，閏月北渡河，則其年閏八月也，至此容可大寒邪！超等數挑戰，又不許；固請割地，求送任子，公用賈詡計，偽許之。韓遂請與公相見，公與遂父同歲孝廉，又與遂同時儕輩，於是交馬語移時，不及軍事，但說京都舊故，拊手歡笑。既罷，超等問遂：『公何言？』遂曰：『無所言也。』超等疑之。《魏書》曰：公後日復與遂等會語，諸將曰：『公與虜交語，不宜輕脫，可為木行馬以為防遏。』公然之。賊將見公，悉於馬上拜，秦、胡觀者，前後重遝，公笑謂賊曰：『汝欲觀曹公邪？亦猶人也，非有四目兩口，但多智耳！』胡前後大觀。又列鐵騎五千為十重陳，精光耀日，賊益震懼。他日，公又與遂書，多所點竄，如遂改定者；超等愈疑遂。公乃與剋日會戰，先以輕兵挑之，戰良久，乃縱虎騎夾擊，大破之，斬成宜、李堪等。遂、超等走涼州，楊秋奔安定，關中平。諸將或問公曰：『初，賊守潼關，渭北道缺，不從河東擊馮翊而反守潼關，引日而後北渡，何也？』公曰：『賊守潼關，若吾入河東，賊必引守諸津，則西河未可渡，吾故盛兵向潼關；賊悉衆南守，西河之備虛，故二將得擅取西河；然後引軍北渡，賊不能與吾爭西河者，以有二將之軍也。連車樹柵，為甬道而南，臣松之案：漢高祖二年，與楚戰滎陽京、索之間，築甬道屬河以取敖倉粟。應劭曰：『恐敵鈔輜重，故築垣牆如街巷也。』今魏武不築垣牆，但連車樹柵以扞兩面。既為不可勝，且以示弱。渡渭為堅壘，虜至不出，所以驕之也；故賊不為營壘而求割地。吾順言許之，所以從其意，使自安而不為備，因畜士卒之力，一旦擊之，所謂疾雷不及掩耳，兵之變化，固非一道也。』始，賊每一部到，公輒有喜色。賊破之後，諸將問其故。公荅曰：『關中長遠，若賊各依險阻，征之，不一二年不可定也。今皆來集，其衆雖多，莫相歸服，軍無適主，一舉可滅，為功差易，吾是以喜。』

冬十月，軍自長安北征楊秋，圍安定。秋降，復其爵位，使留撫其民人。《魏略》曰：楊秋，黄初中遷討寇將軍，位特進，封臨涇侯，以壽終。十二月，自安定還，留夏侯淵屯長安。

十七年春正月，公還鄴。【略】馬超餘衆梁興等屯藍田，使夏侯淵擊平之。【略】

（十八年）馬超在漢陽，復因羌、胡為害，氐王千萬叛應超，屯興國。使夏侯淵討之。

十九年春正月，始耕籍田。南安趙衢、漢陽尹奉等討超，梟其妻子，超奔漢中。韓遂徙金城，入氐王千萬部，率羌、胡萬餘騎與夏侯淵戰，擊，大破之，遂走西平。淵與諸將攻興國，屠之。省安東、永陽郡。

安定太守毋丘興將之官，公戒之曰：『羌、胡欲與中國通，自當遣人來，慎勿遣人往。善人難得，必將教羌、胡妄有所請求，因欲以自利；不從便為失異俗意，從之則無益事。』興至，遣校尉范陵至羌中，陵果教羌，使自請為屬國都尉。公曰：『吾預知當爾，非聖也，但更事多耳。』【略】

初，隴西宋建自稱河首平漢王，聚衆枹罕，改元，置百官，三十餘年。遣夏侯淵自興國討之。冬十月，屠枹罕，斬建，涼州平。【略】

（十二月）乙未，令曰：『夫有行之士未必能進取，進取之士未必能有行也。陳平豈篤行，蘇秦豈守信邪？而陳平定漢業，蘇秦濟弱燕。由此言之，士有偏短，庸可廢乎！有司明思此義，則士無遺滯，官無廢業矣。』又曰：『夫刑，百姓之命也，而軍中典獄者或非其人，而任以三軍死生之事，吾甚懼之。其選明達法理者，使持典刑。』於是置理曹掾屬。【略】

（二十年春正月）省雲中、定襄、五原、朔方郡，郡置一縣領其民，合以為新興郡。【略】

（二十年五月）西平、金城諸將麴演、蔣石等共斬送韓遂首。《典略》曰：遂字文約，始與同郡邊章俱著名西州。章為督軍從事。遂奉計詣京師，何進宿聞其名，特與相見，遂說進使誅諸閹人，進不從，乃求歸。會涼州宋揚、北宮玉等反，舉章、遂為主，章尋病卒，遂為揚等所劫，不得已，遂阻兵為亂，積三十二年，至是乃死，年七十餘矣。劉艾《靈帝紀》曰：章，一名（元）。【略】

冬十月，始置名號侯至五大夫，與舊列侯、關內侯凡六等，以賞軍功。《魏書》曰：置名號侯爵十八級，關中侯爵十七級，皆金印紫綬；又置關內外侯十六級，銅印龜紐墨綬；五大夫十五級，銅印環紐，亦墨綬，皆不食租，與舊列侯關內侯凡六等。臣松之以為今之虛封蓋自此始。【略】

（二十一年）代郡烏丸行單于普富盧與其侯王來朝。【略】秋七月，匈奴南單于呼廚泉將其名王來朝，待以客禮，遂留魏，使右賢王去卑監其國。【略】

二十三年春正月，漢太醫令吉本與少府耿紀、司直韋晃等反，攻許，燒丞相長史王必營，《魏武故事》載令曰：『領長史王必，是吾披荊棘時吏也。忠能勤事，心如鐵石，國之良吏也。蹉跌久未辟之，舍騏驥而弗乘，焉遑遑而更求哉？故教辟之，已署所宜，便以領長史統事如故。』必與潁川典農中郎將嚴匡討斬之。《三輔決録》注曰：時有京兆金禕字德禕，自以世為漢臣，自日磾討莽何羅，忠誠顯著，名節累葉。睹漢祚將移，謂可季興，乃喟然發憤，遂與耿紀、韋晃、吉本、本子邈、邈弟穆等結謀。紀字季行，少有美名，為丞相掾，王甚敬異之，遷侍中，守少府。邈字文然，穆字思然，以禕慷慨有日磾之風，又與王必善，因以間之，若殺必，欲挾天子以攻魏，南援劉備。時關羽强盛，而王在鄴，留必典兵督許中事。文然等率雜人及家僮千餘人夜燒門攻必，禕遣人為內應，射必中肩。必不知攻者為誰，以素與禕善，走投禕，夜喚德禕，禕家不知是必，謂為文然等，錯應曰：『王長史已死乎？卿曹事立矣！』必乃更他路奔。一曰：必欲投禕，其帳下督謂必曰：『今日事竟知誰門而投入乎？』扶必奔南城。會天明，必猶在，文然等衆散，故敗。後十餘日，必竟以創死。《獻帝春秋》曰：收紀、晃等，將斬之，紀呼魏王名曰：『恨吾不自生意，竟為羣兒所誤耳！』晃頓首搏頰，以至於死。《山陽公載記》曰：王聞王必死，盛怒，召漢百官詣鄴，令救火者左，不救火者右。衆人以為救火者必無罪，皆附左；王以為『不救火者非助亂，救火乃實賊也』。皆殺之。【略】

夏四月，代郡、上谷烏丸無臣氐等叛，遣鄢陵侯彰討破之。《魏書》載王令曰：『去冬天降疫癘，民有凋傷，軍興於外，墾田損少，吾甚憂之。其令吏民男女：女年七十已上無夫子，若年十二已下無父母兄弟，及目無所見，手不能作，足不能行，而無妻子父兄産業者，廩食終身。幼者至十二止，貧窮不能自贍者，隨口給貸。老耄須待養者，年九十已上，復不事，家一人。』【略】（二十四年）冬十月，軍還洛陽。《曹瞞傳》曰：王更脩治北部尉廨，令過於舊。

又　卷二《魏志·文帝紀》　（黄初二年春正月）壬午，復潁川郡一年田租。《魏書》載詔曰：『潁川，先帝所由起兵征伐也。官渡之役，四方瓦解，遠近顧望，而此郡守義，丁壯荷戈，老弱負糧。昔漢祖以秦中為國本，光武恃河内為王基，今朕復於此登壇受禪，天以此郡翼成大魏。』【略】

文帝天資文藻，下筆成章，博聞强識，才藝兼該；《典論》帝自敍曰：初平之元，董卓殺主鴆後，蕩覆王室。是時四海既困中平之政，兼惡卓之凶逆，家家思亂，人人自危。山東牧守，咸以春秋之義，『衛人討州吁於濮』，言人人皆得討賊。於是大興義兵，名豪大俠，富室强族，飄揚雲會，萬里相赴；兗、豫之師戰于滎陽，河内之甲軍于孟津。卓遂遷大駕，西都長安。而山東大者連郡國，中者嬰城邑，小者聚阡陌，以還相吞滅。會黄巾盛於海、岱，山寇暴於并、冀，乘勝轉攻，席捲而南，鄉邑望煙而奔，城郭睹塵而潰，百姓死亡，暴骨如莽。

又　卷六《魏志·董卓傳》　太祖乃迎天子都許。暹、奉不能奉王法，各出奔，寇徐、揚間，為劉備所殺。《英雄記》曰：備誘奉與相見，因於坐上執之。暹失奉勢孤，時欲走還并州，為杼秋屯帥張宣所邀殺。董承從太祖歲餘，誅。建安二年，遣謁者僕射裴茂率關西諸將誅傕，夷三族。《典略》曰：傕頭至，有詔高縣。汜為其將五習所襲，死於郿。濟飢餓，至南陽寇略，為穰人所殺，從子繡攝其衆。才、樂留河東，才為怨家所殺，樂病死。遂、騰自還涼州，更相寇，後騰入為衛尉，子超領其部曲。十六年，超與關中諸將及遂等反，太祖征破之。語在《武紀》。遂奔金城，為其將所殺。超據漢陽，騰坐夷三族。趙衢等舉義兵討超，超走漢中從張魯，後奔劉備，死於蜀。

又《袁紹傳》　袁紹字本初，汝南汝陽人也。【略】

初，天子之立非紹意，及在河東，紹遣潁川郭圖使焉。圖還説紹迎天子都鄴，紹不從。《獻帝傳》曰：沮授説紹云：『將軍累葉輔弼，世濟忠義。今朝廷播越，宗廟毁壞，觀諸州郡外託義兵，内圖相滅，未有存主恤民者。且今州城粗定，宜迎大駕，安宮鄴都，挾天子而令諸侯，畜士馬以討不庭，誰能禦之！』紹悦，將從之。郭圖、淳于瓊曰：『漢室陵遲，為日久矣，今欲興之，不亦難乎！且今英雄據有州郡，衆動萬計，所謂秦失其鹿，先得者王。若迎天子以自近，動輒表聞，從之則權輕，違之則拒命，非計之善者也。』授曰：『今迎朝廷，至義也，又於時宜大計也，若不早圖，必有先人者也。夫權不失機，功在速捷，將軍其圖之！』紹弗能用。案此書稱（郭圖）［沮授］之計，則與本傳違也。會太祖迎天子都許，收河南地，關中皆附。紹悔，欲令太祖徙天子都鄄城以自密近，太祖拒之。天子以紹為太尉，轉為大將軍，封鄴侯，《獻帝春秋》曰：紹耻班在太祖下，怒曰：『曹操當死數矣，我輒救存之，今乃背恩，挾天子以令我乎！』太祖聞，而以大將軍讓于紹。紹讓侯不受。頃之。擊破瓚于易京，并其衆。《典略》曰：自此紹貢御希慢，私使主薄耿苞密白曰：『赤德衰盡，袁為黄胤，宜順天意。』紹以苞密白事示軍府將吏。議者咸以苞為妖妄宜誅，紹乃殺苞以自解。《九州春秋》曰：紹延征北海鄭玄而不禮，趙融聞之曰：『賢人者，君子之望也。不禮賢，是失君子之望也。夫有為之君，不敢失萬民之歡心，況於君子乎？失君子之望，難乎以有為矣。』《英雄記》載太祖作董卓歌，辭云：『德行不虧缺，變故自難常。鄭康成行酒，伏地氣絶，郭景圖命盡于園桑。』如此之文，則玄無病而卒。餘書不見，故載録之。出長子譚為青州，沮授諫紹：『必為禍始。』紹不聽，曰：『孤欲令諸兒各據一州也。』《九州春秋》載授諫辭曰：『世稱一兔走衢，萬人逐之，一人獲之，貪者悉止，分定故也。且年均以賢，德均則卜，古之制也。原上惟先代成敗之戒，下思逐兔分定之義。』紹曰：『孤欲令四兒各據一州，以觀其能。』授出曰：『禍其始此乎！』譚始至青州，為都督，未為刺史，後太祖拜為刺史。其土自河而西，蓋不過平原而已。遂北排田楷，東攻孔融，曜兵海隅，是時百姓無主，欣戴之矣。然信用羣小，好受近言，肆志奢淫，不知稼穡之艱難。華彦、孔順皆姦佞小人也，信以為腹心；王脩等備官而已。然能接待賓客，慕名敬士。使婦弟領兵在内，至令草竊，市井而外，虜掠田野；别使兩將募兵下縣，有賂者見免，無者見取，貧弱者多，乃至於竄伏丘野之中，放兵捕索，如獵鳥獸。邑有萬户者，著籍不盈數百，收賦納税，參分不入一。招命賢士，不就；不趨赴軍期，安居族黨，亦不能罪也。又以中子熙為幽州，甥高幹為并州。衆數十萬，以審配、逢紀統軍事，田豐、荀諶、許攸為謀主，顔良、文醜為將率，簡精卒十萬，騎萬匹，將攻許。孫盛評曰：案魏武謂崔琰曰『昨案貴州户籍，可得三十萬衆』。由此推之，但冀州勝兵已如此，況兼幽、并及青州乎？紹之大舉，必悉師而起，十萬近之矣。《獻帝傳》曰：紹將南師，沮授、田豐諫曰：『師出歷年，百姓疲弊，倉庾無積，賦役方殷，此國之深憂也。宜先遣使獻捷天子，務農逸民；若不得通，乃表曹氏隔我王路，然後進屯黎陽，漸營河南，益作舟船，繕治器械，分遣精騎，鈔其邊鄙，令彼不得安，我取其逸。三年之中，事可坐定也。』審配、郭圖曰：『兵書之法，十圍五攻，敵則能戰。今以明公之神武，跨河朔之强衆，以伐曹氏。譬若覆手，今不時取，後難圖也。』授曰：『蓋救亂誅暴，謂之義兵；恃衆憑强，謂之驕兵。兵義無敵，驕者先滅。曹氏迎天子安宮許都，今舉兵南向，於義則違。且廟勝之策，不在强弱。曹氏法令既行，士卒精練，非公孫瓚坐受圍者也。今棄萬安之術，而興無名之兵，竊為公懼之！』圖等曰：『武王伐紂，不曰不義，況兵加曹氏而云無名！且公師武臣（竭）力，將士憤怒，人思自騁，而不及時早定大業，慮之失也。夫天與弗取，反受其咎，此越之所以霸，吴之所以亡也。監軍之計，計在持牢，而非見時知機之變也。』紹從之。圖等因是譖授『監統內外，威震三軍，若其浸盛，何以制之？夫臣與主不同者昌，主與臣同者亡，此黄石之所忌也。且御衆於外，不宜知內。』紹疑焉。乃分監軍為三都督，使授及郭圖、淳于瓊各典一軍，遂合而南。

先是，太祖遣劉備詣徐州拒袁術。術死，備殺刺史車胄，引軍屯沛。紹遣騎佐之。太祖遣劉岱、王忠擊之，不克。建安五年，太祖自東征備。田豐說紹襲太祖後，紹辭以子疾，不許，豐舉杖擊地曰：『夫遭難遇之機，而以嬰兒之病失其會，惜哉！』太祖至，擊破備；備奔紹。《魏氏春秋》載紹檄州郡文曰：『蓋聞明主圖危以制變，忠臣慮難以立權。曩者强秦弱主，趙高執柄，專制朝命，威福由己，終有望夷之禍，汙辱至今。及臻呂后，禄、産專政，擅斷萬機，決事省禁，下陵上替，海內寒心。於是絳侯、朱虚興威奮怒，誅夷逆亂，尊立太宗，故能道化興隆，光明顯融，此則大臣立權之明表也。司空曹操，祖父騰，故中常侍，與左悺、徐璜並作妖孽，饕餮放橫，傷化虐民。父嵩，乞丐攜養，因贓假位，輿金輦璧，輸貨權門，竊盜鼎司，傾覆重器。操贅閹遺醜，本無令德，僄狡鋒俠，好亂樂禍。幕府昔統鷹揚，掃夷凶逆。續遇董卓侵官暴國，於是提劍揮鼓，發命東夏，方收羅英雄，棄瑕録用，故遂與操參咨策略，謂其鷹犬之才，爪牙可任。至乃愚佻短慮，輕進易退，傷夷折衄，數喪師徒。幕府輒復分兵命鋭，修完補輯，表行東郡太守、兗州刺史，被以虎文，授以偏師，奬蹙威柄，冀獲秦師一克之報。而操遂乘資跋扈，肆行酷烈，割剥元元，殘賢害善。故九江太守邊讓，英才俊逸，天下知名，以直言正色，論不阿諂，身被梟縣之戮，妻孥受灰滅之咎。自是士林憤痛，民怨彌重，一夫奮臂，舉州同聲，故躬破於徐方，地奪於呂布，彷徨東裔，蹈據無所。幕府唯强幹弱枝之義，且不登叛人之黨，故復援旌擐甲，席捲赴征，金鼓響震，布衆破沮，拯其死亡之患，復其方伯之任，是則幕府無德於兗土之民，而有大造於操也。後會鑾駕東反，羣虜亂政。時冀州方有北鄙之警，匪遑離局，故使從事中郎徐勳就發遣操，使繕修郊廟，翼衛幼主。而便放志專行，脅遷省禁，卑侮王官，敗法亂紀，坐召三臺，專制朝政，爵賞由心，刑戮在口，所愛光五宗，所惡滅三族，羣談者蒙顯誅，腹議者蒙隱戮，道路以目，百寮鉗口，尚書記朝會，公卿充員品而已。故太尉楊彪，歷典三司，享國極位，操因睚眥，被以非罪，榜楚並兼，五毒俱至，觸情放慝，不顧憲章。又議郎趙彦，忠諫直言，議有可納，故聖朝含聽，改容加錫，操欲迷奪時權，杜絶言路，擅收立殺，不俟報聞。又梁孝王，先帝母弟，墳陵尊顯，松柏桑梓，猶宜恭肅，而操率將校吏士親臨發掘，破棺裸屍，略取金寶，至令聖朝流涕，士民傷懷。又署發丘中郎將、摸金校尉，所過隳突，無骸不露。身處三公之官，而行桀虜之態，殄國虐民，毒流人鬼。加其細政苛慘，科防互設，繒繳充蹊，坑阱塞路，舉手掛網羅，動足蹈機陷，是以兗、豫有無聊之民，帝都有嗟吁之怨。歷觀古今書籍，所載貪殘虐烈無道之臣，於操為甚。幕府方詰外姦，未及整訓，加意含覆，冀可彌縫。而操豺狼野心，潛苞禍謀，乃欲撓折棟樑，孤弱漢室，除滅中正，專為梟雄。往歲伐鼓北征，討公孫瓚，强禦桀逆，拒圍一年。操因其未破，陰交書命，欲託助王師，以相掩襲，故引兵造河，方舟北濟。會其行人發露，瓚亦梟夷，故使鋒芒挫縮，厥圖不果。屯據敖倉，阻河為固，乃欲以螳螂之斧，御隆車之隧。幕府奉漢威靈，折衝宇宙，長戟百萬，胡騎千羣，奮中黄、育、獲之材，騁良弓勁弩之勢，并州越太行，青州涉濟、漯，大軍汎黄河以角其前，荆州下宛、葉而掎其後，雷震虎步，並集虜庭，若舉炎火以焫飛蓬，覆滄海而沃熛炭，有何不消滅者哉？當今漢道陵遲，綱弛紀絶。操以精兵七百，圍守宮闕，外稱陪衛，內以拘執，懼其篡逆之禍，因斯而作。乃忠臣肝腦塗地之秋，烈士立功之會也，可不勖哉！』此陳琳之辭。

紹進軍黎陽，遣顔良攻劉延于白馬。沮授又諫紹：『良性促狹，雖驍勇不可獨任。』紹不聽。太祖救延，與良戰，破斬良。《獻帝傳》曰：紹臨發，沮授會其宗族，散資財以與之曰：『夫勢在則威無不加，勢亡則不保一身，哀哉！』其弟宗曰：『曹公士馬不敵，君何懼焉！』授曰：『以曹兗州之明略，又挾天子以為資，我雖克公孫，衆實疲弊，而將驕主忲，軍之破敗，在此舉也。揚雄有言，「六國蚩蚩，為嬴弱姬」，今之謂也。』紹渡河，壁延津南，使劉備、文醜挑戰。太祖擊破之，斬醜，再戰，禽紹大將。紹軍大震。《獻帝傳》曰：紹將濟河，沮授諫曰：『勝負變化，不可不詳。今宜留屯延津，分兵官渡，若其克獲，還迎不晚，設其有難，衆弗可還。』紹弗從。授臨濟歎曰：『上盈其志，下務其功，悠悠黃河，吾其不反乎！』遂以疾辭。紹恨之，乃省其所部兵屬郭圖。太祖還官渡。沮授又曰：『北兵數衆而果勁不及南，南穀虛少而貨財不及北；南利在於急戰，北利在於緩搏。宜徐持久，曠以日月。』紹不從。連營稍前，逼官渡，合戰，太祖軍不利，復壁。紹為高櫓，起土山，射營中，營中皆蒙楯，衆大懼。太祖乃為發石車，擊紹樓，皆破，紹衆號曰霹靂車。《魏氏春秋》曰：以古有矢石，又傳言『旝動而鼓』，說曰『旝，發石也』，於是造發石車。紹為地道，欲襲太祖營。太祖輒於內為長塹以拒之，又遣奇兵襲擊紹運車，大破之，盡焚其穀。太祖與紹相持日久，百姓疲乏，多叛應紹，軍食乏。會紹遣淳于瓊等將兵萬餘人北迎運車，沮授說紹：『可遣將蔣奇別為支軍於表，以斷曹公之鈔。』紹復不從。瓊宿烏巢，去紹軍四十里。太祖乃留曹洪守，自將步騎五千候夜潛往攻瓊。紹遣騎救之，敗走。破瓊等，悉斬之。太祖還，未至營，紹將高覽、張郃等率其衆降。紹衆大潰，紹與譚單騎退渡河。餘衆偽降，盡坑之。張璠《漢紀》云：殺紹卒凡八萬人。沮授不及紹渡，為人所執，詣太祖，《獻帝傳》云：授大呼曰：『授不降也，為軍所執耳！』太祖與之有舊，逆謂授曰：『分野殊異，遂用圮絕，不圖今日乃相禽也！』授對曰：『冀州失策，以取奔北。授智力俱困，宜其見禽耳。』太祖曰：『本初無謀，不用君計，今喪亂過紀，國家未定，當相與圖之。』授曰：『叔父、母、弟，縣命袁氏，若蒙公靈，速死為福。』太祖歎曰：『孤早相得，天下不足慮。』太祖厚待之。後謀還袁氏，見殺。

初，紹之南也，田豐說紹曰：『曹公善用兵，變化無方，衆雖少，未可輕也，不如以久持之。將軍據山河之固，擁四州之衆，外結英雄，內脩農戰，然後簡其精銳，分為奇兵，乘虛迭出，以擾河南，救右則擊其左，救左則擊其右，使敵疲於奔命，民不得安業；我未勞而彼已困，不及二年，可坐克也。今釋廟勝之策，而決成敗於一戰，若不如志，悔無及也。』紹不從。豐懇諫，紹怒甚，以為沮衆，械繫之。紹軍既敗，或謂豐曰：『君必見重。』豐曰：『若軍有利，吾必全，今軍敗，吾其死矣。』紹還，謂左右曰：『吾不用田豐言，果為所笑。』遂殺之。《先賢行狀》曰：豐字元皓，鉅鹿人，或云勃海人。豐天姿瓌傑，權略多奇，少喪親，居喪盡哀，日月雖過，笑不至矧。博覽多識，名重州黨。初辟太尉府，舉茂才，遷待御史。閹宦擅朝，英賢被害，豐乃棄官歸家。袁紹起義，卑辭厚幣以招致豐，豐以王室多難，志存匡救，乃應紹命，以為別駕。勸紹迎天子，紹不納。紹後用豐謀，以平公孫瓚。逢紀憚豐亮直，數讒之於紹，紹遂忌豐。紹軍之敗也，土崩奔北，師徒略盡，軍皆拊膺而泣曰：『向令田豐在此，不至於是也。』紹謂逢紀曰：『冀州人聞吾軍敗，皆當念吾，惟田別駕前諫止吾，與衆不同，吾亦慚見之。』紀復曰：『豐聞將軍之退，拊手大笑，喜其言之中也。』紹於是有害豐之意。初，太祖聞豐不從戎，喜曰：『紹必敗矣。』及紹奔遁，復曰：『向使紹用田別駕計，尚未可知也。』孫盛曰：觀田豐、沮授之謀，雖良、平何以過之？故君貴審才，臣尚量主；君用忠良，則伯王之業隆，臣奉闇後，則覆亡之禍至：存亡榮辱，常必由茲。豐知紹將敗，敗則己必死，甘冒虎口以盡忠規，烈士之於所事，慮不存己。夫諸侯之臣，義有去就，況豐與紹非純臣乎！《詩》云『逝將去汝，適彼樂土』，言去亂邦，就有道可也。

冀州城邑多叛，紹復擊定之。自軍敗後發病，七年，憂死。

紹愛少子尚，貌美，欲以為後而未顯。《典論》曰：譚長而惠，尚少而美。紹妻劉氏愛尚，數稱其才，紹亦奇其貌，欲以為後，未顯而紹死。劉氏性酷妒，紹死，僵屍未殯，寵妾五人，劉盡殺之。以為死者有知，當復見紹於地下，乃髡頭墨面以毀其形。尚又為盡殺死者之家。審配、逢紀與辛評、郭圖爭權，配、紀與尚比，評、圖與譚比。衆以譚長，欲立之。配等恐譚立而評等為己害，緣紹素意，乃奉尚代紹位。譚至，不得立，自號車騎將軍。由是譚、尚有隙。太祖北征譚、尚。譚軍黎陽，尚少與譚兵，而使逢紀從譚。譚求益兵，配等議不與。譚怒，殺紀。《英雄記》曰：紀字元圖。初，紹去董卓出奔，與許攸及紀俱詣冀州，紹以紀聰達有計策，甚親信之，與共舉事。後審配任用，與紀不睦。或有讒配於紹，紹問紀，紀稱『配天性烈直，古人之節，不宜疑之』。紹曰：『君不惡之邪？』紀答曰：『先日所爭者私情，今所陳者國事。』紹善之，卒不廢配。配由是更與紀為親善。太祖渡河攻譚，譚告急於尚。尚欲分兵益譚，恐譚遂奪其衆，乃使審配守鄴，尚自將兵助譚，與太祖相拒於黎陽。自月至（九）月，大戰城下，譚、尚敗退，入城守。太祖將圍之，乃夜遁。追至鄴，收其麥，拔陰安，引軍還許。太祖南征荆州，軍至西平。譚、尚遂舉兵相攻，譚敗奔平原。尚攻之急，譚遣辛毗詣太祖請救。太祖乃還救譚，十月至黎陽。《魏氏春秋》載劉表遺譚書曰：『天篤降害，禍難殷流，尊公殂殞，四海悼心。賢胤承統，遐邇屬望，咸欲展布旅力，以投盟主，雖亡之日，猶存之原也。何寤青蠅飛於幹旌，無極遊於二壘，使股肱分為二體，背膂絕為異身！昔三王五伯，下及戰國，父子相殘，蓋有之矣；然或欲以成王業，或欲以定霸功，或欲以顯宗主，或欲以固冢嗣，未有棄親即異，抓其本根，而能崇業濟功，垂祚後世者也。若齊襄復九世之讎，士丐卒荀偃之事，是故《春秋》美其義，君子稱其信。夫伯游之恨于齊，未若（文公）［太公］之忿曹；宣子之承業，未若仁君之繼統也。且君子之違難不適讎國，豈可忘先君之怨，棄至親之好，為萬世之戒，遺同盟之耻哉！冀州不弟之沴，既已然矣；仁君當降志辱身，以匡國為務；雖見憎於夫人，未若鄭莊之於姜氏，兄弟之嫌，未若重華之於象傲也。然莊公有大隧之樂，象受有鼻之封。原棄捐前忿，遠思舊義，復為母子昆弟如初。』又遺尚書曰：『知變起辛、郭，禍結同生，追閼伯、實沈之蹤，忘常棣死喪之義，親尋干戈，僵屍流血，聞之哽咽，雖存若亡。昔軒轅有涿鹿之戰，周武有商、奄之師，皆所以翦除穢害而定王業，非强弱之（事）爭，喜怒之忿也。故雖滅親不為尤，誅兄不傷義。今二君初承洪業，纂繼前軌，進有國家傾危之慮，退有先公遺恨之負，當唯義是務，唯國是康。何者？金木水火以剛柔相濟，然後克得其和，能為民用。今青州天性峭急，迷于曲直。仁君度數弘廣，綽然有餘，當以大包小，以優容劣，先除曹操以卒先公之恨，事定之後，乃議曲直之計，不亦善乎！若留神遠圖，克己復禮，當振旆長驅，共獎王室，若迷而不反，違而無改，則胡夷將有誚讓之言，況我同盟，復能戮力為君之役哉？此韓盧、東郭自困於前而遺田父之獲者也。憤踴鶴望，冀聞和同之聲。若其泰也，則袁族其與漢升降乎！如其否也，則同盟永無望矣。』譚、尚盡不從。《漢晉春秋》載審配獻書於譚曰：『《春秋》之義，國君死社稷，忠臣死王命。苟有圖危宗廟，敗亂國家，王綱典律，親疏一也。是以周公垂泣而蔽管、蔡之獄，季友歔欷而行針叔之鴆。何則？義重人輕，事不得已也。昔衛靈公廢蒯聵而立輒，蒯聵為不道，入戚以篡，衛師伐之。《春秋傳》曰：「以石曼姑之義，為可以拒之。」是以蒯聵終獲叛逆之罪，而曼姑永享忠臣之名。父子猶然，豈況兄弟乎！昔先公廢絀將軍以續賢兄，立我將軍以為適嗣，上告祖靈，下書譜牒，先公謂將軍為兄子，將軍謂先公為叔父，海內遠近，誰不備聞？且先公即世之日，我將軍斬衰居廬，而將軍齋于堊室，出入之分，於斯益明。是時凶臣逢紀，妄畫蛇足，曲辭諂媚，交亂懿親，將軍奮赫然之怒，誅不旋時，將軍亦奉命承旨，加以淫刑。自是之後，癰疽破潰，骨肉無絲髮之嫌，自疑之臣，皆保生全之福。故悉遺强胡，簡命名將，料整器械，選擇戰士，殫府庫之財，竭食土之實，其所以供奉將軍，何求而不備？君臣相率，共衛旌麾，戰為雁行，賦為幣主，雖傾倉覆庫，翦剥民物，上下欣戴，莫敢告勞。何則？推戀戀忠赤之情，盡家家肝腦之計，脣齒輔車，不相為賜。謂為將軍心合意同，混齊一體，必當并威偶勢，禦寇寧家。何圖凶險讒慝之人，造飾無端，誘導姦利，至令將軍翻然改圖，忘孝友之仁，聽豺狼之謀，誣先公廢立之言，違近者在喪之位，悖紀綱之理，不顧逆順之節，横易冀州之主，欲當先公之繼。遂放兵鈔撥，屠城殺吏，交屍盈原，裸民滿野，或有髡剃髮膚，割截支體，冤魂痛於幽冥，創痍號於草棘。又乃圖獲鄴城，許賜秦、胡，財物婦女，豫有分界。或聞告令吏士云：孤雖有老母，輒使身體完具而已。聞此言者，莫不驚愕失氣，悼心揮涕，使太夫人憂哀憤懣於堂室，我州君臣士友假寐悲歎，無所措其手足；念欲靜師拱默以聽執事之圖，則懼違春秋死命之節，貽太夫人不測之患，隕先公高世之業。且三軍憤慨，人懷私怒，我將軍辭不獲已，以及館陶之役。是時外為御難，內實乞罪，既不見赦，而（屠辱谷）［屠各］二三其心，臨陳叛戾。我將軍進退無功，首尾受敵，引軍奔避，不敢告辭。亦謂將軍當少垂親親之仁，貺以緩追之惠，而乃尋蹤躡軌，無所逃命。困獸必鬬，以幹嚴行，而將軍師旅土崩瓦解，此非人力，乃天意也。是後又望將軍改往修來，克己復禮，追還孔懷如初之愛；而縱情肆怒，趣破家門，企踵鶴立，連結外讎，散鋒於火，播增毒螫，烽煙相望，涉血千里，遺城厄民，引領悲怨，雖欲勿救，惡得已哉！故遂引軍東轅，保正疆埸，雖近郊壘，未侵境域，然望旌麾，能不永歎？配等備先公家臣，奉廢立之命。而圖等幹國亂家，禮有常刑。故奮敝州之賦，以除將軍之疾，若乃天啓於心，早行其誅，則我將軍匍匐悲號于將軍股掌之上，配等亦袒躬布體以待斧鉞之刑。若必不悛，有以國斃，圖頭不縣，軍不旋踵。原將軍詳度事宜，錫以環玦。』《典略》曰：譚得書悵然，登城而泣。既劫于郭圖，亦以兵鋒累交，遂戰不解。尚聞太祖北，釋平原還鄴。其將呂曠、呂翔叛尚歸太祖，譚復陰刻將軍印假曠、翔。太祖知譚詐，與結婚以安之，乃引軍還。尚使審配、蘇由守鄴，復攻譚平原。太祖進軍將攻鄴，到洹水，去鄴五十里，由欲為內應，謀泄，與配戰城中，敗，出奔太祖。太祖遂進攻之，為地道，配亦於內作塹以當之。配將馮禮開突門，內太祖兵三百餘人，配覺之，從城上以大石擊突中柵門，柵門閉，入者皆没。太祖遂圍之，為塹，周四十里，初令淺，示若可越。配望而笑之，不出爭利。太祖一夜掘之，廣深二丈，決漳水以灌之，自五月至八月，城中餓死者過半。尚聞鄴急，將兵萬餘人還救之，依西山來，東至陽平亭，去鄴十七里，臨滏水，舉火以示城中，城中亦舉火相應。配出兵城北，欲與尚對決圍。太祖逆擊之，敗還，尚亦破走，依曲漳為營，太祖遂圍之。未合，尚懼，遣陰夔、陳琳乞降，不聽。尚還走濫口，進復圍之急，其將馬延等臨陳降，衆大潰，尚奔中山。盡收其輜重，得尚印綬、節鉞及衣物，以示其家，城中崩沮。配兄子榮守東門，夜開門内太祖兵，與配戰城中，生禽配。配聲氣壯烈，終無撓辭，見者莫不歎息。遂斬之。《先賢行狀》曰：配字正南，魏郡人，少忠烈慷慨，有不可犯之節。袁紹領冀州，委以腹心之任，以為治中別駕，並總幕府。初，譚之去，皆呼辛毗、郭圖家得出，而辛評家獨被收。及配兄子開城門内兵，時配在城東南角樓上，望見太祖兵入，忿辛、郭壞敗冀州，乃遣人馳詣鄴獄，指殺仲治家。是時，辛毗在軍，聞門開，馳走詣獄，欲解其兄家，兄家已死。是日生縛配，將詣帳下，辛毗等逆以馬鞭擊其頭，罵之曰：『奴，汝今日真死矣！』配顧曰：『狗輩，正由汝曹破我冀州，恨不得殺汝也！且汝今日能殺生我邪？』有頃，公引見，謂配：『知誰開卿城門？』配曰：『不知也。』曰：『自卿（文）榮耳。』配曰：『小兒不足用乃至此！』公復謂曰：『曩日孤之行圍，何弩之多也？』配曰：『恨其少耳！』公曰：『卿忠於袁氏父子，亦自不得不爾也。』有意欲活之。配既無撓辭，而辛毗等號哭不已，乃殺之。初，冀州人張子謙先降，素與配不善，笑謂配曰：『正南，卿竟何如我？』配厲聲曰：『汝為降虜，審配為忠臣，雖死，豈若汝生邪！』臨行刑，叱持兵者令北向，曰：『我君在北。』樂資《山陽公載記》及袁暐《獻帝春秋》並云太祖兵入城，審配戰於門中，既敗，逃于井中，於井獲之。臣松之以為配一代之烈士，袁氏之死臣，豈當數窮之日，方逃身于井？此之難信，誠為易了。不知資、暐之徒竟為何人，未能識别然否，而輕弄翰墨，妄生異端，以行其書。如此之類，正足以誣罔視聽，疑誤後生矣。寔史籍之罪人，達學之所不取者也。高幹以并州降，復以幹為刺史。

太祖之圍鄴也，譚略取甘陵、安平、勃海、河間，攻尚於中山。尚走故安從熙，譚悉收其衆。太祖將討之，譚乃拔平原，并南皮，自屯龍湊。十二月，太祖軍其門，譚不出，夜遁奔南皮，臨清河而屯。十年正月，攻拔之，斬譚及圖等。熙、尚為其將焦觸、張南所攻，奔遼西烏丸。觸自號幽州刺史，驅率諸郡太守令長，背袁向曹，陳兵數萬，殺白馬盟，令曰：『違命者斬！』衆莫敢語，各以次歃。至别駕韓珩，曰：『吾受袁公父子厚恩，今其破亡，智不能救，勇不能死，於義闕矣；若乃北面於曹氏，所弗能為也。』一坐為珩失色。觸曰：『夫興大事，當立大義，事之濟否，不待一人，可卒珩志，以勵事君。』高幹叛，執上黨太守，舉兵守壺口關。遣樂進、李典擊之，未拔。十一年，太祖征幹。幹乃留其將夏昭、鄧升守城，自詣匈奴單于求救，不得，獨與數騎亡，欲南奔荆州，上洛都尉捕斬之。《典略》曰：上洛都尉王琰獲高幹，以功封侯；其妻哭于室，以為琰富貴將更娶妾媵而奪己愛故也。十二年，太祖至遼西擊烏丸。尚、熙與烏丸逆軍戰，敗走奔遼東，公孫康誘斬之，送其首。《典略》曰：尚為人有勇力，欲奪取康衆，與熙謀曰：『今到，康必相見，欲與兄手擊之，有遼東猶可以自廣也。』康亦心計曰：『今不取熙、尚，無以為說於國家。』乃先置其精勇於廄中，然後請熙、尚。熙、尚入，康伏兵出，皆縛之，坐於凍地。尚寒，求席，熙曰：『頭顱方行萬里，何席之為！』遂斬首。譚，字顯思。熙，字顯奕。尚，字顯甫。《吴書》曰：尚有弟名買，與尚俱走遼東。《曹瞞傳》云：買，尚兄子。未詳。太祖高韓珩節，屢辟不至，卒於家。《先賢行狀》曰：珩字子佩，代郡人，清粹有雅量。少喪父母，奉養兄姊，宗族稱孝悌焉。

又《劉表傳》 太祖與袁紹方相持於官渡，紹遣人求助，表許之而不至，亦不佐太祖，欲保江漢間，觀天下變。

又 卷七《魏志·呂布傳》 呂布字奉先，五原郡九原人也。【略】卓死後六旬，布亦敗。臣松之案《英雄記》曰：諸書，布以四月二十三日殺卓，六月一日敗走，時又無閏，不及六旬。將數百騎出武關，欲詣袁術。

【略】

術惡其反覆，拒而不受。北詣袁紹，【略】布走河内，《英雄記》曰：布自以有功于袁氏，輕傲紹下諸將，以為擅相署置，不足貴也。布求還洛，紹假布領司隸校尉。外言當遣，内欲殺布。明日當發，紹遣甲士三十人，辭以送布。布使止於帳側，偽使人於帳中鼓箏。紹兵臥，布無何出帳去，而兵不覺。夜半兵起，亂斫布床被，謂為已死。明日，紹訊問，知布尚在，乃閉城門。布遂引去。與張楊合。紹令衆追之，皆畏布，莫敢逼近者。《英雄記》曰：楊及部曲諸將，皆受傕、汜購募，共圖布。布聞之，謂楊曰：『布，卿州里也。卿殺布，於卿弱。不如賣布，可極得汜、傕爵寵。』楊於是外許汜、傕，内實保護布。汜、傕患之，更下大封詔書，以布為潁川太守。

張邈字孟卓，東平壽張人也。少以俠聞，振窮救急，傾家無愛，士多歸之。太祖、袁紹皆與邈友。辟公府，以高第拜騎都尉，遷陳留太守。董卓之亂，太祖與邈首舉義兵。汴水之戰，邈遣衛茲將兵隨太祖。袁紹既為盟主，有驕矜色，邈正議責紹。紹使太祖殺邈，太祖不聽，責紹曰：『孟卓，親友也，是非當容之。今天下未定，不宜自相危也。』邈知之，益德太祖。太祖之征陶謙，敕家曰：『我若不還，往依孟卓。』後還，見邈，垂泣相對。其親如此。

呂布之捨袁紹從張楊也，過邈臨別，把手共誓。紹聞之，大恨。邈畏太祖終為紹擊己也，心不自安。興平元年，太祖復征謙，邈弟超，與太祖將陳宮、從事中郎許汜、王楷共謀叛太祖。宮說邈曰：『今雄傑並起，天下分崩，君以千里之衆，當四戰之地，撫劍顧眄，亦足以為人豪，而反制於人，不以鄙乎！今州軍東征，其處空虛，呂布壯士，善戰無前，若權迎之，共牧兗州，觀天下形勢，俟時事之變通，此亦縱橫之一時也。』邈從之。太祖初使宮將兵留屯東郡，遂以其衆東迎布為兗州牧，據濮陽。郡縣皆應，唯鄄城、東阿、范為太祖守。太祖引軍還，與布戰於濮陽，太祖軍不利，相持百餘日。是時歲旱、蟲蝗、少穀，百姓相食，布東屯山陽。二年間，太祖乃盡復收諸城，擊破布於鉅野。布東奔劉備。《英雄記》曰：布見備，甚敬之，謂備曰：『我與卿同邊地人也。布見關東起兵，欲誅董卓。布殺卓東出，關東諸將無安布者，皆欲殺布耳。』請備於帳中坐婦床上，令婦向拜，酌酒飲食，名備為弟。備見布語言無常，外然之而內不說。邈從布，留超將家屬屯雍丘。太祖攻圍數月，屠之，斬超及其家。邈詣袁術請救未至，自為其兵所殺。《獻帝春秋》曰：袁術議稱尊號，邈謂術曰：『漢據火德，絕而復揚，德澤豐流，誕生明公。公居軸處中，入則享于上席，出則為衆目之所屬，華、霍不能增其高，淵泉不能同其量，可謂巍巍蕩蕩，無與為貳。何為舍此而欲稱制？恐福不盈眥，禍將溢世。莊周之稱郊祭犧牛，養飼經年，衣以文繡，宰執鸞刀，以入廟門，當此之時，求為孤犢不可得也！』按本傳，邈詣術，未至而死。而此云諫稱尊號，未詳孰是。

備東擊術，布襲取下邳，備還歸布。布遣備屯小沛。布自稱徐州刺史。《英雄記》曰：布初入徐州，書與袁術。術報書曰：『昔董卓作亂，破壞王室，禍害術門户，術舉兵關東，未能屠裂卓。將軍誅卓，送其頭首，為術掃滅讎耻，使術明目於當世，死生不愧，其功一也。昔將金元休向兗州，甫詣（封部）［封丘］，為曹操逆所拒破，流離迸走，幾至滅亡。將軍破兗州，術復明目於遐邇，其功二也。術生年已來，不聞天下有劉備，備乃舉兵與術對戰；術憑將軍威靈，得以破備，其功三也。將軍有三大功在術，術雖不敏，奉以生死。將軍連年攻戰，軍糧苦少，今送米二十萬斛，迎逢道路，非直此止，當駱驛復致；若兵器戰具，它所乏少，大小唯命。』布得書大喜，遂造下邳。《典略》曰：元休名尚，京兆人也。尚與同郡韋休甫、第五文休俱著名，號為三休。尚，獻帝初為兗州刺史，東之郡，而太祖已臨兗州。尚南依袁術。術僭號，欲以尚為太尉，不敢顯言，私使人諷之，尚無屈意，術亦不敢强也。建安初，尚逃還，為術所害。其後尚喪與太傅馬日磾喪俱至京師，天子嘉尚忠烈，為之咨嗟，詔百官弔祭，拜子瑋郎中，而日磾不與焉。《英雄記》曰：布水陸東下，軍到下邳西四十里。備中郎將丹楊許耽夜遣司馬章誑來詣布，言『張益德與下邳相曹豹共爭，益德殺豹，城中大亂，不相信。丹楊兵有千人屯西白門城內，聞將軍來東，大小踴躍，如復更生。將軍兵向城西門，丹楊軍便開門內將軍矣』。布遂夜進，晨到城下。天明，丹楊兵悉開門內布兵。布于門上坐，步騎放火，大破益德兵，獲備妻子軍資及部曲將吏士家口。建安元年六月夜半時，布將河內郝萌反，將兵入布所治下邳府，詣事閤外，同聲大呼攻閤，閤堅不得入。布不知反者為誰，直牽婦，科頭袒衣，相將從溷上排壁出，詣都督高順營，直排順門入。順問：『將軍有所隱不？』布言『河內兒聲』。順言『此郝萌也』。順即嚴兵入府，弓弩並射萌衆；萌衆亂走，天明還故營。萌將曹性反萌，與對戰，萌刺傷性，性斫萌一臂。順斫萌首，床輿性，送詣布。布問性，言『萌受袁術謀。』『謀者悉誰？』性言『陳宮同謀。』時宮在坐上，面赤，傍人悉覺之。布以宮大將，不問也。性言『萌常以此問，性言呂將軍大將有神，不可擊也，不意萌狂惑不止。』布謂性曰：『卿健兒也！』善養視之。創愈，使安撫萌故營，領其衆。術遣將紀靈等步騎三萬攻備，備求救於布。布諸將謂布曰：『將軍常欲殺備，今可假手於術。』布曰：『不然。術若破備，則北連太山諸將，吾為在術圍中，不得不救也。』便嚴步兵千、騎二百，馳往赴備。靈等聞布至，皆斂兵不敢復攻。布於沛西南一里安屯，遣鈴下請靈等，靈等亦請布共飲食。布謂靈等曰：『玄德，布弟也。弟為諸君所困，故來救之。布性不喜合鬭，但喜解鬭耳。』布令門候于營門中舉一隻戟，布言：『諸君觀布射戟小支，一發中者諸君當解去，不中可留決鬭。』布舉弓射戟，正中小支。諸將皆驚，言『將軍天威也』！明日復歡會，然後各罷。

術欲結布為援，乃為子索布女，布許之。術遣使韓胤以僭號議告布，並求迎婦。沛相陳珪恐術、布成婚，則徐、揚合從，將為國難，於是往說布曰：『曹公奉迎天子，輔贊國政，威靈命世，將征四海，將軍宜與協同策謀，圖太山之安。今與術結婚，受天下不義之名，必有累卵之危。』布亦怨術初不已受也，女已在塗，追還絕婚，械送韓胤，梟首許市。珪欲使子登詣太祖，布不肯遣。會使者至，拜布左將軍。布大喜，即聽登往，並令奉章謝恩。《英雄記》曰：初，天子在河東，有手筆版書召布來迎。布軍無畜積，不能自致，遣使上書。朝廷以布為平東將軍，封平陶侯。使人於山陽界亡失文字，太祖又手書厚加慰勞布，說起迎天子，當平定天下意，並詔書購捕公孫瓚、袁術、韓暹、楊奉等。布大喜，復遣使上書於天子曰：『臣本當迎大駕，知曹操忠孝，奉迎都許。臣前與操交兵，今操保傅陛下，臣為外將，欲以兵自隨，恐有嫌疑，是以待罪徐州，進退未敢自寧。』答太祖曰：『布獲罪之人，分為誅首，手命慰勞，厚見褒獎。重見購捕袁術等詔書，布當以命為效。』太祖更遣奉車都尉王則為使者，齎詔書，又封平東將軍印綬來拜布。太祖又手書與布曰：『山陽屯送將軍所失大封，國家無好金，孤自取家好金更相為作印，國家無紫綬，自取所帶紫綬以籍心。將軍所使不良。袁術稱天子，將軍止之，而使不通章。朝廷信將軍，使復重上，以相明忠誠。』布乃遣登奉章謝恩，並以一好綬答太祖。登見太祖，因陳布勇而無計，輕於去就，宜早圖之。太祖曰：『布，狼子野心，誠難久養，非卿莫能究其情也。』即增珪秩中二千石，拜登廣陵太守。臨別，太祖執登手曰：『東方之事，便以相付。』令登陰合部衆以為內應。

始，布因登求徐州牧，登還，布怒，拔戟斫幾曰：『卿父勸吾協同曹公，絕婚公路；今吾所求無一獲，而卿父子並顯重，為卿所賣耳！卿為吾言，其說云何？』登不為動容，徐喻之曰：『登見曹公言：「待將軍譬如養虎，當飽其肉，不飽則將噬人。」公曰：「不如卿言也。譬如養鷹，飢則為用，飽則揚去。」其言如此。』布意乃解。

術怒，與韓暹、楊奉等連勢，遣大將張勳攻布。布謂珪曰：『今致術軍，卿之由也，為之奈何？』珪曰：『暹、奉與術，卒合之軍耳，策謀不素定，不能相維持，子登策之，比之連雞，勢不俱棲，可解離也。』布用珪策，遣人說暹、奉，使與己并力共擊術軍，軍資所有，悉許暹、奉。於是暹、奉從之，勳大破敗。《九州春秋》載布與暹、奉書曰：『二將軍拔大駕來東，有元功於國，當書勳竹帛，萬世不朽。今袁術造逆，當共誅討，奈何與賊臣還共伐布？布有殺董卓之功，與二將軍俱為功臣，可因今共擊破術，建功於天下，此時不可失也。』暹、奉得書，即回計從布。布進軍，去勳等營百步，暹、奉兵同時併發，斬十將首，殺傷墮水死者不可勝數。《英雄記》曰：布後又與暹、奉二軍向壽春，水陸並進，所過虜略。到鍾離，大獲而還。既渡淮北，留書與術曰：『足下恃軍强盛，常言猛將武士，欲相吞滅，每抑止之耳！布雖無勇，虎步淮南，一時之間，足下鼠竄壽春，無出頭者。猛將武士，為悉何在？足下喜為大言以誣天下，天下之人安可盡誣？古者兵交，使在其間，造策者非布先唱也。相去不遠，可復相聞。』布渡畢，術自將步騎五千揚兵淮上，布騎皆于水北大咍笑之而還。時有東海蕭建為琅邪相，治莒，保城自守，不與布通。布與建書曰：『天下舉兵，本以誅董卓耳。布殺卓，來詣關東，欲求兵西迎大駕，光復洛京，諸將自還相攻，莫肯念國。布，五原人也，去徐州五千餘里，乃在天西北角，今不來共爭天東南之地。莒與下邳相去不遠，宜當共通。君如自遂以為郡郡作帝，縣縣自王也！昔樂毅攻齊，呼吸下齊七十餘城，唯莒、即墨二城不下，所以然者，中有田單故也。布雖非樂毅，君亦非田單，可取布書與智者詳共議之。』建得書，即遣主簿齎箋上禮，貢良馬五匹。建尋為臧霸所襲破，得建資實。布聞之，自將步騎向莒。高順諫曰：『將軍躬殺董卓，威震夷狄，端坐顧盼，遠近自然畏服，不宜輕自出軍；如或不捷，損名非小。』布不從。霸畏布（引還）鈔暴，果登城拒守。布不能拔，引還下邳。霸後復與布和。

建安三年，布復叛為術，遣高順攻劉備於沛，破之。太祖遣夏侯惇救備，為順所敗。太祖自征布，至其城下，遺布書，為陳禍福。布欲降，陳宮等自以負罪深，沮其計。《獻帝春秋》曰：太祖軍至彭城。陳宮謂布：『宜逆擊之，以逸擊勞，無不克也。』布曰：『不如待其來攻，蹙著泗水中。』及太祖軍攻之急，布于白門樓上謂軍士曰：『卿曹無相困，我（自首當）［當自首］明公。』陳宮曰：『逆賊曹操，何等明公！今日降之，若卵投石，豈可得全也！』布遣人求救於術，（術）自將千餘騎出戰，敗走，還保城，不敢出。《英雄記》曰：布遣許汜、王楷告急於術。術曰：『布不與我女，理自當敗，何為復來相聞邪？』汜、楷曰：『明上今不救布，為自敗耳！布破，明上亦破也。』術時僭號，故呼為明上。術乃嚴兵為布作聲援。布恐術為女不至，故不遣兵救也，以綿纏女身，縛著馬上，夜自送女出與術，與太祖守兵相觸，格射不得過，復還城。布欲令陳宮、高順守城，自將騎斷太祖糧道。布妻謂曰：『將軍自出斷曹公糧道是也。宮、順素不和，將軍一出，宮、順必不同心共城守也，如有蹉跌，將軍當於何自立乎？原將軍諦計之，無為宮等所誤也。妾昔在長安，已為將軍所棄，賴得龐舒私藏妾身耳，今不須顧妾也。』布得妻言，愁悶不能自決。《魏氏春秋》曰：陳宮謂布曰：『曹公遠來，勢不能久。若將軍以步騎出屯，為勢於外，宮將餘衆閉守於內，若向將軍，宮引兵而攻其背，若來攻城，將軍為救於外。不過旬日，軍食必盡，擊之可破。』布然之。布妻曰：『昔曹氏待公臺如赤子，猶舍而來。今將軍厚公臺不過於曹公，而欲委全城，捐妻子，孤軍遠出，若一旦有變，妾豈得為將軍妻哉！』布乃止。術亦不能救。布雖驍猛，然無謀而多猜忌，不能制御其黨，但信諸將。諸將各異意自疑，故每戰多敗。太祖塹圍之三月，上下離心，其將侯成、宋憲、魏續縛陳宮，將其衆降。《九州春秋》曰：初，布騎將侯成遣客牧馬十五匹，客悉驅馬去，向沛城，欲歸劉備。成自將騎逐之，悉得馬還。諸將合禮賀成，成釀五六斛酒，獵得十餘頭豬，未飲食，先持半豬五斗酒自入詣布前，跪言：「間蒙將軍恩，逐得所失馬，諸將來相賀，自釀少酒，獵得豬，未敢飲食，先奉上微意。」布大怒曰：「布禁酒，卿釀酒，諸將共飲食作兄弟，共謀殺布邪？」成大懼而去，棄所釀酒，還諸將禮。由是自疑，會太祖圍下邳，成遂領衆降。布與其麾下登白門樓。兵圍急，乃下降。遂生縛布，布曰：「縛太急，小緩之。」太祖曰：「縛虎不得不急也。」布請曰：「明公所患不過於布，今已服矣，天下不足憂。明公將步，令布將騎，則天下不足定也。」太祖有疑色。劉備進曰：「明公不見布之事丁建陽及董太師乎！」太祖頷之。布因指備曰：「是兒最叵信者。」《英雄記》曰：布謂太祖曰：「布待諸將厚也，諸將臨急皆叛布耳。」太祖曰：「卿背妻，愛諸將婦，何以為厚？」布默然。《獻帝春秋》曰：布問太祖：「明公何瘦？」太祖曰：「君何以識孤？」布曰：「昔在洛，會温氏園。」太祖曰：「然。孤忘之矣。所以瘦，恨不早相得故也。」布曰：「齊桓舍射鉤，使管仲相；今使布竭股肱之力，為公前驅，可乎？」布縛急，謂劉備曰：「玄德，卿為坐客，我為執虜，不能一言以相寬乎？」太祖笑曰：「何不相語，而訴明使君乎？」意欲活之，命使寬縛。主簿王必趨進曰：「布，勍虜也。其衆近在外，不可寬也。」太祖曰：「本欲相緩，主簿復不聽，如之何？」於是縊殺布。布與宮、順等皆梟首送許，然後葬之。《英雄記》曰：順為人清白有威嚴，不飲酒，不受饋遺。所將七百餘兵，號為千人，鎧甲鬭具皆精練齊整，每所攻擊無不破者，名為陷陳營。順每諫布，言「凡破家亡國，非無忠臣明智者也，但患不見用耳。將軍舉動，不肯詳思，輒喜言誤，誤不可數也」。布知其忠，然不能用。布從郝萌反後，更疏順。以魏續有外内之親，悉奪順所將兵以與續。及當攻戰，故令順將續所領兵，順亦終無恨意。

太祖之禽宮也，問宮欲活老母及女不？宮對曰：「宮聞孝治天下者不絶人之親，仁施四海者不乏人之祀，老母在公，不在宮也。」太祖召養其母終其身，嫁其女。魚氏《典略》曰：陳宮字公臺，東郡人也。剛直烈壯，少與海内知名之士皆相連結。及天下亂，始隨太祖，後自疑，乃從呂布，為布畫策，布每不從其計。下邳敗，軍士執布及宮，太祖皆見之，與語平生，故布有求活之言。太祖謂宮曰：「公臺，卿平常自謂智計有餘，今竟何如？」宮顧指布曰：「但坐此人不從宮言，以至於此。若其見從，亦未必為禽也。」太祖笑曰：「今日之事當云何？」宮曰：「為臣不忠，為子不孝，死自分也。」太祖曰：「卿如是，奈卿老母何？」宮曰：「宮聞將以孝治天下者不害人之親，老母之存否，在明公也。」太祖曰：「若卿妻子何？」宮曰：「宮聞將施仁政於天下者不絶人之祀，妻子之存否，亦在明公也。」太祖未復言。宮曰：「請出就戮，以明軍法。」遂趨出，不可止。太祖泣而送之，宮不還顧。宮死後，太祖待其家皆厚於初。

又《臧洪傳》 臧洪字子源，廣陵射陽人也。父旻，歷匈奴中郎將、中山、太原太守，所在有名。謝承《後漢書》曰：旻有幹事才，達於從政，為漢良吏。初從徐州從事辟司徒府，除盧奴令，冀州舉尤異，遷揚州刺史、丹楊太守。是時邊方有警，羌、胡出寇，三府舉能，遷旻匈奴中郎將。討賊有功，徵拜議郎，還京師。見太尉袁逢，逢問其西域諸國土地、風俗、人物、種數。旻具答言西域本三十六國，後分為五十五，稍散至百餘國；其國大小，道里近遠，人數多少，風俗燥濕，山川、草木、鳥獸、異物名種，不與中國同者，悉口陳其狀，手畫地形。逢奇其才，歎息言：「雖班固作《西域傳》，何以加此？」旻轉拜長水校尉，終太原太守。洪體貌魁梧，有異於人，舉孝廉為郎。時選三署郎以補縣長，琅邪趙昱為莒長，東萊劉繇下邑長，東海王朗菑丘長，洪即丘長。靈帝末，棄官還家，太守張超請洪為功曹。【略】

太祖圍張超於雍丘，超言：「唯恃臧洪，當來救吾。」衆人以為袁、曹方睦，而洪為紹所表用，必不敗好招禍，遠來赴此。超曰：「子源，天下義士，終不背本者，但恐見禁制，不相及逮耳。」洪聞之，果徒跣號泣，並勒所領兵，又從紹請兵馬，求欲救超，而紹終不聽許。超遂族滅。

又 卷八《魏志・公孫瓚傳》 公孫瓚字伯珪，遼西令支人也。【略】瓚以孝廉為郎，除遼東屬國長史。嘗從數十騎出行塞，見鮮卑數百騎，瓚乃退入空亭中，約其從騎曰：「今不沖之，則死盡矣。」瓚乃自持矛，兩頭施刃，馳出刺胡，殺傷數十人，亦亡其從騎半，遂得免。鮮卑懲艾，後不敢復入塞。遷為涿令。光和中，涼州賊起，發幽州突騎三千人，假瓚都督行事傳，使將之。軍到薊中，漁陽張純誘遼西烏丸丘力居等叛，劫略薊中，自號將軍，《九州春秋》曰：純自號彌天將軍、安定王。略吏民攻右北平、遼西屬國諸城，所至殘破。瓚將所領，追討純等有功，遷騎都尉。屬國烏丸貪至王率種人詣瓚降。遷中郎將，封都亭侯，進屯屬國，與胡相攻擊五六年。丘力居等鈔略青、徐、幽、冀，四州被其害，瓚不能

禦。【略】

鮮于輔將其衆奉王命。以輔為建忠將軍，督幽州六郡。太祖與袁紹相拒於官渡，閻柔遣使詣太祖受事，遷護烏丸校尉。而輔身詣太祖，拜左度遼將軍，封亭侯，遣還鎮撫本州。《魏略》曰：輔從太祖於官渡。袁紹破走，太祖喜，顧謂輔曰：『如前歲本初送公孫瓚頭來，孤自視忽然耳，而今克之。此既天意，亦二三子之力。』太祖破南皮，柔將部曲及鮮卑獻名馬以奉軍，從征三郡烏丸，以功封關內侯。《魏略》曰：太祖甚愛閻柔，每謂之曰：『我視卿如子，亦欲卿視我如父也。』柔由此自託於五官將，如兄弟。輔亦率其衆從。

又《陶謙傳》 陶謙字恭祖，丹楊人。【略】

會徐州黃巾起，以謙為徐州刺史，擊黃巾，破走之。董卓之亂，州郡起兵，天子都長安，四方斷絕，謙遣使間行致貢獻，遷安東將軍、徐州牧，封溧陽侯。是時，徐州百姓殷盛，穀米封贍，流民多歸之。而謙背道任情；廣陵太守瑯邪趙昱，徐方名士也，以忠直見疏；曹宏等，讒慝小人也，謙親任之。刑政失和，良善多被其害，由是漸亂。下邳闕宣自稱天子，謙初與合從寇鈔，後遂殺宣，并其衆。

初平四年，太祖征謙，攻拔十餘城，至彭城大戰。謙兵敗走，死者萬數，泗水為之不流。謙退守郯。太祖以糧少引軍還。《吳書》曰：曹公父於泰山被殺，歸咎於謙。欲伐謙而畏其强，乃表令州郡一時罷兵。詔曰：『今海內擾攘，州郡起兵，征夫勞瘁，寇難未弭，或將吏不良，因緣討捕，侵侮黎民，離害者衆；風聲流聞，震盪城邑，丘牆懼於橫暴，貞良化為羣惡，此何異乎抱薪救焚，扇火止沸哉！今四民流移，託身他方，攜白首於山野，棄稚子於溝壑，顧故鄉而哀歎，向阡陌而流涕，饑厄困苦，亦已甚矣。雖悔往者之迷謬，思奉教於今日，然兵連衆結，鋒鏑布野，恐一朝解散，夕見繫虜，是以阻兵屯據，欲止而不敢散也。詔書到，其各罷遣甲士，還親農桑，惟留常員吏以供官署，慰示遠近，咸使聞知。』謙被詔，乃上書曰：『臣聞懷遠柔服，非德不集；克難平亂，非兵不濟。是以涿鹿、阪泉、三苗之野有五帝之師，有扈、鬼方、商、奄四國有王者之伐，自古在昔，未有不揚威以弭亂，震武以止暴者也。臣前初以黃巾亂治，受策長驅，匪遑啓處。雖憲章敕戒，奉宣威靈，敬行天誅，每伐輒克，然妖寇類衆，殊不畏死，父兄殲殪，子弟羣起，治屯連兵，至今為患。若承命解甲，弱國自虛，釋武備以資亂，損官威以益寇，今日兵罷，明日難必至，上忝朝廷寵授之本，下令羣凶日月滋蔓，非所以强幹弱枝遏惡止亂之務也。臣雖愚蔽，忠恕不昭，抱恩念報，所不忍行。輒勒部曲，申令警備。出芟强寇，惟力是視，入宣德澤，躬奉職事，冀效微勞，以贖罪負。』又曰：『華夏沸擾，於今未弭，包茅不入，職貢多闕，寤寐憂歎，無日敢寧。誠思貢獻必至，薦羞獲通，然後銷鋒解甲，臣之原也。臣前調穀百萬斛，已在水次，輒敕兵衛送。』曹公得謙上事，知不罷兵。乃進攻彭城，多殺人民。謙引兵擊之，青州刺史田楷亦以兵救謙。公引兵還。臣松之案：此時天子在長安，曹公尚未秉政。罷兵之詔，不得由曹氏出。興平元年，復東征，略定琅邪、東海諸縣。謙恐，欲走歸丹楊。會張邈叛迎呂布，太祖還擊布。是歲，謙病死。

又《張楊傳》 張楊字稚叔，雲中人也。以武勇給并州，為武猛從事。靈帝末，天下亂，帝以所寵小黃門蹇碩為西園上軍校尉，軍京都，欲以禦四方，徵天下豪傑以為偏裨。太祖及袁紹等皆為校尉，屬之。《靈帝紀》曰：以虎賁中郎將袁紹為中軍校尉，屯騎校尉鮑鴻為下軍校尉，議郎曹操為典軍校尉，趙融、馮芳為助軍校尉，夏牟、淳于瓊為左右校尉。并州刺史丁原遣楊將兵詣碩，為假司馬。靈帝崩，碩為何進所殺。楊復為進所遣，歸本州募兵，得千餘人，因留上黨，擊山賊。進敗，董卓作亂。楊遂以所將攻上黨太守于壺關，不下，略諸縣，衆至數千人。山東兵起，欲誅卓。袁紹至河內，楊與紹合，復與匈奴單于於夫羅屯漳水。單于欲叛，紹、楊不從。單于執楊與俱去，紹使將麴義追擊於鄴南，破之。單于執楊至黎陽，攻破度遼將軍耿祉軍，衆復振。卓以楊為建義將軍、河內太守。天子之在河東，楊將兵至安邑，拜安國將軍，封晉陽侯。楊欲迎天子還洛，諸將不聽；楊還野王。建安元年，楊奉、董承、韓暹挾天子還舊京，糧乏。楊以糧迎道路，遂至洛陽。謂諸將曰：『天子當與天下共之，幸有公卿大臣，楊當捍外難，何事京都？』遂還野王。即拜為大司馬。《英雄記》曰：楊性仁和，無威刑。下人謀反，發覺，對之涕泣，輒原不問。楊素與呂布善。太祖之圍布，楊欲救之，不能。乃出兵東市，遙為之勢。其將楊醜，殺楊以應太祖。楊將眭固殺醜，將其衆，欲北合袁紹。太祖遣史渙邀擊，破之於犬城，斬固，盡收其衆也。《典略》曰：固字白兔，既殺楊醜，軍屯射犬。時有巫誡固曰：『將軍字兔而此邑名犬，兔見犬，其勢必驚，宜急移去。』固不從，遂戰死。

又《張燕傳》 張燕，常山真定人也，【略】袁紹與公孫瓚爭冀州，燕遣將杜長等助瓚，與紹戰，為紹所敗，人衆稍散，太祖將定冀州，燕遣使求佐王師，拜平北將軍；率衆詣鄴，封安國亭侯，邑五百户。

又《張繡傳》 張繡，武威祖厲人，驃騎將軍濟族子也。邊章、韓遂為亂涼州，金城麴勝襲殺祖厲長劉雋。繡為縣吏，間伺殺勝，郡內義之。遂招合少年，為邑中豪傑。董卓敗，濟與李傕等擊呂布，為卓報仇。語在卓傳。繡隨濟，以軍功稍遷至建忠將軍，封宣威侯。濟屯弘農，士卒飢餓，南攻穰，為流矢所中死。繡領其衆，屯宛，與劉表合。太祖南征，軍淯水，繡等舉衆降。太祖納濟妻，繡恨之。太祖聞其不悅，密有殺繡之計。計漏，繡掩襲太祖。太祖軍敗，二子没。繡還保穰，《傅子》曰：繡有所親胡車兒，勇冠其軍。太祖愛其驍健，手以金與之。繡聞而疑太祖欲因左右刺之，遂反。《吳書》曰：繡降，（淩統）用賈詡計，乞徙軍就高道，道由太祖屯中。繡又曰：『車少而重，乞得使兵各被甲。』太祖信繡，皆聽之。繡乃嚴兵入屯，掩太祖。太祖不備，故敗。太祖比年攻之，不克。太祖拒袁紹於官渡，繡從賈詡計，復以衆降。語在《詡傳》。繡至，太祖執其手，與歡宴，為子均取繡女，拜揚武將軍。官渡之役，繡力戰有功，遷破羌將軍。從破袁譚於南皮，復增邑凡二千户。是時天下户口減耗，十裁一在，諸將封未有滿千户者，而繡特多。從征烏丸于柳城，未至，薨，謚曰定侯。《魏略》曰：五官將數因請會，發怒曰：『君殺吾兄，何忍持面視人邪！』繡心不自安，乃自殺。

又 卷三二《蜀志·先主傳》 先主姓劉，諱備，字玄德，涿郡涿縣人，漢景帝子中山靖王勝之後也。【略】

靈帝末，黄巾起，州郡各舉義兵，先主率其屬從校尉鄒靖討黄巾賊有功，除安喜尉。《典略》曰：平原劉子平知備有武勇，時張純反叛，青州被詔，遣從事將兵討純，過平原，子平薦備於從事，遂與相隨，遇賊於野，備中創陽死，賊去後，故人以車載之，得免。後以軍功，為中山安喜尉。督郵以公事到縣，先主求謁，不通，直入縛督郵，杖二百，解綬繫其頸著馬枊，五葬反。棄官亡命。《典略》曰：其後州郡被詔書，其有軍功為長吏者，當沙汰之，備疑在遣中。督郵至縣，當遣備，備素知之。聞督郵在傳舍，備欲求見督郵，督郵稱疾不肯見備，備恨之，因還治，將吏卒更詣傳舍，突入門，言『我被府君密教收督郵』。遂就床縛之，將出到界，自解其綬以繫督郵頸，縛之著樹，鞭杖百餘下，欲殺之。督郵求哀，乃釋去之。頃之，大將軍何進遣都尉毋丘毅詣丹楊募兵，先主與俱行，至下邳遇賊，力戰有功，除為下密丞。復去官。後為高唐尉，遷為令。《英雄記》云：靈帝末年，備嘗在京師，後與曹公俱還沛國，募召合衆。會靈帝崩，天下大亂，備亦起軍從討董卓。為賊所破，往奔中郎將公孫瓚，瓚表為別部司馬，使與青州刺史田楷以拒冀州牧袁紹。數有戰功，試守平原令，後領平原相。郡民劉平素輕先主，耻為之下，使客刺之。客不忍刺，語之而去。其得人心如此。《魏書》曰：劉平結客刺備，備不知而待客甚厚，客以狀語之而去。是時人民饑饉，屯聚鈔暴。備外禦寇難，內豐財施，士之下者，必與同席而坐，同簋而食，無所簡擇。衆多歸焉。

袁紹攻公孫瓚，先主與田楷東屯齊。曹公征徐州，徐州牧陶謙遣使告急於田楷，楷與先主俱救之。時先主自有兵千餘人及幽州烏丸雜胡騎，又略得飢民數千人。既到，謙以丹楊兵四千益先主，先主遂去楷歸謙。謙表先主為豫州刺史，屯小沛。謙病篤，謂別駕麋竺曰：『非劉備不能安此州也。』謙死，竺率州人迎先主，先主未敢當。下邳陳登謂先主曰：『今漢室陵遲，海內傾覆，立功立事，在於今日。彼州殷富，户口百萬，欲屈使君撫臨州事。』先主曰：『袁公路近在壽春，此君四世五公，海內所歸，君可以州與之。』登曰：『公路驕豪，非治亂之主。今欲為使君合步騎十萬，上可以匡主濟民，成五霸之業，下可以割地守境，書功於竹帛。若使君不見聽許，登亦未敢聽使君也。』北海相孔融謂先主曰：『袁公路豈憂國忘家者邪？冢中枯骨，何足介意。今日之事，百姓與能，天與不取，悔不可追。』先主遂領徐州。《獻帝春秋》曰：陳登等遣使詣袁紹曰：『天降災沴，禍臻鄙州，州將殂殞，生民無主，恐懼姦雄一旦承隙，以貽盟主日昃之憂，輒共奉故平原相劉備府君以為宗主，永使百姓知有依歸。方今寇難縱橫，不遑釋甲，謹遣下吏奔告于執事。』紹答曰：『劉玄德弘雅有信義，今徐州樂戴之，誠副所望也。』袁術來攻先主，先主拒之於盱眙、淮陰。曹公表先主為鎮東將軍，封宜城亭侯，是歲建安元年也。先主與術相持經月，呂布乘虛襲下邳。下邳守將曹豹反，間迎布。布虜先主妻子，先主轉軍海西。《英雄記》曰：備留張飛守下邳，引兵與袁術戰於淮陰石亭，更有勝負。陶謙故將曹豹在下邳，張飛欲殺之。豹衆堅營自守，使人招呂布。布取下邳，張飛敗走。備聞之，引兵還，比至下邳，兵潰。收散卒東取廣陵，與袁術戰，又敗。楊奉、韓暹寇徐、揚間，先主邀擊，盡斬之。先主求和於呂布，布其妻子。先主遣關羽守下邳。

先主還小沛，《英雄記》曰：備軍在廣陵，飢餓困踧，吏士大小自相啖食，窮餓侵逼，欲還小沛，遂使吏請降布。布令備還州，並勢擊術。具刺史車馬童僕，發遣備妻子部曲家屬於泗水上，祖道相樂。《魏書》曰：諸將謂布曰：『備數反覆難養，宜早圖之。』布不聽，以狀語備。備心不安而求自託，使人說布，求屯小沛，布乃遣之。復合兵得萬餘人。呂布惡之，自出兵攻先主，先主敗走歸曹公。曹公厚遇之，以為豫州牧。將至沛收散卒，給其軍糧，益與兵使東擊布。布遣高順攻之，曹公遣夏侯惇往，不能救，為順所敗，復虜先主妻子送布。曹公自出東征，《英雄記》曰：建安三年春，布使人齎金欲詣河內買馬，為備兵所鈔。布由是遣中郎將高順、北地太守張遼等攻備。九月，遂破沛城，備單身走，獲其妻息。十月，曹公自征布，備於梁國界中與曹公相遇，遂隨公俱東征。助先主圍布於下邳，生禽布。先主復得妻子，從曹公還許。表先主為左將軍，禮之愈重，出則同輿，坐則同席。袁術欲經徐州北就袁紹，曹公遣先主督朱靈、路招要擊術。未至，術病死。

先主未出時，獻帝舅車騎將軍董承。臣松之案：董承，漢靈帝母董太后之侄，於獻帝為丈人。蓋古無丈人之名，故謂之舅也。辭受帝衣帶中密詔，當誅曹公。先主未發。是時曹公從容謂先主曰：『今天下英雄，唯使君與操耳。本初之徒，不足數也。』先主方食，失匕箸。《華陽國志》云：于時正當雷震，備因謂操曰：『聖人云「迅雷風烈必變」，良有以也。一震之威，乃可至於此也！』遂與承及長水校尉種輯、將軍吳子蘭、王子服等同謀。會見使，未發。事覺，承等皆伏誅。《獻帝起居注》曰：承等與備謀未發，而備出。承謂服曰：『郭多有數百兵，壞李傕數萬人，但足下與我同不耳！昔呂不韋之門，須子楚而後高，今吾與子由是也。』服曰：『惶懼不敢當，且兵又少。』承曰：『舉事訖，得曹公成兵，顧不足邪？』服曰：『今京師豈有所任乎？』承曰：『長水校尉種輯、議郎吳碩是我腹心辦事者。』遂定計。

先主據下邳。靈等還，先主乃殺徐州刺史車胄，留關羽守下邳，而身還小沛。胡沖《吳曆》曰：曹公數遣親近密覘諸將有賓客酒食者，輒因事害之。備時閉門，將人種蕪菁，曹公使人闚門。既去，備謂張飛、關羽曰：『吾豈種菜者乎？曹公必有疑意，不可復留。』其夜開後柵，與飛等輕騎俱去，所得賜遺衣服，悉封留之，乃往小沛收合兵衆。臣松之案：魏武帝遣先主統諸將要擊袁術，郭嘉等並諫，魏武不從，其事顯然，非因種菜遁逃而去。如胡沖所云，何乖僻之甚乎！東海昌霸反，郡縣多叛曹公為先主，衆數萬人，遣孫乾與袁紹連和，曹公遣劉岱、王忠擊之，不克。五年，曹公東征先主，先主敗績。《魏書》曰：是時，公方有急於官渡，乃分留諸將屯官渡，自勒精兵征備。備初謂公與大敵連，不得東，而候騎卒至，言曹公自來。備大驚，然猶未信。自將數十騎出望公軍，見麾旌，便棄衆而走。曹公盡收其衆，虜先主妻子，並禽關羽以歸。

先主走青州。青州刺史袁譚，先主故茂才也，將步騎迎先主。先主隨譚到平原，譚馳使白紹。紹遣將道路奉迎，身去鄴二百里，與先主相見。《魏書》曰：備歸紹，紹父子傾心敬重。駐月餘日，所失亡士卒稍稍來集。曹公與袁紹相拒於官渡，汝南黃巾劉辟等叛曹公應紹。紹遣先主將兵與辟等略許下。關羽亡歸先主。曹公遣曹仁將兵擊先主，先主還紹軍，陰欲離紹，乃說紹南連荊州牧劉表。紹遣先主將本兵復至汝南，與賊龔都等合，衆數千人。曹公遣蔡陽擊之，為先主所殺。

又 卷三六《蜀志·馬超傳》 馬超字孟起，（右）扶風茂陵人也。父騰，靈帝末與邊章、韓遂等俱起事於西州。初平三年，遂、騰率衆詣長安。漢朝以遂為鎮西將軍，遣還金城，騰為征西將軍，遣屯郿。後騰襲長安，敗走，退還涼州。司隸校尉鍾繇鎮關中，移書遂、騰，為陳禍福。騰遣超隨繇討郭援、高幹於平陽，超將龐德親斬援首。後騰與韓遂不和，求還京畿。於是征為衛尉，以超為偏將軍，封都亭侯，領騰部曲。《典略》曰：騰字壽成，馬援後也。桓帝時，其父字子碩，嘗為天水蘭幹尉。後失官，因留隴西，與羌錯居。家貧無妻，遂娶羌女，生騰。騰少貧無產業，常從彰山中斫材木，負販詣城市，以自供給。騰為人長八尺餘，身體洪大，面鼻雄異，而性賢厚，人多敬之。靈帝末，涼州刺史耿鄙任信姦吏，民王國等及氐、羌反叛。州郡募發民中有勇力者，欲討之，騰在募中。州郡異之，署為軍從事，典領部衆。討賊有功，拜軍司馬，後以功遷偏將軍，又遷征西將軍，常屯汧、隴之間。初平中，拜征東將軍。是時，西州少穀，騰自表軍人多乏，求就穀於池陽，遂移屯長平岸頭。而將王承等恐騰為己害，乃攻騰營。時騰近出無備，遂破走，西上。會三輔亂，不復來東，而與鎮西將軍韓遂結為異姓兄弟，始甚相親，後轉以部曲相侵入，更為讎敵。騰攻遂，遂走，合衆還攻騰，殺騰妻子，連兵不解。建安之初，國家綱紀殆弛，乃使司隸校尉鍾繇、涼州牧韋端和解之。征騰還屯槐里，轉拜為前將軍，假節，封槐里侯。北備胡寇，東備白騎，待士進賢，矜救民命，三輔甚安愛之。十（五）年，征為衛尉，騰自見年老，遂入宿衛。初，曹公為丞相，辟騰長子超，不就。超後為司隸校尉督軍從事，討郭援，為飛矢所中，乃以囊囊其足而戰，破斬援首。詔拜徐州刺史，後拜諫議大夫。及騰之入，因詔拜為偏將軍，使領騰營。又拜超弟休奉車都尉，休弟鐵騎都尉，徙其家屬皆詣鄴，惟超獨留。

超既統衆，遂與韓遂合從，及楊秋、李堪、成宜等相結，進軍至潼關。曹公與遂、超單馬會語，超負其多力，陰欲突前捉曹公，曹公左右將許褚瞋目盼之，超乃不敢動。曹公用賈詡謀，離間超、遂，更相猜疑，軍以大敗。《山陽公載記》曰：初，曹公軍在蒲阪，欲西渡，超謂韓遂曰：『宜於渭北拒之，不過二十日，河東穀盡，彼必走矣。』遂曰：『可聽令渡，蹙於河中，顧不快耶！』超計不得施。曹公聞之曰：『馬兒不死，吾無葬地也。』超走保諸戎，曹公追至安定，會北方有事，引軍東還。楊阜說曹公曰：『超有信、布之勇，甚得羌、胡心。若大軍還，不嚴為其備，隴上諸郡非國家之有也。』超果率諸戎以擊隴上郡縣，隴上郡縣皆應之，殺涼州刺史韋康，據冀城，有其衆。超自稱征西將軍，領并州牧，督涼州軍事。康故吏民楊阜、姜敍、梁寬、趙衢等，合謀擊超。阜、敍起於鹵城，超出攻之，不能下；寬、衢閉冀城門，超不得入。進退狼狽，乃奔漢中依張魯。

《後漢書》卷九《獻帝紀》（初平三年夏四月）青州黃巾擊殺兗州刺史劉岱于東平。東郡太守曹操大破黃巾于壽張，降之。【略】

（建安三年）十二月癸酉，曹操擊呂布於徐州，斬之。【略】

（五年九月）曹操與袁紹戰於官度，紹敗走。【略】

七年夏五月庚戌，袁紹薨。【略】

九年秋八月戊寅，曹操大破袁尚，平冀州，自領冀州牧。【略】

十年春正月，曹操破袁譚於青州，斬之。

夏四月，黑山賊張燕率衆降。【略】

（十一年）三月，曹操破高幹於并州，獲之。【略】

十二年秋八月，曹操大破烏桓于柳城，斬其蹋頓。【略】

十一月，遼東太守公孫康殺袁尚、袁熙。【略】

十六年秋九月庚戌，曹操與韓遂、馬超戰于渭南，遂等大敗，關西平。【略】

十七年夏五月癸未，誅衛尉馬騰，夷三族。【略】

八月，馬超破涼州，殺刺史韋康。【略】

（十九年）冬十月，曹操遣將夏侯淵討宋建於枹罕，獲之。

又　卷七二《董卓傳》暹矜功盜睢，干亂政事，董承患之，潛召兗州牧曹操。操乃詣闕貢獻，稟公卿以下，因奏韓暹、張楊之罪。暹懼誅，單騎奔楊奉。帝以暹、楊有翼車駕之功，詔一切勿問。於是封衛將軍董承、輔國將軍伏完等十餘人為列侯，贈沮俊為弘農太守。李賢注：袁宏《紀》曰：『誅議郎侯祈、尚書馮碩、侍中（壺）［臺］崇，討有罪也。封衛將軍董承、輔國將軍伏完、侍中丁飻、種輯、尚書僕射鍾繇、尚書郭溥、御史中丞董芬、彭城相劉艾、馮翊韓斌、東郡太守楊衆、議郎羅邵、伏德、趙蕤為列侯，賞有功也。贈射聲校尉沮儁為弘農太守，旌死節也。』曹操以洛陽殘荒，遂移帝幸許。楊奉、韓暹欲要遮車駕，不及，曹操擊之，李賢注：《獻帝春秋》曰：『車駕出洛陽，自轘轅而東，楊奉、韓暹引軍追之。輕騎既至，操設伏兵要于陽城山峽中，大敗之。』奉、暹奔袁術，遂縱暴楊、徐間。明年，左將軍劉備誘奉斬之。暹懼，走還并州，道為人所殺。李賢注：《九州春秋》曰：『暹失奉，孤特，與千餘騎欲歸并州，為張宣所殺。』胡才、李樂留河東，才為怨家所害，樂自病死。張濟飢餓，出至南陽，攻穰，戰死。郭汜為其將伍習所殺。

三年，使謁者僕射裴茂詔關中諸將段煨等討李傕，夷三族。李賢注：《典略》曰：『傕頭至，有詔高縣之。』以段煨為安南將軍，封閿鄉侯。

四年，張楊為將楊醜所殺。以董承為車騎將軍，開府。

自都許之後，權歸曹氏，天子總己，百官備員而已。帝忌操專逼，乃密詔董承，使結天下義士共誅之。承遂與劉備同謀，未發，會備出征，承更與偏將軍王服、長水校尉種輯、議郎吳碩結謀。事泄，承、服、輯、碩皆為操所誅。

韓遂與馬騰自還涼州，更相戰爭，乃下隴據關中。操方事河北，慮其乘間為亂，七年，乃拜騰征南將軍，遂征西將軍，並開府。後徵段煨為大鴻臚，病卒。復徵馬騰為衛尉，封槐里侯。騰乃應召，而留子超領其部典。十六年，超與韓遂舉關中背曹操，操擊破之，遂、超敗走，騰坐夷三族。超攻殺涼州刺史韋康，復據隴右。十九年，天水人楊阜破超，超奔漢中，降劉備。韓遂走金城羌中，為其帳下所殺。初，隴西人宗建在枹罕，自稱河首平漢王，署置百官三十許年。曹操因遣夏侯淵擊建，斬之，涼州悉平。

又 卷七三《公孫瓚傳》 張燕既為紹所敗，人衆稍散。曹操將定冀州，乃率衆詣鄴降，拜平北將軍，封安國亭侯。

又 《陶謙傳》 陶謙字恭祖，丹陽人也。少為諸生，仕州郡，四遷為車騎將軍張温司馬，西討邊章。會徐州黄巾起，以謙為徐州刺史，擊黄巾，大破走之，境内晏然。

時，董卓雖誅，而李傕、郭汜作亂關中。是時，四方斷絶，謙每遣使間行，奉貢西京。詔遷為徐州牧，加安東將軍，封溧陽侯。是時，徐方百姓殷盛，穀實甚豐，流民多歸之。而謙信用非所，刑政不理，别駕從事趙昱，知名士也，而以忠直見疏，出為廣陵太守。曹宏等讒慝小人，謙甚親任之，良善多被其害。由斯漸亂。下邳闕宣自稱『天子』，謙始與合從，後遂殺之而幷其衆。

初，曹操父嵩避難琅邪，時謙别將守陰平，士卒利嵩財寶，遂襲殺之。初平四年，曹操擊謙，破彭城傅陽。謙退保郯，操攻之不能克，乃還。過拔取慮、睢陵、夏丘，皆屠之。凡殺男女數十萬人，雞犬無餘，泗水為之不流，自是五縣城保，無復行迹。初三輔遭李傕亂，百姓流移依謙者皆殲。

興平元年，曹操復擊謙，略定琅邪、東海諸縣，謙懼不免，欲走歸丹陽。會張邈迎吕布據兖州，操還擊布。是歲，謙病死。

又 卷七四上《袁紹傳》 袁紹字本初，汝南陽人，司徒湯之孫。

【略】

建安元年，曹操迎天子都許，乃下詔書於紹，責以地廣兵多而專自樹黨，不聞勤王之師而但擅相討伐。紹上書曰：

臣聞昔有哀歎而霜隕，悲哭而崩城者。每讀其書，謂為信然，於今況之，乃知妄作。何者？臣出身為國，破家立事，至乃懷忠獲釁，抱信見疑，晝夜長吟，剖肝泣血，曾無崩城隕霜之應，故鄒衍、杞婦何能感徹。

臣以負薪之資，拔於陪隸之中，奉職憲臺，擢授戎校。常侍張讓等滔亂天常，侵奪朝威，賊害忠德，扇動姦黨。故大將軍何進忠國疾亂，義心赫怒，以臣頗有一介之節，可責以鷹犬之功，故授臣以督司，諮臣以方略。臣不敢畏憚强禦，避禍求福，與進合圖，事無違異。忠策未盡而元帥受敗，太后被質，宫室焚燒，陛下聖德幼沖，親遭戹困。時進既被害，師徒喪沮，臣獨將家兵百餘人，抽戈承明，辣劍翼室，虎吆羣司，奮擊凶醜，曾不浹辰，罪人斯殄。此誠愚臣效命之一驗也。

會董卓乘虚，所圖不軌。臣父兄親從，並當大位，不憚一室之禍，苟惟寧國之義，故遂解節出奔，創謀河外。時，卓方貪結外援，招悦英豪，故即臣勃海，申以軍號，則臣之與卓，未有纖芥之嫌。若使苟欲滑泥揚波，偷榮求利，則進可以享竊禄位，退無門户之患。然臣愚所守，志無傾奪，故遂引會英雄，興師百萬，飲馬孟津，歃血漳河。會故冀州牧韓馥懷挾逆謀，欲專權勢，絶臣軍糧，不得踵係，至使猾虜肆毒，害及一門，尊卑大小，同日並戮。鳥獸之情，猶知號乎。臣所以蕩然忘哀，貌無隱戚者，誠以忠孝之節，道不兩立，顧私懷己，不能全功。斯亦愚臣破家徇國之二驗也。

又黄巾十萬焚燒青、兖，黑山、張楊蹈藉冀域。臣乃旋師，奉辭伐畔。金鼓未震，狡敵知亡，故韓馥懷懼，謝咎歸土，張揚、黑山同時乞降。臣時輒承制，竊比竇融，以議郎曹操權領兖州牧。會公孫瓚師旅南馳，陸掠北境，臣即星駕席捲，與瓚交鋒。假天之威，每戰輒克。臣備公族子弟，生長京輦，頗聞俎豆，不習干戈；加自乃祖先臣以來，世作輔弼，咸以文德盡忠，得免罪戾。臣非與瓚角戎馬之勢，爭戰陣之功者也。誠以賊臣不誅，《春秋》所貶，苟云利國，專之不疑。故冒踐霜雪，不憚劬勤，實庶一捷之福，以立終身之功。社稷未定，臣誠耻之。太僕趙岐銜命來征，宣明陛下含弘之施，蠲除細故，與下更新，奉詔之日，引師南轅。是臣畏怖天威，不敢怠慢之三驗也。

又臣所上將校，率皆清英宿德，令明顯達，登鋒履刃，死者過半，勤恪之功，不見書列。而州郡牧守，競盜聲名，懷持二端，優遊顧望，皆列士錫圭，跨州連郡，是以遠近狐疑，議論紛錯者也。臣聞守文之世，德高者位尊；倉卒之時，功多者賞厚。陛下播越非所，洛邑乏祀，海内傷心，志士憤惋。是以忠臣肝腦塗地，肌膚横分而無悔心者，義之所感故也。今賞加無勞，以攜有德；杜黜忠功，以疑衆望。斯豈腹心之遠圖？將乃讒慝之邪説使之然也？臣爵為通侯，位二千石。殊恩厚德，臣既叨之，豈敢窺覬重禮，以希彤弓玈矢之命哉？誠傷偏裨列校，勤不見紀，盡忠為國，翻成重愆。斯蒙恬所以悲號于邊獄，白起歔欷于杜郵也。太傅日磾位為師保，任配東征，而耗亂王命，寵任非所，凡所舉用，皆衆所捐棄。而容納其策，以為謀主，令臣骨肉兄弟，還為仇敵，交鋒接刃，構難滋甚。臣雖欲釋甲投戈，事不得已。誠恐陛下日月之明，有所不照，四聰之聽，有所不聞，乞下臣章，咨之羣賢，使三槐九棘，議臣罪戾。若以臣今行權為釁，則桓、文當有誅絕之刑；若以衆不討賊為賢，則趙盾可無書弒貶矣。臣雖小人，志守一介。若使得申明本心，不愧先帝，則伏首歐刀，褰衣就鑊，臣之願也。惟陛下垂《尸鳩》之平，絕邪諂之論，無令愚臣結恨三泉。

於是以紹為太尉，封鄴侯。時曹操自為大將軍，紹耻為之下，偽表辭不受。操大懼，乃讓位於紹。二年，使將作大匠孔融持節拜紹大將軍，錫弓矢節鉞，虎賁百人，兼督冀、青、幽、并四州，然後受之。

紹每得詔書，患有不便於己，乃欲移天子自近，使說操以許下埤濕，洛陽殘破，宜徙都甄城，以就全實。操拒之。田豐說紹曰：『徙都之計，既不克從，宜早圖許，奉迎天子，動托詔令，響號海內，此算之上者。不爾，終為人所禽，雖悔無益也。』紹不從。四年春，擊公孫瓚，遂定幽土，事在《瓚傳》。

紹既并四州之地，衆數十萬，而驕心轉盛，貢御稀簡。主簿耿包密白紹曰：『赤德衰盡，袁為黄胤，宜順天意，以從民心。』紹以包白事示軍府僚屬，議者以包妖妄宜誅。紹知衆情不同，不得已乃殺包以弭其迹。於是簡精兵十萬，騎萬匹，欲出攻許，以審配、逢紀統軍事，田豐、荀諶及南陽許攸為謀主，顔良、文醜為將帥。

沮授進說曰：『近討公孫，師出歷年，百姓疲敝，倉庫無積，賦役方殷，此國之深憂也。宜先遣使獻捷天子，務農逸人。若不得通，乃表曹操隔我王路，然後進屯黎陽，漸營河南，益作舟船，繕修器械，分遣精騎，抄其邊鄙，令彼不得安，我取其逸。如此可坐定也。』郭圖、審配曰：『兵書之法，十圍五攻，敵則能戰。今以明公之神武，連河朔之强衆，以伐曹操，其勢譬若覆手。今不時取，後難圖也。』授曰：『蓋救亂誅暴，謂之義兵；恃衆憑强，謂之驕兵。義者無敵，驕者先滅。曹操奉迎天子，建宮許都。今舉師南向，於義則違。且廟勝之策，不在强弱，曹操法令既行，士卒精練，非公孫瓚坐受圍者也。今棄萬安之術，而興無名之師，竊為公懼之。』圖等曰：『武王伐紂，不為不義；况兵加曹操，而云無名！且公師徒精勇，將士思奮，而不及時早定大業，所謂「天與不取，反受其咎」。此越之所以霸，吴之所以滅也。監軍之計，在於持牢，而非見時知幾之變也。』

紹納圖言。圖等因是譖沮授曰：『授監統內外，威震三軍，若其浸盛，何以制之！夫臣與主同者昌，主與臣同者亡，此《黄石》之所忌也。且御衆於外，不宜知內。』紹乃分授所統為三都督，使授及郭圖、淳于瓊各典一軍，未及行。

五年，左將軍劉備殺徐州刺史車胄，據沛以背曹操。操懼，乃自將征備。田豐說紹曰：『與公爭天下者，曹操也。操今東擊劉備，兵連未可卒解，今舉軍而襲其後，可一往而定。兵以幾動，斯其時也。』紹辭以子疾，未得行。豐舉杖擊地曰：『嗟乎，事去矣！夫遭難遇之幾，而以嬰兒病失其會，惜哉！』紹聞而怒之，從此遂疏焉。

曹操畏紹過河，乃急擊備，遂破之。備奔紹，紹於是進軍攻許。田豐以既失前幾，不宜便行，諫紹曰：

曹操既破劉備，則許下非復空虛。且操善用兵，變化無方，衆雖少，未可輕也。今不如久持之。將軍據山河之固，擁四州之衆，外結英雄，內修農戰，然後簡其精鋭，分為奇兵，乘虛迭出，以擾河南，救右則擊其左，救左則擊其右，使敵疲於奔命，人不得安業，我未勞而彼已困，不及三年，可坐克也。今釋廟勝之策而決成敗于一戰，若不如志，悔無及也。

紹不從。豐强諫忤紹，紹以為沮衆，遂械繫之。乃先宣檄曰：

蓋聞明主圖危以制變，忠臣慮難以立權。曩者强秦弱主，趙高執柄，專制朝命，威福由己，終有望夷之禍，汚辱至今。及臻呂后，祿、產專政，擅斷萬機，決事禁省，下陵上替，海內寒心。於是絳侯、朱虛興威奮怒，誅夷逆暴，尊立太宗，故能道化興隆，光明融顯，此則大臣立權之明表也。

司空曹操祖父騰，故中常侍，與左悺、徐璜並作妖孽，饕餮放橫，傷化虐人。父嵩，乞丐攜養，因贓買位，輿金輦寶，輸貨權門，竊盜鼎司，傾覆重器。操贅閹遺醜，本無令德，僄狡鋒俠，好亂樂禍。幕府董統鷹揚，埽夷凶逆，續遇董卓侵官暴國，於是提劍揮鼓，發命東夏，廣羅英難，棄瑕録用，故遂與操參咨策略，謂其鷹犬之才，爪牙可任。至乃愚佻短慮，輕進易退，傷夷折衄，數喪師徒。幕府輒復分兵命鋭，修完補輯，表行東郡太守、兗州刺史，被以虎文，授以偏師，獎就威柄，冀獲秦師一克之報。而遂乘資跋扈，肆行酷烈，割剥元元，殘賢害善。故九江太守邊讓，英才俊逸，以直言正色，論不阿諂，身被梟懸之戮，妻孥受灰滅之咎。自是士林憤痛，人怨天怒，一夫奮臂，舉州同聲，故躬破于徐方，地奪于呂布，彷徨東裔，蹈據無所。幕府惟强幹弱枝之義，且不登畔人之黨，故復援旍擐甲。席捲赴征，金鼓響震，布衆破沮，拯其死亡之患，復其方伯之任。是則幕府無德於兗土，而有大造於操也。

會後鑾駕東反，羣虜亂政。時，冀州方有北鄙之警，匪遑離局，故使從事中郎徐勳就發遣操，使繕修郊廟，翼衛幼主。而便放志專行，威劫省禁，卑侮王僚，敗法亂紀，坐召三臺，專制朝政，爵賞由心，刑戮在口，所愛光五宗，所怨滅三族，羣談者受顯誅，腹議者蒙隱戮，道路以目，百辟鉗口，尚書記期會，公卿充員品而已。

故太尉楊彪，歷典二司，元綱極位。操因睚眥，被以非罪，搒楚并兼，五毒俱至，觸情放慝，不顧憲章。又議郎趙彦，忠諫直言，議有可納，故聖朝含聽，改容加錫。操欲迷奪時明，杜絶言路，擅收立殺，不俟報聞。又梁孝王先帝母弟，墳陵尊顯，松柏桑梓，猶宜恭肅。操率將吏士，親臨發掘，破棺裸屍，掠取金寶，至令聖朝流涕，士民傷懷。又署發丘中郎將、摸金校尉，所過毁突，無骸不露。身處三公之官，而行桀虜之態，汙國虐民，毒施人鬼。加其細政苛慘，科防互設，罾繳充蹊，坑阱塞路，舉手挂網羅，動足蹈機埳，是以兗、豫有無聊之人，帝都有呼嗟之怨。

歷觀古今書籍所載，貪殘虐烈無道之臣，於操為甚。莫府方詰外姦，未及整訓，加意含覆，冀可彌縫。而操豺狼野心，潛包禍謀，乃欲橈折棟樑，孤弱漢室，除忠害善，專為梟雄。往歲伐鼓北征，討公孫瓚，强禦桀逆，拒圍一年。操因其未破，陰交書命，欲托助王師，以見掩襲，故引兵造河，方舟北濟。會行人發露，瓚亦梟夷，故使鋒芒挫縮，厥圖不果。屯據敖倉，阻河為固，乃欲運螳螂之斧，御隆車之隧。莫府奉漢威靈，折衝宇宙，長戟百萬，胡騎千羣，奮中黄、育、獲之士，騁良弓勁弩之勢，并州越太行，青州涉濟、漯，大軍泛黄河以角其前，荆州下宛、葉而掎其後。雷震虎步，並集虜廷，若舉炎火以焚飛蓬，覆滄海而注熛炭，有何不消滅者哉？

當今漢道陵遲，綱弛網絶，操以精兵七百，圍守宫闕，外稱陪衛，内以拘質，懼篡逆之禍，因斯而作。乃忠臣肝腦塗地之秋，烈士立功之會也。可不勖哉！

乃先遣顔良攻曹操别將劉延于白馬，紹自引兵至黎陽。沮授臨行，會其宗族，散資財以與之。曰：『勢存則威無不加，勢亡則不保一身。哀哉！』其弟宗曰：『曹操士馬不敵，君何懼焉？』授曰：『以曹兗州之明略，又挾天子以為資，我雖克伯珪，衆實疲敝，而主驕將忲，軍之破敗，在此舉矣。楊雄有言：「六國蚩蚩，為嬴弱姬。」今之謂乎！』曹操遂救劉延，擊顔良，斬之。紹乃度河，壁延津南。沮授臨船歎曰：『上盈其志，下務其功，悠悠黄河，吾其濟乎！』遂以疾退，紹不許而意恨之，復省其所部，並屬郭圖。

紹使劉備、文醜挑戰，曹操又擊破之，斬文醜。再戰而禽二將，紹軍中大震。操還屯官度，紹進保陽武。沮授又説紹曰：『北兵雖衆，而勁果不及南軍；南軍穀少，而資儲不如此。南幸于急戰，北利在緩師。宜徐持久，曠以日月。』紹不從。連營稍前，漸逼官度，遂合戰。操軍不利，復還堅壁。紹為高櫓，起土山，射營中，營中皆蒙楯而行。操乃發石車擊紹樓，皆破，軍中呼曰：『霹靂車』。紹為地道欲襲操，操輒於内為長塹以拒之。又遣奇兵襲紹運車，大破之，盡焚其穀食。

相持百餘日，河南人疲困，多畔應紹。紹遣淳于瓊等將兵萬餘人北迎糧運。沮授説紹可遣蔣奇别為支軍於表，以絶曹操之鈔。紹不從。許攸進曰：『曹操兵少而悉師拒我，許下餘守勢必空弱。若分遣輕軍，星行掩襲，許拔則操成禽。如其未潰，可令首尾奔命，破之必也。』紹又不能用。會攸家犯法，審配收繫之，攸不得志，遂奔曹操，而説使襲取淳于瓊等。瓊等時宿在烏巢，去紹軍四十里。操自將步騎五千人，夜往攻破瓊等，悉斬之。

初，紹聞操擊瓊，謂長子譚曰：『就操破瓊，吾拔其營，彼固無所歸矣。』乃使高覽、張郃等攻操營，不下。二將聞瓊等敗，遂奔操。於是紹軍驚擾，大潰。紹與譚等幅巾乘馬，與八百騎度河，至黎陽北岸，入其將軍蔣義渠營。至帳下，把其手曰：『孤以首領相付矣。』義渠避帳而處之，使宣令焉。衆聞紹在，稍復集。餘衆偽降，曹操盡坑之，前後所殺八萬人。

沮授為操軍所執，乃大呼曰：『授不降也，為所執耳。』操見授謂曰：『分野殊異，遂用圮絕，不圖今日乃相得也。』授對曰：『冀州失策，自取奔北。授知力俱困，宜其見禽。』操曰：『本初無謀，不相用計。今喪亂過紀，國家未定，方當與君圖之。』授曰：『叔父、母、弟懸命袁氏，若蒙公靈，速死為福。』操歎曰：『孤早相得，天下不足慮也。』遂赦而厚遇焉。授尋謀歸袁氏，乃誅之。

紹外寬雅有局度，憂喜不形於色，而性矜愎自高，短於從善，故至於敗。及軍還，或謂田豐曰：『君必見重。』豐曰：『公貌寬而內忌，不亮吾忠，而吾數以至言許之。若勝而喜，必能赦我，戰敗而怨，內忌將發。若軍出有利，當蒙全耳，今既敗矣，吾不望生。』紹還，曰：『吾不用田豐言，果為所笑。』遂殺之。

官度之敗，審配二子為曹操所禽，孟岱與配有隙，因蔣奇言於紹曰：『配在位專政，族大兵强，且二子在南，必懷反畔。』郭圖、辛評亦為然。紹遂以岱為監軍，代配守鄴。護軍逢紀與配不睦，紹以問之，紀對曰：『配天性烈直，每所言行，慕古人之節，不以二子在南為不義也，公勿疑之。』紹曰：『君不惡之邪？』紀曰：『先所爭者私情，今所陳者國事。』紹曰：『善』。乃不廢配，配、紀由是更協。

冀州城邑多畔，紹復擊定之。自軍敗後發病，七年夏，薨。未及定嗣，逢紀、審配宿以驕侈為譚所病，辛評、郭圖皆比干譚而與配、紀有隙。衆以譚長，欲立之。配等恐譚立而評等為害，遂矯紹遺命，奉尚為嗣。

又　卷七四下《袁譚傳》　譚自稱車騎將軍，出軍黎陽。尚少與其兵，而使逢紀隨之。譚求益兵，審配等又議不與。譚怒，殺逢紀。

曹操度河攻譚，譚告急于尚，尚乃留審配守鄴，自將助譚，與操相拒于黎陽。自九月至明年二月，大戰城下，譚、尚敗退。操將圍之，乃夜遁還鄴。操軍進，尚逆擊破操，操軍還許。譚謂尚曰：『我鎧甲不精，故前為曹操所敗。今操軍退，人懷歸志，及其未濟，出兵掩之，可令大潰，此策不可失也。』尚疑而不許，既不益兵，又不易甲。譚大怒，郭圖、辛評因此謂譚曰：『使先公出將軍為兄後者，皆是審配之所構也。』譚然之。遂引兵攻尚，戰於外門。譚敗，乃引兵還南皮。

別駕王脩率吏人自青州往救譚，譚還欲更攻尚，問脩曰：『計將安出？』脩曰：『兄弟者，左右手也。譬人將鬭而斷其右手，曰「我必勝若」，如是者可乎？夫棄兄弟而不親，天下其誰親之？屬有讒人交鬭其間，以求一朝之利，願塞耳勿聽也。若斬佞臣數人，復相親睦，以御四方，可横行於天下。』譚不從。尚復自將攻譚，譚戰大敗，嬰城固守。尚圍之急，譚奔平原，而遣潁川辛毗詣曹操請救。

劉表以書諫譚曰：

天降灾害，禍難殷流，初交殊族，卒成同盟，使王室震盪，彝倫攸斁。是以智達之士，莫不痛心入骨，傷時人不能相忍也。然孤與太公，志同願等，雖楚魏絕邈，山河迥遠，戮力乃心，共奬王室，使非族不干吾盟，異類不絕吾好，此孤與太公無貳之所致也。功績未卒，太公殂隕，賢胤承統，以繼洪業。宣奕世之德，履丕顯之祚，摧嚴敵於鄴都，揚休烈於朔土，顧定疆宇，虎視河外，凡我同盟，莫不景附。何悟青蠅飛於竿旌，無忌游於二壘，使股肱分成二體，匈膂絕為異身。初聞此問，尚不謂然，定聞信來，乃知閼伯、實沈之忿已成，棄親即仇之計已決，旃旆交于中原，暴尸累於城下。聞之哽咽，若存若亡。昔三王、五伯，下及戰國，君臣相弑，父子相殺，兄弟相殘，親戚相滅，蓋時有之。然或欲以成王業，或欲以定霸功，皆所謂逆取順守，而徼富强於一世也。未有棄親即異，兀其根本，而能全於長世者也。

昔齊襄公報九世之仇，士匄卒荀偃之事，是故《春秋》美其義，君子稱其信。夫伯游之恨于齊，未若太公之忿于曹也；宣子之臣承業，未若仁君之繼統也。且君子違唯不適仇國，交絕不出惡聲，况忘先人之仇，棄親戚之好，而為萬世之戒，遺同盟之耻哉！蠻夷戎狄將有誚讓之言，况我族類，而不痛心邪！

夫欲立竹帛于當時，全宗祀於一世，豈宜同生分謗，爭校得失乎？若冀州有不弟之慠，無慚順之節，仁君當降志辱身，以濟事為務。事定之後，使天下平其曲直，不亦為高義邪？今仁君見憎于夫人，未若鄭莊之于姜氏；昆弟之嫌，未若重華之于象敖。然莊公卒崇大隧之樂，象敖終受有鼻之封。願捐棄百痾，追攝舊義，復為母子昆弟如初。今整勒士馬，瞻望鵠立。

又與尚書諫之，並不從。

曹操遂還救譚，十月至黎陽。尚聞操度河，乃釋平原還鄴。尚將呂曠、高翔畔歸曹氏，譚復陰刻將軍印，以假曠、翔。操知譚詐，乃以子整娉譚女以安之，而引軍還。

九年三月，尚使審配守鄴，復攻譚于平原。配獻書于譚曰：

配聞良藥苦口而利於病，忠言逆耳而便於行。願將軍緩心抑怒，終省愚辭。蓋《春秋》之義，國君死社稷，忠臣死君命。苟圖危宗廟，剥亂國家，親疏一也。是以周公垂涕以蔽管、蔡之獄，季友歔欷而行叔牙之誅。何則？義重人輕，事不獲已故也。昔先公廢黜將軍以續賢兄，立我將軍以為嫡嗣，上告祖靈，下書譜牒，海內遠近，誰不備聞！何意凶臣郭圖，妄畫蛇足，曲辭諂媚，交亂懿親。至令將軍忘孝友之仁，襲閼、沈之迹，放兵抄突，屠城殺吏，冤魂痛於幽冥，創痍被於草棘。又乃圖獲鄴城，許賞賜秦胡，其財物婦女，豫有分數。又云：『孤雖有老母，趣使身體完具而已。』聞此言者，莫不悼心揮涕，使太夫人憂哀憤隔，我州君臣監寐悲歎。誠拱獻以聽執事之圖，則懼違《春秋》死命之節，詒太夫人不測之患，損先公不世之業。我將軍辭不獲命，以及館陶之役。伏惟將軍至孝蒸蒸，發於岐嶷，友于之性，生於自然，章之以聰明，行之以敏達，覽古今之舉措，睹興敗之征符，輕榮財於糞土，貴名位于丘岳。何意奄然迷沈，墮賢哲之操，積怨肆忿，取破家之禍！翹企延頸，待望仇敵，委慈親於虎狼之牙，以逞一朝之志，豈不痛哉！若乃天啓尊心，革圖易慮，則我將軍鋪匐悲號于將軍股掌之上，配等亦當敷躬布體以聽斧鑕之刑。如又不悛，禍將及之。願熟詳凶吉，以賜環玦。

譚不納。

曹操因此進攻鄴，審配將馮禮為內應，開突門內操兵三百餘人。配覺之，從城上以大石擊門，門閉，入者皆死。操乃鑿塹圍城，周回四十里，初令淺，示若可越。配望見，笑而不出爭利。操一夜浚之，廣深二丈，引漳水以灌之。自五月至八月，城中餓死者過半。尚聞鄴急，將軍萬餘人還救城，操逆擊破之。尚走依曲漳為營，操復圍之，未合，尚懼，遣陰夔、陳琳求降，不聽。尚還走藍口，操復進，急圍之。尚將馬延等臨陣降，衆大潰，尚奔中山。盡收其輜重，得尚印綬節鉞及衣物，以示城中，城中崩沮。審配令士卒曰：『堅守死戰，操軍疲矣。幽州方至，何憂無主！』操出行圍，配伏弩射之，幾中。以其兄子榮為東門校尉，榮夜開門內操兵，配拒戰城中，生獲配。操謂配曰：『吾近行圍，弩何多也？』配曰：『猶恨其少。』操曰：『卿忠於袁氏，亦自不得不爾。』意欲活之。配意氣壯烈，終無和橈辭，見者莫不歎息，遂斬之。全尚母妻子，還其財寶。高幹以并州降，復為刺史。

曹操之圍鄴也，譚復背之，因略取甘陵、安平、勃海、河間，攻尚於中山。尚敗，走故安從熙，而譚悉收其衆，還屯龍湊。

十二月，曹操討譚，軍其門。譚夜遁走南皮，臨清河而屯。明年正月，急攻之。譚欲出戰，軍未合而破。譚被髮驅馳，追者意非恒人，趨奔之。譚墜馬，顧曰：『咄，兒過我，我能富貴汝。』言未絕口，頭已斷地。於是斬郭圖等，戮其妻子。

熙、尚為其將焦觸、張南所攻，奔遼西烏桓。觸自號幽州刺史，驅率諸郡太守令長背袁向曹，陳兵數萬，殺白馬盟，令曰：『違者斬！』衆莫敢仰視，各以次歃。至別駕代郡韓珩曰：『吾受袁公父子厚恩，今其破亡，智不能救，勇不能死，于義闕矣。若乃北面曹氏，所不能為也！』一坐為珩失色。觸曰：『夫舉大事，當立大義。事之濟否，不待一人，可卒珩志，以厲事君。』曹操聞珩節，甚高之，屢辟不至，卒於家。

高幹復叛，執上黨太守，舉兵守壺口關。十一年，曹操自征幹，幹乃留其將守城，自詣匈奴求救，不得，獨與數騎亡，欲南奔荆州。上洛都尉捕斬之。

十二年，曹操征遼西，擊烏桓。尚、熙與烏桓逆操軍，戰敗走，乃與親兵數千人奔公孫康於遼東。尚有勇力，先與熙謀曰：『今到遼東，康必見我，我獨為兄手擊之，且據其郡，猶可以自廣也。』康亦心規取尚以為功，乃先置精勇於廄中，然後請尚、熙。熙疑不欲進，尚强之，遂與俱入。未及坐，康叱伏兵禽下，坐於凍地。尚謂康曰：『未死之間，寒不可忍，可相與席。』康曰：『卿頭顱方行萬里，何席之為！』遂斬首送之。康，遼東人。父度，初避吏為玄兔小吏，稍仕。中平元年，還為本郡守。在職敢殺伐，郡中名豪與己夙無恩者，遂誅滅百餘家。因東擊高句驪，西攻烏桓，威行海畔。時王室方亂，度恃其地遠，陰獨懷幸。會襄平社生大石丈餘，下有三小石為足，度以為己端。初平元年，乃分遼東為遼西、中遼郡，並置太守，越海收東萊諸縣，為營州刺史，自立為遼東侯、平州牧，追封父延為建義侯。立漢二祖廟。承制設壇墠於襄平城南，郊祀天地，藉田理兵，乘鸞輅九旒旄頭羽騎。建安九年，司空曹操表為奮威將軍，封永寧鄉侯。度死，康嗣，故遂據遼土焉。

又　卷七五《呂布傳》　呂布字奉先，五原九原人也。【略】

（張）邈字孟卓，東平人，少以俠聞。初辟公府，稍遷陳留太守。董卓之亂，與曹操共舉義兵。及袁紹為盟主，有驕色，邈正義責之。紹既怨邈，且聞與布厚，乃令曹操殺邈。操不聽，然邈心不自安。興平元年，曹操東擊陶謙，令其將武陽人陳宮屯東郡。宮因說邈曰：『今天下分崩，雄桀並起。君擁十萬之衆，當四戰之地，撫劍顧眄，亦足以為人豪，而反受制，不以鄙乎！今州軍東征，其處空虛，呂布壯士，善虞無前，迎之共據兗州，觀天下形勢，俟時事變通，此亦從橫一時也。』邈從之，遂與弟超及宮等迎布為兗州牧，據濮陽，郡縣皆應之。

曹操聞而引軍擊布，累戰，相持百餘日。是時，旱、蝗，少穀，百姓相食，布移屯山陽。二年間，操復盡收諸城，破布於鉅野，布東奔劉備。邈詣袁術求救，留超將家屬屯雍丘。操圍超數月，屠之，滅其三族。邈未至壽春，為其兵所害。

時，劉備領徐州，居下邳，與袁術相拒於淮上。術欲引布擊備，乃與布書曰：『術舉兵詣闕，未能屠裂董卓。將軍誅卓，為術報恥，功一也。昔金元休南至封丘，為曹操所敗。將軍伐之，令術復明目於遐邇，功二也。術生年以來，不聞天下有劉備，備乃舉兵與術對戰。憑將軍威靈，得以破備，功三也。將軍有三大功在術，術雖不敏，奉以死生。將軍連年攻戰，軍糧苦少，今送米二十萬斛。非唯此止，當駱驛復致。凡所短長亦唯命。』布得書大悅，即勒兵襲下邳，獲備妻子。備敗走海西，飢困，請降於布。布又恚術運糧不復至，乃具車馬迎備，以為豫州刺史，遣屯小沛。布自號徐州牧。術懼布為己害，為子求婚，布復許之。

術遣將紀靈等步騎三萬以攻備，備求救於布。諸將謂布曰：『將軍常欲殺劉備，今可假手於術。』布曰：『不然。術若破備，則北連太山，吾為在術圍中，不得不救也。』便率步騎千餘，馳往赴之。靈等聞布至，皆斂兵而止。布屯沛城外，遣人招備，並請靈等與共饗飲。布謂靈曰：『玄德，布弟也，為諸君所困，故來救之。布性不喜合鬬，但喜解鬬耳。』乃令軍候植戟于營門，布彎弓顧曰：『諸君觀布謝戟小支，中者當各解兵，不中可留決鬬。』布即一發，正中戟支。靈等皆驚，言『將軍天威也』。明日復歡會，然後各罷。

術遣韓胤以僭號事告布，因求迎婦，布遣女隨之。沛相陳珪恐術報布成姻，則徐、楊合從，為難未已。於是往說布曰：『曹公奉迎天子，輔贊國政，將軍宜與協助同策謀，共存大計。今與袁術結姻，必受不義之名，將有累卵之危矣。』布亦素怨術，而女已在塗，乃追還絕婚，執胤送許，曹操殺之。

陳珪欲使子登詣曹操，布固不許，會使至，拜布為左將軍，布大喜，即聽登行，並令奉章謝恩。登見曹操，因陳布勇而無謀，輕於去就，宜早圖之。操曰：『布狼子野心，誠難久養，非卿莫究其情偽。』即增珪秩中二千石，拜登廣陵太守。臨別，操執登手曰：『東方之事，便以相付。』令陰合部衆，以為內應。始布因登求徐州牧，不得。登還，布怒，拔戟斫機曰：『卿父勸吾協同曹操，絕婚公路。今吾所求無獲，而卿父子並顯重，但為卿所賣耳。』登不為動容，徐對之曰：『登見曹公，言養將軍譬如養虎，當飽其肉，不飽則將噬人。公曰：「不如卿言。譬如養鷹，飢即為用，飽則颺去。」其言如此。』布意乃解。

袁術怒布殺韓胤，遣其大將張勳、橋蕤等與韓暹、楊奉連勢，步騎數萬，七道攻布。布時兵有三千，馬四百匹，懼其不敵，謂陳珪曰：『今致術軍，卿之由也，為之奈何？』珪曰：『暹、奉與術，卒合之師耳。謀無素定，不能相維。子登策之，比于連雞，勢不俱棲，立可離也。』布用珪策，與暹、奉書曰：『二將軍親拔大駕，而布手殺董卓，俱立功名，當垂竹帛。今袁術造逆，宜共誅討，奈何與賊還來伐布？可因今者同力破術，為國除害，建功天下，此時不可失也。』又許破術兵，悉以軍資與之。

暹、奉大喜，遂共擊勳等於下邳，大破之，生禽橋蕤，餘衆潰走，其所殺傷、墮死者殆盡。

時，太山臧霸等攻破莒城，許布財幣以相結，而未及送，布乃自往求之。其督將高順諫止曰：『將軍威名宣播，遠近所畏，何求不得，而自行求賂。萬一不克，豈不損邪？』布不從。既至莒，霸等不測往意，固守拒之，無獲而還。順為人清白有威嚴，少言辭，將衆整齊，每戰必克。布性決易，所為無常。順每諫曰：『將軍舉動，不肯詳思，忽有失得，動輒言誤。誤事豈可數乎？』布知其忠而不能從。

建安三年，布遂復從袁術，遣順攻劉備於沛，破之。曹操遣夏侯惇救備，為順所敗。操乃自將擊布，至下邳城下。遺布書，為陳禍福。布欲降，而陳宮等自以負罪於操，深沮其計，而謂布曰：『曹公遠來，勢不能久。將軍若以步騎出屯于外，宮將餘衆閉守於內。若向將軍，宮引兵而攻其背；若但攻城，則將軍救于外。不過旬月，軍食畢盡，擊之可破也。』布然之。布妻曰：『昔曹氏待公臺如赤子，猶舍而歸我。今將軍厚公臺不過於曹氏，而欲委全城，捐妻、子，孤軍遠出乎？若一旦有變，妾豈得為將軍妻哉！』布乃止。而潛遣人求救于袁術，自將千餘騎出。戰敗走還，保城不敢出。術亦不能救。

曹操塹圍之，壅沂、泗以灌其城，三月，上下離心。其將侯成使客牧其名馬，而客策之以叛。成追客得馬，諸將合禮以賀成。成分酒肉，先入詣布而言曰：『蒙將軍威靈，得所亡馬，諸將齊賀，未敢嘗也，故先以奉貢。』布怒曰：『布禁酒而卿等醞釀，為欲因酒共謀布邪？』成忿懼，乃與諸將共執陳宮、高順，率其衆降。布與麾下登白門樓。兵圍之急，令左右取其首詣操。左右不忍，乃下降。布見操曰：『今日已往，天下定矣。』操曰：『何以言之？』布曰：『明公之所患不過於布，今已服矣。令布將騎，明公將步，天下不足定也。』顧謂劉備曰：『玄德，卿為坐上客，我為降虜，繩縛我急，獨不可一言邪？』操笑曰：『縛虎不得不急。』乃令緩布縛。劉備曰：『不可。明公不見呂布事丁建陽、董太師乎？』操頷之。布目備曰：『大耳兒最叵信！』操謂陳宮曰：『公臺平生自謂智有餘，今意何如？』宮指布曰：『是子不用宮言，以至於此。若見從，未可量也。』操又曰：『奈卿老母何？』宮曰：『老母在公，不在宮也。夫以孝理天下者，不害人之親。』操復曰：『奈卿妻、子何？』宮曰：『宮聞霸王之主，不絕人之祀。』固請就刑，遂出不顧，操為之泣涕。布及宮、順皆縊殺之，傳首許市。

論說

《三國志》卷六《魏志・董二袁劉傳論》 董卓狼戾賊忍，暴虐不仁，自書契已來，殆未之有也。《英雄記》曰：昔大人見臨洮而銅人鑄，臨洮生卓而銅人毀；世有卓而大亂作，大亂作而卓身滅，抑有以也。袁術奢淫放肆，榮不終己，自取之也。臣松之以為桀、紂無道，秦、莽縱虐，皆多歷年所，然後衆惡乃著。董卓自竊權柄，至於隕斃，計其日月，未盈三周，而禍崇山嶽，毒流四海。其殘賊之性，寔豺狼不若。『書契未有』，斯言為當。但評既曰『賊忍』，又云『不仁』，賊忍，不仁，於辭為重。袁術無毫芒之功，纖介之善，而倡狂于時，妄自尊立，固義夫之所扼腕，人鬼之所同疾。雖復恭儉節用，而猶必覆亡不暇，而評但云『奢淫不終』，未足見其大惡。袁紹、劉表，咸有威容、器觀，知名當世。表跨蹈漢南，紹鷹揚河朔，然皆外寬內忌，好謀無決，有才而不能用，聞善而不能納，廢嫡立庶，舍禮崇愛，至於後嗣顛蹙，社稷傾覆，非不幸也。昔項羽背范增之謀，以喪其王業；紹之殺田豐，乃甚於羽遠矣！

又 卷七《魏志・呂布臧洪傳論》 呂布有虓虎之勇，而無英奇之略，輕狡反覆，唯利是視。自古及今，未有若此不夷滅也。昔漢光武謬於龐萌，近魏太祖亦蔽于張邈。知人則哲，唯帝難之，信矣！陳登、臧洪並有雄氣壯節，登降年夙隕，功業未遂，洪以兵弱敵强，烈志不立，惜哉！

又 卷八《魏志・公孫瓚傳論》 公孫瓚保京，坐待夷滅。度殘暴而不節，淵仍業以載凶，秖足覆其族也。陶謙昏亂而憂死，張楊授首於臣下，皆擁據州郡，曾匹夫之不若，固無可論者也。燕、繡、魯舍羣盜，列功臣，去危亡，保宗祀，則於彼為愈焉。

《後漢書》卷七二《董卓傳論》 董卓初以虓虎闞為情，因遭崩剥之勢，故得蹈藉彝倫，毀裂畿服。夫以刳肝斮趾之性，則羣生不足以厭其快，然猶折意縉紳，遲疑陵奪，尚有盜竊之道焉。及殘寇乘之，倒山傾海，昆岡之火，自茲而焚，《版》、《蕩》之篇，於焉而極。嗚呼，人之生也難矣！天地之不仁甚矣！

又《董卓傳贊》 百六有會，《過》、《剥》成灾。董卓滔天，干逆三才。方夏崩沸，皇京煙埃。無禮雖及，餘祲遂廣。矢延王輅，後纏魏象。區服傾回，人神波蕩。

又 卷七四下《袁紹劉表傳論》 袁紹初以豪俠得衆，遂懷雄霸之圖，天下勝兵舉旗者，莫不假以為名。及臨場決敵，則悍夫爭命；深籌高議，則智士傾心。盛哉乎，其所資也！《韓非》曰：『佷剛而不和，愎過而好勝，嫡子輕而庶子重，斯之謂亡征。』

又《袁紹劉表傳贊》 紹姿弘雅，表亦長者。稱雄河外，擅强南夏。魚儷漢舳，雲屯冀馬。窺圖訊鼎，禋天類社。既云天工，亦資人亮。矜强少成，坐談奚望。回皇冢嬖，身穨業喪。

宋·李昉等《文苑英華》卷七五五《史論二·［唐］王勃〈三國論〉》 論曰：漢自順、桓之間，國統屢絶，奸回竊位，閹宦滿朝。士之蹈忠義履冰霜者，居顯列則陷犯忤之誅，伏閭巷則嬰黨錮之戮。當是時也，天下之君子，掃地將盡。雖九伊周、十稷契，不能振已絶之綱，舉土崩之勢明矣。

熹平中，大黃星見楚、宋之分。遼東殷馗曰：『其有真人起於譙、沛之間。』以知曹孟德不為人下，事之明驗也。先時秦帝東遊，亦云金陵當有王者興。董扶求出，又曰益州有天子氣。從茲而言，則長江劍閣，作吳、蜀之限；天道人謀，有三分之兆，其來尚矣。

然廢興有際，崇替迭來。每覽其書，曷能不臨卷而永懷，撫事而伊鬱也。嘗試論之曰：向使何進納公業之言而不追董卓，傕、汜棄文和之策而不報王允，則東京焚如之禍，關右亂麻之屍，何由而興哉？至使乘輿蒙塵於河上，天子露宿於曹陽，百官飢死於牆壁，六宮流離於道路，蓋由何公之不明，賈詡之言過也。於是劉岱、喬瑁、張超、孔伷之徒，舉義兵而天下回應，英雄者騁其驍悍，運其謀能，海內囂然，於茲大亂矣。袁本初據四州之地，南向爭衡；劉景升擁十萬之師，坐觀成敗。區區公路，欲居列郡之尊；瑣瑣伯珪，謂保易京之業。瓚既窘斃，術亦憂終。譚、尚離心，琮、琦失守。其故何哉？有大賢而不能用，睹長策而不能施。便謂力濟九區，智周萬物，天下可指麾而定，宇宙可大呼而致也。

嗚呼悲夫！余觀三國之君，咸能推誠樂士，忍垢藏疾，從善如不及，聞諫如轉規。其割裂山河鼎足而王宜哉！孫仲謀承父兄之餘事，委瑜、肅之良圖，泣周泰之痍，請呂蒙之命，惜休穆之才不加其罪，賢子布之諫而造其門。用能南開交趾，驅五嶺之卒；東界海隅，兼百越之衆。地方五千里，帶甲數十萬。若令登不早卒，休以永年，神器不移於暴酷，則彭蠡、衡陽未可圖也。

以先主之寬仁得衆，張飛、關羽萬人之敵，諸葛孔明管、樂之儔，左提右挈，以取天下，庶幾有濟矣。然而喪師失律，敗不旋踵。奔波謙、瓚之間，羈旅袁、曹之手，豈拙於用武，將遇非常敵乎？初備之南也，樊、鄧之士其從如雲。比到當陽，衆十萬餘。操以五千之卒，及長阪縱兵大擊，廓然霧散，脱身奔走。方欲遠竄用魯肅之謀，然投身夏口。於時諸葛適在軍中，向令惟幄有謀，軍容宿練，包左車之計，運田單之奇，操懸軍數千，夜行三百，輜重不相繼，聲援不相聞，可不一戰而擒也？坐以十萬之衆，而無一矢之備，何異驅犬羊之羣，餌豺虎之口？固知應變將略，非武侯所長，斯言近矣。周瑜方嚴兵取蜀，會物故於巴邱。若其人尚存，恐玉壘銅梁，非劉氏有也。然備數困敗而意不折。終能大啓西土者，其惟雅度最優乎？武侯既没，劉禪舉而棄之。睹譙周之懦詞，則忿憤而忘食；聞姜維之立事，又慷慨而言痳。惜其功垂成而智不濟，豈伊時喪？抑亦人亡，乃知德之不修，棧道靈關，不足恃也。

魏武用兵，仿佛孫吳。臨敵制奇，鮮有喪敗，故能東擒狡布，北走强袁，破黃巾於壽張，斬眭固於射犬。援戈北指，蹋頓懸顱；擁旆南臨，劉琮束手。振威烈而清中夏，挾天子以令諸侯，信超然之雄傑矣。而弊於褊刻，失於猜詐。孔融、荀彧，終罹其災；孝先、季珪，卒不能免。愚知操之不懷柔巴蜀，砥定東南，必然之理也。文帝富於春秋，光膺禪讓，臨朝恭儉，博覽墳籍，文質彬彬，庶幾君子者矣。不能恢崇萬代之業，利建七百之基。骨肉齊於匹夫，衡樞委乎他姓。遠求珠翠，廢禮諒闇之中；近抱辛毗，取笑婦人之口。明帝嗣位，繼以奢淫。征夫困於兵革，人力殫於臺榭。高貴鄉公明決有餘，而深沈不足。其雄才大略，經緯遠圖，求之數君，並無取焉。山陽公之墳土未乾，陳留王之賓館已啓，天之報施，何其速哉？故粗而論之，式備勸戒，俾夫來者有以監諸焉。

宋·洪邁《容齋隨筆》卷一《地險古今》　言地險者，以謂函秦宅關、河之勝，齊負海、岱，趙、魏據大河，晉表裏河山，蜀有劍門、瞿唐之阻，楚國方城以為城，漢水以為池，吳長江萬里，兼五湖之固，皆足以立同。唯宋、衛之郊，四通五達，無一險可恃。然東漢之末，袁紹跨有青、冀、幽、并四州，韓遂、馬騰輩分據關中，劉璋擅蜀，劉表居荆州，呂布盜徐，袁術包南陽、壽春，孫策取江東，天下形勝盡矣。曹操晚得兗州，倔强其間，終之夷羣雄，覆漢祚。議者尚以為操挾天子以自重，故能成功。而唐僖、昭之時，方鎮擅地，王氏有趙百年，羅洪信在魏，劉仁恭在燕，李克用在河東，王重榮在蒲，朱宣、朱瑾在兗、鄆，時溥在徐，王敬武在淄、青，楊行密在淮南，王建在蜀，天子都長安，鳳翔、邠、華三鎮鼎立為梗，李茂貞、韓建皆嘗劫遷乘輿。而朱温區區以汴、宋、亳、潁巖然中居，及其得志，乃與操等。以在德不在險為言，則操、温之德又可見矣。

又　卷一二《漢士擇所從》　漢自中平黄巾之亂，天下震擾，士大夫莫不擇所從，以為全身遠害之計，然非豪傑不能也。荀彧少時，以潁川四戰之地，勸父老亟避之，鄉人多懷土不能去，彧獨率宗族往冀州，袁紹待以上賓之禮，彧度紹終不能定大業，去而從曹操，其鄉人留者，多為賊所殺。袁紹遣使迎汝南士大夫，和洽獨往荆州，劉表以上客待之，洽曰：『所以不從本初，避爭地也。昏世之主，不可黷近，久而不去，讒慝將興。』遂南之武陵，其留者多為表所害。曹操牧兗州，陳留太守張邈與之親友。郡士高柔獨以為邈必乘間為變，率鄉人欲避之，衆皆以曹、張相親，不然其言。柔舉家適河北，邈果叛操。郭嘉初見袁紹，謂其謀臣辛評等曰：『智者審于量主，袁公多端寡要，好謀無決，難與共濟大難，吾將更舉以求主，子盍去乎？』評等曰：『袁氏今最强，去將何之？』嘉不復言，遂去依曹操。操召見，與論天下事。出曰：『真吾主也。』杜襲、趙儼、繁欽避亂荆州，欽數見奇於表，襲曰：『所以俱來者，欲全身以待時耳。子若見能不已，非吾徒也。』及天子都許，儼曰：『曹鎮東必能濟華夏，吾知歸矣，遂詣操。』河間邢顒在無終，聞操定冀州，謂田疇曰：

『聞曹公法令嚴，民厭亂矣，亂極則平，請以身先。』遂裝還鄉里。疇曰：『顒，天民之先覺者也。』孫策定丹陽，呂範請暫領都督，策曰：『子衡已有大衆，豈宜復屈小職！』範曰：『今捨本土而托將軍者，欲濟世務也，譬猶同舟涉海，一事不牢，即俱受其敗，此亦范計，非但將軍也。』策從之。周瑜聞策聲問，便推結分好，及策卒權立，瑜謂權可與共成大業，遂委心服事焉。諸葛亮在襄陽，劉表不能起，一見劉備，事之不疑，此諸人識見如是，安得困於亂世哉！

宋·黎靖德《朱子語類》卷一三六《歷代三》　因論三國形勢，曰：『曹操合下便知據河北可以為取天下之資。既被袁紹先說了，他又不成出他下，故為大言以誑之。胡致堂說史臣後來代為文辭以欺後世，看來只是一時無說了，大言耳。此著被袁紹先下了，後來崎嶇萬狀，尋得箇獻帝來，為挾天下令諸侯之舉，此亦是第二大著。若孫權據江南，劉備據蜀，皆非取天下之勢，僅足自保耳。』【略】

曹操用兵，煞有那幸而不敗處，卻極能料。如征烏桓，便能料得劉表不從其後來。

清·王夫之《讀通鑑論》卷一〇《三國六》　漢、魏、吳之各自帝也，在三年之中，蓋天下之稱兵者已盡，而三國相爭之氣已衰也。曹操知其子之不能混一天下，丕亦自知一篡漢而父子之鋒銳盡矣。先主固念曹氏之不可搖，而退息乎巖險。孫權觀望曹、劉之勝敗，既知其情之各自帝而息相吞之心，交不足懼，則亦何弗擁江東以自帝邪？權所難者，先主之扼其肘腋耳。先主殂于永安，權乃拒魏而自尊，樂得鄧芝通好以安處於江東。繇此觀之，此三君者，皆非有好戰樂殺之情，而所求未得，所處未安，弗獲已而相為扞格也。

曹氏之戰亟矣，處中原而挾其主，其敵多，其安危之勢迫，故孫氏之降，知其非誠而受之。敵且盡，勢且安，甘苦自知，而殺戮為慘。亦深念之矣。孫氏則赤壁之外無大戰也。先主則收蜀爭荆而姑且息也。是以三君者，猶可傳之後裔，而不與公孫、袁、呂同殄其血胤。上天之大命集於有德，雖無其德，而抑無樂殺之心，則亦予之以安全。天地之心，以仁為復，豈不信哉？

丕之逆也，權之狡也，先主之愎也，皆保固爾後而不降天罰，以其知止而能息民也。逆與狡，違道甚矣，而惟僾尤甚。先主甫即位而興伐吳之師，毒民以逞，傷天地之心，故以漢之宗支而不敵篡逆之二國。先主殂，武侯秉政，務農殖穀，釋吳怨以息民，然後天下粗安。蜀漢之祚，武侯延之也，非先主之所克勝也。

藝文

《三國志》卷一《魏志・武帝紀》（建安二十年）十二月，公自南鄭還，留夏侯淵屯漢中。是行也，侍中王粲作五言詩以美其事曰：『從軍有苦樂，但問所從誰。所從神且武，安得久勞師？相公征關右，赫怒振天威，一舉滅獯虜，再舉服羌夷，西收邊地賊，忽若俯拾遺。陳賞越山嶽，酒肉逾川坻，軍中多饒飫，人馬皆溢肥，徒行兼乘還，空出有餘資。拓土三千里，往反速如飛，歌舞入鄴城，所原獲無違。』

《宋書》卷二一《樂志三》《碣石》、《步出夏門行》，武帝詞四解：

雲行雨步，超越九江之皋，臨觀異同。心意懷遊豫，不知當復何從。經過至我碣石，心惆悵我東海。《雲行》至此為豔。東臨碣石，以觀滄海。水何淡淡，山島竦峙。樹木叢生，百草豐茂。秋風蕭瑟，洪濤湧起。日月之行，若出其中；星漢粲爛，若出其裏。幸甚至哉！歌以詠志。《觀滄海》，一解。

孟冬十月，北風裴回。天氣肅清，繁霜霏霏。鵾雞晨鳴，鴻雁南飛，鷙鳥潛藏，熊羆窟棲。錢鎛停置，農收積場。逆旅整設，以通賈商。幸甚至哉！歌以詠志。《冬十月》，二解。

鄉土不同，河朔隆寒。流澌浮漂，舟船行難。錐不入地，蘴哀深奧。水竭不流，冰堅可蹈。士隱者貧，勇俠輕非。心常歎怨，戚戚多悲。幸甚至哉！歌以詠志。《河朔寒》，三解。

南朝梁・蕭統《文選》卷二七《樂府上・魏武帝〈樂府二首・短歌行〉》

對酒當歌，人生幾何！《左氏傳》曰：俟河之清，人壽幾何？譬如朝露，去日苦多。《漢書》，李陵謂蘇武曰：人生如朝露。慨當以慷，憂思難忘。何以解憂，唯有杜康。《毛詩》曰：微我無酒，以遨以遊。《博物志》曰：杜康作酒。王著《與杜康絕交書》曰：康字仲寧。或云皇帝時宰人，號酒泉太守。《漢書》，東方朔曰：臣聞消憂者，莫若酒也。青青子衿，悠悠我心。但為君故，沈吟至今。古詩曰：馳車整中帶，沉吟聊躑躅。呦呦鹿鳴，食野之苹。我有嘉賓，鼓瑟吹笙。《毛詩・小雅》文也。苹，萍也。鹿得萍草，呦呦然而鳴，相呼而食，以興喜樂賓客，相招以盛禮也。鄭玄云：苹，藾蕭也。明明如月，何時可掇？憂從中來，不可斷絕。言月之不可掇，由憂之不可絕也。《說文》曰：掇，拾取也，豬劣切。越陌度阡，枉用相存。應劭《風俗通》曰：里語云：越陌度阡，更為客主。《長門賦》曰：孔雀集而相存。契闊談宴，心念舊恩。《毛詩》曰：死生契闊。《漢書》曰：張賀思念舊恩。月明星稀，烏鵲南飛。繞樹三匝，何枝可依？月明，已見上句。喻客子無所依託也。山不厭高，海不厭深。《管子》曰：海不辭水，故能成其大；山不辭土，故能成其高；明主不厭人，故能成其衆。周公吐哺，天下歸心。《韓詩外傳》曰：周公踐天子之位七年，成王封伯禽於魯。周公誡之曰：無以魯國驕士。吾，文王之子、武王之弟也，成王叔父也，又相天下，吾於天下亦不輕矣。然一沐三握髮，一飯三吐哺，猶恐失天下之士也。《論語素王受命讖》曰：河授圖，天下歸心。

又《苦寒行》　北上太行山，艱哉何巍巍！羊腸阪詰屈，車輪為之摧。《呂氏春秋》曰：天地之間，上有九山。何謂九山？曰太行羊腸。高誘曰：太行山在河內野王縣北也。羊腸，其山盤紆如羊腸，在太原晉陽北。高誘注《淮南子》曰：羊腸阪是太行孟門之限。然則阪在太行，山在晉陽也。樹木何蕭瑟，北風聲正悲。熊羆對我蹲，虎豹夾路啼。谿谷少人民，雪落何霏霏。《毛詩》曰：雨雪霏霏。延頸長歎息，遠行多所懷。《呂氏春秋》曰：天下莫不延頸舉踵也。我心何怫鬱，思欲一東歸。《楚辭》曰：怫鬱兮不陳。東歸，言望舊鄉也。水深橋樑絕，中路正徘徊。迷惑失故路，薄暮無宿棲。楊雄《琴情英》曰：當道獨居，暮無所宿。行行日已遠，人馬同時饑。簷囊行取薪，斧冰持作糜。《莊子》曰：簷囊而趨。悲彼東山詩，悠悠使我哀。《毛詩》曰：我徂東山，滔滔不歸。

清・彭定求等《全唐詩》卷八六《張說〈鄴都引〉》　君不見魏武草創爭天祿，羣雄睚眥相馳逐。晝攜壯士破堅陣，夜接詞人賦華屋。都邑繚繞西山陽，桑榆汗漫漳河曲。城郭為虛人代改，但見西園明月在。鄴傍高冢多貴臣，娥眉曼睩共灰塵。試上銅臺歌舞處，唯有秋風愁殺人。

又　卷一一〇《劉庭琦〈銅雀臺〉》　銅臺宮觀委灰塵，魏主園林漳水濱。即今西望猶堪思，況復當時歌舞人。

又　卷六四七《胡曾〈詠史詩·銅雀臺〉》　魏武龍興逐逝波，高臺空按望陵歌。遏雲聲絕悲風起，翻向樽前泣翠娥。

又　《官渡》　本初屈指定中華，官渡相持勒虎牙。若使許攸財用足，山河爭得屬曹家。

又　卷六八五《吴融〈陳琳墓〉》　冀州飛檄傲英雄，卻把文辭事鄴宮。縱道筆端由我得，九泉何面見袁公。

又　卷七一〇《徐夤〈魏〉》　伐罪書勳令不常，爭教為帝與為王。十年小怨誅桓邵，一檄深讎怨孔璋。在井蟄龍如屈伏，食槽驕馬忽騰驤。奸雄事過分明見，英識空懷許子將。

宋·劉敞《公是集》卷二九《袁本初》　橫刀長揖紫廷中，健者寧須屬董公。郿塢然臍直假手，始知天下有英雄。

宋·趙鼎臣《竹隱畸士集》卷四《過銅雀臺弔魏武》　慷慨勤王始，艱難創業初。英辭傳樂府，妙略布新書。逐鹿功雖在，藏舟計已疏。一朝空繐帳，愛子竟何如。

《全宋詩》卷一〇《徐鉉〈句〉》　一夜黄星照官渡，本初何面見田豐。

又　卷一六四《范仲淹〈和人遊嵩山十二題·公路澗〉》　嵩高發靈源，北望洛陽注。清流引河漢，白氣橫雲霧。英雄惜此地，百萬曾相距。近代無戰爭，常人自來去。

又　卷四四二《文同〈袁術〉》　四代司空倚世勞，可嗟不肖事奸豪。妄云名字與讖合，直欲起應當塗高。

又　卷四四八《文同〈問陳彦升覓古瓦硯〉》　魏主用死力，構彼銅雀臺。當時臺上瓦，百澄為一坯。燒成比堅玉，翠甲橫崔嵬。西陵既歸後，此地日以摧。後歷曲午朝，羣雄力相豗。茲臺既已傾，此瓦只自堆。歲久岸穀變，埋没深蒿萊。初誰得耕人，刳之研松煤。其於是密且潤，端歙真可咍。彦升所有者，一一皆珍材。自言欲購時，經歲無一枚。琴紋與錫花，此乃如瓊瑰。前日秘閣下，重匣手自開。示我者佳絕，恰用一樸裁。形模甚古野，用可資怪魁。歸來作詩乞，願致無遲回。

又　卷五五六《王安石〈將次相州〉》　青山如浪入漳州，銅雀臺西八九丘。螻蟻往還空壟畝，騏驎埋没幾春秋。功名蓋世知誰是，氣力回天到此休。何必地中餘故物，魏公諸子分衣裘。

又　卷一七〇一《洪皓〈講武城〉》　長笑袁本初，妄意清君側。垂頭返官渡，奇禍憐幕客。曹公走熙尚，氣欲陵韓白。欺取計已成，軍容漫輝赫。跨漳築大城，勞民屈羣策。北雖破烏丸，南亦困赤壁。八荒思幷吞，二國盡勍敵。四陵寄遺恨，講武存陳迹。雉堞逐塵飛，濁流深莫測。回首銅雀臺，鼓吹喧黽蟈。

又　卷一八三九《張嵲〈贈别〉》　孔明佐玄德，君臣稱魚水。田祖輔本初，愎諫昧良圖。蜀成鼎足勢，臥龍名益都。袁喪官渡師，二臣隨見屠。

又　卷二一六八《陸游〈讀袁公路傳〉》　成敗相尋豈有常，英雄最忌數悲傷。蕪蔞豆粥從來事，何恨郵亭坐簀床。

又　卷二二五三《范成大〈講武城〉》　阿瞞虓武蓋劉孫，千古還將鬼蜮論。縱有周遭遺堞在，不如魚復陣圖尊。

又　卷二四三八《陳造〈袁本初二首·其一〉》　入門偶藉移韓馥，健者何曾抗董公。須信阿瞞人物論，但言玄德是英雄。

又　《其二》　嬖孽朝兄主父囚，女戎銜猾史蘇憂。便教官渡交綏去，二豎猶能亂冀州。

又　卷二八三四《周文璞〈題曹武帝削瓜圖〉》　阿瞞瓜分姿，見之垂髫中。此心既弗乿，此道安可洪？漢祚既墜地，餘子方困窮。仁義儻自唱，歷數豈不同？挾令及宮閫，殺士延奴童。至今弔古徒，哀痛殊未終。實以己逼仄，遂令彼長雄。畫圖出後世，略見經營工。想其鼎峙勢，亦天誘其衷。此章弗徒歌，聊以裨國風。

又　卷三〇三九《劉克莊〈同鄭君瑞出瀨溪即事十首〉》　汗血名駒白玉鞭，本初父子喜華鮮。只今無復狂遊侶，自卸驢鞍古店前。

又　卷三四九一《方回〈次韻賓暘齋中獨坐五首·其一〉》　舞燕歌鶯子所無，不無燈照短檠書。酒來形影相酬酢，詩就煙霞共卷舒。八極渺茫供傲睨，一襟空洞極恢疏。世間底是英雄物，未許曹瞞笑本初。

又　卷三六五〇《陳普〈詠史上·陳圭〉》　元龍父子二人耳，賢于曹公十萬師。呂布就擒公路死，都在勸回新婦時。

又《袁紹》 弟北兄南競效尤，鄴中半鄴半青州。身分家裂無全理，終使遼東送二頭。【略】

田豐襲許計非良，沮授安民策最長。已克百安牢按甲，足韆曹操到分香。【略】

許中四面盡仇讎，曹弱袁强正是愁。一日四州都奉予，安閒猶遺定徐州。

又《審配》 謀袁大似為曹謀，卻道辛毗破冀州。五夜鄴溝深二丈，袁公神武一時休。

又 卷三六五一《陳普〈詠史下·賈詡〉》 崩奔堯後一孤兒，蹠狗成羣共肆欺。賈詡未設曹操日，自為漢賊已多時。

又《棗祗》 千里無煙已十年，一朝許洛翠秧田。乾坤渠肯容曹操，聊為蒼生解倒懸。

又《皇甫嵩》 幾多孟德總欺孤，底事山頭獨望夫。不聽閻忠聽梁衍，未應魏闕便當塗。

《全宋詞》第四冊《劉克莊〈沁園春·夢孚若〉》 何處相逢，登寶釵樓，訪銅雀臺。唤廚人斫就，東溟鯨膾，圉人呈罷，西極龍媒。天下英雄，使君與操，餘子誰堪共酒杯。車千兩，載燕南趙北，劍客奇才。飲酣畫鼓如雷。誰信被晨雞輕唤回。歎年光過盡，功名未立，書生老去，機會方來。使李將軍，遇高皇帝，萬户侯何足道哉。披衣起，但淒涼感舊，慷慨生哀。

又 第五冊《陳人傑〈沁園春·贈人〉》 如此男兒，可是疏狂，才大興濃。看曹瞞事業，雀臺夜月，建封氣概，燕子春風。叱吒生雷，肝腸似石，才到尊前都不同。人間世，只嬋娟一劍，磨盡英雄。

又《劉辰翁〈鶯啼序〉》 古人已矣，天下英雄，使君與操耳。

元·耶律楚材《湛然居士文集》卷一二《懷古一百韻寄張敏之》 四海魏吳將奮起，靈獻自荒嬉。賊子權移漢，奸臣塢築郿。三朝如峙鼎，四海若棼絲。纔奉山陽主，已生司馬師。仲謀服孟德，葛亮倍曹丕。惟晉成獨統，平吳混八維。

元·王沂《伊濱集》卷五《虎牢關》 孤雲兩角如劃布，中有長天懸匹素。關頭一上眼豁開，漢殿秦宮皆可數。太行之青遺塊小，下視黃流一絲嫋。乾坤勝概無古今，一笑英雄如過鳥。長謡我欲問真宰，世事茫茫幾成敗。君不見三分書裏說虎牢，曾使戰骨如山高。

又 卷七《虎牢關》 雙崖突兀引羊腸，仰望遥空匹素長。今古太行青歷歷，乾坤元氣白茫茫。英雄底用爭天險，真宰那知關後防？回首三分書裏事，區區縛虎笑劉郎。

《全元詩》第一八冊《陳孚〈白門〉》 布死城南未足悲，老瞞可是算無遺。不知別有三分者，只在當時大耳兒。

又 第三九冊《楊維楨〈君馬黃〉》 君馬黃，我馬蒼，蒼黃色不辨，梧殺馬上郎。阿瞞子，突圍去。君不見追濮陽，渡空騎，將軍赤馬免。阿瞞子，殺呂布。

明·羅貫中《三國演義》第二一回《引後人詩》 漢末刀兵起四方，無端袁術太倡狂，不思累世為公相，便欲孤身作帝王。强暴枉誇傳國璽，驕奢妄說應天祥。渴思蜜水無由得，獨臥空床嘔血亡。

又 第三〇回《引後人詩》 逆耳忠言反見仇，獨夫袁紹少機謀。烏巢糧盡根基拔，猶欲區區守冀州。【略】

本初豪氣蓋中華，官渡相持枉歎嗟。若使許攸謀見用，山河爭得屬曹家？

又 第三二回《引後人詩》 累世公卿立大名，少年意氣自縱橫。空招俊傑三千客，漫有英雄百萬兵。羊質虎皮功不就，鳳毛雞膽事難成。更憐一種傷心處，家難徒延兩弟兄。

又 第一二〇回《引後人詩》 孫堅孫策起江左，袁紹袁術興河梁。

明·李夢陽《詠史》 霸王雄圖並，淒涼世徑分。鯨鯢赴巨壑，鷹隼失高雲。難折朱遊檻，休嗟袁紹軍。當時平帝紀，一一動星文。

明·謝榛《謝榛全集》卷三《夢少司馬總制劉子和賦寄》 燕山形勢帝王州，野夫北望生邊愁。密雲城上風倒起，密雲城下河翻流。昔破烏丸萬骨朽，曹瞞自恃孫吳謀。戰場色慘漢時月，軍門氣壓胡天秋。

明·王夫之《船山遺書》第七卷《姜齋五十自定稿·詠史二十七首》 田豐死爭官渡，鴟夷不諫夫椒。未到水窮山盡，難回墜石狂潮。

《全明詩》卷五三《劉基〈秦女休行〉》 君不見景升本初之子空是男，亡家破國令人慚。

又　卷九七《**貝瓊〈晚眺〉**》　極目登高丘，秋高淮泗平。淮泗東南流，故繞鍾離城。東京昔喪亂，英雄紛戰爭。殺人及雞犬，曠野寂無聲。悠悠千載下，復見新人耕。魏公今何在？銅臺春草生。公路冢中骨，豈憂王室傾？北海固為豪，平原安可輕！時哉有屈信，漢道再昌明。

清·天然和尚《瞎堂詩集》卷四《［明］釋函是〈詠史十二首·其四〉》　天命邈難諶，仁暴恒相持。漢室至桓靈，國祚亦孔衰。既生劉豫州，又生操與丕。挾主令天下，荀郭多從之。維我與使君，英鑑誰當欺。

清·陳濟生《天啓崇禎兩朝遺詩》卷三《［明］淩義渠〈鄴中懷古〉》　建安舊事久紛紜，斷碣耕餘故國墳。知有璽符答聖瑞，偶遺螺黛賞奇文。鬼神一窖工嘲謔，史乘千年訛見聞。多少古人冤憤意，好將雙頰拄斜曛。

清·沈德潛《清詩別裁集》卷二三《繆沅〈袁術〉》　公路浦前白日昏，千重駭浪猶奔騰。袁曹昔時爭戰地，秋原尚作黄雲屯。兄弟鬩牆事堪歎，術也仇紹翻結讚，謬算適足羞先公，强云圖讖天所贊。里謡誰記當塗高，僭號不聞閻象諫。符命之説誠荒唐，當車有臂疑螳螂。江淮涷餧士卒死，宫中日夜為荒亡。蛾眉皓齒競害寵，馮家小女悲懸梁。山之敗所自致，江亭奔竄如亡羊。堆床十斛僅麥屑，一勺入口無蜜漿。當時割據意何取，離離滿目悲禾黍。我來袁浦為弔古，老龍晝眠蛟夜舞，鯨波蝕盡戰場土。

清·吴若烺《中牟縣志·附録·［明］張孟男〈官渡〉》　馬頭落日帶沙黄，此是曹袁古戰場。人過斷橋憑弔古，水聲嗚咽哭興亡。

又　《**［清］桑調元〈訪官渡〉**》　官渡知何處，蒼茫想舊城。曹袁遺壘失，煙雨緑蕪平。大地幾龍戰，空天一鶴迎。無窮家國事，物外詎關情。

又　《**［清］王士禎〈官渡〉**》　別駕亡來萬事非，夕陽官渡客行稀。袁家新婦應惆悵，剩與陳王詠宓妃。

《**雲陽縣志·附録·［唐］張士環〈和白君〉**》　天下英雄止豫州，阿瞞不共載天仇。山河割據三分國，宇宙威名丈八矛。江上祠堂嚴劍佩，人間刁斗見銀鉤。空餘諸葛秦川表，左祖何人復為劉。

《**清詩匯**》**卷一五七**《**鮑瑞駿〈笈甫藏有袁候臺瓦研屬作長歌紀之〉**》　銅雀臺瓦良研田，此瓦乃在銅雀先。色青而紫厚以寸，池窊半月瀦松煙。磨墨如暗欲雨潤，瑟瑟綴若明珠懸。諸花香處呼璧友，沈檀之匣銘詞鐫。竹垞目以宴友瓦，得毋考據訛相沿。文曰建安三年造，斯時河北方炎炎。袁曹兩雄不相下，土木何得興戈鋋。吾聞南皮有臺二，或者袁候之遺埏。當其虎視冀州日，官渡未戰猶瓦全。穹窿百尺用偵敵，吸盡兵氣歸陶甄。相傳夜深發光怪，異香騰作龍蜿蜒。野火燒殘敗苔漬，爭墩一例言詹詹。否則陳因太倉粟，鳩工適值浮瓜年。區區胡椒且八百，況乃瓴甋輝畫簷。不知何時琢為硯，殘膏一滴江湖沾。宜城驛人昌黎記，景山贈賴歐公傳。世間古物等飄瓦，獲之奚翅真珠船。嗚呼！人生安得如汝堅，背有漢隸神宛然。緇布紋深尾則斷，亦猶割據留山川。袁家父子固豚犬，曹家兄弟終猜嫌。流連香履有深意，木妖早兆漳河堧。知君好古自一癖，豈以人廢相針砭。魏三祖集君所弃，曩者漢上遭師燔。嗚呼！一得一失皆前緣，非此那伴君家氈。會看滁筆記神硯，壓到壽貴公侯磚。

《**全臺詩**》**第一五冊**《**嶺雲海日樓詩鈔**》**卷七**《**［清］丘逢甲〈敬南見贈次原韻四首·其二〉**》　名士劉景升，世家袁公路。把酒論英雄，彼哉何足數。

雜　録

《**三國志**》**卷五**《**魏志·后妃傳**》　文昭甄皇后，中山無極人，【略】建安中，袁紹為中子熙納之。熙出為幽州，后留養姑。及冀州平，文帝納后於鄴，有寵，生明帝及東鄉公主。《魏略》曰：熙出在幽州，后留侍姑。及鄴城破，紹妻及后共坐皇堂上。文帝入紹舍，見紹妻及后，后怖，以頭伏姑膝上，紹妻兩手自搏。文帝謂曰：『劉夫人云何如此？令新婦舉頭！』姑乃捧后令仰，文帝就視，見其顏色非凡，稱歎之。太祖聞其意，遂為迎取。《世語》曰：太祖下鄴，文帝先入袁尚府，有婦人被髪垢面，垂涕立紹妻劉后，文帝問之，劉答『是熙妻』，顧攬髪髻，以巾拭面，姿貌絶倫。既過，劉謂后『不憂死矣』！遂見納，有寵。《魏書》曰：后寵愈隆而彌自挹損，後宫有寵者勸勉之，其無寵者慰誨之，每因閑宴，常勸帝，言『昔黄帝子孫蕃育，蓋由妾媵衆多，乃獲斯祚耳。所原廣求淑媛，以豐繼嗣。』帝心嘉焉。其后帝欲遣任氏，后請於帝曰：『任既鄉黨名族，德、色，妾等不及也，如何遣之？』帝曰：『任性狷急不婉順，前后忿吾非一，是以遣之耳。』后流涕固請曰：『妾受敬遇之恩，衆人所知，必謂任之出，是妾之由。上懼有見私之譏，下受專寵之罪，原重留意！』帝不聽，遂出之。十六年七月，太祖征關中，武宣皇后從，留孟津，帝居守鄴。時武宣皇后體小不安，后不得定省，憂怖，晝夜泣涕；左右驟以差問告，后猶不信，曰：『夫人在家，故疾每動，輒歷時，今疾便差，何速也？此欲慰我意耳！』憂愈甚。后得武宣皇后還書，說疾已平復，后乃懽悅。十七年正月，大軍還鄴，后朝武宣皇后，望幄座悲喜，感動左右。武宣皇后見后如此，亦泣，且謂之曰：『新婦謂吾前病如昔時困邪？吾時小小耳，十餘日即差，不當視我顏色乎！』嗟歎曰：『此真孝婦也。』二十一年，太祖東征，武宣皇后、文帝及明帝、東鄉公主皆從，時后以病留鄴。二十二年九月，大軍還，武宣皇后左右侍御見后顏色豐盈，怪問之曰：『后與二子別久，下流之情，不可為念，而后顏色更盛，何也？』后笑答之曰：『（諱）等自隨夫人，我當何憂！』后之賢明以禮自持如此。

又 卷九《魏志・諸夏侯曹傳》 夏侯惇字元讓，沛國譙人，夏侯嬰之後也。【略】太祖初起，惇常為裨將，從征伐。太祖行奮武將軍，以惇為司馬，別屯白馬，遷折衝校尉，領東郡太守。太祖征陶謙，留惇守濮陽。張邈叛迎呂布，太祖家在鄄城，惇輕軍往赴，適與布會，交戰。布退還，遂入濮陽，襲得惇軍輜重。遣將偽降，共執持惇，責以寶貨，惇軍中震恐。惇將韓浩乃勒兵屯惇營門，召軍吏諸將，皆案甲當部不得動，諸營乃定。遂詣惇所，叱持質者曰：『汝等凶逆，乃敢執劫大將軍，復欲望生邪！且吾受命討賊，寧能以一將軍之故，而縱汝乎？』因涕泣謂惇曰：『當奈國法何！』促召兵擊持質者。持質者惶遽叩頭，言『我但欲乞資用去耳』！浩數責，皆斬之。惇既免，太祖聞之，謂浩曰：『卿此可為萬世法。』乃著令，自今已後有持質者，皆當並擊，勿顧質。由是劫質者遂絕。孫盛曰：案《光武紀》，建武九年，盜劫陰貴人母弟，吏以不得拘質迫盜，盜遂殺之也。然則合擊者，乃古制也。自安、順已降，政教陵遲，勢質不避王公，而有司莫能遵奉國憲者，浩始復斬之，故魏武嘉焉。

太祖自徐州還，惇從征呂布，為流矢所中，傷左目。《魏略》曰：時夏侯淵與惇俱為將軍，軍中號惇為盲夏侯。惇惡之，照鏡恚怒，輒撲鏡於地。復領陳留、濟陰太守，加建武將軍，封高安鄉侯。【略】轉領河南尹。太祖平河北，為大將軍後拒。【略】鄴破，遷伏波將軍，領尹如故，使得以便宜從事，不拘科制。建安十二年，録惇前後功，增封邑千八百户，并前二千五百户。【略】

韓浩者，河內人。（及）沛國史渙與浩俱以忠勇顯。浩至中護軍，渙至中領軍，皆掌禁兵，封列侯。《魏書》曰：韓浩字元嗣。【略】夏侯惇聞其名，請與相見，大奇之，使領兵從征伐。時大議損益，浩以為當急田。太祖善之，遷護軍。太祖欲討柳城，領軍史渙以為道遠深入，非完計也，欲與浩共諫。浩曰：『今兵勢彊盛，威加四海，戰勝攻取，無不如志，不以此時遂除天下之患，將為後憂。且公神武，舉無遺策，吾與君為中軍主，不宜沮衆。』遂從破柳城，改其官為中護軍，置長史、司馬。從討張魯，魯降。議者以浩智略足以綏邊，欲留使都督諸軍，鎮漢中。太祖曰：『吾安可以無護軍？』乃與俱還。其見親任如此。及薨，太祖愍惜之。無子，以養子榮嗣。史渙字公劉。少任俠，有雄氣。太祖初起，以客從，行中軍校尉，從征伐，常監諸將，見親信，轉拜中領軍。

夏侯淵字妙才，惇族弟也。【略】太祖起兵，以別部司馬、騎都尉從，遷陳留、潁川太守。及與袁紹戰於官渡，行督軍校尉。紹破，使督兗、豫、徐州軍糧；時軍食少，淵傳饋相繼，軍以復振。昌豨反，遣于禁擊之，未拔，復遣淵與禁並力，遂擊豨，降其十餘屯，豨詣禁降。淵還，拜典軍校尉。《魏書》曰：淵為將，赴急疾，常出敵之不意，故軍中為之語曰：『典軍校尉夏侯淵，三日五百，六日一千。』濟南、樂安黄巾徐和、司馬俱等攻城，殺長吏，淵將泰山、齊、平原郡兵擊，大破之，斬和，平諸縣，收其糧穀以給軍士。十四年，以淵為行領軍。【略】又行征西護軍，督徐晃擊太原賊，攻下二十餘屯，斬賊帥商曜，屠其城。從征韓遂等，戰於渭南。又督朱靈平隃糜、汧氐。與太祖會安定，降楊秋。

十七年，太祖乃還鄴，以淵行護軍將軍，督朱靈、路招等屯長安，擊破南山賊劉雄，降其衆。圍遂、超餘黨梁興於鄠，拔之，斬興，封博昌亭侯。馬超圍涼州刺史韋康於冀，淵救康，未到，康敗。去冀二百餘里，超來逆戰，軍不利。汧氐反，淵引軍還。十九年，趙衢、尹奉等謀討超，姜敍起兵鹵城以應之。衢等譎說超，使出擊敍，於後盡殺超妻子。超奔漢中，還圍祁山。敍等急求救，諸將議者欲須太祖節度。淵曰：『公在鄴，反覆四千里，比報，敍等必敗，非攻急也。』遂行，使張郃督步騎五千在前，從陳倉狹道入，淵自督糧在後。郃至渭水上，超將氐羌數千逆郃。未戰，超走，郃進軍收超軍器械。淵到，諸縣皆已降。韓遂在顯親，淵欲襲取之，遂走。淵收遂軍糧，追至略陽城，去遂二十餘里，諸將欲攻之，或言當攻興國氐。淵以為遂兵精，興國城固，攻不可卒拔，不如擊長離諸羌。長離諸羌多在遂軍，必歸救其家。若羌獨守則孤，救長離則官兵得與野戰，可必虜也。淵乃留督將守輜重，輕兵步騎到長離，攻燒羌屯，斬獲甚衆。諸羌在遂軍者，各還種落。遂果救長離，與淵軍對陳。諸將見遂衆，惡之，欲結營作塹乃與戰。淵曰：『我轉鬬千里，今復作營塹，則士衆罷弊，不可久。賊雖衆，易與耳。』乃鼓之，大破遂軍，得其旌麾，還略陽，進軍圍興國。氐王千萬逃奔馬超，餘衆降。轉擊高平屠各，皆散走，收其糧穀牛馬。乃假淵節。

初，枹罕宋建因涼州亂，自號河首平漢王。太祖使淵帥諸將討建。淵至，圍枹罕，月餘拔之，斬建及所置丞相已下。淵別遣張郃等平河關，渡河入小湟中，河西諸羌盡降，隴右平。太祖下令曰：『宋建造為亂逆三十餘年，淵一舉滅之，虎步關右，所向無前。仲尼有言：「吾與爾不如也。」』二十一年，增封三百户，并前八百户。還擊武都氐羌下辯，收氐穀十餘萬斛。【略】

曹仁字子孝，太祖從弟也。【略】遂從太祖為別部司馬，行厲鋒校尉。太祖之破袁術，仁所斬獲頗多。從征徐州，仁常督騎，為軍前鋒。別攻陶謙將呂由，破之，還與大軍合彭城，大破謙軍。從攻費、華、即墨、開陽，謙遣別將救諸縣，仁以騎擊破之。太祖征呂布，仁別攻句陽，拔之，生獲布將劉何。太祖平黄巾，迎天子都許，仁數有功，拜廣陽太守。太祖器其勇略，不使之郡，以議郎督騎。太祖征張繡，仁別徇旁縣，虜其男女三千餘人。太祖軍還，為繡所追，軍不利，士卒喪氣，仁率厲將士甚奮，太祖壯之，遂破繡。

太祖與袁紹久相持於官渡，紹遣劉備徇㶏强諸縣，多舉衆應之。自許以南，吏民不安，太祖以為憂。仁曰：『南方以大軍方有目前急，其勢不能相救，劉備以强兵臨之，其背叛固宜也。備新將紹兵，未能得其用，擊之可破也。』太祖善其言，遂使將騎擊備，破走之，仁盡復收諸叛縣而還。紹遣別將韓荀鈔斷西道，仁擊荀於雞洛山，大破之。由是紹不敢復分兵出。復與史渙等鈔紹運車，燒其糧穀。

河北既定，從圍壺關。太祖令曰：『城拔，皆坑之。』連月不下。仁言於太祖曰：『圍城必示之活門，所以開其生路也。今公告之必死，將人自為守。且城固而糧多，攻之則士卒傷，守之則引日久；今頓兵堅城之下，以攻必死之虜，非良計也。』太祖從之，城降。於是録仁前後功，封都亭侯。【略】

太祖討馬超，以仁行安西將軍，督諸將拒潼關，破超渭南。【略】

仁弟純，初以議郎參司空軍事，督虎豹騎從圍南皮。袁譚出戰，士卒多死。太祖欲緩之，純曰：『今千里蹈敵，進不能克，退必喪威；且縣師深入，難以持久。彼勝而驕，我敗而懼，以懼敵驕，必可克也。』太祖善其言，遂急攻之，譚敗。純麾下騎斬譚首。及北征三郡，純部騎獲單于蹋頓。【略】

曹洪字子廉，太祖從弟也。太祖起義兵討董卓，至滎陽，為卓將徐榮所敗。太祖失馬，賊追甚急，洪下，以馬授太祖，太祖辭讓，洪曰：『天下可無洪，不可無君。』遂步從到汴水，水深不得渡，洪循水得船，與太祖俱濟，還奔譙。揚州刺史陳温素與洪善，洪將家兵千餘人，就温募兵，得廬江上甲二千人，東到丹楊復得數千人，與太祖會龍亢。太祖征徐州，張邈舉兖州叛迎呂布。時大饑荒，洪將兵在前，先據東平、范，聚糧穀以繼軍。太祖討邈、布於濮陽，布破走，遂據東阿，轉擊濟陰、山陽、中牟、陽武、京、密十餘縣，皆拔之。以前後功拜鷹揚校尉，遷揚武中郎將。天子都許，拜洪諫議大夫。別征劉表，破表別將於舞陽、陰葉、堵陽、博望，有功，遷厲鋒將軍，封國明亭侯。【略】

始，洪家富而性吝嗇，文帝少時假求不稱，常恨之，遂以舍客犯法，下獄當死。羣臣並救莫能得。卞太后謂郭后曰：『令曹洪今日死，吾明日敕帝廢后矣。』於是泣涕屢請，乃得免官削爵土。《魏略》曰：文帝收洪，時曹真在左右，請之曰：『今誅洪，洪必以真為譖也。』帝曰：『我自治之，卿何豫也？』會卞太后責怒帝，言『梁、沛之間，非子廉無有今日』。詔乃釋之。猶尚沒入其財產。太后又以為言，後乃還之。初，太祖為司空時，以己率下，每歲發調，使本縣平貲。于時譙令平洪貲財與公家等，太祖曰：『我家貲那得如子廉耶！』文帝在東宮，嘗從洪貸絹百匹，洪不稱意。及洪犯法，自分必死，既得原，喜，上書謝曰：『臣少不由道，過在人倫，長竊非任，遂蒙含貸。性無檢度知足之分，而有豺狼無厭之質，老惽倍貪，觸突國綱，罪迫三千，不在赦宥，當就辜誅，棄諸市朝，猶蒙天恩，骨肉更生。臣仰視天日，愧負靈神，俯惟愆闕，慚愧怖悸，不能雉經以自裁割，謹塗顏闕門，拜章陳情。』洪先帝功臣，時人多為觖望。【略】

曹休字文烈，太祖族子也。天下亂，宗族各散去鄉里。休年十餘歲，喪父，獨與一客擔喪假葬，攜將老母，渡江至吳。《魏書》曰：休祖父嘗為吳郡太守。休於太守舍，見壁上祖父畫像，下榻拜涕泣，同坐者皆嘉歎焉。以太祖舉義兵，易姓名轉至荊州，間行北歸，見太祖。太祖謂左右曰：『此吾家千里駒也。』使與文帝同止，見待如子。常從征伐，使領虎豹騎宿衛。【略】

夏侯尚字伯仁，淵從子也。文帝與之親友。《魏書》曰：尚有籌畫智略，文帝器之，與為布衣之交。太祖定冀州，尚為軍司馬，將騎從征伐，後為五官將文學。魏國初建，遷黃門侍郎。代郡胡叛，遣鄢陵侯彰征討之，以尚參彰軍事，定代地，還。太祖崩于洛陽，尚持節，奉梓宮還鄴。并録前功，封平陵亭侯，拜散騎常侍，遷中領軍。

又　卷一〇《魏志・荀彧傳》　荀彧字文若，潁川潁陰人也。【略】董卓之亂，求出補吏。除亢父令，遂棄官歸，謂父老曰：『潁川，四戰之地也，天下有變，常為兵衝，宜亟去之，無久留。』鄉人多懷土猶豫，會冀州牧同郡韓馥遣騎迎立，莫有隨者，彧獨將宗族至冀州。而袁紹已奪馥位，待彧以上賓之禮。彧弟諶及同郡辛評、郭圖，皆為紹所任。彧度紹終不能成大事，時太祖為奮武將軍，在東郡，初平二年，彧去紹從太祖。太祖大悅曰：『吾之子房也。』以為司馬，時年二十九。是時，董卓威陵天下，太祖以問彧，彧曰：『卓暴虐已甚，必以亂終，無能為也。』卓遣李傕等出關東，所過虜略，至潁川、陳留而還。鄉人留者多見殺略。明年，太祖領兗州牧，後為鎮東將軍，彧常以司馬從。興平元年，太祖征陶謙，任彧留事。會張邈、陳宮以兗州反，潛迎呂布。布既至，邈乃使劉翊告彧曰：『呂將軍來助曹使君擊陶謙，宜亟供其軍食。』衆疑惑。彧知邈為亂，即勒兵設備，馳召東郡太守夏侯惇，而兗州諸城皆應布矣。時太祖悉軍攻謙，留守兵少，而督將大吏多與邈、宮通謀。惇至，其夜誅謀叛者數十人，衆乃定。豫州刺史郭貢帥衆數萬來至城下，或言與呂布同謀，衆甚懼。貢求見彧，彧將往。惇等曰：『君，一州鎮也，往必危，不可。』彧曰：『貢與邈等，分非素結也，今來速，計必未定；及其未定說之，縱不為用，可使中立，若先疑之，彼將怒而成計。』貢見彧無懼意，謂鄄城未易攻，遂引兵去。又與程昱計，使說范、東阿，卒全三城，以待太祖。太祖自徐州還擊布濮陽，布東走。二年夏，太祖軍乘氏，大饑，人相食。

陶謙死，太祖欲遂取徐州，還乃定布。彧曰：『昔高祖保關中，光武據河內，皆深根固本以制天下，進足以勝敵，退足以堅守，故雖有困敗而終濟大業。將軍本以兗州首事，平山東之難，百姓無不歸心悅服。且河、濟，天下之要地也，今雖殘壞，猶易以自保，是亦將軍之關中、河內也，不可以不先定。今以破李封、薛蘭，若分兵東擊陳宮，宮必不敢西顧，以其間勒兵收熟麥，約食畜穀，一舉而布可破也。破布，然後南結揚州，共討袁術，以臨淮、泗。若舍布而東，多留兵則不足用，少留兵則民皆保城，不得樵采。布乘虛寇暴，民心益危，唯鄄城、范、衛可全，其餘非己之有，是無兗州也。若徐州不定，將軍當安所歸乎？且陶謙雖死，徐州未易亡也。彼懲往年之敗，將懼而結親，相為表裏。今東方皆以收麥，必堅壁清野以待將軍，將軍攻之不拔，略之無獲，不出十日，則十萬之衆未戰而自困耳。臣松之以為于時徐州未平，兗州又叛，而云十萬之衆，雖是抑抗之言，要非寡弱之稱。益知官渡之役，不得云兵不滿萬也。前討徐州，威罰實行，《曹瞞傳》云：自京師遭董卓之亂，人民流移東出，多依彭城間。遇太祖至，坑殺男女數萬口於泗水，水為不流。陶謙帥其衆軍武原，太祖不得進。引軍從泗南攻取慮、睢陵、夏丘諸縣，皆屠之；雞犬亦盡，墟邑無復行人。其子弟念父兄之恥，必人自為守，無降心，就能破之，尚不可有也。夫事固有棄此取彼者，以大易小可也，以安易危可也，權一時之勢，不患本之不固可也。今三者莫利，原將軍熟慮之。』太祖乃止。大收麥，復與布戰，分兵平諸縣。布敗走，兗州遂平。

建安元年，太祖擊破黃巾。漢獻帝自河東還洛陽。太祖議奉迎都許，或以山東未平，韓暹、楊奉新將天子到洛陽，北連張楊，未可卒制。彧勸太祖曰：『昔［晉文納周襄王而諸侯景從］，高祖東伐為義帝縞素而天下歸心。自天子播越，將軍首唱義兵，徒以山東擾亂，未能遠赴關右，然猶分遣將帥，蒙險通使，雖禦難於外，乃心無不在王室，是將軍匡天下之素志也。今車駕旋軫，［東京榛蕪］，義士有存本之思，百姓感舊而增哀。

誠因此時，奉主上以從民望，大順也；秉至公以服雄傑，大略也；扶弘義以致英俊，大德也。天下雖有逆節，必不能為累，明矣。韓暹、楊奉其敢為害！若不時定，四方生心，後雖慮之，無及。』太祖遂至洛陽，奉迎天子都許。天子拜太祖大將軍，進彧為漢侍中，守尚書令。常居中持重，太祖雖征伐在外，軍國事皆與彧籌焉。太祖問彧：『誰能代卿為我謀者？』彧言『荀攸、鍾繇』。先是，彧言策謀士，進戲志才。志才卒，又進郭嘉。太祖以彧為知人，諸所進達皆稱職，唯嚴象為揚州，韋康為涼州，後敗亡。

自太祖之迎天子也，袁紹內懷不服。紹既幷河朔，天下畏其強。太祖方東憂呂布，南拒張繡，而繡敗太祖軍於宛。紹益驕，與太祖書，其辭悖慢。太祖大怒，出入動靜變於常，衆皆謂以失利於張繡故也。鍾繇以問彧，彧曰：『公之聰明，必不追咎往事，殆有他慮。』則見太祖問之，太祖乃以紹書示彧，曰：『今將討不義，而力不敵，何如？』彧曰：『古之成敗者，誠有其才，雖弱必強，苟非其人，雖強易弱，劉、項之存亡，足以觀矣。今與公爭天下者，唯袁紹爾。紹貌外寬而內忌，任人而疑其心，公明達不拘，唯才所宜，此度勝也。紹遲重少決，失在後機，公能斷大事，應變無方，此謀勝也。紹御軍寬緩，法令不立，士卒雖衆，其實難用，公法令既明，賞罰必行，士卒雖寡，皆爭致死，此武勝也。紹憑世資，從容飾智，以收名譽，故士之寡能好問者多歸之，公以至仁待人，推誠心不為虛美，行己謹儉，而與有功者無所吝惜，故天下忠正效實之士咸原為用，此德勝也。夫以四勝輔天子，扶義征伐，誰敢不從？紹之強其何能為！』太祖悅。彧曰：『不先取呂布，河北亦未易圖也。』太祖曰：『然。吾所惑者，又恐紹侵擾關中，亂羌、胡，南誘蜀漢，是我獨以兗、豫抗天下六分之五也。為將奈何？』彧曰：『關中將帥以十數，莫能相一，唯韓遂、馬超最強。彼見山東方爭，必各擁衆自保。今若撫以恩德，遣使連和，相持雖不能久安，比公安定山東，足以不動。鍾繇可屬以西事。則公無憂矣。』

三年，太祖既破張繡，東禽呂布，定徐州，遂與袁紹相拒。孔融謂彧曰：『紹地廣兵強；田豐、許攸，智計之士也，為之謀；審配、逢紀，盡忠之臣也，任其事；顏良、文醜，勇冠三軍，統其兵：殆難克乎！』彧曰：『紹兵雖多而法不整。田豐剛而犯上，許攸貪而不治。審配專而無謀，逢紀果而自用，此二人留知後事，若攸家犯其法，必不能縱也，不縱，攸必為變。顏良、文醜，一夫之勇耳，可一戰而禽也。』五年，與紹連戰。太祖保官渡，紹圍之。太祖軍糧方盡，書與彧，議欲還許以引紹。彧曰：『今軍食雖少，未若楚、漢在滎陽、成皋間也。是時劉、項莫肯先退，先退者勢屈也。公以十分居一之衆，畫地而守之，扼其喉而不得進，已半年矣。情見勢竭，必將有變，此用奇之時，不可失也。』太祖乃住。遂以奇兵襲紹別屯，斬其將淳于瓊等，紹退走。審配以許攸家不法，收其妻子，攸怒叛紹；顏良、文醜臨陣授首；田豐以諫見誅：皆如彧所策。

六年，太祖就穀東平之安民，糧少，不足與河北相支，欲因紹新破，以其間擊討劉表。彧曰：『今紹敗，其衆離心，宜乘其困，遂定之；而背兗、豫，遠師江、漢，若紹收其餘燼，承虛以出人後，則公事去矣。』太祖復次於河上。紹病死。太祖渡河，擊紹子譚、尚，而高幹、郭援侵略河東，關右震動，鍾繇帥馬騰等擊破之。語在繇傳。

八年，太祖録彧前後功，表封彧為萬歲亭侯。

九年，太祖拔鄴，領冀州牧。或說太祖『宜復古置九州，則冀州所制者廣大，天下服矣。』太祖將從之，彧言曰：『若是，則冀州當得河東、馮翊、扶風、西河、幽、幷之地，所奪者衆。前日公破袁尚，禽審配，海內震駭，必人人自恐不得保其土地，守其兵衆也；今使分屬冀州，將皆動心。且人多說關右諸將以閉關之計；今聞此，以為必以次見奪。一旦生變，雖有（善守）［守善］者，轉相脅為非，則袁尚得寬其死，而袁譚懷貳，劉表遂保江、漢之間，天下未易圖也。原公急引兵先定河北，然後修復舊京，南臨荊州，責貢之不入，則天下咸知公意，人人自安。天下大定，乃議古制，此社稷長久之利也。』太祖遂寢九州議。

是時荀攸常為謀主。彧兄衍以監軍校尉守鄴，都督河北事。太祖之征袁尚也，高幹密遣兵謀襲鄴，衍逆覺，盡誅之，以功封列侯。【略】《彧別傳》曰：太祖又表曰：『昔袁紹侵入郊甸，戰於官渡。時兵少糧盡，圖欲還許，書與彧議，彧不聽臣。建宜住之便，恢進討之規，更起臣心，易其愚慮，遂摧大逆，覆取其衆。此彧睹勝敗之機，略不世出也。及紹破敗，臣糧亦盡，以為河北未易圖也，欲南討劉表。彧復止臣，陳其得失，臣用反旆，遂吞凶族，克平四州。

向使臣退於官渡，紹必鼓行而前，有傾覆之形，無克捷之勢。後若南征，委棄兗、豫，利既難要，將失本據。彧之二策，以亡為存，以禍致福，謀殊功異，臣所不及也。是以先帝貴指縱之功，薄搏獲之賞；古人尚帷幄之規，下攻拔之捷。前所賞録，未副彧巍巍之勳，乞重平議，疇其户邑。』彧深辭讓，太祖報之曰：『君之策謀，非但所表二事。前後謙沖，欲慕魯連先生乎？此聖人達節者所不貴也。昔介子推有言「竊人之財，猶謂之盜」。況君密謀安衆，光顯於孤者以百數乎！以二事相還而復辭之，何取謙亮之多邪！』太祖欲表彧為三公，彧使荀攸深讓，至於十數，太祖乃止。

又《荀攸傳》 荀攸字公達，彧從子也。【略】董卓之亂，關東兵起，卓徙都長安。攸與議郎鄭泰、何顒、侍中種輯、越騎校尉伍瓊等謀曰：『董卓無道，甚於桀紂，天下皆怨之，雖資强兵，實一匹夫耳。今直刺殺之以謝百姓，然後據殽、函，輔王命，以號令天下，此桓文之舉也。』事垂就而覺，收顒、攸繫獄，顒憂懼自殺，張璠《漢紀》曰：顒字伯求，少與郭泰、賈彪等遊學洛陽，泰等與同風好。顒顯名太學，於是中朝名臣太傅陳蕃、司隸李膺等皆深接之。及黨事起，顒亦名在其中，乃變名姓亡匿汝南間，所至皆交結其豪桀。顒既奇太祖而知荀彧，袁紹慕之，與為奔走之友。是時天下士大夫多遇黨難，顒常歲再三私入洛陽，從紹計議，為諸窮窘之士解釋患禍。而袁術亦豪俠，與紹爭名。顒未常造術，術深恨之。《漢末名士録》曰：術常於衆坐數顒三罪，曰：『王德彌先覺雋老，名德高亮，而伯求疏之，是一罪也。許子遠凶淫之人，性行不純，而伯求親之，是二罪也。郭、賈寒窶，無他資業，而伯求肥馬輕裘，光耀道路，是三罪也。』陶丘洪曰：『王德彌大賢而短於濟時，許子遠雖不純而赴難不憚濡足。伯求舉善則以德彌為首，濟難則以子遠為宗。且伯求嘗為虞偉高手刃復仇，義名奮發。其怨家積財巨萬，文馬百駟，而欲使伯求羸牛疲馬，頓伏道路，此為披其胸而假仇敵之刃也。』術意猶不平。後與南陽宗承會於闕下，術發怒曰：『何伯求，凶德也，吾當殺之。』承曰：『何生英俊之士，足下善遇之，使延令名於天下。』術乃止。後黨禁除解，辟司空府。每三府掾屬會議，顒策謀有餘，議者皆自以為不及。遷北軍中候，董卓以為長史。後荀彧為尚書令，遣人迎叔父司空爽喪，使並置顒尸，而葬之於爽冢傍。攸言語飲食自若，會卓死得免。《魏書》云攸使人説卓得免，與此不同。棄官歸，復辟公府，舉高第，遷任城相，不行。攸以蜀漢險固，人民殷盛，乃求為蜀郡太守，道絶不得至，駐荊州。

太祖迎天子都許，遺攸書曰：『方今天下大亂，智士勞心之時也，而顧觀變蜀漢，不已久乎！』於是徵攸為汝南太守，入為尚書。太祖素聞攸名，與語大悅，謂荀彧、鍾繇曰：『公達，非常人也，吾得與之計事，天下當何憂哉！』以為軍師。建安三年，從征張繡。攸言於太祖曰：『繡與劉表相恃為强，然繡以遊軍仰食於表，表不能供也，勢必離。不如緩軍以待之，可誘而致也；若急之，其勢必相救。』太祖不從，遂進軍之穰，與戰。繡急，表果救之。軍不利。太祖謂攸曰：『不用君言至是。』乃設奇兵復戰，大破之。

是歲，太祖自宛征呂布，《魏書》曰：議者云表、繡在後而還襲呂布，其危必也。攸以為表、繡新破，勢不敢動。布驍猛，又恃袁術，若縱橫淮、泗間，豪傑必應之。今乘其初叛，衆心未一，往可破也。太祖曰：『善。』比行，布以敗劉備，而臧霸等應之。至下邳，布敗退固守，攻之不拔，連戰，士卒疲，太祖欲還。攸與郭嘉説曰：『呂布勇而無謀，今三戰皆北，其鋭氣衰矣。三軍以將為主，主衰則軍無奮意。夫陳宮有智而遲，今及布氣之未復，宮謀之未定，進急攻之，布可拔也。』乃引沂、泗灌城，城潰，生禽布。

後從救劉延於白馬，攸畫策斬顔良。語在武紀。太祖拔白馬還，遣輜重循河而西。袁紹渡河追，卒與太祖遇。諸將皆恐，説太祖還保營，攸曰：『此所以禽敵，奈何去之！』太祖目攸而笑。遂以輜重餌賊，賊競奔之，陳亂。乃縱步騎擊，大破之，斬其騎將文醜，太祖遂與紹相拒於官渡。軍食方盡，攸言於太祖曰：『紹運車旦暮至，其將韓荀鋭而輕敵，擊可破也。』臣松之案諸書，韓荀或作韓猛，或云韓若，未詳孰是。太祖曰：『誰可使？』攸曰：『徐晃可。』乃遣晃及史渙邀擊破走之，燒其輜重。會許攸來降，言紹遣淳于瓊等將萬餘兵迎運糧，將驕卒惰，可要擊也。衆皆疑。唯攸與賈詡勸太祖。太祖乃留攸及曹洪守。太祖自將攻破之，盡斬瓊等。紹將張郃、高覽燒攻櫓降，紹遂棄軍走。郃之來，洪疑不敢受，攸謂洪曰：『郃計不用，怒而來，君何疑？』乃受之。

七年，從討袁譚、尚於黎陽。明年，太祖方征劉表，譚、尚爭冀州。譚遣辛毗乞降請救，太祖將許之，以問羣下。羣下多以為表强，宜先平之，譚、尚不足憂也。攸曰：『天下方有事，而劉表坐保江、漢之間，其無四方志可知矣。袁氏據四州之地，帶甲十萬，紹以寬厚得衆，借使二子和睦以守其成業，則天下之難未息也。今兄弟遘惡，此勢不兩全。若有所並則力專，力專則難圖也。及其亂而取之，天下定矣，此時不可失也。』太祖曰：『善。』乃許譚和親，遂還擊破尚。其後譚叛，從斬譚於南皮。冀州平，太祖表封攸曰：『軍師荀攸，自初佐臣，無征不從，前後克敵，皆攸之謀也。』於是封陵樹亭侯。十二年，下令大論功行封，太祖曰：『忠正密謀，撫寧内外，文若是也。公達其次也。』增邑四百，并前七百户，《魏書》曰：太祖自柳城還，過攸舍，稱述攸前後謀謨勞勳，曰：『今天下事略已定矣，孤原與賢士大夫共饗其勞。昔高祖使張子房自擇邑三萬户，今孤亦欲君自擇所封焉。』轉為中軍師。魏國初建，為尚書令。

攸深密有智防，自從太祖征伐，常謀謨帷幄，時人及子弟莫知其所言。《魏書》曰：攸姑子辛韜曾問攸説太祖取冀州時事。攸曰：『佐治為袁譚乞降，王師自往平之，吾何知焉？』自是韜及内外莫敢復問軍國事也。太祖每稱曰：『公達外愚内智，外怯内勇，外弱内强，不伐善，無施勞，智可及，愚不可及，雖顔子、寧武不能過也。』文帝在東宫，太祖謂曰：『荀公達，人之師表也，汝當盡禮敬之。』攸曾病，世子問病，獨拜床下，其見尊異如此。攸與鍾繇善，繇言：『我每有所行，反覆思惟，自謂無以易；以咨公達，輒復過人意。』公達前後凡畫奇策十二，唯繇知之。繇撰集未就，會薨，故世不得盡聞也。臣松之案：攸亡後十六年，鍾繇乃卒，撰攸奇策，亦有何難？而年造八十，猶云未就，遂使攸從征機策之謀不傳於世，惜哉！攸從征孫權，道薨。太祖言則流涕。《魏書》曰：時建安十九年，攸年五十八。計其年大或六歲。《魏書》載太祖令曰：『孤與荀公達周遊二十餘年，無毫毛可非者。』又曰：『荀公達真賢人也，所謂「温良恭儉讓以得之」。孔子稱「晏平仲善與人交，久而敬之」，公達即其人也。』《傅子》曰：或問近世大賢君子，答曰：『荀令君之仁，荀軍師之智，斯可謂近世大賢君子矣。荀令君仁以立德，明以舉賢，行無諂瀆，謀能應機。孟軻稱「五百年而有王者興，其間必有命世者」，其荀令君乎！太祖稱「荀令君之進善，不進不休，荀軍師之去惡，不去不止」也。』

又《賈詡傳》 賈詡字文和，武威姑臧人也。【略】

董卓之入洛陽，詡以太尉掾為平津都尉，遷討虜校尉。卓婿中郎將牛輔屯陝，詡在輔軍。卓敗，輔又死，衆恐懼，校尉李傕、郭汜、張濟等欲解散，間行歸鄉里。詡曰：『聞長安中議欲盡誅涼州人，而諸君棄衆單行，即一亭長能束君矣。不如率衆而西，所在收兵，以攻長安，為董公報仇，幸而事濟，奉國家以征天下，若不濟，走未後也。』衆以為然。傕乃西攻長安。語在卓傳。臣松之以為傳稱『仁人之言，其利溥哉』！然則不仁之言，理必反是。夫仁功難著，而亂源易成，是故有禍機一發而殃流百世者矣。當是時，元惡既梟，天地始開，致使厲階重結，大梗殷流，邦國遘殄悴之哀，黎民嬰周餘之酷，豈不由賈詡片言乎？詡之罪也，一何大哉！自古兆亂，未有如此之甚。後詡為左馮翊，傕等欲以功侯之，詡曰：『此救命之計，何功之有！』固辭不受。又以為尚書僕射，詡曰：『尚書僕射，官之師長，天下所望，詡名不素重，非所以服人也。縱詡昧于榮利，奈國朝何！』乃更拜詡尚書，典選舉，多所匡濟，傕等親而憚之。《獻帝紀》曰：郭汜、樊稠與傕互相違戾，欲鬭者數矣。詡輒以道理責之，頗受詡言。《魏書》曰：詡典選舉，多選舊名以為令僕，論者以此多詡。會母喪去官，拜光禄大夫。傕、汜等鬭長安中，《獻帝紀》曰：傕等與詡議，迎天子置其營中。詡曰：『不可。脅天子，非義也。』傕不聽。張繡謂詡曰：『此中不可久處，君胡不去？』詡曰：『吾受國恩，義不可背。卿自行，我不能也。』傕復請詡為宣義將軍。《獻帝紀》曰：傕時召羌、胡數千人，先以御物繒采與之，又許以宫人婦女，欲令攻郭汜。羌、胡數來闚省門，曰：『天子在中邪！李將軍許我宫人美女，今皆安在？』帝患之，使詡為之方計。詡乃密呼羌、胡大帥飲食之，許以封爵重寶，於是皆引去。傕由此衰弱。傕等和，出天子，祐護大臣，詡有力焉。《獻帝紀》曰：天子既東，而李傕來追，王師敗績。司徒趙温、太常王偉、衛尉周忠、司隸榮邵皆為傕所嫌，欲殺之。詡謂傕曰：『此皆天子大臣，卿奈何害之？』傕乃止。天子既出，詡上還印綬。是時將軍段煨屯華陰，《典略》稱煨在華陰時，脩農事，不虜略。天子東還，煨迎道貢遺周急。《獻帝紀》曰：後以煨為大鴻臚光禄大夫，建安十四年，以壽終。與詡同郡，遂去傕託煨。詡素知名，為煨軍所望。煨内恐其見奪，而外奉詡禮甚備，詡愈不自安。

張繡在南陽，詡陰結繡，繡遣人迎詡。【略】詡説繡與劉表連和。《傅子》曰：詡南見劉表，表以客禮待之。詡曰：『表，平世三公才也；不見事變，多疑無決，無能為也。』太祖比征之，一朝引軍退，繡自追之。詡謂繡曰：『不可追也，追必敗。』繡不從，進兵交戰，大敗而還。詡謂繡曰：『促更追之，更戰必勝。』繡謝曰：『不用公言，以至於此。今已敗，奈何復追？』詡曰：『兵勢有變，亟往必利。』繡信之，遂收散卒赴追，大戰，果以勝還。問詡曰：『繡以精兵追退軍，而公曰必敗；退以敗卒擊勝兵，而公曰必剋。悉如公言，何其反而皆驗也？』詡曰：『此易知耳。將軍雖善用兵，非曹公敵也。軍雖新退，曹公必自斷後；追兵雖精，將既不敵，彼士亦鋭，故知必敗。曹公攻將軍無失策，力未盡而退，必國內有故；已破將軍，必輕軍速進，縱留諸將斷後，諸將雖勇，亦非將軍敵，故雖用敗兵而戰必勝也。』繡乃服。是後，太祖拒袁紹於官渡，紹遣人招繡，並與詡書結援。繡欲許之，詡顯於繡坐上謂紹使曰：『歸謝袁本初，兄弟不能相容，而能容天下國士乎？』繡驚懼曰：『何至於此！』竊謂詡曰：『若此，當何歸？』詡曰：『不如從曹公。』繡曰：『袁强曹弱，又與曹為讎，從之如何？』詡曰：『此乃所以宜從也。夫曹公奉天子以令天下，其宜從一也。紹强盛，我以少衆從之，必不以我為重。曹公衆弱，其得我必喜，其宜從二也。夫有霸王之志者，固將釋私怨，以明德於四海，其宜從三也。原將軍無疑！』繡從之，率衆歸太祖。太祖見之，喜，執詡手曰：『使我信重於天下者，子也。』表詡為執金吾，封都亭侯，遷冀州牧。冀州未平，留參司空軍事。袁紹圍太祖於官渡，太祖糧方盡，問詡計焉出，詡曰：『公明勝紹，勇勝紹，用人勝紹，決機勝紹，有此四勝而半年不定者，但顧萬全故也。必決其機，須臾可定也。』太祖曰：『善。』乃並兵出，圍擊紹三十餘里營，破之。紹軍大潰，河北平。太祖領冀州牧，徙詡為太中大夫。【略】

太祖後與韓遂、馬超戰於渭南，超等索割地以和，並求任子。詡以為可偽許之。又問詡計策，詡曰：『離之而已。』太祖曰：『解。』一承用詡謀。語在武紀。卒破遂、超，詡本謀也。【略】

太祖後與韓遂、馬超戰於渭南，超等索割地以和，並求任子。詡以為可偽許之。又問詡計策，詡曰：『離之而已。』太祖曰：『解。』一承用詡謀。語在《武紀》。卒破遂、超，詡本謀也。

又　卷一一《魏志・田疇傳》　田疇字子泰，右北平無終人也。好讀書，善擊劍。初平元年，義兵起，董卓遷帝于長安。幽州牧劉虞歎曰：『賊臣作亂，朝廷播蕩，四海俄然，莫有固志。身備宗室遺老，不得自同於衆。今欲奉使展效臣節，安得不辱命之士乎？』衆議咸曰：『田疇雖年少，多稱其奇。』疇時年二十二矣。虞乃備禮請與相見，大悦之，遂署為從事，具其車騎。將行，疇曰：『今道路阻絕，寇虜縱橫，稱官奉使，為衆所指名。原以私行，期於得達而已。』虞從之。疇乃歸，自選其家客與年少之勇壯慕從者二十騎俱往。虞自出祖而遣之。《先賢行狀》曰：疇將行，引虞密與議。疇因說虞曰：『今帝主幼弱，姦臣擅命，表上須報，懼失事機。且公孫瓚阻兵安忍，不早圖之，必有後悔。』虞不聽。既取道，疇乃更上西關，出塞，傍北方，直趣朔方，循間徑去，遂至長安致命。詔拜騎都尉。疇以為天子方蒙塵未安，不可以荷佩榮寵，固辭不受。朝廷高其義。三府並辟，皆不就。得報，馳還，未至，虞已為公孫瓚所害。疇至，謁祭虞墓，陳發章表，哭泣而去。瓚聞之大怒，購求獲疇，謂曰：『汝何自哭劉虞墓，而不送章報於我也？』疇答曰：『漢室衰穨，人懷異心，唯劉公不失忠節。章報所言，於將軍未美，恐非所樂聞，故不進也。且將軍方舉大事以求所欲，既滅無罪之君，又讎守義之臣，誠行此事，則燕、趙之士將皆蹈東海而死耳，豈忍有從將軍者乎！』瓚壯其對，釋不誅也。拘之軍下，禁其故人莫得與通。或說瓚曰：『田疇義士，君弗能禮，而又囚之，恐失衆心。』瓚乃縱遣疇。

疇得北歸，率舉宗族他附從數百人，掃地而盟曰：『君仇不報，吾不可以立於世！』遂人徐無山中，營深險平敞地而居，躬耕以養父母。百姓歸之，數年間至五千餘家。疇謂其父老曰：『諸君不以疇不肖，遠來相就。衆成都邑，而莫相統一，恐非久安之道，原推擇其賢長者以為之主。』皆曰：『善。』同僉推疇。疇曰：『今來在此，非苟安而已，將圖大事，復怨雪耻。竊恐未得其志，而輕薄之徒自相侵侮，偷快一時，無深計遠慮。疇有愚計，原與諸君共施之，可乎？』皆曰：『可。』疇乃為約束相殺傷、犯盜、諍訟之法，法重者至死，其次抵罪，二十餘條。又制為婚姻嫁娶之禮，興舉學校講授之業，班行其衆，衆皆便之，至道不拾遺。北邊翕然服其威信，烏丸、鮮卑並各遣譯使致貢遺，疇悉撫納，令不為寇。袁紹數遣使招命，又即授將軍印，因安輯所統，疇皆拒不（當）。紹死，其子尚又辟焉，疇終不行。

疇常忿烏丸昔多賊殺其郡冠蓋，有欲討之意而力未能。建安十二年，太祖北征烏丸，未至，先遣使辟疇，又命田豫喻指。疇戒其門下趣治嚴。門人謂曰：『昔袁公慕君，禮命五至，君義不屈；今曹公使一來而君若恐弗及者，何也？』疇笑而應之曰：『此非君所識也。』遂隨使者到軍，署司空户曹掾，引見諮議。明日出令曰：『田子泰非吾所宜吏者。』即舉茂才，拜為蓨令，不之官，隨軍次無終。時方夏水雨，而濱海洿下，濘滯不通，虜亦遮守蹊要，軍不得進。太祖患之，以問疇。疇曰：『此道，秋夏每常有水，淺不通車馬，深不載舟船，為難久矣。舊北平郡治在平岡，道出盧龍，達于柳城；自建武以來，陷壞斷絶，垂二百載，而尚有微徑可從。今虜將以大軍當由無終，不得進而退，懈弛無備。若嘿回軍，從盧龍口越白檀之險，出空虚之地，路近而便，掩其不備，蹋頓之首可不戰而禽也。』太祖曰：『善。』乃引軍還，而署大木表于水側路傍曰：『方今暑夏，道路不通，且俟秋冬，乃復進軍。』虜候騎見之，誠以為大軍去也。太祖令疇將其衆為鄉導，上徐無山，出盧龍，歷平岡，登白狼堆，去柳城二百餘里，虜乃驚覺。單于身自臨陳，太祖與交戰，遂大斬獲，追奔逐北，至柳城。軍還入塞，論功行封，封疇亭侯，邑五百户。《先賢行狀》載太祖表論疇功曰：『文雅優備，忠武又著，和於撫下，慎於事上，量時度理，進退合義。幽州始擾，胡、漢交萃，蕩析離居，靡所依懷。疇率宗人避難於無終山，北拒盧龍，南守要害，清靜隱約，耕而後食，人民化從，咸共資奉。及袁紹父子威力加於朔野，遠結烏丸，與為首尾，前後召疇，終不陷撓。後臣奉命，軍次易縣，疇長驅自到，陳討胡之勢，猶廣武之建燕策，薛公之度淮南。又使部曲持臣露布，出誘胡衆，漢民或因亡來，烏丸聞之震蕩。王旅出塞，塗由山中九百餘里，疇帥兵五百，啓導山谷，遂滅烏丸，蕩平塞表。疇文武有效，節義可嘉，誠應寵賞，以旌其美。』疇自以始為居難，率衆循逃，志義不立，反以為利，非本意也，固讓。太祖知其至心，許而不奪。《魏書》載太祖令曰：『昔伯成棄國，夏后不奪，將欲使高尚之士，優賢之主，不止於一世也。其聽疇所執。』

遼東斬送袁尚首，令『三軍敢有哭之者斬』。疇以嘗為尚所辟，乃往弔祭。太祖亦不問。臣松之以為田疇不應哀紹父子之命，以其非正也。故盡規魏祖，建盧龍之策。致使袁尚奔迸，授首遼東，皆疇之由也。既以明其為賊，胡為復弔祭其首乎？若以嘗被辟命，義在其中，則不應為人設謀，使其至此也。疇此舉止，良為進退無當，與王脩哭袁譚，貌同而心異也。

又《王脩傳》 袁譚在青州，辟脩為治中從事，別駕劉獻數毁短脩。後獻以事當死，脩理之，得免。時人益以此多焉。袁紹又辟脩除即墨令，後復為譚別駕。紹死，譚、尚有隙。尚攻譚，譚軍敗，脩率吏民往救譚。譚喜曰：『成吾軍者，王別駕也。』譚之敗，劉詢起兵漯陰，諸城皆應。譚歎息曰：『今舉州背叛，豈孤之不德邪！』脩曰：『東萊太守管統雖在海表，此人不反。必來。』後十餘日，統果棄其妻子來赴譚，妻子為賊所殺，譚更以統為樂安太守。譚復欲攻尚，脩諫曰：『兄弟還相攻擊，是敗亡之道也。』譚不悦，然知其志節。後又問脩：『計安出？』脩曰：『夫兄弟者，左右手也。譬人將鬭而斷其右手，而曰「我必勝」，若是者可乎？夫棄兄弟而不親，天下其誰親之！屬有讒人，固將交鬭其間，以求一朝之利，原明使君塞耳勿聽也。若斬佞臣數人，復相親睦，以禦四方，可以横行天下。』譚不聽，遂與尚相攻擊，請救於太祖。太祖既破冀州，譚又叛。太祖遂引軍攻譚于南皮。脩時運糧在樂安，聞譚急，將所領兵及諸從事數十人往赴譚。至高密，聞譚死，下馬號哭曰：『無君焉歸？』遂詣太祖，乞收葬譚屍。太祖欲觀脩意，默然不應。脩復曰：『受袁氏厚恩，若得收斂譚屍，然後就戮，無所恨。』太祖嘉其義，聽之。《傅子》曰：太祖既誅袁譚，梟其首，令曰：『敢哭之者戮及妻子。』於是王叔治、田子泰相謂曰：『生受辟命，亡而不哭，非義也。畏死忘義，何以立世？』遂造其首而哭之，哀動三軍。軍正白行其戮，太祖曰：『義士也。』赦之。臣松之案《田疇傳》，疇為袁尚所辟，不被譚命。《傅子》合而言之，有違事實。以脩為督軍糧，還樂安。譚之破，諸城皆服，唯管統以樂安不從命。太祖命脩取統首，脩以統亡國之忠臣，因解其縛，使詣太祖。太祖悦而赦之。袁氏政寬，在職勢者多畜聚。太祖破鄴，籍没審配等家財物貲以萬數。及破南皮，閲脩家，穀不滿十斛，有書數百卷。太祖歎曰：『士不妄有名。』乃禮辟為司空掾，行司金中郎將，遷魏郡太守。為治，抑强扶弱，明賞罰，百姓稱之。

又卷一二《魏志・崔琰傳》 大將軍袁紹聞而辟之。時士卒横暴，掘發丘隴，琰諫曰：『昔孫卿有言：「士不素教，甲兵不利，雖湯武不能以戰勝。」今道路暴骨，民未見德，宜敕郡縣掩骼埋胔，示憯怛之愛，追文王之仁。』紹以為騎都尉。後紹治兵黎陽，次於延津，琰復諫曰：『天子在許，民望助順，不如守境述職，以寧區宇。』紹不聽，遂敗於官渡。及紹卒，二子交爭，爭欲得琰。琰稱疾固辭，由是獲罪，幽于囹圄，賴陰夔、陳琳營救得免。

太祖破袁氏，領冀州牧，辟琰為別駕從事，謂琰曰：『昨案户籍，可得三十萬衆，故為大州也。』琰對曰：『今天下分崩，九州幅裂，二袁兄弟親尋干戈，冀方蒸庶暴骨原野。未聞王師仁聲先路，存問風俗，救其塗炭，而校計甲兵，唯此為先，斯豈鄙州士女所望於明公哉！』太祖改容謝之。于時賓客皆伏失色。

又《毛玠傳》 太祖臨兗州，辟（毛玠）為治中從事。玠語太祖曰：『今天下分崩，國主遷移，生民廢業，饑饉流亡，公家無經歲之儲，百姓無安固之志，難以持久。今袁紹、劉表，雖士民衆强，皆無經遠之慮，未有樹基建本者也。夫兵義者勝，守位以財，宜奉天子以令不臣，脩耕植，畜軍資，如此則霸王之業可成也。』太祖敬納其言，轉幕府功曹。

又《邢顒傳》 太祖定冀州。顒謂疇曰：『黄巾起來二十餘年，海内鼎沸，百姓流離。今聞曹公法令嚴。民厭亂矣，亂極則平。請以身先。』遂裝還鄉里。田疇曰：『邢顒，民之先覺也。』乃見太祖，求為鄉導以克柳城。

又 卷一三《魏志・鍾繇傳》 是時，漢帝在西京，李傕、郭汜等亂長安中，與關東斷絶。太祖領兗州牧，始遣使上書。《世語》曰：太祖遣使從事王必致命天子。傕、汜等以為『關東欲自立天子，今曹操雖有使命，非其至實』，議留太祖使，拒絶其意。（鍾）繇說傕、汜等曰：『方今英雄並起，各矯命專制，唯曹兗州乃心王室，而逆其忠款，非所以副將來之望也。』傕、汜等用繇言，厚加答報，由是太祖使命遂得通。太祖既數聽荀彧之稱繇，又聞其說傕、汜，益虚心。後傕脅天子，繇與尚書郎韓斌同策謀。天子得出長安，繇有力焉。拜御史中丞，遷侍中尚書僕射，並録前功封東武亭侯。

時關中諸將馬騰、韓遂等，各擁强兵相與爭。太祖方有事山東，以關右為憂。乃表繇以侍中守司隸校尉，持節督關中諸軍，委之以後事，特使不拘科制。繇至長安，移書騰、遂等，為陳禍福，騰、遂各遣子入侍。太祖在官渡，與袁紹相持，繇送馬二千餘匹給軍。太祖與繇書曰：『得所送馬，甚應其急。關右平定，朝廷無西顧之憂，足下之勳也。昔蕭何鎮守關中，足食成軍，亦適當爾。』其後匈奴單于作亂平陽，繇帥諸軍圍之，未拔；而袁尚所置河東太守郭援到河東，衆甚盛。諸將議欲釋之去，繇曰：『袁氏方强，援之來，關中陰與之通，所以未悉叛者，顧吾威名故耳。若棄而去，示之以弱，所在之民，誰非寇讎？縱吾欲歸，其得至乎！此為未戰先自敗也。且援剛愎好勝，必易吾軍，若渡汾為營，及其未濟擊之，可大克也。』張既說馬騰會擊援，騰遣子超將精兵逆之。援至，果輕渡汾，衆止之，不從。濟水未半，擊，大破之，司馬彪《戰略》曰：袁尚遣高幹、郭援將兵數萬人，與匈奴單于寇河東，遣使與馬騰、韓遂等連和，騰等陰許之。傅幹說騰曰：『古人有言「順道者昌，逆德者亡」。曹公奉天子誅暴亂，法明國治，上下用命，有義必賞，無義必罰，可謂順道矣。袁氏背王命，驅胡虜以陵中國，寬而多忌，仁而無斷，兵雖强，實失天下心，可謂逆德矣。今將軍既事有道，不盡其力，陰懷兩端，欲以坐觀成敗，吾恐成敗既定，奉辭責罪，將軍先為誅首矣。』於是騰懼。幹曰：『智者轉禍為福。今曹公與袁氏相持，而高幹、郭援獨制河東，曹公雖有萬全之計，不能禁河東之不危也。將軍誠能引兵討援，内外擊之，其勢必舉。是將軍一舉，斷袁氏之臂，解一方之急，曹公必重德將軍。將軍功名，竹帛不能盡載也。唯將軍審所擇！』騰曰：『敬從教。』於是遣子超將精兵萬餘人，並將遂等兵，與繇會擊援等，大破之。斬援，降單于。語在《既傳》。其後河東衛固作亂，與張晟、張琰及高幹等並為寇，繇又率諸將討破之。《魏略》曰：詔征河東太守王邑。邑以天下未定，心不原征，而吏民亦戀邑，郡掾衛固及中郎將范先等各詣繇求乞邑。而詔已拜杜畿為太守，畿已入界。繇不聽先等，促邑交符。邑佩印綬，徑從河北詣許自歸。繇時治在洛陽，自以威禁失督司之法，乃上書自劾曰：『臣前上言故鎮北將軍領河東太守安陽亭侯王邑巧辟治官，犯突科條，事當推劾，檢實姦詐。被詔書當如所糾。以其歸罪，故加寬赦。又臣上言吏民大小，各懷顧望，謂邑當還，拒太守杜畿，今皆反悔，共迎畿之官。謹案文書，臣以空虚，被蒙拔擢，入充近侍，兼典機衡，忝膺重任，總統偏方。既無德政以惠民物，又無威刑以檢不恪，至使邑違犯詔書，郡掾衛固誑迫吏民，訟訴之言，交驛道路，漸失其禮，不虔王命。今雖反悔，醜聲流聞，咎皆由繇威刑不攝。臣又疾病，前後歷年，氣力日微，尸素重禄，曠廢職任，罪明法正。謹按侍中守司隸校尉東武亭侯鍾繇，幸得蒙恩，以斗筲之才，仍見拔擢，顯從近密，銜命督使。明知詔書深疾長吏政教寬弱，檢下無刑，久病淹滯，衆職荒頓，法令失張。邑雖違科，當必繩正法，既舉文書，操彈失理，至乃使邑遠詣闕廷。隳忝使命，挫傷爪牙。而固誑迫吏民，拒畿連月，今雖反悔，犯順失正，海内凶赫，罪一由繇威刑闇弱。又繇久病，不任所職，非繇大臣當所宜為。繇輕慢憲度，不畏詔令，不與國同心，為臣不忠，無所畏忌，大為不敬。又不承用詔書，奉詔不謹。又聰明蔽塞，為下所欺，弱不勝任。數罪謹以劾，臣請法車征詣廷尉治繇罪，大鴻臚削爵土。臣久嬰篤疾，涉夏盛劇，命縣呼吸，不任部官。輒以文書付功曹從事馬適議，免冠徒跣，伏須罪誅。』詔不聽。自天子西遷，洛陽人民單盡，繇徙關中民，又招納亡叛以充之，數年間民户稍實。太祖征關中，得以為資，表繇為前軍師。

又 卷一四《魏志・程昱傳》 程昱字仲德，東郡東阿人也。【略】

太祖臨兗州，辟昱。昱將行，其鄉人謂曰：『何前後之相背也！』昱笑而不應。太祖與語，說之，以昱守壽張令。太祖征徐州，使昱與荀彧留守鄄城。張邈等叛迎呂布，郡縣回應，唯鄄城、范、東阿不動。布軍降者，言陳宮欲自將兵取東阿，又使氾嶷取范，吏民皆恐。彧謂昱曰：『今兗州反，唯有此三城。宮等以重兵臨之，非有以深結其心，三城必動。君，民之望也，歸而說之，殆可！』昱乃歸，過范，說其令靳允曰：『聞呂布執君母弟妻子，孝子誠不可為心！今天下大亂，英雄並起，必有命世，能息天下之亂者，此智者所詳擇也。得主者昌，失主者亡。陳宮叛迎呂布而百城皆應，似能有為，然以君觀之，布何如人哉！夫布，粗中少親，剛而無禮，匹夫之雄耳。宮等以勢假合，不能相君也。兵雖衆，終必無成。曹使君智略不世出，殆天所授！君必固范，我守東阿，則田單之功可立也。孰與違忠從惡而母子俱亡乎？唯君詳慮之！』允流涕曰：『不敢有二心。』時氾嶷已在縣，允乃見嶷，伏兵刺殺之，歸勒兵守。徐衆評曰：允於曹公，未成君臣。母，至親也，於義應去。昔王陵母為項羽所拘，母以高祖必得天下，因自殺以固陵志。明心無所係，然後可得成事人盡死之節。衛公子開方仕齊，積年不歸，管仲以為不懷其親，安能愛君，不可以為相。是以求忠臣必於孝子之門，允宜先救至親。徐庶母為曹公所得，劉備乃遣庶歸，欲為天下者恕人子之情也。曹公亦宜遣允。昱又遣別騎絕倉亭津，陳宮至，不得渡。昱至東阿，東阿令棗祗已率厲吏民，拒城堅守。又兗州從事薛悌與昱協謀，卒完三城，以待太祖。太祖還，執昱手曰：『微子之力，吾無所歸矣。』乃表昱為東平相，屯范。《魏書》曰：昱少時常夢上泰山，兩手捧日。昱私異之，以語荀彧。及兗州反，賴昱得完三城。於是彧以昱夢白太祖。太祖曰：『卿當終為吾腹心。』昱本名立，太祖乃加其上『日』，更名昱也。

太祖與呂布戰于濮陽，數不利。蝗蟲起，乃各引去。於是袁紹使人說太祖連和，欲使太祖遷家居鄴。太祖新失兗州，軍食盡，將許之。時昱使適還，引見，因言曰：『竊聞將軍欲遣家，與袁紹連和，誠有之乎？』太祖曰：『然。』昱曰：『意者將軍殆臨事而懼，不然何慮之不深也！夫袁紹據燕、趙之地，有並天下之心，而智不能濟也。將軍自度能為之下乎？將軍以龍虎之威，可為韓、彭之事邪？今兗州雖殘，尚有三城。能戰之士，不下萬人。以將軍之神武，與文若、昱等，收而用之，霸王之業可成也。原將軍更慮之！』太祖乃止。《魏略》載昱說太祖曰：『昔田橫，齊之世族，兄弟三人更王，據千里之（齊），擁百萬之衆，與諸侯並南面稱孤。既而高祖得天下，而橫顧為降虜。當此之時，橫豈可為心哉！』太祖曰：『然。此誠丈夫之至辱也。』昱曰：『昱愚，不識大旨，以為將軍之志，不如田橫。田橫，齊一壯士耳，猶羞為高祖臣。今聞將軍欲遣家往鄴，將北面而事袁紹。夫以將軍之聰明神武，而反不羞為袁紹之下，竊為將軍耻之！』其後語與本傳略同。

天子都許，以昱為尚書。兗州尚未安集，復以昱為東中郎將，領濟陰太守，都督兗州事。劉備失徐州，來歸太祖。昱說太祖殺備，太祖不聽。語在武紀。後又遣備至徐州要擊袁術，昱與郭嘉說太祖曰：『公前日不圖備，昱等誠不及也。今借之以兵，必有異心。』太祖悔，追之不及。會術病死，備至徐州，遂殺車胄，舉兵背太祖。頃之，昱遷振威將軍。袁紹在黎陽，將南渡。時昱有七百兵守鄄城，太祖聞之，使人告昱，欲益二千兵。昱不肯，曰：『袁紹擁十萬衆，自以所向無前。今見昱兵少，必輕易不來攻。若益昱兵，過則不可不攻，攻之必克，徒兩損其勢。原公無疑！』太祖從之。紹聞昱兵少，果不往。太祖謂賈詡曰：『程昱之膽，過於賁、育。』昱收山澤亡命，得精兵數千人，乃引軍與太祖會黎陽，討袁譚、袁尚。譚、尚破走，拜昱奮武將軍，封安國亭侯。太祖征荆州，劉備奔吳。論者以為孫權必殺備，昱料之曰：『孫權新在位，未為海內所憚。曹公無敵於天下，初舉荆州，威震江表，權雖有謀，不能獨當也。劉備有英名，關羽、張飛皆萬人敵也，權必資之以禦我。難解勢分，備資以成，又不可得而殺也。』權果多與備兵，以禦太祖。是後中夏漸平，太祖拊昱背曰：『兗州之敗，不用君言，吾何以至此？』宗人奉牛酒大會，昱曰：『知足不辱，吾可以退矣。』乃自表歸兵，闔門不出。《魏書》曰：太祖征馬超，文帝留守，使昱參軍事。田銀、蘇伯等反河間，遣將軍賈信討之。賊有千餘人請降，議者皆以為宜如舊法，昱曰：『誅降者，謂在擾攘之時，天下雲起，故圍而後降者不赦，以示威天下，開其利路，使不至於圍也。今天下略定，且在邦域之中，此必降之賊，殺之無所威懼，非前日誅降之意。臣以為不可誅也；縱誅之，宜先啓聞。」衆議者曰：『軍事有專，無請。』昱不答。文帝起入，特引見昱曰：『君有所不盡邪？』昱曰：『凡專命者，謂有臨時之急，呼吸之間者耳。今此賊制在賈信之手，無朝夕之變。故老臣不原將軍行之也。』文帝曰：『君慮之善。』即白太祖，太祖果不誅。太祖還，聞之甚說，謂昱曰：『君非徒明於軍計，又善處人父子之間。』

昱性剛戾，與人多迕。人有告昱謀反，太祖賜待益厚。魏國既建，為衛尉，與中尉邢貞爭威儀，免。文帝踐阼，復為衛尉，進封安鄉侯，增邑三百户，并前八百户。分封少子延及孫曉列侯。方欲以為公，會薨，帝為流涕，追贈車騎將軍，謚曰肅侯。《魏書》曰：昱時年八十。《世語》曰：初，太祖乏食，昱略其本縣，供三日糧，頗雜以人脯，由是失朝望，故位不至公。

又《郭嘉傳》 郭嘉字奉孝，潁川陽翟人也。《傅子》曰：嘉少有遠量。漢末天下將亂。自弱冠匿名迹，密交結英儁，不與俗接，故時人多莫知，惟識達者奇之。年二十七，辟司徒府。初，北見袁紹，謂紹謀臣辛評、郭圖曰：『夫智者審于量主，故百舉百全而功名可立也。袁公徒欲效周公之下士，而未知用人之機。多端寡要，好謀無決，欲與共濟天下大難，定霸王之業，難矣！』於是遂去之。先是時，潁川戲志才，籌畫士也，太祖甚器之。早卒。太祖與荀彧書曰：『自志才亡後，莫可與計事者。汝、潁固多奇士，誰可以繼之？』彧薦嘉。召見，論天下事。太祖曰：『使孤成大業者，必此人也。』嘉出，亦喜曰：『真吾主也。』表為司空軍祭酒。《傅子》曰：太祖謂嘉曰：『本初擁冀州之衆，青、并從之，地廣兵強，而數為不遜。吾欲討之，力不敵，如何？』對曰：『劉、項之不敵，公所知也。漢祖唯智勝；項羽雖強，終為所禽。嘉竊料之，紹有十敗，公有十勝，雖兵強，無能為也。紹繁禮多儀，公體任自然，此道勝一也。紹以逆動，公奉順以率天下，此義勝二也。漢末政失於寬，紹以寬濟寬，故不攝，公糾之以猛而上下知制，此治勝三也。紹外寬內忌，用人而疑之，所任唯親戚子弟，公外易簡而內機明，用人無疑，唯才所宜，不間遠近，此度勝四也。紹多謀少決，失在後事，公策得輒行，應變無窮，此謀勝五也。紹因累世之資，高議揖讓以收名譽，士之好言飾外者多歸之，公以至心待人，推誠而行，不為虛美，以儉率下，與有功者無所吝，士之忠正遠見而有實者皆原為用，此德勝六也。紹見人飢寒，恤念之形於顏色，其所不見，慮或不及也，所謂婦人之仁耳，公於目前小事，時有所忽，至於大事，與四海接，恩之所加，皆過其望，雖所不見，慮之所周，無不濟也，此仁勝七也。紹大臣爭權，讒言惑亂，公御下以道，浸潤不行，此明勝八也。紹是非不可知，公所是進之以禮，所不是正之以法，此文勝九也。紹好為虛勢，不知兵要，公以少克衆，用兵如神，軍人恃之，敵人畏之，此武勝十也。』太祖笑曰：『如卿所言，孤何德以堪之也！』嘉又曰：『紹方北擊公孫瓚，可因其遠征，東取呂布。不先取布，若紹為寇，布為之援，此深害也。』太祖曰：『然。』

征呂布，三戰破之，布退固守。時士卒疲倦，太祖欲引軍還，嘉說太祖急攻之，遂禽布。語在荀攸傳。《傅子》曰：太祖欲引軍還，嘉曰：『昔項籍七十餘戰，未嘗敗北，一朝失勢而身死國亡者，恃勇無謀故也。今布每戰輒破，氣衰力盡，內外失守。布之威力不及項籍，而困敗過之，若乘勝攻之，此成禽也。』太祖曰：『善。』《魏書》曰：劉備來奔，以為豫州牧。或謂太祖曰：『備有英雄志，今不早圖，後必為患。』太祖以問嘉，嘉曰：『有是。然公提劍起義兵，為百姓除暴，推誠仗信以招俊傑，猶懼其未也。今備有英雄名，以窮歸己而害之，是以害賢為名，則智士將自疑，回心擇主，公誰與定天下？夫除一人之患，以沮四海之望，安危之機，不可不察！』太祖笑曰：『君得之矣。』《傅子》曰：初，劉備來降，太祖以客禮待之，使為豫州牧。嘉言于太祖曰：『備有雄才而甚得衆心。張飛、關羽者，皆萬人之敵也，為之死用。嘉觀之，備終不為人下，其謀未可測也。古人有言：「一日縱敵，數世之患。」宜早為之所。』是時，太祖奉天子以號令天下，方招懷英雄以明大信，未得從嘉謀。會太祖使備要擊袁術，嘉與程昱俱駕而諫太祖曰：『放備，變作矣！』時備已去，遂舉兵以叛。太祖恨不用嘉之言。案《魏書》所云，與《傅子》正反也。

孫策轉鬭千里，盡有江東，聞太祖與袁紹相持於官渡，將渡江北襲許。衆聞皆懼，嘉料之曰：『策新并江東，所誅皆英豪雄傑，能得人死力者也。然策輕而無備，雖有百萬之衆，無異於獨行中原也。若刺客伏起，一人之敵耳。以吾觀之，必死於匹夫之手。』策臨江未濟，果為許貢客所殺。《傅子》曰：太祖欲速征劉備，議者懼軍出，袁紹擊其後，進不得戰而退失所據。語在《武紀》。太祖疑，以問嘉。嘉勸太祖曰：『紹性遲而多疑，來必不速。備新起，衆心未附，急擊之必敗。此存亡之機，不可失也。』太祖曰：『善。』遂東征備。備敗奔紹，紹果不出。臣松之案《武紀》，決計征備，量紹不出，皆出自太祖。此云用嘉計，則為不同。又本傳稱（自）嘉料孫策輕佻，必死於匹夫之手，誠為明於見事。然自非上智，無以知其死在何年也。今正以襲許年死，此蓋事之偶合。

從破袁紹，紹死，又從討譚、尚于黎陽，連戰數克。諸將欲乘勝遂攻之，嘉曰：『袁紹愛此二子，莫適立也。有郭圖、逢紀為之謀臣，必交鬭其間，還相離也。急之則相持，緩之而後爭心生。不如南向荊州若征劉表者，以待其變；變成而後擊之，可一舉定也。』太祖曰：『善。』乃南征。軍至西平，譚、尚果爭冀州。譚為尚軍所敗，走保平原，遣辛毗乞降。太祖還救之，遂從定鄴。又從攻譚於南皮，冀州平。封嘉洧陽亭侯。《傅子》曰：河北既平，太祖多辟召青、冀、幽、并知名之士，漸臣使之，以為省事掾屬。皆嘉之謀也。

太祖將征袁尚及三郡烏丸，諸下多懼劉表使劉備襲許以討太祖，嘉曰：『公雖威震天下，胡恃其遠，必不設備。因其無備，卒然擊之，可破滅也。且袁紹有恩於民夷，而尚兄弟生存。今四州之民，徒以威附，德施未加，舍而南征，尚因烏丸之資，招其死主之臣，胡人一動，民夷俱應，以生蹋頓之心，成覬覦之計，恐青、冀非己之有也。表，坐談客耳，自知才不足以御備，重任之則恐不能制，輕任之則備不為用，雖虛國遠征，公無憂矣。』太祖遂行。至易，嘉言曰：『兵貴神速。今千里襲人，輜重多，難以趣利，且彼聞之，必為備；不如留輜重，輕兵兼道以出，掩其不意。』太祖乃密出盧龍塞，直指單于庭。虜卒聞太祖至，惶怖合戰。大破之，斬蹋頓及名王已下。尚及兄熙走遼東。

嘉深通有算略，達於事情。太祖曰：『唯奉孝為能知孤意。』年三十八，自柳城還，疾篤，太祖問疾者交錯。及薨，臨其喪，哀甚，謂荀攸等曰：『諸君年皆孤輩也，唯奉孝最少。天下事竟，欲以後事屬之，而中年夭折，命也夫！』乃表曰：『軍祭酒郭嘉，自從征伐，十有一年。每有大議，臨敵制變。臣策未決，嘉輒成之。平定天下，謀功為高。不幸短命，事業未終。追思嘉勳，實不可忘。可增邑八百戶，并前千戶。』《魏書》載太祖表曰：『臣聞褒忠寵賢，未必當身，念功惟績，恩隆後嗣。是以楚宗孫叔，顯封厥子；岑彭既没，爵及支庶。故軍祭酒郭嘉，忠良淵淑，體通性達。每有大議，發言盈庭，執中處理，動無遺策。自在軍旅，十有餘年，行同騎乘，坐共幄席，東禽呂布，西取眭固，斬袁譚之首，平朔土之衆，踰越險塞，蕩定烏丸，震威遼東，以梟袁尚。雖假天威，易為指麾，至於臨敵，發揚誓命，凶逆克殄，勳實由嘉。方將表顯，短命早終。上為朝廷悼惜良臣，下自毒恨喪失奇佐。宜追增嘉封，并前千戶，褒亡為存，厚往勸來也。』【略】

初，陳羣非嘉不治行檢，數廷訴嘉，嘉意自若。太祖愈益重之，然以羣能持正，亦悅焉。《傅子》曰：太祖與荀彧書，追傷嘉曰：『郭奉孝年不滿四十，相與周旋十一年，阻險艱難，皆共罹之。又以其通達，見世事無所凝滯，欲以後事屬之，何意卒爾失之，悲痛傷心。今表增其子滿千戶，然何益亡者，追念之感深。且奉孝乃知孤者也；天下人相知者少，又以此痛惜。奈何奈何！』又與彧書曰：『追惜奉孝，不能去心。其人見時事兵事，過絕於人。又人多畏病，南方有疫，常言「吾往南方，則不生還」。然與共論計，云當先定荊。此為不但見計之忠厚，必欲立功分，棄命定。事人心乃爾，何得使人忘之！』

又《董昭傳》 董昭字公仁，濟陰定陶人也。舉孝廉，除癭陶長、柏人令，袁紹以為參軍事。紹逆公孫瓚於界橋，鉅鹿太守李邵及郡冠蓋，以瓚兵强，皆欲屬瓚。紹聞之，使昭領鉅鹿。問：『禦以何術？』對曰：『一人之微，不能消衆謀，欲誘致其心，唱與同議，及得其情，乃當權以制之耳。計在臨時，未可得言。』時郡右姓孫伉等數十人專為謀主，驚動吏民。昭至郡，偽作紹檄告郡云：『得賊羅候安平張吉辭，當攻鉅鹿，賊故孝廉孫伉等為應，檄到收行軍法，惡止其身，妻子勿坐。』昭案檄告令，皆即斬之。一郡惶恐，乃以次安慰，遂皆平集。事訖白紹，紹稱善。會魏郡太守栗攀為兵所害，紹以昭領魏郡太守。時郡界大亂，賊以萬數，遣使往來，交易市買。昭厚待之，因用為間，乘虛掩討，輒大克破。二日之中，羽檄三至。

昭弟訪，在張邈軍中。邈與紹有隙，紹受讒將致罪於昭。昭欲詣漢獻帝，至河內，為張楊所留。因楊上還印綬，拜騎都尉。時太祖領兗州，遣使詣楊，欲令假塗西至長安，楊不聽。昭說楊曰：『袁、曹雖為一家，勢不久羣。曹今雖弱，然實天下之英雄也，當故結之。況今有緣，宜通其上事，并表薦之；若事有成，永為深分。』楊於是通太祖上事，表薦太祖。昭為太祖作書與長安諸將李傕、郭汜等，各隨輕重致殷勤。楊亦遣使詣太祖。太祖遺楊犬馬金帛，遂與西方往來。天子在安邑，昭從河內往，詔拜議郎。

建安元年，太祖定黃巾于許，遣使詣河東。會天子還洛陽，韓暹、楊奉、董承及楊各違戾不和。昭以奉兵馬最强而少黨援，作太祖書與奉曰：『吾與將軍聞名慕義，便推赤心。今將軍拔萬乘之艱難，反之舊都，翼佐之功，超世無疇，何其休哉！方今羣凶猾夏，四海未寧，神器至重，事在維輔；必須衆賢以清王軌，誠非一人所能獨建。心腹四支，實相恃賴，一物不備，則有闕焉。將軍當為內主，吾為外援。今吾有糧，將軍有兵，有無相通，足以相濟，死生契闊，相與共之。』奉得書喜悅，語諸將軍曰：『兖州諸軍近在許耳，有兵有糧，國家所當依仰也。』遂共表太祖為鎮東將軍，襲父爵費亭侯；昭遷符節令。

太祖朝天子於洛陽，引昭並坐，問曰：『今孤來此，當施何計？』昭曰：『將軍興義兵以誅暴亂，入朝天子，輔翼王室，此五伯之功也。此下諸將，人殊意異，未必服從，今留匡弼，事勢不便，惟有移駕幸許耳。然朝廷播越，新還舊京，遠近跂望，冀一朝獲安。今復徙駕，不厭衆心。夫行非常之事，乃有非常之功，原將軍算其多者。』太祖曰：『此孤本志也。楊奉近在梁耳，聞其兵精，得無為孤累乎？』昭曰：『奉少黨援，將獨委質。鎮東、費亭之事，皆奉所定，又聞書命申束，足以見信。宜時遣使厚遺答謝，以安其意。說「京都無糧，欲車駕暫幸魯陽，魯陽近許，轉運稍易，可無縣乏之憂」。奉為人勇而寡慮，必不見疑，比使往來，足以定計。奉何能為累！』太祖曰：『善。』即遣使詣奉。徙大駕至許。奉由是失望，與韓暹等到定陵鈔暴。太祖不應，密往攻其梁營，降誅即定。奉、暹失衆，東降袁術。三年，昭遷河南尹。時張楊為其將楊醜所殺，楊長史薛洪、河內太守繆尚城守待紹救。太祖令昭單身入城，告喻洪、尚等，即日舉衆降。以昭為冀州牧。

太祖令劉備拒袁術，昭曰：『備勇而志大，關羽、張飛為之羽翼，恐備之心未可得論也！』太祖曰：『吾已許之矣。』備到下邳，殺徐州刺史車胄，反。太祖自征備，徙昭為徐州牧。袁紹遣將顏良攻東郡，又徙昭為魏郡太守，從討良。良死後，進圍鄴城。袁紹同族春卿為魏郡太守，在城中，其父元長在揚州，太祖遣人迎之。昭書與春卿曰：『蓋聞孝者不背親以要利，仁者不忘君以徇私，志士不探亂以徼幸，智者不詭道以自危。足下大君，昔避內難，南遊百越，非疏骨肉，樂彼吴會，智者深識，獨或宜然。曹公湣其守志清恪，離羣寡儔，故特遣使江東，或迎或送，今將至矣。就令足下處偏平之地，依德義之主，居有泰山之固，身為喬松之偶，以義言之，猶宜背彼向此，舍民趣父也。且邾儀父始與隱公盟，魯人嘉之，而不書爵，然則王所未命，爵尊不成，春秋之義也。況足下今日之所託者乃危亂之國，所受者乃矯誣之命乎？苟不逞之與羣，而厥父之不恤，不可以言孝。忘祖宗所居之本朝，安非正之姦職，難可以言忠。忠孝並替，難以言智。又足下昔日為曹公所禮辟，夫戚族人而疏所生，內所寓而外王室，懷邪祿而叛知己，遠福祚而近危亡，棄明義而收大恥，不亦可惜邪！若能翻然易節，奉帝養父，委身曹公，忠孝不墜，榮名彰矣。宜深留計，早決良圖。』鄴既定，以昭為諫議大夫。後袁尚依烏丸蹋頓，太祖將征之。患軍糧難致，鑿平虜、泉州二渠入海通運，昭所建也。

又《劉放傳》 劉放字子棄，涿郡人，漢廣陽順王子西鄉侯宏後也。郡綱紀，舉孝廉。遭世大亂，時漁陽王松據其土，放往依之。太祖克冀州，放說松曰：『往者董卓作逆，英雄並起，阻兵擅命，人自封殖，惟曹公能拔拯危亂，翼戴天子，奉辭伐罪，所向必克。以二袁之强，守則淮南冰消，戰則官渡大敗；乘勝席捲，將清河朔，威刑既合，大勢以見。速至者漸福，後服者先亡，此乃不俟終日馳騖之時也。昔黥布棄南面之尊，仗劍歸漢，誠識廢興之理，審去就之分也。將軍宜投身委命，厚自結納。』松然之。會太祖討袁譚於南皮，以書招松，松舉雍奴、泉州、安次以附之。放為松答太祖書，其文甚麗。太祖既善之，又聞其說，由是遂辟放。建安十年，與松俱至。太祖大悅，謂放曰：『昔班彪依竇融而有河西之功，今一何相似也！』

又 卷一五《魏志·張既傳》 張既字德容，馮翊高陵人也。【略】太祖為司空，辟，未至，舉茂才，除新豐令，治為三輔第一。袁尚拒太祖於黎陽，遣所置河東太守郭援、并州刺史高幹及匈奴單于取平陽，發使西與關中諸將合從。司隸校尉鍾繇遣既說將軍馬騰等，既為言利害，騰等從之。騰遣子超將兵萬餘人，與繇會擊幹、援，大破之，斬援首。幹及單于皆降。其後幹復舉并州反。河內張晟衆萬餘人無所屬，寇崤、澠間，河東衛固、弘農張琰各起兵以應之。太祖以既為議郎，參繇軍事，使西徵諸將馬騰等，皆引兵會擊晟等，破之。斬琰、固首，幹奔荊州。封既武始亭侯。太祖將征荊州，而騰等分據關中。太祖復遣既喻騰等，令釋部曲求還。騰已許之而更猶豫，既恐為變，乃移諸縣促儲偫，二千石郊迎。騰不得已，發東。太祖表騰為衛尉，子超為將軍，統其衆。後超反，既從太祖破超於華陰，西定關右。以既為京兆尹，招懷流民，興復縣邑，百姓懷之。【略】

是時，武威顏俊、張掖和鸞、酒泉黄華、西平麴演等並舉郡反，自號將軍，更相攻擊。俊遣使送母及子詣太祖為質，求助。太祖問既，既曰：『俊等外假國威，內生傲悖，計定勢足，後即反耳。今方事定蜀，且宜兩存而鬭之，猶卞莊子之刺虎，坐收其斃也。』太祖曰：『善。』歲餘，鸞遂殺俊，武威王祕又殺鸞。

又《賈逵傳》 太祖征馬超，至弘農，曰『此西道之要』，以逵領弘農太守。召見計事，大悅之，謂左右曰：『使天下二千石悉如賈逵，吾何憂？』其後發兵，逵疑屯田都尉藏亡民。都尉自以不屬郡，言語不順。逵怒，收之，數以罪，撾折脚，坐免。然太祖心善逵，以為丞相主簿。

又 卷一六《魏志·任峻傳》 任峻字伯達，河南中牟人也。漢末擾亂，關東皆震。中牟令楊原愁恐，欲棄官走。峻說原曰：『董卓首亂，天下莫不側目，然而未有先發者，非無其心也，勢未敢耳。明府若能唱之，必有和者。』原曰：『為之奈何？』峻曰：『今關東有十餘縣，能勝兵者不減萬人，若權行河南尹事，總而用之，無不濟矣。』原從其計，以峻為主簿。峻乃為原表行尹事，使諸縣堅守，遂發兵。會太祖起關東，入中牟界，衆不知所從，峻獨與同郡張奮議，舉郡以歸太祖。峻又別收宗族及賓客家兵數百人，原從太祖。太祖大悅，表峻為騎都尉，妻以從妹，甚見親信。太祖每征伐，峻常居守以給軍。是時歲饑旱，軍食不足，羽林監潁川棗祗建置屯田，太祖以峻為典農中郎將，［募百姓屯田於許下，得穀百萬斛，郡國列置田官］，數年中所在積粟，倉廩皆滿。官渡之戰，太祖使峻典軍器糧運。賊數寇鈔絕糧道，乃使千乘為一部，十道方行，為復陳以營衛之，賊不敢近。軍國之饒，起於棗祗而成於峻。《魏武故事》載令曰：『故陳留太守棗祗，天性忠能。始共舉義兵，周旋征討。後袁紹在冀州，亦貪祗，欲得之。祗深附託於孤，使領東阿令。呂布之亂，兗州皆叛，惟、東阿完在，由祗以兵據城之力也。後大軍糧乏，得東阿以繼，祗之功也。及破黃巾定許，得賊資業。當興立屯田，時議者皆言當計牛輸穀，佃科以定。施行後，祗白以為僦牛輸穀，大收不增穀，有水旱災除，大不便。反覆來說，孤猶以為當如故，大收不可復改易。祗猶執之，孤不知所從，使與荀令君議之。時故軍祭酒侯聲云：「科取官牛，為官田計。如祗議，於官便，於客不便。」聲懷此云云，以疑令君。祗猶自信，據計畫還白，執分田之術。孤乃然之，使為屯田都尉，施設田業。其時歲則大收，後遂因此大田，豐足軍用，摧滅羣逆，克定天下，以隆王室。祗興其功，不幸早没，追贈以郡，猶未副之。今重思之，祗宜受封，稽留至今，孤之過也。祗子處中，宜加封爵，以祀祗為不朽之事。』《文士傳》曰：祗本姓棘，先人避難，易為棗。孫據，字道彥，晉冀州刺史。據子嵩，字臺產，散騎常侍。並有才名，多所著述。嵩兄腆，字玄方，襄陽太守，亦有文采。太祖以峻功高，乃表封為都亭侯，邑三百户，遷長水校尉。

峻寬厚有度而見事理，每有所陳，太祖多善之。於饑荒之際，收恤朋友孤遺，中外貧宗，周急繼乏，信義見稱。建安九年薨，太祖流涕者久之。

又《蘇則傳》 蘇則字文師，扶風武功人也。【略】起家為酒泉太守，轉安定、武都，所在有威名。【略】是時喪亂

又《杜畿傳》 太祖既定河北，而高幹舉并州反。時河東太守王邑被徵，河東人衛固、范先外以請邑為名，而內實與幹通謀。太祖謂荀彧曰：『關西諸將，恃險與馬，征必為亂。張晟寇殽、澠間，南通劉表，固等因之，吾恐其為害深。河東被山帶河，四鄰多變，當今天下之要地也。君為我舉蕭何、寇恂以鎮之。』彧曰：『杜畿其人也。』《傅子》曰：彧稱畿勇足以當大難，智能應變，其可試之。於是追拜畿為河東太守。固等使兵數千人絕陝津，畿至不得渡。太祖遣夏侯惇討之，未至。或謂畿曰：『宜須大兵。』畿曰：『河東有三萬户，非皆欲為亂也。今兵迫之急，欲為善者無主，必懼而聽於固。固等勢專，必以死戰。討之不勝，四鄰應之，天下之變未息也；討之而勝，是殘一郡之民也。且固等未顯絕王命，外以請故君為名，必不害新君。吾單車直往，出其不意。固為人多計而無斷，必偽受吾。吾得居郡一月，以計縻之，足矣。』遂詭道從郖津度。范先欲殺畿以威衆。且觀畿去就，於門下斬殺主簿已下三十餘人，畿舉動自若。於是固曰：『殺之無損，徒有惡名；且制之在我。』遂奉之。畿謂衛固、范先曰：『衛、范，河東之望也，吾仰成而已。然君臣有定義，成敗同之，大事當共平議。』以固為都督，行丞事，領功曹；將校吏兵三千餘人，皆范先督之。固等喜，雖陽事畿，不以為意。固欲大發兵，畿患之，說固曰：『夫欲為非常之事，不可動衆心。今大發兵，衆必擾，不如徐以貲募兵。』固以為然，從之，遂為貲調發，數十日乃定，諸將貪多應募而少遣兵。又入喻固等曰：『人情顧家，諸將掾吏，可分遣休息，急緩召之不難。』固等惡逆衆心，又從之。於是善人在外，陰為己援；惡人分散，

各還其家，則衆離矣。會白騎攻東垣，高幹入濩澤，上黨諸縣殺長吏，弘農執郡守，固等密調兵未至。畿知諸縣附己，因出，單將數十騎，赴張辟拒守，吏民多舉城助畿者，比數十日，得四千餘人。固等與幹、晟共攻畿，不下，略諸縣，無所得。會大兵至，幹、晟敗，固等伏誅，其餘黨與皆赦之，使復其居業。【略】

韓遂、馬超之叛也，弘農、馮翊多舉縣邑以應之。河東雖與賊接，民無異心。太祖西征至蒲阪，與賊夾渭為軍，軍食一仰河東。及賊破，餘畜二十餘萬斛。太祖下令曰：『河東太守杜畿，孔子所謂「禹，吾無間然矣」。增秩中二千石。』

又 卷一七《魏志·張遼傳》 張遼字文遠，雁門馬邑人也。本聶壹之後，以避怨變姓。少為郡吏。漢末，并州刺史丁原以遼武力過人，召為從事，使將兵詣京都。何進遣詣河北募兵，得千餘人。還，進敗，以兵屬董卓。卓敗，以兵屬呂布，遷騎都尉。布為李傕所敗，從布東奔徐州，領魯相，時年二十八。太祖破呂布於下邳，遼將其衆降，拜中郎將，賜爵關內侯。數有戰功，遷裨將軍。袁紹破，別遣遼定魯國諸縣。與夏侯淵圍昌豨於東海，數月糧盡，議引軍還，遼謂淵曰：『數日已來，每行諸圍，豨輒屬目視遼。又其射矢更稀，此必豨計猶豫，故不力戰。遼欲挑與語，儻可誘也？』乃使謂豨曰：『公有命，使遼傳之。』豨果下與遼語，遼為說『太祖神武，方以德懷四方，先附者受大賞』。豨乃許降。遼遂單身上三公山，入豨家，拜妻子。豨歡喜，隨詣太祖。太祖遣豨還，責遼曰：『此非大將法也。』遼謝曰：『以明公威信著於四海，遼奉聖旨，豨必不敢害故也。』從討袁譚、袁尚於黎陽，有功，行中堅將軍。從攻尚於鄴，尚堅守不下。太祖還許，使遼與樂進拔陰安，徙其民河南。復從攻鄴，鄴破，遼別徇趙國、常山，招降緣山諸賊及黑山孫輕等。從攻袁譚，譚破，別將徇海濱，破遼東賊柳毅等。還鄴，太祖自出迎遼，引共載，以遼為蕩寇將軍。復別擊荊州，定江夏諸縣，還屯臨潁，封都亭侯。從征袁尚於柳城，卒與虜遇，遼勸太祖戰，氣甚奮，太祖壯之，自以所持麾授遼。遂擊，大破之，斬單于蹋頓。《傅子》曰：太祖將征柳城，遼諫曰：『夫許，天子之會也。今天子在許，公遠北征，若劉表遣劉備襲許，據之以號令四方，公之勢去矣。』太祖策表必不能任備，遂行也。

又 《樂進傳》 樂進字文謙，陽平衛國人也。【略】

從擊呂布於濮陽，張超於雍丘，橋蕤於苦，皆先登有功，封廣昌亭侯。從征張繡於安衆，圍呂布於下邳，破別將，擊眭固於射犬，攻劉備於沛，皆破之，拜討寇校尉。渡河攻獲嘉，還，從擊袁紹於官渡，力戰，斬紹將淳于瓊。從擊譚、尚於黎陽，斬其大將嚴敬，行遊擊將軍。別擊黄巾，破之，定樂安郡。從圍鄴，鄴定，從擊袁譚於南皮，先登，入譚東門。譚敗，別攻雍奴，破之。建安十一年，太祖表漢帝，稱進及于禁、張遼曰：『武力既弘，計略周備，質忠性一，守執節義，每臨戰攻，常為督率，奮強突固，無堅不陷，自援枹鼓，手不知倦。又遣別征，統御師旅，撫衆則和，奉令無犯，當敵制決，靡有遺失。論功紀用，宜各顯寵。』於是禁為虎威；進，折衝；遼，蕩寇將軍。

進別征高幹，從北道入上黨，回出其後。幹等還守壺關，連戰斬首。幹堅守未下，會太祖自征之，乃拔。

又 《于禁傳》 于禁字文則，泰山鉅平人也。黄巾起，鮑信招合徒衆，禁附從焉。及太祖領兗州，禁與其黨俱詣為都伯，屬將軍王朗。朗異之，薦禁才任大將軍。太祖召見與語，拜軍司馬，使將兵詣徐州，攻廣威，拔之，拜陷陳都尉。從討呂布於濮陽，別破布二營於城南，又別將破高雅於須昌。從攻壽張、定陶、離狐，圍張超於雍丘，皆拔之。從征黄巾劉辟、黄邵等，屯版梁，邵等夜襲太祖營，禁帥麾下擊破之，斬（辟）邵等，盡降其衆。遷平虜校尉。從圍橋蕤於苦，斬蕤等四將。從至宛，降張繡。繡復叛，太祖與戰不利，軍敗，還舞陰。是時軍亂，各間行求太祖，禁獨勒所將數百人，且戰且引，雖有死傷不相離。虜追稍緩，禁徐整行隊，鳴鼓而還。未至太祖所，道見十餘人被創裸走，禁問其故，曰：『為青州兵所劫。』初，黄巾降，號青州兵，太祖寬之，故敢因緣為略。禁怒，令其衆曰：『青州兵同屬曹公，而還為賊乎！』乃討之，數之以罪。青州兵遽走詣太祖自訴。禁既至，先立營壘，不時謁太祖。或謂禁：『青州兵已訴君矣，宜促詣公辨之。』禁曰：『今賊在後，追至無時，不先為備，何以待敵？且公聰明，譖訴何緣！』徐鑿塹安營訖，乃入謁，具陳其狀。太祖悅，謂禁曰：『淯水之難，吾其急也，將軍在亂能整，討暴堅壘，有不可動之節，雖古名將，何以加之！』於是録禁前後功，封益壽亭侯。復從攻張繡於穰，禽呂布於下邳，別與史渙、曹仁攻眭固於射犬，破斬之。

太祖初征袁紹，紹兵盛，禁原為先登。太祖壯之，乃遣步卒二千人，使禁將，守延津以拒紹，太祖引軍還官渡。劉備以徐州叛，太祖東征之。紹攻禁，禁堅守，紹不能拔。復與樂進等將步騎五千，擊紹別營，從延津西南緣河至汲、獲嘉二縣，焚燒保聚三十餘屯，斬首獲生各數千，降紹將何茂、王摩等二十餘人。太祖復使禁別將屯原武，擊紹別營於杜氏津，破之。遷裨將軍，後從還官渡。太祖與紹連營，起土山相對。紹射營中，士卒多死傷，軍中懼。禁督守土山，力戰，氣益奮。紹破，遷偏將軍。冀州平。昌豨復叛，遣禁征之。禁急進攻豨；豨與禁有舊，詣禁降。諸將皆以為豨已降，當送詣太祖，禁曰：『諸君不知公常令乎！圍而後降者不赦。夫奉法行令，事上之節也。豨雖舊友，禁可失節乎！』自臨與豨決，隕涕而斬之。是時太祖軍淳于，聞而歎曰：『豨降不詣吾而歸禁，豈非命耶！』益重禁。臣松之以為圍而後降，法雖不赦；囚而送之，未為違命。禁曾不為舊交希冀萬一，而肆其好殺之心，以戾衆人之議，所以卒為降虜，死加惡謚，宜哉。東海平，拜禁虎威將軍。後與臧霸等攻梅成，張遼、張郃等討陳蘭。禁到，成舉衆三千餘人降。既降復叛，其衆奔蘭。遼等與蘭相持，軍食少，禁運糧前後相屬，遼遂斬蘭、成。增邑二百户，并前千二百户。是時，禁與張遼、樂進、張郃、徐晃俱為名將，太祖每征伐，咸遞行為軍鋒，還為後拒；而禁持軍嚴整，得賊財物，無所私入，由是賞賜特重。然以法御下，不甚得士衆心。太祖常恨朱靈，欲奪其營。以禁有威重，遣禁將數十騎，齎令書，徑詣靈營奪其軍，靈及其部衆莫敢動；乃以靈為禁部下督，衆皆震服，其見憚如此。遷左將軍，假節鉞，分邑五百户，封一子列侯。

又《張郃傳》 張郃字儁乂，河間鄚人也。漢末應募討黃巾，為軍司馬，屬韓馥。馥敗，以兵歸袁紹。紹以郃為校尉，使拒公孫瓚。瓚破，郃功多，遷寧國中郎將。太祖與袁紹相拒於官渡，《漢晉春秋》曰：郃說紹曰：『公雖連勝，然勿與曹公戰也，密遣輕騎鈔絕其南，則兵自敗矣。』紹不從之。紹遣將淳于瓊等督運屯烏巢，太祖自將急擊之。郃說紹曰：『曹公兵精，往必破瓊等；瓊等破，則將軍事去矣，宜急引兵救之。』郭圖曰：『郃計非也。不如攻其本營，勢必還，此為不救而自解也。』郃曰：『曹公營固，攻之必不拔，若瓊等見禽，吾屬盡為虜矣。』紹但遣輕騎救瓊，而以重兵攻太祖營，不能下。太祖果破瓊等，紹軍潰。圖慚，又更譖郃曰：『郃快軍敗，出言不遜。』郃懼，乃歸太祖。臣松之案武紀及袁紹傳並云袁紹使張郃、高覽攻太祖營，郃等聞淳于瓊破，遂來降，紹衆於是大潰。是則緣郃等降而後紹軍壞也。至如此傳，為紹軍先潰，懼郭圖之譖，然後歸太祖，為參錯不同矣。

太祖得郃甚喜，謂曰：『昔子胥不早寤，自使身危，豈若微子去殷、韓信歸漢邪？』拜郃偏將軍，封都亭侯。授以衆，從攻鄴，拔之。又從擊袁譚於渤海，別將軍圍雍奴，大破之。從討柳城，與張遼俱為軍鋒，以功遷平狄將軍。別征東萊，討管承，又與張遼討陳蘭、梅成等，破之。從破馬超、韓遂於渭南。圍安定，降楊秋。與夏侯淵討鄜賊梁興及武都氐。又破馬超，平宋建。太祖征張魯，先遣郃督諸軍討興和氐王竇茂。

又《徐晃傳》 徐晃字公明，河東楊人也。【略】太祖討奉於梁，晃遂歸太祖。

太祖授晃兵，使擊卷、原武賊，破之，拜裨將軍。從征呂布，別降布將趙庶、李鄒等。與史渙斬眭固於河內。從破劉備，又從破顔良，拔白馬，進至延津，破文醜，拜偏將軍。與曹洪擊㶏強賊祝臂，破之，又與史渙擊袁紹運車於故市，功最多，封都亭侯。太祖既圍鄴，破邯鄲，易陽令韓範偽以城降而拒守，太祖遣晃攻之。晃至，飛矢城中，為陳成敗。範悔，晃輒降之。既而言於太祖曰：『二袁未破，諸城未下者傾耳而聽，今日滅易陽，明日皆以死守，恐河北無定時也。原公降易陽以示諸城，則莫不望風。』太祖善之。別討毛城，設伏兵掩擊，破三屯。從破袁譚於南皮，討平原叛賊，克之。從征蹋頓，拜横野將軍。【略】

十五年，討太原反者，圍大陵，拔之，斬賊帥商曜。韓遂、馬超等反關右，遣晃屯汾陰以撫河東，賜牛酒，令上先人墓。太祖至潼關，恐不得渡，召問晃。晃曰：『公盛兵於此，而賊不復別守蒲阪，知其無謀也。今假臣精兵臣松之云：案：晃于時未應稱臣，傳寫者誤也。渡蒲阪津，為軍先置，以截其里，賊可擒也。』太祖曰：『善。』使晃以步騎四千人渡津。作塹栅未成，賊梁興夜將步騎五千餘人攻晃，晃擊走之，太祖軍得渡。遂破超等，使晃與夏侯淵平隃麋、汧諸氐，與太祖會安定。太祖還鄴，使晃與夏侯淵平鄜、夏陽餘賊，斬梁興，降三千餘户。

初，清河朱靈為袁紹將。太祖之征陶謙，紹使靈督三營助太祖，戰有功。紹所遣諸將各罷歸，靈曰：『靈觀人多矣，無若曹公者，此乃真明主也。今已遇，復何之？』遂留不去。所將士卒慕之，皆隨靈留。靈後遂為好將，名亞晃等，至後將軍，封高唐亭侯。《九州春秋》曰：初，清河季雍以鄃叛袁紹而降公孫瓚，瓚遣兵衛之。紹遣靈攻之。靈家在城中，瓚將靈母弟置城上，誘呼靈。靈望城涕泣曰：『丈夫一出身與人，豈復顧家耶！』遂力戰拔之，生擒雍而靈家皆死。《魏書》曰：靈字文博。太祖既平冀州，遣靈將新兵五千人騎千匹守許南。太祖戒之曰：『冀州新兵，數承寬緩，暫見齊整，意尚怏怏。卿名先有威嚴，善以道寬之，不然即有變。』靈至陽翟，中郎將程昂等果反，即斬昂，以狀聞。太祖手書曰：『兵中所以為危險者，外對敵國，內有奸謀不測之變。昔鄧禹中分光武軍西行，而有宗歆、馮愔之難，後將二十四騎還洛陽，禹豈以是減損哉？來書懇惻，多引咎過，未必如所云也。』文帝即位，封靈鄃侯，增其户邑。詔曰：『將軍佐命先帝，典兵歷年，威過方、邵，功逾絳、灌。圖籍所美，何以加焉？朕受天命，帝有海內，元功之將，社稷之臣，皆朕所與同福共慶，傳之無窮者也。今封隃侯。富貴不歸故鄉，如夜行衣繡。若平常所志，原勿難言。』靈謝曰：『高唐，宿所原。』於是更封高唐侯，薨，謚曰威侯。

又　卷一八《魏志·李典傳》　李典字曼成，山陽鉅野人也。【略】

初平中，以衆隨太祖，破黄巾於壽張，又從擊袁術，征徐州。呂布之亂，太祖遣乾還乘氏，慰勞諸縣。布別駕薛蘭、治中李封招乾，欲俱叛，乾不聽，遂殺乾。太祖使乾子整將乾兵，與諸將擊蘭、封。蘭、封破，從平兗州諸縣有功，稍遷青州刺史。整卒，典徙潁陰令，為中郎將，將整軍，《魏書》曰：典少好學，不樂兵事，乃就師讀《春秋左氏傳》，博觀羣書。太祖善之，故試以治民之政。遷離狐太守。

時太祖與袁紹相拒官渡，典率宗族及部曲輸穀帛供軍。紹破，以典為裨將軍，屯安民。太祖擊譚、尚於黎陽，使典與程昱等以船運軍糧。會尚遣魏郡太守高蕃將兵屯河上，絶水道，太祖敕典、昱：『若船不得過，下從陸道。』典與諸將議曰：『蕃軍少甲而恃水，有懈怠之心，擊之必克。軍不內禦；苟利國家，專之可也，宜亟擊之。』昱亦以為然。遂北渡河，攻蕃，破之，水道得通。【略】從圍鄴，鄴定，與樂進圍高幹於壺關，擊管承於長廣，皆破之。

又　《李通傳》　李通字文達，江夏平春人也。【略】

建安初，通舉衆詣太祖於許。拜通振威中郎將，屯汝南西界。太祖討張繡，劉表遣兵以助繡，太祖軍不利。通將兵夜詣太祖，太祖得以復戰，通為先登，大破繡軍。拜裨將軍，封建功侯。分汝南二縣，以通為陽安都尉。通妻伯父犯法，朗陵長趙儼收治，致之大辟。是時殺生之柄，決於牧守，通妻子號泣以請其命。通曰：『方與曹公戮力，義不以私廢公。』嘉儼執憲不阿，與為親交。太祖與袁紹相拒於官渡。紹遣使拜通征南將軍，劉表亦陰招之，通皆拒焉。通親戚部曲流涕曰：『今孤危獨守，以失大援，亡可立而待也，不如亟從紹。』通按劍以叱之曰：『曹公明哲，必定天下。紹雖强盛，而任使無方，終為之虜耳。吾以死不貳。』即斬紹使，送印綬詣太祖。【略】文帝踐阼，謚曰剛侯。詔曰：『昔袁紹之難，自許、蔡以南，人懷異心。通秉義不顧，使攜貳率服，朕甚嘉之。不幸早薨，子基雖已襲爵，未足酬其庸勳。基兄緒，前屯樊城，又有功。世篤其勞，其以基為奉義中郎將，緒平虜中郎將，以寵異焉。』

又　《臧霸傳》　臧霸字宣高，泰山華人也。【略】

太祖之討呂布也，霸等將兵助布。既禽布，霸自匿。太祖募索得霸，見而悅之，使霸招吳敦、尹禮、孫觀、觀兄康等，皆詣太祖。太祖以霸為琅邪相，敦利城、禮東莞、觀北海、康城陽太守，割青、徐二州，委之於霸。太祖之在兗州，以徐翕、毛暉為將。兗州亂，翕、暉皆叛。後兗州定，翕、暉亡命投霸。太祖語劉備，令語霸送二人首。霸謂備曰：『霸所以能自立者，以不為此也。霸受公生全之恩，不敢違命。然王霸之君可以義告，原將軍為之辭。』備以霸言白太祖，太祖歎息，謂霸曰：『此古人之事而君能行之，孤之原也。』乃皆以翕、暉為郡守。時太祖方與袁紹相拒，而霸數以精兵入青州，故太祖得專事紹，不以東方為念。太祖破袁譚於南皮，霸等會賀。霸因求遣子弟及諸將父兄家屬詣鄴，太祖曰：『諸君忠孝，豈復在是！昔蕭何遣子弟入侍，而高祖不拒，耿純焚室輿櫬以從，而光武不逆，吾將何以易之哉！』東州擾攘，霸等執義征暴，清定海岱，功莫大焉，皆封列侯。霸為都亭侯，加威虜將軍。又與于禁討昌豨，與夏侯淵討黄巾餘賊徐和等，有功，遷徐州刺史。沛國（公）武周為下邳令，霸敬異周，身詣令舍。部從事總詷不法，周得其罪，便收考竟，霸益以善周。

孫觀亦至青州刺史，假節，【略】《魏書》曰：孫觀字仲臺，泰山人。與臧霸俱起，討黃巾，拜騎都尉。太祖破呂布，使霸招觀兄弟，皆厚遇之。與霸俱戰伐，觀常為先登，征定青、徐羣賊，功次於霸，封呂都亭侯。康亦以功封列侯。與太祖會南皮，遣子弟入居鄴，拜觀偏將軍，遷青州刺史。

又《呂虔傳》 呂虔字子恪，任城人也。太祖在兗州，聞虔有膽策，以為從事，將家兵守湖陸。（襄陵）〔襄賁〕校尉杜松部民炅母等作亂，與昌豨通。太祖以虔領泰山太守。郡接山海，世亂，聞民人多藏竄。袁紹所置中郎將郭祖、公孫犢等數十輩，保山為寇，百姓苦之。虔將家兵到郡，開恩信，祖等黨屬皆降服，諸山中亡匿者盡出安土業。簡其強者補戰士，泰山由是遂有精兵，冠名州郡。濟南黃巾徐和等，所在劫長吏，攻城邑。虔引兵與夏侯淵會擊之，前後數十戰，斬首獲生數千人。太祖使督青州諸郡兵以討東萊羣賊李條等，有功。太祖令曰：『夫有其志，必成其事，蓋烈士之所徇也。卿在郡以來，禽姦討暴，百姓獲安，躬蹈矢石，所征輒克。昔寇恂立名於汝、潁，耿弇建策於青、兗，古今一也。』舉茂才，加騎都尉，典郡如故。虔在泰山十數年，甚有威惠。

又《許褚傳》 許褚字仲康，譙國譙人也。【略】

太祖徇淮、汝，褚以衆歸太祖。太祖見而壯之曰：『此吾樊噲也。』即日拜都尉，引入宿衛。諸從褚俠客，皆以為虎士。從征張繡，先登，斬首萬計，遷校尉。從討袁紹於官渡。時常從士徐他等謀為逆，以褚常侍左右，憚之不敢發。伺褚休下日，他等懷刀入。褚至下舍心動，即還侍。他等不知，入帳見褚，大驚愕。他色變，褚覺之，即擊殺他等。太祖益親信之，出入同行，不離左右。從圍鄴，力戰有功，賜爵關內侯。從討韓遂、馬超於潼關。太祖將北渡，臨濟河，先渡兵，獨與褚及虎士百餘人留南岸斷後。超將步騎萬餘人，來奔太祖軍，矢下如雨。褚白太祖，賊來多，今兵渡已盡，宜去，乃扶太祖上船。賊戰急，軍爭濟，船重欲没。褚斬攀船者，左手舉馬鞍蔽太祖。船工為流矢所中死，褚右手並泝船，僅乃得渡。是日，微褚幾危。其後太祖與遂、超等單馬會語，左右皆不得從，唯將褚。超負其力，陰欲前突太祖，素聞褚勇，疑從騎是褚。乃問太祖曰：『公有虎侯者安在？』太祖顧指褚，褚瞋目盼之。超不敢動，乃各罷。後數日會戰，大破超等，褚身斬首級，遷武衛中郎將。武衛之號，自此始也。軍中以褚力如虎而癡，故號曰虎癡；是以超問虎侯，至今天下稱焉，皆謂其姓名也。

又《典韋傳》 典韋，陳留己吾人也。【略】

後屬夏侯惇，數斬首有功，拜司馬。太祖討呂布於濮陽。布有別屯在濮陽西四五十里，太祖夜襲，比明破之。未及還，會布救兵至，三面掉戰。時布身自搏戰，自旦至日昳數十合，相持急。太祖募陷陳，韋先占，將應募者數十人，皆重衣兩鎧，棄楯，但持長矛撩戟。時西面又急，韋進當之，賊弓弩亂髮，矢至如雨，韋不視，謂等人曰：『虜來十步，乃白之。』等人曰：『十步矣。』又曰：『五步乃白。』等人懼，疾言『虜至矣』！韋手持十餘戟，大呼起，所抵無不應手倒者。布衆退。會日暮，太祖乃得引去。拜韋都尉，引置左右，將親兵數百人，常繞大帳。韋既壯武，其所將皆選卒，每戰鬭，常先登陷陳。遷為校尉。【略】

太祖征荆州，至宛，張繡迎降。太祖甚悅，延繡及其將帥，置酒高會。太祖行酒，韋持大斧立後，刃徑尺，太祖所至之前，韋輒舉斧目之。竟酒，繡及其將帥莫敢仰視。後十餘日，繡反，襲太祖營，太祖出戰不利，輕騎引去。韋戰於門中，賊不得入。兵遂散從他門并入。時韋校尚有十餘人，皆殊死戰，無不一當十。賊前後至稍多，韋以長戟左右擊之，一叉入，輒十餘矛摧。左右死傷者略盡。韋被數十創，短兵接戰，賊前搏之。韋雙挾兩賊擊殺之，餘賊不敢前。韋復前突賊，殺數人，創重發，瞋目大罵而死。賊乃敢前，取其頭，傳觀之，覆軍就視其軀。太祖退住舞陰，聞韋死，為流涕，募間取其喪，親自臨哭之，遣歸葬襄邑，拜子滿為郎中。

又《龐德傳》 龐德字令明，南安狟道人也。【略】

建安中，太祖討袁譚、尚於黎陽，譚遣郭援、高幹等略取河東，太祖使鍾繇率關中諸將討之。德隨騰子超拒援、幹於平陽，德為軍鋒，進攻援、幹，大破之，親斬援首。《魏略》曰：德手斬一級，不知是援。戰罷之後，衆人皆言援死而不得其首。援，鍾繇之甥。德晚後於鞬中出一頭，繇見之而哭。德謝繇，繇曰：『援雖我甥，乃國賊也。卿何謝之？』【略】太祖破超於渭南，德隨超亡入漢陽，保冀城。後復隨超奔漢中，從張魯。

又《閻温傳》 閻温字伯儉，天水西城人也。以涼州別駕守上邽令。馬超走奔上邽，郡人任養等舉衆迎之。温止之，不能禁，乃馳還州。超復圍州所治冀城甚急，州乃遣温密出，告急於夏侯淵。賊圍數重，温夜從水中潛出。明日，賊見其迹，遣人追遮之，於顯親界得温，執還詣超。超解其縛，謂曰：『今成敗可見，足下為孤城請救而執於人手，義何所施？若從吾言，反謂城中，東方無救，此轉禍為福之計也。不然，今為戮矣。』温偽許之，超乃載温詣城下。温向城大呼曰：『大軍不過三日至，勉之！』城中皆泣，稱萬歲。超怒數之曰：『足下不為命計邪？』温不應。時超攻城久不下，故徐誘温，冀其改意。復謂温曰：『城中故人，有欲與吾同者不？』温又不應。遂切責之，温曰：『夫事君有死無貳，而卿乃欲令長者出不義之言，吾豈苟生者乎？』超遂殺之。

又 卷一九《魏志·任城威王彰傳》 （建安）二十三年，代郡烏丸反，以彰為北中郎將，行驍騎將軍。臨發，太祖戒彰曰：『居家為父子，受事為君臣，動以王法從事，爾其戒之！』彰北征，入涿郡界，叛胡數千騎卒至。時兵馬未集，唯有步卒千人，騎數百匹。用田豫計，固守要隙，虜乃退散。彰追之，身自搏戰，射胡騎，應弦而倒者前後相屬。戰過半日，彰鎧中數箭，意氣益厲，乘勝逐北，至於桑乾，臣松之案：桑乾縣屬代郡，今北虜居之，號為索幹之都。去代二百餘里。長史諸將皆以為新涉遠，士馬疲頓，又受節度，不得過代，不可深進，違令輕敵。彰曰：『率師而行，唯利所在，何節度乎？胡走未遠，追之必破。從令縱敵，非良將也。』遂上馬，令軍中：『後出者斬。』一日一夜與虜相及，擊，大破之，斬首獲生以千數。彰乃倍常科大賜將士，將士無不悅喜。時鮮卑大人軻比能將數萬騎觀望强弱，見彰力戰，所向皆破，乃請服。北方悉平。

又 卷二一《魏志·陳琳傳》 （陳）琳前為何進主簿。進欲誅諸宦官，太后不聽，進乃召四方猛將，並使引兵向京城，欲以劫恐太后。琳諫進曰：『《易》稱「即鹿無虞」。諺有「掩目捕雀」。夫微物尚不可欺以得志，況國之大事，其可以詐立乎？今將軍總皇威，握兵要，龍驤虎步，高下在心；以此行事，無異於鼓洪爐以燎毛髮。但當速發雷霆，行權立斷，違經合道，天人順之；而反釋其利器，更徵於他。大兵合聚，强者為雄，所謂倒持干戈，授人以柄；功必不成，祇為亂階。』進不納其言，竟以取禍。琳避難冀州，袁紹使典文章。袁氏敗，琳歸太祖。太祖謂曰：『卿昔為本初移書，但可罪狀孤而已，惡惡止其身，何乃上及父祖邪？』琳謝罪，太祖愛其才而不咎。

又《衛覬傳》 衛覬字伯儒，河東安邑人也。少夙成，以才學稱。太祖辟為司空掾屬，除茂陵令、尚書郎。太祖征袁紹，而劉表為紹援，關中諸將又中立。益州牧劉璋與表有隙，覬以治書侍御史使益州，令璋下兵以綴表軍。至長安，道路不通，覬不得進，遂留鎮關中。時四方大有還民，關中諸將多引為部曲，覬書與荀彧曰：『關中膏腴之地，頃遭荒亂，人民流入荆州者十萬餘家，聞本土安寧，皆企望思歸。而歸者無以自業，諸將各競招懷，以為部曲。郡縣貧弱，不能與爭，兵家遂强。一旦變動，必有後憂。夫鹽，國之大寶也，自亂來散放，宜如舊置使者監賣，以其直益市犁牛。若有歸民，以供給之。勤耕積粟，以豐殖關中。遠民聞之，必日夜競還。又使司隸校尉留治關中以為之主，則諸將日削，官民日盛，此强本弱敵之利也。』彧以白太祖。太祖從之，始遣謁者僕射監鹽官，司隸校尉治弘農。關中服從，乃白召覬還，稍遷尚書。《魏書》曰：初，漢朝遷移，臺閣舊事散亂。自都許之後，漸有綱紀，覬以古義多所正定。是時關西諸將，外雖懷附，內未可信。司隸校尉鍾繇求以三千兵入關，外託討張魯，內以脅取質任。太祖使荀彧問覬，覬以為『西方諸將，皆豎夫屈起，無雄天下意，苟安樂目前而已。今國家厚加爵號，得其所志，非有大故，不憂為變也。宜為後圖。若以兵入關中，當討張魯，魯在深山，道徑不通，彼必疑之；一相驚動，地險衆强，殆難為慮！』彧以覬議呈太祖。太祖初善之，而以繇自典其任，遂從繇議。兵始進而關右大叛，太祖自親征，僅乃平之，死者萬計。太祖悔不從覬議，由是益重覬。

又 卷二二《魏志·陳羣傳》 劉備臨豫州，辟羣為別駕。時陶謙病死，徐州迎備，備欲往，羣說備曰：『袁術尚强，今東，必與之爭。呂布若襲將軍之後，將軍雖得徐州，事必無成。』備遂東，與袁術戰。布果襲下邳，遣兵助術，大破備軍，備恨不用羣言。

又 卷二三《魏志·趙儼傳》 趙儼字伯然，潁川陽翟人也。避亂荆州，與杜襲、繁欽通財同計，合為一家。太祖始迎獻帝都許，儼謂欽曰：『曹鎮東應期命世，必能匡濟華夏，吾知歸矣。』建安二年，年二十七，遂扶持老弱詣太祖，太祖以儼為朗陵長。縣多豪猾，無所畏忌。儼取其尤甚者，收縛案驗，皆得死罪。儼既囚之，乃表府解放，自是威恩並著。時袁紹舉兵南侵，遣使招誘豫州諸郡，諸郡多受其命。惟陽安郡不動，而都尉李通急録户調。儼見通曰：『方今天下未集，諸郡並叛，懷附者復收其綿絹，小人樂亂，能無遺恨！且遠近多虞，不可不詳也。』通曰：『紹與大將軍相持甚急，左右郡縣背叛乃爾。若綿絹不調送，觀聽者必謂我顧望，有所須待也。』儼曰：『誠亦如君慮；然當權其輕重，小緩調，當為君釋此患。』乃書與荀彧曰：『今陽安郡當送綿絹，道路艱阻，必致寇害。百姓困窮，鄰城並叛，易用傾蕩，乃一方安危之機也。且此郡人執守忠節，在險不貳。微善必賞，則為義者勸。善為國者，藏之於民。以為國家宜垂慰撫，所斂綿絹，皆俾還之。』彧報曰：『輒白曹公，公文下郡，綿絹悉以還民。』上下歡喜，郡内遂安。

入為司空掾屬主簿。《魏略》曰：太祖北拒袁紹，時遠近無不私遺箋記，通意於紹者。儼與領陽安太守李通同治，通亦欲遣使。儼為陳紹必敗意，通乃止。及紹破走，太祖使人搜閲紹記室，惟不見通書疏，陰知儼必為之計，乃曰：『此必趙伯然也。』臣松之案《魏武紀》：破紹後，得許下軍中人書，皆焚之。若故使人搜閲，知其有無，則非所以安人情也。疑此語為不然。

又　卷二四《魏志・高柔傳》　太祖欲遣鍾繇等討張魯，柔諫，以為今猥遣大兵，西有韓遂、馬超，謂為己舉，將相扇動作逆，宜先招集三輔，三輔苟平，漢中可傳檄而定也。繇入關，遂、超等果反。

又　卷二五《魏志・辛毗傳》　辛毗字佐治，潁川陽翟人也。其先建武中，自隴西東遷。毗隨兄評從袁紹。太祖為司空，辟毗，毗不得應命。及袁尚攻兄譚於平原，譚使毗詣太祖求和。《英雄記》曰：譚、尚戰於外門，譚軍敗奔北。郭圖說譚曰：『今將軍國小兵少，糧匱勢弱，顯甫之來，久則不敵。愚以為可呼曹公來擊顯甫。曹公至，必先攻鄴，顯甫還救。將軍引兵而西，自鄴以北皆可虜得。若顯甫軍破，其兵奔亡，又可斂取以拒曹公。曹公遠僑而來，糧餉不繼，必自逃去。比此之際，趙國以北皆我之有，亦足與曹公為對矣。不然，不諧。』譚始不納，後遂從之。問圖：『誰可使？』圖答：『辛佐治可。』譚遂遣毗詣太祖。太祖將征荆州，次於西平。毗見太祖致譚意，太祖大悅。後數日，更欲先平荆州，使譚、尚自相弊。他日置酒，毗望太祖色，知有變，以語郭嘉。嘉白太祖，太祖謂毗曰：『譚可信？尚必可克不？』毗對曰：『明公無問信與詐也，直當論其勢耳。袁氏本兄弟相伐，非謂他人能間其間，乃謂天下可定於己也。今一旦求救於明公，此可知也。顯甫見顯思困而不能取，此力竭也。兵革敗於外，謀臣誅於内，兄弟讒鬩，國分為二；連年戰伐，而介胄生蟣虱，加以旱蝗，饑饉並臻，國無囷倉，行無裹糧，天災應於上，人事困於下，民無愚智，皆知土崩瓦解，此乃天亡尚之時也。兵法稱有石城湯池帶甲百萬而無粟者，不能守也。今往攻鄴，尚不還救，即不能自守。還救，即譚踵其後。以明公之威，應困窮之敵，擊疲弊之寇，無異迅風之振秋葉矣。天以袁尚與明公，明公不取而伐荆州。荆州豐樂，國未有釁。仲虺有言：「取亂侮亡。」方今二袁不務遠略而内相圖，可謂亂矣；居者無食，行者無糧，可謂亡矣。朝不謀夕，民命靡繼，而不綏之，欲待他年；他年或登，又自知亡而改脩厥德，失所以用兵之要矣。今因其請救而撫之，利莫大焉。且四方之寇，莫大於河北；河北平，則六軍盛而天下震。』太祖曰：『善。』乃許譚平，次於黎陽。明年攻鄴，克之，表毗為議郎。

又　《楊阜傳》　楊阜字義山，天水冀人也。《魏略》曰：阜少與同郡尹奉次曾、趙昂偉章俱發名，偉章、次曾與阜俱為涼州從事。以州從事為牧韋端使詣許，拜安定長史。阜還，關右諸將問袁、曹勝敗孰在，阜曰：『袁公寬而不斷，好謀而少決；不斷則無威，少決則失後事，今雖强，終不能成大業。曹公有雄才遠略，決機無疑，法一而兵精，能用度外之人，所任各盡其力，必能濟大事者也。』【略】

馬超之戰敗渭南也，走保諸戎。太祖追至安定，而蘇伯反河間，將引軍東還。阜時奉使，言於太祖曰：『超有信、布之勇，甚得羌、胡心，西州畏之。若大軍還，不嚴為之備，隴上諸郡非國家之有也。』太祖善之，而軍還倉卒，為備不周。超率諸戎渠帥以擊隴上郡縣，隴上郡縣皆應之，惟冀城奉州郡以固守。超盡兼隴右之衆，而張魯又遣大將楊昂以助之，凡萬餘人，攻城。阜率國士大夫及宗族子弟勝兵者千餘人，使從弟岳於城上作偃月營，與超接戰，自正月至八月拒守而救兵不至。州遣別駕閻温循水潛出求救，為超所殺，於是刺史、太守失色，始有降超之計。阜流涕諫曰：『阜等率父兄子弟以義相勵，有死無二；田單之守，不固於此也。棄垂成之功，陷不義之名，阜以死守之。』遂號哭。刺史、太守卒遣人請和，開城門迎超。超入，拘岳於冀，使楊昂殺刺史、太守。

阜內有報超之志，而未得其便。頃之，阜以喪妻求葬假。阜外兄姜敍屯歷城。阜少長敍家，見敍母及敍，說前在冀中時事，歔欷悲甚。敍曰：『何為乃爾？』阜曰：『守城不能完，君亡不能死，亦何面目以視息於天下！馬超背父叛君，虐殺州將，豈獨阜之憂責，一州士大夫皆蒙其恥。君擁兵專制而無討賊心，此趙盾所以書弑君也。超強而無義，多釁易圖耳。』敍母慨然，敕敍從阜計。計定，外與鄉人姜隱、趙昂、尹奉、姚瓊、孔信、武都人李俊、王靈結謀，定討超約，使從弟謨至冀語嶽，並結安定梁寬、南安趙衢、龐恭等。約誓既明，十七年九月，與敍起兵於鹵城。超聞阜等兵起，自將出。而衢、寬等解岳，閉冀城門，討超妻子。超襲歷城，得敍母。敍母罵之曰：『汝背父之逆子，殺君之桀賊，天地豈久容汝，而不早死，敢以面目視人乎！』超怒，殺之。阜與超戰，身被五創，宗族昆弟死者七人。超遂南奔張魯。

隴右平定，太祖封討超之功，侯者十一人，賜阜爵關內侯。阜讓曰：『阜君存無扞難之功，君亡無死節之效，於義當絀，於法當誅；超又不死，無宜苟荷爵祿。』太祖報曰：『君與羣賢共建大功，西土之人以為美談。子貢辭賞，仲尼謂之止善。君其剖心以順國命。姜敍之母，勸敍早發，明智乃爾，雖楊敞之妻蓋不過此。賢哉，賢哉！良史記録，必不墜於地矣。』

又　卷二六《魏志·滿寵傳》　時袁紹盛於河朔，而汝南紹之本郡，門生賓客布在諸縣，擁兵拒守。太祖憂之，以寵為汝南太守。寵募其服從者五百人，率攻下二十餘壁，誘其未降渠帥，於坐上殺十餘人，一時皆平。得户二萬，兵二千人，令就田業。

又　《田豫傳》　公孫瓚使豫守東州令，瓚將王門叛瓚，為袁紹將萬餘人來攻。衆懼欲降。豫登城謂門曰：『卿為公孫所厚而去，意有所不得已也；今還作賊，乃知卿亂人耳。夫挈瓶之智，守不假器，吾既受之矣；何不急攻乎？』門慚而退。瓚雖知豫有權謀而不能任也。瓚敗而鮮于輔為國人所推，行太守事，素善豫，以為長史。時雄傑並起，輔莫知所從。豫謂輔曰：『終能定天下者，必曹氏也。宜速歸命，無後禍期。』輔從其計，用受封寵。太祖召豫為丞相軍謀掾，除潁陰、朗陵令，遷弋陽太守，所在有治。

鄢陵侯彰征代郡，以豫為相。軍次易北，虜伏騎擊之，軍人擾亂，莫知所為。豫因地形，回車結圜陳，弓弩持滿於內，疑兵塞其隙。胡不能進，散去。追擊，大破之，遂前平代，皆豫策也。

又　《牽招傳》　冀州牧袁紹辟為督軍從事，兼領烏丸突騎。紹舍人犯令，招先斬乃白，紹奇其意而不見罪也。紹卒，又事紹子尚。建安九年，太祖圍鄴。尚遣招至上黨，督致軍糧。未還，尚破走，到中山。時尚外兄高幹為并州刺史，招以并州左有恒山之險，右有大河之固，帶甲五萬，北阻強胡，勸幹迎尚，並力觀變。幹既不能，而陰欲害招。招聞之，間行而去，道隔不得追尚，遂東詣太祖。太祖領冀州，辟為從事。

太祖將討袁譚，而柳城烏丸欲出騎助譚。太祖以招嘗領烏丸，遣詣柳城。到，值峭王嚴，以五千騎當遣詣譚。又遼東太守公孫康自稱平州牧，遣使韓忠齎單于印綬往假峭王。峭王大會羣長，忠亦在坐。峭王問招：『昔袁公言受天子之命，假我為單于；今曹公復言當更白天子，假我真單于；遼東復持印綬來。如此，誰當為正？』招答曰：『昔袁公承制，得有所拜假；中間違錯，天子命曹公代之，言當白天子，更假真單于，是也。遼東下郡，何得擅稱拜假也？』忠曰：『我遼東在滄海之東，擁兵百萬，又有扶餘、濊貊之用；當今之勢，強者為右，曹操獨何得為是也？』招呵忠曰：『曹公允恭明哲，翼戴天子，伐叛柔服，寧靜四海，汝君臣頑嚚，今恃險遠，背違王命，欲擅拜假，侮弄神器，方當屠戮，何敢慢易咎毀大人？』便捉忠頭頓築，拔刀欲斬之。峭王驚怖，徒跣抱招，以救請忠，左右失色。招乃還坐，為峭王等說成敗之效，禍福所歸，皆下席跪伏，敬受敕教，便辭遼東之使，罷所嚴騎。

太祖滅譚於南皮，署招軍謀掾，從討烏丸。至柳城，拜護烏丸校尉。還鄴，遼東送袁尚首，縣在馬市，招睹之悲感，設祭頭下。太祖義之，舉為茂才。從平漢中，太祖還，留招為中護軍。事罷，還鄴，拜平虜校尉，將兵督青、徐州郡諸軍事，擊東萊賊，斬其渠率，東土寧靜。

又　卷二九《魏志·方技傳》　初，潁川荀攸、鍾繇相與親善。攸先亡，子幼。繇經紀其門户，欲嫁其妾。與人書曰：『吾與公達曾共使朱建平相，建平曰：「荀君雖少，然當以後事付鍾君。」吾時啁之曰：「惟當嫁卿阿鶩耳。』何意此子竟早隕沒，戲言遂驗乎！今欲嫁阿鶩，使得善處。追思建平之妙，雖唐舉、許負何以復加也！』

周宣字孔和，樂安人也。為郡吏。太守楊沛夢人曰：『八月一日曹公當至，必與君杖，飲以藥酒。』使宣占之。是時黃巾賊起，宣對曰：『夫杖起弱者，藥治人病，八月一日，賊必除滅。』至期，賊果破。

後東平劉楨夢蛇生四足，穴居門中，使宣占之，宣曰：『此為國夢，非君家之事也。當殺女子而作賊者。』頃之，女賊鄭、姜遂俱夷討，以蛇女子之祥，足非蛇之所宜故也。

又　卷三六《蜀志·關羽傳》　先主之襲殺徐州刺史車胄，使羽守下邳城，行太守事，《魏書》云：以羽領徐州。而身還小沛。

建安五年，曹公東征，先主奔袁紹。曹公禽羽以歸，拜為偏將軍，禮之甚厚。紹遣大將（軍）顏良攻東郡太守劉延於白馬，曹公使張遼及羽為先鋒擊之。羽望見良麾蓋，策馬刺良於萬衆之中，斬其首還，紹諸將莫能當者，遂解白馬圍。曹公即表封羽為漢壽亭侯。初，曹公壯羽為人，而察其心神無久留之意，謂張遼曰：『卿試以情問之。』既而遼以問羽，羽歎曰：『吾極知曹公待我厚，然吾受劉將軍厚恩，誓以共死，不可背之。吾終不留，吾要當立效以報曹公乃去。』遼以羽言報曹公，曹公義之。《傅子》曰：遼欲白太祖，恐太祖殺羽，不白，非事君之道，乃歎曰：『公，君父也；羽，兄弟耳。』遂白之。太祖曰：『事君不忘其本，天下義士也。度何時能去？』遼曰：『羽受公恩，必立效報公而後去也。』及羽殺顏良，曹公知其必去，重加賞賜。羽盡封其所賜，拜書告辭，而奔先主於袁軍。左右欲追之，曹公曰：『彼各為其主，勿追也。』臣松之以為曹公知羽不留而心嘉其志，去不遣追以成其義，自非有王霸之度，孰能至於此乎？斯實曹公之休美。

又　卷一二《魏志·崔琰傳》裴松之注　《魏氏春秋》曰：袁紹之敗也，（孔）融與太祖書曰：『武王伐紂，以妲己賜周公。』太祖以融學博，謂書傳所紀。後見，問之，對曰：『以今度之，想其當然耳！』

又　卷一五《魏志·張既傳》裴松之注　《魏略》曰：成公英，金城人也。中平末，隨韓約為腹心。建安中，約從華陰破走，還湟中，部黨散去，唯英獨從。《典略》曰：韓遂在湟中，其婿閻行欲殺遂以降，夜攻遂，不下。遂歎息曰：『丈夫困厄，禍起婚姻乎！』謂英曰：『今親戚離叛，人衆轉少，當從羌中西南詣蜀耳。』英曰：『興軍數十年，今雖罷敗，何有棄其門而依於人乎！』遂曰：『吾年老矣，子欲何施？』英曰：『曹公不能遠來，獨夏侯爾。夏侯之衆，不足以追我，又不能久留；且息肩於羌中，以須其去。招呼故人，綏會羌、胡，猶可以有為也。』遂從其計，時隨從者男女尚數千人。遂宿有恩於羌，羌衛護之。及夏侯淵還，使閻行留後。乃合羌、胡數萬將攻行，行欲走，會遂死，英降太祖。太祖見英甚喜，以為軍師，封列侯。從行出獵，有三鹿走過前，公命英射之，三發三中，皆應弦而倒。公抵掌謂之曰：『但韓文約可為盡節，而孤獨不可乎？』英乃下馬而跪曰：『不欺明公。假使英本主人在，實不來此也。』遂流涕哽咽。公嘉其敦舊，遂親敬之。延康、黃初之際，河西有逆謀。詔遣英佐涼州平隴右，病卒。《魏略》曰：閻行，金城人也，後名豔，字彥明。少有健名，始為小將，隨韓約。建安初，約與馬騰相攻擊。騰子超亦號為健。行嘗刺超，矛折，因以折矛撾超項，幾殺之。至十四年，為約所使詣太祖，太祖厚遇之，表拜犍為太守。行因請令其父入宿衛，西還見約，宣太祖教云：『謝文約：卿始起兵時，自有所逼，我所具明也。當早來，共匡輔國朝。』行因謂約曰：『行亦為將軍，興軍以來三十餘年，民兵疲瘁，所處又狹，宜早自附。是以前在鄴，自啓當令老父詣京師，誠謂將軍亦宜遣一子，以示丹赤。』約曰：『且可復觀望數歲中！』後遂遣其子，與行父母俱東。會約西討張猛，留行守舊營，而馬超等結反謀，舉約為都督。及約還，超謂約曰：『前鍾司隸任超使取將軍，關東人不可復信也。今超棄父，以將軍為父，將軍亦當棄子，以超為子。』行諫約，不欲令與超合。約謂行曰：『今諸將不謀而同，似有天數。』乃東詣華陰。及太祖與約交馬語，行在其後，太祖望謂行曰：『當念作孝子。』及超等破走，行隨約還金城。太祖聞行前意，故但誅約子孫在京師者。乃手書與行曰：『觀文約所為，使人笑來。吾前後與之書，無所不說，如此何可復忍！卿父諫議，自平安也。雖然，牢獄之中，非養親之處，且又官家亦不能久為人養老也。』約聞行父獨在，欲使並遇害，以一其心，乃强以少女妻行，行不獲已。太祖果疑行。會約使行別領西平郡。遂勒其部曲，與約相攻擊。行不勝，乃將家人東詣太祖。太祖表拜列侯。

《後漢書》卷三五《鄭玄傳》　時大將軍袁紹總兵冀州，遣使要

（鄭）玄，大會賓客，玄最後至，乃延升上坐。身長八尺，飲酒一斛，秀眉明目，容儀溫偉。紹客多豪俊，並有才說，見玄儒者，未以通人許之，競設異端，百家互起。玄依方辯對，咸出問表，皆得所未聞，莫不嗟服。時汝南應劭亦歸於紹，因自贊曰：『故太山太守應中遠，北面稱弟子何如？』玄笑曰：『仲尼之門考以四科，回、賜之徒不稱官閥。』劭有慚色。

紹乃舉玄茂才，表為左中郎將，皆不就。公車征為大司農，給安車一乘，所過長吏送迎。玄乃以病自乞還家。

（建安）五年春，夢孔子告之曰：『起，起，今年歲在辰，來年歲在巳。』既寤，以讖合之，知命當終，有頃寢疾。時袁紹與曹操相拒於官度，令其子譚遣使逼玄隨軍。不得已，載病到元城縣，疾篤不進，其年六月卒，年七十四。遺令薄葬。自郡守以下嘗受業者，縗絰赴會千餘人。

又 卷四八《徐璆傳》 獻帝遷許，以廷尉徵，當詣京師，道為袁術所劫，授璆以上公之位。璆乃歎曰：『龔勝、鮑宣，獨何人哉？守之必死！』術不敢逼。術死軍破，璆得其盜國璽，及還許，上之，並送前所假汝南、東海二郡印綬。司徒趙溫謂璆曰：『君遭大難，猶存此邪？』璆曰：『昔蘇武困於匈奴，不隊七尺之節，況此方寸印乎？』

北魏·酈道元《水經注》卷五《河水》 又東北過高唐縣東，河水於縣，漯水注之。《地理志》曰：漯水出東武陽。今漯水上承河水于武陽縣東南，西北逕武陽新城東。曹操為東郡所治也。引水自東門石竇北注于堂池，他南故基尚存。城內有一石甚大，城西門名冰井門，門內曲中冰井猶存。門外有故臺，號武陽臺，匝臺亦有隅雉遺迹。水自城東北逕東武陽縣故城南。應劭曰，縣在武水之陽，王莽之武昌也，然則漯水亦或武水矣。臧洪為東郡太守，治此。曹操圍張超於雍丘，洪以情義，請袁紹救之，不許，洪與紹絕。紹圍洪，城中無食，洪呼吏士曰：洪于大義，不得不死，諸君無事，空與此禍。衆泣曰：何忍舍明府也。男女八千餘人，相枕而死。洪不屈，紹殺洪。邑人陳容為丞，謂曰：寧與臧洪同日死，不與將軍同日生。紹又殺之，士為傷歎。今城四周，紹圍郭尚存。

《後漢書》卷一上《光武帝紀上》李賢注 《山海經》云：『太戲之山，虖沱之水出焉。』在今代州繁畤縣東，流經定州深澤縣東南，即光武所度處，今俗猶謂之危度口。臣賢案：呼沱河舊在饒陽南，至魏太祖曹操因饒河故瀆決，令北注新溝水，所以今在饒陽縣北。

又 卷七四上《袁紹傳》李賢注 《獻帝春秋》曰：『操引軍造河，托言助紹，實圖襲鄴，以為瓚援。會瓚破滅，紹亦覺之，以軍退，屯于敖倉。』**【略】**

《獻帝春秋》曰：『紹令軍中各持三尺繩，曹操誠禽，但當縛之。』**【略】**

《曹瞞傳》曰：『公聞許攸來，跣出迎之。攸勸公襲瓊等，公大喜，乃選精銳步騎，皆執袁軍旗幟，銜枚縛馬口，夜從間道出，人把束薪。所歷道問者，語之曰：「袁公恐曹操鈔掠後軍，還兵以益備。」問者信以為然。既至，圍屯，大放火，營中驚亂，大破之，盡燔其穀寶貨，斬督將（睢）［眭］元進等，割得將軍淳于仲簡鼻，殺士卒千餘人，皆取鼻，牛馬割唇舌，以示紹軍。將士皆惶懼。』**【略】**

《先賢行狀》曰：『紹謂逢紀曰：「冀州人聞吾軍敗，皆當念吾；唯田別駕前諫止吾，與衆不同，吾亦慚之。」紀復曰：「豐聞將軍之退，拍手大笑，喜其言之中也。」紹於是有害豐之意。初，太祖聞豐不從戎，喜曰：「紹必敗矣。」及紹奔遁，復曰：「向使紹用其別駕計，尚未可知也。」』**【略】**

《英雄記》曰：『審配任用，與紀不睦，辛評、郭圖皆比于譚。』評，辛毗兄也。見《魏志》。**【略】**

《獻帝春秋》曰：『紹為人政寬，百姓德之。河北士女莫不傷怨，市巷揮淚，如或喪親。』《典論》曰：『袁紹妻劉氏性酷妒，紹死，僵屍未殯，寵妾五人盡殺之，為死者有知，當復見紹於地下，乃髡頭墨面，以毀其形。尚又為盡殺死者之家。』

又 卷七五《呂布傳》李賢注 宋武《北征記》曰：『下邳城有三重，大城（之門）周四里，呂布所守也。魏武禽布于白門。白門，大城之門也。』酈元《水經注》曰：『南門謂之白門，魏武禽陳宮於此。』

宋·李昉等《太平御覽》卷三四八《兵部七十九·弩》 （《英雄記》）又曰：袁尚使審配守鄴城，曹操進軍攻鄴，生獲配。謂曰：『吾近行圍，弩何多也？』配曰：『猶恨其少。』

又　三五六《兵部八十七·甲下》　魏武《軍策令》曰：袁本初鎧萬領，吾大鎧二十領；本初馬鎧三百具，吾不能有十具。見其少遂不施也。吾遂出奇破之，是時士卒精練，不與今時等也。【略】

曹植表曰：先帝賜臣鎧，黑光、明光各一具，兩當鎧一領，環鎖鎧一領，馬鎧一領，今世以升平，兵革無事，乞悉以付鎧曹。

又《兜鍪》　魏武帝《破袁尚上事》曰：臣前上言逆賊袁尚還，即厲精鋭討之。今尚人徒震盪，部曲喪守，引兵遁亡。臣陳軍披堅執鋭，朱旗震燿，虎士雷噪，望旃眩精，聞聲喪氣，投戈解甲，翕然沮壞。尚單騎遁走，捐棄偽節鉞，大將軍、邟鄉侯印各一枚，兜鍪萬九千六百二十枚，其矛盾弓戟，不可勝數。

又　卷四三八《人事部七十九·烈士》　《漢末英雄記》曰：袁尚使審配守鄴，曹操攻之，操出行圍配，伏弩射之，幾中。及城陷，生獲配。操謂曰：『吾近行，弩何多也？』配曰：『猶恨其少。』操曰：『即忠於袁氏，不得不爾！』志欲活之。配意氣壯烈，終無撓辭。遂斬之。

又　卷四六七《人事部一百八·喜》　司馬彪《九州春秋》曰：曹公與袁紹相距，遣人招張繡。繡欲歸紹，賈詡勸繡歸曹公，繡曰：『紹强。又曹公與吾有讎，不可。』詡曰：『此乃所以宜從之也。夫有霸王之志者，固將釋大怨明德於四海也。』繡從之，歸曹公。曹公見之，喜，執詡手曰：『使我信重於天下者，君也。』

又　卷四七八《人事部一百一十九·贈遺》　梁祚《魏國統》曰：初，太祖過故人呂伯奢也。遂行，日暮，道逢二人，容貌威武，太祖避之路。二人笑曰：『觀君有奔懼之色，何也？』太祖始覺其異，乃悉告之。臨別，太祖解佩刀與之曰：『以此表吾丹心，願二賢慎勿言。』

又　卷四九六《人事部一百三十七·諺下》　《曹操別傳》曰：呂布梟勇，且有駿馬。時人為之語曰：『人中有呂布，馬中有赤兔。』【略】

《英雄記》曰：袁紹父成，字文開，貴盛，自梁冀以下，皆為交言，無不從。京師諺曰：『事不諧，詣文開。』

魏武選令曰：諺曰：『失晨之雞，思補更鳴。』昔季闡在白馬，有受金取婢之罪，棄而弗問，後以為濟北相，以其能故。

曹植令曰：諺云：『相門有相，將門有將。』夫相者文德昭，將者武功烈。

又　卷八二四《資産部四·園》　《獻帝春秋》曰：呂布問太祖：『明公何瘦？』太祖曰：『君何以識孤？』布曰：『昔在洛會浸氏園。』太祖曰：『然，孤忘之矣。所以瘦者，不早相得故也。』

又　卷九八四《藥部一·藥》　《異苑》曰：魏武北征蹋頓，升嶺，眺矚，見一崗不生百草。王粲曰：『如是古冢。此人在世，服生礜石死，而石上熱蒸在外，故卉木焦滅。』即令鑿之，果得大墓，有礜石滿塋。仲宣博識强記，皆類此也。一實：粲在荆州從劉表，登鄣山，見此異。

魏受漢禪

綜述

《三國志》卷一《武帝紀》　（初平三年，鮑）信乃與州吏萬潛等至東郡迎太祖領兗州牧。【略】

（興平二年）冬十月，天子拜太祖兗州牧。

（建安元年正月）太祖將迎天子，諸將或疑，荀彧、程昱勸之，乃遣曹洪將兵西迎，衛將軍董承與袁術將萇奴拒險，洪不得進。【略】天子拜太祖建德將軍，夏六月，遷鎮東將軍，封費亭侯。秋七月，楊奉、韓暹以天子還洛陽，《獻帝春秋》曰：天子初至洛陽，幸城西故中常侍趙忠宅。使張楊繕治宫室，名殿曰揚安殿，八月，帝乃遷居。奉別屯梁。太祖遂至洛陽，衛京都，暹遁走。天子假太祖節鉞，録尚書事。《獻帝紀》曰：又領司隸校尉。洛陽殘破，董昭等勸太祖都許。九月，車駕出轘轅而東，以太祖為大將軍，封武平侯。【略】

冬十月，【略】於是以袁紹為太尉，紹耻班在公下，不肯受。公乃固辭，以大將軍讓紹。天子拜公司空，行車騎將軍。【略】

五年春正月，董承等謀泄，皆伏誅。

（九年九月）天子以公領冀州牧，公讓還兗州。【略】

十三年春正月，公還鄴，作玄武池以肄舟師。漢罷三公官，置丞相、御史大夫。夏六月，以公為丞相。《獻帝起居注》曰：使太常徐璆即授印綬。御史大夫不領中丞，置長史一人。《先賢行狀》曰：璆字（孟平）［孟玉］，廣陵人。少履清爽，立朝正色。歷任城、汝南、東海三郡，所在化行。被征當還，為袁術所劫。術僭號，欲授以上公之位，璆終不為屈。術死後，璆得術璽，致之漢朝，拜衛尉太常；公為丞相，以位讓璆焉。【略】

（十五年）冬，作銅雀臺。《魏武故事》載公十二月己亥令曰：『孤始舉孝廉，年少，自以本非巖穴知名之士，恐為海內人之所見凡愚，欲為一郡守，好作政教，以建立名譽，使世士明知之；故在濟南，始除殘去穢，平心選舉，違迕諸常侍。以為强豪所忿，恐致家禍，故以病還。去官之後，年紀尚少，顧視同歲中，年有五十，未名為老，內自圖之，從此卻去二十年，待天下清，乃與同歲中始舉者等耳。故以四時歸鄉里，於譙東五十里築精舍，欲秋夏讀書，冬春射獵，求底下之地，欲以泥水自蔽，絕賓客往來之望，然不能得如意。後徵為都尉，遷典軍校尉，意遂更欲為國家討賊立功，欲望封侯作征西將軍，然後題墓道言「漢故征西將軍曹侯之墓」，此其志也。而遭值董卓之難，興舉義兵。是時合兵能多得耳，然常自損，不欲多之；所以然者，多兵意盛，與强敵爭，倘更為禍始。故汴水之戰數千，後還到揚州更募，亦復不過三千人，此其本志有限也。後領兗州，破降黃巾三十萬衆。又袁術僭號於九江，下皆稱臣，名門曰建號門，衣被皆為天子之制，兩婦預爭為皇后。志計已定，人有勸術使遂即帝位，露布天下，答言「曹公尚在，未可也」。後孤討禽其四將，獲其人衆，遂使術窮亡解沮，發病而死。及至袁紹據河北，兵勢强盛，孤自度勢，實不敵之，但計投死為國，以義滅身，足垂於後。幸而破紹，梟其二子。又劉表自以為宗室，包藏姦心，乍前乍卻，以觀世事，據有當州，孤復定之，遂平天下。身為宰相，人臣之貴已極，意望已過矣。今孤言此，若為自大，欲人言盡，故無諱耳。設使國家無有孤，不知當幾人稱帝，幾人稱王。或者人見孤强盛，又性不信天命之事，恐私心相評，言有不遜之志，妄相忖度，每用耿耿。齊桓、晉文所以垂稱至今日者，以其兵勢廣大，猶能奉事周室也。《論語》云「三分天下有其二，以服事殷，周之德可謂至德矣」，夫能以大事小也。昔樂毅走趙，趙王欲與之圖燕，樂毅伏而垂泣，對曰：「臣事昭王，猶事天王；臣若獲戾，放在他國，沒世然後已，不忍謀趙之徒隸，況燕後嗣乎！」胡亥之殺蒙恬也，恬曰：「自吾先人及至子孫，積信於秦三世矣；今臣將兵三十餘萬，其勢足以背叛，然自知必死而守義者，不敢辱先人之教以忘先王也。」孤每讀此二人書，未嘗不愴然流涕也。孤祖父以至孤身，皆當親重之任，可謂見信者矣，以及（子植）［子桓］兄弟，過於三世矣。孤非徒對諸君說此也，常以語妻妾，皆令深知此意。孤謂之言：「顧我萬年之後，汝曹皆當出嫁，欲令傳道我心，使他人皆知之。」孤此言皆肝鬲之要也。所以勤勤懇懇敘心腹者，見周公有金縢之書以自明，恐人不信之故。然欲孤便爾委捐所典兵衆以還執事，歸就武平侯國，實不可也。何者？誠恐己離兵為人所禍也。既為子孫計，又己敗則國家傾危，是以不得慕虛名而處實禍，此所不得為也。前朝恩封三子為侯，固辭不受，今更欲受之，非欲復以為榮，欲以為外援，為萬安計。孤聞介推之避晉封，申胥之逃楚賞，未嘗不捨書而歎，有以自省也。奉國威靈，仗鉞征伐，推弱以克强，處小而禽大，意之所圖，動無違事，心之所慮，何向不濟，遂蕩平天下，不辱主命，可謂天助漢室，非人力也。然封兼四縣，食户三萬，何德堪之！江湖未靜，不可讓位；至於邑土，可得而辭。今上還陽夏、柘、苦三縣户二萬，但食武平萬户，且以分損謗議，少減孤之責也。』

十六年春正月，《魏書》曰：庚辰，天子報：減户五千，分所讓三縣萬五千封三子，植為平原侯，據為范陽侯，豹為饒陽侯，食邑各五千户。天子命公世子丕為五官中郎將，置官屬，為丞相副。【略】

十七年春正月，公還鄴。天子命公贊拜不名，入朝不趨，劍履上殿，如蕭何故事。【略】割河內之蕩陰、朝歌、林慮，東郡之衛國、頓丘、東武陽、發幹，鉅鹿之廮陶、曲周、南和，廣平之任城，趙之襄國、邯鄲、易陽以益魏郡。【略】

（十八年）詔書并十四州，復為九州。【略】

五月丙申，天子使御史大夫郗慮持節策命公為魏公《續漢書》曰：慮字鴻豫，山陽高平人。少受業于鄭玄，建安初為侍中。虞溥《江表傳》曰：獻帝嘗特見慮及少府孔融，問融曰：『鴻豫何所優長？』融曰：『可與適道，未可與權。』慮舉笏曰：『融昔宰北海，政散民流，其權安在也！』遂與融互相長短，以至不睦。公以書和解之。慮從光祿勳遷為大夫。曰：朕以不德，少遭愍凶，越在西土，遷於唐、衛。當此之時，若綴旒然，《公羊傳》曰：『君若贅旒然。』何休云：『贅猶綴也。旒，旂旒也。以旒譬者，言為下所執持東西也。』宗廟乏祀，社稷無位；羣凶覬覦，分裂諸夏，率土之民，朕無獲焉，即我高祖之命將墜於地。朕用夙興假寐，震悼於厥心，曰『惟祖惟父，股肱先正，《文侯之命》曰：『亦惟先正。』鄭玄云：『先正，先臣。謂公卿大夫也。』其孰能恤朕躬』？乃誘天衷，誕育丞相，保乂我皇家，弘濟於艱難，朕實賴之。今將授君典禮，其敬聽朕命。昔者董卓初興國難，羣後釋位以謀王室，《左氏傳》曰：『諸侯釋位以間王政。』服虔曰：『言諸侯釋其私政而佐王室。』君則攝進，首啓戎行，此君之忠於本朝也。後及黄巾反易天常，侵我三州，延及平民，君又翦之以寧東夏，此又君之功也。韓暹、楊奉專用威命，君則致討，克黜其難，遂遷許都，造我京畿，設官兆祀，不失舊物，天地鬼神於是獲乂，此又君之功也。袁術僭逆，肆於淮南，懾憚君靈，用丕顯謀，蘄陽之役，橋蕤授首，稜威南邁，術以隕潰，此又君之功也。回戈東征，呂布就戮，乘轅將返，張楊殂斃，眭固伏罪，張繡稽服，此又君之功也。袁紹逆亂天常，謀危社稷，憑恃其衆，稱兵內侮，當此之時，王師寡弱，天下寒心，莫有固志，君執大節，精貫白日，奮其武怒，運其神策，致屆官渡，大殲醜類，《詩》曰：『致天之屆，於牧之野。』鄭玄云：『屆，極也。』《鴻範》曰：『鯀則殛死。』俾我國家拯于危墜，此又君之功也。濟師洪河，拓定四州，袁譚、高幹，咸梟其首，海盜奔迸，黑山順軌，此又君之功也。烏丸三種，崇亂二世，袁尚因之，逼據塞北，束馬縣車，一征而滅，此又君之功也。劉表背誕，不供貢職，王師首路，威風先逝，百城八郡，交臂屈膝，此又君之功也。馬超、成宜，同惡相濟，濱據河、潼，求逞所欲，殄之渭南，獻馘萬計，遂定邊境，撫和戎狄，此又君之功也。鮮卑、丁零，重譯而至，（單于）［箪于］、白屋，請吏率職，此又君之功也。君有定天下之功，重之以明德，班敘海內，宣美風俗，旁施勤教，恤慎刑獄，吏無苛政，民無懷慝；敦崇帝族，表繼絶世，舊德前功，罔不咸秩；雖伊尹格於皇天，周公光于四海，方之蔑如也。朕聞先王並建明德，胙之以土，分之以民，崇其寵章，備其禮物，所以藩衛王室，左右厥世也。其在周成，管、蔡不靜，懲難念功，乃使邵康公賜齊太公履，東至於海，西至於河，南至於穆陵，北至於無棣，五侯九伯，實得征之，世祚太師，以表東海；爰及襄王，亦有楚人不供王職，又命晉文登為侯伯，錫以二輅、虎賁、鈇鉞、秬鬯、弓矢，大啓南陽，世作盟主。故周室之不壞，緊二國是賴。今君稱丕顯德，明保朕躬，奉答天命，導揚弘烈，緩爰九域，莫不率俾，《盤庚》曰：『綏爰有衆。』鄭玄曰：『爰，於也，安隱於其衆也。』《君奭》曰：『海隅出日，罔不率俾。』率，循也。俾，使也。四海之隅，日出所照，無不循度而可使也。功高於伊、周，而賞卑於齊、晉，朕甚恧焉。朕以眇眇之身，託於兆民之上，永思厥艱，若涉淵冰，非君攸濟，朕無任焉。今以冀州之河東、河內、魏郡、趙國、中山、常山、鉅鹿、安平、甘陵、平原凡十郡，封君為魏公。錫君玄土，苴以白茅；爰契爾龜，用建冢社。昔在周室，畢公、毛公入為卿佐，周、邵師保出為二伯，外內之任，君實宜之，其以丞相領冀州牧如故。又加君九錫，其敬聽朕命。以君經緯禮律，為民軌儀，使安職業，無或遷志，是用錫君大輅、戎輅各一，玄牡二駟。君勸分務本，穡人昏作，《盤庚》曰：『墮農自安，不昏作勞。』鄭玄云：『昏，勉也。』粟帛滯積，大業惟興，是用錫君衮冕之服，赤舄副焉。君敦尚謙讓，俾民興行，少長有禮，上下咸和，是用錫君軒縣之樂，六佾之舞。君翼宣風化，爰發四方，遠人革面，華夏充實，是用錫君朱户以居。君研其明哲，思帝所難，官才任賢，羣善必舉，是用錫君納陛以登。君秉國之鈞，正色處中，纖毫之惡，靡不抑退，是用錫君虎賁之士三百人。君糾虔天刑，章厥有罪，『糾虔天刑』語出《國語》，韋昭注曰：『糾，察也。虔，敬也。刑，法也。』犯關幹紀，莫不誅殛，是用錫君鈇鉞各一。君龍驤虎視，旁眺八維，掩討逆節，折衝四海，是用錫君彤弓一，彤矢百，玈弓十，玈矢千。君以温恭為基，孝友為德，明允篤誠，感於朕思，是用錫君秬鬯一卣，珪瓚副焉。魏國置丞相已下羣卿百寮，皆如漢初諸侯王之制。往欽哉，敬服朕命！簡恤爾衆，時亮庶功，用終爾顯德，對揚我高祖之休命！後漢尚書左丞潘勖之辭也。勖字元茂，陳留中牟人。《魏書》載公令曰：『夫受九錫，廣開土宇，周公其人也。漢之異姓八王者，與高祖俱起布衣，創定王業，其功至大，吾何可比之？』前後三讓。於是中軍師（王）陸樹亭侯荀攸、前軍師東武亭侯鍾繇、左軍師涼茂、右軍師毛玠、平虜將軍華鄉侯劉勳、建武將軍清苑亭侯劉若、伏波將軍高安侯夏侯惇、揚武將軍都亭侯王忠、奮威將軍樂鄉侯劉展、建忠將軍昌鄉亭侯鮮於輔、奮武將軍安國亭侯程昱、太中大夫都鄉侯賈詡、軍師祭酒千秋亭侯董昭、都亭侯薛洪、南鄉亭侯董蒙、關內侯王粲、傅巽、祭酒王選、袁渙、王朗、張承、任藩、杜襲、中護軍國明亭侯曹洪、中領軍萬歲亭侯韓浩、行驍騎將軍安平亭侯曹仁、領護軍將軍王圖、長史萬潛、謝奂、袁霸等勸進曰：『自古三代，胙臣以土，受命中興，封秩輔佐，皆所以褒功賞德，為國藩衛也。往者天下崩亂，羣凶豪起，顛越跋扈之險，不可忍言。明公奮身出命以徇其難，誅二袁篡盜之逆，滅黄巾賊亂之類，殄夷首逆，芟撥荒穢，沐浴霜露二十餘年，書契已來，未有若此功者。昔周公承文、武之迹，受已成之業，高枕墨筆，拱揖羣後，商、奄之勤，不過二年，呂望因三分有二之形，據八百諸侯之勢，暫把旄鉞，一時指麾，然皆大啓土宇，跨州兼國。周公八子，並為侯伯，白牡騂剛，郊祀天地，典策備物，擬則王室，榮章寵盛如此之弘也。逮至漢興，佐命之臣，張耳、吴芮，其功至薄，亦連城開地，南面稱孤。此皆明君達主行之於上，賢臣聖宰受之於下，三代令典，漢帝明制。今比勞則周、呂逸，計功則張、吴微，論制則齊、魯重，言地則長沙多；然則魏國之封，九錫之榮，況於舊賞，猶懷玉而被褐也。且列侯諸將，幸攀龍驥，得竊微勞，佩紫懷黄，蓋以百數，亦將因此傳之萬世，而明公獨辭賞於上，將使其下懷不自安，上違聖朝歡心，下失冠帶至望，忘輔弼之大業，信匹夫之細行，攸等所大懼也。』於是公敕外為章，但受魏郡。攸等復曰：『伏見魏國初封，聖朝發慮，稽謀羣寮，然後策命；而明公久違上指，不即大禮。今既虔奉詔命，副順衆望，又欲辭多當少，讓九受一，是猶漢朝之賞不行，而攸等之請未許也。昔齊、魯之封，奄有東海，疆域井賦，四百萬家，基隆業廣，易以立功，故能成翼戴之勳，立一匡之績。今魏國雖有十郡之名，猶減于曲阜，計其户數，不能參半，以藩衛王室，立垣樹屏，猶未足也。且聖上覽亡秦無輔之禍，懲曩日震盪之艱，託建忠賢，廢墜是為，原明公恭承帝命，無或拒違。』公乃受命。《魏略》載公上書謝曰：『臣蒙先帝厚恩，致位郎署，受性疲怠，意望畢足，非敢希望高位，庶幾顯達。會董卓作亂，義當死難，故敢奮身出命，摧鋒率衆，遂值千載之運，奉役目下。當二袁炎沸侵侮之際，陛下與臣寒心同憂，顧瞻京師，進受猛敵，常恐君臣俱陷虎口，誠不自意能全首領。賴祖宗靈祐，醜類夷滅，得使微臣竊名其間。陛下加恩，授以上相，封爵寵禄，豐大弘厚，生平之原，實不望也。口與心計，幸且待罪，保持列侯，遺付子孫，自託聖世，永無憂責。不意陛下乃發盛意，開國備錫，以貺愚臣，地比齊、魯，禮同藩王，非臣無功所宜膺據。歸情上聞，不蒙聽許，嚴詔切至，誠使臣心俯仰逼迫。伏自惟省，列在大臣，命制王室，身非己有，豈敢自私，遂其愚意，亦將黜退，令就初服。今奉疆土，備數藩翰，非敢遠期，慮有後世；至於父子相誓終身，灰軀盡命，報塞厚恩。天威在顔，悚懼受詔。』

秋七月，始建魏社稷宗廟。天子聘公三女為貴人，少者待年于國。《獻帝起居注》曰：使使持節行太常大司農安陽亭侯王邑，齎璧、帛、玄纁、絹五萬匹之鄴納聘，介者五人，皆以議郎行大夫事，副介一人。九月，作金虎臺，鑿渠引漳水入白溝以通河。冬十月，分魏郡為東西部，置都尉。十一月，初置尚書、侍中、六卿。《魏氏春秋》曰：以荀攸為尚書令，涼茂為僕射，毛玠、崔琰、常林、徐奕、何夔為尚書，王粲、杜襲、衛覬、和洽為侍中。【略】

十九年春正月。【略】《獻帝起居注》曰：使行太常事大司農安陽亭侯王邑與宗正劉艾，皆持節，介者五人，齎束帛駟馬，及給事黄門侍郎、掖庭丞、中常侍二人，迎二貴人于魏公國。二月癸亥，又於魏公宗廟授二貴人印綬。甲子，詣魏公宫延秋門，迎貴人升車。魏遣郎中令、少府、博士、御府乘黄廄令、丞相掾屬侍送貴人。癸酉，二貴人至洧倉中，遣侍中丹將冗從虎賁前後駱驛往迎之。乙亥，二貴人入宫，御史大夫、中二千石將大夫、議郎會殿中，魏國二卿及侍中、中郎二人，與漢公卿並升殿宴。

三月，天子使魏公位在諸侯王上，改授金璽，赤紱、遠遊冠。《獻帝起居注》曰：使左中郎將楊宣、亭侯裴茂持節、印授之。【略】

十一月，漢皇后伏氏坐昔與父故屯騎校尉完書，云帝以董承被誅怨恨公，辭甚醜惡，發聞，后廢黜死，兄弟皆伏法。《曹瞞傳》曰：公遣華歆勒兵入宫收后，后閉户匿壁中。歆壞户發壁，牽后出。帝時與御史大夫郗慮坐，后被髮徒跣過，執帝手曰：『不能復相活邪？』帝曰：『我亦不自知命在何時也。』帝謂慮曰：『郗公，天下寧有是邪！』遂將后殺之，完及宗族死者數百人。

十二月，公至孟津。天子命公置旄頭，宫殿設鍾虡。【略】

二十年春正月，天子立公中女為皇后。【略】

九月，【略】天子命公承制封拜諸侯守相。孔衍《漢魏春秋》曰：天子以公典任於外，臨事之賞，或宜速疾，乃命公得承制封拜諸侯守相，詔曰：『夫軍之大事，在兹賞罰，勸善懲惡，宜不旋時，故《司馬法》曰「賞不逾日」者，欲民速睹為善之利也。昔在中興，鄧禹入關，承制拜軍祭酒李文為河東太守，來歙又承制拜高峻為通路將軍，察其本傳，皆非先請，明臨事刻印也，斯則世祖神明，權達損益，蓋所用速示威懷而著鴻勳也。其《春秋》之義，大夫出疆，有專命之事，苟所以利社稷安國家而已。況君秉任二伯，師尹九有，實征夷夏，軍行藩甸之外，失得在於斯須之間，停賞俟詔以滯世務，固非朕之所圖也。自今已後，臨事所甄，當加寵號者，其便刻印章假授，咸使忠義得相獎勵，勿有疑焉。』【略】

二十一年春二月，公還鄴。《魏書》曰：辛未，有司以太牢告至，策勳於廟，甲午始春祠，令曰：『議者以為祠廟上殿當解履。吾受錫命，帶劍不解履上殿。今有事於廟而解履，是尊先公而替王命，敬父祖而簡君主，故吾不敢解履上殿也。又臨祭就洗，以手擬水而不盥。夫盥以潔為敬，未聞擬（向）不盥之禮，且「祭神如神在」，故吾親受水而盥也。又降神禮訖，下階就幕而立，須奏樂畢竟，似若不（愆）烈祖，遲祭（不）速訖也，故吾坐俟樂闋送神乃起也。受胙納

（神），以授侍中，此為敬恭不終實也，古者親執祭事，故吾親納於（神），終抱而歸也。仲尼曰「雖違衆，吾從下」，誠哉斯言也。』三月壬寅，公親耕籍田。《魏書》曰：有司奏：『四時講武於農隙。漢承秦制，三時不講，唯十月都試車馬，幸長水南門，會五營士為八陳進退，名曰乘之。今金革未偃，士民素習，自今已後，可無四時講武，但以立秋擇吉日大朝車騎，號曰治兵，上合禮名，下承漢制。』奏可。夏五月，天子進公爵為魏王。《獻帝傳》載詔曰：『自古帝王，雖號稱相變，爵等不同，至乎褒崇元勳，建立功德，光啓氏姓，延於子孫，庶姓之與親，豈有殊焉。昔我聖祖受命，創業肇基，造我區夏，鑑古今之制，通爵等之差，盡封山川以立藩屏，使異姓親戚，並列土地，據國而王，所以保乂天命，安固萬嗣。歷世承平，臣主無事。世祖中興而時有難易，是以曠年數百，無異姓諸侯王之位。朕以不德，繼序弘業，遭率土分崩，羣凶縱毒，自西徂東，辛苦卑約。當此之際，唯恐溺入於難，以羞先帝之聖德。賴皇天之靈，俾君秉義奮身，震迅神武，捍朕於艱難，獲保宗廟，華夏遺民，含氣之倫，莫不蒙焉。君勤過稷、禹，忠侔伊、周，而掩之以謙讓，守之以彌恭，是以往者初開魏國，錫君土宇，懼君之違命，慮君之固辭，故且懷志屈意，封君為上公，欲以欽順高義，須俟勳績。韓遂、宋建，南結巴、蜀，羣逆合從，圖危社稷，君復命將，龍驤虎奮，梟其元首，屠其窟棲。暨至西征，陽平之役，親擐甲胄，深入險阻，芟夷蝥賊，殄其凶醜，蕩定西陲，懸旌萬里，聲教遠振，寧我區夏。蓋唐、虞之盛，三後樹功，文、武之興，旦、奭作輔，二祖成業，英豪佐命；夫以聖哲之君，事為己任，猶錫土班瑞以報功臣，豈有如朕寡德，仗君以濟，而賞典不豐，將何以荅神祇慰萬方哉？今進君爵為魏王，使使持節行御史大夫、宗正劉艾奉策璽玄土之社，苴以白茅，金虎符第一至第五，竹使符第一至十。君其正王位，以丞相領冀州牧如故。其上魏公璽綬符册。敬服朕命，簡恤爾衆，克綏庶績，以揚我祖宗之休命。』魏王上書三辭，詔三報不許。又手詔曰：『大聖以功德為高美，以忠和為典訓，故創業垂名，使百世可希，行道制義，使力行可效，是以勳烈無窮，休光茂著。稷、契載元首之聰明，周、邵因文、武之智用，雖經營庶官，仰歎俯思，其對豈有若君者哉？朕惟古人之功，美之如彼，思君忠勤之績，茂之如此，是以每將鏤符析瑞，陳禮命册，寤寐慨然，自忘守文之不德焉。今君重違朕命，固辭懇切，非所以稱朕心而訓後世也。其抑志撙節，勿復固辭。』《四體書勢·序》曰：梁鵠以公為北部尉。《曹瞞傳》曰：為尚書右丞司馬建公所舉。及公為王，召建公到鄴，與歡飲，謂建公曰：『孤今日可復作尉否？』建公曰：『昔舉大王時，適可作尉耳。』王大笑。建公名防，司馬宣王之父。臣松之案司馬彪《序傳》，建公不為右丞，疑此不然，而王隱《晉書》云趙王篡位，欲尊祖為帝，博士馬平議稱京兆府君昔舉魏武帝為北部尉，賊不犯界，如此則為有征。【略】天子命王女為公主，食湯沐邑。【略】

八月，以大理鍾繇為相國。《魏書》曰：始置奉常宗正官。【略】

（二十二年）夏四月，天子命王設天子旌旗，出入稱警蹕。五月，作泮宮。六月，以軍師華歆為御史大夫。《魏書》曰：初置衛尉官。秋八月，令曰：『昔伊摯、傅說出於賤人，管仲，桓公賊也，皆用之以興。蕭何、曹參，縣吏也，韓、陳平負汙辱之名，有見笑之耻，卒能成就王業，聲著千載。吳起貪將，殺妻自信，散金求官，母死不歸，然在魏，秦人不敢東向，在楚則三晉不敢南謀。今天下得無有至德之人放在民間，及果勇不顧，臨敵力戰；若文俗之吏，高才異質，或堪為將守；負汙辱之名，見笑之行，或不仁不孝而有治國用兵之術：其各舉所知，勿有所遺。』冬十月，天子命王冕十有二旒，乘金根車，駕六馬，設五時副車，以五官中郎將丕為魏太子。【略】

二十三年春正月，漢太醫令吉本與少府耿紀、司直韋晃等反，攻許，燒丞相長史王必營，《魏武故事》載令曰：『領長史王必，是吾披荆棘時吏也。忠能勤事，心如鐵石，國之良吏也。蹉跌久未辟之，舍騏驥而弗乘，焉遑遑而更求哉？故教辟之，已署所宜，便以領長史統事如故。』必與潁川典農中郎將嚴匡討斬之。《三輔決録》注曰：時有京兆金禕字德禕，自以世為漢臣，自日磾討莽何羅，忠誠顯著，名節累葉。睹漢祚將移，謂可季興，乃喟然發憤，遂與耿紀、韋晃、吉本、本子邈、邈弟穆等結謀。紀字季行，少有美名，為丞相掾，王甚敬異之，遷侍中，守少府。邈字文然，穆字思然，以禕慷慨有日磾之風，又與王必善，因以間之，若殺必，欲挾天子以攻魏，南援劉備。時關羽强盛，而王在鄴，留必典兵督許中事。文然等率雜人及家僮千餘人夜燒門攻必，禕遣人為內應，射必中肩。必不知攻者為誰，以素與禕善，走投禕，夜喚德禕，禕家不知是必，謂為文然等，錯應曰：『王長史已死乎？卿曹事立矣！』必乃更他路奔。一曰：必欲投禕，其帳下督謂必曰：『今日事竟知誰門而投入乎？』扶必奔南城。會天明，必猶在，文然等衆散，故敗。後十餘日，必竟以創死。《獻帝春秋》曰：收紀、晃等，將斬之，紀呼魏王名曰：『恨吾不自生意，竟為羣兒所誤耳！』晃頓首搏頰，以至於死。《山陽公載記》曰：王聞王必死，盛怒，召漢百官詣鄴，令救火者左，不救火者右。衆人以為救火者必無罪，皆附左；王以為『不救火者非助亂，救火乃實賊也』。皆殺之。【略】

六月，令曰：『古之葬者，必居瘠薄之地。其規西門豹祠西原上為壽陵，因高為基，不封不樹。周禮冢人掌公墓之地，凡諸侯居左右以前，卿大夫居後，漢制亦謂之陪陵。其公卿大臣列將有功者，宜陪壽陵，其廣為兆域，使足相容。』【略】

（二十四年）秋七月，以夫人卞氏為王后。【略】

冬十月，軍還洛陽。《曹瞞傳》曰：王更脩治北部尉廨，令過於舊。孫權遣使上書，以討關羽自效。王自洛陽南征羽，未至，晃攻羽，破之，羽走，仁圍解。王軍摩陂。《魏略》曰：孫權上書稱臣，稱說天命。王以權書示外曰：『是兒欲踞吾著爐火上邪！』侍中陳羣、尚書桓階奏曰：『漢自安帝已來，政去公室，國統數絕，至於今者，唯有名號，尺土一民，皆非漢有，期運久已盡，歷數久已終，非適今日也。是以桓、靈之間，諸明圖緯者，皆言「漢行氣盡，黄家當興」。殿下應期，十分天下而有其九，以服事漢，羣生注望，遐邇怨歎，是故孫權在遠稱臣，此天人之應，異氣齊聲。臣愚以為虞、夏不以謙辭，殷、周不吝誅放，畏天知命，無所與讓也。』《魏氏春秋》曰：夏侯惇謂王曰：『天下咸知漢祚已盡，異代方起。自古已來，能除民害為百姓所歸者，即民主也。今殿下即戎三十餘年，功德著於黎庶，為天下所依歸，應天順民，復何疑哉！』王曰：『「施於有政，是亦為政」。若天命在吾，吾為周文王矣。』《曹瞞傳》及《世語》並云桓階勸王正位，夏侯惇以為宜先滅蜀，蜀亡則吳服，二方既定，然後遵舜、禹之軌，王從之。及至王薨，惇追恨前言，發病卒。孫盛評曰：夏侯惇恥為漢官，求受魏印，桓階方惇，有義直之節；考其傳記，《世語》為妄矣。

（二十五年春正月）庚子，王崩於洛陽，年六十六。【略】謚曰武王。

又　卷二《魏志・文帝紀》　文皇帝諱丕，字子桓，武帝太子也。【略】（建安）二十二年，立為魏太子。太祖崩，嗣位為丞相、魏王。袁宏《漢紀》載漢帝詔曰：『魏太子丕：昔皇天授乃顯考以翼我皇家，遂攘除羣凶，拓定九州，弘功茂績，光於宇宙，朕用垂拱負扆二十有餘載。天不慭遺一老，永保餘一人，早世潛神，哀悼傷切。丕奕世宣明，宜秉文武，紹熙前緒。今使使持節御史大夫華歆奉策詔授丕丞相印綬、魏王璽紱，領冀州牧。方今外有遺虜，遐夷未賓，旗鼓猶在邊境，干戈不得韜刃，斯乃播揚洪烈，立功垂名之秋也。豈得脩諒闇之禮，究曾、閔之志哉？其敬服朕命，抑弭憂懷，旁祗厥緒，時亮庶功，以稱朕意。於戲，可不勉與！』尊王后曰王太后。改建安二十五年為延康元年。【略】

（延康）元年二月壬戌，以大中大夫賈詡為太尉，御史大夫華歆為相國，大理王朗為御史大夫。【略】

初，漢熹平五年，黄龍見譙，光祿大夫橋玄問太史令單颺：『此何祥也？』颺曰：『其國後當有王者興，不及五十年，亦當復見。天事恒象，此其應也。』內黄殷登默而記之。至四十五年，登尚在。三月，黄龍見譙，登聞之曰：『單颺之言，其驗茲乎！』《魏書》曰：王召見登，謂之曰：『昔成風聞楚丘之繇而敬事季友，鄧晨信少公之言而自納光武。登以篤老，服膺占術，記識天道，豈有是乎！』賜登穀三百斛，遣歸家。【略】

夏四月丁巳，饒安縣言白雉見。《魏書》曰：賜饒安田租，勃海郡百户牛酒，大酺三日；太常以太牢祠宗廟。【略】

五月戊寅，天子命王追尊皇祖太尉曰太王，夫人丁氏曰太王后，封王子叡為武德侯。《魏略》曰：以侍中鄭稱為武德侯傅，令曰：『龍淵、太阿出昆吾之金，和氏之璧由井里之田；礱之以砥礪，錯之以他山，故能致連城之價，為命世之寶。學亦人之砥礪也。稱篤學大儒，勉以經學輔侯，宜旦夕入侍，曜明其志。』【略】

（七月）甲午，軍次於譙，大饗六軍及譙父老百姓於邑東。《魏書》曰：設伎樂百戲，令曰：『先王皆樂其所生，禮不忘其本。譙，霸王之邦，真人本出，其復譙租稅二年。』三老吏民上壽，日夕而罷。丙申，親祠譙陵。孫盛曰：昔者先王之以孝治天下也，內節天性，外施四海，存盡其敬，亡極其哀，思慕諒闇，寄政冢宰，故曰『三年之喪，自天子達於庶人』；夫然，故在三之義惇，臣子之恩篤，雍熙之化隆，經國之道固，聖人之所以通天地，厚人倫，顯至教，敦風俗，斯萬世不易之典，百王服膺之制也。是故喪禮素冠，鄶人著庶見之譏，宰予降期，仲尼發不仁之歎，子頹忘戚，君子以為樂禍，魯侯易服，春秋知其不終，豈不以墜至痛之誠心，喪哀樂之大節者哉？故雖三季之末，七雄之弊，猶未有廢縗斬於旬朔之間，釋麻杖於反哭之日者也。逮於漢文，變易古制，人道之紀，一旦而廢，縗素奪於至尊，四海散其遏密，義感闕於羣後，大化墜於君親；雖心存貶約，慮在經綸，至於樹德垂聲，崇化變俗，固以道薄於當年，風頹於百代矣。且武王載主而牧野不陳，晉襄墨縗而三帥為俘，應務濟功，服其焉害？魏王既追漢制，替其大禮，處莫重之哀而設饗宴之樂，居貽厥之始而墜王化之基，及至受禪，顯納二女，忘其至恤以誣先聖之典，天心喪矣，將何以終！是以知王齡之不遐，卜世之期促也。八月，石邑縣言鳳皇集。

（冬十一月）漢帝以衆望在魏，乃召羣公卿士，袁宏《漢紀》載漢帝詔曰：『朕在位三十有二載，遭天下蕩覆，幸賴祖宗之靈，危而復存。然仰瞻天文，俯察民心，炎精之數既終，行運在乎曹氏。是以前王既樹神武之績，今王又光曜明德以應其期，是歷數昭明，信可知矣。夫大道之行，天下為公，選賢與能，故唐堯不私於厥子，而名播於無窮。朕羨而慕焉，今其追踵堯典，禪位於魏王。』告祠高廟。使兼御史大夫張音持節奉璽綬禪位，册曰：『咨爾魏王：昔者帝堯禪位於虞舜，舜亦以命禹，天命不于常，惟歸有德。漢道陵遲，世失其序，降及朕躬，大亂茲昏，羣凶肆逆，宇內顛覆。賴武王神武，拯茲難於四方，惟清區夏，以保綏我宗廟，豈予一人獲乂，俾九服實受其賜。今王欽承前緒，光於乃德，恢文武之大業，昭爾考之弘烈。皇靈降瑞，人神告徵，誕惟亮采，師錫朕命，僉曰爾度克協于虞舜，用率我唐典，敬遜爾位。於戲！天之歷數在爾躬，允執其中，天祿永終；君其祗順大禮，饗茲萬國，以肅承天命。』《獻帝傳》載禪代衆事曰：左中郎將李伏表魏王曰：『昔先王初建魏國，在境外者聞之未審，皆以為拜王。武都李庶、姜合羈旅漢中，謂臣曰：「必為魏公，未便王也。定天下者，魏公子桓，神之所命，當合符讖，以應天人之位。」臣以合辭語鎮南將軍張魯，魯亦問合知書所出？合曰：「孔子玉版也。天子歷數，雖百世可知。」是後月餘，有亡人來，寫得册文，卒如合辭。合長於內學，關右知名。魯雖有懷國之心，沈溺異道變化，不果寤合之言。後密與臣議策質，國人不協，或欲西通，魯即怒曰：「寧為魏公奴，不為劉備上客也。」言發惻痛，誠有由然。合先迎王師，往歲病亡於鄴。自臣在朝，每為所親宣說此意，時未有宜，弗敢顯言。殿下即位初年，禎祥衆瑞，日月而至，有命自天，昭然著見。然聖德洞達，符表豫明，實乾坤挺慶，萬國作孚。臣每慶賀，欲言合驗；事君盡禮，人以為諂。況臣名行穢賤，入朝日淺，言為罪尤，自抑而已。今洪澤被四表，靈恩格天地，海內翕習，殊方歸服，兆應並集，以揚休命，始終允臧。臣不勝喜舞，謹具表通。』王令曰：『以示外。薄德之人，何能致此，未敢當也；斯誠先王至德通於神明，固非人力也。』

魏王侍中劉廙、辛毗、劉曄、尚書令桓階、尚書陳矯、陳羣、給事黄門侍郎王毖、董遇等言：『臣伏讀左中郎將李伏上事，考圖緯之言，以效神明之應，稽之古代，未有不然者也。故堯稱歷數在躬，璿璣以明天道；周武未戰而赤烏銜書；漢祖未兆而神母告符；孝宣仄微，字成木葉；光武布衣，名已勒讖。是天之所命以著聖哲，非有言語之聲，芬芳之臭，可得而知也，徒縣象以示人，微物以效意耳。自漢德之衰，漸染數世，桓、靈之末，皇極不建，暨於大亂，二十餘年。天之不泯，誕生明聖，以濟其難，是以符讖先著，以彰至德。殿下踐阼未期，而靈象變於上，羣瑞應於下，四方不羈之民，歸心向義，唯懼在後，雖典籍所傳，未若今之盛也。臣妾遠近，莫不鳧藻。』王令曰：『犁牛之駁似虎，莠之幼似禾，事有似是而非者，今日是已。睹斯言事，良重吾不德。』於是尚書僕射宣告官寮，咸使聞知。

辛亥，太史丞許芝條魏代漢見讖緯于魏王曰：『《易傳》曰：「聖人受命而王，黄龍以戊己日見。」七月四日戊寅，黄龍見，此帝王受命之符瑞最著明者也。又曰：「初六，履霜，陰始凝也。」又有積蟲大穴天子之宮，厥咎然，今蝗蟲見，應之也。又曰：「聖人以德親比天下，仁恩洽普，厥應麒麟以戊己日至，厥應聖人受命。」又曰：「聖人清淨行中正，賢人福至民從命，厥應麒麟來。」《春秋漢含孳》曰：「漢以魏，魏以徵。」《春秋玉版讖》曰：「代赤者魏公子。」《春秋佐助期》曰：「漢以許昌失天下。」故白馬令李雲上事曰：「許昌氣見於當塗高，當塗高者當昌於許。」當塗高者，魏也；象魏者，兩觀闕是也；當道而高大者魏。魏當代漢。今魏基昌于許，漢徵絕于許，乃今效見，如李雲之言，許昌相應也。佐助期又曰：「漢以蒙孫亡。」說者以蒙孫漢二十四帝，童蒙愚昏，以弱亡。或以雜文為蒙其孫當失天下，以為漢帝非正嗣，少時為董侯，名不正，蒙亂之荒惑，其子孫以弱亡。《孝經中黄讖》曰：「日載東，絕火光。不橫一，聖聰明。四百之外，易姓而王。天下歸功，致太平，居八甲；共禮樂，正萬民，嘉樂家和雜。」此魏王之姓諱，著見圖讖。《易運期讖》曰：「言居東，西有午，兩日並光日居下。其為主，反為輔。五八四十，黄氣受，真人出。」言午，許字。兩日，昌字。漢當以許亡，魏當以許昌。今際會之期在許，是其大效也。《易運期》又曰：「鬼在山，禾女連，王天下。」臣聞帝王者，五行之精；易姓之符，代興之會，以七百二十年為一軌。有德者過之，至於八百，無德者不及，至四百載。是以周家八百六十七年，夏家四百數十年，漢行夏正，迄今四百二十六歲。又高祖受命，數雖起乙未，然其兆徵始於獲麟。獲麟以來七百餘年，天之歷數將以盡終。帝王之興，不常一姓。太微中，黄帝坐常明，而赤帝坐常不見，以為黄家興而赤家衰凶亡之漸。自是以來四十餘年，又熒惑失色不明十有餘年。建安十年，彗星先除紫微，二十三年，復掃太微。新天子氣見東南以來，二十三年，白虹貫日，月蝕熒惑，比年己亥、壬子、丙午日蝕，皆水滅火之象也。殿下即位，初踐阼，德配天地，行合神明，恩澤盈溢，廣被四表，格於上下。是以黄龍數見，鳳皇仍翔，麒麟皆臻，白虎效仁，前後獻見於郊甸；甘露醴泉，奇獸神物，衆瑞並出。斯皆帝王受命易姓之符也。昔黄帝受命，風後受河圖；舜、禹有天下，鳳皇翔，洛出書；湯之王，白烏為符；文王為西伯，赤烏銜丹書；武王伐殷，白魚升舟；高祖始起，白蛇為徵。巨迹瑞應，皆為聖人興。觀漢前後之大灾，今茲之符瑞，察圖讖之期運，揆河洛之所甄，未若今大魏之最美也。夫得歲星者，道始興。昔武王伐殷，歲在鶉火，有周之分野也。高祖入秦，五星聚東井，有漢之分野也。今茲歲星在大梁，有魏之分野也。而天之瑞應，並集來臻，四方歸附，繈負而至，兆民欣戴，咸樂嘉慶。《春秋大傳》曰：「周公何以不之魯？蓋以為雖有繼體守文之君，不害聖人受命而王。」周公反政，尸子以為孔子非之，以為周公不聖，不為兆民也。京房作《易傳》曰：「凡為王者，惡者去之，弱者奪之。易姓改代，天命應常，人謀鬼謀，百姓與能。」伏惟殿下體堯舜之盛明，膺七百之禪代，當湯武之期運，值天命之移受，河洛所表，圖讖所載，昭然明白，天下學士所共見也。臣職在史官，考符察徵，圖讖效見，際會之期，謹以上聞。』王令曰：『昔周文三分天下有其二，以服事殷，仲尼歎其至德；公旦履天子之籍，聽天下之斷，終然復子明辟，書美其人。吾雖德不及二聖，敢忘高山景行之義哉？若夫唐堯、舜、禹之迹，皆以聖質茂德處之，故能上和靈祇，下寧萬姓，流稱今日。今吾德至薄也，人至鄙也，遭遇際會，幸承先王餘業，恩未被四海，澤未及天下，雖傾倉竭府以振魏國百姓，猶寒者未盡暖，飢者未盡飽。夙夜憂懼，弗敢遑寧，庶欲保全髮齒，長守今日，以没於地，以全魏國，下見先王，以塞負荷之責。望狹志局，守此而已；雖屢蒙祥瑞，當之戰惶，五色無主。若芝之言，豈所聞乎？心栗手悼，書不成字，辭不宣心。吾間作詩曰：「喪亂悠悠過紀，白骨縱横萬里，哀哀下民靡恃，吾將佐時整理，復子明辟致仕。」庶欲守此辭以自終，卒不虚言也。宜宣示遠近，使昭赤心。』於是侍中辛毗、劉曄、散騎常侍傅巽、衛臻、尚書令桓階、尚書陳矯、陳羣、給事中博士騎都尉蘇林、董巴等奏曰：『伏見太史丞許芝上魏國受命之符；令書懇切，允執謙讓，雖舜、禹、湯、文，義無以過。然古先哲王所以受天命而不辭者，誠急遵皇天之意，副兆民之望，弗得已也。且易曰：「觀乎天文以察時變，觀乎人文以化成天下。」又曰：「天垂象，見吉凶，聖人則之；河出圖，洛出書，聖人效之。」以為天文因人而變，至於河洛之書，著于《洪範》，則殷、周效而用之矣。斯言，誠帝王之明符，天道之大要也。是以由德應録者代興於前，失道數盡者迭廢於後，傳讖萇弘欲支天之所壞，而說蔡墨「雷乘乾」之說，明神器之存亡，非人力所能建也。今漢室衰替，帝綱墮墜，天子之詔，歇滅無聞，皇天將舍舊而命新，百姓既去漢而為魏，昭然著明，是可知也。先王撥亂平世，將建洪基；至於殿下，以至德當歷數之運，即位以來，天應人事，粲然大備，神靈圖籍，兼仍往古，休徵嘉兆，跨越前代；是芝所取中黄、運期姓緯之讖，斯文乃著於前世，與漢並見。由是言之，天命久矣，非殿下所得而拒之也。神明之意，候望禋享，兆民顒顒，咸注嘉原，惟殿下覽圖籍之明文，急天下之公義，輒宣令外內，佈告州郡，使知符命著明，而殿下謙虚之意。』令曰：『下四方以明孤款心，是也。至於覽餘辭，豈餘所謂哉？寧所堪哉？諸卿指論，未若孤自料之審也。夫虚談謬稱，鄙薄所弗當也。且聞比來東征，經郡縣，歷屯田，百姓面有飢色，衣或短褐不完，罪皆在孤；是以上慚衆瑞，下愧士民。由斯言之，德尚未堪偏王，何言帝者也！宜止息此議，無重吾不德，使逝之後，不愧後之君子。』

癸丑，宣告羣寮。督軍御史中丞司馬懿、侍御史鄭渾、羊祕、鮑勳、武周等言：『令如左。伏讀太史丞許芝上符命事，臣等聞有唐世衰，天命在虞，虞氏世衰，天命在夏；然則天地之靈，歷數之運，去就之符，惟德所在。故孔子曰：「鳳鳥不至，河不出圖，吾已矣夫！」今漢室衰，自安、和、沖、質以來，國統屢絕，桓、靈荒淫，禄去公室，此乃天命去就，非一朝一夕，其所由來久矣。殿下踐阼，至德廣被，格於上下，天人感應，符瑞並臻，考之舊史，未有若今日之盛。夫大人者，先天而天弗違，後天而奉天時，天時已至而猶謙讓者，舜、禹所不為也，故生民蒙救濟之惠，羣類受育長之施。今八方顒顒，大小注望，皇天乃眷，神人同謀，十分而九以委質，義過周文，所謂過恭也。臣妾上下，伏所不安。』令曰：『世之所不足者道義也，所有餘者苟妄也；常人之性，賤所不足，貴所有餘，故曰「不患無位，患所以立」。孤雖寡德，庶自免于常人之貴。夫「石可破而不可奪堅，丹可磨而不可奪赤」。丹石微物，尚保斯質，況吾託士人之末列，曾受教于君子哉？且於陵仲子以仁為富，柏成子高以義為貴，鮑焦感子貢之言，棄其蔬而槁死，薪者譏季劄失辭，皆委重而弗視。吾獨何人？昔周武，大聖也，使叔旦盟膠鬲於四內，使召公約微子於共頭，故伯夷、叔齊相與笑之曰：「昔神農氏之有天下，不以人之壞自成，不以人之卑自高。」以為周之伐殷以暴也。吾德非周武而義慚夷、齊，庶欲遠苟妄之失道，立丹石之不奪，邁於陵之所富，蹈柏成之所貴，執鮑焦之貞至，遵薪者之清節。故曰：「三軍可奪帥，匹夫不可奪志。」吾之斯志，豈可奪哉？』

乙卯，册詔魏王禪代天下曰：『惟延康元年十月乙卯，皇帝曰，咨爾魏王：夫命運否泰，依德升降，三代卜年，著於《春秋》，是以天命不于常，帝王不一姓，由來尚矣。漢道陵遲，為日已久，安、順已降，世失其序，沖、質短祚，三世無嗣，皇綱肇虧，帝典頹沮。暨於朕躬，天降之灾，遭無妄厄運之會，值炎精幽昧之期。變興輦轂，禍由閹宦。董卓乘釁，惡甚澆、豷，劫遷省御，（太僕）

〔火撲〕宮廟，遂使九州幅裂，强敵虎爭，華夏鼎沸，蝮蛇塞路。當斯之時，尺土非復漢有，一夫豈復朕民？幸賴武王德膺符運，奮揚神武，芟夷凶暴，清定區夏，保乂皇家。今王纘承前緒，至德光昭，御衡不迷，布德優遠，聲教被四海，仁風扇鬼區，是以四方效珍，人神回應，天之歷數實在爾躬。昔虞舜有大功二十，而放勳禪以天下；大禹有疏導之績，而重華禪以帝位。漢承堯運，有傳聖之義，加順靈祇，紹天明命，釐降二女，以嬪于魏。使使持節行御史大夫事太常音，奉皇帝璽綬，王其永君萬國，敬御天威，允執其中，天祿永終，敬之哉？』於是尚書令桓階等奏曰：『漢氏以天子位禪之陛下，陛下以聖明之德，歷數之序，承漢之禪，允當天心。夫天命弗可得辭，兆民之望弗可得違，臣請會列侯諸將、羣臣陪隸，發璽書，順天命，具禮儀列奏。』令曰：『當議孤終不當承之意而已。猶獵，還方有令。』尚書令等又奏曰：『昔堯、舜禪於文祖，至漢氏，以師征受命，畏天之威，不敢怠遑，便即位行在所之地。今當受禪代之命，宜會百寮羣司，六軍之士，皆在行位，使咸睹天命。營中促狹，可於平敞之處設壇場，奉答休命。臣輒與侍中常侍會議禮儀，太史官擇吉日訖，復奏。』令曰：『吾殊不敢當之，外亦何豫事也！』

侍中劉廙、常侍衛臻等奏議曰：『漢氏遵唐堯公天下之議，陛下以聖德膺歷數之運，天人同歡，靡不得所，宜順靈符，速踐皇阼。問太史丞許芝，今月十七日己未直成，可受禪命，輒治壇場之處，所當施行別奏。』令曰：『屬出見外，便設壇場，斯何謂乎？今當辭讓不受詔也。但於帳前發璽書，威儀如常，且天寒，罷作壇士使歸。』既發璽書，王令曰：『當奉還璽綬為讓章。吾豈奉此詔承此貺邪？昔堯讓天下於許由、子州支甫，舜亦讓於善卷、石户之農、北人無擇，或退而耕潁之陽，或辭以幽憂之疾，或遠入山林，莫知其處，或攜子入海，終身不反，或以為辱，自投深淵；且顏燭懼太樸之不完，守知足之明分，王子搜樂丹穴之潛處，被熏而不出，柳下惠不以三公之貴易其介，曾參不以晉、楚之富易其仁：斯九士者，咸高節而尚義，輕富而賤貴，故書名千載，於今稱焉。求仁得仁，仁豈在遠？孤獨何為不如哉？義有蹈東海而逝，不奉漢朝之詔也。亟為上章還璽綬，宣之天下，使咸聞焉。』己未，宣告羣僚，下魏，又下天下。

輔國將軍清苑侯劉若等百二十人上書曰：『伏讀令書，深執克讓，聖意懇惻，至誠外昭，臣等有所不安。何者？石户、北人，匹夫狂狷，行不合義，事不經見者，是以史遷謂之不然，誠非聖明所當希慕。且有虞不逆放勳之禪，夏禹亦無辭位之語，故傳曰：「舜陟帝位，若固有之。」斯誠聖人知天命不可逆，歷數弗可辭也。伏惟陛下應乾符運，至德發聞，升昭於天，是三靈降瑞，人神以和，休征雜遝，萬國回應，雖欲勿用，將焉避之？而固執謙虛，違天逆衆，慕匹夫之微分，背上聖之所蹈，違經讖之明文，信百氏之穿鑿，非所以奉答天命，光慰衆望也。臣等昧死以請，輒整頓壇場，至吉日受命，如前奏，分別寫令宣下。』王令曰：『昔柏成子高辭夏禹而匿野，顏闔辭魯幣而遠迹，夫以王者之重，諸侯之貴，而二子忽之，何則？其節高也。故烈士徇榮名，義夫高貞介，雖蔬食瓢飲，樂在其中。是以仲尼師王駘，而子產嘉申徒。今諸卿皆孤股肱腹心，足以明孤，而今咸若斯，則諸卿游於形骸之內，而孤求為形骸之外，其不相知，未足多怪。亟為上章還璽綬，勿復紛紛也。』

輔國將軍等一百二十人又奏曰：『臣聞符命不虛見，衆心不可違，故孔子曰：「周公其為不聖乎？以天下讓。是天地日月輕去萬物也。」是以舜嚮天下，不拜而受命。今火德氣盡，炎上數終，帝遷明德，祚隆大魏。符瑞昭晳，受命既固，光天之下，神人同應，雖有虞儀鳳，成周躍魚，方今之事，未足以喻。而陛下違天命以飾小行，逆人心以守私志，上忤皇穹眷命之旨，中忘聖人達節之數，下孤人臣翹首之望，非所以揚聖道之高衢，乘無窮之懿勳也。臣等聞事君有獻可替否之道，奉上有逆鱗固爭之義，臣等敢以死請。』令曰：『夫古聖王之治也，至德合乾坤，惠澤均造化，禮教優乎昆蟲，仁恩洽乎草木，日月所照，戴天履地含氣有生之類，靡不被服清風，沐浴玄德；是以金革不起，苛慝不作，風雨應節，禎祥觸類而見。今百姓寒者未暖，飢者未飽，鰥者未室，寡者未嫁；權、備尚存，未可舞以幹戚，方將整以齊斧；戎役未息於外，士民未安於內，耳未聞康哉之歌，目未睹擊壤之戲，嬰兒未可託於高巢，餘糧未可以宿於田畝：人事未備，至於此也。夜未曜景星，治未通真人，河未出龍馬，山未出象車，蓂莢未植階庭，萐莆未生庖廚，王母未獻白環，渠搜未見珍裘：靈瑞未效，又如彼也。昔東户季子、容成、大庭、軒轅、赫胥之君，咸得以此就功勒名。今諸卿獨不可少假孤精心竭慮，以和天人，以格至理，使彼衆事備，羣瑞效，然後安乃議此乎，何遽相愧相迫之如是也？速為讓章，上還璽綬，無重吾不德也。』

侍中劉廙等奏曰：『伏惟陛下以大聖之純懿，當天命之歷數，觀天象則符瑞著明，考圖緯則文義煥炳，察人事則四海齊心，稽前代則異世同歸；而固拒禪命，未踐尊位，聖意懇惻，臣等敢不奉詔？輒具章遣使者。』奉令曰：『泰伯三以天下讓，人無得而稱焉，仲尼歎其至德，孤獨何人？』

庚申，魏王上書曰：『皇帝陛下：奉被今月乙卯璽書，伏聽册命，五內驚震，精爽散越，不知所處。臣前上還相位，退守藩國，聖恩聽許。臣雖無古人量德度身自定之志，保己存性，實其私原。不寤陛下猥損過謬之命，發不世之詔，以加無德之臣。且聞堯禪重華，舉其克諧之德，舜授文命，采其齊聖之美，猶下咨四嶽，上觀璿璣。今臣德非虞、夏，行非二君，而承歷數之諮，應選授之命，內自揆撫，無德以稱。且許由匹夫，猶拒帝位，善卷布衣，而逆虞詔。臣雖鄙蔽，敢忘守節以當大命，不勝至原。謹拜章陳情，使行相國永壽少府糞土臣毛宗奏，並上璽綬。』

辛酉，給事中博士蘇林、董巴上表曰：『天有十二次以為分野，王公之國，各有所屬，周在鶉火，魏在大梁。歲星行歷十二次國，天子受命，諸侯以封。周文王始受命，歲在鶉火，至武王伐紂十三年，歲星復在鶉火，故《春秋傳》曰：「武王伐紂，歲在鶉火；歲之所在，即我有周之分野也。」昔光和七年，歲在大梁，武王始受命，（為）時將討黃巾。是歲改年為中平元年。建安元年，歲復在大梁，始拜大將軍。十三年復在大梁，始拜丞相。今二十五年，歲復在大梁，陛下受命。此魏得歲與周文王受命相應。今年青龍在庚子，《詩推度灾》曰：「庚者更也，子者滋也，聖命天下治。」又曰：「王者布德於子，治成於丑。」此言今年天更命聖人制治天下，布德於民也。魏以改制天下，與（時）協矣。顓頊受命，歲在豕韋，衛居其地，亦在豕韋，故《春秋傳》曰：「衛，顓頊之墟也。」今十月斗之建，則顓頊受命之分也，始魏以十月受禪，此同符始祖受命之驗也。魏之氏族，出自顓頊，與舜同祖，見於《春秋世家》。舜以土德承堯之火，今魏亦以土德承漢之火，於行運，會於堯舜授受之次。臣聞天之去就，固有常分，聖人當之，昭然不疑，故堯捐骨肉而禪有虞，終無吝色，舜發隴畝而君天下，若固有之，其相受授，間不替漏；天下已傳矣，所以急天命，天下不可一日無君也。今漢期運已終，妖異絕之已審，階下受天之命，符瑞告征，丁寧詳悉，反覆備至，雖言語相喻，無以代此。今既發詔書，璽綬未御，固執謙讓，上逆天命，下違民望。臣謹案古之典籍，參以圖緯，魏之行運及天道所在，即尊之驗，在於今年此月，昭晰分明。唯階下遷思易慮，以時即位，顯告天帝而告天下，然後改正朔，易服色，正大號，天下幸甚。』令曰：『凡斯皆宜聖德，故曰：「苟非其人，道不虛行。」天瑞雖彰，須德而光；吾德薄之人，胡足以當之？今讓，冀見聽許，外內咸使聞知。』

壬戌，冊詔曰：『皇帝問魏王言：遣宗奉庚申書到，所稱引，聞之。朕惟漢家世逾二十，年過四百，運周數終，行祚已訖，天心已移，兆民望絕，天之所廢，有自來矣。今大命有所底止，神器當歸聖德，違衆不順，逆天不祥。王其體有虞之盛德，應歷數之嘉會，是以禎祥告符，圖讖表録，神人同應，受命咸宜。朕畏上帝，致位於王；天不可違，衆不可拂。且重華不逆堯命，大禹不辭舜位，若夫由、卷匹夫，不載聖籍，固非皇材帝器所當稱慕。今使音奉皇帝璽綬，王其陟帝位，無逆朕命，以祇奉天心焉。』

於是尚書令桓階等奏曰：『今漢使音奉璽書到，臣等以為天命不可稽，神器不可瀆。周武中流有白魚之應，不待師期而大號已建，舜受大麓，桑蔭未移而已陟帝位，皆所以祇承天命，若此之速也。故無固讓之義，不以守節為貴，必道信於神靈，符合於天地而已。易曰：「其受命如響，無有遠近幽深，遂知來物，非天下之至賾，其孰能與於此？」今陛下應期運之數，為皇天所子，而復稽滯於辭讓，低回於大號，非所以則天地之道，副萬國之望。臣等敢以死請，輒敕有司修治壇場，擇吉日，受禪命，發璽綬。』令曰：『冀三讓而不見聽，何汲汲於斯乎？』

甲子，魏王上書曰：『奉今月壬戌璽書，重被聖命，伏聽冊告，肝膽戰悸，不知所措。天下神器，禪代重事，故堯將禪舜，納於大麓，舜之命禹，玄圭告功；烈風不迷，九州攸平，詢事考言，然後乃命，而猶執謙讓於德不嗣。況臣頑固，質非二聖，乃應天統，受終明詔；敢守微節，歸志箕山，不勝大原。謹拜表陳情，使並奉上璽綬。』

侍中劉廙等奏曰：『臣等聞聖帝不違時，明主不逆人，故易稱通天下之志，斷天下之疑。伏惟陛下體有虞之上聖，承土德之行運，當亢陽明夷之會，應漢氏祚終之數，合契皇極，同符兩儀。是以聖瑞表征，天下同應，歷運去就，深切著明；論之天命，無所與議，比之時宜，無所與爭。故受命之期，時清日晏，曜靈施光，休氣雲蒸。是乃天道悅懌，民心欣戴，而仍見閉拒，于禮何居？且羣生不可一日無主，神器不可以斯須無統，故臣有違君以成業，下有矯上以立事，臣等敢不重以死請。』王令曰：『天下重器，王者正統，以聖德當之，猶有懼心，吾何人哉？且公卿未至乏主，斯豈小事，且宜以待固讓之後，乃當更議其可耳。』

丁卯，冊詔魏王曰：『天訖漢祚，辰象著明，朕祇天命，致位於王，仍陳歷數於詔冊，喻符運於翰墨；神器不可以辭拒，皇位不可以謙讓，稽於天命，至於再三。且四海不可以一日曠主，萬機不可以斯須無統，故建大業者不拘小節，知天命者不繫細物，是以舜受大業之命而無遜讓之辭，聖人達節，不亦遠乎！今使音奉皇帝璽綬，王其欽承，以答天下鄉應之望焉。』

相國華歆、太尉賈詡、御史大夫王朗及九卿上言曰：『臣等被召到，伏見太史丞許芝、左中郎將李伏所上圖讖、符命，侍中劉廙等宣敍衆心，人靈同謀。又漢朝知陛下聖化通於神明，聖德參于虞、夏，因瑞應之備至，聽歷數之所在，遂獻璽綬，固讓尊號。能言之倫，莫不抃舞，河圖、洛書，天命瑞應，人事協于天時，民言協於天敍。而陛下性秉勞謙，體尚克讓，明詔懇切，未肯聽許，臣妾小人，莫不伊邑。臣等聞自古及今，有天下者不常在乎一姓；考以德勢，則盛衰在乎强弱，論以終始，則廢興在乎期運。唐、虞歷數，不在厥子而在舜、禹。舜、禹雖懷克讓之意迫，羣后執玉帛而朝之，兆民懷欣戴而歸之，率土揚歌謠而詠之，故其守節之拘，不可得而常處，達節之權，不可得而久避；是以或遜位而不吝，或受禪而不辭，不吝者未必厭皇寵，不辭者未必渴帝祚，各迫天命而不得以已。既禪之後，則唐氏之子為賓于有虞，虞氏之冑為客于夏代，然則禪代之義，非獨受之者實應天福，授之者亦與有餘慶焉。漢自章、和之後，世多變故，稍以陵遲，洎乎孝靈，不恒其心，虐賢害仁，聚斂無度，政在嬖豎，視民如讎，遂令上天震怒，百姓從風如歸；當時則四海鼎沸，既沒則禍發宮庭，寵勢並竭，帝室遂卑，若在帝舜之末節，猶擇聖代而授之，荆人抱玉璞，猶思良工而刊之，況漢國既往，莫之能匡，推器移君，委之聖哲，固其宜也。漢朝委質，既原禮禪之速定也，天祚率土，必將有主；主率土者，非陛下其孰能任之？所謂論德無與為比，考功無推讓矣。天命不可久稽，民望不不可久違，臣等慺慺，不勝大原。伏請陛下割捴謙之志，脩受禪之禮，副人神之意，慰外內之原。』令曰：『以德則孤不足，以時則戎虜未滅。若以羣賢之靈，得保首領，終君魏國，於孤足矣。若孤者，胡足以辱四海？至乎天瑞人事，皆先王聖德遺慶，孤何有焉？是以未敢聞命。』

己巳，魏王上書曰：『臣聞舜有賓於四門之勳，乃受禪於陶唐，禹有存國七百之功，乃承祿於有虞。臣以蒙蔽，德非二聖，猥當天統，不敢聞命。敢屢抗疏，略陳私原，庶章通紫庭，得全微節，情達宸極，永守本志。而音重復銜命，申制詔臣，臣實戰惕，不發璽書，而音迫于嚴詔，不敢復命。原陛下馳傳騁驛，召音還臺。不勝至誠，謹使宗奉書。』

相國歆、太尉詡、御史大夫朗及九卿奏曰：『臣等伏讀詔書，於邑益甚。臣等聞易稱聖人奉天時，論語云君子畏天命，天命有去就，然後帝者有禪代。是以唐之禪虞，命在爾躬，虞之順唐，謂之受終；堯知天命去己，故不得不禪舜，舜知歷數在躬，故不敢不受；不得不禪，奉天時也，不敢不受，畏天命也。漢朝雖承季末陵遲之餘，猶務奉天命以則堯之道，是以原禪帝位而歸二女。而陛下正於大魏受命之初，抑虞、夏之達節，尚延陵之讓退，而所枉者大，所直者小，所詳者輕，所略者重，中人凡士猶為陛下陋之。没者有靈，則重華必忿憤於蒼梧之神墓，大禹必郁悒於會稽之山陰，武王必不悅于（商）陵之玄宮矣。是以臣等敢以死請。且漢政在閹宦，祿去帝室七世矣，遂集矢石於其宮殿，而二京為之丘墟。當是之時，四海蕩覆，天下分崩，武王親衣甲而冠冑，沐雨而櫛風，為民請命，則活萬國，為世撥亂，則致升平，鳩民而立長，築宮而置吏，元元無過，罔於前業，而始有造于華夏。陛下即位，光昭文德，以翊武功，勤恤民隱，視之如傷，懼者寧之，勞者息之，寒者以暖，飢者以充，遠人以（恩復）［德服］，寇敵以恩降，邁恩種德，光被四表；稽古篤睦，茂於放勳，網漏吞舟，弘乎周文。是以布政未期，人神並和，皇天則降甘露而臻四靈，后土則挺芝草而吐醴泉，虎豹鹿兔，皆素其色，雉鳩燕雀，亦白其羽，連理之木，同心之瓜，五采之魚，珍祥瑞物，雜鶵於其間者，無不畢備。古人有言：「微禹，吾其魚乎！」微大魏，則臣等之白骨交橫於曠野矣。伏省羣臣外內前後章奏，所以陳敍陛下之符命者，莫不條河洛之圖書，據天地之瑞應，因漢朝之款誠，宣萬方之景附，可謂信矣（省）矣；三王無以及，五帝無以加。民命之懸於魏［邦，民心之繫於魏］政，三十有餘年矣，此乃千世時至之會，萬載一遇之秋；達節廣度，宜昭於斯際，拘牽小節，不施於此時。久稽天命，罪在臣等。輒營壇場，具禮儀，擇吉日，昭告昊天上帝，秩羣神之禮，須禋祭畢，會羣寮於朝堂，議年號、正朔、服色當施行，上。』復令曰：『昔者大舜飯糗茹草，將終身焉，斯則孤之前志也。及至承堯禪，被（珍）裘，妻二女，若固有之，斯則順天命也。羣公卿士誠以天命不可拒，民望不可違，孤亦曷以辭焉？』

庚午，冊詔魏王曰：『昔堯以配天之德，秉六合之重，猶睹歷運之數，移於有虞，委讓帝位，忽如遺迹。今天既訖我漢命，乃眷北顧，帝皇之業，實在大魏。朕守空名以竊古義，顧視前事，猶有慚德，而王遜讓至於三四，朕用懼焉。夫不辭萬乘之位者，知命達節之數也，虞、夏之君，處之不疑，故勳烈垂于萬載，美名傳於無窮。今遣守尚書令侍中（顗）喻，王其速陟帝位，以順天人之心，副朕之大原。』

於是尚書令桓階等奏曰：『今漢氏之命已四至，而陛下前後固辭，臣等伏以為上帝之臨聖德，期運之隆大魏，斯豈數載？傳稱周之有天下，非甲子之朝，殷之去帝位，非牧野之日也，故詩序商湯，追本玄王之至，述姬周，上録後稷之生，是以受命既固，厥德不回。漢氏衰廢，行次已絕，三辰垂其徵，史官著其驗，耆老記先古之占，百姓協歌謠之聲。陛下應天受禪，當速即壇場，柴燎上帝，誠不宜久停神器，拒億兆之原。臣輒下太史令擇元辰，今月二十九日，可登壇受命，請詔三公羣卿，具條禮儀別奏。』令曰：『可。』乃為壇於繁陽。庚午，王升壇即阼，百官陪位。事訖，降壇，視燎成禮而反。改延康為黃初，大赦。

《獻帝傳》曰：辛未，魏王登壇受禪，公卿、列侯、諸將、匈奴單于、四夷朝者數萬人陪位，燎祭天地、五嶽、四瀆，曰：『皇帝臣丕敢用玄牡昭告於皇皇后帝：漢歷世二十有四，踐年四百二十有六，四海困窮，三綱不立，五緯錯行，靈祥並見，推術數者，慮之古道，咸以為天之歷數，運終茲世，凡諸嘉祥民神之意，比昭有漢數終之極，魏家受命之符。漢主以神器宜授於臣，憲章有虞，致位於丕。丕震畏天命，雖休勿休。羣公庶尹六事之人，外及將士，洎於蠻夷君長，僉曰：「天命不可以辭拒，神器不可以久曠，羣臣不可以無主，萬幾不可以無統。」丕祗承皇象，敢不欽承。卜之守龜，兆有大横，筮之三易，兆有革兆，謹擇元日，與羣寮登壇受帝璽綬，告類於爾大神；唯爾有神，尚饗永吉，兆民之望，祚于有魏世享。』遂制詔三公：『上古之始有君也，必崇恩化以美風俗，然百姓順教而刑辟厝焉。今朕承帝王之緒，其以延康元年為黄初元年，議改正朔，易服色，殊徽號，同律度量，承土行，大赦天下；自殊死以下，諸不當得赦，皆赦除之。』

《魏氏春秋》曰：帝升壇禮畢，顧謂羣臣曰：『舜、禹之事，吾知之矣。』

干寶《搜神記》曰：宋大夫邢史子臣明於天道，周敬王之三十七年，景公問曰：『天道其何祥？』對曰：『後五（十）年五月丁亥，臣將死；死後五年五月丁卯，吳將亡；亡後五年，君將終；終後四百年，邾王天下。』俄而皆如其言。所云邾王天下者，謂魏之興也。邾，曹姓，魏亦曹姓，皆邾之後。其年數則錯，未知邢史失其數邪，將年代久遠，注記者傳而有謬也？

黄初元年十一月癸酉，以河内之山陽邑萬户奉漢帝為山陽公，行漢正朔，以天子之禮郊祭，上書不稱臣，京都有事於太廟，致胙；封公之四子為列侯。追尊皇祖太王曰太皇帝，考武王曰武皇帝，尊王太后曰皇太后。賜男子爵人一級，為父後及孝悌力田人二級。以漢諸侯王為崇德侯，列侯為關中侯。以潁陰之繁陽亭為繁昌縣。封爵增位各有差。改相國為司徒，御史大夫為司空，奉常為太常，郎中令為光祿勳，大理為廷尉，大農為大司農。郡國縣邑，多所改易。更授匈奴南單于呼廚泉魏璽綬，賜青蓋車、乘輿、寶劍、玉玦。十二月，初營洛陽宮，戊午幸洛陽。臣松之案：諸書記是時帝居北宫，以建始殿朝羣臣，門曰承明，陳思王植詩曰『謁帝承明廬』是也。至明帝時，始於漢南宫崇德殿處起太極、昭陽諸殿。《魏書》曰：以夏數為得天，故即用夏正，而服色尚黄。《魏略》曰：詔以漢火行也，火忌水，故『洛』去『水』而加『佳』。魏於行次為土，土，水之牡也，水得土而乃流，土得水而柔，故除『佳』加『水』，變『雒』為『洛』。【略】

（二年）冬十月，授楊彪光祿大夫。《魏書》曰：己亥，公卿朝朔旦，並引故漢太尉楊彪，待以客禮，詔曰：『夫先王制几杖之賜，所以賓禮黄耇褒崇元老也。昔孔光、卓茂皆以淑德高年，受茲嘉錫。公故漢宰臣，乃祖已來，世著名節，年過七十，行不踰矩，可謂老成人矣，所宜寵異以章舊德。其賜公延年杖及馮幾；謁請之日，便使杖入，又可使著鹿皮冠。』彪辭讓不聽，竟著布單衣、皮弁以見。《續漢書》曰：彪見漢祚將終，自以累世為三公，恥為魏臣，遂稱足攣，不復行。積十餘年，帝即王位，欲以為太尉，令近臣宣旨。彪辭曰：『嘗以漢朝為三公，值世衰亂，不能立尺寸之益，若復為魏臣，於國之選，亦不為榮也。』帝不奪其意。黄初四年，詔拜光祿大夫，秩中二千石，朝見位次三公，如孔光故事。彪上章固讓，帝不聽，又為門施行馬，致吏卒，以優崇之。年八十四，以六年薨。子脩，事見《陳思王傳》。

四年。【略】《魏書》曰：十二月丙寅，賜山陽公夫人湯沐邑，公女曼為長樂郡公主，食邑各五百户。是冬，甘露降芳林園。臣松之按：芳林園即今華林園，齊王芳即位，改為華林。

又 卷三《魏志·明帝紀》

（青龍二年）三月庚寅，山陽公薨，帝素服發哀，遣使持節典護喪事。【略】追謚山陽公為漢孝獻皇帝，葬以漢禮。《獻帝傳》曰：（魏明）帝變服，率羣臣哭之，使使持節行司徒太常和洽弔祭，又使持節行大司空大司農崔林監護喪事。詔曰：『蓋五帝之事尚矣，仲尼盛稱堯、舜巍巍蕩蕩之功者，以為禪代乃大聖之懿事也。山陽公深識天祿永終之運，禪位文皇帝以順天命。先帝命公行漢正朔，郊天祀祖以天子之禮，言事不稱臣，此舜事堯之義也。昔放勳殂落，四海如喪考妣，遏密八音，明喪葬之禮同於王者也。今有司奏喪禮比諸侯王，此豈古之遺制而先帝之至意哉？今謚公漢孝獻皇帝。』使太尉具以一太牢告祠文帝廟，曰：『叡聞夫禮也者，反本脩古，不忘厥初，是以先代之君，尊尊親親，咸有尚焉。今山陽公寢疾棄國，有司建言喪紀之禮視諸侯王。叡惟山陽公昔知天命永終於己，深觀歷數允在聖躬，傳祚禪位，尊我民主，斯乃陶唐懿德之事也。黄初受終，命公于國行漢正朔，郊天祀祖禮樂制度率乃漢舊，斯亦舜、禹明堂之義也。上考遂初，皇極攸建，允熙克讓，莫朗於茲。蓋子以繼志嗣訓為孝，臣以配命欽述為忠，故《詩》稱「匪棘其猶，聿追來孝」，《書》曰「前人受命，茲不忘大功」。叡敢不奉承徽典，以昭皇考之神靈。今追謚山陽公曰孝獻皇帝，册贈璽紱。命司徒、司空持節弔祭護喪，光祿、大鴻臚為副，將作大匠、復土將軍營成陵墓，及置百官羣吏，車旗服章喪葬禮儀，一如漢氏故事；喪葬所供羣官之費，皆仰大司農。立其後嗣為山陽公，以通三統，永為魏賓。』於是贈册曰：『嗚呼，昔皇天降戾於漢，俾逆臣董卓，播厥凶虐，焚滅京都，劫遷大駕。于時六合雲擾，姦雄熛起。帝自西京，徂唯求定，臻茲洛邑。疇咨聖賢，聿改乘轅，又遷許昌，武皇帝是依。歲在玄枵，皇師肇征，迄於鶉尾，十有八載，羣寇殲殄，九域咸乂。惟帝念功，祚茲魏國，大啓土宇。爰及文皇帝，齊聖廣淵，仁聲旁流，柔遠能邇，殊俗向義，乾精承祚，坤靈吐曜，稽極玉衡，允膺歷數，度於軌儀，克厭帝心。乃仰欽七政，俯察五典，弗采四嶽之謀，不俟師錫之舉，幽贊神明，承天禪位。祚（建）朕躬，統承洪業。蓋聞昔帝堯，元愷既舉，凶族未流，登舜百揆，然後百揆時序，内平外成，授位明堂，退終天祿，故能冠德百王，表功嵩嶽。自往迄今，彌歷七代，歲暨三千，而大運來復，庸命底績，纂我民主，作建皇極。念重光，紹咸池，繼韶夏，超羣後之遐蹤，邈商、周之慚德，可謂高朗令終，昭明洪烈之懿盛者矣。非夫漢、魏與天地合德，與四時合信，動和民神，格於上下，其孰能至於此乎？朕惟孝獻享年不永，欽若顧命，考之典謨，恭述皇考先靈遺意，闡崇弘謚，奉成聖美，以章希世同符之隆，以傳億載不朽之榮。魂而有靈，嘉茲弘休。嗚呼哀哉！」八月壬申，葬于山陽國，陵曰禪陵，置園邑。葬之日，帝制錫衰弁絰，哭之慟。適孫桂氏鄉侯康，嗣立為山陽公。

又　卷一四《魏志·董昭傳》　後太祖遂受魏公、魏王之號，皆（董）昭所創。

又　卷二二《魏志·衛臻傳》　會奉詔命，聘貴人于魏，因表留臻參丞相軍事。追録臻父舊勳，賜爵關内侯，轉為户曹掾。文帝即王位，為散騎常侍。及踐阼，封安國亭侯。時羣臣並頌魏德，多抑損前朝。臻獨明禪授之義，稱揚漢美。帝數目臻曰：『天下之珍，當與山陽共之。』

《三國志》卷一四《魏志·董昭傳》裴松之注　《獻帝春秋》曰：（董）昭與列侯諸將議，以丞相宜進爵國公，九錫備物，以彰殊勳；書與荀彧曰：『昔周旦、呂望，當姬氏之盛，因二聖之業，輔翼成王之幼，功勳若彼，猶受上爵，錫土開宇。末世田單，驅强齊之衆，報弱燕之怨，收城七十，迎復襄王；襄王加賞于單，使東有掖邑之封，西有菑上之虞。前世録功，濃厚如此。今曹公遭海内傾覆，宗廟焚滅，躬擐甲胄，周旋征伐，櫛風沐雨，且三十年，芟夷羣凶，為百姓除害，使漢室復存，劉氏奉祀。方之曩者數公，若太山之與丘垤，豈同日而論乎？今徒與列將功臣，並侯一縣，此豈天下所望哉！』

又　卷三八《蜀志·許靖傳》裴松之注　《山陽公載記》曰：建安十七年，漢立皇子熙為濟陰王，懿為山陽王，敦為東海王。靖聞之曰：『「將欲歙之，必固張之；將欲取之，必固與之」。其孟德之謂乎！』

《後漢書》卷九《獻帝紀》　（建安元年）八月辛丑，幸南宫楊安殿。癸卯，安國將軍張楊為大司馬，韓暹為大將軍，楊奉為車騎將軍。是時，宫室燒盡，百官披荆棘，依牆壁間。州郡各擁强兵，而委輸不至，羣僚饑乏，尚書郎以下自出采稆，或饑死牆壁間，或為兵士所殺。辛亥，鎮東將軍曹操自領司隸校尉，録尚書事。曹操殺侍中臺崇、尚書馮碩等。封衛將軍董承為輔國將軍，伏完等十三人為列侯，贈沮儁為弘農太守。庚申，遷都許。己巳，幸曹操營。

九月，太尉楊彪、司空張喜罷。

冬十一月丙戌，曹操自為司空，行車騎將軍事，百官總己以聽。【略】

五年春正月，車騎將軍董承、偏將軍王服、越騎校尉種輯受密詔誅曹操，事泄。壬午，曹操殺董承等，夷三族。【略】

九年秋八月戊寅，曹操大破袁尚，平冀州，自領冀州牧。【略】

（十三年）夏六月，罷三公官，置丞相、御史大夫。癸巳，曹操自為丞相。【略】

十八年春正月庚寅，復《禹貢》九州。

夏五月丙申，曹操自立為魏公，加九錫。【略】

（十九年）十一月丁卯，曹操殺皇后伏氏，滅其族及二皇子。

二十年春正月甲子，立貴人曹氏為皇后。賜天下男子爵，人一級，孝悌、力田二級。賜諸王侯公卿以下穀，各有差。【略】

二十一年夏四月甲午，曹操自進號魏王。【略】

是歲，曹操殺琅邪王熙，國除。【略】

二十三年春正月甲子，少府耿紀、丞相司直韋晃起兵誅曹操，不克，夷三族。【略】

二十五年春正月庚子，魏王曹操薨。子丕襲位。【略】

三月，改元延康。

冬十月乙卯，皇帝遜位，魏王丕稱天子。李賢注：遜，讓也。《獻帝春秋》曰：『帝時召羣臣卿士告祠高廟，詔太常張音持節，奉策璽綬，禪位於魏王。乃為壇于繁陽故城，魏王登壇，受皇帝璽綬。』奉帝為山陽公，李賢注：山陽，縣名，屬河内郡，故城在今懷州修武縣西北。邑一萬户，位在諸侯王上，奏事不稱臣，受詔不拜，以天子車服郊祀天地，宗廟、祖、臘皆如漢制，都山陽之濁鹿城。李賢注：濁鹿一名濁城，亦名清陽城，在今懷州修武縣東北。四皇子封王者，皆降為列侯。【略】

魏青龍二年三月庚寅，山陽公薨。自遜位至薨，十有四年，年五十四，謚孝獻皇帝。八月壬申，以漢天子禮儀葬于禪陵，李賢注：《續漢書》曰：『天子葬，太僕駕四輪輣為賓車，大練為屋幨。中黄門、虎賁各二十人執紼。司空擇土造穿，太史卜日，將作作黄腸、題湊、便房，如禮。大駕，大僕御。方相氏黄金四目，蒙熊皮，玄衣朱裳，執戈揚楯，立乘四馬先駈。旗長三刃，十有二旒曳地，畫日、月、升龍。書旐曰「天子之柩」。謁者二人，立乘六馬為次。太常跪（曰）哭，［日］十五舉音，止哭。晝漏上［水］，請發。司徒、河南尹先引車轉，太常曰請拜送。車著白絲三糾，紼長三十丈，圍七寸；六行，行五十人。公卿已下子弟凡三百人，皆素幘，委貌冠，衣素裳，挽。校尉三（百）人，皆赤幘，不冠，持幢幡，皆銜枚。羽林孤兒、巴俞擢歌者六十人，為六列。司馬八人，執鐸。至陵南羨門，司徒跪請就下房，都導東園武士奉入房，執事下明器，太祝進醴獻。司空將校復土。』擢音徒了反。《帝王紀》曰：『禪陵在濁鹿城西北十里，在今懷州修武縣北二十五里。陵高二丈，周回二百步。』劉澄之《地記》云：『以漢禪魏，故以名焉。』置園邑令丞。

太子早卒，孫康立五十一年，晉太康六年薨。子瑾立四年，太康十年薨。子秋立二十年，永嘉中為胡賊所殺，國除。

論說

《三國志》卷一〇《魏志·荀彧傳》（建安）九年，太祖拔鄴，領冀州牧。或說太祖『宜復古置九州，則冀州所制者廣大，天下服矣。』太祖將從之，彧言曰：『若是，則冀州當得河東、馮翊、扶風、西河、幽、并之地，所奪者衆。前日公破袁尚，禽審配，海内震駭，必人人自恐不得保其土地，守其兵衆也；今使分屬冀州，將皆動心。且人多說關右諸將以閉關之計；今聞此，以為必以次見奪。一旦生變，雖有（善守）［守善］者，轉相脅為非，則袁尚得寬其死，而袁譚懷貳，劉表遂保江、漢之間，天下未易圖也。原公急引兵先定河北，然後修復舊京，南臨荆州，責貢之不入，則天下咸知公意，人人自安。天下大定，乃議古制，此社稷長久之利也。』太祖遂寢九州議。

又 卷二五《魏志·辛毗傳》裴松之注 （辛）毗女憲英，適太常泰山羊耽，外孫夏侯湛為其傳曰：『憲英聰明有才鑑。初文帝與陳思王爭為太子，既而文帝得立，抱毗頸而喜曰：「辛君知我喜不？」毗以告憲英，憲英歎曰：「太子代君主宗廟社稷者也。代君不可以不戚，主國不可以不懼，宜戚而喜，何以能久？魏其不昌乎！」』

又 卷一三《魏志·華歆傳》裴松之注 《魏書》曰：文帝受禪，（華）歆登壇相儀，奉皇帝璽綬，以成受命之禮。華嶠《譜敍》曰：文帝受禪，朝臣三公已下並受爵位；（華）歆以形色忤時，徙為司徒，而不進爵。魏文帝久不懌，以問尚書令陳羣曰：『我應天受禪，百辟羣後，莫不人人悅喜，形於聲色，而相國及公獨有不怡者，何也？』羣起離席長跪曰：『臣與相國曾臣漢朝，心雖悅喜，義形其色，亦懼陛下實應且憎。』帝大悅，遂重異之。

《後漢書》卷九《獻帝紀論》 傳稱鼎之為器，雖小而重，故神之所寳，不可奪移。至令負而趨者，此亦窮運之歸乎！天厭漢德久矣，山陽其何誅焉！

又 《獻帝紀贊》 獻生不辰，身播國屯。終我四百，永作虞賓。

又 卷七〇《荀彧傳》 （建安）九年，操拔鄴，自領冀州牧。有說操宜復置九州者，以為冀部所統既廣，則天下易服。操將從之。彧言曰：『今若依古制，是為冀州所統，悉有河東、馮翊、扶風、西河、幽、并之地也。公前屠鄴城，海内震駭，各懼不得保其土宇，守其兵衆。今若一處被侵，必謂以次見奪，人心易動，若一旦生變，天下未可圖也。願公先定河北，然後修復舊京，南臨楚郢，責王貢之不入。天下咸知公意，則人人自安。須海内大定，乃議古制，此主稷長久之利也。』操報曰：『微足下之相難，所失多矣！』遂寢九州議。【略】

（建安）十七年，董昭等欲共進操爵國公，九錫備物，密以訪彧。彧曰：『曹公本興義兵，以匡振漢朝，雖勳庸崇著，猶秉忠貞之節。君子愛人以德，不宜如此。』事遂寢。操心不能平。會南征孫權，表請彧勞軍於譙，因表留彧曰：『臣聞古之遺將，上設監督之重，下建副二之任，所以尊嚴國命，謀而鮮過者也。臣今當濟江，奉辭伐罪，宜有大使肅將王命。

文武並用，自古有之。使持節侍中守尚書令萬歲亭侯彧，國之重臣，德洽華夏，既停軍所次，便宜與臣俱進，宣示國命，威懷醜虜。軍禮尚速，不及先請，臣輒留彧，依以為重。』書奏，帝從之，遂以彧為侍中、光祿大夫，持節，參丞相軍事。至濡須，彧病，留壽春，操饋之食，發視，乃空器也，於是飲藥而卒。時年五十。帝哀惜之，祖日為之廢宴樂。謚曰敬侯。明年，操遂稱魏公云。

唐・歐陽詢等《藝文類聚》卷一〇《符命部・符命》　魏陳王曹植《魏德論》曰：元氣否塞，玄黄憒薄，星辰亂逆，陰陽舛錯，四海鼎沸，蕭條沙漠，武皇之興也，以道淩殘，義氣風發，神戈退指，則妭雰順制，靈弧雲舉，則朝揚播越，唯我聖後，神武蓋天，威光佐掃，辰彗北彎，首尾爭擊，氣齊率然，乃電北，席捲千里，隱乎若崩嶽，盱乎若潰海，慍彼蠻夏，蠢爾弗恭，脂我蕭斧，簡武煉鋒，星陳而天運，振耀乎南封，荆人風靡，交益影從，軍蘊餘勢，襲利乘權，蕩鬼區於白水，擒矯制乎遐川，仰屬目于條支，睎弱水之潺湲，薄張騫於大夏，笑驃騎於祁連，其化之也如神，其養之也如春，柔遠能邇，誰敢不賓，憲度增飾，日耀月光，迹存乎建安，道隆乎延康，於是漢氏歸義，顧音孔昭，顯禪天位，布唐放堯，上猶謙謙弗納也，發不世之明詔，薄皇居而弗泰，蹈北人之清節，美石户之高介，義貫金石，神明以興，神祇致祥，乾靈效祐，於是羣公卿士，功臣列辟，率爾而進曰：昔文王三分居二，以服事殷，非能之而弗欲，蓋欲之而弗能，況天綱不禁，皇綱圮紐，侯民非復漢萌，尺土非復漢有，故武皇創迹於前，陛下光美於後，蓋所謂勳成於彼，位定於此者也，將使斯民，播秬鬯，殖靈芝，鋤六穟，挹醴滋，遂乃凱風回回，甘露匝時，農夫詠於田壟，織婦吟而綜絲，黄吻之齔，含哺而怡，鮐背之老，擊壤而嬉，古雖稱乎赫胥，曷若斯之大治乎，于時上富於春秋，聖德汪濊，奇志妙思，神鑑靈察，方將審御陰陽，增耀日月，極禎祥於遐奧，飛仁風以樹惠，既游精萬機，探幽洞深，逍遙六藝，兼覽儒林，抗思乎文藻之場囿，容與乎道術之强畔，超天路而高峙，階清雲以妙觀，將參迹於三皇，豈徒論功於大漢，天地位矣，九域清矣，皇化四達，帝猷成矣，明哉元首，股肱貞矣，禮樂既作，興頌聲矣，固將封泰山，禪梁甫，歷名川以祈福，周五方之靈宇，越八九於往素，踵帝皇之靈矩，流餘祚於黎蒸，鍾元吉乎聖主。

宋・司馬光《資治通鑑》卷六六《漢紀五八・孝獻皇帝辛》（漢獻帝建安十七年）臣光曰：孔子之言仁也重矣，自子路、冉求、公西赤門人之高第，令尹子文、陳文子諸侯之賢大夫，皆不足以當之，而獨稱管仲之仁，豈非以其輔佐齊桓，大濟生民乎！齊桓之行若狗彘，管仲不羞而相之，其志蓋以非桓公則生民不可得而濟也。漢末大亂，羣生塗炭，自非高世之才不能濟也。然則荀彧捨魏武將誰事哉！

齊桓之時，周室雖衰，未若建安之初也。建安之初，四海蕩覆，尺土一民，皆非漢有。荀彧佐魏武而興之，舉賢用能，訓卒厲兵，決機發策，征伐四克，遂能以弱為强，化亂為治，十分天下而有其八，其功豈在管仲之後乎！管仲不死子糾而荀彧死漢室，其仁復居管仲之先矣！

而杜牧乃以為『彧之勸魏武取兖州則比之高、光，官渡不令還許則比之楚、漢，及事就功畢，乃欲邀名於漢代，譬之教盜穴牆發匱而不與同挈，得不為盜乎！』臣以為孔子稱『文勝質則史』，凡為史者記人之言，必有以文之。然則比魏武于高、光、楚、漢者，史氏之文也，豈皆彧口所言邪！用是貶彧，非其罪矣。且使魏武為帝，則彧為佐命元功，與蕭何同賞矣；彧不利此而利於殺身以邀名，豈人情乎！

又　卷六九《魏紀一・世祖文皇帝上》（魏文帝黄初二年）臣光曰：天生烝民，其勢不能自治，必相與戴君以治之。苟能禁暴除害以保全其生，賞善罰惡使不至於亂，斯可謂之君矣。温公之說，正祖《周書》所謂『撫我則後，虐我則讎』之意。《白虎通》曰：君者，羣也；羣下之所歸心也。是以三代之前，海内諸侯，何啻萬國，黄帝置左右大監，監于萬國。禹會諸侯于塗山執玉帛者萬國。有民人、社稷者，通謂之君。合萬國而君之，立法度，班號令，而天下莫敢違者，乃謂之王。王德既衰，强大之國能帥諸侯以尊天子者，則謂之霸。故自古天下無道，諸侯力爭，或曠世無王者，固亦多矣。如共工氏在伏羲、神農之間，秦在周、漢之間，皆謂之霸而不王，所謂曠世無王也；又如有窮之于夏，共和之于周，亦曠世而無王也。秦焚書坑儒，漢興，學者始推五德生、勝，以秦為閏位，在木火之間，霸而不王，於是正閏之論興矣。孟康曰：秦推五勝，以周為火，用水勝之。漢儒以庖犧繼天而王，為百王首，德始於木。共工氏霸九域，雖有水德，在木火之間，非其序也，故霸而不王。神農氏以火承木，故為炎帝。神農氏没，黄帝氏作，火生土，故為土德。少昊，黄帝之子，土生金，故為金德。少昊之衰，顓頊受之，金生水，故為水德。顓頊之所建，帝嚳受之，水生木，故為木德。高辛氏衰，天下歸堯，木生火，故為火德。堯嬗舜，火生土，故為土德。舜嬗禹，土生金，故為金德。周伐商，水生木，故為木德。漢伐秦繼周，木生火，故為火德。共工及秦不在五德相生之正運，故曰閏位。及漢室顛覆，三國鼎跱。晉氏失馭，五胡雲擾。宋、魏以降，南、北分治，各有國史，互相排黜，南謂北為索虜，北為南為島夷。索虜者，以北人辮髮，謂之索頭也。島夷者，以東南際海，土地卑下，謂之島中也。朱氏代唐，四方幅裂，朱邪入汴，比之窮、新，唐莊宗自以為繼唐，比朱梁於有窮篡夏、新室篡漢。運歷年紀，皆棄而不數，此皆私己之偏辭，非大公之通論也。臣愚誠不足以識前代之正閏，竊以為苟不能使九州合為一統，皆有天子之名而無其實者也。雖華夏仁暴，大小强弱，或時不同，要皆與古之列國無異，豈得獨尊獎一國謂之正統，而其餘皆為僭偽哉！若以自上相授受者為正邪，則陳氏何所受？拓跋氏何所受？若以居中夏者為正邪，則劉、石、慕容、苻、姚、赫連所得之土，皆五帝、三王之舊都也。若以有道德者為正邪，則蕞爾之國，必有令主，三代之季，豈無僻王！是以正閏之論，自古及今，未有能通其義，確然使人不可移奪者也。臣今所述，止欲敍國家之興衰，著生民之休戚，使觀者自擇其善惡得失，以為勸戒，非若春秋立褒貶之法，撥亂世反諸正也。正閏之際，非所敢知，但據其功業之實而言之。周、秦、漢、晉、隋、唐，皆嘗混壹九州，傳祚於後，子孫雖微弱播遷，猶承祖宗之業，有紹復之望，四方與之爭衡者，皆其故臣也，故全用天子之制以臨之。其餘地醜德齊，醜，類也；言地之廣狹相類也。莫能相壹，名號不異，本非君臣者，皆以列國之制處之，彼此均敵，無所抑揚，庶幾不誣事實，近於至公。然天下離析之際，不可無歲、時、月、日以識事之先後。據漢傳于魏而晉受之，晉傳于宋以至於陳而隋取之，唐傳于梁以至於周而大宋承之，故不得不取魏、宋、齊、梁、陳、後梁、後唐、後晉、後漢、後周年號，以紀諸國之事，『魏』下當有『晉』字。非尊此而卑彼，有正閏之辨也。昭烈之於漢，雖云中山靖王之後，而族屬疏遠，不能紀其世數名位，亦猶宋高祖稱楚元王后，宋高祖，彭城人，自謂漢楚元王交二十一世孫；蓋以彭城楚都，故其苗裔家於此地也。南唐烈祖稱吳王恪後，南唐初欲祖吳王恪，或請祖鄭王元懿。唐主命考二王苗裔，以吳王孫禕有功，禕有功，禕子峴為丞相，遂祖吳王。是非難辨，故不敢以光武及晉元帝為比，使得紹漢氏之遺統也。温公紀年之意，具於此論。

宋·洪邁《容齋隨筆》卷一一《楊彪陳羣》 魏文帝受禪，欲以楊彪為太尉，彪辭曰：『彪備漢三公，耄年被病，豈可贊惟新之朝？』乃授光禄大夫。相國華欲以形色許旨，徙為司徒而不進爵。帝久不悸，以問尚書令陳羣曰：『我應天受禪，相國及公獨不怡，何也？』羣對曰：『臣與相國，曾臣漢朝，心雖悅喜，猶義形於色。』夫曹氏篡漢，忠臣義士之所宜痛心疾首，縱力不能討，忍復仕其朝為公卿乎？歆、羣為一世之賢，所立不過如是。彪遜辭以免禍，亦不敢一言及曹氏之所以得。蓋自黨錮禍起，天下賢士大夫如李膺、范滂之徒，屠戮殆盡，故所存者如是而已。士風不競，悲夫！章惇、蔡京為政，欲殄滅元祐善類，正士禁錮者三十年，以致靖康之禍，其不為歆、羣者幾希矣！

又 卷一二《曹操殺楊修》 曹操殺楊修之後，見其父彪，問曰：『公何瘦之甚？』對曰：『愧無日磾先見之明，猶懷老牛舐犢之愛。』操為之改容。《古文苑》載操與彪書，數修之罪，以為恃豪父之勢，每不與吾同懷，將延足下尊門大累，便令刑之。且贈彪錦裘二領，八節角桃杖一枝，青牸牛二頭，八百里驊騮馬一匹，四望通幰七香車一乘，驅使二人。又遺其妻裘、有心青衣二人，錢絹甚厚。卞夫人亦與袁夫人書云：『賢郎有蓋世文才，闔門欽敬，明公性急，輒行軍法。』以衣服、文絹、房子官錦、香車送之。彪及袁夫人皆答書引愆致謝。是時漢室將亡，政在曹氏，袁公四世宰相，為漢宗臣，固操之所忌，彪之不死其手，幸矣。嗚呼危哉！

宋·蕭常《續後漢書·周必大序》 曹氏代漢，名禪實篡，特新莽之流亞。丕登壇，自形舜禹之言，固不敢欺其心矣。今向千載人之好惡，豈復相沿？而蘇軾記王彭之説，以為塗巷談三國時事，兒童聽者，聞劉敗則顰蹙，曹敗則稱快，遂謂君子、小人之澤百世不斬。茲豈人力强致也？與陳壽身為蜀人，徒以仕屢見黜，父又為諸葛所髡，於劉氏君臣不能無憾，著《三國志》，以魏為帝，而指漢為蜀，與孫氏俱謂之『主』，設心已偏。故凡當時祫祭高帝以下昭穆制度皆略而不書，方見乞米於人，欲作佳傳，私意如此，史筆可知矣。其死未幾，習鑿齒作《漢晉春秋》，起光武，終愍帝，以蜀為正，魏為篡，謂漢亡僅一二年，則已為晉炎興之名，天實命之。是蓋公論也。然五十四卷，徒見於《唐·藝文志》、本朝《太平御覽》之目。逮仁宗時，修《崇文總目》，其書已逸，或謂世亦有之，而未之見也。幸《晉史》載所著論千三百餘言，大旨昭然。劉知幾《史通》云『備王道』，則曹逆而劉順，近世歐陽脩議正統不黜魏，其賓客章望之著《明統論》辨之，見於《國史》。張栻《經世紀年》直以先主上繼獻帝為漢，而附魏、吳于下方，皆是物也。今廬陵貢士蕭常，潛心史學，謂古以班固史為《漢書》，范煜史為《後漢書》，乃起昭烈章武元年辛丑，盡少帝炎興元年癸未，為《續後漢書》。既正其名，復擇注文之善者併書之。積勤二十年，成帝紀、年表各二卷，列傳十八卷，吳載記十一卷，魏載記九卷，別為《音義》四卷。惜乎壽疏畧於前，使常不得追記英賢憲章於後，以釋裴松之之遺恨也。昔周東遷，寖以微弱，至春秋時，僅為王城。而吳、楚强大，綿地數千里，皆僭稱王，聖人斷然以夷狄子之。昭烈土地甲兵甚非周比，興於漢中，適與沛公始封國號同，天時人事，決非偶然。孔子復生，必有以處。此乃為首探魏文當日之心，次舉蘇氏百世之説，以合習氏之論，而證舊志之非。作《續後漢書序》。慶元六年庚申二月望，少傅觀文殿大學士致仕益國公食邑一萬四千六百户食實封五千四百户周必大書。

又《進續後漢書表》 臣常言：名義至重，信古今之不渝，書法匪輕，雖毫釐之必。計理不可易，事固當然。竊觀魯史之文，仰識宣尼之志，盟會所列敢辱天子之尊，王人雖微必敍諸侯之上。僭如吳、楚，爵不過子；盛若威、文，號止稱侯。蓋天常尊，地常卑，轉移不可，譬履雖新，冠雖敝，顛倒弗容。載惟聖經筆削之言，深疾史氏抑揚之謬，彼妄肆一時之意，蓋莫如三國之書。既紀曹而傳劉，復貶漢而為蜀，以鬼蜮之雄而接東京正統，以高文之胄而與孫權並稱。徒知崇僞而黜真，寧識尊王而賤伯？不可以訓，莫甚於斯，是用質之古人，揆之公議，一切反之於正。多言守之以中，爰痛闢於淫辭，庶少扶於名教。恭惟皇帝陛下，廣淵齊聖，緝熙光明，推太宗開卷有益之誠，佩高廟放心莫收之戒。每於經筵之暇及夫史學之傳，獨全深識遠覽之明，力主大公至正之道。如臣末學，為時鄙儒，自幼承師法於先臣，有志明天下之大義。凡疑似是非之際，必反覆辨析，其間名不假人，斥垣衍帝秦之論，物不失舊，大少康祀夏之功。非固徇管見，臆決之私，直欲還天理人心之正。采諸儒之遺説，更再世以成書。小道或有可觀，多見其不知量。僅足厠兔園之列，詎敢追麟筆之餘？藏名山，副在京師，論次愧十年之作，閲書林幸乎東觀。宴閒裨乙夜之觀，所有臣編次《續後漢書》紀、表、列傳、載記，總計四十二卷，謹繕寫成八册，隨表上進，以聞臣常。誠惶誠恐，頓首頓首！謹言。

清·王夫之《讀通鑑論》卷九《漢獻帝一四》 董承潛召曹操入朝，操至而廷奏韓暹、楊奉之罪，誅罪賞功，矜褒死節，而漢粗安。惜哉，承之行此也晚，而王允失之於先也。

當斯時也，漢之大臣，死亡已殆盡矣；天子徒步以奔，而威已殫矣；從官采梠餓死，而士大夫之氣已奪矣；故董昭謀遷帝于許，尚懼衆心之不厭，而卒無有一言相抗者。若當董卓初誅之日，廷猶有老成之臣，人猶堅戴漢之心，劉虞懷忠於北陲，孫堅立功于雒陽，相制相持，而允之忠勳非董承從亂之比，操亦何敢遽睥睨神器、效董卓之狂愚乎？

王允坐失之，董承不得已而試為之；為之已晚，而無救於漢之亡，然而天下亦自此而粗定。觀於此而益為允惜，誠可惜而已矣。

又《漢獻帝二〇》 董承受衣帶詔，與先主謀誅曹操，乘操屯官渡拒袁紹之日，先主起兵徐州，勢孤而連和于袁紹。勿論待人者不足以興，即令乘間而誅操，紹方進而奪漢之權，先主、董承其能制紹使無效操之尤而彌甚乎？不能也。然則此舉也，亦輕發而不思其反矣。董承者，與亂相終始，無定慮而好逞其意計者也。前之召操，與今之連紹，出一軌而不懲，弗責矣；先主亦慮不及此，而輕為去就，何以為英雄哉？

夫先主之於此，則固有其情矣。其初起也，因公孫瓚，因陶謙，雖為州牧，而權藉已微，固不能與袁、曹之典兵於靈帝之世，與於誅賊之舉者齒；故旋起旋躓，而姑托于操。及其受左將軍之命，躬膺天子之寵任，而又承密詔以首事，先主於是乎始得乘權而正告天下以興師。曹操之必篡，心知之矣；袁紹之為逆，亦心知之矣。脱於操之股掌，東臨徐、豫，孤倡義問以鼓人心，乘機而興，不能更待，紹不可達而連之，姑使與操相持，已因得以收兵略地為東向之舉，而有餘以制羣雄，先主之志，如此而已。初未嘗倚紹以破操，而幸紹之能戴漢以復興也。董承、種輯亦惡足以知其懷來哉？

故許先主以純臣，而先主不受也。其於獻帝，特不如光武之於更始，而豈信其可終輔之以盪羣凶乎？故連和於紹而不終，未嘗恃紹也。操即滅，紹即勝，先主亦且出於事外而不屑為紹用。先主之東操心悔之而不懼，紹遙應之而不堅，亦已知之矣。他日稱尊於益州，此為權輿；，特其待操之篡而後自立焉，故不得罪於名教，而後世以正統加之，亦可勿媿焉。

又《漢獻帝三一》 荀彧拒董昭九錫之議，為曹操所恨，飲藥而卒，司馬温公許之以忠，過矣。乃論者譏其為操謀篡，而以正論自詭，又豈持平之論哉？彧之智，算無遺策，而其知操也，尤習之已熟而深悉之；違其九錫之議，必為操所不容矣，姑托于正論以自解，冒虛名，蹈實禍，智者不為，愚者亦不為也，而彧何若是？夫九錫之議興，而劉氏之宗社已淪。當斯時也，苟非良心之牿亡已盡者，未有不惻然者也。彧亦天良之未泯，發之不禁耳，故雖知死亡之在眉睫，而不能自已。於此亦可以徵人性之善，雖牿亡而不喪，如之何深求而重抑之！

彧之失，在委身於操而多為之謀耳。雖然，初起而即委身於操，與華歆、王朗之為漢臣而改面戴操者，抑有異矣。楊彪世為公輔，而不能亡身以憂國；邴原以名節自命，而不能辭召以潔身。蜀漢之臣，惟武侯不可苟求焉，其他則皆幸先主為劉氏之胤，而非其果能與漢存亡者也。然則彧所愧者管寧耳。當紛紜之世，舍寧而無以自全，乃彧固以才智見，而非寧之流亞久矣。季路、冉有，聚斂則從，伐顓臾則為之謀，旅泰山則不救，而子曰：『弒父與君，亦不從也。』一至於大惡當前，而後天良之存者不昧，禍未成而荏苒以為之謀，聖人且信其不與於篡弒，善惡固有不相掩矣。

且彧之為操謀也，莫著于滅袁紹。紹之為漢賊也，不下於操，為操謀紹，猶為紹而謀操也。漢之賊，滅其一而未嘗不快，則彧為操謀，功與罪正相埒矣。若其稱霸王之圖以歆操，則懷才亟見，恐非是而不為操所用也，則彧之為操謀也，亦未可深辠也。試平情以論之，則彧者，操之謀臣也，操之謀臣，至於篡逆而心怵焉其不寧，左掣右曳以亡其身，其天良之不昧者也。並此而以為詭焉，則誣矣。

清·王鳴盛《十七史商榷》卷四四《晉書二·罷山陽禁制》 『泰始二年，罷山陽公國督軍，除其禁制』，案罷軍除禁者，蓋為時已隔二代，且欲移其禁山陽者，以禁陳留也，抑觀此則知山陽、陳留雖幸終天年，不至若零陵王以下之例皆弒死。然其制防監禁，實與幽囚無異。

清·趙翼《廿二史劄記》卷六《三國志·荀彧傳》 《荀彧傳》，《後漢書》與孔融等同卷，則固以為漢臣也。陳壽《魏志》，則列於夏侯惇、曹仁等之後，與荀攸、賈詡同卷，則以為魏臣矣。

案董昭等以曹操功高，議欲封魏公、加九錫。彧以為『操本起義兵，匡漢室，秉忠貞之節，君子愛人以德，不宜如是。』以是拂操意。會征孫權，乃表請彧勞軍。彧病留壽春，操遣人饋食。發之，空器也，遂飲藥而卒。明年，操乃為魏公。是彧之心乎為漢可知也。

論者或謂末路雖以失操意而死。而當其初去袁紹就操時，值呂布攻兗州，彧為操堅守鄄城及范、東阿，以待操，謂『昔漢高先定關中、光武先取河內以為基，此三城，即操之關中、河內也。』後又勸操迎天子，謂『晉文納襄王而定霸，漢高發義帝喪而得諸侯。』是早以帝王創業之事勸操，何得謂之盡忠於漢？

不知獻帝遭董卓大亂之後，四海鼎沸，强藩悍鎮，四分五裂。彧計諸臣中非操不能削羣雄以匡漢室，則不得不歸心於操而為之盡力，為操即所以為漢也。其初勸操迎天子，謂操曰：『將軍雖禦難於外，乃心無不在王室，是將軍匡天下之素志也。誠因此時奉主上以從民望，大順也；秉至公以服雄傑，大略也；扶弘義以致英俊，大德也。』是可知彧欲藉操以匡漢之本懷矣！且是時，操亦未遽有覬覦神器之心也。及功績日高，權勢已極，董昭等欲加以上公九錫，則非復人臣之事。彧亦明知操之心已懷僭妄，而終不肯附和，姑以名義折之，卒之見忌於操，而飲藥以殉。其為劉之心，亦可共白於天下矣！

陳壽已入於魏臣內，范蔚宗獨提出列於《後漢書》，傳論明言『取其歸正而已，亦殺身以成仁之義。』此實平心之論也。壽於傳末亦云『彧死之明年，操遂為魏公。』則亦見彧不死，操尚未敢為此也。則又公道自在人心，而不容誣衊者矣！

又案臧洪自是漢末義士，其與張超結交，後與袁紹交兵之處，皆無關於曹操也。則《魏紀》内本可不必立傳，而壽列之於張邈之次。蓋以其氣節，不忍没之耳。蔚宗特傳於《後漢書》内，不以壽《志》已有洪傳而遂遺之。亦見其編訂之正。

又 卷七《三國志·漢復古九州》 《後漢書》『建安十八年，復禹貢九州。』《魏志》亦稱是年詔書『並十四州為九州。』《獻帝春秋》謂『省幽、并州入於冀州，省司隸校尉及涼州入於雍州，於是有兗、豫、青、徐、荆、揚、冀、益、雍九州。』

按《荀彧傳》『建安九年，或說曹操宜復古九州。則冀州所制者廣。彧曰：「若是，則冀州當得河東、馮翊、扶風、西河、幽、并之地，所奪者衆，關右諸將必謂以次見奪，將人人自保，恐天下未易圖也。」操乃寢九州議。』至是乃重復之。蓋是時，幽、并及關中諸郡國皆已削平，操自為張本，欲盡以為將來王畿之地故也。觀於是年之前，已割蕩陰、朝歌、林慮、衛國、頓邱、東武、陽發、幹廮、陶曲、周南，和任城、襄國、邯鄲、易陽，以益魏郡。是年又以冀州之河東、河內、魏郡、趙國、中山、常山、鉅鹿、安平、甘陵、平原十郡，封操為魏公。可見復九州，正為禪代地也。

又《禪代》 古來只有禪讓、征誅二局，其權臣奪國，則名篡弑，常相戒而不敢犯。王莽不得已，托於周公輔成王，以攝政踐阼，然周公未嘗有天下也。至曹魏則既欲移漢之天下，又不肯居篡弑之名，於是假禪讓為攘奪。自此例一開，而晉、宋、齊、梁、北齊、後周以及陳、隋皆傚之。此外尚有司馬倫、桓玄之徒，亦援以為例。甚至唐高祖本以征誅起，而亦假代王之禪。朱温更以盜賊起，而亦假哀帝之禪。至曹魏創此一局，而奉為成式者且十數代，歷七、八百年，真所謂姦人之雄，能建非常之原者也。

然其間亦有不同者。

及身篡位之不同

曹操立功漢朝，已加九錫、封二十郡、爵魏王、建天子旌旗、出警入蹕，然及身猶不敢稱帝。至子丕始行禪代。操嘗云『若天命在吾，吾其為周文王乎！』此可見其本志，非飾說也。又《魏書》『魏國既建，諸將皆為魏臣，獨夏侯惇尚為漢臣，惇上疏「不敢當不臣之禮。」操曰：「區區之魏，而敢屈君為臣乎？」是操為魏王時，猶與漢臣為同列也。』

司馬氏三世相魏，懿已拜丞相，加九錫，不敢受；師更加黄鉞，劍履上殿，亦不敢受；昭進位相國，加九錫、封十郡、爵晉公，亦辭至十餘次，晚始受晉王之命、建天子旌旗，如操故事，然及身亦未稱帝。至其子炎始行禪代。

及劉裕則身為晉輔而即移晉祚，自後齊、梁以下諸君，莫不皆然，此又一變局也。

加害遜帝之不同

丕代漢封獻帝為山陽公，未嘗加害，直至明帝青龍二年始薨。

炎代魏，封帝奐為陳留王，亦未嘗加害，直至惠帝太安元年始薨。

不特此也，司馬師廢齊王芳為邵陵公，亦至晉泰始中始薨。

司馬倫廢惠帝，猶號為太上皇，居之於金墉城。桓元廢安帝為平固王，遷之於尋陽，又劫至江陵。亦皆未嘗加害，故不久皆得返正。

自劉裕篡大位，而即戕故君，以後齊、梁、陳、隋、北齊、後周亦無不皆然，此又一變局也。

去古日遠，名義不足以相維。當曹魏假稱禪讓以移國統，猶仿唐虞盛事以文其姦，及此例一開，後人即以此例為例，而並忘此例之所由仿，但謂此乃權臣易代之法，益變本而加厲焉。此固世運人心之愈趨愈險者也。

按劉裕後，亦尚有循魏晉故事者。高歡在東魏，封渤海王，都督中外諸軍事，進位相國，録尚書事，猶力辭不受。因玉璧之敗，並表解都督，其九錫殊禮，乃死後追贈者。宇文泰在西魏，累加至左丞相、都督中外諸軍事、太師大冢宰，封安定王，不受，以安定公終其身。是尚能守臣節者。又曹操奉獻帝都許，而身常在鄴。高歡亦奉孝靜帝都鄴，而身常在晉陽，與曹操相似。司馬懿父子常隨魏帝在洛。宇文泰亦隨西魏諸帝在長安，與司馬氏相似。

今撮敘各朝禪代故事於後：

魏代漢。

案：裴松之《三國志》注，引魏略『曹丕受禪時，漢帝下禪詔及册書凡三，丕皆拜表讓還璽綬，李伏等勸進者一，許芝等勸進者一，司馬懿等勸進者一，桓楷等勸進者一，尚書令等合詞勸進者一，劉廙等又勸進者一，丕皆下令辭之。最後華歆及公卿奏擇日設壇，始即位。』此雖一切出於假偽，然猶見其顧名思義，不敢遽受，有揖讓之遺風。【略】

案：山陽公（漢獻）居河內，至晉時始罷督軍，除其禁制，又除漢宗室禁錮。是遜位後，魏仍有人監之也。案《後漢書》：東海王强，沛王輔、東平王蒼之後，至魏受禪，猶皆封為崇德侯。

又《魏晉禪代不同》 曹之代漢，司馬氏之代魏，其迹雖同，而勢力尚有不同者。

曹操自克袁尚後，即居於鄴，天子所都之許昌，僅留長史國淵、王必等，先後掌丞相府事。其時獻帝已三、四十歲，非如沖主之可無顧慮也，然一切用人行政、興師討伐，皆自鄴出令，莫敢有異志。

司馬氏輔魏，則身常在相府，與魏帝共在洛陽。無論懿專政未久，即師、昭兄弟，大權已在手，且齊王芳、高貴鄉公髦、常道鄉公奐皆幼年繼位，似可不必戒心。然師討毌邱儉，留昭鎮洛陽，及病篤，昭始赴軍。師既卒，魏帝命昭統兵鎮許昌，昭仍率兵歸洛，不敢遠在許下也。諸葛誕兵起，昭欲遣將則恐其不可信，而親行又恐都下有變，遂奉皇太后及高貴鄉公同往督軍。是可見其一日不敢離城社也。

嘗推其故。

操當漢室大壞之後，起義兵，誅暴亂，漢之臣如袁紹、呂布、劉表、陶謙等，能與操為敵者，多手自削平，或死或誅。其在朝者，不過如楊彪、孔融等數文臣，亦廢且殺。其餘列侯將帥，皆操所擢用。雖前有董承、王子服、吳子蘭、種輯、吳碩，後有韋晃、耿紀、金禕，欲匡漢害操，而皆無兵權，動輒撲滅。故安坐鄴城，而朝政悉自己出。

司馬氏則當文帝、明帝國勢方隆之日，猝遇幼主嗣位，得竊威權。其時中外臣工，尚皆魏帝所用之人。內有張緝、蘇鑠、樂敦、劉賢等，伺隙相圖；外有王陵、毌邱儉、諸葛誕等，相繼起兵，聲討司馬氏。惟恃挾天子以肆其姦，一離京輦，則禍不可測。故父子三人執國柄，終不敢出國門一步。亦時勢使然也。

然操起兵於漢祚垂絕之後，力征經營，延漢祚者二十餘年，然後代之。司馬氏當魏室未衰，乘機竊權，廢一帝、弑一帝而奪其位，比之於操，其功罪不可同日語矣！

又《九錫文》 每朝禪代之前，必先有《九錫文》，總敘其人之功績，進爵封國，賜以殊禮，亦自曹操始。案王莽篡位，已先受九錫，然其文不過五百餘字，非如潘勖為曹操撰文格式也。勖所撰乃仿張竦頌莽功德之奏，逐件鋪張，至三、五千字，勖文體裁正相同。其後晉、宋、齊、梁、北齊、陳、隋皆用之，其文皆鋪張典麗，為一時大著作。故各朝正史及《南、北史》俱全載之。今作者姓名尚有可考者。

操之《九錫文》。

據裴松之《三國志》注，乃後漢尚書左丞潘勖之詞也。以後各朝《九錫文》，皆仿其文為式。曹丕受禪時，以父已受九錫，故不復用，其一切詔誥，皆衛覬作。《覬傳》【略】

至於曹丕授孫權九錫、孫權加公孫淵九錫、劉曜授石勒九錫、石弘授石虎九錫、石世授石遵九錫、苻登授乞伏乾歸九錫、姚興授焦縱九錫，其文與作者俱不可考，然亦可見當時篡亂相仍，動用殊禮，僭越冒濫，莫此為甚矣！

《漢書·武帝紀》『諸侯貢士得人者，謂之有功，乃加九錫。』張晏注曰：『九錫，經無明文。周禮以為九命，春秋說有之。』臣瓚曰：『九錫備物，霸者之盛禮。』然皆不言九錫出處。據《後漢書》章懷注，謂『九錫本出於緯書禮含文嘉。一曰：車馬，二曰：衣服，三曰：樂器，四曰：朱户，五曰：納陛，六曰：虎賁，七曰：斧鉞，八曰：弓矢，九曰：秬鬯［祭酒］。』案周制本有錫命之禮，如《詩》、《左傳》所載『釐爾圭瓚，秬鬯一卣酒器，寬口、大肚、有蓋、有提梁。彤弓矢千』是也，緯書仿之而演為九耳。

清·汪中《新編汪中集·文宗閣雜記三編·魏受禪碑》 昔人稱《受禪碑》，王朗文，梁鵠書，鍾繇刻石，為『三絕碑』。顏魯公又謂繇書。皆不知何據，豈亦張稚圭夢語邪？書法同《勸進》，雖小遠漢人，雍雍雅度，衫履自飾，亦復驕驕。昔莽篡，匈奴猶感漢恩，不拜新室印。至操碑稱南單于，諸國皆服，或出矯詐。若果爾，則操姦更出莽上。

藝　文

唐・歐陽詢等《藝文類聚》卷一〇《符命部・符命》　魏傅遐《皇初頌》云：尋盛德以降應，著顯符於方臻，積嘉祚以待期，儲鴻施於真人，昔九代之革命，咸受天之休祥，匪至德其焉昭，匪至仁其焉章，懿大魏之聖後，固上天之所興，應靈運以承統，排閶闔以龍昇，攄皇象以闡化，順帝則以播音，遵陽春以行施，揆四時以立信，運聰明以舉善，宣柔惠以養人，於赫我後，邁德如神，化不期月，令不浹辰，於是天地休豫，靈只歡欣，嘉瑞雲集，四靈允臻，甘露宵零於宮庭，醴泉冬涌於中原，白雉素烏，丹芝朱魚，鱗集羣萃，不可勝書，信應天之美瑞，受命之靈符也，然後覽公卿之讜議，詢百僚之典謨，天子乃登雕輦，戴羽蓋，珮玉鏘鏘，鑾聲噦噦，拜上皇，告受位，兆休祚，導神氣，於是建皇初之上元，發曠盪之明詔，眚灾肆赦，盪滌瑕穢，崇設九賓，溥延公卿，嘉羞千品，俎豆充庭，金石具懸，鐘鼓畢作，歌九功，舞八佾，鴻澤普，皇恩洽，民欲得，神望塞。

宋・洪适《隸釋》卷一九《魏大饗碑》　惟延康元年八月旬有八日辛未，魏王龍興踐祚，規恢鴻業，構亮皇基，萬邦統世。忿吳夷之凶暴，滅蜀虜之僭逆。王赫斯怒，順天致罰。奮虎之校，簡猛鋭之卒。爰整六軍，率匈奴曁單于，烏桓，鮮卑引弓之類，持戟百萬，控弦千隊。玄甲曜野，華旗蔽日。天動雷震，星流雷發。戎備素辨，役不更藉。農夫安疇，商不變肆。是以士有拊噪之歡，民懷惠康之德。皇恩所漸，無遠不至；武師所加，無强不服。故寬令西飛，則蜀將東馳；六旆南徂，則吳黨委質。二虜震驚，魚爛渚潰。將泛舟三江之流，方軌邛來之阪。斬吳夷以染鉞，血蜀虜以釁鼓。曜天威於遐裔，復九圻之疆寓。除生民之灾孽，去聖皇之宿憤。次於舊邑，覲釁而動。築壇壝之宮，置表著之位，大饗六軍，爰及譙縣父老男女。臨饗之日，陳兵清塗，慶雲垂覆，乃備御，整法駕，設天宮之列衛，乘金華之鸞路。達升龍于太常，張天狼之威孤。千乘風舉，萬騎龍驤。威靈之飾，震曜康衢。既登高壇，蔭九增之華蓋，處流蘇之幄坐；陳旅酬之高會，行無筭之酣飲。旨酒波流，肴烝陵積，瞽師設縣，金奏贊樂。六變既畢，乃陳秘戲。巴俞丸劍，奇舞麗倒；沖夾逾鋒，上索甯蹌高。舩鼎緣橦，舞輪擿鏡。騁狗逐兔，戲馬立騎之妙技；白虎青鹿，辟非辟邪。魚龍靈龜，國鎮之怪獸，瑰變屈出，異巧神化。自卿校將守以下，下及陪臺隸圉，莫不歆淫宴喜，咸懷醉飽。雖夏啓均臺之饗，周成岐陽之蒐，高祖邑中之會，光武舊里之宴，何以尚茲！是以刊石立銘，光示來葉，其辭曰：

赫王師，征南裔。舊靈威，震天外。吳夷懾，蜀虜竄。區夏清，八荒艾。幸舊邦，設高會。皇德洽，洪恩邁。刊金石，光萬世。

右《大饗之碑》篆額在亳州譙縣。魏文帝延康元年立，相傳爲梁鵠書。碑字有不明者，唐大中年亳守李曁再刻，故有文可讀。漢獻帝建安二十五年正月，魏王曹操死，其子丕嗣位，改元延康。《魏志》云：丕以七月甲午，軍次於譙，大饗六軍，是時漢鼎猶未移也。丕爲人臣，而自用正朔，刻之金石，可謂無君之罪人也。武王載西伯神主於軍中者，弔民伐罪之師也。丕以姦賊之心，欲吞吳翦蜀，遂攘神器。爾操之肉未寒，而置酒高會，酣飲無筭，金奏間作，祕戲畢陳，誇辭詑語，無所忌憚，可謂無父之罪人也。士大夫櫝藏其碑者，特以字畫之故爾。碑云『八月至譙』，而史作『七月』，亦不必多辨也。碑以『俾御』為『蹕御』、『九增』爲『九層』，闕三字。『均臺』爲『鈞臺』、『狻』爲『蒐』。

三國魏・曹植《曹子建集》卷八《慶文帝受禪表》　陛下以聖德龍飛，順天革命，允答神符，誕作民主，乃祖宗先後積德，累仁世濟其美，以曁於先王，勤恤民隱，劬勞戮力，以除其害，經營四方，不遑起處，是用隆茲福慶，光啓于魏。陛下承統，纘成前緒，克廣德音，綏靜內外，紹先周之舊迹，襲文武之懿德，保大定功，海內為一，豈不休哉！【略】

陛下以明聖之德，受天顯命，良辰即祚，以臨天下，洪化宣流，洋溢宇內，是以普天率土莫不承風欣慶，執贄奔走，奉賀闕下，況臣親體至戚，懷歡踴躍！

魏陳王曹植《慶文帝受禪章》曰：陛下以聖德龍飛，順天革命，允荅神符，誕作民主。乃祖先後，積德累仁，世濟其美，以曁于先王。王勤恤民隱，劬勞戮力，以除其害，經營四方，不遑啓處。是用隆茲福慶，光啓于魏。陛下承統纘戎前緒克廣德音綏靜內外，紹先周之舊迹，襲文武之懿德，保大定功海內為一，豈不休哉？又《慶文帝受禪上禮章》曰：陛下以明聖之德受天顯命良辰，即祚以臨天下，洪化宣流，洋溢宇內。是以溥天率土莫不承風欣慶，執贄奔走，奉賀闕下。況臣親體至戚，懷觀踴躍。

魏文帝《讓授禪表》曰：臣聞堯禪重華，舉其克諧之德。舜受文命，采其齊聖之美。猶下咨四嶽，上觀琁璣。今臣德非虞夏，行非二後，而承歷數之詔，應選授之命，內自揆撫無德以稱，且許由疋夫，猶拒帝位，善卷布衣，而逆虞詔臣雖鄙蔽，敢忘守節。

又 卷一〇《魏德論》 元氣否塞，玄黃憤薄。星辰亂逆，陰陽舛錯。國無完邑，陵無掩骼。四海鼎沸，蕭條沙漠。武皇之興也，以道淩殘，養氣風發。神戈退指，則妖氛順制；靈弧雲舉，則朝陽播越。唯我聖後，神武蓋天。威光左掃，辰彗北彎。首尾爭擊，氣齊率然。乃電北，席捲千里，隱乎若崩嶽，盱乎若潰海。慍彼蠻夏，蠢爾弗恭。脂我蕭斧，簡武練鋒。星陳而天運，振耀乎南封。荆人風靡，交益影從。軍蘊餘勢，襲利乘權。蕩鬼區於白水，擒矯制乎遐川。

仰屬目于條支，晞弱水之潺湲。薄張騫于大夏，笑驃騎于祁連。其化之也如神，其養之也如春。柔遠能邇，誰敢不賓。憲度增飾，日耀月光。迹存乎建安，道隆乎延康。於是漢氏歸義，顧音孔昭。顯禪天位，希唐放堯。上猶謙謙弗納也。發不世之明詔，薄皇居而弗泰。蹈北人之清節，美石户之高介。義貫金石，神明以興。神祇致祥，乾靈效祜。於是羣公卿士，功臣列辟，率爾而進曰：『昔文王三分居二，以服事殷，非能之而弗欲，蓋欲之而弗能，況天網不禁，皇綱圮紐，一民非復漢萌，尺土非復漢有。故武皇創迹于前，陛下光美于後。蓋所謂勳成於彼，位定於此者也。將使斯民播秬鬯，殖靈芝。鋤六穗，挹醴滋。』遂乃凱風回猋，甘露幣時。農夫詠于田壟，織婦吟而綜絲。黃吻之齔，含哺而怡。鮐背之老，擊壤而嬉。古雖稱乎赫胥，曷若斯之大治乎！于時上富於春秋，聖德汪濊。奇志妙思，神鑑靈察。

方將審御陰陽，增耀日月。極禎祥於遐奧，飛仁風以樹惠。既游精萬機，探幽洞深。消搖六藝，兼覽儒林。抗思乎文藻之場圃，容與乎道術之疆畔；超天路而高峙，階清雲以妙觀。將參迹於三皇，豈徒論功于大漢。天地位矣，九域清矣。皇化四達，帝猷成矣。明哉元首，股肱貞矣。禮樂既作，興頌聲矣。固將封泰山，禪梁甫。歷名川以祈福，周五方之靈宇。越八九於往素，踵帝皇之靈矩。流餘祚于黎蒸，鍾元吉乎聖主。

宋·章樵註《古文苑》卷一二《三國魏·邯鄲淳〈上受命述〉》 漢建安二十二年，魏王操以子丕為太子。黃初元年，王薨，太子即王位。左中郎將李伏、大史丞許芝表言魏當代漢，見於圖緯，其事甚衆。羣臣因上表勸王順天人之望，王不許。十月，漢帝使行御史大夫張音持節奉璽綬詔册禪位於魏王，為壇受璽綬，即皇帝位，改元黃初。

伊上天闡載，自民主肇建，歷聽風聲，陶唐為盛，虞夏受終，殷周革命，有禪而帝，有代而王，禪代雖殊，大小繇同，於是以漢歷在魏，赤運歸黃也，是故大魏之業，皇耀震霆，肅清宇內，萬邦有截，師義翼漢，奉禮不越，飭躬戮力，茂亮弘烈，樹深根以厚基，播醇澤以釀味，含光而弗耀，戢翼而弗發，將俟聖嗣，是遂是達，聖嗣承統，爰宣重光，陳錫裕下，民悅無疆，三神宜釐，四靈順方，元龜介玉，應龍粹黃，若云魏德，據茲以昌，爾乃鳴玉陟壇，三揖以俟，既受休命，龍旋鳳峙，煌煌厥暉，穆穆容止，臨下有赫，允也天子，既踐帝位，納璽要紱，太常司燎，升炮告類，珪璋峨峨，髦士棣棣，蹌蹌聖躬，御策以蒞，巍巍乎崇功，顯顯乎德容，信帝者之壯業，天休之所鍾也，于時天地交和，日月光精，氛祲不作，風塵弭清，凡在壇場之位，舉目乎廣庭，莫不君臣和德，咸玉色而金聲，屢省萬機，訪謀老成，治詠儒墨，納策公卿，昧旦孜孜，夕惕乾乾，務在諧萬國，敍彝倫，而折不若，懷遠人，混六合之風，納于仁壽之門，刑錯靡試，偃伯靡軍，然後乃勒功岱嶽，升中上玄，斯固我皇之大摹，思心之所存也。

《宋書》卷二〇《樂志二》 魏《俞兒舞歌》四篇，魏國初建所用，後於太祖廟並做之。王粲造：

漢初建國家，匡九州。蠻荆震服，五刃三革休。安不忘備武樂修。宴我賓師，敬用御天，永樂無憂。子孫受百福，常與松喬遊。蒸庶德，莫不咸歡柔。

右《矛俞新福歌》。

材官選士，劍弩錯陳。應桴蹈節，俯仰若神。綏我武烈，篤我淳仁。

自東自西，莫不來賓。

右《弩俞新福歌》。

我功既定，庶士咸綏。樂陳我廣庭，式宴賓與師。昭文德，宣武威。平九有，撫民黎。荷天寵，延壽尸。千載莫我違。

右《安臺新福歌》曲。

神武用師士素厲。仁恩廣覆，猛節橫逝。自古立功，莫我弘大。桓桓征四國，爰及海裔。漢國保長慶，垂祚延萬世。

右《行辭新福歌》曲。

又 卷二二《樂志四》 漢《鼙舞歌》五篇：《關東有賢女》、《章和二年中》、《樂久長》、《四方皇》、《殿前生桂樹》。

魏《鼙舞歌》五篇：《明明魏皇帝》、《太和有聖帝》、《魏歷長》、《天生烝民》、《為君既不易》。

魏陳思王《鼙舞歌》五篇：

《聖皇篇》，當《章和二年中》：聖皇應歷數，正康帝道休。九州咸賓服，威德洞八幽。三公奏諸公，不得久淹留。蕃位任至重，舊章咸率由。侍臣省文奏，陛下體仁慈。沉吟有愛戀，不忍聽可之。迫有官典憲，不得顧恩私。諸王當就國，璽綬何累縗。便時舍外殿，宮省寂無人。主上增顧念，皇母懷苦辛。何以為贈賜，傾府竭寶珍。文錢百億萬，采帛若煙雲。乘輿服御物，錦羅與金銀。龍旗垂九旒，羽蓋參斑輪。諸王自計念，無功荷厚德。思一效筋力，糜軀以報國。鴻臚擁節衛，副使隨經營。貴戚並出送，夾道交輜軿。車服齊整設，韡曄耀天精。武騎衛前後，鼓吹簫笳聲。祖道魏東門，淚下沾冠纓。扳蓋因內顧，俯仰慕同生。行行將日莫，何時還闕庭。車輪為裴回，四馬躊躇鳴。路人尚酸鼻，何況骨肉情。

《靈芝篇》，當《殿前生桂樹》：靈芝生玉地，朱草被洛濱。榮華相晃耀，光采曄若神。古時有虞舜，父母頑且嚚。盡孝于田隴，烝烝不違仁。伯瑜年七十，采衣以娛親，慈母笞不痛，歔欷涕沾巾。丁蘭少失母，自傷蚤孤煢，刻木當嚴親，朝夕致三牲。暴子見陵侮，犯罪以亡形，丈人為泣血，免戾全其名。董永遭家貧，父老財無遺。舉假以供養，傭作致甘肥。責家填門至，不知何用歸。天靈感至德，神女為秉機。歲月不安居，烏乎我皇考！生我既已晚，棄我何期蚤！《蓼莪》誰所興，念之令人老。退詠《南風》詩，灑淚滿褘抱。亂曰：聖皇君四海，德教朝夕宣。萬國咸禮讓，百姓家肅虔。庠序不失儀，孝悌處中田。户有曾閔子，比屋皆仁賢。髫齔無夭齒，黃髮盡其年。陛下三萬歲，慈母亦復然。

《大魏篇》，當《漢吉昌》：大魏應靈符，天祿方甫始。聖德致泰和，神明為驅使。左右宜供養，中殿宜皇子。陛下長壽考，羣臣拜賀咸說喜。積善有餘慶，榮祿固天常。衆善填門至，臣子蒙福祥。無患及陽遂，輔翼我聖皇。衆吉咸集會，凶邪奸惡並滅亡。黃鵠遊殿前，神鼎周四阿。玉馬充乘輿，芝蓋樹九華。白虎戲西除，舍利從辟邪。騏驎躡足舞，鳳凰拊翼歌。豐年大置酒，玉尊列廣庭。樂飲過三爵，朱顏暴己形。式宴不違禮，君臣歌《鹿鳴》。樂人舞鼙鼓，百官雷抃贊若驚。儲禮如江海，積善若陵山。皇嗣繁且熾，孫子列曾玄。羣臣咸稱萬歲，陛下長樂壽年！御酒停未飲，貴戚跪東廂。侍人承顏色，奉進金玉觴。此酒亦真酒，福祿當聖皇。陛下臨軒笑，左右咸歡康。杯來一何遲，羣僚以次行。賞賜累千億，百官並富昌。

《精微篇》，當《關東有賢女》：精微爛金石，至心動神明。杞妻哭死夫，梁山為之傾。子丹西質秦，烏白馬角生。鄒羨囚燕市，繁霜為夏零。關東有賢女，自字蘇來卿。壯年報父仇，身没垂功名。女休逢赦書，白刃幾在頸。俱上列仙籍，去死獨就生。太倉令有罪，遠征當就拘。自悲居無男，禍至無與俱。緹縈痛父言，何擔西上書。盤桓北闕下，泣淚何漣如。乞得並姊弟，没身贖父軀。漢文感其義，肉刑法用除。其父得以免，辨義在列圖。多男亦何為，一女足成居。簡子南渡河，津吏廢舟船。執法將加刑，女娟擁 翟前。『妾父聞君來，將涉不測淵。畏懼風波起，禱祝祭名川。備禮饗神祇，為君求福先。不勝釂祀誠，至令犯罰艱。君必欲加誅，乞使知罪愆。妾願以身代』，至誠感蒼天。國君高其義，其父用赦原。河激奏中流，簡子知其賢。歸娉為夫人，榮寵超後先。辯女解父命，何況健少年。黃初發和氣，明堂德教施。治道致太平，禮樂風俗移。刑錯民無枉，怨女復何為。聖皇長壽考，景福常來儀。

《孟冬篇》，當《狡兔》：孟冬十月，陰氣厲清。武官誡田，講旅統兵。元龜襲吉，元光著明。蚩尤蹕路，風弭雨停。乘輿啓行，鸞鳴幽軋。虎賁采騎，飛象珥鶡。鐘鼓鏗鏘，簫管嘈喝。萬騎齊鑣，千乘等蓋。夷山填谷，平林滌藪。張羅萬里，盡其飛走。翟翟狡兔，揚白跳翰。獵以青骹，掩以修竿。韓盧宋鵲，呈才騁足。噬不盡反，牽麋掎鹿。魏氏發機，養基撫弦。都盧尋高，搜索猴猨。慶忌孟賁，蹈穀超巒。張目決眥，發怒穿冠。頓熊扼虎，蹴豹搏貙。氣有餘勢，負象而趨。獲車既盈，日側樂終。罷役解徒，大饗離宮。亂曰：聖皇臨飛軒，論功校獵徒。死禽積如京，流血成溝渠。明詔大勞賜，大官供有無。走馬行酒醴，驅車布肉魚。鳴鼓舉觴爵，鐘擊位無餘。絕網縱麟麑，弛罩出鳳雛。收功在羽校，威靈振鬼區。陛下長歡樂，永世合天符。【略】

魏鼓吹曲十二篇，繆襲造：

漢第一曲《朱鷺》，今第一曲《初之平》，言魏也。

初之平，義兵征。神武奮，金鼓鳴。邁武德，揚洪名。漢室微，社稷傾。皇道失，桓與靈。閹宦熾，羣雄爭。邊韓起，亂金城。中國擾，無紀經。赫武皇，起旗旌。麾天下，天下平。濟九州，九州寧。創武功，武功成。越五帝，邈三王。興禮樂，定紀綱。普日月，齊暉光。

右《初之平曲》凡三十句，句三字。

漢第二曲《思悲翁》，今第二曲《戰滎陽》，言曹公也。

戰滎陽，汴水陂。戎士憤怒，貫甲馳。陳未成，退徐榮。二萬騎，塹壘平。戎馬傷，六軍驚。勢不集，衆幾傾。白日没，時晦冥，顧中牟，心屏營。同盟疑，計無成。賴我武皇，萬國寧。

右《戰滎陽》曲凡二十句，其十八句句三字，二句句四字。

漢第三曲《艾如張》，今第三曲《獲呂布》，言曹公東圍臨淮，生擒呂布也。

獲呂布，戮陳宮。芟夷鯨鯢，驅騁羣雄。囊括天下，運掌中。

右《獲呂布曲》凡六句，其三句句三字，三句句四字。

漢第四曲《上之回》，今第四曲《克官渡》，言曹公與袁紹戰，破之於官渡也。

克紹官渡，由白馬。僵屍流血，被原野。賊衆如犬羊，王師尚寡。沙醮傍，風飛揚。轉戰不利，士卒傷。今日不勝，後何望！土山地道，不可當。卒勝大捷，震冀方。屠城破邑，神武遂章。

右《克官渡曲》凡十八句，其八句句三字，一句句五字，九句句四字。

漢第五曲《翁離》，今第五曲《舊邦》，言曹公勝袁紹於官渡，還譙收藏士卒死亡也。

舊邦蕭條，心傷悲。孤魂翩翩，當何依。遊士戀故，涕如摧。兵起事大，令願違。博求親戚，在者誰。立廟置後，魂來歸。

右《舊邦曲》凡十二句，其六句句三字，六句句四字。

漢第六曲《戰城南》，今第六曲《定武功》，言曹公初破鄴，武功之定，始乎此也。

定武功，濟黃河。河水湯湯，旦莫有橫流波。袁氏欲衰，兄弟尋干戈。決漳水，水流滂沱。嗟城中如流魚，誰能復顧室家！計窮慮盡，求來連和。和不時，心中憂戚。賊衆内潰，君臣奔北。拔鄴城，奄有魏國。王業艱難，覽觀古今，可為長歎。

右《定武功曲》凡二十一句，其五句句三字，三句句六字，十二句句四字，一句五字。

漢第七曲《巫山高》，今第七曲《屠柳城》，言曹公越北塞，歷白檀，破三郡烏桓于柳城也。

屠柳城，功誠難。越度隴塞，路漫漫。北逾岡平，但聞悲風正酸。蹋頓授首，遂登白狼山。神武懃海外，永無北顧患。

右《屠柳城曲》凡十句，其三句句三字，三句句四字，三句句五字，一句六字。

漢第八曲《上陵》，今第八曲《平南荆》，言曹公南平荆州也。

南荆何遼遼，江漢濁不清。菁茅久不貢，王師赫南征。劉琮據襄陽，賊備屯樊城。六軍廬新野，金鼓震天庭。劉子面縛至，武皇許其成。許與其成，撫其民。陶陶江漢間，普為大魏臣。大魏臣，向風思自新。思自新，齊功古人。在昔虞與唐，大魏得與均。多選忠義士，為喉脣。天下一定，萬世無風塵。

右《平南荆曲》凡二十四句，其十七句句五字，四句句三字，三句句四字。

漢第九曲《將進酒》，今第九曲《平關中》，言曹公征馬超，定關中也。

平關中，路向潼。濟濁水，立高墉。鬭韓馬，離羣凶。選驍騎，縱兩翼，虜崩潰，級萬億。

右《平關中曲》凡十句，句三字。

漢第十曲《有所思》，今第十曲《應帝期》，言曹文帝以聖德受命，應運期也。

應帝期，于昭我文皇，歷數承天序，龍飛自許昌。聰明昭四表，恩德動遐方。星辰為垂耀，日月為重光。河洛吐符瑞，草木挺嘉祥。麒麟步郊野，黃龍游津梁。白虎依山林，鳳凰鳴高岡。考圓定篇籍，功配上古羲皇。羲皇無遺文，仁聖相因循。運期三千歲，一生聖明君。堯授舜萬國，萬國皆附親。四門為穆穆，教化常如神。大魏興盛，與之為鄰。

右《應帝期曲》凡二十六句，其一句三字，二句四字，二十二句句五字，一句六字。

漢第十一曲《芳樹》，今第十一曲《邕熙》，言魏氏臨其國，君臣邕穆，庶績咸熙也。

邕熙，君臣合德，天下治。隆帝道，獲瑞寶，頌聲並作，洋洋浩浩。吉日臨高堂，置酒列名倡。歌聲一何紆餘，雜笙簧。八音諧，有紀綱。子孫永建萬國，壽考樂無央。

右《邕熙曲》凡十五句，其六句句三字，三句句四字，一句二字，三句句五字，二句句六字。

漢第十二曲《上邪》，今第十二曲《太和》，言魏明帝繼體承統，太和改元，德澤流布。

惟太和元年，皇帝踐阼，聖且仁，德澤為流布。災蝗一時為絕息，上天時雨露。五穀溢田疇，四民相率遵軌度。事務澄清，天下獄訟察以情。元首明，魏家如此，那得不太平？

右《太和曲》凡十三句，其二句句三字，五句句五字，三句句四字，三句句七字。

《全宋詩》卷二二一六《賈昌朝〈繁城魏受禪臺〉》 服殷自古稱文王，幾見符膺把紂亡。誰謂老奸亟篡事，禪臺空立在繁昌。

又 卷二四五《梅堯臣〈鄴中行〉》 武帝初起銅雀臺，丕又建閣延七子。日日臺上羣烏饑，峨峨七子宴且喜。是時閣嚴人不通，雖有層梯誰可履。公幹才俊或欺事，平視美人曾不起。五官褊急猶且容，意使忿怒如有鬼。自茲不得為故人，輸作左校濱於死。其餘數子安可存，紛然射去如流矢。烏烏聲樂臺轉高，各自畢逋誇痝尾。而今撫卷迹已陳，唯有漳河舊流水。

又 卷七五四《郭祥正〈魏王臺〉》 金城東，百尺高臺臨遠空。長江浩蕩劍門險，欲平吳蜀難爲功。誰傾黃金建佛廟，擊鼓撞鐘夜還曉。香廚供辦老僧閒，玉欄花謝遊人少。我來獨立想英雄，戰艦連雲氣概中。猶有斯臺存舊址，可憐銅雀起悲風。

又 卷一〇〇五《黃庭堅〈讀曹公傳〉》 南征北伐報功頻，劉氏親爲魏國賓。畢竟以丕成霸業，豈能於漢作純臣。兩都秋色皆喬木，二祖恩波在細民。駕馭英雄雖有術，力扶宗社可無人。

又 卷一二〇一《李廌〈孔北海堂〉》 卯金自中葉，已若子南周。阿瞞制威福，九鼎若綴旒。餘子不復忌，多士例為仇。嶄然見芒角，已坐錮與鉤。誰知英雄彀，翻令作芊罘。假手陷正平，謔玩戮楊修。小慧尚必除，偉人那得留。凜凜孔北海，胸次包九州。倘令坐廟堂，大盜當寢謀。專誅及斯人，遂負壑與舟。當時同朝士，苟生盍包羞。身死名亦滅，白骨委山丘。先生雖千載，生氣尚橫秋。當時眼中意，付與一醉休。文人具文行，來作東諸侯。尚友天下士，復于古人求。作亭俯層城，持杯想風流。壁間妙著述，騰光昏斗牛。文存人亦亡，應從文舉遊。我生真碌碌，與世甘沉浮。思為坐上客，揚觶和南謳。無成老巖谷，哀哉空白頭。

又 卷一七三五《陳與義〈錢東之教授惠澤州呂道人硯為賦長句〉》 君不見銅雀臺邊多事士，走上觚棱蔭歌舞。餘香分盡垢不除，卻寄書林汙縑楮。豈如此瓦凝青膏，冷面不識奸雄曹。呂公已去泫餘泣，通譜未許弘農陶。暮年得君真耐久，摩挲玉質雲生手。未知南越石虛中，亦有文章似君否。西家撲滿本弟昆，趣尚清濁何年分。一朝墮地真瓦礫，莫望韓公無瘞文。

又 卷一八七一《胡寅〈和仁仲房陵有感〉》 奸雄乘亂謀稱帝，不暇從容問傳器。荀公死坐斬殊錫，文舉誅因白畿地。金根曲蓋乘五時，謬以踞火尤吳兒。懸知以鼠睨漢獻，終欲搏噬如飢狸。吁嗟白日蒙浮雲，豫州奮臂提孤軍。虎熊爭先氣烈烈，魚水相契情氤氳。赤壁端如肴二陵，於操猶或稱其能。身在行間一交戰，阿瞞始信河難馮。仲謀亦恃江濤漲，豈憂炎德終淪喪。孱陵自駐遏吳師，要知身繫蒼生望。丈夫蓋棺事方休，未報未生宗國仇。英雄安得無塊土，固令於此分荆州。春風吹花不濡滯，緑滿郊原何蔽翳。前漢興隆後漢頽，永懷啓沃臨行際。

又　卷二三四〇《史堯弼〈留題丹經卷後〉》　人心歸漢沛公起，四百餘載瞞竊焉。迄今已復為晉有，尚何懼死長城邊。豈知世態多廢興，聞之撫髀皆喟然。

又　卷二七三五《金朋説〈荀彧飲藥〉》　管仲尊周昔相桓，當年文若附曹瞞。匡朝寧國言雖正，始比高光孰發端。

又　卷三〇〇七《陳郁〈賦翁仲〉》　銅仙擎露秋風表，珍重劉郎千萬壽。老瞞鼎貽孫老謀，因逼此仙俱受垢。仙寧折骨拒非招，耻為奸雄效奔走。汙名翁仲俾司門，口不能言自否。洛陽宮殿一灰飛，天上此標獨長久。君不見堂隱霸城，萬古六丁驅鬼守。

又　卷三一八九《鄭起〈讀馮道傳〉》　西山有薇，二子采之。二子竟死，薇不療飢。匪惡周粟，食不下嚥。君臣義重，彼蒼者天。爾道何人，數主一身。有何顔面，冠冕縉紳。喬固諸賢，寧死道邊。曹操不帝，清議凛然。

又　卷三一九八《方岳〈堪笑〉》　堪笑山陽漢鼎移，智如文若豈難知。定嫌佐命居人後，略一昌言死亦癡。

又　卷三四四六《陳昌言〈鄴都〉》　山勢崔嵬望太行，星軺迢遞過臨章。花林園廢花爭發，銅雀臺空草自芳。何必三分誇霸業，獨憐千古擅文章。生逢亂世終非幸，疑冢纍纍掛夕陽。

又　卷三四九一《方回〈次韻張鵬飛三絶〉》　舐犢區區笑老牛，阿瞞焉恤一楊彪。英雄誤理大床話，賣藥惟應學伯休。

又　卷三六五〇《陳普〈詠史上・孔融〉》　一身撑拄漢乾坤，無那危時喜放言。不受禰衡輕薄誤，未容曹操駕金根。

又　卷三六七七《于石〈曹操〉》　心非禪代荀文若，目識奸雄許子將。身苟未亡終篡漢，不知何德比文王。

又　《許劭》　四海同推月旦評，是非公論至今存。老瞞敢肆奸雄志，未必不因公一言。

《全宋詞》第五冊《劉辰翁〈江城梅花引〉》　不惜與君同一醉，君不見，銅雀臺，望老瞞。

又　《滿江紅・嚴州釣臺》　不作三公，歸來釣桐廬江側。劉文叔眼青不改，故人頭白。風節儻能關社稷，雲臺何必圖顔色。使阿瞞臨死尚稱臣，伊誰力。登釣石，初相識。魚竿老，羊裘窄。除江山風月，更誰消得。煙雨一川雙槳急，轉頭不忿青山隔。歎鼻端、不省利名腥，京華客。

元・陶宗儀《南村輟耕録（二）》卷二〇《［元］獨樂園主〈詠史〉》

一朝曹氏帝稱魏，銅駝荆棘生荒煙；關張早死後主弱，典午自帝開坤埏。五胡雲擾亂中國，五馬南渡何翩翩。六朝興廢有得失，豈知合併歸楊堅；瓊花城裏建宮闕，汴河春水浮龍船。

《遼金元詩話全編・王寂詩話・［金］王寂〈銅雀臺〉》　銅雀臺荒桑柘圍，老瞞曾醉柘黄衣。錫花片瓦將安用，留與詩人寫是非。

《全元詩》第四冊《耶律鑄〈見曹丕受禪碑有感〉》　從此建安王氣衰，君臣離合可傷悲。幾人石上留名日，千載世間不毁時。過客未知誰氏迹，野夫猶道漢家基。臨風讀罷一長歎，卻是曹丕受禪碑。

又　《郝經〈曉登昆陽故城〉》　弓刀蹀躞西風鳴，慘澹夜入昆陽城。疏星牢落楚氛黑，立馬起坐東方明。淩晨歷覽增壯觀，世祖凛凛猶如生。以寡敵衆古亦有，以怯為勇夫誰能？始知謹厚是真勇，彼偽不足當吾誠。眼中百萬已破碎，著手一戰成中興。天定豈容人復勝，新莽猶然事符命。漢家王氣滿咸陽，空向漸臺看斗柄。憑高落落生壯懷，萬里一片青山來。子陵不屈亦堪惜，乃使耿鄧升雲臺。東都制度遂狹陋，王室陵夷寖傾覆。漫將風節與維持，終入曹瞞莫能救。巖巖高節固可奇，濟時行道胡不為。釣魚臺上秋風老，我欲與子論襟期。蕭蕭草木南陽道，龍虎春陵氣仍好。須當策杖向軍門，整頓乾坤濟時了。

又　第一五冊《劉因〈銅雀瓦硯〉》　諸侯負漢已堪憐，直筆何為亦魏編。卻愛曹瞞臺上瓦，至今猶屬建安年。

又　第一八冊《陳孚〈咸學士有家藏仲長統歸隱□□□□宋齊彦趙子昂有詩次韻〉》　老瞞盜漢鼎，不下安漢公。參軍著昌言，何如草玄雄。一壑豈不美，奈此塵羈中。居然不成往，千古空悲風。東京名節士，偉哉五噫鴻。山間變姓名，詎肯隨旌弓。

又　《銅雀臺》　古臺百尺生野蒿，昔誰築此當塗高。上有三千金步搖，滿陵寒柏圍鳳綃。西飛燕子東伯勞，塵間泉下路迢迢。龍帳銀箏紫檀槽，怨入漳河翻夜濤。人生過眼草上露，白骨何由見歌舞。獨不念漢家長陵一抔土，玉柙珠襦鎖秋雨。

又 《**彰德道中**》 偶逐征鴻過鄴城，譙樓鼓角晚連營。雨垂魏武分香淚，水湧周文演《易》聲。林慮山高秋靄濕，湯陰里近夜燈明。誰人得似韓忠獻，鄉社猶詩書錦榮。

又 **第二八冊《李序〈次韻納齋銅雀臺磚硯歌〉》** 銅雀臺傾見荒土，月黑妖狐上臺舞。千年瓴甋墮人間，瑟瑟苔花暗秋雨。天荒地老奈愁何，臺上青泥生碧莎。斜風吹雨啼蟋蟀，此是西陵長夜歌。魏人膏血今已古，漆色凝花人未睹。一從為硯今幾年，漳水滔滔自東去。為君寫作銅臺吟，臺前瓦礫猶傷心。

又 **第三二冊《吴師道〈十臺懷古·銅雀臺〉》** 半空高棟翔金雀，玉扆穗帷塵漠漠。西陵老樹暝色寒，建安殘妓春情薄。曲終紅袖辭樽前，簷傾斷甓飛人間。分香老淚恨不滅，秋風吹入苔花斑。漢家一片當時土，肯為奸雄載歌舞。銷盡曹瞞萬古魂，落日漳河咽寒雨。

又 **第三四冊《許有壬〈水龍吟〉》** 幾年三到三臺，往年不似今年好。故人雲集，遠山屏列，蔚藍清曉。趙舞燕歌，一時奇絕，百壺傾倒。對山川如昔，風煙不滅，但人比、當時老。放眼秋容無際，碧澄澄、雁天霜早。曹瞞事業，悠悠斜日，茫茫衰草。為問漳流，古來豪傑，浪淘多少。有建安遺瓦，張吾筆陣，把奸雄掃。

又 **第三五冊《成廷圭〈延祐三年東平申屠先生掾山南憲司行部夷陵毁曹操祠為孔子廟歌頌賦論者夥矣後四十年余亦賦一首〉》** 西陵歸來忽千古，操也何嘗稱魏武。黄牛峽口不曾來，亦有巴人建祠宇。巴人日日迎送神，男能唱歌女能舞。一方說是鬼奸雄，血食依憑出巫語。精靈托汝據荆襄，魂魄何由歸鄴許。今年偶值申屠君，削吾尊罍徹吾俎。茫茫穹壤復何之，夜夜荒林怨風雨。無顔可見山陽公，有恨猶思茂陵土。當時賊漢豈獨孤，同日舉兵皆可數。高文一落在人間，只得羣公誚狂虜。寄與扶傾濟弱人，慎勿欺心背其主。

又 **《陳旅〈申屠子迪為山南憲掾白部使者毁夷陵曹操廟〉》** 黄牛峽口灘聲急，楚女傳芭水廟秋。此地殷勤祠魏武，何人辛苦得荆州。莫令故國無遺祀，不見中郎盡發丘。千載有人伸大義，高風全似故安侯。

又 **第四〇冊《周伯琦〈山陽漢獻帝墓〉》** 山陽小邑漢遺城，馬鬣荒蕪漢獻塋。閏位餘分歸典午，鄴瞞空受不臣名。

又 **第四四冊《張昱〈銅雀臺〉》** 自古誰無死，英雄豈不知？望陵歌舞歇，還有夢來時。

又 **第四五冊《傅若金〈銅雀硯歌〉》** 鄴中文磚天下奇，流傳為硯亦堪悲。月砌寒傾古臺暮，雨犁耕出斷釵時。荒涼火燒狐兔窟，金棺別葬奸雄骨。石麟暗刻魏春秋，銅雀空題漢年月。可憐此硯依浮世，曾見高筵美人醉。行迹猶沾舊襪塵，啼痕已滅新妝淚。向來登踐日紛紛，即今磨洗見奇文。題詩為吊西陵樹，地下曹瞞那得聞。

明·謝榛《謝榛全集》卷二《銅雀臺弔古歌》 龍飛白水承火德，千里草青漢家厄。曹瞞秉鉞剪羣雄，獨據中原此盡力。蓋棺一縮九州心，西陵日暮愁雲色。地荒銅雀空莓苔，世變銅駝秖荆棘。亂機相仍天有知，長風忽來正歎息。歌舞尚多身後情，玉顔慘澹雕欄側。斷腸雨淚灑衡漳，嗚咽至今流不極。流不極，悠悠復悠悠，那見翠華耽宴遊。勝景無窮樂有限，建安人去浮煙收。詎知千載鄴下客，不教寂寞河山秋。卻憶騰蛇乘霧翻自謂，松楸直上儼豪氣。

清·錢謙益《列朝詩集》丙集第七《桑悅〈感懷詩四十首·其十八〉》 天運有興廢，勝國封諸侯。不見殷微子，白馬來朝周。曹丕既竊據，茅土胙炎劉。一善良可進，吾思法春秋。

清·顧嗣立《元詩選》初集卷三六《曹瞞》 奸雄睥睨鼎終移，築舍譙東志竟齎。若使人生盡如意，墓門應表漢征西。

清·陳恭尹《獨漉詩箋》卷一《懷古十首·鄴中》 山河百戰鼎終分，歎息漳南日暮雲。亂世奸雄空復爾，一家辭賦最憐君。銅臺未散吹笙伎，石馬先傳出水文。七十二墳秋草遍，更無人表漢將軍。

清·嚴可均《嚴可均集》卷二《魏武帝》 隻手掃羣雄，卅年延漢祚。如何罪掩功？老被伏完誤。

清·岳濬等［雍正］《山東通志》卷一一之七《曹植〈魏制命宗聖侯奉家祀碑〉》 （黄初元年）維黄初元年，大魏受命。胤軒轅之高蹤，紹虞氏之遐統。應歷數以改物，揚仁風以作教。於是輯五瑞、班宗彝，鈞衡石，同度量，秩羣祀，於無文順天時以布化。既乃緝熙聖緒，昭顯上世，追存二代三恪之禮，兼紹宣尼褒成之後。以魯縣百户命孔子廿一世孫議郎孔羨為宗聖侯，以奉孔子之祀制詔三公曰：昔仲尼負大聖之才，懷帝王之器，當衰周之末，而無受命之運。缺生乎魯衛之朝，教化乎洙泗之上。棲棲焉，皇皇焉，欲屈己以存道，貶身以救世，於是王公終莫能用。乃退考五代之禮，修素王之事因魯史。而制《春秋》，就太師而正《雅》、《頌》，俾千載之後，莫不采其文以述作，仰其聖以成謀咨。可謂命世大聖、億載之師表者已。遭天下大亂，百祀墮壞，舊居之廟，毀而不修，褒成之後，絶而莫繼，闕里不聞，講誦之聲，四時不睹，烝嘗之位，斯豈所謂崇禮報功，盛德百世，必祀者哉？嗟乎！朕甚憫焉！其以議郎孔羨為宗聖侯，邑百户。

奉孔子之祀，令魯郡修其舊廟，置百石吏卒以守衛之。又於其外，廣為屋宇，以居學者。於是魯之父老，諸生遊士，睹廟堂之始復觀俎豆之初，設嘉聖靈於髣髴，想禎祥之來集，乃慨然而嘆曰：大道衰廢，禮學滅絶，三十餘年。皇上懷仁聖之懿德，兼二儀之化育，廣大包於無方，淵恩淪於不測。故自受命以來，天人咸和，神氣絪緼，嘉瑞踵武，休徵屢臻，殊俗解編髮而慕義，遐方越險阻而來賓。雖太皡遊龍以君世，虞氏儀鳳以臨民，伯禹命玄宮而為夏后，西伯由岐社而為周文，尚何足稱於大魏哉！

若乃紹繼微絶，興修廢官，疇咨稽古，崇配乾坤允，神明之所福祚，宇宙之所歡欣，豈徒魯邦而已哉？爾乃感殷人路寢之義，嘉先民泮宮之事，以為高宗，僖公蓋嗣世之王，諸侯之國耳！猶著德於三頌騰聲於千載，況今聖皇，肇造區夏，創業垂統，受命之日，曾未下輿而褒崇大聖隆化，如此能無頌乎！乃作《頌》曰：

煌煌大魏，受命溥將。繼體黃虞，含夏包商。降釐下土，廓清三光。羣祀咸秩，靡事不綱。嘉彼元聖，有邈其靈。遭時霧亂，莫顯其榮。褒成既絶，寢廟斯傾。闕里蕭條，靡歆靡馨。我皇悼之，尋其世武。乃建宗聖，以紹厥後。修復舊堂，豐其甍宇。莘莘學徒，爰居爰處。王教既備，羣小遄沮。魯道以興，永作憲矩。洪聲登假，神祇來祜。休徵雜遝，瑞我邦家。內光區域，外被荒遐。殊方重譯，搏拊揚歌。於赫四聖，運世應期。仲尼既没，文亦在茲。彬彬我後，越而五之。垂於億載，如山之基。

《晚晴簃詩匯》卷五《允禮〈銅雀臺〉》 臺荒人去杳難留，遺迹蒼茫不可求。當日橋陵盡西望，於今漳水自東流。香消羅綺寒雲合，地歇笙歌野草秋。畢竟君王歸未得，空餘煙外夕陽愁。

又 卷六《永瑆〈銅雀瓦硯歌〉》 阿瞞漢賊非漢臣，營窟乃在漳河濱。銅雀高臺入霄漢，參差瓦縫排魚鱗。太息人生祗如夢，光陰老向軍中送。分香賣履事難言，望斷西陵含隱痛。中原劫運幾滄桑，棟宇飛灰草樹荒。石墨那堪供染翰，硯材差喜發幽光。幻化本鴛鴦，成斑亦雊鵒。佳品自澄泥，奇珍逾美玉。卻想觚棱金碧時，琉璃片片亞簷垂。誰能磨盾頻飛檄，但說臨江自詠詩。到今遺瓦苔斑駁，文房好倩良工斫，君不見建安年號記分明，漢鼎雖遷留正朔。

又 卷二四《宋琬〈銅雀臺〉》 三臺縹緲鬱相望，俯眺中原接太行。鳳觜香殘歌舞散，魚鱗瓦冷館池荒。漆鐙詎有千年焰，穗帳空施入尺床。何似金人汾水上，茂陵風雨泣劉郎。

又 卷三一《申涵盼〈銅雀臺〉》 銅雀臺，分香履，一代雄風長已矣。臺上月明，臺下流水。

又 卷三四《傅維枟〈銅雀臺〉》 阿瞞才力雄如虎，到頭卻作癡兒語。賣履分香空爾為，西陵豈復知歌舞。漳南尋問銅雀臺，舟人北指沙成堆。飛橋連棟今何在，拍岸寒潮朝暮來。

又 卷四五《汪琬〈銅雀臺〉》 恩共秦雲斷，愁隨漳水盈。可憐絲管在，猶是昔年聲。穗帳流塵集，璿階蔓草生。祗憑陵上月，回照綺羅情。

又 卷五〇《孔傳鐸〈重刊先世北海集有述〉》 曹瞞柄漢政，劉氏頹三綱。豈無名流士，大雅皆淪亡。遐哉管幼安，皂帽去遼陽。咄嗟華子魚，末節何倡狂。其餘建安子，仁義志久荒。草檄愈頭風，借面以弔喪。碌碌何足數，誰為聲價昂。列祖北海公，風厲不可當。矯世敦古道，獨論盛孝章。觀其友禰生，抱負豈尋常。裸衣罵廣座，撾鼓聲悲涼。非公孰具眼，彼此相激揚。瞞也狐鼠儔，公真威鳳翔。當其未遇害，漢祚固無傷。曹孔不兩立，薰蕕互相妨。惜呼時不遇，盡室竟罹殃。太阿雖屈折，不失為至剛。三復此遺編，使我增慨慷。斯文在異姓，固當為表彰。況乃先世賢，遺琴猶在堂。梓之附家乘，用戒永珍藏。

又 **《曹寅〈題啓南先生莫斫銅雀硯圖〉》** 未央宮中一尺瓦，不知遺恨漳河下。錫花雷布誰作模，鴛央離合無真假。阿瞞心雄天厭足，平生只欠西陵哭。飛來銅雀亦辜恩，可憐難覆如花肉。與奸作瓦罪莫辭，與人作硯遭磷淄。粉身何惜鹿盧碎，渴筆恐辱屠沽兒。隱君正史先救硯，《麟經》獨炳丹青傳。君不見瓊林寶藏無不收，王莽之頭斬蛇劍。

又 **卷八三《王昶〈觀魏大饗受禪二碑〉》** 貔貅十萬揚旌旄，老狐乳犢爭咆哮。諸袁已盡奉先滅，赤伏潛易當塗高。烏林一炬久逃竄，孝廉聲勢臨江皋。許昌距吳數百里，江淮汝漢縈南條。阿瞞築宮具深意，削梯便擬淩風濤。三臺歌舞尚未竟，九首鬼伯潛相邀。子桓繼起更狡驁，竟能禪讓依唐堯。分香賣履言未冷，灶聲紫色心尤驕。相國將軍官四十，劍佩蹌濟從喧呶。乃陳降祥珍瑞集，再記款塞呼韓朝。方當寢苫枕凷日，袞冕黼黼山龍昭。圍場千步壇九尺，拜奠璽冊陳南郊。無君無父意自得，大書深刻垂瓊瑤。仲謀奉表亦豚犬，龜象作貢供臣寮。公閭剸刀入南闕，黄初四世如風飆。蜀吳尚在魏垂滅，唯餘碑碣猶岧嶢。吾見此文亦已久，揭來親讀披蓬蒿。三十二行行款正，加以隸體無殘凋。鍾繇梁鵠字莫辯，華歆賈詡名難淆。比於《檮杌》可垂戒，何待後世相訾謷。廢宮久作山陽廟，靈旗石馬還蕭騷。

又 **卷一〇〇《黃定文〈禪陵行〉》** 濁漉城頭北風起，夜聞山陽泣山鬼。曹家寒食漢家墳，翁仲無情墮鉛水。當時神州悲陸沈，兩京陵墓成荒岑。祠官舊事空投玉，校尉新銜有摸金。征西將軍老不死，墓上曹侯竟誰是。虎皮羊質五官郎，抱頸輕狂作天子。豈知剛卯摧金刀，轉眼又失當塗高。赤符未絕中興漢，白石先聞大討曹。至今日暮行山路，回首銅臺復何處。春雨曾傳賣履愁，秋聲誰覓西陵樹。君不見長安石馬嘶昭陵，會稽社宇啼冬青。抔土山陽還好在，人間玉碗幾飄零。

又 **卷一五四《敖册賢〈銅雀臺〉》** 英雄割據定三分，悵望漳南剩暮雲。一角河山輸晉武，千秋心事托周文。荒臺故伎猶思主，治世能臣轉惜君。誰上西陵誦遺碣，可曾官署漢將軍。

《全臺詩》第二七冊《林朝崧〈孔融二首・其一〉》 權門噂遝恥論交，物色人才到草茅。一疏漢廷空薦鶚，奸雄豈有量能包。

又 **《其二》** 獨立朝端不屈撓，曹瞞側目避譏嘲。暫時延得金刀祚，終見遺孤泣破巢。

雜録

《三國志》卷四《魏志・齊王芳傳》 （正始五年）五月癸巳，講《尚書經》通，使太常以太牢祀孔子於辟雍，以顏淵配；賜太傅、大將軍及侍講者各有差。【略】冬十一月癸卯，詔祀故尚書令荀攸于太祖廟庭。臣松之以為故魏氏配饗不及荀彧，蓋以其末年異議，又位非魏臣故也。【略】（景元元年夏六月）己未，故漢獻帝夫人節薨，（魏元）帝臨于華林園，使使持節追謚夫人為獻穆皇后。及葬，車服制度皆如漢氏故事。

又 **卷五《魏志・武宣卞皇后傳》** 文帝為太子，左右長御賀后曰：『將軍拜太子，天下莫不歡喜，后當傾府藏賞賜。』后曰：『王自以丕年大，故用為嗣，我但當以免無教導之過為幸耳，亦何為當重賜遺乎！』長御還，具以語太祖。太祖悅曰：『怒不變容，喜不失節，故是最為難。』

二十四年，拜為王后，策曰：『夫人卞氏，撫養諸子，有母儀之德。今進位王后，太子諸侯陪位，羣卿上壽，減國內死罪一等。』二十五年，太祖崩，文帝即王位，尊后曰王太后，及踐阼，尊后曰皇太后，稱永壽宮。【略】

黄初元年十月，（魏文）帝踐阼。踐阼之後，山陽公奉二女以嬪于魏。【略】

太祖為魏公時，（文德郭皇后）得入東宮。后有智數，時時有所獻納。文帝定為嗣，后有謀焉。太子即王位，后為夫人，及踐阼，為貴嬪。甄后之死，由后之寵也。

又 **卷九《魏志・夏侯惇傳》** （建安二十四年，夏侯惇）拜前將軍。《魏書》曰：時諸將皆受魏官號，惇獨漢官，乃上疏自陳不當不臣之禮。太祖曰：『吾聞太上師臣，其次友臣。夫臣者，貴德之人也，區區之魏，而臣足以屈君乎？』惇固請，乃拜為前將軍。

又 **卷一〇《魏志・荀彧傳》** （建安）十七年，董昭等謂太祖宜進爵國公，九錫備物，以彰殊勳，密以諮彧。彧以為太祖本興義兵以匡朝寧國，秉忠貞之誠，守退讓之實；君子愛人以德，不宜如此。太祖由是心不能平。會征孫權，表請彧勞軍於譙，因輒留彧，以侍中光祿大夫持節，參丞相軍事。太祖軍至濡須，彧疾留壽春，以憂薨，時年五十。謚曰敬侯。明年，太祖遂為魏公矣。《魏氏春秋》曰：太祖饋彧食，發之乃空器也，於是飲藥而卒。咸熙二年，贈彧太尉。《彧別傳》曰：彧自為尚書令，常以書陳事，臨薨，皆焚毀之，故奇策密謀不得盡聞也。是時征役草創，制度多所興復，彧嘗言于太祖曰：『昔舜分命禹、稷、契、皋陶以揆庶績，教化征伐，並時而用。及高祖之初，金革方殷，猶舉民能善教訓者，叔孫通習禮儀於戎旅之間，世祖有投戈講藝、息馬論道之事，君子無終食之間違仁。今公外定武功，內興文學，使干戈戢睦，大道流行，國難方弭，六禮俱治，此姬旦宰周之所以速平也。既立德立功，而又兼立言，誠仲尼述作之意；顯制度於當時，揚名於後世，豈不盛哉！若須武事畢而後製作，以稽治化，於事未敏。宜天下大才通儒，考論六經，刊定傳記，存古今之學，除其煩重，以一聖真，並隆禮學，漸敦教化，則王道兩濟。』彧從容與太祖論治道，如此之類甚衆，太祖常嘉納之。彧德行周備，非正道不用心，名重天下，莫不以為儀表，海內英儁咸宗焉。司馬宣王常稱書傳遠事，吾自耳目所從聞見，逮百數十年間，賢才未有及荀令君者也。前後所舉者，命世大才，邦邑則荀攸、鍾繇、陳羣，海內則司馬宣王，及引致當世知名郗慮、華歆、王朗、荀悅、杜襲、辛毗、趙儼之儔，終為卿相，以十數人。取士不以一揆，戲志才、郭嘉等有負俗之譏，杜畿簡傲少文，皆以智策舉之，終各顯名。荀攸後為魏尚書令，亦推賢進士。太祖曰：『二荀令之論人，久而益信，吾没世不忘。』鍾繇以為顏子既没，能備九德，不貳其過，唯荀彧然。或問繇曰：『君雅重荀君，比之顏子，自以不及，可得聞乎？』曰：『夫明君師臣，其次友之。以太祖之聰明，每有大事，常先諮之荀君，是則古師友之義也。吾等受命而行，猶或不盡，相去顧不遠邪！』《獻帝春秋》曰：董承之誅，伏後與父完書，言司空殺董承，帝方為報怨。完得書以示彧，彧惡之，久隱而不言。完以示妻弟樊普，普封以呈太祖，太祖陰為之備。彧後恐事覺，欲自發之，因求使至鄴，勸太祖以女配帝。太祖曰：『今朝廷有伏後，吾女何得以配上，吾以微功見録，位為宰相，豈復賴女寵乎！』彧曰：『伏後無子，性又凶邪，往常與父書，言辭醜惡，可因此廢也。』太祖曰：『卿昔何不道之？』彧陽驚曰：『昔已嘗為公言也。』太祖曰：『此豈小事而吾忘之！』彧又驚曰：『誠未語公邪！昔公在官渡與袁紹相持，恐增內顧之念，故不言爾。』太祖曰：『官渡事後何以不言？』彧無對，謝闕而已。太祖以此恨彧，而外含容之，故世莫得知。至董昭建立魏公之議，彧意不同，欲言之於太祖。及齎璽書犒軍，飲饗禮畢，彧留請間。太祖知彧欲言封事，揖而遣之，彧遂不得言。彧卒於壽春，壽春亡者告孫權，言太祖使彧殺伏後，彧不從，故自殺。權以露布於蜀，劉備聞之，曰：『老賊不死，禍亂未已。』臣松之案：《獻帝春秋》云彧欲發伏後事而求使至鄴，而方誣太祖云『昔已嘗言』。言既無徵，回託以官渡之虞，俯仰之間，辭情頓屈，雖在庸人，猶不至此，何以玷累賢哲哉！凡諸云云，皆出自鄙俚，可謂以吾儕之言而厚誣君子者矣。袁暐虛罔之類，此最為甚也。

又《**賈詡傳**》　是時，文帝為五官將，而臨菑侯植才名方盛，各有黨與，有奪宗之議。文帝使人問詡自固之術，詡曰：『原將軍恢崇德度，躬素士之業，朝夕孜孜，不違子道。如此而已。』文帝從之，深自砥礪。太祖又嘗屏除左右問詡，詡嘿然不對。太祖曰：『與卿言而不答，何也？』詡曰：『屬適有所思，故不即對耳。』太祖曰：『何思？』詡曰：『思袁本初、劉景升父子也。』太祖大笑，於是太子遂定。

又　卷一一《**魏志·邴原傳**》　太祖征吳，原從行，卒。《原別傳》曰：【略】魏太子為五官中郎將，天下向慕，賓客如雲，而原獨守道持常，自非公事不妄舉動。太祖微使人從容問之，原曰：『吾聞國危不事冢宰，君去不奉世子，此典制也。』

又　卷一二《**魏志·崔琰傳**》　時未立太子，臨菑侯植有才而愛。太祖狐疑，以函令密訪於外。唯琰露板答曰：『蓋聞《春秋》之義，立子以長，加五官將仁孝聰明，宜承正統。琰以死守之。』植，琰之兄女婿也。太祖貴其公亮，喟然歎息，《世語》曰：植妻衣繡，太祖登臺見之，以違制命，還家賜死。遷中尉。

又《**邢顒傳**》　初，太子未定，而臨菑侯植有寵，丁儀等並贊翼其美。太祖問（邢）顒，顒對曰：『以庶代宗，先世之戒也。原殿下深重察之！』太祖識其意，後遂以為太子少傅，遷太傅。

又　卷一三《**魏志·王肅傳**》　青龍中，山陽公薨，漢主也。肅上疏曰：『昔唐禪虞，虞禪夏，皆終三年之喪，然後踐天子之尊。是以帝號無虧，君禮猶存。今山陽公承順天命，允答民望，進禪大魏，退處賓位。公之奉魏，不敢不盡節。魏之待公，優崇而不臣。既至其薨，櫬斂之制，輿徒之飾，皆同之於王者，是故遠近歸仁，以為盛美。且漢總帝皇之號，號曰皇帝。有別稱帝，無別稱皇，則皇是其差輕者也。故當高祖之時，土無二王，其父見在而使稱皇，明非二王之嫌也。況今以贈終，可使稱皇以配其謚。』明帝不從使稱皇，乃追謚曰漢孝獻皇帝。孫盛曰：化合神者曰皇，德合天者曰帝。是故三皇創號，五帝次之。然則皇之為稱，妙於帝矣。肅謂為輕，不亦謬乎！臣松之以為上古謂皇皇后帝，次言三、五，先皇后帝，誠如盛言。然漢氏諸帝，雖尊父為皇，其實則貴而無位，高而無民，比之於帝，得不謂之輕乎！魏因漢禮，名號無改。孝獻之崩，豈得遠考古義？肅之所云，蓋就漢制而為言耳。謂之為謬，乃是譏漢，非難肅也。

又　卷一四《魏志·董昭傳》　後（董）昭建議：『宜脩古建封五等。』太祖曰：『建設五等者，聖人也，又非人臣所制，吾何以堪之？』昭曰：『自古以來，人臣匡世，未有今日之功。有今日之功，未有久處人臣之勢者也。今明公耻有慚德而未盡善，樂保名節而無大責，德美過於伊、周，此至德之所極也。然太甲、成王未必可遭，今民難化，甚於殷、周，處大臣之勢，使人以大事疑己，誠不可不重慮也。明公雖邁威德，明法術，而不定其基，為萬世計，猶未至也。定基之本，在地與人，宜稍建立，以自藩衛。明公忠節穎露，天威在顏，耿弇床下之言，朱英無妄之論，不得過耳。昭受恩非凡，不敢不陳。』《獻帝春秋》曰：昭與列侯諸將議，以丞相宜進爵國公，九錫備物，以彰殊勳；書與荀彧曰：『昔周旦、呂望，當姬氏之盛，因二聖之業，輔翼成王之幼，功勳若彼，猶受上爵，錫土開宇。末世田單，驅强齊之衆，報弱燕之怨，收城七十，迎復襄王；襄王加賞于單，使東有掖邑之封，西有菑上之虞。前世録功，濃厚如此。今曹公遭海內傾覆，宗廟焚滅，躬擐甲冑，周旋征伐，櫛風沐雨，且三十年，芟夷羣凶，為百姓除害，使漢室復存，劉氏奉祀。方之曩者數公，若太山之與丘垤，豈同日而論乎？今徒與列將功臣，並侯一縣，此豈天下所望哉！』後太祖遂受魏公、魏王之號，皆昭所創。

又　《蔣濟傳》　初，侍中高堂隆論郊祀事，以魏為舜後，推舜配天。濟以為舜本姓媯，其苗曰田，非曹之先，著文以追詰隆。臣松之案：蔣濟立郊議稱曹騰碑文云『曹氏族出自邾』，《魏書》述曹氏胤緒亦如之。魏武作《家傳》，自云曹叔振鐸之後。故陳思王作《武帝誄》曰：『於穆武皇，胄稷胤周。』此其不同者也。及至景初，明帝從高堂隆議，謂魏為舜後，後魏為禪晉文，稱『昔我皇祖有虞』，則其異彌甚。尋濟難隆，及與尚書繆襲往反，並有理據，文多不載。濟亦未能定氏族所出，但謂『魏非舜後而横祀非族，降黜太祖，不配正天，皆為繆妄』。然于時竟莫能正。濟又難：鄭玄注《祭法》云『有虞以上尚德，禘郊祖宗，配用有德，自夏已下，稍用其姓氏』。濟曰：『夫虬龍神於獺，獺自祭其先，不祭虬龍也。騏驎白虎仁於豺，豺自祭其先，不祭騏虎也。如玄之説，有虞已上，豺獺之不若邪？臣以為祭法所云，見疑學者久矣，鄭玄不考正其違而就通其義。』濟豺獺之譬，雖似俳諧，然其義旨，有可求焉。

又　卷一五《魏志·賈逵傳》　太祖崩洛陽，逵典喪事。《魏略》曰：時太子在鄴，鄢陵侯未到，士民頗苦勞役，又有疾癘，於是軍中騷動。羣寮恐天下有變，欲不發喪。逵建議為不可秘，乃發哀，令內外皆入臨，臨訖，各安敍不得動。而青州軍擅擊鼓相引去。衆人以為宜禁止之，不從者討之。逵以為『方大喪在殯，嗣王未立，宜因而撫之』。乃為作長檄，告所在給其廪食。時鄢陵侯彰行越騎將軍，從長安來赴，問逵先王璽綬所在。逵正色曰：『太子在鄴，國有儲副。先王璽綬，非君侯所宜問也。』遂奉梓宮還鄴。

又　卷一六《魏志·蘇則傳》　徵拜侍中，與董昭同寮。昭嘗枕則膝臥，則推下之，曰：『蘇則之膝，非佞人之枕也。』初，則及臨菑侯植聞魏氏代漢，皆發服悲哭，文帝聞植如此，而不聞則也。帝在洛陽，嘗從容言曰：『吾應天而禪，而聞有哭者，何也？』則謂為見問，須髯悉張，欲正論以對。侍中傅巽掐。則曰：『不謂卿也。』於是乃止。《魏略》曰：舊儀，侍中親省起居，故俗謂之執虎子。始則同郡吉茂者，是時仕甫歷縣令，遷為冗散。茂見則，嘲之曰：『仕進不止執虎子。』則笑曰：『我誠不能效汝蹇蹇驅鹿車馳也。』初，則在金城，聞漢帝禪位，以為崩也，乃發喪；後聞其在，自以不審，意頗默然。臨菑侯植自傷失先帝意，亦怨激而哭。其後文帝出遊，追恨臨菑，顧謂左右曰：『人心不同，當我登大位之時，天下有哭者。』時從臣知帝此言，有為而發也，而則以為為己。欲下馬謝。侍中傅巽目之，乃悟。孫盛曰：夫士不事其所非，不非其所事，趣舍出處，而豈徒哉！則既策名新朝，委質異代，而方懷二心生忿，欲奮爽言，豈大雅君子去就之分哉？詩云：『士也罔極，二三其德。』士之二三，猶喪妃偶，況人臣乎？

又　卷一九《魏志·任城威王彰傳》　太祖東還，以彰行越騎將軍，留長安。太祖至洛陽，得疾，驛召彰，未至，太祖崩。《魏略》曰：彰至，謂臨菑侯植曰：『先王召我者，欲立汝也。』植曰：『不可。不見袁氏兄弟乎！』文帝即王位，彰與諸侯就國。《魏略》曰：太子嗣立，既葬，遣彰之國。始彰自以先王見任有功，冀因此遂見授用，而聞當隨例，意甚不悅，不待遣而去。時以鄢陵瘠脊薄，使治中牟。及帝受禪，因封為中牟王。是後大駕幸許昌，北州諸侯上下，皆畏彰之剛嚴；每過中牟，不敢不速。詔曰：『先王之道，庸勳親親，並建母弟，開國承家，故能藩屏大宗，禦侮厭難。彰前受命北伐，清定朔土，厥功茂焉。增邑五千，并前萬户。』黄初二年，進爵為公。三年，立為任城王。四年，朝京都，疾薨于邸，謚曰威。《魏氏春秋》曰：初，彰問璽綬，將有異志，故來朝不即得見。彰忿怒暴薨。

又《陳思王植傳》 陳思王植字子建。年十歲餘，誦讀詩、論及辭賦數十萬言，善屬文。太祖嘗視其文，謂植曰：『汝倩人邪？』植跪曰：『言出為論，下筆成章，顧當面試，柰何倩人？』時鄴銅爵臺新城，太祖悉將諸子登臺，使各為賦。植援筆立成，可觀，太祖甚異之。陰澹《魏紀》載《植賦》曰『從明後而嬉遊兮，登層臺以娛情。見太府之廣開兮，觀聖德之所營。建高門之嵯峨兮，浮雙闕乎太清。立中天之華觀兮，連飛閣乎西城。臨漳水之長流兮，望園果之滋榮。仰春風之和穆兮，聽百鳥之悲鳴。天雲垣其既立兮，家原得而獲逞。揚仁化於宇内兮，盡肅恭於上京。惟桓文之為盛兮，豈足方乎聖明！休矣美矣！惠澤遠揚。翼佐我皇家兮，寧彼四方。同天地之規量兮，齊日月之暉光。永貴尊而無極兮，等年壽於東王』云云。太祖深異之。性簡易，不治威儀。輿馬服飾，不尚華麗。每進見難問，應聲而對，特見寵愛。建安十六年，封平原侯。十九年，徙封臨菑侯。太祖征孫權，使植留守鄴，戒之曰：『吾昔為頓邱令，年二十三。思此時所行，無悔於今。今汝年亦二十三矣，可不勉與！』植既以才見異，而丁儀、丁廙、楊脩等為之羽翼。太祖狐疑，幾為太子者數矣。而植任性而行，不自彫勵，飲酒不節。文帝御之以術，矯情自飾，宮人左右，並為之說，故遂定為嗣。二十二年，增置邑五千，并前萬户。植嘗乘車行馳道中，開司馬門出。太祖大怒，公車令坐死。由是重諸侯科禁，而植寵日衰。《魏武故事》載令曰：『始者謂子建，兒中最可定大事。』又令曰：『自臨菑侯植私出，開司馬門至金門，令吾異目視此兒矣。』又令曰：『諸侯長史及帳下吏，知吾出輒將諸侯行意否？從子建私開司馬門來，吾都不復信諸侯也。恐吾適出，便復私出，故攝將行。不可恒使吾（爾）誰為心腹也！』太祖既慮終始之變，以楊脩頗有才策，而又袁氏之甥也，於是以罪誅脩。植益内不自安。《典略》曰：楊脩字德祖，太尉彪子也。謙恭才博。建安中，舉孝廉，除郎中，丞相請署倉曹屬主簿。是時，軍國多事，脩總知外内，事皆稱意。自魏太子已下，並爭與交好。又是時臨菑侯植以才捷愛幸，來意投脩，數與脩書，書曰：『數日不見，思子為勞；想同之也。僕少好詞賦，迄至於今二十有五年矣。然今世作者，可略而言也。昔仲宣獨步於漢南，孔璋鷹揚於河朔，偉長擅名於青土，公幹振藻於海隅，德璉發迹於大魏，足下高視於上京。當此之時，人人自謂握靈蛇之珠，家家自謂抱荆山之玉也。吾王於是設天網以該之，頓八紘以掩之，今盡集茲國矣。然此數子，猶不能飛翰絶迹，一舉千里也。以孔璋之才，不閑辭賦，而多自謂與司馬長卿同風，譬畫虎不成還為狗者也。前為書啁之，反作論盛道僕贊其文。夫鍾期不失聽，於今稱之。吾亦不敢妄歎者，畏後之嗤餘也。世人著述，不能無病。僕常好人譏彈其文；有不善者，應時改定。昔丁敬禮嘗作小文，使僕潤飾之，僕自以才不能過若人，辭不為也。敬禮云：「卿何所疑難乎！文之佳麗，吾自得之。後世誰相知定吾文者邪？」吾常歎此達言，以為美談。昔尼父之文辭，與人通流；至於制《春秋》，游、夏之徒不能錯一字。過此而言不病者，吾未之見也。蓋有南威之容，乃可以論於淑媛；有龍淵之利，乃可以議於割斷。劉季緒才不逮於作者，而好詆呵文章，掎摭利病。昔田巴毁五帝，罪三王，呰五伯於稷下，一旦而服千人，魯連一說，使終身杜口。劉生之辯未若田氏，今之仲連求之不難，可無歎息乎！人各有所好尚。蘭茝蓀蕙之芳，衆人之所好，而海畔有逐臭之夫；咸池、六英之發，衆人所樂，而墨翟有非之之論：豈可同哉！今往僕少小所著詞賦一通相與。夫街談巷說，必有可采，擊轅之歌，有應風雅，匹夫之思，未易輕棄也。辭賦小道，固未足以揄揚大義，彰示來世也。昔揚子雲，先朝執戟之臣耳，猶稱「壯夫不為」也；吾雖薄德，位為藩侯，猶庶幾戮力上國，流惠下民，建永世之業，流金石之功，豈徒以翰墨為勳績，辭頌為君子哉？若吾志不果，吾道不行，亦將采史官之實録，辯時俗之得失，定仁義之衷，成一家之言，雖未能藏之名山，將以傳之同好，此要之白首，豈可以今日論乎！其言之不怍，恃惠子之知我也。明早相迎，書不盡懷。』脩答曰：『不侍數日，若彌年載，豈獨愛顧之隆，使係仰之情深邪！損辱來命，蔚矣其文。誦讀反覆，雖諷雅、頌，不復過也。若仲宣之擅江表，陳氏之跨冀域，徐、劉之顯青、豫，應生之發魏國，斯皆然矣。至如脩者，聽采風聲，仰德不暇，目周章於省覽，何惶駭於高視哉？伏惟君侯，少長貴盛，體旦、發之質，有聖善之教。遠近觀者，徒謂能宣昭懿德，光贊大業而已，不謂復能兼覽傳記，留思文章。今乃含王超陳，度越數子；觀者駭視而拭目，聽者傾首而聳耳；非夫體通性達，受之自然，其誰能至於此乎？又嘗親見執事握牘持筆，有所造作，若成誦在心，借書於手，曾不斯須少留思慮。仲尼日月，無得逾焉。脩之仰望，殆如此矣。是以對鶡而辭，作暑賦彌日而不獻，見西施之容，歸憎其貌者也。伏想執事不知其然，猥受顧賜，教使刊定。《春秋》之成，莫能損益。呂氏、淮南，字直千金；然而弟子鉗口，市人拱手者，聖賢卓犖，固所以殊絕凡庸也。今之賦頌，古詩之流，不更孔公，風雅無別耳。脩家子雲，老不曉事，强著一書，悔其少作。若此，仲山、周旦之徒，則皆有諐乎！君侯忘聖賢之顯迹，述鄙宗之過言，竊以為未之思也。若乃不忘經國之大美，流千載之英聲，銘功景鍾，書名竹帛，此自雅量素所蓄也，豈與文章相妨害哉？輒受所惠，竊備矇瞍誦歌而已。敢忘惠施，以忝莊氏！季緒瑣瑣，何足以云。』其相往來，如此甚數。植後以驕縱見疏，而植故連綴脩不止，脩亦不敢自絕。至二十四年秋，公以脩前後漏泄言教，交關諸侯，乃收殺之。脩臨死，謂故人曰：『我固自以死之晚也。』其意以為坐曹植也。脩死後百餘日而太祖薨，太子立，遂有天下。初，脩以所得王髦劍奉太子，太子常服之。及即尊位，在洛陽，從容出宮，追思脩之過薄也，撫其劍，駐車顧左右曰：『此楊德祖昔所說王髦劍也。髦今焉在？』及召見之，賜髦穀帛。摯虞《文章志》曰：劉季緒名脩，劉表子。官至東安太守。著詩、賦、頌六篇。臣松之案《呂氏春秋》曰：『人有臭者，其兄弟妻子皆莫能與居，其人自苦而居海上。海上人有悅其臭者，晝夜隨之而不能去。』此植所云『逐臭之夫』也。田巴事出魯連子，亦見皇覽，文多故不載。《世語》曰：脩年二十五，以名公子有才能，為太祖所器，與丁儀兄弟，皆欲以植為嗣。太子患之，以車載廢簏，內朝歌長吳質與謀。脩以白太祖，未及推驗。太子懼，告質，質曰：『何患？明日復以簏受絹車內以惑之，脩必復重白，重白必推，而無驗，則彼受罪矣。』世子從之，脩果白，而無人，太祖由是疑焉。脩與賈逵、王淩並為主簿，而為植所友。每當就植，慮事有闕，忖度太祖意，豫作答教十餘條，敕門下，教出以次答。教裁出，答已入，太祖怪其捷，推問始泄。太祖遣太子及圓各出鄴城一門，密敕門不得出，以觀其所為。太子至門，不得出而還。脩先戒植：『若門不出侯，侯受王命，可斬守者。』植從之。故脩遂以交構賜死。脩子囂，囂子准，皆知名於晉世。囂，泰始初為典軍將軍，受心膂之任，早卒。准字始丘，惠帝末為冀州刺史。荀綽《冀州記》曰：准見王綱不振，遂縱酒，不以官事為意，逍遙卒歲而已。成都王知准不治，猶以其為名士，惜而不責，召以為軍謀祭酒。府散停家，關東諸侯議欲以准補三事，以示懷賢尚德之舉。事未施行而卒。准子嶠字國彥，髦字士彥，並為後出之俊。准與裴頠、樂廣善，遣往見之。頠性弘方，愛嶠之有高韻，謂准曰：『嶠當及卿，然髦小減也。』廣性清淳，愛髦之有神檢，謂准曰：『嶠自及卿，然髦尤精出。』准歎曰：『我二兒之優劣，乃裴、樂之優劣也。』評者以為嶠雖有高韻，而神檢不逮，廣言為得。傅暢云：『嶠似准而疏。』嶠弟俊，字惠彥，最清出。嶠、髦皆為二千石。俊，太傅掾。二十四年，曹仁為關羽所圍。太祖以植為南中郎將，行征虜將軍。欲遣救仁，呼有所敕戒。植醉不能受命，於是悔而罷之。《魏氏春秋》曰：植將行，太子飲焉，偪而醉之。王召植，植不能受王命，故王怒也。

文帝即王位，誅丁儀、丁廙并其男口。《魏略》曰：丁儀字正禮，沛郡人也。父沖，宿與太祖親善，時隨乘輿。見國家未定，乃與太祖書曰：『足下平生常喟然有匡佐之志，今其時矣。』是時張楊適還河內，太祖得其書，乃引軍迎天子東詣許，以沖為司隸校尉。後數來過諸將飲，酒美不能止，醉爛腸死。太祖以沖前見開導，常德之。聞儀為令士，雖未見，欲以愛女妻之，以問五官將。五官將曰：『女人觀貌，而正禮目不便，誠恐愛女未必悅也。以為不如與伏波子楙。』太祖從之。尋辟儀為掾，到與論議，嘉其才朗，曰：『丁掾，好士也，即使其兩目盲，尚當與女，何況但眇？是吾兒誤我。』時儀亦恨不得尚公主，而與臨菑侯親善，數稱其奇才。太祖既有意欲立植，而儀又共贊之。及太子立，欲治儀罪，轉儀為右刺奸掾，欲儀自裁而儀不能。乃對中領軍夏侯尚叩頭求哀，尚為涕泣而不能救。後遂因職事收付獄，殺之。廙字敬禮，儀之弟也。《文士傳》曰：廙少有才姿，博學洽聞。初辟公府，建安中為黃門侍郎。廙嘗從容謂太祖曰：『臨菑侯天性仁孝，發於自然，而聰明智達，其殆庶幾。至於博學淵識，文章絕倫。當今天下之賢才君子，不問少長，皆原從其遊而為之死，實天所以鍾福於大魏，而永授無窮之祚也。』欲以勸動太祖。太祖答曰：『植，吾愛之，安能若卿言！吾欲立之為嗣，何如？』廙曰：『此國家之所以興衰，天下之所以存亡，非愚劣瑣賤者所敢與及。廙聞知臣莫若於君，知子莫若於父。至於君不論明闇，父不問賢愚，而能常知其臣子者何？蓋由相知非一事一物，相盡非一旦一夕。況明公加之以聖哲，習之以人子。今發明達之命，吐永安之言，可謂上應天命，下合人心，得之於須臾，垂之於萬世者也。廙不避斧鉞之誅，敢不盡言！』太祖深納之。植與諸侯並就國。黃初二年，監國謁者灌均希指，奏『植醉酒悖慢，劫脅使者』。有司請治罪，帝以太后故，貶爵安鄉侯。《魏書》載詔曰：『植，朕之同母弟。朕於天下無所不容，而況植乎？骨肉之親，舍而不誅，其改封植。』其年改封鄄城侯。三年，立為鄄城王，邑二千五百户。

四年，徙封雍丘王。其年，朝京都。【略】帝嘉其辭義，優詔答勉之。《魏略》曰：初植未到關，自念有過，宜當謝帝。乃留其從官著關東，單將兩三人微行，入見清河長公主，欲因主謝。而關吏以聞，帝使人逆之，不得見。太后以為自殺也，對帝泣。會植科頭負鈇鑕，徒跣詣闕下，帝及太后乃喜。及見之，帝猶嚴顏色，不與語，又不使冠履。植伏地泣涕，太后為不樂。詔乃聽復王服。《魏氏春秋》曰：是時待遇諸國法峻。任城王暴薨。諸王既懷友于之痛。植及白馬王彪還國，欲同路東歸，以敍隔闊之思，而監國使者不聽。植發憤告離而作詩曰：『謁帝承明廬，逝將歸舊疆。清晨發皇邑，日夕過首陽。伊、洛曠且深，欲濟川無梁。汎舟越洪濤，怨彼東路長。回顧戀城闕，引領情內傷。大谷何寥廓，山樹鬱蒼蒼。霖雨泥我塗，流潦浩從橫。中逵絕無軌，改轍登高岡。修阪造雲日，我馬玄以黃。玄黃猶能進，我思鬱以紆。郁紆將何念？親愛在離居。本圖相與偕，中更不克俱。鴟梟鳴衡軛，豺狼當路衢。蒼蠅間白黑，讒巧反親疏。欲還絕無蹊，攬轡止踟躕。踟躕亦何留，相思無終極。秋風發微涼，寒蟬鳴我側。原野何蕭條，白日忽西匿。孤獸走索羣，銜草不遑食。歸鳥赴高林，翩翩厲羽翼。感物傷我懷，撫心長歎息。歎息亦何為，天命與我違。奈何念同生，一往形不歸！孤魂翔故域，靈柩寄京師。存者勿復過，亡沒身自衰。人生處一世，忽若朝露晞。年在桑榆間，影響不能追。自顧非金石，咄吒令心悲。心悲動我神，棄置莫復陳。丈夫志四海，萬里猶比鄰。恩愛苟不虧，在遠分日親。何必同衾幬，然後展殷勤。倉卒骨肉情，能不懷苦辛？苦辛何慮思，天命信可疑。虛無求列仙，松子久吾欺。變故在斯須，百年誰能持？離別永無會，執手將何時？王其愛玉體，俱享黃髮期。收涕即長塗，援筆從此辭。』

又　卷二〇《魏志·鄧哀王沖傳》　鄧哀王沖，【略】太祖數對羣臣稱述，有欲傳後意。年十三，建安十三年疾病，太祖親為請命。及亡，哀甚。文帝寬喻太祖，太祖曰：『此我之不幸，而汝曹之幸也。』孫盛曰：《春秋》之義，立嫡以長不以賢。沖雖存也猶不宜立，況其既沒，而發斯言乎？《詩》云：『無易由言。』魏武其易之也。言則流涕，為聘甄氏亡女與合葬，贈騎都尉印綬，命宛侯據子琮奉沖後。二十二年，封琮為鄧侯。黃初二年，追贈謚沖曰鄧哀侯，又追加號為公。《魏書》載策曰：『惟黃初二年八月丙午，皇帝曰：咨爾鄧哀侯沖，昔皇天鍾美於爾躬，俾聰哲之才，成於弱年。當永享顯祚，克成厥終。如何不祿，早世夭昏！朕承天序，享有四海，並建親親，以藩王室，惟爾不逮斯榮，且葬禮未備。追悼之懷，愴然攸傷。今遷葬于高陵，使使持節兼謁者僕射郎中陳承，追賜號曰鄧公，祠以太牢。魂而有靈，休茲寵榮。嗚呼哀哉！』《魏略》曰：文帝常言『家兄孝廉，自其分也。若使倉舒在，我亦無天下。』

又　卷二一《魏志·吳質傳》　吳質，濟陰人，以文才為文帝所善，官至振威將軍，假節都督河北諸軍事，封列侯。《魏略》曰：質字季重，以才學通博，為五官將及諸侯所禮愛；質亦善處其兄弟之間，若前世樓君卿之游五侯矣。及河北平定（大將軍）［五官將］為世子，質與劉楨等並在坐席。楨坐譴之際，質出為朝歌長，後遷元城令。其後大軍西征，太子南在孟津小城，與質書曰：『季重無恙！途路雖局，官守有限，原言之懷，良不可任。足下所治僻左，書問致簡，益用增勞。每念昔日南皮之遊，誠不可忘。既妙思六經，逍遙百氏，彈釭間設，終以博弈，高談娛心，哀箏順耳。馳騖北場，旅食南館，浮甘瓜於清泉，沈朱李於寒水。皦日既沒，繼以朗月，同乘並載，以遊後園，輿輪徐動，賓從無聲，清風夜起，悲笳微吟，樂往哀來，凄然傷懷。余顧而言，茲樂難常，足下之徒，咸以為然。今果分別，各在一方。元瑜長逝，化為異物，每一念至，何時可言？方今蕤賓紀辰，景風扇物，天氣和暖，衆果具繁。時駕而遊，北遵河曲，從者鳴笳以啓路，文學託乘於後車，節同時異，物是人非，我勞如何！今遣騎到鄴，故使枉道相過。行矣，自愛！』二十三年，太子又與質書曰：『歲月易得，別來行復四年。三年不見，東山猶歎其遠，況乃過之，思何可支？雖書疏往反，未足解其勞結。昔年疾疫，親故多離其災，徐、陳、應、劉，一時俱逝，痛何可言邪！昔日遊處，行則同輿，止則接席，何嘗須臾相失！每至觴酌流行，絲竹並奏，酒酣耳熱，仰而賦詩。當此之時，忽然不自知樂也。謂百年己分，長共相保，何圖數年之間，零落略盡，言之傷心。頃撰其遺文，都為一集。觀其姓名，已為鬼録，追思昔遊，猶在心目，而此諸子化為糞壤，可復道哉！觀古今文人，類不護細行，鮮能以名節自立。而偉長獨懷文抱質，恬淡寡欲，有箕山之志，可謂彬彬君子矣。著中論二十餘篇，成一家之業，辭義典雅，足傳於後，此子為不朽矣。德璉常斐然有述作意，才學足以著書，美志不遂，良可痛惜。間歷觀諸子之文，對之抆淚，既痛逝者，行自念也。孔璋章表殊健，微為繁富。公幹有逸氣，但未遒耳，至其五言詩，妙絕當時。元瑜書記翩翩，致足樂也。仲宣獨自善於辭賦，惜其體弱，不足起其文，至於所善，古人無以遠過也。昔伯牙絕弦於鍾期，仲尼覆醢於子路，愍知音之難遇，傷門人之莫逮也。諸子但為未及古人，自一時之俊也，今之存者已不逮矣。後生可畏，來者難誣，然吾與足下不及見也。行年已長大，所懷萬端，時有所慮，至乃通夕不瞑。何時復類昔日！已成老翁，但未白頭耳。光武言「年已三十，在軍十年，所更非一」，吾德雖不及，年與之齊。以犬羊之質，服虎豹之文，無衆星之明，假日月之光，動見觀瞻，何時易邪？恐永不復得為昔日遊也。少壯真當努力，年一過往，何可攀援？古人思秉燭夜遊，良有以也。頃何以自娛？頗復有所造述不？東望於邑，裁書敘心。』臣松之以本傳雖略載太子此書，美辭多被删落，今故悉取《魏略》所述以備其文。

太子即王位，又與質書曰：『南皮之遊，存者三人，烈祖龍飛，或將或侯。今惟吾子，棲遲下仕，從我遊處，獨不及門。瓶罄罍耻，能無懷愧。路不云遠，今復相聞。』初，曹真、曹休亦與質等俱在渤海游處，時休、真亦以宗親並受爵封，出為列將，而質故為長史。王顧質有望，故稱二人以慰之。始質為單家，少游遨貴戚間，蓋不與鄉里相沈浮。故雖已出官，本國猶不與之士名。及魏有天下，文帝徵質，與車駕會洛陽。到，拜北中郎將，封列侯，使持節督幽、並諸軍事，治信都。太和中，入朝。質自以不為本郡所饒，謂司徒董昭曰：『我欲溺鄉里耳。』昭曰：『君且止，我年八十，不能老為君溺攢也。』《世語》曰：魏王嘗出征，世子及臨菑侯植並送路側。植稱述功德，發言有章，左右屬目，王亦悅焉。世子悵然自失，吳質耳曰：『王當行，流涕可也。』及辭，世子泣而拜，王及左右咸歔欷，於是皆以植辭多華，而誠心不及也。質別傳曰：帝嘗召質及曹休歡會，命郭後出見質等。帝曰：『卿仰諦視之。』其至親如此。質黃初五年朝京師，詔上將軍及特進以下皆會質所，大官給供具。酒酣，質欲盡歡。時上將軍曹真性肥，中領軍朱鑠性瘦，質召優，使說肥瘦。真負貴，耻見戲，怒謂質曰：『卿欲以部曲將遇我邪？』驃騎將軍曹洪、輕車將軍王忠言：『將軍必欲使上將軍服肥，即自宜為瘦。』真愈恚，拔刀瞋目，言：『俳敢輕脫，吾斬爾。』遂罵坐。質案劍曰：『曹子丹，汝非屠機上肉，吳質呑爾不搖喉，咀爾不搖牙，何敢恃勢驕邪？』鑠因起曰：『陛下使吾等來樂卿耳，乃至此邪！』質顧叱之曰：『朱鑠，敢壞坐！』諸將軍皆還坐。鑠性急，愈恚，還拔劍斬地。遂便罷也。及文帝崩，質思慕作詩曰：『愴愴懷殷憂，殷憂不可居。徙倚不能坐，出入步踟躕。念蒙聖主恩，榮爵與衆殊。自謂永終身，志氣甫當舒。何意中見棄，棄我歸黃壚。榮榮靡所恃，淚下如連珠。隨没無所益，身死名不書。慷慨自黽勉，庶幾烈丈夫。』太和四年，入為侍中。時司空陳羣録尚書事，帝初親萬機，質以輔弼大臣，安危之本，對帝盛稱『驃騎將軍司馬懿，忠智至公，社稷之臣也。陳羣從容之士，非國相之才，處重任而不親事。』帝甚納之。明日，有切詔以督責羣，而天下以司空不如長文，即羣，言無實也。質其年夏卒。質先以怙威肆行，謚曰醜侯。質子應仍上書論枉，至正元中乃改謚威侯。應字温舒，晉尚書。應子康，字子仲，知名於時，亦至大位。

又　卷二二《魏志·桓階傳》　魏國初建，為虎賁中郎將侍中。時太子未定，而臨菑侯植有寵。階數陳文帝德優齒長，宜為儲副，公規密諫，前後懇至。《魏書》稱階諫曰：『今太子仁冠羣子，名昭海內，仁聖達節，天下莫不聞；而大王甫以植而問臣，臣誠惑之。』於是太祖知階篤於守正，深益重焉。

又　《陳矯傳》　從征漢中，還為尚書。行前未到鄴，太祖崩洛陽，羣臣拘常，以為太子即位，當須詔命。矯曰：『王薨於外，天下惶懼。太子宜割哀即位，以繫遠近之望。且又愛子在側，彼此生變，則社稷危矣。』即具官備禮，一日皆辦。明旦，以王后令，策太子即位，大赦蕩然。文帝曰：『陳季弼臨大節，明略過人，信一時之俊傑也。』帝既踐阼，轉署吏部，封高陵亭侯，遷尚書令。

又　《徐宣傳》　太祖崩洛陽，羣臣入殿中發哀。或言可易諸城守，用譙、沛人。宣厲聲曰：『今者遠近一統，人懷效節，何必譙、沛，而沮宿衛者心。』文帝聞曰：『所謂社稷之臣也。』帝既踐阼，為御史中丞，賜爵關內侯，徙城門校尉，旬月遷司隸校尉，轉散騎常侍。

又　《衛臻傳》　會奉詔命，聘貴人于魏，因表留臻參丞相軍事。追録臻父舊勳，賜爵關內侯，轉為户曹掾。文帝即王位，為散騎常侍。及踐阼，封安國亭侯。時羣臣並頌魏德，多抑損前朝。臻獨明禪授之義，稱揚漢美。帝數目臻曰：『天下之珍，當與山陽共之。』【略】

初，太祖久不立太子，而方奇貴臨菑侯。丁儀等為之羽翼，勸臻自結，臻以大義拒之。及文帝即位，東海王霖有寵，帝問臻：『平原侯何如？』臻稱明德美而終不言。

又　《楊俊傳》　初，臨菑侯與俊善，太祖適嗣未定，密訪羣司。俊雖並論文帝、臨菑才分所長，不適有所據當，然稱臨菑猶美，文帝常以恨之。黃初三年，車駕至宛，以市不豐樂，發怒收俊。尚書僕射司馬宣王、常侍王象、荀緯請俊，叩頭流血，帝不許。俊曰：『吾知罪矣。』遂自殺。衆冤痛之。

又　卷三二《蜀志·先主傳》　（建安）二十五年，魏文帝稱尊號，改年曰黃初。或傳聞漢帝見害，先主乃發喪制服，追謚曰孝愍皇帝。【略】

太傅許靖、安漢將軍糜竺、軍師將軍諸葛亮、太常賴恭、光禄勳（黃權）［黃柱］、少府王謀等上言：『曹丕篡弑，湮滅漢室，竊據神器，劫迫忠良，酷烈無道。人鬼忿毒，咸思劉氏。』

又　卷四七《吳志·吳主傳》　（建安）二十五年春正月，曹公薨，太子丕代為丞相魏王，改年為延康。【略】冬，魏嗣王稱尊號，改元為黄初。

又 《三國志》卷一四《魏志・董昭傳》裴松之注 《獻帝春秋》曰：（董）昭與列侯諸將議，以丞相宜進爵國公，九錫備物，以彰殊勳；書與荀彧曰：『昔周旦、呂望，當姬氏之盛，因二聖之業，輔翼成王之幼，功勳若彼，猶受上爵，錫土開宇。末世田單，驅强齊之衆，報弱燕之怨，收城七十，迎復襄王；襄王加賞于單，使東有掖邑之封，西有菑上之虞。前世録功，濃厚如此。今曹公遭海内傾覆，宗廟焚滅，躬擐甲冑，周旋征伐，櫛風沐雨，且三十年，芟夷羣凶，為百姓除害，使漢室復存，劉氏奉祀。方之曩者數公，若太山之與丘垤，豈同日而論乎？今徒與列將功臣，並侯一縣，此豈天下所望哉！』

又 卷三八《蜀志・許靖傳》裴松之注 《山陽公載記》曰：建安十七年，漢立皇子熙為濟陰王，懿為山陽王，敦為東海王。靖聞之曰：『「將欲歙之，必固張之；將欲取之，必固與之」。其孟德之謂乎！』

又 卷四二《蜀志・周羣傳》裴松之注 《續漢書》曰：建安七年，越巂有男子化為女人，時羣言哀帝時亦有此，將易代之祥也。至二十五年，獻帝果封于山陽。十二年十月，有星孛於鶉尾，荆州分野，羣以為荆州牧將死而失土。明年秋，劉表卒，曹公平荆州。十七年十二月，星孛于五諸侯，羣以為西方專據土地者皆將失土。是時，劉璋據益州，張魯據漢中，韓遂據涼州，宋建據枹罕。明年冬，曹公遣偏將擊涼州。十九年，獲宋建，韓遂逃於羌中，被殺。其年秋，璋失益州。二十年秋，曹公攻漢中，張魯降。

《後漢書》卷一〇下《皇后紀下・獻穆曹皇后》 獻穆曹皇后諱節，魏公曹操之中女也。建安十八年，操進三女憲、節、華為夫人，聘以束帛玄纁五萬匹，小者待年于國。十九年，並拜為貴人。及伏皇后被弑，明年，立節為皇后。魏受禪，遣使求璽綬，后怒不與。如此數輩，后乃呼使者入，親數讓之，以璽抵軒下，因涕泣横流曰：『天不祚爾！』左右皆莫能仰視。后在位七年。魏氏既立，以后為山陽公夫人。自後四十一年，魏景元元年薨，合葬禪陵，車服禮儀皆依漢制。

又 卷一九《耿弇傳》 （耿援）尚桓帝妹長社公主，為河（陽）［東］太守。後曹操誅耿氏，唯援孫弘存焉。【略】（耿沖）曾孫紀，少有美名，辟公府，曹操甚敬異之，稍遷少府。紀以操將篡漢，建安二十三年，與大醫令吉平、丞相司直韋（況）晃（曄）謀起兵誅操，不克，夷三族。于時衣冠盛門坐紀罹禍滅者衆矣。

又 卷二六《伏湛傳》 （伏）質卒，子完嗣，尚桓帝女陽安長公主。女為孝獻皇后。曹操殺后，誅伏氏，國除。

又 卷四二《琅邪孝王京傳》 初，（劉）邈至長安，盛稱東郡太守曹操忠誠于帝，操以此德於邈。建安十一年，復立（劉）容子熙為（琅邪）王。在位十一年，坐謀欲過江，被誅，國除。

又 卷四八《徐璆傳》 （徐璆）後拜太常，使持節拜曹操為丞相。操以相讓璆，璆不敢當。

又 卷六二《荀淑傳》 靈帝時閹官用權，士多退身窮處，（荀）悦乃託疾隱居，時人莫之識，雖從弟彧特稱敬焉。初辟鎮東將軍曹操府，遷黄門侍郎。獻帝頗好文學，悦與彧及少府孔融侍講禁中，旦夕談論。累遷秘書監、侍中。時政移曹氏，天子恭己而已。悦志在獻替，而謀無所用，乃作《申鑒》五篇。其所論辯，通見政體，既成而奏之。

又 卷七〇《孔融傳》 又嘗奏宜准古王畿之制，千里寰内，不以封建諸侯。操疑其所論建漸廣，益憚之。

又 卷一一八《百官志五》 建武十八年，復為刺史，十二人各主一州，其一州屬司隸校尉。李賢注：蔡質《漢儀》曰：『詔書舊典，刺史班宣，周行郡國，省察治政，黜陟能否，斷理冤獄，以六條問事，非條所問，即不省。一條，强宗豪右，田宅踰制，以强陵弱，以衆暴寡。二條，二千石不奉詔書遵承典制，倍公向私，旁詔守利，侵漁百姓，聚斂為姦。三條，二千石不恤疑獄，風厲殺人，怒則任刑，喜則任賞，煩擾苛暴，剥戮黎元，為百姓所疾，山崩石裂，妖祥訛言。四條，二千石選署不平，苟阿所愛，蔽賢寵頑。五條，二千石子弟怙恃榮勢，請託所監。六條，二千石違公下比，阿附豪强，通行貨賂，割損政令。諸州刺史初除，比諸持板揖不拜。』《獻帝起居注》曰：『建安十八年三月庚寅，省州并郡，復《禹貢》之九州。冀州得魏郡、安平、鉅鹿、河間、清河、博陵、常山、趙國、勃海、甘陵、平原、太原、上黨、西河、定襄、鴈門、雲中、五原、朔方、河東、河内、涿郡、漁陽、廣陽、右北平、上谷、代郡、遼東、遼東屬國、遼西、玄菟、樂浪，凡三十二郡。省司隸校尉，以司隸部分屬豫州、冀州、雍州。

省涼州刺史，以并雍州部，郡得弘農、京兆、左馮翊、右扶風、上郡、安定、隴西、漢陽、北地、武都、武威、金城、西平、西郡、張掖、張掖屬國、酒泉、敦煌、西海、漢興、永陽、東安南，凡二十二郡。省交州，以其郡屬荆州。荆州得交州之蒼梧、南海、九真、交趾、日南，與其舊所部南陽、章陵、南郡、江夏、武陵、長沙、零陵、桂陽，凡十三［郡］。益州本部郡有廣漢、漢中、巴郡、犍為、蜀郡、牂牁、越巂、益州、永昌、犍為屬國、蜀郡屬國、廣漢屬國，今並得交州之鬱林、合浦，凡十四［郡］。豫州部郡本有潁川、陳國、汝南、沛國、梁國、魯國，今並得河南、滎陽都尉，凡八郡。徐州部郡得下邳、廣陵、彭城、東海、琅邪、利城、城陽、東莞，凡八郡。青州得齊國、北海、東萊、濟南、樂安，凡五郡。』《獻帝春秋》曰：『孫權以步騭行交州刺史。』《東觀書》曰：『交趾刺史，持節。』

南朝宋·劉義慶《世説新語·方正》 魏文帝受禪，陳羣有慼容。帝問曰：『朕應天受命，卿何以不樂？』羣曰：『臣與華歆，服膺先朝，今雖欣聖化，猶義形於色。』華嶠《譜敘》曰：『魏受禪，朝臣三公以下，並受爵位。華歆以形色忤時，徙為司空，不進爵。文帝久不懌，以問尚書令陳羣曰：「我應天受命，百辟莫不說喜，形於聲色；而相國及公獨有不怡者，何邪？」羣起離席長跪曰：「臣與相國曾事漢朝，心雖說喜，義干其色，亦懼陛下實應見憎。」帝大説，歎息良久，遂重異之。』

《宋書》卷六〇《荀伯子傳》 （荀伯子）又上表曰：『伏見百官位次，陳留王在零陵王上，臣愚竊以為疑。昔武王克殷，封神農之後于焦，黄帝之後于祝，帝堯之後於薊，帝舜之後于陳，夏后於杞，殷後於宋。杞、陳並為列國，而薊、祝、焦無聞焉。斯則褒崇所承，優於遠代之顯驗也。是以《春秋》次序諸侯，宋居杞、陳之上。考之近世，事亦有征。晋泰始元年，詔賜山陽公劉康子弟一人爵關内侯，衛公姬署、宋侯孔紹子一人駙馬都尉。又泰始三年，太常上博士劉憙等議，稱衛公署于大晉在三恪之數，應降稱侯。臣以零陵王位宜在陳留之上。』從之。

北魏·酈道元《水經注》卷九《清水》 建安二十五年，魏封漢獻帝為山陽公。濁鹿城，即是公所居也。

《晉書》卷三《武帝紀》 （泰始元年十二月己巳）賜山陽公劉康、安樂公劉禪子弟一人為駙馬都尉。**【略】**

（二年）二月，除漢宗室禁錮。**【略】**（十一月）罷山陽公國督軍，除其禁制。**【略】**

（三年十二月）山陽公劉康來朝。**【略】**

（四年）二月庚子，增置山陽公國相、郎中令、陵令、雜工宰人、鼓吹車馬各有差。**【略】**

（六年）九月丙子，山陽公劉康薨。**【略】**

（十年）六月庚子，山陽公劉瑾薨。

又 卷五《懷帝紀》 （永嘉元年夏五月，汲桑）入掠平原，山陽公劉秋遇害。

又 卷七《成帝紀》 （咸康二年十月）詔曰：『歷觀先代，莫不褒崇明祀，賓禮三恪。故杞宋啓土，光于周典；宗姬侯衛，垂美漢册。自頃喪亂，庶邦殄悴，周漢之後，絶而莫繼。其祥求衛公、山陽公近屬，有履行修明，可以繼承其祀者，依舊典施行。』

又 卷三七《安平獻王孚傳》 魏陳思王植有俊才，清選官屬，以孚為文學掾。植負才陵物，孚每切諫，初不合意，後乃謝之。遷太子中庶子。魏武帝崩，太子號哭過甚，孚諫曰：『大行晏駕，天下恃殿下為命。當上為宗廟，下為萬國，奈何效匹夫之孝乎！』太子良久乃止，曰：『卿言是也。』時羣臣初聞帝崩，相聚號哭，無復行列。孚厲聲於朝曰：『今大行晏駕，天下震動，當早拜嗣君，以鎮海内，而但哭邪！』孚與尚書和洽罷羣臣，備禁衛，具喪事，奉太子以即位，是為文帝。

時當選侍中、常侍等官，太子左右舊人頗諷諭主者，便欲就用，不調餘人。孚曰：『雖有堯舜，必有稷契。今嗣君新立，當進用海内英賢，猶患不得，如何欲因際會自相薦舉邪！官失其任，得者亦不足貴。』遂更他選。轉孚為中書郎、給事常侍，宿省内，除黄門侍郎，加騎都尉。

宋·李昉等《太平御覽》卷四九六《人事部一百三十七·諺下》 《王祥別傳》曰：晉受禪。時廊廟之士，莫不歡容，而祥色不加怡。時人為之語曰：『王公悵悵，有送故之情也。』

魏滅公孫氏

综　述

《三國志》卷一《魏志·武帝紀》 （建安十二年）遼東單于速僕丸及遼西、北平諸豪，棄其種人，與尚、熙奔遼東，衆尚有數千騎。初，遼東太守公孫康恃遠不服。及公破烏丸，或説公遂征之，尚兄弟可禽也。公曰：『吾方使康斬送尚、熙首，不煩兵矣。』九月，公引兵自柳城還，康即斬尚、熙及速僕丸等，傳其首。諸將或問：『公還而康斬送尚、熙，何也？』公曰：『彼素畏尚等，吾急之則並力，緩之則自相圖，其勢然也。』

又　卷二《魏志·文帝紀》 （黄初二年春）三月，加遼東太守公孫恭為車騎將軍。

又　卷三《魏志·明帝紀》 （太和二年十二月）遼東太守公孫恭兄子淵，劫奪恭位，遂以淵領遼東太守。【略】（太和四年二月）癸巳，以大將軍曹真為大司馬，驃騎將軍司馬宣王為大將軍，遼東太守公孫淵為車騎將軍。【略】

（青龍元年）十二月，公孫淵斬送孫權所遣使張彌、許晏首，以淵為大司馬樂浪公。

（景初元年）秋七月丁卯，司徒陳矯薨。孫權遣將朱然等二萬人圍江夏郡，荆州刺史胡質等擊之，然退走。初，權遣使浮海與高句驪通，欲襲遼東。遣幽州刺史毌丘儉率諸軍及鮮卑、烏丸屯遼東南界，璽書征公孫淵。淵發兵反，儉進軍討之，會連雨十日，遼水大漲，詔儉引軍還。右北平烏丸單于寇婁敦、遼西烏丸都督王護留等居遼東，率部衆隨儉内附。己卯，詔遼東將吏士民為淵所脅略不得降者，一切赦之。辛卯，太白晝見。淵自儉還，遂自立為燕王，置百官，稱紹漢元年。【略】

二年春正月，詔太尉司馬宣王帥衆討遼東。干寶《晋紀》曰：帝問宣王：『度公孫淵將何計以待君？』宣王對曰：『淵棄城預走，上計也；據遼水拒大軍，其次也；坐守襄平，此為成禽耳。』帝曰：『然則三者何出？』對曰：『唯明智審量彼我，乃預有所割棄，此既非淵所及，又謂今往縣遠，不能持久，必先拒遼水，後守也。』帝曰：『往還幾日？』對曰：『往百日，攻百日，還百日，以六十日為休息，如此，一年足矣。』《魏名臣奏》載散騎常侍何曾表曰：『臣聞先王制法，必於全慎，故建官授任，則置假輔，陳師命將，則立監貳，宣命遣使，則設介副，臨敵交刃，則參御右，蓋以盡謀思之功，防安危之變也。是以在險當難，則權足相濟，隕缺不預，則才足相代，其為固防，至深至遠。及至漢氏，亦循舊章。韓信伐趙，張耳為貳；馬援討越，劉隆副軍。前世之迹，著在篇志。今懿奉辭誅罪，步騎數萬，道路回阻，四千餘里，雖假天威，有征無戰，寇或潛遁，消散日月，命無常期。人非金石，遠慮詳備，誠宜有副。今北邊諸將及懿所督，皆為僚屬，名位不殊，素無定分，卒有變急，不相鎮攝。存不忘亡，聖達所戒，宜選大臣名將威重宿著者，盛其禮秩，遣詣懿軍，進同謀略，退為副佐。雖有萬一不虞之災，軍主有儲，則無患矣。』《毌丘儉志記》云，時以儉為宣王副也。【略】

（秋八月）丙寅，司馬宣王圍公孫淵於襄平，大破之，傳淵首於京都，海東諸郡平。冬十一月，録討淵功，太尉宣王以下增邑封爵各有差。初，帝議遣宣王討淵，發卒四萬人。議臣皆以為四萬兵多，役費難供。帝曰：『四千里征伐，雖云用奇，亦當任力，不當稍計役費。』遂以四萬人行。及宣王至遼東，霖雨不得時攻，羣臣或以為淵未可卒破，宜詔宣王還。帝曰：『司馬懿臨危制變，擒淵可計日待也。』卒皆如所策。

又　卷八《魏志·公孫度傳》 公孫度字升濟，本遼東襄平人也。度父延，避吏居玄菟，任度為郡吏。時玄菟太守公孫琙，子豹，年十八歲，早死。度少時名豹，又與琙子同年，琙見而親愛之，遣就師學，為取妻。後舉有道，除尚書郎，稍遷冀州刺史，以謡言免。同郡徐榮為董卓中郎將，薦度為遼東太守。度起玄菟小吏，為遼東郡所輕。先時，屬國公孫昭守襄平令，召度子康為伍長。度到官，收昭，笞殺于襄平市。郡中名豪大姓田韶等宿遇無恩，皆以法誅，所夷滅百餘家，郡中震栗。東伐高句驪，西擊烏丸，威行海外。初平元年，度知中國擾攘，語所親吏柳毅、陽儀等曰：『漢祚將絶，當與諸卿圖王耳。』《魏書》曰：度語毅、儀：『讖書云孫登當為天子，太守姓公孫，字升濟，升即登也。』時襄平延里社生大石，長丈餘，下有三小石為之足。或謂度曰：『此漢宣帝冠石之祥，而里名與先君同。社主土地，明當有土地，而三公為輔也。』度益喜。故河內太守李敏，郡中知名，惡度所為，恐為所害，乃將家屬入于海。度大怒，掘其父冢，剖棺焚屍，誅其宗族。《晉陽秋》曰：敏子追求敏，出塞，越二十餘年不娶。州里徐邈責之曰：『不孝莫大於無後，何可終身不娶乎！』乃娶妻，生子胤而遺妻，常如居喪之禮，不勝憂，數年而卒。胤生不識父母，及有識，蔬食哀戚亦如三年之喪。以祖父不知存亡，設主奉之。由是知名，仕至司徒。臣松之案：本傳云敏將家入海，而復與子相失，未詳其故。分遼東郡為遼西中遼郡，置太守。越海收東萊諸縣，置營州刺史。自立為遼東侯、平州牧，追封父延為建義侯。立漢二祖廟，承制設壇墠於襄平城南，郊祀天地，藉田，治兵，乘鸞路，九旒，旄頭羽騎。太祖表度為武威將軍，封永寧鄉侯，度曰：『我王遼東，何永寧也！』藏印綬武庫。度死，子康嗣位，以永寧鄉侯封弟恭。是歲建安九年也。

十二年，太祖征三郡烏丸，屠柳城。袁尚等奔遼東，康斬送尚首。語在《武紀》。封康襄平侯，拜左將軍。康死，子晃、淵等皆小，衆立恭為遼東太守。文帝踐阼，遣使即拜恭為車騎將軍、假節，封平郭侯；追贈康大司馬。

初，恭病陰消為閹人，劣弱不能治國。太和二年，淵脅奪恭位。明帝即（位）拜淵揚烈將軍、遼東太守。淵遣使南通孫權，往來賂遺。《吳書》載淵表權曰：『臣伏惟遭天地反易，遇無妄之運；王路未夷，傾側擾攘。自先人以來，歷事漢、魏，階緣際會，為國效節，繼世享任，得守藩表，猶知符命未有攸歸。每感厚恩，頻辱顯使，退念人臣交不越境，是以固守所執，拒違前使。雖義無二信，敢忘大恩！陛下鎮撫，長存小國，前後裴校尉、葛都尉等到，奉被敕誡，聖旨彌密，重紈累素，幽明備著，所以申示之事，言提其耳。臣晝則謳吟，宵則發夢，終身誦之，志不知足。季末凶荒，乾坤否塞，兵革未戢，人民蕩析。仰此天命將有眷顧，私從一隅永瞻雲日。今魏家不能採録忠善，褒功臣之後，乃令讒訛得行其志，聽幽州刺史、東萊太守誑誤之言，猥興州兵，圖害臣郡。臣不負魏，而魏絕之。蓋聞人臣有去就之分，田饒適齊，樂毅走趙，以不得事主，故保有道之君；陳平、耿況，亦睹時變，卒歸於漢，勒名帝籍。伏惟陛下德不再出，時不世遇，是以慺慺懷慕自納，望遠視險，有如近易。誠原神謨蚤定洪業，奮六師之勢，收河、洛之地，為聖代宗。天下幸甚！』《魏略》曰：國家知淵兩端，而恐遼東吏民為淵所誤。故公文下遼東，因赦之曰：『告遼東、玄菟將校吏民：逆賊孫權遭遇亂階，因其先人劫略州郡，遂成羣凶，自擅江表，含垢藏疾。冀其可化，故割地王權，使南面稱孤，位以上將，禮以九命。權親叉手，北向稽顙。假人臣之寵，受人臣之榮，未有如權者也。狼子野心，告令難移，卒歸反覆，背恩叛主，滔天逆神，乃敢僭號。恃江湖之險阻，王誅未加。比年已來，復遠遣船，越渡大海，多持貨物，誑誘邊民。邊民無知，與之交關。長吏以下，莫肯禁止。至使周賀浮舟百艘，沈滯津岸，貿遷有無。既不疑拒，齎以名馬，又使宿舒隨賀通好。十室之邑，猶有忠信，陷君於惡，《春秋》所書也。今遼東、玄菟奉事國朝，紆青拖紫，以千百為數，戴纚垂纓，咸佩印綬，曾無匡正納善之言。龜玉毀於櫝，虎兕出於匣，是誰之過歟？國朝為子大夫羞之！昔狐突有言：「父教子貳，何以事君？策名委質，貳乃辟也。」今乃阿順邪謀，脅從姦惑，豈獨父兄之教不詳，子弟之舉習非而已哉！若苗穢害田，隨風烈火，芝艾俱焚，安能白別乎？且又此事固然易見，不及鑑古成敗，書傳所載也。江南海北有萬里之限，遼東君臣無怵惕之患，利則義所不利，貴則義所不貴，此為厭安樂之居，求危亡之禍，賤忠貞之節，重背叛之名。蠻、貊之長，猶知愛禮，以此事人，亦難為顔！且又宿舒無罪，擠使入吳，奉不義之使，始與家訣，涕泣而行。及至賀死之日，覆衆成山，舒雖脫死，魂魄離身。何所逼迫，乃至於此！今忠臣烈將，咸忿遼東反覆攜貳，皆欲乘桴浮海，期於肆意。朕為天下父母，加念天下新定，既不欲勞動干戈，遠涉大川，費役如彼，又悼邊陲遺餘黎民，迷誤如此，故遣郎中衛慎、邵瑁等且先奉詔示意。若股肱忠良，能效節立信以輔時君，反邪就正以建大功，福莫大焉。儻恐自嫌已為惡逆所見染汙，不敢倡言，永懷伊戚。其諸與賊使交通，皆赦除之，與之更始。』權遣使張彌、許晏等，齎金玉珍寶，立淵為燕王。淵亦恐權遠不可恃，且貪貨物，誘致其使，悉斬送彌、晏等首，《魏略》載淵表曰：『臣前遣校尉宿舒、郎中令孫綜，甘言厚禮，以誘吳賊。幸賴天道福助大魏，使此賊虜暗然迷惑，違戾羣下，不從衆諫，承信臣言，遠遣船使，多將士卒，來致封拜。臣之所執，得如本志，雖憂罪釁，私懷幸甚。賊衆本號萬人，舒、綜伺察，可七八千人，到還津。偽使者張彌、許晏與中郎將萬泰、校尉裴潛將吏兵四百餘人，齎文書命服什物，下到臣郡。泰、潛別齎致遺貨物，欲因市馬。軍將賀達、虞咨領餘衆在船所。臣本欲須涼節乃取彌等，而彌等人兵衆多，見臣不便承受吳命，意有猜疑。懼其先作，變態妄生，即進兵圍取，斬彌、晏、泰、潛等首級。其吏從兵衆，皆士伍小人，給使東西，不得自由，面縛乞降，不忍誅殺，輒聽納受，徙充邊城。別遣將韓起等率將三軍，馳行至還。使領長史柳遠設賓主禮誘請達、咨，三軍潛伏以待其下，又驅羣馬貨物，欲與交市。達、咨懷疑不下，使諸市買者五六百人下，欲交市。起等金鼓始震，鋒矢亂髮，斬首三百餘級，被創赴水没溺者可二百餘人，其散走山谷，來歸降及藏竄飢餓死者，不在數中。得銀印、銅印、兵器、資貨，不可勝數。謹遣西曹掾公孫珩奉送賊權所假臣節、印綬、符策、九錫、什物，及彌等偽節、印綬、首級。』又曰：『宿舒、孫綜前到吳，賊權問臣家内小大，舒、綜對臣有三息，脩別屬亡弟。權敢姦巧，便擅拜命。謹封送印綬、符策。臣雖無昔人洗耳之風，慚為賊權汙損所加，既行天誅，猶有餘忿。』又曰：『臣父康，昔殺權使，結為讎隙。今乃譎欺，遺使誘致，令權傾心，虛國竭祿，遠命上卿，寵授極位，震動南土，備盡禮數。又權待舒、綜，契闊委曲，君臣上下，畢歡竭情。而令四使見殺，梟示萬里，士衆流離，屠戮津渚，慚恥遠布，痛辱彌天。權之怨疾，將刻肌骨。若天衰其業，使至喪隕，權將内傷憤激而死。若期運未訖，將播毒螫，必恐長來為寇害。徐州諸屯及城陽諸郡，與相接近，如有船衆後年向海門，得其消息，乞速告臣，使得備豫。』又曰：『臣門户受恩，實深實重，自臣承攝即事以來，連被榮寵，殊特無量，分當隕越，竭力致死。而臣狂愚，意計迷闇，不即禽賊，以至見疑。前章表所陳情趣事勢，實但欲罷弊此賊，使困自絕，誠不敢背累世之恩，附僭盜之虜也。而後愛憎之人，緣事加誣，偽生節目，卒令明聽疑於市虎，移恩改愛，興動威怒，幾至沈没，長為負忝。幸賴慈恩，猶垂三宥，使得補過，解除愆責。如天威遠加，不見假借，早當糜碎，辱先廢祀，何緣自明，建此微功。臣既喜於事捷，得自申展，悲於疇昔，至此變故，餘怖踴躍，未敢便寧。唯陛下既崇春日生全之仁，除忿塞隙，抑弭纖介，推今亮往，察臣本心，長令抱戴，銜分三泉。』又曰：『臣被服光榮，恩情未報，而以罪釁，自招譴怒，分當即戮，為衆社戒。所以越典詭常，偽通於吳，誠自念窮迫，報效未立，而為天威督罰所加，長恐奄忽不得自洗。故敢自闕替廢於一年，遣使誘吳，知其必來，權之求郡，積有年歲，初無倡答一言之應，今權得使，來必不疑，至此一舉，果如所規，上卿大衆，翕赫豐盛，財貨賂遺，傾國極位，到見禽取，流離死亡，千有餘人，滅絕不反。此誠暴猾賊之鋒，摧矜夸之巧，昭示天下，破損其業，足以慚之矣。臣之慺慺念效於國，雖有非常之過，亦有非常之功，原陛下原其逾闕之愆，采其毫毛之善，使得國恩，保全終始矣。』明帝於是拜淵大司馬，封樂浪公，持節、領郡如故。《魏名臣奏》載中領軍夏侯獻表曰：『公孫淵昔年敢違王命，廢絕計貢者，實挾兩端。既恃阻險，又怙孫權。故敢跋扈，恣睢海外。宿舒親見賊權軍衆府庫，知其弱少不足憑恃，是以決計斬賊之使。又高句麗、濊貊與淵為仇，並為寇鈔。今外失吳援，內有胡寇，心知國家能從陸道，勢不得不懷惶懼之心。因斯之時，宜遣使示以禍福。奉車都尉鄒弘，武皇帝時始奉使命，開通道路。文皇帝即位，欲通使命，遣弘將妻子還歸鄉里，賜其車、牛，絹百匹。弘以受恩，歸死國朝，無有還意，乞留妻子，身奉使命。公孫康遂稱臣妾。以弘奉使稱意，賜爵關內侯。弘性果烈，乃心於國，夙夜拳拳，念自竭效。冠族子孫，少好學問，博通書記，多所關涉，口論速捷，辯而不俗，附依典誥，若出胸臆，加仕本郡，常在人右，彼方士人素所敬服。若當遣使，以為可使弘行。弘乃自舊土，習其國俗，為說利害，辯足以動其意，明足以見其事，才足以行之，辭足以見信。若其計從，雖酈生之降齊王，陸賈之說尉佗，亦無以遠過也。欲進遠路，不宜釋騏驥；將已篤疾，不宜廢扁鵲。原察愚言也。』使者至，淵設甲兵為軍陳，出見使者，又數對國中賓客出惡言。《吳書》曰：魏遣使者傅容、聶夔拜淵為樂浪公。淵計吏從洛陽還，語淵曰：『使者左駿伯，使皆擇勇力者，非凡人也。』淵由是疑怖。容、夔至，住學館中。淵先以步騎圍之，乃入受拜。容、夔大怖，由是還洛言狀。景初元年，乃遣幽州刺史毌丘儉等齎璽書征淵。淵遂發兵，逆於遼隧，與儉等戰。儉等不利而還。

淵遂自立為燕王，置百官有司。遣使者持節，假鮮卑單于璽，封拜邊民，誘呼鮮卑，侵擾北方。《魏書》曰：淵知此變非獨出儉，遂為備。遣使謝吳，自稱燕王，求為與國。然猶令官屬上書自直于魏曰：『大司馬長史臣郭昕、參軍臣柳浦等七百八十九人言：奉被今年七月己卯詔書，伏讀懇切，精魄散越，不知身命所當投措！昕等伏自惟省，螻蟻小醜，器非時用，遭值千載，被受公孫淵祖考以來光明之德，惠澤沾渥，滋潤榮華，無寸尺之功，有負乘之累；遂蒙褒獎，登名天府，並以駑蹇附龍託驥，紆青拖紫，飛騰雲梯，感恩惟報，死不擇地。臣等聞明君在上，聽政采言，人臣在下，得無隱情，是以因緣訴讓，冒犯愬冤。郡在藩表，密邇不羈，平昔三州，轉輪費調，以供賞賜，歲用累億，虛耗中國。然猶跋扈，虔劉邊陲，烽火相望，羽檄相逮，城門晝閉，路無行人，州郡兵戈，奔散覆没。淵祖父度初來臨郡，承受荒殘，開日月之光，建神武之略，聚烏合之民，掃地為業，威震燿於殊俗，德澤被於羣生。遼土之不壞，實度是賴。孔子曰：「微管仲，吾其被髮左衽。」向不遭度，則郡早為丘墟，而民繫於虜廷矣。遺風餘愛，永存不朽。度既薨殂，吏民感慕，欣戴子康，尊而奉之。康踐統洪緒，克壯徽猷，文昭武烈，邁德種仁；乃心京輦，翼翼虔恭，佐國平亂，效績紛紜，功隆事大，勳藏王府。度、康當值武皇帝休明之會，合策名之計，夾輔漢室，降身委質，卑己事魏。匪處小厭大，畏而服焉，乃慕託高風，懷仰盛懿也。武皇帝亦虛心接納，待以不次，功無巨細，每不見忘。又命之曰：「海北土地，割以付君，世世子孫，實得有之。」皇天后土，實聞德音。臣庶小大，豫在下風，奉以周旋，不敢失墜。淵生有蘭石之姿，少含愷悌之訓，允文允武，忠惠且直，生民欽仰，莫弗懷愛。淵纂戎祖考，君臨萬民，為國以禮，淑化流行，獨見先睹，羅結遐方，勤王之義，視險如夷，世載忠亮，不隕厥名。孫權慕義，不遠萬里，連年遣使，欲自結援，雖見絕殺，不念舊怨，纖纖往來，求成恩好。淵執節彌固，不為利回，守志匪石，確乎彌堅。猶懼丹心未見保明，乃卑辭厚幣，誘致權使，梟截獻馘，以示無二。吳雖在遠，水道通利，舉帆便至，無所隔限。淵不顧敵讎之深，念存人臣之節，絕强吳之歡，昭事魏之心，靈祇明鑑，普天咸聞。陛下嘉美洪烈，懿茲武功，誕錫休命，寵亞齊、魯，下及陪臣，普受介福。誠以天覆之恩，當卒終始，得竭股肱，永保祿位，不虞一旦，橫被殘酷。惟育養之厚，念積累之效，悲思不遂，痛切見棄，舉國號咷，拊膺泣血。夫三軍所伐，蠻夷戎狄，驕逸不虔，於是致武，不聞義國反受誅討。蓋聖王之制，五服之域，有不供職，則脩文德，而又不至，然後征伐。淵小心翼翼，恪恭於位，勤事奉上，可謂勉矣。盡忠竭節，還被患禍。小弁之作，離騷之興，皆由此也。就或佞邪，盜言孔甘，猶當清覽，憎而知善；讒巧似直，惑亂聖聽，尚望文告，使知所由。若信有罪，當垂三宥；若不改寤，計功減降，當在八議。而潛軍伺襲，大兵奄至，舞戈長驅，衝擊遼土。犬馬惡死，況於人類！吏民昧死，挫辱王師。淵雖冤枉，方臨危殆，猶恃聖恩，悵然重奔，冀必姦臣矯制，妄肆威虐，乃謂臣等曰：「漢安帝建光元年，遼東屬國都尉龐奮，受三月乙未詔書，曰收幽州刺史馮煥、玄菟太守姚光。推案無乙未詔書，遣侍御史幽州（牧）考姦臣矯制者。今刺史或儻謬承矯制乎？」臣等議：以為刺史興兵，搖動天下，殆非矯制，必是詔命。淵乃俯仰歎息，自傷無罪。深惟土地所以養人，竊慕古公杖策之岐，乃欲投冠釋紱，逝歸林麓。臣等維持，誓之以死，屯守府門，不聽所執。而七營虎士，五部蠻夷，各懷素飽，不謀同心，奮臂大呼，排門遁出。近郊農民，釋其耨鎛，伐薪制梃，改案為櫓，賓士赴難，軍旅行成，雖蹈湯火，死不顧生。淵雖見孤棄，怨而不怒，比遣敕軍，勿得干犯，及手書告語，懇惻至誠。而吏士凶悍，不可解散，期於畢命，投死無悔。淵懼吏士不從教令，乃躬馳騖，自往化解，僅乃止之。一飯之惠，匹夫所死，況淵累葉信結百姓，恩著民心。自先帝初興，爰曁陛下，榮淵累葉，豐功懿德，策名褒揚，辯著廊廟，勝衣舉履，誦詠明文，以為口實。埋而掘之，古人所耻。小白、重耳，衰世諸侯，猶慕著信，以隆霸業。《詩》美文王作孚萬邦，《論語》稱仲尼去食存信；信之為德，固亦大矣。今吳、蜀共帝，鼎足而居，天下搖盪，無所統一，臣等每為陛下懼此危心。淵據金城之固，仗和睦之民，國殷兵強，可以橫行。策名委質，守死善道，忠至義盡，為九州表。方今二敵闚𨶒，未知孰定，是之不戒，而淵是害。茹柔吐剛，非王者之道也。臣等雖鄙，誠竊耻之。若無天乎，臣一郡吉凶，尚未可知；若云有天，亦何懼焉！臣等聞仕於家者，二世則主之，三世則君之。臣等生於荒裔之土，出於圭竇之中，無大援於魏，世隸於公孫氏，報生與賜，在於死力。昔蒯通言直，漢祖赦其誅；鄭詹辭順，晉文原其死。臣等頑愚，不達大節，苟執一介，披露肝膽，言逆龍鱗，罪當萬死。惟陛下恢崇撫育，亮其控告，使疏遠之臣，永有保持。」二年春，遣太尉司馬宣王征淵。六月，軍至遼東。《漢晉春秋》曰：公孫淵自立，稱紹漢元年。聞魏人將討，復稱臣於吳，乞兵北伐以自救。吳人欲戮其使，羊衜曰：「不可，是肆匹夫之怒而捐霸王之計也。不如因而厚之，遣奇兵潛往以要其成。若魏伐淵不克，而我軍遠赴，是恩結遐夷，義蓋萬里，若兵連不解，首尾離隔，則我虜其傍郡，驅略而歸，亦足以致天之罰，報雪曩事矣。」權曰：「善」。乃勒兵大出。謂淵使曰：「請俟後問，當從簡書，必與弟同休戚，共存亡，雖隕于中原，吾所甘心也。」又曰：「司馬懿所向無前，深為弟憂也。」淵遣將軍卑衍、楊祚等步騎數萬屯遼隧，圍塹二十餘里。宣王軍至，令衍逆戰。宣王遣將軍胡遵等擊破之。宣王令軍穿圍，引兵東南向，而急東北，即趨襄平。衍等恐襄平無守，夜走。諸軍進至首山，淵復遣衍等迎軍殊死戰。復擊，大破之，遂進軍造城下，為圍塹。會霖雨三十餘日，遼水暴長，運船自遼口徑至城下。雨霽，起土山、脩櫓，為發石連弩射城中。淵窘急。糧盡，人相食，死者甚多。將軍楊祚等降。八月丙寅夜，大流星長數十丈，從首山東北墜襄平城東南。壬午，淵衆潰，與其子脩將數百騎突圍東南走，大兵急擊之，當流星所墜處，斬淵父子。城破，斬相國以下首級以千數，傳淵首洛陽，遼東、帶方、樂浪、玄菟悉平。

初，淵家數有怪，犬冠幘絳衣上屋，炊有小兒蒸死甑中。襄平北市生肉，長圍各數尺，有頭目口喙，無手足而動搖。占曰：「有形不成，有體無聲，其國滅亡。」始度以中平六年據遼東，至淵三世，凡五十年而滅。《魏略》曰：始淵兄晃為恭任子，在洛，聞淵劫奪恭位，謂淵終不可保，數自表聞，欲令國家討淵。帝以淵已秉權，故因而撫之。及淵叛，遂以國法繫晃。晃雖有前言，冀不坐，然內以骨肉，知淵破則己從及。淵首到，晃自審必死，與其子相對啼哭。時上亦欲活之，而有司以為不可，遂殺之。

《晉書》卷一《宣帝紀》（青龍四年）及遼東太守公孫文懿反，征帝詣京師。天子曰：『此不足以勞君，事欲必克，故以相煩耳。君度其行何計？』對曰：『棄城預走，上計也。據遼水以距大軍，次計也。坐守襄平，此成擒耳。』天子曰：『其計將安出？』對曰：『惟明者能深度彼己，豫有所棄，此非其所及也。今懸軍遠征，將謂不能持久，必先距遼水而後守，此中下計也。』天子曰：『往還幾時？』對曰：『往百日，還百日，攻百日，以六十日為休息，一年足矣。』是時大修宮室，加之以軍旅，百姓饑弊。帝將即戎，乃諫曰：『昔周公營洛邑，蕭何造未央，今宮室未備，臣之責也。然自河以北，百姓困窮，外內有役，勢不並興，宜假絕內務，以救時急。』

景初二年，帥牛金、胡遵等步騎四萬發自京都。車駕送出西明門。詔弟孚、子師送過温，賜以穀帛牛酒，敕郡守典農以下皆往會焉。見父老故舊，宴飲累日。帝歎息，悵然有感，為歌曰：『天地開闢，日月重光。遭遇際會，畢力遐方。將掃羣穢，還過故鄉。肅清萬里，總齊八荒。告成歸老，待罪舞陽。』遂進師，經孤竹，越碣石，次於遼水。文懿果遣步騎數萬，阻遼隧，堅壁而守，南北六七十里，以距帝。帝盛兵多張旗幟，出其南，賊盡鋭赴之。乃泛舟潛濟以出其北，與賊營相逼，沈舟焚梁，傍遼水作長圍，棄賊而向襄平。諸將言曰：『不攻賊而作圍，非所以示衆也。』

帝曰：『賊堅營高壘，欲以老吾兵也。攻之，正入其計，此王邑所以恥過昆陽也。古人曰，敵雖高壘，不得不與我戰者，攻其所必救也。賊大衆在此，則巢窟虛矣。我直指襄平，則人懷内懼，懼而求戰，破之必矣。』遂整陣而過。賊見兵出其後，果邀之。帝謂諸將曰：『所以不攻其營，正欲致此，不可失也。』乃縱兵逆擊，大破之，三戰皆捷。賊保襄平，進軍圍之。初，文懿聞魏師之出也，請救于孫權。權亦出兵遥為之聲援，遺文懿書曰：『司馬公善用兵，變化若神，所向無前，深為弟憂之。』會霖潦，大水，平地數尺，三軍恐，欲移營。帝令軍中敢有言徙者斬。都督令史張靜犯令，斬之，軍中乃定。賊恃水，樵牧自若。諸將欲取之，皆不聽。司馬陳圭曰：『昔攻上庸，八部並進，晝夜不息，故能一旬之半，拔堅城，斬孟達。今者遠來而更安緩，愚竊惑焉。』

帝曰：『孟達衆少而食支一年，吾將士四倍于達而糧不淹月，以一月圖一年，安可不速？以四擊一，正令半解，猶當為之。是以不計死傷，與糧競也。今賊衆我寡，賊飢我飽，水雨乃爾，功力不設，雖當促之，亦何所為。自發京師，不憂賊攻，但恐賊走。今賊糧垂盡，而圍落未合，掠其牛馬，抄其樵采，此故驅之走也。夫兵者詭道，善因事變。賊憑衆恃雨，故雖饑困，未肯束手，當示無能以安之。取小利以驚之，非計也。』朝廷聞師遇雨，咸請召還。天子曰：『司馬公臨危制變，計日擒之矣。』既而雨止，遂合圍。起土山地道，楯櫓鉤橦，發矢石雨下，晝夜攻之。

時有長星，色白，有芒鬣，自襄平城西南流于東北，墜于梁水，城中震懾。文懿大懼，乃使其所署相國王建、御史大夫柳甫乞降，請解圍而縛。不許，執建等，皆斬之。檄告文懿曰：『昔楚鄭列國，而鄭伯猶肉袒牽羊而迎之。孤為王人，位則上公，而建等欲孤解圍退舍，豈楚鄭之謂邪！二人老耄，必傳言失旨，已相為斬之。若意有未已，可更遣年少有明決者來。』文懿復遣侍中衛演乞剋日送任。帝謂演曰：『軍事大要有五，能戰當戰，不能戰當守，不能守當走，餘二事惟有降與死耳。汝不肯面縛，此為決就死也，不須送任。』

文懿攻南圍突出，帝縱兵擊敗之，斬于梁水之上星墜之所。既入城，立兩標以別新舊焉。男子年十五已上七千餘人皆殺之，以為京觀。僞公卿已下皆伏誅，戮其將軍畢盛等二千餘人。收户四萬，口三十餘萬。初，文懿篡其叔父恭位而囚之。及將反，將軍綸直、賈範等苦諫，文懿皆殺之。帝乃釋恭之囚，封直等之墓，顯其遺嗣。令曰：『古之伐國，誅其鯨鯢而已，諸為文懿所詿誤者，皆原之。中國人欲還舊鄉，恣聽之。』時有兵士寒凍，乞襦，帝弗之與。或曰：『幸多故襦，可以賜之。』帝曰：『襦者官物，人臣無私施也。』乃奏軍人年六十已上者罷遣千餘人，將吏從軍死亡者致喪還家。遂班師。天子遣使者勞軍于薊，增封食昆陽，并前二縣。

初，帝至襄平，夢天子枕其膝，曰：『視吾面。』俯視有異于常，心惡之。先是，詔帝便道鎮關中；及次白屋，有詔召帝，三日之間，詔書五至。手詔曰：『間側息望到，到便直排閤入，視吾面。』帝大遽，乃乘追鋒車晝夜兼行，自白屋四百餘里，一宿而至。引入嘉福殿臥內，升御床。帝流涕問疾，天子執帝手，目齊王曰：『以後事相託。死乃復可忍，吾忍死待君，得相見，無所復恨矣。』與大將軍曹爽並受遺詔輔少主。及齊王即帝位，遷侍中、持節、都督中外諸軍、録尚書事，與爽各統兵三千人，共執朝政，更直殿中，乘輿入殿。

爽欲使尚書奏事先由己，乃言于天子，徙帝為大司馬。朝議以為前後大司馬累薨于位，乃以帝為太傅。入殿不趨，贊拜不名，劍履上殿，如漢蕭何故事。嫁娶喪葬取給於官，以世子師為散騎常侍，子弟三人為列侯，四人為騎都尉。帝固讓子弟官不受。

論説

《晉書》卷五六《孫楚傳》 （晉）文帝遣符劭、孫郁使吳，將軍石苞令楚作書遺孫皓曰：**【略】**

昔公孫氏承藉父兄，世居東裔，擁帶燕胡，憑陵險遠，講武遊盤，不供職貢，內傲帝命，外通南國，乘桴滄海，交酬貨賄，葛越布於朔土，貂馬延于吳會；自以控弦十萬，奔走之力，信能右折燕、齊，左震扶桑，輮轢沙漠，南面稱王。宣王薄伐，猛鋭長驅，師次遼陽，而城池不守；枹鼓暫鳴，而元凶折首。於是遠近疆埸，列郡大荒，收離聚散，大安其居，衆庶悦服，殊俗款附。自茲以降，九野清泰，東夷獻其樂器，肅慎貢其楛矢，曠世不羈，應化而至，巍巍蕩蕩，想所具聞也。

藝文

三國魏・曹植《曹子建集》卷八《諫伐遼東表》 臣伏以遼東負阻之國，勢便形固，帶以遼海。今輕車遠攻，師疲力屈，彼有其備，所謂以逸待勞、以飽待飢者也。以臣觀之，誠未易攻也。若國家攻之，而必克屠襄平之城，懸公孫之首，得其地不足以償中國之費，虜其民不足以補三軍之失，是我所獲不如所喪也。若其不拔，曠日持久，暴師於野，然天時不測，水潦無常，彼我之兵連於城下，進則有高城深池，無所施其功，退則有歸途不通，道路瀸洳，東有待釁之吳，西有伺隙之蜀，吳起東南則荆揚騷動，蜀應西境則雍涼三分。兵不解於外，民罷困於內。促耕不解其飢，疾蠶不救其寒。夫渴而後穿井，飢而後殖種，可以圖遠，難以應卒也。臣以為當今之務，在於省徭役、薄賦斂、勸農桑三者，既備然後令伊、管之臣得施其術，孫、吳之將得奮其力。若此則太平之基可立而待，康哉之歌可坐而聞。曾何憂於二敵、何懼於公孫乎？今不息邦畿之內，而勞神於蠻貊之域，竊為陛下不取也。

清・徐世昌《清詩匯》卷六《永理〈渡句驪河〉》 句驪之河河水古，貞觀萬馬飲馬渡。淤泥塞道軍負土，行人欲尋失故處。何況司馬懿與公孫淵，一勝一敗千餘年。蕭蕭野岸水無言，西流繞出鄧子村。遼西河之右，遼東河之左，太平疆界無彼我。河左遼之東，河右遼之西，年年入貢高句驪。

雜録

《三國志》卷六《魏志・袁紹傳》 （建安）十二年，太祖至遼西擊烏丸。尚、熙與烏丸逆軍戰，敗走奔遼東，公孫康誘斬之，送其首。《典略》曰：尚為人有勇力，欲奪取康衆，與熙謀曰：『今到，康必相見，欲與兄手擊之，有遼東猶可以自廣也。』康亦心計曰：『今不取熙、尚，無以為説於國家。』乃先置其精勇於廄中，然後請熙、尚。熙、尚入，康伏兵出，皆縛之，坐於凍地。尚寒，求席，熙曰：『頭顱方行萬里，何席之為！』遂斬首。譚，字顯思。熙，字顯奕。尚，字顯甫。《吳書》曰：尚有弟名買，與尚俱走遼東。《曹瞞傳》云：買，尚兄子。未詳。

又 卷一一《魏志・涼茂傳》 涼茂字伯方，山陽昌邑人也。**【略】** 轉為樂浪太守。公孫度在遼東，擅留茂，不遣之官，然茂終不為屈。度謂茂及諸將曰：『聞曹公遠征，鄴無守備，今吾欲以步卒三萬，騎萬匹，直指鄴，誰能禦之！』諸將皆曰：『然。』臣松之案此傳云公孫度聞曹公遠征，鄴無守備，則太祖定鄴後也。案《度傳》，度以建安九年卒，太祖亦以此年定鄴，自後遠征，唯有北征柳城耳。征柳城之年，度已不復在矣。又顧謂茂曰：『於君意何如？』茂答曰：『比者海內大亂，社稷將傾，將軍擁十萬之衆，安坐而觀成敗，夫為人臣者，固若是邪！曹公憂國家之危敗，湣百姓之苦毒，率義兵為天下誅殘賊，功高而德廣，可謂無二矣。以海內初定，民始安集，故未責將軍之罪耳！而將軍乃欲稱兵西向，則存亡之效，不崇朝而決。將軍其勉之！』諸將聞茂言，皆震動。良久，度曰：『涼君言是也。』

又《邴原傳》　邴原字根矩，北海朱虛人也。【略】原以黄巾方盛，遂至遼東，與同郡劉政俱有勇略雄氣。遼東太守公孫度畏惡欲殺之，盡收捕其家，政得脫。度告諸縣：『敢有藏政者與同罪。』政窘急，往投原，《魏氏春秋》曰：政投原曰：『窮鳥入懷。』原曰：『安知斯懷之可入邪？』原匿之月餘，時東萊太史慈當歸，原因以政付之。既而謂度曰：『將軍前日欲殺劉政，以其為己害。今政已去，君之害豈不除哉！』度曰：『然。』原曰：『君之畏政者，以其有智也。今政已免，智將用矣，尚奚拘政之家？不若赦之，無重怨。』度乃出之。原又資送政家，皆得歸故郡。原在遼東，一年中往歸原居者數百家，遊學之士，教授之聲，不絕。

又《管寧傳》　管寧字幼安，北海朱虛人也。【略】天下大亂，聞公孫度令行於海外，遂與原及平原王烈等至於遼東。度虛館以候之。既見度，乃廬於山谷。時避難者多居郡南，而寧居北，示無遷志，後漸來從之。太祖為司空，辟寧，度子康絕命不宣。《傅子》曰：寧往見度，語惟經典，不及世事。還乃因山為廬，鑿壞為室。越海避難者，皆來就之而居，旬月而成邑。遂講《詩》、《書》，陳俎豆，飾威儀，明禮讓，非學者無見也。由是度安其賢，民化其德。邴原性剛直，清議以格物，度已下心不安之。寧謂原曰：『潛龍以不見成德，言非其時，皆招禍之道也。』密遣令西還。度庶子康代居郡，外以將軍太守為號，而內實有王心，卑己崇禮，欲官寧以自鎮輔，而終莫敢發言，其敬憚如此。皇甫謐《高士傳》曰：寧所居屯落，會井汲者，或男女雜錯，或爭井鬭鬩。寧患之，乃多買器，分置井傍，汲以待之，又不使知。來者得而怪之，問知寧所為，乃各相責，不復鬭訟。鄰有牛暴寧田者，寧為牽牛著涼處，自為飲食，過於牛主。牛主得牛，大慚，若犯嚴刑。是以左右無鬭訟之聲，禮讓移於海表。【略】

中國少安，客人皆還，唯寧晏然若將終焉。黄初四年，詔公卿舉獨行君子，司徒華歆薦寧。文帝即位，征寧，遂將家屬浮海還郡，公孫恭送之南郊，加贈服物。自寧之東也，度、康、恭前後所資遺，皆受而藏諸。既已西渡，盡封還之。《傅子》曰：是時康又已死，嫡子不立而立弟恭，恭懦弱，而康孽子淵有雋才。寧曰：『廢嫡立庶，下有異心，亂之所由起也。』乃將家屬乘海即受征。寧在遼東，積三十七年乃歸，其後淵果襲奪恭位，叛國家而南連吳，僭號稱王，明帝使相國宣文侯征滅之。遼東之死者以萬計，如寧所籌。寧之歸也，海中遇暴風，船皆没，唯寧乘船自若。時夜風晦冥，船人盡惑，莫知所泊。望見有火光，輒趣之，得島。島無居人，又無火燼，行人咸異焉，以為神光之祐也。

皇甫謐曰：『積善之應也。』

又　卷一四《魏志·郭嘉傳》　太祖將征袁尚及三郡烏丸，【略】大破之，斬蹋頓及名王已下。尚及兄熙走遼東。

又《劉曄傳》　遼東太守公孫淵奪叔父位，擅自立，遣使表狀。曄以為公孫氏漢時所用，遂世官相承，水則由海，陸則阻山，故胡夷絕遠難制，而世權日久。今若不誅，後必生患。若懷貳阻兵，然後致誅，於事為難。不如因其新立，有黨有仇，先其不意，以兵臨之，開設賞募，可不勞師而定也。後淵竟反。

又《劉放傳》　太和末，吳遣將周賀浮海詣遼東，招誘公孫淵。帝欲邀討之，朝議多以為不可。惟資決行策，果大破之，進爵左鄉侯。《魏氏春秋》曰：烏丸校尉田豫帥西部鮮卑泄歸尼等出塞，討軻比能、智鬱築鞬，破之，還至馬邑故城，比能帥三萬騎圍豫。帝聞之，計未有所出，如中書省以問監、令。令孫資對曰：『上谷太守閻志，柔弟也，為比能素所歸信。令馳詔使說比能，可不勞師而自解矣。』帝從之，比能果釋豫而還。【略】景初二年，遼東平定，以參謀之功，各進爵，封本縣，放方城侯，資中都侯。

又　卷二二《魏志·衛臻傳》　幽州刺史毌丘儉上疏曰：『陛下即位已來，未有可書。吳、蜀恃險，未可卒平，聊可以此方無用之士克定遼東。』臻曰：『儉所陳皆戰國細術，非王者之事也。吳頻歲稱兵，寇亂邊境，而猶案甲養士，未果尋致討者，誠以百姓疲勞故也。且淵生長海表，相承三世，外撫戎夷，內脩戰射，而儉欲以偏軍長驅，朝至夕卷，知其妄矣。』儉行軍遂不利。

又　卷二四《魏志·高柔傳》　初，公孫淵兄晃，為叔父恭任內侍，先淵未反，數陳其變。及淵謀逆，帝不忍市斬，欲就獄殺之。柔上疏曰：『書稱「用罪伐厥死，用德彰厥善」，此王制之明典也。晃及妻子叛逆之類，誠應梟縣，勿使遺育。而臣竊聞晃先數自歸，陳淵禍萌，雖為凶族，原心可恕。夫仲尼亮司馬牛之憂，祁奚明叔向之過，在昔之美義也。臣以為晃信有言，宜貸其死；苟自無言，便當市斬。

今進不赦其命，退不彰其罪，閉著囹圄，使自引分，四方觀國，或疑此舉也。』帝不聽，竟遣使齎金屑飲晃及其妻子，賜以棺、衣，殯斂於宅。孫盛曰：聞五帝無誥誓之文，三王無盟祝之事，然則盟誓之文，始自三季，質任之作，起於周微。夫貞夫之一，則天地可動，機心內萌，則鷗鳥不下。況信不足焉而祈物之必附，猜生於我而望彼之必懷，何異挾冰求温，抱炭希涼者哉？且夫要功之倫，陵肆之類，莫不背情任計，昧利忘親，縱懷慈孝之愛，或慮傾身之禍。是以周、鄭交惡，漢高請羹，隗囂捐子，馬超背父，其為酷忍如此之極也，安在其因質委誠，取任永固哉？世主若能遠覽先王閑邪之至道，近鑑狡肆徇利之凶心，勝之以解網之仁，致之以來蘇之惠，燿之以雷霆之威，潤之以時雨之施，則不恭可斂衽於一朝，炰哮可屈膝於象魏矣。何必拘厥親以來其情，逼所愛以制其命乎？苟不能然，而仗夫計術，籠之以權數，檢之以一切，雖覽一室而庶征於四海，法生鄙局，冀或半之暫益，自不得不有不忍之刑，以遂孥戮之罰，亦猶瀆盟由乎一人，而云俾墜其師，無克遺育之言耳。豈得復引四罪不及之典，司馬牛獲宥之義乎？假令任者皆不保其父兄，輒有二三之言，曲哀其意而悉活之，則長人子危親自存之悖。子弟雖質，必無刑戮之憂，父兄雖逆，終無剿絶之慮。柔不究明此術非盛王之道，宜開張遠義，蠲此近制，而陳法内之刑以申一人之命，可謂心存小善，非王者之體。古者殺人之中，又有仁焉。刑之於獄，未為失也。臣松之以為辨章事理，貴得當時之宜，無為虚唱大言而終歸無用。浮誕之論，不切於實，猶若畫魑魅之象，而躓於犬馬之形也。質任之興，非（防）近世，況三方鼎峙，遼東偏遠，羈其親屬以防未然，不為非矣。柔謂晃有先言之善，宜蒙原心之宥。而盛責柔不能開張遠理，蠲此近制。不達此言竟為何謂？若云猜防為非，質任宜廢，是謂應大明先王之道，不預任者生死也。晃之為任，歷年已久，豈得於殺活之際，方論至理之本。是何異叢棘既繁，事須判決，空論刑措之美，無聞當不之實哉？其為迂闊，亦已甚矣。漢高事窮理迫，權以濟親，而總之酷忍之科，既已大有所誣。且自古以來，未有子弟妄告父兄以圖全身者，自存之悖，未之或聞。晃以兄告弟，而其事果驗。謂晃應殺，將以遏防。若言之亦死，不言亦死，豈不杜歸善之心，失正刑之中哉？若趙括之母，以先請獲免，鍾會之兄，以密言全子，古今此比，蓋為不少。晃之前言，事同斯例，而獨遇否閉，良可哀哉！

又　卷二六《魏志·田豫傳》　太和末，公孫淵以遼東叛，帝欲征之而難其人，中領軍楊暨舉豫應選。臣松之案：暨字休先，滎陽人，事見《劉曄傳》。暨子肇，晉荊州刺史。山濤啓事稱肇有才能。肇子潭字道元，次歆字公嗣，潭子彧字長文，次經字仲武，皆見潘岳集。乃使豫以本官督青州諸軍，假節，往討之。會吳賊遣使與淵相結，帝以賊衆多，又以渡海，詔豫使罷軍。豫度賊船垂還，歲晚風急，必畏漂浪，東隨無岸，當赴成山。成山無藏船之處，輒便循海，案行地勢，及諸山島，徼截險要，列兵屯守。自入成山，登漢武之觀。賊還，果遇惡風，船皆觸山沈没，波蕩著岸，無所蒙竄，盡虜其衆。初，諸將皆笑於空地待賊，及賊破，競欲與謀，求入海鉤取浪船。豫懼窮虜死戰，皆不聽。初，豫以太守督青州，青州刺史程喜内懷不服，軍事之際，多相違錯。喜知帝寶愛明珠，乃密上：『豫雖有戰功而禁令寬弛，所得器仗珠金甚多，放散皆不納官。』由是功不見列。

又　《牽招傳》　冀州牧袁紹辟為督軍從事，兼領烏丸突騎。紹舍人犯令，招先斬乃白，紹奇其意而不見罪也。紹卒，又事紹子尚。建安九年，太祖圍鄴。尚遣招至上黨，督致軍糧。未還，尚破走，到中山。時尚外兄高幹為并州刺史，招以并州左有恒山之險，右有大河之固，帶甲五萬，北阻强胡，勸幹迎尚，並力觀變。幹既不能，而陰欲害招。招聞之，間行而去，道隔不得追尚，遂東詣太祖。太祖領冀州，辟為從事。

太祖將討袁譚，而柳城烏丸欲出騎助譚。太祖以招嘗領烏丸，遣詣柳城。到，值峭王嚴，以五千騎當遣詣譚。又遼東太守公孫康自稱平州牧，遣使韓忠齎單于印綬往假峭王。峭王大會羣長，忠亦在坐。峭王問招：『昔袁公言受天子之命，假我為單于；今曹公復言當更白天子，假我真單于；遼東復持印綬來。如此，誰當為正？』招答曰：『昔袁公承制，得有所拜假；中間違錯，天子命曹公代之，言當白天子，更假真單于，是也。遼東下郡，何得擅稱拜假也？』忠曰：『我遼東在滄海之東，擁兵百萬，又有扶餘、濊貊之用；當今之勢，强者為右，曹操獨何得為是也？』招呵忠曰：『曹公允恭明哲，翼戴天子，伐叛柔服，寧静四海，汝君臣頑嚚，今恃險遠，背違王命，欲擅拜假，侮弄神器，方當屠戮，何敢慢易咎毁大人？』便捉忠頭頓築，拔刀欲斬之。峭王驚怖，徒跣抱招，以救請忠，左右失色。招乃還坐，為峭王等説成敗之效，禍福所歸，皆下席跪伏，敬受敕教，便辭遼東之使，罷所嚴騎。

太祖滅譚於南皮，署招軍謀掾，從討烏丸。至柳城，拜護烏丸校尉。還鄴，遼東送袁尚首，縣在馬市，招睹之悲感，設祭頭下。太祖義之，舉為茂才。從平漢中，太祖還，留招為中護軍。事罷，還鄴，拜平虜校尉，將兵督青、徐州郡諸軍事，擊東萊賊，斬其渠率，東土寧静。

又　卷二八《魏志·毌丘儉傳》　青龍中，帝圖討遼東，以儉有幹策，徙為幽州刺史，加度遼將軍，使持節，護烏丸校尉。率幽州諸軍至襄平，屯遼隧。右北平烏丸單于寇婁敦、遼西烏丸都督率衆王護留等，昔隨袁尚奔遼東者，率衆五千餘人降。寇婁敦遣弟阿羅槃等詣闕朝貢，封其渠率二十餘人為侯、王，賜輿馬繒采各有差。公孫淵逆與儉戰，不利，引還。明年，帝遣太尉司馬宣王統中軍及儉等衆數萬討淵，定遼東。儉以功進封安邑侯，食邑三千九百户。

又　卷四七《吴志·吴主傳》　嘉禾元年春正月，建昌侯慮卒。三月，遣將軍周賀、校尉裴潛乘海之遼東。秋九月，魏將田豫要擊，斬賀于成山。冬十月，魏遼東太守公孫淵遣校尉宿舒、閬中令孫綜稱藩於權，並獻貂馬。權大悦，加淵爵位。《江表傳》曰：是冬，羣臣以權未郊祀，奏議曰：『頃者嘉瑞屢臻，遠國慕義，天意人事，前後備集，宜脩郊祀，以承天意。』權曰：『郊祀當於土中，今非其所，於何施此？』重奏曰：『普天之下，莫非王土；王者以天下為家。昔周文、武郊於酆、鎬，非必土中。』權曰：『武王伐紂，即阼於鎬京，而郊其所也。文王未為天子，立郊於酆，見何經典？』復書曰：『伏見《漢書·郊祀志》，匡衡奏徙甘泉河東，郊於長安，言文王郊於酆。』權曰：『文王性謙讓，處諸侯之位，明未郊也。經傳無明文，匡衡俗儒意説，非典籍正義，不可用也。』《志林》曰：吴王糾駁郊祀之奏，追貶匡衡，謂之俗儒。凡在見者，莫不慨然以為統盡物理，達於事宜。至於稽之典籍，乃更不通。毛氏之説云：『堯見天因邰而生后稷，故國之於邰，命使事天。』故詩曰：『后稷肇祀，庶無罪悔，以迄於今。』言自后稷以來皆得祭天，猶魯人郊祀也。是以棫樸之作，有積燎之薪。文王郊酆，經有明文，匡衡豈俗，而枉之哉？文王雖未為天子，然三分天下而有其二，伐崇戡黎，祖伊奔告。天既棄殷，乃眷西顧，太伯三讓，以有天下。文王為王，於義何疑？然則匡衡之奏，有所未盡。按世宗立甘泉、汾陰之祠，皆出方士之言，非據經典者也。方士以甘泉、汾陰黄帝祭天地之處，故孝武因之，遂立二畤。漢治長安，而甘泉在北，謂就乾位，而衡云『武帝居甘泉，祭於南宫』，此既誤矣。祭汾陰在水之脽，呼為澤中，而衡云『東之少陽』，失其本意。此自吴事，於傳無非，恨無辨正之辭，故矯之云。脽，音誰，見《漢書音義》。

二年春正月，詔曰：『朕以不德，肇受元命，夙夜兢兢，不遑假寢。思平世難，救濟黎庶，上答神祇，下慰民望。是以眷眷，勤求俊傑，將與戮力，共定海内，苟在同心，與之偕老。今使持節督幽州領青州牧遼東太守燕王，久脅賊虜，隔在一方，雖乃心於國，其路靡緣。今因天命，遠遣二使，款誠顯露，章表殷勤，朕之得此，何喜如之！雖湯遇伊尹，周獲吕望，世祖未定而得河右，方之今日，豈復是過？普天一統，於是定矣。《書》不云乎，「一人有慶，兆民賴之」。其大赦天下，與之更始，其明下州郡，咸使聞知。特下燕國，奉宣詔恩，令普天率土備聞斯慶。』三月，遣舒、綜還，使太常張彌、執金吾許晏、將軍賀達等將兵萬人，金寶珍貨，九錫備物，乘海授淵。《江表傳》載權詔曰：『故魏使持節車騎將軍遼東太守平樂侯：天地失序，皇極不建，元惡大憝，作害於民，海内分崩，羣生堙滅，雖周餘黎民，靡有孑遺，方之今日，亂有甚焉。朕受歷數，君臨萬國，夙夜戰戰，念在弭難，若涉淵水，罔知攸濟。是以把旄仗鉞，翦除凶虐，自東徂西，靡遑寧處，苟力所及，民無灾害。雖賊虜遺種，未伏辜誅，猶繫囚枯木，待時而斃。惟將軍天姿特達，兼包文武，觀時睹變，審於去就，逾越險阻，顯致赤心，肇建大計，為天下先，元勳巨績，侔於古人。雖昔竇融背棄隴右，卒占河西，以定光武，休名美實，豈復是過？欽嘉雅尚，朕實欣之。自古聖帝明王，建化垂統，以爵褒德，以禄報功；功大者禄厚，德盛者禮崇。故周公有夾輔之勞，太師有鷹揚之功，並啓土宇，兼受備物。今將軍規萬年之計，建不世之略，絶僭逆之虜，順天人之肅，濟成洪業，功無與比，齊魯之事，奚足言哉！《詩》不云乎，「無言不讎，無德不報」。今以幽、青二州十七郡七十縣，封君為燕王，使持節守太常張彌授君璽綬策書、金虎符第一至第五、竹使符第一至第十。錫君玄土，苴以白茅，爰契爾龜，用錫冢社。方有戎事，典統兵馬，以大將軍曲蓋麾幢，督幽州、青州牧遼東太守如故。今加君九錫，其敬聽後命。以君三世相承，保綏一方，寧集四郡，訓及異俗，民夷安業，無或攜貳，是用錫君大輅、戎輅、玄牡二駟。君務在勸農，嗇人成功，倉庫盈積，官民俱豐，是用錫君衮冕之服，赤舄副焉。君正化以德，敬下以禮，敦義崇謙，内外咸和，是用錫君軒縣之樂。君宣導休風，懷保邊遠，遠人回面，莫不影附，是用錫君朱户以居。君運其才略，官方任賢，顯直錯枉，羣善必舉，是用錫君虎賁之士百人。君戎馬整齊，威震遐方，糾虔天刑，彰厥有罪，是用錫君鈇鉞各一。君文和於内，武信於外，禽討逆節，折衝掩難，是用錫君彤弓一、彤矢百、玈弓十、玈矢千。君忠勤有效，温恭為德，明允篤誠，感於朕心，是用錫君秬鬯一卣，珪瓚副焉。欽哉！敬兹訓典，寅亮天工，相我國家，永終爾休。』舉朝大臣，自丞相雍已下皆諫，以為淵未可信，而寵待太厚，但可遣吏兵數百護送舒、綜，權終不聽。臣松以為權愎諫違衆，信淵意了，非有攻伐之規，重復之慮。宣達錫命，乃用萬人，是何不愛其民，昏虐之甚乎？此役也，非惟闇塞，實為無道。淵果斬彌等，送其首于魏，没其兵資。權大怒，欲自征淵，《江表傳》載權怒曰：『朕年六十，世事難易，靡所不嘗，近為鼠子所前卻，令人氣湧如山。不自截鼠子頭以擲於海，無顔復臨萬國。就令顛沛，不以為恨。』尚書僕射薛綜等切諫乃止。是歲，權向合肥新城，遣將軍全琮征六安，皆不克還。《吳書》曰：初，張彌、許晏等俱到襄平，官屬從者四百許人。淵欲圖彌、晏，先分其人衆，置遼東諸縣，以中使秦旦、張羣、杜德、黄疆等及吏兵六十人，置玄菟郡。玄菟郡在遼東北，相去二百里，太守王贊領户二百，兼重可三四百人。旦等皆舍於民家，仰其飲食。積四十許日，旦與疆等議曰：『吾人遠辱國命，自棄於此，與死亡何異？今觀此郡，形勢甚弱。若一旦同心，焚燒城郭，殺其長吏，為國報耻，然後伏死，足以無恨。孰與偷生苟活長為囚虜乎？』疆等然之。於是陰相約結，當用八月十九日夜發。其日中時，為部中張松所告，贊便會士衆閉城門。旦、羣、德、疆等皆逾城得走。時羣病疽創著膝，不及輩旅，德常扶接與俱，崎嶇山谷。行六七百里，創益困，不復能前，臥草中，相守悲泣。羣曰：『吾不幸創甚，死亡無日，卿諸人宜速進道，冀有所達。空相守，俱死於窮谷之中，何益也？』德曰：『萬里流離，死生共之，不忍相委。』於是推旦、疆使前，德獨留守羣，捕菜果食之。旦、疆别數日，得達句驪（王宫），因宣詔於句驪王宫及其主簿，詔言有賜為遼東所攻奪。宫等大喜，即受詔，命使人隨旦還迎羣、德。其年，宫遣皁衣二十五人送旦等還，奉表稱臣，貢貂皮千枚，鶡雞皮十具。旦等見權，悲喜不能自勝。權義之，皆拜校尉。間一年，遣使者謝宏、中書陳恂拜宫為單于，加賜衣物珍寶。恂等到安平口，先遣校尉陳奉前見宫，而宫受魏幽州刺史諷旨，令以吳使自效。奉聞之，倒還。宫遣主簿笮咨、帶固等出安平，與宏相見。宏即縛得三十餘人質之，宫於是謝罪，上馬數百匹。宏乃遣咨、固奉詔書賜物與宫。是時宏船小，載馬八十匹而還。

（赤烏）二年春《江表傳》載權正月詔曰：『郎吏者，宿衛之臣，古之命士也。間者所用頗非其人。自今選三署皆依四科，不得以虚辭相飾。』三月，遣使者羊衜、鄭胄、將軍孫怡之遼東，擊魏守將張持、高慮等，虜得男女。《文士傳》曰：胄字敬先，沛國人。父劭，才學博達，權為驃騎將軍，以劭為從事中郎，與張昭、孫邵共定朝儀。胄其少子，有文武姿局，少知名，舉賢良，稍遷建安太守。吕壹賓客於郡犯法，胄收付獄，考竟。壹懷恨，後密譖胄。權大怒，召胄還，潘濬、陳表並為請，得釋。後拜宣信校尉，往救公孫淵，已為魏所破，還遷執金吾。子豐，字曼季，有文學操行，與陸雲善，與雲詩相往反。司空張華辟，未就，卒。臣松之聞孫怡者，東州人，非權之宗也。

又　卷五二《吳志·張昭傳》　權以公孫淵稱藩，遣張彌、許晏至遼東拜淵為燕王，昭諫曰：『淵背魏懼討，遠來求援，非本志也。若淵改圖，欲自明於魏，兩使不反，不亦取笑於天下乎？』權與相反覆，昭意彌切。權不能堪，案刀而怒曰：『吳國士人入宫則拜孤，出宫則拜君，孤之敬君，亦為至矣，而數於衆中折孤，孤嘗恐失計。』昭熟視權曰：『臣雖知言不用，每竭愚忠者，誠以太后臨崩，呼老臣於床下，遺詔顧命之言故在耳。』因涕泣横流。權擲刀致地，與昭對泣。然卒遣彌、晏往。昭忿言之不用，稱疾不朝。權恨之，土塞其門，昭又於内以土封之。淵果殺彌、晏。權數慰謝昭，昭固不起，權因出過其門呼昭，昭辭疾篤。權燒其門，欲以恐之，昭更閉户。權使人滅火，住門良久，昭諸子共扶昭起，權載以還宫，深自克責。昭不得已，然後朝會。習鑿齒曰：張昭於是乎不臣矣！夫臣人者，三諫不從則奉身而退，身苟不絶，何忿懟之有？且秦穆違諫，卒霸西戎，晉文暫怒，終成大業。遺誓以悔過見録，狐偃無怨絶之辭，君臣道泰，上下俱榮。今權悔往之非而求昭，後益回慮降心，不遠而復，是其善也。昭為人臣，不度權得道，匡其後失，夙夜匪懈，以延來譽，乃追忿不用，歸罪於君，閉户拒命，坐待焚滅，豈不悖哉！

又　卷五七《吳志·虞翻傳》　在南十餘年，年七十卒。《吳書》曰：翻雖在徙棄，心不忘國，常憂五谿宜討，以遼東海絶，聽人使來屬，尚不足取，今去人財以求馬，既非國利，又恐無獲。欲諫不敢，作表以示吕岱，岱不報，為愛憎所白，復徙蒼梧猛陵。《江表傳》曰：後權遣將士至遼東，於海中遭風，多所没失，權悔之，乃令曰：『昔趙簡子稱諸君之唯唯，不如周舍之諤諤。虞翻亮直，善於盡言，國之周舍也。前使翻在此，此役不成。』

又　卷五八《吳志·陸遜傳》　及公孫淵背盟，權欲往征，遜上疏曰：『淵憑險恃固，拘留大使，名馬不獻，實可讎忿。蠻夷猾夏，未染王化，鳥竄荒裔，拒逆王師，至令陛下爰赫斯怒，欲勞萬乘汎輕越海，不慮其危而涉不測。方今天下雲擾，羣雄虎爭，英豪踴躍，張聲大視。陛下以神武之姿，誕膺期運，破操烏林，敗備西陵，禽羽荆州，斯三虜者當世雄傑，皆摧其鋒。聖化所綏，萬里草偃，方蕩平華夏，總一大猷。今不忍小忿，而發雷霆之怒，違垂堂之戒，輕萬乘之重，此臣之所惑也。臣聞志行萬里者，不中道而輟足；圖四海者，匪懷細以害大。强寇在境，荒服未庭，陛下乘桴遠征，必致闚釁，慼至而憂，悔之無及。若使大事時捷，則淵不討自服；今乃遠惜遼東衆之與馬，奈何獨欲捐江東萬安之本業而不惜乎？乞息六師，以威大虜，早定中夏，垂耀將來。』權用納焉。

又　卷一四《魏志·蔣濟傳》裴松之注　司馬彪《戰略》曰：太和

六年，明帝遣平州刺史田豫乘海渡，幽州刺史王雄陸道，並攻遼東。蔣濟諫曰：『凡非相吞之國，不侵叛之臣，不宜輕伐。伐之而不制，是驅使為賊。故曰「虎狼當路，不治狐狸。先除大害，小害自已」。今海表之地，累世委質，歲選計考，不乏職貢。議者先之，正使一舉便克，得其民不足益國，得其財不足為富；儻不如意，是為結怨失信也。』帝不聽，豫行竟無成而還。【略】

《漢晉春秋》曰：公孫淵聞魏將來討，復稱臣于孫權，乞兵自救。帝問濟：『孫權其救遼東乎？』濟曰：『彼知官備以固，利不可得，深入則非力所能，淺入則勞而無獲；權雖子弟在危，猶將不動，況異域之人，兼以往者之辱乎！今所以外揚此聲者，譎其行人疑於我，我之不克，冀折後事已耳。然逕渚之間，去淵尚遠，若大軍相持，事不速決，則權之淺規，或能輕兵掩襲，未可測也。』

又　卷二八《魏志·鍾會傳》裴松之注　《世語》曰：【略】（中書令虞）松弱冠有才，從司馬宣王征遼東，宣王命作檄，及破賊，作露布。松從還，宣王辟為掾，時年二十四，遷中書郎，遂至太守。

清·唐執玉等［雍正］《畿輔通志》卷四八《陵墓·永平府》　公孫神康墓　在府城南烽火山。《明·志》：道南烽火山有公孫神康墓。漢末公孫度據平州，傳子康，豈其所葬歟？

蜀漢建國分部

劉備入蜀

綜　述

《三國志》卷三一《蜀志·劉焉傳》　劉焉字君郎，江夏竟陵人也，漢魯恭王之後裔，章帝元和中徙封竟陵，支庶家焉。焉少仕州郡，以宗室拜中郎，後以師祝公喪去官。臣松之案：祝公，司徒祝恬也。居陽城山，積學教授，舉賢良方正，辟司徒府，歷雒陽令、冀州刺史、南陽太守、宗正、太常。焉睹靈帝政治衰缺，王室多故，乃建議言：『刺史、太守，貨賂為官，割剝百姓，以致離叛。可選清名重臣以為牧伯，鎮安方夏。』焉內求交阯牧，欲避世難。議未即行，侍中廣漢董扶私謂焉曰：『京師將亂，益州分野有天子氣。』焉聞扶言，意更在益州。會益州刺史郤儉賦斂煩擾，謠言遠聞，儉，郤正祖也。而并州殺刺史張壹，涼州殺刺史耿鄙，焉謀得施。出為監軍使者，領益州牧，封陽城侯，當收儉治罪；《續漢書》曰：是時用劉虞為幽州，劉焉為益州，劉表為荊州，賈琮為冀州。虞等皆海內清名之士，或從列卿尚書以選為牧伯，各以本秩居任。舊典：傳車參駕，施赤為帷裳。臣松之按：靈帝崩後，義軍起，孫堅殺荊州刺史王叡，然後劉表為荊州，不與焉同時也。《漢·靈帝紀》曰：帝引見焉，宣示方略，加以賞賜，敕焉為益州刺史。前刺史劉雋、郤儉皆貪殘放濫，取受狼籍，元元無聊，呼嗟充野，焉到便收攝行法，以示萬姓，勿令漏露，使癰疽決潰，為國生梗。焉受命而行，以道路不通，住荊州東界。扶亦求為蜀郡西部屬國都尉，及太倉令（會）巴西趙韙去官，俱隨焉。陳壽《益部耆舊傳》曰：董扶字茂安。少從師學，兼通數經，善歐陽尚書，又事聘士楊厚，究極圖讖。遂至京師，遊覽太學，還家講授，弟子自遠而至。永康元年，日有蝕之，詔舉賢良方正之士，策問得失。左馮翊趙謙等舉扶，扶以病不詣，遙於長安上封事，遂稱疾篤歸家。前後宰府十辟，公車三征，再舉賢良方正、博士、有道皆不就，名稱尤重。大將軍何進表薦扶曰：『資游、夏之德，述孔氏之風，內懷焦、董消復之術。方今並、涼騷擾，西戎蠢叛，宜敕公車特召，待以異禮，諮謀奇策。』於是靈帝征扶，即拜侍中。在朝稱為儒宗，甚見器重。求為蜀郡屬國都尉。扶出一歲而靈帝崩，天下大亂。後去官，年八十二卒於家。始扶發辭抗論，益部少雙，故號曰（致止）［至止］，言人莫能當，所至而談止也。後丞相諸葛亮問秦宓以扶所長，宓曰：『董扶褒秋毫之善，貶纖芥之惡。』

是時（涼）州逆賊馬相、趙祗等於綿竹縣自號黄巾，合聚疲役之民，一二日中得數千人，先殺綿竹令李升，吏民翕集，合萬餘人，便前破雒縣，攻益州殺儉，又到蜀郡、犍為，旬月之間，破壞三郡。相自稱天子，衆以萬數。州從事賈龍（素）領兵數百人在犍為東界，攝斂吏民，得千餘人，攻相等，數日破走，州界清靜。龍乃選吏卒迎焉。焉徙治綿竹，撫納離叛，務行寬惠，陰圖異計。張魯母始以鬼道，又有少容，常往來焉家，故焉遣魯為督義司馬，住漢中，斷絶谷閣，殺害漢使。焉上書言米賊斷道，不得復通，又託他事殺州中豪强王咸、李權等十餘人，以立威刑。《益部耆舊·雜記》曰：李權字伯豫，為臨邛長。子福。見犍為楊戲輔臣贊。犍為太守任岐及賈龍由此反攻焉，焉擊殺岐、龍。《英雄記》曰：劉焉起兵，不與天下討董卓，保州自守。犍為太守任岐自稱將軍，與從事陳超舉兵擊焉，焉擊破之。董卓使司徒趙謙將兵向州，說校尉賈龍，使引兵還擊焉，焉出青羌與戰，故能破殺。岐、龍等皆蜀郡人。

焉意漸盛，造作乘輿車具千餘乘。荆州牧劉表表上焉有似子夏在西河疑聖人之論。時焉子範為左中郎將，誕治書御史，璋為奉車都尉，皆從獻帝在長安，《英雄記》曰：範（聞）父焉為益州牧，董卓所徵發，皆不至。收範兄弟三人，鎖械於郿塢，為陰獄以繫之。惟（小）子別部司馬瑁素隨焉。獻帝使璋曉諭焉，焉留璋不遣。《典略》曰：時璋為奉車都尉，在京師。焉託疾召璋，璋自表省焉，焉遂留璋不還。時征西將軍馬騰屯郿而反，焉及範與騰通謀，引兵襲長安。範謀泄，奔槐里，騰敗，退還涼州，范應時見殺，於是收誕行刑。《英雄記》曰：范從長安亡之馬騰營，從焉求兵。焉使校尉孫肇將兵往助之，敗於長安。議郎河南龐羲與焉通家，乃募將焉諸孫入蜀。時焉被天火燒城，車具蕩盡，延及民家。焉徙治成都，既痛其子，又感祆災，興平元年，癰疽發背而卒。州大吏趙韙等貪璋温仁，共上璋為益州刺史，詔書因以為監軍使者，領益州牧，以韙為征東中郎將，率衆擊劉表。《英雄記》曰：焉死，子璋代為刺史。會長安拜潁川扈瑁為刺史，入漢中。荆州別駕劉闔，璋將沈彌、婁發、甘寧反，擊璋不勝，走入荆州。璋使趙韙進攻荆州，屯朐䏰。上蠢，下如振反。

又《劉璋傳》 璋，字季玉，既襲焉位，而張魯稍驕恣，不承順璋，璋殺魯母及弟，遂為讎敵。璋累遣龐羲等攻魯，［數為］所破。魯部曲多在巴西，故以羲為巴西太守，領兵禦魯。《英雄記》曰：龐羲與璋有舊，又免璋諸子於難，故璋厚德羲，以羲為巴西太守，遂專權勢。後羲與璋情好攜隙，趙韙稱兵內向，衆散見殺，皆由璋明斷少而外言入故也。《英雄記》曰：先是，南陽、三輔人流入益州數萬家，收以為兵，名曰東州兵。璋性寬柔，無威略，東州人侵暴舊民，璋不能禁，政令多闕，益州頗怨。趙韙素得人心，璋委任之。韙因民怨謀叛，乃厚賂荆州請和，陰結州中大姓，與俱起兵，還擊璋。蜀郡、廣漢、犍為皆應韙。璋馳入成都城守，東州人畏（威），咸同心並力助璋，皆殊死戰，遂破反者，進攻韙於江州。韙將龐樂、李異反殺韙軍，斬韙。《漢獻帝春秋》曰：漢朝聞益州亂，遣五官中郎將牛亶為益州刺史；征璋為卿，不至。璋聞曹公征荆州，已定漢中，遣河內陰溥致敬於曹公。加璋振威將軍，兄瑁平寇將軍。瑁狂疾物故。臣松之案：魏臺訪『物故』之義，高堂隆荅曰：『聞之先師：物，無也；故，事也；言無復所能於事也。』璋復遣別駕從事蜀郡張肅送叟兵三百人并雜御物於曹公，曹公拜肅為廣漢太守。璋復遣別駕張松詣曹公，曹公時已定荆州，走先主，不復存録松，松以此怨。會曹公軍不利於赤壁，兼以疫死。松還，疵毀曹公，勸璋自絶，《漢書春秋》曰：張松見曹公，曹公方自矜伐，不存録松。松歸，乃勸璋自絶。習鑿齒曰：昔齊桓一矜其功而叛者九國，曹操暫自驕伐而天下三分，皆勤之於數十年之內而棄之於俯仰之頃，豈不惜乎！是以君子勞謙日昃，慮以下人，功高而居之以讓，勢尊而守之以卑。情近於物，故雖貴而人不厭其重；德洽羣生，故業廣而天下愈欣其慶。夫然，故能有其富貴，保其功業，隆顯當時，傳福百世，何驕矜之有哉！君子是以知曹操之不能遂兼天下者也。因說璋曰：『劉豫州，使君之肺腑，可與交通。』璋皆然之，遣法正連好先主，尋又令正及孟達送兵數千助先主守禦，正遂還。後松復說璋曰：『今州中諸將龐羲、李異等皆恃功驕豪，欲有外意，不得豫州，則敵攻其外，民攻其內，必敗之道也。』璋又從之，遣法正請先主。璋主簿黄權陳其利害，從事廣漢王累自倒縣於州門以諫，璋一無所納，敕在所供奉先主，先主入境如歸。先主至江州北，由墊江水詣去成都三百六十里，是歲建安十六年也。璋率步騎三萬餘人，車乘帳幔，精光曜日，往就與會；先主所將將士，更相之適，歡飲百餘日。璋資給先主，使討張魯，然後分別。《吳書》曰：璋以米二十萬斛，騎千匹，車千乘，繒絮錦帛，以資送劉備。

明年，先主至葭萌，還兵南向，所在皆克。十九年，進圍成都數十日，城中尚有精兵三萬人，穀帛支一年，吏民咸欲死戰。璋言：『父子在州二十餘年，無恩德以加百姓。百姓攻戰三年，肌膏草野者，以璋故也，何心能安！』遂開城出降，羣下莫不流涕。先主遷璋于南郡公安，盡歸其財物及故佩振威將軍印綬。孫權殺關羽，取荆州，以璋為益州牧，駐秭歸。璋卒，南中豪率雍闓據益郡反，附於吳。權復以璋子闡為益州刺史，處交、益界首。丞相諸葛亮平南土，闡還吳，為御史中丞。《吳書》曰：闡一名緯，為人恭恪，輕財愛義，有仁讓之風，後疾終於家。初，璋長子循妻，龐羲女也。先主定蜀，羲為左將軍司馬，璋時從羲啓留循，先主以為奉車中郎將。是以璋二子之後，分在吳、蜀。

又　卷三二《蜀志・先主傳》（建安十三年）權遣使云欲共取蜀，或以為宜報聽許，吳終不能越荆有蜀，蜀地可為己有。荆州主簿殷觀進曰：『若為吳先驅，進未能克蜀，退為吳所乘，即事去矣。今但可然贊其伐蜀，而自說新據諸郡，未可興動，吳必不敢越我而獨取蜀。如此進退之計，可以收吳、蜀之利。』先主從之，權果輟計。遷觀為別駕從事。《獻帝春秋》曰：孫權欲與備共取蜀，遣使報備曰：『米賊張魯居王巴、漢，為曹操耳目，規圖益州。劉璋不武，不能自守。若操得蜀，則荆州危矣。今欲先攻取璋，進討張魯，首尾相連，一統吳、楚，雖有十操，無所憂也。』備欲自圖蜀，拒答不聽，曰：『益州民富强，土地險阻，劉璋雖弱，足以自守。張魯虛偽，未必盡忠於操。今暴師於蜀、漢，轉運於萬里，欲使戰克攻取，舉不失利，此吳起不能定其規，孫武不能善其事也。曹操雖有無君之心，而有奉主之名，議者見操失利於赤壁，謂其力屈，無復遠志也。今操三分天下已有其二，將欲飲馬於滄海，觀兵於吳會，何肯守此坐須老乎？今同盟無故自相攻伐，借樞於操，使敵承其隙，非長計也。』權不聽，遣孫瑜率水軍住夏口。備不聽軍過，謂瑜曰：『汝欲取蜀，吾當被髮入山，不失信於天下也。』使關羽屯江陵，張飛屯秭歸，諸葛亮據南郡，備自住孱陵。權知備意，因召瑜還。

十六年，益州牧劉璋遥聞曹公將遣鍾繇等向漢中討張魯，内懷恐懼。別駕從事蜀郡張松說璋曰：『曹公兵强無敵於天下，若因張魯之資以取蜀土，誰能禦之者乎？』璋曰：『吾固憂之而未有計。』松曰：『劉豫州，使君之宗室而曹公之深讎也，善用兵，若使之討魯，魯必破。魯破，則益州强，曹公雖來，無能為也。』璋然之，遣法正將四千人迎先主，前後賂遺以巨億計。正因陳益州可取之策。《吳書》曰：備前見張松，後得法正，皆厚以恩意接納，盡其殷勤之歡。因問蜀中闊狹，兵器府庫人馬衆寡，及諸要害道里遠近，松等具言之，又畫地圖山川處所，由是盡知益州虛實也。先主留諸葛亮、關羽等據荆州，將步卒數萬人入益州。至涪，璋自出迎，相見甚歡。張松令法正白先主，及謀臣龐統進說，便可於會所襲璋。先主曰：『此大事也，不可倉卒。』璋推先主行大司馬，領司隸校尉；先主亦推璋行鎮西大將軍，領益州牧。璋增先主兵，使擊張魯，又令督白水軍。先主并軍三萬餘人，車甲器械資貨甚盛。是歲，璋還成都。先主北到葭萌，未即討魯，厚樹恩德，以收衆心。

明年，曹公征孫權，權呼先主自救。先主遣使告璋曰：『曹公征吳，吳憂危急。孫氏與孤本為脣齒，又樂進在青泥與關羽相拒，今不往救羽，進必大克，轉侵州界，其憂有甚於魯。魯自守之賊，不足慮也。』乃從璋求萬兵及資（寶），欲以東行。璋但許兵四千，其餘皆給半。《魏書》曰：備因激怒其衆曰：『吾為益州征强敵，師徒勤瘁，不遑寧居；今積帑藏之財而吝於賞功，望士大夫為出死力戰，其可得乎！』張松書與先主及法正曰：『今大事垂可立，如何釋此去乎！』松兄廣漢太守肅，懼禍逮己，白璋發其謀。於是璋收斬松，嫌隙始構矣。《益部耆舊・雜記》曰：張肅有威儀，容貌甚偉。松為人短小，放蕩不治節操，然識達精果，有才幹。劉璋遣詣曹公，曹公不甚禮；公主簿楊脩深器之，白公辟松，公不納。脩以公所撰兵書示松，松宴飲之間一看便闇誦。脩以此益異之。璋敕關戍諸將文書勿復關通先主。先主大怒，召璋白水軍督楊懷，責以無禮，斬之。乃使黄忠、卓膺勒兵向璋。先主徑至關中，質諸將并士卒妻子，引兵與忠、膺等進到涪，據其城。璋遣劉跂、冷苞、張任、鄧賢等拒先主於涪，《益部耆舊・雜記》曰：張任，蜀郡人，家世寒門。少有膽勇，有志節，仕州為從事。皆破敗，退保綿竹。璋復遣李嚴督綿竹諸軍，嚴率衆降先主。先主軍益强，分遣諸將平下屬縣，諸葛亮、張飛、趙雲等將兵溯流定白帝、江州、江陽，惟關羽留鎮荆州。先主進軍圍雒；時璋子循守城，被攻且一年。

十九年夏，雒城破，《益部耆舊・雜記》曰：劉璋遣張任、劉跂率精兵拒捍先主於涪，為先主所破，退與璋子循守雒城。任勒兵出於雁橋，戰復敗。禽任。先主聞任之忠勇，令軍降之，任厲聲曰：『老臣終不復事二主矣。』乃殺之。先主嘆惜焉。進圍成都數十日，璋出降。《傅子》曰：初，劉備襲蜀，丞相掾趙戩曰：『劉備其不濟乎？拙於用兵，每戰則敗，奔亡不暇，何以圖人？蜀雖社區，險固四塞，獨守之國，難卒并也。』征士傅幹曰：『劉備寛仁有度，能得人死力。諸葛亮達治知變，正而有謀，而為之相；張飛、關羽勇而有義，皆萬人之敵，而為之將：此三人者，皆人傑也。以備之略，三傑佐之，何為不濟也？』《典略》曰：趙戩，字叔茂，京兆長陵人也。質而好學，言稱詩書，愛恤於人，不論疏密。辟公府，入為尚書選部郎。董卓欲以所私並充臺閣，戩拒不聽。卓怒，召戩欲殺之，觀者皆為戩懼，而戩自若。及見卓，引辭正色，陳說是非，卓雖凶戾，屈而謝之還平陵令。故將王允被害，莫敢近者，戩棄官收斂之。三輔亂，戩客荆州，劉表以為賓客。曹公平荆州，執戩手曰：『何相見之晚也！』遂辟為掾。後為五官將司馬，相國鍾繇長史，年六十餘卒。蜀中殷盛豐樂，先主置酒大饗士卒，取蜀城中金銀分賜將士，還其穀帛。先主復領益州牧，諸葛亮為股肱，法正為謀主，關羽、張飛、馬超為爪牙，許靖、麋竺、簡雍為賓友。及董和、黃權、李嚴等本璋之所授用也，吳壹、費觀等又璋之婚親也，彭羕又璋之所排擯也，劉巴者宿昔之所忌恨也，皆處之顯任，盡其器能。有志之士，無不競勸。

二十年，孫權以先主已得益州，使使報欲得荆州。先主言：『須得涼州，當以荆州相與。』權忿之，乃遣呂蒙襲奪長沙、零陵、桂陽三郡。先主引兵五萬下公安，令關羽入益陽。是歲，曹公定漢中，張魯遁走巴西。先主聞之，與權連和，分荆州、江夏、長沙、桂陽東屬，南郡、零陵、武陵西屬，引軍還江州。遣黃權將兵迎張魯，張魯已降曹公。曹公使夏侯淵、張郃屯漢中，數數犯暴巴界。先主令張飛進兵宕渠，與郃等戰於瓦口，破郃等，收兵還南鄭。先主亦還成都。

又　卷三五《蜀志・諸葛亮傳》　由是先主遂詣亮，凡三往，乃見。因屏人曰：『漢室傾頹，姦臣竊命，主上蒙塵。孤不度德量力，欲信大義於天下，而智術淺短，遂用猖（獗），至於今日。然志猶未已，君謂計將安出？』亮答曰：『益州險塞，沃野千里，天府之土，高祖因之以成帝業。劉璋闇弱，張魯在北，民殷國富而不知存恤，智能之士思得明君。將軍既帝室之胄，信義著於四海，總攬英雄，思賢如渴，若跨有荆、益，保其巖阻，西和諸戎，南撫夷越，外結好孫權，內脩政理；天下有變，則命一上將將荆州之軍以向宛、洛，將軍身率益州之衆出於秦川，百姓孰敢不簞食壺漿以迎將軍者乎？誠如是，則霸業可成，漢室可興矣。』先主曰：『善！』【略】

建安十六年，益州牧劉璋遣法正迎先主，使擊張魯。亮與關羽鎮荆州。先主自葭萌還攻璋，亮與張飛、趙雲等率衆溯江，分定郡縣，與先主共圍成都。成都平，以亮為軍師將軍，署左將軍府事。

又　卷三六《蜀志・張飛傳》　先主入益州，還攻劉璋，（張）飛與諸葛亮等溯流而上，分定郡縣。至江州，破璋將巴郡太守嚴顔，生獲顔。飛呵顔曰：『大軍至，何以不降而敢拒戰？』顔答曰：『卿等無狀，侵奪我州，我州但有斷頭將軍，無有降將軍也。』飛怒，令左右牽去斫頭，顔色不變，曰：『斫頭便斫頭，何為怒邪！』飛壯而釋之，引為賓客。《華陽國志》曰：初，先主入蜀，至巴郡，顔拊心歎曰：『此所謂獨坐窮山，放虎自衛也！』飛所過戰克，與先主會于成都。益州既平，賜諸葛亮、法正、飛及關羽金各五百斤，銀千斤，錢五千萬，錦千匹，其餘頒賜各有差，以飛領巴西太守。

又　《馬超傳》　（馬超）奔漢中依張魯。魯不足與計事，內懷於邑，聞先主圍劉璋於成都，密書請降。《典略》曰：建安十六年，超與關中諸將侯選、程銀、李堪、張横、梁興、成宜、馬玩、楊秋、韓遂等，凡十部，俱反，其衆十萬，同據河、潼，建列營陳。是歲，曹公西征，與超等戰於河、渭之交，超等敗走。超至安定，遂奔涼州。詔收滅超家屬。超復敗於隴上。後奔漢中，張魯以為都講祭酒，欲妻之以女，或諫魯曰：『有人若此不愛其親，焉能愛人？』魯乃止。初，超未反時，其小婦弟種留三輔，及超敗，種先入漢中。正旦，種上壽於超，超搥胸吐血曰：『闔門百口，一旦同命，今二人相賀邪？』後數從魯求兵，欲北取涼州，魯遣往，無利。又魯將楊白等欲害其能，超遂從武都逃入氐中，轉奔往蜀。是歲建安十九年也。

先主遣人迎超，超將兵徑到城下。城中震怖，璋即稽首，《典略》曰：備聞超至，喜曰：『我得益州矣。』乃使人止超，而潛以兵資之。超到，令引軍屯城北，超至未一旬而成都潰。以超為平西將軍，督臨沮，因為前都亭侯。《山陽公載記》曰：超因見備待之厚，與備言，常呼備字，關羽怒，請殺之。備曰：『人窮來歸我，卿等怒，以呼我字故而殺之，何以示於天下也！』張飛曰：『如是，當示之以禮。』明日大會，請超入，羽、飛並杖刀立直，超顧坐席，不見羽、飛，見其直也，乃大驚，遂一不復呼備字。明日歎曰：『我今乃知其所以敗。為呼人主字，幾為關羽、張飛所殺。』自後乃尊事備。臣松之按以為超以窮歸備，受其爵位，何容傲慢而呼備字？且備之入蜀，留關羽鎮荆州，羽未嘗在益土也。故羽聞馬超歸降，以書問諸葛亮『超人才可誰比類』，不得如書所云。羽焉得與張飛立直乎？凡人行事，皆謂其可也，知其不可，則不行之矣。超若果呼備字，亦謂於理宜爾也。就令羽請殺超，超不應聞，但見二子立直，何由便知以呼字之故，云幾為關、張所殺乎？言不經理，深可忿疾也。袁暐、樂資等諸所記載，穢雜虛謬，若此之類，殆不可勝言也。先主為漢中王，拜超為左將軍，假節。章武元年，遷驃騎將軍，領涼州牧，進封𨛦鄉侯，策曰：『朕以不德，獲繼至尊，奉承宗廟。曹操父子，世載其罪，朕用慘怛，疢如疾首。海內怨憤，歸正反本，暨於氐、羌率服，獯鬻慕義。以君信著北土，威武並昭，是以委任授君，抗颺虓虎，兼董萬里，求民之瘼。其明宣朝化，懷保遠邇，肅慎賞罰，以篤漢祜，以對於天下。』二年卒，時年四十七。臨没上疏曰：『臣門宗二百餘口，為孟德所誅略盡，惟有從弟岱，當為微宗血食之繼，深託陛下，餘無復言。』追謚超曰威侯，子承嗣。岱位至平北將軍，進爵陳倉侯。超女配安平王理。《典略》曰：初超之入蜀，其庶妻董及子秋，留依張魯。魯敗，曹公得之，以董賜閻圃，以秋付魯，魯自手殺之。

又《**黄忠傳**》 隨從入蜀。自葭萌受任，還攻劉璋，忠常先登陷陳，勇毅冠三軍。益州既定，拜為討虜將軍。

又《**趙雲傳**》 先主自葭萌還攻劉璋，召諸葛亮。亮率雲與張飛等俱泝江西上，平定郡縣。至江州，分遣雲從外水上江陽，與亮會于成都。成都既定，以雲為翊軍將軍。《雲別傳》曰：益州既定，時議欲以成都中屋舍及城外園地桑田分賜諸將。雲駁之曰：『霍去病以匈奴未滅，無用家為，令國賊非但匈奴，未可求安也。須天下都定，各反桑梓，歸耕本土，乃其宜耳。益州人民，初罹兵革，田宅皆可歸還，今安居復業，然後可役調，得其歡心。』先主即從之。

又 卷三七《**蜀志・龐統傳**》 先主領荆州，【略】遂與亮並為軍師中郎將。《九州春秋》曰：統說備曰：『荆州荒殘，人物殫盡，東有吴孫，北有曹氏，鼎足之計，難以得志。今益州國富民强，户口百萬，四部兵馬，所出必具，寶貨無求於外，今可權藉以定大事。』備曰：『今指與吾為水火者，曹操也，操以急，吾以寬；操以暴，吾以仁；操以譎，吾以忠；每與操反，事乃可成耳。今以小故而失信義於天下者，吾所不取也。』統曰：『權變之時，固非一道所能定也。兼弱攻昧，五伯之事。逆取順守，報之以義，事定之後，封以大國，何負於信？今日不取，終為人利耳。』備遂行。亮留鎮荆州。統隨從入蜀。

益州牧劉璋與先主會涪，統進策曰：『今因此會，便可執之，則將軍無用兵之勞而坐定一州也。』先主曰：『初入他國，恩信未著，此不可也。』璋既還成都，先主當為璋北征漢中，統復說曰：『陰選精兵，晝夜兼道，徑襲成都；璋既不武，又素無預備，大軍卒至，一舉便定，此上計也。楊懷、高沛，璋之名將，各仗强兵，據守關頭，聞數有箋諫璋，使發遣將軍還荆州。將軍未至，遣與相聞，說荆州有急，欲還救之，並使裝束，外作歸形；此二子既服將軍英名，又喜將軍之去，計必乘輕騎來見，將軍因此執之，進取其兵，乃向成都，此中計也。退還白帝，連引荆州，徐還圖之，此下計也。若沈吟不去，將致大因，不可久矣。』先主然其中計，即斬懷、沛，還向成都，所過輒克。於涪大會，置酒作樂，謂統曰：『今日之會，可謂樂矣。』統曰：『伐人之國而以為歡，非仁者之兵也。』先主醉，怒曰：『武王伐紂，前歌後舞，非仁者邪？卿言不當，宜速起出！』於是統逡巡引退。先主尋悔，請還。統復故位，初不顧謝，飲食自若。先主謂曰：『向者之論，阿誰為失？』統對曰：『君臣俱失。』先主大笑，宴樂如初。習鑿齒曰：夫霸王者，必體仁義以為本，仗信順以為宗，一物不具，則其道乖矣。今劉備襲奪璋土，權以濟業，負信違情，德義俱愆，雖功由是隆，宜大傷其敗，譬斷手全軀，何樂之有？龐統懼斯言之泄宣，知其君之必悟，故衆中匡其失，而不脩常謙之道，矯然太當，盡其蹇諤之風。夫上失而能正，是有臣也，納勝而無執，是從理也；有臣則陛隆堂高，從理則羣策畢舉；一言而三善兼明，暫諫而義彰百代，可謂達乎大體矣。若惜其小失而廢其大益，矜此過言，自絕遠讜，能成業濟務者，未之有也。臣松之以為謀襲劉璋，計雖出於統，然違義成功，本由詭道，心既内疚，則歡情自戢，故聞備稱樂之言，不覺率爾而對也。備宴酣失時，事同樂禍，自比武王，曾無愧色，此備有非而統無失，其云『君臣俱失』，蓋分謗之言耳。習氏所論，雖大旨無乖，然推演之辭，近為流宕也。

進圍雒縣，統率衆攻城，為流矢所中，卒，時年三十六。先主痛惜，言則流涕。拜統父議郎，遷諫議大夫，諸葛亮親為之拜。追賜統爵關内侯，謚曰靖侯。

又《**法正傳**》 法正字孝直，（右）扶風郿人也。【略】建安初，天下饑荒，正與同郡孟達俱入蜀依劉璋，久之為新都令，後召署軍議校尉。既不任用，又為其州邑俱僑客者所謗無行，志意不得。益州别駕張松與正相善，忖璋不足與有為，常竊歎息。松於荆州見曹公還，勸璋絕曹公而自結先主。璋曰：『誰可使者？』松乃舉正，正辭讓，不得已而往。正既還，為松稱說先主有雄略，密謀協規，原共戴奉，而未有緣。後因璋聞曹公欲遣將征張魯之有懼心也，松遂說璋宜迎先主，使之討魯，復令正銜命。正既宣旨，陰獻策於先主曰：『以明將軍之英才，乘劉牧之懦弱；張松，州之股肱，以回應於内；然後資益州之殷富，馮天府之險阻，以此成業，猶反掌也。』先主然之，泝江而西，與璋會涪。北至葭萌，南還取璋。

鄭度說璋曰：《華陽國志》曰：度，廣漢人，為州從事。『左將軍縣軍襲我，兵不滿萬，士衆未附，野穀是資，軍無輜重。其計莫若盡驅巴西、梓潼民內涪水以西，其倉廩野穀，一皆燒除，高壘深溝，靜以待之。彼至，請戰，勿許，久無所資，不過百日，必將自走。走而擊之，則必禽耳。』先主聞而惡之，以問正。正曰：『終不能用，無可憂也。』璋果如正言，謂其羣下曰：『吾聞拒敵以安民，未聞動民以避敵也。』於是黜度，不用其計。及軍圍雒城，正箋與璋曰：『正受性無術，盟好違損，懼左右不明本末，必並歸咎，蒙恥沒身，辱及執事，是以損身於外，不敢反命。恐聖聽穢惡其聲，故中間不有箋敬，顧念宿遇，瞻望悢悢。然惟前後披露腹心，自從始初以至於終，實不藏情，有所不盡，但愚闇策薄，精誠不感，以致於此耳。今國事已危，禍害在速，雖捐放於外，言足憎尤，猶貪極所懷，以盡餘忠。明將軍本心，正之所知也，實為區區不欲失左將軍之意，而卒至於是者，左右不達英雄從事之道，謂可違信黷誓，而以意氣相致，日月相遷，趨求順耳悅目，隨阿遂指，不圖遠慮為國深計故也。事變既成，又不量强弱之勢，以為左將軍縣遠之衆，糧穀無儲，欲得以多擊少，曠日相持。而從關至此，所歷輒破，離宮別屯，日自零落。雒下雖有萬兵，皆壞陳之卒，破軍之將，若欲爭一旦之戰，則兵將勢力，實不相當。各欲遠期計糧者，今此營守已固，穀米已積，而明將軍土地日削，百姓日困，敵對遂多，所供遠曠。愚意計之，謂必先竭，將不復以持久也。空爾相守，猶不相堪，今張益德數萬之衆，已定巴東，入犍為界，分平資中、德陽，三道並侵，將何以禦之？本為明將軍計者，必謂此軍縣遠無糧，饋運不及，兵少無繼。今荊州道通，衆數十倍，加孫車騎遣弟及李異、甘寧等為其後繼。若爭客主之勢，以土地相勝者，今此全有巴東，廣漢、犍為，過半已定，巴西一郡，復非明將軍之有也。計益州所仰惟蜀，蜀亦破壞；三分亡二，吏民疲困，思為亂者十戶而八；若敵遠則百姓不能堪役，敵近則一旦易主矣。廣漢諸縣，是明比也。又魚復與關頭實為益州福禍之門，今二門悉開，堅城皆下，諸軍並破，兵將俱盡，而敵家數道並進，已入心腹，坐守都、雒，存亡之勢，昭然可見。斯乃大略，其外較耳，其餘屈曲，難以辭極也。以正下愚，猶知此事不可復成，況明將軍左右明智用謀之士，豈當不見此數哉？旦夕偷幸，求容取媚，不慮遠圖，莫肯盡心獻良計耳。若事窮勢迫，將各索生，求濟門戶，輾轉反覆，與今計異，不為明將軍盡死難也。而尊門猶當受其憂。正雖獲不忠之謗，然心自謂不負聖德，顧惟分義，實竊痛心。左將軍從本舉來，舊心依依，實無薄意。愚以為可圖變化，以保尊門。』

十九年，進圍成都，璋蜀郡太守許靖將踰城降，事覺，不果。璋以危亡在近，故不誅靖。璋既稽服，先主以此薄靖不用也。正說曰：『天下有獲虛譽而無其實者，許靖是也。然今主公始創大業，天下之人不可戶說，靖之浮稱，播流四海，若其不禮，天下之人以是謂主公為賤賢也。宜加敬重，以眩遠近，追昔燕王之待郭隗。』先主於是乃厚待靖。孫盛曰：夫禮賢崇德，為邦之要道，封墓式閭，先王之令軌，故必以體行英邈，高義蓋世，然後可以延視四海，振服羣黎。苟非其人，道不虛行。靖處室則友于不穆，出身則受位非所，語信則夷險易心，論識則殆為釁首，安在其可寵先而有以感致者乎？若乃浮虛是崇，偷薄斯榮，則秉直仗義之士，將何以禮之？正務眩惑之術，違貴尚之風，譬之郭隗，非其倫矣。臣松之以為郭隗非賢，猶以權計蒙寵，況文休名聲夙著，天下謂之英偉，雖末年有瑕，而事不彰徹，若不加禮，何以釋遠近之惑乎？法正以靖方隗，未為不當，而盛以封墓式閭為難，何其迂哉！然則燕昭亦非，豈唯劉翁？至於友于不穆，失由子將，尋蔣濟之論，知非文休之尤。盛又譏其受（任）非所，將謂仕於董卓。卓初秉政，顯擢賢俊，受其策爵者森然皆是。文休為選官，在卓未至之前，後遷中丞，不為超越。以此為貶，則荀爽、陳紀之儔皆應擯棄於世矣。以正為蜀郡太守、揚武將軍，外統都畿，內為謀主。一餐之德，睚眥之怨，無不報復，擅殺毀傷己者數人。或謂諸葛亮曰：『法正於蜀郡太縱橫，將軍宜啓主公，抑其威福。』亮答曰：『主公之在公安也，北畏曹公之强，東憚孫權之逼，近則懼孫夫人生變於肘腋之下；當斯之時，進退狼跋，法孝直為之輔翼，令翻然翱翔，不可復製，如何禁止法正使不得行其意邪！』初，孫權以妹妻先主，妹才捷剛猛，有諸兄之風，侍婢百餘人，皆親執刀侍立，先主每入，衷心常凜凜；亮又知先主雅愛信正，故言如此。孫盛曰：夫威福自下，亡家害國之道，刑縱於寵，毀政亂理之源，安可以功臣而極其陵肆，嬖幸而藉其國柄者哉？故顛頡雖勤，不免違命之刑，楊幹雖親，猶加亂行之戮，夫豈不愛，王憲故也。諸葛氏之言，於是乎失政刑矣。

《後漢書》卷九《獻帝紀》（建安十九年五月）劉備破劉璋，據益州。

又　卷七《劉焉傳》　劉焉字君郎，江夏竟陵人也，魯恭王后也。時，靈帝政化衰缺，四方兵寇，焉以為刺史威輕，既不能禁，且用非其人，輒增暴亂，乃建議改置牧伯，鎮安方夏，清選重臣，以居其任。焉乃陰求為交阯，以避時難。議未即行，會益州刺史郤儉在政煩擾，謡言遠聞，而幷州刺史張懿、涼州刺史耿鄙並為寇賊所害，故焉議得用。出焉為監軍使者，領益州牧，太僕黄琬為豫州牧，宗正劉虞為幽州牧，皆以本秩居職。州任之重，自此而始。

是時，益州賊馬相亦自號『黄巾』，合聚疲役之民數千人，先殺綿竹令，進攻雒縣，殺郤儉，又擊蜀郡、犍為，旬月之間，破壞三郡。馬相自稱『天子』，衆至十餘萬人，遣兵破巴郡，殺郡守趙部。州從事賈龍，先領兵數百人在犍為，遂糾合吏人攻相，破之，龍乃遣吏卒迎焉。焉到，以龍為校尉，徙居綿竹。撫納離叛，務行寬惠，而陰圖異計。

沛人張魯，母有姿色，兼挾鬼道，往來焉家，遂任魯以為督義司馬，與別部司馬張脩將兵掩殺漢中太守蘇固，斷絶斜谷，殺使者。魯既得漢中，遂復殺張脩而並其衆。

焉欲立威刑以自尊大，乃托以佗事，殺州中豪强十餘人，士民皆怨。初平二年，犍為太守任岐及賈龍並反，攻焉。焉擊破，皆殺之。自此意氣漸盛，遂造作乘輿車重千餘乘。焉四子，范為左中郎將，誕治書御史，璋奉車都尉，並從獻帝在長安，唯別部司馬瑁隨焉在益州。朝廷使璋曉譬焉，焉留璋不復遣。興平元年，征西將軍馬騰與范謀誅李傕，焉遣叟兵五千助之，戰敗，範及誕並見殺。焉既痛二子，又遇天火燒其城府車重，延及民家，館邑無餘，於是徙居成都，遂疽發背卒。

州大吏趙韙等貪璋温仁，立為刺史。詔書因以璋為監軍使者，領益州牧，以韙為征東中郎將。先是，荆州牧劉表表焉僭擬乘輿器服，韙以此遂屯兵朐䏰備表。

初，南陽、三輔民數萬户流入益州，焉悉收以為衆，名曰『東州兵』。璋性柔寬無威略，東州人侵暴為民患，不能禁制，舊士頗有離怨。趙韙之在巴中，甚得衆心，璋委之以權。韙因人情不輯，乃陰結州中大姓。建安五年，還共擊璋，蜀郡、廣漢、犍為皆反應。東州人畏見誅滅，乃同心並力，為璋死戰，遂破反者，進攻韙于江州，斬之。

張魯以璋暗懦，不復承順。璋怒，殺魯母及弟，而遣其將龐羲等攻魯，數為所破。魯部曲多在巴土，故以羲為巴郡太守。魯因襲取之，遂雄于巴漢。

十三年，曹操自將征荆州，璋乃遣使致敬。操加璋振威將軍，兄瑁平寇將軍。璋因遣別駕從事張松詣操，而操不相接禮。松懷恨而還，勸璋絶曹氏，而結好劉備。璋從之。

十六年，璋聞曹操當遣兵向漢中討張魯，內懷恐懼，松復説璋迎劉備以拒操。璋即遣法正將兵迎備。璋主簿巴西黄權諫曰：『劉備有梟名，今以部曲遇之，則不滿其心，以賓客待之，則一國不容二主，此非自安之道。』從事廣漢王累自倒懸於州門以諫。璋一無所納。

備自江陵馳至涪城，璋率步騎數萬與備會。張松勸備於會襲璋，備不忍。明年，出屯葭萌。松兄廣漢太守肅懼禍及己，乃以松謀白璋，收松斬之，敕諸關戍勿復通。備大怒，還兵擊璋，所在戰克。十九年，進圍成都，數十日，城中有精兵三萬人，穀支一年，吏民咸欲拒戰。璋言：『父子在州二十餘歲，無恩德以加百姓，而攻戰三載，肌膏草野者，以璋故也。何心能安！』遂開城出降，羣下莫不流涕。備遷璋於公安，歸其財寶，後以病卒。

明年，曹操破張魯，定漢中。

魯字公旗。初，祖父陵，順帝時客於蜀，學道鶴鳴山中，造作符書，以惑百姓。受其道者輒出米五斗，故謂之『米賊』。陵傳子衡，衡傳于魯，魯遂自號『師君』。其來學者，初名為『鬼卒』，後號『祭酒』。祭酒各領部衆，衆多者名曰『理頭』。皆校以誠信，不聽欺妄，有病但令首過而已。諸祭酒各起義舍于路，同之亭傳，縣置米肉以給行旅。食者量腹取足，過多則鬼能病之。犯法者先加三原，然後行刑。不置長吏，以祭酒為理，民夷信向。朝廷不能討，遂就拜魯鎮夷中郎將，領漢寧太守。通其貢獻。

韓遂、馬超之亂，關西民奔魯者數萬家。時人有地中得玉印者，羣下欲尊魯為漢寧王。魯功曹閻圃諫曰：『漢川之民，户出十萬，四面險固，財富土沃，上匡天子，則為桓、文，次方竇融，不失富貴。今承制署置，勢足斬斷。遽稱王號，必為禍先。』魯從之。

魯自在漢川垂三十年，聞曹操征之，至陽平，欲舉漢中降。其弟衛不聽，率衆數萬，拒關固守。操破衛，斬之。魯聞陽平已陷，將稽顙歸降。閻圃說曰：『今以急往，其功為輕，不如且依巴中，然後委質，功必多也。』於是乃奔南山。左右欲悉焚寶貨倉庫。魯曰：『本欲歸命國家，其意未遂。今日之走，以避鋒鋭，非有惡意。』遂封藏而去。操入南鄭，甚嘉之。又以魯本有善意，遣人尉安之。魯即與家屬出逆，拜鎮南將軍，封閬中侯，邑萬户，將還中國，待以客禮。封魯五子及閻圃等皆為列侯。

魯卒，謚曰原侯。子富嗣。

論說

《三國志》卷三一《蜀志·劉二牧劉璋傳論》 昔魏豹聞許負之言則納薄姬於室，孔衍《漢魏春秋》曰：許負，河内温縣之婦人，漢高祖封為明雌亭侯。臣松之以為今東人呼母為負，衍以許負為婦人，如為有似，然漢高祖時封皆列侯，未有鄉亭之爵，疑此封為不然。劉歆見圖讖之文則名字改易，終於不免其身，而慶鍾二主。此則神明不可虚要，天命不可妄冀，必然之驗也。而劉焉聞董扶之辭則心存益土，聽相者之言則求婚吴氏，遽造輿服，圖竊神器，其惑甚矣。璋才非人雄，而據土亂世，負乘致寇，自然之理，其見奪取，非不幸也。張璠曰：劉璋愚弱而守善言，斯亦宋襄公、徐偃王之徒，未為無道之主也。張松、法正，雖有君臣之義不正，然固以委名附質，進不顯陳事勢，若韓嵩、（劉光）之說劉表，退不告絶奔亡，若陳平、韓信之去項羽，而兩端攜貳，為謀不忠，罪之次也。

《後漢書》卷七《劉焉傳論》 劉焉睹時方艱，先求後亡之所，庶乎見幾而作。夫地廣則驕尊之心生，財衍則僭奢之情用，固亦恒人必至之期也。璋能閉隘養力，守案先圖，尚可與歲時推移，而遽輸利器，靜受流斥，所謂羊質虎皮，見豺則恐，吁哉！

宋·洪邁《容齋隨筆》卷一三《韓馥劉璋》 韓馥以冀州迎袁紹，其僚耿武、閔純、李歷、趙浮、程渙等諫止之，馥不聽。紹既至，數人皆見殺。劉璋迎劉備，主簿黄權王累、名將楊懷高沛止之，璋逐權，不納其言，二將後為備所殺。王浚受石勒之詐，督護孫緯及將佐皆欲拒勒，浚怒欲斬之，果為勒所殺。武、純、懷、沛諸人謂之忠於所事可矣，若云擇君，則未也。嗚呼！生於亂世，至死不變，可不謂賢矣乎？蕭房知人漢祖至南鄭，韓信亡去，蕭何自追之。上罵曰：『諸將亡者以十數，公無所追；追信，詐也。』何曰：『諸將易得，至如信，國士亡雙，必欲爭天下，非信無可與計事者。』乃拜信大將，遂成漢業。唐太宗為秦王時，府屬多外遷，王患之。房喬曰：『去者雖多不足吝，杜如晦王佐才也，王必欲經營四方，舍如晦無共功者。』乃表留幕府，遂為名相。二人之去留，係興替治亂如此，蕭、房之知人，所以為莫及也。樊哈從高祖起豐、沛，勸霸上之還，解鴻門之厄，功亦不細矣，而韓信羞與為伍。唐儉贊太宗建大策，發蒲津之謀，定突厥之計，非庸臣也，而李靖以為不足惜。蓋以信、靖而視噲、儉，猶熊羆之與狸狌。帝王之功，非一士之略，必待將如韓信，相如杜公，而後用之，不亦難乎！惟能置蕭、房于帷幄中，拔茅匯進，則珠玉無脛而至矣。

宋·黎靖德《朱子語類》卷一三六《歷代三》 諸葛亮之事，其於荆蜀亦合取。當日草廬亦是商量準擬在此，但此時不當恁地。若是恁地取時，全不成舉措。如二人視魏而不伐，自合當取。兼在是時捨此無以為資。若能聲其罪，用兵而取之，卻正。但當時劉焉父子亦得人情，恐亦未易取。伯豐問：『聖人處此，合如何？』曰：『亦須别有箇道理。若似如此，寧可事不成。只為後世事欲苟成功，欲苟就，便有許多事。亮大綱卻好，只為如此，便有斑駁處。』方子録云：『「孔明執劉璋，蓋緣事求可，功求成，故如此。」曰：「然則寧事之不成？」曰：「然。」』

器遠問：『諸葛武侯殺劉璋是如何？』曰：『這只是不是。初間教先主殺劉璋，先主不從。到後來先主見事勢迫，也打不過，便從他計。要知不當恁地行計殺了他。若明大義，聲罪致討，不患不服。看劉璋欲從先主之招，傾城人民願留之。那時郡國久長，能得人心如此。』【略】

毅然問：『孔明誘奪劉璋，似不義。』曰：『便是後世聖賢難做，動著便粘手惹脚。』【略】

諸葛孔明天資甚美，氣象宏大。但所學不盡純正，故亦不能盡善。取劉璋一事，或以為先主之謀，亦必是孔明之意。然在當時多有不可盡曉處。如先主東征之類，不見孔明一語議論。後來壞事，卻追恨法孝直若在，則能制主上東行。孔明得君如此，猶有不能盡言者乎？先主不忍取荆州，不得已而為劉璋之圖。若取荆州，雖不為當，然劉表之後，君弱勢孤，必為他人所取；較之取劉璋，不若得荆州之為愈也。學者皆知曹氏為漢賊，而不知孫權之為漢賊也。若孫權有意興復漢室，自當與先主協力并謀，同正曹氏之罪。如何先主纔整頓得起時，便與壞倒！如襲取關羽之類是也。權自知與操同是竊據漢土之人。若先主事成，必滅曹氏，且復滅吳矣。權之姦謀，蓋不可掩。平時所與先主交通，姑為自全計爾。或曰：『孔明與先主俱留益州，獨令關羽在外，遂為陸遜所襲。當時只先主在內，孔明在外如何？』曰：『正當經理西向宛洛，孔明如何可出？此特關羽恃才疏鹵，自取其敗。據當時處置如此，若無意外齟齬，曹氏不足平。兩路進兵，何可當也！此亦漢室不可復興，天命不可再續而已，深可惜哉！』

清・王夫之《讀通鑑論》卷九《漢獻帝二九》 黄權、王累、嚴顏、劉巴之欲拒先主也，智在一曲而不可謂智，忠在一曲而不可謂忠。奚以明其然也？

張松曰：『曹公兵無敵於天下，因張魯以取蜀，誰能禦之？』諸欲拒先主者，曾有能保蜀而不為操所奪乎？亡有術也。鍾繇之兵已向張魯，危在旦夕，而璋以柔懦待之，奪于曹必矣。與其奪于曹，無如奪於先主，則四子者，料先主之必見奪以為智，知其一曲而不知其大全也，非智也。

四子之于劉焉，豢屬耳，非君臣也。焉雖受命作牧，而漢之危亡，風波百沸，焉勿問焉。割土自擅，志士之所不屑事者也。先主雖不保為漢室之忠輔，而猶勤勤於定亂，視焉而愈也多矣。戴非其主而怙之，相依為逆而失名義之大，非忠也。

然則張松、法正其賢乎？而愈非也。璋初迎昭烈，二子者遽欲於會襲之，忍矣哉！君子于此，勸璋以州授先主而保全之，則得矣，其他皆不忠不智之徒也。

又《漢獻帝三二》 《春秋》之法，諸侯失國則名之，賤之也；失國而又降焉，賤甚矣。此三代封建之侯國則然，受之先王，傳之先祖，天子且不得而輕滅焉，為臣子者，有死而無降，義存焉耳。劉焉之牧益州，漢命之；命之以牧，未嘗命之以世。焉死，璋偷立乎其位，益州豈焉所可傳子，而璋有宗社之責哉？

先主圍成都，璋曰：『父子在州二十餘年，無恩德以加百姓，攻戰三年，肌膏草野，以璋故也，何心能安。』猶長者之言也。論者曰：『劉璋暗弱。』弱者弱於彊爭，暗者暗於變詐，而豈果昏孱之甚乎？其不斷者，不能早授州於先主，而多此戰爭耳。韓馥之于袁紹，璋之於先主，自知不逮而引退以避之，皆可謂保身之智矣。其屬吏悻悻以爭氣矜之雄，以毒天下，何足尚哉！

藝文

《全宋詩》卷二一五六《陸游〈鹿頭關過龐士元廟〉》 士元死千載，淒惻過遺祠。海內常難合，天心豈易知。英雄今古恨，父老歲時思。蒼蘚無情極，秋來滿斷碑。

又　卷二六九三《孫應時〈讀士元傳〉》 老賊狐鬼嘯，漢鼎不復支。再世益州牧，忍視宗國危。烈烈左將軍，四海聞英姿。東北久蕩析，西南天啓之。建旗入漳城，有蜀非公誰。檄璋送州印，我欲舉義師。鼠輩坐斂手，豪傑趨指麾。正爾豈不濟，安用譎取為。孝直反覆士，獻計乃所宜。雛鳳獨何心，亦復喜出奇。造次杯酒間，而欲生險巇。平生大衛公，豈堪此瑕疵。向來隆中語，荆益實素期。惜不同茲役，次第觀所施。士元早捐世，未必為漢悲。我詩訂千古，當有神明知。

又　卷三六五一《陳普〈詠史下・蜀先主〉》 西行不與本心符，西負劉璋東負吳。漢業此時如累卵，天公先與殺周瑜。

明・羅貫中《三國演義》第六三回《引後人詩》 一鳳並一龍，相將到蜀中。纔到半路裏，鳳死落坡東。風送雨，雨隨風，隆漢興時蜀道通，蜀道通時只有龍。

明・胡應麟《少室山房集》卷二《補蜀漢鐃歌十二首・定兩川》

定兩川，皇圖赫赫帝業安。成都破竹萬姓歡。壺漿夾道食以簞。西指定軍奪前山。夏侯來爭馘斬淵。馘斬淵，衆大崩，合也棄馬亡心魂。操懾首鼠抱頭奔。抱頭奔，兩川一順，天應人即。皇帝位新萬國。

清·徐世昌《清詩匯》卷三五《方殿元〈六歌·蜀山高〉》 蜀山高，年年草木愁旌旄，西風溧冽心煩勞。絕壁岧嶢開劍閣，棧道微茫千里窄。哀猿晝晝向人啼，豺虎嗥號夜相索。恨雨愁風魍魎豪，自古何曾帝王宅。當年昭烈漢王孫，羈旅風雲無所託。先起奸雄不讓人，草廬權定三分策。他如竊據公孫述，只作須臾狐兔窟。英雄步武自堂堂，險阻從來無用物。空使蛇龍作戰場，孤兒弱母家相失。不見君鄉昔日有望帝，化為杜鵑一何細。日日催歸歸無計，倒啼血淚三春逝。

又 卷三八《王抃〈送友還蜀〉》 山塘綠酒浮芳菲，楊花作團如雪飛。花前沽酒送君別，別淚簌簌沾我衣。蘭橈欲發鼉鼓急，感君握手須臾立。把盞長歌曲未終，月光如水鬢眉濕。君今掉頭萬里行，縈紆蜀道多不平。石鏡銅梁連劍閣，況復江山阻甲兵。願君努力長途去，舊住岷江發源處。岷山雪消岷水清，望見錦官城裏樹。錦城花落更愁人，杜宇啼殘蠶瀕春。武侯廟下苔如繡，先主祠前草似茵。君不見遼東華表歸來鶴，城郭人民盡非昨。回首江南千萬重，夢裏寒雞村月落。

雜録

《三國志》卷三四《蜀志·先主穆皇后傳》 先主穆皇后，陳留人也。兄吳壹，少孤，壹父素與劉焉有舊，是以舉家隨焉入蜀。焉有異志，而聞善相者相后當大貴。焉時將子瑁自隨，遂為瑁納后。瑁死，后寡居。先主既定益州，而孫夫人還吳，《漢晉春秋》云：先主入益州，吳遣迎孫夫人。夫人欲將太子歸吳，諸葛亮使趙雲勒兵斷江留太子，乃得止。羣下勸先主聘后，先主疑與瑁同族，法正進曰：『論其親疏，何與晉文之於子圉乎？』於是納后為夫人。習鑿齒曰：夫婚姻，人倫之始，王化之本，匹夫猶不可以無禮，而況人君乎？晉文廢禮行權，以濟其業，故子犯曰，有求於人，必先從之，將奪其國，何有於妻，非無故而違禮教者也。今先主無權事之偪，而引前失以為譬，非導其君以堯、舜之道者。先主從之，過矣。建安二十四年，立為漢中王后。章武元年夏五月，策曰：『朕承天命，奉至尊，臨萬國。今以后為皇后，遣使持節丞相亮授璽綬，承宗廟，母天下，皇后其敬之哉！』建興元年五月，後主即位，尊后為皇太后，稱長樂宮。壹官至車騎將軍，封縣侯。延熙八年，后薨，合葬惠陵。孫盛《蜀世譜》曰：壹孫喬，没李雄中三十年，不為雄屈也。

又 卷三八《蜀志·許靖傳》 許靖字文休，汝南平輿人。少與從弟劭俱知名，並有人倫臧否之稱，而私情不協。劭為郡功曹，排擯靖不得齒敍，以馬磨自給。潁川劉翊為汝南太守，乃舉靖計吏，察孝廉，除尚書郎，典選舉。靈帝崩，董卓秉政，以漢陽周毖為吏部尚書，與靖共謀議，進退天下之士，沙汰穢濁，顯拔幽滯。進用潁川荀爽、韓融、陳紀等為公、卿、郡守，拜尚書韓馥為冀州牧，侍中劉岱為兗州刺史，潁川張咨為南陽太守，陳留孔伷為豫州刺史，東郡張邈為陳留太守，而遷靖巴郡太守，不就，補御史中丞。馥等到官，各舉兵還向京都，欲以誅卓。卓怒毖曰：『諸君言當拔用善士，卓從君計，不欲違天下人心。而諸君所用人，至官之日，還來相圖。卓何用相負！』叱毖令出，於外斬之。靖從兄陳相瑒，又與伷合規，靖懼誅，奔伷。《蜀記》云：靖後自表曰：『黨賊求生，情所不忍；守官自危，死不成義。竊念古人當難詭常，權以濟其道。』伷卒，依揚州刺史陳禕。禕死，吳郡都尉許貢、會稽太守王朗素與靖有舊，故往保焉。靖收恤親里，經紀振贍，出於仁厚。

孫策東渡江，皆走交州以避其難，靖身坐岸邊，先載附從，疏親悉發，乃從後去，當時見者莫不歎息。既至交阯，交阯太守士燮厚加敬待。陳國袁徽以寄寓交州，徽與尚書令荀彧書曰：『許文休英才偉士，智略足以計事。自流宕已來，與羣士相隨，每有患急，常先人後己，與九族中外同其飢寒。其紀綱同類，仁恕惻隱，皆有效事，不能復一二陳之耳。』鉅鹿張翔《萬機論》云：翔字元鳳。銜王命使交部，乘勢募靖，欲與誓要，靖拒而不許。靖與曹公書曰：

『世路戎夷，禍亂遂合，駑怯偷生，自竄蠻貊，成闊十年，吉凶禮廢。昔在會稽，得所貽書，辭旨款密，久要不忘。迫於袁術方命圮族，扇動羣逆，津塗四塞，雖縣心北風，欲行靡由。正禮師退，術兵前進，會稽傾覆，景興失據，三江五湖，皆為虜庭。臨時困厄，無所控告。便與袁沛、鄧子孝等浮涉滄海，南至交州。經歷東甌、閩、越之國，行經萬里，不見漢地，漂薄風波，絕糧茹草，饑殍薦臻，死者大半。既濟南海，與領守兒孝德相見，知足下忠義奮發，整飭元戎，西迎大駕，巡省中嶽。承此休問，且悲且憙，即與袁沛及徐元賢復共嚴裝，欲北上荊州。會蒼梧諸縣夷、越蜂起，州府傾覆，道路阻絕，元賢被害，老弱並殺。靖尋循渚岸五千餘里，復遇疾癘，伯母隕命，並及羣從，自諸妻子，一時略盡。復相扶侍，前到此郡，計為兵害及病亡者，十遺一二。生民之艱，辛苦之甚，豈可具陳哉！臣松之以為孔子稱『賢者避世，其次避地』，蓋貴其識見安危，去就得所也。許靖羈客會稽，閭閻之士，孫策之來，於靖何為？而乃泛萬里之海，入疫癘之鄉，致使尊弱塗炭，百罹備經，可謂自貽矣。謀臣若斯，難以言智。孰若安時處順，端拱吳、越，與張昭、張紘之儔同保元吉者哉？懼卒顛僕，永為亡虜，憂瘁慘慘，忘寢與食。欲附奉朝貢使，自獲濟通，歸死闕庭，而荊州水陸無津，交部驛使斷絕。欲上益州，復有峻防，故官長吏，一不得入。前令交阯太守士威彥，深相分託於益州兄弟，又靖亦自與書，辛苦懇惻，而復寂寞，未有報應。雖仰瞻光靈，延頸企踵，何由假翼自致哉？

『知聖主允明，顯授足下專征之任，凡諸逆節，多所誅討，想力競者一心，順從者同規矣。又張子雲昔在京師，志匡王室，今雖臨荒域，不得參與本朝，亦國家之藩鎮，足下之外援也。子雲名津，南陽人，為交州刺史。見《吳志》。《漢書·霍光傳》曰：『光出都肄郎羽林，道上稱警蹕。』未詳虎賁所出也。若荊、楚平和，王澤南至，足下忽有聲命於子雲，勤見保屬，令得假途由荊州出，不然，當復相紹介於益州兄弟，使相納受。倘天假其年，人緩其禍，得歸死國家，解逋逃之負，泯軀九泉，將復何恨！若時有險易，事有利鈍，人命無常，隕没不達者，則永銜罪責，入於裔土矣。

『昔營邱翼周，杖鉞專征，博陸佐漢，虎賁警蹕。今日足下扶危持傾，為國柱石，秉師望之任，兼霍光之重。五侯九伯，制御在手，自古及今，人臣之尊未有及足下者也。夫爵高者憂深，祿厚者責重，足下據爵高之任，當責重之地，言出於口，即為賞罰，意之所存，便為禍福。行之得道，即社稷用寧；行之失道，即四方散亂。國家安危，在於足下；百姓之命，縣於執事。自華及夷，顒顒注望。足下任此，豈可不遠覽載籍廢興之由，榮辱之機，棄忘舊惡，寬和羣司，審量五材，為官擇人？苟得其人，雖讎必舉；苟非其人，雖親不授。以寧社稷，以濟下民，事立功成，則繫音於管弦，勒勳於金石，原君勉之！為國自重，為民自愛。』翔恨靖之不自納，搜索靖所寄書疏，盡投之于水。

後劉璋遂使使招靖，靖來入蜀。璋以靖為巴郡、廣漢太守。南陽宋仲子於荊州與蜀郡太守王商書曰：『文休倜儻瑰瑋，有當世之具，足下當以為指南。』《益州耆舊傳》曰：商字文表，廣漢人，以才學稱，聲問著於州里。劉璋辟為治中從事。是時王塗隔絕，州之牧伯猶七國之諸侯也，而璋懦弱多疑，不能黨信大臣。商奏記諫璋，璋頗感悟。初，韓遂與馬騰作亂關中，數與璋父焉交通信，至騰子超復與璋相聞，有連蜀之意。商謂璋曰：『超勇而不仁，見得不思義，不可以為脣齒。老子曰：「國之利器，不可以示人。」今之益部，士美民豐，寶物所出，斯乃狡夫所欲傾覆，超等所以西望也。若引而近之，則由養虎，將自遺患矣。』璋從其言，乃拒絕之。荊州牧劉表及儒者宋忠咸聞其名，遺書與商敍致殷勤。許靖號為臧否，至蜀，見商而稱之曰：『設使商生於華夏，雖王景興無以加也。』璋以商為蜀郡太守。成都禽堅有至孝之行，商表其墓，追贈孝廉。又與嚴君平、李弘立祠作銘，以旌先賢。脩學廣農，百姓便之。在郡十載，卒於官，許靖代之。建安十六年，轉在蜀郡。《山陽公載記》曰：建安十七年，漢立皇子熙為濟陰王，懿為山陽王，敦為東海王。靖聞之曰：『「將欲歙之，必固張之；將欲取之，必固與之」。其孟德之謂乎！』十九年，先主克蜀，以靖為左將軍長史。先主為漢中王，靖為太傅。

又《簡雍傳》 簡雍字憲和，涿郡人也。少與先主有舊，隨從周旋。先主至荊州，雍與麋竺、孫乾同為從事中郎，常為談客，往來使命。先主入益州，劉璋見雍，甚愛之。後先主圍成都，遣雍往說璋，璋遂與雍同輿而載，出城歸命。

又 卷三九《蜀志·劉巴傳》 劉巴字子初，零陵烝陽人也。少知名，荊州牧劉表連辟，及舉茂才，皆不就。表卒，曹公征荊州。先主奔江南，荊、楚羣士從之如雲，而巴北詣曹公。曹公辟為掾，使招納長沙、零陵、桂陽。《零陵先賢傳》曰：曹公敗於烏林，還北時，欲遣桓階，階辭不如巴。巴謂曹公曰：『劉備據荊州，不可也。』公曰：『備如相圖，孤以六軍繼之也。』會先主略有三郡，巴不得反使，遂遠適交阯，《零陵先賢傳》云：巴往零陵，事不成，欲遊交州，道還京師。時諸葛亮在臨烝，巴與亮書曰：『乘危歷險，到值思義之民，自與之衆，承天之心，順物之性，非餘身謀所能勸動。若道窮數盡，將託命於滄海，不復顧荊州矣。』亮追謂曰：『劉公雄才蓋世，據有荊土，莫不歸德，天人去就，已可知矣。足下欲何之？』巴曰：『受命而來，不成當還，此其宜也。足下何言邪！』先主深以為恨。

巴復從交阯至蜀。《零陵先賢傳》曰：巴入交阯，更姓為張。與交阯太守士燮計議不合，乃由牂牁道去。為益州郡所拘留，太守欲殺之。主簿曰：『此非常人，不可殺也。』主簿請自送至州，見益州牧劉璋，璋父焉昔為巴父祥所舉孝廉，見巴驚喜，每大事輒以咨訪。臣松之案：劉焉在漢靈帝時已經宗正太常，出為益州牧，祥始以孫堅作長沙時為江夏太守，不得舉焉為孝廉，明也。俄而先主定益州，巴辭謝罪負，先主不責。《零陵先賢傳》曰：璋遣法正迎劉備，巴諫曰：『備，雄人也，入必為害，不可內也。』既入，巴復諫曰：『若使備討張魯，是放虎於山林也。』璋不聽。巴閉門稱疾。備攻成都，令軍中曰：『其有害巴者，誅及三族。』及得巴，甚喜。而諸葛孔明數稱薦之，先主辟為左將軍西曹掾。《零陵先賢傳》曰：張飛嘗就巴宿，巴不與語，飛遂忿恚。諸葛亮謂巴曰：『張飛雖實武人，敬慕足下。主公今方收合文武，以定大事；足下雖天素高亮，宜少降意也。』巴曰：『大丈夫處世，當交四海英雄，如何與兵子共語乎？』備聞之，怒曰：『孤欲定天下，而子初專亂之。其欲還北，假道於此，豈欲成孤事邪？』備又曰：『子初才智絕人，如孤，可任用之，非孤者難獨任也。』亮亦曰：『運籌策於帷幄之中，吾不如子初遠矣！若提枹鼓，會軍門，使百姓喜勇，當與人議之耳。』初攻劉璋，備與士衆約：『若事定，府庫百物，孤無預焉。』及拔成都，士衆皆舍干戈，赴諸藏競取寶物。軍用不足，備甚憂之。巴曰：『易耳，但當鑄直百錢，平諸物賈，令吏為官市。』備從之，數月之間，府庫充實。建安二十四年，先主為漢中王，巴為尚書，後代法正為尚書令。躬履清儉，不治產業，又自以歸附非素，懼見猜嫌，恭默守靜，退無私交，非公事不言。《零陵先賢傳》曰：是時中夏人情未一，聞備在蜀，四方延頸。而備銳意欲即真，巴以為如此示天下不廣，且欲緩之。與主簿雍茂諫備，備以他事殺茂，由是遠人不復至矣。先主稱尊號，昭告於皇天上帝后土神祇，凡諸文誥策命，皆巴所作也。章武二年卒。卒後，魏尚書僕射陳羣與丞相諸葛亮書，問巴消息，稱曰『劉君子初』，甚敬重焉。《零陵先賢傳》曰：輔吳將軍張昭嘗對孫權論巴褊阸，不當拒張飛太甚。權曰：『若令子初隨世沈浮，容悅玄德，交非其人，何足稱為高士乎？』

又　卷四〇《蜀志·劉封傳》　劉封者，本羅侯寇氏之子，長沙劉氏之甥也。先主至荊州，以未有繼嗣，養封為子。及先主入蜀，自葭萌還攻劉璋，時封年二十餘，有武藝，氣力過人，將兵俱與諸葛亮、張飛等溯流西上，所在戰克。益州既定，以封為副軍中郎將。

又　卷四一《蜀志·張裔傳》　張裔字君嗣，蜀郡成都人也。【略】劉璋時，舉孝廉，為魚復長，還州署從事，領帳下司馬。張飛自荊州由墊江入，璋授裔兵，拒張飛於德陽陌下，軍敗，還成都。為璋奉使詣先主，先主許以禮其君而安其人也，裔還，城門乃開。先主以裔為巴郡太守，還為司金中郎將，典作農戰之器。

又　卷四三《蜀志·黃權傳》　黃權字公衡，巴西閬中人也。少為郡吏，州牧劉璋召為主簿。時別駕張松建議，宜迎先主，使伐張魯。權諫曰：『左將軍有驍名，今請到，欲以部曲遇之，則不滿其心，欲以賓客禮待，則一國不容二君。若客有泰山之安，則主有累卵之危。可但閉境，以待河清。』璋不聽，竟遣使迎先主，出權為廣漢長。及先主襲取益州，將帥分下郡縣，郡縣望風景附，權閉城堅守，須劉璋稽服，乃詣降先主。先主假權偏將軍。徐衆《評》曰：權既忠諫於主，又閉城拒守，得事君之禮。武王下車，封比干之墓，表商容之閭，所以大顯忠賢之士，而明示所貴之旨。先主假權將軍，善矣，然猶薄少，未足彰忠義之高節，而大勸為善者之心。

又　卷五四《吳志·周瑜傳》　是時劉璋為益州牧，外有張魯寇侵，(周)瑜乃詣京見權曰：『今曹操新折衄，方憂在腹心，未能與將軍連兵相事也。乞與奮威俱進取蜀，得蜀而并張魯，因留奮威固守其地，好與馬超結援。瑜還與將軍據襄陽以蹙操，北方可圖也。』權許之。瑜還江陵，為行裝，而道於巴丘病卒，臣松之案：瑜欲取蜀，還江陵治嚴，所卒之處，應在今之巴陵，與前所鎮巴丘，名同處異也。時年三十六。

又　卷六三《吳志·吳範傳》　及壬辰歲（建安十七年），範又白言：『歲在甲午（建安十九年），劉備當得益州。』後呂岱從蜀還，遇之白帝，說備部衆離落，死亡且半，事必不克。權以難範，範曰：『臣所言者天道也，而岱所見者人事耳。』備卒得蜀。

劉備奪漢中

綜　述

《三國志》卷一《魏志·武帝紀》（建安二十年）三月，公西征張魯，至陳倉，將自武都入氐；氐人塞道，先遣張郃、朱靈等攻破之。夏四月，公自陳倉以出散關，至河池。氐王竇茂衆萬餘人，恃險不服，五月，公攻屠之。西平、金城諸將麴演、蔣石等共斬送韓遂首。《典略》曰：遂字文約，始與同郡邊章俱著名西州。章為督軍從事。遂奉計詣京師，何進宿聞其名，特與相見，遂說進使誅諸閹人，進不從，乃求歸。會涼州宋揚、北宮玉等反，舉章、遂為主，章尋病卒，遂為揚等所劫，不得已，遂阻兵為亂，積三十二年，至是乃死，年七十餘矣。劉艾《靈帝紀》曰：章，一名（元）。秋七月，公至陽平。張魯使弟衛與將楊昂等據陽平關，橫山築城十餘里，攻之不能拔，乃引軍還。賊見大軍退，其守備解散。公乃密遣解慓、高祚等乘險夜襲，大破之，斬其將楊任，進攻衛，衛等夜遁，魯潰奔巴中。公軍入南鄭，盡得魯府庫珍寶。《魏書》曰：軍自武都山行千里，升降險阻，軍人勞苦；公於是大饗，莫不忘其勞。巴、漢皆降。復漢寧郡為漢中；分漢中之安陽、西城為西城郡，置太守；分錫、上庸郡，置都尉。【略】

九月，巴七姓夷王朴胡、賨邑侯杜濩舉巴夷、賨民來附，孫盛曰：朴音浮。濩音户。於是分巴郡，以胡為巴東太守，濩為巴西太守，皆封列侯。天子命公承制封拜諸侯守相。孔衍《漢魏春秋》曰：天子以公典任於外，臨事之賞，或宜速疾，乃命公得承制封拜諸侯守相，詔曰：『夫軍之大事，在茲賞罰，勸善懲惡，宜不旋時，故司馬法曰「賞不逾日」者，欲民速睹為善之利也。昔在中興，鄧禹入關，承制拜軍祭酒李文為河東太守，來歙又承制拜高峻為通路將軍，察其本傳，皆非先請，明臨事刻印也，斯則世祖神明，權達損益，蓋所用速示威懷而著鴻勳也。其春秋之義，大夫出疆，有專命之事，苟所以利社稷安國家而已。況君秉任二伯，師尹九有，實征夷夏，軍行藩甸之外，失得在於斯須之間，停賞俟詔以滯世務，固非朕之所圖也。自今已後，臨事所甄，當加寵號者，其便刻印章假授，咸使忠義得相獎勵，勿有疑焉。』【略】

十一月，魯自巴中將其餘衆降。封魯及五子皆為列侯。劉備襲劉璋，取益州，遂據巴中；遣張郃擊之。

十二月，公自南鄭還，留夏侯淵屯漢中。是行也，侍中王粲作五言詩以美其事曰：『從軍有苦樂，但問所從誰。所從神且武，安得久勞師？相公征關右，赫怒振天威，一舉滅獯虜，再舉服羌夷，西收邊地賊，忽若俯拾遺。陳賞越山嶽，酒肉逾川坻，軍中多饒飫，人馬皆溢肥，徒行兼乘還，空出有餘資。拓土三千里，往反速如飛，歌舞入鄴城，所原獲無違。』

二十一年春二月，公還鄴。【略】

（二十二年）劉備遣張飛、馬超、吳蘭等屯下辯；遣曹洪拒之。【略】

（二十三年）曹洪破吳蘭，斬其將任夔等。三月，張飛、馬超走漢中，陰平氐强端斬吳蘭，傳其首。【略】

秋七月，治兵，遂西征劉備，九月，至長安。【略】

（二十四年）夏侯淵與劉備戰於陽平，為備所殺。三月，王自長安出斜谷，軍遮要以臨漢中，遂至陽平。備因險拒守。《九州春秋》曰：時王欲還，出令曰『雞肋』，官屬不知所謂。主簿楊脩便自嚴裝，人驚問脩：『何以知之？』脩曰：『夫雞肋，棄之如可惜，食之無所得，以比漢中，知王欲還也。』

夏五月，引軍還長安。

又　卷八《魏志·張魯傳》　張魯字公祺，沛國豐人也。祖父陵，客蜀，學道鵠鳴山中，造作道書以惑百姓，從受道者出五斗米，故世號米賊。陵死，子衡行其道。衡死，魯復行之。益州牧劉焉以魯為督義司馬，與別部司馬張脩將兵擊漢中太守蘇固，魯遂襲脩殺之，奪其衆。焉死，子璋代立，以魯不順，盡殺魯母家室。魯遂據漢中，以鬼道教民，自號『師君』。其來學道者，初皆名『鬼卒』。受本道已信，號『祭酒』。各領部衆，多者為治頭大祭酒。皆教以誠信不欺詐，有病自首其過，大都與黃巾相似。諸祭酒皆作義舍，如今之亭傳。又置義米肉，縣於義舍，行路者量腹取足；若過多，鬼道輒病之。犯法者，三原，然後乃行刑。不置長吏，皆以祭酒為治，民夷便樂之。雄據巴、漢垂三十年。《典略》曰：熹平中，妖賊大起，三輔有駱曜。光和中，東方有張角，漢中有張脩。駱曜教民緬匿法，角為太平道，脩為五斗米道。太平道者，師持九節杖為符祝，教病人叩頭思過，因以符水飲之，得病或日淺而愈者，則云此人通道，其或不愈，則為不通道。脩法略與角同，加施靜室，使病者處其中思過。又使人為奸令祭酒，祭酒主以老子五千文，使都習，號為奸令。為鬼吏，主為病者請禱。請禱之法，書病人姓名，說服罪之意。作三通，其一上之天，著山上，其一埋之地，其一沉之水，謂之三官手書。使病者家出米五斗以為常，故號曰五斗米師。實無益於治病，但為淫妄，然小人昏愚，競共事之。後角被誅，脩亦亡。及魯在漢中，因其民信行脩業，遂增飾之。教使作義舍，以米肉置其中以止行人；又教使自隱，有小過者，當治道百步，則罪除；又依月令，春夏禁殺；又禁酒。流移寄在其地者，不敢不奉。臣松之謂張脩應是張衡，非《典略》之失，則傳寫之誤。漢末，力不能征，遂就寵魯為鎮民中郎將，領漢寧太守，通貢獻而已。民有地中得玉印者，羣下欲尊魯為漢寧王。魯功曹巴西閻圃諫魯曰：『漢川之民，户出十萬，財富土沃，四面險固；上匡天子，則為桓、文，次及竇融，不失富貴。今承制署置，勢足斬斷，不煩於王。原且不稱，勿為禍先。』魯從之。韓遂、馬超之亂，關西民從子午谷奔之者數萬家。

建安二十年，太祖乃自散關出武都征之，至陽平關。魯欲舉漢中降，其弟衛不肯，率衆數萬人拒關堅守。太祖攻破之，遂入蜀。《魏名臣奏》載董昭表曰：『武皇帝承涼州從事及武都降人之辭，說張魯易攻，陽平城下南北山相遠，不可守也，信以為然。及往臨履，不如所聞，乃歎曰：「他人商度，少如人意。」攻陽平山上諸屯，既不時拔，士卒傷夷者多。武皇帝意沮，便欲拔軍截山而還，遣故大將軍夏侯惇、將軍許褚呼山上兵還。會前軍未還，夜迷惑，誤入賊營，賊便退散。侍中辛毗、劉曄等在兵後，語惇、褚，言「官兵已據得賊要屯，賊已散走」。猶不信之。惇前自見，乃還白武皇帝，進兵定之，幸而克獲。此近事，吏士所知。』又楊暨表曰：『武皇帝始征張魯，以十萬之衆，身親臨履，指授方略，因就民麥以為軍糧。張衛之守，蓋不足言。地險守易，雖有精兵虎將，勢不能施。對兵三日，欲抽軍還，言「作軍三十年，一朝持與人，如何」。此計已定，天祚大魏，魯守自壞，因以定之。』《世語》曰：魯遣五官掾降，弟衛橫山築陽平城以拒，王師不得進。魯走巴中。軍糧盡，太祖將還。西曹掾東郡郭諶曰：『不可。魯已降，留使既未反，衛雖不同，偏攜可攻。縣軍深入，以進必克，退必不免。』太祖疑之。夜有野麋數千突壞衛營，軍大驚。夜，高祚等誤與衛衆遇，祚等多鳴鼓角會衆。衛懼，以為大軍見掩，遂降。魯聞陽平已陷，將稽顙［歸降］，圃又曰：『今以迫往，功必輕；不如依（杜灌）［杜濩］赴朴胡相拒，然後委質，功必多。』於是乃奔南山入巴中。左右欲悉燒寶貨倉庫，魯曰：『本欲歸命國家，而意未達。今之走，避銳鋒，非有惡意。寶貨倉庫，國家之有。』遂封藏而去。太祖入南鄭，甚嘉之。又以魯本有善意，遣人慰喻。魯盡將家出，太祖逆拜魯鎮南將軍，待以客禮，封閬中侯，邑萬户。封魯五子及閻圃等皆為列侯。臣松之以為張魯雖有善心，要為敗而後降，今乃寵以萬户，五子皆封侯，過矣。習鑿齒曰：魯欲稱王，而閻圃諫止之，今封圃為列侯。夫賞罰者，所以懲惡勸善也，苟其可以明軌訓於物，無遠近幽深矣。今閻圃諫魯勿王，而太祖追封之，將來之人孰不思順！塞其本源而末流自止，其此之謂與！若乃不明於此而重燋爛之功，豐爵厚賞止於死戰之士，則民利於有亂，俗競於殺伐，阻兵仗力，干戈不戢矣。太祖之此封，可謂知賞罰之本，雖湯武居之，無以加也。《魏略》曰：黄初中，增圃爵邑，在禮請中。後十餘歲病死。《晉書》云：西戎司馬閻纘，圃孫也。為子彭祖取魯女。魯薨，謚之曰原侯。子富嗣。《魏略》曰：劉雄鳴者，藍田人也。少以采藥射獵為事，常居覆車山下，每晨夜，出行雲霧中，以識道不迷，而時人因謂之能為雲霧。郭、李之亂，人多就之。建安中，附屬州郡，州郡表薦為小將。馬超等反，不肯從，超破之。後詣太祖，太祖執其手謂之曰：『孤方入關，夢得一神人，即卿邪！』乃厚禮之，表拜為將軍，遣令迎其部黨。部黨不欲降，遂劫以反，諸亡命皆往依之，有衆數千人，據武關道口。太祖遣夏侯淵討破之，雄鳴南奔漢中。漢中破，窮無所之，乃復歸降。太祖捉其須曰：『老賊，真得汝矣！』復其官，徙勃海。時又有程銀、侯選、李堪，皆河東人也，興平之亂，各有衆千餘家。建安十六年，並與馬超合。超破走，堪臨陳死。銀、選南入漢中，漢中破，詣太祖降，皆復官爵。

又 卷九《魏志·夏侯淵傳》 太祖西征張魯，淵等將涼州諸將侯王已下，與太祖會休亭。太祖每引見羌、胡，以淵畏之。會魯降，漢中平，以淵行都護將軍，督張郃、徐晃等平巴郡。太祖還鄴，留淵守漢中，即拜淵征西將軍。二十三年，劉備軍陽平關，淵率諸將拒之，相守連年。二十四年正月，備夜燒圍鹿角。淵使張郃護東圍，自將輕兵護南圍。備挑郃戰，郃軍不利。淵分所將兵半助郃，為備所襲，淵遂戰死。謚曰湣侯。

初，淵雖數戰勝，太祖常戒曰：『為將當有怯弱時，不可但恃勇也。將當以勇為本，行之以智計；但知任勇，一匹夫敵耳。』【略】

淵妻，太祖內妹。長子衡，尚太祖弟海陽哀侯女，恩寵特隆。衡襲爵，轉封安寧亭侯。黄初中，賜中子霸，太和中，賜霸四弟，爵皆關內侯。霸，正始中為討蜀護軍右將軍，進封博昌亭侯，素為曹爽所厚。聞爽誅，自疑，亡入蜀。以淵舊勳赦霸子，徙樂浪郡。《魏略》曰：霸字仲權。淵為蜀所害，故霸常切齒，欲有報蜀意。黄初中為偏將軍。子午之役，霸召為前鋒，進至興勢圍，安營在曲谷中。蜀人望知其是霸也，指下兵攻之。霸手戰鹿角間，賴救至，然後解。後為右將軍，屯隴西，其養士和戎，並得其歡心。至正始中，代夏侯儒為征蜀護軍，統屬征西。時征西將軍夏侯玄，於霸為從子，而玄於曹爽為外弟。及司馬宣王誅曹爽，遂召玄，玄來東。霸聞曹爽被誅而玄又徵，以為禍必轉相及，心既內恐；又霸先與雍州刺史郭淮不和，而淮代玄為征西，霸尤不安，故遂奔蜀。南趨陰平而失道，入窮谷中，糧盡，殺馬步行，足破，臥巖石下，使人求道，未知何之。蜀聞之，乃使人迎霸。初，建安五年，時霸從妹年十三四，在本郡，出行樵采，為張飛所得。飛知其良家女，遂以為妻，產息女，為劉禪皇后。故淵之初亡，飛妻請而葬之。及霸入蜀，禪與相見，釋之曰：『卿父自遇害於行間耳，非我先人之手刃也。』指其兒子以示之曰：『此夏侯氏之甥也。』厚加爵寵。霸弟威，官至兗州刺史。《世語》曰：威字季權，任俠。貴歷荆、兗二州刺史。子駿，并州刺史。次莊，淮南太守。莊子湛，字孝若，以才博文章，至南陽相、散騎常侍。莊，晉景陽皇后姊夫也。由此一門侈盛於時。威弟惠，樂安太守。《文章敍録》曰：惠字稚權，幼以才學見稱，善屬奏議。歷散騎黄門侍郎，與鍾毓數有辯駁，事多見從。遷燕相、樂安太守。年三十七卒。惠弟和，河南尹。《世語》曰：和字義權，清辯有才論。歷河南尹、太常。淵第三子稱，第五子榮。從孫湛為其序曰：『稱字叔權。自孺子而好合聚童兒，為之渠帥，戲必為軍旅戰陳之事，有違者輒嚴以鞭捶，衆莫敢逆。淵陰奇之，使讀項羽傳及兵書，不肯，曰：「能則自為耳，安能學人？」年十六，淵與之田，見奔虎，稱驅馬逐之，禁之不可，一箭而倒。名聞太祖，太祖把其手喜曰：「我得汝矣！」與文帝為布衣之交，每宴會，氣陵一坐，辯士不能屈。世之高名者多從之遊。年十八卒。弟榮，字幼權。幼聰惠，七歲能屬文，誦書日千言，經目輒識之。文帝聞而請焉。賓客百餘人，人一奏刺，悉書其鄉邑名氏，世所謂爵里刺也，客示之，一寓目，使之遍談，不謬一人。帝深奇之。漢中之敗，榮年十三，左右提之走，不肯，曰：「君親在難，焉所逃死！」乃奮劍而戰，遂没陳。』【略】

劉備遣將吴蘭屯下辯，太祖遣曹洪征之，以（曹）休為騎都尉，參洪軍事。太祖謂休曰：『汝雖參軍，其實帥也。』洪聞此令，亦委事於休。備遣張飛屯固山，欲斷軍後。衆議狐疑，休曰：『賊實斷道者，當伏兵潛行。今乃先張聲勢，此其不能也。宜及其未集，促擊蘭，蘭破則飛自走矣。』洪從之，進兵擊蘭，大破之，飛果走。太祖拔漢中，諸軍還長安，拜休中領軍。【略】

（曹真）以偏將軍將兵擊劉備别將於下辯，破之，拜中堅將軍。從至長安，領中領軍。是時，夏侯淵没於陽平，太祖憂之。以真為征蜀護軍，督徐晃等破劉備别將高詳於陽平。太祖自至漢中，拔出諸軍，使真至武都迎曹洪等還屯陳倉。

又　卷一七《魏志·張郃傳》　太祖征張魯，先遣郃督諸軍討興和氐王竇茂。太祖從散關入漢中，又先遣郃督步卒五千於前通路。至陽平，魯降，太祖還，留郃與夏侯淵等守漢中，拒劉備。郃别督諸軍，降巴東、巴西二郡，徙其民於漢中。進軍宕渠，為備將張飛所拒，引還南鄭。拜盪寇將軍。劉備屯陽平，郃屯廣石。備以精卒萬餘，分為十部，夜急攻郃。郃率親兵搏戰，備不能克。其後備於走馬谷燒都圍，淵救火，從他道與備相遇，交戰，短兵接刃。淵遂没，郃還陽平。《魏略》曰：淵雖為都督，劉備憚郃而易淵。及殺淵，備曰：『當得其魁，用此何為邪！』當是時，新失元帥，恐為備所乘，三軍皆失色。淵司馬郭淮乃令衆曰：『張將軍，國家名將，劉備所憚；今日事急，非張將軍不能安也。』遂推郃為軍主。郃出，勒兵安陳，諸將皆受郃節度，衆心乃定。太祖在長安，遣使假郃節。太祖遂自至漢中，劉備保高山不敢戰。太祖乃引出漢中諸軍，郃還屯陳倉。

又　《徐晃傳》　從征張魯。别遣晃討攻櫝、仇夷諸山氐，皆降之。遷平寇將軍。解將軍張順圍。擊賊陳福等三十餘屯，皆破之。

太祖還鄴，留晃與夏侯淵拒劉備於陽平。備遣陳式等十餘營絶馬鳴閣道，晃别征破之，賊自投山谷，多死者。太祖聞，甚喜，假晃節，令曰：『此閣道，漢中之險要咽喉也。劉備欲斷絶外內，以取漢中。將軍一舉，克奪賊計，善之善者也。』太祖遂自至陽平，引出漢中諸軍。

又　卷二六《魏志·郭淮傳》　從征漢中。太祖還，留征西將軍夏侯淵拒劉備，以淮為淵司馬。淵與備戰，淮時有疾不出。淵遇害，軍中擾擾，淮收散卒，推蕩寇將軍張郃為軍主，諸營乃定。其明日，備欲渡漢水來攻。諸將議衆寡不敵，備便乘勝，欲依水為陳以拒之。淮曰：『此示弱而不足挫敵，非算也。不如遠水為陳，引而致之，半濟而後擊，備可破也。』既陳，備疑不渡，淮遂堅守，示無還心。以狀聞，太祖善之，假部節，復以淮為司馬。

又　卷三一《蜀志・劉璋傳》　璋，字季玉，既襲焉位，而張魯稍驕恣，不承順璋，璋殺魯母及弟，遂為讎敵。璋累遣龐羲等攻魯，［數為］所破。魯部曲多在巴西，故以羲為巴西太守，領兵禦魯。《英雄記》曰：龐羲與璋有舊，又免璋諸子於難，故璋厚德羲，以羲為巴西太守，遂專權勢。後羲與璋情好攜隙，趙韙稱兵內向，衆散見殺，皆由璋明斷少而外言入故也。《英雄記》曰：先是，南陽、三輔人流入益州數萬家，收以為兵，名曰東州兵。璋性寬柔，無威略，東州人侵暴舊民，璋不能禁，政令多闕，益州頗怨。趙韙素得人心，璋委任之。韙因民怨謀叛，乃厚賂荆州請和，陰結州中大姓，與俱起兵，還擊璋。蜀郡、廣漢、犍為皆應韙。璋馳入成都城守，東州人畏（威），咸同心並力助璋，皆殊死戰，遂破反者，進攻韙於江州。韙將龐樂、李異反殺韙軍，斬韙。《漢獻帝春秋》曰：漢朝聞益州亂，遣五官中郎將牛亶為益州刺史；徵璋為卿，不至。璋聞曹公征荆州，已定漢中，遣河內陰溥致敬於曹公。加璋振威將軍，兄瑁平寇將軍。瑁狂疾物故。臣松之案：魏臺訪『物故』之義，高堂隆答曰：『聞之先師：物，無也；故，事也；言無復所能於事也。』璋復遣別駕從事蜀郡張肅送叟兵三百人並雜御物於曹公，曹公拜肅為廣漢太守。璋復遣別駕張松詣曹公，曹公時已定荆州，走先主，不復存録松，松以此怨。會曹公軍不利於赤壁，兼以疫死。松還，疵毀曹公，勸璋自絕，《漢書春秋》曰：張松見曹公，曹公方自矜伐，不存録松。松歸，乃勸璋自絕。習鑿齒曰：昔齊桓一矜其功而叛者九國，曹操暫自驕伐而天下三分，皆勤之於數十年之内而棄之於俯仰之頃，豈不惜乎！是以君子勞謙日昃，慮以下人，功高而居之以讓，勢尊而守之以卑。情近於物，故雖貴而人不厭其重；德洽羣生，故業廣而天下愈欣其慶。夫然，故能有其富貴，保其功業，隆顯當時，傳福百世，何驕矜之有哉！君子是以知曹操之不能遂兼天下者也。因說璋曰：『劉豫州，使君之肺腑，可與交通。』璋皆然之，遣法正連好先主，尋又令正及孟達送兵數千助先主守禦，正遂還。後松復說璋曰：『今州中諸將龐羲、李異等皆恃功驕豪，欲有外意，不得豫州，則敵攻其外，民攻其內，必敗之道也。』璋又從之，遣法正請先主。璋主簿黃權陳其利害，從事廣漢王累自倒縣於州門以諫，璋一無所納，敕在所供奉先主，先主入境如歸。先主至江州北，由墊江水詣涪，去成都三百六十里，是歲建安十六年也。璋率步騎三萬餘人，車乘帳幔，精光曜日，往就與會；先主所將將士，更相之適，歡飲百餘日。璋資給先主，使討張魯，然後分別。《吳書》曰：璋以米二十萬斛，騎千匹，車千乘，繒絮錦帛，以資送劉備。

又　卷三二《蜀志・先主傳》　（建安二十年）是歲，曹公定漢中，張魯遁走巴西。先主【略】遣黃權將兵迎張魯，張魯已降曹公。曹公使夏侯淵、張郃屯漢中，數數犯暴巴界。先主令張飛進兵宕渠，與郃等戰於瓦口，破郃等，收兵還南鄭。先主亦還成都。

二十三年，先主率諸將進兵漢中。分遣將軍吳蘭、雷銅等入武都，皆為曹公軍所没。先主次于陽平關，與淵、郃等相拒。

二十四年春，自陽平南渡沔水，緣山稍前，於定軍山勢作營。淵將兵來爭其地。先主命黃忠乘高鼓譟攻之，大破淵軍，斬淵及曹公所署益州刺史趙顒等。曹公自長安舉衆南征。先主遥策之曰：『曹公雖來，無能為也，我必有漢川矣。』及曹公至，先主斂衆拒險，終不交鋒，積月不拔，亡者日多。夏，曹公果引軍還，先主遂有漢中。遣劉封、孟達、李平等攻申耽於上庸。

秋，羣下上先主為漢中王，表於漢帝曰：『平西將軍都亭侯臣馬超、左將軍（領）長史鎮軍將軍臣許靖、營司馬臣龐羲、議曹從事中郎軍議中郎將臣射援、《三輔決録》注曰：援字文雄，扶風人也。其先本姓謝，與北地諸謝同族。始祖謝服為將軍出征，天子以謝服非令名，改為射，子孫氏焉。兄堅，字文固，少有美名，辟公府為黃門侍郎。獻帝之初，三輔饑亂，堅去官，與弟援南入蜀依劉璋，璋以堅為長史。劉備代璋，以堅為廣漢、蜀郡太守。援亦少有名行，太尉皇甫嵩賢其才而以女妻之，丞相諸葛亮以援為祭酒，遷從事中郎，卒官。軍師將軍臣諸葛亮、蕩寇將軍漢壽亭侯臣關羽、征虜將軍新亭侯臣張飛、征西將軍臣黃忠、鎮遠將軍臣賴恭、揚武將軍臣法正、興業將軍臣李嚴等一百二十人上言曰：昔唐堯至聖而四凶在朝，周成仁賢而四國作難，高后稱制而諸呂竊命，孝昭幼沖而上官逆謀，皆馮世寵，藉履國權，窮凶極亂，社稷幾危。非大舜、周公、朱虛、博陸，則不能流放禽討，安危定傾。伏惟陛下誕姿聖德，統理萬邦，而遭厄運不造之艱。董卓首難，蕩覆京畿，曹操階禍，竊執天衡；皇后太子，鴆殺見害，剥亂天下，殘毀民物。久令陛下蒙塵憂厄，幽處虛邑。人神無主，遏絕王命，厭昧皇極，欲盜神器。左將軍領司隸校尉豫、荆、益三州牧宜城亭侯備，受朝爵秩，念在輸力，以殉國難。睹其機兆，赫然憤發，與車騎將軍董承同謀誅操，將安國家，克寧舊都。會承機事不密，令操遊魂得遂長惡，殘泯海內。臣等每懼王室大有閻樂之禍，小有定安之變，趙高使閻樂殺二世。王莽廢孺子以為定安公。夙夜惴惴，戰慄累息。昔在虞書，敦序九族，周監二代，封建同姓，詩著其義，歷載長久。漢興之初，割裂疆土，尊王子弟，是以卒折諸呂之難，而成太宗之基。臣等以備肺腑枝葉，宗子藩翰，心存國家，念在弭亂。自操破於漢中，海內英雄望風蟻附，而爵號不顯，九錫未加，非所以鎮衛社稷，光昭萬世也。奉辭在外，禮命斷絕。昔河西太守梁統等值漢中興，限於山河，位同權均，不能相率，咸推竇融以為元帥，卒立效績，摧破隗囂。今社稷之難，急於隴、蜀。操外吞天下，內殘羣寮，朝廷有蕭牆之危，而禦侮未建，可為寒心。臣等輒依舊典，封備漢中王，拜大司馬，董齊六軍，糾合同盟，掃滅凶逆。以漢中、巴、蜀、廣漢、犍為為國，所署置依漢初諸侯王故典。夫權宜之制，苟利社稷，專之可也。然後功成事立，臣等退伏矯罪，雖死無恨。』遂於沔陽設壇場，陳兵列衆，羣臣陪位，讀奏訖，御王冠於先主。

先主上言漢帝曰：『臣以具臣之才，荷上將之任，董督三軍，奉辭於外，不得掃除寇難，靖匡王室，久使陛下聖教陵遲，六合之內，否而未泰，惟憂反側，疢如疾首。曩者董卓造為亂階，自是之後，羣凶縱橫，殘剥海內。賴陛下聖德威靈，人神同應，或忠義奮討，或上天降罰，暴逆並殪，以漸冰消。惟獨曹操，久未梟除，侵擅國權，恣心極亂。臣昔與車騎將軍董承圖謀討操，機事不密，承見陷害，臣播越失據，忠義不果。遂得使操窮凶極逆，主后戮殺，皇子鴆害。雖糾合同盟，念在奮力，懦弱不武，歷年未效。常恐殞沒，孤負國恩，寤寐永歎，夕惕若厲。今臣羣寮以為在昔虞書敦敘九族，庶明勵翼，鄭玄注曰：庶，衆也；勵，作也；敘，次序也。序九族而親之，以衆明作羽翼之臣也。五帝損益，此道不廢。周監二代，並建諸姬，實賴晉、鄭夾輔之福。高祖龍興，尊王子弟，大啓九國，卒斬諸呂，以安大宗。今操惡直醜正，寔繁有徒，包藏禍心，篡盜已顯。既宗室微弱，帝族無位，斟酌古式，依假權宜，上臣大司馬漢中王。臣伏自三省，受國厚恩，荷任一方，陳力未效，所獲已過，不宜復忝高位以重罪謗。羣寮見逼，迫臣以義。臣退惟寇賊不梟，國難未已，宗廟傾危，社稷將墜，成臣憂責碎首之負。若應權通變，以寧靖聖朝，雖赴水火，所不得辭，敢慮常宜，以防後悔。輒順衆議，拜受印璽，以崇國威。仰惟爵號，位高寵厚，俯思報效，憂深責重，驚怖累息，如臨于穀。盡力輸誠，獎厲六師，率齊羣義，應天順時，撲討凶逆，以寧社稷，以報萬分，謹拜章因驛上還所假左將軍、宜城亭侯印綬。』於是還治成都。拔魏延為都督，鎮漢中。《典略》曰：備於是起館舍，築亭障，從成都至白水關，四百餘區。

又　卷三六《蜀志·張飛傳》　以飛領巴西太守。曹公破張魯，留夏侯淵、張郃守漢川。郃別督諸軍下巴西，欲徙其民於漢中，進軍宕渠、蒙頭、蕩石，與飛相拒五十餘日。飛率精卒萬餘人，從他道邀郃軍交戰，山道迮狹，前後不得相救，飛遂破郃。郃棄馬緣山，獨與麾下十餘人從間道退，引軍還南鄭，巴土獲安。先主為漢中王，拜飛為右將軍、假節。

又　《黃忠傳》　建安二十四年，於漢中定軍山擊夏侯淵。淵衆甚精，忠推鋒必進，勸率士卒，金鼓振天，歡聲動谷，一戰斬淵，淵軍大敗。遷征西將軍。是歲，先主為漢中王，欲用忠為後將軍，諸葛亮說先主曰：『忠之名望，素非關、馬之倫也。而今便令同列。馬、張在近，親見其功，尚可喻指；關遙聞之，恐必不悅，得無不可乎！』先主曰：『吾自當解之。』遂與羽等齊位，賜爵關內侯。

又　《趙雲傳》　成都既定，以雲為翊軍將軍。《雲別傳》曰：益州既定，時議欲以成都中屋舍及城外園地桑田分賜諸將。雲駁之曰：『霍去病以匈奴未滅，無用家為，令國賊非但匈奴，未可求安也。須天下都定，各反桑梓，歸耕本土，乃其宜耳。益州人民，初罹兵革，田宅皆可歸還，今安居復業，然後可役調，得其歡心。』先主即從之。夏侯淵敗，曹公爭漢中地，運米北山下，數千萬囊。黃忠以為可取，雲兵隨忠取米。忠過期不還，雲將數十騎輕行出圍，迎視忠等。值曹公揚兵大出，雲為公前鋒所擊，方戰，其大衆至，勢偪，遂前突其陳，且鬬且卻。公軍敗，已復合，雲陷敵，還趣圍。將張著被創，雲復馳馬還營迎著。公軍追至圍，此時沔陽長張翼在雲圍內，翼欲閉門拒守，而雲入營，更大開門，偃旗息鼓。公軍疑雲有伏兵，引去。雲雷鼓震天，惟以戎弩於後射公軍，公軍驚駭，自相蹂踐，墮漢水中死者甚多。先主明旦自來至雲營圍視昨戰處，曰：『子龍一身都是膽也。』作樂飲宴至暝，軍中號雲為虎威將軍。

又　卷三七《蜀志·法正傳》　（建安）二十二年，正說先主曰：

『曹操一舉而降張魯，定漢中，不因此勢以圖巴、蜀，而留夏侯淵、張郃屯守，身遽北還，此非其智不逮而力不足也，必將內有憂偪故耳。今策淵、郃才略，不勝國之將帥，舉衆往討，則必可克。（之克）［克之］之日，廣農積穀，觀釁伺隙，上可以傾覆寇敵，尊獎王室，中可以蠶食雍、涼，廣拓境土，下可以固守要害，為持久之計。此蓋天以與我，時不可失也。』先主善其策，乃率諸將進兵漢中，正亦從行。二十四年，先主自陽平南渡沔水，緣山稍前，於定軍、興勢作營。淵將兵來爭其地。正曰：『可擊矣。』先主命黄忠乘高鼓譟攻之，大破淵軍，淵等授首。曹公西征，聞正之策，曰：『吾故知玄德不辦有此，必為人所教也。』臣松之以為蜀與漢中，其由脣齒也。劉主之智，豈不及此？將計略未展，正先發之耳。夫聽用嘉謀以成功業，霸王之主，誰不皆然？魏武以為人所教，亦豈劣哉！此蓋恥恨之餘辭，非測實之當言也。

先主立為漢中王，以正為尚書令、護軍將軍。明年卒，時年四十五。先主為之流涕者累日。諡曰翼侯。

又　卷四〇《蜀志・劉封傳》　初，劉璋遣扶風孟達副法正，各將兵二千人，使迎先主，先主因令達並領其衆，留屯江陵。蜀平後，以達為宜都太守。建安二十四年，命達從秭歸北攻房陵，房陵太守蒯祺為達兵所害。達將進攻上庸，先主陰恐達難獨任，乃遣封自漢中乘沔水下統達軍，與達會上庸。上庸太守申耽舉衆降，遣妻子及宗族詣成都。先主加耽征北將軍，領上庸太守員鄉侯如故，以耽弟儀為建信將軍、西城太守，遷封為副軍將軍。

又《魏延傳》　魏延字文長，義陽人也。以部曲隨先主入蜀，數有戰功，遷牙門將軍。先主為漢中王，遷治成都，當得重將以鎮漢川，衆論以為必在張飛，飛亦以心自許。先主乃拔延為督漢中鎮遠將軍，領漢中太守，一軍盡驚。先主大會羣臣，問延曰：『今委卿以重任，卿居之欲云何？』延對曰：『若曹操舉天下而來，請為大王拒之；偏將十萬之衆至，請為大王吞之。』先主稱善，衆咸壯其言。先主踐尊號，進拜鎮北將軍。

又　卷四三《蜀志・黄權傳》　及曹公破張魯，魯走入巴中，權進曰：『若失漢中，則三巴不振，此為割蜀之股臂也。』於是先主以權為護軍，率諸將迎魯。魯已還南鄭，北降曹公，然卒破杜濩、朴胡，殺夏侯淵，據漢中，皆權本謀也。

先主為漢中王，猶領益州牧，以權為治中從事。

《後漢書》卷九《獻帝紀》　（建安二十年）秋七月，曹操破漢中，張魯降。

（二十四年）夏五月，劉備取漢中。

秋七月庚子，劉備自稱漢中王。

論　說

清・王夫之《讀通鑑論》卷九《漢獻帝二二》　張魯妖矣，而卒以免於死亡，非其德之堪也；聽閻圃之諫，拒羣下之請，不稱漢寧王，衛身之智，足以保身，宜矣。嗚呼！亂世之王公，輕于平世之守令；亂世之將相，賤于平世之尉丞；顧影而自笑，夢覺而自驚，人指之而嗤其項背，鬼瞰之而奪其精魂，然而汲汲焉上下相蒙以相尊，愚矣哉！陳嬰、周市之所弗為，張魯能弗為，張魯之所不為，而呂光、杜伏威、劉豫、明玉珍汲汲焉相尊以益其驕，駢首就戮而悔之無及，以死亡易一日之虛尊，且自矜也，人之愚未有如是之甚者也。

藝　文

南朝梁・蕭統《文選》卷四一《書上・陳琳〈為曹洪與魏文帝書〉》

《陳琳集》曰：琳為曹洪與文帝箋。《文帝集・序》曰：上平定漢中，族父都護還書與余，盛稱彼方土地形勢。觀其辭，如陳琳所敍為也。　十一月五日，洪白：前初破賊，情奓意奢，說事頗過其實。得九月二十日書，得文帝書。讀之喜笑，把玩無厭，亦欲令陳琳作報。琳頃多事，不能得為。念欲遠以為懽，故自竭老夫之思。《左氏傳》，趙孟曰：老夫罪戾是懼。辭多不可一一，粗舉大綱，以當談笑。

漢中地形，實有險固，四岳三塗，皆不及也。《左氏傳》，司馬侯曰：四岳、三塗，九州之險也。杜預曰：東嶽岱，南嶽衡，西嶽華，北嶽恒；三塗，在河南陸渾縣南。彼有精甲數萬，臨高守要，一人揮戟，萬夫不得進。《漢書》，朱買臣曰：一人守險，千人不得上。而我軍過之，若駭鯨之決細網，奔兕之觸魯縞，《漢書》，韓安國曰：强弩之末，力不能穿魯縞。《音義》曰：縞，曲阜之地，俗善作之。既皆輕細，故以喻之。《爾雅》曰：繒之細者曰縞。未足以喻其易。雖云王者之師，有征無戰，《漢書》，淮南王安上書曰：臣聞天子之兵，有征無戰，言莫之敢校。不義而强，古人常有。《左氏傳》，叔向謂趙孟曰：不義而强，其弊必速。故唐虞之世，蠻夷猾夏；《尚書·舜典》曰：咎繇，蠻夷猾夏，寇賊奸宄。周宣之盛，亦讎大邦。《毛詩》曰：蠢爾蠻荆，大邦為讎。詩書歎載，言其難也。斯皆憑阻恃遠，故使其然。是以察茲地勢，謂為中才處之，殆難倉卒。司馬遷《報任少卿書》曰：夫中才之人，事有關於宦豎者，莫不傷氣。來命陳彼妖惑之罪，敍王師曠蕩之德，豈不信然！文帝《答洪書》曰：今魯包凶邪之心，肆蠱蜮之政，天兵神拊，師徒無暴，樵牧不臨。是夏殷所以喪，苗扈所以斃；《尚書》，帝曰：咨禹：惟時有苗不率，汝徂征。又曰：啓與有扈戰于甘之野。我之所以克，彼之所以敗也。不然，商周何以不敵哉！《左氏傳》，斗廉曰：師克在和不在衆，商、周之不敵，君之所聞也。昔鬼方聾昧，崇虎讒凶，殷辛暴虐，三者皆下科也。三科之中，此等為下科。然高宗有三年之征，文王有退脩之軍，盟津有再駕之役，《周易》曰：高宗之伐鬼方，三年克之。《左氏傳》曰：子魚言於宋公曰：文王聞崇德亂，伐之，軍三旬而不降。退而脩德，復伐之，因壘而降。《尚書》曰：惟十有一年，武王克殷。又曰：一月戊午，師渡孟津。然後殪戎勝殷，有此武功。《尚書》曰：天乃大命文王，殪戎殷，誕受厥命。焉有星流景集，梠奪霆擊，長驅山河，朝至暮捷，若今者也！《戰國策》曰：樂毅輕卒鋭兵，長驅至齊。

由此觀之，彼固不逮下愚，彼，張魯也。下愚，指鬼方等。則中才之守，不然明矣。在中才則謂不然，若中才守之，則不可得也。而來示乃以為彼之惡稔，雖有孫田墨翟猶無所救，竊又疑焉。文帝《答曹洪書》曰：今魯罪兼苗、桀，惡稔厲、莽，縱使宋翟妙機械之巧，田單騁奔牛之誑，孫、吳勒八陣之變，猶無益也。何者？古之用兵，敵國雖亂，尚有賢人，則不伐也。是故三仁未去，武王還師；《論語》曰：微子去之，箕子為之奴，比干諫而死。孔子曰：殷有三仁焉。《史記》曰：周武王東觀兵於孟津，諸侯皆曰：紂可伐矣！武王曰：未知天命，未可也。乃還師。聞殺王子比干，囚箕子，於是曰：殷有重罪，不可不伐。宮奇在虞，晉不加戎；《左氏傳》曰：晉侯假道於虞以伐虢，宮之奇諫曰：虢，虞之表也。虢亡，虞必從之。諺所謂輔車相依，脣亡齒寒。其虞、虢之謂乎？弗聽。宮之奇以其族行，曰：虞不臘矣！在此行也，不再舉矣！季梁猶在，强楚挫謀。《左氏傳》曰：楚王侵隋，隋使少師董成斗伯比言於楚子曰：吾不得志於漢東也，我則使然。我張吾三軍而被吾甲兵，以武臨之。漢東之國，隋為大，隋張必棄小國，小國離，楚之利也。請羸師以張之。熊率且比曰：季梁在，何益？注曰：季梁，隋賢臣也。暨至衆賢奔絀，三國為墟。明其無道有人，猶可救也。且夫墨子之守，縈帶為垣，高不可登；折箸為械，堅不可入。《墨子》曰：公輸為雲梯，必取宋。於是見公輸，九設攻城之機變，墨子九距之。公輸般之攻城械盡，子墨子之守圉有餘。公輸般出而曰：吾知所以距子矣，吾不言。子墨子亦曰：吾知子之所以距我者，吾不言之。王問其故，子墨子曰：公輸子之意，不過欲殺臣。殺臣，宋莫能守，乃可攻也。然臣之弟子禽滑氂三百人，已持守圉之器在宋城上，而待楚寇矣。雖殺臣，不能絕也。楚王曰：善，吾請無攻也。若乃距陽平，據石門，《周地圖記》曰：褒谷西有古陽平關。劉淵林《蜀都賦》注曰：石門在漢中之西。攄八陣之列，騁奔牛之權，《雜兵書》曰：八陣：一曰方陣，二曰圓陣，三曰牝陣，四曰牡陣，五曰沖陣，六曰輪陣，七曰浮沮陣，八曰雁行陣。《史記》曰：田單為將軍，破燕城時，以千餘牛為絳繒衣，畫以五采龍文，束兵刃於角，灌脂束葦於尾，燒之。鑿城數十穴，夜縱牛，壯士五千人隨其後。牛尾熱，怒而奔，燕軍夜大驚。牛尾炬火，光明炫燿，燕軍視之，皆龍文，所觸盡死傷。五千人因銜枚擊之，而城中鼓噪從之，老弱皆擊銅器為聲，聲動天地。燕軍大駭，敗走。齊人遂夷殺其將騎劫。燕軍大亂奔走，齊人追亡逐北，所過城邑叛燕歸田單，而齊七十餘城皆復為齊。乃迎襄王於莒。焉肯土崩魚爛哉！《漢書》，徐樂上書曰：臣聞天下之患，在於土崩。《公羊傳》曰：其言梁亡何？自亡也，魚爛而亡。何休注曰：魚爛自内發。設令守無巧拙，皆可攀附，則公輸已陵宋城，樂毅已拔即墨矣。墨翟之術何稱？田單之智何貴？老夫不敏，未之前聞。《左氏傳》，趙孟曰：老夫罪戾是懼。《禮記·檀弓》曰：我未之前聞。

蓋聞過高唐者，效王豹之謳；《孟子》，淳于髡曰：昔王豹處淇，而西河善謳。綿駒處高唐，而齊女善歌。按：此文當過高唐者，效綿駒之歌。但文人用之誤。游睢渙者，學藻繢之采。《陳留記》曰：襄邑，渙水出其南，睢水經其北。傳云：睢、渙之間出文章，故其黼黻絺繡。日月華蟲，以奉宗廟御服焉。

間自入益部，仰司馬楊王遺風，有子勝斐然之志，司馬相如、楊雄、王褒也。《墨子》曰：二三子復於子墨子曰：告子勝仁。子墨子曰：未必然也。告子為仁，猶跂以為長，偃以為廣，不可久也。《論語》曰：吾黨之小子狂簡，斐然成章。故頗奮文辭，異於他日。怪乃輕其家丘，謂為倩人，《邴原別傳》曰：原遊學，詣孫崧，崧曰：君以鄭君而舍之，以鄭君為東家丘也。原曰：君以鄭君為東家丘，以僕為西家愚夫邪？是何言歟？夫綠驥垂耳於林坰。《吊屈原》曰：驥垂兩耳，服鹽車。《爾雅》曰：野外謂之林，林外謂之坰。鴻雀戢翼於汙池，《周禮》有牧田。鴻雀，鳥之通稱也。《毛詩》曰：鴛鴦在梁，戢其左翼。《列子》，楊朱謂梁王曰：鴻雁高飛，不集汙池。褻之者固以為園囿之凡鳥，外廄之下乘也。《穀梁傳》，晉荀息曰：君何不以屈產之乘借道乎？公曰：此晉國之寶也。荀息曰：取之中廄，置之外廄。及整蘭筋，《相馬經》云：一筋從玄中出，謂之蘭筋。玄中者，目上陷如井字。蘭筋豎者千里。揮勁翮，陵厲清浮，顧盼千里，豈可謂其借翰於晨風，假足於六駮哉！《爾雅》曰：晨風，鸇也。《毛詩》曰：隰有六駮。毛萇曰：駮如馬，倨牙，食虎豹。恐猶未信丘言，必大噱也。洪白。孟康《漢書》注曰：丘，空也。此雖假孔子名，而實以空為戲也。或無丘言二字。《漢書》曰：趙李諸侍中皆談笑大噱。《說文》曰：噱，大笑也。

《全宋詩》卷一〇五二《秦觀〈次韻邢敦夫秋懷十首〉》 蝮蛇初螫手，壯士斷其腕。豈不悲毀傷，所恤在軀幹。西羌沙鹵地，置戍或煩漢。雞肋不足云，阿瞞妙思算。

又 卷二九四二《吴泳〈出關〉》 曉帶雞星出，春從鳥道餐。霧漫旗彩壞，霜落劍花寒。天險今雖在，人謀昔所難。臨關能虎視，一亮亢曹瞞。

又 卷三六五一《陳普〈詠史下·法正〉》 崎嶇放虎事方新，喜怒平生便見真。誰是孔明西道主，敢將東客罪西人。

元·元好問《中州集》卷一〇《［金］李汾〈雪中過虎牢〉》 蕭蕭行李戛弓刀，踏雪行人過虎牢。廣武山川哀阮籍，黄河襟帶控成皋。身經戎馬心愈壯，天入風霜氣更豪。横槊賦詩男子事，征西誰為謝諸曹？

雜　録

《三國志》卷一四《魏志·劉曄傳》 太祖征張魯，轉曄為主簿。既至漢中，山峻難登，軍食頗乏。太祖曰：『此妖妄之國耳，何能為有無？吾軍少食，不如速還。』便自引歸，令曄督後諸軍，使以次出。曄策魯可克，加糧道不繼，雖出，軍猶不能皆全，馳白太祖：『不如致攻。』遂進兵，多出弩以射其營。魯奔走，漢中遂平。曄進曰：『明公以步卒五千，將誅董卓，北破袁紹，南征劉表，九州百郡，十幷其八，威震天下，勢慴海外。今舉漢中，蜀人望風，破膽失守，推此而前，蜀可傳檄而定。劉備，人傑也，有度而遲，得蜀日淺，蜀人未恃也。今破漢中，蜀人震恐，其勢自傾。以公之神明，因其傾而壓之，無不克也。若小緩之，諸葛亮明於治而為相，關羽、張飛勇冠三軍而為將，蜀民既定，據險守要，則不可犯矣。今不取，必為後憂。』太祖不從，《傅子》曰：居七日，蜀降者說：『蜀中一日數十驚，備雖斬之而不能安也。』太祖延問曄曰：『今尚可擊不？』曄曰：『今已小定，未可擊也。』大軍遂還。曄自漢中還，為行軍長史，兼領軍。

又 卷一五《魏志·張既傳》 魏國既建，為尚書，出為雍州刺史。太祖謂既曰：『還君本州，可謂衣繡晝行矣。』從征張魯，別從散關入討叛氐，收其麥以給軍食。魯降，既說太祖拔漢中民數萬户以實長安及三輔。其後與曹洪破吴蘭於下辯，又與夏侯淵宋建，別攻臨洮、狄道，平之。是時，太祖徙民以充河北，隴西、天水、南安民相恐動，擾擾不安，既假三郡人為將吏者休課，使治屋宅，作水碓，民心遂安。太祖將拔漢中守，恐劉備北取武都氐以逼關中，問既。既曰：『可勸使北出就穀以避賊，前至者厚其寵賞，則先者知利，後必慕之。』太祖從其策，乃自到漢中引出諸軍，令既之武都，徙氐五萬餘落出居扶風、天水界。

又 《賈逵傳》 太祖征劉備，先遣逵至斜谷觀形勢。道逢水衡，載囚人數十車，逵以軍事急，輒竟重者一人，皆放其餘。太祖善之，拜諫議大夫，與夏侯尚並掌軍計。

又 卷一六《魏志·蘇則傳》 蘇則字文師，扶風武功人也。【略】

起家為酒泉太守，轉安定、武都，所在有威名。太祖征張魯，過其郡，見則悅之，使為軍導。魯破，則綏定下辯諸氐，通河西道，徙為金城太守。

又 《杜畿傳》 太祖征漢中，遣五千人運，運者自率勉曰：『人生有一死，不可負我府君。』終無一人逃亡，其得人心如此。

又 卷一八《魏志・龐德傳》 太祖定漢中，德隨衆降。太祖素聞其驍勇，拜立義將軍，封關門亭侯，邑三百户。

又 卷一九《魏志・任城威王彰傳》 時太祖在長安，召彰詣行在所。彰自代過鄴，太子謂彰曰：『卿新有功，今西見上，宜勿自伐，應對常若不足者。』彰到，如太子言，歸功諸將。太祖喜，持彰須曰：『黄須兒竟大奇也！』《魏略》曰：太祖在漢中，而劉備棲於山頭，使劉封下挑戰。太祖罵曰：『賣履舍兒，長使假子拒汝公乎！待呼我黄須來，令擊之。』乃召彰。彰晨夜進道，西到長安而太祖已還，從漢中而歸。彰須黄，故以呼之。

又 卷二一《魏志・劉廙傳》 太祖在長安，欲親征蜀，廙上疏曰：『聖人不以智輕俗，王者不以人廢言。故能成功於千載者，必以近察遠，智周於獨斷者，不恥於下問，亦欲博采必盡於衆也。且韋弦非能言之物，而聖賢引以自匡。臣才智闇淺，原自比於韋弦。昔樂毅能以弱燕破大齊，而不能以輕兵定即墨者，夫自為計者雖弱必固，欲自潰者雖强必敗也。自殿下起軍以來，三十餘年，敵無不破，强無不服。今以海内之兵，百勝之威，而孫權負險於吳，劉備不賓於蜀。夫夷狄之臣，不當冀州之卒，權、備之籍，不比袁紹之業，然本初以亡，而二寇未捷，非闇弱於今而智武於昔也。斯自為計者，與欲自潰者異勢耳。故文王伐崇，三駕不下，歸而脩德，然後服之。秦為諸侯，所征必服，及兼天下，東向稱帝，匹夫大呼而社稷用隳。是力斃於外，而不恤民於内也。臣恐邊寇非六國之敵，而世不乏才，土崩之勢，此不可不察也。天下有重得，有重失：勢可得而我勤之，此重得也；勢不可得而我勤之，此重失也。於今之計，莫若料四方之險，擇要害之處而守之，選天下之甲卒，隨方面而歲更焉。殿下可高枕於廣夏，潛思於治國；廣農桑，事從節約，脩之旬年，則國富民安矣。』太祖遂進前而報廙曰：『非但君當知臣，臣亦當知君。今欲使吾坐行西伯之德，恐非其人也。』

又 卷二三《魏志・和洽傳》 太祖克張魯，洽陳便宜以時拔軍徙民，可省置守之費。太祖未納，其後竟徙民棄漢中。出為郎中令。文帝踐阼，為光禄勳，封安城亭侯。明帝即位，進封西陵鄉侯，邑二百户。

又 《杜襲傳》 後襲領丞相長史，隨太祖到漢中討張魯。太祖還，拜襲駙馬都尉，留督漢中軍事。綏懷開導，百姓自樂出徙洛、鄴者，八萬餘口。夏侯淵為劉備所没，軍喪元帥，將士失色。襲與張郃、郭淮糾攝諸軍事，權宜以郃為督，以一衆心，三軍遂定。太祖東還，當選留府長史，鎮守長安，主者所選多不當，太祖令曰：『釋騏驥而不乘，焉皇皇而更索？』遂以襲為留府長史，駐關中。

又 卷二五《魏志・楊阜傳》 太祖征漢中，以阜為益州刺史。還，拜金城太守，未發，轉武都太守。郡濱蜀漢，阜請依龔遂故事，安之而已。會劉備遣張飛、馬超等從沮道趣下辯，而氐雷定等七部萬餘落反應之。太祖遣都護曹洪禦超等，超等退還。洪置酒大會，令女倡著羅縠之衣，蹋鼓，一坐皆笑。阜厲聲責洪曰：『男女之别，國之大節，何有於廣坐之中裸女人形體！雖桀、紂之亂，不甚於此。』遂奮衣辭出。洪立罷女樂，請阜還坐，肅然憚焉。

及劉備取漢中以逼下辯，太祖以武都孤遠，欲移之，恐吏民戀土。阜威信素著，前後徙民、氐，使居京兆、扶風、天水界者萬餘户，徙郡小槐里，百姓繦負而隨之。為政舉大綱而已，下不忍欺也。文帝問侍中劉曄等：『武都太守何如人也？』皆稱阜有公輔之節。未及用，會帝崩。在郡十餘年，徵拜城門校尉。

又 卷三三《蜀志・後主傳》 後主諱禪，字公嗣，先主子也。建安二十四年，先主為漢中王，立為王太子。

又 卷三四《蜀志・漢中王后傳》 建安二十四年，立為漢中王后。

又 卷三五《蜀志・諸葛亮傳》 先主外出，亮常鎮守成都，足食足兵。

又 卷三六《蜀志・馬超傳》 先主為漢中王，拜超為左將軍，假節。

又 卷三八《蜀志・許靖傳》 （許靖）先主為漢中王，靖為太傅。

又 卷四一《蜀志・楊洪傳》 楊洪字季休，犍為武陽人也。劉璋時歷部諸郡。先主定蜀，太守李嚴命為功曹。嚴欲徙郡治舍，洪固諫不聽，遂辭功曹，請退。嚴欲薦洪於州，為蜀部從事。先主爭漢中，急書發兵，軍師將軍諸葛亮以問洪，洪曰：『漢中則益州咽喉，存亡之機會，若無漢中則無蜀矣，此家門之禍也。方今之事，男子當戰，女子當運，發兵何疑？』時蜀郡太守法正從先主北行，亮於是表洪領蜀郡太守，衆事皆辦，遂使即真。頃之，轉為益州治中從事。

又《費詩傳》 先主為漢中王，遣詩拜關羽為前將軍，羽聞黃忠為後將軍，羽怒曰：『大丈夫終不與老兵同列！』不肯受拜。詩謂羽曰：『夫立王業者，所用非一。昔蕭、曹與高祖少小親舊，而陳、韓亡命後至，論其班列，韓最居上，未聞蕭、曹以此為怨。今漢王以一時之功，隆崇於漢升，然意之輕重，寧當與君侯齊乎！且王與君侯，譬猶一體，同休等戚，禍福共之，愚為君侯，不宜計官號之高下，爵祿之多少為意也。僕一介之使，銜命之人，君侯不受拜，如是便還，但相為惜此舉動，恐有後悔耳！』羽大感悟，遽即受拜。

又 卷四二《蜀志・周羣傳》 先主欲與曹公爭漢中，問羣，羣對曰：『當得其地，不得其民也。若出偏軍，必不利，當戒慎之！』時州後部司馬蜀郡張裕亦曉占候，而天才過羣，裕字南和。諫先主曰：『不可爭漢中，軍必不利。』先主竟不用裕言，果得地而不得民也。遣將軍吳蘭、雷銅等入武都，皆没不還，悉如羣言。

又 卷六〇《吴志・呂岱傳》裴松之注 《吴書》曰：建安十六年，岱督郎將尹異等，以兵二千人西誘漢中賊帥張魯到漢興寋城，魯嫌疑斷道，事計不立，權遂召岱還。

《晉書》卷一《宣帝紀》 從討張魯，言于魏武曰：『劉備以詐力虜劉璋，蜀人未附而遠爭江陵，此機不可失也。今若曜威漢中，益州震動，進兵臨之，勢必瓦解。因此之勢，易為功力。聖人不能違時，亦不失時矣。』魏武曰：『人苦無足，既得隴右，復欲得蜀！』言竟不從。

清・梁章鉅《三國志辨誤・張魯傳》 『雄據巴漢垂三十年』注《典略》曰：熹平中，妖賊大起。光和中，東方有張角，漢中有張脩。裴松之謂張脩應是張衡，非《典略》之失，則傳寫之誤。衡事見《魯傳》。裴氏蓋據本傳言之也。案：《後漢書・靈帝紀》：張角、張脩並以中平元年反。章懷注脩事，引漢侍中劉艾《紀》與《典略》之文，合劉《紀》出《典略》之前，不應有誤。脩、衡二人，雖同為五斗米道，而衡匿迹深山，無阻兵作亂事，與反逆之妖賊自敻異也。

劉備稱帝

綜 述

《三國志》卷三二《蜀志・先主傳》 （建安）二十五年，魏文帝稱尊號，改年曰黃初。或傳聞漢帝見害，先主乃發喪制服，追謚曰：孝愍皇帝。是後在所並言衆瑞，日月相屬，故議郎陽泉侯劉豹、青衣侯向舉、偏將軍張裔、黃權、大司馬屬殷純、益州別駕從事趙莋、治中從事楊洪、從事祭酒何宗、議曹從事杜瓊、勸學從事張爽、尹默、譙周等上言：『臣聞《河圖》、《洛書》，五經讖、緯，孔子所甄，驗應自遠。謹案：《洛書甄曜度》曰：「赤三日德昌，九世會備，合為帝際。」《洛書寶號命》曰：「天度帝道備稱皇，以統握契，百成不敗。」《洛書録運期》曰：「九侯七傑爭命民炊骸，道路籍籍履人頭，誰使主者玄且來。」《孝經鉤命決録》曰：「帝三建九會備。」臣父羣未亡時，言西南數有黃氣，直立數丈，見來積年，時時有景雲祥風，從璿璣下來應之，此為異瑞。又二十二年中，數有氣如旗，從西竟東，中天而行，圖、書曰：「必有天子出其方」。加是年太白、熒惑、填星，常從歲星相追。近漢初興，五星從歲星謀；歲星主義，漢位在西，義之上方，故漢法常以歲星候人主。當有聖主起於此州，以致中興。時許帝尚存，故羣下不敢漏言。頃者熒惑復追歲星，見在胃昴畢；昴畢為天綱，經曰：「帝星處之，衆邪消亡」。聖諱豫睹，推揆期驗，符合數至，若此非一。臣聞聖王先天而天不違，後天而奉天時，故應際而生，與神合契。原大王應天順民，速即洪業，以寧海内。』

太傅許靖、安漢將軍麋竺、軍師將軍諸葛亮、太常賴恭、光祿勳（黃權）［黃柱］、少府王謀等上言：『曹丕篡弒，湮滅漢室，竊據神器，劫迫忠良，酷烈無道。人鬼忿毒，咸思劉氏。今上無天子，海內惶惶，靡所式仰。羣下前後上書者八百餘人，咸稱述符瑞，圖、讖明征。間黄龍見武陽赤水，九日乃去。《孝經援神契》曰：「德至淵泉則黄龍見」，龍者，君之象也。《易》乾九五「飛龍在天」，大王當龍升，登帝位也。又前關羽圍樊、襄陽，襄陽男子張嘉、王休獻玉璽，璽潛漢水，伏於淵泉，暉景燭燿，靈光徹天。夫漢者，高祖本所起定天下之國號也。大王襲先帝軌迹，亦興於漢中也。今天子玉璽神光先見，璽出襄陽，漢水之末，明大王承其下流，授與大王以天子之位，瑞命符應，非人力所致。昔周有烏魚之瑞，咸曰：休哉！二祖受命，圖、書先著，以為征驗。今上天告祥，羣儒英俊，並進河、洛，孔子讖、記，咸悉具至。伏惟大王出自孝景皇帝中山靖王之胄，本支百世，乾祇降祚，聖姿碩茂，神武在躬，仁覆積德，愛人好士，是以四方歸心焉！考省靈圖，啓發讖、緯，神明之表，名諱昭著。宜即帝位，以纂二祖，紹嗣昭穆，天下幸甚。臣等謹與博士許慈、議郎孟光，建立禮儀，擇令辰，上尊號。』即皇帝位於成都武擔之南。《蜀本紀》曰：武都有丈夫化為女子，顏色美好，蓋山精也。蜀王娶以為妻，不習水土，疾病欲歸國，蜀王留之，無幾物故。蜀王發卒之武都擔土，於成都郭中葬，蓋地數畝，高十丈，號曰：武擔也。臣松之案：武擔，山名，在成都西北，蓋以乾位在西北，故就之以即阼。為文曰：『惟建安二十六年四月丙午，皇帝備敢用玄牡，昭告皇天上帝后土神祇：漢有天下，歷數無疆。曩者王莽篡盜，光武皇帝震怒致誅，社稷復存。今曹操阻兵安忍，戮殺主後，滔天泯夏，罔顧天顯。操子丕，載其凶逆，竊居神器。羣臣將士以為社稷墮廢，備宜脩之，嗣武二祖，龔行天罰。備惟否德，懼忝帝位。詢于庶民，外及蠻夷君長，僉曰：「天命不可以不答，祖業不可以久替，四海不可以無主」。率土式望，在備一人。備畏天明命，又懼漢阼將湮於地，謹擇元日，與百寮登壇，受皇帝璽綬。脩燔瘞，告類於天神，惟神饗祚於漢家，永綏四海！』《魏書》曰：備聞曹公薨，遣掾韓冉奉書弔，並致賻贈之禮。文帝惡其因喪求好，敕荆州刺史斬冉，絕使命。《典略》曰：備遣軍謀掾韓冉齎書弔，並貢錦布。冉稱疾，住上庸。上庸致其書，適會受終，有詔報答以引致之。備得報書，遂稱制。

章武元年夏四月，大赦，改年。以諸葛亮為丞相，許靖為司徒。置百官，立宗廟，祫祭高皇帝以下。臣松之以為先主雖云出自孝景，而世數悠遠，昭穆難明，既紹漢祚，不知以何帝為元祖以立親廟。于時英賢作輔，儒生在宮，宗廟制度，必有憲章，而載記闕略，良可恨哉！五月，立皇后吳氏，子禪為皇太子。六月，以子永為魯王，理為梁王。

又 卷三五《蜀志・諸葛亮傳》 （建安）二十六年，羣下勸先主稱尊號，先主未許，亮說曰：『昔吳漢、耿弇等初勸世祖即帝位，世祖辭讓，前後數四，耿純進言曰：「天下英雄喁喁，冀有所望。如不從議者，士大夫各歸求主，無為從公也。」世祖感純言深至，遂然諾之。今曹氏篡漢，天下無主，大王劉氏苗族，紹世而起，今即帝位，乃其宜也。士大夫隨大王久勤苦者，亦欲望尺寸之功如純言耳。』先主於是即帝位，策亮為丞相曰：『朕遭家不造，奉承大統，兢兢業業，不敢康寧，思靖百姓，懼未能綏。於戲！丞相亮其悉朕意，無怠輔朕之闕，助宣重光，以照明天下，君其勖哉！』亮以丞相録尚書事，假節。張飛卒後，領司隸校尉。

又 卷四七《吳志・吳主傳》 （黄初）二年四月，劉備稱帝於蜀。《魏略》曰：權聞魏文帝受禪而劉備稱帝，乃呼問知星者，己分野中星氣何如，遂有僭意。而以位次尚少，無以威衆，又欲先卑而後踞之，為卑則可以假寵，後踞則必致討，致討然後可以怒衆，衆怒然後可以自大，故深絕蜀而專事魏。

《後漢書》卷九《獻帝紀》 明年，劉備稱帝于蜀，孫權亦自王于吳，於是天下遂三分矣。

《宋書》卷一六《禮志三》 劉備章武元年，即皇帝位，設壇。『建安二十六年夏四月丙午，皇帝臣備，敢用玄牡，昭告皇天上帝、后土神祇。漢有天下，歷數無疆。曩者王莽篡盜，光武皇帝震怒致誅，社稷復享。今曹操阻兵安忍，子丕載其凶逆，竊居神器。羣臣將士以為社稷墮廢，備宜修之，嗣武二祖，龔行天罰。備惟否德，懼忝帝位，詢于庶民，外及蠻夷君長，僉曰：天命不可以不答，祖業不可以久替，四海不可以無主，率土式望，在備一人。備畏天之威，又懼漢邦將湮於地。謹擇元日，與百僚登壇，受皇帝璽綬。修燔瘞，告類於大神。惟大神尚饗！祚於漢家，永綏四海。』

論說

《三國志》卷三二《蜀志・先主傳論》 先主之弘毅寬厚，知人待士，蓋有高祖之風，英雄之器焉。及其舉國託孤於諸葛亮，而心神無貳，誠君臣之至公，古今之盛軌也。機權幹略，不逮魏武，是以基宇亦狹。然折而不撓，終不為下者，抑揆彼之量必不容己，非唯競利，且以避害云爾。

藝文

清·彭定求等《全唐詩》卷七二九《周曇〈三國門·再吟〉》　一家區宇忽三分，齷齪車書曷足論。定有伊姜為佐輔，忍教鴻雁各乾坤。

清·賈鳧西《賈鳧西木皮詞校注·歷代史略鼓詞·正傳》　幸虧了南陽劉秀起了義，感動的二十八宿下天曹。逐日家東征西討復了漢業，譬如那冷了火的鍋底兩番燒。不數傳到了桓靈就活倒運，又出個瞅相應的曹瞞長饞癆。他娘們寡婦孤兒受夠了氣，臨末了一塊喘氣的木頭他還不饒！小助興桃園又得了個中山的後，劉先主他死掙白纏要創一遭。雖然是甘蔗到頭没大滋味，你看他魚水君臣倒也情意高。且莫說關、張義氣臥龍的品，就是那風流常山是何等英豪！空使殺英雄没撈著塊中原土，這纔是命裏不該枉費勞。可恨那論成敗的肉眼說現成話，胡褒貶那六出祁山的不曉《六韜》。出茅廬生致了一個三分鼎，似這樣難得的王佐遠勝管、蕭。倒不如俺這捶皮的江湖替他吐口氣，當街上借得漁陽大鼓敲。

《清詩匯》卷一五一《謝蘭生〈詠史〉》　我生三十年，曾讀漢魏史。我讀漢魏史，仰止習鑿齒。謂魏為正統，蜀乃以寇視。茫茫數百載，誰復能議此。賴公發聾聵，大聲震里耳。獨帝漢昭烈，分別冠與履。天道以不喪，人心以不死。煌煌良史才，下啓紫陽子。

雜錄

《三國志》卷三三《蜀志·後主傳》　及即尊號，册曰：『惟章武元年五月辛巳，皇帝若曰：太子禪，朕遭漢運艱難，賊臣篡盜，社稷無主，格人羣正，以天明命，朕繼大統。今以禪為皇太子，以承宗廟，祗肅社稷。使使持節丞相亮授印綬，敬聽師傅，行一物而三善皆得焉，可不勉與！』

又　卷三四《蜀志·先主穆皇后傳》　建安二十四年，立為漢中王后。章武元年夏五月，策曰：『朕承天命，奉至尊，臨萬國。今以后為皇后，遣使持節丞相亮授璽綬，承宗廟，母天下，皇后其敬之哉！』建興元年五月，後主即位，尊后為皇太后，稱長樂宮。壹官至車騎將軍，封縣侯。延熙八年，后薨，合葬惠陵。孫盛《蜀世譜》曰：壹孫喬，没李雄中三十年，不為雄屈也。

又　《劉永傳》　劉永字公壽，先主子，後主庶弟也。章武元年六月，使司徒靖立永為魯王，策曰：『小子永，受茲青土。朕承天序，繼統大業，遵脩稽古，建爾國家，封於東土，奄有龜蒙，世為藩輔。嗚呼，恭朕之詔！惟彼魯邦，一變適道，風化存焉。人之好德，世茲懿美。王其秉心率禮，綏爾士民，是饗是宜，其戒之哉！』

又　《劉理傳》　劉理字奉孝，亦後主庶弟也，與永異母。章武元年六月，使司徒靖立理為梁王，策曰：『小子理，朕統承漢序，祗順天命，遵脩典秩，建爾於東，為漢藩輔。惟彼梁土，畿甸之邦，民狎教化，易導以禮。往悉乃心，懷保黎庶，以永爾國，王其敬之哉！』

又　卷三六《蜀志·張飛傳》　章武元年，（張飛）遷車騎將軍，領司隸校尉，進封西鄉侯，策曰：『朕承天序，嗣奉洪業，除殘靖亂，未燭厥理。今寇虜作害，民被荼毒，思漢之士，延頸鶴望。朕用怛然，坐不安席，食不甘味，整軍誥誓，將行天罰。以君忠毅，侔蹤召、虎，名宣遐邇，故特顯命，高墉進爵，兼司於京。其誕將天威，柔服以德，伐叛以刑，稱朕意焉。詩不云乎，「匪疚匪棘，王國來極。肇敏戎功，用錫爾祉」。可不勉歟！』

又　《馬超傳》　章武元年，（馬超）遷驃騎將軍，領涼州牧，進封斄鄉侯，策曰：『朕以不德，獲繼至尊，奉承宗廟。曹操父子，世載其罪，朕用慘怛，疢如疾首。海內怨憤，歸正反本，暨於氐、羌率服，獯鬻慕義。以君信著北土，威武並昭，是以委任授君，抗颺虓虎，兼董萬里，求民之瘼。其明宣朝化，懷保遠邇，肅慎賞罰，以篤漢祜，以對於天下。』二年卒，時年四十七。臨没上疏曰：『臣門宗二百餘口，為孟德所誅略盡，惟有從弟岱，當為微宗血食之繼，深託陛下，餘無復言。』追謚超曰威侯，子承嗣。岱位至平北將軍，進爵陳倉侯。

又 卷三八《蜀志・許靖傳》 及即尊號，策（許）靖曰：『朕獲奉洪業，君臨萬國，夙宵惶惶，懼不能綏。百姓不親，五品不遜，汝作司徒，其敬敷五教，在寬。君其勖哉！秉德無怠，稱朕意焉。』靖雖年逾七十，愛樂人物，誘納後進，清談不倦。丞相諸葛亮皆為之拜。章武二年卒。子欽，先靖夭没。欽子游，景耀中為尚書。始靖兄事潁川陳紀，與陳郡袁渙、平原華歆、東海王朗等親善，歆、朗及紀子羣，魏初為公輔大臣，咸與靖書，申陳舊好，情義款至，文多故不載。

又 卷四一《蜀志・費詩傳》 後羣臣議欲推漢中王稱尊號，詩上疏曰：『殿下以曹操父子偪主篡位，故乃羈旅萬里，糾合士衆，將以討賊。今大敵未克，而先自立，恐人心疑惑。昔高祖與楚約，先破秦者王。及屠咸陽，獲子嬰，猶懷推讓，況今殿下未出門庭，便欲自立邪！愚臣誠不為殿下取也。』由是忤指，左遷部永昌從事。

東吳建國分部

孫氏據江東

綜　述

《三國志》卷一《魏志・武帝紀》 是歲，孫策受袁術使渡江，數年間遂有江東。【略】

孫策聞公與紹相持，乃謀襲許，未發，為刺客所殺。

又 卷六《魏志・袁術傳》 袁術字公路，司空逢子，紹之從弟也。【略】董卓之將廢帝，以術為後將軍；術亦畏卓之禍，出奔南陽。會長沙太守孫堅殺南陽太守張咨，術得據其郡。南陽户口數百萬，而術奢淫肆欲，徵斂無度，百姓苦之。既與紹有隙，又與劉表不平而北連公孫瓚；紹與瓚不和而南連劉表。其兄弟攜貳，捨近交遠如此。《吳書》曰：時議者以靈帝失道，使天下叛亂，少帝幼弱，為賊臣所立，又不識母氏所出。幽州牧劉虞宿有德望，紹等欲立之以安當時，使人報術。術觀漢室衰陵，陰懷異志，故外託公義以拒紹。紹復與術書曰：『前與韓文節共建永世之道，欲海内見再興之主。今西名有幼君，無血脉之屬，公卿以下皆媚事卓，安可復信！但當使兵往屯關要，皆自蹙死於西。東立聖君，太平可冀，如何有疑！又室家見戮，不念子胥，可復北面乎？違天不祥，原詳思之。』術答曰：『聖主聰叡，有周成之質。賊卓因危亂之際，威服百寮，此乃漢家小厄之會。亂尚未厭，復欲興之。乃云今主「無血脉之屬」，豈不誣乎！先人以來，奕世相承，忠義為先。太傅公仁慈惻隱，雖知賊卓必為禍害，以信徇義，不忍去也。門户滅絶，死亡流漫，幸蒙遠近來相赴助，不因此時上討國賊，下刷家耻，而圖於此，非所聞也。又曰「室家見戮，可復北面」，此卓所為，豈國家哉？君命，天也，天不可讎，況非君命乎！慺慺赤心，志在滅卓，不識其他。』引軍入陳留。太祖與紹合擊，大破術軍。術以餘衆奔九江，殺揚州刺史陳温，領其州。臣松之案《英雄記》：『陳温字元悌，汝南人。先為揚州刺史，自病死。袁紹遣袁遺領州，敗散，奔沛國，為兵所殺。袁術更用陳瑀為揚州。瑀字公瑋，下邳人。瑀既領州，而術敗于封丘，南向壽春，瑀拒術不納。術退保陰陵，更合軍攻瑀，瑀懼走歸下邳。』如此，則温不為術所殺，與本傳不同。以張勳、橋蕤等為大將軍。李傕入長安，欲結術為援，以術為左將軍，封陽翟侯，假節，遣太傅馬日磾因循行拜授。術奪日磾節，拘留不遣。《三輔決録》注曰：日磾字翁叔，馬融之族子。少傳融業，以才學進。與楊彪、盧植、蔡邕等典校中書，歷位九卿，遂登臺輔。《獻帝春秋》曰：術從日磾借節觀之，因奪不還，備軍中千餘人，使促辟之。日磾謂術曰：『卿家先世諸公辟士，云何而言促之，謂公府掾可劫得乎！』從術求去，而術留之不遣；既以失節屈辱，憂恚而死。

時沛相下邳陳珪，故太尉球弟子也。術與珪俱公族子孫，少共交遊，書與珪曰：『昔秦失其政，天下羣雄爭而取之，兼智勇者卒受其歸。今世事紛擾，復有瓦解之勢矣，誠英乂有為之時也。與足下舊交，豈肯左右之乎？若集大事，子實為吾心膂。』珪中子應時在下邳，術並脅質應，圖必致珪。珪答書曰：『昔秦末世，肆暴恣情，虐流天下，毒被生民，下不堪命，故遂土崩。今雖季世，未有亡秦苛暴之亂也。曹將軍神武應期，興復典刑，將撥平凶慝，清定海內，信有徵矣。以為足下當戮力同心，匡翼漢室，而陰謀不軌，以身試禍，豈不痛哉！若迷而知反，尚可以免。吾備舊知，故陳至情，雖逆於耳，骨肉之惠也。欲吾營私阿附，有犯死不能也。』

興平二年冬，天子敗於曹陽。術會羣下謂曰：『今劉氏微弱，海內鼎沸。吾家四世公輔，百姓所歸，欲應天順民，於諸君意如何？』衆莫敢對。主簿閻象進曰：『昔周自后稷至於文王，積德累功，三分天下有其二，猶服事殷。明公雖奕世克昌，未若有周之盛，漢室雖微，未若殷紂之暴也。』術嘿然不悅。用河內張鮋之符命，遂僭號。《典略》曰：術以袁姓出陳，陳，舜之後，以土承火，得應運之次。又見讖文云：『代漢者，當塗高也。』自以名字當之，乃建號稱仲氏。以九江太守為淮南尹。置公卿，祠南北郊。荒侈滋甚，後宮數百皆服綺縠，餘粱肉，《九州春秋》曰：司隸馮方女，國色也，避亂揚州，術登城見而悅之，遂納焉，甚愛幸。諸婦害其寵，語之曰：『將軍貴人有志節，當時時涕泣憂愁，必長見敬重。』馮氏以為然，後見術輒垂涕，術以有心志，益哀之。諸婦人因共絞殺，懸之廁梁，術誠以為不得志而死，乃厚加殯斂。而士卒凍餒，江淮間空盡，人民相食。術前為呂布所破，後為太祖所敗，奔其部曲雷薄、陳蘭於灊山，復為所拒，憂懼不知所出。將歸帝號於紹，欲至青州從袁譚，發病道死。《魏書》曰：術歸帝號於紹曰：『漢之失天下久矣，天子提挈，政在家門，豪雄角逐，分裂疆宇，此與周之末年七國分勢無異，卒强者兼之耳。加袁氏受命當王，符瑞炳然。今君擁有四州，民户百萬，以强則無與比大，論德則無與比高。曹操欲扶衰拯弱，安能續絕命救已滅乎？』紹陰然之。《吳書》曰：術既為雷薄等所拒，留住三日，士衆絕糧，乃還至江亭，去壽春八十里。問廚下，尚有麥屑三十斛。時盛暑，欲得蜜漿，又無蜜。坐櫺床上，歎息良久，乃大吒曰：『袁術至於此乎！』因頓伏床下，嘔血斗餘而死。妻子依術故吏廬江太守劉勳，孫策破勳，復見收視。術女入孫權宮，子燿拜郎中，燿女又配於權子奮。

又　卷四六《吳志·孫破虜討逆傳》　孫堅字文臺，吳郡富春人，蓋孫武之後也。《吳書》曰：堅世仕吳，家於富春，葬於城東。冢上數有光怪，雲氣五色，上屬於天，蔓延數里。衆皆往觀視。父老相謂曰：『是非凡氣，孫氏其興矣！』及母懷妊堅，夢腸出繞吳昌門，寤而懼之，以告鄰母。鄰母曰：『安知非吉徵也。』堅生，容貌不凡，性闊達，好奇節。少為縣吏。年十七，與父共載船至錢唐，會海賊胡玉等從匏里上掠取賈人財物，方於岸上分之，行旅皆住，船不敢進。堅謂父曰：『此賊可擊，請討之。』父曰：『非爾所圖也。』堅行操刀上岸，以手東西指麾，若分部人兵以羅遮賊狀。賊望見，以為官兵捕之，即委財物散走。堅追，斬得一級以還；父大驚。由是顯聞，府召署假尉。會稽妖賊許昌起於句章，自稱陽明皇帝，與其子韶扇動諸縣，衆以萬數。堅以郡司馬募召精勇，得千餘人，與州郡合討破之。是歲，熹平元年也。刺史臧旻列上功狀，詔書除堅鹽瀆丞，數歲徙盱眙丞，又徙下邳丞。《江表傳》曰：堅歷佐三縣，所在有稱，吏民親附。鄉里知舊，好事少年，往來者常數百人，堅接撫待養，有若子弟焉。【略】

時長沙賊區星自稱將軍，衆萬餘人，攻圍城邑，乃以堅為長沙太守。到郡親率將士，施設方略，旬月之間，克破星等。《魏書》曰：堅到郡，郡中震服，任用良吏。敕吏曰：『謹遇良善，治官曹文書，必循治，以盜賊付太守。』周朝、郭石亦帥徒衆起於零、桂，與星相應。遂越境尋討，三郡肅然。漢朝録前後功，封堅烏程侯。《吳録》曰：是時廬江太守陸康從子作宜春長，為賊所攻，遣使求救於堅。堅整嚴救之。主簿進諫，堅答曰：『太守無文德，以征伐為功，越界攻討，以全異國。以此獲罪，何愧海內乎？』乃進兵往救，賊聞而走。

靈帝崩，卓擅朝政，横恣京城。諸州郡並興義兵，欲以討卓。《江表傳》曰：堅聞之，拊膺歎曰：『張公昔從吾言，朝廷今無此難也。』堅亦舉兵。【略】前到魯陽，與袁術相見。術表堅行破虜將軍，領豫州刺史。遂治兵於魯陽城。當進軍討卓，【略】訖，引軍還，住魯陽。《吳録》曰：是時關東州郡，務相兼幷以自强大。袁紹遣會稽周喁為豫州刺史，來襲取州。堅慨然歎曰：『同舉義兵，將救社稷。逆賊垂破而各若此，吾當誰與戮力乎！』言發涕下。喁字仁明，周昕之弟也。《會稽典録》曰：初曹公興義兵，遣人要喁，喁即收合兵衆，得二千人，從公征伐，以為軍師。後與堅爭豫州，屢戰失利。會次兄九江太守昂為袁術所攻，喁往助之。軍敗，還鄉里，為許貢所害。

初平三年，術使堅征荊州，擊劉表。表遣黄祖逆於樊、鄧之間。堅擊破之，追渡漢水，遂圍襄陽，單馬行峴山，為祖軍士所射殺。《典略》曰：堅悉其衆攻表，表閉門，夜遣將黄祖潛出發兵。祖將兵欲還，堅逆與戰。祖敗走，竄峴山中。堅乘勝夜追祖，祖部兵從竹木間暗射堅，殺之。《吳録》曰：堅時年三十七。《英雄記》曰：堅以初平四年正月七日死。又云：劉表將呂公將兵緣山向堅，堅輕騎尋山討公。公兵下石。中堅頭，應時腦出物故。其不同如此也。兄子賁，帥將士衆就術，術復表賁為豫州刺史。

堅四子：策、權、翊、匡。權既稱尊號。【略】《志林》曰：堅有五子：策、權、翊、匡，吴氏所生；少子朗，庶生也，一名仁。

策字伯符。堅初興義兵，策將母徙居舒，與周瑜相友，收合士大夫，江、淮間人咸向之。《江表傳》曰：堅為朱儁所表，為佐軍，留家著壽春。策年十餘歲，已交結知名，聲譽發聞。有周瑜者，與策同年，亦英達夙成，聞策聲聞，自舒來造焉。便推結分好，義同斷金，勸策徙居舒，策從之。堅薨，還葬曲阿。已乃渡江居江都。《魏書》曰：策當嗣侯，讓與弟匡。

徐州牧陶謙深忌策。策舅吴景，時為丹楊太守，策乃載母徙曲阿，與呂范、孫河俱就景，因緣召募得數百人。興平元年，從袁術。術甚奇之，以堅部曲還策。《吴曆》曰：初策在江都時，張紘有母喪。策數詣紘，咨以世務，曰：『方今漢祚中微，天下擾攘，英雄俊傑各擁衆營私，未有能扶危濟亂者也。先君與袁氏共破董卓，功業未遂，卒為黄祖所害。策雖暗稚，竊有微志，欲從袁揚州求先君餘兵，就舅氏於丹楊，收合流散，東據吴會，報讎雪耻，為朝廷外藩。君以為何如？』紘答曰：『既素空劣，方居衰絰之中，無以奉贊盛略。』策曰：『君高名播越，遠近懷歸。今日事計，決之於君，何得不紆慮啓告，副其高山之望？若微志得展，血讎得報，此乃君之勳力，策心所望也。』因涕泣橫流，顔色不變。紘見策忠壯内發，辭令慷慨，感其志言，乃答曰：『昔周道陵遲，齊、晉並興；王室已寧，諸侯貢職。今君紹先侯之軌，有驍武之名，若投丹楊，收兵吴會，則荆、揚可一，讎敵可報。據長江，奮威德，誅除羣穢，匡輔漢室，功業侔於桓、文，豈徒外藩而已哉？方今世亂多難，若功成事立，當與同好俱南濟也。』策曰：『一與君同符合契，（同）有永固之分，今便行矣，以老母弱弟委付於君，策無復回顧之憂。』《江表傳》曰：策徑到壽春見袁術，涕泣而言曰：『亡父昔從長沙入討董卓，與明使君會於南陽，同盟結好；不幸遇難，勳業不終。策感惟先人舊恩，欲自憑結，原明使君垂察其誠。』術甚貴異之，然未肯還其父兵。術謂策曰：『孤始用貴舅為丹楊太守，賢從伯陽為都尉，彼精兵之地，可還依召募。』策遂詣丹楊依舅，得數百人，而為涇縣大帥祖郎所襲，幾至危殆。於是復往見術，術以堅餘兵千餘人還策。太傅馬日磾杖節安集關東，在壽春以禮辟策，表拜懷義校尉，術大將喬蕤、張勳皆傾心敬焉。術常歎曰：『使術有子如孫郎，死復何恨！』策騎士有罪，逃入術營，隱於内廄。策指使人就斬之，訖，詣術謝。術曰：『兵人好叛，當共疾之，何為謝也？』由是軍中益畏憚之。術初許策為九江太守，已而更用丹楊陳紀。後術欲攻徐州，從廬江太守陸康求米三萬斛。康不與，術大怒。策昔曾詣康，康不見，使主簿接之。策嘗銜恨。術遣策攻康，謂曰：『前錯用陳紀，每恨本意不遂。今若得康，廬江真卿有也。』策攻康，拔之，術復用其故吏劉勳為太守，策益失望。先是，劉繇為揚州刺史，州舊治壽春。壽春，術已據之，繇乃渡江治曲阿。時吴景尚在丹楊，策從兄賁又為丹楊都尉，繇至，皆迫逐之。景、賁退舍歷陽。繇遣樊能、于麋陳（橫屯江津），張英屯當利口，以距術。術自用故吏琅邪惠衢為揚州刺史，更以景為督軍中郎將，與賁共將兵擊英等，連年不克。策乃説術，乞助景等平定江東。《江表傳》曰：策説術云：『家有舊恩在東，原助舅討橫江；橫江拔，因投本土召募，可得三萬兵，以佐明使君匡濟漢室。』術知其恨，而以劉繇據曲阿，王朗在會稽，謂策未必能定，故許之。術表策為折衝校尉，行殄寇將軍，兵財千餘，騎數十匹，賓客原從者數百人。比至歷陽，衆五六千。策母先自曲阿徙於歷陽，策又徙母阜陵，渡江轉鬬，所向皆破，莫敢當其鋒，而軍令整肅，百姓懷之。《江表傳》曰：策渡江攻繇牛渚營，盡得邸閣糧穀、戰具，是歲興平二年也。時彭城相薛禮、下邳相笮融依繇為盟主，禮據秣陵城，融屯縣南。策先攻融，融出兵交戰，斬首五百餘級，融即閉門不敢動。因渡江攻禮，禮突走，而樊能、于麋等復合衆襲奪牛渚屯。策聞之，還攻破能等，獲男女萬餘人。復下攻融，為流矢所中，傷股，不能乘馬，因自輿還牛渚營。或叛告融曰：『孫郎被箭已死。』融大喜，即遣將於兹鄉策。策遣步騎數百挑戰，設伏於後，賊出擊之，鋒刃未接而偽走，賊追入伏中，乃大破之，斬首千餘級。策因往到融營下，令左右大呼曰：『孫郎竟云何！』賊於是驚怖夜遁。融聞策尚在，更深溝高壘，繕治守備。策以融所屯地勢險固，乃舍去，攻破繇别將於海陵，轉攻湖孰、江乘，皆下之。

策為人，美姿顔，好笑語，性闊達聽受，善於用人，是以士民見者，莫不盡心，樂為致死。劉繇棄軍遁逃，諸郡守皆捐城郭奔走。《江表傳》曰：策時年少，雖有位號，而士民皆呼為孫郎。百姓聞孫郎至，皆失魂魄；長吏委城郭，竄伏山草。及至，軍士奉令，不敢虜略，雞犬菜茹，一無所犯，民乃大悦，競以牛酒詣軍。劉繇既走，策入曲阿勞賜將士，遣將陳寶詣阜陵迎母及弟。發恩布令，告諸縣：『其劉繇、笮融等故鄉部曲來降首者，一無所問；樂從軍者，一身行，復除門户；不樂者，勿强也。』旬日之間，四面雲集，得見兵二萬餘人，馬千餘匹，威震江東，形勢轉盛。吳人嚴白虎等衆各萬餘人，處處屯聚。吳景等欲先擊破虎等，乃至會稽。策曰：『虎等羣盜，非有大志，此成禽耳。』遂引兵渡浙江，據會稽，屠東冶，乃攻破虎等。《吳録》曰：時有烏程鄒他、錢銅及前合浦太守嘉興王晟等，各聚衆萬餘或數千。引兵撲討，皆攻破之。策母吳氏曰：『晟與汝父有升堂見妻之分，今其諸子兄弟皆已梟夷，獨餘一老翁，何足復憚乎？』乃舍之，餘咸族誅。策自討虎，虎高壘堅守，使其弟輿請和。許之。輿請獨與策會面約。既會，策引白刃斫席，輿體動，策笑曰：『聞卿能坐躍，剿捷不常，聊戲卿耳！』輿曰：『我見刃乃然。』策知其無能也，乃以手戟投之，立死。輿有勇力，虎衆以其死也，甚懼。進攻破之。虎奔餘杭，投許昭於虜中。程普請擊昭，策曰：『許昭有義於舊君，有誠於故友，此丈夫之志也。』乃舍之。臣松之案：許昭有義於舊君，謂濟盛憲也，事見後注。有誠於故友，則受嚴白虎也。盡更置長吏，策自領會稽太守，復以吳景為丹楊太守，以孫賁為豫章太守；分豫章為廬陵郡，以賁弟輔為廬陵太守，丹楊朱治為吳郡太守。彭城張昭、廣陵張紘、秦松、陳端等為謀主。《江表傳》曰：策遣奉正都尉劉由、五官掾高承奉章詣許，拜獻方物。時袁術僭號，策以書責而絶之。《吳録》載策使張紘為書曰：『蓋上天垂司過之星，聖王建敢諫之鼓，設非謬之備，急箴闕之言，何哉？凡有所長，必有所短也。去冬傳有大計，無不悚懼；旋知供備貢獻，萬夫解惑。頃聞建議，復欲追遵前圖，即事之期，便有定月。益使憮然，想是流妄；設其必爾，民何望乎？曩日之舉義兵也，天下之士所以回應者，董卓擅廢置，害太后、弘農王，略烝宮人，發掘園陵，暴逆至此，故諸州郡雄豪聞聲慕義。神武外振，卓遂内殲。元惡既斃，幼主東顧，俾保傅宣命，欲令諸軍振旅，（於）河北通謀黑山，曹操放毒東徐，劉表稱亂南荆，公孫瓚炰烋北幽，劉繇決力江滸，劉備爭盟淮隅，是以未獲承命櫜弓戢戈也。今備、繇既破，操等饑餒，謂當與天下合謀，以誅醜類。舍而不圖，有自取之志，非海内所望，一也。昔成湯伐桀，稱有夏多罪；武王伐紂，曰殷有罪罰重哉。此二王者，雖有聖德，宜當君世；如使不遭其時，亦無繇興矣。幼主非有惡於天下，徒以《春秋》尚少，脅於强臣，若無過而奪之，懼未合於湯、武之事，二也。卓雖狂狡，至廢主自與，亦猶未也，而天下聞其桀虐，攘臂同心而疾之，以中土希戰之兵，當邊地勁悍之虜，所以斯須遊魂也。今四方之人，皆玩敵而便戰鬬矣，可得而勝者，以彼亂而我治，彼逆而我順也。見當世之紛若，欲大舉以臨之，適足趣禍，三也。天下神器，不可虛于，必須天贊與人力也。殷湯有白鳩之祥，周武有赤烏之瑞，漢高有星聚之符，世祖有神光之徵，皆因民困悴於桀、紂之政，毒苦於秦、莽之役，故能芟去無道，致成其志。今天下非患於幼主，未見受命之應驗，而欲一旦卒然登即尊號，未之或有，四也。天子之貴，四海之富，誰不欲焉？義不可，勢不得耳。陳勝、項籍、王莽、公孫述之徒，皆南面稱孤，莫之能濟。帝王之位，不可横冀，五也。幼主岐嶷，若除其偪，去其鯁，必成中興之業。夫致主於周成之盛，自受旦、奭之美，此誠所望於尊明也。縱使幼主有他改異，猶望推宗室之譜屬，論近親之賢良，以紹劉統，以固漢宗。皆所以書功金石，圖形丹青，流慶無窮，垂聲管紘。舍而不為，為其難者，想明明之素，必所不忍，六也。五世為相，權之重，勢之盛，天下莫得而比焉。忠貞者必曰宜夙夜思惟，所以扶國家之躓頓，念社稷之危殆，以奉祖考之志，以報漢室之恩。其忽履道之節而强進取之欲者，將曰天下之人非家吏則門生也，孰不從我？四方之敵非吾匹則吾役也，誰能違我？盍乘累世之勢，起而取之哉？二者殊數，不可不詳察，七也。所貴於聖哲者，以其審於機宜，慎於舉措。若難圖之事，難保之勢，以激羣敵之氣，以生衆人之心，公義故不可，私計又不利，明哲不處，八也。世人多惑於圖緯而牽非類，比合文字以悦所事，苟以阿上惑衆，終有後悔者，自往迄今，未嘗無之，不可不深擇而熟思，九也。九者，尊明所見之餘耳，庶備起予，補所遺忘。忠言逆耳，幸留神聽！』《典略》云張昭之辭。臣松之以為張昭雖名重，然不如紘之文也，此書必紘所作。曹公表策為討逆將軍，封為吳侯。《江表傳》曰：建安二年夏，漢朝遣議郎王誧奉戊辰詔書曰：『董卓逆亂，凶國害民。先將軍堅念在平討，雅意未遂，厥美著聞。策遵善道，求福不回。今以策為騎都尉，襲爵烏程侯，領會稽太守。』又詔敕曰：『故左將軍袁術不顧朝恩，坐創凶逆，造合虛偽，欲因兵亂，詭詐百姓，聞其言以為不然。定得使持節平東將軍領徐州牧温侯布上術所造惑衆妖妄，知術鴟梟之性，遂其無道，修治王宮，署置公卿，郊天祀地，殘民害物，為禍深酷。布前後上策乃心本朝，欲還討術，為國效節，乞加顯異。夫縣賞俟功，惟勤是與，故便寵授，承襲前邑，重以大郡，榮耀兼至，是策輪力竭命之秋也。其亟與布及行吳郡太守安東將軍陳瑀戮力一心，同時赴討。』策自以統領兵馬，但以騎都尉領郡為輕，欲得將軍號，（及）使人諷誧，誧便承制假策明漢將軍。是時，陳瑀屯海西，策奉詔治嚴，當與布、瑀參同形勢。行到錢塘，瑀陰圖襲策，遣都尉萬演等密渡江，使持印傳三十餘紐與賊丹楊、宣城、涇、陵陽、始安、黟、歙諸險縣大帥祖郎、焦已及吳郡烏程嚴白虎等，使為内應，伺策軍發，欲攻取諸郡。策覺之，遣呂範、徐逸攻瑀於海西，大破瑀，獲其吏士妻子四千人。《山陽公載記》曰：瑀單騎走冀州，自歸袁紹，紹以為故安都尉。《吳録》載策上表謝曰：『臣以固陋，孤持邊陲。陛下廣播高澤，不遺細節，以臣襲爵，兼典名郡。仰榮顧寵，所不克堪。興平二年十二月二十日，於吳郡曲阿得袁術所呈表，以臣行殄寇將軍；至被詔書，乃知詐擅。雖輒捐廢，猶用悚悸。臣年十七，喪失所怙，懼有不任堂構之鄙，以忝析薪之戒，誠無去病十八建功，世祖列將弱冠佐命。臣初領兵，年未弱冠，雖駑懦不武，然思竭微命。惟術狂惑，為惡深重。臣憑威靈，奉辭罰罪，庶必獻捷，以報所授。』臣松之案：本《傳》云孫堅以初平三年卒，策以建安五年卒，策死時年二十六，計堅之亡，策應十八，而此表云十七，則為不符。張璠《漢紀》及《吳曆》並以堅初平二年死，此為是而本傳誤也。《江表傳》曰：建安三年，策又遣使貢方物，倍於元年所獻。其年，制書轉拜討逆將軍，改封吳侯。後術死，長史楊弘、大將張勳等將其衆欲就策，廬江太守劉勳要擊，悉虜之，收其珍寶以歸。策聞之，偽與勳好盟。勳新得術衆，時豫章上繚宗民萬餘家在江東，策勸勳攻取之。勳既行，策輕軍晨夜襲拔廬江，勳衆盡降，勳獨與麾下數百人自歸曹公。《江表傳》曰：策被詔敕，與司空曹公、衛將軍董承、益州牧劉璋等並力討袁術、劉表。軍嚴當進，會術死，術從弟胤、女婿黄猗等畏懼曹公，不敢守壽春，乃共舁術棺柩，扶其妻子及部曲男女，就劉勳於皖城。勳糧食少，無以相振，乃遣從弟偕告糴於豫章太守華歆。歆郡素少穀，遣吏將偕就海昏上繚，使諸宗帥共出三萬斛米以與偕。歷月，纔得數千斛。偕乃報勳，具說形狀，使勳來襲取之。勳得偕書，使潛軍到海昏邑下。宗帥知之，空壁逃匿，勳了無所得。時策西討黄祖，行及石城，聞勳輕身詣海昏，便分遣從兄賁、輔率八千人於彭澤待勳，自與周瑜率二萬人步襲皖城，即克之，得術百工及鼓吹部曲三萬餘人，並術、勳妻子。表用汝南李術為廬江太守，給兵三千人以守皖，皆徙所得人東詣吳。賁、輔又於彭澤破勳。勳走入楚江，從尋陽步上到置馬亭，聞策等已克皖，乃投西塞。至沂，築壘自守，告急於劉表，求救於黄祖。祖遣太子射船軍五千人助勳。策復就攻，大破勳。勳與偕北歸曹公，射亦遁走。策收得勳兵二千餘人，船千艘，遂前進夏口攻黄祖。時劉表遣從子虎、南陽韓晞將長矛五千，來為黄祖前鋒。策與戰，大破之。《吳録》載策表曰：『臣討黄祖，以十二月八日到祖所屯沙羨縣。劉表遣將助祖，並來趣臣。臣以十一日平旦部所領江夏太守行建威中郎將周瑜、領桂陽太守行征虜中郎將呂範、領零陵太守行蕩寇中郎將程普、行奉業校尉孫權、行先登校尉韓當、行武鋒校尉黄蓋等同時俱進。身跨馬櫟陳，手擊急鼓，以齊戰勢。吏士奮激，踴躍百倍，心精意果，各競用命。越渡重塹，迅疾若飛。火放上風，兵激煙下，弓弩併發，流矢雨集，日加辰時，祖乃潰爛。鋒刃所截，猋火所焚，前無生寇，惟祖迸走。獲其妻息男女七人，斬虎、（狼）韓晞已下二萬餘級，其赴水溺者一萬餘口，船六千餘艘，財物山積。雖表未禽，祖宿狡猾，為表腹心，出作爪牙，表之鴟張，以祖氣息，而祖家屬部曲，掃地無餘，表孤特之虜，成鬼行尸。誠皆聖朝神武遠振，臣討有罪，得效微勤。』是時哀紹方强，而策幷江東，曹公力未能逞，且欲撫之。《吳曆》曰：曹公聞策平定江南，意甚難之，常呼『猘兒難與爭鋒也』。乃以弟女配策小弟匡，又為子章取賁女，皆禮辟策弟權、翊，又命揚州刺史嚴象舉權茂才。

建安五年，曹公與袁紹相拒於官渡，策陰欲襲許，迎漢帝，密治兵，部署諸將。未發，會為故吳郡太守許貢客所殺。先是，策殺貢，貢小子與客亡匿江邊。策單騎出，卒與客遇，客擊傷策。創甚，請張昭等謂曰：『中國方亂，夫以吳、越之衆，三江之固，足以觀成敗。公等善相吾弟！』呼權佩以印綬，謂曰：『舉江東之衆，決機於兩陳之間，與天下爭衡，卿不如我；舉賢任能，各盡其心，以保江東，我不知卿。』至夜卒，時年二十六。

又　卷四七《吳志・吳主傳》　孫權字仲謀。兄策既定諸郡，時權年十五，以為陽羨長。郡察孝廉，州舉茂才，行奉義校尉。漢以策遠脩職貢，遣使者劉琬加錫命。【略】

建安四年，從策征廬江太守劉勳。勳破，進討黄祖於沙羨。

五年，策薨，以事授權，權哭未及息。策長史張昭謂權曰：『孝廉，此寧哭時邪？且周公立法而伯禽不師，非違父，時不得行也。臣松之按：《禮記・曾子問》子夏曰：『三年之喪，金革之事無避也者，禮與？初有司與？』孔子曰：『吾聞諸老揻曰，昔者魯公伯禽有為為之也。』鄭玄注曰：『周人卒哭而致事。時有徐戎作難，伯禽卒哭而征之，急王事也。』昭所云『伯禽不師』，蓋謂此也。況今姦宄競逐，豺狼滿道，乃欲哀親戚，顧禮制，是猶開門而揖盜，未可以為仁也。』乃改易權服，扶令上馬，使出巡軍。是時惟有會稽、吳郡、丹楊、豫章、廬陵，然深險之地猶未盡從，而天下英豪布在州郡，賓旅寄寓之士以安危去就為意，未有君臣之固。張昭、周瑜等謂權可與共成大業，故委心而服事焉。曹公表權為討虜將軍，領會稽太守，屯吳，使丞之郡行文書事。待張昭以師傅之禮，而周瑜、程普、呂範等為將率。招延俊秀，聘求名士，魯肅、諸葛瑾等始為賓客。分部諸將，鎮撫山越，討不從命。《江表傳》曰：初策表用李術為廬江太守，策亡之後，術不肯事權，而多納其亡叛。權移書求索，術報曰：『有德見歸，無德見叛，不應復還。』權大怒，乃以狀白曹公曰：『嚴刺史昔為公所用，又是州舉將，而李術凶惡，輕犯漢制，殘害州司，肆其無道，宜速誅滅，以懲醜類。今欲討之，進為國朝掃除鯨鯢，退為舉將報塞怨仇，此天下達義，夙夜所甘心。術必懼誅，復詭說求救。明公所居，阿衡之任，海內所瞻，原敕執事，勿復聽受。』是歲，舉兵攻術於皖城。術閉門自守，求救於曹公。曹公不救。糧食乏盡，婦女或丸泥而吞之。遂屠其城，梟術首，徙其部曲三萬餘人。

七年，權母吳氏薨。

八年，權西伐黃祖，破其舟軍，惟城未克，而山寇復動。還過豫章，使呂范平鄱陽，（會稽）程普討樂安，太史慈領海昏，韓當、周泰、呂蒙等為劇縣令長。

九年，權弟丹楊太守翊為左右所害，以從兄瑜代翊。《吳録》曰：是時權大會官寮，沈友有所是非，令人扶出，謂曰：『人言卿欲反。』友知不得脫，乃曰：『主上在許，有無君之心者，可謂非反乎？』遂殺之。友字子正，吳郡人。年十一，華歆行風俗，見而異之，因呼曰：『沈郎，可登車語乎？』友逡巡卻曰：『君子講好，會宴以禮，今仁義陵遲，聖道漸壞，先生銜命，將以裨補先王之教，整齊風俗，而輕脫威儀，猶負薪救火，無乃更崇其熾乎！』歆慚曰：『自桓、靈以來，雖多英彥，未有幼童若此者。』弱冠博學，多所貫綜，善屬文辭。兼好武事，注孫子兵法。又辯於口，每所至，衆人皆默然，莫與為對，咸言其筆之妙，舌之妙，刀之妙，三者皆過絶於人。權以禮聘，既至，論王霸之略，當時之務，權斂容敬焉。陳荆州宜并之計，納之。正色立朝，清議峻厲，為庸臣所譖，誣以謀反。權亦以終不為己用，故害之，時年二十九。

十年，權使賀齊討上饒，分為建平縣。

十二年，西征黃祖，虜其人民而還。

十三年春，權復征黃祖，祖先遣舟兵拒軍，都尉呂蒙破其前鋒，而淩統、董襲等盡鋭攻之，遂屠其城。祖挺身亡走，騎士馮則追梟其首，虜其男女數萬口。是歲，使賀齊討黟、歙，分歙為始新、新定、《吳録》曰：晉改新定為遂安。犂陽、休陽縣，《吳録》曰：晉改休陽為海寧。以六縣為新都郡。

又 卷四九《吳志・劉繇傳》 劉繇字正禮，東萊牟平人也。**【略】**避亂淮浦，詔書以為揚州刺史。時袁術在淮南，繇畏憚，不敢之州。欲南渡江，吳景、孫賁迎置曲阿。術圖為僭逆，攻沒諸郡縣。繇遣樊能、張英屯江邊以拒之。以景、賁術所授用，乃迫逐使去。於是術乃自置揚州刺史，與景、賁並力攻英、能等，歲餘不下。漢命加繇為牧，振武將軍，衆數萬人，孫策東渡，破英、能等。繇奔丹徒，袁宏《漢紀》曰：劉繇將奔會稽，許子將曰：『會稽富實，策之所貪，且窮在海隅，不可往也。不如豫章，北連豫壤，西接荆州。若收合吏民，遣使貢獻，與曹兖州相聞，雖有袁公路隔在其間，其人豺狼，不能久也。足下受王命，孟德、景升必相救濟。』繇從之。遂泝江南保豫章，駐彭澤。笮融先至，殺太守朱皓，《獻帝春秋》曰：是歲，繇屯彭澤，又使融助皓討劉表所用太守諸葛玄。許子將謂繇曰：『笮融出軍，不顧（命）名義者也。朱文明善推誠以信人，宜使密防之。』融到，果詐殺皓，代領郡事。入居郡中。繇進討融，為融所破，更復招合屬縣，攻破融。融敗走入山，為民所殺，繇尋病卒，時年四十二。

笮融者，丹楊人，初聚衆數百，往依徐州牧陶謙。謙使督廣陵、彭城運漕，遂放縱擅殺，坐斷三郡委輸以自入。乃大起浮圖祠，以銅為人，黃金塗身，衣以錦采，垂銅槃九重，下為重樓閣道，可容三千餘人，悉課讀佛經，令界內及旁郡人有好佛者聽受道，復其他役以招致之，由此遠近前後至者五千餘人户。每浴佛，多設酒飯，布席於路，經數十里，民人來觀及就食且萬人，費以巨億計。曹公攻陶謙，徐土騷動，融將男女萬口，馬三千匹，走廣陵，廣陵太守趙昱待以賓禮。先是，彭城相薛禮為陶謙所偪，屯秣陵。融利廣陵之衆，因酒酣殺昱，放兵大略，因載而去。過殺禮，然後殺皓。

後策西伐江夏，還過豫章，收載繇喪，善遇其家。王朗遺策書曰：『劉正禮昔初臨州，未能自達，實賴尊門為之先後，用能濟江成治，有所處定。踐境之禮，感分結意，情在終始。後以袁氏之嫌，稍更乖刺。更以同盟，還為讎敵，原其本心，實非所樂。康寧之後，常原渝平更成，復踐宿好。一爾分離，款意不昭，奄然殂隕，可為傷恨！知敦以厲薄，德以報怨，收骨育孤，哀亡愍存，捐既往之猜，保六尺之託，誠深恩重分，美名厚實也。昔魯人雖有齊怨，不廢喪紀，《春秋》善之，謂之得禮，誠良史之所宜藉，鄉校之所歎聞。正禮元子，致有志操，想必有以殊異。威盛刑行，施之以恩，不亦優哉！』

論說

《三國志》卷四六《吳志·孫破虜討逆傳論》 孫堅勇摯剛毅，孤微發迹，導温戮卓，山陵杜塞，有忠壯之烈。策英氣傑濟，猛鋭冠世，覽奇取異，志陵中夏。然皆輕佻果躁，隕身致敗。且割據江東，策之基兆也，而權尊崇未至，子止侯爵，於義儉矣。孫盛曰：孫氏兄弟皆明略絶羣。創基立事，策之由也，自臨終之日，顧命委權。夫意氣之間，猶有刎頸，況天倫之篤愛，豪達之英鑑，豈吝名號於既往，違本情之至實哉？抑將遠思虛盈之數，而慎其名器者乎？夫正本定名，為國之大防；杜絶疑貳，消釁之良謨。是故魯隱矜義，終致羽父之禍；宋宣懷仁，卒有殤公之哀。皆心存小善，而不達經綸之圖；求譽當年，而不思貽厥之謀。可謂輕千乘之國，蹈道則未也。孫氏因擾攘之際，得奮其縱横之志，業非積德之基，邦無磐石之固，勢一則祿祚可終，情乖則禍亂塵起，安可不防微於未兆，慮難於將來？壯哉！策為首事之君，有吳開國之主；將相在列，皆其舊也，而嗣子弱劣，析薪弗荷，奉援則魯桓、田市之難作，崇之則與夷、子馮之禍興。是以正名定本，使貴賤殊邈，然後國無陵肆之責，後嗣罔猜忌之嫌，羣情絶異端之論，不逞杜覬覦之心；於情雖違，於事雖儉，至於括囊遠圖，永保維城，可謂為之於其未有，治之於其未亂者也。陳氏之評，其未達乎！

又 卷四七《吳志·吳主傳論》 孫權屈身忍辱，任才尚計，有句踐之奇英，人之傑矣。故能自擅江表，成鼎峙之業。

又 卷四九《吳志·劉繇太史慈傳論》 劉繇藻厲名行，好尚臧否，至於擾攘之時，據萬里之土，非其長也。太史慈信義篤烈，有古人之分。

又 卷五一《吳志·孫靜等傳論》 夫親親恩義，古今之常。宗子維城，詩人所稱。況此諸孫，或贊興初基，或鎮據邊陲，克堪厥任，不忝其榮者乎！故詳著云。

清·王夫之《讀通鑑論》卷九《漢獻帝五》 孫堅之因袁術也，猶先主之因公孫瓚也，固未可深責者也。漢高帝嘗因項梁矣，唐高祖下李密而推之矣，以項氏世為楚將，而密以蒲山公之後，為天下所矜也。天下之初亂也，人猶重虛名以為所歸，故種師道衰老無能為，而金人猶憚之。袁氏四世五公之名，烜赫宇內，孫堅崛起，不能不藉焉。彼公孫瓚之區區，徒擁衆梟張耳，昭烈且為之下，而況術乎？

夫堅豈有術於心中者哉？賊未討，功未成，以長沙疏遠之守，為客將于中原，始繇術以立大勳，而速背之，則術必懷惎毒以撓堅之為；進與卓為敵，而退受術之掣，劉虞懷忠義而死于公孫瓚，職此繇也。使堅不死，得自達于長安，肯從術以逆終而為亂賊之爪牙乎？劉表之收荆州也，卓之命也，衆皆討卓而表不從，表有可討之罪焉；因袁術之隙而為之討表，實自討也。若堅者，雖不保其終之戴漢，而固未有瑕也，與術比而姑從之，惡足以病堅哉！

藝文

清·彭定求等《全唐詩》卷七二九《周曇〈三國門·魯肅〉》 輕財重義見英奇，聖主賢臣是所依。公瑾窘饑求子敬，一言纔起數船歸。

【略】

榜懸金價鬻官榮，千萬為公五百卿。公瑾孔明窮退者，安知高臥遇雄英。

又 卷七六七《孫元晏〈吳·黃金車〉》 分擘山河即漸開，許昌基業已傾頹。黃金車與斑斕耳，早個須知入讖來。

又 《魯肅指囷》 破產移家事亦難，佐吳從此霸江山。爭教不立功勳得，指出千囷如等閒。

又 《甘寧斫營》 夜深偷入魏軍營，滿寨驚忙火似星。百口寶刀千匹絹，也應消得與甘寧。

又 《張紘》 東部張公與衆殊，共施經略贊全吳。陳琳漫自稱雄伯，神氣應須怯大巫。

又 《孫堅后》 委存張公翊聖材，幾將賢德贊文臺。爭教不霸江山得，日月徵曾入夢來。

《全宋詩》卷八六二《蘇轍〈送魯有開中大知洺州次子瞻韻〉》 仲連雖不仕，而非綺與園。逡巡笑談間，屢解戰鬭繁。子敬識二孫，長揖鼓鞞喧。意氣感周郎，振策起江村。二賢繼英風，千載為高門。曾孫事仁祖，風義夙所敦。臺閣餘故事，父老稱遺言。白髮識公子，十載友元昆。

婆娑久不試，俯仰色愈温。五馬忽嘶鳴，朱輪夾征軒。旌旄隔河至，部曲幾人存。銅虎不可留，芻狗行當燔。秋潦決河防，遺黎化驚魂。憂心念千里，何暇把一樽。西城叩門别，南風吹帽翻。嗟我限出謁，未敢逾短垣。新晴水尚壯，想見民驚奔。安得萬丈堤，止此百里渾。姑爾救一境，誰當理其源。百聞貴一見，尺書為我論。

又　卷二六〇八《曾豐〈羅子琳謁趙香山得錢十緡米三石意若未滿以詩見報為賦四絶〉》　魯公乞米出於真，邂逅周瑜慷慨人。借謂囊猶未為瘦，懸知甑已不生塵。

又　卷二七三九《周南〈宿春谷〉》　猘兒總角交孫策，牛渚明年得小喬。邂逅英雄誰似此，向來州縣豈徒勞。

又　卷二八八〇《華岳〈有感〉》　千囷未必將軍喜，五斗難消令尹愁。若使淵明逢魯肅，折腰應到脚跟頭。

又　卷二八八四《華岳〈謝仵判院惠米〉》　溝壑膏粱總自招，仲尼陳蔡亦囂囂。不逢魯肅午囷指，空折淵明五斗腰。孤竹二飢知我意，蒼梧一飽為君謡。從今隻手摩挲腹，卻向顔門問一瓢。

又　卷三〇二一《釋永頤〈送王以通之官金陵〉》　伯符兄弟最英雄，千載青山繞故宫。宋祖只知曹馬事，齊高還與獍梟同。暮簾尚帶蘭陵怨，春水多愁舊壘未。

又　卷三六五一《陳普〈詠史下・魯肅〉》　龍虎鵷雛總可人，當陽傾蓋便關金。荆州尺寸都相付，始是當年子敬心。

《全宋詞》第三册《辛棄疾〈永遇樂・京口北固亭懷古〉》　千古江山，英雄無覓，孫仲謀處。舞榭歌臺，風流總被，雨打風吹去。斜陽草樹，尋常巷陌，人道寄奴曾住。想當年，金戈鐵馬，氣吞萬里如虎。元嘉草草，封狼居胥，贏得倉皇北顧。四十三年，望中猶記，烽火揚州路。可堪回首，佛狸祠下，一片神鴉社鼓。憑誰問：廉頗老矣，尚能飯否？

《全元詩》第四六册《姚文奂〈題二喬圖〉》　喬公二姝皆國色，一嫁周瑜一孫策。不緣烈火走曹瞞，鄴下三臺誇虜獲。洛京妝束絶世姿，春風繰繰柳腰肢。深閨娣妹共憐愛，畫史想像如當時。嗟嗟二婿人中傑，半道傷摧璚樹折。至今恨濃妾命薄，恨似沈沙未消鐵。《念奴嬌》詞歌一闋，愁絶東坡酹江月。

清・洪錫爵《訪吴奮武校尉魯子敬墓》　漢上西行問水濱，道旁青冢感吴臣。煌煌議論排迎敵，落落襟懷愛指囷。合榻幸逢孫討虜，叢祠近接息夫人。年年椒酒憑誰薦，蔓草荒煙臥石麟。

清・徐敦仁《經沙陀作》　一旅勤王卷甲趨，竟能殺賊入冤句。李花又結他家子，蒲草重生只眼符。徐績有功還賜姓，孫堅生子實開吴。搖鞭閒向沙陀過，猶見鴉軍日暮呼。

清・崔適《吴興懷古》　祖孫先後享殊榮，胙土分茅在此城。破虜起家歸命覆，大吴終始在烏程。

清・徐世昌《清詩匯》卷一一二《李蟠〈北固樓〉》　踏闊攀林興未休，茫茫吴越此登樓。微雲卷雨來京口，落日回光見泰州。城郭對分南北限，江山合抱古今流。仲謀往事無人問，鐵甕笳聲起暮愁。

雜録

《三國志》卷一三《魏志・華歆傳》　東至徐州，詔即拜（華）歆豫章太守，以為政清静不煩，吏民感而愛之。《魏略》曰：揚州刺史劉繇死，其衆原奉歆為主。歆以為因時擅命，非人臣之宜。衆守之連月，卒謝遣之，不從。孫策略地江東，歆知策善用兵，乃幅巾奉迎。策以其長者，待以上賓之禮。胡沖《吴曆》曰：孫策擊豫章，先遣虞翻説歆。歆答曰：『歆久在江表，常欲北歸；孫會稽來，吾便去也。』翻還報策，策乃進軍。歆葛巾迎策，策謂歆曰：『府君年德名望，遠近所歸；策年幼稚，宜修子弟之禮。』便向歆拜。華嶠《譜敍》曰：孫策略有揚州，盛兵徇豫章，一郡大恐。官屬請出郊迎，教曰：『無然。』策稍進，復白發兵，又不聽。及策至，一府皆造閣，請出避之。乃笑曰：『今將自來，何遽避之？』有頃，門下白曰：『孫將軍至。』請見，乃前與歆共坐，談議良久，夜乃别去。義士聞之，皆長歎息而心自服也。策遂親執子弟之禮，禮為上賓。是時四方賢士大夫避地江南者甚衆，皆出其下，人人望風。每策大會，坐上莫敢先發言，歆時起更衣，則論議讙譁。歆能劇飲，至石餘不亂，衆人微察，常以其整衣冠為異，江南號之曰『華獨坐』。虞溥《江表傳》曰：孫策在椒丘，遣虞翻説歆。翻既去，歆請功曹劉壹入議。壹勸歆住城，遣檄迎軍。歆曰：『吾雖劉刺史所置，上用，猶是剖符吏也。今從卿計，恐死有餘責矣。』壹曰：『王景興既漢朝所用，且爾時會稽人衆盛强，猶見原恕，明府何慮？』於是夜逆作檄，明旦出城，遣吏齎迎。策便進軍，與歆相見，待以上賓，接以朋友之禮。孫盛曰：夫大雅之處世也，必先審隱顯之期，以定出處之分，否則括囊以保其身，泰則行義以達其道。歆既無夷、皓韜邈之風，又失王臣匪躬之操，故撓心於邪儒之說，交臂於陵肆之徒，位奪於一豎，節墮於當時。昔許、蔡失位，不得列於諸侯；州公實來，魯人以為賤恥。方之於歆，咎孰大焉！後策死。太祖在官渡，表天子徵歆。孫權欲不遣，歆謂權曰：『將軍奉王命，始交好曹公，分義未固，使僕得為將軍效心，豈不有益乎？今空留僕，是為養無用之物，非將軍之良計也。』權悅，乃遣歆。

又《王朗傳》 以（程）昱為廣陵太守，（王）朗會稽太守。《朗家傳》曰：會稽舊祀秦始皇，刻木為像，與夏禹同廟。朗到官，以為無德之君，不應見祀，於是除之。居郡四年，惠愛在民。孫策渡江略地。朗功曹虞翻以為力不能拒，不如避之。朗自以身為漢吏，宜保城邑，遂舉兵與策戰，敗績，浮海至東冶。策又追擊，大破之。朗乃詣策。策以儒雅，詰讓而不害。《獻帝春秋》曰：孫策率軍如閩、越討朗。朗泛舟浮海，欲走交州，為兵所逼，遂詣軍降。策令使者詰朗曰：『問逆賊故會稽太守王朗：朗受國恩當官，云何不惟報德，而阻兵安忍？大軍征討，倖免梟夷，不自掃屏，復聚黨衆，屯住郡境。遠勞王誅，卒不悟順。捕得云降，庶以欺詐，用全首領，得爾與不，具以狀對。』朗稱禽虜，對使者曰：『朗以瑣才，誤竊朝私，受爵不讓，以遘罪網。前見征討，畏死苟免。因治人物，寄命須臾。又迫大兵，惶怖北引。從者疾患，死亡略盡。獨與老母，共乘一欄。流矢始交，便棄欄就俘，稽顙自首於徵役之中。朗惶惑不達，自稱降虜。緣前迷謬，被詰慚懼。朗愚淺駑怯，畏威自驚。又無良介，不早自歸。於破亡之中，然後委命下隸。身輕罪重，死有餘辜。申脰就鞅，蹴足入絆，叱吒聽聲，東西惟命。』【略】

太祖表徵之，朗自曲阿輾轉江海，積年乃至。朗被徵未至。孔融與朗書曰：『世路隔塞，情問斷絕，感懷增思。前見章表，知尋湯武罪己之迹，自投東裔同鯀之罰，覽省未周，涕隕潸然。主上寬仁，貴德宥過。曹公輔政，思賢並立。策書屢下，殷勤款至。知棹舟浮海，息駕廣陵，不意黄熊突出羽淵也。談笑有期，勉行自愛！』《漢晉春秋》曰：孫策之始得朗也，譴讓之。使張昭私問朗，朗誓不屈，策忿而不敢害也，留置曲阿。建安三年，太祖表徵朗，策遣之。太祖問曰：『孫策何以得至此邪？』朗曰：『策勇冠一世，有俊才大志。張子布，民之望也，北面而相之。周公瑾，江淮之傑，攘臂而為其將。謀而有成，所規不細，終為天下大賊，非徒狗盜而已。』

又　卷四九《吴志・太史慈傳》 揚州刺史劉繇與慈同郡，慈自遼東還，未與相見，暫渡江到曲阿見繇，未去，會孫策至。或勸繇可以慈為大將軍，繇曰：『我若用子義，許子將不當笑我邪？』但使慈偵視輕重。時獨與一騎卒遇策。策從騎十三，皆韓當、宋謙、黄蓋輩也。慈便前鬭，正與策對。策刺慈馬，而攬得慈項上手戟，慈亦得策兜鍪。會兩家兵騎並各來赴，於是解散。

慈當與繇俱奔豫章，而遁於蕪湖，亡入山中，稱丹楊太守。是時，策已平定宣城以東，惟涇以西六縣未服。慈因進住涇縣，立屯府，大為山越所附。策躬自攻討，遂見囚執。策即解縛，捉其手曰：『寧識神亭時邪？若卿爾時得我云何？』慈曰：『未可量也。』策大笑曰：『今日之事，當與卿共之。』《吴曆》云：慈於神亭戰敗，為策所執。策素聞其名，即解縛請見，咨問進取之術。慈答曰：『破軍之將，不足與論事。』策曰：『昔韓信定計於廣武，今策決疑於仁者，君何辭焉？』慈曰：『州軍新破，士卒離心，若儻分散，難復合聚；欲出宣恩安集，恐不合尊意。』策長跪答曰：『誠本心所望也。明日中，望君來還。』諸將皆疑，策曰：『太史子義，青州名士，以信義為先，終不欺策。』明日，大請諸將，豫設酒食，立竿視影。日中而慈至，策大悅，常與參論諸軍事。臣松之案《吴曆》云慈於神亭戰敗，為策所得，與本傳大異，疑為謬誤。《江表傳》曰：策問慈曰：『聞卿昔為太守劫州章，赴文舉，請詣玄德，皆有烈義，天下智士也，但所託未得其人。射鉤斬袪，古人不嫌。孤是卿知己，勿憂不如意也。』出教曰：『龍欲騰翥，先階尺木者也。』即署門下督，還吴授兵，拜折衝中郎將。後劉繇亡於豫章，士衆萬餘人未有所附，策命慈往撫安焉。《江表傳》曰：策謂慈曰：『劉牧往責吾為袁氏攻廬江，其意頗猥，理恕不足。何者？先君手下兵數千餘人，盡在公路許。孤志在立事，不得不屈意於公路，求索故兵，再往纔得千餘人耳。仍令孤攻廬江，爾時事勢，不得不為行。但其後不遵臣節，自棄作邪僭事，諫之不從。丈夫義交，苟有大故，不得不離，孤交求公路及絕之本末如此。今劉繇喪亡，恨不及其生時與共論辯。今兒子在豫章，不知華子魚待遇何如，其故復曲復依隨之否？卿則州人，昔又從事，寧能往視其兒子，並宣孤意於其部曲？部曲樂來者便與俱來，不樂來者且安慰之。並觀察子魚所以牧御方規何似，視廬陵、鄱陽人民親附之否？卿手下兵，宜將多少，自由意。』慈對曰：『慈有不赦之罪，將軍量同桓、文，待遇過望。古人報生以死，期於盡節，没而後已。今並息兵，兵不宜多，將數十人，自足以往還也。』左右皆曰：『慈必北去不還。』策曰：『子義捨我，當復與誰？』餞送昌門，把腕别曰：『何時能還？』答曰：『不過六十日。』果如期而反。《江表傳》曰：策初遣慈，議者紛紜，謂慈未可信，或云與華子魚州里，恐留彼為籌策，或疑慈西託黄祖，假路還北，多言遣之非計。策曰：『諸君語皆非也，孤斷之詳矣。太史子義雖氣勇有膽烈，然非縱横之人。其心有士謨，志經道義，貴重然諾，一以意許知己，死亡不相負，諸君勿復憂也。』慈從豫章還，議者乃始服。慈見策曰：『華子魚良德也，然非籌略才，無他方規，自守而已。又丹楊僮芝自擅廬陵，詐言被詔書為太守。鄱陽民帥别立宗部，阻兵守界，不受子魚所遣長吏，言「我以别立郡，須漢遣真太守來，當迎之耳」。子魚不但不能諧廬陵、鄱陽，近自海昏有上繚壁，有五六千家相結聚作宗伍，惟輸租布於郡耳，發召一人遂不可得，子魚亦睹視之而已。』策拊掌大笑，（仍）有兼并之志矣。頃之，遂定豫章。

劉表從子磐，驍勇，數為寇於艾、西安諸縣。策於是分海昏、建昌左右六縣，以慈為建昌都尉，治海昏，并督諸將拒磐。磐絶迹不復為寇。

慈長七尺七寸，美須髯，猿臂善射，弦不虚發。嘗從策討麻保賊，賊於屯裏緣樓上行詈，以手持樓棼，慈引弓射之，矢貫手著棼，圍外萬人莫不稱善。其妙如此。曹公聞其名，遺慈書，以篋封之，發省無所道，而但貯當歸。孫權統事，以慈能制磐，遂委南方之事。年四十一，建安十一年卒。《吴書》曰：慈臨亡，歎息曰：『丈夫生世，當帶七尺之劍，以升天子之階。今所志未從，奈何而死乎！』權甚悼惜之。子享，官至越騎校尉。《吴書》曰：享字元復，歷尚書、吴郡太守。

又　卷五〇《吴志·孫破虜吴夫人傳》　孫破虜吴夫人，吴主權母也。本吴人，徙錢唐，早失父母，與弟景居。孫堅聞其才貌，欲娶之。吴氏親戚嫌堅輕狡，將拒焉，堅甚以慚恨。夫人謂親戚曰：『何愛一女以取禍乎？如有不遇，命也。』於是遂許為婚，生四男一女。《搜神記》曰：初，夫人孕而夢月入其懷，既而生策。及權在孕，又夢日入其懷，以告堅曰：『昔妊策，夢月入我懷，今也又夢日入我懷，何也？』堅曰：『日月者陰陽之精，極貴之象，吾子孫其興乎！』

景常隨堅征伐有功，拜騎都尉。袁術上景領丹楊太守，討故太守周昕，遂據其郡。孫策與孫河、呂範依景，合衆共討涇縣山賊祖郎，郎敗走。會為劉繇所迫，景復北依術，術以為督軍中郎將，與孫賁共討樊能、於麋於横江，又擊笮融、薛禮於秣陵。時策被創牛渚，降賊復反，景攻討，盡禽之。從討劉繇，繇奔豫章，策遣景、賁到壽春報術。術方與劉備爭徐州，以景為廣陵太守。術後僭號，策以書喻術，術不納，便絶江津，不與通，使人告景。景即委郡東歸，策復以景為丹楊太守。漢遣議郎王誧銜命南行，表景為揚武將軍，領郡如故。

及權少年統業，夫人助治軍國，甚有補益。《會稽典録》曰：策功曹魏騰，以迕意見譴，將殺之，士大夫憂恐，計無所出。夫人乃倚大井而謂策曰：『汝新造江南，其事未集，方當優賢禮士，舍過録功。魏功曹在公盡規，汝今日殺之，則明日人皆叛汝。吾不忍見禍之及，當先投此井中耳。』策大驚，遽釋騰。夫人智略權譎，類皆如此。建安七年，臨薨，引見張昭等，屬以後事，合葬高陵。《志林》曰：按《會稽貢舉簿》，建安十二年到十三年闕，無舉者，云府君遭憂，此則吴後以十二年薨也。八年九年皆有貢舉，斯甚分明。

八年，景卒官，子奮授兵為將，封新亭侯，卒。《吴書》曰：權征荆州，拜奮吴郡都督，以鎮東方。《吴書》曰：祺與張温、顧譚友善，權令關平辭訟事。

又　《吴主權徐夫人傳》　吴主權徐夫人，吴郡富春人也。祖父真，與權父堅相親，堅以妹妻真，生琨。琨少仕州郡，漢末擾亂，去吏，隨堅征伐有功，拜偏將軍。堅薨，隨孫策討樊能、於麋等於横江，擊張英於當利口，而船少，欲駐軍更求。琨母時在軍中，謂琨曰：『恐州家多發水軍來逆人，則不利矣，如何可駐邪？宜伐蘆葦以為泭，佐船渡軍。』郭璞注方言曰：『泭，水中簰也。』琨具啓策，策即行之，衆悉俱濟，遂破英，擊走笮融、劉繇，事業克定。策表琨領丹楊太守，會吴景委廣陵來東，復為丹楊守，《江表傳》曰：初，袁術遣從弟胤為丹楊，策令琨討而代之。會景還，以景前在（仕）丹楊，寬仁得衆，吏民所思，而琨手下兵多，策嫌其太重，且方攻伐，宜得琨衆，乃復用景，召琨還吴。琨以督軍中郎將領兵，從破廬江太守李術，封廣德侯，遷平虜將軍。後從討黄祖，中流矢卒。

琨生夫人，初適同郡陸尚。尚卒，權為討虜將軍在吴，聘以為妃，使母養子登。後權遷移，以夫人妒忌，廢處吴。積十餘年，權為吴王及即尊號，登為太子，羣臣請立夫人為後，權意在步氏，卒不許。後以疾卒。兄矯，嗣父琨侯，討平山越，拜偏將軍，先夫人卒，無子。弟祚襲封，亦以戰功至（於）蕪湖督、平魏將軍。

又　卷五一《吴志·孫静等傳》　孫静字幼臺，堅季弟也。堅始舉事，靜糾合鄉曲及宗室五六百人以為保障，衆咸附焉。策破劉繇，定諸縣，進攻會稽，遣人請靜，靜將家屬與策會于錢唐。是時太守王朗拒策於固陵，策數度水戰，不能克。靜說策曰：『朗負阻城守，難可卒拔。查瀆南去此數十里，而道之要徑也，宜從彼據其內，所謂攻其無備、出其不意者也。吾當自帥衆為軍前隊，破之必矣。』策曰：『善。』乃詐令軍中曰：『頃連雨水濁，兵飲之多腹痛，令促具罌缶數百口澄水。』至昏暮，羅以然火誑朗，便分軍夜投查瀆道，襲高遷屯。臣松之案：今永興縣有高遷橋。朗大驚，遣故丹楊太守周昕等帥兵前戰。策破昕等，斬之，遂定會稽。《會稽典録》曰：昕字大明。少游京師，師事太傅陳蕃，博覽羣書，明於風角，善推灾異。辟太尉府，舉高第，稍遷丹楊太守。曹公起義兵，昕前後遣兵萬餘人助公征伐。袁術之在淮南也，昕惡其淫虐，絕不與通。《獻帝春秋》曰：袁術遣吳景攻昕，未拔，景乃募百姓敢從周昕者死不赦。昕曰：『我則不德，百姓何罪？』遂散兵，還本郡。表拜靜為奮武校尉，欲授之重任，靜戀墳墓宗族，不樂出仕，求留鎮守。策從之。權統事，就遷昭義中郎將，終於家。有五子，暠、瑜、皎、奐、謙。暠三子：綽、超、恭。超為偏將軍。恭生峻。綽生綝。

瑜字仲異，以恭義校尉始領兵衆。是時賓客諸將多江西人，瑜虛心綏撫，得其歡心。建安九年，領丹楊太守，為衆所附，至萬餘人。加綏遠將軍。十一年，與周瑜共討麻、保二屯，破之。【略】

孫賁字伯陽。父羌字（聖壹）［聖臺］，堅同產兄也。賁早失二親，弟輔嬰孩，賁自贍育，友愛甚篤。為郡督郵守長。堅於長沙舉義兵，賁去吏從征伐。堅薨，賁攝帥餘衆，扶送靈柩。後袁術徙壽春，賁又依之。術從兄紹用會稽周昂為九江太守，紹與術不協，術遣賁攻破昂於陰陵。術表賁領豫州刺史，轉丹楊都尉，行征虜將軍，討平山越。為揚州刺史劉繇所迫逐，因將士衆還住歷陽。頃之，術復使賁與吳景共擊樊能、張英等，未能拔。及策東渡，助賁、景破英、能等，遂進擊劉繇。繇走豫章。策遣賁、景還壽春報術，值術僭號，署置百官，除賁九江太守。賁不就，棄妻孥還江南。《江表傳》曰：袁術以吳景守廣陵，策族兄香亦為術所用，作汝南太守，而令賁為將軍，領兵在壽春。策與景等書曰：『今征江東，未知二三君意云何耳？』景即棄守歸，賁困而後免，香以道遠獨不得還。《吳書》曰：香字文陽。父孺，字仲孺，堅再從弟也，仕郡主簿功曹。香從堅征伐有功，拜郎中。後為袁術驅馳，加征南將軍，死於壽春。時策已平吳、會二郡，賁與策征廬江太守劉勳、江夏太守黃祖，軍旋，聞繇病死，過定豫章，上賁領太守，《江表傳》曰：時丹楊僮芝自署廬陵太守，策留賁弟輔領兵住南昌，策謂賁曰：『兄今據豫章，是扼僮芝咽喉而守其門户矣。但當伺其形便，因令國儀杖兵而進，使公瑾為作勢援，一舉可定也。』後賁聞芝病，即如策計。周瑜到巴兵，輔遂得進據廬陵。後封都亭侯。建安十三年，使者劉隱奉詔拜賁為征虜將軍，領郡如故。在官十一年卒。【略】

孫輔字國儀，賁弟也，以揚武校尉佐孫策平三郡。策討丹楊七縣，使輔西屯歷陽以拒袁術，並招誘餘民，鳩合遺散。又從策討陵陽，生得祖郎等。《江表傳》曰：策既平定江東，逐袁胤。袁術深怨策，乃陰遣間使齎印綬與丹楊宗帥陵陽祖郎等，使激動山越，大合衆，圖共攻策。策自率將士討郎，生獲之。策謂郎曰：『爾昔襲擊孤，斫孤馬鞍，今創軍立事，除棄宿恨，惟取能用，與天下通耳。非但汝，汝莫恐怖。』郎叩頭謝罪。即破械，賜衣服，署門下賊曹。及軍還，郎與太史慈俱在前導軍，人以為榮。策西襲廬江太守劉勳，輔隨從，身先士卒，有功。策立輔為廬陵太守，撫定屬城，分置長吏。遷平南將軍，假節領交州刺史。遣使與曹公相聞，事覺，權幽繫之。《典略》曰：輔恐權不能保守江東，因權出行東冶，乃遣人齎書呼曹公。行人以告，權乃還，偽若不知，與張昭共見輔，權謂輔曰：『兄厭樂邪，何為呼他人？』輔云無是。權因投書與昭，昭示輔，輔慚無辭。乃悉斬輔親近，分其部曲，徙輔置東。數歲卒。【略】

孫翊字叔弼，權弟也，驍悍果烈，有兄策風。太守朱治舉孝廉，司空辟。《典略》曰：翊名儼，性似策。策臨卒，張昭等謂策當以兵屬儼，而策呼權，佩以印綬。建安八年，以偏將軍領丹楊太守，時年二十。後卒為左右邊鴻所殺，鴻亦即誅。【略】

孫韶字公禮。伯父河，字伯海，本姓俞氏，亦吳人也。孫策愛之，賜姓為孫，列之屬籍。《吳書》曰：河，堅族子也，出後姑俞氏，後復姓為孫。河質性忠直，訥言敏行，有氣幹，能服勤。少從堅征討，常為前驅，後領左右兵，典知內事，待以腹心之任。又從策平定吳、會，從權討李術，術破，拜威寇中郎將，領廬江太守。後為將軍，屯京城。

初，孫權殺吳郡太守盛憲，《會稽典録》曰：憲字孝章，器量雅偉，舉孝廉，補尚書郎，稍遷吳郡太守，以疾去官。孫策平定吳、會，誅其英豪，憲素有高名，策深忌之。初，憲與少府孔融善，融憂其不免禍，乃與曹公書曰：『歲月不居，時節如流，五十之年，忽焉已至。公為始滿，融又過二，海內知識，零落殆盡，惟會稽盛孝章尚存。其人困於孫氏，妻孥湮沒，單孑獨立，孤危愁苦，若使憂能傷人，此子不得復永年矣。《春秋》傳曰：「諸侯有相滅亡者，桓公不能救，則桓公恥之。」今孝章實丈夫之雄也，天下譚士依以揚聲，而身不免於幽執，命不期於旦夕，是吾祖不當復論損益之友，而朱穆所以絕交也。公誠能馳一介之使，加咫尺之書，則孝章可致，友道可弘也。今之少年，喜謗前輩，或能譏平皮柄反。孝章；孝章要為有天下大名，九牧之民所共稱歎。燕君市駿馬之骨，非欲以騁道里，乃當以招絕足也。惟公匡復漢室，宗社將絕，又能正之，正之之術，實須得賢。珠玉無脛而自至者，以人好之也，況賢者之有足乎？昭王築臺以尊郭隗，隗雖小才，而逢大遇，竟能發明主之至心，故樂毅自魏往，劇辛自趙往，鄒衍自齊往。鄉使郭隗倒縣而王不解，臨溺而王不拯，則士亦將高翔遠引，莫有北首燕路者矣。凡所稱引，自公所知，而有云者，欲公崇篤斯義也，因表不悉。』由是徵為騎都尉。制命未至，果為權所害。子匡奔魏，位至征東司馬。憲故孝廉嬀覽、戴員亡匿山中，孫翊為丹楊，皆禮致之。覽為大都督督兵，員為郡丞。及翊遇害，河馳赴宛陵，責怒覽、員，以不能全權，令使姦變得施。二人議曰：『伯海與將軍疏遠，而責我乃耳。討虜若來，吾屬無遺矣。』遂殺河，使人北迎揚州刺史劉馥，令住歷陽，以丹楊應之。會翊帳下徐元、孫高、傅嬰等殺覽、員。《吳曆》曰：嬀覽、戴員親近邊洪等，數為翊所困，常欲叛逆，因吳主出征，遂其姦計。時諸縣令長並會見翊，翊以妻徐氏頗曉卜，翊入語徐：『吾明日欲為長吏作主人，卿試卜之。』徐言：『卦不能佳，可須異日。』翊以長吏來久，宜速遣，乃大請賓客。翊出入常持刀，爾時有酒色，空手送客，洪從後斫翊，郡中擾亂，無救翊者，遂為洪所殺，迸走入山。徐氏購募追捕，中宿乃得，覽、員歸罪殺洪。諸將皆知覽、員所為，而力不能討。覽入居軍府中，悉取翊嬪妾及左右侍御，欲復取徐。恐逆之見害，乃紿之曰：『乞須晦日設祭除服。』時月垂竟，覽聽須祭畢。徐潛使所親信語翊親近舊將孫高、傅嬰等，說：『覽已虜略婢妾，今又欲見偪，所以外許之者，欲安其意以免禍耳。欲立微計，原二君哀救。』高、嬰涕泣答言：『受府君恩遇，所以不即死難者，以死無益，欲思惟事計，事計未立，未敢啓夫人耳。今日之事，實夙夜所懷也。』乃密呼翊時侍養者二十餘人，以徐意語之，共盟誓，合謀。到晦日，設祭，徐氏哭泣盡哀畢，乃除服，薰香沐浴，更於他室，安施幃帳，言笑歡悅，示無戚容。大小悽愴，怪其如此。覽密覘視，無復疑意。徐呼高、嬰與諸婢羅住户內，使人報覽，

說已除凶即吉，惟府君敕命。覽盛意入，徐出户拜。覽適得一拜，徐便大呼：『二君可起！』高、嬰俱出，共得殺覽，餘人即就外殺員。夫人乃還縗絰，奉覽、員首以祭翊墓。舉軍震駭，以為神異。吳主續至，悉族誅覽、員餘黨，擢高、嬰為牙門，其餘皆加賜金帛，殊其門户。

韶年十七，收河餘衆，繕治京城，起樓櫓，脩器備以禦敵。權聞亂，從椒丘還，過定丹楊，引軍歸吳。夜至京城下營，試攻驚之，兵皆乘城傳檄備警，讙聲動地，頗射外人，權使曉喻乃止。明日見韶，甚器之，即拜承烈校尉，統河部曲，食曲阿、丹徒二縣，自置長吏，一如河舊。後為廣陵太守、偏將軍。

又　卷五二《吳志・張昭傳》　張昭字子布，彭城人也。少好學，善隸書，從白侯子安受《左氏春秋》，博覽衆書，與琅邪趙昱、東海王朗俱發名友善。弱冠察孝廉，不就，與朗共論舊君諱事，州里才士陳琳等皆稱善之。時汝南主簿應劭議宜為舊君諱，論者皆互有異同，事在《風俗通》。昭著論曰：『客有見大國之議，士君子之論，云起元建武已來，舊君名諱五十六人，以為後生不得協也。取乎經論，譬諸行事，義高辭麗，甚可嘉羨。愚意褊淺，竊有疑焉。蓋乾坤剖分，萬物定形，肇有父子君臣之經。故聖人順天之性，制禮尚敬，在三之義，君實食之，在喪之哀，君親臨之，厚莫重焉，恩莫大焉，誠臣子所尊仰，萬夫所天恃，焉得而同之哉？然親親有衰，尊尊有殺，故禮服上不盡高祖，下不盡玄孫。又傳記四世而緦麻，服之窮也；五世袒免，降殺同姓也；六世而親屬竭矣。又曲禮有不逮事之義則不諱，不諱者，蓋名之謂，屬絕之義，不拘於協，況乃古君五十六哉！邾子會盟，季友來歸，不稱其名，咸書字者，是時魯人嘉之也。何解臣子為君父諱乎？周穆王諱滿，至定王時有王孫滿者，其為大夫，是臣協君也。又厲王諱胡，及莊王之子名胡，其比衆多。夫類事建議，經有明據，傳有徵案，然後進攻退守，萬無奔北，垂示百世，永無咎失。今應劭雖上尊舊君之名，而下無所斷齊，猶歸之疑云。曲禮之篇，疑事無質，觀省上下，闕義自證，文辭可為，倡而不法，將來何觀？言聲一放，猶拾瀋也，過辭在前，悔其何追！』刺史陶謙舉茂才，不應，謙以為輕己，遂見拘執。昱傾身營救，方以得免。漢末大亂，徐方士民多避難揚土，昭皆南渡江。孫策創業，命昭為長史、撫軍中郎將，升堂拜母，如比肩之舊，文武之事，一以委昭。《吳書》曰：策得昭甚悅，謂曰：『吾方有事四方，以士人賢者上，吾於子不得輕矣。』乃上為校尉，待以師友之禮。昭每得北方士大夫書疏，專歸美於昭，

昭欲嘿而不宣則懼有私，宣之則恐非宜，進退不安。策聞之，歡笑曰：『昔管仲相齊，一則仲父，二則仲父，而桓公為霸者宗。今子布賢，我能用之，其功名獨不在我乎！』

策臨亡，以弟權託昭，昭率羣僚立而輔之。《吳曆》曰：策謂昭曰：『若仲謀不任事者，君便自取之。正復不克捷，緩步西歸，亦無所慮。』上表漢室，下移屬城，中外將校，各令奉職。權悲感未視事，昭謂權曰：『夫為人後者，貴能負荷先軌，克昌堂構，以成勳業也。方今天下鼎沸，羣盜滿山，孝廉何得寢伏哀戚，肆匹夫之情哉？』乃身自扶權上馬，陳兵而出，然後衆心知有所歸。昭復為權長史，授任如前。《吳書》曰：是時天下分裂，擅命者衆。孫策涖事日淺，恩澤未洽，一旦傾隕，士民狼狽，頗有同異。及昭輔權，綏撫百姓，諸侯賓旅寄寓之士，得用自安。權每出征，留昭鎮守，領幕府事。後黄巾賊起，昭討平之。權征合肥，命昭別討匡琦，又督領諸將，攻破豫章賊率周鳳等於南城。自此希復將帥，常在左右，為謀謨臣。權以昭舊臣，待遇尤重。後劉備表權行車騎將軍，昭為軍師。

又　《諸葛瑾傳》　諸葛瑾字子瑜，琅邪陽都人也。《吳書》曰：其先葛氏，本琅邪諸縣人，後徙陽都。陽都先有姓葛者，時人謂之諸葛，因以為氏。瑾少游京師，治《毛詩》、《尚書》、《左氏春秋》。遭母憂，居喪至孝，事繼母恭謹，甚得人子之道。《風俗通》曰：葛嬰為陳涉將軍，有功而誅，孝文帝追録，封其孫諸縣侯，因並氏焉。此與《吳書》所說不同。漢末避亂江東。值孫策卒，孫權姊婿曲阿弘咨見而異之，薦之於權，與魯肅等並見賓待，後為權長史，轉中司馬。

又　卷五三《吳志·張紘傳》　張紘字子綱，廣陵人。【略】避難江東。孫策創業，遂委質焉。表為正議校尉，《吳書》曰：紘與張昭並與參謀，常令一人居守，一人從征討，後呂布襲取徐州，因為之牧，不欲令紘與策從事。追舉茂才，移書發遣紘。紘心惡布，耻為之屈。策亦重惜紘，欲以自輔。答記不遣，曰：『海產明珠，所在為寶，楚雖有才，晉實用之。英偉君子，所游見珍，何必本州哉？』從討丹楊。策身臨行陳，紘諫曰：『夫主將乃籌謨之所自出，三軍之所繫命也，不宜輕脫，自敵小寇。原麾下重天授之姿，副四海之望，無令國內上下危懼。』

建安四年，策遣紘奉章至許宮，留為侍御史。少府孔融等皆與親善。《吳書》曰：紘至，與在朝公卿及知舊述策材略絕異，平定三郡，風行草偃，加以忠敬款誠，乃心王室。時曹公為司空，欲加恩厚，以悅遠人，至乃優文褒崇，改號加封，辟紘為掾，舉高第，補侍御史，後以紘為九江太守。紘心戀舊恩，思還反命，以疾固辭。曹公聞策薨，欲因喪伐吳。紘諫，以為乘人之喪，既非古義，若其不克，成讎棄好，不如因而厚之。曹公從其言，即表權為討虜將軍，領會稽太守。曹公欲令紘輔權內附，出紘為會稽東部都尉。《吳書》曰：權初承統，春秋方富，太夫人以方外多難，深懷憂勞，數有優令辭謝，付屬以輔助之義。紘輒拜箋答謝，思惟補察。每有異事密計及章表書記，與四方交結，常令紘與張昭草創撰作。紘以破虜有破走董卓，扶持漢室之勳；討逆平定江外，建立大業，宜有紀頌以昭公義。既成，呈權，權省讀悲感，曰：『君真識孤家門閥閲也。』乃遣紘之部。或以紘本受北任，嫌其志趣不止於此，權不以介意。初，琅邪趙昱為廣陵太守，察紘孝廉，昱後為笮融所殺，紘甚傷憤，而力不能討。昱門户絕滅，及紘在東部，遣主簿至琅邪設祭，並求親戚為之後，以書屬琅邪相臧宣，宣以趙宗中五歲男奉昱祀，權聞而嘉之。及討江夏，以東部少事，命紘居守，遥領所職。孔融遺紘書曰：『聞大軍西征，足下留鎮。不有居者，誰守社稷？深固折衝，亦大勳也。無乃李廣之氣，倉發益怒，樂一當單于，以盡餘憤乎？南北並定，世將無事，孫叔投戈，絳、灌俎豆，亦在今日，但用離析，無緣會面，為愁歎耳。道直途清，相見豈復難哉？』權以紘有鎮守之勞，欲論功加賞。紘厚自挹損，不敢蒙寵，權不奪其志。每從容侍燕，微言密指，常有以規諷。《江表傳》曰：初，權於羣臣多呼其字，惟呼張昭曰張公，紘曰東部，所以重二人也。

又　卷五四《吳志·周瑜傳》　初，孫堅興義兵討董卓，徙家於舒。堅子策與瑜同年，獨相友善，瑜推道南大宅以舍策，升堂拜母，有無通共。瑜從父尚為丹楊太守，瑜往省之。會策將東渡，到歷陽，馳書報瑜，瑜將兵迎策。策大喜曰：『吾得卿，諧也。』遂從攻横江、當利，皆拔之。乃渡擊秣陵，破笮融、薛禮，轉下湖孰、江乘，進入曲阿，劉繇奔走，而策之衆已數萬矣。因謂瑜曰：『吾以此衆取吳會平山越已足。卿還鎮丹楊。』瑜還。頃之，袁術遣從弟胤代尚為太守，而瑜與尚俱還壽春。術欲以瑜為將，瑜觀術終無所成，故求為居巢長，欲假塗東歸，術聽之。遂自居巢還吳。是歲，建安三年也。策親自迎瑜，授建威中郎將，即與兵二千人，騎五十匹。《江表傳》曰：策又給瑜鼓吹，為治館舍，贈賜莫與為比。策令曰：『周公瑾英俊異才，與孤有總角之好，骨肉之分。如前在丹楊，發衆及船糧以濟大事，論德酬功，此未足以報者也。』瑜時年二十四，吳中皆呼為周郎。以瑜恩信著於廬江，出備牛渚，後領春穀長。頃之，策欲取荊州，以瑜為中護軍，領江夏太守，從攻皖，拔之。時得橋公兩女，皆國色也。策自納大橋，瑜納小橋。《江表傳》曰：策從容戲瑜曰：『橋公二女雖流離，得吾二人作婿，亦足為歡。』復進尋陽，破劉勳，討江夏，還定豫章、廬陵，留鎮巴丘。臣松之案：孫策于時始得豫章、廬陵，尚未能得定江夏。瑜之所鎮，應在今巴丘縣也，與後所（平）巴丘處不同。

五年，策薨，權統事。瑜將兵赴喪，遂留吳，以中護軍與長史張昭共掌衆事。《江表傳》曰：曹公新破袁紹，兵威日盛，建安七年，下書責權質任子。權召羣臣會議，張昭、秦松等猶豫不能決，權意不欲遣質，乃獨將瑜詣母前定議，瑜曰：『昔楚國初封於荊山之側，不滿百里之地，繼嗣賢能，廣土開境，立基於郢，遂據荊楊，至於南海，傳業延祚，九百餘年。今將軍承父兄餘資，兼六郡之衆，兵精糧多，將士用命，鑄山為銅，煮海為鹽，境內富饒，人不思亂，汎舟舉帆，朝發夕到，士風勁勇，所向無敵，有何偪迫，而欲送質？質一入，不得不與曹氏相首尾，與相首尾，則命召不得不往，便見制於人也。極不過一侯印，僕從十餘人，車數乘，馬數匹，豈與南面稱孤同哉？不如勿遣，徐觀其變。若曹氏能率義以正天下，將軍事之未晚。若圖為暴亂，兵猶火也，不戢將自焚。將軍韜勇抗威，以待天命，何送質之有！』權母曰：『公瑾議是也。公瑾與伯符同年，小一月耳，我視之如子也，汝其兄事之。』遂不送質。十一年，督孫瑜等討麻、保二屯，梟其渠帥，囚俘萬餘口，還備（官亭）［宮亭］。江夏太守黃祖遣將鄧龍將兵數千人入柴桑，瑜追討擊，生虜龍送吳。十三年春，權討江夏，瑜為前部大督。

又《魯肅傳》　袁術聞其名，就署東城長。肅見術無綱紀，不足與立事，乃攜老弱將輕俠少年百餘人，南到居巢就瑜。瑜之東渡，因與同行，《吳書》曰：肅體貌魁奇，少有壯節，好為奇計。天下將亂，乃學擊劍騎射，招聚少年，給其衣食，往來南山中射獵，陰相部勒，講武習兵。父老咸曰：『魯氏世衰，乃生此狂兒！』後雄傑並起，中州擾亂，肅乃命其屬曰：『中國失綱，寇賊橫暴，淮、泗間非遺種之地，吾聞江東沃野萬里，民富兵强，可以避害，寧肯相隨俱至樂土，以觀時變乎？』其屬皆從命。乃使細弱在前，强壯在後，男女三百餘人行。州追騎至，肅等徐行，勒兵持滿，謂之曰：『卿等丈夫，當解大數。今日天下兵亂，有功弗賞，不追無罰，何為相偪乎？』又自植盾，引弓射之，矢皆洞貫。騎既嘉肅言，且度不能制，乃相率還。肅渡江往見策，策亦雅奇之。留家曲阿。會祖母亡，還葬東城。

劉子揚與肅友善，遺肅書曰：『方今天下豪傑並起，吾子姿才，尤宜今日。急還迎老母，無事滯於東城。近鄭寶者，今在巢湖，擁衆萬餘，處地肥饒，廬江間人多依就之，況吾徒乎？觀其形勢，又可博集，時不可失，足下速之。』肅答然其計。葬畢還曲阿，欲北行。會瑜已徙肅母到吳，肅具以狀語瑜。時孫策已薨，權尚住吳，瑜謂肅曰：『昔馬援答光武云「當今之世，非但君擇臣，臣亦擇君」。今主人親賢貴士，納奇録異，且吾聞先哲秘論，承運代劉氏者，必興于東南，推步事勢，當其歷數。終構帝基，以協天符，是烈士攀龍附鳳馳騖之秋。吾方達此，足下不須以子揚之言介意也。』肅從其言。瑜因薦肅才宜佐時，當廣求其比，以成功業，不可令去也。

權即見肅，與語甚悅之。衆賓罷退，肅亦辭出，乃獨引肅還，合榻對飲。因密議曰：『今漢室傾危，四方雲擾，孤承父兄餘業，思有桓文之功。君既惠顧，何以佐之？』肅對曰：『昔高帝區區欲尊事義帝而不獲者，以項羽為害也。今之曹操，猶昔項羽，將軍何由得為桓文乎？肅竊料之，漢室不可復興，曹操不可卒除。為將軍計，惟有鼎足江東，以觀天下之釁。規模如此，亦自無嫌。何者？北方誠多務也。因其多務，剿除黃祖，進伐劉表，竟長江所極，據而有之，然後建號帝王以圖天下，此高帝之業也。』權曰：『今盡力一方，冀以輔漢耳，此言非所及也。』張昭非肅謙下不足，頗訾毀之，云肅年少粗疏，未可用。權不以介意，益貴重之，賜肅母衣服幃帳，居處雜物，富擬其舊。

又《呂蒙傳》　呂蒙字子明，汝南富陂人也。少南渡，依姊夫鄧當。當為孫策將，數討山越。【略】

數歲，鄧當死，張昭薦蒙代當，拜別部司馬。權統事，料諸小將兵少而用薄者，欲併合之。蒙陰賒貰，為兵作絳衣行縢，及簡日，陳列赫然，兵人練習，權見之大悅，增其兵。從討丹楊，所向有功，拜平北都尉，領廣德長。

從征黃祖，祖令都督陳就逆以水軍出戰。蒙勒前鋒，親梟就首，將士乘勝，進攻其城。祖聞就死，委城走，兵追禽之。權曰：『事之克，由陳就先獲也。』以蒙為橫野中郎將，賜錢千萬。

又　卷五五《吳志·程普傳》　程普字德謀，右北平土垠人也。初為州郡吏，有容貌計略，善於應對。從孫堅征伐，討黄巾於宛、鄧，破董卓於陽人，攻城野戰，身被創夷。

堅薨，復隨孫策在淮南，從攻廬江，拔之，還俱東渡。策到横江、當利，破張英、於麋等，轉下秣陵、湖孰、句容、曲阿，普皆有功，增兵二千，騎五十匹。進破烏程、石木、波門、陵傳、餘亢，普功為多。策入會稽，以普為吳郡都尉，治錢唐。後徙丹楊都尉，居石城。復討宣城、涇、安吳、陵陽、春谷諸賊，皆破之。策嘗攻祖郎，大為所圍，普與一騎共蔽扞策，驅馬疾呼，以矛突賊，賊披，策因隨出。後拜蕩寇中郎將，領零陵太守，從討劉勳於尋陽，進攻黄祖於沙羡，還鎮石城。

策薨，與張昭等共輔孫權，遂周旋三郡，平討不服。又從征江夏，還過豫章，別討樂安。樂安平定，代太史慈備海昏。

又《黄蓋傳》　黄蓋字公覆，零陵泉陵人也。初為郡吏，察孝廉，辟公府。孫堅舉義兵，蓋從之。堅南破山賊，北走董卓，拜蓋別部司馬。堅薨，蓋隨策及權，擐甲周旋，蹈刃屠城。

諸山越不賓，有寇難之縣，輒用蓋為守長。石城縣吏，特難檢御，蓋乃署兩掾，分主諸曹。教曰：『令長不德，徒以武功為官，不以文吏為稱。今賊寇未平，有軍旅之務，一以文書委付兩掾，當檢攝諸曹，糾擿謬誤。兩掾所署，事入諾出，若有奸欺，終不加以鞭杖，宜各盡心，無為衆先。』初皆布威，夙夜恭職；久之，吏以蓋不視文書，漸容人事。蓋亦嫌外懈怠，時有所省，各得兩掾不奉法數事。乃悉請諸掾吏，賜酒食，因出事詰問。兩掾辭屈，皆叩頭謝罪。蓋曰：『前已相敕，終不以鞭杖相加，非相欺也。』遂殺之。縣中震栗。後轉春穀長，尋陽令。凡守九縣，所在平定。遷丹楊都尉，抑强扶弱，山越懷附。

蓋姿貌嚴毅，善於養衆，每所征討，士卒皆爭為先。

又《韓當傳》　韓當字義公，遼西令支人也。以便弓馬，有膂力，幸於孫堅，從征伐周旋，數犯危難，陷敵擒虜，為別部司馬。《吳書》曰：當勤苦有功，以軍旅陪隸，分於英豪，故爵位不加。終於堅世，為別部司馬。及孫策東渡，從討三郡，遷先登校尉，授兵二千，騎五十匹。從征劉勳，破黄祖，還討鄱陽，領樂安長，山越畏服。

又《周泰傳》　周泰字幼平，九江下蔡人也。與蔣欽隨孫策為左右，服事恭敬，數戰有功。策入會稽，署別部司馬，授兵。權愛其為人，請以自給。策討六縣山賊，權住宣城，使士自衛，不能千人，意尚忽略，不治圍落，而山賊數千人卒至。權始得上馬，而賊鋒刃已交於左右，或斫中馬鞍，衆莫能自定。惟泰奮激，投身衛權，膽氣倍人，左右由泰並能就戰。賊既解散，身被十二創，良久乃蘇。是日無泰，權幾危殆。策深德之，補春穀長。後從攻皖，及討江夏，還過豫章，復補宜春長，所在皆食其征賦。

從討黄祖有功。後與周瑜、程普拒曹公於赤壁，攻曹仁於南郡。荆州平定，將兵屯岑。曹公出濡須，泰復赴擊，曹公退，留督濡須，拜平虜將軍。時朱然、徐盛等皆在所部，並不伏也，權特為案行至濡須塢，因會諸將，大為酣樂。權自行酒到泰前，命泰解衣，權手自指其創痕，問以所起。泰輒記昔戰鬭處以對，畢，使復服，歡宴極夜。其明日，遣使者授以御蓋。《江表傳》曰：權把其臂，因流涕交連，字之曰：『幼平，卿為孤兄弟戰如熊虎，不惜軀命，被創數十，膚如刻畫，孤亦何心不待卿以骨肉之恩，委卿以兵馬之重乎！卿吳之功臣，孤當與卿同榮辱，等休戚。幼平意快為之，勿以寒門自退也。』即敕以己常所用御幘青縑蓋賜之。坐罷，住駕，使泰以兵馬導從出，鳴鼓角作鼓吹。於是盛等乃伏。

又《董襲傳》　董襲字元代，會稽餘姚人，長八尺，武力過人。謝承《後漢書》稱襲志節慷慨，武毅英烈。孫策入郡，襲迎於高遷亭，策見而偉之，到署門下賊曹。時山陰宿賊黄龍羅、周勃聚黨數千人，策自出討，襲身斬羅、勃首，還拜別部司馬，授兵數千，遷揚武都尉。從策攻皖，又討劉勳於尋陽，伐黄祖於江夏。

策薨，權年少，初統事，太妃憂之，引見張昭及襲等，問江東可保安否，襲對曰：『江東地勢，有山川之固，而討逆明府，恩德在民。討虜承基，大小用命，張昭秉衆事，襲等為爪牙，此地利人和之時也，萬無所憂。』衆皆壯其言。

鄱陽賊彭虎等衆數萬人，襲與淩統、步騭、蔣欽各別分討。襲所向輒破，虎等望見旌旗，便散走，旬日盡平，拜威越校尉，遷偏將軍。

建安十三年，權討黄祖。祖横兩蒙沖挾守沔口，以栟閭大紲繫石為碇，上有千人，以弩交射，飛矢雨下，軍不得前。襲與淩統俱為前部，各將敢死百人，人被兩鎧，乘大舸船，突入蒙沖裏。襲身以刀斷兩紲，蒙沖乃橫流，大兵遂進。祖便開門走，兵追斬之。明日大會，權舉觴屬襲曰：『今日之會，斷紲之功也。』

又《甘寧傳》 甘寧字興霸，巴郡臨江人也。【略】乃往依劉表，因居南陽，不見進用，後轉托黃祖，祖又以凡人畜之。《吳書》曰：寧將僮客八百人就劉表。表儒人，不習軍事。時諸英豪各各起兵，寧觀表事勢，終必無成，恐一朝土崩，並受其禍，欲東入吳。黃祖在夏口，軍不得過，乃留依祖，三年，祖不禮之。權討祖，祖軍敗奔走，追兵急，寧以善射，將兵在後，射殺校尉淩操。祖既得免，軍罷還營，待寧如初。祖都督蘇飛數薦寧，祖不用，令人化誘其客，客稍亡。寧欲去，恐不獲免，獨憂悶不知所出。飛知其意，乃要寧，為之置酒，謂曰：『吾薦子者數矣，主不能用。日月逾邁，人生幾何，宜自遠圖，庶遇知己。』寧良久乃曰：『雖有其志，未知所由。』飛曰：『吾欲白子為邾長，於是去就，孰與臨版轉丸乎？』寧曰：『幸甚。』飛白祖，聽寧之縣。招懷亡客並義從者，得數百人。

於是歸吳。周瑜、呂蒙皆共薦達，孫權加異，同於舊臣。寧陳計曰：『今漢祚日微，曹操彌憍，終為篡盜。南荊之地，山陵形便，江川流通，誠是國之西勢也。寧已觀劉表，慮既不遠，兒子又劣，非能承業傳基者也。至尊當早規之，不可後操。圖之之計，宜先取黃祖。祖今年老，昏耄已甚，財穀並乏，左右欺弄，務於貨利，侵求吏士，吏士心怨，舟船戰具，頓廢不脩，怠於耕農，軍無法伍。至尊今往，其破可必。一破祖軍，鼓行而西，西據楚關，大勢彌廣，即可漸規巴蜀。』權深納之。張昭時在坐，難曰：『吳下業業，若軍果行，恐必致亂。』寧謂昭曰：『國家以蕭何之任付君，君居守而憂亂，奚以希慕古人乎？』權舉酒屬寧曰：『興霸，今年行討，如此酒矣，決以付卿。卿但當勉建方略，令必克祖，則卿之功，何嫌張長史之言乎。』權遂西，果禽祖，盡獲其士衆。遂授寧兵，屯當口。《吳書》曰：初，權破祖，先作兩函，欲以盛祖及蘇飛首。飛令人告急於寧，寧曰：『飛若不言，吾豈忘之？』權為諸將置酒，寧下席叩頭，血涕交流，為權言：『飛疇昔舊恩，寧不值飛，固已損骸於溝壑，不得致命於麾下。今飛罪當夷戮，特從將軍乞其首領。』權感其言，謂曰：『今為君致之，若走去何？』寧曰：『飛免分裂之禍，受更生之恩，逐之尚必不走，豈當圖亡哉！若爾，寧頭當代入函。』權乃赦之。

又《淩統傳》 淩統字公績，吳郡餘杭人也。父操，輕俠有膽氣，孫策初興，每從征伐，常冠軍履鋒。守永平長，平治山越，奸猾斂手，遷破賊校尉。及權統軍，從討江夏。入夏口，先登，破其前鋒，輕舟獨進，中流矢死。

統年十五，左右多稱述者，權亦以操死國事，拜統別部司馬，行破賊都尉，使攝父兵。後從擊山賊，權破保屯先還，餘麻屯萬人，統與督張異等留攻圍之，剋日當攻。先期，統與督陳勤會飲酒，勤剛勇任氣，因督祭酒，陵轢一坐，舉罰不以其道。統疾其侮慢，面折不為用。勤怒詈統，及其父操，統流涕不答，衆因罷出。勤乘酒凶悖，又於道路辱統。統不忍，引刀斫勤，數日乃死。及當攻屯，統曰：『非死無以謝罪。』乃率厲士卒，身當矢石，所攻一面，應時披壞，諸將乘勝，遂大破之。還，自拘於軍正。權壯其果毅，使得以功贖罪。

後權復征江夏，統為前鋒，與所厚健兒數十人共乘一船，常去大兵數十里。行入右江，斬黃祖將張碩，盡獲船人。還以白權，引軍兼道，水陸並集。時呂蒙敗其水軍，而統先搏其城，於是大獲。

又卷五六《吳志·朱治傳》 朱治字君理，丹楊故鄣人也。初為縣吏，後察孝廉，州辟從事，隨孫堅征伐。中平五年，拜司馬，從討長沙、零、桂等三郡賊周朝、蘇馬等，有功，堅表治行都尉。從破董卓於陽人，入洛陽。表治行督軍校尉，特將步騎，東助徐州牧陶謙討黃巾。

會堅薨，治扶翼策，依就袁術。後知術政德不立，乃勸策還平江東。時太傅馬日磾在壽春，辟治為掾，遷吳郡都尉。是時吳景已在丹楊，而策為術攻廬江，於是劉繇恐為袁、孫所并，遂構嫌隙。而策家門盡在州下，治乃使人於曲阿迎太妃及權兄弟，所以供奉輔護，甚有恩紀。治從錢唐欲進到吳，吳郡太守許貢拒之於由拳，治與戰，大破之。貢南就山賊嚴白虎，治遂入郡，領太守事。策既走劉繇，東定會稽。

權年十五，治舉為孝廉。後策薨，治與張昭等共尊奉權。建安七年，權表治為（九真）［吳郡］太守，行扶義將軍，割婁、由拳、無錫、毗陵為奉邑，置長吏。征討夷越，佐定東南，禽截黃巾餘類陳敗、萬秉等。

又《呂範傳》 後權復征江夏，範與張昭留守。

又　卷五八《吳志・陸遜傳》　陸遜字伯言，吳郡吳人也。本名議，世江東大族。《陸氏世頌》曰：遜祖紆，字叔盤，敏淑有思學，守城門校尉。父駿，字季才，淳懿信厚，為邦族所懷，官至九江都尉。【略】

孫權為將軍，遜年二十一，始仕幕府，歷東西曹令史，出為海昌屯田都尉，並領縣事。《陸氏祠堂像贊》曰：海昌，今鹽官縣也。縣連年亢旱，遜開倉穀以振貧民，勸督農桑，百姓蒙賴。時吳、會稽、丹楊多有伏匿，遜陳便宜，乞與募焉。會稽山賊大帥潘臨，舊為所在毒害，歷年不禽。遜以手下召兵，討治深險，所向皆服，部曲已有二千餘人。鄱陽賊帥尤突作亂，復往討之，拜定威校尉，軍屯利浦。

權以兄策女配遜，數訪世務，遜建議曰：『方今英雄釭跱，財狼闚望，克敵寧亂，非衆不濟。而山寇舊惡，依阻深地。夫腹心未平，難以圖遠，可大部伍，取其精鋭。』權納其策，以為帳下右部督。會丹楊賊帥費棧受曹公印綬，扇動山越，為作內應，權遣遜討棧。棧支黨多而往兵少，遜乃益施牙幢，分佈鼓角，夜潛山谷間，鼓譟而前，應時破散。遂部伍東三郡，强者為兵，羸者補户，得精卒數萬人，宿惡蕩除，所過肅清，還屯蕪湖。

會稽太守淳于式表遜枉取民人，愁擾所在。遜後詣都，言次，稱式佳吏，權曰：『式白君而君薦之，何也？』遜對曰：『式意欲養民，是以白遜。若遜復毁式以亂聖聽，不可長也。』權曰：『此誠長者之事，顧人不能為耳。』

又　卷六〇《吳志・賀齊傳》　賀齊字公苗，會稽山陰人也。少為郡吏，守剡長。縣吏斯從輕俠為奸，齊欲治之，主簿諫曰：『從，縣大族，山越所附，今日治之，明日寇至。』齊聞大怒，便立斬從。從族黨遂相糾合，衆千餘人，舉兵攻縣。齊率吏民，開城門突擊，大破之，威震山越。後太末、豐浦民反，轉守太末長，誅惡養善，期月盡平。

建安元年，孫策臨郡，察齊孝廉。時王朗奔東治，候官長商升為朗起兵。策遣永寧長韓晏領南部都尉，將兵討升，以齊為永寧長。晏為升所敗，齊又代晏領都尉事。升畏齊威名，遣使乞盟。齊因告喻，為陳禍福，升遂送上印綬，出舍求降。賊帥張雅、詹强等不原升降，反共殺升，雅稱無上將軍，强稱會稽太守。賊盛兵少，未足以討，齊住軍息兵。雅與女婿何雄爭勢兩乖，齊令越人因事交構，遂致疑隙，阻兵相圖。齊乃進討，一戰大破雅，强黨震懼，率衆出降。

候官既平，而建安、漢興、南平復亂，齊進兵建安，立都尉府，是歲八年也。郡發屬縣五千兵，各使本縣長將之，皆受齊節度。賊洪明、洪進、苑御、吳免、華當等五人，率各萬户，連屯漢興，吳五六千户別屯大潭，鄒臨六千户別屯蓋竹，（大潭）同出餘汗。軍討漢興，經餘汗。齊以為賊衆兵少，深入無繼，恐為所斷，令松陽長丁蕃留備餘汗。蕃本與齊鄰城，耻見部伍，辭不肯留。齊乃斬蕃，於是軍中震栗，無不用命。遂分兵留備，進討明等，連大破之。臨陳斬明，其免、當、進、御皆降。轉擊蓋竹，軍向大潭，三將又降。凡討治斬首六千級，名帥盡禽，復立縣邑，料出兵萬人，拜為平東校尉。十年，轉討上饒，分以為建平縣。

十三年，遷威武中郎將，討丹陽黟、歙。時武强、葉鄉、東陽、豐浦四鄉先降，齊表言以葉鄉為始新縣。而歙賊帥金奇萬户屯安勒山，毛甘萬户屯烏聊山，黟帥陳僕、祖山等二萬户屯林歷山。林歷山四面壁立，高數十丈，徑路危狹，不容刀楯，賊臨高下石，不可得攻。軍住經日，將吏患之。齊身出周行，觀視形便，陰募輕捷士，為作鐵弋，密於隱險賊所不備處，以弋拓（斬山）為緣道，夜令潛上，乃多縣布以援下人，得上百數人，四面流布，俱鳴鼓角，齊勒兵待之。賊夜聞鼓聲四合，謂大軍悉已得上，驚懼惑亂，不知所為，守路備險者，皆走還依衆。大軍因是得上，大破僕等，其餘皆降，凡斬首七千。《抱朴子》曰：昔吳遣賀將軍討山賊，賊中有善禁者，每當交戰，官軍刀劍不得拔，弓弩射矢皆還自向，輒致不利。賀將軍長情有思，乃曰：『吾聞金有刃者可禁，蟲有毒者可禁，其無刃之物，無毒之蟲，則不可禁。彼必是能禁吾兵者也，必不能禁無刃物矣。』乃多作勁木白棓，選有力精卒五千人為先登，盡捉棓。彼山賊恃其有善禁者，了不嚴備。於是官軍以白棓擊之，彼禁者果不復行，所擊殺者萬計。齊復表分歙為新定、黎陽、休陽。并、黟、歙，凡六縣，權遂割為新都郡，齊為太守，立府於始新，加偏將軍。

又　《全琮傳》　全琮字子璜，吳郡錢唐人也。父柔，漢靈帝時舉孝廉，補尚書郎右丞，董卓之亂，棄官歸，州辟別駕從事，詔書就拜會稽東部都尉。孫策到吳，柔舉兵先附，策表柔為丹楊都尉。孫權為車騎將軍，以柔為長史，徙桂陽太守。柔嘗使琮齎米數千斛到吳，有所市易。琮至，皆散用，空船而還。柔大怒，琮頓首曰：『愚以所市非急，而士大夫方有倒縣之患，故便振贍，不及啓報。』柔更以奇之。徐衆《評》曰：禮，子事父無私財，又不敢私施，所以避尊上也。棄命專財而以邀名，未盡父子之禮。臣松之以為子路問『聞斯行諸』？子曰『有父兄在』。琮輒散父財，誠非子道，然士類縣命，憂在朝夕，權其輕重，以先人急，斯亦馮煖市義、汲黯振救之類，全謂邀名，或負其心。是時中州士人避亂而南，依琮居者以百數，琮傾家給濟，與共有無，遂顯名遠近。後權以為奮威校尉，授兵數千人，使討山越。因開募召，得精兵萬餘人，出屯牛渚，稍遷偏將軍。

又　卷六二《吳志·胡綜傳》　從討黄祖，拜鄂長。權為車騎將軍，都京，召綜還，為書部，與是儀、徐詳俱典軍國密事。

又　卷六三《吳志·吳範傳》　初，權在吳，欲討黄祖，範曰：『今茲少利，不如明年。明年戊子，荆州劉表亦身死國亡。』權遂征祖，卒不能克。明年，軍出，行及尋陽，範見風氣，因詣船賀，催兵急行，至即破祖，祖得夜亡。權恐失之，範曰：『未遠，必生禽祖。』至五更中，果得之。劉表竟死，荆州分割。

唐·陸廣微《吳地記》　盤門。【略】門内有武烈大帝廟，在祀典東北二里。有後漢破虜將軍孫堅墳，又有討虜將軍孫策墳。

唐·李吉甫《元和郡縣圖志》卷二五《江南道一·潤州》　劉繇城，在縣西南二百四十步。漢末，繇為揚州刺史，揚州舊理壽春，是時已為袁術所據，故繇來建城，號令江南，衆數萬人。後孫策東略，繇奔豫章。

宋·洪邁《容齋續筆》卷三《太史慈》　三國當漢、魏之際，英雄虎爭，一時豪傑志義之士，磊磊落落，皆非後人所能冀，然太史慈者尤為可稱。慈少仕東萊本郡為奏曹史，郡與州有隙，州章劾之，慈以計敗其章，而郡得直。孔融在北海為賊所圍，慈為求救于平原，突圍直出，竟得兵解融之難。後劉繇為揚州刺史，慈往見之，會孫策至，或勸繇以慈為大將軍。繇曰：『我若用子義，許子將不當笑我邪？』但使慈偵視輕重，獨與一騎卒遇策，便前鬭，正與策對，得其兜鍪。及繇奔豫章，慈為策所執，捉其手曰：『寧識神亭時邪？』又稱其烈義，為天下智士，釋縛用之，命撫安繇之子，經理其家。孫權代策，使為建昌都尉，遂委以南方之事，督治海昏。至卒時，纔年四十一，葬于新吳，今洪府奉新縣也。邑人立廟敬事。乾道中封靈惠侯，予在西掖當制，其詞云：『神早赴孔融，雅謂青州之烈士。晚從孫策，遂為吳國之信臣。立廟至今，作民司命。攬一同之言狀，擇二美以建侯，庶幾江表之間，尚憶神亭之事。』蓋為是也。

又　卷一〇《孫堅起兵》　董卓盜國柄，天下共興義兵討之，惟孫堅以長沙太守先至，為卓所憚，獨為有功。故裴松之謂其最有忠烈之稱。然長沙為荆州屬部，受督于刺史王睿。睿先與堅共擊零、桂賊，以堅武官，言頗輕之。及睿舉兵欲討卓，堅乃承案行使者，詐檄殺之，以償囊忿。南陽太守張咨，鄰郡二千石也，以軍資不具之故，又收斬之。是以區區一郡將，乘一時兵威，輒害方伯、鄰守，豈得為勤王乎？劉表在荆州，乃心王室，袁術志於逆亂，堅乃奉其命而攻之，自速其死，皆可議也。

又　《孫權封兄策》　孫權即帝位，追尊兄策為長沙王，封其子為吳侯，按孫氏奄有江、漢，皆策之功，權特承之耳，而報之之禮不相宜稱。故陳壽評云：『割據江東，策之基兆也，而權尊崇未至，子止侯爵，于義儉矣。』而孫盛乃云：『權遠思盈虛之數，正本定名，防微於未兆，可謂為之於未有，治之於未亂。』其說迂謬如此。漢室中興，出於伯升，光武感其功業之不終，建武二年，首封其二子為王，而帝子之封，乃在一年之後。司馬昭繼兄師秉魏政，以次子攸為師後，常云：『天下者景王之天下。』欲以大業歸攸。以孫權視之，不可同日論也。

宋·李昉等《太平御覽》卷三五七《兵部八十八·銜枚》　梁祚《國統》曰：孫權嘗賜甘寧酒米，寧以米賜帳下，乃以銀碗酌酒自飲，次與其郡督，次酌其次，命銜枚出斫敵。

孫權封王稱帝

綜　述

《三國志》卷三三《蜀志·後主傳》　（建興七年）是歲，孫權稱帝，與蜀約盟，共交分天下。【略】十五年，吳王孫權薨。

又　卷四七《吴志·吴主傳》（建安）二十二年春，權令都尉徐詳詣曹公請降，公報使脩好，誓重結婚。【略】

（二十四年）曹公表權為驃騎將軍，假節領荆州牧，封南昌侯。權遣校尉梁寓奉貢於漢，及令王惇市馬，又遣朱光等歸。【略】

（黄初）二年四月，劉備稱帝於蜀。《魏略》曰：權聞魏文帝受禪而劉備稱帝，乃呼問知星者，己分野中星氣何如，遂有僭意。而以位次尚少，無以威衆，又欲先卑而後踞之，為卑則可以假寵，後踞則必致討，致討然後可以怒衆，衆怒然後可以自大，故深絶蜀而專事魏。權自公安都鄂，改名武昌，以武昌、下雉、尋陽、陽新、柴桑、沙羡六縣為武昌郡。五月，建業言甘露降。八月，城武昌，下令諸將曰：『夫存不忘亡，安必慮危，古之善教。昔雋不疑漢之名臣，於安平之世而刀劍不離於身，蓋君子之於武備，不可以已。況今處身疆畔，豺狼交接，而可輕忽不思變難哉？頃聞諸將出入，各尚謙約，不從人兵，甚非備慮愛身之謂。夫保己遺名，以安君親，孰與危辱？宜深警戒，務崇其大，副孤意焉。』自魏文帝踐阼，權使命稱藩，及遣于禁等還。十一月，策命權曰：『蓋聖王之法，以德設爵，以功制禄；勞大者禄厚，德盛者禮豐。故叔旦有夾輔之勳，太公有鷹揚之功，並啓土宇，並受備物，所以表章元功，殊異賢哲也。近漢高祖受命之初，分裂膏腴以王八姓，斯則前世之懿事，後王之元龜也。朕以不德，承運革命，君臨萬國，秉統天機，思齊先代，坐而待旦。惟君天資忠亮，命世作佐，深睹歷數，達見廢興，遠遣行人，浮于潛漢。《禹貢》曰：沱、潛既道。注曰：『水自江出為沱，漢為潛。』望風影附，抗疏稱藩，兼納纖絺南方之貢，普遣諸將來還本朝，忠肅内發，款誠外昭，信著金石，義蓋山河，朕甚嘉焉。今封君為吴王，使使持節太常高平侯貞，授君璽綬策書、金虎符第一至第五、左竹使符第一至第十，以大將軍使持節督交州，領荆州牧事，錫君青土，苴以白茅，對揚朕命，以尹東夏。其上故驃騎將軍南昌侯印綬符策。今又加君九錫，其敬聽後命。以君綏安東南，綱紀江外，民夷安業，無或攜貳，是用錫君大輅、戎輅各一，玄牡二駟。君務財勸農，倉庫盈積，是用錫君衮冕之服，赤舄副焉。君化民以德，禮教興行，是用錫君軒縣之樂。君宣導休風，懷柔百越，是用錫君朱户以居。君運其才謀，官方任賢，是用錫君納陛以登。君忠勇並奮，清除奸慝，是用錫君虎賁之士百人。君振威陵邁，宣力荆南，梟滅凶醜，罪人斯得，是用錫君鈇鉞各一。君文和於内，武信於外，是用錫君彤弓一、彤矢百、玈弓十、玈矢千。君以忠肅為基，恭儉為德，是用錫君秬鬯一卣，圭瓚副焉。欽哉！敬敷訓典，以服朕命，以勖相我國家，永終爾顯烈。』《江表傳》曰：權羣臣議，以為宜稱上將軍九州伯，不應受魏封。權曰：『九州伯，於古未聞也。昔沛公亦受項羽拜為漢王，此蓋時宜耳，復何損邪？』遂受之。孫盛曰：『昔伯夷、叔齊不屈有周，魯仲連不為秦民。夫以匹夫之志，猶義不辱，況列國之君三分天下，而可二三其節，或臣或否乎？余觀吴、蜀，咸稱奉漢，至於漢代，莫能固秉臣節，君子是以知其不能克昌厥後，卒見吞於大國也。向使權從羣臣之議，終身稱漢將，豈不義悲六合，仁感百世哉！』【略】遣都尉趙咨使魏。【略】帝欲封權子登，權以登年幼，上書辭封，重遣西曹掾沈珩陳謝，並獻方物。立登為王太子。【略】

（黄武元年）初權外託事魏，而誠心不款。魏乃遣侍中辛毗、尚書桓階往與盟誓，並徵任子，權辭讓不受。秋九月，魏乃命曹休、張遼、臧霸出洞口，曹仁出濡須，曹真、夏侯尚、張郃、徐晃圍南郡。權遣呂範等督五軍，以舟軍拒休等，諸葛瑾、潘璋、楊粲救南郡，朱桓以濡須督拒仁。時揚、越蠻夷多未平集，内難未弭，故權卑辭上書，求自改厲，『若罪在難除，必不見置，當奉還土地民人，乞寄命交州，以終餘年。』文帝報曰：『君生於擾攘之際，本有從横之志，降身奉國，以享兹祚。自君策名已來，貢獻盈路。討備之功，國朝仰成。埋而掘之，古人之所耻。《國語》曰：狸埋之，狸掘之，是以無成功。朕之與君，大義已定，豈樂勞師遠臨江漢？廊廟之議，王者所不得專；三公上君過失，皆有本末。朕以不明，雖有曾母投杼之疑，猶冀言者不信，以為國福。故先遣使者犒勞，又遣尚書、侍中踐脩前言，以定任子。君遂設辭，不欲使進，議者怪之。《魏略》載魏三公奏曰：『臣聞枝大者披心，尾大者不掉，有國有家之所慎也。昔漢承秦弊，天下新定，大國之王，臣節未盡，以蕭、張之謀不備録之，至使六王前後反叛，已而伐之，戎車不輟。又文、景守成，忘戰戢役，驕縱吴、楚，養虺成蛇，既為社稷大憂，蓋前事之不忘，後事之師也。吴王孫權，幼豎小子，無尺寸之功，遭遇兵亂，因父兄之緒，少蒙翼卵昫伏之恩，長含鴟梟反逆之性，背棄天施，罪惡積大。復與關羽更相覘伺，逐利見便，挾為卑辭。先帝知權奸以求用，時以于禁敗於水災，等當討羽，因以委權。先帝委裘下席，權不盡心，誠在惻怛，欲因大喪，寡弱王室，希託董桃傳先帝令，乘未得報許，擅取襄陽，及見驅逐，乃更折節。邪辟之態，巧言如流，雖重驛累使，發遣禁等，內包隗囂顧望之奸，外欲緩誅，支仰蜀賊。聖朝含弘，既加不忍，優而赦之，與之更始，猥乃割地王之，使南面稱孤，兼官累位，禮備九命，名馬百駟，以成其勢，光寵顯赫，古今無二。權為犬羊之姿，橫被虎豹之文，不思靖力致死之節，以報無量不世之恩。臣每見所下權前後章表，又以愚意采察權旨，自以阻帶江湖，負固不服，狃忕累世，詐偽成功，上有尉佗、英布之計，下誦伍被屈强之辭，終非不侵不叛之臣。以為晁錯不發削弱王侯之謀，則七國同衡，禍久而大；蒯通不決襲歷下之策，則田橫自慮，罪深變重。臣謹考之周禮九伐之法，平權兇惡，逆節萌生，見罪十五。昔九黎亂德，黃帝加誅；項羽罪十，漢祖不捨。權所犯罪釁明白，非仁恩所養，宇宙所容。臣請免權官，鴻臚削爵土，捕治罪。敢有不從，移兵進討，以明國典好惡之常，以靜三州元元之苦。』其十五條，文多不載。又前都尉浩周勸君遣子，乃實朝臣交謀，以此卜君，君果有辭，外引隗囂遣子不終，內喻竇融守忠而已。世殊時異，人各有心。浩周之還，口陳指麾，益令議者發明衆嫌，終始之本，無所據仗，故遂俯仰從羣臣議。今省上事，款誠深至，心用慨然，悽愴動容。即日下詔，敕諸軍但深溝高壘，不得妄進。若君必效忠節，以解疑議，登身朝到，夕召兵還。此言之誠，有如大江！』《魏略》曰：浩周字孔異，上黨人。建安中仕為蕭令，至徐州刺史。後領護于禁軍，軍没，為關羽所得。權襲羽，並得周，甚禮之。及文帝即王位，權乃遣周，為箋魏王曰：『昔討關羽，獲于將軍，即白先王，當發遣之。此乃奉款之心，不言而發。先王未深留意，而謂權中間復有異圖，愚情悽悽，用未果決。遂值先王委離國祚，殿下承統，下情始通。公私契闊，未獲備舉，是令本誓未即昭顯。梁寓傳命，委曲周至，深知殿下以為意望。權之赤心，不敢有他，原垂明恕，保權所執。謹遣浩周、東里衮，至情至實，皆周等所具。』又曰：『權本性空薄，文武不昭，昔承父兄成軍之緒，得為先王所見奬飾，遂因國恩，撫綏東土。而中間寡慮，庶事不明，畏威忘德，以取重戾。先王恩仁，不忍遐棄，既釋其宿罪，且開明信。雖致命虜廷，梟獲關羽，功效淺薄，未報萬一。事業未究，先王即世。殿下踐阼，威仁流邁，私懼情原未蒙昭察。梁寓來到，具知殿下不遂疏遠，必欲撫録，追本先緒。權之得此，欣然踴躍，心開目明，不勝其慶。權世受寵遇，分義深篤，今日之事，永執一心，惟察悽悽，重垂含覆。』又曰：『先王以權推誠已驗，軍當引還，故除合肥之守，著南北之信，令權長驅不復後顧。近得守將周泰、全琮等白事，過月六日，有馬步七百，徑到橫江，又督將馬和復將四百人進到居巢，琮等聞有兵馬渡江，視之，為兵馬所擊，臨時交鋒，大相殺傷。卒得此問，情用恐懼。權實在遠，不豫聞知，約敕無素，敢謝其罪。又聞張征東、朱橫海今復還合肥，先王盟要，由來未久，且權自度未獲罪釁，不審今者何以發起，牽軍遠次？事業未訖，甫當為國討除賊備，重聞斯問，深使失圖。凡遠人所恃，在於明信，原殿下克卒前分，開示坦然，使權誓命，得卒本規。凡所原言，周等所當傳也。』初東里衮為于禁軍司馬，前與周俱没，又俱還到，有詔皆見之。帝問周等，周以為權必臣服，而東里衮謂其不可必服。帝悅周言，以為有以知之。是歲冬，魏王受漢禪，遣使以權為吳王，詔使周與使者俱往。周既致詔命，時與權私宴，謂權曰：『陛下未信王遣子入侍也，周以闔門百口明之。』權因字謂周曰：『浩孔異，卿乃以舉家百口保我，我當何言邪？』遂流涕沾襟。及與周別，又指天為誓。周還之後，權不遣子而設辭，帝乃久留其使。到八月，權上書謝，又與周書曰：『自道路開通，不忘脩意。既新奉國命，加知起居，假歸河北，故使情問不獲果至。望想之勞，曷云其已。孤以空闇，分信不昭，中間招罪，以取棄絕，幸蒙國恩，復見赦宥，喜乎與君克卒本圖。傳不云乎，雖不能始，善終可也。』又曰：『昔君之來，欲令遣子入侍，于時傾心歡以承命，徒以登年幼，欲假年歲之間耳。而赤情未蒙昭信，遂見討責，常用慚怖。自頃國恩，復加開導，忘其前愆，取其後效，喜得因此尋竟本誓。前已有表具說遣子之意，想君假還，已知之也。』又曰：『今子當入侍，而未有妃耦，昔君念之，以為可上連綴宗室若夏侯氏，雖中間自棄，常奉戢在心。當垂宿念，為之先後，使獲攀龍附驥，永自固定。其為分惠，豈有量哉！如是欲遣孫長緒與小兒俱入，奉行禮聘，成之在君。』又曰：『小兒年弱，加教訓不足，念當與別，為之緬然，父子恩情，豈有已邪！又欲遣張子布追輔護之。孤性無餘，凡所欲為，今盡宣露。惟恐赤心不先暢達，是以具為君說之，宜明所以。』於是詔曰：『權前對浩周，自陳不敢自遠，樂委質長為外臣，又前後辭旨，頭尾擊地，此鼠子自知不能保爾許地也。又今與周書，請以十二月遣子，復欲遣孫長緒、張子布隨子俱來，彼二人皆權股肱心腹也。又欲為子於京師求婦，此權無異心之明效也。』帝既信權甘言，且謂周為得其真，而權但華偽，竟無遣子意。自是之後，帝既彰權罪，周亦見疏遠，終身不用。權遂改年，臨江拒守。

【略】十二月，權使太中大夫鄭泉聘劉備于白帝，始復通也。然猶與魏文帝相往來，至後年乃絕。是歲改夷陵為西陵。

（二年春正月）是月，城江夏山。改四分，用乾象曆。《江表傳》曰：權推五德之運，以為土行用未祖辰臘。《志林》曰：土行以辰臘，得其數矣。土盛於戌，而以未祖，其義非也。土生於未，故未為坤初。是以月令：建未之月，祀黄精於郊，祖用其盛。今祖用其始，豈應運乎？【略】夏四月，權羣臣勸即尊號，權不許。《江表傳》曰：權辭讓曰：『漢家堙替，不能存救，亦何心而競乎？』羣臣稱天命符瑞，固重以請。權未之許，而謂將相曰：『往年孤以玄德方向西鄙，故先命陸遜選衆以待之。聞北部分，欲以助孤，孤内嫌其有挾，若不受其拜，是相折辱而趣其速發，便當與西俱至，二處受敵，於孤為劇，故自抑按，就其封王。低屈之趣，諸君似未之盡，今故以此相解耳。』【略】冬十一月，蜀使中郎將鄧芝來聘。

三年夏，遣輔義中郎將張温聘於蜀。秋八月，赦死罪。【略】

四年夏五月，丞相孫邵卒。《吴録》曰：邵字長緒，北海人，長八尺。為孔融功曹，融稱曰『廊廟才也』。從劉繇於江東。及權統事，數陳便宜，以為應納貢聘，權即從之。拜廬江太守，遷車騎長史。黄武初為丞相，威遠將軍，封陽羡侯。張温、暨豔奏其事，邵辭位請罪，權釋令復職，年六十三卒。《志林》曰：吴之創基，邵為首相，史無其傳，竊常怪之。嘗問劉聲叔。聲叔，博物君子也，云：『推其名位，自應立傳。項竣、（吴孚）［丁孚］時已有注記，此云與張惠恕不能。後韋氏作史，蓋惠恕之黨，故不見書。』六月，以太常顧雍為丞相。《吴書》曰：以尚書令陳化為太常。【略】頃之，遷太常，兼尚書令。正色立朝，敕子弟廢田業，絶治產，仰官廩祿，不與百姓爭利。妻早亡，化以古事為鑑，乃不復娶。權聞而貴之，以其年壯，敕宗正妻以宗室女，化固辭以疾，權不違其志。年出七十，乃上疏乞骸骨，遂爰居章安，卒於家。長子熾，字公熙，少有志操，能計算。衛將軍全琮表稱熾任大將軍，赴召，道卒。皖口言木連理。冬十二月，鄱陽賊彭綺自稱將軍，攻没諸縣，衆數萬人。是歲地連震。

五年春，令曰：『軍興日久，民離農畔，父子夫婦，不聽相恤，孤甚湣之。今北虜縮竄，方外無事，其下州郡，有以寬息。』是時陸遜以所在少穀，表令諸將增廣農畝。權報曰：『甚善。今孤父子親自受田，車中八牛以為四耦，雖未及古人，亦欲與衆均等其勞也。』【略】蒼梧言鳳皇見。分三郡惡地十縣置東安郡，《吴録》曰：郡治富春也。以全琮為太守，平討山越。冬十月，陸遜陳便宜，勸以施德緩刑，寬賦息調。又云：『忠讜之言，不能極陳，求容小臣，數以利聞。』權報曰：『夫法令之設，欲以遏惡防邪，儆戒未然也，焉得不有刑罰以威小人乎？此為先令後誅，不欲使有犯者耳。君以為太重者，孤亦何利其然，但不得已而為之耳。今承來意，當重諮謀，務從其可。且近臣有盡規之諫，親戚有補察之箴，所以匡君正主明忠信也。《書》載『予違汝弼，汝無面從』，孤豈不樂忠言以自裨補邪？而云『不敢極陳』，何得為忠讜哉？若小臣之中，有可納用者，寧得以人廢言而不采擇乎？但諂媚取容，雖闇亦所明識也。至於發調者，徒以天下未定，事以衆濟。若徒守江東，脩崇寬政，兵自足用，復用多為？顧坐自守可陋耳。若不豫調，恐臨時未可便用也。又孤與君分義特異，榮戚實同，來表云不敢隨衆容身苟免，此實甘心所望於君也。』於是令有司盡寫科條，使郎中褚逢齎以就遜及諸葛瑾，意所不安，令損益之。是歲，分交州置廣州，俄復舊。《江表傳》曰：權於武昌新裝大船，名為長安，試泛之釣臺圻。時風大盛，穀利令柂工取樊口。權曰：『當張頭取羅州。』利拔刀向柂工曰：『不取樊口者斬。』工即轉柂入樊口，風遂猛不可行，乃還。權曰：『阿利畏水何怯也？』利跪曰：『大王萬乘之主，輕於不測之淵，戲於猛浪之中，船樓裝高，邂逅顛危，奈社稷何？是以利輒敢以死爭。』權於是貴重之，自此後不復名之，常呼曰穀。

六年春正月，諸將獲彭綺。【略】

七年春三月，封子慮為建昌侯。罷東安郡。【略】大司馬呂範卒。是歲，改合浦為珠官郡。《江表傳》曰：是歲將軍翟丹叛如魏。權恐諸將畏罪而亡，乃下令曰：『自今諸將有重罪三，然後議。』

黄龍元年春，公卿百司皆勸權正尊號。夏四月，夏口、武昌並言黄龍、鳳凰見。丙申，南郊即皇帝位，《吴録》載權告天文曰：『皇帝臣權敢用玄牡昭告於皇皇后帝：漢享國二十有四世，歷年四百三十有四，行氣數終，祿祚運盡，普天弛絶，率土分崩。孽臣曹丕遂奪神器，丕子叡繼世作慝，淫名亂制。權生於東南，遭值期運，承乾秉戎，志在平世，奉辭行罰，舉足為民。羣臣將相，州郡百城，執事之人，咸以為天意已去於漢，漢氏已絶祀於天，皇帝位虚，郊祀無主。休徵嘉瑞，前後雜遝，歷數在躬，不得不受。權畏天命，不敢不從，謹擇元日，登壇燎祭，即皇帝位。惟爾有神饗之，左右有吴，永終天祿。』是日大赦，改年。追尊父破虜將軍堅為武烈皇帝，母吴氏為武烈皇后，兄討逆將軍策為長沙桓王。吴王太子登為皇太子。將吏皆進爵加賞。初，興平中，吴中童謠曰：『黄金車，班蘭耳，闓昌門，出天子。』昌門，吴西郭門，夫差所作。五月，使校尉張剛、管篤之遼東。六月，蜀遣衛尉陳震慶權踐位。權乃參分天下，豫、青、徐、幽屬吴，兗、冀、并、涼屬蜀。其司州之土，以函谷關為界，造為盟曰：『天降喪亂，皇綱失敍，逆臣乘釁，劫奪國柄，始於董卓，終於曹操，窮凶極惡，以覆四海，至令九州幅裂，普天無統，民神痛怨，靡所戾止。及操子丕，桀逆遺醜，薦作姦回，偷取天位，而叡麼麼，尋丕凶迹，阻兵盜土，未伏厥誅。昔共工亂象而高辛行師，三苗干度而虞舜征焉。今日滅叡，禽其徒黨，非漢與吳，將復誰任？夫討惡翦暴，必聲其罪，宜先分制，奪其土地，使士民之心，各知所歸。是以《春秋》晉侯伐衛，先分其田以畀宋人，斯其義也。且古建大事，必先盟誓，故周禮有司盟之官，尚書有告誓之文，漢之與吳，雖信由中，然分土裂境，宜有盟約。諸葛丞相德威遠著，翼戴本國，典戎在外，信感陰陽，誠動天地，重復結盟，廣誠約誓，使東西士民咸共聞知。故立壇殺牲，昭告神明，再歃加書，副之天府。天高聽下，靈威棐諶，司慎司盟，羣神羣祀，莫不臨之。自今日漢、吳既盟之後，戮力一心，同討魏賊，救危恤患，分災共慶，好惡齊之，無或攜貳。若有害漢，則吳伐之；若有害吳，則漢伐之。各守分土，無相侵犯。傳之後葉，克終若始。凡百之約，皆如載書。信言不豔，實居於好。有渝此盟，創禍先亂，違貳不協，慆慢天命，明神上帝是討是督，山川百神是糾是殛，俾墜其師，無克祚國。於爾大神，其明鑑之！』秋九月，權遷都建業，因故府不改館，徵上大將軍陸遜輔太子登，掌武昌留事。【略】

嘉禾元年春正月，建昌侯慮卒。三月，遣將軍周賀、校尉裴潛乘海之遼東。秋九月，魏將田豫要擊，斬賀于成山。冬十月，魏遼東太守公孫淵遣校尉宿舒、閬中令孫綜稱藩於權，並獻貂馬。權大悅，加淵爵位。《江表傳》曰：是冬，羣臣以權未郊祀，奏議曰：『頃者嘉瑞屢臻，遠國慕義，天意人事，前後備集，宜脩郊祀，以承天意。』權曰：『郊祀當於土中，今非其所，於何施此？』重奏曰：『普天之下，莫非王土；王者以天下為家。昔周文、武郊於酆、鎬，非必土中。』權曰：『武王伐紂，即阼於鎬京，而郊其所也。文王未為天子，立郊於酆，見何經典？』復書曰：『伏見《漢書・郊祀志》，匡衡奏徙甘泉河東，郊於長安，言文王郊於酆。』權曰：『文王性謙讓，處諸侯之位，明未郊也。經傳無明文，匡衡俗儒意說，非典籍正義，不可用也。』《志林》曰：吳王糾駮郊祀之奏，追貶匡衡，謂之俗儒。凡在見者，莫不慨然以為統盡物理，達於事宜。至於稽之典籍，乃更不通。毛氏之說云：『堯見天因邰而生後稷，故國之於邰，命使事天。』故《詩》曰：『後稷肇祀，庶無罪悔，以迄於今。』言自後稷以來皆得祭天，猶魯人郊祀也。是以棫樸之作，有積燎之薪。文王郊酆，經有明文，匡衡豈俗，而枉之哉？文王雖未為天子，然三分天下而有其二，伐崇戡黎，祖伊奔告。天既棄殷，乃眷西顧，太伯三讓，以有天下。文王為王，於義何疑？然則匡衡之奏，有所未盡。按世宗立甘泉、汾陰之祠，皆出方士之言，非據經典者也。方士以甘泉、汾陰黃帝祭天地之處，故孝武因之，遂立二時。漢治長安，而甘泉在北，謂就乾位，而衡云『武帝居甘泉，祭於南宮』，此既誤矣。祭汾陰在水之脽，呼為澤中，而衡云『東之少陽』，失其本意。此自吳事，於傳無非，恨無辨正之辭，故矯之云。脽，音誰，見《漢書音義》。

《宋書》卷一六《禮志三》 孫權初稱尊號于武昌，祭南郊告天。文曰：『皇帝臣孫權，敢用玄牡，昭告皇皇后帝。漢饗國二十有四世，歷年四百三十，行氣數終，祿胙運盡，普天弛絕，率土分崩。孽臣曹丕，遂奪神器；丕子叡繼世作慝，竊名亂制。權生於東南，遭值期運，承乾秉戎，志在拯世，奉辭行罰，舉足為民。羣臣將相州郡百城執事之人，咸以為天意已去於漢，漢氏已終於天。皇帝位虛，郊祀無主，休征嘉瑞，前後雜遝，歷數在躬，不得不受。權畏天命，敢不敬從。謹擇元日，登壇柴燎，即皇帝位。唯爾有神饗之！左右有吳，永綏天極。』其後自以居非中土，不復修設。

論說

宋・洪邁《容齋續筆》卷八《孫權稱至尊》 陳壽《三國志》，固多出於一時雜史，然獨《吳書》稱孫權為至尊，方在漢建安為將軍時，已如此，至於諸葛亮、周瑜，見之於文字間亦皆然。周瑜病困，與權書曰：『曹公在北，劉備寄寓，此至尊垂慮之日也。』魯肅破曹公還，權迎之，肅曰：『願至尊威德加乎四海。』呂蒙遣鄧玄之說郝普曰：『關羽在南郡，至尊身印臨之。』又曰：『至尊遣兵，相繼於道。』蒙謀取關羽，密陳計策，曰：『羽所以未便東向者，以至尊聖明，蒙等尚存也。』陸遜謂蒙曰：『下見至尊，宜好為計。』甘寧欲圖荆州，曰：『劉表慮既不遠，兒子又劣，至尊當早規之。』權為張遼掩襲，賀齊曰：『至尊人主，常當持重。』權欲以諸葛恪典掌軍糧，諸葛亮書與陸遜曰：『家兄年老，而恪性疏，糧穀軍之要最，足下特為啓至尊轉之。』遜以白權。凡此之類，皆非所宜稱，若以為陳壽作史虛辭，則魏、蜀不然也。

清·王夫之《讀通鑑論》卷一〇《三國七》　蜀漢之義正，魏之勢强，吴介其間，皆不敵也，而角立不相下，吴有人焉，足與諸葛頡頏，魏得士雖多，無有及之者也。立國之始，宰相為安危之大司，而吴之舍張昭而用顧雍，雍者，允為天子之大臣者也，屈於時而相偏安之國爾。

曹氏始用崔琰、毛玠，以操切治臣民，而法粗立。王道息，申、韓進，人心不固，而國祚不長，有自來也。諸葛之相先主也，淡泊寧靜，尚矣。而與先主皆染申、韓之習，則且與曹氏德齊而莫能相尚。代以下之材，求有如顧雍者鮮矣。寡言慎動，用人惟其能而無適莫；恤民之利病，密言於上而不衒其恩威；黜小利小功，罷邊將便宜之策，以圖其遠大。有曹參之簡靖而不弛其度，有宋璟之靜正而不耀其廉。求其德之相若者，曠世而下，唯李沆為近之，而雍以處兵爭之世，事雄猜之主，雍為愈矣。故曰：允為天子之大臣也。

雍既秉國，陸遜益濟之以寬仁，自漢末以來，數十年無屠掠之慘，抑無苛繁之政，生養休息，唯江東也獨。惜乎吴無漢之正、魏之疆，而終於一隅耳。不然，以平定天下而有餘矣。

藝文

《宋書》卷二二《樂志四》　吴鼓吹曲十二篇，韋昭造：

《炎精缺》者，言漢室衰，武烈皇帝奮迅猛志，念在匡救，然而王迹始乎此也。漢曲有《朱鷺》，此篇當之。第一。

炎精缺，漢道微。皇綱弛，政德違。衆奸熾，民罔依。赫武烈，越龍飛。陟天衢，耀靈威。鳴雷鼓，抗電麾。撫乾衡，鎮地機。厲虎旅，騁熊羆。發神聽，吐英奇。張角破，邊韓羈。宛潁平，南土綏。神武章，渥澤施。金聲震，仁風馳。顯高門，啓皇基。統罔極，垂將來。

右《炎精缺曲》凡三十句，句三字。

《漢之季》者，武烈皇帝悼漢之微，痛卓之亂，興兵奮擊，功蓋海内也。漢曲有《曲悲翁》，此篇當之。第二。

漢之季，董卓亂。桓桓武烈，應時運。義兵興，雲旗建。厲六師，羅八陣。飛鳴鏑，接白刃。輕騎發，介士奮。醜虜震，使衆散。劫漢主，遷西館。雄豪怒，元惡僨。赫赫皇祖，功名聞。

右《漢之季曲》凡二十句，其十八句句三字，二句句四字。

《攄武師》者，言大皇帝卒武烈之業而奮征也。漢曲有《艾如張》，此篇當之。第三。

攄武師，斬黄祖。肅夷凶族，革平西夏。炎炎大烈，震天下。

右《攄武師曲》凡六句，其三句句三字，三句句四字。

《烏林》者，言曹操既破荆州，從流東下，欲來爭鋒。大皇帝命將周瑜逆擊之于烏林而破走也。漢曲有《上之回》，此篇當之。第四。

曹操北伐，拔柳城。乘勝席捲，遂南征。劉氏不睦，八郡震驚。衆既降，操屠荆。舟車十萬，揚風聲。議者狐疑，慮無成。賴我大皇，發聖明。虎臣雄烈，周與程。破操烏林，顯章功名。

右《伐烏林曲》凡十八句，其十句句四字，八句句三字。

《秋風》者，言大皇帝說以使民，民忘其死。漢曲有《擁離》，此篇當之。第五。

秋風揚沙塵，寒露沾衣裳。角弓持弦急，鳩鳥化為鷹。邊垂飛羽檄，寇賊侵界疆。跨馬披介胄，慷慨懷悲傷。辭親向長路，安知存與亡。窮達固有分，志士思立功。邀之戰場，身逸獲高賞，身没有遺封。

右《秋風曲》凡十五句，其十四句句五字，一句四字。

《克皖城》者，言曹操志圖并兼，而令朱光為廬江太守。上親征光，破之於皖城也。漢曲有《戰城南》，此篇當之。第六。

克滅皖城，遏寇賊。惡此凶孽，阻奸慝。王師赫征，衆傾覆。除穢去暴，戢兵革。民得就農，邊境息。誅君弔臣，昭至德。

右《克皖城曲》凡十二句，其六句句三字，六句句四字。

《關背德》者，言蜀將關羽背棄吴德，心懷不軌。大皇帝引師浮江而禽之也。漢曲有《巫山高》，此篇當之。第七。

關背德，作鴟張。割我邑城，圖不祥。稱兵北伐，圍樊襄陽。嗟臂大於股，將受其殃。巍巍吴聖主，睿德與玄通。與玄通，親任吕蒙。泛舟洪氾池，溯涉長江。神武一何桓桓！聲烈正與風翔。歷撫江安城，大據郢邦。虜羽授首，百蠻咸來同，盛哉無比靈斯。

右《關背德曲》凡二十一句，其八句句四字，二句句六字，七句句五字，四句句三字。

《通荊門》者，言大皇帝與蜀交好齊盟，中有關羽自失之愆，戎蠻樂亂，生變作患，蜀疑其眩，吳惡其詐，乃大治兵，終復初好也。漢曲有《上陵》，此篇當之。第八。

荊門限巫山，高峻與雲連。蠻夷阻其險，歷世懷不賓。漢王據蜀郡，崇好結和親。乖微中情疑，讒夫亂其間。大皇赫斯怒，虎臣勇氣震。蕩滌幽藪，討不恭。觀兵揚炎燿，厲鋒整封疆。整封疆，闡揚威武容。功赫戲，洪烈炳章。邈矣帝皇世，聖吳同厥風。荒裔望清化，化恢弘。煌煌大吳，延祚永未央。

右《通荊門曲》凡二十四句，其十七句句五字，四句句三字，三句句四字。

《章洪德》者，言大皇帝章其大德，而遠方來附也。漢曲有《將進酒》，此篇當之。第九。

章洪德，邁威神。感殊風，懷遠鄰。平南裔，齊海濱。越裳貢，扶南臣。珍貨充庭，所見日新。

右《章洪德曲》凡十句，其八句句三字，二句句四字。

《從歷數》者，言大皇帝從籙圖之符，而建大號也。漢曲有《有所思》，此篇當之。第十。

從歷數，于穆我皇帝。聖哲受之天，神明表奇異。建號創皇基，聰睿協神思。德澤浸及昆蟲，浩蕩越前代。三光顯精耀，陰陽稱至治。肉角步郊畛，鳳凰棲靈囿。神龜游沼池，圖讖摹文字。黃龍覿鱗，符祥日月記。覽往以察今，我皇多噌事。上欽昊天象，下副萬姓意。光被彌蒼生，家戶蒙惠賚。風教肅以平，頌聲章嘉喜。大吳興隆，綽有餘裕。

右《從歷數曲》凡二十六句，其一句句三字，三句句四字，二十二句句五字，一句六字。

《承天命》者，言上以聖德踐位，道化至盛也。漢曲有《芳樹》，此篇當之。第十一。

承天命，於昭聖德。三精垂象，符靈表德。巨石立，九穗植。龍金其鱗，烏赤其色。輿人歌，億夫歎息。超龍升，襲帝服。躬淳懿，體玄默。夙興臨朝，勞謙日昃。易簡以崇仁，放遠讒與慝。舉賢才，親近有德。均田疇，茂稼穡。審法令，定品式。考功能，明黜陟。人思自盡，惟心與力。家國治，王道直。思我帝皇，壽萬億。長保天祿，祚無極。

右《承天命曲》凡三十四句，其十九句句三字，二句句五字，十三句句四字。

《玄化》者，言上修文訓武，則天而行，仁澤流洽，天下喜樂也。漢曲有《上邪》，此篇當之。第十二。

玄化象以天，陛下聖真。張皇綱，率道以安民。惠澤宣流而雲布，上下睦親。君臣酣宴樂，激發弦歌揚妙新。修文籌廟勝，須時備駕巡洛津。康哉泰，四海歡忻，越與三五鄰。

右《玄化曲》凡十三句，其五句句五字，二句句三字，三句句四字，三句句七字。

清·彭定求等《全唐詩》卷七六七《孫元晏〈吳·徐盛〉》 欲把江山鼎足分，邢真銜冊到江南。當時將相誰堪重，徐盛將軍最不甘。

《全宋詩》卷二五五六《楊冠卿〈與鄂州都統張提刑〉》 五雲樓閣武昌宮，曾挫曹瞞百萬雄。今古興亡付流水，江山彈壓賴元戎。折衝尊俎笑談裏，極目關河指顧中。准擬明年會京洛，為君沽酒醉春風。

又 卷三六五一《陳普〈詠史下·孫權〉》 不信張昭未是奇，賊來送死又何疑。一生諂事欺孤操，操死猶臣不士丕。

《全元詩》第三七冊《周霆震〈古金城謠〉》 昆崙烈風撼坤軸，日車斂轡咸池浴。六龍飲渴呼不聞，赤蟻玄蜂厭人肉。荊襄弗支廬壽孤，江東掃地如摧枯。忠臣當代誰第一，七載舒州天下無。東南此地關形勝，天柱之峰屹千仞。當年赤壁走曹瞞，天為孫吳產公瑾。我公千載遙相望，崎嶇恒以弱擊强。孤城大小二百戰，食盡北拜天無光。當關援劍蒼龍吼，盡室肯汙奸黨手。摧鋒闔郡無生降，羣盜言之皆稽首。堂堂省憲羅公卿，建官分閫日募兵。哀哉坐視無寸策，遂使流血西江平。向來不曉皇穹意，名將南征死相繼。一時貪暴聚庸才，玩寇偷安饕富貴。河流浩浩龍門西，燕山萬騎攢霜蹄。英雄暴骨心未死，去作海色催朝雞。玉衣飛舞空中見，太息孤忠鏖百戰。五陵元氣待天還，睢陽誰續中丞傳。

又 第三九冊《楊維楨〈題錢選畫長江萬里圖〉》 神禹劃天塹，橫分南北州。秖今天不限南北，一葦航之如大溝。洪源發從瞿塘口，嶮峽中壁爭黃牛。括漢包湘會沅澧，二妃風浪兼天浮。青山何罪受秦赭，翠黛依然生遠愁。洞庭微波木葉脱，有客起登黃鶴樓。老瞞横槊處，釃酒澆江流。江東數豪傑，乃是孫與周。東風一信江上發，從此鼎國曹孫劉。吳南魏北後，倏忽開六朝。江南龍虎地，山水清相繆。渡頭龍馬王氣歇，洲邊鸚鵡才名留。新亭風景豈有異，長江不洗諸公羞。宮中金蓮步方曉，後庭玉樹聲已秋。何如一杯酒，錦袍仙人月下舟。解道澄江靚如練，醉呼小謝開青眸。鐵崖散人萬里鷗，拙迹今似林中鳩。不如大賈舶，江山足勝遊。腰纏足跨揚州鶴，樓船不用蓬萊丘。平生此志苦未酬，眼明萬里移滄洲。烏乎，楚水尾，吳淞頭，山河一發瞻神州，孰使我户不出兮囚山囚。

明·袁華《賀梅子玉州判升同知》 昆山古婁縣，肇自秦漢置。沿革無靡常，東西屢遷治。張昭首錫爵，習俗頗醇粹。徂晉歷唐宋，天挺生人瑞。

又《昆山五詠·婁侯廟》 婁氓尚淫祀，祠廟遍村墟。疾病罔醫藥，奔走訊羣巫。椎牛釃酒醴，婆娑樂神虞。神不歆非類，傳記言豈誣。聖人制祭法，有功則祀諸。昆山漢婁縣，舊邑禾與與。婁縣名尚存，今在城東隅。張昭洎陸遜，封婁肇自吳。桓桓孫將軍，仗鉞東南驅。升堂拜昭母，情好昆弟如。策薨受顧命，擁立運謀謨。諫獵止酣飲，禮下魏使車。忠言不見聽，托疾居里閭。舉邦憚威嚴，卒年八旬餘。伯言雖後出，智略雄萬夫。權配以侄女，數數詢良圖。一從呂蒙舉，乃修荊州書。潛軍克公安，徑進守宜都。走蜀夷陵城，蹙休夾石區。相吳柄國命，上疏陳立儲。赫矣兩侯功，彌久而弗渝。太守念婁氓，報本昧厥初。淫祠既撤毁，左道咸剪除。改祠祀婁侯，像設崇屋廬。復睹漢威儀，清風肅貪汙。遂令此邦人，車蓋相填於。雨暘及疾疫，走禱來於於。穹碑紀顛末，大刻龍騰拿。於以告來者，並解婁氓愚。麗牲歌送迎，萬世奠厥居。

清·牛燾《和張心田詠史三首·吳主權》 龍盤虎踞大江東，名士英流指顧中。碧眼坐承孫氏業，青年還遜伯符風。千秋鐵甕天垂塹，萬里金湯壁燒紅。一自都亭通魏使，兩朝王氣付牢籠。

清·奭良《野棠軒詞集》卷三《小梅花·編敝集成刊猶有待譜此寄慨》 君且住，張子布，昔日江東曾獨步。山有薇，桐有絲，魚琴半段，甘苦只自知。閉門覓句陳無己，豈有酖人羊叔子？一封書，雙鯉魚，天末征鴻，望盡影於於。衡門下，豆棚話，客道君休也。嚴君平，揚子雲，下簾自可，孰復薦雄文。君謀饘粥嗟若，求槧棗梨真妄作，迹陳陳，欲云云。可是西施，可是效東顰。

雜　録

《三國志》卷五二《吳志·張昭傳》 魏黃初二年，遣使者邢貞拜權為吳王。貞入門，不下車。昭謂貞曰：『夫禮無不敬，故法無不行。而君敢自尊大，豈以江南寡弱，無方寸之刃故乎！』貞即遽下車。拜昭為綏遠將軍，封由拳侯。《吳録》曰：昭與孫紹、滕胤、鄭禮等，采周、漢，撰定朝儀。【略】

（孫）權以公孫淵稱藩，遣張彌、許晏至遼東拜淵為燕王，昭諫曰：『淵背魏懼討，遠來求援，非本志也。若淵改圖，欲自明於魏，兩使不反，不亦取笑於天下乎？』權與相反覆，昭意彌切。權不能堪，案刀而怒曰：『吳國士人入宮則拜孤，出宮則拜君，孤之敬君，亦為至矣，而數於衆中折孤，孤嘗恐失計。』昭熟視權曰：『臣雖知言不用，每竭愚忠者，誠以太后臨崩，呼老臣於床下，遺詔顧命之言故在耳。』因涕泣横流。權擲刀致地，與昭對泣。然卒遣彌、晏往。昭忿言之不用，稱疾不朝。權恨之，土塞其門，昭又於内以土封之。淵果殺彌、晏。權數慰謝昭，昭固不起，權因出過其門呼昭，昭辭疾篤。權燒其門，欲以恐之，昭更閉户。權使人滅火，住門良久，昭諸子共扶昭起，權載以還宮，深自克責。昭不得已，然後朝會。習鑿齒曰：張昭於是乎不臣矣！夫臣人者，三諫不從則奉身而退，身苟不絕，何忿懟之有？且秦穆違諫，卒霸西戎，晉文暫怒，終成大業。遺誓以悔過見録，狐偃無怨絕之辭，君臣道泰，上下俱榮。今權悔往之非而求昭，後益回慮降心，不遠而復，是其善也。昭為人臣，不度權得道，匡其後失，夙夜匪懈，以延來譽，乃追忿不用，歸罪於君，閉户拒命，坐待焚滅，豈不悖哉！

又《步騭傳》 權稱尊號，拜驃騎將軍，領冀州牧。是歲，都督西陵，代陸遜撫二境，頃以冀州在蜀分，解牧職。

又 卷五三《吳志·張紘傳》 紘建計宜出都秣陵，權從之。《江表傳》曰：紘謂權曰：『秣陵，楚武王所置，名為金陵。地勢岡阜連石頭，訪問故老，云昔秦始皇東巡會稽經此縣，望氣者云金陵地形有王者都邑之氣，故掘斷連岡，改名秣陵。今處所具存，地有其氣，天之所命，宜為都邑。』權善其議，未能從也。後劉備之東，宿於秣陵，周觀地形，亦勸權都之。權曰：『智者意同。』遂都焉。《獻帝春秋》云：劉備至京，謂孫權曰：『吳去此數百里，即有警急，赴救為難，將軍無意屯京乎？』權曰：『秣陵有小江百餘里，可以安大船，吾方理水軍，當移據之。』備曰：『蕪湖近濡須，亦佳也。』權曰：『吾欲圖徐州，宜近下也。』臣松之以為秣陵之與蕪湖，道里所校無幾，於北侵利便，亦有何異？而云欲闚徐州，貪秣陵近下，非其理也。諸書皆云劉備勸都秣陵，而此獨云權自欲都之，又為虛錯。

又《薛綜傳》 時公孫淵降而復叛，權盛怒，欲自親征。綜上疏諫曰：『夫帝王者，萬國之元首，天下之所繫命也。是以居則重門擊柝以戒不虞，行則清道案節以養威嚴，蓋所以存萬安之福，鎮四海之心。昔孔子疾時，託乘桴浮海之語，季由斯喜，拒以無所取才。漢元帝欲御樓船，薛廣德請刎頸以血染車。何則？水火之險至危，非帝王所宜涉也。諺曰：「千金之子，坐不垂堂。」況萬乘之尊乎？今遼東戎貊小國，無城池之固，備禦之術，器械銖鈍，犬羊無政，往必禽克，誠如明詔。然其方土寒埆，穀稼不殖，民習鞍馬，轉徙無常。卒聞大軍之至，自度不敵，鳥驚獸駭，長驅奔竄，一人匹馬，不可得見，雖獲空地，守之無益，此不可一也。加又洪流混瀁，有成山之難，海行無常，風波難免，倏忽之間，人船異勢。雖有堯舜之德，智無所施，賁育之勇，力不得設，此不可二也。加以鬱霧冥其上，鹹水蒸其下，善生流腫，轉相洿染，凡行海者，稀無斯患，此不可三也。天生神聖，顯以符瑞，當乘平喪亂，康此民物；嘉祥日集，海內垂定，逆虜凶虐，滅亡在近。中國一平，遼東自斃，但當拱手以待耳。今乃違必然之圖，尋至危之阻，忽九州之固，肆一朝之忿，既非社稷之重計，又開闢以來所未嘗有，斯誠羣僚所以傾身側息，食不甘味，寢不安席者也。惟陛下抑雷霆之威，忍赫斯之怒，遵乘橋之安，遠履冰之險，則臣子賴祉，天下幸甚。』時羣臣多諫，權遂不行。

又 卷五四《吳志·魯肅傳》 權稱尊號，臨壇，顧謂公卿曰：『昔魯子敬嘗道此，可謂明於事勢矣。』

又 卷五五《吳志·徐盛傳》 及權為魏稱藩，魏使邢貞拜權為吳王。權出都亭候貞，貞有驕色，張昭既怒，而盛忿憤，顧謂同列曰：『盛等不能奮身出命，為國家並許洛，吞巴蜀，而令吾君與貞盟，不亦辱乎！』因涕泣橫流。貞聞之，謂其旅曰：『江東將相如此，非久下人者也。』

又 卷五七《吳志·陸瑁傳》 嘉禾元年，公車徵瑁，拜議郎、選曹尚書。孫權忿公孫淵之巧詐反覆，欲親征之，瑁上疏諫曰：『臣聞聖王之御遠夷，羈縻而已，不常保有，故古者制地，謂之荒服，言慌惚無常，不可保也。今淵東夷小醜，屏在海隅，雖託人面，與禽獸無異。國家所為不愛貨寶遠以加之者，非嘉其德義也，誠欲誘納愚弄，以規其馬耳。淵之驕黠，恃遠負命，此乃荒貊常態，豈足深怪？昔漢諸帝亦嘗銳意以事外夷，馳使散貨，充滿西域，雖時有恭從，然其使人見害，財貨並沒，不可勝數。今陛下不忍悁悁之忿，欲越巨海，身踐其土，羣臣愚議，竊謂不安。何者？北寇與國，壤地連接，苟有間隙，應機而至。夫所以越海求馬，曲意於淵者，為赴目前之急，除腹心之疾也，而更棄本追末，捐近治遠，忿以改規，激以動衆，斯乃猾虜所原聞，非大吳之至計也。又兵家之術，以功役相疲，勞逸相待，得失之間，所覺輒多。且遝渚去淵，道里尚遠，今到其岸，兵勢三分，使強者進取，次當守船，又次運糧，行人雖多，難得悉用；加以單步負糧，經遠深入，賊地多馬，邀截無常。若淵狙詐，與北未絕，動衆之日，脣齒相濟。若實孑然無所憑賴，其畏怖遠迸，或難卒滅。使天誅稽於朔野，山虜承間而起，恐非萬安之長慮也。』權未許。

瑁重上疏曰：『夫兵革者，固前代所以誅暴亂，威四夷也，然其役皆在奸雄已除，天下無事，從容廟堂之上，以餘議議之耳。至於中夏鼎沸，九域槃互之時，率須深根固本，愛力惜費，務自休養，以待鄰敵之闕，未有正於此時，捨近治遠，以疲軍旅者也。昔尉佗叛逆，僭號稱帝，于時天下乂安，百姓殷阜，帶甲之數，糧食之積，可謂多矣，然漢文猶以遠征不易，重興師旅，告喻而已。今凶桀未殄，疆埸猶警，雖蚩尤、鬼方之亂，故當以緩急差之，未宜以淵為先。原陛下抑威任計，暫寧六師，潛神嘿規，以為後圖，天下幸甚。』權再覽瑁書，嘉其詞理端切，遂不行。

又 卷五八《吳志·陸遜傳》 及公孫淵背盟，權欲往征，遜上疏曰：『淵憑險恃固，拘留大使，名馬不獻，實可讎忿。蠻夷猾夏，未染王化，鳥竄荒裔，拒逆王師，至令陛下爰赫斯怒，欲勞萬乘汎輕越海，不慮其危而涉不測。方今天下雲擾，羣雄虎爭，英豪踴躍，張聲大視。陛下以神武之姿，誕膺期運，破操烏林，敗備西陵，禽羽荊州，斯三虜者當世雄傑，皆摧其鋒。聖化所綏，萬里草偃，方蕩平華夏，總一大猷。今不忍小忿，而發雷霆之怒，違垂堂之戒，輕萬乘之重，此臣之所惑也。臣聞志行萬里者，不中道而輟足；圖四海者，匪懷細以害大。强寇在境，荒服未庭，陛下乘桴遠征，必致闚鬩，慼至而憂，悔之無及。若使大事時捷，則淵不討自服；今乃遠惜遼東衆之與馬，奈何獨欲捐江東萬安之本業而不惜乎？乞息六師，以威大虜，早定中夏，垂耀將來。』權用納焉。

又　卷五九《吳志·孫登傳》　魏黃初二年，以權為吳王，拜登東中郎將，封萬户侯，登辭疾不受。是歲，立登為太子，【略】黃龍元年，權稱尊號，立為皇太子。【略】

權遷都建業，徵上大將軍陸遜輔登鎮武昌，領宮府留事。

又　卷六〇《吳志·呂岱傳》　延康元年，代步騭為交州刺史。到州，高涼賊帥錢博乞降，岱因承制，以博為高涼西部都尉。又鬱林夷賊攻圍郡縣，岱討破之。是時桂陽湞陽賊王金合衆於南海界上，首亂為害，權又詔岱討之，生縛金，傳送詣都，斬首獲生凡萬餘人。遷安南將軍，假節，封都鄉侯。

交阯太守士燮卒，權以燮子徽為安遠將軍，領九真太守，以校尉陳時代燮。岱表分海南三郡為交州，以將軍戴良為刺史，海東四郡為廣州，岱自為刺史。遣良與時南入，而徽不承命，舉兵戍海口以拒良等。岱於是上疏請討徽罪，督兵三千人晨夜浮海。或謂岱曰：『徽藉累世之恩，為一州所附，未易輕也。』岱曰：『今徽雖懷逆計，未虞吾之卒至，若我潛軍輕舉，掩其無備，破之必也。稽留不速，使得生心，嬰城固守，七郡百蠻，雲合回應，雖有智者，誰能圖之？』遂行，過合浦，與良俱進。徽聞岱至，果大震怖，不知所出，即率兄弟六人肉袒迎岱。岱皆斬送其首。徽大將甘醴、桓治等率吏民攻岱，岱奮擊大破之，進封番禺侯。於是除廣州，復為交州如故。岱既定交州，復進討九真，斬獲以萬數。又遣從事南宣國化，暨徼外扶南、林邑、堂明諸王，各遣使奉貢。權嘉其功，進拜鎮南將軍。

黃龍三年，以南土清定，召岱還屯長沙漚口。王隱《交廣記》曰：吳後復置廣州，以南陽滕脩為刺史。或語脩蝦鬚長一丈，脩不信，其人後故至東海，取蝦鬚長四丈四尺，封以示脩，脩乃服之。會武陵蠻夷蠢動，岱與太常潘濬共討定之。嘉禾三年，權令岱領潘璋士衆，屯陸口，後徙蒲圻。四年，廬陵賊李桓、路合、會稽東治賊隨春、南海賊羅厲等一時並起。權復詔岱督劉纂、唐咨等分部討擊，春即時首降，岱拜春偏將軍，使領其衆，遂為列將，桓、厲等皆見斬獲，傳首詣都。權詔岱曰：『厲負險作亂，自致梟首；桓凶狡反覆，已降復叛。前後討伐，歷年不禽，非君規略，誰能梟之？忠武之節，於是益著。元惡既除，大小震懾，其餘細類，掃地族矣。自今已去，國家永無南顧之虞，三郡晏然，無怵惕之驚，又得惡民以供賦役，重用歎息。賞不逾月，國之常典，制度所宜，君其裁之。』

潘濬卒，岱代濬領荆州文書，與陸遜並在武昌，故督蒲圻。頃之，廖式作亂，攻圍城邑，零陵、蒼梧、鬱林諸郡騷擾，岱自表輒行，星夜兼路。權遣使追拜岱交州牧，及遣諸將唐咨等駱驛相繼，攻討一年破之，斬式及遣諸所偽署臨賀太守費楊等，並其支黨，郡縣悉平，復還武昌。時年已八十，然體素精勤，躬親王事。奮威將軍張承與岱書曰：『昔旦奭翼周，二南作歌，今則足下與陸子也。忠勤相先，勞謙相讓，功以權成，化與道合，君子歎其德，小人悅其美。加以文書鞅掌，賓客終日，罷不捨事，勞不言倦，又知上馬輒自超乘，不由跨躡，如此足下過廉頗也，何其事事快也。周易有之，禮言恭，德言盛，足下何有盡此美耶！』及陸遜卒，諸葛恪代遜，權乃分武昌為兩部，岱督右部，自武昌上至蒲圻。遷上大將軍，拜子凱副軍校尉，監兵蒲圻。孫亮即位，拜大司馬。

又　卷六一《吳志·陸凱傳》　赤烏中，除儋耳太守，討朱崖，斬獲有功，遷為建武校尉。【略】

赤烏十一年，交阯九真夷賊攻没城邑，交部騷動。以（陸）胤為交州刺史、安南校尉。胤入南界，喻以恩信，務崇招納，高涼渠帥黄吳等支黨三千餘家皆出降。引軍而南，重宣至誠，遺以財幣。賊帥百餘人，民五萬餘家，深幽不羈，莫不稽顙，交域清泰。就加安南將軍。復討蒼梧建陵賊，破之，前後出兵八千餘人，以充軍用。

永安元年，徵為西陵督，封都亭侯，後轉（左）虎林。中書丞華覈表薦胤曰：『胤天姿聰朗，才通行絜，昔歷選曹，遺迹可紀。還在交州，奉宣朝恩，流民歸附，海隅肅清。蒼梧、南海，歲有（舊）風瘴氣之害，風則折木，飛砂轉石，氣則霧鬱，飛鳥不經。自胤至州，風氣絕息，商旅平行，民無疾疫，田稼豐稔。州治臨海，海流秋鹹，胤又畜水，民得甘食。惠風橫被，化感人神，遂憑天威，招合遺散。至被詔書當出，民感其恩，以忘戀土，負老攜幼，甘心景從，衆無攜貳，不煩兵衛。自諸將合衆，皆脅之以威，未有如胤結以恩信者也。銜命在州，十有餘年，賓帶殊俗，寶玩所生，而內無粉黛附珠之妾，家無文甲犀象之珍，方之今臣，實難多得。宜在輦轂，股肱王室，以贊唐虞康哉之頌。江邊任輕，不盡其才，虎林選督，堪之者衆。若召還都，寵以上司，則天工畢脩，庶績咸熙矣。』

又　卷六二《吳志·胡綜傳》　魏拜權為吳王，封綜、儀、詳皆為亭侯。

黃武八年夏，黃龍見夏口，於是權稱尊號，因瑞改元。又作黃龍大牙，常在中軍，諸軍進退，視其所向，命綜作賦曰：

乾坤肇立，三才是生。狼弧垂象，實惟兵精。聖人觀法，是效是營，始作器械，爰求厥成。黃、農創代，拓定皇基，上順天心，下息民災。高辛誅共，舜征有苗，啓有甘師，湯有鳴條。周之牧野，漢之垓下，靡不由兵，克定厥緒。明明大吳，實天生德，神武是經，惟皇之極。乃自在昔，黃、虞是祖，越歷五代，繼世在下。應期受命，發迹南土，將恢大繇，革我區夏。乃律天時，制為神軍，取象太一，五將三門；疾則如電，遲則如雲，進止有度，約而不煩。四靈既布，黃龍處中，周制日月，實曰太常，桀然特立，六軍所望。仙人在上，鑑觀四方，神實使之，為國休祥。軍欲轉向，黃龍先移，金鼓不鳴，寂然變施，闇謨若神，可謂秘奇。在昔周室，赤烏銜書，今也大吳，黃龍吐符。合契河洛，動與道俱，天贊人和，僉曰惟休。

蜀聞權踐阼，遣使重申前好。綜為盟文，文義甚美，語在《權傳》。權下都建業，詳、綜並為侍中，進封鄉侯，兼左右領軍。【略】

遼東之事，輔吳將軍張昭以諫權言辭切至，權亦大怒，其和協彼此，使之無隙，綜有力焉。

又　卷六三《吳志·吳範傳》　後權與魏為好，（吳）範曰：『以風氣言之，彼以貌來，其實有謀，宜為之備。』【略】

初，權為將軍時，範嘗白言江南有王氣，亥子之間有大福慶。權曰：『若終如言，以君為侯。』及立為吳王，範時侍宴，曰：『昔在吳中，嘗言此事，大王識之邪？』權曰：『有之。』因呼左右，以侯綬帶範。範知權欲以厭當前言，輒手推不受。及後論功行封，以範為都亭侯。詔臨當出，權恚其愛道於己也，削除其名。

又　卷三五《蜀志·諸葛亮傳》裴松之注　《漢晉春秋》曰：（建興七年）是歲，孫權稱尊號，其羣臣以並尊二帝來告。議者咸以為交之無益，而名體弗順，宜顯明正義，絕其盟好。亮曰：『權有僭逆之心久矣，國家所以略其釁情者，求掎角之援也。今若加顯絕，讎我必深，便當移兵東（戍），與之角力，須並其土，乃議中原。彼賢才尚多，將相緝穆，未可一朝定也。頓兵相持，坐而須老，使北賊得計，非算之上者。昔孝文卑辭匈奴，先帝優與吳盟，皆應權通變，弘思遠益，非匹夫之為（分）者也。今議者咸以權利在鼎足，不能並力，且志望以滿，無上岸之情，推此，皆似是而非也。何者？其智力不侔，故限江自保；權之不能越江，猶魏賊之不能渡漢，非力有餘而利不取也。若大軍致討，彼高當分裂其地以為後規，下當略民廣境，示武於內，非端坐者也。若就其不動而睦於我，我之北伐，無東顧之憂，河南之衆不得盡西，此之為利，亦已深矣。權僭之罪，未宜明也。』乃遣衛尉陳震慶權正號。

又　卷五二《吳志·諸葛瑾傳》裴松之注　《吳書》曰：初，瑾為大將軍，而弟亮為蜀丞相，二子恪、融皆典戎馬，督領將帥，族弟誕又顯名於魏，一門三方為冠蓋，天下榮之。瑾才略雖不及弟，而德行尤純。妻死不改娶，有所愛妾，生子不舉，其篤慎皆如此。

三國和戰分部

赤壁之戰

綜　述

《三國志》卷一《魏志·武帝紀》　（建安）十三年春正月，公還

鄴，作玄武池以肄舟師。肄，以四反。《三蒼》曰：『肄，習也。』【略】

秋七月，公南征劉表。八月，表卒，其子琮代，屯襄陽，劉備屯樊。九月，公到新野，琮遂降，備走夏口。公進軍江陵，下令荊州吏民，與之更始。乃論荊州服從之功，侯者十五人，以劉表大將文聘為江夏太守，使統本兵，引用荊州名士韓嵩、鄧義等。衛恒《四體書勢・序》曰：上谷王次仲，【略】於是公欲為洛陽令，鵠以為北部尉。鵠後依劉表。及荊州平，公募求鵠，鵠懼，自縛詣門，署軍假司馬，使在秘書，以（勤）書自效。公嘗懸著帳中，及以釘壁玩之，謂勝宜官。鵠字孟黃，安定人。魏宮殿題署，皆鵠書也。皇甫謐《逸士傳》曰：汝南王俊，【略】公車征，不到，避地居武陵，歸俊者一百餘家。帝之都許，復征為尚書，又不就。劉表見紹强，陰與紹通，俊謂表曰：『曹公，天下之雄也，必能興霸道，繼桓、文之功者也。今乃釋近而就遠，如有一朝之急，遙望漠北之救，不亦難乎！』表不從。俊年六十四，以壽終於武陵，公聞而哀傷。及平荊州，自臨江迎喪，改葬於江陵，表為先賢也。益州牧劉璋始受征役，遣兵給軍。十二月，孫權為備攻合肥。公自江陵征備，至巴丘，遣張憙救合肥。權聞憙至，乃走。公至赤壁，與備戰，不利。於是大疫，吏士多死者，乃引軍還。備遂有荊州江南諸郡。《山陽公載記》曰：公船艦為備所燒，引軍從華容道步歸，遇泥濘，道不通，天又大風，悉使羸兵負草填之，騎乃得過。羸兵為人馬所蹈藉，陷泥中，死者甚衆。軍既得出，公大喜，諸將問之，公曰：『劉備，吾儔也。但得計少晚；向使早放火，吾徒無類矣。』備尋亦放火而無所及。孫盛《異同評》曰：按《吳志》，劉備先破公軍，然後權攻合肥，而此記云權先攻合肥，後有赤壁之事。二者不同，《吳志》為是。

又 卷六《魏志・劉表傳》 劉表字景升，山陽高平人也。少知名，號八俊。張璠《漢紀》曰：表與同郡人張隱、薛郁、王訪、宣靖、（公褚恭）[公緒恭]、劉祇、田林為八交，或謂之八顧。《漢末名士録》云：表與汝南陳翔字仲麟、范滂字孟博、魯國孔昱字世元、勃海苑康字仲真、山陽檀敷字文友、張儉字元節、南陽岑晊字公孝為八友。謝承《後漢書》曰：表受學於同郡王暢。暢為南陽太守，行過乎儉。表時年十七，進諫曰：『奢不僭上，儉不逼下，蓋中庸之道，是故蘧伯玉耻獨為君子。府君若不師孔聖之明訓，而慕夷齊之末操，無乃皎然自遺於世！』暢答曰：『以約失之者鮮矣。且以矯俗也。』長八尺餘，姿貌甚偉。以大將軍掾為北軍中候。靈帝崩，代王叡為荊州刺史。是時山東兵起，表亦合兵軍襄陽。司馬彪《戰略》曰：劉表之初為荊州也，江南宗賊盛，袁術屯魯陽，盡有南陽之衆。吳人蘇代領長沙太守，貝羽為華容長，各阻兵作亂。表初到，單馬入宜城，而延中廬人蒯良、蒯越、襄陽人蔡瑁與謀。表曰：『宗賊甚盛，而衆不附，袁術因之，禍今至矣！吾欲徵兵，恐不集，其策安出？』良曰：『衆不附者，仁不足也，附而不治者，義不足也；苟仁義之道行，百姓歸之如水之趣下，何患所至之不從而問興兵與策乎？』表顧問越，越曰：『治平者先仁義，治亂者先權謀。兵不在多，在得人也。袁術勇而無斷，蘇代、貝羽皆武人，不足慮。宗賊帥多貪暴，為下所患。越有所素養者，使示之以利，必以衆來。君誅其無道，撫而用之。一州之人，有樂存之心，聞君盛德，必繦負而至矣。兵集衆附，南據江陵，北守襄陽，荊州八郡可傳檄而定。術等雖至，無能為也。』表曰：『子柔之言，雍季之論也。異度之計，臼犯之謀也。』遂使越遣人誘宗賊，至者五十五人，皆斬之。襲取其衆，或即授部曲。唯江夏賊張虎、陳生擁衆據襄陽，表乃使越與龐季單騎往說降之，江南遂悉平。袁術之在南陽也，與孫堅合從，欲襲奪表州，使堅攻表。堅為流矢所中死，軍敗，術遂不能勝表。李傕、郭汜入長安，欲連表為援，乃以表為鎮南將軍、荊州牧，封成武侯，假節。天子都許，表雖遣使貢獻，然北與袁紹相結。治中鄧義諫表，表不聽，《漢晉春秋》曰：表答義曰：『內不失貢職，外不背盟主，此天下之達義也。治中獨何怪乎？』義辭疾而退，終表之世。張濟引兵入荊州界，攻穰城，為流矢所中死。荊州官屬皆賀，表曰：『濟以窮來，主人無禮，至於交鋒，此非牧意，牧受弔，不受賀也。』使人納其衆；衆聞之喜，遂服從。長沙太守張羨叛表，《英雄記》曰：張羨，南陽人。先作零陵、桂陽長，甚得江、湘間心，然性屈强不順。表薄其為人，不甚禮也。羨由是懷恨，遂叛表焉。表圍之連年不下。羨病死，長沙復立其子懌，表遂攻幷懌，南收零、桂，北據漢川，地方數千里，帶甲十餘萬。《英雄記》曰：州界羣寇既盡，表乃開立學官，博求儒士，使綦毋闓、宋忠等撰五經章句，謂之後定。

太祖與袁紹方相持於官渡，紹遣人求助，表許之而不至，亦不佐太祖，欲保江漢間，觀天下變。從事中郎韓嵩、別駕劉先說表曰：『豪傑並爭，兩雄相持，天下之重，在於將軍。將軍若欲有為，起乘其弊可也；若不然，固將擇所從。將軍擁十萬之衆，安坐而觀望。夫見賢而不能助，請和而不得，此兩怨必集於將軍，將軍不得中立矣。夫以曹公之明哲，天下賢俊皆歸之，其勢必舉袁紹，然後稱兵以向江漢，恐將軍不能禦也。故為將軍計者，不若舉州以附曹公，曹公必重德將軍；長享福祚，垂之後嗣，此萬全之策也。』表大將蒯越亦勸表，表狐疑，乃遣嵩詣太祖以觀虛實。嵩還，深陳太祖威德，說表遣子入質。表疑嵩反為太祖說，大怒，欲殺嵩，考殺隨嵩行者，知嵩無他意，乃止。《傅子》曰：初表謂嵩曰：『今天下大亂，未知所定，曹公擁天子都許，君為我觀其釁。』嵩對曰：『聖達節，次守節。嵩，守節者也。夫事君為君，君臣名定，以死守之；今策名委質，唯將軍所命，雖赴湯蹈火，死無辭也。以嵩觀之，曹公至明，必濟天下。將軍能上順天子，下歸曹公，必享百世之利，楚國實受其祐，使嵩可也；設計未定，嵩使京師，天子假嵩一官，則天子之臣，而將軍之故吏耳。在君為君，則嵩守天子之命，義不得復為將軍死也。唯將軍重思，無負嵩。』表遂使之，果如所言，天子拜嵩侍中，遷零陵太守，還稱朝廷、曹公之德也。表以為懷貳，大會寮屬數百人，陳兵見嵩，盛怒，持節將斬之，數曰：『韓嵩敢懷貳邪！』衆皆恐，欲令嵩謝。嵩不動，謂表曰：『將軍負嵩，嵩不負將軍！』具陳前言。表怒不已，其妻蔡氏諫之曰：『韓嵩，楚國之望也；且其言直，誅之無辭。』表乃弗誅而囚之。表雖外貌儒雅，而心多疑忌，皆此類也。

劉備奔表，表厚待之，然不能用。《漢晉春秋》曰：太祖之始征柳城，劉備說表使襲許，表不從。及太祖還，謂備曰：『不用君言，故失此大會也。』備曰：『今天下分裂，日尋干戈，事會之來，豈有終極乎？若能應之於後者，則此未足為恨也。』建安十三年，太祖征表，未至，表病死。

初，表及妻愛少子琮，欲以為後，而蔡瑁、張允為之支黨，乃出長子琦為江夏太守，衆遂奉琮為嗣。琦與琮遂為讎隙。《典略》曰：表疾病，琦還省疾。琦性慈孝，瑁、允恐琦見表，父子相感，更有託後之意，謂曰：『將軍命君撫臨江夏，為國東藩，其任至重；今釋衆而來，必見譴怒，傷親之歡心以增其疾，非孝敬也。』遂遏於戶外，使不得見，琦流涕而去。越、嵩及東曹掾傅巽等說琮歸太祖，琮曰：『今與諸君據全楚之地，守先君之業，以觀天下，何為不可乎？』巽對曰：『逆順有大體，強弱有定勢。以人臣而拒人主，逆也；以新造之楚而禦國家，其勢弗當也；以劉備而敵曹公，又弗當也。三者皆短，欲以抗王兵之鋒，必亡之道也。將軍自料何與劉備？』琮曰：『吾不若也。』巽曰：『誠以劉備不足禦曹公乎，則雖保楚之地，不足以自存也；誠以劉備足禦曹公乎，則備不為將軍下也。原將軍勿疑。』太祖軍到襄陽，琮舉州降。備走奔夏口。《傅子》曰：巽子公悌，瓌偉博達，有知人鑑。辟公府，拜尚書郎，後客荊州，以說劉琮之功，賜爵關內侯。文帝時為侍中，太和中卒，巽在荊州，目龐統為半英雄，證裴潛終以清行顯；統遂附劉備，見待次於諸葛亮，潛位至尚書令，並有名德。及在魏朝，魏諷以才智聞，巽謂之必反，卒如其言。巽弟子嘏，別有傳。《漢晉春秋》曰：王威說劉琮曰：『曹操得將軍既降，劉備已走，必解弛無備，輕行單進；若給威奇兵數千，徼之於險，操可獲也。獲操即威震天下，坐而虎步，中夏雖廣，可傳檄而定，非徒收一勝之功，保守今日而已。此難遇之機，不可失也。』琮不納。《搜神記》曰：建安初，荊州童謠曰：『八九年間始欲衰，至十三年無孑遺。』言自（中興）［中平］以來，荊州獨全，及劉表為牧，民又豐樂，至建安八年九年當始衰。始衰者，謂劉表妻死，諸將並零落也。十三年無孑遺者，表當又死，因以喪破也。是時，華容有女子忽啼呼云：『荊州將有大喪。』言語過差，縣以為妖言，繫獄月餘，忽於獄中哭曰：『劉荊州今日死。』華容去州數百里，即遣馬吏驗視，而劉表果死，縣乃出之。續又歌吟曰：『不意李立為貴人。』後無幾，太祖平荊州，以涿郡李立字建賢為荊州刺史。

太祖以琮為青州刺史、封列侯。《魏武故事》載令曰：『楚有江、漢山川之險，後服先疆，與秦爭衡，荊州則其故地。劉鎮南久用其民矣。身沒之後，諸子鼎峙，雖終難全，猶可引日。青州刺史琮，心高志潔，智深慮廣，輕榮重義，薄利厚德，蔑萬里之業，忽三軍之衆，篤中正之體，教令名之譽，上耀先君之遺塵，下圖不朽之餘祚；鮑永之棄并州，竇融之離五郡，未足以喻也。雖封列侯一州之位，猶恨此寵未副其人；而比有箋求還州。監史雖尊，秩祿未優。今聽所執，表琮為諫議大夫，參同軍事。』蒯越等侯者十五人。越為光祿勳；《傅子》曰：越，蒯通之後也，深中足智，魁傑有雄姿。大將軍何進聞其名，辟為東曹掾。越勸進誅諸閹官，進猶豫不決。越知進必敗，求出為汝陽令，佐劉表平定境內，表得以強大。詔書拜章陵太守，封樊亭侯。荊州平，太祖與荀彧書曰：『不喜得荊州，喜得蒯異度耳。』建安十九年卒。臨終，與太祖書，託以門戶。太祖報書曰：『死者反生，生者不愧。孤少所舉，行之多矣。魂而有靈，亦將聞孤此言也。』嵩，大鴻臚；《先賢行狀》曰：嵩字德高，義陽人。少好學，貧不改操。知世將亂，不應三公之命，與同好數人隱居於酈西山中。黃巾起，嵩避難南方，劉表逼以為別駕，轉從事中郎。表郊祀天地，嵩正諫不從，漸見違忤。奉使到許，事在前注。荊州平，嵩疾病，就在所拜授大鴻臚印綬。羲，侍中；羲，章陵人。先，尚書令，其餘多至大官。《零陵先賢傳》曰：先字始宗，博學強記，尤好黃老言，明習漢家典故。為劉表別駕，奉章詣許，見太祖。時賓客並會，太祖問先：『劉牧如何郊天也？』先對曰：『劉牧託漢室肺腑，處牧伯之位，而遭王道未平，羣凶塞路，抱玉帛而無所聘頫，修章表而不獲達御，是以郊天祀地，昭告赤誠。』太祖曰：『羣凶為誰？』先曰：『舉目皆是。』太祖曰：『今孤有熊羆之士，步騎十萬，奉辭伐罪，誰敢不服？』先曰：『漢道陵遲，羣生憔悴，既無忠義之士，翼戴天子，綏寧海內，使萬邦歸德，而阻兵安忍，曰莫己若，既蚩尤、智伯復見於今也。』太祖嘿然。拜先武陵太守。荊州平，先始為漢尚書，後為魏國尚書令。先甥同郡周不疑，字元直，零陵人。先賢傳稱不疑幼有異才，聰明敏達，太祖欲以女妻之，不疑不敢當。太祖愛子倉舒，夙有才智，謂可與不疑為儔。及倉舒卒，太祖心忌不疑，欲除之。文帝諫以為不可，太祖曰：『此人非汝所能駕御也。』乃遣刺客殺之。摯虞《文章志》曰：不疑死時年十七，著文論四首。《世語》曰：表死後八十餘年，至晉太康中，表冢見發。表及妻身形如生，芬香聞數里。

又　卷三二《蜀志·先主傳》　曹公南征表，會表卒，《英雄記》曰：表病，上備領荊州刺史。《魏書》曰：表病篤，託國於備，顧謂曰：『我兒不才，而諸將並零落，我死之後，卿便攝荊州。』備曰：『諸子自賢，君其憂病。』或勸備宜從表言，備曰：『此人待我厚，今從其言，人必以我為薄，所不忍也。』臣松之以為表夫妻素愛琮，舍適立庶，情計久定，無緣臨終舉荊州以授備，此亦不然之言。子琮代立，遣使請降。先主屯樊，不知曹公卒至，至宛乃聞之，遂將其衆去。過襄陽，諸葛亮說先主攻琮，荊州可有。先主曰：『吾不忍也。』孔衍《漢魏春秋》曰：劉琮乞降，不敢告備。備亦不知，久之乃覺，遣所親問琮。琮令宋忠詣備宣旨。是時曹公在宛，備乃大驚駭，謂忠曰：『卿諸人作事如此，不早相語，今禍至方告我，不亦太劇乎！』引刀向忠曰：『今斷卿頭，不足以解忿，亦恥大丈夫臨別復殺卿輩！』遣忠去，乃呼部曲議。或勸備劫將琮及荊州吏士徑南到江陵，備答曰：『劉荊州臨亡託我以孤遺，背信自濟，吾所不為，死何面目以見劉荊州乎！』乃駐馬呼琮，琮懼不能起。琮左右及荊州人多歸先主。《典略》曰：備過辭表墓，遂涕泣而去。比到當陽，衆十餘萬，輜重數千兩，日行十餘里，別遣關羽乘船數百艘，使會江陵。或謂先主曰：『宜速行保江陵，今雖擁大衆，被甲者少，若曹公兵至，何以拒之？』先主曰：『夫濟大事必以人為本，今人歸吾，吾何忍棄去！』習鑿齒曰：先主雖顛沛險難而信義愈明，勢偪事危而言不失道。追景升之顧，則情感三軍；戀赴義之士，則甘與同敗。觀其所以結物情者，豈徒投醪撫寒含蓼問疾而已哉！其終濟大業，不亦宜乎！

曹公以江陵有軍實，恐先主據之，乃釋輜重，輕軍到襄陽。聞先主已過，曹公將精騎五千急追之，一日一夜行三百餘里，及於當陽之長阪。先主棄妻子，與諸葛亮、張飛、趙雲等數十騎走，曹公大獲其人衆輜重。先主斜趨漢津，適與羽船會，得濟沔，遇表長子江夏太守琦衆萬餘人，與俱到夏口。先主遣諸葛亮自結於孫權，《江表傳》曰：孫權遣魯肅弔劉表二子，並令與備相結。肅未至而曹公已濟漢津。肅故進前，與備相遇於當陽。因宣權旨，論天下事勢，致殷勤之意。且問備曰：『豫州今欲何至？』備曰：『與蒼梧太守（吳臣）［吳巨］有舊，欲往投之。』肅曰：『孫討虜聰明仁惠，敬賢禮士，江表英豪，咸歸附之，已據有六郡，兵精糧多，足以立事。今為君計，莫若遣腹心使自結於東，崇連和之好，共濟世業，而云欲投（吳臣）［吳巨］，（臣）是凡人，偏在遠郡，行將為人所并，豈足託乎？』備大喜，進住鄂縣，即遣諸葛亮隨肅詣孫權，結同盟誓。權遣周瑜、程普等水軍數萬，與先主并力，《江表傳》曰：備從魯肅計，進住鄂縣之樊口。諸葛亮詣吳未還，備聞曹公軍下，恐懼，日遣邏吏於水次候望權軍。吏望見瑜船，馳往白備，備曰：『何以知（之）非青徐軍邪？』吏對曰：『以船知之。』備遣人慰勞之。瑜曰：『有軍任，不可得委署，儻能屈威，誠副其所望。』備謂關羽、張飛曰：『彼欲致我，我今自結託於東而不往，非同盟之意也。』乃乘單舸往見瑜，問曰：『今拒曹公，深為得計。戰卒有幾？』瑜曰：『三萬人。』備曰：『恨少。』瑜曰：『此自足用，豫州但觀瑜破之。』備欲呼魯肅等共會語，瑜曰：『受命不得妄委署，若欲見子敬，可別過之。又孔明已俱來，不過三兩日到也。』備雖深愧異瑜，而心未許之能必破北軍也，故差池在後，將二千人與羽、飛俱，未肯係瑜，蓋為進退之計也。孫盛曰：劉備雄才，處必亡之地，告急於吳，而獲奔助，無緣復顧望江渚而懷後計。《江表傳》之言，當是吳人欲專美之辭。與曹公戰於赤壁，大破之，焚其舟船。先主與吳軍水陸並進，追到南郡，時又疾疫，北軍多死，曹公引歸。《江表傳》曰：周瑜為南郡太守，分南岸地以給備。備別立營於油江口，改名為公安。劉表吏士見從北軍，多叛來投備。備以瑜所給地少，不足以安民，（後）從權借荊州數郡。

又　卷三五《蜀志·諸葛亮傳》　劉表長子琦，亦深器亮。表受後妻之言，愛少子琮，不悅於琦。琦每欲與亮謀自安之術，亮輒拒塞，未與處畫。琦乃將亮遊觀後園，共上高樓，飲宴之間，令人去梯，因謂亮曰：『今日上不至天，下不至地，言出子口，入於吾耳，可以言未？』亮答曰：『君不見申生在內而危，重耳在外而安乎？』琦意感悟，陰規出計。會黃祖死，得出，遂為江夏太守。俄而表卒，琮聞曹公來征，遣使請降。

先主在樊聞之，率其衆南行，亮與徐庶並從，為曹公所追破，獲庶母。庶辭先主而指其心曰：『本欲與將軍共圖王霸之業者，以此方寸之地也。今已失老母，方寸亂矣，無益於事，請從此別。』遂詣曹公。《魏略》曰：庶先名福，本單家子，少好任俠擊劍。中平末，嘗為人報讎，白堊突面，被髮而走，為吏所得，問其姓字，閉口不言。吏乃於車上立柱維磔之，擊鼓以令於市鄽，莫敢識者，而其黨伍共篡解之，得脱。於是感激，棄其刀戟，更疏巾單衣，折節學問。始詣精舍，諸生聞其前作賊，不肯與共止。福乃卑躬早起，常獨掃除，動靜先意，聽習經業，義理精熟。遂與同郡石韜相親愛。初平中，中州兵起，乃與韜南客荆州，到，又與諸葛亮特相善。及荆州內附，孔明與劉備相隨去，福與韜俱來北。至黄初中，韜仕歷郡守、典農校尉，福至右中郎將、御史中丞。逮大和中，諸葛亮出隴右，聞元直、廣元仕財如此，歎曰：『魏殊多士邪！何彼二人不見用乎？』庶後數年病卒，有碑在彭城，今猶存焉。

先主至於夏口，亮曰：『事急矣，請奉命求救於孫將軍。』時權擁軍在柴桑，觀望成敗，亮說權曰：『海內大亂，將軍起兵據有江東，劉豫州亦收衆漢南，與曹操並爭天下。今操芟夷大難，略已平矣，遂破荆州，威震四海。英雄無所用武，故豫州遁逃至此。將軍量力而處之：若能以吳、越之衆與中國抗衡，不如早與之絶；若不能當，何不案兵束甲，北面而事之！今將軍外託服從之名，而內懷猶豫之計，事急而不斷，禍至無日矣！』權曰：『苟如君言，劉豫州何不遂事之乎？』亮曰：『田横，齊之壯士耳，猶守義不辱，況劉豫州王室之胄，英才蓋世，衆士慕仰，若水之歸海，若事之不濟，此乃天也，安能復為之下乎！』權勃然曰：『吾不能舉全吳之地，十萬之衆，受制於人。吾計決矣！非劉豫州莫可以當曹操者，然豫州新敗之後，安能抗此難乎？』亮曰：『豫州軍雖敗於長阪，今戰士還者及關羽水軍精甲萬人，劉琦合江夏戰士亦不下萬人。曹操之衆，遠來疲弊，聞追豫州，輕騎一日一夜行三百餘里，此所謂「彊弩之末，勢不能穿魯縞」者也。故兵法忌之，曰「必蹶上將軍」。且北方之人，不習水戰；又荆州之民附操者，偪兵勢耳，非心服也。今將軍誠能命猛將統兵數萬，與豫州協規同力，破操軍必矣。操軍破，必北還，如此則荆、吳之勢强，鼎足之形成矣。成敗之機，在於今日。』權大悅，即遣周瑜、程普、魯肅等水軍三萬，隨亮詣先主，並力拒曹公。《袁子》曰：張子布薦亮於孫權，亮不肯留。人問其故，曰：『孫將軍可謂人主，然觀其度，能賢亮而不能盡亮，吾是以不留。』臣松之以為袁孝尼著文立論，甚重諸葛之為人，至如此言則失之殊遠。觀亮君臣相遇，可謂希世一時，終始以分，誰能間之？寧有中違斷金，甫懷擇主，設使權盡其量，便當翻然去就乎？葛生行己，豈其然哉！關羽為曹公所獲，遇之甚厚，可謂能盡其用矣，猶義不背本，曾謂孔明之不若雲長乎！曹公敗於赤壁，引軍歸鄴。

又 卷四七《吳志·吳主傳》（建安）十三年春，權復征黄祖，祖先遣舟兵拒軍，都尉呂蒙破其前鋒，而淩統、董襲等盡鋭攻之，遂屠其城。祖挺身亡走，騎士馮則追梟其首，虜其男女數萬口。是歲，使賀齊討黟、歙，分歙為始新、新定、《吳録》曰：晉改新定為遂安。犂陽、休陽縣。《吳録》曰：晉改休陽為海寧。以六縣為新都郡。荆州牧劉表死，魯肅乞奉命弔表二子，且以觀變。肅未到，而曹公已臨其境，表子琮舉衆以降。劉備欲南濟江，肅與相見，因傳權旨，為陳成敗。備進住夏口，使諸葛亮詣權，權遣周瑜、程普等行。是時曹公新得表衆，形勢甚盛，諸議者皆望風畏懼，多勸權迎之。《江表傳》載曹公與權書曰：『近者奉辭伐罪，旄麾南指，劉琮束手。今治水軍八十萬衆，方與將軍會獵於吳。』權得書以示羣臣，莫不鄉震失色。惟瑜、肅執拒之議，意與權同。瑜、普為左右督，各領萬人，與備俱進，遇於赤壁，大破曹公軍。公燒其餘船引退，士卒饑疫，死者大半。備、瑜等復追至南郡，曹公遂北還，留曹仁、徐晃於江陵，使樂進守襄陽。時甘寧在夷陵，為仁黨所圍，用呂蒙計，留淩統以拒仁，以其半救寧，軍以勝反。權自率衆圍合肥，使張昭攻九江之當塗。昭兵不利，權攻城逾月不能下。曹公自荆州還，遣張喜將騎赴合肥。未至，權退。

又 卷五四《吳志·周瑜傳》（建安）十三年春，權討江夏，瑜為前部大督。

其年九月，曹公入荆州，劉琮舉衆降，曹公得其水軍，船步兵數十萬，將士聞之皆恐。權延見羣下，問以計策。議者咸曰：『曹公豺虎也，然託名漢相，挾天子以征四方，動以朝廷為辭，今日拒之，事更不順。且將軍大勢，可以拒操者，長江也。今操得荆州，奄有其地，劉表治水軍，蒙沖鬬艦，乃以千數，操悉浮以沿江，兼有步兵，水陸俱下，此為長江之險，已與我共之矣。而勢力衆寡，又不可論。愚謂大計不如迎之。』瑜曰：『不然。操雖託名漢相，其實漢賊也。將軍以神武雄才，兼仗父兄之烈，割據江東，地方數千里，兵精足用，英雄樂業，尚當横行天下，為漢家除殘去穢。況操自送死，而可迎之邪？請為將軍籌之：今使北土已安，操無內憂，能曠日持久，來爭疆埸，又能與我校勝負於船楫（可）乎？今北土既未平安，加馬超、韓遂尚在關西，為操後患。且舍鞍馬，仗舟楫，與吳越爭衡，本非中國所長。又今盛寒，馬無槀草，驅中國士衆遠涉江湖之間，不習水土，必生疾病。此數四者，用兵之患也，而操皆冒行之。將軍禽操，宜在今日。瑜請得精兵三萬人，進住夏口，保為將軍破之。』權曰：『老賊欲廢漢自立久矣，徒忌二袁、呂布、劉表與孤耳。今數雄已滅，惟孤尚存，孤與老賊，勢不兩立。君言當擊，甚與孤合，此天以君授孤也。』《江表傳》曰：權拔刀斫前奏案曰：『諸將吏敢復有言當迎操者，與此案同！』及會罷之夜，瑜請見曰：『諸人徒見操書，言水步八十萬，而各恐懾，不復料其虛實，便開此議，甚無謂也。今以實校之，彼所將中國人，不過十五六萬，且軍已久疲，所得表衆，亦極七八萬耳，尚懷狐疑。夫以疲病之卒，御狐疑之衆，衆數雖多，甚未足畏。得精兵五萬，自足制之，原將軍勿慮。』權撫背曰：『公瑾，卿言至此，甚合孤心。子布、文表諸人，各顧妻子，挾持私慮，深失所望，獨卿與子敬與孤同耳，此天以卿二人贊孤也。五萬兵難卒合，已選三萬人，船糧戰具俱辦，卿與子敬、程公便在前發，孤當續發人衆，多載資糧，為卿後援。卿能辦之者誠決，邂逅不如意，便還就孤，孤當與孟德決之。』臣松之以為建計拒曹公，實始魯肅。于時周瑜使鄱陽，肅勸權呼瑜，瑜使鄱陽還，但與肅闇同，故能共成大勳。本傳直云，權延見羣下，問以計策，瑜擺撥衆人之議，獨言抗拒之計，了不云肅先有謀，殆為攘肅之善也。

時劉備為曹公所破，欲引南渡江，與魯肅遇於當陽，遂共圖計，因進住夏口，遣諸葛亮詣權，權遂遣瑜及程普等與備並力逆曹公，遇於赤壁。時曹公軍衆已有疾病，初一交戰，公軍敗退，引次江北。瑜等在南岸。瑜部將黃蓋曰：『今寇衆我寡，難與持久。然觀操軍船艦首尾相接，可燒而走也。』乃取蒙衝鬬艦數十艘，實以薪草，膏油灌其中，裹以帷幕，上建牙旗，先書報曹公，欺以欲降。《江表傳》載蓋書曰：『蓋受孫氏厚恩，常為將帥，見遇不薄。然顧天下事有大勢，用江東六郡山越之人，以當中國百萬之衆，衆寡不敵，海內所共見也。東方將吏，無有愚智，皆知其不可，惟周瑜、魯肅偏懷淺戇，意未解耳。今日歸命，是其實計。瑜所督領，自易摧破。交鋒之日，蓋為前部，當因事變化，效命在近。』曹公特見行人，密問之，口敕曰：『但恐汝詐耳。蓋若信實，當授爵賞，超於前後也。』又豫備走舸，各繫大船後，因引次俱前。曹公軍吏士皆延頸觀望，指言蓋降。蓋放諸船，同時發火。時風盛猛，悉延燒岸上營落。頃之，煙炎張天，人馬燒溺死者甚衆，軍遂敗退，還保南郡。《江表傳》曰：至戰日，蓋先取輕利艦十舫，載燥荻枯柴積其中，灌以魚膏，赤幔覆之，建旌旗龍幡於艦上。時東南風急，因以十艦最著前，中江舉帆，蓋舉火白諸校，使衆兵齊聲大叫曰：『降焉！』操軍人皆出營立觀。去北軍二里餘，同時發火，火烈風猛，往船如箭，飛埃絕爛，燒盡北船，延及岸邊營柴。瑜等率輕鋭尋繼其後，雷鼓大進，北軍大壞，曹公退走。備與瑜等復共追。曹公留曹仁等守江陵城，逕自北歸。【略】

後著令曰：『故將軍周瑜、程普，其有人客，皆不得問。』初瑜見友於策，太妃又使權以兄奉之。是時權位為將軍，諸將賓客為禮尚簡，而瑜獨先盡敬，便執臣節。性度恢廓，大率為得人，惟與程普不睦。《江表傳》曰：普頗以年長，數陵侮瑜。瑜折節容下，終不與校。普後自敬服而親重之，乃告人曰：『與周公瑾交，若飲醇醪，不覺自醉。』時人以其謙讓服人如此。初曹公聞瑜年少有美才，謂可游說動也，乃密下揚州，遣九江蔣幹往見瑜。幹有儀容，以才辯見稱，獨步江、淮之間，莫與為對。乃布衣葛巾，自託私行詣瑜。瑜出迎之，立謂幹曰：『子翼良苦，遠涉江湖為曹氏作說客邪？』幹曰：『吾與足下州里，中間別隔，遙聞芳烈，故來叙闊，並觀雅規，而云說客，無乃逆詐乎？』瑜曰：『吾雖不及夔、曠，聞弦賞音，足知雅曲也。』因延幹入，為設酒食。畢，遣之曰：『適吾有密事，且出就館，事了，別自相請。』後三日，瑜請幹與周觀營中，行視倉庫軍資器仗訖，還宴飲，示之侍者服飾珍玩之物，因謂幹曰：『丈夫處世，遇知己之主，外託君臣之義，內結骨肉之恩，言行計從，禍福共之，假使蘇張更生，酈叟復出，猶撫其背而折其辭，豈足下幼生所能移乎？』幹但笑，終無所言。幹還，稱瑜雅量高致，非言辭所間。中州之士，亦以此多之。劉備之自京還也，權乘飛雲大船，與張昭、秦松、魯肅等十餘人共追送之，大宴會叙別。昭、肅等先出，權獨與備留語，因言次，歎瑜曰：『公瑾文武籌略，萬人之英，顧其器量廣大，恐不久為人臣耳。』瑜之破魏軍也，曹公曰：『孤不羞走。』後書與權曰：『赤壁之役，值有疾病，孤燒船自退，橫使周瑜虛獲此名。』瑜威聲遠著，故曹公、劉備咸欲疑譖之。及卒，權流涕曰：『公瑾有王佐之資，今忽短命，孤何賴哉！』後權稱尊號，謂公卿曰：『孤非周公瑾，不帝矣。』

瑜兩男一女。女配太子登。男循尚公主，拜騎都尉，有瑜風，早卒。循弟胤，初拜興業都尉，妻以宗女，授兵千人，屯公安。黃龍元年，封都鄉侯，後以罪徒廬陵郡。赤烏二年，諸葛瑾、步騭連名上疏曰：『【略】

臣竊以瑜昔見寵任，入作心膂，出為爪牙，銜命出征，身當矢石，盡節用命，視死如歸，故能摧曹操於烏林，走曹仁於郢都，揚國威德，華夏是震，蠢爾蠻荆，莫不賓服，雖周之方叔，漢之信、布，誠無以尚也。夫折衝扞難之臣，自古帝王莫不貴重，故漢高帝封爵之誓曰「使黄河如帶，太山如礪，國以永存，爰及苗裔」；申以丹書，重以盟詛，藏於宗廟，傳於無窮，欲使功臣之後，世世相踵，非徒子孫，乃關苗裔，報德明功，勤勤懇懇，如此之至，欲以勸戒後人，用命之臣，死而無悔也。況於瑜身没未久，而其子胤降為匹夫，益可悼傷。竊惟陛下欽明稽古，隆於興繼，為胤歸訴，乞匄餘罪，還兵復爵，使失旦之雞，復得一鳴，抱罪之臣，展其後效。』權答曰：『腹心舊勳，與孤協事，公瑾有之，誠所不忘。昔胤年少，初無功勞，横受精兵，爵以侯將，蓋念公瑾以及於胤也。而胤恃此，酗淫自恣，前後告喻，曾無悛改。孤於公瑾，義猶二君，樂胤成就，豈有已哉？迫胤罪惡，未宜便還，且欲苦之，使自知耳。今二君勤勤援引漢高河山之誓，孤用恧然。雖德非其疇，猶欲庶幾，事亦如爾，故未順旨。以公瑾之子，而二君在中間，苟使能改，亦何患乎！』瑾、騭表比上，朱然及全琮亦俱陳乞，權乃許之。會胤病死。

瑜兄子峻，亦以瑜元功為偏將軍，領吏士千人。峻卒，全琮表峻子護為將。權曰：『昔走曹操，拓有荆州，皆是公瑾，常不忘之。【略】孤念公瑾，豈有已乎？』

又《魯肅傳》 劉表死。肅進説曰：『夫荆楚與國鄰接，水流順北，外帶江漢，内阻山陵，有金城之固，沃野萬里，士民殷富，若據而有之，此帝王之資也。今表新亡，二子素不輯睦，軍中諸將，各有彼此。加劉備天下梟雄，與操有隙，寄寓於表，表惡其能而不能用也。若備與彼協心，上下齊同，則宜撫安，與結盟好；如有離違，宜別圖之，以濟大事。肅請得奉命吊表二子，並慰勞其軍中用事者，及説備使撫表衆，同心一意，共治曹操，備必喜而從命。如其克諧，天下可定也。今不速往，恐為操所先。』權即遣肅行。到夏口，聞曹公已向荆州，晨夜兼道。比至南郡，而表子琮已降曹公，備惶遽奔走，欲南渡江。肅徑迎之，到當陽長阪，與備會，宣騰權旨，及陳江東强固，勸備與權並力。備甚歡悦。時諸葛亮與備相隨，肅謂亮曰『我子瑜友也』，即共定交。備遂到夏口，遣亮使權，肅亦反命。臣松之案：劉備與權併力，共拒中國，皆肅之本謀。又語諸葛亮曰『我子瑜友也』，則亮已亟聞肅言矣。而《蜀志·亮傳》曰：『亮以連横之略説權，權乃大喜。』如似此計始出於亮。若二國史官，各記所聞，競欲稱揚本國容美，各取其功。今此二書，同出一人，而舛互若此，非載述之體也。

會權得曹公欲東之問，與諸將議，皆勸權迎之，而肅獨不言。權起更衣，肅追於宇下，權知其意，執肅手曰：『卿欲何言？』肅對曰：『向察衆人之議，專欲誤將軍，不足與圖大事。今肅可迎操耳，如將軍，不可也。何以言之？今肅迎操，操當以肅還付鄉黨，品其名位，猶不失下曹從事，乘犢車，從吏卒，交游士林，累官故不失州郡也。將軍迎操，欲安所歸？原早定大計，莫用衆人之議也。』權歎息曰：『此諸人持議，甚失孤望；今卿廓開大計，正與孤同，此天以卿賜我也。』《魏書》及《九州春秋》曰：曹公征荆州，孫權大懼，魯肅實欲勸權拒曹公，乃激説權曰：『彼曹公者，實嚴敵也，新并袁紹，兵馬甚精，乘戰勝之威，伐喪亂之國，克可必也。不如遣兵助之，且送將軍家詣鄴；不然，將危。』權大怒，欲斬肅，肅因曰：『今事已急，即有他圖，何不遣兵助劉備，而欲斬我乎？』權然之，乃遣周瑜助備。孫盛曰：《吳書》及《江表傳》，魯肅一見孫權便説拒曹公而論帝王之略，劉表之死也，又請使觀變，無緣方復激説勸迎曹公也。又是時勸迎者衆，而云獨欲斬肅，非其論也。

時周瑜受使至鄱陽，肅勸追召瑜還。遂任瑜以行事，以肅為贊軍校尉，助畫方略。曹公破走，肅即先還，權大請諸將迎肅。肅將入閤拜，權起禮之，因謂曰：『子敬，孤持鞍下馬相迎，足以顯卿未？』肅趨進曰：『未也。』衆人聞之，無不愕然。就坐，徐舉鞭言曰：『原至尊威德加乎四海，總括九州，克成帝業，更以安車軟輪徵肅，始當顯耳。』權撫掌歡笑。

又《呂蒙傳》 是歲，又與周瑜、程普等西破曹公於烏林，圍曹仁於南郡。益州將襲肅舉軍來附，瑜表以肅兵益蒙，蒙盛稱肅有膽用，且慕化遠來，於義宜益不宜奪也。權善其言，還肅兵。瑜使甘寧前據夷陵，曹仁分衆攻寧，寧困急，使使請救。諸將以兵少不足分，蒙謂瑜、普曰：『留淩公績，蒙與君行，解圍釋急，勢亦不久，蒙保公績能十日守也。』又説瑜分遣三百人柴斷險道，賊走可得其馬。瑜從之。軍到夷陵，即日交戰，所殺過半。敵夜遁去，行遇柴道，騎皆舍馬步走。兵追蹙擊，獲馬三百匹，方船載還。於是將士形勢自倍，乃渡江立屯，與相攻擊，曹仁退走，遂據南郡，撫定荆州。還，拜偏將軍，領尋陽令。

又　卷五五《吳志·程普傳》　樂安平定，代太史慈備海昏，與周瑜為左右督，破曹公於烏林，又進攻南郡，走曹仁。拜裨將軍，領江夏太守，治沙羡，食四縣。

《後漢書》卷九《獻帝紀》　（建安十三年）秋七月，曹操南征劉表。

（八月）是月，劉表卒，少子琮立，琮以荆州降操。【略】曹操以舟師伐孫權，權將周瑜敗之于烏林、赤壁。

又　卷七四下《劉表傳》　劉表字景升，山陽高平人，魯恭王之後也。身長八尺餘，姿貌温偉。與同郡張儉等俱被訕議，號為『八顧』，詔書捕案黨人，表亡走得免。黨禁解，辟大將軍何進掾。

初平元年，長沙太守孫堅殺荆州刺史王叡，詔書以表為荆州刺史。時，江南宗賊大盛，又袁術阻兵屯魯陽，表不能得至，乃單馬入宜城，請南郡人蒯越、襄陽人蔡瑁與共謀畫。表謂越曰：『宗賊雖盛而衆不附，若袁術因之，禍必至矣。吾欲徵兵，恐不能集，其策焉出？』對曰：『理平者先仁義，理亂者先權謀。兵不在多，貴乎得人。袁術驕而無謀，宗賊率多貪暴。越有所素養者，使人示之以利，必持衆來。使君誅其無道，施其才用，威德既行，繦負而至矣。兵集衆附，南據江陵，北守襄陽，荆州八郡可傳檄而定。公路雖至，無能為也。』表曰：『善。』乃使越遣人誘宗賊帥，至者十五人，皆斬之而襲取其衆。唯江夏賊張虎、陳坐擁兵據襄陽城，表使越與龐季往譬之，乃降。江南悉平。諸守令聞表威名，多解印綬去。表遂理兵襄陽，以觀時變。

袁術與其從兄紹有隙，而紹與表相結，故術共孫堅合從襲表。表敗，堅遂圍襄陽。會表將黄祖救至，堅為流箭所中死，餘衆退走。及李傕等入長安，冬，表遣使奉貢。傕以表為鎮南將軍、荆州牧，封成武侯，假節，以為己援。

建安元年，驃騎將軍張濟自關中走南陽，因攻穰城，中飛矢而死。荆州官屬皆賀。表曰：『濟以窮來，主人無禮，至於交鋒，此非牧意，牧受吊不受賀也。』使人納其衆，衆聞之喜，遂皆服從。三年，長沙太守張羡率零陵、桂陽三郡畔表，表遣兵攻圍，破羡，平之。於是開土遂廣，南接五領，北據漢川，地方數千里，帶甲十餘萬。初，荆州人情好擾，加四方駭震，寇賊相扇，處處麋沸。表招誘有方，威懷兼洽，其姦猾宿賊更為效用，萬里肅清，大小咸悦而服之。關西、兖、豫學士歸者蓋有千數，表安慰賑贍，皆得資全。遂起立學校，博求儒術，綦母闓、宋忠等撰立《五經》章句，謂之《後定》。愛民養士，從容自保。

及曹操與袁紹相持於官度，紹遣人求助，表許之，不至，亦不援曹操，且欲觀天下之變。從事中郎南陽韓嵩、別駕劉先説表曰：『今豪桀並爭，兩雄相持，天下之重在於將軍。若欲有為，起乘其敝可也；如其不然，固將擇所宜從。豈可擁甲十萬，坐觀成敗，求援而不能助，見賢而不肯歸！此兩怨必集于將軍，恐不得中立矣。曹操善用兵，且賢俊多歸之，其勢必舉袁紹，然後移兵以向江漢，恐將軍不能禦也。今之勝計，莫若舉荆州以附曹操，操必重德將軍，長享福祚，垂之後嗣，此萬全之策也。』蒯越亦勸之。表狐疑不斷，乃遣嵩詣操，觀望虚實。謂嵩曰：『今天下未知所定，而曹操擁天子都許，君為我觀其釁。』嵩對曰：『嵩觀曹公之明，必得志於天下。將軍若欲歸之，使嵩可也；如其猶豫，嵩至京師，天子假嵩一職，不獲辭命，則成天子之臣，將軍之故吏耳。在君為君，不復為將軍死也。惟加重思。』表以為憚使，强之。至許，果拜嵩侍中、零陵太守。及還，盛稱朝廷曹操之德，勸遣子入侍。表大怒，以為懷貳，陳兵詬嵩，將斬之。嵩不為動容，徐陳臨行之言。表妻蔡氏知嵩賢，諫止之。表猶怒，乃考殺從行者。知無他意，但囚嵩而已。

六年，劉備自袁紹奔荆州，表厚相待結而不能用也。十三年，曹操自將征表，未至。八月，表疽發背卒。在荆州幾二十年，家無餘積。

二子：琦、琮。表初以琦貌類於己，甚愛之，後為琮娶其後妻蔡氏之侄，蔡氏遂愛琮而惡琦，毁譽之言日聞於表。表寵耽後妻，每信受焉。又妻弟蔡瑁及外甥張允並得幸於表，又睦於琮。而琦不自寧，嘗與琅邪人諸葛亮謀自安之術。亮初不對。後乃共升高樓，因令去悌，謂亮曰：『今日上不至天，下不至地，言出子口而入吾耳，可以言未？』亮曰：『君不見申生在内而危，重耳居外而安乎？』琦意感悟，陰規出計。會表將江夏太守黄祖為孫權所殺，琦遂求代其任。

及表病甚，琦歸省疾，素慈孝，允等恐其見表而父子相感，更有托後之意，乃謂琦曰：『將軍命君撫臨江夏，其任至重。今釋衆擅來，必見譴怒。傷親之歡，重增其疾，非孝敬之道也。』遂遏於户外，使不得見。琦流涕而去，人衆聞而傷焉。遂以琮為嗣。琮以侯印授琦。琦怒，投之地，將因奔喪作難。會曹操軍至新野，琦走江南。蒯越、韓嵩及東曹掾傅巽等說琮歸降。琮曰：『今與諸君據全楚之地，守先君之業，以觀天下，何為不可？』巽曰：『逆順有大體，强弱有定勢。以人臣而拒人主，逆道也；以新造之楚而禦中國，必危也；以劉備而敵曹公，不當也。三者皆短，欲以抗王師之鋒，必亡之道也。將軍自料何與劉備？』琮曰：『不若也。』巽曰：『誠以劉備不足禦曹公，則雖全楚不能以自存也。誠以劉備足禦曹公，則備不為將軍下也。願將軍勿疑。』

及操軍到襄陽，琮舉州請降，劉備奔夏口。操以琮為青州刺史，封列侯。蒯越等侯者十五人。乃釋嵩之囚，以其名重，甚加禮待，使條品州人優劣，皆擢而用之。以嵩為大鴻臚，以交友禮待之。蒯越光禄勳，劉先尚書令。初，表之結袁紹也，侍中從事鄧義諫不聽。義以疾退，終表世不仕，操以為侍中，其餘多至大官。

操後敗於赤壁，劉備表琦為荊州刺史。明年卒。

論說

《三國志》卷六《魏志·袁紹劉表傳論》 袁紹、劉表，咸有威容、器觀，知名當世。表跨蹈漢南，紹鷹揚河朔，然皆外寬內忌，好謀無決，有才而不能用，聞善而不能納，廢嫡立庶，舍禮崇愛，至於後嗣顛蹙，社稷傾覆，非不幸也。

又 卷五四《吳志·周瑜等傳論》 曹公乘漢相之資，挾天子而掃羣桀，新蕩荊城，仗威東夏，于時議者莫不疑貳。周瑜、魯肅建獨斷之明，出衆人之表，實奇才也。【略】孫權之論，優劣允當，故載録焉。

《後漢書》卷七四下《劉表傳論》 劉表道不相越，而欲臥收天運，擬蹤三分，其猶木禺之於人也。

又 《劉表傳贊》 紹姿弘雅，表亦長者。稱雄河外，擅强南夏。魚儷漢舳，雲屯冀馬。窺圖訊鼎，禋天類社。既云天工，亦資人亮。矜彊少成，坐談奚望。回皇冢嬖，身穨業喪。

《三國志》卷四八《吳志·孫皓傳》裴松之注 孫盛曰：【略】魏氏嘗藉戰勝之威，率百萬之師，浮鄧塞之舟，下漢陰之衆，羽楫萬計，龍躍順流，鋭騎千旅，虎步原隰，謀臣盈室，武將連衡，喟然有吞江滸之志，一宇宙之氣。而周瑜驅我偏師，黜之赤壁，喪旗亂轍，僅而獲免，收迹遠遁。

宋·黎靖德《朱子語類》卷一三六《歷代三》 問：『先主為曹操所敗，請救於吳。若非孫權用周瑜以敵操，亦殆矣。』曰：『孔明之請救，知其不得不救。孫權之救備，須著救他，必大録云：「孫權與劉備同禦曹操，亦是其勢不得不合。」不如此，便當迎操矣。此亦非好相識，勢使然也。及至先主得荊州，權遂遣呂蒙擒關羽。纔到利害所在，便不相顧。』人傑。必大録小異。

清·王夫之《讀通鑑論》卷九《漢獻帝一六》 劉表無戡亂之才，所固然也，然謂曹操方挾天子、擅威福，將奪漢室，而表不能興勤王問罪之師，徒立學校、修禮樂，為不急之務，則又非可以責表也。

表雖有荊州，而隔冥阨之塞，未能北向以爭權，其約之以共滅曹氏者，袁紹也，紹亦何愈於操哉？紹與操自靈帝以來，皆有兵戎之任，而表出自黨錮，固雍容諷議之士爾。荊土雖安，人不習戰，紹之倚表而表不能為紹用，表非戡亂之才，何待杜襲而知之？表亦自知之矣。躊躇四顧于袁、曹之間，義無適從也，勢無適勝也，以詩書禮樂之虛文，示閒暇無爭而消人之忌，表之為表，如此而已矣。中人以下自全之策也。不為禍先而僅保其境，無袁、曹顯著之逆，無公孫贊樂殺之愚，故天下紛紜，而荊州自若。迨乎身死，而子琮舉土以降操，表非不慮此，而亦無如之何者也。

杜襲之語繁欽曰：『全身以待時。』襲所待者曹操耳，欽與王粲則邀官爵醼樂之歡于曹丕者也，夫豈能鄙表而不屑與居者哉？諸葛公僑居其土，而云『此中足士大夫遨遊』。亦唯表之足以安之也。天下無主，而徒以責之表乎！

又 卷九《漢獻帝二八》 赤壁之戰，操之必敗，瑜之必勝，非一端也。舍騎而舟，既棄長而爭短矣。操之兵衆，衆則驕；瑜之兵寡，寡則奮；故韓信以能多將自詫，而謂漢高之不己若也，此其一也。操乘破袁紹之勢以下荆、吴，操之破紹，非戰而勝也，固守以老紹之師而乘其敝也，以此施之于吴則左矣；吴憑江而守，矢石不及，舉全吴以饋一軍，而糧運於無慮之地，愈守則兵愈增、糧愈足，而人氣愈壯，欲老吴而先自老，又其一也。北來之軍二十萬，劉表新降之衆幾半之，而恃之以為水軍之用，新附之志不堅，而懷土思散以各歸其故地者近而易，表之衆又素未有遠征之志者也，重以戴先主之德，懷劉琦之恩，故黄蓋之火一爇而人皆駭散，荆土思歸之士先之矣，此又其一也。積此數敗，而瑜之明足以見之；即微火攻，持之數月，而操亦為官渡之紹矣。知此，而兵之所己，與敵之足畏與否也，皆可預料而定也。

藝文

清・彭定求等《全唐詩》卷一六七《李白〈赤壁歌送别〉》 二龍爭戰決雌雄，赤壁樓船掃地空。烈火張天照雲海，周瑜於此破曹公。君去滄江望澄碧，鯨鯢唐突留餘迹。一一書來報故人，我欲因之壯心魄。

又 卷二三三《杜甫〈過南嶽入洞庭湖〉》 洪波忽爭道，岸轉異江湖。鄂渚分雲樹，衡山引舳艫。翠牙穿裛槳，碧節上寒蒲。病渴身何去，春生力更無。壤童犂雨雪，漁屋架泥塗。欹側風帆滿，微冥水驛孤。悠悠迴赤壁，浩浩略蒼梧。帝子留遺恨，曹公屈壯圖。聖朝光御極，殘孽駐艱虞。才淑隨廝養，名賢隱鍛罏。邵平元入漢，張翰後歸吴。莫怪啼痕數，危檣逐夜烏。

又 卷四九二《殷堯藩〈襄口阻風〉》 雪浪排空接海門，孤舟三日阻龍津。曹瞞曾墮周郎計，王導難遮庾亮塵。鷗散白雲沈遠浦，花飛紅雨送殘春。篙師整纜候明發，仍謁荒祠問鬼神。

又 卷五二三《杜牧〈赤壁〉》 折戟沈沙鐵未銷，自將磨洗認前朝。東風不與周郎便，銅雀春深鎖二喬。

又 卷六二五《陸龜蒙〈算山〉》 水繞蒼山固護來，當時盤踞實雄才。周郎計策清宵定，曹氏樓船白晝灰。五十八年爭虎視，三千餘騎騁龍媒。何如今日家天下，閶闔門臨萬國開。

又 卷六四七《胡曾〈題周瑜將軍廟〉》 共説生前國步難，山川龍戰血漫漫。交鋒魏帝旌旗退，委任君王社稷安。庭際雨餘春草長，廟前風起晚光殘。功勳碑碣今何在，不得當時一字看。

又 《詠史詩・赤壁》 烈火西焚魏帝旗，周郎開國虎爭時。交兵不假揮長劍，已挫英雄百萬師。

又 《檀溪》 三月襄陽緑草齊，王孫相引到檀溪。滴盧何處埋龍骨，流水依前遶大堤。

又 卷六七九《崔塗〈赤壁懷古〉》 漢室河山鼎勢分，勤王誰肯顧元勳。不知征伐由天子，唯許英雄共使君。江上戰餘陵是谷，渡頭春在草連雲。分明勝敗無尋處，空聽漁歌到夕曛。

又 卷七一〇《徐夤〈吴〉》 一主參差六十年，父兄猶慶授孫權。不迎曹操真長策，終謝張昭見碩賢。建業龍盤雖可貴，武昌魚味亦何偏。秦嬴謾作東遊計，紫氣黄旗豈偶然。

又 卷七六二《孫元晏〈吴・赤壁〉》 會獵書來舉國驚，只應周魯不教迎。曹公一戰奔波後，赤壁功傳萬古名。

又 《魯肅》 斫案興言斷衆疑，鼎分從此定雌雄。若無子敬心相似，爭得烏林破魏師。

又 卷八八一《李瀚〈蒙求〉》 龐統展驥，仇覽棲鷹。

宋・蘇轍《欒城集》卷一〇《詩九十六首・赤壁懷古》 新破荆州得水軍，鼓行夏口氣如雲。千艘已共長江嶮，百勝安知赤壁焚？嘴距方强要一鬭，君臣已定勢三分。古來伐國須觀釁，意突成功所未聞。

《全宋文》卷一八四九《蘇軾一・前赤壁賦》 壬戌之秋，七月既望，蘇子與客泛舟游於赤壁之下。清風徐來，水波不興。舉酒屬客，誦明月之詩，歌窈窕之章。少焉，月出於東山之上，徘徊于斗牛之間。白露横江，水光接天。縱一葦之所如，淩萬頃之茫然。浩浩乎如馮虚御風，而不知其所止；飄飄乎如遺世獨立，羽化而登仙。

於是飲酒樂甚，扣舷而歌之。歌曰：『桂棹兮蘭槳，擊空明兮溯流光。渺渺兮予懷，望美人兮天一方。』客有吹洞簫者，倚歌而和之。其聲嗚嗚然，如怨如慕，如泣如訴；餘音嫋嫋，不絶如縷。舞幽壑之潛蛟，泣孤舟之嫠婦。

蘇子愀然，正襟危坐，而問客曰：『何為其然也？』客曰：『「月明星稀，烏鵲南飛。」此非曹孟德之詩乎？西望夏口，東望武昌，山川相繆，鬱乎蒼蒼，此非孟德之困于周郎者乎？方其破荆州，下江陵，順流而東也，舳艫千里，旌旗蔽空，釃酒臨江，横槊賦詩，固一世之雄也，而今安在哉？況吾與子漁樵于江渚之上，侣魚蝦而友麋鹿，駕一葉之扁舟，舉匏尊以相屬。寄蜉蝣於天地，渺滄海之一粟。哀吾生之須臾，羨長江之無窮。挾飛仙以遨遊，抱明月而長終。知不可乎驟得，托遺響於悲風。』

蘇子曰：『客亦知夫水與月乎？逝者如斯，而未嘗往也；盈虚者如彼，而卒莫消長也。蓋將自其變者而觀之，則天地曾不能以一瞬；自其不變者而觀之，則物與我皆無盡也，而又何羨乎！且夫天地之間，物各有主，苟非吾之所有，雖一毫而莫取。惟江上之清風，與山間之明月，耳得之而為聲，目遇之而成色，取之無禁，用之不竭。是造物者之無盡藏也，而吾與子之所共食。』

客喜而笑，洗盞更酌。肴核既盡，杯盤狼籍。相與枕藉乎舟中，不知東方之既白。

又《後赤壁賦》 是歲十月之望，步自雪堂，將歸於臨皋。二客從予，過黄泥之阪。霜露既降，木葉盡脱。人影在地，仰見明月，顧而樂之，行歌相答。已而歎曰：『有客無酒，有酒無肴，月白風清，如此良夜何？』客曰：『今者薄暮，舉網得魚，巨口細鱗，狀如松江之鱸。顧安所得酒乎？』歸而謀諸婦。婦曰：『我有斗酒，藏之久矣，以待子不時之須。』於是攜酒與魚，復游於赤壁之下。江流有聲，斷岸千尺，山高月小，水落石出。曾日月之幾何，而江山不可復識矣！

予乃攝衣而上，履巉巖，披蒙茸，踞虎豹，登虯龍，攀棲鶻之危巢，俯馮夷之幽宫。蓋二客不能從焉。劃然長嘯，草木震動，山鳴谷應，風起水湧。予亦悄然而悲，肅然而恐，凜乎其不可留也。反而登舟，放乎中流，聽其所止而休焉。

時夜將半，四顧寂寥。適有孤鶴，横江東來。翅如車輪，玄裳縞衣，戛然長鳴，掠予舟而西也。須臾客去，予亦就睡。夢一道士，羽衣蹁躚，過臨皋之下，揖予而言曰：『赤壁之遊樂乎？』問其姓名，俛而不答。『嗚呼！噫嘻！我知之矣。疇昔之夜，飛鳴而過我者，非子也邪？』道士顧笑，予亦驚寤。開户視之，不見其處。

《全宋詩》卷一五四《王周〈赤壁〉》 帳前斫案決大議，赤壁火船燒戰旗。若使曹瞞忠漢室，周郎焉敢破王師。

又 卷一五六《夏竦〈奉和御製讀三國志詩三首・其一〉》 白馬當塗兆，黄家得歲興。金符威既重，玉版事堪憑。漢火承前運，譙龍合舊徵。青雲開後葉，下武倍兢兢。

又《其二》 許昌功未逞，江表地初平。漢帝居非遠，吴侯志欲迎。壯圖雖未遂，嘉慮實惟精。終闕尊崇禮，何關慎器名。

又《其三》 家乘桑蓋瑞，國富臥龍才。漢水神暉徹，靈圖密命開。横天嘉氣應，繼日景雲來。儻乏英雄器，三分亦殆哉。

又 卷五八五《鄭獬〈赤壁〉》 帳前斫案決大議，赤壁火船燒戰旗。若使曹公忠漢室，周郎爭敢破王師。

又 卷一一七七《張耒〈齊安春謡五絶〉》 赤壁磯前江急流，周郎功業莽悠悠。惆悵沙邊雨中樹，無言供作古今愁。

又 卷一一八二《張耒〈偶書三首〉》 周郎戰處滄江回，魚龍蕩潏山石摧。荆州艨艟莫舉楫，走君不勞一炬灰。當年雄豪誰復在，喬木荒煙忽千載。蘄州截竹作笛材，一寫山川萬古哀。

又 卷一六八七《王洋〈和秀實答仲嘉〉》 未春先以約春期，載酒如何卻負時。遙想醉狂哦舴艋，也知歸客趁酴醾。阿瞞氣懾周瑜陣，樊素心貪白傳詩。横槊賦詩俱占卻，據鞍矍鑠正相宜。

又 卷一七四九《陳與義〈夜賦〉》 泊舟華容縣，湖水終夜明。淒然不能寐，左右菰蒲聲。窮途事多違，勝處亦心驚。三更螢火鬧，萬里天河横。阿瞞狼狽地，山澤空崢嶸。雖弱與興衰，今古莽難評。腐儒憂平世，況復值甲兵。終然無雨策，白髮滿頭生。

又 卷一八五九《朱槔〈用東坡武昌寒溪韻三篇〉》 東坡謫官未放回，桃花不繫玄都栽。機牙愛獨造物手，五見江雨肥江梅。扁舟一笑淩浩渺，瘦筇結伴登崔嵬。窪尊故事逢浪媽，鳥篆真迹追浯臺。漂流長有北闕夢，邂逅果踏東華埃。玉堂領先直對舍，金燭照座花成堆。帝觴雨露澆舌本，忽憶樊口傾山罍。聯詩共刻醉眠處，至今寶氣蟠巉隈。關西夫子獨好事，掖垣行即吟蒼苔。斯文突過元佑上，已覺萬丈光芒開。臨風弔客感赤壁，公瑾孟德俱雕摧。英雄割據亦兒戲，安用匕箸驚蚊雷。東坡羽化不復返，浪叟何日成歸來。鸚鵡洲前舊時路，寒波荒葦令人哀。

又 **卷一八七四《和彦達至公安》** 未識南陽有臥龍，阿瞞先已畏南風。如何赤壁分三國，不向神州決兩雄。營峽晚圖千慮失，截江初意一丸封。蒼茫漢日西南落，莫道無由卻復中。

又 **卷一八九五《曹勳〈題俞撻畫八景〉》** 吳越山高紫翠重，浙江東下竦雙峰。峰前忽湧東西白，飛舞潮頭萬玉龍。千秋人去水雲空，只有荷花繞岸紅。寄語阿溪垂釣處，莫教閑卻一絲風。蕭蕭木葉下西山，便覺尊興不閑。莫踏長虹千尺去，孤帆正在暮雲間。茲山泉石壓江西，肩衲枯禪萬衆棲。欲向南州理煙艇，香爐先望紫雲低。秋濤初過靜魚龍，海納斜陽萬頃紅。待向焦山留夕月，一帆猶記掛西風。輕舟短棹下安流，回首煙江望夕樓。卻記阿瞞當日事，灰飛煙滅只供愁。上下天光一碧時，白蘋紅蓼照晴暉。漢陽樹遠江煙起，黄鶴樓空燕子歸。清湘列岫擁煙霏，不見靈均吊楚妃。一帶僧園入修緑，待看嶽麓雨晴時。

又 **卷一九一三《劉子翬〈雲際贈施子〉》** 驚沙慘澹連雲起，曳杖悲歌行復止。春城是處聞鼓鼙，好風依舊開桃李。對花惆悵忽逢君，把酒無歡如啜水。六年喪亂兩相見，世路艱難嗟若此。江邊盜賊真遊魂，挾虜聲援圖併吞。金陵失守數騎入，會稽移蹕千官奔。只今州縣多阻絕，消息時聽行路說。百川背海欲西流，八柱撑天愁更折。苻堅陳亂丘山摧，夜聞鶴唳猶驚猜。莫輕赤壁一炬火，曹瞞氣焰隨飛灰。功名邂逅有快意，豈在今日無人哉。天方稔禍祠豪傑，故遣君輩多沈埋。亦知興衰運有極，天時一半因人力。男兒遇事不作難，看君赤手排荆棘。

又 **卷一九五五《葛立方〈送舒殿丞〉》** 紫蓋亭亭秀荆渚，股份采水穿林莽。尚想當年老阿瞞，燕騎蛇矛走先主。

又 **卷一九八六《李石〈山舫〉》** 君家屋中作山舫，開窗看山篷背上。兩峰高並玉玲瓏，大孤小孤無此樣。主人釀酒書滿船，讀書飲酒酣且眠。應笑周郎赤壁下，龍驤萬斛風動天。

又 **卷二〇二四《王十朋〈魏武帝〉》** 董呂袁劉電掃空，阿瞞獨步騁姦雄。豈知權備皆人傑，未肯全將鼎付公。

又 **《吳大帝》** 拔刀斫案氣如虹，獨倚周郎立雋功。一戰果摧曹孟德，不妨高枕霸江東。

又 **卷二〇三八《王十朋〈岳陽城下岸赤色亦呼赤壁〉》** 岳陽樓下有赤壁，照耀洞庭煙水東。鄂渚巴陵土多赭，周郎何處破曹公。

又 **卷二〇五二《林光朝〈挽李制幹子誠〉》** 千金治產似孫吳，珠箔銀觥只自如。問我長風當夕起，數他極浦落帆初。自知汗簡今千軸，更說生犀有幾株。赤壁當年遇黄蓋，周郎何惜借吹嘘。

又 **卷二〇八九《周麟之〈破虜凱歌二十四首〉》** 淝河度卷苻堅陣，赤壁灰飛孟德舟。二虜猶能脫身去，汝來斷送郅支頭。

又 **卷二〇九八《韓元吉〈讀周瑜傳〉》** 年來三十過平頭，笑卻周郎卻自羞。但得小喬歌一曲，未須辛苦向荆州。

又 **卷二一一一《李呂〈和邑宰張元若酹月亭詩四首〉》** 周郎佳少年，定堪在一戰。勉哉志士心，分陰疾如電。

又 **卷二一二四《曾用孫〈赤壁〉》** 白浪高於屋，風回熨帖平。周郎呼不醒，久立聽江聲。

又 **卷二一三〇《吳儆〈酹月亭〉》** 周郎人道古英雄，漢室顛危合奮忠。萬里中原猶未復，一視赤壁偶成功。新亭且對江山勝，陳迹俱隨歲月空。把酒仍歌前後賦，九原喚起老坡翁。

又 **卷二一五五《陸遊〈黄州〉》** 局促常悲類楚囚，遷流還歎學齊優。江聲不盡英雄恨，天意無私草木秋。萬里羈愁添白髮，一帆寒日過黄州。君看赤壁終陳迹，生子何須似仲謀！

又 **卷二三六一《釋寶曇〈為李方舟題東坡赤壁圖〉》** 大江赤壁黄州村，魚龍吹血波濤渾。腥風不洗賊臣淚，暗濕官樹旌旗昏。城南啞啞一笑入，愁日動地回春温。夜闌魑魅不敢舞，壁月如水舟如盆。客親饋魚婦致酒，北斗可挹天可捫。當時跨鶴去不返，水仙王家真畫存。百年畫史有眼力，東坡曉掛扶桑暾。

又 **卷二三七四《項安世〈黄州赤壁下〉》** 杜牧談兵語未公，都將事業付東風。三江不見劉玄德，已覺曹瞞在掌中。

又 **卷二三八〇《項安世〈讀三國志〉》** 曹劉有志混華戎，無奈吳兒兩炬紅。赤壁焰燒雲夢澤，夷陵光照永安宮。人間自此鼎三足，天上無由日再中。惟有葛公心未死，夜深寒月照孤忠。

又　卷二四四五《張埴〈赤壁磯〉》　秋清亦足發，弄不俯晴川。顧影非坡月，昂首是梵天。人才三國後，邊信十年前。吹備歸樊口，蘆花落滿船。

又　卷二五二三《廖行之〈賦壓波亭呈益陽趙宰〉》　當塗自詭譙中龍，長驅遠鬬矜餘鋒。孫劉交合出奇計，一炬赤壁成三雄。荆州疇昔借資地，久假乃復相仇攻。是時熊湘介二國，北有蜀壘南吳牖。蠻爭觸競已千古，往事獨有江流東。人言此水自雲皐，聯引濱邵經夷中。崎嶇二梅壓盤束，擘裂千嶂煩奔沖。窮豪究勇力少縱，始得平隰流春容。紆餘十里僅間暇，趑贔五渚俄沖從。瀦為渟淵產百怪，往往不宅馮夷宮。春霖夏潦故假藉，谷吐川灌資騰春。陽侯客氣不自禁，驅脅罔象從羣凶。往時井邑困陵藉，欲已此患嗟無庸。英英忠定經國手，初日小試勤民功。不煩燃犀照奇鬼，正爾宴坐銷狂烽。築亭據勝俯百甃，坐使衮衮皆朝宗。投巫謾詫鄴中老，驅鱷未遜潮陽翁。横流一旦復故道，精意要與神明通。吾聞祖龍制六合，欲以盛氣陵華戎。將遊會稽示汰侈，乃被濤浙還他從。區區水波豈雲惡，要是暴戾神方恫。安知盛德雖邑宰，能轉造化回天工。爾來百多六十載，民得平土趨耕農。只今令尹亦公輩，惟有善政希高蹤。興言晴雨應如答，豈復旱溢憂匆匆。喜豐對峙且華屋，一槳横絕江無風。江頭秋深足佳趣，林靄煙暝紛冥濛。乘間領客共賞勝，亦有情話攄心胸。夫君豈久吏州縣，偉望競已齊衡嵩。儻令鯨伏波不作，奠枕四海經渠非公。

又　卷二五五六《楊冠卿〈齊安〉》　隻輪不返笑曹瞞，赤壁空臨江水寒。想得周郎鐃鼓競，小喬相與對春山。

又　卷二五八〇《袁說友〈過赤壁〉》　幾年青史說周郎，赤壁烏林在武昌。明日有人山下過，一樽容我吊興亡。

又《袁說友〈泊荆南二首·其一〉》　荆州天險大江蟠，坐制金陵自不難。卻遣千艘沉赤壁，至今耆老笑曹瞞。

又　卷二六五〇《馬子嚴〈烏林行〉》　荆州兒曹不足恃，何物老瞞欺一世。兵書浪語十三篇，不料烏林出奇計。降准雲孫驅伏龍，紫髯强援要江東。戈船植羽蔽寒日，雪浪崩崖驚晚風。行閒一卒如兒戲，持火絕江人不意。灰銷漢賊終老心，功入喬家少年婿。君不見華容道旁春草生，魂銷不聽車馬聲。哀猿夜啼霜月冷，空餘野爊沙邊明。

又　卷二六九九《劉過〈艤舟採石〉》　我昔南游武昌口之山川，赤壁弔古齊安邊。又嘗北抵鶴唳風聲地，八公山前望淝水。誰令艤舟牛渚磯，樓船蔽江憶當時。周郎未戰曹瞞走，謝安一笑苻堅危。黄雲如屯夜月白，箭痕刀痕滿枯骨。健兒飯飽飲馬來，意氣猶雄歌尚烈。只今採石還戍兵，諸將奄奄泉下人。飯囊盛飯酒甕酒，位去三衙稱好手。

又　卷二七三五《金朋說〈赤壁鏖兵〉》　西北樓船烈焰中，周瑜于此破曹公。孫郎不是劉豚犬，百萬兵消一陣風。

又　卷二八一七《戴復古〈赤壁〉》　千載周公瑾，如其在目前。英風揮羽扇，烈火破樓船。白鳥滄波上，黄州赤壁邊。長江酹明月，更憶老坡仙。

又　卷二九六六《岳珂〈赤壁〉》　周郎二十四年少，蓋世功名隨一燎。親提三萬走曹瞞，不以敵勍恨兵少。豫州失匕已膽折，一日目明驚二妙。最憐黄蓋不知名，吏士相從倚營嘯。阿奴火攻本無策，破竹自繇人不料。貪降納侮理固宜，泥淖華容幾盡剿。西來行師有絕地，毋乃重詒千古笑。鏃湛縱是差可認，鼎峙詎關謀所召。二喬春鎖何足言，從此天光遂分耀。我聞漢賊久染指，奮毒搖牙噬江表。八荒囊括豈復遺，一鏖吳宮已為沼。當時乘勝下部騎，考地當居楚南徼。蒙沖逆鬬須上流，捍寇那容越津要。武昌霸基跬步耳，肯使國畿紛戟旐。坡仙訪古特寓意，横槊雄姿誰與弔。故將異地眩疑辭，政恐因訛啓譏誚。滄浪六月卷晴雪，歷歷江山人物眇。崩空亂石今幾存，仿佛棲巢尚驚鳥。夜深刁斗聲四發，星斗滿空羣籟悄。便須喚起紫綺裘，孤鶴南天楚江曉。

又　卷三〇四七《劉克莊〈雜詠一百首·劉備〉》　華容蘆荻裏，一炬可無遺。歎息劉玄德，平生見事遲。

又　卷三〇五五《劉克莊〈即事十絕〉》　老賊順流下，周郎憑軾觀。不幹春水事，一鏖走曹瞞。

又　卷三一三七《白玉蟾〈武昌懷古十詠·赤壁〉》　不說江山笑老權，盡稱造化戲曹瞞。飛烏繞樹孤回首，斷戟沉沙怒激湍。豪傑已隨霜葉盡，興亡盡付浪花翻。畫堂莫唱坡仙賦，戰骨草中吟夜寒。

又　卷三一八九《鄭起〈赤壁歌〉》　赤壁山，赤壁水。江有蛟龍，野有蛇虺。天蒼蒼，雲茫茫。周瑜於此走曹操，聲名萬古隨風長。

又 卷三二五〇《李曾伯〈仲宣樓落成和吳深源制參韻〉》 東都一星下東壁，粲以文鳴斗南一。玄德髀肉瞞白頭，俯仰宇宙俱漚浮。主人景升帝王胄，風土更羨遠中州。安能不粟效夷隘，活著期扶弈枰敗。仲華解笑人寂寂，歷落山川舊圖在。夜深旅夢雞喚驚，崇樓百尺般手成。憑闌四雇萬慮起，鄉鄰寧不思冠纓。英雄海內方麇集，長憶永平太平日。在心為志流為詩，吾豈爭雄鸚鵡筆。風流好事傳到今，豈知漢澤入人深。暇日載酒清流臨，名篇雒誦吾心。偈言玩味猶諦揭，意趣充然芻豢悅。

又 卷三五八五《徐鈞〈周瑜〉》 一舉灰飛赤壁船，託名助漢豈私權。如何不放蛟龍雨，欲斷劉家一脈傳。

又 卷三五九二《宋慶之〈武昌懷古〉》 極目平蕪送落暉，六朝征戰尚依稀。風生戰舸周郎過，月落南樓庾老歸。秋塞戍閒番馬病，春江流下蜀魚肥。神州北望知何處，父老猶能話岳飛。

又 卷三六五一《陳普〈詠史下・周瑜〉》 烏林僥倖數帆風，便傍吳船向蜀中。劉葛闞張無寸土，肯容公瑾擅江東。

又 《龐士元》 放虎山林計已非，蛟龍雲雨意猶遲。士元驥足思騰踏，盍有劉琮不告時。

又 卷三六九三《羅公升〈黃州〉》 十里南來道，初逢第一州。地因蘇子重，江替老瞞羞。路轉淮山斬，天開楚岸浮。吾無赤壁賦，聊亦駕扁舟。

又 卷三六九四《羅公升〈曹操疑冢〉》 漢文因山事已定，曹操疑冢憂更深。假饒掩得腥臊骨，難掩欺孤一片心。

又 卷三七〇九《陸文圭〈題分宜謝草廬行卷〉》 袁曹官渡爭雌雄，荊州僑寄大耳翁。涕流髀肉消不盡，試與元直遊隆中。

又 卷三七一二《陸文圭〈赤壁圖二首・其一〉》 公瑾子瞻二龍，文辭可故武功。欲怪紫煙烈焰，不如白月清風。

宋・陸游《劍南詩稿》卷三九《曹公》 二袁劉表笑談無，眼底英雄不足圖。赤壁歸來應歎息，人間更有一周瑜！

宋・白玉蟾《白玉蟾詩集新編》卷一一《酹江月・武昌懷古》 漢江北瀉，下長淮、洗盡胸中今古。樓櫓橫波征雁遠，誰見魚龍夜舞。鸚鵡洲雲，鳳凰池月，付與沙頭鷺。功名何處，年年惟見春絮。非不豪似周瑜，壯如黃祖，亦隨秋風度。野草閑花無限數，渺在西山南浦。黃鶴樓人，赤烏年事，江漢亭前路。浮萍無據，水天幾度朝暮。

《全宋詞》第一冊《范仲淹〈剔銀燈・與歐陽公席上分題〉》 昨夜因看蜀志。笑曹操、孫權、劉備。用盡機關，徒勞心力，只得三分天地。屈指細尋思，爭如共、劉伶一醉。人世都無百歲。少癡騃、老成尩悴。只有中間，些子少年，忍把浮名牽繫。

又 《蘇軾〈念奴嬌・赤壁懷古〉》 大江東去，浪淘盡、千古風流人物。故壘西邊，人道是，三國周郎赤壁。亂石穿空，驚濤拍岸，捲起千堆雪。江山如畫，一時多少豪傑。遙想公瑾當年，小喬初嫁了，雄姿英發。羽扇綸巾。談笑間，檣櫓灰飛煙滅。故國神遊，多情應笑我，早生華髮。人間如夢，一樽還酹江月。

又 第三冊《曹冠〈哨遍〉》 壬戌孟秋，蘇子夜遊，赤壁舟輕漾。觀水光、彌渺接遙天，月出於東山之上。與客同，清歡扣舷歌詠，開懷飲酒情酣暢。如羽化登仙，乘風獨立，飄然遺世高尚。客吹簫、音韻遠悠揚。怨慕舞潛蛟、動淒涼。自古英雄，孟德周郎。舊蹤可想。噫，水與月兮，逝者如斯曷嘗往。變化如一瞬，盈虛兮、莫消長。自不變而觀，物我無盡，何須感物興悲悵。夫天地之間，物各有主，惟同風月清賞。念江山美景豈可量。吾與子、樂之興徜徉。聽江渚、樵歌漁唱。侶魚蝦、友麋鹿，舉匏尊相勸，人生堪笑，蜉蝣一夢，且縱扁舟放浪。戲將坡賦度新聲，試寫高懷，自娛閑曠。

又 《辛棄疾〈昭君怨・送晁楚老游荊門〉》 夜雨剪殘春韭，明日重斟別酒。君去問曹瞞，好公安。試看如今白髮，卻為中年離別。風雨正崔嵬，早歸來。

又 《霜天曉角・赤壁》 雪堂遷客。不得文章力。賦寫曹劉興廢，千古事、泯陳迹。望中磯岸赤。直下江濤白。半夜一聲長嘯，悲天地、為予窄。

又 《王質〈八聲甘州・讀周公瑾傳〉》 事茫茫、赤壁半帆風，四海忽三分。想蒼煙金虎，碧雲銅爵，恨滿乾坤。鬱鬱秣陵王氣，傳到第三孫。風虎雲龍會，自有其人。朱顏二十有四，正錦幃秋夢，玉帳春聲。望吴江楚漢，明月伴英魂。浥浥小橋紅浪濕，撫虚弦、何處得郎聞。雪堂老，千年一瞬，再擊空明。

又《張孝祥〈水調歌頭·聞採石戰勝和龐佑父〉》　雪洗虜塵靜，風約楚雲留。何人為寫悲壯，吹角古城樓。湖海平生豪氣，關塞如今風景，剪燭看吴鈎。勝喜然犀處，駭浪與天浮。憶當年，周與謝，富春秋。小喬初嫁，香囊未解，勳業故優遊。赤壁磯頭落照，肥水橋邊衰草，渺渺喚人愁。我欲乘風去，擊楫誓中流。

又《呂勝己〈瑞鶴仙·鄂州〉》　金枝聯玉葉。世代有宗英，聲華煒煒。君侯更超絕。抱不羣才氣，壯圖英發。津途軌轍。□武上、青霄迴別。自玉階、契合君王，拍拍滿懷風月。奇絕。身居蕭散，志在功名，眼高天闊。恩來魏闕。長江上、駐旌節。待胡塵有警，綸巾羽扇，談笑周郎事業。恁時看、國倚强宗，詔褒偉烈。

又《岳甫〈水調歌頭〉》　編修樓公易鎮武昌，安陽岳甫作歌頭一闋，奉祖行色。甫再拜。魯口天下壯，襟楚帶三吴。山川表裏營壘，屯列拱神都。鸚鵡洲前處士，黄鶴樓中仙客，拍手試招呼。莫誦昔人句，不食武昌魚。望樊岡，過赤壁，想雄圖。寂寥霸氣，應笑當日阿瞞疏。收拾周黄策略，成就孫劉基業，未信賞音無。我醉君起舞，明日隔江湖。

又《鄭夢協〈八聲甘州〉》　大江流日夜，客心愁、不禁晚來風。把英雄□氣，興衰餘事，吹散無蹤。但有山圍故國，依舊夕陽中。直北神州路，幾點飛鴻。欲問周郎赤壁，歎沙沉斷戟，煙鎖艨艟。聽波聲如語，空亂荻花叢。甚雲間、平安信少，到黄昏、偏映落霞紅。蓴鱸美，扁舟歸去，相伴漁翁。

又《戴復古〈滿江紅·赤壁懷古〉》　赤壁磯頭，一番過、一番懷古。想當時、周郎年少，氣吞區宇。萬騎臨江貔虎噪，千艘列炬魚龍怒。卷長波、一鼓困曹瞞，今如許。江上渡，江邊路。形勝地，興亡處。覽遺蹤，勝讀史書言語。幾度東風吹世換，千年往事隨潮去。問道傍、楊柳為誰春，搖金縷。

又《張榘〈安慶摸·和孫霽窗〉》　渺長江、浩無今古，悠悠經幾流景。橋家松竹知何在，寂歷丹楓如錦。行陣整。想鬭艦連艘，談笑煙灰冷。寒光萬頃。算只有當年，暮天霜月，慘澹照山影。元戎隊，畫角梅花緩引。樓船飛渡波穩。中流擊楫酬初志，此去君王高枕。應暗省。使萬里塵清，誰遜周公瑾，勳名不泯。看陽蟄潛開，老龍挾雨，淵睡為民醒。

又　第五冊《劉辰翁〈唐多令〉》　日落紫霞洲。蘭舟穩放流。玉虹仙、如在黄樓。何必錦袍吹玉笛，聽欸乃、數聲秋。赤壁舞濤頭。周郎還到不。倚西風、嫋嫋餘愁。喚起横江飛道士，來伴我、月中游。

又《金縷曲代賀丞相有序》　恭審天開歷甲，旦應生申。鍾三光五嶽之英，五百年生名世；處前古當今之會，千萬世開太平。某隃望門牆，狀深讚頌；積忱依永，奏伎小詞，上犯鈞嚴，不勝悚恐慶抃之至。曉殿龍光起。御香濃、新詩寫就，雲飛相第。一自騎箕承帝賚，千載君臣魚水。端不負、當年弧矢。赤壁周郎神遊處，料羞看、故壘斜陽裏。今共看，更無比。尊前若說平生事。歎長江、幾番風浪，幾人膽碎。數載太平豐年瑞。三百年間又幾。想皇揆、初心應喜。漸近中秋團團月，算人間天上、俱清美。祝千歲，似甲子。

又《劉將孫〈沁園春〉》　近見舊詞，有括《前、後赤壁賦》者，殊不佳。長日無所用心，漫填《沁園春》二闋，不能如公哨遍之變化，又局於韻字，不能效公用陶詩之精整，姑就本語，捃拾排比，粗以自遣云。

壬戌之秋，七夕既望，蘇子泛舟。正赤壁風清，舉杯屬客，東山月上，遺世乘流。桂棹叩舷，洞簫倚和，何事嗚嗚怨泣幽。悄危坐，撫蒼蒼東望，渺渺荆州。客云天地蜉蝣。記千里舳艫旗幟浮。歎孟德周郎，英雄安在，武昌夏口，山水相繆。客亦知夫，盈虚如彼，山月江風有盡不。喜更酌，任東方既白，與子遨遊。

《全金詩》卷九四《李俊民〈襄陽詠史·劉表祠〉》　天運端能臥可收，江山形勢數荆州。當時若聽韓嵩策，那得曹瞞享士牛？

又《龐士元宅》　鷹自養來饑肯去，龍從臥後顧須頻。到頭驥足非難展，祗在當時駕馭人。

元·元好問《遺山詩集》卷四《赤壁圖》　馬蹄一蹴荆門空，鼓聲怒與江流東。曹瞞老去不解事，誤認孫郎作阿琮。孫郎矯矯人中龍，顧盼叱吒生雲風。疾雷破山出大火，旗幟北卷天為紅。至今圖畫見赤壁，仿佛燒虜留餘蹤。令人長憶眉山公，載酒夜俯馮夷宮。事殊興極憂思集，天澹去閑今古同。得意江山在眼中，凡今誰是出羣雄？可憐當日周公瑾，憔悴黄州一禿翁。

元・元好問《中州集》卷四《［金］李純甫〈赤壁風月笛圖〉》 鉦鼓掀天旗脚紅，老狐膽落武昌東。書生那得麾白羽？誰識潭潭蓋世雄？裕陵果用軾為將，黄河倒卷湔西戎。卻教載酒月明中，船尾鳴鳴一笛風。九原喚起周公瑾，笑殺儋州禿鬢翁。

又 卷八《［金］劉昂〈讀三國志二首・其一〉》 虎視鯨吞卒未休，一時人物盡風流。婦翁正得黄承彦，兒子當如孫仲謀。乳臭蒙孫真寄坐，齒寒鄰國莫分憂。阿瞞狐媚無多罪，誰作桓文得到頭？

又 《其二》 泣漢遺黎血未幹，繁昌新築受終壇。天球寶鼎私臧獲，坎井坳堂局鳳鸞。地易主賓窮赤壁，勢成螳雀事烏丸。陳言袞袞令人厭，枉就輸棋覆舊盤。

元・方回《瀛奎律髓》卷三《懷古類・［唐］崔塗〈赤壁懷古〉》 漢室河山鼎勢分，勤王誰肯顧元勳？不知征伐由天子，唯許英雄共使君。江上戰餘陵是谷，渡頭春在草連雲。分明勝敗無尋處，空聽漁歌到夕曛。

《全元詩》第三〇冊《周權〈赤壁泛舟〉》 赤壁之山何峻嶒，下有江水何清泠。天空月出夜寥泬，玻瓈萬頃涵秋冰。為問黄州雪堂老，遷官何如謫官好。酒酣攜客夜挐舟，憂患都將談笑了。劃然長嘯來天風，神遊八極世慮空。但見横江秋露白，錯落低垂斗柄紅，舉袂欲挹浮丘公。洞簫聲斷潛蛟舞，月下清尊貯千古。老瞞當日困周郎，十萬樓船鬬貔虎。煙銷水冷沈戈矛，空餘野燐寒沙頭。江山牢落滿陳迹，追憶往事懷風流。勝遊到我知幾度，感昔視今猶旦暮。乾坤何事老英雄，滚滚長江自東去。

又 第三二冊《吴師道〈赤壁圖〉》 沉沙戟折怒濤秋，殘壘蒼蒼戰門休。風火吉年消伯氣，江山一幅掛清愁。丈夫不學曹孟德，生子當如孫仲謀。機會難逢形勝在，狂歌弔古漫悠悠。

又 第三四冊《許有壬〈赤壁〉》 孽瞞禍水劇趙女，漢火餘光能幾許。蜀方傳薪噓未然，吴偶束緼成一炬。萬艘枯葦沃以膏，空江如韛長風鼓。九淵鼎沸羹魚龍，連營熾炭膰貔虎。雄圖南紀成畫餅，匹馬華容作窮鼠。坡翁乘興賦赤壁，爛漫天機湧毫楮。偶從雪裏寫芭蕉，又似驪黄不毛舉。考圖求故此其地，疾惡千年若躬睹。江山蕭條歲華晚，興廢人間幾今古。買魚沽酒吊阿瞞，醉和漁歌短蓑舞。

又 第三九冊《楊維楨〈覽古四十二首・其二十一〉》 汝南許文休，喪亂一駑士。敢當諸葛拜，合受玄德鄙。士論推指南，無乃失臧否。乃知羣公曹，排擯有公是。

又 《楊維楨〈的盧馬〉》 大耳主，呼阿盧，阿盧努力托我千金軀。檀溪水深不見底，阿盧一躍三丈餘。君不見當陽橋，沔水渡，一雙羽翼真都護。豈知阿盧論功不再關賬下。

又 第四〇冊《吴當〈次韻歸途示友〉》 曹瞞空有挾，劉表竟誰依。

又 第六二冊《淩雲翰〈赤壁圖〉》 江水東流赤壁孤，曹瞞曾此戰周瑜。山川不逐英雄去，卻為坡仙入畫圖。

又 《畫梅》 詩到無聲也自奇，眼明窗不見疏枝。江南四月冥冥雨，空憶曹瞞止渴時。

又 第六三冊《鄭允端〈東坡赤壁圖〉》 老瞞雄視欲吞吴，百萬樓船一炬枯。留得清風明月在，網魚謀酒付髯蘇。

明・楊慎《升菴集》卷二〇《題赤壁圖》 曹瞞下江陵，江陵正危劇。周郎美少年，氣吞江漢窄。水戰得上流，火攻非下策。卧龍東略雄，烏鵲南飛迫。妖氣掩黄星，倒戈回紫陌。鼎足已成形，鬼蜮俄褫魄。王業聊偏安，霸圖何赫奕。懷哉玉堂仙，逖矣黄州客。文光貫斗牛，天遊忘遷謫。名姓識兒童，畫圖爍金碧。赤壁幾千秋，山青江月白。

明・胡應麟《少室山房集》卷二《補蜀漢鐃歌十二首・顧隆中》 顧隆中，一顧再顧三顧何從容。千秋載睹明揚風。君臣契合魚水同。莘野幣交湯匪躬。渭川一見羅非熊。何如三顧勤隆中。惜哉炎燼噓殘虹。創業未半中道終。三分鼎足寧稱雄。

又 《權進妹》 權進妹，托同仇。外戚内疏諸孫劉。包藏禍心蓄愆尤。床帷甲第圖淹留。戈鋋矛戟紛相求。帝握大機與神遊。與神遊，衆叵測。劉郎歡，孫郎泣。周郎唇乾口燥呼不得。以頭搶地長太息。千秋齒冷笑吴國。

又 《克老瞞》 克老瞞，厥功不可量。瞞挾天子令四方。以暴如虎貪如狼。既定荊州下長江。並兵八十三萬强。凶威所指横以張。所觸者碎當者亡。遣軍師亮諭孫權。權奉命，發兵助我屯江幹。桓桓烈炬戰艦轟，將士大呼沖敵堅。賊兵百萬屍如山。操走烏林四海安。

《明詩話全編・俞弁詩話・［明］杜庠〈過赤壁〉》　水軍東下本雄圖，千里長江隘舳艫。諸葛心中空有漢，曹瞞眼裏已無吳。兵銷炬影東風猛，夢斷蕭聲夜月孤。過此不堪回首處，荒磯鷗鳥滿煙蕪。

《湖廣通志》卷八六《藝文志・五言排律・赤壁懷古》　臨臯古岸好尋幽，蘇子從前兩度遊。浪皺縠紋風有迹，天懸寶鏡月當頭。龍吟吹徹三更笛，仙侣招攜一葉舟。豈必嘉魚徵往蹟，但憑赤壁話奇謀。孫曹百戰圖分鼎，瑜亮同時展運籌。漫道火攻原下策，儘教霸業分東流。賦詩横槊人何在，把酒臨江韻待酬。老鶴巖間還驚露，孤鴻沙際尚鳴秋。雄才蓋世煙塵盡，遷客遺文石碣留。落落亭臺殘照隱，蕭蕭蘆荻雨聲愁。銷兵已值光天會，破敵寧須故壘求。禾黍近郊收牧馬，旌旗遠戍舞前騶。帆廻碧浦誰家客，擔颭青簾幾處洲。夏口舊傳紅子國，武昌長憶庾公樓。漁歌欸乃渾無繫，嵐影微茫並若浮。適意風波偏愛鷺，忘機天地任盟鷗。江南江北勞相望，人去人來苦未休。千尺怒濤翻舊恨，九章哀郢著離憂。也知白雪能張楚，更把清樽學醉侯。沅沚澧蘭隨地有，搜奇怪何必定黄州。

又　卷八八《藝文志・七言律詩・［明］李東陽〈和秦武昌赤壁懷古〉》　楚雲荆樹擁嵯峨，一棹曾衝萬里波。時代不同嗟我晚，江山如此奈人何。地從割據終全盛，天遣文章為不磨。聞説宦遊兼弔古，鶴樓東下水聲多。

清・于成龍《于清端政書》卷八《吟詠書・五言律・赤壁懷古》　赤壁臨江渚，黄泥鎖暮雲。至今傳二賦，不復説三分。名士惟諸葛，英雄獨使君。今朝懷古地，把酒對斜曛。

清・陸心源《宋詩紀事補遺》卷四三《［宋］彭郁〈題萬壑風煙亭百韻〉》　或如公瑾戰赤壁，虎嘯波狂那得熄。

又　卷七五《［宋］孫信臣〈襄陽懷古〉》　孔明高臥處，龐統舊居時。遇主龍方起，逢辰驥莫追。

清・陳邦彦《康熙御定歴代題畫詩》卷三一《［明］吴寛〈題赤壁圖〉》　江流東繞千尺堤，山鶻上結危巢棲。遊人夜半放舟過，舉酒試説曹征西。征西當年下江滸，八十萬軍盡貔虎。眼中見慣劉琮徒，吳蜀區區何足數。舳艫相銜千里連，氣吞孫劉欲沖天。豈知策士已旁笑，笑彼遠來非萬全。長江之險人能共，不獨阿瞞兵可弄。東吳會獵尺書馳，權也難將首親送。帳底拔刀軍令行，如此奸雄安足驚！周瑜早已借前箸，黄蓋何曾論五兵。五兵爭如一炬火，北軍敗走南軍坐。紛紛燥荻與枯柴，乘取便風纔十舸。波濤起立半天紅，强櫓灰飛一夕空。平生親手注孫子，未信水軍能火攻。誰云此行纔足耻，更聞裹瘡歸湞水。玄武池頭計已疏，銅爵高臺墳上起。當今四海為一家，三國爭雄真可嗟。尚想綸巾巡壘堞，猶將折戟洗泥沙。武昌夏口東西路，畫史分明入毫素。空餘赤壁付遊人，贏得坡仙作詞賦。

清・徐釚《詞苑叢談》卷五《品藻三・［清］鄒祗謨〈千秋歲・和初子逐妾詞〉》　花檀方拍。花淚頻頻滴。紫釵賣，烏絲裂。玉環悲蜀道，銅雀欺孫策。東風逆，二喬應作漳臺客。　三秋如一日，九曲回腸結。空自把，韶華擲。本非司馬竊，難對虞侯説。淒涼夜，舉杯自懺當頭月。

《晚晴簃詩匯》卷六三《葉舒璐〈論古〉》　鼎足中原勢未分，英雄魄力自超羣。阿瞞眼底空餘子，只重孫郎與使君。

雜録

《三國志》卷九《魏志・曹仁等傳》　從平荆州，以（曹）仁行征南將軍，留屯江陵，拒吳將周瑜。瑜將數萬衆來攻，前鋒數千人始至，仁登城望之，乃募得三百人，遣部曲將牛金逆與挑戰。賊多，金衆少，遂為所圍。長史陳矯俱在城上，望見金等垂没，左右皆失色。仁意氣奮怒甚，謂左右取馬來，矯等共援持之。謂仁曰：『賊衆盛，不可當也。假使棄數百人何苦，而將軍以身赴之！』仁不應，遂被甲上馬，將其麾下壯士數十騎出城。去賊百餘步，迫溝，矯等以為仁當住溝上，為金形勢也，仁徑渡溝直前，沖入賊圍，金等乃得解。餘衆未盡出，仁復直還突之，拔出金兵，亡其數人，賊衆乃退。矯等初見仁出，皆懼，及見仁還，乃歎曰：『將軍真天人也！』三軍服其勇。太祖益壯之，轉封安平亭侯。**【略】**

（曹純）從征荊州，追劉備於長阪，獲其二女輜重，收其散卒。進降江陵，從還譙。建安十五年薨。文帝即位，追謚曰威侯。《魏書》曰：純所督虎豹騎，皆天下驍鋭，或從百人將補之，太祖難其帥。純以選為督，撫循甚得人心。及卒，有司白選代，太祖曰：『純之比，何可復得！吾獨不中督邪？』遂不選。

又　卷一〇《魏志·荀彧傳》　太祖將伐劉表，問彧策安出，彧曰：『今華夏已平，南土知困矣。可顯出宛、葉而間行輕進，以掩其不意。』太祖遂行。會表病死，太祖直趨宛、葉如彧計，表子琮以州逆降。

又《賈詡傳》　建安十三年，太祖破荊州，欲順江東下。詡諫曰：『明公昔破袁氏，今收漢南，威名遠著，軍勢既大；若乘舊楚之饒，以饗吏士，撫安百姓，使安土樂業，則可不勞衆而江東稽服矣。』太祖不從，軍遂無利。臣松之以為詡之此謀，未合當時之宜。于時韓、馬之徒尚狼顧關右，魏武不得安坐郢都以威懷吳會，亦已明矣。彼荊州者，孫、劉之所必爭也。荊人服劉主之雄姿，憚孫權之武略，為日既久，誠非曹氏諸將所能抗禦。故曹仁守江陵，敗不旋踵，何撫安之得行，稽服之可期？將此既新平江、漢，威懾揚、越，資劉表水戰之具，藉荊楚楫棹之手，實震盪之良會，廓定之大機。不乘此取吳，將安俟哉？至於赤壁之敗，蓋有運數。實由疾疫大興，以損淩厲之鋒，凱風自南，用成焚如之勢。天實為之，豈人事哉？然則魏武之東下，非失算也。詡之此規，為無當矣。魏武後克平張魯，蜀中一日數十驚，劉備雖斬之而不能止，由不用劉曄之計，以失席捲之會，斤石既差，悔無所及，即亦此事之類也。世咸謂劉計為是，即愈見賈言之非也。

又　卷一二《魏志·毛玠傳》　（毛玠）將避亂荊州，未至，聞劉表政令不明，遂往魯陽。太祖臨兗州，辟為治中從事。玠語太祖曰：『今天下分崩，國主遷移，生民廢業，饑饉流亡，公家無經歲之儲，百姓無安固之志，難以持久。今袁紹、劉表，雖士民衆强，皆無經遠之慮，未有樹基建本者也。夫兵義者勝，守位以財，宜奉天子以令不臣，脩耕植，畜軍資，如此則霸王之業可成也。』太祖敬納其言，轉幕府功曹。

又　卷一四《魏志·程昱傳》　太祖征荊州，劉備奔吳。論者以為孫權必殺備，昱料之曰：『孫權新在位，未為海内所憚。曹公無敵於天下，初舉荊州，威震江表，權雖有謀，不能獨當也。劉備有英名，關羽、張飛皆萬人敵也，權必資之以禦我。難解勢分，備資以成，又不可得而殺也。』權果多與備兵，以禦太祖。

又《郭嘉傳》　後太祖征荊州還，於巴丘遇疾疫，燒船，歎曰：『郭奉孝在，不使孤至此。』《傅子》曰：太祖又云：『哀哉奉孝！痛哉奉孝！惜哉奉孝！』

又《蔣濟傳》　建安十三年，孫權率衆圍合肥。時大軍征荊州，遇疾疫，唯遣將軍張喜單將千騎，過領汝南兵以解圍，頗復疾疫。濟乃密白刺史偽得喜書，云步騎四萬已到雩婁，遣主簿迎喜。三部使齎書語城中守將，一部得入城，二部為賊所得。權信之，遽燒圍走，城用得全。

又　卷一七《魏志·張遼傳》　（張遼）復別擊荊州，定江夏諸縣，還屯臨潁，封都亭侯。

又《樂進傳》　後從平荊州，留屯襄陽，擊關羽、蘇非等，皆走之，南郡諸郡山谷蠻夷詣進降。又討劉備臨沮長杜普、旌陽長梁大，皆大破之。

又《徐晃傳》　從征荊州，別屯樊，討中廬、臨沮、宜城賊。又與滿寵討關羽於漢津，與曹仁擊周瑜於江陵。

又　卷一八《魏志·李通傳》　劉備與周瑜圍曹仁於江陵，別遣關羽絶北道。通率衆擊之，下馬拔鹿角入圍，且戰且前，以迎仁軍，勇冠諸將。通道得病薨，時年四十二。追增邑二百户，并前四百户。

又《文聘傳》　文聘字仲業，南陽宛人也，為劉表大將，使禦北方。表死，其子琮立。太祖征荊州，琮舉州降，呼聘欲與俱，聘曰：『聘不能全州，當待罪而已。』太祖濟漢，聘乃詣太祖，太祖問曰：『來何遲邪？』聘曰：『先日不能輔弼劉荊州以奉國家，荊州雖没，常願據守漢川，保全土境，生不負於孤弱，死無愧於地下，而計不得已，以至於此。實懷悲慚，無顔早見耳。』遂欷歔流涕。太祖為之愴然曰：『仲業，卿真忠臣也。』厚禮待之。授聘兵，使與曹純追討劉備於長阪。

又　卷二二《魏志·桓階傳》　桓階字伯緒，長沙臨湘人也。仕郡功曹。太守孫堅舉階孝廉，除尚書郎。父喪還鄉里。會堅擊劉表戰死，階冒難詣表乞堅喪，表義而與之。後太祖與袁紹相拒於官渡，表舉州以應紹。階説其太守張羨曰：『夫舉事而不本於義，未有不敗者也。故齊桓率諸侯以尊周，晉文逐叔帶以納王。今袁氏反此，而劉牧應之，取禍之道也。明府必欲立功明義，全福遠禍，不宜與之同也。』羨曰：『然則何向而可？』階曰：『曹公雖弱，仗義而起，救朝廷之危，奉王命而討有罪，孰敢不服？今若舉四郡保三江以待其來，而為之內應，不亦可乎！』羨曰：『善。』乃舉長沙及旁三郡以拒表，遣使詣太祖。太祖大悦。會紹與太祖連戰，軍未得南。而表急攻羨，羨病死。城陷，階遂自匿。久之，劉表辟為從事祭酒，欲妻以妻妹蔡氏。階自陳已結婚，拒而不受，因辭疾告退。

太祖定荆州，聞其為張羨謀也，異之，辟為丞相掾主簿，遷趙郡太守。

又　卷二三《魏志・和洽傳》　和洽字陽士，汝南西平人也。舉孝廉，大將軍辟，皆不就。袁紹在冀州，遣使迎汝南士大夫。洽獨以『冀州土平民強，英桀所利，四戰之地。本初乘資，雖能強大，然雄豪方起，全未可必也。荆州劉表無他遠志，愛人樂士，土地險阻，山夷民弱，易依倚也』。遂與親舊俱南從表，表以上客待之。洽曰：『所以不從本初，辟爭地也。昏世之主，不可黷近，久而阽危，臣松之案《漢書・文紀》曰『阽於死亡』，《食貨志》曰『阽危若是』，注曰：『阽音鹽，如屋簷，近邊欲墮之意也。』一曰『臨危曰阽』。必有讒慝間其中者。』遂南度武陵。

又　《杜襲傳》　（杜）襲避亂荆州，劉表待以賓禮。同郡繁欽數見奇於表，襲喻之曰：『吾所以與子俱來者，徒欲龍蟠幽藪，待時鳳翔。豈謂劉牧當為撥亂之主，而規長者委身哉？子若見能不已，非吾徒也。吾其與子絶矣！』欽慨然曰：『請敬受命。』襲遂南適長沙。

又　《裴潛傳》　裴潛字文行，河東聞喜人也。避亂荆州，劉表待以賓禮。潛私謂所親王粲、司馬芝曰：『劉牧非霸王之才，乃欲西伯自處，其敗無日矣。』遂南適長沙。太祖定荆州，以潛參丞相軍事，出歷三縣令，入為倉曹屬。太祖問潛曰：『卿前與劉備俱在荆州，卿以備才略何如？』潛曰：『使居中國，能亂人而不能為治也。若乘間守險，足以為一方主。』

又　卷二九《魏志・杜夔傳》　杜夔字公良，河南人也。以知音為雅樂郎，中平五年，疾去官。州郡司徒禮辟，以世亂奔荆州。荆州牧劉表令與孟曜為漢主合雅樂，樂備，表欲庭觀之，夔諫曰：『今將軍號（不）為天子合樂，而庭作之，無乃不可乎！』表納其言而止。後表子琮降太祖，太祖以夔為軍謀祭酒，參太樂事，因令創制雅樂。

又　卷三一《蜀志・劉璋傳》　（劉）璋聞曹公征荆州，已定漢中，遣河內陰溥致敬於曹公。加璋振威將軍，兄瑁平寇將軍。瑁狂疾物故。臣松之案：魏臺訪『物故』之義，高堂隆答曰：『聞之先師：物，無也；故，事也；言無復所能於事也。』璋復遣別駕從事蜀郡張肅送叟兵三百人並雜御物於曹公，曹公拜肅為廣漢太守。璋復遣別駕張松詣曹公，曹公時已定荆州，走先主，不復存録松，松以此怨。會曹公軍不利於赤壁，兼以疫死。松還，疵毀曹公，勸璋自絶，《漢晉春秋》曰：張松見曹公，曹公方自矜伐，不存録松。松歸，乃勸璋自絶。習鑿齒曰：昔齊桓一矜其功而叛者九國，曹操暫自驕伐而天下三分，皆勤之於數十年之內而棄之於俯仰之頃，豈不惜乎！是以君子勞謙日昃，慮以下人，功高而居之以讓，勢尊而守之以卑。情近於物，故雖貴而人不厭其重；德洽羣生，故業廣而天下愈欣其慶。夫然，故能有其富貴，保其功業，隆顯當時，傳福百世，何驕矜之有哉！君子是以知曹操之不能遂兼天下者也。因說璋曰：『劉豫州，使君之肺腑，可與交通。』璋皆然之，遣法正連好先主，尋又令正及孟達送兵數千助先主守禦，正遂還。

又　卷三六《蜀志・關羽傳》　從先主就劉表。表卒，曹公定荆州，先主自樊將南渡江，別遣羽乘船數百艘會江陵。曹公追至當陽長阪，先主斜趣漢津，適與羽船相值，共至夏口。《蜀記》曰：初，劉備在許，與曹公共獵。獵中，衆散，羽勸備殺公，備不從。及在夏口，飄颻江渚，羽怒曰：『往日獵中，若從羽言，可無今日之困。』備曰：『是時亦為國家惜之耳；若天道輔正，安知此不為福邪！』臣松之以為備後與董承等結謀，但事泄不克諧耳，若為國家惜曹公，其如此言何！羽若果有此勸而備不肯從者，將以曹公腹心親戚，實繁有徒，事不宿構，非造次所行；曹雖可殺，身必不免，故以計而止，何惜之有乎！既往之事，故託為雅言耳。孫權遣兵佐先主拒曹公，曹公引軍退歸。先主收江南諸郡，乃封拜元勳，以羽為襄陽太守、蕩寇將軍，駐江北。

又　《張飛傳》　張飛字益德，涿郡人也，少與關羽俱事先主。羽年長數歲，飛兄事之。先主從曹公破呂布，隨還許，曹公拜飛為中郎將。先主背曹公依袁紹、劉表。表卒，曹公入荆州，先主奔江南。曹公追之，一日一夜，及於當陽之長阪。先主聞曹公卒至，棄妻子走，使飛將二十騎拒後。飛據水斷橋，瞋目横矛曰：『身是張益德也，可來共決死！』敵皆無敢近者，故遂得免。

又《黃忠傳》 黃忠字漢升，南陽人也。荊州牧劉表以為中郎將，與表從子磐共守長沙攸縣。及曹公克荊州，假行裨將軍，仍就故任，統屬長沙守韓玄。

又《趙雲傳》 趙雲字子龍，【略】《雲別傳》曰：【略】先主就袁紹，雲見於鄴。先主與雲同床眠臥，密遣雲合募得數百人，皆稱劉左將軍部曲，紹不能知。遂隨先主至荊州。及先主為曹公所追於當陽長阪，棄妻子南走，雲身抱弱子，即後主也，保護甘夫人，即後主母也，皆得免難。遷為牙門將軍。【略】《雲別傳》曰：初，先主之敗，有人言雲已北去者，先主以手戟擿之曰：『子龍不棄我走也。』頃之，雲至。

又 卷三九《蜀志·劉巴傳》 表卒，曹公征荊州。先主奔江南，荊、楚羣士從之如雲，而巴北詣曹公。曹公辟為掾，使招納長沙、零陵、桂陽。《零陵先賢傳》曰：曹公敗於烏林，還北時，欲遣桓階，階辭不如巴。巴謂曹公曰：『劉備據荊州，不可也。』公曰：『備如相圖，孤以六軍繼之也。』

又 卷五四《吳志·呂蒙傳》 是歲，又與周瑜、程普等西破曹公於烏林，圍曹仁於南郡。

又 卷五五《吳志·黃蓋傳》 建安中，隨周瑜拒曹公於赤壁，建策火攻，語在《瑜傳》。《吳書》曰：赤壁之役，蓋為流矢所中，時寒墮水，為吳軍人所得，不知其蓋也，置廁床中。蓋自强以一聲呼韓當，當聞之，曰：『此公覆聲也。』向之垂涕，解易其衣，遂以得生。

又《韓當傳》 後以中郎將與周瑜等拒破曹公，又與呂蒙襲取南郡，遷偏將軍，領永昌太守。

又《周泰傳》 後與周瑜、程普拒曹公於赤壁，攻曹仁於南郡。荊州平定，將兵屯岑。

又《甘寧傳》 後隨周瑜拒破曹公於烏林。

又《淩統傳》 權以統為承烈都尉，與周瑜等拒破曹公於烏林，遂攻曹仁，遷為校尉。

又 卷五六《吳志·朱治傳》 權從兄豫章太守賁，女為曹公子婦，及曹公破荊州，威震南土，賁畏懼，欲遣子入質。治聞之，求往見賁，為陳安危，《江表傳》載治說賁曰：『破虜將軍昔率義兵入討董卓，聲冠中夏，義士壯之。討逆繼世，廓定六郡，特以君侯骨肉至親，器為時生，故表漢朝，剖符大郡，兼建將校，仍關綜兩府，榮冠宗室，為遠近所瞻。加討虜聰明神武，繼承洪業，攬結英雄，周濟世務，軍衆日盛，事業日隆，雖昔蕭王之在河北，無以加也，必克成王基，應運東南。故劉玄德遠布腹心，求見拯救，此天下所共知也。前在東聞道路之言，云將軍有異趣，良用憮然。今曹公阻兵，傾覆漢室，幼帝流離，百姓元元未知所歸。而中國蕭條，或百里無煙，城邑空虛，道殣相望，士歎於外，婦怨乎室，加之以師旅，因之以饑饉，以此料之，豈能越長江與我爭利哉？將軍當斯時也，而欲背骨肉之親，違萬安之計，割同氣之膚，啖虎狼之口，為一女子，改慮易圖，失機毫釐，差以千里，豈不惜哉！』賁由此遂止。

又《呂範傳》 曹公至赤壁，與周瑜等俱拒破之，拜裨將軍，領彭澤太守，以彭澤、柴桑、歷陽為奉邑。

唐·陸廣微《吳地記》 周瑜墳在縣東二里。瑜字公瑾，廬江舒人。仕吳大將軍、南郡太守。美姿貌，時年二十四，吳中皆呼為周郎。及孫權稱號，謂公卿曰：非周公瑾不帝矣。瑜少精思音樂，雖三爵之後，樂有闕誤，必知之，則回顧。時人謠曰：『曲有誤，周郎顧。』

唐·李亢《獨異志》卷上 劉備嘗乘愛馬號『的盧』。居樊城，劉表欲因會殺之，備走，陷檀溪，乃語的盧曰：『今日之意，得不努力乎！』馬一躍三丈，遂脫難。

宋·李昉等《太平御覽》卷一五《天部十五·霧》 王粲《英雄記》曰：曹公赤壁敗，行至雲夢大澤中，遇大霧，迷失道路。

又 卷一六九《州郡部·淮南道·沔州》 《十道志》曰：沔州，漢陽郡。《禹貢》荊州之域。春秋鄖國之地。戰國時屬楚。秦并天下，為南郡地。漢為安陸縣地。【略】

《三國志》曰：魏初定荊州，沔陽以為重鎮。【略】

《荊州記》曰：臨嶂山南峰謂之烏林峰，亦謂赤壁。

又 卷八六八《火部一·火上》 《英雄記》曰：周瑜鎮江夏，曹操欲從赤壁渡江南。無船乘浣，沿漢水下至浦口，未即渡。瑜夜密使輕船走舸百餘艘，艘有五十人施桌，人持炬火，持火者數千人，立於船上，以萃於排。至乃放火，火燃即回船走去。須臾，燒數千浣火起，火光照天，操乃夜去。

明·黃淮等《歷代名臣奏議》卷八二《經國》 欽宗時，既與金和，金人需求不已。尚書右丞李綱奏言：【略】屬者黃頭女真，猖狂京師城下，執政大臣遽以高陽、中山、太原三鎮賜之，竊恐非《春秋》之旨也。【略】其禍不特有吐蕃、回紇之侵唐，將有劉聰、石勒之繼晉乎？請以三國之事著明者借論之。漢室不綱，有曹操、孫權、劉備，雖皆天生之英雄也，使其終無分地而浪戰於中原，則必有吞併滅亡不支者，若前日劉、項是也，曹公身與袁紹之興亡是也。而以一天下分裂而三者，實自乎荊州之所隸也。嗚呼！荊州實能分裂天下而三者也。曹公不急於得關中而急於得荊州，蓋以韓遂、馬超必不能保關中，而關中非我有而誰有哉？荊州雖蹔為劉琮之物，而亦未必不為我物也。陸攻則遠，水攻則險，彼孫權、劉備其遂得之乎。無幾何，孫權雖可以得荊州，自以居京口而遠，有所不給，則以資劉備。備得荊州，則得巴蜀，孫權以劉備禦曹操於荊州而保江東，三分之勢定於此一州矣。曹操於宇宙間有鞭撻之威，尚何所懼者？及聞劉備得荊州，則大懼矣，方作書，不覺墜筆於地也。唯曹操能懼其可懼者也。昔之一荊州，今之瀛、定、并門，三荊州也。又可不大懼乎？曹操其後回軍濡須，恐江濱郡縣為權所掠，乃詔其民內徙，彼久業南方而不安，一旦北土之民相與驚惶渡江而逝，廬江、九江、蘄春、廣陵諸郡皆無民矣。北人乃得居其室廬，耕其田野，江濱之郡於是乎有民為魏死守矣！如曹公之志，則未易以吾三鎮之重地齊民悉棄之也。

孫劉爭荊州

綜　述

《三國志》卷一《魏志·武帝紀》（建安二十三年）冬十月，宛守將侯音等反，執南陽太守，劫略吏民，保宛。初，曹仁討關羽，屯樊城，是月使仁圍宛。

二十四年春正月，仁屠宛，斬音。《曹瞞傳》曰：是時南陽間苦繇役，音於是執太守（東里褭）[東里袞]，與吏民共反，與關羽連和。南陽功曹宗子卿往說音曰：『足下順民心，舉大事，遠近莫不望風；然執郡將，逆而無益，何不遣之。吾與子共戮力，比曹公軍來，關羽兵亦至矣。』音從之，即釋遣太守。子卿因夜逾城亡出，遂與太守收餘民圍音，會曹仁軍至，共滅之。【略】

（秋七月）遣于禁助曹仁擊關羽。八月，漢水溢，灌禁軍，軍沒，羽獲禁，遂圍仁。使徐晃救之。【略】

（冬十月）孫權遣使上書，以討關羽自效。王自洛陽南征羽，未至，晃攻羽，破之，羽走，仁圍解。王軍摩陂。

二十五年春正月，至洛陽。權擊斬羽，傳其首。

又　卷九《魏志·夏侯惇傳》（建安）二十四年，太祖軍（擊破呂布軍）於摩陂，召（夏侯）惇常與同載，特見親重，出入臥內，諸將莫得比也。拜前將軍，《魏書》曰：時諸將皆受魏官號，惇獨漢官，乃上疏自陳不當不臣之禮。太祖曰：『吾聞太上師臣，其次友臣。夫臣者，貴德之人也，區區之魏，而臣足以屈君乎？』惇固請，乃拜為前將軍。督諸軍還壽春，徙屯召陵。【略】

復以（曹）仁行征南將軍，假節，屯樊，鎮荊州。侯音以宛叛，略傍縣衆數千人，仁率諸軍攻破音，斬其首，還屯樊，即拜征南將軍。關羽攻樊，時漢水暴溢，于禁等七軍皆沒，禁降羽。仁人馬數千人守城，城不沒者數板。羽乘船臨城，圍數重，外內斷絕，糧食欲盡，救兵不至。仁激厲將士，示以必死，將士感之皆無二。徐晃救至，水亦稍減，晃從外擊羽，仁得潰圍出，羽退走。

又　卷一七《于禁傳》　建安二十四年，太祖在長安，使曹仁討關羽於樊，又遣禁助仁。秋，大霖雨，漢水溢，平地水數丈，禁等七軍皆沒。禁與諸將登高望水，無所迴避，羽乘大船就攻禁等，禁遂降，惟龐德不屈節而死。太祖聞之，哀歎者久之，曰：『吾知禁三十年，何意臨危處難，反不如龐德邪！』會孫權禽羽，獲其衆，禁復在吳。文帝踐阼，權稱藩，遣禁還。帝引見禁，鬚髮皓白，形容憔悴，泣涕頓首。帝慰諭以荀林父、孟明視故事，《魏書》載制曰：『昔荀林父敗績于邲，孟明喪師於殽，秦、晉不替，使復其位。其後晉獲狄土，秦霸西戎，區區小國，猶尚若斯，而況萬乘乎？樊城之敗，水災暴至，非戰之咎，其復禁等官。』拜為安遠將軍。欲遣使吳，先令北詣鄴謁高陵。帝使豫於陵屋畫關羽戰克、龐德憤怒、禁降服之狀。禁見，慚恚發病薨。子圭嗣封益壽亭侯。謚禁曰厲侯。

又《徐晃傳》 從征荊州，【略】與曹仁擊周瑜於江陵。【略】（曹操）復遣晃助曹仁討關羽，屯宛。會漢水暴隘，于禁等没。羽圍仁於樊，又圍將軍吕常於襄陽。晃所將多新卒，以羽難與爭鋒，遂前至陽陵陂屯。太祖復還，遣將軍徐商、吕建等詣晃，令曰：『須兵馬集至，乃俱前。』賊屯偃城。晃到，詭道作都塹，示欲截其後，賊燒屯走。晃得偃城，兩面連營，稍前，去賊圍三丈所。未攻，太祖前後遣殷署、朱蓋等凡十二營詣晃。賊圍頭有屯，又别屯四冢。晃揚聲當攻圍頭屯，而密攻四冢。羽見四冢欲壞，自將步騎五千出戰，晃擊之，退走，遂追陷與俱入圍，破之，或自投沔水死。太祖令曰：『賊圍塹鹿角十重，將軍致戰全勝，遂陷賊圍，多斬首虜。吾用兵三十餘年，及所聞古之善用兵者，未有長驅徑入敵圍者也。且樊、襄陽之在圍，過於莒、即墨，將軍之功，逾孫武、穰苴。』晃振旅還摩陂，太祖迎晃七里，置酒大會。太祖舉卮酒勸晃，且勞之曰：『全樊、襄陽，將軍之功也。』時諸軍皆集，太祖案行諸營，士卒咸離陳觀，而晃軍營整齊，將士駐陳不動。太祖歎曰：『徐將軍可謂有周亞夫之風矣。』

又 卷一八《龐德傳》 侯音、衛開等以宛叛，德將所領與曹仁共攻拔宛，斬音、開，遂南屯樊，討關羽。樊下諸將以德兄在漢中，頗疑之。《魏略》曰：德從兄名柔，時在蜀。德常曰：『我受國恩，義在效死。我欲身自擊羽。今年我不殺羽，羽當殺我。』後親與羽交戰，射羽中額。時德常乘白馬，羽軍謂之白馬將軍，皆憚之。仁使德屯樊北十里，會天霖雨十餘日，漢水暴溢，樊下平地五六丈，德與諸將避水上堤。羽乘船攻之，以大船四面射堤上。德被甲持弓，箭不虛發。將軍董衡、部曲將董超等欲降，德皆收斬之。自平旦力戰至日過中，羽攻益急，矢盡，短兵接戰。德謂督將成何曰：『吾聞良將不怯死以苟免，烈士不毁節以求生，今日，我死日也。』戰益怒，氣愈壯，而水浸盛，吏士皆降。德與麾下將一人，五伯二人，彎弓傅矢，乘小船欲還仁營。水盛船覆，失弓矢，獨抱船覆水中，為羽所得，立而不跪。羽謂曰：『卿兄在漢中，我欲以卿為將，不早降何為？』德罵羽曰：『豎子，何謂降也！魏王帶甲百萬，威振天下。汝劉備庸才耳，豈能敵邪！我寧為國家鬼，不為賊將也。』遂為羽所殺。太祖聞而悲之，為之流涕，封其二子為列侯。文帝即王位，乃遣使就德墓賜謚，策曰：『昔先軫喪元，王蠋絶脰，隕身徇節，前代美之。惟侯式昭果毅，蹈難成名，聲溢當時，義高在昔，寡人湣焉，謚曰壯侯。』又賜子會等四人爵關内侯，邑各百户。會勇烈有父風，官至中尉將軍，封列侯。王隱《蜀記》曰：鍾會平蜀，前後鼓吹，迎德屍喪還葬鄴，冢中身首如生。臣松之案：德死於樊城，文帝即位，又遣使至德墓所，則其屍喪不應在蜀。此王隱之虚説也。

又 卷三二《蜀志·先主傳》 先主與吴軍水陸並進，追到南郡，時又疾疫，北軍多死，曹公引歸。《江表傳》曰：周瑜為南郡太守，分南岸地以給備。備别立營於油江口，改名為公安。劉表吏士見從北軍，多叛來投備。備以瑜所給地少，不足以安民，（後）從權借荊州數郡。

先主表琦為荊州刺史，又南征四郡。武陵太守金旋、長沙太守韓玄、桂陽太守趙範、零陵太守劉度皆降。《三輔決録》注曰：金旋字元機，京兆人，歷位黄門郎、漢陽太守，征拜議郎，遷中郎將，領武陵太守，為備所攻劫死。子禕，事見魏武本紀。廬江雷緒率部曲數萬口稽顙。琦病死，羣下推先主為荊州牧，治公安。權稍畏之，進妹固好。先主至京見權，綢繆恩紀。《山陽公載記》曰：備還，謂左右曰：『孫車騎長上短下，其難為下，吾不可以再見之。』乃晝夜兼行。臣松之案：《魏書》載劉備與孫權語，與蜀志述諸葛亮與權語正同。劉備未破魏軍之前，尚未與孫權相見，不得有此説。故知蜀志為是。權遣使雲欲共取蜀，或以為宜報聽許，吴終不能越荊有蜀，蜀地可為己有。荊州主簿殷觀進曰：『若為吴先驅，進未能克蜀，退為吴所乘，即事去矣。今但可然贊其伐蜀，而自説新據諸郡，未可興動，吴必不敢越我而獨取蜀。如此進退之計，可以收吴、蜀之利。』先主從之，權果輟計。遷觀為别駕從事。《獻帝春秋》曰：孫權欲與備共取蜀，遣使報備曰：『米賊張魯居王巴、漢，為曹操耳目，規圖益州。劉璋不武，不能自守。若操得蜀，則荊州危矣。今欲先攻取璋，進討張魯，首尾相連，一統吴、楚，雖有十操，無所憂也。』備欲自圖蜀，拒答不聽，曰：『益州民富强，土地險阻，劉璋雖弱，足以自守。張魯虚僞，未必盡忠於操。今暴師於蜀、漢，轉運於萬里，欲使戰克攻取，舉不失利，此吴起不能定其規，孫武不能善其事也。曹操雖有無君之心，而有奉主之名，議者見操失利於赤壁，謂其力屈，無復遠志也。今操三分天下已有其二，將欲飲馬於滄海，觀兵於吴會，何肯守此坐須老乎？今同盟無故自相攻伐，借樞於操，使敵承其隙，非長計也。』權不聽，遣孫瑜率水軍住夏口。備不聽軍過，謂瑜曰：

『汝欲取蜀，吾當被髮入山，不失信於天下也。』使關羽屯江陵，張飛屯秭歸，諸葛亮據南郡，備自住孱陵。權知備意，因召瑜還。【略】

二十年，孫權以先主已得益州，使使報欲得荊州。先主言：『須得涼州，當以荊州相與。』權忿之，乃遣呂蒙襲奪長沙、零陵、桂陽三郡。先主引兵五萬下公安，令關羽入益陽。是歲，曹公定漢中，張魯遁走巴西。先主聞之，與權連和，分荊州、江夏、長沙、桂陽東屬，南郡、零陵、武陵西屬，引軍還江州。

（二十四年）時關羽攻曹公將曹仁，禽于禁於樊。俄而孫權襲殺羽，取荊州。

又 卷三五《蜀志·諸葛亮傳》 由是先主遂詣亮，凡三往，乃見。因屏人曰：『漢室傾頹，姦臣竊命，主上蒙塵。孤不度德量力，欲信大義於天下，而智術淺短，遂用猖（蹶），至於今日。然志猶未已，君謂計將安出？』亮答曰：『自董卓已來，豪傑並起，跨州連郡者不可勝數。曹操比於袁紹，則名微而衆寡，然操遂能克紹，以弱為强者，非惟天時，抑亦人謀也。今操已擁百萬之衆，挾天子而令諸侯，此誠不可與爭鋒。孫權據有江東，已歷三世，國險而民附，賢能為之用，此可以為援而不可圖也。荊州北據漢、沔，利盡南海，東連吳會，西通巴、蜀，此用武之國，而其主不能守，此殆天所以資將軍，將軍豈有意乎？』先主曰：『善！』【略】

先主遂收江南，以亮為軍師中郎將，使督零陵、桂陽、長沙三郡，調其賦稅，以充軍實。《零陵先賢傳》云：亮時住臨烝。

又 卷三六《蜀志·關羽傳》 先主收江南諸郡，乃封拜元勳，以羽為襄陽太守、蕩寇將軍，駐江北。先主西定益州，拜羽董督荊州事。【略】

二十四年，先主為漢中王，拜羽為前將軍，假節鉞。是歲，羽率衆攻曹仁於樊。曹公遣于禁助仁。秋，大霖雨，漢水汎溢，禁所督七軍皆没。禁降羽，羽又斬將軍龐德。梁、郟、陸渾羣盜或遙受羽印號，為之支黨，羽威震華夏。曹公議徙許都以避其鋭，司馬宣王、蔣濟以為關羽得志，孫權必不原也。可遣人勸權躡其後，許割江南以封權，則樊圍自解。曹公從之。先是，權遣使為子索羽女，羽罵辱其使，不許婚，權大怒。《典略》曰：羽圍樊，權遣使求助之，敕使莫速進，又遣主簿先致命於羽。羽忿其淹遲，又自已得于禁等，乃罵曰：『貉子敢爾，如使樊城拔，吾不能滅汝邪！』權聞之，知其輕己，偽手書以謝羽，許以自往。臣松之以為荊、吳雖外睦，而內相猜防，故權之襲羽，潛師密發。按《呂蒙傳》云：『伏精兵於𦩷䑳之中，使白衣搖櫓，作商賈服。』以此言之，羽不求助於權，權必不語羽當往也。若許相援助，何故匿其形迹乎？又南郡太守麋芳在江陵，將軍（傅）士仁屯公安，素皆嫌羽（自）輕己。羽之出軍，芳、仁供給軍資，不悉相救。羽言『還當治之』，芳、仁咸懷懼不安。於是權陰誘芳、仁，芳、仁使人迎權。而曹公遣徐晃救曹仁，《蜀記》曰：羽與晃宿相愛，遙共語，但說平生，不及軍事。須臾，晃下馬宣令：『得關雲長頭，賞金千斤。』羽驚怖，謂晃曰：『大兄，是何言邪！』晃曰：『此國之事耳。』羽不能克，引軍退還。權已據江陵，盡虜羽士衆妻子，羽軍遂散。權遣將逆擊羽，斬羽及子平於臨沮。《蜀記》曰：權遣將軍擊羽，獲羽及子平。權欲活羽以敵劉、曹，左右曰：『狼子不可養，後必為害。曹公不即除之，自取大患，乃議徙都。今豈可生！』乃斬之。臣松之按《吳書》：孫權遣將潘璋逆斷羽走路，羽至即斬，且臨沮去江陵二三百里，豈容不時殺羽，方議其生死乎？又云『權欲活羽以敵劉、曹』，此之不然，可以絕智者之口。《吳曆》曰：權送羽首於曹公，以諸侯禮葬其屍骸。

追謚羽曰壯繆侯。《蜀記》曰：羽初出軍圍樊，夢豬齧其足，語子平曰：『吾今年衰矣，然不得還！』子興嗣。【略】卒。子統嗣，【略】卒，無子，以興庶子彝續封。《蜀記》曰：龐德子會，隨鍾、鄧伐蜀，蜀破，盡滅關氏家。

又 卷四〇《蜀志·劉封傳》 初，劉璋遣扶風孟達副法正，各將兵二千人，使迎先主，先主因令達並領其衆，留屯江陵。蜀平後，以達為宜都太守。建安二十四年，命達從秭歸北攻房陵，房陵太守蒯祺為達兵所害。達將進攻上庸，先主陰恐達難獨任，乃遣封自漢中乘沔水下統達軍，與達會上庸。上庸太守申耽舉衆降，遣妻子及宗族詣成都。先主加耽征北將軍，領上庸太守員鄉侯如故，以耽弟儀為建信將軍、西城太守，遷封為副軍將軍。自關羽圍樊城、襄陽，連呼封、達，令發兵自助。封、達辭以山郡初附，未可動搖，不承羽命。會羽覆敗，先主恨之。又封與達忿爭不和，封尋奪達鼓吹。達既懼罪，又忿恚封，遂表辭先主，率所領降魏。《魏略》載達辭先主表曰：『伏惟殿下將建伊、呂之業，追桓、文之功，大事草創，假勢吳、楚，是以有為之士深睹歸趣。臣委質已來，愆戾山積，臣猶自知，況於君乎！今王朝以興，英俊鱗集，臣內無輔佐之器，外無將領之才，列次功臣，誠自愧也。臣聞范蠡識微，浮於五湖；咎犯謝罪，逡巡於河上。夫際會之間，請命乞身。何則？欲絜去就之分也。況臣卑鄙，無元功巨勳，自繫於時，竊慕前賢，早思遠耻。昔申生至孝見疑於親，子胥至忠見誅於君，蒙恬拓境而被大刑，樂毅破齊而遭讒佞，臣每讀其書，未嘗不慷慨流涕，而親當其事，益以傷絕。何者？荊州覆敗，大臣失節，百無一還。惟臣尋事，自致房陵、上庸，而復乞身，自放於外。伏想殿下聖恩感悟，愍臣之心，悼臣之舉。臣誠小人，不能始終，知而為之，敢謂非罪！臣每聞交絕無惡聲，去臣無怨辭，臣過奉教於君子，原君王勉之也。』魏文帝善達之姿才容觀，以為散騎常侍、建武將軍，封平陽亭侯。合房陵、上庸、西城三郡［為新城郡，以］達領新城太守。遣征南將軍夏侯尚、右將軍徐晃與達共襲封。達與封書曰：

古人有言：『疏不間親，新不加舊。』此謂上明下直，讒慝不行也。若乃權君譎主，賢父慈親，猶有忠臣蹈功以罹禍，孝子抱仁以陷難，種、商、白起、孝己、伯奇，皆其類也。其所以然，非骨肉好離，親親樂患也。或有恩移愛易，亦有讒間其間，雖忠臣不能移之於君，孝子不能變之於父者也。勢利所加，改親為讎，況非親親乎！故申生、衛伋、禦寇、楚建稟受形之氣，當嗣立之正，而猶如此。今足下與漢中王，道路之人耳，親非骨血而據勢權，義非君臣而處上位，征則有偏任之威，居則有副軍之號，遠近所聞也。自立阿斗為太子已來，有識之人相為寒心。如使申生從子輿之言，必為太伯；衛伋聽其弟之謀，無彰父之譏也。且小白出奔，入而為霸；重耳逾垣，卒以克復。自古有之，非獨今也。【略】

封不從達言。

申儀叛封，封破走還成都。申耽降魏，魏假耽懷集將軍，徙居南陽，儀魏興太守，封（真鄉侯）［員鄉侯］，屯洵口。《魏略》曰：申儀兄名耽，字義舉。初在西平、上庸間聚衆數千家，後與張魯通，又遣使詣曹公，曹公加其號為將軍，因使領上庸都尉。至建安末，為蜀所攻，以其郡西屬。黃初中，儀復來還，詔即以兄故號加儀，因拜魏興太守，封列侯。太和中，儀與孟達不和，數上言達有貳心於蜀，及達反，儀絕蜀道，使救不到。達死後，儀詣宛見司馬宣王，宣王勸使來朝。儀至京師，詔轉拜儀樓船將軍，在禮請中。封既至，先主責封之侵陵達，又不救羽。諸葛亮慮封剛猛，易世之後終難制御，勸先主因此除之。於是賜封死，使自裁。封歎曰：『恨不用孟子度之言！』先主為之流涕。達本字子敬，避先主叔父敬，改之。封子林為牙門將，咸熙元年內移河東。達子興為議督軍，是歲徙還扶風。

又 卷四七《吳志·吳主傳》 （建安十三年）備、瑜等復追至南郡，曹公遂北還，留曹仁、徐晃於江陵，使樂進守襄陽。【略】十四年，瑜、仁相守歲餘，所殺傷甚衆。仁委城走。權以瑜為南郡太守。劉備表權行車騎將軍，領徐州牧。備領荊州牧，屯公安。十五年，分豫章為鄱陽郡；分長沙為漢昌郡，以魯肅為太守，屯陸口。【略】

（十九年）是歲劉備定蜀。權以備已得益州，令諸葛瑾從求荊州諸郡。備不許，曰：『吾方圖涼州，涼州定，乃盡以荊州與吳耳。』權曰：『此假而不反，而欲以虛辭引歲。』遂置南三郡長吏，關羽盡逐之。權大怒，乃遣呂蒙督鮮于丹、徐忠、孫規等兵二萬取長沙、零陵、桂陽三郡，使魯肅以萬人屯巴丘。巴丘今曰巴陵。以禦關羽。權住陸口，為諸軍節度。蒙到，二郡皆服，惟零陵太守郝普未下。會備到公安，使關羽將三萬兵至益陽，權乃召蒙等使還助肅。蒙使人誘普，普降，盡得三郡將守，因引軍還，與孫皎、潘璋並魯肅兵並進，拒羽於益陽。未戰，會曹公入漢中，備懼失益州，使使求和。權令諸葛瑾報，更尋盟好，遂分荊州長沙、江夏、桂陽以東屬權，南郡、零陵、武陵以西屬備。備歸，而曹公已還。【略】

二十四年，關羽圍曹仁於襄陽，曹公遣左將軍于禁救之。會漢水暴起，羽以舟兵盡虜禁等步騎三萬送江陵，惟城未拔。權內憚羽，外欲以為己功，箋與曹公，乞以討羽自效。曹公且欲使羽與權相持以鬬之，驛傳權書，使曹仁以弩射示羽。羽猶豫不能去。閏月，權征羽，先遣呂蒙襲公安，獲將軍士仁。蒙到南郡，南郡太守麋芳以城降。蒙據江陵，撫其老弱，釋于禁之囚。陸遜別取宜都，獲秭歸、枝江、夷道，還屯夷陵，守峽口以備蜀。關羽還當陽，西保麥城。權使誘之。羽偽降，立幡旗為象人於城上，因遁走，兵皆解散，尚十餘騎。權先使朱然、潘璋斷其徑路。十二月，璋司馬馬忠獲羽及其子平、都督趙累等於章鄉，遂定荊州。是歲大疫，盡除荊州民租稅。曹公表權為驃騎將軍，假節領荊州牧，封南昌侯。權遣校尉梁寓奉貢於漢，及令王惇市馬，又遣朱光等歸。《魏略》曰：梁寓字孔儒，吳人也。權遣寓觀望曹公，曹公因以為掾，尋遣還南。

又　卷五四《吳志・周瑜傳》　曹公留曹仁等守江陵城，逕自北歸。（周）瑜與程普又進南郡，與仁相對，各隔大江。兵未交鋒，《吳録》曰：備謂瑜云：『仁守江陵城，城中糧多，足為疾害。使張益德將千人隨卿，卿分二千人追我，相為從夏水人截仁後，仁聞吾入必走。』瑜以二千人益之。瑜即遣甘寧前據夷陵。仁分兵騎別攻圍寧。寧告急於瑜。瑜用呂蒙計，留淩統以守其後，身與蒙上救寧。寧圍既解，乃渡屯北岸，剋期大戰。瑜親跨馬擽陳，會流矢中右脅，瘡甚，便還。後仁聞瑜臥未起，勒兵就陳。瑜乃自興，案行軍營，激揚吏士，仁由是遂退。

權拜瑜偏將軍，領南郡太守。以下雋、漢昌、劉陽、州陵為奉邑，屯據江陵。劉備以左將軍領荆州牧，治公安。備詣京見權，瑜上疏曰：『劉備以梟雄之姿，而有關羽、張飛熊虎之將，必非久屈為人用者。愚謂大計宜徙備置吳，盛為築宮室，多其美女玩好，以娛其耳目，分此二人，各置一方，使如瑜者得挾與攻戰，大事可定也。今猥割土地以資業之，聚此三人，俱在疆場，恐蛟龍得雲雨，終非池中物也。』權以曹公在北方，當廣攬英雄，又恐備難卒制，故不納。

是時劉璋為益州牧，外有張魯寇侵，瑜乃詣京見權日：『今曹操新折衄，方憂在腹心，未能與將軍連兵相事也。乞與奮威俱進取蜀，得蜀而並張魯，因留奮威固守其地，好與馬超結援。瑜還與將軍據襄陽以蹙操，北方可圖也。』權許之。瑜還江陵，為行裝，而道於巴丘病卒，臣松之案：瑜欲取蜀，還江陵治嚴，所卒之處，應在今之巴陵，與前所鎮巴丘，名同處異也。時年三十六。權素服舉哀，感動左右。喪當還吳，又迎之蕪湖，衆事費度，一為供給。

又　《魯肅傳》　後備詣京見權，求都督荆州，惟肅勸權借之，共拒曹公。《漢晉春秋》曰：呂範勸留備，肅曰：『不可。將軍雖神武命世，然曹公威力實重，初臨荆州，恩信未洽，宜以借備，使撫安之。多操之敵，而自為樹黨，計之上也。』權即從之。曹公聞權以土地業備，方作書，落筆於地。

周瑜病困，【略】即拜肅奮武校尉，代瑜領兵。瑜士衆四千餘人，奉邑四縣，皆屬焉。令程普領南郡太守。肅初住江陵，後下屯陸口，威恩大行，衆增萬餘人，拜漢昌太守、偏將軍。（建安）十九年，從權破皖城，轉橫江將軍。

先是，益州牧劉璋綱維頹弛，周瑜、甘寧並勸權取蜀，權以咨備，備内欲自規，仍偽報曰：『備與璋託為宗室，冀憑英靈，以匡漢朝。今璋得罪左右，備獨竦懼，非所敢聞，原加寬貸。若不獲請，備當放髮歸於山林。』後備西圖璋，留關羽守，權曰：『猾虜乃敢挾詐！』及羽與肅鄰界，數生狐疑，疆埸紛錯，肅常以歡好撫之。備既定益州，權求長沙、零、桂，備不承旨，權遣呂蒙率衆進取。備聞，自還公安，遣羽爭三郡。肅住益陽，與羽相拒。肅邀羽相見，各駐兵馬百步上，但請將軍單刀俱會。肅因責數羽曰：『國家區區本以土地借卿家者，卿家軍敗遠來，無以為資故也。今已得益州，既無奉還之意，但求三郡，又不從命。』語未究竟，坐有一人曰：『夫土地者，惟德所在耳，何常之有！』肅厲聲呵之，辭色甚切。羽操刀起謂曰：『此自國家事，是人何知！』目使之去。《吳書》曰：肅欲與羽會語，諸將疑恐有變，議不可往。肅曰：『今日之事，宜相開譬。劉備負國，是非未決，羽亦何敢重欲幹命！』乃趨就羽。羽曰：『烏林之役，左將軍身在行間，寢不脫介，戮力破魏，豈得徒勞，無一塊壤，而足下來欲收地邪？』肅曰：『不然。始與豫州覲於長阪，豫州之衆不當一校，計窮慮極，志勢摧弱，圖欲遠竄，望不及此。主上矜湣豫州之身，無有處所，不愛土地士人之力，使有所庇廕以濟其患，而豫州私獨飾情，愆德隳好。今已藉手於西州矣，又欲翦并荆州之土，斯蓋凡夫所不忍行，而況整領人物之主乎！肅聞貪而棄義，必為禍階。吾子屬當重任，曾不能明道處分，以義輔時，而負恃弱衆以圖力爭，師曲為老，將何獲濟？』羽無以答。備遂割湘水為界，於是罷軍。

又　《呂蒙傳》　是歲，又與周瑜、程普等西破曹公於烏林，圍曹仁於南郡。益州將襲肅舉軍來附，瑜表以肅兵益蒙，蒙盛稱肅有膽用，且慕化遠來，於義宜益不宜奪也。權善其言，還肅兵。瑜使甘寧前據夷陵，曹仁分衆攻寧，寧困急，使使請救。諸將以兵少不足分，蒙謂瑜、普曰：『留淩公績，蒙與君行，解圍釋急，勢亦不久，蒙保公績能十日守也。』又說瑜分遣三百人柴斷險道，賊走可得其馬。瑜從之。軍到夷陵，即日交戰，所殺過半。敵夜遁去，行遇柴道，騎皆舍馬步走。兵追蹙擊，獲馬三百匹，方船載還。於是將士形勢自倍，乃渡江立屯，與相攻擊，曹仁退走，遂據南郡，撫定荆州。還，拜偏將軍，領尋陽令。【略】

是時劉備令關羽鎮守，專有荆土，權命蒙西取長沙、零、桂三郡。蒙移書二郡，望風歸服，惟零陵太守郝普城守不降。而備自蜀親至公安，遣羽爭三郡。權時住陸口，使魯肅將萬人屯益陽拒羽，而飛書召蒙，使舍零陵，急還助肅。初，蒙既定長沙，當之零陵，過酃，載南陽鄧玄之，玄之者郝普之舊也，欲令誘普。及被書當還，蒙秘之，夜召諸將，授以方略，晨當攻城，顧謂玄之曰：『郝子太聞世間有忠義事，亦欲為之，而不知時也。左將軍在漢中，為夏侯淵所圍。關羽在南郡，今至尊身自臨之。近者破樊本屯，救酃，逆為孫規所破。此皆目前之事，君所親見也。彼方首尾倒懸，救死不給，豈有餘力復營此哉？今吾士卒精鋭，人思致命，至尊遣兵，相繼於道。今子太以旦夕之命，待不可望之救，猶牛蹄中魚，冀賴江漢，其不可恃亦明矣。若子太必能一士卒之心，保孤城之守，尚能稽延旦夕，以待所歸者，可也。今吾計力度慮，而以攻此，曾不移日，而城必破，城破之後，身死何益於事，而令百歲老母，戴白受誅，豈不痛哉？度此家不得外問，謂援可恃，故至於此耳。君可見之，為陳禍福。』玄之見普，具宣蒙意，普懼而聽之。玄之先出報蒙，普尋後當至。蒙豫敕四將，各選百人，普出，便入守城門。須臾普出，蒙迎執其手，與俱下船。語畢，出書示之，因拊手大笑，普見書，知備在公安，而羽在益陽，慚恨入地。蒙留（孫河）［孫皎］，委以後事。即日引軍赴益陽。劉備請盟，權乃歸普等，割湘水，以零陵還之。以尋陽、陽新為蒙奉邑。【略】

魯肅卒，蒙西屯陸口，肅軍人馬萬餘盡以屬蒙。又拜漢昌太守，食下雋、劉陽、漢昌、州陵。與關羽分土接境，知羽驍雄，有并兼心，且居國上流，其勢難久。初，魯肅等以為曹公尚存，禍難始構，宜相輔協，與之同仇，不可失也。蒙乃密陳計策曰：『（今）征虜守南郡，潘璋住白帝，蔣欽將游兵萬人，循江上下，應敵所在，蒙為國家前據襄陽，如此，何憂於操，何賴於羽？且羽君臣，矜其詐力，所在反覆，不可以腹心待也。今羽所以未便東向者，以至尊聖明，蒙等尚存也。今不於强壯時圖之，一旦僵僕，欲復陳力，其可得邪？』權深納其策，又聊復與論取徐州意，蒙對曰：『今操遠在河北，新破諸袁，撫集幽、冀，未暇東顧。徐土守兵，聞不足言，往自可克。然地勢陸通，驍騎所騁，至尊今日得徐州，操後旬必來爭，雖以七八萬人守之，猶當懷憂。不如取羽，全據長江，形勢益張。』權尤以此言為當。及蒙代肅，初至陸口，外倍修恩厚，與羽結好。

後羽討樊，留兵將備公安、南郡。蒙上疏曰：『羽討樊而多留備兵，必恐蒙圖其後故也。蒙常有病，乞分士衆還建業，以治疾為名。羽聞之，必撤備兵，盡赴襄陽。大軍浮江，晝夜馳上，襲其空虛，則南郡可下，而羽可禽也。』遂稱病篤，權乃露檄召蒙還，陰與圖計。羽果信之，稍撤兵以赴樊。魏使于禁救樊，羽盡禽禁等，人馬數萬，託以糧乏，擅取湘關米。權聞之，遂行，先遣蒙在前。蒙至尋陽，盡伏其精兵𦪇䑯中，使白衣搖櫓，作商賈人服，晝夜兼行，至羽所置江邊屯候，盡收縛之，是故羽不聞知。遂到南郡，士仁、麋芳皆降。《吳書》曰：將軍士仁在公安拒守，蒙令虞翻說之。翻至城門，謂守者曰：『吾欲與汝將軍語。』仁不肯相見。乃為書曰：『明者防禍於未萌，智者圖患於將來，知得知失，可與為人，知存知亡，足別吉凶。大軍之行，斥候不及施，烽火不及舉，此非天命，必有內應。將軍不先見時，時至又不應之，獨守縈帶之城而不降，死戰則毀宗滅祀，為天下譏笑。呂虎威欲徑到南郡，斷絶陸道，生路一塞，案其地形，將軍為在箕舌上耳，奔走不得免，降則失義，竊為將軍不安，幸熟思焉。』仁得書，流涕而降。翻謂蒙曰：『此譎兵也，當將仁行，留兵備城。』遂將仁至南郡。南郡太守麋芳城守，蒙以仁示之，遂降。《吳録》曰：初，南郡城中失火，頗焚燒軍器。羽以責芳，芳內畏懼，權聞而誘之，芳潛相和。及蒙攻之，乃以牛酒出降。蒙入據城，盡得羽及將士家屬，皆撫慰，約令軍中不得干歷人家，有所求取。蒙麾下士，是汝南人，取民家一笠，以覆官鎧，官鎧雖公，蒙猶以為犯軍令，不可以鄉里故而廢法，遂垂涕斬之。於是軍中震栗，道不拾遺。蒙旦暮使親近存恤耆老，問所不足，疾病者給醫藥，飢寒者賜衣糧。羽府藏財寶，皆封閉以待權至。羽還，在道路，數使人與蒙相聞，蒙輒厚遇其使，周遊城中，家家致問，或手書示信。羽人還，私相參訊，咸知家門無恙，見待過於平時，故羽吏士無鬭心。會權尋至，羽自知孤窮，乃走麥城，西至漳鄉，衆皆委羽而降。權使朱然、潘璋斷其徑路，即父子俱獲，荊州遂定。

以蒙為南郡太守，封孱陵侯，《江表傳》曰：權於公安大會，呂蒙以疾辭，權笑曰：『禽羽之功，子明謀也，今大功已捷，慶賞未行，豈邑邑邪？』乃增給步騎鼓吹，敕選虎威將軍官屬，并南郡、廬江二郡威儀。拜畢還營，兵馬導從，前後鼓吹，光燿于路。賜錢一億，黃金五百斤。蒙固辭金錢，權不許。封爵未下，會蒙疾發，權時在公安，迎置內殿，所以治護者萬方，募封內有能愈蒙疾者，賜千金。時有針加，權為之慘慽，欲數見其顏色，又恐勞動，常穿壁瞻之，見小能下食則喜，顧左右言笑，不然則咄唶，夜不能痳。病中瘳，為下赦令，羣臣畢賀。後更增篤，權自臨視，命道士於星辰下為之請命。年四十二，遂卒於内殿。時權哀痛甚，為之降損。蒙未死時，所得金寶諸賜盡付府藏，敕主者命絶之日皆上還，喪事務約。權聞之，益以悲感。【略】

孫權與陸遜論周瑜、魯肅及蒙曰：『公瑾雄烈，膽略兼人，遂破孟德，開拓荆州，邈焉難繼，君今繼之。公瑾昔要子敬來東，致達於孤，孤與宴語，便及大略帝王之業，此一快也。後孟德因獲劉琮之勢，張言方率數十萬衆水步俱下。孤普請諸將，咨問所宜，無適先對，至子布、文表，俱言宜遣使脩檄迎之，子敬即駮言不可，勸孤急呼公瑾，付任以衆，逆而擊之，此二快也。且其決計策，意出張蘇遠矣；後雖勸吾借玄德地，是其一短，不足以損其二長也。周公不求備於一人，故孤忘其短而貴其長，常以比方鄧禹也。又子明少時，孤謂不辭劇易，果敢有膽而已；及身長大，學問開益，籌略奇至，可以次於公瑾，但言議英發不及之耳。圖取關羽，勝於子敬。子敬答孤書云：「帝王之起，皆有驅除，羽不足忌。」此子敬内不能辦，外為大言耳，孤亦恕之，不苟責也。然其作軍，屯營不失，令行禁止，部界無廢負，路無拾遺，其法亦美也。』

《三國志》卷五四《吴志·吕蒙傳論》 吕蒙勇而有謀斷，識軍計，譎郝普，禽關羽，最其妙者。初雖輕果妄殺，終於克己，有國士之量，豈徒武將而已乎！孫權之論，優劣允當，故載録焉。

清·王夫之《讀通鑑論》卷九《漢獻帝二五》 諸葛公之始告先主也，曰：『天下有變，命一上將將荆州之軍以向宛、雒，將軍身率益州之衆出於秦川。』其後先主命關羽出襄、樊而自入蜀，先主没，公自出祁山以圖關中，其略定於此矣。是其所為謀者，皆資形勢以為制勝之略也。蜀漢之保有宗社者數十年在此，而卒不能與曹氏爭中原者亦在此矣。

以形勢言，出宛、雒者正兵也，出秦川者奇兵也，欲昭烈自率大衆出秦川，而命將向宛、雒，失輕重矣。關羽之覆于吕蒙，固意外之變也；然使無吕蒙之中撓，羽即前而與操相當，羽其能制操之死命乎？以制曹仁而有餘，以敵操而固不足矣。宛、雒之師挫，則秦川之氣枵，而惡能應天下之變乎？

乃公之言此也，以宛、雒為疑兵，使彼拒我于宛、雒，而乘間以取關中，此又用兵者偶然制勝之一策，聲東擊西，搖惑之以相牽制，乘倉猝相當之頃，一用之而得志耳。未可守此以為長策，規之於數年之前，而恃以行之於數年之後者也。敵一測之而事敗矣。謀天下之大，而僅恃一奇以求必得，其容可哉？善取天下者，規模定乎天全，而奇正因乎時勢。故曹操曰：『任天下之智力，以道馭之，無所不可。』操之所以自許為英雄，而公乃執一可以求必可，非操之敵矣。

且形勢者，不可恃者也。荆州之兵利於水，一踰楚塞出宛、雒而氣餒于平陸；益州之兵利於山，一踰劍閣出秦川而情搖於廣野。恃形勢，而形勢之外無恃焉，得則僅保其疆域，失則祇成乎坐困。以有恃而應無方，姜維之敗，所必然也。當先主飄零屢挫、托足無地之日，據益州以為資，可也；從此而書宛、雒、秦川之兩策，不可也。陳壽曰：『將略非其所長。』豈盡誣乎？

又《漢獻帝二七》 仲謀之聽子敬，不如其信瑜、蒙；先主之任孔明，而終不違關、張之客氣。天下之終歸于曹氏也，誰使之然也？

或曰：操漢賊也，權亦漢賊也，拒操而睦權，非義也。夫苟充類至盡以言義，則紛爭之世，無一人之不可誅矣。權逆未成，視操之握死獻帝於其掌中，則有間矣。韓信請王齊之日竇融操遲疑之志，亦奚必其皎皎忠貞如張睢陽、文信國而後可與共事。使覈其隱微以求冰霜之操，則昭烈不與孔北海同死，而北奔袁紹，抑豈以純忠至孝立大節者乎？

故孫、劉之不可不合，二子之見義為已審也。其信也，近於義而可終身守者也。先主没，諸葛遽修好于吴，所惜者，肅先亡耳，不然，尚其有濟也。乃其無濟矣，二子之惇信，固以存人道於變故繁興之世者也。

又《漢獻帝三三》 吴、蜀之好不終，關羽以死，荆州以失，曹操以乘二國之離，無忌而急於篡，關羽安能逃其責哉？羽守江陵，數與魯肅生疑貳，於是而諸葛之志不宣，而肅亦苦矣。肅以歡好撫羽，豈私羽而畏昭烈乎？其欲並力以抗操，匪舌是出，而羽不諒，故以知肅心之獨苦也。

羽爭三郡，貪忿之兵也，肅猶與相見，而秉義以正告之，羽無辭以答，而婞婞不忘，豈盡不知肅之志氣與其苦心乎？昭烈之敗於長阪，羽軍獨全，曹操臨江，不能以一矢相加遺。而諸葛公東使，魯肅西結，遂定兩國之交，資孫氏以破曹，羽不能有功，而功出於亮。劉錡曰：『朝廷養兵三十年，而大功出一儒生。』羽於是以忌諸葛者忌肅，因之忌吳，而葛、魯之成謀，遂為之滅裂而不可復收。

然而肅之心未遽忿羽而墮其始志也，以義折羽，以從容平孫權之怒，尚冀吳、蜀之可合，而與諸葛相孚以制操耳。身遽死而授之呂蒙，權之忮無與平之，羽之忿無與制之，諸葛不能力爭之隱，無與體之，而成謀盡毀矣。肅之死也，羽之敗也。操之幸，先主之孤也。悲夫！

清·趙翼《廿二史劄記》卷六《三國志·借荊州之非》 借荊州之說，出自吳人事後之論，而非當日情事也。

《江表傳》謂『破曹操後，周瑜為南郡太守，分南岸地以給劉備。而劉表舊吏士自北軍脫歸者，皆投備，備以所給地不足供，從孫權借荊州數郡焉。』

《魯肅傳》亦謂『備詣京見權，求都督荊州。肅勸權借之，共拒操。操聞權以地資備，方作書，落筆於地。後肅邀關羽索荊州，謂羽曰：「我國以土地借卿家者，卿家軍敗遠來，無以為資故也。」權亦論「肅有二長，惟勸吾借玄德地，是其一短。」』

此借荊州之說之所由來，而皆出吳人語也。

夫借者，本我所有之物而假與人也。荊州本劉表地，非孫氏故物。

當操南下時，孫氏江東六郡，方恐不能自保，諸將咸勸權迎操，權獨不願。會備遣諸葛亮來結好，權遂欲藉備共拒操。其時但求敵操，未敢冀得荊州也。

亮之說權也，權即曰：『非劉豫州莫可敵操者。』乃遣周瑜、程普等，隨亮詣備，並力拒操。《亮傳》是且欲以備為拒操之主而己為從矣！亮又曰：『將軍能與豫州同心破操，則荊、吳之勢強，而鼎足之形成矣！』是此時早有三分之說，而非乞權取荊州而借之也。

赤壁之戰，瑜與備共破操。《吳志》華容之役，備獨追操。《山陽公載記》其後圍曹仁于南郡，備亦身在行閒。《蜀志》未嘗獨出吳之力，而備坐享其成也。

破曹後，備詣京見權，權以妹妻之。瑜密疏請留備于京，權不納，以為『正當延挈英雄。』是權方恐備之不在荊州以為遮罩也。操走出華容之險，喜謂諸將曰：『劉備，吾儔也，但得計少晚耳。』《山陽公載記》是操所指數者惟備，未嘗及權也。

程昱在魏，聞備入吳，論者多以為權必殺備，昱曰：『曹公無敵于天下，權不能當也，備有英名，權必資之以禦我。』《昱傳》是魏之人亦只指數備，而未嘗及權也。

即以兵力而論，亮初見權曰：『今戰士還者及關羽精甲共萬人，劉琦戰士亦不下萬人。』《亮傳》而權所遣周瑜等水軍亦不過三萬人，則亦非十倍於備也。

且是時，劉表之長子琦尚在江夏，破曹後，備即表琦為荊州刺史，權未嘗有異詞，以荊州本琦地也。時又南征四郡，武陵、長沙、桂陽、零陵皆降。琦死，羣下推備為荊州牧。《蜀先主傳》備即遣亮督零陵、桂陽、長沙三郡，收其租賦，以供軍實。《亮傳》又以關羽為襄陽太守蕩寇將軍駐江北。《羽傳》張飛為宜都太守征虜將軍在南郡。《飛傳》趙雲為偏將軍領桂陽太守。《雲傳》遣將分駐，惟備所指揮，初不關白孫氏，以本非權地，故備不必白權，權亦不來阻備也。

迨其後三分之勢已定，吳人追思赤壁之役，實藉吳兵力，遂謂荊州應為吳有，而備據之，始有借荊州之說。抑思合力拒操時，備固有資于權，權不亦有資於備乎？權是時但自救危亡，豈早有取荊州之志乎？羽之對魯肅曰：『烏林之役，左將軍寢不脫介，戮力破曹，豈得徒勞無一塊土？』《肅傳》此不易之論也。

其後吳、蜀爭三郡，旋即議和，以湘水為界，分長沙、江夏、桂陽屬吳，南郡、零陵、武陵屬蜀，最為平允。而吳君臣伺羽之北伐，襲荊州而有之，反捏一借荊州之說，以見其取所應得，此則吳君臣之狡詞詭說，而借荊州之名，遂流傳至今，並為一談，牢不可破，轉似其曲在蜀者，此耳食之論也。

藝　文

《全宋詩》卷一八七四《胡寅〈岳陽樓雜詠十二絕〉》 玄德驍雄世所知，蛟龍寧肯在汙池。館于貳室謀何陋，借與全荊意自奇。

又　卷二〇二四《王十朋〈蜀先主〉》　曹公姦黠世無雙，玄德雄才肯見容。誰把荆州資霸業，一朝雲雨起蛟龍。

又　卷三〇三〇《黄大受〈公安〉》　設險護東南，天巧如揭繩。用武莫若荆，豪雄所交爭。玄德欲興劉，於焉深經營。坐據此要湍，進退窺敵情。時事一阨塞，拂衣開西扃。至今聞西偏，城治作丘陵。湯湯横乎前，何畏百萬兵。善衛保其吭，坐待其師崩。

又　卷三三六九《武衍〈寓京口四首答湯菊莊兼簡分司鄭料院・其二〉》　可憐吴蜀愛荆州，勝賞相當卒罷休。何地無城堪保障，此城端爲據咽喉。

明・烏斯道《烏斯道集》卷四《周瑜墓》　巴丘一臥夢初殘，遂使江東失羽翰。不恨荆州通蜀道，最憂赤壁走曹瞞。山光上下風雲壯，江影微茫草樹寒。千載尚憐雄傑士，有人簫鼓獻杯盤。

明・張吉《江北紀行十六絶・經周瑜墓》　破盡曹瞞百萬師，建安遺叟望傳麾。可憐皎皎鍾山月，不照成都赤羽旗。

清・徐延壽《漁洋感舊集》卷一五《新淦縣拜周公瑾墓》　水畔巴邱古縣開，周郎祠宇傍泉臺。霸圖當日成何事，才士無年實可哀。荆楚干戈終古恨，小喬環佩幾時來。天涯孤客逢寒食，特為停舟酹一杯。

《清詩匯》卷五四《李鳳翥〈過峽江〉》　銅雀臺荒鄴水邊，長教天塹鎖寒煙。土人廟祀周公瑾，只說巴丘作鎮年。

又　卷一一一《劉鴻翱〈差次蕪湖謁靈澤孫夫人祠〉》　鮫室龍宮葬玉凫，漢家王氣日西徂。峽雲直去猶通蜀，江水横流不向吴。精衛何年填巨壑，湘靈終古怨蒼梧。永安宮在蠶叢外，萬里關山得到無。

又　卷一三一《袁翼〈呂城〉》　阿蒙城址長蒿蓬，依舊江流日夜東。遠岸樓臺殘月下，嚴更鼓角亂山中。爬沙大蟹時穿斷，撲火秋蟲誤打篷。歎息荆州人熟睡，白衣稚子竟英雄。

雜録

《三國志》卷一四《魏志・董昭傳》　及關羽圍曹仁於樊，孫權遣使辭以『遣兵西上，欲掩取羽。江陵、公安累重，羽失二城，必自奔走，樊軍之圍，不救自解。乞密不漏，令羽有備。』太祖詰羣臣，羣臣咸言宜當密之。昭曰：『軍事尚權，期於合宜。宜應權以密，而內露之。羽聞權上，若還自護，圍則速解，便獲其利。可使兩賊相對銜持，坐待其弊。秘而不露，使權得志，非計之上。又，圍中將吏不知有救，計糧怖懼，儻有他意，為難不小。露之為便。且羽為人彊梁，自恃二城守固，必不速退。』太祖曰：『善。』即敕救將徐晃以權書射著圍里及羽屯中，圍里聞之，志氣百倍。羽果猶豫。權軍至，得其二城，羽乃破敗。

又　《劉曄傳》　延康元年，蜀將孟達率衆降。達有容止才觀，文帝甚器愛之，使達為新城太守，加散騎常侍。曄以為『達有苟得之心，而恃才好術，必不能感恩懷義。新城與吴、蜀接連，若有變態，為國生患。』文帝竟不易，後達終於叛敗。《傅子》曰：初，太祖時，魏諷有重名，自卿相以下皆傾心交之。其後孟達去劉備歸文帝，論者多稱有樂毅之量。曄一見諷、達而皆云必反，卒如其言。

又　《蔣濟傳》　關羽圍樊、襄陽。太祖以漢帝在許，近賊，欲徙都。司馬宣王及濟說太祖曰：『于禁等為水所没，非戰攻之失，於國家大計未足有損。劉備、孫權，外親內疏，關羽得志，權必不原也。可遣人勸躡其後，許割江南以封權，則樊圍自解。』太祖如其言。權聞之，即引兵西襲公安、江陵。羽遂見禽。

又　卷一七《魏志・張遼傳》　關羽圍曹仁於樊，會權稱藩，召遼及諸軍悉還救仁。遼未至，徐晃已破關羽，仁圍解。遼與太祖會摩陂。遼軍至，太祖乘輦出勞之，還屯陳郡。

又　卷二二《魏志・桓階傳》　曹仁為關羽所圍，太祖遣徐晃救之，不解。太祖欲自南征，以問羣下。羣下皆謂：『王不亟行，今敗矣。』（桓）階獨曰：『大王以仁等為足以料事勢不也？』曰：『能。』『大王恐二人遺力邪？』曰：『不。』『然則何為自往？』曰：『吾恐虜衆多，而晃等勢不便耳。』階曰：『今仁等處重圍之中而守死無貳者，誠以大王遠為之勢也。夫居萬死之地，必有死爭之心；內懷死爭，外有强救，大王案六軍以示餘力，何憂於敗而欲自往？』太祖善其言，駐軍於摩陂。賊遂退。

又　卷二三《魏志・趙儼傳》　關羽圍征南將軍曹仁於樊。儼以議郎參仁軍事南行，（還）平寇將軍徐晃俱前。既到，羽圍仁遂堅，餘救兵未到。晃所督不足解圍，而諸將呵責晃促救。儼謂諸將曰：『今賊圍素固，水潦猶盛。我徒卒單少，而仁隔絶不得同力，此舉適所以弊内外耳。當今不若前軍偪圍，遣諜通仁，使知外救，以勵將士。計北軍不過十日，尚足堅守。然後表裏俱發，破賊必矣。如有緩救之戮，余為諸軍當之。』諸將皆喜，便作地道，箭飛書與仁，消息數通，北軍亦至，並勢大戰。羽軍既退，舟船猶據沔水，襄陽隔絶不通，而孫權襲取羽輜重，羽聞之，即走南還。仁會諸將議，咸曰：『今因羽危懼，必可追禽也。』儼曰：『權邀羽連兵之難，欲掩制其後，顧羽還救，恐我承其兩疲，故順辭求效，乘釁因變，以觀利鈍耳。今羽已孤迸，更宜存之以為權害。若深入追北，權則改虞於彼，將生患於我矣。王必以此為深慮。』仁乃解嚴。太祖聞羽走，恐諸將追之，果疾敕仁，如儼所策。

又 卷二六《魏志·滿寵傳》 關羽圍襄陽，寵助征南將軍曹仁屯樊城拒之，而左將軍于禁等軍以霖雨水長為羽所没。羽急攻樊城，樊城得水，往往崩壞，衆皆失色。或謂仁曰：『今日之危，非力所支。可及羽圍未合，乘輕船夜走，雖失城，尚可全身。』寵曰：『山水速疾，冀其不久。聞羽遣别將已在郟下，自許以南，百姓擾擾，羽所以不敢遂進者，恐吾軍掎其後耳。今若遁去，洪河以南，非復國家有也；君宜待之。』仁曰：『善。』寵乃沈白馬，與軍人盟誓。會徐晃等救至，寵力戰有功，羽遂退。進封安昌亭侯。

又 卷三六《蜀志·張飛傳》 先主既定江南，以飛為宜都太守、征虜將軍，封新亭侯，後轉在南郡。

又 《黄忠傳》 黄忠字漢升，南陽人也。荆州牧劉表以為中郎將，與表從子磐共守長沙攸縣。及曹公克荆州，假行裨將軍，仍就故任，統屬長沙守韓玄。先主南定諸郡，忠遂委質。

又 《趙雲傳》 先主入蜀，雲留荆州。《雲别傳》曰：【略】從平江南，以為偏將軍，領桂陽太守，代趙範。範寡嫂曰樊氏，有國色，範欲以配雲。雲辭曰：『相與同姓，卿兄猶我兄。』固辭不許。時有人勸雲納之，雲曰：『範迫降耳，心未可測；天下女不少。』遂不取。範果逃走，雲無纖介。【略】先主入益州，雲領留營司馬。此時先主孫夫人以權妹驕豪，多將吳吏兵，縱横不法。先主以雲嚴重，必能整齊，特任掌内事。權聞備西征，大遣舟船迎妹，而夫人内欲將後主還吳，雲與張飛勒兵截江，乃得後主還。

又 卷三七《蜀志·龐統傳》 吳將周瑜助先主取荆州，因領南郡太守。瑜卒，統送喪至吳，吳人多聞其名。及當西還，並會昌門，陸勣、顧劭、全琮皆往。統曰：『陸子可謂駑馬有逸足之力，顧子可謂駑牛能負重致遠也。』張勃《吳録》曰：或問統曰：『如所目，陸子為勝乎？』統曰：『駑馬雖精，所致一人耳。駑牛一日行三百里，所致豈一人之重哉！』劭就統宿，語，因問：『卿名知人，吾與卿孰愈？』統曰：『陶冶世俗，甄綜人物，吾不及卿；論帝王之秘策，攬倚伏之要最，吾似有一日之長。』劭安其言而親之。謂全琮曰：『卿好施慕名，有似汝南樊子昭。蔣濟《萬機論》云許子將褒貶不平，以拔樊子昭而抑許文休。劉曄曰：『子昭拔自賈豎，年至耳順，退能守静，進能不苟。』濟答曰：『子昭誠自長幼完潔，然觀其臿齒牙，樹頰胲，吐脣吻，自非文休敵也。』雖智力不多，亦一時之佳也。』績、劭謂統曰：『使天下太平，當與卿共料四海之士。』深與統相結而還。

先主領荆州，統以從事守耒陽令，在縣不治，免官。吳將魯肅遺先主書曰：『龐士元非百里才也，使處治中、别駕之任，始當展其驥足耳。』諸葛亮亦言之於先主，先主見與善譚，大器之，以為治中從事。《江表傳》曰：先主與統從容宴語，問曰：『卿為周公瑾功曹，孤到吳，聞此人密有白事，勸仲謀相留，有之乎？在君為君，卿其無隱。』統對曰：『有之。』備歎息曰：『孤時危急，當有所求，故不得不往，殆不免周瑜之手！天下智謀之士，所見略同耳。時孔明諫孤莫行，其意獨篤，亦慮此也。孤以仲謀所防在北，當賴孤為援，故決意不疑。此誠出於險塗，非萬全之計也。』親待亞於諸葛亮，遂與亮並為軍師中郎將。

又 《法正傳》 初，孫權以妹妻先主，妹才捷剛猛，有諸兄之風，侍婢百餘人，皆親執刀侍立，先主每入，衷心常凜凜。

又 卷三八《蜀志·麋竺傳》 芳為南郡太守，與關羽共事，而私好攜貳，叛迎孫權，羽因覆敗。竺面縛請罪，先主慰諭以兄弟罪不相及，崇待如初。竺慚恚發病，歲餘卒。

又 卷四〇《蜀志·廖立傳》 廖立字公淵，武陵臨沅人。先主領荆州，辟為從事，年未三十，擢為長沙太守。先主入蜀，諸葛亮鎮荆土，孫權遣使通好於亮，因問士人皆誰相經緯者，亮答曰：『龐統、廖立，楚之良才，當贊興世業者也。』建安二十年，權遣呂蒙奄襲南三郡，立脱身走，自歸先主。先主素識待之，不深責也，以為巴郡太守。二十四年，先主為漢中王，徵立為侍中。後主襲位，徙長水校尉。

又 **卷五一《吴志・孫皎傳》** （孫皎）遷都護征虜將軍，代程普督夏口。黄蓋及兄瑜卒，又並其軍。賜沙羡、雲杜、南新市、竟陵為奉邑，自置長吏。輕財能施，善於交結，與諸葛瑾至厚，委廬江劉靖以得失，江夏李允以衆事，廣陵吴碩、河南張梁以軍旅，而傾心親待，莫不自盡。皎嘗遣兵候獲魏邊將吏美女以進皎，皎更其衣服送還之，下令曰：『今所誅者曹氏，其百姓何罪？自今以往，不得擊其老弱。』由是江淮間多歸附者。【略】後呂蒙當襲南郡，權欲令皎與蒙為左右部大督，蒙説權曰：『若至尊以征虜能，宜用之；以蒙能，宜用蒙。昔周瑜、程普為左右部督，共攻江陵，雖事決於瑜，普自恃久將，且俱是督，遂共不睦，幾敗國事，此目前之戒也。』權寤，謝蒙曰：『以卿為大督，命皎為後繼。』禽關羽，定荆州，皎有力焉。

又 **卷五二《吴志・諸葛瑾傳》** 後從討關羽，封宣城侯，以綏南將軍代呂蒙領南郡太守，住公安。

又 **卷五五《吴志・程普傳》** 與周瑜為左右督，破曹公於烏林，又進攻南郡，走曹仁。拜裨將軍，領江夏太守，治沙羡，食四縣。

先出諸將，普最年長，時人皆呼程公。性好施與，喜士大夫。周瑜卒，代領南郡太守。權分荆州與劉備，普復還領江夏，遷蕩寇將軍，卒。《吴書》曰：普殺叛者數百人，皆使投火，即日病癘，百餘日卒。權稱尊號，追論普功，封子咨為亭侯。

又 **《黄蓋傳》** 武陵蠻夷反亂，攻守城邑，乃以蓋領太守。時郡兵才五百人，自以不敵，因開城門，賊半入，乃擊之，斬首數百，餘皆奔走，盡歸邑落。誅討魁帥，附從者赦之。自春訖夏，寇亂盡平，諸幽邃巴、醴、由、誕邑侯君長，皆改操易節，奉禮請見，郡境遂清。後長沙益陽縣為山賊所攻，蓋又平討。加偏將軍，病卒於官。

又 **《韓當傳》** 又與呂蒙襲取南郡，遷偏將軍，領永昌太守。

又 **《蔣欽傳》** 權討關羽，欽督水軍入沔，還，道病卒。

又 **《周泰傳》** 後權破關羽，欲進圖蜀，拜泰漢中太守、奮威將軍，封陵陽侯。黄武中卒。

又 **《甘寧傳》** 攻曹仁於南郡，未拔，寧建計先徑進取夷陵，往即得其城，因入守之。時手下有數百兵，并所新得，僅滿千人。曹仁乃令五六千人圍寧。寧受攻累日，敵設高樓，雨射城中，士衆皆懼，惟寧談笑自若。遣使報瑜，瑜用呂蒙計，帥諸將解圍。後隨魯肅鎮益陽，拒關羽。羽號有三萬人，自擇選鋭士五千人，投縣上流十餘里淺瀨，云欲夜涉渡。肅與諸將議。寧時有三百兵，乃曰：『可復以五百人益吾，吾往對之，保羽聞吾欬唾，不敢涉水，涉水即是吾禽。』肅便選千兵益寧，寧乃夜往。羽聞之，住不渡，而結柴營，今遂名此處為關羽瀨。權嘉寧功，拜西陵太守，領陽新、下雉兩縣。

又 **《潘璋傳》** 權征關羽，璋與朱然斷羽走道，到臨沮，住夾石。璋部下司馬馬忠禽羽，並羽子平、都督趙累等。權即分宜都（至）、秭歸二縣為固陵郡，拜璋為太守、振威將軍，封溧陽侯。甘寧卒，又并其軍。

又 **卷五六《吴志・呂範傳》** 劉備詣京見權，範密請留備。後遷平南將軍，屯柴桑。

權討關羽，過範館，謂曰：『昔早從卿言，無此勞也。今當上取之，卿為我守建業。』權破羽還，都武昌，拜範建威將軍，封宛陵侯，領丹楊太守，治建業，督扶州以下至海，轉以溧陽、懷安、寧國為奉邑。

又 **卷五七《吴志・虞翻傳》** 呂蒙圖取關羽，稱疾還建業，以翻兼知醫術，請以自隨，亦欲因此令翻得釋也。後蒙舉軍西上，南郡太守麋芳開城出降。蒙未據郡城而作樂沙上，翻謂蒙曰：『今區區一心者麋將軍也，城中之人豈可盡信，何不急入城持其管籥乎？』蒙即從之。時城中有伏計，賴翻謀不行。關羽既敗，權使翻筮之，得兑下坎上，節，五爻變之臨，翻曰：『不出二日，必當斷頭。』果如翻言。權曰：『卿不及伏羲，可與東方朔為比矣。』

魏將于禁為羽所獲，繫在城中，權至釋之，請與相見。他日，權乘馬出，引禁並行，翻呵禁曰：『爾降虜，何敢與吾君齊馬首乎！』欲抗鞭擊禁，權呵止之。後權于樓船會羣臣飲，禁聞樂流涕，翻又曰：『汝欲以偽求免邪？』權悵然不平。《吴書》曰：後權與魏和，欲遣禁還歸北，翻復諫曰：『禁敗數萬衆，身為降虜，又不能死。北習軍政，得禁必不如所規。還之雖無所損，猶為放盜，不如斬以令三軍，示為人臣有二心者。』權不聽。羣臣送禁，翻謂禁曰：『卿勿謂吳無人，吾謀適不用耳。』禁雖為翻所惡，然猶盛歎翻，魏文帝常為翻設虛坐。【略】

翻嘗乘船行，與麋芳相逢，芳船上人多欲令翻自避，先驅曰：『避將軍船！』翻厲聲曰：『失忠與信，何以事君？傾人二城，而稱將軍，可乎？』芳闔户不應而遽避之。後翻乘車行，又經芳營門，吏閉門，車不得過。翻復怒曰：『當閉反開，當開反閉，豈得事宜邪？』芳聞之，有慚色。

又 卷五八《吳志·陸遜傳》 呂蒙稱疾詣建業，遜往見之，謂曰：『關羽接境，如何遠下，後不當可憂也？』蒙曰：『誠如來言，然我病篤。』遜曰：『羽矜其驍氣，陵轢於人。始有大功，意驕志逸，但務北進，未嫌於我，有相聞病，必益無備。今出其不意，自可禽制。下見至尊，宜好為計。』蒙曰：『羽素勇猛，既難為敵，且已據荊州，恩信大行，兼始有功，膽勢益盛，未易圖也。』蒙至都，權問：『誰可代卿者？』蒙對曰：『陸遜意思深長，才堪負重，觀其規慮，終可大任。而未有遠名，非羽所忌，無復是過。若用之，當令外自韜隱，內察形便，然後可克。』權乃召遜，拜偏將車右部督代蒙。

遜至陸口，書與羽曰：『前承觀釁而動，以律行師，小舉大克，一何巍巍！敵國敗績，利在同盟，聞慶拊節，想遂席捲，共獎王綱。近以不敏，受任來西，延慕光塵，思稟良規。』又曰：『于禁等見獲，遐邇欣歎，以為將軍之勳足以長世，雖昔晉文城濮之師，淮陰拔趙之略，蔑以尚茲。聞徐晃等少騎駐旌，闚望麾葆。操猾虜也，忿不思難，恐潛增衆，以逞其心。雖云師老，猶有驍悍。且戰捷之後，常苦輕敵，古人杖術，軍勝彌警，原將軍廣為方計，以全獨克。僕書生疏遲，忝所不堪，喜鄰威德，樂自傾盡，雖未合策，猶可懷也。儻明注仰，有以察之。』羽覽遜書，有謙下自託之意，意大安，無復所嫌。遜具啓形狀，陳其可禽之要。權乃潛軍而上，使遜與呂蒙為前部，至即克公安、南郡。遜徑進，領宜都太守，拜撫邊將軍，封華亭侯。備宜都太守樊友委郡走，諸城長吏及蠻夷君長皆降。遜請金銀銅印，以假授初附。是歲建安二十四年十一月也。

遜遣將軍李異、謝旌等將三千人，攻蜀將詹晏、陳鳳。異將水軍，旌將步兵，斷絕險要，即破晏等，生降得鳳。又攻房陵太守鄧輔、南鄉太守郭睦，大破之。秭歸大姓文布、鄧凱等合夷兵數千人，首尾西方。遜復部旌討破布、凱。布、凱脫走，蜀以為將。遜令人誘之，布帥衆還降。前後斬獲招納，凡數萬計。權以遜為右護軍、鎮西將軍，進封婁侯。《吳書》曰：權嘉遜功德，欲殊顯之，雖為上將軍列侯，猶欲令歷本州舉命，乃使揚州牧呂範就辟別駕從事，舉茂才。

時荊州士人新還，仕進或未得所，遜上疏曰：『昔漢高受命，招延英異，光武中興，羣俊畢至，苟可以熙隆道教者，未必遠近。今荊州始定，人物未達，臣愚慺慺，乞普加覆載抽拔之恩，令並獲自進，然後四海延頸，思歸大化。』權敬納其言。

又 卷六〇《吳志·全琮傳》 建安二十四年，劉備將關羽圍樊、襄陽，琮上疏陳羽可討之計，權時已與呂蒙陰議襲之，恐事泄，故寢琮表不答。及禽羽，權置酒公安，顧謂琮曰：『君前陳此，孤雖不相答，今日之捷，抑亦君之功也。』於是封陽華亭侯。

又《呂岱傳》 建安二十年，督孫茂等十將從取長沙三郡。又安成、攸、永新、茶陵四縣吏共入陰山城，合衆拒岱，岱攻圍，即降，三郡克定。權留岱鎮長沙。安成長吳碭及中郎將袁龍等首尾關羽，復為反亂。碭據攸縣，龍在醴陵。權遣橫江將軍魯肅攻攸，碭得突走。岱攻醴陵，遂禽斬龍，遷廬陵太守。

又 卷六一《吳志·潘濬傳》 潘濬字承明，武陵漢壽人也。【略】年未三十，荊州牧劉表辟為部江夏從事。時沙羡長贓穢不脩，濬按殺之，一郡震竦。後為湘鄉令，治甚有名。劉備領荊州，以濬為治中從事。備入蜀，留典州事。

孫權殺關羽，并荊土，拜濬輔軍中郎將，授以兵。《江表傳》曰：權克荊州，將吏悉皆歸附，而濬獨稱疾不見。權遣人以床就家輿致之，濬伏面著床席不起，涕泣交橫，哀咽不能自勝。權慰勞與語，呼其字曰：『承明，昔觀丁父，鄀俘也，武王以為軍帥；彭仲爽，申俘也，文王以為令尹。此二人，卿荊國之先賢也，初雖見囚，後皆擢用，為楚名臣。卿獨不然，未肯降意，將以孤異古人之量邪？』使親近以手巾拭其面，濬起下地拜謝。即以為治中，荊州諸軍事一以諮之。武陵部從事樊伷誘導諸夷，圖以武陵屬劉備，外白差督督萬人往討之。權不聽，特召問濬，濬答：『以五千兵往，足可以擒伷。』權曰：『卿何以輕之？』

濬曰：『佃是南陽舊姓，頗能弄脣吻，而實無辯論之才。臣所以知之者，佃昔嘗為州人設饌，比至日中，食不可得，而十餘自起，此亦侏儒觀一節之驗也。』權大笑而納其言，即遣濬將五千往，果斬平之。

又　卷六二《吳志・是儀傳》　呂蒙圖襲關羽，權以問儀，儀善其計，勸權聽之。從討羽，拜忠義校尉。儀陳謝，權令曰：『孤雖非趙簡子，卿安得不自屈為周舍邪？』

既定荊州，都武昌，拜裨將軍，後封都亭侯，守侍中。欲復授兵，儀自以非材，固辭不受。

又　卷六三《吳志・吳範傳》　權與呂蒙謀襲關羽，議之近臣，多曰不可。權以問範，範曰：『得之。』後羽在麥城，使使請降。權問範曰：『竟當降否？』範曰：『彼有走氣，言降詐耳。』權使潘璋邀其徑路，覘候者還，白羽已去。範曰：『雖去不免。』問其期，曰：『明日日中。』權立表下漏以待之。及中不至，權問其故，範曰：『時尚未正中也。』頃之，有風動帷，範拊手曰：『羽至矣。』須臾，外稱萬歲，傳言得羽。

又　卷一三《魏志・鍾繇傳》裴松之注　《魏略》曰：孫權稱臣，斬送關羽。太子書報繇，繇答書曰：『臣同郡故司空荀爽言：「人當道情，愛我者一何可愛！憎我者一何可憎！」顧念孫權，了更嫵媚。』太子又書曰：『得報，知喜南方。至於荀公之清談，孫權之嫵媚，執書嘔噦，不能離手。若權復黠，當折以汝南許劭月旦之評。權優遊二國，俯仰荀、許，亦已足矣。』

又　卷三四《蜀志・先主穆皇后傳》裴松之注　《漢晉春秋》云：先主入益州，吳遣迎孫夫人。夫人欲將太子歸吳，諸葛亮使趙雲勒兵斷江留太子，乃得止。

《後漢書》卷一一二《郡國志四》　武陵郡。【略】孱陵。劉昭注：《魏氏春秋》曰：『劉備在荊州所都，改曰公安。』

《晉書》卷一《宣帝紀》　帝又言荊州刺史胡修粗暴，南鄉太守傅方驕奢，並不可居邊。魏武不之察。及蜀將羽圍曹仁于樊，于禁等七軍皆沒，修、方果降羽，而仁圍甚急焉。是時漢帝都許昌，魏武以為近賊，欲徙河北。帝諫曰：『禁等為水所沒，非戰守之所失，於國家大計未有所損，而便遷都，既示敵以弱，又淮沔之人大不安矣。孫權、劉備，外親內疏，羽之得意，權所不願也。可喻權所，令掎其後，則樊圍自解。』魏武從之。權果遣將呂蒙西襲公安，拔之，羽遂為蒙所獲。

魏武以荊州遺黎及屯田在潁川者逼近南寇，皆欲徙之。帝曰：『荊楚輕脫，易動難安。關羽新破，諸為惡者藏竄觀望。今徙其善者，既傷其意，將令去者不敢復還。』從之。

吳蜀夷陵之戰

綜述

《三國志》卷三二《蜀志・先主傳》　（章武元年六月）車騎將軍張飛為其左右所害。初，先主忿孫權之襲關羽，將東征，秋七月，遂帥諸軍伐吳。孫權遣書請和，先主盛怒不許，吳將陸議、李異、劉阿等屯巫、秭歸；將軍吳班、馮習自巫攻破異等，軍次秭歸，武陵五谿蠻夷遣使請兵。

二年春正月，先主軍還秭歸，將軍吳班、陳式水軍屯夷陵，夾江東西岸。二月，先主自秭歸率諸將進軍，緣山截嶺，於夷道猇亭駐營，自佷山通武陵，遣侍中馬良安慰五谿蠻夷，咸相率回應。鎮北將軍黃權督江北諸軍，與吳軍相拒於夷陵道。夏六月，黃氣見自秭歸十餘里中，廣數十丈。後十餘日，陸議大破先主軍於猇亭，將軍馮習、張南等皆沒。先主自猇亭還秭歸，收合離散兵，遂棄船舫，由步道還魚復，改魚復縣曰永安。吳遣將軍李異、劉阿等踵躡先主軍，屯駐南山。秋八月，收兵還巫。司徒許靖卒。冬十月，詔丞相亮營南北郊於成都。孫權聞先主住白帝，甚懼，遣使請和。先主許之，遣太中大夫宗瑋報命。冬十二月，漢嘉太守黃元聞先主疾不豫，舉兵拒守。

三年春二月，丞相亮自成都到永安。三月，黃元進兵攻臨邛縣。遣將軍陳曶討元，元軍敗，順流下江，為其親兵所縛，生致成都，斬之。先主病篤，託孤於丞相亮，尚書令李嚴為副。夏四月癸巳，先主殂于永安宮，時年六十三。《諸葛亮集》載先主遺詔敕後主曰：『朕初疾但下痢耳，後轉雜他病，殆不自濟。人五十不稱夭，年已六十有餘，何所復恨，不復自傷，但以卿兄弟為念。射君到，説丞相歎卿智量，甚大增脩，過於所望，審能如此，吾復何憂！勉之，勉之！勿以惡小而為之，勿以善小而不為。惟賢惟德，能服於人。汝父德薄，勿效之。可讀《漢書》、《禮記》，閒暇歷觀諸子及《六韜》、《商君書》，益人意智。聞丞相為寫《申》、《韓》、《管子》、《六韜》一通已畢，未送，道亡，可自更求聞達。』臨終時，呼魯王與語：『吾亡之後，汝兄弟父事丞相，令卿與丞相共事而已。』

亮上言於後主曰：『伏惟大行皇帝邁仁樹德，覆燾無疆，昊天不弔，寢疾彌留，今月二十四日奄忽升遐，臣妾號咷，若喪考妣。乃顧遺詔，事惟大宗，動容損益；百寮發哀，滿三日除服，到葬期復如禮；其郡國太守、相、都尉、縣令長，三日便除服。臣亮親受敕戒，震畏神靈，不敢有違。臣請宣下奉行。』五月，梓宮自永安還成都，謚曰昭烈皇帝。秋，八月，葬惠陵。葛洪《神仙傳》曰：仙人李意其，蜀人也。傳世見之，云是漢文帝時人。先主欲伐吳，遣人迎意其。意其到，先主禮敬之，問以吉凶。意其不答而求紙筆，畫作兵馬器仗數十紙已，便一一以手裂壞之，又畫作一大人，掘地埋之，便徑去。先主大不喜。而自出軍征吳，大敗還，忿恥發病死，衆人乃知其意。其畫作大人而埋之者，即是言先主死意。

又 卷三六《蜀志・張飛傳》 初，飛雄壯威猛，亞於關羽，魏謀臣程昱等咸稱羽、飛萬人之敵也。羽善待卒伍而驕於士大夫，飛愛敬君子而不恤小人。先主常戒之曰：『卿刑殺既過差，又日鞭撾健兒，而令在左右，此取禍之道也。』飛猶不悛。先主伐吳，飛當率兵萬人，自閬中會江州。臨發，其帳下將張達、范强殺飛，持其首，順流而奔孫權。飛營都督表報先主，先主聞飛都督之有表也，曰：『噫！飛死矣。』追謚飛曰桓侯。

又 卷四三《蜀志・黃權傳》 及稱尊號，將東伐吳，權諫曰：『吳人悍戰，又水軍順流，進易退難，臣請為先驅以嘗寇，陛下宜為後鎮。』先主不從，以權為鎮北將軍，督江北軍以防魏師；先主自在江南。及吳將軍陸議乘流斷圍，南軍敗績，先主引退。而道隔絶，權不得還，故率將所領降于魏。有司執法，白收權妻子。先主曰：『孤負黃權，權不負孤也。』待之如初。臣松之以為漢武用虛罔之言，滅李陵之家，劉主拒憲司所執，宥黃權之室，二主得失縣邈遠矣。《詩》云『樂只君子，保艾爾後』，其劉主之計也。

魏文帝謂權曰：『君捨逆效順，欲追蹤陳、韓邪？』權對曰：『臣過受劉主殊遇，降吳不可，還蜀無路，是以歸命。且敗軍之將，免死為幸，何古人之可慕也！』文帝善之，拜為鎮南將軍，封育陽侯，加侍中，使之陪乘。蜀降人或云誅權妻子，權知其虛言，未便發喪，《漢魏春秋》曰：文帝詔令發喪，權答曰：『臣與劉、葛推誠相信，明臣本志。疑惑未實，請須後問。』後得審問，果如所言。及先主薨問至，魏羣臣咸賀而權獨否。文帝察權有局量，欲試驚之，遣左右詔權，未至之間，累催相屬，馬使賓士，交錯於道，官屬侍從莫不碎魄，而權舉止顏色自若。後領益州刺史，徙占河南。大將軍司馬宣王深器之，問權曰：『蜀中有卿輩幾人？』權笑而答曰：『不圖明公見顧之重也！』宣王與諸葛亮書曰：『黃公衡，快士也，每坐起歎述足下，不去口實。』景初三年，蜀延熙二年，權遷車騎將軍、儀同三司。《蜀記》曰：魏明帝問權：『天下鼎立，當以何地為正？』權對曰：『當以天文為正。往者熒惑守心而文皇帝崩，吳、蜀二主平安，此其徵也。』明年卒，謚曰景侯。子邕嗣。邕無子，絶。

又 卷四七《吳志・吳主傳》 （黃初）二年四月，劉備稱帝於蜀。權自公安都鄂，改名武昌，以武昌、下雉、尋陽、陽新、柴桑、沙羨六縣為武昌郡。五月，建業言甘露降。八月，城武昌，下令諸將曰：『夫存不忘亡，安必慮危，古之善教。昔雋不疑漢之名臣，於安平之世而刀劍不離於身，蓋君子之於武備，不可以已。況今處身疆畔，豺狼交接，而可輕忽不思變難哉？頃聞諸將出入，各尚謙約，不從人兵，甚非備慮愛身之謂。夫保己遺名，以安君親，孰與危辱？宜深警戒，務崇其大，副孤意焉。』【略】是歲，劉備帥軍來伐，至巫山、秭歸，使使誘導武陵蠻夷，假與印傳，許之封賞。於是諸縣及五谿民皆反為蜀。權以陸遜為督，督朱然、潘璋等以拒之。遣都尉趙咨使魏。【略】立登為王太子。【略】

黃武元年春正月，陸遜部將軍宋謙等攻蜀五屯，皆破之，斬其將。三月，【略】蜀軍分據險地，前後五十餘營，遜隨輕重以兵應拒，自正月至閏月，大破之，臨陳所斬及投兵降首數萬人。劉備奔走，僅以身免。《吳曆》曰：權以使聘魏，具上破備獲印綬及首級、所得土地，並表將吏功勤宜加爵賞之意。文帝報使，致鼲子裘、明光鎧、騑馬，又以素書所作《典論》及詩賦與權。《魏書》載詔答曰：『老虜邊窟，越險深入，曠日持久，內迫罷弊，外困智力，故見身於雞頭，分兵擬西陵，其計不過謂可轉足前迹以搖動江東。根未著地，摧折其支，雖未刳備五臟，使身首分離，其所降誅，亦足使虜部衆凶懼。昔吳漢先燒荆門，後發夷陵，而子陽無所逃其死；來歙始襲略陽，文叔喜之，而知隗囂無所施其巧。今討此虜，正似其事，將軍勉建方略，務全獨克。』

又　卷五八《吳志·陸遜傳》　黄武元年，劉備率大衆來向西界，權命遜為大都督、假節，督朱然、潘璋、宋謙、韓當、徐盛、鮮于丹、孫桓等五萬人拒之。備從巫峽、建平連圍至夷陵界，立數十屯，以金錦爵賞誘動諸夷，使將軍馮習為大督，張南為前部，輔匡、趙融、廖淳、傅肜等各為别督，先遣吳班將數千人於平地立營，欲以挑戰。諸將皆欲擊之，遜曰：『此必有譎，且觀之。』《吳書》曰：諸將並欲迎擊備，遜以為不可，曰：『備舉軍東下，鋭氣始盛，且乘高守險，難可卒攻，攻之縱下，猶難盡克，若有不利，損我大勢，非小故也。今但且獎厲將士，廣施方略，以觀其變。若此間是平原曠野，當恐有顛沛交馳之憂，今緣山行軍，勢不得展，自當罷於木石之間，徐制其弊耳。』諸將不解，以為遜畏之，各懷憤恨。備知其計不可，乃引伏兵八千，從谷中出。遜曰：『所以不聽諸君擊班者，揣之必有巧故也。』遜上疏曰：『夷陵要害，國之關限，雖為易得，亦復易失。失之非徒損一郡之地，荆州可憂。今日爭之，當令必諧。備干天常，不守窟穴，而敢自送。臣雖不材，憑奉威靈，以順討逆，破壞在近。尋備前後行軍，多敗少成，推此論之，不足為戚。臣初嫌之，水陸俱進，今反舍船就步，處處結營，察其佈置，必無他變。伏原至尊高枕，不以為念也。』諸將並曰：『攻備當在初，今乃令入五六百里，相銜持經七八月，其諸要害皆以固守，擊之必無利矣。』遜曰：『備是猾虜，更嘗事多，其軍始集，思慮精專，未可干也。今住已久，不得我便，兵疲意沮，計不復生，犄角此寇，正在今日。』乃先攻一營，不利。諸將皆曰：『空殺兵耳。』遜曰：『吾已曉破之之術。』乃敕各持一把茅，以火攻拔之。一爾勢成，通率諸軍同時俱攻，斬張南、馮習及胡王沙摩柯等首，破其四十餘營。備將杜路、劉寧等窮逼請降。備升馬鞍山，陳兵自繞。遜督促諸軍四面蹙之，土崩瓦解，死者萬數。備因夜遁，驛人自擔，燒鐃鎧斷後，僅得入白帝城。其舟船器械，水步軍資，一時略盡，屍骸漂流，塞江而下。備大慚恚，曰：『吾乃為遜所折辱，豈非天邪！』

初，孫桓别討備前鋒於夷道，為備所圍，求救於遜。遜曰：『未可。』諸將曰：『孫安東公族，見圍已困，奈何不救？』遜曰：『安東得士衆心，城牢糧足，無可憂也。待吾計展，欲不救安東，安東自解。』及方略大施，備果奔潰。桓後見遜曰：『前實怨不見救，定至今日，乃知調度自有方耳。』

當禦備時，諸將軍或是孫策時舊將，或公室貴戚，各自矜恃，不相聽從。遜案劍曰：『劉備天下知名，曹操所憚，今在境界，此强對也。諸君並荷國恩，當相輯睦，共翦此虜，上報所受，而不相順，非所謂也。僕雖書生，受命主上。國家所以屈諸君使相承望者，以僕有尺寸可稱，能忍辱負重故也。各在其事，豈復得辭！軍令有常，不可犯矣。』及至破備，計多出遜，諸將乃服。權聞之，曰：『君何以初不啓諸將違節度者邪？』遜對曰：『受恩深重，任過其才。又此諸將或任腹心，或堪爪牙，或是功臣，皆國家所當與共克定大事者。臣雖駑懦，竊慕相如、寇恂相下之義，以濟國事。』權大笑稱善，加拜遜輔國將軍，領荆州牧，即改封江陵侯。

又備既住白帝，徐盛、潘璋、宋謙等各競表言備必可禽，乞復攻之。權以問遜，遜與朱然、駱統以為曹丕大合士衆，外託助國討備，內實有姦心，謹決計輒還。無幾，魏軍果出，三方受敵也。《吳録》曰：劉備聞魏軍大出，書與遜云：『賊今已在江陵，吾將復東，將軍謂其能然不？』遜答曰：『但恐軍新破，創痍未復，始求通親，且當自補，未暇窮兵耳。若不惟算，欲復以傾覆之餘，遠送以來者，無所逃命。』

論說

《三國志》卷一三《魏志·王朗傳》　初，建安末，孫權始遣使稱藩，而與劉備交兵。詔議『當興師與吳並取蜀不』？朗議曰：『天子之軍，重於華、岱，誠宜坐曜天威，不動若山。假使權親與蜀賊相持，搏戰曠日，智均力敵，兵不速決，當須軍興以成其勢者，然後宜選持重之將，承寇賊之要，相時而後動，擇地而後行，一舉更無餘事。今權之師未動，則助吳之軍無為先征。且雨水方盛，非行軍動衆之時。』帝納其計。

宋·黎靖德《朱子語類》卷一三六《歷代三》　劉備之敗於陸遜，雖言不合輕敵，亦是自不合連營七百餘里，先自做了敗形。是時孔明在成都督運餉，後云：『法孝直若在，不使主上有此行。』孔明先不知曾諫止與否，今皆不可考。但孔明雖正，然益。法孝直輕快，必有術以止之。

清・王鳴盛《十七史商榷》卷四二《三國志四・陸遜用火攻》　《陸遜傳》：『黄武元年，劉備率大衆來伐，從巫峽、建平連圍至夷陵界。遜乃令人各持一把茅，以火攻之，通率諸軍同時俱攻，破其四十餘營。備大敗，走。』愚謂遜仍用周瑜火攻之策，此地多山林險阻，待其傍嚴依樹，結營既密，然後用之。連營愈多，燒毀愈易。遜久有成算，而其上書於權及所以告諸將者略不宣洩，機事密故能成功也。但此法只可用之赤壁、巫峽耳，平原非所宜，至後世銃礮起，而火器又爲之一變，且并用之以破城矣。

藝　文

清・彭定求等《全唐詩》卷二三〇《杜甫〈詠懷古迹〉四》　蜀主窺吴幸三峽，崩年亦在永安宫。翠華想像空山裏，玉殿虚無野寺中。古廟杉松巢水鶴，歲時伏臘走村翁。武侯祠屋常鄰近，一體君臣祭祀同。

又　卷六四七《胡曾〈詠史詩・白帝城〉》　蜀江一帶向東傾，江上巍峨白帝城。自古山河歸聖主，子陽虚共漢家爭。

《全宋詩》卷三六一《邵雍〈觀棋大吟〉》　孟德提先手，仲謀藉世資。玄德志不遂，竟終於涕洟。

又　卷三六六《邵雍〈和夔峽張憲白帝城懷古〉》　不憤曹公跨許昌，苟非梁益莫爭王。三分區宇風雷惡，横截西南氣勢强。行客往來閑指點，史官褒貶浪文章。後人未識興亡意，請看江山舊戰場。

又　卷一八三七《張嵲〈夷陵〉》　吴蜀相持地，江山真險固。

又　卷二一五六《陸遊〈先主廟次唐貞元中張儼詩韻三首・其一〉》　猾賊挾至尊，天命矜在己。豈知高帝業，煌煌漢中起。

又　《其二》　吴蜀本脣齒，悲哉乃連兵。盡鋭下三峽，誰使復兩京？

又　《其三》　洛陽化爲灰，棘生銅駞陌。討賊志不成，父老泣陵柏。

又　卷二二三七〇《項安世〈夔州永安宫詞〉》　許昌門外驅霆靂，玉筋驚抛夜無迹。五花驕馬雲作蹄，飛渡檀溪人未識。大隄八月陰風起，葉落花黄心欲死。山枯石裂見蒼龍，三十六鱗纔赴水。逢逢搥鼓上瞿塘，老瞞落箠三川忙。蓬萊一夜兩龍死，血殷海水天無光。金戈鐵馬宫前道，龍旗未卷君王老。當時玉座醉春桃，今日銅駝泣秋草。從來兩髀彫鞍側，不為兒童嘗玉食。生將一死答將軍，死用一生酬相國。喬家小郎名賞音，玉房花貌空沉吟。吴娃解掩夫羞面，難擊劉郎一寸心。

又　卷三〇七九《劉克莊〈劉玄德〉》　老瞞眶焰市朝空，宗室惟餘大耳翁。漢賊有誰分逆順，關河無地著英雄。紫髯久矣營江表，黄屋蕭然寄峽中。可惜姜維膽如斗，功雖不就有餘忠。

又　卷三六六九《汪元量〈錦江蜀先主廟〉》　國破人何在，宫名喜尚存。雖云蜀先主，猶是漢諸孫。吴魏不相下，關張豈少恩。崩年在三峽，遺恨滿乾坤。

又　《永安宫》　蜀主遺宫有古槐，頽牆古木鳥喈喈。金輿罷幸荒金屋，玉仗休班廢玉階。三峽浪春紅日碎，兩崖風振黑雲霾。孔明圖壘仍登覽，野寺殘僧拾墮柴。

《全宋詞》第四冊《王千秋〈賀新郎・石城弔古〉》　弔古城頭去。正高秋霜晴木落，路通洲渚。欲問紫髯分鼎事，只有荒祠煙樹。巫覡去久無簫鼓。霸業荒涼遺堞墜，但蒼崖日閲征帆渡。興與廢，幾今古。夕陽細草空凝佇。試追思當時子敬，用心良誤。要約劉郎銅雀醉，底事遽爭荆楚。遂但見吴蜀烽舉。致使五官伸脚睡，唤諸兒書取長陵土。遺此恨，欲誰語。

明・胡應麟《少室山房集》卷二《補蜀漢鐃歌十二首・討漢賊》　討漢賊，屯猇亭。屯猇亭，皇赫斯怒以親征。嗟關侯，率衆圍樊城。七軍夜潰師徒崩。操懾大威如雷霆。賊權惴惴怖且驚。怖且驚，謀吕蒙。逞虐焰，乘奸凶。為鬼為蜮與蠓。遂亡荆州喪大功。踰月蒙死屍流蟲。皇赫斯怒離巴中。離巴中，以親征。破秭歸，震夷陵。蒙賊既死，遜賊復興。嗟嗟昊穹，漢事壞垂成。

清・屈大均《屈大均全集・翁山詩外》卷一一《和人謁昭烈惠陵》　永安宫裏悔征吴，國賊繇來是赤烏。三國新書尊季漢，千秋正朔在成都。園陵寂寞珠丘似，弓劍淒涼玉壘孤。自古重華多野死，錦江流恨亦蒼梧。

又　卷一六《送王觀察之官蜀中二十四首·其十二》　惠陵看與灞陵同，煙雨春山玉殿空。長恨赤烏真國賊，子鵑多向永安宮。

清·陳恭尹《獨漉詩箋》卷一《懷古十首·蜀中》　子規啼罷客天涯，蜀道如天古所嗟。諸葛威靈存八陣，漢朝終始在三巴。通牛峽路連雲棧，如馬瞿塘走浪花。擬酹昔賢魚水地，海棠開遍酒人家。

清·沈德潛《清詩別裁集》卷三〇《盛錦〈白帝城謁昭烈武侯廟〉》　永安宮殿峽江頭，一體君臣祀武侯。天祖式臨傳詔夜，風雲色變出師秋。嗚鑾久絕空山道，籌筆猶懸古驛樓。瞻尚死忠諶死孝，千秋配食重詒謀。

清·鄭王選《奉節縣志》卷三四《藝文·［清］付作楫〈永安宮〉》　當年此處遺明詔，賣履分香一字無。嗣子不才君自取，老臣如此罪當誅。艱難力盡三分鼎，終始恩酬六尺孤。今日西陵撫松柏，青青依舊鳥空呼。

《清詩匯》卷一〇八《張問陶〈白帝城〉》　直為高光死，英雄獨使君。山川猶涕淚，城郭自風雲。雉堞臨江出，鵑聲隔岸聞。巴人真梗絕，容易話三分。

又《左輔〈永安宮〉》　氣盡吞吳日，天非祚漢時。中原仍國賊，小憤豈王師。寢殿愁風雨，荒城偃鼓旗。祇餘遺詔在，堪作典謨垂。

雜録

《三國志》卷二《魏志·文帝紀》　（黄初）三年春正月。《魏書》曰：癸亥，孫權上書，說：「劉備支黨四萬人，馬二三千匹，出秭歸，請往掃撲，以克捷為效。」帝報曰：「昔隗囂之弊，禍發栒邑，子陽之禽，變起扞關，將軍其亢厲威武，勉蹈奇功，以稱吾意。」

閏月，孫權破劉備於夷陵。初，帝聞備兵東下，與權交戰，樹柵連營七百餘里，謂羣臣曰：「備不曉兵，豈有七百里營可以拒敵者乎！「苞原隰險阻而為軍者為敵所禽」，此兵忌也。孫權上事今至矣。」後七日，破備書到。【略】八月，蜀大將黄權率衆降。《魏書》曰：權及領南郡太守史郃等三百一十八人，詣荊州刺史奉上所假印綬、棨戟、幢麾、牙門、鼓車。權等詣行在所，帝置酒設樂，引見於承光殿。權、郃等人人前自陳，帝為論說軍旅成敗去就之分，諸將無不喜悦。賜權金帛、車馬、衣裘、帷帳、妻妾，下及偏裨皆有差。拜權為侍中鎮南將軍，封列侯，即日召使驂乘；及封史郃等四十二人皆為列侯，為將軍郎將百餘人。

又　卷九《魏志·夏侯尚傳》　文帝踐阼，（夏侯尚）更封平陵鄉侯，遷征南將軍，領荊州刺史，假節都督南方諸軍事。尚奏：「劉備別軍在上庸，山道險難，彼不我虞，若以奇兵潛行，出其不意，則獨克之勢也。」遂勒諸軍擊破上庸，平三郡九縣，遷征南大將軍。

又　卷一四《魏志·劉曄傳》　黄初元年，以曄為侍中，賜爵關內侯。詔問羣臣令料劉備當為關羽出報吳不。衆議咸云：「蜀，小國耳，名將唯羽。羽死軍破，國內憂懼，無緣復出。」曄獨曰：「蜀雖狹弱，而備之謀欲以威武自強，勢必用衆以示其有餘。且關羽與備，義為君臣，恩猶父子；羽死不能為興軍報敵，於終始之分不足。」後備果出兵擊吳。吳悉國應之，而遣使稱藩。朝臣皆賀，獨曄曰：「吳絕在江、漢之表，無內臣之心久矣。陛下雖齊德有虞，然醜虜之性，未有所感。因難求臣，必難信也。彼必外迫內困，然後發此使耳，可因其窮，襲而取之。夫一日縱敵，數世之患，不可不察也。」

又　卷一七《魏志·徐晃傳》　文帝即王位，以晃為右將軍，進封逯鄉侯。及踐阼，進封楊侯。與夏侯尚討劉備於上庸，破之。以晃鎮陽平，徙封陽平侯。

又　卷三五《蜀志·諸葛亮傳》　章武三年春，先主於永安病篤，召亮於成都，屬以後事，謂亮曰：「君才十倍曹丕，必能安國，終定大事。若嗣子可輔，輔之；如其不才，君可自取。」亮涕泣曰：「臣敢竭股肱之力，效忠貞之節，繼之以死！」先主又為詔敕後主曰：「汝與丞相從事，事之如父。」

又　卷三六《蜀志·趙雲傳》　成都既定，以雲為翊軍將軍。《雲別傳》曰：【略】孫權襲荊州，先主大怒，欲討權。雲諫曰：「國賊是曹操，非孫權也，且先滅魏，則吳自服。操身雖斃，子丕篡盜，當因衆心，早圖關中，居河、渭上流以討凶逆，關東義士必裹糧策馬以迎王師。不應置魏，先與吳戰；兵勢一交，不得卒解。」先主不聽，遂東征，留雲督江州。先主失利於秭歸，雲進兵至永安，吳軍已退。

又　卷三七《蜀志·龐統傳》　統弟林，以荊州治中從事參鎮北將軍黄權征吳，值軍敗，隨權入魏，魏封列侯，至鉅鹿太守。

又《法正傳》 諸葛亮與正，雖好尚不同，以公義相取。亮每奇正智術。先主既即尊號，將東征孫權以復關羽之耻，羣臣多諫，一不從。章武二年，大軍敗績，還住白帝。亮歎曰：『法孝直若在，則能制主上，令不東行；就復東行，必不傾危矣。』

又 卷三八《蜀志・秦宓傳》 益州辟宓為從事祭酒。先主既稱尊號，將東征吳，宓陳天時必無其利，坐下獄幽閉，然後貸出。

又 卷三九《蜀志・馬良傳》 及東征吳，遣良入武陵招納五溪蠻夷，蠻夷渠帥皆受印號，咸如意指。會先主敗績於夷陵，良亦遇害。

又 卷四一《蜀志・楊洪傳》 先主既稱尊號，征吳不克，還住永安。漢嘉太守黄元素為諸葛亮所不善，聞先主疾病，懼有後患，舉郡反，燒臨邛城。時亮東行省疾，成都單虛，是以元益無所憚。洪即啓太子，遣其親兵，使將軍陳曶、鄭綽討元。衆議以為元若不能圍成都，當由越嶲據南中，洪曰：『元素性兇暴，無他恩信，何能辦此？不過乘水東下，冀主上平安，面縛歸死；如其有異，奔吳求活耳。敕曶、綽但於南安峽口遮即便得矣。』曶、綽承洪言，果生獲元。洪建興元年賜爵關内侯，復為蜀郡太守、忠節將軍，後為越騎校尉，領郡如故。

又 卷四三《蜀志・馬忠傳》 馬忠字德信，巴西閬中人也。【略】先主東征，敗績猇亭，巴西太守閻芝發諸縣兵五千人以補遺闕，遣忠送往。先主已還永安，見忠與語，謂尚書令劉巴曰：『雖亡黄權，復得狐篤，此為世不乏賢也。』

又 卷四五《蜀志・楊戲傳》 休元輕寇，損時致害，文進奮身，同此顛沛，患生一人，至於弘大。

贊馮休元、張文進

（馮）休元名習，南郡人。隨先主入蜀。先主東征吳，習為領軍，統諸軍，大敗於猇亭。

（張）文進名南，亦自荆州隨先主入蜀，領兵從先主征吳，與習俱死。時又有義陽傅彤，先主退軍，斷後拒戰，兵人死盡，吳將語彤令降，彤罵曰：『吳狗！何有漢將軍降者！』遂戰死。拜子僉為左中郎，後為關中都督，景耀六年，又臨危授命。論者嘉其父子奕世忠義。《蜀記》載晉武帝詔曰：『蜀將軍傅僉，前在關城，身拒官軍，致死不顧。僉父彤，復為劉備戰亡。天下之善一也，豈由彼此以為異？』僉息著、募，後没入奚官，免為庶人。

江陽剛烈，立節明君，兵合遇寇，不屈其身，單夫隻役，隕命於軍。

贊程季然

（程）季然名畿，巴西閬中人也。【略】後隨先主征吳，遇大軍敗績，泝江而還，或告之曰：『後追已至，解船輕去，乃可以免。』畿曰：『吾在軍，未曾為敵走，況從天子而見危哉！』追人遂及畿船，畿身執戟戰，敵船有覆者。衆大至，共擊之，乃死。

又 卷五一《吳志・孫桓傳》 孫桓字叔武，河之子也。《吳書》曰：河有四子。長助，曲阿長。次誼，海鹽長。並早卒。次桓，儀容端正，器懷聰朗，博學强記，能論議應對，權常稱為宗室顏淵，擢為武衛都尉。從討關羽於華容，誘羽餘黨，得五千人，牛馬器械甚衆。年二十五，拜安東中郎將，與陸遜共拒劉備。備軍衆甚盛，彌山盈谷，桓投刀奮命，與遜戮力，備遂敗走。桓斬上（兜）道，截其徑要。備逾山越險，僅乃得免，忿恚歎曰：『吾昔初至京城，桓尚小兒，而今迫孤乃至此也！』桓以功拜建武將軍，封丹徒侯，下督牛渚，作横江塢，會卒。

又 卷五二《吳志・諸葛瑾傳》 劉備東伐吳，吳王求和，瑾與備牋曰：『奄聞旗鼓來至白帝，或恐議臣以吳王侵取此州，危害關羽，怨深禍大，不宜答和，此用心於小，未留意於大者也。試為陛下論其輕重，及其大小。陛下若抑威損忿，蹔省瑾言者，計可立決，不復咨之於羣後也。陛下以關羽之親何如先帝？荆州大小孰與海内？俱應仇疾，誰當先後？若審此數，易於反掌。』臣松之云：以為劉後以庸蜀為關河，荆楚為維翰，關羽揚兵沔、漢，志陵上國，雖匡主定霸，功未可必，要為威聲遠震，有其經略。孫權潛包禍心，助魏除害，是為翦宗子勤王之師，行曹公移都之計，拯漢之規，於兹而止。義旗所指，宜其在孫氏矣。瑾以大義責備，答之何患無辭；且備、羽相與，有若四體，股肱横虧，憤痛已深，豈此奢闊之書所能回駐哉！載之於篇，實為辭章之費。時或言瑾别遣親人與備相聞，權曰：『孤與子瑜有死生不易之誓，子瑜之不負孤，猶孤之不負子瑜也。』《江表傳》曰：瑾之在南郡，人有密讒瑾者。此語頗流聞於外，陸遜表保明瑾無此，宜以散其意。權報曰：『子瑜與孤從事積年，恩如骨肉，深相明究，其為人非道不行，非義不言。玄德昔遣孔明至吳，孤嘗語子瑜曰：「卿與孔明同產，且弟隨兄，於義為順，何以不留孔明？孔明若留從卿者，孤當以書解玄德，意自隨人耳。」子瑜答孤言：「弟亮以失身於人，委質定分，義無二心。弟之不留，猶瑾之不往也。」其言足貫神明。今豈當有此乎？孤前得妄語文疏，即封示子瑜，並手筆與子瑜，即得其報，論天下君臣大節，一定之分。孤與子瑜，可謂神交，非外言所間也。知卿意至，輒封來表，以示子瑜，使知卿意。」

又《步騭傳》　延康元年，權遣呂岱代騭，騭將交州義士萬人出長沙。會劉備東下，武陵蠻夷蠢動，權遂命騭上益陽。備既敗績，而零、桂諸郡猶相驚擾，處處阻兵；騭周旋征討，皆平之。黄武二年，遷右將軍左護軍，改封臨湘侯。

又　卷五五《吴志·韓當傳》　領永昌太守。宜都之役，與陸遜、朱然等共攻蜀軍於涿鄉，大破之，徙威烈將軍，封都亭侯。

又《潘璋傳》　劉備出夷陵，璋與陸遜並力拒之，璋部下斬備護軍馮習等，所殺傷甚衆，拜平北將軍、襄陽太守。

又　卷六一《吴志·潘濬傳》　五谿蠻夷叛亂盤結，權假濬節，督諸軍討之。信賞必行，法不可干，斬首獲生，蓋以萬數，自是羣蠻衰弱，一方寧靜。

又　卷六二《吴志·胡綜傳》　劉備下白帝，權以見兵少，使綜料諸縣，得六千人，立解煩兩部，詳領左部、綜領右部督。

又　卷六三《吴志·吴範傳》　劉備盛兵西陵，範曰：「後當和親。」終皆如言。其占驗明審如此。

北魏·酈道元《水經注》卷三四《江水二》　江水又東徑石門灘。灘北岸有山，山上合下開，洞達東西，緣江步路所由，劉備為陸遜所破，走徑此門，追者甚急，備乃燒鎧斷道。孫桓為遜前驅，奮不顧命，斬上夔道，截其要徑，備逾山越險，僅乃得免，忿恚而歎曰：「吾昔至京，桓尚小兒，而今迫孤，乃至於此。」遂發憤而薨矣。

明·陶宗儀《説郛》卷九七下《虞荔〈鼎録〉》　陸遜破劉備軍，鑄一鼎紀功，其文曰「破備鼎」。

諸葛亮南征北伐

綜　述

《三國志》卷三《魏志·明帝紀》（太和二年）蜀大將諸葛亮寇邊，天水、南安、安定三郡吏民叛應亮。《魏書》曰：是時朝臣未知計所出，帝曰：『亮阻山為固，今者自來，既合兵書致人之術；且亮貪三郡，知進而不知退，今因此時，破亮必也。』乃部勒兵馬步騎五萬拒亮。遣大將軍曹真都督關右，並進兵。右將軍張郃擊亮於街亭，大破之。亮敗走，三郡平。丁未，行幸長安。《魏略》載帝露布天下並班告益州曰：『劉備背恩，自竄巴蜀。諸葛亮棄父母之國，阿殘賊之黨，神人被毒，惡積身滅。亮外慕立孤之名，而內貪專擅之實。劉升之兄弟守空城而已。亮又侮易益土，虐用其民，是以利狼、宕渠、高定、青羌莫不瓦解，為亮仇敵。而亮反裘負薪，里盡毛殫，刖趾適屨，刻肌傷骨，反更稱説，自以為能。行兵於井底，游步於牛蹄。自朕即位，三邊無事，猶哀憐天下數遭兵革，且欲養四海之耆老，長後生之孤幼，先移風於禮樂，次講武於農隙，置亮畫外，未以為虞。而亮懷李熊愚勇之（智），不思荆邯度德之戒，驅略吏民，盜利祁山。王師方振，膽破氣奪，馬謖、高祥，望旗奔敗。虎臣逐北，蹈尸涉血，亮也小子，震驚朕師。猛鋭踴躍，咸思長驅。朕惟率土莫非王臣，師之所處，荆棘生焉，不欲使千室之邑忠信貞良，與夫淫昏之黨，共受塗炭。故先開示，以昭國誠，勉思變化，無滯亂邦。巴蜀將吏士民諸為亮所劫迫，公卿已下皆聽束手。』夏四月丁酉，還洛陽宮。《魏略》曰：是時訛言，云帝已崩，從駕羣臣迎立雍丘王植。京師自卞太后羣公盡懼。及帝還，皆私察顔色。卞太后悲喜，欲推始言者，帝曰：『天下皆言，將何所推？』赦繫囚非殊死以下。乙巳，論討亮功，封爵增邑各有差。【略】十二月，諸葛亮圍陳倉，曹真遣將軍費曜等拒之。《魏略》曰：先是，使將軍郝昭築陳倉城；會亮至，圍昭，不能拔。昭字伯道，太原人，為人雄壯，少入軍為部曲督，數有戰功，為雜號將軍，遂鎮守河西十餘年，民夷畏服。亮圍陳倉，使昭鄉人靳詳於城外遥説之，昭於樓上應詳曰：『魏家科法，卿所練也；我之為人，卿所知也。我受國恩多而門户重，卿無可言者，但有必死耳。卿還謝諸葛，便可攻也。』詳以昭語告亮，亮又使詳重說昭，言人兵不敵，無為空自破滅。昭謂詳曰：『前言已定矣。我識卿耳，箭不識也。』詳乃去。亮自以有衆數萬，而昭兵纔千餘人，又度東救未能便到，乃進兵攻昭，起雲梯沖車以臨城。昭於是以火箭逆射其雲梯，梯然，梯上人皆燒死。昭又以繩連石磨壓其沖車，沖車折。亮乃更為井闌百尺以射城中，以土丸填塹，欲直攀城，昭又於內築重牆。亮又為地突，欲踴出於城里，昭又於城內穿地橫截之。晝夜相攻拒二十餘日，亮無計，救至，引退。詔嘉昭善守，賜爵列侯。及還，帝引見慰勞之，顧謂中書令孫資曰：『卿鄉里乃有爾曹快人，為將灼如此，朕復何憂乎？』仍欲大用之。會病亡，遺令戒其子凱曰：『吾為將，知將不可為也。吾數發冢，取其木以為攻戰具，又知厚葬無益於死者也。汝必斂以時服。且人生有處所耳，死復何在耶？今去本墓遠，東西南北，在汝而已。』【略】

（四年秋七月）詔大司馬曹真、大將軍司馬宣王伐蜀。【略】九月，大雨，伊、洛、河、漢水溢，詔真等班師。【略】

（五年）三月，大司馬曹真薨。諸葛亮寇天水，詔大將軍司馬宣王拒之。【略】秋七月丙子，以亮退走，封爵增位各有差。《魏書》曰：初，亮出，議者以為亮軍無輜重，糧必不繼，不擊自破，無為勞兵；或欲自芟上邽左右生麥以奪賊食，帝皆不從。前後遣兵增宣王軍，又敕使護麥。宣王與亮相持，賴得此麥以為軍糧。【略】

（青龍二年）是月，諸葛亮出斜谷，屯渭南，司馬宣王率諸軍拒之。詔宣王：『但堅壁拒守以挫其鋒，彼進不得志，退無與戰，久停則糧盡，虜略無所獲，則必走矣。走而追之，以逸待勞，全勝之道也。』《魏氏春秋》曰：亮既屢遣使交書，又致巾幗婦人之飾，以怒宣王。宣王將出戰，辛毗杖節奉詔，勒宣王及軍吏已下，乃止。宣王見亮使，唯問其寢食及其事之煩簡，不問戎事。使對曰：『諸葛公夙興夜寐，罰二十已上，皆親覽焉；所啖食不過數升。』宣王曰：『亮體斃矣，其能久乎？』【略】

五月，太白晝見。孫權入居巢湖口，向合肥新城，又遣將陸議、孫韶各將萬餘人入淮、沔。六月，征東將軍滿寵進軍拒之。寵欲拔新城守，致賊壽春，帝不聽，曰：『昔漢光武遣兵縣據略陽，終以破隗囂，先帝東置合肥，南守襄陽，西固祁山，賊來輒破於三城之下者，地有所必爭也。縱權攻新城，必不能拔。敕諸將堅守，吾將自往征之，比至，恐權走也。』秋七月壬寅，帝親御龍舟東征，權攻新城，將軍張潁等拒守力戰，帝軍未至數百里，權遁走，議、韶等亦退。羣臣以為大將軍方與諸葛亮相持未解，車駕可西幸長安。帝曰：『權走，亮膽破，大將軍以制之，吾無憂矣。』遂進軍幸壽春，録諸將功，封賞各有差。八月己未，大曜兵，饗六軍，遣使者持節犒勞合肥、壽春諸軍。辛巳，行還許昌宮。

司馬宣王與亮相持，連圍積日，亮數挑戰，宣王堅壘不應。會亮卒，其軍退還。

又 卷九《魏志·曹真傳》 文帝即王位，以（曹）真為鎮西將軍，假節都督雍、涼州諸軍事。録前後功，進封東鄉侯。張進等反於酒泉，真遣費曜討破之，斬進等。黄初三年還京都，以真為上軍大將軍，都督中外諸軍事，假節鉞。與夏侯尚等征孫權，擊牛渚屯，破之。轉拜中軍大將軍，加給事中。七年，文帝寢疾，真與陳羣、司馬宣王等受遺詔輔政。明帝即位，進封邵陵侯，臣松之案：真父名邵。封邵陵侯，若非書誤，則事不可論。遷大將軍。

諸葛亮圍祁山，南安、天水、安定三郡反應亮。帝遣真督諸軍軍郿，遣張郃擊亮將馬謖，大破之。安定民楊條等略吏民保月支城，真進軍圍之。條謂其衆曰：『大將軍自來，吾原早降耳。』遂自縛出。三郡皆平。真以亮懲於祁山，後出必從陳倉，乃使將軍郝昭、王生守陳倉，治其城。明年春，亮果圍陳倉，已有備而不能克。增邑，并前二千九百户。四年，朝洛陽，遷大司馬，賜劍履上殿，入朝不趨。真以『蜀連出侵邊境，宜遂伐之。數道併入，可大克也』。帝從其計。真當發西討，帝親臨送。真以八月發長安，從子午道南入。司馬宣王泝漢水，當會南鄭。諸軍或從斜谷道，或從武威入。會大霖雨三十餘日，或棧道斷絕，詔真還軍。

又 卷一四《魏志·張郃傳》 諸葛亮出祁山。加郃位特進，遣督諸軍，拒亮將馬謖於街亭。謖依阻南山，不下據城。郃絶其汲道，擊，大破之。南安、天水、安定郡反應亮，郃皆破平之。詔曰：『賊亮以巴蜀之衆，當彪虎之師。將軍被堅執鋭，所向克定，朕甚嘉之。益邑千户，并前四千三百户。』司馬宣王治水軍於荆州，欲順沔入江伐吴，詔郃督關中諸軍往受節度。至荆州，會冬水淺，大船不得行，乃還屯方城。諸葛亮復出，急攻陳倉，帝驛馬召郃到京都。帝自幸河南城，置酒送郃，遣南北軍士三萬及分遣武衛、虎賁使衛郃，因問郃曰：『遲將軍到，亮得無已得陳倉乎！』郃知亮縣軍無穀，不能久攻，對曰：『比臣未到，亮已走矣；屈指計亮糧不至十日。』郃晨夜進至南鄭，亮退。詔郃還京都，拜征西車騎將軍。

郃識變數，善處營陳，料戰勢地形，無不如計，自諸葛亮皆憚之。郃雖武將而愛樂儒士，嘗薦同鄉卑湛經明行修，詔曰：『昔祭遵為將，奏置五經大夫，居軍中，與諸生雅歌投壺。今將軍外勒戎旅，記憶體國朝。朕嘉將軍之意，今擢湛為博士。』

諸葛亮復出祁山，詔郃督諸將西至略陽，亮還保祁山，郃追至木門，與亮軍交戰，飛矢中郃右膝，薨。《魏略》曰：亮軍退，司馬宣王使郃追之，郃曰：『軍法，圍城必開出路，歸軍勿追。』宣王不聽。郃不得已，遂進。蜀軍乘高布伏，弓弩亂髮，矢中郃髀。謚曰壯侯。子雄嗣。郃前後征伐有功，明帝分郃户，封郃四子列侯。賜小子爵關内侯。

又　卷二六《魏志・郭淮傳》　太和二年，蜀相諸葛亮出祁山，遣將軍馬謖至街亭，高詳屯列柳城。張郃擊謖，淮攻詳營，皆破之。又破隴西名羌唐汜於枹罕，加建威將軍。五年，蜀出鹵城。是時，隴右無穀，議欲關中大運，淮以威恩撫循羌、胡，家使出穀，平其輸調，軍食用足，轉揚武將軍。青龍二年，諸葛亮出斜谷，並田于蘭坑。是時司馬宣王屯渭南；淮策亮必爭北原，宜先據之，議者多謂不然。淮曰：『若亮跨渭登原，連兵北山，隔絶隴道，搖盪民、夷，此非國之利也。』宣王善之，淮遂屯北原。塹壘未成，蜀兵大至，淮逆擊之。後數日，亮盛兵西行，諸將皆謂欲攻西圍，淮獨以為此見形於西，欲使官兵重應之，必攻陽遂耳。其夜果攻陽遂，有備不得上。

又　卷三三《蜀志・後主傳》　（建興）三年春三月，丞相亮南征四郡，四郡皆平。改益州郡為建寧郡，分建寧、永昌郡為雲南郡，又分建寧、牂牁為興古郡。十二月，亮還成都。【略】

五年春，丞相亮出屯漢中，營沔北陽平石馬。《諸葛亮集》載禪三月下詔曰：『朕聞天地之道，福仁而禍淫；善積者昌，惡積者喪，古今常數也。是以湯、武脩德而王，桀、紂極暴而亡。曩者漢祚中微，網漏凶慝，董卓造難，震盪京畿。曹操階禍，竊執天衡，殘剥海内，懷無君之心。子丕孤豎，敢尋亂階，盜據神器，更姓改物，世濟其凶。當此之時，皇極幽昧，天下無主，則我帝命隕越於下。昭烈皇帝體明叡之德，光演文武，應乾坤之運，出身平難，經營四方，人鬼同謀，百姓與能。兆民欣戴。奉順符讖，建位易號，丕承天序，補弊興衰，存復祖業，誕膺皇綱，不墜於地。萬國未定，早世遐殂。朕以幼沖，繼統鴻基，未習保傅之訓，而嬰祖宗之重。六合壅否，社稷不建，永惟所以，念在匡救，光載前緒，未有攸濟，朕甚懼焉。是以夙興夜寐，不敢自逸，每從菲薄以益國用，勸分務穡以阜民財，授方任能以參其聽，斷私降意以養將士。欲奮劍長驅，指討凶逆，朱旗未舉，而丕復隕喪，斯所謂不燃我薪而自焚也。殘類餘醜，又支天禍，恣睢河、洛，阻兵未弭。諸葛丞相弘毅忠壯，忘身憂國，先帝託以天下，以勖朕躬。今授之以旄鉞之重，付之以專命之權，統領步騎二十萬衆，董督元戎，龔行天罰，除患寧亂，克復舊都，在此行也。昔項籍總一强衆，跨州兼土，所務者大，然卒敗垓下，死於東城，宗族（如焚）［焚如］，為笑千載，皆不以義，陵上虐下故也。今賊效尤，天人所怨，奉時宜速，庶憑炎精祖宗威靈相助之福，所向必克。吴王孫權同恤災患，潛軍合謀，掎角其後。涼州諸國王各遣月支、康居胡侯支富、康植等二十餘人詣受節度，大軍北出，便欲率將兵馬，奮戈先驅。天命既集，人事又至，師貞勢並，必無敵矣。夫王者之兵，有征無戰，尊而且義，莫敢抗也，故鳴條之役，軍不血刃，牧野之師，商人倒戈。今旍麾首路，其所經至，亦不欲窮兵極武。有能棄邪從正，簞食壺漿以迎王師者，國有常典，封寵大小，各有品限。及魏之宗族、支葉、中外，有能規利害、審逆順之數，來詣降者，皆原除之。昔輔果絶親於智氏，而蒙全宗之福，微子去殷，項伯歸漢，皆受茅土之慶。此前世之明驗也。若其迷沈不反，將助亂人，不式王命，戮及妻孥，罔有攸赦。廣宣恩威，貸其元帥，弔其殘民。他如詔書律令，丞相其露布天下，使稱朕意焉。』

六年春，亮出攻祁山，不克。冬，復出散關，圍陳倉，糧盡退。魏將王雙率軍追亮，亮與戰，破之，斬雙，還漢中。

七年春，亮遣陳式攻武都、陰平，遂克定二郡。冬，亮徙府營於南山下原上，築漢、樂二城。是歲，孫權稱帝，與蜀約盟，共交分天下。

八年秋，魏使司馬懿由西城，張郃由子午，曹真由斜谷，欲攻漢中。丞相亮待之於城固、赤阪，大雨道絶，真等皆還。是歲，魏延破魏雍州刺史郭淮于陽谿。徙魯王永為甘陵王，梁王理為安平王，皆以魯、梁在吴分界故也。

九年春二月，亮復出軍圍祁山，始以木牛運。魏司馬懿、張郃救祁山。夏六月，亮糧盡退軍，郃追至青封，與亮交戰，被箭死。秋八月，都護李平廢徙梓潼郡。《漢晉春秋》曰：冬十月，江陽至江州有鳥從江南飛渡江北，不能達，墮水死者以千數。

十年，亮休士勸農於黄沙，作流馬木牛畢，教兵講武。

十一年冬，亮使諸軍運米，集於斜谷口，治斜谷邸閣。是歲，南夷劉冑反，將軍馬忠破平之。

十二年春二月，亮由斜谷出，始以流馬運。秋八月，亮卒於渭濱。征西大將軍魏延與丞相長史楊儀爭權不和，舉兵相攻，延敗走；斬延首，儀率諸軍還成都。大赦。以左將軍吴壹為車騎將軍，假節督漢中。以丞相留府長史蔣琬為尚書令，總統國事。

又　卷三五《蜀志·諸葛亮傳》　建興元年，封亮武鄉侯，開府治事。頃之，又領益州牧。政事無巨細，咸決於亮。南中諸郡，並皆叛亂，亮以新遭大喪，故未便加兵，且遣使聘吴，因結和親，遂為與國。

三年春，亮率衆南征，其秋悉平。軍資所出，國以富饒乃治戎講武，以俟大舉。

五年，率諸軍北駐漢中，臨發，上疏曰：

先帝創業未半而中道崩殂，今天下三分，益州疲弊，此誠危急存亡之秋也。然侍衛之臣不懈於內，忠志之士忘身於外者，蓋追先帝之殊遇，欲報之於陛下也。誠宜開張聖（德）〔聽〕，以光先帝遺德，恢弘志士之氣，不宜妄自菲薄，引喻失義，以塞忠諫之路也。宮中府中俱為一體，陟罰臧否，不宜異同。若有作姦犯科及為忠善者，宜付有司論其刑賞，以昭陛下平明之理，不宜偏私，使內外異法也。侍中、侍郎郭攸之、費禕、董允等，此皆良實，志慮忠純，是以先帝簡拔以遺陛下。愚以為宮中之事，事無大小，悉以咨之，然後施行，必能裨補闕漏，有所廣益。將軍向寵，性行淑均，曉暢軍事，試用於昔日，先帝稱之曰能，是以衆議舉寵為督。愚以為營中之事，悉以咨之，必能使行陳和睦，優劣得所。親賢臣，遠小人，此先漢所以興隆也；親小人，遠賢臣，此後漢所以傾頹也。先帝在時，每與臣論此事，未嘗不歎息痛恨於桓、靈也。侍中、尚書、長史、參軍，此悉貞良死節之臣，願陛下親之信之，則漢室之隆，可計日而待也。

臣本布衣，躬耕於南陽，苟全性命於亂世，不求聞達於諸侯。先帝不以臣卑鄙，猥自枉屈，三顧臣於草廬之中，諮臣以當世之事，由是感激，遂許先帝以驅馳。後值傾覆，受任於敗軍之際，奉命於危難之間，爾來二十有一年矣。臣松之案：劉備以建安十三年敗，遣亮使吴，亮以建興五年抗表北伐，自傾覆至此整二十年。然則備始與亮相遇，在敗軍之前一年時也。先帝知臣謹慎，故臨崩寄臣以大事也。受命以來，夙夜憂歎，恐託付不效，以傷先帝之明，故五月渡瀘，深入不毛。《漢書·地理志》曰：瀘惟水出牂牁郡句町縣。今南方已定，兵甲已足，當獎率三軍，北定中原，庶竭駑鈍，攘除姦凶，興復漢室，還於舊都。此臣所以報先帝，而忠陛下之職分也。

至於斟酌損益，進盡忠言，則攸之、禕、允之任也。願陛下託臣以討賊興復之效；不效，則治臣之罪，以告先帝之靈。〔若無興德之言，則〕責攸之、禕、允等之慢，以彰其咎。陛下亦宜自謀，以諮諏善道，察納雅言，深追先帝遺詔。臣不勝受恩感激，今當遠離，臨表涕零，不知所言。

遂行，屯于沔陽。郭沖《三事》曰：亮屯于陽平，遣魏延諸軍並兵東下，亮惟留萬人守城。晉宣帝率二十萬衆拒亮，而與延軍錯道，徑至前，當亮六十里所，偵候白宣帝說亮在城中兵少力弱。亮亦知宣帝垂至，已與相偪，欲前赴延軍，相去又遠，回迹反追，勢不相及，將士失色，莫知其計。亮意氣自若，敕軍中皆臥旗息鼓，不得妄出菴幔，又令大開四城門，埽地卻灑。宣帝常謂亮持重，而猥見勢弱，疑其有伏兵，於是引軍北趣山。明日食時，亮謂參佐拊手大笑曰：『司馬懿必謂吾怯，將有强伏，循山走矣。』候邏還白，如亮所言。宣帝後知，深以為恨。難曰：案陽平在漢中。亮初屯陽平，宣帝尚為荊州都督，鎮宛城，至曹真死後，始與亮於關中相抗禦耳。魏嘗遣宣帝自宛由西城伐蜀，值霖雨，不果。此之前後，無復有於陽平交兵事。就如沖言，宣帝既舉二十萬衆，已知亮兵少力弱，若疑其有伏兵，正可設防持重，何至便走乎？案魏延傳云：『延每隨亮出，輒欲請精兵萬人，與亮異道會於潼關，亮制而不許；延常謂亮為怯，歎己才用之不盡也。』亮尚不以延為萬人別統，豈得如沖言，頓使將重兵在前，而以輕弱自守乎？且沖與扶風王言，顯彰宣帝之短，對子毀父，理所不容，而云『扶風王慨然善沖之言』，故知此書舉引皆虚。

六年春，揚聲由斜谷道取郿，使趙雲、鄧芝為疑軍，據箕谷，魏大將軍曹真舉衆拒之。亮身率諸軍攻祁山，戎陳整齊，賞罰肅而號令明，南安、天水、安定三郡叛魏應亮，關中響震。《魏略》曰：始，國家以蜀中惟有劉備。備既死，數歲寂然無聲，是以略無備預；而卒聞亮出，朝野恐懼，隴右、祁山尤甚，故三郡同時應亮。魏明帝西鎮長安，命張郃拒亮，亮使馬謖督諸軍在前，與郃戰於街亭。謖違亮節度，舉動失宜，大為郃所破。亮拔西縣千餘家，還于漢中，郭沖《四事》曰：亮出祁山，隴西、南安二郡應時降，圍天水，拔冀城，虜姜維，驅略士女數千人還蜀。人皆賀亮，亮顔色愀然有戚容，謝曰：『普天之下，莫非漢民，國家威力未舉，使百姓困於豺狼之吻。一夫有死，皆亮之罪，以此相賀，能不為愧。』於是蜀人咸知亮有吞魏之志，非惟拓境而已。難曰：亮有吞魏之志久矣，不始於此衆人方知也，且于時師出無成，傷缺而反者衆，三郡歸降而不能有。姜維，天水之匹夫耳，獲之則於魏何損？拔西縣千家，不補街亭所喪，以何為功，而蜀人相賀乎？戮謖以謝衆。上疏曰：『臣以弱才，叨竊非據，親秉旄鉞以厲三軍，不能訓章明法，臨事而懼，至有街亭違命之闕，箕谷不戒之失，咎皆在臣授任無方。臣明不知人，恤事多闇，《春秋》責帥，臣職是當。請自貶三等，以督厥咎。』於是以亮為右將軍，行丞相事，所總統如前。《漢晉春秋》曰：或勸亮更發兵者，亮曰：『大軍在祁山、箕谷，皆多於賊，而不能破賊為賊所破者，則此病不在兵少也，在一人耳。今欲減兵省將，明罰思過，校變通之道於將來；若不能然者，雖兵多何益！自今已後，諸有忠慮於國，但勤攻吾之闕，則事可定，賊可死，功可蹻足而待矣。』於是考微勞，甄烈壯，引咎責躬，布所失於天下，厲兵講武，以為後圖，戎士簡練，民忘其敗矣。亮聞孫權破曹休，魏兵東下，關中虚弱。十一月，上言曰：『先帝慮漢、賊不兩立，王業不偏安，故託臣以討賊也。以先帝之明，量臣之才，故知臣伐賊才弱敵强也；然不伐賊，王業亦亡，惟坐待亡，孰與伐之？是故託臣而弗疑也。臣受命之日，寢不安席，食不甘味，思惟北征，宜先入南，故五月渡瀘，深入不毛，並日而食。臣非不自惜也，顧王業不得偏全於蜀都，故冒危難以奉先帝之遺意也，而議者謂為非計。今賊適疲於西，又務於東，兵法乘勞，此進趨之時也。謹陳其事如左：高帝明並日月，謀臣淵深，然涉險被創，危然後安。今陛下未及高帝，謀臣不如良、平，而欲以長計取勝，坐定天下，此臣之未解一也。劉繇、王朗各據州郡，論安言計，動引聖人，羣疑滿腹，衆難塞胸，今歲不戰，明年不征，使孫策坐大，遂並江東，此臣之未解二也。曹操智計殊絶於人，其用兵也，仿佛孫、吴，然困於南陽，險於烏巢，危於祁連，偪於黎陽，幾敗北山，殆死潼關，然後偽定一時耳，況臣才弱，而欲以不危而定之，此臣之未解三也。曹操五攻昌霸不下，四越巢湖不成，任用李服而李服圖之，委夏侯而夏侯敗亡，先帝每稱操為能，猶有此失，況臣駑下，何能必勝？此臣之未解四也。自臣到漢中，中間期年耳，然喪趙雲、陽羣、馬玉、閻芝、丁立、白壽、劉郃、鄧銅等及曲長屯將七十餘人，突將無前。賨、叟、青羌散騎、武騎一千餘人，此皆數十年之内所糾合四方之精鋭，非一州之所有，若復數年，則損三分之二也，當何以圖敵？此臣之未解五也。今民窮兵疲，而事不可息，事不可息，則住與行勞費正等，而不及今圖之，欲以一州之地與賊持久，此臣之未解六也。夫難平者，事也。昔先帝敗軍於楚，當此時，曹操拊手，謂天下以定。然後先帝東連吴、越，西取巴、蜀，舉兵北征，夏侯授首，此操之失計而漢事將成也。然後吴更違盟，關羽毁敗，秭歸蹉跌，曹丕稱帝。凡事如是，難可逆見。臣鞠躬盡力，死而後已，至於成敗利鈍，非臣之明所能逆睹也。』於是有散關之役。此表，《亮集》所無，出張儼《默記》。

冬，亮復出散關，圍陳倉，曹真拒之，亮糧盡而還。魏將王雙率騎追亮，亮與戰，破之，斬雙。七年，亮遣陳式攻武都、陰平。魏雍州刺史郭淮率衆欲擊式，亮自出至建威，淮退還，遂平二郡。詔策亮曰：『街亭之役，咎由馬謖，而君引愆，深自貶抑，重違君意，聽順所守。前年燿師，馘斬王雙；今歲爰征，郭淮遁走；降集氐、羌，興復二郡，威鎮凶暴，功勳顯然。方今天下騷擾，元惡未梟，君受大任，幹國之重，而久自挹損，非所以光揚洪烈矣。今復君丞相，君其勿辭。』《漢晉春秋》曰：是歲，孫權稱尊號，其羣臣以並尊二帝來告。議者咸以為交之無益，而名體弗順，宜顯明正義，絶其盟好。亮曰：『權有僭逆之心久矣，國家所以略其釁情者，求掎角之援也。今若加顯絶，讎我必深，便當移兵東（戍），與之角力，須并其土，乃議中原。彼賢才尚多，將相緝穆，未可一朝定也。頓兵相持，坐而須老，使北賊得計，非算之上者。昔孝文卑辭匈奴，先帝優與吴盟，皆應權通變，弘思遠益，非匹夫之為（分）者也。今議者咸以權利在鼎足，不能併力，且志望以滿，無上岸之情，推此，皆似是而非也。何者？其智力不侔，故限江自保；權之不能越江，猶魏賊之不能渡漢，非力有餘而利不取也。若大軍致討，彼高當分裂其地以為後規，下當略民廣境，示武於内，非端坐者也。若就其不動而睦於我，我之北伐，無東顧之憂，河南之衆不得盡西，此之為利，亦已深矣。權僭之罪，未宜明也。』乃遣衛尉陳震慶權正號。

九年，亮復出祁山，以木牛運，《漢晉春秋》曰：亮圍祁山，招鮮卑軻比能，比能等至故北地石城以應亮。於是魏大司馬曹真有疾，司馬宣王自荆州入朝，魏明帝曰：『西方事重，非君莫可付者。』乃使西屯長安，督張郃、費曜、戴陵、郭淮等。宣王使曜、陵留精兵四千守上邽，餘衆悉出，西救祁山。郃欲分兵駐雍、郿，宣王曰：『料前軍能獨當之者，將軍言是也；若不能當而分為前後，此楚之三軍所以為黥布禽也。』遂進。亮分兵留攻，自逆宣王於上邽。郭淮、費曜等徼亮，亮破之，因大芟刈其麥，與宣王遇於上邽之東，斂兵依險，軍不得交，亮引而還。宣王尋亮至於鹵城。張郃曰：『彼遠來逆我，請戰不得，謂我利在不戰，欲以長計制之也。且祁山知大軍以在近，人情自固，可止屯於此，分為奇兵，示出其後，不宜進前而不敢偪，坐失民望也。今亮縣軍食少，亦行去矣。』宣王不從，故尋亮。既至，又登山掘營，不肯戰。賈栩、魏平數請戰，因曰：『公畏蜀如虎，奈天下笑何！』宣王病之。諸將咸請戰。五月辛巳，乃使張郃攻無當監何平於南圍，自案中道向亮。亮使魏延、高翔、吳班赴拒，大破之，獲甲首三千級，玄鎧五千領，角弩三千一百張，宣王還保營。糧盡退軍，與魏將張郃交戰，射殺郃。郭沖《五事》曰：魏明帝自征蜀，幸長安，遣宣王督張郃諸軍，雍、涼勁卒三十餘萬，潛軍密進，規向劍閣。亮時在祁山，旌旗利器，守在險要，十二更下，在者八萬。時魏軍始陳，幡兵適交，參佐咸以賊衆强盛，非力不制，宜權停下兵一月，以并聲勢。亮曰：『吾統武行師，以大信為本，得原失信，古人所惜；去者束裝以待期，妻子鶴望而計日，雖臨征難，義所不廢。』皆催遣令去。於是去者感悅，原留一戰，住者憤踴，思致死命。相謂曰：『諸葛公之恩，死猶不報也。』臨戰之日，莫不拔刃爭先，以一當十，殺張郃，卻宣王，一戰大剋，此信之由也。難曰：臣松之案：亮前出祁山，魏明帝身至長安耳，此年不復自來。且亮大軍在關、隴，魏人何由得越亮徑向劍閣？亮既在戰場，本無久住之規，而方休兵還蜀，皆非經通之言。孫盛、習鑿齒搜求異同，罔有所遺，而並不載沖言，知其乖刺多矣。十二年春，亮悉大衆由斜谷出，以流馬運，據武功五丈原，與司馬宣王對於渭南。亮每患糧不繼，使己志不申，是以分兵屯田，為久駐之基。耕者雜於渭濱居民之間，而百姓安堵，軍無私焉。《漢晉春秋》曰：亮自至，數挑戰。宣王亦表固請戰。使衛尉辛毗持節以制之。姜維謂亮曰：『辛佐治仗節而到，賊不復出矣。』亮曰：『彼本無戰情，所以固請戰者，以示武於其衆耳。將在軍，君命有所不受，苟能制吾，豈千里而請戰邪！』《魏氏春秋》曰：亮使至，問其寢食及其事之煩簡，不問戎事。使對曰：『諸葛公夙興夜寐，罰二十以上，皆親攬焉；所啖食不至數升。』宣王曰：『亮將死矣。』相持百餘日。其年八月，亮疾病，卒于軍，時年五十四。《魏書》曰：亮糧盡勢窮，憂恚歐血，一夕燒營遁走，入谷，道發病卒。《漢晉春秋》曰：亮卒于郭氏塢。《晉陽秋》曰：有星赤而芒角，自東北西南流，投于亮營，三投再還，往大還小。俄而亮卒。臣松之以為亮在渭濱，魏人躡迹，勝負之形，未可測量，而云歐血，蓋因亮自亡而自誇大也。夫以孔明之略，豈為仲達歐血乎？及至劉琨喪師，與晉元帝箋亦云『亮軍敗歐血』，此則引虛記以為言也。其云入谷而卒，緣蜀人入谷發喪故也。及軍退，宣王案行其營壘處所，曰：『天下奇才也！』《漢晉春秋》曰：楊儀等整軍而出，百姓奔告宣王，宣王追焉。姜維令儀反旗鳴鼓，若將向宣王者，宣王乃退，不敢偪。於是儀結陳而去，入谷然後發喪。宣王之退也，百姓為之諺曰：『死諸葛走生仲達。』或以告宣王，宣王曰：『吾能料生，不便料死也。』

《晉書》卷一《宣帝紀》　明年（太和五年），諸葛亮寇天水，圍將軍賈嗣、魏平于祁山。天子曰：『西方有事，非君莫可付者。』乃使帝西屯長安，都督雍、梁二州諸軍事，統車騎將軍張郃、後將軍費曜、征蜀護軍戴淩、雍州刺史郭淮等討亮。張郃勸帝分軍往雍、郿為後鎮，帝曰：『料前軍獨能當之者，將軍言是也。若不能當，而分為前後，此楚之三軍所以為黥布禽也。』遂進軍隃麋。亮聞大軍且至，乃自帥衆將芟上邽之麥。諸將皆懼，帝曰：『亮慮多決少，必安營自固，然後芟麥。吾得二日兼行足矣。』於是卷甲晨夜赴之。亮望塵而遁。帝曰：『吾倍道疲勞，此曉兵者之所貪也。亮不敢據渭水，此易與耳。』進次漢陽，與亮相遇，帝列陣以待之。使將牛金輕騎餌之，兵纔接而亮退，追至祁山。亮屯鹵城，據南北二山，斷水為重圍。帝攻拔其圍，亮宵遁。追擊，破之，俘斬萬計。天子使使者勞軍，增封邑。時軍師杜襲、督軍薛悌皆言，明年麥熟，亮必為寇，隴右無穀，宜及冬豫運。帝曰：『亮再出祁山，一攻陳倉，挫衄而反。縱其後出，不復攻城，當求野戰，必在隴東，不在西也。亮每以糧少為恨，歸必積穀，以吾料之，非三稔不能動矣。』於是表徙冀州農夫佃上邽，興京兆、天水、南安監冶。

（青龍）二年，亮又率衆十餘萬出斜谷，壘於郿之渭水南原。天子憂之，遣征蜀護軍秦朗督步騎二萬，受帝節度。諸將欲住渭北以待之，帝曰：『百姓積聚皆在渭南，此必爭之地也。』遂引軍而濟，背水為壘。因謂諸將曰：『亮若勇者，當出武功依山而東，若西上五丈原，則諸軍無事矣。』亮果上原，將北渡渭，帝遣將軍周當屯陽遂以餌之。數日，亮不動。帝曰：『亮欲爭原而不向陽遂，此意可知也。』遣將軍胡遵、雍州刺史郭淮共備陽遂，與亮會于積石，臨原而戰，亮不得進，還于五丈原。會有長星墜亮之壘，帝知其必敗，遣奇兵掎亮之後，斬五百餘級，獲生口千餘，降者六百餘人。時朝廷以亮僑軍遠寇，利在急戰，每命帝持重，以候其變。亮數挑戰，帝不出，因遺帝巾幗婦人之飾。帝怒，表請決戰，天子不許，乃遣骨鯁臣衛尉辛毗杖節為軍師以制之。後亮復來挑戰，帝將出兵以應之，毗杖節立軍門，帝乃止。初，蜀將姜維聞毗來，謂亮曰：『辛毗杖節而至，賊不復出矣。』亮曰：『彼本無戰心，所以固請者，以示武於其衆耳。將在軍，君命有所不受，苟能制吾，豈千里而請戰邪！』帝弟孚書問軍事，帝復書曰：『亮志大而不見機，多謀而少決，好兵而無權，雖提卒十萬，已墮吾畫中，破之必矣。』與之對壘百餘日，會亮病卒，諸將燒營遁走，百姓奔告，帝出兵追之。亮長史楊儀反旗鳴鼓，若將距帝者。帝以窮寇不之逼，於是楊儀結陣而去。經日，乃行其營壘，觀其遺事，獲其圖書、糧穀甚衆。帝審其必死，曰：『天下奇才也。』辛毗以為尚未可知。帝曰：『軍家所重，軍書密計、兵馬糧穀，今皆棄之，豈有人捐其五藏而可以生乎？宜急追之。』關中多蒺藜，帝使軍士二千人著軟材平底木屐前行，蒺藜悉著屐，然後馬步俱進。追到赤岸，乃知亮死。審問，時百姓為之諺曰：『死諸葛走生仲達。』帝聞而笑曰：『吾便料生，不便料死故也。』先是，亮使至，帝問曰：『諸葛公起居何如，食可幾米？』對曰：『三四升。』次問政事，曰：『二十罰已上皆自省覽。』帝既而告人曰：『諸葛孔明其能久乎！』竟如其言。亮部將楊儀、魏延爭權，儀斬延，並其衆。帝欲乘隙而進，有詔不許。

又 卷三七《安平獻王孚傳》 （司馬）孚以為擒敵制勝，宜有備預。每諸葛亮入寇關中，邊兵不能制敵，中軍奔赴，輒不及事機，宜預選步騎二萬，以為二部，為討賊之備。又以關中連遭賊寇，穀帛不足，遣冀州農丁五千屯於上邽，秋冬習戰陣，春夏修田桑。由是關中軍國有餘，待賊有備矣。

論 說

宋・黎靖德《朱子語類》卷一三六《歷代三》 直卿問：『孔明出師每乏糧。古人做事，須有道理，須先立些根本。』曰：『孔明是殺賊，不得不急。如人有箇大家，被賊來占了，趕出在外墻下住，殺之豈可緩？一纔緩，人便一切都忘了。孔明亦自言一年死了幾多人，不得不急為之意。司馬懿甚畏孔明，便使得辛毗來遏令不出兵，其實是不敢出也。國家只管與講和，聘使往來，賀正賀節，稱叔稱侄，只是見鄰國，不知是讎了！』又問：『勾踐謀吳二十年，又如何？』曰：『事體不同。諸侯各有國，未便伐吳，則越亦自在，如此謀乃是。』【略】

孔明出師表，《文選》與《三國志》所載，字多不同，互有得失。『五月渡瀘』是說前事。如孟獲之七縱七擒，正其時也。渡瀘是先理會南方許多去處。若不先理會許多去處，到向北去，終是被他在後乘間作撓。既理會得了，非惟不被他來撓，又卻得他兵衆來使。【略】

誦武侯之言曰：『治世以大德，不以小惠。』【略】

問武侯『寧靜致遠』之說。曰：『靜，便養得根本深固，自可致遠。』【略】

孔明治蜀，不曾立史官。陳壽險甚揚録作『檢拾』。而為《蜀志》，故甚略。孔明極是子細者。亦恐是當時經理王業之急，有不暇及此。【略】

諸葛亮臨陣對敵，意思安閑，如不欲戰。而苻堅踴躍不寐而行師，此其敗，不待至淝水而決矣。【略】

看史策，自有該載不盡處。如後人多說武侯不過子午谷路。往往那時節必有重兵守這處，不可過。今只見子午谷易過，而武侯自不過。史只載魏延之計，以為夏侯楙是曹操婿，怯而無謀，守長安，甚不足畏。這般所在，只是該載不盡。亮以為此危計，不如安從坦道。又揚聲由斜谷，又使人據箕谷，此可見未易過。【略】

先生說八陣圖法。人傑因云：『尋常人說戰陣事多用變詐，恐王者之師不如此。』曰：『王者勢嚮大，自不須用變詐。譬如孟賁與童子相搏，自然勝他孟賁不得。且如諸葛武侯七縱七擒事，令孟獲觀其營壘，分明教你看見，只是不可犯。若用變詐，已是其力不敵，須假些意智勝之。』又，今之戰者，只靠前列，後面人更著力不得。前列勝則勝，前列敗則敗。如八陣之法，每軍皆有用處。天衡、地軸、龍飛、虎翼、蛇、鳥、風、雲之類，各為一陣。有專於戰鬭者，有專於衝突者，又有纏繞之者，然未知如何用之。』又問垓下之戰。曰：『此卻分曉。』又問：『淮陰多多益辦，程子謂「分數明」，如何？』曰：『此御衆以寡之法。且如十萬人分作十軍，則每軍有一萬人，大將之所轄者，十將而已。一萬又分為十軍，一軍分作十卒，則一將所管者，十卒而已。卒正自管二十五人，則所管者，三卒正耳。推而下之，兩司馬雖管二十五人，然所自將者五人，又管四伍長，伍長所管，四人而已。至於大將之權，專在旗鼓。大將把小旗，撥發官執大旗，三軍視之以為進退。若李光弼旗麾至地，令諸軍死生以之，是也。若八陣圖，自古有之。周官所謂「如戰之陳」，蓋是此法。握幾文雖未必風后所作，然由來須遠。武侯立石於江邊，乃是水之回洑處，所以水不能漂蕩。其擇地之善、立基之堅如此，此其所以為善用兵也。』又問：『陰符經有「絕利一源，用師十倍；三反晝夜，用師萬倍」之說，如何？』曰：『絕利者，絕其二三；一源者，一其源本。三反晝夜者，更加詳審，豈惟用兵？凡事莫不皆然。倍，如「事半古之人，功必倍之」之謂。上文言「瞽者善聽，聾者善視」，則其專一可知。注陰符者分為三章：上言神仙抱一之道，中言富國安民之法，下言强兵戰勝之術。又有人每章作三事解釋。後來一書吏竊而獻之高宗。高宗大喜，賜號「渾成」。其人後以强橫害物，為知饒州汪某斷配。』

或問：『季通八陣圖說，其間所著陳法是否？』曰：『皆是元來有底。但季通分開許多方圓陳法，不相混雜，稍好。』又問：『《史記》所書高祖垓下之戰，季通以為正合八陳之法。』曰：『此亦後人好奇之論。大凡有兵須有陳，不成有許多兵馬相戰鬭，只羇作一團，又只排作一行。必須左右前後，步伍行陣，各有條理，方得。今且以數人相撲言之，亦須擺布得所而後相角。今人但見史記所書甚詳，漢書則略之，便以司馬遷為曉兵法，班固為不曉，此皆好奇之論。不知班固以為行陣乃用兵之常，故略之，從省文爾。看古來許多陳法，遇征戰亦未必用得。所以張巡用兵，未嘗做古兵法，不過使兵識將意，將識士情。蓋未論臨機應變，方略不同；只如地圓則須布圓陣，地方則須布方陣，亦豈容概論也？』又曰：『常見老將說，大要臨陣，又在番休遞上，分一軍為數替，將戰則食。第一替人既飽，遣之入陣，便食第二替人。覺第一替人力將困，即調發第二替人往代。第三替亦如之。只管如此更番，則士常飽健，而不至於困乏。鄉來張柔直守南劍，戰退范汝為，只用此法。方汝為之來寇也，柔直起鄉兵與之戰。令城中殺羊牛豕作肉串，仍作飯，分鄉兵為數替，以入陣之先後更迭食之。士卒力皆有餘，遂勝汝為。』又云：『劉信叔順昌之勝，鄉見張仲隆云，親得之信叔，大概亦是如此。時極暑，探報人至云：「虜騎至矣！」信叔令一卒擐甲，立之烈日中。少頃，問：「甲熱乎？」曰：「熱矣。」「可著手乎？」則曰：「熱甚，不可著手矣。」時城中軍亦不甚多。信叔嘗有宿戒，遇戰則分為數替。如是下令軍中：「可依此飲食，士卒更番而上。」又多合暑藥，往者歸者皆飲之，人情胥快，元城劉師閔向張魏公督軍，暑藥以薑麵為之，與今冰壺散方大概相似。故能大敗虜人。蓋方我之甲士甲熱不堪著手，則虜騎被甲來者其熱可知，又未免有困餒之患。於此時而擊之，是以勝也。』或曰：『是戰也，信叔戒甲士，人帶一竹筒，其中實以煮豆。入陣，則割棄竹筒，狼籍其豆於下。虜馬饑，聞豆香，低頭食之，又多為竹筒所滾，脚下不得地，以故士馬俱斃。』曰：『此則不得而知。但聞多遣輕鋭之卒，以大刀斫馬足，每折馬一足，則和人皆仆，又有相蹂踐者。大率一馬仆，則從旁而斃不下十數人。』【略】

『八陣圖，敵國若有二三萬人，自家止有兩三千人，雖有法，何所用之？』蔡云：『勢不敵，則不與鬭。』先生笑曰：『只辦著走便了！』蔡云：『這是箇道理。譬如一箇十分雄壯底人，與一箇四五分底人廝打。雄壯底只有力，四五分底卻識相打法，對副雄壯底便不費力，只指點將去。這見得八陣之法，有以寡敵衆之理。』先生曰：『也須是多寡强弱相侔，可也。又須是人雖少，須勇力齊一，始得。』蔡云：『終不是使病人與壯人鬭也。』【略】

陣者，定也。八陣圖中有奇正。前面雖未整，猝然遇敵，次列便已成正軍矣。季通語。【略】

用之問：『諸葛武侯不死，與司馬仲達相持，終如何？』曰：『少間只管算來算去，看那箇錯了便輸。輸贏處也不在多，只是爭些子。』季通云：『看諸葛亮不解輸。』曰：『若諸葛亮輸時，輸得少；司馬懿輸時，便狼狽。』【略】

諸葛公是忠義底司馬懿，司馬懿是無狀底諸葛公，劉禪備位而已。

清·王夫之《讀通鑑論》卷一〇《三國一〇》 諸葛公出師北伐，表上後主，以親賢遠小人為戒，一篇之中，三致意焉。後主失國之繇，早見於數十年之前，公於此無可如何，而唯以死謝寸心耳。

賢臣之進，大臣之責也，非徒以言，而必有進之之實。公于郭攸之、費禕、董允、向寵亦既進之無遺力矣。然能進而不能必庸主之親之。庸主見賢而目欲垂，猶賢主見小人而喉欲噦也，無可如何也。雖然，尚可使之在列也。至於小人之親，而愈無可如何矣。卑其秩，削其權，不得有為焉止矣。愈抑之，庸主愈狎之；愈禁之，庸主愈私之；斂迹于禮法之下，而噂遝於帷帟之中；庸主曰：此不容於執政，而固可哀矜者也。綢繆不捨，信其無疵可摘，而蠱毒潛中於肸鄉之微。嗚呼！其將如之何哉！

故賢臣不能使親而猶可進，小人可使弗進而不能使弗親。非有伊尹放桐非常之舉，周公且困於流言，況當篡奪相仍之世，而先主抑有『君自取之』之亂命，形格勢禁，公其如小人何哉！歷舉興亡之繇，著其大端而已。何者為小人，不能如郭、費、董、向之歷指其人而無諱也。指其名而不得，而況能制之使勿親哉？以一死謝寸心於未死之間，姑無決裂焉足矣。公之遺憾，豈徒在漢、賊之兩立也乎？

又 《三國一二》 魏延請從子午谷直搗長安，正兵也；諸葛繞山而西出祁山，趨秦、隴，奇兵也。高帝舍棧道而出陳倉，以奇取三秦，三秦之勢散，拊其背而震驚之，而魏異是。非堂堂之陣直前而攻其堅，則雖得秦、隴，而長安之守自有餘。魏所必守者長安耳，長安不拔，漢固無如魏何。而迂迴西出，攻之於散地，魏且以為是乘間攻瑕，有畏而不敢直前，則敵氣愈壯，而我且疲于屢戰矣。夏侯楙可乘矣，魏見漢兵累歲不出而志懈，卒然相臨，救援未及，小得志焉；彌旬淹月，援益集，守益固，即欲拔一名都也且不可得，而況魏之全勢哉？故陳壽謂應變將略非武侯所長，誠有謂已。

而公謀之數年，奮起一朝，豈其不審於此哉？果畏其危也，則何如無出而免於疲民邪？夫公固有全局於胸中，知魏之不可旦夕亡，而後主之不可起一隅以光復也。其出師以北伐，攻也，特以為守焉耳。以攻為守，而不可示其意於人，故無以服魏延之心而貽之怨怒。

秦、隴者，非長安之要地，乃西蜀之門户也。天水、南安、安定，地險而民獷，誠收之以為外蔽，則武都、陰平在懷抱之中，魏不能越劍閣以收蜀之北，復不能繞階、文以擣蜀之西，則蜀可鞏固以存，而待時以進，公之定算在此矣。公没蜀衰，魏果由陰平以襲漢，夫乃知公之定算，名為攻而實為守計也。

公之始為先主謀曰：『天下有變，命將出宛、雒，自向秦川。』惟直指長安，則與宛、雒之師相應；若西出隴右，則與宛、雒相去千里之外，首尾斷絶而不相知。以是知祁山之師，非公初意，主闇而敵彊，改圖以為保蜀之計耳。公蓋有不得已焉者，特未可一一與魏延輩語也。

又 《三國一三》 武侯之任人，一失于馬謖，再失于李嚴，誠哉知人之難也。闇者不足以知，而明察者即以明察為所蔽；妄者不足以知，而端方者即以端方為所蔽。明察則有短而必見，端方則有瑕而必不容。士之智略果毅者，短長相間，瑕瑜相雜，多不能純。察之密，待之嚴，則無以自全而或見棄，即加意收録，而固不任之矣。於是而飾其行以無過、飾其言以無尤者，周旋委曲以免摘；言果辨，行果堅，而孰知其不可大任者，正在於此。似密似慎，外飾而中枵，惡足任哉？

故先主過實之論，不能遠馬謖，而任以三軍；陳震鱗甲之言，不能退李嚴，而倚以大計；則唯武侯端嚴精密，二子即乘之以蔽而受其蔽也。於是而曹孟德之能用人見矣，以治天下則不足，以爭天下則有餘。蔽于道而不蔽於才，不能燭司馬懿之奸，而荀彧、郭嘉、鍾繇、賈詡，惟所任而無不稱矣。

清·王鳴盛《十七史商榷》卷四一《三國志三·馬謖逃亡》 《向朗傳》：『朗素與馬謖善，謖逃亡，朗知情不舉，亮恨之。』案《廖立傳》『立詆朗奉馬良兄弟，謂爲聖人』，即此傳所云『素與馬謖善』也。至《謖傳》但言其敗於街亭，下獄物故，並無逃亡事，而此傳乃云云，意謖逃而被獲，故下獄死，若然，則罪所應得，而習鑿齒尚譏亮殺謖爲非，何也？其事殊不明悉。

藝文

清·彭定求等《全唐詩》卷三三〇《武少儀〈諸葛丞相廟〉》 執簡焚香入廟門，武侯神象儼如存。因機定蜀延衰漢，以計連吳振弱孫。欲盡智能傾僭盜，善持忠節轉庸昏。宣王請戰貽巾幗，始見才吞亦氣吞。

又 卷五六〇《薛能〈籌筆驛余為蜀從事，病武侯非王佐才，因有是題〉》 葛相終宜馬革還，未開天意便開山。生欺仲達徒增氣，死見王陽合厚顏。流運有功終是擾，陰符多術得非奸。當初若欲酬三顧，何不無為似有鰥。

又　卷六四七《胡曾〈詠史詩·五丈原〉》　蜀相西驅十萬來，秋風原下久裴回。長星不為英雄住，半夜流光落九垓。

又　《詠史詩·瀘水》　五月驅兵入不毛，月明瀘水瘴煙高。誓將雄略酬三顧，豈憚征蠻七縱勞。

《全宋詩》卷一〇二一《黄庭堅〈夜觀蜀志〉》　蓋世英雄不自知，暮年初志各參差。南陽隴底臥龍日，北固樽前失者時。霸主三分割天下，宗臣十倍勝曹丕。寒爐夜發塵書讀，似覆輸籌一局棋。

又　卷三二四四《李曾伯〈和劉清叔襄陽隆中行〉》　老瞞晚當漢道臥，黑雲觸天月新破。英雄湖海應如響，獨向南陽靜中坐。當時不遇劉豫州，抱膝吟嘯誰爲酬。本圖一旅復夏祀，豈爲萬户伸韓仇。彼攸官渡瑜夏口，非不功名咄嗟就。甘心蒿布嫁之子，肯以金夫易吾守。惜乎天下思漢心，是際不及西都深。皇天不祚機再失，馬謖之敗雲長禽。空存遺廟千載後，過者猶知袒爲右。嗚呼龍乎如有靈，盍使胡營落天狗。

又　卷三三一〇《衛宗武〈孔明〉》　龍臥而長吟，胸次抱奇偉。立心不北向，特為三顧起。曹瞞下荆州，氣可吞權備。奮袂為一出，遂成鼎足勢。忠誠以輔國，相業難擬議。刑政能服人，怨讎至感涕。出師陳悃款，訓誥相表裏。南攻孟獲平，弱出張䳟殪。司馬亦嚴憚，甘受巾幗耻。儻使先十年，營星未隕墜。興復其可期，中原安有魏。

又　卷三六五一《陳普〈詠史下·費禕〉》　渭南營裏夜眠遲，漢壽屯中醉裏棋。亡蜀似緣才太給，不關越次用陳氏。【略】

木牛流汗上青天，漢火明知不可然。誰識連峰攢劍戟，正虞天嗇孔明年。

又　《諸葛孔明八首·其一》　不憑潼華驅曹馬，試出褒斜臧合雙。深念永安枕前語，橫行河洛又臨江。

又　《其二》　褒斜邸閣可一飯，河渭安流漕九州。天乎馬謖又霖雨，倍費心思作木牛。

又　《其三》　蒼蒼石穴五百里，炎熱寒涼一漢家。絳灌蕭韓同故道，關張不共出褒斜。

又　《其四》　關羽不能當一面，魏延何敢比淮陰。流星只緩身徂落，一木終能作鄧林。

又　《其五》　郭淮豈得為許歷，曹獻敢言如亞夫。祁山再見伐崇旅，鳳鳥不來嗟已夫。

又　《其六》　飛羽凋零又秭歸，卯金餘息孔明知。春秋兩字誅千古，不用當年磔操丕。

又　《其七》　軻死無傳直至今，孔明曾一正人心。拔刀斫石今猶憤，何況當年感激深。

又　《其八》　面黑頭黄味似飴，孔明伐賊妾蠶機。生前桑柘八百樹，死後甘棠四十圍。

又　卷三六六九《汪元量〈蜀相廟〉》　我謁武侯祠，陰郎草淒淒。當時南陽結廬學龍臥，深山大澤無人知。胡為蜀先主，三顧前致辭。欲煩恢復天下計，先生籌策天下奇。浩然出山來，刢刢虎豹姿。乘時既得人，上曰真吾師。已曉關與張，二子不復疑。孤有孔明在軍中，如龍有水相因依。歷數既有歸，破賊當自茲。可憐復漢社稷心未已，當時三峽圖壘空巍巍。先生有才過曹丕，中原恢復未可知。惜哉軍務勞，一心死無私。出師一表如皎日，千古萬古鴻名垂。

又　卷三七〇八《陸文圭〈讀史〉》　魏延及楊儀，兩人蜀俊乂。各懷專忌心，曲直竟誰在。孔明惜其才，未嘗輒偏廢。渭南反旆歸，師在千里外。朝臣意左右，魏為楊所害。楊亦不得死，晚用姜維輩。蜀竟以是亡，束手付鄧艾。艾復矜其功，受制於鍾會。四人共一律，皆以專忌敗。家國莫不然，嗚呼可為戒。

《全元詩》第三六冊《潘純〈送海東之西省出戍〉》　窮猿憑險弄干戈，五月樓船奏凱歌。自古蠻夷多反側，只今州縣重差科。漢家循吏文翁少，亮府謀臣馬謖多。莫道鮫人居水底，海中曾見不揚波。

又　第三九冊《楊維楨〈梁父吟〉》　梁父歌，臥龍起，中山王孫移玉趾。自比管與樂，不比齊晏子。帝中崩，賊未庭。牛馬走餉，龍蛇走兵。魏司馬，十日不到長安城。馬參軍，殺以釁鼓莫謝先帝靈。坐令巾婦，寢食問斗升。歌梁父，西日傾，西風為我生火聲。

又　第四四冊《張昱〈題諸葛孔明·其六〉》　身為中山漢子孫，西

南別立舊乾坤。君才十倍曹丕上，位列三臺蜀相尊。佈陣有圖靈尚在，出師遺表恨猶存。休將巾幗羞司馬，五丈原頭日已昏。【略】

身為中山漢子孫，西南別立舊乾坤。君才十倍曹丕上，位列三臺蜀相尊。佈陣有圖靈尚在，出師遺表恨猶存。休將巾幗羞司馬，五丈原頭日已昏。

明・胡應麟《少室山房集》卷二《補蜀漢鐃歌十二首・馘張合》 馘張合，在鹵城。蜀人歡忻魏震驚。魏兵百萬乘蜀營。司馬披甲仍先登。我師一出殲長鯨。卒徒賈勇懿大奔，積甲三千若丘陵。司馬匍匐亡旄旌。賊徒合，追木門。萬弩射合褫合魂。馘之不異雞與豚。桓桓八陣孰敢嬰。所當者破擊者平。如湯如武，天下無敵十一征。

又《餘威懾》 餘威懾，走仲達。胡天弗弔喪諸葛。大星煌煌殞天末。我師反旆喪不發。魏人歡呼夜來躡。鳴金展幟雷電掣。懿也狼奔膽欲裂。千秋壯士贊諸葛。死諸葛走生仲達。

又《蜀如虎》 蜀如虎，師甚武。熊羆十萬下天府。仁義禮樂為盾櫓。奸雄閉穴氣銷沮。甘受巾幗呼老姥。嗟嗟，懿如鼠，亮如龍，蜀如虎。

清・王士禛《漁洋續詩》卷四《沔縣謁諸葛忠武侯祠》 天漢遙遙指劍關，逢人先問定軍山。惠陵草木冰霜裏，丞相祠堂檜柏間。八陣風雲通指顧，一江波浪急潺湲。遺民衢路還私祭，不獨英雄血淚斑。

清・閻爾梅《白耷山人詩集》卷六《定軍山謁諸葛丞相墓》 《梁甫吟》曾頌武侯，今來沔上撫松楸。天威振旅乘金馬，名士臨戎駕木牛。賊指操丕真有見，功兼伊霍迥無儔。試看兵火千餘載，誰敢樵蘇傍壟頭。

清・李柏《槲葉集》卷四《書五丈原武侯廟碑陰》 大賢爭天不爭地，爭地萬里無尺土，一統三分何足評？大盜爭地不爭天。爭天一日天萬年。忠漢纂漢身後名。漢地三分曾爭一，漢天一統讓先生。嗚呼，萬勢奸雄誰敢爭！

清・樊增祥《樊樊山詩集》卷二二《沁園春・石甫罷官歸寄慰》 昔陶淵明，仕八十日，賦歸去來。甚君巡桂管，下同彭澤，去時啖荔，歸日迎梅。春草隨身，蠻花壓帽，別酒龍州薦一杯。江南好，看一辭銅柱，再上蘇臺。狂名聒耳如雷。有虎豹韜鈐鸚鵡才。幸黃祖筵前，禰衡不死，絳侯疏上，賈誼空回。馬謖新誅，殷源將廢，一世之雄安在哉？君無恙，只柳州城裏，鶴歎猿哀。

清・張之洞《張文襄公全集》卷二二四《井陘口》 諸葛不犯子午險，孟德喜脫烏林幽。

清・徐世昌《清詩匯》卷三《讀通鑑紀事本末・諸葛亮出師》 征北先定南，志在滅曹氏。縛渠七縱擒，耽延無是理。復漢竭忠貞，三顧重任委。誅謖軍令申，引咎首責已。流馬及木牛，制器濟窮耳。盡力功難成，天絕炎劉紀。哀哉五丈原，時勢皆極否。史論短智謀，見淺肆譏毀。

又　卷三五《方殿元〈六歌・褒斜道〉》 褒斜道，三載烽煙令人老。嵯峨雲棧四百里，其下黑龍江中水。北走三秦南走蜀，長蛇猛虎盤深谷。張良一燒不可測，顧盼從容得秦鹿。謁葛艱難數出師，大星夜落三軍哭。英雄成敗且有數，況乃區區一狐兔。黃塵澒洞入秦州，風雪關山勢遠戍。鐵馬回頭望隴山，斷腸家過秦川路。更有子午與黃金，十里百折傷人心。懸崖削壁日月黑，使爾戰魂招不得。

又　卷一六七《王柘〈落星石〉》 古來名將相，天上應星辰。到地化為石，當時何許人。更無光采在，竟與碔砆鄰。五丈原頭事，因之感漢臣。

雜録

《三國志》卷一三《魏志・鍾繇傳》 太和初，蜀相諸葛亮圍祁山，明帝欲西征，（鍾）毓上疏曰：『夫策貴廟勝，功尚帷幄，不下殿堂之上，而決勝千里之外。車駕宜鎮守中土，以為四方威勢之援。今大軍西征，雖有百倍之威，於關中之費，所損非一。且盛暑行師，詩人所重，實非至尊動軔之時也。』

又《華歆傳》 太和中，遣曹真從子午道伐蜀，車駕東幸許昌。（華）歆上疏曰：『兵亂以來，過逾二紀。大魏承天受命，陛下以聖德當成康之隆，宜弘一代之治，紹三王之迹。雖有二賊負險延命，苟聖化日躋，遠人懷德，將繈負而至。夫兵不得已而用之，故戢而時動。臣誠原陛下先留心於治道，以征伐為後事。且千里運糧，非用兵之利；越險深入，無獨克之功。如聞今年徵役，頗失農桑之業。為國者以民為基，民以衣食為本。使中國無飢寒之患，百姓無離土之心，則天下幸甚，二賊之釁，可坐而待也。臣備位宰相，老病日篤，犬馬之命將盡，恐不復奉望鑾蓋，不敢不竭臣子之懷，唯陛下裁察！』帝報曰：『君深慮國計，朕甚嘉之。賊憑恃山川，二祖勞於前世，猶不克平，朕豈敢自多，謂必滅之哉！諸將以為不一探取，無由自弊，是以觀兵以闚其釁。若天時未至，周武還師，乃前事之鑑，朕敬不忘所戒。』時秋大雨，詔真引軍還。

又　卷二二《魏志·衛臻傳》　諸葛亮寇天水，臻奏：『宜遣奇兵入散關，絕其糧道。』乃以臻為征蜀將軍，假節督諸軍事，到長安，亮退。**【略】**

亮又出斜谷；征南上：『朱然等軍已過荆城。』臻曰：『然，吳之驍將，必下從權，且為勢以綴征南耳。』權果召然入居巢，進攻合肥。帝欲自東征，臻曰：『權外示應亮，內實觀望。且合肥城固，不足為慮。車駕可無親征，以省六軍之費。』帝到尋陽而權竟退。

又　卷二三《魏志·杜襲傳》　明帝即位，進封平陽鄉侯。諸葛亮出秦川，大將軍曹真督諸軍拒亮，徙襲為大將軍軍師，分邑百户賜兄基爵關內侯。真薨，司馬宣王代之，襲復為軍師，增邑三百，并前五百五十户。

又　卷二五《魏志·辛毗傳》　青龍二年，諸葛亮率衆出渭南。先是，大將軍司馬宣王數請與亮戰，明帝終不聽。是歲恐不能禁，乃以毗為大將軍軍師，使持節；六軍皆肅，准毗節度，莫敢犯違。《魏略》曰：宣王數數欲進攻，毗禁不聽。宣王雖能行意，而每屈於毗。亮卒，復還為衛尉。薨，謚曰肅侯。

又　卷二七《魏志·徐邈傳》　明帝以涼州絕遠，南接蜀寇，以邈為涼州刺史，使持節領護羌校尉。至，值諸葛亮出祁山，隴右三郡反，邈輒遣參軍及金城太守等擊南安賊，破之。

又　卷三六《蜀志·趙雲傳》　（建興）五年，隨諸葛亮駐漢中。明年，亮出軍，揚聲由斜谷道，曹真遣大衆當之。亮令雲與鄧芝往拒，而身攻祁山。雲、芝兵弱敵強，失利於箕谷，然斂衆固守，不至大敗。軍退，貶為鎮軍將軍。《雲別傳》曰：亮曰：『街亭軍退，兵將不復相録，箕谷軍退，兵將初不相失，何故？』芝答曰：『雲身自斷後，軍資什物，略無所棄，兵將無緣相失。』雲有軍資餘絹，亮使分賜將士，雲曰：『軍事無利，何為有賜？其物請悉入赤岸府庫，須十月為冬賜。』亮大善之。

七年卒，追謚順平侯。

又　卷三九《蜀志·馬良傳》　（馬）良弟謖，字幼常，以荆州從事隨先主入蜀，除綿竹成都令、越巂太守。才器過人，好論軍計，丞相諸葛亮深加器異。先主臨薨謂亮曰：『馬謖言過其實，不可大用，君其察之！』亮猶謂不然，以謖為參軍，每引見談論，自晝達夜。《襄陽記》曰：建興三年，亮征南中，謖送之數十里。亮曰：『雖共謀之歷年，今可更惠良規。』謖對曰：『南中恃其險遠，不服久矣，雖今日破之，明日復反耳。今公方傾國北伐以事強賊。彼知官勢內虛，其叛亦速。若殄盡遺類以除後患，既非仁者之情，且又不可倉卒也。夫用兵之道，攻心為上，攻城為下，心戰為上，兵戰為下，原公服其心而已。』亮納其策，赦孟獲以服南方。故終亮之世，南方不敢復反。

建興六年，亮出軍向祁山，時有宿將魏延、吳壹等，論者皆言以為宜令為先鋒，而亮違衆拔謖，統大衆在前，與魏將張郃戰於街亭，為郃所破，士卒離散。亮進無所據，退軍還漢中。謖下獄物故，亮為之流涕。良死時年三十六，謖年三十九。《襄陽記》曰：謖臨終與亮書曰：『明公視謖猶子，謖視明公猶父，原深惟殛鯀興禹之義，使平生之交不虧於此，謖雖死無恨於黄壤也。』于時十萬之衆為之垂涕。亮自臨祭，待其遺孤若平生。蔣琬後詣漢中，謂亮曰：『昔楚殺得臣，然後文公喜可知也。天下未定而戮智計之士，豈不惜乎！』亮流涕曰：『孫武所以能制勝於天下者，用法明也。是以楊幹亂法，魏絳戮其僕。四海分裂，兵交方始，若復廢法，何用討賊邪！』習鑿齒曰：諸葛亮之不能兼上國也，豈不宜哉！夫晉人規林父之後濟，故廢法而收功；楚成闇得臣之益己，故殺之以重敗。今蜀僻陋一方，才少上國，而殺其俊傑，退收駑下之用，明法勝才，不師三敗之道，將以成業，不亦難乎！且先主誡謖之不可大用，豈不謂其非才也？亮受誡而不獲奉承，明謖之難廢也。為天下宰匠，欲大收物之力，而不量才節任，隨器付業；知之大過，則違明主之誡，裁之失中，即殺有益之人，難乎其可與言智者也。

又　《呂乂傳》　丞相諸葛亮連年出軍，調發諸郡，多不相救，（呂）乂募取兵五千人詣亮，慰喻檢制，無逃竄者。徙為漢中太守，兼領督農，供繼軍糧。亮卒，累遷廣漢、蜀郡太守。蜀郡一都之會，户口衆多，又亮卒之後，士伍亡命，更相重冒，奸巧非一。乂到官，為之防禁，開喻勸導，數年之中，漏脱自出者萬餘口。後入為尚書，代董允為尚書令，衆事無留，門無停賓。乂歷職内外，治身儉約，謙靖少言，為政簡而不煩，號為清能；然持法刻深，好用文俗吏，故居大官，名聲損於郡縣。延熙十四年卒。

又 卷四〇《蜀志・李嚴傳》 章武二年，先主徵（李）嚴詣永安宫，拜尚書令。三年，先主疾病，嚴與諸葛亮並受遺詔輔少主；以嚴為中都護，統内外軍事，留鎮永安。建興元年，封都鄉侯，假節，加光禄勳。四年，轉為前將軍。以諸葛亮欲出軍漢中，嚴當知後事，移屯江州，留護軍陳到駐永安，皆統屬嚴。嚴與孟達書曰：『吾與孔明俱受寄託，憂深責重，思得良伴。』亮亦與達書曰：『部分如流，趨舍罔滯，正方性也。』其見貴重如此。《諸葛亮集》有嚴與亮書，勸亮宜受九錫，進爵稱王。亮答書曰：『吾與足下相知久矣，可不復相解！足下方誨以光國，戒之以勿拘之道，是以未得默已。吾本東方下士，誤用於先帝，位極人臣，禄賜百億，今討賊未效，知己未答，而方寵齊、晉，坐自貴大，非其義也。若滅魏斬叡，帝還故居，與諸子並升，雖十命可受，況於九邪！』八年，遷驃騎將軍。以曹真欲三道向漢川，亮命嚴將二萬人赴漢中。亮表嚴子豐為江州都督督軍，典嚴後事。亮以明年當出軍，命嚴以中都護署府事。嚴改名為平。

九年春，亮軍祁山，平催督運事。秋夏之際，值天霖雨，運糧不繼，平遣參軍狐忠、督軍成藩喻指，呼亮來還；亮承以退軍。平聞軍退，乃更陽驚，説『軍糧饒足，何以便歸』！欲以解己不辦之責，顯亮不進之愆也。又表後主，説『軍偽退，欲以誘賊與戰』。亮具出其前後手筆書疏本末，平違錯章灼。平辭窮情竭，首謝罪負。於是亮表平曰：『自先帝崩後，平所在治家，尚為小惠，安身求名，無憂國之事。臣當北出，欲得平兵以鎮漢中，平窮難縱横，無有來意，而求以五郡為巴州刺史。去年臣欲西征，欲令平主督漢中，平説司馬懿等開府辟召。臣知平鄙情，欲因行之際偪臣取利也，是以表平子豐督主江州，隆崇其遇，以取一時之務。平至之日，都委諸事，羣臣上下皆怪臣待平之厚也。正以大事未定，漢室傾危，伐平之短，莫若褒之。然謂平情在於榮利而已，不意平心顛倒乃爾。若事稽留，將致禍敗，是臣不敏，言多增咎。』亮公文上尚書曰：『平為大臣，受恩過量，不思忠報，横造無端，危恥不辦，迷罔上下，論獄棄科，導人為姦，（狹情）［情狹］志狂，若無天地。自度姦露，嫌心遂生，聞軍臨至，西鄉託疾還沮、漳，軍臨至沮，復還江陽，平參軍狐忠勤諫乃止。今篡賊未滅，社稷多難，國事惟和，可以克捷，不可苞含，以危大業。輒與行中軍師車騎將軍都鄉侯臣劉琰，使持節前軍師征西大將軍領涼州刺史南鄭侯臣魏延、前將軍都亭侯臣袁綝，左將軍領荆州刺史高陽鄉侯臣吴壹、督前部右將軍玄鄉侯臣高翔、督後部後將軍安樂亭侯臣吴班、領長史綏軍將軍臣楊儀、督左部行中監軍揚武將軍臣鄧芝、行前監軍征南將軍臣劉巴、行中護軍偏將軍臣費禕、行前護軍偏將軍漢成亭侯臣許允、行左護軍篤信中郎將臣丁咸、行右護軍偏將軍臣劉敏、行護軍征南將軍當陽亭侯臣姜維、行中典軍討虜將軍臣上官雝、行中參軍昭武中郎將臣胡濟、行參軍建義將軍臣閻晏、行參軍偏將軍臣爨習、行參軍裨將軍臣杜義、行參軍武略中郎將臣杜祺、行參軍綏戎都尉盛勃、領從事中郎武略中郎將臣樊岐等議，輒解平任，免官禄、節傳、印綬、符策，削其爵土。』乃廢平為民，徙梓潼郡。諸葛亮又與平子豐教曰：『吾與君父子戮力以獎漢室，此神明所聞，非但人知之也。表都護典漢中，委君於東關者，不與人議也。謂至心感動，終始可保，何圖中乖乎！昔楚卿屢絀，亦乃克復，思道則福，應自然之數也。原寬慰都護，勤追前闕。今雖解任，形業失故，奴婢賓客百數十人，君以中郎參軍居府，方之氣類，猶為上家。若都護思負一意，君與公琰推心從事者，否可復通，逝可復還也。詳思斯戒，明吾用心，臨書長歎，涕泣而已。』

又 《魏延傳》 （建興）五年，諸葛亮駐漢中，更以延為督前部，領丞相司馬、涼州刺史，八年，使延西入羌中，魏後將軍費瑤、雍州刺史郭淮與延戰于陽谿，延大破淮等，遷為前軍師征西大將軍，假節，進封南鄭侯。

延每隨亮出，輒欲請兵萬人，與亮異道會於潼關，如韓信故事，亮制而不許。延常謂亮為怯，歎恨己才用之不盡。《魏略》曰：夏侯楙為安西將軍，鎮長安，亮於南鄭與羣下計議，延曰：『聞夏侯楙少，主婿也，怯而無謀。今假延精兵五千，負糧五千，直從褒中出，循秦嶺而東，當子午而北，不過十日可到長安。楙聞延奄至，必乘船逃走。長安中惟有御史、京兆太守耳，横門邸閣與散民之穀足周食也。比東方相合聚，尚二十許日，而公從斜谷來，必足以達。如此，則一舉而咸陽以西可定矣。』亮以為此縣危，不如安從坦道，可以平取隴右，十全必克而無虞，故不用延計。延既善養士卒，勇猛過人，又性矜高，當時皆避下之。唯楊儀不假借延，延以為至忿，有如水火。十二年，亮出北谷口，延為前鋒。出亮營十里，延夢頭上生角，以問占夢趙直，直詐延曰：『夫麒麟有角而不用，此不戰而賊欲自破之象也。』退而告人曰：『角之為字，刀下用也；頭上用刀，其凶甚矣。』

秋，亮病困，密與長史楊儀、司馬費禕、護軍姜維等作身歿之後退軍節度，令延斷後，姜維次之；若延或不從命，軍便自發。亮適卒，秘不發喪，儀令禕往揣延意指。延曰：『丞相雖亡，吾自見在。府親官屬便可將喪還葬，吾自當率諸軍擊賊，云何以一人死廢天下之事邪？且魏延何人，當為楊儀所部勒，作斷後將乎！』因與禕共作行留部分，令禕手書與己連名，告下諸將。禕紿延曰：『當為君還解楊長史，長史文吏，稀更軍事，必不違命也。』禕出門馳馬而去，延尋悔，追之已不及矣。延遣人覘儀等，遂使欲案亮成規，諸營相次引軍還。延大怒，（才）儀未發，率所領徑先南歸，所過燒絕閣道。延、儀各相表叛逆，一日之中，羽檄交至。後主以問侍中董允、留府長史蔣琬，琬、允咸保儀疑延。儀等槎山通道，晝夜兼行，亦繼延後。延先至，據南谷口，遣兵逆擊儀等，儀等令何平在前禦延。平叱延先登曰：『公亡，身尚未寒，汝輩何敢乃爾！』延士衆知曲在延，莫為用命，軍皆散。延獨與其子數人逃亡，奔漢中。儀遣馬岱追斬之，致首於儀，儀起自踏之，曰：『庸奴！復能作惡不？』遂夷延三族。初，蔣琬率宿衛諸營赴難北行，行數十里，延死問至，乃旋。原延意不北降魏而南還者，但欲除殺儀等。平日諸將素不同，冀時論必當以代亮。本指如此。不便背叛。《魏略》曰：諸葛亮病，謂延等云：『我之死後，但謹自守，慎勿復來也。』令延攝行己事，密持喪去。延遂匿之，行至褒口，乃發喪。亮長史楊儀宿與延不和，見延攝行軍事，懼為所害，乃張言延欲舉衆北附，遂率其衆攻延。延本無此心，不戰軍走，追而殺之。臣松之以為此蓋敵國傳聞之言，不得與本傳爭審。

又《楊儀傳》（建興）五年，隨亮漢中。八年，遷長史，加綏軍將軍。亮數出軍，儀常規畫分部，籌度糧穀，不稽思慮，斯須便了。軍戎節度，取辦於儀。亮深惜儀之才幹，憑魏延之驍勇，常恨二人之不平，不忍有所偏廢也。十二年，隨亮出屯谷口。亮卒於敵場。儀既領軍還，又誅討延，自以為功勳至大，宜當代亮秉政，呼都尉趙正以《周易》筮之，卦得家人，默然不悅。而亮平生密指，以儀性狷狹，意在蔣琬，琬遂為尚書令、益州刺史。儀至，拜為中軍師，無所統領，從容而已。

初，儀為先主尚書，琬為尚書郎，後雖俱為丞相參軍長史，儀每從行，當其勞劇，自惟年宦先琬，才能逾之，於是怨憤形於聲色，歎吒之音發於五內。時人畏其言語不節，莫敢從也，惟後軍師費禕往慰省之。儀對禕恨望，前後云云，又語禕曰：『往者丞相亡没之際，吾若舉軍以就魏氏，處世寧當落度如此邪！令人追悔不可復及。』禕密表其言。十三年，廢儀為民，徙漢嘉郡。儀至徙所，復上書誹謗，辭指激切，遂下郡收儀。儀自殺，其妻子還蜀。《楚國先賢傳》云：儀兄慮，字威方。少有德行，為江南冠冕。州郡禮召，諸公辟請，皆不能屈。年十七，夭，鄉人號曰德行楊君。

又 卷四一《蜀志·向朗傳》 丞相亮南征，朗留統後事。（建興）五年，隨亮漢中。朗素與馬謖善，謖逃亡，朗知情不舉，亮恨之，免官還成都。

又 卷四三《蜀志·李恢傳》 李恢字德昂，建寧俞元人也。仕郡督郵，姑夫爨習為建伶令，有違犯之事，恢坐習免官。太守董和以習方土大姓，寢而不許。《華陽國志》曰：習後官至領軍。後貢恢於州，涉道未至，聞先主自葭萌還攻劉璋。恢知璋之必敗，先主必成，乃託名郡使，北詣先主，遇於綿竹。先主嘉之，從至雒城，遣恢至漢中交好馬超，超遂從命。成都既定，先主領益州牧，以恢為功曹書佐主簿。後為亡虜所誣，引恢謀反，有司執送，先主明其不然，更遷恢為別駕從事。章武元年，庲降都督鄧方卒，先主問恢：『誰可代者？』恢對曰：『人之才能，各有長短，故孔子曰「其使人也器之」。且夫明主在上，則臣下盡情，是以先零之役，趙充國曰「莫若老臣」。臣竊不自揆，惟陛下察之。』先主笑曰：『孤之本意，亦已在卿矣。』遂以恢為庲降都督，使持節領交州刺史，住平夷縣。臣松之訊之蜀人，云庲降地名，去蜀二千餘里，時未有寧州，號為南中，立此職以總攝之。晉泰始中，始分為寧州。

先主薨，高定恣睢於越巂，雍闓跋扈於建寧，朱褒反叛於牂牁。丞相亮南征，先由越巂，而恢案道向建寧。諸縣大相糾合，圍恢軍於昆明。時恢衆少敵倍，又未得亮聲息，紿謂南人曰：『官軍糧盡，欲規退還，吾中間久斥鄉里，乃今得旋，不能復北，欲還與汝等同計謀，故以誠相告。』

南人信之，故圍守怠緩。於是恢出擊，大破之，追奔逐北，南至槃江，東接牂牁，與亮聲勢相連。南土平定，恢軍功居多，封漢興亭侯，加安漢將軍。後軍還，南夷復叛，殺害守將。恢身往撲討，鉏盡惡類，徙其豪帥于成都，賦出叟、濮耕牛戰馬金銀犀革，充繼軍資，于時費用不乏。

又《呂凱傳》　呂凱字季平，永昌不韋人也。孫盛《蜀世譜》曰：初，秦徙呂不韋子弟宗族於蜀漢。漢武帝時，開西南夷，置郡縣，徙呂氏以充之，因曰不韋縣。仕郡五官掾功曹。時雍闓等聞先主薨於永安，驕黠滋甚。都護李嚴與闓書六紙，解喻利害，闓但答一紙曰：『蓋聞天無二日，土無二王，今天下鼎立，正朔有三，是以遠人惶惑，不知所歸也。』其桀慢如此。闓又降於吳，吳遙署闓為永昌太守。永昌既在益州郡之西，道路壅塞，與蜀隔絕，而郡太守改易，凱與府丞蜀郡王伉帥厲吏民，閉境拒闓。闓數移檄永昌，稱說云云。凱答檄曰：『天降喪亂，奸雄乘釁，天下切齒，萬國悲悼，臣妾大小，莫不思竭筋力，肝腦塗地，以除國難。伏惟將軍世受漢恩，以為當躬聚黨衆，率先啓行，上以報國家，下不負先人，書功竹帛，遺名千載。何期臣僕吳越，背本就末乎？昔舜勤民事，隕於蒼梧，書籍嘉之，流聲無窮。崩于江浦，何足可悲！文、武受命，成王乃平。先帝龍興，海內望風，宰臣聰睿，自天降康。而將軍不睹盛衰之紀，成敗之符，譬如野火在原，蹈履河冰，火滅冰泮，將何所依附？曩者將軍先君雍侯，造怨而封，竇融知興，歸志世祖，皆流名後葉，世歌其美。今諸葛丞相英才挺出，深睹未萌，受遺託孤，翊贊季興，與衆無忌，録功忘瑕。將軍若能翻然改圖，易迹更步，古人不難追，鄙土何足宰哉！蓋聞楚國不恭，齊桓是責，夫差僭號，晉人不長，況臣於非主，誰肯歸之邪？竊惟古義，臣無越境之交，是以前後有來無往。重承告示，發憤忘食，故略陳所懷，惟將軍察焉。』凱威恩內著，為郡中所信，故能全其節。

及丞相亮南征討闓，既發在道，而闓已為高定部曲所殺。亮至南，上表曰：『永昌郡吏呂凱、府丞王伉等，執忠絕域，十有餘年，雍闓、高定偪其東北，而凱等守義不與交通。臣不意永昌風俗敦直乃爾！』以凱為雲南太守，封陽遷亭侯。會為叛夷所害，子祥嗣。而王伉亦封亭侯，為永昌太守。《蜀世譜》曰：呂祥後為晉南夷校尉，祥子及孫世為永昌太守。李雄破寧州，諸呂不肯附，舉郡固守。王伉等亦守正節。

又《馬忠傳》　建興元年，丞相亮開府，以忠為門下督。三年，亮入南，拜忠牂牁太守。郡丞朱褒反。叛亂之後，忠撫育恤理，甚有威惠。八年，召為丞相參軍，副長史蔣琬署留府事。又領州治中從事。明年，亮出祁山，忠詣亮所，經營戎事。軍還，督將軍張嶷等討汶山郡叛羌。十一年，南夷豪帥劉胄反，擾亂諸郡。徵庲降都督張翼還，以忠代翼。忠遂斬胄，平南土。加忠監軍奮威將軍，封博陽亭侯。初，建寧郡殺太守正昂，縛太守張裔於吳，故都督常駐平夷縣。至忠，乃移治味縣，處民夷之間。又越巂郡亦久失土地，忠率將太守張嶷開復舊郡，由此就加安南將軍，進封彭鄉亭侯。

又《王平傳》　王平字子均，巴西宕渠人也。本養外家何氏，後復姓王。隨杜濩、朴胡詣洛陽，假校尉，從曹公征漢中，因降先主，拜牙門將、裨將軍。建興六年，屬參軍馬謖先鋒。謖舍水上山，舉措煩擾，平連規諫謖，謖不能用，大敗於街亭。衆盡星散，惟平所領千人，鳴鼓自持，魏將張郃疑其伏兵，不往偪也。於是平徐徐收合諸營遺迸，率將士而還。丞相亮既誅馬謖及將軍張休、李盛，奪將軍黄襲等兵，平特見崇顯，加拜參軍，統五部兼當營事，進位討寇將軍，封亭侯。九年，亮圍祁山，平別守南圍。魏大將軍司馬宣王攻亮，張郃攻平，平堅守不動，郃不能克。十二年，亮卒於武功，軍退還，魏延作亂，一戰而敗，平之功也。遷後典軍、安漢將軍，副車騎將軍吳壹住漢中，又領漢中太守。十五年，進封安漢侯，代壹督漢中。延熙元年，大將軍蔣琬住沔陽，平更為前護軍，署琬府事。六年，琬還住涪，拜平前監軍、鎮北大將軍，統漢中。

七年春，魏大將軍曹爽率步騎十餘萬向漢川，前鋒已在駱谷。時漢中守兵不滿三萬，諸將大驚。或曰：『今力不足以拒敵，聽當固守漢、樂二城，遇賊令入，比爾間，涪軍足得救關。』平曰：『不然。漢中去涪垂千里。賊若得關，便為禍也。今宜先遣劉護軍、杜參軍據興勢，平為後拒；若賊分向黄金，平率千人下自臨之，比爾間，涪軍行至，此計之上也。』惟護軍劉敏與平意同，即便施行。涪諸軍及大將軍費禕自成都相繼而至，魏軍退還，如平本策。是時，鄧芝在東，馬忠在南，平在北境，咸著名迹。

平生長戎旅，手不能書，其所識不過十字，而口授作書，皆有意理。

使人讀《史》、《漢》諸紀傳，聽之，備知其大義，往往論説不失其指。遵履法度，言不戲謔，從朝至夕，端坐徹日，嫗無武將之體，然性狹侵疑，為人自輕，以此為損焉。十一年卒，子訓嗣。

初，平同郡漢昌句扶忠勇寬厚，數有戰功，功名爵位亞平，官至左將軍，封宕渠侯。《華陽國志》曰：後張翼、廖化並為大將軍，時人語曰：『前有王、句，後有張、廖。』

又　卷四四《蜀志・姜維傳》　建興六年，丞相諸葛亮軍向祁山，時天水太守適出案行，維及功曹梁緒、主簿尹賞、主記梁虔等從行。太守聞蜀軍垂至，而諸縣回應，疑維等皆有異心，於是夜亡保上邽。維等覺太守去，追遲，至城門，城門已閉，不納。維等相率還冀，冀亦不入維。維等乃俱詣諸葛亮。會馬謖敗於街亭，亮拔將西縣千餘家及維等還，故維遂與母相失。《魏略》曰：天水太守馬遵將維及諸官屬隨雍州刺史郭淮偶自西至洛門案行，會聞亮已到祁山，淮顧遵曰：『是欲不善！』遂驅東還上邽。遵念所治冀縣界在西偏，又恐吏民樂亂，遂亦隨淮去。時維謂遵曰：『明府當還冀。』遵謂維等曰：『卿諸人（回）復信，皆賊也。』各自行。維亦無如遵何，而家在冀，遂與郡吏上官子脩等還冀。冀中吏民見維等大喜，便推令見亮。二人不獲已，乃共詣亮。亮見，大悦。未及遣迎冀中人，會亮前鋒為張郃、費繇等所破，遂將維等卻縮。維不得還，遂入蜀。諸軍攻冀，皆得維母妻子，亦以維本無去意，故不沒其家，但繫保官以延之。此語與本傳不同。亮辟維為倉曹掾，加奉義將軍，封當陽亭侯，時年二十七。亮與留府長史張裔、參軍蔣琬書曰：『姜伯約忠勤時事，思慮精密，考其所有，永南、季常諸人不如也。其人，涼州上士也。』又曰：『須先教中虎步兵五六千人。姜伯約甚敏於軍事，既有膽義，深解兵意。此人心存漢室，而才兼於人，畢教軍事，當遣詣宮，覲見主上。』孫盛《雜記》曰：初，姜維詣亮，與母相失，復得母書，令求當歸。維曰：『良田百頃，不在一畝，但有遠志，不在當歸也。』後遷中監軍征西將軍。十二年，亮卒，維還成都，為右監軍輔漢將軍，統諸軍，進封平襄侯。

又　卷四七《吴志・吴主傳》　（嘉禾三年）夏五月，權遣陸遜、諸葛瑾等屯江夏、沔口，孫韶、張承等向廣陵、淮陽，權率大衆圍合肥新城。是時蜀相諸葛亮出武功，權謂魏明帝不能遠出，而帝遣兵助司馬宣王拒亮，自率水軍東征。未至壽春，權退還，孫韶亦罷。

又　卷一五《魏志・張既傳》裴松之注　《魏略》曰：（游）楚為人慷慨，歷位宰守，所在以恩德為治，不好刑殺。太和中，諸葛亮出隴右，吏民騷動。天水、南安太守各棄郡東下，楚獨據隴西，召會吏民，謂之曰：『太守無恩德。今蜀兵至，諸郡吏民皆已應之，此亦諸卿富貴之秋也。太守本為國家守郡，義在必死，卿諸人便可取太守頭持往。』吏民皆涕淚，言『死生當與明府同，無有二心』。楚復言：『卿曹若不原，我為卿畫一計。今東二郡已去，必將寇來，但可共堅守。若國家救到，寇必去，是為一郡守義，人人獲爵寵也。若官救不到，蜀攻日急，爾乃取太守以降，未為晚也。』吏民遂城守。而南安果將蜀兵，就攻隴西。楚聞賊到，乃遣長史馬顒出門設陳，而自於城上曉謂蜀帥，言：『卿能斷隴，使東兵不上，一月之中，則隴西吏人不攻自服；卿若不能，虚自疲弊耳。』使顒鳴鼓擊之，蜀人乃去。後十餘日，諸軍上隴，諸葛亮破走。南安、天水皆坐應亮破滅，兩郡守各獲重刑，而楚以功封列侯，長史掾屬皆賜拜。帝嘉其治，詔特聽朝，引上殿。楚為人短小而大聲，自為吏，初不朝覲，被詔登階，不知儀式。帝令侍中贊引，呼『隴西太守前』，楚當言『唯』，而大應稱『諾』。帝顧之而笑，遂勞勉之。罷會，自表乞留宿衛，拜駙馬都尉。楚不學問，而性好遊遨音樂。乃畜歌者，琵琶、箏、簫，每行來將以自隨。所在樗蒲、投壺，歡欣自娱。數歲，復出為北地太守，年七十餘卒。【略】

《魏略》曰：（張）緝字敬仲，太和中為温令，名有治能。會諸葛亮出，緝上便宜，詔以問中書令孫資，資以為有籌略，遂召拜騎都尉，遣參征蜀軍。軍罷，入為尚書郎，以稱職為明帝所識。

又　卷二五《魏志・辛毗傳》裴松之注　《魏略》曰：諸葛亮圍祁山，不克，引退。張郃追之，為流矢所中死。帝惜郃，臨朝而歎曰：『蜀未平而郃死，將若之何！』司空陳羣曰：『郃誠良將，國所依也。』毗心以為郃雖可惜，然已死，不當内弱主意，而示外以不大也。乃持羣曰：『陳公，是何言歟！當建安之末，天下不可一日無武皇帝也，及委國祚，而文皇帝受命，黄初之世，亦謂不可無文皇帝也，及委棄天下，而陛下龍興。今國内所少，豈張郃乎？』陳羣曰：『亦誠如辛毗言。』帝笑曰：『陳公可謂善變矣。』臣松之以為擬人必於其倫，取譬宜引其類，故君子於其言，無所苟而已矣。毗欲弘廣主意，當舉若張遼之疇，安有於一將之死而可以祖宗為譬哉？非所宜言，莫過於茲，進違其類，退似諂佞，佐治剛正之體，不宜有此。《魏略》既已難信，習氏又從而載之，竊謂斯人受誣不少。

《後漢書》卷六《順帝紀》　乙亥，詔益州刺史罷子午道，通褒斜路。子午道，平帝時王莽通之。《三秦記》曰：子午，長安正南，山名秦嶺，谷一名樊川。褒斜，漢中谷名，南谷名褒，北谷名斜，首尾七百里。

又　卷一一三《郡國志五·漢陽郡略陽縣》　有街泉亭。

南朝宋·劉義慶《世説新語·方正》　諸葛亮之次渭濱，關中震動。《蜀志》曰：『亮字孔明，琅邪陽都人。客於荊州，躬耕隴畝，好為梁甫吟。長八尺，每自比管仲、樂毅，時人莫之許也。唯博陵崔州平、潁川徐元直謂為信然。先主屯新野，徐庶見先主曰：「諸葛孔明，臥龍也。將軍豈願見之乎？」先主曰：「君與俱來。」庶曰：「此人可就見，不可屈致也。」先主遂詣亮，謂關羽、張飛曰：「孤之有孔明，猶魚之有水也。」累遷丞相、益州牧。率衆北征，卒於渭南。』魏明帝深懼晉宣王戰，乃遣辛毗為軍司馬。《魏志》曰：『毗字佐治，潁川陽翟人。累遷衛尉。』宣王既與亮對渭而陳，亮設誘譎萬方。宣王果大忿，將欲應之以重兵。亮遣間諜覘之，還曰：『有一老夫，毅然仗黃鉞，當軍門立，軍不得出。』亮曰：『此必辛佐治也。』《晉陽秋》曰：『諸葛亮寇于郿，據渭水南原，詔使高祖拒之。亮善撫御，又戎政嚴明，且僑軍遠征，糧運艱澀，利在野戰。朝廷每聞其出，欲以不戰屈之，高祖亦以為然。而擁大軍禦侮於外，不宜遠露怯弱之形以虧大勢，故秣馬坐甲，每見吞併之威。亮雖挑戰，或遺高祖巾幗。巾幗，婦女之飾，欲以激怒，冀獲曹咎之利。朝廷慮高祖不勝忿憤，而衛尉辛毗骨鯁之臣，帝乃使毗仗節為高祖軍司馬。亮果復挑戰，高祖乃奮怒，將出應之，毗仗節中門而立，高祖乃止。將士聞見者益加勇鋭。識者以人臣雖擁衆千萬而屈於王人，大略深長，皆如此之類也。』

北魏·酈道元《水經注》卷二〇《漾水》　漢水北連山秀舉，羅峰競峙。祁山在嶓冢之西七十許里，山上有城，極為嚴固。昔諸葛亮攻祁山，即斯城也。漢水徑其南。城南三里，有亮故壘，壘之左右，猶豐茂宿草，蓋亮所植也，在上邽西南二百四十里。《開山圖》曰：漢陽西南有祁山，溪徑逶迤，山高巖險，九州之名阻，天下之奇峻。今此山於衆阜之中，亦非為傑矣。

宋·李昉等《太平御覽》卷五七《地部二十二·原》　臧榮緒《晉書》曰：宣帝鎮關中，諸葛亮攻郿，據渭水南五丈原，帝禦之，對壘相持百餘日，俄而亮卒。

又　卷四九六《人事部一百三十七·鬭爭》　《費禕別傳》曰：魏延與楊儀並坐爭論，延或舉刃擬儀，儀涕泣橫集。禕常入坐其間，諫喻分別。

姜維北伐

綜述

《三國志》卷四《魏志·齊王芳傳》　（正始）五年春二月，詔大將軍曹爽率衆征蜀。【略】（五月）丙午，大將軍曹爽引軍還。【略】（嘉平五年）五月，吳太傅諸葛恪圍合肥新城，詔太尉司馬孚拒之。《漢晉春秋》曰：是時姜維亦出圍狄道。司馬景王問虞松曰：『今東西有事，二方皆急，而諸將意沮，若之何？』松曰：『昔周亞夫堅壁昌邑而吳楚自敗，事有似弱而强，或似强而弱，不可不察也。今恪悉其鋭衆，足以肆暴，而坐守新城，欲以致一戰耳。若攻城不拔，請戰不得，師老衆疲，勢將自走，諸將之不徑進，乃公之利也。姜維有重兵而縣軍應恪，投食我麥，非深根之寇也。且謂我並力於東，西方必虛，是以徑進。今若使關中諸軍倍道急赴，出其不意，殆將走矣。』景王曰：『善！』乃使郭淮、陳泰悉關中之衆，解狄道之圍；敕毌丘儉等案兵自守，以新城委吳。姜維聞淮進兵，軍食少，乃退屯隴西界。【略】

八月，詔曰：『故中郎西平郭脩，砥節厲行，秉心不回。乃者蜀將姜維寇鈔脩郡，為所執略。往歲，偽大將軍費禕驅率羣衆，陰圖闚瘉，道經漢壽，請會衆賓，脩於廣坐之中手刃擊禕，勇過聶政，功逾介子，可謂殺身成仁，釋生取義者矣。夫追加褒寵，所以表揚忠義；祚及後胤，所以獎勸將來。其追封脩為長樂鄉侯，食邑千户，謚曰威侯；子襲爵，加拜奉車都尉；賜銀千鉼，絹千匹，以光寵存亡，永垂來世焉。』《魏氏春秋》曰：脩字孝先，素有業行，著名西州。姜維劫之，脩不為屈。劉禪以為左將軍，脩欲刺禪而不得親近，每因慶賀，且拜且前，為禪左右所遏，事輒不克，故殺禕焉。臣松之以為古之捨生取義者，必有理存焉，或感恩懷德，投命無悔，或利害有機，奮發以應會，詔所稱聶政、介子是也。事非斯類，則陷乎妄作矣。魏之與蜀，雖為敵國，非有趙襄滅智之仇，燕丹危亡之急；且劉禪凡下之主，費禕中才之相，二人存亡，固無關於興喪。郭脩在魏，西州之男子耳，始獲於蜀，既不能抗節不辱，于魏又無食祿之責，不為時主所使，而無故規規然糜身於非所，義無所加，功無所立，可謂『折柳樊圃』，其狂也且，此之謂也。【略】

（六年）秋九月，大將軍司馬景王將謀廢帝，以聞皇太后。《世語》及《魏氏春秋》並云：此秋，姜維寇隴右。時安東將軍司馬文王鎮許昌，徵還擊維，至京師，帝於平樂觀以臨軍過。中領軍許允與左右小臣謀，因文王辭，殺之，勒其衆以退大將軍。已書詔於前。文王入，帝方食栗，優人雲午等唱曰：『青頭雞，青頭雞。』青頭雞者，鴨也。帝懼不敢發。文王引兵入城，景王因是謀廢帝。臣松之案《夏侯玄傳》及《魏略》，許允此年春與李豐事相連。豐既誅，即出允為鎮北將軍，未發，以放散官物收付廷尉，徙樂浪，追殺之。允此秋不得故為領軍而建此謀。【略】

（正元二年）八月辛亥，蜀大將軍姜維寇狄道，雍州刺史王經與戰洮西，經大敗，還保狄道城。辛未，以長水校尉鄧艾行安西將軍，與征西將軍陳泰并力拒維。戊辰，復遣太尉司馬孚為後繼。【略】（九月）甲辰，姜維退還。冬十月，詔曰：『朕以寡德，不能式遏寇虐，乃令蜀賊陸梁邊陲。洮西之戰，至取負敗，將士死亡，計以千數，或没命戰場，冤魂不反，或牽掣虜手，流離異域，吾深痛愍，為之悼心。其令所在郡典農及安撫夷二護軍各部大吏慰恤其門户，無差賦役一年；其力戰死事者，皆如舊科，勿有所漏。』

十一月甲午，以隴右四郡及金城，連年受敵，或亡叛投賊，其親戚留在本土者不安，皆特赦之。癸丑，詔曰：『往者洮西之戰，將吏士民或臨陳戰亡，或沈溺洮水，骸骨不收，棄於原野，吾常痛之。其告征西、安西將軍，各令部人於戰處及水次鉤求屍喪，收斂藏埋，以慰存亡。』【略】

（甘露元年七月）癸未，安西將軍鄧艾大破蜀大將姜維于上邽，詔曰：『兵未極武，醜虜摧破，斬首獲生，動以萬計，自頃戰克，無如此者。今遣使者犒賜將士，大會臨饗，飲宴終日，稱朕意焉。』【略】

（景元三年）冬十月，蜀大將姜維寇洮陽，鎮西將軍鄧艾拒之，破維于侯和，維遁走。

又　卷二六《魏志·郭淮傳》　正始元年，蜀將羌維出隴西。淮遂進軍，追至强中，維退，遂討羌迷當等，按撫柔氐三千餘落，拔徙以實關中。遷左將軍。涼州休屠胡梁元碧等，率種落二千餘家附雍州。淮奏請使居安定之高平，為民保障，其後因置（西川）〔西州〕都尉。轉拜前將軍，領州如故。

又　卷二八《魏志·鄧艾傳》　出參征西軍事，遷南安太守。嘉平元年，與征西將軍郭淮拒蜀偏將軍姜維。維退，淮因西擊羌。艾曰：『賊去未遠，或能復還，宜分諸軍以備不虞。』於是留艾屯白水北。三日，維遣廖化自白水南向艾結營。艾謂諸將曰：『維今卒還，吾軍人少，法當來渡而不作橋。此維使化持吾，令不得還。維必自東襲取洮城。』洮城在水北，去艾屯六十里。艾即夜潛軍徑到，維果來渡，而艾先至據城，得以不敗。賜爵關内侯，加討寇將軍，後遷城陽太守。【略】

其年征拜長水校尉。以破欽等功，進封方城鄉侯，行安西將軍。解雍州刺史王經圍於狄道，姜維退駐鍾提，乃以艾為安西將軍，假節、領護東羌校尉。議者多以為維力已竭，未能更出。艾曰：『洮西之敗，非小失也；破軍殺將，倉廩空虚，百姓流離，幾於危亡。今以策言之，彼有乘勝之勢，我有虚弱之實，一也。彼上下相習，五兵犀利，我將易兵新，器杖未復，二也。彼以船行，吾以陸軍，勞逸不同，三也。狄道、隴西、南安、祁山，各當有守，彼專為一，我分為四，四也。從南安、隴西，因食羌穀，若趣祁山，熟麥千頃，為之縣餌，五也。賊有黠數，其來必矣。』頃之，維果向祁山，聞艾已有備，乃回從董亭趣南安，艾據武城山以相持。維與艾爭險，不克，其夜，渡渭東行，緣山趣上邽，艾與戰於段谷，大破之。甘露元年詔曰：『逆賊姜維連年狡黠，民夷騷動，西土不寧。艾籌畫有方，忠勇奮發，斬將十數，馘首千計；國威震於巴、蜀，武聲揚於江、岷。今以艾為鎮西將軍、都督隴右諸軍事，進封鄧侯。分五百户封子忠為亭侯。』二年，拒姜維于長城，維退還。遷征西將軍，前後增邑凡六千六百户。景元三年，又破維于侯和，維卻保遝中。

又　卷三三《蜀志·後主傳》　（延熙）五年春正月，監軍姜維督偏軍，自漢中還屯涪縣。【略】

十年，涼州胡王白虎文、治無戴等率衆降，衛將軍姜維迎逆安撫，居之於繁縣。是歲，汶山平康夷反，維往討，破平之。

十一年夏五月，大將軍費禕出屯漢中。秋，涪陵屬國民夷反，車騎將軍鄧芝往討，皆破平之。【略】

十二年春正月，魏誅大將軍曹爽等，右將軍夏侯霸來降。夏四月，大赦。秋，衛將軍姜維出攻雍州，不克而還。將軍句安、李韶降魏。

十三年，姜維復出西平，不克而還。【略】

十六年春正月，大將軍費禕為魏降人郭循所殺于漢壽。夏四月，衛將軍姜維復率衆圍南安，不克而還。

十七年春正月，姜維還成都。大赦。夏六月，維復率衆出隴西。冬，拔狄道、（河間）［河關］、臨洮三縣民，居於綿竹、繁縣。

十八年春，姜維還成都。夏，復率諸軍出狄道，與魏雍州刺史王經戰於洮西，大破之。經退保狄道城，維卻住鍾題。

十九年春，進姜維位為大將軍，督戎馬，與鎮西將軍胡濟期會上邽，濟失誓不至。秋八月，維為魏大將軍鄧艾所破於上邽。維退軍還成都。是歲，立子瓚為新平王。大赦。

二十年，聞魏大將軍諸葛誕據壽春以叛，姜維復率衆出駱谷，至芒水。是歲大赦。

景耀元年，姜維還成都。史官言景星見，於是大赦，改年。宦人黃皓始專政。【略】

五年春正月，西河王琮卒。是歲，姜維復率衆出侯和，為鄧艾所破，還住遝中。

又　卷三六《蜀志・趙廣傳》　（趙雲）次子廣，牙門將，隨姜維遝中，臨陳戰死。

又　卷四四《蜀志・姜維傳》　（建興）十二年，亮卒，維還成都，為右監軍輔漢將軍，統諸軍，進封平襄侯。延熙元年，隨大將軍蔣琬住漢中。琬既遷大司馬，以維為司馬，數率偏軍西入。六年，遷鎮西大將軍，領涼州刺史。十年，遷衛將軍，與大將軍費禕共録尚書事。是歲，汶山平康夷反，維率衆討定之。又出隴西、南安、金城界，與魏大將軍郭淮、夏侯霸等戰於洮西。胡王治無戴等舉部落降，維將還安處之。十二年，假維節，復出西平，不克而還。維自以練西方風俗，兼負其才武，欲誘諸羌、胡以為羽翼，謂自隴以西可斷而有也。每欲興軍大舉，費禕常裁制不從，與其兵不過萬人。《漢晉春秋》曰：費禕謂維曰：『吾等不如丞相亦已遠矣；丞相猶不能定中夏，況吾等乎！且不如保國治民，敬守社稷，如其功業，以俟能者，無以為希冀徼倖而決成敗於一舉。若不如志，悔之無及。』

十六年春，禕卒。夏，維率數萬人出石營，經董亭，圍南安，魏雍州刺史陳泰解圍至洛門，維糧盡退還。明年，加督中外軍事。復出隴西，守狄道長李簡舉城降。進圍襄武，與魏將徐質交鋒，斬首破敵，魏軍敗退。維乘勝多所降下，拔（河間）［河關］、狄道、臨洮三縣民還，後十八年，復與車騎將軍夏侯霸等俱出狄道，大破魏雍州刺史王經於洮西，經衆死者數萬人。經退保狄道城，維圍之。魏征西將軍陳泰進兵解圍，維卻住鍾題。

十九年春，就遷維為大將軍。更整勒戎馬，與鎮西大將軍胡濟期會上邽，濟失誓不至，故維為魏大將鄧艾所破於段谷，星散流離，死者甚衆。衆庶由是怨讟，而隴已西亦騷動不寧，維謝過引負，求自貶削。為後將軍，行大將軍事。

二十年，魏征東大將軍諸葛誕反於淮南，分關中兵東下。維欲乘虛向秦川，復率數萬人出駱谷，徑至沈嶺。時長城積穀甚多而守兵乃少，聞維方到，衆皆惶懼。魏大將軍司馬望拒之，鄧艾亦自隴右，皆軍于長城。維前住芒水，皆倚山為營。望、艾傍渭堅圍，維數下挑戰，望、艾不應。景耀元年，維聞誕破敗，乃還成都。復拜大將軍。

初，先主留魏延鎮漢中，皆實兵諸圍以禦外敵，敵若來攻，使不得入。及興勢之役，王平捍拒曹爽，皆承此制。維建議，以為錯守諸圍，雖合周易『重門』之義，然適可禦敵，不獲大利。不若使聞敵至，諸圍皆斂兵聚穀，退就漢、樂二城，使敵不得入平，且重關鎮守以捍之。有事之日，令游軍並進以伺其虛。敵攻關不克，野無散穀，千里縣糧，自然疲乏。引退之日，然後諸城並出，與游軍並力搏之，此殄敵之術也。於是令督漢中胡濟卻住漢壽，監軍王含守樂城，護軍蔣斌守漢城，又於西安、建威、武衛、石門、武城、建昌、臨遠皆立圍守。

五年，維率衆出漢、侯和，為鄧艾所破，還住遝中。

《晉書》卷二《景帝文帝紀》　大將軍曹爽之伐蜀也，以帝（司馬昭）為征蜀將軍，副夏侯玄出駱谷，次於興勢。蜀將王林夜襲帝營，帝堅臥不動。林退，帝謂玄曰：『費禕以據險距守，進不獲戰，攻之不可，宜亟旋軍，以為後圖。』爽等引旋，禕果馳兵趣三嶺，爭險乃得過。遂還，拜議郎。【略】蜀將姜維之寇隴右也，征西將軍郭淮自長安距之。進帝位安西將軍、持節，屯關中，為諸軍節度。淮攻維別將句安於麴，久而不決。帝乃進據長城，南趣駱谷以疑之。維懼，退保南鄭，安軍絕援，帥衆來降。【略】蜀將姜維又寇隴右，揚聲欲攻狄道。以帝行征西將軍，次長安。雍州刺史陳泰欲先賊據狄道，帝曰：『姜維攻羌，收其質任，聚谷作邸閣訖，而復轉行至此，正欲了塞外諸羌，為後年之資耳。若實向狄道，安肯宣露，令外人知？今揚聲言出，此欲歸也。』維果燒營而去。

又　卷三七《安平獻王孚傳》　時景、文相繼輔政，未嘗朝覲，權歸晉室。（司馬）望雖見寵待，每不自安，由是求出，為征西將軍、持節、都督雍涼二州諸軍事。在任八年，威化明肅。先是蜀將姜維屢寇關中，及望至，廣設方略，維不得為寇，關中賴之。【略】

代王淩太尉。及蜀將姜維寇隴右，雍州刺史王經戰敗，遣孚西鎮關中，統諸軍事。征西將軍陳泰與安西將軍鄧艾進擊維，維退。孚還京師，轉太傅。

論說

《三國志》卷四四《蜀志·姜維傳》　郤正著論論維曰：『姜伯約據上將之重，處羣臣之右，宅舍弊薄，資財無餘，側室無妾媵之褻，後庭無聲樂之娛，衣服取供，輿馬取備，飲食節制，不奢不約，官給費用，隨手消盡；察其所以然者，非以激貪厲濁，抑情自割也，直謂如是為足，不在多求。凡人之談，常譽成毀敗，扶高抑下，咸以姜維投厝無所，身死宗滅，以是貶削，不復料擿，異乎《春秋》褒貶之義矣。如姜維之樂學不倦，清素節約，自一時之儀表也。』孫盛曰：異哉郤氏之論也！夫士雖百行，操業萬殊，至於忠孝義節，百行之冠冕也。姜維策名魏室，而外奔蜀朝，違君徇利，不可謂忠；捐親苟免，不可謂孝；害加舊邦，不可謂義；敗不死難，不可謂節；且德政未敷而疲民以逞，居禦侮之任而致敵喪守，於夫智勇，莫可云也：凡斯六者，維無一焉。實有魏之逋臣，亡國之亂相，而云人之儀表，斯亦惑矣。縱維好書而微自藻潔，豈異夫盜者分財之義，而程、鄭降階之善也？臣松之以為郤正此論，取其可稱，不謂維始終行事皆可準則也。所云『一時儀表』，止在好學與儉素耳。本傳及《魏略》皆云維本無叛心，以急逼歸蜀。盛相譏貶，惟可責其背母。餘既過苦，又非所以難郤正也。

又　《姜維傳論》　姜維粗有文武，志立功名，而玩衆黷旅，明斷不周，終致隕斃。老子有云：『治大國者猶烹小鮮。』況於區區蕞爾，而可屢擾乎哉？干寶曰：姜維為蜀相，國亡主辱弗之死，而死於鍾會之亂，惜哉！非死之難，處死之難也。是以古之烈士，見危授命，投節如歸，非不愛死也，固知命之不長而懼不得其所也。

藝文

清·彭定求等《全唐詩》卷二四五《韓翃〈送劉將軍〉》　膽大欲期姜伯約，功多不讓李輕車。

又　卷八八一《李瀚〈蒙求〉》　姜維膽斗，盧植音鐘。

《全宋詩》卷二一七一《陸遊〈登千峰榭〉》　王衍諸人寧足責，姜維豎子自應窮。他年弔古憑高處，想見清伊照碧嵩。

又　三〇八〇《録姜伯約遺言》　事或難遙度，人殊未易知。誰云臥龍死，復有一姜維。

又　卷三六五一《陳普〈詠史下·姜維〉》　國小民勞事已非，城狐不斬愈危機。卻屯已可擒鍾會，鄧艾無翎獨解飛。【略】

無德那堪力不任，重關如掌寇戎深。幽冥不係梟鍾會，猶有區區一片心。

又　卷三六七七《于石〈讀史〉其七》　志士匡君貴善謀，古來直筆有春秋。孔明扶漢何吞蜀，仁傑興唐乃死周。成敗由人天不管，功名遺恨水空流。東之未相姜維將，二子寧無身後憂。

明·羅貫中《三國演義》第一〇九回《引後人詩》　妙算姜維不等閒，魏師受困鐵籠間。龐涓始入馬陵道，項羽初圍九里山。

又　第一一九回《引後人詩》　天水誇英俊，涼州產異才。係從尚父出，術奉武侯來。大膽應無懼，雄心誓不回。成都身死日，漢將有餘哀。

清・張政等《劍閣縣續志》卷九《藝文・［清］左斅〈登姜維城〉》

大劍山高接太清，峭巖攀到上頭平。當年後主已亡國，此地姜維尚守城。南詔五盤千仞合，北開古驛夕陽明。壞牆幾歷滄桑變，惆悵春風草又生。

又《［清］孫澈〈劍閣姜平襄祠〉》　外屯兵地，中原討賊人。艱虞扶社稷。喪亂失君臣。玉帳荒苔長。從祠古木春。傷心嵇紹血。不濺屬車塵。

又《［清］李調元〈姜伯約墓〉》　平襄怒氣凜生祠，猶見靈風日滿旗。百戰自能撐巨敵，三分誰使墮巫師？遝中種麥餘殘壟，關上披榛覓斷碑。斫石投戈定何處？荒山絕澗永嘶嘶。

又《［清］莊學和〈劍閣姜平襄侯祠二首・其一〉》　雄關臥虎控金湯，驚捧降書出錦闈。此日銜忠依北地，當年授略負南陽。中原九伐無撓計，上將雙殲有智囊。白棓不教消息漏，指揮漢日頓重光。

又《其二》　遝中豈是為身謀？保障成都第一籌。不畏裹毯來鄧艾，最嗔銜璧出譙周。軍皆斫地完齊燼，敵竟呼天執楚囚。大膽何嘗無遠略？陰平曾表護橋頭。

《清詩匯》卷四《高宗純皇帝御製平定兩金川凱歌三十章乾隆四十一年・其十八》　姜維征處號維州，豔羨戎人謠語留。今日勒圍為內地，無憂城果是無憂。

雜　錄

《三國志》卷二二《魏志・陳羣傳》　嘉平初，（陳泰）代郭淮為雍州刺史，加奮威將軍。蜀大將軍姜維率衆依麴山築二城，使牙門將句安、李歆等守之，聚羌胡質任等寇偪諸郡。征西將軍郭淮與泰謀所以禦之，泰曰：『麴城雖固，去蜀險遠，當須運糧。羌夷患維勞役，必未肯附。今圍而取之，可不血刃而拔其城；雖其有救，山道阻險，非行兵之地也。』淮從泰計，使泰率討蜀護軍徐質、南安太守鄧艾等進兵圍之，斷其運道及城外流水。安等挑戰，不許，將士困窘，分糧聚雪以稽日月。維果來救，出自牛頭山，與泰相對。泰曰：『兵法貴在不戰而屈人。今絕牛頭，維無反道，則我之禽也。』敕諸軍各堅壘勿與戰，遣使白淮，欲自南渡白水，循水而東，使淮趣牛頭，截其還路，可並取維，不惟安等而已。淮善其策，進率諸軍軍洮水。維懼，遁走，安等孤縣，遂皆降。

淮薨，泰代為征西將軍，假節都督雍、涼諸軍事。後年，雍州刺史王經白泰，云姜維、夏侯霸欲三道向祁山、石營、金城，求進兵為翅，使涼州軍至枹罕，討蜀護軍向祁山。泰量賊勢終不能三道，且兵勢惡分，涼州未宜越境，報經：『審其定問，知所趣向，須東西勢合乃進。』時維等將數萬人至枹罕，趣狄道。泰敕經進屯狄道，須軍到，乃規取之。泰進軍陳倉。會經所統諸軍於故關與賊戰不利，經輒渡洮。泰以經不堅據狄道，必有他變。並遣五營在前，泰率諸軍繼之。經已與維戰，大敗，以萬餘人還保狄道城，餘皆奔散。維乘勝圍狄道。泰軍上邽，分兵守要，晨夜進前。鄧艾、胡奮、王祕亦到，即與艾、祕等分為三軍，進到隴西。艾等以為『王經精卒破衄於西，賊衆大盛，乘勝之兵既不可當，而將軍以烏合之卒，繼敗軍之後，將士失氣，隴右傾蕩。古人有言：「蝮蛇螫手，壯士解其腕。」孫子曰：「兵有所不擊，地有所不守。」蓋小有所失而大有所全故也。今隴右之害，過於蝮蛇，狄道之地，非徒不守之謂。姜維之兵，是所辟之鋒。不如割險自保，觀釁待弊，然後進救，此計之得者也。』泰曰：『姜維提輕兵深入，正欲與我爭鋒原野，求一戰之利。王經當高壁深壘，挫其銳氣。今乃與戰，使賊得計，走破王經，封之狄道。若維以戰克之威，進兵東向，據櫟陽積穀之實，放兵收降，招納羌、胡，東爭關、隴，傳檄四郡，此我之所惡也。而維以乘勝之兵，挫峻城之下，銳氣之卒，屈力致命，攻守勢殊，客主不同。兵書云「脩櫓轒榅，三月乃成，拒堙三月而後已」。誠非輕軍遠入，維之詭謀倉卒所辦。縣軍遠僑，糧穀不繼，是我速進破賊之時也，所謂疾雷不及掩耳，自然之勢也。洮水帶其表，維等在其內，今乘高據勢，臨其項領，不戰必走。寇不可縱，圍不可久，君等何言如此？』遂進軍度高城嶺，潛行，夜至狄道東南高山上，多舉烽火，鳴鼓角。狄道城中將士見救者至，皆憤踴。維始謂官救兵當須衆集乃發，而卒聞已至，謂有奇變宿謀，上下震懼。自軍之發隴西也，以山道深險，賊必設伏。泰詭從南道，維果三日施伏。臣松之案此傳云『謂救兵當須衆集，而卒聞已至，謂有奇變，上下震懼』，此則救至出於不意。若不知救至，何故伏兵深險乃經三日乎？設伏相伺，非不知之謂。此皆語之不通也。定軍潛行，卒出其南。維乃緣山突至，泰與交戰，維退還。涼州軍從金城南至沃幹阪。泰與經共密期，當共向其還路，維等聞之，遂遁，城中將士得出。經歎曰：『糧不至旬，向不應機，舉城屠裂，覆喪一州矣。』泰慰勞將士，前後遣還，更差軍守，並治城壘，還屯上邽。

初，泰聞經見圍，以州軍將士素皆一心，加得保城，非維所能卒傾。表上進軍晨夜速到還。衆議以經奔北，城不足自固，維若斷涼州之道，兼四郡民夷，據關、隴之險，敢能没經軍而屠隴右。宜須大兵四集，乃致攻討。大將軍司馬文王曰：『昔諸葛亮常有此志，卒亦不能。事大謀遠，非維所任也。且城非倉卒所拔，而糧少為急，征西速救，得上策矣。』泰每以一方有事，輒以虚聲擾動天下，故希簡白上事，驛書不過六百里。司馬文王語荀顗曰：『玄伯沈勇能斷，荷方伯之重，救將陷之城，而不求益兵，又希簡上事，必能辦賊故也。都督大將，不當爾邪！』

又 卷四三《蜀志・張嶷傳》 是歲延熙十七年也。魏狄道長李簡密書請降，衛將軍姜維率嶷等因簡之資以出隴西。《益部耆舊傳》曰：嶷風濕固疾，至都浸篤，扶杖然後能起。李簡請降，衆議狐疑，而嶷曰必然。姜維之出，時論以嶷初還，股疾不能在行中，由是嶷自乞肆力中原，致身敵庭。臨發，辭後主曰：『臣當值聖明，受恩過量，加以疾病在身，常恐一朝隕没，辜負榮遇。天不違原，得豫戎事。若涼州克定，臣為藩表守將；若有未捷，殺身以報。』後主慨然為之流涕。既到狄道，簡悉率城中吏民出迎軍。軍前與魏將徐質交鋒，嶷臨陳隕身，然其所殺傷亦過倍。

又 卷四五《蜀志・張翼傳》 （延熙）十八年，與衛將軍姜維俱還成都。維議復出軍，唯翼廷爭，以為國小民勞，不宜黷武。維不聽，將翼等行，進翼位鎮南大將軍。維至狄道，大破魏雍州刺史王經，經衆死於洮水者以萬計。翼曰：『可止矣，不宜復進，進或毁此大功。』維大怒。曰：『為蛇畫足。』維竟圍經於狄道，城不能克。自翼建異論，維心與翼不善，然常牽率同行，翼亦不得已而往。

又 《廖化傳》 廖化【略】官位與張翼齊，而在宗預之右。《漢晉春秋》曰：景耀五年，姜維率衆出狄道，廖化曰：『「兵不戢，必自焚」，伯約之謂也。智不出敵，而力少於寇，用之無厭，何以能立？《詩》云「不自我先，不自我後」，今日之事也。』

又 《楊戲傳》 延熙二十年，隨大將軍姜維出軍至芒水。戲素心不服維，酒後言笑，每有傲弄之辭。維外寛内忌，意不能堪，軍還，有司承旨奏戲，免為庶人。

又 卷三五《蜀志・諸葛亮傳》裴松之注 孫盛《異同記》曰：瞻、厥等以維好戰無功，國内疲弊，宜表後主，召還為益州刺史，奪其兵權；蜀長老猶有瞻表以閻宇代維故事。

曹孫爭淮沔

綜　述

《三國志》卷一《魏志・武帝紀》 （建安）十四年春三月，軍至譙，作輕舟，治水軍。秋七月，自渦入淮，出肥水，軍合肥。辛未，令曰：『自頃已來，軍數征行，或遇疫氣，吏士死亡不歸，家室怨曠，百姓流離，而仁者豈樂之哉？不得已也。其令死者家無基業不能自存者，縣官勿絶廩，長吏存恤撫循，以稱吾意。』置揚州郡縣長吏，開芍陂屯田。十二月，軍還譙。

（十七年）冬十月，公征孫權。

十八年春正月，進軍濡須口，攻破權江西營，獲權都督公孫陽，乃引軍還。【略】夏四月，至鄴。【略】

（十九年）秋七月，公征孫權。《九州春秋》曰：參軍傅幹諫曰：『治天下之大具有二，文與武也；用武則先威，用文則先德，威德足以相濟，而後王道備矣。往者天下大亂，上下失序，明公用武攘之，十平其九。今未承王命者，吳與蜀也，吳有長江之險，蜀有崇山之阻，難以威服，易以德懷。愚以為可且按甲寢兵，息軍養士，分土定封，論功行賞，若此則内外之心固，有功者勸，而天下知制矣。然後漸興學校，以導其善性而長其義節。公神武震於四海，若脩文以濟之，則普天之下，無思不服矣。今舉十萬之衆，頓之長江之濱，若賊負固深藏，則士馬不能逞其能，奇變無所用其權，則大威有屈而敵心未能服矣。唯明公思虞舜舞幹戚之義，全威養德，以道制勝。』公不從，軍遂無功。幹字彦材，北地人，

終於丞相倉曹屬。有子曰玄。【略】

（冬十月）公自合肥還。【略】

（二十年）八月，孫權圍合肥，張遼、李典擊破之。【略】

（二十一年）冬十月，治兵，《魏書》曰：王親執金鼓以令進退。遂征孫權，十一月至譙。

二十二年春正月，王軍居巢，二月，進軍屯江西郝谿。權在濡須口築城拒守，遂逼攻之，權退走。三月，王引軍還，留夏侯惇、曹仁、張遼等屯居巢。

又　卷一七《魏志・張遼傳》　時荊州未定，復遣遼屯長社。臨發，軍中有謀反者，夜驚亂起火，一軍盡擾。遼謂左右曰：『勿動。是不一營盡反，必有造變者，欲以動亂人耳。』乃令軍中，其不反者安坐。遼將親兵數十人，中陳而立。有頃定，即得首謀者殺之。陳蘭、梅成以氐六縣叛，太祖遣于禁、臧霸等討成，遼督張郃、牛蓋等討蘭。成偽降禁，禁還。成遂將其衆就蘭，轉入灊山。灊中有天柱山，高峻二十餘里，道險狹，步徑裁通，蘭等壁其上。遼欲進，諸將曰：『兵少道險，難用深入。』遼曰：『此所謂一與一，勇者得前耳。』遂進到山下安營，攻之，斬蘭、成首，盡虜其衆。太祖論諸將功，曰：『登天山，履峻險，以取蘭、成，蕩寇功也。』增邑，假節。

太祖既征孫權還，使遼與樂進、李典等將七千餘人屯合肥。太祖征張魯，教與護軍薛悌，署函邊曰『賊至乃發』。俄而權率十萬衆圍合肥，乃共發教，教曰：『若孫權至者，張、李將軍出戰；樂將軍守護軍，勿得與戰。』諸將皆疑。遼曰：『公遠征在外，比救至，彼破我必矣。是以教指及其未合逆擊之，折其盛勢，以安衆心，然後可守也。成敗之機，在此一戰，諸君何疑？』李典亦與遼同。於是遼夜募敢從之士，得八百人，椎牛饗將士，明日大戰。平旦，遼被甲持戟，先登陷陳，殺數十人，斬二將，大呼自名，沖壘入，至權麾下。權大驚，衆不知所為，走登高冢，以長戟自守。遼叱權下戰，權不敢動，望見遼所將衆少，乃聚圍遼數重。遼左右麾圍，直前急擊，圍開，遼將麾下數十人得出，餘衆號呼曰：『將軍棄我乎！』遼復還突圍，拔出餘衆。權人馬皆披靡，無敢當者。自旦戰至日中，吳人奪氣，還修守備，衆心乃安，諸將咸服。權守合肥十餘日，城不可拔，乃引退。遼率諸軍追擊，幾復獲權。太祖大壯遼，拜征東將軍。孫盛曰：夫兵固詭道，奇正相資，若乃命將出征，推轂委權，或賴率然之形，或憑掎角之勢，羣帥不和，則棄師之道也。至於合肥之守，縣弱無援，專任勇者則好戰生患，專任怯者則懼心難保。且彼衆我寡，必懷貪墯；以致命之兵，擊貪墯之卒，其勢必勝；勝而後守，守則必固。是以魏武推選方員，參以同異，為之密教，節宣其用；事至而應，若合符契，妙矣夫！建安二十一年，太祖復征孫權，到合肥，循行遼戰處，歎息者良久。乃增遼兵，多留諸軍，徙屯居巢。【略】

孫權復叛，遣遼還屯合肥，進遼爵都鄉侯。給遼母輿車，及兵馬送遼家詣屯，敕遼母至，導從出迎。所督諸軍將吏皆羅拜道側，觀者榮之。【略】

（黄初）六年，（魏文）帝追念遼、典在合肥之功，詔曰：『合肥之役，遼、典以步卒八百，破賊十萬，自古用兵，未之有也。使賊至今奪氣，可謂國之爪牙矣。其分遼、典邑各百户，賜一子爵關内侯。』

又　《樂進傳》　後從征孫權，假進節。太祖還，留進與張遼、李典屯合肥，增邑五百，并前凡千二百户。以進數有功，分五百户，封一子列侯；進遷右將軍。

又　卷一八《魏志・李典傳》　與張遼、樂進屯合肥，孫權率衆圍之，遼欲奉教出戰。進、典、遼皆素不睦，遼恐其不從，典慨然曰：『此國家大事，顧君計何如耳，吾可以私憾而忘公義乎！』乃率衆與遼破走權。增邑百户，并前三百户。

又　卷四七《吳志・吳主傳》　（建安）十六年，權徙治秣陵。明年，城石頭，改秣陵為建業。聞曹公將來侵，作濡須塢。

十八年正月，曹公攻濡須，權與相拒月餘。曹公望權軍，歎其齊肅，乃退。《吳曆》曰：曹公出濡須，作油船，夜渡洲上。權以水軍圍取，得三千餘人，其没溺者亦數千人。權數挑戰，公堅守不出。權乃自來，乘輕船，從濡須口入公軍。諸將皆以為是挑戰者，欲擊之。公曰：『此必孫權欲身見吾軍部伍也。』敕軍中皆精嚴，弓弩不得妄發。權行五六里，回還作鼓吹。公見舟船器仗軍伍整肅，喟然歎曰：『生子當如孫仲謀，劉景升兒子若豚犬耳！』權為箋與曹公，說：『春水方生，公宜速去。』別紙言：『足下不死，孤不得安。』曹公語諸將曰：『孫權不欺孤。』乃徹軍還。《魏略》曰：權乘大船來觀軍，公使弓弩亂發，箭著其船，船偏重將覆，權因回船，復以一面受箭，箭均船平，乃還。初，曹公恐江濱郡縣為權所略，徵令內移。民轉相驚，自廬江、九江、蘄春、廣陵户十餘萬皆東渡江，江西遂虛，合肥以南惟有皖城。

十九年五月，權征皖城。閏月，克之，獲廬江太守朱光及參軍董和，男女數萬口。【略】權反自陸口，遂征合肥。合肥未下，徹軍還。兵皆就路，權與淩統、甘寧等在津北為魏將張遼所襲，統等以死扞權，權乘駿馬越津橋得去。《獻帝春秋》曰：張遼問吳降人：『向有紫髯將軍，長上短下，便馬善射，是誰？』降人答曰：『是孫會稽。』遼及樂進相遇，言不早知之，急追自得，舉軍歎恨。《江表傳》曰：權乘駿馬上津橋，橋南已見徹，丈餘無版。谷利在馬後，使權持鞍緩控，利於後著鞭，以助馬勢，遂得超度。權既得免，即拜利都亭侯。谷利者，本左右給使也，以謹直為親近監，性忠果亮烈，言不苟且，權愛信之。

二十一年冬，曹公次於居巢，遂攻濡須。

二十二年春，權令都尉徐詳詣曹公請降，公報使脩好，誓重結婚。

二十三年十月，權將如吳，親乘馬射虎於庱亭。庱音攄陵反。馬為虎所傷，權投以雙戟，虎卻廢，常從張世擊以戈，獲之。

藝文

清・彭定求等《全唐詩》卷三六三《劉禹錫〈歷陽書事七十韻〉》　一夕為湖地，千年列郡名。霸王迷路處，亞父所封城。漢置東南尉，梁分肘腋兵。本吳風俗剽，兼楚語音傖。沸井今無湧，烏江舊有名。土臺游柱史，石室隱彭鏗。曹操祠猶在，濡須塢未平。海潮隨月大，江水應春生。憶昨深山裏，終朝看火耕。魚書來北闕，鷁首下南荆。

又　卷六四七《胡曾〈詠史詩・濡須橋〉》　徒向濡須欲受降，英雄才略獨無雙。天心不與金陵便，高步何由得渡江。

又　卷七六七《孫元晏〈吳・濡須塢〉》　風揭洪濤響若雷，枕波為壘險相隈。莫言有個濡須塢，幾度曹公失志回。

《全宋詩》卷二五二《登瓜步山二首・卷一》　瓜步山頭廟，堂因魏武興。亡歸從赤壁，事去憶西陵。軍井藏雲杪，林根擁石棱。微風認江水，細甲幾千層。

又　卷五八四《鄭獬〈金陵道中〉》　六國相排一局棋，岸頭百草野煙微。樹深啼鳥自相失，山靜晚雲猶未歸。濡口潮回殘照滿，石城春盡亂花飛。周郎屈指圖天下，誰道江南玉鱠肥。

又　卷七五一《郭祥正〈魏武廟〉》　濡須山頭祠魏武，炫轉紅裝按神鼓。蘋藻盈筐酒滿樽，呼吸風雷激春雨。田疇高下春雨平，操牲飲福羅中庭。呑吳成魏還歸晉，血食猶參社鬼靈。

又　卷七六二《郭祥正〈濡須山頭亭子〉》　孤亭壓危峰，絕景入平眺。雙崖控巢水，禹力萬古耀。林傾乾象辟，濤淙地軸掉。茅茨數椽屋，噫哉魏武廟。心殊岐山伯，迹異甘棠召。荒戍傳遺靈，血食豈亡誚。吞吳勢雖壯，晉起國旋剽。樓船戰士去，滄浪盡魚釣。平時欲何為，覽古謾長嘯。愁煙起孤壑，白鳥聚殘照。誰令五月來，不見萬山燒。又復想大雪，下上玉巖嶠。重游莫能期，將歸且停趭。詩辭搜亦苦，物狀竟難肖。終篇寫亭壁，翻慚畫師妙。

又　卷一一〇四《賀鑄〈歷陽十詠之三濡須塢〉》　孫郎昔鷹揚，曹瞞方虎視。敢忘板築勤，遠推兵鋒銳。俄聞青蓋謠，無復金陵氣。六代迭傾亡，長江亦平地。

又　卷一五〇九《周紫芝〈須江暮春雜題三首〉二》　須江舊事與誰論，萬古悠悠入夕曛。楚子名今推伍伯，阿瞞功獨蓋三分。空埋治父山邊骨，已散濡須塢口軍。欲為英雄弔遺迹，筆頭無古戰場文。

又　卷一八四六張祁《廬州詩》　平湖阻城南，長淮帶城西。壯哉金斗勢，吳人築合肥。曹瞞狼顧地，苻秦又顛擠。六飛駐吳會，重兵鎮邊陲。

《全宋詞》第三冊《姜夔〈滿江紅〉》　云仙姥來時，正一望千頃翠瀾。旌旗共亂雲俱下，依約前山。命駕羣龍金作軛，相從諸娣玉為冠。向夜深風定悄無人，聞佩環。神奇處，君試看。奠淮右，阻江南。遣六丁雷電，別守東關。卻笑英雄無好手，一篙春水走曹瞞。又怎知人在小紅樓，簾影間。

明・羅貫中《三國演義》卷一四回《引後人詩》　馳驟龍駒氣概多，二人並轡望山河。東吳西蜀成王霸，千古猶存駐馬坡。的盧當日跳檀溪，又見吳侯敗合淝。退後著鞭馳駿騎，逍遙津上玉龍飛。紫髯碧眼號英雄，

能使臣僚肯盡忠。二十四年興大業，龍盤虎踞在江東。【略】

吳侯縱轡躍征驂，淩統甘寧惡戰酣。身透重圍沖鐵騎，從茲聲價滿江南。

《全臺詩》第一七冊《［清］洪繻〈北望裕溪口〉》 東吳赤壁後，濡須亦惡戰。力爭到淮南，始可固江甸。水陸攻合肥，此口成急漩。遠江煙靄中，一望青如淀。下有濡須水，上有濡須山。巢湖出何處，還入寶湖間。隔水對兩軍，夾水立兩塢。春水方生時，曹公去宜早。猘子孫仲謀，以江為深溝。濡須爭戰後，更到皖水頭。

雜録

《三國志》卷九《魏志・夏侯惇傳》 （建安）二十一年，從征孫權還，使（夏侯）惇都督二十六軍，留居巢。賜伎樂名倡，令曰：『魏絳以和戎之功，猶受金石之樂，況將軍乎！』

又 卷一四《魏志・蔣濟傳》 明年使於譙，太祖問濟曰：『昔孤與袁本初對官渡，徙燕、白馬民，民不得走，賊亦不敢鈔。今欲徙淮南民，何如？』濟對曰：『是時兵弱賊强，不徙必失之。自破袁紹，北拔柳城，南向江、漢，荆州交臂，威震天下，民無他志。然百姓懷土，實不樂徙，懼必不安。』太祖不從，而江、淮間十餘萬衆，皆驚走吳。後濟使詣鄴，太祖迎見大笑曰：『本但欲使避賊，乃更驅盡之。』拜濟丹陽太守。大軍南征還，以温恢為揚州刺史，濟為別駕。令曰：『季子為臣，吳宜有君。今君還州，吾無憂矣。』

又 卷一五《魏志・劉馥傳》 劉馥字元穎，沛國相人也。避亂揚州，建安初，說袁術將戚寄、秦翊，使率衆與俱詣太祖。太祖悅之，司徒辟為掾。後孫策所置廬江太守李述攻殺揚州刺史嚴象，廬江梅乾、雷緒、陳蘭等聚衆數萬在江、淮間，郡縣殘破。太祖方有袁紹之難，謂馥可任以東南之事，遂表為揚州刺史。

馥既受命，單馬造合肥空城，建立州治，南懷緒等，皆安集之，貢獻相繼。數年中恩化大行，百姓樂其政，流民越江山而歸者以萬數。於是聚諸生，立學校，廣屯田，興治芍陂及（茹）陂、七門、吳塘諸堨以溉稻田，官民有畜。又高為城壘，多積木石，編作草苫數千萬枚，益貯魚膏數千斛，為戰守備。

建安十三年卒。孫權率十萬衆攻圍合肥城百餘日，時天連雨，城欲崩，於是以苫蓑覆之，夜然脂照城外，視賊所作而為備，賊以破走。揚州士民益追思之，以為雖董安于之守晉陽，不能過也。及陂塘之利，至今為用。

又 《温恢傳》 温恢字曼基，太原祁人也。【略】建安二十四年，孫權攻合肥，是時諸州皆屯戍。恢謂兗州刺史裴潛曰：『此間雖有賊，不足憂，而畏征南方有變。今水生而子孝縣軍，無有遠備。關羽驍鋭，乘利而進，必將為患。』於是有樊城之事。詔書召潛及豫州刺史呂貢等，潛等緩之。恢密語潛曰：『此必襄陽之急欲赴之也。所以不為急會者，不欲驚動遠衆。一二日必有密書促卿進道，張遼等又將被召。遼等素知王意，後召前至，卿受其責矣！』潛受其言，置輜重，更為輕裝速發，果被促令。遼等尋各見召，如恢所策。

又 卷一八《魏志・臧霸傳》 從討孫權，先登，再入巢湖，攻居巢，破之。張遼之討陳蘭，霸別遣至皖，討吳將韓當，使權不得救蘭。當遣兵逆霸，霸與戰於逢龍，當復遣兵邀霸於夾石，與戰破之，還屯舒。權遣數萬人乘船屯舒口，分兵救蘭，聞霸軍在舒，遁還。霸夜追之，比明，行百餘里，邀賊前後擊之。賊窘急，不得上船，赴水者甚衆。由是賊不得救蘭，遼遂破之。霸從討孫權於濡須口，與張遼為前鋒，行遇霖雨，大軍先及，水遂長，賊船稍進，將士皆不安。遼欲去，霸止之曰：『公明於利鈍，寧肯捐吾等邪？』明日果有令。遼至，以語太祖。太祖善之，拜揚威將軍，假節。後權乞降，太祖還，留霸與夏侯惇等屯居巢。【略】

孫觀亦至青州刺史，假節，從太祖討孫權，戰被創，薨。子毓嗣，亦至青州刺史。《魏書》曰：【略】從征孫權於濡須口，假節。攻權，為流矢所中，傷左足，力戰不顧，太祖勞之曰：『將軍被創深重，而猛氣益奮，不當為國愛身乎？』轉振威將軍，創甚，遂卒。

又 卷二二《魏志・陳矯傳》 陳矯字季弼，廣陵東陽人也。【略】郡為孫權所圍於匡奇，登令矯求救於太祖。矯說太祖曰：『鄙郡雖小，形便之國也，若蒙救援，使為外藩，則吳人剉謀，徐方永安，武聲遠震，仁愛滂流，未從之國，望風景附，崇德養威，此王業也。』太祖奇矯，欲留之。矯辭曰：『本國倒縣，本奔走告急，縱無申胥之效，敢忘弘演之義乎？』劉向《新序》曰：齊桓公求婚於衛，衛不與，而嫁於許。衛為狄所伐，桓公不救，至於國滅君死。懿公屍為狄人所食，惟有肝在。懿公有臣曰弘演，適使反，致命於肝曰：『君為其內，臣為其外。』乃刳腹內肝而死。齊桓公曰：『衛有臣若此而尚滅，寡人無有，亡無日矣！』乃救衛，定其君。太祖乃遣赴救。吳軍既退，登多設間伏，勒兵追奔，大破之。

又《衛臻傳》 （魏文）帝幸廣陵，行中領軍，從。征軍大將軍曹休表得降賊辭，『孫權已在濡須口』。臻曰：『權恃長江，未敢抗衡，此必畏怖僞辭耳。』考核降者，果守將詐所作也。

又 卷二六《魏志·滿寵傳》 文帝即王位，遷揚武將軍。破吳於江陵有功，更拜伏波將軍，屯新野。大軍南征，到精湖，寵帥諸軍在前，與賊隔水相對。寵敕諸將曰：『今夕風甚猛，賊必來燒軍，宜為其備。』諸軍皆警。夜半，賊果遣十部伏夜來燒，寵掩擊破之，進封南鄉侯。

又 卷二八《魏志·王淩傳》 文帝踐阼，拜散騎常侍，出為兗州刺史，與張遼等至廣陵討孫權。臨江，夜大風，吳將呂範等船漂至北岸。淩與諸將逆擊，捕斬首虜，獲舟船，有功，封宜城亭侯，加建武將軍，轉在青州。【略】後從曹休征吳，與賊遇於夾石，休軍失利，淩力戰決圍，休得免難。【略】初，為征東將軍，假節都督揚州諸軍事。（正始）二年，吳大將全琮數萬衆寇芍陂，淩率諸軍逆討，與賊爭塘，力戰連日，賊退走。

又 卷五一《吳志·孫瑜傳》 （孫瑜）後從權拒曹公於濡須，權欲交戰，瑜說權持重，權不從，軍果無功。

又《孫皎傳》 孫皎字叔朗，始拜護軍校尉，領衆二千餘人。是時曹公數出濡須，皎每赴拒，號為精銳。遷都護征虜將軍，代程普督夏口。黃蓋及兄瑜卒，又並其軍。賜沙羨、雲杜、南新市、竟陵為奉邑，自置長吏。輕財能施，善於交結，與諸葛瑾至厚，委廬江劉靖以得失，江夏李允以衆事，廣陵吳碩、河南張梁以軍旅，而傾心親待，莫不自盡。皎嘗遣兵候獲魏邊將吏美女以進皎，皎更其衣服送還之，下令曰：『今所誅者曹氏，其百姓何罪？自今以往，不得擊其老弱。』由是江淮間多歸附者。嘗以小故與甘寧忿爭，或以諫寧，寧曰：『臣子一例，征虜雖公子，何可專行侮人邪！吾值明主，但當輸效力命，以報所天，誠不能隨俗屈曲矣。』權聞之，以書讓皎曰：『自吾與北方為敵，中間十年，初時相持年小，今者且三十矣。孔子言「三十而立」，非但謂五經也。授卿以精兵，委卿以大任，都護諸將於千里之外，欲使如楚任昭奚恤，揚威於北境，非徒相使逞私志而已。近聞卿與甘興霸飲，因酒發作，侵陵其人，其人求屬呂蒙督中。此人雖粗豪，有不如人意時，然其較略大丈夫也。吾親之者，非私之也。我親愛之，卿疏憎之；卿所為每與吾違，其可久乎？夫居敬而行簡，可以臨民；愛人多容，可以得衆。二者尚不能知，安可董督在遠，禦寇濟難乎？卿行長大，特受重任，上有遠方瞻望之視，下有部曲朝夕從事，何可恣意有盛怒邪？人誰無過，貴其能改，宜追前愆，深自咎責。今故煩諸葛子瑜重宣吾意。臨書摧愴，心悲淚下。』皎得書，上疏陳謝，遂與寧結厚。

又《孫韶傳》 （孫韶）後為廣陵太守、偏將軍。權為吳王，遷揚威將軍，封建德侯。權稱尊號，為鎮北將軍。韶為邊將數十年，善養士卒，得其死力。常以警疆場遠斥候為務，先知動靜而為之備，故鮮有負敗。青、徐、汝、沛頗來歸附，淮南濱江屯候皆徹兵遠徙，徐、泗、江、淮之地，不居者各數百里。自權西征，還都武昌，韶不進見者十餘年。權還建業，乃得朝覲。權問青、徐諸屯要害，遠近人馬衆寡，魏將帥姓名，盡具識之，有問咸對。身長八尺，儀貌都雅。權歡悅曰：『吾久不見公禮，不圖進益乃爾。』加領幽州牧、假節。赤烏四年卒。

又 卷五三《吳志·張紘傳》 後權以紘為長史，從征合肥。《吳書》曰：合肥城久不拔，紘進計曰：『古之圍城，開其一面，以疑衆心。今圍之甚密，攻之又急，誠懼幷命戮力。死戰之寇，固難卒拔，及救未至，可小寬之，以觀其變。』議者不同。會救騎至，數至圍下，馳騁挑戰。權率輕騎將往突敵，紘諫曰：『夫兵者凶器，戰者危事也。今麾下恃盛壯之氣，忽强暴之虜，三軍之衆，莫不寒心，雖斬將搴旗，威震敵場，此乃偏將之任，非主將之宜也。原抑賁、育之勇，懷霸王之計。』權納紘言而止。既還，明年將復出軍，紘又諫曰：『自古帝王受命之君，雖有皇靈佐於上，文德播於下，亦賴武功以昭其勳。然而貴於時動，乃後為威耳。今麾下值四百之厄，有扶危之功，宜且隱息師徒，廣開播殖，任賢使能，務崇寬惠，順天命以行誅，可不勞而定也。』於是遂止不行。

又　卷五四《吳志・魯肅傳》（建安）十九年，從權破皖城，轉橫江將軍。

又《呂蒙傳》魏使廬江謝奇為蘄春典農，屯皖田鄉，數為邊寇。蒙使人誘之，不從，則伺隙襲擊，奇遂縮退，其部伍孫子才、宋豪等，皆攜負老弱，詣蒙降。後從權拒曹公於濡須，數進奇計，又勸權夾水口立塢，所以備御甚精。《吳録》曰：權欲作塢，諸將皆曰：『上岸擊賊，洗足入船，何用塢為？』呂蒙曰：『兵有利鈍，戰無百勝，如有邂逅，敵步騎蹙人，不暇及水，其得入船乎？』權曰：『善。』遂作之。曹公不能下而退。

曹公遣朱光為廬江太守，屯皖，大開稻田，又令間人招誘鄱陽賊帥，使作內應。蒙曰：『皖田肥美，若一收孰，彼衆必增，如是數歲，操態見矣，宜早除之。』乃具陳其狀。於是權親征皖，引見諸將，問以計策。《吳書》曰：諸將皆勸作土山，添攻具，蒙趨進曰：『治攻具及土山，必歷日乃成，城備既脩，外救必至，不可圖也。且乘雨水以入，若留經日，水必向盡，還道艱難，蒙竊危之。今觀此城，不能甚固，以三軍鋭氣，四面並攻，不移時可拔，及水以歸，全勝之道也。』權從之。蒙乃薦甘寧為升城督，督攻在前，蒙以精鋭繼之。侵晨進攻，蒙手執枹鼓，士卒皆騰踴自升，食時破之。既而張遼至夾石，聞城已拔，乃退。權嘉其功，即拜廬江太守，所得人馬皆分與之，別賜尋陽屯田六百人，官屬三十人。蒙還尋陽，未期而廬陵賊起，諸將討擊不能禽，權曰：『鷙鳥累百，不如一鶚。』復令蒙討之。蒙至，誅其首惡，餘皆釋放，復為平民。【略】

師還，遂征合肥，既徹兵，為張遼等所襲，蒙與淩統以死扞衛。後曹公又大出濡須，權以蒙為督，據前所立塢，置彊弩萬張於其上，以拒曹公。曹公前鋒屯未就，蒙攻破之，曹公引退。拜蒙左護軍、虎威將軍。

又　卷五五《吳志・蔣欽傳》初，欽屯宣城，嘗討豫章賊。蕪湖令徐盛收欽屯吏，表斬之，權以欽在遠不許，盛由是自嫌於欽。曹公出濡須，欽與呂蒙持諸軍節度。盛常畏欽因事害己，而欽每稱其善。盛既服德，論者美焉。《江表傳》曰：權謂欽曰：『盛前白卿，卿今舉盛，欲慕祁奚邪？』欽對曰：『臣聞公舉不挾私怨，盛忠而勤强，有膽略器用，好萬人督也。今大事未定，臣當助國求才，豈敢挾私恨以蔽賢乎！』權嘉之。

又《董襲傳》曹公出濡須，（董）襲從權赴之，使襲督五樓船住濡須口。夜卒暴風，五樓船傾覆，左右散走舸，乞使襲出。襲怒曰：『受將軍任，在此備賊，何等委去也，敢復言此者斬！』於是莫敢幹。其夜船敗，襲死。權改服臨殯，供給甚厚。

又《甘寧傳》後從攻皖，為升城督。寧手持練，身緣城，為吏士先，卒破獲朱光。計功，呂蒙為最。寧次之，拜折衝將軍。

後曹公出濡須，寧為前部督，受敕出斫敵前營。權特賜米酒衆殽，寧乃料賜手下百餘人食。食畢，寧先以銀碗酌酒，自飲兩碗，乃酌與其都督。都督伏，不肯時持。寧引白削置膝上，呵謂之曰：『卿見知於至尊，孰與甘寧？甘寧尚不惜死，卿何以獨惜死乎？』都督見寧色厲，即起拜持酒，通酌兵各一銀碗。至二更時，銜枚出斫敵。敵驚動，遂退。寧益貴重，增兵二千人。《江表傳》曰：『曹公出濡須，號步騎四十萬，臨江飲馬。權率衆七萬應之，使寧領三千人為前部督。權密敕寧，使夜入魏軍。寧乃選手下健兒百餘人，徑詣曹公營下，使拔鹿角，踰壘入營，斬得數十級。北軍驚駭鼓譟，舉火如星，寧已還入營，作鼓吹，稱萬歲。因夜見權，權喜曰：『足以驚駭老子否？聊以觀卿膽耳。』即賜絹千疋，刀百口。權曰：『孟德有張遼，孤有興霸，足相敵也。』停住月餘，北軍便退。

寧雖粗猛好殺，然開爽有計略，輕財敬士，能厚養健兒，健兒亦樂為用命。建安二十年，從攻合肥，會疫疾，軍旅皆已引出，唯車下虎士千餘人，并呂蒙、蔣欽、淩統及寧，從權逍遙津北。張遼覘望知之，即將步騎奄至。寧引弓射敵，與統等死戰。寧厲聲問鼓吹何以不作，壯氣毅然，權尤嘉之。《吳書》曰：淩統怨寧殺其父操，寧常備統，不與相見。權亦命統不得讎之。嘗於呂蒙舍會，酒酣，統乃以刀舞。寧起曰：『寧能雙戟舞。』蒙曰：『寧雖能，未若蒙之巧也。』因操刀持楯，以身分之。後權知統意，因令寧將兵，遂徙屯於半州。

又《淩統傳》又從破皖，拜蕩寇中郎將，領沛相。與呂蒙等西取三郡，反自益陽，從往合肥，為右部督。時權徹軍，前部已發，魏將張遼等奄至津北。權使追還前兵，兵去已遠，勢不相及，統率親近三百人陷圍，扶扞權出。敵已毀橋，橋之屬者兩版，權策馬驅馳，統復還戰，左右盡死，身亦被創，所殺數十人，度權已免，乃還。橋敗路絶，統被甲潛行。權既御船，見之驚喜。統痛親近無反者，悲不自勝。權引袂拭之，謂曰：『公績，亡者已矣，苟使卿在，何患無人？』《吴書》曰：統創甚，權遂留統於舟，盡易其衣服。其創賴得卓氏良藥，故得不死。拜偏將軍，倍給本兵。

又《徐盛傳》 曹公出濡須，從權禦之。魏嘗大出橫江，（徐）盛與諸將俱赴討。時乘蒙沖，遇迅風，船落敵岸下，諸將恐懼，未有出者，盛獨將兵，上突斫敵，敵披退走，有所傷殺，風止便還，權大壯之。

又《潘璋傳》 合肥之役，張遼奄至，諸將不備，陳武鬬死，宋謙、徐盛皆披走，璋身次在後，便馳進，橫馬斬謙、盛兵走者二人，兵皆還戰。權甚壯之，拜偏將軍，遂領百校，屯半州。

又 卷六〇《吴志・賀齊傳》 （建安）二十年，從權征合肥。時城中出戰，徐盛被創失矛，齊中兵拒擊，得盛所失。《江表傳》曰：權征合肥還，為張遼所掩襲於津北，幾至危殆。齊時率三千兵在津南迎權。權既入大船，會諸將飲宴，齊下席涕泣而言曰：『至尊人主，常當持重。今日之事，幾至禍敗，羣下震怖，若無天地，原以此為終身誡。』權自前收其淚曰：『大慚！謹以克心，非但書諸紳也。』

又 卷六二《吴志・胡綜傳》 吳將晉宗叛歸魏，魏以宗為蘄春太守，去江數百里，數為寇害。權使綜與賀齊輕行掩襲，生虜得宗，加建武中郎將。

又 卷一五《魏志・賈逵傳》裴松之注 《魏略》曰：太祖欲征吳而大霖雨，三軍多不原行。太祖知其然，恐外有諫者，教曰：『今孤戒嚴，未知所之，有諫者死。』逵受教，謂其同寮三主簿曰：『今實不可出，而教如此，不可不諫也。』乃建諫草以示三人，三人不獲已，皆署名，入白事。太祖怒，收逵等。當送獄，取造意者，逵即言『我造意』，遂走詣獄。獄吏以逵主簿也，不即著械。謂獄吏曰：『促械我。尊者且疑我在近職，求緩於卿，今將遣人來察我。』逵著械適訖，而太祖果遣家中人就獄視逵。既而教曰：『逵無惡意，原復其職。』

《晉書》卷一《宣帝紀》 既而從討孫權，破之。軍還，權遣使乞降，上表稱臣，陳說天命。魏武帝曰：『此兒欲踞吾著爐炭上邪！』答曰：『漢運垂終，殿下十分天下而有其九，以服事之。權之稱臣，天人之意也。虞、夏、殷、周不以謙讓者，畏天知命也。』

宋・李昉等《太平御覽》卷三〇〇《兵部三十一・騎》 《會稽典録》曰：朱育謂鍾離曰：『大皇帝以神武之姿，欲得五千騎乃可有圖。今騎無從出，而懷進取之志，將何計？』收曰：『大皇以中國多騎，欲得騎以當之，吳神鋒弩射三四里，洞三四馬，騎敢近之乎？』

又 卷三五八《兵部八十九・鞚》 環濟《吳紀》曰：大皇帝征合肥，未下，因撤軍還兵。呂蒙等共留津北，魏將張遼奄至，圍數重，蒙等死戰。既破圍上馬出，外浮橋南已絕，丈餘無板。谷利時為親近監，白曰：『至尊牢攝鞍緩鞚，利當著鞭以增馬勢。』於是得渡。

魏文帝南征

綜　述

《三國志》卷二《魏志・文帝紀》 （延康元年）六月辛亥，治兵於東郊，《魏書》曰：公卿相儀，王御華蓋，視金鼓之節。庚午，遂南征。《魏略》曰：王將出征，度支中郎將新平霍性上疏諫曰：『臣聞文王與紂之事，是時天下括囊無咎，凡百君子，莫肯用訊。今大王體則乾坤，廣開四聰，使賢愚各建所規。伏惟先王功無與比，而今能言之類，不稱為德。故聖人曰「得百姓之歡心」。兵書曰「戰，危事也」是以六國力戰，强秦承弊，豳王不爭，周道用興。愚謂大王且當委重本朝而守其雌，抗威虎臥，功業可成。而今創基，便復起兵，兵者凶器，必有凶擾，擾則思亂，亂出不意。臣謂此危，危於累卵。昔夏啓隱神三年，《易》有「不遠而復」，《論》有「不憚改」。誠原大王揆古察今，深謀遠慮，與三事大夫算其長短。臣沐浴先王之遇，又初改政，復受重任，雖知言觸龍鱗，阿諛近福，竊感所誦，危而不持。』奏通，帝怒，遣刺姦就考，竟殺之。既而悔之，追原不及。【略】

（七月）孫權遣使奉獻。【略】

甲午，軍次於譙，大饗六軍及譙父老百姓於邑東。【略】

冬十（一）月癸卯，令曰：『諸將征伐，士卒死亡者或未收斂，吾甚哀之；其告郡國給槥櫝殯斂，槥音衛。送致其家，官為設祭。』《漢書》

高祖八月令曰：『士卒從軍死，為槥。』應劭曰：『槥，小棺也，今謂之櫝。』應璩百一詩曰：『槥車在道路，征夫不得休。』陸機大墓賦曰：『觀細木而悶遲，睹洪櫝而念槥。』丙午，行至曲蠡。

（黃初二年）秋八月，孫權遣使奉章，並遣于禁等還。丁巳，使太常邢貞持節拜權為大將軍，封吳王，加九錫。【略】

（三年）五月，以荆、揚江表八郡為荆州，孫權領牧故也；荆州江北諸郡為郢州。【略】

（冬十月）是月，孫權復叛。復郢州為荆州。帝自許昌南征，諸軍兵並進，權臨江拒守。十一月辛丑，行幸宛。【略】

四年春正月，【略】《魏書》載丙午詔曰：『孫權殘害民物，朕以寇不可長，故分命猛將三道並征。今征東諸軍與權黨呂範等水戰，則斬首四萬，獲船萬艘。大司馬據守濡須，其所禽獲亦以萬數。中軍、征南，攻圍江陵，左將軍張郃等舳艫直渡，擊其南渚，賊赴水溺死者數千人，又為地道攻城，城中外雀鼠不得出入，此幾上肉耳！而賊中癘氣疾病，夾江塗地，恐相染汙。昔周武伐殷，旋師孟津，漢祖征隗囂，還軍高平，皆知天時而度賊情也。且成湯解三面之網，天下歸仁。今開江陵之圍，以緩成死之禽。且休力役，罷省繇戍，畜養士民，咸使安息。』【略】

（秋八月）論征孫權功，諸將已下進爵增户各有差。【略】

（五年）八月，為水軍，親御龍舟，循蔡、潁，浮淮，幸壽春。揚州界將吏士民，犯五歲刑已下，皆原除之。九月，遂至廣陵，赦青、徐二州，改易諸將守。冬十月乙卯，太白晝見。行還許昌宮。【略】

十二月，詔曰：『先王制禮，所以昭孝事祖，大則郊社，其次宗廟，三辰五行，名山大川，非此族也，不在祀典。叔世衰亂，崇信巫史，至乃宫殿之內，户牖之間，無不沃酹，甚矣其惑也。自今，其敢設非祀之祭，巫祝之言，皆以執左道論，著於令典。』是歲穿天淵池。

（六年三月）辛未，帝為舟師東征。五月戊申，幸譙。【略】

八月，帝遂以舟師自譙循渦入淮，從陸道幸徐。九月，築東巡臺。冬十月，行幸廣陵故城，臨江觀兵，戎卒十餘萬，旌旗數百里。《魏書》載帝於馬上為詩曰：『觀兵臨江水，水流何湯湯！戈矛成山林，玄甲耀日光。猛將懷暴怒，膽氣正從橫。誰云江水廣，一葦可以航，不戰屈敵虜，戢兵稱賢良。古公宅岐邑，實始翦殷商。孟獻營虎牢，鄭人懼稽顙。充國務耕植，先零自破亡。興農淮、泗間，築室都徐方。量宜運權略，六軍咸悅康；豈如東山詩，悠悠多憂傷。』是歲大寒，水道冰，舟不得入江，乃引還。【略】

七年春正月，將幸許昌，許昌城南門無故自崩，帝心惡之，遂不入。壬子，行還洛陽宮。【略】

初，帝好文學。常嘉漢文帝之為君，寬仁玄默，務欲以德化民，有賢聖之風。時文學諸儒，或以為孝文雖賢，其於聰明，通達國體，不如賈誼。帝由是著《太宗論》，曰：『昔有苗不賓，重華舞以幹戚，尉佗稱帝，孝文撫以恩德，吳王不朝，錫之几杖以撫其意，而天下賴安；乃弘三章之教，愷悌之化，欲使曩時累息之民，得闊步高談，無危懼之心。若賈誼之才敏，籌畫國政，特賢臣之器，管、晏之姿，豈若孝文大人之量哉？』三年之中，以孫權不服，復頒《太宗論》於天下，明示不原征伐也。

又 卷四七《吳志·吳主傳》 （建安）二十五年春正月，曹公薨，太子丕代為丞相魏王，改年為延康。秋，魏將梅敷使張儉求見撫納。南陽陰、酇、築陽、山都、中盧五縣民五千家來附。【略】自魏文帝踐阼，權使命稱藩，及遣于禁等還。十一月，策命權。【略】

初權外託事魏，而誠心不款。魏乃遣侍中辛毗、尚書桓階往與盟誓，並征任子，權辭讓不受。秋九月，魏乃命曹休、張遼、臧霸出洞口，曹仁出濡須，曹真、夏侯尚、張郃、徐晃圍南郡。權遣呂範等督五軍，以舟軍拒休等，諸葛瑾、潘璋、楊粲救南郡，朱桓以濡須督拒仁。時揚、越蠻夷多未平集，內難未弭，故權卑辭上書，求自改厲，『若罪在難除，必不見置，當奉還土地民人，乞寄命交州，以終餘年。』文帝報曰：『君生於擾攘之際，本有從横之志，降身奉國，以享兹祚。自君策名已來，貢獻盈路。討備之功，國朝仰成。埋而掘之，古人之所耻。《國語》曰：狸埋之，狸掘之，是以無成功。朕之與君，大義已定，豈樂勞師遠臨江漢？廊廟之議，王者所不得專；三公上君過失，皆有本末。朕以不明，雖有曾母投杼之疑，猶冀言者不信，以為國福。故先遣使者犒勞，又遣尚書、侍中踐脩前言，以定任子。君遂設辭，不欲使進，議者怪之。《魏略》載魏三公奏曰：『臣聞枝大者披心，尾大者不掉，有國有家之所慎也。昔漢承秦弊，天下新定，大國之王，臣節未盡，以蕭、張之謀不備録之，至使六王前後反叛，已而伐之，戎車不輟。又文、景守成，忘戰戢役，驕縱吳、楚，養虺成蛇，既為社稷大憂，蓋前事之不忘，後事之師也。吳王孫權，幼豎小子，無尺寸之功，遭遇兵亂，因父兄之緒，少蒙翼卵昫伏之恩，長含鴟梟反逆之性，背棄天施，罪惡積大。復與關羽更相覘伺，逐利見便，挾為卑辭。先帝知權姦以求用，時以于禁敗於水災，等當討羽，因以委權。先帝委裘下席，權不盡心，誠在惻怛，欲因大喪，寡弱王室，希託董桃傳先帝令，乘未得報許，擅取襄陽，及見驅逐，乃更折節。邪辟之態，巧言如流，雖重驛累使，發遣禁等，內包隗囂顧望之姦，外欲緩誅，支仰蜀賊。聖朝含弘，既加不忍，優而赦之，與之更始，猥乃割地王之，使南面稱孤，兼官累位，禮備九命，名馬百駟，以成其勢，光寵顯赫，古今無二。權為犬羊之姿，橫被虎豹之文，不思靖力致死之節，以報無量不世之恩。臣每見所下權前後章表，又以愚意采察權旨，自以阻帶江湖，負固不服，狃忕累世，詐偽成功，上有尉佗、英布之計，下誦伍被屈彊之辭，終非不侵不叛之臣。以為晁錯不發削弱王侯之謀，則七國同衡，禍久而大；蒯通不決襲歷下之策，則田橫自慮，罪深變重。臣謹考之周禮九伐之法，平權凶惡，逆節萌生，見罪十五。昔九黎亂德，黃帝加誅；項羽罪十，漢祖不捨。權所犯罪釁明白，非仁恩所養，宇宙所容。臣請免權官，鴻臚削爵土，捕治罪。敢有不從，移兵進討，以明國典好惡之常，以靜三州元元之苦。』其十五條，文多不載。又前都尉浩周勸君遣子，乃實朝臣交謀，以此卜君，君果有辭，外引隗囂遣子不終，內喻竇融守忠而已。世殊時異，人各有心。浩周之還，口陳指麾，益令議者發明衆嫌，終始之本，無所據仗，故遂俯仰從羣臣議。今省上事，款誠深至，心用慨然，悽愴動容。即日下詔，敕諸軍但深溝高壘，不得妄進。若君必效忠節，以解疑議，登身朝到，夕召兵還。此言之誠，有如大江！』權遂改年，臨江拒守。冬十一月，大風，範等兵溺死者數千，餘軍還江南。曹休使臧霸以輕船五百、敢死萬人襲攻徐陵，燒攻城車，殺略數千人。將軍全琮、徐盛追斬魏將尹盧，殺獲數百。十二月，權使太中大夫鄭泉聘劉備于白帝，始復通也。然猶與魏文帝相往來，至後年乃絕。【略】

二年春正月，曹真分軍據江陵中州。是月，城江夏山。【略】三月，曹仁遣將軍常彫等，以兵五千，乘油船，晨渡濡須中州。仁子泰因引軍急攻朱桓，桓兵拒之，遣將軍嚴圭等擊破彫等。是月，魏軍皆退。【略】先是戲口守將晉宗殺將王直，以衆叛如魏，魏以為蘄春太守，數犯邊境。六月，權令將軍賀齊督麋芳、劉邵等襲蘄春，邵等生虜宗。【略】

（三年）九月，魏文帝出廣陵，望大江，曰『彼有人焉，未可圖也』，乃還。干寶《晉紀》曰：魏文帝之在廣陵，吳人大駭，乃臨江為疑城，自石頭至於江乘，車以木楨，衣以葦席，加采飾焉，一夕而成。魏人自江西望，甚憚之，遂退軍。權令趙達算之，曰：『曹丕走矣，雖然，吳衰庚子歲。』權曰：『幾何？』達屈指而計之，曰：『五十八年。』權曰：『今日之憂，不暇及遠，此子孫事也。』【略】

（四年）是歲地連震。《吳録》曰：是冬魏文帝至廣陵，臨江觀兵，兵有十餘萬，旌旗彌數百里，有渡江之志。權嚴設固守。時大寒冰，舟不得入江。帝見波濤洶湧，歎曰：『嗟乎！固天所以隔南北也！』遂歸。孫韶又遣將高壽等率敢死之士五百人於徑路夜要之，帝大驚，壽等獲副車羽蓋以還。

藝文

宋・劉敞《公是集》卷二九《魏文帝》 江水由來一帶橫，魏文何事畏疑城。不應天意分南北，自是無人敢請纓。

雜録

《三國志》卷九《魏志・曹仁夏侯尚傳》 後（魏文帝）召（曹仁）還屯宛。孫權遣將陳邵據襄陽，詔仁討之。仁與徐晃攻破邵，遂入襄陽，使將軍高遷等徙漢南附化民於漢北，文帝遣使即拜仁大將軍。又詔仁移屯臨潁，遷大司馬，復督諸軍據烏江，還屯合肥。【略】

孫權雖稱藩，（夏侯）尚益脩攻討之備，權後果有貳心。黃初三年，（魏文帝）車駕幸宛，使尚率諸軍與曹真共圍江陵。權將諸葛瑾與尚軍對江，瑾渡入江中渚，而分水軍于江中。尚夜多持油船，將步騎萬餘人，於下流潛渡，攻瑾諸軍，夾江燒其舟船，水陸並攻，破之。城未拔，會大疫，詔敕尚引諸軍還。益封六百户，并前千九百户，假鉞，進為牧。荊州殘荒，外接蠻夷，而與吳阻漢水為境，舊民多居江南。尚自上庸通道，西行七百餘里，山民蠻夷多服從者，五六年間，降附數千家。五年，徙封昌陵鄉侯。尚有愛妾嬖幸，寵奪適室；適室，曹氏女也，故文帝遣人絞殺之。尚悲感，發病恍惚，既葬埋妾，不勝思見，復出視之。文帝聞而恚之曰：『杜襲之輕薄尚，良有以也。』然以舊臣，恩寵不衰。六年，尚疾篤，還京都，帝數臨幸，執手涕泣。尚薨，謚曰悼侯。《魏書》載詔曰：『尚自少侍從，盡誠竭節，雖云異姓，其猶骨肉，是以入為腹心，出當爪牙。智略深敏，謀謨過人，不幸早殞，命也奈何！贈征南大將軍、昌陵侯印綬。』子玄嗣。又分尚户三百，賜尚弟子奉爵關內侯。

又 卷一〇《魏志·賈詡傳》 （魏文）帝問詡曰：『吾欲伐不從命以一天下，吳、蜀何先？』對曰：『攻取者先兵權，建本者尚德化。陛下應期受禪，撫臨率土，若綏之以文德而俟其變，則平之不難矣。吳、蜀雖蕞爾小國，依阻山水，劉備有雄才，諸葛亮善治國，孫權識虛實，陸議見兵勢，據險守要，汎舟江湖，皆難卒謀也。用兵之道，先勝後戰，量敵論將，故舉無遺策。臣竊料羣臣，無備、權對，雖以天威臨之，未見萬全之勢也。昔舜舞干戚而有苗服，臣以為當今宜先文後武。』文帝不納。後興江陵之役，士卒多死。

又 卷一三《魏志·王朗傳》 初，建安末，孫權始遣使稱藩，而與劉備交兵。詔議『當興師與吳並取蜀不』？朗議曰：『天子之軍，重於華、岱，誠宜坐曜天威，不動若山。假使權親與蜀賊相持，搏戰曠日，智均力敵，兵不速決，當須軍興以成其勢者，然後宜選持重之將，承寇賊之要，相時而後動，擇地而後行，一舉更無餘事。今權之師未動，則助吳之軍無為先征。且雨水方盛，非行軍動衆之時。』帝納其計。【略】

孫權欲遣子登入侍，不至。是時車駕徙許昌，大興屯田，欲舉軍東征。朗上疏曰：『昔南越守善，嬰齊入侍，遂為冢嗣，還君其國。康居驕黠，情不副辭，都護奏議以為宜遣侍子，以黜無禮。且吳濞之禍，萌於子入，隗囂之叛，亦不顧子。往者聞權有遣子之言而未至，今六軍戒嚴，臣恐輿人未暢聖旨，當謂國家慍於登之逋留，是以為之興師。設師行而登乃至，則為所動者至大，所致者至細，猶未足以為慶。設其傲狠，殊無入志，懼彼輿論之未暢者，並懷伊邑。臣愚以為宜敕別征諸將，各明奉禁令，以慎守所部。外曜烈威，內廣耕稼，使泊然若山，澹然若淵，勢不可動，計不可測。』是時，帝以成軍遂行，權子不至，車駕臨江而還。《魏書》曰：車駕既還，詔三公曰：『三世為將，道家所忌。窮兵黷武，古有成戒。況連年水旱，士民損耗，而功作倍於前，勞役兼於昔，進不滅賊，退不和民。夫屋漏在上，知之在下，然迷而知反，失道不遠，過而能改，謂之不過。今將休息，棲備高山，沉權九淵，割除擯棄，投之畫外。車駕當以今月中旬到譙，淮、漢衆軍，亦各還反，不臘西歸矣。』

又 卷一四《魏志·董昭傳》 （黃初）三年，征東大將軍曹休臨江在洞浦口，自表：『原將鋭卒虎步江南，因敵取資，事必克捷；若其無臣，不須為念。』（魏文）帝恐休便渡江，驛馬詔止。時昭侍側，因曰：『竊見陛下有憂色，獨以休濟江故乎？今者渡江，人情所難，就休有此志，勢不獨行，當須諸將。臧霸等既富且貴，無復他望，但欲終其天年，保守祿祚而已，何肯乘危自投死地，以求徼倖？苟霸等不進，休意自沮。臣恐陛下雖有敕渡之詔，猶必沉吟，未便從命也。』是後無幾，暴風吹賊船，悉詣休等營下，斬首獲生，賊遂迸散。詔敕諸軍促渡。軍未時進，賊救船遂至。

大駕幸宛，征南大將軍夏侯尚等攻江陵，未拔。時江水淺狹，尚欲乘船將步騎入渚中安屯，作浮橋，南北往來，議者多以為城必可拔。昭上疏曰：『武皇帝智勇過人，而用兵畏敵，不敢輕之若此也。夫兵好進惡退，常然之數。平地無險，猶尚艱難，就當深入，還道宜利，兵有進退，不可如意。今屯渚中，至深也；浮橋而濟，至危也；一道而行，至狹也：三者兵家所忌，而今行之。賊頻攻橋，誤有漏失，渚中精鋭，非魏之有，將轉化為吳矣。臣私慼之，忘寢與食，而議者怡然不以為憂，豈不惑哉！加江水向長，一旦暴增，何以防禦？就不破賊，尚當自完。奈何乘危，不以為懼？事將危矣，惟陛下察之！』帝悟昭言，即詔尚等促出。賊兩頭并前，官兵一道引去，不時得泄，將軍石建、高遷僅得自免。軍出旬日，江水暴長。帝曰：『君論此事，何其審也！正使張、陳當之，何以復加。』

又 《劉曄傳》 備軍敗退，吳禮敬轉廢，帝欲興衆伐之，曄以為『彼新得志，上下齊心，而阻帶江湖，必難倉卒。』帝不聽。《傅子》曰：孫權遣使求降，帝以問曄。曄對曰：『權無故求降，必內有急。權前襲殺關羽，取荊州四郡，備怒，必大興師伐之。外有强寇，衆心不安，又恐中國承其釁而伐之，故委地求降，一以卻中國之兵，二則假中國之援，以强其衆而疑敵人。權善用兵，見策知變，其計必出於此。今天下三分，中國十有其八。吳、蜀各保一州，阻山依水，有急相救，此小國之利也。今還自相攻，天亡之也。宜大興師，徑渡江襲其內。蜀攻其外，我襲其內，吳之亡不出旬月矣。吳亡則蜀孤。若割吳半，蜀固不能久存，況蜀得其外，我得其內乎！』帝曰：『人稱臣降而伐之，疑天下欲來者心，必以為懼，其殆不可！孤何不且受吳降，而襲蜀之後乎？』對曰：『蜀遠吳近，又聞中國伐之，便還軍，不能止也。今備已怒，故興兵擊吳，聞我伐吳，知吳必亡，必喜而進與我爭割吳地，必不改計抑怒救吳，必然之勢也。』帝不聽，遂受吳降，即拜權為吳王。曄又進曰：『不可。先帝征伐，天下兼其八，威震海內，陛下受禪即真，德合天地，聲暨四遠，此實然之勢，非卑臣頌言也。權雖有雄才，故漢驃騎將軍南昌侯耳，官輕勢卑。士民有畏中國心，不可强迫與成所謀也。不得已受其降，可進其將軍號，封十萬户侯，不可即以為王也。夫王位，去天子一階耳，其禮秩服御相亂也。彼直為侯，江南士民未有君臣之義也。我信其偽降，就封殖之，崇其位號，定其君臣，是為虎傅翼也。權既受王位，卻蜀兵之後，外盡禮事中國，使其國內皆聞之，內為無禮以怒陛下。陛下赫然發怒，興兵討之，乃徐告其民曰：「我委身事中國，不愛珍貨重寶，隨時貢獻，不敢失臣禮也，無故伐我，必欲殘我國家，俘我民人子女以為僮隸僕妾。」吳民無緣不信其言也。信其言而感怒，上下同心，戰加十倍矣。』又不從。遂即拜權為吳王。權將陸議大敗劉備，殺其兵八萬餘人，備僅以身免。權外禮愈卑，而內行不順，果如曄言。五年，幸廣陵泗口，命荆、揚州諸軍並進。會羣臣，問：『權當自來不？』咸曰：『陛下親征，權恐怖，必舉國而應。又不敢以大衆委之臣下，必自將而來。』曄曰：『彼謂陛下欲以萬乘之重牽己，而超越江湖者在於別將，必勒兵待事，未有進退也。』大駕停住積日，權果不至，帝乃旋師。云：『卿策之是也。當念為吾滅二賊，不可但知其情而已。』

又《蔣濟傳》 黄初三年，與大司馬曹仁征吳，濟別襲羡谿。仁欲攻濡須洲中，濟曰：『賊據西岸，列船上流，而兵入洲中，是為自内地獄，危亡之道也。』仁不從，果敗。仁薨，復以濟為東中郎將，代領其兵。詔曰：『卿兼資文武，志節慷慨，常有超越江湖吞吳會之志，故復授將率之任。』頃之，徵為尚書。車駕幸廣陵，濟表水道難通，又上《三州論》以諷帝。帝不從，於是戰船數千皆滯不得行。議者欲就留兵屯田，濟以為東近湖，北臨淮，若水盛時，賊易為寇，不可安屯。帝從之，車駕即發。還到精湖，水稍盡，盡留船付濟。船本歷適數百里中，濟更鑿地作四五道，蹴船令聚；豫作土豚遏斷湖水，皆引後船，一時開遏入淮中。帝還洛陽，謂濟曰：『事不可不曉。吾前決謂分半燒船于山陽池中，卿於後致之，略與吾俱至譙。又每得所陳，實入吾意。自今討賊計畫，善思論之。』

又卷一七《魏志·張遼傳》 文帝踐阼，封晉陽侯，增邑千户，幷前二千六百户。黄初二年，遼朝洛陽宮，文帝引遼會建始殿，親問破吳意狀。帝歎息顧左右曰：『此亦古之召虎也。』為起第舍，又特為遼母作殿，以遼所從破吳軍應募步卒，皆為虎賁。孫權復稱藩。遼還屯雍丘，得疾。帝遣侍中劉曄將太醫視疾，虎賁問消息，道路相屬。疾未瘳，帝迎遼就行在所，車駕親臨，執其手，賜以御衣，太官日送御食。疾小差，還屯。孫權復叛，帝遣遼乘舟，與曹休至海陵，臨江。權甚憚焉，敕諸將：『張遼雖病，不可當也，慎之！』是歲，遼與諸將破權將呂範。

又卷一八《魏志·臧霸傳》 文帝即王位，遷鎮東將軍，進爵武安鄉侯，都督青州諸軍事。及踐阼，進封開陽侯，徙封良成侯。與曹休討吳賊，破呂範於洞浦，徵為執金吾，位特進。每有軍事，帝常咨訪焉。《魏略》曰：霸一名奴寇。孫觀名嬰子。吳敦名黯奴。尹禮名盧兒。建安二十四年，霸遣別軍在洛。會太祖崩，霸所部及青州兵，以為天下將亂，皆鳴鼓擅去。文帝即位，以曹休都督青、徐，霸謂休曰：『國家未肯聽霸耳！若假霸步騎萬人，必能横行江表。』休言之於帝，帝疑霸軍前擅去，今意壯乃爾！遂東巡，因霸來朝而奪其兵。

又《文聘傳》 文帝踐阼，進爵長安鄉侯，假節。與夏侯尚圍江陵，使聘別屯沔口，止石梵，自當一隊，禦賊有功，遷後將軍，封新野侯。孫權以五萬衆自圍聘於石陽，甚急，聘堅守不動，權住二十餘日乃解去。聘追擊破之。《魏略》曰：孫權嘗自將數萬衆卒至。時大雨，城柵崩壞，人民散在田野，未及補治。聘聞權到，不知所施，乃思惟莫若潛默可以疑之。乃敕城中人使不得見，又自臥舍中不起。權果疑之，語其部黨曰：『北方以此人忠臣也，故委之以此郡，今我至而不動，此不有密圖，必當有外救。』遂不敢攻而去。《魏略》此語，與本傳反。增邑五百户，幷前千九百户。

聘在江夏數十年，有威恩，名震敵國，賊不敢侵。

又卷二二《魏志·徐宣傳》 從至廣陵，六軍乘舟，風浪暴起，帝船回倒，宣病在後，陵波而前，羣寮莫先至者。帝壯之，遷尚書。

又《衛臻傳》 帝幸廣陵，行中領軍，從。征軍大將軍曹休表得降賊辭，『孫權已在濡須口』。臻曰：『權恃長江，未敢抗衡，此必畏怖偽辭耳。』考核降者，果守將詐所作也。

又　卷二三《魏志·趙儼傳》　孫權寇邊，征東大將軍曹休統五州軍禦之，徵儼為軍師。權衆退，軍還，封宜土亭侯，轉為度支中郎將，遷尚書。從征吳，到廣陵，復留為征東軍師。

又　卷二五《魏志·辛毗傳》　上軍大將軍曹真征朱然於江陵，毗行軍師。還，封廣平亭侯。帝欲大興軍征吳，毗諫曰：『吳、楚之民，險而難禦，道隆後服，道洿先叛，自古患之，非徒今也。今陛下祚有海內，夫不賓者，其能久乎？昔尉佗稱帝，子陽僭號，歷年未幾，或臣或誅。何則，違逆之道不久全，而大德無所不服也。方今天下新定，土廣民稀。夫廟算而後出軍，猶臨事而懼，況今廟算有闕而欲用之，臣誠未見其利也。先帝屢起銳師，臨江而旋。今六軍不增於故，而復循之，此未易也。今日之計，莫若脩范蠡之養民，法管仲之寄政，則充國之屯田，明仲尼之懷遠；十年之中，强壯未老，童齔勝戰，兆民知義，將士思奮，然後用之，則役不再舉矣。』帝曰：『如卿意，更當以虜遺子孫邪？』毗對曰：『昔周文王以紂遺武王，唯知時也。苟時未可，容得已乎！』帝竟伐吳，至江而還。

又　卷二六《魏志·滿寵傳》　文帝即王位，遷揚武將軍。破吳於江陵有功，更拜伏波將軍，屯新野。大軍南征，到精湖，寵帥諸軍在前，與賊隔水相對。寵敕諸將曰：『今夕風甚猛，賊必來燒軍，宜為其備。』諸軍皆警。夜半，賊果遣十部伏夜來燒，寵掩擊破之，進封南鄉侯。黄初三年，假寵節鉞。五年，拜前將軍。

又　卷五二《吳志·諸葛瑾傳》　黄武元年，遷左將軍，督公安，假節，封宛陵侯。《吳録》曰：曹真、夏侯尚等圍朱然於江陵，又分據中州，瑾以大兵為之救援。瑾性弘緩，推道理，任計畫，無應卒倚伏之術，兵久不解，權以此望之。及春水生，潘璋等作水城於上流，瑾進攻浮橋，真等退走。雖無大勳，亦以全師保境為功。

又　卷五五《吳志·徐盛傳》　曹休出洞口，盛與呂範、全琮渡江拒守。遭大風，船人多喪，盛收餘兵，與休夾江。休使兵將就船攻盛，盛以少禦多，敵不能克，各引軍退。【略】

後魏文帝大出，有渡江之志，盛建計從建業築圍，作薄落，圍上設假樓，江中浮船。諸將以為無益，盛不聽，固立之。文帝到廣陵，望圍愕然，彌漫數百里，而江水盛長，便引軍退。諸將乃伏。干寶《晉紀》所云疑城，已注《孫權傳》。《魏氏春秋》云：文帝歎曰：『魏雖有武騎千羣，無所用也。』

又　《潘璋傳》　魏將夏侯尚等圍南郡，分前部三萬人作浮橋，渡百里洲上，諸葛瑾、楊粲並會兵赴救，未知所出，而魏兵日渡不絶。璋曰：『魏勢始盛，江水又淺，未可與戰。』便將所領，到魏上流五十里，伐葦數百萬束，縛作大筏，欲順流放火，燒敗浮橋。作筏適畢，伺水長當下，尚便引退。璋下備陸口。權稱尊號，拜右將軍。

又　卷五六《吳志·呂範傳》　曹休、張遼、臧霸等來伐，範督徐盛、全琮、孫韶等，以舟師拒休等於洞口。遷前將軍，假節，改封南昌侯。時遭大風，船人覆溺，死者數千，還軍，拜揚州牧。

又　《朱桓傳》　後代周泰為濡須督。黄武元年，魏使大司馬曹仁步騎數萬向濡須，仁欲以兵襲取州上，偽先揚聲，欲東攻羨溪。桓分兵將赴羨溪，既發，卒得仁進軍拒濡須七十里問。桓遣使追還羨溪兵，兵未到而仁奄至。時桓手下及所部兵，在者五千人，諸將業業，各有懼心，桓喻之曰：『凡兩軍交對，勝負在將，不在衆寡。諸君聞曹仁用兵行師，孰與桓邪？兵法所以稱客倍而主人半者，謂俱在平原，無城池之守，又謂士衆勇怯齊等故耳。今人既非智勇，加其士卒甚怯，又千里步涉，人馬罷困，桓與諸軍，共據高城，南臨大江，北背山陵，以逸待勞，為主制客，此百戰百勝之勢也。雖曹丕自來，尚不足憂，況仁等邪！』桓因偃旗鼓，外示虛弱，以誘致仁。仁果遣其子泰攻濡須城，分遣將軍常雕督諸葛虔、王雙等，乘油船別襲中洲。中洲者，部曲妻子所在也。仁自將萬人留橐皋，復為泰等後拒。桓部兵將攻取油船，或別擊雕等，桓等身自拒泰，燒營而退，遂梟雕，生虜雙，送武昌，臨陳斬溺，死者千餘。權嘉桓功，封嘉興侯，遷奮武將軍，領彭城相。

又　卷六〇《吳志·賀齊傳》　黄武初，魏使曹休來伐，齊以道遠後至，因住新市為拒。會洞口諸軍遭風流溺，所亡中分，將士失色，賴齊未濟，偏軍獨全，諸將倚以為勢。

齊性奢綺，尤好軍事，兵甲器械極為精好，所乘船雕刻丹鏤，青蓋絳襜，幹櫓戈矛，葩瓜文畫，弓弩矢箭，咸取上材，蒙沖鬭艦之屬，望之若山。休等憚之，遂引軍還。遷後將軍，假節領徐州牧。

初，晉宗為戲口將，以衆叛如魏，還為蘄春太守，圖襲安樂，取其保質。權以為恥忿，因軍初罷，六月盛夏，出其不意，詔齊督麋芳、鮮於丹等襲蘄春，遂生虜宗。

又《全琮傳》 黄初元年，魏以舟軍大出洞口，權使吕範督諸將拒之，軍營相望。敵數以輕船鈔擊，琮常帶甲仗兵，伺候不休。頃之，敵數千人出江中，琮擊破之，梟其將軍尹盧。遷琮綏南將軍，進封錢唐侯。（黄武）四年，假節領九江太守。

又 卷六二《吴志・是儀傳》 黄武中，遣儀之皖就將軍劉邵，欲誘致曹休。休到，大破之。

《晉書》卷一《宣帝紀》 魏文帝即（王）位，封河津亭侯，轉丞相長史。會孫權帥兵西過，朝議以樊、襄陽無穀，不可以禦寇。時曹仁鎮襄陽，請召仁還宛。帝曰：『孫權新破關羽，此其欲自結之時也，必不敢為患。襄陽水陸之沖，禦寇要害，不可棄也。』言竟不從。仁遂焚棄二城，權果不為寇，魏文悔之。【略】

（黄初）五年，天子南巡，觀兵吴疆。帝留鎮許昌，改封向鄉侯，轉撫軍、假節，領兵五千，加給事中、録尚書事。帝固辭。天子曰：『吾於庶事，以夜繼晝，無須臾寧息。此非以為榮，乃分憂耳。』

六年，天子復大興舟師征吴，復命帝居守，内鎮百姓，外供軍資。臨行，詔曰：『吾深以後事為念，故以委卿。曹參雖有戰功，而蕭何為重。使吾無西顧之憂，不亦可乎！』天子自廣陵還洛陽，詔帝曰：『吾東，撫軍當總西事；吾西，撫軍當總東事。』於是帝留鎮許昌。【略】及孫權圍江夏，遣其將諸葛瑾、張霸并攻襄陽，帝督諸軍討權，走之。進擊，敗瑾，斬霸，並首級千餘。遷驃騎將軍。

唐・李吉甫《元和郡縣圖志》卷二五《江南道一・潤州》 北固山，在縣北一里。下臨長江，其勢險固，因以爲名。蔡謨、謝安作鎮，並於山上作府庫，儲軍貨。宋高祖云：『作鎮作固，誠有其緒，然北望海口，實爲壯觀，以理而推，固宜爲顧。』江今闊十八里，春秋朔望有奔涛，魏文帝東征孫氏，臨江嘆曰：『固天所以限南北也。』

唐・徐堅《初學記》卷二四《居處部・城郭》 董覽《吴地記》曰：海渚有吴王闔閭與越結怨相伐築城，名曰南武城，以禦越。後吴先主亦因此，更繕修以備魏也。

又 卷六《地部中・江》 環濟《吴紀》曰：孫權詔曰：『吕岱、諸葛恪道步騭說：北人欲以布囊盛土塞江。每讀此表，令人連日失笑。此江自天地以來，寧有可塞者乎？』虞溥《江表傳》曰：魏文帝出廣陵欲伐吴，望大江而歎曰：『吴據洪流，且多糧穀，雖武騎千隊，無所用也。』乃還。

魏吴東興之戰

綜述

《三國志》卷四《魏志・齊王芳傳》 （嘉平）四年【略】《漢晉春秋》曰：初，孫權築東興堤以遏巢湖。後征淮南，壞不復修。是歲諸葛恪帥軍更於堤左右結山，挾築兩城，使全端、留略守之，引軍而還。諸葛誕言於司馬景王曰：『致人而不致於人者，此之謂也。今因其内侵，使文舒逼江陵，仲恭向武昌，以羈吴之上流，然後簡精卒攻兩城，比救至，可大獲也。』景王從之。冬十一月，詔征南大將軍王昶、征東將軍胡遵、鎮南將軍毌丘儉等征吴。十二月，吴大將軍諸葛恪拒戰，大破衆軍于東關。不利而還。《漢晉春秋》曰：毌丘儉、王昶聞東軍敗，各燒屯走。朝議欲貶黜諸將，景王曰：『我不聽公休，以至於此。此我過也，諸將何罪？』悉原之。時司馬文王為監軍，統諸軍，唯削文王爵而已。是歲，雍州刺史陳泰求敕并州併力討胡，景王從之。未集，而雁門、新興二郡以為將遠役，遂驚反。景王又謝朝士曰：『此我過也，非玄伯之責！』於是魏人愧悅，人思其報。習鑿齒曰：司馬大將軍引二敗以為己過，過消而業隆，可謂智矣。夫民忘其敗，而下思其報，雖欲不康，其可得邪？若乃諱敗推過，歸咎萬物，常執其功而隱其喪，上下離心，賢愚解體，是楚再敗而晉再克也，謬之甚矣！君人者，茍統斯理而以御國，則朝無秕政，身靡留愆，行失而名揚，兵挫而戰勝，雖百敗可也，況於再乎！

又 卷二八《魏志・毌丘儉傳》 諸葛誕戰于東關，不利，乃令誕、儉對換。誕為鎮南，都督豫州。儉為鎮東，都督揚州。吳太傅諸葛恪圍合肥新城，儉與文欽禦之，太尉司馬孚督中軍東解圍，恪退還。

又《諸葛誕傳》 王淩之陰謀也，太傅司馬宣王潛軍東伐，以誕為鎮東將軍、假節都督揚州諸軍事，封山陽亭侯。諸葛恪興東關，遣誕督諸軍討之，與戰，不利。還，徙為鎮南將軍。

又 卷四八《吳志・孫亮傳》 （建興元年）閏月，以恪為帝太傅，胤為衛將軍領尚書事，上大將軍呂岱為大司馬，諸文武在位皆進爵班賞，宂官加等。冬十月，太傅恪率軍遏巢湖，城東興，使將軍全端守西城，都尉留略守東城。十二月朔丙申，大風雷電，魏使將軍諸葛誕、胡遵等步騎七萬圍東興，將軍王昶攻南郡，毌丘儉向武昌。甲寅，恪以大兵赴敵。戊午，兵及東興，交戰，大破魏軍，殺將軍韓綜、桓嘉等。是月，雷雨，天災武昌端門；改作端門，又災内殿。臣松之案：孫權赤烏十年，詔徙武昌宫材瓦，以繕治建康宫，而此猶有端門内殿。《吳録》云：諸葛恪有遷都意，更起武昌宫。今所災者恪所新作。【略】

（二年）庚午，王昶等皆退。二月，軍還自東興，大行封賞。三月，恪率軍伐魏。夏四月，圍新城，大疫，兵卒死者大半。秋八月，恪引軍還。冬十月，大饗。武衛將軍孫峻伏兵殺恪於殿堂。大赦。以峻為丞相，封富春侯。

又 卷六四《吳志・諸葛恪傳》 初，權黄龍元年遷都建業，二年築東興堤遏湖水。後征淮南，敗以内船，由是廢不復脩。恪以建興元年十月會衆於東興，更作大堤，左右結山俠築兩城，各留千人，使全端、留略守之，引軍而還。魏以吳軍入其疆土，耻於受侮，命大將胡遵、諸葛誕等率衆七萬，欲攻圍兩塢，圖壞堤遏。恪興軍四萬，晨夜赴救。遵等敕其諸軍作浮橋度，陳於堤上，分兵攻兩城。城在高峻，不可卒拔。恪遣將軍留贊、呂據、唐咨、丁奉為前部。時天寒雪，魏諸將會飲，見贊等兵少，而解置鎧甲，不持矛戟。但兜鍪刀楯，倮身緣遏，大笑之，不即嚴兵。兵得上，便鼓譟亂斫。魏軍驚擾散走，爭渡浮橋，橋壞絶，自投於水，更相蹈藉。樂安太守桓嘉等同時并没，死者數萬。故叛將韓綜為魏前軍督，亦斬之。獲車乘牛馬驢騾各數千，資器山積，振旅而歸。進封恪陽都侯，加荆揚州牧，督中外諸軍事，賜金一百斤，馬二百匹，繒布各萬匹。

論說

《三國志》卷六四《吳志・諸葛恪傳論》 諸葛恪才氣幹略，邦人所稱，然驕且吝，周公無觀，況在於恪？矜己陵人，能無敗乎！若躬行所與陸遜及弟融之書，則悔吝不至，何尤禍之有哉？滕胤厲脩士操，遵蹈規矩，而孫峻之時猶保其貴，必危之理也。峻、綝凶豎盈溢，固無足論者。濮陽興身居宰輔，慮不經國，協張布之邪，納萬彧之說，誅夷其宜矣。

雜録

《三國志》卷二一《魏志・傅嘏傳》 時論者議欲自伐吳，三征獻策各不同。詔以訪嘏，嘏對曰：『昔夫差陵齊勝晉，威行中國，終禍姑蘇；齊閔兼土拓境，闢地千里，身蹈顛覆。有始不必善終，古之明效也。孫權自破關羽并荆州之後，志盈欲滿，凶宄以極，是以宣文侯深建宏圖大舉之策。今權以死，託孤於諸葛恪。若矯權苛暴，蠲其虐政，民免酷烈，偷安新惠，外内齊慮，有同舟之懼，雖不能終自保完，猶足以延期挺命於深江之外矣。而議者或欲汎舟徑濟，横行江表；或欲四道並進，攻其城壘；或欲大佃疆埸，觀釁而動；誠皆取賊之常計也。然自治兵以來，出入三載，非掩襲之軍也。賊之為寇，幾六十年矣，君臣偽立，吉凶共患，又喪其元帥，上下憂危，設令列船津要，堅城據險，横行之計，其殆難捷。惟進軍大佃，最差完牢。（隱）兵出民表，寇鈔不犯；坐食積穀，不煩運士；乘釁討襲，無遠勞費：此軍之急務也。昔樊噲原以十萬之衆，横行匈奴，季布面折其短。今欲越長江，涉虜庭，亦向時之喻也。未若明法練士，錯計於全勝之地，振長策以禦敵之餘燼，斯必然之數也。』司馬彪《戰略》載嘏此對，詳於本傳，今悉載之以盡其意。彪曰：嘉平四年四月，孫權死。征南大將軍王昶、征東將軍胡遵、鎮南將軍毌丘儉等表請征吳。朝廷以三征計異，詔訪尚書傅嘏，嘏對曰：『昔夫差勝齊陵晉，威行中國，不能以免姑蘇之禍；齊閔辟土兼國，開地千里，不足以救顛覆之敗：有始不必善終，古事之明效也。孫權自破蜀兼平荆州之後，志盈欲滿，罪戮忠良，殊及胤嗣，元凶已極。相國宣文侯先識取亂侮亡之義，深建宏圖大舉之策。今權已死，託孤於諸葛恪。若矯權苛暴，蠲其虐政，民免酷烈，偷安新惠，外內齊慮，有同舟之懼，雖不能終自保完，猶足以延期挺命於深江之表矣。昶等或欲汎舟徑渡，横行江表，收民略地，因糧於寇；或欲四道並進，臨之以武，誘間攜貳，待其崩壞；或欲進軍大佃，偪其項領，積穀觀釁，相時而動；凡此三者，皆取賊之常計也。然施之當機，則功成名立，苟不應節，必貽後患。自治兵已來，出入三載，非掩襲之軍也。賊喪元帥，利存退守，若撰飾舟楫，羅船津要，堅城清野，以防卒攻，横行之計，殆難必施。賊之為寇，幾六十年，君臣僞立，吉凶同患，若恪蠲其弊，天去其疾，崩潰之應，不可卒待。今邊壤之守，與賊相遠，賊設羅落，又持重密，間諜不行，耳目無聞。夫軍無耳目，校察未詳，而舉大衆以臨巨險，此為希幸徼功，先戰而後求勝，非全軍之長策也。唯有進軍大佃，最差完牢。可詔昶、遵等擇地居險，審所錯置，及令三方一時前守。奪其肥壤，使還耕瘠土，一也；兵出民表，寇鈔不犯，二也；招懷近路，降附日至，三也；羅落遠設，間構不來，四也；賊退其守，羅落必淺，佃作易之，五也；坐食積穀，士不運輸，六也；釁隙時聞，討襲速決，七也；凡此七者，軍事之急務也。不據則賊擅便資，據之則利歸於國，不可不察也。夫屯壘相偪，形勢已交，智勇得陳，巧拙得用，策之而知得失之計，角之而知有餘不足，虜之情僞，將焉所逃？夫以小敵大，則役煩力竭，以貧敵富，則斂重財匱。故「敵逸能勞之，飽能飢之」，此之謂也。然後盛衆厲兵以震之，參惠倍賞以招之，多方廣似以疑之。由不虞之道，以間其不戒；比及三年，左提右挈，虜必冰散瓦解，安受其弊，可坐算而得也。昔漢氏歷世常患匈奴，朝臣謀士早朝晏罷，介胄之將則陳征伐，搢紳之徒咸言和親，勇奮之士思展搏噬。故樊噲原以十萬之衆横行匈奴，季布面折其短。李信求以二十萬獨舉楚人，而果辱秦軍。今諸將有陳越江陵險，獨步虜庭，即亦向時之類也。以陛下聖德，輔相忠賢，法明士練，錯計於全勝之地，振長策以禦之，虜之崩潰，必然之數。故兵法曰：「屈人之兵，而非戰也；拔人之城，而非攻也。」若釋廟勝必然之理，而行萬一不必全之路，誠愚臣之所慮也。故謂大佃而偪之計最長。』時不從嘏言。其年十一月，詔昶等征吳。五年正月，諸葛恪拒戰，大破衆軍於東關。後吳大將諸葛恪新破東關，乘勝揚聲欲向青、徐，朝廷將為之備。嘏議以為『淮海非賊輕行之路，又昔孫權遣兵入海，漂浪沉溺，略無孑遺，恪豈敢傾根竭本，寄命洪流，以徼乾没乎？恪不過遣偏率小將素習水軍者，乘海泝淮，示動青、徐，恪自并兵來向淮南耳』。後恪果圖新城，不克而歸。

又《王昶傳》（嘉平）二年，昶奏：『孫權流放良臣，適庶分爭，可乘釁而制吳、蜀；白帝、夷陵之間，黔、巫、秭歸、房陵皆在江北，民夷與新城郡接，可襲取也。』乃遣新城太守州泰襲巫、秭歸、房陵，荆州刺史王基詣夷陵，昶詣江陵，兩岸引竹絙為橋，渡水擊之。賊奔南岸，鑿七道並來攻。於是昶使積弩同時俱發，賊大將施績夜遁入江陵城，追斬數百級。昶欲引致平地與合戰，乃先遣五軍案大道發還，使賊望見以喜之，以所獲鎧馬甲首，馳環城以怒之，設伏兵以待之。績果追軍，與戰，克之。績遁走，斬其將鍾離茂、許旻，收其甲首旗鼓珍寶器仗，振旅而還。王基、州泰皆有功。於是遷昶征南大將軍、儀同三司，進封京陵侯。

又《王基傳》其年為尚書，出為荆州刺史，加揚烈將軍，隨征南王昶擊吳。基别襲步協於夷陵，協閉門自守。基示以攻形，而實分兵取雄父邸閣，收米三十餘萬斛，虜安北將軍譚正，納降數千口。於是移其降民，置夷陵縣。賜爵關内侯。基又表城上昶，徙江夏治之，以偪夏口，由是賊不敢輕越江。明制度，整軍農，兼脩學校，南方稱之。時朝廷議欲伐吳，詔基量進趣之宜。基對曰：『夫兵動而無功，則威名折於外，財用窮於内，故必全而後用也。若不資通川聚糧水戰之備，則雖積兵江內，無必渡之勢矣。今江陵有沮、漳二水，溉灌膏腴之田以千數。安陸左右，陂池沃衍。若水陸並農，以實軍資，然後引兵詣江陵、夷陵，分據夏口，順沮、漳，資水浮穀而下。賊知官兵有經久之勢，則拒天誅者意沮，而向王化者益固。然後率合蠻夷以攻其内，精卒勁兵以討其外，則夏口以上必拔，而江外之郡不守。如此，吳、蜀之交絶，交絶而吳禽矣。不然，兵出之利，未可必矣。』於是遂止。

又 卷五五《吳志・韓綜傳》其年，（孫）權征石陽，以（韓）綜有憂，使守武昌，而綜淫亂不軌。權雖以父故不問，綜内懷懼，《吳書》曰：綜欲叛，恐左右不從，因諷使劫略，示欲饒之，轉相放效，為行旅大患。後因詐言被詔，以部曲為寇盜見詰讓，云『將吏以下，當並收治』，又言恐罪自及。左右因曰：『惟當去耳。』遂共圖計，以當葬父，盡呼親戚姑姊，悉以嫁將吏，所幸婢妾，皆賜與親近，殺牛飲酒歃血，與共盟誓。載父喪，將母家屬部曲男女數千人奔魏。魏以為將軍，封廣陽侯。數犯邊境，殺害人民，權常切齒。

東興之役，綜為前鋒，軍敗身死，諸葛恪斬送其首，以白權廟。

又《**丁奉傳**》 魏遣諸葛誕、胡遵等攻東興，諸葛恪率軍拒之。諸將皆曰：『敵聞太傅自來，上岸必遁走。』奉獨曰：『不然。彼動其境內，悉許、洛兵大舉而來，必有成規，豈虛還哉？無恃敵之不至，恃吾有以勝之。』及恪上岸，奉與將軍唐咨、呂據、留贊等，俱從山西上。奉曰：『今諸軍行遲，若敵據便地，則難與爭鋒矣。』乃辟諸軍使下道，帥麾下三千人徑進。時北風，奉舉帆二日至，遂據徐塘。天寒雪，敵諸將置酒高會，奉見其前部兵少，相謂曰：『取封侯爵賞，正在今日！』乃使兵解鎧著胄，持短兵。敵人從而笑焉，不為設備。奉縱兵斫之，大破敵前屯。會據等至，魏軍遂潰。遷滅寇將軍，進封都（亭）侯。

又 卷五六《**吳志・朱桓傳**》 建興元年，遷鎮南將軍。是歲魏遣胡遵、諸葛誕等出東興，異督水軍攻浮梁，壞之，魏軍大破。《吳書》曰：異又隨諸葛恪圍新城，城既不拔，異等皆言宜速還豫章，襲石頭城，不過數日可拔。恪以書曉異，異投書於地曰：『不用我計，而用傒子言！』恪大怒，立奪其兵，遂廢還建業。

又 卷六四《**吳志・孫峻傳**》 （五鳳）二年，魏將毌丘儉、文欽以衆叛，與魏人戰於樂嘉，峻帥驃騎將軍呂據、左將軍留贊襲壽春，會欽敗降，軍還。《吳書》曰：【略】諸葛恪征東興，贊為前部，合戰先陷陳，大敗魏師，遷左將軍。

又 卷一一《**魏志・王脩傳**》 **裴松之注** 王隱《晉書》曰：脩一子，名儀，字朱表，高亮雅直。司馬文王為安東，儀為司馬。東關之敗，文王曰：『近日之事，誰任其咎？』儀曰：『責在軍師。』文王怒曰：『司馬欲委罪於孤邪？』遂殺之。

《**晉書**》**卷二**《**文帝紀**》 （司馬昭）尋進號都督，統征東將軍胡遵、鎮東將軍諸葛誕伐吳，戰于東關。二軍敗績，坐失侯。

魏滅蜀

綜　述

《**三國志**》**卷四**《**魏志・陳留王奐傳**》 （景元四年）夏五月，詔曰：『蜀，蕞爾小國，土狹民寡，而姜維虐用其衆，曾無廢志；往歲破敗之後，猶復耕種遝中，刻剥衆羌，勞役無已，民不堪命。夫兼弱攻昧，武之善經，致人而不致於人，兵家之上略。蜀所恃賴，唯維而已，因其遠離巢窟，用力為易。今使征西將軍鄧艾督帥諸軍，趣甘松、遝中以羅取維，雍州刺史諸葛緒督諸軍趣武都、高樓，首尾槁討。若擒維，便當東西並進，掃滅巴蜀也。』又命鎮西將軍鍾會由駱谷伐蜀。【略】

（十一月）自鄧艾、鍾會率衆伐蜀，所至輒克。是月，蜀主劉禪詣艾降，巴蜀皆平。（十二月）壬子，分益州為梁州。癸丑，特赦益州士民，復除租賦之半五年。

乙卯，以征西將軍鄧艾為太尉，鎮西將軍鍾會為司徒。皇太后崩。

咸熙元年春正月壬戌，檻車徵鄧艾。【略】是月，鍾會反於蜀，為衆所討；鄧艾亦見殺。二月辛卯，特赦諸在益土者。【略】（三月）丁亥，封劉禪為安樂公。【略】

初，自平蜀之後，吳寇屯逼永安，遣荆、豫諸軍掎角赴救。七月，賊皆遁退。【略】

癸巳，詔曰：『前逆臣鍾會構造反亂，聚集征行將士，劫以兵威，始吐奸謀，發言桀逆，逼脅衆人，皆使下議，倉卒之際，莫不驚懾。相國左司馬夏侯和、騎士曹屬朱撫時使在成都，中領軍司馬賈輔、郎中羊琇各參會軍事；和、琇、撫皆抗節不撓，拒會凶言，臨危不顧，詞指正烈。輔語散將王起，說「會奸逆凶暴，欲盡殺將士」，又云「相國已率三十萬衆西行討會」，欲以稱張形勢，感激衆心。起出，以輔言宣語諸軍，遂使將士益懷奮勵。宜加顯寵，以彰忠義。其進和、輔爵為鄉侯，琇、撫爵關內

侯。起宣傳輔言，告令將士，所宜賞異。其以起為部曲將。』【略】

冬十月丁亥，詔曰：『昔聖帝明王，靜亂濟世，保大定功，文武殊塗，勳烈同歸。是故或舞干戚以訓不庭，或陳師旅以威暴慢。至於愛民全國，康惠庶類，必先脩文教，示之軌儀，不得已然後用兵，此盛德之所同也。往者季漢分崩，九土顛覆，劉備、孫權乘間作禍。三祖綏寧中夏，日不暇給，遂使遺寇僭逆歷世。幸賴宗廟威靈，宰輔忠武，爰發四方，拓定庸、蜀，役不浹時，一征而克。自頃江表衰弊，政刑荒闇，巴、漢平定，孤危無援，交、荆、揚、越，靡然向風。』【略】

是歲，罷屯田官以均政役，諸典農皆為太守，都尉皆為令長；勸募蜀人能内移者，給廩二年，復除二十歲。【略】

（二年春二月）庚戌，以虎賁張脩昔於成都馳馬至諸營言鍾會反逆，以至没身，賜脩弟倚爵關内侯。

又 卷二八《魏志·鄧艾傳》 （景元）四年秋，詔諸軍征蜀，大將軍司馬文王皆指授節度，使艾與維相綴連；雍州刺史諸葛緒要維，令不得歸。艾遣天水太守王頎等直攻維營，隴西太守牽弘等邀其前，金城太守楊欣等詣甘松。維聞鍾會諸軍已入漢中，引退還。欣等追躡於彊川口，大戰，維敗走。聞雍州已塞道屯橋頭，從孔函谷入北道，欲出雍州後。諸葛緒聞之，卻還三十里。維入北道三十餘里，聞緒軍卻，尋還，從橋頭過，緒趣截維，較一日不及。維遂東引，還守劍閣。鍾會攻維未能克。艾上言：『今賊摧折，宜遂乘之，從陰平由邪徑經漢德陽亭趣涪，出劍閣西百里，去成都三百餘里，奇兵衝其腹心。劍閣之守必還赴涪，則會方軌而進；劍閣之軍不還，則應涪之兵寡矣。軍志有之曰：「攻其無備，出其不意。」今掩其空虚，破之必矣。』

冬十月，艾自陰平道行無人之地七百餘里，鑿山通道，造作橋閣。山高谷深，至為艱險，又糧運將匱，頻於危殆。艾以氊自裹，推轉而下。將士皆攀木緣崖，魚貫而進。先登至江由，蜀守將馬邈降。蜀衛將軍諸葛瞻自涪還綿竹，列陳待艾。艾遣子惠唐亭侯忠等出其右，司馬師纂等出其左。忠、纂戰不利，並退還，曰：『賊未可擊。』艾怒曰：『存亡之分，在此一舉，何不可之有？』乃叱忠、纂等，將斬之。忠、纂馳還更戰，大破之，斬瞻及尚書張遵等首，進軍到雒。劉禪遣使奉皇帝璽綬，為箋詣艾請降。

艾至成都，禪率太子諸王及羣臣六十餘人面縛輿櫬詣軍門，艾執節解縛焚櫬，受而宥之。檢御將士，無所虜略，綏納降附，使復舊業，蜀人稱焉。輒依鄧禹故事，承制拜禪行驃騎將軍，太子奉車、諸王駙馬都尉。蜀羣司各隨高下拜為王官，或領艾官屬。以師纂領益州刺史，隴西太守牽弘等領蜀中諸郡。使於綿竹築臺以為京觀，用彰戰功。士卒死事者，皆與蜀兵同共埋藏。艾深自矜伐，謂蜀士大夫曰：『諸君賴遭某，故得有今日耳。若遇吴漢之徒，已殄滅矣。』又曰：『姜維自一時雄兒也，與某相值，故窮耳。』有識者笑之。

十二月，詔曰：『艾曜威奮武，深入虜庭，斬將搴旗，梟其鯨鯢，使僭號之主，稽首繫頸，歷世逋誅，一朝而平。兵不逾時，戰不終日，雲徹席捲，蕩定巴蜀。雖白起破彊楚，韓信克勁趙，吴漢禽子陽，亞夫滅七國，計功論美，不足比勳也。其以艾為太尉，增邑二萬户，封子二人亭侯，各食邑千户。』《袁子》曰：諸葛亮，重人也，而驟用蜀兵，此知小國弱民難以久存也。今國家一舉而滅蜀，自征伐之功，未有如此之速者也。方鄧艾以萬人入江由之危險，鍾會以二十萬衆留劍閣而不得進，三軍之士已飢，艾雖戰勝克將，使劉禪數日不降，則二將之軍難以反矣。故功業如此之難也。國家前有壽春之役，後有滅蜀之勞，百姓貧而倉稟虚，故小國之慮，在於時立功以自存，大國之慮，在於既勝而力竭，成功之後，戒懼之時也。艾言司馬文王曰：『兵有先聲而後實者，今因平蜀之勢以乘吴，吴人震恐，席捲之時也。然大舉之後，將士疲勞，不可便用，且徐緩之；留隴右兵二萬人，蜀兵二萬人，煮鹽興冶，為軍農要用，並作舟船，豫順流之事，然後發使告以利害，吴必歸化，可不征而定也。今宜厚劉禪以致孫休，安士民以來遠人，若便送禪於京都，吴以為流徙，則於向化之心不勸。宜權停留，須來年秋冬，比爾吴亦足平。以為可封禪為扶風王，錫其資財，供其左右。郡有董卓塢，為之宫舍。爵其子為公侯，食郡内縣，以顯歸命之寵。開廣陵、城陽以待吴人，則畏威懷德，望風而從矣。』文王使監軍衛瓘喻艾：『事當須報，不宜輒行。』艾重言曰：『銜命征行，奉指授之策，元惡既服；至於承制拜假，以安初附，謂合權宜。今蜀舉衆歸命，地盡南海，東接吴會，宜早鎮定。若待國命，往復道途，延引日月。《春秋》之義，大夫出疆，有可以安社稷，利國家，專之可也。今吳未賓，勢與蜀連，不可拘常以失事機。兵法，進不求名，退不避罪，艾雖無古人之節，終不自嫌以損于國也。』鍾會、胡烈、師纂等皆白艾所作悖逆，變釁以結。詔書檻車征艾。《魏氏春秋》曰：艾仰天歎曰：『艾忠臣也，一至此乎！白起之酷，復見於今日矣。』

艾父子既囚，鍾會至成都，先送艾，然後作亂。會已死，艾本營將士追出艾檻車，迎還。瓘遣田續等討艾，遇於綿竹西，斬之。子忠與艾俱死，餘子在洛陽者悉誅，徙艾妻子及孫於西域。《漢晉春秋》曰：初艾之下江由也，以續不進，欲斬，既而舍之。及瓘遣續，謂曰：『可以報江由之辱矣。』杜預言於衆曰：『伯玉其不免乎！身為名士，位望已高，既無德音，又不御下以正，是小人而乘君子之器，將何以堪其責乎？』瓘聞之，不俟駕而謝。《世語》曰：師纂亦與艾俱死。纂性急少恩，死之日體無完皮。

初，艾當伐蜀，夢坐山上而有流水，以問殄虜護軍爰邵。邵曰：『按易卦，山上有水曰蹇。蹇繇曰：「蹇利西南，不利東北。」孔子曰：「蹇利西南，往有功也；不利東北，其道窮也。」往必克蜀，殆不還乎！』艾憮然不樂。荀綽《冀州記》曰：邵起自幹吏，位至衛尉。長子翰，河東太守。中子敞，大司農。少子倩，字君幼，寬厚有器局，勤於當世，歷位冀州刺史、太子右衛率。翰子俞，字世都，清貞貴素，辯於論議，采公孫龍之辭以談微理。少有能名，辟太尉府，稍歷顯位，至侍中中書令，遷為監。臣松之按：《蹇彖辭》云『蹇利西南，往得中也』，不云『有功』；下云『利見大人，往有功也』。

泰始元年，晉室踐阼，詔曰：『昔太尉王淩謀廢齊王，而王竟不足以守位。征西將軍鄧艾，矜功失節，實應大辟。然被書之日，罷遣人衆，束手受罪，比于求生遂為惡者，誠復不同。今大赦得還，若無子孫者聽使立後，令祭祀不絕。』三年，議郎段灼上疏理艾曰：『艾心懷至忠而荷反逆之名，平定巴蜀而受夷滅之誅，臣竊悼之。惜哉，言艾之反也！艾性剛急，輕犯雅俗，不能協同朋類，故莫肯理之。臣敢言艾不反之狀。昔姜維有斷隴右之志，艾脩治備守，積穀强兵。值歲凶旱，艾為區種，身被烏衣，手執耒耜，以率將士。上下相感，莫不盡力。艾持節守邊，所統萬數，而不難僕虜之勞，士民之役，非執節忠勤，孰能若此？故落門、段谷之戰，以少擊多，摧破强賊。先帝知其可任，委艾廟勝，授以長策。艾受命忘身，束馬縣車，自投死地，勇氣陵雲，士衆乘勢，使劉禪君臣面縛，叉手屈膝。艾功名以成，當書之竹帛，傳祚萬世。七十老公，反欲何求！艾誠恃養育之恩，心不自疑，矯命承制，權安社稷；雖違常科，有合古義，原心定罪，本在可論。鍾會忌艾威名，構成其事。忠而受誅，信而見疑，頭縣馬市，諸子并斬，見之者垂泣，聞之者歎息。陛下龍興，闡弘大度，釋諸嫌忌，受誅之家，不拘叙用。昔秦民憐白起之無罪，吳人傷子胥之冤酷，皆為立祠。今天下民人為艾悼心痛恨，亦猶是也。臣以為艾身首分離，捐棄草土，宜收尸喪，還其田宅。以平蜀之功，紹封其孫，使闔棺定謚，死無餘恨。赦冤魂于黄泉，收信義於後世，葬一人而天下慕其行，埋一魂而天下歸其義，所為者寡而悅者衆矣。』九年，詔曰：『艾有功勳，受罪不逃刑，而子孫為民隸，朕常湣之。其以嫡孫朗為郎中。』

艾在西時，修治障塞，築起城塢。泰始中，羌虜大叛，頻殺刺史，涼州道斷。吏民安全者，皆保艾所築塢焉。《世語》曰：咸寧中，積射將軍樊震為西戎牙門，得見辭，武帝問震所由進，震自陳曾為鄧艾伐蜀時帳下將，帝遂尋問艾，震具申艾之忠，言之流涕。先是以艾孫朗為丹水令，由此遷為定陵令。次孫千秋有時望，光祿大夫王戎辟為掾。永嘉中，朗為新都太守，未之官，在襄陽失火，朗及母妻子舉室燒死，惟子韜子行得免。千秋先卒，二子亦燒死。

又《魏志·鍾會傳》　文王以蜀大將姜維屢擾邊陲，料蜀國小民疲，資力單竭，欲大舉圖蜀。惟會亦以為蜀可取，豫共籌度地形，考論事勢。景元三年冬，以會為鎮西將軍、假節都督關中諸軍事。文王敕青、徐、兗、豫、荆、揚諸州，並使作船，又令唐咨作浮海大船，外為將伐吳者。四年秋，乃下詔使鄧艾、諸葛緒各統諸軍三萬餘人，艾趣甘松、遝中連綴維，緒趣武街、橋頭絶維歸路。會統十餘萬衆，分從斜谷、駱谷入。先命牙門將許儀在前治道，會在後行，而橋穿，馬足陷，於是斬儀。儀者，許褚之子，有功王室，猶不原貸。諸軍聞之，莫不震竦。蜀令諸圍皆不得戰，退還漢、樂二城守。魏興太守劉欽趣子午谷，諸軍數道平行，至漢中。蜀監軍王含守樂城，護軍蔣斌守漢城，兵各五千。會使護軍荀愷、前將軍李輔各統萬人，愷圍漢城，輔圍樂城。會徑過，西出陽安口，遣人祭諸葛亮之墓。使護軍胡烈等行前，攻破關城，得庫藏積穀。姜維自遝中還，至陰平，合集士衆，欲赴關城。未到，聞其已破，退趣白水，與蜀將張翼、廖化等合守劍閣拒會。會移檄蜀將吏士民曰：

往者漢祚衰微，率土分崩，生民之命，幾於泯滅。太祖武皇帝神武聖哲，撥亂反正，拯其將墜，造我區夏。高祖文皇帝應天順民，受命踐阼。烈祖明皇帝奕世重光，恢拓洪業。然江山之外，異政殊俗，率土齊民未蒙王化，此三祖所以顧懷遺恨也。今主上聖德欽明，紹隆前緒，宰輔忠肅明允，劬勞王室，布政垂惠而萬邦協和，施德百蠻而肅慎致貢。悼彼巴蜀，獨為匪民，湣此百姓，勞役未已。是以命授六師，龔行天罰，征西、雍州、鎮西諸軍，五道並進。古之行軍，以仁為本，以義治之；王者之師，有征無戰；故虞舜舞幹戚而服有苗，周武有散財、發廩、表閭之義。今鎮西奉辭銜命，攝統戎重，庶弘文告之訓，以濟元元之命，非欲窮武極戰，以快一朝之政，故略陳安危之要，其敬聽話言。

益州先主以命世英才，興兵朔野，困躓冀、徐之郊，制命紹、布之手，太祖拯而濟之，與隆大好。中更背違，棄同即異，諸葛孔明仍規秦川，姜伯約屢出隴右，勞動我邊境，侵擾我氐、羌，方國家多故，未遑修九伐之征也。今邊境乂清，方內無事，畜力待時，並兵一向，而巴蜀一州之衆，分張守備，難以御天下之師。段谷、侯和沮傷之氣，難以敵堂堂之陳。比年以來，曾無寧歲，征夫勤瘁，難以當子來之民。此皆諸賢所親見也。蜀相壯見禽於秦，公孫述授首於漢，九州之險，是非一姓。此皆諸賢所備聞也。明者見危于無形，智者規禍于未萌，是以微子去商，長為周賓，陳平背項，立功於漢。豈晏安酖毒，懷祿而不變哉？今國朝隆天覆之恩，宰輔弘寬恕之德，先惠後誅，好生惡殺。往者吳將孫壹舉衆內附，位為上司，寵秩殊異。文欽、唐咨為國大害，叛主仇賊，還為戎首。咨困逼禽獲，欽二子還降，皆將軍、封侯；咨與聞國事。壹等窮踧歸命，猶加盛寵，況巴蜀賢知見機而作者哉！誠能深鑑成敗，邈然高蹈，投迹微子之蹤，錯身陳平之軌，則福同古人，慶流來裔，百姓士民，安堵舊業，農不易畝，市不回肆，去累卵之危，就永安之福，豈不美與！若偷安旦夕，迷而不反，大兵一發，玉石皆碎，雖欲悔之，亦無及已。其詳擇利害，自求多福，各具宣佈，咸使聞知。

鄧艾追姜維到陰平，簡選精銳，欲從漢德陽入江由、左儋道詣綿竹，趣成都，與諸葛緒共行。緒以本受節度邀姜維，西行非本詔，遂進軍前向白水，與會合。會遣將軍田章等從劍閣西，徑出江由。未至百里，章先破蜀伏兵三校，艾使章先登。遂長驅而前。會與緒軍向劍閣，會欲專軍勢，密白緒畏懦不進，檻車征還。軍悉屬會，按百官名：緒入晉為太常崇禮衛尉。子沖，廷尉。荀綽《兗州記》曰：衝子詮，字德林，玫字仁林，並知名顯達。詮，兗州刺史。玫，侍中御史中丞。進攻劍閣，不克，引退，蜀軍保險拒守。艾遂至綿竹，大戰，斬諸葛瞻。維等聞瞻已破，率其衆東入于巴。會乃進軍至涪，遣胡烈、田續、龐會等追維。艾進軍向成都，劉禪詣艾降，遣使敕維等令降於會。維至廣漢郪縣，令兵悉放器仗，送節傳於胡烈，便從東道詣會降。會上言曰：『賊姜維、張翼、廖化、董厥等逃死遁走，欲趣成都。臣輒遣司馬夏侯咸、護軍胡烈等，經從劍閣，出新都、大渡截其前，參軍爰彭、將軍句安等躡其後，參軍皇甫闓、將軍王買等從涪南出沖其腹，臣據涪縣為東西勢援。維等所統步騎四五萬人，擐甲厲兵，塞川填谷，數百里中首尾相繼，憑恃其衆，方軌而西。臣敕咸、闓等令分兵據勢，廣張羅罔，南杜走吳之道，西塞成都之路，北絕越逸之徑，四面雲集，首尾並進，蹊路斷絕，走伏無地。臣又手書申喻，開示生路，羣寇困逼，知命窮數盡，解甲投戈，面縛委質，印綬萬數，資器山積。昔舜舞干戚，有苗自服；牧野之師，商旅倒戈；有征無戰，帝王之盛業。全國為上，破國次之；全軍為上，破軍次之；用兵之令典。陛下聖德，侔蹤前代，翼輔忠明，齊軌公旦，仁育羣生，義征不譓，殊俗向化，無思不服，師不逾時，兵不血刃，萬里同風，九州共貫。臣輒奉宣詔命，導揚恩化，復其社稷，安其閭伍，舍其賦調，弛其征役，訓之德禮以移其風，示之軌儀以易其俗，百姓欣欣，人懷逸豫，後來其蘇，義無以過。』會於是禁檢士衆不得鈔略，虛己誘納，以接蜀之羣司，與維情好歡甚。《世語》曰：夏侯霸奔蜀，蜀朝問『司馬公如何德』？霸曰：『自當作家門。』『京師俊士』？曰：『有鍾士季，其人管朝政，吳、蜀之憂也。』《漢晉春秋》曰：初，夏侯霸降蜀，姜維問之曰：『司馬懿既得彼政，當復有征伐之志不？』霸曰：『彼方營立家門，未遑外事。有鍾士季者，其人雖少，終為吳、蜀之憂，然非非常之人亦不能用也。』後十五年而會果滅蜀。按習鑿齒此言，非出他書，故採用《世語》而附益也。十二月詔曰：『會所向摧弊，前無强敵，緘制衆城，罔羅迸逸。蜀之豪帥，面縛歸命，謀無遺策，舉無廢功。凡所降誅，動以萬計，全勝獨克，有征無戰。拓平西夏，方隅清晏。其以會為司徒，進封縣侯，增邑萬户。封子二人亭侯，邑各千户。』

會內有異志，因鄧艾承制專事，密白艾有反狀，《世語》曰：會善效人書，於劍閣要艾章表白事，皆易其言，令辭指悖傲，多自矜伐。又毀文王報書，手作以疑之也。於是詔書檻車徵艾。司馬文王懼艾或不從命，敕會並進軍成都，監軍衛瓘在會前行，以文王手筆令宣喻艾軍，艾軍皆釋仗，遂收艾入檻車。會所憚惟艾，艾既禽而會尋至，獨統大衆，威震西土。自謂功名蓋世，不可復為人下，加猛將鋭卒皆在己手，遂謀反。欲使姜維等皆將蜀兵出斜谷，會自將大衆隨其後。既至長安，令騎士從陸道，步兵從水道順流浮渭入河，以為五日可到孟津，與騎會洛陽，一旦天下可定也。會得文王書云：『恐鄧艾或不就征，今遣中護軍賈充將步騎萬人徑入斜谷，屯樂城，吾自將十萬屯長安，相見在近。』會得書，驚呼所親語之曰：『但取鄧艾，相國知我能獨辦之；今來大重，必覺我異矣，便當速發。事成，可得天下；不成，退保蜀漢，不失作劉備也。我自淮南以來，畫無遺策，四海所共知也。我欲持此安歸乎！』會以五年正月十五日至，其明日，悉請護軍、郡守、牙門騎督以上及蜀之故官，為太后發喪于蜀朝堂。矯太后遺詔，使會起兵廢文王，皆班示坐上人，使下議訖，書版署置，更使所親信代領諸軍。所請羣官，悉閉著益州諸曹屋中，城門宮門皆閉，嚴兵圍守。會帳下督丘建本屬胡烈，烈薦之文王，會請以自隨，任愛之。建愍烈獨坐，啓會，使聽內一親兵出取飲食，諸牙門隨例各內一人。烈紿語親兵及疏與其子曰：『丘建密說消息，會已作大坑，白棓棓與棒同。數千，欲悉呼外兵入，人賜白帢，拜為散將，以次棓殺坑中。』諸牙門親兵亦咸說此語，一夜傳相告，皆遍。或謂會：『可盡殺牙門騎督以上。』會猶豫未決。十八日日中，烈軍兵與烈兒雷鼓出門，諸軍兵不期皆鼓譟出，曾無督促之者，而爭先赴城。時方給與姜維鎧杖，白外有匈匈聲，似失火，有頃，白兵走向城。會驚，謂維曰：『兵來似欲作惡，當云何？』維曰：『但當擊之耳。』會遣兵悉殺所閉諸牙門郡守，內人共舉機以柱門，兵斫門，不能破。斯須，門外倚梯登城，或燒城屋，蟻附亂進，矢下如雨，牙門、郡守各緣屋出，與其卒兵相得。姜維率會左右戰，手殺五六人，衆既格斬維，爭赴殺會。會時年四十，將士死者數百人。《晉諸公贊》曰：胡烈兒名淵，字世元，遵之孫也。遵，安定人，以才兼文武，累居藩鎮，至車騎將軍。子奮，字玄威，亦歷方任。女為晉武帝貴人，有寵。太康中，以奮為尚書僕射，加鎮軍大將軍、開府。弟廣，字宣祖，少府。次烈，字玄武，秦州刺史。次岐，字玄嶷，并州刺史。廣子喜，涼州刺史。淵小字鶡鴠，時年十八，既殺會救父，名震遠近。後趙王倫篡位，三王興義，倫使淵與張泓將兵禦齊王，屢破齊軍。會成都戰克，淵乃歸降伏法。

初，艾為太尉，會為司徒，皆持節、都督諸軍如故，咸未受命而斃。會兄毓，以四年冬薨，會竟未知問。會兄子邕，隨會與俱死，會所養兄子毅及峻、辿等下獄，當伏誅。司馬文王表天子下詔曰：『峻等祖父繇，三祖之世，極位臺司，佐命立勳，饗食廟庭。父毓，歷職內外，幹事有績。昔楚思子文之治，不滅斗氏之祀。晉録成宣之忠，用存趙氏之後。以會、邕之罪，而絕繇、毓之類，吾有愍然！峻、辿兄弟特原，有官爵者如故。惟毅及邕息伏法。』或曰，毓曾密啓司馬文王，言會挾術難保，不可專任，故宥峻等云。《漢晉春秋》曰：文王嘉其忠亮，笑答毓曰：『若如卿言，必不以及宗矣。』

初，文王欲遣會伐蜀，西曹屬邵悌求見曰：『今遣鍾會率十餘萬衆伐蜀，愚謂會單身無重任，不若使餘人行。』文王笑曰：『我寧當復不知此耶？蜀為天下作患，使民不得安息，我今伐之如指掌耳，而衆人皆言蜀不可伐。夫人心豫怯則智勇並竭，智勇並竭而强使之，適為敵禽耳。惟鍾會與人意同，今遣會伐蜀，必可滅蜀。滅蜀之後，就如卿所慮，當何所能一辦耶？凡敗軍之將不可以語勇，亡國之大夫不可與圖存，心膽以破故也。若蜀以破，遺民震恐，不足與圖事；中國將士各自思歸，不肯與同也。若作惡，祇自滅族耳。卿不須憂此，慎莫使人聞也。』及會白鄧艾不軌，文王將西，悌復曰：『鍾會所統，五六倍于鄧艾，但可敕會取艾，不足自行。』文王曰：『卿忘前時所言邪，而更云可不須行乎？雖爾，此言不可宣也。我要自當以信義待人，但人不當負我，我豈可先人生心哉！近日賈護軍問我，言：「頗疑鍾會不？」我答言：「如今遣卿行，寧可復疑卿邪？」賈亦無以易我語也。我到長安，則自了矣。』軍至長安，會果已死，咸如所策。按《咸熙元年百官名》：邵悌字元伯，陽平人。《漢晉春秋》曰：文王聞鍾會功曹向雄之收葬會也，召而責之曰：『往者王經之死，卿哭於東市而我不問，今鍾會躬為叛逆而又輒收葬，若復相容，其如王法何！』雄曰：『昔先王掩骼埋胔，仁流朽骨，當時豈先卜其功罪而後收葬哉？今王誅既加，於法已備，雄感義收葬，教亦無闕。法立於上，教弘於下，以此訓物，雄曰可矣！何必使雄背死違生，以立於時。殿下讎對枯骨，捐之中野，百歲之後，為臧獲所笑，豈仁賢所掩哉？』王悅，與宴談而遣之。習鑿齒曰：向伯茂可謂勇於蹈義也，哭王經而哀感市人，葬鍾會而義動明主，彼皆忠烈奮勁，知死而往，非存生也。況使經、會處世，或身在急難，而有不赴者乎？故尋其奉死之心，可以見事生之情，覽其忠貞之節，足以愧背義之士矣。王加禮而遣，可謂明達。

又　卷三三《蜀志·後主傳》　（景耀）六年夏，魏大興徒衆，命征西將軍鄧艾、鎮西將軍鍾會、雍州刺史諸葛緒數道並攻。於是遣左右車騎將軍張翼、廖化、輔國大將軍董厥等拒之。大赦。改元為炎興。冬，鄧艾破衛將軍諸葛瞻於綿竹。用光祿大夫譙周策，降於艾，奉書曰：『限分江、漢，遇值深遠，階緣蜀土，斗絕一隅，干運犯冒，漸苒歷載，遂與京畿攸隔萬里。每惟黃初中，文皇帝命虎牙將軍鮮于輔，宣溫密之詔，申三好之恩，開示門户，大義炳然，而否德暗弱，竊貪遺緒，俯仰累紀，未率大教。天威既震，人鬼歸能之數，怖駭王師，神武所次，敢不革面，順以從命！輒敕羣帥投戈釋甲，官府帑藏一無所毀。百姓布野，餘糧棲畝，以俟後來之惠，全元元之命。伏惟大魏布德施化，宰輔伊、周，含覆藏疾。謹遣私署侍中張紹、光祿大夫譙周、駙馬都尉鄧良奉齎印綬，請命告誠，敬輸忠款，存亡敕賜，惟所裁之。輿櫬在近，不復縷陳。』是日，北地王諶傷國之亡，先殺妻子，次以自殺。《漢晉春秋》曰：後主將從譙周之策，北地王諶怒曰：『若理窮力屈，禍敗必及，便當父子君臣背城一戰，同死社稷，以見先帝可也。』後主不納，遂送璽綬。是日，諶哭於昭烈之廟，先殺妻子，而後自殺，左右無不為涕泣者。紹、良與艾相遇於雒縣。艾得書，大喜，即報書，王隱《蜀記》曰：艾報書云：『王綱失道，羣英並起，龍戰虎爭，終歸真主，此蓋天命去就之道也。自古聖帝，爰逮漢、魏，受命而王者，莫不在乎中土。河出圖，洛出書，聖人則之，以興洪業，其不由此，未有不顛覆者也。隗囂憑隴而亡，公孫述據蜀而滅，此皆前世覆車之鑑也。聖上明哲，宰相忠賢，將比靈斯黃軒，侔功往代。銜命來征，思聞嘉響，果煩來使，告以德音，此非人事，豈天啓哉！昔微子歸周，實為上賓，君子豹變，義存大易，來辭謙沖，以禮輿櫬，皆前哲歸命之典也。全國為上，破國次之，自非通明智達，何以見王者之義乎！』禪又遣太常張峻、益州別駕汝超受節度，遣太僕蔣顯有命敕姜維。又遣尚書郎李虎送士民簿，領户二十八萬，男女口九十四萬，帶甲將士十萬二千，吏四萬人，米四十餘萬斛，金銀各二千斤，錦綺采絹各二十萬匹，餘物稱此。遣紹、良先還。艾至城北，後主輿櫬自縛，詣軍壘門。艾解縛焚櫬，延請相見。《晉諸公贊》曰：劉禪乘騾車詣艾，不具亡國之禮。因承制拜後主為驃騎將軍。諸圍守悉被後主敕，然後降下。艾使後主止其故宮，身往造焉。資嚴未發，明年春正月，艾見收。鍾會自涪至成都作亂。會既死，蜀中軍衆鈔略，死喪狼籍，數日乃安集。

後主舉家東遷，既至洛陽，策命之曰：『惟景元五年三月丁亥。皇帝臨軒，使太常嘉命劉禪為安樂縣公。於戲，其進聽朕命！蓋統天載物，以咸寧為大，光宅天下，以時雍為盛。故孕育羣生者，君人之道也，乃順承天者，坤元之義也。上下交暢，然後萬物協和，庶類獲乂。乃者漢氏失統，六合震擾。我太祖承運龍興，弘濟八極，是用應天順民，撫有區夏。于時乃考因羣傑虎爭，九服不靜，乘間阻遠，保據庸蜀，遂使西隅殊封，方外壅隔。自是以來，干戈不戢，元元之民，不得保安其性，幾將五紀。朕永惟祖考遺志，思在綏緝四海，率土同軌，故爰整六師，耀威梁、益。公恢崇德度，深秉大正，不憚屈身委質，以愛民全國為貴，降心回慮，應機豹變，履言思順，以享左右無疆之休，豈不遠歟！朕嘉與君公長饗顯祿，用考咨前訓，開國胙土，率遵舊典，錫茲玄牡，苴以白茅，永為魏藩輔，往欽哉！公其祗服朕命，克廣德心，以終乃顯烈。』食邑萬户，賜絹萬匹，奴婢百人，他物稱是。子孫為三都尉封侯者五十餘人。尚書令樊建、侍中張紹、光祿大夫譙周、秘書令郤正、殿中督張通並封列侯。《漢晉春秋》曰：司馬文王與禪宴，為之作故蜀技，旁人皆為之感愴，而禪喜笑自若。王謂賈充曰：『人之無情，乃可至於是乎！雖使諸葛亮在，不能輔之久全，而況姜維邪？』充曰：『不如是，殿下何由并之。』他日，王問禪曰：『頗思蜀否？』禪曰：『此間樂，不思蜀。』郤正聞之，求見禪曰：『若王後問，宜泣而答曰「先人墳墓遠在隴、蜀，乃心西悲，無日不思」，因閉其目。』會王復問，對如前，王曰：『何乃似郤正語邪！』禪驚視曰：『誠如尊命。』左右皆笑。公泰始七年薨於洛陽。《蜀記》云：謚曰思公子恂嗣。

又　卷三五《蜀志·諸葛瞻傳》　景耀四年，（諸葛瞻）為行都護衛將軍，與輔國大將軍南鄉侯董厥並平尚書事。六年冬，魏征西將軍鄧艾伐蜀，自陰平由景谷道旁入。瞻督諸軍至涪停住，前鋒破，退還，住綿竹。艾遣書誘瞻曰：『若降者必表為琅邪王。』瞻怒，斬艾使。遂戰，大敗，臨陣死，時年三十七。衆皆離散，艾長驅至成都。瞻長子尚，與瞻俱沒。

干寶曰：瞻雖智不足以扶危，勇不足以拒敵，而能外不負國，內不改父之志，忠孝存焉。《華陽國志》曰：尚歎曰：『父子荷國重恩，不早斬黄皓，以致傾敗，用生何為！』乃馳赴魏軍而死。次子京及攀子顯等，咸熙元年內移河東。

又　卷四二《蜀志·譙周傳》　景耀六年冬，魏大將軍鄧艾克江由，長驅而前。而蜀本謂敵不便至，不作城守調度，及聞艾已入陰平，百姓擾擾，皆迸山野，不可禁制。後主使羣臣會議，計無所出。或以為蜀之與吳，本為和國，宜可奔吳；或以為南中七郡，阻險鬬絕，易以自守，宜可奔南。惟周以為：『自古已來，無寄他國為天子者也，今若入吳，固當臣服。且政理不殊，則大能吞小，此數之自然也。由此言之，則魏能并吳，吳不能并魏明矣。等為小稱臣，孰與為大，再辱之耻，何與一辱？且若欲奔南，則當早為之計，然後可果；今大敵以近，禍敗將及，羣小之心，無一可保？恐發足之日，其變不測，何至南之有乎！』羣臣或難周曰：『今艾以不遠，恐不受降，如之何？』周曰：『方今東吳未賓，事勢不得不受，(之受)[受之]之後，不得不禮。若陛下降魏，魏不裂土以封陛下者，周請身詣京都，以古義爭之。』衆人無以易周之理。

後主猶疑於入南，周上疏曰：『或說陛下以北兵深入，有欲適南之計，臣愚以為不安。何者？南方遠夷之地，平常無所供為，猶數反叛，自丞相亮南征，兵勢偪之，窮乃幸從。是後供出官賦，取以給兵，以為愁怨，此患國之人也。今以窮迫，欲往依恃，恐必復反叛，一也。北兵之來，非但取蜀而已，若奔南方，必因人勢衰，及時赴追，二也。若至南方，外當拒敵，內供服御，費用張廣，他無所取，耗損諸夷必甚，甚必速叛，三也。昔王郎以邯鄲僭號，時世祖在信都，畏偪於郎，欲棄還關中。邳彤諫曰：「明公西還，則邯鄲城民不肯捐父母，背城主，而千里送公，其亡叛可必也。」世祖從之，遂破邯鄲。今北兵至，陛下南行，誠恐邳彤之言復信於今，四也。原陛下早為之圖，可獲爵土；若遂適南，勢窮乃服，其禍必深。《易》曰：「亢之為言，知得而不知喪，知存而不知亡；知得失存亡而不失其正者，其惟聖人乎！」言聖人知命而不苟必也。故堯、舜以子不善，知天有授，而求授人；子雖不肖，禍尚未萌，而迎授與人，況禍以至乎！故微子以殷王之昆，面縛銜璧而歸武王，豈所樂哉，不得已也。』於是遂從周策。劉氏無虞，一邦蒙賴，周之謀也。孫綽評曰：譙周說後主降魏，可乎？曰：自為天子而乞降請命，何耻之深乎！夫為社稷死則死之，為社稷亡則亡之。先君正魏之篡，不與同天矣。推過於其父，俛首而事讎，可謂苟存，豈大居正之道哉！孫盛曰：《春秋》之義，國君死社稷，卿大夫死位，況稱天子而可辱於人乎！周謂萬乘之君偷生苟免，亡禮希利，要冀微榮，惑矣。且以事勢言之，理有未盡。何者？禪雖庸主，實無桀、紂之酷，戰雖屢北，未有土崩之亂，縱不能君臣固守，背城借一，自可退次東鄙以思後圖。是時羅憲以重兵據白帝，霍弋以强卒鎮夜郎。蜀土險狹，山水峻隔，絕巘激湍，非步卒所涉。若悉取舟楫，保據江州，徵兵南中，乞師東國，如此則姜、廖五將自然雲從，吳之三師承命電赴，何投寄之無所而慮於必亡邪？魏師之來，褰國大舉，欲追則舟楫靡資，欲留則師老多虞。且屈伸有會，情勢代起，徐因思奮之民，以攻驕惰之卒，此越王所以敗闔閭，田單所以摧騎劫也，何為匆匆遽自囚虜，下堅壁於敵人，致斫石之至恨哉？葛生有云：『事之不濟則已耳，安能復為之下！』壯哉斯言，可以立懦夫之志矣。觀古燕、齊、荆、越之敗，或國覆主滅，或魚縣鳥竄，終能建功立事，康復社稷，豈曰天助，抑亦人謀也。向使懷苟存之計，納譙周之言，何邦基之能構，令名之可獲哉？禪既闇主，周實駑臣，方之申包、田單、范蠡、大夫種，不亦遠乎！

時晉文王為魏相國，以周有全國之功，封陽城亭侯。又下書辟周，周發至漢中，困疾不進。咸熙二年夏，巴郡文立從洛陽還蜀，過見周。周語次，因書版示立曰：『典午忽兮，月酉没兮。』典午者謂司馬也，月酉者謂八月也，至八月而文王果崩。《華陽國志》曰：文立字廣休，少治毛詩、三禮，兼通羣書。刺史費禕命為從事，入為尚書郎，復辟禕大將軍東曹掾，稍遷尚書。蜀并于魏，梁州建，首為別駕從事，舉秀才。晉泰始二年，拜濟陰太守，遷太子中庶子。立上言：『故蜀大官及盡忠死事者子孫，雖仕郡國，或有不才，同之齊民為劇；又諸葛亮、蔣琬、費禕等子孫流徙中畿，各宜量才敘用，以慰巴、蜀之心，傾吳人之望。』事皆施行。轉散騎常侍，獻可替否，多所補納。稍遷衛尉，中朝服其賢雅，為時名卿。咸寧末卒。立章奏詩賦論頌凡數十篇。晉室踐阼，累下詔所在發遣周。周遂輿疾詣洛，泰始三年至。以疾不起，就拜騎都尉，周乃自陳無功而封，求還爵土，皆不聽許。

又　《郤正傳》　郤正字令先，河南偃師人也。【略】自在內職，與宦人黄皓比屋周旋，經三十年，皓從微至貴，操弄威權，正既不為皓所愛，亦不為皓所憎，是以官不過六百石，而免於憂患。【略】

景耀六年，後主從譙周之計，遣使請降于鄧艾，其書，正所造也。明年正月，鍾會作亂成都，後主東遷洛陽，時擾攘倉卒，蜀之大臣無翼從者，惟正及殿中督汝南張通，舍妻子單身隨侍。後主賴正相導宜適，舉動無闕，乃慨然歎息，恨知正之晚。時論嘉之。賜爵關內侯。

又　卷四四《蜀志·姜維傳》

（景耀五年）維本羈旅託國，累年攻戰，功績不立，而宦官黄皓等弄權於內，右大將軍閻宇與皓協比，而皓陰欲廢維樹宇。維亦疑之。故自危懼，不復還成都。《華陽國志》曰：維惡黄皓恣擅，啓後主欲殺之。後主曰：『皓趨走小臣耳，往董允切齒，吾常恨之，君何足介意！』維見皓枝附葉連，懼於失言，遜辭而出。後主敕皓詣維陳謝。維說皓求還中種麥，以避內逼耳。六年，維表後主：『聞鍾會治兵關中，欲規進取，宜並遣張翼、廖化督諸軍分護陽安關口、陰平橋頭以防未然。』皓徵信鬼巫，謂敵終不自致，啓後主寢其事，而羣臣不知。及鍾會將向駱谷，鄧艾將入遝中，然後乃遣右車騎廖化詣遝中為維援，左車騎張翼、輔國大將軍董厥等詣陽安關口以為諸圍外助。比至陰平，聞魏將諸葛緒向建威，故住待之。月餘，維為鄧艾所摧，還住陰平。鍾會攻圍漢、樂二城，遣別將進攻關口，蔣舒開城出降，傅僉格鬭而死。《漢晉春秋》曰：蔣舒將出降，乃詭謂傅僉曰：『今賊至不擊而閉城自守，非良圖也。』僉曰：『受命保城，惟全為功，今違命出戰，若喪師負國，死無益矣。』舒曰：『子以保城獲全為功，我以出戰克敵為功，請各行其志。』遂率衆出。僉謂其戰也，至陰平，以降胡烈。烈乘虛襲城，僉格鬭而死，魏人義之。《蜀記》曰：蔣舒為武興督，在事無稱。蜀命人代之，因留舒助漢中守。舒恨，故開城出降。會攻樂城，不能克，聞關口已下，長驅而前。翼、厥甫至漢壽，維、化亦舍陰平而退，適與翼、厥合，皆退保劍閣以拒會。會與維書曰：『公侯以文武之德，懷邁世之略，功濟巴、漢，聲暢華夏，遠近莫不歸名。每惟疇昔，嘗同大化，吳劄、鄭喬，能喻斯好。』維不答書，列營守險。會不能克，糧運縣遠，將議還歸。

而鄧艾自陰平由景谷道傍入，遂破諸葛瞻於綿竹。後主請降於艾，艾前據成都。維等初聞瞻破，或聞後主欲固守成都，或聞欲東入吳，或聞欲南入建寧，於是引軍由廣漢、郪道以審虛實。尋被後主敕令，乃投戈放甲，詣會於涪軍前，將士咸怒，拔刀砍石。干寶《晉紀》云：會謂維曰；『來何遲也？』維正色流涕曰：『今日見此為速矣！』會甚奇之。會厚待維等，皆權還其印號節蓋。會與維出則同轝，坐則同席，謂長史杜預曰：『以伯約比中土名士，公休、太初不能勝也。』《世語》曰：時蜀官屬皆天下英俊，無出維右。會既構鄧艾，艾檻車征，因將維等詣成都，自稱益州牧以叛。《漢晉春秋》曰：會陰懷異圖，維見而知其心，謂可構成擾亂以圖克復也，乃詭說會曰：『聞君自淮南已來，算無遺策，晉道克昌，皆君之力。今復定蜀，威德振世，民高其功，主畏其謀，欲以此安歸乎！夫韓信不背漢於擾攘，以見疑於既平，大夫種不從范蠡於五湖，卒伏劍而妄死，彼豈闇主愚臣哉？利害使之然也。今君大功既立，大德已著，何不法陶朱公泛舟絕迹，全功保身，登峨嵋之嶺，而從赤松遊乎？』會曰：『君言遠矣，我不能行，且為今之道，或未盡於此也。』維曰：『其他則君智力之所能，無煩於老夫矣。』由是情好歡甚。《華陽國志》曰：維教會誅北來諸將，既死，徐欲殺會，盡坑魏兵，還復蜀祚，密書與後主曰：『原陛下忍數日之辱，臣欲使社稷危而復安，日月幽而復明。』孫盛《晉陽秋》曰：盛以永和初從安西將軍平蜀，見諸故老，及姜維既降之後密與劉禪表疏，說欲偽服事鍾會，因殺之以復蜀土，會事不捷，遂至泯滅，蜀人於今傷之。盛以為古人云，非所困而困焉名必辱，非所據而據焉身必危，既辱且危，死其將至，其姜維之謂乎！鄧艾之入江由，士衆鮮少，維進不能奮節綿竹之下，退不能總帥五將，擁衛蜀主，思後圖之計，而乃反覆於逆順之間，希違情於難冀之會，以衰弱之國，而屢觀兵於三秦，已滅之邦，冀理外之奇舉，不亦闇哉！臣松之以為盛之譏維，又為不當。于時鍾會大衆既造劍閣，維與諸將列營守險，會不得進，已議還計，全蜀之功，幾乎立矣。但鄧艾詭道傍入，出於其後，諸葛瞻既敗，成都自潰。維若回軍救內，則會乘其背。當時之勢，焉得兩濟？而責維不能奮節綿竹，擁衛蜀主，非其理也。會欲盡坑魏將以舉大事，授維重兵，使為前驅。若令魏將皆死，兵事在維手，殺會復蜀，不為難矣。夫功成理外，然後為奇，不可以事有差牙，而抑謂不然。設使田單之計，邂逅不會，復可謂之愚闇哉！欲授維兵五萬人，使為前驅。魏將士憤怒，殺會及維，維妻子皆伏誅。《世語》曰：維死時見剖，膽如（斗）大。

《晉書》卷二《文帝紀》

（景元四年）夏，帝將伐蜀，乃謀衆曰：『自定壽春已來，息役六年，治兵繕甲，以擬二虜。略計取吳，作戰船，通水道，當用千餘萬功，此十萬人百數十日事也。又南土下濕，必生疾疫。今宜先取蜀，三年之後，在巴蜀順流之勢，水陸並進，此滅虞定虢，吞韓並魏之勢也。計蜀戰士九萬，居守成都及備他郡不下四萬，然則餘衆不過五萬。今絆姜維於遝中，使不得東顧，直指駱谷，出其空虛之地，以襲漢中。彼若嬰城守險，兵勢必散，首尾離絕。舉大衆以屠城，散鋭卒以略野，劍閣不暇守險，關頭不能自存。以劉禪之暗，而邊城外破，士女內震，其亡可知也。』征西將軍鄧艾以為未有釁，屢陳異議。帝患之，使主簿師纂為艾司馬以喻之，艾乃奉命。於是徵四方之兵十八萬，使鄧艾自狄道攻姜維於遝中，雍州刺史諸葛緒自祁山軍于武街，絕維歸路，鎮西將軍鍾會帥前將軍李輔、征蜀護軍胡烈等自駱谷襲漢中。秋八月，軍發洛陽，大賚將士，陳師誓衆。將軍鄧敦謂蜀未可討，帝斬以徇。九月，又使天水太守王頎攻維營，隴西太守牽弘邀其前，金城太守楊頎趣甘松。鍾會分為二隊，入自斜谷，使李輔圍王含于樂城，又使步將易愷攻蔣斌于漢城。會直指陽安，護軍胡烈攻陷關城。姜維聞之，引還，王頎追敗維于强川。維與張翼、廖化合軍守劍閣，鍾會攻之。冬十月，天子以諸侯獻捷交至，乃申前命曰：

朕以寡德，獲承天序，嗣我祖宗之洪烈。遭家多難，不明於訓。曩者奸逆屢興，方寇內侮，大懼淪喪四海，以隳三祖之弘業。惟公經德履哲，明允廣深，迪宣武文，世作保傅，以輔乂皇家。櫛風沐雨，周旋征伐，劬勞王室，二十有餘載。毗翼前人，乃斷大政，克厭不端，維安社稷。暨儉、欽之亂，公綏援有衆，分命興師，統紀有方，用緝寧淮浦。其後巴蜀屢侵，西土不靖，公奇畫指授，制勝千里。是以段谷之戰，乘釁大捷，斬將搴旗，效首萬計。孫峻猾夏，致寇徐方，戎車首路，威靈先邁，黄鉞未啓，鯨鯢竄迹。孫壹構隙，自相疑阻，幽鑑遠照，奇策洞微，遠人歸命，作藩南夏，爰授鋭卒，畢力戎行。暨諸葛誕，滔天作逆，稱兵揚楚，欽、咨逋罪，同惡相濟，帥其蝥賊，以入壽春，憑阻淮山，敢距王命。公躬擐甲冑，龔行在罰，玄謀廟算，遵養時晦。奇兵震擊，而朱異摧破；神變應機，而全琮稽服；取亂攻昧，而高墉不守。兼九伐之弘略，究五兵之正度，用能戰不窮武，而大敵殲潰；旗不再麾，而元憝授首。收勍吳之雋臣，繫亡命之逋虜。交臂屈膝，委命下吏，俘馘十萬積屍成京。雪宗廟之滯恥，拯兆庶之艱難。掃平區域，信威吳會，遂戢干戈，靖我疆土，天地鬼神，罔不獲乂。乃者王室之難，變起蕭牆，賴公之靈，弘濟艱險。宗廟危而獲安，社稷墜而復寧。忠格皇天，功濟六合。是用疇咨古訓，稽諸典籍，命公崇位相國，加於羣後，啓土參墟，封以晉域。所以方軌齊魯，翰屏帝室。而公遠蹈謙損，深履冲讓，固辭策命，至於八九。朕重違讓德，抑禮虧制，以彰公志，於今四載。上闕在昔建侯之典，下違兆庶具瞻之望。

惟公嚴虔王度，闡濟大猷，敦尚純樸，省繇節用，務穡勸分，九野康乂。耆叟荷崇養之德，鰥寡蒙矜恤之施，仁風興於中夏，流澤布於遐荒。是以東夷西戎，南蠻北狄，狂狡貪悍，世為寇讎者，皆感義懷惠，款塞內附，或委命納貢，或求置官司。九服之外，絕域之氓，曠世所希至者，咸浮海來享，鼓舞王德，前後至者八百七十餘萬口。海隅幽裔，無思不服；雖西旅遠貢，越裳九譯，義無以逾。維翼朕躬，下匡萬國，思靖殊方，寧濟八極。以庸蜀未賓，蠻荊作猾，潛謀獨斷，整軍經武。簡練將帥，授以成策，始踐賊境，應時摧陷。狂狡奔北，首尾震潰，禽其戎帥，屠其城邑。巴漢震疊，江源雲徹，地平天成，誠在斯舉。公有濟六合之勳，加以茂德，實總百揆，允釐庶政。敦五品以崇仁，恢六典以敷訓。而靖恭夙夜，勞謙昧旦，雖尚父之左右文武，周公之勤勞王家，罔以加焉。

昔先王選建明德，光啓諸侯，體國經野，方制五等。所以藩翼王畿，垂祚百世也。故齊魯之封，于周為弘，山川土田，邦畿七百，官司典策，制殊羣後。惠襄之難，桓文以翼戴之勞，猶受錫命之禮，咸用光疇大德，作範於後。惟公功邁於前烈，而賞闕於舊式，百辟於邑，人神同恨焉，豈可以公謙沖而久淹弘典哉？今以并州之太原上黨西河樂平新興雁門、司州之河東平陽弘農、雍州之馮翊凡十郡，南至於華，北至於陘，東至於壺口，西逾於河，提封之數，方七百里，皆晉之故壤，唐叔受之，世作盟主，實紀綱諸夏，用率舊職。爰胙茲土，封公為晉公。命使持節、兼司徒、司隸校尉陔即授印綬策書，金獸符第一至第五，竹使符第一至第十。錫茲玄土，苴以白茅，建爾國家，以永藩魏室。

昔在周召，並以公侯，入作保傅。其在近代，酇侯蕭何，實以相國，光尹漢朝。隨時之制，禮亦宜之。今進公位為相國，加綠綟綬。又加公九錫，其敬聽後命。以公思弘大猷，崇正典禮，儀刑作範，旁訓四方，是用錫公大輅、戎輅各一，玄牡二駟。公道和陰陽，敬授人時，嗇夫反本，農殖維豐，是用錫公袞冕之服，赤舄副焉。公光敷顯德，惠下以和，敬信思順，庶尹允諧，是用錫公軒懸之樂、六佾之舞。公鎮靖宇宙，翼播聲教，海外懷服，荒裔款附，殊方馳義，諸夏順軌，是用錫公朱户以居。公簡賢料材，營求俊逸，爰升多士，置彼周行，是用錫公納陛以登。公嚴恭寅畏，底平四國，式遏寇虐，苛慝不作，是用錫公虎賁之士三百人。公明慎用刑，簡恤大中，章厥天威，以糾不虔，是用錫公鈇鉞各一。公爰整六軍，典司征伐，犯命凌正，乃維誅殛，是用錫公彤弓一、彤矢百，玈弓十、玈矢千。公饗祀蒸蒸，孝思維則，篤誠之至，通於神明，是用錫公秬鬯一卣，圭瓚副焉。晉國置官司以下，率由舊式。

往欽哉！祗服朕命，弘敷訓典，光澤庶方，永終爾明德，丕顯余一人之休命。

公卿將校皆詣府喻旨，帝以禮辭讓。司空鄭沖率羣官勸進曰：『伏見嘉命顯至，竊聞明公固讓，沖等眷眷，實有愚心。以為聖王作制，百代同風，褒德賞功，有自來矣。昔伊尹，有莘氏之媵臣耳，一佐成湯，遂荷阿衡之號。周公藉已成之勢，據既安之業，光宅曲阜，奄有龜蒙。呂尚，磻溪之漁者也，一朝指麾，乃封營丘。自是以來，功薄而賞厚者，不可勝數，然賢哲之士，猶以為美談。況自先相國以來，世有明德，翼輔魏室，以綏天下，朝無秕政，人無謗言。前者明公西征靈州，北臨沙漠，榆中以西，望風震服，羌戎來馳，回首內向，東誅叛逆，全軍獨克。禽闔閭之將，虜輕銳之卒以萬萬計，威加南海，名懾三越，宇內康寧，苛慝不作。是以時俗畏懷，東夷獻舞。故聖上覽乃昔以來禮典舊章，開國光宅，顯茲太原。明公宜承奉聖旨，受茲介福，允當天人。元功盛勳，光光如彼；國土嘉祚，巍巍如此。內外協同，靡愆靡違。由斯征伐，則可朝服濟江，掃除吳會，西塞江源，望祀岷山。回戈弭節，以麾天下，遠無不服，邇無不肅。令大魏之德，光于唐虞；明公盛勳，超于桓文。然後臨滄海而謝支伯，登箕山而揖許由，豈不盛乎！至公至平，誰與為鄰，何必勤勤小讓也哉。』帝乃受命。十一月，鄧艾帥萬餘人自陰平逾絕險至江由，破蜀將諸葛瞻於綿竹，斬瞻，傳首。進軍雒縣，劉禪降。天子命晉公以相國總百揆，於是上節傳，去侍中、大都督、録尚書之號焉。表鄧艾為太尉，鍾會為司徒。會潛謀叛逆，因密使譖艾。

咸熙元年春正月，檻車征艾。乙丑，帝奉天子西征，次於長安。是時魏諸王侯悉在鄴城，命從事中郎山濤行軍司事，鎮於鄴，遣護軍賈充持節、督諸軍，據漢中。鍾會遂反於蜀，監軍衛瓘、右將軍胡烈攻會，斬之。初，會之伐蜀也，西曹屬邵悌言於帝曰：『鍾會難信，不可令行。』帝笑曰：『取蜀如指掌，而衆人皆言不可，唯會與吾意同。滅蜀之後，中國將士，人自思歸，蜀之遺黎，猶懷震恐，縱有異志，無能為也。』卒如所量。丙辰，帝至自長安。三月己卯，進帝爵為王，增封并前二十郡。夏五月癸未，天子追加舞陽宣文侯為晉宣王，舞陽忠武侯為晉景王。秋七月，帝奏司空荀顗定禮儀，中護軍賈充正法律，尚書僕射裴秀議官制，太保鄭沖總而裁焉。始建五等爵。冬十月丁亥，奏遣吳人相國參軍徐劭、散騎常侍水曹屬孫彧使吳，喻孫皓以平蜀之事，致馬錦等物，以示威懷。丙午，天子命中撫軍新昌鄉侯炎為晉世子。

論說

《三國志》卷二八《魏志·鄧艾傳論》 鄧艾矯然强壯，立功立事，然闇於防患，咎敗旋至，豈遠知乎諸葛恪而不能近自見，此蓋古人所謂目論者也。《史記》曰：越王無彊與中國爭强，當楚威王時，越北伐齊，齊威王使人說越云，越王不納。齊使者曰：『幸也，越之不亡也。吾不貴其用智之如目，目見毫毛而不自見其睫也。今王知晉之失計，不自知越之過，是目論也。』

又 卷三三《蜀志·後主傳論》 後主任賢相則為循理之君，惑閹豎則為昏闇之後，傳曰『素絲無常，唯所染之』，信矣哉！禮，國君繼體，逾年改元，而章武之三年，則革稱建興，考之古義，體理為違。又國不置史，注記無官，是以行事多遺，災異靡書。諸葛亮雖達於為政，凡此之類，猶有未周焉。然經載十二而年名不易，軍旅屢興而赦不妄下，不亦卓乎！自亮没後，茲制漸虧，優劣著矣。《華陽國志》曰：丞相亮時，有言公惜赦者，亮答曰：『治世以大德，不以小惠，故匡衡、吳漢不原為赦。先帝亦言吾周旋陳元方、鄭康成間，每見啓告，治亂之道悉矣，曾不語赦也。若劉景升、季玉父子，歲歲赦宥，何益於治！』臣松之以為『赦不妄下』，誠為可稱，至於『年名不易』，猶所未達。案建武、建安之號，皆久而不改，未聞前史以為美談。『經載十二』，蓋何足云？豈別有他意，求之未至乎！亮歿後，延熙之號，數盈二十，『茲制漸虧』，事又不然也。

又 卷四二《蜀志·杜微等傳論》 杜微脩身隱靜，不役當世，庶幾夷、皓之槩。周羣占天有徵，杜瓊沈默慎密，諸生之純也。許、孟、來、李，博涉多聞，尹默精于左氏，雖不以德業為稱，信皆一時之學士。譙周詞理淵通，為世碩儒，有董、揚之規，郤正文辭燦爛，有張、蔡之風，加其行止，君子有取焉。二子處晉事少，在蜀事多，故著於篇。張璠以為譙周所陳降魏之策，蓋素料劉禪懦弱，心無害戾，故得行也。如遇忿肆之人，雖無他算，然矜殉鄙恥，或發怒妄誅，以立一時之威，快其斯須之意者，此亦夷滅之禍云。

又　卷四四《蜀志·姜維傳》　郤正著論論維曰：『姜伯約據上將之重，處羣臣之右，宅舍弊薄，資財無餘，側室無妾媵之褻，後庭無聲樂之娛，衣服取供，輿馬取備，飲食節制，不奢不約，官給費用，隨手消盡；察其所以然者，非以激貪厲濁，抑情自割也，直謂如是為足，不在多求。凡人之談，常譽成毀敗，扶高抑下，咸以姜維投厝無所，身死宗滅，以是貶削，不復料擿，異乎《春秋》褒貶之義矣。如姜維之樂學不倦，清素節約，自一時之儀表也。』孫盛曰：異哉郤氏之論也！夫士雖百行，操業萬殊，至於忠孝義節，百行之冠冕也。姜維策名魏室，而外奔蜀朝，違君徇利，不可謂忠；捐親苟免，不可謂孝；害加舊邦，不可謂義；敗不死難，不可謂節；且德政未敷而疲民以逞，居禦侮之任而致敵喪守，於夫智勇，莫可云也：凡斯六者，維無一焉。實有魏之逋臣，亡國之亂相，而云人之儀表，斯亦惑矣。縱維好書而微自藻潔，豈異夫盜者分財之義，而程、鄭降階之善也？臣松之以為郤正此論，取其可稱，不謂維始終行事皆可準則也。所云『一時儀表』，止在好學與儉素耳。本傳及《魏略》皆云維本無叛心，以急逼歸蜀。盛相譏貶，惟可責其背母。餘既過苦，又非所以難郤正也。

又　《姜維傳論》　姜維粗有文武，志立功名，而玩衆黷旅，明斷不周，終致隕斃。老子有云：『治大國者猶烹小鮮。』況於區區蕞爾，而可屢擾乎哉？干寶曰：姜維為蜀相，國亡主辱弗之死，而死於鍾會之亂，惜哉！非死之難，處死之難也。是以古之烈士，見危授命，投節如歸，非不愛死也，固知命之不長而懼不得其所也。

宋·蕭常《續後漢書》卷二《少帝紀贊》　少帝任賢相，則偽境懷畏。一惑閹尹，亂亡隨之。《傳》曰：存亡在所任。信哉！

宋·黃震《黃氏日抄》卷四八《讀史三·三國志》　漢室既衰，曹氏為賊。昭烈以宗室之英，信義聞於天下，帝故授之密詔，俾之除之。使昭烈之計行，則漢室之鼎安。操特一狐鼠耳！不幸天不祚漢，昭烈不得

已起兵于外。曹既篡漢，昭烈又大不得已即位於益。昭烈之心何心哉！誠不忍四百年之宗社一旦為他人竊耳！然昭烈之漢在，則高帝之漢猶未亡。江東孫氏不過以戴漢為名，而曹氏之篡漢則罪不容於天地間矣！何物鬼魅，竊弄史筆，謂賊為『帝』，而謂帝為『賊』。《三國志》書『蜀入寇』。且黜『漢』之號而『蜀』其名。嗚呼！不知『蜀』之名其何所據乎！『蜀』者，地之名，非國名也！昭烈以『漢』名，未嘗以『蜀』名也！不特昭烈未嘗以『蜀』名，雖孫氏之盟亦曰『漢吳既盟，同討魏賊』，是天下未嘗以『蜀』名之也！彼小人兮，獨何所據，而以『蜀』名之乎！且國之有稱號，猶人之有姓氏也。自古及今，未有改人之姓氏而筆之書，則亦未有改人之國號而筆之史者也！謂其偏據與？劉淵自謂漢人，猶謂之『漢』；謂其未能中興與？元帝纍纍南渡，世亦謂之『晉』矣，未聞以其居吳而謂之『吳』也！然則『蜀』之號其何所始？毋乃漢賊不兩立，而盜憎其主人。老瞞氏始改，其所謂漢而私謂之『蜀』乎？誠以『漢』之名尚存，則天下豈容有魏？魏苟明謂漢為『漢』，則是以臣而敵君，故特惕焉。無以自容，而人亦孰為之用？故不得不謬以『蜀』名之，姑以自欺，且以欺人也。史氏實録將以示信萬世，亦從而『蜀』之，何與？史氏不得其人無責也！儒生學士至今亦習聞其稱而『蜀』之，又何與？故欲觀三國之志載者，他未暇責也。必先正『蜀』、『漢』之稱而後可。

蓋嘗反覆三國之書，論次三國之事，竊謂漢、吳皆有取天下之勢，而魏未嘗有也。渭濱之屯，星不告變，則巾幗婦人之門豈容久閉？中原歸漢，則江東特建武之河西耳！魏，漢賊也！方其不敵吳，猶臣之，曾謂漢室中興，而吳不臣之乎！此漢有恢天下之勢然也！方赤壁之勝，昭烈未有著足之地，而魏則膽落於公瑾矣！公瑾之防，曰毋借劉氏以荆，而函取劉璋之益，以及張魯之漢中，誠使吳、蜀盡為孫氏有，則由漢中以出，中原老瞞之成擒必矣！且漢、吳皆名正而言順，地險而兵勇，卒難於取魏者，彼此之勢分也！曾謂以公瑾之才，先昭烈以併荆、益，而魏將焉往乎此？吳有吞天下之勢然也！若魏，則身為盜賊之行，已難於堂堂之陣，況謀臣不過荀彧一二輩，非有正大之見；勇將不過張遼三數子，非有開濟之資。周瑜出赤壁，則狼狽奔北；關羽在樊城，則日議移避；

武侯屯渭濱，則甘受恥辱而不敢出。下至曹丕掃國再出，唯有望長江而浩歎耳！實未嘗有取天下之勢，猶幸漢、吳之相攻，終得鼎足而居爾。

世言昭烈之漢，卒為魏所滅，愚謂魏豈能滅漢？魏為晉所滅耳！何則？三國之君賢否雖不同，要皆命世之豪，未可旦夕併也。司馬氏本碌碌無他長，托身曹氏，陰為螳螂、黃雀之勢，俟伺三國之既弱，然後取漢以取魏，取魏以取吳，故司馬氏之取漢者為取魏張本也。漢滅而魏隨之矣！魏亦烏能取漢哉？嗚呼！方三國之强也，龍爭虎戰，彼此不能得尺寸土；及其衰也，以一庸人談笑而盡有之。世運之離合，固亦有時也哉！

清・王夫之《讀通鑑論》卷九《漢獻帝二三》 袁紹之自言曰：『吾南據河，北阻燕、代，兼戎狄之衆，南向以爭天下。』起兵之初，其志早定，是以董卓死，長安大亂，中州鼎沸，而席冀州也自若，紹之亡決於此矣。

夫欲有事於天下者，莫患乎其有恃也。已恃之矣，謀臣將帥恃之矣，兵卒亦恃之矣，所恃者險也，而離乎險，則喪其恃而智力窮。坎之象曰：『王公設險以守其國。』險不可久據，而上六出乎險矣。智非所施，力非所便，徽纆之係，叢棘之置，非人困之矣。山國之人，出乎山而窮于原；澤國之人，離乎澤而窮于陸；失所恃而非所習，則如蝸牛之失其廬而死於蟻。故袁紹終其身未嘗敢跬步而涉河，非徒紹之不敢，其將帥士卒睨平原廣野川陸相錯，而目眩心熒，莫知所措也。

曹操曰：『任天下之智力，以道御之，無所不可。』在山而用山之智力，在澤而用澤之智力，己無固恃，人亦且無恃心，而無不可恃，此爭天下者之善術，而操猶未能也。西至於赤壁，東至於濡須，臨長江之浩瀁而氣奪矣。則猶山陸之材，而非無不可者也。何也？操之所以任天下之智力，術也，非道也。術者，有所可，有所不可；可者契合，而不可者弗能納，則天下之智力，其不為所用者多矣。其終彊而奪漢者，居四戰之地，恃智恃力，而無河山之可恃以生其驕怠也。

然則諸葛勸先主據益州天府之國，亦恃險矣，而得以存，又何也？先主之時，豫、兗、雍、徐已全為操之所有，而荆、揚又孫氏三世之所綏定，舍益州而無托焉，非果以夔門、劍閣之險，肥沃鹽米之藪，為可恃而恃之也。李特睨劍閣而歎曰：『劉禪有此而不知自存。』夫特亦介晉之亂耳，使其非然，則亦趙廞、李順而已。董璋、王建皆乘亂也，豈三巴巖險之足以偷安兩世哉！

又 卷一〇《三國一一》 曹孟德推心以待智謀之士，而士之長於略者，相踵而興。孟德智有所窮，則荀彧、郭嘉、荀攸、高柔之徒左右之，以算無遺策。迨於子桓之世，賈詡、辛毗、劉曄、孫資皆坐照千里之外，而持之也定。故以子桓之鄙、睿之汰，抗仲謀、孔明之智勇，而克保其磐固。

孔明之北伐也，屢出而無功，以為司馬懿之力能拒之，而早決大計於一言者，則孫資也。漢兵初出，三輔震驚，大發兵以迎擊於漢中，庸詎非應敵之道；乃使其果然，而魏事去矣。漢以初出之全力，求敵以戰，其氣銳；魏空關中之守，即險以爭，其勢危；皆敗道也。一敗潰而漢乘之，長安不守，漢且出關以搗宛、雒，是帝破項之故轍也，魏惡得而不危？資籌之審矣，即見兵據要害，敵即盛而險不可踰，據秦川沃野之粟，坐食而制之，雖孔明之志銳而謀深，無如此漠然不應者何也。資片言定之於前，而拒諸葛、挫姜維，收效於數十年之後，司馬懿終始所守者此謀也。

魏足智謀之士，昏主用之而不危。故能用人者，可以無敵於天下。

又 《三國三二》 蔣琬死，費禕刺，蜀漢之亡必也，無人故也。圖王業者，必得其地。得其地，非得其險要財賦之謂也，得其人也；得其人，非得其兵卒之謂也，得其賢也。巴蜀、漢中之地隘矣，其人寡，則其賢亦僅矣。故蔣琬死，費禕刺，而蜀漢無人。

雖然，嘗讀常璩《華陽國志》，其人之彬彬可稱者不乏。張魯妖盜而有閻圃，劉焉驕怠而有黃權，王累、劉巴，皆國士也。先主所用，類皆東州之產，耄老喪亡，而固不能繼。蜀非乏才，無有為主效尺寸者，於是知先主君臣之圖此也疏矣。勤于耕戰，察於名法，而于長養人才、涵育薰陶之道，未之講也。蔣、費亡而僅一姜維，維亦北士也，舍維而國無與托。敗亡之日，諸葛氏僅以族殉，蜀士之登朝參謀議者，僅一奸佞賣國之譙周，國尚孰與立哉？

管仲用於齊，桓公死而齊無人；商鞅用於秦，始皇死而秦無人；無以養之也。寬柔溫厚之德衰，人皆跼蹐以循吏之矩矱，雖有英特之士，摧其生氣以即於瓦合，尚奚恃哉？諸葛公之志操偉矣，而學則申、韓也。文王守百里之西土，作人以貽百年之用，鳶飛魚躍，各適其性以盡其能，夫豈申、韓之陋所與知哉！

又《三國三五》 人知馮道之惡，而不知譙周之為尤惡也。道，鄙夫也，國已破，君已易，貪生惜利祿，弗獲已而數易其心。而周異是，國尚可存，君尚立乎其位，為異說以解散人心，而後終之以降，處心積慮，唯恐劉宗之不滅，憯矣哉！讀周仇國論而不恨焉者，非人臣也。

姜維之力戰，屢敗而不止，民胥怨之，然其志苦矣。民憚于勞，而不知君父之危，所賴以啓其惰心而振其生氣者，士大夫之公論耳。其論曰：『既非秦末鼎沸之時，實有六國並據之勢。』顯然以秦予魏，以韓、燕視蜀，坐待其吞噬，唯面縛輿櫬之一途耳。夫漢之不可復興，天也；蜀之不可敵魏，勢也；無可如何者也。故諸葛身殲而志決，臣子之道，食其祿，終其事，志不可奪，烈于三軍之帥。且使人心不靡於邪說，兵力不銷於荒惰，延之一日，而忠臣志士之氣永於千秋。周而無人之心哉！無亦括囊以聽，委之天而弗助其虐之為咎尚淺乎？夫民之不息，誠不容已于閔恤矣，譬之父母積疢，僕妾勞於將養，則亦酒食以勞之，和煦以拊之，使鼓舞而忘怨已耳。若恤僕妾之疲，廢藥食而聽其酣寢，有人之心者，以是為惻隱哉？

當周之時，黃皓、陳祇蠱庸主而不顧百姓之疾苦；誠念民也，則亦斥奸佞，勸節儉，飭守令以寬廉，使民進而戰餌，退而休息，可也。周塞目箝口，未聞一讜言之獻，徒過責姜維，以餌愚民、媚奄宦，為司馬昭先驅以下蜀，國亡主辱，己乃全其利祿；非取悅於民也，取悅於魏也，周之罪通於天矣。服上刑者唯周，而馮道末減矣。

又《三國三七》 後主失德而亡，非失險也，恃險也，恃則未有不失者也。君恃之而棄德，將恃之而棄謀，士卒恃之而棄勇。伏弩飛石，恃以卻敵；危石叢薄，恃以全身；無致死之心，一失其恃，則匍伏奔竄之恐後；扼以於蹊徑，而淩峭壁以下攻，則首尾不相顧而潰。故謂後主信巫言而失陰平之守以亡國，非也。陰平守，而亘數百里之山厓谿谷，皆可度越，陰平一旅，亦贅疣而已。李特過劍閣而歎劉禪之不能守，艸竅之智，乘晉亂以苟延爾。譙縱、王建、孟知祥、明玉珍蹶然而起，熸然而滅，恃險愈甚，其亡愈速矣。

然則諸葛公曰：『益州天府之國。』其言非乎？彼一時也，先主擁寡弱之資而無尺土，舍益州而無自立之地。乃其規畫之全局，則西出秦川，東向宛、雒，皆與魏爭于平原，而非倚險以固存也。迨乎關羽啓釁于吳，先主忿爭而敗，吳交不固，仲謀已老，宛、雒之師不能復出，公乃率孤旅以向秦川，事難而心苦矣。況蔣琬據涪城，姜維據漢樂，顛當守戶，而天日莫窺，不亡奚待焉？

漢高起自漢中，旋下三秦，急出成皋，是以瀕危而終勝。光武定都雒陽，曹操中據兗州，皆以無險為險也。周公營雒，至計存焉，而或為之說曰：『無德易以亡。』聖人既無私天下之心，抑豈欲其子孫之速亡乎？周遷雒，而不絕之系，其亡尤難於夏、殷。亡之難易，不在險之有無，明矣。

藝文

南朝梁·蕭統《文選》卷四二《書中·鍾會〈檄蜀文〉》《魏志》曰：景元四年，令鍾會伐蜀。會至漢中，蜀大將姜維等守劍閣距會，會移檄，檄蜀將吏。》 往者漢祚衰微，率土分崩，生民之命，幾於泯滅。我太祖武皇帝神武聖哲，撥亂反正，《魏志》曰：有太武皇帝為魏太祖。《公羊傳》曰：君子曷為《春秋》？撥亂世，反諸正，莫近乎《春秋》。拯其將墜，造我區夏。《尚書》曰：文王用肇，造我區夏。高祖文皇帝應天順民，受命踐祚。《魏志》曰：文帝為魏高祖。《周易》曰：湯、武革命，順乎天而應乎人。《禮記》曰：成王幼，不能蒞祚；周公相，踐祚而治。烈祖明皇帝奕世重光，恢拓洪業。《魏志》曰：明皇帝為魏烈祖。《國語》，祭公謀父曰：奕世載德。《尚書》曰：昔我君文王、武王宣重光。《漢書》，武帝詔曰：何行而可以彰先帝之洪業休德。然江山之外，異政殊俗，《毛詩·序》曰：國異政，家殊俗。率土齊民，未蒙王化，《難蜀父老》曰：割齊人以附夷狄。如淳曰：齊人，齊等無有貴賤，故謂之齊，若今言平人也。此三祖所以顧懷遺志也。《劇秦美新》曰：后土顧懷。今主上聖德欽明，紹隆前緒，主上，陳留王奐也。《尚書》曰：放勳欽明。宰輔忠肅明允，劬勞王室，宰輔，司馬文王也。《左氏傳》，史克對魯侯曰：齊聖廣淵，明允篤誠，忠肅恭懿，宣慈惠和。布政垂惠而萬邦協和，《毛詩》曰：布政優優。《尚書》曰：百姓昭明，協和萬邦。施德百蠻而肅慎致貢。《毛詩》曰：因時百蠻。《大戴禮》，孔子曰：昔舜教通于四海之外，肅慎、北发、渠搜、氐、羌來服。悼彼巴蜀，獨為匪民，《毛詩》曰：哀我征夫，獨為匪民。湣此百姓，勞役未已。是以命授六師，龔行天罰，《尚書》曰：予惟龔行天之罰。征西雍州鎮西諸軍，五道並進。《魏志》曰：詔使征西將軍鄧艾督諸軍趣甘松、遝中，雍州刺史諸葛緒督諸軍趣武街高樓，鎮西將軍鍾會由駱谷伐蜀。古之行軍，以仁為本，以義治之。《司馬法》曰：古者以仁為本，以義治之之謂正。曹操曰：古者，五帝、三王以來也。仁者生而不名，義者成而不有。王者之師，有征無戰。《孫卿子》曰：王者有誅無戰。《漢書》，淮南王上書曰：天子之兵，有征無戰，莫敢校之。故虞舜舞幹戚而服有苗，《尚書》曰：帝乃誕敷文德，舞幹羽於兩階，七旬有苗格。周武有散財發廩表閭之義。《尚書》曰：式商容之閭，散鹿臺之財，發鉅橋之粟。今鎮西奉辭銜命，攝統戎車，《尚書》禹曰：奉辭伐罪。《漢書》，孫寶曰：臣幸得銜命奉使。庶弘文告之訓，以濟元元之命，《國語》曰：祭公謀父曰：有征罰之備，有文告之辭。元元，已見上文。非欲窮武極戰，以快一朝之志，《新序》，李克對魏武侯曰：好戰窮武，未有不亡者。故略陳安危之要，其敬聽話言。《毛詩》曰：告之話言。

益州先主以命世英才，興兵新野，困躓冀徐之郊，制命紹布之手，太祖拯而濟之，興隆大好。中更背違，棄同即異。《蜀志》曰：先主姓劉，諱備，字玄德，涿郡人也。靈帝末，黄巾起，先主率其屬討賊有功，除安喜尉，後領徐州。呂布襲徐州，虜先主妻子，乃求和於布。後歸曹公，曹公厚遇之，以為豫州牧。後背曹公歸袁紹。《漢書》，張良曰：湯、武伐桀、紂，封其後者，能制其死命也。《左氏傳》，子太叔曰：棄同即異，是謂離德。諸葛孔明仍規秦川，姜伯約屢出隴右，《蜀志》曰：姜維，字伯約。勞動我邊境，侵擾我氐羌，方國家多故，未遑脩九伐之征也。《周禮》曰：以九伐之法正邦國：憑弱犯寡則眚之，賊賢害民則伐之，暴內陵外則壇之，野荒民散則削之，負固不服則侵之，賊殺其親則征之，放弒其君則殘之，犯令陵政則杜之，內外亂鳥獸行則滅之。今邊境乂清，方內無事，蓄力待時，並兵一向。《孫子兵法》曰：並敵一向，千里殺將。而巴蜀一州之衆，分張守備，難以禦天下之師，段谷侯和沮傷之氣，難以敵堂堂之陣。《魏志》曰：姜維趣上邽，鄧艾與戰于段谷，大破之。又曰：姜維寇圯陽，鄧艾拒之，破維于侯和。《漢書》，公乘興上書曰：王尊厲奔北之吏，起沮傷之氣。黄帝出軍決曰：始立牙之日，吉氣來應，旗幡指敵，或從風而來，金鐸之聲揚以清，鼓鞞之音婉而鳴，是謂堂堂之陣，整整之旗，此大勝之徵也。比年已來，曾無寧歲，《國語》，姜氏告於公子曰：自子之行，晉無寧歲。征夫勤瘁，難以當子來之民。《毛詩》曰：經始勿亟，庶民子來。此皆諸賢所共親見，蜀侯見禽於秦，公孫述授首於漢，《史記》曰：秦惠文君八年，張儀復相，伐蜀滅之。公孫述，已見《吳都賦》。九州之險，是非一姓：此皆諸君所備聞也。《左氏傳》，司馬侯曰：九州之險也，是非一姓。明者見危於無形，智者規福於未萌。《太公金匱》曰：明者見危於未萌，智者避危於無形。是以微子去商，長為周賓；《毛詩·序》曰：有客，微子來見祖廟也。鄭玄曰：武王既黜殷命，殺武庚。微子代殷後，既受命來朝，而見之於廟。陳平背項，立功於漢。《史記》曰：陳平懼項王誅，遂至脩武降漢，拜平為都尉。豈宴安鴆毒，懷祿而不變哉？《左氏傳》，管敬仲曰：宴安鴆毒，不可懷也。《漢書》，楊惲曰：懷祿貪勢，不能自退。

今國朝隆天覆之恩，宰輔弘寬恕之德，《禮記》，孔子曰：天無私覆，地無私載。先惠後誅，好生惡殺。《尚書大傳》，成王問周公曰：舜何以也？周公曰：其政也，好生而惡殺。往者吳將孫壹舉衆內附，位為上司，寵秩殊異。《吳志》曰：孫壹為江夏太守。及孫綝誅滕胤、呂據，據、胤皆壹之妹夫也。綝遣朱異潛襲壹，異至武昌，壹知其攻己，率部曲將胤妻奔魏。魏以壹為車騎將軍，封吳侯。文欽唐咨為國大害，叛主讎賊，還為戎首。咨困偪禽獲，欽二子還降，皆將軍封侯，咨豫聞國事。《魏志》曰：文欽，字仲若，曹爽之邑人也，與毌丘儉舉兵反。大將軍司馬文王臨淮討之，諸葛誕遂殺欽。欽子鴦及虎逾城出，自歸大將軍。大將軍表鴦、虎為將軍，各賜爵關內侯。大將軍乃自臨圍，四面進兵，同時鼓譟登城。唐咨面縛降，拜咨安遠將軍。《禮記》，子思曰：無為戎首。鄭玄曰：為兵主曰戎首。壹等窮踧歸命，猶加上寵，況巴蜀賢智見機而作者哉！見機，已見上文。誠能深鑑成敗，邈然高蹈，投迹微子之蹤，措身陳平之軌，則福同古人，慶流來裔，百姓士民，安堵樂業，安堵，已見上文。農不易畝，市不回肆，《呂氏春秋》曰：桀為無道，湯立為天子，夏民大悅，農不去疇，商不變肆。去累卵之危，就永安之計，豈不美與！《說苑》曰：晉靈公造九層臺，孫息聞之，求見曰：臣能累十二博釘，加九雞子其上。公曰：作之。孫息以棋子置下，加九雞子其上。公曰：危哉！若偷安旦夕，迷而不反，大兵一放，玉石俱碎，雖欲悔之，亦無及也。並已見上文。各具宣佈，咸使知聞。

清·彭定求等《全唐詩》卷三九五《劉叉〈入蜀〉》　望空問真宰，此路為誰開。峽色侵天去，江聲滾地來。孔明深有意，鍾會亦何才。信此非人事，悲歌付一杯。

又　卷六七二《唐彦謙〈鄧艾廟〉》　昭烈遺黎死尚羞，揮刀斫石恨譙周。如何千載留遺廟，血食巴山伴武侯。

又　卷七三〇《李九齡〈讀三國志〉》　有國由來在得賢，莫言興廢是循環。武侯星落周瑜死，平蜀降吴似等閒。

《全宋詩》卷一一五六《張耒〈梁父吟〉》　豪俊昔未遇，白日無光輝。隆中臥龍客，長嘯視羣兒。九州英雄爭著鞭，黄星午夜照中原。君看慷慨有心者，乃是山東高帝孫。老瞞赤壁抱馬走，紫髯江左空回首。世上男兒能幾人，眼看袁吕真何有。永安受詔堪垂涕，手挈庸兒是天意。渭上空張復漢旗，蜀民已哭歸師至。堂堂八陣竟何為，長安不見漢官儀。鄧艾老翁誇至計，譙周鼠子辨興衰。梁父吟，君聽取，擊節高節為君舞。躬耕貧賤志功名，功名入手亡中路。逢時兒女各稱雄，運去英雄非歷數。梁父吟，悲復悲。古今人事半如此，所以達士觀如遺。龐公可是無心者，何事鹿門招不歸。

又　卷一二五九《李新〈賦鄧士載祠〉》　高鳥無餘弓自除，由來名盛不堪居。易揮道左降王縛，難弭朝端謗篋書。更欲平吴功未就，可憐出蜀智何疏。鳳臺山月知冤魄，夜夜停光照故墟。

又　卷一九八九《李石〈殿柱記〉》　蒼龍甲戌歲，修築周公殿。文翁至高君，學校已再變。順考興平年，寔紀漢之獻。或云鍾會書，入木字隱見。自獻而至會，朔歷斗杓轉。會初入蜀時，意不止弱禪。有如猿猱繫，百巧欲伺便。殺女不作難，機鋒劇刀箭。會書固出繇，家法素所善。至學艾筆迹，暮夜走郵傳。老昭豈易欺，真偽猝難辨。欺昭爾尚可，蜀士多秀彦。當其下筆時，寧不愧顔面。雖蒙黼藻文，不揖糞土賤。

又　卷二五二三《廖行之〈送鄧彦霄〉》　四海一畎畝，萬事均農桑。汙萊儻輟功，鎡餉安取償。斯言愧田叟，為吏輕官常。悠悠但愒日，往往俱亡羊。鄧侯獨古意，枳棘寧鸞凰。所懷將志行，身詘庸何傷。高士豈徇俗，濟時乃褰裳。功名始一邑，圖籍皆甘棠。古人正如是，遠業詎可量。薰風入虞弦，萬宇須阜康。

又　卷二五三六《樓鑰〈送虞仲房赴潼川漕〉》　我來丹丘乘貳車，送客往往萬里餘。盛山使君別寖久，漢中郡丞新寄書。公指四明喜鄰境，典午何知成畫餅。揚旌忽作梓潼行，去路六千抑何迥。餘杭名家多俊奇，君於輩行尤白眉。雍容晉韶足夷曠，百家到手無停披。向來郎曹天咫尺，引身閩山接商舶。賈胡歎仰清節高，霧中親見越王石。此行叱馭不作難，手遮西日又長安。長安日近公應住，未放使星臨蜀山。不然一行亦不惡，潼川應如錦城樂。鄧侯功名凜如在，拾遺風采今猶昨。流馬木牛諸葛公，飛輓正欲修前功。蜀民險遠日凋瘵，摩撫要令畿甸同。況公五絕追鼻祖，隸古真有兩漢風。歸來富貴固未晚，為傳此學川西東。

又　卷二八九二《洪咨夔〈毀鄧艾廟〉》　蜀庸無與守，魏吃浪成名。血已涴砧機，魂猶饗酒牲。柏溪融雪瀉，玉案倚雲横。潴橐莫留迹，山川方氣平。

又　卷三〇三七《劉克莊〈象弈一首呈葉潛仲〉》　小藝無難精，上智有未解。君看橘中戲，妙不出局外。屹然兩國立，限以大河界。連營凜中權，四壁設堅械。三十二子者，一一具變態。先登如挑敵，分佈如備塞。盡鋭賈吾勇，持重伺彼怠。或遲如圍莒，或速如入蔡。遠砲勿虚發，冗卒要精汰。負非繇寡少，勝豈擊彊大。昆陽以象奔，陳濤以車敗。匹馬郭令來，一士汲暗在。獻俘將策勳，得雋衆稱快。我欲築壇場，孰可建旗蓋。葉侯天機深，臨陣識向背。縱未及國手，其高亦可對。狃捷敢饒先，諱輸每索再。寧為握節死，安肯屈膝拜。有時横槊吟，句法尤雄邁。愚慮僅一得，君才乃十倍。霸圖務並弱，兵志貴攻昧。雖然屢克獲，詎可自侈忲。吕蒙能馘羽，衛瓘足縛艾。南師未宜輕，夜半防斫寨。

又　卷三六五一《陳普〈詠史下·鄧艾〉》　劉葛元非百世讎，緣崖攀木作猿猴。瞻崇艾會誰芳臭，死國沉身各二頭。【略】

滅吳不解誅宰嚭，拜假何須便不咨。受任兩無曹與馬，檻車破了欲何之。

《全宋詞》第四冊《李曾伯〈八聲甘州·和劉倉賀蜀捷〉》　自六朝

用武詫荆州，襟喉重疆陲。更西風似箭，峽江如線，事勢夔夔。須仗中流砥柱，天付治平誰。甚矣吾衰矣，將老東籬。休説紛紛往夢，任陰平鄧艾，駱谷姜維。向棋邊聊且，官事了癡兒。雨未陰毋忘户牖，掛長繩繫不住銅儀。空遐想，桃源春媚，安得追隨。

《全元散曲·虞集〈折桂令·席上偶談蜀漢事因賦短桂體〉》 鑾輿三顧茅廬，漢祚難扶，日暮桑榆。深渡南瀘，長驅西蜀，力拒東吳。美乎周瑜妙術，悲夫關羽云殂。天數盈虛，造物乘除。問汝何如，早賦歸歟？

明·羅貫中《三國演義》第一一九回《引後人詩》 髫年稱早慧，曾作秘書郎。妙計傾司馬，當時號子房。壽春多贊畫，劍閣顯鷹揚。不學陶朱隱，遊魂悲故鄉。

明·胡應麟《少室山房集》卷二五《圍棋歌贈黄生應魁》 猛若重瞳戰鉅鹿，奇如鄧艾收西蜀。槎山通道捷有神，斬壁開關恣騰逐。

明·李曄《草閣詩集》卷四《題蜀山圖五十四韻》 蠶叢開迹處，追舊已茫然。霸業依天險，王圖度地偏。蜀鄉繁景物，秦塞迥人煙。邛筰名非一，褒斜路幾千。堯封終未遍，禹貢豈應全。不盡山環繞，無窮水接連。岷峨相互屬，沱漢共洄沿。飛鶴猶難過，哀猿尚可緣。捫參還歷井，入地忽登天。峻阪青泥滑，嵌巖碧樹圓。一吟三歎息，十步九欹顛。行路難如此，傷時益勉旃。良工曾夙契，繪事至今傳。路始蠶崖入，人於鳥道旋。錦江元自闊，玉壘為誰堅。迤瞻眉曲，蒼茫憶磬川。犍為藏小縣，宣化瞰層巔。僧寺隨高下，商帆或後先。盤渦宜鷺浴，枉渚稱鷗眠。鎖水通旁港，瀘州帶野壖。涪翁亭共仰，堡子塞堪憐。南定樓雲矗，嘉陵石黛妍。平林方蓊鬱，遠嶂復聯翩。黔水明沙激，酆山夾市廛。載經夔子國，多羨武侯賢。八陣躬耕後，三分未出前。北來愁魏武，東下駭孫權。猿鳥今蕭瑟，風雲亦渺懸。空餘灘漠漠，惟有月娟娟。工部人千古，成都屋數椽。雲安嘗伏枕，涪萬不聞鵑。屢過瞿唐峽，須乘灩澦船。垂堂能弗戒，上瀨卻勞牽。捩柂憑三老，攤錢問長年。壯遊雖去邑，故隱必歸田。步履西郊外，移家二崦邊。白鹽疑雪積，赤甲與霞褰。所值干戈地，皆成錦繡篇。江花供句好，汀草映袍鮮。一老俱云已，羣公抑有焉。凝神搜僻壤，遊思究殘編。高祖炎基肇，文翁美化專。喧騰長卿檄，寂寞子雲玄。躍馬城難恃，鳴蛙井易穿。赤符重烜赫，白帝謾遷延。莫哂姜維閣，休誇鄧艾氈。英雄基始創，庸闇祚難綿。中土名猶正，邊夷僭罔悛。晉唐初改轍，李孟又摩肩。守固寧修德，乘危乃慕膻。浮雲馳往譽，流水逐前愆。草閣秋風老，花溪夜雨懸。紛紛看崒嵂，歷歷數潺湲。咫尺登臨罷，揮毫染素箋。

又《後圍棋歌再贈黄山人》 隆萬以來攻奕者，歙有小吕閩小蔡。黄生崛起禹穴中，倏忽時名共當代。丈人丱角游長安，國手何人不針芥。鮑顔二李盧及岑，次第攜枰入東岱。中原豪傑屈指空，晚得方生最稱快。方生巧思淩古今，遊戲神通了無礙。永嘉方生並時出，名姓俱同劇堪怪。少年復有六合王，浸浸澠池欲興代。黄生善戰尤自負，夙昔疆埸構吕蔡。方生之下三子優，叱吒登壇勇莫逮。有如孟德肩孫劉，鼎足三分建旗蓋。棋雖小道實可觀，生也精進迴不懈。併吞割據弘霸圖，劫殺侵漁盡變態。楸枰落子大勢分，先著紛紛布要害。吾觀此道與兵合，一一為子陳梗槩。攻城掠地創都邑，背水依山列營砦。發縱元勳首帷幄，指畫奇謀洞蓍蔡。援桴擊鼓事征討，躍馬横戈奮驕怠。湘東一目寧久長，大舜重瞳迄推戴。三千牧野行造基，百萬昆陽坐奔潰。大軍涿鹿平蚩尤，孤卒鴻門闖樊噲。混壹區夏秦有權，表裏河山晉無害。成皋堅壁控土宇，函谷封泥距關隘。含枚定陶襲項梁，卷甲陰平走鄧艾。七縱七擒啓荒服，八戰八克定邊塞。歲時吳魏爭長江，日夜梁唐鬭夾寨。乘風帥衆下井陘，冒雪潛師抵淮蔡。晉陽三版浸難没，即墨殘都守無奈。闔閭貪欲甚蛇豕，勾踐陰謀桀蜂蠆。推鋒白起勁若飛，持重廉頗老能耐。盧獿李密王世充，鷸蚌高歡宇文泰。東西並舉騁全力，南北中分各兩大。氣盈量滿隳成功，忿削貪亡示明戒。入神入聖窮幽微，為虜為王決成敗。棋與兵合種種然，始作何人世沾溉。相傳放勳教丹朱，上聖無緣發機械。或言戰國尚雄略，餘習縱横此流派。丈人髫歲負棋癖，錚錚鐵中號亡賴。一枰懸榻晝夜攻，寢食俱忘減腰帶。迴光返照念載餘，四大部洲任成壞。胡來遇爾重作歌，見獵渾忘喜心汰。下車搏虎衆欣悦，拍手其如士林呰。尚憶斐旻舞劍時，道子揮毫攝千界。崔家延伯每臨陣，亦藉僧超鼓豪邁。雄才絶藝兩間值，憐汝求言日瞻拜。虚堂灑墨元氣流，萬壑寒風度天籟。君不見休仁中正蚤已没，待詔師言近誰再。仲甫四篇差足存，伯祥三路逝安在。由來一局塵世空，底事妻兒溺貪愛。君不見巴邛仙橘大於斗，商山四翁樂相待。九枰輸我願未酬，會擘龍肝了餘債。他時負局尋先生，洞壑金華亂峰外。

明·劉炳《春雨軒集》卷二《錦城懷古》　炎火中微建大旗，王師頻出劍關西。烏蠻地控南雲險，白帝城高北斗齊。霸業三分扶漢室，雄才十倍勝曹丕。神州未復英雄死，八陣圖成國祚移。

清·徐世昌《清詩匯》卷二九《王士禛〈昭陽顧符稹畫便面棧道圖歌〉》　顧生畫學李思訓，尤工棧道兼騾綱。丹青金碧妙銖黍，近形遠勢窮毫芒。褒斜山色一千里，子規啼處煙蒼蒼。女郎祠邊人迹絶，但見哀猿連臂叫嘯青崖旁。江水如油下南鄭，閣道似發通陳倉。紅氈裹背笠覆首，人物結束疑唐裝。車馬班班入雲際，如蟻緣垤相扶將。秦川渭水望不到，蠶叢直上天茫茫。仰家扇子冰雪色，一莖斑竹磨瀟湘。如何方寸懷袖裏，宛然置我蜀道青天長。揚一益二古天險，譙周鬻國謀非臧。阿瞞四紀作天子，青騾西幸何倉皇。三十年來蜀道塞，況從古史論興亡。因君妙迹發遙慨，如聽鈴聲替戾岡。

又　卷三八《吳殳〈蜀漢〉》　季世唐虞只此時，泗亭天壤哲人違。三交城下波聲急，五丈原韻日色微。西國無煙生火井，東鄰有女落蟂磯。不關鍾鄧能緣險，黄皓譙周盡識幾。

雜　録

《三國志》卷三四《蜀志·後主張皇后傳》　後主張皇后，前後敬哀之妹也。建興十五年，入為貴人。延熙元年春正月，策曰：『朕統承大業，君臨天下，奉郊廟社稷。今以貴人為皇后，使行丞相事左將軍向朗持節授璽綬。勉脩中饋，恪肅禋祀，皇后其敬之哉！』咸熙元年，隨後主遷於洛陽。《漢晉春秋》曰：魏以蜀宮人賜諸將之無妻者，李昭儀曰：『我不能二三屈辱。』乃自殺。

又　《劉永傳》　咸熙元年，（劉）永東遷洛陽，拜奉車都尉，封為鄉侯。

又　《劉理傳》　（劉）輯，理子也，咸熙元年，東遷洛陽，拜奉車都尉，封鄉侯。

又　《劉璿傳》　景耀六年冬，蜀亡。咸熙元年正月，鍾會作亂於成都，璿為亂兵所害。孫盛《蜀世譜》曰：璿弟，瑤、琮、瓚、諶、恂、璩六人。蜀敗，諶自殺，餘皆內徙。值永嘉大亂，子孫絶滅。唯永孫玄奔蜀，李雄偽署安樂公以嗣禪後。永和三年討李勢，盛參戎行，見玄于成都也。

又　卷三六《蜀志·關羽傳》　追謚羽曰壯繆侯。子興嗣。興字安國，少有令問，丞相諸葛亮深器異之。弱冠為侍中、中監軍，數歲卒。子統嗣，尚公主，官至虎賁中郎將。卒，無子，以興庶子彝續封。《蜀記》曰：龐德子會，隨鍾、鄧伐蜀，蜀破，盡滅關氏家。

又　《張飛傳》　長子苞，早夭。【略】苞子遵為尚書，隨諸葛瞻於綿竹，與鄧艾戰，死。

又　卷四一《蜀志·霍峻傳》　是歲，蜀并于魏。（霍）弋與巴東領軍襄陽羅憲各保全一方，舉以內附，咸因仍前任，寵待有加。《漢晉春秋》曰：霍弋聞魏軍來，弋欲赴成都，後主以備敵既定，不聽。及成都不守，弋素服號哭，大臨三日。諸將咸勸宜速降，弋曰：『今道路隔塞，未詳主之安危，大故去就，不可苟也。若主上與魏和，見遇以禮，則保境而降，不晚也。若萬一危辱，吾將以死拒之，何論遲速邪！』得後主東遷之問，始率六郡將守上表曰：『臣聞人生於三，事之如一，惟難所在，則致其命。今臣國敗主附，守死無所，是以委質，不敢有貳。』晉文王善之，又拜南中都督，委以本任。後遣將兵救援呂興，平交阯、日南、九真三郡，功封列侯，進號崇賞焉。弋孫彪，晉越巂太守。《襄陽記》曰：羅憲字令則。父蒙，避亂於蜀，官至廣漢太守。憲少以才學知名，年十三能屬文。後主立太子，為太子舍人，遷庶子、尚書吏部郎，以宣信校尉再使於吳，吳人稱美焉。時黄皓預政，衆多附之，憲獨不與同，皓恚，左遷巴東太守。時右大將軍閻宇都督巴東，為領軍，後主拜憲為宇副貳。魏之伐蜀，召宇西還，留宇二千人，令憲守永安城。尋聞成都敗，城中擾動，江邊長吏皆棄城走，憲斬稱成都亂者一人，百姓乃定。得後主委質問至，乃帥所統臨於都亭三日。吳聞蜀敗，起兵西上，外託救援，內欲襲憲。憲曰：『本朝傾覆，吳為脣齒，不恤我難而徼其利，背盟違約。且漢已亡，吳何得久，寧能為吳降虜乎！』保城繕甲，告誓將士，厲以節義，莫不用命。吳聞鍾、鄧敗，百城無主，有兼蜀之志，而巴東固守，兵不得過，使步協率衆而西。憲臨江拒射，不能禦，遣參軍楊宗突圍北出，告急安東將軍陳騫，又送文武印綬、任子詣晉王。協攻城，憲出與戰，大破其軍。孫休怒，復遣陸抗等帥衆三萬人增憲之圍。被攻凡六月日而救援不到，城中疾病大半。或說憲奔走之計，憲曰：『夫為人主，百姓所仰，危不能安，急而棄之，君子不為也，畢命於此矣。』陳騫言於晉王，遣荊州刺史胡烈救憲，抗等引退。晉王即委前任，拜憲淩江將軍，封萬年亭侯。會武陵四縣舉衆叛吳，以憲為武陵太守巴東監軍。泰始元年改封西鄂縣侯。憲遣妻子居洛陽，武帝以子襲為給事中。三年冬，入朝，進位冠軍將軍、假節。四年三月，從帝宴于華林園，詔問蜀大臣子弟，後問先輩宜時敍用者，憲薦蜀郡常忌、杜軫、壽良、巴西陳壽、南郡高軌、南陽呂雅、許國、江夏費恭、琅邪諸葛京、汝南陳裕，即皆敍用，咸顯於世。憲還，襲取吳之巫城，因上伐吳之策。憲方亮嚴正，待士不倦，輕財好施，不治產業。六年薨，贈安南將軍，謚曰烈侯。子襲，以淩江將軍領部曲，早卒，追贈廣漢太守。襲子徽，順陽內史，永嘉五年為王如所殺。此作『獻』，名與本《傳》不同，未詳孰是也。

又　卷四二《蜀志・杜瓊傳》　（譙）周緣（杜）瓊言，乃觸類而長之曰：『《春秋傳》著晉穆侯名太子曰仇，弟曰成師。師服曰：「異哉君之名子也！嘉耦曰妃，怨偶曰仇，今君名太子曰仇，弟曰成師，始兆亂矣，兄其替乎？」其後果如服言。及漢靈帝名二子曰史侯、董侯，既立為帝，後皆免為諸侯，與師服言相似也。先主諱備，其訓具也，後主諱禪，其訓授也，如言劉已具矣，當授與人也；意者甚於穆侯、靈帝之名子。』後宦人黃皓弄權於內，景耀五年，宮中大樹無故自折，周深憂之，無所與言，乃書柱曰：『衆而大，期之會，具而授，若何復？』言曹者衆也，魏者大也，衆而大，天下其當會也。具而授，如何復有立者乎？蜀既亡，咸以周言為驗。周曰：『此雖己所推尋，然有所因，由杜君之辭而廣之耳，殊無神思獨至之異也。』

又　卷四三《蜀志・黃權傳》　權留蜀子崇，為尚書郎，隨衛將軍諸葛瞻拒鄧艾。到涪縣，瞻盤桓未進，崇屢勸瞻宜速行據險，無令敵得入平地。瞻猶與未納，崇至於流涕。會艾長驅而前，瞻卻戰至綿竹，崇帥厲軍士，期於必死，臨陳見殺。

又　卷四五《蜀志・張翼傳》　景耀二年，遷左車騎將軍，領冀州刺史。六年，與維咸在劍閣，共詣降鍾會於涪。明年正月，隨會至成都，為亂兵所殺。《華陽國志》曰：翼子微，篤志好學，官至廣漢太守。

又　卷四八《吳志・孫休傳》　（永安六年）冬十月，蜀以魏見伐來告。【略】甲申，使大將軍丁奉督諸軍向魏壽春，將軍留平別詣施績於南郡，議兵所向，將軍丁封、孫異如沔中，皆救蜀。蜀主劉禪降魏問至，然後罷。

又　卷六〇《吳志・鍾離牧傳》　永安六年，蜀并于魏，武陵五谿夷與蜀接界，時論懼其叛亂，乃以牧為平魏將軍，領武陵太守，往之郡。魏遣漢葭縣長郭純試守武陵太守，率涪陵民入蜀遷陵界，屯于赤沙，誘致諸夷邑君，或起應純，又進攻酉陽縣，郡中震懼。牧問朝吏曰：『西蜀傾覆，邊境見侵，何以禦之？』皆對曰：『今二縣山險，諸夷阻兵，不可以軍驚擾，驚擾則諸夷盤結。宜以漸安，可遣恩信吏宣教慰勞。』牧曰：『不然。外境內侵，誑誘人民，當及其根柢未深而撲取之，此救火貴速之勢也。』敕外趣嚴，掾史沮議者便行軍法。撫夷將軍高尚說牧曰：『昔潘太常督兵五萬，然後以討五谿夷耳。是時劉氏連和，諸夷率化，今既無往日之援，而郭純已據遷陵，而明府以三千兵深入，尚未見其利也。』牧曰：『非常之事，何得循舊？』即率所領，晨夜進道，緣山險行，垂二千里，從塞上，斬惡民懷異心者魁帥百餘人及其支黨凡千餘級，純等散，五谿平。

又　卷六五《吳志・華覈傳》　蜀為魏所并，覈詣宮門發表曰：『間聞賊衆蟻聚向西境，西境艱險，謂當無虞。定聞陸抗表至，成都不守，臣主播越，社稷傾覆。昔衛為翟所滅而桓公存之，今道里長遠，不可救振，失委附之土，棄貢獻之國，臣以草芥，竊懷不寧。陛下聖仁，恩澤遠撫，卒聞如此，必垂哀悼。臣不勝忡悵之情，謹拜表以聞。』

晉・常璩《華陽國志》卷七《劉後主志》　蜀郡太守王崇論後主【略】又曰：『鄧艾以疲兵二萬，遠出江由。姜維舉十萬之師，案道南歸，艾為成禽。禽艾已訖，復還拒會，則蜀之存亡未可量也。乃迴道之巴，遠至五城，使艾輕進，徑及成都。兵分家滅，已自招之。然以鍾會之智畧，稱為子房；姜維陷之，莫至尅捷，籌筭相應，優劣惜哉！』愚以為維徒能謀一會，不慮窮兵十萬難為制御，美意播越矣。

《三國志》卷二五《魏志・辛毗傳》裴松之注　《世語》曰：（辛）敞字泰雍，官至衛尉。（辛）毗女憲英，適太常泰山羊耽，外孫夏侯湛為其傳曰：『憲英聰明有才鑑。【略】逮鍾會為鎮西將軍，憲英謂從子羊祜曰：「鍾士季何故西出？」祜曰：「將為滅蜀也。」憲英曰：「會在事縱恣，非特久處下之道，吾畏其有他志也。」祜曰：「季母勿多言。」其後會請子琇為參軍，憲英憂曰：「他日見鍾會之出，吾為國憂之矣。今日難至吾家，此國之大事，必不得止也。」琇固請司馬文王，文王不聽。憲英語琇曰：「行矣，戒之！古之君子，入則致孝於親，出則致節於國，在職思其所司，在義思其所立，不遺父母憂患而已。軍旅之間，可以濟者，其惟仁恕乎！汝其慎之！」琇竟以全身。憲英年至七十有九，泰始五年卒。」

又　卷三三《蜀志·後主傳》裴松之注　王隱《蜀記》：（後主）又遣尚書郎李虎送士民簿，領戶二十八萬，男女口九十四萬，帶甲將士十萬二千，吏四萬人，米四十餘萬斛，金銀各二千斤，錦綺采絹各二十萬匹，餘物稱此。

北魏·酈道元《水經注》卷一四《沽河》　沽水又南徑安樂縣故城東。《晉書·地道記》曰：晉封劉禪為公國。

《宋書》卷三一《五行志二》　劉禪嗣位，譙周引晉穆侯、漢靈帝命子事譏之曰：『先主諱備，其訓具也。後主諱禪，其訓授也。若言劉已具矣，當授與人，甚于（晉）穆侯、（漢）靈帝之祥也。』蜀果亡，此言之不從也。劉備卒，劉禪即位，未葬，亦未逾月，而改元為建興。此言之不從也。習鑿齒曰：『禮，國君即位逾年而後改元者，緣臣子之心，不忍一年而有二君也。今可謂亟而不知禮矣。君子是以知蜀之不能東遷也。』後又降晉。【略】魏太和中，姜維歸蜀，失其母。魏人使其母手書呼維令反，並送當歸以譬之。維報書曰：『良田百頃，不計一畝。但見遠志，無有當歸。』維卒不免。

又　卷三二《五行志三》　蜀劉禪景耀五年，宮中大樹無故自折。譙周憂之，無所與之言，乃書柱曰：『衆而大，其之會，具而授，若何復。』言曹者衆也，魏者大也。衆而大，天下其當會也；具而授，如何復有立者乎。蜀果亡，如周言。此草妖也。

北魏·楊衒之《洛陽伽藍記》卷二《城西》　趙逸云：『暉文里是晉馬道里。延實宅是蜀主劉禪宅。延實宅東有脩和宅，是吳王孫皓宅。李韶宅是晉司空張華宅。』

《晉書》卷三《武帝紀》　（泰始元年十二月己巳）賜山陽公劉康、安樂公劉禪子弟一人為駙馬都尉。【略】

又　卷三四《羊祜傳》　至是上疏曰：【略】

蜀之為國，非不險也，高山尋雲霓，深谷肆無景，束馬懸車，然後得濟，皆言一夫荷戟，千人莫當。及進兵之日，曾無藩籬之限，斬將搴旗，伏屍數萬，乘勝席捲，徑至成都，漢中諸城，皆鳥棲而不敢出。非皆無戰心，誠力不足相抗。至劉禪降服，諸營堡者索然俱散。

又　卷三六《衛瓘傳》　鄧艾、鍾會之伐蜀也，瓘以本官持節監艾、會軍事，行鎮西軍司，給兵千人。蜀既平，艾輒承制封拜。會陰懷異志，因艾專擅，密與瓘俱奏其狀。詔使檻車徵之，會遣瓘先收艾。會以瓘兵少，欲令艾殺瓘，因加艾罪。瓘知欲危己，然不可得而距，乃夜至成都，檄艾所統諸將，稱詔收艾，其餘一無所問。若來赴官軍，爵賞如先；敢有不出，誅及三族。比至雞鳴，悉來赴瓘，唯艾帳內在焉。平旦開門，瓘乘使者車，徑入至成都殿前。艾臥未起，父子俱被執。艾諸將圖欲劫艾，整仗趣瓘營。瓘輕出迎之，偽作表草，將申明艾事，諸將信之而止。俄而會至，乃悉請諸將胡烈等，因執之，囚益州解舍，遂發兵反。於是士卒思歸，內外騷動，人情憂懼。會留瓘謀議，乃書版云『欲殺胡烈等』，舉以示瓘，瓘不許，因相疑貳。瓘如廁，見胡烈故給使，使宣語三軍，言會反。會逼瓘定議，經宿不眠，各橫刀膝上。在外諸軍已潛欲攻會。瓘既不出，未敢先發。會使瓘慰勞諸軍。瓘心欲去，且堅其意，曰：『卿三軍主，宜自行。』會曰：『卿監司，且先行，吾當後出。』瓘便下殿。會悔遣之，使呼瓘。瓘辭眩疾動，詐僕地。比出閣，數十信追之。瓘至外解，服鹽湯，大吐。瓘素羸，便似困篤。會遣所親人及醫視之，皆言不起，會由是無所憚。及暮，門閉，瓘作檄宣告諸軍。諸軍並已唱義，陵旦共攻會。會率左右距戰，諸將擊敗之，唯帳下數百人隨會繞殿而走，盡殺之。瓘於是部分諸將，羣情肅然。鄧艾本營將士復追破檻車出艾，還向成都。瓘自以與會共陷艾，懼為變，又欲專誅會之功，乃遣護軍田續至綿竹，夜襲艾於三造亭，斬艾及其子忠。初，艾之入江由也，以續不進，將斬之，既而赦焉。及瓘遣續，謂之曰：『可以報江由之辱矣。』

事平，朝議封瓘。瓘以克蜀之功，羣帥之力，二將跋扈，自取滅亡，雖運智謀，而無搴旗之效，固讓不受。除使持節、都督關中諸軍事、鎮西將軍，尋遷都督徐州諸軍事、鎮東將軍，增封菑陽侯，以餘爵封弟實開陽亭侯。

又 卷三九《王沈傳》（王沈）遷征虜將軍、持節、都督江北諸軍事。五等初建，封博陵侯，班在次國。平蜀之役，吳人大出，聲為救蜀，振盪邊境，沈鎮禦有方，寇聞而退。轉鎮南將軍。

又《荀顗傳》 及蜀平，興復五等，命顗定禮儀。顗上請羊祜、任愷、庾峻、應貞、孔顥共刪改舊文，撰定晉禮。

又《荀勖傳》 時官騎路遺求為刺客入蜀，勖言於帝曰：「明公以至公宰天下，宜杖正義以伐違貳。而名以刺客除賊，非所謂刑于四海，以德服遠也。」帝稱善。

及鍾會謀反，審問未至，而外人先告之。帝待會素厚，未之信也。勖曰：「會雖受恩，然其性未可許以見得思義，不可不速為之備。」帝即出鎮長安，主簿郭奕、參軍王深以勖是會從甥，少長舅氏，勸帝斥出之。帝不納，而使勖陪乘，待之如初。先是，勖啓「伐蜀，宜以衛瓘為監軍」。及蜀中亂，賴瓘以濟。會平，還洛，與裴秀、羊祜共管機密。

又 卷四〇《賈充傳》 鍾會謀反於蜀，帝假充節，以本官都督關中、隴右諸軍事，西據漢中，未至而會死。

又 卷四二《唐彬傳》 初，鄧艾之誅也，文帝以艾久在隴右，素得士心，一旦夷滅，恐邊情搔動，使彬密察之。彬還，白帝曰：「鄧艾忌克詭狹，矜能負才，順從者謂為見事，直言者謂之觸迕。雖長史司馬，參佐牙門，答對失指，輒見罵辱。處身無禮，大失人心。又好施行事役，數勞衆力。隴右甚患苦之，喜聞其禍，不肯為用。今諸軍已至，足以鎮壓內外，願無以為慮。」

又 卷四三《王戎傳》 鍾會伐蜀，過與戎別，問計將安出。戎曰：「道家有言，『為而不恃』，非成功難，保之難也。」及會敗，議者以為知言。

又《胡奮傳》 （胡）烈字武玄，為將伐蜀。鍾會之反也，烈與諸將皆被閉。烈子世元，時年十八，為士卒先，攻殺會，名馳遠近。

又 卷八八《孝友傳·李密》 李密，【略】少仕蜀，為郎。【略】司空張華問之曰：「安樂公何如？」密曰：「可次齊桓。」華問其故，對曰：「齊桓得管仲而霸，用豎刁而蟲流。安樂公得諸葛亮而抗魏，任黃皓而喪國，是知成敗一也。」次問：「孔明言教何碎？」密曰：「昔舜、禹、皋陶相與語，故得簡雅；《大誥》與凡人言，宜碎。孔明與言者無己敵，言教是以碎耳。」華善之。

宋·李昉等《太平御覽》卷三五七《兵部八十八·銜枚》 習鑿齒《漢晉陽秋》曰：初魏軍始入蜀，劉禪分二千人付羅獻留守。吳聞蜀敗，遂起兵，遣盛憲、謝詢等水陸並到，說獻以合從之計。獻謂諸將曰：「今處孤城，百姓無主。吳人因釁，公敢西過，宜一決戰以示衆心。」遂銜枚出擊破憲。

又 卷四二四《人事部六十五·讓下》 干寶《晉紀》曰：鍾會、鄧艾將伐蜀，與劉寔別。客謂寔曰：「二將當破蜀不？」寔曰：「必破蜀，但皆不還。」客問其故，寔曰：「治道在於克讓。」因著《崇讓論》，曰：「季世不能讓賢，虛謝見用之恩，莫肯讓於勝己。」

魏吳通使

綜　述

《三國志》卷二《魏志·文帝紀》（延康元年）孫權遣使奉獻。【略】

（黃初二年）秋八月，孫權遣使奉章，並遣于禁等還。丁巳，使太常邢貞持節拜權為大將軍，封吳王，加九錫。【略】

三年春正月。《魏書》曰：癸亥，孫權上書，說：「劉備支黨四萬人，馬二三千匹，出秭歸，請往掃撲，以克捷為效。」帝報曰：「昔隗囂之弊，禍發栒邑，子陽之禽，變起扞關，將軍其亢厲威武，勉蹈奇功，以稱吾意。」【略】

初，帝好文學。【略】《魏書》曰：【略】三年之中，以孫權不服，復頒《太宗論》於天下，明示不原征伐也。他日又從容言曰：「顧我亦有所不取于漢文帝者三：殺薄昭；幸鄧通；慎夫人衣不曳地，集上書囊為帳帷。以為漢文儉而無法，舅後之家，但當養育以恩而不當假借以權，既觸罪法，又不得不害矣。」其欲秉持中道，以為帝王儀表者如此。胡沖《吳曆》曰：帝以素書所著《典論》及詩賦餉孫權，又以紙寫一通與張昭。

又 卷四《魏志・陳留王奐傳》（咸熙二年四月）吳遣使紀陟、弘璆請和。

又 卷四七《吳志・吳主傳》（建安）二十二年春，權令都尉徐詳詣曹公請降，公報使脩好，誓重結婚。【略】

（建安二十五年）冬，魏嗣王稱尊號，改元為黃初。二年四月，劉備稱帝於蜀。《魏略》曰：權聞魏文帝受禪而劉備稱帝，乃呼問知星者，己分野中星氣何如，遂有僭意。而以位次尚少，無以威衆，又欲先卑而後踞之，為卑則可以假寵，後踞則必致討，致討然後可以怒衆，衆怒然後可以自大，故深絕蜀而專事魏。【略】自魏文帝踐阼，權使命稱藩，及遣于禁等還。十一月，策命權曰：『蓋聖王之法，以德設爵，以功制祿；勞大者祿厚，德盛者禮豐。故叔旦有夾輔之勳，太公有鷹揚之功，並啓土宇，並受備物，所以表章元功，殊異賢哲也。近漢高祖受命之初，分裂膏腴以王八姓，斯則前世之懿事，後王之元龜也。朕以不德，承運革命，君臨萬國，秉統天機，思齊先代，坐而待旦。惟君天資忠亮，命世作佐，深睹歷數，達見廢興，遠遣行人，浮于潛漢。《禹貢》曰：沱、潛既道。注曰：『水自江出為沱，漢為潛。』望風影附，抗疏稱藩，兼納纖絺南方之貢，普遣諸將來還本朝，忠肅內發，款誠外昭，信著金石，義蓋山河，朕甚嘉焉。今封君為吳王，使使持節太常高平侯貞，授君璽綬策書、金虎符第一至第五、左竹使符第一至第十，以大將軍使持節督交州，領荊州牧事，錫君青土，苴以白茅，對揚朕命，以尹東夏。其上故驃騎將軍南昌侯印綬符策。今又加君九錫，其敬聽後命。以君綏安東南，綱紀江外，民夷安業，無或攜貳，是用錫君大輅、戎輅各一，玄牡二駟。君務財勸農，倉庫盈積，是用錫君袞冕之服，赤舃副焉。君化民以德，禮教興行，是用錫君軒縣之樂。君宣導休風，懷柔百越，是用錫君朱户以居。君運其才謀，官方任賢，是用錫君納陛以登。君忠勇並奮，清除姦慝，是用錫君虎賁之士百人。君振威陵邁，宣力荊南，梟滅凶醜，罪人斯得，是用錫君鈇鉞各一。君文和於內，武信於外，是用錫君彤弓一、彤矢百、玈弓十、玈矢千。君以忠肅為基，恭儉為德，是用錫君秬鬯一卣，圭瓚副焉。欽哉！敬敷訓典，以服朕命，以勖相我國家，永終爾顯烈。』《江表傳》曰：權羣臣議，以為宜稱上將軍九州伯，不應受魏封。權曰：『九州伯，於古未聞也。昔沛公亦受項羽拜為漢王，此蓋時宜耳，復何損邪？』遂受之。孫盛曰：『昔伯夷、叔齊不屈有周，魯仲連不為秦民。夫以匹夫之志，猶義不辱，況列國之君三分天下，而可二三其節，或臣或否乎？余觀吳、蜀，咸稱奉漢，至於漢代，莫能固秉臣節，君子是以知其不能克昌厥後，卒見吞於大國也。向使權從羣臣之議，終身稱漢將，豈不義悲六合，仁感百世哉！』

【略】遣都尉趙咨使魏。魏帝問曰：『吳王何等主也？』咨對曰：『聰明仁智，雄略之主也。』帝問其狀，咨曰：『納魯肅於凡品，是其聰也；拔呂蒙於行陳，是其明也；獲于禁而不害，是其仁也；取荊州而兵不血刃，是其智也；據三州虎視於天下，是其雄也；屈身於陛下，是其略也。』《吳書》曰：咨字德度，南陽人，博聞多識，應對辯捷，權為吳王，擢中大夫，使魏。魏文帝善之，嘲咨曰：『吳王頗知學乎？』答曰：『吳王浮江萬艘，帶甲百萬，任賢使能，志存經略，雖有餘間，博覽書傳歷史，藉采奇異，不效諸生尋章摘句而已。』帝曰：『吳可征不？』咨對曰：『大國有征伐之兵，小國有備禦之固。』又曰：『吳難魏不？』咨曰：『帶甲百萬，江、漢為池，何難之有？』又曰：『吳如大夫者幾人？』咨曰：『聰明特達者八九十人，如臣之比，車載斗量，不可勝數。』咨頻載使北，人敬異。權聞而嘉之，拜騎都尉。咨言曰：『觀北方終不能守盟，今日之計，朝廷承漢四百之際，應東南之運，宜改年號，正服色，以應天順民。』權納之。帝欲封權子登，權以登年幼，上書辭封，重遣西曹掾沈珩陳謝，並獻方物。《吳書》曰：珩字仲山，吳郡人，少綜經藝，尤善《春秋》內、外傳。權以珩有智謀，能專對，乃使至魏。魏文帝問曰：『吳嫌魏東向乎？』珩曰：『不嫌。』曰：『何以？』曰：『信恃舊盟，言歸於好，是以不嫌。若魏渝盟，自有豫備。』又問：『聞太子當來，寧然乎？』珩曰：『臣在東朝，朝不坐，宴不與，若此之議，無所聞也。』文帝善之，乃引珩自近，談語終日。珩隨事回應，無所屈服。珩還言曰：『臣密參侍中劉曄，數為賊設姦計，終不久愨。臣聞兵家舊論，不恃敵之不我犯，恃我之不可犯，今為朝廷慮之。且當省息他役，惟務農桑以廣軍資；脩繕舟車，增作戰具，令皆兼盈；撫養兵民，使各得其所；攬延英俊，獎勵將士，則天下可圖矣。』以奉使有稱，封永安鄉侯，官至少府。立登為王太子。《江表傳》曰：是歲魏文帝遣使求雀頭香、大貝、明珠、象牙、犀角、玳瑁、孔雀、翡翠、鬬鴨、長鳴雞。羣臣奏曰：『荊、揚二州，貢有常典，魏所求珍玩之物非禮也，宜勿與。』權曰：『昔惠施尊齊為王，客難之曰：「公之學去尊，今王齊，何其倒也？」惠子曰：「有人於此，欲擊其愛子之頭，而石可以代之，子頭所重而石所輕也，以輕代重，何為不可乎？」方有事於西北，江表元元，恃主為命，非我愛子邪？彼所求者，於我瓦石耳，孤

何惜焉？彼在諒闇之中，而所求若此，寧可與言禮哉！』皆具以與之。【略】

（黃武元年）劉備奔走，僅以身免。《吳曆》曰：權以使聘魏，具上破備獲印綬及首級、所得土地，並表將吏功勤宜加爵賞之意。文帝報使，致鼲子裘、明光鎧、騑馬，又以素書所作《典論》及詩賦與權。《魏書》載詔答曰：『老虜邊窟，越險深入，曠日持久，内迫罷弊，外困智力，故見身於雞頭，分兵擬西陵，其計不過謂可轉足前迹以搖動江東。根未著地，摧折其支，雖未刳備五臟，使身首分離，其所降誅，亦足使虜部衆凶懼。昔吳漢先燒荆門，後發夷陵，而子陽無所逃其死；來歙始襲略陽，文叔喜之，而知隗囂無所施其巧。今討此虜，正似其事，將軍勉建方略，務全獨克。』

初權外託事魏，而誠心不款。魏乃遣侍中辛毗、尚書桓階往與盟誓，並徵任子，權辭讓不受。秋九月，魏乃命曹休、張遼、臧霸出洞口，曹仁出濡須，曹真、夏侯尚、張郃、徐晃圍南郡。權遣呂範等督五軍，以舟軍拒休等，諸葛瑾、潘璋、楊粲救南郡，朱桓以濡須督拒仁。時揚、越蠻夷多未平集，内難未弭，故權卑辭上書，求自改厲，『若罪在難除，必不見置，當奉還土地民人，乞寄命交州，以終餘年。』文帝報曰：『君生於擾攘之際，本有從横之志，降身奉國，以享兹祚。自君策名已來，貢獻盈路。討備之功，國朝仰成。埋而掘之，古人之所耻。《國語》曰：狸埋之，狸掘之，是以無成功。朕之與君，大義已定，豈樂勞師遠臨江漢？廊廟之議，王者所不得專；三公上君過失，皆有本末。朕以不明，雖有曾母投杼之疑，猶冀言者不信，以為國福。故先遣使者犒勞，又遣尚書、侍中踐脩前言，以定任子。君遂設辭，不欲使進，議者怪之。《魏略》載魏三公奏曰：『臣聞枝大者披心，尾大者不掉，有國有家之所慎也。昔漢承秦弊，天下新定，大國之王，臣節未盡，以蕭、張之謀不備録之，至使六王前後反叛，已而伐之，戎車不輟。又文、景守成，忘戰戢役，驕縱吳、楚，養虺成蛇，既為社稷大憂，蓋前事之不忘，後事之師也。吳王孫權，幼豎小子，無尺寸之功，遭遇兵亂，因父兄之緒，少蒙翼卵呴伏之恩，長含鴟梟反逆之性，背棄天施，罪惡積大。復與關羽更相覘伺，逐利見便，挾為卑辭。先帝知權姦以求用，時以于禁敗於水灾，等當討羽，因以委權。先帝委裘下席，權不盡心，誠在惻怛，欲因大喪，寡弱王室，希託董桃傳先帝令，乘未得報許，擅取襄陽，及見驅逐，乃更折節。邪辟之態，巧言如流，雖重驛累使，發遣禁等，内包隗囂顧望之姦，外欲緩誅，支仰蜀賊。聖朝含弘，既加不忍，優而赦之，與之更始，猥乃割地王之，使南面稱孤，兼官累位，禮備九命，名馬百駟，以成其勢，光寵顯赫，古今無二。權為犬羊之姿，横被虎豹之文，不思靖力致死之節，以報無量不世之恩。臣每見所下權前後章表，又以愚意采察權旨，自以阻帶江湖，負固不服，狃累世，詐偽成功，上有尉佗、英布之計，下誦伍被屈强之辭，終非不侵不叛之臣。以為晁錯不發削弱王侯之謀，則七國同衡，禍久而大；蒯通不決襲歷下之策，則田横自慮，罪深變重。臣謹考之《周禮》九伐之法，平權凶惡，逆節萌生，見罪十五。昔九黎亂德，黄帝加誅；項羽罪十，漢祖不捨。權所犯罪釁明白，非仁恩所養，宇宙所容。臣請免權官，鴻臚削爵土，捕治罪。敢有不從，移兵進討，以明國典好惡之常，以静三州元元之苦。』其十五條，文多不載。又前都尉浩周勸君遣子，乃實朝臣交謀，以此卜君，君果有辭，外引隗囂遣子不終，内喻竇融守忠而已。世殊時異，人各有心。浩周之還，口陳指麾，益令議者發明衆嫌，終始之本，無所據仗，故遂俯仰從羣臣議。今省上事，款誠深至，心用慨然，悽愴動容。即日下詔，敕諸軍但深溝高壘，不得妄進。若君必效忠節，以解疑議，登身朝到，夕召兵還。此言之誠，有如大江！』《魏略》曰：浩周字孔異，上黨人。建安中仕為蕭令，至徐州刺史。後領護于禁軍，軍没，為關羽所得。權襲羽，並得周，甚禮之。及文帝即王位，權乃遣周，為箋魏王曰：『昔討關羽，獲于將軍，即白先王，當發遣之。此乃奉款之心，不言而發。先王未深留意，而謂權中間復有異圖，愚情慺慺，用未果決。遂值先王委離國祚，殿下承統，下情始通。公私契闊，未獲備舉，是令本誓未即昭顯。梁寓傳命，委曲周至，深知殿下以為意望。權之赤心，不敢有他，原垂明恕，保權所執。謹遣浩周、東里衮，至情至實，皆周等所具。』又曰：『權本性空薄，文武不昭，昔承父兄成軍之緒，得為先王所見獎飾，遂因國恩，撫綏東土。而中間寡慮，庶事不明，畏威忘德，以取重戾。先王恩仁，不忍遐棄，既釋其宿罪，且開明信。雖致命虜廷，梟獲關羽，功效淺薄，未報萬一。事業未究，先王即世。殿下踐阼，威仁流邁，私懼情原未蒙昭察。梁寓來到，具知殿下不遂疏遠，必欲撫録，追本先緒。權之得此，欣然踴躍，心開目明，不勝其慶。權世受寵遇，分義深篤，今日之事，永執一心，惟察慺慺，重垂含覆。』又曰：『先王以權推誠已驗，軍當引還，故除合肥之守，著南北之信，令權長驅不復後顧。近得守將周泰、全琮等白事，過月六日，有馬步七百，徑到横江，又督將馬和復將四百人進到居巢，琮等聞有兵馬渡江，視之，為兵馬所擊，臨時交鋒，大相殺傷。卒得此問，情用恐懼。權實在遠，不豫聞知，約敕無素，敢謝其罪。又聞張征東、朱横海今復還合肥，先王盟要，由來未久，且權自度未獲罪釁，不審今者何以發起，牽軍遠次？事業未訖，甫當為國討除賊備，重聞斯問，深使失圖。凡遠人所恃，在於明信，原殿下克卒前分，開示坦然，使權誓命，得卒本規。凡所原言，周等所當傳也。』初東里衮為于禁軍司馬，前與周俱没，又俱還到，有詔皆見之。帝問周等，周以為權必臣服，而東里衮謂其不可必服。帝悅周言，以為有以知之。是歲冬，魏王受漢禪，遣使以權為吳王，詔使周與使者俱往。周既致詔命，時與權私宴，謂權曰：『陛下未信王遣子入侍也，周以闔門百口明之。』權因字謂周曰：『浩孔異，卿乃以舉家百口保我，我當何言邪？』遂流涕沾襟。及與周別，又指天為誓。周還之後，權不遣子而設辭，帝乃久留其使。到八月，權上書謝，又與周書曰：『自道路開通，不忘脩意。既新奉國命，加知起居，假歸河北，故使情問不獲果至。望想之勞，曷云其已。孤以空闇，分信不昭，中間招罪，以取棄絕，幸蒙國恩，復見赦宥，喜乎與君克卒本圖。傳不云乎，雖不能始，善終可也。』又曰：『昔君之來，欲令遣子入侍，于時傾心歡以承命，徒以登年幼，欲假年歲之間耳。而赤情未蒙昭信，遂見討責，常用慚怖。自頃國恩，復加開導，忘其前愆，取其後效，喜得因此尋竟本誓。前已有表具說遣子之意，想君假還，已知之也。』又曰：『今子當入侍，而未有妃耦，昔君念之，以為可上連綴宗室若夏侯氏，雖中間自棄，常奉戢在心。當垂宿念，為之先後，使獲攀龍附驥，永自固定。其為分惠，豈有量哉！如是欲遣孫長緒與小兒俱入，奉行禮聘，成之在君。』又曰：『小兒年弱，加教訓不足，念當與別，為之緬然，父子恩情，豈有已邪！又欲遣張子布追輔護之。孤性無餘，凡所欲為，今盡宣露。惟恐赤心不先暢達，是以具為君說之，宜明所以。』於是詔曰：『權前對浩周，自陳不敢自遠，樂委質長為外臣，又前後辭旨，頭尾擊地，此鼠子自知不能保爾許地也。又今與周書，請以十二月遣子，復欲遣孫長緒、張子布隨子俱來，彼二人皆權股肱心腹也。又欲為子於京師求婦，此權無異心之明效也。』帝既信權甘言，且謂周為得其真，而權但華偽，竟無遣子意。自是之後，帝既彰權罪，周亦見疏遠，終身不用。權遂改年，臨江拒守。【略】十二月，權使太中大夫鄭泉聘劉備于白帝，始復通也。然猶與魏文帝相往來，至後年乃絕。【略】

（黃武二年四月）劉備薨于白帝。《吳書》曰：權遣立信都尉馮熙聘於蜀，弔備喪也。熙字子柔，潁川人，馮異之後也。權之為車騎，熙歷東曹掾，使蜀還，為中大夫。後使于魏，文帝問曰：『吳王若欲脩宿好，宜當厲兵江關，縣旍巴蜀，而聞復遣脩好，必有變故。』熙曰：『臣聞西使直報問，且以觀釁，非有謀也。』又曰：『聞吳國比年災旱，人物彫損，以大夫之明，觀之何如？』熙對曰：『吳王體量聰明，善於任使，賦政施役，每事必咨，教養賓旅，親賢愛士，賞不擇怨仇，而罰必加有罪，臣下皆感恩懷德，惟忠與義。帶甲百萬，穀帛如山，稻田沃野，民無饑歲，所謂金城湯池，强富之國也。以臣觀之，輕重之分，未可量也。』帝不悅，以陳羣與熙同郡，使羣誘之，啗以重利。熙不為回。送至摩陂，欲困苦之。後又召還，未至，熙懼見迫不從，必危身辱命，乃引刀自刺。御者覺之，不得死。權聞之，垂涕曰：『此與蘇武何異？』竟死於魏。【略】

（四年）六月，以太常顧雍為丞相。《吳書》曰：以尚書令陳化為太常。化字元耀，汝南人，博覽衆書，氣幹剛毅，長七尺九寸，雅有威容。為郎中令使魏，魏文帝因酒酣，嘲問曰：『吳、魏峙立，誰將平一海內者乎？』化對曰：『《易》稱帝出乎震，加聞先哲知命，舊說紫蓋黃旗，運在東南。』帝曰：『昔文王以西伯王天下，豈復在東乎？』化曰：『周之初基，太伯在東，是以文王能興於西。』帝笑，無以難，心奇其辭。使畢當還，禮送甚厚。權以化奉命光國，拜犍為太守，置官屬。【略】

（嘉禾四年）秋七月，有雹。魏使以馬求易珠璣、翡翠、玳瑁，權曰：『此皆孤所不用，而可得馬，何苦而不聽其交易？』

又 卷四八《吳志·孫皓傳》

（元興元年）晉文帝為魏相國，遣昔吳壽春城降將徐紹、孫彧銜命齎書，陳事勢利害，以申喻皓。《漢晉春秋》載晉文王與皓書曰：『聖人稱有君臣然後有上下禮義，是故大必字小，小必事大，然後上下安服，羣生獲所。逮至末塗，純德既毀，剿民之命，以爭强於天下，違禮順之至理，則仁者弗由也。方今主上聖明，覆幬無外，僕備位宰輔，屬當國重。唯華夏乖殊，方隅圮裂，六十餘載，金革亟動，無年不戰，暴骸喪元，困悴罔定，每用悼心，坐以待旦。將欲止戈興仁，為百姓請命，故分命偏師，平定蜀漢，役未經年，全軍獨克。于時猛將謀夫，朝臣庶士，咸以奉天時之宜，就既征之軍，藉吞敵之勢，宜遂回旗東指，以臨吳境。舟師泛江，順流而下，陸軍南轅，取徑四郡，兼成都之械，漕巴漢之粟，然後以中軍整旅，三方雲會，未及浹辰，可使江表底平，南夏順軌。然國朝深惟伐蜀之舉，雖有靜難之功，亦悼蜀民獨罹其害，戰於綿竹者，自元帥以下並受斬戮，伏尸蔽地，血流丹野。一之於前，猶追恨不忍，況重之於後乎？是故旋師按甲，思與南邦共全百姓之命。夫料力忖勢，度資量險，遠考古昔廢興之理，近鑑西蜀安危之效，隆德保祚，去危即順，屈己以寧四海者，仁哲之高致也；履危偷安，隕德覆祚，而不稱於後世者，非智者之所居也。今朝廷遣徐紹、孫彧獻書喻懷，若書御於前，必少留意，回慮革算，結歡弭兵，共為一家，惠矜吳會，施及中土，豈不泰哉！此昭心之大原也，敢不承受。若不獲命，則普天率土，期於大同，雖重干戈，固不獲已也。』

【略】

甘露元年三月，皓遣使隨紹、彧報書曰：『知以高世之才，處宰輔之任，漸導之功，勤亦至矣。孤以不德，階承統緒，思與賢良共濟世道，而以壅隔未有所緣，嘉意允著，深用依依。今遣光祿大夫紀陟、五官中郎將弘璆宣明至懷。』《江表傳》曰：皓書兩頭言白，稱名言而不著姓。【略】干寶《晉紀》曰：陟、璆奉使如魏，入境而問諱，入國而問俗。壽春將王布示之馬射，既而問之曰：『吳之君子亦能斯乎？』陟曰：『此軍人騎士肄業所及，士大夫君子未有為之者矣。』布大慚。既至，魏帝見之，使儐問曰：『來時吳王何如？』陟對曰：『來時皇帝臨軒，百寮陪位，御膳無恙。』晉文王饗之，百寮畢會，使儐者告曰：『某者安樂公也，某者匈奴單于也。』陟曰：『西主失土，為君王所禮，位同三代，莫不感義，匈奴邊塞難羈之國，君王懷之，親在坐席，此誠威恩遠著。』又問：『吳之戍備幾何？』對曰：『自西陵以至江都，五千七百里。』又問曰：『道里甚遠，難為堅固？』對曰：『疆界雖遠，而其險要必爭之地，不過數四，猶人雖有八尺之軀靡不受患，其護風寒亦數處耳。』文王善之，厚為之禮。臣松之以為人有八尺之體靡不受患，防護風寒豈唯數處？取譬若此，未足稱能。若曰譬如金城萬雉，所急防者四門而已。方陟此對，不猶愈乎！【略】紹行到濡須，召還殺之，徙其家屬建安，始有白紹稱美中國者故也。【略】陟、璆至洛，遇晉文帝崩，十一月，乃遣還。【略】

寶鼎元年正月，遣大鴻臚張儼、五官中郎將丁忠弔祭晉文帝。及還，儼道病死。

又　卷六一《吳志・陸凱傳》　孫皓與晉平，使者丁忠自北還，說皓弋陽可襲，凱諫止，語在《皓傳》。

《晉書》卷二《文帝紀》　（咸熙元年）冬十月丁亥，奏遣吳人相國參軍徐劭、散騎常侍水曹屬孫彧使吳，喻孫皓以平蜀之事，致馬錦等物，以示威懷。【略】（咸熙二年）夏四月，孫皓使紀陟來聘，且獻方物。

又　卷三七《安平獻王孚傳》　時孫權稱藩，請送任子，當遣前將軍于禁還，久而不至。天子以問孚，孚曰：『先王設九服之制，誠以要荒難以德懷，不以諸夏禮責也。陛下承緒，遠人率貢。權雖未送任子，于禁不至，猶宜以寬待之，畜養士馬，以觀其變。不可以嫌疑責讓，恐傷懷遠之義。自孫策至權，奕世相繼，惟強與弱，不在一禁，禁之未至，當有他故耳。』後禁至，果以疾遲留，而任子竟不至。大軍臨江，責其違言，吳遂絕不貢獻。

又　卷三九《荀勖傳》　時將發使聘吳，並遣當時文士作書與孫皓，帝用勖所作。皓既報命和親，帝謂勖曰：『君前作書，使吳思順，勝十萬之衆也。』

又　卷五六《孫楚傳》　（晉）文帝遣符劭、孫郁使吳，將軍石苞令楚作書遺孫皓曰：

蓋見機而作，《周易》所貴；小不事大，《春秋》所誅。此乃吉凶之萌兆，榮辱所由生也。是故許、鄭以銜璧全國，曹譚以無禮取滅。載藉既記其成敗，古今又著其愚智，不復廣引譬類，崇飾浮辭。苟以誇大為名，更喪忠告之實。今粗論事要，以相覺悟。

昔炎精幽昧，歷數將終，桓、靈失德，灾釁並興，豺狼抗爪牙之毒，生靈罹塗炭之難。由是九州絕貫，王綱解紐，四海蕭條，非復漢有。太祖承運，神武應期，征討暴亂，克寧區夏；協建靈符，天命既集，遂廓弘基，奄有魏域。土則神州中嶽，器則九鼎猶存，世載淑美，重光相襲，故知四隩之攸同，帝者之壯觀也。昔公孫氏承藉父兄，世居東裔，擁帶燕胡，憑陵險遠，講武遊盤，不供職貢，內傲帝命，外通南國，乘桴滄海，交酬貨賄，葛越布於朔土，貂馬延于吳會；自以控弦十萬，奔走之力，信能右折燕、齊，左震扶桑，輮轢沙漠，南面稱王。宣王薄伐，猛銳長驅，師次遼陽，而城池不守；枹鼓暫鳴，而元凶折首。於是遠近疆埸，列郡大荒，收離聚散，大安其居，衆庶悅服，殊俗款附。自茲以降，九野清泰，東夷獻其樂器，肅慎貢其楛矢，曠世不羈，應化而至，巍巍蕩蕩，想所具聞也。

吳之先祖，起自荆、楚，遭時擾攘，潛播江表。劉備震懼，亦逃巴、岷。遂因山陵積石之固，三江五湖浩汗無涯，假氣遊魂，迄茲四紀。兩邦合從，東西唱和，互相扇動，距捍中國。自謂三分鼎足之勢，可與泰山共相終始也。相國晉王輔相帝室，文武桓桓，志厲秋霜，廟勝之算，應變無窮，獨見之鑑，與衆絕慮。主上欽明，委以萬機，長轡遠御，妙略潛授，偏師同心，上下用力，陵威奮伐，深入其阻，並敵一向，奪其膽氣。小戰江由，則成都自潰；曜兵劍閣，則姜維面縛。開地六千，領郡三十。兵不逾時，梁、益肅清，使竊號之雄，稽顙絳闕，球琳重錦，充於府庫。夫韓並魏徙，虢滅虞亡，此皆前鑑，後事之表。又南中呂興，深睹天命蟬蛻內附，願為臣妾。外失輔車脣齒之援，內有羽毛零落之漸，而徘徊危國，冀延日月，此由魏武侯卻指山河，自以為强，殊不知物有興亡，則所美非其地也。

方今百僚濟濟，俊乂盈朝，武臣猛將，折衝萬里，國富兵强，六軍精練，思復翰飛，飲馬南海。自頃國家整修器械，興造舟楫，簡習水戰，樓船萬艘，千里相望，刳木已來，舟車之用未有如今之殷盛者也。驍勇百萬，畜力待時。役不再舉，今日之師也。然主相眷眷未便電發者，猶以為愛人治國，道家所尚，崇城遂卑，文王退舍，故先開大信，喻以存亡，殷勤之指，往使所究也。若能審勢安危，自求多福，蹶然改容，祗承往錫，追慕南越，嬰齊入侍，北面稱臣，伏聽告策，則世祚江表，永為魏藩，豐功顯報，隆於今日矣。若猶侮慢，未順王命，然後謀力雲合，指麾從風，雍、梁二州，順流而東，青、徐戰士，列江而西，荆、揚、兗、豫，爭驅八衡，征東甲卒，武步秣陵，爾乃王輿整駕，六戎徐征，羽校燭日，旌旗星流，龍游曜路，歌吹盈耳，士卒奔邁，其會如林，煙塵俱起，震天駭地，渴賞之士，鋒鏑爭先，忽然一旦，身首橫分，宗祀淪覆，取戒萬世，引領南望，良助寒心！夫療膏肓之疾者，必進苦口之藥；決狐疑之慮者，亦告逆耳之言。如其猶豫，迷而不反，恐俞附見其已死，扁鵲知其無功矣。勉思良圖，惟所去就。

劭等至吳，不敢為通。

雜錄

《三國志》卷一三《魏志・王朗傳》裴松之注　《魏略》曰：【略】

太祖以孫權稱臣遣貢諮朗，朗答曰：『孫權前箋，自詭躬討虜以補前愆，後疏稱臣，以明無二。牙獸屈膝，言鳥告歡，明珠、南金，遠珍必至。情見乎辭，效著乎功。三江五湖，為治於魏，西吳東越，化為國民。鄢、郢既拔，荆門自開。席捲巴、蜀，形勢已成。重休累慶，雜遝相隨。承旨之日，撫掌擊節。情之畜者，辭不能宣。』

宋・李昉等《太平御覽》卷四三八《人事部七十九・烈士》　韋昭《吳書》曰：穎熙使魏，辭意不屈，魏留之。熙懼，見迫，乃引刀自刺，中乳房，上聞嘉之，賜鹽米，復其國。

又　卷八一六《布帛部三・罽》　干寶《晉紀》曰：孫皓遣使，詔書賜班罽五十張，絳罽二十張，紫、青罽各十五張。

又　卷八三二《資產部十二・獵下》　《吳地記》曰：長洲在姑蘇南，太湖北岸，闔閭所遊獵處也。吳主遣徐詳至魏，魏太祖謂詳曰：『孤比老，願濟橫江之津，與孫將軍游姑蘇之上，獵長洲之苑，吾志足矣。』詳對曰：『若越橫江而游姑蘇，是踵亡秦而躡夫差，恐天下之事去矣！』太祖大笑曰：『徐生無乃逆詐乎？』

蜀吳通使

綜述

《三國志》卷三二《蜀志・先主傳》　（章武元年）初，先主忿孫權之襲關羽，將東征。秋七月，遂帥諸軍伐吳。孫權遣書請和，先主盛怒不許。【略】

（二年冬十月）孫權聞先主住白帝，甚懼，遣使請和。先主許之，遣太中大夫宗瑋報命。

又　卷三五《蜀志・諸葛亮傳》　延熙［二］十四年，（樊建）以校尉使吳，值孫權病篤，不自見建。權問諸葛恪曰：『樊建何如宗預也？』恪對曰：『才識不及預，而雅性過之。』

又　卷三八《蜀志・伊籍傳》　遣東使於吳，孫權聞其才辯，欲逆折以辭。籍適入拜，權曰：『勞事無道之君乎？』籍既對曰：『一拜一起，未足為勞。』籍之機捷，類皆如此，權甚異之。

又　《秦宓傳》　吳遣使張溫來聘，百官皆往餞焉。衆人皆集而宓未往，亮累遣使促之，溫曰：『彼何人也？』亮曰：『益州學士也。』及至，溫問曰：『君學乎？』宓曰：『五尺童子皆學，何必小人！』溫復問曰：『天有頭乎？』宓曰：『有之。』溫曰：『在何方也？』宓曰：

『在西方。《詩》曰：「乃眷西顧。」以此推之，頭在西方。』温曰：『天有耳乎？』宓曰：『天處高而聽卑，《詩》云：「鶴鳴於九皋，聲聞於天。」若其無耳，何以聽之？』温曰：『天有足乎？』宓曰：『有。《詩》云：「天步艱難，之子不猶。」若其無足，何以步之？』温曰：『天有姓乎？』宓曰：『有。』温曰：『何姓？』宓曰：『姓劉。』温曰：『何以知之？』答曰：『天子姓劉，故以此知之。』温曰：『日生於東乎？』宓曰：『雖生於東而没於西。』答問如響，應聲而出，於是温大敬服。宓之文辯，皆此類也。

又　卷三九《蜀志・馬良傳》　後遣使吳，良謂亮曰：『今銜國命，協穆二家，幸為良介於孫將軍。』亮曰：『君試自為文。』良即為草曰：『寡君遣掾馬良通聘繼好，以紹昆吾、豕韋之勳。其人起士，荆楚之令，鮮於造次之華，而有克終之美，原降心存納，以慰將命。』權敬待之。

又　《陳震傳》　建興三年，入拜尚書，遷尚書令，奉命使吳。七年，孫權稱尊號，以震為衛尉，賀權踐阼，諸葛亮與兄瑾書曰：『孝起忠純之性，老而益篤，及其贊述東西，歡樂和合，有可貴者。』震入吳界，移關候曰：『東之與西，驛使往來，冠蓋相望，申盟初好，日新其事。東尊應保聖祚，告燎受符，剖判土宇，天下回應，各有所歸。於此時也，以同心討賊，則何寇不滅哉！西朝君臣，引領欣賴。震以不才，得充下使，奉聘敍好，踐界踴躍，入則如歸。獻子適魯，犯其山諱，《春秋》譏之。望必啓告，使行人睦焉。即日張旍誥衆，各自約誓。順流漂疾，國典異制，懼或有違，幸必斟誨，示其所宜。』震到武昌，孫權與震升壇歃盟，交分天下：以徐、豫、幽、青屬吳，并、涼、冀、兖屬蜀，其司州之土，以函谷關為界。震還，封城陽亭侯。九年，都護李平坐誣罔廢；諸葛亮與長史蔣琬、侍中董允書曰：『孝起前臨至吳，為吾説正方腹中有鱗甲，鄉黨以為不可近。吾以為鱗甲者但不當犯之耳，不圖復有蘇、張之事出於不意。可使孝起知之。』

又　卷四四《蜀志・費禕傳》　亮以初從南歸，以禕為昭信校尉使吳。孫權性既滑稽，嘲啁無方，諸葛恪、羊衜等才博果辯，論難鋒至，禕辭順義篤，據理以答，終不能屈。《禕别傳》曰：孫權每别酌好酒以飲禕，視其已醉，然後問以國事，并論當世之務，辭難累至。禕輒辭以醉，退而撰次所問，事事條答，無所遺失。權甚器之，謂禕曰：『君天下淑德，必當股肱蜀朝，恐不能數來也。』《禕别傳》曰：權乃以手中常所執寶刀贈之，禕答曰：『臣以不才，何以堪明命？然刀所以討不庭、禁暴亂者也，但原大王勉建功業，同獎漢室，臣雖闇弱，終不負東顧。』還，遷為侍中。亮北住漢中，請禕為參軍。以奉使稱旨，頻煩至吳。

又　卷四五《蜀志・鄧芝傳》　先主薨於永安。先是，吳王孫權請和，先主累遣宋瑋、費禕等與相報答。丞相諸葛亮深慮權聞先主殂隕，恐有異計，未知所如。芝見亮曰：『今主上幼弱，初在位，宜遣大使重申吳好。』亮答之曰：『吾思之久矣，未得其人耳，今日始得之。』芝問其人為誰？亮曰：『即使君也。』乃遣芝脩好於權。權果狐疑，不時見芝，芝乃自表請見權曰：『臣今來亦欲為吳，非但為蜀也。』權乃見之，語芝曰：『孤誠原與蜀和親，然恐蜀主幼弱，國小勢偪，為魏所乘，不自保全，以此猶豫耳。』芝對曰：『吳、蜀二國四州之地，大王命世之英，諸葛亮亦一時之傑也。蜀有重險之固，吳有三江之阻，合此二長，共為脣齒，進可并兼天下，退可鼎足而立，此理之自然也。大王今若委質於魏，魏必上望大王之入朝，下求太子之内侍，若不從命，則奉辭伐叛，蜀必順流見可而進，如此，江南之地非復大王之有也。』權默然良久曰：『君言是也。』遂自絶魏，與蜀連和，遣張温報聘於蜀。蜀復令芝重往，權謂芝曰：『若天下太平，二主分治，不亦樂乎！』芝對曰：『夫天無二日，土無二王，如并魏之後，大王未深識天命者也，君各茂其德，臣各盡其忠，將提枹鼓，則戰爭方始耳。』權大笑曰：『君之誠款，乃當爾邪！』權與亮書曰：『丁厷掞張，陰化不盡；和合二國，唯有鄧芝。』【略】權數與芝相聞，餽遺優渥。

又　《宗預傳》　及亮卒，吳慮魏或承衰取蜀，增巴丘守兵萬人，一欲以為救援，二欲以事分割也。蜀聞之，亦益永安之守，以防非常。（宗）預將命使吳，孫權問預曰：『東之與西，譬猶一家，而聞西更增白帝之守，何也？』預對曰：『臣以為東益巴丘之戍，西增白帝之守，皆事勢宜然，俱不足以相問也。』權大笑，嘉其抗直，甚愛待之，見敬亞於鄧芝、費禕。【略】預復東聘吳，孫權捉預手，涕泣而别曰：『君每銜命結二國之好。今君年長，孤亦衰老，恐不復相見！』遺預大珠一斛，《吳曆》曰：預臨別，謂孫權曰：

『蜀土僻小，雖云鄰國，東西相賴，吴不可無蜀，蜀不可無吴，君臣憑恃，唯陛下重垂神慮。』又自説『年老多病，恐不復得奉聖顔』。孫盛曰：夫帝王之保，唯道與義，道義既建，雖小可大，殷、周是也。苟任詐力，雖强必敗，秦、項是也。况乎居偏鄙之城，恃山水之固，而欲連横萬里，永相資賴哉？昔九國建合從之計，而秦人卒併六合；囂、述營輔車之謀，而光武終兼隴、蜀。夫以九國之强，隴、漢之大，莫能相救，坐觀屠覆。何者？道德之基不固，而强弱之心難一故也。而云『吴不可無蜀，蜀不可無吴』，豈不諂哉！乃還。

又　卷四七《吴志·吴主傳》（黄武元年）十二月，權使太中大夫鄭泉聘劉備于白帝，始復通也。《江表傳》曰：權云：『近得玄德書，已深引咎，求復舊好。前所以名西為蜀者，以漢帝尚存故耳，今漢已廢，自可名為漢中王也。』《吴書》曰：【略】使蜀，劉備問曰：『吴王何以不答吾書，得無以吾正名不宜乎？』泉曰：『曹操父子陵轢漢室，終奪其位。殿下既為宗室，有維城之責，不荷戈執殳為海内率先，而於是自名，未合天下之議，是以寡君未復書耳。』備甚慚恧。泉臨卒，謂同類曰：『必葬我陶家之側，庶百歲之後化而成土，幸見取為酒壺，實獲我心矣。』【略】

（二年四月）劉備薨于白帝。《吴書》曰：權遣立信都尉馮熙聘於蜀，弔備喪也。熙字子柔，潁川人，馮異之後也。權之為車騎，熙歷東曹掾，使蜀還，為中大夫。【略】冬十一月，蜀使中郎將鄧芝來聘。《吴曆》曰：蜀致馬二百匹，錦千端，及方物。自是之後，聘使往來以為常。吴亦致方土所出，以答其厚意焉。

三年夏，遣輔義中郎將張温聘於蜀。【略】《吴録》曰：是歲蜀主又遣鄧芝來聘，重結盟好。權謂芝曰：『山民作亂，江邊守兵多徹，慮曹丕乘空弄態，而反求和。議者以為内有不暇，幸來求和，於我有利，宜當與通，以自辨定。恐西州不能明孤赤心，用致嫌疑。孤土地邊外，間隙萬端，而長江巨海，皆當防守。丕觀釁而動，惟不見便，寧得忘此，復有他圖。』

（黄龍元年四月）丙申，南郊即皇帝位，【略】六月，蜀遣衛尉陳震慶權踐位。權乃參分天下，豫、青、徐、幽屬吴，兖、冀、并、凉屬蜀。其司州之土，以函谷關為界，造為盟曰：『天降喪亂，皇綱失敍，逆臣乘釁，劫奪國柄，始於董卓，終於曹操，窮凶極惡，以覆四海，至令九州幅裂，普天無統，民神痛怨，靡所戾止。及操子丕，桀逆遺醜，薦作姦回，偷取天位，而叡麼麼，尋丕凶迹，阻兵盗土，未伏厥誅。昔共工亂象而高辛行師，三苗幹度而虞舜征焉。今日滅叡，禽其徒黨，非漢與吴，將復誰任？夫討惡翦暴，必聲其罪，宜先分制，奪其土地，使士民之心，各知所歸。是以《春秋》晉侯伐衛，先分其田以畀宋人，斯其義也。且古建大事，必先盟誓，故周禮有司盟之官，尚書有告誓之文，漢之與吴，雖信由中，然分土裂境，宜有盟約。諸葛丞相德威遠著，翼戴本國，典戎在外，信感陰陽，誠動天地，重復結盟，廣誠約誓，使東西士民咸共聞知。故立壇殺牲，昭告神明，再歃加書，副之天府。天高聽下，靈威棐諶，司慎司盟，羣神羣祀，莫不臨之。自今日漢、吴既盟之後，戮力一心，同討魏賊，救危恤患，分灾共慶，好惡齊之，無或攜貳。若有害漢，則吴伐之；若有害吴，則漢伐之。各守分土，無相侵犯。傳之後葉，克終若始。凡百之約，皆如載書。信言不豔，實居於好。有渝此盟，創禍先亂，違貳不協，慆慢天命，明神上帝是討是督，山川百神是糾是殛，俾墜其師，無克祚國。於爾大神，其明鑒之！』【略】

（赤烏七年）是歲，步騭、朱然等各上疏云：『自蜀還者，咸言欲背盟與魏交通，多作舟船，繕治城郭。又蔣琬守漢中，聞司馬懿南向，不出兵乘虚以掎角之，反委漢中，還近成都。事已彰灼，無所復疑，宜為之備。』權揆其不然，曰：『吾待蜀不薄，聘享盟誓，無所負之，何以致此？又司馬懿前來入舒，旬日便退，蜀在萬里，何知緩急而便出兵乎？昔魏欲入漢川，此間始嚴，亦未舉動，會聞魏還而止，蜀寧可復以此有疑邪？又人家治國，舟船城郭，何得不護？今此間治軍，寧復欲以禦蜀邪？人言苦不可信，朕為諸君破家保之。』蜀竟自無謀，如權所籌。

又　卷四八《吴志·孫亮傳》（太平元年）十二月，使五官中郎將刁玄告亂於蜀。

又　卷五二《吴志·張昭傳》後蜀使來，稱蜀德美，而羣臣莫拒，權歎曰：『使張公在坐，彼不折則廢，安復自誇乎？』

又　《諸葛瑾傳》建安二十年，權遣瑾使蜀通好劉備，與其弟亮俱公會相見，退無私面。

又　卷五三《吴志·嚴畯傳》權為吴王，及稱尊號，畯嘗為衛尉，使至蜀，蜀相諸葛亮深善之。

又　《薛綜傳》西使張奉於權前列尚書闞澤姓名以嘲澤，澤不能答。綜下行酒，因勸酒曰：『蜀者何也？有犬為獨，無犬為蜀，橫目苟身，蟲入其腹。』臣松之見諸書本『苟身』或作『句身』，以為既云『橫目』，則宜曰：『句身』。奉曰：『不當復列君吳邪？』綜應聲曰：『無口為天，有口為吳，君臨萬邦，天子之都。』於是衆坐喜笑，而奉無以對。其樞機敏捷，皆此類也。《江表傳》曰：費禕聘于吳，陛見，公卿待臣皆在坐。酒酣，禕與諸葛恪相對嘲難，言及吳、蜀。禕問曰：『「蜀」字云何？』恪曰：『有水者濁，無水者蜀。橫目苟身，蟲入其腹。』禕復問：『「吳」字云何？』恪曰：『無口者天，有口者吳，下臨滄海，天子帝都。』與本《傳》不同。

又 卷五七《吳志・張温傳》 時年三十二，以輔義中郎將使蜀。權謂温曰：『卿不宜遠出，恐諸葛孔明不知吾所以與曹氏通意，（以）故屈卿行。若山越都除，便欲大構於（蜀）。行人之義，受命不受辭也。』温對曰：『臣入無腹心之規，出無專對之用，懼無張老延譽之功，又無子產陳事之效。然諸葛亮達見計數，必知神慮屈申之宜，加受朝廷天覆之惠，推亮之心，必無疑貳。』温至蜀，詣闕拜章曰：『昔高宗以諒闇昌殷祚於再興，成王以幼沖隆周德於太平，功冒溥天，聲貫罔極。今陛下以聰明之姿，等契往古，總百揆於良佐，參列精之炳燿，遐邇望風，莫不欣賴。吳國勤任旅力，清澄江滸，原與有道平一宇內，委心協規，有如河水，軍事（興）煩，使役乏少，是以忍鄙倍之羞，使下臣温通致情好。陛下敦崇禮義，未便耻忽。臣自（入）遠境，及即近郊，頻蒙勞來，恩詔輒加，以榮自懼，悚怛若驚。謹奉所齎函書一封。』蜀甚貴其才。還，頃之，使入豫章部伍出兵，事業未究。

權既陰銜温稱美蜀政，又嫌其聲名大盛，衆庶炫惑，恐終不為己用，思有以中傷之。

又 卷六二《吳志・是儀傳》 蜀相諸葛亮卒，權垂心西州，遣儀使蜀申固盟好。奉使稱意，後拜尚書僕射。

又 卷六四《吳志・諸葛恪傳》 後蜀使至，羣臣並會，權謂使曰：『此諸葛恪雅好騎乘，還告丞相，為致好馬。』恪因下謝，權曰：『馬未至而謝何也？』恪對曰：『夫蜀者陛下之外廄，今有恩詔，馬必至也，安敢不謝？』恪之才捷，皆此類也。《恪別傳》曰：權嘗饗蜀使費禕，先逆敕羣臣：『使至，伏食勿起。』禕至，權為輟食，而羣下不起。禕嘲之曰：『鳳皇來翔，騏驎吐哺，驢騾無知，伏食如故。』恪答曰：『爰植梧桐，以待鳳皇，有何燕雀，自稱來翔？何不彈射，使還故鄉！』禕停食餅，索筆作《麥賦》，恪亦請筆作《磨賦》，咸稱善焉。【略】

（諸葛恪）明年春，復欲出軍。《漢晉春秋》曰：恪使司馬李衡往蜀說姜維，令同舉，曰：『古人有言，聖人不能為時，時至亦不可失也。今敵政在私門，外內猜隔，兵挫於外，而民怨於內，自曹操以來，彼之亡形未有如今者也。若大舉伐之，使吳攻其東，漢入其西，彼救西則東虛，重東則西輕，以練實之軍，乘虛輕之敵，破之必矣。』維從之。

又 《孫峻傳》 是歲，蜀使來聘，將軍孫儀、（孫邵綝恂）〔張怡、林恂〕等欲因會殺峻。事泄，儀等自殺，死者數十人，幷及公主魯育。

又 《濮陽興傳》 （濮陽興）孫權時除上虞令，稍遷至尚書左曹，以五官中郎將使蜀，還為會稽太守。

又 卷六五《吳志・王蕃傳》 孫休即位，【略】遣使至蜀，蜀人稱焉，還為夏口監軍。

又 卷三九《蜀志・董允傳》裴松之注 《襄陽記》曰：董恢字休緒，襄陽人。入蜀，以宣信中郎副費禕使吳。孫權嘗大醉問禕曰：『楊儀、魏延，牧豎小人也。雖嘗有鳴吠之益於時務，然既已任之，勢不得輕，若一朝無諸葛亮，必為禍亂矣。諸君憒憒，曾不知防慮於此，豈所謂貽厥孫謀乎？』禕愕然四顧視，不能即答。恢目禕曰：『可速言儀、延之不協起於私忿耳，而無黥、韓難御之心也。今方掃除強賊，混一區夏，功以才成，業由才廣，若舍此不任，防其後患，是猶備有風波而逆廢舟楫，非長計也。』權大笑樂。諸葛亮聞之，以為知言。還未滿三日，辟為丞相府屬，遷巴郡太守。臣松之案：《漢晉春秋》亦載此語，不云董恢所教，辭亦小異，此二書俱出習氏而不同若此。本傳云『恢年少官微』，若已為丞相府屬，出作巴郡，則官不微矣。以此疑習氏之言為不審的也。

又 卷四一《蜀志・霍峻傳》裴松之注 《襄陽記》曰：羅憲【略】以宣信校尉再使於吳，吳人稱美焉。

又 卷四八《吳志・孫皓傳》裴松之注 《江表傳》曰：初丹楊刁玄使蜀，得司馬徽與劉廙論運命歷數事。

《晉書》卷五七《羅憲傳》 仕蜀為太子舍人、宣信校尉。再使於吳，吳人稱焉。

又　卷八八《孝友傳・李密》　李密，【略】少仕蜀，為郎。數使吳，有才辯，吳人稱之。

晉・常璩《華陽國志》卷七《劉後主志》　（建興二年）吳遣中郎將張温來聘，報鄧芝也。將返，命百官餞焉。【略】

（建興七年）夏四月，吳主孫權稱尊。遣衛尉陳震慶問，吳與蜀約分天下。【略】

（建興十三年）吳以亮之卒也，增巴丘守萬人，蜀亦益白帝軍。右中郎宗預使吳，吳主曰：『東之與西，共為一家，何以益白帝守？』預對曰：『東增巴丘之戍，蜀益白帝之兵，俱事勢宜然，不足以相問也。』

唐・歐陽詢等《藝文類聚》卷八五《布帛部・錦》　環氏《吳記》曰：　蜀遣使吳，齎重錦千端。

宋・李昉等《太平御覽》卷三四五《兵部七六・刀上》　《費禕別傳》曰：　孫權以手中常所執寶刀贈之。禕答曰：『臣不才，何以堪明命。然刀所以討不庭，禁玄亂也，但願大王勉建功業，同獎漢室。臣雖闇弱，不負來顧。』

又　卷四九七《人事部一三八・酣醉》　《費禕別傳》曰：　孫權每別置好酒以酌禕，視其已醉，然後問以國事，並論世務，辭難累至。禕輒辭以醉，退而撰次所問，事條答，無所遺矣。

又　卷七七八《奉使部二・奉使中》　《荊州先德傳》曰：　費禕，字文偉，江夏人也。吳與蜀和，遣使張温字惠恕來修好。温辨，好論議，鮮能抑之。諸葛亮以禕有俊才，宜遣報温使，以禕為奉信校尉。權時竊尊號，意猶豫未決。禕為陳存亡之畫、開國建家之策，權甚悦。時滑稽、知名皆在會，並使發異端之難，禕應機輒答，坐席稱之。由是愛敬焉。

又　卷八一五《布帛部二・錦》　環氏《吳紀》曰：　蜀遣使獻重錦千端。

張温表曰：　劉禪送臣温執錦五端。

宋・吳淑《事類賦》卷一〇《寶貨部・錦》自注　張温表曰：　劉禪送臣温熱錦五端。

宋・司馬光《資治通鑑》卷七一《魏紀三・烈祖明皇帝上之下》

（魏明帝太和二年）吳主使以並尊二帝之議往告於漢。漢人以為交之無益而名體弗順，宜顯明正義，絕其盟好。丞相亮曰：『權有僭逆之心久矣，國家所以略其釁情者，求掎角之援也。今若加顯絕，讎我必深，當更移兵東戍，與之角力，須并其土，乃議中原。彼賢才尚多，將相輯穆，未可一朝定也。頓餘相守，坐而須老，使北賊得計，非算之上者。昔孝文卑辭匈奴，先帝優與吳盟，皆應權通變，深思遠益，非若匹夫之忿者也。今議者咸以權利在鼎足，不能并力，且志望已滿，無上岸之情，謂孫權之志在保江，不能上岸而北向也。推此，皆似是而非也。何者？其智力不侔，故限江自保；權之不能越江，猶魏賊之不能渡漢，言魏不能渡漢而圖江陵也。此漢，班《志》所謂東漢水也。非力有餘，而利不取也。若大軍致討，彼高當分裂其地以為後規，下當略民廣境，示武於內，非端坐者也。言蜀若破魏，吳亦將分功。若就其不動而睦於我，我之北伐，無東顧憂，河南之衆不得盡西，此之為利，亦已深矣。言蜀與吳和，則雖傾國北伐，不須東顧以備吳，而魏河南之衆，欲留備吳，不得盡西以抗蜀兵也。權僭逆之罪，未宜明也。』乃遣衛尉陳震使于吳，賀稱尊號。吳主與漢人盟，約中分天下，以豫、青、徐、幽屬吳，兗、冀、并、涼屬漢，其司州之土，以函谷關為界。

西晉短期統一部

政歸司馬氏

綜述

《三國志》卷二《魏志・文帝紀》　（黃初）六年春二月，遣使者循行許昌以東盡沛郡，問民所疾苦，貧者振貸之。《魏略》載詔曰：【略】其以尚書令潁鄉侯陳羣為鎮軍大將軍，尚書僕射西鄉侯司馬懿為撫軍大將軍。若吾臨江授諸將方略，則撫軍當留許昌，督後諸軍，録後臺文書事；鎮軍隨車駕，當董督衆軍，録行尚書事；皆假節鼓吹，給中軍兵騎六百人。』【略】

（七年）夏五月丙辰，帝疾篤，召中軍大將軍曹真、鎮軍大將軍陳羣、征東大將軍曹休、撫軍大將軍司馬宣王，並受遺詔輔嗣主。遣後宮淑媛、昭儀已下歸其家。丁巳，帝崩於嘉福殿，時年四十。

又　卷三《魏志·明帝紀》

（黄初七年八月）吳將諸葛瑾、張霸等寇襄陽，撫軍大將軍司馬宣王討破之，斬霸。【略】十二月，以太尉鍾繇為太傅，征東大將軍曹休為大司馬，中軍大將軍曹真為大將軍，司徒華歆為太尉，司空王朗為司徒，鎮軍大將軍陳羣為司空，撫軍大將軍司馬宣王為驃騎大將軍。【略】

（太和元年十二月）新城太守孟達反，詔驃騎將軍司馬宣王討之。《三輔決録》曰：伯郎，涼州人，名不令休。其註曰：伯郎姓孟，名他，扶風人。靈帝時，中常侍張讓專朝政，讓監奴典護家事。他仕不遂，乃盡以家財賂監奴，與共結親，積年家業為之破盡。衆奴皆慚，問他所欲，他曰：『欲得卿曹拜耳。』奴被恩久，皆許諾。時賓客求見讓者，門下車常數百乘，或累日不得通。他最後到，衆奴伺其至，皆迎車而拜，徑將他車獨入。衆人悉驚，謂他與讓善，爭以珍物遺他。他得之，盡以賂讓，讓大喜。他又以蒲桃酒一斛遺讓，即拜涼州刺史。他生達，少入蜀。其處蜀事蹟在《劉封傳》。《魏略》曰：達以延康元年率部曲四千餘家歸魏。文帝時初即王位，既宿知有達，聞其來，甚悦，令貴臣有識察者往觀之，還曰『將帥之才也』，或曰『卿相之器也』，王益欽達。逆與達書曰：『近日有命，未足達旨，何者？昔伊摯背商而歸周，百里去虞而入秦，樂毅感鴟夷以蟬蜕，王遵識逆順以去就，皆審興廢之符效，知成敗之必然，故丹青畫其形容，良史載其功勳。聞卿姿度純茂，器量優絶，當騁能明時，收名傳記。今者翻然濯鱗清流，甚相嘉樂，虚心西望，依依若舊，下筆屬辭，歡心從之。昔虞卿入趙，再見取相，陳平就漢，一覲參乘，孤今於卿，情過於往，故致所御馬物以昭忠愛。』又曰：『今者海内清定，萬里一統，三垂無邊塵之警，中夏無狗吠之虞，以是弛罔闊禁，與世無疑，保官空虚，初無（資）任。卿來相就，當明孤意，慎勿令家人繽紛道路，以親駭疏也。若卿欲來相見，且當先安部曲，有所保固，然後徐徐輕騎來東。』達既至譙，進見閒雅，才辯過人，衆莫不屬目。又王近出，乘小輦，執達手，撫其背戲之曰：『卿得無為劉備刺客邪？』遂與同載。又加拜散騎常侍，領新城太守，委以西南之任。時衆臣或以為待之太猥，又不宜委以方任。王聞之曰：『吾保其無他，亦譬以蒿箭射蒿中耳。』達既為文帝所寵，又與桓階、夏侯尚親善，及文帝崩，時桓、尚皆卒，達自以羈旅久在疆埸，心不自安。諸葛亮聞之，陰欲誘達，數書招之，達與相報答。魏興太守申儀與達有隙，密表達與蜀潛通，帝未之信也。司馬宣王遣參軍梁幾察之，又勸其入朝。達驚懼，遂反。干寶《晉紀》曰：達初入新城，登白馬塞，歎曰：『劉封、申耽，據金城千里而失之乎！』

二年春正月，宣王攻破新城，斬達，傳其首。《魏略》曰：宣王誘達將李輔及達甥鄧賢，賢等開門納軍。達被圍旬有六日而敗，焚其首于洛陽四達之衢。分新城之上庸、武陵、巫縣為上庸郡，錫縣為錫郡。【略】

（太和四年二月）癸巳，以大將軍曹真為大司馬，驃騎將軍司馬宣王為大將軍，遼東太守公孫淵為車騎將軍。【略】

（秋七月）詔大司馬曹真、大將軍司馬宣王伐蜀。【略】九月，大雨，伊、洛、河、漢水溢，詔真等班師。【略】

（五年）三月，大司馬曹真薨。諸葛亮寇天水，詔大將軍司馬宣王拒之。【略】秋七月丙子，以亮退走，封爵增位各有差。《魏書》曰：初，亮出，議者以為亮軍無輜重，糧必不繼，不擊自破，無為勞兵；或欲自芟上邽左右生麥以奪賊食，帝皆不從。前後遣兵增宣王軍，又敕使護麥。宣王與亮相持，賴得此麥以為軍糧。

（青龍二年四月）是月，諸葛亮出斜谷，屯渭南，司馬宣王率諸軍拒之。詔宣王：『但堅壁拒守以挫其鋒，彼進不得志，退無與戰，久停則糧盡，虜略無所獲，則必走矣。走而追之，以逸待勞，全勝之道也。』《魏氏春秋》曰：亮既屢遣使交書，又致巾幗婦人之飾，以怒宣王。宣王將出戰，辛毗杖節奉詔，勒宣王及軍吏已下，乃止。宣王見亮使，唯問其寢食及其事之煩簡，不問戎事。使對曰：『諸葛公夙興夜寐，罰二十已上，皆親覽焉；所啖食不過數升。』宣王曰：『亮體斃矣，其能久乎？』【略】

司馬宣王與亮相持，連圍積日，亮數挑戰，宣王堅壘不應。會亮卒，其軍退還。【略】

（青龍）三年春正月戊子，以大將軍司馬宣王為太尉。【略】

（景初）二年春正月，詔太尉司馬宣王帥衆討遼東。干寶《晉紀》曰：帝問宣王：『度公孫淵將何計以待君？』宣王對曰：『淵棄城預走，上計也；據遼水拒大軍，其次也；坐守襄平，此為成禽耳。』帝曰：『然則三者何出？』對曰：『唯明智審量彼我，乃預有所割棄，此既非淵所及，又謂今往縣遠，不能持久，必先拒遼水，後守也。』帝曰：『住還幾日？』對曰：『往百日，攻百日，還百日，以六十日為休息，如此，一年足矣。』《魏名臣奏》載散騎常侍何曾表曰：『臣聞先王制法，必於全慎，故建官授任，則置假輔，陳師命將，則立監貳，宣命遣使，則設介副，臨敵交刃，則參禦右，蓋以盡謀思之功，防安危之變也。是以在險當難，則權足相濟，隕缺不預，則才足相代，其為固防，至深至遠。及至漢氏，亦循舊章。韓信伐趙，張耳為貳；馬援討越，劉隆副軍。前世之迹，著在篇志。今懿奉辭誅罪，步騎數萬，道路回阻，四千餘里，雖假天威，有征無戰，寇或潛遁，消散日月，命無常期。人非金石，遠慮詳備，誠宜有副。今北邊諸將及懿所督，皆為僚屬，名位不殊，素無定分，卒有變急，不相鎮攝。存不忘亡，聖達所戒，宜選大臣名將威重宿著者，盛其禮秩，遣詣懿軍，進同謀略，退為副佐。雖有萬一不虞之災，軍主有儲，則無患矣。』《毋丘儉志記》云，時以儉為宣王副也。【略】

（八月）丙寅，司馬宣王圍公孫淵於襄平，大破之，傳淵首於京都，海東諸郡平。冬十一月，録討淵功，太尉宣王以下增邑封爵各有差。初，帝議遣宣王討淵，發卒四萬人。議臣皆以為四萬兵多，役費難供。帝曰：『四千里征伐，雖云用奇，亦當任力，不當稍計役費。』遂以四萬人行。及宣王至遼東，霖雨不得時攻，羣臣或以為淵未可卒破，宜詔宣王還。帝曰：『司馬懿臨危制變，擒淵可計日待也。』卒皆如所策。【略】

十二月乙丑，帝寢疾不豫。【略】以燕王宇為大將軍，甲申免，以武衛將軍曹爽代之。《漢晉春秋》曰：帝以燕王宇為大將軍，使與領軍將軍夏侯獻、武衛將軍曹爽、屯騎校尉曹肇、驍騎將軍秦朗等對輔政。中書監劉放、令孫資久專權寵，為朗等素所不善，懼有後害，陰圖間之，而宇常在帝側，故未得有言。甲申，帝氣微，宇下殿呼曹肇有所議，未還，而帝少間，惟曹爽獨在。放知之，呼資與謀。資曰：『不可動也。』放曰：『俱入鼎鑊，何不可之有？』乃突前見帝，垂泣曰：『陛下氣微，若有不諱，將以天下付誰？』帝曰：『卿不聞用燕王耶？』放曰：『陛下忘先帝詔敕，藩王不得輔政。且陛下方病，而曹肇、秦朗等便與才人侍疾者言戲。燕王擁兵南面，不聽臣等入，此即豎刁、趙高也。今皇太子幼弱，未能統政，外有强暴之寇，內有勞怨之民，陛下不遠慮存亡，而近係恩舊。委祖宗之業，付二三凡士，寢疾數日，外內壅隔，社稷危殆，而己不知，此臣等所以痛心也。』帝得放言，大怒曰：『誰可任者？』放、資乃舉爽代宇，又白『宜詔司馬宣王使相參』，帝從之。放、資出，曹肇入，泣涕固諫，帝使肇敕停。肇出户，放、資趨而往，復說止帝，帝又從其言。放曰：『宜為手詔。』帝曰：『我困篤，不能。』放即上床，執帝手强作之，遂齎出，大言曰：『有詔免燕王宇等官，不得停省中。』於是宇、肇、獻、朗相與泣而歸第。【略】

三年春正月丁亥，太尉宣王還至河內，帝驛馬召到，引入臥內，執其手謂曰：『吾疾甚，以後事屬君，君其與爽輔少子。吾得見君，無所恨！』宣王頓首流涕。《魏略》曰：帝既從劉放計，召司馬宣王，自力為詔，既封，顧呼宮中常所給使者曰：『辟邪來！汝持我此詔授太尉也。』辟邪馳去。先是，燕王為帝畫計，以為關中事重，宜便道遣宣王從河內西還，事以施行。宣王得前詔，斯須復得後手筆，疑京師有變，乃馳到，入見帝。勞問訖，乃召齊、秦二王以示宣王，別指齊王謂宣王曰：『此是也，君諦視之，勿誤也！』又教齊王令前抱宣王頸。《魏氏春秋》曰：時太子芳年八歲，秦王九歲，在於御側。帝執宣王手，目太子曰：『死乃復可忍，朕忍死待君，君其與爽輔此。』宣王曰：『陛下不見先帝屬臣以陛下乎？』即日，帝崩於嘉福殿，時年三十六。

又 卷四《魏志・齊王芳傳》 齊王諱芳，字蘭卿。明帝無子，養王及秦王詢；宮省事秘，莫有知其所由來者。《魏氏春秋》曰：或云任城王楷子。青龍三年，立為齊王。景初三年正月丁亥朔，帝甚病，乃立為皇太子。是日，即皇帝位，大赦。尊皇后曰皇太后。大將軍曹爽、太尉司馬宣王輔政。詔曰：『朕以眇身，繼承鴻業，煢煢在疚，靡所控告。大將軍、太尉奉受末命，夾輔朕躬，司徒、司空、冢宰、元輔總率百寮，以寧社稷，其與羣卿大夫勉勖乃心，稱朕意焉。諸所興作宮室之役，皆以遺詔罷之。官奴婢六十已上，免為良人。』二月，西域重譯獻火浣布，詔大將軍、太尉臨試以示百寮。《異物志》曰：斯調國有火州，在南海中。其上有野火，春夏自生，秋冬自死。有木生於其中而不消也，枝皮更活，秋冬火死則皆枯瘁。其俗常冬采其皮以為布，色小青黑；若塵垢汙之，便投火中，則更鮮明也。《傅子》曰：漢桓帝時，大將軍梁冀以火浣布為單衣，常大會賓客，冀陽爭酒，失杯而汙之，偽怒，解衣曰：『燒之。』布得火，煒曄赫然，如燒凡布，垢盡火滅，粲然絜白，若用灰水焉。《搜神記》曰：昆侖之墟，有炎火之山，山上有鳥獸草木，皆生於炎火之中，故有火浣布，非此山草木之皮枲，則其鳥獸之毛也。漢世西域舊獻此布，中間久絕；至魏初，時人疑其無有。文帝以為火性酷烈，無含生之氣，著之《典論》，明其不然之事，絕智者之聽。及明帝立，詔三公曰：『先帝昔著《典論》，不朽之格言，其刊石於廟門之外及太學，與石經並，以永示來世。』至是西域使至而獻火浣布焉，於是刊滅此論，而天下笑之。臣松之昔從征西至洛陽，歷觀舊物，見《典論》石在太學者尚存，而廟門外無之，問諸長老，云晉初受禪，即用魏廟，移此石於太學，非兩處立也。竊謂此言為不然。又東方朔《神異經》曰：南荒之外有火山，長三十里，廣五十里，其中皆生不燼之木，晝夜火燒，得暴風不猛，猛雨不滅。火中有鼠，重百斤，毛長二尺餘，細如絲，可以作布。常居火中，色洞赤，時時出外而色白，以水逐而沃之即死，續其毛，織以為布。

丁丑詔曰：『太尉體道正直，盡忠三世，南擒孟達，西破蜀虜，東滅公孫淵，功蓋海內。昔周成建保傅之官，近漢顯宗崇寵鄧禹，所以優隆雋乂，必有尊也。其以太尉為太傅，持節統兵都督諸軍事如故。』三月，以征東將軍滿寵為太尉。【略】秋七月，上始親臨朝，聽公卿奏事。【略】

（正始二年）夏五月，吳將朱然等圍襄陽之樊城，太傅司馬宣王率衆拒之。干寶《晉紀》曰：吳將全琮寇芍陂，朱然、孫倫五萬人圍樊城，諸葛瑾、步騭寇柤中；琮已破走而樊圍急。宣王曰：『柤中民夷十萬，隔在水南，流離無主，樊城被攻，歷月不解，此危事也，請自討之。』議者咸言：『賊遠圍樊城不可拔，挫於堅城之下，有自破之勢，宜長策以御之。』宣王曰：『軍志有之：將能而禦之，此為縻軍；不能而任之，此為覆軍。今疆埸騷動，民心疑惑，是社稷之大憂也。』六月，督諸軍南征，車駕送津陽城門外。宣王以南方暑濕，不宜持久，使輕騎挑之，然不敢動。於是乃令諸軍休息洗沐，簡精銳，募先登，申號令，示必攻之勢。然等聞之，乃夜遁。追至三州口，大殺獲。六月辛丑，退。【略】

（五年）五月癸巳，講《尚書經》通，使太常以太牢祀孔子於辟雍，以顏淵配；賜太傅、大將軍及侍講者各有差。【略】

（六年）冬十一月，祫祭太祖廟，始祀前所論佐命臣二十一人。【略】

（十二月）乙亥，詔曰：『明日大會羣臣，其令太傅乘輿上殿。』

七年。習鑿齒《漢晉春秋》曰：是年，吳將朱然入柤中，斬獲數千；柤中民吏萬餘家渡沔。司馬宣王謂曹爽曰：『若便令還，必復致寇，宜權留之。』爽曰：『今不脩守沔南，留民沔北，非長策也。』宣王曰：『不然。凡物置之安地則安，危地則危，故兵書曰，成敗，形也，安危，勢也，形勢御衆之要，不可不審。設令賊二萬人斷沔水，三萬人與沔南諸軍相持，萬人陸鈔柤中，君將何以救之？』爽不聽，卒令還。然後襲破之。袁淮言於爽曰：『吳楚之民脃弱寡能，英才大賢不出其土，比技量力，不足與中國相抗，然自上世以來常為中國患者，蓋以江漢為池，舟楫為用，利則陸鈔，不利則入水，攻之道遠，中國之長技無所用之也。孫權自十數年以來，大畋江北，繕治甲兵，精其守禦，數出盜竊，敢遠其水，陸次平土，此中國所原闢也。夫用兵者，貴以飽待飢，以逸擊勞，師不欲久，行不欲遠，守少則固，力專則強。當今宜捐淮、漢以南，退卻避之。若賊能入居中央，來侵邊境，則隨其所短，中國之長技得用矣。若不敢來，則邊境得安，無鈔盜之憂矣。使我國富兵強，政脩民一，陵其國不足為遠矣。今襄陽孤在漢南，賊循漢而上，則斷而不通，一戰而勝，則不攻而自服，故置之無益于國，亡之不足為辱。自江夏已東，淮南諸郡，三後已來，其所亡幾何，以近賊疆界易鈔掠之故哉！若徙之淮北，遠絕其間，則民人安樂，何鳴吠之驚乎？』遂不從。【略】

嘉平元年春正月甲午，車駕謁高平陵。孫盛《魏世譜》曰：高平陵在洛水南大石山，去洛城九十里。太傅司馬宣王奏免大將軍曹爽、爽弟中領軍羲、武衛將軍訓、散騎常侍彥官，以侯就第。戊戌，有司奏收黃門張當付廷尉，考實其辭，爽與謀不軌。又尚書丁謐、鄧颺、何晏、司隸校尉畢軌、荆州刺史李勝、大司農桓範皆與爽通姦謀，夷三族。語在《爽傳》。丙午，大赦。丁未，以太傅司馬宣王為丞相，固讓乃止。孔衍《漢魏春秋》曰：詔使太常王肅冊命太傅為丞相，增邑萬户，羣臣奏事不得稱名，如漢霍光故事。太傅上書辭讓曰：『臣親受顧命，憂深責重，憑賴天威，摧弊姦凶，贖罪為幸，功不足論。又三公之官，聖王所制，著之典禮。至於丞相，始自秦政。漢氏因之，無復變改。今三公之官皆備，橫復寵臣，違越先典，革聖明之經，襲秦漢之路，雖在異人，臣所宜正，況當臣身而不固爭，四方議者將謂臣何！』書十餘上，詔乃許之，復加九錫之禮。太傅又言：『太祖有大功大德，漢氏崇重，故加九錫，此乃歷代異事，非後代之君臣所得議也。』又辭不受。【略】

（三年）三月，以尚書令司馬孚為司空。【略】（四月）丙午，聞太尉王淩謀廢帝，立楚王彪，太傅司馬宣王東征淩。五月甲寅，淩自殺。六月，彪賜死。【略】辛未，以司空司馬孚為太尉。戊寅，太傅司馬宣王薨，以衛將軍司馬景王為撫軍大將軍，録尚書事。【略】十一月，有司奏諸功臣應饗食於太祖廟者，更以官為次，太傅司馬宣王功高爵尊，最在上。【略】

四年春正月癸卯，以撫軍大將軍司馬景王為大將軍。二月，立皇后張氏，大赦。【略】《漢晉春秋》曰：初，孫權築東興堤以遏巢湖。後征淮南，壞不復修。是歲諸葛恪帥軍更於堤左右結山，挾築兩城，使全端、留略守之，引軍而還。諸葛誕言於司馬景王曰：『致人而不致於人者，此之謂也。今因其內侵，使文舒逼江陵，仲恭向武昌，以羈吳之上流，然後簡精卒攻兩城，比救至，可大獲也。』景王從之。冬十一月，詔征南大將軍王昶、征東將軍胡遵、鎮南將軍毌丘儉等征吳。十二月，吳大將軍諸葛恪拒戰，大破衆軍于東關。不利而還。《漢晉春秋》曰：毌丘儉、王昶聞東軍敗，各燒屯走。朝議欲貶黜諸將，景王曰：『我不聽公休，以至於此。此我過也，諸將何罪？』悉原之。時司馬文王為監軍，統諸軍，唯削文王爵而已。是歲，雍州刺史陳泰求敕并州並力討胡，景王從之。未集，而雁門、新興二郡以為將遠役，遂驚反。景王又謝朝士曰：『此我過也，非玄伯之責！』於是魏人愧悅，人思其報。習鑿齒曰：司馬大將軍引二敗以為己過，過消而業隆，可謂智矣。夫民忘其敗，而下思其報，雖欲不康，其可得邪？若乃諱敗推過，歸咎萬物，常執其功而隱其喪，上下離心，賢愚解體，是楚再敗而晉再克也，謬之甚矣！君人者，苟統斯理而以御國，則朝無秕政，身靡留愆，行失而名揚，兵挫而戰勝，雖百敗可也，況於再乎！

五年夏四月，大赦。五月，吳太傅諸葛恪圍合肥新城，詔太尉司馬孚拒之。《漢晉春秋》曰：是時姜維亦出圍狄道。司馬景王問虞松曰：『今東西有事，二方皆急，而諸將意沮，若之何？』松曰：『昔周亞夫堅壁昌邑而吳楚自敗，事有似弱而强，或似强而弱，不可不察也。今恪悉其鋭衆，足以肆暴，而坐守新城，欲以致一戰耳。若攻城不拔，請戰不得，師老衆疲，勢將自走，諸將之不徑進，乃公之利也。姜維有重兵而縣軍應恪，投食我麥，非深根之寇也。且謂我並力於東，西方必虛，是以徑進。今若使關中諸軍倍道急赴，出其不意，殆將走矣。』景王曰：『善！』乃使郭淮、陳泰悉關中之衆，解狄道之圍；敕毌丘儉等案兵自守，以新城委吳。姜維聞淮進兵，軍食少，乃退屯隴西界。秋七月，恪退還。【略】

（六年春二月）庚戌，中書令李豐與皇后父光祿大夫張緝等謀廢易大臣，以太常夏侯玄為大將軍。事覺，諸所連及者皆伏誅。辛亥，大赦。三月，廢皇后張氏。夏四月，立皇后王氏，大赦。五月，封后父奉車都尉王夔為廣明鄉侯、光祿大夫，位特進，妻田氏為宣陽鄉君。秋九月，大將軍司馬景王將謀廢帝，以聞皇太后。《世語》及《魏氏春秋》並云：此秋，姜維寇隴右。時安東將軍司馬文王鎮許昌，徵還擊維，至京師，帝於平樂觀以臨軍過。中領軍許允與左右小臣謀，因文王辭，殺之，勒其衆以退大將軍。已書詔於前。文王入，帝方食栗，優人云午等唱曰：『青頭雞，青頭雞。』青頭雞者，鴨也。帝懼不敢發。文王引兵入城，景王因是謀廢帝。臣松之案《夏侯玄傳》及《魏略》，許允此年春與李豐事相連。豐既誅，即出允為鎮北將軍，未發，以放散官物收付廷尉，徙樂浪，追殺之。允此秋不得故為領軍而建此謀。甲戌，太后令曰：『皇帝芳春秋已長，不親萬機，耽淫內寵，沈漫女德，日延倡優，縱其醜謔；迎六宮家人留止內房，毀人倫之敍，亂男女之節；恭孝日虧，悖沇滋甚，不可以承天緒，奉宗廟。使兼太尉高柔奉策，用一元大武告於宗廟，遣芳歸藩于齊，以避皇位。』《魏書》曰：是日，景王承皇太后令，詔公卿中朝大臣會議，羣臣失色。景王流涕曰：『皇太后令如是，諸君其若王室何！』咸曰：『昔伊尹放太甲以寧殷，霍光廢昌邑以安漢，夫權定社稷以濟四海，二代行之于古，明公當之於今，今日之事，亦唯公命。』景王曰：『諸君所以望師者重，師安所避之？』於是乃與羣臣共為奏永寧宮曰：『守尚書令太尉長社侯臣孚、大將軍武陽侯臣師、司徒萬歲亭侯臣柔、司空文陽亭侯臣沖、行征西安東將軍新城侯臣昭、光祿大夫關內侯臣邕、太常臣晏、衛尉昌邑侯臣偉、太僕臣嶷、廷尉定陵侯臣（繁）、大鴻臚臣芝、大司農臣祥、少府臣（褒）、永寧衛尉臣（禎）、永寧太僕臣（閎）、大長秋臣模、司隸校尉潁昌侯臣曾、河南尹蘭陵侯臣肅、城門校尉臣慮、中護軍永安亭侯臣望、武衛將軍安壽亭侯臣演、中堅將軍平原侯臣德、中壘將軍昌武亭侯臣廙、屯騎校尉關內侯臣陔、步兵校尉臨晉侯臣建、射聲校尉安陽鄉侯臣温、越騎校尉睢陽侯臣初、長水校尉關內侯臣超、侍中臣小同、臣顗、臣酆、博平侯臣表、侍中中書監安陽亭侯臣誕、散騎常侍臣堨、臣儀、關內侯臣芝、尚書僕射光祿大夫高樂亭侯臣毓、尚書關內侯臣觀、臣嘏、長合鄉侯臣亮、臣贊、臣騫、中書令臣康、御史中丞臣鈐、博士臣范、臣峻等稽首言：臣等聞天子者，所以濟育羣生，永安萬國，三祖勳烈，光被六合。皇帝即位，纂繼洪業，春秋已長，未親萬機，耽淫內寵，沈漫女色，廢捐講學，棄辱儒士，日延小優郭懷、袁信等於建始芙蓉殿前裸袒遊戲，使與保林女尚等為亂，親將後宮瞻觀。又於廣望觀上，使懷、信等於觀下作遼東妖婦，嬉褻過度，道路行人掩目，帝於觀上以為宴笑。於陵雲臺曲中施帷，見九親婦女，帝臨宣曲觀，呼懷、信使入帷共飲酒。懷、信等更行酒，婦女皆醉，戲侮無別。使保林李華、劉勳等與懷、信等戲，清商令令狐景呵華、勳曰：「諸女，上左右人，各有官職，何以得爾？」華、勳數讒毀景。帝常喜以彈彈人，以此恚景，彈景不避首目。景語帝曰：「先帝持門户急，今陛下日將妃后游戲無度，至乃共觀倡優，裸袒為亂，不可令皇太后聞。景不愛死，為陛下計耳。」帝言：「我作天子，不得自在邪？太后何與我事！」使人燒鐵灼景，身體皆爛。甄後崩后，帝欲立王貴人為皇后。太后更欲外求，帝恚語景等：「魏家前後立皇后，皆從所愛耳，太后必違我意，知我當往不也？」後卒待張皇后疏薄。太后遭（合）陽君喪，帝日在後園，倡優音樂自若，不數往定省。清商丞龐熙諫帝：「皇太后至孝，今遭重憂，水漿不入口，陛下當數往寬慰，不可但在此作樂。」帝言：「我自爾，誰能奈我何？」皇太后還北宮，殺張美人及禺婉，帝恚望，語景等：「太后橫殺我所寵愛，此無復母子恩。」數往至故處啼哭，私使暴室厚殯棺，不令太后知也。每見九親婦女有美色，或留以付清商。帝至後園竹間戲，或與從官攜手共行。熙白：「從官不宜與至尊相提挈。」帝怒，復以彈彈熙。日遊後園，每有外文書入，帝不省，左右曰「出」，帝亦不索視。太后令帝常在式乾殿上講學，不欲，使行來，帝徑去，太后來問，輒詐令黃門答言「在」耳。景、熙等畏恐，不敢復止，更共諂媚。帝肆行昏淫，敗人倫之敍，亂男女之節，恭孝彌頹，凶德浸盛。臣等憂懼傾覆天下，危墜社稷，雖殺身斃命不足以塞責。今帝不可以承天緒，臣請依漢霍光故事，收帝璽綬。帝本以齊王踐祚，宜歸藩于齊。使司徒臣柔持節，與有司以太牢告祀宗廟。臣謹昧死以聞。」奏可。是日遷居別宮，年二十三。使者持節送衛，營齊王宮於河內重門，制度皆如藩國之禮。《魏略》曰：景王將廢帝，遣郭芝入白太后，太后與帝對坐。芝謂帝曰：「大將軍欲廢陛下，立彭城王據。」帝乃起去。太后不悅。芝曰：「太后有子不能教，今大將軍意已成，又勒兵於外以備非常，但當順旨，將復何言！」太后曰：「我欲見大將軍，口有所說。」芝曰：「何可見邪？但當速取璽綬。」太后意折，乃遣傍侍御取璽綬著坐側。芝出報景王，景王甚歡。又遣使者授齊王印綬，當出就西宮。帝受命，遂載王車，與太后別，垂涕，始從太極殿南出，羣臣送者數十人，太尉司馬孚悲不自勝，餘多流涕。王出後，景王又使使者請璽綬。太后曰：「彭城王，我之季叔也，今來立，我當何之！且明皇帝當絕嗣乎？吾以為高貴鄉公者，文皇帝之長孫，明皇帝之弟子，於禮，小宗有後大宗之義，其詳議之。」景王乃更召羣臣，以皇太后令示之，乃定迎高貴鄉公。是時太常已發二日，待璽綬於溫。事定，又請璽綬。太后令曰：「我見高貴鄉公，小時識之，明日我自欲以璽綬手授之。」

丁丑，令曰：「東海王霖，高祖文皇帝之子。霖之諸子，與國至親，高貴鄉公髦有大成之量，其以為明皇帝嗣。」《魏書》曰：景王復與羣臣共奏永寧宮曰：「臣等聞人道親親故尊祖，尊祖故敬宗。禮，大宗無嗣，則擇支子之賢者；為人後者，為之子也。東海定王子高貴鄉公，文皇帝之孫，宜承正統，以嗣烈祖明皇帝後。率土有賴，萬邦幸甚，臣請徵公詣洛陽宮。」奏可。使中護軍望、兼太常河南尹肅持節，與少府（褒）、尚書亮、侍中表等奉法駕，迎公於元城。《魏世譜》曰：晉受禪，封齊王為邵陵縣公。年四十三，泰始十年薨，謚曰厲公。

又《高貴鄉公髦傳》 高貴鄉公諱髦，字彥士，文帝孫，東海定王霖子也。正始五年，封郯縣高貴鄉公。少好學，夙成。齊王廢，公卿議迎立公。十月己丑，公至於玄武館，羣臣奏請舍前殿，公以先帝舊處，避止西廂；羣臣又請以法駕迎，公不聽。庚寅，公入於洛陽，羣臣迎拜西掖門南，公下輿將答拜，儐者請曰：「儀不拜。」公曰：「吾人臣也。」遂答拜。至止車門下輿。左右曰：「舊乘輿入。」公曰：「吾被皇太后徵，未知所為！」遂步至太極東堂，見於太后。其日即皇帝位於太極前殿，百僚陪位者欣欣焉。《魏氏春秋》曰：公神明爽俊，德音宣朗。罷朝，景王私曰：「上何如主也？」鍾會對曰：「才同陳思，武類太祖。」景王曰：「若如卿言，社稷之福也。」詔曰：「昔三祖神武聖德，應天受祚。齊王嗣位，肆行非度，顛覆厥德。皇太后深惟社稷之重，延納宰輔之謀，用替厥位，集大命于餘一人。以眇眇之身，託于王公之上，夙夜祗畏，懼不能嗣守祖宗之大訓，恢中興之弘業，戰戰兢兢，如臨于谷。今羣公卿士股肱之輔，四方征鎮宣力之佐，皆積德累功，忠勤帝室；庶憑先祖先父有德之臣，左右小子，用保乂皇家，俾朕蒙闇，垂拱而治。蓋聞人君之道，德厚侔天地，潤澤施四海，先之以慈愛，示之以好惡，然後教化行於上，兆民聽於下。朕雖不德，昧於大道，思與宇內共臻茲路。書不云乎：『安民則惠，黎民懷之。』」大赦，改元。減乘輿服御，後宮用度，及罷尚方御府百工技巧靡麗無益之物。【略】

（正元元年冬十月）癸巳，假大將軍司馬景王黃鉞，入朝不趨，奏事不名，劍履上殿。戊戌，黃龍見於鄴井中。甲辰，命有司論廢立定策之功，封爵、增邑、進位、班賜各有差。

二年春正月乙丑，鎮東將軍毌丘儉、揚州刺史文欽反。（戊戌）〔戊寅〕，大將軍司馬景王征之。癸未，車騎將軍郭淮薨。閏月己亥，破欽于樂嘉。欽遁走，遂奔吳。甲辰，（安風淮津）〔安風津〕都尉斬儉，傳首京都。《世語》曰：大將軍奉天子征儉，至項；儉既破，天子先還。臣松之檢諸書都無此事，至諸葛誕反，司馬文王始挾太后及帝與俱行耳。故發詔引漢二祖及明帝親征以為前比，知明帝已後始有此行也。案張璠、虞溥、郭頒皆晉之令史，璠、頒出為官長，溥，鄱陽內史。璠撰《後漢紀》，雖似未成，辭藻可觀。溥著《江表傳》，亦粗有條貫。惟頒撰《魏晉世語》，蹇乏全無宮商，最為鄙劣，以時有異事，故頗行於世。干寶、孫盛等多采其言以為《晉書》，其中虛錯如此者，往往而有之。壬子，復特赦淮南士民諸為儉、欽所註誤者。以鎮南將軍諸葛誕為鎮東大將軍。司馬景王薨於許昌。二月丁巳，以衛將軍司馬文王為大將軍，録尚書事。【略】

三月，立皇后卞氏，大赦。夏四月甲寅，封后父卞隆為列侯。【略】

八月辛亥，蜀大將軍姜維寇狄道，【略】辛未，以長水校尉鄧艾行安西將軍，與征西將軍陳泰並力拒維。戊辰，復遣太尉司馬孚為後繼。【略】

甘露元年春正月辛丑，青龍見軹縣井中。【略】

夏四月庚戌，賜大將軍司馬文王袞冕之服，赤舄副焉。【略】

五月，鄴及（上谷）［上洛］並言甘露降。夏六月丙午，改元為甘露。

乙丑，青龍見元城縣界井中。【略】

八月庚午，命大將軍司馬文王加號大都督，奏事不名，假黃鉞。癸酉，以太尉司馬孚為太傅。【略】

二年春二月，青龍見溫縣井中。【略】

（六月）甲子，詔曰：『今車駕駐項，大將軍恭行天罰，前臨淮浦。昔相國大司馬征討，皆與尚書俱行，今宜如舊。』乃令散騎常侍裴秀、給事黃門侍郎鍾會咸與大將軍俱行。【略】

三年春二月，大將軍司馬文王陷壽春城，斬諸葛誕。三月，詔曰：『古者克敵，收其屍以為京觀，所以懲昏逆而章武功也。漢孝武元鼎中，改桐鄉為聞喜，新鄉為獲嘉，以著南越之亡。大將軍親總六戎，營據丘頭，內夷羣凶，外殄寇虜，功濟兆民，聲振四海。克敵之地，宜有令名，其改丘頭為武丘，明以武平亂，後世不忘，亦京觀二邑之義也。』

夏五月，命大將軍司馬文王為相國，封晉公，食邑八郡，加之九錫，文王前後九讓乃止。【略】

是歲，青龍、黃龍仍見頓丘、冠軍、陽夏縣界井中。

四年春正月，黃龍二，見寧陵縣界井中。《漢晉春秋》曰：是時龍仍見，咸以為吉祥。帝曰：『龍者，君德也。上不在天，下不在田，而數屈於井，非嘉兆也。』仍作潛龍之詩以自諷，司馬文王見而惡之。【略】

（五年）夏四月，詔有司率遵前命，復進大將軍司馬文王位為相國，封晉公，加九錫。

五月己丑，高貴鄉公卒，年二十。《漢晉春秋》曰：帝見威權日去，不勝其忿。乃召侍中王沈、尚書王經、散騎常侍王業，謂曰：『司馬昭之心，路人所知也。吾不能坐受廢辱，今日當與卿自出討之。』王經曰：『昔魯昭公不忍季氏，敗走失國，為天下笑。今權在其門，為日久矣，朝廷四方皆為之致死，不顧逆順之理，非一日也。且宿衛空闕，兵甲寡弱，陛下何所資用，而一旦如此，無乃欲除疾而更深之邪！禍殆不測，宜見重詳。』帝乃出懷中版令投地，曰：『行之決矣。正使死，何所懼？況不必死邪！』於是入白太后，沈、業奔走告文王，文王為之備。帝遂帥僮僕數百，鼓譟而出。文王弟屯騎校尉伷入，遇帝於東止車門，左右呵之，伷衆奔走。中護軍賈充又逆帝戰於南闕下，帝自用劍。衆欲退，太子舍人成濟問充曰：『事急矣。當云何？』充曰：『畜養汝等，正謂今日。今日之事，無所問也。』濟即前刺帝，刃出於背。文王聞，大驚，自投於地曰：『天下其謂我何！』太傅孚奔往，枕帝股而哭，哀甚，曰：『殺陛下者，臣之罪也。』臣松之以為習鑿齒書，雖最後出，然述此事差有次第。故先載習語，以其餘所言微異者次其後。《世語》曰：王沈、王業馳告文王，尚書王經以正直不出，因沈、業申意。《晉諸公贊》曰：沈、業將出，呼王經。經不從，曰：『吾子行矣！』干寶《晉紀》曰：成濟問賈充曰：『事急矣。若之何？』充曰：『公畜養汝等，為今日之事也。夫何疑！』濟曰：『然。』乃抽戈犯蹕。《魏氏春秋》曰：戊子夜，帝自將冗從僕射李昭、黃門從官焦伯等下陵雲臺，鎧仗授兵，欲因際會，自出討文王。會雨，有司奏卻日，遂見王經等出黃素詔於懷曰：『是可忍也，孰不可忍也！今日便當決行此事。』入白太后，遂拔劍升輦，帥殿中宿衛蒼頭官僮擊戰鼓，出雲龍門。賈充自外而入，帝師潰散，猶稱天子，手劍奮擊，衆莫敢逼。充帥厲將士，騎督成倅弟成濟以矛進，帝崩于師。時暴雨雷霆，晦冥。《魏末傳》曰：賈充呼帳下督成濟謂曰：『司馬家事若敗，汝等豈復有種乎？何不出擊！』倅兄弟二人乃帥帳下人出，顧曰：『當殺邪？執邪？』充曰：『殺之。』兵交，帝曰：『放仗！』大將軍士皆放仗。濟兄弟因前刺帝，帝倒車下。皇太后令曰：『吾以不德，遭家不造，昔援立東海王子髦，以為明帝嗣，見其好書疏文章，冀可成濟，而情性暴戾，日月滋甚。吾數呵責，遂更忿恚，造作醜逆不道之言以誣謗吾，遂隔絕兩宮。其所言道，不可忍聽，非天地所覆載。吾即密有令語大將軍，不可以奉宗廟，恐顛覆社稷，死無面目以見先帝。大將軍以其尚幼，謂當改心為善，殷勤執據。而此兒忿戾，所行益甚，舉弩遙射吾宮，祝當令中吾項，箭親墮吾前。吾語大將軍，不可不廢之，前後數十。此兒具聞，自知罪重，便圖為弒逆，賂遺吾左右人，令因吾服藥，密因酖毒，重相設計。事已覺露，直欲因際會舉兵入西宮殺吾，出取大將軍，呼侍中王沈、散騎常侍王業、《世語》曰：業，武陵人，後為晉中護軍。尚書王經，出懷中黄素詔示之，言今日便當施行。吾之危殆，過於累卵。吾老寡，豈復多惜餘命邪？但傷先帝遺意不遂，社稷顛覆為痛耳。賴宗廟之靈，沈、業即馳語大將軍，得先嚴警，而此兒便將左右出雲龍門，雷戰鼓，躬自拔刃，與左右雜衛共入兵陳間，為前鋒所害。此兒既行悖逆不道，而又自陷大禍，重令吾悼心不可言。昔漢昌邑王以罪廢為庶人，此兒亦宜以民禮葬之，當令内外咸知此兒所行。又尚書王經，凶逆無狀，其收經及家屬皆詣廷尉。』

庚寅，太傅孚、大將軍文王、太尉柔、司徒沖稽首言：『伏見中令，故高貴鄉公悖逆不道，自陷大禍，依漢昌邑王罪廢故事，以民禮葬。臣等備位，不能匡救禍亂，式遏姦逆，奉令震悚，肝心悼栗。《春秋》之義，王者無外，而書「襄王出居於鄭」，不能事母，故絶之於位也。今高貴鄉公肆行不軌，幾危社稷，自取傾覆，人神所絶，葬以民禮，誠當舊典。然臣等伏惟殿下仁慈過隆，雖存大義，猶垂哀矜，臣等之心實有不忍，以為可加恩以王禮葬之。』太后從之。《漢晉春秋》曰：丁卯，葬高貴鄉公於洛陽西北三十里瀍澗之濱。下車數乘，不設旌旐，百姓相聚而觀之，曰：『是前日所殺天子也。』或掩面而泣，悲不自勝。臣松之以為若但下車數乘，不設旌旐，何以為王禮葬乎？斯蓋惡之過言，所謂不如是之甚者。

使使持節行中護軍中壘將軍司馬炎北迎常道鄉公璜嗣明帝後。辛卯，羣公奏太后曰：『殿下聖德光隆，寧濟六合，而猶稱令，與藩國同。請自今殿下令書，皆稱詔制，如先代故事。』

癸卯，大將車固讓相國、晉公、九錫之寵。太后詔曰：『夫有功不隱，周易大義，成人之美，古賢所尚，今聽所執，出表示外，以章公之謙光焉。』

戊申，大將軍文王上言：『高貴鄉公率將從駕人兵，拔刃鳴金鼓向臣所止；懼兵刃相接，即敕將士不得有所傷害，違令以軍法從事。騎督成倅弟太子舍人濟，橫入兵陳傷公，遂至隕命；輒收濟行軍法。臣聞人臣之節，有死無二，事上之義，不敢逃難。前者變故卒至，禍同發機，誠欲委身守死，唯命所裁。然惟本謀乃欲上危皇太后，傾覆宗廟。臣忝當大任，義在安國，懼雖身死，罪責彌重。欲遵伊、周之權，以安社稷之難，即駱驛申敕，不得迫近輦輿，而濟遽入陳間，以致大變。哀怛痛恨，五内摧裂，不知何地可以隕墜？科律大逆無道，父母妻子同産皆斬。濟凶戾悖逆，干國亂紀，罪不容誅。輒敕侍御史收濟家屬，付廷尉，結正其罪。』《魏氏春秋》曰：成濟兄弟不即伏罪，袒而升屋，醜言悖慢；自下射之，乃殪。太后詔曰：『夫五刑之罪，莫大於不孝。夫人有子不孝，尚告治之，此兒豈復成人主邪？吾婦人不達大義，以謂濟不得便為大逆也。然大將軍志意懇切，發言惻愴，故聽如所奏。當班下遠近，使知本末也。』《世語》曰：初，青龍中，石苞鬻鐵於長安，得見司馬宣王，宣王知焉。後擢為尚書郎，歷青州刺史、鎮東將軍。甘露中入朝，當還，辭高貴鄉公，留中盡日。文王遣人要令過。文王問苞：『何淹留也？』苞曰：『非常人也。』明日發至滎陽，數日而難作。

六月癸丑，詔曰：『古者人君之為名字，難犯而易諱。今常道鄉公諱字甚難避，其朝臣博議改易，列奏。』

又《陳留王奐傳》 陳留王諱奐，字景明，武帝孫，燕王宇子也。甘露三年，封安次縣常道鄉公。高貴鄉公卒，公卿議迎立公。六月甲寅，入於洛陽，見皇太后，是日即皇帝位於太極前殿，大赦，改年，賜民爵及穀帛各有差。

景元元年夏六月丙辰，進大將軍司馬文王位為相國，封晉公，增封二郡，并前滿十，加九錫之禮，一如前（奏）；諸羣從子弟，其未有侯者皆封亭侯，賜錢千萬，帛萬匹，文王固讓乃止。【略】

十二月甲申，黄龍見華陰縣井中。【略】

（二年八月）甲寅，復命大將軍進爵晉公，加位相國，備禮崇錫，一如前詔；又固辭乃止。

三年春二月，青龍見於軹縣井中。【略】

四年春二月，復命大將軍進位爵賜一如前詔，又固辭乃止。【略】

冬十月甲寅，復命大將軍進位爵賜一如前詔。癸卯，立皇后卞氏，十一月，大赦。【略】

自鄧艾、鍾會率衆伐蜀，所至輒克。是月，蜀主劉禪詣艾降，巴蜀皆平。【略】

（咸熙元年）三月丁丑，以司空王祥為太尉，征北將軍何曾為司徒，尚書左僕射荀顗為司空。己卯，進晉公爵為王，封十郡，并前二十。《漢晉春秋》曰：晉公既進爵為王，太尉王祥、司徒何曾、司空荀顗並詣王。顗曰：『相王尊重，何侯與一朝之臣皆已盡敬，今日便當相率而拜，無所疑也。』祥曰：『相國位勢，誠為尊貴，然要是魏之宰相，吾等魏之三公；公、王相去，一階而已，班列大同，安有天子三公可輒拜人者！損魏朝之望，虧晉王之德，君子愛人以禮，吾不為也。』及入，顗遂拜，而祥獨長揖。王謂祥曰：『今日然後知君見顧之重！』丁亥，封劉禪為安樂公。夏五月庚申，相國晉王奏復五等爵。甲戌，改年。癸未，追命舞陽宣文侯為晉宣王，舞陽忠武侯為晉景王。【略】

八月庚寅，命中撫軍司馬炎副貳相國事，以同魯公拜後之義。【略】癸卯，以衛將軍司馬望為驃騎將軍。九月戊午，以中撫軍司馬炎為撫軍大將軍。【略】

丙午，命撫軍大將軍新昌鄉侯炎為晉世子。【略】

二年春二月甲辰，朐䏰縣獲靈龜以獻，歸之于相國府。【略】

五月，詔曰：『相國晉王誕敷神慮，光被四海；震燿武功，則威蓋殊荒，流風邁化，則旁洽無外。愍恤江表，務存濟育，戢武崇仁，示以威德。文告所加，承風鄉慕，遣使納獻，以明委順，方寶纖珍，歡以效意。而王謙讓之至，一皆簿送，非所以慰副初附，從其款原也。孫皓諸所獻致，其皆還送，歸之于王，以協古義。』王固辭乃止。又命晉王冕十有二旒，建天子旌旗，出警入蹕，乘金根車、六馬，備五時副車，置旄頭雲罕，樂舞八佾，設鍾虡宮縣。進王妃為王后，世子為太子，王子、王女、王孫，爵命之號如舊儀。癸未，大赦。秋八月辛卯，相國晉王薨。壬辰，晉太子炎紹封襲位，總攝百揆，備物典册，一皆如前。是月，襄武縣言有大人見，三丈餘，迹長三尺二寸，白髮，著黃單衣，黃巾，柱杖，呼民王始語云：『今當太平。』九月乙未，大赦。戊午，司徒何曾為晉丞相。癸亥，以驃騎將軍司馬望為司徒，征東大將軍石苞為驃騎將軍，征南大將軍陳騫為車騎將軍。乙亥，葬晉文王。閏月庚辰，康居、大宛獻名馬，歸於相國府，以顯懷萬國致遠之勳。

又　卷九《魏志·曹爽傳》　（曹）真薨，謚曰元侯。子爽嗣。帝追思真功，詔曰：『大司馬蹈履忠節，佐命二祖，內不恃親戚之寵，外不驕白屋之士，可謂能持盈守位，勞謙其德者也。其悉封真五子羲、訓、則、彥、皚皆為列侯。』初，文帝分真邑二百户，封真弟彬為列侯。【略】

爽字昭伯，少以宗室謹重，明帝在東宮，甚親愛之。及即位，為散騎侍郎，累遷城門校尉，加散騎常侍，轉武衛將軍，寵待有殊。帝寢疾，乃引爽入臥內，拜大將軍，假節鉞，都督中外諸軍事，録尚書事，與太尉司馬宣王並受遺詔輔少主。明帝崩，齊王即位，加爽侍中，改封武安侯，邑萬二千户，賜劍履上殿，入朝不趨，贊拜不名。丁謐畫策，使爽白天子，發詔轉宣王為太傅，外以名號尊之，內欲令尚書奏事，先來由己，得制其輕重也。《魏書》曰：爽使弟羲為表曰：『臣亡父真，奉事三朝，入備冢宰，出為上將。先帝以臣肺腑遺緒，獎飭拔擢，典兵禁省，進無忠恪積累之行，退無羔羊自公之節。先帝聖體不豫，臣雖奔走，侍疾嘗藥，曾無精誠翼日之應，猥與太尉懿俱受遺詔，且慚且懼，靡所厎告。臣聞虞舜序賢，以稷、契為先，成湯褒功，以伊、呂為首，審選博舉，優劣得所，斯誠輔世長民之大經，録勳報功之令典，自古以來，未之或闕。今臣虛闇，位冠朝首，顧惟越次，中心愧惕，敢竭愚情，陳寫至實。夫天下之達道者三，謂德、爵、齒也。懿本以高明中正，處上司之位，名足鎮衆，義足率下，一也。包懷大略，允文允武，仍立征伐之勳，遐邇歸功，二也。萬里旋旆，親受遺詔，翼亮皇家，內外所向，三也。加之耆艾，紀綱邦國，體練朝政；論德則過於吉甫、樊仲；課功則逾於方叔、召虎：凡此數者，懿實兼之。臣抱空名而處其右，天下之人將謂臣以宗室見私，知進而不知退。陛下岐嶷，克明克類，如有以察臣之言，臣以為宜以懿為太傅、大司馬，上昭陛下進賢之明，中顯懿身文武之實，下使愚臣免於謗誚。』於是帝使中書監劉放令孫資為詔曰：『昔吳漢佐光武，有征定四方之功，為大司馬，名稱於今。太尉體履正直，功蓋海內，先帝本以前後欲更其位者輒不彌久，是以遲遲不施行耳。今大將軍薦太尉宜為大司馬，既合先帝本旨，又放推讓，進德尚勳，乃欲明賢良、辯等列、順長少也。雖旦、奭之屬，宗師呂望，念在引領以處其下，何以過哉！朕甚嘉焉。朕惟先帝固知君子樂天知命，纖芥細疑，不足為忌，當顧柏人彭亡之文，故用低佪，有意未遂耳！斯亦先帝敬重大臣，恩愛深厚之至也。昔成王建保傅之官，近漢顯宗以鄧禹為太傅，皆所以優崇俊乂，必有尊也。其以太尉為太傅。』爽弟羲為中領軍，訓武衛將軍，彥散騎常侍侍講，其餘諸弟，皆以列侯侍從，出入禁闥，貴寵莫盛焉。南陽何晏、鄧颺、李勝、沛國丁謐、東平畢軌咸有聲名，進趣於時，明帝以其浮華，皆抑黜之；及爽秉政，乃復進敍，任為腹心。颺等欲令爽立威名於天下，勸使伐蜀，爽從其言，宣王止之不能禁。正始五年，爽乃西至長安，大發卒六七萬人，從駱谷入。是時，關中及氐、羌轉輸不能供，牛馬騾驢多死，民夷號泣道路。入谷行數百里，賊因山為固，兵不得進。爽參軍楊偉為爽陳形勢，宜急還，不然將敗。《世語》曰：偉字世英，馮翊人。明帝治宮室，偉諫曰：『今作宮室，斬伐生民墓上松柏，毀壞碑獸石柱，辜及亡人，傷孝子心，不可以為後世之法則。』颺與偉爭於爽前，偉曰：『颺、勝將敗國家事，可斬也。』爽不悅，乃引軍還。《漢晉春秋》曰：司馬宣王謂夏侯玄曰：『《春秋》責大德重，昔武皇帝再入漢中，幾至大敗，君所知也。今興平路勢至險，蜀已先據；若進不獲戰，退見徼絕，覆軍必矣。將何以任其責！』玄懼，言於爽，引軍退。費禕進兵據三嶺以截爽，爽爭嶮苦戰，僅乃得過。所發牛馬運轉者，死失略盡，羌、胡怨歎，而關右悉虛耗矣。

初，爽以宣王年德並高，恒父事之，不敢專行。及晏等進用，咸共推戴，說爽以權重不宜委之於人。乃以晏、颺、謐為尚書，晏典選舉，軌司隸校尉，勝河南尹，諸事希復由宣王。宣王遂稱疾避爽。初，宣王以爽魏之肺腑，每推先之，爽以宣王名重，亦引身卑下，當時稱焉。丁謐、畢軌等既進用，數言於爽曰：『宣王有大志而甚得民心，不可以推誠委之。』由是爽恒猜防焉。禮貌雖存，而諸所興造，皆不復由宣王。宣王力不能爭，且懼其禍，故避之。晏等專政，共分割洛陽、野王典農部桑田數百頃，及壞湯沐地以為產業，承勢竊取官物，因緣求欲州郡。有司望風，莫敢忤旨。晏等與廷尉盧毓素有不平，因毓吏微過，深文致毓法，使主者先收毓印綬，然後奏聞。其作威如此。爽飲食車服，擬於乘輿；尚方珍玩，充牣其家；妻妾盈後庭，又私取先帝才人七八人，及將吏、師工、鼓吹、良家子女三十三人，皆以為伎樂。詐作詔書，發才人五十七人送鄴臺，使先帝婕妤教習為伎。擅取太樂樂器，武庫禁兵。作窟室，綺疏四周，數與晏等會其中，飲酒作樂。羲深以為大憂，數諫止之。又著書三篇，陳驕淫盈溢之致禍敗，辭旨甚切，不敢斥爽，託戒諸弟以示爽。爽知其為己發也，甚不悅。羲或時以諫喻不納，涕泣而起。宣王密為之備。九年冬，李勝出為荊州刺史，往詣宣王。宣王稱疾困篤，示以羸形。勝不能覺，謂之信然。《魏末傳》曰：爽等令勝辭宣王，並伺察焉。宣王見勝，勝自陳無他功勞，橫蒙特恩，當為本州，詣閤拜辭，不悟加恩，得蒙引見。宣王令兩婢侍邊，持衣，衣落；復上指口，言渴求飲，婢進粥，宣王持杯飲粥，粥皆流出沾胸。勝愍然，為之涕泣，謂宣王曰：『今主上尚幼，天下恃賴明公。然衆情謂明公方舊風疾發，何意尊體乃爾！』宣王徐更寬言，才令氣息相屬，說：『年老沈疾，死在旦夕。君當屈并州，并州近胡，好善為之，恐不復相見，如何！』勝曰：『當還忝本州，非并州也。』宣王乃復陽為昏謬，曰：『君方到并州，努力自愛！』錯亂其辭，狀如荒語。勝復曰：『當忝荊州，非并州也。』宣王乃若微悟者，謂勝曰：『懿年老，意荒忽，不解君言。今還為本州刺史，盛德壯烈，好建功勳。今當與君別，自顧氣力轉微，後必不更會，因欲自力，設薄主人，生死共別。令師、昭兄弟結君為友，不可相舍去，副懿區區之心。』因流涕哽咽。勝亦長歎，答曰：『輒當承教，須待敕命。』勝辭出，與爽等相見，說：『太傅語言錯誤，口不攝杯，指南為北。又云吾當作并州，吾答言當還為荊州，非并州也。徐徐與語，有識人時，乃知當還為荊州耳。又欲設主人祖送。不可舍去，宜須待之。』更向爽等垂淚云：『太傅患不可復濟，令人愴然。』

十年正月，車駕朝高平陵，爽兄弟皆從。《世語》曰：爽兄弟先是數俱出遊，桓範謂曰：『總萬機，典禁兵，不宜並出，若有閉城門，誰復內入者？』爽曰：『誰敢爾邪！』由此不復並行。至是乃盡出也。宣王部勒兵馬，先據武庫，遂出屯洛水浮橋。奏爽曰：『臣昔從遼東還，先帝詔陛下、秦王及臣升御床，把臣臂，深以後事為念。臣言「二祖亦屬臣以後事，(為念)此自陛下所見，無所憂苦；萬一有不如意，臣當以死奉明詔」。黃門令董箕等，才人侍疾者，皆所聞知。今大將軍爽背棄顧命，敗亂國典，內則僭擬，外專威權；破壞諸營，盡據禁兵，羣官要職，皆置所親；殿中宿衛，歷世舊人皆復斥出，欲置新人以樹私計；根據槃互，縱恣日甚。外既如此，又以黃門張當為都監，專共交關，看察至尊，候伺神器，離間二宮，傷害骨肉。天下洶洶，人懷危懼，陛下但為寄坐，豈得久安！此非先帝詔陛下及臣升御床之本意也。臣雖朽邁，敢忘枉言？昔趙高極意，秦氏以滅；呂、霍早斷，漢祚永世。此乃陛下之大鑑，臣受命之時也。太尉臣濟、尚書令臣孚等，皆以爽為有無君之心，兄弟不宜典兵宿衛，奏永寧宮。皇太后令敕臣如奏施行。臣輒敕主者及黃門令罷爽、羲、訓吏兵，以侯就第，不得逗留以稽車駕；敢有稽留，便以軍法從事。臣輒力疾，將兵屯洛水浮橋，伺察非常。』《世語》曰：初，宣王勒兵從闕下趨武庫，當爽門，人逼車住。爽妻劉怖，出至廳事，謂帳下守督曰：『公在外。今兵起，如何？』督曰：『夫人勿憂。』乃上門樓，引弩注箭欲發。將孫謙在後牽止之曰：『天下事未可知！』如此者三，宣王遂得過去。

爽得宣王奏事，不通，迫窘不知所為。干寶《晉紀》曰：爽留車駕宿伊水南，伐木為鹿角，發屯甲兵數千人以為衛。《魏末傳》曰：宣王語弟孚，陛下在外不可露宿，促送帳幔、太官食具詣行在所。大司農沛國桓範聞兵起，不應太后召，矯詔開平昌門，拔取劍戟，略將門候，南奔爽。宣王知，曰：『範畫策，爽必不能用範計。』範說爽使車駕幸許昌，招外兵。爽兄弟猶豫未決，範重謂羲曰：『當今日，卿門户求貧賤復可得乎？且匹夫持質一人，尚欲望活，今卿與天子相隨，令於天下，誰敢不應者？』羲猶不能納。侍中許允、尚書陳泰說爽，使早自歸罪。爽於是遣允、泰詣宣王，歸罪請死，乃通宣王奏事。干寶《晉書》曰：桓範出赴爽，宣王謂蔣濟曰：『智囊往矣。』濟曰：『範則智矣，駑馬戀棧豆，爽必不能用也。』《世語》曰：宣王使許允、陳泰解語爽，蔣濟亦與書達宣王之旨，又使爽所信殿中校尉尹大目謂爽，唯免官而已，以洛水為誓。爽信之，罷兵。《魏氏春秋》曰：爽既罷兵，曰：『我不失作富家翁。』範哭曰：『曹子丹佳人，生汝兄弟，犢耳！何圖今日坐汝等族滅矣！』遂免爽兄弟，以侯還第。《魏末傳》曰：爽兄弟歸家，敕洛陽縣發民八百人，使尉部圍爽第四角，角作高樓，令人在上望視爽兄弟舉動。爽計窮愁悶，持彈到後園中，樓上人便唱言『故大將軍東南行！』爽還廳事上，與兄弟共議，未知宣王意深淺，作書與宣王曰：『賤子爽哀惶恐怖，無狀招禍，分受屠滅，前遣家人迎糧，於今未反，數日乏匱，當煩見餉，以繼旦夕。』宣王得書大驚，即答書曰：『初不知乏糧，甚懷踧踖。令致米一百斛，并肉脯、鹽豉、大豆。』尋送。爽兄弟不達變數，即便喜歡，自謂不死。

初，張當私以所擇才人張、何等與爽。疑其有姦，收當治罪。當陳爽與晏等陰謀反逆，並先習兵，須三月中欲發，於是收晏等下獄。會公卿朝臣廷議，以為『《春秋》之義，「君親無將，將而必誅」。爽以支屬，世蒙殊寵，親受先帝握手遺詔，託以天下，而包藏禍心，蔑棄顧命，乃與晏、颺及當等謀圖神器，範黨同罪人，皆為大逆不道』。於是收爽、羲、訓、晏、颺、謐、軌、勝、範、當等，皆伏誅，夷三族。《魏略》曰：鄧颺字玄茂，鄧禹後也。少得士名於京師。明帝時為尚書郎，除洛陽令，坐事免，拜中郎，又入兼中書郎。初，颺與李勝等為浮華友，及在中書，浮華事發，被斥出，遂不復用。正始初，乃出為潁川太守，轉大將軍長史，遷侍中尚書。颺為人好貨，前在內職，許臧艾授以顯官，艾以父妾與颺，故京師為之語曰：『以官易婦鄧玄茂。』每所薦達，多如此比。故何晏選舉不得人，頗由颺之不公忠，遂同其罪，蓋由交友非其才。丁謐，字彦靖。父斐，字文侯。初，斐隨太祖，太祖以斐鄉里，特饒愛之。斐性好貨，數請求犯法，輒得原宥。為典軍校尉，總攝內外，每所陳說，多見從之。建安末，從太祖征吳。斐隨行，自以家牛羸困，乃私易官牛，為人所白，被收送獄，奪官。其後太祖問斐曰：『文侯，印綬所在？』斐亦知見戲，對曰：『以易餅耳。』太祖笑，顧謂左右曰：『東曹毛掾數白此家，欲令我重治，我非不知此人不清，良有以也。我之有斐，譬如人家有盜狗而善捕鼠，盜雖有小損，而完我囊貯。』遂復斐官，聽用如初。後數歲，病亡。謐少不肯交游，但博觀書傳。為人沈毅，頗有才略。太和中，常住鄴，借人空屋，居其中。而諸王亦欲借之，不知謐已得，直開門入。謐望見王，交脚臥而不起，而呼其奴客曰：『此何等人？促呵使去。』王怒其無禮，還具上言。明帝收謐，繫鄴獄，以其功臣子，原出。後帝聞其有父風，召拜度支郎中。曹爽宿與相親，時爽為武衛將軍，數為帝稱其可大用。會帝崩，爽輔政，乃拔謐為散騎常侍，遂轉尚書。謐為人外似疏略，而內多忌。其在臺閣，數有所彈駮，臺中患之，事不得行。又其意輕貴，多所忽略，雖與何晏、鄧颺等同位，而皆少之，唯以勢屈於爽。爽亦敬之，言無不從。故于時謗書，謂『臺中有三狗，二狗崖柴不可當，一狗憑默作疽囊。』三狗，謂何、鄧、丁也。默者，爽小字也。其意言三狗皆欲齧人，而謐尤甚也。奏使郭太后出居別宮，及遣樂安王使北詣鄴，又遣文欽令還淮南，皆謐之計。司馬宣王由是特深恨之。畢軌，字昭先。父字子禮，建安中為典農校尉。軌以才能，少有名聲。明帝在東宮時，軌在文學中。黄初末，出為長史。明帝即位，入為黄門郎，子尚公主，居處殷富。遷并州刺史。其在并州，名為驕豪。時雜虜數為暴，害吏民，軌輒出軍擊鮮卑軻比能，失利。中護軍蔣濟表曰：『畢軌前失，既往不咎，但恐是後難可以再。凡人材有長短，不可强成。軌文雅志意，自為美器。今失并州，換置他州，若入居顯職，不毁其德，於國事實善。此安危之要，唯聖恩察之。』至正始中，入為中護軍，轉侍中尚書，遷司隸校尉。素與曹爽善，每言於爽，多見從之。李勝字公昭。父休字子朗，有智略。張魯前為鎮北將軍，休為司馬，家南鄭。時漢中有甘露降，子朗見張魯精兵數萬人，有四塞之固，遂建言赤氣久衰，黄家當興，欲魯舉號，魯不聽。會魯破，太祖以其勸魯內附，賜爵關內侯，署散官騎從，詣鄴。至黄初中，仕歷上黨、鉅鹿二郡太守，後以年老還，拜議郎。勝少游京師，雅有才智，與曹爽善。明帝禁浮華，而人白勝堂有四窗八達，各有主名。用是被收，以其所連引者多，故得原，禁錮數歲。帝崩，曹爽輔政，勝為洛陽令。夏侯玄為征西將軍，以勝為長史。玄亦宿與勝厚。駱谷之役，議從勝出，由是司馬宣王不悦於勝。累遷滎陽太守、河南尹。勝前後所宰守，未嘗不稱職，為尹歲餘，廳事前屠蘇壞，令人更治之，小材一枚激墮，正撾受符吏石虎頭，斷之。後旬日，遷為荆州刺史，未及之官而敗也。桓範字元則，世為冠族。建安末，入丞相府。延康中，為羽林左監。以有文學，與王象等典集皇覽。明帝時為中領軍尚書，遷征虜將軍、東中郎將，使持節都督青、徐諸軍事，治下邳。與徐州刺史鄭岐爭屋，引節欲斬岐，為岐所奏，不直，坐免還。復為兗州刺史，怏怏不得意。又聞當轉為冀州牧。是時冀州統屬鎮北，而鎮北將軍呂昭才實仕進，本在範後。範謂其妻仲長曰：『我寧作諸卿，向三公長跪耳，不能為呂子展屈也。』其妻曰：『君前在東，坐欲擅斬徐州刺史，衆人謂君難為作下，今復羞為呂屈，是復難為作上也。』範忿其言觸實，乃以刀環撞其腹。妻時懷孕，遂墮胎死。範亦竟稱疾，不赴冀州。正始中拜大司農。範前在臺閣，號為曉事，及為司農，又以清省稱。範嘗抄撮《漢書》中諸雜事，自以意斟酌之，名曰《世要論》。蔣濟為太尉，嘗與範會社下，羣卿列坐有數人，範懷其所撰，欲以示濟，謂濟當虚心觀之。範出其書以示左右，左右傳之示濟，濟不肯視，範心恨之。因論他事，乃發怒謂濟曰：『我祖薄德，公輩何似邪？』濟性雖强毅，亦知範剛毅，睨而不應，各罷。範於沛郡，仕次在曹真後。于時曹爽輔政，以範鄉里老宿，於九卿中特敬之，然不甚親也。及宣王起兵，閉城門，以範為曉事，乃指召之，欲使領中領軍。範欲應召，而其子諫之，以車駕在外，不如南出。範疑有頃，兒又促之。範欲去而司農丞吏皆止範。範不從，乃突出至平昌城門，城門已閉。門候司蕃，故範舉吏也，範呼之，舉手中版以示之，矯曰：『有詔召我，卿促開門！』蕃欲求見詔書，範呵之，言『卿非我故吏邪，何以敢爾？』乃開之。範出城，顧謂蕃曰：『太傅圖逆，卿從我去！』蕃徒行不能及，遂避側。範南見爽，勸爽兄弟以天子詣許昌，徵四方以自輔。爽疑，羲又無言。範自謂羲曰：『事昭然，卿用讀書何為邪！於今日卿等門户倒矣！』俱不言。範又謂羲曰：『卿別營近在闕南，洛陽典農治在城外，呼召如意。今詣許昌，不過中宿，許昌別庫，足相被假；所憂當在穀食，而大司農印章在我身。』羲兄弟默然不從，中夜至五鼓，爽乃投刀於地，謂諸從駕羣臣曰：『我度太傅意，亦不過欲令我兄弟向己也。我獨有以不合於遠近耳！』遂進謂帝曰：『陛下作詔免臣官，報皇太后令。』範知爽首免而己必坐唱義也。範乃曰：『老子今兹坐卿兄弟族矣！』爽等既免，帝還宫，遂令範隨從。到洛水浮橋北，望見宣王，下車叩頭而無言。宣王呼範姓曰：『桓大夫何為爾邪！』車駕入宫，有詔範還復位。範詣闕拜章謝，待報。會司蕃詣鴻臚自首，具説範前臨出所道。宣王乃忿然曰：『誣人以反，於法何應？』主者曰：『科律，反受其罪。』乃收範於闕下。時人持範甚急，範謂部官曰：『徐之，我亦義士耳。』遂送廷尉。《世語》曰：初，爽夢二虎銜雷公，雷公若二升碗，放著庭中。爽惡之，以問占者，靈臺丞馬訓曰：『憂兵。』訓退，告其妻曰：『爽將以兵亡，不出旬日。』《漢晉春秋》曰：安定皇甫謐以九年冬夢至洛陽，自廟出，見車騎甚衆，以物呈廟云：『誅大將軍曹爽。』寤而以告其邑人，邑人曰：『君欲作曹人之夢乎！朝無公孫强如何？且爽兄弟典重兵，又權尚書事，誰敢謀之？』謐曰：『爽無叔振鐸之請，苟失天機則離矣，何恃于强？昔漢之閻顯，倚母后之尊，權國威命，可謂至重矣，閹人十九人一旦尸之，況爽兄弟乎？』《世語》曰：初，爽出，司馬魯芝留在府，聞有事，將營騎斫津門出赴爽。爽誅，擢為御史中丞。及爽解印綬，將出，主簿楊綜止之曰：『公挾主握灌，舍此以至東市乎？』爽不從。有司奏綜導爽反，宣王曰：『各為其主也。』宥之，以為尚書郎。芝字世英，扶風人也。以後仕進至特進光禄大夫。綜字初伯，後為安東將軍司馬文王長史。臣松之案：夏侯湛為芝銘及干寶《晉紀》並云爽既誅，宣王即擢芝為幷州刺史，以綜為安東參軍。與《世語》不同。嘉平中，紹功臣世，封真族孫熙為新昌亭侯，邑三百户，以奉真後。干寶《晉紀》曰：蔣濟以曹真之勳力，不宜絕祀，故以熙為後。濟又病其言之失信於爽，發病卒。

又《何晏傳》

（何）晏，何進孫也。母尹氏，為太祖夫人。晏長於宫省，又尚公主，少以才秀知名，好老莊言，作《道德論》及諸文賦著述凡數十篇。晏字平叔。《魏略》曰：『太祖為司空時，納晏母並收養晏，其時秦宜禄兒阿蘇亦隨母在公家，並見寵如公子。蘇即朗也。蘇性謹慎，而晏無所顧憚，服飾擬於太子，故文帝特憎之，每不呼其姓字，嘗謂之為『假子』。晏尚主，又好色，故黄初時無所事任。及明帝立，頗為冗官。至正始初，曲合于曹爽，亦以才能，故爽用為散騎侍郎，遷侍中尚書。晏前以尚主，得賜爵為列侯，又其母在内，晏性自喜，動静粉白不去手，行步顧影。晏為尚書，主選舉，其宿與之有舊者，多被拔擢。《魏末傳》曰：晏婦金鄉公主，即晏同母妹。公主賢，謂其母沛王太妃曰：『晏為惡日甚，將何保身？』母笑曰：『汝得無妒晏邪！』俄而晏死。有一男，年五六歲，宣王遣人録之。晏母歸藏其子王宫中，向使者搏頰，乞白活之，使者具以白宣王。宣王亦聞晏婦有先見之言，心常嘉之；且為沛王故，特原不殺。《魏氏春秋》曰：初，夏侯玄、何晏等名盛於時，司馬景王亦預焉。晏嘗曰：『唯深也，故能通天下之志，夏侯泰初是也；唯幾也，故能成天下之務，司馬子元是也；惟神也，不疾而速，不行而至，吾聞其語，未見其人。』蓋欲以神况諸己也。初，宣王使晏與治爽等獄。晏窮治黨與，冀以獲宥。宣王曰：『凡有八族。』晏疏丁、鄧等七姓。宣王曰：『未也。』晏窮急，乃曰：『豈謂晏乎！』宣王曰：『是也。』乃收晏。臣松之案：《魏末傳》云晏取其同母妹為妻，此搢紳所不忍言，雖楚王之妻（嫂），不是甚也已。設令此言出於舊史，猶將莫之或信，況底下之書乎！案諸王公傳，沛王出自杜夫人所生。晏母姓尹，公主若與沛王同生，焉得言與晏同母？皇甫謐《列女傳》曰：爽從弟文叔，妻譙郡夏侯文寧之女，名令女。文叔早死，服闋，自以年少無子，恐家必嫁己，乃斷髮以為信。其後，家果欲嫁之，令女聞，即復以刀截兩耳，居止常依爽。及爽被誅，曹氏盡死。令女叔父上書與曹氏絕婚，强迎令女歸。時文寧為梁相，憐其少，執義，又曹氏無遺類，冀其意沮，乃微使人諷之。令女歎且泣曰：『吾亦惟之，許之是也。』家以為信，防之少懈。令女於是竊入寢室，以刀斷鼻，蒙被而臥。其母呼與語，不應，發被視之，血流滿床席。舉家驚惶，奔往視之，莫不酸鼻。或謂之曰：『人生世間，如輕塵棲弱草耳，何至辛苦乃爾！且夫家夷滅已盡，守此欲誰為哉？』令女曰：『聞仁者不以盛衰改節，義者不以存亡易心，曹氏前盛之時，尚欲保終，況今衰亡，何忍棄之！禽獸之行，吾豈為乎？』司馬宣王聞而嘉之，聽使乞子字養，為曹氏後，名顯於世。

又《夏侯玄傳》（夏侯）玄字太初。少知名，弱冠為散騎黃門侍郎。嘗進見，與皇后弟毛曾並坐，玄恥之，不悅形之於色。明帝恨之，左遷為羽林監。正始初，曹爽輔政。玄，爽之姑子也。累遷散騎常侍、中護軍。《世語》曰：玄世名知人，為中護軍，拔用武官，參戟牙門，無非俊傑，多牧州典郡。立法垂教，於今皆為後式。【略】

頃之，為征西將軍，假節都督雍、涼州諸軍事。《魏略》曰：玄既遷，司馬景王代為護軍。護軍總統諸將，任主武官選舉，前後當此官者，不能止貨賂。故蔣濟為護軍時，有謠言『欲求牙門，當得千匹；百人督，五百匹』。宣王與濟善，間以問濟，濟無以解之，因戲曰：『洛中市買，一錢不足則不行。』遂相對歡笑。玄代濟，故不能止絕人事。及景王之代玄，整頓法令，人莫犯者。與曹爽共興駱谷之役，時人譏之。爽誅，徵玄為大鴻臚，數年徙太常。玄以爽抑絀，內不得意。中書令李豐雖宿為大將軍司馬景王所親待，然私心在玄，遂結皇后父光祿大夫張緝，謀欲以玄輔政。豐既內握權柄，子尚公主，又與緝俱馮翊人，故緝信之。豐陰令弟兗州刺史翼求入朝，欲使將兵入，并力起。會翼求朝，不聽。嘉平六年二月，當拜貴人，豐等欲因御臨軒，諸門有陛兵，誅大將軍，以玄代之，以緝為驃騎將軍。豐密語黃門監蘇鑠、永寧署令樂敦、宂從僕射劉賢等曰：『卿諸人居內，多有不法，大將軍嚴毅，累以為言，張當可以為誡。』鑠等皆許以從命。《魏書》曰：玄素貴，以爽故廢黜，居常怏怏不得意。中書令李豐與玄及后父光祿大夫張緝陰謀為亂，緝與豐同郡，傾巧人也，以東莞太守召，為后家，亦不得意，故皆同謀。初，豐自以身處機密，息韜又以列侯給事中，尚齊長公主，有內外之重，心不自安。密謂韜曰：『玄既為海內重人，加以當大任，年時方壯而永見廢，又親曹爽外弟，於大將軍有嫌。吾得玄書，深以為憂。緝有才用，棄兵馬大郡，還坐家巷。各不得志，欲使汝以密計告之。』緝嘗病創臥，豐遣韜省病，韜屏人語緝曰：『韜尚公主，父子在機近，大將軍秉事，常恐不見明信，太常亦懷深憂。君侯雖有后父之尊，安危未可知，皆與韜家同慮者也，韜父欲與君侯謀之。』緝默然良久曰：『同舟之難，吾焉所逃？此大事，不捷即禍及宗族。』韜於是往報豐。密語黃門監蘇鑠等，蘇鑠等答豐：『惟君侯計。』豐言曰：『今拜貴人，諸營兵皆屯門。陛下臨軒，因此便共迫脅，將羣寮人兵，就誅大將軍。卿等當共密白此意。』鑠等曰；『陛下儻不從人，奈何？』豐等曰：『事有權宜，臨時若不信聽，便當劫將去耳。那得不從？』鑠等許諾。豐曰：『此族滅事，卿等密之。事成，卿等皆當封侯常侍也。』豐復密以告玄、緝。緝遣子邈與豐相結，同謀起事。《世語》曰：豐遣子韜以謀報玄，玄曰『宜詳之耳』，而不以告也。大將軍微聞其謀，請豐相見，豐不知而往，即殺之。《世語》曰：大將軍聞豐謀，舍人王羕請以命請豐。『豐若無備，情屈勢迫，必來，若不來，羕一人足以制之；若知謀泄，以衆挾輪長戟自衛，徑入雲龍門，挾天子登淩雲臺，臺上有三千人仗，鳴鼓會衆，如此，羕所不及也』。大將軍乃遣羕以車迎之。豐見劫迫，隨羕而至。《魏氏春秋》曰：大將軍責豐，豐知禍及，遂正色曰：『卿父子懷姦，將傾社稷，惜吾力劣，不能相禽滅耳！』大將軍怒，使勇士以刀環築豐腰，殺之。《魏略》曰：豐字安國，故衛尉李義子也。黃初中，以父任召隨軍。始為白衣時，年十七八，在鄴下名為清白，識別人物，海內翕然，莫不注意。後隨軍在許昌，聲稱日隆。其父不原其然，遂令閉門，敕使斷客。初，明帝在東宮，豐在文學中。及即尊位，得吳降人，問『江東聞中國名士為誰』？降人云：『聞有李安國者是。』時豐為黃門郎，明帝問左右安國所在，左右以豐對。帝曰：『豐名乃被于吳越邪？』後轉騎都尉、給事中。帝崩後，為永寧太僕，以名過其實，能用少也。正始中，遷侍中尚書僕射。豐在臺省，常多託疾，時臺制，疾滿百日當解祿，豐疾未滿數十日，輒暫起，已復臥，如是數歲。初，豐子韜以選尚公主，豐雖外辭之，內不甚憚也。豐弟翼及偉，仕數歲間，並歷郡守。豐嘗於人中顯誡二弟，言當用榮位為。及司馬宣王久病，偉為二千石，荒於酒，亂新平、扶風二郡而豐不召，衆人以為恃寵。曹爽專政，豐依違二公間，無有適莫，故于時有謗書曰：『曹爽之勢熱如湯，太傅父子冷如漿，李豐兄弟如游光。』其意以為豐雖外示清淨，而內圖事，有似於遊光也。及宣王奏誅爽，住車闕下，與豐相聞，豐怖，遽氣索，足委地不能起。至嘉平四年宣王終後，中書令缺，大將軍諮問朝臣：『誰可補者？』或指向豐。豐雖知此非顯選，而自以連婚國家，思附至尊，因伏不辭，遂奏用之。豐為中書二歲，帝比每獨召與語，不知所說。景王知其議己，請豐，豐不以實告，乃殺之。其事秘。豐前後仕歷二朝，不以家計為意，仰俸廩而已。韜雖尚公主，豐常約敕不得有所侵取，時得賜錢帛，輒以外施親族；及得賜宮人，多與子弟，而豐皆以與諸外甥。及死後，有司籍其家，家無餘積。《魏氏春秋》曰：夜送豐屍付廷尉，廷尉鍾毓不受，曰：『非法官所治也。』以其狀告，且敕之，乃受。帝怒，將問豐死意，太后懼，呼帝入，乃止。遣使收翼。《世語》曰：翼後妻，散騎常侍荀廙姊，謂翼曰：『中書事發，可及書未至赴吳，何為坐取死亡！左右可共同赴水火者誰？』翼思未答，妻曰：『君在大州，不知可與同死生者，去亦不免。』翼曰：『二兒小，吾不去。今但從坐，身死，二兒必免。』果如翼言。翼子斌，楊駿外甥也。晉惠帝初，為河南尹，與駿俱死，見《晉書》。事下有司，收玄、緝、鑠、敦、賢等送廷尉。《世語》曰：玄至廷尉，不肯下辭。廷尉鍾毓自臨治玄。玄正色責毓曰：『吾當何辭？卿為令史責人也，卿便為吾作。』毓以其名士，節高不可屈，而獄當竟，夜為作辭，令與事相附，流涕以示玄。玄視，頷之而已。毓弟會，年少於玄，玄不與交，是日於毓坐狎玄，玄不受。孫盛《雜語》曰：玄在囹圄，會因欲狎而友玄，玄正色曰：『鍾君何相偪如此也！』廷尉鍾毓奏：『豐等謀迫脅至尊，擅誅冢宰，大逆無道，請論如法。』於是會公卿朝臣廷尉議，咸以為『豐等各受殊寵，典綜機密，緝承外戚椒房之尊，玄備世臣，並居列位，而包藏禍心，構圖凶逆，交關閹豎，授以姦計，畏憚天威，不敢顯謀，乃欲要君脅上，肆其詐虐，謀誅良輔，擅相建立，將以傾覆京室，顛危社稷。毓所正皆如科律，報毓施行』。詔書：『齊長公主，先帝遺愛，原其三子死命。』於是豐、玄、緝、敦、賢等皆夷三族，《魏書》曰：豐子韜，以尚主，賜死獄中。其餘親屬徙樂浪郡。玄格量弘濟，臨斬東市，顏色不變，舉動自若，時年四十六。《魏略》曰：玄自從西還，不交人事，不蓄華妍。《魏氏春秋》曰：初，夏侯霸將奔蜀，呼玄欲與之俱。玄曰：『吾豈苟存自客於寇虜乎？』遂還京師。太傅薨，許允謂玄曰：『無復憂矣。』玄歎曰：『士宗，卿何不見事乎？此人猶能以通家年少遇我，子元、子上不吾容也。』玄嘗著樂毅、張良及本無肉刑論，辭旨通遠，咸傳於世。玄之執也，衛將軍司馬文王流涕請之，大將軍曰：『卿忘會趙司空葬乎？』先是，司空趙儼薨，大將軍兄弟會葬，賓客以百數，玄時後至，衆賓客咸越席而迎，大將軍由是惡之。臣松之案：曹爽以正始五年伐蜀，時玄已為關中都督，至十年，爽誅滅後，方還洛耳。案少帝紀，司空趙儼以六年亡，玄則無由得會儼葬，若云玄入朝，紀、傳又無其事。斯近妄不實。正元中，紹功臣世，封尚從孫本為昌陵亭侯，邑三百户，以奉尚後。

初，中領軍高陽許允與豐、玄親善。先是有許作尺一詔書，以玄為大將軍，允為太尉，共録尚書事。有何人天未明乘馬以詔版付允門吏，曰『有詔』，因便馳走。允即投書燒之，不以開呈司馬景王。後豐等事覺，徙允為鎮北將軍，假節督河北諸軍事。未發，以放散官物，收付廷尉，徙樂浪，道死。《魏略》曰：允字士宗，世冠族。父據，仕歷典農校尉、郡守。允少與同郡崔贊俱發名於冀州，召入軍。明帝時為尚書選曹郎，與陳國袁侃對，同坐職事，皆收送獄，詔旨嚴切，當有死者，正直者為重。允謂侃曰：『卿，功臣之子，法應八議，不憂死也。』侃知其指，乃為受重。允刑竟復吏，出為郡守，稍遷為侍中尚書中領軍。允聞李豐等被收，欲往見大將軍，已出門，回遑不定，中道還取袴，豐等已收訖。大將軍聞允前遽，怪之曰：『我自收豐等，不知士大夫何為忽忽乎？』是時朝臣遽者多耳，而衆人咸以為意在允也。會鎮北將軍劉靜卒，朝廷以允代靜。已受節傳，出止外舍。大將軍與允書曰：『鎮北雖少事，而都典一方，念足下震華鼓，建朱節，歷本州，此所謂著繡晝行也。』允心甚悦，與臺中相聞，欲易其鼓吹旌旗。其兄子素頗聞衆人說允前見嫌意，戒允『但當趣耳，用是為邪』！允曰：『卿俗士不解，我以榮國耳，故求之。』帝以允當出，乃詔會羣臣，羣臣皆集，帝特引允以自近；允前為侍中，顧當與帝别，涕泣歔欷。會訖，罷出，詔促允令去。會有司奏允前擅以廚錢穀乞諸俳及其官屬，故遂收送廷尉，考問竟，（故）減死徙邊。允以嘉平六年秋徙，妻子不得自隨，行道未到，以其年冬死。《魏氏春秋》曰：允為吏部郎，選郡守。明帝疑其所用非次，召入，將加罪。允妻阮氏跣出，謂曰：『明主可以理奪，難以情求。』允頷之而入。帝怒詰之，允對曰：『某郡太守雖限滿文書先至，年限在後，［某守雖後］，日限在前。』帝前取事視之，乃釋遣出。望其衣敗，曰：『清吏也。』賜之。允之出為鎮北也，喜謂其妻曰：『吾知免矣！』妻曰：『禍見於此，何免之有？』允善相印，將拜，以印不善，使更刻之，如此者三。允曰：『印雖始成而已被辱。』問送印者，果懷之而墜於廁。相印書曰：『相印法本出陳長文，長文以語韋仲將，印工楊利從仲將受法，以語許士宗。利以法術占吉凶，十可中八九。仲將問長文「從誰得法」？長文曰：「本出漢世，有相印、相笏經，又有鷹經、牛經、馬經。印工宗養以法語程申伯，是故有一十二家相法傳於世。」」允妻阮氏賢明而醜，允始見愕然，交禮畢，無復入意。妻遣婢覘之，云『有客姓桓』，妻曰：『是必桓範，將勸使入也。』既而範果勸之。允入，須臾便起，妻捉裾留之。允顧謂婦曰：『婦有四德，卿有其幾？』婦曰：『新婦所乏唯容。士有百行，君有其幾？』許曰：『皆備。』婦曰：『士有百行，以德為首，君好色不好德，何謂皆備？』允有慚色，知其非凡，遂雅相親重。生二子，奇、猛，少有令聞。允後為景王所誅，門生走入告其婦，婦正在機，神色不變，曰：『早知爾耳。』門生欲藏其子，婦曰：『無預諸兒事。』後移居墓所，景王遣鍾會看之，若才藝德能及父，當收。兒以語母，母答：『汝等雖佳，才具不多，率胸懷與會語，便自無憂，不須極哀，會止便止。又可多少問朝事。』兒從之。會反命，具以狀對，卒免其禍，皆母之教也。雖會之識鑑，而輸賢婦之智也。果慶及後嗣，追封子孫而已。《世語》曰：允二子：奇字子泰，猛字子豹，並有治理才學。晉元康中，奇為司隸校尉，猛幽州刺史。傅暢《晉諸公贊》曰：猛禮樂儒雅，當時最優。奇子遐，字思祖，以清尚稱，位至侍中。猛子式，字儀祖，有才幹，至濮陽內史、平原太守。

清河王經亦與允俱稱冀州名士。甘露中為尚書，坐高貴鄉公事誅。始經為郡守，經母謂經曰：『汝田家子，今仕至二千石，物太過不祥，可以止矣。』經不能從，歷二州刺史，司隸校尉，終以致敗。《世語》曰：經字（彥偉）〔彥緯〕，初為江夏太守。大將軍曹爽附絹二十匹令交市于吳，經不發書，棄官歸。母問歸狀，經以實對。母以經典兵馬而擅去，對送吏杖經五十，爽聞，不復罪。經為司隸校尉，辟河內向雄為都官從事，王業之出，不申經（竟）以及難。經刑於東市，雄哭之，感動一市。刑及經母，雍州故吏皇甫晏以家財收葬焉。《漢晉春秋》曰：經被收，辭母。母顏色不變，笑而應曰：『人誰不死？往所以不止汝者，恐不得其所也。以此并命，何恨之有哉？』晉武帝太始元年詔曰：『故尚書王經，雖身陷法辟，然守志可嘉。門戶堙没，意常愍之，其賜經孫郎中。』允友人同郡崔贊，亦嘗以處世太盛戒允云。荀綽《冀州記》曰：贊子洪，字良伯，清恪有匪躬之志，為晉吏部尚書、大司農。

又　卷一四《魏志·劉放傳》　其年，帝寢疾，欲以燕王宇為大將軍，及領軍將軍夏侯獻、武衛將軍曹爽、屯騎校尉曹肇、驍騎將軍秦朗共輔政。宇性恭良，陳誠固辭。帝引見放、資，入臥內，問曰：『燕王正爾為？』放、資對曰：『燕王實自知不堪大任故耳。』帝曰：『曹爽可代宇不？』放、資因贊成之。又深陳宜速召太尉司馬宣王，以綱維皇室。帝納其言，即以黃紙授放作詔。放、資既出，帝意復變，詔止宣王勿使來。尋更見放、資曰：『我自召太尉，而曹肇等反使吾止之，幾敗吾事！』命更為詔，帝獨召爽與放、資俱受詔命，遂免宇、獻、肇、朗官。太尉亦至，登床受詔，然後帝崩。《世語》曰：放、資久典機任，獻、肇心內不平。殿中有雞棲樹，二人相謂：『此亦久矣，其能復幾？』指謂放、資。放、資懼，乃勸帝召宣王。帝作手詔，令給使辟邪至，以授宣王。宣王在汲，獻等先詔令於軹關西還長安，辟邪又至，宣王疑有變，呼辟邪具問，乃乘追鋒車馳至京師。帝問放、資：『誰可與太尉對者？』放曰：『曹爽。』帝曰：『堪其事不？』爽在左右，流汗不能對。放躡其足，耳之曰：『臣以死奉社稷。』曹肇弟纂為大將軍司馬，燕王頗失指。肇出，纂見，驚曰：『上不安，云何悉共出？宜還。』已暮，放、資宣詔宮門，不得復內肇等，罷燕王。肇明日至門，不得入，懼，詣延尉，以處事失宜免。帝謂獻曰：『吾已差，便出。』獻流涕而出，亦免。案《世語》所云樹置先後，與本傳不同。《資別傳》曰：帝詔資曰：『吾年稍長，又歷觀書傳中，皆歎息無所不念。圖萬年後計，莫過使親人廣據職勢，兵任又重。今射聲校尉缺，久欲得親人，誰可用者？』資曰：『陛下思深慮遠，誠非愚臣所及。書傳所載，皆聖聽所究，向使漢高不知平、勃能安劉氏，孝武不識金、霍付屬以事，殆不可言！文皇帝始召曹真還時，親詔臣以重慮，及至晏駕，陛下即阼，猶有曹休外內之望，賴遭日月，御勒不傾，使各守分職，纖介不間。以此推之，親臣貴戚，雖當據勢握兵，宜使輕重素定。若諸侯典兵，力均衡平，寵齊愛等，則不相為服；不相為服，則意有異同。今五營所領見兵，常不過數百，選授校尉，如其輩類，為有疇匹。至於重大之任，能有所維綱者，宜以聖恩簡擇，如平、勃、金、霍、劉章等一二人，漸殊其威重，使相鎮固，於事為善。』帝曰：『然。如卿言，當為吾遠慮所圖。今日可參平、勃，侔金、霍，雙劉章者，其誰哉？』資曰：『臣聞知人則哲，惟帝難之。唐虞之聖，凡所進用，明試以功。陳平初事漢祖，絳、灌等謗平有受金盜嫂之罪。周勃以吹簫引強，始事高祖，亦未知名也；高祖察其行迹，然後知可付以大事。霍光給事中二十餘年，小心謹慎，乃見親信。日磾夷狄，以至孝質直，特見擢用，左右尚曰「妄得一胡兒而重貴之」。平、勃雖安漢嗣，其終，勃被反名，平劣自免於呂須之讒。上官桀、桑弘羊與霍光爭權，幾成禍亂。此誠知人之不易，為臣之難也。又所簡擇，當得陛下所親，當得陛下所信，誠非愚臣之所能識別。』臣松之以為孫、劉于時號為專任，制斷機密，政事無不綜。資、放被託付之問，當安危所斷，而更依違其對，無有適莫。受人親任，理豈得然？案本傳及諸書並云放、資稱讚曹爽，勸召宣王，魏室之亡，禍基於此。資之別傳，出自其家，欲以是言掩其大失，然恐負國之玷，終莫能磨也。齊王即位，以放、資決定大謀，增邑三百，放并前千一百，資千户；封愛子一人亭侯，次子騎都尉，餘子皆郎中。

《晉書》卷一《宣帝紀》 魏文帝即位，封河津亭侯，轉丞相長史。【略】及魏受漢禪，以帝為尚書。頃之，轉督軍、御史中丞，封安國鄉侯。【略】

（黄初）五年，天子南巡，觀兵吴疆。帝留鎮許昌，改封向鄉侯，轉撫軍、假節，領兵五千，加給事中、録尚書事。帝固辭。天子曰：『吾於庶事，以夜繼晝，無須臾寧息。此非以為榮，乃分憂耳。』【略】

及天子疾篤，帝與曹真、陳羣等見於崇華殿之南堂，並受顧命輔政。詔太子曰：『有間此三公者，慎勿疑之。』明帝即位，改封舞陽侯。【略】

（景初二年。）初，帝至襄平，夢天子枕其膝，曰：『視吾面。』俯視有異于常，心惡之。先是，詔帝便道鎮關中；及次白屋，有詔召帝，三日之間，詔書五至。手詔曰：『間側息望到，到便直排閤入，視吾面。』帝大遽，乃乘追鋒車晝夜兼行，自白屋四百餘里，一宿而至。引入嘉福殿臥內，升御床。帝流涕問疾，天子執帝手，目齊王曰：『以後事相托。死乃復可忍，吾忍死待君，得相見，無所復恨矣。』與大將軍曹爽並受遺詔輔少主。及齊王即帝位，遷侍中、持節、都督中外諸軍、録尚書事，與爽各統兵三千人，共執朝政，更直殿中，乘輿入殿。爽欲使尚書奏事先由己，乃言于天子，徙帝為大司馬。朝議以為前後大司馬累薨于位，乃以帝為太傅。入殿不趨，贊拜不名，劍履上殿，如漢蕭何故事。嫁娶喪葬取給於官，以世子師為散騎常侍，子弟三人為列侯，四人為騎都尉。帝固讓子弟官不受。

魏正始元年春正月，東倭重譯納貢，焉耆、危須諸國，弱水以南，鮮卑名王，皆遣使來獻。天子歸美宰輔，又增帝封邑。【略】

（二年）秋七月，增封食郾、臨潁，并前四縣，邑萬户，子弟十一人皆為列侯。【略】

三年春，天子追封，謚皇考京兆尹為舞陽成侯。【略】

（六年）冬十二月，天子詔帝朝會乘輿升殿。

（嘉平元年春正月）乃收爽兄弟及其黨與何晏、丁謐、鄧颺、畢軌、李勝、桓範等誅之。【略】二月，天子以帝為丞相，增封潁川之繁昌、鄢陵、新汲、父城，并前八縣，邑二萬户，奏事不名。固讓丞相。冬十二月，加九錫之禮，朝會不拜。固讓九錫。

二年春正月，天子命帝立廟於洛陽，置左右長史，增掾屬、舍人滿十人，歲舉掾屬任御史、秀才各一人，增官騎百人，鼓吹十四人，封子肜平樂亭侯，倫安樂亭侯。帝以久疾不任朝請，每有大事，天子親幸第以諮訪焉。【略】

（三年）悉録魏諸王公置於鄴，命有司監察，不得交關。天子遣侍中韋誕持節勞軍于五池。帝至自甘城，天子又使兼大鴻臚、太僕庾嶷持節，策命帝為相國，封安平郡公，孫及兄子各一人為列侯，前後食邑五萬户，侯者十九人。固讓相國、郡公不受。六月，帝寢疾，夢賈逵、王淩為祟，甚惡之。秋八月戊寅，崩于京師，時年七十三。天子素服臨弔，喪葬威儀依漢霍光故事，追贈相國、郡公。弟孚表陳先志，辭郡公及轀輬車。【略】晉國初建，追尊曰宣王。武帝受禪，上尊號曰宣皇帝，陵曰高原，廟稱高祖。

帝【略】及平公孫文懿，大行殺戮。誅曹爽之際，支黨皆夷及三族，男女無少長，姑姊妹女子之適人者皆殺之，既而竟遷魏鼎云。

明帝時，王導侍坐。帝問前世所以得天下，導乃陳帝創業之始，用文帝末高貴鄉公事。明帝以面覆床曰：『若如公言，晉祚復安得長遠！』迹其猜忍，蓋有符于狼顧也。

又 卷二《景帝紀》 宣帝之將誅曹爽，深謀秘策，獨與帝潛畫，文帝弗之知也。將發夕乃告之，既而使人覘之，帝寢如常，而文帝不能安席。晨會兵司馬門，鎮靜內外，置陣甚整。宣帝曰：『此子竟可也。』初，帝陰養死士三千，散在人間，至是一朝而集，衆莫知所出也。事平，以功封長平鄉侯，食邑千户，尋加衛將軍。及宣帝薨，議者咸云『伊尹既卒，伊陟嗣事』，天子命帝以撫軍大將軍輔政。魏嘉平四年春正月，遷大將軍，加侍中，持節、都督中外諸軍、録尚書事。命百官舉賢才，明少長，恤窮獨，理廢滯。【略】

正元元年春正月，天子與中書令李豐、后父光祿大夫張緝、黄門監蘇鑠、永寧署令樂敦、冗從僕射劉寶賢等謀以太常夏侯玄代帝輔政。帝密知之，使舍人王羨以車迎豐。豐見迫，隨羨而至，帝數之。豐知禍及，因肆惡言。帝怒，遣勇士以刀鐶築殺之。逮捕玄、緝等，皆夷三族。三月，乃諷天子廢皇后張氏，因下詔曰：『姦臣李豐等靖譖庸回，陰構凶慝。大將軍糾虔天刑，致之誅辟。周勃之克呂氏，霍光之擒上官，曷以過之。其增邑九千户，并前四萬。』帝讓不受。天子以玄、緝之誅，深不自安。而帝亦慮難作，潛謀廢立，乃密諷魏永寧太后。秋九月甲戌，太后下令曰：『皇帝春秋已長，不親萬機，耽淫内寵，沈嫚女德，日近倡優，縱其醜虐，迎六宫家人留止内房，毁人倫之敘，亂男女之節。又為羣小所迫，將危社稷，不可承奉宗廟。』帝召羣臣會議，流涕曰：『太后令如是，諸君其如王室何？』咸曰：『伊尹放太甲以寧殷，霍光廢昌邑以安漢，權定社稷，以清四海。二代行之于古，明公當之於今，今日之事，惟命是從。』帝曰：『諸君見望者重，安敢避之？』乃與羣公卿士共奏太后曰：『臣聞天子者，所以濟育羣生，永安萬國。皇帝春秋已長，未親萬機，日使小優郭懷、袁信等裸袒淫戲。又於廣望觀下作遼東妖婦，道路行人莫不掩目。清商令令狐景諫帝，帝燒鐵炙之。太后遭合陽君喪，帝嬉樂自若。清商丞龐熙諫帝，帝弗聽。太后還北宫，殺張美人，帝甚恚望。熙諫，帝怒，復以彈彈熙。每文書入，帝不省視。太后令帝在式乾殿講學，帝又不從。不可以承天序。臣請依漢霍光故事，收皇帝璽綬，以齊王歸藩。』奏可，於是有司以太牢策告宗廟，王就乘輿副車，羣臣從至西掖門。帝泣曰：『先臣受歷世殊遇，先帝臨崩，托以遺詔。臣復忝重任，不能獻可替否。羣公卿士，遠罹舊典，為社稷深計，寧負聖躬，使宗廟血食。』於是使使者持節衛送，舍河内之重門，誅郭懷、袁信等。是日，與羣臣議所立。帝曰：『方今宇宙未清，二虜爭衡，四海之主，惟在賢哲。彭城王據，太祖之子，以賢，則仁聖明允；以年，則皇室之長。天位至重，不得其才，不足以寧濟六合。』乃與羣公奏太后。太后以彭城王先帝諸父，于昭穆之序為不次，則烈祖之世永無承嗣。東海定王，明帝之弟，欲立其子高貴鄉公髦。帝固爭不獲，乃從太后令，遣使迎高貴鄉公於元城而立之，改元曰正元。天子受璽惰，舉趾高，帝聞而憂之。及將大會，帝訓於天子曰：『夫聖王重始，正本敬初，古人所慎也。明當大會，萬衆瞻穆穆之容，公卿聽玉振之音。《詩》云：「示人不佻，是則是效。」易曰：「出其言善，則千里之外應之」。雖禮儀周備，猶宜加之以祗恪，以副四海顒顒式仰。』癸巳，天子詔曰：『朕聞創業之君，必須股肱之臣；守文之主，亦賴匡佐之輔。是故文武以呂召彰受命之功，宣王倚山甫享中興之業。大將軍世載明德，應期作輔。遭天降險，帝室多難，齊王莅政，不迪率典。公履義執忠，以寧區夏，式是百辟，總齊庶事。内摧寇虐，外靜姦宄，日昃憂勤，劬勞夙夜。德聲光於上下，勳烈施于四方。深惟大議，首建明策，權定社稷，援立朕躬，宗廟獲安，億兆慶賴。伊摯之保乂殷邦，公旦之綏寧周室，蔑以尚焉。朕甚嘉之。夫德茂者位尊，庸大者禄厚，古今之通義也。其登位相國，增邑九千，并前四萬户；進號大都督、假黄鉞，入朝不趨，奏事不名，劍履上殿；賜錢五百萬，帛五千匹，以彰元勳。』帝固辭相國。又上書訓于天子曰：『荆山之璞雖美，不琢不成其寶；顔冉之才雖茂，不學不弘其量。仲尼有云：「予非生而知之者，好古敏以求之者也。」仰觀黄軒五代之主，莫不有所稟則，顓頊受學於緑圖，高辛問道于柏招。逮至周成，旦望作輔，故能離經辯志，安道樂業。夫然，故君道明於上，兆庶順於下。刑措之隆，實由於此。宜遵先王下問之義，使講誦之業屢聞於聽，典謨之言日陳於側也。』時天子頗修華飾，帝又諫曰：『履端初政，宜崇玄樸。』並敬納焉。十一月，有白氣經天。

二年春正月，有彗星見於吴楚之分，西北竟天。鎮東大將軍毋丘儉、揚州刺史文欽舉兵作亂，矯太后令移檄郡國，為壇盟於西門之外，各遣子四人質于吴以請救。二月，儉、欽帥衆六萬，渡淮而西。帝會公卿謀征討計，朝議多謂可遣諸將擊之，王肅及尚書傅嘏、中書侍郎鍾會勸帝自行。戊午，帝統中軍步騎十餘萬以征之。倍道兼行，召三方兵，大會于陳許之郊。甲申，次於隱橋，儉將史招、李績相次來降。儉、欽移入項城，帝遣荆州刺史王基進據南頓以逼儉。帝深壁高壘，以待東軍之集。諸將請進軍攻其城，帝曰：『諸君得其一，未知其二。淮南將士本無反志。且儉、欽欲蹈縱横之迹，習儀秦之説，謂遠近必應。而事起之日，淮北不從，史招、李績前後瓦解。内乖外叛，自知必敗，困獸思鬬，速戰更合其志。雖云必克，傷人亦多。且儉等欺誑將士，詭變萬端，小與持久，詐情自露，此不戰而克之也。』乃遣諸葛誕督豫州諸軍自安風向壽春，征東將軍胡遵督青、徐諸軍出譙宋之間，絕其歸路。帝屯汝陽，遣兗州刺史鄧艾督太山諸軍進屯樂嘉，示弱以誘之。欽進軍將攻艾，帝潛軍銜枚，輕造樂嘉，與欽相遇。欽子鴦，年十八，勇冠三軍，謂欽曰：『及其未定，請登城鼓噪，擊之可破也。』既謀而行，三噪而欽不能應，鴦退，相與引而東。帝謂諸將曰：『欽走矣。』命發鋭軍以追之。諸將皆曰：『欽舊將，鴦少而鋭，引軍內入，未有失利，必不走也。』帝曰：『一鼓作氣，再而衰，三而竭。鴦三鼓，欽不應，其勢已屈，不走何待？』欽將遁，鴦曰：『不先折其勢，不得去也。』乃與驍騎十餘摧鋒陷陣，所向皆披靡，遂引去。帝遣左長史司馬璉督驍騎八千翼而追之，使將軍樂林等督步兵繼其後。比至沙陽，頻陷欽陣，弩矢雨下，欽蒙盾而馳。大破其軍。衆皆投戈而降，欽父子與麾下走保項。儉聞欽敗，棄衆宵遁淮南。安風津都尉追儉，斬之，傳首京都。欽遂奔吴，淮南平。

初，帝目有瘤疾，使醫割之。鴦之來攻也，驚而目出。懼六軍之恐，蒙之以被，痛甚，齧被敗而左右莫知焉。閏月疾篤，使文帝總統諸軍。辛亥，崩于許昌，時年四十八。二月，帝之喪至自許昌，天子素服臨弔，詔曰：『公有濟世寧國之勳，克定禍亂之功，重之以死王事，宜加殊禮。其令公卿議制。』有司議以為忠安社稷，功濟宇內，宜依霍光故事，追加大司馬之號以冠大將軍，增邑五萬户，謚曰武公。文帝表讓曰：『臣亡父不敢受丞相相國九命之禮，亡兄不敢受相國之位，誠以太祖常所階歷也。今謚與二祖同，必所祗懼。昔蕭何、張良、霍光咸有匡佐之功，何謚文終，良謚文成，光謚宣成。必以文武為謚，請依何等就加。』詔許之，謚曰忠武。晉國既建，追尊曰景王。武帝受禪，上尊號曰景皇帝，陵曰峻平，廟稱世宗。

又 《文帝紀》 文皇帝諱昭，字子上，景帝之母弟也。魏景初二年，封新城鄉侯。正始初，為洛陽典農中郎將。值魏明奢侈之後，帝蠲除苛碎，不奪農時，百姓大悅。轉散騎常侍。【略】及誅曹爽，帥衆衛二宫，以功增邑千户。

甘露元年春正月，加大都督，奏事不名。夏六月，進封高都公，地方七百里，加之九錫，假斧鉞，進號大都督，劍履上殿。又固辭不受。秋八月庚申，加假黃鉞，增封三縣。

二年夏五月辛未，鎮東大將軍諸葛誕殺揚州刺史樂綝，以淮南作亂。【略】秋七月，奉天子及皇太后東征。【略】

三年春正月壬寅，誕、欽等出攻長圍，諸軍逆擊，走之。【略】二月乙酉，攻而拔之，斬誕，夷三族。【略】五月，天子以并州之太原上黨西河樂平新興雁門、司州之河東平陽八郡，地方七百里，封帝為晉公，加九錫，進位相國，晉國置官司焉。九讓，乃止。於是增邑萬户，食三縣，諸子之無爵者皆封列侯。【略】

景元元年夏四月，天子復命帝爵秩如前，又讓不受。天子既以帝三世宰輔，政非己出，情不能安，又慮廢辱，將臨軒召百僚而行放黜。五月戊子夜，使冗從僕射李昭等發甲於陵雲臺，召侍中王沈、散騎常侍王業、尚書王經，出懷中黃素詔示之，戒嚴俟旦。沈、業馳告於帝，帝召護軍賈充等為之備。天子知事泄，帥左右攻相府，稱有所討，敢有動者族誅。相府兵將止不敢戰，賈充叱諸將曰：『公畜養汝輩，正為今日耳！』太子舍人成濟抽戈犯蹕，刺之，刃出於背，天子崩于車中。帝召百僚謀其故，僕射陳泰不至。帝遣其舅荀顗輿致之，延于曲室，謂曰：『玄伯，天下其如我何？』泰曰：『惟腰斬賈充，微以謝天下。』帝曰：『卿更思其次。』泰曰：『但見其上。不見其次。』於是歸罪成濟而斬之。太后令曰：『昔漢昌邑王以罪發為庶人，此兒亦宜以庶人禮葬之，使外內咸知其所行也。』殺尚書王經，貳於我也。庚寅，帝奏曰：『故高貴鄉公帥從駕人兵，拔刃鳴鼓向臣所，臣懼兵刃相接，即敕將士不得有所傷害，違令者以軍法從事。騎督成倅弟太子舍人濟入兵陣，傷公至隕。臣聞人臣之節，有死無貳，事上之義，不敢逃難。前者變故卒至，禍同發機，誠欲委身守死，惟命所裁。然惟本謀，乃欲上危皇太后，傾覆宗廟。臣忝當元輔，義在安國，即駱驛申敕，不得迫近輿輦。而濟妄入陣間，以致大變，哀怛痛恨，五內摧裂。濟干國亂紀，罪不容誅，輒收濟家屬，付廷尉。』太后從之，夷濟三族。與公卿議，立燕王宇之子常道鄉公璜為帝。六月，改元。丙辰，天子進帝為相國，封晉公，增十郡，加九錫如初，羣從子弟未侯者封亭侯，賜錢千萬，帛萬匹。固讓，乃止。冬十一月，吳吉陽督蕭慎以書詣鎮東將軍石苞偽降，求迎。帝知其詐也，使苞外示迎之，而內為之備。

二年秋八月甲寅，天子使太尉高柔授帝相國印綬，司空鄭沖致晉公茅土九錫，固辭。

三年夏四月，肅愼來獻楛矢、石砮、弓甲、貂皮等，天子命歸於大將軍府。

四年春二月丁丑，天子復命帝如前，又固讓。三月，詔大將軍府增置司馬一人，從事中郎二人，舍人十人。夏，帝將伐蜀，乃謀衆曰：『自定壽春已來，息役六年，治兵繕甲，以擬二虜。略計取吳，作戰船，通水道，當用千餘萬功，此十萬人百數十日事也。又南土下濕，必生疾疫。今宜先取蜀，三年之後，在巴蜀順流之勢，水陸並進，此滅虞定虢，吞韓并魏之勢也。計蜀戰士九萬，居守成都及備他郡不下四萬，然則餘衆不過五萬。今絆姜維於遝中，使不得東顧，直指駱谷，出其空虛之地，以襲漢中。彼若嬰城守險，兵勢必散，首尾離絶。舉大衆以屠城，散鋭卒以略野，劍閣不暇守險，關頭不能自存。以劉禪之暗，而邊城外破，士女内震，其亡可知也。』征西將軍鄧艾以為未有釁，屢陳異議。帝患之，使主簿師纂為艾司馬以喻之，艾乃奉命。於是征四方之兵十八萬，使鄧艾自狄道攻姜維於遝中，雍州刺史諸葛緒自祁山軍于武街，絶維歸路，鎮西將軍鍾會帥前將軍李輔、征蜀護軍胡烈等自駱谷襲漢中。秋八月，軍發洛陽，大賚將士，陳師誓衆。將軍鄧敦謂蜀未可討，帝斬以徇。九月，又使天水太守王頎攻維營，隴西太守牽弘邀其前，金城太守楊頎趣甘松。鍾會分為二隊，入自斜谷，使李輔圍王含于樂城，又使步將易愷攻蔣斌于漢城。會直指陽安，護軍胡烈攻陷關城。姜維聞之，引還，王頎追敗維于彊川。維與張翼、廖化合軍守劍閣，鍾會攻之。冬十月，天子以諸侯獻捷交至，乃申前命曰：

朕以寡德，獲承天序，嗣我祖宗之洪烈。遭家多難，不明於訓。曩者姦逆屢興，方寇内侮，大懼淪喪四海，以隳三祖之弘業。惟公經德履哲，明允廣深，迪宣武文，世作保傅，以輔乂皇家。櫛風沐雨，周旋征伐，劬勞王室，二十有餘載。毗翼前人，乃斷大政，克厭不端，維安社稷。暨儉、欽之亂，公綏援有衆，分命興師，統紀有方，用緝寧淮浦。其後巴蜀屢侵，西土不靖，公奇畫指授，制勝千里。是以段谷之戰，乘釁大捷，斬將搴旗，效首萬計。孫峻猾夏，致寇徐方，戎車首路，威靈先邁，黄鉞未啓，鯨鯢竄迹。孫壹構隙，自相疑阻，幽鑒遠照，奇策洞微，遠人歸命，作藩南夏，爰授鋭卒，畢力戎行。暨諸葛誕，滔天作逆，稱兵揚楚，欽、咨逋罪，同惡相濟，帥其蝥賊，以入壽春，憑阻淮山，敢距王命。公躬擐甲冑，龔行在罰，玄謀廟算，遵養時晦。奇兵震擊，而朱異摧破；神變應機，而全琮稽服；取亂攻昧，而高墉不守。兼九伐之弘略，究五兵之正度，用能戰不窮武，而大敵殲潰；旗不再麾，而元惡授首。收勍吳之雋臣，係亡命之逋虜。交臂屈膝，委命下吏，俘馘十萬積屍成京。雪宗廟之滯耻，拯兆庶之艱難。掃平區域，信威吳會，遂戢干戈，靖我疆土，天地鬼神，罔不獲乂。乃者王室之難，變起蕭牆，賴公之靈，弘濟艱險。宗廟危而獲安，社稷墜而復寧。忠格皇天，功濟六合。是用疇咨古訓，稽諸典籍，命公崇位相國，加於羣後，啓土參墟，封以晉域。所以方軌齊魯，翰屏帝室。而公遠蹈謙損，深履沖讓，固辭策命，至於八九。朕重違讓德，抑禮虧制，以彰公志，於今四載。上闕在昔建侯之典，下違兆庶具瞻之望。

惟公嚴虔王度，闡濟大猷，敦尚純樸，省繇節用，務穡勸分，九野康乂。耆叟荷崇養之德，鰥寡蒙矜恤之施，仁風興於中夏，流澤布於遐荒。是以東夷西戎，南蠻北狄，狂狡貪悍，世為寇讎者，皆感義懷惠，款塞内附，或委命納貢，或求置官司。九服之外，絶域之氓，曠世所希至者，咸浮海來享，鼓舞王德，前後至者八百七十餘萬口。海隅幽裔，無思不服；雖西旅遠貢，越裳九譯，義無以逾。維翼朕躬，下匡萬國，思靖殊方，寧濟八極。以庸蜀未賓，蠻荊作猾，潛謀獨斷，整軍經武。簡練將帥，授以成策，始踐賊境，應時摧陷。狂狡奔北，首尾震潰，禽其戎帥，屠其城邑。巴漢震疊，江源雲徹，地平天成，誠在斯舉。公有濟六合之勳，加以茂德，實總百揆，允釐庶政。敦五品以崇仁，恢六典以敷訓。而靖恭夙夜，勞謙昧旦，雖尚父之左右文武，周公之勤勞王家，罔以加焉。

昔先王選建明德，光啓諸侯，體國經野，方制五等。所以藩翼王畿，垂祚百世也。故齊魯之封，于周為弘，山川土田，邦畿七百，官司典策，制殊羣後。惠襄之難，桓文以翼戴之勞，猶受錫命之禮，咸用光疇大德，作範于後。惟公功邁於前烈，而賞闕於舊式，百辟於邑，人神同恨焉，豈可以公謙沖而久淹弘典哉？今以并州之太原上黨西河樂平新興雁門、司州之河東平陽弘農、雍州之馮翊凡十郡，南至於華，北至於陘，東至於壺口，西逾於河，提封之數，方七百里，皆晉之故壤，唐叔受之，世作盟主，實紀綱諸夏，用率舊職。爰胙茲土，封公為晉公。命使持節、兼司徒、司隸校尉陔即授印綬策書，金獸符第一至第五，竹使符第一至第十。錫茲玄土，苴以白茅，建爾國家，以永藩魏室。

昔在周召，並以公侯，入作保傅。其在近代，酇侯蕭何，實以相國，光尹漢朝。隨時之制，禮亦宜之。今進公位為相國，加綠綟綬。又加公九錫，其敬聽後命。以公思弘大猷，崇正典禮，儀刑作範，旁訓四方，是用錫公大輅、戎輅各一，玄牡二駟。公道和陰陽，敬授人時，嗇夫反本，農殖維豐，是用錫公袞冕之服，赤舄副焉。公光敷顯德，惠下以和，敬信思順，庶尹允諧，是用錫公軒懸之樂、六佾之舞。公鎮靖宇宙，翼播聲教，海外懷服，荒裔款附，殊方馳義，諸夏順軌，是用錫公朱户以居。公簡賢料材，營求俊逸，爰升多士，置彼周行，是用錫公納陛以登。公嚴恭寅畏，底平四國，式遏寇虐，茍慝不作，是用錫公武賁之士三百人。公明慎用刑，簡恤大中，章厥天威，以糾不虔，是用錫公鈇鉞各一。公爰整六軍，典司征伐，犯命凌正，乃維誅殛，是用錫公彤弓一、彤矢百，旅弓十、旅矢千。公饗祀蒸蒸，孝思維則，篤誠之至，通於神明，是用錫公秬鬯一卣，圭瓚副焉。晉國置官司以下，率由舊式。

往欽哉！祗服朕命，弘敷訓典，光澤庶方，永終爾明德，丕顯余一人之休命。

公卿將校皆詣府喻旨，帝以禮辭讓。司空鄭沖率羣官勸進曰：『伏見嘉命顯至，竊聞明公固讓，沖等眷眷，實有愚心。以為聖王作制，百代同風，褒德賞功，有自來矣。昔伊尹，有莘氏之媵臣耳，一佐成湯，遂荷阿衡之號。周公藉已成之勢，據既安之業，光宅曲阜，奄有龜蒙。呂尚，磻溪之漁者也，一朝指麾，乃封營丘。自是以來，功薄而賞厚者，不可勝數，然賢哲之士，猶以為美談。況自先相國以來，世有明德，翼輔魏室，以綏天下，朝無秕政，人無謗言。前者明公西征靈州，北臨沙漠，榆中以西，望風震服，羌戎來馳，回首內向，東誅叛逆，全軍獨克。禽闔閭之將，虜輕銳之卒以萬萬計，威加南海，名懾三越，宇內康寧，茍慝不作。是以時俗畏懷，東夷獻舞。故聖上覽乃昔以來禮典舊章，開國光宅，顯茲太原。明公宜承奉聖旨，受茲介福，允當天人。元功盛勳，光光如彼；國土嘉祚，巍巍如此。內外協同，靡愆靡違。由斯征伐，則可朝服濟江，掃除吳會，西塞江源，望祀岷山。回戈弭節，以麾天下，遠無不服，邇無不肅。令大魏之德，光于唐虞；明公盛勳，超于桓文。然後臨滄海而謝支伯，登箕山而揖許由，豈不盛乎！至公至平，誰與為鄰，何必勤勤小讓也哉。』帝乃受命。十一月，鄧艾帥萬餘人自陰平逾絕險至江由，破蜀將諸葛瞻於綿竹，斬瞻，傳首。進軍雒縣，劉禪降。天子命晉公以相國總百揆，於是上節傳，去侍中、大都督、録尚書之號焉。表鄧艾為太尉，鍾會為司徒。會潛謀叛逆，因密使譖艾。

咸熙元年春正月，檻車徵艾。乙丑，帝奉天子西征，次於長安。是時魏諸王侯悉在鄴城，命從事中郎山濤行軍司事，鎮於鄴，遣護軍賈充持節、督諸軍，據漢中。鍾會遂反於蜀，監軍衛瓘、右將軍胡烈攻會，斬之。初，會之伐蜀也，西曹屬邵悌言於帝曰：『鍾會難信，不可令行。』帝笑曰：『取蜀如指掌，而衆人皆言不可，唯會與吾意同。滅蜀之後，中國將士，人自思歸，蜀之遺黎，猶懷震恐，縱有異志，無能為也。』卒如所量。丙辰，帝至自長安。三月己卯，進帝爵為王，增封并前二十郡。夏五月癸未，天子追加舞陽宣文侯為晉宣王，舞陽忠武侯為晉景王。秋七月，帝奏司空荀顗定禮儀，中護軍賈充正法律，尚書僕射裴秀議官制，太保鄭沖總而裁焉。始建五等爵。冬十月丁亥，奏遣吳人相國參軍徐劭、散騎常侍水曹屬孫彧使吳，喻孫皓以平蜀之事，致馬錦等物，以示威懷。丙午，天子命中撫軍新昌鄉侯炎為晉世子。

二年春二月甲辰，朐䏰縣獻靈龜，歸於相府。夏四月，孫皓使紀陟來聘，且獻方物。五月，天子命帝冕十有二旒，建天子旌旗，出警入蹕，乘金根車，駕六馬，備五時副車，置旄頭雲罕，樂舞八佾，設鍾虡宮懸，位在燕王上。進王妃為王后，世子為太子，王女王孫爵命之號皆如帝者之儀。諸禁網煩苛及法式不便於時者，帝皆奏除之。晉國置御史大夫、侍中、常侍、尚書、中領軍、衛將軍官。

秋八月辛卯，帝崩於露寢，時年五十五。九月癸酉，葬崇陽陵，謚曰文王。武帝受禪，追尊號曰文皇帝，廟稱太祖。

又 卷三《武帝紀》 武皇帝諱炎，字安世，文帝長子也。寬惠仁厚，沈深有度量。魏嘉平中，封北平亭侯，歷給事中、奉車都尉、中壘將軍，加散騎常侍，累遷中護軍、假節。迎常道鄉公于東武陽，遷中撫軍，進封新昌鄉侯。及晉國建，立為世子，拜撫軍大將軍，開府、副貳相國。初，文帝以景帝既宣帝之嫡，早世無後，以帝弟攸為嗣，特加愛異，自謂攝居相位，百年之後，大業宜歸攸。每曰：『此景王之天下也，吾何與焉。』將議立世子，屬意於攸。何曾等固爭曰：『中撫軍聰明神武，有超世之才。髮委地，手過膝，此非人臣之相也。』由是遂定。

咸熙二年五月，立為晉王太子。八月辛卯，文帝崩，太子嗣相國、晉王位。下令寬刑宥罪，撫衆息役，國內行服三日。是月，長人見於襄武，長三丈，告縣人王始曰：『今當太平。』九月戊午，以魏司徒何曾為丞相，鎮南將軍王沈為御史大夫，中護軍賈充為衛將軍，議郎裴秀為尚書令、光祿大夫，皆開府。十一月，初置四護軍，以統城外諸軍。乙未，令諸郡中正以六條舉淹滯：一曰忠恪匪躬，二曰孝敬盡禮，三曰友于兄弟，四曰潔身勞謙，五曰信義可復，六曰學以為己。是時晉德既洽，四海宅心。

又　卷三七《安平獻王孚傳》　安平獻王孚，字叔達，宣帝次弟也。【略】初，魏文帝置度支尚書，專掌軍國支計，朝議以征討未息，動須節量。及明帝嗣位，欲用孚，問左右曰：『有兄風不？』答云：『似兄。』天子曰：『吾得司馬懿二人，復何憂哉！』轉為度支尚書。【略】

及高貴鄉公遭害，百官莫敢奔赴，孚枕尸於股，哭之慟，曰：『殺陛下者臣之罪。』奏推主者。會太后令以庶人禮葬，孚與羣公上表，乞以王禮葬，從之。孚性至慎。宣帝執政，常自退損。後逢廢立之際，未嘗預謀。景文二帝以孚屬尊，不敢逼。後進封長樂公。

及武帝受禪，陳留王就金墉城，孚拜辭，執王手，流涕歔欷，不能自勝。曰：『臣死之日，固大魏之純臣也。』詔曰：『太傅勳德弘茂，朕所瞻仰，以光導弘訓，鎮靜宇內，願奉以不臣之禮。其封為安平王，邑四萬户。進拜太宰、持節、都督中外諸軍事。』有司奏，諸王未之國者，所置官屬，權未有備。帝以孚明德屬尊，當宣化樹教，為羣後作則，遂備置官屬焉。又以孚內有親戚，外有交遊，惠下之費，而經用不豐，奉絹二千匹。及元會，詔孚輿車上殿，帝於阼階迎拜。既坐，帝親奉觴上壽，如家人禮。帝每拜，孚跪而止之。又給以雲母輦、青蓋車。

孚雖見尊寵，不以為榮，常有憂色。臨終，遺令曰：『有魏貞士河內溫縣司馬孚，字叔達，不伊不周，不夷不惠，立身行道，終始若一，當以素棺單椁，斂以時服。』【略】

時魏高貴鄉公好才愛士，（司馬）望與裴秀、王沈、鍾會並見親待，數侍宴筵。公性急，秀等居內職，急有召便至。以望外官，特給追鋒車一乘，武賁五人。時景文相繼輔政，未嘗朝覲，權歸晉室。望雖見寵待，每不自安，由是求出，為征西將軍、持節、都督雍涼二州諸軍事。

論說

《三國志》卷四《魏志·齊王芳傳論》　古者以天下為公，唯賢是與。後代世位，立子以適；若適嗣不繼，則宜取旁親明德，若漢之文、宣者，斯不易之常准也。明帝既不能然，情繫私愛，撫養嬰孩，傳以大器，託付不專，必參枝族，終於曹爽誅夷，齊王替位。高貴公才慧夙成，好問尚辭，蓋亦文帝之風流也；然輕躁忿肆，自蹈大禍。陳留王恭己南面，宰輔統政，仰遵前式，揖讓而禪，遂饗封大國，作賓于晉，比之山陽，班寵有加焉。

又　卷九《魏志·夏侯惇等傳論》　夏侯、曹氏，世為婚姻，故惇、淵、仁、洪、休、尚、真等並以親舊肺腑，貴重于時，左右勳業，咸有效勞。爽德薄位尊，沈溺盈溢，此固大易所著，道家所忌也。玄以規格局度，世稱其名，然與曹爽中外繾綣；榮位如斯，曾未聞匡弼其非，援致良才。舉兹以論，焉能免之乎！

又　卷四八《吳志·孫皓傳》裴松之注　《襄陽記》曰：【略】魏伐蜀，吳人問悌曰：『司馬氏得政以來，大難屢作，智力雖豐，而百姓未服也。今又竭其資力，遠征巴蜀，兵勞民疲而不知恤，敗於不暇，何以能濟？昔夫差伐齊，非不克勝，所以危亡，不憂其本也，況彼之爭地乎！』悌曰：『不然。曹操雖功蓋中夏，威震四海，崇詐杖術，征伐無已，民畏其威，而不懷其德也。丕、叡承之，係以慘虐，內興宮室，外懼雄豪，東西馳驅，無歲獲安，彼之失民，為日久矣。司馬懿父子，自握其柄，累有大功，除其煩苛而布其平惠，為之謀主而救其疾，民心歸之，亦已久矣。

故淮南三叛而腹心不擾，曹髦之死，四方不動，摧堅敵如折枯，蕩異同如反掌，任賢使能，各盡其心，非智勇兼人，孰能如之？其威武張矣，本根固矣，羣情服矣，姦計立矣。

《晉書》卷二《景帝文帝紀論》　世宗以睿略創基，太祖以雄才成務。事殷之迹空存，翦商之志彌遠，三分天下，功業在焉。及逾劍銷氛，浮淮靜亂，桐宮胥怨，或所不堪。若乃體以名臣，格之端揆，周公流連於此歲，魏武得意於茲日。軒懸之樂，大啓南陽，師摯之圖，於焉北面。壯矣哉，包舉天人者也！為帝之主，不亦難乎。

又《景帝文帝紀贊》　世宗繼文，邦權未分。三千之士，其從如雲。世祖無外，靈關靜氛。反雖討賊，終為弑君。

又卷三七《安平獻王孚傳論》　安平風度宏邈，器宇高雅，內弘道義，外闡忠貞。洎高貴薨殂，則枕屍流慟；陳留就國，則拜辭隕涕。語曰『疾風彰勁草』，獻王其有焉。故能位班上列，享年眉壽，清徽至範，為晉宗英，子孫遵業，世篤其慶。

藝文

《全宋詩》卷二〇二四《王十朋〈晉宣帝〉》　四朝天子寄安危，寡婦孤兒豈忍欺？見說五湖扛鼎日，又勝三馬食槽時。

又卷二四三八《陳造〈曹魏二首・其一〉》　睢盱漢鼎漫心勞，夢覺俄驚馬食槽。馬漸天飛龍在井，當途能得幾時高。

又《其二》　問卓諸公半虎狼，魏旗四指不留藏。老瞞渦水如先死，不必炎劉果後亡。

又卷二五八九《楊簡〈歷代詩・三國之二〉》　蜀從劉備傳後主，四十餘年為魏虜。吳傳孫亮至孫休，晉封孫皓歸命侯。魏有文明俱稱帝，齊王高貴還相繼。陳留王立共五君，大業卒傳司馬懿。

又卷二七三五《金朋說〈司馬昭弑魏主〉》　曹操師模司馬昭，熔成成弑濟君刀。恢恢天綱原無漏，報施何曾差一毫。

又卷三六四五《陳普〈歷代傳授歌〉》　兩漢相傳二十四，禪魏曹丕竊神器。分為三國魏蜀吳，鷸蚌相持真鼎峙。魏則曹丕吳孫權，蜀則先主稱劉備。魏曹承漢才四傳，天下權歸司馬氏。晉室肇興司馬炎，三王追謚昭思懿。

又卷三六五一《陳普〈詠史下・曹爽〉》　四聰八達免官時，仲達含香拜玉墀。二鬼不來同壑谷，未愁寡婦與孤兒。【略】

眼中鸞鳳悉豺梟，一日翩翩忽滿朝。死近天教為呂祿，罪深地不著良宵。

明・郭之奇《宛在堂文集・魏五主》　金刀失利炎精熄，千里青青延草色。誰東築舍能幾時，征西將軍初粉飾。一人尺土帝無獲，三分鼎足歸漢賊。分香賣履藏遺言，勸進登壇爾何德。烏育燕巢石負圖，嗚呼司馬稱社稷。夷爽殺彪置諸王，三馬同槽曹始迫。河內既遷高貴迎，南闕抽戈金墉即。流涕何人不自勝，有魏純臣居晉國。

清・賈鳧西《賈鳧西木皮詞校注・歷代史略鼓詞・正傳》　曹操當年相漢時，欺他寡婦與孤兒。全不管『行下春風有秋雨』，到後來他的寡婦孤兒又被人欺。我想那老賊一生得意没弄好臉，他自從大破劉表就喜鰭脂。下江東詐稱雄兵一百萬，中軍帳還打著杆漢家旗。赤壁鏖兵把鼻兒扛，你拖著杆長槍賦的什麼詩？倒惹得一把火燎光了鬍子嘴，華容道幾乎弄成個脖兒齊！從今後打去興頭没了陽氣，那銅雀臺上到底也没撈著喬家他二姨。到臨死賣履分香丟盡了醜，原是個老婆隊裏碜東西！始終是教導他那小賊根子篡了位，他學那文王的伎倆好不蹺蹊！常言道『狗吃蒺藜病在後』，準備著你出水方知兩腿泥。他作了場姦雄又照出個影，照樣的來了一個司馬師。活象是門神的印板只分了個左右，你看他照樣的披掛不差一絲。年年五丈起秋風，銅雀臺荒一望空。臥龍已没曹瞞就滅，那黃鬍子好漢又撇下江東！三分割據周了花甲，又顯著司馬家爺們弄神通。

《清詩匯》卷一〇四《沈在廷〈許州〉》　魏武英靈一代雄，許昌城堞霸圖空。生前吳蜀心思並，死後師昭恨不窮。繞郭殘荷餘冷豔，參天衰柳咽涼風。魂歸若向襄樊路，猶悸燒時赤壁紅。

雜　録

《三國志》卷一四《魏志・蔣濟傳》　是時，曹爽專政，丁謐、鄧颺等輕改法度。會有日蝕變，詔羣臣問其得失，濟上疏曰：『昔大舜佐治，戒在比周；周公輔政，慎於其朋；齊侯問災，晏嬰對以布惠；魯君問異，臧孫答以緩役。應天塞變，乃實人事。今二賊未滅，將士暴露已數十年，男女怨曠，百姓貧苦。夫為國法度，惟命世大才，乃能張其綱維以垂於後，豈中下之吏所宜改易哉？終無益於治，適足傷民，望宜使文武之臣各守其職，率以清平，則和氣祥瑞可感而致也。』以隨太傅司馬宣王屯洛水浮橋，誅曹爽等，進封都鄉侯，邑七百户。濟上疏曰：『臣忝寵上司，而爽敢苞藏禍心，此臣之無任也。太傅奮獨斷之策，陛下明其忠節，罪人伏誅，社稷之福也。夫封寵慶賞，必加有功。今論謀則臣不先知，語戰則非臣所率，而上失其制，下受其弊。臣備宰司，民所具瞻，誠恐冒賞之漸自此而興，推讓之風由此而廢。』固辭，不許。孫盛曰：蔣濟之辭邑，可謂不負心矣。語曰『不為利回，不為義疚』，蔣濟其有焉。是歲薨，謚曰景侯。《世語》曰：初，濟隨司馬宣王屯洛水浮橋，濟書與曹爽，言宣王旨『惟免官而已』，爽遂誅滅。濟病其言之失信，發病卒。

又　卷二二《魏志・陳泰傳》　（陳泰）景元元年薨，追贈司空。謚曰穆侯。干寶《晉紀》曰：高貴鄉公之殺，司馬文王會朝臣謀其故。太常陳泰不至，使其舅荀顗召之。顗至，告以可否。泰曰：『世之論者，以泰方於舅，今舅不如泰也。』子弟内外咸共逼之，垂涕而入。王待之曲室，謂曰：『玄伯，卿何以處我？』對曰：『誅賈充以謝天下。』文王曰：『為我更思其次。』泰曰：『泰言惟有進於此，不知其次。』文王乃不更言。《魏氏春秋》曰：帝之崩也，太傅司馬孚、尚書右僕射陳泰枕帝尸於股，號哭盡哀。時大將軍入于禁中，泰見之悲慟，大將軍亦對之泣，謂曰：『玄伯，其如我何？』泰曰：『獨有斬賈充，少可以謝天下耳。』大將軍久之曰：『卿更思其他。』泰曰：『豈可使泰復發後言。』遂嘔血薨。臣松之案本《傳》，泰不為太常，未詳干寶所由知之。孫盛改易泰言，雖為小勝。然檢盛言諸所改易，皆非別有異聞，率更自以意制，多不如舊。凡記言之體，當使若出其口。辭勝而違實，固君子所不取，況復不勝而徒長虛妄哉？案《博物記》曰：太丘長陳寔，寔子鴻臚紀，紀子司空羣，羣子泰四世，於漢、魏二朝並有重名，而其德漸漸小減。時人為其語曰：『公慚卿，卿慚長。』

又　《盧毓傳》　時曹爽秉權，將樹其黨，徙毓僕射，以侍中何晏代毓。頃之，出毓為廷尉，司隸畢軌又枉奏免官，衆論多訟之，乃以毓為光禄勳。爽等見收，太傅司馬宣王使毓行司隸校尉，治其獄。

又　卷二四《魏志・高柔傳》　太傅司馬宣王奏免曹爽，皇太后詔召柔假節行大將軍事，據爽營。太傅謂柔曰：『君為周勃矣。』爽誅，進封萬歲鄉侯。

又　《王觀傳》　明帝幸許昌，召觀為治書侍御史，典行臺獄。時多有倉卒喜怒，而觀不阿意順指。太尉司馬宣王請觀為從事中郎，遷為尚書，出為河南尹，徙少府。大將軍曹爽使材官張達斫家屋材，及諸私用之物，觀聞知，皆録奪以没官。少府統三尚方御府内藏玩弄之寶，爽等奢放，多有干求，憚觀守法，乃徙為太僕。司馬宣王誅爽，使觀行中領軍，據爽弟羲營，賜爵關内侯，復為尚書，加駙馬都尉。

又　卷二七《魏志・王昶傳》　嘉平初，太傅司馬宣王既誅曹爽，乃奏博問大臣得失。昶陳治略五事：其一，欲崇道篤學，抑絶浮華，使國子入太學而脩庠序；其二，欲用考試，考試猶準繩也，未有舍準繩而意正曲直，廢黜陟而空論能否也；其三，欲令居官者久於其職，有治績則就增位賜爵；其四，欲約官實禄，勵以廉恥，不使與百姓爭利；其五，欲絶侈靡，務崇節儉，令衣服有章，上下有敘，儲穀畜帛，反民於樸。詔書褒贊。因使撰百官考課事，昶以為唐虞雖有黜陟之文，而考課之法不垂。周制冢宰之職，大計羣吏之治而誅賞，又無校比之制。由此言之，聖主明於任賢，略舉黜陟之體，以委達官之長，而總其統紀，故能否可得而知也。其大指如此。

又　《王基傳》　司馬景王新統政，基書戒之曰：『天下至廣，萬機至猥，誠不可不矜矜業業，坐而待旦也。夫志正則衆邪不生，心静則衆事不躁，思慮審定則教令不煩，親用忠良則遠近協服。故知和遠在身，定衆在心。許允、傅嘏、袁侃、崔贊皆一時正士，有直質而無流心，可與同政事者也。』景王納其言。

又　卷四四《蜀志・費禕傳》　禕至，敵遂退，封成鄉侯。殷基《通語》曰：司馬懿誅曹爽，禕設甲乙論平其是非。甲以為曹爽兄弟凡品庸人，苟以宗子枝屬，得蒙顧命之任，而驕奢僭逸，交非其人，私樹朋黨，謀以亂國。懿奮誅討，一朝殄盡，此所以稱其任，副士民之望也。乙以為懿感曹仲付己不一，豈爽與相干？事勢不專，以此陰成疵瑕。初無忠告侃爾之訓，一朝屠戮，攙其不意，豈大人經國篤本之事乎！若爽信有謀主之心，大逆已構，而發兵之日，更以芳委爽兄弟。懿父子從後閉門舉兵，蹙而向芳，必無悉寧，忠臣為君深慮之謂乎？以此推之，爽無大惡明矣。若懿以爽奢僭，廢之刑之可也，滅其尺口，被以不義，絕子丹血食，及何晏子魏之親甥，亦與同戮，為僭濫不當矣。

又 卷二五《魏志・辛毗傳》裴松之注 《世語》曰：（辛）敞字泰雍，官至衛尉。（辛）毗女憲英，適太常泰山羊耽，外孫夏侯湛為其傳曰：『憲英聰明有才鑑。（辛）毗女憲英【略】弟敞為大將軍曹爽參軍。司馬宣王將誅爽，因爽出，閉城門。大將軍司馬魯芝將爽府兵，犯門斬關，出城門赴爽，來呼敞俱去。敞懼，問憲英曰：「天子在外，太傅閉城門，人云將不利國家，於事可得爾乎？」憲英曰：「天下有不可知，然以吾度之，太傅殆不得不爾！明皇帝臨崩，把太傅臂，以後事付之，此言猶在朝士之耳。且曹爽與太傅俱受寄託之任，而獨專權勢，行以驕奢，於王室不忠，於人道不直，此舉不過以誅曹爽耳。」敞曰：「然則事就乎？」憲英曰：「得無殆就！爽之才非太傅之偶也。」敞曰：「然則敞可以無出乎？」憲英曰：「安可以不出。職守，人之大義也。凡人在難，猶或恤之；為人執鞭而棄其事，不祥，不可也。且為人死，為人任，親昵之職也，從衆而已。」敞遂出。宣王果誅爽。事定之後，敞歎曰：「吾不謀於姊，幾不獲於義。」逮鍾會為鎮西將軍，憲英謂從子羊祜曰：「鍾士季何故西出？」祜曰：「將為滅蜀也。」憲英曰：「會在事縱恣，非特久處下之道，吾畏其有他志也。」祜曰：「季母勿多言。」其後會請子琇為參軍，憲英憂曰：「他日見鍾會之出，吾為國憂之矣。今日難至吾家，此國之大事，必不得止也。」琇固請司馬文王，文王不聽。憲英語琇曰：「行矣，戒之！古之君子，入則致孝於親，出則致節於國，在職思其所司，在義思其所立，不遺父母憂患而已。軍旅之間，可以濟者，其惟仁恕乎！汝其慎之！」琇竟以全身。憲英年至七十有九，泰始五年卒。』

《宋書》卷二七《符瑞志上》 宣帝有狼顧之相，能使面正向後，而身形不異。魏武帝嘗夢有三匹馬在一槽中共食，其後宣帝及景、文相繼為宰相，遂傾曹氏。

《晉書》卷三九《王沈傳》 正元中，遷散騎常侍、侍中，典著作。與荀顗、阮籍共撰《魏書》，多為時諱，未若陳壽之實録也。

時魏高貴鄉公好學有文才，引沈及裴秀數於東堂講宴屬文，號沈為文籍先生，秀為儒林丈人。及高貴鄉公將攻文帝，召沈及王業告之，沈、業馳白帝，以功封安平侯，邑二千户。沈既不忠於主，甚為衆論所非。

又 卷四〇《賈充傳》 轉中護軍，高貴鄉公之攻相府也，充率衆距戰于南闕。軍將敗，騎督成倅弟太子舍人濟謂充曰：『今日之事如何？』充曰：『公等養汝，正擬今日，復何疑！』濟於是抽戈犯蹕。【略】時軍國多事，朝廷機密，皆與籌之。帝甚信重充，與裴秀、王沈、羊祜、荀勖同受腹心之任。帝又命充定法律。假金章，賜甲第一區。五等初建，封臨沂侯，為晉元勳，深見寵異，祿賜常優於羣官。

充有刀筆才，能觀察上旨。初，文帝以景帝恢贊王業，方傳位於舞陽侯攸。充稱武帝寬仁，且又居長，有人君之德，宜奉社稷。及文帝寢疾，武帝請問後事。文帝曰：『知汝者賈公閭也。』帝襲王位，拜充晉國衛將軍、儀同三司、給事中，改封臨潁侯。及受禪，充以建明大命，轉車騎將軍、散騎常侍、尚書僕射，更封魯郡公，母柳氏為魯國太夫人。

宋・李昉等《太平御覽》卷三四八《兵部七十九・弩》 《晉陽秋》曰：初，高祖勒兵闕下，經曹爽門。爽帳下督嚴世引弩將射高祖，孫謙止之曰：『未可知。』三注三止。高祖車乃過。《世說》又載。

又 卷四二〇《人事部六十一・義上》 干寶《晉紀》曰：宣王討王陵，發令狐遇冢，暴屍。兖州武吏東平馬隆托廬三年，種植松柏。一州之士愧之。

又 卷四二八《人事部六十九・正直下》 干寶《晉紀》曰：高貴鄉公薨，太祖會朝臣而謀。其日，太常陳泰不至，使其舅荀顗召之，垂涕而入。太祖謂曰：『玄伯何以處我？』對曰：『誅賈充以謝天下。』太祖曰：『不可為，更思其次。』泰曰：『但見其進，不知其次。』太祖乃不復問。

又 卷六四七《刑法部十三・三族刑》 《三十國春秋》曰：魏帝謁陵，曹爽乃弟羲、訓、彦皆從。高祖命授兵，召公卿於廟堂，奏皇太后廢爽。丁酉，斬爽、羲、訓、彦，夷三族。

又　卷八八四《神鬼部四・鬼下》（《異苑》）又曰：晉宣王誅王陵，寢疾，日見陵來，賈逵亦為祟。少日遂薨。初陵被執，經賈逵廟，呼曰：『賈梁道，王陵魏擲睽臣。』及永嘉之亂，有覡見宣王，宣王涕泗，云家國傾復，是曹爽、夏侯玄訴冤得伸故也。

又曰：夏侯玄為司馬景王所誅，宗人為之設祭，見玄來靈坐上，脫頭於膝，取食物酒胾之屬以內頭中，畢，還自安頭。而言曰：『吾得請於帝矣，子玄無嗣也。』

又　卷八九五《獸部七・馬三》干寶《晉紀》曰：桓範出赴曹爽，宣王謂蔣濟曰：『智囊往矣。』濟曰：『智則智矣，駑馬戀芻豆，爽必不能用也。』

晉受魏禪

綜　述

《三國志》卷四《魏志・齊王芳傳》（咸熙二年）十二月壬戌，天祿永終，歷數在晉。詔羣公卿士具儀設壇於南郊，使使者奉皇帝璽綬册，禪位於晉嗣王，如漢魏故事。甲子，使使者奉策。遂改次於金墉城，而終館于鄴，時年二十。《魏世譜》曰：封帝為陳留王。年五十八，大安元年崩，謚曰元皇帝。

《宋書》卷一六《禮志三》魏元帝咸熙二年十二月甲子，使持節侍中太保鄭沖、兼太尉司隸校尉李喜奉皇帝璽綬策書，禪帝位于晉。丙寅，晉設壇場于南郊，柴燎告類，未有祖配。其文曰：『皇帝臣炎，敢用玄牡，明告於皇皇后帝。魏帝稽協皇運，紹天明命，以命炎曰：「昔者唐堯禪位虞舜，虞舜又以禪禹，邁德垂訓，多歷年載。暨漢德既衰，太祖武皇帝撥亂濟民，扶翼劉氏，又用受禪於漢。粤在魏室，仍世多故，幾於顛墜，實賴有晉匡拯之德，用獲保厥肆祀，弘濟於艱難，此則晉之有大造于魏也。誕惟四方之民，罔不祗順，開國建侯，宣禮明刑，廓清梁、岷，苞懷揚、越，函夏興仁，八紘同軌，遐邇弛義，祥瑞屢臻，天人協應，無思不服。肆予憲章三後，用集大命於茲。」炎惟德不嗣，辭不獲命。於是羣公卿士，百辟庶僚，黎獻陪隸，暨於百蠻君長，僉曰：「皇天鑑下，求民之瘼，既有成命，固非克讓所得距違。」天序不可以無統，人神不可以曠主，炎虔奉皇運，畏天之威，敢不欽承休命，敬簡元辰，升壇受禪，告類上帝，以永答民望，敷佑萬國。惟明德是饗。』

又　卷二三《天文志一》陳留王咸熙二年五月，彗星見王良，長丈餘，色白，東南指，積十二日滅。占曰：『王良，天子御駟，彗星掃之，禪代之表，除舊佈新之象。白色為喪。王良在東壁宿，又并州之分也。』八月，晉文王薨。十二月，帝遜位於晉。

《晉書》卷三《武帝紀》咸熙二年五月，立為晉王太子。八月辛卯，文帝崩，太子嗣相國、晉王位。下令寬刑宥罪，撫衆息役，國內行服三日。是月，長人見於襄武，長三丈，告縣人王始曰：『今當太平。』九月戊午，以魏司徒何曾為丞相，鎮南將軍王沈為御史大夫，中護軍賈充為衛將軍，議郎裴秀為尚書令、光祿大夫，皆開府。十一月，初置四護軍，以統城外諸軍。乙未，令諸郡中正以六條舉淹滯：一曰忠恪匪躬，二曰孝敬盡禮，三曰友于兄弟，四曰潔身勞謙，五曰信義可復，六曰學以為己。是時晉德既洽，四海宅心。於是天子知歷數有在，乃使太保鄭沖奉策曰：『咨爾晉王：我皇祖有虞氏誕膺靈運，受終於陶唐，亦以命于有夏。惟三後陟配於天，而咸用光敷聖德。自茲厥後，天又輯大命於漢。火德既衰，乃眷命我高祖。方軌虞夏四代之明顯，我不敢知。惟王乃祖乃父，服膺明哲，輔亮我皇家，勳德光于四海。格爾上下神祇，罔不克順，地平天成，萬邦以乂。應受上帝之命，協皇極之中。肆予一人，祗承天序，以敬授爾位，歷數實在爾躬。允執其中，天祿永終。於戲！王其欽順天命。率循訓典，底綏四國，用保天休，無替我二皇之弘烈。』帝初以禮讓，魏朝公卿何曾、王沈等固請，乃從之。

泰始元年冬十二月丙寅，設壇於南郊，百僚在位及匈奴南單于四夷會者數萬人，柴燎告類於上帝曰：『皇帝臣炎敢用玄牡明告於皇皇后帝：魏帝稽協皇運，紹天明命以命炎。昔者唐堯，熙隆大道，禪位虞舜，舜又以禪禹，邁德垂訓，多歷年載。暨漢德既衰，太祖武皇帝撥亂濟時，扶翼劉氏，又用受命於漢。粤在魏室，仍世多故，幾於顛墜，實賴有晉匡拯之德，用獲保厥肆祀，弘濟於艱難，此則晉之有大造于魏也。誕惟四方，罔不祇順，郭清梁岷，包懷揚越，八紘同軌，祥瑞屢臻，天人協應，無思不服。肆予憲章三後，用集大命於兹。炎維德不嗣，辭不獲命。於是羣公卿士，百辟庶僚，黎獻陪隸，暨於百蠻君長，僉曰：「皇天鑑下，求人之瘼，既有成命，固非克讓所得距違。天序不可以無統，人神不可以曠主。」炎虔奉皇運。寅畏天威，敬簡元辰，升壇受禪，告類上帝，永答衆望。』禮畢，即洛陽宫幸太極前殿，詔曰：『昔朕皇祖宣王，聖哲欽明，誕應期運，熙帝之載，肇啓洪基。伯考景王，履道宣猷，緝熙諸夏。至於皇考文王，睿哲光遠，允協靈祇，應天順時，受兹明命。仁濟於宇宙，功格於上下。肆魏氏弘鑑於古訓，儀刑于唐虞，疇咨羣後，爰輯大命於朕身。予一人畏天之命，用不敢違。惟朕寡德，負荷洪烈，托于王公之上，以君臨四海，惴惴惟懼，罔知所濟。惟爾股肱爪牙之佐，文武不貳之臣，乃祖乃父，實左右我先王，光隆我大業。思與萬國，共用休祚。』於是大赦，改元。賜天下爵，人五級；鰥寡孤獨不能自存者穀，人五斛。復天下租賦及關市之稅一年，逋債宿負皆勿收。除舊嫌，解禁錮，亡官失爵者悉復之。丁卯，遣太僕劉原告于太廟。封魏帝為陳留王，邑萬户，居於鄴宫；魏氏諸王皆為縣侯。追尊宣王為宣皇帝，景王為景皇帝，文王為文皇帝，宣王妃張氏為宣穆皇后。尊太妃王氏曰皇太后，宫曰崇化。封皇叔祖父孚為安平王，皇叔父幹為平原王，亮為扶風王，伷為東莞王，駿為汝陰王，肜為梁王，倫為琅邪王，皇弟攸為齊王，鑒為樂安王，幾為燕王，皇從伯父望為義陽王，皇從叔父輔為渤海王，晃為下邳王，瑰為太原王，珪為高陽王，衡為常山王，子文為沛王，泰為隴西王，權為彭城王，綏為范陽王，遂為濟南王，遜為譙王，睦為中山王，淩為北海王，斌為陳王，皇從父兄洪為河間王，皇從父弟楙為東平王。以驃騎將軍石苞為大司馬，封樂陵公，車騎將軍陳騫為高平公，衛將軍賈充為車騎將軍、魯公，尚書令裴秀為巨鹿公，侍中荀勖為濟北公，太保鄭沖為太傅、壽光公，太尉王祥為太保、睢陵公，丞相何曾為太尉、郎陵公，御史大夫王沈為驃騎將軍、博陵公，司空荀顗為臨淮公，鎮北大將軍衛瓘為菑陽公。其餘增封進爵各有差，文武普增位二等。改《景初曆》為《太始曆》，臘以酉，社以丑。戊辰，下詔大弘儉約，出御府珠玉玩好之物，頒賜王公以下各在差。置中軍將軍，以統宿衛七軍。己巳，詔陳留王載天子旌旗，備五時副車，行魏正朔，郊祀天地，禮樂制度皆如魏舊，上書不稱臣。賜山陽公劉康、安樂公劉禪子弟一人為附馬都尉。乙亥，以安平王孚為太宰、假黄鉞、大都督中外諸軍事。詔曰：『昔王淩謀廢齊王，而王竟不足以守位。鄧艾雖矜功失節，然束手受罪。今大赦其家，還使立後。興滅繼絕，約法省刑。除魏氏宗室禁錮。諸將吏遭三年喪者，遣寧終喪。百姓復其徭役。罷部曲將長吏以下質任。省郡國御調，禁樂府靡麗百戲之伎及雕文遊畋之具。開直言之路，置諫官以掌之。』是月，鳳皇六、青龍三、白龍二、麒麟各一見於郡國。

又　卷三九《王沈傳》　武帝即王位，拜御史大夫，守尚書令，加給事中。沈以才望，顯名當世，是以創業之事，羊祜、荀勖、裴秀、賈充等，皆與沈諮謀焉。

論　說

南朝梁·蕭統《文選》卷四九《史論上·干寶〈晉紀·論晉武帝革命〉》　史臣曰：帝王之興，必俟天命，《尚書》曰：俟天休命。苟有代謝，非人事也。《淮南子》曰：二者代謝舛馳。高誘曰：代，更也。謝，次也。文質異時，興建不同，《春秋元命苞》曰：王者一質一文，據天地之道也。天質而地文。又曰：正朔三而改，文質再而復。故古之有天下者，柏皇栗陸以前，為而不有，應而不求，執大象也。《莊子》曰：獨不知至德之時乎？昔者柏皇氏、栗陸氏，若此之時則至治也。《淮南子》曰：天地大矣，成而弗有。《老子》曰：執大象，天下往。鴻黄世及，以一民也。父子相承，以一民之心也。《左氏傳》：史克曰：昔帝鴻氏有不材子。杜預曰：帝鴻，黄帝也。《禮記》曰：大人世及以為禮。堯舜内禪，體文德也。漢魏外禪，順大名也。謝靈運《晉書》《禪位表》曰：夫唐、虞内禪，無兵戈之事，故曰文德。漢、晉外禪，有翦伐之事，故曰順名。以名而言，安得不僭稱以為禪代邪？靈運之言，似出於此，文既詳悉，故具引之。湯武革命，應天人也。《周易》曰：湯武革命，順乎天而應乎人。高光爭伐，定功業也。漢高祖及光武也。仲長子《昌言》曰：高、光二祖之神武，遇際會而不能得。《管子》曰：禹平治天下，及桀而亂之，湯放桀以定禹功也。湯平治天下，及紂而亂之，武王伐紂，以定湯功也。各因其運而天下隨時，隨時之義大矣哉！《周易》曰：隨，元亨。隨時之義大矣哉！古者敬其事則命以始，今帝王受命而用其終，《尚書》曰：月正元日，舜格于文祖。孔安國曰：將即政，故至文祖廟告也。《魏志》曰：陳留王咸熙二年十二月，禪位於晉嗣王。《左氏傳》曰：晉侯使太子申生伐東山皋落氏，狐突歎曰：時，事之徵也。故敬其事則命以始，今命以時卒，閟其事也。豈人事乎？其天意乎？

《晉書》卷八二《習鑿齒傳》（習鑿齒）臨終上疏曰：

臣每謂皇晉宜越魏繼漢，不應以魏後為三恪。而身微官卑，無由上達，懷抱愚情，三十餘年。今沈淪重疾，性命難保，遂嘗懷此，當與之朽爛，區區之情，切所悼惜，謹力疾著論一篇，寫上如左。願陛下考尋古義，求經常之表，超然遠覽，不以臣微賤廢其所言。論曰：

或問：『魏武帝功蓋中夏，文帝受禪於漢，而吾子謂漢終有晉，豈實理乎？且魏之見廢，晉道亦病，晉之臣子寧可以同此言哉！』

答曰：『此乃所以尊晉也，但絕節赴曲，非常耳所悲，見殊心異，雖奇莫察，請為子言焉。

『昔漢氏失御，九州殘隔，三國乘間，鼎峙數世，干戈日尋，流血百載，雖各有偏平，而其實亂也，宣皇帝勢逼當年，力制魏氏，蠖屈從時，遂羈戎役，晦明掩耀，龍潛下位，俯首重足，鞠躬屏息，道有不容之難，躬蹈履霜之險，可謂危矣！魏武既亡，大難獲免，始南擒孟達，東蕩海隅，西抑勁蜀，旋撫諸夏，摧吳人入侵之鋒，掃曹爽見忌之黨，植靈根以跨中嶽，樹羣才以翼子弟，命世之志既恢，非常之業亦固。景文繼之，靈武冠世，克伐貳違，以定厥庸，席捲梁益，奄征西極，功格皇天，勳侔古烈，豐規顯祚，故以灼如也。至於武皇，遂并强吳，混一宇宙，乂清四海，同軌二漢。除三國之大害，靜漢末之交爭，開九域之蒙晦，定千載之盛功者，皆司馬氏也。而推魏繼漢，以晉承魏，比義唐虞，自托純臣，豈不惜哉！

『今若以魏有代王之德，則其道不足；有靜亂之功，則孫劉鼎立。道不足則不可謂制當年，當年不制于魏，則魏未曾為天下之主；王道不足于曹，則曹未始為一日之王矣。昔共工伯有九州，秦政奄平區夏，鞭撻華戎，專總六合，猶不見序於帝王，淪沒于戰國，何況暫制數州之人，威行境內而已，便可推為一代者乎！

『若以晉嘗事魏，懼傷皇德，拘惜禪名，謂不可割，則惑之甚者也。何者？隗囂據隴，公孫帝蜀，蜀隴之人雖服其役，取之大義，于彼何有！且吳楚僭號，周室未亡，子文、延陵不見貶絕。宣皇帝官魏，逼於性命，舉非擇木，何虧德美，禪代之義，不同堯舜，校實定名，必彰於後，人各有心，事胡可掩！定空虛之魏以屈於己，孰若杖義而以貶魏哉！夫命世之人正情遇物，假之際會，必兼義勇。宣皇祖考立功於漢，世篤爾勞，思報亦深。魏武超越，志在傾主，德不素積，義險冰薄，宣帝與之，情將何重！雖形屈當年，意申百世，降心全己，憤慨於下，非道服北面，有純臣之節，畢命曹氏，忘濟世之功者也。

『夫成業者係於所為，不係所藉；立功者言其所濟，不言所起。是故漢高稟命於懷王，劉氏乘斃於亡秦，超二偽以遠嗣，不論近而計功，考五德於帝典，不疑道於力政，季無承楚之號，漢有繼周之業，取之既美，而己德亦重故也。凡天下事有可借喻於古以曉於今，定之往昔而足為來證者。當陽秋之時，吳楚二國皆僭號之王也，若使楚莊推鄢郢以尊有德，闔閭舉三江以奉命世，命世之君、有德之主或藉之以應天，或撫之而光宅，彼必自係於周室，不推吳楚以為代明矣。況積勳累功，靜亂寧衆，數之所録，衆之所與，不資于燕噲之授，不賴於因藉之力，長轡廟堂，吳蜀兩斃，運奇二紀而平定天下，服魏武之所不能臣，蕩累葉之所不能除者哉！

『自漢末鼎沸五六十年，吳魏犯順而强，蜀人杖正而弱，三家不能相一，萬姓曠而無主。夫有定天下之大功，為天下之所推，孰如見推於暗人，受尊於微弱？配天而為帝，方駕於三代，豈比俯首于曹氏，側足於不正？即情而恆實，取之而無慚，何與詭事而托偽，開亂於將來者乎？是故舊之恩可封魏後，三恪之數不宜見列。以晉承漢，功實顯然，正名當事，情體亦厭，又何為虛尊不正之魏而虧我道於大通哉！

『昔周人詠祖宗之德，追述翦商之功；仲尼明大孝之道，高稱配天之義。然後稷勤於所職，聿來未以翦商，異于司馬氏仕乎曹族，三祖之寓於魏世矣。且夫魏自君之道不正，則三祖臣魏之義未盡。義未盡，故假塗以運高略；道不正，故君臣之節有殊。然則弘道不以輔魏而無逆取之嫌，高拱不勞汗馬而有靜亂之功者，蓋勳足以王四海，義可以登天位，雖我德慚于有周，而彼道異於殷商故也。

『今子不疑共工之不得列於帝王，不嫌漢之係周而不係秦，何至於一魏猶疑滯而不化哉！夫欲尊其君而不知推之於堯舜之道，欲重其國而反厝之於不勝之地，豈君子之高義！若猶未悟，請於是止矣。』

清・趙翼《廿二史劄記》卷六《三國志・魏晉禪代不同》 曹之代漢，司馬氏之代魏，其迹雖同，而勢力尚有不同者。

曹操自克袁尚後，即居於鄴，天子所都之許昌，僅留長史國淵、王必等，先後掌丞相府事。其時獻帝已三、四十歲，非如沖主之可無顧慮也，然一切用人行政、興師討伐，皆自鄴出令，莫敢有異志。

司馬氏輔魏，則身常在相府，與魏帝共在洛陽。無論懿專政未久，即師、昭兄弟，大權已在手，且齊王芳、高貴鄉公髦、常道鄉公奐皆幼年繼位，似可不必戒心。然師討毌邱儉，留昭鎮洛陽，及病篤，昭始赴軍。師既卒，魏帝命昭統兵鎮許昌，昭仍率兵歸洛，不敢遠在許下也。諸葛誕兵起，昭欲遣將則恐其不可信，而親行又恐都下有變，遂奉皇太后及高貴鄉公同往督軍。是可見其一日不敢離城社也。

嘗推其故。

操當漢室大壞之後，起義兵，誅暴亂，漢之臣如袁紹、呂布、劉表、陶謙等，能與操為敵者，多手自削平，或死或誅。其在朝者，不過如楊彪、孔融等數文臣，亦廢且殺。其餘列侯將帥，皆操所擢用。雖前有董承、王子服、吳子蘭、種輯、吳碩，後有韋晃、耿紀、金禕，欲匡漢害操，而皆無兵權，動輒撲滅。故安坐鄴城，而朝政悉自己出。

司馬氏則當文帝、明帝國勢方隆之日，猝遇幼主嗣位，得竊威權。其時中外臣工，尚皆魏帝所用之人。內有張緝、蘇鑠、樂敦、劉賢等，伺隙相圖；外有王陵、毌邱儉、諸葛誕等，相繼起兵，聲討司馬氏。惟恃挾天子以肆其姦，一離京輦，則禍不可測。故父子三人執國柄，終不敢出國門一步。亦時勢使然也。

然操起兵於漢祚垂絕之後，力征經營，延漢祚者二十餘年，然後代之。司馬氏當魏室未衰，乘機竊權，廢一帝、弒一帝而奪其位，比之於操，其功罪不可同日語矣！

藝　文

《宋書》卷二〇《樂志二》 晉《郊祀歌》五篇，傅玄造：

天命有晉，穆穆明明。我其夙夜，祗事上靈。常于時假，迄用有成。于薦玄牡，進夕其牲。崇德作樂，神祇是聽。

右祠天地五郊夕牲歌一篇。

宣文烝哉，曰靖四方。永言保之，夙夜匪康。光天之命，上帝是皇。嘉樂殷薦，靈祚景祥。神祇降假，享福無疆。

右祠天地五郊迎送神歌一篇。

天祚有晉，其命惟新。受終於魏，奄有兆民。燕及皇天，懷柔百神。不顯遺烈，之德之純。享其玄牡，式用肇禋。神祇來格，福祿是臻。

時邁其猶，昊天子之。祐享有晉，兆民戴之。畏天之威，敬授民時。不顯不承，於猶繹思。皇極斯建，庶績咸熙。庶幾夙夜，惟晉之祺。

宣文惟后，克配彼天。撫寧四海，保有康年。於乎緝熙，肆用靖民。爰立曲制，爰修禮紀。作民之極，莫匪資始。克昌厥後，永言保之。

右饗天地五郊歌三篇。

前所作《天地郊明堂歌》五篇，傅玄造：

皇矣有晉，時邁其德。受終於天，光濟萬國。萬國既光，神定厥祥。虔於郊祀，祇事上皇。祇事上皇，百祿是臻。巍巍祖考，克配彼天。嘉牲匪歆，德馨惟饗。受天之祚，神和四暢。

右天地郊明堂夕牲歌。

于赫大晉，膺天景祥。二帝邁德，宣茲重光。我皇受命，奄有萬方。郊祀配享，禮樂孔章。神祇嘉饗，祖考是皇。克昌厥後，保祚無疆。

右天地郊明堂降神歌。

整泰壇，祀皇神。精氣感，百靈賓。蘊朱火，燎芳薪。紫煙游，冠青雲。神之體，靡象形。曠無方，幽以清。神之來，光景照。聽無聞，視無兆。神之至，舉歆歆。靈爽協，動餘心。神之坐，同歡娛。澤雲翔，化風舒。嘉樂奏，文中聲。八音諧，神是聽。咸潔齋，並芬芳。烹牷牲，享玉觴。神說饗，歆禋祀。祐大晉，降繁祉。胙京邑，行四海。保天年，窮地紀。

右天郊饗神歌。

整泰行，俟皇祇。衆神感，羣靈儀。陰祀設，吉禮施。夜將極，時未移。祇之體，無形象。潛泰幽，洞忽荒。祇之出，渼若有。靈無遠，天下母。祇之來，遺光景。照若存，終冥冥。祇之至，舉欣欣。舞象德，歌成文。祇之坐，同歡豫。澤雨施，化雲布。樂八變，聲教敷。物咸亨，祇是娱。齋既潔，侍者肅。玉觴進，咸穆穆。饗嘉慶，歆德馨。胙有晉，暨羣生。溢九壤，格天庭。保萬壽，延億齡。

右地郊饗神歌。

經始明堂，享祀匪懈。於皇烈考，光配上帝。赫赫上帝，既高既崇。聖考是配，明德顯融。率土敬職，萬方來祭。常于時假，保胙永世。

右明堂饗神歌。【略】

晉《宣武舞歌》四篇，傅玄造。

《惟聖皇篇》、《矛俞》第一：

惟聖皇，德巍巍，光四海。禮樂猶形影，文武為表裏，乃作《巴俞》。肆舞士，劍弩齊列，戈矛為之始。進退疾鷹鷂，龍戰而豹起。如亂不可亂，動作順其理，離合有統紀。

《短兵篇》、《劍俞》第二：

劍為短兵，其勢險危。疾逾飛電，迴旋應規。武節齊聲，或合或離。電發星騖，若景若差。兵法攸象，軍容是儀。

《軍鎮篇》、《弩俞》第三：

弩為遠兵軍之鎮，其發有機。體難動，往必速，重而不遲。鋭精分袴，射遠中微。《弩俞》之樂，一何奇！變多姿，退若激，進若飛。五聲協，八音諧。宣武象，贊天威。

《窮武篇》、《安臺行亂》第四：

窮武者喪，何但敗北。柔弱亡戰，國家亦廢。秦始徐偃，既已作戒前世。先王鑑其機，修文整武藝。文武足相濟，然後得光大。

亂曰：高則亢，滿則盈。亢必危，盈必傾。去危傾，守以平。沖則久，濁能清。混文武，順天經。

晉《宣文舞歌》二篇，傅玄造。

《羽籥舞歌》：羲皇之初，天地開元。網罟禽獸，羣黎以安。神農教耕，創業誠難。民得粒食，澹然無所患。黄帝始征伐，萬品造其端。軍駕無常居，是曰軒轅。軒轅既勤止，堯舜匪荒寧。夏禹治水，湯武又用兵。孰能保安逸，坐致太平？聖皇邁乾乾，天下興頌聲，穆穆且明明。惟聖皇，道化彰。澄四海，清三光。萬機理，庶事康。潛龍升，儀鳳翔。風雨時，物繁昌。卻走馬，降瑞祥。揚仄陋，簡忠良。百禄是荷，眉壽無疆。

《羽鐸舞歌》：昔在渾成時，兩儀尚未分。陽升垂清景，陰降興浮雲。中和含氛氲，萬物各異羣。人倫得其序，衆生樂聖君。三統繼五行，然後有質文。皇王殊運代，治亂亦繽紛。伊大晉，德兼往古。越犧農，邈舜禹。參天地，陵三五。禮唐周，樂《韶武》。豈唯《簫韶》六代具舉。澤霑地境，化充天宇。聖明臨朝，元凱作輔，普天同樂胥。浩浩元氣，遐哉太清。五行流邁，日月代征。隨時變化，庶物乃成。聖皇繼天，光濟羣生。化之以道，萬國咸寧。受茲介福，延於億齡。

晉《宗廟歌》十一篇，傅玄造：

我夕我牲，猗歟敬止。嘉豢孔時，供茲享祀。神鑑厥誠，博碩斯歆。神考降饗，以虞孝孫之心。

右祠廟夕牲歌。

嗚呼悠哉！日鑑在茲。以時享祀，神明降之。神明斯降，既祐饗之。祚我無疆，受天之祜。赫赫太上，巍巍聖祖。明明烈考，丕承繼序。

右祠廟迎送神歌。

經始宗廟，神明戾止。申錫無疆，祇承享祀。假哉皇祖，綏予孫子。燕及後昆，錫茲繁祉。

右祠征西將軍登歌。

嘉樂肆庭，薦祀在堂。皇皇宗廟，乃祖先皇。濟濟辟公，相予烝嘗。享祀不忒，降福穰穰。

右祠豫章府君登歌。

于邈先後，實司於天。顯矣皇祖，帝祉肇臻。本支克昌，資始開元。惠我無疆，享祚永年。

右祠潁川府君登歌。

于惟曾皇，顯顯令德。高明清亮，匪競柔克。保乂命祜，基命惟則。

篤生聖祖，光濟四國。

右祠京兆府君登歌。

于鑠皇祖，聖德欽明。勤施四方，夙夜敬止。載敷文教，載揚武烈。匡定社稷，龔行天罰。經始大業，造創帝基。畏天之命，于時保之。

右祠宣皇帝登歌。

執競景皇，克明克哲。旁作穆穆，惟祗惟畏。纂宣之緒，耆定厥功。登此雋乂，糾彼羣凶。業業在位，帝既勤止。維天之命，于穆不已。

右祠景皇帝登歌。

于皇時晉，允文文皇。聰明睿智，聖敬神武。萬機莫綜，皇斯清之。虎兕放命，皇斯平之。柔遠能邇，簡授英賢。創業垂統，勳格皇天。

右祠文皇帝登歌。

曰晉是常，享祀時序。宗廟致敬，禮樂具舉。惟其來祭，普天率土。犧樽既奠，清酤既載。亦有和羹，薦羞斯備。蒸蒸永慕，感時興思。登歌奏舞，神樂其和。祖考來格，祐我邦家。敷天之下，罔不休嘉。

肅肅在位，濟濟臣工。四海來格，禮儀有容。鐘鼓振，管弦理。舞開元，歌永始。神胥樂兮。肅肅在位，臣工濟濟。小大咸敬，上下有禮。理管弦，振鼓鐘。舞象德，歌詠功。神胥樂兮。肅肅在位，有來雍雍。穆穆天子，相惟辟公。禮有儀，樂有則。舞象功，歌詠德。神胥樂兮。

右祠廟饗神歌二篇。

晉《江左宗廟歌》十三篇，曹毗造十一首，王珣造二首。

歌高祖宣皇帝，曹毗造：

于赫高祖，德協靈符。應運撥亂，匡整天衢。勳格宇宙，化動八區。肅以典刑，陶以玄珠。神石吐瑞，靈芝自敷。肇基天命，道均唐虞。

歌世宗景皇帝：

景皇承運，纂隆洪緒。皇維重抗，天暉再舉。蠢矣二寇，擾我揚楚。乃整元戎，以膏齊斧。亹亹神算，赫赫王旅。鯨鯢既平，功冠帝宇。

歌太祖文皇帝：

太祖齊聖，王猷誕融。仁教四塞，天基累崇。皇室多難，嚴清紫宮。威厲秋霜，惠過春風。平蜀夷楚，以文以戎。奄有參墟，聲流無窮。

歌世祖武皇帝：

于穆武皇，允龔欽明。應期登禪，龍飛紫庭。百揆時序，聽斷以情。殊域既賓，僞吳亦平。晨流甘露，宵映朗星。野有擊壤，路垂頌聲。

【略】

《四時祠祀歌》，曹毗造：

肅肅清廟，巍巍聖功。萬國來賓，禮儀有容。鐘鼓振，金石熙。宣兆祚，武開基。神斯樂兮。理管弦，有來斯和。說功德，吐清歌。神斯樂兮。洋洋玄化，潤被九壤。民無不悅，道無不往。禮有儀，樂有式。詠九功，永無極。神斯樂兮。【略】

晉《四廂樂歌》三首，傅玄造：

天鑒有晉，世祚聖皇。時齊七政，朝此萬方。其一
鐘鼓斯震，九賓備禮。正位在朝，穆穆濟濟。其二
煌煌三辰，實麗於天。君后是象，威儀孔虔。其三
率禮無愆，莫匪邁德。儀刑聖皇，萬邦惟則。其四

右《天鑒》四章，章四句。正旦大會行禮歌。

于赫明明，聖德龍興。三朝獻酒，萬壽是膺。敷佑四方，如日之升。自天降祚，元吉有徵。

右《於赫》一章，八句。上壽酒歌。

天命大晉，載育羣生。于穆上德，隨時化成。其一
自祖配命，皇皇后辟。繼天創業，宣文之績。其二
丕顯宣文，先知稼穡。克恭克儉，足教足食。其三
既教食之，弘濟艱難。上帝是祐，下民所安。其四
天祐聖皇，萬邦來賀。雖安勿安，乾乾匪暇。其五
乃正丘郊，乃定冢社。暠暠作宗，光宅天下。其六
惟敬朝饗，爰奏食舉。盡禮供御，嘉樂有序。其七
樹羽設業，笙鏞以間。琴瑟齊列，亦有篪塤。其八
喤喤鼓鐘，槍槍磬管。八音克諧，載夷載簡。其九
既夷既簡，其大不禦。風化潛興，如雲如雨。其十
如雲之覆，如雨之潤。聲教所暨，無思不順。其十一
教以化之，樂以和之。和而養之，時惟邕熙。其十二
禮慎其儀，樂節其聲。於鑠皇繇，既和且平。其十三

右《天命》十三章，章四句。食舉東西廂歌。

晉《正德大豫二舞歌》二篇，傅玄造：

天命有晉，光濟萬國。穆穆聖皇，文武惟則。在天斯正，在地成德。載韜政刑，載崇禮教。我敷玄化，臻于中道。右《正德舞歌》。

于鑠皇晉，配天受命。熙帝之光，世德惟聖。嘉樂《大豫》，保祐萬姓。淵兮不竭，沖而用之。先天弗違，虔奉天時。

右《大豫舞歌》。

晉《四廂樂歌》十七篇，荀勖造：

正旦大會行禮歌四篇：于皇元首，羣生資始。履端大享，敬禦繁祉。肆覲羣后，爰及卿士。欽順則元，允也天子。

《于皇》一章，八句。當《於赫》。

明明天子，臨下有赫。四表宅心，惠浹荒貊。柔遠能邇，孔淑不逆。來格祁祁，邦家是若。

《明明》一章，八句。當《巍巍》。

光光邦國，天篤其祜。丕顯哲命，顧柔三祖。世德作求，奄有九土。思我皇度，彝倫攸序。

《邦國》一章，八句。當《洋洋》。

惟祖惟宗，高朗緝熙。對越在天，駿惠在茲。聿求厥成，我皇崇之。式固其猶，往敬用治。

《祖宗》一章，八句。當《鹿鳴》。

正旦大會王公上壽酒歌一篇

踐元辰，延顯融。獻羽觴，祈令終。我皇壽而隆，我皇茂而嵩。本枝奮百世，休祚鍾聖躬。

《踐元辰》一章，八句。當《羽觴行》。

《食舉樂東西廂歌》十二篇。

煌煌七耀，重明交暢。我有嘉賓，是應是貺。邦政既圖，接以大饗。人之好我，式遵德讓。

《煌煌》一章，八句。當《鹿鳴》。

賓之初筵，藹藹濟濟。既朝乃宴，以洽百禮。頒以位敍，或廷或陛。登儐台叟，亦有兄弟。胥子陪僚，憲茲度楷。觀頤養正，降福孔偕。

《賓之初筵》一章，十二句。當《于穆》。

昔我三后，大業是維。今我聖皇，焜耀前暉。奕世重規，明照九畿。思輯用光，時罔有違。陟禹之迹，莫不來威。天被顯祿，福履是綏。

《三后》一章，十二句。當《昭昭》。

赫矣太祖，克廣明德。廓開宇宙，正世立則。變化不經，民無瑕慝。創業垂統，兆我晉國。

《赫矣》一章，八句。當《華華》。

烈文伯考，時惟帝景。夷險平亂，威而不猛。禦衡不迷，皇塗煥炳。七德咸宣，其寧惟永。

《烈文》一章，八句。當《朝宴》。

猗歟盛歟，先皇聖文。則天作孚，大哉為君。慎徽五典，帝載是勤。文武發揮，茂建嘉勳。修己濟治，民用寧殷。懷遠燭幽，玄教氛氳。善世不伐，服事參分。德博化隆，道冒無垠。

《猗歟》一章，十六句。當《盛德》。

隆化洋洋，帝命溥將。登我晉道，越惟聖皇。龍飛革運，臨熹八荒。睿哲欽明，配蹤虞唐。封建厥福，駿發其祥。三朝習吉，終然允臧。其臧惟何，總彼萬方。元侯列辟，四岳蕃王。時見世享，率茲有常。旅揖在庭，嘉客在堂。宋衛既臻，陳留山陽。我有賓使，觀國之光。貢賢納計，獻璧奉璋。保祐命之，申錫無疆。

《隆化》一章，二十八句。當《綏萬邦》。

振鷺於飛，鴻漸其翼。京邑穆穆，四方是式。無競惟人，王綱允敕。君子來朝，言觀其極。

《振鷺》一章，八句。當《朝朝》。

翼翼大君，民之攸暨。信理天工，惠康不匱。將遠不仁，訓以淳粹。幽明有倫，俊乂在位。九族既睦，庶邦順比。開元布憲，四海鱗萃。協時正統，殊塗同致。厚德載物，靈心隆貴。敷奏讜言，納以無諱。樹之典象，誨之義類。上教如風，下應如卉。一人有慶，羣萌以遂。我后宴喜，令聞不墜。

《翼翼》一章，二十六句。當《順天》。

既宴既喜，翕是萬邦。禮儀卒度，物有其容。晳晳庭燎，喤喤鼓鐘。

笙磬詠德，萬舞象功。八音克諧，俗易化從。其和如樂，庶品時邕。

《既宴》一章，十二句。當《陟天庭》。

時邕份份，六合同塵。往我祖宣，威靜殊鄰。首定荆楚，遂平燕秦。娓娓文皇，邁德流仁。爰造草昧，應乾順民。靈瑞告符，休征饗震。天地弗違，以和神人。既戢庸蜀，吳會是賓。肅慎率職，楛矢來陳。韓惛進樂，均協清《鈞》。西旅獻獒，扶南效珍。蠻裔重譯，玄齒文身。我皇撫之，景命惟新。

《時邕》一章，二十六句。當《參兩儀》。

愔愔嘉會，有聞無聲。清酤既奠，籩豆既馨。禮充樂備，《簫韶》九成。愷樂飲酒，酣而不盈。率土歡豫，邦國以寧。王猷允塞，萬載無傾。

《嘉會》一章，十二句。

晉《正德大豫二舞歌》二篇，荀勖造：

人文垂則，盛德有容。聲以依詠，舞以象功。干戚發揮，節以笙鏞。羽龠雲會，翊宣令蹤。敷美盡善，允協時邕。煥炳其章，光乎萬邦。萬邦洋洋，承我晉道。配天作享，元命有造。上化如風，民應如草。穆穆斌斌，形於綴兆。文武旁作，慶流四表。無競維烈，永世是紹。

右《正德舞歌》。

豫順以動，大哉惟時。時邁其仁，世載邕熙。兆我區夏，宣文是基。大業惟新，我皇隆之。重光累曜，欽明文思。迄用有成，惟晉之祺。穆穆聖皇，受命既固。品物咸寧，芳烈雲布。文教旁通，篤以淳素。玄化洽暢，被之暇豫。作樂崇德，同美《韶》、《濩》。浚遞幽遐，式遵王度。

右《大豫舞歌》。

晉《四廂樂歌》十六篇，張華造：

稱元慶，奉壽觴。后皇延遐祚，安樂撫萬方。

右王公上壽詩一章。

明明在上，丕顯厥繇。翼翼三壽，蕃后惟休。羣生漸德，六合承流。

三正元辰，朝慶鱗萃。華夏奉職貢，八荒覲殊類。黻冕充廣庭，鳴玉盈朝位。濟濟朝位，言觀其光。儀序既以時，禮文渙以彰。思皇享多祜，嘉樂永無央。

九賓在庭，臚贊既通。升瑞奠贄，乃侯乃公。穆穆天尊，隆禮動容。履端承元吉，介福御萬邦。

朝享上，下咸雍。崇多儀，繁禮容。舞盛德，歌九功。揚芳烈，播休蹤。皇化洽，洞幽明。懷柔百神，輯祥禎。潛龍躍，雕虎仁。儀鳳鳥，屆遊麟。枯蠹榮，竭泉流。菌芝茂，枳棘柔。和氣應，休征滋。協靈符，彰帝期。綏宇宙，萬國和。昊天成命，賚皇家，賚皇家。

世資聖哲，三后在天，啓鴻烈。啓鴻烈，隆王基。率土謳吟，欣戴于時。恒文示象，代氣著期。

太始開元，龍升在位。四庾同風，燮寧殊類。五韙來備，嘉生以遂。凝庶績，臻太康。申繁祉，胤無疆。本枝百世，繼緒不忘。繼緒不忘，休有烈光。永言配命，惟晉之祥。

聖明統世，篤皇仁。廣大配天地，順動若陶鈞。玄化參自然，至德通神明。清風暢八極，流澤被無垠。

于皇時晉，奕奕齊聖。惟天降嘏，神祇保定。弘濟區夏，允集大命。有命既集，光帝猷。大明重耀，鑑六幽。聲教洋溢，惠滂流。惠滂流，移風俗。多士盈朝，賢俊比屋。敦世心，斫雕反素樸。反素樸，懷庶方。干戚舞階庭，疏狄說遐荒。扶南假重譯，肅慎襲衣裳。雲覆雨施，德洽無疆。旁作穆穆，仁化翔。

朝元日，賓王庭。承宸極，當盛明。衍和樂，竭祇誠。仰嘉惠，懷德馨。遊淳風，泳淑清。協億兆，同歡榮。建皇極，統天位。運陰陽，御六氣。殷羣生，成性類。王道浹，治功成。人倫序，俗化清。虔明祀，祇三靈。崇禮樂，式儀刑。

慶元吉，宴三朝。播金石，詠泠簫。奏《九夏》，舞《雲》、《韶》。邁德音，流英聲。八珣一，六合寧。六合寧，承聖明。王澤洽，道登隆。綏函夏，總華戎。齊德教，混殊風。混殊風，康萬國。崇夷簡，尚敦德。弘王度，表遐則。

右食舉東西廂樂詩十一章。

于赫皇祖，迪哲齊聖。經緯大業，基天之命。克開洪緒，誕篤天慶。旁濟彝倫，仰齊七政。

烈烈景皇，克明克聰。靜封略，定勳功。成民立政，儀刑萬邦。式固崇軌，光紹前蹤。

允文烈考，浚哲應期。參德天地，比功四時。大亨以正，庶績咸熙。肇啓晉宇，遂登皇基。

明明我后，玄德通神。受終正位，協應天人。容民厚下，育物流仁。蹐我王道，暉光日新。

右雅樂正旦大會行禮詩四章。

晉《正德大豫二舞歌》二篇，張華造。

《正德舞》歌詩：

曰皇上天，玄鑑惟光。神器周回，五德代章。祚命于晉，世有哲王。弘濟區夏，甄陶萬方。大明垂曜，旁燭無疆。蚩蚩庶類，風德永康。皇道惟清，禮樂斯經。金石在縣，萬舞在庭。象容表慶，協律被聲。軼《武》超《濩》，取節六英。同進退讓，化漸無形。太和宣洽，通於幽冥。

《大豫舞》歌詩：

惟天之命，符運有歸。赫赫大晉，三后重暉。繼明紹世，光撫九圍。我皇紹期，遂在璿璣。羣生屬命，奄有庶邦。慎徽五典，玄教遐通。萬方同軌，率土咸雍。爰制《大豫》，宣德舞功。淳化既穆，王道協隆。仁及草木，惠加昆蟲。億兆夷人，說仰皇風。丕顯大業，永世彌崇。

晉《四廂歌》十六篇，成公綏造：

上壽酒，樂未央。大晉應天慶，皇帝永無疆。

右詩一章，王公上壽酒所用。

穆穆天子，光臨萬國。多士盈朝，莫匪俊德。流化罔極，王猷允塞。嘉會置酒，嘉賓充庭。羽旄耀辰極，鐘鼓振泰清。百辟朝三朝，彧彧明儀刑。濟濟鏘鏘，金振玉聲。

禮樂具，宴嘉賓。眉壽祚聖皇，景福惟日新。羣后戾止，有來雍雍。獻酬納贄，崇此禮容。豐肴萬俎，旨酒千鍾。嘉樂盡樂宴，福祿咸攸同。

樂哉！天下安寧。道化行，風俗清。《簫韶》作，詠九成。年豐穰，世泰平。至治哉！樂無窮。元首聰明，股肱忠。澍豐澤，揚清風。

嘉瑞出，靈應彰。麒麟見，鳳皇翔。醴泉湧，流中唐。嘉禾生，穗盈箱。降繁祉，祚聖皇。承天位，統萬國。受命應期，授聖德。四世重光，宣開洪業，景克昌，文欽明，德彌彰。肇啓晉邦，流祚無疆。

泰始建元，鳳皇龍興。龍興伊何，享祚萬乘。奄有八荒，化育黎蒸。圖書煥炳，金石有征。德光大，道熙隆。被四表，格皇穹。奕奕萬嗣，明明顯融。高朗令終。保茲永祚，與天比崇。

聖皇君四海，順人應天期。三葉合重光，泰始開洪基。明耀參日月，功化侔四時。宇宙清且泰，黎庶咸雍熙。善哉雍熙。

惟天降命，翼仁祐聖。于穆三皇，載德彌盛。總齊璿璣，光統七政。百揆時序，化若神聖。四海同風，興至仁。濟民育物，擬陶鈞。擬陶鈞，垂惠潤。皇皇羣賢，峨峨英俊。德化宣，芬芳播來胤。播來胤，垂後昆。

清廟何穆穆，皇極闢四門。皇極闢四門，萬機無不綜。娓娓翼翼，樂不及荒，饑不遑食。大禮既行，樂無極。

登昆侖，上增城。乘飛龍，升泰清。冠日月，佩五星。揚虹霓，建彗旗。披慶雲，廕繁榮。覽八極，游天庭。順天地，和陰陽。序四氣，耀三光。張帝網，正皇綱。播仁風，流惠康。邁洪化，振靈威。懷萬方，納九夷。朝閶闔，宴紫微。

建五旗，羅鍾虡。列四縣，奏《韶》、《武》。鏗金石，揚旌羽。縱八佾，巴渝舞。詠《雅》、《頌》，和律呂。于胥樂，樂聖主。

化蕩蕩，清風泄。總英雄，禦俊傑。開宇宙，掃四裔。光緝熙，美聖哲。超百代，揚休烈，流景祚，顯萬世。

皇皇顯祖，翼世佐時。寧濟六合，受命應期。神武鷹揚，大化咸熙。廓開皇衢，用成帝基。

光光景皇，無競維烈。匡時拯俗，休功蓋世。宇宙既康，九域有截。天命降鑑，啓祚明哲。

穆穆烈考，克明克俊。實天生德，誕膺靈運。肇建帝業，開國有晉。載德奕世，垂慶洪胤。

明明聖帝，龍飛在天。與靈合契，通德幽玄。仰化清雲，俯育重淵。受靈之祐，于萬斯年。

右雅樂正旦大會行禮詩十五章。

又　卷二二《樂志四》　《晉鞞舞歌》五篇。

《洪業篇》：《鞞舞歌》，當魏曲《明明魏皇帝》，古曲《關東有賢女》：

宣文創洪業，盛德在太始。聖皇應靈符，受命君四海。萬國何所樂，上有明天子。唐堯禪帝位，虞舜惟恭己。恭己正南面，道化與時移。

大赦蕩萌漸，文教被黄支。象天則地，體無為。聰明配日月，神聖參兩儀。雖有三凶類，靜言無所施。象天則地，體無為。稷契並佐命，伊呂升王臣。蘭芷登朝肆，下無失宿民。聲發響自應，表立景來附。虓虎從羈制，潛龍升天路。備物立成器，變通極其數。百事以時敍，萬機有常度。訓之以克讓，納之以忠恕。羣下仰清風，海外同歡慕。象天則地，化雲布。昔日貴雕飾，今尚儉與素。昔日多纖介，今去情與故。象天則地，化雲布。濟濟大朝士，夙夜綜萬機。萬機無廢理，明明降疇咨。臣譬列星景，君配朝日暉。事業並通濟，功烈何巍巍。五帝繼三皇，三王世所歸。聖德應期運，天地不能違。仰之彌已高，猶天不可階。將復御龍氏，鳳皇在庭棲。

《天命篇》：《鼙舞歌》，當魏曲《太和有聖帝》，古曲《章和二年中》：聖祖受天命，應期輔魏皇。入則綜萬機，出則征四方。朝廷無遺理，方表寧且康。道隆舜臣堯，積德逾太王。孟度阻窮險，造亂天一隅。神兵出不意，奉命致天誅。赦善戮有罪，元惡宗為虛。威風震勁蜀，武烈懾强吳。諸葛不知命，肆逆亂天常。擁徒十餘萬，數來寇邊疆。我皇邁神武，秉鉞鎮雍涼。亮乃畏天威，未戰先僕僵。盈虛自然運，時變固多難。東征陵海表，萬里梟賊淵。受遺齊七政，曹爽又滔天。羣凶受誅殛，百祿咸來臻。黄華應福始，王淩為禍先。

《景皇帝》：《鼙舞歌》，當魏曲《魏歷長》，古曲《樂久長》：景皇帝，聰明命世生，盛德參天地。帝王道，創基既已難，繼世亦未易。外則夏侯玄，內則張與李，三凶稱逆，亂帝紀。從天行誅，窮其姦宄。遏將禦其漸，潛謀不得起。罪人咸伏辜，威風震萬里。平衡綜萬機，萬機無不理。召陵桓不君，內外何紛紛，衆小便成羣。蒙昧恣心，治亂不分。睿聖獨斷，濟武常以文。從天惟廢立，掃霓披浮雲。雲霓既已辟，清和未幾間。羽檄首尾至，變起東南蕃。儉欽為長蛇，外則馮吳蠻。萬國紛騷擾，戚戚天下懼不安。神武御六軍，我皇秉鉞征。儉欽起壽春，前鋒據項城。出其不意，並縱奇兵。奇兵誠難御，廟勝實難支。兩軍不期遇，敵退計無施。虎騎惟武進，大戰沙陽陂。欽乃亡魂走，奔虜若雲披。天恩赦有罪，東土放鯨鯢。

《大晉篇》：《鼙舞歌》，當魏曲《天生烝民》，古曲《四方皇》：赫赫大晉，于穆文皇。蕩蕩巍巍，道邁陶唐。世稱三皇五帝，及今重其光。九德克明，文既顯，武又章。恩弘六合，兼濟萬方。內舉元凱，朝政以綱。外簡虎臣，時惟鷹揚。靡從不懷，逆命斯亡。仁配春日，威逾秋霜。濟濟多士，同茲蘭芳。唐虞至治，四凶滔天。致討儉欽，罔不肅虔。化感海外，海外來賓。獻其聲樂，並稱妾臣。西蜀猾夏，僭號方域。命將致討，委國稽服。吳人放命，馮海阻江。飛書告諭，回應來同。先王建萬國，九服為蕃衛。亡秦壞諸侯，序胙不二世。歷代不能復，忽逾五百歲。我皇邁聖德，應期創典制。分土五等，蕃國正封界。莘莘文武佐，千秋遘嘉會。洪業溢區內，仁風翔海外。

《明君篇》：《鼙舞歌》，當魏曲《為君既不易》，古曲《殿前生桂樹》：明君御四海，聽鑒盡物情。顧望有譴罰，竭忠身必榮。蘭茝出荒野，萬里升紫庭。茨草穢堂階，掃截不得生。能否莫相蒙，百官正其名。恭己慎有為，有為無不成。暗君不自信，羣下執異端。正直罹譖潤，姦臣奪其權。雖欲盡忠誠，結舌不敢言。結舌亦何憚，盡忠為身患。清流豈不潔，飛塵濁其源。歧路令人迷，未遠勝不還。忠臣立君朝，正色不顧身。邪正不並存，譬若胡與秦。秦胡有合時，邪正各異津。忠臣遇明君，乾乾惟日新。羣目統在綱，衆星拱北辰。設令遭暗主，斥退為凡民。雖薄供時用，白茅猶可珍。冰霜晝夜結，蘭桂摧為薪。邪臣多端變，用心何委曲。便辟從情指，動隨君所欲。偷安樂目前，不問清與濁。積偽罔時主，養交以持祿。言行恒相違，難饜甚溪谷。昧死射乾沒，覺露則滅族。

右五篇《鼙舞歌行》。

《鐸舞》歌詩二篇。【略】

《雲門篇》、《鐸舞歌行》，當魏《太和時》：

黄《雲門》，唐《咸池》，虞《韶舞》，夏殷《濩》。列代有五，振鐸鳴金，近《大武》。清歌發倡，刑為主。聲和八音，協律呂。身不虛動，手不徒舉。應節合度，周其敍。時奏宮商，雜之以徵羽。下饜衆目，上從鐘鼓。樂以移風，與德禮相輔，安有失其所。

右二篇《鐸舞歌行》。【略】

《杯盤舞》歌詩一篇：

晉世寧，四海平，普天安樂永大寧。四海安，天下歡，樂治興隆舞杯盤。舞杯盤，何翩翩，舉坐翻覆壽萬年。天與日，終與一，左回右轉不相失。箏笛悲，酒舞疲，心中慷慨可健兒。樽酒甘，絲竹清，願令諸君醉復醒。醉復醒，時合同，四坐歡樂皆言工。絲竹音，可不聽，亦舞此盤左右輕。自相當，合坐歡樂人命長。人命長，當結友，千秋萬歲皆老壽。

右《杯盤舞歌行》。【略】

右《公莫巾舞歌行》。

《白羽舞》歌詩三篇：

高舉兩手白鵠翔。輕軀徐起何洋洋。凝停善睞容儀光。宛若龍轉乍低昂。隨世而變誠無方。如推若引留且行。宋世方昌樂未央。舞以盡神安可忘。愛之遺誰贈佳人。質如輕雲色如銀。袍以光軀巾拂塵。制以為袍餘作巾。四坐歡樂胡可陳。清歌徐舞降祇神。

右一篇。

雙袂齊舉鸞鳳翔。羅裾飄颻昭儀光。趨步生姿進流芳。鳴弦清歌及三陽。人生世間如電過。樂時每少苦日多。幸及良辰曜春花。齊倡獻舞趙女歌。羲和馳景逝不停。春露未晞嚴霜零。百草凋索花落英。蟋蟀吟牖寒蟬鳴。百年之命忽若傾。蚤知迅速秉燭行。東造扶桑遊紫庭。西至昆侖戲曾城。

右一篇。

陽春白日風花香。趨步明玉舞瑤璫。聲發金石媚笙簧。羅袿徐轉紅袖揚。清歌流響繞鳳梁。如矜若思凝且翔。轉盼遺精豔輝光。將流將引雙雁翔。歡來何晚意何長。明君御世永歌倡。

右一篇。《白羽》舊、新合三篇。【略】

晉鼓吹歌曲二十二篇，傅玄作：

《靈之祥》，古《朱鷺行》。《靈之祥》，言宣皇帝之佐魏，猶虞舜之事堯也。既有石瑞之征，又能用武以誅孟度之逆命也。

靈之祥，石瑞章。旌金德，出西方。天命降，授宣皇。應期運，時龍驤。繼大舜，佐陶唐。贊武文，建帝綱。孟氏叛，據南疆。追有扈，亂五常。吳寇勁，蜀虜强。交誓盟，連遐荒。宣赫怒，奮鷹揚。震乾威，耀電光。陵九天，陷石城。梟逆命，拯有生。萬國安，四海寧。

《宣受命》，古《思悲翁行》。《宣受命》，言宣皇帝禦諸葛亮，養威重，運神兵，亮震怖而死。

宣受命，應天機。風雲時動，神龍飛。禦葛亮，鎮雍涼。邊境安，民夷康。務節事，勤定傾。覽英雄，保持盈。淵穆穆，赫明明。沖而泰，天之經。養威重，運神兵。亮乃震死，平下寧。

《征遼東》，古《艾而張行》。《征遼東》，言宣皇帝陵大海之表，討滅公孫淵而梟其首也。

征遼東，敵失據，威靈邁日域。淵既授首，羣逆破膽，咸震怖。朔北回應，海表景附。武功赫赫，德雲布。

《宣輔政》，古《上之回行》：《宣輔政》，言宣皇帝聖道深遠，撥亂反正，網羅文武之才，以定二儀之序也。

宣皇輔政，聖烈深。撥亂反正，從天心。網羅文武才，慎厥所生。所生賢，遺教施，安上治民，化風移。肇創帝基，洪業垂。于鑠明明，時赫戲。功濟萬世，定二儀。定二儀，雲澤雨施，海外風馳。

《時運多難》，古《擁離行》：《時運》，言宣皇帝致討吳方，有征無戰也。

時運多難，道教痡。天地變化，有盈虛。蠢爾吳蠻，虎視江湖。我皇赫斯，致天誅。有征無戰，弭其圖。天威橫被，震東隅。

《景龍飛》，古《戰城南行》。《景龍飛》，言景帝克明威教，賞從夷逆，祚隆無疆，崇此洪基也。

景龍飛，御天威。聰鑑玄發，動與神明協機。從之者顯，逆之者滅夷。文教敷，武功巍。普被四海，萬邦望風，莫不來綏。聖德潛斷，先天弗違。弗違祥，享世永長。猛以致寬，道化光。赫明明，祚隆無疆。帝績惟期，有命既集，崇此洪基。

《平玉衡》，古《巫山高行》。《平玉衡》，言景皇帝一萬國之殊風，齊四海之乖心，禮賢養士，而纂洪業也。

平玉衡，糾姦回。萬國殊風，四海乖。禮賢養士，羈禦英雄思心齊。纂成洪業，崇皇階。品物咸亨，聖敬日躋。聰鑑盡下情，明明綜天機。

《文皇統百揆》，古《上陵行》。《百揆》，言文皇帝始統百揆，用人有序，以敷泰平之化也。

文皇統百揆，繼天理萬方。武將鎮四隅，英佐盈朝堂。謀言協秋蘭，清風發其芳。洪澤所漸潤，礫石為珪璋。大道侔五帝，盛德逾三王。咸光大，上參天與地，至化無內外。無內外，六合並康乂。並康乂，遘茲嘉會。在昔羲與農，大晉德斯邁。鎮征及諸州，為蕃衛。功濟四海，洪烈流萬世。

《因時運》，古《將進酒行》。《因時運》，言文皇帝因時運變，聖謀潛施，解長蛇之交，離羣桀之黨，以武濟文，審其大計，以邁其德也。

因時運，聖策施。長蛇交解，羣桀離。勢窮奔吳，虎騎厲。惟武進，審大計。時邁其德，清一世。

《惟庸蜀》，古《有所思行》。《惟庸蜀》，言文皇帝既平萬乘之蜀，封建萬國，復五等之爵也。

惟庸蜀，僭號天一隅。劉備逆帝命，禪亮承其餘。擁衆數十萬，窺隙乘我虛。驛騎進羽檄，天下不遑居。姜維屢寇邊，隴上為荒墟。文皇湣斯民，歷世受罪辜。外謨蕃屏臣，內謀衆士夫。爪牙應指授，腹心獻良圖。良圖協成文，大興百萬軍。雷鼓震地起，猛勢陵浮雲。逋虜畏天誅，面縛造壘門。萬里同風教，逆命稱妾臣。光建五等，紀綱天人。

《天序》，古《芳樹行》。《天序》，言聖皇應歷受禪，弘濟大化，用人各盡其才也。

天序，應歷受禪，承靈祜。御羣龍，勒螭虎。弘濟大化，英俊作輔。明明統萬機，赫赫鎮四方。咎由稷契之疇，協蘭芳。禮王臣，覆兆民。化之如天與地，誰敢愛其身。

《大晉承運期》，古《上邪行》。《大晉承運期》，言聖皇應籙受圖，化象神明也。

大晉承運期，德隆聖皇。時清晏，白日垂光。應籙圖，陟帝位，繼天正玉衡，化行象神明。至哉道隆虞與唐。元首敷洪化，百僚股肱並忠良，民大康。隆隆赫赫，福祚盈無疆。

《金靈運》，古《君馬黃行》。《靈運》，言聖皇踐阼，致敬宗廟，而孝道施於天下也。

金靈運，天符發。聖征見，參日月。惟我皇，體神聖。受魏禪，應天命。皇之興，靈有征。登大麓，御萬乘。皇之輔，若虓虎。爪牙奮，莫之禦。皇之佐，贊清化。百事理，萬邦賀。神祇應，嘉瑞章。恭享祀，薦先皇。樂時奏，磬管鏘。鼓淵淵，鐘喤喤。奠尊俎，實玉觴。神歆饗，咸說康。宴孫子，祐無疆。大孝烝烝，德教被萬方。

《於穆我皇》，古《雉子行》。《於穆》，言聖皇受命，德合神明也。

於穆我皇，盛德聖且明。受禪君世，光濟羣生。普天率土，莫不來庭。顒顒六合內，望風仰泰清。萬國雍雍，興頌聲。大化洽，地平而天成。七政齊，玉衡惟平。峨峨佐命，濟濟羣英。夙夜乾乾，萬機是經。雖治興，匪荒寧。謙道光，沖不盈。天地合德，日月同榮。赫赫煌煌，耀幽冥。三光克從，於顯天垂景星。龍鳳臻，甘露宵零。肅神祇，祇上靈。萬物欣戴，自天效其成。

《仲春振旅》，古《聖人出行》。《仲春》，言大晉申文武之教，田獵以時也。

仲春振旅，大致民，武教於時日新。師執提，工執鼓，坐作從，節有序，盛矣允文允武。搜田表祃，申法誓，遂圍禁，獻社祭，允矣時明國制。文武並用，禮之經，列車如戰，大教明，古今誰能去兵。大晉繼天，濟羣生。

《夏苗田》，古《臨高臺行》。《苗田》，言大晉田狩從時，為苗除害也。

夏苗田，運將徂，軍國異容，文武殊。乃命羣吏，選車徒，辯其名號，贊契書。王軍啓八門，行同上帝居。時路建大麾，雲旗翳紫虛。百官象其事，疾則疾，徐則徐。回衡旋軫，罷陳敝車。獻禽享祠，烝烝配有虞。惟大晉，德參兩儀，化雲敷。

《仲秋獮田》，古《遠期行》。《仲秋》，言大晉雖有文德，不廢武事，從時以殺伐也。仲秋獮田，金德常剛。涼風清且厲，凝露結為霜。白虎司辰，蒼隼時鷹揚。鷹揚猶周尚父，從天以殺伐。春秋時敍，雷霆震威耀，進退由鉦鼓。致禽祀惣，羽毛之用充軍府。赫赫大晉德，芬烈陵三五，敷化以文，雖治不廢武。光宅四海，永享天之祜。

《從天道》，古《石留行》。《從天道》，言仲冬大閱，用武修文，大晉之德配天也。

從天道，握神契。三時亦講武事，冬大閱。鳴鐲振鼓鐸，旌旗象虹霓。文制其中，武不窮武，動軍誓衆，禮成而義舉。三驅以崇仁，進止不失其序。兵卒練，將如虎。惟虓虎，氣陵青雲。解圍三面，殺不殄羣。偃旌麾，班六軍。獻享烝，修典文。嘉大晉，德配天。祿報功，爵俟賢。饗燕樂，受茲百祿，嘉萬年。

《唐堯》，《古務成行》，古曲亡。《唐堯》，言聖皇陟帝位，德化光四表也。

唐堯咨務成，謙謙德所興。積漸終光大，履霜致堅冰。神明道自然，河海猶可凝。舜禹統百揆，元凱以次升。禪讓應天歷，睿聖世相承。我皇陟帝位，平衡正準繩。德化飛四表，祥氣見其征。興王坐俟旦，亡主恬自矜。致遠由近始，覆簣成山陵。披圖按先籍，有其證靈液。

《玄雲》，古《玄雲行》，古曲亡。《玄雲》，言聖皇用人，各盡其材也。

玄雲起山嶽，祥氣萬里會。龍飛何蜿蜿，鳳翔何翩翩。昔在唐虞朝，時見青雲際。今親游方國，流光溢天外。鶴鳴在後園，清音隨風邁。成湯隆顯命，伊摯來如飛。周文獵渭濱，遂載呂望歸。符合如影響，先天天弗違。輟耕總地綱，解褐衿天維。元功配二主，芬馨世所稀。我皇敍羣才，洪烈何巍巍。桓桓征四表，濟濟理萬機。神化感無方，髦才盈帝畿。丕顯惟昧旦，日新孔所咨。茂哉聖明德，日月同光輝。

《伯益》，古《黃爵行》，古曲亡。《伯益》，言赤烏銜書，有周以興；今聖皇受命，神雀來也。

伯益佐舜禹，職掌山與川。德侔十六相，思心入無間。智理周萬物，下知衆鳥言。黃雀應清化，翔集何翩翩。和鳴棲庭樹，徘徊雲日間。夏桀為無道，密網施山阿。酷祝振纖網，當柰黃雀何。殷湯崇天德，去其三面羅。逍遙羣飛來，鳴聲乃復和。朱雀作南宿，鳳皇統羽羣。赤烏銜書至，天命瑞周文。神雀今來遊，為我受命君。嘉祥致天和，膏澤降青雲。蘭風發芳氣，闔世同其芬。

《釣竿》，古《釣竿行》，漢《鐃歌》二十二無《釣竿》。《釣竿》，言聖皇德配堯、舜，又有呂望之佐以濟大功致太平也。

釣竿何冉冉，甘餌芳且鮮。臨川運思心，微綸沈九淵。太公寶此術，乃在靈秘篇。機變隨物移，精妙貫未然。遊魚驚著釣，潛龍飛戾天。戾天安所至，撫翼翔太清。太清一何異，兩儀出渾成。玉衡正三辰，造化賦羣形。退願輔聖君，與神合其靈。我君弘遠略，天人不足並。天人初并時，昧昧何芒芒。日月有徵兆，文象興二皇。蚩尤亂生民，黃帝用兵征萬方。逮夏禹而德衰，三代不及虞與唐。我皇聖德配堯舜，受禪即阼享天祥。率土蒙祐，靡不肅，庶事康。庶事康，穆穆明明。荷百祿，保無極，永泰平。

宋・郭茂倩《樂府詩集》卷一九《鼓吹曲辭四・［晉］傅玄〈天序〉》　古《芳樹行》。《古今樂録》曰：『《天序》，言聖皇應歷受禪，弘濟大化，用人各盡其才也。』天序，歷應受禪，承靈祜。御羣龍，勒螭虎。弘濟大化，英俊作輔。明明統萬機，赫赫鎮四方。咎繇、稷、契之疇，協蘭芳。禮王臣，覆兆民。化之如天與地，誰敢愛其身。

《全宋詩》卷二五八九《楊簡〈歷代詩・西晉〉》　晉人司馬氏，相魏敢專權。懿師昭不帝，追謚宣景文。武帝受魏禪，惠帝實童昏。劉聰害懷愍，由此失中原。

清・賈鳧西《賈鳧西木皮詞校注・歷代史略鼓詞・正傳》　常言道『狗吃蒺藜病在後』，準備著你出水方知兩腿泥。他作了場姦雄又照出個影，照樣的來了一個司馬師。活像是門神的印版只分了個左右，你看他照樣的披掛不差一絲。年年五丈起秋風，銅雀臺荒一望空。臥龍已沒曹瞞就滅，那黃鬚子好漢又撇下江東！三分割據周了花甲，又顯著司馬家爺們弄神通。晉武帝為君也道是『受了禪』，合著那曹丕的行徑一樣同！這不是從前說的個鐵板數，就像那打骰子的湊巧拼了烘。

雜録

南朝宋・劉義慶《世說新語・言語》　晉武帝始登阼，探策得『一』。《晉世譜》曰：『世祖諱炎，字安宇，咸熙二年受魏禪。』王者世數，繫此多少。帝既不說，羣臣失色，莫能有言者。侍中裴楷進曰：『臣聞天得一以清，地得一以寧，侯王得一以為天下貞。』帝說，羣臣歎服。王弼《老子》注云：『一者，數之始，物之極也。各是一物，所以為主也。各以其一，致此清、寧、貞。』

《宋書》卷二《武帝紀中》　於是陳留王（曹）虔嗣等二百七十人，

及宋臺羣臣，並上表勸進，上猶不許。

又　卷三《武帝紀下》（永初元年七月）己丑，陳留王曹虔嗣薨。

又　卷二七《符瑞志上》　及嗣晉位，其月，襄武縣言有大人相，長三丈餘，足迹三尺一寸，白髮，黄單衣，黄巾，柱杖呼民王始語云：『今當太平。』頃之，受魏禪。

《晉書》卷七《成帝紀》（咸和元年）冬十月，封魏武帝玄孫曹勱為陳留王，以紹魏。

又　卷三七《安平獻王孚傳》　及武帝受禪，陳留王就金墉城，（司馬）孚拜辭，執王手，流涕歔欷，不能自勝。曰：『臣死之日，固大魏之純臣也。』

又　卷四〇《賈謐傳》　先是，朝廷議立《晉書》限斷，中書監荀勖謂宜以魏正始起年，著作郎王瓚欲引嘉平已下朝臣盡入晉史，于時依違未有所決。惠帝立，更使議之。謐上議，請從泰始為斷。於是事下三府，司徒王戎、司空張華、領軍將軍王衍、侍中樂廣、黄門侍郎嵇紹、國子博士謝衡皆從謐議。騎都尉濟北侯荀畯、侍中荀藩、黄門侍郎華混以為宜用正始開元。博士荀熙、刁協謂宜嘉平起年。謐重執奏戎、華之議，事遂施行。

又　卷四三《山濤傳》　及武帝受禪，以濤守大鴻臚，護送陳留王詣鄴。泰始初，加奉車都尉，進爵新遝伯。

又　卷五〇《曹志傳》　武帝為撫軍將軍，迎陳留王於鄴，志夜謁見，帝與語，自暮達旦，甚奇之。及帝受禪，降為鄄城縣公。

宋·李昉等《太平御覽》卷九四《皇王部十九·陳留王》　《帝王世紀》曰：陳留王即位，禪晉，封陳留王，就國治鄴，奉魏宗祀。

《魏世譜》曰：晉封帝為陳留王。年二十八，太安元年崩，謚曰：『元皇帝』。

西晉平東吴分部

綜　述

《三國志》卷四八《吴志·孫皓傳》　（天紀三年）冬，晉命鎮東大將軍司馬伷向涂中，安東將軍王渾、揚州刺史周浚向牛渚，建威將軍王戎向武昌，平南將軍胡奮向夏口，鎮南將軍杜預向江陵，龍驤將軍王濬、廣武將軍唐彬浮江東下，太尉賈充為大都督，量宜處要，盡軍勢之中。陶濬至武昌，聞北軍大出，停駐不前。濬、彬所至，則土崩瓦解，靡有禦者。預又斬江陵督伍延，渾復斬丞相張悌、丹楊太守沈瑩等，所在戰克。干寶《晉紀》曰：吴丞相軍師張悌、護軍孫震、丹楊太守沈瑩帥衆三萬濟江，圍成陽都尉張喬於楊荷橋，衆纔七千，閉柵自守，舉白接告降。吴副軍師諸葛靚欲屠之，悌曰：『強敵在前，不宜先事其小；且殺降不祥。』靚曰：『此等以救兵未至而力少，故且偽降以緩我，非來伏也。因其無戰心而盡阬之，可以成三軍之氣。若舍之而前，必為後患。』悌不從，撫之而進。與討吴護軍張翰、揚州刺史周浚成陳相對。沈瑩領丹楊鋭卒刀楯五千，號曰青巾兵，前後屢陷堅陳，於是以馳淮南軍，三沖不動。退引亂，薛勝、蔣班因其亂而乘之，吴軍以次土崩，將帥不能止，張喬又出其後，大敗吴軍於版橋，獲悌、震、瑩等。《襄陽記》曰：悌字巨先，襄陽人，少有名理，孫休時為屯騎校尉。魏伐蜀，吴人問悌曰：『司馬氏得政以來，大難屢作，智力雖豐，而百姓未服也。今又竭其資力，遠征巴蜀，兵勞民疲而不知恤，敗於不暇，何以能濟？昔夫差伐齊，非不克勝，所以危亡，不憂其本也，況彼之爭地乎！』悌曰：『不然。曹操雖功蓋中夏，威震四海，崇詐杖術，征伐無已，民畏其威，而不懷其德也。丕、叡承之，係以慘虐，内興宫室，外懼雄豪，東西馳驅，無歲獲安，彼之失民，為日久矣。司馬懿父子，自握其柄，累有大功，除其煩苛而布其平惠，為之謀主而救其疾，民心歸之，亦已久矣。故淮南三叛而腹心不擾，曹髦之死，四方不動，摧堅敵如折枯，蕩異同如反掌，任賢使能，各盡其心，非智勇兼人，孰能如之？其威武張矣，本根固矣，羣情服矣，姦計立矣。今蜀閹宦專朝，國無政令，而玩戎黷武，民勞卒弊，競於外利，不脩守備。

彼强弱不同，智算亦勝，因危而伐，殆其克乎！若其不克，不過無功，終無退北之憂，覆軍之慮也，何為不可哉？昔楚劍利而秦昭懼，孟明用而晉人憂，彼之得志，故我之大患也。」吴人笑其言，而蜀果降于魏。晉來伐吴，皓使悌督沈瑩、諸葛靚，率衆三萬渡江逆之。至牛渚，沈瑩曰：「晉治水軍於蜀久矣，今傾國大舉，萬里齊力，必悉益州之衆浮江而下。我上流諸軍，無有戒備，名將皆死，幼少當任，恐邊江諸城，盡莫能禦也。晉之水軍，必至於此矣！宜畜衆力，待來一戰。若勝之日，江西自清，上方雖壞，可還取之。今渡江逆戰，勝不可保，若或摧喪，則大事去矣。」悌曰：「吴之將亡，賢愚所知，非今日也。吾恐蜀兵來至此，衆心必駭懼，不可復整。今宜渡江，可用決戰力爭。若其敗喪，則同死社稷，無所復恨。若其克勝，則北敵奔走，兵勢萬倍，便當乘威南上，逆之中道，不憂不破也。若如子計，恐行散盡，相與坐待敵到，君臣俱降，無復一人死難者，不亦辱乎！」遂渡江戰，吴軍大敗。諸葛靚與五六百人退走，使過迎悌，悌不肯去，靚自往牽之，謂曰：「（且夫）〔巨先〕，天下存亡有大數，豈卿一人所知，如何故自取死為？」悌垂涕曰：「仲思，今日是我死日也。且我作兒童時，便為卿家丞相所拔，常恐不得其死，負名賢佑顧。今以身徇社稷，復何遁邪？莫牽曳之如是。」靚流涕放之，去百餘步，已見為晉軍所殺。《吴録》曰：悌少知名，及處大任，希合時趣，將護左右，清論譏之。《搜神記》曰：臨海松陽人柳榮從悌至楊府，榮病死船中二日，時軍已上岸，無有埋之者，忽然大呼，言「人縛軍師！人縛軍師！」聲激揚，遂活。人問之，榮曰：「上天北斗門下卒見人縛張悌，意中大愕，不覺大呼，言『何以縛張軍師。』」門下人怒榮，叱逐使去。榮便去，怖懼，口餘聲發揚耳。」其日，悌戰死。榮至晉元帝時猶在。

三月丙寅，殿中親近數百人叩頭請皓殺岑昏，皓惶憒從之。干寶《晉紀》曰：皓殿中親近數百人叩頭請皓曰：「北軍日近，而兵不舉刃，陛下將如之何！」皓曰：「何故？」對曰：「坐岑昏。」皓獨言：「若爾，當以奴謝百姓。」衆因曰：「唯！」遂並起收昏。皓駱驛追止，已屠之也。

戊辰，陶濬從武昌還，即引見，問水軍消息，對曰：「蜀船皆小，今得二萬兵，乘大船戰，自足擊之。」於是合衆，授濬節鉞。明日當發，其夜衆悉逃走。而王濬順流將至，司馬伷、王渾皆臨近境。皓用光祿勳薛瑩、中書令胡沖等計，分遣使奉書於濬、伷、渾曰：「昔漢室失統，九州皆分裂，先人因時，略有江南，遂分阻山川，與魏乖隔。今大晉龍興，德覆四海。闇劣偷安，未喻天命。至於今者，猥煩六軍，衡蓋路次，遠臨江渚，舉國震惶，假息漏刻。敢緣天朝含夕光大，謹遣私署太常張夔等奉所佩印綬，委質請命，惟垂信納，以濟元元。」《江表傳》載皓將敗與舅何植書曰：「昔大皇帝以神武之略，奮三千之卒，割據江南，席捲交、廣，開拓洪基，欲祚之萬世。至孤末德，嗣守成緒，不能懷集黎元，多為咎闕，以違天度。闇昧之變，反謂之祥，致使南蠻逆亂，征討未克。聞晉大衆，遠來臨江，庶竭勞瘁，衆皆摧退，而張悌不反，喪軍過半。孤甚愧悵，於今無聊。得陶濬表云武昌以西，並復不守。不守者，非糧不足，非城不固，兵將背戰耳。兵之背戰，豈怨兵邪？孤之罪也。天文縣變於上，士民憤歎於下，觀此事勢，危如累卵，吴祚終訖，何其局哉！天匪亡吴，孤所招也。瞑目黄壤，當復何顔見四帝乎！公其勖勉奇謨，飛筆以聞。」皓又遺羣臣書曰：「孤以不德，忝繼先軌。處位歷年，政教凶勃，遂令百姓久困塗炭，至使一朝歸命有道，社稷傾覆，宗廟無主，慚愧山積，没有餘罪。自惟空薄，過偷尊號，才瑣質穢，任重王公，故周易有折鼎之誡，詩人有彼其之譏。自居宫室，仍抱篤疾，計有不足，思慮失中，多所荒替。邊側小人，因生酷虐，虐毒横流，忠順被害。闇昧不覺，尋其壅蔽，孤負諸君，事已難圖，覆水不可收也。今大晉平治四海，勞心務於擢賢，誠是英俊展節之秋也。管仲極讎，桓公用之，良、平去楚，入為漢臣，舍亂就理，非不忠也。莫以移朝改朔，用損厥志。嘉勖休尚，愛敬動靜。夫復何言，投筆而已！」

壬申，王濬最先到，於是受皓之降，解縛焚櫬，延請相見。《晉陽秋》曰：濬收其圖籍，領州四，郡四十三，縣三百一十三，户五十二萬三千，吏三萬二千，兵二十三萬，男女口二百三十萬，米穀二百八十萬斛，舟船五千餘艘，後宫五千餘人。伷以皓致印綬於己，遣使送皓。皓舉家西遷，以太康元年五月丁亥集於京邑。四月甲申，詔曰：「孫皓窮迫歸降，前詔待之以不死，今皓垂至，意猶愍之，其賜號為歸命侯。進給衣服車乘，田三十頃，歲給穀五千斛，錢五十萬，絹五百匹，綿五百斤。」皓太子瑾拜中郎，諸子為王者，拜郎中。《搜神記》曰：吴以草創之國，信不堅固，邊屯守將，皆質其妻子，名曰保質。童子少年，以類相與嬉遊者，日有十數。永安二年三月，有一異兒，長四尺餘，年可六七歲，衣青衣，來從羣兒戲，諸兒莫之識也。皆問曰：「爾誰家小兒，今日忽來？」答曰：「見爾羣戲樂，故來耳。」詳而視之，眼有光芒，爚爚外射。諸兒畏之，重問其故。兒乃答曰：「爾惡我乎？我非人也，乃熒惑星也。將有以告爾：三公鉏，司馬如。」諸兒大驚，或走告大人，大人馳往觀之。兒曰：「舍爾去乎！」竦身而躍，即以化矣。仰面視之，若引一匹練以登天。大人來者，猶及見焉，飄飄漸高，有頃而没。時吴政峻急，莫敢宣也。後五年而蜀亡，六年而晉興，至是而吴滅，司馬如矣。干寶《晉紀》曰：王濬治船於蜀，吾彦取其流柹以呈孫皓，曰：『晉必有攻吴之計，宜增建平兵。建平不下，終不敢渡江。』皓弗從。陸抗之克步闡，皓意張大，乃使尚廣筮並天下，遇同人之頤，對曰：『吉。庚子歲，青蓋當入洛陽。』故皓不脩其政，而恒有窺上國之志。是歲也實在庚子。五年，皓死於洛陽。《吴録》曰：皓以四年十二月死，時年四十二，葬河南縣界。

《晉書》卷二《文帝紀》（景元四年）夏，帝將伐蜀，乃謀衆曰：『自定壽春已來，息役六年，治兵繕甲，以擬二虜。略計取吴，作戰船，通水道，當用千餘萬功，此十萬人百數十日事也。又南土下濕，必生疾疫。今宜先取蜀，三年之後，在巴蜀順流之勢，水陸並進，此滅虞定虢、吞韓并魏之勢也。』

又 卷三《武帝紀》（咸寧五年）十一月，大舉伐吴，遣鎮軍將軍、琅邪王伷出涂中，安東將軍王渾出江西，建威將軍王戎出武昌，平南將軍胡奮出夏口，鎮南大將軍杜預出江陵，龍驤將軍王浚、廣武將軍唐彬率巴蜀之卒浮江而下，東西凡二十餘萬。以太尉賈充為大都督，行冠軍將軍楊濟為副，總統衆軍。【略】

（太康元年春正月）癸丑，王渾克吴尋陽賴鄉諸城，獲吴武威將軍周興。二月戊午，王濬、唐彬等克丹陽城。庚申，又克西陵，殺西陵都督、鎮軍將軍留憲，征南將軍成璩，西陵監鄭廣。壬戌，濬又克夷道樂鄉城，殺夷道監陸晏、水軍都督陸景。甲戌，杜預克江陵，斬吴江陵督王延；平南將軍胡奮克江安。於是諸軍並進，樂鄉、荆門諸戍相次來降。乙亥，以濬為都督益、梁二州諸軍事，復下詔曰：『濬、彬東下，掃除巴丘，與胡奮、王戎共平夏口、武昌，順流長鶩，直造秣陵，與奮、戎審量其宜。杜預當鎮靜零、桂，懷輯衡陽。大兵既過，荆州南境固當傳檄而定，預當分萬人給濬，七千給彬。夏口既平，奮宜以七千人給濬。武昌既了，戎當以六千人增彬。太尉充移屯項，總督諸方。』濬進破夏口、武昌，遂泛舟東下，所至皆平。王渾、周濬與吴丞相張悌戰於版橋，大敗之，斬悌及其將孫震、沈瑩，傳首洛陽。孫皓窮蹙請降，送璽綬于琅邪王伷。三月壬申，王濬以舟師至於建鄴之石頭，孫皓大懼，面縛輿櫬，降於軍門。濬杖節解縛焚櫬，送於京都。收其圖籍，得州四，郡四十三，縣三百一十三，户五十二萬三千，吏三萬二千，兵二十三萬，男女口二百三十萬。其牧守下皆因吴所置，除其苛政，示之簡易，吴人大悦。乙酉大赦，改元，大酺五日，恤孤老困窮。【略】五月辛亥，封孫皓為歸命侯，拜其太子為中郎，諸子為郎中。吴之舊望，隨才擢敍。孫氏大將戰亡之家徙于壽陽，將吏渡江復十年，百姓及百工復二十年。丙寅，帝臨軒大會，引皓升殿，羣臣咸稱萬歲。丁卯，薦酃渌酒於太廟。【略】庚辰，以王濬為輔國大將軍、襄陽侯，杜預當陽侯，王戎安豐侯，唐彬上庸侯，賈充、琅邪王伷以下增封。於是論功行封，賜公卿以下帛各有差。【略】九月，羣臣以天下一統，屢請封禪，帝謙讓弗許。【略】

（二年三月）賜王公以下吴生口各有差。詔選孫皓妓妾五千人入宫。【略】

（三年九月）吴故將莞恭、帛奉舉兵反，攻害建鄴令，遂圍揚州，徐州刺史嵇喜討平之。

又 卷五《秦秀傳》 秀性忌讒佞，疾之如仇，素輕鄙賈充，及伐吴之役，聞其為大都督，謂所親者曰：『充文案小才，乃居伐國大任，吾將哭以送師。』或止秀曰：『昔蹇叔知秦軍必敗，故哭送其子耳。今吴君無道，國有自亡之形，羣率踐境，將不戰而潰。子之哭也，既為不智，乃不赦之罪。』於是乃止。及孫皓降于王濬，充未之知，方以吴未可平，抗表請班師。充表與告捷同至，朝野以充位居人上，智出人下，僉以秀為知言。【略】

王濬有平吴之勳，而為王渾所譖毁。帝雖不從，無明賞罰，以濬為輔國大將軍，天下咸為之怨。秀乃上言曰：『自大晉啓祚，輔國之號，率以舊恩。此為王濬無功之時，受九列之顯位，立功之後更得寵人之辱號也。四海視之，孰不失望！蜀小吴大，平蜀之後，二將皆就加三事，今濬還而降等，天下安得不惑乎！吴之未亡也，雖以三祖之神武，猶躬受其屈。以孫皓之虚名，足以驚動諸夏，每一小出，雖聖心知其垂亡，然中國輒懷惶怖。當爾時，有能借天子百萬之衆，平而有之，與國家結兄弟之交，臣恐朝野實皆甘之耳。今濬舉蜀、漢之卒，數旬而平吴，雖舉吴人之財實以與之，本非已分有焉，而遽與計校乎？』

又 卷三四《羊祜傳》 帝將有滅吴之志，以祜為都督荆州諸軍事、假節，散騎常侍、衛將軍如故。祜率營兵出鎮南夏，開設庠序，綏懷遠近，甚得江漢之心。與吳人開布大信，降者欲去皆聽之。時長吏喪官，後人惡之，多毀壞舊府，祜以死生有命，非由居室，書下征鎮，普加禁斷。吳石城守去襄陽七百餘里，每為邊害，祜患之，竟以詭計令吳罷守。於是戍邏減半，分以墾田八百餘頃，大獲其利。祜之始至也，軍無百日之糧，及至季年，有十年之積。詔罷江北都督，置南中郎將，以所統諸軍在漢東江夏者皆以益祜。在軍常輕裘緩帶，身不被甲，鈴閤之下，侍衛者不過十數人，而頗以畋漁廢政。嘗欲夜出，軍司徐胤執棨當營門曰：『將軍都督萬里，安可輕脫！將軍之安危，亦國家之安危也。胤今日若死，此門乃開耳。』祜改容謝之，此後稀出矣。【略】

及還鎮，吳西陵督步闡舉城來降。吳將陸抗攻之甚急，詔祜迎闡。祜率兵五萬出江陵，遣荆州刺史楊肇攻抗，不克，闡竟為抗所擒。有司奏：『祜所統八萬餘人，賊衆不過三萬。祜頓兵江陵，使賊備得設。乃遣楊肇偏軍入險，兵少糧懸，軍人挫衄。背違詔命，無大臣節。可免官，以侯就第。』竟坐貶為平南將軍，而免楊肇為庶人。

祜以孟獻營武牢而鄭人懼，晏弱城東陽而萊子服，乃進據險要，開建五城，收膏腴之地，奪吳人之資，石城以西，盡為晉有。自是前後降者不絕，乃增修德信，以懷柔初附，慨然有吞併之心。每與吳人交兵，剋日方戰，不為掩襲之計。將帥有欲進譎詐之策者，輒飲以醇酒，使不得言。人有略吳二兒為俘者，祜遣送還其家。後吳將夏詳、邵顗等來降，二兒之父亦率其屬與俱。吳將陳尚、潘景來寇，祜追斬之，美其死節而厚加殯斂。景、尚子弟迎喪，祜以禮遣還。吳將鄧香掠夏口，祜募生縛香，既至，宥之。香感其恩甚，率部曲而降。祜出軍行吳境，刈穀為糧，皆計所侵，送絹償之。每會衆江沔游獵，常止晉地。若禽獸先為吳人所傷而為晉兵所得者，皆封還之。於是吳人翕然悅服，稱為羊公，不之名也。

祜與陸抗相對，使命交通，抗稱祜之德量，雖樂毅、諸葛孔明不能過也。抗嘗病，祜饋之藥，抗服之無疑心。人多諫抗，抗曰：『羊祜豈鴆人者！』時談以為華元、子反復見於今日。抗每告其戍曰：『彼專為德，我專為暴，是不戰而自服也。各保分界而已，無求細利。』孫皓聞二境交和，以詰抗。抗曰：『一邑一鄉，不可以無信義，況大國乎！臣不如此，正是彰其德，於祜無傷也。』【略】

咸寧初，除征南大將軍、開府儀同三司，得專辟召。初，祐以伐吳必藉上流之勢。又時吳有童謠曰：『阿童復阿童，銜刀浮渡江。不畏岸上獸，但畏水中龍。』祜聞之曰：『此必水軍有功，但當思應其名者耳。』會益州刺史王濬徵為大司農，祜知其可任，濬又小字阿童，因表留濬監益州諸軍事，加龍驤將軍，密令修舟楫，為順流之計。

祜繕甲訓卒，廣為戎備。至是上疏曰：『先帝順天應時，西平巴蜀，南和吳會，海內得以休息，兆庶有樂安之心。而吳復背信，使邊事更興。夫期運雖天所授，而功業必由人而成，不一大舉掃滅，則衆役無時得安。亦所以隆先帝之勳，成無為之化也。故堯有丹水之伐，舜有三苗之征，咸以寧靜宇宙，戢兵和衆者也。蜀平之時，天下皆謂吳當並亡，自此來十三年，是謂一周，平定之期復在今日矣。議者常言吳楚有道後服，無禮先强，此乃謂侯之時耳。當今一統，不得與古同諭。夫適道之論，皆未應權，是故謀之雖多，而決之欲獨。凡以險阻得存者，謂所敵者同，力足自固。苟其輕重不齊，强弱異勢，則智士不能謀，而險阻不可保也。蜀之為國，非不險也，高山尋雲霓，深谷肆無景，束馬懸車，然後得濟，皆言一夫荷戟，千人莫當。及進兵之日，曾無藩籬之限，斬將搴旗，伏屍數萬，乘勝席捲，徑至成都，漢中諸城，皆鳥棲而不敢出。非皆無戰心，誠力不足相抗。至劉禪降服，諸營堡者索然俱散。今江淮之難，不過劍閣；山川之險，不過岷漢；孫皓之暴，侈于劉禪；吳人之困，甚于巴蜀。而大晉兵衆，多於前世；資儲器械，盛於往時；今不于此平吳，而更阻兵相守，徵夫苦役，日尋干戈，經歷盛衰，不可長久，宜當時定，以一四海。今若引梁益之兵水陸俱下，荆楚之衆進臨江陵，平南、豫州，直指夏口，徐、揚、青、兖並向秣陵，鼓旆以疑之，多方以誤之，以一隅之吳，當天下之衆，勢分形散，所備皆急，巴漢奇兵出其空虛，一處傾壞，則上下震盪。吳緣江為國，無有內外，東西數千里，以藩籬自持，所敵者大，無有寧息。孫皓孫恣情任意，與下多忌，名臣重將不復自信，是以孫秀之徒皆畏逼而至。將疑於朝，士困於野，無有保世之計，一定之心。平常之日，猶懷去就，兵臨之際，必有應者，終不能齊力致死，已可知也。其俗急速，不能持久，弓弩戟盾不如中國，唯有水戰是其所便。一入其境，則長江非復所固，還保城池，則去長入短。而官軍懸進，人有致節之志，吳人戰於其內，有憑城之心。如此，軍不逾時，克可必矣。』帝深納之。【略】祜寢疾，求入朝。既至洛陽，會景獻宮車在殯，哀慟至篤。中詔申諭，扶疾引見，命乘輦入殿，無下拜，甚見優禮。及侍坐，面陳伐吳之計。帝以其病，不宜常入，遣中書令張華問其籌策。祜曰：『今主上有禪代之美，而功德未著。吳人虐政已甚，可不戰而克。混一六合，以興文教，則主齊堯舜，臣同稷契，為百代之盛軌。如舍之，若孫皓不幸而没，吳人更立令主，雖百萬之衆，長江未可而越也，將為後患乎！』華深贊成其計。祜謂華曰：『成吾志者，子也。』帝欲使祜臥護諸將，祜曰：『取吳不必須臣自行，但既平之後，當勞聖慮耳。功名之際，臣所不敢居。若事了，當有所付授，願審擇其人。』

疾漸篤，乃舉杜預自代。尋卒，時年五十八。帝素服哭之，甚哀。是日大寒，帝涕淚沾須鬢，皆為冰焉。南州人徵市日聞祜喪，莫不號慟，罷市，巷哭者聲相接。吳守邊將士亦為之泣。其仁德所感如此。賜以東園秘器，朝服一襲，錢三十萬，布百匹。詔曰：『征南大將軍南城侯祜，蹈德沖素，思心清遠。始在內職，值登大命，乃心篤誠，左右王事，入綜機密，出統方岳。當終顯烈，永輔朕躬，而奄忽殂隕，悼之傷懷。其追贈侍中、太傅，持節如故。』【略】

祜卒二歲而吳平，羣臣上壽，帝執爵流涕曰：『此羊太傅之功也。』因以克定之功，策告祜廟，仍依蕭何故事，封其夫人。策曰：『皇帝使謁者杜宏告故侍中、太傅鉅平成侯祜：昔吳為不恭，負險稱號，郊境不辟，多歷年所。祜受任南夏，思靜其難，外揚王化，內經廟略，著德推誠，江漢歸心，舉有成資，謀有全策。昊天不弔，所志不卒，朕用悼恨於厥心。乃班命羣帥，致天之討，兵不逾時，一征而滅，疇昔之規，若合符契。夫賞不失勞，國有彝典，宜增啓土宇，以崇前命，而重違公高讓之素。今封夫人夏侯氏萬歲鄉君，食邑五千户，又賜帛萬匹，穀萬斛。』

又《杜預傳》 時帝密有滅吳之計，而朝議多違，唯預、羊祜、張華與帝意合。祜病，舉預自代，因以本官假節行平東將軍，領征南軍司。及祜卒，拜鎮南大將軍、都督荆州諸軍事，給追鋒車，第二駙馬。預既至鎮，繕甲兵，耀威武，乃簡精鋭，襲吳西陵督張政，大破之，以功增封三百六十五户。政，吳之名將也，據要害之地，耻以無備取敗，不以所喪之實告于孫皓。預欲間吳邊將，乃表還其所獲之衆於皓。皓果召政，遣武昌監劉憲代之。故大軍臨至，使其將帥移易，以成傾蕩之勢。

預處分既定，乃啓請伐吳之期。帝報待明年方欲大舉，預表陳至計曰：『自閏月以來，賊但敕嚴，下無兵上。以理勢推之，賊之窮計，力不兩完，必先護上流，勤保夏口以東，以延視息，無緣多兵西上，空其國都。而陛下過聽，便用委棄大計，縱敵患生。此誠國之遠圖，使舉而有敗，勿舉可也。事為之制，務從完牢。若或有成，則開太平之基；不成，不過費損日月之間，何惜而不一試之！若當須後年，天時人事不得如常，臣恐其更難也。陛下宿議，分命臣等隨界分進，其所禁持，東西同符，萬安之舉，未有傾敗之慮。臣心實了，不敢以曖昧之見自取後累。惟陛下察之。』預旬月之中又上表曰：『羊祜與朝臣多不同，不先博畫而密與陛下共施此計，故益令多異。凡事當以利害相較，今此舉十有八九利，其一二止於無功耳。其言破敗之形亦不可得，直是計不出己，功不在身，各耻其前言，故守之也。自頃朝廷事無大小，異意鋒起，雖人心不同，亦由恃恩不慮後難，故輕相同異也。昔漢宣帝議趙充國所上，事效之後，詰責諸議者，皆叩頭而謝，以塞異端也。自秋已來，討賊之形頗露。若今中止，孫皓怖而生計，或徙都武昌，更完修江南諸城，遠其居人，城不可攻，野無所掠，積大船于夏口，則明年之計或無所及。』時帝與中書令張華圍棋，而預表適至。華推枰斂手曰：『陛下聖明神武，朝野清晏，國富兵强，號令如一，吳主荒淫驕虐，誅殺賢能，當今討之，可不勞而定。』帝乃許之。

預以太康元年正月，陳兵於江陵，遣參軍樊顯、尹林、鄧圭、襄陽太守周奇等率衆循江西上，授以節度，旬日之間，累克城邑，皆如預策焉。又遣牙門管定、周旨、伍巢等率奇兵八百，泛舟夜渡，以襲樂鄉，多張旗幟，起火巴山，出於要害之地，以奪賊心。吳都督孫歆震恐，與伍延書曰：『北來諸軍，乃飛渡江也。』吳之男女降者萬餘口，旨、巢等伏兵樂鄉城外。歆遣軍出距王濬，大敗而還。旨等發伏兵，隨歆軍而入，歆不覺，直至帳下，虜歆而還。故軍中為之謡曰：『以計代戰一當萬。』於是進逼江陵。吳督將伍延僞請降而列兵登陴，預攻克之。既平上流，於是沅湘以南，至於交廣，吳之州郡皆望風歸命，奉送印綬，預仗節稱詔而綏撫之。凡所斬及生獲吳都督、監軍十四，牙門、郡守百二十餘人。又因兵威，徙將士屯戍之家以實江北，南郡故地各樹之長吏，荆土肅然，吳人赴者如歸矣。

王濬先列上得孫歆頭，預後生送歆，洛中以為大笑。時衆軍會議，或曰：『百年之寇，未可盡克。今向暑，水潦方降，疾疫將起，宜俟來冬，更為大舉。』預曰：『昔樂毅藉濟西一戰以幷强齊，今兵威已振，譬如破竹，數節之後，皆迎刃而解，無復著手處也。』遂指授羣帥，徑造秣陵。所過城邑，莫不束手。議者乃以書謝之。

孫皓既平，振旅凱入，以功進爵當陽縣侯，增邑幷前九千六百户，封子耽為亭侯，千户，賜絹八千匹。

初，攻江陵，吳人知預病瘿，憚其智計，以瓠繫狗頸示之，每大樹似瘿，輒斫使白，題曰：『杜預頸。』及城平，盡捕殺之。

預既還鎮，累陳家世吏職，武非其功，請退。不許。

預以天下雖安，忘戰必危，勤于講武，修立泮宮，江漢懷德，化被萬里。攻破山夷，錯置屯營，分據要害之地，以固維持之勢。又修邵信臣遺迹，激用滍淯諸水以浸原田萬餘頃，分疆刊石，使有定分，公私同利。衆庶賴之，號曰『杜父』。舊水道唯沔漢達江陵千數百里，北無通路。又巴丘湖，沅湘之會，表裏山川，實為險固，荆蠻之所恃也。預乃開楊口，起夏水達巴陵千餘里，内瀉長江之險，外通零桂之漕。南土歌之曰：『後世無叛由杜翁，孰識智名與勇功。』預公家之事，知無不為。凡所興造，必考度始終，鮮有敗事。或譏其意碎者，預曰：『禹稷之功，期於濟世，所庶幾也。』

預好為後世名，常言『高岸為谷，深谷為陵』，刻石為二碑，紀其勳績，一沈萬山之下，一立峴山之上，曰：『焉知此後不為陵谷乎！』

又 卷三六《張華傳》 初，帝潛與羊祜謀伐吳，而羣臣多以為不可，唯華贊成其計。其後，祜疾篤，帝遣華詣祜，問以伐吳之計，語在《祜傳》。及將大舉，以華為度支尚書，乃量計運漕，決定廟算。衆軍既進，而未有克獲，賈充等奏誅華以謝天下。帝曰：『此是吾意，華但與吾同耳。』時大臣皆以為未可輕進，華獨堅執，以為必克。及吳滅，詔曰：『尚書、關内侯張華，前與故太傅羊祜共創大計，遂典掌軍事，部分諸方，算定權略，運籌決勝，有謀謨之勳。其進封為廣武縣侯，增邑萬户，封子一人為亭侯，千五百户，賜絹萬匹。』

又 卷三八《琅邪武王伷傳》 琅邪武王伷，【略】出為鎮東大將軍、假節、徐州諸軍事，代衛瓘鎮下邳。伷鎮御有方，得將士死力，吳人憚之。加開府儀同三司，改封琅邪王，以東莞益其國。

平吳之役，率衆數萬出涂中，孫皓奉箋送璽綬，詣伷請降，詔曰：『琅邪王伷督率所統，連據涂中，使賊不得相救。又使琅邪相劉弘等進軍逼江，賊震懼，遣使奉偽璽綬。又使長史王恒率諸軍渡江，破賊邊守，獲督蔡機，斬道降附五六萬計，諸葛靚、孫奕皆歸命請死，功勳茂著。其封子二人為亭侯，各三千户，賜絹六千匹。』頃之，幷督青州諸軍事，加侍中之服。進拜大將軍、開府儀同三司。

伷既戚屬尊重，加有平吳之功，克己恭儉，無矜滿之色，僚吏盡力，百姓懷化。

又 卷三九《馮紞傳》 伐吳之役，紞領汝南太守，以郡兵隨王濬入秣陵。遷御史中丞，轉侍中。【略】

初謀伐吳，紞與賈充、荀勖同共苦諫不可。吳平，紞内懷慚懼，疾張華如讎。及華外鎮，威德大著，朝論當徵為尚書令。紞從容侍帝，論晉魏故事，因諷帝，言華不可授以重任，帝默然而止。事具《華傳》。

又 卷四〇《賈充傳》 伐吳之役，詔充為使持節、假黄鉞、大都督，總統六師，給羽葆、鼓吹、緹幢、兵萬人、騎二千，置左右長史、司馬、從事中郎，增參軍、騎司馬各十人，帳下司馬二十人，大車、官騎各三十人。充慮大功不捷，表陳『西有昆夷之患，北有幽幷之戍，天下勞擾，年穀不登，興軍致討，懼非其時。又臣老邁，非所克堪。』詔曰：『君不行，吾便自出。』充不得已，乃受節鉞，將中軍，為諸軍節度，以冠軍將軍楊濟為副，南屯襄陽。吳江陵諸守皆降，充乃徙屯項。

王濬之克武昌也，充遣使表曰：『吳未可悉定，方夏，江淮下濕，疾疫必起，宜召諸軍，以為後圖。雖腰斬張華，不足以謝天下。』華豫平吳之策，故充以為言。中書監荀勖奏，宜如充表。帝不從。杜預聞充有奏，馳表固爭，言平在旦夕。使及至轘轅，而孫皓已降。吳平，軍罷。帝遣侍中程咸犒勞，賜充帛八千匹，增邑八千户；分封從孫暢新城亭侯，蓋安陽亭侯；弟陽里亭侯混、從孫關内侯衆增户邑。充本無南伐之謀，固諫不見用。及師出而吳平，大慚懼，議欲請罪。帝聞充當詣闕，豫幸東堂以待之。罷節鉞、僚佐，仍假鼓吹、麾幢。充與羣臣上告成之禮，請有司具其事。帝謙讓不許。

又《荀勖傳》 及王濬表請伐吳，勖與賈充固諫不可，帝不從，而吳果滅。以專典詔命，論功封子一人為亭侯，邑一千户，賜絹千匹。又封孫顯為潁陽亭侯。

又《馮紞傳》 初謀伐吳，紞與賈充、荀勖同共苦諫不可。吳平，紞內懷慚懼，疾張華如讎。

又 卷四二《王渾傳》 久之，遷東中郎將，監淮北諸軍事，鎮許昌。數陳損益，多見納用。

轉征虜將軍、監豫州諸軍事、假節，領豫州刺史。渾與吳接境，宣佈威信，前後降附甚多。吳將薛瑩、魯淑衆號十萬，淑向弋陽，瑩向新息。時州兵並放休息，衆裁一旅，浮淮潛濟，出其不意，瑩等不虞晉師之至。渾擊破之，以功封次子尚為關內侯。遷安東將軍、都督揚州諸軍事，鎮壽春。吳人大佃皖城，圖為邊害。渾遣揚州刺史應綽督淮南諸軍攻破之，並破諸別屯，焚其積穀百八十餘萬斛、稻苗四千餘頃、船六百餘艘。渾遂陳兵東疆，視其地形險易，歷觀敵城，察攻取之勢。

及大舉伐吳，渾率師出橫江，遣參軍陳慎、都尉張喬攻尋陽瀨鄉，又擊吳牙門將孔忠，皆破之，獲吳將周興等五人。又遣殄吳護軍李純據高望城，討吳將俞恭，破之，多所斬獲。吳厲武將軍陳代、平虜將軍朱明懼而來降。吳丞相張悌、大將軍孫震等率衆數萬指城陽，渾遣司馬孫疇、揚州刺史周濬擊破之，臨陣斬二將，及首虜七千八百級，吳人大震。

又《王濬傳》 後參征南軍事，羊祜深知待之。祜兄子暨白祜：『濬為人志太，奢侈不節，不可專任，宜有以裁之。』祜曰：『濬有大才，將欲濟其所欲，必可用也。』轉車騎從事中郎，識者謂祜可謂能舉善焉。

除巴郡太守。郡邊吳境，兵士苦役，生男多不養。濬乃嚴其科條，寬其徭課，其產育者皆與休復，所全活者數千人。轉廣漢太守，垂惠布政，百姓賴之。濬夜夢懸三刀於臥屋樑上，須臾又益一刀，濬驚覺，意甚惡之。主簿李毅再拜賀曰：『三刀為州字，又益一者，明府其臨益州乎？』及賊張弘殺益州刺史皇甫晏，果遷濬為益州刺史。濬設方略，悉誅弘等，以動封關內侯。懷輯殊俗，待以威信，蠻夷徼外，多來歸降。征拜右衛將軍，除大司農。車騎將軍羊祜雅知濬有奇略，乃密表留濬，於是重拜益州刺史。

武帝謀伐吳，詔濬修舟艦。濬乃作大船連舫，方百二十步，受二千餘人。以木為城，起樓櫓，開四出門，其上皆得馳馬來往。又畫鷁首怪獸於船首，以懼江神。舟楫之盛，自古未有。濬造船於蜀，其木柹蔽江而下。吳建平太守吾彥取流柹以呈孫皓曰：『晉必有攻吳之計，宜增建平兵。建平不下，終不敢渡。』皓不從。尋以謠言拜濬為龍驤將軍、監梁益諸軍事。語在《羊祜傳》。

時朝議咸諫伐吳，濬乃上疏曰：『臣數參訪吳楚同異，孫皓荒淫凶逆，荆揚賢愚無不嗟怨。且觀時運，宜速征伐。若今不伐，天變難預。令皓卒死，更立賢主，文武各得其所，則強敵也。臣作船七年，日有朽敗，又臣年已七十，死亡無日。三者一乖，則難圖也，誠願陛下無失事機。』帝深納焉。賈充、荀勖陳諫以為不可，唯張華固勸。又杜預表請，帝乃發詔，分命諸方節度。濬於是統兵。先在巴郡之所全育者，皆堪徭役供軍，其父母戒之曰：『王府君生爾，爾必勉之，無愛死也！』

太康元年正月，濬發自成都，率巴東監軍、廣武將軍唐彬攻吳丹楊，克之，擒其丹楊監盛紀。吳人于江險磧要害之處，並以鐵鎖橫截之，又作鐵錐長丈餘，暗置江中，以逆距船。先是，羊祜獲吳間諜，具知情狀。濬乃作大筏數十，亦方百餘步，縛草為人，被甲持杖，令善水者以筏先行，筏遇鐵錐，錐輒著筏去。又作火炬，長十餘丈，大數十圍，灌以麻油，在船前，遇鎖，然炬燒之，須臾，融液斷絕，於是船無所礙。二月庚申，克吳西陵，獲其鎮南將軍留憲、征南將軍成據、宜都太守虞忠。壬戌，克荆門、夷道二城，獲監軍陸晏。乙丑，克樂鄉，獲水軍督陸景。平西將軍施洪等來降。乙亥，詔進濬為平東將軍、假節、都督益梁諸軍事。

濬自發蜀，兵不血刃，攻無堅城，夏口、武昌，無相支抗。於是順流鼓棹，徑造三山。皓遣遊擊將軍張象率舟軍萬人禦濬，象軍望旗而降。皓聞濬軍旌旗器甲，屬天滿江，威勢甚盛，莫不破膽。用光祿薛瑩、中書令胡沖計，送降文於濬曰：『吳郡孫皓叩頭死罪。昔漢室失御，九州幅裂，先人因時略有江南，遂阻山河，與魏乖隔。大晉龍興，德覆四海，暗劣偷安，未喻天命。至於今者，猥煩六軍，衡蓋露次，還臨江渚。舉國震惶，假息漏刻，敢緣天朝，含弘光大。謹遣私署太常張夔等奉所佩璽綬，委質請命。』壬寅，濬入於石頭。皓乃備亡國之禮，素車白馬，肉袒面縛，銜璧牽羊，大夫衰服，士輿櫬，率其僞太子瑾、瑾弟魯王虔等二十一人，造於壘門。濬躬解其縛，受璧焚櫬，送于京師。收其圖籍，封其府庫，軍無私焉。帝遣使者犒濬軍。

初，詔書使濬下建平，受杜預節度，至秣陵，受王渾節度。預至江陵，謂諸將帥曰：『若濬得下建平，則順流長驅，威名已著，不宜令受制於我。若不能克，則無緣得施節度。』濬至西陵，預與之書曰：『足下既摧其西藩，便當徑取秣陵，討累世之逋寇，釋吳人於塗炭。自江入淮，逾於泗汴，溯河而上，振旅還都，亦曠世一事也。』濬大悅，表呈預書。及濬將至秣陵，王渾遣信要令暫過論事，濬舉帆直指，報曰：『風利，不得泊也。』王渾久破皓中軍，斬張悌等，頓兵不敢進。而濬乘勝納降，渾恥而且忿，乃表濬違詔不受節度，誣罪狀之。有司遂按濬檻車征，帝弗許，詔讓濬曰：『伐國事重，宜令有一。前詔使將軍受安東將軍渾節度，渾思謀深重，案甲以待將軍。云何徑前，不從渾命，違制昧利，甚失大義。將軍功勳，簡在朕心，當率由詔書，崇成王法，而於事終恃功肆意，朕將何以令天下？』濬上書自理曰：

臣前被庚戌詔書曰：『軍人乘勝，猛氣益壯，便當順流長騖，直造秣陵。』臣被詔之日，即便東下。又前被詔書云『太尉賈充總統諸方，自鎮東大將軍伷及渾、濬、彬等皆受充節度』，無令臣別受渾節度之文。

臣自連巴丘，所向風靡，知孫皓窮踧，勢無所至。十四日至牛渚，去秣陵二百里，宿設部分，為攻取節度。前至三山，見渾軍在北岸，遣書與臣，可暫來過，共有所議，亦不語臣當受節度之意。臣水軍風發，乘勢造賊城，加宿設部分行有次第，無緣得於長流之中回船過渾，令首尾斷絕。須臾之間，皓遣使歸命。臣即報渾書，並寫皓箋，具以示渾，使速來，當於石頭相待。軍以日中至秣陵，暮乃被渾所下當受節度之符，欲令臣明十六日悉將所領，還圍石頭，備皓越逸。又索蜀兵及鎮南諸軍人名定見。臣以為皓已來首都亭，無緣共合空圍。又兵人定見，不可倉卒，皆非當今之急，不可承用。中詔謂臣忽棄明制，專擅自由。伏讀嚴詔，驚怖悚慄，不知軀命當所投厝。豈惟老臣獨懷戰灼，三軍上下咸盡喪氣。臣受國恩，任重事大，常恐託付不效，孤負聖朝，故投身死地，轉戰萬里，被蒙寬恕之恩，得從臨履之宜。是以憑賴威靈，幸而能濟，皆是陛下神策廟算。臣承指授，效鷹犬之用耳，有何勳勞而恃功肆意，寧敢昧利而違聖詔。

臣以十五日至秣陵，而詔書以十六日起洛陽，其間懸闊，不相赴接，則臣之罪責宜蒙察恕。假令孫皓猶有螳螂舉斧之勢，而臣輕軍單入，有所虧喪，罪之可也。臣所統八萬餘人，乘勝席捲。皓以衆叛親離，無復羽翼，匹夫獨立，不能庇其妻子，雀鼠貪生，苟乞一活耳。而江北諸軍不知其虛實，不早縛取，自為小誤。臣至便得，更見怨恚，並云守賊百日，而令他人得之，言語噂𠴲，不可聽聞。

案《春秋》之義，大夫出疆，由有專輒。臣雖愚蠢，以為事君之道，唯當竭節盡忠，奮不顧身，量力受任，臨事制宜，苟利社稷，死生以之。若其顧護嫌疑，以避咎責，此是人臣不忠之利，實非明主社稷之福也。臣不自料，忘其鄙劣，披布丹心，輸寫肝腦，欲竭股肱之力，加之以忠貞，庶必掃除凶逆，清一宇宙，願令聖世與唐虞比靈斯。陛下粗察臣之愚款，而識其欲自效之誠，是以授臣以方牧之任，委臣以征討之事。雖燕主之信樂毅，漢祖之任蕭何，無以加焉。受恩深重，死且不報，而以頑疏，舉錯失宜。陛下弘恩，財加切讓，惶怖怔營，無地自厝，願陛下明臣赤心而已。

渾又騰周濬書，云濬軍得吳寶物。濬復表曰：

被壬戌詔書，下安東將軍所上揚州刺史周濬書，謂臣諸軍得孫皓寶物，又謂牙門將李高放火燒皓僞宮。輒公文上尚書，具列本末。又聞渾案陷上臣。臣受性愚忠，行事舉動，信心而前，期於不負神明而已。秣陵之事，皆如前所表，而惡直醜正，實繁有徒，欲構南箕，成此貝錦，公於聖世，反白為黑。

夫佞邪害國，自古而然。故無極破楚，宰嚭滅吳，及至石顯，傾亂漢朝，皆載在典籍，為世所戒。昔樂毅伐齊，下城七十，而卒被讒間，脫身出奔。樂羊既反，謗書盈篋。況臣頑疏，能免讒慝之口！然所望全其首領者，實賴陛下聖哲欽明，使浸潤之譖不得行焉。然臣孤根獨立，朝無黨援，久棄遐外，人道斷絕，而結恨强宗，取怨豪族。以累卵之身，處雷霆之沖；繭栗之質，當豺狼之路，其見吞噬，豈抗脣齒！

夫犯上干主，其罪可救，乖忤貴臣，則禍在不測。故朱雲折檻，嬰逆鱗之怒，慶忌救之，成帝不問。望之、周堪違忤石顯，雖闔朝嗟歎，而死不旋踵。此臣之所大怖也。今渾之支黨姻族内外，皆根據磐牙，並處世位。聞遣人在洛中，專共交構，盜言孔甘，疑惑觀聽。夫曾參之不殺人，亦以明矣，然三人傳之，其母投杼。今臣之信行，未若曾參之著；而讒構沸騰，非徒三夫之對，外内扇助，為二五之應。夫猛獸當途，麒麟恐懼，況臣脆弱，敢不悚慄。

偽吳君臣，今皆生在，便可驗問，以明虚實。前偽中郎將孔攄説，去二月武昌失守，水軍行至。皓案行石頭還，左右人皆跳刀大呼云：『要當為陛下一死戰決之。』皓意大喜，謂必能然，便盡出金寶，以賜與之。小人無狀，得便持走，皓懼，乃圖降首。降使適去，左右劫奪財物，略取妻妾，放火燒宫。皓逃身竄首，恐不脱死，臣至，遣參軍主者救斷其火耳。周濬以十六日前入皓宫，臣時遣記室吏往視書籍，濬使收縛。若有遺寶，則濬前得，不應移蹤後人，欲求苟免也。

臣前在三山得濬書云：『皓散寶貨以賜將士，府庫略虚。』而今復言『金銀篋笥，動有萬計』，疑臣軍得之。言語反覆，無復本末。臣復與軍司張牧、汝南相馮紞等共入觀皓宫，乃無席可坐。後日又與牧等共視皓舟船，渾又先臣一日上其船，船上之物，皆渾所知見。臣之案行，皆出其後，若有寶貨，渾應得之。

又臣將軍素嚴，兵人不得妄離部陣間。在秣陵諸軍，凡二十萬衆。臣軍先至，為土地之主。百姓之心，皆歸仰臣，臣切敕所領，秋毫不犯。諸有市易，皆有伍任證左，明從券契，有違犯者，凡斬十三人，皆吳人所知也。餘軍縱横，詐稱臣軍，而臣軍類皆蜀人，幸以此自别耳，豈獨濬之將士皆是夷齊，而臣諸軍悉聚盜蹠耶！時有八百餘人，緣石頭城劫取布帛。臣牙門將軍馬潛即收得二十餘人，並疏其督將姓名，移以付濬，使得自科結，而寂無反報，疑皆縱遣，絕其端緒也。

又聞吳人言，前張悌戰時，所殺財有二千人，而渾、濬露布言以萬計。以吳剛子為主簿，而遣剛至洛，欲令剛增斬級之數。可具問孫皓及其諸臣，則知其定審。若信如所聞，濬等虚詐，尚欺陛下，豈惜於臣！云臣屯聚蜀人，不時送皓，欲有反狀。又恐動吳人，言臣皆當誅殺，取其妻子，冀其作亂，得騁私忿。謀反大逆，尚以見加，其餘謗噂遝，故其宜耳。

渾案臣『瓶罌小器，蒙國厚恩，頻繁擢敘，遂過其任』。渾此言最信，内省慚懼。今年平吳，誠為大慶，於臣之身，更受咎累。既無孟側策馬之好，而令濟濟之朝有讒邪之人，虧穆穆之風，損皇代之美。由臣頑疏，使致於此，拜表流汗，言不識次。

濬至京都，有司奏，濬表既不列前後所被七詔月日，又赦後違詔不受渾節度，大不敬，付廷尉科罪。詔曰：『濬前受詔徑造秣陵，後乃下受渾節度。詔書稽留，所下不至，便令與不受詔同責，未為經通。濬不即表上被渾宣詔，此可責也。濬有征伐之勞，不足以一眚掩之。』有司又奏，濬赦後燒賊船百三十五艘，輒敕付廷尉禁推。詔曰『勿推』。拜濬輔國大將軍，領步兵校尉。舊校唯五，置此營自濬始也。有司又奏，輔國依比，未為達官，不置司馬，不給官騎。詔依征鎮給五百大車，增兵五百人為輔國營，給親騎百人、官騎十人，置司馬。封為襄陽縣侯，邑萬户。封子彝楊鄉亭侯，邑千五百户，賜絹萬匹，又賜衣一襲、錢三十萬及食物。

濬自以功大，而為渾父子及豪强所抑，屢為有司所奏，每進見，陳其攻伐之勞，及見枉之狀，或不勝忿憤，徑出不辭。帝每容恕之。益州護軍范通，濬之外親也。謂濬曰：『卿功則美矣，然恨所以居美者，未盡善也。』濬曰：『何謂也？』通曰：『卿旋旆之日，角巾私第，口不言平吳之事。若有問者，輒曰：「聖主之德，羣帥之力，老夫何力之有焉！」如斯，顔老之不伐，龔遂之雅對，將何以過之。藺生所以屈廉頗，王渾能無愧乎！』濬曰：『吾始懼鄧艾之事，畏禍及，不得無言，亦不能遣諸胸中，是吾偏也。』時人咸以濬功重報輕，博士秦秀、太子洗馬孟康、前温令李密等並表訟濬之屈。帝乃遷濬鎮軍大將軍，加散騎常侍，領後軍將軍。王渾詣濬，濬嚴設備衛，然後見之，其相猜防如此。

濬平吳之後，以勳高位重，不復素業自居，乃玉食錦服，縱奢侈以自逸。其有辟引，多是蜀人，示不遺故舊也。

又 卷四二《唐彬傳》 刺史王沈集諸參佐，盛論距吳之策，以問九郡吏。彬與譙郡主張惲俱陳吳有可兼之勢，沈善其對。又使彬難言吳未

可伐者，而辭理皆屈。【略】

益州東接吳寇，監軍位缺，朝議用武陵太守楊宗及彬。武帝以問散騎常侍文立，立曰：『宗、彬俱不可失。然彬多財欲，而宗好酒，惟陛下裁之。』帝曰：『財欲可足，酒者難改。』遂用彬。尋又詔彬監巴東諸軍事，加廣武將軍。上征吳之策，甚合帝意。

後與王濬共伐吳，彬屯據衝要，為衆軍前驅。每設疑兵，應機制勝，陷西陵、樂鄉，多所擒獲。自巴陵、沔口以東，諸賊所聚，莫不震懼，倒戈肉袒。彬知賊寇已殄，孫皓將降，未至建鄴二百里，稱疾遲留，以示不競。果有先到者爭物，後到者爭功，于時有識莫不高彬此舉。吳平，詔曰：『廣武將軍唐彬受任方隅，東禦吳寇，南監蠻越，撫寧疆埸，有綏禦之績。又每慷慨，志在立功。頃者征討，扶疾奉命，首啓戎行，獻俘授馘，勳效顯著。其以彬為右將軍、都督巴東諸軍事。』

又 卷四三《王戎傳》 襲父爵，辟相國掾，歷吏部黃門郎、散騎常侍、河東太守、荊州刺史，坐遣吏修園宅，應免官，詔以贖論。遷豫州刺史，加建威將軍，受詔伐吳。戎遣參軍羅尚、劉喬領前鋒，進攻武昌，吳將楊雍、孫述、江夏太守劉朗各率衆詣戎降。戎督大軍臨江，吳牙門將孟泰以蘄春、邾二縣降。吳平，進爵安豐侯，增邑六千户，賜絹六千匹。

戎渡江，綏慰新附，宣揚威惠。吳光祿勳石偉方直，不容皓朝，稱疾歸家。戎嘉其清節，表薦之。詔拜偉為議郎，以二千石祿終其身。荊土悅服。征為侍中。南郡太守劉肇賂戎筒中細布五十端，為司隸所糾，以知而未納，故得不坐，然議者尤之。帝謂朝臣曰：『戎之為行，豈懷私苟得，正當不欲為異耳！』帝雖以是言釋之，然為清慎者所鄙，由是損名。

又 卷五七《滕修傳》 孫皓時，代熊睦為廣州刺史，甚有威惠。徵為執金吾。廣州部曲督郭馬等為亂，皓以修宿有威惠，為嶺表所伏，以為使持節、都督廣州軍事、鎮南將軍、廣州牧以討之。未克而王師伐吳，修率衆赴難。至巴丘而皓已降，乃縞素流涕而還，與廣州刺史閭豐、蒼梧太守王毅各送印綬，詔以修為安南將軍，廣州牧、持節、都督如故，封武當侯，加鼓吹，委以南方事。修在南積年，為邊夷所附。

又 《馬隆傳》 泰始中，將興伐吳之役，下詔曰：『吳會未平，宜得猛士以濟武功。雖舊有薦舉之法，未足以盡殊才。其普告州郡，有壯勇秀異才力傑出者，皆以名聞，將簡其尤異，擢而用之。苟有其人，勿限所取。』兗州舉隆才堪良將。稍遷司馬督。

又 《吾彥傳》 稍遷建平太守。時王濬將伐吳，造船於蜀，彥覺之，請增兵為備，皓不從，彥乃輒為鐵鎖，橫斷江路。及師臨境，緣江諸城皆望風降附，或見攻而拔，唯彥堅守，大衆攻之不能克，乃退舍禮之。

吳亡，彥始歸降，武帝以為金城太守。帝嘗從容問薛瑩曰：『孫皓所以亡國者何也？』瑩對曰：『歸命侯臣皓之君吳，昵近小人，刑罰妄加，大臣大將無所親信，人人憂恐，各不自安，敗亡之釁，由此而作矣。』其後帝又問彥，對曰：『吳主英俊，宰輔賢明。』帝笑曰：『君明臣賢，何為亡國？』彥曰：『天祿永終，歷數有屬，所以為陛下擒。此蓋天時，豈人事也！』張華時在坐，謂彥曰：『君為吳將，積有歲年，蔑爾無聞，竊所惑矣。』彥厲聲曰：『陛下知我，而卿不聞乎？』帝甚嘉之。

又 卷六一《劉喬傳》 伐吳之役，戎使喬與參軍羅尚濟江，破武昌，還授滎陽令，遷太子洗馬。

論說

南朝梁·蕭統《文選》卷五三《論三·陸機〈辯亡論〉上》 孫盛曰：陸機著《辯亡論》，言吳之所以亡也。昔漢氏失御，姦臣竊命，姦臣，謂董卓也。《答賓戲》曰：王塗蕪穢，周失其御。《法言》曰：上失其政，姦臣竊國命。禍基京畿，毒遍宇內，皇綱弛紊，王室遂卑。《答賓戲》曰：廓帝紘，恢皇綱。《劇秦美新》曰：皇綱弛而未張。《尚書傳》曰：紊，亂也。《新序》曰：及定王，王室遂卑矣。於是羣雄蜂駭，義兵四合。《廣雅》曰：駭，起也。漢高祖曰：吾以義兵誅殘賊。又魏相曰：救亂誅暴，謂之義兵。吳武烈皇帝慷慨下國，電發荊南，《吳志》曰：漢以孫堅為長沙太守。董卓專權，諸州郡並興義兵，欲以討卓，堅亦舉兵荊州。刺史王叡，素遇堅無禮，堅過，殺之。北至南陽，衆數萬人。《楚辭》曰：雷動電發。權略紛紜，忠勇伯世，《公羊傳》曰：權者，反於經，而後有善者也。威稜則夷羿震盪，達朗。兵交則醜虜授馘，《漢書》曰：武帝報李廣書曰：威稜憺乎鄰國。李奇曰：神靈之威曰稜。《左氏傳》，魏莊子謂晉侯曰：寒浞，伯明氏之讒子弟也。夷羿收之，以為己相。杜預曰：夷，氏也，羿善射。《左氏傳》曰：兵交，使在其間。《毛詩》曰：仍執醜虜。箋云：馘，所格者之左耳也。遂掃清宗祊補肓，蒸禋皇祖。《毛詩》曰：祝祭於祊。《毛萇傳》曰：祊，廟門內之祭也。《爾雅》曰：冬祭曰蒸。《尚書》孔氏傳曰：精意以饗謂之禋。皇祖，謂漢祖也。《吳書》曰：堅入洛，掃除漢宗廟，祠以太牢。于時雲興之將帶州，飆起之師跨邑；哮呼交。闞之羣風驅，熊羆之衆霧集。《毛詩》曰：進厥武臣，闞如虓虎。《尚書》，武王曰：勖哉夫子，尚桓桓，如虎如貔，如熊如羆。雖兵以義合，同盟戮力，《左氏傳》曰：諸侯同盟於亳。《國語》曰：戮力一心。賈逵曰：戮力，並力也。然皆苞藏禍心，阻兵怙亂。《左氏傳》曰：楚公子圍聘于鄭。鄭使行人子羽與之言曰：大國無乃苞藏禍心以圖之。又，衆仲曰：夫州吁阻兵而安忍。杜預曰：阻，恃也。又，君子曰：史佚所謂無怙亂也。或師無謀律，喪威稔寇，言出師之法，必以律齊之。今則不然，各恃兵怙亂，而出師無律也。稔寇，言喪其威權，令資熟於寇也。《周易》曰：師出以律，否臧凶。《左氏傳》，萇弘曰：毛得必亡，是昆吾稔之日。杜預曰：稔，熟也。忠規武節，未有如此其著者也。《漢書》，武帝詔曰：躬秉武節。

武烈既沒，長沙桓王逸才命世，弱冠秀發。《吳志》曰：權稱尊號，追謚策曰長沙王。言桓王挺英逸之才，命世而出也。《禮記》曰：人生二十曰弱冠。招攬遺老，與之述業。神兵東驅，奮寡犯衆。范曄《後漢書》，陳忠曰：旬月之間，神兵電掃。攻無堅城之將，戰無交鋒之虜。誅叛柔服，而江外底定；《左氏傳》，隨武子曰：君討鄭，怒其貳而哀其卑，叛而伐之，服而赦之。伐叛，刑也；柔服，德也，二者立矣。《尚書》曰：震澤底定。飾法脩師，則威德翕赫。《周易》曰：先王明罰飭法。趙充國《頌》曰：諭以威德。賓禮名賢，而張昭為之雄；《吳志》曰：策以彭城張昭為謀主。班固《漢書》曰：班伯諸所賓禮，皆名豪。又述曰：賓禮故老。交御豪俊，而周瑜為之傑。《吳志》曰：策從居舒，與周瑜相友，收合士大夫江、淮間，人咸向之。彼二君子，皆弘敏而多奇，雅達而聰哲。故同方者以類附，等契者以氣集，而江東蓋多士矣。《周易》曰：方以類聚，物以羣分。又曰：同聲相應，同氣相求。將北伐諸華，誅鉏幹紀。《左氏傳》曰：吳，周之胄裔也。今而始大，比于諸華。又，季孫盟臧氏曰：無或如臧孫紇幹國之紀，犯門斬關。《春秋合誠圖》曰：誅鉏民害。旋皇輿於夷庚，反帝座乎紫闥。《吳志》曰：曹公與袁紹相拒於官渡，策陰謀襲許，迎漢帝。繁欽《辨惑》曰：吳人者，以船楫為輿馬，以巨海為夷庚。臧榮緒《晉書》，司徒王謐議曰：夷庚未入，乘輿旅館。然夷庚者，藏車之所。崔駰《達旨》曰：攀臺階，闚紫闥。挾天子以令諸侯，清天步而歸舊物。《戰國策》，張儀謂秦惠王曰：挾天子以令天下，此王業也。《毛詩》曰：天步艱難，之子不猶。《左氏傳》，伍員曰：少康祀夏配天，不失舊物。戎車既次，羣凶側目，大業未就，中世而殞。《漢書》曰：列侯宗室，見郅都側目。范曄《後漢書》，陳蕃上疏曰：羣凶側目，禍不旋踵。《周易》曰：富有之謂大業。用集我大皇帝《吳志》曰：權薨，謚曰大皇帝。以奇蹤襲於逸軌，叡心因於令圖。從政咨於故實，播憲稽乎遺風。《國語》，樊穆仲對宣王曰：魯侯賦事行刑，必問於遺訓，而諮於故實。《史記》曰：宣王即位，脩政法文、武、成、康遺風。諸侯復宗周室也。而加之以篤固，申之以節儉。疇咨俊茂，好謀善斷。《尚書》，帝曰：疇咨若時登庸。班固《王命論》曰：信誠好謀。束帛旅於丘園，旌命交於塗巷。《周易》曰：賁於丘園，束帛戔戔。《孟子》曰：夫招士以弓，大夫以旌。謝承《後漢書》曰：鄧道不應，州郡旌命。故豪彥尋聲而響臻，志士希光而景騖。異人輻湊，猛士如林。班固《公孫弘・贊》曰：異人並出。《文子》曰：羣臣輻湊。張湛曰：如衆輻之集轂也。漢高祖歌曰：安得猛士守四方。《毛詩》曰：其會如林。於是張昭為師傅，《吳志》曰：權待張昭以師傅之禮。周瑜、陸公、魯肅、呂蒙之儔，入為腹心，出作股肱；《吳志》曰：呂蒙，字子明，汝南人也。為武威將軍、南郡太守。餘並已見《三國名臣頌》。《毛詩》曰：赳赳武夫，公侯腹心。《尚書》曰：命汝予翼，作股肱心膂。甘寧、淩統、程普、賀齊、朱桓、朱然之徒奮其威；《吳志》曰：甘寧，字興霸，巴郡臨江人也。少有氣力，好遊俠，拜西陵太守。又曰：淩統，字公績，吳郡人也。拜偏將軍。又曰：程普，字德謀，右北平人也。領江夏太守，遷蕩寇將軍。又曰：賀齊，字公苗，會稽人也。為蘄春太守。又曰：朱桓，字休穆，吳郡人也。拜前將軍，領青州牧。又曰：朱然，字義封，朱治姊子也，姓施氏。初，治未有子，然年十三，乃啓策乞以為嗣。為左大司馬右軍帥。韓當、潘璋、黃蓋、蔣欽、周泰之屬宣其力。《吳志》曰：韓當，字義公，遼西人也。遷昭武將軍，又加都督之號。又曰：潘璋，字文珪，東郡人也。拜平北將軍、襄陽太守。又曰：黃蓋，字公覆，零陵人也。拜武鋒中郎將，加偏將軍。又曰：蔣欽，字公弈，九江人也。拜右護軍。又曰：周泰，字幼平，九江人也。拜漢中太守、奮威將軍。《尚書》曰：予欲宣力四方，汝為。風雅則諸葛瑾、張承、步騭，以名聲光國；諸葛瑾，已見《三國名臣頌》。《吳志》曰：張昭長子承，字仲嗣，少以才學知名。為濡須督奮威將軍。又曰：步騭，字子山，臨淮人也。孫權為討虜將軍，召騭為主記。權稱尊號，代陸遜為丞相。誨育門生，手不釋卷。蔡邕《陳太丘碑》曰：紆佩金紫，光國垂勳。政事則顧雍、潘濬、呂範、呂岱，以器任幹職；《吳志》曰：顧雍代孫劭為丞相，平尚書事。其所選用文武將吏，隨能所任，心無適莫。又曰：潘濬，字承明，武陵人也。弱冠宋仲子受學。權稱尊號，拜為少府，遷太常。又曰：呂範，字子衡，汝南人也。權拜裨將軍。亮即位，遷揚州牧，又遷大司馬。又曰：呂岱，字定公，廣陵人也。權拜上將軍。亮即位，拜大司馬。岱清身奉公，所在可述。許慎《淮南子》注曰：幹，彊也。奇偉則虞翻、陸績、張温、張惇，以諷議舉正；虞翻，已見《三國名臣頌》。《吳志》曰：虞翻，性不協俗，數犯顏諫爭。又曰：陸績，字公紀，吳郡人也。孫權統事，辟為奏曹掾。又曰：張温，字惠恕，吳郡人也。權拜議郎，徙太子太傅，甚見信重。《吳録》曰：張惇，字叔方，吳郡人也。德量淵懿，清虚淡泊，又善文辭。孫權以為車騎將軍，出補海昏令。《毛詩》曰：出入諷議。奉使則趙咨、沈珩，衡。以敏達延譽；《吳志》曰：權遣都尉趙咨使魏。魏帝問吳王何等主也？咨對曰：聰明仁智，雄略之主也。帝問其狀，對曰：納魯肅於凡品，是其聰也；拔呂蒙於行陣，是其明也；獲於禁而不害，是其仁也；取荊州兵不血刃，是其智也；據三州，虎視於天下，是其雄也；屈身於陛下，是其略也。《吳書》曰：咨字德度，南陽人。拜騎都尉。又曰：沈珩，字仲山，吳郡人也。權以珩有智謀，能專對，乃使至魏。魏文帝問曰：吳嫌魏東向乎？珩曰：不嫌也。曰：何以知？曰：信恃舊盟，言歸於好，是以不嫌。若魏渝盟，自有備豫。文帝善之。以奉使有稱，封永安鄉侯。官至少府。《國語》曰：使張老延君譽于四方。術數則吳範、趙達，以機祥協德。韋昭《漢書》注曰：歷數，占術也。《吳志》曰：吳範，字文則，會稽人也。以治歷數，知風氣，聞於郡中。權以範為騎都尉，領太史令。又曰：趙達，河南人也。治九宫一算之術，究其微旨。孫權行師征伐，每令達有所推步，皆如其言。呂忱《字林》曰：機，祅祥也，居衣切。《天文志》曰：臣主共憂患，其察機祥。如淳曰：《呂氏春秋》曰：荊人鬼，而越人機。今之巫祝禱祀之比也。晉灼曰：機，音珠璣之璣。董襲、陳武，殺身以衛主；《吳志》曰：董襲，字元世，會稽人也。為偏將軍。曹公出濡須口，襲從權赴之。襲督五樓船，往濡須口。夜卒暴風，樓船傾覆，左右散走，遠舸乞使，襲出怒曰：受將軍任，在此備賊，何等委去也；敢復言此者，斬。於是莫敢幹，其夜船敗，襲死。權改服臨殯。又曰：陳武，字子烈，廬江人也。累有功勞，進位偏將軍。建安二十年，從擊合肥，奮命戰死。權哀之，自臨其喪。駱統、劉基，彊諫以補過。《吳志》曰：駱統，字公緒，會稽人也。權召為功曹。志在補察，苟所聞見，夕不待旦。又曰：劉繇長子基，字敬輿。權為吳王，基為大司農。權嘗宴飲，騎都尉虞翻醉酒犯忤，權欲殺之，威怒甚盛。由基諫爭，翻以得免。《左氏傳》，士季謂晉侯曰：《詩》云：衮職有闕，惟仲山甫補之。能補過也。謀無遺諝，舉不失策。《廣雅》曰：諝，智也，思與切。《東觀漢記》，魯恭上疏曰：舉無遺策，動不失其中。故遂割據山川，跨制荊吳，而與天下爭衡矣。爭衡，謂角其輕重也。《漢書》，公孫獲曰：吳、楚之王，西與天子爭衡。鄭玄《周禮》注曰：稱上曰衡。

魏氏嘗藉戰勝之威，率百萬之師，《漢書》，晁錯曰：戰勝之威，民氣百倍。浮鄧塞之舟，下漢陰之衆，孔安國《尚書》傳曰：順流曰浮。酈元《水經注》曰：鄧塞者，即鄧城東北小山也，先後因之以為鄧塞。漢陰，漢水之南也。《莊子》曰：子貢南游於楚，過漢陰。羽楫萬計，龍躍順流，羽楫，言疾也。羽獵曰：杖鏌邪而羅者以萬計。《周易》曰：見龍在田，或躍在淵。銳騎千旅，虎步原隰，李陵詩曰：幸託不肖軀，且當猛虎步。謨臣盈室，武將連衡，包咸《論語》注曰：衡，輗也。戎車，武將所駕。故以連衡喻多也。喟然有吞江滸之志，一宇宙之氣。毛萇《詩》傳曰：水涯曰滸。而周瑜驅我偏師，黜之赤壁，《吳志》曰：曹公入荊州。權遂遣瑜與備並力逆曹公，遇於赤壁。初一交戰，公軍破退。喪旗亂轍，僅而獲免，收迹遠遁。《左氏傳》，曹劌曰：吾視其轍亂，望其旗靡。鄭玄《禮記》注曰：遁，逃也。漢王亦憑帝王之號，帥巴漢之民，乘危騁變，結壘千里，志報關羽之敗，圖收湘西之地。而陸公亦挫之西陵，覆師敗績，困而後濟，絶命永安。《蜀志》曰：孫權襲殺關羽，取荊州。先主忿孫權之襲關羽，遂乃伐吳。吳將陸遜大破先主軍。遂棄船還魚復，改縣曰永安。先主徂于永安宫。《吳志》曰：備升馬鞍山，陸遜促諸軍四面蹙之，土崩瓦解。馬鞍山，在西陵之西。續以濡須之寇，臨川摧銳；《吳曆》曰：曹公出濡須，作油船，夜渡洲上。權以水軍圍取，得三千餘人，其没溺者數千人。蓬籠之戰，孑輪不反。《魏志》曰：張遼之討陳蘭，別遣臧霸至皖討吳。吳將韓當遣兵逆霸，與戰於蓬籠。《楚辭》曰：登蓬籠而下隕兮。王逸曰：蓬籠，山名也。《公羊傳》曰：晉敗秦於殽，匹馬隻輪無反者。由是二邦之將，喪氣挫鋒，勢衄奴六。財匱，而吳莞然坐乘其弊。《論語》曰：子之武城，聞弦歌之聲，莞爾而笑。何晏曰：莞爾，小笑貌。故魏人請好，漢氏乞盟，《左氏傳》曰：隱公攝位，而欲求好於邾。又曰：鄭伯乞盟請服。遂躋天號，鼎跱而立。《方言》曰：躋，登也。《漢書》，蒯通説韓信曰：今為足下之計，莫若三分天下，鼎足而立，其勢莫敢先動。西屠庸益之郊，北裂淮漢之涘，王逸《楚辭》注曰：屠，裂也。東包百越之地，南括羣蠻之表。賈誼《過秦》曰：南取百越之地。薛君《韓詩章句》曰：括，約束也。於是講八代之禮，蒐三王之樂。八代，三皇、五帝也。杜預《左氏傳》注曰：蒐，閲也。『蒐』與『搜』古字通。三王，夏、殷、周也。告類上帝，拱揖羣后，《尚書》曰：肆類於上帝。孔安國曰：類，謂攝位事類，遂以攝告天及五帝也。《尚書》曰：班瑞於羣后。《典引》曰：欽若上下，恭揖羣后。虎臣毅卒，循江而守，《毛詩》曰：進厥虎臣。《左氏傳》，君子曰：殺敵為果，致果為毅。《漢書》，伍被曰：彊弩臨江而守。長棘勁鎩，望椙而奮。《爾雅》曰：棘，戟也。《説文》曰：鎩，鈹有鐔也，亦曰長刃矛，刀之類也，山列切。庶尹盡規於上，四民展業於下。《尚書》曰：庶尹允諧。孔安國傳曰：尹，正也。衆官之長。《國語》，召康公曰：天子聽政，近臣盡規。又曰，內史過曰：庶人、工、商，各守其業，以供其上。化協殊裔，風衍遐圻。《左氏傳》曰：天子之地一圻。杜預曰：一圻，方千里。圻，界也。言風教及遠。乃俾一介行人，撫巡外域。《左氏傳》曰：晉人使子貢對鄭使曰：君有楚命，亦不使一介行李告於寡君。杜預曰：一介，獨使也。巨象逸駿，擾於外閑；《周禮》曰：天子十有二閑，馬六種。鄭玄曰：每廐為一閑。明珠瑋寶，耀於內府。《周禮》曰：玉府掌王之金玉玩好。珍瑰重迹而至，奇玩應響而赴。《漢書》，息夫躬曰：羽檄重積而狎至。輶由。軒騁於南荒，沖輣息於朔野。楊雄《答劉歆書》曰：嘗聞先代輶軒之使。班固《漢書》述曰：戎車七征，沖輣閑閑。《字略》作幢樓也。《音義》曰：輣，兵車名也，薄萌切。齊民免干戈之患，戎馬無晨服之虞。而帝業固矣。《漢書》，《難蜀父老》曰：今割齊民以附夷、狄。如淳曰：齊等無有貴賤，故謂之齊民。《老子》曰：天下無道，戎馬生郊。《爾雅》曰：虞，度也。

大皇既歿，幼主莅朝。幼主，孫亮也。《吳志》曰：孫亮，字子明，權少子也。立為太子。權薨，即尊號。姦回肆虐，景皇聿興，《尚書》曰：崇信姦回。《南都賦》曰：銶狼肆虐。《吳志》曰：孫休，字子烈，權第六子也。亮廢，孫綝使宗正孫楷迎休即位。薨，謚曰景帝。毛萇《詩》傳曰：聿，遂也。虔修遺憲，政無大闕，守文之良主也。《南都賦》曰：朝無闕政。《公羊傳》曰：繼文王之體，守文王之法度也。降及歸命之初，《吳志》曰：孫皓降晉，晉賜號歸命侯。典刑未滅，故老猶存。《尚書》曰：尚有典刑。《毛詩》曰：召彼故老。大司馬陸公以文武熙朝，左丞相陸凱以謇諤盡規，《吳志》曰：孫皓即位，拜陸抗大司馬、荆州牧。又曰：陸凱，字敬風，吳郡人也。孫皓遷為左丞相。凱上表疏，皆指事，不飾忠懇。孔安國《尚書》傳曰：熙，廣也。《周易》曰：王臣謇謇，匪躬之故。《史記》，趙簡子曰：諸大夫在朝，徒聞唯唯，子不聞周舍之諤諤。盡規，已見上文。而施績、范慎以威重顯，《吳志》曰：施績，字公緒，遷將軍，督領盜賊事，持法不傾，拜左大司馬。《吳録》曰：范慎，字孝敬，廣陵人也。竭忠知己之君，纏綿三益之友，時人榮之。孫皓以為太尉。丁奉離斐以武毅稱，《吳志》曰：丁奉，字承淵，廬江人也。少以驍勇為小將。亮即位，為冠軍將軍。魏將諸葛誕據壽春降。魏人圍之，使奉與黎斐解圍。奉為先登，黎斐力戰，有功，拜左將軍。『黎』與『離』音相近，是一人，但字不同。孟宗丁固之徒為公卿，《吳志》曰：孫皓以左右御史大夫丁固、孟仁為司徒、司空。《吳録》曰：初，固為尚書，夢松樹生腹上，謂人曰：松字十八公也，後十八歲當為三公乎？卒如夢焉。又曰：孟仁，字恭武，江夏人也。本名宗，避皓字，易焉。《楚國先賢傳》曰：累遷光祿動，遂至三公。樓玄賀劭之屬掌機事，《吳志》曰：樓玄，字承先，沛郡人也。孫皓遂用玄為宮下録事禁中侯，主殿中事。又曰：賀劭，字興伯，會稽人也。皓時為中書令。《漢官解故》曰：機事所揔，號令攸發。元首雖病，股肱猶存。《尚書大傳》曰：元首，君也。股肱，臣也。爰及末葉，羣公既喪，然後黔首有瓦解之志，皇家有土崩之釁。黔首，已見過秦論。《漢書》，徐樂上書曰：何謂瓦解？吳、楚、齊、趙之兵是也。當是之時，安土樂俗之民衆，故諸侯無境外助，此之謂瓦解。又曰：何謂土崩，秦之末葉是也。人困而主不恤，下怨而上不知，此之謂土崩也。歷命應化而微，王師躡運而發。歷命，歷數天命也。王師，謂晉師也。言躡其運數而發也。干寶《晉紀》曰：咸寧五年十一月，命安東將軍王渾向揚州，龍驤將軍王濬帥巴、蜀之卒，浮江而下。卒散於陣，民奔於邑；城池無藩籬之固，山川無溝阜之勢。《過秦論》曰：楚師深入鴻門，曾無藩籬之難。非有工輸雲梯之械，智伯灌激之害，《墨子》曰：公輸班為雲梯，必取宋。《史記》曰：晉智伯攻晉陽歲餘，引汾水灌其城，不没者三版。城中懸釜而炊，易子而食。楚子築室之圍，燕人濟西之隊，《左氏傳》曰：楚子圍宋，將去之，申叔時曰：築室反耕者，宋必聽命。王從之。宋人乃懼，遂及楚平。《史記》曰：燕昭王使樂毅為上將軍，伐齊，破之濟西。軍未浹辰，而社稷夷矣。《左氏傳》：君子曰，莒恃其陋，浹辰之間，而楚克其三都。杜預曰：浹辰，十二日也。浹，祖牒切。干寶《晉紀》曰：太康元年四月，王濬鼓入於石頭。吳主孫皓面縛輿櫬降於濬。雖忠臣孤憤，烈士死節，將奚救哉？襄陽記曰：張悌，字臣先，襄陽人。晉伐吳，悌逆之，吳軍大敗。諸葛靚退走，使過迎悌。悌不肯去，靚自牽之，悌垂泣曰：今日是我死日也。靚遂放之，為晉軍所殺。《韓子》有《孤憤》篇。司馬遷《書》曰：世又不與能死節者也。

夫曹劉之將，非一世所選；向時之師，無曩日之衆。向時，謂太康之役也。曩日，謂昔日之曹、劉也。戰守之道，抑有前符；符，猶法也。險阻之利，俄然未改。而成敗貿理，古今詭趣，何哉？《廣雅》曰：貿，易也。《說文》曰：詭，變也。詭與恑同。彼此之化殊，授任之才異也。

又《論三·陸機〈辯亡論〉下》 昔三方之王也，魏人據中夏，漢氏有岷益，吳制荊楊而奄交廣。《東都賦》曰：自中夏以布德。毛萇《詩》傳曰：奄，覆也。曹氏雖功濟諸華，虐亦深矣，其民怨矣。《左氏傳》曰：吳，周之冑裔也。今而始大，比于諸華。《毛詩·序》曰：亡國之音哀以思，其民怨。劉公因險以飾智，功已薄矣，其俗陋矣。《淮南子》曰：偽之生，飾智以警愚。范曄《後漢書》，吳祐曰：遠在海濱，其俗誠陋也。夫吳，桓王基之以武，太祖成之以德，聰明叡達，懿度弘遠矣。《周易》曰：古之聰明叡智神武而不殺者夫。《莊子》，許由曰：齧缺之為人也，聰明叡智。其求賢如不及，恤民如稚子。《論語》曰：子曰：見善如不及。謝承《後漢書》曰：延篤遷京兆尹，恤民如子。接士盡盛德之容，親仁罄丹府之愛。拔呂蒙於戎行，識潘濬於繫虜。《吳志》曰：呂蒙年十五六，隨鄧當擊賊，策見而奇之，引置左右。張昭薦蒙，拜別部司馬。又曰：潘濬，字承明，武陵人也。《江表傳》曰：權克荊州，將吏悉皆歸附，而濬獨稱疾不見。權遣人以床就家輿致之。濬伏面著席不起，涕泣交橫，哀哽不能自勝。權慰勞與語，呼其字曰：承明，昔觀丁父，鄀俘也，武王以為軍帥。彭仲爽，申俘也，文王以為令尹。此二人，卿荊國之先賢也。初雖見囚，後皆擢用，為楚名臣。卿獨不然，未肯降，意將以孤異古人之量邪？使親近以巾拭面，濬起，下地拜謝，即以為治中，荊州諸軍事一以咨之。毛萇《詩》傳曰：識，用也。推誠信士，不恤人之我欺；量能授器，不患權之我逼。執鞭鞠躬，以重陸公之威；悉委武衛，以濟周瑜之師。《吳志》，陸機為遜銘曰：魏大司馬曹休侵我北鄙，乃假公黃鉞，統禦六師及中軍禁衛，而攝行王事。主上執鞭，百司屈膝。《江表傳》曰：曹公入荊州，周瑜夜請見權曰：諸人徒見操書言水步八十萬，而各恐懼，不復斷其事實。今以實較之，不過十五六萬，軍已久疲。得精兵五萬，自足制之。權曰：五萬兵難卒合，已選三萬人，船載糧具俱辦。卿與子敬便在前發，孤當增發人衆，多載資糧，為軍後援也。卑宮菲食，以豐功臣之賞；披懷虛己，以納謨士之算。《論語》曰：禹菲飲食，而致孝乎鬼神；卑宮室，而盡力乎溝洫。馬融曰：菲，薄也。《漢書》李尋傳曰：王根輔政，數虛己問尋。故魯肅一面而自託，士燮蒙險而致命。《吳志》曰：魯肅，字子敬，臨淮人也。周瑜薦肅才宜佐時，當廣求其比，以成功業，不可令去也。權即召肅與語，甚說之。衆賓罷退，獨引肅還，合榻對飲。又曰：士燮，字威彥，蒼梧人也。漢時，燮為綏南中郎將，董督七郡，領交趾太守。孫權遣步騭為交州刺史，燮率兄弟奉承節度。權加燮為左將軍，燮遣子廞入質。高張公之德，而省游田之娛；賢諸葛之言，而割情欲之歡。《吳志》曰：張昭為軍師。權每田獵，常乘馬射虎，虎嘗突前攀持馬鞍。昭變色而前曰：將軍何有當爾？夫為人君者，謂能駕御英雄，驅使羣賢，豈謂馳逐於原野，校勇於猛獸者乎？如有一日之患，奈天下笑何？權謝昭曰：年少慮事不遠，慚君。然猶不能已。諸葛瑾事未詳。感陸公之規，而除刑法之煩；奇劉基之議，而作三爵之誓。《吳志》曰：陸遜陳便宜，勸以施德緩刑，寬賦息調。權報曰：君以為太重，孤亦何利焉，但不得已而為之爾。於是令有司盡寫科條，使郎中褚逢齎以就遜，意所不安，令損益之。權既為吳王，歡宴之末，自起行酒。虞翻伏地陽醉，不持。權去，翻起坐。權於是大怒，手劍欲擊之。侍坐者莫不惶遽，惟大司農劉基起抱權，諫曰：大王三爵後殺善士，雖翻有罪，天下孰知之？翻由是得免。權因敕左右，自今酒後言殺，皆不得殺。屏氣跼蹐，以伺子明之疾；分滋損甘，以育淩統之孤。《論語》曰：屏氣似不息者。《毛詩》曰：謂天蓋高，不敢不跼；謂地蓋厚，不敢不蹐。《吳志》曰：呂子明疾發，權時在公安，迎置內殿，所以治護者萬方，募封內有能愈蒙者，賜千金。欲數見其顏色，又恐其勞動，常穿鑿壁瞻之，見其小能下食則喜，顧左右言笑，不然則咄唶，夜不能寐。病小瘳，為下赦令，羣臣畢賀。後更增篤，自親臨視。淩統卒，權為之數日減膳，言及流涕。乃列封統二子，年各數歲，權內養於宮，愛待與諸子同，賓客進見，呼示之曰：此吾虎子也。登壇慷慨，歸魯子之功；削投惡言，信子瑜之節。《吳志》曰：權既稱尊號，臨壇顧謂公卿曰：昔魯子敬，嘗道此，可謂明於事勢矣。時或言諸葛瑾別遣親人與備相聞。權曰：孤與子瑜有死生不易之誓，子瑜之不負孤，猶孤不負子瑜也。是以忠臣競盡其謨，志士咸得肆力。孔安國《尚書》傳曰：謨，謀也。又曰：肆，陳也。洪規遠略，固不厭夫區區者也。言其規略宏遠，不安茲小國也。《左氏傳》曰：初，楚靈王卜曰：余尚得天下，不吉。投龜詬天而呼曰：是區區者而不餘畀。《方言》曰：厭，安也，於豔切。故百官苟合，庶務未遑。《論語》曰：子謂衛公子荊善居室，始有，曰苟合矣。少有，曰苟完矣。

初都建業，羣臣請備禮秩，天子辭而不許曰：『天下其謂朕何？』宮室輿服蓋慊口簞。如也。《漢書》，文帝曰：豫建太子，謂天下何？賈逵《國語》注曰：謂，告也。言何以告天下也。劉兆《穀梁傳》注曰：慊，不足也。爰及中葉，天人之分既定，百度之缺粗脩，扭，古粗字。韋昭《漢書》注曰：粗，略也，才古切。雖醲化懿綱，未齒乎上代，杜預《左氏傳》注曰：齒，列也。抑其體國經邦之具，亦足以為政矣。《周禮》曰：惟王建國，體國經野。地方幾萬里，杜預《左氏傳》注曰：幾音其，近也。帶甲將百萬，其野沃，其兵練，韋昭《國語》注曰：沃，肥善也。其器利，其財豐。東負滄海，西阻險塞，長江制其區宇，峻山帶其封域。國家之利，未巨有弘於茲者矣。借使中才守之以道，善人御之有術，陳琳《為曹洪與文帝書》曰：謂為中才處之，殆難倉卒。《論語》，子張問善人之道。子曰：不踐迹，亦不入於室也。敦率遺典，勤民謹政，循定策，守常險，則可以長世永年，未有危亡之患也。《左氏傳》，北宮文子曰：有其國家，令問長世。《尚書》曰：降年有永，有不永。

或曰：吳蜀脣齒之國，《左氏傳》，宮之奇曰：諺所謂輔車相依，脣亡齒寒。蜀滅則吳亡，理則然矣。夫蜀，蓋藩援之與國，而非吳人之存亡也。《漢書》，項梁曰：田假，與國之王也。如淳曰：相與友善為與國，黨與也。何則？其郊境之接，重山積險，陸無長轂之徑；《穀梁傳》曰：長轂五百乘。范寧曰：長轂，兵車也。川厄流迅，水有驚波之艱。雖有銳師百萬，啓行不過千夫；《詩》曰：元戎十乘，以先啓行。舳艫千里，前驅不過百艦。胡減切。《漢書》曰：自尋陽浮江，舳艫千里。李斐曰：舳，船後持柂處也。艫，船前頭刺棹處也。言其船多，前後相銜，千里不絕。故劉氏之伐，陸公喻之長蛇，其勢然也。蛇鬬，以首尾救，故銳師百萬，而無所施也。昔蜀之初亡，朝臣異謀，或欲積石以險其流，或欲機械以禦其變。《戰國策》曰：公輸班為攻宋機械。天子總羣議而諮之大司馬陸公，公以四瀆天地之所以節宣其氣，固無可遏之理，《國語》，太子晉曰：夫天地成而聚於高，歸物於下，疏為川谷，以道其氣。韋昭曰：聚，聚物也。高，山陵也。下，藪澤也。疏，通也。而機械則彼我之所共，彼若棄長技以就所屈，即荊楊而爭舟楫之用，是天贊我也。《漢書》，晁錯曰：匈奴之長技三，中國之長技五。《左氏傳》，子魚曰：勍敵之人，隘而不成列，天贊我也。將謹守峽口，以待禽耳。逮步闡之亂，憑寶城以延强寇，重資幣以誘羣蠻。《國語》，單穆公曰：量資幣。《戰國策》曰：荊軻至秦，持千金之幣。厚遺中庶子蒙嘉。于時大邦之衆，雲翔電發，雲翔，言衆也。《戰國策》，頓子說秦王曰：今楚、魏之兵雲翔而不敢拔。然此雲翔與戰國微異，不以文害意也。懸旍江介，築壘遵渚，《毛詩》曰：鴻飛遵渚。毛萇傳曰：遵，循也。襟帶要害，以止吳人之西。而巴漢舟師沿江東下。陸公以偏師三萬，北據東阬，東阬，在西陵步闡城東北，長十餘里。陸抗所築之城，在東阬上，而當闡城之北，其迹並存。深溝高壘，案甲養威。反虜踠迹待戮，而不敢北窺生路，彊寇敗績宵遁，喪師太半。分命銳師五千，西禦水軍，東西同捷，獻俘萬計。《吳志》曰：西陵督步闡據城以叛，遣使降晉。陸抗聞之，因部分諸軍吳彥等徑赴西陵，敕軍營更築嚴圍，自赤谿至故市，內以圍闡，外以禦寇。圍備始合，晉巴東監軍徐胤率水軍詣建平，荊州刺史楊肇至西陵。抗令張咸固守其城。公安督留慮距胤，身率三軍，憑圍對肇。肇攻至月餘，計屈夜遁。抗使輕騎躡之，肇大破敗，胤等引還。抗遂陷西陵城，誅夷闡族。《左氏傳》曰：僖二十年，晉侯敗楚師於城濮。還師歸國，獻俘授馘。杜預曰：獻楚俘於廟。俘即囚也。信哉，賢人之謀，豈欺我哉！《孟子》，公明儀曰：文王我師也，周公豈欺我哉！自是烽燧罕警，封域寡虞。言少有虞度之事也。陸公歿而潛謀兆，吳釁深而六師駭。《蒼頡》篇曰：駭，驚也。夫太康之役，衆未盛乎曩日之師；廣州之亂，禍有愈乎向時之難。《吳志》曰：孫皓天紀三年，郭馬反，攻殺廣州都督虞授。馬自號都督交、廣二州諸軍事，安南將軍。曩日、向時，皆謂曹、劉之世。而邦家顛覆，宗廟為墟。嗚呼！人之云亡，邦國殄瘁，不其然與？《詩・大雅》文也。易曰：『湯武革命，順乎天。』《周易・革卦》之辭也。玄曰：『亂不極則治不形。』《太玄經》曰：陰不極則陽不生，亂不極則德不形。言帝王之因天時也。古人有言曰：『天時不如地利。』《孟子》曰：天時不如地利，地利不如人和。趙岐曰：天時，支幹五行王相孤虛之屬。《易》曰：『王侯設險，以守其國。』言為國之恃險也。《周易・坎卦》之辭也。又曰：『地利不如人和。』『在德不在險。』言守險之由人也。《史記》，魏武侯曰：山河之固，此魏國之寶也。

吳起對曰：在德不在險。吳之興也，參而由焉，孫卿所謂合其參者也。《孫卿子》曰：天有其時，地有其財，人有其治，夫是之謂能參合。所以參而顛覆，所參則惑矣。及其亡也，恃險而已，又孫卿所謂舍其參者也。

夫四州之萌非無衆也，大江之南非乏俊也，山川之險易守也，勁利之器易用也，先政之策易循也。功不興而禍遘者，何哉？所以用之者失也。是故先王達經國之長規，審存亡之至數；謙己以安百姓，敦惠以致人和；寬沖以誘俊乂之謀，慈和以結士民之愛。是以其安也，則黎元與之同慶；《孝經鉤命決》曰：天有顧眄之義，授圖子黎元也。及其危也，則兆庶與之共患。安與衆同慶，則其危不可得也；危與下共患，則其難不足恤也。夫然，故能保其社稷，而固其土宇，麥秀無悲殷之思，黍離無湣周之感矣。《尚書大傳》曰：微子將朝周，過殷之故墟，見麥秀之蘄蘄，曰：此父母之國，宗廟社稷之所立也。志動心悲，欲哭則朝周，俯泣則婦人，推而廣之，作雅聲。《毛詩·序》曰：《黍離》，閔宗周也。周大夫行役過故宗廟宮室，盡為禾黍，故為《黍離》之詩。

晉·葛洪《抱朴子·外篇》卷三《吳失》 抱朴子曰：吳之杪季，殊代同疾，知前疾之失於彼，不能改弦於此。鑑亂亡之未遠，而躡傾車之前軌，睹枳首之爭草母，而忘同身之禍，笑蟣虱之宴安，不覺事異而患等。見競濟之舟沈，而不知殊途而溺均也。余生於晉世所不見，余師鄭君，具所親悉，每誨之云：吳之晚世，尤劇之病，賢者不用，滓穢棄序，紀綱馳紊，吞舟多漏。貢舉以厚貨者在前，官人以黨强者為右，匪富匪勢，窮年無冀。德清行高者，懷英逸而抑淪；有才有力者，躡雲物以官躋。主昏於上，臣欺於下，不黨不得，不競不進，背公之俗彌劇，正直之道遂壞。於是斥鷃因驚風以凌霄，朽舟托迅波而電邁，鴛鳳卷六翮於叢棘，鷁首滯潢汙而不擢矣。秉維之佐，牧民之吏，非母后之親，則阿諂之人也。進無補過拾遺之忠，退無聽訟之幹，虛談則口吐冰霜，行己則濁於泥潦。莫愧尸祿之刺，莫畏致戎之禍，以毀譽為蠶織，以威福代稼穡。車服則光可以鑑，豐屋則羣鳥爰止。叱吒疾於雷霆，禍福速於鬼神，勢利傾於邦君，儲積富乎公室。出飾翟黃之衛從，入遊玉根之藻梲。僮僕成軍，閉門為市，牛羊掩原隰，田池布千里。有魚滄濯裘之儉，以竊趙宣平仲之名。內崇陶侃文信之訾，實有安昌董鄧之汙。雖造賓不沐嘉旨之俟，饑士不蒙升合之救，而金玉滿堂，妓妾溢房，商販千艘，腐穀萬庾，園囿擬上林，館第僭太極，粱肉餘於犬馬，積珍陷於帑藏。

其接士也，無葭莩之薄；其自奉也，有盡理之厚。或有不開律令之篇卷，而竊大理之位；不識几案之所置，而處機要之職；不知五經之名目，而饗儒官之祿；不閑尺紙之寒暑，而坐著作之地。筆不狂簡，而受駁議之榮；低眉垂翼，而充奏劾之選；不辯人物之精粗，而委以品藻之政；不知三才之軍勢，而軒昂節蓋之下；屢為奔北之辱將，而不失前鋒之顯號；不別菽麥之同異，而忝叨顧問之近任。夫魚質龍文，似是而非，遭水而喜，見獺即悲，雖臨之以斧鉞之威，誘之以傾城之寶，猶不能奪鉛鋒於犀兕，聘駑蹇以追風，非不忌重誅也，非不悅美賞也，體不可力，無自奈何，而欲與之緝熙百揆，弘濟大務，猶托萬鈞於尺舟之上，求千鍾於升合之中，緤芻狗而責盧鵲之效，構雞鶩而崇鷹揚之功，其不可用，亦較然矣！

吳主不此之思，不加夕惕，佞諂凡庸，委以重任，危機急於弓廣弩，亡徵著於日月，而自謂安於峙岳，唐虞可仰也。目力疲於綺粲，而不以覽庶事之得失；耳聽盡於淫音，而不以證獻言之邪正；穀帛靡於不爭，而不以賑戰士之凍餒；心神悅於愛媚，而不以念存亡之弘理。蓋輕乎崇替之源，而忽乎宗廟之重者也。

鄭君又稱，其師左先生隱居天柱，出不營祿利，不友諸侯，然心願太平，竊憂桑梓，乃慨然永歎於蓬屋之下，告其門生曰：『漢必被燿，黃精載起，纘樞紐於太微，回紫蓋於鶉首。聯天理物，光宅東夏，惠風被於區外，玄澤洽乎宇內。重譯接武，貢楛盈庭，蕩蕩巍巍，格於上下，承平守文，因循甚易，而五弦謐響，南風不詠，上不獲恭己之逸，下不聞康哉之歌。飛龍翔而不集，淵虬蟠而不躍，騶虞翳於冥昧，朱華牙而未秀，陰陽相沴，寒燠繆節，七政告凶，陵谷易所，殷雷車訇磕。於龍潛之月，凝霜肅殺乎朱明之運。玉燭不照，沈醴不湧，郊聲多壘，嘉生不遂夫豈他哉？誠由四凶不去，元凱不舉，用者不賢，賢者不用也。

『然高概遠量，被褐懷玉，守靜潔志，無欲於物，藏路淵涔，得意遺世，非禮不動，非時不見，困而無悶，窮而不悔，樂天任命，混一榮辱，進無悅色，退無戚容者，固有伏死乎雍瓦牖，安肯沽炫以進趨，揭其不貲之寶，以競燕石之售哉！孔墨之道，昔曾不行，孟軻揚雄，亦居困否，有德無時，有自來耳。世無離朱，皂白混焉。時乏管青，騏蹇糅焉。礫積於金匱，瑾瑤委乎溝洫，匠石緬而遐淪，梓豫忽而莫識，已矣，悲夫！我生不辰，弗先弗後，將見吳土之化為晉哉，南民之變成北隸也。』言猶在耳，而孫氏輿櫬。

《三國志》卷四七《吳志·吳主傳論》 孫權【略】性多嫌忌，果於殺戮，暨臻末年，彌以滋甚。至於讒說殄行，胤嗣廢斃，豈所謂貽厥孫謀以燕翼子者哉？其後葉陵遲，遂致覆國，未必不由此也。臣松之以為孫權横廢無罪之子，雖為兆亂，然國之傾覆，自由暴皓。若權不廢和，皓為世適，終至滅亡，有何異哉？此則喪國由於昏虐，不在於廢黜也。設使亮保國祚，休不早死，則皓不得立。皓不得立，則吳不亡矣。

又 卷四八《吳志·孫皓傳》裴松之注 孫盛曰：夫古之立君，所以司牧羣黎，故必仰協乾坤，覆燾萬物；若乃淫虐是縱，酷被羣生，則天殛之，剿絕其祚，奪其南面之尊，加其獨夫之戮。是故湯、武抗鉞，不犯不順之譏；漢高奮劍，而無失節之議。何者？誠四海之酷仇，而人神之所擯故也。況皓罪為逋寇，虐過辛、癸，梟首素旗，猶不足以謝冤魂，洿室薦社，未足以紀暴迹，而乃優以顯命，寵錫仍加，豈龔行天罰，伐罪弔民之義乎？是以知僭逆之不懲，而凶酷之莫戒。《詩》云：『取彼譖人，投畀豺虎。』聊譖猶然，矧僭虐乎？且神旗電掃，兵臨偽窟，理窮勢迫，然後請命，不赦之罪既彰，三驅之義又塞，極之權道，亦無取焉。陸機著《辨亡論》，言吳之所以亡，其上篇曰：『昔漢氏失御，姦臣竊命，禍基京畿，毒遍宇內，皇綱弛紊，王室遂卑。於是羣雄蜂駭，義兵四合，吳武烈皇帝慷慨下國，電發荆南，權略紛紜，忠勇伯世。威稜則夷羿震盪，兵交則醜虜授馘，遂掃清宗祊，蒸禋皇祖。於時雲興之將帶州，飆起之師跨邑，哮闞之羣風驅，熊羆之族霧集，雖兵以義合，同盟戮力，然皆包藏禍心，阻兵怙亂，或師無謀律，喪威稔寇，忠規武節，未有若此其著者也。武烈既沒，長沙桓王逸才命世。弱冠秀發，招攬遺老，與之述業。神兵東驅，奮寡犯衆，攻無堅城之將，戰無交鋒之虜。誅叛柔服而江外底定，飭法修師而威德翕赫，賓禮名賢而張昭為之雄，交御豪俊而周瑜為之傑。彼二君子，皆弘敏而多奇，雅達而聰哲，故同方者以類附，等契者以氣集，而江東蓋多士矣。將北伐諸華，誅鉏干紀，旋皇輿於夷庚，反帝座於紫闥，挾天子以令諸侯，清天步而歸舊物。戎車既次，羣凶側目，大業未就，中世而隕。用集我大皇帝，以奇蹤襲於逸軌，叡心發乎令圖，從政咨於故實，播憲稽乎遺風，而加之以篤固，申之以節儉，疇咨俊茂，好謀善斷，束帛旅於丘園，旌命交于塗巷。故豪彥尋聲而響臻，志士希光而影騖，異人輻輳，猛士如林。於是張昭為師傅，周瑜、陸公、魯肅、呂蒙之疇入為腹心，出作股肱；甘寧、凌統、程普、賀齊、朱桓、朱然之徒奮其威，韓當、潘璋、黃蓋、蔣欽、周泰之屬宣其力；風雅則諸葛瑾、張承、步騭以聲名光國，政事則顧雍、潘濬、呂範、呂岱以器任幹職，奇偉則虞翻、陸績、張温、張惇以諷議舉正，奉使則趙咨、沈珩以敏達延譽，術數則吳範、趙達以禨祥協德，董襲、陳武殺身以衛主，駱統、劉基强諫以補過，謀無遺算，舉不失策。故遂割據山川，跨制荆、吳，而與天下爭衡矣。魏氏嘗藉戰勝之威，率百萬之師，浮鄧塞之舟，下漢陰之衆，羽楫萬計，龍躍順流，鋭騎千旅，虎步原隰，謀臣盈室，武將連衡，喟然有吞江滸之志，一宇宙之氣。而周瑜驅我偏師，黜之赤壁，喪旗亂轍，僅而獲免，收迹遠遁。漢王亦馮帝王之號，率巴、漢之民，乘危騁變，結壘千里，志報關羽之敗，圖收湘西之地。而我陸公亦挫之西陵，覆師敗績，困而後濟，絕命永安。續以濡須之寇，臨川摧鋭，蓬籠之戰，孑輪不反。由是二邦之將，喪氣摧鋒，勢衄財匱，而吳藐然坐乘其弊，故魏人請好，漢氏乞盟，遂躋天號，鼎峙而立。西屠庸蜀之郊，北裂淮漢之涘，東苞百越之地，南括羣蠻之表。於是講八代之禮，蒐三王之樂，告類上帝，拱揖羣後。虎臣毅卒，循江而守，長戟勁鎩，望飆而奮。庶尹盡規於上，四民展業於下，化協殊裔，風衍遐圻。乃俾一介行人，撫巡外域，臣象逸駿，擾於外閑，明珠瑋寶，輝於內府，珍瑰重迹而至，奇玩應響而赴，輶軒騁於南荒，沖輣息於朔野，齊民免干戈之患，戎馬無晨服之虞，而帝業固矣。大皇既歿，幼主蒞朝，姦回肆虐。景皇聿興，虔修遺憲，政無大闕，守文之良主也。降及歸命之初，典刑未滅，故老猶存。大司馬陸公以文武熙朝，左丞相陸凱以謇諤盡規，而施績、范慎以威重顯，丁奉、鍾離斐以武毅稱，孟宗、丁固之徒為公卿，樓玄、賀劭之屬掌機事，元首雖病，股肱猶良。爰及末葉，羣公既喪，然後黔首有瓦解之志，皇家有土崩之釁，歷命應化而微，王師躡運而發，卒散於陳，民奔於邑，城池無藩籬之固，山川無溝阜之勢，非有工輸雲梯之械，智伯灌激之害，楚子築室之圍，燕子濟西之隊，軍未浹辰而社稷夷矣。雖忠臣孤憤，烈士死節，將奚救哉？夫曹、劉之將非一世之選，向時之師無曩日之衆，戰守之道抑有前符，險阻之利俄然未改，而成敗貿理，古今詭趣，何哉？彼此之化殊，授任之才異也。』其下篇曰：『昔三方之王也，魏人據中夏，漢氏有岷、益，吳制荆、揚而奄交、廣。曹氏雖功濟諸華，虐亦深矣，其民怨矣。劉公因險飾智，功已薄矣，其俗陋矣。吳桓王基之以武，太祖成之以德，聰明睿達，懿度深遠矣。其求賢如不及，恤民如稚子，接士盡盛德之容，親仁罄丹府之愛。拔呂蒙於戎行，識潘濬於繫虜。推誠信士，不恤人之我欺；量能授器，不患權之我逼。執鞭鞠躬，以重陸公之威；悉委武衛，以濟周瑜之師。卑宫菲食，以豐功臣之賞；披懷虚己，以納謨士之算。故魯肅一面而自託，士燮蒙險而效命。高張公之德而省游田之娱，賢諸葛之言而割情欲之歡，感陸公之規而除刑政之煩，奇劉基之議而作三爵之誓，屏氣踢蹐以伺子明之疾，分滋損甘以育淩統之孤，登壇慷慨歸魯肅之功，削投惡言信子瑜之節。是以忠臣競盡其謀，志士咸得肆力，洪規遠略，固不厭夫區區者也。故百官苟合，庶務未遑。初都建業，羣臣請備禮秩，天子辭而不許，曰：「天下其謂朕何！」宫室輿服，蓋慊如也。爰及中葉，天人之分既定，百度之缺粗修，雖醲化懿綱，未齒乎上代，抑其體國經民之具，亦足以為政矣。地方幾萬里，帶甲將百萬，其野沃，其民練，其財豐，其器利，東負滄海，西阻險塞，長江制其區宇，峻山帶其封域，國家之利，未見有弘於兹者矣。借使中才守之以道，善人御之有術，敦率遺憲，勤民謹政，循定策，守常險，則可以長世永年，未有危亡之患。或曰，吳、蜀脣齒之國，蜀滅則吳亡，理則然矣，夫蜀蓋藩援之與國，而非吳人之存亡也。何則？其郊境之接，重山積險，陸無長轂之徑；川阸流迅，水有驚波之艱。雖有鋭師百萬，啓行不過千夫；軸艫千里，前驅不過百艦。故劉氏之伐，陸公喻之長蛇，其勢然也。昔蜀之初亡，朝臣異謀，或欲積石以險其流，或欲機械以御其變。天子總羣議而諮之大司馬陸公，陸公以四瀆天地之所以節宣其氣，固無可遏之理，而機械則彼我之所共，彼若棄長技以就所屈，即荆、楊而爭舟楫之用，是天贊我也，將謹守峽口以待禽耳。逮步闡之亂，憑保城以延强寇，重資幣以誘羣蠻。于時大邦之衆，雲翔電發，縣旌江介，築壘遵渚，襟帶要害，以止吳人之西，而巴漢舟師，沿江東下。陸公以偏師三萬，北據東坑，深溝高壘，案甲養威。反虜踠迹待戮，而不敢北闚生路，强寇敗績宵遁，喪師大半，分命鋭師五千，西禦水軍，東西同捷，獻俘萬計。信哉賢人之謀，豈欺我哉！自是烽燧罕警，封域寡虞。陸公没而潛謀兆，吳釁深而六師駭。夫太康之役，衆未盛乎曩日之師，廣州之亂，禍有愈乎向時之難，而邦家顛覆，宗廟為墟。嗚呼！人之云亡，邦國殄瘁，不其然與！《易》曰「湯武革命順乎天」，玄曰「亂不極則治不形」，言帝王之因天時也。古人有言，曰「天時不如地利」，《易》曰「王侯設險以守其國」，言為國之恃險也。又曰：「地利不如人和」，「在德不在險」，言守險之由人也。吳之興也，參而由焉，孫卿所謂合其參者也。及其亡也，恃險而已，又孫卿所謂舍其參者也。夫四州之氓非無衆也，大江之南非乏俊也，山川之險易守也，勁利之器易用也，先政之業易循也，功不興而禍遘者何哉？所以用之者失也。故先王達經國之長規，審存亡之至數，恭己以安百姓，敦惠以致人和，寬沖以誘俊乂之謀，慈和以給士民之愛。是以其安也，則黎元與之同慶；及其危也，則兆庶與之共患。安與衆同慶，則其危不可得也；危與下共患，則其難不足恤也。夫然，故能保其社稷而固其土宇，麥秀無悲殷之思，黍離無湣周之感矣。』

《晉書》卷三四《羊祜杜預傳論》 泰始之際，人祇呈貺，羊公起平吳之策，其見天地之心焉。昔齊有黔夫，燕人祭北門之鬼；趙有李牧，秦王罷東並之勢。桑枝不競，瓜潤空慚。垂大信于南服，傾吳人於漢渚，江衢如砥，襁袂同歸。而在乎成功弗居，幅巾窮巷，落落焉其有風飆者也。杜預不有生知，用之則習，振長策而攻取，兼儒風而轉戰。孔門稱四，則仰止其三；《春秋》有五，而獨擅其一，不其優歟！夫三年之喪，云無貴賤。輕纖奪於在位，可以興嗟；既葬釋于儲君，何其斯酷。徇以苟合，不求其正，以當代之元良，為諸侯之庶子，檀弓習於變禮者也，杜預其有焉。

又 《羊祜杜預傳贊》 漢池西險，吳江左回。羊公恩信，百萬歸來。昔之誓旅，懷經罕素。元凱文場，稱為武庫。

《晉書》卷四二《王渾等傳論》　孫氏負江山之阻隔，恃牛斗之妖氛，奄有水鄉，抗衡上國。二王屬當戎旅，受律遄征，渾既獻捷橫江，濬亦克清建鄴。于時討吳之役，將帥雖多，定吳之功，此焉為最。向使弘范父之不伐，慕陽夏之推功，上稟廟堂，下憑將士。豈非茂勳茂德，善始善終者歟！此而不存，彼焉是務。或矜功負氣，或恃勢驕陵，競構南箕，成茲貝錦。遂乃喧黷宸扆，斁亂彝倫，既為戒于功臣，亦致譏於清論，豈不惜哉！王濟遂驕父之褊心，乖爭子之明義，俊材雖多，亦奚以為也。唐彬畏避交爭，屬疾遲留，退讓之風，賢於渾濬遠矣。《傳》云『不拘行檢』，安得長者之行哉！

又《王渾等傳贊》　二王總戎，淮海攸同。渾既害善，濬亦矜功。武子豪桀，夙參朝列。逞欲牛心，紆情馬埒。儒宗知退，避名全節。

清・王鳴盛《十七史商榷》卷四四《晉書二・大舉伐吳》　『咸寧五年十一月，大舉伐吳，遣鎮軍將軍琅邪王伷出涂中，安東將軍王渾出江西，建威將軍王戎出武昌，平西將軍胡奮出夏口，鎮南大將軍杜預出江陵，龍驤將軍王濬、廣武將軍唐彬率巴蜀之卒浮江而下，東西凡二十餘萬』，愚謂因巴蜀之卒順流而下，則西塞不守，勢如破竹，此平吳所以必在平蜀後也。『平西將軍胡奮』，下文太康元年二月甲戌即云『平南將軍胡奮克江安』，俟考。又『壬申，王濬以舟師至建業之石頭，孫皓降於軍門』云云，觀此則平吳之功以濬爲首。但吳甫平，其明年，太康二年三月，即選孫皓妓妾五千人入宮，則武帝之志荒矣，山巨源所以欲釋吳爲外懼也。七年十二月，出後宮才人妓女以下二百七十人歸於家，選人者如此之多，出者如此之少，篇末論斷謂其『恭儉寡慾』，恭儉豈可以聲音笑貌爲哉？

藝文

南朝梁・蕭統《文選》卷四三《書下・孫子荆〈為石仲容與孫皓書〉》　臧榮緒《晉書》曰：石苞，字仲容，太祖輔政，都督楊州諸軍事，進位征東大將軍。又曰：太祖遣徐劭、孫郁至吳，將軍石苞令孫楚作書與孫皓，劭至吳，不敢為通。》　苞白：蓋聞見機而作，《周易》所貴，小不事大，《六韜》所誅，《周易》曰：君子見幾而作，不俟終日。《左氏傳》曰：楚子伐鄭，子展曰：小所以事大，信也。小國無信，兵亂日至，亡無日矣。此乃吉凶之萌兆，榮辱之所由興也。是故許鄭以銜璧全國，曹譚以無禮取滅。《左氏傳》，楚子圍許，蔡侯將許僖公見楚子於武城，許男面縛銜璧。楚子問諸逢伯，對曰：昔武王克殷，微子啓如是，王親釋其縛，禮而命之，使復其所。楚子從之。又曰：楚子圍鄭，克之，鄭伯肉袒牽羊以逆。王曰：其君能下人。退三十里而許之平。又曰：晉公子重耳奔狄，及曹，曹共公聞其駢脅，欲觀其裸，浴，薄而觀之。及即位，晉侯圍曹。又曰：齊桓公之出也，過譚，譚不禮焉。及其入也，諸侯皆賀，譚又不至。冬齊師滅譚，譚無禮也。載籍既記其成敗，古今又著其愚智矣。不復廣引譬類，崇飾浮辭，鄭玄《孝經》注曰：引譬連類。《尚書・序》曰：翦截浮辭。苟以誇大為名，更喪忠告之實。《論語》曰：忠告而善道之，不可則止，無自辱焉。今粗論事勢，以相覺悟。

昔炎精幽昧，歷數將終，《東觀漢記》曰：漢以炎精布燿，或幽而光。《尚書》曰：天之歷數在爾躬。桓靈失德，災釁並興，孝桓、孝靈，漢二帝也。《漢書》詔策曰：大禹能亡失德。豺狼抗爪牙之毒，生人陷荼炭之艱。《漢書》杜文謂孫寶曰：豺狼當路。《尚書》曰：夏有昏德，民墜塗炭。『荼』與『塗』字通用。於是九州絕貫，皇綱解紐，《周禮》曰：職方乃辨九州之國，使同貫利。《答賓戲》曰：廓帝紘，恢皇綱。四海蕭條，非復漢有。太祖承運，神武應期，《春秋緯》曰：五德之運，各象其類。宋均曰：運，籙運也。《周易》曰：古之神武不殺者夫。《河圖闓苞受》曰：弟感苗裔出應期。征討暴亂，克寧區夏；《尚書》曰：用肇造我區夏。協建靈符，天命既集，曹植《大魏篇》曰：大魏應靈符，天祿乃始。《毛詩》曰：有命既集。遂廓洪基，奄有魏域。曹植《魏德論》曰：武創洪基，克光厥德。《毛詩》曰：奄有四方。土則神州中嶽，器則九鼎猶存，《河圖括地象》曰：昆侖東南地方五千里，名曰神州，中有五嶽地圖，帝王居之。《左氏傳》，王孫滿曰：成王定鼎於郟鄏。《史記》曰：秦取周九鼎。世載淑美，重光相襲，《國語》，祭公謀父曰：奕世載德。尚書，王曰：昔我君文王、武王宣重光。《新序》，孔子曰：聖人雖生異世，相襲若規矩。固知四隩之攸同，天下之壯觀也。《尚書》曰：九州攸同，四隩既宅。《封禪書》曰：此事天下之壯觀也。

公孫淵承籍父兄，世居東裔，《魏志》曰：公孫度，字叔濟，本遼東襄平人。度知中國擾攘，自立為遼東侯。度死，子康嗣位。康死，子晃、淵等皆小，衆立兄子恭為遼東太守。淵脅奪恭位。景初元年徵淵，淵遂發兵逆於遼東，自立為燕王。擁帶燕胡，馮淩險遠，《左氏傳》，子產曰：今陳介恃楚衆，馮淩弊邑。講武盤桓，不供職貢，《國語》，虢文公曰：古者三時務農，一時講武。《周禮》曰：制其職，各以其所能；制其貢，各以其所有。《家語》，孔子曰：古者分異姓以遠方之職貢，所以無忘服也。內傲帝命，外通南國，乘桴滄流，交疇貨賄，葛越布於朔土，貂馬延乎吳會；《魏志》曰：公孫淵遣使南通孫權，往來贍遺。權使張彌、許晏等齎金玉珍寶，立為燕王。《論語》，子曰：乘桴浮於海。孔安國《尚書》傳曰：草服葛越。《魏志》曰：夫餘國出名馬貂狖。自以為控弦十萬，奔走足用，《漢書·匈奴傳》曰：控弦之士三十餘萬。信能右折燕齊，左振扶桑，淩轢沙漠，南面稱王也。《山海經》曰：湯谷上有扶木。扶木者，扶桑也。《史記》曰：楚靈王兵强，淩轢中原。《說文》曰：漠，北方流沙也。《漢書》，李陵歌曰：經萬里兮度沙漠。《周易》曰：聖人南面而聽天下。宣王薄伐，猛銳長驅。《魏志》曰：景初三年，遣大司馬宣王征淵。斬淵，傳首洛陽。《戰國策》曰：樂毅輕卒鋭兵，長驅至齊。師次遼陽，而城池不守；《漢書》曰：遼東郡有遼陽縣。桴鼓一震，而元兇折首。《左氏傳》曰：援桴而鼓。《周易》曰：有嘉折首，獲非其醜。然後遠迹疆埸，列郡大荒，《史記》，樂毅書曰：吳王遠迹至郢。班固《漢書·述》曰：列郡祁連。《山海經》有大荒。收離聚散，咸安其居，《毛詩·序》曰：萬民離散，不安其居。民庶悅服，殊俗款附。《尚書》曰：萬姓悅服。《過秦論》曰：餘威震於殊俗。自茲遂隆，九野清泰，《淮南子》曰：所謂一者，上通九天，下貫九野。高誘曰：九野，八方中央也。東夷獻其樂器，肅慎貢其楛矢，范曄《後漢書》曰：東夷自少康已後，世服王化，獻其樂舞。《魏志》曰：常道鄉公景元三年，肅慎國遣使重譯來貢，弓長三尺五寸，三十張；楛矢長一尺八寸，石砮三百枚。曠世不羈，應化而至，崔寔《本論》曰：孝宣帝方外安靜，單于稽顙來朝，百世不羈之虜也。巍巍蕩蕩，想所具聞。《論語》，子曰：大哉堯之為君！蕩蕩乎民無能名焉，巍巍乎其有成功。

吳之先主，起自荆州，遭時擾攘，播潛江表；《吳志》曰：董卓專朝政，孫堅亦舉兵荆州，討卓。引軍還住魯陽。范曄《後漢書》，馮衍上疏曰：遭擾攘之時，值兵革之際。劉備震懼，亦逃巴岷。《蜀志》曰：益州牧劉璋迎先主入益州，至涪，璋敕諸將勿復關通。先主大怒，進圍成都。璋降，先主領益州。遂依丘陵積石之固，張載《劍閣銘》曰：巖巖梁山，積石璀璀。三江五湖，浩汗無涯，《漢書》曰：吳有三江五湖之利也。假氣游魂，迄于四紀。魏明帝《善哉行》曰：權實豎子，備則亡虜，假氣遊魂，鳥魚為伍。二邦合從，東西唱和，《漢書》，合從連衡，力政爭强。《毛詩》曰：叔兮伯兮，唱予和汝。互相扇動，距捍中國。自謂三分鼎足之勢，可與泰山共相終始。《漢書》曰：蒯通說韓信曰：方今足下三分天下，鼎足而居。《戰國策》，呂不韋曰：其寧泰山。相國晉王，輔相帝室，《魏志》曰：咸熙元年，進晉公爵為王。文武桓桓，志厲秋霜，荀悅《申鑑》曰：人主怒如秋霜。廟勝之算，應變無窮，《孫子》曰：夫未戰而廟勝，得算多者也。又曰：善出奇正者，無窮如天地。獨見之鑑，與衆絕慮。《春秋元命苞》曰：明王獨見，四海歸往。主上欽明，委以萬機，《魏志》曰：陳留王奐，字景明，封常道鄉公。高貴鄉公卒，公卿議迎立。《尚書》曰：放勳欽明。萬幾，已見上文。長轡遠御，妙略潛授，偏師同心，上下用力，稜威奮伐，鰛入其阻，《漢書》曰：武帝報李廣曰：威稜憺乎鄰國。《毛詩》曰：鰛入其阻，裒荆之旅。毛萇曰：鰛，深也。並敵一向，奪其膽氣。《孫子兵法》曰：並敵一向，千里殺將。又曰：三軍可奪氣，將軍可奪心。小戰江介，則成都自潰；曜兵劍閣，而姜維面縛。《魏志》曰：景元四年，使征西將軍鄧艾、鎮西將軍鍾會伐蜀。艾自陰平先登，至江介西，蜀衛將軍諸葛瞻列陣待艾。艾遣子惠唐亭侯忠等大破之，斬瞻。進軍到雒，劉禪遣使奉皇帝璽綬，為箋詣艾。會統十餘萬衆，分從斜谷、駱谷入，平行至漢中。姜維守劍閣距會。維等聞瞻已破，以其衆東入巴。劉禪詣艾降，勒維等令降於會。維詣會降。《商君書》曰：小戰勝，逐北無過五里。《左氏傳》曰：凡民逃其上曰潰。面縛，已見上文。開地五千，列郡三十。師不逾時，梁益肅清，《穀梁傳》曰：伐不逾時，戰不逐奔。使竊號之雄，稽顙絳闕，《禮記》曰：拜而後稽顙。傅玄《西都賦》曰：巍巍絳闕。球琳重錦，充於府庫。《左氏傳》曰：齊侯歸衛侯夫人重錦三十兩。夫虢滅虞亡，韓並魏徙，《左氏傳》曰：晉滅虢，虢公醜奔京師。遂襲虞，滅之，執虞公。《史記》曰：秦始皇十七年，攻韓，得韓王安。二十三年，攻魏，其王請降。此皆前鑑之驗，後事之師也。《戰國策》，張孟談謂趙襄子曰：前事不忘，後事之師。又南中呂興，深睹天命，《吳志》曰：交阯郡吏呂興等殺太守孫諝，使使如魏請太守及兵。蟬蛻內向，原為臣妾。《淮南子》曰：蟬飲而不食，三十日而蛻。《孝經》曰：治家者不敢失於臣妾。外失輔車脣齒之援，內有毛羽零落之漸，《左氏傳》，宮之奇曰：諺所謂輔車相依，脣亡齒寒。而徘徊危國，冀延日月，此猶魏武侯卻指河山以自强大，殊不知物有興亡，則所美非其地也。《史記》曰：吳起者，衛人也。魏武侯浮西河而下，中流顧謂吳起曰：美哉山河之固！此魏之寶也。起對曰：在德不在險。若君不修德，則舟中之人，盡為敵國也。武侯曰：善。

方今百僚濟濟，俊乂盈朝，《尚書》曰：百僚師師。又曰：俊乂在官。虎臣武將，折衝萬里，《毛詩》曰：進厥虎臣，闞如虓虎。《晏子春秋》，孔子曰：不出樽俎之間，而折衝千里之外，晏子之謂也。國富兵强，六軍精練。《新序》曰：孫叔敖相楚，國富兵强。思復翰飛，飲馬南海。《毛詩》曰：翰飛戾天。鄭玄曰：翰，高也。李陵《與蘇武書》曰：陵當為單于畜兵養士，循先將軍之令，將飲馬河、洛，收珠南海。自頃國家，整治器械，《禮記》曰：聖人異器械。鄭玄曰：器械，兵甲也。修造舟楫，簡習水戰。伐樹北山，則太行木盡，高誘《呂氏春秋》注曰：太行山在河内野王縣北。濬決河洛，則百川通流。《尚書大傳》曰：百川趨於海。樓船萬艘千里相望。《漢書》曰：江、淮以南，樓舡十萬。自刳木以來，舟車之用，未有如今日之盛者也。《周易》曰：黄帝、堯、舜刳木為舟，剡木為楫。驍勇百萬，畜力待時，役不再舉，今日之謂也。《六韜》，太公謂武王曰：聖人興兵為天下除患去賊，非利之也，故役不再籍，一舉而畢。然主上眷眷，未便電邁者，以為愛民治國，道家所尚，《老子》曰：愛人治國，能無知乎？崇城自卑，文王退舍，《左氏傳》，子魚言於宋公曰：文王聞崇侯德亂而伐之，軍三旬而不降；退修教而復伐之，因壘而降。故先開示大信，喻以存亡，殷勤之旨，往使所究。

若能審識安危，自求多福，《毛詩》曰：永言配命，自求多福。蹶然改容，祗承往告，《漢書》曰：陸賈說尉佗。佗於是蹶然起坐，謝賈，稱臣奉漢約。追慕南越，嬰齊入侍，《漢書》曰：南越王胡立，天子使嚴助往喻意，南越王胡遣其子嬰齊入侍宿衛。北面稱臣，伏聽告策，《禮記》曰：君之南鄉也，答陽之義也，臣之北面也，答君也。則世祚江表，永為藩輔，《左氏傳》，王賜齊侯命曰：世祚太師。豐報顯賞，隆於今日矣。若侮慢不式王命，然後謀力雲合，指麾風從，范曄《後漢書》，張綱謂張嬰曰：大兵雲合，豈不危乎！雍益二州，順流而東；青徐戰士，列江而西；荆楊兖豫，爭驅八沖；征東甲卒，虎步秣陵。征東，即石苞也。李陵詩曰：幸託不肖軀，且當猛虎步。《漢書》，丹陽郡有秣陵縣。爾乃皇輿整駕，六師徐征，羽檄燭日，旌旗流星，羽，鳥羽也。《漢書》高祖曰：吾以羽檄徵天下兵。檄或為校。游龍曜路，歌吹盈耳，《周禮》曰：凡馬八尺為龍。《樂稽耀嘉》曰：武王興師誅于商，萬國咸喜，前歌後舞。《論語》，子曰：洋洋乎盈耳哉！士卒奔邁，其會如林，《尚書》曰：受率其旅若林。煙塵俱起，震天駭地，渴賞之士，鋒鏑爭先，忽然一旦身首橫分，宗祀屠覆，取誡萬世，引領南望，良以寒心。《左氏傳》，穆叔謂晉侯曰：引領西望，曰庶幾乎？《高唐賦》曰：寒心酸鼻。

夫治膏肓者必進苦口之藥，決狐疑者必告逆耳之言，《左氏傳》曰：晉景公夢疾為二豎子，一曰居肓之上，一曰居膏之下，若我何？《史記》曰：沛公入秦宮，樊噲諫，沛公不聽。張良曰：忠言逆耳利於行，良藥苦口利於病。原公聽樊噲言。《楚辭》曰：心猶豫而狐疑。如其迷謬，未知所投，恐俞附見其已困，扁鵲知其無功也。《列子》曰：楊朱之友曰季梁，得病七日，大漸，謁醫俞氏，俞氏曰：汝始則胎氣不足，乳湩有餘，疾非一朝一夕之故，其所由來者漸矣。季梁曰：良醫也，且食之。《史記》，虢中庶子曰：上古之時，醫病不以湯液。又曰：扁鵲過齊，桓侯客之，入朝見曰：君有疾在腠理。不療將深。桓侯曰：寡人無疾。過五日，扁鵲復見曰：君有疾在腸胃間，不療將深。桓侯不應。後五日，扁鵲復見，望桓侯而走。桓侯使人問其故，扁鵲曰：疾其在骨髓，雖司命無奈何。今在骨髓，臣是以無請也。後五日，桓侯體痛，使人召扁鵲，扁鵲已逃去。桓侯遂死。郭璞《穆天子傳》注曰：湩，浮汁也。竹用切。勉思良圖，惟所去就。《左氏傳》，令尹子常曰：敢弗良圖。曾子曰：君子慎其所去就。石苞白。

清・彭定求等《全唐詩》卷三《李隆基〈過王濬墓〉》 吳國分牛斗，晉室命龍驤。受任敵已滅，策勳名不彰。居美未盡善，矜功徒自傷。長戟今何在？孤墳此路傍。不覩松柏茂，空餘荆棘場。歎嗟懸劍隴，誰識夢刀祥。

又 卷四九《張九齡〈奉和聖制過王濬墓〉》 漢王思鉅鹿，晉將在弘農。入蜀舉長算，平吳成大功。與渾雖不協，歸皓實為雄。孤績淪千載，流名感聖衷。萬乘度荒隴，一顧凜生風。古節猶不棄，今人爭效忠。

又 卷五四《崔湜〈襄城即事〉》 子牟懷魏闕，元凱滯襄城。冠蓋仍為裏，沙臺尚識名。山光晴後緑，江色晚來清。為問東流水，何時到玉京。

又 卷八八《張說〈奉和聖制過王濬墓應制〉》 牛斗三分國，龍驤一統年。智高寧受制，風急肯回船。有策擒吳嚭，無言讓范宣。援孤因勢屈，功重為讒偏。舊迹灰塵散，枯墳故老傳。百代逢明主，何辭死道邊。

又　**《奉酬韋祭酒嗣立偶遊龍門北溪忽懷驪山別業呈諸留守之作》**　嗟留洛陽陌，夢詣建章臺。野失巢由性，朝非元凱才。布懷欽遠迹，幽意日塵埃。

又　**卷一九四《韋應物〈金谷園歌〉》**　石氏滅，金谷園中水流絕。當時豪右爭驕侈，錦爲步障四十里。東風吹花雪滿川，紫氣凝閣朝景妍。洛陽陌上人回首，絲竹飄颻入青天。晉武平吳恣歡燕，餘風靡靡朝廷變。嗣世衰微誰肯憂，二十四友日日空追遊。追遊詎可足，共惜年華促。禍端一發埋恨長，百草無情春自綠。

又　**卷二〇〇《李岑〈西河郡太原守張夫人挽歌〉》**　鵲印慶仍傳，魚軒寵莫先。從夫元凱貴，訓子孟軻賢。龍是雙歸日，鸞非獨舞年。哀容今共盡，悽愴杜陵田。

又　**卷二二二《杜甫〈奉和嚴中丞西城晚眺十韻〉》**　汲黯匡君切，廉頗出將頻。直詞才不世，雄略動如神。政簡移風速，詩清立意新。層城臨暇景，絕域望餘春。旗尾蛟龍會，樓頭燕雀馴。地平江動蜀，天闊樹浮秦。帝念深分閫，軍須遠筭緡。花羅封蛺蝶，瑞錦送麒麟。辭第輸高義，觀圖憶古人。征南多興緒，事業闇相親。

又　**《盧綸〈酬崔侍御早秋臥病書情見寄時君亦抱疾在假中〉》**　擲地金聲信有之，瑩然冰玉見清詞。元凱癖成官始貴，相如渴甚貌逾衰。荒園每覺蟲鳴早，華館常聞客散遲。寂寞罷琴風滿樹，幾多黃葉落蛛絲。

又　**卷二八九《楊憑〈送客往荆州〉》**　巴丘過日又登城，雲水湘東一日平。若愛春秋繁露學，正逢元凱鎮南荆。

又　**卷二九三《司空曙〈送鄭錫〉》**　漢陽雲樹清無極，蜀國風煙思不堪。莫怪別君偏有淚，十年曾事晉征南。

又　**卷三三七《韓愈〈醉贈張秘書〉》**　人皆勸我酒，我若耳不聞。今日到君家，呼酒持勸君。為此座上客，及余各能文。君詩多態度，藹藹春空雲。東野動驚俗，天葩吐奇芬。張籍學古淡，軒鶴避雞羣。阿買不識字，頗知書八分。詩成使之寫，亦足張吾軍。所以欲得酒，為文俟其醺。酒味既冷冽，酒氣又氛氲。性情漸浩浩，諧笑方云云。此誠得酒意，餘外徒繽紛。長安衆富兒，盤饌羅膻葷。不解文字飲，惟能醉紅裙。雖得一餉樂，有如聚飛蚊。今我及數子，固無蕕與薰。險語破鬼膽，高詞媲皇墳。至寶不雕琢，神功謝鋤耘。方今向太平，元凱承華勳。吾徒幸無事，庶以窮朝曛。

又　**卷三五九《劉禹錫〈西塞山懷古〉》**　西晉樓船下益州，金陵王氣黯然收。千尋鐵鎖沉江底，一片降幡出石頭。世幾回傷往事，山形依舊枕江流。今逢四海為家日，故壘蕭蕭蘆荻秋。

又　**卷三七一《呂温〈晉王龍驤墓〉》**　虎旗龍艦順長風，坐引全吳入掌中。孫皓小兒何足取，便令千載笑爭功。

又　**卷三九二《李賀〈王濬墓下作〉》**　人間無阿童，猶唱水中龍。白草侵煙死，秋梨繞地紅。古書平黑石，神劍斷青銅。耕勢魚鱗起，墳科馬鬣封。菊花垂濕露，棘徑臥乾蓬。松柏愁香澀，南原幾夜風。

又　**卷四〇三《元稹〈哭呂衡州六首〉其六》**　杜預春秋癖，揚雄著述精。在時兼不語，終古定歸名。耒水波文細，湘江竹葉輕。平生思風月，潛寐若為情。

又　**卷四九二《殷堯藩〈送白舍人渡江〉》**　曉發龍江第一程，諸公同濟似登瀛。海門日上千峰出，桃葉波平一棹輕。橫鎖已沈王濬筏，投鞭難阻謝玄兵。片時喜得東風便，回首鐘聲隔鳳城。

又　**卷五二三《杜牧〈懷鍾陵舊遊四首〉其一》**　一謁征南最少年，虞卿雙璧截肪鮮。歌謠千里春長暖，絲管高臺月正圓。玉帳軍籌羅俊彥，絳帷環佩立神仙。陸公餘德機雲在，如我酬恩合執鞭。

又　**卷六四七《胡曾〈詠史詩・武昌〉》**　王濬戈鋋發上流，武昌鴻業土崩秋。思量鐵鎖真兒戲，誰為吳王畫此籌。

又　**卷六五四《羅鄴〈過王濬墓〉》**　埋骨千年近路塵，路傍碑號晉將軍。當時若使無功業，早個耕桑到此墳。

又　**卷六五八《羅隱〈王濬墓〉》**　男兒未必盡英雄，但到時來即命通。若使吳都猶王氣，將軍何處立殊功。

又　**卷七二九《周曇〈三國門・吳後主〉》**　吳宮季主恣驕奢，移盡江南百媚花。一旦狂風江上起，花隨風散落誰家。

又　**《王表》**　王表聞聲莫見身，吳中敬事甚君親。是知邦國將亡滅，不聽人臣聽鬼神。

又　卷七六七《孫元晏〈吴·青蓋〉》　歷數將終勢已摧，不修君德更堪哀。被他青蓋言相誤，元是須教入晉來。

又　卷七七六《賈彦璋〈王龍驤墓〉》　昔擅登壇寵，爰光典午朝。刀懸臨益夢，龍啓渡江謡。茂績當年舉，英魂此地銷。唯餘孤壟上，日夕起松飆。

又　卷八一五《皎然〈酬烏程楊明府華將赴渭北對月見懷〉》　釋印及秋夜，身閑境亦清。風襟自瀟灑，月意何高明。聞説武安君，萬里驅妖精。開府集秀士，先招士林英。晉家用元凱，亦是魯諸生。北望撫長劍，感君知已行。邊塵昏玉帳，殺氣凝金鐙。大敵折齊俎，一書下聊城。翻飛青雲路，宿昔滄洲情。

宋·蘇軾《蘇軾詩集》卷四七《永安宮》　千古陵谷變，故宮安得存。徘徊問耆老，惟有永安門。遊人雜楚蜀，車馬晚喧喧。不見重樓好，誰知昔日尊。吁嗟蜀先主，兵敗此亡魂。只應法正死，使公去遭燔。

《全宋詩》卷一一〇五《賀鑄〈三山〉》　南朝鳳皇臺，置酒昔高會。酒酣望三山，宛在青山外。長哦謫仙吟，如咴鯨鯢鱠。明日信東風，孤帆出其背。荒戍接江瀆，開門適相對。鼎足跱長川，不為舟楫礙。雨暘雲吞吐，早晏潮進退。萬古免浮沈，曾微抃鼇戴。伊余厭塵坌，閉目何可奈。爽氣豁襟靈，山乎吾有賴。嘗聞晉阿童，萬艫飛戈快。徑造此山陲，滄波為之隘。顧我疲軟姿，功名讓前輩。玄暉昔憑眺，物色頗有在。他時掛武冠，刀劍行且賣。山價略可酬，庵棲謝當代。遠持三山磯，況彼七里瀨。猶得傲狂奴，吾無故人待。

又　卷一一二八《晁補之〈次韻都尉王晉卿天駟監邂逅作兼呈坐客〉》　平生杜元凱，學問光奕世。戚聯帝室未要論，烜赫功高羊叔子。赤霄翔舞須威蕤，孔翠文章豈其累。崇臺作山池作湖，富貴所要聲名俱。酒樽詩句得過薄，小隱山城殊未疏。曹侯詞翰諸公客，慣聽清歌耳傾側。天閑兩驥看追風，晴軒忽下飲河虹。拳毛妙畫不可見，顔公筆精如對面。鄧張不醉無攬轡，燒燭林間鵲飛起。第語曹侯繼張燕，鄰榼如澠不憂淺。

又　卷一一七八《張耒〈渡江〉》　白髮人驚老阿童，横江聊借半帆風。卻嗟縛得窮孫皓，未似高歌醉閉篷。

又　卷一二〇一《李廌〈杜元凱廟〉》　書生昧籌算，罕立横草功。征南日耽經，帷幄明指蹤。胸中有武庫，矧與豎儒同。賢哉秉節度，不制蜀阿童。沈碑雖好名，要是真英雄。寥寥萬山路，爽氣搖松風。

又　卷二〇二四《王十朋〈晉武帝〉》　早歲膺圖帝業光，晚年何事政多荒。算來不用平吴好，畢竟吴平速晉亡。

又　卷二四〇九《衛博〈送楊舒州〉》　我昔懷軍書，西行盡淮泗。是時敵方張，長江飲渴騎。憨將何一律，兩地一朝棄。川原厭膏血，關山接烽燧。翕然舒子國，屹立干戈地。中有褌襦民，未可文法治。瘡痍待良藥，天子念循吏。誰厭承明直，雅是詩書帥。淮揚君肯薄，吾丘世寡二。正須烹鮮手，往述羨魚意。前驅觸炎熱，弭節及涼吹。朝衙百吏散，閉合有餘致。臨州古雲樂，此理敢輕議。近聞今單于，已遣朝正使。公師杜征南，郡得漢龔遂。里閭息愁歎，捍牧殆餘事。政成多暇日，寄我千金字。淮魚秋正美，灊山日空翠。匹馬不作難，為公十日醉。頗見有此客，要使州人記。

又　卷二六八一《張鎡〈雜興〉》　征南勳業手，顧乃玩簡策。麟經日月垂，左氏實有力。為渠作忠臣，訓義訂今昔。後來疑掖子，開卷隨有益。果能作蹄筌，此學不妨癖。

又　卷二七〇五《劉過〈寓東陽〉》　不學老無似，艱難卻飽諳。還從陶靖節，來訪杜征南。意到羔蓴適，貧猶食薺甘。惜無廬可臥，尚繞鵲枝三。

又　卷二八〇九《劉宰〈傲將軍歌贈周叔子馬帥〉》　君不見細柳將軍專號令，壁門不受天子命。又不見隆中將備天下奇，屈致不可就見之。丈夫意氣類如此，達則守官窮守已。齋壇未築國士去，軍令已申美人死。王翦定須六十萬，李牧必遵前日軌。掃門求見齊舍人，魏勃妄庸何足使。武皇踞廁對衛青，淮南君臣暗歡喜。寥寥古道不復見，後來捷徑何紛紛。炙手儻可熱，舐痔未為勤。金珠要結偏奴隸，鈇鉞倒置由他人。傲將軍，今無矣。杜預苞苴通貴近，裴度浮沉聊卒歲。兩賢屹立尚如斯，噲等區區焉足計。傲將軍，今有之，我得見之喜可知。行年六十未為老，三衙致位官非卑。毛錐子，毋我欺。妙年手折騰桂林枝，長鑱大劍爾胡為。十載安邊功，書遍太常旗。周宣方歌境土復，吉甫已賦明哲詩。詔書星斗爛，駉騎風雷馳。平生許國心，日莫恐倒施。皂囊九扣閽，山立志不移。時攜一樽酒，山水自娛嬉。傲將軍，誰與同。子真已去吳門市，杜陵不見天隨翁。賴有調儻朱，杖履時相從。虎丘山頭弄明月，姑蘇臺上吟清風。為樂良有極，大義終無窮。謹勿扁舟載西子，有時獵渭占非熊。

又 卷二八九一《洪咨夔〈次虞憲日近即事五絶〉》 丙中甲上奇章石，水底山巔杜預碑。硼硼一生圖不朽，光風好處幾曾知。

又 卷二九六四《包恢〈酬袁守方秋崖遺寶帶橋詩以雇我老非題柱客各君材是濟川功為韻十四〉》 非卿橋不立，誰是杜武庫。下浦未更新，過者幾驚雇。

又 卷三〇三九《劉克莊〈哭左次魏二首〉》 少日一編書，中年丈二殳。乃知杜預智，誰謂狄山愚。小試飛鉗策，方為進築圖。到頭麟閣上，終不著𦓡儒。

又 卷三〇四七《劉克莊〈雜詠一百首·杜預〉》 征南滿腹智，實似小兒癡。漢水有涸日，沉碑無出時。

又 卷三〇五二《劉克莊〈題聽蛙方君詩卷二首〉》 前輩凋零雅道衰，陳巖一叟尚龐眉。昂藏且伴戴花老，麽麽安知撼樹兒。警句可編半山集，高風宜配客星祠。有詩一卷留天地，絕勝征南立二碑。

又 卷三二四七《李曾伯〈和劉清叔檀溪韻〉》 一溪清入漢江東，千載興亡指顧中。自昔霸圖成匹馬，至今生氣貫長虹。當時枉駕先諸葛，底事浮江後阿童。髀肉已生騅逝矣，空餘款段踏塵紅。

又 卷三五八五《徐鈞〈羊祜〉》 平吳獻策了無遺，饋藥人無酖毒疑。最是感人仁德厚，當時墮淚有遺碑。

又 卷三六一〇《石餘亨〈題沃洲山字巖〉》 前輩高風不可追，自來陵谷互推移。卻憐當日題名者，不及征南辦兩碑。

又 卷三六五一《陳普〈詠史下·杜預〉》 晉武良心獨未亡，娼家瀆禮自多妨。洛中冠蓋無多日，元凱《春秋》亦短長。

旄頭兩度茀鉤陳，黃色頻年鬬孟春。《長歷》、《春秋》兩高閣，東南填淤正肥民。

《全宋詞》第四冊《劉克莊〈賀新郎·杜子昕凱歌〉》 盡說番和漢。這琵琶、依稀似曲，驀然弦斷。作麽一年來一度，欺得南人技短。歎幾處、城危如卵。元凱後身居玉帳，報胡兒、休作尋常看。布嚴令，運奇算。開門決鬬雌雄判。笑中宵、奚車氈屋，獸驚禽散。個個魏冠橫麈柄，誰了君王此段。也莫葦、長江能限。不論周郎並幼度，便仲尼、復起嗟微管。馳露布，築京觀。

《全金詩》卷九四《李俊民〈和史邦直橋上韻〉》 規模杜預見成功，橫截長流跨彩虹。亭長莫邀來往客，須防中有奪牛公。

《全金元詞·劉敏中〈木蘭花慢·送親衛劉副使還成都統軍，公號舜田〉》 燦星纏寶校，跨天駟、日華邊。看嶺表孤松，峰尖秋隼，誰與爭先。君王識公英武，便除書、飛下九重天。內府彤弓弦矢，元戎虎旆龍旂。陰風慘澹拂春煙。萬里入秦川。想諸將歡迎，三軍賈勇，威震江壖。何如渭城客舍，對青青柳色惜離筵。回首平吳事了，兜鍪更換貂蟬。

《全元詩》第四冊《耶律鑄〈平南將〉》 江淮平圮裂，原不事梯沖。銳氣吞堅陣，威聲挫戰鋒。高昂地上虎，王濬水中龍。詎可同年語，論功與定封。

又 《讀王濬傳》 隨波逐浪順東流，幸得成名下石頭。勾當江南公事了，五湖須更有扁舟。

又 第七冊《魏初〈贈史紫微參政〉》 王濬樓船一夕風，順流聲勢下江東。誰知更有如椽筆，氣壓吳山第一峰。

又 第二二冊《劉詵〈寄劉濟用萬户〉》 君如襄陽杜征南，輕裘緩帶峨兩驂。峴花江笛邊吏閒，風流千載成美談。又如荊州庾征西，上流重鎮雄孤羆。旌旗不動萬馬嘶，秋風颯颯紙自題。

《元詩選補遺·李延興〈石鼓歌〉》 嗚呼古之作者往往苦用心，豈惟杜預雅有春秋癖。今人無復見古人，徒勞紙上賞遺墨。

明·李東陽《李東陽集·北上録·徐州洪蘇墨亭書坡老石刻後》 崖端刻頌唐宗業，水底沉碑杜預功。直將談笑為故事，似與百戰爭豪雄。高才直節古今少，片石價比千金同。由來一代不幾見，況我異世懷高蹤。憑君一拓數千本，遍使四海揚清風。

明·謝榛《謝榛全集校箋》卷二〇《杜預墓》 夜觀左史日談兵，勳業仍兼著述名。石馬無蹤神爽在，滿天霜月照佳城。

清·錢謙益《列朝詩集》丁集第六《俞允文〈贈任別駕擢太倉兵備〉》 循吏臨戎日，將軍授鉞朝。勝歸千里外，敵取萬人驍。玉劍秋魂冷，金鏞夜壁遥。建牙停野色，吹角動金飆。調筈方疑虎，抨弦合墜雕。平吴杜元凱，破虜霍嫖姚。嘗苦天心應，巡寒士氣饒。佇看氛祲息，還珥漢廷貂。

《全明詩》卷五〇《宋訥〈客北平聞行人之語感而成詩四首〉》其一 虎將朱旗直指燕，燕山王氣便蕭然。輕如晉武平吴日，遠似唐皇幸蜀年。朝市夜沉三輔月，禁闈寒斷六宫煙。延春閣上秋風早，散作哀音泣播遷。

清・張豫章等《御選四朝詩・明詩》卷一一八《何良俊〈金陵弔古其一〉》 漢季平分三國，孫吴元占東方。堪笑當時王濬，與人閑管興亡。

清・王掞《西田詩集・羊太傅墓》 峴山留片石，此地留孤墳。欲酹一杯酒，空憐日墓雲。平吴紓至計，鎮楚樹奇勳。裘帶風流在，如公洵不羣。

清・李調元《童山詩集》卷一二《王濬墓》 偶兆三刀夢，還成一統功。金陵王氣盡，鐵鎖霸圖空。奇計擒孫皓，名言愧范通。角巾千載恨，長抱九泉中。

清・王士禛《蠶尾續詩》卷九《王濬墓》 木梯飄江鐵鎖焚，降旗高拂石城雲。角巾東第歸何晚，功大終慚范護軍。

清・張和《紹香堂詩草・讀王濬傳》 喜聽謡語遍軍中，當代奇才數阿童。虎踞頓消天塹險，龍驤偏藉秣陵風。書憑武庫猶招謗，表受降王獨樹功。不有知人羊太傅，樓船容易過江東。

清・鄭燮《鄭板橋集・詞鈔・念奴嬌・金陵懷古十二首・石頭城》 懸巖千尺，借歐刀吴斧，削成城郭。千里金城回不盡，萬里洪濤噴薄。王濬樓船，旌麾直指，風利何曾泊。船頭列炬，等閒燒斷鐵索。

而今春去秋來，一江煙雨，萬點征鴻掠。叫盡六朝興廢事，叫斷孝陵殿閣。山色蒼涼，江流悍急，潮打空城脚。數聲漁笛，蘆花風起作作。

《清詩匯》卷二七《蔣中和〈詠懷〉其二》 繩床繋尺瓠，霜月掛庭樹。皎皎清夜心，幽人起獨步。昂首盼空濛，云自疏林渡。無端發清響，蟋蟀吟秋暮。自問有何知，還笑杜武庫。

又 卷三四《丁裔沆〈石頭城〉》 君不見龍驤將軍意氣豪，連帆戰艦明珠袍。雄師八萬掛席進，角聲吹斷黄雲高。鸞旗半卷青山裏，魚龍悲咽秋江水。自將玉篆付官家，不遣將軍折一矢。赤烏事業不崇朝，盡逐東風散怒濤。横江振旅鐃歌發，白髮將軍看寶刀。寄語横行且復休，孫郎戰骨隨蒿丘。當年割據山河壯，誰道降帆下石頭。

又 卷四〇《費錫璜〈京口夜泊〉》 淮海孤鐙暝，關河一雁秋。霜催兩鬢改，潮裹衆星流。鐵甕熊羆守，金山神鬼愁。勿矜天下險，王濬下中流。

又 卷六七《伊福訥〈次韻車宜年民部感春詩〉其二》 何須舉扇障元規，不對《陰符》濫引錐。殿角涼風消渴夢，鐙前新樣入時眉。少年雅自清狂在，晚節猶堪闊略為。試問襄陽杜元凱，幾番陵谷到殘碑。

又 卷七五《裘曰修〈楊柳店有晉太傅羊叔子祠蓋故里也讀壁間舊句云老決收吴策輒成長律〉》 楊柳陰陰太傅祠，行人下馬讀殘碑。遺言杜預才堪代，斂手張華計不疑。我謂孫王歸洛後，略如隋帝破陳時。登床若憶何曾語，下瀨樓船空爾為。

又 卷八四《葉佩蓀〈城子山懷古〉》 鐵鎖何曾斷上流，臨江卻使五官愁。阿童他日風偏利，容易樓船下石頭。

又 卷一〇七《朱廣川〈西塞〉》 岧嶢勢接建昌城，江表興亡此戰爭。當日南徐通北伐，他年西晉罷東征。白衣感歎功何在，青蓋謡言兆已成。會獵不聯脣齒助，無緣歸命侯烏程。

又 卷一〇九《王賡言〈潯陽館舍〉》 孤城浩渺足煙波，北望其如旅況何。盆浦地卑霜信早，衡陽山近雁聲多。庾公清興今消歇，王濬樓船不再過。聖世久無還謫恨，琵琶一曲為誰歌。

又 卷一一九《陶梁〈早春紀事〉》 形勢金陵據上游，梓桑時抱杞人憂。空聞積甲屯瓜步，未見降幡出石頭。讖應阿童樓艓下，功成楊僕檻車收。東南屢歲煩民力，杼柚應歸善後籌。

又 卷一二一《唐鑑〈襄陽〉》 萬山西轉水環東，南北關鍵一鎮雄。司馬平吴由峴首，臥龍扶漢起隆中。賢豪本係興王事，耆舊猶傳隱者風。自歎鬚眉太塵俗，何從修敬訪龐公。

又 卷一三八《夏塽〈讀史〉》 澶淵辛苦和戎策，無事真思保百年。盡輦金錢投巨壑，頓揮玉斧畫蠻天。水龍兵氣驚王濬，風鶴軍聲壯謝玄。磨盾是誰工露布，一篇《海賦》總雲煙。

又　《羅惇衍〈羊祜〉》　不見降幡出石頭，襄陽遺愛斷碑留。東征苦進平吳策，南渡先防避狄秋。身後功名歸武庫，閬中封邑繼鄭侯。怪君早識王夷甫，未向朝廷進一籌。

又　卷一五一《潘曾瑋〈疊許鶴巢韻〉》　故園西望尚烽煙，諸將爭稱猛著鞭。端賴汾陽回紇馬，何如王濬益州船。疾風待掃經霜籜，浩劫誰生出火蓮。盼到甘泉真報捷，先看旗鼓井陘前。

又　卷一六四《周家禄〈朝鮮王京送沈主事内渡〉》　昔年文肅初開府，紺幰緑軿秋按部。部民喜迓杜征南，天子遥咨仲山甫。

《全清詞·順康卷》第七册《陳維崧〈詠馬貴陽畫册〉》　極北龍歸，江東馬渡，君臣建業偏安。天上無愁，宫中有慶，聲聲玉樹金蓮。點綴太平年。更尚書豔曲，丞相蠻箋。月夕花朝，那知王濬下樓船。華清月照欄杆，悵多時粉本，流落人間。可惜當初，丹青妙手，如何不畫淩煙？風景極淒然。寫一行衰柳，幾處哀蟬。展卷沉吟，昏鴉蔓草故宫前。

《全臺詩》第一六册《［清］王松〈弔鄭延平〉》　功名一事豈由天，忠孝如何不兩全！毛髮數莖完節義，英雄千里辟山川。此邦得比田横島，割地猶勞王濬船！今日泉臺應失笑，渭陽異域竟開邊。

雜録

《三國志》卷五三《吳志·薛綜傳》　是歲，何定建議鑿聖谿以通江淮，（孫）皓令（薛）瑩督萬人往，遂以多磐石難施功，罷還，出為武昌左部督。後定被誅，皓追聖谿事，下瑩獄，徙廣州。右國史華覈上疏曰：『臣聞五帝三王皆立史官，敍録功美，垂之無窮。漢時司馬遷、班固，咸命世大才，所撰精妙，與六經俱傳。大吳受命，建國南土。大皇帝末年，命太史令丁孚、郎中項峻始撰《吳書》。孚、峻俱非史才，其所撰作，不足紀録。至少帝時，更差韋曜、周昭、薛瑩、梁廣及臣五人，訪求往事，所共撰立，備有本末。昭、廣先亡，曜負恩蹈罪，瑩出為將，復以過徙，其書遂委滯，迄今未撰奏。臣愚淺才劣，適可為瑩等記注而已，若使撰合，必襲孚、峻之迹，懼墜大皇帝之元功，損當世之盛美。瑩涉學既博，文章尤妙，同寮之中，瑩為冠首。今者見吏，雖多經學，記述之才，如瑩者少，是以慺慺為國惜之。實欲使卒垂成之功，編於前史之末。奏上之後，退填溝壑，無所復恨。』皓遂召瑩還，為左國史。頃之，選曹尚書同郡繆禕以執意不移，為羣小所疾，左遷衡陽太守。既拜，又追以職事見詰責，拜表陳謝。因過詣瑩，復為人所白，云禕不懼罪，多將賓客會聚瑩許。乃收禕下獄，徙桂陽，瑩還廣州。未至，召瑩還，復職。是時法政多謬，舉措煩苛，瑩每上便宜，陳緩刑簡役，以濟育百姓，事或施行。遷光禄勳。天紀四年，晉軍征皓，皓奉書於司馬伷、王渾、王濬請降，其文，瑩所造也。瑩既至洛陽，特先見敍，為散騎常侍，答問處當，皆有條理。干寶《晉紀》曰：武帝從容問瑩曰：『孫皓之所以亡者何也？』瑩對曰：『歸命侯臣皓之君吳也，昵近小人，刑罰妄加，大臣大將，無所親信，人人憂恐，各不自保，危亡之釁，實由於此。』帝遂問吳士存亡者之賢愚，瑩各以狀對。太康三年卒。

又　卷五八《吳志·陸抗傳》　（鳳皇）二年春，就拜大司馬、荆州牧。三年夏，疾病，上疏曰：『西陵、建平，國之蕃表，既處下流，受敵二境。若敵汎舟順流，舳艫千里，星奔電邁，俄然行至，非可恃援他部以救倒縣也。此乃社稷安危之機，非徒封疆侵陵小害也。臣父遜昔在西垂陳言，以為西陵國之西門，雖云易守，亦復易失。若有不守，非但失一郡，則荆州非吳有也。如其有虞，當傾國爭之。臣往在西陵，得涉遜迹，前乞精兵三萬，而（至）者循常，未肯差赴。自步闡以後，益更損耗。今臣所統千里，受敵四處，外禦强對，内懷百蠻，而上下見兵財有數萬，羸弊日久，難以待變。臣愚以為諸王幼沖，未統國事，可且立傅相，輔導賢姿，無用兵馬，以妨要務。又黄門豎宦，開立占募，兵民怨役，逋逃入占。乞特詔簡閲，一切料出，以補疆埸受敵常處，使臣所部足滿八萬，省息衆務，信其賞罰，雖韓、白復生，無所展巧。若兵不增，此制不改，而欲克諧大事此臣之所深慼也。若臣死之後，乞以西方為屬。原陛下思覽臣言，則臣死且不朽。』

秋遂卒，子晏嗣。晏及弟景、玄、機、雲，分領抗兵。晏為裨將軍、夷道監。天紀四年，晉軍伐吳，龍驤將軍王濬順流東下，所至輒克，終如抗慮。

又　卷六〇《吳志·鍾離牧傳》（鍾離牧）子禕嗣，代領兵。《會稽典録》曰：牧次子盛，亦履恭讓，為尚書郎。弟徇領兵為將，拜偏將軍，戍西陵，與監軍使者唐盛論地形勢，謂宜城、信陵為建平援，若不先城，敵將先入。盛以施績、留平，智略名將，屢經於彼，無云當城之者，不然徇計。後半年，晉果遣將脩信陵城。晉軍平吳，徇領水軍督，臨陳戰死。

南朝宋·劉義慶《世説新語·排調》　晉武帝問孫皓：『聞南人好作爾汝歌，頗能為不？』皓正飲酒，因舉觴勸帝而言曰：『昔與汝為鄰，今與汝為臣。上汝一杯酒，令汝壽萬春！』帝悔之。

北魏·楊衒之《洛陽伽藍記》卷二《城西》　趙逸云：『暉文里是晉馬道里。延實宅是蜀主劉禪宅。延實宅東有脩和宅，是吳王孫皓宅。李韶宅是晉司空張華宅。』

《晉書》卷六《元帝紀》（太興元年十一月）故歸命侯孫皓子璠謀反，伏誅。

又　卷一三《天文志下》　咸寧二年六月甲戌，星孛於氐。占曰：『天子失德易政。氐，又兗州分。』七月，星孛大角。大角為帝坐。八月，星孛太微，至翼、北斗、三臺。占曰：『太微，天子庭，大人惡之。』一曰：『有改王。翼，又楚分野。北斗主殺罰，三臺為三公。』三年正月，星孛於西方。三月，星孛於胃。胃，徐州分。四月，星孛女御。女御為後宮。五月，又孛於東方。七月，星孛紫宮。上曰：『天下易主。』四年四月，蚩尤旗見東井。後二年，傾三方伐吳，是其應也。五年三月，星孛于柳。四月，又孛於女御。七月，孛于紫宮。占曰：『外臣陵主。柳，又三河分野。大角、太微、紫宮、女御並為王者。』明年吳亡，是其應也。孛主兵喪。征吳之役，三河、徐、兗之兵悉出，交戰于吳楚之地，吳丞相都督以下梟戮十數，偏裨行陣之徒馘斬萬計，皆其征也。

又　卷二八《五行志中·詩妖》　孫皓天紀中，童謡曰：『阿童復阿童，銜刀游渡江。不畏岸上獸，但畏水中龍。』武帝聞之，加王濬龍驤將軍。及征吳，江西衆軍無過者，而王濬先定秣陵。

又　《草妖》　天紀三年八月，建鄴有鬼目菜于工黄狗家生，依緣棗樹，長丈餘，莖廣四寸，厚二分。又有蕒菜生工吳平家，高四尺，如枇杷形，上圓，徑一尺八寸，莖廣五寸，兩邊生葉，綠色。東觀案圖，名鬼目作芝草，蕒菜作平慮，遂以狗為侍芝郎，平為平慮郎，皆銀印青綬。干寶曰：明年平吳，王濬止船正得平渚，姓名顯然，指事之征也。黄狗者，吳以土運承漢，故初有黄龍之瑞。及其季年，而有鬼目之妖托黄狗之家。黄稱不改，而貴賤大殊，天道精微之應敢也。

又　卷三三《石崇傳》　崇與散騎郎蜀郡何攀共立議，奏于惠帝曰：『【略】至於班賞行爵，優於泰始革命之初。不安一也。吳會僭逆，幾於百年，邊境被其荼毒，朝廷為之旰食。先帝決獨斷之聰，奮神武之略，蕩滅逋寇，易於摧枯。然謀臣猛將，猶有致思竭力之效。而今恩澤之封，優於滅吳之功。不安二也。上天眷祐，實在大晉，卜世之數，未知其紀。今之開制，當垂於後。若尊卑無差，有爵必進，數世之後，莫非公侯。不安三也。臣等敢冒陳聞。竊謂泰始之初，及平吳論功，制度名牒，皆悉具存。縱不能遠遵古典，尚當依准舊事。』書奏，弗納。

唐·許嵩《建康實録》卷四《吳下·後主》注　《三十國春秋》：晉王濟嘗與武帝碁。時濟伸脚在局下，因問皓曰：『聞君生剥人面皮，何也？』皓曰：『人臣無禮於其君者，則剥之。』武子大慙，遽縮脚。或侍宴，武帝曰：『聞君善歌，令唱汝歌。』皓應聲曰：『昔與汝為隣，今為汝作臣。勸汝一杯酒，願汝壽千春。』

唐·李亢《獨異志》卷上　王濬伐吳，于蜀江造戰艦，長二百四十步，上起走馬樓。舟船之盛，自古莫比。

宋·李昉等《太平御覽》卷七五《地部四十·瀆》　伏滔《北征記》曰：姑熟西北有甘寧墓，孫皓時，占者云，墓有王氣，皓鑿其後十許里曰直瀆。

又　卷二三九《職官部三十七·四安將軍·冠軍將軍》　《羊祜別傳》曰：先時吳童謡云：『阿童復阿童，銜刀浮渡江。不畏岸上虎，但畏水中龍。』祜聞之曰：『此必水軍有功。』即表王濬為龍驤將軍，謀伐吳。

又　卷三三六《兵部六十七·攻具上》　蕭方等《三十國春秋》曰：吳王皓聞師之將興也，乃使劉恪守牛渚，使張悌造攻車於戲場。

又　卷三四六《兵部七七·刀下》　王濬表曰：孫皓出案行石頭，還，左右兵皆跳刀大呼，云：『要當為國家一死戰決之勝。魏帝尚以千人定天下，況今有數萬衆，自足辦事。』皓意大喜，便開庫藏盡出金寶以賜予之。小人無狀，得便持走。

又 卷三七二《人事部十三·足》 《三十國春秋》曰：王濟嘗與武帝棋，濟伸脚在局下，因問孫皓曰：『聞君生剥人面皮，何也？』皓曰：『見人臣無禮於其君者，則剥之。』武子大慚，遽縮脚。

又 卷五一二《宗親部二·伯叔》 《三十國春秋》曰：羊祜都督荆州，鎮襄陽。時祜有平吴之志，方樹基址，擢王浚為巴郡太守，將委以巴峽之任。祜兄子暨謂祜曰：『觀浚為人，志大者侈，不可專任。』祜曰：『有大才，必可用也。』識者謂祜可謂能舉善矣，知人則哲，叔子之謂乎？

又 卷五六七《樂部五·鼓吹樂》 王渾表曰：吴國臨戰，牙門將張秦、黄辰，騎督綦母倪，勇健效武，破賊制勝，以三人之所致也。秦、辰已亡，今倪獨在。昔伐蜀有小戰功，牙門數人便加鼓吹，至於滅吴一國而未得鼓吹者。臣愚昧，謂聖詔賜倪鼓吹，存録猛將，以盡武人之力也。

宋·孫逢吉《職官分紀》卷三三《四征將軍》注 《三十六國春秋》：征南大將軍羊祜來朝，有疾，詔無下拜。祜密陳伐吴之計。還鎮，又上表陳之，納而不宣也。羊祜疾甚，上遣中書令張華就問。羊祜陳謀畫，舉杜預自代，從之。

宋·司馬光《資治通鑑》卷八一《晉紀三·世祖武皇帝中》 （太康元年二月）杜預與衆軍會議。或曰：『百年之寇，未可盡克，方春水生，難於久駐，《考異》曰：《杜預傳》曰：『今向暑，水潦方降，疾疫將起』。按時未暑，今依《三十國春秋》。宜俟來冬，更為大舉。』預曰：『昔樂毅藉濟西一戰以並强齊，今兵威已振，譬如破竹，數節之後，皆迎刃而解，無復著手處也。』遂指授羣帥方略，徑造建業。【略】

琅邪王伷遣使送孫皓及其宗族詣洛陽。五月，丁亥朔，皓至，《考異》曰：《吴志·皓傳》：『天紀四年，三月，丙寅，殺岑昏。戊辰，陶濬從武昌還。壬申，王濬到，受皓降。五月丁亥，集於京邑。四月甲申，封歸命侯。』《晉·武紀》：『太康元年，二月，王濬等破武昌，王渾斬張悌。三月，壬申，濬下石頭，皓降。乙酉，大赦，改元。四月，遣朱震等慰撫。五月，辛亥，封歸命侯。丙寅，引皓升殿。庚午，詔士卒六十歸家。庚辰，以濬為輔國將軍。』《王濬傳》：『二月，庚申，克西陵，』又云：『壬寅，濬入石頭，』而無月。又上書曰：『臣十四

日至牛渚，十五日至秣陵。』亦無月。又曰：『去二月武昌失守，皓左右皆得寶散走。』《三十國春秋》：『四月，甲子，王渾斬張悌。丙寅，殺岑昏，與何楨書。庚午，送降書。壬申，濬入石頭。甲申，封歸命侯。五月，丁亥，至洛陽。』《晉春秋》略與之同。按《長曆》，去年閏七月，今年二月戊午朔，三月戊子朔，四月丁巳朔，五月丁亥朔，六月丙辰朔。然則三月無戊辰、丙寅、壬申，五月無庚午、庚辰，與《吴志》、《晉書》不合。若依《三十國春秋》，月日雖合，然二月武昌失守，皓左右離散，不容四月十六日王濬乃至秣陵而皓降。又，皓以四月十六日降，舉家西上，至五月一日未能至洛。今事之先後並依《吴志》、《晉書》，但削去其日之不與曆合者。與其太子瑾等泥頭面縛，詣東陽門。

東晉十六國對峙部

東晉建國分部

綜　述

《宋書》卷二七《符瑞志上》 武帝咸寧元年，大風吹帝社樹折，有青氣出社中。占者以為東莞有天子氣。時琅邪武王伷封東莞，伷，元帝祖也。元帝以咸寧二年夜生，有光照室，室內盡明，有白毛生於日角之左，眼有精光耀。隨惠帝幸鄴。成都王穎殺東安王繇，繇，元帝叔父也。帝懼，欲出奔，而月明，邀候急，四衢斷絶，不得去。有頃，天陰，風雨大至，候者皆休，乃得去。【略】

後元帝興于江左。吴亡後，蔣山上常有紫雲，數術者亦云，江東猶有帝王氣。又謡言曰：『五馬游度江，一馬化為龍。』元帝與西陽、汝南、南頓、彭城五王過江，而元帝升天位。讖書曰：『銅馬入海建業期。』元帝小字銅環。

《魏書》卷一《序紀》 （平文帝鬱律）二年，【略】是年，司馬睿僭稱大位於江南。

又　卷九六《僭晉司馬睿傳》　平文帝初，睿自稱晉王，改元建武，立宗廟、社稷，置百官，立子紹為太子。睿以晉王而祀南郊。其年，睿僭即大位，改為大興元年。其朝廷之儀，都邑之制，皆准模王者，擬議中國。遂都于丹陽，因孫權之舊所，即禹貢揚州之地，去洛二千七百里。地多山水，陽為攸居，厥土惟塗泥，厥田惟下下，所謂『島夷卉服』者也。

《晉書》卷六《元帝紀》　永嘉初，用王導計，始鎮建鄴，以顧榮為軍司馬，賀循為參佐，王敦、王導、周顗、刁協並為腹心股肱，賓禮名賢，存問風俗，江東歸心焉。【略】

（建武元年）三月，帝素服出次，舉哀三日。西陽王羕及羣僚參佐、州征牧守等上尊號，帝不許。羕等以死固請，至於再三。帝慨然流涕曰：『孤，罪人也，惟有蹈節死義，以雪天下之恥，庶贖鈇鉞之誅。吾本琅邪王，諸賢見逼不已！』乃呼私奴命駕，將反國。羣臣乃不敢逼，請依魏晉故事為晉王，許之。辛卯，即王位，大赦，改元。其殺祖父母、父母，及劉聰、石勒，不從此令。諸參軍拜奉車都尉，掾屬駙馬都尉。辟掾屬百餘人，時人謂之『百六掾』。乃備百官，立宗廟社稷于建康。時四方競上符瑞，帝曰：『孤負四海之責，未能思愆，何徵祥之有？』丙辰，立世子紹為晉王太子。【略】

（太興元年）三月癸丑，愍帝崩問至，帝斬縗居廬。丙辰，百僚上尊號。令曰：『孤以不德，當厄運之極，臣節未立，匡救未舉，夙夜所以忘寢食也。今宗廟廢絶，億兆無係，羣官庶尹，咸勉之以大政，亦何敢辭輒敬從所執。』是日，即皇帝位。詔曰：『昔我高祖宣皇帝，誕應期運，廓開王基。景、文皇帝，奕世重光，緝熙諸夏。爰暨世祖，應天順時，受茲明命。功格天地，仁濟宇宙。昊天不融，降此鞠凶，懷帝短世，越去王都。天禍薦臻，大行皇帝崩殂，社稷無奉。肆羣後三司六事之人，疇咨庶尹，至於華戎，致葺大命於朕躬。予一人畏天之威，用弗敢違。遂登壇南嶽，受終文祖，焚柴頒瑞，告類上帝。惟朕寡德，纘我洪緒，若涉大川，罔知攸濟。惟爾股肱爪牙之佐，文武熊羆之臣，用能弼寧晉室，輔餘一人。思與萬國，共同休慶。』於是大赦，改元，文武增位二等。庚午，立王太子紹為皇太子。

又　卷六五《王導傳》　及徙鎮建康，吳人不附，居月餘，士庶莫有至者，導患之。會敦來朝，導謂之曰：『琅邪王仁德雖厚，而名論猶輕。兄威風已振，宜有以匡濟者。』會三月上巳，帝親觀禊，乘肩輿，具威儀，敦、導及諸名勝皆騎從。吳人紀瞻、顧榮，皆江南之望，竊覘之，見其如此，咸驚懼，乃相率拜于道左。導因進計曰：『古之王者，莫不賓禮故老，存問風俗，虛己傾心，以招俊乂。況天下喪亂，九州分裂，大業草創，急於得人者乎！顧榮、賀循，此土之望，未若引之以結人心。二子既至，則無不來矣。』帝乃使導躬造循、榮，二人皆應命而至，由是吳會風靡，百姓歸心焉。自此之後，漸相崇奉，君臣之禮始定。

俄而洛京傾覆，中州士女避亂江左者十六七，導勸帝收其賢人君子，與之圖事。時荆揚晏安，户口殷實，導為政務在清靜，每勸帝克己勵節，匡主寧邦。於是尤見委杖，情好日隆，朝野傾心，號為『仲父』。帝嘗從容謂導曰：『卿，吾之蕭何也。』對曰：『昔秦為無道，百姓厭亂，巨猾陵暴，人懷漢德，革命反正，易以為功。自魏氏以來，迄于太康之際，公卿世族，豪侈相高，政教陵遲，不遵法度，羣公卿士，皆饜於安息，遂使人乘釁，有虧至道。然否終斯泰，天道之常。大王方立命世之勳，一匡九合，管仲、樂毅，於是乎在，豈區區國臣所可擬議！願深弘神慮，廣擇良能。顧榮、賀循、紀瞻、周玘皆南土之秀，願盡優禮，則天下安矣。』帝納焉。

《宋史》卷三六三《李光傳》　光奏疏極論朋黨之害：『【略】晉元帝區區草創，猶能立宗社，修宮闕，保江、浙。劉琨、祖逖與逆胡拒戰于并、冀、兗、豫、司、雍諸州，未嘗陷没也。石季龍重兵已至歷陽，命王導都督中外諸軍以禦之，未聞專主避狄如今日也。』

論説

南朝梁・蕭統《文選》卷四九《史論上・干寶〈晉紀・總論〉》　武皇既崩，山陵未乾，《漢書》，霍禹曰：將軍墳墓未乾。楊駿被誅，母后廢黜，干寶《晉紀》曰：永平元年，誅太傅楊駿，遷太后楊氏于永寧宮，策廢為庶人，居於金墉城。朝士舊臣，夷滅者數十族。尋以二公楚王之變，干寶《晉紀》曰：太子太傅孟觀知中宮旨，因譖二公欲行廢立之事。楚王瑋殺太宰汝南王亮、太保衛瓘。張華以二公既亡，楚必專權，使董猛言於後，遣謁者李雲宣詔免瑋付廷尉。瑋以矯詔伏誅。宗子無維城之助，而閼伯實沈之郤歲構；《毛詩》曰：懷德維寧，宗子維城。《左氏傳》，子產曰：昔高辛氏有二子，伯曰閼伯，季曰實沈，居曠埜，不相能，日尋干戈，以相征討。閼伯、實沈，則參商也。師尹無具瞻之貴，而顛墜戮辱之禍日有。《毛詩》曰：赫赫師尹，民具爾瞻。至乃易天子以太上之號，而有免官之謠，臧榮緒《晉書》曰：惠帝永寧二年，禪位於趙王倫，倫以兵留守衛，上號曰太上皇，改金墉曰永昌宮。中書令繆播云：太史案星變事，當有免官天子。民不見德，唯亂是聞。《左氏傳》，卜偃曰：民不見德，唯戮是聞。朝為伊周，夕為桀蹠，《莊子》曰：施不及三王，天下大駭矣。下有盜蹠，上有曾史。善惡陷於成敗，毀譽脅於勢利。於是輕薄干紀之士，役奸智以投之，如夜蟲之赴火。范曄《後漢書》曰：李寶勸劉嘉且觀成敗，光武聞，告鄧禹曰：當是長安輕薄兒誤之耳。《左氏傳》，季孫盟臧氏曰：無或如臧孫紇幹國之紀。《呂氏春秋》曰：人主有能明其德者，天下之士歸之，若蟬之赴明火也。內外混淆，庶官失才，鄭玄《毛詩》箋曰：內，謂諸夏也。外，謂夷狄也。《尚書》曰：推賢讓能，庶官乃和。名實反錯，天綱解紐。《管子》曰：循名而案實。案：實而定名，名實相為情。國政迭移於亂人，禁兵外散於四方，方岳無鈞石之鎮，關門無結草之固。《漢書》，十六兩為斤，三十斤為鈞，四鈞為石。《左氏傳》曰：晉輔氏之役，魏顆見老人結草以亢杜回，回躓而顛僕。李辰石冰，傾之於荆揚，干寶《晉・惠紀》曰：蜀賊李流攻益州，發武勇以西赴益州。兵不樂西征，李辰因之誑曜百姓，以山都民丘沈為主。石冰應之。石冰略揚州，揚州刺史蘇峻降。劉淵王彌，撓之於青冀，干寶《晉紀》曰：劉淵還離石，遂謀亂。淵在西河離石，攻破諸郡縣，自稱王。又曰：王彌攻東莞、東安二郡，復攻青州。二十餘年而河洛為墟。戎羯稱制，二帝失尊，山陵無所。干寶《晉・懷紀》曰：賊劉曜入京都，百官失守，天子蒙塵於平陽。又《湣紀》曰：劉曜寇長安，劉粲寇於城下，天子蒙塵於平陽矣。何哉？樹立失權，託付非才，四維不張，而苟且之政多也。《管子》曰：不供祖舊，則孝悌不備，四維不張，國乃滅亡。四維，一曰禮，二曰義，三曰廉，四曰耻。《漢書》，王嘉上疏曰：上下相望，莫有苟且之意。夫作法於治，其弊猶亂；作法於亂，誰能救之？《左氏傳》曰：渾罕曰：君子作法於涼，其弊猶貪；作法於貪，弊將若之何？故于時天下非暫弱也。軍旅非無素也。彼劉淵者，離石之將兵都尉；王彌者，青州之散吏也。干寶《晉・武紀》曰：太康八年，詔淵領北部都尉。蓋皆弓馬之士，驅走之人，凡庸之才，非有吳先主、諸葛孔明之能也。新起之寇，烏合之衆，非吳蜀之敵也。曾子曰：烏合之衆，初雖相歡，後必相咋。脫耒為兵，裂裳為旗，非戰國之器也。賈誼《過秦論》曰：斬木為兵，揭竿為旗。自下逆上，非鄰國之勢也。然而成敗異效，擾天下如驅羣羊，舉二都如拾遺。孔安國《尚書》傳曰：擾，亂也。《淮南子》曰：兵略者，乘勢以為資，清淨以為常，避實就虛，若驅羣羊，此所以言兵者也。《漢書》，梅福上書曰：高祖舉秦如鴻毛，取楚如拾遺。將相侯王，連頭受戮，乞為奴僕而猶不獲。干寶《晉紀》曰：劉曜入京都，殺大將軍吳王晏、光祿大夫竟陵王，其餘官僚，僵屍塗地，百不遺一。后嬪妃主，虜辱於戎卒，豈不哀哉！孫盛《晉陽秋》曰：劉曜入於京都，六宮幽辱，征西將軍南陽王模出降，以模妃劉氏賜胡張平為妻。夫天下，大器也；羣生，重畜也。《文子》，老子曰：天下，大器也，不可執也，不可為也。為者敗之，執者失之。《漢名臣奏》，陳風對問曰：民如六畜，在牧養者耳。愛惡相攻，利害相奪，《周易》曰：愛惡相攻而吉凶生，情偽相感而利害生。《六韜》曰：利害相臻，猶循環之無端。其勢常也；若積水於防，燎火於原，未嘗暫靜也。《周禮》曰：以防止水。鄭玄曰：偃瀦畜流水之陂。《尚書》曰：若火之燎于原。器大者不可以小道治，勢動者不可以爭競擾，古先哲王，知其然也。是以扞其大患而不有其功，禦其大災而不屍其利。《禮記》曰：聖王之制祭祀也，能禦大災則祀之，能扞大患則祀之。百姓皆知上德之生己，而不謂浚己以生也。《左氏傳》，子產寓書於子西以告宣子曰：毋寧使人謂子，子實生我，而謂子浚我以生乎？杜預曰：浚，取也。是以感而應之，悅而歸之，如晨風之郁北林，龍魚之趣淵澤也。《毛詩》曰：鴥彼晨風。郁彼北林。《孫卿子》曰：川淵深而魚鱉歸之，刑政平而百姓歸之。川淵者，龍魚之居也；國家者，士人之居也。順乎天而享其運，應乎人而和其義，然後設禮文以治之，斷刑罰以威之，《孝經》曰：安上治民，莫善於禮。《毛詩・序》曰：君臣上下，動無禮文。《左氏傳》，叔向詒子產書曰：嚴斷刑罰，以威其淫。謹好惡以示之，審禍福以喻之，《孝經》曰：示之以好惡而民知禁。謝承《後漢書》曰：朱儁宣國威靈，審示禍福。求明察以官之，篤慈愛以固之，故衆知向方，《左氏傳》，叔向曰：猶求聖哲之主，明察之官，忠信之長，慈惠之師。《禮記》曰：樂行而人向方。皆樂其生而哀其死，《鶡冠子》，所謂人者，惡死樂生。悅其教而安其俗，《孟子》曰：萬乘之國行仁政，民悅之，猶解倒懸也。《老子》曰：安其居，樂其俗。君子勤禮，小人盡力，趙岐《孟子章指》曰：治身勤禮，君子所能。《家語》曰：子路治蒲，孔子曰：此其恭敬以信，故其人盡力。廉耻篤於家閭，邪僻銷於胸懷。廉耻，已見上注。《禮記》曰：惰慢邪僻之氣，不設於身禮。故其民有見危以授命，而不求生以害義，《論語》，子張曰：士見危致命。又，子曰：志士仁人，無求生以害仁。又況可奮臂大呼，聚之以幹紀作亂之事乎？《漢書》，淮南王安上疏曰：陳勝、吳廣奮臂大呼，天下回應。基廣則難傾，根深則難拔，《文子》曰：人主之有民，猶城之有基，木之有根，根深則本固，基厚則上安。理節則不亂，膠結則不遷。是以昔之有天下者，所以長久也。夫豈無僻主，賴道德典刑以維持之也。《左氏傳》，韓厥曰：三代之令王，皆數百年保天之祿。夫豈無辟王，賴前哲以免也。《毛詩》曰：雖無老成人，尚有典刑。故延陵季子聽樂以知諸侯存亡之數，短長之期者，蓋民情風教，國家安危之本也。《左氏傳》曰：吳公子劄來聘，請觀於周樂，使工為之歌鄭，曰：其細已甚，民不堪也，是其先亡乎？為之歌齊，曰：表東海者，其太公乎？國未可量也！

昔周之興也，后稷生於姜嫄，而天命昭顯，文武之功，起於后稷。《毛詩·序》曰：后稷生於姜嫄，文武之功，起於后稷。故其詩曰：『思文后稷，克配彼天。』又曰：『立我蒸民，莫匪爾極。』《毛詩·周頌》文也。鄭玄曰：周公思先祖之有文德者，后稷之功能配天。又播殖百穀，蒸民乃粒，天下無不於汝得其中者，言反其性。又曰：『實穎實栗，即有邰胎。家室。』《毛詩·大雅》文也。毛萇曰：穎，垂穎也。鄭玄曰：栗，成熟也。后稷教世種黍稷，堯改封於邰，就其家室，無變更也。至於公劉遭狄人之亂，去邰之豳，身服厥勞。故其詩曰：『乃裹餱糧，于橐託。於囊。』《毛詩·大雅》文。毛萇曰：小曰橐，大曰囊。鄭玄曰：為狄人所迫逐，不忍鬭其民，裹糧食囊之中，棄其餘而去。『陟則在巘，復降在原，以處其民。』《毛詩·大雅》文也。毛萇曰：巘，小山，別於大山者也。鄭玄曰：由原而升巘，復下在原，言反覆之重民居。以至於太王為戎翟所逼，而不忍百姓之命，杖策而去之。《莊子》曰：太王亶父居豳，狄人攻之。太王曰：與人之兄居而殺其弟，與人之父居而殺其子，吾不忍也。子皆免居矣。因杖策而去。故其詩曰：『來朝走馬，帥西水滸，至於岐下。』《毛詩·大雅》文。鄭玄曰：來朝走馬，言其避惡早且疾也。循西水涯，漆、沮側也。謂亶父避狄循漆、沮之水而至岐下。周民從而思之，曰：『仁人不可失也』，故從之如歸市。毛萇《詩》傳曰：古公處豳，狄人侵之，乃屬其耆老而告之曰：吾聞之，君子不以其養人而害人，二三子何患無君。去之，逾梁山，邑於岐山之下。豳人曰：仁人之君不可失也。從之如歸市。居之一年成邑，二年成都，三年五倍其初。《新序》曰：太王亶父止於岐下，百姓扶老攜幼隨而歸之，一年成邑，二年成都，三年五倍其初。每勞來而安集之。《毛詩·序》曰：萬民離散，不安其居，而能勞來安集之。故其詩曰：『乃慰乃止，乃左乃右，乃疆乃理，乃宣乃畝。』《毛詩·大雅》文也。毛萇曰：慰，安也。人心定，乃安隱其居，乃左右而處之，乃疆理其經界，乃時耕其田畝者。鄭玄曰：時耕曰宣。以至於王季，能貊其德音。《毛詩》曰：維此王季，帝度其心，貊其德音。毛萇曰：心能制義曰度。貊，靜也。鄭玄曰：德政應和曰貊。故其詩曰：『克明克類，克長克君，載錫之光。』《毛詩·大雅》文也。《左傳》曰：勤施無私曰類，教誨不倦曰長，慶賞刑威曰君。毛萇曰：光，大也。鄭玄曰：載，始也。始使之顯著也。至於文王，備修舊德，而惟新其命。《毛詩》曰：周雖舊邦，其命惟新。鄭玄曰：太王國於周，至文王而受命。言新者，美之也。故其詩曰：『惟此文王，小心翼翼，昭事上帝，聿懷多福。』《毛詩·大雅》文也。鄭玄曰：小心翼翼，恭順之貌也。昭，明也。聿，述也。懷，思也。謂能明事上天，又能述思多福。由此觀之，周家世積忠厚，仁及草木，內睦九族，外尊事黃耇，養老乞言，以成其福祿者也。《毛詩·行葦·序》文。而其妃后躬行四教，《禮記》曰：古婦人教以婦德、婦言、婦容、婦功。鄭玄《毛詩》箋曰：法度莫大於四教。尊敬師傅，服澣濯之衣，脩煩辱之事，化天下以婦道。《毛詩·葛覃·序》也。《詩》曰：葛之覃兮。毛萇曰：葛所以為絺綌，女功之事煩辱者也。故其詩曰：『刑于寡妻，至於兄弟，以御於家邦。』《毛詩·大雅》文也。毛萇曰：刑，法也。鄭玄曰：御，治也。文王以禮法接其妻，至於宗族，又能為正治於家邦。是以漢濱之女，守絜白之志；中林之士，有純一之德。《毛詩》曰：漢有遊女，不可求思。鄭玄曰：女雖出遊漢水之上，人無欲求犯禮者，亦由貞絜使之然也。《毛詩》曰：肅肅兔罝，施于中林，赳赳武夫，公侯腹心。鄭玄曰：亦言賢。故曰：『文武自天保以上治內，采薇以下治外，始於憂勤，終於逸樂。』《毛詩·六月·序》也。鄭玄曰：內，謂諸夏也。外，謂夷狄也。於是天下三分有二，猶以服事殷，諸侯不期而會者八百，猶曰天命未至。《論語》，孔子曰：三分天下有其二，以服事殷，周之德，其可謂至德已矣。《周書》曰：武王將渡河，不期同時一朝會於武王郊祀下者八百諸侯。《史記》曰：武王至於孟津，諸侯皆曰：帝紂可伐。武王曰：天命未至也。以三聖之智，伐獨夫之紂，猶正其名教曰『逆取順守，保大定功，安民和衆』。《琴操》曰：崇侯譖文王於紂曰：西伯昌，聖人也。長子發，中子旦，皆聖。三聖合謀，將不利於君。《尚書》，武王曰：獨夫受洪惟作威。孔安國《尚書》傳曰：湯順天應人，逆取順守。《左氏傳》，楚子曰：夫武禁暴戢兵，保大定功，安民和衆豐財。猶著大武之容曰『未盡善也』。《論語》，孔子曰：謂武盡美矣，未盡善也。及周公遭變，陳后稷先公風化之所由，致王業之艱難者，則皆農夫女工衣食之事也。《毛詩·七月·序》也。故自后稷之始基靜民，十五王而文始平之，十六王而武始居之，十八王而康克安之，《國語》曰：靈王十二年，谷洛鬭，王欲壅之，太子晉諫曰：后稷始基靜民，十五王而文始平之，十八王而康克安之，其難也如是。韋昭曰：基，始也。靜，安也。自后稷播百穀，以始安民，凡十五王，世脩其德，至文王乃平民受命也。十五王，謂后稷、不窋、鞠陶、公劉、慶節、皇僕、差弗、毀俞、公非、高圉、亞圉、公組、太王、王季、文王也。十八者，加武王、成王、康王，並上十五。故其積基樹木，經緯禮俗，節理人情，恤隱民事，如此之纏綿也。潘元茂《九錫文》曰：經緯禮律。王肅《家語》注曰：經緯，猶織以成之也。《國語》，祭公謀父曰：勤恤民隱。爰及上代，雖文質異時，功業不同，文質，已見上文。及其安民立政者，其揆一也。安民，已見上文。《尚書》有《立政》篇。《孟子》曰：先聖後聖，其揆一也。

今晉之興也，功烈於百王，事捷於三代，蓋有為以為之矣。《禮記》，孔子曰：昔者魯公伯禽有為為之。宣景遭多難之時，務伐英雄，誅庶桀以便事，《左氏傳》，司馬侯曰：或乃多難。《尸子》曰：便事以立官也，以固其國。不及脩公劉太王之仁也。受遺輔政，屢遇廢置，故齊王不明，不獲思庸於亳；《魏志》曰：齊王芳，字蘭卿，明帝崩，即皇帝位。大將軍司馬景王廢帝，以太后令遣芳歸藩于齊。《尚書》曰：太甲既立，弗明，伊尹放諸桐宮，三年，復歸於亳，思庸也。高貴沖人，不得復子明辟；《魏志》曰：高貴鄉公諱髦，字士彥，齊王廢，即皇帝位。《魏氏春秋》曰：帝自出討，文王擊戰鼓，出雲龍門。賈充自外入，帝師潰。騎督成倅弟濟以矛進，帝崩于師。《尚書》曰：惟予沖人弗及知。又，周公曰：朕復子明辟。二祖逼禪代之期，不暇待參分八百之會也。二祖，景、文。是其創基立本，異於先代者也。《景福殿賦》曰：武創元基。又加之以朝寡純德之士，鄉乏不二之老。《尚書》曰：昔君文武，

則有不二心之臣。風俗淫僻，耻尚失所，學者以莊、老為宗，而黜六經，干寶《晉紀》，劉弘教曰：太康以來，天下共尚無為，貴談莊、老，少有說事。談者以虛薄為辯，而賤名儉，王隱《晉書》曰：王衍不治經史，唯以莊、老虛談惑衆。劉謙《晉紀》，應瞻表曰：元康以來，以儒術清儉為鄙俗。行身者以放濁為通，而狹節信，劉謙《晉紀》，應瞻表曰：以宏放為夷達。王隱《晉書》曰：貴游子弟，多祖述於阮籍，同禽獸為通。又傅玄上疏曰：魏文慕通達，而天下賤守節也。進仕者以苟得為貴，而鄙居正，鄭玄《毛詩》箋曰：祿仕者苟得祿而已。《公羊傳》曰：君子大居正。當官者以望空為高，而笑勤恪。劉謙《晉紀》，應瞻表曰：元康以來，望白署空，顯以臺衡之量，尋文謹案，目以蘭薰之器。是以目三公以蕭杌之稱，標上議以虛談之名，干寶《晉紀》云：言君上之議虛談也。蕭杌，未詳。劉頌屢言治道，傅咸每糾邪正，皆謂之俗吏。干寶《晉紀》曰：劉頌在朝忠正，才經政事。武帝重之，訪以治道，悉心陳奏，多所施行。又曰：《尚書》郭啓出赴妹葬，疾病不辭，左丞傅咸糾之，尚書弗過。王隱《晉書》，傅玄曰：論經禮者，謂之俗生，說法理者，名為俗吏。其倚杖虛曠，依阿無心者，皆名重海內。若夫文王日昃不暇食，仲山甫夙夜匪懈者，《尚書》曰：文王自朝至於日中側，弗皇暇食。《毛詩》曰：肅肅王命，仲山甫將之，夙夜匪懈，以事一人。蓋共嗤點以為灰塵，而相詬病矣。鄭玄《毛詩》箋曰：言時人骨肉無相詬病也。《說文》曰：詬，耻也。由是毀譽亂於善惡之實，情慝奔於貨欲之塗，選者為人擇官，官者為身擇利。謝承《後漢書》，呂强上疏曰：苟寵所愛，私擢所幸，不復為官擇人，反為人擇官也。而秉鈞當軸之士，身兼官以十數。《毛詩》曰：秉國之鈞，四方是維。桓寬《鹽鐵論》曰：車丞相當軸處中，括囊不言。大極其尊，小録其要，機事之失，十恒八九。《漢書解故》曰：機事所揔，號令攸發。胡廣曰：機密之事。而世族貴戚之子弟，陵邁超越，不拘資次，《崇讓論》曰：非勢家之子，率多因資次而進之。悠悠風塵，皆奔競之士，孔安國《論語》注曰：悠悠，周流之貌。風塵，以喻汙辱也。《晉諸公贊》曰：人人望品，求者奔競。列官千百，無讓賢之舉。《孫卿子》曰：天子千官，諸侯百官。《史記》曰：司馬季主曰：試官不讓賢。子真著《崇讓》而莫之省，干寶《晉紀》曰：時禮讓未興，賢者壅滯，少府劉寔著《崇讓論》。孫盛《晉陽秋》曰：劉寔，字子真，平原人。子雅制九班而不得用，王隱《晉書》曰：劉頌，字子雅，轉吏部尚書，為九班之制，裴頠有所駮。長虞數直筆而不能糾。孫盛《晉陽秋》曰：

司隸校尉傅咸勁直正厲，果於從政，先後彈奏百寮，王戎多不見從。其婦女莊櫛織紝，皆取成於婢僕，《禮記》曰：婦事舅姑，如事父母，雞初鳴，咸盥漱櫛縰笄。織維，見下句。未嘗知女工絲枲之業，中饋酒食之事也。《禮記》曰：女子十年不出，執麻枲，治絲繭，織紝組紃。《周易》曰：在中饋，無攸遂。《毛詩》曰：乃生女子，無非無儀，酒食是議。先時而婚，任情而動，故皆不耻淫逸之過，不拘妒忌之惡。有逆于舅姑，有反易剛柔，有殺戮妾媵，有黷亂上下，《爾雅》曰：婦稱夫之父曰舅，稱夫之母曰姑。《禮記》曰：婦將有事，大小必請於舅姑。又曰：男子親迎，男先於女，剛柔之義也。《公羊傳》曰：媵者何，諸侯娶一國，則二國往媵之以侄娣。《禮記》曰：婚禮者，上以事宗廟，而下以繼後世也。《尚書·說命》曰：黷于祭祀，時謂弗欽。父兄弗之罪也，天下莫之非也。又況責之聞四教於古，修貞順於今，以輔佐君子者哉！四教，已見上文。《列女傳》，宋鮑女宗曰：貞順，婦人之至行也。《毛詩·序》曰：后妃又當輔佐君子，求賢審官。禮法刑政，於此大壞，如室斯構而去其鑿契，如水斯積而決其隄防，《呂氏春秋》曰：若積大水，而失其壅隄矣。如火斯畜而離其薪燎也。國之將亡，本必先顛，其此之謂乎！《左氏傳》，齊仲孫謂齊侯曰：臣聞國之將亡，本必先顛，而後枝葉從之。

故觀阮籍之行，而覺禮教崩弛之所由；干寶《晉紀》曰：阮籍宏逸曠遠，居喪不帥常檢。察庾純賈充之事，而見師尹之多僻。干寶《晉紀》曰：賈充饗衆官，庾純後至。充曰：君行常居人前，今何以在後？純曰：有小市井事不了，是以後。世俗言純乃祖為五伯。又曰：充之先為市魁，故以戲答。考平吳之功，知將帥之不讓；干寶《晉紀》曰：王渾愧久造江而王濬先之，乃表濬違詔，不受己節度。濬上書自陳曰：惡直醜正，實繁有徒，欲構南箕，成此貝錦。思郭欽之謀，而悟戎狄之有釁。干寶《晉紀》，御史大夫郭欽上書曰：戎狄强獷，歷古為患，今西北郡皆與戎居，若百年之後，有風塵之警，胡騎自平陽、上黨不三日至盟津。及平吳之盛，出北地西河、安定，復上郡，置馮翊、平陽，帝弗聽。覽傅玄劉毅之言，而得百官之邪；干寶《晉紀》，傅玄上書曰：昔魏氏虚無放誕之論，盈於朝野，使天下無復清議，而亡秦之病復發於今。又上顧謂劉毅曰：朕方漢何主？對曰：桓、靈。帝曰：吾雖不及古賢，猶克己為治，方之桓、靈，不亦甚乎？對曰：桓、靈賣官，錢入於官，陛下賣官，錢入私門，以此言，殆不若也。核傅咸之奏，錢神之論，而睹寵賂之彰。干寶《晉紀》，司隸校尉傅咸上書曰：臣以貨賂流行，所宜深絶。又曰：魯褒，字元道，南陽人，作《錢神論》。《左氏傳》曰：取郜大鼎于宋，臧哀伯諫曰：官之失德，寵賂彰也。民風國勢如此，雖以中庸之才，守文之主治之，賈誼《過秦篇》曰：陳涉材能不及中庸。《論語》曰：中庸之為德也，其至矣乎？民鮮久矣！何晏曰：庸，常也。中和，可常行之德也。《公羊傳》曰：繼文王之體，守文王之法度。何休曰：引文王者，文王始受命制度也。辛有必見之於祭祀，季札必得之於聲樂，《左氏傳》曰：初，平王之東遷也，辛有適伊川，見被髮而祭於野者，曰：不及百年，此其戎乎！其禮先亡矣。又曰：季劄來聘，請觀樂，使工為之歌陳，曰：國無主，其能久乎？范燮必為之請死，賈誼必為之痛哭。《左氏傳》曰：范燮反自鄢陵之役，使其祝宗祈死，曰：君無禮而克敵，天益其疾矣。愛我者唯祝使我速死，無及於難，范氏之福也。《漢書》，賈誼上疏曰：可為痛哭者，一也。又況我惠帝以蕩蕩之德臨之哉！惠帝，已見《西征賦》。《毛詩》曰：蕩蕩上帝，下民之辟。故賈后肆虐於六宮，韓午助亂於外內，其所由來者漸矣，豈特繫一婦人之惡乎？干寶《晉紀》曰：賈庶人賜死。初，武帝為太子取后，在宮不恭遜而甚妒忌，有孕者輒殺子，或以手戟擿之，子隨刃墜。又曰：韓壽妻賈午，寔始助亂。懷帝承亂之後得位，羈於彊臣。干寶《晉·懷紀》曰：太傅東海王越總兵輔政。湣帝奔播之後，徒廁其虚名。干寶《晉紀》曰：洛京傾覆，秦王業避難密南，趣許潁，豫州刺史閻鼎，以天下無主，有輔立之計。天下之政，既已去矣，非命世之雄，不能取之矣。《孟子》曰：五百年必有王者興，其間必有名世者。《廣雅》曰：命，名也。然懷帝初載，嘉禾生於南昌。徐廣《晉紀》曰：太康五年八月，嘉禾生南昌，九月，懷帝生。《毛詩》曰：文王初載，天作之合。載，猶生也。望氣者又云豫章有天子氣。干寶《晉紀》曰：初，望氣者言豫章、廣陵有天子氣。及國家多難，宗室迭興，《毛詩》曰：維予小子，未堪家多難。《史記》，太史公曰：遞興遞廢，能者用事。以湣懷之正，淮南之壯，成都之功，長沙之權，皆卒於傾覆。王隱《晉書》曰：湣懷太子遹，立為皇太子。賈后無子，妒害滋甚，廢太子為庶人，送太子于許昌宮之別坊，矯詔使小黄門孫慮害太子。趙王倫酖殺賈后，帝詔謚遹為湣懷皇太子。又曰：武皇帝男允，字欽度，封淮南王，領中護軍。孫秀既害石崇等以懼允，允遂進圍相府，相國趙王倫閉門，允兵四勝，陷破無前。倫息度，偽云有詔助淮南王。王下車受詔，遂害允。又曰：穎字章度，封成都王，拜越屯騎校尉。趙王倫篡位，穎謀舉義兵迎天子。倫死後，廢太子覃，立穎為皇太弟。張方廢穎歸蕃，遣田徽殺之於鄴。又曰：乂字士度，封長沙王，拜步兵校尉。齊王冏相攻，冏敗，縛至上前，乂叱左右斬之。河間王顒欲廢太子，立成都王，欲先誅乂，出征，連戰敗走，遂誅之。而懷帝以豫章王登天位，干寶《晉·惠紀》曰：詔豫章王熾為皇太弟，皇帝崩，太弟即位。崩，謚曰孝懷皇帝。《尚書》曰：天位艱哉！劉向之讖云，滅亡之後，有少如水名者得之，起事者據秦川，西南乃得其朋。案湣帝，蓋秦王之子也，得位於長安，長安，固秦地也，干寶《晉·懷紀》曰：關中建秦王業為皇太子，本吳孝王之子，出為秦獻王後。皇帝崩，太子即位于長安，崩，謚曰湣皇帝。而西以南陽王為右丞相，東以琅邪王為左丞相。干寶《晉紀》，湣帝詔琅邪王叡曰：今以王為侍中左丞相，督陝東諸軍事，右丞相南陽王督陝右諸軍事。臧榮緒《晉書》曰：南陽王保，字景度，太尉模世子，或以南陽王為秦王，非也。上諱業，故改鄴為臨漳。漳，水名也。由此推之，亦有徵祥，而皇極不建，禍辱及身。皇極，已見上文。豈上帝臨我而貳其心，《毛詩》曰：上帝臨汝，無貳爾心。將由人能弘道，非道弘人者乎？淳耀之烈未渝，故大命重集于中宗元皇帝。《晉中興》曰：中宗元皇帝，諱睿，字景文，嗣為琅邪王。湣帝崩於平陽，陟皇帝位。《國語》，史伯曰：黎為高辛氏火正，以淳耀敦大，光照四海。夫成天地之大功者，其子孫未嘗不章。韋昭曰：淳，大也。耀，明也。

清·董誥等《全唐文》卷六八六《皇甫湜二·東晉元魏正閏論》 論曰：王者受命於天，作主於人，必大一統，明所授，所以正天下之位，一天下之心。舜傳之堯，禹傳之舜，以德禪者也；桀放於湯，受殺於武，以時合者也；秦滅二周，兼六國，以力成者也；漢革秦社稷，以義取者也。故自堯以降，或以德，或以時，或以力，或以義，承授如貫，終始可明雖殊厥迹，皆得其正。以及魏取於漢，晉得於魏，史策紀載，彰明可知，百王既通行，萬代無異辭矣。惠帝無道，羣胡亂華，晉之南遷，實曰元帝，與夫祖乙之圮耿，盤庚之徒亳，幽王之居彘，平王之避戎，其事同，其義一矣。而拓跋氏種實匈奴，來自幽代，襲有先王之桑梓，自為中國之位號。謂之滅耶，晉實未改；謂之禪耶，已無所傳。而往之著書者有帝元，今之為録者皆閏晉，可謂失之遠矣。或曰：『元之所據，中國也。』對曰：『所以為中國者，以禮義也；所謂夷狄者，無禮義也。豈繫於地哉？杞用夷禮，杞即夷矣；子居九夷，夷不陋矣；沐紂之化，商士為頑人矣；因戎之遷，伊川為陸渾矣。非係於地也。晉之南渡，人物攸歸，禮樂咸在，流風善政，史實存焉。魏氏恣其暴强，虐此中夏，斬伐之地，雞犬無餘，驅士女為肉蘼，委之戕殺，指衣冠為芻狗，逞其屠刈，種落繁熾，歷年滋多。此而帝之，則天下之士，有蹈海而死，天下之人，有登山而餓，忍食其粟而立其朝哉？至於孝文，始用夏變夷，而易姓更法，將無及矣。且授受無所，謂之何哉？』又曰：『周繼元，隋繼周，國家之興，實繼隋氏，子謂是何？』對曰：『晉為宋，宋為齊，齊為梁，江陵之滅，則為周矣，陳氏自樹而奪，無容於言。況隋兼江南，一天下而授之於我。故推而上，我受之隋，隋得之周，周取之梁，推梁而上，以至於堯舜，得天統矣。則陳奸於南，元閏於北，其不昭昭乎？其不昭昭乎！』

藝　文

清·彭定求等《全唐詩》卷五一七《楊乘〈南徐春日懷古〉》 六代驕奢地，三春物象繁。靈湖通漲海，天塹隔中原。曉渡高帆駛，陰風巨艦翻。旌旗西日落，戈甲夏雲屯。豹變資陳武，龍飛擁晉元。風流前事盡，文物舊儀存。邪侮嘗移潤，忠貞幾度冤。興亡山兀兀，今古水渾渾。露滴蜂偷蕊，鶯啼日到軒。酒腸堆曲蘖，詩思繞乾坤。愁夢全無蝶，離憂每愧萱。形骸勞大塊，玉石任炎昆。出處寧由己，升沈未足言。且應中聖樂，坐起任昏昏。

又　卷七四三《沈彬〈金陵雜題二首〉之一》 王氣生秦四百年，晉元東渡浪花船。正慚海內皆塗地，來保江南一片天。古樹著行臨遠岸，暮山相亞出微煙。千征萬戰英雄盡，落日牛羊食野田。

《全宋詩》卷二五八九《楊簡〈歷代詩·東晉〉》 夷狄隱河洛，元帝南渡江。宣帝之曾孫，立號都建康。明成康與穆，哀廢最堪傷。簡文武安後，桓玄暫稱王。卒聞恭帝世，遜位宋武皇。兩晉十五主，二百年而亡。

又　卷二六八〇《曾極〈晉元帝廟〉》 茅茨綿蕝寄江東，陵廟回看渫血紅。右衽危冠才自保，未能無責敢言功。

又　卷二八四八《蘇泂〈金陵雜興二百首〉之一四二》 疋馬東來說晉元，當時一統笑三分。如今寄食城隍廟，異代君臣莫更論。

又　卷三六五一《陳普〈詠史下·顧榮〉》　石勒王彌尚未昌，東南先有顧丹陽。顧榮持易淳于首，未必江東只許長。

《全宋詞》第一冊《蘇軾〈菩薩蠻〉》　城隅靜女何人見，先生日夜歌彤管。誰識蔡姬賢，江南顧彥先。先生那久困？湯沐須名郡。惟有謝夫人，從來是擬倫。

清·顧嗣立《元詩選初集》戊集《張翥〈周漢長公府臨安故城二圖之二〉》　南渡君臣建業偏，不堪喬木黯風煙。豈知白馬興王后，又到紅羊換劫年。三輔黃圖空郡國，六朝王氣渺山川。白頭開府歸來日，應覽遺蹤一愴然。

《全元詩》第二七冊《丁復〈次韻劉伯善康克正新春遊冶城謁卞壼墓〉》　青陽啓初歲，朱旭煥微暄。緬懷東晉國，漸及西州門。宮庭今始敞，林墓古所存。新萌集朝露，古樹酣春雲。乃瞻傑棟起，恍若高羽翻。忠精諒斯在，族緒尚滋蕃。獨慚數友陪，再拜千載墳。自從司馬帝，誰似卞將軍。寧辭下屈膝，且欲歌《招魂》。皇皇晉南渡，往往齊東昏。蕃維每輕視，叛亂不可言。朝臣徒偃武，隱士且移文。國事既擾擾，兵書謾紜紜。位忘天寶定，勢欲雲夢吞。謀謨失上策，板蕩幾中原。雲黑垂天鵬，濤白橫海鯤。星妖未隕夕，日馭將及曛。地軸換坱圠，天柱撐昆崙。孤臣衛兼霍，二子育與賁。早知盡忠事，亦懷罔極恩。將貽百世勸，豈念一朝勳。當時遽爾否，此道定諸坤。手足衛心腹，柯葉蔭本根。脫生愧人世，寧死萬鬼鄰。少小史書見，始終父老聞。情至劇造次，物變恒糾紛。幾萌一毫間，差遠千里分。可憐甘瓦礫，直欲譏璵璠。食檗乃知苦，食桂乃知辛。遐哉志士心，可與俗夫論。

又　第三三冊《岑安卿〈危太樸以經筵檢討奉詔求故宋遺書作詩贈之〉之一》　宣文閣上危夫子，日侍經筵眷遇優。祇閱秘書供御覽，旁求遺籍贊皇猷。琅琊南渡終承晉，昭烈西征亦繼劉。公論自存千載下，聖人直筆在《春秋》。

又　第三九冊《楊維楨〈錢塘懷古牽堵無傲同賦〉》　天山乳鳳飛來小，南渡衣冠又六朝。劫火自焚楊璉塔，箭鋒猶抵伍胥潮。燐光夜附山精出，龍氣秋隨海霧消。惟一作獨有宮人斜畔月，多情還自照吹簫。

明·孫承恩《古像贊二百零五首·晉元帝》　晉失中土，元起江東。皇天眷德，羣賢效忠。沖虛性成，恭德純至。雄武未優，中興猶愧。

清·陳田《明詩紀事·甲籤》卷一七《甘瑾〈讀史有感二首〉之二》　汴流西繞漢時宮，陵樹蕭蕭易朔風。金碗不冰銀雁去，銅仙無露玉盤空。御溝流水人間碧，禁苑蟠桃海上紅。卻憶晉家南渡客，清談不記誤和戎。

《全明詩》第二冊卷五三《劉基〈詠史二十一首〉之一七》　永嘉昔潰亂，南渡馳五馬。長江畫天塹，九廟扇灰灺。豈無運甓人，亦有誓江者。智池不揚波，靈物棲曠野。哀哀黍離淚，空向新亭灑。

清·吳偉業《梅村詞》卷二《滿江紅·題畫壽總憲龔芝麓·白門感舊》　松栝淩寒，掛鍾阜、玉龍千尺。記那日、永嘉南渡，蔣陵蕭瑟。羣帝翱翔騎白鳳，江山縞素觚棱碧。躧麻鞋、血淚灑冰天，新亭客。雲霧鎖，臺城戟。風雨送，昭丘柏。把梁園宋寢，燒殘赤壁。破衲重游山寺冷，天邊萬點寒鴉黑。羨漁翁、沽酒一蓑歸，扁舟笛。

清·陳維崧《湖海樓詞集·水龍吟·江行望秣陵作》　輕舟夜剪秋江，西風鱗甲生江面。瓦官閣下，方山亭外，驚濤雪片。一帶蔣州，千尋鐵鎖，等閒燒斷。只波間皓月，流光欲下，舊曾照，金陵縣。何處回帆撾鼓，更玉笛、數聲哀怨。回思往事，永嘉南渡，流人何限。如此江山，幾人憐惜，斜陽斷岸。正江南煙水濛濛，飛盡楚天新雁。

清·錢謙益《牧齋有學集》卷三《西湖雜感二十首之十六》　建業餘杭古帝丘，六朝南渡盡風流。白公妓可如安石，蘇小湖應並莫愁。戎馬南來皆故國，江山北望總神州。行都宮闕荒煙裏，禾黍叢殘似石頭。

清·孫衣言《甌海軼聞》卷三九《〔明〕吳寬〈哀文宗儒〉》　吾鄉沈衢州，遠致尺書在。發書報文侯，有疽發於背。我憂體肥人，此疾恐為害。猶冀有良醫，或倚以致瘥。憂懷適浹旬，浙疏馳獨快。乃六月七日，死期特兼載。哀哉此良牧，天奪真可怪。念昔為永嘉，勤政略不懈。豪民户先鋤，淫鬼祠必壞。撫下自有術，百里免凋瘵。及此領郡符，先聲過疆界。窮谷爭出迎，耄倪總羅拜。君初聞再起，仕路厭行邁。因察民情歡，下車始無悔。爬梳積弊源，一旦決欲潰。坐堂日孜孜，訪問及細碎。孰為狼所貪，孰為蚊所嘬。犴獄滿冤囚，親手為破械。去歲東海涯，光氣作妖怪。橫飛類鬼車，數丈無首戴。具疏即自劾，遂及弊事概。謂此如許除，吾寧自引退。有司格不行，當道有窒礙。公退長太息，空負民所愛。吾惟盡職業，庶償為守債。使民自按堵，守法勿就逮。百家立為約，禮義相告戒。民曰賢侯言，敢不各敬佩。君終抱憂思，弊事卒吾敗。大者如鹽鐵，骨髓竭稱貸。彼力固已窮，吾體亦真憊。遙遙走一使，求去乃至再。知己總愛才，不使投匭內。孰知今日事，俄有此變態。凡君求歸休，民輒歎無賴。羣情達銓曹，以及寮與寀。今也魂茫茫，棺歸只空廨。豈惟民無依，失侶嗟我輩。久為晚年期，几杖作鄉會。對酒乏清言，臨事無善誨。城西多舊遊，山色愁晚對。有穴未及臨，淚盡繼以慨。

清·史簡《鄱陽五家集·［宋］黎廷瑞〈芳洲集·晉元帝廟〉》　不知牛繼馬，卻道馬為龍。得士能成帝，生兒不亢宗。荒祠煙樹晚，殘碣雨苔封。往事憑誰問，春城起暮鐘。

明·黃仲昭等《八閩通志》卷八六《許彌安〈晉檜行〉》　紫極宮中晉朝檜，故老語我今千年。盤根厚地龍蛇走，幹薄霄漢星斗懸。玄冬飛雪斷人迹，貞姿不敢平時妍。虯枝香葉翠如幄，一子不落今蒼煙。胡為廣廈構梁棟，如此大材乃棄捐。伊昔晉朝紛亂日，衣冠南渡依江堧。風流王謝各幻化，肝膽鐵石還依然。

《清詩匯》卷二九《王士禛〈曉雨復登燕子磯絕頂〉》　岷濤萬里望中收，振策危磯最上頭。吳楚青蒼分極浦，江山平遠入新秋。永嘉南渡人皆盡，建業西風水自流。灑酒重悲天塹險，浴鳧飛燕滿汀洲。

又　卷五九《紀邁宜〈詠史〉其三》　晉宋皆南渡，葸薾氣不振。持蓋與行酒，千載有遺恨。仇恥何能雪，紀綱嗟已紊。太陽同萬物，臣節殊未順。遂令敦温徒，跋扈踞方鎮。玉、謝盛江東，中原日凋困。羯胡虐焰長，正始風流盡。徒都逮錢塘，宋又不如晉。仇應不戴天，枕戈還剸刃。胡至遂稱臣，包羞毋乃甚。哀哉小朝廷，九宇淪左衽。岳、韓真名將，摧陷無堅陣。忠義貫金石，智勇出悲憤。長城嗟自壞，湖山甘棲遁。關閩溯濂洛，尼山布餘蔭。若欲復兩河，斯人亦可任。仁者必有勇，聖言寧不信。少進輒遷謫，遁世得無悶。孝皇殊齾齾，撫髀思英雋。前後兩相左，僨轅愧張浚。生賢欲何為，天意不可問。

又　卷九三《伊朝棟〈書尚書古文孔傳後〉》　魯恭王壞孔子宅，絲竹之音出四壁。中有古文維《尚書》，安國得之如拱璧。奏朝擬請立學官，巫蠱事起遂中格。公孫嗣位耽名律，博陸不學遺經籍。升平尚亡三篋書，況值漸臺兵火迫。張霸偽篇紛然淆，七緯書尤聲赫豔。白水真人亦好讖，明章後始垂典冊。馬鄭大儒皆讀緯，誰從孔壁探舊策。高密未觀真古文，遇所引書皆注逸。典寶鳩方釐鼎陳，汩作九共爭指摘。何人私獲安國書，匹夫懷璧深藏匿。永嘉之亂戎車逼，浮江遂逐五馬迹。斯文天道呵護深，先聖神靈永珍錫。至寶誰呈喜璧全，豫章內史梅名賾。黑白辨矣定一尊，《釋文》《正義》確不易。六朝以來無間然，千餘年人心帖懌。劉氏知幾著《史通》，亦為古文並赤幟。帝王之道本於心，中多二帝派傳嫡。豈惟淵雲夢未窺，董賈猶為户外客。何物小儒作疏證，邪辭欲奪談經席。

又　卷一二五《王蔭槐〈晚渡錢塘江〉》　羅刹江聲殷似雷，扁舟搖兀怒濤堆。身從大地孤鷗泛，潮挾羣山萬馬來。南渡衣冠秋草寂，西陵鼓角夕陽哀。古懷牢落真無懶，呼取餘杭酒一杯。

又　卷一五七《吳國賢〈讀晉書后妃傳〉》　誣罔銅鐶負史才，馬牛易姓至今猜。若從太歲推圖讖，丁丑分明五馬來。

《全臺詩》第一五冊《［清］丘逢甲〈嶺雲海日樓詩鈔〉卷一〈還山書感二首〉其一》　萬里西風雁叫天，梅江行盡客停船。仙蹤桃熟尋楊子，禪夢茶香證了拳。南渡衣冠尊舊族，東山絲竹負中年。疏慵已分漁樵老，時局休談向灑邊。

又　卷八《〈東山感春詩次己亥感秋韻六首〉之四》　衣冠南渡避胡來，憑仗雙輪碾海開。應有田横客相笑，春帆葉葉過登萊。

又　卷一三《〈新寧劉小芸將為大江南北之遊介孝方索詩壯行為賦四絕句〉其三》　中華天啓帝王都，其奈曾經亂五胡。南戒走完行北戒，河山還屬漢家無？

十六國興亡分部

通紀概説

論説

《晉書》卷一〇〇《載記序》 古者帝王，乃生奇類，淳維，伯禹之苗裔，豈異類哉？反首衣皮，餐膻飲湩，而震驚中域，其來自遠。天未悔禍，種落彌繁。其風俗險詖，性靈馳突，前史載之，亦以詳備。軒帝患其幹紀，所以徂征；武王竄以荒服，同乎禽獸。而於露寒之野，候月覘風，睹隙揚埃，乘間騁暴，邊城不得緩帶，百姓靡有室家。孔子曰：『微管仲，吾其被髮左衽矣。』此言能教訓卒伍，整齊車甲，邊埸既伏，境内以安。然則燕築造陽之郊，秦塹臨洮之險，登天山，絶地脈，苞玄菟，款黄河，所以防夷狄之亂中華，其備豫如此。

漢宣帝初納呼韓，居之亭鄣，委以候望，始寬戎狄。光武亦以南庭數萬徙入西河，後亦轉至五原，連延七郡。董卓之亂，則汾晉之郊蕭然矣。郭欽騰箋于武帝，江統獻策于惠皇，皆以為魏處戎夷，繡居都鄙，請移沙塞之表，定一殷周之服。統則憂諸並部，欽則慮在盟津。言猶自口，元海已至。語曰『失以豪厘』，晉卿大夫之辱也。聰之誓兵，東兼齊地；曜之馳旆，西逾隴山，覆没兩京，蒸徒百萬。天子陵江御物，分據地險，回首中原，力不能救，劃長淮以北，大抵棄之。胡人利我艱虞，分鑣起亂；晉臣或阻兵遐遠，接武效尤。

大凡劉元海以惠帝永興元年據離石稱漢。後九年，石勒據襄國稱趙。張氏先據河西，是歲，自石勒後三十六年也，重華自稱涼王。後一年，冉閔據鄴稱魏。後一年，苻健據長安稱秦。慕容氏先據遼東稱燕，是歲，自苻健後一年也，廆始僭號。後三十一年，後燕慕容垂據鄴。後二年，西燕慕容沖據阿房。是歲也，乞伏國仁據枹罕稱秦。後一年，慕容永據上黨。是歲也，吕光據姑臧稱涼。後十二年，慕容德據滑臺稱南燕。是歲也，秃髮烏孤據廉川稱南涼，段業據張掖稱北涼。後三年，李玄盛據敦煌稱西涼。後一年，沮渠蒙遜殺段業，自稱涼。後四年，譙縱據蜀稱成都王。後二年，赫連勃勃據朔方稱大夏。後二年，馮跋殺離班，據和龍稱北燕。提封天下，十喪其八，莫不龍旌帝服，建社開祊，華夷咸暨，人物斯在。或篡通都之鄉，或擁數州之地，雄圖内卷，師旅外並，窮兵凶於勝負，盡人命於鋒鏑，其為戰國者一百三十六載，抑元海為之禍首云。

《北史》卷九三《僭僞附庸傳序》 晉自永嘉之亂，宇縣瓜分，胡羯憑陵，積有年代，各言膺運，咸居大寶。竟而自相吞滅，終為魏臣。然魏自昭成已前，王迹未顯，至如劉石之徒，時代不接，舊書為傳，編之四夷，有欺耳目，無益緗素。且于時五馬浮江，正朔示改，《陽秋》記注，具存紀録。雖朝政叢脞，而年代已多。太宗文皇帝爰動天文，大存刊勒，其時事相接，已編之《載記》。今斷自道武已來所吞併者，序其行事，紀其滅亡。其餘不相關涉，皆所不取。至如晉、宋、齊、梁雖曰偏據，年漸三百，鼎命相承。《魏書》命曰《島夷》，列之於傳，亦所不取。故不入今篇，蕭察雖云帝號，附庸周室，故從此編，次為《僭僞附庸傳》云爾。

成漢興亡

綜述

《晉書》卷一二〇《李特李流載記》 李特，字玄休，巴西宕渠人，其先廩君之苗裔也。昔武落鍾離山崩，有石穴二所，其一赤如丹，一黑如漆。有人出於赤穴者，名曰務相，姓巴氏。有出於黑穴者，凡四姓：曰瞫氏、樊氏、柏氏、鄭氏。五姓俱出，皆争為神，於是相與以劍刺穴屋，能著者以為廩君。四姓莫著，而務相之劍懸焉。又以土為船，雕畫之而浮水中，曰：『若其船浮存者，以為廩君。』務相船又獨浮。於是遂稱廩君，乘其土船，將其徒卒，當夷水而下，至於鹽陽。鹽陽水神女子止廪君曰：『此魚鹽所有，地又廣大，與君俱生，可止無行。』廪君曰：『我當為君求廪地，不能止也。』鹽神夜從廪君宿，旦輒去為飛蟲，諸神皆從其飛，蔽日晝昏。廪君欲殺之不可，別又不知天地東西。如此者十日，廪君乃以青縷遺鹽神曰：『嬰此，即宜之，與汝俱生。弗宜，將去汝。』鹽神受而嬰之。廪君立碭石之上，望膺有青縷者，跪而射之，中鹽神。鹽神死，羣神與俱飛者皆去，天乃開朗。廪君復乘土船，下及夷城。夷城石岸曲，泉水亦曲。廪君望如穴狀，歎曰：『我新從穴中出，今又入此，奈何！』岸即為崩，廣三丈餘，而階陛相乘，廪君登之。岸上有平石方一丈，長五尺，廪君休其上，投策計算，皆著石焉，因立城其旁而居之。其後種類遂繁。秦幷天下，以為黔中郡，薄賦斂之，口歲出錢四十。巴人呼賦為賨，因謂之賨人焉。及漢高祖為漢王，募賨人平定三秦。既而求還鄉里，高祖以其功，復同豐、沛，不供賦稅，更名其地為巴郡。土有鹽鐵丹漆之饒，俗性剽勇，又善歌舞。高祖愛其舞，詔樂府習之，今《巴渝舞》是也。漢末，張魯居漢中，以鬼道教百姓，賨人敬信巫覡，多往奉之。值天下大亂，自巴西之宕渠遷于漢中楊車阪，抄掠行旅，百姓患之，號為楊車巴。魏武帝克漢中，特祖將五百餘家歸之，魏武帝拜為將軍，遷于略陽，北土復號之為巴氐。特父慕，為東羌獵將。

特少仕州郡，見異當時，身長八尺，雄武善騎射，沈毅有大度。元康中，氐齊萬年反，關西擾亂，頻歲大饑，百姓乃流移就穀，相與入漢川者數萬家。特隨流人將入於蜀，至劍閣，箕踞太息，顧眄險阻曰：『劉禪有如此之地而面縛於人，豈非庸才邪！』同移者閻式、趙肅、李遠、任回等咸歎異之。

初，流人既至漢中，上書求寄食巴、蜀，朝議不許，遣侍御史李苾持節慰勞，且監察之，不令入劍閣。苾至漢中，受流人貨賂，反為表曰：『流人十萬餘口，非漢中一郡所能振贍，東下荆州，水湍迅險，又無舟船。蜀有倉儲，人復豐稔，宜令就食。』朝廷從之，由是散在益、梁，不可禁止。

永康元年，詔徵益州刺史趙廞為大長秋，以成都內史耿滕代廞。廞遂謀叛，潛有劉氏割據之志，乃傾倉廪，振施流人，以收衆心。特之黨類皆巴西人，與廞同郡，率多勇壯，廞厚遇之，以為爪牙，故特等聚衆，專為寇盜，蜀人患之。滕密上表，以為流人剛剽而蜀人懦弱，客主不能相制，必為亂階，宜使移還其本。若致之險地，將恐秦雍之禍萃于梁益，必貽聖朝西顧之憂。廞聞而惡之。時益州文武千餘人已往迎滕，滕率衆入州，廞遣衆逆滕，戰于西門，滕敗，死之。

廞自稱大都督、大將軍、益州牧。特弟庠與兄弟及妹夫李含、任回、上官惇、扶風李攀、始平費佗、氐苻成、隗伯等以四千騎歸廞。廞以庠為威寇將軍，使斷北道。庠素東羌良將，曉軍法，不用麾幟，舉矛為行伍，斬部下不用命者三人，部陣肅然。廞惡其齊整，欲殺之而未言。長史杜淑、司馬張粲言於廞曰：『傳云五大不在邊，將軍起兵始爾，便遣李庠握强兵於外，愚竊惑焉。且非我族類，其心必異，倒戈授人，竊以為不可，願將軍圖之。』廞斂容曰：『卿言正當吾意，可謂起予者商，此天使卿等成吾事也。』會庠在門，請見廞，廞大悅，引庠見之。庠欲觀廞意旨，再拜進曰：『今中國大亂，無復綱維，晉室當不可復興也。明公道格天地，德被區宇，湯、武之事，實在於今。宜應天時，順人心，拯百姓于塗炭，使物情知所歸，則天下可定，非但庸、蜀而已。』廞怒曰：『此豈人臣所宜言！』令淑等議之。於是淑等上庠大逆不道，廞乃殺之，及其子侄宗族三十餘人。廞慮特等為難，遣人喻之曰：『庠非所宜言，罪應至死，不及兄弟。』以庠屍還特，復以特兄弟為督將，以安其衆。牙門將許弇求為巴東監軍，杜淑、張粲固執不許。弇怒，于廞閣下手刃殺淑、粲，淑、粲左右又殺弇，皆廞腹心也。

特兄弟既以怨廞，引兵歸綿竹。廞恐朝廷討己，遣長史費遠、犍為太守李苾、督護常濬督萬餘人斷北道，次綿竹之石亭。特密收合得七千餘人，夜襲遠軍，遠大潰，因放火燒之，死者十八九。進攻成都。廞聞兵至，驚懼不知所為。李苾、張征等夜斬關走出，文武盡散。廞獨與妻子乘小船走至廣都，為下人朱竺所殺。特至成都，縱兵大掠，害西夷護軍姜發，殺廞長史袁治及廞所置守長，遣其牙門王角、李基詣洛陽陳廞之罪狀。

先是，惠帝以梁州刺史羅尚為平西將軍、領護西夷校尉、益州刺史，督牙門將王敦、上庸都尉義歆、蜀郡太守徐儉、廣漢太守辛冉等凡七千餘人入蜀。特等聞尚來，甚懼，使其弟驤于道奉迎，並貢寶物。尚甚悅，以驤為騎督。特及弟流復以牛酒勞尚於綿竹。王敦、辛冉並說尚曰：『特等流人，專為盜賊，急宜梟除，可因會斬之。』尚不納。冉先與特有舊，因謂特曰：『故人相逢，不吉當凶矣。』特深自猜懼。

尋有符下秦、雍州，凡流人入漢川者，皆下所在召還。特兄輔素留鄉里，托言迎家，既至蜀，謂特曰：『中國方亂，不足復還。』特以為然，乃有雄據巴、蜀之意。朝廷以討趙廞功，拜特宣威將軍，封長樂鄉侯，流為奮威將軍、武陽侯。璽書下益州，條列六郡流人與特協同討廞者，將加封賞。會辛冉以非次見征，不願應召，又欲以滅廞為己功，乃寢朝命，不以實上。衆咸怨之。羅尚遣從事催遣流人，限七月上道，辛冉性貪暴，欲殺流人首領，取其資貨，乃移檄發遣。又令梓潼太守張演于諸要施關，搜索寶貨。特等固請，求至秋收。流人布在梁、益，為人傭力，及聞州郡逼遣，人人愁怨，不知所為。又知特兄弟頻請求停，皆感而恃之。且水雨將降，年穀未登，流人無以為行資，遂相與詣特。特乃結大營於綿竹，以處流人，移冉求自寬。冉大怒，遣人分榜通逵，購募特兄弟，許以重賞。特見，大懼，悉取以歸，與驤改其購云：『能送六郡之豪李、任、閻、趙、楊、上官及氐、叟侯王一首，賞百匹。』流人既不樂移，咸往歸特，騁馬屬鞬，同聲雲集，旬月間衆過二萬。流亦聚衆數千。物乃分為二營，特居北營，流居東營。

特遣閻式詣羅尚，求申期。式既至，見冉營柵衝要，謀掩流人，歎曰：『無寇而城，仇必保焉。今而速之，亂將作矣！』又知冉及李苾意不可回，乃辭尚還綿竹。尚謂式曰：『子且以吾意告諸流人，今聽寬矣。』式曰：『明公惑於姦說，恐無寬理。弱而不可輕者百姓也，今促之不以理，衆怒難犯，恐為禍不淺。』尚曰：『然。吾不欺子，子其行矣。』式至綿竹，言於特曰：『尚雖云爾，然未可必信也。何者？尚威刑不立，冉等各擁强兵，一旦為變，亦非尚所能制，深宜為備。』特納之。冉、苾相與謀曰：『羅侯貪而無斷，日復一日，流人得展姦計。李特兄弟並有雄才，吾屬將為豎子虜矣。宜為決計，不足復問之。』乃遣廣漢都尉曾元、牙門張顯、劉並等潛率步騎三萬襲特營。羅尚聞之，亦遣督護田佐助元。特素知之，乃繕甲厲兵，戒嚴以待之。元等至，特安臥不動，待其衆半入，發伏擊之，殺傷者甚衆，害田佐、曾元、張顯，傳首以示尚、冉。尚謂將佐曰：『此虜成去矣，而廣漢不用吾言，以張賊勢，今將若之何！』

於是六郡流人推特為主。特命六郡人部曲督李含、上邽令任臧、始昌令閻式、諫議大夫李攀、陳倉令李武、陰平令李遠、將兵都尉楊褒等上書，請依梁統奉竇融故事，推特行鎮北大將軍，承制封拜，其弟流行鎮東將軍，以相鎮統。於是進兵攻冉於廣漢。冉衆出戰，特每破之。尚遣李苾及費遠率衆救冉，憚特不敢進。冉智力既窘，出奔江陽。特入據廣漢，以李超為太守，進兵攻尚于成都。閻式遺尚書，責其信用譏構，欲討流人，又陳特兄弟立功王室，以寧益土。尚覽書，知特等將有大志，嬰城固守，求救于梁、寧二州。於是特自稱使持節、大都督、鎮北大將軍，承制封拜一依竇融在河西故事。兄輔為驃騎將軍，弟驤為驍騎將軍，長子始為武威將軍，次子蕩為鎮軍將軍，少子雄為前將軍，李含為西夷校尉，含子國離、任回、李恭、上官晶、李攀、費佗等為將帥，任臧、上官惇、楊褒、楊珪、王達、麹歆等為爪牙，李遠、李博、夕斌、嚴檉、上官琦、李濤、王懷等為僚屬，閻式為謀主，何世、趙肅為腹心。時羅尚貪殘，為百姓患，而特與蜀人約法三章，施捨振貸，禮賢拔滯，軍政肅然。百姓為之謠曰：『李特尚可，羅尚殺我。』尚頻為特所敗，乃阻長圍，緣水作營，自都安至犍為七百里，與特相距。

河間王顒遣督護衙博、廣漢太守張征討特，南夷校尉李毅又遣兵五千助尚，尚遣督護張龜軍繁城，三道攻特。特命蕩、雄襲博。特躬擊張龜，龜衆大敗。蕩又與博接戰連日，博亦敗績，死者太半。蕩追博至漢德，博走葭萌。蕩進寇巴西，巴西郡丞毛植、五官襄珍以郡降蕩。蕩撫恤初附，百姓安之。蕩進攻葭萌，博又遠遁，其衆盡降於蕩。

太安元年，特自稱益州牧、都督梁、益二州諸軍事、大將軍、大都督，改年建初，赦其境內。於是進攻張征。征依高據險，與特相持連日。時特與蕩分為二營，征候特營空虛，遣步兵循山攻之，特逆戰不利，山險窘逼，衆不知所為。羅准、任道皆勸引退，特量蕩必來，故不許。征衆至稍多，山道至狹，唯可一二人行，蕩軍不得前，謂其司馬王辛曰：『父在深寇之中，是我死日也。』乃衣重鎧，持長矛，大呼直前，推鋒必死，殺十餘人。征衆來相救，蕩軍皆殊死戰，征軍遂潰。特議欲釋征還涪，蕩與王辛進曰：『征軍連戰，士卒傷殘，智勇俱竭，宜因其弊遂擒之。若舍而寬之，征養病收亡，餘衆更合，圖之未易也。』特從之，復進攻征，征潰圍走。蕩水陸追之，遂害征，生擒征子存，以征喪還之。

以騫碩為德陽太守，碩略地至巴郡之墊江。

特之攻張征也，使李驤與李攀、任回、李恭屯軍毗橋，以備羅尚。尚遣軍挑戰，驤等破之。尚又遣數千人出戰，驤又陷破之，大獲器甲，攻燒其門。流進次成都之北。尚遣將張興僞降於驤，以覘虛實。時驤軍不過二千人，興夜歸白尚，尚遣精勇萬人銜枚隨興夜襲驤營。李攀逆戰死，驤及將士奔於流柵，與流並力回攻尚軍。尚軍亂，敗還者十一二。晉梁州刺史許雄遣軍攻特，特陷破之，進擊，破尚水上軍，遂寇成都。蜀郡太守徐儉以小城降，特以李瑾為蜀郡太守以撫之。羅尚據大城自守。流進屯江西，尚懼，遣使求和。

是時蜀人危懼，並結村堡，請命於特，特遣人安撫之。益州從事任明說尚曰：『特既凶逆，侵暴百姓，又分人散衆，在諸村堡，驕怠無備，是天亡之也。可告諸村，密剋期日，內外擊之，破之必矣。』尚從之。明先僞降特，特問城中虛實，明曰：『米穀已欲盡，但有貨帛耳。』因求省家，特許之。明潛說諸村，諸村悉聽命。還報尚，尚許如期出軍，諸村亦許一時赴會。

二年，惠帝遣荊州刺史宋岱、建平太守孫阜救尚。阜已次德陽，特遣蕩督李璜助任臧距阜。尚遣大衆奄襲特營，連戰二日，衆少不敵，特軍大敗，收合餘卒，引趣新繁。尚軍引還，特復追之，轉戰三十餘里，尚出大軍逆戰，特軍敗績，斬特及李輔、李遠，皆焚屍，傳首洛陽。在位二年。其子雄僭稱王，追謚特景王，及僭號，追尊曰景皇帝，廟號始祖。

李流，字玄通，特第四弟也。少好學，便弓馬，東羌校尉何攀稱流有賁育之勇，舉為東羌督。及避地益州，刺史趙廞器異之。廞之使庠合部衆也，流亦招鄉里子弟得數千人。庠為廞所殺，流從特安慰流人，破常濬於綿竹，平趙廞于成都。朝廷論功，拜奮威將軍，封武陽侯。

特之承制也，以流為鎮東將軍，居東營，號為東督護。特常使流督鋭衆，與羅尚相持。特之陷成都小城，使六郡流人分口入城，壯勇督領村堡。流言於特曰：『殿下神武，已克小城，然山藪未集，糧仗不多，宜録州郡大姓子弟以為質任，送付廣漢，縶之二營，收集猛鋭，嚴為防衛。』又書與特司馬上官惇，深陳納降若待敵之義。特不納。

特既死，蜀人多叛，流人大懼。流與兄子蕩、雄收遺衆，還赤祖，流保東營，蕩、雄保北營。流自稱大將軍、大都督、益州牧。

時宋岱水軍三萬，次於墊江，前鋒孫阜破德陽，獲特所置守將騫碩，太守任臧等退屯涪陵縣。羅尚遣督護常深軍毗橋，牙門左氾、黃訇、何沖三道攻北營。流身率蕩、雄攻深柵，克之，深士衆星散。追至成都，尚閉門自守，蕩馳馬追擊，觸倚矛被傷死。流以特、蕩並死，而岱、阜又至，甚懼。太守李含又勸流降，流將從之。雄與李驤迭諫，不納，流遣子世及含子胡質於阜軍。胡兄含子離聞父欲降，自梓潼馳還，欲諫不及，退與雄謀襲阜軍，曰：『若功成事濟，約與君三年迭為主。』雄曰：『今計可定，二翁不從，將若之何？』離曰：『今當制之，若不可制，便行大事。翁雖是君叔，勢不得已，老父在君，夫復何言！』雄大喜，乃攻尚軍。尚保大城。雄渡江害汶山太守陳圖，遂入郫城，流移營據之。三蜀百姓並保險結塢，城邑皆空，流野無所略，士衆飢困。涪陵人范長生率千餘家依青城山，尚參軍涪陵徐轝求為汶山太守，欲要結長生等，與尚掎角討流。尚不許，轝怨之，求使江西，遂降於流，說長生等使資給流軍糧。長生從之，故流軍復振。

流素重雄有長者之德，每云：『興吾家者，必此人也。』敕諸子尊奉之。流疾篤，謂諸將曰：『驍騎高明仁愛，識斷多奇，固足以濟大事，然前軍英武，殆天所相，可共受事於前軍，以為成都王。』遂死，時年五十六。諸將共立雄為主。雄僭號，追謚流秦文王。

李庠，字玄序，特第三弟也。少以烈氣聞。仕郡督郵、主簿，皆有當官之稱。元康四年，察孝廉，不就。後以善騎射，舉良將，亦不就。州以庠才兼文武，舉秀異，固以疾辭。州郡不聽，以其名上聞，中護軍切徵，不得已而應之，拜中軍騎督。弓馬便捷，膂力過人，時論方之文鴦。以洛陽方亂，稱疾去官。性在任俠，好濟人之難，州黨爭附之。與六郡流人避難梁、益，道路有飢病者，庠常營護隱恤，振施窮乏，大收衆心。至蜀，趙廞深器之，與論兵法，無不稱善，每謂所親曰：『李玄序蓋亦一時之關、張也。』及將有異志，委以心膂之任，乃表庠為部曲督，使招合六郡壯勇，至萬餘人。以討叛羌功，表庠為威寇將軍，假赤幢曲蓋，封陽泉亭侯，賜錢百萬，馬五十匹。被誅之日，六郡士庶莫不流涕，時年五十五。

又 卷一二一《李雄李班李期李壽李勢載記》 李雄，字仲儁，特第三子也。母羅氏，夢雙虹自門升天，一虹中斷，既而生蕩。後羅氏因汲水，忽然如寐，又夢大蛇繞其身，遂有孕，四月而生雄。常言吾二子若有先亡，在者必大貴。蕩竟前死。雄身長八尺三寸，美容貌。少以烈氣聞，每周旋鄉里，識達之士皆器重之。有劉化者，道術士也，每謂人曰：『關、隴之士皆當南移，李氏子中惟仲儁有奇表，終為人主。』

特起兵於蜀，承制，以雄為前將軍。流死，雄自稱大都督、大將軍、益州牧，都於郫城。羅尚遣將攻雄，雄擊走之。李驤攻犍為，斷尚運道，尚軍大餒，攻之又急，遂留牙門羅特固守，尚委城夜遁。特開門內雄，遂克成都。于時雄軍饑甚，乃率衆就谷於郪，掘野芋而食之。蜀人流散，東下江陽，南入七郡。雄以西山范長生巖居穴處，求道養志，欲迎立為君而臣之。長生固辭。雄乃深自挹損，不敢稱制，事無巨細，皆決于李國、李離兄弟。國等事雄彌謹。

諸將固請雄即尊位，以永興元年僭稱成都王，赦其境內，建元為建興，除晉法，約法七章。以其叔父驤為太傅，兄始為太保，折衝李離為太尉，建威李雲為司徒，翊軍李璜為司空，材官李國為太宰，其餘拜授各有差。追尊其曾祖武曰巴郡桓公，祖慕隴西襄王，父特成都景王，母羅氏曰王太后。范長生自西山乘素輿詣成都，雄迎之於門，執版延坐，拜丞相，尊曰范賢。長生勸雄稱尊號，雄於是僭即帝位，赦其境內，改年曰太武。追尊父特曰景帝，廟號始祖，母羅氏為太后。加范長生為天地太師，封西山侯，復其部曲不豫軍征，租稅一入其家。雄時建國草創，素無法式，諸將恃恩，各爭班位。其尚書令閻式上疏曰：『夫為國制法，勳尚仍舊。漢、晉故事，惟太尉、大司馬執兵，太傅、太保父兄之官，論道之職，司徒、司空掌五教九土之差。秦置丞相，總領萬機。漢武之末，越以大將軍統政。今國業初建，凡百末備，諸公大將班位有差，降而兢請施置，不與典故相應，宜立制度以為楷式。』雄從之。

遣李國、李雲等率衆二萬寇漢中，梁州刺史張殷奔于長安。國等陷南鄭，盡徙漢中人於蜀。

先是，南土頻歲饑疫，死者十萬計。南夷校尉李毅固守不降，雄誘建寧夷使討之。毅病卒，城陷，殺壯士三千餘人，送婦女千口于成都。

時李離據梓潼，其部將羅羕、張金苟等殺離及閻式，以梓潼歸於羅尚。尚遣其將向奮屯安漢之宜福以逼雄，雄率衆攻奮，不克。時李國鎮巴西，其帳下文碩又殺國，以巴西降尚。雄乃引還，遣其將張寶襲梓潼，陷之。會羅尚卒，巴郡亂，李驤攻涪，又陷之，執梓潼太守譙登，遂乘勝進軍討文碩，害之。雄大悅，赦其境內，改元曰玉衡。

雄母羅氏死，雄信巫覡者之言，多有忌諱，至欲不葬。其司空趙肅諫，雄乃從之。雄欲申三年之禮，羣臣固諫，雄弗許。李驤謂司空上官惇曰：『今方難未弭，吾欲固諫，不聽主上終諒闇，君以為何如？』惇曰：『三年之喪，自天子達于庶人，故孔子曰：「何必高宗，古之人皆然。」但漢、魏以來，天下多難，宗廟至重，不可久曠，故釋衰絰，至哀而已。』驤曰：『任回方至，此人決於行事，且上常難違逆言，待其至，當與俱請。』及回至，驤與回俱見雄。驤免冠流涕，固請公除。雄號泣不許。回跪而進曰：『今王業初建，凡百草創，一日無主，天下惶惶。昔武王素甲觀兵，晉襄墨絰從戎，豈所願哉？為天下屈己故也。願陛下割情從權，永隆天保。』遂强扶雄起，釋服親政。

是時南得漢嘉、涪陵，遠人繼至，雄於是下寬大之令，降附者皆假復除。虛己愛人，授用皆得其才，益州遂定。偽立其妻任氏為皇后。氐王楊難敵兄弟為劉曜所破，奔葭萌，遣子入質。隴西賊帥陳安又附之。

遣李驤征越嶲，太守李釗降。驤進軍由小會攻寧州刺史王遜，遜使其將姚岳悉衆距戰。驤軍不利，又遇霖雨，驤引軍還，爭濟瀘水，士衆多死。釗到成都，雄待遇甚厚，朝遷儀式，喪紀之禮，皆決於釗。

楊難敵之奔葭萌也，雄安北李稚厚撫之，縱其兄弟還武都，難敵遂恃險多為不法，稚請討之。雄遣中領軍琀及將軍樂次、費他、李乾等由白水橋攻下辯，征東李壽督琀弟玝攻陰平。難敵遣軍距之，壽不得進，而琀、稚長驅至武街。難敵遣兵斷其歸道，四面攻之，獲琀、稚，死者數千人。琀、稚，雄兄蕩之子也。雄深悼之，不食者數日，言則流涕，深自咎責焉。

其後將立蕩子班為太子。雄有子十餘人，羣臣咸欲立雄所生。雄曰：

『起兵之初，舉手捍頭，本不希帝王之業也。值天下喪亂，晉氏播蕩，羣情義舉，志濟塗炭，而諸君遂見推逼，處王公之上。本之基業，功由先帝。吾兄嫡統，丕祚所歸，恢懿明睿，殆天報命，大事垂克，薨于戎戰。班姿性仁孝，好學夙成，必為名器。』李驤與司徒王達諫曰：『先王樹冢嫡者，所以防篡奪之萌，不可不慎。吳子舍其子而立其弟，所以有專諸之禍；宋宣不立與夷而立穆公，卒有宋督之變。猶子之言，豈若子也？深願陛下思之。』雄不從，竟立班，驤退而流涕曰：『亂自此始矣！』

張駿遣使遺雄書，勸去尊號，稱藩于晉。雄復書曰：『吾過為士大夫所推，然本無心於帝王也，進思為晉室元功之臣，退思共為守藩之將，掃除氛埃，以康帝宇。而晉室陵遲，德聲不振，引領東望，有年月矣。會獲來貺，情在暗室，有何已已。知欲遠遵楚、漢，尊崇義帝，《春秋》之義，于斯莫大。』駿重其言，使聘相繼。巴郡嘗告急，云有東軍。雄曰：『吾嘗慮石勒跋扈，侵逼琅邪，以為耿耿。不圖乃能舉兵，使人欣然。』雄之雅譚，多如此類。

雄以中原喪亂，乃頻遣使朝貢，與晉穆帝分天下。張駿領秦、梁，先是，遣傅穎假道於蜀，通表京師，雄弗許。駿又遣治中從事張淳稱藩於蜀，托以假道。雄大悅，謂淳曰：『貴主英名蓋世，土險兵强，何不自稱帝一方？』淳曰：『寡君以乃祖世濟忠良，未能雪天下之耻，解衆人之倒懸，日昃忘食，枕戈待旦。以琅邪中興江東，故萬里翼戴，將成桓文之事，何言自取邪！』雄有慚色，曰：『我乃祖乃父亦是晉臣，往與六郡避難此地，為同盟所推，遂有今日。琅邪若能中興大晉於中夏，亦當率衆輔之。』淳還，通表京師，天子嘉之。

時李驤死，以其子壽為大將軍、西夷校尉，督征南費黑、征東任砈攻陷巴東，太守楊謙退保建平。壽別遣費黑寇建平，晉巴東監軍毋丘奧退保宜都。雄遣李壽攻朱提，以費黑、仰攀為前鋒，又遣鎮南任回征木落，分寧州之援。寧州刺史尹奉降，遂有南中之地。雄於是赦其境内，使班討平寧州夷，以班為撫軍。

咸和八年，雄生瘍於頭，六日死，時年六十一，在位三十年。偽謚武帝，廟曰太宗，墓號安都陵。

雄性寬厚，簡刑約法，甚有名稱。氐苻成、隗文既降復叛，手傷雄母，及其來也，咸釋其罪，厚加待納。由是夷夏安之，威震四土。時海內大亂，而蜀獨無事，故歸之者相尋。雄乃興學校，置史官，聽覽之暇，手不釋卷。其賦男丁歲穀三斛，女丁半之，户調絹不過數丈，綿數兩。事少役稀，百姓富貴，閭門不閉，無相侵盜。然雄意在招致遠方，國用不足，故諸將每進金銀珍寶，多有以得官者。丞相楊褒諫曰：『陛下為天下主，當網羅四海，何有以官買金邪！』雄遜辭謝之。後雄嘗酒醉而推中書令，杖太官令，褒進曰：『天子穆穆，諸侯皇皇，安有天子而為酗也！』雄即舍之。雄無事小出，褒於後持矛馳馬過雄。雄怪問之，對曰：『夫統天下之重，如臣乘惡馬而持矛也，急之則慮自傷，緩之則懼其失，是以馬馳而不制也。』雄寤，即還。雄為國無威儀，官無祿秩，班序不別，君子小人服章不殊；行軍無號令，用兵無部隊，戰勝不相讓，敗不相救，攻城破邑動以虜獲為先。此其所以失也。

班字世文。初署平南將軍，後立為太子。班謙虛博納，敬愛儒賢，自何點、李釗，班皆師之，又引名士王嘏及隴西董融、天水文夔等以為賓友。每謂融等曰：『觀周景王太子晉、魏太子丕、吳太子孫登，文章鑑識，超然卓絕，未嘗不有慚色。何古賢之高朗，後人之莫逮也！』為性汎愛，動修軌度。時諸李子弟皆尚奢靡，而班常戒厲之。每朝有大議，雄輒令豫之。班以古者墾田均平，貧富獲所，今貴者廣占荒田，貧者種殖無地，富者以己所餘而賣之，此豈王者大均之義乎！雄納之。及雄寢疾，班晝夜侍側。雄少數攻戰，多被傷夷，至是疾甚，痕皆膿潰，雄子越等惡而遠之。班為吮膿，殊無難色，每嘗藥流涕，不脫衣冠，其孝誠如此。

雄死，嗣偽位，以李壽録尚書事輔政。班居中執喪禮，政事皆委壽及司徒何點、尚書令王瓌等。越時鎮江陽，以班非雄所生，意甚不平。至此，奔喪，與其弟期密計圖之。李玝勸班遣越還江陽，以期為梁州刺史，鎮葭萌。班以未葬，不忍遣，推誠居厚，心無纖芥。時有白氣二道帶天，太史令韓豹奏：『宮中有陰謀兵氣，戒在親戚。』班不悟。咸和九年，班因夜哭，越殺班于殯宮，時年四十七，在位一年，遂立雄之子期嗣位焉。

期字世運，雄第四子也。聰慧好學，弱冠能屬文，輕財好施，虛心招納。初為建威將軍，雄令諸子及宗室子弟以恩信合衆，多者不至數百，而期獨致千餘人。其所表薦，雄多納之，故長史列署頗出其門。

既殺班，欲立越為主，越以期雄妻任氏所養，又多才藝，乃讓位於期。於是僭即皇帝位，大赦境內，改元玉恒。誅班弟都。使李壽伐都弟玝于涪，玝棄城降晉。封壽漢王，拜梁州刺史、東羌校尉、中護軍、録尚書事；封兄越建寧王，拜相國、大將軍、録尚書事。立妻閻氏為皇后。以其衛將軍尹奉為右丞相，驃騎將軍、尚書令，王瑰為司徒。期自以謀大事既果，輕諸舊臣，外則信任尚書令景騫、尚書姚華、田褒。褒無他才藝，雄時勸立期，故寵待甚厚。內則信宦豎許涪等。國之刑政，希復關之卿相，慶賞威刑，皆決數人而已，於是綱維紊矣。乃誣其尚書僕射、武陵公李載謀反，下獄死。

先是，晉建威將軍司馬勳屯漢中，期遣李壽攻而陷之，遂置守宰，戍南鄭。

雄子霸、保並不病而死，皆云期鴆殺之，於是大臣懷懼，人不自安。天雨大魚于宮中，其色黃。又宮中豕犬交。期多所誅夷，籍没婦女資財以實後庭，內外凶凶，道路以目，諫者獲罪，人懷苟免。期又鴆殺其安北李攸。攸，壽之養弟也。於是與越及景騫、田褒、姚華謀襲壽等，欲因燒市橋而發兵。期又累遣中常侍許涪至壽所，伺其動靜。及殺攸，壽大懼，又疑許涪往來之數也，乃率步騎一萬，自涪向成都，表稱景騫、田褒亂政，興晉陽之甲，以除君側之惡。以李奕為先登。壽到成都，期、越不虞其至，素不備設，壽遂取其城，屯兵至門。期遣侍中勞壽，壽奏相國、建寧王越，尚書令、河南公景騫，尚書田褒、姚華，中常侍許涪，征西將軍李遐及將軍李西等，皆懷姦亂政，謀傾社稷，大逆不道，罪合夷滅。期從之，於是殺越、騫等。壽矯任氏令，廢期為邛都縣公，幽之別宮。期歎曰：『天下主乃當為小縣公，不如死也！』咸康三年，自縊而死，時年二十五，在位三年。謚曰幽公。及葬，賜鸞輅九旒，餘如王禮。雄之子皆為壽所殺。

壽字武考，驤之子也。敏而好學，雅量豁然，少尚禮容，異于李氏諸子。雄奇其才，以為足荷重任，拜前將軍、督巴西軍事，遷征東將軍。時年十九，聘處士譙秀以為賓客，盡其讜言，在巴西威惠甚著。驤死，遷大將軍、大都督、侍中，封扶風公，録尚書事。征寧州，攻圍百餘日，悉平諸郡，雄大悅，封建寧王。雄死，受遺輔政。期立，改封漢王，食梁州五郡，領梁州刺史。

壽威名遠振，深為李越、景騫等所憚，壽深憂之。代李玝屯涪，每應期朝覲，常自陳邊疆寇警，不可曠鎮，故得不朝。壽又見期、越兄弟十餘人年方壯大，而並有强兵，懼不自全，乃數聘禮巴西龔壯。壯雖不應聘，數往見壽。時岷山崩，江水竭，壽惡之，每問壯以自安之術。壯以特殺其父及叔，欲假手報仇，未有其由，因說壽曰：『節下若能舍小從大，以危易安，則開國裂土，長為諸侯，名高桓文，勳流百代矣。』壽從之，陰與長史略陽羅恒、巴西解思明共謀據成都，稱藩歸順。乃誓文武，得數千人，襲成都，克之，縱兵虜掠，至乃姦略雄女及李氏諸婦，多所殘害，數日乃定。

恒與思明及李奕、王利等勸壽稱鎮西將軍、益州牧、成都王，稱藩于晉，而任調與司馬蔡興、侍中李豔及張烈等勸壽自立。壽命筮之，占者曰：『可數年天子。』調喜曰：『一日尚為足，而況數年乎！』思明曰：『數年天子，孰與百世諸侯！』壽曰：『朝聞道，夕死可矣。任侯之言，策之上也。』遂以咸康四年僭即偽位，赦其境內，改元為漢興。以董皎為相國，羅恒、馬當為股肱，李奕、任調、李閎為爪牙，解思明為謀主。以安車束帛聘龔壯為太師，壯固辭，特聽縞巾素帶，居師友之位。拔擢幽滯，處之顯列。追尊父驤為獻帝，母昝氏為太后，立妻閻氏為皇后，世子勢為太子。

有告廣漢太守李乾與大臣通謀，欲廢壽者。壽令其子廣與大臣盟于前殿，徙乾漢嘉太守。大風暴雨，震其端門。壽深自悔責，命羣臣極盡忠言，勿拘忌諱。

遣其散騎常侍王嘏、中常侍王廣聘于石季龍。先是，季龍遺壽書，欲連横入寇，約分天下。壽大悅，乃大修船艦，嚴兵繕甲，吏卒皆備候糧。以其尚書令馬當為六軍都督，假節鉞，營東場大閱，軍士七萬餘人，舟師泝江而上。過成都，鼓噪盈江，壽登城觀之。其羣臣咸曰：『我國小衆寡，吳、會險遠，圖之未易。』解思明又切諫懇至，壽於是命羣臣陳其利害。龔壯諫曰：『陛下與胡通，孰如與晉通？胡，豺狼國也。晉既滅，不得不北面事之。若與之爭天下，則强弱勢異。此虞、虢之成范，已然之明戒，願陛下熟慮之。』羣臣以壯之言為然，叩頭泣諫，壽乃止，士衆咸稱萬歲。

遣其鎮東大將軍李奕征牂柯，太守謝恕保城距守者積日，不拔。會奕糧盡，引還。

壽以其太子勢領大將軍、録尚書事。

壽承雄寬儉，新行篡奪，因循雄政，未逞其志欲。會李閎、王嘏從鄴還，盛稱季龍威强，宮觀美麗，鄴中殷實。壽又聞季龍虐用刑法，王遜亦以殺罰御下，並能控制邦域，壽心欣慕，人有小過，輒殺以立威。又以郊甸未實，都邑空虛，工匠器械，事未充盈，乃徙旁郡户三丁已上以實成都，興尚方御府，發州郡工巧以充之，廣修宮室，引水入城，務於奢侈。又廣太學，起宴殿。百姓疲于使役，呼嗟滿道，思亂者十室而九矣。其左僕射蔡興切諫，壽以為誹謗，誅之。右僕射李嶷數以直言忤旨，壽積忿非一，托以他罪，下獄殺之。

壽疾篤，常見李期、蔡興為祟。八年，壽死，時年四十四，在位五年。偽謚昭文帝，廟曰中宗，墓曰安昌陵。

壽初為王，好學愛士，庶幾善道，每覽良將賢相建功立事者，未嘗不反覆誦之，故能征伐四克，辟國千里。雄既垂心于上，壽亦盡誠於下，號為賢相。及即偽位之後，改立宗廟，以父驤為漢始祖廟，特、雄為大成廟，又下書言與期、越別族，凡諸制度，皆有改易。公卿以下，率用己之僚佐，雄時舊臣及六郡士人，皆見廢黜。壽初病，思明等復議奉王室，壽不從。李演自越巂上書，勸壽歸正返本，釋帝稱王，壽怒殺之，以威龔壯、思明等。壯作詩七篇，托言應璩以諷壽。壽報曰：『省詩知意，若今人所作，賢哲之話言也。古人所作，死鬼之常辭耳！』動慕漢武、魏明之所為，耻聞父兄時事，上書者不得言先世政化，自以己勝之也。

勢字子仁，壽之長子也。初，壽妻閻氏無子，驤殺李鳳，為壽納鳳女，生勢。期愛勢姿貌，拜翊軍將軍、漢王世子。勢身長七尺九寸，腰帶十四圍，善於俯仰，時人異之。壽死，勢嗣偽位，赦其境內，改元曰太和。尊母閻氏為太后，妻李氏為皇后。

太史令韓皓奏熒惑守心，以過廟禮廢，勢命羣臣議之。其相國董皎、侍中王嘏等以為景武昌業，獻文承基，至親不遠，無宜疏絕。勢更令祭特、雄，同號曰漢王。

勢弟大將軍、漢王廣以勢無子，求為太弟，勢弗許。馬當、解思明以勢兄弟不多，若有所廢，則益孤危，固勸許之。勢疑當等與廣有謀，遣其太保李奕襲廣於涪城，命董皎收馬當、思明斬之，夷其三族。貶廣為臨邛侯，廣自殺。思明有計謀，强諫諍，馬當甚得人心。自此之後，無復紀綱及諫諍者。

李奕自晉壽舉兵反之，蜀人多有從奕者，衆至數萬。勢登城距戰。奕單騎突門，門者射而殺之，衆乃潰散。勢既誅奕，大赦境內，改年嘉寧。

初，蜀土無獠，至此，始從山而出，北至犍為，梓潼，布在山谷，十餘萬落，不可禁制，大為百姓之患。勢既驕吝，而性愛財色，常殺人而取其妻，荒淫不恤國事。夷獠叛亂，軍守離缺，境宇日蹙。加之荒儉，性多忌害，誅殘大臣，刑獄濫加，人懷危懼。斥外父祖臣佐，親任左右小人，羣小因行威福。又常居內，少見公卿。史官屢陳灾譴，乃加董皎太師，以名位優之，實欲與分灾眚。

大司馬桓温率水軍伐勢。温次青衣，勢大發軍距守，又遣李福與昝堅等數千人從山陽趣合水距温。謂温從步道而上，諸將皆欲設伏於江南以待王師，昝堅不從，率諸軍從江北鴛鴦碕渡向犍為，而温從山陽出江南，昝堅到犍為，方知與温異道，乃回從沙頭津北渡。及堅至，温已造成都之十里陌，昝堅衆自潰。温至城下，縱火燒其大城諸門。勢衆惶懼，無復固志，其中書監王嘏、散騎常侍常璩等勸勢降。勢以問侍中馮孚，孚言：『昔吳漢征蜀，盡誅公孫氏。今晉下書，不赦諸李，雖降，恐無全理。』勢乃夜出東門，與昝堅走至晉壽，然後送降文于温曰：『偽嘉寧二年三月十七日，略陽李勢叩頭死罪。伏惟大將軍節下，先人播流，恃險因釁，竊自汶、蜀。勢以暗弱，復統未緒，偷安荏苒，未能改圖。猥煩朱軒，踐冒險阻。將士狂愚，干犯天威。仰慚俯愧，精魂飛散，甘受斧鑕，以釁軍鼓。伏惟大晉，天網恢弘，澤及四海，恩過陽日。逼迫倉卒，自投草野。即日到白水城，謹遣私署散騎常侍王幼奉箋以聞，並敕州郡投戈釋杖。窮池之魚，待命漏刻。』勢尋輿櫬面縛軍門，温解其縛，焚其櫬，遷勢及弟福、從兄權親族十餘人于建康，封勢歸義侯。升平五年，死于建康。在位五年而敗。

始，李特以惠帝太安元年起兵，至此六世，凡四十六年，以穆帝永和三年滅。

宋・李昉等《太平御覽》卷一二三《偏霸部七・蜀李特》 崔鴻《十六國春秋・蜀録》曰：李特，字玄休，巴西宕渠人。其先廩君之苗裔。秦并天下，以為黔中郡，薄賦其人，口歲出錢四十。巴人謂賦為賨，遂因名焉。及高祖為漢王，始募賨民平定三秦，既而不願出關，求還鄉里。高祖以其功，復同豐、沛，更其地為巴郡。土有鹽漆之利，民用殷阜，俗性剽勇，又善歌舞。高祖愛其舞，詔樂府習之，今巴渝舞是也。其後繁昌，分為數十姓。及魏武克漢中，特祖父虎歸魏，魏武嘉之，遷略陽，拜虎等為將軍。內徙者亦萬餘家，散居隴右諸郡及三輔、弘農。所在號為巴人。虎子慕為東羌獵將，慕凡有五子：輔、特、庠、流、驤。特身長八尺，雄武善騎射，沉毅有大度。元康中，氐齊萬年擾亂，天水、略陽、扶風、始平諸郡皆被兵寇。民頻歲大饑，流移就穀，相與入漢川者數萬家。特至劍閣，顧盼險阻，曰：『劉禪有如此地而面縛於人，豈非庸才耶！』同移者閻彧等咸歎異之。

初，流民既至漢中，上書求寄食巴、蜀，朝廷從之。由是散在梁、益，不可禁止。元康九年，詔征益州刺史趙廞為大長秋，以成都內史耿勝代廞。廞遂謀叛，有劉氏割據之志，勝率衆入州，廞遣衆迎之，戰于西門，勝敗走，廞獲煞之。廞自稱大將軍、益州牧。時李庠與兄弟及李含、任回等以四千騎歸廞，廞以庠為威寇將軍，使斷北道。庠素東羌良將，曉兵陣，軍部肅然。廞惡其齊整，煞之，復以特為督將。特兄弟既怨廞，引兵歸綿竹。廞恐朝廷討己，遣長史費遠、犍為太守李苾萬餘人斷北道，次綿竹之石亭。特密收合得七千餘人，夜襲遠軍，遠軍大潰，因放火燒之，死者十八九。進攻成都。廞聞兵至，驚懼不知所為。李苾等夜斬關走出，文武盡散。廞獨與妻子乘小船走至廣都，為其下人朱竺所殺。

先是，梁州刺史羅尚聞廞叛，上表稱廞非雄才，又蜀人不願為亂，事終無成，願欲征之。惠帝遣尚為平西將軍、益州刺史，率七千餘人入蜀。特等聞尚來，甚懼，使弟驤于道奉迎，並貢寳物。尚甚悅。

冬十月，六郡流人推特行鎮北將軍，承制封拜，其弟流行鎮東將軍，弟驤驍騎將軍，少子雄為前將軍，以相統領。進兵攻尚於成都。尚頻為特所敗，乃阻長圍，緣水作營，自都安至犍為七百里，與特相距。大安二年，都下推特為大將軍，改元為建初元年。益州從事任明說尚曰：『特既凶逆，侵暴百姓，又分人散衆在各村堡，驕怠無備，是天亡之時也。可告諸村密刻期日，內外擊之，破之必矣。』尚從之。遣大衆奄襲特營，尚出逆戰，到官桑，特軍敗績，死之。雄稱成都王，追謚景王。及稱尊號，追尊曰景皇帝，廟號始祖。

又《李流》 崔鴻《十六國春秋・蜀録》曰：李流，字玄通，特第四子也。少好學，便弓馬。東羌校尉何攀稱流有賁育之勇，舉為東羌校尉。平趙廞于成都，晉朝論功，拜奮威將軍，封武陽侯。建初元年，特既見殺，流自稱大將軍、益州牧。九月，流疾篤，謂諸將曰：『驍騎高明仁愛，識量多奇，固足以濟大事，然前軍李雄也英武，殆天所相，可共受事於前軍，以為成都王也。』遂薨，年五十六。諸將共立雄為主。雄稱尊號，追謚流秦文王。子龍嗣。

又《李雄》 崔鴻《十六國春秋・蜀録》曰：李雄，字仲俊，特第三子。母羅氏，夢雙虹自門升天，一虹中斷，既而生蕩。後羅氏汲水，忽然而寐，夢大虹繞其身，遂有孕，十四月而生雄。常言二子若有先亡，在者必大貴。蕩以李流世卒。雄身長八尺三寸，美容貌。相工相之曰：『此君將貴，其相有四：目如重雲，鼻如龜龍，口方如器，耳如相望。法為貴人，位過三公不疑。』雄少以烈氣聞，識者皆器重之。特稱益州牧，以雄鎮梓潼，又拜前將軍。

流薨，雄稱大將軍、益州牧，治郫城。以西山范長生巖居穴處，求遵養之志，雄欲迎為君。長生固辭曰：『推步太元，五行大會甲子，祚鍾于李，非吾節也。』建興元年十月，雄即成都王位於南郊，大赦，改元。約法七章。以叔父驤為太傅，兄虎威為太保。晏平元年三月，范長生乘素輿詣城，雄迎於大門，執版延坐，長生請雄對坐，即拜丞相，尊曰范賢。長生勸雄稱尊號。夏六月，僭即帝位，大赦，改年，國號大成。追尊父特為景帝，母羅氏為太皇后。十月，加丞相范長生為天地太師之號，封西山侯。玉衡五年正月，立妻任氏為皇后。八年四月，范長生卒，以其子侍中賁為丞相。長生善天文，有術數，民奉之如神。十四年，立兄子班為太子。二十四年五月，雄寢疾。六月丁卯，薨，年六十一。謚武皇帝，廟號太宗。十月，葬安都陵。太子班襲位。

又《李期》　崔鴻《十六國春秋·蜀録》曰：李期字世運，雄第四子。聰惠好學，弱冠能屬文。雄薨，班即位。雄子車騎將軍越自江陽奔喪，以班非雄所生而嗣位，心不平。十月，因夜哭臨，越煞班於殯宮。班字世文，雄兄蕩第四子。雄妻任氏無子，養班為子。越既殺班，於是矯太后令罪狀，謚戾太子，立期為主。甲子，期僭即皇帝位。玉恒元年正月，大赦，改年，立妻閻氏為后。四月，大將軍漢王壽率步騎一萬自涪向成都。期不虞至，預不設備，至即克城，屯兵宮門。殺相國建寧王越、尚書令景騫、尚書田袞等，廢期為邛都公，幽之別宮。期自殺，年二十五。謚曰幽公。

又《李壽》　崔鴻《十六國春秋·蜀録》曰：李壽，字武考，特季弟驤之子。少尚禮容，敏而好學。雄奇其才秀，以為足荷重任，封為建寧王。既而期立，改封漢王，領梁州刺史，治涪城。壽見期兄弟十餘人並有强兵，懼不自全，陰謀據成都，稱藩於晉。乃誓文武，得數千人，襲成都，克之，放兵虜掠，數日乃定。於是僭即皇帝位於南郊，大赦，改咸康四年為漢興元年。追尊父驤獻皇帝。

三年六月，壽下書曰：『吳會遺燼，久逋天誅，今將太興百萬，躬行天罰。』九月，大閲，軍士七萬餘人，舟師溯江而上。過成都，鼓噪盈江，壽登城觀之。羣臣以國小衆寡，江吳險遠，圖之未易，叩頭泣諫，乃止兵，人咸呼萬歲。十月，宴禮於太學，舉明經者封好學侯。四年，以太子勢領大將軍、録尚書事。六年，分寧州興古、永昌、雲南、朱提、越巂、河陽六郡為漢州。四月，壽寢疾，常見李期為祟。八月，薨，年四十。謚昭文皇帝，廟號中宗，葬安昌陵。

又《李勢》　崔鴻《十六國春秋·蜀録》曰：李勢，字子仁，壽之長子。身長七尺九寸，腰帶十四圍，善於俯仰，時人異之。壽既薨，僭即帝位，大赦，改元太和。元年正月，尊母閻氏為皇太后，妻李氏為皇后。

嘉寧二年，晉遣安西將軍、荆州刺史桓温來伐，勢大發軍禦之。鎮東李位都逆往降。温達成都之十里陌，勢衆自潰。三月，温至城下，縱火燒其大城諸門。勢衆惶懼，無復固志。勢乃夜開東門，走九百里至晉壽，然後送降文于温。尋輿櫬面縛軍門，温解縛焚櫬，送勢及叔父福《載記》云：及弟福等十餘人于建康，晉封為歸義侯。升平五年，卒。

常璩，字道將，蜀成都人，少好學，著《華陽國志》十篇，序開闢以來，迄于李勢，皆有條理，云：『宕渠，古賨國。今有賨城。秦始皇時，有長人長五丈見宕渠。』秦史胡毋敬曰：『五百年外，其地必有異人為大人者。』及雄之稱號，祖先出自宕渠，有識者皆以為應之。譙周云：『我死後三十年，當有異人入蜀。』又著讖云：『廣漢城北有大賊，曰流曰特攻難得，歲在玄宮自相克。』又惠帝之世，蜀童謡曰：『江橋頭，闕下市，成都北門十八字。』至是而應焉。李特以晉永和元年，歲在辛酉起兵，至勢嘉寧二年，為晉永和三年，歲在壬戌而降晉，合四十七年。

論説

《晉書》卷一二一《李雄等載記論》　昔周德方隆，古公切逾梁之患；漢祚斯永，宣后興渡湟之師。是知戎狄亂華，釁深自古，況乎巴、濮雜種，厥類實繁，資剽竊以全生，習獷悍而成俗。李特世傳凶狡，早擅梟雄，太息劍門，志吞井絡。屬晉綱之落紐，乘羅侯之無斷，騁馬屬犍，同聲雲集，殲殄蜀、漢，薦食巴、梁，沃野無半菽之資，華陽有析骸之釁。蓋上失其道，覆敗之至於斯！

仲濬天挺英姿，見稱奇偉，摧鋒累載，克隆霸業。蹈玄德之前基，掩子陽之故地，薄賦而綏弊俗，約法而悦新邦，擬於其倫，實孫權之亞也。若夫立子以嫡，往哲通訓，繼體承基，前修茂範。而雄暗經國之遠圖，蹈匹夫之小節，傳大統於猶子。托强兵於厥胤。遺骸莫斂，尋戈之釁已深；星紀未周，傾巢之釁便及。雖云天道，抑亦人謀。

班以寬愛罹灾，期以暴戾速禍，殊塗並失，異術同亡。武考憑藉世資，窮兵竊位，罪百周帶，毒甚楚圍，獲保歸全，何其幸也！子仁承緒，繼傳昏虐，驅率餘燼，敢距大邦。授甲晨征，則理均於困獸；斬關宵遁，則義殊於前禽。宜其懸首國門，以明大戮，遂得禮同劉禪，不亦優乎！

又《李雄等載記贊》　晉圖馳馭，百六斯鍾。天垂伏鱉，野戰羣龍。李特窺釁，盜我巴、庸。世歷五朝，年將四紀。篡殺移國，昏狂繼軌。德之不修，險亦難恃。

雜録

隋·虞世南《北堂書鈔》卷一五八《地部二·穴》 崔鴻《蜀録》曰：西山范長生，巖居穴處，求道養志。李雄欲迎致以為君長。

唐·歐陽詢等《藝文類聚》卷九二《鳥部下·烏》 《蜀李雄書》曰：武皇帝雄，泰成三年，白烏赤足來翔，帝以問范賢，賢曰：烏有反哺之義，必有遠人懷惠而來，果關中流民請降。

唐·陸德明《經典釋文》卷一《序録·注解傳述人〈易〉》 蜀才注十卷。案：《蜀李書》云：姓范名長生，一名賢，隱居青城山，自號『蜀才』。李雄以為丞相。

唐·李亢《獨異志》卷中 偽蜀李勢宮人張氏，有妖容，勢寵之。一旦化為大斑蛇，長丈餘，送于苑中。夜復來寢床下。勢懼，遂殺之。後有鄭美人，勢亦寵愛，化為雌虎，一夕，食勢姬三人。未幾，勢為桓温所殺。

宋·李昉等《太平御覽》卷二〇六《職官部四·太保》 崔鴻《十六國春秋·蜀李雄録》曰：雄異母兄始，字伯敬，為太保，善撫士衆，衆多歸之，時人為之語曰：欲養老，屬太保。

又 卷三一四《兵部四十五·乘勢》 崔鴻《十六國春秋》：蜀李特攻晉將張徽，敗徽軍，特議欲釋徽還涪。諸將進曰：『徽軍連戰，士卒傷滅，知勇俱竭，宜因其弊遂擒之，若舍而寬之，徽養病收亡，餘衆更合，圖之未易也。』特從之，復進攻徽，徽潰圍走。特遣將水陸追之，遂害徽。生擒徽子存，以徽喪還之也。

又 卷三二〇《兵部五十一·危急》 《十六國春秋》曰：蜀王李雄攻譙登於涪城，無救援。登固守不下，士卒皆熏鼠食之，一無叛者。

又 卷三四六《兵部七十七·刀下》 陶弘景《刀劍録》曰：後蜀主李雄晏平元年造騰馬刀五百口，隸字。

又 卷三五七《兵部八十八·銜枚》 《蜀録》曰：李特使弟驤屯軍毗橋以備羅尚。尚遣將張興偽降於驤，以覘虛實。興夜歸白尚，尚遣精勇萬人銜枚隨興夜襲驤營，驤及將士奔於流柵。

又 卷三六三《人事部四·形體》 《蜀李書》曰：武帝諱雄，字仲俊，始祖第三子。帝身長八尺三寸，美容貌。相工相之曰：『此君將貴，其相有四：目如重雲，鼻如龜龍，口如方器，耳如相望。法為貴人，位過三公，不疑也。』帝每周旋鄉里，有識者皆器重之。有劉化者，道術士也，太康中每語鄉里曰：『李仲俊有大貴之表，終為人主也。』

又 卷三六六《人事部七·耳》 《蜀書》曰：武皇帝李雄美容貌，相工相之曰：『此君口如方器，耳如相望。位必過三公，不疑也。』

又 卷三九八《人事部三十九·吉夢下》 《李蜀書》曰：武帝諱雄，始祖第三子。始祖后方娠，夢雙虹自門升天，一蛇中斷。及生，后常言：三子若成人，必有先亡者，有大貴者。後果李蕩早卒，李雄王蜀。

又 卷八一一《珍寶部十·金下》 《蜀李書》曰：武帝諸將，進金銀或以得官者。楊褒諫曰：『陛下為天下主，何有以官買金耶？』帝謝之。

又 卷八七六《咎徵部三·風》 《十六國春秋》曰：李期玉恒四年三月，大風拔樹發屋。四月，為李壽所殺。

又曰：蜀李壽漢興三年二月，大風暴雨，睜獰怗門。至六年，壽死，子勢立。三年，為晉將桓温所滅。

又 卷八七七《咎徵部四·白氣》 《蜀李書》曰：哀帝即位，有白氣二道帶天。望氣者言：宮中有伏兵。果為邛都公所害也。

又 《雨血》 《十六國春秋》曰：後蜀李勢末年，天雨血，俄降於桓温也。

又 《雨魚》 崔鴻《十六國春秋》曰：後蜀李期末年，大雨魚於宮中，其色黃。其年為李壽廢，殺之。

又 卷八七八《咎徵部五·不時雪》 《十六國春秋》曰：後蜀李雄以晉咸康六年八月死。其日宮內積雪，自外則否。

又 卷九二二《羽族部九·鶹鵂》 崔鴻《蜀録》曰：蜀連有災，天雨血，地仍震，地生毛，鶹鵂集城下。

又 卷九七五《果部十二·芋》 崔鴻《十六國春秋·蜀録》曰：李雄克成都，衆甚饑餒，乃將民就穀於郪，掘野芋而食之。

宋·司馬光《資治通鑑》卷八三《晉紀五·孝惠皇帝上之下》

（晉惠帝永康元年冬十一月，趙）廞自稱大都督、大將軍、益州牧，《考異》曰：《晉春秋》云『建號太平元年』，他書無之，今不取。

又　卷八四《晉紀六・孝惠皇帝中之上》　（晉惠帝永寧元年）會（李）庠勸（趙）廞稱尊號，淑、粲因白廞以庠大逆不道，引斬之，並其子侄十餘人。《考異》曰：《載記》曰：『及其子侄宗族三十餘人。』今從《華陽國志》。又《國志》庠死在去年冬，《晉春秋》在今年春。今從之。

又　卷八五《晉紀七・孝惠皇帝中之下》　（晉惠帝）太安二年春，正月，李特潛渡江擊羅尚，水上軍皆散走。郫水上軍也。蜀郡太守徐儉以少城降，特入據之，惟取馬以供軍，餘無侵掠；赦其境內，改元建初。《考異》曰：《帝紀》：『太安元年五月，特自號大將軍。』《載記》：『太安元年，特稱大將軍，改元。』《後魏書・李雄傳》云：『昭帝七年，特稱大將軍，號年建初。』昭帝七年，太安元年也。祖孝征《修文殿御覽》云：『太安二年，特大赦，改年建初元年。特見殺。』《三十國》、《晉春秋》云：『太安二年正月，特僭位改年。』今從《御覽》等書。

又　卷八六《晉紀八・孝惠皇帝下》　（晉惠帝光熙元年六月）成都王雄即皇帝位，雄，字仲儁，特第三子。大赦，改元曰晏平，國號大成。《考異》曰：《晉・帝紀》、《三十國》、《晉春秋》皆云：『永興二年六月，雄即帝位。』《華陽國志》：『光熙元年，雄即帝位。』《後魏書・序紀》及《李雄傳》皆云：『昭帝十二年，雄稱帝。』即光熙元年也。《十六國春秋鈔》：『晏平元手六月，雄即帝位。』《十六國春秋》目録，雄年號，建興二，晏平五，與《華陽國志》同，今從之。諸書，雄改元晏平，無大武年號；惟《晉・載記》改元大武，無晏平年號。按雄國號大成。《魏書・雄傳》云：『雄稱帝，號大成，改元晏平。』故《三十國春秋》誤云『改年大成』，《載記》轉寫，誤為『大武』。今從諸書去『大武』之號。追尊父特曰景皇帝，廟號始祖；尊王太后曰皇太后。雄母羅氏，尊為王太后，見上卷永興元年。以范長生為天地太師；太師乃有天地之號，侯景未足多怪也。羣盜私立名字以相署置，可勝言哉！《考異》曰：《華陽國志》：『尊長生曰四時八節天地太師。』今從《晉・載記》。復其部曲，皆不豫徵稅。諸將恃恩，互爭班位，尚書令閻式上疏，請考漢、晉故事，立百官制度；從之。

又　卷八六《晉紀八・孝懷皇帝上》　（晉懷帝永嘉二年十二月）成尚書令楊褒卒。《考異》曰：《載記》云『丞相楊褒』。今從《晉春秋》。

漢前趙興亡

綜　述

《晉書》卷一〇一《劉元海載記》　劉元海，新興匈奴人，冒頓之後也。名犯高祖廟諱，故稱其字焉。初，漢高祖以宗女為公主，以妻冒頓，約為兄弟，故其子孫遂冒姓劉氏。建武初，烏珠留若鞮單于子右奧鞬日逐王比自立為南單于，入居西河美稷，今離石左國城即單于所徙庭也。中平中，單于羌渠使子於扶羅將兵助漢，討平黃巾。會羌渠為國人所殺，於扶羅以其衆留漢，自立為單于。屬董卓之亂，寇掠太原、河東，屯於河內。於扶羅死，弟呼廚泉立，以於扶羅子豹為左賢王，即元海之父也。魏武分其衆為五部，以豹為左部帥，其餘部帥皆以劉氏為之。太康中，改置都尉，左部居太原茲氏，右部居祁，南部居蒲子，北部居新興，中部居大陵。劉氏雖分居五部，然皆居於晉陽汾澗之濱。

豹妻呼延氏，魏嘉平中祈子于龍門，俄而有一大魚，頂有二角，軒鬐躍鱗而至祭所，久之乃去。巫覡皆異之，曰：『此嘉祥也。』其夜夢旦所見魚變為人，左手把一物，大如半雞子，光景非常，授呼延氏，曰：『此是日精，服之生貴子。』寤而告豹，豹曰：『吉徵也。吾昔從邯鄲張冏母司徒氏相，云吾當有貴子孫，三世必大昌，仿像相符矣。』自是十三月而生元海，左手文有其名，遂以名焉。齠齔英慧，七歲遭母憂，擗踴號叫，哀感旁鄰，宗族部落咸共歎賞。時司空太原王昶聞而嘉之，並遣吊賻。幼好學，師事上黨崔游，習《毛詩》、《京氏易》、《馬氏尚書》，尤好《春秋左氏傳》、《孫吳兵法》，略皆誦之，《史》、《漢》、諸子，無不綜覽。嘗謂同門生朱紀、范隆曰：『吾每觀書傳，常鄙隨陸無武，絳灌無文。道由人弘，一物之不知者，固君子之所恥也。二生遇高皇而不能建封侯之業，兩公屬太宗而不能開庠序之美，惜哉！』於是遂學武事，妙絕於衆，猿臂善射，膂力過人。姿儀魁偉，身長八尺四寸，鬚長三尺餘，當心有赤毫毛三根，長三尺六寸。有屯留崔懿之、襄陵公師彧等，皆善相人，及見元海，驚而相謂曰：『此人形貌非常，吾所未見也。』於是深相崇敬，推分結恩。太原王渾虛襟友之，命子濟拜焉。

咸熙中，為任子在洛陽，文帝深待之。泰始之後，渾又屢言之于武帝。帝召與語，大悅之，謂王濟曰：『劉元海容儀機鑒，雖由余、日磾無以加也。』濟對曰：『元海儀容機鑒，實如聖旨，然其文武才幹賢於二子遠矣。陛下若任之以東南之事，吳會不足平也。』帝稱善。孔恂、楊珧進曰：『臣觀元海之才，當今懼無其比，陛下若輕其衆，不足以成事；若假之威權，平吳之後，恐其不復北渡也。非我族類，其心必異。任之以本部，臣竊為陛下寒心。若舉天阻之固以資之，無乃不可乎！』帝默然。

後秦涼覆没，帝疇咨將帥，上黨李憙曰：『陛下誠能發匈奴五部之衆，假元海一將軍之號，鼓行而西，可指期而定。』孔恂曰：『李公之言，未盡殄患之理也。』憙勃然曰：『以匈奴之勁悍，元海之曉兵，奉宣聖威，何不盡之有！』恂曰：『元海若能平涼州，斬樹機能，恐涼州方有難耳。蛟龍得雲雨，非復池中物也。』帝乃止。後王彌從洛陽東歸，元海餞彌于九曲之濱。泣謂彌曰：『王渾、李憙以鄉曲見知，每相稱達，讒間因之而進，深非吾願，適足為害。吾本無宦情，惟足下明之。恐死洛陽，永與子別。』因慷慨歔欷，縱酒長嘯，聲調亮然，坐者為之流涕。齊王攸時在九曲，比聞而馳遣視之，見元海在焉，言於帝曰：『陛下不除劉元海，臣恐并州不得久寧。』王渾進曰：『元海長者，渾為君王保明之。且大晉方表信殊俗，懷遠以德，如之何以無萌之疑殺人侍子，以示晉德不弘。』帝曰：『渾言是也。』

會豹卒，以元海代為左部帥。太康末，拜北部都尉。明刑法，禁姦邪，輕財好施，推誠接物，五部濬傑無不至者。幽冀名儒，後門秀士，不遠千里，亦皆遊焉。楊駿輔政，以元海為建威將軍、五部大都督，封漢光鄉侯。元康末，坐部人叛出塞免官。成都王穎鎮鄴，表元海行寧朔將軍、監五部軍事。

惠帝失馭，寇盜蜂起，元海從祖故北部都尉、左賢王劉宣等竊議曰：『昔我先人與漢約為兄弟，憂泰同之。自漢亡以來，魏晉代興，我單于雖有虛號，無復尺土之業，自諸王侯，降同編户。今司馬氏骨肉相殘，四海鼎沸，興邦復業，此其時矣。左賢王元海姿器絶人，幹宇超世。天若不恢崇單于，終不虛生此人也。』於是密共推元海為大單于。乃使其黨呼延攸詣鄴，以謀告之。元海請歸會葬，穎弗許。乃令攸先歸，告宣等招集五部，引會宜陽諸胡，聲言應穎，實背之也。

穎為皇太弟，以元海為太弟屯騎校尉。惠帝伐穎，次於蕩陰，穎假元海輔國將軍、督北城守事。及六軍敗績，穎以元海為冠軍將軍，封盧奴伯。并州刺史東嬴公騰、安北將軍王浚，起兵伐穎，元海說穎曰：『今二鎮跋扈，衆餘十萬，恐非宿衛及近都士庶所能禦之，請為殿下還說五部，以赴國難。』穎曰：『五部之衆可保發已不？縱能發之，鮮卑、烏丸勁速如風雲，何易可當邪？吾欲奉乘輿還洛陽，避其鋒鋭，徐傳檄天下，以逆順制之。君意何如？』元海曰：『殿下武皇帝之子，有殊勳於王室，威恩光洽，四海欽風，孰不思為殿下没命投軀者哉，何難發之有乎！王浚豎子，東嬴疏屬，豈能與殿下爭衡邪！殿下一發鄴宮，示弱於人，洛陽可復至乎？縱達洛陽，威權不復在殿下也。紙檄尺書，誰為人奉之！且東胡之悍不逾五部，願殿下勉撫士衆，靖以鎮之，當為殿下以二部摧東嬴，三部梟王浚，二豎之首可指日而懸矣。』穎悅，拜元海為北單于、參丞相軍事。元海至左國城，劉宣等上大單于之號，二旬之間，衆已五萬，都于離石。

王浚使將軍祁弘率鮮卑攻鄴，穎敗，挾天子南奔洛陽。元海曰：『穎不用吾言，逆自奔潰，真奴才也。然吾與其有言矣，不可不救。』於是命右於陸王劉景、左獨鹿王劉延年等率步騎二萬，將討鮮卑。劉宣等固諫曰：『晉為無道，奴隸御我，是以右賢王猛不勝其忿。屬晉綱未馳，大事不遂，右賢塗地，單于之耻也。今司馬氏父子兄弟自相魚肉，此天厭晉德，授之於我。單于積德在躬，為晉人所服，方當興我邦族，復呼韓邪之業，鮮卑、烏丸可以為援，奈何距之而拯仇敵！今天假手於我，不可違也。違天不祥，逆衆不濟；天與不取，反受其咎。願單于勿疑。』元海曰：『善。當為崇岡峻阜，何能為培塿乎！夫帝王豈有常哉，大禹出於西戎，文王生於東夷，顧惟德所授耳。今見衆十餘萬，皆一當晉十，鼓行而摧亂晉，猶拉枯耳。上可成漢高之業，下不失為魏氏。雖然，晉人未必同我。漢有天下世長，恩德結于人心，是以昭烈崎嶇於一州之地，而能抗衡於天下。吾又漢氏之甥，約為兄弟，兄亡弟紹，不亦可乎？且可稱漢，追尊後主，以懷人望。』乃遷于左國城，遠人歸附者數萬。

永興元年，元海乃為壇於南郊，僭即漢王位，下令曰：『昔我太祖高皇帝以神武應期，廓開大業。太宗孝文皇帝重以明德，升平漢道。世宗孝武皇帝拓土攘夷，地過唐日。中宗孝宣皇帝搜揚濬乂，多士盈朝。是我祖宗道邁三王，功高五帝，故卜年倍于夏商，卜世過於姬氏。而元成多僻，哀平短祚，賊臣王莽，滔天篡逆。我世祖光武皇帝誕資聖武，恢復鴻基，祀漢配天，不失舊物，俾三光晦而復明，神器幽而復顯。顯宗孝明皇帝、肅宗孝章皇帝累葉重暉，炎光再闡。自和安已後，皇綱漸頽，天步艱難，國統頻絶。黄巾海沸於九州，羣閹毒流于四海，董卓因之肆其猖勃，曹操父子凶逆相尋。故孝湣委棄萬國，昭烈播越岷蜀，冀否終有泰，旋軫舊京。何圖天未悔禍，後帝窘辱。自社稷淪喪，宗廟之不血食四十年於茲矣。今天誘其衷，悔禍皇漢，使司馬氏父子兄弟迭相殘滅。黎庶塗炭，靡所控告。孤今猥為羣公所推，紹修三祖之業。顧兹尪暗，戰惶靡厝。但以大恥未雪，社稷無主，銜膽棲冰，勉從羣議。』乃赦其境內，年號元熙，追尊劉禪為孝懷皇帝，立漢高祖以下三祖五宗神主而祭之。立其妻呼延氏為王后。置百官，以劉宣為丞相，崔游為御史大夫，劉宏為太尉，其餘拜授各有差。

東嬴公騰使將軍聶玄討之，戰於大陵，玄師敗績，騰懼，率并州二萬餘户下山東，遂所在為寇。元海遣其建武將軍劉曜寇太原、泫氏、屯留、長子、中都，皆陷之。二年，騰又遣司馬瑜、周良、石鮮等討之，次於離石汾城。元海遣其武牙將軍劉欽等六軍距瑜等，四戰，瑜皆敗，欽振旅而歸。是歲，離石大饑，遷于黎亭，以就邸閣穀，留其太尉劉宏、護軍馬景守離石，使大司農卜豫運糧以給之。以其前將軍劉景為使持節、征討大都督、大將軍，要擊并州刺史劉琨于版橋，為琨所敗，琨遂據晉陽。其侍中劉殷、王育進諫元海曰：『殿下自起兵以來，漸已一周，而顓守偏方，王威未震。誠能命將四出，決機一擲，梟劉琨，定河東，建帝號，鼓行而南，克長安而都之，以關中之衆席捲洛陽，如指掌耳。此高皇帝之所以創啓鴻基，克殄强楚者也。』元海悅曰：『此孤心也。』遂進據河東，攻寇蒲阪、平陽，皆陷之。元海遂入都蒲子，河東、平陽屬縣壘壁盡降。時汲桑起兵趙魏，上郡四部鮮卑陸逐延、氐酋大單于征、東萊王彌及石勒等並相次降之，元海悉署其官爵。

永嘉二年，元海僭即皇帝位，大赦境內，改元永鳳。以其大將軍劉和為大司馬，封梁王，尚書令劉歡樂為大司徒，封陳留王，御史大夫呼延翼為大司空，封雁門郡公，宗室以親疏為等，悉封郡縣王，異姓以勳謀為差，皆封郡縣公侯。太史令宣于修之言於元海曰：『陛下雖龍興鳳翔，奄受大命，然遺晉未殄，皇居仄陋，紫宮之變，猶鍾晉氏，不出三年，必克洛陽。蒲子崎嶇，非可久安。平陽勢有紫氣，兼陶唐舊都，願陛下上迎乾象，下協坤祥。』於是遷都平陽。汾水中得玉璽，文曰『有新保之』，蓋王莽時璽也。得者因增『泉海光』三字，元海以為己瑞，大赦境內，改年河瑞。封子裕為齊王，隆為魯王。

於是命其子聰與王彌進寇洛陽，劉曜與趙固等為之後繼。東海王越遣平北將軍曹武、將軍宋抽、彭默等距之，王師敗績。聰等長驅至宜陽，平昌公模遣將軍淳于定、呂毅等自長安討之，戰于宜陽，定等敗績。聰恃連勝，不設備，弘農太守垣延詐降。夜襲，聰軍大敗而還，元海素服迎師。

是冬，復大發卒，遣聰、彌與劉曜、劉景等率精騎五萬寇洛陽，使呼延翼率步卒繼之，敗王師于河南。聰進屯於西明門，護軍賈胤夜薄之，戰于大夏門，斬聰將呼延顥，其衆遂潰。聰回軍而南。壁于洛水，尋進屯宣陽門，曜屯上東門，彌屯廣陽門，景攻大夏門，聰親祈嵩嶽，令其將劉厲、呼延朗等督留軍。東海王越命參軍孫詢、將軍丘光、樓裒等率帳下勁卒三千，自宣陽門擊朗，斬之。聰聞而馳還。厲懼聰之罪己也，赴水而死。王彌謂聰曰：『今既失利，洛陽猶固，殿下不如還師，徐為後舉。下官當於袞豫之間收兵積穀，伏聽嚴期。』宣于修之又言於元海曰：『歲在辛未，當得洛陽。今晉氣猶盛，大軍不歸，必敗。』元海馳遣黄門郎傅詢召聰等還師。王彌出自轘轅，越遣薄盛等追擊彌，戰於新汲，彌師敗績。於是攝薄阪之戍，還於平陽。

以劉歡樂為太傅，劉聰為大司徒，劉延年為大司空，劉洋為大司馬，赦其境內。立其妻單氏為皇后，子和為皇太子，封子乂為北海王。

元海寢疾，將為顧托之計，以歡樂為太宰，洋為太傅，延年為太保，聰為大司馬、大單于，並録尚書事，置單于臺于平陽西，以其子裕為大司徒。元海疾篤，召歡樂及洋等人禁中受遺詔輔政。以永嘉四年死，在位六年，偽謚光文皇帝，廟號高祖，墓號永光陵。子和立。

和字玄泰。身長八尺，雄毅美姿儀，好學夙成，習《毛詩》、《左氏春秋》、《鄭氏易》。及為儲貳，內多猜忌，馭下無恩。元海死，和嗣偽位。其衛尉西昌王劉鋭、宗正呼延攸恨不參顧命也，説和曰：『先帝不惟輕重之計，而使三王總强兵于內，大司馬握十萬勁卒居於近郊，陛下今便為寄坐耳。此之禍難，未可測也，願陛下早為之所。』和即攸之甥也，深然之，召其領軍劉盛及劉欽、馬景等告之。盛曰：『先帝尚在殯宮，四王未有逆節，今忽一旦自相魚肉，臣恐人不食陛下之餘。四海未定，大業甫爾，願陛下以上成先帝鴻基為志，且塞耳勿聽此狂簡之言也。《詩》云：「豈無他人，不如我同父。」陛下既不信諸弟，復誰可信哉！』鋭、攸怒曰：『今日之議，理無有二。』於是命左右刃之。景懼曰：『惟陛下詔，臣等以死奉之，蔑不濟矣。』乃相與盟於東堂，使鋭、景攻聰，攸率劉安國攻裕，使侍中劉乘、武衛劉欽攻魯王隆，尚書田密、武衛劉璿攻北海王乂。密、璿等使人斬關奔於聰，聰命貫甲以待之。鋭知聰之有備也，馳還，與攸、乘等會攻隆、裕。攸、乘懼安國、欽之有異志也，斬之。是日，斬裕及隆。聰攻西明門，克之。鋭等奔入南宮，前鋒隨之，斬和於光極西室。鋭、攸梟首通衢。

劉宣，字士則。樸鈍少言，好學修潔。師事樂安孫炎，沈精積思，不捨晝夜，好《毛詩》、《左氏傳》。炎每歎之曰：『宣若遇漢武，當逾于金日磾也。』學成而返，不出門閭蓋數年。每讀《漢書》，至《蕭何》、《鄧禹傳》，未曾不反覆詠之，曰：『大丈夫若遭二祖，終不令二公獨擅美於前矣。』并州刺史王廣言之于武帝，帝召見，嘉其占對，因曰：『吾未見宣，謂廣言虛耳。今見其進止風儀，真所謂如圭如璋，觀其性質，足能撫集本部。』乃以宣為右部都督，特給赤幢曲蓋。蒞官清恪，所部懷之。元海即王位，宣之謀也，故特荷尊重，勳戚莫二，軍國內外靡不專之。

又 卷一〇二《劉聰載記》 劉聰，字玄明，一名載，元海第四子也。母曰張夫人。初，聰之在孕也，張氏夢日入懷，寤而以告，元海曰：『此吉徵也，慎勿言。』十五月而生聰焉，夜有白光之異。形體非常，左耳有一白毫，長二尺餘，甚光澤。幼而聰悟好學，博士朱紀大奇之。年十四，究通經史，兼綜百家之言，《孫吳兵法》靡不誦之。工草隸，善屬文，著述懷詩百餘篇、賦頌五十餘篇。十五習擊刺，猿臂善射，彎弓三百斤，膂力驍捷，冠絶一時。太原王渾見而悦之，謂元海曰：『此兒吾所不能測也。』

弱冠游于京師，名士莫不交結，樂廣、張華尤異之也。新興太守郭頤辟為主簿，舉良將，入為驍騎別部司馬，累遷右部都尉，善於撫接，五部豪右無不歸之。河間王顒表為赤沙中郎將。聰以元海在鄴，懼為成都王穎所害，乃亡奔成都王，拜右積弩將軍，參前鋒戰事。元海為北單于，立為右賢王，隨還右部。及即大單于位，更拜鹿蠡王。既殺其兄和，羣臣勸即尊位。聰初讓其弟北海王乂，乂與公卿泣涕固請，聰久而許之，曰：『乂及羣公正以四海未定，禍難尚殷，貪孤年長故耳。此國家之事，孤敢不祗從。今便欲遠遵魯隱，待乂年長，復子明辟。』於是以永嘉四年僭即皇帝位，大赦境內，改元光興。尊元海妻單氏曰皇太后，其母張氏為帝太后，乂為皇太弟，領大單于、大司徒，立其妻呼延氏為皇后，封其子粲為河內王，署使持節、撫軍大將軍、都督中外諸軍事，易河間王，翼彭城王，悝高平王。遣粲及其征東王彌、龍驤劉曜等率衆四萬，長驅入洛川，遂出轘轅，周旋梁、陳、汝、潁之間，陷壘壁百餘。以其司空劉景為大司馬，左光祿劉殷為大司徒，右光祿王育為大司空。偽太后單氏姿色絶麗，聰蒸焉。單即乂之母也，乂屢以為言，單氏慚恚而死，聰悲悼無已。後知其故，乂之寵因此漸衰，然猶追念單氏，未便黜廢。又尊母為皇太后。

署其衛尉呼延晏為使持節、前鋒大都督、前軍大將軍。配禁兵二萬七千，自宜陽入洛川，命王彌、劉曜及鎮軍石勒進師會之。晏比及河南，王師前後十二敗，死者三萬餘人。彌等未至，晏留輜重于張方故壘，遂寇洛陽，攻陷平昌門，焚東陽、宣陽諸門及諸府寺。懷帝遣河南尹劉默距之，王師敗於社門。晏以外繼不至，出自東陽門，掠王公已下子女二百餘人而去。時帝將濟河東遁，具船于洛水，晏盡焚之，還于張方故壘。王彌、劉曜至，復與晏會圍洛陽。時城內饑甚，人皆相食，百官分散，莫有固志。宣陽門陷，彌、晏入於南宮，升太極前殿，縱兵大掠，悉收宮人、珍寶。曜於是害諸王公及百官已下三萬餘人，于洛水北築為京觀。遷帝及惠帝羊后、傳國六璽於平陽。聰大赦，改年嘉平，以帝為特進、左光祿大夫、平阿公。

遣其平西趙染、安西劉雅率騎二萬攻南陽王模于長安，粲、曜率大衆繼之。染敗王師于潼關，將軍呂毅死之。軍至於下邽，模乃降染。染送模於粲，粲害模及其子范陽王黎，送衛將軍梁芬、模長史魯繇、兼散騎常侍杜鰲、辛謐及北宫純等於平陽。聰以粲之害模也，大怒。粲曰：『臣殺模本不以其晚識天命之故，但以其晉氏肺腑，洛陽之難不能死節，天下之惡一也，故誅之。』聰曰：『雖然，吾恐汝不免誅降之殃也。夫天道至神，理無不報。』

署劉曜為車騎大將軍、開府儀同三司、雍州牧，改封中山王，鎮長安，王彌為大將軍，封齊公。尋而石勒等殺彌於己吾而並其衆，表彌叛狀。聰大怒，遣使讓勒專害公輔，有無上之心，又恐勒之有二志也，以彌部衆配之。劉曜既據長安，安定太守賈疋及諸氐羌皆送質任，唯雍州刺史麴特、新平太守竺恢固守不降。護軍麴允、頻陽令梁肅自京兆南山將奔安定，遇疋任子于陰密，擁還臨涇，推疋為平南將軍，率衆五萬，攻曜于長安，扶風太守梁綜及麴特、竺恢等亦率衆十萬會之。曜遣劉雅、趙染來距，敗績而還。曜又盡長安鋭卒與諸軍戰于黄丘，曜衆大敗，中流矢，退保甘渠。杜人王秃、紀特等攻劉粲于新豐，粲還平陽。曜攻陷池陽，掠萬餘人歸於長安。時閻鼎等奉秦王為皇太子，入于雍城，關中戎晉莫不回應。

聰后呼延氏死，將納其太保劉殷女，其弟乂固諫。聰更訪之于太宰劉延年、大傅劉景，景等皆曰：『臣常聞太保自云周劉康公之後，與聖氏本源既殊，納之為允。』聰大悦，使其兼大鴻臚李弘拜殷二女為左右貴嬪，位在昭儀上。又納殷女孫四人為貴人，位次貴嬪。謂弘曰：『此女輩皆姿色超世，女德冠時，且太保於朕實自不同，卿意安乎？』弘曰：『太保胤自有周，與聖源實別，陛下正以姓同為恨耳。且魏司空東萊王基當世大儒，豈不達禮乎！為子納司空太原王沈女，以其姓同而源異故也。』聰大悦，賜弘黄金六十斤，曰：『卿當以此意諭吾子弟輩。』於是六劉之寵傾于後宫，聰稀復出外，事皆中黄門納奏，左貴嬪決之。

聰假懷帝儀同三司，封會稽郡公，庾珉等以次加秩。聰引帝入宴，謂帝曰：『卿為豫章王時，朕嘗與王武子相造，武子示朕於卿，卿言聞其名久矣。以卿所制樂府歌示朕，謂朕曰：「聞君善為辭賦，試為看之。」朕時與武子俱為《盛德頌》，卿稱善者久之。又引朕射於皇堂，朕得十二籌，卿與武子俱得九籌，卿贈朕柘弓、銀研，卿頗憶否？』帝曰：『臣安敢忘之，但恨爾日不早識龍顔。』聰曰：『卿家骨肉相殘，何其甚也？』帝曰：『此殆非人事，皇天之意也。大漢將應乾受歷，故為陛下自相驅除。且臣家若能奉武皇之業，九族敦睦，陛下何由得之！』至日夕乃出，以小劉貴人賜帝，謂帝曰：『此名公之孫，今特以相妻，卿宜善遇之。』拜劉為會稽國夫人。

遣其鎮北靳沖寇太原，平北卜珝率衆繼之。沖攻太原不克，而歸罪於珝，輒斬之。聰聞之，大怒曰：『此人朕所不得加刑，沖何人哉！』遣其御史中丞浩衍持節斬沖。

左都水使者襄陵王攄坐魚蟹不供，將作大匠望都公靳陵坐温明、徽光二殿不成，皆斬於東市。聰游獵無度，常晨出暮歸，觀漁于汾水，以燭繼晝。中軍王彰諫曰：『今大難未夷，餘晉假息，陛下不懼白龍魚服之禍，而昏夜忘歸。陛下當思先帝創業之艱難，嗣承之不易，鴻業已爾，四海屬情，何可墜之于垂成，隳之於將就！比竊觀陛下所為，臣實痛心疾首有日矣。且愚人係漢之心未專，而思晉之懷猶盛，劉琨去此咫尺之間，狂狷刺客息頃而至。帝王輕出，一夫敵耳。願陛下改往修來，則億兆幸甚。』聰大怒，命斬之。上夫人王氏叩頭乞哀，乃囚之詔獄。聰母以聰刑怒過差，三日不食，弟乂、子粲並與切諫。聰怒曰：『吾豈桀、紂、幽、厲乎，而汝等生來哭人！』其太宰劉延年及諸公卿列侯百有餘人，皆免冠涕泣固諫曰：『光文皇帝以聖武膺期，創建鴻祚，而六合未一，夙世升遐。陛下睿德自天，龍飛紹統，東平洛邑，南定長安，真可謂功高周成，德超夏啓。往也唐虞，今則陛下，歷觀書記，未有此比。而頃頻以小務不供而斬王公，直言忤旨，便囚大將，游獵無度，機管不修，臣等竊所未解，臣等所以破肝糜胃忘寢與食者也。』聰乃赦彰。

麴特等圍長安，劉曜連戰敗績，乃驅掠士女八萬餘口退還平陽，因攻司徒傅祗於三渚，使其右將軍劉參攻郭默於懷城。祗病卒，城陷，遷祗孫純、粹並二萬餘户於平陽縣。聰贈祗太保，純、粹皆給事中，謂祗子暢曰：『尊公雖不達天命，然各忠其主，吾亦有以亮之。但晉主已降，天命非人所支，而虔劉南鄙，沮亂邊萌，此其罪也。以元惡之種而贈同勳舊，逆臣之孫苟榮禁闥，卿知皇漢之德弘曠以不？』暢曰：『陛下每嘉先臣，不以小臣之故而虧其忠節，及是恩也，自是明主伐國弔人之義，臣輒同萬物，未敢謝生於自然。』

聰遣劉粲、劉曜等攻劉琨于晉陽，琨使張喬距之，戰于武灌，喬敗績，死之，晉陽危懼。太原太守高喬、琨別駕郝聿以晉陽降粲。琨與左右數十騎，攜其妻子奔于趙郡之亭頭，遂如常山。粲、曜入于晉陽。先是，琨與代王猗盧結為兄弟，乃告敗于猗盧，且乞師。猗盧遣子日利孫、賓六須及將軍衛雄、姬澹等率衆數萬攻晉陽，琨收散卒千餘為之鄉導，猗盧率衆六萬至於狼猛。曜及賓六須戰於汾東，曜墜馬，中流矢，身被七創。討虜傅武以馬授曜，曜曰：『當今危亡之極，人各思免。吾創已重，自分死此矣。』武泣曰：『武小人，蒙大王識拔，以至於是，常思效命，今其時矣。且皇室始基，大難未弭，天下何可一日無大王也。』於是扶曜乘馬，驅令渡汾，回而戰死。曜入晉陽，夜與劉粲等掠百姓，逾蒙山遁歸。猗盧率騎追之，戰于藍谷，粲敗績，斬其征虜邢延，獲其鎮北劉豐。琨收合離散，保于陽曲，猗盧戍之而還。

正旦，聰宴於光極前殿，逼帝行酒，光祿大夫庾珉、王雋等起而大哭，聰惡之。會有告珉等謀以平陽應劉琨者，聰遂鴆帝而誅珉、雋，復以賜帝劉夫人為貴人，大赦境內殊死已下。

立左貴嬪劉氏為皇后。聰將為劉氏起皇鵜儀殿於後庭，廷尉陳元達諫曰：『臣聞古之聖王愛國如家，故皇天亦祐之如子。夫天生蒸民而樹之君者，使為之父母以刑賞之，不欲使殿屎黎元而蕩逸一人。晉氏暗虐，視百姓如草芥，故上天剿絕其祚。乃眷皇漢，蒼生引領息肩，懷更蘇之望有日矣。我高祖光文皇帝靖言惟茲，痛心疾首，故身衣大布，居不重茵，先皇后嬪服無綺彩。重逆羣臣之請，故建南北宮焉。今光極之前足以朝羣後饗萬國矣，昭德、溫明已後足可以容六宮，列十二等矣。陛下龍興已來，外殄二京不世之寇，內興殿觀四十餘所，重之以饑饉疾疫，死亡相屬，兵疲於外，人怨於內，為之父母固若是乎！伏聞詔旨，將營皇　儀，中宮新立，誠臣等樂為子來者也。竊以大難未夷，宮宇粗給，今之所營，尤實非宜。臣聞太宗承高祖之業，惠呂息役之後，以四海之富，天下之殷，尚以百金之費而輟露臺，歷代垂美，為不朽之迹。故能斷獄四百，擬于成康。陛下之所有，不過太宗二郡地耳，戰守之備者，豈僅匈奴、南越而已哉！孝文之廣，思費如彼；陛下之狹，欲損如此。愚臣所以敢昧死犯顏色，冒不測之禍者也。』聰大怒曰：『吾為萬機主，將營一殿，豈問汝鼠子乎！不殺此奴，沮亂朕心，朕殿何當得成邪！將出斬之，並其妻子同梟東市，使羣鼠共穴。』時在逍遙園李中堂，元達抱堂下樹叫曰：『臣所言者，社稷之計也，而陛下殺臣。若死者有知，臣要當上訴陛下于天，下訴陛下于先帝。朱雲有云：「臣得與龍逢、比干游於地下足矣。」未審陛下何如主耳！』元達先鎖腰而入，及至，即以鎖繞樹，左右曳之不能動。聰怒甚。劉氏時在後堂，聞之，密遣中常侍私敕左右停刑，於是手疏切諫，聰乃解，引元達而謝之，易逍遙園為納賢園，李中堂為愧賢堂。

時湣帝即位于長安，聰遣劉曜及司隸喬智明、武牙李景年等寇長安，命趙染率衆赴之。時大都督麴允據黃白城，累為曜、染所敗。染謂曜曰：『麴允率大衆在外，長安可襲而取之。得長安，黃白城自服。願大王以重衆守此，染請輕騎襲之。』曜乃承制加染前鋒大都督、安南大將軍，以精騎五千配之而進。王師敗于渭陽，將軍王廣死之。染夜入長安外城，帝奔射雁樓，染焚燒龍尾及諸軍營，殺掠千餘人，旦退屯逍遙園。麴允率衆襲曜，連戰敗之。曜入粟邑，遂歸平陽。

時流星起於牽牛，入紫微，龍形委蛇，其光照地，落於平陽北十里。視之，則有肉長三十步，廣二十七步，臭聞於平陽，肉旁常有哭聲，晝夜不止。聰甚惡之，延公卿已下問曰：『朕之不德，致有斯異，其各極言，勿有所諱。』陳元達及博士張師等進對曰：『星變之異，其禍行及，臣恐後庭有三后之事，亡國喪家，靡不由此，願陛下慎之。』聰曰：『此陰陽之理，何關人事！』既而劉氏產一蛇一猛獸，各害人而走，尋之不得，頃之，見在隕肉之旁。俄而劉氏死，乃失此肉，哭聲亦止。自是後宮亂寵，進御無序矣。

聰以劉易為太尉。初置相國，官上公，有殊勳德者死乃贈之。於是大定百官，置太師、丞相，自大司馬以上七公，位皆上公，綠綟綬，遠遊冠。置輔漢，都護，中軍，上軍，輔軍，鎮、衛京，前、後、左、右、上、下軍，輔國，冠軍，龍驤，武牙大將軍，營各配兵二千，皆以諸子為之。置左右司隸，各領户二十餘萬，萬户置一內史，凡內史四十三。單于左右輔，各主六夷十萬落，萬落置一都尉。省吏部，置左右選曹尚書。自司隸以下六官，皆位次僕射。置御史大夫及州牧，位皆亞公。以其子粲為丞相、領大將軍、録尚書事，進封晉王，食五都。劉延年録尚書六條事，劉景為太師，王育為太傅，任顗為太保，馬景為大司徒，朱紀為大司空，劉曜為大司馬。

曜復次渭汭，趙染次新豐。索綝自長安東討染，染狃於累捷，有輕綝之色。長史魯徽曰：『今司馬鄴君臣自以逼僭王畿，雄劣不同，必致死距我，將軍宜整陣案兵以擊之，弗可輕也。困獸猶鬬，況于國乎！』染曰：『以司馬模之强，吾取之如拉朽。索綝小豎，豈能汙吾馬蹄刀刃邪！要擒之而後食。』晨率精騎數百，馳出逆之，戰於城西，敗績而歸，悔曰：『吾不用魯徽之言，以至於此，何面見之！』於是斬徽。徽臨刑謂染曰：『將軍愎諫違謀，戇而取敗，而復忌前害勝，誅戮忠良，以逞愚忿，亦何顔面瞬息世間哉！袁紹為之于前，將軍踵之于後，覆亡敗喪，亦當相尋，所恨不得一見大司馬而死。死者無知則已；若其有知，下見田豐為徒，要當訴將軍于黃泉，使將軍不得服床枕而死。』叱刑者曰：『令吾面東向。』大司馬曜聞之曰：『蹄涔不容尺鯉，染之謂也。』

曜還師攻郭默於懷城，收其米粟八十萬斛，列三屯以守之。聰遣使謂曜曰：『今長安假息，劉琨遊魂，此國家所尤宜先除也。郭默小醜，何足以勞公神略，可留征虜將軍貝丘王翼光守之，公其還也。』於是曜歸薄阪。俄而徵曜輔政。

趙染寇北地，夢魯徽大怒，引弓射之，染驚悸而寤。旦將攻城，中弩而死。

聰以粲為相國，總百揆，省丞相以并相國。平陽地震，烈風拔樹發屋。光義人羊充妻產子二頭，其兄竊而食之，三日而死。聰以其太廟新成，大赦境內，改年建元。雨血於其東宮延明殿，徹瓦在地者深五寸。劉乂惡之，以訪其太師盧志、太傅崔瑋、太保許遐。志等曰：『主上往以殿下為太弟者，蓋以安衆望也，志在晉王久矣，王公已下莫不希旨歸之。相國之位，自魏武已來，非復人臣之官，主上本發明詔，置之為贈官，今忽以晉王居之，羽儀威尊逾于東宮，萬機之事無不由之，置太宰、大將軍及諸王之營以為羽翼，此事勢去矣，殿下不得立明也。然非止不得立而已，不測之危厄在於旦夕，宜早為之所。四衛精兵不減五千，餘營諸王皆年齒尚幼，可奪而取之。相國輕佻，正可煩一刺客耳。大將軍無日不出，其營可襲而得也。殿下但當有意，二萬精兵立便可得，鼓行向雲龍門，宿衛之士孰不倒戈奉迎，大司馬不慮為異也。』乂弗從，乃止。

聰如中護軍靳准第，納其二女為左右貴嬪，大曰月光，小曰月華，皆國色也。數月，立月光為皇后。

東宮舍人荀裕告盧志等勸乂謀反，乂不從之狀。聰於是收志、瑋、遐於詔獄，假以他事殺之。使冠威卜抽監守東宮，禁乂朝賀。乂憂懼不知所為，乃上表自陳，乞為黔首，並免諸子之封，褒美晉王粲宜登儲副，抽又抑而弗通。

其青州刺史曹嶷攻汶陽關、公丘，陷之，害齊郡太守徐浮，執建威劉宣，齊魯之間郡縣壘壁降者四十餘所。嶷遂略地，西下祝阿、平陰，衆十餘萬，臨河置戍，而歸於臨淄。嶷於是遂雄據全齊之志。石勒以嶷之懷二也，請討之。聰又憚勒之并齊，乃寢而弗許。

劉曜濟自盟津，將攻河南，將軍魏該奔於一泉塢。曜進攻李矩于滎陽，矩遣將軍李平師于成皋，曜覆而滅之。矩恐，送質請降。

時聰以其皇后靳氏為上皇后，立貴妃劉氏為左皇后，右貴嬪靳氏為右皇后。左司隸陳元達以三後之立也，極諫，聰不納，乃以元達為右光禄大夫，外示優賢，內實奪其權也。於是太尉范隆、大司馬劉丹、大司空呼延晏、尚書令王鑒等皆抗表遜位，以讓元達。聰乃以元達為御史大夫、儀同三司。

劉曜寇長安，頻為王師所敗。曜曰：『彼猶强盛，弗可圖矣。』引師而歸。

聰宮中鬼夜哭，三日而聲向右司隸寺，乃止。其上皇后靳氏有淫穢之行，陳元達奏之。聰廢靳，靳慚恚自殺。靳有殊寵，聰迫于元達之勢，故廢之。既而追念其姿色，深仇元達。

劉曜進師上黨，將攻陽曲，聰遣使謂曜曰：『長安擅命，國家之深耻也。公宜以長安為先，陽曲一委驃騎。天時人事，其應至矣，公其亟還。』曜回滅郭邁，朝於聰，遂如蒲阪。

平陽地震，雨血於東宮，廣袤頃餘。

劉曜又進軍，屯於粟邑。麲允饑甚，去黄白而軍于靈武。曜進攻上郡，太守張禹與馮翊太守梁肅奔於允吾。於是關右翕然，所在應曜。曜進據黄阜。

聰武庫陷入地一丈五尺。時聰中常侍王沈、宣懷、俞容，中宫僕射郭猗，中黄門陵修等皆寵倖用事。聰游宴後宫，或百日不出，羣臣皆因沈等言事，多不呈聰，率以其意愛憎而決之，故或有勳舊功臣而弗見敍録，姦佞小人數日而便至二千石者。軍旅無歲不興，而將士無錢帛之賞，後宫之家賜賚及於僮僕，動至數千萬。沈等車服宅宇皆逾于諸王，子弟、中表布衣為内史令長者三十餘人，皆奢僭貪殘，賊害良善。靳准合宗内外諂以事之。

郭猗有憾于劉乂，謂劉粲曰：『太弟于主上之世猶懷不逞之志，此則殿下父子之深仇，四海蒼生之重怨也。而主上過垂寬仁，猶不替二尊之位，一旦有風塵之變，臣竊為殿下寒心。且殿下高祖之世孫，主上之嫡統，凡在含齒，孰不係仰。萬機事大，何可與人！臣昨聞太弟與大將軍相見，極有言矣，若事成，許以主上為在太上皇，大將軍為皇太子。乂又許衛軍為大單于，二王已許之矣。二王居不疑之地，並握重兵，以此舉事，事何不成！臣謂二王兹舉，禽獸之不若也。背父親人，人豈親之！今又苟貪其一切之力耳，事成之後，主上豈有全理！殿下兄弟故在忘言，東宫、相國、單于在武陵兄弟，何肯與人！許以三月上巳因宴作難，事淹變生，宜早為之所。《春秋傳》曰：「蔓草猶不可除，況君之寵弟乎！」臣屢啓主上，主上性敦友于，謂臣言不實。刑臣刀鋸之餘，而蒙主上、殿下成造之恩，故不慮逆鱗之誅，每所聞必言，冀垂採納。臣當入言之。願殿下不泄，密表其狀也。若不信臣言，可呼大將軍從事中郎王皮、衛軍司馬劉惇，假之恩顧，通其歸善之路以問之，必可知也。』粲深然之。猗密謂皮、惇曰：『二王逆狀，主、相已具知之矣，卿同之乎？』二人驚曰：『無之。』猗曰：『此事必無疑，吾憐卿親舊並見族耳。』於是歔欷流涕。皮、惇大懼，叩頭求哀。猗曰：『吾為卿作計，卿能用不？』二人皆曰：『謹奉大人之教。』猗曰：『相國必問卿，卿但云有之。若責卿何不先啓，卿即答云：「臣誠負死罪，然仰惟主上聖性寬慈，殿下篤于骨肉，恐言成誣偽故也。」』皮、惇許諾。粲俄而召問二人，至不同時，而辭若畫一，粲以為信然。

初，靳准從妹為乂孺子，淫于侍人，乂怒殺之，而屢以嘲准。准深慚恚，說粲曰：『東宫萬機之副，殿下宜自居之，以領相國，使天下知早有所繫望也。』至是，准又說粲曰：『昔孝成距子政之言，使王氏卒成篡逆，可乎？』粲曰：『何可之有！』准曰：『然，誠如聖旨。下官亟欲有所言矣，但以德非更生，親非皇宗，恐忠言暫出，霜威已及，故不敢耳。』粲曰：『君但言之。』准曰：『聞風塵之言，謂大將軍、衛將軍及左右輔皆謀奉太弟，克季春構變，殿下宜為之備。不然，恐有商臣之禍。』粲曰：『為之奈何？』准曰：『主上愛信于太弟，恐卒聞未必信也。如下官愚意，宜緩東宮之禁固，勿絶太弟賓客，使輕薄之徒得與交遊。太弟既素好待士，必不思防此嫌，輕薄小人不能無逆意以勸太弟之心。小人有始無終，不能如貫高之流也。然後下官為殿下露表其罪，殿下與太宰拘太弟所與交通者考問之，窮其事原，主上必以無將之罪罪之。不然，今朝望多歸太弟，主上一旦晏駕，恐殿下不得立矣。』於是粲命卜抽引兵去東宮。

聰自去冬至是，遂不復受朝賀，軍國之事一決於粲，唯發中旨殺生除授，王沈、郭猗等意所欲皆從之。又立市於後庭，與宫人宴戲，或三日不醒。聰臨上秋閣，誅其特進綦毋達、太中大夫公師彧、尚書王琰、田歆、少府陳休、左衛卜崇、大司農朱誕等，皆羣閹所忌也。侍中卜幹泣諫聰曰：『陛下方隆武宣之化，欲使幽谷無考槃，奈何一旦先誅忠良，將何以垂之於後！昔秦愛三良而殺之，君子知其不霸。以晉厲之無道，尸三卿之後，猶有不忍之心，陛下如何忽信左右愛憎之言，欲一日尸七卿！詔尚在臣間，猶未宣露，乞垂昊天之澤，回雷霆之威。且陛下直欲誅之耳，不露其罪名，何以示四海！此豈是帝王三訊之法邪！』因叩頭流血。王沈叱幹曰：『卜侍中欲距詔乎？』聰拂衣而入，免幹為庶人。

太宰劉易及大將軍劉敷、御史大夫陳元達、金紫光禄大夫王延等詣闕諫曰：『臣聞善人者，乾坤之紀，政教之本也。邪佞者，宇宙之螟螣，王化之蟊賊也。故文王以多士基周，桓靈以羣閹亡漢，國之興亡，未有不由此也。自古明王之世，未嘗有宦者與政，武、元、安、順豈足為故事乎！今王沈等乃處常伯之位，握生死與奪於中，勢傾海内，愛憎任之，矯弄詔旨，欺誣日月，内諂陛下，外佞相國，威權之重，侔於人主矣。王公見之駭目，卿宰望塵下車，銓衡迫之，選舉不復以實，士以屬舉，政以賄成，多樹姦徒，殘毒忠善。知王琰等忠臣，必盡節于陛下，懼其姦萌發露，陷之極刑。陛下不垂三察，猥加誅戮，怨感穹蒼，痛入九泉，四海悲惋，賢愚傷懼。沈等皆刀鋸之餘，背恩忘義之類，豈能如士人君子感恩展效，以答乾澤也。陛下何故親近之？何故貴任之？昔齊桓公任易牙而亂，孝懷委黃皓而滅，此皆覆車於前，殷鑑不遠。比年地震日蝕，雨血火灾，皆沈等之由。願陛下割翦凶醜與政之流，引尚書、御史朝省萬機，相國與公卿五日一入，會議政事，使大臣得極其言，忠臣得逞其意，則衆灾自弭，和氣呈祥。今遺晉未殄，巴蜀未賓，石勒潛有跨趙魏之志，曹嶷密有王全齊之心，而復以沈等助亂大政，陛下心腹四支何處無患！復誅巫咸，戮扁鵲，臣恐遂成桓侯膏肓之疾，後雖欲療之，其如病何！請免沈等官，付有司定罪。」聰以表示沈等，笑曰：「是兒等為元達所引，遂成癡也。」寢之。沈等頓首泣曰：「臣等小人，過蒙陛下識拔，幸得備灑掃宮閣，而王公朝士疾臣等如仇讎，又深恨陛下。願收大造之恩，以臣等膏之鼎鑊，皇朝上下自然雍穆矣。」聰曰：「此等狂言恒然，卿復何足恨乎！」更以訪粲，粲盛稱沈等忠清，乃心王室。聰大悦，封沈為列侯。太宰劉易詣闕，又上疏固諫。聰大怒，手壞其表，易遂忿恚而死。元達哭之悲慟，曰：「人之云亡，邦國殄悴。吾既不復能言，安用此默默生乎！」歸而自殺。

北地饑甚，人相食啖，羌酋大軍須運糧以給麹昌，劉雅擊敗之。麹允與劉曜戰于磻石谷，王師敗績，允奔靈武。平陽大饑，流叛死亡十有五六。石勒遣石越率騎二萬，屯於幷州，以懷撫叛者。聰使黃門侍郎喬詩讓勒，勒不奉命，潛結曹嶷，規為鼎峙之勢。

聰立上皇后樊氏，即張氏之侍婢也。時四後之外，佩皇后璽綬者七人，朝廷内外無復綱紀，阿諛日進，貨賄公行，軍旅在外，饑疫相仍，後宮賞賜動至千萬。劉敷屢泣言之，聰不納，怒曰：「爾欲得使汝公死乎？朝朝夕夕生來哭人！」敷憂忿發病而死。

河東大蝗，唯不食黍豆。靳准率部人收而埋之，哭聲聞于十餘里，後乃鑽土飛出，復食黍豆。平陽饑甚，司隸部人奔于冀州二十萬户，石越招之故也。犬與豕交于相國府門，又交于宮門，又交司隸、御史門。有豕著進賢冠，升聰坐。犬冠武冠，帶綬，與豕並升。俄而鬬死殿上。宿衛莫有見其入者。而聰昏虐愈甚，無誡懼之心。宴羣臣於光極前殿，引見其太弟乂，容貌毀悴，鬢髮蒼然，涕泣陳謝。聰亦對之悲慟，縱酒極歡，待之如初。

劉曜陷長安外城，愍帝使侍中宋敞送箋於曜，帝肉袒牽羊，輿櫬銜璧出降。及至平陽，聰以帝為光禄大夫、懷安侯，使粲告於太廟，大赦境内，改年麟嘉。麹允自殺。

聰東宮四門無故自壞，後内史女人化為丈夫。時聰子約死，一指猶暖，遂不殯殮。及蘇，言見元海於不周山，經五日，遂復從至昆侖山，三日而復返於不周，見諸王公卿將相死者悉在，宮室甚壯麗，號曰蒙珠離國。元海謂約曰：「東北有遮須夷國，無主久，待汝父為之。汝父後三年當來，來後國中大亂相殺害，吾家死亡略盡，但可永明輩十數人在耳。汝且還，後年當來，見汝不久。」約拜辭而歸，道遇一國曰猗尼渠餘國，引約入宮，與約皮囊一枚，曰：「為吾遺漢皇帝。」約辭而歸，謂約曰：「劉郎後年來必見過，當以小女相妻。」約歸，置皮囊於機上。俄而蘇，使左右機上取皮囊開之，有一方白玉，題文曰：「猗尼渠餘國天王敬信遮須夷國天王，歲在攝提，當相見也。」馳使呈聰，聰曰：「若審如此，吾不懼死也。」及聰死，與此玉並葬焉。

時東宮鬼哭；赤虹經天，南有一歧；三日並照，各有兩珥，五色甚鮮；客星歷紫宮入於天獄而滅。太史令康相言於聰曰：「蛇虹見彌天，一歧南徹；三日並照；客星入紫宮。此皆大異，其徵不遠也。今虹達東西者，許洛以南不可圖也。一歧南徹者，李氏當仍跨巴蜀，司馬睿終據全吳之象，天下其三分乎！月為胡王，皇漢雖苞括二京，龍騰九五，然世雄燕代，肇基北朔，太陰之變其在漢域乎！漢既據中原，歷命所屬，紫宮之異，亦不在他，此之深重，胡可盡言。石勒鴟視趙魏，曹嶷狼顧東齊，鮮卑之衆星布燕代，齊、代、燕、趙皆有將大之氣。願陛下以東夏為慮，勿顧西南。吳蜀之不能北侵，猶大漢之不能南向也。今京師寡弱，勒衆精盛，若盡趙魏之銳，燕之突騎自上黨而來，曹嶷率三齊之衆以繼之，陛下將何以抗之？紫宮之變何必不在此乎！願陛下早為之所，無使兆人生心。陛下誠能發詔，外以遠追秦皇、漢武循海之事，內為高帝圖楚之計，無不克矣。』聰覽之不悅。

劉粲使王平謂劉乂曰：『適奉中詔，云京師將有變，敕裹甲以備之。』乂以為信然，令命宮臣裹甲以居。粲馳遣告靳准、王沈等曰：『向也王平告云東宮陰備非常，將若之何？』准白之，聰大驚曰：『豈有此乎！』王沈等同聲曰：『臣等久聞，但恐言之陛下弗信。』於是使粲圍東宮。粲遣沈、准收氐羌酋長十餘人，窮問之，皆懸首高格，燒鐵灼目，乃自誣與乂同造逆謀。聰謂沈等言曰：『而今而後，吾知卿等忠於朕也。當念為知無不言，勿恨往日言不用也。』於是誅乂素所親厚大臣及東宮官屬數十人，皆靳准及閹豎所怨也。廢乂為北部王，粲使准賊殺之。坑士衆萬五千餘人，平陽街巷為之空。氐羌叛者十餘萬落，以靳准行車騎大將軍以討之。時聰境內大蝗，平陽、冀、雍尤甚。靳准討之，震其二子而死。河汾大溢，漂没千餘家。東宮灾異，門閣宮殿蕩然。立粲為皇太子，大赦殊死已下。以粲領相國、大單于，總攝朝政如前。

聰校獵上林，以帝行車騎將軍，戎服執戟前導，行三驅之禮。粲言於聰曰：『今司馬氏跨據江東，趙固、李矩同逆相濟，興兵聚衆者皆以子鄴為名，不如除之，以絶其望。』聰然之。

趙固郭默攻其河東，至於絳邑，右司隸部人盜牧馬負妻子奔之者三萬餘騎。騎兵將軍劉勳追討之，殺萬餘人，固、默引歸。劉頡遮邀擊之，為固所敗。使粲及劉雅等伐趙固，次於小平津，固揚言曰：『要當生縛劉粲以贖天子。』聰聞而惡之。

李矩使郭默、郭誦救趙固，屯於洛汭，遣耿稚、張皮潛濟，襲粲。貝丘王翼光自厘城覘之，以告粲。粲曰：『征北南渡，趙固望聲逃竄，彼方憂自固，何暇來邪！且聞上身在此，自當不敢北視，況敢濟乎！不須驚動將士也。』是夜，稚等襲敗粲軍，粲奔據陽鄉，稚館穀粲壘。雅聞而馳還，栅於壘外，與稚相持。聰聞粲敗，使太尉范隆率騎赴之，稚等懼，率衆五千，突圍趨北山而南。劉勳追之，戰于河陽，稚師大敗，死者三千五百人，投河死者千餘人。

聰所居螽斯則百堂灾，焚其子會稽王衷已下二十有一人。聰聞之，自投於床，哀塞氣絶，良久乃蘇。平陽西明門牡自亡，霍山崩。

署其驃騎大將軍、濟南王劉驥為大將軍、都督中外諸軍事、録尚書，衛大將軍、齊王劉勱為大司徒。

中常侍王沈養女年十四，有妙色，聰立為左皇后。尚書令王鑒、中書監崔懿之、中書令曹恂等諫曰：『臣聞王者之立后也，將以上配乾坤之性，象二儀敷育之義，生承宗廟，母臨天下，亡配后土，執饋皇姑，必擇世德名宗，幽閒淑令，副四海之望，稱神祇之心。是故周文造舟，姒氏以興，《關雎》之化饗，則百世之祚永。孝成任心縱欲，以婢為後，使皇統亡絶，社稷淪傾。有周之隆既如彼矣，大漢之禍又如此矣。從麟嘉以來，亂淫於色，縱沈之弟女，刑餘小醜猶不可塵瓊寢，汙清廟，況其家婢邪！六宮妃嬪皆公子公孫，奈何一旦以婢主之，何異象榱玉簀而對腐木朽楹哉！臣恐無福於國家也。』聰覽之大怒，使宣懷謂粲曰：『鑒等小子，慢侮國家，狂言自口，無復君臣上下之禮，其速考竟。』於是收鑒等送市。金紫光祿大夫王延馳將入諫，門者弗通。鑒等臨刑，王沈以杖叩之曰：『庸奴，復能為惡乎？乃公何與汝事！』鑒瞋目叱之曰：『豎子！使皇漢滅者，坐汝鼠輩與靳准耳，要當訴汝於先帝，取汝等於地下。』懿之曰：『靳准梟聲鏡形，必為國患。汝既食人，人亦當食汝。』皆斬之。聰又立其中常侍宣懷養女為中皇后。

鬼哭於光極殿，又哭於建始殿。雨血平陽，廣袤十里。時聰子約已死，至是晝見。聰甚惡之，謂粲曰：『吾寢疾惙頓，怪異特甚。往以約之言為妖，比累日見之，此兒必來迎吾也。何圖人死定有神靈，如是，吾不悲死也。今世難未夷，非諒暗之日，朝終夕殮，旬日而葬。』徵劉曜為丞相、録尚書，輔政，固辭乃止。仍以劉景為太宰，劉驥為大司馬，劉顗為太師，朱紀為太傅，呼延晏為太保，並録尚書事；范隆守尚書令、儀同三司，靳准為大司空、領司隸校尉，皆迭決尚書奏事。

太興元年，聰死，在位九年，偽謚曰昭武皇帝，廟號烈宗。

粲字士光。少而濬傑，才兼文武。自為宰相，威福任情，疏遠忠賢，昵近姦佞，任性嚴刻無恩惠，距諫飾非。好興造宮室，相國之府仿像紫宮，在位無幾，作兼晝夜，饑困窮叛，死亡相繼，粲弗之恤也。既嗣偽位，尊聰后靳氏為皇太后，樊氏號弘道皇后，宣氏號弘德皇后，王氏號弘孝皇后。靳等年皆未滿二十，並國色也，粲晨夜蒸淫於內，志不在哀。立其妻靳氏為皇后，子元公為太子，大赦境內，改元漢昌。雨血於平陽。

靳準將有異謀，私於粲曰：『如聞諸公將欲行伊尹、霍光之事，謀先誅太保及臣，以大司馬統萬機。陛下若不先之，臣恐禍之來也不晨則夕。』粲弗納。準懼其言之不從，謂聰二靳氏曰：『今諸公侯欲廢帝，立濟南王，恐吾家無復種矣。盍言之於帝。』二靳承間言之。粲誅其太宰、上洛王劉景，太師、昌國公劉顗，大司馬、濟南王劉驥，大司徒、齊王劉勱等。太傅朱紀、太尉范隆出奔長安。又誅其車騎大將軍、吴王劉逞，驥母弟也。粲大閲上林，謀討石勒。以靳準為大將軍、録尚書事。粲荒耽酒色，遊宴後庭，軍國之事一決於准。准矯粲命，以從弟明為車騎將軍，康為衛將軍。

準將作亂，以金紫光禄大夫王延耆德時望，謀之於延。延弗從，馳將告之，遇靳康，劫延以歸。準勒兵入宮，升其光極前殿，下使甲士執粲，數而殺之。劉氏男女無少長皆斬於東市。發掘元海、聰墓，焚燒其宗廟。鬼大哭，聲聞百里。

準自號大將軍、漢天王，置百官，遣使稱藩于晉。左光禄劉雅出奔西平。尚書北宮純、胡崧等招集晉人，保于東宮，靳康攻滅之。準將以王延為左光禄，延罵曰：『屠各逆奴，何不速殺我，以吾左目置西陽門，觀相國之入也，右目置建春門，觀大將軍之入也。』準怒，殺之。

陳元達，字長宏，後部人也。本姓高，以生月妨父，故改云陳。少而孤貧，常躬耕兼誦書，樂道行詠，忻忻如也。至年四十，不與人交通。元海之為左賢王，聞而招之，元達不答。及元海僭號，人謂元達曰：『往劉公相屈，君蔑而不顧，今稱號龍飛，君其懼乎？』元達笑曰：『是何言邪？彼人姿度卓犖，有籠羅宇宙之志，吾固知之久矣。然往日所以不往者，以期運未至，不能無事喧喧，彼自有以亮吾矣。卿但識之，吾恐不過二三日，驛書必至。』其暮，元海果徵元達為黄門郎。人曰：『君殆聖乎！』既至，引見，元海曰：『卿若早來，豈為郎官而已。』元達曰：『臣惟性之有分，盈分者顛。臣若早叩天門者，恐大王賜處於九卿、納言之間，此則非臣之分，臣將何以堪之！是以抑情盤桓，待分而至，大王無過授之誘，小臣免招寇之禍，不亦可乎！』元海大悦。在位忠謇，屢進讜言，退而削草，雖子弟莫得而知也。聰每謂元達曰：『卿當畏朕，反使朕畏卿乎？』元達叩頭謝曰：『臣聞師臣者王，友臣者霸。臣誠愚暗無可采也，幸邀陛下垂齊桓納九九之義，故使微臣得盡愚忠。昔世宗遙可汲黯之奏，故能恢隆漢道；桀紂誅諫，幽厲弭謗，是以三代之亡也忽焉。陛下以大聖應期，挺不世之量，能遠捐商周覆國之弊，近模孝武光漢之美，則天下幸甚，羣臣知免。』及其死也，人盡冤之。

又 卷一〇三《劉曜載記》 劉曜，字永明，元海之族子也。少孤，見養於元海。幼而聰彗，有奇度。年八歲，從元海獵於西山，遇雨，止樹下，迅雷震樹，旁人莫不顛僕，曜神色自若。元海異之曰：『此吾家千里駒也，從兄為不亡矣！』身長九尺三寸，垂手過膝，生而眉白，目有赤光，須髯不過百餘根，而皆長五尺。性拓落高亮，與衆不羣。讀書志於廣覽，不精思章句，善屬文，工草隸。雄武過人，鐵厚一寸，射而洞之，于時號為神射。尤好兵書，略皆暗誦。常輕侮吴、鄧，而自比樂毅、蕭、曹，時人莫之許也，惟聰每曰：『永明，世祖、魏武之流，何數公足道哉！』

弱冠游於洛陽，坐事當誅，亡匿朝鮮，遇赦而歸。自以形質異衆，恐不容於世，隱迹管涔山，以琴書為事。嘗夜閑居，有二童子入跪曰：『管涔王使小臣奉謁趙皇帝，獻劍一口。』置前再拜而去。以燭視之，劍長二尺，光澤非常，赤玉為室，背上有銘曰：『神劍御，除衆毒。』曜遂服之。劍隨四時而變為五色。

元海世頻歷顯職，後拜相國，都督中外諸軍事，鎮長安。靳準之難，自長安赴之。至於赤壁，太保呼延晏等自平陽奔之，與太傅朱紀、太尉范隆等上尊號。曜太興元年僭即皇帝位，大赦境內，惟准一門不在赦例，改元光初。以朱紀領司徒，呼延晏領司空，范隆以下悉復本位。使征北劉雅、鎮北劉策次於汾陰，與石勒為掎角之勢。

靳準遣侍中卜泰降於勒，勒囚泰，送之曜。謂泰曰：『先帝末年，實亂大倫，羣閹撓政，誅滅忠良，誠是義士匡討之秋。司空執心忠烈，行伊霍之權，拯濟塗炭，使朕及此，勳高古人，德格天地。朕方寧濟大艱，終不以非命及君子賢人。司空若執忠誠，早迎大駕者，政由靳氏，祭則寡人，以朕此意布之司空，宣之朝士。』泰還平陽，具宣曜旨。準自以殺曜母兄，沈吟未從。尋而喬泰、王騰、靳康、馬忠等殺準，推尚書令靳明為盟主，遣卜泰奉傳國六璽降於曜。曜大悅，謂泰曰：『使朕獲此神璽而成帝王者，子也。』石勒聞之，怒甚，增兵攻之。明戰累敗，遣使求救於曜，曜使劉雅、劉策等迎之。明率平陽士女萬五千歸於曜，曜命誅明，靳氏男女無少長皆殺之。使劉雅迎母胡氏喪於平陽，還葬粟邑，墓號陽陵，偽謚宣明皇太后。僭尊高祖父亮為景皇帝，曾祖父廣為獻皇帝，祖防懿皇帝，考曰宣成皇帝。徙都長安，起光世殿於前，紫光殿於後。立其妻羊氏為皇后，子熙為皇太子，封子襲為長樂王，闡太原王，沖淮南王，敞齊王，高魯王，徽楚王，徵諸宗室皆進封郡王。繕宗廟、社稷、南北郊。以水承晉金行，國號曰趙。牲牡尚黑，旗幟尚玄，冒頓配天，元海配上帝，大赦境內殊死已下。

黃石屠各路松多起兵于新平、扶風，聚衆數千，附于南陽王保。保以其將楊曼為雍州刺史，王連為扶風太守，據陳倉；張顗為新平太守，周庸為安定太守，據陰密。松多下草壁，秦隴氐羌多歸之。曜遣其軍騎劉雅、平西劉厚攻楊曼于陳倉，二旬不克。曜率中外精銳以赴之，行次雍城，太史令弁廣明言於曜曰：『昨夜妖星犯月，師不宜行。』乃止。敕劉雅等攝圍固壘，以待大軍。

地震，長安尤甚。時曜妻羊氏有殊寵，頗與政事，陰有餘之徵也。

三年，曜發雍，攻陳倉，曼、連謀曰：『諜者適還，云其五牛旗建，多言胡主自來，其鋒恐不可當也。吾糧廩既少，無以支久，若頓軍城下，圍人百日，不待兵刃而吾自滅，不如率見衆以一戰。如其勝也，關中不待檄而至；如其敗也，一等死，早晚無在。』遂盡衆背城而陣，為曜所敗，王連死之，楊曼奔于南氐。曜進攻草壁，又陷之，松多奔隴城，進陷安定。保懼，遷于桑城。氐羌悉從之。曜振旅歸於長安，署劉雅為大司徒。

晉將李矩襲金墉，克之。曜左中郎將宋始、振威宋恕降于石勒。署其大將軍、廣平王岳為征東大將軍，鎮洛陽。會三軍疫甚，岳遂屯澠池。石勒遣石生馳應宋始等，軍勢甚盛。曜將尹安、趙慎等以洛陽降生，岳乃班師，鎮於陝城。

西明門內大樹風吹折，經一宿，樹撥變為人形，髮長一尺，鬚眉長三寸，皆黃白色，有斂手之狀，亦有兩脚著裙之形，惟無目鼻，每夜有聲，十日而生柯條，遂成大樹，枝葉甚茂。

長水校尉尹車謀反，潛結巴酋徐庫彭，曜乃誅車，囚庫彭等五十餘人于阿房，將殺之。光祿大夫遊子遠固諫，曜不從。子遠叩頭流血，曜大怒，幽子遠而盡殺庫彭等，屍諸街巷之中十日，乃投之于水。於是巴氐盡叛，推巴歸善王句渠知為主，四山羌、氐、巴、羯應之者三十餘萬，關中大亂，城門晝閉。子遠又從獄表諫，曜怒甚，毀其表曰：『大荔奴不憂命在須臾，猶敢如此，嫌死晚邪？』叱左右速殺之。劉雅、朱紀、呼延晏等諫曰：『子遠幽而尚諫者，所謂忠於社稷，不知死之將至。陛下縱弗能用，奈何殺之！若子遠朝誅，臣等亦暮死，以彰陛下過差之咎。天下之人皆當去陛下蹈西海而死耳，陛下復與誰居乎！』曜意解，乃赦之。於是敕內外戒嚴，將親討渠知。子遠進曰：『陛下誠能納愚臣之計者，不勞大駕親動，一月之中可使清定。』曜曰：『卿試言之。』子遠曰：『彼匪有大志，希竊非望也，但逼于陛下峻網耳。今死者不可追，莫若赦諸逆人之家老弱沒奚官者，使迭相撫育，聽其復業，大赦與之更始。彼生路既開，不降何待！若渠知自以罪重不即下者，願假臣弱兵五千，以為陛下梟之，不敢勞陛下之將帥也。不爾者，今賊黨既衆，彌川被谷，雖以天威臨之，恐非年歲可除。』曜大悅，以子遠為車騎大將軍、開府儀同三司、都督雍秦征討諸軍事。大赦境內。子遠次於雍城，降者十餘萬，進軍安定，氐羌悉下，惟句氏宗黨五千餘家保存于陰密，進攻平之，遂振旅循隴右，陳安郊迎。

先是，上郡氐羌十餘萬落保險不降，酋大虛除權渠自號秦王。子遠進師至其壁下，權渠率衆來距，五戰敗之。權渠恐，將降，其子伊余大言於衆曰：『往劉曜自來，猶無若我何，況此偏師而欲降之！』率勁卒五萬，晨壓壘門。左右勸戰，子遠曰：『吾聞伊余之勇，當今無敵，士馬之强，復非其匹；又其父新敗，怒氣甚盛；且西戎剽勁，鋒銳不可擬也。不如緩之，使氣竭而擊之。』乃堅壁不戰。伊余有驕色。子遠候其無備，夜，誓衆蓐食，晨，大風霧，子遠曰：『天贊我也！』躬先士卒，掃壁而出，遲明覆之，生擒伊余，悉俘其衆。權渠大懼，被髮割面而降。子遠啓曜以權渠為征西將軍、西戎公，分徙伊余兄弟及其部落二十餘萬口于長安。西戎之中，權渠部最强，皆稟其命而為寇暴，權渠既降，莫不歸附。

曜大悅，宴羣臣於東堂，語及平生，泫然流涕，遂下書曰：『蓋褒德惟舊，聖後之所先；念惠録孤，明王之恒典。是以世祖草創河北，而致封于嚴尤之孫；魏武勒兵梁宋，追慟於橋公之墓。前新贈大司徒、烈湣公崔岳，中書令曹恂，晉陽太守王忠，太子洗馬劉綏等，或識朕于童齔之中，或濟朕於艱窘之極，言念君子，實傷我心。《詩》不云乎：「中心藏之，何日忘之！」岳，漢昌之初雖有褒贈，屬否運之際，禮章莫備，今可贈岳使持節、侍中、大司徒、遼東公，恂大司空、南郡公，綏左光禄大夫、平昌公，忠鎮軍將軍、安平侯，並加散騎常侍。但皆丘墓夷滅，申哀莫由，有司其速班訪岳等子孫，授以茅土，稱朕意焉。』初，曜之亡，與曹恂奔于劉綏，綏匿之於舊匱，載送於忠，忠送之朝鮮。歲餘，饑窘，變姓名，客為縣卒。岳為朝鮮令，見而異之，推問所由。曜叩頭自首，流涕求哀。岳曰：『卿謂崔元嵩不如孫賓碩乎，何懼之甚也！今詔捕卿甚峻，百姓間不可保也。此縣幽僻，勢能相濟，縱有大急，不過解印綬與卿俱去耳。吾既門衰，無兄弟之累，身又薄祜，未有兒子，卿猶吾子弟也，勿為過憂。大丈夫處身立世，鳥獸投人，要欲濟之，而況君子乎！』給以衣服，資供書傳。曜遂從岳，質通疑滯，恩顧甚厚。岳從容謂曜曰：『劉生姿宇神調，命世之才也！四海脱有微風搖之者，英雄之魁，卿其人矣。』曹恂雖於屯厄之中，事曜有君臣之禮，故皆德之。

曜立太學于長樂宮東，小學于未央宮西，簡百姓年二十五已下十三已上，神志可教者千五百人，選朝賢宿儒明經篤學以教之。以中書監劉均領國子祭酒。置崇文祭酒，秩次國子。散騎侍郎董景道以明經擢為崇文祭酒。以遊子遠為大司徒。

曜命起酆明觀，立西宮，建陵霄臺于滈池，又將於霸陵西南營壽陵。侍中喬豫、和苞上疏諫曰：『臣聞人主之興作也，必仰準乾象，俯順人時，是以衛文承亂亡之後，宗廟社稷流漂無所，而猶上候營室以構楚宮。彼其急也猶尚若茲，故能興康叔、武公之迹，以延九百之慶也。奉詔書將營酆明觀，市道芻蕘咸以非之，曰一觀之功可以平涼州矣。又奉敕旨復欲擬阿房而建西宮，模瓊臺而起陵霄，此則費萬酆明，功億前役也。以此功費，亦可以吞吳蜀，翦齊魏矣。陛下何為于中興之日而蹤亡國之事！自古聖王，人誰無過！陛下此役，實為過舉。過貴在能改，終之實難。又伏聞敕旨將營建壽陵，周回四里，下深二十五丈，以銅為棺槨，黃金飾之，恐此功費非國內所能辦也。且臣聞堯葬穀林，市不改肆；顓頊葬廣陽，下不及泉。聖王之於終也如是。秦皇下錮三泉，周輪七里，身亡之後，毀不旋踵，暗主之於終也如此。向魋石槨，孔子以為不如速朽；王孫倮葬，識者嘉其矯世。自古無有不亡之國，不掘之墓，故聖王知厚葬之招害也，故不為之。臣子之于君父，陵墓豈不欲高廣如山嶽哉！但以保全始終，安固萬世為優耳。興亡奢儉，冏然於前，惟陛下覽之。』曜大悦，下書曰：『二侍中懇懇有古人之風烈矣，可謂社稷之臣也。非二君，朕安聞此言乎！以孝明於承平之世，四海無虞之日，尚納鍾離一言而罷北宮之役，況朕之暗眇，當今極弊，而可不敬從明誨乎！今敕悉停壽陵制度，一遵霸陵之法。《詩》不云乎：「無言不酬，無德不報。」其封豫安昌子，苞平輿子，並領諫議大夫。可敷告天下，使知區區之朝思聞過也。自今政法有不便於時，不利社稷者，其詣闕極言，勿有所諱。』省酆水囿以與貧户。

終南山崩，長安人劉終於崩所得白玉方一尺，有文字曰：『皇亡，皇亡，敗趙昌。井水竭，構五梁，咢酉小衰困囂喪。嗚呼！嗚呼！赤牛奮靷其盡乎！』時羣臣咸賀，以為勒滅之徵。曜大悦，齋七日而後受之於太廟，大赦境內，以終為奉瑞大夫。中書監劉均進曰：『臣聞國主山川，故山崩川竭，君為之不舉。終南，京師之鎮，國之所瞻，無故而崩，其凶焉可極言！昔三代之季，其災也如是。今朝臣皆言祥瑞，臣獨言非，誠上忤聖旨，下違衆議，然臣不達大理，竊所未同。何則？玉之于山石也，猶君之於臣下。山崩石壞，象國傾人亂。「皇亡，皇亡，敗趙昌者」，此言皇室將為趙所敗，趙因之而昌。今大趙都于秦雍，而勒跨全趙之地，趙昌之應，當在石勒，不在我也。「井水竭，構五梁」者，井謂東井，秦之分也，「五謂五車」，梁謂大梁，五車、大梁，趙之分也，此言秦將竭滅，以構成趙也。「咢」者，歲之次名作咢也，言歲馭作咢酉之年，當有敗軍殺將之事。「困」謂困敦，歲在子之年名，玄囂亦在天之次，言歲馭于子，國當喪亡。「赤牛奮靷」謂赤奮若，在丑之歲名也。「牛」謂牽牛，東北維之宿，丑之分也，言歲在丑當滅亡，盡無復遺也。此其誡悟蒸蒸，欲陛下勤修德化以禳之。縱為嘉祥，尚願陛下夕惕以答之。《書》曰：「雖休勿休。」願陛下追蹤周旦盟津之美，捐鄗虢公夢廟之凶，謹歸沐浴以待妖言之誅。』曜憮然改容。御史劾均狂言瞽說，誣罔祥瑞，請依大不敬論。曜曰：『此之灾瑞，誠不可知，深戒朕之不德，朕收其忠惠多矣，何罪之有乎！』

曜親征氐羌，仇池楊難敵率衆來距，前鋒擊敗之，難敵退保仇池，仇池諸氐羌多降於曜。曜後復西討楊韜于南安，韜懼，與隴西太守梁勳等降於曜，皆封列侯。使侍中喬豫率甲士五千，遷韜等及隴右萬餘户于長安。曜又進攻仇池。時曜寢疾，兼癘疫甚，議欲班師，恐難敵躡其後，乃以其尚書郎王獷為光國中郎將，使于仇池，以説難敵，難敵於是遣使稱藩。曜大悅，署難敵為使持節、侍中、假黄鉞、都督益寧南秦涼梁巴六州隴上西域諸軍事、上大將軍、益寧南秦三州牧、領護南氐校尉、寧羌中郎將、武都王，子弟為公侯列將二千石者十五人。

陳安請朝，曜以疾篤不許。安怒，且以曜為死也，遂大掠而歸。曜疾甚篤，馬輿而還，使其將呼延寔監輜重於後。陳安率精騎要之於道。寔奔戰無路，與長史魯憑俱没于安。安囚寔而謂之曰：『劉曜已死，子誰輔哉？孤當興足下終定大業。』寔叱安曰：『狗輩！汝荷人榮寵，處不疑之地，前背司馬保，今復如此。汝自視何如主上？憂汝不久梟首上邽通衢，何謂大業！可速殺我，懸我首於上邽東門，觀大軍之入城也。』安怒，遂殺之。以魯憑為參軍，又遣其弟集及將軍張明等率騎二萬追曜，曜衛軍呼延瑜逆戰，擊斬之，悉俘其衆。安懼，馳還上邽。曜至自南安。陳安使其將劉烈、趙罕襲汧城，拔之，西州氐羌悉從安。安士馬雄盛，衆十餘萬，自稱使持節、大都督、假黄鉞、大將軍、雍涼秦梁四州牧、涼王，以趙募為相國，領左長史。魯憑對安大哭曰：『吾不忍見陳安之死也。』安怒，命斬之。憑曰：『死自吾分，懸吾頭于秦州通衢，觀趙之斬陳安也。』遂殺之。曜聞憑死，悲慟曰：『賢人者，天下之望也。害賢人，是塞天下之情，夫承平之君猶不敢乖臣妾之心，況于四海乎！陳安今於招賢采哲之秋，而害君子，絕當時之望，吾知其無能為也。』

休屠王石武以桑城降，曜大悅，署武為使持節、都督秦州隴上雜夷諸軍事、平西大將軍、秦州刺史，封酒泉王。

曜后羊氏死，偽謚獻文皇后。羊氏内有特寵，外參朝政，生曜三子熙、襲、闡。

曜始禁無官者不聽乘馬，祿八百石已上婦女乃得衣錦繡，自季秋農功畢，乃聽飲酒，非宗廟社稷之祭不得殺牛，犯者皆死。曜臨太學，引試學生之上第者拜郎中。

武功男子蘇撫、陜男子伍長平並化為女子。石言於陜，若言勿東者。

曜將葬其父及妻，親如粟邑以規度之。負土為墳，其下周回二里，作者繼以脂燭，怨呼之聲盈于道路。遊子遠諫曰：『臣聞聖主明王、忠臣孝子之于終葬也，棺足周身，槨足周棺，藏足周槨而已，不封不樹，為無窮之計。伏惟陛下聖慈幽被，神鑑洞遠，每以清儉恤下為先。社稷資儲為本。今二陵之費至以億計，計六萬夫百日作，所用六百萬功。二陵皆下錮三泉，上崇百尺，積石為山，增土為阜，發掘古冢以千百數，役夫呼嗟，氣塞天地，暴骸原野，哭聲盈衢，臣竊謂無益於先皇先后，而徒喪國之儲力。陛下脱仰尋堯舜之軌者，則功不盈百萬，費亦不過千計，下無怨骨，上無怨人，先帝先后有太山之安，陛下饗舜、禹、周公之美，惟陛下察焉。』曜不納，乃使其將劉岳等帥騎一萬，迎父及弟暉喪于太原。疫氣大行，死者十三四。上洛男子張盧死二十七日，有盜發其冢者，盧得蘇。曜葬其父，墓號永垣陵，葬妻羊氏，墓號顯平陵。大赦境内殊死已下，賜人爵二級，孤老貧病不能自存者帛各有差。

太寧元年，陳安攻曜征西劉貢于南安，休屠王石武自桑城將攻上邽，以解南安之圍。安聞之懼，馳歸上邽，遇于瓜田。武以衆寡不敵，奔保張春故壘。安引軍追武曰：『叛逆胡奴！要當生縛此奴，然後斬劉貢。』武閉壘距之。貢敗安後軍，俘斬萬餘。安馳還赴救，貢逆擊敗之。俄而武騎大至，安衆大潰，收騎八千，奔於隴城。貢乃留武督後衆，躬先士卒，戰輒敗之，遂圍安於隴城。

大雨霖，震曜父墓門屋，大風飄發其父寢堂于垣外五十餘步。曜避正殿，素服哭於東堂五日，使其鎮軍劉襲、太常梁胥等繕復之。松柏衆木植已成林，至是悉枯。署其大司馬劉雅為太宰，加劍履上殿，入朝不趨，贊拜不名，給千兵百騎，甲仗百人入殿，增班劍六十人，前後鼓吹各二部。

曜親征陳安，圍安於隴城。安頻出挑戰，累擊敗之，斬獲八千餘級。右軍劉幹攻平襄，克之，隴上諸縣悉降。曲赦隴右殊死已下，惟陳安、趙募不在其例。安留楊伯支、姜沖兒等守隴城，帥騎數百突圍而出，欲引上邽、平襄之衆還解隴城之圍。安既出，知上邽被圍，平襄已敗，乃南走陝中。曜使其將軍平先、丘中伯率勁騎追安，頻戰敗之，俘斬四百餘級。安與壯士十餘騎於陝中格戰，安左手奮七尺大刀，右手執丈八蛇矛，近交則刀矛俱發，輒害五六；遠則雙帶鞬服，左右馳射而走。平先亦壯健絶人，勇捷如飛，與安搏戰，三交，奪其蛇矛而退。會日暮，雨甚，安棄馬，與左右五六人步逾山嶺，匿於溪澗。翌日尋之，遂不知所在。會連雨始霽，輔威呼延清尋其徑迹，斬安于澗曲。曜大悦。

安善於撫接，吉凶夷險與衆同之，及其死，隴上歌之曰：『隴上壯士有陳安，驅幹雖小腹中寬，愛養將士同心肝。騙驄父馬鐵瑕鞍，七尺大刀奮如湍，丈八蛇矛左右盤，十蕩十決無當前。戰始三交失蛇矛，棄我騙驄竄巖幽，為我外援而懸頭。西流之水東流河，一去不還奈子何！』曜聞而嘉傷，命樂府歌之。

楊伯支斬姜沖兒，以隴城降。宋亭斬趙募，以上邽降。徙秦州大姓楊、姜諸族二千餘户于長安。氐羌悉下，並送質任。

時劉岳與涼州刺史張茂相持於河上，曜自隴長驅至西河，戎卒二十八萬五千，臨河列營，百餘里中，鐘鼓之聲沸河動地，自古軍旅之盛未有斯比。茂臨河諸戍皆望風奔退。揚聲欲百道俱渡，直至姑臧，涼州大怖，人無固志。諸將咸欲速濟，曜曰：『吾軍旅雖盛，不逾魏武之東也。畏威而來者，三有二焉。中軍宿衛已皆疲老，不可用也。張氏以吾新平陳安，師徒殷盛，以形聲言之，非彼五郡之衆所能抗也，必怖而歸命，受制稱藩，吾復何求！卿等試之，不出中旬，張茂之表不至者，吾為負卿矣。』茂懼，果遣使稱藩，獻馬一千五百匹，牛三千頭，羊十萬口，黄金三百八十斤，銀七百斤，女妓二十人，及諸珍寶珠玉、方域美貨不可勝紀。曜大悦，使其大鴻臚田崧署茂使持節、假黄鉞、侍中、都督涼南北秦梁益巴漢隴右西域雜夷匈奴諸軍事、太師、領大司馬、涼州牧、領西域大都護、護氐羌校尉、涼王。曜至自河西，遣胡元增其父及妻墓高九十尺。

楊難敵以陳安既平，内懷危懼，奔於漢中。鎮西劉厚追擊之，獲其輜重千餘兩，士女六千餘人，還之仇池。曜以大鴻臚田崧為鎮南大將軍、益州刺史，鎮仇池，以劉岳為侍中、都督中外諸軍事，進封中山王。

初，靳準之亂，曜世子胤没于黑匿郁鞠部，至是，胤自言，郁鞠大驚，資給衣馬，遣子送之。曜對胤悲慟，嘉郁鞠忠款，署使持節、散騎常侍、忠義大將軍、左賢王。胤字義孫，美姿貌，善機對，年十歲，身長七尺五寸，眉鬢如畫。聰奇之，謂曜曰：『此兒神氣豈同義真乎！固當應為卿之家嫡，卿可思文王廢伯邑考立武王之意也。』曜曰：『臣之藩國，僅能守祭祀便足矣，不可以亂長幼之倫也。』聰曰：『卿勳格天地，國兼百城，當世祚太師，受專征之任，五侯九伯得專征之者，卿之子孫，柰何言同諸藩國也！義真既不能遠追太伯高讓之風，吾不過為卿封之以一國。』義真，曜子儉之字也。於是封儉為臨海王，立胤為世子。胤雖少離屯難，流躓殊荒，而風骨濬茂，爽朗卓然，身長八尺三寸，髮與身齊，多力善射，驍捷如風雲，曜因以重之，其朝臣亦屬意焉。曜於是顧謂羣下曰：『義孫可謂歲寒而不凋，涅而不淄者矣。義光雖先已樹立，然沖幼儒謹，恐難乎為今世之儲貳也，懼非所以上固社稷，下愛義光。義孫年長明德，又先世子也，朕欲遠追周文，近蹤光武，使宗廟有太山之安，義光饗無疆之福，于諸卿意如何？』其太傅呼延晏等咸曰：『陛下遠擬周漢，為國家無窮之計，豈惟臣等賴之，實亦宗廟四海之慶。』左光禄卜泰、太子太保韓廣等進曰：『陛下若以廢立為是也，則不應降日月之明，垂訪羣下。若以為疑也，固思聞臣等異同之言，竊以誠廢太子非也。何則？昔周文以未建之前，擇聖表而超樹之可也。光武緣母色而廢立，豈足為聖朝之模範！光武誠以東海篡統，何必不如明帝！皇子胤文武才略，神度弘遠，信獨絶一時，足以擬蹤周發；然太子孝友仁慈，志尚沖雅，亦足以堂負聖基，為承平之賢主。何況儲宫者，六合人神所繫望也，不可輕以廢易。陛下誠實爾者，臣等有死而已，未敢奉詔。』曜默然。胤前泣曰：『慈父之于子也，當務存《尸鳩》之仁，何可替熙而立臣也！陛下謬恩乃爾者，臣請死於此，以明赤心。且陛下若愛忘其醜，以臣微堪指授，亦當能輔導義光，仰遵聖軌。』因歔欷流涕，悲感朝臣。曜亦以太子羊氏所生，羊有寵，哀之不忍廢，乃止。追謚前妻卜氏為元悼皇后，胤之母也。卜泰，胤之舅，曜嘉之，拜上光禄大夫、儀同三司、領太子太傅。封胤為永安王，署侍中、衛大將軍、都督二宫禁衛諸軍事、開府儀同三司、録尚書事，領太子太傅，號曰皇子。命熙于胤盡家人之禮。

時有鳳皇將五子翔於故未央殿五日，悲鳴不食皆死。曜立后劉氏。

石勒將石他自雁門出上郡，襲安國將軍、北羌王盆句除，俘三千餘落，獲牛馬羊百餘萬而歸。曜大怒，投袂而起。是日次於渭城，遣劉岳追之，曜次於富平，為岳聲援。岳及石他戰於河濱，敗之，斬他及其甲士一千五百級，赴河死者五千餘人，悉收所虜，振旅而歸。

楊難敵自漢中還襲仇池，克之，執田崧，立之於前。難敵左右叱崧令拜，崧瞋目叱之曰：『氐狗！安有天子牧伯而向賊拜乎！』難敵曰：『子岱，吾當與子終定大事。子謂劉氏可為盡忠，吾獨不可乎！』崧厲色大言曰：『若賊氐奴才，安敢欲希覬非分！吾寧為國家鬼，豈可為汝臣，何不速殺我！』顧排一人，取其劍，前刺難敵，不中，為難敵所殺。

曜遣劉岳攻石生於洛陽，配以近郡甲士五千，宿衛精卒一萬，濟自盟津。鎮東呼延謨率荆司之衆自崤澠而東。岳攻石勒盟津、石梁二戍，克之，斬獲五千餘級，進圍石生於金墉。石季龍率步騎四萬入自成皋關，岳陳兵以待之。戰于洛西，岳師敗績，岳中流矢，退保石梁。季龍遂塹柵列圍，遏絕內外。岳衆饑甚，殺馬食之。季龍又敗呼延謨，斬之。曜親率軍援岳，季龍率騎三萬來距。曜前軍劉黑大敗季龍將石聰於八特阪。曜次於金谷，夜無故大驚，軍中潰散，乃退如澠池。夜中又驚，士卒奔潰，遂歸長安。季龍執劉岳及其將王騰等八十餘人，並氐羌三千餘人，送于襄國，坑士卒一萬六千。曜至自澠池，素服郊哭，七日乃入城。

武功豕生犬，上邽馬生牛，及諸妖變不可勝記。曜命其公卿各舉博識直言之士一人，司空劉均舉參軍臺產，曜親臨東堂，遣中黄門策問之。產極言其故，曜覽而嘉之，引見東堂，訪以政事。產流涕歔欷，具陳灾變之禍，政化之闕，辭旨諒直，曜改容禮之，即拜博士祭酒、諫議大夫，領太史令。其後所言皆驗，曜彌重之，歲中三遷，歷位尚書、光禄大夫、太子少師，位特進。

曜署劉胤為大司馬，進封南陽王，以漢陽諸郡十三為國；置單于臺于渭城，拜大單于，置左右賢王已下，皆以胡、羯、鮮卑、氐、羌豪桀為之。

曜自還長安，憤恚發病，至是疾瘳，曲赦長安殊死已下。署其汝南王劉咸為太尉、録尚書事，光禄大夫劉綏為大司徒，卜泰為大司空。

曜妻劉氏疾甚，曜親省臨之，問其所欲言。劉泣曰：『妾叔父昶無子，妾少養于叔，恩撫甚隆，無以報德，願陛下貴之。妾叔皚女芳有德色，願備後宫。』曜許之。言終而死，偽謚獻烈皇后。以劉昶為使持節、侍中、大司徒、録尚書事，進封河南郡公，封昶妻張氏為慈鄉君，立劉皚女芳為皇后，追念劉氏之言也。俄署驃騎劉述為大司徒，劉昶為太保。召公卿已下子弟有勇幹者為親御郎，被甲乘鎧馬，動止自隨，以充折衝之任。尚書郝述、都水使者支當等固諫，曜大怒，鴆而殺之。

咸和三年，夜夢三人金面丹脣，東向逡巡，不言而退，曜拜而履其迹。旦召公卿已下議之，朝臣咸賀以為吉祥，惟太史令任義進曰：『三者，歷運統之極也。東為震位，王者之始次也。金為兑位，物衰落也。脣丹不言，事之畢也。逡巡揖讓，退舍之道也。為之拜者，屈伏於人也。履迹而行，慎不出疆也。東井，秦分也。五車，趙分也。秦兵必暴起，亡主喪師，留敗趙地。遠至三年，近七百日，其應不遠。願陛下思而防之。』曜大懼，於是躬親二郊，飾繕神祠，望秩山川，靡不周及。大赦殊死已下，復百姓租稅之半。長安自春不雨，至於五月。

曜遣其武衛劉朗率騎三萬襲楊難敵于仇池，弗克，掠三千餘户而歸。張駿聞曜軍為石氏所敗，乃去曜官號，復稱晉大將軍、涼州牧，遣金城太守張閬及枹罕護軍辛晏、將軍韓璞等率衆數萬人，自大夏攻掠秦州諸郡。曜遣劉胤率步騎四萬擊之，夾洮相持七十餘日。冠軍呼延那雞率親御郎二千騎，絕其運路。胤濟師逼之，璞軍大潰，奔還涼州。胤追之，及于令居，斬級二萬。張閬、辛晏率衆數萬降於曜，皆拜將軍，封列侯。

石勒遣石季龍率衆四萬，自軹關西入伐曜，河東應之者五十餘縣，進攻蒲阪。曜將東救蒲阪，懼張駿、楊難敵承虛襲長安，遣其河間王述發氐羌之衆屯于秦州。曜盡中外精鋭水陸赴之，自衛關北濟。季龍懼，引師而退。追之，及于高候，大戰，敗之，斬其將軍石瞻，枕屍二百餘里，收其資仗億計。季龍奔於朝歌。曜遂濟自大陽，攻石生於金墉，決千金堨以灌之。曜不撫士衆，專與嬖臣飲博，左右或諫，曜怒，以為妖言，斬之。大風拔樹，昏霧四塞。聞季龍進據石門，續知勒自率大衆已濟，始議增滎陽戍，杜黄馬關。俄而洛水候者與勒前鋒交戰，擒羯，送之。曜問曰：『大胡自來邪？其衆大小復如何？』羯曰：『大胡自來，軍盛不可當也。』曜色變，使攝金墉之圍，陳於洛西，南北十餘里。曜少而淫酒，末年尤甚。勒至，曜將戰，飲酒數斗，常乘赤馬無故局頓，乃乘小馬。比出，復飲酒斗餘。至於西陽門，捴陣就平，勒將石堪因而乘之，師遂大潰。曜昏醉奔退，馬陷石渠，墜於冰上，被瘡十餘，通中者三，為堪所執，送於勒所。曜曰：『石王！憶重門之盟不？』勒使徐光謂曜曰：『今日之事，天使其然，復云何邪！』幽曜于河南丞廨，使金瘡醫李永療之，歸於襄國。

曜瘡甚，勒載以馬輿，使李永與同載。北苑市三老孫機上禮求見曜，勒許之。機進酒於曜曰：『僕谷王，關右稱帝皇。當持重，保土疆。輕用兵，敗洛陽。祚運窮，天所亡。開大分，持一觴。』曜曰：『何以健邪！當為翁飲。』勒聞之，淒然改容曰：『亡國之人，足令老叟數之。』舍曜于襄國永豐小城，給其妓妾，嚴兵圍守。遣劉岳、劉震等乘馬，從男女，衣帢以見曜，曜曰：『久謂卿等為灰土，石王仁厚，全宥至今，而我殺石他，負盟之甚。今日之禍，自其分耳。』留宴終日而去。勒諭曜與其太子熙書，令速降之，曜但敕熙：『與諸大臣匡維社稷，勿以吾易意也。』勒覽而惡之，後為勒所殺。

熙及劉胤、劉咸等議西保秦州，尚書胡勳曰：『今雖喪主，國尚全完，將士情一，未有離叛，可共並力距險，走未晚也。』胤不從，怒其沮衆，斬之，遂率百官奔於上邽，劉厚、劉策皆捐鎮奔之。關中擾亂，將軍蔣英、辛恕擁衆數十萬，據長安，遣使招勒，勒遣石生率洛陽之衆以赴之。胤及劉遵率衆數萬，自上邽將攻石生於長安，隴東、武都、安定、新平、北地、扶風、始平諸郡戎夏皆起兵應胤。胤次於仲橋，石生固守長安。勒使石季龍率騎二萬距胤，戰于義渠，為季龍所敗，死者五千餘人。胤奔上邽，季龍乘勝追戰，枕屍千里，上邽潰。季龍執其偽太子熙、南陽王劉胤並將相諸王等及其諸卿校公侯已下三千餘人，皆殺之。徙其臺省文武、關東流人、秦雍大族九千餘人于襄國，又坑其王公等及五郡屠各五千餘人於洛陽。曜在位十年而敗。始，元海以懷帝永嘉四年僭位，至曜三世，凡二十有七載，以成帝咸和四年滅。

宋・李昉等《太平御覽》卷一一九《偏霸部三・前趙劉元海》

《晉書・載記序》敍曰：劉元海以惠帝永興元年據離石稱漢。後九年，石勒據襄國稱趙。張氏先據河西，是歲，自石勒後三十六年也，重華自稱涼王。後一年，冉閔據鄴稱魏。後一年，符健據長安稱秦。慕容氏先據遼東稱燕，是歲，自符健後一年也，俊始僭號。後三十一年，後燕慕容垂據鄴。後二年，西燕慕容沖據阿房。是歲也，乞伏國仁據枹罕稱秦。後一年，慕容永據上黨。是歲也，呂光據姑臧稱涼。後十二年，慕容德據滑臺稱南燕。是歲也，禿髮烏孤據廉川稱南涼，段業據張掖稱北涼。後三年，李玄盛據敦煌稱西涼。後一年，沮渠蒙遜殺段業，自稱後涼。四月，譙縱據蜀稱成都王。後二年，赫連勃勃據朔方稱大夏。後二年，馮跋殺離班，據和龍稱北燕。堤封天下，十喪其八，莫不龍旌帝服，建社開祊，華夷咸暨，人物斯在。或篡通都之鄉，或擁數州之地，雄圖內卷，師旅外并，窮兵凶於勝負，盡人命於鋒鏑，其為戰國者一百三十六載，抑元海為之禍首云。

又《劉淵》 崔鴻《十六國春秋・前趙録》曰：劉淵，字元海，新興匈奴人。先夏后氏之苗裔曰淳維，世居北狄，千有餘歲，至冒頓，襲破東胡，西走月氏，北服丁零，內侵燕、岱，控弦四十萬。漢祖患之，使劉敬奉公主以妻之，約為兄弟，故子孫遂冒姓劉氏。建武初，入居西河美稷。後漢中平，單于羌渠使子於扶羅將兵助漢，討平黃巾。會羌渠為國人所殺，扶羅以其衆留漢，立為單于。屬董卓之亂，寇掠太原、河東，屯於河內。扶羅死，弟呼廚泉立，以於羅子豹為左賢王，即元海之父也。入朝，魏武因留之，為分其衆為五部，以左賢王豹為左部帥，其餘帥皆以劉氏為之。太康中改置都尉。雖分屬五部，皆家于晉陽汾、澗之濱。

豹妻呼延氏，魏嘉平中祈子於龍門，有一大白魚，頂有二角，軒鬐躍鱗而至祭所，久之乃去。巫覡皆異之，曰：『此嘉祉。』其夜，夢所見魚變為人，左手把一物，大如雞子，光景非常，授呼延曰：『此是日精，服之生貴子。』寤以告豹，豹曰：『吉徵也。』自是十二月而生淵。淵生，左手有文曰淵海，遂以名焉。幼而好學，不捨晝夜，常謂同門生朱紀、范隆等曰：『吾每觀書傳，常鄙隨、陸無武，絳、灌無文。一物之不知，固君子恥之也。二生遇高皇不能建封侯之業，兩公屬太宗不能開庠序之美，惜哉！』於是學武事，並皆工絕，猿臂善射，膂力過人。身長八尺四寸，鬚長三尺餘，當心有赤毫毛三根，長三尺六寸。太原王渾虛衿友之，命子濟拜焉。

咸熙中，為任子在洛陽，晉文王深待之，時東萊王彌等皆憑結渾，言之于晉武帝。帝召見，與言，大悅之。後謂王濟曰：『劉元海容貌風儀，機談鑑智，雖由余、日杵無以加也。』會父豹卒，帝以淵代為左部帥，轉寧朔將軍，監五部軍事。

大安中，惠帝失政，諸王迭相殘廢，州郡奸豪，所在蜂起。從祖北部都尉、右賢宣等議曰：『右左賢淵姿器絕人，幹宇超世，天下恢崇單于，終不虛生此人也。』於是共推淵為大單于。淵曰：『當為崇岡峻阜，何能為培塿乎！夫帝王豈有常哉，大禹生於西戎，文王生於東夷，顧惟德所授耳。今見衆十餘萬，皆一當晉十，鼓行摧亂晉，猶拉枯耳。上可成漢高之業，下不失為魏氏，何呼韓耶足道哉！』宣等稱善。

元熙元年，遷於左國城，晉人東附者數萬。宣等上尊號，淵曰：『今晉氏猶在，四方未定，可仰遵高皇初法，且稱漢王，權停皇帝之號，聽宇宙混一當更議之。』十月，為壇南郊，僭漢王位，改晉永興元年為元熙元年，大赦天下，追遵劉禪為孝懷皇帝，立三宗五祖之神主而祭之。置百官，以劉宣為丞相，拜授各有差。四部之東萊王彌起兵青、徐，遣使來降，拜鎮東大將軍、青州刺史、東萊郡公。四月，汲桑叛，自稱趙王，選置州郡。十一月，石勒及胡部等帥衆來降。

永鳳元年秋七月，鳳凰集于蒲子，丞相劉宣等六十四人上尊號。十月，僭即皇帝位於南郊，大赦，改元。以衛將軍和為大將軍，撫軍劉聰為車騎大將軍，建武曜為龍驤大將軍。河瑞元年，遷都平陽，汾水中得玉璽，大赦，改元。二年，以大司馬、梁王和為皇太子。八月，淵寢疾，以劉洋為太傅，延年為太宰，司徒聰為大司馬、大單于，並録尚書，置單于臺平陽西。淵薨於光極殿，太子和即位。聰自西明門攻，斬和於西室。九月，葬淵永陵，諡曰光文皇帝，廟號高祖。

又《劉聰》 崔鴻《十六國春秋·前趙録》曰：劉聰，字玄明，一名載，淵第四子。母張夫人之孕，夢日入懷，寤而告淵，淵曰：『吉徵也。』自是十五月而生聰，夜有白光之異。左耳有一白毫，長二尺餘。幼而聰寤，究通經史百家之言，孫吳兵法靡不通之。猿臂善射，彎弓三百斤，膂力驍捷，冠絕一時。以永嘉四年僭即帝位於光極前殿，大赦，改年光興元年。以衛尉呼延宴為前鋒大都督，配禁兵二萬七千，自宜陽入洛州；命東萊彌、龍驤曜、鎮軍勒進軍會之。比及河南，十二敗晉師，長驅圍洛陽，陷之，縱兵大掠。幽晉帝於端門，殺晉太子及諸百官已下二行餘人，洛水北築為京觀。遷帝及太后、侍中庾珉等於平陽。大赦，改元興為嘉平元年。二月，晉帝進號儀同三司、會稽郡公。聰引帝入宴，謂曰：『卿為豫章王時，朕曾與王武子相造，武子示朕於卿，言聞其名久矣。以卿所作樂府歌文示朕，謂朕曰：「聞君善為辭賦，試為看之。」朕時與武子俱為《盛德頌》，卿稱善久之，又引朕射於皇堂，朕得十二籌，卿與武子俱得九籌，卿贈朕柘弓、銀硯，頗憶不？』帝曰：『臣敢忘之！但恨爾日不早識龍顏。』聰曰：『卿家骨肉相殘，何其甚也？』帝曰：『此殆非人事，皇天之意。大漢將應乾受歷，故為陛下自相驅除。且臣家若能奉武皇之業，九族敦睦者，陛下何由得之！』三年正月，宴於光極前殿，逼晉帝行酒，庾珉、王雋等起而大哭，聰惡之。二月丁未，懷帝崩於平陽，於是誅珉等。三月，立貴嬪劉氏為皇后。四月，湣帝即位於長安，車騎曜等攻長安。河東地震，雨於平陽。

建元元年正月，黑霧四塞，著人如墨，五日而止。辛酉庚時，日落地，三月相承出於西方東行，平陽地震，崇明觀陷為池，水赤如血，赤氣至天，有赤龍奮迅而去。流星起於牽牛，入紫微，龍形逶迤，其光照地，落於平陽北十里。視之，則肉臭聞於平陽，長三十步，廣二十七步，肉旁常有哭聲，晝夜不止。聰甚惡之。癸未，劉后產一蛇一虎，各害人而走，尋之不得，頃之，見在隕肉之旁。己丑，劉氏卒，乃失此肉，哭聲亦止。十一月，以晉王粲為國相、大單于，總百揆。十二月，宣光陵石人皆行數步，宮中鬼哭。

麟嘉元年，武庫陷入地一丈五尺。聰自去冬至是，遂不復受朝賀，軍國之事一決於粲，立市於後庭，與宮人宴戲，或三日不醒。秋七月，河東大蝗，惟不食粟豆。司隸靳准率部民收而埋之，哭聲聞於十餘里，然後鑽土飛出，復食黍豆。大司馬曜攻陷長安外城。九月，犬與豕交于宮門，有豕著進賢冠，升聰御坐。犬冠帶綬，與豕並升。俄而，鬭死殿上，宿衛莫有見其入者。長安饑甚，死半。麴允為粥以供帝膳，帝泣曰：『今窘厄如此，外無救援，勢不自支。』乃使侍中宗敞奉箋降曜。敞隨使者至，帝肉袒牽羊，輿櫬銜璧，出降東門。曜受璧焚櫬，遷湣帝及司徒梁汾、驃騎麴允等諸臣百餘人至於平陽。聰臨光極殿，帝稽顙於前，麴允伏地大哭，扶不能起，聰大怒，允自殺。以帝為光祿大夫、懷安侯。以大司馬曜假黃鉞，大都督陝西諸軍事、太宰、秦王。

二年正月，東平王約卒。十一月，聰校獵上林，以晉帝行車騎大將軍，戎服執戟前導，行三驅之禮。觀者皆指帝曰：『此故長安天子。』聚而觀之，故老亦有悲泣者。十二月，大饗於光極前殿，聰欲觀晉臣之意，使帝行酒洗爵更衣，又使帝執蓋。多有涕泣，或有失聲者。尚書郎辛賓起而抱帝大哭，引出斬之。戊戌，晉帝崩於平陽。

三年，聰所居螽斯則百堂災，會稽王康已下二十一子焚焉而卒。自此鬼哭宮，至於九月，夜聲不絕。四月，尚書令王鑒、崔懿之等極諫，聰大怒，收鑒等斬之。七月，鬼哭於光極殿，聰晝見東平王約，甚惡之。徵秦王曜為丞相，録尚書事；固辭，仍以丞相領雍州牧。靳准為大司空，領司隸校尉。癸亥，薨於建始殿。甲子，粲即位，大赦，改年漢昌。葬宣光陵，為謚昭武皇帝，廟號烈宗。八月，以丞相曜為相國、大都督，司空靳准為將軍，領尚書事。粲荒酗酒色，遊宴後庭，軍國之事一決於准。准遂勒兵入宮，執粲，數而殺之。追謚靈帝。劉氏無少長男子盡刑於市，發掘二陵，焚燒宗廟。鬼大哭，聲聞百里。准自號漢大王，置百官，遣使稱藩于晉。相國曜自長安赴難。

《前趙録》曰：麟嘉元年十二月，大將軍、東平王約卒，一指猶暖，遂不殯殮。至甲戌乃蘇，言見淵於不周山，經五日，遂復從至昆侖山，三日而復反於不周，見諸王公卿將相死者悉在，大有人民宮室，甚壯麗，號曰蒙珠離國。淵謂約曰：『東北遮須夷國，無主久，待汝父為之。汝後二年當來，後國中大亂相殺害，吾家死亡略盡，但可永明輩十數人在耳。汝但還，後年當來，見汝不遲。』不久，約拜辭而歸，道過一國曰猗尼渠餘國，引約入宮，與皮囊一枚，曰：『為吾遺漢皇帝。』約辭而歸，謂約曰：『劉郎後年來必見過，當以女相妻。』約歸，置皮囊於機上，俄而蘇，謂左右曰：『機上取囊來。』左右取得，開有一方白玉，題文曰：『猗尼渠餘國天王敬信遮須夷國天王，歲在攝提，當相見。』馳使奏呈聰曰：『若當如此，吾不懼死也。』及聰以戊寅歲薨，與此玉並葬焉。

又《劉曜》 崔鴻《十六國春秋·前趙録》曰：劉曜，字永明，

淵之族子。少孤，見養於淵。幼而聰慧，性托落高亮，與衆不羣。鐵厚一寸，射而洞之。身長九尺三寸，手垂過膝，生而眉白，目有赤光，須不過百餘根，皆長五尺。光初元年十月，太保呼延宴等自平陽來奔，上尊號於曜，僭即皇帝位。十二月，靳准左右軍騎喬太、王騰等殺准，奉六璽來降。二年夏四月，徙都長安，立子熙為皇太子。六月，繕宗廟，社祭，南北郊于長安，令曰：『蓋王者之興，必禘始祖，我皇家之先出自夏后，居於北夷，世跨燕朔，光文以漢有天下歲久，恩德結於民庶，故立漢祖宗之廟以懷民望，昭武因循，遂未悛革。今欲除宗廟，改國號，御以大單于為太祖，其速議以聞。』於是太保呼延宴等議曰：『今宜承晉母子傳號，以光文本封盧奴，中山之屬城，陛下勳功懋於平、洛，終於中山，中山分野屬大梁，趙也。宜革稱大趙，遵以水行。』曜從之。於是以冒頓配天，淵配上帝。

三年五月，西明門內大樹風吹折，一宿，樹撥撥變為人形，鬚長一尺，鬚眉長三寸，皆黃白色，有斂手之狀，亦有兩脚著履之形，惟無目鼻，每夜有聲，十日而生柯條，遂為大樹，枝葉甚茂。四年，將於霸陵西南營壽陵。侍中喬豫、和苞上疏諫曰：『伏聞敕旨營陵，將周回四十，下深二十五丈，以銅為棺槨，黃金飾之。臣聞堯葬穀林，市不改肆；顓頊葬廣陽，下不及泉。聖王之終也如是。秦始皇下固三泉，周逾七里，身亡之後，毀不旋踵，暗王之終也如此。從喪亂已來，漢帝諸陵咸見踐辱，惟霸陵獨全。此雖太宗之達至然，抑亦釋之之功。興亡奢儉，冏然於前，惟陛下覽之。』曜大悅。終南山崩，崩所得白玉一尺，有字曰：『皇亡，皇亡，敗趙昌。』以為己瑞，羣臣咸賀。中書監劉均曰：『山崩石壞，國傾民亂。「皇亡，皇亡，敗趙昌」者，此言皇室將為趙所敗，趙因之而昌。大趙都於秦、雍，而勒跨全趙，趙昌之應，當在石勒，不在我也。』曜撫然改容。五年，曜后羊氏卒，故晉惠后也，洛陽之陷納之。六年正月，天裂，廣一丈餘，長五十丈。

十一年七月，石虎帥衆四萬人寇擾河東，進攻蒲阪。曜盡中外精銳，自潼關北濟。虎懼，引師而還。曜追而敗之，枕屍二百餘里，虎奔朝歌。遂攻石生於金墉，分遣諸將攻討汲郡、河內。十二月，勒自帥衆拒之，陣於洛西。曜性少酗酒，末年尤甚。將戰，飲數斗。常乘赤馬無故跼頓，乃

乘小馬。比出，復飲斗餘。至於西陽門，捴陣就平，勒將石堪因而乘之，師遂大潰。曜昏醉奔退，馬陷石渠，墜於水上，為堪所執。勒將還襄國，喻曜使與太子毗書，令速降，曜但敕毗『與諸大臣匡維社稷，勿以吾易意。』建平末，為勒所殺。

十二年正月，太子毗、大司馬南陽王胤等議欲西保秦州，遂相率奔上邽。石虎乘勝追戰，枕屍千里，上邽潰。虎執毗及王公已下三千餘人皆殺之。自劉淵建號西河，至是二十有六載。

宋・司馬光《資治通鑑》卷七九《晉紀一・世祖武皇帝上之上》

（晉武帝泰始六年十二月）初，魏人居南匈奴五部於并州諸郡，與中國民雜居。【略】七年春，正月，匈奴右賢王劉猛叛出塞。【略】十一月，劉猛寇并州，并州刺史劉欽等擊破之。

又 卷八〇《晉紀二・世祖武皇帝上之下》（晉武帝咸寧五年）王濟曰：『淵有文武長才，陛下任以東南之事，吳不足平也。』

又 卷八一《晉紀三・世祖武皇帝中》（晉武帝太康元年）侍御史西河郭欽上疏曰，【略】魏初民少，西北諸郡皆為戎居，內及京兆、魏郡、弘農，往往有之。【略】（晉武帝太康五年冬十二月）塞外匈奴胡太阿厚帥部落二萬九千三百人來降，（武）帝處之塞內西河。

又 卷八二《晉紀四・孝惠皇帝上之上》（晉惠帝永熙元年，楊）駿辟匈奴東部人王彰為司馬，彰逃避不受。其友新興張宣子怪而問之，彰曰：『自古一姓二后，未有不敗。況楊太傅昵近小人，疏遠君子，專權自恣，敗無日矣。吾逾海出塞以避之，猶恐及禍，奈何應其辟乎！且武帝不惟社稷大計，嗣子既不克負荷，受遺者復非其人，天下之亂可立待也。』

又 卷八五《晉紀七・孝惠皇帝中之下》（晉惠帝永興元年，劉）淵從祖右賢王宣謂其族人曰：『【略】今吾衆雖衰，猶不減二萬，奈何斂手受役，奄過百年！』【略】

（劉淵）遣左於陸王宏帥精騎五千，會潁將王粹拒東嬴公騰。粹已為騰所敗，宏無及而歸。【略】

（十月）劉淵遷都左國城。《考異》曰：下云『離石大饑，遷于黎亭』，則是淵猶在離石也。按杜佑《通典》：離石有南單于庭左國城。然則淵雖遷左國，猶在離石縣境內也。胡、晉歸之者愈衆。淵謂羣臣曰：『昔漢有天下久長，恩結於民。吾，漢氏之甥，約為兄弟；兄亡弟紹，不亦可乎！』乃建國號曰漢。劉宣等請上尊號，淵曰：『今四方未定，且可依高祖稱漢王。』於是即漢王位。劉淵，字元海。《考異》曰：《帝紀》，李雄、劉淵稱王，皆在十一月惠帝入長安後。《華陽國志》，李雄十月稱王，一本作『十二月』。《三十國》、《晉春秋》、《十六國鈔》皆在十月。今從之。【略】

（喬晞殺介休令賈渾及其妻宗氏，劉）淵聞之，大怒曰：『使天道有知，喬晞望有種乎！』追還，降秩四等，收渾尸，葬之。

又 卷八六《晉紀八・孝懷皇帝上》（晉懷帝永嘉元年）二月，王彌寇青、徐二州，自稱征東大將軍，攻殺二千石。太傅越以公車令東萊鞠羨為本郡太守，以討彌，彌擊殺之。【略】

（十二月）初，陽平劉靈，少貧賤，力制奔牛，走及奔馬，時人雖異之，莫能舉也。靈撫膺歎曰：『天乎，何當亂也！』及公師藩起，靈自稱將軍，寇掠趙、魏。會王彌為苟純所敗，靈亦為王贊所敗，遂俱遣使降漢。《考異》曰：《彌傳》曰：『彌逼洛陽，敗於七里澗，乃與其黨劉靈謀歸漢。』按《十六國春秋》：靈為王贊所遂，彌為苟純所敗，乃謀降漢。今年春，靈已在淵所，五月，彌乃如平陽。然則二人先降漢已久矣，《彌傳》誤也。漢拜彌鎮東大將軍、青徐二州牧、都督緣海諸軍事，封東萊公；以靈為平北將軍。（永嘉二年）五月，（王）彌入自轘轅，敗官軍于伊北。【略】

北宮純募勇士百餘人突陳，（王）彌兵大敗。乙丑，彌燒建春門而東，（王）衍遣左衛將軍王秉追之，戰於七里澗，又敗之。彌走渡河，與王桑自軹關如平陽。【略】

（劉淵）以（王）桑為散騎侍郎。【略】

十一月，壬寅，并州刺史劉琨使上黨太守劉惇帥鮮卑攻壺關，漢鎮東將軍綦毋達戰敗亡歸。【略】

丙午，漢都督中外諸軍事、大司馬、領丞相、右賢王宣卒。

又 卷八七《晉紀九・孝懷皇帝中》永嘉三年春，正月，辛丑朔，熒惑犯紫微。紫微，即紫宮也。漢太史令宣于修之《考異》曰：《晉春秋》作『鮮于修之』。今從《載記》、《十六國春秋》。余按姓氏諸書，有鮮于而無宣於。言於漢主淵曰：『不出三年，必克洛陽。蒲子崎嶇，難以久安；平陽氣象方昌，請徙都之。』淵從之。大赦，改元河瑞。時汾水得玉璽，淵因

改元河瑞。【略】

漢主淵以王彌為侍中、都督青徐兗豫荆揚六州諸軍事、征東大將軍、青州牧，與楚王聰共攻壺關，以石勒為前鋒都督。劉琨遣護軍黄肅、韓述救之，聰敗述於西澗勒敗肅于封田，皆殺之。西澗、封田，皆當在壺關東南。敗，補邁翻。《考異》曰：《石勒載記》『肅』作『秀』，『封』作『白』。今從《十六國春秋》及《劉琨集》。

太傅越遣淮南内史王曠、《考異》曰：《十六國春秋》作『王廣』，今從《帝紀》。將軍施融、曹超將兵拒聰等。曠濟河，欲長驅而前，融曰：『彼乘險間出，我雖有數萬之衆，猶是一軍獨受敵也。且當阻水為固似量形勢，然後圖之。』曠怒曰：『君欲沮衆邪！』融退曰：『彼善用兵，曠闇於事勢，吾屬今必死矣！』曠等於太行與聰遇，戰于長平之間，曠兵大敗，融、超皆死。

聰遂破屯留、長子，凡斬獲萬九千級。上黨太守龐涼子以壺關降漢《考異》曰：《十六國春秋》作『劉惇』，《劉琨傳》作『襲醇』。今從《帝紀》。劉琨以都尉張倚領上黨太守，據襄垣。襄垣縣，屬上黨郡。宋白曰：襄垣，趙襄子所築，因以為名。

初，匈奴劉猛死，右賢王去卑之子誥升爰代領其衆。誥升爰卒，子虎立，居新興，號鐵弗氏，鐵弗氏之後為赫連勃勃。與白部鮮卑皆附於漢。《考異》曰：《劉琨集》作『百部』，今《後魏書》、《晉書》。劉琨自將擊虎，《考異》曰：《帝紀》：『七月，劉聰及王彌圍壺關，琨使兵救之，為聰所敗。王廣等及聰戰，又敗。龐惇以郡降賊。』《十六國春秋》：『淵五月，遣聰攻壺關，敗韓述、黄肅。六月，晉遣王廣等來討。七月，戰于長平，晉師敗，劉惇以壺關降。』按《劉琨集》載六月癸巳，琨答太傅府書曰：『聰、彌入上黨，龐惇不能禦。』又曰：『安居失利，韓述授首，封田之敗，黄肅不還，浹辰之間，名將仍殄。』又曰：『即重遣江陶都尉張倚領上黨太守，疾據襄垣；續遣鷹揚將軍趙擬、梁怀都尉李茂與倚並力，輕行夜襲。賊捐棄輜車，宵遁而退，追尋討截，獲三分之二。當聰、彌之未走，烏丸、劉虎構為變逆，西招白部，遣使致任，稱臣於淵，殘州困弱，内外受敵，輒背聰而討虎，自四月八月攻圍。』然則琨討虎以上事，皆在四月以前也。蓋《晉》、《漢》二史，皆據奏報，事畢而言之；今依《琨集》為定。劉聰遣兵襲晉陽，不克。【略】

（十月）辛酉，聰屯西明門。西明門，洛城西面南頭第二門也。北宮純等夜帥勇士千餘人出攻漢壁，征虜將軍呼延顥。【略】

乙丑，呼延翼為其下所殺，其衆自大陽潰歸。淵敕聰等還師。聰表稱晉兵微弱，不可以翼、顥死故還師，固請留攻洛陽，淵許之。【略】

（戊寅，漢）平晉將軍安陽哀王厲、冠軍將軍呼延朗。【略】

（王彌謂聰曰：）運車在陝，糧食不支數日。殿下不如與龍驤還平陽。【略】

（劉）聰自以請留，未敢還（平陽）。【略】

（十二月，漢）江都王延年為大司空。【略】

（劉淵）遣都護大將軍曲陽王賢與征北大將軍劉靈、安北將軍趙固、平北將軍王桑，東屯内黄。王彌表左長史曹嶷行安東將軍，東徇青州，且迎其家；淵許之。【略】

（十二月）初，東夷校尉勃海李臻，與王浚約共輔晉室，浚内有異志，臻恨之。和演之死也，別駕昌黎王誕亡歸李臻，説臻與兵討浚。臻遣其子成將兵擊浚。《考異》曰：《燕書·王誕傳》，『成』作『咸』，今從《李洪傳》。遼東太守龐本，素與臻有隙，乘虛襲殺臻，遣人殺成於無慮。無慮縣，前漢屬遼東，後漢屬遼東屬國，晉省。應劭曰：慮，音閭，《周禮》所謂『其山醫巫閭』是也。誕亡歸慕容廆。詔以勃海封釋代臻為東夷校尉，龐本復謀殺之；釋子悛勸釋伏兵請本，收斬之，悉誅其家。

（永嘉四年正月，漢）長樂王洋為大司馬。【略】

（四月）幽、并、司、冀、秦、雍六州大蝗，食草木、牛馬毛皆盡。【略】

（劉淵以）魯王隆為尚書令，北海王義為撫軍大將軍、領司隸校尉，始安王曜為征討大都督、領單于左輔，廷尉喬智明為冠軍大將軍、領單于右輔，光禄大夫劉殷為左僕射，王育為右僕射，任顗為吏部尚書，朱紀為中書監，護軍馬景領左衛將軍，永安王安國領右衛將軍，安昌王盛、安邑王欽、西陽王璿皆領武衛將軍，分典禁兵。【略】

初，（劉）盛少時，不好讀書，唯讀《孝經》、《論語》，曰：『誦此能行，足矣，安用多誦而不行乎！』李熹見之，歎曰：『望之如可易，及至，肅如嚴君，可謂君子矣！』淵以其忠篤，故臨終委以要任。【略】

（七月）丁丑，淵召太宰歡樂等入禁中，受遺詔輔政。己卯，淵卒。

《考異》曰：《十六國春秋》：『八月丁丑，淵召太宰歡樂等受遺詔，己卯卒，辛未葬。』按《長曆》，七月壬戌朔，十六日丁丑，十八日己卯，八月辛卯朔，無丁丑己卯及辛未。辛未乃九月十一日。蓋淵以七月卒，九月葬。《十六國春秋》誤也。太子和即位。【略】

辛巳夜，召安昌王盛、安邑王欽等告之。【略】

壬午，鋭帥馬景攻楚王聰于單于臺，攸帥永安王安國攻齊王裕于司徒府。【略】

羣臣請聰即帝位；聰以北海王義，單后之子也，以位讓之。《考異》曰：《載記》作『乂』。按《十六國春秋》作『義』，今從之。【略】

漢主聰遣使拜（蒲）洪平遠將軍，洪不受。【略】

（十月，石勒）敗監軍裴邈于澠池。【略】

猗盧以封邑去國懸遠，民不相接，乃帥部落萬餘家自雲中入鴈門，從琨求陘北之地。陘北，石陘關之北也。陘，音刑。琨不能制，且欲倚之為援，乃徙樓煩、馬邑、陰館、繁畤、崞五縣民于陘南，樓煩，匈奴之所居，其地在北河之南；今嵐州樓煩郡，非古樓煩也。漢馬邑縣，唐之大同軍是其地。漢陰館縣在句注西北。繁畤縣，在武州川。崞縣，為北齊北顯州平寇縣。今五縣雖存，皆非古縣地矣。陘，謂陘嶺。陘，音刑。以其地與猗盧；《考異》曰：《懷帝紀》：『永嘉五年，十一月，猗盧寇太原，劉琨徙五縣居之。六年，八月，辛亥，劉琨乞師于猗盧，表盧為代公。』《宋書・索虜傳》在永嘉三年。《晉春秋》在永嘉四年，且云：『猗盧率萬餘家避難，自雲中入鴈門。』《後魏・序紀》在穆帝三年，即永嘉四年也。《琨集》，永嘉四年六月癸巳上太傅府箋云『盧感封代之恩』，故知在四年六月之前。又琨與丞相箋曰：『昔車騎感猗戰救州之勳，表以代郡封為代公，見聽。時大駕在長安，會值戎事，道路不通，竟未施行。盧以封事見托，琨實為表上，追朮車騎前意，即蒙聽許，遣兼謁者僕射拜盧，賜印及符冊，浚以此見責。戎狄封華郡，誠為失禮；然蓋以救弊耳，亦猶浚先以遼西封務勿塵。此禮之失，浚實啓之。浚遂與盧爭代郡，舉兵擊盧，為所破，紛錯之由，始結於此。鴈門郡有五縣在陘北，盧新並塵官，即徙陘北五縣著陘南。盧因移，頗侵逼浚西陲圍塞諸軍營，浚不復見恕危弱而見罪責。』以此觀之，盧非避難而來也。由是猗盧益盛。【略】

漢主聰自以越次而立，忌其嫡兄恭；因恭寢，穴其壁間，刺而殺之。【略】

（漢太后）單氏年少美色。【略】

（劉）義舅光祿大夫單沖泣謂義曰：『疏不間親。主上有意於河內王矣，殿下何不避之！』義曰：『河瑞之末，主上自惟嫡庶之分，以大位讓義。義以主上齒長，故相推奉。天下者，高祖之天下，兄終弟及，何為不可！粲兄弟既壯，猶今日也。且子弟之間，親疏詎幾，主上寧可有此意乎！』

（永嘉五年）六月，庚寅，荀藩及弟光祿大夫組奔轘轅。【略】

辛卯，王彌至宣陽門；壬辰，始安王曜至西明門。【略】

（晉懷）帝出華林園門，欲奔長安，漢兵追執之，幽於端門。【略】

石勒引兵出轘轅，屯許昌。【略】

光祿大夫劉蕃、尚書盧志奔幷州。

丁未，漢主聰大赦，改元嘉平。以帝為特進左光祿大夫，封平阿公，《考異》曰：《帝紀》：『聰以帝為會稽公』。《載記》、《三十國春秋》云『平阿公』。《晉春秋》云『平河公』。『河』字蓋誤。《十六國》、《三十國》、《晉春秋》：『明年二月，乃封帝會稽公。』蓋先封平陽，後進會稽。《帝紀》闕略，今從諸書。以侍中庾珉、王俊為光祿大夫。【略】

王彌說劉曜曰：『洛陽天下之中，山河四塞，城池、宮室不假修營，宜白主上自平陽徙都之。』【略】

涼州將北宮純自長安帥其衆降漢。【略】

安夷護軍金城麴允。【略】

（索綝等）共推（賈）疋為平西將軍。【略】

劉琨長於招懷而短於撫禦，一日之中，雖歸者數千，而去者亦相繼。琨遣子遵請兵於代公猗盧，又遣族人高陽內史希合衆於中山，幽州所統代郡、上谷、廣寧之民多歸之，廣寧縣，漢屬上谷郡，晉武帝太康中，分立廣寧郡；唐屬嬀州界。衆至三萬。王浚怒，遣燕相胡矩督諸軍，與遼西公段疾陸眷共攻希，殺之，驅略三郡士女而去。疾陸眷，務勿塵之子也。猗盧遣其子六修將兵助琨戍新興。《考異》曰：《晉春秋》作『利孫』。按利孫即六修也，胡語訛轉耳。余按：孔穎達曰：聲相近者，聲轉字異。

（永嘉六年）正月，辛未，（漢鎮北將軍靳沖、平北將軍卜珝）圍晉陽。【略】

甲戌，漢主聰以司空王育、尚書令任顗女為左、右昭儀，中軍大將軍王彰、中書監范隆、左僕射馬景女皆為夫人，右僕射朱紀女為貴妃，皆金印紫綬。【略】

（劉）聰納其舅子輔漢將軍張實二女徽光、麗光為貴人，太后張氏之意也。【略】

漢主聰封其子敷為渤海王，驥為濟南王，鸞為燕王，鴻為楚王，勱為齊王，權為秦王，操為魏王，持為趙王。【略】

劉聰將斬王彰，太保（劉）殷（等公卿、列侯百餘人）進諫。【略】

（劉）聰慨然曰：『朕昨大醉，非其本心，微公等言之，朕不聞過。』各賜帛百匹，使侍中持節赦彰曰：『先帝賴君如左右手，君著勳再世，朕敢忘之！此段之過，希君蕩然。君能盡懷憂國，朕所望也。今進君驃騎將軍、定襄郡公，後有不逮，幸數匡之！』【略】

王彌既死，漢安北將軍趙固、平北將軍王桑恐為石勒所幷，欲引兵歸平陽。軍中乏糧，士卒相食，乃自硤磈津西渡，攻掠河北郡縣。劉琨以其兄子演為魏郡太守，鎮鄴，固、桑恐演邀之，遣長史臨深為質於琨。琨以固為雍州刺史，桑為豫州刺史。【略】

五月，漢主（劉）聰貶曜為龍驤大將軍，行大司馬。【略】

六月，漢主聰欲立貴嬪劉英為皇后。張太后欲立貴人張徽光，聰不得已，許之。英尋卒。【略】

漢大昌文獻公劉殷卒。殷為相，不犯顏忤旨，然因事進規，補益甚多。漢主聰每與羣臣議政事，殷無所是非；羣臣出，殷獨留，為聰敷暢條理，商榷事宜，聰未嘗不從之。【略】

殷常戒子孫曰：『事君當務幾諫。凡人尚不可面斥其過，況萬乘乎！夫幾諫之功，無異犯顏，但不彰君之過，所以為優耳。』官至侍中、太保、録尚書，賜劍履上殿、入朝不趨、乘輿入殿。然殷在公卿間，常恂恂有卑讓之色，故能處驕暴之國，保其富貴，不失令名，以壽考自終。【略】

漢主聰以河間王易為車騎將軍，彭城王翼為衛將軍，幷典兵宿衛。高平王悝為征南將軍，鎮離石；濟南王驥為征西將軍，築西平城以居之；魏王操為征東將軍，鎮蒲子。【略】

趙固、王桑自懷求迎於漢，漢主聰遣鎮遠將軍梁伏疵將兵迎之。未至，長史臨深、將軍牟穆帥衆一萬叛歸劉演。固隨疵而西，桑引其衆東奔青州，固遣兵追殺之于曲梁，桑將張鳳帥其餘衆歸演。聰以固為荊州刺史、領河南太守，鎮洛陽。【略】

（七月，令狐）盛子泥奔漢，具言虛實。漢主聰大喜，遣河內王粲、中山王曜將兵寇幷州，以令狐泥為鄉導。琨聞之，東出，收兵於常山及中山，使其將郝詵、張喬將兵拒粲，且遣使求救於代公猗盧。詵、喬俱敗死。粲、曜乘虛襲晉陽，太原太守高喬、幷州別駕郝聿以晉陽降漢。《考異》曰：《劉琨傳》曰：『屬龐醇降於聰，鴈門烏丸復反，琨親出禦之，粲乘虛襲取晉陽。』按：琨上太子箋曰：『聰以七月十六日復決計送死，臣即自東下，率中山、常山之卒，併合樂平、上黨諸軍，未旋之間，而晉陽傾潰。』《十六國春秋》亦云『琨收兵常山』。本傳誤也。

八月，庚戌，（劉）琨還救晉陽。【略】

（劉）粲、曜送尚書盧志、侍中許遐、太子右衛率崔瑋於平陽。聰復以曜為車騎大將軍，以前將軍劉豐為幷州刺史，鎮晉陽。九月，聰以盧志為太弟太師，崔瑋為太傅，許遐為太保，高喬、令狐泥皆為武衛將軍。【略】

己卯，漢衛尉梁芬奔長安。【略】

冬，十月，漢主聰封其子恒為代王，逞為吳王，朗為潁川王，皋為零陵王，旭為丹楊王，京為蜀王，坦為九江王，晃為臨川王；以王育為太保，王彰為太尉，任顗為司徒，馬景為司空，朱紀為尚書令，范隆為左僕射，呼延晏為右僕射。【略】

（十一月）代公猗盧遣其子六修及兄子普根、將軍衛雄、范班、箕澹帥衆數萬為前鋒以攻晉陽，《考異》曰：《十六國春秋》云『遣其子利、孫宥六須』，《載記》云『賓六須』。《劉琨集》云『左、右賢王』，又云『右賢王撲速根』。今從《後魏書》。《考異》又曰：『箕澹』，《十六國春秋》、《後魏書》作『姬澹』。今從《劉琨傳》。猗盧自帥衆二十萬繼之，劉琨收散卒數千為之鄉導。【略】

十二月，漢主聰立皇后張氏，以其父寔為左光祿大夫。【略】

彭仲蕩之子天護帥羣胡攻賈疋，天護陽不勝而走，疋追之，夜墜澗中，天護執而殺之。《考異》曰：《帝紀》曰：『疋討賊張連，遇害。』《疋傳》：『天護攻之，疋敗走，墜澗死。』今從《十六國春秋》。漢以天護為涼州刺史。

又　卷八八《晉紀一〇・孝懷皇帝下》（晉愍帝建興元年）正月，丁丑朔，劉聰宴羣臣於光極殿，使懷帝著青衣行酒。【略】

二月，丁未，（劉）聰殺（庾）珉、（王）儁等故晉臣十餘人。【略】

乙亥，漢太后張氏卒，謚曰光獻。張后不勝哀，丁丑，亦卒，謚曰武孝。【略】

己卯，漢定襄忠穆公王彰卒。【略】

三月，廷殿陳元達諫稱：『今有晉遺類，西據關中，南擅江表；李雄奄有巴、蜀；王浚、劉琨窺窬肘腋；石勒、曹嶷貢稟漸疏。』【略】

大司徒任顗、光祿大夫朱紀、范隆、驃騎大將軍河間王易等叩頭出血曰：『元達為先帝所知，受命之初，即引置門下，盡忠竭慮，知無不言。臣等竊祿偷安，每見之未嘗不發愧。今所言雖狂直，願陛下容之。因諫諍而斬列卿，其如後世何！』聰默然。【略】

（劉后）手疏上言：『今宮室已備，無煩更營，四海未壹，宜愛民力。廷尉之言，社稷之福也，陛下宜加封賞，而更誅之，四海謂陛下何如哉！夫忠臣進諫者固不顧其身也，而人主拒諫者亦不顧其身也。陛下為妾營殿而殺諫臣，使忠良結舌者由妾，遠近怨怒者由妾，公私困弊者由妾，社稷阽危者由妾，天下之罪皆萃於妾，妾何以當之！妾觀自古敗國喪家，未始不由婦人，心常疾之。不意今日身自為之，使後世視妾由妾之視昔人也！妾誠無面目復奉巾櫛，願賜死此堂，以塞陛下之過！』【略】

任顗等叩頭流涕不已。【略】

（劉聰）曰：『朕比年已來，微得風疾，喜怒過差，不復自制。元達，忠臣也。朕未之察。諸公乃能破首明之，誠得輔弼之義也。朕愧戢于心，何敢忘之！』【略】

（劉）聰謂元達曰：『卿當畏朕，而反使朕畏卿邪！』【略】

六月，劉琨與代公猗盧會於陘北，謀擊漢。【略】

秋，七月，琨進據藍谷，猗盧遣拓跋普根屯于北屈。琨遣監軍韓據自西河而南，將攻西平。漢主聰遣大將軍粲等拒琨，驃騎將軍易等拒普根，蕩晉將軍蘭陽等助守西平。琨等聞之，引兵還。聰使諸軍仍屯所在，為進取之計。【略】

詔以索綝為征東大將軍，將兵助允。【略】

壬辰，將軍麴鑑自阿城帥衆五千救長安。癸巳，染引還，鑑追之，與曜遇于零武，鑑兵大敗。【略】

漢中山王曜恃勝而不設備。十一月，麴允引兵襲之，漢兵大敗，殺其冠軍將軍喬智明。【略】

漢中山王曜圍河南尹魏浚於石梁，兗州刺史劉演、河內太守郭默遣兵救之，曜分兵逆戰于河北，敗之；浚夜走，獲而殺之。

又　卷八九《晉紀一一・孝愍皇帝下》（晉愍帝建興二年，劉）聰后劉氏賢明，聰所為不道，劉氏每規正之。【略】

漢中山王曜、趙染寇長安。六月，曜屯渭汭，染屯新豐，索綝將兵出拒之。染有輕綝之色，長史魯徽曰：『晉之君臣，自知强弱不敵，將致死於我，不可輕也。』染曰：『以司馬模之强，吾取之如拉朽；索綝小豎，豈能汙吾馬蹄、刀刃邪！』晨，帥輕騎數百逆之，曰：『要當獲綝而後食。』綝與戰於城西，染兵敗而歸，悔曰：『吾不用魯徽之言以至此，何面目見之！』先命斬徽。徽曰：『將軍愚愎以取敗，乃復忌前害勝，誅忠良以逞忿，猶有天地，將軍其得死於枕席乎！』【略】

（劉）曜、（趙）染復與將軍殷凱帥衆數萬向長安，《考異》曰：《晉春秋》作『段凱』。今從《曲成傳》。麴允逆戰于馮翊，允敗，收兵；夜，襲凱營，凱敗死。【略】

（郭）默食盡，送妻子為質，請糴於曜；糴畢，復嬰城固守。曜怒，沉默妻子于河而攻之。【略】

十一月，漢主聰以晉王粲為相國、大單于。【略】

粲少有俊才，自為宰相，驕奢專恣，遠賢親佞，嚴刻愎諫，國人始惡之。

（三月）漢大赦，改元建元。《考異》曰：《十六國春秋》，建元元年在晉建興二年。同編修劉恕言，今晉州臨汾縣嘉泉村有漢太宰劉雄碑，云『嘉平五年，歲在乙亥，二月六日立。』然則改建元在乙亥二月後也。【略】

劉聰并立三后，左司隸陳元達極諫，以為非禮也。【略】

八月，癸亥，（漢大司馬劉曜）敗劉琨之衆於襄垣。【略】

漢大司馬曜寇北地，詔以麴允為大都督、驃騎將軍以禦之。

（建興四年）少府陳休、左衛將軍卜崇，為人清直，素惡沈等，雖在公座，未嘗與語，沈等深疾之。侍中卜幹謂休、崇曰：『王沈等勢力足以回天地，卿輩自料親賢孰與竇武、陳蕃？』休、崇曰：『吾輩年逾五十，職位已崇，唯欠一死耳！死於忠義，乃為得所，安能俛首佞眉以事閹豎乎！去矣卜公，勿復有言！』【略】

太宰河間王易、大將軍勃海王敷、御史大夫陳元達、金紫光祿大夫西河王延等皆詣闕表諫。【略】

（漢太宰劉）易素忠直，陳元達倚之為援，得盡諫諍。【略】

七月，晉大都督麴允將步騎三萬救之北地太守麴昌，漢大司馬曜繞城縱火，煙起蔽天，使反間紿允曰：『郡城已陷，往無及也！』【略】

劉曜追敗允于磻石谷，允奔還靈武，曜遂取北地。【略】

（劉）曜進至涇陽，渭北諸城悉潰。曜獲建威將軍魯充、散騎常侍梁緯、少府皇甫陽。曜素聞充賢，募生致之，既見，賜之酒曰：『吾得子，天下不足定也！』充曰：『身為晉將，國家喪敗，不敢求生。若蒙公恩，速死為幸。』曜曰：『義士也。』賜之劍，令自殺。【略】

（劉曜）嬖寵用事，刑賞紊亂。【略】

相國保遣胡崧將兵入援，擊漢大司馬曜于靈臺，破之。【略】

冬，十一月，帝【略】使侍中宗敞送降箋於曜。《考異》曰：《帝紀》作『宋敞』，今從《晉春秋》。【略】

晉愍帝出東門降。御史中丞馮翊吉朗歎曰：『吾智不能謀，勇不能死，何忍君臣相隨，北面事賊虜乎！』【略】

以大司馬劉曜為大都督、督陝西諸軍事。

又　卷九〇《晉紀一二·中宗元皇帝上》　（晉元帝）建武元年，春正月，漢兵東略弘農，太守宋哲奔江東。【略】

（靳）準以白漢主聰曰：『太弟將為亂，已衷甲矣！』【略】

王沈等皆曰：『臣等聞之久矣，屢言之，而陛下不之信也。』【略】

（劉）義形神秀爽，寬仁有器度，故士心多附之。【略】

（劉）聰聞其死，哭之慟，曰：『吾兄弟止餘二人而不相容，安得使天下知吾心邪！』【略】

漢太子劉粲劉聰早除晉愍帝，聰曰：『吾前殺庾珉輩，而民心猶如是。吾未忍復殺也，且小觀之。』【略】

十二月，劉聰饗羣臣於光極殿。【略】

劉聰使帝行酒洗爵，【略】又使執蓋；【略】尚書郎隴西辛賓起，抱愍帝大哭，聰命引出，斬之。【略】

劉粲帥將軍劉雅生等步騎十萬屯小平津。【略】

（劉）粲表於（劉）聰曰：『子業若死，民無所望，則不為李矩、趙固之用，不攻而自滅矣。』

（晉元帝太興元年）漢主聰立中常侍王沈養女以為左皇后。尚書令王鑑、中書監崔懿之、中書令曹恂諫曰：『自麟嘉以來，中宮之位，不以德舉。』【略】

（靳）準謂（王）鑑曰：『吾受詔收君，有何不善，君言漢滅由吾也！』鑑曰：『汝殺皇太弟，使主上獲不友之名。國家畜養汝輩，何得不滅！』【略】

（崔）懿之謂（靳）準曰：『汝心如梟獍。』【略】

八月，劉粲以丞相曜為相國、都督中外諸軍事，仍鎮長安。【略】

靳準殺劉粲，謚曰隱帝。【略】

（靳準）謂安定胡嵩曰：『自古無胡人為天子者，今以傳國璽付汝，還如晉家。』嵩不敢受，準怒，殺之。【略】

（劉）曜謂靳準使者卜泰曰：『若早迎大駕者，當悉以政事相委，況免死乎！』【略】

（靳準）左、右車騎將軍喬泰、王騰。【略】

（石勒焚平陽宮室，【略】脩永光、宣光陵）【略】置戍而歸。

又　卷九一《晉紀一三·中宗元皇帝中》　（晉元帝太興二年，劉曜）兼司徒郭汜。【略】

（劉曜）拜（石勒使者）王脩及其副劉茂皆為將軍，封列侯。【略】

（石）勒大怒曰：『孤事劉氏，於人臣之職有加矣。彼之基業，皆孤所為，今既得志，還欲相圖。趙王、趙帝，孤自為之，何待於彼邪！』【略】

（劉曜）詔曰：『吾之先，興於北方。光文立漢宗廟以從民望。今宜改國號，以單于為祖。亟議以聞！』羣臣奏：『光文始封盧奴伯，陛下

又王中山；中山，趙分也，請改國號為趙。』從之。【略】

是歲，蒲洪降趙，《考異》曰：《三十國》、《晉春秋》，洪降劉曜在太興元年。按：元年曜未都長安。《晉書·洪載記》無年，但云『曜僭號長安，洪歸曜』，故置是年。趙主曜以洪為率義侯。

（太興二年）正月，劉曜攻陳倉，【略】。進拔草壁，【略】又拔陰密。【略】

趙將尹安、宋始、宋恕、趙慎四軍屯洛陽，叛，降後趙。後趙將石生引兵赴之；安等復叛，降司州刺史李矩。矩使潁川太守郭默將兵入洛。石生虜宋始一軍，北渡河。於是河南之民皆相帥歸矩，洛陽遂空。【略】

丙辰，趙將解虎及長水校尉尹車謀反，與巴酋句徐、庫彭等相結。【略】

光祿大夫遊子遠諫曰：『聖王用刑，惟誅元惡而已，不宜多殺。』爭之，叩頭流血。曜怒，以為助逆而囚之。【略】

於是巴衆盡反，推巴酋句渠知為主，自稱大秦，改元曰平趙。【略】

（趙）中山王雅、郭汜（進諫）。【略】

（劉）曜以游子遠為大司徒、録尚書事。【略】

侍中喬豫、和苞上疏諫，以為：『衛文公承亂亡之後，節用愛民，營建宮室，得其時制，故能興康叔之業，延九百之祚。前奉詔書營酆明觀，市道細民咸譏其奢曰：「以一觀之功，足以平涼州矣！」今又欲擬阿房而建西宮，法瓊臺而起陵霄，其為勞費，億萬酆明；若以資軍旅，乃可兼吳、蜀而壹齊、魏矣！又聞營建壽陵，周圍四里，深三十五丈，以銅為椁，飾以黄金；功費若此，殆非國内之所能辦也。秦始皇下錮三泉，土未幹而發毀。自古無不亡之國、不掘之墓，故聖王之儉葬，乃深遠之慮也。陛下奈何于中興之日，而踵亡國之事乎！』

又　卷九二《晉紀一四·中宗元皇帝下》（晉元帝永昌元年）故晉王保將楊韜降於劉曜。【略】

十二月，劉曜父母陵下周二里，上高百尺，計用六萬夫，作之百日乃成。

又　卷九二《晉紀一四·肅宗明皇帝上》（晉明帝太寧元年）秋七月，劉曜率軍圍隴城，別遣兵圍上邽。【略】

（陳）安遣其將石容覘趙兵，趙輔威將軍呼延青人獲之，拷問安所在，容卒不肯言，青人殺之。【略】

（楊伯枝）別將宋亭斬趙募，以上邽降（趙）。【略】

趙主曜自隴上西擊涼州，參軍馬岌勸茂親出拒戰，曰：『力雖不敵，勢不可以不出。』【略】

（劉）曜曰：『今但按甲勿動，以吾威聲震之。』【略】張茂遣使稱藩，曜加（茂）九錫。【略】

（劉）胤進曰：『父之於子，當愛之如一，今黜熙而立臣，臣何敢自安！陛下苟以臣為頗堪驅策，豈不能輔熙以承聖業乎！必若以臣代熙，臣請效死於此，不敢聞命。』

又　卷九三《晉紀一五·肅宗明皇帝下》（晉元帝太寧二年）夏五月，甲申，張茂【略】薨。【略】前趙主曜遣使贈茂太宰，謚曰成烈王。拜駿上大將軍、涼州牧、涼王。

（帝太寧三年）六月，（石）虎拔石梁，禽（劉）岳及其將佐八十餘人，氐、羌三千餘人，皆送襄國，阬其士卒九千人。遂攻王騰於并州，執騰，殺之，阬其士卒七千餘人。

（咸和二年）冬十月，（張駿部將）張閬、辛晏帥其衆數萬降趙，駿遂失河南之地。

又　卷九四《晉紀一六·顯宗成皇帝上之下》（晉成帝咸和三年）張駿治兵，欲乘虛襲長安。理曹郎中索詢諫曰：『【略】借使小有所獲，彼若釋東方之圖，還與我校，禍難之期，未可量也。』【略】

前趙洛水候者與後趙前鋒交戰，擒羯送之。曜問：『大胡自來邪？其衆幾何？』羯曰：『王自來，軍勢甚盛。』【略】

氐王蒲洪、羌酋姚弋仲俱降于虎，虎表洪監六夷軍事。

論　說

《晉書》卷一〇三《劉曜載記論》　彼戎狄者，人面獸心，見利則棄君親，臨財則忘仁義者也。投之遐遠，猶懼外侵，而處以封畿，窺我中釁。昔者幽後不綱，胡塵暗于戲水；襄王失御，戎馬生於關洛。至於算强弱，妙兵權，體興衰，知利害，于我中華未可量也。況元海人傑，必致青雲之上；許以殊才，不居庸劣之下。是以策馬鴻騫，乘機豹變，五部高嘯，一旦推雄，皇枝相害，未有與之爭衡者矣。伊秩啓興王之略，骨都論克定之秋，單于無北顧之懷，獫狁有南郊之祭，大哉天地，茲為不仁矣！若乃習以華風，温乎雅度，兼其舊俗，則罕規模。雖復石勒稱藩，王彌效款，終為夷狄之邦，未辯君臣之位。至於不遠儒風，虚襟正直，則昔賢所謂並仁義而盗之者焉。

偽主斯亡，玄明篡嗣，樹恩戎旅，既總威權，關河開曩日之疆，士馬倍前人之氣。然則信不由中，自乖弘遠，貌之為美，處事難終。縱武窮兵，殘忠害謇，伎人方轡，並後載馳，閹豎類於回天，凝科逾於砲烙。遺豺狼之將，逐鷹犬之師，懸旌俯渭，分麾陷洛，鐵馬陵山，胡笳遵渚，粉忠貞於戎手，聚搢紳於京觀。先王井賦，乃眷維桑；舊都宫室，咸成茂草。墜露沾衣，行人灑淚。若乃上古敦龐，不親其子，功成高讓，歸諸有德。爰及三伐，乃用干戈，將以拯厥版蕩，恭膺天命。懿彼武王，殷之列辟，載旆乘時，興兵誓野，投焚既隕，可以絶言。而輕呂旁揮，彤弧三發，豈若響清蹕于常道之門，馳金車于山陽之館！故知黔首來蘇，居今愛古；白旗陳肆，古不如今。胡寇不仁，有同豺豕，役天子以行觴，驅乘輿以執蓋，庾瑨之淚既盡，辛賓加之以血。若乃有生之貴，處死為難，弘在三之義，忘七尺之重，主憂之恨，畢命同歸，自古篡奪，於斯為甚。是以灾氣呈形，賊臣苞亂，政荒民散，可以危亡。劉聰竟得壽終，非不幸也。

曜則天資虓勇，運偶時艱，用兵則王翦之倫，好殺亦董公之亞。而承基醜類，或有可稱。子遠納忠，高旌暫偃；和苞獻直，酆明罷觀。而師之所處，荆棘生焉，自絶强藩，禍成勁敵。天之所厭，人事以之，駭戰士而宵奔，酌戎杯而不醒，有若假手，同乎拾芥。豈石氏之興歟，何不支之甚也！

又《**劉曜載記贊**》　惟皇不範，邇甸居穹。丹朱罕嗣，冒頓爭雄。胡旌揚月，朔馬騰風。埃塵淮浦，虓呼河宫。未央朝寂，謻門旦空。郭欽之慮，辛有知戎。

宋·洪邁《**容齋隨筆**》**卷九**《**五胡亂華**》　劉聰乘晉之衰，盗竊中土，身死而嗣滅，男女無少長皆戕于靳准。劉曜承其後，不能十年，身為人禽。石勒嘗盛矣，子奪於虎。虎盡有秦、魏、燕、齊、韓、趙之地，死不一年，而後嗣屠戮，無一遺種。慕容儁乘石氏之亂，跨據河山，亦僅終其身，至子而滅。苻堅之興，又非劉、石比，然不能自免，社稷為墟。慕容垂乘苻氏之亂，盡復燕祚，死未期年，基業傾覆。此七人者，皆夷狄亂華之巨孽也，而不能久如此。

藝　文

清·彭定求等《**全唐詩**》**卷一七〇**《**李白〈贈張相鎬二首時逃難在宿松山作〉**》　想像晉末時，崩騰胡塵起。衣冠陷鋒鏑，戎虜盈朝市。石勒窺神州，劉聰劫天子。撫劍夜吟嘯，雄心日千里。誓欲斬鯨鯢，澄清洛陽水。

又　卷一七四《**李白〈留别賈舍人至二首〉**》　長嘯萬里風，掃清胸中憂。誰念劉越石，化為繞指柔。

又　卷二六八《**耿湋〈太原送許侍御出幕歸東都〉**》　昔隨劉越石，今日獨歸時。汾水風煙冷，并州花木遲。荒庭增别夢，野雨失行期。莫向山陽過，鄰人夜笛悲。

又　卷三一七《**武元衡〈塞外月夜寄荆南熊侍御〉**》　南依劉表北劉琨，征戰年年簫鼓喧。雲雨一乖千萬里，長城秋月洞庭猿。

又　卷四七三《**李逢吉〈和嚴揆省中宿齋遇令狐員外當直之作〉**》　致齋分直宿南宫，越石盧諶此夜同。位極班行猶念舊，名題章奏亦從公。曾驅爪士三邊静，新贈髯參六義窮。竟夕文昌知有月，可憐如在庾樓中。

又　卷六九六《**韋莊〈睹軍回戈〉**》　關中羣盗已心離，關外猶聞羽檄飛。御苑綠莎嘶戰馬，禁城寒月擣征衣。漫教韓信兵塗地，不及劉琨嘯解圍。昨日屯軍還夜遁，滿車空載洛神歸。

又　卷七二九《**周曇〈晉門·懷帝〉**》　蕃漢戈矛遍九垓，兩京簪紱走黄埃。劉聰大會平陽日，遣帝行觴事可哀。

又　《**愍帝**》　耕牛吃盡大田荒，一兩黄金糴斗糧。御粥又聞無曲屑，不降胡虜奈飢腸。

又《六朝門・前趙劉聰》 戎羯誰令識善言，刑將不捨遽能原。垂成卻罷鳳儀殿，仍改逍遙納諫園。

又 卷七三三《劉辟〈登樓望月二首〉》 嘯逸劉琨興，吟資庾亮情。

又 卷七六四《譚用之〈秋宿湘江遇雨〉》 江上陰雲鎖夢魂，江邊深夜舞劉琨。

又 卷八三二《貫休〈秋望寄王使君〉》 只應劉越石，清嘯正相宜。

又 卷八六七《斑寅〈二斑與寧茵賦詩〉》 但得居林嘯，焉能當路蹲。渡河何所適，終是怯劉琨。

《全宋詩》卷一七《孫邁〈劉僊石詩〉》 珍重標前史，名教萬古存。誰知劉越石，便是洞天門。變化終難測，神仙未易論。後人采扣處，白石又黄昏。

又 卷一一七《楊億〈錢大夫赴幷州〉》 柳營稟畏將軍令，毳幕懷來塞下羌。清嘯肯饒劉越石，長纓終俛左賢王。

又 卷五九七《强至〈送孫公素機宜書記赴太原劉龍圖之辟〉》 夕樓清嘯卻妖氛，越石幷州晉史云。

又 卷七〇九《陸文圭〈題劉晦卿月樓圖並錢秋閣之行乃不犯月樓宇〉》 君不見劉越石，晉陽鐵騎圍城急。一聲長嘯震山谷，抛弓散走羣兒泣。又不兒庾元規，武昌僚佐相追隨。坐據胡休夜笑語，不知賓主竟為誰。枕戈待旦成可事，終鑲著鞭先士雅。況復西風塵汙人，茂宏舉扇思還第。嗟嗟二子逢世亂，誤長清談空致患。

又 卷一二〇一《李鷹〈嘯臺〉》 堪笑劉越石，幸勝功遂收。

又 卷一二一一《晁說之〈寄富季申〉》 劉琨數刻歡安在，何遜一筵笑則休。賦就思玄塵易絕，詩成述祖淚難收。古今曾窺漢簡和戎策，尚憶津梁禮佛裘。大軸丹青猶凜冽，小官孫子太卑陬。故園多謝凌霄木，直到丹霄上上頭。

又《拭目》 拭目中興宜落落，褊心觸事獨遲遲。劉琨祖逖無由見，鄴下關中何所之。萬里耕桑仁德在，九天雨露廟堂滋。龍鍾只合歸田去，猶解重吟采芑詩。

又 卷一七六四《蘇籀〈寄呂德元時為督府屬二絕〉》 祖生晚節並劉琨，獨免聲消賈謐塵。虎士淮淝初小捷，謝庭蘭玉絕常倫。

又 卷二一五八《陸遊〈蜀州大閱〉》 劉琨晚抱聞雞恨，安得英雄共著鞭！

又 卷二五八九《楊簡〈歷代詩・西晉〉》 晉人司馬氏，相魏敢專權。懿師昭不帝，追謚宣景文。武帝受魏禪，惠帝實童昏。劉聰害懷愍，由此失中原。

又 卷二八八四《華岳〈除夜〉其二》 吳鉤不是怒鯨鯢，夜半劉琨屢舞雞。十載載春遊太學，二年年夜宿圜扉。楚盤未必資毛遂，周粟如何飽叔齊。塵世功名儻來爾，無言桃李自成蹊。

又 卷二九一〇《汪莘〈方壺自詠〉》 白晝常陪俗，清宵得養魂。幾時成草屋，終日掩柴門。事迫文方出，身閑道始尊。世方懷祖逖，吾已弔劉琨。

又 卷二九二五《魏了翁〈績和李參政湖上雜詠〉》 晉當胡運衰，萬世先黜陟。當時望塵友，有識所憤疾。云何祖士雅，不似劉越石。

又 卷二九三二《魏了翁〈即席自和〉》 薌林逗月剪玻瓈，要索人間飲與詩。不飲清風嗤我俗，無詩明月怨人志。少陵正念西營日，越石方驅北狄時。滿目憂端無處說，且將醉口謾期期。

又 卷二九六七《岳珂〈讀劉琨傳〉》 古為萬事無真實，賴有區區史筆存。士雅聞雞偶同被，至今起舞說劉琨。

又 卷三〇三六《劉克莊〈空村〉》 棄置在空村，浮名豈復論。因思戎服窄，方悟緼袍尊。城遠雞司曉，家貧犬守閽。常憐劉越石，辛苦戍並門。

又 卷三〇三九《劉克莊〈有感〉》 殘羯如蜂暫寄窠，十年南北問干戈。穹廬昔少曾居汴，莫府今猶未過河。越石不生誰可將，奉春再出亦難和。憂時元是詩人識，莫怪吟中感慨多。

又 卷三〇四七《劉克莊〈雜詠一百首・劉琨〉》 除卻祖生外，餘皆在下風。老奴口耳小，安得肖司空。

又 卷三〇六〇《劉克莊〈竹溪直院盛稱起予草堂詩之善，暇日覽之，多有可恨者，因效顰作十首，亦前人廣騷反騷之意，內二十九首用舊題，惟歲寒知松柏被褐懷珠玉三首效山谷，餘十八首別命題，或追録少作，並存於卷，以訓童蒙之意・乘月登樓〉》　越石通身膽，英英管樂儔。防秋威孤壘，乘月上高樓。粉堞齊雲迥，冰輪出海浮。目中無虜騎，笑裏有邊籌。梟羯言猶壯，聞雞志未酬。素娥知往事，猶照麗譙頭。

又　卷三〇七九《劉克莊〈琨逖〉》　遷喬不與鶯爭出，殿后猶雲馬不前。越石早知無合殺，不如且讓祖生鞭。

又　卷三三七八《陳著〈夜窗書懷〉》　夜深萬籟平，危坐弗閉戶。不著沈麝香。一空清似許。竹涼露易零，鮮鮮正亭午。彈琴大小聲，鬼語雜風雨。琴罷復長吟，吟罷復起舞。人生三萬日，胡可弱不武。越石勇著鞭，相如志題柱。惟患不自立，彼於我非愈。青萍已出匣，撫視氣如虎。生侯死廟食，可以噬而取。安能久居此，鐙花甘自苦。

又　卷三五九八《文天祥〈劉琨〉》　中原蕩分崩，壯哉劉越石。連蹤起幽并，隻手扶晉室。福華天意乖，匹磾生鬼蜮。公死百世名，天下分南北。

又　卷三六五一《陳普〈詠史下・劉琨〉》　竹林遺類入荆楊，賈郭餘塵在晉陽。聽得平陽消息否，忍聽徐潤調笙簧。

劉琨忠孝君親念，急切不似令狐泥。亡身自是緣聲色，須把初心看匹磾。

又　卷三六七二《聶守真〈讀水雲丙子集〉》　宇宙倉皇過一春，鶯花無主亦銷魂。冰霜不入狼頭帽，風雨偏淩犢鼻褌。擊楫當年無祖逖，聞雞中夜有劉琨。五陵佳氣飄揚盡，誰識龍顏舊子孫。

又　卷三七〇四《袁玧〈傷亂二首〉之二》　轟轟烈烈一乾坤，北馬南船日夜奔。野老有懷悲故國，孤臣無淚哭中原。浮生似我仍留寓，季世何人不閉門。獨惜兩湖歸隱後，枕戈誰是晉劉琨。

《全宋詞》第四冊《魏了翁〈再用初八日韻謝通判運管以下・洞庭春色〉》　安石聲名，買臣富貴，我不敢知。謾揚州汎汎，浮湛隨水，閶門軌軌，開闔從時。滿目浮榮何與我，只贏得一場閑是非。誠知此，問不歸何待，不飲胡為。巖松澗篁易老，應只能采菽烹葵。看風沙漠漠，未清紫邏，煙去冉冉，時露晴暉。誰喚當年劉越石，為攜取胡笳乘月吹。吾無用，但寤言獨宿，奮不能飛。

又　《程珌〈水調歌頭・登甘露寺多景樓望淮有感〉》　天地本無際，南北竟誰分。樓前多景，中原一恨杳難論。卻似長江萬里，忽有孤山兩點，點破水晶盆。為借鞭霆力，驅去附崑。望淮陰，兵冶處，儼然存。看來天意，止欠士雅與劉琨。三拊當時頑石，喚醒隆中一老，細與酌芳尊。孟夏正須雨，一洗北塵昏。

又　第五冊《劉辰翁〈和同姓草叔曲本胡端逸見壽韻並謝〉》　忘卻來時路。恨蒼蒼寒冰棄我，江南閑處。世事早知今如此，何不老農老圃。更種個梅花深住。凍雨前朝浯溪石，對蒼苔墮淚憐臣甫。山似我，兩眉聚。歲云暮矣如何度。但多情寂寥相念，二三君子。越石暮年扶風賦，猶解聞雞起舞。恨不減二三十歲。一曲相思碧雲合，醉憑君為我歌如縷。君念我，似同祖。

又　《詹玉〈桂枝香・丙子送李倅東歸〉》　沉雲別浦。又何苦扁舟，青衫塵土。客裏相逢，灑灑舌端飛雨。只今便把如伊呂。是當年漁翁樵父。少知音者，蒼煙吾社，白鷗吾侶。是如此英雄辛苦。知從前幾個適齊去魯。一劍西風，大海魚龍掀舞。自來多被清談誤。把劉琨埋沒千古。扣舷一笑，夕陽西下，大江東去。

《全元詩》第五冊《王惲〈過劉元海陵寢〉》　漢統天久絕，漢恩一何深。隔遠魏晉代，猶足收民心。咄嗟呼韓子，崛起蒲離陰。自云漢婿甥，赫怒開實沈。左顧龍在野，右叱虎嘯林。吹噓炎燼餘，五部來謳吟。阿聰奮餘烈，兩京隨掃平。竊據二紀強，文物有足矜。我來拜陵寢，悚然振冠纓。風雲渺何許？廢堞餘金城。賢哉劉淑妃，成此直諫名。在聰未為疵，假義淵可稱。孰云仁義師，可敵不可征。桓桓祁山舉，一出三輔驚。天其假公年，載洗六合清。此志竟莫遂，此邦還有成。所以廣武歎，痛惜無豪英。山煙知客意，斜日生荒陵。

又　第三五冊《成廷圭〈送夏君美憲使出使回浙〉》　三入軍中只布衣，至今顏面帶霜威。中原定亂劉琨老，南粵稱臣陸賈歸。走也暮年空感慨，使乎今日有光輝。乾坤始覺王綱正，夜夜星臺拱太微。

又　第三七冊《宋褧〈送校官蕭性淵赴上豐城山市巡徼官二首和林學正能鼓琴琴號霜鐘〉之二》　絕句曾聞李涉，悲笳常愛劉琨。自鼓霜鐘一操，羣盜不怕櫜鞬。

又　第三九冊《楊維楨〈夜坐〉》　雨過虛亭生夜涼，朦朧素月照芳塘。螢穿濕竹流星暗，魚動輕荷墜露香。起舞劉琨肝膽在，驚秋潘岳鬢毛蒼。候蟲先報砧聲近，不待蓴鱸憶故鄉。

又《用顧松江韻復理貳守並柬雪坡刺史》 仙客歸來隘九州，身騎黃鶴記南遊。烏衣故國江山在，銅柱荒臺草木秋。起舞劉琨空有志，登高王粲不勝愁。問君蔗境今何在，祇憶當年顧虎頭。

又 第四〇冊《吴萊〈白鼻騧〉》 幸哉漢武重修政，往矣劉聰真覆鏡。

又 第四四冊《張昱〈聞夜潮〉》 潮到江樓月到遲，百年心事有誰知？床頭尋得劉琨劍，舞向春風惜舊時。

又 第五五冊《盧琦〈陳誠中留宿壺山別墅雨中紀懷〉》 我客莆中知幾度，重見壺山翠如堵。今年還復客莆中，卻向翠壺山下住。翠壺山高高倚天，便欲杖屨登其巔。暑雨成霖水如海，贏得幾夕孤村眠。故國艱危塵滿目，鄉夢每繞讀書屋。劉琨中夜還自舞，杜甫曲江為誰哭。蠻煙瘴霧何時開，會見長風天際來。旅懷寂寞賴知己，對山為我傾瑤杯。

《全金元詞·白樸〈水龍吟·用前韻，贈答光輔〉》 倚闌千里風煙，下臨吴楚知無地。有人高枕，樓居長夏，晝眠夕寐。驚覺遊仙，紫毫吐鳳，玉觴呑蟻。更誰人似得，淵明太白，詩中趣、酒中味。 慚愧東溪處士，待他年、好山分翠。人生何苦，紅塵陌上，白頭浪裏。四壁窗明，雨盂粥罷，暫時打睡。盡聞雞祖逖，中宵狂舞，蹴劉琨起。

明·楊慎《升庵集》卷三八《交河令行贈袁子變》 袁侯出宰古交河，銅章墨綬雜雕戈。黃雲高闕芳菲少，紫塞長城氛祲多。桑榆蔭入嫖姚幕，弦誦音諧敕勒歌。公主琵琶玉連瑣，將軍騕嫋金盤陀。袁侯雕龍且韜豹，白羽指揮坐中翻。阮瑀軍書王粲詩，魯連飛箭劉琨嘯。始信扶顛籌策良，赫赫威棱動北荒。虎鈐帳外關山月，燕寢香中鼓角霜。君不見隆州虞允文，海鰍船破百萬軍。又不見巴渝甘興霸，江表虎臣雄吴下。古來文武道本同，樽俎笑談能折沖。六鈞弓與一丁字，讕言悠悠非至公。九重側席思儒將，丙夜庚牌下天上。莫嗟騏驥困鹽車，會見漢庭徵魏尚。

《全明詩》第一冊卷八《王冕〈慶壽寺二首〉》其一 寶刹都城內，今朝曠野中。浮圖瞻寶志，書記憶劉聰。畫屋煙花繞，青松雨露濃。徘徊增感慨，歷落問英雄。

清·賈鳧西《賈鳧西木皮詞校注·歷代史略鼓詞·正傳》 三分割據周了花甲，又顯著司馬家爺們弄神通。晉武帝為君也道是『受了禪，』合著那曹丕的行徑一様同！這不是從前說的個鐵板數，就象那打骰子的湊巧拚了烘。眼看著晉家的江山又打個兩起，不多時把個刀把給了劉聰。

《清詩匯》卷一〇七《阮元〈同人分詠古十印得劉淵之印〉》 漢寶缺角威鬬亡，永嘉六璽歸晉陽。中間竊奪數十載，天生漢甥劉元海。元海二角真英雄，蛟龍那得居池中。可憐王侯降編户，劉淵名但鐫頑銅。此銅鐫印尚青組，隨陸文兼絳灌武。朱范同門傳五經，曾以舊緘封印土。無端玉璽來河汾，改元刻瑞增三文。平陽光昌漢天子，豈監司馬家兒軍。當塗典午皆成篡，昭烈廟中出降禪。公主之孫能復仇，人心到底思東漢。惜哉和曜性不仁，不及李淵生世民。若使石符奉漢璽，諱淵久已如唐人。我今得印繫之肘，剛卯金刀辟邪鈕。回水為淵屬象形，想見單于文在手。

《全臺詩》第一五冊《［清］丘逢甲〈嶺雲海日樓詩鈔〉卷二〈廣州晤劉葆貞編修〉》 漠漠連天海氣昏，越王臺上望中原。何人更下新亭淚，有客同傾濁酒尊。月旦汝南逢許劭，人才江左數劉琨。與君欲作聞雞舞，夜半寒濤撼虎門。

又 卷九《〈題劉銘伯制科策後二首〉其二》 早聞聲價重龍門，一疏轟傳叩九閽。吾輩當為天下計，此才豈藉特科尊！愁邊在陸龍蛇起，夢裏當關虎豹蹲。誦罷高文雞喔喔，何時對舞共劉琨！

雜録

隋·虞世南《北堂書鈔》卷一六〇《地部四·石》 崔鴻《前趙録》曰：劉曜遣將作大匠勳胡增永吴、顯平二陵，高九十尺，冢前石人若有言『慎聲』，胡元親聞之。【略】崔鴻《前趙録》：劉聰麟嘉二年春正月，石陵言於宣光陵。

唐·歐陽詢等《藝文類聚》卷一九《人部三·謳謡》 《趙書》曰：劉曜討陳安於隴城，安死，乃謡曰：『隴城健兒曰陳安，體幹雖小腹中寬，愛養將士同心肝。』事具《軍器》篇。

唐·徐堅《初學記》卷八《州郡部·河東道》 《十六國春秋》

云：劉元海遣將攻西河城，築營自固。有八門，城高九尺。

又　卷二〇《政理部·赦》　崔鴻《前趙録》曰：劉元海遷都平陽，汾水中得玉璽，文曰：有新保之歸元海。蓋王莽時璽也，獻者因增其三字。元海以為已端，大赦天下改年。

又　卷二一《文部·硯》　蕭方等《三十國春秋》曰：永嘉六年，劉聰引上入宴。上謂曰：『卿為豫章王時，朕與王武子相造，卿贈朕以柘弓、銀硯，卿憶否？』聰曰：『安敢忘之？且恨爾日不得早識龍顔。』

又　卷二四《居處部·堂》　和包《漢趙記》曰：劉聰嘉平三年，廷尉陳元達極諫。聰怒，將斬之。聰時幸逍遙園李中堂，元達抱堂下樹叫曰：『臣所言社稷之計！』聰勉聽之，於是易『李中堂』為『愧賢堂』。

唐·李亢《獨異志》卷上　劉琨，字越石。嘗為胡騎所圍，救兵不至，城中窘迫無計。琨乃登樓清嘯，賊聞之淒然。日中，又奏胡笳。賊皆流涕懷土。至晚復吹之，賊捨圍而去。

宋·李昉等《太平御覽》卷一四《天部十四·雹》　崔鴻《前趙録》曰：劉曜光初三年夏四月，長安雨雹，大如雞子。

又　卷三八《地部三·昆侖山》　崔鴻《十六國春秋·前趙録》曰：東平王劉約癸亥卒，一指猶暖，遂不殯殮，至於甲戌乃蘇。言見劉淵於不周山，經五日，遂復從至昆侖山，三日而復返於不周，見諸王公卿將死者悉在焉。

又　卷四五《地部十·河北諸山·管涔山》　《前趙録》云：劉元海族子曜，嘗隱避於管涔之山，夜忽有二童子入，跪曰：『管涔王使小臣奉謁趙皇帝。』獻劍一口置前，再拜而去。以燭視之，劍長二尺，光輝非常，背有銘云『神劍服御，除衆毒。』曜遂服之，隨時變為五色也。

又　《懸甕山》　《郡國志》曰：懸甕山，一名龍山，亦名結絀山。多鮆魚，食之不驕。晉水出焉。又有象山。《前趙録》云：『劉聰征劉琨不克，略晉陽，逾象山而歸也。』

又　卷一四二《皇親部八·前趙劉淵母呼延妃》　崔鴻《三十國春秋·前趙録》曰：左賢王妃呼延氏，魏嘉平中祈子於龍門，俄而有一大白魚，頭有二角，軒鬐躍鱗於而至於祭所，久之乃去。巫覡皆異之，曰：『此嘉祥也。』其夜夢旦所見魚變為人，左手把一物，大如半雞子，光影非常，授延氏曰：『此是日精，服之生貴子。』自是十三月而生淵。

又　《劉淵張后》　崔鴻《三十國春秋·前趙録》曰：劉淵皇后張氏，夢日入懷，寤而告淵，淵曰：『吉徵也，慎勿言之。』自是十五月生聰。

又　《劉聰呼延后》　崔鴻《三十國春秋·前趙録》曰：劉聰皇后呼延氏，淵后之從父妹，有美色，恭孝稱於宗族，淵后愛聰姿貌，故以配焉。每謂聰曰：『父終子紹，古今之大典，陛下自承高祖之嗣，太弟何為者哉？陛下百年後，粲兄弟必無種也，願陛下深思之。』聰亦信之，曰：『然，吾當為計。』后曰：『事留變生，太弟見粲兄弟並大，必有不安之志矣；或有小人構間其中，未必不禍發於今日。妾常聞陛下說魯隱公事，一何相似，竊為陛下寒心。』聰深其言，於是相圖之計起矣。

又　《大劉后》　崔鴻《三十國春秋·前趙録》曰：劉聰皇后劉氏，殷長女也，字麗芳，以左貴嬪立為皇后。聰將起鵄儀殿，廷尉陳元達諫，聰大怒，將斬之。后時在後堂，聞而密遣中常侍敕左右停刑，於是手疏啓曰：『伏聞敕旨將為妾營殿，今四海未一，禍難猶繁，廷尉之言，社稷之計。當賞以美爵，而反欲誅之。陛下此怒，由妾而起；廷尉之禍，由妾而招。自古國敗家喪，未始不由婦人。妾每覽古事，忿之不忘，何意今日，妾自為之！後人觀妾，猶妾之視前人，復何面目仰侍巾櫛，請歸死此堂，以塞陛下誤惑之過。』聰覽之色變，曰：『朕此來得微風之患，意怒不自由。元達，忠臣。』命其冠履就坐，引元達以劉后表示之曰：『外輔如公等，內輔如此后，朕亦何憂矣。』

又　《小劉后》　崔鴻《三十國春秋·前趙録》曰：聰后劉氏，殷小女，字麗華。童齒聰惠，膚髮異常，晝營女工，夜誦經傳，母每止之，敦玩彌甚。與諸兄爭論經義，理旨超然，諸兄常深歎謝。性孝友，善風儀，進止如珪璋焉。以貴嬪立為皇后。殷二女四孫，皆姿色超世，女德冠時。聰並納之，自是六劉之寵，傾於後宮。建元中，流星起於牽牛，入紫微，龍形尾蛇，其光照地，落平陽北十里。視之則肉臭聞於平陽，肉旁常有哭聲，晝夜不止，聰甚惡之。劉后產一蛇一虎，各害人而走，尋之不得，頃見隕肉之旁。劉后卒，偽謚武宣皇后。乃失此肉，哭聲亦止。

又　《劉曜劉后》　崔鴻《三十國春秋·前趙録》曰：劉皇后，侍中豈女。年十三，長七尺八寸，手垂過膝，髮與身齊，姿色才德，邁於列后。

又 卷一四四《皇親部十・昭儀》 崔鴻《三十國春秋・前趙録》曰：嘉平二年，立司空王育女為左昭儀，尚書令任顗女為右昭儀。

又 卷一六三《州郡部九・河北道下・晉州》 《前趙録》曰：太史令言於元海曰：『蒲子崎嶇，非可久安。平陽，唐堯所都。』於是徙居平陽也。

又 《石州》 《十六國春秋》曰：晉惠帝以劉元海為離石將兵都尉。

又 卷一七五《居處部三・殿》 《趙書》曰：劉曜召構殿巧手三千人，發陽平等十郡車牛五千乘運土，築建德殿臺基。

又 卷二九〇《兵部二十一・料敵上》 《十六國春秋》曰：前趙劉曜敗石勒將石季龍於高候，今絳州聞喜縣界也。遂圍洛陽。勒將親救，程遐等固諫曰：『劉曜乘勝，兵盛，難與爭鋒，金墉糧豐，攻之未可卒拔。曜軍千里，勢不可支久。不可親動，動無萬全，大業去矣。』勒大怒，按劍叱遐等出。召徐光而謂之曰：『劉曜乘高堆之勢，圍守洛陽，庸人之情皆謂其鋒不可當也。然曜帶甲十萬，攻一城而百日不克，師老卒殆，以我初銳擊之，可一戰而擒。若洛陽不守，曜必送死冀州，自河以北，席捲北向，吾事去矣。程遐等不欲吾親行，卿以為何如？』光對曰：『劉曜乘高堆之勢，不能進臨襄國，更攻金墉，此其無能為也。懸軍三時，無攻戰之利，若鸞旗親駕，必睹旌奔敗。定天下之計，在今一舉。』勒笑曰：『光之言是也。』使內外戒嚴，有諫者斬。命石堪、石聰、挑豹等各統見衆會滎陽，使石季龍進據石門，以左衛石邃都督中軍事，勒統步騎四萬赴金墉。勒謂徐光：『曜盛兵城皋間，上計也；阻洛水，其次也；坐守洛陽者成擒也。』勒諸軍至城皋。勒見曜無守軍，大悅，乃卷甲銜枚詭道兼路，出於鞏、訾之間。知曜陳其軍十餘萬人於城西，彌悅。勒入自宣門，升故太極前殿。季龍步卒三萬，自城北而西，攻其軍，石堪、石聰等各以精兵騎八千，城西而北，擊其前鋒，大戰於西陽門。勒躬貫甲冑，出自閶闔，夾擊之。曜軍大潰，於陣擒曜，以徇於軍也。

又 卷二九九《兵部三十・兵衆》 蕭方等《三十國春秋》曰：陳安奔隴城，前趙將劉貢馳將追之，石虎止貢曰：『窮寇歸兵不可迫也。我士卒連勝，皆已怠矣；以驕急之卒，當致死之衆，恐無萬全之利。』貢曰：『不然。彼銳氣盡矣，衆心乖沮，人懷苟免，莫有鬬志，我卒乘猛氣甚盛，皆一當十，豈其衰沮之餘所能抗也。』貢躬先士卒，戰輒敗之，遂圍安於隴城。

又 卷三三〇《兵部六十一・警備》 崔鴻《十六國春秋》曰：前趙劉曜遣將討氐羌，大酋權渠率衆保險阻。曜將遊子遠頻敗之。權渠欲降，其子伊余大言於衆中：『往日劉曜自來，猶無若我何，況此偏師，自欲降乎？』遂率勁卒五萬人，晨壓子遠壘門。左右勸出戰，子遠曰：『吾聞伊余有專諸之勇、慶忌之捷、士馬之强，人百匪敵。其父新敗，怒氣甚盛，且西戎勁悍，其鋒不可近也。不如緩之，使氣竭而擊之，此曹劌之勝也。』乃堅壁不戰，伊余有彊驕色。子遠候其無備，夜分誓衆，秣馬蓐食，先晨，具甲掃壘而出。遲明，設覆而戰，生擒伊余於陣，盡俘其衆。

又 卷三三二《兵部六十三・絶糧道》 崔鴻《十六國春秋》曰：前趙劉曜遣將劉胤西伐張駿之武威。駿遣將辛巖，韓瑛東拒。劉胤屯於狄道城，韓瑛進度沃於嶺。辛巖曰：『我擁衆數萬，籍玄羌之銳，宜速戰以滅之。不爾，久則變生。』瑛曰：『自夏末以來，太白犯月，辰星逆行，白虹貫日，皆變之大者，不可以輕動，動而不捷，為禍更深。吾將久而斃之。且曜與石勒相攻，胤亦不能久。』積七十餘日，軍糧竭，遣辛巖督運於金城。胤聞之大悅，謂其將士曰：『韓瑛之衆十倍於吾，糧廩將懸，難以持久。今分兵運糧，可謂天授吾。若敗辛巖，瑛等自潰。彼衆我寡，且以死戰，戰而不捷，當無匹馬得還。』咸奮。於是，遣騎三千襲巖於沃於嶺，大敗之。瑛軍遂潰，死者三萬餘人。

又 卷三三六《兵部六十七・攻具上》 和苞《漢趙記》曰：麟嘉三年，太子粲討趙同、郭默於洛陽。默使耿稚等夜北渡河襲太子營，飛梯騰柵而入，太子勒兵於東北，穿柵而出。

又曰：光初二年，石勒召幽冀之衆十餘萬人，造攻車飛梯攻平陽小城。今上遣騎萬五千曳柴揚塵暴於山谷，尋汾州向平陽內外擊之，勒師潰。

又　卷三五一《兵部八十二·戈》　崔鴻《前趙録》曰：李景年字延祐，前部人。長平之戰，劉聰馬中矢，幾為晉軍所獲。景年以馬授聰。揮戈前戰。以功封梁鄒侯。

又　卷三五二《兵部八十三·戟上》　（崔鴻《前趙録》）又曰：劉聰獵上林，以滑帝行車騎將軍，戎服執戟前導。觀者指曰：『此故長安天子。』

又　卷三六一《人事部二·產》　《前趙録》曰：劉淵字玄海，父豹，母呼延，夢服日精，十三月而生淵。劉聰母曰張夫人，十五月生聰焉。

又　卷三七〇《人事部十一·手》　崔鴻《前趙録》曰：劉翌驍幹過人，能一手舉殿柱跳過平陽門。

《三十六國春秋》曰：劉淵父豹，母呼延氏。淵生而左手有文曰『淵』，遂以命之。

又　卷三七四《人事部十五·須髯》　崔鴻《前趙録》曰：劉聰以讒慝故誅詹事曹光。光臨刑，舉止自若，謂刑者曰：『取席敷之，無令土汙吾須。』

又曰：劉玄海，姿儀魁偉，身長八尺四寸，鬚長二尺餘，當心有赤毫三根，長三尺六寸。

又　卷三八〇《人事部二十一·美婦人上》　崔鴻《十六國春秋·前趙録》曰：劉聰使大鴻臚李恒聘太保劉商女，謂恒曰：『此女輩皆姿色超世，且太保於朕，實自不同。』恒曰：『太保裔自有周，與聖源實別。』聰大悅，賜金六十斤。

又　卷三九四《人事部三十五·跳》　崔鴻《十六國春秋·前趙録》曰：劉翌驍幹過人，能一手舉殿柱，跳過平陽門出。

又　卷四〇〇《人事部四十一·凶夢》　《前趙録》曰：劉曜末年，夢三人金面丹唇，東向逡巡，不言而退。曜拜履其迹。太史令任義曰：『三者，歷運之極。東為震，王者之始次也。金為兑，物衰落也。唇丹不言，事之畢也。逡巡揖讓，舍之道也。為之拜者，屈伏於人。履迹而行，慎不出，疆兵必大起。』遠在三年，曜為石勒所擒。

又　卷四五四《人事部九十五·諫諍四》　崔鴻《前趙録》曰：劉聰將起鳳儀殿於後庭，廷尉陳元達諫，聰怒曰：『將營一宮，豈問汝鼠子乎！』將斬之。時在逍遥園，玄達抱堂下樹叫曰：『臣所言者，社稷之計也。』劉后在後堂，密手疏救之，乃解。改逍遥園為納賢園，季中堂為愧賢堂。

又曰：閹豎王沈等用事，太宰劉易、大將軍劉敷、御史大夫陳玄達詣闕請，固請免沈等官。聰以表示沈等，笑曰：『是兒等為元達所引，遂成癡也。』聰手壞其表。

又　卷六一〇《學部四·孝經》　蕭方等《三十六國春秋》曰：漢大將軍東平王約，漢王聰戲之曰：『汝誦何書？味何句也？』約曰：『臣誦《孝經》，每詠「身體髮膚，受之父母，不敢毀傷」，至於「在上不驕，高而不危」，未嘗不反覆誦之。』聰大悅。

又　卷六八二《儀式部三·璽》　崔鴻《十六國春秋·前趙録》曰：河瑞元年，汾水中得玉璽，高一寸二分，方四寸，文曰『有新保之』，蓋王莽時璽也。獻者因增『深海光』三字，淵以為己瑞，大赦。

《前趙録》曰：光初五年，并州牧安定王策獻玉璽一，文曰『趙盛』。

《趙書》曰：劉曜於龍門河水中得玉璽，文『融兊昌』，曜以為天賜神璽，齋而授之。

又　卷七四四《工藝部一·射上》　《趙録》曰：劉曜親圍陳安於隴城，安突圍而出。近則刀矛俱發，輒害六七；遠則雙帶兩鞬，左右馳射。

又　卷八〇二《珍寶部一·寶》　崔鴻《十六國春秋·前趙録》曰：曜平陳安，長驅至於西河。張茂懼，遣使稱蕃，獻諸珍寶珠玉不可勝紀。

又　卷八〇四《珍寶部三·玉上》　《趙書》曰：劉聰徙治平陽，於汾水中得白玉，四寸，高二分，龍鈕，文曰『有新保之』。

又　卷八一二《珍寶部十一·銀》　崔鴻《十六國春秋·前趙録》曰：聰引帝入燕語。帝曰：『卿為豫章王時，贈朕柘弓、銀研，卿頗憶不？』曰：『臣安敢忘之，但恨爾日不得早識龍顏。』

又　卷八七四《咎徵部一·天裂》　崔鴻《十六國春秋》曰：前趙

劉曜建玄初，天裂，廣一丈，長五十餘丈。時四方交戰。

又《天崩》　《十六國春秋》曰：前趙劉聰麟嘉三年，天崩，聲若雷，久乃止。是歲聰死。

又　卷八七六《咎徵部三·風》　《十六國春秋》曰：前趙劉曜，葬其父母，費用億計，發掘古冢，暴骸原野，哭聲盈衢。大霖雨，震曜父墓門屋，大風飄發其父寢堂于外垣五十餘步。松柏衆木，植已成林，至是悉枯死。曜竟為石勒所擒。

又曰：劉曜末年，與石季龍對軍，不撫士衆，專與嬖臣博飲。左右諫之，以為妖言，斬之。大風拔木，昏霧四塞。須臾見擒。

又　卷八七七《咎徵部四·雨血》　崔鴻《十六國春秋》曰：前趙劉聰建元元年十二月，雨血於左司隸寺，復地。其月，又雨血東宮延明殿，徹瓦在地者深五寸。二年四月，雨血於東宮。其年十二月，又雨血於東宮，廣袤頃餘。麟嘉元年二月，雨血東宮。其月又雨血於光極殿。來年，雨血平陽，廣袤十里。其月聰死，劉璨為靳、准所殺。

又《雨肉》　崔鴻《十六國春秋》曰：前趙劉聰時，有流星起於牽牛，入紫宮，龍形，委曲蛇行，光照地，落於平陽北十里。視之則肉，臭聞平陽，長三十步。旁常有哭聲。

又　卷八七八《咎徵部五·黃霧》　《十六國春秋》曰：前趙劉聰元年十月，聰將趙固與晉車騎將軍王申相拒於延津。時黃霧晝夜，人不相見，固軍大敗。

又《赤霧》　崔鴻《十六國春秋》曰：前趙劉聰建元元年正月朔日，黑霧四塞，終日竟夜，著人如墨，五日而止。後三年，聰子粲殺其弟。

又《虹霓》　崔鴻《十六國春秋》曰：前趙劉聰麟嘉元年時，東西赤虹經天，南有一歧。

又　卷八八〇《咎徵部七·地震》　崔鴻《十六國春秋》曰：前趙劉聰建元元年三月，平陽城震，崇明觀陷為池水。赤氣至天，有赤龍奮迅而去。十一月，地震。二年八月，平陽地震，汾水大溢，流漂數百家。聰死，子粲立，為劉曜所殺。曜自立。

又《地陷》　（《十六國春秋》）曰：前趙劉聰末年，武庫地陷，深一丈五尺。時中常侍王沈、中宮僕射郭猗皆寵倖用事。聰游宴後宮，或百日不出。沈等奢僭貪殘，賊害良善。御史大夫陳玄達諫，聰不從，玄達自殺。

又　卷八八三《神鬼部三·鬼上》　《前趙録》曰：麟嘉三年，螽斯則百堂災。自此鬼哭賭蓄，夜夜不絕。

又　卷八八七《妖異部三·重生》　《前趙録》曰：麟嘉元年，大將軍東平王豹卒。一指猶暖，遂不殯殮。至甲戌，乃蘇。言見淵於不周山，經五日，遂復從至昆侖山，三日而復返。

宋·吳淑《事類賦》卷九《寶貨部·玉》自注　《趙書》曰：劉聰徙治平陽，于汾水中得白玉璽，廣四寸，高二分，龍紐。

後趙冉魏興亡

綜　述

《晉書》卷一〇四《石勒載記上》　石勒字世龍，初名匐，上黨武鄉羯人也。其先匈奴別部羌渠之胄。祖耶奕于，父周曷朱，一名乞冀加，並為部落小率。勒生時赤光滿室，白氣自天屬於中庭，見者咸異之。年十四，隨邑人行販洛陽，倚嘯上東門，王衍見而異之，顧謂左右曰：『向者胡雛，吾觀其聲視有奇志，恐將為天下之患。』馳遣收之，會勒已去。長而壯健有膽力，雄武好騎射。曷朱性凶粗，不為羣胡所附，每使勒代己督攝，部胡愛信之。所居武鄉北原山下草木皆有鐵騎之象，家園中生人參，花葉甚茂，悉成人狀。父老及相者皆曰：『此胡狀貌奇異，志度非常，其終不可量也。』勸邑人厚遇之。時多嗤笑，唯鄔人郭敬、陽曲寧驅以為信然，並加資贍。勒亦感其恩，為之力耕。每聞鞞鐸之音，歸以告其母，母曰：『作勞耳鳴，非不祥也。』

太安中，并州饑亂，勒與諸小胡亡散，乃自雁門還依寧驅。北澤都尉劉監欲縛賣之，驅匿之，獲免。勒於是潛詣納降都尉李川，路逢郭敬，泣拜言飢寒。敬對之流涕，以帶貨鬻食之，並給以衣服。勒謂敬曰：『今者大餓，不可守窮。諸胡饑甚，宜誘將冀州就穀，因執賣之，可以兩濟。』敬深然之。會建威將軍閻粹說幷州刺史、東嬴公騰執諸胡于山東賣充軍實，騰使將軍郭陽、張隆虜羣胡將詣冀州，兩胡一枷。勒時年二十餘，亦在其中，數為隆所驅辱。敬先以勒屬郭陽及兄子時，陽，敬族兄也，是以陽、時每為解請，道路饑病，賴陽、時而濟。既而賣與茌平人師歡為奴。有一老父謂勒曰：『君魚龍髮際上四道已成，當貴為人主。甲戌之歲，王彭祖可圖。』勒曰：『若如公言，弗敢忘德。』忽然不見。每耕作于野，常聞鼓角之聲。勒以告諸奴，諸奴亦聞之，因曰：『吾幼來在家恒聞如是。』諸奴歸以告歡，歡亦奇其狀貌而免之。

歡家鄰于馬牧，與牧率魏郡汲桑往來，勒以能相馬自托于桑。嘗傭于武安臨水，為遊軍所囚。會有羣鹿旁過，軍人競逐之，勒乃獲免。俄而又見一父老，謂勒曰：『向羣鹿者我也，君應為中州主，故相救爾。』勒拜而受命。遂招集王陽、夔安、支雄、冀保、吳豫、劉膺、桃豹、逯明等八騎為羣盜。後郭敖、劉征、劉寶、張曀僕、呼延莫、郭黑略、張越、孔豚、趙鹿、支屈六等又赴之，號為十八騎。復東如赤龍、驥諸苑中，乘苑馬遠掠繒寶，以賂汲桑。

及成都王穎敗乘輿于蕩陰，逼帝如鄴宮，王濬以穎陵辱天子，使鮮卑擊之，穎懼，挾惠帝南奔洛陽。帝復為張方所逼，遷于長安。關東所在兵起，皆以誅穎為名。河間王顒懼東師之盛，欲輯懷東復，乃奏議廢穎。是歲，劉元海稱漢王于黎亭，穎故將陽平人公師藩等自稱將軍，起兵趙魏，衆至數萬。勒與汲桑帥牧人乘苑馬數百騎以赴之。桑始命勒以石為姓，勒為名焉。藩拜勒為前隊督，從攻平昌公模於鄴。模使將軍馮嵩逆戰，敗之。藩濟自白馬而南，濮陽太守苟晞討藩斬之。勒與桑亡潛苑中，桑以勒為伏夜牙門，帥牧人劫掠郡縣繫囚，又招山澤亡命，多附勒，勒率以應之。桑乃自號大將軍，稱為成都王穎誅東海王越、東嬴公騰為名。桑以勒為前驅，屢有戰功，署為掃虜將軍、忠明亭侯。桑進軍攻鄴，以勒為前鋒都督，大敗騰將馮嵩，因長驅入鄴，遂害騰，殺萬餘人，掠婦女珍寶而去。濟自延津，南擊兗州，越大懼，使苟晞、王贊等討之。

桑、勒攻幽州刺史石鮮于樂陵，鮮死之。乞活田禋帥衆五萬救鮮，勒逆戰，敗禋，與晞等相持于平原、陽平間數月，大小三十餘戰，互有勝負。越懼，次於官渡，為晞聲援。桑、勒為晞所敗，死者萬餘人，乃收餘衆，將奔劉元海。冀州刺史丁紹要之於赤橋，又大敗之。桑奔馬牧，勒奔樂平。王師斬桑于平原。

時胡部大張訇督、馮莫突等擁衆數千，壁於上黨，勒往從之，深為所昵，因說訇督曰：『劉單于舉兵誅晉，部大距而不從，豈能獨立乎？』曰：『不能。』勒曰：『如其不能者，兵馬當有所屬。今部落皆已被單于賞募，往往聚議欲叛部大而歸單于矣，宜早為之計。』訇督等素無智略，懼部衆之貳己也，乃潛隨勒單騎歸元海。元海署訇督親漢王，莫突為都督部大，以勒為輔漢將軍、平晉王以統之。勒於是命訇督為兄，賜姓石氏，名之曰會，言其遇己也。

烏丸張伏利度亦有衆二千，壁于樂平，元海屢招而不能致。勒僞獲罪於元海，因奔伏利度。伏利度大悅，結為兄弟，使勒率諸胡寇掠，所向無前，諸胡畏服。勒知衆心之附己也，乃因會執伏利度，告諸胡曰：『今起大事，我與伏利度孰堪為主？』諸胡咸以推勒。勒於是釋伏利度，率其部衆歸元海。元海加勒督山東征討諸軍事，以伏利度衆配之。

元海使劉聰攻壺關，命勒率所統七千為前鋒都督。劉琨遣護軍黃秀等救壺關，勒敗秀于白田，秀死之，勒遂陷壺關。元海命勒與劉零、閻羆等七將率衆三萬寇魏郡、頓丘諸壘壁，多陷之，假壘主將軍、都尉，簡强壯五萬為軍士，老弱安堵如故，軍無私掠，百姓懷之。

及元海僭號，遣使授勒持節、平東大將軍，校尉、都督、王如故。勒并軍寇鄴，鄴潰，和郁奔于衛國。執魏郡太守王粹于三臺。進攻趙郡，害冀州西部都尉馮沖。攻乞活赦亭、田禋於中丘，皆殺之。元海授勒安東大將軍、開府，置左右長史、司馬、從事中郎。進軍攻鉅鹿、常山，害二郡守將。陷冀州郡縣堡壁百餘，衆至十餘萬，其衣冠人物集為君子營。乃引張賓為謀主，始署軍功曹，以刁膺、張敬為股肱，夔安、孔萇為爪牙，支雄、呼延莫、王陽、桃豹、逯明、吳豫等為將率。使其將張斯率騎詣幷州山北諸郡縣，說諸胡羯，曉以安危。諸胡懼勒威名，多有附者。進軍常山，分遣諸將攻中山、博陵、高陽諸縣，降之者數萬人。

王濬使其將祁弘帥鮮卑段務塵等十餘萬騎討勒，大敗勒於飛龍山，死者萬餘。勒退屯黎陽，分命諸將攻諸未下及叛者，降三十餘壁，置守宰以撫之。進寇信都，害冀州刺史王斌。於是車騎將軍王堪、北中郎將裴憲自洛陽率衆討勒，勒燒營並糧，回軍距之，次於黃牛壘。魏郡太守劉矩以郡附於勒，勒使矩統其壘衆為中軍左翼。勒至黎陽，裴憲棄其軍奔于淮南，王堪退堡倉垣。元海授勒鎮東大將軍，封汲郡公，持節、都督、王如故。勒固讓公不受。與閻羆攻䐗圈、苑市二壘，陷之，羆中流矢死，勒並統其衆，潛自石橋濟河，攻陷白馬，坑男女三千餘口。東襲鄄城，害兗州刺史袁孚。因攻倉垣，陷之，遂害堪。渡河攻廣宗、清河、平原、陽平諸縣，降勒者九萬餘口。復南濟河，滎陽太守裴純奔於建業。

時劉聰攻河內，勒率騎會之，攻冠軍將軍梁巨于武德，懷帝遣兵救之。勒留諸將守武德，與王桑逆巨於長陵。巨請降，勒弗許，巨逾城而遁，軍人執之。勒馳如武德，坑降卒萬餘，數梁巨罪而害之。王師退還，河北諸堡壁大震，皆請降送任於勒。

及元海死，劉聰授勒征東大將軍、并州刺史、汲郡公，持節、開府、都督、校尉、王如故。勒固辭將軍，乃止。

劉粲率衆四萬寇洛陽，勒留輜重於重門，率騎二萬會粲于大陽，大敗王師于澠池，遂至洛川。粲出轘轅，勒出成皋關，圍陳留太守王贊于倉垣，為贊所敗，退屯文石津。將北攻王浚，會浚將王甲始率遼西鮮卑萬餘騎敗趙固於津北，勒乃燒船棄營，引軍向柏門，迎重門輜重，至於石門，濟河，攻襄城太守崔曠于繁昌，害之。

先是，雍州流人王如、侯脫、嚴嶷等起兵江淮間，聞勒之來也，懼，遣衆一萬屯襄城以距，勒擊敗之，盡俘其衆。勒至南陽，屯于宛北山。如懼勒之攻襄也，使送珍寶車馬犒師，結為兄弟，勒納之。如與侯脫不平，說勒攻脫。勒夜令三軍雞鳴而駕，晨壓宛門，攻之，旬有二日而克。嚴嶷率衆救脫，至則無及，遂降於勒。勒斬脫，囚嶷送於平陽，盡並其衆，軍勢彌盛。

勒南寇襄陽，攻陷江西壘壁三十餘所，留刁膺守襄陽，躬帥精騎三萬還攻王如。憚如之盛，遂趣襄城。如知之，遣弟璃率騎二萬五千，詐言犒軍，實欲襲勒。勒逆擊，滅之，復屯江西，蓋欲有雄據江漢之志也。張賓以為不可，勸勒北還，弗從，以賓為參軍都尉，領記室，位次司馬，專居中總事。

元帝慮勒南寇，使王導率衆討勒。勒軍糧不接，死疫太半，納張賓之策，乃焚輜重，裹糧卷甲，渡沔，寇江夏，太守楊岠棄郡而走。北寇新蔡，害新蔡王確于南頓，朗陵公何襲、廣陵公陳眕、上黨太守羊綜、廣平太守邵肇等率衆降於勒。勒進陷許昌，害平東將軍王康。

先是，東海王越率洛陽之衆二十餘萬討勒，越薨於軍，衆推太尉王衍為主，率衆東下，勒輕騎追及之。衍遣將軍錢端與勒戰，為勒所敗，端死之，衍軍大潰，勒分騎圍而射之，相登如山，無一免者。於是執衍及襄陽王范、任城王濟、西河王喜、梁王禧、齊王超、吏部尚書劉望、豫州刺史劉喬、太傅長史庾顗等，坐之於幕下，問以晉故。衍、濟等懼死，多自陳說，惟範神色儼然，意氣自若，顧呵之曰：『今日之事，何復紛紜！』勒甚奇之。勒於是引諸王公卿士于外害之，死者甚衆。勒重衍清辨，奇範神氣，不能加之兵刃，夜使人排牆填殺之。左衛何倫、右衛李惲聞越薨，奉越妃裴氏及越世子毗出自洛陽。勒逆毗於洧倉，軍復大潰，執毗及諸王公卿士，皆害之，死者甚衆。因率精騎三萬，入自成皋關。會劉曜、王彌寇洛陽，洛陽既陷，勒歸功彌、曜，遂出轘轅，屯於許昌。劉聰署勒征東大將軍，勒固辭不受。

先是，平陽人李洪有衆數千，壘于舞陽，苟晞假洪雍州刺史。勒進寇谷陽，害冠軍將軍王茲。破王贊于陽夏，獲贊，以為從事中郎。襲破大將軍苟晞于蒙城，執晞，署為左司馬。劉聰授勒征東大將軍、幽州牧，固辭將軍不受。

先是，王彌納劉暾之說，將先誅勒，東王青州，使暾征其將曹嶷于齊。勒遊騎獲暾，得彌所與嶷書，勒殺之，密有圖彌之計矣。會彌將徐邈輒引部兵去彌，彌漸削弱。及勒之獲苟晞也，彌惡之，偽卑辭使謂勒曰：『公獲苟晞而赦之，何其神也！使晞為公左，彌為公右，天下不足定。』勒謂張賓曰：『王彌位重言卑，恐其遂成前狗意也。』賓曰：『觀王公有青州之心，桑梓本邦，固人情之所樂，明公獨無并州之思乎？王公遲回未發者，懼明公踵其後，已有規明公之志，但未獲便爾。今不圖之，恐曹嶷復至，共為羽翼，後雖欲悔，何所及邪！徐邈既去，軍勢稍弱，觀其控禦之懷猶盛，可誘而滅之。』勒以為然。勒時與陳午相攻于蓬關，王彌亦與劉瑞相持甚急。彌請救於勒，勒未之許。張賓進曰：『明公常恐不得王公之便，今天以其便授我矣。陳午小豎，何能為寇？王彌人傑，將為我害。』勒因回軍擊瑞，斬之。彌大悅，謂勒深心推奉，無復疑也。勒引師攻陳午於肥澤，午司馬上黨李頭說勒曰：『公天生神武，當平定四海，四海士庶皆仰屬明公，望濟於塗炭。有與公爭天下者，公不早圖之，而返攻我曹流人。我曹鄉黨，終當奉戴，何遽見逼乎！』勒心然之，詰朝引退。詭請王彌宴於已吾，彌長史張嵩諫彌勿就，恐有專諸、孫峻之禍，彌不從。既入，酒酣，勒手斬彌而幷其衆，啓聰稱彌叛逆之狀。聰署勒鎮東大將軍、督幷幽二州軍事、領幷州刺史，持節、征討都督、校尉、開府、幽州牧、公如故。

苟晞、王贊謀叛勒，勒害之。以將軍左伏肅為前鋒都尉，攻掠豫州諸郡，臨江而還，屯于葛陂，降諸夷楚，署將軍二千石以下，稅其義穀，以供軍士。

初，勒被鬻平原，與母王相失。至是，劉琨遣張儒送王於勒，遺勒書曰：『將軍發迹河朔，席捲兗豫，飲馬江淮，折衝漢沔，雖自古名將，未足為諭。所以攻城而不有其人，略地而不有其土，翕爾雲合，忽復星散，將軍豈知其然哉？存亡決在得主，成敗要在所附；得主則為義兵，附逆則為賊衆。義兵雖敗，而功業必成；賊衆雖克，而終歸殄滅。昔赤眉、黄巾橫逆宇宙，所以一旦敗亡者，正以兵出無名，聚而為亂。將軍以天挺之質，威振宇內，擇有德而推崇，隨時望而歸之，勳義堂堂，長享遐貴。背聰則禍除，向主則福至。採納往誨，翻然改圖，天下不足定，蟻寇不足掃。今相授侍中、持節、車騎大將軍、領護匈奴中郎將、襄城郡公，總內外之任，兼華戎之號，顯封大郡，以表殊能，將軍其受之，副遠近之望也。自古以來誠無戎人而為帝王者，至於名臣建功業者，則有之矣。今之遲想，蓋以天下大亂，當須雄才。遥聞將軍攻城野戰，合於機神，雖不視兵書，暗與孫吳同契，所謂生而知之者上，學而知之者次。但得精騎五千，以將軍之才，何向不摧！至心實事，皆張儒所具。』勒報琨曰：『事功殊途，非腐儒所聞。君當逞節本朝，吾自夷，難為效。』遺琨名馬珍寶，厚賓其使，謝歸以絶之。

勒于葛陂繕室宇，課農造舟，將寇建鄴。會霖雨歷三月不止，元帝使諸將率江南之衆大集壽春，勒軍中饑疫死者太半。檄書朝夕繼至，勒會諸將計之。右長史刁膺諫勒先送款於帝，求掃平河朔，待軍退之後徐更計之。勒愀然長嘯。中堅夔安勸勒就高避水，勒曰：『將軍何其怯乎！』孔萇、支雄等三十餘將進曰：『及吳軍未集，萇等請各將三百步卒，乘船三十餘道，夜登其城，斬吳將頭，得其城，食其倉米。今年要當破丹陽，定江南，盡生縛取司馬家兒輩。』勒笑曰：『是勇將之計也。』各賜鎧馬一匹。顧問張賓曰：『于君計何如？』賓曰：『將軍攻陷帝都，因執天子，殺害王侯，妻略妃主，擢將軍之髮不足以數將軍之罪，奈何復還相臣奉乎！去年誅王彌之後，不宜於此營建。天降霖雨方數百里中，示將軍不應留也。鄴有三臺之固，西接平陽，四塞山河，有喉衿之勢，宜北徙據之。伐叛懷服，河朔既定，莫有處將軍之右者。晉之保壽春，懼將軍之往擊爾，今卒聞回軍，必欣於敵去，未遑奇兵掎擊也。輜重逕從北道，大軍向壽春，輜重既過，大軍徐回，何懼進退無地乎！』勒攘袂鼓髯曰：『賓之計是也。』責刁膺曰：『君共相輔佐，當規成功業，如何便相勸降！此計應斬。然相明性怯，所以宥君。』於是退膺為將軍，擢賓為右長史，加中壘將軍，號曰『右侯』。

發自葛陂，遣石季龍率騎二千距壽春。會江南運船至，獲米布數十艘，將士爭之，不設備。晉伏兵大發，敗季龍於巨靈口，赴水死者五百餘人，奔退百里，及於勒軍。軍中震擾，謂王師大至，勒陣以待之。晉懼有伏兵，退還壽春。勒所過路次，皆堅壁清野，采掠無所獲，軍中大饑，士衆相食。行達東燕，聞汲郡向冰有衆數千，壁於枋頭，勒將於棘津北渡，懼冰邀之，會諸將問計。張賓進曰：『如聞冰船盡在瀆中，未上枋內，可簡壯勇者千人，詭道潛渡，襲取其船，以濟大軍。大軍既濟，冰必可擒也。』勒從之，使支雄、孔萇等從文石津縛筏潛渡，勒引其衆自酸棗向棘津。冰聞勒軍至，始欲內其船。會雄等已渡，屯其壘門，下船三十餘艘以濟其軍，令主簿鮮于豐挑戰，設三伏以待之。冰怒，乃出軍，將戰，而三伏齊發，夾擊攻之，又因其資，軍遂豐振。長驅寇鄴，攻北中郎將劉演於三臺。演部將臨深、牟穆等率衆數萬降於勒。

時諸將佐議欲攻取三臺以據之，張賓進曰：『劉演衆猶數千，三臺險固，攻守未可卒下，舍之則能自潰。王彭祖、劉越石大敵也，宜及其未有備，密規進據罕城，廣運糧儲，西稟平陽，掃定并薊，桓文之業可以濟也。且今天下鼎沸，戰爭方始，遊行羈旅，人無定志，難以保萬全、制天下也。夫得地者昌，失地者亡。邯鄲、襄國，趙之舊都，依山憑險，形勝之國，可擇此二邑而都之，然後命將四出，授以奇略，推亡固存，兼弱攻昧，則羣凶可除，王業可圖矣。』勒曰：『右侯之計是也。』於是進據襄國。賓又言於勒曰：『今我都此，越石、彭祖深所忌也，恐及吾城池未固，資儲未廣，送死於我。聞廣平諸縣秋稼大成，可分遣諸將收掠野穀。遣使平陽，陳宜鎮此之意。』勒又然之。於是上表于劉聰，分命諸將攻冀州郡縣壘壁，率多降附，運糧以輸勒。劉聰署勒使持節、散騎常侍、都督冀幽并營四州雜夷、征討諸軍事、冀州牧，進封本國上黨郡公，邑五萬户，開府、幽州牧、東夷校尉如故。

廣平游綸、張豺擁衆數萬，受王濬假署，保據苑鄉。勒使夔安、支雄等七將攻之，破其外壘。濬遣督護王昌及鮮卑段就六眷、末杯、匹磾等部衆五萬餘以討勒。時城隍未修，乃于襄國築隔城重柵，設鄣以待之。就六眷屯于渚陽，勒分遣諸將連出挑戰，頻為就六眷所敗，又聞其大造攻具，勒顧謂其將佐曰：『今寇來轉逼，彼衆我寡，恐攻圍不解，外救不至，內糧罄絕，縱孫吳重生，亦不能固也。吾將簡練將士，大陣於野以決之，何如？』諸將皆曰：『宜固守以疲寇，彼師老自退，追而擊之，蔑不克矣。』勒顧謂張賓、孔萇曰：『君以為何如』賓、萇俱曰：『聞就六眷克來月上旬送死北城，其大衆遠來，戰守連日，以我軍勢寡弱，謂不敢出戰，意必懈怠。今段氏種衆之悍，末杯尤最，其卒之精勇，悉在末杯所，可勿復出戰，示之以弱。速鑿北壘為突門二十餘道，候賊列守未定，出其不意，直沖末杯帳，敵必震惶，計不及設，所謂迅雷不及掩耳。末杯之衆既奔，餘自摧散。擒末杯之後，彭祖可指辰而定。』勒笑而納之，即以萇為攻戰都督，造突門於北城。鮮卑入屯北壘，勒候其陣未定，躬率將士鼓噪於城上。會孔萇督諸突門伏兵俱出擊之，生擒末杯，就六眷等衆遂奔散。萇乘勝追擊，枕屍三十餘里，獲鎧馬五千匹。就六眷收其遺衆，屯于渚陽，遣使求和，送鎧馬金銀，並以末杯三弟為質而請末杯。諸將並勸勒殺末杯以挫之，勒曰：『遼西鮮卑，健國也，與我素無怨讎，為王濬所使耳。今殺一人，結怨一國，非計也。放之必悅，不復為王濬用矣。』於是納其質，遣石季龍盟就六眷于渚陽，結為兄弟，就六眷等引還。使參軍閻綜獻捷于劉聰。於是游綸、張豺請降稱藩，勒將襲幽州，務養將士，權宜許之，皆就署將軍。於是遣衆寇信都，害冀州刺史王象。王濬復以邵舉行冀州刺史，保于信都。

建興元年，石季龍攻鄴三臺，鄴潰，劉演奔於稟丘，將軍謝胥、田青、郎牧等率三臺流人降於勒，勒以桃豹為魏郡太守以撫之。命段末杯為子，署為使持節、安北將軍、北平公，遣還遼西。末杯感勒厚恩，在途日南面而拜者三，段氏遂專心歸附，自是王濬威勢漸衰。

勒襲苑鄉，執遊綸以為主簿。攻乞活李惲于上白，斬之，將坑其降卒，見郭敬而識之，曰：『汝郭季子乎？』敬叩頭曰：『是也。』勒下馬執其手，泣曰：『今日相遇，豈非天邪！』賜衣服車馬，署敬上將軍，悉免降者以配之。其將孔萇寇定陵，害兗州刺史田徽。烏丸薄盛執渤海太守劉既，率户五千降於勒。劉聰授勒侍中、征東大將軍，餘如故，拜其母王氏為上黨國太夫人，妻劉氏上黨國夫人，章綬首飾一同王妃。

段末杯任弟亡歸遼西，勒大怒，所經令尉皆殺之。

烏丸審廣、漸裳、郝襲背王濬，密遣使降於勒，勒厚加撫納。司冀漸寧，人始租賦。立太學，簡明經善書吏署為文學掾，選將佐子弟三百人教之。勒母王氏死，潛窆山谷，莫詳其所。既而備九命之禮，虛葬于襄國城南。

勒謂張賓曰：『鄴，魏之舊都，吾將營建。既風俗殷雜，須賢望以綏之，誰可任也？』賓曰：『晉故東萊太守南陽趙彭忠亮篤敏，有佐時良幹，將軍若任之，必能允副神規。』勒於是征彭，署為魏郡太守。彭至，入泣而辭曰：『臣往策名晉室，食其祿矣。犬馬戀主，切不敢忘。誠知晉之宗廟鞠為茂草，亦猶洪川東逝，往而不還。明公應符受命，可謂攀龍之會。但受人之榮，復事二姓，臣志所不為，恐亦明公之所不許。若賜臣餘年、全臣一介之願者，明公大造之惠也。』勒默然。張賓進曰：『自將軍神旗所經，衣冠之士靡不變節，未有能以大義進退者。至如此賢，以將軍為高祖，自擬為四公，所謂君臣相知，此亦足成將軍不世之高，何必吏之。』勒大悅，曰：『右侯之言得孤心矣。』於是賜安車駟馬，養以卿祿，辟其子明為參軍。勒以石季龍為魏郡太守，鎮鄴三臺，季龍篡奪之萌兆於此矣。

時王濬署置百官，奢縱淫虐，勒有吞併之意，欲先遣使以觀察之。議者僉曰：『宜如羊祜與陸抗書相聞。』時張賓有疾，勒就而謀之。賓曰：『王濬假三部之力，稱制南面，雖曰晉藩，實懷僭逆之志，必思協英雄，圖濟事業。將軍威聲震於海内，去就為存亡，所在為輕重，濬之欲將軍，猶楚之招韓信也。今權譎遣使，無誠款之形，脫生猜疑，圖之兆露，後雖奇略，無所設也。夫立大事者必先為之卑，當稱藩推奉，尚恐未信，羊、陸之事，臣未見其可。』勒曰：『右侯之計是也。』乃遣其舍人王子春、董肇等多齎珍寶，奉表推崇濬為天子曰：『勒本小胡，出於戎裔，值晉綱弛御，海内饑亂，流離屯厄，竄命冀州，共相帥合，以救性命。今晉祚淪夷，遠播吳會，中原無主，蒼生無繫。伏惟明公殿下，州鄉貴望，四海所宗，為帝王者，非公復誰？勒所以捐軀命、興義兵誅暴亂者，正為明公驅除爾。伏願殿下應天順時，踐登皇阼。勒奉戴明公，如天地父母，明公當察勒微心，慈眄如子也。』亦遺棗嵩書而厚賂之。濬謂子春等曰：『石公一時英武，據趙舊都，成鼎峙之勢，何為稱藩於孤，其可信乎？』子春對曰：『石將軍英才濬拔，士馬雄盛，實如聖旨。仰惟明公州鄉貴望，累葉重光，出鎮藩嶽，威聲播於八表，固以胡越欽風，戎夷歌德，豈唯區區小府而敢不斂衽神闕者乎！昔陳嬰豈其鄙王而不王，韓信薄帝而不帝者哉？但以知帝王不可以智力爭故也。石將軍之擬明公，猶陰精之比太陽，江河之比洪海爾。項籍、子陽覆車不遠，是石將軍之明鑑，明公亦何怪乎！且自古誠胡人而為名臣者實有之，帝王則未之有也。石將軍非所以惡帝王而讓明公也，顧取之不為天人之所許耳。願公勿疑。』濬大悅，封子春等為列侯，遣使報勒，答以方物。濬司馬游統時鎮范陽，陰叛濬，馳使降於勒。勒斬其使，送於濬，以表誠實。濬雖不罪統，彌信勒之忠誠，無復疑矣。

子春等與王濬使至，勒命匿勁卒精甲，虛府羸師以示之，北面拜使而受濬書。濬遺勒麈尾，勒偽不敢執，懸之於壁，朝夕拜之，云：『我不得見王公，見王公所賜如見公也。』復遣董肇奉表於濬，期親詣幽州奉上尊號，亦修箋於棗嵩，乞并州牧、廣平公，以見必信之誠也。

勒將圖濬，引子春問之。子春曰：『幽州自去歲大水，人不粒食，濬積粟百萬，不能贍恤，刑政苛酷，賦役殷煩，賊憲賢良，誅斥諫士，下不堪命，流叛略盡。鮮卑、烏丸離貳於外，棗嵩、田嶠貪暴於內，人情沮擾，甲士羸弊。而濬猶置立臺閣，布列百官，自言漢高、魏武不足並也。又幽州謡怪特甚，聞者莫不為之寒心，濬意氣自若，曾無懼容，此亡期之至也。』勒撫幾笑曰：『王彭祖真可擒也。』濬使達襲幽州，具陳勒形勢寡弱，款誠無二。濬大悅，以勒為信然。

勒纂兵戒期，將襲濬，而懼劉琨及鮮卑、烏丸為其後患，沈吟未發。張賓進曰：『夫襲敵國，當出其不意。軍嚴經日不行，豈顧有三方之慮乎？』勒曰：『然，為之奈何？』賓曰：『彭祖之據幽州，唯仗三部，今皆離叛，還為寇讎，此則外無聲援以抗我也。幽州饑儉，人皆蔬食，衆叛親離，甲旅寡弱，此則內無強兵以禦我也。若大軍在郊，必土崩瓦解。今三方未靖，將軍便能懸軍千里以征幽州也。輕軍往返，不出二旬。就使三方有動，勢足旋趾。宜應機電發，勿後時也。且劉琨、王濬雖同名晉藩，其實仇敵。若修箋於琨，送質請和，琨必欣於得我，喜於濬滅，終不救濬而襲我也。』勒曰：『吾所不了，右侯已了，復何疑哉！』

於是輕騎襲幽州，以火宵行。至柏人，殺主簿遊綸，以其兄統在范陽，懼聲軍計故也。遣張慮奉箋于劉琨，陳己過沉重，求討濬以自效。琨既素疾濬，乃檄諸州郡，說勒知命思愆，收累年之咎，求拔幽都，效善將來，今聽所請，受任通和。軍達易水，濬督護孫緯馳遣白濬，將引軍距勒，遊統禁之。濬將佐咸請出擊勒，濬怒曰：『石公來，正欲奉戴我也，敢言擊者斬！』乃命設饗以待之。勒晨至薊，叱門者開門。疑有伏兵，先驅牛羊數千頭，聲言上禮，實欲填諸街巷，使兵不得發。濬乃懼，或坐或起。勒升其廳事，命甲士執濬，立之於前，使徐光讓濬曰：『君位冠元臺，爵列上公，據幽都驍悍之國，跨全燕突騎之鄉，手握強兵，坐觀京師傾覆，不救天子，而欲自尊。又專任姦暴，殺害忠良，肆情恣欲，毒遍燕壤。自貽於此，非為天也。』使其將王洛生驛送濬襄國市斬之。於是分遣流人各還桑梓，擢荀綽、裴憲，資給車服。數朱碩、棗嵩、田嶠等以賄亂政，責遊統以不忠於濬，皆斬之。遷烏丸審廣、漸裳、郝襲、靳市等於襄國。焚燒濬宮殿。以晉尚書劉翰為寧朔將軍、行幽州刺史，戍薊，置守宰而還。遣其東曹掾傅遘兼左長史，封王濬首，獻捷于劉聰。勒既還襄國，劉翰叛勒，奔段匹磾。襄國大饑，穀二升直銀二斤，肉一斤直銀一兩。劉聰以平幽州之勳，乃遣其使人柳純持節署勒大都督陝東諸軍事、驃騎大將軍、東單于，侍中、使持節、開府、校尉、二州牧、公如故，加金鉦黄鉞，前後鼓吹二部，增封十二郡。勒固辭，受二郡而已。勒封左長史張敬等十一人為伯、子、侯，文武進位有差。

勒將支雄攻劉演於廩丘，為演所敗。演遣其將韓弘、潘良襲頓丘，斬勒所署太守邵攀。支雄追擊弘等，害潘良於廩丘。劉琨遣樂平太守焦球攻勒常山，斬其太守邢泰。琨司馬温嶠西討山胡，勒將逯明要之，敗嶠於潞城。

勒以幽冀漸平，始下州郡閲實人户，户貲二匹，租二斛。

勒將陳午以濬儀叛於勒。逯明攻寧黑于茌平，降之，因破東燕酸棗而還，徙降人二萬餘户于襄國。勒使其將葛薄寇濮陽，陷之，害太守韓弘。

劉聰遣其使人範龕持節策命勒，賜以弓矢，加崇為陝東伯，得專征伐，拜封刺史、將軍、守宰、列侯，歲盡集上。署其長子興為上黨國世子，加翼軍將軍，為驃騎副貳。

劉琨遣王旦攻中山，逐勒所署太守秦固。勒將劉勔距旦，敗之，執旦于望都關。勒襲邵續于樂陵。續盡衆逆戰，大敗而還。

章武人王昚起於科鬬壘，擾亂勒河間、渤海諸郡。勒以揚武張夷為河間太守，參軍臨深為渤海太守，各率步騎三千以鎮静之，使長樂太守程遐屯於昌亭為之聲勢。

徙平原烏丸展廣、劉哆等部落三萬餘户于襄國。

使石季龍襲乞活王平于梁城，敗績而歸。又攻劉演於廩丘。支雄、逯明擊寧黑于東武陽，陷之，黑赴河而死，徙其衆萬餘于襄國。邵續使文鴦救演，季龍退止盧關津避之，文鴦弗能進，屯于景亭。兗豫豪右張平等起兵救演。季龍夜棄營設伏於外，揚聲將歸河北。平等以為信然，入于空營。季龍回擊敗之，遂陷廩丘，演奔文鴦軍，獲演弟啓，送于襄國。演即劉琨之兄子也。勒以琨撫存其母，德之，賜啓田宅，令儒官授其經。

時大蝗，中山、常山尤甚。中山丁零翟鼠叛勒，攻中山、常山，勒率騎討之，獲其母妻而還。鼠保于胥關，遂奔代郡。

勒攻樂平太守韓據于坫城，劉琨遣將軍姬澹率衆十餘萬討勒，琨次廣牧，為澹聲援。勒將距之，或諫之曰：『澹兵馬精盛，其鋒不可發，宜深溝高壘以挫其鋭，攻守勢異，必獲萬全。』勒曰：『澹大衆遠來，體疲力竭，犬羊烏合，號令不齊，可一戰而擒之，何强之有！寇已垂至，胡可舍去，大軍一動，豈易中還！若澹乘我之退，顧乃無暇，焉得深溝高壘乎！此為不戰而自滅亡之道。』立斬諫者。以孔萇為前鋒都督，令三軍後出者斬。設疑兵於山上，分為二伏。勒輕騎與澹戰，僞收衆而北。澹縱兵追之，勒前後伏發，夾擊，澹軍大敗，獲鎧馬萬匹，澹奔代郡，據奔劉琨。琨長史李弘以幷州降於勒，琨遂奔于段匹磾。勒遷陽曲、樂平户于襄國，置守宰而退。孔萇追姬澹于桑乾。勒遣兼左長史張敷獻捷于劉聰。

勒之征樂平也，其南和令趙領招合廣川、平原、渤海數千户叛勒，奔于邵續。河間邢嘏累征不至，亦聚衆數百以叛。勒巡下冀州諸縣，以右司馬程遐為寧朔將軍、監冀州七郡諸軍事。

勒姊夫廣威張越與諸將蒱博，勒親臨觀之。越戲言忤勒，勒大怒，叱力士折其脛而殺之。

孔萇攻代郡，澹死之。時司、冀、幷、兗州流人數萬户在於遼西，迭相招引，人不安業。孫萇等攻馬嚴、馮䐗，久而不克。勒問計于張賓，賓對曰：『馮　者等本非明公之深仇，遼西流人悉有戀本之思。今宜班師息甲，差選良守，任之以龔遂之事，不拘常制，奉宣仁澤，奮揚威武，幽冀之寇可翹足而静，遼西流人可指時而至。』勒曰：『右侯之計是也。』召萇等歸，署武遂令李回為易北都護、振武將軍、高陽太守。馬嚴士衆多李潛軍人，回先為潛府長史，素服回威德，多叛嚴歸之。嚴以部衆離貳，懼，奔於幽州，溺水而死。馮䐗率衆降於勒。回移居易京，流人降者歲常數千，勒甚嘉之，封回弋陽子，邑三百户。加賓封一千户，進賓位前將軍，固辭不受。

河朔大蝗，初穿地而生，二旬則化狀若蠶，七八日而臥，四日蛻而飛，彌亘百草，唯不食三豆及麻，幷冀尤甚。

石季龍濟自長壽津，寇梁國，害內史荀闓。劉琨與段匹磾、涉復辰、疾六眷，段末柸等會于固安，將謀討勒，勒使參軍王續齎金寶遺末柸以間之。末柸既思有以報勒恩，又忻於厚賂，乃說辰眷等引還，琨、匹磾亦退如薊城。

邵續使兄子濟攻勒渤海，虜三千餘人而還。劉聰將趙固以洛陽歸順，恐勒襲之，遣參軍高少奉書推崇勒，請師討聰。勒以大義讓之，固深恨恚，與郭默攻掠河內、汲郡。

段末柸殺鮮卑單于截附真，立忽跋鄰為單于。段匹磾自幽州攻末柸，末柸逆擊敗之，匹磾奔還幽州，因害太尉劉琨，琨將佐相繼降勒。末柸遣弟騎督擊匹磾於幽州，匹磾率其部衆數千，將奔邵續，勒將石越要之於鹽山，大敗之，匹磾退保幽州。越中流矢死，勒為之屏樂三月，贈平南將軍。

初，曹嶷據有青州，既叛劉聰，南稟王命，以建鄴懸遠，勢援不接，懼勒襲之，故遣通和。勒授嶷東州大將軍、青州牧，封琅邪公。

劉聰疾甚，驛召勒為大將軍、録尚書事，受遺詔輔政，勒固辭乃止。聰又遣其使人持節署勒大將軍、持節鉞，都督、侍中、校尉、二州牧、公如故，增封十郡，勒不受。聰死，其子粲襲偽位，其大將軍靳準殺粲於平陽，勒命張敬率騎五千為前鋒以討准，勒統精鋭五萬繼之，據襄陵北原，羌羯降者四萬餘落。准數挑戰，勒堅壁以挫之。劉曜自長安屯于蒲阪，曜復僭號，署勒大司馬、大將軍，加九錫，增封十郡，并前十三郡，進爵趙公。勒攻準於平陽小城，平陽大尹周置等率雜户六千降於勒。巴帥及諸羌羯降者十餘萬落，徙之司州諸縣。准使卜泰送乘輿服御請和，勒與劉曜競有招懷之計，乃送泰於曜，使知城內無歸曜之意，以挫其軍勢。曜潛與泰結盟，使還平陽宣慰諸屠各。勒疑泰與曜有謀，欲斬泰以速降之，諸將皆曰：『今斬卜泰，准必不復降，就令泰宣漢要盟於城中，使相率誅靳準，準必懼而速降矣。』勒久乃從諸將議遣之。泰入平陽，與準將喬泰、馬忠等起兵攻準，殺之，推靳明為盟主，遣泰及卜玄奉傳國六璽送于劉曜。勒大怒，遣令史羊升使平陽，責明殺準之狀。明怒，斬升。勒怒甚，進軍攻明，明出戰，勒擊敗之，枕屍二里。明築城門堅守，不復出戰。勒遣其左長史王修獻捷于劉曜。晉彭城內史周堅害沛內史周默，以彭沛降於勒。石季龍率幽、冀州兵會勒攻平陽。劉曜遣征東劉暢救明。勒命舍師于蒲上。靳明率平陽之衆奔于劉曜，曜西奔粟邑。勒焚平陽宮室，使裴憲、石會修復元海、聰二墓，收劉粲已下百餘屍葬之，徙渾儀、樂器于襄國。

劉曜又遣其使人郭汜等持節署勒太宰，領大將軍，進爵趙王，增封七郡，并前二十郡，出入警蹕，冕十有二旒，乘金根車，駕六馬，如曹公輔漢故事，夫人為王后，世子為王太子。勒舍人曹平樂因使留仕於曜，言於曜曰：『大司馬遣王修等來，外表至虔，內覘大駕强弱，謀待修之返，將輕襲乘輿。』時曜勢實殘弊，懼修宣之。曜大怒，追汜等還，斬修於粟邑，停太宰之授。劉茂逃歸，言王修死故，勒大怒，誅平樂三族，贈修太常。又知停殊禮之授，怒甚，下令曰：『孤兄弟之奉劉家，人臣之道過矣，若微孤兄弟，豈能南面稱朕哉！根基既立，便欲相圖。天不助惡，使假手靳準。孤惟事君之體當資舜求瞽瞍之義，故復推崇令主，齊好如初，何圖長惡不悛，殺奉誠之使。帝王之起，復何常邪！趙王、趙帝，孤自取之，名號大小，豈其所節邪！』於是置太醫、尚方、御府諸令，命參軍晁贊成正陽門。俄而門崩，勒大怒，斬贊。既怒刑倉卒，尋亦悔之，賜以棺服，贈大鴻臚。

平西將軍祖逖攻陳川于蓬關，石季龍救川，逖退屯梁國，季龍使揚武左伏肅攻之。

勒增置宣文、宣教、崇儒、崇訓十餘小學于襄國四門，簡將佐豪右子弟百餘人以教之，且備擊柝之衛。置挈壺署，鑄豐貨錢。

河西鮮卑日六延叛于勒，石季龍討之，敗延于朔方，斬首二萬級，俘三萬餘人，獲牛馬十餘萬。孔萇討平幽州諸郡。時段匹磾部衆饑散，棄其妻子，匹磾奔邵續。曹嶷遣使來聘，獻其方物，請以河為斷。桃豹至蓬關，祖逖退如淮南。徙陳川部衆五千餘户于廣宗。

石季龍與張敬、張賓及諸將佐百餘人勸勒稱尊號，勒下書曰：『孤猥以寡德，忝荷崇寵，夙夜戰惶，如臨深薄，豈可假尊竊號，取譏四方！昔周文以三分之重，猶服事殷朝；小白居一匡之盛，而尊崇周室。況國家道隆殷周，孤德卑二伯哉！其亟止斯議，勿復紛紜。自今敢言，刑茲無赦！』乃止。

勒又下書曰：『今大亂之後，律令滋煩，其採集律令之要，為施行條制。』於是命法曹令史貫志造《辛亥制度》五千文，施行十餘歲，乃用律令。晉太山太守徐龕叛降於勒。

石季龍及張敬、張賓、左右司馬張屈六、程遐文武等一百二十九人上疏曰：『臣等聞有非常之度，必有非常之功；有非常之功，必有非常之事。是以三代陵遲，五伯迭興，靜難濟時，績侔睿後。伏惟殿下天縱聖哲，誕應符運，鞭撻宇宙，弼成皇業，普天率土，莫不來蘇，嘉瑞徵祥，日月相繼，物望去劉氏，威懷於明公者十分而九矣。今山川夷靜，星辰不孛，夏海重譯，天人係仰，誠應升御中壇，即皇帝位，使攀附之徒蒙寸尺之潤。請依劉備在蜀、魏王在鄴故事，以河內、魏、汲、頓丘、平原、清河、鉅鹿、常山、中山、長樂、樂平十一郡，并前趙國、廣平、陽平、章武、渤海、河間、上黨、定襄、范陽、漁陽、武邑、燕國、樂陵十三郡，合二十四郡、户二十九萬為趙國。封内依舊改為内史，准《禹貢》、魏武復冀州之境，南至盟津，西達龍門，東至於河，北至於塞垣。以大單于鎮撫百蠻。罷并、朔、司三州，通置部司以監之。伏願欽若昊天，垂副羣望也。』勒西面而讓者五，南面而讓者四，百僚皆叩頭固請，勒乃許之。

又 卷一〇五《石勒載記下》 太興二年，勒偽稱趙王，赦殊死已下，均百姓田租之半，賜孝悌力田死義之孤帛各有差，孤老鰥寡穀人三石，大酺七日。依春秋列國、漢初侯王每世稱元，改稱趙王元年。始建社稷，立宗廟，營東西宮。署從事中郎裴憲、參軍傅暢、杜嘏並領經學祭酒，參軍續咸、庾景為律學祭酒，任播、崔濬為史學祭酒。中壘支雄、遊擊王陽並領門臣祭酒，專明胡人辭訟，以張離、張良、劉羣、劉謨等為門生主書，司典胡人出內，重其禁法，不得侮易衣冠華族。號胡為國人。遣使循行州郡，勸課農桑。加張賓大執法，專總朝政，位冠僚首。署石季龍為單于元輔、都督禁衛諸軍事，署前將軍李寒領司兵勳，教國子擊刺戰射之法。命記室佐明楷、程機撰《上黨國記》，中大夫傅彪、賈蒲、江軌撰《大將軍起居注》，參軍石泰、石同、石謙、孔隆撰《大單于志》。自是朝會常以天子禮樂饗其羣下，威儀冠冕從容可觀矣。羣臣議請論功，勒曰：『自孤起軍，十六年於茲矣。文武將士從孤征伐者，莫不蒙犯矢石，備嘗艱阻，其在葛陂之役，厥功尤著，宜為賞之先也。若身見存，爵封輕重隨功位為差，死事之孤，賞加一等，庶足以尉答存亡，申孤之心也。』又下書禁國人不聽報嫂及在喪婚娶，其燒葬令如本俗。

孔萇攻邵續別營十一，皆下之。續尋為石季龍所獲，送于襄國。劉曜將尹安、宋始據洛陽，降於勒。

晉徐州刺史蔡豹敗徐龕于檀丘，龕遣使詣勒，陳討豹之計。勒遣將王步都為龕前鋒，使張敬率騎繼之。敬達東平，龕疑敬之襲已也，斬步都等三百餘人，復降于晉。勒大怒，命張敬據其襟要以守之。

大雨霖，中山、常山尤甚，滹沲汎溢，沖陷山谷，巨松僵拔，浮於滹沲，東至渤海，原隰間皆如山積。

孔萇攻陷文鴦十餘營，萇不設備，鴦夜擊之，大敗而歸。

勒始制軒懸之樂，八佾之舞，為金根大輅，黄屋左纛，天子車旗，禮樂備矣。

使石季龍率步騎四萬討徐龕，龕遣長史劉霄詣勒乞降，送妻子為質，納之。時蔡豹屯於譙城，季龍攻豹，豹夜遁，季龍引軍城封丘而旋。

徙朝臣掾屬已上士族者三百户于襄國崇仁里，置公族大夫以領之。勒宮殿及諸門始就，制法令甚嚴，諱胡尤峻。有醉胡乘馬突入止車門，勒大怒，謂宮門小執法馮翥曰：『夫人君為令，尚望威行天下，況宮闕之間乎！向馳馬入門為是何人，而不彈白邪？』翥惶懼忘諱，對曰：『向有醉胡乘馬馳入，甚呵禦之，而不可與語。』勒笑曰：『胡人正自難與言。』恕而不罪。

使石季龍擊托候部掘咄哪於岍北，大破之，俘獲牛馬二十餘萬。

勒清定五品，以張賓領選。復續定九品。署張班為左執法郎，孟卓為右執法郎，典定士族，副選舉之任。今羣僚及州郡歲各舉秀才、至孝、廉清、賢良、直言、武勇之士各一人。置署都部從事各一部一州，秩二千石，職准丞相司直。

勒下令曰：『去年水出巨材，所在山積，將皇天欲孤繕修宮宇也！其擬洛陽之太極起建德殿。』遣從事中郎任汪帥使工匠五千采木以供之。黎陽人陳武妻一產三男一女，武攜其妻子詣襄國上書自陳。勒下書以為二儀諧暢，和氣所致，賜其乳婢一口，穀一百石，雜彩四十匹。

石季龍攻段匹磾於厭次。孔萇討匹磾部內諸城，陷之。匹磾勢窮，乃率其臣下輿櫬出降。季龍送之襄國，勒署匹磾為冠軍將軍，以其其弟文鴦、亞將衛麟為左右中郎將，皆金章紫綬。散諸流人三萬餘户，復其本業，置守宰以撫之。於是冀、并、幽州、遼西巴西諸屯結皆陷於勒。

時晉征北將軍祖逖據譙，將平中原。逖善於撫納，自河以南多背勒歸順。勒憚之，不敢為寇，乃下書曰：『祖逖屢為邊患。逖，北州士望也，儻有首丘之思。其下幽州，修祖氏墳墓，為置守冢二家。冀逖如趙他感恩，輟其寇暴。』逖聞之甚悅，遣參軍王愉使於勒，贈以方物，修結和好。勒厚賓其使，遣左常侍董樹報聘，以馬百匹、金五十斤答之。自是兗豫乂安，人得休息矣。

從事中郎劉奧坐營建德殿井木斜縮，斬於殿中。勒悔之，贈太常。建德校尉王和掘得員石，銘曰：『律權石，重四鈞，同律度量衡，有新氏造。』議者未詳，或以為瑞。參軍續咸曰：『王莽時物也。』其時兵亂之後，典度堙滅，遂命下禮官為准程定式。又得一鼎，容四升，中有大錢三十文，曰：『百當千，千當萬。』鼎銘十三字，篆書不可曉，藏之於永豐倉。因此令公私行錢，而人情不樂，乃出公絹市錢，限中絹匹一千二百，下絹八百。然百姓私買中絹四千，下絹二千，巧利者賤買私錢，貴賣於官，坐死者十數人，而錢終不行。勒徙洛陽銅馬、翁仲二于襄國，列之永豐門。

祖逖牙門童建害新蔡內史周密，遣使降於勒。勒斬之，送首于祖逖，曰：『天下之惡一也。叛臣逃吏，吾之深仇，將軍之惡，猶吾惡也。』逖遣使報謝。自是兗豫間壘壁叛者，逖皆不納，二州之人率多兩屬矣。

勒令武鄉耆舊赴襄國。既至，勒親與鄉老齒坐歡飲，語及平生。初，勒與李陽鄰居，歲常爭麻池，迭相驅擊。至是，謂父老曰：『李陽，壯士也，何以不來？漚麻是布衣之恨，孤方崇信于天下，寧讎匹夫乎！』乃使召陽。既至，勒與酣謔，引陽臂笑曰：『孤往日厭卿老拳，卿亦飽孤毒手。』因賜甲第一區，拜參軍都尉。令曰：『武鄉，吾之豐沛，萬歲之後，魂靈當歸之，其復之三世。』勒以百姓始復業，資儲未豐，於是重制禁釀，郊祀宗廟皆以醴酒，行之數年，無復釀者。

尋署石季龍為車騎將軍，率騎三萬討鮮卑郁粥于離石，俘獲及牛馬十餘萬，郁粥奔烏丸，悉降其衆城。

先是，勒世子興死，至是，立子弘為世子，領中領軍。

遣季龍統中外精卒四萬討徐龕，龕堅守不戰，於是築室返耕，列長圍以守之。晉鎮北將軍劉隗降於勒，拜鎮南將軍，封列侯。石季龍攻陷徐龕，送之襄國，勒囊盛于百尺樓自上殺之，令步都等妻子刳而食之，坑龕降卒三千。晉兗州刺史劉遐懼，自鄒山退屯於下邳。琅邪內史孫默以琅邪叛降於勒。徐兗間壘壁多送任請降，皆就拜守宰。

清河張披為程遐長史，遐甚委昵之，張賓舉為別駕，引參政事。遐疾披去己，又惡賓之權盛。勒世子弘，即遐之甥也，自以有援，欲收威重於朝，乃使弘之母譖之曰：『張披與張賓為遊俠，門客日百餘乘，物望皆歸之，非社稷之利也，宜除披以便國家。』勒然之。至是，披取急召不時至，因此遂殺之。賓知遐之間己，遂弗敢請。無幾，以遐為右長史，總執朝政，自是朝臣莫不震懼，赴于程氏矣。

時祖逖卒，勒始侵寇邊戍。勒征虜石他敗王師於酇西，執將軍衛榮而歸。征北將軍祖約懼，退如壽春。勒境內大疫，死者十二三，乃罷徽文殿作。遣其將王陽屯於豫州，有窺窬之志，於是兵難日尋，梁鄭之間騷然矣。

又遣季龍統中外步騎四萬討曹嶷。先是，嶷議欲徙海中，保根餘山，會疾疫甚，計未及就。季龍進兵圍廣固，東萊太守劉巴、長廣太守呂披皆以郡降。以石他為征東將軍，擊羌胡於河西。左軍石挺濟師於廣固，曹嶷降，送于襄國。勒害之，坑其衆三萬。季龍將盡殺嶷衆，其青州刺史劉徵曰：『今留徵，使牧人也；無人焉牧，徵將歸矣。』季龍乃留男女七百口配徵，鎮廣固。青州諸郡縣壘壁盡陷。

勒司州刺史石生攻晉揚武將軍郭誦于陽翟，不克，進寇襄城，俘獲千餘而還。

勒以參軍樊坦清貧，擢授章武內史。既而入辭，勒見坦衣冠弊壞，大驚曰：『樊參軍何貧之甚也！』坦性誠樸，率然而對曰：『頃遭羯賊無道，資財蕩盡。』勒笑曰：『羯賊乃爾暴掠邪！今當相償耳。』坦大懼，叩頭泣謝。勒曰：『孤律自防俗士，不關卿輩老書生也。』賜車馬衣服裝錢三百萬，以勵貪俗。

勒將兵都尉石瞻寇下邳，敗晉將軍劉長，遂寇蘭陵，又敗彭城內史劉續。東莞太守竺珍、東海太守蕭誕以郡叛降於勒。

勒親臨大小學，考諸學生經義，尤高者賞帛有差。勒雅好文學，雖在軍旅，常令儒生讀史書而聽之，每以其意論古帝王善惡，朝賢儒士聽者莫不歸美焉。嘗使人讀《漢書》，聞酈食其勸立六國後，大驚曰：『此法當失，何得遂成天下！』至留侯諫，乃曰：『賴有此耳。』其天資英達如此。

勒征徐、揚州兵，會石瞻於下邳，劉遐懼，又自下邳奔於泗汭。石生攻劉曜河内太守尹平于新安，斬之，克壘壁十餘，降掠五千餘户而歸。自是劉、石禍結，兵戈日交，河東、弘農間百姓無聊矣。

以右常侍霍皓為勸課大夫，與典農使者朱表、典勸都尉陸充等循行州郡，核定户籍，勸課農桑。農桑最修者賜五大夫。

使石生自延壽關出寇許潁，俘獲萬餘，降者二萬，生遂攻陷康城。晉將軍郭誦追生，生大敗，死者千餘。生收散卒，屯于康城。勒汲郡内史石聰聞生敗，馳救之，進攻郭默，俘獲男女二千餘人。石聰攻敗晉將李矩、郭默等。

勒將狩於近郊，主簿程琅諫曰：『劉、馬刺客，離布如林，變起倉卒，帝王亦一夫之敵耳。孫策之禍可不慮乎！且枯木朽株盡能為害，馳騁之弊，今古戒之。』勒勃然曰：『吾幹力自可，足能裁量。但知卿文書事，不須白此輩也。』是日逐獸，馬觸木而死，勒亦幾殆，乃曰：『不用忠臣言，吾之過也。』乃賜琅朝服錦絹，爵關内侯。於是朝臣謁見，忠言競進矣。

晉都尉魯潛叛，以許昌降於勒。石瞻攻陷晉兖州刺史檀斌于鄒山，斌死之。勒西夷中郎將王勝襲殺并州刺史崔琨、上黨内史王昚，以并州叛於勒。先是，石季龍攻劉曜將劉岳於石梁，至是，石梁潰，執岳送襄國。季龍又攻王勝於并州，殺之。李矩以劉岳之敗也，懼，自滎陽遁歸。矩長史崔宣率矩衆二千降於勒。於是盡有司之地，徐豫濱淮諸郡縣皆降之。

勒命徙洛陽晷影于襄國，列之單于庭。銘佐命功臣三十九人于石函，置於建德前殿。立桑梓苑于襄國。

勒嘗夜微行，檢察營衛，齎繒帛金銀以賂門者求出。永昌門門候王假欲收捕之，從者至，乃止。旦召假以為振忠都尉，爵關内侯。勒如苑鄉，召記室參軍徐光，光醉不至。以光物情所湊，常不平之，因此發怒，退為牙門。勒自苑鄉如鄴，徐光侍直，慍然攘袂振紛，仰視不顧。勒因而惡之，讓光曰：『何負卿而敢怏怏邪！』於是幽光並其妻子于獄。

勒既將營鄴宮，又欲以其世子弘為鎮，密與程遐謀之。石季龍自以勳效之重，仗鄴為基，雅無去意。及修構三臺，遷其家室，季龍深恨遐，遣左右數十人夜入遐宅，姦其妻女，掠衣物而去。勒以弘鎮鄴，配禁兵萬人，車騎所統五十四營悉配之，以驍騎領門臣祭酒王陽專統六夷以輔之。

石聰攻壽春，不克，遂寇逡遒、阜陵，殺掠五千餘人，京師大震。

濟岷太守劉闓、將軍張闔等叛，害下邳内史夏侯嘉，以下邳降于石生。

石瞻攻河南太守王羨于邾，陷之。

龍驤將軍王國叛，以南郡降於勒。晉彭城内史劉續復據蘭陵、石城，石瞻攻陷之。

勒令州郡，有墳發掘不掩覆者推劾之，骸骨暴露者縣為備棺衾之具。以牙門將王波為記室參軍，典定九流，始立秀、孝試經之制。

茌平令師歡獲黑兔，獻之于勒，程遐等以為勒『龍飛革命之祥，于晉以水承金，兔陰精之獸，玄為水色，此示殿下宜速副天人之望也。』於是大赦，以咸和三年改年曰太和。

石堪攻晉豫州刺史祖約于壽春，屯師淮上。晉龍驤將軍王國以南郡叛降於堪。南陽都尉董幼叛，率襄陽之衆又降於堪。祖約諸將佐皆陰遣使附於勒。石聰與堪濟淮，陷壽春，祖約奔歷陽，壽春百姓陷於聰者二萬餘户。

劉曜敗季龍于高候，遂圍洛陽。勒滎陽太守尹矩、野王太守張進等皆降之，襄國大震。勒將親救洛陽，左右長史、司馬郭敖、程遐等固諫曰：『劉曜乘勝雄盛，難與爭鋒，金墉糧豐，攻之未可卒拔。曜懸軍千里，勢不支久。不可親動，動無萬全，大業去矣。』勒大怒，按劍叱遐等出。於是赦徐光，召而謂之曰：『劉曜乘高候之勢，圍守洛陽，庸人之情皆謂其鋒不可當也。然曜帶甲十萬，攻一城而百日不克，師老卒殆，以我初鋭擊之，可一戰而擒。若洛陽不守，曜必送死冀州，自河已北，席捲南向，吾事去矣。程遐等不欲吾親行，卿以為何如？』光對曰：『劉曜乘高候之勢而不能進臨襄國，更守金墉，此其無能為也。懸軍三時，亡攻戰之利，若鸞旗親駕，必望旌奔敗。定天下之計，在今一舉。今此機會，所謂天授，授而弗應，禍之攸集。』勒笑曰：『光之言是也。』佛圖澄亦謂勒曰：『大軍若出，必擒劉曜。』勒尤悦，使内外戒嚴，有諫者斬。命石堪、石聰及豫州刺史桃豹等各統見衆會滎陽，使石季龍進據石門，以左衛石邃都督中軍事，勒統步騎四萬赴金墉，濟自大堨。先是，流澌風猛，軍至，冰泮清和，濟畢，流澌大至，勒以為神靈之助也，命曰靈昌津。勒顧謂徐光曰：『曜盛兵成皋關，上計也；阻洛水，其次也；坐守洛陽者成擒也。』諸軍集于成皋，步卒六萬，騎二萬七千。勒見曜無守軍，大悅，舉手指天，又自指額曰：『天也！』乃卷甲銜枚而詭道兼路，出於鞏、訾之間。知曜陳其軍十餘萬於城西，彌悅，謂左右曰：『可以賀我矣！』勒統步騎四萬人自宣陽門，升故太極前殿。季龍步卒三萬，自城北而西，攻其中軍，石堪、石聰等各以精騎八千，城西而北，擊其前鋒，大戰于西陽門。勒躬貫甲胄，出自閶闔，夾擊之。曜軍大潰，石堪執曜，送之以徇於軍，斬首五萬餘級，枕屍于金谷。勒下令曰：『所欲擒者一人耳，今已獲之，其敕將士抑鋒止銳，縱其歸命之路。』乃旋師。使征東石邃等帥騎衛曜而北。

及是，祖約舉兵敗，降於勒，勒使王波讓之曰：『卿逆極勢窮，方來歸命，吾朝豈逋逃之藪邪？而卿敢有靦面目也。』示之以前後檄書，乃赦之。

劉曜子熙等去長安，奔於上邽，遣季龍討之。

勒巡行州諸郡，引見高年、孝悌、力田、文學之士，班賜穀帛有差。令遠近牧守宣告屬城，諸所欲言，靡有隱諱，使知區區之朝虛渴讜言也。

季龍克上邽，遣主簿趙封送傳國玉璽、金璽、太子玉璽各一於勒。季龍進攻集木且羌於河西，克之，俘獲數萬，秦、隴悉平。涼州牧張駿大懼，遣使稱藩，貢方物於勒，徙氐羌十五萬落于司、冀州。

勒羣臣議以勒功業既隆，祥符並萃，宜時革徽號以答乾坤之望，於是石季龍等奉皇帝璽綬，上尊號於勒，勒弗許。羣臣固請，勒乃以咸和五年僭號趙天王，行皇帝事。尊其祖邪曰宣王，父周曰元王。立其妻劉氏為王后，世子弘為太子。署其子宏持節、散騎常侍、都督中外諸軍事、驃騎大將軍、大單于，封秦王；左衛將軍斌太原王；小子恢為輔國將軍、南陽王；中山公季龍為太尉、守尚書令、中山王；石生河東王；石堪彭城王；以季龍子邃為冀州刺史，封齊王，加散騎常侍、武衛將軍；宣左將軍；挺侍中、梁王。署左長史郭敖為尚書左僕射，右長史程遐為右僕射、領吏部尚書，左司馬夔安、右司馬郭殷、從事中郎李鳳、前郎中令裴憲為尚書，署參軍事徐光為中書令、領秘書監。論功封爵，開國郡公文武二十一人，侯二十四人，縣公二十六人，侯二十二人，其餘文武各有差。侍中任播等參議，以趙承金為水德，旗幟尚玄，牲牡尚白，子社醜臘，勒從之。勒下書曰：『自今有疑難大事，八坐及委丞郎齎詣東堂，詮詳平決。其有軍國要務須啓，有令僕尚書隨局入陳，勿避寒暑昏夜也。』

勒以祖約不忠於本朝，誅之，及其諸子至親屬百餘人。

羣臣固請勒宜即尊號，勒乃僭即皇帝位，大赦境內，改元曰建平，自襄國都臨漳。追尊其高祖曰順皇，曾祖曰威皇，祖曰宣皇，父曰世宗元皇帝，妣曰元昭皇太后，文武封進各有差。立其妻劉氏為皇后，又定昭儀、夫人位視上公，貴嬪、貴人視列侯，員各一人；三英、九華視伯，淑媛、淑儀視子，容華、美人視男，務簡賢淑，不限員數。

勒荊州監軍郭敬、南蠻校尉董幼寇襄陽。勒驛敕敬退屯樊城，戒之使偃藏旗幟，寂若無人，彼若使人觀察，則告之曰：『自愛堅守，後七八日大騎將至，相策不復得走矣。』敬使人浴馬於津，周而復始，晝夜不絕。偵諜還告南中郎將周撫，撫以為勒軍大至，懼而奔武昌。敬入襄陽，軍無私掠，百姓安之。晉平北將軍魏該弟遐等率該部衆自石城降於敬。敬毀襄陽，遷其百姓于沔北，城樊城以戍之。

秦州休屠王羌叛于勒，刺史臨深遣司馬管光帥州軍討之，為羌所敗，隴右大擾，氐羌悉叛。勒遣石生進據隴城。王羌兄子擢與羌有仇，生乃賂擢，與掎擊之。羌敗，奔涼州。徙秦州夷豪五千餘户於雍州。

勒下書曰：『自今諸有處法，悉依科令。吾所忿戮、怒發中旨者，若德位已高，不宜訓罰，或服勤死事之孤，邂逅罹譴，門下皆各列奏之，吾當思擇而行也。』堂陽人陳豬妻一産三男，賜其衣帛廩食，乳婢一口，復三歲勿事。時高句麗、肅慎致其楛矢，宇文屋孤並獻名馬於勒。涼州牧張駿遣長史馬詵奉圖送高昌、于闐、鄯善、大宛使，獻其方物。晉荊州牧陶侃遣兼長史王敷聘於勒，致江南之珍寶奇獸。秦州送白獸、白鹿，荊州送白雉、白兔，濟陰木連理，甘露降苑鄉。勒以休瑞並臻，遐方慕義，赦三歲刑已下，均百姓去年逋調；特赦涼州殊死，涼州計吏皆拜郎中，賜絹十匹，綿十斤。勒南郊，有白氣自壇屬天，勒大悅，還宮，赦四歲刑。遣使封張駿武威郡公，食涼州諸郡。勒親耕藉田，還宮，赦五歲刑，賜其公卿已下金帛有差。勒以日蝕，避正殿三日，令羣公卿士各上封事。禁州郡諸祠堂非正典者皆除之，其能興雲致雨，有益於百姓者，郡縣更為立祠堂，殖嘉樹，准岳瀆已下為差等。

勒將營鄴宮，廷尉續咸上書切諫。勒大怒，曰：『不斬此老臣。朕宮不得成也！』敕御史收之。中書令徐光進曰：『陛下天資聰睿，超邁唐虞，而更不欲聞忠臣之言，豈夏癸、商辛之君邪？其言可用用之，不可用故當容之，奈何一旦以直言而斬列卿乎！』勒歎曰：『為人君不得自專如是！豈不識此言之忠乎？向戲之爾。人家有百匹資，尚欲市別宅，況有天下之富，萬乘之尊乎！終當繕之耳。且敕停作，成吾直臣之氣也。』因賜咸絹百匹，稻百斛。又下書令公卿百僚歲薦賢良、方正、直言、秀異、至孝、廉清各一人，答策上第者拜議郎，中第中郎，下第郎中。其舉人得遞相薦引，廣招賢之路。起明堂、辟雍、靈臺于襄國城西。時大雨霖，中山西北暴水，流漂巨木百餘萬根，集于堂陽。勒大悅，謂公卿曰：『諸卿知不？此非為災也，天意欲吾營鄴都耳。』於是令少府任汪、都水使者張漸等監營鄴宮，勒親授規模。

蜀梓潼、建平、漢固三郡蠻巴降於勒。

勒以成周土中，漢晉舊京，復欲有移都之意，乃命洛陽為南都，置行臺治書侍御史于洛陽。

勒因饗高句麗、宇文屋孤使，酒酣，謂徐光曰：『朕方自古開基何等主也？』對曰：『陛下神武籌略邁于高皇，雄藝卓犖超絕魏祖，自三王已來無可比也，其軒轅之亞乎！』勒笑曰：『人豈不自知，卿言亦以太過。朕若逢高皇，當北面而事之，與韓彭競鞭而爭先耳。脫遇光武，當並驅于中原，未知鹿死誰手。大丈夫行事當礌礌落落，如日月皎然，終不能如曹孟德、司馬仲達父子，欺他孤兒寡婦，狐媚以取天下也。朕當在二劉之間耳，軒轅豈所擬乎！』其羣臣皆頓首稱萬歲。

晉將軍趙胤攻克馬頭，石堪遣將軍韓雍救之，至則無及，遂寇南沙、海虞，俘獲五千餘人。初，郭敬之退據樊城也，王師復戍襄陽。至是，敬又攻陷之，留戍而歸。

暴風大雨，震電建德殿端門、襄國市西門，殺五人。雹起西河介山，大如雞子，平地三尺，洿下丈餘，行人禽獸死者萬數，歷太原、樂平、武鄉、趙郡、廣平、鉅鹿千餘里，樹木摧折，禾稼蕩然。勒正服於東堂，以問徐光曰：『歷代已來有斯災幾也？』光對曰：『周、漢、魏、晉皆有之，雖天地之常事，然明主未始不為變，所以敬天之怒也。去年禁寒食，介推，帝鄉之神也，歷代所尊，或者以為未宜替也。一人吁嗟，王道尚為之虧，況羣神怨憾而不怒動上帝乎！縱不能令天下同爾，介山左右，晉文之所封也，宜任百姓奉之。』勒下書曰：『寒食既并州之舊風，朕生其俗，不能異也。前者外議以子推諸侯之臣，王者不應為忌，故從其議，倘或由之而致斯災乎！子推雖朕鄉之神，非法食者亦不得亂也，尚書其促檢舊典定議以聞。』有司奏以子推歷代攸尊，請普復寒食，更為植嘉樹，立祠堂，給户奉祀。勒黄門郎韋謏駁曰：『案《春秋》，藏冰失道，陰氣發洩為雹。自子推已前，雹者復何所致？此自陰陽乖錯所為耳。且子推賢者，曷為暴害如此！求之冥趣，必不然矣。今雖為冰室，懼所藏之冰不在固陰沍寒之地，多皆山川之側，氣泄為雹也。以子推忠賢，令綿、介之間奉之為允，於天下則不通矣。』勒從之。於是遷冰室于重陰凝寒之所，并州復寒食如初。

勒令其太子省可尚書奏事，使中常侍嚴震參綜可否，征伐刑斷大事乃呈之。自是震威權之盛過於主相矣。季龍之門可設雀羅，季龍愈怏怏不悅。

郭敬南掠江西，晉南中郎將桓宣承其虛攻樊城，取城中之衆而去。敬旋師救樊，追戰于涅水。敬前軍大敗，宣亦死傷太半，盡取所掠而止。宣遂南取襄陽，留軍戍之。

勒如鄴，臨石季龍第，謂之曰：『功力不可並興，待宮殿成後，當為王起第，勿以卑小悒悒也。』季龍免冠拜謝，勒曰：『與王共有天下，何所謝也！』有流星大如象，尾足蛇形，自北極西南流五十餘丈，光明燭地，墜於河，聲聞九百餘里。黑龍見鄴井中，勒觀龍有喜色。朝其羣臣於鄴。

命郡國立學官，每郡置博士祭酒二人，弟子百五十人，三考修成，顯升臺府。於是擢拜太學生五人為佐著作郎，録述時事。時大旱，勒親臨廷尉録囚徒，五歲刑已下皆輕決遣之，重者賜酒食，聽沐浴，一須秋論。還未及宮，澍雨大降。

勒如其澧水宮，因疾甚而還。召石季龍與其太子弘、中常侍嚴震等待疾禁中。季龍矯命絕弘、震及內外羣臣親戚，勒疾之增損莫有知者。詐召石宏、石堪還襄國。勒疾小瘳，見宏，驚曰：『秦王何故來邪？使王藩鎮，正備今日。有呼者邪？自來也？有呼者誅之！』季龍大懼曰：『秦王思慕暫還耳，今謹遣之。』數日復問之，季龍曰：『奉詔即遣，今已半路矣。』更諭宏在外，遂不遣之。

廣阿蝗。季龍密遣其子邃率騎三千游於蝗所。熒惑人昴。星隕于鄴東北六十里，初赤黑黃雲如幕，長數十匹，交錯，聲如雷震，墜地氣熱如火，塵起連天。時有耕者往視之，土猶燃沸，見有一石方尺餘，青色而輕，擊之間聲如磬。

勒疾甚，遺令：『三日而葬，內外百僚既葬除服，無禁婚娶、祭祀、飲酒、食肉，征鎮牧守不得輒離所司以奔喪，斂以時服，載以常車，無藏金寶，無內器玩。大雅沖幼，恐非能構荷朕志。中山已下其各司所典，無違朕命。大雅與斌宜善相維持，司馬氏汝等之殷鑑，其務于敦穆也。中山王深可三思周霍，勿為將來口實。』以咸和七年死，時年六十，在位十五年。夜瘞山谷，莫知其所，備文物虛葬，號高平陵。偽謚明皇帝，廟號高祖。

弘字大雅，勒之第二子也。幼有孝行，以恭謙自守，受經于杜嘏，誦律于續咸。勒曰：『今世非承平，不可專以文業教也。』於是使劉征、任播授以兵書，王陽教之擊刺。立為世子，領中領軍，尋署衛將軍，使領開府辟召，後鎮鄴。

勒僭位，立為太子。虛襟愛士，好為文詠，其所親昵，莫非儒素。勒謂徐光曰：『大雅愔愔，殊不似將家子。』光曰：『漢祖以馬上取天下，孝文以玄默守之，聖人之後，必世勝殘，天之道也。』勒大悅。光因曰：『皇太子仁孝溫恭，中山王雄暴多詐，陛下一旦不諱，臣恐社稷必危，宜漸奪中山威權，使太子早參朝政。』勒納之。程遐又言於勒曰：『中山王勇武權智，羣臣莫有及者。觀其志也，自陛下之外，視之蔑如。兼荷專征歲久，威振外內，性又不仁，殘忍無賴。其諸子並長，皆預兵權。陛下在，自當無他，恐其怏怏不可輔少主也。宜早除之，以便大計。』勒曰：『今天下未平，兵難未已，大雅沖幼，宜任強輔。中山佐命功臣，親同魯衛，方委以伊霍之任，何至如卿言也。卿當恐輔幼主之日，不得獨擅帝舅之權故耳。吾亦當參卿于顧命，勿為過懼也。』遐泣曰：『臣所言者至公，陛下以私賜距，豈明主開襟納說，忠臣必盡之義乎！中山雖為皇太后所養，非陛下天屬，不可以親義期也。杖陛下神規，微建鷹犬之效，陛下酬其父子以恩榮，亦以足矣。魏任司馬懿父子，終於鼎祚淪移，以此而觀，中山豈將來有益者乎！臣因緣多幸，托瓜葛於東宮，臣而不竭言于陛下，而誰言之！陛下若不除中山，臣已見社稷不復血食矣。』勒不聽。遐退告徐光曰：『主上向言如此，太子必危，將若之何？』光曰：『中山常切齒於吾二人，恐非但國危，亦為家禍，當為安國寧家之計，不可坐而受禍也。』光復承間言於勒曰：『陛下廓平八州，帝有海內，而神色不悅者何也？』勒曰：『吳、蜀未平，書軌不一，司馬家猶不絕於丹陽，恐後之人將以吾為不應符錄，每一思之，不覺見於神色。』光曰：『臣以陛下為憂腹心之患，而何暇更憂四支手！何則？魏承漢運，為正朔帝王，劉備雖紹興巴、蜀，亦不可謂漢不滅也。吳雖跨江東，豈有虧魏美？陛下既苞括二都，為中國帝王，彼司馬家兒復何異玄德，李氏亦猶孫權。符籙不在陛下，竟欲安歸？此四支之輕患耳。中山王藉陛下指授神略，天下皆言其英武亞于陛下，兼其殘暴多姦，見利忘義，無伊、霍之忠。父子爵位之重，勢傾王室。觀其耿耿，常有不滿之心。近于東宮曲宴，有輕皇太子之色。陛下隱忍容之，臣恐陛下萬年之後，宗廟必生荊棘，此心腹之重疾也，惟陛下圖之。』勒默然，而竟不從。

及勒死，季龍執弘使臨軒，命收程遐、徐光下廷尉，召其子邃率兵入宿衛，文武靡不奔散。弘大懼，讓位于季龍。季龍曰：『君薨而世子立，臣安敢亂之！』弘泣而固讓，季龍怒曰：『若其不堪，天下自當有大議，何足預論！』遂以咸和七年逼立之，改年曰延熙，文武百僚進位一等。誅程遐、徐光。弘策拜季龍為丞相、魏王、大單于，加九錫，以魏郡等十三郡為邑，總攝百揆。季龍偽固讓，久而受命，赦其境內殊死已下，立季龍妻鄭氏為魏王后，子邃為魏太子，加使持節、侍中、大都督中外諸軍事、大將軍、録尚書事；宣為使持節、車騎大將軍、冀州刺史，封河間王；韜為前鋒將軍、司隸校尉，封樂安王；遵齊王，鑑代王，苞樂平王；徙太原王斌為章武王。勒文武舊臣皆補左右丞相閑任，季龍府僚舊昵悉署臺省禁要。命太子宮曰崇訓宮，勒妻劉氏已下皆居之。簡其美淑及勒車馬、珍寶、服御之上者，皆入於己署。鎮軍夔安領左僕射，尚書郭殷為右僕射。

劉氏謂石堪曰：『皇祚之滅不復久矣，王將何以圖之？』堪曰：『先帝舊臣皆已斥外，衆旅不復由人，宮殿之內無所措籌，臣請出奔兗州，據廩丘，挾南陽王為盟主，宣太后詔于諸牧守征鎮，令各率義兵同討桀逆，蔑不濟也。』劉氏曰：『事急矣，便可速發，恐事淹變生。』堪許諾，微服輕騎襲兗州，失期，不克，遂南奔譙城。季龍遣其將郭太等追擊之，獲堪于城父，送襄國，炙而殺之。征石恢還于襄國。劉氏謀泄，季龍殺之。尊弘母程氏為皇太后。

時石生鎮關中，石朗鎮洛陽，皆起兵於二鎮。季龍留子邃守襄國，統步騎七萬攻郎于金墉。金墉潰，獲朗，刖而斬之。進師攻長安，以石挺為前鋒大都督。生遣將軍郭權率鮮卑涉璝部衆二萬為前鋒距之，生統大軍繼發，次於蒲阪。前鋒及挺大戰潼關，敗績，挺及丞相左長史劉隗皆戰死，季龍退奔澠池，枕屍三百餘里。鮮卑密通于季龍，背生而擊之。生時停蒲阪，不知挺之死也，懼，單馬奔長安。郭權乃復收衆三千，與越騎校尉石廣相持於渭汭。生遂去長安，潛於雞頭山。將軍蔣英固守長安。季龍聞生之奔也，進師入關，進攻長安，旬餘拔之，斬蔣英等。分遣諸將屯於汧。徙雍、秦州華戎十餘萬户於關東。生部下斬生於雞頭山。季龍還襄國，大赦，諷弘命己建魏臺，一如魏輔漢故事。

郭權以生敗，據上邽以歸順，詔以權為鎮西將軍、秦州刺史，於是京兆、新平、扶風、馮翊、北地皆應之。弘鎮西石廣與權戰，敗績。季龍遣郭敖及其子斌等率步騎四萬討之，次於華陰。上邽豪族害權以降。徙秦州三萬餘户於青、并二州諸郡。南氐、楊難敵等送任通和。長安陳良夫奔于黑羌，招誘北羌四角王薄句大等擾北地、馮翊，與石斌相持。石韜等率騎掎句大之後，與斌夾擊，敗之，句大奔於馬蘭山。郭敖等懸軍追北，為羌所敗，死者十七八。斌等收軍還於三城。季龍聞而大怒，遣使殺郭敖。石宏有怨言，季龍幽之。

弘齎璽綬親詣季龍，諭禪位意。季龍曰：『天下人自當有議，何為自論此也！』弘還宮，對其母流涕曰：『先帝真無復遺矣！』俄而季龍遣丞相郭殷持節入，廢弘為海陽王。弘安步就車，容色自若，謂羣臣曰：『不堪纂承大統，顧慚羣后，此亦天命去矣，又何言！』百官莫不流涕，宮人慟哭。咸康元年，幽弘及程氏並宏、恢于崇訓宮，尋殺之，在位二年，時年二十二。

張賓，字孟孫，趙郡中丘人也。父瑤，中山太守。賓少好學，博涉經史，不為章句，闊達有大節，常謂昆弟曰：『吾自言智算鑑識不後子房，但不遇高祖耳。』為中丘王帳下都督，非其好也，病免。及永嘉大亂，石勒為劉元海輔漢將軍，與諸將下山東，賓謂所親曰：『吾歷觀諸將多矣，獨胡將軍可與共成大事。』乃提劍軍門，大呼請見，勒亦未之奇也。後漸進規謨，乃異之，引為謀主。機不虛發，算無遺策，成勒之基業，皆賓之勳也。及為右長史、大執法，封濮陽侯，任遇優顯，寵冠當時，而謙虛敬慎，開襟下士，士無賢愚，造之者莫不得盡其情焉。肅清百僚，屏絶私昵，入則格言，出則歸美。勒甚重之，每朝，常為之正容貌，簡辭令，呼曰『右侯』而不名之，勒朝莫與為比也。

及卒，勒親臨哭之，哀慟左右，贈散騎常侍、右光祿大夫、儀同三司，謚曰景。將葬，送于正陽門，望之流涕，顧左右曰：『天欲不成吾事邪，何奪吾右侯之早也！』程遐代為右長史，勒每與遐議，有所不合，輒歎曰：『右侯舍我去，令我與此輩共事，豈非酷乎！』因流涕彌日。

又 卷一〇六《石季龍載記上》 石季龍，勒之從子也，名犯太祖廟諱，故稱字焉。祖曰㔨邪，父曰寇覓。勒父朱幼而子季龍，故或稱勒弟焉。年六七歲，有善相者曰：『此兒貌奇有壯骨，貴不可言。』永興中，與勒相失。後劉琨送勒母王及季龍于葛陂，時年十七矣。性殘忍，好馳獵，遊蕩無度，尤善彈，數彈人，軍中以為毒患。勒白王將殺之，王曰：『快牛為犢子時，多能破車，汝當小忍之。』年十八，稍折節。身長七尺五寸，趫捷便弓馬，勇冠當時，將佐親戚莫不敬憚，勒深嘉之，拜征虜將軍。為娉將軍郭榮妹為妻。季龍寵惑優僮鄭櫻桃而殺郭氏，更納清河崔氏女，櫻桃又譖而殺之。所為酷虐。軍中有勇幹策略與己侔者，輒方便害之，前後所殺甚衆。至於降城陷壘，不復斷別善惡，坑斬士女，鮮有遺類。勒雖屢加責誘，而行意自若。然御衆嚴而不煩，莫敢犯者，指授攻討，所向無前，故勒寵之，信任彌隆，仗以專征之任。

勒之居襄國，署為魏郡太守，鎮鄴三臺，後封繁陽侯。勒即大單于、趙王位，署為單于元輔、都督禁衛諸軍事，遷侍中、開府，進封中山公。及勒僭號，授太尉、守尚書令，進封為王，邑萬户。季龍自以勳高一時，謂勒即位之後，大單于必在己，而更以授其子弘。季龍深恨之，私謂其子邃曰：『主上自都襄國以來，端拱指授，而以吾躬當矢石。二十餘年，南擒劉岳，北走索頭，東平齊、魯，西定秦、雍，克殄十有三州。成大趙之業者，我也。大單于之望實在於我，而授黄吻婢兒，每一憶此，令人不復能寢食。待主上晏駕之後，不足復留種也。』

咸康元年，季龍廢勒子弘，羣臣已下勸其稱尊號。季龍下書曰：『王室多難，海陽自棄，四海業重，故免從推逼。朕聞道合乾坤者稱皇，德協人神者稱帝，皇帝之號非所敢聞，且可稱居攝趙天王，以副天人之望。』於是赦其境內，改年曰建武。以夔安為侍中、太尉、守尚書令，郭殷為司空，韓晞為尚書左僕射，魏概、馮莫、張崇、曹顯為尚書，申鍾為侍中，郎闓為光禄大夫，王波為中書令，文武封拜各有差。立其子邃為太子。季龍以讖文天子當從東北來，於是備法駕行自信都而還以應之。分瘦陶之柳鄉立停駕縣。

季龍徐州從事朱縱殺刺史郭祥，以彭城歸順。季龍遣將王朗擊之，縱奔淮南。

季龍荒遊廢政，多所營繕，使邃省可尚書奏事，選牧守，祀郊廟；惟征伐刑斷乃親覽之。觀雀臺崩，殺典匠少府任汪。復使修之，倍于常度。

季龍自率衆南寇歷陽，臨江而旋，京師大震。遣其征虜石遇寇中廬，遂圍平北將軍桓宣于襄陽。輔國將軍毛寶、南中郎將王國、征西司馬王愆期等率荆州之衆救之，屯于章山。遇攻守二旬，軍中饑疫而還。

季龍以租入殷廣，轉輸勞煩，令中倉歲入百萬斛，餘皆儲之水次。

晉將軍淳于安攻其琅邪費縣，俘獲而歸。

石邃保母劉芝初以巫術進，既養邃，遂有深寵，通賄賂，豫言論，權傾朝廷，親貴多出其門，遂封芝為宜城君。

季龍下書令刑贖之家得以錢代財帛，無錢聽以穀麥，皆隨時價輸水次倉。冀州八郡雨雹，大傷秋稼，下書深自咎責。遣御史所在發水次倉麥，以給秋種，尤甚之處差復一年。

季龍將遷于鄴，尚書請太常告廟，季龍曰：『古者將有大事，必告宗廟，而不列社稷。尚書可詳議以聞。』公卿乃請使太尉告社稷，從之。及入鄴宮，澍雨周洽，季龍大悦，赦殊死已下。尚方令解飛作司南車成，季龍以其構思精微，賜爵關内侯，賞賜甚厚。始制散騎常侍已上得乘軺軒，王公郊祀乘副車，駕四馬，龍旗八旒，朔望朝會即乘軺軒。

時羌薄句大猶保險未賓，遣其子章武王斌帥精騎二萬，並秦、雍二州兵以討之。

季龍如長樂、衛國，有田疇不辟、桑業不修者，貶其守宰而還。

咸康二年，使牙門將張彌徙洛陽鍾虡、九龍、翁仲、銅駝、飛廉於鄴。鍾一没於河，募浮没三百人入河，繫以竹絙，牛百頭，鹿櫨引之乃出。造萬斛舟以渡之，以四輪纏輞車，轍廣四尺，深二尺，運至鄴。季龍大悦，赦二歲刑，賚百官穀帛，百姓爵一級。

下書曰：『三載考績，黜陟幽明，斯則先王之令典，政道之通塞。魏始建九品之制，三年一清定之，雖未盡弘美，亦縉紳之清律，人倫之明鏡。從爾以來，遵用無改。先帝創臨天下，黄紙再定。至於選舉，銓為首格。自不清定，三載於兹。主者其更銓論，務揚清激濁，使九流咸允也。吏部選舉，可依晉氏九班選制，永為揆法。選畢，經中書、門下宣示三省，然後行之。其著此詔書於令。銓衡不奉行者，御史彈坐以聞。』

索頭郁鞠率衆三萬降于季龍，署鞠等一十三人親通趙王，皆封列侯，散其部衆于冀、青等六州。

時衆役煩興，軍旅不息，加以久旱穀貴，金一斤直米二斗，百姓嗷然無生賴矣。又納解飛之説，于鄴正南投石於河，以起飛橋，功費數千億萬，橋竟不成，役夫饑甚，乃止。使令長率丁壯隨山津采橡捕魚以濟老弱，而復為權豪所奪，人無所得焉。又料殷富之家，配飢人以食之，公卿已下出穀以助振給，姦吏因之侵割無已，雖有貸贍之名而無其實。

改直蕩為龍騰，冠以絳幘。

于襄國起太武殿，於鄴造東西宮，至是皆就。太武殿基高二丈八尺，以文石碎之，下穿伏室，置衛士五百人於其中。東西七十五步，南北六十五步。皆漆瓦、金鐺、銀楹、金柱、珠簾、玉壁，窮極枝巧。又起靈風臺九殿于顯陽殿后，選士庶之女以充之。後庭服綺縠、玩珍奇者萬餘人，內置女官十有八等，教宮人星占及馬步射。置女太史於靈臺，仰觀災祥，以考外太史之虛實。又置女鼓吹羽儀，雜伎工巧，皆與外侔。禁郡國不得私學星讖，敢有犯者誅。

左校令成公段造庭燎於崇杠之末，高十餘丈，上盤置燎，下盤置人，絙繳上下。季龍試而悅之。其太保夔安等文武五百九人勸季龍稱尊號，安等方入而庭燎油灌下盤，死者七人。季龍惡之，大怒，斬成公段於閶闔門。

於是依殷周之制，以咸康三年僭稱大趙天王，即位于南郊，大赦殊死已下。追尊祖訇邪為武皇帝，父寇覓為太宗孝皇帝。立其鄭氏為天王皇后，以子邃為天王皇太子。親王皆貶封郡公，藩王為縣侯，百官封署各有差。

太原徙人五百餘户叛入黑羌。

武鄉長城徙人韓强獲玄玉璽，方四寸七分，龜紐金文，詣鄴獻之。拜强騎都尉，復其一門。夔安等又勸進曰：『臣等謹案大趙水德，玄龜者，水之精也；玉者，石之寶也；分之數以象七政，寸之紀以准四極。昊天成命，不可久違。輒下史官擇吉日，具禮儀，謹昧死上皇帝尊號。』季龍下書曰：『過相褒美，猥見推逼，覽增恧然，非所望也，其亟止茲議。今東作告始，自非京城內外，皆不得表慶。』中書令王波上《玄璽頌》以美之。季龍以石弘時造此璽，强遇而獻之。

邃自總百揆之後，荒酒淫色，驕恣無道，或盤游于田，懸管而入，或夜出於宮臣家，淫其妻妾。妝飾宮人美淑者，斬首洗血，置於盤上，傳共視之。又內諸比丘尼有姿色者，與其交褻而殺之，合牛羊肉煮而食之，亦賜左右，欲以識其味也。河間公宣、樂安公韜有寵于季龍，邃疾之如仇。季龍荒耽內游，威刑失度，邃以事為可呈呈之，季龍恚曰：『此小事，何足呈也。』時有所不聞，復怒曰：『何以不呈？』誚責杖捶，月至再三。邃甚恨，私謂常從無窮、長生、中庶子李顏等曰：『官家難稱，吾欲行冒頓之事，卿從我乎？』顏等伏不敢對。邃稱疾不省事，率宮臣文武五百餘騎宴于李顏別舍，謂顏等曰：『我欲至冀州殺石宣，有不從者斬！』行數里，騎皆逃散，李顏叩頭固諫，邃亦昏醉而歸。邃母鄭氏聞之，私遣中人責邃。邃怒，殺其使。季龍聞邃有疾，遣所親任女尚書察之。邃呼前與語，抽劍擊之。季龍大怒，收李顏等詰問，顏具言始末，誅顏等三十餘人。幽邃於東宮，既而赦之，引見太武東堂。邃朝而不謝，俄而便出。季龍遣使謂邃曰：『太子應入朝中宮，何以便去？』邃逕出不顧。季龍大怒，廢邃為庶人。其夜，殺邃及妻張氏並男女二十六人，同埋於一棺之中。誅其宮臣支黨二百餘人。廢鄭氏為東海太妃。立其子宣為天王皇太子，宣母杜昭儀為天王皇后。

安定人侯子光，弱冠美姿儀，自稱佛太子，從大秦國來，當王小秦國。易姓名為李子楊，游於鄠縣爰赤眉家，頗見其妖狀，事微有驗。赤眉信敬之，妻以二女，轉相扇惑。京兆樊經、竺龍、嚴諶、謝樂子等聚衆數千人于杜南山，子楊稱大黃帝，建元曰龍興。赤眉與經為左右丞相，龍、諶為左右大司馬，樂子為大將軍。鎮西石廣擊斬之。子楊頸無血，十餘日而面色無異於生。

季龍將伐遼西鮮卑段遼，募有勇力者三萬人，皆拜龍騰中郎。遼遣從弟屈雲襲幽州，刺史李孟退奔易京。季龍以桃豹為橫海將軍，王華為渡遼將軍，統舟師十萬出漂渝津，支雄為龍驤大將軍，姚弋仲為冠軍將軍，統步騎十萬為前鋒，以伐段遼。季龍衆次金臺，支雄長驅入薊，遼漁陽太守馬鮑、代相張牧、北平相陽裕、上谷相侯龕等四十餘城並率衆降于季龍。支雄攻安次，斬其部大夫那樓奇。遼懼，棄令支，奔於密雲山。遼右左長史劉羣、盧諶、司馬崔悅等封其府庫，遣使請降。季龍遣將軍郭太、麻秋等輕騎二萬追遼，及之，戰於密雲，獲其母妻，斬級三千。遼單馬竄險，遣子乞特真送表及名馬，季龍納之。乃遷其户二萬餘于雍、司、兗、豫四州之地，諸有才行者皆擢敘之。先是，北單于乙回為鮮卑敦那所逐，既平遼西，遣其將李穆擊那破之，復立乙回而還。季龍入遼宮，論功封賞各有差。

初，慕容皝與段遼有隙，遣使稱藩于季龍，陳遼宜伐，請盡衆來會。及軍至令支，皝師不出，季龍將伐之。天竺佛圖澄進曰：『燕福德之國，未可加兵。』季龍作色曰：『以此攻城，何城不克？以此衆戰，誰能禦之？區區小豎，何所逃也？』太史令趙攬固諫曰：『燕城歲星所守，行師無功，必受其禍。』季龍怒，鞭之，黜為肥如長。進師攻棘城，旬餘不克。儁遣子恪帥胡騎二千，晨出挑戰，諸門皆若有師出者，四面如雲，季龍大驚，棄甲而遁。於是召趙攬復為太史令。季龍旋自令支，過易京，惡其固而毁之。還謁石勒墓，朝其羣臣于襄國建德前殿，復從征文武有差。至鄴，設飲至之禮，賜俘偏于丞郎。

季龍謀伐昌黎，遣渡遼曹伏將青州之衆渡海，戍蹋頓城，無水而還，因戍於海島，運穀三百萬斛以給之。又以船三百艘運穀三十萬斛詣高句麗，使典農中郎將王典率衆萬餘屯田于海濱。又令青州造船千艘。使石宣率步騎二萬擊朔方鮮卑斛摩頭破之，斬首四萬餘級。

冀州八郡大蝗，司隸請坐守宰，季龍曰：『此政之失和，朕之不德，而欲委咎守宰，豈禹、湯罪己之義邪！司隸不進讜言，佐朕不逮，而歸咎無辜，所以重吾之責，可白衣領司隸。』

加其子司徒韜金鉦黄鉞，鑾輅九旒。

先是，使襄城公涉歸、上庸公日歸率衆戍長安，二歸告鎮西石廣私樹恩澤，潛謀不軌。季龍大怒，追廣至鄴，殺之。

段遼於密雲山遣使詐降，季龍信之，使征東麻秋百里郊迎，敕秋曰：『受降如待敵，將軍慎之。』遼又遣使降于慕容皝曰：『胡貪而無謀，吾今請降求迎，彼終不疑也。若伏重軍以要之，可以得志。』皝遣子恪伏兵於密雲。麻秋統衆三萬迎遼，為恪所襲，死者十六七，秋步遁而歸。季龍聞之驚怒，方食吐餔，乃削秋官爵。

下書令諸郡國立五經博士。初，勒置大小學博士，至是復置國子博士、助教。季龍以吏部選舉斥外耆德，而勢門童幼多為美官，免郎中魏奭為庶人。以其太子宣為大單于，建天子旌旗。

以夔安為征討大都督，統五將步騎七萬寇荆揚北鄙。石閔敗王師于沔陰，將軍蔡懷死之。宣將朱保又敗王師于白石，將軍鄭豹、談玄、郝莊、隨相、蔡熊皆遇害。季龍將張賀度攻陷邾城，敗晉將毛寶於邾西，死者萬餘人。夔安進據胡亭，晉將軍黄沖、歷陽太守鄭進皆降之。安於是掠七萬户而還。

時豪戚侵恣，賄托公行，季龍患之，擢殿中御史李矩為御史中丞，特親任之。自此百僚震懾，州郡肅然。季龍曰：『朕聞良臣如猛獸，高步通衢而豺狼避路，信矣哉！』

鎮遠王擢表雍、秦二州望族，自東徙已來，遂在戍役之例，既衣冠華胄，宜蒙優免，從之。自是皇甫、胡、梁、韋、杜、牛、辛等十有七姓蠲其兵貫，一同舊族，隨才銓敘，思欲分還桑梓者聽之；其非此等，不得為例。

以其撫軍李農為使持節、監遼西北平諸軍事、征東將軍、營州牧，鎮令支。

于時大旱，白虹經天，季龍下書曰：『朕在位六載，不能上和乾象，下濟黎元，以致星虹之變。其令百僚各上封事，解西山之禁，蒲葦魚鹽除歲供之外，皆無所固。公侯卿牧不得規占山澤，奪百姓之利。』又下書曰：『前以豐國、澠池二冶初建，徙刑徒配之，權救時務。而主者循為恒法，致起怨聲。自今罪犯流徒，皆當申奏，不得輒配也。京獄見囚，非手殺人，一皆原遣。』其日澍雨。

季龍將討慕容皝，令司、冀、青、徐、幽、并、雍兼復之家五丁取三，四丁取二，合鄴城舊軍滿五十萬，具船萬艘，自河通海，運穀豆千一百萬斛于安樂城，以備征軍之調。徙遼西、北平、漁陽萬户於兗、豫、雍、洛四州之地。

季龍僭位之後，有所調用，皆選司擬官，經令僕而後奏行。不得其人，案以為令僕之負，尚書及郎不坐。至是，吏部尚書劉真以為失銓考之體而言之，季龍責怒主者，加真光禄大夫，金章紫綬。

季龍如宛陽，大閲於曜武場。

慕容皝襲幽、冀，略三萬餘家而去。幽州刺史石光坐懦弱征還。

賜徵士辛謐几杖衣服，穀五百斛，敕平原為起甲第。

先是，李壽將李宏自晉奔于季龍，壽致書請之，題曰趙王石君。季龍不悦，付外議之，多有異同。中書監王波議曰：『今李宏以死自誓，若得反魂蜀漢，當鳩率宗族，混同王化。若遣而果也，則不煩一旅之師而坐定梁、益，就有進退，豈在逃命一夫。壽既號並日月，跨僭一方，今若制詔，或敢酬反，則取誚戎裔。宜書答之，並贈以楛矢，使壽知我遐荒必臻也。』於是遣宏，備物以酬之。

以石韜為太尉，與太子宣迭日省可尚書奏事。自幽州東至白狼，大興屯田。

張駿憚季龍之盛，遣其別駕馬詵朝之。季龍初大悅，及覽其表，辭頗蹇傲，季龍大怒，將斬詵。侍中石璞進曰：『為陛下之患者，丹陽也。區區河右，焉能為有無！今斬馬詵，必征張駿，則南討之師勢分為二，建鄴君臣延其數年之命矣。勝之不為武，弗克為四夷所笑，不如因而厚之。彼若改圖謝罪，率其臣職者，則我又何求！迷而不悟，討之未後也。』季龍乃止。

李宏既至蜀漢，李壽欲誇其境內，下令云：『羯使來庭，獻其楛矢。』季龍聞之怒甚，黜王波以白衣守中書監。

季龍志在窮兵，以其國內少馬，乃禁畜私馬，匿者腰斬，收百姓馬四萬餘匹以入於公。兼盛興宮室於鄴，起臺觀四十餘所，營長安、洛陽二宮，作者四十餘萬人。又敕河南四州具南師之備，并、朔、秦、雍嚴四討之資，青、冀、幽州三五發卒，諸州造甲者五十萬人。兼公侯牧宰競興私利，百姓失業，十室而七。船夫十七萬人為水所沒、猛獸所害，三分而一。貝丘人李弘因衆心之怨，自言姓名應讖，遂連結姦黨，署置百僚。事發，誅之，連坐者數千家。

季龍畋獵無度，晨出夜歸，又多微行，躬察作役之所。侍中韋謏諫曰：『臣聞千金之子坐不垂堂，萬乘之主行不履危。陛下雖天生神武，雄據四海，乾坤冥贊，萬無所慮。然白龍魚服，有豫且之禍；海若潛游，罹葛陂之酷，深願陛下清宮蹕路，思二神為元鑑，不可忽天下之重，輕行斤斧之間。一旦有狂夫之變，龍騰之勇不暇施也，智士之計豈及設哉！又自古聖王之營建宮室，未始不于三農之隙，所以不奪農時也。今或盛功於耘藝之辰，或煩役於收穫之月，頓斃屬途，怨聲塞路，誠非聖君仁後所忍為也。昔漢明賢君也，鍾離一言而德陽役止。臣誠識慚昔士，言無可采，陛下道越前王，所宜哀覽。』季龍省而善之，賜以穀帛，而興繕滋繁，游察自若。

右僕射張離領五兵尚書，專總兵要，而欲求媚于石宣，因說之曰：『今諸公侯吏兵過限，宜漸削弱，以盛儲威。』宣素疾石韜之寵，甚說其言，乃使離奏奪諸公府吏，秦、燕、義陽、樂平四公聽置吏一百九十七人，帳下兵二百人，自此以下，三分置一，餘兵五萬，悉配東宮。於是諸公咸怨，為大釁之漸矣。

遣征北張舉自雁門討索頭郁鞠，克之。

制：『征士五人車一乘，牛二頭，米各十五斛，絹十匹，調不辦者以斬論。』將以圖江表。於是百姓窮窘，鬻子以充軍制，猶不能赴，自經于道路死者相望，而求發無已。會青州言濟南平陵城北石獸，一夜中忽移在城東南善石溝，上有狼狐千餘迹隨之，迹皆成路。季龍大悅曰：『獸者，朕也。自平陵城北而東南者，天意將使朕平蕩江南之征也。天命不可違，其敕諸州兵明年悉集。朕當親董六軍，以副成路之祥。』羣臣皆賀，上《皇德頌》者一百七人。時妖怪尤多，石然于泰山，八日而滅。東海有大石自立，旁有血流。鄴西山石間血流出，長十餘步，廣二尺餘。太武殿畫古賢悉變為胡，旬餘，頭悉縮入肩中。季龍大惡之，佛圖澄對之流涕。

寧遠劉寧攻武都狄道，陷之。使石宣討鮮卑斛穀提，大破之，斬首三萬級。

中謁者令申扁有寵于季龍，而宣亦昵之。扁聰辯明斷，專綜機密之任。季龍既不省奏案，宣荒酒內游，石韜沈湎好獵，生殺除拜皆扁所決。於是權傾內外，刺史二千石多出其門，九卿已下望塵而拜，唯侍中鄭系、王謨、常侍盧諶、崔約等十餘人與之抗禮。

季龍又取州郡吏馬一萬四千餘匹，以配曜武關將，馬主皆復一年。

鎮北宇文歸執送段遼之子蘭降于季龍，獻駿馬萬匹。

季龍以平西張伏都為使持節、都督征討諸軍事，帥步騎三萬擊涼州。既濟河，與張駿將謝艾大戰於河西，伏都敗績。

季龍雖昏虐無道，而頗慕經學，遣國子博士詣洛陽寫石經，校中經于秘書。國子祭酒聶熊注《穀梁春秋》，列於學官。

燕公石斌淫酒荒獵，常懸管而入。征北張賀度以邊防宜警，每裁諫之。斌怒，辱賀度。季龍聞之大怒，杖斌一百，遣主書禮儀持節監之。斌行意自若，儀持法呵禁，斌怒殺之。欲殺賀度，賀度嚴衛馳白之，季龍遣尚書張離持節帥騎追斌，鞭之三百，免官歸第，誅其親任十餘人。

建元初，季龍饗羣臣于太武前殿，有白雁百餘集于馬道南。季龍命射之，無所獲。既將討三方，諸州兵至者百餘萬。太史令趙攬私于季龍曰：『白雁集殿庭，宮室將空，不宜行也。』季龍納之，臨宣武觀大閱而解嚴。

以燕公斌為使持節、侍中、大司馬、録尚書事。置左右戎昭、曜武將軍，位在左右衛上。東宮置左右統將軍，位在四率上。置上、中光祿大夫，在左右光祿上。置鎮衛將軍，在車騎將軍上。

時石宣淫虐日甚，而莫敢以告。領軍王朗言之于季龍曰：『今隆冬雪寒，而皇太子使人斫伐宮材，引于漳水，功役數萬，士衆吁嗟。陛下宜因游觀而罷之也。』季龍如其言。既而宣知朗所為，怒欲殺之而無因。會熒惑守房，趙攬承宣旨言于季龍曰：『昴者，趙之分也，熒惑所在，其主惡之。房為天子，此殃不小。宜貴臣姓王者當之。』季龍曰：『誰可當者？』攬久而對曰：『無復貴于王領軍也。』季龍既惜朗，且猜之，曰：『更言其次。』攬曰：『其次唯中書監王波耳。』季龍乃下書追波前議遣李宏及答楛矢之愆，腰斬之，及其四子投于漳水，以厭熒惑之變。尋湣波之無罪，追贈司空，封其孫為侯。

平北尹農攻慕容皝凡城，不克而還。黜農為庶人。

時白虹出自太社，經鳳陽門，東南連天，十餘刻乃滅。季龍下書曰：『蓋古明王之理天下也，政以均平為首，化以仁惠為本，故能允協人和，緝熙神物。朕以眇薄，君臨萬邦，夕惕乾乾，思遵古烈，是以每下書蠲除徭賦，休息黎元，庶俯懷百姓，仰稟三光。而中年已來變眚彌顯，天文錯亂，時氣不應，斯由人怨於下，譴感皇天。雖朕之不明，亦羣後不能翼獎之所致也。昔楚相修政，洪灾旋弭；鄭卿厲道，氛祲自消，皆服肱之良，用康羣變，而羣公卿士各懷道迷邦，拱默成敗，豈所望於臺輔百司哉！其各上封事，極言無隱。』於是閉鳳陽門，唯元日乃開。立二時於靈昌津，祠天及五郊。

李壽以建寧、上庸、漢固、巴征、梓潼五郡降于季龍。

先是，季龍起河橋於靈昌津，採石為中濟，石無大小，下輒隨流，用功五百餘萬而不成。季龍遣使致祭，沈璧於河。俄而所沈璧流於渚上，地震，水波騰上，津所殿觀莫不傾壞，壓死者百餘人。季龍恚甚，斬工匠而止作焉。

命石宣、石韜，生殺拜除皆迭日省決，不復啓也。司徒申鍾諫曰：『度賞刑威，后皇攸執，名器至重，不可以假人，皆以防姦杜漸，以示軌儀。太子國之儲貳，朝夕視膳而不及政也。庶人邃往以聞政致敗，殷鑑不遠，宜革而弗遵。且二政分權，鮮不及禍。周有子頹之釁，鄭有叔段之難，此皆由寵之不道，所以亂國害親，惟陛下覽之。』季龍不從。太子詹事孫珍問侍中崔約曰：『吾患目疾，何方療之？』約素狎珍，戲之曰：『溺中則愈。』珍曰：『目何可溺？』約曰：『卿目睕睕，正耐溺中。』珍恨之，以白宣。宣諸子中最胡狀，目深，聞之大怒，誅約父子。珍有寵于宣，頗預朝政，自誅約之後，公卿已下憚之側目。

季龍子義陽公鑒時鎮關中，役煩賦重，失關右之和。其友李松勸鑒，文武有長髮者，拔為冠纓，餘以給宮人。長史取發白之，季龍大怒，以其右僕射張離為征西左長史、龍驤將軍、雍州刺史以察之，信然，征鑒還鄴，收松下廷尉，以石苞代鎮長安。發雍、洛、秦、并州十六萬人城長安未央宮。

季龍性既好獵，其後體重，不能跨鞍，乃造獵車千乘，轅長三丈，高一丈八尺，置高一丈七尺，格獸車四十乘，立三級行樓二層於其上，剋期將校獵。自靈昌津南至滎陽，東極陽都，使御史監察，其中禽獸有犯者罪至大辟。御史因之擅作威福，百姓有美女好牛馬者，求之不得，便誣以犯獸論，死者百餘家，海岱、河濟間人無寧志矣。

又發諸州二十六萬人修洛陽宮。發百姓牛二萬餘頭配朔州牧官。

增置女官二十四等，東宮十有二等，諸公侯七十餘國皆為置女官九等。先是，大發百姓女二十已下十三已上三萬餘人，為三等之第以分配之。郡縣要媚其旨，務於美淑，奪人婦者九千餘人。百姓妻有美色，豪勢因而脅之，率多自殺。石宣及諸公又私令采發者，亦垂一萬。總會鄴宮。季龍臨軒簡第諸女，大悅，封使者十二人皆為列侯。自初發至鄴，諸殺其夫及奪而遣之縊死者三千餘人。荆、楚、揚、徐間流叛略盡，宰守坐不能綏懷，下獄誅者五十餘人。金紫光祿大夫逯明因侍切諫，季龍大怒，遣龍騰拉而殺之。自是朝臣杜口，相招為祿仕而已。季龍常以女騎一千為鹵簿，皆著紫綸巾、熟錦褲、金銀鏤帶、五文織成靴，游于戲馬觀。觀上安詔書五色紙，在木鳳之口，鹿盧回轉，狀若飛翔焉。

遣涼州刺史麻秋等伐張重華。

尚書朱軌與中黃門嚴生不協，會大雨霖，道路陷滯不通，生因而譖軌不修道，又訕謗朝政，季龍遂殺之。於是立私論之條，偶語之律，聽吏告其君，奴告其主，威刑日濫，公卿已下，朝會以目，吉凶之問，自此而絕。軌之囚也，冠軍苻洪諫曰：『臣聞聖主之馭天下也，土階三尺，茅茨不翦，食不累味，刑措而不用。亡君之馭海內也，傾宮瓊榭，象箸玉杯，截脛剖心，脯賢刳孕，故其亡也忽焉。今襄國、鄴宮足康帝宇，長安、洛陽何為者哉？盤于游田，耽於女德，三代之亡恒必由此。而忽為獵車千乘，養獸萬里，奪人妻女，十萬盈宮。尚書朱軌，納言大臣，以道路不修，將加酷法，此自陛下政之失和，陰陽灾沴，暴降霖雨七旬，霽方二日，縱有鬼兵百萬，尚未及修之，而況人乎！刑政如此，其如史筆何！其如四海何！特願止作徒，休宮女，赦朱軌，允衆望。』季龍省之不悅，憚其强，但寢而不納，弗之罪也。乃停二京作役焉。

又 卷一〇七《石季龍載記下》 永和三年，季龍親耕藉田于其桑梓苑，其妻杜氏祠先蠶於近郊，遂如襄國謁勒墓。

以中書監石寧為征西將軍，率并、司州兵二萬餘人為麻秋等後繼。張重華將宋秦等率户二萬來降。河湟間氐羌十餘萬落與張璩相首尾，麻秋憚之，不進。重華金城太守張沖又以郡降石寧。麻秋尋次曲柳，劉寧、王擢進攻晉興武街。重華將楊康等與寧戰于沙阜，寧敗績，乃引還金城。王擢克武街，執重華護軍曹權、胡宣，徙七千餘户於雍州。季龍又以孫伏都為征西將軍，與麻秋率步騎三萬長驅濟河，且城長最。重華大懼，遣將謝艾逆擊，敗之，秋退歸金城。

勒及季龍並貪而無禮，既王有十州之地，金帛珠玉及外國珍奇異貨不可勝紀，而猶以為不足，曩代帝王及先賢陵墓靡不發掘，而取其寶貨焉。邯鄲城西石子堈上有趙簡子墓，至是季龍令發之，初得炭深丈餘，次得木板厚一尺，積板厚八尺，乃及泉，其水清冷非常，作絞車以牛皮囊汲之，月餘而水不盡，不可發而止。又使掘秦始皇冢，取銅柱鑄以為器。

時沙門吳進言于季龍曰：『胡運將衰，晉當復興，宜若役晉人以厭其氣。』季龍於是使尚書張羣發近郡男女十六萬，車十萬乘，運土築華林苑及長牆於鄴北，廣長數十里。趙攬、申鍾、石璞等上疏陳天文錯亂，蒼生凋弊，及因引見，又面諫，辭旨甚切。季龍大怒曰：『牆朝戍夕没，吾無恨矣。』乃促張羣以燭夜作。起三觀、四門，三門通漳水，皆為鐵扉。暴風大雨，死者數萬人。揚州送黃鵠雛五，頸長一丈，聲聞十餘里，泛之于玄武池。郡國前後送蒼麟十六，白鹿七，季龍命司虞張曷柱調之，以駕芝蓋，列於充庭之乘。鑿北城，引水于華林園。城崩，壓死者百餘人。

命石宣祈於山川，因而遊獵，乘大輅，羽葆、華蓋，建天子旌旗，十有六軍，戎卒十八萬，出自金明門。季龍從其後宮升陵霄觀望之，笑曰：『我家父子如是，自非天崩地陷，當復何愁，但抱子弄孫日為樂耳！』宣既馳逐無厭，所在陳列行宮，四面各以百里為度，驅圍禽獸，皆幕集其所。文武跪立，圍守重行，烽炬星羅，光燭如晝，命勁騎百餘馳射其中。宣與嬖姬顯德美人乘輦觀之，嬉娛忘反，獸殫乃止。其有禽獸奔逸，當之者坐，有爵者奪馬步驅一日，無爵者鞭之一百。峻制嚴刑，文武戰慄，士卒飢凍而死者萬有餘人。宣弓馬衣食皆號為御，有亂其間者，以冒禁罪罪之。所過三州十五郡，資儲靡有孑遺。季龍復命石韜亦如之，出自并州，游于秦、晉。宣素惡韜寵，是行也，嫉之彌甚。宦者趙生得幸于宣而無寵於韜，微勸宣除之，於是相圖之計起矣。

麻秋又襲張重華將張瑁於河、陝，敗之，斬首三千餘級。枹罕護軍李逵率衆七千降于季龍。自河已南，氐、羌皆降。

石韜起堂于太尉府，號曰宣光殿，梁長九丈。宣視而大怒，斬匠，截梁而去。韜怒，增之十丈。宣聞之，恚甚，謂所幸楊柸、牟成曰：『韜凶豎勃逆，敢違我如是！汝能殺之者，吾入西宮，當盡以韜之國邑分封汝等。韜既死，主上必親臨喪，因行大事，蔑不濟矣。』柸等許諾。時東南有黃黑雲，大如數畝，稍分為三，狀若匹布，東西經天，色黑而青，酉時貫日，日没後分為七道，每相去數十丈，間有白雲如魚鱗，子時乃滅。韜素解天文，見而惡之，顧謂左右曰：『此變不小，當有刺客起于京師，不知誰定當之？』是夜，韜宴其僚屬于東明觀，樂奏，酒酣，愀然長歎曰：『人居世無常，別易會難。各付一杯，開意為吾飲，令必醉。知後會復何期而不飲乎！』因泫然流涕，左右莫不歔欷，因宿於佛精舍。宣使楊柸、牟皮、牟成、趙生等緣獮猴梯而入，殺韜，置其刀箭而去。旦，宣奏之。季龍哀驚氣絕，久之方蘇。將出臨之，其司空李農諫曰：『害秦公者恐在蕭牆之內，慮生非常，不可以出。』季龍乃止。嚴兵發哀于太武殿。宣乘素車，從千人，臨韜喪，不哭，直言呵呵，使舉衾看屍，大笑而去。收大將軍記室參軍鄭靖、尹武等，將委之以罪。

季龍疑宣之害韜也，謀召之，懼其不入，乃偽言其母哀過危惙。宣不虞己之見疑也，入朝中宮，因而止之。建興人史科告稱：『韜死夜，宿東宮長上楊柸家，柸夜與五人從外來，相與語曰：「大事已定，但願大家老壽，吾等何患不富貴」。語訖便入。科寢暗中，柸不見也。科尋出逃匿。俄而柸與二人出求科不得，柸曰：「宿客聞人向語，當殺之斷口舌。今而得去，作大事矣。」科逾牆獲免。』季龍馳使收之，獲楊柸、牟皮、趙生等。柸、皮尋皆亡去，執趙生而詰之，生具首服。季龍悲怒彌甚，幽宣于席庫，以鐵環穿其頷而鎖之，作數斗木槽，和羹飯，以豬狗法食之。取害韜刀箭舐其血，哀號震動宮殿。積柴鄴北，樹標於其上，標末置鹿盧，穿之以繩，倚梯柴積，送宣於標所，使韜所親宦者郝稚、劉霸拔其髮，抽其舌，牽之登梯，上于柴積。郝稚雙繩貫其頷，鹿盧絞上，劉霸斷其手足，斫眼潰腹，如韜之傷。四面縱火，煙炎際天。季龍從昭儀已下數千登中臺以觀之。火滅，取灰分置諸門交道中。殺其妻子九人。宣小子年數歲，季龍甚愛之，抱之而泣。兒曰：『非兒罪。』季龍欲赦之，其大臣不聽，遂於抱中取而戮之，兒猶挽季龍衣而大叫，時人莫不為之流涕，季龍因此發病。又誅其四率已下三百人，宦者五十人，皆車裂節解，棄之漳水。洿其東宮，養豬牛。東宮衛士十餘萬人皆謫戍涼州。先是，散騎常侍趙攬言于季龍曰：『中宮將有變，宜防之。』及宣之殺韜也，季龍疑其知而不告，亦誅之。廢宣母杜氏為庶人。貴嬪柳氏，尚書耆之女也，以才色特幸，坐其二兄有寵于宣，亦殺之。季龍追其姿色，復納耆少女于華林園。

季龍議立太子，其太尉張舉進曰：『燕公斌、彭城公遵並有武藝文德。陛下神齒已衰，四海未一，請擇二公而樹之。』初，戎昭張豺之破上邽也，獲劉曜幼女，年十二，有殊色，季龍得而嬖之，生子世，封齊公。至是，豺以季龍年長多疾，規立世為嗣，劉當為太后，己得輔政，說季龍曰：『陛下再立儲宮，皆出自倡賤，是以禍亂相尋。今宜擇母貴子孝者立之。』季龍曰：『卿且勿言，吾知太子處矣。』又議於東堂，季龍曰：『吾欲以純灰三斛洗吾腹，腹穢惡，故生凶子，兒年二十餘便欲殺公。今世方十歲，比其二十，吾已老矣。』於是與張舉、李農定議，敕公卿上書請立世。大司農曹莫不署名，季龍使張豺問其故。莫頓首曰：『天下業重，不宜立少，是以不敢署也。』季龍曰：『莫，忠臣也，然未達朕意。張舉、李農知吾心矣，其令諭之。』遂立世為皇太子，劉氏為皇后。季龍召太常條攸、光祿勳杜嘏謂之曰：『煩卿傅太子，實希改轍，吾之相托，卿宜明之。』署攸太傅，嘏為少傅。

季龍時疾瘳，以永和五年僭即皇帝位於南郊，大赦境內，建元曰太寧。百官增位一等，諸子進爵郡王。以尚書張良為右僕射。

故東宮謫卒高力等萬餘人當戍涼州，行達雍城，既不在赦例，又敕雍州刺史張茂送之。茂皆奪其馬，令步推鹿車，致糧戍所。高力督定陽梁犢等害衆心之怨，謀起兵東還，陰令胡人頡獨鹿微告戍者，戍者皆踴抃大呼。梁犢乃自稱晉征東大將軍，率衆攻陷下辯，逼張茂為大都督、大司馬，載以軺車。安西劉寧自安定擊之，大敗而還。秦、雍間城戍無不摧陷，斬二千石長史，長驅而東。高力等皆多力善射，一當十餘人，雖無兵甲，所在掠百姓大斧，施一丈柯，攻戰若神，所向崩潰，戍卒皆隨之，比至長安，衆已十萬。其樂平王石苞時鎮長安，盡鋭距之，一戰而敗。犢遂東出潼關，進如洛川。季龍以李農為大都督，行大將軍事，統衛軍張賀度、征西張良、征虜石閔等，率步騎十萬討之。戰于新安，農師不利。又戰于洛陽，農師又敗，乃退壁成皋。犢東掠滎陽、陳留諸郡，季龍大懼，以燕王石斌為大都督中外諸軍事，率精騎一萬，統姚弋仲、苻洪等擊犢于滎陽東，大敗之，斬犢首而還，討其餘黨，盡滅之。

俄而晉將軍王龕拔其沛郡。始平人馬勗起兵于洛氏葛谷，自稱將軍。石苞攻滅之，誅三千餘家。

時熒惑犯積屍，又犯昴、月，及熒惑北犯河鼓。未幾，季龍疾甚，以石遵為大將軍，鎮關右，石斌為丞相、録尚書事，張豺為鎮衛大將軍、領軍將軍、吏部尚書，並受遺輔政。劉氏懼斌之輔政也害世，與張豺謀誅之。斌時在襄國，乃遣使詐斌曰：『主上患已漸損，王須獵者，可小停也。』斌性好酒耽獵，遂遊畋縱飲。劉氏矯命稱斌無忠孝之心，免斌官，以王歸第，使張豺弟雄率龍騰五百人守之。石遵自幽州至鄴，敕朝堂受拜，配禁兵三萬遣之，遵慟泣而去。是日季龍疾小瘳，問曰：『遵至未？』左右答言久已去矣。季龍曰：『恨不見之。』季龍臨於西閣，龍騰將軍、中郎二百餘人列拜於前。季龍曰：『何所求也？』皆言聖躬不和，宜令燕王入宿衛，典兵馬，或言乞為皇太子。季龍不知斌之廢也，責曰：『燕王不在內邪？呼來！』左右言王酒病，不能入。季龍曰：『促持輦迎之，當付其璽綬。』亦竟無行者。尋昏眩而入。張豺使弟雄等矯季龍命殺斌，劉氏又矯命以豺為太保、都督中外諸軍、録尚書事，加千兵百騎，一依霍光輔漢故事。侍中徐統歎曰：『禍將作矣，吾無為豫之。』乃仰藥而死。俄而季龍亦死。季龍始以咸康元年僭立，至此太和六年，凡在位十五歲。

於是世即偽位，尊劉氏為皇太后，臨朝，進張豺為丞相。豺請石遵、石鑒為左右丞相，以尉其心，劉氏從之。豺與張舉謀誅李農，而舉與農素善，以豺謀告之。農懼，率騎百餘奔廣宗，率乞活數萬家保于上白。劉氏使張舉等統宿衛精卒圍之。豺以張離為鎮軍大將軍、監中外諸軍事、司隸校尉，為己之副。鄴中羣盜大起，迭相劫掠。

石遵聞季龍之死，屯於河内。姚弋仲、苻洪、石閔、劉寧及武衛王鸞、寧西王午、石榮、王鐵、立義將軍段勤等既平秦、洛，班師而歸，遇遵于李城，説遵曰：『殿下長而且賢，先帝亦有意于殿下矣。但以末年惛惑，為張豺所誤。今上白相持未下，京師宿衛空虛，若聲張豺之罪，鼓行而討之，孰不倒戈開門而迎殿下者邪！』遵從之。洛州刺史劉國等亦率洛陽之衆至於李城。遵檄至鄴，張豺大懼，馳召上白之軍。遵次於蕩陰，戎卒九萬，石閔為前鋒。豺將出距之，耆舊羯士皆曰：『天子兒來奔喪，吾當出迎之，不能為張豺城戍也。』逾城而出，豺斬之不能止。張離率龍騰二千斬關迎遵。劉氏懼，引張豺入，對之悲哭曰：『先帝梓宮未殯，而禍難繁興。今皇嗣沖幼，托之于將軍，將軍何以匡濟邪？加遵重官，可以弭不？』豺惶怖失守，無復籌計，但言唯唯。劉氏令以遵為丞相、領大司馬、大都督中外諸軍、録尚書事，加黄鉞、九錫，增封十郡，委以阿衡之任。遵至安陽亭，張豺懼而出迎，遵命執之。於是貫甲曜兵，入自鳳陽門，升于太武前殿，擗踴盡哀，退如東閤。斬張豺于平樂市，夷其三族。假劉氏令曰：『嗣子幼沖，先帝私恩所授，皇業至重，非所克堪。其以遵嗣位。』遵偽讓至於再三，羣臣敦勸，乃受之，僭即尊位於太武前殿，大赦殊死已下，罷上白圍。封世為譙王，邑萬户，待以不臣之禮，廢劉氏為太妃，尋皆殺之。世凡立三十三日。

於是李農歸請罪，遵復其位，待之如初。尊其母鄭氏為皇太后，其妻張氏為皇后，以石斌子衍為皇太子，石鑒為侍中，石沖為太保，石苞為大司馬，石琨為大將軍，石閔為中外諸軍事、輔國大將軍、録尚書事，輔政。暴風拔樹，震雷，雨雹大如盂升。太武、暉華殿灾，諸門觀閣蕩然，其乘輿服御燒者太半，光焰照天，金石皆盡，火月餘乃滅。雨血周遍鄴城。

石沖時鎮于薊，聞遵殺世而自立，乃謂其僚佐曰：『世受先帝之命，遵輒廢殺，罪逆莫大，其敕内外戎嚴，孤將親討之。』於是留寧北沭堅戍幽州，帥衆五萬，自薊討遵，傳檄燕、趙，所在雲集，比及常山，衆十餘萬。次於苑鄉，遇遵赦書，謂左右曰：『吾弟一也，死者不可復追，何為復相殘乎！吾將歸矣。』其將陳暹進曰：『彭城篡弑自尊，為罪大矣。王雖北旆，臣將南轅，平京師，擒彭城，然後奉迎大駕。』沖從之。遵馳遣王擢以書喻沖，沖弗聽。遵假石閔黄鉞、金鉦，與李農等率精卒十萬討之。戰于平棘，沖師大敗，獲沖於元氏，賜死，坑其士卒三萬餘人。

遵揚州刺史王浹以淮南歸順。晉西中郎將陳逵進據壽春。征北將軍褚裒率師伐遵，次於下邳，遵以李農為南討大都督，率騎二萬來距。裒不能進，退屯廣陵。陳逵聞之，懼，遂焚壽春積聚，毁城而還。

石苞時鎮長安，謀帥關中之衆攻鄴，左長史石光、司馬曹曜等固諫。苞怒，誅光等百餘人。苞性貪而無謀，雍州豪右知其無成，並遣使告晉梁州刺史司馬勳。勳於是率衆赴之，壁於懸鉤，去長安二百餘里，使治中劉煥攻京兆太守劉秀離，斬之。三輔豪右多殺其令長，擁三十餘壁，有衆五萬以應勳。苞輟攻鄴之謀，使麻秋、姚國等率騎距勳。遵遣車騎王朗率精騎二萬，以外討勳為名，因劫苞，送之於鄴。勳又為朗所距，釋懸鉤，拔宛城，殺遵南陽太守袁景而還。

初，遵之發李城也，謂石閔曰：『努力！事成，以爾為儲貳。』既而立衍，閔甚失望，自以勳高一時，規專朝政，遵忌而不能任。閔既為都督，總内外兵權，乃懷撫殿中將士及故東宮高力萬餘人，皆奏為殿中員外將軍，爵關外侯，賜以宮女，樹己之恩。遵弗之猜也，而更題名善惡以挫抑之，衆咸怨矣。而又納中書令孟准、左衛將軍王鸞之計，頗疑憚于閔，稍奪兵權。閔益有恨色，准等咸勸誅之。遵召石鑒等入，議于其太后鄭氏之前，皆請誅之。鄭氏曰：『李城回師，無棘奴豈有今日！小驕縱之，不可便殺也。』鑒出，遣宦者楊環馳以告閔，閔遂劫李農及右衛王基，密謀廢遵。使將軍蘇亥、周成率甲士三十執遵于如意觀。遵時方與婦人彈棋，問成等曰：『反者誰也？』成曰：『義陽王鑒當立。』遵曰：『我尚如是，汝等立鑒，復能幾時！』乃殺之于琨華殿，誅鄭氏及其太子衍、上光祿張斐、中書令孟准、左衛王鸞等。遵凡在位一百八十三日。

鑒乃僭位，大赦殊死已下。以石閔為大將軍，封武德王，李農為大司馬，並録尚書事；郎闓為司空，秦州刺史劉羣為尚書左僕射，侍中盧諶為中書監。

鑒使石苞及中書令李松、殿中將軍張才等夜誅閔、農于琨華殿，不克，禁中擾亂。鑒恐閔為變，偽若不知者，夜斬松、才于西中華門，並誅石苞。

時石祗在襄國，與姚弋仲、苻洪等通和，連兵檄誅閔、農。鑒遣石琨為大都督，與張舉及侍中呼延盛率步騎七萬分討祗等。中領軍石成、侍中石啓、前河東太守石暉謀誅閔、農，閔、農殺之。

龍驤孫伏都、劉銖等結羯士三千伏于胡天，亦欲誅閔等。時鑒在中臺，伏都率三十餘人將升臺挾鑒以攻之。臨見伏都毁閣道，鑒問其故。伏都曰：『李農等反，已在東掖門，臣嚴率衛士，謹先啓知。』鑒曰：『卿是功臣，好為官陳力。朕從臺觀卿，勿慮無報也。』於是伏都及銖率衆攻閔、農，不克，屯于鳳陽門。閔、農率衆數千毁金明門而入。鑒懼閔之誅己也，馳招閔、農，開門内之，謂曰：『孫伏都反，卿宜速討之。』閔、農攻斬伏都等，自鳳陽至琨華，横屍相枕，流血成渠。宣令内外六夷敢稱兵杖者斬之。胡人或斬關，或逾城而出者，不可勝數。使尚書王簡、少府王郁帥衆數千，守鑒於禦龍觀，懸食給之。令城内曰：『與官同心者住，不同心者各任所之。』敕城門不復相禁。於是趙人百里内悉入城，胡羯去者填門。閔知胡之不為己用也，班令内外趙人，斬一胡首送鳳陽門者，文官進位三等，武職悉拜牙門。一日之中，斬首數萬。閔躬率趙人誅諸胡羯，無貴賤男女少長皆斬之，死者二十餘萬，屍諸城外，悉為野犬豺狼所食。屯據四方者，所在承閔書誅之，于時高鼻多須至有濫死者半。

太宰趙鹿、太尉張舉、中軍張春、光祿石岳、撫軍石寧、武衛張季及諸公侯、卿、校、龍騰等萬餘人出奔襄國。石琨奔據冀州，撫軍張沈屯滏口，張賀度據石瀆，建義段勤據黎陽，寧南楊羣屯桑壁，劉國據陽城，段龕據陳留，姚弋仲據混橋，苻洪據枋頭，衆各數萬。王朗、麻秋自長安奔於洛陽。秋承閔書，誅朗部胡千餘。朗奔于襄國。麻秋率衆奔于苻洪。

石琨及張舉、王朗率衆七萬伐鄴，石閔率騎千餘，距之城北。閔執兩刃矛，馳騎擊之，皆應鋒摧潰，斬級三千。琨等大敗，遂歸於冀州。

閔與李農率騎三萬討張賀度于石瀆，鑒密遣宦者齎書召張沈等，使承虛襲鄴。宦者以告閔、農，閔、農馳還，廢鑒殺之，誅季龍孫三十八人，盡殪石氏。鑒在位一百三日。

季龍小男混，永和八年將妻妾數人奔京師，敕收付廷尉，俄而斬之于建康市。季龍十三子，五人為冉閔所殺，八人自相殘害，混至此又死。初，讖言滅石者陵，尋而石閔徙蘭陵公，季龍惡之，改蘭陵為武興郡，至是終為閔所滅。始勒以成帝咸和三年僭立，二主四子，凡二十三年，以穆帝永和五年滅。

閔字永曾，小字棘奴，季龍之養孫也。父瞻，字弘武，本姓冉，名良，魏郡内黄人也。其先漢黎陽騎都督，累世牙門。勒破陳午，獲瞻，時年十二，命季龍子之。驍猛多力，攻戰無前。歷位左積射將軍、西華侯。閔幼而果鋭，季龍撫之如孫。及長，身長八尺，善謀策，勇力絶人。拜建節將軍，徙封修成侯，歷位北中郎將、遊擊將軍。季龍之敗于昌黎，閔軍獨全，由此功名大顯。及敗梁犢之後，威聲彌振，胡夏宿將莫不憚之。

永和六年，殺石鑒，其司徒申鍾、司空郎闓等四十八人上尊號于閔，閔固讓李農，農以死固請，於是僭即皇帝位於南郊，大赦，改元曰永興，國號大魏，復姓冉氏。追尊其祖隆元皇帝，考瞻烈祖高皇帝，尊母王氏為皇太后，立妻董氏為皇后，子智為皇太子。以李農為太宰、領太尉、録尚書事，封齊王，農諸子皆封為縣公。封其子胤、明、裕皆為王。文武進位三等，封爵有差。遣使者持節赦諸屯結，皆不從。

石祗聞鑒死，僭稱尊號于襄國，諸六夷據州郡擁兵者皆應之。閔遣使臨江告晉曰：『胡逆亂中原，今已誅之。若能共討者，可遣軍來也。』朝廷不答。閔誅李農及其三子，并尚書令王謨、侍中王衍、中常侍嚴震、趙升等。晉盧江太守袁真攻其合肥，執南蠻校尉桑坦，遷其百姓而還。

石祗遣其相國石琨率衆十萬伐鄴，進據邯鄲。祗鎮南劉國自繁陽會琨。閔大敗琨于邯鄲，死者萬餘。劉國還屯繁陽。苻健自枋頭入關。張賀度、段勤與劉國、靳豚會於昌城，將攻鄴。閔遣尚書左僕射劉羣為行臺都督，使其將王泰、崔通、周成等帥步騎十二萬次於黄城，閔躬統精卒八萬繼之，戰於蒼亭。賀度等大敗，死者二萬八千，追斬勒豚于陰安鄉，盡俘其衆，振旅而歸。戎卒三十餘萬，旌旗鐘鼓綿亘百餘里，雖石氏之盛無以過之。閔至自蒼亭，行飲至之禮，清定九流，准才授任，儒學後門多蒙顯進，于時翕然，方之為魏晉之初。

閔率步騎十萬攻石祗于襄國，署其子太原王胤為大單于、驃騎大將軍，以降胡一千配為麾下。光禄大夫韋謏啓諫甚切，閔覽之大怒，誅謏及其子孫。閔攻襄國百餘日，為土山地道，築室反耕。祗大懼，去皇帝之號，稱趙王，遣使詣慕容儁、姚弋仲以乞師。會石琨自冀州援祗，弋仲復遣其子襄率騎三萬八千至自滆頭，儁遣將軍悦綰率甲卒三萬自龍城，三方勁卒合十餘萬。閔遣車騎胡睦距襄下埸長蘆，將軍孫威候琨于黄丘，皆為敵所敗，士卒略盡，睦、威單騎而還。琨等軍且至，閔將出擊之，衛將軍王泰諫曰：『窮寇固迷，希望外援。今强救雲集，欲吾出戰，腹背擊我。宜固壘勿出，觀勢而動，以挫其謀。今陛下親戎，如失萬全，大事去矣。請慎無出，臣請率諸將為陛下滅之。』閔將從之，道士法饒進曰：『太白經昴，當殺胡王，一戰百克，不可失也。』閔攘袂大言曰：『吾戰決矣，敢諫者斬！』於是盡衆出戰。姚襄、悦綰、石琨等三面攻之，祗沖其後，閔師大敗。閔潛于襄國行宮，與十餘騎奔鄴。降胡栗特康等執冉胤及左僕射劉琦等送於祗，盡殺之。司空石璞、尚書令徐機、車騎胡睦、侍中李琳、中書監盧諶、少府王鬱、尚書劉欽、劉休等諸將士死者十餘萬人，於是人物殲矣。賊盜蜂起，司、冀大饑，人相食。自季龍末年而閔盡散倉庫以樹私恩。與羌胡相攻，無月不戰。青、雍、幽、荆州徙户及諸氐、羌、胡、蠻數百餘萬，各還本土，道路交錯，互相殺掠，且饑疫死亡，其能達者十有二三。諸夏紛亂，無復農者。閔悔之，誅法饒父子，支解之，贈韋謏大司徒。

石祗使劉顯帥衆七萬攻鄴。時閔潛還，莫有知者，内外凶凶，皆謂閔已没矣。射聲校尉張艾勸閔親郊，以安衆心，閔從之，訛言乃止。劉顯次於明光宮，去鄴二十三里，閔懼，召衛將軍王泰議之。泰恚其謀之不從，辭以瘡甚。閔親臨問之，固稱疾篤。閔怒，還宮，顧謂左右曰：『巴奴，乃公豈假汝為命邪！要將先滅羣胡，卻斬王泰。』於是盡衆而戰，大敗顯軍，追奔及于陽平，斬首三萬餘級。顯懼，密使請降，求殺祗為效，閔振旅而歸。會有告王泰招集秦人，將奔關中，閔怒，誅泰，夷其三族。劉顯果殺祗及其太宰趙鹿等十餘人，傳首於鄴，送質請命。驃騎石寧奔于柏人。閔命焚祗首於通衢。

閔徐州刺史劉啓以鄄城歸順。劉顯復率衆伐鄴，閔擊敗之。還，稱號于襄國。閔徐州刺史周成、兖州刺史魏統、豫州牧冉遇、荆州刺史樂弘皆以城歸順。平南高崇、征虜呂護執洛州刺史鄭系，以三河歸順。慕容彪攻陷中山，殺閔寧北白同、幽州刺史劉准，降于慕容儁。時有雲黄赤色，起東北，長百餘丈，一白鳥從雲間西南去，占者惡之。

劉顯率衆伐常山，太守蘇亥告難於閔。閔留其大將軍蔣幹等輔其太子智守鄴，親率騎八千救之。顯所署大司馬、清河王寧以棗强降于閔，收其餘衆，擊顯，敗之，追奔及于襄國。顯大將曹伏駒開門為應，遂入襄國，誅顯及其公卿已下百餘人，焚襄國宮室，遷其百姓于鄴。顯領軍范路率衆千餘，斬關奔於枋頭。

時慕容儁已克幽、薊，略地至於冀州。閔帥騎距之，與慕容恪相遇于魏昌城。閔大將軍董閏、車騎張温言于閔曰：『鮮卑乘勝氣勁，不可當也，請避之以溢其氣，然後濟師以擊之，可以捷也。』閔怒曰：『吾成師以出，將平幽州，斬慕容儁。今遇恪而避之，人將侮我矣。』乃與恪遇，十戰皆敗之。恪乃以鐵鎖連馬，簡善射鮮卑勇而無剛者五千，方陣而前。閔所乘赤馬曰朱龍，日行千里，左杖雙刃矛，右執鉤戟，順風擊之，斬鮮卑三百餘級。俄而燕騎大至，圍之數周。閔衆寡不敵，躍馬潰圍東走，行二十餘里，馬無故而死，為恪所擒，及董閏、張温等送之於薊。儁立閔而問之曰：『汝奴僕下才，何自妄稱天子？』閔曰：『天下大亂，爾曹夷狄，人面獸心，尚欲篡逆。我一時英雄，何為不可作帝王邪！』儁怒，鞭之三百，送于龍城，告廆、皝廟。

遣慕容評率衆圍鄴。劉寧及弟崇帥胡騎三千奔于晉陽，蘇亥棄常山奔於新興。鄴中饑，人相食，季龍時宮人被食略盡。冉智尚幼，蔣幹遣侍中繆嵩、詹事劉猗奉表歸順，且乞師于晉。濮陽太守戴施自倉垣次於棘津，止猗，不聽進，責其傳國璽。猗使嵩還鄴復命，幹沈吟未決，施乃率壯士百餘人入鄴，助守三臺，譎之曰：『且出璽付我。今凶寇在外，道路不通，未敢送也。須得璽，當馳白天子耳。天子聞璽已在吾處，信卿至誠，必遣軍糧厚相救餉。』幹以為然，乃出璽付之。施宣言使督護何融迎糧，陰令懷璽送于京師。長水校尉馬願、龍驤田香開門降評。施、融、蔣幹懸縋而下，奔於倉垣。評送閔妻董氏、太子智、太尉申鍾、司空條攸、中書監聶熊，司隸校尉籍羆、中書令李垣及諸王公卿士于薊。尚書令王簡、左僕射張乾、右僕射郎肅自殺。

溍送閔既至龍城，斬於遏陘山。山左右七里草木悉枯，蝗蟲大起，五月不雨，至於十二月。溍遣使者祀之，謚曰武悼天王，其日大雪。是歲永和八年也。

宋·李昉等《太平御覽》卷一二〇《偏霸部四·後趙石勒》　崔鴻《十六國春秋·後趙録》曰：石勒，字世龍，上黨武鄉羯人。父周曷朱。勒生時赤光滿室，白氣自天屬於庭中。長而壯健有膽力，雄武好騎射。幼而力耕，每聞鞞鐸之聲，或在前後，歸以告父母，曰：『作勢耳鳴，無不祥也。』會并州史司馬騰執諸胡山東賣充軍實，將詣冀州，兩胡一枷。勒亦在中。東至平原，賣荏平人師懽為奴。每夜於野，嘗聞鼓角之聲，諸奴亦聞，歸以白懽，懽奇而免之。鄰于馬牧率汲桑往來，勒以能馬自托於桑。而傭武安臨水，為遊軍所囚。會有羣鹿旁過，軍人競逐之，勒乃獲免。俄而見一老父，謂勒曰：『羣鹿者，我也。君應為中州主，故相救耳。』勒拜而受命。遂招集王陽、夔安等十八騎，復東如赤龍騎諸苑中，乘苑馬遠掠繒寶，以賂汲桑。永興元年，關東所在兵起。二年，陽平人公師藩等自稱將軍，起兵趙、魏，衆至數萬。勒與桑率牧人乘苑馬數百騎以赴之。桑始命勒以石為姓，以勒為名。

永嘉元年，勒歸劉淵，淵拜為輔漢將軍、平晉王。淵薨，聰襲位。劉曜、王彌圍洛陽，勒帥精騎二萬會之。王彌既平洛陽，將先誅勒。勒請彌宴于己營，手斬彌，並其衆。將軍郭默獲沙門天竺浮圖澄，以其有道術，進之於勒。試澄有效，甚尊重之。前趙嘉平二年，張賓說勒曰：『邯鄲、襄國，趙之舊都，依山憑險，形勢之國。可擇此二邑而都之。然後命將四出，授以奇略，王業可圖。』勒於是進據襄國。聰授勒都督幽、冀、並、營四州諸軍事、冀州牧，進封本國上黨公，邑萬户。三年，以征虜將軍為魏郡太守鎮業三臺，基謀之崩，兆於此矣。前趙麟嘉元年，劉琨遣姬澹帥衆來討。勒與戰，澹軍大敗。琨長史李弘以并州來降。七月，劉聰疾甚，以勒為大將軍、録尚書事，受遺輔政，勒固辭，乃止。

劉曜稱尊號，將授勒太宰、大將軍，加九　，增封十郡，并前二十郡，出入警蹕，如曹公輔故事。曜聞曹平樂之言，停太宰之授。勒大怒曰：『趙王、趙帝，孤自取之，名號大小，豈爾所呼耶！』征虜虎與左右長史張敬、張賓等上疏曰：『大司馬雖位冠九臺，非霸者之號，請改稱大將軍、大單于、領冀州牧、趙王，依魏王在鄴故事，以二十四郡、户十九萬為趙國。』十一月，勒即位，改光初二年為趙王元年。建社稷、宗廟。主書司典胡人出內，重其禁法，不得侮易衣冠華族。號胡為國人。二年，令曰：『國人不得報嫂，在喪婚聚，至於燒葬，令如本俗。』八月，繕軒懸，舞八佾，作金銀大輅、黄屋左纛，天子禮樂於斯備矣。三年，黎陽民陳武妻產三男一女，上書自陳。令曰：『昔周之興也，四乳八子。今武妻乳四子，可謂慶過姬祥，美加曩日。其賜乳婢一人，穀百石、雜繒四十匹，庶以肅迎嘉祥。』冬十月，勒與鄉親齒坐，語及平生。勒曰：『李陽，壯士也。孤方任之。何以不來？父老歸語令速來，漚麻之忿是布衣之恨，孤方崇信于天下，寧仇匹夫乎！』令曰：『武鄉，吾之豐，沛也。其復之三世。』十一月，李陽至，引入歡酣，宣陽臂笑視之，曰：『卿雖老，臂中猶有力，頗復與人鬬不？孤往曰厭卿老拳，卿亦飽孤毒手。』賜甲第一，拜為都尉。陽與勒鄰居，歲常爭漚麻池，迭相毆擊。四年二月，拜子弘為世子。勒雅好文學，雖在軍旅之中，常令儒生讀《春秋》、《史》、《漢》諸傳而聽之，聞酈食其勸立六國後，大驚曰：『此法當失，何以得成天下？』至留侯諫，乃曰：『賴有此侯耳。』其天資英達如此。八年八月，修三臺。十月，以世子衛將軍弘鎮鄴。太和十年，劉曜圍洛陽，襄國大震。勒統步騎四萬赴金墉，濟河，先是流澌風猛，軍至冰泮清和，濟畢流澌大至。以為神靈之助，命曰靈昌津。戰于西陽門，曜軍大潰，石堪執曜送之。二年，曜子熙等去長安，奔於上邽。車騎虎克上邽，遣主簿趙封奉傳國玉璽送之。秦、隴悉平。

建元元年二月，車騎虎等上尊號，勒不許。固請，勒以趙天王行皇帝事，大赦。八月，羣臣又固請，以名位不正，宜即尊號。九月，僭即皇帝位，大赦，改年。正月，勒南郊，有白氣自壇屬天，勒大悦。四月，如鄴，議營新宫，廷尉續咸諫曰：『臣聞唐虞之治，采椽茅茨，土階三尺，美彰於《詩》、《書》。漢文惜百金，不營露臺，稱之於千古。迨夏商之瓊臺瑶室，楚秦章華阿房，資財內竭，華夷外叛。』詔曰：『且敕停作，申吾直臣之氣。』九月，以太尉中山王虎為大司馬，程遐開府儀同。是月，大雨霖，中山西北暴水，流巨木萬餘根，集于堂陽。勒大悦，謂公卿曰：『此非為災，天意欲吾營鄴都耳。』於是營之。勒以成周漢晉舊京，欲有移都之意，乃命洛陽為南都，置行臺治書侍御史于洛陽。

三年正月，大饗於建德殿，酒酣，勒謂徐光曰：『朕方自古開基何等主也？』光對曰：『陛下神武籌略邁于高皇，雄藝卓犖超絕魏祖，自三王已來無可比也，其軒轅之亞乎！』勒笑曰：『人豈不自知，卿言亦已太過。朕若逢高皇，當北面而事之，然猶與韓、彭競鞭而爭先耳。朕遇光武者，當並驅于中原，未知鹿死誰手。丈夫行事當礌礌落落，如日月皎然，終不能如曹孟德、司馬仲達父子，欺他孤兒寡婦，狐媚以取天下。朕當在二劉之間，軒轅豈所擬乎！』羣臣皆稱萬歲。

四年，雍州刺史石生上言：『西鄉竹死。蛇鼠鬭於安定府間，二日，蛇死。臨涇馬生角。長安城中雞鳴，音皆曰基茲。安定廳事前夜聞誦書聲，求之不得，七日乃止。隕石於肥鄉。』六月，勒寢疾，召中山王虎、太子弘、侍中嚴震等侍疾禁中。七月，薨於西閣，偽謚明皇帝，廟號高祖。

《晉書》曰：勒年十四，隨邑人行販洛陽，倚嘯上東門。王衍見而異之，顧謂左右曰：『向胡雛，吾觀其聲視有奇志，恐將為天下之患。』馳遣收之，會勒已去。

又《石弘》 崔鴻《十六國春秋・後趙録》曰：石弘，字大雅，勒第三子。母程夫人，右光祿遐之妹。建平元年立為太子。虛衿愛士，好為文詠，其所親昵，莫非儒素。勒謂徐光曰：『大雅愔愔，殊不似將家子。』光曰：『漢祖以馬上取天下，孝文以玄默治之，聖人之後，必世勝殘，天之道也。』勒大悦。程遐言於勒曰：『中山怏怏，不可以輔少主，宜早除之，以便大計。』勒不從。勒薨，虎執政臨軒，召子冀州刺史遂帥兵入禁宿衛，文武無不奔散。弘大懼，策拜中山王虎為丞相，以十三郡封為魏王，又加九錫。虎偽讓，後乃受之。延熙元年七月，改頓丘為魏國，公魏郡立黎陽。十月，弘齎璽綬親詣魏宫，喻禪意。虎曰：『弘昏昧愚暗，處喪無禮，不可以君臨萬國，奉承宗廟，便當廢之，云何禪讓也。』十一月，廢弘為海陽王，弘就車，容色自若。幽弘及太后、南陽王恢于崇訓宫，煞之，時年二十二。

又《石虎》 崔鴻《十六國春秋・後趙録》曰：石虎，字季龍，勒之從子。勒父朱幼而子之，故或謂之為勒弟。晉永興中與勒相失。嘉平元年，劉琨送勒母王及虎于葛陂，時年十七。殘忍，好馳獵，喧游無紀度，尤善彈人，軍中每患之。勒白王曰：『此兒兇暴，無使軍人煞之，聲名可惜，宜自除也。』王曰：『快牛犢子，小時多能破車，為復小忍，勿怯之。』至十八，檢攝恭謹，嚴重愛士，弓馬迅健，勇冠當時。勒深嘉焉，拜征虜將軍。性酷虐無道，軍中勇幹策略與已侔者，輒因事害之。至於降城陷壘，坑斬士女，鮮有遺類。勒屢加責誨，而行意自若。然禦衆嚴而不煩，莫敢犯者，指授攻討，所向無前，故勒寵信彌隆，杖以專征之任。

既廢殺弘，稱居攝趙大王。建武元年正月，大赦，改年。虎志荒內遊。外耽營繕，使太子邃省可尚書奏事，選守牧，祀郊廟；征伐刑斷乃親覽之。三月，南游，臨江而還，江東地震。是日，鶴省臺成，賜匠有差。九月，遷都鄴宫。二年，徙洛陽鍾虡、九龍等於鄴。是歲，大武殿、東西宫皆就。大武殿基高二丈八尺，穿為伏室，置衛士五百人於其中。東西七十五步，南北六十五步，皆漆瓦、金鐺、銀楹、金柱、珠簾、玉璧，窮極伎巧。起靈臺之殿於顯陽後，采召百官、州郡民女以充之。後庭服綺縠珍奇者萬餘人，內置宫女十八等，教宫人星占及馬步射。置女太史靈臺，仰觀災祥，以考外太史虛實。禁郡國不得私知學星讖。左校令成公段造庭燎於崇杠之末，高十餘丈，上置燎，下盤置人，緪繳上下。虎試而悦之。

三年，太保安夔等文武五百九十人上皇帝尊號勸進，方入，而庭燎油灌下盤，死者七人。虎大怒，腰斬成公段於閶闔門。即天王位，南郊，大赦。親王貶為郡公，藩王為縣侯。太子邃總百揆，其後荒酒淫色，驕恣無道，或盤游於畋，懸管而入，或夜百騎宿于宫臣家，淫其妻妾。裝飾宫人美淑者，斬首洗血置盤上，傳首視之。又納諸比丘尼有姿色者，與其交褻後煞之，合牛羊肉煮而食，亦賜左右，所以識其味也。虎荒耽內遊，威恕違度，邃以事可呈之，怒曰：『此小事，何足呈也。』時有所不聞，復怒曰：『何以不呈？』誚責杖捶，月至再三。邃甚惱，私謂中庶子李顏等曰：『官家難稱，吾欲行冒頓之事，卿從我乎？』顏等伏不敢對。事發，幽邃於東宮。殺之，及妃張氏男女二十六人盡賜死，合一棺埋之。誅其宮臣友黨二百餘人。立河間公宣為太子。建武六年，追尊號考樂平孝公為太宗孝皇帝。八年六月，上黨孟門上有神人之像，坐於山上，三日而去。虎遣使以太牢祀之。九年十二月，武鄉送雄虎，變為雌，乳一狼子，七日，噬虎腦而殺之，後三日，狼子亦死。佛圖澄聞之流涕。

十年，虎起河橋於靈昌津，採石為中濟，石無大小輒隨流，用功五百餘萬，不成。虎如靈昌津，沉璧告誡，璧浮於渚上，水波騰上，津所殿觀莫不傾壞，死者百餘人。虎恚甚，斬工匠而還。十一年，發雍、梁十六萬人成長安未央宮，又發司、豫、荆、兖二十六萬人成洛陽宮。十三年正月，虎親耕籍田于桑梓苑。十四年三月，虎夢龍飛西南，自天落地。旦而問澄公，公曰：『禍將至矣，陛下宜父慈子和，深以慎之。』四月，秦公韜起宣光殿于太尉府，梁長九丈。太子宣視而惡之，斬匠截梁而去。韜怒，增之十丈。宣聞之，恚甚，謂楊柸、牟成等曰：『韜凶豎悖逆，敢違我如是！汝等能殺之者，吾入宮，盡以韜之國邑分封汝等。韜既死，主上必親臨喪，因行大事，無不濟矣。』柸等許諾。八月，煞韜，宣奏之，虎哀絕，久之乃蘇。召太子宣鎖繫於鄴北，火焚殺之。議立太子於東堂，虎曰：『吾欲以純灰三斗洗吾腹，腹穢惡，故生凶子，兒年二十便欲煞父。今世方十歲，比其二十，吾已老矣。』齊公世為皇世子，立昭儀劉氏為皇后。十一月，饗羣臣于大武殿前，佛圖澄殿上褰衣而行吟曰：『棘子成林，將壞人衣。』虎發石而視之，有棘子生焉。冉閔小字棘奴也。十二月，辛巳，雷，大雨霖。虎問佛圖澄，澄曰：『其為我乎！』至戊子而澄卒。

大寧元年正月，虎僭即皇帝位於南郊，大赦，改年。二月，有沙門從雍州來，稱見佛圖澄西入關。虎掘之，無屍，惟有一石。虎惡之，曰：『石者，朕也。葬我而去，吾將死矣。』因而寢疾。四月，薨於金華殿。《晉書》曰：『季龍始咸康元年僭立，至此太和六年，凡在位十五年。』

子世即位，尊劉后為太后。彭城王遵先鎮關右，至是勒兵而還，戎卒九萬，次於蕩陰，石閔為前鋒都督。太后令授遵丞相，加九錫，增封十郡。己丑，至安陽亭。慶甲，曜兵，入自鳳陽門，升太武前殿，盡哀，退如東閣。羣臣敦勸即位，大赦。封世為譙王，邑萬户；廢太后劉氏為昭儀，尋皆殺之。世立凡三十三日。尊其母鄭氏為皇太后，立妃張氏為皇后，大司馬義陽王鑒為太傅，沛王沖為太保，石閔為都督中外諸軍事、録尚書事。甲午，太武殿災，諸門觀閣蕩然，服禦燒者太半，光炎照天，月餘乃滅。乙未，雨血周遍鄴城。六月，葬虎顯原陵，偽謚武皇帝，廟號太祖。十一月，石閔劫司空李農、右衛王基密，謀共廢遵。閔使將軍蘇彦、周成帥甲士三十人執遵于南臺如意觀。遵時方與婦人彈棋，問成等曰：『反者誰也？』成曰：『義陽王鑒當立。』遵曰：『我尚如是，汝等立鑒，復幾時！』遂殺之于琨華殿，並誅鄭太后、張皇后。遵字太祗，虎第九子，凡在位百八十三日。

鑒即位，大赦。以石閔為將軍，封武德王；李農為大司馬。鑒使中書令李松、殿中將軍張才等夜誅閔、農于琨華殿，不克，禁中擾亂。鑒偽不知，夜斬松、才於西中華門。龍驤將軍孫伏都、劉銖等結羯士三千人伏於胡天，亦欲誅閔等。鑒在中臺，伏都帥三十人將升臺挾鑒以攻之。鑒見，問其故。伏都曰：『閔、農等反，已在都掖門，臣嚴帥衛士，謹先啓知。』鑒曰：『卿好陳力，勿憂無報也。』伏都等攻閔、農，不克。閔、農攻斬伏都等，自鳳陽門至琨華，橫屍相枕。諸胡羯無少長斬之，死者二十餘萬人，于時高鼻多須至有濫死者。

初，青龍元年正月，石閔欲滅二石之號，議曰：『孔子曰：「易姓而王七月者，七十有二國。」繼趙李，讖書炳然，且德星鎮衛，宜改號大衛，易姓李氏。』又大赦，改元。閏月，廢鑒，煞之。誅虎孫三十八人，盡殪石氏。鑒在位一百三日。鑒字太朗，虎第三子也。

又《石閔》 崔鴻《十六國春秋·後趙録》曰：石閔，字永曾，虎之養孫也。父瞻，字弘武，本姓冉，名良，魏郡內黃人也。其先漢黎陽騎督，累世牙門。勒破陳午於河內，獲瞻，時年十二。長而勇悍，便弓馬，臨陣不顧。勒奇之曰：『此兒壯健可嘉。』命虎子之。歷位左積射將軍，封西華侯。閔幼而果鋭，虎撫之如孫。及長，身長八尺，善謀，勇力絶人。虎即位，為修武侯，歷北中郎將。虎之敗昌黎，閔軍獨全，由此功名大顯。

永興元年閏月，司徒申鍾、司空郎闓等四十八人上尊號於閔，僭皇帝位於南郊，大赦，改元，號稱大魏，復姓冉氏。追尊祖隆元皇帝，考瞻烈祖皇帝，母王氏為皇太后，妻董氏為皇后，子智為皇太子。以司馬李農為太宰，諸子皆為縣公。

新興王祗聞石鑒之死，稱尊號於襄國，改年永寧。石祗遣相國汝陰王石琨帥衆十萬伐鄴。六月，進據邯鄲。閔盡衆拒之。琨軍大敗。二年三月，閔攻襄國百餘日，祗懼，乃去皇帝之號，改稱趙王，遣太尉張奉乞師于慕容儁，中軍張春請救於姚弋仲。三月，祗相國汝陰王琨自冀州救祗，弋仲遣子襄帥騎三萬八千，儁遣將軍悦綰帥甲士三萬，勁卒十三萬，四方攻之，祗衛其後，閔師大敗。閔與十餘騎奔還鄴。祗使劉顯帥衆七萬追奔伐鄴。閔盡衆出戰，大敗之，追奔至於陽平。顯懼，密使請降，求煞石祗為效。四月，劉顯煞祗及其丞相樂安王炳、太保張舉等。遣拜顯上大將軍，大單于、冀州牧。祗、炳皆虎之庶子也。

七月，劉顯稱尊號襄國。三年二月，劉顯帥衆伐常山，太守蘇彦告難。閔率騎八千救彦，敗顯於常山，追奔及于襄國。顯大將軍曹伏駒開門為應，遂入襄國，誅顯及其公卿已下百餘人，焚襄國宮室，遷其民於鄴。

三月，慕容儁已克幽、薊，略地至於冀州。閔帥騎擊之，與慕容恪遇於廣臺。恪方陣而前，閔衆寡不敵。所乘赤馬曰朱龍，日行千里，潰圍出，東奔二十餘里，馬無故而死，遂為恪所擒。送之於薊，儁立閔而問之曰：『汝奴僕下才，何敢妄稱天子？』閔曰：『天下大亂，爾曹夷狄，人面獸心，尚欲篡逆。我一時英雄，何為不可作王耶！』儁怒，鞭之三日。遣慕容評帥衆圍鄴。五月，送閔龍城，告恢而煞之。鄴中餓人相食，虎時宮人略盡。冉智尚幼，蔣幹遣詹事劉猗奏表降晉。八月，長水校尉馬願、龍驤將軍田香開門降評。蔣幹懸而下，奔於倉垣。評送閔后董氏、太子智、太尉申鍾及諸王公卿于薊。初，慕容儁斬閔於遏陘山，山左右七里草木悉枯，蝗蟲大起，自五月不雨，至於十二月。儁遣使者祀之，謚曰武悼天王，其日大雨雪。是歲永和八年也。

又　卷一六九《州郡部・淮南道・和州》《郡國志》曰：歷陽西有遏胡城，即王導築以禦石虎。

宋・司馬光《資治通鑑》卷八六《晉紀八・孝惠皇帝下》（晉懷帝永嘉元年）十二月，（乞活田甄等人起兵，聲言）為新蔡王騰報讎。

（永嘉二年正月）漢王淵遣撫軍將軍聰等十將南據太行，輔漢將軍石勒等十將東下趙、魏。《考異》曰：《石勒載記》曰：『元海使劉聰攻壺關，命勒帥所統七千為前鋒都督。劉琨遣護軍黄秀等救壺關，勒敗秀于白田，殺之，遂陷壺關。』事在明年。今從《十六國春秋》。

又　卷八七《晉紀九・孝懷皇帝中》（晉懷帝永嘉三年）王彌、聰共攻壺關，劉琨遣韓述救之。

（永嘉四年七月）安北大將軍趙固隨楚王聰圍河內太守裴整於懷。【略】

十月，（漢河內王）粲出軒轅，掠梁、陳、汝、潁間。

（永嘉五年）王彌與（石）勒，外相親而內相忌。

又　卷八八《晉紀一〇・孝懷皇帝下》（晉懷帝永嘉六年二月）石虎帥騎二千向壽春，遇晉運船，虎將士爭取之，為紀瞻所敗。瞻追奔百里，前及勒軍，勒結陳待之；瞻不敢擊，退還壽春。【略】

王彌既死，漢安北將軍趙固、平北將軍王桑恐為石勒所並，欲引兵歸平陽。軍中乏糧，士卒相食，乃自碻磽津西渡，【略】劉琨以其兄子演為魏郡太守，鎮鄴，固、桑恐演邀之，遣長史臨深為質於琨。琨以固為雍州刺史，桑為豫州刺史。【略】

廣平游綸、張豺【略】據苑鄉【略】。石勒質末柸，遣使求和於疾陸眷，疾陸眷許之。文鴦諫曰：『今以末柸一人之故而縱垂亡之虜，得無為王彭祖所怨，招後患乎！』

又　卷八八《晉紀一〇・孝愍皇帝上》（晉懷帝建興元年，王）浚始者唯恃鮮卑、烏桓以為强，既而皆叛之。加以蝗旱連年，兵勢益弱。【略】

（張）賓曰：『浚名為晉臣，實欲廢晉自立，但患四海英雄莫之從耳；其欲得將軍，猶項羽之欲得韓信也。將軍威振天下，今卑辭厚禮，折節事之，猶懼不言，況為羊、陸之亢敵乎！夫謀人而使人覺其情，難

以得志矣。』【略】

（王浚舍人王）子春曰：『【略】顧以帝王自有歷數。』

又　卷八九《晉紀一一·孝愍皇帝下》（晉愍帝建興二年）正月，（石勒復遣董肇奉表於浚，）期以三月中旬親詣幽州奉上尊號。【略】

（張）賓曰：『彼三方智勇無及將軍者，將軍雖遠出，彼必不敢動，且彼未謂將軍便能懸軍千里取幽州也。輕軍往返，不出二旬，藉使彼雖有心，比其謀議出師，吾已還矣。且劉琨、王浚，雖同名晉臣，實為仇敵。若修箋於琨，送質請和，琨必喜我之服而快浚之亡，終不救浚而襲我也。用兵貴神速，勿後時也。』【略】

（劉）琨，移檄州郡，稱『己與猗盧方議討勒，勒走伏無地，求拔幽都以贖罪。今便當遣六脩南襲平陽，除僭偽之逆類，降知死之逋羯。順天副民，翼奉皇家，斯乃曩年積誠靈祐之所致也！』【略】

（三月）壬申，（石）勒晨至薊，《考異》曰：《三十國春秋》，先言『癸酉，勒取幽州』，後言『壬午，勒晨至薊』。按劉琨表曰：『勒以三月三日徑掩薊城』，然則當言壬申是也。叱門者開門；猶疑有伏兵，先驅牛羊千頭，聲言上禮，言欲以牛羊上浚以為禮。實欲塞諸街巷。浚始懼，或坐或起。勒既入城，縱兵大掠，浚左右請禦之，浚猶不許。勒升其聽事，中庭曰聽事，言受事察訟於是。漢、晉皆作『聽事』，六朝以來乃始加『广』作『廳』，並他經翻。浚乃走出堂皇，堂無四壁曰皇。勒衆執之。【略】使其將王洛生以五百騎送浚于襄國。浚自投于水，束而出之，斬于襄國市。

（石）勒殺浚麾下精兵萬人，浚將佐等爭詣軍門謝罪，饋賂交錯；前尚書裴憲、從事中郎荀綽獨不至，勒召而讓之曰：『王浚暴虐，孤討而誅之，諸人皆來慶謝，二君獨與之同惡，將何以逃其戮乎！』對曰：『憲等世仕晉朝，荷其榮祿，浚雖凶粗，猶是晉之藩臣，故憲等從之，不敢有貳。明公苟不修德義，專事威刑，則憲等死自其分，又何逃乎！請就死。』不拜而出。勒召而謝之，待以客禮。綽，勖之孫也。【略】

（石勒）籍浚將佐、親戚家貲皆至巨萬，惟裴憲、荀綽止有書百餘帙，鹽米各十餘斛而已。勒曰：『吾不喜得幽州，喜得二子。』以憲為從事中郎，綽為參軍。【略】

王浚樂陵太守邵續附於石勒，浚勃海太守東萊劉胤謂續曰：『凡立大功，必杖大義。君，晉之忠臣，奈何從賊以自汙乎！』

又　卷九一《晉紀一三·中宗元皇帝中》（晉元帝大興二年，石）虎徙川部衆五千户於襄國。【略】

（段匹磾）欲移保上谷，代王鬱律勒兵將擊之。【略】

曹嶷遣使賂石勒，請以河為境，勒許之。【略】

（石勒）理曹參軍上黨續咸。

（大興三年）七月祖逖在軍，與將士同甘苦，約己務施，勸課農桑，撫納新附。【略】

（祖逖）禁諸將不使侵暴後趙之民，邊境之間，稍得休息。【略】

宮殿既成，初有門户之禁。

又　卷九二《晉紀一四·中宗元皇帝下》（晉元帝永昌元年）兗州刺史郗鑒在鄒山三年，有衆數萬。戰爭不息，百姓饑饉，掘野鼠、蟄燕而食之，為後趙所逼，退屯合肥。

又　卷九二《晉紀一四·肅宗明皇帝上》（晉明帝太寧元年）後趙中山公虎帥步騎四萬擊安東將軍曹嶷，青州郡縣多降之，遂圍廣固。

又　卷九三《晉紀一五·肅宗明皇帝下》（晉明帝太寧三年）後趙王勒加宇文乞得歸官爵，使之擊慕容廆。以元年廆執其使送建康也。廆遣世子皝、索頭、段國共擊之，索頭，即拓跋氏。以遼東相裴嶷為右翼，慕容仁為左翼。乞得歸據澆水以拒皝，澆水，即澆洛水也。遣兄子悉拔雄拒仁。《考異》曰：《燕書·征虜仁傳》作『悉拔堆』，《後魏書·宇文莫槐傳》作『乞得龜、悉拔堆』，《載記》亦作『龜』，《燕書·武宣紀》作『乞得歸、悉拔雄』，乞從之。仁擊悉拔雄，斬之；乘勝與皝攻乞得歸，大破之。【略】

慕容廆遣段國與世子皝、索頭共擊宇文乞得歸。【略】

乞得歸據澆水以拒皝，遣兄子悉拔雄拒仁。仁擊悉拔雄，斬之；乘勝與皝攻乞得歸，大破之。乞得歸棄軍走，皝、仁進入其國城，使輕兵追乞得歸，過其國三百餘里而還，盡獲其國重器，畜產以百萬計，民之降附者數萬。【略】

又　卷九三《晉紀一五·顯宗成皇帝上之上》（晉成帝咸和元年）十月，後趙王勒用程遐之謀，營鄴宮，使世子弘鎮鄴，配禁兵萬人，車騎所統五十四營悉配之，以驍騎將軍領門臣祭酒王陽專統六夷以輔之。中山公虎自以功多，無去鄴之意，及修三臺，遷其家室，虎由是怨程遐。

又　卷九四《晉紀一六·顯宗成皇帝上之下》（晉成帝咸和三年，劉曜）分遣諸將（石勒）攻汲郡、河内。【略】

十二月，劉曜色陳於洛西，衆十餘萬，南北十餘里。【略】

趙尚書胡勳勸太子熙曰：【略】力不能拒，走未晚也。

（咸和五年）程遐言於勒曰：『天下粗定，當顯明逆順，故漢高祖赦季布，斬丁公。大王自起兵以來，見忠於其君者輒褒之，背叛不臣者輒誅之，此天下所以歸盛德也。今祖約猶存，臣竊惑之。』【略】

及（祖）約之誅，趙左衛將軍、祖逖胡奴王安歎曰：『豈可使祖士稚無後乎？』【略】

趙以（荆州監軍郭）敬為荆州刺史。

又　卷九五《晉紀一七·顯宗成皇帝中之上》（晉成帝咸和七年）勒雖不學，好使諸生讀書而聽之。

（咸和八年）七月，（石）聰本晉人，冒姓石氏。【略】

（石勒）次子宣為使持節、車騎大將軍、冀州刺史，封河間王。【略】

趙劉太后謂彭城王堪曰：『先帝甫晏駕，丞相遂相陵籍如此。』【略】

堪本田氏子，數有功，趙主勒養以為子。【略】

劉氏有膽略，勒每與之參決軍事，佐勒建功業，有呂后之風，而不妒忌更過之。【略】

（苻洪說石虎）曰：『諸氏皆洪家部曲，洪帥以從，誰敢違者！』【略】

（咸和九年）十月，尚書奏：『魏臺請依唐、虞禪讓故事。』（石）虎曰：『（石）弘愚暗，居喪無禮，不可以君萬國，便當廢之，何禪讓也！』【略】

（十一月，石）虎遣郭殷入宮，廢弘為海陽王。弘安步就車，容色自若，謂羣臣曰：『庸昧不堪纂承大統，夫復何言！』羣臣莫不流涕，宮人慟哭。羣臣詣魏臺勸進，虎曰：『皇帝者盛德之號，非所敢當，且可稱居趙天王。』《考異》曰：《三十國》、《晉春秋》：『虎即位，改元永熙』；陳鴻《大統曆》云：『石虎即位，改建平五年為延興，明年改建武』。按：《三十國》、《晉春秋》不記弘改元延熙，虎之立，實延熙元年也，故誤云『永熙』。弘既號『延熙』，虎安肯稱『永熙』！陳鴻云：『虎改建平五年為延興，即是弘踰年不改元也。』恐鴻說誤。幽弘及太后程氏、秦王宏、南陽王恢于崇訓宮，尋皆殺之。【略】

（姚弋仲謂石虎）曰：『弋仲常謂大王命世英雄，奈何把臂受託而返奪之邪？』虎曰：『吾豈樂此哉！顧海陽年少，恐不能了家事，故代之耳。』心雖不平，然察其誠實，亦不之罪。

（咸康元年，石虎）下詔問中書曰：『佛，國家所奉。里閭小人無爵秩者，應事佛不？』著作郎王度等議曰：『王者祭祀，典禮具存。』【略】

趙章武王斌帥精騎二萬並秦、雍二州兵以討薄句大。

（咸康三年）春，正月，庚辰，趙太保夔安等文武五百餘人入上尊號，庭燎油灌下盤，死者二十餘人。《考異》曰：《載記》云『七人』，今從《三十國春秋》。【略】

六月，趙太子邃素驍勇，趙王虎愛之，常謂羣臣曰：『司馬氏父子兄弟自相殘滅，故使朕得至此；如朕有殺阿鐵理否？』【略】

佛圖澄謂（石）虎曰：『陛下不宜數往東宮。』虎將視邃疾，思澄言而還；既而瞋目大言曰：『我為天下主，父子不相信乎！』

（七月，石）虎大怒，廢邃為庶人。其夜，殺邃《考異》曰：《燕書·文明紀》云：『咸康四年四月，石虎至燕城下，會鄴使至，太子邃在後恣酒，入宮殺害，石主大恐，狼狽引還。』又云：『初，帳下吳胄使鄴還，說四月浴佛日，行像詣宮，石太子邃騎出迎像，往來馳騁，無有儲君體。王曰：「古者觀威儀以定禍福，此子虎之副貳，而輕佻無禮，將不得其死然。」及石主東歸，留邃監國，荒敗內亂，以致誅戮。』按：《十六國》、《晉春秋》，殺邃皆在咸康三年，《燕書》恐誤。今從《十六國》、《晉春秋》。及其妃張氏，並男女二十六人同埋於一棺；誅其宮臣支黨二百餘人；廢鄭后為東海太妃。立其子宣為天王皇太子，宣母杜昭儀為天王皇后。

又　卷九六《晉紀一八·顯宗成皇帝中之下》（晉成帝咸康四年）北平相陽裕帥其民數千家登燕山以自固，諸將恐其為後患，欲攻之。虎曰：『裕儒生，矜惜名節，恥於迎降耳，無能為也。』遂過之，至徐無。【略】

陽裕詣軍門降。（石）虎讓之曰：『卿昔為奴虜走，今為士人來，豈識知天命，將逃匿無地邪？』對曰：『臣昔事王公，不能匡濟；逃于段

氏，復不能全。今陛下天綱高張，籠絡四海，幽、冀豪傑莫不風從，如臣比肩，無所獨愧。生死之命，惟陛下制之！』【略】

（石）虎遣使四出，招誘民夷，燕成周內史崔燾、居就令游泓、武原令常霸、東夷校尉封抽、護軍宋晃等皆應之，凡得三十六城。泓，邃之兄子也。冀陽流寓之士共殺太守宋燭以降於趙。燭，晃之從兄也。營丘內史鮮于屈亦遣使降趙。武寧令廣平孫興曉諭吏民共收屈，數其罪而殺之，閉城拒守。朝鮮令昌黎孫泳帥衆拒趙。大姓王清等密謀應趙，泳收斬之；同謀數百人惶怖請罪，泳皆釋之，與同拒守。樂浪太守鞠彭以境內皆叛，選鄉里壯士二百餘人共還棘城。【略】

（五月）戊子，趙兵進逼棘城。燕王皝欲出亡，帳下將慕輿根諫曰：『趙强我弱，大王一舉足則趙之氣勢遂成，使趙人收略國民，兵强穀足，不可復敵。竊意趙人正欲大王如此耳，奈何入其計中乎？今固守堅城，其勢百倍，縱其急攻，猶足支持，觀形察變，間出求利。如事之不濟，不失於走，奈何望風委去，為必亡之理乎！』皝乃止，然猶懼形於色。玄菟太守河間劉佩曰：『今强寇在外，衆心恟懼，事之安危，係於一人。大王此際無所推委，當自强以厲將士，不宜示弱。事急矣，臣請出擊之，縱無大捷，足以安衆。』乃將敢死數百騎出沖趙兵，所向披靡，斬獲而還，於是士氣百倍。皝問計於封弈，對曰：『石虎凶虐已甚，民神共疾，禍敗之至，其何日之有！今空國遠來，攻守勢異，戎馬雖强，無能為患；頓兵積日，釁隙自生，但堅守以俟之耳。』皝意乃安。【略】

趙兵四面蟻附緣城，慕輿根等晝夜力戰，凡十餘日，趙兵不能克，壬辰，引退。【略】

（石）虎還鄴，以劉羣為中書令，盧諶為中書侍郎。【略】

蒲洪以功拜使持節、都督六夷諸軍事、冠軍大將軍，封西平郡公。

【略】

（石）虎曰：『吾方倚其父子以取吳、蜀，奈何殺之！』待之愈厚。

【略】

趙將軍范陽鮮于亮失馬，步緣山不能進，因止，端坐；燕兵環之，叱令起。亮曰：『身是貴人，義不為小人所屈。汝曹能殺亟殺，不能則去！』亮儀觀豐偉，聲氣雄厲，燕兵憚之，不敢殺，以白皝。皝以馬迎之，與語，大悅，用為左常侍，以崔毖之女妻之。

（咸康五年）八月，（石虎以夔安為大都督）帥石鑑、石閔、李農、張貉、李菟等五將軍，兵五萬人寇荆、揚北鄙，二萬騎攻邾城。【略】

（石虎以夔安為大都督）帥石鑑、石閔、李農、張貉、李菟等五將軍、兵五萬人寇荆、揚北鄙，二萬騎攻邾城。【略】

（李）農帥衆三萬與征北大將軍張舉攻燕凡城。燕王皝以榼盧城大悅綰為禦難將軍，授兵一千，使守凡城。及趙兵至，將吏皆恐，欲棄城走。綰曰：『受命禦寇，死生以之。且憑城堅守，一可敵百，有敢妄言惑衆者斬！』衆然後定。綰身先士卒，親冒矢石；舉等攻之經旬，不能克，乃退。虎以遼西迫近燕境，數遭攻襲，乃悉徙其民於冀州之南。【略】

十二月，丁丑，趙太保桃豹卒。

（咸康七年，慕容皝使者劉）翔乃說中常侍彧弘曰：『石虎苞八州之地，帶甲百萬，志吞江、漢，自索頭、宇文暨諸小國，無不臣服；惟慕容鎮軍翼戴天子，精貫白日，而更不獲禮之命，竊恐天下移心解體，無復南向者矣。公孫淵無尺寸之益於吳，吳主封為燕王，加以九錫。今慕容鎮軍屢摧賊鋒，威振秦、隴，虎比遣重使，甘言厚幣，欲授以曜威大將軍、遼西王；慕容鎮軍惡其非正，卻而不受。今朝廷乃矜惜虛名，沮抑忠順，豈社稷之長計乎！後雖悔之，恐無及已。』【略】

趙橫海將軍王華帥舟師自海道襲燕安平，破之。

又　卷九七《晉紀一九·康皇帝》（晉康帝建元元年）七月，趙汝南太守戴開帥數千人降庾翼。【略】

八月，趙王虎命（段）蘭帥所從鮮卑五千人屯令支。

又　《晉紀一九·孝宗穆皇帝上之上》（晉穆帝永和元年）趙王虎使征東將軍鄧恒將兵數萬屯樂安，治攻具，為取燕之計。燕王皝以慕容霸為平狄將軍，戍徒河；恒畏之，不敢犯。

（永和二年）麻秋克金城，縣令敦煌車濟、宛戍都尉敦煌宋矩自殺。秋曰：『皆義士也。』

（永和三年）五月，麻秋與石寧復帥衆十二萬進屯河南，劉寧、王擢略地晉興、廣武、武街，至於曲柳。張重華使將軍牛旋禦之，退守枹罕，姑臧大震。

（永和三年七月）趙王虎復遣征西將軍孫伏都、將軍劉渾帥步騎二萬會麻秋軍，長驅濟河，擊張重華遂城、長最。長最，地名，在金城河北。《考異》曰：《晉春秋》作『上最』。今從《重華傳》。

又　卷九八《晉紀二〇·孝宗穆皇帝上之下》（晉穆帝永和四年）

四月趙秦公韜有寵於趙王虎，欲立之，以太子宣長，猶豫未決。宣嘗忤旨，虎怒曰：『悔不立韜也！』韜由是益驕。【略】

（石韜死，石虎）將出臨其喪，司空李農諫曰：『害秦公者未知何人，賊在京師，鑾輿不宜輕出。』【略】

九月，前趙主曜幼女安定公主。【略】

（石）虎曰：『卿言正起吾意。』戎昭將軍張豺曰：『燕公母賤，又嘗有過；彭城公母前以太子事廢，今立之，臣恐不能無微恨。陛下宜審思之。』

（永和五年）（梁犢）攻陷郡縣，殺長吏、二千石，長驅而東。【略】

蒲洪（以討梁犢功）為侍中、車騎大將軍、開府儀同三司、都督雍·秦州諸軍事、雍州刺史，進封略陽郡公。【略】

乙卯，趙王虎病甚，以彭城王遵為大將軍，鎮關右。【略】

（四月）己巳，（石）虎卒，太子世即位，尊劉氏為皇太后。劉氏臨朝稱制。【略】

（姚弋仲、蒲洪、劉寧及石閔，王鸞共說彭城王遵謂）『今女主臨朝，姦臣用事。【略】』

（五月，石）遵自李城舉兵，還趣鄴，洛州刺史劉國帥洛陽之衆往會之。【略】庚寅，遵擐甲曜兵，入自鳳陽門。【略】假劉氏令曰：『嗣子幼沖，先帝私恩所授，皇業至重，非所克堪；其以遵嗣位。』於是遵即位，大赦，罷上白之圍。辛卯，封世為譙王，《載記》曰：世凡立三十三日。廢劉氏為太妃；《考異》曰：《晉春秋》及《十六國春秋鈔》皆云廢太后為昭儀。今從《載記》。《十六國春秋》及《載記》又云世立三十三日。按四月己巳至五月庚寅，凡二十二日。尋皆殺之。【略】

以義陽王鑒為侍中、太傅，沛王沖為太保，樂平王苞為大司馬，汝陰王琨為大將軍，武興公閔為都督中外諸軍事、輔國大將軍。【略】

閔、農以汝陰王琨為大都督，與張舉及侍中呼延盛帥步騎七萬分討祇等。【略】

武興公（石）閔言於（石）遵曰：『蒲洪，人傑也；今以洪鎮關中，臣恐秦、雍之地非復國家之有。此雖先帝臨終之命，然陛下踐祚，自宜改圖。』【略】

燕王儁以慕容恪為輔國將軍，慕容評為輔弼將軍，左長史陽騖為輔義將軍，謂之『三輔』。【略】

趙揚州刺史王浹舉壽春降（晉），西中郎將陳逵進據壽春。【略】

楊初襲趙西城，破之。【略】

十一月，遵召義陽王鑑、樂平王苞、汝陽王琨、淮南王昭等入議於鄭太后前，曰：『閔不臣之迹漸著，今欲誅之，如何？』鑑等皆曰：『宜然！』【略】

（石閔）殺張后。【略】

秦、雍流民相帥西歸，路由枋頭，共推蒲洪為主，衆至十餘萬。洪子健在鄴，斬關出奔枋頭。鑑懼洪之逼，欲以計遣之，乃以洪為都督關中諸軍事、征西大將軍、雍州牧、領秦州刺史。洪會官屬，議應受與不；主簿程朴請且與趙連和，如列國分境而治。洪怒曰：『吾不堪為天子邪，而云列國乎！』引朴斬之。【略】

（石閔）下令城中曰：『近日孫、劉構逆，支黨伏誅，良善一無預也。』

（永和六年）正月，趙大將軍趙大將軍閔欲滅去石氏迹之，托以讖文有『繼趙李』，更國號曰衛，易姓李氏，大赦，改元青龍。【略】

張沈、張賀度、段勤、楊羣、劉國、段龕、姚弋仲、蒲洪皆不附於閔。【略】

（麻）秋帥衆歸鄴，蒲洪使其子龍驤將軍雄迎擊，獲之，以為軍師將軍。【略】

閏月，《考異》曰：《帝紀》後云閏月；《三十國》、《晉春秋》皆云閏正月。按《長曆》，閏二月。《帝紀》，閏月有丁丑、己丑。按：是歲正月癸酉朔，若閏正月，即無丁丑、己丑。今以《長曆》為據。衛主鑑密遣宦者齎書召張沈等，使乘虛襲鄴。宦者以告閔、農，閔、農馳還，廢鑑，殺之。《載記》曰：鑑立一百三日。並殺趙主虎二十八孫，盡滅石氏。《載記》曰：始勒以

成帝咸和三年僭立，二主四子，凡二十三年。【略】

姚弋仲子曜武將軍益、武衛將軍若帥禁兵數千斬關奔灄頭。【略】

（石）閔曰：『吾屬故晉人也，今晉室猶存，請與諸君分割州郡，各稱牧、守、公、侯，奉表迎晉天子還都洛陽，何如？』尚書胡睦進曰：『陛下聖德應天，宜登大位，晉氏衰微，遠竄江表，豈能總馭英雄，混壹四海乎！』閔曰：『胡尚書之言，可謂識機知命矣。』【略】

二月，燕王儁使慕容霸將兵二萬自東道出徒河，慕輿于自西道出蠮螉塞，儁自中道出盧龍塞以伐趙。以慕容恪、鮮于亮為前驅，命慕輿遲槎山通道。留世子曄守龍城，以內史劉斌為大司農，與典書令皇甫真留統後事。【略】

（慕容）霸軍至三陘，趙征東將軍鄧恒惶怖，焚倉庫，棄安樂遁去，與幽州刺史王午共保薊。【略】

三月，燕兵至無終。王午留其將王佗以數千人守薊，與鄧恒走保魯口。乙巳，儁拔薊，執王佗，斬之。儁欲悉阬其士卒千餘人，慕容霸諫曰：『趙為暴虐，王興師伐之，將以拯民於塗炭而撫有中州也；今始得薊而阬其士卒，恐不可以為王師之先聲也。』儁入都於薊，中州士女降者相繼。【略】

（苻）健代統其衆，乃去大都督、大將軍、三秦王之號，稱晉官爵，遣其叔父安來告喪，且請朝命。【略】

趙新興王祗即皇帝位於襄國，《考異》曰：《晉・帝紀》，祗即位在閏月；《三十國》、《晉春秋》皆在三月。按《十六國春秋》，祗稱帝，拜姚弋仲、苻健官，而不言苻洪。洪三月死，故疑祗以三月即位。改元永寧。以汝陰王琨為相國，六夷據州郡者皆應之。六夷，胡、羯、氐、羌、段氏及巴蠻也。祗以姚弋仲為右丞相、親趙王，待以殊禮。【略】又以苻健為都督河南諸軍事、鎮南大將軍、開府儀同三司、兗州牧、略陽郡公。【略】

初，段蘭卒於令支，段龕代領其衆，因石氏之亂，擁部落南徙。【略】

八月，代郡人趙榼帥三百餘家叛燕歸趙并州刺史張平。【略】

初，勃海賈堅，少尚氣節，仕趙為殿中督。趙亡，堅棄魏主閔還鄉里，擁部曲數千家。燕慕容評徇勃海，遣使招之，堅終不降。【略】

十二月，苻雄擊（石寧）斬之。

又　卷九九《晉紀二一・孝宗穆皇帝中之上》（晉穆帝永和七年二月，趙主祗）遣太尉張舉乞師於燕，許送傳國璽。【略】

（姚弋仲誡子襄之語）：『冉閔棄仁背義，屠滅石氏。我受人厚遇，當為復仇，老病不能自行。【略】

（冉閔）大司馬從事中郎廣寧常煒。【略】

（封裕）曰：『君更熟思，無為徒取灰滅！』（常）煒正色曰：『石氏貪暴，親帥大兵攻燕國都。雖不克而返，然志在必取。故運資糧、聚器械於東北者，非以相資，乃欲相滅也。魏主誅翦石氏，雖不為燕，臣子之心，聞仇讎之滅，義當如何？而更為彼責我，不亦異乎！吾聞死者骨肉下於土，精魂升於天。蒙君之惠，速益薪縱火，使僕得上訴於帝足矣！』【略】

（慕容儁）乃囚煒於龍城。【略】

趙并州刺史張平遣使降秦，秦王以平為大將軍、冀州牧。【略】

悅綰適以燕兵至，去魏兵數里，疏布騎卒，曳柴揚塵，魏人望之恟懼。【略】

四月，渤海人逄約因趙亂，擁衆數千家，附於魏，魏以約為渤海太守。故太守劉準，隗之兄子也；土豪封放，弈之從弟也；別聚衆自守。閔以准為幽州刺史，與約中分渤海。

（永和八年正月）劉顯攻常山，魏主閔留大將軍蔣幹使輔太子智守鄴，自將八千騎救之。顯大司馬清河王寧以棗強降魏。棗強縣，前漢屬清河郡，後漢、晉省，尋復置，屬信都郡。閔擊顯，敗之，追奔至襄國。顯大將軍曹伏駒開門納閔，閔殺顯及其公卿已下百餘人，《考異》曰：閔殺顯，《晉・帝紀》在正月，《十六國春秋鈔》在二月，《燕書》在三月己酉，未知孰是。今從《帝紀》。焚襄國宮室，遷其民於鄴。趙汝陰王琨以其妻妾來奔，斬于建康市，石氏遂絕。自古無不亡之國，宗族誅夷，固亦有之，未有至於絕姓者。石氏窮凶極暴，而子孫無遺種，足以見天道之不爽矣。

魏主閔既克襄國，因遊食常山、中山諸郡。【略】

（冉閔）司徒劉茂、特進郎闓相謂曰：『吾君此行，必不還矣，吾等何為坐待戮辱！』皆自殺。【略】

（冉）閔以所將多步卒，而燕皆騎兵，引兵將趣林中。恪參軍高開曰：『吾騎兵利平地，若閔得入林，不可複製。宜亟遣輕騎邀之，既合而陽走，誘致平地，然後可擊也』。恪從之。【略】

燕人殺魏僕射劉羣，執董閔、張溫，及閔皆送於薊。閔子操奔魯口。高開被創而卒。慕容恪進屯常山，儁命恪鎮中山。【略】

（慕容儁立閔而責之，）閔曰：『【略】我中土英雄，何得不稱帝邪！』【略】

（五月）庚寅，燕王儁遣廣威將軍慕容軍、殿中將軍慕輿根、右司馬皇甫真等帥步騎二萬助慕容評攻鄴。【略】

（慕容儁）賜冉智爵海賓侯。以申鍾為大將軍右長史。【略】

（慕容儁）命慕容評鎮鄴。【略】

（十月）燕王儁以王擢為益州刺史，夔逸為秦州刺史，張平為并州刺史，李歷為兖州刺史，高昌為安西將軍，劉寧為車騎將軍。【略】

趙末，樂陵朱禿、平原杜能、清河丁嬈、陽平孫元各擁兵分據城邑，至是皆請降於燕；燕主儁以禿為青州刺史，能為平原太守，嬈為立節將軍，元為兖州刺史，各留撫其營。

論說

《晉書》卷一〇七《石季龍載記下・論》 夫拯溺救焚，帝王之師也；窮凶騁暴，戎狄之舉也。蠢茲雜種，自古為虞，限以塞垣，猶懼侵軼，況乃入居中壤，窺我王政，乘弛紊之機，睹危亡之隙，而莫不嘯羣鳴鏑，汨亂天常者乎！

石勒出自羌渠，見奇醜類。聞鞞上黨，季子鑑其非凡；倚嘯洛城，夷甫識其為亂。及惠皇失統，宇內崩離，遂乃招聚蟻徒，乘間煽禍，虔劉我都邑，翦害我黎元。朝市淪胥，若沈航於鯨浪；王公顛僕，譬游魂于龍漠。豈天厭晉德而假茲妖孽者歟！觀其對敵臨危，運籌賈勇，奇謨間發，猛氣横飛。遠嗤魏武，則風情慷慨；近答劉琨，則音詞倜儻。焚元超於苦縣，陳其亂政之愆；戮彭祖于襄國，數以無君之罪。於是跨躡燕、趙，併吞韓、魏，杖奇材而竊徽號，擁舊都而抗王室，褫毯裘，襲冠帶，釋介胄，開庠序，鄰敵懼威而獻款，絕域承風而納貢，則古之為國，曷以加諸！雖曰凶殘，亦一時傑也。而托授非所，貽厥無謀，身隕嗣滅，業歸攜養，斯乃知人之暗焉。

季龍心昧德義，幼而輕險，假豹姿於羊質，騁梟心於狼性，始懷怨懟，終行篡奪。於是窮驕極侈，勞役繁興，畚鍤相尋，干戈不息，刑政嚴酷，動見誅夷，惵惵遺黎，求哀無地，戎狄殘獷，斯為甚乎！既而父子猜嫌，兄弟仇隙，自相屠膾，取笑天下。墳土未燥，禍亂薦臻，釁起于張豺，族傾于冉閔，積惡致滅，有天道哉！夫從逆則凶，事符影響；為咎必應，理若循環。世龍之殪晉人，既窮其酷；永曾之誅羯士，亦殲其類。無德不報，斯之謂乎！

又《石季龍載記贊》 中朝不競，蠻狄爭衡。塵飛五嶽，霧晻三精。狡焉石氏，怙亂窮兵。流灾肆慝，剽邑屠城。始自羣盜，終假鴻名。勿謂凶醜，亦曰時英。季龍篡奪，淫虐播聲。身喪國泯，其由禍盈。

宋・洪邁《容齋隨筆》卷九《石宣為彗》 石虎將殺其子宣，佛圖澄諫曰：『陛下若加慈恕，福祚猶長，若必誅之，宣當為彗星下掃鄴宮。』虎不從。明年，虎死。二年，國亡。《晉史》書之以為澄言之驗。予謂此乃石氏窮凶極虐，為天所棄。豈一逆子便能上干玄象，起彗孛乎？宣殺其弟韜，又欲行冒頓之事，寧有不問之理？澄言既妄，史氏誤信而載之，《資治通鑑》亦失於不刪也。

藝文

清・彭定求等《全唐詩》卷一九《相和歌辭・李白〈對酒〉二首・其二》 棘生石虎殿，鹿走姑蘇臺。自古帝王宅，城闕閉黃埃。

又 卷二九《雜歌謠辭・李頎〈鄭櫻桃歌〉》 石季龍，僭天祿。擅雄豪，美人姓鄭名櫻桃。櫻桃美顏香且澤，娥娥侍寢專宮掖。後庭卷衣三萬人，翠眉清鏡不得親。官集作宮軍女騎一千匹，繁花照耀漳河春。織成花映紅綸巾，紅旗掣曳鹵簿新。鳴鼙走馬接飛鳥，銅馱琴瑟隨去塵。鳳陽重門如意館，百尺金梯倚銀漢。自言富貴不可量，女為公主男為王。赤花雙簟珊瑚床，盤龍斗帳琥珀光。淫昏偽位神所惡，滅石者陵終不誤。鄴城蒼蒼白露微，世事翻覆黃雲飛。

又 卷一三三《**李頎**〈**鄭櫻桃歌石季龍，僭天祿，擅雄豪，美人姓鄭名櫻桃。**〉》 櫻桃美顏香且澤，娥娥侍寢專宮掖。後庭卷衣三萬人，翠眉清鏡不得親。宮軍女騎一千匹，繁花照耀漳河春。織成花映紅綸巾，紅旗掣曳鹵簿新。鳴鼙走馬接飛鳥，銅駝瑟瑟隨去塵。鳳陽重門如意館，百尺金梯倚銀漢。自言富貴不可量，女為公主男為王。赤花雙簟珊瑚床，盤龍斗帳琥珀光。淫昏僞位神所惡，滅石者陵終不悟。鄴城蒼蒼白露微，世事翻覆黃雲飛。

又 卷三七一《**呂温**〈**題石勒城二首**〉》 長驅到處積人頭，大旆連營壓上游。建業烏棲何足問，慨然歸去王中州。天生傑異固難馴，應變摧枯若有神。夷甫自能疑倚嘯，忍將虛誕誤時人。

又 卷六三四《**司空圖**〈**洛陽詠古一作胡曾詩**〉》 石勒童年有戰機，洛陽長嘯倚門時。晉朝不是王夷甫，大智何由得預知。

又 卷六四七《**胡曾**〈**詠史詩·豫州**〉》 策馬行行到豫州，祖生寂寞水空流。當時更有三年壽，石勒尋為關下囚。

《**全宋詩**》卷一八〇一《**釋宗演**〈**題石勒王見佛圖澄畫像**〉》 立地成佛殺人漢，握節當胸更問誰。莫怪阿師佯瞌睡，要渠回首自知非。

又 卷一九八四《**陳長方**〈**山簡習池**〉》 夷甫清言百不知，山公日醉習家池。晉朝將相元如此，石勒劉淵自奮飛。

又 卷三〇四七《**劉克莊**〈**雜詠一百首·澄公**〉》 值亂行何適，隨緣住亦安。能將石虎輩，只作海鷗看。

又 卷三〇五一《**劉克莊**〈**石虎禮佛圖**〉》 一虎雖兇暴，其尊孔釋同。矯情饋夫子，合爪禮澄公。

又 卷三五八二《**錢選**〈**題石勒問道圖**〉》 磊落為人天下奇，來參佛法始知機。一言能悟圓通理，卻笑劉聰事事非。

又 卷三六五一《**陳普**〈**詠史下·顧榮**〉》 石勒王彌尚未昌，東南先有顧丹陽。顧榮持易淳于首，未必江東只許長。扶日上天門，隨雲拜東皇。我逖誓興晉，鄭畋義扶唐。人謀豈云及，天命不於堂。泗水沉洛鼎，薊丘植汶篁。瑤宮可敦後，玉陛單于王。革命曠千古，被髮綿八荒。海流忽西注，天旋俄右方。嗟予俘為馘，萬里勞梯航。秋風上甌脫，夜雪臥桁楊。南冠鄭大夫，北窖蘇中郎。龍蛇共窟穴，蟻虱連衣裳。周旋渡勃間，宛轉沮洳場。漠漠蒼天黑，悠悠白日黃。風埃滿沙漠，歲月稔星霜。地下雙氣烈，獄中孤憤長。唯存葵藿心，不改鐵石腸。斷舌奮常山，抉齒厲睢陽。此志已溝壑，餘命終巖牆。夷吾不可作，仲連久云亡。王衍勸石勒，馮道朝德光。末俗正靡靡，横流已湯湯。餘子不足言，丈夫何可當。

又 卷三六九四《**羅公升**〈**燕城讀史**〉》 石虎父子恃兵刀，卜世謂與天地期。那知喋血宮庭者，儘是懷中抱弄兒。

又 《**讀史**》 季龍紾兄臂，晚以兵自强。笑看華林花，謂與天地長。豈知肘腋間，豚犬皆豺狼。多須既濫死，朽骨汙清漳。

《**全元詩**》第二冊《**元好問**〈**石勒問道圖**〉》 輕比韓彭作李陽，高僧久已笑君狂。中原果有劉文叔，肯說鈴聲替戾岡。

又 第四冊《**郝經**〈**沙洲夜泊**〉》 一來駐泊便淹旬，洲渚人家雁鶩村。滿地月明疑白晝，半帆煙影易黃昏。天連平楚無邊闊，河入長淮徹底渾。夷甫諸人憑寄語，莫教石勒上東門。

又 《**石勒墓**》 都門長嘯氣憑陵，瓜割中原霸業興。夜葬山谷人不見，至今猶有守墳僧。

又 第二二冊《**劉詵**〈**南樓乘月**〉》 人間塵埃能幾何，夜夜明月九州白。獨提愁發禦秋風，漢江染之不成黑。江流迎我來滔滔，古今銷盡黃龍高。樓頭攜酒邀天飲，我與殷庾為三豪。吳姬膚肉映肪雪，笑倩坐客穿舞袍。胡床吹玉龍，朱闌懸豪曹。已傾四海添我酒，更推三山鱠其鼇。苻堅石勒豎子耳，尺組縻之如猿猱。昔人功名何足論，惟有風流千載存。當時結束不成興，誰愛明月來端門。我起舞，君莫回，姮娥隨人不可推。君捉我影入我手，酌君玻瓈三萬杯。

又 第四七冊《**葉顒**〈**題石勒參佛圖澄手卷六首**〉**其一**》 石勒亡宗怨季龍，虎于冉閔恨何窮。佛圖果有仙人見，盍把深機悟二公。

又 《**其二**》 劉曜成擒一語中，漚麻老禿亦英雄。可憐只辦平常事，忘卻中原逐鹿功。

又 《**其三**》 何須傾意扣圖澄，眼見狂劉一鼓擒。絕勝漚麻池水上，老拳毒手日相尋。

又 《**其四**》 推恩忘怨漚麻池，便是劉郎就縛時。成敗當年人盡識，未應惟有一僧知。

又《**其五**》　擒劉奇策算無遺，石氏存亡必已知。三十六孫同日死，佛圖何不預言之。

又《**其六**》　東門倚嘯聲音遠，西域參陪禮義專。折節李陽吾未論，並驅光武孰先鞭。

《**明詩紀事**》**卷一二**《**陳獻章**〈**感劉琨與盧諶事**〉》　越石信英臣，子諒亦文雅。生遭晉運微，奔走風塵下。晉陽笑明月，胡雛夜回馬。并州困石勒，從事為別駕。成敗非所論，吾憐鑿抔者。

又　卷一三《**唐文鳳**〈**上東門行**〉》　上東門，在何所，河陽城南瀍河滸。舊時豪華今已空，惟有當年一抔土。聞說漢家全盛秋，門前列第皆王侯。朱輪翠轂日來往，凝笳疊鼓長喧啾。畫簷雕拱接宮觀，十里香塵飛不斷。天上頻頒丹詔過，民間屢免田租半。白髮老人不識兵，閭閻小兒歌太平。鬬雞走馬尋常事，豈有紛紛愁歎聲。二疏乞歸章初上，公卿曾此盛供帳。道傍觀者如雲屯，雜彩從車幾千輛。韶華轉眼流星過，倏忽荆棘埋銅駝。逢萌掛冠固已矣，石勒倚嘯將如何。往事傷心不能道，惆悵東門何足保。君不見北邙山頭四五陵，玉匣珠襦總荒草。

又　卷二〇《**劉溥**〈**感懷**〉》　塞雁南飛又北旋，上皇音問轉茫然。孤臣自恨無容地，逆虜猶存共戴天。王衍昔年知石勒，謝玄何日破苻堅。京城四塞山河固，一望龍沙一淚漣。

《**清詩匯**》**卷二六**《**王廷璧**〈**邢臺**〉》　塵土彫殘客裏顔，馬頭隱約見雄關。草萊濕緑長煎雨，雲插空青欲占山。流水遠通寒棘外，小橋孤臥野花灣。季龍宮殿知何處，惟見蒼苔點石斑。

又　卷一四三《**戴粟珍**〈**順德道中雜感**〉**其三**》　雕盤大漠雁横天，割據王侯舊有年。石勒歸來先霸趙，慕容老去尚圖燕。丈夫膽直羞狐媚，回部營開枕駱眠。六代茫茫零落盡，惟餘鴉點蕩寒煙。

又　卷一七七《**黄紹弟**〈**讀辛忠敏南渡録**〉》　長城迤邐西復東，烽火猶照甘泉宮。熒惑入斗下殿走，黄沙萬里鵑花紅。神州陸沈始典午，銅駝荆棘無寧宇。行酒天子泣逋臣，奉巾庶人頌聖主。建業銅馬浮江來，長淮以北多蒿萊。襄國岧嶢季龍闕，長川巀嶪佛狸臺。

雜録

北魏・酈道元《**水經注**》**卷五**《**河水**》　石勒之襲劉曜，途出於此，以河冰泮為神靈之助，號是處為『靈昌津』。【略】

徐廣《晉紀》又言，石勒自葛陂寇河北，襲汲人向冰於枋頭，濟自棘。棘津在東郡、河内之間，田融以為即石濟南津也。雖千古茫昧，理世玄遠，遺文逸句，容或可尋，沿途隱顯，方土可驗。【略】

田融云：趙武帝十二年，立建興郡，治廣宗，置建始，興德五縣隸焉。

又　卷九《**淇水**》　田融言，趙立建興郡於城内，置臨清縣于水東，自趙石始也。【略】清河又東徑漂榆邑故城南，俗謂之角飛城。《趙記》云：石勒使王述煮鹽於角飛，即城異名矣。

南朝宋・劉義慶《**世說新語・言語**》　佛圖澄與諸石遊，《澄別傳》曰：『道人佛圖澄，不知何許人，出於燉煌，好佛道，出家為沙門。永嘉中，至洛陽，值京師有難，潛遁草澤間。石勒雄異好殺害，因勒大將軍郭默略見勒。以麻油塗掌，占見吉凶。數百里外聽浮圖鈴聲，逆知禍福。勒甚敬信之。虎即位，亦師澄，號大和尚。自知終日，開棺無屍，唯袈裟法服在焉。』林公曰：『澄以石虎為海鷗鳥。』《趙書》曰：『虎字季龍，勒從弟也。征伐每斬將搴旗。勒死，誅勒諸兒，襲位。』

又《**識鑑**》　石勒不知書，《石勒傳》曰：『勒字世龍，上黨武鄉人，匈奴之苗裔也。雄勇好騎射。晉元康中，流宕山東，與平原茌平人師歡家庸，耳恆聞鼓角鞞鐸之音，勒私異之。初，勒鄉里原上地中生石日長，類鐵騎之象。國中生人參，葩葉甚盛。于時父老相者皆云：「此胡體貌奇異，有不可知。」勸邑人厚遇之，人多哂而不信。永嘉初，豪傑並起，與胡王陽等十八騎詣汲桑，為左前督。桑敗，共推勒為主。攻下州縣，都於襄國。後僭正號，死，謚明皇帝。』使人讀《漢書》。聞酈食其勸立六國後，刻印將授之，大驚曰：『此法當失，云何得遂有天下？』至留侯諫，乃曰：『賴有此耳！』鄧粲《晉紀》曰：『勒手不能書，目不識字，每於軍中令人誦讀，聽之，皆解其意。』

隋・虞世南《**北堂書鈔**》**卷九二**《**禮儀部十三・葬**》　《趙書》云：前石有佛圖澄，號曰『大和尚』，道法大行，終于建武末，葬鄴西紫陌。先造生墓已數年矣。

又 卷一一二《樂部八・倡優》 《趙書》云：石勒參軍周延每大會，使與俳兒著介幘，黄絹單衣。

《石虎鄴中記》云：虎正會，殿前下大四圍，上漸小，坐妓兒於上，四面俳舞，或鳥飛，或倒掛也。

又云：虎正會，殿前作樂，有額上緣橦，至上飛左回右轉。又以橦著口齒上，亦如之。

《石虎鄴中記》云：虎正會，前作樂，衣妓兒作獼猴形，走馬上，或馬腦，或馬尾，馬走如故，名為猨騎。

又 卷一一七《武功部五・騎》 《鄴中記》云：石虎皇后出，女騎千人，脚皆著五采鞾也。

又 卷一二五《武功部十三・弓》 《鄴中記》云：石虎女騎，皆手握雌黄宛轉角弓。

又 卷一二六《武功部十四・步叉》 《趙書》云：石虎破劉曜，獲金銀步叉。

又 卷一二九《衣冠部下・袍》 《鄴中記》云：石虎臨軒大會，著丹紗袍。

又 《袴褶》 《鄴中記》云：石虎獵，著金縷令歡袴。

又 《綸巾》 《鄴中記》云：石虎皇后出，以女騎一千為鹵簿令，冬月皆著紫綸巾。

又 卷一三一《儀飾部下・璽》 《石勒別傳》云：韓强在長城縣西山巖石闕得玄璽一所，方四寸，厚二寸，石虎以為縣瑞。

又 卷一三二《服飾部一・幌》 《石虎鄴中記》云：石虎太武殿西有崑華殿，閣上通支不壁，輒開大窗，皆絳紗幌。

又 《帳》 《石虎鄴中記》云：冬月，繰大明光綿絮，以房子綿一百二十斤，白縑為裏，名復幄。帳之四角，安純金銀，鑿鏤香爐以石墨燒集和名香帳。頂上安金蓮花，中縣金薄，織成綩囊，飾以口口囊，受三升，以盛香。帳之四面，上十二香囊，采色亦同，但小囊耳。百丈以經，節貫玉璧內帳雄也。

又 《屏風》 《鄴中記》云：石虎作金銀鈕屈膝屏風，依以白縑，高施則八尺，下施則四尺，或施六尺，從意所欲。畫義士、仙人、禽獸之相，讚皆三十二言。

又 卷一三三《服飾部二・牀》 《鄴中記》曰：石虎於正殿安牀，辟方三丈，其餘牀皆局脚高六尺。後宮別房中有小形玉牀。

又 《席》 《鄴中記》云：石虎作席，以金裹五香，雜以五色綫，編蒲皮，緣之以錦。石虎御坐之制，必以五色線隔蒲心為之薦席也。

又 《案》 《鄴中記》云：石虎以宮人為官，門下通事以玉案行文書。

又 《几》 《鄴中記》云：石虎御坐，几悉漆雕畫以五色。

又 《杖》 《三石遺事》云：佛圖澄死，以所服金鈿杖內棺中。冉閔後開棺視之，唯見金杖。

又 卷一三四《服飾部三・扇》 《鄴中記》云：石虎作雲母五明金薄莫難之扇，此一扇之名也。扇畫列仙、奇鳥獸，其五明方中辟方三寸，或五寸，雲母帖其中，細縷縫其際，雖掩畫象，而采色明徹，看之如謂可取，故名為『莫難』者也。

又 卷一三五《服飾部四・香爐》 《鄴中記》曰：石虎冬月為復帳，帳之四角安純金銀鑿鏤香爐。

又 《粉》 《鄴中記》曰：石虎以胡椒和粉泥壁，曰椒房。

又 卷一三六《服飾部五・鏡》 《鄴中記》云：石虎三臺及內宮中，鏡有徑三尺者，下有純金盤龍及彫飾，金用數斤者也。

又 《鏡臺》 《二石遺事》云：石虎晉咸康二年遷都鄴宮，照一大鏡，不見頭。

又 《囊》 《鄴中記》云：石虎造流蘇帳，上安金蓮花，中縣金薄盛腕囊，盛異香。帳之四面上十二香囊，米色絲同。

又 卷一三九《車部上・總載》 蕭方等《三十國春秋》曰：石勒進攻河東，太守鄧悠奔於李鴻，塢陷。勒以悠為參軍，而悠車所止與胡人鄰轂。胡人失火，燒車。勒吏問，胡以誣悠，悠不與之諍誣，聽之。胡厚德之，尋乃遺悠疆馬，送之逸，以報德焉。

又曰：後趙沙門吳進言於石虎曰：『朝運將衰，晉當復興，宜苦役晉人以厭其口。』虎納之，於是使尚書張郡發近郡男女六十萬人、車十一萬乘，築城及長牆於鄴北，廣長五里。

又 卷一四〇《車部中・輦》 《石虎鄴中記》云：石虎好遊獵，體轉壯大，不復乘馬，作獵輦，使二十人擔之，如今之步輦。上安徘徊曲蓋，當作處施轉關，若射鳥獸，宜有所向關，隨身而轉。

《石虎鄴中記》云：虎南郊有金根輦，皆駕馬載四人也。**【略】**

《石虎鄴中記》云：石虎皇后出，乘嵩路輦、武玉路輦。

又云：石虎皇后出，乘嵩路輦，或朱漆臥輦，以純雲母代紗。

《石虎鄴中記》云：石虎南郊，有徘徊武剛輦數百乘，皆駕馬，上載四人也。

又云：石虎大駕，有金根輦、武剛輦數百乘。

《石虎鄴中記》云：虎作獵輦，使二十人儋之，如今之步輦。上安徘徊曲蓋，當坐處施轉關，若射鳥獸，宜有所句關，隨身而轉。

又云：虎皇后出乘嵩路輦，或朱漆臥輦，以純雲母代紗，内外四望皆通徹。

《趙書》云：前石有佛圖澄，號曰『大和上』，有事語，乃命大和上乘板輦也。

又 卷一四三《酒食部二・總下》 《趙書》云：石勒建武時斷寒食。至年五月，暴風霹雷雨雹，大者如彈丸，平地三尺潦起并州。勒問徐光，光曰：『去年不禁寒食。』勒復之。

又 卷一五七《地部一・堆》 《趙書》：劉曜追石虎至高堆地。

又 卷一六〇《地部四・石》 《三十國春秋》曰：石勒僭即位。初大康中，有山石似蹲狗之狀，行者過，輒唆之。

崔鴻《後趙録》曰：石勒有赤黑雲如幕，長數十疋，交錯，聲如雷震，落地氣熱熊起連天。時人往視之，土猶然沸，見有一石，方尺餘，青色，而輕其音若磬。

崔鴻《後趙録》曰：涂中有大石，二丈許，自立。石勒命斷之，有魚羊之文，於是字玄羊。

崔鴻《後趙録》云：石虎末，洛城西北九里石牛在青山硤上忽鳴喚，聲聞三十里。遣人打洛兩耳及尾鐵釘四脚。

崔鴻《後趙録》云：石虎起河橋，採石為中濟，石無大小下輒隨流。

《石勒別傳》曰：初，勒鄉里所居原上地中石生，日長類鐵騎之象。于時時父老相者皆云：此胡體貌奇異，有大志，其終不可量。勸邑人厚遇之。

唐・歐陽詢等《藝文類聚》卷一八《人部二・美婦人》 《鄴中記》曰：陳逵妹，才色甚美，髮長七尺，石季龍以為夫人。

《趙書》曰：汲桑，六月盛暑，重裘累茵，使人扇，患不清涼，斬扇者，時軍中為之謡曰：『士為將軍何可羞，六月重茵被豹裘，不識寒暑斬他頭。』

又 卷八〇《火部・燈》 《鄴中記》曰：石虎正旦會於殿前，設百二十枝燈。

又 《庭燎》 《鄴中記》曰：石虎正會，殿庭中，端門外，閶闔前，設庭燎，皆二合，六處皆六丈。

《趙書》曰：石勒造庭燎於橦末，高十丈，上盤置燎，下盤安人以侍燎，緶繳上下。

又 卷八五《百穀部・豆》 《鄴中記》曰：石勒諱胡，胡物皆改名，胡餅曰麻餅，胡綏曰香綏，胡豆曰國豆。

又 《布帛部・絹》 《趙書》曰：石勒參軍周雅，為館陶令，盜官絹數百疋，下獄，後每設大會，使與俳兒，著介幘，絹單衣，優問曰：『汝為何官，在我俳中？』曰：『本館陶令，計二十數單衣，曰「政坐耳」，是故入輩中。』以為大笑。

又 卷八六《果部上・桃》 《鄴中記》曰：石虎苑中有勾鼻桃，重二斤半。

又 卷八七《果部下・棗》 《鄴中記》：石季龍園中有羊角棗，三子一尺。

又 卷八八《木部上・榆》 《趙書》曰：從幽州大道呼沱河，造浮橋，植行榆五十里，署行宮。

《石虎鄴中記》曰：襄國鄴路，千里之中，夾道種榆，盛暑之月，人行其下。

又 卷八九《木部下・長生》 《鄴中記》曰：金華殿後，有皇后長生樹。

浴室，種雙長生樹，枝條交於棟上，團團車蓋形，冬日不彫，葉大如掌，至八九月乃生華，華色白，子赤，大如橡子，不中啖也，世人謂之西王母長生樹。

又 卷九九《祥瑞部下・兔》 《石勒傳》曰：莊平民師歡，上黑兔，令曰：『按《記》，應白兔為瑞，此黑兔曰祥。』外撿典舊，議者以為：『黑兔見，水德之祥。往公孫臣以為漢家土行，當有黃龍為瑞，後黃龍見於成紀，遂從土德。今大趙革命，以水受金。夫兔陰獸，玄水色，黑色見，以表應行。以推之，黑兔上應。』

唐・徐堅《初學記》卷三《歲時部上・夏》 陸翽《鄴中記》曰：石季龍于冰井臺藏冰，三伏之日，以冰賜大臣。

又 卷四《歲時部下・三月三日》 陸翽《鄴中記》：華林園中千金堤。作兩銅龍，相向吐水，以注天泉池，通禦溝中。三月三日，石季龍及皇后百官臨池會。

又 卷八《州郡部・河東道》 《十六國春秋》曰：石勒當生之時，北山上草木，變為鐵騎形。【略】

又曰：石季龍自襄國至鄴，二百里輒立一宮。宮有一夫人，侍婢數十。凡季龍所起內外大小殿九，臺觀行宮四十四所。

又 卷一一《職官部上・中書令》 崔鴻《後趙録》曰：徐光，字季武，頓邱人，幼有文才。年十三，王陽攻頓邱，掠之。而令主秣馬，光但書往作詩賦，左右以白勒。勒令召光，付紙筆，光立為頌。賜衣服，遷為中書令。

又 卷一五《樂部上・雜樂》 高絙鳳皇，安息五案，並石季龍所作。見《鄴中記》。

又 卷二〇《政理部・獄》 崔鴻《後趙録》曰：石季龍幽中書令徐光于襄國詔獄。光在獄中注解經史十餘萬言。

又 卷二二《武部・甲》 陸翽《鄴中記》曰：石季龍左右直衛萬人，皆著五色細鎧，光耀奪目。

又 卷二五《器物部上・屏風》 陸翽《鄴中記》曰：石季龍作金鈕屈膝屏風，衣以白縑，畫義士、仙人、禽獸。

又 《床》 《鄴中記》曰：石季龍御床，辟方三丈，有轉關床，射鳥獸。

又 《席》 《鄴中記》曰：石季龍作席，以金裹五香，雜以五采綫，編蒲皮，緣之以錦六采，席所以祭天。見敍事。

又 《扇》 《鄴中記》曰：石季龍作雲母五明金薄莫難扇，此一扇之名也。薄打純金如蟬翼，二面有漆畫列仙奇鳥異獸。其五明方中辟方三寸或五寸，隨扇大小，雲母帖其中，細縷縫其際，雖掩盡而彩色明徹，看之如謂可取，故名莫難也。季龍出時，以扇挾乘輿。

《鄴中記》曰：季龍出時，乘輿用桃枝扇。或緑沉色，或木蘭色，或紫紺色，或鬱金色。

又 《香爐》 《鄴中記》曰：石季龍冬月為復帳，四角安純金銀鑿鏤香爐。

又 《鏡》 《鄴中記》曰：石季龍三臺及內宮中鏡，有徑二三尺者，有尺五寸者。

又 《車》 《鄴中記》曰：石季龍皇后出嵩，乘輅輦。或朱漆臥輦，以雲母代紗，內外四望，皆通徹也。

又 卷二六《器物部下・弁》 《鄴中記》曰：石季龍官婢數十，盡著皂褠，頭著神弁，如今禮先冠。西王母文帶靈飛綬，上元夫人佩鳳文臨華綬。

又 卷二七《寶器部・錦》 陸翽《鄴中記》曰：石季龍冬月施熟錦流蘇鬭帳，四角安純金龍頭，銜五色流蘇；或用黃綈，博山文錦；或用紫綈，大小明光錦。

又 卷三〇《鳥部・鳳》 陸翽《鄴中記》曰：石季龍皇后在觀上，有詔書五色紙，著鳳口中。鳳既銜詔，侍人放數百丈緋繩，轆轤徊轉，鳳皇飛下。鳳以木作之，五色漆畫，咮脚皆用金。晉顧愷之《鳳賦》曰：朱冠赫以雙翹。

唐・李亢《獨異志》卷中 石虎于太武殿前造樓，高四十丈，以珠為簾，五色玉為佩。每風至，即驚觸似音樂在空。過者皆仰視，愛之。又屑諸異香如粉，撒樓上，風吹四散，謂之『芳塵』。

宋・李昉等《太平御覽》卷九《天部九・風》 《佛圖澄傳》曰：石虎時，自正月至六月不雨，澄詣滏口祠，稽首暴露，即有二白龍降祠下，於是雨遍數千里。

《趙録》曰：石勒時忽有旋風下屬地，隱隱雷聲，良久，視之，見大石。

又 卷二一《時序部六·夏上》 陸翽《鄴中記》曰：石季龍於冰井臺藏冰，三伏之月，以冰賜大臣。

又 卷二九《時序部十四·元日》 《鄴中記》曰：石虎正會，虎於正殿南面臨軒，施流蘇帳，皆竊擬禮制，整法服，冠通天，佩玉璽，玄衣纁裳，畫日月山龍黼黻華蟲粉米。尋改車服，著遠遊冠，前安金博山，蟬翼丹紗裹服。太昕行禮，公執珪，卿執羔，大夫執雁，士執雉，一如舊禮。充庭車馬，金銀玉輅，革輅數千。

又 卷三〇《時序部十五·三月三日》 《鄴中記》曰：石虎三月三日臨水會，公主妃主名家婦女無不畢出，臨水施帳幔，車服粲爛，走馬步射，飲宴終日。

陸翽《鄴中記》曰：華林園中千金堤上，作兩銅龍，相向吐水，以注天泉池，通御溝中，三月三日，石季龍及皇后百官臨池會賞。

又 卷三一《時序部十六·伏日》 王翽《鄴中記》曰：石季龍于冰井臺藏冰，三伏之月，以冰賜大臣。

又 卷三四《時序部十九·寒》 《石虎別傳》曰：十三年春二月，虎率三公九卿躬耕籍田，后率二夫人命婦，先蠶近郊。是歲八月雨雪大寒，行旅凍死。

又 卷四四《地部九·關中蜀漢諸山·雞頭山》 崔鴻《十六國春秋》云：石生不能守長安，欲西上隴，士卒散盡，遂入雞頭山，為追兵所害。山在鄠縣東。

又 卷四五《地部十·河北諸山·五指山》 《十六國春秋》云：石勒當生之時，此山上草木皆為鐵騎之形。

又 卷五二《地部十七·石下》 《石虎鄴中記》曰：孟津河東去鄴城五里，有濟北郡穀城縣，有穀城山，是黃石公所葬處。有人登此山，見崩土中有文石，石文鮮明。虎使採取以治宮殿，又免穀城令，不奏聞故也。

又 卷六八《地部三十三·冰》 《趙書》曰：劉曜攻石勒，將戰，曜欲乘大赤馬，馬無故躑躅不可近，於是退赤馬。及合陣敗走，曜體素壯，馬小不勝陷冰，為石堪所擒也。

又 《冰》 《異苑》曰：石勒伐劉曜於洛陽，從大河南濟，時河凍將合，軍至而冰自泮，舟楫無閡，遂生擒曜，謂是神靈之助。

又 卷七一《地部三十六·津》 崔鴻《十六國春秋》曰：石虎起河橋於靈昌津，採石為中濟，石無大小輒隨流，用功五百餘萬而終不成。虎遣散騎侍郎崔收沉璧中流告神，已，地震水流莫不傾壞，壓死者百餘人。虎甚怒，乃斬工匠，止作而還。

《異苑》曰：石勒元初十一年，伐劉曜於洛陽，從大河南濟，時凍將合，軍至而冰自泮，舟楫無閡，遂生擒曜，謂是神靈之助，改名靈昌津。

又 卷一四二《皇親部八·後趙石勒劉后》 崔鴻《三十國春秋·前趙録》曰：石勒劉皇后，侍中閏之妹，後部胡人也。勒納之于胡關，美色，有特寵。張枰反於襄城，后抽劍斬之，勒賴后濟。后性惠，有幹略，助理軍國之務，有呂氏輔漢之風，然嚴整貞婉容裕不妒忌過之也。石弘即位，尊為皇太后。與彭城王堪謀殺石虎，謀泄，虎殺之。

又 卷一四五《皇親部十一·才人》 崔鴻《三十國春秋·後趙録》曰：石虎杜皇后，名珠，不知何許人。平幽州，在王浚妓中，虎見而悅之，因請於勒。勒引見，號曰才人，以賜虎。性恭惠柔婉，寵倖亞于鄭后也。

又 《女侍中》 《鄴中記》：石虎置女侍中，皆貂蟬，直侍皇后。

又 《女尚書》 陸翽《鄴中記》曰：石虎征討所得美女萬餘，以為宮人，簡其有才藝者為女尚書。

又 《女史》 崔鴻《三十國春秋·後趙録》曰：石虎置女太史於靈臺，仰觀災祥，以考外太史，驗察虛實。

又 卷一七三《居處部一·宮》 《鄴中記》曰：石虎在時，自襄國至鄴二百里中，四十里輒立一宮，宮有一夫人，侍婢數十，黃門宿衛，石虎下輦即止。凡虎所起，內外大小殿、臺、觀、行、宮四十四所。

又 卷一八二《居處部十·門上》 《後趙録》曰：建武十年，白虹出自大社，經鳳陽門，東南連天，十餘刻乃滅。於是閉鳳陽門，唯元日乃開。

又　卷一八三《居處部十一·門下》　《石虎鄴中記》曰：鄴宮南面三門，西鳳陽門，高二十五丈，上六層，反宇向陽，下開二門；又安大銅鳳於其鎮，舉頭一丈六尺；門窗户，朱柱白壁。未到鄴城七八里，遙望此門。

又　卷一九五《居處部二十三·阡陌》　《趙書》曰：佛圖澄建武末卒，葬鄴西紫陌，先造生墓已數年矣。

又　卷一九六《居處部二十四·苑囿》　崔鴻《十六國春秋·後趙録》曰：趙王八年春正月，立桑梓苑於襄國。

《石虎鄴中記》曰：鄴城西三里桑梓苑，有宮臨漳水，凡此諸宮皆夫人、侍婢。又並有苑囿養獐鹿雉兔虎，數遊宴其中。

又　卷二二〇《職官部十八·中書令》　崔鴻《後趙録》曰：徐光字季武，頓丘人。幼有文才，年十三，王陽攻頓丘，掠之，而令主秣馬，光但書柱作詩賦。左右以白石勒，勒令召光，付紙筆，光立為頌。賜衣服，遷為中書令。

又　卷二四八《職官部四十六·府長史》　崔鴻《十六國春秋·後趙録》曰：張躍，字世淵，清河東武城人也。學敏才達，雅善清談，石勒偉其儀辨，拜世子衛軍長史。敕世子曰：『張長史，人之表範，汝其師之。』

又　卷二六八《職官部六十六·良令長下》　《後趙録》曰：王謨，字思賢。甕鼻，言不清暢，尫短無威儀。將拜曲陽令，石勒疑之，問長史張賓，賓曰：『請試可。』勒從之。政教嚴明，百城尤最。出為都部從事，守宰去官者十五人。

又　卷二七五《兵部六·良將上》　《二石偽事》曰：郭權降石虎，虎問權曰：『卿若得吾者，當殺不？』權曰：『若登時得至尊，必殺不疑也。』虎曰：『卿健將也。』因與共言事。

又　卷二八六《兵部十七·機略五》　《十六國春秋》曰：後趙石勒將石季龍，太掠陳蔡間而去，留將桃豹守譙城，住西臺。東晉將祖逖遣將韓潛等鎮東臺。同一大城，賊從南門出入放牧，逖軍開東門，相守四旬。逖以布囊盛土如米狀，使千餘人運上臺，又令數人擔米，偽為疲極而息於道。賊果逐之，皆棄擔而走。賊既獲米，謂逖士衆豐飽，而胡戍饑久，益懼，無復膽氣。

又　卷二九四《兵部二十五·示強》　崔鴻《十六國春秋》曰：後趙石勒荆州監軍郭敬寇晉襄陽，勒馳令敬退守樊城。戒之使偃藏旗幟，寂若無人，彼若使人觀察，則告之曰：『自愛，堅守，後七八日大騎將至，相禁不復得走矣。』敬使人浴馬於津，周而復始，晝夜不絶。偵諜還告晉南中郎將周撫，撫以為勒軍大至，懼而奔於武昌。敬遂入襄陽焉。

又　卷二九五《兵部二十六·安衆》　崔鴻《十六國春秋》曰：後趙石勒使將麻秋等伐張重華於武威，重華將謝艾曰：『乞假臣兵七千，為殿下吞之。』重華以艾為中堅將軍，配步騎五千，擊秋。引師出振武，夜有梟鳴於牙中。艾曰：『梟，邀也。六博得梟者勝。今梟鳴牙中，克敵之兆。』於是進戰，大破之，斬首五千級。

又　卷三〇〇《兵部三十一·騎》　《鄴中記》曰：石虎皇后出女騎千人，皆著五彩靴。

《鄴城故事記》：涼馬臺，一名閱馬臺，亦名戲馬臺。案《鄴中記》云：趙王虎建武六年，造涼馬臺在城西漳水之南，約坎為臺。虎常於此臺簡練騎卒、虎牙、宿衛，號云騰黑槊騎五千人。每月朔晦閱馬於此臺，乃於漳水之南張幟鳴鼓，列騎星羅。虎乃登臺射髇，箭一發，五千騎一時奔走，從漳水之南齊走集於臺下。隊督已下皆班賚。虎又射一箭，其五千騎又齊走于漳水之北。其五千流散攢促，若數萬人騎，皆以漆槊從事，故以『黑槊』為號。季龍又常以女騎一千人為鹵簿，皆著紫綸巾、熟錦褲、金銀鏤帶、五文織成靴，游於臺上。

又　卷三〇二《兵部三十三·伏兵》　《十六國春秋》曰：後晉石季龍攻晉將劉演於廪丘，晉將邵續使文鴦救演，季龍退止盧關津以避之。文鴦弗能進，屯于景亭。兖川豪右張平等起兵救演。季龍夜棄營，設伏於外，揚聲將歸河北，張平以為信然，入于空營。季龍回擊，敗之，遂陷廪丘。

又　卷三二六《兵部五十七·擒獲下》　《二石偽事》曰：劉曜躬領將士二十七萬衆，大舉征勒。勒養子生為衛將軍，領三千人鎮洛金墉城。曜攻生城不能下，不覺勒軍卒至。天曉，曜軍當攻金城，勒軍入，正與曜軍相遇，即交戰，曜軍大破，登時先擒曜身。

又　卷三三五《兵部六十六·營壘》　崔鴻《後趙録》曰：河瑞元年，石勒下冀州郡縣堡壁百餘，衆至十餘萬。其衣冠人物集為君子營。

又　卷三三八《兵部六十九·角》　《石勒別傳》曰：石勒永康中流宕山東，寄旅平原師勸家傭耕，耳恒聞鼓角鞞鐸之音，勒私異之。

又　卷三四一《兵部七十二·幡》　《石虎鄴中記》曰：勒為石虎諱，呼白虎幡為天鹿幡。

又　卷三四二《兵部七十三·劍上》　崔鴻《後趙録》曰：張賓闊達有大節，嘗自謂昆弟曰：『吾自言智算鑑識不後張子房，但不遇高祖耳。』勒與諸將下山東，賓曰：『吾歷覽諸將，獨胡將軍可與共成大事者。』乃提劍軍門，大呼請見。

又　卷三四六《兵部七十七·刀下》　陶弘景《刀劍録》曰：後趙石勒建平元年造一刀，用五金，工用萬人，尖頭，長三尺六寸，銘曰『建平』，隸書。

又曰：石勒未貴時，耕得一刀。銘曰『石氏昌』，篆書。

又曰：石季龍建武十四年造一刀，長五尺，銘曰『皇帝石勒氏』，隸書。

又　卷三四七《兵部七十八·弓》　《鄴中記》曰：石虎女騎皆手持雌黄宛轉角弓。

又　卷三五〇《兵部八十一·步叉》　《趙書》曰：石虎等破劉曜於上邽，獲馬二百匹，赤罽金銀、步叉、弓鞬三十具。

又　卷三五二《兵部八十三·戟上》　崔鴻《後趙録》曰：冉閔所乘赤馬曰朱龍，日行千里。左杖雙刃矛，右執鉤戟，斬鮮卑三百餘級。

又　卷三五四《兵部八十五·槊》　《鄴城故事》曰：紫陌浮橋在城西北五里。案《鄴中記》云：趙王虎時，於此濟置紫陌宮。暨齊時，因修為濟口，帝巡幸又向并州。百官相餞，莫不至此而決別。迄今猶以為渡口。齊文宣時西巡，百官辭於紫陌，使槊騎圍之曰：『我舉鞭一時刺殺。』淹留半日，文宣醉不能起。黄門侍郎連子暢進曰：『陛下如此，諸臣恐怖。』文宣曰：『大怖耶？若然，不須殺。』乃命解圍。

又　卷三五六《兵部八十七·甲下》　《鄴中記》曰：石季龍左右置直衛萬人，皆五色細鎧，光曜奪目。

又　卷三五八《兵部八十九·勒》　《鄴中記》曰：虎諱勒，呼馬勒曰轡，羅勒曰香菜。

又　卷三五九《兵部九十·鞭》　蕭方等《三十國春秋》曰：石勒遣石虎率精騎五千掩李矩營。生執矩外甥郭誦之弟元教。元作書與誦說云：『去年東平曹嶷，西賓猗盧，矩如牛角，何不歸命？』勒與誦書：『餉麈尾馬勒説賓禮，賢弟相同斷金，往物為信。』矩所領將士並欲歸勒。矩知衆之去已，乃率衆來歸。

又　卷三六四《人事部五·額》　崔鴻《後趙録》曰：石勒征見無劉曜守軍，大悦，舉手指天，又指額曰：『天也。』

又　卷三六九《人事部十·肩》　崔鴻《十六國春秋·後趙録》曰：初，太武殿既成，圖畫自古賢聖忠臣烈士，是月皆變為胡狀。旬餘，頭悉入肩中，惟冠帢彷彿微出，石虎大惡之。

又　《臂》　崔鴻《十六國春秋·後趙録》曰：石勒引李陽歡酣，宣陽臂笑視之曰：『卿雖老，臂中由有力，頗復與人鬬不？孤往日厭卿老拳，卿亦飽孤毒手。』

又　卷三七一《人事部十二·腰》　《二石偽事》曰：石虎攻中山，得鄭略之妹，生二男。更娶崔為妻，至相敬待，無兒。鄭復生男，崔求養，鄭不許，一月卒病死。鄭讒：『崔謂妾多養翳子。』虎時踞胡床於庭中，大怒，索弓箭。崔聞欲殺之，徒跣至虎前曰：『公勿枉殺紿，乞聽妾言。』虎不聽，但言：『促還坐，無預卿。』崔便去，未至，虎於後射之，中腰而覆。

又　卷三七四《人事部十五·須髯》　《晉中興書》曰：冉閔殺石鑑及羯胡數萬人。于時人有高鼻多須者，無不濫死。

又　卷三七五《人事部十六·血》　崔鴻《十六國春秋·後趙録》曰：伏都有膂力，善尺牘，攻石閔不克，為閔所殺，橫屍相枕，血流成渠，誅諸胡羯，無貴賤男女皆斬之，死者二十餘萬。于時高鼻多須至有濫死者。

又　卷三七八《人事部十九·肥》　《後趙書》曰：王洛生，石勒欲挫其權豪。洛生在獄自刺腹，深五寸。洛生肥盛，不陷中，重以刀潰其腹，出胃而死。

又　卷三八〇《人事部二十一·美婦人上》　崔鴻《後趙·石虎》：鄭后名櫻桃，晉冗從僕射鄭世達家妓也。在中猥妓中，虎數歎其貌於太妃，太妃給之。

又　卷三八一《人事部二十二·美婦人下》　《鄴中記》曰：廣陵公陳逵妹，才色甚美，髮長七尺，石虎以為夫人。

又　卷三八六《人事部二十七·健》　《後趙録》曰：張彌，字巨秦，汲郡人。晉永嘉中，與梁臣戍武德城，石勒攻之，城潰，彌隨例當坑，大呼曰：『官當活健兒，何以殺也？』勒曰：『有何健事而求活也？』彌曰：『武德西城上，大聲督戰，時警備嚴設，使賊不入，正是張彌。』勒笑曰：『降兒能爾，正自奇健。』乃赦之。【略】

《石虎別傳》曰：虎字季龍，勒從弟，年十七八，身長七尺五寸，好弓馬射獵，迅健有勇力。同時等類多畏憚之。

又　卷三八七《人事部二十八·唾》　《趙書》曰：石虎娉崔氏為夫人，無寵。所愛鄭夫人有百日女病，謂崔與藥，以告。後石虎作威問之，崔言：『外舍見小子以少唾其容，作實非藥也。』後石乃射之一箭，通中而死。

又　卷三八八《人事部二十九·色》　《後趙録》曰：延熙元年，石虎遣丞相郭殷持節入，廢弘為海陽王。弘安步就車，容色自若，百官莫不流涕。

又　卷三九二《人事部三十三·嘯》　《趙書》曰：石勒屯葛陂，值天雨不息。勒長史刁應勸勒降晉，勒愀然而嘯。張賓勸勒還北，勒攘臂曰：『賓計是也。應宜斬。』

又　卷四二一《人事部六十二·義中》　《後趙録》曰：石勒謂右長史張賓曰：『鄴，魏之舊都，吾將營建，可任也？』賓曰：『晉故東萊太守趙彭，忠亮篤敏，將軍若任之以鄴，必能允副神規。』勒於是徵拜魏郡太守。彭至泣而辭曰：『臣往曾策名晉室，食其祿矣，且受人榮寵，復事二姓者，臣志所不為，且豈愚臣之狷志，恐亦明公之所不許。有死而已，未敢聞命。若賜其餘年，全臣一介之願者，則明公大造也。』於是賜安車駟馬，養以卿秩。

又　卷四五四《人事部九十五·諫諍四》　《十六國春秋》曰：石虎馳獵無度，晨出夜歸。太子韋傅諫曰：『臣聞千金之子，坐不垂堂；萬乘之主，行不履危。陛下雖天生神武，雄據四海，乾坤冥贊，萬無所慮者也。然白龍魚服，有豫且之禍；海若潛游，離葛陂之酷。深願陛下清宮蹕路，思二神為玄鑑，不忘天下之重。』虎省善之，賜以束帛。

又曰：趙明，字顯昭，南陽人。虎攝位，拜為尚書，及誅勒諸子，明諫曰：『明帝功格皇天，為趙之太祖，安可以絕之？』虎曰：『吾之家事，幸卿不須言也。』以直言忤旨，故十年不遷。貞固之風，時論擬之蘇則。

田融《趙書》曰：前石數出遊獵，每亟馳騁，主簿程琅諫，前石馳逐自若，草木有瓦木，馳馬觸之，馬即死，前石亦危殆，體小不穩，還宮，歎曰：『程琅忠臣也，不用其言，吾之不善，追之何及。』

又　卷四六九《人事部一百一十·懼》　《石勒別傳》曰：勒治門閣至峻。時有醉胡乘馬徑入府門，勒問門吏馮翥：『門閣有限，走向馬入門為是何人而不彈白？』時號胡曰『國人』。翥見問，懼設對忘諱，稱：『向有醉胡乘馬馳來，向即呵制，不可與語。胡人難與言，非小吏所制。』勒歎曰：『故正自難與言。』恕翥不問，鞭犯門者，没所乘。

又　卷四八三《人事部一百二十四·怒》　崔鴻《後趙録》曰：冉閔為慕容恪所擒，慕容儁立問閔曰：『汝奴僕下才，何自妄稱天子？』閔曰：『爾曹人面獸心，欲篡逆，我一時英雄，何為不作帝王耶！』俊怒鞭之三百。

又　卷四九二《人事部一百三十三·虐》　《晉中興書》曰：石虎有所平克，不復料其善惡，或盡坑斬，使無孑遺。

又　卷四九六《人事部一百三十七·鬭爭》　《石勒別傳》曰：勒微時居與邑人李陽相近，陽性剛愎，每輕勒，與爭漚麻池，共相打樸，互有勝負。

又　卷四九七《人事部一百三十八·酣醉》　崔鴻《後趙録》曰：石勒制法甚嚴，兼諱胡，尤峻。有醉胡乘馬突入止車，勒大怒，謂宮門小執法馮翥曰：『夫人君為令，將使下之無犯。吾尚望威行天下，況於宮閣之間！向馳馬入門，為是何人，而不彈白，縱之耶？』翥惶懼忘諱，對曰：『向醉胡乘馬馳入，甚呵，衛之而不可與語，所謂互鄉難與言，小人所不能制。』勒笑曰：『胡正自難與言。』恕而不罪。

又 卷四九九《人事部一百四十・真愚》 《趙書》曰：石肇，前石之昆弟也。前石既貴，肇在軍中不能自達，人送詣前石，前石哀之，拜建威將軍。以肇無才力，每高選參佐輔之。為聘廣川劉典兄女，肇甚懼之。拜長樂太守，治官，每入門，動稱『阿劉』，教可爾不可爾，時人以為嗤謡。

又《愚怯》 《趙書》曰：石勒屯葛陂，值天雨不息。勒長史刁應勸勒降晉，勒愀然而嘯。張賓勸勒還北，勒欣然曰：『賓計是也。應宜斬，明其性怯，可退為將軍。』

又 卷五〇〇《人事部一百四十一・奴婢》 《石虎鄴中記》曰：石勒，字世龍，上黨郭季子奴也。勒未生之前，襄國有讖曰：『古在左，月在右，讓言退，或入口。』襄國字也，遂治襄國。

又 卷五三四《禮儀部十三・靈臺》 崔鴻《十六國春秋・後趙録》曰：建武二年，置女大史靈臺，仰觀災祥，以考中外太史，驗察虛實。

又 卷五五六《禮儀部三十五・葬送四》 《鄴中記》曰：石勒陵在襄國城西南三十里，名高陵。不築牆，不種樹，立堂皇五間，安櫝圖勒大臣像。又於堂皇東立重樓，虎陵在鄴西北角。既葬，鄴中便亂。其封域，故未有名域云。尋被掘，凡此二陵皆偽葬。石勒、虎自別於深山。

又 卷五六七《樂部五・鼓吹樂》 《鄴中記》曰：石虎正會，置三十步鼓吹，三十步輒置一部，十二人皆在平閣上。去地丈餘，語裲女鼓吹。

又 卷五六八《樂部六・女樂》 《石虎鄴中記》曰：虎大會，禮樂既陳，虎繳兩閣上窗幌，宮人數千陪列看坐，悉服飾金銀熠熠；又於閣上作女妓數百，衣皆絡珠璣，鼓舞連倒，琴瑟細伎畢備。

又 卷五七五《樂部十三・鐘》 《十六國春秋》曰：石勒耕，輒聞鐘鐸之音或在前後。懼以問翼伽，伽曰：『作勞耳鳴，無不祥也。』勒至平原，常在平人師驩家為奴，有老父謂勒曰：『君龍魚髮際，際四道已成。當貴為人主。甲戌之歲，王彭祖可圖。』勒曰：『若如公言，不敢忘德。』忽然不見。每耕又聞鼓角之聲，勒又告諸奴。又聞之，因曰：『吾初在家，恒聞如是。』諸奴白驩，驩奇而免之。至是衆歸焉。

又 卷五九〇《文部六・銘》 崔鴻《十六國春秋・後趙録》曰：勒徙洛陽晷影於襄國，銘佐命功臣三十九人於函，置於建德前殿。

又 卷五九三《文部九・詔》 《鄴中記》曰：石虎詔書，以五色紙著鳳雛口中。

又 卷六〇五《文部二十一・紙》 《石虎鄴中記》曰：石虎詔書以五色紙著鳳雛口中。

又 卷六四三《刑法部九・獄》 崔鴻《後趙録》曰：石季龍幽中書令徐光于襄陽國詔獄，光在獄中注解經史十餘萬言。

又 卷六四四《刑法部十・桊（音拱）》 《趙書》曰：後石率精騎五千襲劭續。一戰，生擒續於青丘，鉗頸桊手，於襄國青陽城門頓頭稱囚。

又 卷六八二《儀式部三・璽》 《石虎別傳》曰：武鄉長城縣民韓强，在長城西山巖石間得玄璽一，方四寸，厚二寸，與璽同，文曰『授命於天，既壽永昌』，虎以為瑞。

又 卷六八六《服章部三・弁》 《鄴中記》曰：石季龍宮婢數十，盡著皂褠，頭著神弁，如今之禮先冠也。

又 卷六八七《服章部四・幘》 蕭方等《三十國春秋》曰：石季龍將獵，輒冠金縷之幘。

又陸翽《鄴中記》云：季龍獵，著金縷織成合歡帽。

又 卷六八八《服章部五・貂蟬》 《鄴中記》曰：石虎征討，所得婦女美色萬餘，選為女侍中，著貂璫，直皇后。

又 卷六九一《服章部八・鞶囊》 《鄴中記》曰：石虎段虎頭鞶囊為龍頭鞶囊。

又 卷六九二《服章部九・珮》 《鄴中記》曰：石虎后出行，有女鼓吹，尚書官屬皆著錦袴、珮玉。

又 卷六九三《服章部十・袍》 《鄴中記》曰：石虎臨軒大會，著丹紗袍。

又 卷六九五《服章部十二・袴》 《鄴中記》曰：石虎獵，著金縷合歡袴。

又　卷六九八《服章部十五・靴》　《鄴中記》曰：石虎皇后出，女騎千人，皆著五彩織成靴。

又　卷六九九《服用部一・帳》　《鄴中記》曰：石虎御床辟方三丈，冬月施熟錦流蘇鬭帳，四角安瑳圖龍頭銜五色流蘇。或用青綈光錦，或用緋綈登高文錦，或用紫綈大小錦，絮以房子綿百二十斤，白綈為裏，名為裏複帳。帳四角安瑳圖銀鑿金香爐，以石墨燒集和名香。帳頂上安金蓮花，花中懸金薄織成碗囊。春秋但錦帳，表以五色，總為夾帳。夏用紗羅或綦文丹羅，或紫縠文為單帳。

又　《幌》　《鄴中記》曰：石虎太武殿西有昆華殿，閤上輒開大窗，皆絳紗幌。

又　卷七〇一《服用部三・屏風》　《鄴中記》曰：石虎作金銀鈕屈膝屏風，衣以白縑，畫義士、仙人、禽獸之象，贊者皆三十二言。高施則八尺，下施則四尺，或施六尺，隨意所欲也。

又　卷七〇二《服用部四・扇》　《鄴中記》曰：石虎作雲母五明金薄莫難扇，此一扇之名也。薄打瑳圖如蟬翼，二面彩漆畫列仙、奇鳥、異獸。其五明方中，辟方三寸，或五寸，隨扇大小。雲母貼其中，細縷縫為其際，惟畫而彩色明徹，看之如謂可取，故名莫難也。虎出時以此扇挾乘輿，亦用象牙桃枝扇，其上竹或綠沉色、或木蘭色、或作紫紺色、或作鬱金色。

又　卷七〇三《服用部五・香爐》　《鄴中記》曰：石虎冬月為復帳，四角安瑳圖銀鑿鏤香爐。

又　卷七〇六《服用部八・床》　《鄴中記》曰：石虎御床殿方三丈，餘其床皆扁腳，高下六寸。後宮別房中有小形玉床，又有轉關床，射鳥獸。

又　卷七〇八《服用部十・褥》　《鄴中記》曰：石虎作褥，長三丈。用錦緣之。

又　卷七〇九《服用部十一・薦席》　《鄴中記》曰：石虎作席，以錦雜以五香，以五彩綖編蒲，皮緣之錦。

又　卷七一〇《服用部十二・幾》　《鄴中記》曰：石虎御座幾悉漆雕，畫皆為五色花。

又　《案》　《鄴中記》曰：石虎以宮人為女官，門下通事以玉案行文書。

又　卷七一六《服用部十八・絮巾》　《鄴中記》曰：石虎皇后出，以女騎一千為鹵簿，冬月皆絮綸巾。

又　卷七一七《服用部十九・鏡》　《鄴中記》曰：石虎三人臺及內宮中鏡有徑二三尺者，瑳圖蟠龍雕飾。

又　卷七一九《服用部二十一・粉》　《鄴中記》云：石虎以胡粉和椒塗壁，曰椒房。

又　卷七三〇《方術部十一・相中》　（《十六國春秋》）又曰：張秀，字文伯，羌梁部人也。頗曉相法，常謂石虎曰：『明公之相，非人臣之骨。』虎掩其口，曰：『君勿妄茉，族吾父子。』

又　卷七四〇《疾病部三・盲》　《後趙書》曰：戎陽，一目瞽。劉曜寇洛水，復降曜，曜敗，生擒起前石。使人罵曰：『瞎狗何降？』賊復持瞎來，陽曰：『臣不降即死，死則大王那得復見瞎狗？』前石笑曰：『瞎狗不足汙刀。』活之。

又　卷七四七《工藝部四・書上》　《石虎鄴中記》曰：石虎有馬妓，著朱衣、進賢冠，立於馬上，馬走而作書，字皆端正。

又　卷七五二《工藝部九・巧》　《鄴中記》曰：石虎有指南車及司里車，又有舂車木人，及作行碓於車上，動則木人蹋碓，行十里，成米一斛。又有磨車，置石磨於車上，行十里，輒磨一斛。凡此車，皆以朱彩為飾，惟用將軍一人。車行，則眾巧併發；車止則止。中御史解飛、尚方人魏猛變所造。虎至性好佛，眾巧奢靡，不可紀也。嘗作檀車，廣丈餘，長二丈，安四輪，作金佛像坐於車上，九龍吐水灌之；又作一木道人，恒以手摩佛心腹之間；又十餘木道人，長二尺餘，皆披袈裟，繞佛行，當佛前輒揖禮佛，又以手撮香投爐中，與人無異。車行則木人行，龍吐水；車止則止。亦解飛所造也。

又　卷七五五《工藝部十二・彈棋》　《趙書》曰：冉閔收石遵，遵方與女子彈棋，兵至，殺之。

又　卷七五八《器物部三・盤》　《鄴中記》曰：石虎正會禦食，遊槃兩重皆金銀參帶者百二十盞，彫飾並同。其參帶之間，茱萸畫微如破發，近看乃得見，動遊盤則圓轉也。

又曰：石虎皇后浴室中有雙長生樹，又安玉槃，受十斛，於二樹之間。

又　卷七六〇《器物部五·爵》　《後趙書》曰：石虎子韜以琉璃爵、螺杯勸客酒。

又　卷七六一《器物部六·樽彝》　《鄴中記》曰：石虎正會，殿前有白龍樽。作金龍於東箱，西向，龍口金樽受五十斛。

又　卷七六四《器物部九·斤》　崔鴻《十六國春秋》曰：石虎馳獵無度，晨出夜歸。又多輕行，躬行作所。太子太保韋諛諫曰：『白龍魚服，有豫且之禍，海若潛游，離葛陂之酷。願陛下清宫蹕路，思二神為先鑑，不可忽天下之重，輕行斤斧之間。一旦有狂夫之變，雖龍騰之勇，不暇施也；智士之計，豈及設哉？』

又　卷七六五《器物部十·梯》　《石虎鄴中記》曰：石虎太子宣，與母弟蔡公韜迭秉政事。宣嫌終有代己之勢，八月社日，韜登東門觀遊，暮還，酣宴，作女妓罷，宣遣力士巨鹿楊材等十餘人，夜緣梯入韜第，斫殺之。

又　卷七七四《車部三·輦》　《鄴中記》曰：石虎大駕有金銀輦、雲母輦、武剛輦數百乘。虎皇后出，乘嵩路輦。文或玉路，輦或朱漆。臥輦純以雲母代紗，中外四望皆通徹。

又曰：石虎少遊獵，體轉壯大，不復乘馬。作獵輦，使二十人擔之，如今之步輦。上安徘徊曲蓋，坐處轉關床。若射鳥獸，宜有所向，關隨身而轉。

又　卷八〇六《珍寶部五·璧》　《石虎鄴中記》曰：石虎太武殿懸大綬於樑柱，綴玉璧於綬。

又　卷八〇八《珍寶部七·雲母》　《石虎鄴中記》曰：虎作雲母五有金薄扇。

又　卷八一〇《珍寶部九·金中》　崔鴻《十六國春秋·後趙録》曰：建武元年十一月，不雨雪。至二年八月，穀價湧貴，金一斤直米二升。

又　卷八一三《珍寶部十二·銅》　崔鴻《十六國春秋·後趙録》曰：石勒徙洛陽銅馬、翁仲二于襄國，列之永豐門。

又　卷八一五《布帛部二·錦》　《趙書》曰：前石死，調大臣子弟六十人為挽郎，引錦一匹。

《鄴中記》曰：石虎冬月施熟錦流蘇鬬帳，四角安純金龍頭，銜五色流蘇。或用黄地博山文錦，或用紫綈及小明光錦。

又　卷八一六《布帛部三·織成》　（《鄴中記》）又曰：石虎皇后出女妓二千為鹵簿，冬月皆著紫綸巾、熟錦褲，脚著五文織成靴。

又曰：石虎獵，著金縷織成合歡褲。

又　《綈》　《鄴中記》曰：石虎尚方御府中，巧工作錦織成，署皆數百人。有青綈，或白綈，或緋綈，或黄綈，或緑綈，或紫綈。

又　《罽》　《鄴中記》曰：石虎御府，罽有已頭文罽、麗子罽、花罽。

又　卷八一七《布帛部四·絹》　《鄴中記》云：石虎以辰日臘，子日祀祖，於殿庭立五仙人，高數丈，五彩幢蓋。大會羣臣於太武殿上，使各三探，乃有得絹百匹者，有得數十匹者，有得一二匹者。虎輒大笑以為樂。

又　卷八二〇《布帛部七·白疊》　吴篤《趙書》曰：石勒建平二年，大宛獻珊瑚、琉璃、氍毹、白疊。

又　卷八二二《資産部二·耕》　《石勒别傳》曰：石勒，元康中流宕山東，寄旅平原茌平界，與師欣家傭耕，耳恒聞鼓角鞞鐸之音，勒私異之。

又　卷八三一《資産部十一·獵上》　崔鴻《十六國春秋·後趙録》曰：石虎遣司農中郎將費霸帥工匠四千，於東平罡山造獵車千乘，轅長三丈，高丈八尺；格虎車四十乘，立級行樓二層於其上。自靈昌津南至滎陽，東極陽都而還。使御史監司，其中禽獸，有犯者罪至大辟。

又曰：石虎命太子宣行祈山川，遊獵藪澤，乘大輅，羽葆華蓋，建天子旌旗，十有六軍，戎卒八萬。出金明，馳逐終夕，所在陳列行宫，四面各以百里為度。驅圍禽獸，皆暮集行宫。文武跪立，圍守重行，烽炬星羅，光燭如晝，勁騎百餘，馳射其中。宣與顯德美人乘輦觀之，嬉娛忘反，獸殫乃止。禽獸奔逸，當之者坐，有爵者奪。

又 卷八三六《資産部十六·錢下》 崔鴻《十六國春秋·後趙録》曰：趙王三年，得一鼎，容四升，中有大錢三十，文曰：『當千』，『當萬』。鼎銘十三字，篆不可曉，藏之於永豐倉。因此令私行錢，而民不樂，乃重立禁制，官賦至，皆取錢廛肆，故不行也。

又 卷八四一《百穀部五·豆》 《鄴中記》曰：石虎諱胡，胡物皆改名，胡豆曰國豆。

又 卷八四八《飲食部六·食中》 崔鴻《後趙録》曰：石虎召姚弋仲，弋仲輕騎至鄴，引入領軍省，賜以禦食。仲怒曰：『國家有賊，召我擊之，官當見我，問方略以破賊；而食我，我來覓食耶？』乃引見。

又 卷八六〇《飲食部十八·餅》 《趙録》曰：石勒諱胡，胡物皆改名。胡餅曰摶爐，石虎改曰麻餅。

又曰：石虎好食蒸餅，常以幹棗、胡桃瓤為心，蒸之使圻裂方食。及為冉閔所篡幽廢，思不裂者不可得。

又 卷八六八《火部一·火上》 《後趙録》曰：石勒禁火。百鼓之後燃火者，鞭之一百；延火燒一家，斬五部都督。

又 卷八七〇《火部三·燈》 《鄴中記》曰：石虎正會，於殿前設百二十枝燈，以鐵為之。

又 卷八七一《火部四·庭燎》 《趙書》曰：石勒造燎高十丈，上盤置燎，下盤安人，以燎絙繳上下。

《石虎鄴中記》曰：石虎正會，殿庭中、端門外及閶闔門前設庭燎各二，合六處，皆六丈。

又 卷八七五《咎徵部二·天狗》 崔鴻《十六國春秋》曰：後趙石勒建平四年，有流星大如尾，足形，自北極西南流，五十餘丈，光明燭地，墜於河，聲聞九百餘里。其年，石勒死，而季龍殺勒諸子而篡位。

又 卷八七六《咎徵部三·暴風》 《十六國春秋》曰：石季龍死，子遵立。其月，夜暴風拔樹，震電雨雹。俄而遵見殺。

又 《霹靂》 《趙書》曰：前石時，暴風雷雨，霹靂雲臺，壞署。婦人震死，瘞之，三日重霹靂，出之。

又 卷八七七《咎徵部四·黃雲》 崔鴻《十六國春秋》曰：後趙石勒建平四年，有赤黃雲，如幕，長數十丈。其年勒死。

又曰：冉閔永興三年，有雲黃赤色，起東北，長百餘丈。是歲，閔為慕容俊所殺。

又 《黑雲》 《趙書》曰：石虎建武四年，東南卒有雲，黑，稍分為三匹，又貫日。日没後分為七枚，相去數十丈，其間有白雲如魚鱗。虎子韜曰：『當有刺客。』後果為太子宣所殺。

又 《雨》 崔鴻《十六國春秋》曰：後趙石勒將寇鄴，霖雨三月不止。王師敗李龍於臣靈口，赴水死者五百餘人。勒軍大饑，相食。

又曰：石勒元年，大霖雨，滂沱泛溢，沖山陷谷，巨松僵拔，東至於海，原隰之間皆如山積。後文鴦擊勒，姚萇大敗而歸。後又霖雨，中山暴水，流漂巨木百萬。後有季龍篡奪之事。

又 《雨血》 《十六國春秋》曰：後趙石遵時，雨血，周遍鄴城。俄為石鑑、冉閔所廢。閔遂滅石氏，誅胡人。

又 卷八七八《咎徵部五·不時雪》 《石虎鄴中記》曰：虎以五月發五百里内萬人營華林苑。至八月，天暴雨雪，雪深三尺，作者凍死數千人。太史奏：作役非時，天降此變。虎誅起部尚書朱軌以塞天災。

又 《雹》 崔鴻《十六國春秋》曰：後趙石勒時，暴風，大雨雹，震建德殿端門、襄國市西門倒，殺五人。雹起西河，大如雞子，平地三尺，窪下丈餘。行人、禽獸，死者萬數。歷千餘里，樹木摧折，禾稼蕩然。勒問徐光，光曰：『去年不禁寒食。介推，帝鄉之神也，歷代所尊，故有此災。』

又曰：石遵時，雨雹，大如盂升。立百餘日，為石鑑所殺。鑑為冉閔殺之。

又 《黃霧》 《十六國春秋》曰：後趙石勒建平四年，黃霧四塞，氛障蔽天。十月，大疫，死。

又 《白虹》 崔鴻《十六國春秋》曰：後趙石季龍建武六年，大旱，白虹經天。建武九年，白虹出太社，連天。至十四年，國亂。

又 卷九一五《羽族部二·鳳》 陸翽《鄴中記》曰：石季龍與皇后在觀上為詔，書五色紙，著鳳口中。鳳既銜詔，侍人放數百丈緋繩，轆轤回轉，鳳皇飛下。鳳以木作之，五色漆畫，脚皆用金。

又曰：鳳陽門，五層樓，去地三十丈，安金鳳皇二頭。石虎將衰，一頭飛入漳河，會晴日，見於死暑；一頭以鐵釘釘足，今存。

《二石偽事》曰：石昆降，說鄴中有鳳皇，將九雛，在延明門外道西。

又　卷九六五《果部二・棗》　《鄴中記》曰：石虎園中有西王母棗，冬夏有葉，九月生花，十二月乃熟，三子一尺。又有羊角棗，亦三子一尺。

又　卷九六七《果部四・桃》　《石虎鄴中記》曰：石虎苑中，有勾鼻桃，重二斤。

又　卷九七〇《果部七・石榴》　《鄴中記》曰：石虎苑中有安石榴，子大如碗盞，其味不梳。

又　卷九八一《香部一・香》　《鄴中記》曰：石虎作流蘇帳，頂安金蓮花，花中懸金薄織成綩囊，囊受三升，以盛香注。帳之四面上十二香囊，彩色亦同。

又　卷九九一《藥部八・人參》　《石勒別傳》曰：初，勒家園中生人參，葩茂甚盛。于時父老、相者皆云：『此胡體奇貌異，有大志量，其終不可知！』勸邑人厚遇之。

宋・李昉等《太平廣記》卷二三三《酒・粘雨酒》　石虎于大武殿前起樓，高四十丈。結珠為簾，垂五色玉珮。上有銅龍，腹空，盛數百斛酒。使胡人於樓上噀酒，風至，望之如雲霧。名曰『粘雨臺』，使以灑塵。出《拾遺録》

又　卷二七六《夢一・後趙宣咸》　宣咸卒後五年，石虎夢見咸。涕泗囑其子奮，曰：『非心力所達也。』通夢之言而有征：『奮今何在？』左右對曰：『為趙郡守。』於是即擢拜廷尉，為太常。才力不及父，因咸夢登列卿也。出《趙書》

宋・吳淑《事類賦》卷四《歲時部・夏》自注　石季龍于冰井臺藏冰，三伏之月以冰賜其大臣。

又　卷七《地部・石》自注　石虎《鄴中記》曰：穀城山上中有文石鮮明。虎使採取以治宮室。

又　卷一三《服用部・弓》自注　《鄴中記》曰：石虎女騎，持雌黄宛轉角弓，詩曰：騂騂角弓，翩其反矣。

又　卷一四《服用部・幾》自注　《鄴中記》曰：石虎所坐，幾悉漆雕畫，皆為五色花。

又　《扇》自注　《鄴中記》曰：石虎作雲母五明金薄莫難扇，薄打純金如蟬翼，二面彩漆畫列仙、奇鳥異獸，雲母帖其中，彩色明徹。虎出時，用此扇挾乘輿。又有象牙桃枝扇，或緑沈色，或木蘭色，或作紫紺色，或作鬱金色。

前燕興亡

綜　述

《晉書》卷七《成帝紀》（咸康七年）春二月甲子朔，日有蝕之，己卯，慕容皝遣使求假燕王章璽，許之。

又　卷一〇八《慕容廆載記》　慕容廆，字弈洛瑰，昌黎棘城鮮卑人也。其先有熊氏之苗裔，世居北夷，邑于紫蒙之野，號曰東胡。其後與匈奴並盛，控弦之士二十餘萬，風俗官號與匈奴略同。秦漢之際為匈奴所敗，分保鮮卑山，因以為號。曾祖莫護跋，魏初率其諸部入居遼西，從宣帝伐公孫氏有功，拜率義王，始建國於棘城之北。時燕代多冠步搖冠，莫護跋見而好之，乃斂髪襲冠，諸部因呼之為步搖，其後音訛，遂為慕容焉。或云慕二儀之德，繼三光之容，遂以慕容為氏。祖木延，左賢王。父涉歸，以全柳城之功，進拜鮮卑單于，遷邑於遼東北，於是漸慕諸夏之風矣。

廆幼而魁岸，美姿貌，身長八尺，雄傑有大度。安北將軍張華雅有知人之鑒，廆童冠時往謁之，華甚歎異，謂曰：『君至長必為命世之器，匡難濟時者也。』因以所服簪幘遺廆，結殷勤而別。涉歸死，其弟耐篡位，將謀殺廆，廆亡潛以避禍。後國人殺耐，迎廆立之。

初，涉歸有憾于宇文鮮卑，廆將修先君之怨，表請討之。武帝弗許。廆怒，入寇遼西，殺略甚衆。帝遣幽州諸軍討廆，戰於肥如，廆衆大敗。

自後復掠昌黎，每歲不絕。又率衆東伐扶餘，扶餘王依慮自殺，廆夷其國城，驅萬餘人而歸。東夷校尉何龕遣督護賈沈將迎立依慮之子為王，廆遣其將孫丁率騎邀之。沈力戰斬丁，遂復扶餘之國。廆謀於其衆曰：『吾先公以來世奉中國，且華裔理殊，强弱固別，豈能與晉競乎？何為不和以害吾百姓邪！』乃遣使來降。帝嘉之，拜為鮮卑都督。廆致敬於東夷府，巾衣詣門，抗士大夫之禮。何龕嚴兵引見，廆乃改服戎衣而入。人問其故，廆曰：『主人不以禮，賓復何為哉！』龕聞而慚之，彌加敬憚。時東胡宇文鮮卑段部以廆威德日廣，懼有吞併之計，因為寇掠，往來不絕。廆卑辭厚幣以撫之。

太康十年，廆又遷於徒河之青山。廆以大棘城即帝顓頊之墟也，元康四年乃移居之。教以農桑，法制同于上國。永寧中，燕垂大水，廆開倉振給，幽方獲濟。天子聞而嘉之，褒賜命服。

太安初，宇文莫圭遣弟屈雲寇邊城，雲別帥大素延攻掠諸部，廆親擊敗之。素延怒，率衆十萬圍棘城，衆咸懼，人無距志。廆曰：『素延雖犬羊蟻聚，然軍無法制，已在吾計中矣。諸君但為力戰，無所憂也。』乃躬貫甲胄，馳出擊之，素延大敗，追奔百里，俘斬萬餘人。

永嘉初，廆自稱鮮卑大單于。遼東太守龐本以私憾殺東夷校尉李臻，附塞鮮卑素連、木津等托為臻報仇，實欲因而為亂，遂攻陷諸縣，殺掠士庶。太守袁謙頻戰失利，校尉封釋懼而請和。連歲寇掠，百姓失業，流亡歸附者日月相繼。廆子翰言於廆曰：『求諸侯莫如勤王，自古有為之君靡不杖此以成事業者也。今連、津跋扈，王師覆敗，蒼生屠膾，豈甚此乎！豎子外以龐本為名，內實幸而為寇。封使君以誅本請和，而毒害滋深。遼東傾沒，垂已二周，中原兵亂，州師屢敗，勤王杖義，今其時也。單于宜明九伐之威，救倒懸之命，數連、津之罪，合義兵以誅之。上則興復遼邦，下則併吞二部，忠義彰於本朝，私利歸於我國，此則吾鴻漸之始也，終可以得志于諸侯。』廆從之。是日，率騎討連、津，大敗斬之，二部悉降，徙之棘城，立遼東郡而歸。

懷帝蒙塵于平陽，王濬承制以廆為散騎常侍、冠軍將軍、前鋒大都督、大單于，廆不受。建興中，愍帝遣使拜廆鎮軍將軍、昌黎、遼東二國公。建武初，元帝承制拜廆假節、散騎常侍、都督遼左雜夷流人諸軍事、龍驤將軍、大單于、昌黎公，廆讓而不受。征虜將軍魯昌說廆曰：『今兩京傾沒，天子蒙塵，琅邪承制江東，實人命所係。明公雄據海朔，跨總一方，而諸部猶怙衆稱兵，未遵道化者，蓋以官非王命，又自以為强。今宜通使琅邪，勸承大統，然後敷宣帝命，以伐有罪，誰敢不從！』廆善之，乃遣其長史王濟浮海勸進。及帝即尊位，遣謁者陶遼重申前命，授廆將軍、單于，廆固辭公封。

時二京傾覆，幽、冀淪陷，廆刑政修明，虛懷引納，流亡士庶多襁負歸之。廆乃立郡以統流人，冀州人為冀陽郡，豫州人為成周郡，青州人為營丘郡，并州人為唐國郡。於是推舉賢才，委以庶政，以河東裴嶷、代郡魯昌、北平陽耽為謀主，北海逄羨、廣平遊邃、北平西方虔、渤海封抽、西河宋奭、河東裴開為股肱，渤海封弈、平原宋該、安定皇甫岌、蘭陵繆愷以文章才濬任居樞要，會稽朱左車、太山胡毋翼、魯國孔纂以舊德清重引為賓友，平原劉贊儒學該通，引為東庠祭酒，其世子皝率國胄束修受業焉。廆覽政之暇，親臨聽之，於是路有頌聲，禮讓興矣。

時平州刺史、東夷校尉崔毖自以為南州士望，意存懷集，而流亡者莫有赴之。毖意廆拘留，乃陰結高句麗及宇文、段國等，謀滅廆以分其地。太興初，三國伐廆，廆曰：『彼信崔毖虛說，邀一時之利，烏合而來耳。既無統一，莫相歸伏，吾今破之必矣。然彼軍初合，其鋒甚銳，幸我速戰。若逆擊之，落其計矣。靖以待之，必懷疑貳，迭相猜防。一則疑吾與毖譎而覆之，二則自疑三國之中與吾有韓魏之謀者，待其人情沮惑，然後取之必矣。』於是三國攻棘城，廆閉門不戰，遣使送牛酒以犒宇文，大言於衆曰：『崔毖昨有使至。』於是二國果疑宇文同於廆也，引兵而歸。宇文悉獨官曰：『二國雖歸，吾當獨兼其國，何用人為！』盡衆逼城，連營三十里。廆簡銳士配皝，推鋒於前；翰領精騎為奇兵，從旁出，直沖其營；廆方陣而進。悉獨官自恃其衆，不設備，見廆軍之至，方率兵距之。前鋒始交，翰已入其營，縱火焚之，其衆皆震擾，不知所為，遂大敗，悉獨官僅以身免，盡俘其衆。於是營候獲皇帝玉璽三紐，遣長史裴嶷送於建鄴。崔毖懼廆之仇己也，使兄子燾偽賀廆。會三國使亦至請和，曰：『非我本意也，崔平州教我耳。』廆將燾示以攻圍之處，臨之以兵，曰：『汝叔父教三國滅我，何以詐來賀我乎？』廆懼，首服。廆乃遣燾歸說毖曰：『降者上策，走者下策也。』以兵隨之。毖與數十騎棄家室奔於高句麗，廆悉降其衆，徙燾及高瞻等於棘城，待以賓禮。明年，高句麗寇遼東，廆遣衆擊敗之。

裴嶷至自建鄴，帝遣使者拜廆監平州諸軍事、安北將軍、平州刺史，增邑二千户。尋加使持節、都督幽州東夷諸軍事、車騎將軍、平州牧，進封遼東郡公，邑一萬户，常侍、單于並如故；丹書鐵券，承制海東，命備官司，置平州守宰。

段末波初統其國，而不修備，廆遣皝襲之，入令支，收其名馬寶物而還。

石勒遣使通和，廆距之。送其使於建鄴。勒怒，遣宇文乞得龜擊廆，廆遣皝距之。以裴嶷為右部都督，率索頭為右翼，命其少子仁自平郭趣柏林為左翼，攻乞得龜，克之，悉虜其衆。乘勝拔其國城，收其資用億計，徙其人數萬户以歸。

成帝即位，加廆侍中，位特進。咸和五年，又加開府儀同三司，固辭不受。

廆嘗從容言曰：『獄者，人命之所懸也，不可以不慎。賢人君子，國家之基也，不可以不敬。稼穡者，國之本也，不可以不急。酒色便佞，亂德之甚也，不可以不戒。』乃著《家令》數千言以申其旨。

遣使與太尉陶侃箋曰：

明公使君轂下：振德曜威，撫寧方夏，勞心文武，士馬無恙，欽高仰止，注情彌久。王途險遠，隔以燕越，每瞻江湄，延首遐外。

天降艱難，禍害屢臻，舊都不守，奄為虜庭，使皇輿遷幸，假勢吳、楚。大晉啓基，祚流萬節，天命未改，玄象著明，是以義烈之士深懷憤踴。猥以功薄，受國殊寵，上不能掃除羣羯，下不能身赴國難，仍縱賊臣，屢逼京輦。王敦唱禍于前，蘇峻肆毒於後，凶暴過於董卓，惡逆甚於傕、汜，普天率土，誰不同忿！深怪文武之士，過荷朝榮，不能滅中原之寇，刷天下之耻。

君侯植根江陽，發曜荆、衡，杖葉公之權，有包胥之志，而令白公、伍員殆得極其暴，竊為丘明耻之。區區楚國子重之徒，猶耻君弱、羣臣不及先大夫，厲己戒衆，以服陳、鄭；越之種蠡尚能弼佐句踐，取威黃池；況今吳土英賢比肩，而不輔翼聖主，陵江北伐。以義聲之直，討逆暴之羯，檄命舊邦之士，招懷存本之人，豈不若因風振落，頓阪走輪哉！且孫氏之初，以長沙之衆摧破董卓，志匡漢室。雖中遇寇害，雅志不遂，原其心誠，乃忽身命。及權據揚、越，外杖周、張，內馮顧、陸，距魏亦壁，克取襄陽。自茲以降，世主相襲，咸能侵逼徐、豫，令魏朝旰食。不知今之江表為賢濬匿智，藏其勇略邪？將呂蒙、淩統高蹤曠世哉？況今凶羯虐暴，中州人士逼迫勢促，其顛沛之危，甚於累卵。假號之强，衆心所去，敵有釁矣，易可震盪。王郎、袁術雖自詐僞，皆基淺根微，禍不旋踵，此皆君侯之所聞見者矣。

王司徒清虛寡欲，善於全己，昔曹參亦綜此道，著畫一之稱也。庾公居元舅之尊，處申伯之任，超然高蹈，明智之權。廆於寇難之際，受大晉累世之恩，自恨絶域，無益聖朝，徒繫心萬里，望風懷憤。今海內之望，足為楚、漢輕重者，惟在君侯。若戮力盡心，悉五州之衆，據兗、豫之郊，使向義之士倒戈釋甲，則羯寇必滅，國耻必除。廆在一方，敢不竭命。孤軍輕進，不足使勒畏首畏尾，則懷舊之士欲為內應，無由自發故也。故遠陳寫，言不宣盡。

廆使者遭風没海。其後廆更寫前箋，並齎其東夷校尉封抽、行遼東相韓矯等三十餘人疏上侃府曰：

自古有國有家，鮮不極盛而衰。自大晉龍興，克平岷、會，神武之略，邁蹤前史。惠皇之末，后黨構難，禍結京畿，釁成公族，遂使羯寇乘虛，傾覆諸夏，舊都淪滅，山陵毁掘，人神悲悼，幽明發憤。昔獫狁之强，匈奴之盛，未有如今日羯寇之暴，跨躡華裔，盜稱尊號者也。

天祚有晉，挺授英傑。車騎將軍慕容廆自弱冠蒞國，忠於王室，明允恭肅，志在立勳。屬海內分崩，皇輿遷幸，元皇中興，初唱大業，肅祖繼統，蕩平江外。廆雖限以山海，隔以羯寇，翹首引領，繫心京師，常假寤寐，欲憂國忘身。貢篚相尋，連舟載路，戎不稅駕，動成義舉。今羯寇滔天，怙其醜類，樹基趙、魏，跨略燕、齊。廆雖率義衆，誅討大逆，然管仲相齊，猶曰寵不足以御下，況廆輔翼王室，有匡霸之功，而位卑爵輕，九命未加，非所以寵異藩翰，敦獎殊勳者也。

方今詔命隔絶，王路險遠，貢使往來，動彌年載。今燕之舊壤，北周沙漠，東盡樂浪，西暨代山，南極冀方，而悉為虜庭，非復國家之域。將佐等以為宜遠遵周室，近准漢初，進封廆為燕王，行大將軍事，上以總統諸部，下以割損賊境。使冀州之人望風向化。廆得祗承詔命，率合諸國，奉辭夷逆，以成桓文之功，苟利社稷，專之可也。而廆固執謙光，守節彌高，每詔所加，讓動積年，非將佐等所能敦逼。今區區所陳，不欲苟相崇重，而愚情至心，實為國計。

侃報抽等書，其略曰：『車騎將軍憂國忘身，貢篚載路，羯賊求和，執使送之，西討段國，北伐塞外，遠綏索頭，荒服以獻。惟北部未賓，屢遣征伐。又知東方官號，高下齊班，進無統攝之權，退無等差之降，欲進車騎為燕王，一二具之。夫功成進爵，古之成制也。車騎雖未能為官摧勒，然忠義竭誠。今騰箋上聽，可不遲速，當任天臺也。』朝議未定。八年，廆卒，乃止。時年六十五，在位四十九年。帝遣使者策贈大將軍、開府儀同三司，謚曰襄。及儁僭號，偽謚武宣皇帝。

裴嶷，字文冀，河東聞喜人也。父昶，司隸校尉。嶷清方有幹略，累遷至中書侍郎，轉給事黃門郎、滎陽太守。屬天下亂，嶷兄武先為玄菟太守，嶷遂求為昌黎太守。至郡，久之，武卒，嶷被徵，乃將武子開送喪俱南。既達遼西，道路梗塞，乃與開投廆。時諸流寓之士見廆草創，並懷去就。嶷首定名分，為羣士啓行。廆甚悅，以嶷為長史，委以軍國之謀。

及悉獨官寇逼城下，外內騷動，廆問策於嶷，嶷曰：『悉獨官雖擁大衆，軍無號令，衆無部陣，若簡精兵，乘其無備，則成擒耳。』廆從之，遂陷寇營。廆威德於此甚振，將遣使獻捷於建鄴，妙簡行人，令嶷將命。

初，朝廷以廆僻在荒遠，猶以邊裔之豪處之。嶷既使至，盛言廆威略，又知四海英賢並為其用，舉朝改觀焉。嶷將還，帝試留嶷以觀之，嶷辭曰：『臣世荷朝恩，濯纓華省，因事遠寄，投迹荒遐。今遭開泰，得睹朝廷，復賜恩詔，即留京輦，於臣之私，誠為厚幸。顧以皇居播遷，山陵幽辱，慕容龍驤將軍越在遐表，乃心王室，慷慨之誠，義感天地，方掃平中壤，奉迎皇輿，故遣使臣，萬里表誠。今若留臣，必謂國家遺其僻陋，孤其丹心，使懷義懈怠。是以微臣區區忘身為國，貪還反命耳。』帝曰：『卿言是也。』乃遣嶷還。廆後謂羣僚曰：『裴長史名重中朝，而降屈於此，豈非天以授孤也。』出為遼東相，轉樂浪太守。

高瞻，字子前，渤海蓨人也。少而英爽有濬才，身長八尺二寸。光熙中，調補尚書郎。屬永嘉之亂，還鄉里，乃與父老議曰：『今皇綱不振，兵革雲擾，此郡沃壤，憑固河海，若兵荒歲儉，必為寇庭，非謂圖安之所。王彭祖先在幽、薊，據燕、代之資，兵強國富，可以托也。諸君以為何如？』衆咸善之。乃與叔父隱率數千家北徙幽州。既而以王濬政令無恒，乃依崔毖，隨毖如遼東。

毖之與三國謀伐廆也，瞻固諫以為不可，毖不從。及毖奔敗，瞻隨衆降於廆。廆署為將軍，瞻稱疾不起。廆敬其姿器，數臨候之，撫其心曰：『君之疾在此，不在餘也。今天子播越，四海分崩，蒼生紛擾，莫知所繫，孤思與諸君匡復帝室，翦鯨豕於二京，迎天子于吳、會，廓清八表，侔勳古烈，此孤之心也，孤之願也。君中州大族，冠冕之餘，宜痛心疾首，枕戈待旦，柰何以華夷之異，有懷介然。且大禹出於西羌，文王生於東夷，但問志略何如耳，豈以殊俗不可降心乎！』瞻仍辭疾篤，廆深不平之。瞻又與宋該有隙，該陰勸廆除之。瞻聞其言，彌不自安，遂以憂死。

又 卷一〇九《慕容皝載記》 慕容皝，字元真，廆第三子也。龍顏版齒，身長七尺八寸。雄毅多權略，尚經學，善天文。廆為遼東公，立為世子。建武初，拜為冠軍將軍、左賢王，封望平侯，率衆征討，累有功。太寧末，拜平北將軍，進封朝鮮公。廆卒，嗣位，以平北將軍行平州刺史，督攝部內。尋而宇文乞得龜為其別部逸豆歸所逐，奔死於外，皝率騎討之，逸豆歸懼而請和，遂築榆陰、安晉二城而還。

初，皝庶兄建威翰驍武有雄才，素為皝所忌，母弟征虜仁、廣武昭並有寵於廆，皝亦不平之。及廆卒，並懼不自容。至此，翰出奔段遼，仁勸昭舉兵廢皝。皝殺昭，遣使按檢仁之虚實，遇仁於險瀆。仁知事發，殺皝使，東歸平郭。皝遣其弟建武幼、司馬佟壽等討之。仁盡衆距戰，幼等大敗，皆没於仁。襄平令王冰、將軍孫機以遼東叛於皝，東夷校尉封抽、護軍乙逸、遼東相韓矯、玄菟太守高詡等棄城奔還。仁於是盡有遼左之地，自稱車騎將軍、平州刺史、遼東公。宇文歸、段遼及鮮卑諸部並為之援。

咸和九年，皝遣其司馬封奕攻鮮卑木堤于白狼，揚威淑虞攻烏丸悉羅侯于平岡，皆斬之。材官劉佩攻乙連，不克。段遼遂寇徙河，皝將張萌逆擊，敗之。遼弟蘭與翰寇柳城，都尉石琮擊敗之。旬餘，蘭、翰復圍柳城，皝遣寧遠慕容汗及封弈等救之。皝戒汗曰：『賊衆氣鋭，難與爭鋒，宜顧萬全，慎勿輕進，必須兵集陣整，然後擊之。』汗性驍鋭，遣千餘騎為前鋒而進，封弈止之，汗不從，為蘭所敗，死者大半。蘭復攻柳城，為飛梯、地道，圍守二旬，石琮躬勒將士出擊，敗之，斬首千五百級，蘭乃遁歸。

是歲，成帝遣謁者徐孟、閭丘幸等持節拜皝鎮軍大將軍、平州刺史、大單于、遼東公，持節、都督、承制封拜，一如廆故事。

皝自征遼東，克襄平。仁所署居就令劉程以城降，新昌人張衡執縣宰以降。於是斬仁所置守宰，分徙遼東大姓於棘城，置和陽、武次、西樂三縣而歸。

咸康初，遣封弈襲宇文別部涉奕於，大獲而還。涉奕于率騎追戰于渾水，又敗之。皝將乘海討仁，羣下咸諫，以海道危陰，宜從陸路。皝曰：『舊海水無淩，自仁反已來，凍合者三矣。昔漢光武因滹沱之冰以濟大業，天其或者欲吾乘此而無之乎！吾計決矣，有沮謀者斬！』乃率三軍從昌黎踐淩而進。仁不虞皝之至也，軍去平郭七里，候騎乃告，仁狼狽出戰，為皝所擒，殺仁而還。

立藉田於朝陽門東，置官司以主之。

段遼遣將李詠夜襲武興，遇雨，引還，都尉張萌追擊，擒詠。段蘭擁衆數萬屯於曲水亭，將攻柳城，宇文歸入寇安晉，為蘭聲援。皝以步騎五萬擊之，師次柳城，蘭、歸皆遁。遣封弈率輕騎追擊，敗之，收其軍實，館穀二旬而還。謂諸將曰：『二虜耻無功而歸，必復重至，宜於柳城左右設伏以待之。』遣封弈率騎潛于馬兒山諸道。俄而遼騎果至，弈夾擊，大敗之，斬其將榮保。遣兼長史劉斌、郎中令陽景送徐孟等歸於京師。使其世子儁伐段遼諸城，封弈攻宇文別部，皆大捷而歸。

立納諫之木，以開讜言之路。

後徙昌黎郡，築好城于乙連東，使將軍蘭勃戍之，以逼乙連。又城曲水，以為勃援。乙連饑甚，段遼輸之粟，蘭勃要擊獲之。遼遣將屈雲攻興國，與皝將慕容遵大戰于五官水上，雲敗，斬之，盡俘其衆。

封弈等以皝任重位輕，宜稱燕王，皝於是以咸康三年僭即王位，赦其境內。以封弈為國相，韓壽為司馬，裴開、陽騖、王寓、李洪、杜羣、宋該、劉瞻、石琮、皇甫真、陽協、宋晃、平熙、張泓等並為列卿將帥。起文昌殿，乘金根車，駕六馬，出入稱警蹕。以其妻段氏為王后，世子儁為太子，皆如魏武、晉文輔政故事。

皝以段遼屢為邊患，遣將軍宋回稱藩于石季龍，請師討遼。季龍於是總衆而至。皝率諸軍攻遼令支以北諸城，遼遣其將段蘭來距，大戰，敗之，斬級數千，掠五千餘户而歸。季龍至徐無，遼奔密雲山。季龍進入令支，怒皝之不會師也，進軍擊之，至於棘城，戎卒數十萬，四面進攻，郡縣諸部叛應季龍者三十六城。相持旬餘，左右勸皝降。皝曰：『孤方取天下，何乃降人乎！』遣子恪等率騎二千，晨出擊之。季龍諸軍驚擾，棄甲而遁。恪乘勝追之，斬獲三萬餘級，築戍凡城而還。段遼遣使詐降于季龍，請兵應接。季龍遣其將麻秋率衆迎遼，恪伏精騎七千於密雲山，大敗之，獲其司馬陽裕、將軍鮮于亮，擁段遼及其部衆以歸。

帝又遣使進皝為征北大將軍、幽州牧，領平州刺史，加散騎常侍，增邑萬户，持節、都督、單于、公如故。

皝前軍師慕容評敗季龍將石成等於遼西，斬其將呼延晃、張支，掠千餘户以歸。段遼謀叛，皝誅之。

季龍又使石成入攻凡城，不克，進陷廣城。皝雖稱燕王，未有朝命，乃遣其長史劉祥獻捷京師，兼言權假之意，並請大舉討平中原。又聞庾亮薨，弟冰、翼繼為將相，乃表曰：

臣究觀前代昏明之主，若能親賢並建，則功致升平；若親黨后族，必有傾辱之禍。是以周之申伯號稱賢舅，以其身藩於外，不握朝權。降及秦昭，足為令主，委信二舅，幾至亂國。逮于漢武，推重田蚡，萬機之要，無不決之。及蚡死後，切齒追恨。成帝暗弱，不能自立，內惑豔妻，外恣五舅，卒令王莽坐取帝位。每覽斯事，孰不痛惋！設使舅氏賢若穰侯、王鳳，則但聞有二臣，不聞有二主。若其不才，則有竇憲、梁冀之禍。凡此成敗，亦既然矣。苟能易軌，可無覆墜。

陛下命世天挺，當隆晉道，而遭國多難，殷憂備嬰，追述往事，至今楚灼。迹其所由，實因故司空亮居元舅之尊，勢業之重，執政裁下，輕侮邊將，故令蘇峻、祖約不勝其忿，遂致敗國。至今太后發憤，一旦升遐。若社稷不靈，人神無助，豺狼之心當可極邪！前事不忘，後事之表，而中書監、左將軍冰等內執樞機，外擁上將，昆弟並列，人臣莫疇。陛下深敦渭陽，冰等自宜引領。臣常謂世主若欲崇顯舅氏，何不封以藩國，豐其祿賜，限其勢利，使上無偏優，下無私論。如此，榮辱何從而生！噂遝何辭而起！往者惟亮一人，宿有名望，尚致世變，況今居之者素無聞焉！且人情易惑，難以户告，縱令陛下無私于彼，天下之人誰謂不私乎！

臣與冰等名位殊班，出處懸邈，又國之戚昵，理應降悅，以適事會。臣獨矯抗此言者，上為陛下，退為冰計，疾苟容之臣，坐鑑得失。顛而不扶，焉用彼相！昔徐福陳霍氏之戒，宣帝不從，至令忠臣更為逆族，良由察之不審，防之無漸。臣今所陳，可謂防漸矣。但恐陛下不明臣之忠，不用臣之計，事過之日，更處焦爛之後耳。昔王章、劉向每上封事，未嘗不指斥王氏，故令二子或死或刑。谷永、張禹依違不對，故容身苟免，取譏於世。臣被髮殊俗，位為上將，夙夜惟憂，罔知所報，惟當外殄寇仇，內盡忠規，陳力輸誠，以答國恩。臣若不言，誰當言者！

又與冰書曰：

君以椒房之親，舅氏之昵，總據樞機，出內王命，兼擁列將州司之位，昆弟網羅，顯布畿甸。自秦、漢以來，隆赫之極，豈有若此者乎！以吾觀之，若功就事舉，必享申伯之名；如或不立，將不免梁竇之迹矣。

每睹史傳，未嘗不寵恣母族，使執權亂朝，先有殊世之榮，尋有負乘之累，所謂愛之適足以為害。吾常忿歷代之主，不盡防萌終寵之術，何不業以一土之封，令藩國相承，如周之齊、陳？如此則永保南面之尊，復何黜辱之憂乎！竇武、何進好善虛己，賢士歸心，雖為閹豎所危，天下嗟痛，猶有能履以不驕，圖國亡身故也。

方今四海有倒懸之急，中夏逋僭逆之寇，家有漉血之怨，人有復仇之憾，寧得安枕逍遙，雅談卒歲邪！吾雖寡德，過蒙先帝列將之授，以數郡之人，尚欲併吞强虜，是以自頃迄今，交鋒接刃，一時務農，三時用武，而猶師徒不頓，倉有餘粟，敵人日畏，我境日廣，況乃王者之威，堂堂之勢，豈可同年而語哉！

冰見表及書甚懼，以其絕遠，非所能制，遂與何充等奏聽皝稱燕王。其年皝伐高句麗，王釗乞盟而還。明年，釗遣其世子朝於皝。

初，段遼之敗也，建威翰奔于宇文歸，自以威名夙振，終不保全，乃陽狂恣酒，被髮歌呼。歸信而不禁，故得周遊自任，至於山川形便，攻戰要路，莫不練之。皝遣商人王車陰使察翰，翰見車無言，撫膺而已。車還以白，皝曰：『翰欲來也。』乃遣車遺翰弓矢，翰乃竊歸駿馬，攜其二子而還。

皝將圖石氏，從容謂諸將曰：『石季龍自以安樂諸城守防嚴重，城之南北必不設備，今若詭路出其不意，冀之北土盡可破也。』於是率騎二萬出蠮螉塞，長驅至於薊城，進渡武遂津，入于高陽，所過焚燒積聚，掠徙幽、冀三萬餘户。

使陽裕、唐柱等築龍城，構宮廟，改柳城為龍城縣。於是成帝使兼大鴻臚郭希持節拜皝侍中、大都督河北諸軍事、大將軍、燕王，其餘官皆如故。封諸功臣百餘人。

咸康七年，皝遷都龍城。率勁卒四萬，入自南陝，以伐宇文、高句麗，又使翰及子垂為前鋒，遣長史王寓等勒衆萬五千，從北置而進。高句麗王釗謂皝軍之從北路也，乃遣其弟武統精鋭五萬距北置，躬率弱卒以防南陝。翰與釗戰於木底，大敗之，乘勝遂入丸都，釗單馬而遁。皝掘釗父利墓，載其屍並其母妻珍寶，掠男女五萬餘口，焚其宮室，毁丸都而歸。明年，釗遣使稱臣于皝，貢其方物，乃歸其父屍。

宇文歸遣其國相莫淺渾伐皝，諸將請戰，皝不許。渾以皝為憚之，荒酒縱獵，不復設備。皝曰：『渾奢忌已甚，今則可一戰矣。』遣翰率騎擊之，渾大敗，僅以身免，盡俘其衆。

皝躬巡郡縣，勸課農桑，起龍城宮闕。

尋又率騎二萬親伐宇文歸，以翰及垂為前鋒。歸使其騎將涉奕於盡衆距翰，皝馳遣謂翰曰：『奕於雄悍，宜小避之，待虜勢驕，然後取也。』翰曰：『歸之精鋭，盡在於此，今若克之，則歸可不勞兵而滅。奕于徒有虛名，其實易與耳，不宜縱敵挫吾兵氣。』於是前戰，斬奕於，盡俘其衆，歸遠遁漠北。皝開地千餘里，徙其部人五萬餘落于昌黎，改涉奕於城為威德城。行飲至之禮，論功行賞各有差。

以牧牛給貧家，田于苑中，公收其八，二分入私。有牛而無地者，亦田苑中，公收其七，三分入私。皝記室參軍封裕諫曰：

臣聞聖王之宰國也，薄賦而藏于百姓，分之以三等之田，十一而稅之；寒者衣之，飢者食之，使家給人足。雖水旱而不為灾者，何也？高選農官，務盡勸課，人治周田百畝，亦不假牛力；力田者受旌顯之賞，惰農者有不齒之罰。又量事置官，量官置人，使官必稱須，人不虛位，度歲入多少，裁而祿之。供百僚之外，藏之太倉，三年之耕，餘一年之粟。以斯而積，公用于何不足？水旱其如百姓何！雖務農之令屢發，二千石令長莫有志勤在公、銳盡地利者。故漢祖知其如此，以墾田不實，征殺二千石以十數，是以明、章之際，號次升平。

自永嘉喪亂，百姓流亡，中原蕭條，千里無煙，飢寒流隕，相繼溝壑。先王以神武聖略，保全一方，威以殄姦，德以懷遠，故九州之人，塞表殊類，繈負萬里，若赤子之歸慈父，流人之多舊土十倍有餘，人殷地狹，故無田者十有四焉。殿下以英聖之資，克廣先業，南摧強趙，東滅句麗，開境三千，户增十萬，繼武闡廣之功，有高西伯。宜省罷諸苑，以業流人。人至而無資產者，賜之以牧牛。人既殿下之人，牛豈失乎！善藏者藏于百姓，若斯而已矣。邇者深副樂土之望，中國之人皆將壺餐奉迎，石季龍誰與居乎！且魏、晉雖道消之世，猶削百姓不至於七八，持官牛田者官得六分，百姓得四分，私牛而官田者與官中分，百姓安之，人皆悅樂。臣猶曰非明王之道，而況增乎！且水旱之厄，堯、湯所不免，王者宜濬治溝澮，循鄭白、西門、史起溉灌之法，旱則決溝為雨，水則入於溝瀆，上無《雲漢》之憂，下無昏墊之患。

句麗、百濟及宇文、段部之人，皆兵勢所徙，非如中國慕義而至，咸有思歸之心。今户垂十萬，狹湊都城，恐方將為國家深害，宜分其兄弟宗屬，徙于西境諸城，撫之以恩，檢之以法，使不得散在居人，知國之虛實。

今中原未平，資畜宜廣，官司猥多，遊食不少，一夫不耕，歲受其饑。必取於耕者而食之，一人食一人之力，游食數萬，損亦如之，安可以家給人足，治致升平！殿下降覽古今之事多矣，政之巨患莫甚於斯。其有經略出世，才稱時求者，自可隨須置之列位。非此已往，其耕而食，蠶而衣，亦天之道也。

殿下聖性寬明，思言若渴，故人盡芻蕘，有犯無隱。前者參軍王憲、大夫劉明並竭忠獻款，以貢至言，雖頗有逆鱗，意在無責。主者奏以妖言犯上，至之于法，殿下慈弘苞納，恕其大辟，猶削黜禁錮，不齒於朝。其言是也，殿下固宜納之；如其非也，宜亮其狂狷。罪諫臣而求直言，亦猶北行詣越，豈有得邪！右長史宋該等阿媚苟容，輕劾諫士，已無骨鯁，嫉人有之，掩蔽耳目，不忠之甚。

四業者國之所資，教學者有國盛事。習戰務農，尤其本也。百工商賈，猶其末耳。宜量軍國所須，置其員數，已外歸之于農，教之戰法，學者三年無成，亦宜還之于農，不可徒充大員，以塞聰濬之路。

臣之所言當也，願時速施行；非也，登加罪戮，使天下知朝廷從善如流，罰惡不淹。王憲、劉明，忠臣也，願宥忤鱗之愆，收其藥石之效。

皝乃令曰：『覽封記室之諫，孤實懼焉。君以黎元為國，黎元以穀為命。然則農者，國之本也，而二千石令長不遵孟春之令，惰農弗勸，宜以尤不修辟者措之刑法，肅厲屬城。主者明詳推檢，具狀以聞。苑囿悉可罷之，以給百姓無田業者。貧者全無資產，不能自存，各賜牧牛一頭。若私有餘力，樂取官牛墾官田者，其依魏、晉舊法。溝洫溉灌，有益官私，主者量造，務盡水陸之勢。中州未平，兵難不息，勳誠既多，官僚不可以減也。待克平凶醜，徐更議之。百工商賈數，四佐與列將速定大員，餘者還農。學生不任訓教者，亦除員錄。夫人臣關言於人主，至難也，妖妄不經之事皆應蕩然不問，擇其善者而從之。王憲、劉明雖其罪應禁黜，亦猶孤之無大量也。可悉復本官，仍居諫司。封生蹇蹇，深得王臣之體。《詩》不云乎：「無言不酬。」其賜錢五萬，明宣內外，有欲陳孤過者，不拘貴賤，勿有所諱。』

時有黑龍、白龍各一，見於龍山，皝親率羣僚觀之，去龍二百餘步，祭以太宰。二龍交首嬉翔，解角而去。皝大悅，還宮，赦其境內，號新宮曰和龍，立龍翔佛寺於山上。

賜其大臣子弟為官學生者號高門生，立東庠于舊宮，以行鄉射之禮，每月臨觀，考試優劣。皝雅好文籍，勤于講授，學徒甚盛，至千餘人。親造《太上章》以代《急就》，又著《典誡》十五篇，以教胄子。

慕容恪攻高句麗南蘇，克之，置戍而還。三年，遣其世子儁與恪率騎萬七千東襲夫餘，克之，虜其王及部衆五萬餘口以還。

皝親臨東庠考試學生，其經通秀異者，擢充近侍。以久旱，丐百姓田租。罷成周、冀陽、營丘等郡。以勃海人為興集縣，河間人為寧集縣，廣平、魏郡人為興平縣，東萊、北海人為育黎縣，吳人為吳縣，悉隸燕國。皝嘗畋於西鄙，將濟河，見一父老，服朱衣，乘白馬，舉手麾皝曰：『此非獵所，王其還也。』秘之不言，遂濟河，連日大獲。後見白兔，馳射之，馬倒被傷，乃說所見。輦而還宮，引儁屬以後事。以永和四年死，在位十五年，時年五十二。儁僭號，追謚文明皇帝。

慕容翰，字元邕，廆之庶長子也。性雄豪，多權略，猿臂工射，膂力過人。廆甚奇之，委以折衝之任。行師征伐，所在有功，威聲大振，為遠近所憚。作鎮遼東，高句麗不敢為寇。善撫接，愛儒學，自士大夫至於卒伍，莫不樂而從之。

及奔段遼，深為遼所敬愛。柳城之敗，段蘭欲乘勝深入，翰慮成本國之害，詭說于蘭，蘭遂不進。後石季龍征遼，皝親將三軍略令支以北，遼議欲追之，翰知皝躬自總戎，戰必克勝，乃謂遼曰：『今石氏向至，方對大敵，不宜復以小小為事。燕王自來，士馬精鋭。兵者凶器，戰有危慮，若其失利，何以南禦乎！』蘭怒曰：『吾前聽卿誑說，致成今患，不復入卿計中矣。』乃率衆追皝，蘭果大敗。翰雖處仇國，因事立忠，皆此類也。

及遼奔走，翰又北投宇文歸。既而逃，歸乃遣勁騎百餘追之。翰遙謂追者曰：『吾既思戀而歸，理無反面。吾之弓矢，汝曹足知，無為相逼，自取死也。吾處汝國久，恨不殺汝。汝可百步豎刀，吾射中者，汝便宜反；不中者，可來前也。』歸騎解刀豎之，翰一發便中刀鐶，追騎乃散。

既至，皝甚加恩禮。建元二年，從皝討宇文歸，臨陣為流矢所中，臥病積時。後疾漸愈，於其家中騎馬自試，或有人告翰私習騎，疑為非常。皝素忌之，遂賜死焉。翰臨死謂使者曰：『翰懷疑外奔，罪不容誅，不能以骸骨委賊庭，故歸罪有司。天慈曲滑，不肆之市朝，今日之死，翰之生也。但逆胡跨據神州，中原未靖，翰常克心自誓，志吞醜虜，上成先王遺旨，下謝山海之責。不圖此心不遂，沒有餘恨，命也奈何！』仰藥而死。

陽裕，字士倫，右北平無終人也。少孤，兄弟皆早亡，單煢獨立，雖宗族無能識者，惟叔父耽幼而奇之，曰：『此兒非惟吾門之標秀，乃佐時之良器也。』刺史和演辟為主簿。王浚領州，轉治中從事，忌而不能任。石勒既克薊城，問棗嵩曰：『幽州人士，誰最可者？』嵩曰：『燕國劉翰，德素長者。北平陽裕，幹事之才。』勒曰：『若如君言，王公何以不任？』嵩曰：『王公由不能任，所以為明公擒也。』勒方任之，裕乃微服潛遁。

時鮮卑單于段眷為晉驃騎大將軍、遼西公，雅好人物，虛心延裕。裕謂友人成泮曰：『仲尼喜佛肸之召，以匏瓜自喻，伊尹亦稱何事非君，何使非民，聖賢尚如此，況吾曹乎！眷今召我，豈徒然哉！』泮曰：『今華夏分崩，九州幅裂，軌迹所及，易水而已。欲偃蹇考槃，以待大通者，俟河之清也。人壽幾何？古人以為白駒之歎。少遊有云，郡掾足以廕後，況國相乎！卿追蹤伊、孔，抑亦知機其神也。』裕乃應之。拜郎中令、中軍將軍，處上卿位。歷事段氏五主，甚見尊重。

段遼與皝相攻，裕諫曰：『臣聞親仁善鄰，國之寶也。慕容與國世為婚姻，且皝令德之主，不宜連兵構怨，凋殘百姓。臣恐禍害之興，將由於此。願兩追前失，通款如初，使國家有太山之安，蒼生蒙息肩之惠。』遼不從。出為燕郡太守。石季龍克令支，裕以郡降，拜北平太守，征為尚書左丞。

段遼之請迎于季龍也，裕以左丞領征東麻秋司馬。秋敗，裕為軍人所執，將詣皝。皝素聞裕名，即命釋其囚，拜郎中令，遷大將軍左司馬。東破高句麗，北滅宇文歸，皆豫其謀，皝甚器重之。及遷都和龍，裕雅有巧思，皝所制城池宮闕，皆裕之規模。裕雖仕皝日近，寵秩在舊人之右，性謙恭清儉，剛簡慈篤，雖歷居朝端，若布衣之士。士大夫流亡羈絕者，莫不經營收葬，存恤孤遺，士無賢不肖皆傾身待之，是以所在推仰。

初，范陽盧諶每稱之曰：『吾及晉之清平，歷觀朝士多矣，忠清簡毅，篤信義烈，如陽士倫者，實亦未幾。』及死，皝甚悼之，時年六十二。

又 卷一一〇《慕容儁載記》 慕容儁，字宣英，皝之第二子也。初，廆常言：『吾積福累仁，子孫當有中原。』既而生儁，廆曰：『此兒骨相不恒，吾家得之矣。』及長，身長八尺二寸，姿貌魁偉，博觀圖書，有文武幹略。皝為燕王，拜儁假節、安北將軍、東夷校尉、左賢王、燕王世子。皝死，永和五年，僭即燕王位，依春秋列國故事稱元年，赦於境內。是時石季龍死，趙、魏大亂，儁將圖兼併之計，以慕容恪為輔國將軍，慕容評為輔弼將軍，陽騖為輔義將軍，慕容垂為前鋒都督、建鋒將軍，簡精卒二十餘萬以待期。是歲，穆帝使謁者陳沈拜儁為使持節、侍中、大都督、都督河北諸軍事、幽、冀、並、平四州牧、大將軍、大單于、燕王，承制封拜一如廆、皝故事。

明年，儁率三軍南伐，出自盧龍，次於無終。石季龍幽州刺史王午棄城走，留其將王他守薊。儁攻陷其城，斬他，因而都之。徙廣寧、上谷人于徐無，代郡人於凡城而還。

及冉閔殺石祗，僭稱大號，遣其使人常煒聘於儁。儁引之觀下，使其記室封裕詰之曰：『冉閔養息常才，負恩篡逆，有何祥應而僭稱大號？』煒曰：『天之所興，其致不同，狼烏紀于三王，麟龍表于漢、魏。寡君應天敍歷，能無祥乎！且用兵殺伐，哲王盛典，湯、武親行誅放，而仲尼美之。魏武養于宦官，莫知所出，衆不盈旅，遂能終成大功。暴胡酷亂，蒼生屠膾，寡君奮劍而誅除之，黎元獲濟，可謂功格皇天，勳侔高祖。恭承乾命，有何不可？』裕曰：『石祗去歲使張舉請救，云璽在襄國，其言信不？又聞閔鑄金為己象，壞而不成，奈何言有天命？』煒曰：『誅胡之日，在鄴者略無所遺，璽何從而向襄國，此求救之辭耳。天之神璽，實在寡君。且妖孽之徒，欲假奇眩衆，或改作萬端，以神其事。寡君今已握乾府，類上帝，四海懸諸掌，大業集于身，何所求慮而取信此乎！鑄形之事，所未聞也。』儁既銳信舉言，又欣于閔鑄形之不成也，必欲審之，乃積薪置火於其側，命裕等以意喻之。煒神色自若，抗言曰：『結髮已來，尚不欺庸人，況千乘乎！巧詐虛言以救死者，使臣所不為也。直道受戮，死自分耳。益薪速火，君之大惠。』左右勸儁殺之，儁曰：『古者兵交，使在其間，此亦人臣常事。』遂赦之。

遣慕容恪略地中山，慕容評攻王午于魯口。恪次唐城，冉閔將白同、中山太守侯龕固守不下。恪留其將慕容彪攻之，進討常山。評次南安，王午遣其將鄭生距評。評逆擊，斬之，侯龕踰城出降。恪進克中山，斬白同。儁軍令嚴明，諸將無所犯。閔章武太守賈堅率郡兵邀評戰于高城，擒堅於陣，斬首三千餘級。

是歲丁零翟鼠及冉閔將劉准等率其所部降于儁，封鼠歸義王，拜准左司馬。

時鮮卑段勤初附於儁，其後復叛。儁遣慕容恪及相國封弈討冉閔于安喜，慕容垂討段勤於繹幕，儁如中山，為二軍聲勢。閔懼，奔於常山，恪追及于泒水。閔威名素振，衆咸憚之。恪謂諸將曰：『閔師老卒疲，實為難用；加其勇而無謀，一夫之敵耳。雖有甲兵，不足擊也。吾今分軍為三部，掎角以待之。閔性輕銳，又知吾軍勢非其敵，必出萬死沖吾中軍。吾今貫甲厚陣以俟其至，諸君但厲卒，從旁須其戰合，夾而擊之，蔑不克也。』及戰，敗之，斬首七千餘級，擒閔，送之，斬于龍城。恪屯軍呼沲。閔將蘇亥遣其將金光率騎數千襲恪，恪逆擊，斬之，亥大懼，奔於并州。恪進據常山，段勤懼而請降，遂進攻鄴。閔將蔣幹閉城距守。儁又遣慕容評等率騎一萬會攻鄴。是時燕巢于儁正陽殿之西椒，生三雛，項上有豎毛；凡城獻異鳥，五色成章。儁謂羣僚曰：『是何祥也？』咸稱：『燕者，燕鳥也。首有毛冠者，言大燕龍興，冠通天章甫之象也。巢正陽西椒者，言至尊臨軒朝萬國之征也。三子者，數應三統之驗也。神鳥五色，言聖朝將繼五行之籙以御四海者也。』儁覽之大悅。既而蔣幹率銳卒五千出城挑戰，慕容評等擊敗之，斬首四千餘級，幹單騎還鄴。於是羣臣勸儁稱尊號，儁答曰：『吾本幽漠射獵之鄉，被髮左衽之俗，歷數之籙寧有分邪！卿等苟相褒舉，以覬非望，實匪寡德所宜聞也。』慕容恪、封弈討王午于魯口，降之。尋而慕容評攻克鄴城，送冉閔妻子僚屬及其文物于中山。

先是，蔣幹以傳國璽送於建鄴，儁欲神其事業，言歷運在己，乃詐云閔妻得之以獻，賜號曰『奉璽君』，因以永和八年僭即皇帝位，大赦境內，建元曰元璽，署置百官。以封弈為太尉，慕容恪為侍中，陽騖為尚書令，皇甫真為尚書左僕射，張希為尚書右僕射，宋活為中書監，韓恒為中書令，其餘封授各有差。追尊廆為高祖武宣皇帝，皝為太祖文明皇帝。時朝廷遣使詣儁，儁謂使者曰：『汝還白汝天子，我承人之乏，為中國所推，已為帝矣。』初，石季龍使人探策于華山，得玉版，文曰：『歲在申酉，不絕如線。歲在壬子，真人乃見。』及此，燕人咸以為儁之應也。改司州為中州，置司隸校尉官。羣下言：『大燕受命，上承光紀黑精之君，運歷傳屬，代金行之後，宜行夏之時，服周之冕，旗幟尚黑，牲牡尚玄。』

儁從之。其從行文武、諸藩使人及登號之日者，悉增位三級。泒河之師，守鄴之軍，下及戰士，賜各有差。臨陣戰亡者，將士加贈二等，士卒復其子孫。殿中舊人皆隨才擢敍。立其妻可足渾氏為皇后，世子曄為皇太子。

晉寧朔將軍榮胡以彭城、魯郡叛降於儁。

常山人李犢聚衆數千，反於普壁壘，儁遣慕容恪率衆討降之。

初，冉閔既敗，王午自號安國王。午既死，呂護復襲其號，保于魯口。恪進討走之，遣前軍悅綰追及于野王，悉降其衆。

姚襄以梁國降於儁。以慕容評為都督秦、雍、益、梁、江、揚、荆、徐、兗、豫十州河南諸軍事，權鎮于洛水；慕容强為前鋒都督、都督荆、徐二州緣淮諸軍事，進據河南。

儁自和龍至薊城，幽冀之人為東遷，互相驚擾，所在屯結。其下請討之，儁曰：『羣小以朕東巡，故相惑耳。今朕既至，尋當自定。然不虞之備亦不可不為。』於是令內外戒嚴。

苻生河內太守王會、黎陽太守韓高以郡歸儁。晉蘭陵太守孫黑、濟北太守高柱、建興太守高甕各以郡叛歸於儁。初，儁車騎大將軍、范陽公劉寧屯據薊城，降於苻氏，至此，率户二千詣薊歸罪，拜後將軍。高句麗王釗遣使謝恩，貢其方物。儁以釗為營州諸軍事、征東大將軍、營州刺史，封樂浪公，王如故。

儁給事黄門侍郎申胤上言曰：

夫名尊禮重，先王之制。冠冕之式，代或不同。漢以蕭、曹之功，有殊羣辟，故劍履上殿，入朝不趨。世無其功，則禮宜闕也。至於東宮，體此為儀，魏、晉因循，制不納舄。今皇儲過謙，准同百僚，禮卑逼下，有違朝式。太子有統天之重，而與諸王齊冠遠遊，非所以辨章貴賤也。祭饗朝慶，宜正服袞衣九文，冠冕九旒。又仲冬長至，太陰數終，黄鍾產氣，綿微於下，此月閉關息旅，後不省方。《禮記》曰：『是月也，事欲靜，君子齊戒去聲色。』唯《周官》有天子之南郊從八能之說。或以有事至靈，非朝饗之節，故有樂作之理。王者慎微，禮從其重。前來二至闕鼓，不宜有設，今之鏗鏘，蓋以常儀。二至之禮、事殊餘節，猥動金聲，驚越神氣，施之宣養，實為未盡。又朝服雖是古禮，絳褠始于秦、漢，迄於今代，遂相仍准。朔望正旦，乃具袞舄。禮，諸侯旅見天子，不得終事者

三，雨沾服失容，其在一焉。今或朝日天雨，未有定儀。禮貴適時，不在過恭。近以地濕不得納舄，而以袞襈改履。案言稱朝服，所以服之而朝，一體之間，上下二制，或廢或存，實乖禮意。大燕受命，侔蹤虞、夏，諸所施行，宜損益定之，以為皇代永制。

儁曰：『其劍舄不趨，事下太常參議。太子服袞冕，冠九旒，超級逼上，未可行也。冠服何容一施一廢，皆可詳定。』

初，段蘭之子龕因冉閔之亂，擁衆東屯廣固，自號齊王，稱藩於建鄴，遣書抗中表之儀，非儁正位。儁遣慕容恪、慕容塵討之。恪既濟河。龕弟羆驍勇有智計，言於龕曰：『慕容恪善用兵，加其衆旅既盛，恐不可抗也。若頓兵城下，雖復請降，懼終不聽。王但固守，羆請率精鋭距之。若其戰捷，王可馳來追擊，使虜匹馬無反。如其敗也，遽出請降，不失千户侯也。』龕弗從。羆固請行，龕怒斬之，率衆三萬來距恪。恪遇龕于濟水之南，與戰，大敗之，遂斬其弟欽，盡俘其衆。恪進圍廣固，諸將勸恪宜急攻之，恪曰：『軍勢有宜緩以克敵，有宜急而取之。若彼我勢均，且有强援，慮腹背之患者，須急攻之，以速大利。如其我强彼弱，外無寇援，力足制之者，當羈縻守之，以待其斃。兵法十圍五攻，此之謂也。龕恩結賊黨，衆未離心，濟南之戰，非不鋭也，但其用之無術，以致敗耳。今憑固天險，上下同心，攻守勢倍，軍之常法。若其促攻，不過數旬，克之必矣，但恐傷吾士衆。自有事已來，卒不獲寧，吾每思之，不覺忘寢，亦何宜輕殘人命乎！當持久以取耳。』諸將皆曰：『非所及也。』乃築室反耕，嚴固圍壘。龕所署徐州刺史王騰、索頭單于薛雲降於恪。段龕之被圍也，遣使詣建鄴請救。穆帝遣北中郎將荀羨赴之，憚虜强遷延不敢進。攻破陽都，斬王騰以歸。恪遂克廣固，以龕為伏順將軍，徙鮮卑胡羯三千餘户於薊，留慕容塵鎮廣固，恪振旅而歸。

儁太子曄死，偽謚獻懷。升平元年，復立次子暐為皇太子，赦其境內，改元曰光壽。

遣其撫軍慕容垂、中軍慕容虔與護軍平熙等率步騎八萬討丁零敕勒於塞北，大破之，俘斬十餘萬級，獲馬十三萬匹，牛羊億餘萬。

初，廆有駿馬曰赭白，有奇相逸力。石季龍之伐棘城也，皝將出避難，欲乘之，馬悲鳴蹄齧，人莫能近。皝曰：『此馬見異先朝，孤常仗之

濟難，今不欲者，蓋先君之意乎！』乃止。季龍尋退，儁益奇之。至是，四十九歲矣，而駿逸不虧，儁比之于鮑氏驄，命鑄銅以圖其象，親為銘贊，鐫勒其旁，置之薊城東掖門。是歲，象成而馬死。

匈奴單于賀賴頭率部落三萬五千降於儁，拜寧西將軍、雲中郡公，處之于代郡平舒城。

晉太山太守諸葛攸伐其東郡。儁遣慕容恪距戰，王師敗績。北中郎將謝萬先據梁、宋，懼而遁歸。恪進兵入寇河南，汝、潁、譙、沛皆陷，置守宰而還。

儁自薊城遷於鄴，赦其境內，繕修宮殿，復銅雀臺。

廷尉監常煒上言：『大燕雖革命創制，至於朝廷銓謨，亦多因循魏、晉，唯祖父不殮葬者，獨不聽官身清朝，斯誠王教之首，不刊之式。然禮貴適時，世或損益，是以高祖制三章之法，而秦人安之。自頃中州喪亂，連兵積年，或遇傾城之敗，覆軍之禍，坑師沈卒，往往而然，孤孫煢子，十室而九。兼三方嶽峙，父子異邦，存亡吉凶，杳成天外。或便假一時，或依嬴博之制，孝子糜身無補，順孫心喪靡及，雖招魂虛葬以敍罔極之情，又禮無招葬之文，令不此載。若斯之流，抱琳琅而無申，懷英才而不齒，誠可痛也。恐非明揚側陋，務盡時珍之道。吳起、二陳之疇，終將無所展其才幹。漢祖何由免于平城之圍？郅支之首何以懸于漢闕？謹案《戊辰詔書》，蕩清瑕穢，與天下更始，以明惟新之慶。五六年間，尋相違伐，於則天之體，臣竊未安。』儁曰：『煒宿德碩儒，練明刑法，覽其所陳，良足采也。今六合未寧，喪亂未已，又正當搜奇拔異之秋，未可才行兼舉，且除此條，聽大同更議。』

使昌黎、遼東二郡營起廆廟，范陽、燕郡構皝廟，以其護軍平熙領將作大匠，監造二廟焉。

苻堅平州刺史劉特率户五千降於儁。

河間李黑聚衆千餘，攻略州郡，殺棗強令衛顏，儁長樂太守傅顏討斬之。

常山大樹自拔，根下得璧七十、圭七十三，光色精奇，有異常玉。儁以為嶽神之命，遣其尚書郎段勤以太宰祀之。

初，冉閔之僭號也，石季龍將李歷、張平、高昌等並率其所部稱藩於儁，遣子入侍。既而投款建鄴，結援苻堅，並受爵位，羈縻自固，雖貢使不絕，而誠節未盡。呂護之走野王也，遣弟奉表謝罪於儁，拜寧南將軍、河內太守。又上黨馮鴦自稱太守，附于張平，平屢言之，儁以平故，赦其罪，以為京兆太守。護、鴦亦陰通京師。張平跨有新興、鴈門、西河、太原、上黨、上郡之地，壘壁三百餘，胡晉十餘萬户，遂拜置征、鎮，為鼎峙之勢。儁其司徒慕容評討平，領軍慕輿根討鴦，司空陽騖討昌，撫軍慕容臧攻歷。并州壘壁降者百餘所，以尚書右僕射悅綰為安西將軍、領護匈奴中郎將、并州刺史以撫之。平所署征西諸葛驤、鎮北蘇象、寧東喬庶、鎮南石賢等率壘壁百三十八降於儁，儁大悅，皆復其官爵。既而平率衆三千奔於平陽，鴦奔于野王，歷走滎陽，昌奔邵陵，悉降其衆。

儁於是復圖入寇，兼欲經略關西，乃令州郡校閱見丁，精覆隱漏，率户留一丁，餘悉發之，欲使步卒滿一百五十萬，期明年大集，將進臨洛陽，為三方節度。武邑劉貴上書極諫，陳百姓凋弊，召兵非法，恐人不堪命，有土崩之禍，並陳時政不便於時者十有三事。儁覽而悅之，付公卿博議，事多納用，乃改為三五占兵，寬戎備一周，悉令明年季冬赴集鄴都。

是歲，晉將荀羡攻山茌，拔之。斬儁太山太守賈堅。儁青州刺史慕容塵遣司馬悅明救之，羨師敗績，復陷山茌。

儁立小學於顯賢里以教胄子。封其子泓為濟北王，沖為中山王。宴羣臣于蒲池，酒酣，賦詩，因談經史，語及周太子晉，潸然流涕，顧謂羣臣曰：『昔魏武追痛倉舒，孫權悼登無已，孤常謂二主緣愛稱奇，無大雅之體。自曄亡以來，孤鬚髮中白，始知二主有以而然。卿等言曄定何如也？孤今悼之，得無貽怪將來乎？』其司徒左長史李績對曰：『獻懷之在東宮，臣為中庶子，既忝近侍，聖質志業，臣實不敢不知。臣聞道備無愆，其唯聖人乎。先太子大德有八，未見闕也。』儁曰：『卿言亦以過矣，然試言之。』績言：『至孝自天，性與道合，此其一也。聰敏慧悟，機思若流，此其二也。沈毅好斷，理詣無幽，此其三也。疾諛亮物，雅悅直言，此其四也。好學愛賢，不恥下問，此其五也。英姿邁古，藝業超時，此其六也。虛襟恭讓，尊師重道，此其七也。輕財好施，勤恤民隱，此其八也。』儁泣曰：『卿雖褒譽，然此兒若在，吾死無憂也。吾既不能追蹤唐、虞，官天下以禪有德，近模三王，以世傳授。景茂幼沖，器藝未舉，卿以為何如？』績曰：『皇太子天資岐嶷，聖敬日躋，而八闋然，二闕未補，雅好游田，娛心絲竹，所以為損耳。』儁顧謂暐曰：『伯陽之言，藥石之惠，汝宜戢之。』因問高年疾苦、孤寡不能自存者，賜穀帛有差。

儁夜夢石季龍齧其臂，寤而惡之，命發其墓，剖棺出屍，蹋而罵之曰：『死胡安敢夢生天子！』遣其御史中尉陽約數其殘酷之罪，鞭之，棄于漳水。

諸葛攸又率水陸三萬討儁，入自石門，屯於河渚。攸部將匡超進據碻敖，蕭館屯於新柵，又遣督護徐冏率水軍三千泛舟上下，為東西聲勢。儁遣慕容評、傅顏等統步騎五萬，戰于東阿，王師敗績。

塞北七國賀蘭、涉勒等皆降。

俄而儁寢疾，謂慕容恪曰：『吾所疾惙然，當恐不濟。修短命也，復何所恨！但二寇未除，景茂沖幼，慮其未堪多難。吾欲遠追宋宣，以社稷屬汝。』恪曰：『太子雖幼，天縱聰聖，必能勝殘刑措，不可以亂正統也。』儁怒曰：『兄弟之間豈虛飾也！』恪曰：『陛下若以臣堪荷天下之任者，寧不能輔少主乎！』儁曰：『若汝行周公之事，吾復何憂！李績清方忠亮，堪任大事，汝善遇之。』

是時兵集鄴城，盜賊互起，每夜攻劫，晨昏斷行。於是寬常賦，設奇禁，賊盜有相告者賜奉車都尉，捕誅賊首木穀和等百餘人，乃止。

升平四年，儁死，時年四十二，在位十一年。偽謚景昭皇帝，廟號烈祖，墓號龍陵。

儁雅好文籍，自初即位至末年，講論不倦，覽政之暇，唯與侍臣錯綜義理，凡所著述四十餘篇。性嚴重，慎威儀，未曾以慢服臨朝，雖閒居宴處亦無懈怠之色云。

韓恒，字景山，灌津人也。父默，以學行顯名。恒少能屬文，師事同郡張載，載奇之，曰：『王佐才也。』身長八尺一寸，博覽經籍，無所不通。永嘉之亂，避地遼東。廆既逐崔毖，復徙昌黎，召見，嘉之，拜參軍事。咸和中，宋該等建議以廆立功一隅，勤誠王室，位卑任重，不足以鎮華夷，宜表請大將軍、燕王之號。廆納之，命羣僚博議，咸以為宜如該議。恒駁曰：『自羣胡乘間，人嬰荼毒，諸夏蕭條，無復綱紀。明公忠武篤誠，憂勤社稷，抗節孤危之中，建功萬里之外，終古勤王之義，未之有也。夫立功者患信義不著，不患名位不高，故桓文有寧復一匡之功，亦不先求禮命以令諸侯。宜繕甲兵，候機會，除羣凶，靖四海，功成之後，九錫自至。且要君以求寵爵者，非為臣之義也。』廆不平之，出為新昌令。皝為鎮軍，復參軍事。遷營丘太守，政化大行。儁為大將軍，征拜諮議參軍，加揚烈將軍。

儁僭位，將定五行次，衆論紛紜。恒時疾在龍城，儁召恒以決之。恒未至而羣臣議以燕宜承晉為水德。既而恒至，言於儁曰：『趙有中原，非唯人事，天所命也。天實與之，而人奪之，臣竊謂不可。且大燕王迹始自于震，于《易》，震為青龍。受命之初，有龍見於都邑城，龍為木德，幽契之符也。』儁初雖難改，後終從恒議。儁秘書監清河聶熊聞恒言，乃歎曰：『不有君子，國何以興，其韓令君之謂乎！』後與李產俱傅東宮，從太子暐入朝，儁顧謂左右曰：『此二傅一代偉人，未易繼也。』其見重如此。

李產，字子喬，范陽人也。少剛厲，有志格。永嘉之亂，同郡祖逖擁衆部于南土，力能自固，產遂往依之。逖素好從橫，弟約有大志，產微知其旨，乃率子弟十數人間行還鄉里，仕于石氏，為本郡太守。及慕容儁南征，前鋒達郡界，鄉人皆勸產降，產曰：『夫受人之祿，當同其安危，今若舍此節以圖存，義士將謂我何！』衆潰，始詣軍請降。儁嘲之曰：『卿受石氏寵任，衣錦本鄉，何故不能立功于時，而反委質乎！烈士處身于世，固當如是邪？』產泣曰：『誠知天命有歸，非微臣所抗。然犬馬為主，豈忘自效，但以孤窮勢蹙，致力無術，僶俛歸死，實非誠款。』儁嘉其慷慨，顧謂左右曰：『此真長者也。』乃擢用之，歷位尚書。性剛正，好直言，每至進見，未曾不論朝政之得失，同輩咸憚焉，儁亦敬其儒雅。前後固辭年老，不堪理劇。轉拜太子太保。謂子績曰：『以吾之才而致於此，始者之願亦已過矣，不可復以西夕之年取笑於來今也。』固辭而歸，死於家。子績。

績字伯陽，少以風節知名，清辯有辭理。弱冠為郡功曹。時石季龍親征段遼，師次范陽，百姓饑儉，軍供有闕。季龍大怒，大守惶怖避匿。績進曰：『郡帶北裔，與寇接攘，疆埸之間，人懷危慮。聞輿駕親戎，將除殘賊，雖嬰兒白首，咸思效命，非唯為國，亦自求寧，雖身膏草野，猶甘為之，敢有私吝而闕軍實！但此年灾儉，家有菜色，困弊力屈，無所取濟，逋廢之罪，情在可矜。』季龍見績年少有壯節，嘉而恕之，於是太守獲免。刺史王午辟為主簿。儁之南征也，隨午奔魯口。鄧恒謂午曰：『績鄉里在北，父已降燕，今雖在此，終不為用，方為人患。』午曰：『績於喪亂之中捐家立義，情節之重，有侔古烈，若懷嫌害之，必駭衆望。』恒乃止。午恐績終為恒所害，乃資遣之。及到，儁責其背親後至，績答曰：『臣聞豫讓報智伯仇，稱于前史。既官身所在，何事非君！陛下方弘唐、虞之化，臣實未謂歸順之晚也。』儁曰：『此亦事主之一節耳。』累遷太子中庶子。及暐立，慕容恪欲以績為尚書右僕射，暐憾績往言，不許。恪屢請，乃謂恪曰：『萬機之事委之叔父，伯陽一人，暐請獨裁。』績遂憂死。

又 卷一一一《慕容暐慕容恪陽騖皇甫真載記》 慕容暐，字景茂，儁第三子也。初封中山王，尋立為太子。及儁死，羣臣欲立慕容恪，恪辭曰：『國有儲君，非吾節也。』於是立暐。升平四年，僭即皇帝位，大赦境內，改元曰建熙，立其母可足渾氏為皇太后。以慕容恪為太宰、録尚書，行周公事；慕容評為太傅，副贊朝政；慕輿根為太師；慕容垂為河南大都督、征南將軍、兗州牧、荆州刺史，領護南蠻校尉，鎮梁國；孫希為安西將軍、幷州刺史；傅顔為護軍將軍；其餘封授各有差。

暐既庸弱，國事緣委之於恪。慕輿根自恃勳舊，驕傲有無上之心，忌恪之總朝權，將伺隙為亂，乃言於恪曰：『今主上幼沖，母后幹政，殿下宜慮楊駿、諸葛元遜之變，思有以自全。且定天下者，殿下之功也，兄亡弟及，先王之成制，過山陵之後，可廢主上為一國王，殿下踐尊位，以建大燕無窮之慶。』恪曰：『公醉乎？何言之勃也！昔曹臧、吳劄並於家難之際，猶曰為君非吾節，況今儲君嗣統，四海無虞，宰輔受遺，奈何便有私議！公忘先帝之言乎？』根大懼，陳謝而退。恪以告慕容垂，垂勸恪誅之。恪曰：『今新遭大凶，二虜伺隙，山陵未建，而宰輔自相誅滅，恐乖遠近之望，且可容忍之。』根與左衛慕輿幹潛謀誅恪及評，因而篡位。入白可足渾氏及暐曰：『太宰、太傅將謀為亂，臣請率禁兵誅之，以安社稷。』可足渾氏將從之，暐曰：『二公國之親穆，先帝所托，終應無此，未必非太師將為亂也。』於是使其侍中皇甫真、護軍傅顔收根等，于禁中斬之，大赦境內。遣傅顔率騎二萬觀兵河南，臨淮而還，軍威甚盛。

初，儁所署寧南將軍呂護據野王，陰通京師，穆帝以護為前將軍、冀州刺史。儁死，謀引王師襲鄴，事覺，暐使慕容恪等率衆五萬討之。傅顔言於恪曰：『護窮寇假合，王師既臨，則上下喪氣，曾不敢規兵中路，展其螗 良之心。此則士卒懾魂，敗亡之驗也。殿下前以廣固天險，守易攻難，故為長久之策。今賊形便不與往同，宜急攻之，以省千金之費。』恪曰：『護老賊，經變多矣。觀其為備之道，未易卒平。今圍之窮城，樵采路絕，內無蓄積，外無强援，不過十旬，其斃必矣，何必遽殘士卒之命而趣一時之利哉！吾嚴儁圍壘，休養將卒，以重官美貨間而離之。事淹勢窮，其釁易動；我則未勞，而寇已斃。此為兵不血刃，坐以制勝也。』遂列長圍守之。護遣其將張興率勁卒七千出戰，傅顔擊斬之。自三月至八月而野王潰，護南奔于晉，悉降其衆。尋復叛歸於暐，暐待之如初。因遣傅顔與護率衆據河陰。顔北襲敕勒，大獲而還。護攻洛陽，中流矢而死。將軍段崇收軍北渡，屯于野王。

暐遣其寧東慕容忠攻陷滎陽，又遣鎮南慕容塵寇長平。時晉冠軍將軍陳祐戍洛陽，遣使請救，帝遣桓温援之。

興寧初，暐復使慕容評寇許昌、懸瓠、陳城，並陷之，遂略汝南諸郡，徙萬餘户于幽、冀。暐豫州刺史孫興上疏，請步卒五千先圖洛陽。暐納之，遣其太宰司馬悦希軍於盟津，孫興分戍成皋，以為之聲援。尋而陳祐率衆奔陸渾，河南諸壘悉陷於希。慕容恪攻陷金墉，害揚威將軍沈勁。以其左中郎將慕容築為假節、征虜將軍、洛州刺史，鎮金墉，慕容垂為都督荆、揚、洛、徐、兗、豫、雍、益、梁、秦等十州諸軍事、征南大將軍、荆州牧，配兵一萬，鎮魯陽。

時暐境內多水旱，慕容恪、慕容評並稽首歸政，請遜位還第，曰：『臣以朽暗，器非經國，過荷先帝拔擢之恩，又蒙陛下殊常之遇，猥以輕才，竊位宰録，不能上諧陰陽，下厘庶政，致使水旱愆和，彝倫失序，轅弱任重，夕惕唯憂。臣聞王者則天建國，辨方正位，司必量才，官惟德舉。臺傅之重，參理三光，苟非其人，則靈曜為虧。屍祿貽殃，負乘招悔，由來常道，未之或差。以姬旦之勳聖，猶近則二公不悅，遠則管、蔡流言，況臣等寵緣戚來，榮非才授，而可久點天官，塵蔽賢路！是以中年拜表，披陳丹款。聖恩齒舊，未忍遐棄，奄冉偷榮，愆責彌厚。自待罪鼎司，歲餘辰紀；忝冒宰衡，七載於茲。雖乃心經略，而思不周務，至令二方幹紀，跋扈未庭，同文之詠，有慚盛漢，深乖先帝託付之規，甚違陛下垂拱之義。臣雖不敏，竊聞君子之言，敢忘虞丘避賢之美，輒循兩疏知止之分，謹送太宰、大司馬、太傅、司徒章綬，惟垂昭許。』暐曰：『朕以不天，早傾乾覆，先帝所托，唯在二公。二公懿親碩德，勳高魯、衛，翼贊王室，輔導朕躬，宣慈惠和，坐而待旦，虔誠夕惕，美亦至矣。故能外掃羣凶，內清九土，四海晏如，政和時洽。雖宗廟社稷之靈，抑亦公之力也。今關右有未賓之氐，江、吳有遺燼之虜，方賴謀猷，混寧六合，豈宜虛己謙沖，以違委任之重！王其割二疏獨善之小，以成公旦復袞之大。』恪、評等固請致政，暐曰：『夫建德者必以終善為名，佐命者則以功成為效。公與先帝開構洪基，膺天明命，將廓夷羣醜，紹復隆周之迹。灾眚橫流，乾光墜曜。朕以眇躬，猥荷大業，不能上成先帝遺志，致使二虜遊魂，所以功未成也，豈宜沖退。且古之王者，不以天下為榮，憂四海若荷擔，然後仁讓之風行，則比屋而可封。今道化未純，鯨鯢未殄，宗社之重，非唯朕身，公所憂也。當思所以寧濟兆庶，靖難敦風，垂美將來，侔蹤周、漢，不宜崇飾常節，以違至公。』遂斷其讓表，恪、評等乃止。

暐鍾律郎郭欽奏議以暐承石季龍水為木德，暐從之。

太和元年，暐遣撫軍慕容厲攻晉太山太守諸葛攸。攸奔于淮南，厲悉陷兗州諸郡，置守宰而還。

慕容恪有疾，深慮暐政不在己，慕容評性多猜忌，大司馬之位不能允授人望，乃召暐兄樂安王臧謂之曰：『今勁秦跋扈，强吳未賓，二寇並懷進取，但患事之無由耳。夫安危在得人，國興在賢輔，若能推才任忠，和同宗盟，則四海不足圖，二虜豈能為難哉！吾以常才，受先帝顧托之重，每欲掃平關、隴，蕩一甌、吳，庶嗣成先帝遺志，謝憂責于當年。而疾固彌留，恐此志不遂，所以沒有餘恨也。吳王天資英傑，經略超時，司馬職統兵權，不可以失人，吾終之後，必以授之。若以親疏次第，不以授汝，當以授沖。汝等雖才識明敏，然未堪多難，國家安危，實在於此，不可昧利忘憂，以致大悔也。』又以告評。月餘而死，其國中皆痛惜之。

先是，晉南陽督護趙弘以宛降於暐，暐遣其南中郎將趙盤自魯陽戍宛。至此，晉右將軍桓豁攻宛，拔之，趙盤退奔魯陽。豁遣輕騎追盤，及於雉城，大戰敗之，執盤，戍宛而歸。

苻堅將苻廋據陝，降於暐。時有圖書云：『燕馬當飲渭水。』堅恐暐乘釁入關，大懼，乃盡精銳以備華陰。暐羣下議欲遣兵救廋，因圖關右。慕容評素無經略，又受苻堅間貨，沮議曰：『秦雖有難，未易可圖。朝廷雖明，豈如先帝，吾等經略，又非太宰之匹，終不能平秦也。但可閉關息旅，保寧疆場足矣。』暐魏尹慕容德上疏曰：『先帝應天順時，受命革代，方以文德懷遠，以一六合。神功未就，奄忽升遐。昔周文既沒，武王嗣興，伏惟陛下則天比德，揆聖齊功，方闡崇乾基，纂成先志。逆氐僭據關、隴，號同王者，惡積禍盈，自相疑戮，釁起蕭牆，勢分四國，投城請援，旬日相尋，豈非凶運將終，數歸有道。兼弱攻昧，取亂侮亡，機之上也。今秦土四分，可謂弱矣。時來運集，天贊我也。天與不取，反受其殃。吳、越之鑑，我之師也。宜應天人之會，建牧野之旗。命皇甫真引並、冀之衆，徑趣蒲阪；臣垂引許、洛之兵，馳解廋圍；太傅總京都武旅，為二軍後繼。飛檄三輔，仁聲先路，獲城即侯，微功必賞，此則郁概待時之雄，抱志未申之傑，必嶽峙灞上，雲屯隴下。天羅既張，內外勢合，區區僭豎，不走則降，大同之舉，今其時也。願陛下獨斷聖慮，無訪仁人。』暐覽表大悅，將從之。評固執不許，乃止。苻廋知評、暐之無遠略，恐救師弗至，乃箋于慕容垂、皇甫真曰：『苻堅、王猛皆人傑也，謀為燕患，為日久矣。今若乘機不赴，恐燕之君臣將有甬東之悔。』垂得書，私於真曰：『方為人患者必在於秦，主上富於春秋，未能留心政事，觀太傅度略，豈能抗苻堅、王猛乎？』真曰：『然，繞朝有雲，謀之不從可如何！』

暐僕射悅綰言於暐曰：『太宰政尚寬和，百姓多有隱附。《傳》曰，唯有德者可以寬臨衆，其次莫如猛。今諸軍營戶，三分共貫，風教陵弊，威綱不舉，宜悉罷軍封，以實天府之饒，肅明法令，以清四海。』暐納之。綰既定制，朝野震驚，出戶二十餘萬。慕容評大不平，尋賊綰，殺之。

晉大司馬桓溫、江州刺史桓沖、豫州刺史袁真率衆五萬伐暐，前兗州刺史孫元起兵應之。溫部將檀玄攻胡陸，執暐寧東慕容忠。暐遣其將慕容厲與温戰于黄墟，厲師大敗，單馬奔還。高平太守徐翻以郡歸順。温前鋒朱序又破暐將傅顔于林渚，温軍大振，次於枋頭。暐懼，謀奔和龍。慕容垂曰：『不然。臣請擊之，若戰不捷，走未晚也。』乃以垂為使持節、南討大都督，慕容德為征南將軍，率衆五萬距温，使其散騎侍郎樂嵩乞師於苻堅。堅遣將軍苟池率衆二萬，出自洛陽，師於潁川，外為赴援，內實觀隙，有兼併之志矣。慕容德屯于石門，絶温糧漕。豫州刺史李邽率州兵五千斷温饋運。温頻戰不利，糧運復絶，及聞堅師之至，乃焚舟棄甲而退。德率勁騎四千，先温至襄邑東，伏於澗中，與垂前後夾擊，王師大敗，死者三萬餘人。苟池聞温班師，邀擊于譙，温衆又敗，死者萬計。

垂既有大功，威德彌振，慕容評素不平之。垂又言其將孫蓋等摧鋒陷鋭，宜論功超授，評寢而不録。垂數以為言，頗與評廷爭。可足渾氏素惡垂，毁其戰功，遂與評謀殺垂。垂懼，奔於苻堅。

先是，暐使其黄門侍郎梁琛聘於堅。琛還，言於評曰：『秦揚兵講武，運粟陜東，以琛觀之，無久和之理。兼吴王西奔，必有覬覦之計，深宜備之。』評曰：『不然。秦豈可受吾叛臣而不懷和好哉！』琛曰：『鄰國相并，有自來矣。況今並稱大號，理無俱存。苻堅機明好斷，納善如流。王猛有王佐之才，鋭於進取。觀其君臣相得，自謂千載一時。桓温不足為慮，終為人患者，其唯王猛乎？暐、評不以為虞。皇甫真又陳其事曰：『苻堅雖聘使相尋，托輔車為諭，然抗均鄰敵，勢同戰國，明其甘於取利，無慕善之心，終不能守信存和，以崇久要也。頃來行人累續，兼師出洛川，夷險要害，具之耳目。觀虚實以措姦圖，聽風塵而伺國隙者，寇之常也。又吴王外奔，為之謀主，伍員之禍，不可不慮。洛陽、并州、壺關諸城，並宜增兵益守，以防未兆。』暐召評而謀之。評曰：『秦國小力弱，杖我為援，且苻堅庶幾善道，終不納叛臣之言。不宜輕自擾懼，以動寇心也。』暐從之。

俄而堅遣其將王猛率衆伐暐，攻慕容築于金墉。暐遣慕容臧率衆救之。臧次滎陽，猛部將梁成、洛州刺史鄧羌與臧戰于石門，臧師敗績，死者萬餘，遂相持于石門。築以救兵不至，以金墉降於猛。梁成又敗慕容臧，斬首三千餘級，獲其將軍楊璩，臧遂城新樂而還。

桓温之敗也，歸罪於豫州刺史袁真。真怒，以壽陽降暐，暐遣其大鴻臚温統署真為使持節、散騎常侍、都督淮南諸軍事、征南大將軍、領護南蠻校尉、揚州刺史，封宣城公，未至而真、統俱卒。真黨朱輔立真子瑾為建威將軍、豫州刺史，以固壽陽。

時外則王師及苻堅交侵，兵革不息；內則暐母亂政，評等貪冒，政以賄成，官非才舉，羣下切齒焉。其尚書左丞申紹上疏曰：

臣聞漢宣有言：『與朕共治天下者，其唯良二千石乎！』是以特重此選，必妙盡英才，莫不拔自貢士，歷資內外，用能仁感猛獸，惠致羣祥。今者守宰或擢自匹夫兵將之間，或因寵戚，藉緣時會，非但無聞於州閭，亦不經於朝廷。又無考績，黜陟幽明。貪惰為惡，無刑戮之懼；清勤奉法，無爵賞之勸。百姓窮弊，侵賕無已，兵士逋逃，乃相招為賊盜。風頽化替，莫相糾攝。且吏多則政煩，由來常患。今之見户，不過漢之一大郡，而備置百官，加之新立軍號，兼重有過往時。虚假名位，廢棄農業，公私驅擾，人無聊生。宜並官省職，務勸農桑。秦、吴二虜僻僭一時，尚能任道捐情，肅諧偽部，況大燕累聖重光，君臨四海，而可美政或虧，取陵姦寇哉！鄰之有善，衆之所望，我之不修，彼之願也。

秦、吴狡猾，地居形勝，非唯守境而已，乃有吞噬之心。中州豐實，户兼二寇，弓馬之勁，秦、晉所憚，雲騎風馳，國之常也，而比赴敵後機，兵不速濟者何也？皆由賦法靡恒，役之非道。郡縣守宰每於差調之際，無不捨越殷强，首先貧弱，行留俱窘，資贍無所，人懷嗟怨，遂致奔亡，進闕供國之饒，退離蠶農之要。兵豈在多，貴於用命。宜嚴制軍科，務先饒復，習兵教戰，使偏伍有常，從戎之外，足營私業，父兄有陟岵之觀，子弟懷孔爾之顧，雖赴水火，何所不從！

節儉約費，先王格謨；去華敦僕，哲後恒憲。故周公戒成王以嗇財為本，漢文以皁幃變俗，孝景宮人弗過千餘，魏武寵賜不盈十萬，薄葬不墳，儉以率下，所以割肌膚之惠，全百姓之力。謹案後宮四千有餘，僮侍廝養通兼十倍，日費之重，價盈萬金，綺縠羅紈，歲增常調，戎器弗營，奢玩是務。今帑藏虚竭，軍士無襜褕之齎，宰相侯王迭以侈麗相尚，風靡之化，積習成俗，臥新之諭，未足甚焉。宜罷浮華非要之設，峻明婚姻喪葬之條，禁絶奢靡浮煩之事，出傾宮之女，均商農之賦。公卿以下以四海為家，信賞必罰，綱維肅舉者，温、猛之首可懸之白旗，秦、吴二主可以禮之歸命，豈唯不復侵寇而已哉！陛下若不遠追漢宗弋綈之模，近崇先帝補衣之美，臣恐頹風弊俗亦革變靡途，中興之歌無以軫之絃詠。

又拓宇兼幷，不在一城之地；控制戎夷者，懷之以德。令魯陽、上郡重山之外，雲陰之北，四百有餘，而未可以羈服塞表，為平寇之基，徒孤危托落，令善附内駭。宜攝就幷、豫，以臨二河，通接漕轂，擬之丘後；重晉陽之戍，增南藩之兵，戰守之備，炫以千金之餌，蓄力待時，可一舉而滅。如其虔劉送死，俟入境而斷之，可令匹馬不反。非唯絕二賊窺窬，乃是戡殄之要，惟陛下覽焉。

暐不納。

苻堅又使王猛、楊安率衆伐暐，猛攻壺關，安攻晉陽。暐使慕容評等率中外精卒四十餘萬距之。猛、安進師潞川。州郡盜賊大起，鄴中多怪異，暐憂懼不知所為，乃召其使而問曰：『秦衆何如？今大師既出，猛等能戰不？』或對曰：『秦國小兵弱，豈王師之敵，景略常才，又非太傅之匹，不足憂也。』黄門侍郎梁琛、中書侍郎樂嵩進曰：『不然。兵書之義，計敵能鬭，當以算取之。若冀敵不鬭，非萬全之道也。慶鄭有云：「秦衆雖少，戰士倍我。」衆之多少，非可問也。且秦行師千里，固戰是求，何不戰之有乎！』暐不悦。

猛與評等相持。評以猛懸軍遠入，利在速戰，議以持久制之。猛乃遣其將郭慶率騎五千，夜從間道起火高山，燒評輜重，火見鄴中。評性貪鄙，鄣固山泉，賣樵鬻水，積錢絹如丘陵，三軍莫有鬭志。暐遣其侍中蘭伊讓評曰：『王，高祖之子也，宜以宗廟社稷為憂，奈何不務撫養勳勞，專以聚斂為心乎！府藏之珍貨，朕豈與王愛之！若寇軍冒進，王持錢帛安所置也！皮之不存，毛將安傅！錢帛可散之三軍，以平寇凱旋為先也。』評懼而與猛戰於潞川，評師大敗，死者五萬餘人，評等單騎遁還。猛遂長驅至鄴，堅復率衆十萬會猛攻暐。

先是，慕容桓以衆萬餘屯于沙亭，為評等後繼。聞評敗，引屯内黄。堅遣將鄧羌攻信都，桓率鮮卑五千退保和龍。散騎侍郎徐蔚等率扶餘、高句麗及上黨質子五百餘人，夜開城門以納堅軍。暐與評等數十騎奔于昌黎。堅遣郭慶追及暐于高陽，堅將巨武執暐，將縛之，暐曰：『汝何小人而縛天子！』武曰：『我梁山巨武，受詔縛賊，何謂天子邪！』遂送暐於堅。堅詰其奔狀，暐曰：『狐死首丘，欲歸死于先人墳墓耳！』堅哀而釋之，令還宮率文武出降。郭慶遂追評、桓于和龍。桓殺其鎮東慕容亮而並其衆，攻其遼東太守韓稠于平川。郭慶遣將軍朱嶷擊桓，執而送之。

堅徙暐及其王公已下並鮮卑四萬餘户于長安，封暐新興侯，署為尚書。堅征壽春，以暐為平南將軍、別部都督。淮南之敗，隨堅還長安。既而慕容垂攻苻丕于鄴，慕容沖起兵關中，暐謀殺堅以應之，事發，為堅所誅，時年三十五。及德僭稱尊號，偽謚幽皇帝。

始廆以武帝太康六年稱公，至暐四世。暐在位一十一年，以海西公太和五年滅，通廆、皝凡八十五年。

慕容恪，字玄恭，皝之第四子也。幼而謹厚，沈深有大度。母高氏無寵，皝未之奇也。年十五，身長八尺七寸，容貌魁傑，雄毅嚴重，每所言及，輒經綸世務，皝始異焉，乃授之以兵。數從皝征伐，臨機多奇策。使鎮遼東，甚有威惠。高句麗憚之，不敢為寇。皝使恪與儁俱伐夫餘，儁居中指授而已，恪身當矢石，推鋒而進，所向輒潰。

皝將終，謂儁曰：『今中原未一，方建大事，恪智勇俱濟，汝其委之。』及儁嗣位，彌加親任。累戰有大功，封太原王，拜侍中、假節、大都督，録尚書。儁寢疾，引恪與慕容評屬以後事。及暐之世，總攝朝權。初，建鄴聞儁死，曰：『中原可圖矣。』桓温曰：『慕容恪尚存，所憂方為大耳。』

慕輿根之就誅也，内外危懼。恪容止如常，神色自若，出入往還，一人步從。或有諫之者，恪曰：『人情懷懼，且當自安以靖之。吾復不安，則衆何瞻仰哉！』於是人心稍定。恪虛襟待物，諮詢善道，量才處任，使人不逾位。朝廷謹肅，進止有常度，雖執權政，每事必咨之於評。罷朝歸第，則盡心色養，手不釋卷。其百僚有過，未嘗顯之，自是庶僚化德，稀有犯者。

恪之圖洛陽也，秦中大震，苻堅親將以備潼關，軍回乃定。恪為將不尚威嚴，專以恩信御物，務於大略，不以小令勞衆。軍士有犯法，密縱舍之，捕斬賊首以令軍。營内不整似可犯，而防禦甚嚴，終無喪敗。

臨終，暐親臨問以後事，恪曰：『臣聞報恩莫大薦士，板築猶可，而況國之懿藩！吳王文武兼才，管、蕭之亞，陛下若任之以政，國其少安。

不然，臣恐二寇必有窺窬之計。』言終而死。

陽騖，字士秋，右北平無終人也。父耽，仕廆，官至東夷校尉。騖少清素好學，器識沈遠。起家為平州別駕，屢獻安時强國之術，事多納用，廆甚奇之。皝即王位，遷左長史。東西征伐，參謀幃幄。皝臨終謂儁曰：『陽士秋忠幹貞固，可託付大事，汝善待之。』儁之將圖中原也，騖制勝之功亞于慕容恪。暐既嗣偽位，申以師傅之禮，親遇日隆。及為太尉，慨然而歎曰：『昔常林、徐邈先代名臣，猶以鼎足任重而終辭三事。以吾虛薄，何德以堪之！固求罷職，言甚懇至，暐優答不許。騖清貞謙謹，老而彌篤，既以宿望舊齒，自慕容恪已下莫不畢拜。性儉約，常乘弊車瘠馬，及死，無斂財。

皇甫真，字楚季，安定朝那人也。弱冠，以高才，廆拜為遼東國侍郎。皝嗣位，遷平州別駕。時内難連年，百姓勞瘁，真議欲寬減歲賦，休息力役。不合旨，免官。後以破麻秋之功，拜奉車都督，守遼東、營丘二郡太守，皆有善政。及儁僭位，入為典書令。後從慕容評攻拔鄴都，珍貨充溢，真一無所取，唯存恤人物，收圖籍而已。儁臨終，與慕容恪等俱受顧托。

慕輿根將謀為亂，真陰察知之，乃言於恪，請除之。恪未忍顯其事。俄而根謀發伏誅，恪謝真曰：『不從君言，幾成禍敗。』呂護之叛，恪謀於朝曰：『遠人不服，修文德以來之。今護宜以恩詔降乎，不宜以兵戈取也？』真曰：『護九年之間三背王命，揆其姦心，凶勃未已。明公方飲馬江、湘，勒銘劍閣，況護蕞爾近畿而不梟戮，宜以兵算取之，不可復以文檄喻也。』恪從之。以真為冠軍將軍、別部都督。師還，拜鎮西將軍、并州刺史，領護匈奴中郎將。征還，拜侍中、光祿大夫，累遷太尉、侍中。

苻堅密謀兼并，欲觀審釁隙，乃遣其西戎主簿郭辯潛結匈奴左賢王曹轂，令轂遣使詣鄴，辯因從之。真兄典仕苻堅為散騎常侍，從子奮、覆並顯關西。辯既至鄴，歷造公卿，言於真曰：『辯家為秦所誅，故寄命曹王，貴兄常侍及奮、覆兄弟並相知在素。』真怒曰：『臣無境外之交，斯言何以及我！君似姦人，得無因緣假託乎！』乃白暐請窮詰之，暐、評不許。辯還謂堅曰：『燕朝無綱紀，實可圖之。鑑機識變，唯皇甫真耳。』堅曰：『以六州之地，豈無智識士一人哉！真亦秦人，而燕用之，固知關西多君子矣。』

真性清儉寡欲，不營產業，飲酒至石餘不亂，雅好屬文，凡著詩賦四十餘篇。

王猛入鄴，真望馬首拜之。明日更見，語乃卿猛。猛曰：『昨拜今卿，何恭慢之相違也？』真答曰：『卿昨為賊，朝是國士，吾拜賊而卿國士，何所怪也？』猛大嘉之，謂權翼曰：『皇甫真故大器也。』從堅入關，為奉車都尉，數歲而死。

《北史》卷九三《僭偽附庸傳·燕慕容氏》 徒河慕容廆字弈洛瑰，本出昌黎。曾祖莫護跋，魏初，率諸部落入居遼西，從司馬宣王討公孫氏，拜率義王，始建王府於棘城之北。祖木延，從毋丘儉征高麗有功，始號左賢王。父涉歸，以勳進拜鮮卑單于，遷邑遼東。涉歸死，廆代領部落。以遼東僻遠，遷於徒河之青山。穆帝世，頗為東部之患。廆死，子晃嗣。

晃字元真，號年為元年，自稱燕王。建國二年，昭成納晃女為後。四年，晃城和龍而都焉。征高麗大破之，遂入丸都，掘高麗王釗父利墓，載其屍，焚其宮室，毀丸都而歸。釗後稱臣，乃歸其父屍。晃死，子儁嗣。

儁字宣英，既襲位，號年為元年。聞石氏亂，乃礪甲嚴兵，將為進取之計，徙都於薊。建國十五年，儁僭稱皇帝，置百官，號年天璽，國稱大燕。十六年，自薊遷都於鄴，號年光壽。儁死，第三子暐嗣。

暐字景茂，號年建熙。政無綱紀。有神降於鄴，曰湘女，有聲，與人相接，數日而去。後苻堅遣將王猛代鄴，禽暐，封新興侯。道武之七年，苻堅敗於淮南。暐叔父垂叛堅，攻苻丕於鄴。暐弟濟北王泓先為北地長史，聞垂攻鄴，亡奔關東，還屯華陰，自稱雍州牧、濟北王，推垂為丞相、大司馬、吳王。堅遣子鉅鹿公睿伐泓。泓弟中山王沖，先為平陽太守，亦起兵河東，奔泓。泓衆至十萬，遣使謂堅，求分王天下。堅大怒，責暐。暐叩頭流血謝，堅待之如初，命暐以書招垂及泓、沖。暐密遣使謂泓：『勉建大業，可以吳王為相國，中山王為太宰，領大司馬，汝可為大將軍，領司徒，承制封拜。聽吾死問，汝便即尊位。』泓進向長安，年號燕興。泓謀臣高蓋、宿勤崇等以泓德望後沖，且持法苛峻，乃殺泓，立沖為皇太弟，承制行事，置百官。進據阿房。初，堅之滅燕，沖姊清河公主年十四，有殊色，堅納之。沖年十二，亦有龍陽之姿，堅又幸之。姊弟專寵。長安歌之曰：『一雌復一雄，雙飛入紫宮。』王猛切諫，乃出沖。及其母卒，葬之以燕後之禮。長安又謡曰：『鳳皇，鳳皇，止阿房。』時以鳳皇非梧桐不棲，非竹實不食，乃蒔梧竹數千株于阿城，以待鳳皇。沖小字鳳皇，至是，阿城終為堅賊。暐入見堅謝，因言二子昨婚，欲堅幸第，堅許之。暐出，術士王嘉曰：『椎蘆作蘧蒢，不成文章。會天大雨，不得殺羊。』言 將殺堅而不果也。堅與羣臣莫解。是夜大雨，晨不果出。事發，堅乃誅暐父子及宗族，城内鮮卑無少長男女皆殺之。

宋・李昉等《太平御覽》卷一二一《偏霸部五・前燕慕容廆》 崔鴻《十六國春秋・前燕録》曰：慕容廆，字奕洛環，昌黎棘城人。昔高辛氏游於海濱，留少子厭次以君北夷，世居遼左，號曰東胡。秦漢之際為匈奴所敗，分保鮮卑山，因復以為號。曾祖莫護跋，于魏初率其諸部入居遼西，從司馬宣王討公孫淵，拜率義王，始建國大棘城之北。見燕代少年多冠步搖冠，意甚好之，遂斂暐襲冠，諸部因呼之步搖，其後音訛，遂為慕容焉。祖木延，從毌丘儉征高麗有功，加號大都督。父涉歸，以全柳城勳進拜單于，遷邑遼東，於是漸變胡風。自云慕二儀之德，繼三光之容，遂以慕容為姓。廆身長八尺，有大度。晉安北將軍張華一見奇之，謂曰：『君後必為命世之器，匡難濟時者也。』

涉卒，弟耐立，將謀殺廆，廆亡潛於遼東徐郁家。太康元年，國人殺耐，迎廆立之。太康十年，又還於徒河之青山。元康四年，定都大棘城，所謂紫蒙之邑也。永嘉六年，王沈承制以廆為散騎常侍、冠軍將軍、前鋒大都督、大單于，皆讓不受。擢舉賢才，官方授任。魯國孔纂，宿德清望，請為賓友；平原劉讚，儒學洽通，為東庠祭酒；世子率國冑受業焉。太興四年，晉遣謁者拜廆使持節、督幽平東夷諸軍事、車騎將軍、平州牧，封遼東郡公，丹書鐵券，承制海東。咸和元年，加侍中，位特進。八年夏五月，薨於文德殿，年六十五，葬于青山。晉遣使者贈車騎大將軍開府儀同三司，謚襄公。廆為燕王，追謚武宣王。俊稱尊，追尊曰武宣帝。廟號高祖。

又 《慕容皝》 崔鴻《十六國春秋・前燕録》曰：慕容皝字元真，廆第二子，小字萬年。長七尺八寸，雄毅善權略，博學多才藝。晉建武元年，拜振武將軍。永昌初，拜左賢王，太寧末，拜平北將軍、朝鮮公。咸和八年六月，即遼東公位，行平州刺史，督攝部内。九年八月，晉遣謁者拜皝鎮軍大將軍、平州刺史、大單于、遼東公，承制一如廆故事。咸康二年七月，立子俊為世子。四年，以左司馬封奕為左長史。九月，奕等以皝任重位輕，宜稱燕王，於是上議。十月，僭即燕王位於文德殿，大赦境内。改備羣司，以封奕為相國。追尊先公為武宣王，先妣為王后。起文昌殿，出入警蹕。立夫人段氏為王后，世子俊為太子。是歲，棘城黑石谷有大石自立而行。八年七月，晉使鴻臚郭悕持節拜皝侍中、大都督河北諸軍事、大將軍、燕王，餘如故，封諸功臣百餘人。九月，遷都龍城宮闕。十二年四月，黑龍一、白龍一見於龍山。皝率羣僚觀龍，去龍二百步。祭以太牢。二龍交首嬉翔，解角而去。皝大悦，赦境内，號新宮曰和龍，立龍翔寺於山。皝雅好文籍，親造《太上章》以代《急就》，又著《典誡》十五篇，並以教冑子。十四年，皝親臨東庠考試學生，其通經秀異者，擢充近侍。十月，饗羣僚於承乾殿，右長史宋該性貪，賜布百匹，令自負而歸，以愧其心。十五年八月，皝因見白兔，馳射，馬倒。輦而還宮，引太子俊囑以後事，謂曰：『今中原未平，方須經建，委賢任哲，此其時也。恪智勇兼濟，力堪任重，汝其委之，以成吾志。』九月，薨於承乾殿，年五十二。十月，葬龍山，謚文明王。俊稱尊，追尊曰文明皇帝，廟號太祖，陵曰龍平。

《晉書》曰：皝嘗畋於西鄙，將濟河，見一老父，服朱衣，乘白馬，舉手麾皝曰：『此非獵所，王其還也。』秘之不宣。遂濟河，連日大獲，後見白兔，馳射之，馬倒被傷，乃説所見。輦而還宮，引俊囑以後事。以永和四年死，在位十五年。

又 《慕容俊》 崔鴻《十六國春秋・前燕録》曰：『慕容俊，字宣英，皝第二子，小字賀賴跋。十三月而生，有神光之異。身長八尺一寸，善屬文，雅長辭賦，至於器服、車、室皆著銘贊以為勸戒。皝之八年，晉遣使者拜皝燕王，以俊為安北將軍、東夷校尉。十一年，進拜使持節、鎮東將軍。皝薨，即燕王位，赦其境内。元年春正月，俊依春秋列國故事，稱元年。五月，聞趙亂，乃嚴兵將為進取之計。七月，晉使謁者陳沈拜俊侍中、都督河北諸軍事、幽冀並平四州牧、大將軍、燕王，承制封拜，一如廆、皝故事。元璽元年正月，司南車成，俊大悅，告於皝廟。四月，遣輔國恪、相國奕討冉閔，戰于魏昌廉臺，閔師大敗，擒送之。閔大將軍蔣幹輔閔子智固守鄴城。遣輔弼評等帥騎一萬以討之，鄴北郡縣悉降。輔國奕等二百一十人勸稱尊號，令曰：『非常之事，匪寡德所宜聞也。』八月，克鄴。輔弼評等送閔后董氏、太子智、太尉申鍾並乘輿服物及六璽送於中山。傳國璽蔣幹先以送晉。俊欲神其事業，言數運在己，乃詐云閔妻得之以獻，賜閔妻號奉璽君。封冉智為海濱侯，以輔弼評為司州刺史鎮鄴。十月，輔國恪等三百五人奉皇帝璽。十一月，僭即皇帝位於正陽前殿，大赦，改年。時晉遣使詣，俊謂之曰：『還白汝天子，我承人乏，為中國所推，已為帝矣。』庚午，書曰：『追崇祖考，古人之令典。武宣王遵為高祖武宣皇帝，文明王為太祖文明皇帝。』二年正月，立后可足渾氏為皇后。

升平元年正月，立中山王暐為皇太子，赦其境內，改年曰光壽。初，恢有駿馬曰赭白，有奇相逸力。石虎之伐棘城，皝將出避難，欲乘之，馬悲鳴蹄齧，人莫能近。皝曰：『此馬見異先朝，孤嘗仗之濟難，今不欲出者，蓋先君之旨也。』乃止。虎尋奔退，皝益奇之。至是年四十九歲，而駿逸不虧，俊比之于鮑氏驄，命鑄銅以圖其像，親為銘贊，鐫頌其旁，置之薊城東掖門。是月，象成而馬死。十一月，自薊遷鄴。十二月，入鄴宮，大赦。繕宮殿，復銅雀臺。以吳王垂為東夷校尉、平州刺史，鎮遼東。二年三月，常山寺大樹自拔根，出璧七十三，光色精奇，有異常玉。以為嶽神之命，遣尚書郎段勤以太牢祀之。五月，遼西獲黑兔。三年三月，俊夜夢石虎齧其臂，寤而惡之，命發其墓，剖棺出屍，踏而罵之曰：『死胡，安敢夢生天子！』遣御史中尉伯約數其殘酷之罪，鞭而投之漳水。十二月，俊寢疾，謂大司馬恪曰：『吾患悵頓，恐不濟。修短命也，復何所恨！但二寇未除，景茂沖幼，慮其未堪家國多難。吾欲遠追宋宣，以社稷屬汝。』恪曰：『太子雖幼，天縱聰聖，必能勝殘致治，不可以亂正統。』俊怒曰：『兄弟之間豈虛飾乎！』恪曰：『陛下若以臣堪荷天下之任者，寧不能輔少主也！』俊曰：『若汝行周公之事，吾復何憂！』四年正月，俊薨于應福前殿，年五十三。偽謚景昭皇帝，廟號烈祖，葬龍陵。俊雅好文籍，性嚴重，未曾以慢服臨朝，雖閒居宴處，亦無懈怠之色。

又《慕容暐》 崔鴻《十六國春秋・前燕録》曰：慕容暐，字景茂，俊之第三子。元璽三年，封中山王，尋立為皇太子。光壽四年，僭即帝位，大赦，改元。建熙元年，以太原王恪為太宰、録尚書，行周公事，專百揆上；庸王評為太傅，副贊朝政；司空陽騖為太保；吳王垂為河南大都督十州諸軍事，兗州牧，鎮梁國。四年正月，暐南郊。十月，太尉奕迎神主和龍。初，暐委政太宰恪，專受經于博士王勸、助教尚鋒、秘書郎杜詮，並以明經講論左右。至是通諸經，祀孔子於東堂，以勸為國子祭酒，鋒國子博士，詮散騎侍郎，其執經侍講皆有拜授。八年，太宰恪卒。九年十二月，有神降於鄴，自稱湘女，有聲，與人相接，數日而去。十年四月，立貴妃可朱渾氏為皇后。六月，晉大司馬桓溫率衆五萬來伐，遂至枋頭，吳王垂大敗之，斬獲三萬餘級，溫奔還淮南。垂既敗溫，威德彌振。太傅評大不便之，太后遂與評謀殺垂。十一月，垂出奔秦。

十一年六月，秦輔國將軍王猛、鎮南將軍楊安率衆六萬來伐。以太傅評、下邳王厲等帥精卒三十萬，拒秦師於潞川。州郡盜賊大起，鄴中怪異非常。十月，評及猛戰於潞川，評師敗績，單騎遁還。猛乘勝追奔，長驅至鄴。十月，苻堅帥衆會猛來攻，拔鄴。城外亂，散騎侍郎徐蔚等率扶餘、句麗及上黨質民子弟五百餘人夜開城北門，引納秦師。暐與太傅評、左衛將軍孟高等數十騎出奔昌黎。堅遣將軍郭慶帥騎五千追之，及暐于高陽，秦將巨虎執暐，將縛之，暐曰：『汝何小人，而敢縛天子！』虎曰：『我梁山巨虎，受詔縛賊，何謂天子也！』執暐送鄴。堅問其本狀，暐曰：『狐死首丘，欲歸死于先人陵墓！』堅哀而釋之，令還宮率文武出降。堅入鄴宮，升正陽殿，徙暐及王公已下並諸鮮卑四萬餘户于長安，封暐新興郡侯，邑五千户，尋拜尚書。堅征臺城，為平南將軍別部都督。淮南之敗，隨堅還長安。既而吳王垂攻苻丕於鄴，中山王沖起兵關中，暐謀殺堅，事發，為堅所誅，年三十五。德稱尊號，偽謚幽皇帝。

宋・司馬光《資治通鑑》卷八一《晉紀三・世祖武皇帝中》 （晉武帝太康二年）冬十月，涉歸始寇昌黎。昌黎，漢之交黎縣，屬遼西郡，東漢屬遼東屬國都尉。魏正始五年，鮮卑內附，復置遼東屬國，立昌黎縣以居之，後立昌黎郡。慕容氏始此。《考異》曰：《帝紀》云『慕容廆』。按范亨《燕書·武宣紀》：『廆，泰始五年生，年十五，父單于涉歸卒。』太康四年也。此年入寇，當是涉歸。

（太康五年）是歲，鮮卑慕容涉歸卒。弟刪篡立。《考異》曰：《載記》『刪』作『耐』。今從《燕書》。

（太康七年）夏，慕容廆寇遼東，扶餘王依羅請援於東夷校尉何龕。龕遣督護賈沈將兵送之。廆遣其將孫丁帥騎邀之於路。

又　卷八二《晉紀四·世祖武皇帝下》（晉武帝太康十年）段國單于階以女妻廆，生皝、仁、昭。

又　卷八四《晉紀六·孝惠皇帝中之上》（晉惠帝太安元年）鮮卑宇文單于莫圭部衆强盛，遣其弟屈雲攻慕容廆，廆擊其別帥素怒延，破之。素怒延耻之，復發兵十萬，圍廆於棘城。廆衆皆懼，廆曰：『素怒延兵雖多而無法制，已在吾算中矣，諸君但為力戰，無所憂也！』遂出擊，大破之，追奔百里，俘斬萬計。《考異》曰：《載記》作『素延』，下云『素延怒，率衆圍棘城』。按《燕書·紀》、《傳》皆謂之『素怒延』，然則『怒延』是其名也。遼東孟暉，先没于宇文部，帥其衆數千家降於廆，廆以為建威將軍。廆以其臣慕輿句勤恪廉靖，使掌府庫；句心計默識，識，音志，記也。不按簿書，始終無漏。以慕輿河明敏精審，使典獄訟，覆訊清允。慕輿蓋亦鮮卑之種，別為一姓。史言慕容廆善用人。廆以其臣慕輿句勤恪廉靖，使掌府庫；句心計默識，不案簿書，始終無漏。以慕輿河明敏精審，使典獄訟，覆訊清允。

又　卷八七《晉紀九·孝懷皇帝中》（晉懷帝永嘉三年）初，東夷校尉勃海李臻，與王浚約共輔晉室，浚內有異志，臻恨之。和演之死也，別駕昌黎王誕亡歸李臻，說臻舉兵討浚。臻遣其子成將兵擊浚。遼東太守龐本，素與臻有隙，乘虛襲殺臻，遣人殺成於無慮。誕亡歸慕容廆。詔以勃海封釋代臻為東夷校尉，龐本復謀殺之；釋子悛勸釋伏兵請本，收斬之，悉誅其家。

（永嘉五年）李臻死，遼東附塞鮮卑素喜連、木丸津託為臻報仇，連年為寇。東夷校尉封釋不能討，請與連和，連、津不從。民失業，歸慕容廆者甚衆，廆稟給遣還，願留者即撫存之。【略】

（慕容）廆少子鷹揚將軍翰言於廆曰：『自古有為之君，莫不尊天子以從民望，成大業。今連、津外以龐本為名，內實幸災為亂。封使君已誅本請和，而寇暴不已。中原離亂，州師不振，遼東荒散，莫之救恤，單于不若數其罪而討之。上則興復遼東，下則幷吞二部，忠義彰於本朝，私利歸於我國，此霸王之基也。』廆笑曰：『孺子乃能及此乎！』遂帥衆東擊連、津，以翰為前鋒，破斬之，盡幷二部之衆。【略】

封釋疾病，屬其孫弈於廆。釋卒，廆召弈與語，說之，曰：『奇士也！』補小都督。釋子冀州主簿悛、幽州參軍抽來奔喪。廆見之，曰：『此家抎抎千斤犍也。』以道不通，喪不得還，皆留仕廆，廆以抽為長史，悛為參軍。

又　卷八八《晉紀一〇·孝愍皇帝上》（晉愍帝建興元年，王浚）檄慕容廆等共討疾陸眷。【略】

猗盧遣右賢王六脩將兵會之，為疾陸眷所敗。廆遣慕容翰攻段氏，取徒河、新城，至陽樂，聞六脩敗而還，翰因留鎮徒河，壁青山。【略】

初，中國士民避亂者，多北依王浚，浚不能存撫，又政法不立，士民往往復去之。段氏兄弟專尚武勇，不禮士大夫。【略】

（慕容）廆舉其英俊，隨才授任，以河東裴嶷、北平陽耽、廬江黃泓、代郡魯昌為謀主，廣平游邃、北海逄羨、北平西方虔、西河宋奭及封抽、裴開為股肱，平原宋該、安定皇甫岌、岌弟真、蘭陵繆愷、昌黎劉斌及封弈、封裕典機要。【略】

（裴）開曰：『鄉里在南，奈何北行！且等為流寓，段氏强，慕容氏弱，何必去此而就彼也！』（裴）嶷曰：『中國喪亂，今往就之，是相帥而入虎口也。且道遠，何由可達！若俟其清通，又非歲月可冀。今欲求託足之地，豈可不慎擇其人。汝觀諸段，豈有遠略，且能待國士乎！慕容公修仁行義，有霸王之志，加以國豐民安，今往從之，高可以立功名，下可以庇宗族，汝何疑焉！』【略】

陽耽清直沈敏，為遼西太守。慕容翰破段氏於陽樂，獲之，廆禮而用之。游邃、逄羨、宋奭，皆嘗為昌黎太守，與黃泓俱避地於薊，後歸廆。王浚屢以手書召邃兄暢，暢欲赴之，邃曰：『彭祖刑政不修，華、戎離叛。以邃度之，必不能久，兄且盤桓以俟之。』暢曰：『彭祖忍而多疑，頃者流民北來，命所在追殺之。今手書殷勤，我稽留不往，將累及卿。且

亂世宗族宜分，以冀遺種。』遂從之，卒與浚俱没。【略】

宋該與平原杜羣、劉翔先依王浚，又依段氏，皆以為不足託，帥諸流寓同歸於廆。東夷校尉崔毖請皇甫岌為長史，卑辭說諭，終莫能致；廆招之，岌與弟真即時俱至。遼東張統據樂浪、帶方二郡，與高句麗王乙弗利相攻，連年不解。樂浪王遵說統帥其民千餘家歸廆，廆為之置樂浪郡，以統為太守，遵參軍事。【略】

（王浚）從事韓咸監護柳城，盛稱慕容廆能接納士民，欲以諷浚。

又　卷八九《晉紀一一・孝愍皇帝下》（晉愍帝建興二年）是時中國流民歸廆者數萬家。

又　卷九〇《晉紀一二・中宗元皇帝上》（晉元帝建武元年）處士遼東高詡曰：『霸王之資，非義不濟。』【略】

（吐谷渾）西傅陰山而居。屬永嘉之亂，因度隴而西，據洮水之西，極于白蘭，地方數千里。

（晉元帝太興元年，慕容）廆以游邃為龍驤長史，劉翔為主簿，命邃創定府朝儀法。【略】

裴嶷言於廆曰：『晉室衰微，介居江表，威德不能及遠，中原之亂，非明公不能拯也。今諸部雖各擁兵，然皆頑愚相聚，宜以漸并取，以為西討之資。』廆曰：『君言大，非孤所及也。然君中朝名德，不以孤僻陋而教誨之，是天以君賜孤而祐其國也。』【略】

諸部弱小者，（慕容廆）稍稍擊取之。

又　卷九一《晉紀一三・中宗元皇帝中》（晉元帝太興二年）宇文氏士卒數十萬，連營四十里。【略】

（慕容）廆使召其子翰於徒河。翰遣使白廆曰：『悉獨官譽國為寇，彼衆我寡，易以計破，難以力勝。今城中之衆，足以禦寇，翰請為奇兵於外，伺其間而擊之，內外俱奮，使彼震駭不知所備，破之必矣。今并兵為一，彼得專意攻城，無復它虞，非策之得者也。且示衆以怯，恐士氣不戰先沮矣。』廆猶疑之。遼東韓壽言於廆曰：『悉獨官有憑陵之志，將驕卒惰，軍不堅密，若奇兵卒起，掎其無備，必破之策也。』廆乃聽翰留徒河。【略】

悉獨官聞之，曰：『翰素名驍果，今不入城，或能為患，當先取之，城不足憂。』乃分遣數千騎襲翰。翰知之，詐為段氏使者，逆於道曰：『慕容翰久為吾患，聞當擊之，吾已嚴兵相待，宜速進也！』使者既去，翰即出城，設伏以待之。宇文氏之騎見使者，大喜馳行，不復設備，進入伏中。翰奮擊，盡獲之，乘勝徑進，遣間使語廆出兵大戰。【略】

（慕容）翰將千騎從旁直入其營（悉獨官營），縱火焚之。【略】

（慕容）廆以其子仁為征虜將軍，鎮遼東，官府、市里，案堵如故。【略】

高句麗將如奴子據於河城，廆遣將軍張統掩擊，擒之，俘其衆千餘家。【略】

以崔燾、高瞻、韓恒、石琮歸於棘城，待以客禮。恒，安平人；琮，鑒之孫也。【略】

龍驤主簿宋該，與（高）瞻有隙，勸（慕容）廆除之，廆不從。【略】

北海鄭林客於東萊，（鞠羨子）彭、（曹）嶷之相攻，林情無彼此。嶷賢之，不敢侵掠，彭與之俱去。比至遼東，毖已敗，乃歸慕容廆。廆以彭參龍驤軍事。遺鄭林車牛粟帛，皆不受，躬耕於野。【略】

宋該勸廆獻捷江東，廆使該為表，裴嶷奉之，并所得三璽詣建康獻之。【略】

高句麗數寇遼東，廆遣慕容翰、慕容仁伐之；高句麗王乙弗利逆來求盟，翰、仁乃還。

（太興三年）三月，裴嶷至建康，晉元帝謂嶷曰：『卿中朝名臣，當留江東，朕別詔龍驤送卿家屬。』【略】

十二月，以慕容廆為都督幽平三州東夷諸軍事、車騎將軍、平州牧。《考異》曰：《燕書》云『車騎大將軍、平州刺史。』按《晉書・載記》，先拜平州刺史，尋加車騎、州牧。今從之。

（太興四年十二月，慕容廆）備置僚屬，以裴嶷、游邃為長史，裴開為司馬，韓壽為別駕，陽耽為軍諮祭酒，崔燾為主簿，黃泓、鄭林參軍事。【略】

（慕容）皝雄毅多權略，喜經術，國人稱之。【略】

（慕容）廆徙慕容翰鎮遼東，慕容仁鎮平郭。翰撫安民夷，甚有威惠；仁亦次之。

又 卷九三《晉紀一五·肅宗明皇帝下》（晉明帝太寧三年二月）

後趙王勒加宇文乞得歸官爵，使之擊慕容廆。廆遣世子皝、索頭、段國共擊之，以遼東相裴嶷為右翼，慕容仁為左翼。乞得歸據澆水以拒皝，遣兄子悉拔雄拒仁。仁擊悉拔雄，斬之；乘勝與皝攻乞得歸，大破之。乞得歸棄軍走，皝、仁進入其國城，使輕兵追乞得歸，過其國三百餘里而還，盡獲其國重器，畜產以百萬計，民之降附者數萬。【略】

（十一月）慕容廆與段氏方睦，為段牙謀，使之徙都；牙從之，即去令支，國人不樂。段疾陸眷之孫遼欲奪其位，以徙都為牙罪，十二月，帥國人攻牙，殺之，自立。

又 卷九四《晉紀一六·顯宗成皇帝上之下》（晉成帝咸和六年）

僚屬宋該等共議，以『廆立功一隅，位卑任重，等差無別，不足以鎮華、夷，宜表請進廆官爵。』參軍韓恒駁曰：『夫立功者患信義不著，不患名位不高。桓、文有匡復之功，不先求禮命以令諸侯。宜繕甲兵，除羣凶，功成之後，九錫自至。比於邀君以求寵，不亦榮乎！』廆不悅，出恒為新昌令。

又 卷九五《晉紀一七·顯宗成皇帝中之上》（晉成帝咸和八年）

五月甲寅，遼東武宣公慕容廆卒。【略】

（六月，慕容廆世子皝）赦繫囚。【略】

以長史裴開為軍諮祭酒，郎中令高詡為玄菟太守。皝以帶方太守王誕為左長史，誕以遼東太守陽騖為才而讓之；皝從之，以誕為右長史。【略】

（七月）慕容皝遣長史勃海王濟等來告喪。【略】

（八月）宇文乞得歸為其東部大人逸豆歸所逐，走死于外。慕容皝引兵討之，軍于廣安。【略】

（慕容皝忌庶兄建威將軍翰），翰歎曰：『吾受事於先公，不敢不盡力，幸賴先公之靈，所向有功，此乃天贊吾國，非人力也。而人謂吾之所辦，以為雄才難制，吾豈可坐而待禍邪！』乃與其子出奔段氏。段遼素聞其才，冀收其用，甚愛重之。【略】

（慕容）仁自平郭來奔喪，謂昭曰：『吾等素驕，多無禮於嗣君，嗣君剛嚴，無罪猶可畏，況有罪乎！』昭曰：『吾輩皆體正嫡，於國有分。兄素得士心，我在內未為所疑，伺其間隙，除之不難。兄趣舉兵以來，我為內應，事成之日，與我遼東。男子舉事，不克則死，不能效建威偷生異域地。』仁曰：『善！』遂還平郭。閏月，仁舉兵而西。【略】

或以仁、昭之謀告皝，皝未之信，遣使按驗。仁兵已至黃水，知事露，殺使者，還據平郭。皝賜昭死。【略】

（慕容皝）遣軍祭酒封奕慰撫遼東，以高詡為廣武將軍，將兵五千與庶弟建武將軍幼、稚、廣威將軍軍、寧遠將軍汗、司馬遼東佟壽共討仁。與仁戰於汶城北，皝兵大敗，幼、稚、軍皆為仁所獲。

（咸和九年）慕容仁以司馬翟楷領東夷校尉，前平州別駕龐鑒領遼東相。【略】

（燕王皝）遣其弟蘭與慕容翰共攻柳城，柳城都尉石琮、城大慕輿埿并力拒守，蘭等不克而退。遼怒，切責蘭等，必令拔之。休息二旬，復益兵來攻。士皆重袍蒙楯，作飛梯，四面俱進，晝夜不息。琮、埿拒守彌固，殺傷千餘人，卒不能拔。【略】

（慕容汗）與蘭遇於牛尾谷，汗兵大敗，死者太半；奕整陳力戰，故得不沒。【略】

（段）蘭欲乘勝窮追，慕容翰恐遂滅其國，止之曰：『夫為將當務慎重，審己量敵，非萬全不可動。今雖挫其偏師，未能屈其大勢。皝多權詐，好為潛伏，若悉國中之衆自將以拒我，我縣軍深入，衆寡不敵，此危道也。且受命之日，正求此捷；若違命貪進，萬一取敗，功名俱喪，何以返面！』蘭曰：『此已成擒，無有餘理，卿正慮遂滅卿國耳！今千年在東，若進而得志，吾將迎之以為國嗣，終不負卿，使宗廟不祀也。』千年者，慕容仁小字也。翰曰：『吾投身相依，無復還理；國之存亡，於我何有！但欲為大國之計，且相為惜功名耳。』乃命所部欲獨還，蘭不得已而從之。【略】

八月，王濟還遼東，詔遣侍御史王齊祭遼東公廆。【略】

（東晉諸者徐孟等）船下馬石津，皆為慕容仁所留。【略】

慕容皝討遼東，甲申，至襄平。遼東人王岌密信請降。師進，入城，翟楷、龐鑒單騎走，居就、新昌等縣皆降。皝欲悉坑遼東民，高詡諫曰：

『遼東之叛，實非本圖，直畏仁凶威，不得不從。今元惡猶存，始克此城，遽加夷滅，則未下之城，無歸善之路矣。』皝乃止。分徙遼東大姓於棘城。以杜羣為遼東相，安輯遺民。【略】

（十二月）慕容仁遣兵襲新昌，督護新興王寓擊走之，遂徙新昌入襄平。

又　卷九五《晉紀一七·顯宗成皇帝中之上》（晉成帝咸康元年春正月，燕王皝二年）慕容皝置左、右司馬，以司馬韓矯、軍祭酒封奕為之。【略】

（十月）慕容仁遣王齊等南還。齊等自海道趣棘城，齊遇風不至。十二月，徐孟等至棘城，慕容皝始受朝命。【略】

段氏、宇文氏各遣使詣慕容仁，館于平郭城外。皝帳下督張英將百餘騎間道潛行掩擊之，斬宇文氏使十餘人，生擒段氏使以歸。

（咸康二年，燕王皝三年正月）慕容皝將討慕容仁，司馬高詡曰：『仁叛棄君親，民神共怒；前此海未嘗凍，自仁反以來，連年凍者三矣。且仁專備陸道，天其或者欲使吾乘海冰以襲之也。』皝從之。【略】

壬午，（慕容）皝帥其弟軍師將軍評等自昌黎東，踐冰而進，凡三百餘里。至歷林口，捨輜重，輕兵趣平郭。去城七里，候騎以告仁，仁狼狽出戰。張英之俘二使也，仁恨不窮追；及皝至，仁以為皝復遣偏師輕出寇抄，不知皝自來，謂左右曰：『今茲當不使其匹馬得返矣！』乙未，仁悉衆陳於城之西北。慕容軍帥所部降於皝，仁衆沮動；皝從而縱擊，大破之。仁走，其帳下皆叛，遂擒之。皝先為斬其帳下之叛者，然後賜仁死。丁衡、游毅、孫機等，皆仁所信用也，皝執而斬之；王冰自殺。慕容幼、慕容稚、佟壽、郭充、翟楷、龐鑒皆東走，幼中道而還；皝兵追及楷、鑒，斬之；壽、充奔高麗。自餘吏民為仁所詿誤者，皝皆赦之。封高詡為汝陽侯。【略】

（六月，慕容）皝引兵北趣安晉，逸豆歸棄輜重走；皝遣司馬封奕帥輕騎追擊，大破之。【略】遣封奕帥騎數千伏於馬兜山。

（咸康三年，燕王皝四年）三月，慕容皝于乙連城東築好城以逼乙連，留折衝將軍蘭勃守之。【略】

四月，段遼以車數千兩輸乙連粟。【略】

九月，慕容皝備置羣司，以封奕為國相，韓壽為司馬，裴開為奉常，陽騖為司隸，王寓為太僕，李洪為大理，杜羣為納言令，宋該、劉睦、石琮為常伯，皇甫真、陽協為冗騎常侍，宋晃、平熙、張泓為將軍，封裕為記室監。洪，臻之孫；晃，奭之子也。【略】

十一月，甲寅，（慕容皝）追尊武宣公曰武宣王，夫人段氏曰武宣后。【略】

段遼數侵趙邊，燕王皝遣揚烈將軍宋回稱藩於趙，乞師以討遼，自請盡帥國中之衆以會之，并以其弟寧遠將軍汗為質。趙王虎大悅，厚加慰答，辭其質，遣還，密期以明年。

又　卷九六《晉紀一八·顯宗成皇帝中之下》（晉成帝咸康四年，燕王皝五年）正月，燕王皝遣都尉趙盤如趙，聽師期。【略】

三月，趙盤還至棘城。燕王皝引兵攻掠令支以北諸城。（段蘭）乃悉將見衆追之。皝設伏以待之，大破蘭兵，斬首數千級，掠五千户及畜產萬計以歸。【略】

（慕容）皝聞之，嚴兵設備；罷六卿、納言、常伯、冗騎常侍官。【略】

（慕容）皝謂內史高詡曰：『將若之何？』對曰：『趙兵雖强，然不足憂，但堅守以拒之，無能為也。』【略】

（石）虎遣使四出，招誘民夷，燕成周內史崔燾、居就令游泓、武原令常霸、東夷校尉封抽、護軍宋晃等皆應之，凡得三十六城。泓，邃之兄子也。冀陽流寓之士共殺太守宋燭以降於趙。燭，晃之從兄也。營丘內史鮮于屈亦遣使降趙。武寧令廣平孫興曉諭吏民共收屈，數其罪而殺之，閉城拒守。朝鮮令昌黎孫泳帥衆拒趙。大姓王清等密謀應趙，泳收斬之；同謀數百人惶怖請罪，泳皆釋之，與同拒守。樂浪太守鞠彭以境內皆叛，選鄉里壯士二百餘人共還棘城。【略】

戊子，趙兵進逼棘城。燕王皝欲出亡，帳下將慕輿根諫曰：『趙强我弱，大王一舉足則趙之氣勢遂成，使趙人收略國民，兵强穀足，不可復敵。竊意趙人正欲大王如此耳，奈何入其計中乎？今固守堅城，其勢百倍，縱其急攻，猶足支持，觀形察變，間出求利。如事之不濟，不失於走，奈何望風委去，為必亡之理乎！』皝乃止，然猶懼形於色。玄菟太守河間劉佩曰：『今强寇在外，衆心恟懼，事之安危，繫於一人。大王此際無所推委，當自强以厲將士，不宜示弱。事急矣，臣請出擊之，縱無大捷，足以安衆。』乃將敢死數百騎出衝趙兵，所向披靡，斬獲而還，於是士氣百倍。皝問計于封奕，對曰：『石虎凶虐已甚，民神共疾，禍敗之至，其何日之有！今空國遠來，攻守勢異，戎馬雖强，無能為患；頓兵積日，釁隙自生，但堅守以俟之耳。』皝意乃安。【略】

趙兵四面蟻附緣城，慕輿根等晝夜力戰，凡十餘日，趙兵不能克，壬辰，引退。【略】

燕王皝分兵討諸叛城，皆下之。拓境至凡城。崔燾、常霸奔鄴，封抽、宋晃、遊泓奔高句麗。皝賞鞠彭、慕輿根等而治諸叛者，誅滅甚衆；功曹劉翔為之申理，多所全活。【略】

趙之攻棘城也，燕右司馬李洪之弟普以為棘城必敗，勸洪出避禍。洪曰：『天道幽遠，人事難知。且當委任，勿輕動取悔。』普固請不已，洪曰：『卿意見明審者，當自行之。吾受慕容氏大恩，義無去就，當效死於此耳。』與普流涕而訣。普遂降趙，從趙軍南歸，死於喪亂。洪由是以忠篤著名。【略】

燕王皝自帥諸將軍迎（段）遼。【略】

（慕容恪）大敗麻秋於三藏口。【略】

趙將軍范陽鮮于亮失馬，步緣山不能進，因止，端坐；燕兵環之，叱令起。亮曰：『身是貴人，義不為小人所屈。汝曹能殺亟殺，不能則去！』亮儀觀豐偉，聲氣雄厲，燕兵憚之，不敢殺，以白皝。皝以馬迎之，與語，大悅，用為左常侍，以崔毖之女妻之。【略】

（慕容皝）待遼以上賓之禮。

（晉成帝咸康五年，燕王皝六年四月，燕）廣威將軍慕容軍、折衝將軍慕輿根、蕩寇將軍慕輿埿。【略】趙鎮遠將軍石成、積弩將軍呼延晃。【略】

段遼謀反於燕，燕人殺遼及其黨與數十人，送遼首於趙。【略】

（李）農帥衆三萬與征北大將軍張舉攻燕凡城。燕王皝以榼盧城大悅綰為禦難將軍，授兵一千，使守凡城。及趙兵至，將吏皆恐，欲棄城走。綰曰：『受命禦寇，死生以之。且憑城堅守，一可敵百，有敢妄言惑衆者斬！』衆然後定。綰身先士卒，親冒矢石；舉等攻之經旬，不能克，乃退。虎以遼西迫近燕境，數遭攻襲，乃悉徙其民於冀州之南。【略】

（燕王皝）參軍鞠運。【略】

（慕容）皝擊高句麗，兵及新城。【略】

（慕容皝）又使其子恪、霸擊宇文別部。霸年十三，勇冠三軍。

（晉成帝咸康六年，燕王皝七年正月）宇文逸豆歸忌慕容翰才名。翰乃陽狂酣飲，或臥自便利，或被髮歌呼，拜跪乞食。宇文舉國賤之。【略】

燕王皝以翰初非叛亂，以猜嫌出奔，雖在它國，常潛為燕計。【略】

（慕容）翰彎弓三石餘，矢尤長大，皝為之造可手弓矢，使（王）車埋於道旁而密告之。二月，翰竊逸豆歸名馬，攜其二子過取弓矢，逃歸。【略】

九月，（趙）自幽州以東至白狼，大興屯田。悉括取民馬，有敢私匿者腰斬，凡得四萬餘匹。大閱于宛陽，欲以擊燕。【略】

燕王皝謂諸將曰：『石虎自以樂安城防守重複，薊城南北必不設備，今若詭路出其不意，可盡破也。』冬，十月，皝帥諸軍入自蠮螉塞自龍城取西道入蠮螉塞。襲趙，戍將當道者皆禽之，直抵薊城。趙幽州刺史石光擁兵數萬，閉城不敢出。燕兵進破武遂津，武遂縣，前漢屬河間國，後漢、晉屬安平國，時屬武邑郡。易水過其南，曰武遂津。入高陽，所至焚燒積聚，略三萬餘家而去。《考異》曰：《燕書》云：『略燕、范陽二郡男女數千口而還。』今從《後趙》、《燕載記》。石光坐懦弱徵還。

（晉成帝咸康七年，燕王皝八年）正月，燕王皝使唐國內史陽裕等築（龍）城於柳城之北、龍山之西。【略】

（二月）劉翔至建康，帝引見，問慕容鎮軍平安。對曰：『臣受遣之日，朝服拜章。』【略】

（劉）翔為燕王皝求大將軍、燕五章璽。朝議以為：『故事：大將軍不處邊；自漢、魏以來，不封異姓為王。所求不可許。』翔曰：『自劉、石構亂，長江以北，剪為戎藪，未聞中華公卿之胄有一人能攘臂揮戈，摧破凶逆者也。獨慕容鎮軍父子竭力，心存本朝，以寡擊衆，屢殄强敵，使石虎畏懼，悉徙邊陲之民散居三魏，蹙國千里，以薊城為北境。功烈如此，而惜海北之地不以為封邑，何哉！昔漢高祖不愛王爵於韓、彭，故能成其帝業；項羽刓印不忍授，卒用危亡。吾之至心，非敬欲尊其所事，竊惜聖朝疏忠義之國，使四海無所勸慕耳。』【略】

尚書諸葛恢，（劉）翔之姊夫也，獨主異議，以為：『夷狄相攻，中國之利。惟器與名，不可輕許。』乃謂翔曰：『藉使慕容鎮軍能除石虎，乃是復得一石虎也，朝廷何賴焉！』翔曰：『嫠婦猶知恤宗周之隕。今晉室阽危，君位侔元、凱，曾無憂國之心邪？嚮使靡、鬲之功不立，則少康何以祀夏！桓、文之戰不捷，則周人皆為左衽矣。慕容鎮軍枕戈待旦，志殄凶逆，而君更唱邪惑之言，忌間忠臣。四海所以未壹，良由君輩耳！』翔留建康歲餘，衆議終不決。【略】

（劉）翔乃說中常侍彧弘曰：『石虎苞八州之地，帶甲百萬，志吞江、漢，自索頭、宇文暨諸小國，無不臣服；惟慕容鎮軍翼戴天子，精貫白日，而更不獲禮之命，竊恐天下移心解體，無復南向者矣。公孫淵無尺寸之益於吳，吳主封為燕王，加以九錫。今慕容鎮軍屢摧賊鋒，威振秦、隴，虎比遣重使，甘言厚幣，欲授以曜威大將軍、遼西王；慕容鎮軍惡其非正，卻而不受。今朝廷乃矜惜虛名，沮抑忠順，豈社稷之長計乎！後雖悔之，恐無及已。』弘為之入言於帝，帝意亦欲許之。【略】

以劉翔為代郡太守，封臨泉鄉侯，加員外散騎常侍；翔固辭不受。

【略】

（劉）翔疾江南士大夫以驕奢酣縱相尚，嘗因朝貴宴集，謂何充等曰：『四海板蕩，奄踰三紀，宗社為墟，黎民塗炭，斯乃廟堂焦慮之時，忠臣畢命之秋也。而諸君宴安江沱，肆情縱欲，以奢靡為榮，以傲誕為賢；謇諤之言不聞，征伐之功不立，將何以尊主濟民乎！』充等甚慚。

【略】

詔遣兼大鴻臚郭烯持節詣棘城冊命燕王，與（劉）翔等偕北。公卿餞于江上，翔謂諸公曰：『昔少康資一旅以滅有窮，勾踐憑會稽以報强吳；蔓草猶宜早除，況寇讎乎！今石虎、李壽，志相吞噬，王師縱未能澄清北方，且當從事巴、蜀。一旦石虎先人舉事，並壽而有之，據形便之地以臨東南，雖有智者，不能善其後矣。』中護軍謝廣曰：『是吾心也！』【略】

（七月）郭烯、劉翔等至燕，燕王皝以翔為東夷護軍、領大將軍長史，以唐國內史陽裕為左司馬，典書令李洪為右司馬，中尉鄭林為軍諮祭酒。【略】

（十月）趙橫海將軍王華帥舟師自海道襲燕安平，破之。【略】

燕王皝以慕容恪為渡遼將軍，鎮平郭。自慕容翰、慕容仁之後，諸將無能繼者。及恪至平郭，撫舊懷新，屢破高句麗兵，高句麗畏之，不敢入境。

又 卷九七《晉紀一九·顯宗成皇帝下》（晉成帝咸康八年）建威將軍翰言於皝曰：『宇文强盛日久，屢為國患。今逸豆歸篡竊得國，羣情不附。加之性識庸闇，將帥非才，國無防衛，軍無部伍。臣久在其國，悉其地形；雖遠附强羯，聲勢不接，無益救援；今若擊之，百舉百克。然高句麗去國密邇，常有闚闞之志。彼知宇文既亡，禍將及己，必乘虛深入，掩吾不備。若少留兵則不足以守，多留兵則不足以行。此心腹之患也，宜先除之；觀其勢力，一舉可克。宇文自守之虜，必不能遠來爭利。既取高句麗，還取宇文，如返手耳。二國既平，利盡東海，國富兵强，無返顧之憂，然後中原可圖也。』皝曰：『善！』將擊高句麗。高句麗有二道，其北道平闊，南道險狹，衆欲從北道。翰曰：『虜以常情料之，必謂大軍從北道，當重北而輕南。王宜帥銳兵從南道擊之，出其不意，丸都不足取也。別遣偏師出北道，縱有蹉跌，其腹心已潰，四支無能為也。』皝從之。【略】

慕容翰等先至，與釗合戰，皝以大衆繼之。左常侍鮮于亮曰：『臣以俘虜蒙王國士之恩，不可以不報；今日，臣死日也！』獨與數騎先犯高句麗陣，所向摧陷。高句麗陣動，大衆因而乘之，高句麗兵大敗。左長史韓壽斬高句麗將阿佛和度加，諸軍乘勝追之，遂入丸都。釗單騎走，輕車將軍慕輿埿追獲其母周氏及妻而還。會王寓等戰於北道，皆敗沒，由是皝不復窮追。遣使招釗，釗不出。【略】

（慕容）皝將還，韓壽曰：『高句麗之地，不可成守。今其主亡民散，潛伏山谷；大軍既去，必復鳩聚，收其餘燼，猶足為患。請載其父尸、囚其生母而歸，俟其束身自歸，然後返之，撫以恩信，策之上也。』皝從之。

又　卷九七《晉紀一九・康皇帝》（晉康帝建元元年二月）高句麗王釗遣其弟稱臣入朝於燕，貢珍異以千數。燕王皝乃還其父尸，猶留其母為質。【略】

代王什翼犍復求婚于燕，燕王皝使納馬千匹為禮；什翼犍不與，又倨慢無子婿禮。八月，皝遣世子儁帥前軍師評等擊代。《考異》曰：《後魏・序紀》：『八月，慕容元真遣使請薦女。』無用兵事。今從《燕書》。什翼犍帥衆避去，燕人無所見而還。

（晉康帝建元二年）燕王皝與左司馬高詡謀伐宇文逸豆歸。詡曰：『宇文强盛，今不取，必為國患，伐之必克；然不利於將。』出而告人曰：『吾往必不返，然忠臣不避也。』於是皝自將伐逸豆歸。以慕容翰為前鋒將軍，劉佩副之，分命慕容軍、慕容恪、慕容霸及折冲將軍慕輿根將兵，三道并进。高詡將发，不見其妻，使人語以家事而行。

逸豆歸遣南羅大涉夜干將精兵逆戰，南羅，城名。大，城大也。慕容既克宇文，改南羅城為威德城。《考異》曰：《慕容皝載記》作『涉弈干』。今從《燕書》。【略】慕容翰曰：『【略】涉夜干素有勇名，一國所賴也。』【略】翰自出沖陳，涉夜干出應之；慕容霸從傍邀擊，遂斬涉夜干。宇文士卒見涉夜干死，不戰而潰；燕軍乘勝逐之，遂克其都城。宇文國，都遼西紫蒙川。逸豆歸走死漠北，宇文氏由是散亡。皝悉收其畜產、資貨。【略】

（慕容皝）更命涉夜干所居城曰威德城，使弟彪戍之而還。高詡、劉佩皆中流矢卒。【略】

（高）詡善天文，皝嘗謂曰：『卿有佳書而不見與，何以為忠盡！』詡曰：『臣聞人君執要，人臣執職。執要者逸，執職者勞。是以后稷播種，堯不預焉。占候、天文，晨夜其苦，非至尊之所宜親，殿下將焉用之！』皝默然。【略】

初，逸豆歸事趙甚謹，貢獻屬路。及燕人伐逸豆歸，趙王虎使右將軍白勝、并州刺史王霸自甘松出救之。比至，宇文氏已亡，因攻威德城，不克而還；慕容彪追擊，破之。【略】

慕容翰之與宇文氏戰也，為流矢所中，臥病積時不出。後漸差，于其家試騁馬。或告翰稱病而私習騎乘，疑欲為變。燕王皝雖藉翰勇略，然中心終忌之，乃賜翰死。翰曰：『吾負罪出奔，既而復還，今日死已晚矣。然羯賊跨據中原，吾不自量，欲為國家蕩壹區夏；此志不遂，没有遺恨，命矣夫！』飲藥而卒。《考異》曰：《三十國春秋》云：『永和二年，九月，殺翰。』《燕書・翰傳》，『翰嘗臨陳，為流矢所中，病臥，歲時不出入；後漸差，試馬。』按自討宇文後，翰未嘗預攻戰。自建元二年正月至永和二年九月，已踰年矣，《三十國春秋》恐誤。今從《載記》翰傳。

又　卷九七《晉紀一九・孝宗穆皇帝上之上》（晉穆帝永和元年）燕王皝十二年，記室參軍封裕上書諫曰：『【略】降及魏、晉，仁政衰薄，假官田官牛者不過稅其什六，自有牛者中分之，猶不取其七八也。』【略】

封裕上書諫曰：『川瀆溝渠有廢塞者，皆應通利，旱由灌溉，潦則疏泄。』【略】

（慕容皝）考校學徒至千餘人，頗有妄濫者，故封裕及之。【略】

燕王皝以為古者諸侯即位，各稱元年，於是始不用晉年號，自稱十二年。【略】

燕王皝以慕容霸為平狄將軍。

（晉穆帝永和二年，燕王皝十三年），燕王皝遣世子儁帥慕容軍、慕容恪、慕輿根三將軍襲夫餘，儁居中指授，軍事皆以任恪，遂拔夫餘。【略】以（其王）玄為鎮軍將軍，妻以女。

（晉穆帝永和三年，燕王皝十四年）十月，乙丑，遣侍御史俞歸至涼州，授張重華侍中、大都督、督隴右、關中諸軍事、大將軍、涼州刺史、西平公。

又　卷九八《晉紀二〇・孝宗穆皇帝上之下》（晉穆帝永和四年，燕王皝十五年）十一月，甲辰，葬燕文明王。【略】

（慕容儁）遣使詣建康告喪。【略】

（慕容儁）以弟交為左賢王，左長史陽騖為郎中令。

（晉穆帝永和五年，燕王儁元年）燕平狄將軍慕容霸上書於燕王儁曰：『石虎窮凶極暴，天之所棄，餘燼僅存，自相魚肉。今中國倒懸，企望仁恤，若大軍一振，勢必投戈。』北平太守孫興亦表言：『石氏大亂，宜以時進取中原。』儁以新遭大喪，弗許。霸馳詣龍城，言於儁曰：『難得而易失者，時也。萬一石氏衰而復興，或有英雄據其成資，豈惟失此大利，亦恐更為後患。』儁曰：『鄴中雖亂，鄧恒據安樂，兵强糧足，今若伐趙，東道不可由也，當由盧龍；盧龍山徑險狹，虜乘高斷要，首尾為患，將若之何？』霸曰：『恒雖欲為石氏拒守，其將士顧家，人懷歸志，若大軍臨之，自然瓦解。臣請為殿下前驅，東出徒河，潛趣令支，出其不意，彼聞之，勢必震駭，上不過閉門自守，下不免棄城逃潰，何暇禦我哉！然則殿下可以安步而前，無復留難矣。』儁猶豫未決，以問五材將軍封弈，對曰：『用兵之道，敵强則用智，敵弱則用勢。是故以大吞小，猶狼之食豚也；以治易亂，猶日之消雪也。大王自上世以來，積德累仁，兵强士練。石虎極其殘暴，死未瞑目，子孫爭國，上下乖亂。中國之民，墜於塗炭，廷頸企踵以待振拔，大王若揚兵南邁，先取薊城，次指鄴都，宣耀威德，懷撫遺民，彼孰不扶老提幼以迎大王；凶黨將望旗冰碎，安能為害乎！』從事中郎黄泓曰：『今太白經天，歲集畢北，陰國受命，此必然之驗也，宜速出師，以承天意。』折衝將軍慕輿根曰：『中國之民困於石氏之亂，咸思易主以救湯火之急，此千載一時，不可失也。自武宣王以來，招賢養民，務農訓兵，正俟今日。今時至不取，更復顧慮，豈天意未欲使海內平定邪，將大王不欲取天下也？』儁笑而從之。【略】

慕容恪為輔國將軍，慕容評為輔弼將軍，左長史陽鶩為輔義將軍，謂之『三輔』。慕容霸為前鋒都督、建鋒將軍，建鋒將軍。亦創置也。選精兵二十餘萬，講武戒嚴，為進取之計。《考異》曰：《燕·景昭紀》，集兵在四月。時石虎方死，諸子未爭；《十六國春秋》在五月，故從之。而《燕書》載封奕、慕輿根言，俱指冉閔。按：是時閔未篡趙，蓋撰史者附會耳，故削去。【略】

燕王儁遣使至涼州，約張重華共擊趙。【略】

高句麗王釗送前東夷護軍宋晃于燕，燕王儁赦之，更名曰活，拜為中尉。

（晉穆帝永和六年，燕王儁二年）二月，燕王儁使慕容霸將兵二萬自東道出徒河，慕輿于自西道出蠮螉塞，儁自中道出盧龍塞，以伐趙。以慕容恪、鮮于亮為前驅，命慕輿埿槎山通道。留世子曄守龍城，以內史劉斌為大司農，與典書令皇甫真留統後事。【略】

（慕容）霸軍至三陘，趙征東將軍鄧恒惶怖，焚倉庫，棄安樂遁去，與幽州刺史王午共保薊。【略】

三月，燕兵至無終。王午留其將王佗以數千人守薊，與鄧恒走保魯口。乙巳，儁拔薊，執王佗，斬之。【略】

（慕容）儁欲悉阬其士卒千餘人，慕容霸諫曰：『趙為暴虐，王興師伐之，將以拯民於塗炭而撫有中州也；今始得薊而阬其士卒，恐不可以為王師之先聲也。』乃釋之。儁入都于薊，中州士女降者相繼。【略】

（慕容）儁復以後趙范陽太守李產為太守。【略】

（李）產子績為幽州別駕，棄其家從王午在魯口。【略】

（王）午猶慮諸將不與己同心，或致非意，乃遣績歸。績始辭午往見燕王儁，儁讓之曰：『卿不識天命，棄父邀名，今日乃始來邪！』對曰：『臣眷戀舊主，志存微節，官身所在，何事非君！殿下方以義取天下，臣未謂得見之晚也。』儁悅，善待之。【略】

（慕容）儁以弟宜為代郡城郎，孫泳為廣寧太守，悉置幽州郡縣守宰。【略】

甲子，儁使中部俟釐慕輿句督薊中留事，自將擊鄧恒於魯口。軍至清梁，恒將鹿勃早將數千人夜襲燕營，半已得入，先犯前鋒都督慕容霸，突入幕下，霸起奮擊，手殺十餘人，早不能進。由是燕軍得嚴，儁謂慕輿根曰：『賊鋒甚鋭，宜且避之。』根正色曰：『我衆彼寡，力不相敵，故乘夜來戰，冀萬一獲利。今求賊得賊，正當擊之，復何所疑！王但安臥，臣等自為王破之！』儁不能自安，內史李洪從儁出營外，屯高塚上。根帥左右精勇數百人從中牙直前擊早，李洪徐整騎隊還助之，早乃退走。衆軍追擊四十餘里，早僅以身免，所從士卒死亡略盡。儁引兵還薊。【略】

初，勃海賈堅，少尚氣節，仕趙為殿中督。趙亡，堅棄魏主閔還鄉里，擁部曲數千家。燕慕容評徇勃海，遣使招之，堅終不降。【略】

（慕容）儁以（買）堅為樂陵太守，治高城。【略】

（十月）燕王儁還薊，留諸將守之；儁還至龍城，謁陵廟。

又　卷九九《晉紀二一·孝宗穆皇帝中之上》　（晉穆帝永和七年）燕王儁三年，姚弋仲遣其子襄帥騎二萬八千救趙，誡之曰：『冉閔棄仁背義，屠滅石氏。我受人厚遇，當為復讎，老病不能自行。』【略】

弋仲亦遣使告於燕，燕王儁遣禦難將軍悅綰將兵三萬往會之。【略】

常煒答封裕曰：『湯放桀，武王伐紂，以興商、周之業；曹孟德養於宦官，莫知所出，卒立魏氏之基。苟非天命，安能成功！推此而言，何必致問！』【略】

（封）裕曰：『人言冉閔初立，鑄金為己像以卜成敗，而像不成，信乎？』煒曰：『不聞。』裕曰：『南來者皆云如是，何故隱之？』煒曰：『姦偽之人欲矯天命以惑人者，乃假符瑞、托蓍龜以自重，魏主握符璽，據中州，受命何疑；而更反真為偽，取決於金像乎！』裕曰：『傳國璽果安在？』煒曰：『在鄴』。裕曰：『張舉言在襄國。』煒曰：『殺胡之日，在鄴者殆無孑遺；時有迸漏者，皆潛伏溝瀆中耳，彼安知璽之所在乎！彼求救者，為妄誕之辭，無所不可，況一璽乎！』【略】

（慕容）儁猶以張舉之言為信，乃積柴其旁，使裕以其私誘之，曰：『君更熟思，無為徒取灰滅！』煒正色曰：『石氏貪暴，親帥大兵攻燕國都。雖不克而返，然志在必取。故運資糧、聚器械於東北者，非以相資，乃欲相滅也。魏主誅剪石氏，雖不為燕，臣子之心，聞仇讎之滅，義當如何？而更為彼責我，不亦異乎！吾聞死者骨肉下于土，精魂升于天。蒙君之惠，速益薪縱火，使僕得上訴於帝足矣！』左右請殺之。儁曰：『彼不憚殺身而徇其主，忠臣也。且冉閔有罪，使臣何預焉！』使出就館。夜，使其鄉人趙瞻往勞之，且曰：『君何不以實言？王怒，欲處君於遼、碣之表，奈何？』煒曰：『吾結髮以來，尚不欺布衣，況人主乎！曲意苟合，性所不能；直情盡言，雖沈東海，不敢避也！』遂臥向壁，不復與瞻言。瞻具以白儁，儁乃囚煒于龍城。【略】

乙巳，燕王儁還薊，稍徙軍中文武兵民家屬于薊。【略】

（四月）渤海人逄約因趙亂，擁衆數千家，附於魏，魏以約為渤海太守。故太守劉準，隗之兄子也，土豪封放，奕之從弟也；別聚衆自守。閔以準為幽州刺史，與約中分渤海。燕王儁使封奕討約，使昌黎太守高開討準、放。開，瞻之子也。【略】

（封）奕引兵直抵約壘，遣人謂約曰：『相與鄉里，隔絕日久，會遇甚難。時事利害，人各有心，非所論也。願單出一相見，以寫佇結之情。』約素信重奕，即出，見奕於門外。各屏騎卒，單馬交語。奕與論敘平生畢，因說之曰：『與君累世同鄉，情相愛重，誠欲君享祚無窮；今既獲展奉，不可不盡所懷。冉閔乘石氏之亂，奄有成資，是宜天下服其强矣，而禍亂方始，固知天命不可力爭也。燕王奕世載德，奉義討亂，所征無敵。今已都薊，南臨趙、魏，遠近之民，繈負歸之。民厭荼毒，咸思有道。冉閔之亡，匪朝伊夕，成敗之形，昭然易見。且燕王肇開王業，虛心賢儁，君能翻然改圖，則功參絳、灌，慶流苗裔，孰與為亡國將，守孤城以待必至之禍哉！』約聞之，悵然不言。奕給使張安，有勇力；奕豫戒之，俟約氣下，安突前持其馬鞚，因挾之而馳。至營，奕與坐，謂曰：『君計不能自決，故相為決之，非欲取君以邀功，乃欲全君以安民也。』【略】

高開至渤海，準、放迎降。儁以放為渤海太守，準為左司馬，約參軍事。以約誘於人而遇獲，更其名曰釣。【略】

八月，魏中山太守上谷侯龕閉城拒守。【略】

（慕容）恪南徇常山，軍于九門，魏趙郡太守遼西李邽舉郡降，恪厚撫之，將邽還圍中山，侯龕乃降。恪入中山，遷其將帥、土豪數十家詣薊，餘皆安堵；軍令嚴明，秋豪不犯。【略】

悅綰還自襄國，儁乃知張舉之妄而殺之。常煒有四男二女在中山，儁釋煒之囚，使諸子就見之。煒上疏謝恩，儁手令答曰：『卿本不為生計，孤以州里相存耳。今大亂之中，諸子盡至，豈非天所念邪！天且念卿，況於孤乎！』賜妾一人，穀三百斛，使居凡城。【略】

逄釣亡歸渤海，招集舊衆以叛燕。樂陵太守賈堅《考異》曰：《燕書·賈堅傳》：『烈祖問堅年，對以受新命始及三載。』烈祖悅其言，拜樂陵太守。按：堅以去年九月獲于燕，至明年始三年。若未為樂陵太守，豈能安集諸縣，告諭逄釣！故知堅先已為樂陵太守，非因問年而授。使人告諭鄉人，示以成敗，釣部衆稍散，遂來奔。

以北平太守孫興為中山太守。興善於綏撫，中山遂安。【略】

庫傉官偉帥部衆自上黨降燕。【略】

（十月）逄釣亡歸渤海，招集舊衆以叛燕。樂陵太守賈堅使人告諭鄉人，示以成敗，釣部衆稍散，遂來奔。【略】

十二月，燕王儁如龍城。

（晉穆帝永和八年）燕王儁四年，燕景昭帝元璽元年三月乙巳，燕王

儁還薊，稍徙軍中文武兵民家屬於薊。【略】

司徒劉茂、特進郎闓相謂曰：『吾君此行，必不還矣，吾等何為坐待戮辱！』皆自殺。【略】

（石）閔以所將兵精鋭，燕人憚之。【略】

（石閔）所將多步卒，而燕皆騎兵，引兵將趣林中。恪參軍高開曰：『吾騎兵利平地，若閔得入林，不可複製。宜亟遣輕騎邀之，既合而陽走，誘致平地，然後可擊也』。恪從之。【略】

（石閔）望見大幢，知其為中軍，直衝之；燕兩軍從旁夾擊，大破之。【略】

（石）閔子操奔魯口。高開被創而卒。【略】

（慕容）儁命恪鎮中山。【略】

甲申，中尉侯龕與慕容評帥精騎萬人攻鄴。【略】

庚寅，燕王儁遣廣威將軍慕容軍、殿中將軍慕輿根、右司馬皇甫真等帥步騎二萬助慕容評攻鄴。【略】

八月，戊辰，燕王儁遣慕容恪、封奕、陽鶩攻之，午閉城自守，送冉操詣燕軍；燕人掠其禾稼而還。【略】

以申鍾為大將軍右長史。命慕容評鎮鄴。

故趙將擁兵據州郡者，各遣使降燕；燕王儁以王擢為益州刺史，夔逸為秦州刺史，張平為并州刺史，李歷為兗州刺史，高昌為安西將軍，劉甯為車騎將軍。【略】

慕容恪屯安平，積糧，治攻具，將討王午。【略】

丙戌，中山蘇林起兵於無極，自稱天子；恪自魯口還討林。閏月，戊子，燕王儁遣廣威將軍慕輿根助恪攻林，斬之。【略】

王午為其將秦興所殺。【略】

建留臺於龍都，以玄菟太守乙逸為尚書，專委留務。【略】

二月，庚子，（燕皇后、皇太子）皆自龍城遷於薊宮。【略】

三月，趙故衛尉常山李犢聚衆數千人叛燕。【略】

五月，燕主儁遣（燕）衛將軍（慕容）恪討李犢，犢降，遂東擊護於魯口。【略】

趙末，樂陵朱禿、平原杜能、清河丁嬈、陽平孫元各擁兵分據城邑，至是皆請降於燕；燕主儁以禿為青州刺史，能為平原太守，嬈為立節將軍，元為兗州刺史，各留撫其營。【略】

燕衛將軍恪、撫軍將軍軍、左將軍彪等屢薦給事黄門侍郎霸有命世之才，宜總大任。是歲，燕主儁以霸為使持節、安東將軍、北冀州刺史，鎮常山。

（晉穆帝永和十年）二月，（燕衛將軍恪圍魯口）呂護奔野王，遣弟奉表謝罪於燕，燕以護為河內太守。【略】

燕主儁以慕容評為鎮南將軍。【略】

四月，戊申，燕主儁封撫軍將軍軍為襄陽王，左將軍彭為武昌王；以衛將軍恪為大司馬、侍中、大都督、録尚書事，封太原王；鎮南將軍評為司徒、驃騎將軍，封上庸王；封安東將軍霸為吳王，左賢王友為范陽王，散騎常侍厲為下邳王，散騎常侍宜為廬江王，寧北將軍度為樂浪王；又封弟桓為宜都王，逮為臨賀王，以尚書令陽鶩為司空，仍守尚書令。【略】

命冀州刺史吳王霸徙治信都。【略】

初，燕王皝奇霸之才，故名之曰霸，將以為世子，羣臣諫而止，然寵遇猶逾於世子。【略】

（六月）燕樂陵太守慕容鉤，翰之子也，與青州刺史朱禿共治厭次。鉤自恃宗室，每陵侮禿。禿不勝忿，秋，七月，襲鉤，殺之，南奔段龕。【略】

燕大調兵衆，因發詔之日，號曰：『丙戌舉。』【略】

九月，桓温還自伐秦，帝遣侍中、黄門勞温於襄陽。或告燕黄門侍郎宋斌等謀奉冉智為主而反，皆伏誅。斌，燭之子也。【略】

十月，燕王儁如龍城。

又　卷一〇〇《晉紀二二·孝宗穆皇帝中之下》（晉穆帝永和十一年）十一月，以太原王恪為大都督、撫軍將軍，陽鶩副之，以擊（段）龕。【略】

十二月，高句麗王釗遣使詣燕納質修貢，以請其母。燕主儁許之，遣殿中將軍刁龕送釗母周氏歸其國。【略】

上黨人馮鴦逐燕太守段剛，據安民城，自稱太守，遣使降晉。【略】

燕主儁以段龕方强，謂太原王恪曰：『若龕遣軍拒河，不得渡者，可直取呂護而還。』恪分遣輕軍先至河上，具舟楫以觀龕志趣。

（穆晉永和十二年）正月，燕太原王恪引兵濟河，未至廣固百餘里，段龕帥衆三萬逆戰。丙申，恪大破龕於淄水，執其弟欽，斬右長史袁範等。齊王龍辟閭蔚被創，恪聞其賢，遣人求之，蔚已死，士卒降者數千人。龕脱走，還城固守，恪進軍圍之。【略】

二月，己丑，龕所署徐州刺史陽都公王騰舉衆降，恪命騰以故職還屯陽都。【略】

（八月）段龕遣其屬段藴來求救，詔徐州刺史荀羡將兵隨藴救之。【略】

（段）龕嬰城自守，樵采路絶，城中人相食。龕悉衆出戰。恪破之於圍裏，先分騎屯諸門。龕身自沖蕩，僅而得入，餘兵皆没。於是城中氣沮，莫有固志。十一月，丙子，龕面縛出降，並執朱禿送薊。恪撫安新民，悉定齊地，徙鮮卑、胡、羯三千餘户於薊。燕主儁具朱禿五刑，以段龕為伏順將軍。恪留慕容塵鎮廣固，以尚書左丞鞠殷為東萊太守，章武太守鮮于亮為齊郡太守。【略】

（鞠）殷，彭之子也。彭時為燕大長秋，以書戒殷曰：『王彌、曹嶷，必有子孫，汝善招撫，勿尋舊怨，以長亂源！』殷推求，得彌從子立、嶷孫巖於山中，請與相見，深結意分。彭復遣使遺以車馬衣服，郡民由是大和。

（晉穆帝昇平元年）正月，壬戌朔，帝加元服。太后詔歸政，大赦，改元，太后徙居崇德宫。燕主儁征幽州刺史乙逸為左光禄大夫。逸夫婦共載鹿車；子璋從數十騎，服飾甚麗，奉迎於道。逸大怒，閉車不與言。到城，深責之，璋猶不悛。逸常憂其敗，而璋更被擢任，歷中書令、御史中丞。逸乃歎曰：『吾少自修立，克己守道，僅能免罪。璋不治節儉，專為奢縱，而更居清顯。此豈唯璋之忝幸，實時世之陵夷也。』

（晉穆帝昇平二年）三月，甲戌，燕主儁遣領軍將軍慕輿根，將兵助司徒評攻馮鴦。根欲急攻之，評曰：『鴦壁堅，不如緩之。』根曰：『不然。公至城下經月，未嘗交鋒。賊謂國家力止於此，遂相固結，冀幸萬一。今根兵初至，形勢方振，賊衆恐懼，皆有離心，計慮未定，從而攻之，無不克者。』遂急攻之。鴦與其黨果相猜忌，鴦奔野王依呂護，其黨盡降。【略】

燕主儁使司徒評討張平於并州，司空陽鶩討高昌於東燕，樂安王臧討李歷於濮。陽鶩攻昌别將於黎陽，不拔。歷奔滎陽，其衆皆降。【略】

十月，（泰山太守諸葛攸攻燕東郡）入武陽，燕主儁遣大司馬恪統陽鶩及樂安王臧之兵以擊之。【略】

時燕調發繁數，官司各遣使者，道路旁午，郡縣苦之。太尉、領中書監封弈請『自今非軍期嚴急，不得遣使，自餘賦發皆責成州郡，其羣司所遣彈督在外者，一切攝還。』儁從之。【略】

燕泰山太守賈堅屯山茌，荀羡引兵擊之；堅所將纔七百餘人，羡兵十倍於堅。堅將出戰，諸將皆曰：『衆少，不如固守。』堅曰：『固守亦不能免，不如戰也。』遂出戰，身先士卒，殺羡兵千餘人，復還入城。羡進攻之，堅歎曰：『吾自結髮，志立功名，而每值窮厄，豈非命乎！與其屈辱而生，不若守節而死。』乃謂將士曰：『今危困，計無所設，卿等可去，吾將止死。』將士皆泣曰：『府君不出，衆亦俱死耳。』乃扶堅上馬。堅曰：『我如欲逃，必不相遣。今當為卿曹決鬭，若勢不能支，卿等可趣去，勿復顧我也！』乃開門直出。羡兵四集，堅立馬橋上，左右射之，皆應弦而倒。羡兵衆多，從塹下斫橋，堅人馬俱陷，生擒之，遂拔山茌。羡謂堅曰：『君父、祖世為晉臣，柰何背本不降？』堅曰：『晉自棄中華，非吾叛也。民既無主，强則托命。既已事人，安可改節！吾束脩自立，涉趙歷燕，未嘗易志，君何匆匆相謂降乎！』羡復責之，堅怒曰：『豎子，兒女御乃公！』羡怒，執置雨中，數日，堅憤惋而卒。【略】

燕主儁以賈堅子活為任城太守。【略】

燕吳王垂娶段末柸女，生子令、寶。段氏才高性烈，自以貴姓，不尊事可足渾后，可足渾氏銜之。燕主儁素不快於垂，中常侍涅皓因希旨告段氏及吳國典書令遼東高弼為巫蠱，欲以連汙垂。儁收段氏及弼下大長秋、廷尉考驗，段氏及弼志氣確然，終無撓辭。掠治日急，垂愍之，私使人謂段氏曰：『人生會當一死，何堪楚毒如此！不若引服。』段氏歎曰：『吾豈愛死者耶！若自誣以惡逆，上辱祖宗，下累於王，固不為也！』

辯答益明，故垂得免禍，而段氏竟死於獄中。出垂為平州刺史，鎮遼東。垂以段氏女弟為繼室；足渾氏黜之，以其妹長安君妻垂；垂不悅，由是益惡之。【略】

匈奴劉閼頭部落多叛，懼而東走，乘冰渡河，半渡而冰解，後衆盡歸劉悉勿祈，閼頭奔代。悉勿祈，務桓之子也。

又《**晉穆帝昇平三年**》燕人殺段勤，勤弟思來奔。【略】

李績答燕主慕容儁之問，謂太子好遊畋而樂絲竹，時太子暐侍側，績曰：『皇太子天資岐嶷，雖八德已聞，然二闕未補，好游畋而樂絲竹，此其所以為損也。』儁顧謂暐曰：『伯陽之言，藥石之惠也，汝宜誡之！』暐甚不平。【略】

（慕容）儁夢趙主虎齧其臂，乃發虎墓，求尸不獲，購以百金；鄴女子李菟知而告之，得屍於東明觀下，僵而不腐。儁蹋而罵之曰：『死胡，何敢怖生天子！』數其殘暴之罪而鞭之，投於漳水，屍倚橋柱不流。及秦滅燕，王猛為之誅李菟，收而葬之。【略】

（謝萬為燕所敗，東晉）軍士欲因其敗而圖之，以安故而止。【略】

十二月，（燕）大司馬太原王恪。

又　卷一〇一《**晉紀二三・孝宗穆皇帝下**》（晉穆帝昇平四年）正月，癸巳，燕主儁大閱於鄴，欲使大司馬恪、司空陽騖將之入寇；會疾篤，乃召恪、騖及司徒評、領軍將軍慕輿根等受遺詔輔政。【略】

戊子，（太子暐即位）年十一。【略】

二月，（以）陽騖為太保。【略】

時太后可足渾氏頗預外事。【略】

秘書監皇甫真。【略】

（慕輿）根又言於可足渾氏及燕主暐曰：『太宰、太傅將謀不軌，臣請帥禁兵以誅之。』可足渾氏將從之，暐曰：『二公，國之親賢，先帝選之，托以孤嫠，必不肯爾。安知非太師欲為亂也！』乃止。根又思戀東土，言於可足渾氏及暐曰：『今天下蕭條，外寇非一，國大憂深，不如還東。』恪聞之，乃與太傅評謀，密奏根罪狀，使右衛將軍傅顔就內省誅根，並其妻子、黨與。大赦。【略】

太宰恪以吳王垂為使持節、征南將軍、都督河南諸軍事、兗州牧、荊州刺史，鎮梁國之蠡臺，孫希為并州刺史，傅顔為護軍將軍，帥騎二萬，觀兵河南，臨淮而還，境內乃安。【略】

十一月，（燕主暐）出（李濟）為章武太守。

（晉穆帝昇平五年）二月，以東陽太守范汪都督徐、兗、青、冀、幽五州諸軍事，兼徐、兗二州刺史。平陽人舉郡降燕。燕以建威將軍段剛為太守，遣督護韓苞將兵共守平陽。【略】

方士丁進有寵於燕主儁，欲求媚於太宰恪，說恪令殺太傅評；恪大怒，奏收斬之。【略】

高昌卒，燕河內太守呂護並其衆。【略】

三月，燕太宰恪將兵五萬，冠軍將軍皇甫真將兵萬人，共討之。燕兵至野王，（呂）護嬰城自守。護軍將軍傅顔請急攻之，以省大費。恪曰：『老賊經變多矣，觀其守備，未易猝攻。頃攻黎陽，多殺精銳，卒不能拔，自取困辱。【略】

皇甫真戒部將曰：『護勢窮奔突，必擇虛隙而投之；吾所部士卒多羸，器甲不精，宜深為之備。』乃多課櫓楯，親察行夜者。護食盡，果夜悉精銳趨真所部，突圍，不得出；太宰恪引兵擊之，護衆死傷殆盡，棄妻子奔滎陽。恪存撫降民，給其廩食，徙士人、將帥於鄴，自餘各隨所樂。以護參軍廣平梁琛為中書著作郎。【略】

九月張平襲燕平陽，殺段剛、韓苞；又攻雁門，殺太守單男。既而為秦所攻，平復謝罪於燕以求救。燕人以平反復，弗救也，平遂為秦所滅。【略】

十月，呂護復叛，奔燕，燕人赦之，以為廣州刺史。【略】

十二月，燕大赦。

又　卷一〇一《**晉紀二三・哀皇帝**》（晉哀帝隆和元年）正月燕豫州刺史孫興請攻洛陽，曰：『晉將陳祐弊卒千餘，介守孤城，不中取也！』燕人從其言，遣甯南將軍呂護屯河陰。【略】

三月，乙酉，河南太守戴施奔宛，陳祐告急。【略】

五月，丁巳，桓溫遣庾希及竟陵太守鄧遐帥舟師三千人助祐守洛陽。【略】

六月，甲戌，燕征東參軍劉拔刺殺征東將軍、冀州刺史、范陽王友於

信都。【略】

十一月，代王什翼犍納女於燕，燕人亦以女妻之。

（晉哀帝興寧元年）十月，燕鎮南將軍慕容塵攻陳留太守袁披于長平；長平縣，前漢屬汝南郡，後漢、晉屬陳郡。賢曰：長平故城，在今陳州宛丘縣西北。汝南太守朱斌乘虛襲許昌，克之。《考異》曰：《燕書》作『朱黎』。今從《晉・帝紀》。

（晉哀帝興寧二年）正月，丙辰，燕大赦。【略】

二月，燕龍驤將軍李洪（隨太傅評）略地河南。【略】

四月，燕人遂拔許昌、汝南、陳郡，徙萬餘户於幽、冀二州。【略】

（八月）燕侍中慕龍輿詣龍城，徙宗廟及所留百官皆詣鄴。【略】

燕太宰恪將取洛陽，《考異》曰：《帝紀》：『慕容暐寇洛陽。』上云『苻堅別帥侵河南。』按：明年，恪拔洛陽，堅親將以備潼關，是未敢與燕爭河南也。《十六國春秋・堅傳》亦無此舉。《帝紀》恐誤。先遣人招納士民，遠近諸塢皆歸之；乃使司馬悅希軍於盟津，豫州刺史孫興軍于成皋。【略】

燕悅希引兵略河南諸城，盡取之。

（晉哀帝興寧三年）二月，燕太宰恪、吳王垂共攻洛陽。恪謂諸將曰：『卿等常患吾不攻，今洛陽城高而兵弱，易克也，勿更畏懦而怠惰！』遂攻之。【略】

太宰恪還鄴，謂僚屬曰：『吾前平廣固，不能濟辟閭蔚；今定洛陽，使沈勁為戮；雖皆非本情，然身為元帥，實有愧於四海。』【略】

四月，壬午，燕太尉、武平匡公封弈卒。以司空陽鶩為太尉，侍中、光祿大夫皇甫真為司空，領中書監。【略】

（陽鶩）戒束子孫，雖朱紫羅列，無敢違犯其法度者。

又 卷一〇一《晉紀二三・海西公上》 （晉海西公太和元年）十月，燕撫軍將軍下邳王厲寇兗州。【略】

十二月，南陽督護趙億據宛城降燕，太守桓澹走保新野。

（晉海西公太和二年）二月，燕撫軍將軍下邳王厲、鎮北將軍宜都王桓襲敕勒。【略】

燕太原桓王恪言於燕主暐曰：『吳王垂，將相之才，十倍於臣。先帝以長幼之次，故臣得先之。臣死之後，願陛下舉國以聽吳王。』【略】

七月，燕下邳王厲等破敕勒，獲馬牛數萬頭。【略】

初，（慕容）厲兵過代地，犯其穄田；代王什翼犍怒。燕平北將軍武强公以幽州兵戍雲中。八月，什翼犍攻雲中，泥棄城走，振威將軍慕輿賀辛戰沒。【略】

十二月，甲子，燕太尉建敬公陽鶩卒。以司空皇甫真為侍中、太尉，光祿大夫李洪為司空

（晉海西公太和三年）初，燕太宰恪有疾，謂暐兄樂安王臧曰：『今南有遺晉，西有强秦，二國常蓄進取之志，顧我未有隙耳。夫國之興衰，繫於輔相。大司馬總統六軍，不可任非其人。我死之後，以親疏言之，當在汝及沖。汝曹雖才識明敏，然年少，未堪多難。吳王天資英傑，智略超世，汝曹若能推大司馬以授之，必能混壹四海，況外寇，不足憚也；慎無冒利而忘害，不以國家為意也。』【略】

二月，以車騎將軍中山王沖為大司馬。沖，暐之弟也。以荊州刺史吳王垂為侍中、車騎大將軍、儀同三司。【略】

時燕人多請救陝，因圖關中者，太傅評曰：『秦，大國也，今雖有難，未易可圖。朝廷雖明，未如先帝；吾等智略，又非太宰之比。但能閉關保境足矣，平秦非吾事也。』【略】

（九月）燕王公、貴戚多占民為廕户，國之户口少於私家，倉庫空竭，用度不足。尚書左僕射廣信公悅綰曰：『今三方鼎峙，各有吞併之心。而國家政法不立，豪貴恣橫，至使民户殫盡，委輸無入，吏斷常俸，戰士絕廩，官貸粟帛以自贍給；既不可聞於鄰敵，且非所以為治，宜一切罷斷諸廕户，盡還郡縣。』燕主暐從之，使綰專治其事，糾擿奸伏，無敢蔽匿，出户二十餘萬，舉朝怨怒。綰先有疾，自力厘校户籍，疾遂亟。冬，十一月，卒。

又 卷一〇二《晉紀二四・海西公下》 （晉海西公太和四年）四月，庚戌，（溫帥步騎五萬）發姑孰。【略】

甲子，燕主暐立皇后可足渾氏，太后從弟尚書令豫章公翼之女也。【略】

大司馬溫自兗州伐燕。【略】

燕主暐以下邳王厲為征討大都督，帥步騎二萬逆戰於黃墟。【略】

（慕容）暐復遣樂安王臧統諸軍拒（桓）温，臧不能抗；乃遣散騎常侍李鳳求救於秦。【略】

七月，温屯武陽，燕故兗州刺史孫元帥其族黨起兵應温。【略】

（慕容）又遣散騎侍郎姜撫報使於燕。暐乃以垂代樂安王臧為使持節、南討大都督。【略】

（慕容）垂表司徒左長史申胤、黄門侍郎封孚、尚書郎悉羅騰皆從軍。【略】

暐又遣散騎侍郎樂嵩請救於秦，許賂以虎牢以西之地。秦王堅引羣臣議於東堂，皆曰：『昔桓温伐我，至灞上，燕不我救。今温伐燕，我何救焉！且燕不稱藩於我，我何為救之！』王猛密言於堅曰：『燕雖强大，慕容評非温敵也。若温舉山東，進屯洛邑，收幽、冀之兵，引并、豫之粟，觀兵崤、澠，則陛下大事去矣。今不如與燕合兵以退温；温退，燕亦病矣，然後我承其弊而取之，不亦善乎！』堅從之。【略】

八月（暐）又遣散騎侍郎姜撫報使於燕。【略】

太子太傅封孚問於申胤曰：『温衆强士整，乘流直進，今大軍徒逡巡高岸，兵不接刃，未見克殄之理，事將何如？』胤曰：『以温今日聲勢，似能有為。然在吾觀之，必無成功。何則？晉室衰弱，温專制其國，晉之朝臣未必皆與之同心。故温之得志，衆所不願也，必將乖阻以敗其事。又，温驕而恃衆，怯於應變。大衆深入，值可乘之會，反更逍遥中流，不出赴利，欲望持久，坐取全勝；若糧廩愆懸，情見勢屈，必不戰自敗，此自然之數也。』【略】

（桓）温以燕降人段思為鄉導，悉羅騰與温戰，生擒思。温使故趙將李述徇趙、魏，騰又與虎賁中郎將染幹津擊斬之，温軍奪氣。【略】

九月，燕范陽王德帥騎一萬、蘭臺治書侍御史劉當帥騎五千屯石門。【略】

（慕容）德使將軍慕容宙帥騎一千為前鋒，與晉兵遇。宙曰：『晉人輕剽，怯於陷敵，勇於乘退，宜設餌以釣之。』乃使二百騎挑戰，分餘騎為三伏。挑戰者兵未交而走，晉兵追之；宙帥伏以擊之，晉兵死者甚衆。【略】

燕之諸將爭欲追之，吳王垂曰：『不可。温初退惶恐，必嚴設警備，簡精鋭為後拒，擊之未必得志，不如緩之。彼幸吾未至，必晝夜疾趨；俟其士衆力盡氣衰，然後擊之，無不克矣。』乃帥八千騎徐行躡其後。温果兼道而進。數日，垂告諸將曰：『温可擊矣。』乃急追之，及温於襄邑。【略】

孫元遂據武陽以拒燕，燕左衛將軍孟高討擒之。【略】

十月，桓温深耻喪敗，免冠軍將軍鄧遐官。【略】

燕、秦既結好，使者數往來。燕散騎侍郎太原郝晷、給事黄門侍郎梁琛相繼如秦。晷與王猛有舊，猛接以平生，問晷東方之事。晷見燕政不修而秦大治，知燕將亡，陰欲自托於猛，頗泄其實。【略】

琛至長安，秦王堅方畋於萬年，欲引見琛，琛曰：『秦使至燕，燕之君臣朝服備禮，灑掃宫庭，然後敢見。今秦王欲野見之，使臣不敢聞命！』尚書郎辛勁謂琛曰：『賓客入境，惟主人所以處之，君焉得專制其禮！且天子稱乘輿，所至曰行在所，何常居之有！又，《春秋》亦有遇禮，何為不可乎！』琛曰：『晉室不綱，靈祚歸德，二方承運，俱受明命。而桓温倡狂，窺我王略，燕危秦孤，勢不獨立，是以秦主同恤時患，要結好援。東朝君臣，引領西望，愧其不競，以為鄰憂，西使之辱，敬待有加。今强寇既退，交聘方始，謂宜崇禮篤義以固二國之歡；若忽慢使臣，是卑燕也，豈修好之義乎！夫天子以四海為家，故行曰乘輿，止曰行在。今寓縣分裂，天光分曜，安得以乘輿、行在為言哉！禮，不期而見曰遇；蓋因事權行，其禮簡略，豈平居容與之所為哉！客使單行，誠勢屈於主人；然苟不以禮，亦不敢從也。』堅乃為之設行宫，百僚陪位，然後延客，如燕朝之儀。【略】

事畢，（苻）堅與之私宴，問：『東朝名臣為誰？』琛曰：『太傅上庸王評，明德茂親，光輔王室；車騎大將軍吳王垂，雄略冠世，折衝禦侮；其餘或以文進，或以武用，官皆稱職，野無遺賢。』【略】

（苻）堅使太子延（梁）琛相見。秦人欲使琛拜太子，先諷之曰：『鄰國之君，猶其君也；鄰國之儲君，亦何以異乎！』琛曰：『天子之子視元士，欲其由賤以登貴也。尚不敢臣其父之臣，況它國之臣乎！苟無純敬，則禮有往來，情豈忘恭，但恐降屈為煩耳。』乃不果拜。【略】

王猛勸（苻）堅留（梁）琛，堅不許。【略】

（慕容）垂奏：『所募將士忘身立效，將軍孫蓋等摧鋒陷陳，應蒙殊賞。』評皆抑而不行。【略】

太宰恪之子楷及垂舅蘭建知之，以告垂曰：『先發制人，但除評及樂安王臧，餘無能為矣。』垂曰：『骨肉相殘而首亂於國，吾有死而已，不忍為也。』頃之，二人又以告，曰：『內意已決，不可不早發。』垂曰：『必不可彌縫，吾寧避之於外，餘非所議。』【略】

（慕容）垂內以為憂，而未敢告諸子。世子令請曰：『尊比者如有憂色，豈非以主上幼沖，太傅疾賢，功高望重，愈見猜邪？』垂曰：『然。吾竭力致命以破强寇，本欲保全家國，豈知功成之後，返令身無所容。汝既知吾心，何以為吾謀？』令曰：『主上闇弱，委任太傅，一旦禍發，疾於駭機。今欲保族全身，不失大義，莫若逃之龍城，遜辭謝罪，以待主上之察，若周公之居東，庶幾可以感寤而得還，此幸之大者也。如其不然，則內撫燕、代，外懷羣夷，守肥如之險以自保，亦其次也。』垂曰：『善！』

十一月，辛亥朔，垂請畋於大陸，因微服出鄴，將趨龍城。至邯鄲，少子麟，素不為垂所愛，逃還告狀，垂左右多亡叛。太傅評白燕主暐，遣西平公强帥精騎追之，及於范陽。世子令斷後，强不敢逼。會日暮，令謂垂曰：『本欲保東都以自全，今事已泄，謀不及設。秦主方招延英傑，不如往歸之。』垂曰：『今日之計，舍此安之！』乃散騎滅迹，傍南山復還鄴，隱於趙之顯原陵。俄有獵者數百騎四面而來，抗之則不能敵，逃之則無路，不知所為。會獵者鷹皆飛揚，衆騎散去。垂乃殺白馬以祭天，且盟從者。【略】

世子令言於垂曰：『太傅忌賢疾能，構事以來，人尤忿恨。今鄴城之中，莫知尊處，如嬰兒之思母，夷、夏同之。若順衆心，襲其無備，取之如指掌耳。事定之後，革弊簡能，大匡朝政，以輔主上，安國存家，功之大者也。今日之便，誠不可失，願給騎數人，足以辦之。』垂曰：『如汝之謀，事成誠為大福，不成悔之何及！不如西奔，可以萬全。』子馬奴潛謀逃歸，殺之而行。至河陽，為津吏所禁，斬之而濟。遂自洛陽與段夫人、世子令、令弟寶、農、隆、兄子楷、舅蘭建、郎中令高弼俱奔秦，留妃可足渾氏於鄴。乙泉戍主吳歸追及閺鄉，世子令擊之而退。【略】

（苻堅）執（慕容垂）手曰：『天生賢傑，必相與共成大功，此自然之數也。要當與卿共定天下，告成岱宗，然後還卿本邦，世封幽州，使卿去國不失為子之孝，歸朕不失事君之忠，不亦美乎！』垂謝曰：『羈旅之臣，免罪為幸。本邦之榮，非所敢望！』【略】

（苻）堅復愛世子令及慕容楷之才，皆厚禮之，賞賜巨萬，每進見，屬目觀之。關中士民素聞垂父子名，皆嚮慕之。王猛言於堅曰：『慕容垂父子，譬如龍虎，非可馴之物，若借以風雲，將不可複製，不如早除之。』堅曰：『吾方收攬英雄以清四海，柰何殺之！且其始來，吾已推誠納之矣。匹夫猶不棄言，況萬乘乎！』乃以垂為冠軍將軍，封賓徒侯，楷為積弩將軍。【略】

燕魏尹范陽王德素與垂善，及車騎從事中郎高泰等，皆坐免官。【略】

尚書右丞申紹言於太傅評曰：『今吳王出奔，外口籍籍，宜征王僚屬之賢者顯進之，粗可消謗。』評曰：『誰可者？』紹曰：『高泰其領袖也。』乃以泰為尚書郎。泰，瞻之從子；紹，胤之兄也。【略】

秦留梁琛月餘，乃遣歸。琛兼程而進，比至鄴，吳王垂已奔秦。【略】

（梁）琛曰：『今二國分據中原，常有相吞之志。桓温之入寇，彼以計相救，非愛燕也。若燕有釁，彼豈忘其本志哉！』評曰：『秦主何如人？』琛曰：『明而善斷。』問王猛，曰：『名不虛得。』【略】

（梁琛）以告皇甫真，真深憂之。【略】

（皇甫真）上疏言：『苻堅雖聘問相尋，然實有窺上國之心，非能慕樂德義，不忘久要也。前出兵洛川，及使者繼至，國之險易虛實，彼皆得之矣。今吳王垂又往從之，為其謀主；伍員之禍，不可不備。洛陽、太原、壺關，皆宜選將益兵，以防未然。』【略】

秦遣黃門郎石越聘於燕，太傅評示之以奢，欲以誇燕之富盛。高泰及太傅參軍河間劉靖言於評曰：『越言誕而視遠，非求好也，乃觀釁也。宜耀兵以示之，用折其謀。今乃示之以奢，益為其所輕矣。』評不從。泰遂謝病歸。【略】

申紹上疏之言曰：『後宮之女四千餘人，僮侍廝役尚在其外，一日之費，厥直萬金。士民承風，競為奢靡。彼秦、吳僭僻，猶能條治所部，有兼併之心，而我上下因循，日失其序。我之不脩，彼之願也。謂宜精擇守宰，併官省職，存恤兵家，使公私兩遂，節抑浮靡，愛惜用度，賞必當功，罰必當罪。如此，則温、猛可梟，二方可取，豈特保境安民而已哉！【略】

申紹上疏又曰：索頭什翼犍疲病昏悖，雖乏貢御，無能為患；而勞兵遠戍，有損無益。不若移於幷土，控制西河，南堅壺關，北重晉陽，西寇來則拒守，過則斷後，猶愈於戍孤城守無用之地也。」【略】

初，燕人許割虎牢以西賂秦；晉兵既退，燕人悔之，謂秦人曰：「行人失辭，謂使者許割地為失辭也。有國有家者，分災救患，理之常也。」秦王堅大怒，遣輔國將軍王猛、建威將軍梁成、洛州刺史鄧羌帥步騎三萬伐燕。十二月，進攻洛陽。《考異》曰：《燕·少帝紀》，此年十二月，王猛攻洛，明年正月，拔洛。《十六國·秦春秋》，十一月，王猛伐燕，遣慕容紀書，紀請降；十二月，猛受降而歸。今按《獻莊紀》云：「慕容令之奔還鄴，建熙元年二月也。」時王猛猶在洛。又猛遺紀書云：「去年桓温起師。」故從《燕書》。

（晉海西公太和五年正月）秦王猛遺燕荆州刺史武威王築書曰：「【略】國家今已塞成皋之險，杜盟津之路，大駕虎旅百萬，自軹關取鄴都，金墉窮戍，外無救援，城下之師，將軍所監，豈三百弊卒所能支也！」築懼，以洛陽降，猛陳師受之。【略】

燕衛大將軍樂安王臧城新樂，破秦兵於石門，執秦將楊猛。【略】

（王猛）將行，造慕容垂飲酒，從容謂垂曰：「今當遠別，卿何以贈我，使我睹物思人？」垂脫佩刀贈之。【略】

（王）猛至洛陽，賂垂所親金熙，使詐為垂使者，謂令曰：「吾父子來此，以逃死也。今王猛疾人如讎，讒毁日深；秦王雖外相厚善，其心難知。丈夫逃死而卒不免，將為天下笑。吾聞東朝比來始更悔悟，主、后相尤。吾今還東，故遣告汝；吾已行矣，便可速發。」令疑之，躊躇終日，又不可審覆。乃將舊騎，詐為出獵，遂奔樂安王臧於石門。【略】

秦王堅引見慕容垂於東堂，勞之曰：「賢子心不忘本」猶懷首丘，亦各其志，不足深咎。然燕之將亡，非令所能存，惜其徒入虎口耳。且父子兄弟，罪不相及。」【略】

燕人以（慕容）令叛而復還，其父為秦所厚，疑令為反間，徙之沙城，在龍都東北六百里。【略】

（王猛遣）建威將軍梁成與洛州刺史鄧羌擊走之；留羌鎮金墉，以輔國司馬桓寅為弘農太守，代（鄧）羌戍陝城而還。【略】

（袁瑾）遣其子乾之及司馬爨亮如鄴請命。燕人以瑾為揚州刺史，輔為荆州刺史。【略】

秦王堅復遣王猛督鎮南將軍楊安等十將步騎六萬以伐燕。【略】

慕容令自度終不得免，密謀起兵，沙城中謫戍士數千人，令皆厚撫之。五月，庚午，令殺牙門孟嬀。城大涉圭懼，請自效。令信之，引置左右。遂帥謫戍士東襲威德城，殺城郎慕容倉，據城部署，遣人招東西諸戍，翕然皆應之。鎮東將軍勃海王亮鎮龍城，令將襲之；其弟麟以告亮，亮閉城拒守。癸酉，涉圭因侍直擊令，令單馬走，其黨皆潰。涉圭追令至薛黎澤，擒而殺之，詣龍城白亮。亮為之誅涉圭，收令屍而葬之。【略】

八月，燕主暐以秦寇為憂，召散騎侍郎李鳳、黃門侍郎梁琛、中書侍郎樂嵩（問事）。【略】

（梁）琛、（樂）嵩曰：「勝敗在謀，不在衆寡。秦遠來為寇，安肯不戰！且吾當用謀以求勝，豈可冀其不戰而已乎！」暐不悅。【略】

王猛克壺關，執上黨太守南安王越，所過郡縣，皆望風降附，燕人大震。【略】

黃門侍郎封孚問司徒長史申胤曰：「事將何如？」胤歎曰：「鄴必亡矣，吾屬今茲將為秦虜。然越得歲而吳伐之，卒受其禍。今福德在燕，秦雖得志，而燕之復建，不過一紀耳。」【略】

大司馬温自廣陵帥衆二萬討袁瑾；以襄城太守劉波為淮南內史，將五千人鎮石頭。波，隗之孫也。癸丑，温敗瑾於壽春，遂圍之。燕左衛將軍孟高將騎兵救瑾，至淮北，未渡，會秦伐燕，燕召高還。【略】

辛巳，猛、安入晉陽，執燕幷州刺史東海王莊。【略】

（十月，辛亥，王猛）留將軍武都毛當戍晉陽，進兵潞川，與慕容評相持。【略】

壬戌，猛遣將軍徐成覘燕軍形要，期以日中；及昏而返，猛怒，將斬之。鄧羌請之曰：『今賊衆我寡，詰朝將戰；成，大將也，宜且宥之。』猛曰：『若不殺成，軍法不立。』羌固請曰：『成，羌之郡將也，雖違期應斬，羌願與成效戰以贖之。』猛弗許。羌怒，還營，嚴鼓勒兵，將攻猛。猛問其故，羌曰：『受詔討遠賊；今有近賊，自相殺，欲先除之！』猛謂羌義而有勇，使語之曰：『將軍止，吾今赦之。』成既免，羌詣猛謝。猛執其手曰：『吾試將軍耳，將軍於郡將尚爾，況國家乎！吾不復憂賊矣！』【略】

（王）猛上疏稱：『臣以甲子之日，大殲醜類。順陛下仁愛之志，使六州士庶，不覺易主，自非守迷違命，一無所害。』秦王堅報之曰：『將軍役不踰時，而元惡克舉，勳高前古。朕今親帥六軍，星言電赴。將軍其休養將士，以待朕至，然後取之。』【略】

（王猛至）燕民各安其業，更相謂曰：『不圖今日復見太原王！』猛聞之，歎曰：『慕容玄恭信奇士也，可謂古之遺愛矣！』設太牢以祭之。【略】

十一月，王猛潛如安陽謁堅，答曰：『陛下忘臣灞上之言邪！』【略】

燕主暐與上庸王評、樂安王臧、字襄王淵、左衛將軍孟高、殿中將軍艾朗等奔龍城。【略】

慕容垂見燕公卿大夫及故時僚吏，有慍色。高弼言於垂曰：『大王憑祖宗積累之資，負英傑高世之略，遭值迍阨，棲集外邦。今雖家國傾覆，安知其不為興運之始邪！愚謂國之舊人，宜恢江海之量，有以慰結其心，以立覆簣之基，成九仞之功，奈何以一怒捐之？愚竊為大王不取也！』【略】

燕主暐之出鄴也，衛士猶千餘騎，既出城，皆散，惟十餘騎從行；秦王堅使遊擊將軍郭慶追之。時道路艱難，孟高扶侍暐，經護二王，極其勤瘁，又所在遇盜，轉鬬而前。數日，行至福祿，依冢解息，盜二十餘人猝至，皆挾弓矢，高持刀與戰，殺傷數人。高力極，自度必死，乃直前抱一賊，頓擊於地，大呼曰：『男兒窮矣！』餘賊從帝射高，殺之。艾朗見高獨戰，亦還趨賊，并死。【略】

（慕容）暐失馬步走，郭慶追及於高陽，部將巨武將縛之。【略】

（慕容）暐稱孟高、艾朗之忠於堅，堅命厚加斂葬，拜其子為郎中。【略】

遼東太守韓稠降秦，慕容桓至，不得入，攻之，不克。【略】

初，梁琛之使秦也，以侍輦苟純為副。琛每應對，不先告純；純恨之，歸，言於燕主暐曰：『琛在長安，與王猛甚親善，疑有異謀。』琛又數稱秦王堅及王猛之美，且言秦將興師，宜為之備。已而秦果伐燕，皆如琛言，暐乃疑琛知其情。及慕容評敗，遂收琛繫獄。秦王堅入鄴而釋之，除中書著作郎，引見，謂之曰：『卿昔言上庸王、吳王皆將相奇材，何為不能謀畫，自使亡國？』對曰：『天命廢興，豈二人所能移也！』堅曰：『卿不能見幾而作，虛稱燕美，忠不自防，返為身禍，可謂智乎？』對曰：『臣聞「幾者動之微，吉凶之先見者也。」如臣愚暗，實所不及。然為臣莫如忠，為子莫如孝，自非有一至之心者，莫能保忠孝之始終。是以古之烈士，臨危不改，見死不避，以徇君親。彼知幾者，心達安危，身擇去就，不顧家國，臣就使知之，尚不忍為，況非所及邪！』【略】

（苻）堅聞悅綰之忠，恨不及見，拜其子為郎中。【略】

（苻堅）賜楊安爵博平縣侯；以鄧羌為使持節、征虜將軍、安定太守，賜爵真定郡侯。【略】

（苻）堅以京兆韋鍾為魏郡太守，彭豹為陽平太守；其餘州縣牧、守、令、長，皆因舊而授之。以燕常山太守申紹為散騎侍郎，使與散騎侍郎京兆韋儒俱為繡衣使者，循行關東州郡，觀省風俗，勸課農桑，振恤窮困，收葬死亡，旌顯節行，燕政有不便於民者，皆變除之。【略】

王猛表留梁琛為主簿，領記室督。【略】

以燕故臣慕容評為給事中，皇甫真為奉車都尉，李洪為駙馬都尉，皆奉朝請。李邽為尚書，封衡為尚書郎，慕容德為張掖太守，燕國平睿為宣威將軍，悉羅騰為三署郎。其餘封授各有差。衡，裕之子也。【略】

燕故太史黃泓歎曰：『燕必中興，其在吳王乎！恨吾老，不及見耳！』【略】

汲郡趙秋曰：『天道在燕，而秦滅之。不及十五年，秦必復為燕有。』【略】

慕容桓之子鳳，年十一，陰有復仇之志。鮮卑、丁零有氣幹者，皆傾身與之交結。權翼見而謂之曰：『兒方以才望自顯，勿效爾父不識天命！」鳳厲色曰：『先王欲建忠而不遂，此乃人臣之節；君侯之言，豈獎勸將來之義乎！』翼改容謝之，言於秦王堅曰：『慕容鳳忼慨有才器，但狼子野心，恐終不為人用耳。』

又 卷一〇三《晉紀二五・太宗簡文皇帝》（晉簡文帝咸安二年）

二月，冠軍將軍慕容垂言於秦王堅曰：『臣叔父評，燕之惡來輩也，不宜復汙聖朝，願陛下為燕戮之。』堅乃出評為范陽太守，燕之諸王悉補邊郡。

論說

《晉書》卷一一一《慕容暐等載記論》 觀夫北陰衍氣，醜虜匯生，隔閡諸華，聲教莫之漸，雄據殊壤，貪悍成其俗，先叛後服，蓋常性也。自當塗紊紀，典午握符，推亡之功，掩岷、吳而可録，御遠之策，懷戎狄而猶漏。慕容廆英姿偉量，是曰邊豪，釁迹姦圖，實惟亂首。何者？無名而舉，表深譏于魯册；象龔致罰，昭大訓于姚典。況乎放命挺禍，距戰發其狼心；剽邑屠城，略地騁其螫賊。既而二帝遘平陽之酷，按兵窺運；五鐸啓金陵之祚，率禮稱藩。勤王之誠，當君危而未立；匡主之節，俟國泰而將徇。適所謂相時而動，豈素蓄之款戰！然其制敵多權，臨下以惠，勸農桑，敦地利，任賢士，該時傑，故能恢一方之業，創累葉之基焉。

元真體貌不恒，暗符天表，沈毅自處，頗懷奇略。于時羣雄角立，爭奪在辰，顯宗主祭于沖年，庾亮竊政于元舅，朝綱不振，天步孔艱，遂得據已成之資，乘土崩之會。揚兵南矛鶩，則烏丸卷甲；建旆東征，則宇文摧陣。乃負險自固，恃勝而驕，端拱稱王，不待朝命，昔鄭武職居三事，爵不改伯；齊桓績宣九合，位止為侯。瞻曩烈而功微，征前經而禮縟，溪壑難滿，此之謂乎？

宣英文武兼優，加之以機斷，因石氏之釁，首圖中原，燕士協其籌，冀馬為其用，一戰而平巨寇，再舉而拔堅城，氣讋傍鄰，威加邊服。便謂深功被物，天數在躬，遽竊鴻名，偷安寶録。猶將席捲京洛，肆其蟻聚之徒；宰割黎元，縱其鯨吞之勢。使江左疲於奔命，職此之由。非夫天厭素靈而啓異類，不然者，其鋒何以若斯！

景茂庸材，不親厥務，賢輔攸賴，逆臣挫謀，於是陷金墉而款河南，包銅城而臨漠北，西秦勁卒頓函關而不進，東夏遺黎企鄴宮而授首。當此之時也，凶威轉熾。及玄恭即世，虐嫗亂朝。垂以勳德不容，評以黷貨幹政，志士絕忠貞之路，讒人襲交亂之風。輕鄰反速其咎，禦敵罕修其備，以攜離之衆，抗敢死之師。鋒鏑未交，白溝淪境；沖輣暫擬，紫陌成墟。是知由余出而戎亡，子常升而郢覆，終於身死異域，智不自全，吉凶惟人，良所謂也。

又《慕容暐等載記論贊》 青山徙構，玄塞分疆。蠢茲雜種，奕世彌昌。角端掩月，步搖翻霜。乘危猥起，怙險鴟張。假竊神器，憑陵帝鄉。守不以德，終致餘殃。

《宋史》卷二九五《尹洙傳》 西北久安，洙作《敍燕》、《息戍》二篇，以為武備不可弛。

《敍燕》曰：

戰國世，燕最弱。二漢叛臣，持燕挾虜，蔑能自固，以公孫伯珪之强，卒制于袁氏。獨慕容乘石虎亂，乃并趙。雖勝敗異術，大概論其强弱，燕不能加趙。趙、魏一，則燕固不敵。

藝文

清・彭定求等《全宋詩》卷三六五一《陳普〈詠史下・慕容恪〉》

霜雹風沙雜亂飛，段龕地下見春歸。時來但處周公位，歷舉華人百世希。

一聽芭蕉葉上寒，鼻頭倍益舊時酸。河清未遇三千歲，水手猶輕十八灘。

傅說濟川空道在，彥方販鬻歎時難。年來惟有樽空慮，一任滔滔溉倒瀾。

五族交飛日月昏，就中造休尚堪論。景雲峰起龍城裏，猶為遺黎憶太原。

雜録

隋・虞世南《北堂書鈔》卷一二七《衣冠部上・簪》 《燕書》云：高祖慕容廆童兒往見安北將軍張華，甚異之，脫所著幘簪以遺慕容廆。

又 卷一三一《儀飾部下・璽》 《燕書》云：元璽六年，蔣幹遣劉猗齎傳國璽詣晉求救。倚負璽私行數里，天黄霧，四塞，迷荒不得進，乃還。易取行璽，始得去。

唐・劉知幾《史通》卷八《模擬》 至蕭方等《三十國春秋》説（昇平四年，燕主暐建熙元年）朝廷聞慕容儁死，曰：『中原可圖矣。』桓温曰：『慕容恪在，其憂方大！』

唐・徐堅《初學記》卷五《地理上・恒山》 崔鴻《前燕録》曰：慕容儁壽光二年，常山寺大樹根下得璧七十，圭七十三，光色精奇。有異常玉，儁以為神嶽之命，以太牢祠之。

又 卷一八《人部中・師》 崔鴻《前燕録》曰：劉贊，字彦真，平原人也。經學博通，為世純儒，貞清非禮不動。慕容廆重其德學，使太子晃師事之。

又 卷二一《文部・紙》 崔鴻《前燕録》曰：慕容儁三年，廣義將軍岷山公黄紙上表。儁曰：『吾名號未異于前，何宜便爾？自今但可白紙稱疏。』

又 卷二六《器物部下・冠》 崔鴻《前燕録》曰：慕容儁制平上冠，悉賜廷尉以下。中秘監令，別施珠瑱。

宋・李昉等《太平御覽》卷九《天部九・風》 崔鴻《十六國春秋・前燕録》曰：建熙七年五月，慕容暐下書曰：『朕以寡德，蒞政多違，亢陽三時，光陰錯緒，農植之辰而零雨莫降。其令有司徹樂，大官以菜食常供祭奠。』既而澍雨大降。

又 卷四五《地部十・河北諸山・房山》 《前燕録》曰：慕容儁時，房山王母祠前大樹自拔，根下得玉圭璧八十三顆，光色稍奇儁，以為嶽神之命，以太牢祭之。每祠有一虎來往祠側，性頗馴，狎而不害於物。

又 《鮮卑山》 崔鴻《十六國春秋》曰：慕容廆先代居遼左，號曰東胡，其後雄昌，與匈奴爭盛。秦漢之際，為匈奴所敗，分保鮮卑山，因復以山為號也。棘城之東，塞外又有鮮卑山，在遼西之西北一百里，與此異山而同號。

又 卷六〇《地部二十五・海》 崔鴻《十六國春秋・前燕録》曰：慕容晃將乘海討其弟仁，襲其不意，羣臣以淩道危阻，宜從陸地。晃曰：『舊海不淩，自仁反已來，三凍皆成，昔光武合滹沱之冰以濟大業，天其或者欲乘此而克之乎！吾計決矣，沮謀者斬。』二月晃親率三軍擒仁賜死。

又 卷一六二《州郡部八・河北道中・營州》 《十六國春秋・慕容皝傳》曰：柳城之北，龍山之南，所為福德之地也。可營制規模，築龍城，構宮室。改柳城為龍城縣，遂都之，改曰和龍宮。

又 卷一九二《居處部二十・城上》 《燕書》曰：太祖皝八年，使唐柱等築龍城，立門闕、宮殿、廟園、籍田，後遂改為龍城縣。

又 卷二八六《兵部十七・機略五》 （《十六國春秋》）曰：前燕將慕容垂討丁零翟釗於滑臺，次於黎陽津。釗于南岸拒守。垂徙營就西津，為牛皮船百餘艘，載疑兵列仗泝流而上。釗先以大衆備黎陽，見垂向西津，乃棄營西拒。垂潛遣其桂林王慕容鎮率驍騎於黎陽津，夜濟，壁于河南。釗聞而奔，士衆疲渴，走歸滑臺，釗攜妻子率數百騎北趣白鹿，垂遣追擊，盡擒其衆。

（《十六國春秋》）曰：前燕慕容儁已克幽、薊，至於冀州。冉閔師騎拒之，與儁將慕容恪相遇於魏昌。閔將董潤言于閔曰：『鮮卑乘勝，勁不可當也。請避之，以溢其氣，然後濟師以擊之，可以捷也。』閔怒曰：『吾成師以出，將平幽州，斬慕容儁。今遇恪而避之，人將侮我矣。』閔威名素振，燕衆咸憚之。恪謂諸將曰：『閔勇而無謀，一夫之敵耳。雖有甲兵，不足擊也。吾今分軍為三都，掎角以待之。閔性輕鋭，又以吾軍勢非敵，必出萬死沖吾中軍。吾今貫甲厚陣以俟其至，諸軍但勵卒從傍須其戰，合夾而擊之，必克。』閔與恪遇，十戰皆敗之。恪乃以鐵鎖連馬，簡善射鮮卑勇而無剛者五千，方陣而前。閔乘駿馬左仗雙刀，右執鉤戟，順風擊之。斬鮮卑三百餘級。俄而燕騎大至，圍之數周。閔衆寡不敵，躍馬潰圍東走，行二十餘里，為恪所擒。

又　卷三一八《兵部四十九・攻圍下》　崔鴻《十六國春秋》曰：前燕將慕容恪率兵討段龕於廣固，恪圍之。諸將勸恪宜急攻之。恪曰：『軍勢有宜緩以克敵，有宜急而取之。若彼我勢均，且須強援，慮腹背之患者，須急攻之以速大利。如其我強彼弱，外無寇援，力足制之者，當羈縻守之，以待其弊。兵法十圍五攻，此之謂也。龕恩結賊黨，衆未離心，今憑固天險，上下同心，攻守勢倍，軍之常法，若其促攻，不過數旬，克之必矣。但恐傷吾士衆，當持久以取耳。』乃築室返耕，嚴固圍壘，終克廣固。

又　卷三四六《兵部七十七・刀下》　（陶弘景《刀劍録》）曰：前燕慕容俊元年造二十八口刀，銘曰『二十八將』。

又　卷三五八《兵部八十九・鑣》　桓温《與慕容皝書》曰：自滄流以北，幽朔以東，將軍皆以羈落而總率之矣。首尾脣齒，左右力用，鳴鏑揚鑣，動數十萬。

又　卷四〇〇《人事部四十一・凶夢》　《前燕録》曰：慕容俊夜夢石虎齧其臂。覺，遂痛。惡之，曰：『死胡安敢夢生天子？』使掘之，數其罪，鞭其屍，投之漳水。俄，寢疾而死。

又　卷四一六《人事部五十七・友悌》　《前燕録》曰：有司奏中山浦陰民劉洛縣差充徵，弟興私代，背軍逃歸，州以本名捕斬。興詣郡，列稱逃是興身，請求代洛死。洛又曰：『固陳已實正名，宜從憲辟。』兄弟爭命，詳刑有疑，暐曰：『洛應徵輒留，興冒名逃役，俱應極法。但兄弟競死，義情可嘉，宜特原之。』

又　卷四一七《人事部五十八・忠勇》　范亨《燕書》曰：孟高，字弘義，長壯有雄姿。慕容暐即位，左遷衛將軍，出避難，將向龍都，禁衛四散，惟高及殿中將艾郎等十餘騎從行。達福祿，逢賊，高獨力戰，賊射殺之。

又　卷四二六《人事部六十七・清廉下》　范亨《燕書》曰：皇甫真，字楚季，安定朝那人也。從輔國恪討擒冉閔，即南圍拔鄴石氏。舊都城内，珍玩寶貨充溢，真無所取，惟存恤人物，收斂圖籍。真上疏曰：『臣輒以家奴婢五十口，馬七匹，牛四十頭以助軍資。』

又　卷四三一《人事部七十二・儉約》　《前燕録》曰：太尉楊驚，字士秋，右北平無終人也。驚母李氏，博學，有母儀，慕容晃常外堂拜敬。性尤橇朋，好施無倦。位為臺保，爵封郡公，常乘弊車瘠牛，卒無餘財。

又　卷四三六《人事部七十七・勇四》　崔鴻《十六國春秋・前燕録》曰：將作大匠、屯騎校尉朝那侯青，武邑人也。機巧有算略，驍勇善騎射，所在先登陷陳。慕容俊擬之張飛。

又　卷四四四《人事部八十五・知人下》　崔鴻《前燕録》曰：慕容廆，幼而魁岸，美姿貌，身長八尺，雄傑有大度。晉安北張華一見奇之，謂廆曰：『君長必為命世之器，定難濟時者也。』遺廆冠簪，以結殷勤。

又　卷四六二《人事部一百三・遊説下》　范亨《燕書》曰：晉室大亂，高祖方經略江東，高詡説高祖曰：『自王公政錯，士人失望。繈負歸公者，動有萬數。今王氏敗没，而福宿見尾箕，其兆可見也。今晉室雖衰，人心未變。宜遣貢使江東，亦有所尊，然後仗義聲以掃不庭，可以有辭於天下。』高祖深納焉。

又　卷四六九《人事部一百一十・憂下》　《燕書》曰：慕容恪之威聲震於外敵。初，列祖崩，晉人喜，曰：『中原可圖矣。』桓温曰：『慕容恪尚存，所憂方重耳。』

又　卷四七八《人事部一百一十九・贈遺》　范亨《燕書》曰：高祖少有大度，雄略傑出。晉安北將軍張華鎮薊，總御諸部。高祖童冠往見，華甚異之，謂高祖曰：『君必為命時之器，匡時濟難者也。』脱所著幘簪以遺高祖，結殷勤而別。

又　卷四八七《人事部一百二十八・哭》　崔鴻《前燕録》曰：高商，渤海人也。剛毅嚴重，好學有事幹，為范陽太守。聞兄開戰没，悲哭嘔血，病不能起，扶杖乃行。慕容俊召見，商泣，謂左右曰：『自古友于之篤，未有如商者也。』拜昌黎太守。商泣曰：『臣兄亡於此郡，臣故不忍為之。』俊潸而授遼西。

又　卷四九二《人事部一百三十三・貪》　《燕書》曰：章該，字宣恒，為左長史。太祖會羣僚，以該性貪，故賜布百餘匹，負而歸，重不能勝，乃至僵頓，以愧辱之。

又　卷五四二《禮儀部二十一·拜》　《燕書》曰：皇甫真字楚季。鄴城失守，秦王初入，臨前殿宴羣臣。數百人皆集東掖門，見侍中王猛來，真等望馬首拜之。明日，更見真，乃卿猛。猛曰：『昨拜朝，卿何恭慢之相違。』真答曰：『卿昨為賊，朝是國士。吾冥拜賊，而卿國士，亦何所怪也？』猛嘉之。

又　卷五七〇《樂部八·歌一》　《前燕録》曰：慕容廆父涉歸分户以封長庶子，吐谷渾分馬以給之。及廆嗣位，而二部馬鬭。廆怒，遣使讓渾曰：『先公分建有別，奈何不相遠離而令馬有鬭傷？』渾曰：『馬飲食水草，門其常性，何故怒及於人？兄弟至親而鬭起於馬，當去汝萬里。』於是遂西移八千里。廆後悔之，遣乙那樓追渾謝之，乃擁回渾馬。馬東行數百步，輒悲鳴西奔，衝突山谷，如是者十餘曰。此非人事，遂附陰山面黄河。晉永嘉之亂，南遷隴右，廆以孔懷之思作《吐谷渾阿幹歌》，歲暮窮思，常歌之。及俊、垂僭號，以為輦後大曲。

又　卷五八八《文部四·頌》　崔鴻《十六國春秋·前燕録》曰：慕容儁觀兵近郊，見甘棠於道周，從者不識，儁曰：『唏，此詩所謂「甘棠於道」。甘者，味之主也。木者，春之行也。五德屬仁，五行主土，春以施生，味以養物，色又赤者，言將有赫赫之慶於中土。吾謂國家之盛，此其征也。《傳》曰：「升高能賦，可以為大夫。」羣司亦各書其志，吾將覽焉。』於是內外臣僚並上《甘棠頌》。

又　卷六五一《刑法部十七·禁錮》　崔鴻《前燕録》曰：遼東內史宋該舉侍郎韓偏為孝廉，慕容俊令曰：『夫孝廉者，道德沉敏，貢之王庭，偏往助叛徒迷固之罪。及王威臨討，憑城醜詈，此則勃之甚，奈何舉之？該下吏可正四歲刑，行財祈進，虧亂王典，可免官，禁錮終身。』

又　卷六八四《服章部一·總敍冠》　崔鴻《十六國春秋·前燕録》曰：慕容廆曾祖父慕容跋，見燕代少年多冠步摇冠，好之，乃斂髮襲冠。諸部因呼之為步摇，其後音訛而為慕容，遂以慕容為氏。

又曰：慕容俊下書曰：『周禮冠冕體制，君臣略同。中世已來，亦無常體。今特製燕平上冠，悉賜廷尉已下，使瞻冠思事，刑斷詳平。諸公冠悉顏裹屈竹錦纏作公字，以代梁處，施之金瑱，令僕，尚書置瑱而已，秘監令別施珠瑱，庶能敬慎威儀，示民軌則。』

又　卷七〇九《服用部十一·薦席》　《晉前燕書》曰：高祖廆年十五，出避難。追者急，咨避民家，入其屋，以席自障。追者入屋，發視，無所見，遂免。

又　卷七四四《工藝部一·射上》　《燕書》曰：賈堅，字世固，彎弓三石餘。烈祖以堅善射，故親試之，乃取一牛置百步上，召堅使射，曰：『能中之乎？』堅曰：『少壯之時，能令不中；今已老年，正可中之。』恪大笑。射，發一矢拂脊，再一矢，磨腹，皆附膚落毛，上下如一。恪曰：『復能中乎？』堅曰：『所貴者以不中為奇，中之何難？』一發中之。堅時年六十餘矣，觀者咸服其妙。

又曰：慕容根善射。嘗從行獵，有一野羊立於懸崖。太祖命左右射之，莫有中者。根自募求射之，一發而中。

又　卷八三二《資產部十二·獵下》　《異苑》曰：慕容皝出畋，見一老父，曰：『此非獵所，王且還也。』皝明晨復去，值有白兔，馳馬射之，墜石而卒。

又　卷九二九《鱗介部一·龍上》　崔鴻《十六國春秋·前燕録》曰：慕容晃十二年夏四月，黑龍一、白龍一見於龍山。晃親帥羣僚觀龍，二百餘步，祭之以趟鬮。二龍交首嬉翔，解角而去。晃大悅。還宫殿，赦其境內，號新宫曰『和龍宫』。

前涼興亡

綜　述

《晉書》卷八六《張軌傳》　張軌，字士彦，安定烏氏人，漢常山景王耳十七代孫也。家世孝廉，以儒學顯。父温，為太官令。軌少明敏好學，有器望，姿儀典則，與同郡皇甫謐善，隱于宜陽女几山。泰始初，受叔父錫官五品。中書監張華與軌論經義及政事損益，甚器之，謂安定中正為蔽善抑才，乃美為之談，以為二品之精。衛將軍楊珧辟為掾，除太子舍人，累遷散騎常侍、征西軍司。

軌以時方多難，陰圖據河西，筮之，遇《泰》之《觀》，乃投策喜曰：『霸者兆也。』於是求為涼州。公卿亦舉軌才堪御遠。永寧初，出為護羌校尉、涼州刺史。于時鮮卑反叛，寇盜從横，軌到官，即討破之，斬首萬餘級，遂威著西州，化行河右。以宋配、陰充、氾瑗、陰澹為股肱謀主，征九郡胄子五百人，立學校，始置崇文祭酒，位視別駕，春秋行鄉射之禮。秘書監繆世征、少府摯虞夜觀星象，相與言曰：『天下方亂，避難之國唯涼土耳。張涼州德量不恒，殆其人乎！』及河間、成都二王之難，遣兵三千，東赴京師。初，漢末金城人陽成遠殺太守以叛，郡人馮忠赴屍號哭，嘔血而死。張掖人吴詠為護羌校尉馬賢所辟，後為太尉龐參掾，參、賢相誣，罪應死，各引詠為證，詠計理無兩直，遂自刎而死。參、賢慚悔，自相和釋。軌皆祭其墓而旌其子孫。永興中，鮮卑若羅拔能皆為寇，軌遣司馬宋配擊之，斬拔能，俘十餘萬口，威名大震。惠帝遣加安西將軍，封安樂鄉侯，邑千户。於是大城姑臧。其城本匈奴所築也，南北七里，東西三里，地有龍形，故名臥龍城。初，漢末博士敦煌侯瑾謂其門人曰：『後城西泉水當竭，有雙闕起其上，與東門相望。中有霸者出焉。』至魏嘉平中，郡官果起學館，築雙闕於泉上，與東門正相望矣。至是，張氏遂霸河西。

永嘉初，會東羌校尉韓稚殺秦州刺史張輔，軌少府司馬楊胤言於軌曰：『今稚逆命，擅殺張輔，明公杖鉞一方，宜懲不恪，此亦《春秋》之義。諸侯相滅亡，桓公不能救，則桓公恥之。』軌從焉，遣中督護氾瑗率衆二萬討之。先遺稚書曰：『今天綱紛撓，牧守宜戮力勤王。適得雍州檄，云卿稱兵內侮，吾董任一方，義在伐叛，武旅三萬，駱驛繼發，伐木之感，心豈可言！古之行師，全國為上，卿若單馬軍門者，當與卿共平世難也。』稚得書而降。遣主簿令狐亞聘南陽王模，模甚悦，遺軌以帝所賜劍，謂軌曰：『自隴以西，征伐斷割悉以相委，如此劍矣。』俄而王彌寇洛陽，軌遣北宫純、張纂、馬魴、陰濬等率州軍擊破之，又敗劉聰於河東，京師歌之曰：『涼州大馬，横行天下。涼州鴟苕，寇賊消；鴟苕翩翩，怖殺人。』帝嘉其忠，進封西平郡公，不受。張掖臨松山石有『金馬』字，磨滅粗可識，而『張』字分明，又有文曰：『初祚天下，西方安萬年。』姑臧又有玄石，白點成二十八宿。于時天下既亂，所在使命莫有至者，軌遣使貢獻，歲時不替。朝廷嘉之，屢降璽書慰勞。

軌後患風，口不能言，使子茂攝州事。酒泉太守張鎮潛引秦州刺史賈龕以代軌，密使詣京師，請尚書侍郎曹祛為西平太守，圖為輔車之勢。軌別駕麴晁欲專威福，又遣使詣長安，告南陽王模，稱軌廢疾，以請賈龕，而龕將受之。其兄讓龕曰：『張涼州一時名士，威著西州，汝何德以代之！』龕乃止。更以侍中爰瑜為涼州刺史。治中楊澹馳詣長安，割耳盤上，訴軌之被誣，模乃表停之。

晉昌張越，涼州大族，讖言張氏霸涼，自以才力應之。從隴西內史遷梁州刺史。越志在涼州，遂託病歸河西，陰圖代軌，乃遣兄鎮及曹祛、麴佩移檄廢軌，以軍司杜耽攝州事，使耽表越為刺史。軌令曰：『吾在州八年，不能綏靖區域，又值中州兵亂，秦隴倒懸，加以寢患委篤，實思斂迹避賢。但負荷任重，未便輒遂。不圖諸人横興此變，是不明吾心也。吾視去貴州如脱屣耳！』欲遣主簿尉髦奉表詣闕，便速脂轄，將歸老宜陽。長史王融、參軍孟暢蹋折鎮檄，排闥諫曰：『晉室多故，人神塗炭，實賴明公撫寧西夏。張鎮兄弟敢肆凶逆，宜聲其罪而戮之，不可成其志也。』軌嘿然。融等出而戒嚴。武威太守張琠遣子坦馳詣京，表曰：『魏尚安邊而獲戾，充國盡忠而被譴，皆前史之所譏，今日之明鑑也。順陽之思劉陶，守闕者千人。刺史之莅臣州，若慈母之于赤子，百姓之愛臣軌，若旱苗之得膏雨。伏聞信惑流言，當有遷代，民情嗷嗷，如失父母。今戎夷猾夏，不宜騷動一方。』尋以子寔為中督護，率兵討鎮。遣鎮外甥太府主簿令狐亞前喻鎮曰：『舅何不審安危，明成敗？主公西河著德，兵馬如雲，此猶烈火已焚，待江漢之水，溺於洪流，望越人之助，其何及哉！今數萬之軍已臨近境，今唯全老親，存門户，輸誠歸官，必保萬全之福。』鎮流涕曰：『人誤我也！』乃委罪功曹魯連而斬之，詣寔歸罪。南討曹祛，走之。張坦至自京師，帝優詔勞軌，依模所表，命誅曹祛。軌大悦，赦州內殊死已下。命寔率尹員、宋配步騎三萬討祛，別遣從事田迥、王豐率騎八百自姑臧西南出石驢，據長寧。祛遣麴晁距戰于黄阪。寔詭道出浩亹，戰於破羌。軌斬祛及牙門田囂。

遣治中張閬送義兵五千及郡國秀孝貢計、器甲方物歸於京師。令有司可推詳立州已來清貞德素，嘉遁遺榮：『高才碩學，著述經史；臨危殉義，殺身為君；忠諫而嬰禍，專對而釋患；權智雄勇，為時除難；諂佞誤主，傷陷忠賢；具狀以聞。州中父老莫不相慶。光祿傅祗、太常摯虞遺軌書，告京師饑匱，軌即遣參軍杜勳獻馬五百匹、毯布三萬匹。帝遣使者進拜鎮西將軍、都督隴右諸軍事，封霸城侯，進車騎將軍、開府辟如、儀同三司。策未至，而王彌遂逼洛陽，軌遣將軍張斐、北宮純、郭敷等率精騎五千來衛京都。及京都陷，斐等皆没於賊。中州避難來者日月相繼，分武威置武興郡以居之。太府主簿馬魴言於軌曰：『四海傾覆，乘輿未反，明公以全州之力徑造平陽，必當萬里風披，有征無戰。未審何憚不為此舉？』軌曰：『是孤心也。』又聞秦王入關，乃馳檄關中曰：『主上遘危，遷幸非所，普天分崩，率土喪氣。秦王天挺聖德，神武應期。世祖之孫，王今為長。凡我晉人，食土之類，龜筮克從，幽明同款。宜簡令奪奉登皇位。今遣前鋒督護宋配步騎二萬，徑至長安，翼衛乘輿，折衝左右。西中郎寔中軍三萬，武威太守張琠胡騎二萬，駱驛繼發，仲秋中旬會于臨晉。』

俄而秦王為皇太子，遣使拜軌為驃騎大將軍、儀同三司，固辭。秦州刺史裴苞、東羌校尉貫與據險斷使，命宋配討之。西平王叔與曹袪餘黨麴儒等劫前福祿令麴恪為主，執太守趙彝，東應裴苞。寔回師討之，斬儒等，左督護陰預與苞戰狹西，大敗之，苞奔桑凶塢。是歲，北宮純降劉聰。皇太子遣使重申前授，固辭。左司馬竇濤言於軌曰：『曲阜周旦弗辭，營丘齊望承命，所以明國憲，厲殊勳。天下崩亂，皇輿遷幸，州雖僻遠，不忘匡衛，故朝廷傾懷，嘉命屢集。宜從朝旨，以副羣心。』軌不從。

初，寔平麴儒，徙元惡六百餘家。治中令狐瀏曰：『夫除惡人，猶農夫之去草，令絕其本，勿使能滋。今宜悉徙，以絕後患。』寔不納。儒黨果叛，寔進平之。

愍帝即位，進位司空，固讓。太府參軍索輔言於軌曰：『古以金貝皮幣為貨，息穀帛量度之秏。二漢制五銖錢，通易不滯。泰始中，河西荒廢，遂不用錢。裂匹以為段數。縑布既壞，市易又難，徒壞女工，不任衣用，弊之甚也。今中州雖亂，此方主安全，宜復五銖以濟通變之會。』軌納之，立制准布用錢，錢遂大行，人賴其利。是時劉曜寇北地，軌又遣參軍麴陶領三千人衛長安。帝遣大鴻臚辛攀拜軌侍中、太尉、涼州牧、西平公，軌又固辭。

在州十三年，寢疾，遺令曰：『吾無德於人，今疾病彌留，殆將命也。文武將佐咸當弘盡忠規，務安百姓，上思報國，下以寧家。素棺薄葬，無藏金玉。善相安遜，以聽朝旨。』表立子寔為世子。卒年六十。謚曰武公。

又《張寔傳》 寔字安遜，學尚明察，敬賢愛士，以秀才為郎中。永嘉初，固辭驍騎將軍，請還涼州，許之，改授議郎。及至姑臧，以討曹祛功，封建武亭侯。尋遷西中郎將，進爵福祿縣侯。建興初，除西中郎將，領護羌校尉。軌卒，州人推寔攝父位。愍帝因下策書曰：『維乃父武公，著勳西夏。頃胡賊狡猾，侵逼近甸，義兵鋭卒，萬里相尋，方貢遠珍，府無虛歲。方委專征，蕩清九域，昊天不吊，凋餘藩後，朕用悼厥心。維爾雋劭英毅，宜世表西海。今授持節、都督涼州諸軍事、西中郎將、涼州刺史、領護羌校尉、西平公。往欽哉！其闡弘先緒，俾屏王室。』

蘭池長趙奭上軍士張冰得璽，文曰『皇帝璽』。羣僚上慶稱德，寔曰：『孤常忿袁本初擬肘，諸君何忽有此言！』因送于京師。下令國中曰：『忝紹前蹤，庶幾刑政不為百姓之患，而比年饑旱，殆由庶事有缺，竊慕箴誦之言，以補不逮。自今有面刺孤罪者，酬以束帛；翰墨陳孤過者，答以筐篚；謗言於市者，報以羊米。』賊曹佐高昌隗瑾進言曰：『聖王將舉大事，必崇三訊之法，朝置諫官以匡大理，疑承輔弼以補闕拾遺。今事無巨細，盡決聖慮，興軍布令，朝中不知，若有謬闕，則下無分謗。竊謂宜偃聰塞智，開納羣言，政刑大小，與衆共之。若恒內斷聖心，則羣僚畏威而面從矣。善惡專歸於上，雖賞千金，終無言也。』寔納之，增位三等，賜帛四十匹。遣督護王該送諸郡貢計，獻名馬方珍、經史圖籍于京師。

會劉曜逼長安，寔遣將軍王該率衆以援京城。帝嘉之，拜都督陝西諸軍事。及帝將降于劉曜，下詔於寔曰：『天步厄運，禍降晉室，京師傾陷，先帝晏駕賊庭。朕流漂宛許，爰暨舊京。羣臣以宗廟無主，歸之於朕，遂以沖眇之身托于王公之上。自踐寶位，四載於茲，不能翦除巨寇以救危難，元元兆庶仍遭塗炭，皆朕不明所致。羯賊劉載僭稱大號，禍加先帝，肆殺藩王，深惟仇恥，枕戈待旦。劉曜自去年九月率其蟻衆，乘虛深寇，劫質羌胡，攻没北地。麴允總戎在外，六軍敗績，侵逼京城，矢流宮闕。胡崧等雖赴國難，殿而無效，圍塹十重，外救不至，糧盡人窮，遂為降虜。仰慚乾靈，俯痛宗廟。君世篤忠亮，勳隆西夏，四海具瞻，朕所憑賴。今進君大都督、涼州牧、侍中、司空，承制行事。琅邪王宗室親賢，遠在江表。今朝廷播越，社稷倒懸，朕以詔王，時攝大位。君其挾贊琅邪，共濟難運。若不忘主，宗廟有賴。明便出降，故夜見公卿，屬以後事，密遣黄門郎史淑、侍御史王沖齎詔假授。臨出寄命，公其勉之！』寔以天子蒙塵，沖讓不拜。

建威將軍、西海太守張肅，寔叔父也，以京師危逼，請為先鋒擊劉曜。寔以肅年老，弗許。肅曰：『狐死首丘，心不忘本；鍾儀在晉，楚弁南音。肅受晉寵，剖符列位。羯逆滔天，朝廷傾覆，肅宴安方裔，難至不奮，何以為人臣！』寔曰：『門户受重恩，自當闔宗效死，忠衛社稷，以申先公之志。但叔父春秋已高，氣力衰竭，軍旅之事非耆耄所堪。』乃止。既而聞京師陷没，肅悲憤而卒。

寔知劉曜逼遷天子，大臨三日。遣太府司馬韓璞、滅寇將軍田齊、撫戎將軍張閬、前鋒督護陰預步騎一萬，東赴國難。命討虜將軍陳安、故太守賈騫、隴西太守吳紹各統郡兵為璞等前驅。戒璞曰：『前遣諸將多違機信，所執不同，致有乖阻。且內不和親，焉能服物！今遣御督五將兵事，當如一體，不得令乖異之問達孤耳也。』復遣南陽王保書曰：『王室有事，不忘投軀。孤州遠域，首尾多難，是以前遣賈騫，瞻望公舉。中被符命，敕騫還軍。忽聞北地陷没，寇逼長安，胡崧不進，麴允持金五百請救於崧，是以決遣騫等進軍度嶺。會聞朝廷傾覆，為忠不達於主，遣兵不及於難，痛慨之深，死有餘責。今更遣韓璞等，唯公命是從。』及璞次南安，諸羌斷軍路，相持百餘日，糧竭矢盡。璞殺駕牛饗軍，泣謂衆曰：『汝曹念父母乎？』曰：『念。』『念妻子乎？』曰：『念。』『欲生還乎？』曰：『欲。』『從我令乎？』曰：『諾。』乃鼓譟進戰。會張閬率金城軍繼至，夾擊，大敗之，斬級數千。

時焦崧、陳安寇隴石，東與劉曜相持，雍秦之人死者十八九。初，永嘉中，長安謠曰：『秦川中，血没腕，惟有涼州倚柱觀。』至是，謡言驗矣。焦崧、陳安逼上邽，南陽王保遣使告急。以金城太守竇濤為輕車將軍。率威遠將軍宋毅及和苞、張閬、宋輯、辛韜、張選、董廣步騎二萬赴之。軍次新陽，會湣帝崩問至，素服舉哀，大臨三日。

時南陽王保謀稱尊號，破羌都尉張詵言於寔曰：『南陽王忘莫大之耻，而欲自尊，天不受其圖籙，德不足以應運，終非濟時救難者也。晉王明德昵藩，先帝憑屬，宜表稱聖德，勸即尊號，傳檄諸藩，副言相府，則欲競之心息，未合之徒散矣。』從之。於是馳檄天下，推崇晉王為天子，遣牙門蔡忠奉表江南，勸即尊位。是歲，元帝即位於建鄴，改年太興，寔猶稱建興六年，不從中興之所改也。

保聞愍帝崩，自稱晉王，建元，署置百官，遣使拜寔征西大將軍、儀同三司，增邑三千户。俄而保為陳安所叛，氐羌皆應之。保窘迫，遂去上邽，遷祁山，寔遣將韓璞步騎五千赴難。陳安退保綿諸，保歸上邽。未幾，保復為安所敗，使詣寔乞師。寔遣宋毅赴之，而安退。會保為劉曜所逼，遷于桑城，將謀奔寔。寔以其宗室之望，若至河右，必動物情，遣其將陰監逆保，聲言翼衛，實禦之也。會保薨，其衆散奔涼州者萬餘人。寔自恃險遠，頗自驕恣。

初，寔寢室梁間有人像，無頭，久而乃滅，寔甚惡之。京兆人劉弘者，挾左道，客居天梯第五山，然燈懸鏡於山穴中為光明，以惑百姓，受道者千餘人，寔左右皆事之。帳下閻沙、牙門趙仰皆弘鄉人，弘謂之曰：『天與我神璽，應王涼州。』沙、仰信之，密與寔左右十餘人謀殺寔，奉弘為主。寔潛知其謀，收弘殺之。沙等不之知，以其夜害寔。在位六年。私謚曰昭公，元帝賜謚曰元。子駿，年幼，弟茂攝事。

又《張茂傳》 茂字成遜，虛靖好學，不以世利嬰心。建興初，南陽王保辟從事中郎，又薦為散騎侍郎、中壘將軍，皆不就。二年，徵為侍中，以父老固辭。尋拜平西將軍、秦州刺史。太興三年，寔既遇害，州人推茂為大都督、太尉、涼州牧，茂不從，但受使持節、平西將軍、涼州牧。乃誅閻沙及黨與數百人，赦其境內。復以兄子駿為撫軍將軍、武威太守、西平公。

歲餘，茂築靈鈞臺，周輪八十餘堵，基高九仞。武陵人閻曾夜叩門呼曰：『武公遣我來，曰：何故勞百姓而築臺乎？』姑臧令辛巖以曾妖妄，請殺之。茂曰：『吾信勞人。曾稱先君之令，何謂妖乎！』太府主簿馬魴諫曰：『今世駿未夷，唯當弘尚道素，不宜勞役崇飾臺榭。且比年以來，轉覺衆務日奢於往，每所經營，輕違雅度，實非士女所望於明公。』茂曰：『吾過也，吾過也！』命止作役。

明年，劉曜遣其將劉咸攻韓璞于冀城，呼延寔攻寧羌護軍陰鑒於桑壁。臨洮人翟楷、石琮等逐令長，以縣應曜，河西大震。參軍馬岌勸茂親征，長史氾禕怒曰：『亡國之人復欲幹亂大事，宜斬岌及安百姓。』岌曰：『氾公書生糟粕，刺舉近才，不惟國家大計。且朝廷旰食有年矣，今大賊自至，不煩遠師，遐爾之情，實係此州，事勢不可以不出。且宜立信勇之驗，以副秦隴之望。』茂曰：『馬生之言得之矣。』乃出次石頭。茂謂參軍陳珍曰：『劉曜以乘勝之聲握三秦之銳，繕兵積年，士卒習戰，若以精騎奄克南安，席捲河外，長驅而至者，計將何出？』珍曰：『曜雖乘威怙衆，恩德未結於下，又其關東離貳，內患未除，精卒寡少，多是氐羌烏合之衆，終不能近舍關東之難，增隴上之戍，曠日持久與我爭衡也。若二旬不退者，珍請為明公率弊卒數千以擒之。』茂大悅，以珍為平虜護軍，率卒騎一千八百救韓璞。曜陰欲引歸，聲言要先取隴西，然後回滅桑壁。珍募發氐羌之衆，擊曜走之，克復南安。茂深嘉之，拜折衝將軍。

未幾，茂復大城姑臧，修靈鈞臺，別駕吳紹諫曰：『伏惟修城築臺，蓋是懲既往之事。愚以為恩德未洽於近侍，雖處層樓，適所以疑諸下，徒見不安之意而失士民繫託之本心，示怯弱之形，乖匡霸之勢。遐方異境窺我之齷齱也，必有乘人之規。嘗願止役省勞，與下休息。而更興功動衆，百姓豈所望於明君哉！』茂曰：『亡兄怛然失身於物。王公設險，武夫重閉，亦達人之至戒也。且忠臣義士豈不欲盡節義于亡兄哉？直以危機密發，雖有賁育之勇，無所復施。今事未靖，不可以拘繫常言，以太平之理責人於迍邅之世。』紹無以對。

茂雅有志節，能斷大事。涼州大姓賈摹，寔之妻弟也，勢傾西土。先是，謠曰：『手莫頭，圖涼州。』茂以為信，誘而殺之，於是豪右屏迹，威行涼域。永昌初，茂使將軍韓璞率衆取隴西南安之地，以置秦州。

太寧三年卒，臨終，執駿手泣曰：『昔吾先人以孝友見稱。自漢初以來，世執忠順。今雖華夏大亂，皇輿播遷，汝當謹守人臣之節，無或失墜。吾遭擾攘之運，承先人餘德，假攝此州，以全性命，上欲不負晉室，下欲保完百姓。然官非王命，位由私議，苟以集事，豈榮之哉！氣絕之日，白帢入棺，無以朝服，以彰吾志焉。』年四十八。在位五年。私謚曰成。茂無子，駿嗣位。

又《張駿傳》 駿字公庭，幼而奇偉。建興四年，封霸城侯。十歲能屬文，卓越不羈，而淫縱過度，常夜微行於邑里，國中化之，及統任，年十八。先是，愍帝使人黃門侍郎史淑在姑臧，左長史氾禕、右長史馬謨等諷淑，令拜駿使持節、大都督、大將軍、涼州牧、領護羌校尉西平公。赦其境內，置左右前後四率官，繕南宮。劉曜又使人拜駿涼州牧、涼王。

時辛晏兵於枹罕，駿宴羣僚於閑豫堂。命竇濤等進討辛晏。從事劉慶諫曰：『霸王不以喜怒興師，不以幹没取勝，必須天時人事，然後起也。辛晏父子安忍凶狂，其亡可待，奈何以饑年大舉，猛寒攻城！昔周武回戈以須亡殷之期，曹公緩袁氏使自斃，何獨殿下以旋兵為耻乎！』駿納之。

遣參軍王騭聘于劉曜，曜謂之曰：『貴州必欲追蹤竇融，款誠和好，卿能保之乎？』騭曰：『不能。』曜侍中徐邈曰：『君來和同，而云不能，何也？』騭曰：『齊桓貫澤之盟，憂心兢兢，諸侯不召自至。葵丘之會，驕而矜誕，叛者九國。趙國之化，常如今日可也，若政教陵遲，尚未能察邇者之變，況鄙州乎！』曜顧謂左右曰：『此涼州高士，使乎得人。』禮而遣之。

太寧元年，駿猶稱建興十二年，駿親耕藉田。尋承元帝崩問，駿大臨三日。會有黃龍見於胥次之嘉泉，右長史氾禕言於駿曰：『案建興之年，是少帝始起之號。帝以凶終，理應改易。朝廷越在江南，音問隔絕，宜因龍改號，以章休征。』不從。初，駿之立也，姑臧謠曰：『鴻從南來雀不驚，誰謂孤雛尾翅生，高舉六翮鳳皇鳴。』至是而復收河南之地。

咸和初，駿遣武威太守竇濤、金城太守張閬、武興太守辛巖、揚烈將軍宋輯等率衆東會韓璞，攻討秦州諸郡。曜遣其將劉胤來距，屯于狄道城。韓璞進度沃幹嶺。辛巖曰：『我握衆數萬，藉氏羌之銳，宜速戰以滅之，不可以久，久則變生。』璞曰：『自夏末以來，太白犯月，辰星逆行，白虹貫日，皆變之大者，不可以輕動。輕動而不捷，為禍更深。吾將久而斃之。且曜與石勒相攻，胤亦不能久也。』積七十餘日，軍糧竭，遣辛巖督運于金城。胤聞之，大悅，謂其將士曰：『韓璞之衆十倍於吾，羌胡皆叛，不為之用。吾糧廩將懸，難以持久。今虜分兵運糧，可謂天授吾也。若敗辛巖，璞等自潰。彼衆我寡，宜以死戰。戰而不捷，當無匹馬得還，宜厲爾戈矛，竭汝智力。』衆咸奮。於是率騎三千，襲巖於沃幹嶺，敗之，璞軍遂潰，死者二萬餘人。面縛歸罪，駿曰：『孤之罪也，將軍何辱！』皆赦之。胤乘勝追奔，濟河，攻陷令居，入據振武，河西大震。駿遣皇甫該禦之，赦其境內。

會劉曜東討石生，長安空虛。大蒐講武，將襲秦雍，理曹郎中索詢諫曰：『曜雖東征，胤猶守本。險阻路遙，為主人甚易，胤若輕騎憑氐羌以距我省，則奔突難測；輟彼東合而逆戰者，則寇我未已。頃年頻出，戎馬生郊，外有饑羸，內資虛耗，豈是殿下子物之謂邪！』駿曰：『每患忠言不獻，面從背違，吾政教缺然而莫我匡者。卿盡辭規諫，深副孤之望也。』以羊酒禮之。

西域諸國獻汗血馬、火浣布、犎牛、孔雀、巨象及諸珍異二百餘品。四域長史李柏請擊叛將趙貞，為貞所敗。議者以柏造謀致敗，請誅之。駿曰：『吾每以漢世宗之殺王恢，不如秦穆之赦孟明。』竟以減死論，羣心咸悅。駿觀兵新鄉，狩於北野，因討軻没虜，破之。下令境中曰：『或鯀殛而禹興，芮誅而缺進，唐帝所以殄洪災，晉侯所以成五霸。法律犯死罪，期親不得在朝。今盡聽之，唯不宜內參宿衛耳。』於是刑清國富，羣僚勸駿稱涼王，領秦、涼二州牧，置公卿百官，如魏武、晉文故事。駿曰：『此非人臣所宜言也。敢有言此者，罪在不赦。』然境內皆稱之為王。羣僚又請駿立世子，駿不從。中堅將軍宋輯言於駿曰：『禮急儲君者，蓋重宗廟之故。周成、漢昭立於繈褓，誠以國嗣不可曠，儲宮當素定也。昔武王始有國，元王作儲君。建興之初，先王在位，殿下正名統，況今社稷彌崇，聖躬介立，大業遂殷，繼貳闕然哉！臣竊以為國有累卵之危，而殿下以為安逾泰山，非所謂也。』駿納之，遂立子重華為世子。

先是，駿遣傅穎假道於蜀，通表京師。李雄弗許。駿又遣治中從事張淳稱藩於蜀，托以假道焉。雄大悅。雄又有憾于南氏楊初，淳因說曰：『南氏無狀，屢為邊害，宜先討百頃，次平上珪。二國並勢，席捲三秦，東清許洛，掃氛燕趙，拯二帝梓宮於平陽，反皇輿於洛邑，此英霸之舉，千載一時。寡君所以遣下臣冒險通誠，不遠萬里者，以陛下義聲遠播，必能滑寡君勤王之志。天下之善一也，惟陛下圖之。』雄怒，偽許之，將覆淳於東峽。蜀人橋贊密以告淳。淳言於雄曰：『寡君使小臣行無迹之地、通百蠻之域、萬里表誠者，誠以陛下義矜戮力之臣，能成人之美節故也。若欲殺臣者，當顯於都市，宣示衆目，云涼州不忘舊義，通使琅邪，為表忠誠，假途於我，主聖臣明，發覺殺之。當令義聲遠著，天下畏威。今盜殺江中，威刑不顯，何足以揚休烈，示天下也！』雄大驚曰：『安有此邪！當相放還河右耳。』雄司隸校尉景騫言於雄曰：『張淳壯士，宜留任之。』雄曰：『壯士豈為人留，且可以卿意觀之。』騫謂淳曰：『卿體大，暑熱，可且遣下吏，少住須涼。』淳曰：『寡君以皇輿幽辱，梓宮未反，天下之恥未雪，蒼生之命倒懸，故遣淳來，表誠大國。所論事重，非下吏能傳。若下吏所了者，則淳本亦不來，雖有火山湯海，無所辭難，豈寒暑之足避哉！』雄曰：『此人矯矯，不可得用也。』厚禮遣之。謂淳曰：『貴主英名蓋世，土險兵盛，何不稱帝，自娛一方？』淳曰：『寡君以乃祖乃父世濟忠良，未能雪天人之大耻，解衆庶之倒懸，日昃忘食，枕戈待旦。以琅邪中興江東，故萬里翼戴，將成桓文之事，何言自娛邪！』雄有慚色，曰：『我乃祖乃父亦是晉臣，往與六郡避難此都，為同盟所推，遂有今日。琅邪若能中興大晉於中州者，亦當率衆輔之。』淳還至龍鶴，募兵通表，後皆達京師，朝廷嘉之。

駿議欲嚴刑峻制，衆咸以為宜。參軍黃斌進曰：『臣未見其可。』駿問其故。斌曰：『夫法制所以經綸邦國，篤俗齊物，既立民行，不可窪隆也。若尊者犯令，則法不行矣。』駿屏機改容曰：『夫法唯上行，制無高下。且微黃君，吾不聞過矣。黃君可謂忠之至也。』于坐擢為敦煌太守。駿有計略，於是厲操改節，勤修庶政，總御文武，咸得其用，遠近嘉詠，號曰積賢君。自軌據涼州，屬天下之亂，所在征伐，軍無寧歲。至駿，境內漸平。又使其將楊宣率衆越流沙，伐龜茲、鄯善，於是西域並降。鄯善王元孟獻女，號曰美人，立賓遐觀以處之。焉耆前部、于闐王並遣使貢方物。得玉璽于河，其文曰『執萬國，建無極。』

時駿盡有隴西之地，士馬强盛，雖稱臣于晉，而不行中興正朔。舞六佾，建豹尾，所置官僚府寺擬于王者，而微異其名。又分州西界三郡置沙州，東界六郡置河州。二府官僚莫不稱臣。又于姑臧城南築城，起謙光殿，畫以五色，飾以金玉，窮盡珍巧。殿之四面各起一殿，東曰宜陽青殿，以春三月居之，章服器物皆依方色；南曰朱陽赤殿，夏三月居之；西曰政刑白殿，秋三月居之；北曰玄武黑殿，冬三月居之。其傍皆有直省內官寺署，一同方色。及末年，任所遊處，不復依四時而居。

咸和初，懼為劉曜所逼，使將軍宋輯、魏纂將徙隴西南安人二千餘家于姑臧，使聘于李雄，修鄰好。及曜工攻枹罕，護軍辛晏告急，駿使韓璞、辛巖率步騎二萬擊之，戰於臨洮，大為曜軍所敗，璞等退走，追至令居，駿遂失河南之地。初，戊己校尉趙貞不附於駿，至是，駿擊擒之，以其地為高昌郡。及石勒殺劉曜，駿因長安亂，復收河南地，至於狄道，置武衛、石門、候和、漒川、甘松五屯護軍，與勒分境。勒遣使拜駿官爵，駿不受，留其使。後懼勒强，遣使稱臣於勒，兼貢方物，遣其使歸。

駿境內嘗大饑，穀價踴貴，市長譚詳請出倉穀與百姓，秋收三倍徵之。從事陰據諫曰：『昔西門豹宰鄴，積之於人；解扁莅東封之邑，計三倍。文侯以豹有罪而可賞，扁有功而可罰。今詳欲因人之饑，以要三倍，反裘傷皮，未足喻之。』駿納之。

初，建興中，敦煌計吏耿訪到長安，既而遇賊，不得反，奔漢中，因東渡江，以太興二年至京都，屢上書，以本州未知中興，宜遣大使，乞為鄉導。時連有內難，許而未行。至是，始以訪守治書御史，拜駿鎮西大將軍，校尉、刺史、公如故，選西方人隴西賈陵等十二人配之。訪停梁州七年，以驛道不通，召還。訪以詔書付賈陵，托為賈客。到長安，不敢進，以咸和八年始達涼州。駿受詔，遣部曲督王豐等報謝，並遣陵歸，上疏稱臣，而不奉正朔，猶稱建興二十一年。九年，復使訪隨豐等齎印板進駿大將軍。自是每歲使命不絕。後駿遣參軍麴護上疏曰：

東西隔塞，逾歷年載，夙承聖德，心繫本朝。而江吳寂蔑，餘波莫及，雖肆力修塗，同盟靡恤。奉詔之日，悲喜交並，天恩光被，褒崇輝渥，即以臣為大將軍、都督陝西雍秦涼州諸軍事。休寵振赫，萬里懷戴，嘉命顯至，銜感屏營。伏惟陛下天挺岐嶷，堂構晉室，遭家不造，播幸吳楚，宗廟有《黍離》之哀，園陵有殄廢之痛，普天咨嗟，含氣悲傷。臣專命一方，職在斧鉞，遐域僻陋，勢極秦隴。勒雄既死，人懷反正，謂季龍、李期之命曾不崇朝，而皆篡繼凶逆，鴟目有年。東西遼曠，聲援不接，遂使桃蟲鼓翼，四夷喧嘩，向義之徒更思背誕，鉛刀有幹將之志，螢燭希日月之光。是以臣前章懇切，欲齊力時討。而陛下雍容江表，坐觀禍敗，懷目前之安，替四祖之業，馳檄佈告，徒設空文，臣所以宵吟荒漠，痛心長路者也。且兆庶離主，漸冉經世，先老消落，後生靡識，忠良受梟懸之罰，羣凶貪縱横之利，懷君戀故，日月告流。雖時有尚義之士，畏逼首領，哀歎窮廬。臣聞少康中興，由於一旅，光武嗣漢，衆不盈百，祀夏配天，不失舊物，況以荆揚慓悍，臣州突騎，吞噬遺羯，在於掌握哉！願陛下敷弘臣慮，永念先績，敕司空鑒、征西亮等泛舟江沔，使首尾俱至也。

自後駿遣使多為季龍所獲，不達。後駿又遣護羌參軍陳宇、從事徐虓、華馭等至京師，征西大將軍亮上疏言陳宇等冒險遠至，宜蒙銓敘，詔除寓西平相，虓等為縣令。永和元年，以世子重華為五官中郎將、涼州刺史。酒泉太守馬岌上言：『酒泉南山，即昆侖之體也。周穆王見西王母，樂而忘歸，即謂此山。此山有石室玉堂，珠璣鏤飾，煥若神宮。宜立西王母祠，以裨朝廷無疆之福。』駿從之。駿在位二十二年卒，時年四十，私謚曰文公，穆帝追謚曰忠成公。

又《張重華傳》 重華字泰臨，駿之第二子也。寬和懿重，沈毅少言。父卒，時年十六。以永和二年自稱持節、大都督、太尉、護羌校尉、涼州牧、西平公、假涼王，赦其境內。尊其母嚴氏為太王太后，居永訓宮；所生母馬氏為王太后，居永壽宮。輕賦斂，除關稅，省園囿，以恤貧窮。

遣使奉章于石季龍。季龍使王擢、麻秋、孫伏都等侵寇不輟。金城太守張沖降於秋。於是涼州振動。重華掃境內，使其征南將軍裴恒禦之。恒壁于廣武，欲以持久弊之。牧府相司馬張耽言于重華曰：『臣聞國以兵為强，以將為主。主將者，存亡之機，吉凶所繫。故燕任樂毅，克平全齊，及任騎劫，喪七十城之地。是以古之明君靡不慎於將相也。今之所要，在於軍師。然議者舉將多推宿舊，未必妙盡精才也。且韓信之舉，非舊名也；穰宜之信，非舊將也；呂蒙之進，非舊勳也；魏延之用，非舊德也。蓋明王之舉，舉無常人，才之所能，則授以大事。今强寇在郊，諸將不進，人情騷動，危機稍逼。主簿謝艾，兼資文武，明識兵略，若授以斧鉞，委以專征，必能折衝禦侮，殲殄凶類。』重華召艾，問以討寇方略。艾曰：『昔耿弇不欲以賊遺君父，黄權願以萬人當寇。乞假臣兵七千，為殿下吞王擢、麻秋等。』重華大悅，以艾為中堅將軍，配步騎五千擊秋。引師出振武，夜有二梟鳴於牙中，艾曰：『梟，邀也，六博得梟者勝。今梟鳴牙中，克敵之兆。』於是進戰，大破之，斬首五千級。重華封艾為福祿伯，善待之。諸寵貴惡其賢，共毀譖之，乃出為酒泉太守。

季龍又令麻秋進陷大夏，大夏護軍梁式執太守宋晏，以城應秋。秋遣晏以書誘宛戍都尉宋矩。宋矩謂秋曰：『辭父事君，當立功義；功義不立，當守名節。矩終不肯主偷生於世。』於是先殺妻子，自刎而死。

是月，有司議遣司兵趙長迎秋西郊。謝艾以《春秋》之義，國有大喪，省蒐狩之禮，宜待逾年。別駕從事索遐議曰：『禮，天子崩，諸侯薨，末殯，五祀不行，既殯而行之。魯宣三年，天王崩，不廢郊祀。今聖上統承大位，百揆惟新，宜在璿璣玉衡以齊七政。立秋，萬物將成，殺氣之始，其于王事，杖麾誓衆，釁鼓禮神，所以討逆除暴，成功濟務，寧宗廟社稷，致天下之福，不可廢也。』重華從之。

俄而麻秋進攻枹罕，時晉陽太守郎坦以城大難守，宜棄外城。武城太守張悛曰：『棄外城則大事去矣，不可以動衆心。』寧戎校尉張璩從之，固守大城。秋率衆八萬，圍塹數重，雲梯雹車，地突百道，皆通於內。城中亦應之，殺傷秋衆已數萬。季龍復遣其將劉渾等率步騎二萬會之。郎坦恨言之不從，教軍士李嘉潛與秋通，引賊千餘人上城西北隅。璩使宋修、張弘、辛挹、郭普距之，短兵接戰，斬二百餘人，賊乃退。璩戮李嘉以徇，燒其攻具。秋退保大夏，謂諸將曰：『我用兵於五都之間，攻城掠地，往無不捷。及登秦隴，謂有征無戰。豈悟南襲仇池，破軍殺將；築城長最，匹馬不歸；及攻此城，傷兵挫鋭。殆天所贊，非人力也。』季龍聞而歎曰：『吾以偏師定九州，今以九州之力困於枹罕，真所謂彼有人焉，未可圖也。』

重華以謝艾為使持節、軍師將軍，率步騎三萬，進軍臨河。秋以三萬衆距之。艾乘軺車，冠白幍，鳴鼓而行。秋望而怒曰：『艾年少書生，冠服如此，輕我也。』命黑槊龍驤三千人馳擊之。艾左右大擾。左戰帥李偉勸艾乘馬，艾不從，乃下車踞胡床，指麾處分。賊以為伏兵發也，懼不敢進。張瑁從左南緣河而截其後，秋軍乃退。艾乘勝奔擊，遂大敗之，斬秋將杜勳、汲魚，俘斬一萬三級，秋匹馬奔大夏。重華論功，以謝艾為太府左長史，進封福祿縣伯，邑五千户，帛八千匹。

麻秋又據枹罕，有衆十二萬，進屯河內，遣王擢略地晉興、廣武，越洪池嶺，至於曲柳，姑臧大震。重華議欲親出距之，謝艾固諫以為不可。別駕從事索遐進曰：『賊衆甚盛，漸逼京畿。君者，國之鎮也，不可以親動。左長史謝艾，文武兼資，國之方邵，宜委以推轂之任。殿下居中作鎮，授以算略，小賊不足平也。』重華納之，於是以艾為使持節、都督征討諸軍事、行衛將軍，遐為軍正將軍，率步騎二萬距之。艾建牙旗，盟將士，有西北風吹旌旗東南指。遐曰：『風為號令，今能令旗指之，天所贊也，破之必矣。』軍次神鳥，王擢與前鋒戰，敗，遁還河南。還討叛虜斯骨真萬餘落，破之，斬首千餘級，俘擒二千八百，獲牛羊十餘萬頭。

重華自以連破勍敵，頗怠政事，希接賓客。司直索遐諫曰：『殿下承四聖之基，當升平之會，荷當今之任，憂率土之塗炭。宜躬親萬機，開延英乂，夙夜乾乾，勉於庶政。自頃內外囂然，皆云去賊投誠者應即撫慰，而彌日不接。國老朝賢，當虛己引納，詢訪政事，比多經旬積朔，不留意接之。文奏入內，歷月不省，廢替見務，注情於棋弈之間，繾綣左右小臣之娛，不存將相遠大之謀。至使親臣不言，朝吏杜口，愚臣所以回惶忘寢與食也。今王室如毀，百姓倒懸，正是殿下銜膽茹辛厲心之日。深願垂心朝政，延納直言，周爰五美，以成六德，捐彼近習，弭塞外聲，修政聽朝，使下觀而化。』重華覽之大悅，優文答謝，然不之改也。

詔遣侍御史俞歸拜重華護羌校尉、涼州刺史、假節。是時石季龍西中郎將王擢屯結隴上，為苻雄所破，奔重華。重華厚寵之，以為征虜將軍、秦州刺史、假節，使張弘、宗悠率步騎萬五千配擢，伐苻健。健遣苻碩禦之，戰于龍黎。擢等大敗，單騎而還，弘、悠皆没。重華痛之，素服為戰亡吏士舉哀號慟，各遣吊問其家。復授擢兵，使攻秦州，克之。遣使上疏曰：『季龍自斃，遺燼遊魂，取亂侮亡，睹機則發。臣今遣前鋒都督裴恒步騎七萬，遙出隴上，以俟聖朝赫然之威。山東騷擾不足厝懷，長安膏腴，宜速平蕩。臣守任西荒，山川悠遠，大誓六軍，不及聽受之末，猛將鷹揚，不豫告成之次，瞻雲望日，孤憤義傷，彈劍慷慨，中情蘊結。』於是康獻皇后詔報，遣使進重華為涼州牧。

是時御史俞歸至涼州，重華方謀為涼王，不肯受詔，使親信人沈猛謂歸曰：『我家主公奕世忠於晉室，而不如鮮卑矣。臺加慕容皝燕王，今甫授州主大將軍，何以加勸有功忠義之臣乎！明臺今宜移河右，共勸州主為涼王。大夫出使，苟利社稷，專之可也。』歸對曰：『王者之制，異姓不得稱王；九州之內，重爵不得過公。漢高一時王異姓，尋皆誅滅，蓋權時之宜，非舊體也。故王陵曰：「非劉氏而王，天下共伐之。」至於戎狄，不從此例。春秋時吳楚稱王，而諸侯不以為非者，蓋蠻夷畜之也。假令齊魯稱王，諸侯豈不伐之！故聖上以貴公忠賢，是以爵以上公，位以方伯，鮮卑北狄，豈足為比哉！子失問也。且吾又聞之，有殊勳絕世者亦有不世之賞，若今便以貴公為王者，設貴公以河右之衆南平巴蜀，東掃趙魏，修復舊都，以迎天子，天子復以何爵何位可以加賞？幸三思之。』猛具宣歸言，重華遂止。

重華好與羣小遊戲，屢出錢帛以賜左右。徵事索振諫曰：『先王寢不安席，志平天下，故繕甲兵，積資實。大業未就，懷恨九泉。殿下遭巨寇於諒闇之中，賴重餌以挫勍敵。今遺燼尚廣，倉帑虛竭，金帛之費，所宜慎之。昔世祖即位，躬親萬機，章奏詣闕，報不終日，故能隆中興之業，定萬世之功。今章奏停滯，動經時月，下情不得上達，哀窮困于囹圄，蓋非明主之事，臣竊未安。』重華善之。

將受詔，未及而卒，時年二十七。在位十一年。私謚曰昭公，後改曰桓公，穆帝賜謚曰敬烈。子耀靈嗣。

耀靈字元舒。年十歲嗣事，稱大司馬、校尉、刺史、西平公。伯父長寧侯祚性傾巧，善承內外，初與重華寵臣趙長、尉緝等結異姓兄弟。長等矯稱重華遺令，以祚為持節、督中外諸軍、撫軍將軍，輔政。長待議以耀靈沖幼，時難未夷，宜立長君。祚先烝重華母馬氏，馬氏遂從緝議，命廢耀靈為涼寧侯而立祚。祚尋使楊秋胡害耀靈于東苑，埋之於沙坑，私謚曰哀公。

又《張祚傳》　祚字太伯，博學雄武，有政事之才。既立，自稱大都督、大將軍、涼州牧、涼公。淫暴不道，又通重華妻裴氏，自閣內媵妾及駿、重華未嫁子女，無不暴亂，國人相目，咸賦《牆茨》之詩。

永和十年。祚納尉緝、趙長等議，僭稱帝位，立宗廟，舞八佾，置百官，下書曰：『昔金行失馭，戎狄亂華，胡、羯、氐、羌咸懷竊璽。我武公以神武撥亂，保寧西夏，貢款勤王，旬朔不絕。四祖承光，忠誠彌著。往受晉禪，天下所知，謙沖遜讓，四十年於茲矣。今中原喪亂，華裔無主，羣後僉以九州之望無所依歸，神祇嶽瀆罔所憑係，逼孤攝行大統，以一四海之心。辭不獲已，勉從羣議。待掃穢二京，蕩清周魏，然後迎帝舊都，謝罪天闕，思與兆庶，同茲更始。』改建興四十二年為和平元年，赦殊死，賜鰥寡帛，加文武爵各一級，追崇曾祖軌為武王，祖寔為昭王，從祖茂為成王，父駿為文王，弟重華為明王。立妻辛氏為皇后，弟天錫為長寧王，子泰和為太子，庭堅為建康王，耀靈弟玄靚為涼武侯。其夜，天有光如車蓋，聲若雷霆，震動城邑。明日，大風拔木。災異屢見，而祚凶虐愈甚。其尚書馬岌以切諫免官。郎中丁琪又諫曰：『先公累執忠節，遠宗吳會，持盈守謙，五十作載，蒼生所以鵠企西望，四海所以注心大涼，皇天垂贊，士庶效死者，正以先公道高彭昆，忠逾西伯，萬里通虔，任節不貳故也。能以一州之衆抗崩天之虜，師徒歲起，人不告疲。陛下雖以大聖雄姿纂戎鴻緒，勳德未高於先公，而行革命之事，臣竊未見其可。華夷所以歸系大涼、義兵所以千里響赴者，以陛下為本朝之故。今既自尊，人斯高競，一隅之地何以當中國之師！城峻沖生，負乘致寇，惟陛下圖之。』祚大怒，斬之于闕下。遣其將和昊率衆伐驪軒戎于南山，大敗而還。

太尉桓溫入關，王擢時鎮隴西，馳使於祚，言溫善用兵，勢在難測。祚既震懼，又慮擢反噬，即召馬岌復位而與之謀。密遣親人刺擢，事覺，不克。祚益懼，大聚衆，聲言東征，實欲西保敦煌。會溫還而止。更遣其平東將軍秦州刺史牛霸、司兵張芳率三千人擊擢，破之。擢奔於苻健。其國中五月霜降，殺苗稼果實。

祚宗人張瓘時鎮枹罕，祚惡其强，遣其將易揣、張玲率步騎萬三千以襲之。時張掖人王鸞頗知神道，言於祚曰：『軍出不復還，涼國將有不利矣。』祚大怒，以鸞妖言沮衆，斬之以徇，三軍乃發。鸞臨刑曰：『我死不二十日，軍必敗。』時有神降於玄武殿，自稱玄冥，與人交語。祚日夜祈之，神言與之福利，祚甚信之。祚又遣張掖太守索孚代瓘鎮枹罕，為瓘所殺。玲等濟河未畢，又為瓘兵所破。仍舊單騎奔走，瓘軍躡之。祚衆震懼。敦煌人宋混與弟澄等聚衆以應瓘。趙長、張璹等懼罪，入閣呼重華母馬氏出殿，拜耀靈庶弟玄靚為主。揣等率衆入殿伐長，殺之。瓘弟琚及子嵩募數百市人，揚聲言：『張祚無道，我兄大軍已到城東，敢有舉手者誅三族。』祚衆披散。琚、嵩率衆入城，祚按劍殿上，大呼，令左右死戰。祚既失衆心，莫有鬬志，於是被殺。梟其首，宣示內外，暴屍道左，國內咸稱萬歲。祚篡立三年而亡。

又《張玄靚傳》 玄靚字元安。既立，自號大都督、大將軍、校尉、涼州牧、西平公，赦其國內，廢和平之號，復稱建興四十三年。誅祚二子，以張瓘為衛將軍，領兵萬人，行大將軍事，改易僚屬。

有隴西人李儼，誅大姓彭姚，自立於隴右，奉中興年號，百姓悅之。玄靚遣牛霸率衆討之，未達，而西平人衛綝又據郡叛。霸衆潰，單騎而還。瓘先欲征綝，以兄珪在綝中為疑，綝亦以弟在瓘中，故彼我經年不相伐。西平人郭勳解天文，不應州郡之命，綝禮聘之。勳曰：『張氏應衰，衛氏當興，豈得以一弟而滅一門，宜速伐瓘。』綝將從之。瓘遣弟琚領大衆征綝敗之。西平田旋要酒泉太守馬基背瓘應綝，旋謂基曰：『綝擊其東，我等絕其西，不六旬，天下可定，斯閉口捕舌也。』基許之。瓘遣司馬張姚、王國將二千人伐基，敗之，斬基、旋二人之首，傳姑臧。

瓘兄弟强盛，負其勳力，有篡立之謀。輔國宋混與弟澄共討瓘，盡夷其屬，玄靚以混為都督中外諸軍事、車騎大將軍、假節，輔政。混卒，又以澄代之。玄靚右司馬張邕惡澄專擅，殺之。遂滅宋氏，玄靚乃以邕為中護軍，叔父天錫為中領軍，共輔政。

邕自以功大，驕矜淫縱，又通馬氏，樹黨專權。國人患之。天錫腹心郭增、劉肅二人，並年十八九，因寢，謂天錫曰：『天下事欲未靜。』天錫曰：『何謂也？』二人曰：『今護軍出入，有似長寧。』天錫大驚曰：『我早疑之，未敢出口。計當云何？』肅曰：『政當速除之耳。』天錫曰：『安得其人？』肅曰：『肅即是也。』天錫曰：『汝年少，更求可與謀者。』肅曰：『趙白駒及肅二人足以辦之矣。』於是天錫從兵四百人，與邕俱入朝，肅與白駒剔刀鞘出刃，從天錫入。值邕于門下，肅斫之不中，白駒繼之，又不克，二人與天錫俱入禁中。邕得逸走，因率甲士三百餘人反攻禁門。天錫上屋大呼，謂將士曰：『張邕凶逆，所行無道，諸宋何罪，盡誅滅之？傾覆國家，肆亂社稷。我不惜死，實懼先人廢祀，事不獲已故耳。我家門户事，而將士豈可以干戈見向！今之所取，邕身而已。天地有靈，吾不食言。』邕衆聞之，悉散走，邕以劍自刎而死。於是悉誅邕黨。

玄靚年既幼沖，性又仁弱，天錫既克邕，專掌朝政，改建興四十九年，奉升平之號。興寧元年，駿妻馬氏卒，玄靚以其庶母郭氏為太妃。郭氏以天錫專政，與大臣張欽等謀討之。事泄，欽等伏法。是歲，天錫率衆入禁門，潛害玄靚，宣言暴薨，時年十四。在位九年。私謚曰沖公，孝武帝賜謚曰敬悼公。

又《張天錫傳》 天錫字純嘏，駿少子也，小名獨活。初字公純嘏，入朝，人笑其三字，因自改焉。玄靚死，國人立之，自號大將軍、校尉、涼州牧、西平公。遣司馬綸騫奉章請命，並送御史俞歸還京都。太和初，詔以天錫為大將軍、大都督、督隴右關中諸軍事、護羌校尉、涼州刺史、西平公。

天錫數宴園池，政事頗廢。蕩難將軍、校書祭酒索商上疏極諫，天錫答曰：『吾非好行，行有得也。觀朝榮，則敬才秀之士；玩芝蘭，則愛德行之臣；睹松竹，則思貞操之賢；臨清流，則貴廉潔之行；覽蔓草，則賤貪穢之吏；逢飆風，則惡凶狡之徒。若引而申之，觸類而長之，庶無遺漏矣。』

羌廉岐自稱益州刺史，率略陽四千家背苻堅就李儼。天錫自往討之，以別駕楊遹為監前鋒軍事、前將軍，趣金城。晉興相常據為使持節、征東將軍，向左南，遊擊將軍張統出白土，天錫自率三萬人次倉松，伐儼。儼大敗，入城固守，遣子純求救於苻堅。堅使其將王猛救之。天錫敗績，死者十二三，天錫乃還。立子大懷為世子。

自天錫之嗣事也，連年地震山崩，水泉湧出，柳化為松，火生泥中。

而天錫荒於聲色，不恤政事。初，安定梁景、敦煌劉肅並以門胄，總角與天錫友昵。張邕之誅，肅、景有勳，天錫深德之賜姓張氏，又改其字，以為己子。天錫諸子皆以大為字，故景曰大奕，肅曰大誠。廢大懷為高昌公，更立嬖子大豫為世子，景、肅等俱參政事。人情怨懼，從弟從事中郎憲切諫，不納。

時苻堅强盛，每攻之，兵無寧歲。天賜甚懼，乃立壇刑牲，率典軍將軍張寧、中堅將軍馬芮等，遙與晉三公盟誓，獻書大司馬桓温，克六年夏誓同大舉。遣從事中郎韓博、奮節將軍康妙奉表，並送盟文。博有口才，温甚稱之。嘗大會，温使司馬刁彝嘲之，彝謂博曰：『君是韓盧後邪？』博曰：『卿是韓盧後。』温笑曰：『刁以君姓韓，故相問焉。他自姓刁，那得韓盧後邪！』博曰：『明公脫未之思，短尾者則為刁也。』一坐推歎焉。

太元元年，苻堅遣其將苟萇、毛當、梁熙、姚萇來寇，渡石城津。天錫集議，中録事席仂曰：『先公既有故事，徐思後變，此孫仲謀屈伸之略也。』衆以仂為老怯，咸曰：『龍驤將軍馬達，精兵萬人距之，必不敢進。』廣武太守辛章保城固守。章與晉興相彭知正、西平相趙疑謀曰：『馬達出於行陣，必不為用，則秦軍深入。吾相與率三郡精卒，斷其糧運，決一朝命矣。』征東常據亦欲先擊姚萇，須天錫命。天錫率萬人頓金昌城。馬達萬人逆萇等，因請降，兵人散走。常據、席仂皆戰死。司兵趙充哲與萇苦戰，又死。中衛將軍史景亦没於陣。天錫大懼，出城自戰，城內又反。天錫窘逼，降於萇等。初，天錫所居安昌門及平章殿無故而崩，旬日而國亡。即位凡十三年。自軌為涼州，至天錫，凡九世，七十六年矣。苻堅先為天錫起宅，至，以為尚書，封歸義侯。

堅大敗于淮肥時，天錫為苻融征南司馬，於陣歸國。詔曰：『昔孟明不替，終顯厥功，豈以一眚而廢才用！其以天錫為散騎常侍、左員外。』又詔曰：『故太尉、西平公張軌著德遐域，世襲前勞。强兵縱害，遂至失守。散騎常侍天錫拔迹登朝，先祀淪替，用增矜慨，可復天錫西平郡公爵。』俄拜金紫光禄大夫。

天錫少有文才，流譽遠近。及歸朝，甚被恩遇。朝士以其國破身虜，多共毀之。會稽王道子嘗問其西土所出，天錫應聲曰：『桑葚甜甘，鴟鴞革響，乳酪養性，人無妒心。』後形神昏喪，雖處列位，不復被齒遇。隆安中，會稽世子元顯用事，常延致之，以為戲弄。以其家貧，拜廬江太守，本官如故。桓玄時，欲招懷四遠，乃用天錫為護羌校尉、涼州刺史。尋卒，年六十一。追贈金紫光禄大夫。

又 卷一〇三《劉曜載記》 時劉岳與涼州刺史張茂相持於河上，曜自隴長驅至西河，戎卒二十八萬五千，臨河列營，百餘里中，鐘鼓之聲沸河動地，自古軍旅之盛未有斯比。茂臨河諸戍皆望風奔退。揚聲欲百道俱渡，直至姑臧，涼州大怖，人無固志。諸將咸欲速濟，曜曰：『吾軍旅雖盛，不逾魏武之東也。畏威而來者，三有二焉。中軍宿衛已皆疲老，不可用也。張氏以吾新平陳安，師徒殷盛，以形聲言之，非彼五郡之衆所能抗也，必怖而歸命，受制稱藩，吾復何求！卿等試之，不出中旬，張茂之表不至者，吾為負卿矣。』茂懼，果遣使稱藩，獻馬一千五百匹，牛三千頭，羊十萬口，黄金三百八十斤，銀七百斤，女妓二十人，及諸珍寶珠玉、方域美貨不可勝紀。曜大悦，使其大鴻臚田崧署茂使持節、假黄鉞、侍中、都督涼南北秦梁益巴漢隴右西域雜夷匈奴諸軍事、太師、領大司馬、涼州牧、領西域大都護、護氐羌校尉、涼王。

宋·李昉等《太平御覽》卷一二四《偏霸部八·前涼張軌》 崔鴻《十六國春秋·前涼録》曰：張軌，字士彥，安定烏氏人，漢常山王耳十七世孫。祖烈，魏外黄令。父温，太官令。母隴西辛氏。軌少好學，明經，與同郡皇甫士安友善，拜宮守舍人。京兆杜預以所注《易》遺之。太康中，為尚書郎、太子洗馬、中庶子，遷散騎常侍、征西軍司馬。

軌以晉室多難，陰圖據河西，追竇融故事，筮之，遇《泰》之《觀》，軌喜曰：『霸者之兆。』乃求為涼州，公卿亦舉軌，拜涼州刺史。課農桑，拔賢才，置崇文祭酒，徵九郡胄子五百人，立學校以教之。永興二年，拜西安將軍，封安樂鄉侯。惠帝崩，遣長史北宮純、司馬纂、別駕陰監奉表京師。是歲，大城姑臧。姑臧城匈，奴所築也，南北七里，東西三里，地有龍形，故名臥龍城，永嘉四年十一月，黄龍出於臨羌河，發水升天，身長十餘丈。五年，帝遣使拜車騎大將軍、開府儀同三司。策命未至，而劉曜攻陷長安，遷晉帝於平陽。建興元年，晉湣帝即位于長安，遣使者拜軌鎮西大將軍、開府儀同三司，加侍中，封西平郡公，固讓不受。

二年，進拜太尉、涼州牧，以軌年老多疾，拜子實行撫軍，副涼州刺史。五月，軌寢疾，立子實為世子。己丑，薨於正寢，年六十。葬建陵，冊贈侍中、太尉，謚武穆公。張祚僭號，追尊武王，廟號太宗。

又《張實》 崔鴻《十六國春秋・前涼録》曰：張實，字安遜，軌之世子也。學尚明察，敬賢愛士，晉舉秀才，除尚書郎。永嘉元年，固辭驍騎將軍，請還涼州，帝許之，改授議郎、西中郎將。建興元年，長史張璽等表實嗣位。十月，帝遣使授西中郎將，涼州刺史、西平公。二年十一月，帝將降劉曜，進實侍中、司空、涼州牧。三年，始知劉曜逼遷天子平陽，大臨三日。五年，南陽王寶聞湣帝崩，自稱晉王，年號建康，置百官，遣拜實征西大將軍，開府儀同三司，增邑三千户。

六年六月，京兆人劉弘使左道以眩惑百姓，密與實左右十餘人謀殺實，皆懷刃入內，斬實於外寢，時年五十。葬寧陵，晉元寶冊贈實大司馬、涼州牧，謚元公。張祚僭號，追尊曰明王，廟號高祖。

又《張茂》 崔鴻《十六國春秋・前涼録》曰：張茂，字成遜，實之母弟。虛靖好學，不以勢利為心。建興元年，相國南陽王寶辟從事中郎，又薦為給事黃門侍郎，皆不就。二年，徵為侍中，以父疾固辭。四年，拜秦州刺史，加散騎常侍，領雍州，皆不受。實左司馬陰元等以實既被害，子駿沖幼，宜立長君，乃推茂為大都督、太尉、涼州牧，茂不從，以平西將軍行都督涼州諸軍事、護羌校尉、涼州牧、西平公，大赦境內。九月，立實子駿為世子。三年，劉曜遣鴻臚拜茂太師、涼王。四年，茂寢疾，執駿手泣曰：『吾先人以孝友見稱，自漢以來，世康忠順。汝謹守忠節，無或失墮。』薨於正寢，年四十八。劉曜遣使贈太宰，謚成烈王。張祚僭號，追尊曰成王，廟號太宗。

又《張駿》 崔鴻《十六國春秋・前涼録》曰：張駿，字公庭，實之世子。永嘉元年生，幼而奇偉，十歲能屬文。茂之四年，拜使持節、大都督、大將軍、梁州牧、西平公，大赦境內。劉曜遣使拜大將軍、梁州牧。元年正月，親耕籍田。二月，始承晉元帝崩問，大臨三日。四年十二月，劉曜為勒所擒，曜太子毗及劉胤等率衆奔上邽。六年二月，石勒稱天王，遣使拜駿征西大將軍、涼州牧，加五錫之禮。

八年，羣寮勸駿稱涼王，置百官，駿曰：『此非人臣所言，敢有此言，罪在不赦。』又請立世子，乃立重華為世子。十二月，鄯善王元孟獻女殊好，號曰美人，立賓遐觀以處之。十四年五月，雨雪降霜，駿避正殿，素服，命羣寮極言得失。十五年，以右長史任處領國子祭酒，立辟雍、明堂而行禮焉。命西曹椽集閣內，外事付索綏，以著《涼春秋》。十一月，以世子重華行涼州事。十九年八月，田於建西，逾玉右縣。九月，改玉右縣為金澤縣。

二十一年，始置百官號，皆擬天朝，車服旌旗，一如王者。酒泉太守馬岌上言：『酒泉南山，既昆侖之體。周穆王見西王母，樂而忘歸，即謂此山。有石室王母堂，珠璣鏤飾，煥若神宮。《禹貢》「昆侖在臨羌之西」，即此明矣。宜立西王母祠，以裨朝廷無疆之福。』駿從之。二十二年六月，薨於正德前殿，年四十。晉遣策贈大司馬，謚忠成公。七月，葬大陵。張祚僭號，追尊文王，廟號世祖。

又《張重華》 崔鴻《十六國春秋・前涼録》曰：張重華，字泰臨，駿第二子。寬和懿重，沉毅少言。駿薨，右長史任處上華為使持節、大都督、太尉、涼州牧、護羌校尉、西平公、假涼王，大赦境內。三年九月，晉遣使者拜侍中、大都督隴右諸軍事、大將軍、涼州刺史、領護羌校尉、西平公。重華以位號未稱，怒不受詔。羣寮上重華為丞相、涼王、雍秦涼三州牧。

五年，重華宴羣寮於閑預庭，論講經義，碩問索綏曰：『孔子婦誰家女？老聃父字為何？四皓既安太子，住乎還山乎？』綏曰：『孔子婦姓並官氏女。聃父名乾，字元杲，胎則無耳，一目不明，孤單，年七十二，無妻，與鄰人益壽氏老女野合，懷胎，十年乃生老子。四皓還否，臣所未悉。』重華曰：『卿不知乎？四皓死于長安，有四皓冢，為不還山也。』七年十月，重華寢疾臨春坊，遣左長史馬岌策拜子靈曜為世子，大赦境內。十一月，薨于平章殿，年二十七，葬顯陵。張祚僭號，追謚桓王，廟號世祖。

又《張祚》 崔鴻《十六國春秋・前涼録》曰：張祚，字太伯，駿之長庶子。博學雄武，有政治之才。駿之二十一年，拜延興太守，封寧侯。重華薨，子靈曜嗣，七年十一月，右長史趙長等矯稱遺令，以祚為使持節、都督中外諸軍事、撫軍大將軍輔政。十二月，趙長等議，以靈曜沖幼，世難未夷，宜立長君，廢曜為涼寧侯，立祚為大將軍、護羌校尉、涼州牧、涼公。又從趙長等議，僭即王位於謙光殿，大赦，改年為和平元年。立氾千氏為皇后，子太和為太子，封弟天錫為長寧侯，重華少子玄靖為涼武侯，置百官。二月，尊祖父，郊祀天地。

二年，有神降於玄武殿，自稱玄冥，與人交語。祚日夜祈之，神言與福利，祚甚信之。征東張瓘遣兵，傳檄廢祚，以侯還第，復立靈曜。八月，祚收瓘弟琚及其子嵩等。驍騎將軍宋混兄修素與祚有隙，祚疑之，混西奔，招合夷晉，衆至萬餘人，還向姑臧。祚大懼，遣楊秋胡將靈曜于苑，拉其腰而殺之，埋於沙坑。九月，宋混次於武始大澤，為靈曜發哀。閏月，混至姑臧。祚登神雀觀。張琚、張嵩殺祚守卒，死者四百餘人，斬西門關內混。領軍趙長開宮門以應琚，長馳入殿中，大呼稱萬歲。祚以長敗賊，下觀勞之。長奮槊刺祚中額，奔入萬秋閣，為廚士徐里所殺。以庶人禮葬之。天錫即位，備禮改葬於愍陵，追謚威王，封子廷堅為金澤侯。

又《張玄靖》 崔鴻《十六國春秋·前涼録》曰：張玄靖，字元安，重華少子。母郭夫人。和平二年，宋混、張琚等上玄靖為大將軍、涼州牧、護羌校尉、西平公，時年七歲。張瓘至姑臧，推立玄靖為大將軍、涼王，自為使持節、都督中外諸軍事、尚書令、涼州牧、張掖郡公。

四年五月，東苑大冢上忽有池，東大澤地燃，廣袤數丈。執法御史杜逸言於瓘曰：『此皆變之大者，可移之它族』瓘徵兵數萬，集于姑臧，謀討宋氏。混與弟澄及左右壯士楊和等四十餘騎奄入南城，申令諸營曰：『張瓘謀逆，被太后詔誅之。』俄而衆至二千。瓘率衆出戰，混擊敗之，衆悉去，瓘自殺。混入見玄靖，以混為使持節、都督中外外諸軍事、驃騎大將軍、酒泉郡侯輔政。

五年六月，大旱，令諸祈雨之官皆詠《雲漢詩》，儒林祭酒索綏曰：『《雲漢》，陳周宣之美，非旱之文。昔神鼎之出漢，虞丘不賀。今辭與事違，恐非致澤之意也。』綏字士艾，敦煌人。父戢，晉司徒。綏家貧好學，舉孝廉，為記室祭酒，母喪去官，又舉秀才，著《涼春秋》五十卷，又作《六夷頌》、《符命傳》十餘篇，以著述之功封平樂亭侯。六年，宋混卒，天錫以使持節、都督中外諸軍輔政。八月，右將軍齊肅等議，以靖多難務殷，須立長君，勸天錫自立。閏月，天錫遣肅等夜害玄靖，時年十四，葬平陵，謚沖王。

又《張天錫》 崔鴻《十六國春秋·前涼録》曰：張天錫，字純嘏，駿之少子。母曰劉美人。玄靖八年即位，年十八，謁於太廟，尊母劉氏為太后。元年四月，秦遣鴻臚回國拜天錫大將軍、涼州牧、西平公。三年，姑臧北山楊樹生松葉，西苑牝鹿生角，東苑銅佛生毛，延興地震，陷裂水出。天錫避正殿，引咎責躬。晉遣使拜隴右關中諸軍大將軍、涼州牧、西平公。

八年，郡國火燃於泥中三十所。符堅復有幷兼之規。天錫大懼，遣從事中郎韓博奉表于晉，又與桓温書，克其年大舉，都會上邽。十年，以世子懷為使持節、鎮西將軍、高昌郡公，次子太豫為世子，豫母焦氏為左夫人。七月，大水，地震西平，五十日中地十動，土樓崩。天錫疾，美人閻姬、薛姬皆自殺。二姬，國色，並有殊寵，天錫每謂之曰：『汝二人將何以報我？我死之後，豈可更為人妻！』皆曰：『尊若不諱，妾請效死於前，灑掃於地下，無他志。』十月，天錫疾瘳，大赦境內，追悼二姬，葬以夫人禮。

十三年五月，符堅遣武衛將軍苟長等率衆十萬來伐。天錫遣中衛將軍史景等拒戰赤岸，為秦所敗。天錫納左長史馬芮之言，面縛降秦。東徙長安，拜歸義侯、北部尚書，遷右僕射。隨符堅敗於淮南，又入晉為員外散騎常侍，復本封。薨，贈鎮西將軍，謚悼公。張軌以晉永寧九年，辛酉之歲牧涼州，至天錫敗亡之歲，歲在丙午，八主，七十六年。

宋·司馬光《資治通鑑》卷八六《晉紀八·孝懷皇帝上》（晉懷帝永嘉二年二月）涼州刺史張軌病風，口不能言，使其子茂攝州事。隴西內史晉昌張越，涼州大族，惠帝分敦煌、酒泉置晉昌郡。杜佑曰：晉昌，漢冥安縣地。欲逐軌而代之，與其兄酒泉太守鎮及西平太守曹祛《考異》曰：《晉春秋》作『曹祗』。今從《張軌傳》。謀遣使詣長安告南陽王模，稱軌廢疾，請以秦州刺史賈龕代之。龕將受之，其兄讓龕曰：『張涼州一時名士，威著西州，汝何德以代之！』龕乃止。鎮、祛上疏，更請刺史，未報，遂移檄廢軌，以軍司杜耽攝州事，使耽表越為刺史。

軌下教，欲避位，歸老宜陽。軌少隱宜陽女几山，故下教欲歸老于宜陽。長史王融、參軍孟暢蹋折鎮檄，排合入言曰：『晉室多故，明公撫寧西夏，此西夏，謂河西之地。張鎮兄弟敢肆凶逆，當鳴鼓誅之。』遂出，戒嚴。會軌長子寔自京師還，乃以寔為中督護，將兵討鎮。遣鎮甥太府主簿令狐亞按《張軌傳》，有太府司馬、主簿，又有少府主簿。蓋以都督府為太府，涼州府為少府也。先往說鎮，為陳利害，鎮流涕曰：『人誤我！』乃詣寔歸罪。寔南擊曹祛，走之。

朝廷得鎮、祛疏，以侍中袁瑜為涼州刺史。治中楊澹馳詣長安，《考異》曰：《晉春秋》作『張澹』，今從《張軌傳》。割耳盤上，訴軌之被誣。南陽王模表請停瑜，武威太守張琠亦上表留軌；詔依模所表，且命誅曹祛。軌於是命寔帥步騎三萬討祛，斬之。張越奔鄴，涼州乃定。

又 卷八九《晉紀一一・孝愍皇帝下》（晉愍帝建興二年）夏，五月，西平武穆公張軌遘疾，遺令：『文武將佐，務安百姓，上思報國，下以寧家。』己丑，軌薨。《考異》曰：《帝紀》作『壬辰』。今從《前涼録鈔》。《前涼録鈔》又曰『葬建陵』，蓋張祚僭號後，追尊其墓耳。長史張璽等表世子寔攝父位。

又 卷九一《晉紀一三・中宗元皇帝中》（晉元帝太興三年六月，閻）涉等懷刃而入，殺（張）寔於外寢。《考異》曰：《晉書》作『閻沙、趙仰』；又云：『寔知其謀，收劉弘殺之』。據《晉春秋》，作『閻涉、趙卬』；又弘死在寔被殺後。今從之。

又 卷一〇一《晉紀二三・哀皇帝》（晉哀帝興寧元年）閏月，（張）天錫使肅等夜帥兵入宮，弑玄靚，《考異》曰：《帝紀》：天錫殺玄靚自立在七月。今從《晉春秋》。宣言暴卒，謚曰沖公。

論說

《晉書》卷八六《張軌張寔等傳論》 長河外區，流沙作紀，玉關懸險，金城負固，有苗攸竄，帝舜投而不羈；渠搜是居，大禹即而方敍。世逢多難，嬰五郡以誰何；時遇兵凶，阻三邊而高視。雖非久安之地，足為苟全之所乎！周公保之而立功，士彥擁之布延世。摯虞觀象，記洪灾之不流；侯瑾覘泉，知霸者之斯在。匪唯地勢，抑亦有天道歟！茂、駿、重華資忠踵武，崎嶇僻陋，無忘本朝，故能西控諸戎，東攘巨猾，綰累葉之珪組，賦絶域之琛賓，振曜遐荒，良由杖順之效矣。祚以卑孽，陰傾冢嗣，播有茨于彤管，擬宸居於黑山，丁琪以切諫遇誅，王鸞以讖言嬰顯戮，境內雲擾，仇其竊名，卒致梟懸，自然之理也。純嘏微弱，竟亡其衆。奉身魏闕，齒迹朝流，再襲銀黄，祖德之延慶矣。

又 《張軌張寔等傳贊》 三象構氛，九土瓜分。鼎遷江介，地絶河濆。歸誠晉室，美矣張君。內撫遺黎，外攘逋寇。世既綿遠，國亦完富。杖順為基，蓋天所佑。

雜録

清・王鳴盛《十七史商榷》卷五一《晉書九・張李不入載記》 張軌、李暠皆應入《載記》，因暠乃唐之先祖，不稱名，改稱其字，升入列傳，於是聊援軌而進之，以配暠耳。軌書稱藩于晉，暠亦遣使奉表建康，然彼皆已割據一方，改元建號，尚得爲晉臣乎？

南朝宋・劉義慶《世説新語・言語》 張天錫為涼州刺史，稱制西隅。既為苻堅所禽，用為侍中。後於壽陽俱敗，至都，張資《涼州記》曰：『天錫字純嘏，安定烏氏人，張耳後也。曾祖軌，永嘉中為涼州刺史，值京師大亂，遂據涼土。天錫篡位，自立為涼州牧。苻堅使將姚萇攻没涼州，天錫歸長安，堅以為侍中、比部尚書、歸義侯。從堅至壽陽，堅軍敗，遂南歸。拜散騎常侍、西平公。』《中興書》曰：『天錫後以貧拜盧江太守。薨，贈侍中。』為孝武所器。每入言論，無不竟日。頗有嫉己者，於坐問張：『北方何物可貴？』張曰：『桑椹甘香，鴟鴞革響。《詩・魯頌》曰：『翩彼飛鴞，集于泮林。食我桑椹，懷我好音。』淳酪養性，人無嫉心。』《西河舊事》曰：『河西牛羊肥，酪過精好，但寫酪置革上，都不解散也。』

又 《言語》 王中郎甚愛張天錫，問之曰：『卿觀過江諸人經緯，江左軌轍，有何偉異？後來之彥，復何如中原？』張曰：『研求幽邃，自王、何以還；因時脩制，荀、樂之風。』荀顗、荀勖脩定法制，樂則未聞。王曰：『卿知見有餘，何故為苻堅所制？』張資《涼州記》曰：『天錫明鑑穎發，英聲少著。』答曰：『陽消陰息，故天步屯蹇；否剝成象，豈足多譏？』

隋·虞世南《北堂書鈔》卷一六〇《地部四·石》　崔鴻《前涼録》曰：張駿十年春正月，隕石于破胡，焦而碎，聲如擊鼓，聞七百里，其處氣上黑如煙，首如赤飆。【略】

崔鴻《前涼録》曰：張軌永嘉元年正月，姑臧送玄石，白點如星，成二十八宿。

崔鴻《前涼録》曰：張軌時，蘭池送玄石，大如丸，白書約中破之，中有『必』字。青點白文畫之。

唐·徐堅《初學記》卷八《州郡部·隴右道》　《十六國春秋》曰：前涼張玄靜時，右將軍宋熙請取天龜觀壤以為宅。

又　卷一八《人部中諷諫》　崔鴻《前涼録》曰：張駿宴羣寮，議欲嚴刑峻制，衆咸以為宜。參軍黄斌進曰：『臣未見其可，尊親犯令，即令不行矣。』駿性嚴猛，乃屏幾改容曰：『微黄生，吾不聞過矣，可謂忠之至也。』

唐·李亢《獨異志》卷上　前梁張軌時，枹罕令嚴根妾產，同夕產一女、一龍、一鶩。

又　卷下　《三十國春秋》：偽前梁張重華在梁州，欲誅西河張祚。祚廏馬數十匹，同時皆無尾。未幾祚遇禍。

宋·李昉等《太平御覽》卷一四《天部十四·虹霓》　《前涼録》曰：張駿六年有彩虹五里，隆隆如鐘鼓之聲。

又　卷二六一《職官部五十九·良太守中》　（崔鴻《十六國春秋》）曰：前涼晉昌太守陰懿卒，郡人思其政化，縗絰送喪至武威者千餘人。

又　卷二九四《兵部二十五·示弱》　（《十六國春秋》）曰：前涼張重華以謝艾為軍師將軍，率騎三萬，進軍臨河。後趙石勒將麻秋以三萬衆拒之。艾乘軺車，冠白幍，鳴鼓而行。秋遙睹而怒曰：『艾年少書生，冠服如此，輕我也。』令黑槊龍騰三千人馳擊之，艾左右大擾，或勸乘馬，艾不從，乃下車，踞胡床指麾分處。賊以為伏兵發也，懼不敢進。艾又遣將緣河截其後，秋軍乃退。艾乘擊，遂大敗之，斬秋將杜勳，及虜俘斬首三千級。秋匹馬奔大廈。

又　卷三四六《兵部七十七·刀下》　（陶弘景《刀劍録》）曰：前涼張寔造刀一百口，無故盡生文曰『霸』。

又　卷三五七《兵部八十八·銜枚》　《前涼録》曰：張璩字元琰。年十四，拜奉車都尉，從梁肅征隴右，與王擢遇於邢崗，相距十日。璩銜枚密擊，大破之，由是顯名。

又　卷三六二《人事部三·名》　崔鴻《十六國春秋·前涼録》曰：李弇，字子完，隴西狄道人也。弇本名良，又妻姓梁，張駿戲之曰：『卿名良，妻姓梁，夫妻相同稱，子孫將何以目其舅氏？昔耿弇以少年立功立事，吾今賴卿有同於耿氏。』乃賜名曰弇。

又　卷三七九《人事部二十·美丈夫上》　崔鴻《十六國春秋·前涼録》曰：辛緋弟理，美姿貌。張駿欲奪其妻，以寡妹妻之，理割鼻自誓。駿大怒。徙理敦煌，遂以憂死。

又　卷三八一《人事部二十二·美婦人下》　何集《續帝王世紀》曰：張天錫疾篤。閻、薛二姬並有國色，天錫謂曰：『吾死之後，汝二人豈可更為他妻？』皆曰：『尊若不諱，請效死尊前，誓無他志。』二人自殺。天錫有瘳，追悼二姬，葬以夫人禮。

又　卷四〇〇《人事部四十一·凶夢》　《前涼録》曰：張駿，十二年五月，駿有疾。夢出遊，不識其處，見一玄龜，向之張口而言：『更九日當有嘉問。』遂經九日而卒。

又　卷四一八《人事部五十九·忠貞》　（崔鴻《十六國春秋·前涼録》）又曰：前敦煌太守辛憑，隴西人也。惟有一子髦，至狄道省墓，遇辛宴反叛，為宴所執。憑勸張茂討宴，茂曰：『髦在彼如何？』憑曰：『人臣奉主，豈顧子乎？』茂曰：『汝純臣。』賜爵關内侯。

又　卷四四六《人事部八十七·品藻中》　崔鴻《前涼録》曰：張茂謂馬岌曰：『劉曜自古可誰等輩也？』岌謂曰：『曹孟德之流。』茂默然。岌曰：『孟德公族也，劉曜戎狄，難易不同，曜殆過之。』茂曰：『曜可方呂布、關習，而云孟德不及，豈不過哉。』岌曰：『孟德挾天子，令諸侯，仗大義，討不庭。曜一卒胡人，用烏合之衆而能建威成大逆，天下莫之當，其不優歟？』茂曰：『天生胡以滅中國，殆不可以人事論也。』

又　卷四五四《人事部九十五·諫諍四》　崔鴻《前涼録》曰：張

天錫，玄日與嬖褻飲，既不受羣僚朝賀，又不朝于永訓宮。從事郎中張慮輿櫬切諫，不納。

又曰：張駿宴羣臣於閑豫堂，議欲嚴刑峻制，衆咸以為宜。參軍黄斌進曰：『臣未見其可。若尊親犯，令不行矣。』駿性嚴猛，乃棄幾改容，曰：『微黄生，吾不聞過矣。黄生可謂忠之至也。』

又 卷四六五《人事部一百六・謡》 劉恭叔《異苑》曰：晉時長安謡曰：『秦川中，血没腕，唯有涼州倚柱看。』及惠、湣之間，關内殲破，浮血丹漂，張軌擁衆一方，威恩共著。

又 卷六二三《治道部四・治政二》 崔鴻《春秋・前涼録》曰：張天錫時，小府長史紀瑞上疏論時政曰：『臣聞東野善馭而敗其駕，秦氏富强而覆其國。馬力已盡，求之弗休；人既勞竭，役之無已故也。造父之御，不盡其馬；虞舜之治，不窮其人，故造父無失御，虞舜無失人。』

又 卷六四五《刑法部十一・轘》 崔鴻《前涼録》曰：武威姑臧氏名白興，以女為妻，其妻妒之，興怒，以妻為婢，為女給使。郡縣以聞。張駿大驚曰：『自古所未聞也。將為怪乎？』于姑臧市轘煞之。是月沉陰昏，霧霾四塞。

又 卷六八二《儀式部三・璽》 《前涼録》曰：張實際引數年，蘭池趙嬰上言於青澗水中得一玉璽，鉗鈕，光照水外，文曰『皇帝璽』。羣寮上賀，實曰：『何忽有此言？』乃送之於京師。

又 卷七五八《器物部三・瓶》 《前涼録》曰：張軌時，西胡致金胡瓶，皆拂菻作奇狀，並人高，二枚。

又 卷八三八《百穀部二・麥》 崔鴻《十六國春秋・前涼録》曰：張駿九年，雨五穄穀于武威、敦煌，種之皆生，因名天麥。

又 卷八三七《百穀部一・穀》 《異苑》曰：涼州張駿時，天雨五穀，殖之悉生，因名為天麥。

又 卷八七四《咎徵部一・天鳴》 崔鴻《十六國春秋》曰：前涼張駿時，晉建興十七年八月，天有大聲，下震地。孟池縣人夜怪室如晝，時起視，見西北開有門，光明照地。至二十二年，遜於重華。

又 卷八七六《咎徵部三・風》 《十六國春秋》曰：前涼張玄靜四年六月，大風、震雷、晦冥，宮中雨水深四尺。時宋混兄弟擅權，玄靜虛坐而已。

又 《赤風》 崔鴻《十六國春秋》曰：張天錫十一年，有赤風，昏暗。至十三年，符堅滅之。

又 《無雲而雷》 崔鴻《十六國春秋》曰：張重華三十九年十月，無雲而雷，聲皆東南引。四十一年，重華死，子曜靈立，為叔祚篡之。

又 卷八七七《咎徵部四・雨冰》 崔鴻《十六國春秋》曰：涼張駿二年九月，雨冰，狀若絲纊，皆著草。

又 卷八七八《咎徵部五・不時雪》 崔鴻《十六國春秋》曰：前涼張祚和平元年，大會，黑風冥暗，五月雨雪，行人凍死。祚廣徵兵三十餘道，入擊南山諸種，時入千里。張掖人王鸞上書諫言：『軍不可行，行有大變。』祚怒，以為妖言，斬之。祚與嚴展、吳綽升飛鸞觀，征虜趙長、校尉張璹入謙光殿，拜張玄靜為主，咸稱萬歲。祚愕然便下曰：『欲殺我耶？』長曰：『然。』遂刺祚，傷額，殺之。

又 《黄霧》 崔鴻《十六國春秋》曰：前涼張茂四年正月，黄霧四塞。其年茂死也。

又 卷八八〇《咎徵部七・地陷》 崔鴻《十六國春秋》曰：前涼張天錫三年四月，延興地震陷，水出。

又 《土踊》 崔鴻《十六國春秋》曰：前涼張實五年，祁山地震，從中陶原阪三里冒復，下川忽如見掩，阪上草木存焉。

又 卷九三〇《鱗介部二・龍下》 《西河記》曰：張駿立謙光殿成，後池死晷有五龍晝日見，移時乃滅。水通變緑色。駿即為銅龍以厭之。駿卒不勝此殿。

又 卷九三五《鱗介部七・魚上》 崔鴻《十六國春秋・前涼録》曰：金城太守胡勛叛，張軌遣都護宗毅、治中令狐瀏討之。濟河中流，白魚入舡。瀏曰：『魚鱗物，虜必解甲歸我矣。』勛請降，軌宥之。

又 卷九五四《木部三・槐》 崔鴻《前涼録》曰：初，河西不生楸、槐、柏、漆。張駿之世，取於泰隴而植之，終於皆死。而酒泉宮之北隅，有槐樹生焉，李玄盛著《槐樹賦》。

又 卷九五五《木部四・桑》 崔鴻《前涼録》曰：張天錫為符堅

破後歸晉，孝武帝問之曰：『北方何物為美？』錫對曰：『桑椹甘香，鴟鴞革響，淳酪養性，人無疾心。』

宋・郭茂倩《樂府詩集》卷八八《雜歌謠辭六・謡辭二・晉永嘉中童謡》《三十國春秋》曰：『永嘉中童謠也。』秦川中，血没腕，唯有涼州倚柱觀。

宋・吴淑《事類賦》卷二七《果部二・瓜》自注《三十國春秋》曰：太元元年，涼亡。涼天水太守史稜暴疾死，五日而蘇，云見涼光殿皆生白瓜，及秦使梁熙滅涼，小字白瓜也。

又卷二九《鱗介部・魚》自注《前涼録》：金城太守胡勗叛，張軌遣都護宗毅、治中令狐瀏討之。濟河中流，白魚入船，瀏曰：『魚，鱗物。虜必解甲歸我矣。』勗果請降。

宋・李昉等《太平廣記》卷二七六《夢一・張天錫》張天錫在涼州。夢一緑色犬，甚長，從南來，欲咋天錫，床上避之，乃墮地。後苻堅遣苟萇者，緑地錦袍，從南來，攻入門，大破之。出李産《集異傳》。

又《張駿》涼文王張駿，夢一人鬢眉皓白，自稱子俞，曰：『地上之事付你，地下之事付我。』王寤問之，有侯子瑜先死，得其曾孫亮，為祈連令矣。出《敦煌録》。

宋・孫逢吉《職官分紀》卷二〇《鴻臚卿》注崔鴻《十六國春秋・前涼録》：晉使者俞歸至，張重華識張鑒才任專對，拜典客令。歸責鑒禮供給薄。鑒曰：『敝國僻小，隔絶皇風，行臺撫臨，萬里傾躍。今大義未崇，先存口實，非昭德示訓之謂也。』歸改容謝之。

前秦興亡

綜述

《晉書》卷一一二《苻洪苻健苻生苻雄王墮載記》苻洪，字廣世，略陽臨渭氐人也。其先蓋有扈之苗裔，世為西戎酋長。始其家池中蒲生，長五丈，五節如竹形，時咸謂之蒲家，因以為氏焉。父懷歸，部落小帥。先是，隴右大雨，百姓苦之，謡曰：『雨若不止，洪水必起。』故因名曰洪。好施，多權略，驍武善騎射。屬永嘉之亂，乃散千金，召英傑之士訪安危變通之術。宗人蒲光、蒲突遂推洪為盟主。劉曜僭號長安，光等逼洪歸曜，拜率義侯。曜敗，洪西保隴山。石季龍將攻上邽，洪又請降。季龍大悦，拜冠軍將軍，委以西方之事。季龍滅石生，洪說季龍宜徙關中豪傑及羌戎内實京師。季龍從之，以洪為龍驤將軍、流人都督，處於枋頭。累有戰功，封西平郡公，其部下賜爵關内侯者二千餘人，以洪為關内領侯將。冉閔言于季龍曰：『苻洪雄果，其諸子並非常才，宜密除之。』季龍待之愈厚。及石遵即位，閔又以為言，遵乃去洪都督，餘如前。洪怨之，乃遣使降晉。後石鑑殺遵，所在兵起，洪有衆十餘萬。

永和六年，帝以洪為征北大將軍、都督河北諸軍事、冀州刺史、廣川郡公。時有說洪稱尊號者，洪亦以讖文有『草付應王』，又其孫堅背有『草付』字，遂改姓苻氏，自稱大將軍、大單于、三秦王。洪謂博士胡文曰：『孤率衆十萬，居形勝之地，冉閔、慕容儁可指辰而殄，姚襄父子克之在吾數中，孤取天下，有易於漢祖。』初，季龍以麻秋鎮枹罕，冉閔之亂，秋歸鄴，洪使子雄擊而獲之，以秋為軍師將軍。秋說洪西都長安，洪深然之。既而秋因宴鴆洪，將並其衆，世子健收而斬之。洪將死，謂健曰：『所以未入關者，言中州可指時而定。今見困豎子，中原非汝兄弟所能辨。關中形勝，吾亡後便可鼓行而西。』言終而死，年六十六。健僭位，僞謚惠武帝。

苻健，字建業，洪第三子也。初，母姜氏夢大羆而孕之，及長，勇果便弓馬，好施，善事人，甚為石季龍父子所親愛。季龍雖外禮苻氏，心實忌之，乃陰殺其諸兄，而不害健也。及洪死，健嗣位，去秦王之號，稱晉爵，遣使告喪于京師，且聽王命。

時京兆杜洪竊據長安，自稱晉征北將軍、雍州刺史，戎夏多歸之。健密圖關中，懼洪知之，乃偽受石祗官，繕宮室於枋頭，課所部種麥，示無西意，有知而不種者，健殺之以徇。既而自稱晉征西大將軍、都督關中諸軍事、雍州刺史，盡衆西行，起浮橋於盟津以濟。遣其弟雄率步騎五千入潼關，兄子菁自軹關入河東。健執菁手曰：『事若不捷，汝死河北，我死河南，不及黃泉，無相見也。』既濟，焚橋，自統大衆繼雄而進。杜洪遣其將張先要健於潼關，健逆擊破之。健雖戰勝，猶修箋于洪，並送名馬珍寶，請至長安上尊號。洪曰：『幣重言甘，誘我也。』乃盡召關中之衆來距。健筮之，遇《泰》之《臨》，健曰：『小往大來，吉亨。昔往東而小，今還西而大，吉孰大焉！』是時衆星夾河西流，占者以為百姓還西之象。健遂進軍，次赤水，遣雄略地渭北，又敗張先于陰槃，擒之，諸城盡陷，菁所至無不降者，三輔略定。健引兵至長安，洪奔司竹。健入而都之，遣使獻捷京師，並修好于桓温。

健軍師將軍賈玄碩等表健為侍中、大都督關中諸軍事、大單于、秦王，健怒曰：『我官位輕重，非若等所知。』既而潛使諷玄碩等使上尊號。永和七年，僭稱天王、大單于，赦境內死罪，建元皇始，繕宗廟社稷，置百官于長安。立妻强氏為天王皇后，子萇為天王皇太子，弟雄為丞相、都督中外諸軍事、車騎大將軍、領雍州刺史，自餘封授各有差。

初，杜洪之奔也，招晉梁州刺史司馬勳。至是，勳率步騎三萬入秦川，健敗之于五丈原。

八年，健僭即皇帝位於太極前殿，諸公進為王，以大單于授其子萇。杜洪屯宜秋，為其將張琚所殺，琚自立為秦王，置百官。健率步騎二萬攻琚，斬其首。健至自宜秋，遣雄、菁率衆掠關東，並援石季龍豫州刺史張遇于許昌，與晉鎮西將軍謝尚戰于潁水之上，王師敗績。雄乘勝逐北，至於壘門，殺傷太半，遂虜遇及其衆歸於長安，拜遇司空、豫州刺史，鎮許昌。雄攻王擢於隴上，擢奔涼州，雄屯隴東。張重華拜擢征東大將軍，使與其將張弘、宋修連兵伐雄。雄與菁率衆擊敗之，獲弘、修送長安。

初，張遇自許昌來降，健納遇後母韓氏為昭儀，每於衆中謂遇曰：『卿，吾子也。』遇慚恨，引關中諸將欲以雍州歸順，乃與健中黃門劉晃謀夜襲健，事覺，遇害。於是孔特起池陽，劉珍、夏侯顯起鄠，喬景起雍，胡陽赤起司竹，呼延毒起霸城，衆數萬人，並遣使詣征西桓温、中軍殷浩請救。

雄遣菁掠上洛郡，于豐陽縣立荆州，以引南金奇貨、弓竿漆蠟，通關市，來遠商，於是國用充足，而異賄盈積矣。

十年，温率衆四萬趨長安，遣別將入淅川，攻上洛，執健荆州刺史郭敬，而遣司馬勳掠西鄙。健遣其子萇率雄、菁等衆五萬，距温于嶢柳城、愁思堆。温轉戰而前，次於灞上，萇等退營城南。健以羸兵六千固守長安小城，遣精鋭三萬為遊軍以距温。三輔郡縣多降于温。健別使雄領騎七千，與桓沖戰于白鹿原，王師敗績，又破司馬勳于子午谷。初，健聞温之來也，收麥清野以待之，故温衆大饑。至是，徙關中三千餘户而歸。及至潼關，又為萇等所敗，司馬勳奔還漢中。

其年，西虜乞没軍邪遣子入侍，健於是置來賓館于平朔門以懷遠人。起靈臺于杜門。與百姓約法三章，薄賦卑宮，垂心政事，優禮耆老，修尚儒學，而關右稱來蘇焉。

新平有長人見，語百姓張靖曰：『苻氏應天受命，今當太平，外面者歸中而安泰。』問姓名，弗答，俄而不見。新平令以聞，健以為妖，下靖獄。會大雨霖，河、渭溢，蒲津監冠登得一屐於河，長七盡三寸，人迹稱之，指長尺餘，文深一寸。健歎曰：『覆載之中何所不有，張靖所見定不虚也。』赦之。蝗蟲大起，自華澤至隴山，食百草無遺。牛馬相噉毛，猛獸及狼食人，行路斷絶。健自蠲百姓租稅，減膳撤懸，素服避正殿。

初，桓温之入關也，其太子萇與温戰，為流矢所中死。至是，立其子生為太子。健寢疾，菁勒兵入東宮，將殺苻生自立。時生侍健疾，菁以健為死，回攻東掖門。健聞變，升端門陳兵，衆皆舍杖逃散，執菁殺之。數日，健死，時年三十九，在位四年。偽謚明皇帝，廟號世宗，後改曰高祖。

生字長生，健第三子也。幼而無賴，祖洪甚惡之。生無一目，為兒童時，洪戲之，問侍者曰：『吾聞瞎兒一淚，信乎？』侍者曰：『然。』生怒，引佩刀自刺出血，曰：『此亦一淚也。』洪大驚，鞭之。生曰：『性耐刀槊，不堪鞭捶。』洪曰：『汝為爾不已，吾將以汝為奴。』生曰：『可不如石勒也。』洪懼，跣而掩其口，謂健曰：『此兒狂勃，宜早除之，不然，長大必破人家。』健將殺之，雄止之曰：『兒長成自當修改，何至便可如此！』健乃止。及長，力舉千鈞，雄勇好殺，手格猛獸，走及奔馬，擊刺騎射，冠絶一時。桓温之來伐也，生單馬入陣，搴旗斬將者前後十數。

萇既死，健以讖言三羊五眼應符，故立為太子。健卒，僭即皇帝位，大赦境內，改年壽光，時永和十二年也。尊其母强氏為皇太后，立妻梁氏為皇后。以呂婆樓為侍中、左大將軍，苻安領太尉，苻柳為征東大將軍、并州牧，鎮蒲阪，苻諼為鎮東大將軍、豫州牧，鎮陝城，自餘封授有差。

初，生將强懷與桓温戰没，其子延未及封而健死。會生出遊，懷妻樊氏于道上書，論懷忠烈，請封其子。生怒，射而殺之。偽中書監胡文、中書令王魚言於生曰：『比頻有客星孛於大角，熒惑入于東井。大角為帝坐，東井秦之分野，於占，不出三年，國有大喪，大臣戮死。願陛下遠追周文，修德以禳之，惠和羣臣，以成康哉之美。』生曰：『皇后與朕對臨天下，亦足發塞大喪之變。毛太傅、梁車騎、梁僕射受遺輔政，可謂大臣也。』於是殺其妻梁氏及太傅毛貴，車騎、尚書令梁楞，左僕射梁安。未凡，又誅侍中、丞相雷弱兒及其九子、二十七孫。諸羌悉叛。弱兒，南安羌酋也，剛鯁好直言，見生嬖臣趙韶、董榮亂政，每大言於朝，故榮等譖而誅之。

生雖在諒闇，游飲自若，荒耽淫虐，殺戮無道，常彎弓露刃以見朝臣，錘鉗鋸鑿備置左右。又納董榮之言，誅其司空王墮以應日蝕之灾。饗羣臣於太極前殿，飲酣樂奏，生親歌以和之。命其尚書辛牢典勸，既而怒曰：『何不强酒？猶有坐者！』引弓射牢而殺之。於是百僚大懼，無不引滿昏醉，汙服失冠，蓬頭僵僕，生以為樂。

生聞張祚見殺，玄靚幼沖，命其征東苻柳參軍閻負、梁殊使涼州，以書喻之。負、殊至姑臧，玄靚年幼，不見殊等。其涼州牧張瓘謂負、殊曰：『孤之本朝，世執忠節，遠宗大晉，臣無境外之交，君等何為而至？』負、殊曰：『晉王以鄰藩義好，有自來矣。雖擁阻山河，然風通道會，不欲使羊、陸二公獨美於前。主上以欽明紹統，八表宅心，光被四海，格於天地。晉王思與張王齊曜大明，交玉帛之好，兼與君公同金蘭之契，是以不遠而來，有何怪乎！』瓘曰：『羊、陸一時之事，亦非純臣之義也。本朝六世重光，固忠不貳，若與苻征東交玉帛之好者，便是上違先公純誠雅志，下乖河右遵奉之情。』負、殊曰：『昔微去殷，項伯歸漢，雖背君違親，前史美其先覺。亡晉之餘，遠逃江會，天命去之，子故尊先王翻然改圖，北面二趙，蓋神算無方，鑑機而作。君公若欲稱制河西，衆旅非秦之敵，如欲宗歸遺晉，深乖先君雅旨，孰若遠蹤竇融附漢之規，近述先王歸趙之事，垂祚無窮，永享遐祉乎？』瓘曰：『中州無信，好食誓言。往與石氏通好，旋見寇襲。中國之風，誠在昔日，不足復論通和之事也。』負、殊曰：『三王異政，五帝殊風，趙多姦詐，秦以義信，豈可同年而語哉！張先、楊初皆擅兵一方，不供王貢，先帝命將擒之，宥其難恕之罪，加以爵封之榮。今上道合二儀，慈弘山海，信符陰陽，御物無際，不可以二趙相況也。』瓘曰：『秦若兵强化盛，自可先取江南，天下自然盡為秦有，何辱征東之命！』負、殊曰：『先帝以大聖神武，開構鴻基，强燕納款，八州順軌。主上欽明，道必隆世，慨徽號擁於河西，正朔未加吴會，以吴必須兵，涼可以義，故遣行人先申大好。如君公不能蹈機而發者，正可緩江南數年之命，回師西旆，恐涼州弗可保也。』瓘曰：『我跨據三州，帶甲十萬，西包昆域，東阻大河，伐人有餘，而況自固！秦何能為患！』負、殊曰：『貴州險塞，孰若崤、函？五郡之衆，何如秦、雍？張琚、杜洪因趙之成資，據天阻之固，策三秦之鋭，藉陸海之饒，勁士風集，驍騎如雲，自謂天下可平，關中可固，先帝神矛一指，望旗冰解，人詠來蘇，不覺易主。燕雖武視關東，猶以地勢之義，逆順之理，北面稱藩，貢不逾月。致肅慎楛矢，通九夷之珍；單于屈膝，名王內附。控弦之士百有餘萬，鼓行而濟西河者，君公何以抗之？盍追遵先王臣趙故事，世享大美，為秦之西藩。』瓘曰：『然秦之德義加於天下，江南何以不賓？』負、殊曰：『文身之俗，負阻江山，道洿先叛，化盛後賓，自古而然，豈但今也！故《詩》曰：「蠢爾蠻荆，大邦為仇。」言其不可以德義懷也。』瓘曰：『秦據漢舊都，地兼將相，文武輔臣，領袖一時者誰也？』負、殊曰：『皇室懿藩，忠若公旦者，則大司馬、武都王安，征東大將軍、晉王柳；文武兼才，神器秀拔，入可允釐百工，出能折衝萬里者，衛大將軍、廣平王黄眉，後將軍、清河王法，龍驤將軍、東海王堅之兄弟；其耆年碩德，德侔尚父者，則太師、録尚書事、廣寧公魚遵；其清素剛嚴，骨鯁貞亮，則左光禄大夫强平，金紫光禄程肱、牛夷；博聞强識，探賾索幽，則中書監胡文，中書令王魚，黄門侍郎李柔；雄毅厚重，權智無方，則左衛將軍李威，右衛將軍苻雅；才識明達，令行禁止，則特進、領御史中丞梁平老，特進、光禄大夫强汪，侍中、尚書呂婆樓；文史富贍，鬱為文宗，則尚書右僕射董榮，秘書監王颺，著作郎梁讜；驍勇多權略，攻必取，戰必勝，關、張之流，萬人之敵者，則前將軍、新興王飛，建切將軍鄧羌，立忠將軍彭越，安遠將軍范俱難，建武將軍徐盛；常伯納言，卿校牧守，則人皆文武，莫非才賢；其餘懷經世之才，蘊佐時之略，守南山之操，遂而不奪者，王猛、朱彤之倫，相望于巖谷。濟濟多士，焉可罄言！姚襄、張平一時之傑，各擁衆數萬，狼顧偏方，皆委忠獻款，請為臣妾。小不事大，《春秋》所誅，惟君公圖之。』瓘笑曰：『此事決之主上，非身所了。』負、殊曰：『涼王雖天縱英睿，然尚幼沖，君公居伊、霍之任，安危所繫，見機之義，實在君公。』瓘新輔政，河西所在兵起，懼秦師之至，乃言于玄靚，遣使稱藩，生因其所稱而授之。

慕容儁遣將慕輿長卿等率衆七千入自軹關，攻幽州刺史張哲于裴氏堡。晉將軍劉度等率衆四千，攻青州刺史袁朗于盧氏。生遣其前將軍苻飛距晉，建節鄧羌距燕。飛未至而度退。羌及長卿戰于堡南，大敗之，獲長卿及甲首二千七百餘級。

姚襄率衆萬餘，攻其平陽太守苻產于匈奴堡，苻柳救之，為襄所敗，引還蒲阪。襄遂攻堡，克之，殺苻產，盡坑其衆，遣使從生假道，將還隴西。生將許之，苻堅諫曰：『姚襄，人傑也，今還隴西，必為深害，不如誘以厚利，伺隙而擊之。』生乃止。遣使拜襄官爵，襄不受，斬其使者，焚所送章策，寇掠河東。生怒，命其大將軍張平討之。襄乃卑辭厚幣與平結為兄弟，平更與襄通和。

生發三輔人營渭橋，金紫光祿大夫程肱以妨農害時，上疏極諫。生怒，殺之。

長安大風，發屋拔樹，行人顛頓，宮中奔擾，或稱賊至，宮門晝閉，五日乃止。生推告賊者，殺之，刳而出其心。左光祿大夫强平諫曰：『元正盛旦，日有蝕之，正陽神朔，昏風大起，兼水旱不時，獸灾未息，此皆由陛下不勉强于政事，乖和氣所致也。願陛下務養元元，平章百姓，棄纖介之嫌，含山嶽之過，致敬宗社，愛禮公卿，去秋霜之威，垂三春之澤，則姦回寢止，妖昆自消，乾靈祇祐皇家，永保無窮之美矣。』生怒，以為妖言，鑿其頂而殺之。平之囚也，偽衛將軍苻黃眉、前將軍苻飛、建節鄧羌侍宴禁中，叩頭固諫，以太后為言。平即生母强氏之弟也。生既弗許，强氏憂恨而死。

生下書曰：『朕受皇天之命，承祖宗之業，君臨萬邦，子育百姓，嗣統已來，有何不善，而謗讟之音扇滿天下。殺不過千，而謂刑虐。行者比肩，未足為稀。方當峻刑極罰，復如朕何！』時猛獸及狼大暴，晝則斷道，夜則發屋，惟害人而不食六畜。自生立一年，獸殺七百餘人，百姓苦之，皆聚而邑居。為害滋甚，遂廢農桑，內外凶懼。羣臣奏請禳灾，生曰：『野獸飢則食人，飽當自止，終不能累年為患也。天豈不子愛羣生，而年年降罰，正以百姓犯罪不已，將助朕專殺而施刑教故耳。但勿犯罪，何為怨天而尤人哉！』

生如阿房，遇兄與妹俱行者，逼令為非禮，不從，生怒殺之。又宴羣臣於咸陽故城，有後至者，皆斬之。嘗使太醫令程延合安胎藥，問人參好惡並藥分多少，延曰：『雖小小不具，自可堪用。』生以為譏其目，鑿延目出，然後斬之。

有司奏：『太白犯東井。東井，秦之分也，太白罰星，必有暴兵起于京師。』生曰：『星入井者，必將渴耳，何所怪乎！』

姚襄遣姚蘭、王欽盧待招動鄜城、定陽、北地、芹川諸羌胡，皆應之，有衆二萬七千，進據黃落。生遣苻黃眉、苻堅、鄧羌率步騎萬五千討之。襄深溝高壘，固守不戰。鄧羌說黃眉曰：『傷弓之鳥，落於虛發。襄頻為桓溫、張平所敗，銳氣喪矣。今謀固壘不戰，是窮寇也。襄性剛很，易以剛動，若長驅鼓行，直壓其壘，襄必忿而出師，可一戰擒也。』黃眉從之，遣羌率騎三千軍於壘門。襄怒，盡銳出戰。羌偽不勝，引騎而退，襄追之于三原，羌回騎距襄。俄而黃眉與堅至，大戰，斬之，盡俘其衆。黃眉等振旅而歸。黃眉雖有大功，生不加旌賞，每於衆中辱之。黃眉怒，謀殺生自立，事發，伏誅，其王公親戚多有死者。

初，生夢大魚食蒲，又長安謠曰：『東海大魚化為龍，男便為王女為公。問在何所洛門東。』東海，苻堅封也，時為龍驤將軍，第在洛門之東。生不知是堅，以謠夢之故，誅其侍中、太師、録尚書事魚遵及其七子、十孫。時又謠曰：『百里望空城，鬱鬱何青青。瞎兒不知法，仰不見天星。』於是悉壞諸空城以禳之。金紫光祿大夫牛夷懼不免禍，請出鎮上洛。

生曰：『卿忠肅篤敬，宜左右朕躬，豈有外鎮之理。』改授中軍。夷懼，歸而自殺。

初，生少凶暴嗜酒，健臨死，恐其不能保全家業，誡之曰：『酋師、大臣若不從汝命，可漸除之。』及即偽位，殘虐滋甚，耽湎於酒，無復晝夜。羣臣朔望朝謁，罕有見者，或至暮方出，臨朝輒怒，惟行殺戮。動連月昏醉，文奏因之遂寢。納姦佞之言，賞罰失中。左右或言陛下聖明宰世，天下惟歌太平。生曰：『媚於我也。』引而斬之。或言陛下刑罰微過。曰：『汝謗我也。』亦斬之。所幸妻妾小有忤旨，便殺之，流其屍于渭水。又遣宮人與男子裸交於殿前。生剥牛羊驢馬，活爓雞豚鵝，三五十為羣，放之殿中。或剥死囚面皮，令其歌舞，引羣臣觀之，以為嬉樂。宗室、勳舊、親戚、忠良殺害略盡，王公在位者悉以疾告歸，人情危駭，道路以目。既自有目疾，其所諱者不足、不具、少、無、缺、傷、殘、毁、偏、隻之言皆不得道，左右忤旨而死者不可勝紀，至於截脛、刳胎、拉脅、鋸頸者動有千數。

太史令康權言於生曰：『昨夜三月並出，孛星入於太微，遂入于東井。兼自去月上旬沈陰不雨，迄至於今，將有下人謀上之禍，深願陛下修德以消之。』生怒，以為妖言，撲而殺之。

生夜對侍婢曰：『阿法兄弟亦不可信，明當除之。』是夜清河王苻法夢神告之曰：『旦將禍集汝門，惟先覺者可以免之。』寤而心悸。會侍婢來告，乃與特進梁平老、强汪等率壯士數百人潛入雲龍門，苻堅與呂婆樓率麾下三百餘人鼓譟繼進，宿衛將士皆舍杖歸堅。生猶昏寐未寤。堅衆既至，引生置於别室，廢之為越王，俄而殺之。生臨死猶飲酒數斗，昏醉無所知矣。時年二十三，在位二年，偽謚厲王。

苻雄，字元才，洪之季子也。少善兵書，而多謀略，好施下士，便弓馬，有政術。健僭位，為佐命元勳，權侔人主，而謙恭奉法。健常曰：『元才，吾姬旦也。』及卒，健哭之歐血，曰：『天不欲吾定四海邪？何奪元才之速也！』子堅，别有載記。

王墮，字安生，京兆霸城人也。博學有雄才，明天文圖緯。苻洪征梁犢，以墮為司馬，謂洪曰：『讖言苻氏應王，公其人也。』洪深然之。及為宰相，著匪躬之稱。健常歎曰：『天下羣官皆如王令君者，陰陽曷不和乎！』甚敬重之。性剛峻疾惡，雅好直言。疾董榮、强國如仇讎，每於朝見之際，略不與言。人謂之曰：『董尚書貴幸一時，公宜降意。』墮曰：『董龍是何雞狗，而令國士與之言乎！』榮聞而慚恨，遂勸生誅之。及刑，榮謂墮曰：『君今復敢數董龍作雞狗？』墮瞋目而叱之。龍，榮之小字也。

又　卷一一三《苻堅載記上》　苻堅，字永固，一名文玉，雄之子也。祖洪，從石季龍徙鄴，家於永貴里。其母苟氏嘗游漳水，祈子於西門豹祠，其夜夢與神交，因而有孕，十二月而生堅焉。有神光自天燭其庭。背有赤文，隱起成字，曰『草付臣又土王咸陽。』臂垂過膝，目有紫光。洪奇而愛之，名曰堅頭。年七歲，聰敏好施，舉止不逾規矩。每侍洪側，輒量洪舉措，取與不失機候。洪每曰：『此兒姿貌瑰偉，質性過人，非常相也。』高平徐統有知人之鑑，遇堅于路，異之，執其手曰：『苻郎，此官之御街，小兒敢戲於此，不畏司隸縛邪？』堅曰：『司隸縛罪人，不縛小兒戲也。』統謂左右曰：『此兒有霸王之相。』左右怪之，統曰：『非爾所及也。』後又遇之，統下車屏人，密謂之曰：『苻郎骨相不恒，後當大貴，但僕不見，如何！』堅曰：『誠如公言，不敢忘德。』八歲，請師就家學。洪曰：『汝戎狄異類，世知飲酒，今乃求學邪！』欣而許之。

健之入關也，夢天神遣使者朱衣赤冠，命拜堅為龍驤將軍，健翌日為壇于曲沃以授之。健泣謂堅曰：『汝祖昔受此號，今汝復為神明所命，可不勉之！』堅揮劍捶馬，志氣感厲，士卒莫不憚服焉。性至孝，博學多才藝，有經濟大志，要結英豪，以圖緯世之宜。王猛、呂婆樓、强汪、梁平老等並有王佐之才，為其羽翼。太原薛讚、略陽權翼見而驚曰：『非常人也！』

及苻生嗣偽位，讚、翼説堅曰：『今主上昏虐，天下離心。有德者昌，無德受殃，天之道也。神器業重，不可令他人取之，願君王行湯、武之事，以順天人之心。』堅深然之，納為謀主。生既殘虐無度，梁平老等亟以為言，堅遂弑生，以偽位讓其兄法。法自以庶孽，不敢當。堅及母苟氏並慮衆心未服，難居大位，羣僚固請，乃從之。以升平元年僭稱大秦天王，誅生幸臣董龍、趙韶等二十餘人，赦其境内，改元曰永興。追謚父雄為文桓皇帝，尊母苟氏為皇太后，妻苟氏為皇后，子宏為皇太子。兄法為使持節、侍中、都督中外諸軍事、丞相、録尚書，從祖侯為太尉，從兄柳為車騎大將軍、尚書令，封弟融為陽平公，雙河南公，子丕長樂公，暉平原公，熙廣平公，睿鉅鹿公。李威為衛將軍、尚書左僕射，梁平老為右僕射；强汪為領軍將軍；仇騰為尚書，領選；席寶為丞相長史、行太子詹事；呂婆樓為司隸校尉；王猛、薛贊為中書侍郎；權翼為給事黄門侍郎，與猛、贊並掌機密。追復魚遵、雷弱兒、毛貴、王墮、梁楞、梁安、段純、辛牢等本官，以禮改葬之，其子孫皆隨才擢授。初，堅母以法長而賢，又得衆心，懼終為變，至此，遣殺之。堅性仁友，與法決於東堂，慟哭嘔血，贈以本官，謚曰哀，封其子陽為東海公，敷為清河公。於是修廢職，繼絶世，禮神祇，課農桑，立學校，鰥寡孤獨高年不自存者，賜穀帛有差，其殊才異行、孝友忠義、德業可稱者，令在所以聞。

其將張平以并州叛，堅率衆討之，以其建節將軍鄧羌為前鋒，率騎五千據汾上。堅至銅壁，平盡衆拒戰，為羌所敗，獲其養子蠔，送之，平懼，乃降於堅。堅赦其罪，署為右將軍，蠔武賁中郎將，加廣武將軍，徙其所部三千餘户于長安。

堅自臨晉登龍門，顧謂其羣臣曰：『美哉山河之固！婁敬有言，「關中四塞之國」，真不虚也。』權翼、薛贊對曰：『臣聞夏、殷之都非不險也，周、秦之衆非不多也，終於身竄南巢，首懸白旗，軀殘於犬戎，國分于項籍昔何也？德之不修故耳。吴起有言：「在德不在險。」深願陛下追蹤唐、虞，懷遠以德，山河之固不足恃也。』堅大悦，乃還長安。賜為父後者爵一級，鰥寡高年穀帛有差，丐所過田租之半。是秋，大旱，堅減膳撤懸，金玉綺繡皆散之戎士，後宫悉去羅紈，衣不曳地。開山澤之利，公私共之，偃甲息兵，與境内休息。

王猛親寵愈密，朝政莫不由之。特進樊世，氐豪也，有大勳於苻氏，負氣倨傲，衆辱猛曰：『吾輩與先帝共興事業，而不預時權；君無汗馬之勞，何敢專管大任？是為我耕稼而君食之乎！』猛曰：『方當使君為宰夫，安直耕稼而已。』世大怒曰：『要當懸汝頭于長安城門，不爾者，終不處於世也。』猛言之於堅，堅怒曰：『必須殺此老氐，然後百僚可整。』俄而世入言事，堅謂猛曰：『吾欲以楊璧尚主，璧何如人也？』世勃然曰：『楊璧，臣之婿也，婚已久定，陛下安得令之尚主乎！』猛讓世曰：『陛下帝有海内，而君敢競婚，是為二天子，安有上下！』世怒起，將擊猛，左右止之。世遂醜言大罵，堅由此發怒，命斬之於西廄。諸氐紛紜，競陳猛短，堅恚甚，慢罵，或有鞭撻於殿庭者。權翼進曰：『陛下宏達大度，善馭英豪，神武卓犖，録功舍過，有漢祖之風。然慢易之言，所宜除之。』堅笑曰：『朕之過也。』自是公卿以下無不憚猛焉。

堅起明堂，繕南北郊，郊祀其祖洪以配天，宗祀其伯健于明堂以配上帝。親耕藉田，其妻苟氏親蠶於近郊。

堅南遊霸陵，顧謂羣臣曰：『漢祖起自布衣，廓平四海，佐命功臣孰為首乎？』權翼進曰：『《漢書》以蕭、曹為功臣之冠。』堅曰：『漢祖與項羽爭天下，困于京索之間，身被七十餘創，通中六七，父母妻子為楚所囚。平城之下，七日不火食，賴陳平之謀，太上、妻子克全，免匈奴之禍。二相何得獨高也！雖有人狗之喻，豈黄中之言乎！』於是酣飲極歡，命羣臣賦詩。大赦，復改元曰甘露。以王猛為侍中、中書令、京兆尹。

其特進强德，健妻之弟也，昏酒豪横，為百姓之患。猛捕而殺之，陳屍於市。其中丞鄧羌，性鯁直不撓，與猛協規齊志，數旬之間，貴戚强豪誅死者二十有餘人。於是百僚震肅，豪右屏氣，路不拾遺，風化大行。堅歎曰：『吾今始知天下之有法也，天子之為尊也！』於是遣使巡察四方及戎夷種落，州郡有高年孤寡，不能自存，長史刑罰失中、為百姓所苦，清修疾惡、勸課農桑、有便於俗，篤學至孝、義烈力田者，皆令具條以聞。

時匈奴左賢王衛辰遣使降於堅，遂請田内地，堅許之。雲中護軍賈雍遣其司馬徐斌率騎襲之，因縱兵掠奪。堅怒曰：『朕方修魏絳和戎之術，不可以小利忘大信。昔荆吴之戰，事興蠶婦；澆瓜之惠，梁、宋息兵。夫怨不在大，事不在小，擾邊動衆，非國之利也。所獲資産，其悉以歸之。』免雍官，以白衣領護軍，遣使修和，示之信義。辰於是入居塞内，貢獻相尋。烏丸獨孤、鮮卑没奕於率衆數萬又降於堅。堅初欲處之塞内，苻融以『匈奴為患，其興自古。比虜馬不敢南首者，畏威故也。今處之於内地，見其弱矣，方當窺兵郡縣，為北邊之害。不如徙之塞外，以存荒服之義。』堅從之。

堅僭位五年，鳳皇集于東闕，大赦其境內，百僚進位一級。初，堅之將為赦也，與王猛、苻融密議於露堂，悉屏左右。堅親為赦文，猛、融供進紙墨。有一大蒼蠅入自牖間，鳴聲甚大，集於筆端，驅而復來。俄而長安街巷市里人相告曰：『官今大赦。』有司以聞。堅驚謂融、猛曰：『禁中無耳屬之理，事何從泄也？』於是敕外窮推之，咸言有一小人衣黑衣，大呼於市曰：『官今大赦。』須臾不見。堅歎曰：『其向蒼蠅乎？聲狀非常，吾固惡之。諺曰：「欲人勿知，莫若勿為。」聲無細而弗聞，事未形而必彰者，其此之謂也。』堅廣修學官，召郡國學生通一經以上充之，公卿已下子孫並遣受業。其有學為通儒、才堪幹事、清修廉直、孝悌力田者，皆旌表之。於是人思勸勵，號稱多士，盜賊止息，請托路絕，田疇修辟，帑藏充盈，典章法物靡不悉備。堅親臨太學，考學生經義優劣，品而第之。問難五經，博士多不能對。堅謂博士王寔曰：『朕一月三臨太學，黜陟幽明，躬親獎勵，罔敢倦違，庶幾周、孔微言不由朕而墜，漢之二武其可追乎！』寔對曰：『自劉石擾覆華畿，二都鞠為茂草，儒生罕有或存，墳籍滅而莫紀，經淪學廢，奄若秦皇。陛下神武撥亂，道隆虞、夏，開庠序之美，弘儒教之風，化盛隆周，垂馨千祀，漢之二武焉足論哉！』堅自是每月一臨太學，諸生競勸焉。

屠各張罔聚衆數千，自稱大單于，寇掠郡縣。堅以其尚書鄧羌為建節將軍，率衆七千討平之。

時商人趙掇、丁妃、鄒瓫等皆家累千金，車服之盛，擬則王侯，堅之諸公競引之為國二卿。黃門侍郎程憲言於堅曰：『趙掇等皆商販醜豎，市郭小人，車馬衣服僭同王者，官齊君子，為藩國列卿，傷風敗俗，有塵聖化，宜肅明典法，使清濁顯分。』堅於是推檢引掇等為國卿者，降其爵。乃下制：『非命士已上，不得乘車馬於都城百里之內。金銀錦繡，工商、皁隸、婦女不得服之，犯者棄市。』

興寧三年，堅又改元為建元。慕容暐遣其太宰慕容恪攻拔洛陽，略地至於崤、澠。堅懼其入關，親屯陝城以備之。

匈奴右賢王曹轂、左賢王衛辰舉兵叛，率衆二萬攻其杏城已南郡縣，屯於馬蘭山。索虜烏延等亦叛堅而通於辰、轂。堅率中外精銳以討之，以其前將軍楊安、鎮軍毛盛等為前鋒都督。轂遣弟活距戰於同官川，安大敗之，斬活並四千餘級，轂懼而降。堅徙其酋豪六千餘户于長安。進擊烏延，斬之。鄧羌討衛辰，擒之於木根山。堅自驄馬城如朔方，巡撫夷狄，以衛辰為夏陽公以統其衆。轂尋死，分其部落，貳城已西二萬餘落封其長子璽為駱川侯，貳城已東二萬餘落封其小子寅為力川侯，故號東、西曹。

秦、雍二州地震裂，水泉涌出，金象生毛，長安大風震電，壞屋殺人，堅懼而愈修德政焉。

使王猛、楊安等率衆二萬寇荆州北鄙諸郡，掠漢陽萬餘户而還。羌斂岐叛堅，自稱益州刺史，率部落四千餘家西依張天錫叛將李儼。堅遣王猛與隴西太守姜衡、南安太守邵羌討斂岐于略陽。張天錫率步騎三萬擊李儼，攻其大夏、武始二郡，克之。天錫將掌據又敗儼諸軍于葵谷，儼懼，遣兄子純謝罪於堅，仍請救。尋而猛攻破略陽，斂岐奔白馬。堅遣楊安與建威王撫率衆會猛以救儼。猛遣邵羌追斂岐，使王撫守侯和，姜衡守白石。猛與楊安救枹罕，及天錫將楊遹戰於枹罕東，猛不利。邵羌擒斂岐于白馬，送之長安。天錫遂引師而歸。儼猶憑城未出，猛乃服白乘輿，從數十人，請與相見。儼開門延之，未及設備，而將士續入，遂虜儼而還。堅以其將軍彭越為平西將軍、涼州刺史，鎮枹罕。以儼為光祿勳、歸安侯。

是歲，苻雙據上邽，苻柳據蒲阪叛於堅，苻庾據陝城，苻武據安定並應之，將共伐長安。堅遣使諭之，各齧梨以為信，皆不受堅命，阻兵自守。堅遣後禁將軍楊成世、左將軍毛嵩等討雙、武，王猛、鄧羌攻蒲阪，楊安、張蠔攻陝城。成世、毛嵩為雙、武所敗，堅又遣其武衛王鑒、寧朔呂光等率中外精銳以討之，左衛苻雅、左禁竇衝率羽林騎七千繼發。雙、武乘勝至於榆眉，鑒等擊敗之，斬獲萬五千人。武棄安定，隨雙奔上邽，鑒等攻之。苻柳出挑戰，猛閉壘不應。柳以猛為憚己，留其世子良守蒲阪，率衆二萬，將攻長安。長安去蒲阪百餘里，鄧羌率勁騎七千夜襲敗之，柳引軍還，猛又盡衆邀擊，悉俘其卒，柳與數百騎入于蒲阪。鑒等攻上邽，克之，斬雙、武。猛又尋破蒲阪，斬柳及其妻子，傳首長安。猛屯蒲阪，遣鄧羌與王鑒等攻陷陝城，克之，送庾于長安，殺之。

太和四年，晉大司馬桓溫伐慕容暐，次於枋頭。暐衆屢敗，遣使乞師於堅，請割武牢以西之地。堅亦欲與暐連横，乃遣其將苟池等率步騎二萬救暐。王師尋敗，引歸，池乃還。

是時慕容垂避害奔于堅，王猛言於堅曰：『慕容垂，燕之戚屬，世雄東夏，寬仁惠下，恩結士庶，燕、趙之間咸有奉戴之意。觀其才略，權智無方，兼其諸子明毅有幹藝，人之傑也。蛟龍猛獸，非可馴之物，不如除之。』堅曰：『吾方以義致英豪，建不世之功。且其初至，吾告之至誠，今而害之，人將謂我何！』

王師既旋，慕容暐悔割武牢之地，遣使謂堅曰：『頃者割地，行人失辭。有國有家，分災救患，理之常也。』堅大怒，遣王猛與建威梁成、鄧羌率步騎三萬，署慕容垂為冠軍將軍，以為鄉導，攻暐洛州刺史慕容築于洛陽。暐遣其將慕容臧率精卒十萬，將解築圍。猛使梁成等以精鋭萬人卷甲赴之，大破臧于滎陽。築懼而請降，猛陳師以受之，留鄧羌鎮金墉，猛振旅而歸。

太和五年，又遣猛率楊安、張蠔、鄧羌等十將率步騎六萬伐暐。堅親送猛於霸東，謂曰：『今授卿精兵，委以重任，便可從壺關、上黨出潞川，此捷濟之機，所謂捷雷不及掩耳。吾當躬自率衆以繼卿後，於鄴相見。已敕運漕相繼，但憂賊，不煩後慮也。』猛曰：『臣庸劣孤生，操無豪介，蒙陛下恩榮，內侍帷幄，出總戎旅，藉宗廟之靈，稟陛下神算，殘胡不足平也。願不煩鑾軫，冒犯霜露。臣雖不武，望克不淹時。但願速敕有司，部置鮮卑之所。』堅大悅。於是進師。楊安攻晉陽。猛攻壺關，執暐上黨太守慕容越，所經郡縣皆降於猛，猛留屯騎校尉苟萇戍壺關。會楊安攻晉陽，為地道，遣張蠔率壯士數百人入其城中，大呼斬關，猛、安遂入晉陽，執暐并州刺史慕容莊。暐遣其太傅慕容評率衆四十餘萬以救二城，評憚猛不敢進，屯於潞川。猛留將軍毛當戍晉陽，進師與評相持。遣遊擊郭慶以鋭卒五千，夜從間道出評營後，傍山起火，燒其輜重，火見鄴中。暐懼，遣使讓評，催之速戰。猛知評賣水鬻薪，有可乘之會，評又求戰，乃陣于渭原而誓衆曰：『王景略受國厚恩，任兼內外，今與諸君深入賊地，宜各勉進，不可退也。願戮力行間，以報恩顧，受爵明君之朝，慶觴父母之室，不亦美乎！』衆皆勇奮，破釜棄糧，大呼競進。猛望評師之衆也，惡之，謂鄧羌曰：『今日之事，非將軍莫可以捷。成敗之機，在斯一舉。將軍其勉之！』羌曰：『若以司隸見與者，公無以為憂。』猛曰：『此非吾之所及也。必以安定太守、萬户侯相處。』羌不悅而退。俄而兵交，猛召之，羌寢而弗應。猛馳就許之，羌於是大飲帳中，與張蠔、徐成等跨馬運矛，馳入評軍，出入數四，旁若無人，搴旗斬將，殺傷甚衆。及日中，評衆大敗，俘斬五萬有餘，乘勝追擊，又降斬十萬，於是進師圍鄴。堅聞之，留李威輔其太子宏守長安，以苻融鎮洛陽，躬率精鋭十萬向鄴。七日而至於安陽，過舊閭，引諸耆老語及祖父之事，泫然流涕，乃停信宿。猛潛至安陽迎堅，堅謂之曰：『昔亞夫不出軍迎漢文，將軍何以臨敵而棄衆也？』猛曰：『臣每覽亞夫之事，嘗謂前卻人主，以此而為名將，竊未多之。臣奉陛下神算，擊垂亡之虜，若摧枯拉朽，何足慮也！監國沖幼，鑾駕遠臨，脫有不虞，其如宗廟何！』堅遂攻鄴，陷之。慕容暐出奔高陽，堅將郭慶執而送之。堅入鄴宮，閱其名籍，幾郡百五十七，縣一千五百七十九，户二百四十五萬八千九百六十九，口九百九十八萬七千九百三十五。諸州郡牧守及六夷渠帥盡降於堅。郭慶窮追餘燼，慕容評奔于高句麗，慶追至遼海，句麗縛評送之。堅散暐宮人珍寶以賜將士，論功封賞各有差。以王猛為使持節、都督關東六州諸軍事、車騎大將軍、開府儀同三司、冀州牧、鎮鄴；以郭慶為持節、都督幽州諸軍事、揚武將軍、幽州刺史，鎮薊。

堅自鄴如枋頭，宴諸父老，改枋頭為永昌縣，復之終世。堅至自永昌，行飲至之禮，歌勞止之詩，以饗其羣臣。赦慕容暐及其王公已下，皆徙于長安，封授有差。堅於是行禮於辟雍，祀先師孔子，其太子及公侯卿大夫士之元子，皆束修釋奠焉。徙關東豪傑及諸雜夷十萬户於關中，處烏丸雜類于馮翊、北地，丁零翟斌於新安，徙陳留、東阿萬户以實青州。諸因亂流移，避仇遠徙，欲還舊業者，悉聽之。

晉叛臣袁瑾固守壽春，為大司馬桓温所圍，遣使請救於堅。堅遣王鑒、張蠔率步騎二萬救之，鑒據洛澗，蠔屯八公山。桓温遣諸將夜襲鑒、蠔，敗之，鑒、蠔屯慎城。

初，仇池氏楊世以地降於堅，堅署為平南將軍、秦州刺史、仇池公。既而歸順于晉。世死，子纂代立，遂受天子爵命而絕於堅。世弟統驍武得衆，起兵武都，與纂分爭。堅遣其將苻雅、楊安與益州刺史王統率步騎七萬，先取仇池，進圖寧、益。雅等次於鷲陝，纂率衆五萬距雅。晉梁州刺史楊亮遣督護郭寶率騎千餘救之，戰於陝中，為雅等所敗，纂收衆奔還。

雅進攻仇池，楊統帥武都之衆降於雅。纂將楊他遣子碩密降於雅，請為內應。纂懼，面縛出降。雅釋其縛，送之長安。以楊統為平遠將軍、南秦州刺史，加楊安都督，鎮仇池。

先是，王猛獲張天錫將敦煌陰據及甲士五千，堅既東平六州，西擒楊纂，欲以德懷遠，且跨威河右，至是悉送所獲還涼州。天錫懼而遣使謝罪稱藩，堅大悅，即署天錫為使持節、散騎常侍、都督河右諸軍事、驃騎大將軍、開府儀同三司、涼州刺史、西域都護、西平公。

吐谷渾碎奚以楊纂既降，懼而遣使送馬五千匹、金銀五百斤。堅拜奚安遠將軍、漒川侯。

堅嘗如鄴，狩於西山，旬餘，樂而忘返。伶人王洛叩馬諫曰：『臣聞千金之子坐不垂堂，萬乘之主行不履危。故文帝馳車，袁公止轡；孝武好田，相如獻規。陛下為百姓父母，蒼生所繫，何可盤于游田，以玷聖德。若禍起須臾，變在不測者，其如宗廟何！其如太后何！』堅曰：『善。昔文公悟愆于虞人，朕聞罪于王洛，吾過也。』自是遂不復獵。

堅聞桓温廢海西公也，謂羣臣曰：『温前敗灞上，後敗枋頭，十五年間，再傾國師。六十歲公舉動如此，不能思愆免退，以謝百姓，方廢君以自悅，將如四海何！諺云「怒其室而作色于父」者，其桓温之謂乎！』

堅以境內旱，課百姓區種。懼歲不登，省節穀帛之費，太官、後官減常度二等，百僚之秩以次降之。復魏、晉士籍，使役有常，聞諸非正道，典學一皆禁之。堅臨太學，考學生經義，上第擢敍者八十三人。自永嘉之亂，庠序無聞，及堅之僭，頗留心儒學，王猛整齊風俗，政理稱舉，學校漸興。關、隴清晏，百姓豐樂，自長安至於諸州，皆夾路樹槐柳，二十里一亭，四十里一驛，旅行者取給於途，工商貿販於道。百姓歌之曰：『長安大街，夾樹楊槐。下走朱輪，上有鸞棲。英彥雲集，誨我萌黎。』

是歲，有大風從西南來，俄而晦冥，恒星皆見，又有赤星見於西南。太史令魏延言於堅曰：『于占西南國亡，明年必當平蜀漢。』堅大悅，命秦梁密嚴戎備。乃以王猛為丞相，以苻融為鎮東大將軍。代猛為冀州牧。融將發，堅祖於霸東，奏樂賦詩。堅母苟氏以融少子，甚愛之，比發，三至灞上，其夕又竊如融所，內外莫知。是夜，堅寢於前殿，魏延上言：『天市南門屏內后妃星失明，左右閽寺不見，后妃移動之象。』堅推問知之，驚曰：『天道與人何其不遠！』遂重星官。王猛至長安，加都督中外諸軍事，猛辭讓再三，堅不許。

其後天鼓鳴，有彗星出於尾箕，長十餘丈，名蚩尤旗，經太微，掃東井，自夏及秋冬不滅。太史令張孟言於堅曰：『彗起尾箕，而掃東井，此燕滅秦之象。』因勸堅誅慕容暐及其子弟。堅不納，更以暐為尚書，垂為京兆尹，沖為平陽太守。苻融聞之，上疏於堅曰：『臣聞東胡在燕，歷數彌久，逮于石亂，遂據華夏，跨有六州，南面稱帝。陛下爰命六師，大舉征討，勞卒頻年，勤而後獲，非慕義懷德歸化。而今父子兄弟列官滿朝，執權履職，勢傾勞舊，陛下親而幸之。臣愚以為猛獸不可養，狼子野心。往年星異，灾起于燕，願少留意，以思天戒。臣據可言之地，不容默已。《詩》曰：「兄弟急難」，「朋友好合」。昔劉向以肺腑之親，尚能極言，況於臣乎！』堅報之曰：『汝為德未充而懷是非，立善未稱而名過其實。《詩》云：「德輶如毛，人鮮克舉。」君子處高，戒懼傾敗，可不務乎！今四海事曠，兆庶未寧，黎元應撫，夷狄應和，方將混六合以一家，同有形於赤子，汝其息之，勿懷耿介。夫天道助順，修德則禳灾。苟求諸己，何懼外患焉。』

晉梁州刺史楊亮遣子廣襲仇池，與堅將楊安戰，廣敗績，晉沮水諸戍皆委城奔潰，亮懼而退守磬險，安遂進寇漢川。堅遣王統、朱彤率卒二萬為前鋒寇蜀，前禁將軍毛當、鷹揚將軍徐成率步騎三萬入自劍閣。楊亮率巴獠萬餘拒之，戰于青谷，王師不利，亮奔固西城。彤乘勝陷漢中，徐成又攻二劍，克之，楊安進據梓潼。晉奮威將軍、西蠻校尉周虓降於彤。揚武將軍、益州刺史周仲孫勒兵距彤等於綿竹，聞堅將毛當將至成都，仲孫率騎五千奔于南中。安、當進兵，遂陷益州。於是西南夷邛、莋、夜郎等皆歸之。堅以安為右大將軍、益州牧，鎮成都；毛當為鎮西將軍、梁州刺史，鎮漢中；姚萇為寧州刺史、領西蠻校尉；王統為南秦州刺史，鎮仇池。

蜀人張育、楊光等起兵，與巴獠相應，以叛於堅。晉益州刺史竺瑤、威遠將軍桓石虔率衆三萬據墊江。育乃自號蜀王，遣使歸順，與巴獠酋帥張重、尹萬等五萬餘人進圍成都。尋而育與萬爭權，舉兵相持，堅遣鄧羌與楊安等擊敗之，育、光退屯綿竹。安又敗張重、尹萬于成都南，重死之，及首級二萬三千。鄧羌復擊張育、楊光於綿竹，皆害之。桓石虔敗姚萇于墊江，萇退據五城，石虔與竺瑤移屯巴東。

時有人於堅明光殿大呼謂堅曰：『甲申乙酉，魚羊食人，悲哉無復遺。』堅命執之，俄而不見。秘書監朱彤等因請誅鮮卑，堅不從。遣使巡行四方，觀風俗，問政道，明黜陟，恤孤獨不能自存者。以安車蒲輪征隱士樂陵王歡為國子祭酒。及王猛卒，堅置聽訟觀於未央之南。禁《老》、《莊》、圖讖之學。中外四禁、二衛、四軍長上將士，皆令修學。課後宮，置典學，立內司，以授於掖庭，選閹人及女隸有聰識者署博士以授經。

遣其武衛苟萇、左將軍毛盛、中書令梁熙、步兵校尉姚萇等率騎十三萬伐張天賜于姑臧。遣尚書朗閻負、梁殊銜命軍前，下書征天錫。堅嚴飾鹵簿，親餞萇等於城西，賞行將各有差。又遣其秦州刺史苟池、河州刺史李辯、涼州刺史王統，率三州之衆以繼之。閻負等到涼州，天錫自以晉之列藩，志在保境，命斬之，遣將軍馬建出距萇等。俄而梁熙、王統等自清石津攻其將梁糴於河會城，陷之。苟萇濟自石城津，與梁熙等會攻纏縮城，又陷之。馬建懼，自楊非退還清塞。天錫又遣將軍掌據率衆三萬，與馬建陣于洪池。苟萇遣姚萇以甲卒三千挑戰，諸將勸據擊之，以挫其鋒，據不從。天錫乃率中軍三萬次金昌。萇、熙聞天錫來逼，急攻據、建，建降於萇，遂攻據，害之，及其軍司席仂。萇進軍入清塞，乘高列陣。天錫又遣司兵趙充哲為前鋒，率勁勇五萬，與萇等戰於赤岸，哲大敗。天錫懼而奔還，至箋請降。萇至姑臧，天錫乘素車白馬，面縛輿櫬，降於軍門。萇釋縛焚櫬，送之于長安，諸郡縣悉降。堅以梁熙為持節、西中郎將、涼州刺史，領護西羌校尉，鎮姑臧。徙豪右七千餘户於關中，五品税百姓金銀一萬三千斤以賞軍士，餘皆安堵如故。堅封天錫重光縣之東寧鄉二百户，號歸義侯。初，萇等將征天錫，堅為其立第于長安，至是而居之。

堅既平涼州，又遣其安北將軍、幽州刺史苻洛為北討大都督，率幽州兵十萬討代王涉翼犍。又遣後將軍俱難與鄧羌等率步騎二十萬東出和龍，西出上郡，與洛會於涉翼犍庭。翼犍戰敗，遁于弱水。苻洛逐之，勢窘迫，退還陰山。其子翼圭縛父請降，洛等振旅而還，封賞有差。堅以翼犍荒俗，未參仁義，令入太學習禮。以翼圭執父不孝，遷之於蜀。散其部落于漢鄣邊故地，立尉、監行事，官僚領押，課之治業營生，三五取丁，優復三年無税租。其渠帥歲終令朝獻，出入行來為之制限。堅嘗之太學，召涉翼犍問曰：『中國以學養性，而人壽考，漠北啖牛羊而人不壽，何也？』翼犍不能答。又問：『卿種人有堪將者，可召為國家用。』對曰：『漠北人能捕六畜，善馳走，逐水草而已，何堪為將！』又問：『好學否？』對曰：『若不好學，陛下用教臣何為？』堅善其答。

堅以關中水旱不時，議依鄭白故事，發其王侯已下及豪望富室僮隸三萬人，開涇水上源，鑿山起堤，通渠引瀆，以溉岡鹵之田。及春而成，百姓賴其利。以涼州新附，復租賦一年。為父後者賜爵一級，孝悌力田爵二級，孤寡高年穀帛有差，女子百户牛酒，大酺三日。

遣其尚書令苻丕率司馬慕容暐、苟萇等步騎七萬寇襄陽。使楊安將樊鄧之衆為前鋒，屯騎校尉石越率精騎一萬出魯陽關，慕容垂與姚萇出自南鄉，苟池等與强弩王顯將勁卒四萬從武當繼進，大會漢陽。師次沔北，晉南中郎將朱序以丕軍無舟楫，不以為虞，石越遂游馬以渡。序大懼，固守中城。越攻陷外郛，獲船百餘艘以濟軍。丕率諸將進攻中城，遣苟池、石越、毛當以衆五萬屯於江陵。晉車騎將軍桓沖擁衆七萬為序聲援，憚池等不進，保據上明。兗州刺史彭超遣使上言於堅曰：『晉沛郡太守戴逯以卒數千戍彭城，臣請率精鋭五萬攻之，願更遣重將討淮南諸城。』堅於是又遣其後將軍俱難率右將軍毛當、後禁毛盛、陵江邵保等步騎七萬寇淮陰、盱眙。揚武彭超寇鼓城。梁州刺史韋鍾寇魏興，攻太守吉挹于西城。晉將軍毛武生率衆五萬距之，與俱難等相持於淮南。

先是，梁熙遣使西域，稱揚堅之威德，並以繒彩賜諸國王，於是朝獻者十有餘國。大宛獻天馬千里駒，皆汗血、朱鬣、五色、鳳膺、麟身，及諸珍異五百餘種。堅曰：『吾思漢文之返千里馬，咨嗟美詠。今所獻馬，其悉反之，庶克念前王，仿佛古人矣。』乃命羣臣作《止馬詩》而遣之，示無欲也。其下以為盛德之事，遠同漢文，於是獻詩者四百餘人。

是時苻丕久圍襄陽，御史中丞李柔劾丕以師老無功，請征下廷尉。堅曰：『丕等費廣無成，實宜貶戮。但師已淹時，不可虛然中返，其特原之，令以功成贖罪。』因遣其黄門郎韋華持節切讓丕等，仍賜以劍，曰：『來春不捷者，汝可自裁，不足復持面見吾也。』初，丕之寇襄陽也，將急攻之，苟萇諫曰：『今以十倍之衆，積粟如山，但掠徙荊、楚之人內于許、洛，絕其糧運，使外援不接，糧盡無人，不攻自潰，何為促攻以傷將士之命？』丕從之。及堅讓至，衆咸疑懼，莫知所為。征南主簿河東王施進曰：『以大將軍英秀，諸將勇銳，以攻小城，何異洪爐燎羽毛。所以緩攻，欲以計制之。若決一旦之機，可指日而定。今破襄陽，上明自遁，復何所疑！願請一旬之期，以展三軍之勢。如其不捷，施請為戮首。』丕於是促圍攻之。堅將親率衆助丕等，使苻融將關東甲卒會于壽春，梁熙統河西之衆以繼中軍。融、熙並上言，以為未可興師，乃止。

太元四年，晉兗州刺史謝玄率衆數萬次於泗汭，將救彭城。苻丕陷襄陽，執南中郎將朱序，送于長安，堅署為度支尚書。以其中壘梁成為南中郎將、都督荊、揚州諸軍事、荊州刺史，領護南蠻校尉，配兵一萬鎮襄陽，以征南府器杖給之。彭超圍彭城也，置輜重於留城。至是，晉將謝玄遣將軍何謙之、高衡率衆萬餘，聲趣留城，超引軍赴之。戴逯率彭城之衆奔于謝玄，超留其治中徐褒守彭城而復寇盱眙。俱難既陷淮陰，留邵保戍之，與超會師而南。晉將毛武生救魏興，遣前鋒督護趙福、將軍袁虞等將水軍一萬，泝江而上。堅南巴校尉姜宇遣將張紹、仇生等水陸五千距之，戰于南縣，王師敗績。尋而韋鍾攻陷魏興，執太守吉挹。毛當與王顯自襄陽而東，會攻淮南。彭超陷盱眙，獲晉建威將軍、高密內史毛璪之，遂攻晉幽州刺史田洛于三阿，去廣陵百里，京都大震，臨江列戍。孝武帝遣征虜將軍謝石率水軍次於涂中，右衛將軍毛安之、遊擊將軍河間王曇之次於堂邑，謝玄自廣陵救三阿。毛當、毛盛馳襲安之，王師敗績。玄率衆三萬次於白馬塘，俱難遣其將都顏率騎逆玄，戰於塘西，玄大敗之，斬顏。玄進兵至三阿，與難、超戰，超等又敗，退保盱眙。玄進次石梁，與田洛攻盱眙，難、超出戰，復敗，退屯淮陰。玄遣將軍何謙之、督護諸葛侃率舟師乘潮而上，焚淮橋，又與難等合戰，謙之斬其將邵保，難、超退師淮北。難歸罪彭超，斬其司馬柳渾。堅聞之，大怒，檻車征超下獄，超自殺，難免為庶人。

堅以毛當為平南將軍、徐州刺史，鎮彭城；毛盛為平東將軍、兗州刺史，鎮胡陸；王顯為平吳校尉、揚州刺史，戍下邳：賞堂邑之功也。又以苻洛為散騎常侍、持節、都督益、寧、西南夷諸軍事、征南大將軍、益州牧，領護西夷校尉，鎮成都，命從伊闕自襄陽泝漢而上。洛，健之兄子也。雄勇多力，而猛氣絕人，堅深忌之，故常為邊牧。洛有征伐之功而未賞，及是遷也，恚怒，謀於衆曰：『孤於帝室，至親也，主上不能以將相任孤，常擯孤於外，既投之西裔，復不聽過京師，此必有伏計，令梁成沈孤于漢水矣。為宜束手就命，為追晉陽之事以匡社稷邪？諸君意如何？』其治中平顏安陳祥瑞，勸洛舉兵。洛因攘袂大言曰：『孤計決矣，沮謀者斬！』於是自稱大將軍、大都督、秦王，署置官司，以平顏輔國將軍、幽州刺史，為其謀主。分遣使者徵兵于鮮卑、烏丸、高句麗、百濟及薛羅、休忍等諸國，並不從。洛懼而欲止，平顏曰：『且宜聲言受詔，盡幽、幷之兵出自中山、常山，陽平公必郊迎于路，因而執之，進據冀州，總關東之衆以圖秦、雍，可使百姓不覺易主而大業定矣。』洛從之，乃率衆七萬發和龍，將圖長安。於是關中騷動，盜賊並起。堅遣使數之曰：『天下未一家，兄弟匪他，何為而反？可還和龍，當以幽州永為世封。』洛謂使者曰：『汝還白東海王，幽州褊厄，不足容萬乘，須還王咸陽，以承高祖之業。若能候駕潼關者，位為上公，爵歸本國。』堅大怒，遣其左將軍竇衝及呂光率步騎四萬討之，右將軍都貴馳傳詣鄴，率冀州兵三萬為前鋒，以苻融為大都督，授之節度。使石越率騎一萬，自東萊出石徑，襲和龍，海行四百餘里。苻重亦盡薊城之衆會洛，次於中山，有衆十萬。沖等與洛戰於中山，大敗之，執洛及其將蘭殊，送于長安。呂光追斬苻重于幽州，石越克和龍，斬平顏及其黨與百餘人。堅赦蘭殊，署為將軍，徙洛於涼州，徵苻融為車騎大將軍、領宗正、録尚書事。

洛既平，堅以關東地廣人殷，思所以鎮靜之，引其羣臣於東堂議曰：『凡我族類，支胤彌繁，今欲分三原、九嵕、武都、汧、雍十五萬戶于諸方要鎮，不忘舊德，為磐石之宗，于諸君之意如何？』皆曰：『此有周所以祚隆八百，社稷之利也。』於是分四帥子弟三千戶，以配苻丕鎮鄴，如世封諸侯，為新券主。堅送丕於灞上，流涕而別。諸戎子弟離其父兄者，皆悲號哀慟，酸感行人，識者以為喪亂流離之象。於是分幽州置平州，以石越為平州刺史，領護鮮卑中郎將，鎮龍城；大鴻臚韓胤領護赤沙中郎將，移烏丸府於代郡之平城；中書令梁讜為安遠將軍、幽州刺史，鎮薊城；毛興為鎮西將軍、河州刺史，鎮枹罕；王騰為鷹揚將軍、幷州刺史，領護匈奴中郎將，鎮晉陽；二州各配支戶三千；苻暉為鎮東大將軍、豫州牧，鎮洛陽；苻睿為安東將軍、雍州刺史，鎮蒲阪。

先是，高陸人穿井得龜，大三尺，背有八卦文，堅命太卜池養之，食以粟，及此而死，藏其骨於太廟。其夜廟丞高虜夢龜謂之曰：『我本出將歸江南，遭時不遇，隕命秦庭。』又有人夢中謂虜曰：『龜三千六百歲而終，終必妖興，亡國之徵也。』

堅自平諸國之後，國內殷實，遂示人以侈，懸珠簾於正殿，以朝羣臣，宮宇車乘，器物服御，悉以珠璣、琅玕、奇寶、珍怪飾之。尚書郎裴元略諫曰：『臣聞堯、舜茅茨，周卑宮室，故致和平，慶隆八百。始皇窮極奢麗，嗣不及孫。願陛下則采椽之不琢，鄙瓊室而不居，敷純風於天下，流休范於無窮，賤金玉，珍穀帛，勤恤人隱，勸課農桑，捐無用之器，棄難得之貨，敦至道以厲薄俗，修文德以懷遠人。然後一軌九州，同風天下，刑措既登，告成東嶽，蹤軒皇以齊美，哂二漢之徒封，臣之願也。』堅大悅，命去珠簾，以元略為諫議大夫。

鄯善王、車師前部王來朝，大宛獻汗血馬，肅慎貢楛矢，天竺獻火浣布，康居、於闐及海東諸國，凡六十有二王，皆遣使貢其方物。

初，堅母少寡，將軍李威有辟陽之寵，史官載之。至是，堅收起居注及著作所録而觀之，見其事，慚怒，乃焚其書，大檢史官，將加其罪。著作郎趙泉、車敬等已死，乃止。

荆州刺史都貴遣其司馬閻振、中兵參軍吳仲等率衆二萬寇竟陵，留輜重于管城，水陸輕進。桓沖遣南平太守桓石虔、竟陵太守郭銓等水陸二萬距之，相持月餘，戰于溠水。振等大敗，退保管城。石虔乘勝攻破之，斬振及仲，俘斬萬七千。

又 卷一一四《苻堅載記下》 太元七年，堅饗羣臣於前殿，樂奏賦詩。秦州別駕天水姜平子詩有『丁』字，直而不曲。堅問其故，平子曰：『臣丁至剛，不可以屈，且曲下者之不正之物，未足獻也。』堅笑曰：『名不虛行。』因擢為上第。

堅兄法子東海公陽與王猛子散騎侍郎皮謀反，事泄，堅問反狀，陽曰：『《禮》云，父母之仇，不同天地。臣父哀公，死不以罪，齊襄復九世之仇，而況臣也！』皮曰：『臣父丞相有佐命之勳，而臣不免貧餒，所以圖富也。』堅流涕謂陽曰：『哀公之薨，事不在朕，卿寧不知之！』讓皮曰：『丞相臨終，託卿以十具牛為田，不聞為卿求位。知子莫若父，何斯言之征也！』皆赦不誅，徙陽于高昌，皮于朔方之北。苻融以位忝宗正，不能肅遏姦萌，上疏請待罪私藩。堅不許。將以融為司徒，融固辭。堅銳意荆、揚，將謀入寇，乃改授融征南大將軍、開府儀同三司。

新平郡獻玉器。初，堅即偽位，新平王彫陳說圖讖，堅大悅，以彫為太史令。嘗言於堅曰：『謹案讖云：「古月之末亂中州，洪水大起健西流，惟有雄子定八州。」此即三祖、陛下之聖諱也。又曰：「當有草付臣又土，滅東燕，破白虜，氐在中，華在表。」案圖讖之文，陛下當滅燕，平六州。願徙汧、隴諸氐于京師，三秦大户置於邊地，以應圖讖之言。』堅訪之王猛，猛以彫為左道惑衆，勸堅誅之。彫臨刑上疏曰：『臣以趙建武四年，從京兆劉湛學，明於圖記，謂臣曰：「新平地古顓頊之墟，里名曰雞閭。記云，此里應出帝王寶器，其名曰延壽寶鼎。顓頊有云，河上先生為吾隱之於咸陽西北，吾之孫有艸付臣又土應之。」湛又云：「吾嘗齋於室中，夜有流星大如半月，落於此地，斯蓋是乎！」願陛下志之，平七州之後，出於壬午之年。』至是而新平人得之以獻，器銘篆書文題之法，一為天王，二為王后，三為三公，四為諸侯，五為伯子男，六為卿大夫，七為元士。自此已下，考載文記，列帝王名臣，自天子王后，內外次序，上應天文，象紫宮布列，依玉牒版辭，不違帝王之數。從上元人皇起，至中元，窮於下元，天地一變，盡三元而止。堅以彫言有征，追贈光禄大夫。

幽州蝗，廣袤千里，堅遣其散騎常侍劉蘭持節為使者，發青、冀、幽、并百姓討之。

以苻朗為使持節、都督青徐兗三州諸軍事、鎮東將軍、青州刺史，以諫議大夫裴元略為陵江將軍、西夷校尉、巴西梓潼二郡太守，密授規模，令與王撫備舟師於蜀，將以入寇。

車師前部王彌寘、鄯善王休密馱朝於堅，堅賜以朝服，引見西堂。寘等觀其宮宇壯麗，儀衛嚴肅，甚懼，因請年年貢獻。堅以西域路遙，不許，令三年一貢，九年一朝，以為永制。寘等請曰：『大宛諸國雖通貢獻，然誠節未純，請乞依漢置都護故事。若王師出關，請為鄉導。』堅於是以驍騎呂光為持節、都督西討諸軍事，與陵江將軍姜飛、輕騎將軍彭晃等配兵七萬，以討定西域。苻融以虛秏中國，投兵萬里之外，得其人不可役，得其地不可耕，固諫以為不可。堅曰：『二漢力不能制匈奴，猶出師西域。今匈奴既平，易若摧朽，雖勞師遠役，可傳檄而定，化被昆山，垂芳千載，不亦美哉！』朝臣又屢諫，皆不納。

晉將軍朱綽焚踐沔北屯田，掠六百餘户而還。堅引羣臣會議，曰：『吾統承大業垂二十載，芟夷逋穢，四方略定，惟東南一隅未賓王化。吾每思天下不一，未嘗不臨食輟餔，今欲起天下兵以討之。略計兵杖精卒，可有九十七萬，吾將躬先啓行，薄伐南裔，于諸卿意何如？』秘書監朱肜曰：『陛下應天順時，恭行天罰，嘯吒則五嶽摧覆，呼吸則江海絕流，若一舉百萬，必有征無戰。晉主自當銜璧輿櫬，啓顙軍門，若迷而弗悟，必逃死江海，猛將追之，即可賜命南巢。中州之人，還之桑梓。然後回駕岱宗，告成封禪，起白雲於中壇，受萬歲於中嶽，爾則終古一時，書契未有。』堅大悅曰：『吾之志也。』左僕射權翼進曰：『臣以為晉未可伐。夫以紂之無道，天下離心，八百諸侯不謀而至，武王猶曰彼有人焉，回師止旆。三仁誅放，然後奮戈牧野。今晉道雖微，未聞喪德，君臣和睦，上下同心。謝安、桓沖，江表偉才，可謂晉有人焉。臣聞師克在和，今晉和矣，未可圖也。』堅默然久之，曰：『諸君各言其志。』太子左衛率石越對曰：『吳人恃險偏隅，不賓王命，陛下親禦六師，問罪衡、越，誠合人神四海之望。但今歲鎮星守鬬牛，福德有吳。懸象無差，弗可犯也。且晉中宗，藩王耳，夷夏之情，咸共推之，遺愛猶在於人。昌明，其孫也，國有長江之險，朝無昏貳之釁。臣愚以為利用修德，未宜動師。孔子曰：「遠人不服，修文德以來之。」願保境養兵，伺其虛隙。』堅曰：『吾聞武王伐紂，逆歲犯星。天道幽遠，未可知也。昔夫差威陵上國，而為句踐所滅。仲謀澤洽全吳，孫皓因三代之業，龍驤一呼，君臣面縛，雖有長江，其能固乎！以吾之衆旅，投鞭于江，足斷其流。』越曰：『臣聞紂為無道，天下患之。夫差淫虐，孫皓昏暴，衆叛親離，所以敗也。今晉雖無德，未有斯罪，深願厲兵積粟以待天時。』羣臣各有異同，庭議者久之。堅曰：『所謂築室於道，沮計萬端，吾當內斷於心矣。』羣臣出後，獨留苻融議之。堅曰：『自古大事，定策者一兩人而已，羣議紛紜，徒亂人意，吾當與汝決之』融曰：『歲鎮在斗牛，吳、越之福，不可以伐一也。晉主休明，朝臣用命，不可以伐二也。我數戰，兵疲將倦，有憚敵之意，不可以伐三也。諸言不可者，策之上也，願陛下納之。』堅作色曰：『汝復如此，天下之事，吾當誰與言之！今有衆百萬，資仗如山，吾雖未稱令主，亦不為暗劣。以累捷之威，擊垂亡之寇，何不克之有乎！吾終不以賊遺子孫，為宗廟社稷之憂也。』融泣曰：『吳之不可伐昭然，虛勞大舉，必無功而反。臣之所憂，非此而已。陛下寵育鮮卑、羌、羯，布諸畿甸，舊人族類，斥徙遐方。今傾國而去，如有風塵之變者，其如宗廟何！監國以弱卒數萬留守京師，鮮卑、羌、羯攢聚如林，此皆國之賊也，我之仇也。臣恐非但徒返而已，亦未必萬全。臣智識愚淺，誠不足采；王景略一時奇士，陛下每擬之孔明，其臨終之言不可忘也。』堅不納。游于東苑，命沙門道安同輦。權翼諫曰：『臣聞天子之法駕，侍中陪乘，清道而行，進止有度。三代末主，或虧大倫，適一時之情，書惡來世。故班姬辭輦，垂美無窮。道安毀形賤士，不宜參穢神輿。』堅作色曰：『安公道冥至境，德為時尊。朕舉天下之重，未足以易之。非公與輦之榮，此乃朕之顯也。』命翼扶安升輦，顧謂安曰：『朕將與公南游吳、越，整六師而巡狩，謁虞陵於疑嶺，瞻禹穴於會稽，泛長江，臨滄海，不亦樂乎！』安曰：『陛下應天御世，居中土而制四維，逍遙順時，以適聖躬，動則鳴鑾清道，止則神棲無為，端拱而化，與堯、舜比靈斯，何為勞身於馳騎，口倦於經略，櫛風沐雨，蒙塵野次乎？且東南區區，地下氣癘，虞舜遊而不返，大禹適而弗歸，何足以上勞神駕，下困蒼生。《詩》云：「惠此中國，以綏四方。」苟文德足以懷遠，可不煩寸兵而坐賓百越。』堅曰：『非為地不廣、人不足也，但思混一六合，以濟蒼生。天生蒸庶，樹之君者，所以除煩去亂，安得憚勞！朕既大運所鍾，將簡天心以行天罰。高辛有熊泉之役，唐堯有丹水之師，此皆著之前典，昭之後王。誠如公言，帝王無省方之文乎？且朕此行也，以義舉耳，使流度衣冠之胄，還其墟壤，復其桑梓，止為濟難銓才，不欲窮兵極武。』安曰：『若鑾駕必欲親動，猶不願遠涉江、淮，可暫幸洛陽，明授勝略，馳紙檄於丹陽，開其改迷之路。如其不庭，伐之可也。』堅不納。先是，羣臣以堅信重道安，謂安曰：『主上欲有事于東南，公何不為蒼生致一言也！』故安因此而諫。苻融及尚書原紹、石越等上書面諫，前後數十，堅終不從。堅少子中山公詵有寵於堅，又諫曰：『臣聞季梁在隨，楚人憚之；宮奇在虞，晉不窺兵。國有人焉故也。及謀之不用，而亡不淹歲。前車之覆軌，後車之明鑑。陽平公，國之謀主，而陛下違之；晉有謝安、桓沖，而陛下伐之。是行也，臣竊惑焉。』堅曰：『國有元龜。可以決大謀；朝有公卿，可以定進否。孺子言焉，將為戮也。』

所司奏劉蘭討蝗幽州，經秋冬不滅，請徵下廷尉詔獄。堅曰：『災降自天，殆非人力所能除也。此自朕之政違所致，蘭何罪焉！』

明年，呂光發長安，堅送于建章宮，謂光曰：『西戎荒俗，非禮義之邦。羈縻之道，服而赦之，示以中國之威，導以王化之法，勿極武窮兵，過深殘掠。』加鄯善王休密馱使持節、散騎常侍、都督西域諸軍事、寧西將軍，車師前部王彌窴使持節、平西將軍、西域都護，率其國兵為光鄉導。

是年，益州西南夷、海南諸國皆遣使貢其方物。

堅南遊灞上，從容謂羣臣曰：『軒轅，大聖也，其仁若天，其智若神，猶隨不順者從而征之，居無常所，以兵為衛，故能日月所照，風雨所至，莫不率從。今天下垂平，惟東南未殄。朕忝荷大業，巨責攸歸，豈敢優遊卒歲，不建大同之業！每思桓溫之寇也，江東不可不滅。今有勁卒百萬，文武如林，鼓行而摧遺晉，若商風之隕秋籜。朝廷內外，皆言不可，吾實未解所由。晉武若信朝士之言而不征吳者，天下何由一軌！吾計決矣，不復與諸卿議也。』太子宏進曰：『吳今得歲，不可伐也。且晉主無罪，人為之用；謝安、桓沖兄弟皆一方之儁才，君臣戮力，阻險長江，未可圖也。但可厲兵積粟，以待暴主，一舉而滅之。今若動而無功，則威名損於外，資財竭於內。是故聖王之行師也，內斷必誠，然後用之。彼若憑長江以固守，徙江北百姓于江南，增城清野，杜門不戰，我已疲矣，彼未引弓。土下氣癘，不可久留，陛下將若之何？』堅曰：『往年車騎滅燕，亦犯歲而捷之。天道幽遠，非汝所知也。昔始皇之滅六國，其王豈皆暴乎？且吾內斷於心久矣，舉必克之，何為無功！吾方命蠻夷以攻其內，精甲勁兵以攻其外，內外如此，安有不克！』道安曰：『太子之言是也，願陛下納之。』堅弗從。冠軍慕容垂言於堅曰：『陛下德侔軒、唐，功高湯、武，威澤被於八表，遠夷重譯而歸。司馬昌明因餘燼之資，敢距王命，是而不誅，法將安措！孫氏跨僭江東，終并于晉，其勢然也。臣聞小不敵大，弱不禦强，況大秦之應符，陛下之聖武，强兵百萬，韓、白盈朝，而令其偷魂假號，以賊虜遺子孫哉！《詩》云：「築室於道謀，是用不潰于成。」陛下內斷神謀足矣，不煩廣訪朝臣以亂聖慮。昔晉武之平吳也，言可者張、杜數賢而已，若采羣臣之言，豈能建不世之功！諺云憑天俟時，時已至矣，其可已乎！』堅大悅，曰：『與吾定天下者，其惟卿耳。』賜帛五百匹。

彗星掃東井。自堅之建元十七年四月，長安有水影，遠觀若水，視地則見人，至是則止。堅惡之。上林竹死，洛陽地陷。

晉車騎將軍桓沖率衆十萬伐堅，遂攻襄陽。遣前將軍劉波、冠軍桓石虔、振威桓石民攻沔北諸城；輔國楊亮伐蜀，攻拔伍城，進攻涪城，龍驤胡彬攻下蔡；鷹揚郭銓攻武當；沖別將攻萬歲城，拔之。堅大怒，遣其子征南睿及冠軍慕容垂、左衛毛當率步騎五萬救襄陽，揚武張崇救武當，後將軍張蠔、步兵校尉姚萇救涪城。睿次新野，垂次鄧城。王師敗張崇于武當，掠二千餘户而歸。睿遣垂及驍騎石越為前鋒，次於沔水。垂、越夜命三軍人持十炬火，繫炬於樹枝，光照十數里中。沖懼，退還上明。張蠔出斜谷，楊亮亦引兵退歸。

堅下書悉發諸州公私馬，人十丁遣一兵。門在灼然者，為崇文義從。良家子年二十已下，武藝驍勇，富室材雄者，皆拜羽林郎。下書期克捷之日，以帝為尚書左僕射，謝安為吏部尚書，桓沖為侍中，並立第以待之。良家子至者三萬餘騎。其秦州主簿金城趙盛之為建威將軍、少年都統。遣征南苻融、驃騎張蠔、撫軍苻方、衛軍梁成、平南慕容暐、冠軍慕容垂率步騎二十五萬為前鋒。堅發長安，戎卒六十餘萬，騎二十七萬，前後千里，旗鼓相望。堅至項城，涼州之兵始達咸陽，蜀漢之軍順流而下，幽、冀之衆至於彭城，東西萬里，水陸齊進。運漕萬艘，自河入石門，達於汝、潁。

融等攻陷壽春，執晉平虜將軍徐元喜、安豐太守王先。垂攻陷鄖城，害晉將軍王太丘。梁成與其揚州刺史王顯、弋陽太守王詠等率衆五萬，屯於洛澗，柵淮以遏東軍。成頻敗王師。晉遣都督謝石、徐州刺史謝玄、豫州刺史桓伊、輔國謝琰等水陸七萬，相繼距融，去洛澗二十五里，憚成不進。龍驤將軍胡彬先保硤石，為融所逼，糧盡，詐揚沙以示融軍，潛遣使告石等曰：『今賊盛糧盡，恐不見大軍。』融軍人獲而送之。融乃馳使白堅曰：『賊少易俘，但懼其越逸，宜速進衆軍，掎禽賊帥。』堅大悅，恐石等遁也，捨大軍于項城，以輕騎八千兼道赴之，令軍人曰：『敢言吾至壽春者拔舌。』故石等弗知。晉龍驤將軍劉牢之率勁卒五千，夜襲梁成壘，克之，斬成及王顯、王詠等十將，士卒死者萬五千。謝石等以既敗梁成，水陸繼進。堅與苻融登城而望王師，見部陣齊整，將士精銳，又北望八公山上草木，皆類人形，顧謂融曰：『此亦勍敵也，何謂少乎！』憮然有懼色。初，朝廷聞堅入寇，會稽王道子以威儀鼓吹求助於鍾山之神，奉以相國之號。及堅之見草木狀人，若有力焉。

堅遣其尚書朱序說石等以衆盛，欲脅而降之。序詭謂石曰：『若秦百萬之衆皆至，則莫可敵也。及其衆軍未集，宜在速戰。若挫其前鋒，可以得志。』石聞堅在壽春也，懼，謀不戰以疲之。謝琰勸從序言，遣使請戰，許之。時張蠔敗謝石于肥南，謝玄、謝琰勒卒數萬，陣以待之。蠔乃退，列陣逼肥水。王師不得渡，遣使謂融曰：『君懸軍深入，置陣逼水，此持久之計，豈欲戰者乎？若小退師，令將士周旋，僕與君公緩轡而觀之，不亦美乎！』融於是麾軍卻陣，欲因其濟水，覆而取之。軍遂奔退，制之不可止。融馳騎略陣，馬倒被殺，軍遂大敗。王師乘勝追擊，至於青岡，死者相枕。堅為流矢所中，單騎遁還於淮北，飢甚，人有進壺飧豚髀者，堅食之，大悅，曰：『昔公孫豆粥何以加也！』使賜帛十匹，綿十斤。辭曰：『臣聞白龍厭天池之樂而見困豫且，陛下目所睹也，耳所聞也。今蒙塵之難，豈自天乎！且妄施不為惠，妄受不為忠。陛下，臣之父母也，安有子養而求報哉！』弗顧而退。堅大慚，顧謂其夫人張氏曰：『朕若用朝臣之言，豈見今日之事邪！當何面目復臨天下乎？』潸然流涕而去。聞風聲鶴唳，皆謂晉師之至。其僕射張天錫、尚書朱序及徐元喜等皆歸順。初，諺言『堅不出項』，羣臣勸堅停項，為六軍聲鎮，堅不從，故敗。

諸軍悉潰，惟慕容垂一軍獨全，堅以千餘騎赴之。垂子寶勸垂殺堅，垂不從，乃以兵屬堅。初，慕容暐屯鄖城，姜成等守漳口，晉隨郡太守夏侯澄攻姜成，斬之，暐棄其衆奔還。堅收離集散，比至洛陽，衆十餘萬，百官威儀軍容粗備。未及關而垂有貳志，說堅請巡撫燕、岱，並求拜墓，堅許之。權翼固諫以為不可，堅不從。尋懼垂為變，悔之，遣驍騎石越率卒三千戍鄴，驃騎張蠔率羽林五千戍幷州，留兵四千配鎮軍毛當戍洛陽。堅至自淮南，次於長安東之行宮，哭苻融而後入，告罪於其太廟，赦殊死已下，文武增位一級，厲兵課農，存恤孤老，諸士卒不返者皆復其家終世。贈融大司馬，謚曰哀公。

衛軍從事中郎丁零、翟斌反于河南，長樂公苻丕遣慕容垂及苻飛龍討之。垂南結丁零，殺飛龍，盡坑其衆。豫州牧、平原公苻暉遣毛當擊翟斌，為斌所敗，當死之。垂子農亡奔列人，招集羣盜，衆至萬數千。丕遣石越擊之，為農所敗，越死之。垂引丁零、烏丸之衆二十餘萬，為飛梯地道以攻鄴城。

慕容暐弟燕故濟北王泓先為北地長史，聞垂攻鄴，亡命奔關東，收諸馬牧鮮卑，衆至數千，還屯華陰。慕容暐乃潛使諸弟及宗人起兵於外。堅遣將軍强永率騎擊之，為泓所敗，泓衆遂盛，自稱使持節、大都督陝西諸軍事、大將軍、雍州牧、濟北王，推叔父垂為丞相、都督陝東諸軍事、領大司馬、冀州牧、吳王。

堅謂權翼曰：『吾不從卿言，鮮卑至是。關東之地，吾不復與之爭，將若泓何？』翼曰：『寇不可長。慕容垂正可據山東為亂，不暇近逼。今暐及宗族種類盡在京師，鮮卑之衆布於畿甸，實社稷之元憂，宜遣重將討之。』堅乃以廣平公苻熙為使持節、都督雍州雜戎諸軍事、鎮東大將軍、雍州刺史，鎮蒲阪。徵苻叡為都督中外諸軍事、衛大將軍、司隸校尉、録尚書事，配兵五萬以左將軍竇衝為長史，龍驤姚萇為司馬，討泓于華澤。平陽太守慕容沖起兵河東，有衆二萬，進攻蒲阪，堅命竇衝討之。苻叡勇果輕敵，不恤士衆。泓聞其至也，懼，率衆將奔關東，叡馳兵要之。姚萇諫曰：『鮮卑有思歸之心，宜驅令出關，不可遏也。』叡弗從，戰于華澤，叡敗績，被殺。堅大怒。萇懼誅，遂叛。竇衝擊慕容沖於河東，大破之，沖率騎八千奔於泓軍。泓衆至十餘萬，遣使謂堅曰：『秦為無道，滅我社稷。今天誘其衷，使秦師傾敗，將欲興復大燕。吳王已定關東，可速資備大駕，奉送家兄皇帝並宗室功臣之家。泓當率關中燕人，翼衛皇帝，還返鄴都，與秦以武牢為界，分王天下，永為鄰好，不復為秦之患也。鉅鹿公輕戇銳進，為亂兵所害，非泓之意。』堅大怒，召慕容暐責之曰：

『卿父子干紀僭亂，乖逆人神，朕應天行神，盡兵勢而得卿。卿非改迷歸善，而合宗蒙宥，兄弟布列上將、納言，雖曰破滅，其實若歸。奈何因王師小敗，便猖悖若此！垂為長蛇於關東，泓、沖稱兵內侮。泓書如此，卿欲去者，朕當相資。卿之宗族，可謂人面獸心，殆不可以國士期也。』暐叩頭流血，泣涕陳謝。堅久之曰：『《書》云，父子兄弟無相及也。卿之忠誠，實簡朕心，此自三豎之罪，非卿之過。』復其位而待之如初。命暐以書招喻垂及泓、沖，使息兵還長安，恕其反叛之咎。而暐密遣使者謂泓曰：『今秦數已終，長安怪異特甚，當不復能久立。吾既籠中之人，必無還理。昔不能保守宗廟，致令傾喪若斯，吾罪人也，不足復顧吾之存亡。社稷不輕，勉建大業，以興復為務。可以吳王為相國，中山王為太宰、領大司馬，汝可為大將軍、領司徒，承制封拜。聽吾死問，汝使即尊位。』泓於是進向長安，改年曰燕興。是時鬼夜哭，三旬而止。

堅率步騎二萬討姚萇於北地，次於趙氏塢，使護軍楊壁遊騎三千，斷其奔路，右軍徐成、左軍竇衝、鎮軍毛盛等屢戰敗之，仍斷其運水之路。馮翊遊欽因淮南之敗，聚衆數千，保據頻陽，遣軍運水及粟，以餽姚萇，楊璧盡獲之。萇軍渴甚，遣其弟鎮北尹買率勁卒二萬決堰。竇衝率衆敗其軍于鸛雀渠，斬尹買及首級萬三千。萇衆危懼，人有渴死者。俄而降雨于萇營，營中水三尺，周營百步之外，寸餘而已，於是萇軍大振。堅方食，去案怒曰：『天其無心，何故降澤賊營！』萇又東引慕容泓為援。

泓謀臣高蓋、宿勤崇等以泓德望後沖，且持法苛峻，乃殺泓，立沖為皇太弟，承制行事，自相署置。

姚萇留其弟征虜緒守楊渠川大營，率衆七萬來攻堅。堅遣楊璧等擊之，為萇所敗，獲楊璧、毛盛、徐成及前軍齊午等數十人，皆禮而遣之。

苻暉率洛陽、陝城之衆七萬歸於長安。益州刺史王廣遣將軍王蟜率蜀漢之衆來赴難。堅聞慕容沖去長安二百餘里，引師而歸，使撫軍苻方戍驪山，拜苻暉使持節、散騎常侍、都督中外諸軍事、車騎大將軍、司隸校尉、録尚書，配兵五萬距沖，河間公苻琳為中軍大將軍，為暉後繼。沖乃令婦人乘牛馬為衆，揭竿為旗，揚土為塵，督厲其衆，晨攻暉營于鄭西。暉出距戰，沖揚塵鼓譟，暉師敗績。堅又以尚書姜宇為前將軍，與苻琳率衆三萬，擊沖於灞上，為沖所敗，宇死之，琳中流矢，沖遂據阿房城。

初，堅之滅燕，沖姊為清河公主，年十四，有殊色，堅納之，寵冠後庭。沖年十二，亦有龍陽之姿，堅又幸之。姊弟專寵，宮人莫進。長安歌之曰：『一雌復一雄，雙飛入紫宮。』咸懼為亂。王猛切諫，堅乃出沖。長安又謡曰：『鳳皇鳳皇止阿房。』堅以鳳皇非梧桐不棲，非竹實不食，乃植桐竹數十萬株于阿房城以待之。沖小字鳳皇，至是，終為堅賊，入止阿房城焉。

晉西中郎將桓石虔進據魯陽，遣河南太守高茂北戍洛陽。晉冠軍謝玄次於下邳，徐州刺史趙遷棄彭城奔還。玄前鋒張願追遷及於碭山，轉戰而免。玄進據彭城。

時呂光討平西域三十六國，所獲珍寶以萬萬計。堅下書以光為使持節、散騎常侍、都督玉門以西諸軍事、安西將軍、西域校尉，進封順鄉侯，增邑一千户。

劉牢之伐兗州，堅刺史張崇棄鄄城奔于慕容垂。牢之遣將軍劉襲追崇，戰于河南，斬其東平太守楊光而退。牢之遂據鄄城。

慕容沖進逼長安，堅登城觀之，歎曰：『此虜何從出也？其强若斯！』大言責沖曰：『爾輩羣奴正可牧牛羊，何為送死！』沖曰：『奴則奴矣，既厭奴苦，復欲取爾見代。』堅遣使送錦袍一領遺沖，稱詔曰：『古人兵交，使在其間。卿遠來草創，得無勞乎？今送一袍，以明本懷。朕於卿恩分如何，而於一朝忽為此變！』沖命詹事答之，亦稱『皇太弟有令：孤今心在天下，豈顧一袍小惠。苟能知命，便可君臣束手，早送皇帝，自當寬貸苻氏，以酬曩好，終不使既往之施獨美於前』。堅大怒曰：『吾不用王景略、陽平公之言，使白虜敢至於此。』

苻丕在鄴糧竭，馬無草，削松木而食之。會丁零叛慕容垂，垂引師去鄴，始具西問，知苻睿等喪敗，長安危逼，乃遣其陽平太守邵興率騎一千，將北引重合侯苻謨、高邑侯苻亮、阜城侯苻定於常山，固安侯苻鑒、中山太守王兗于中山，以為己援。垂遣將軍張崇要興，獲之于襄國南。又遣其參軍封孚西引張蟜、并州刺史王騰于晉陽，蟜、騰以衆寡不赴。丕進退路窮，乃謀於羣僚。司馬楊膺唱歸順之計，丕猶未從。會晉遣濟北太守丁匡據碻磝，濟陽太守郭滿據滑臺，將軍顏肱、劉襲次於河北，丕遣將軍桑據距之，為王師所敗。襲等進攻黎陽，克之。丕懼，乃遣從弟就與參軍焦逵請救于謝玄。丕書稱假途求糧，還赴國難，須軍援既接，以鄴與之，若西路不通，長安陷没，請率所領保守鄴城。乃羈縻一方，文降而已。逵與參軍姜讓密謂楊膺曰：『今禍難如此，京師阻隔，吉凶莫審，密邇寇仇，三軍罄絕，傾危之甚，朝不及夕。觀公豪氣不除，非救世之主，既不能竭盡誠款，速致糧援，方設兩端，必無成也。今日之殆，疾於轉機，不容虛設，徒成反覆。宜正書為表，以結殷勤。若王師之至，必當致身。如其不從，可逼縛與之。苟不義服，一人力耳。古人行權，寧濟為功，況君侯累葉載德，顯祖初著名于晉朝，今復建崇勳，使功業相繼，千載一時，不可失也。』膺素輕丕，自以力能逼之，乃改書而遣逵等，並遣濟南毛蜀、毛鮮等分房為任于晉。

堅遣鴻臚郝稚征處士王嘉於到獸山。既至，堅每日召嘉與道安於外殿，動靜咨問之。慕容暐入見東堂，稽首謝曰：『弟沖不識義方，孤背國恩，臣罪應萬死。陛下垂天地之容，臣蒙更生之惠。臣二子昨婚，明當三日，愚欲暫屈鑾駕，幸臣私第。』堅許之。暐出，嘉曰：『椎蘆作蘧蒢，不成文章，會天大雨，不得殺羊。』堅與羣臣莫之能解。是夜大雨，晨不果出。初，暐之遣諸弟起兵于外也，堅防守甚嚴，謀應之而無因。時鮮卑在城者猶有千餘人，暐乃密結鮮卑之衆，謀伏兵請堅，因而殺之。令其豪帥悉羅騰、屈突鐵侯等潛告之曰：『官今使侯外鎮，聽舊人悉隨，可於某日會集某處。』鮮卑信之。北部人突賢與其妹別，妹為左將軍竇衝小妻，聞以告沖，請留其兄。沖馳入白堅，堅大驚，召騰問之，騰具首服。堅乃誅暐父子及其宗族，城內鮮卑無少長及婦女皆殺之。

慕容垂復圍鄴城。焦逵既至，朝廷果欲徵丕任子，然後出師。逵固陳丕款誠無貳，並宣楊膺之意，乃遣劉牢之等率衆二萬，水陸運漕救鄴。

時長安大饑，人相食，諸將歸而吐肉以飴妻子。

慕容沖僭稱尊號于阿房，改年更始。堅與沖戰，各有勝負。嘗為沖軍所圍，殿中上將軍鄧邁、左中郎將鄧綏、尚書郎鄧瓊相謂曰：『吾門世荷榮寵，先君建殊功於國家，不可不立忠效節，以成先君之志。且不死君難者，非丈夫也。』於是與毛長樂等蒙獸皮，奮矛而擊沖軍。沖軍潰，堅獲免，嘉其忠勇，並拜五校，加三品將軍，賜爵關內侯。沖又遣其尚書令高蓋率衆夜襲長安，攻陷南門，入於南城。左將軍竇衝、前禁將軍李辯等擊敗之，斬首千八百級，分其屍而食之。堅尋敗沖於城西，追奔至於阿城。諸將請乘勝入城，堅懼為沖所獲，乃擊金以止軍。

是時劉牢之至枋頭。征東參軍徐義、宦人孟豐告苻丕，楊膺、姜讓等謀反，丕收膺、讓戮之。牢之以丕自相屠戮，盤桓不進。

苻暉屢為沖所敗，堅讓之曰：『汝，吾之子也，擁大衆，屢為白虜小兒所摧，何用生為！』暉憤恚自殺。關中堡壁三千餘所，推平遠將軍馮翊、趙敖為統主，相率結盟，遣兵糧助堅。左將軍苟池、右將軍俱石子率騎五千，與沖爭麥，戰於驪山，為沖所敗，池死之，石子奔鄴。堅大怒，復遣領軍楊定率左右精騎二千五百擊沖，大敗之，俘掠鮮卑萬餘而還。堅怒，悉坑之。定果勇善戰，沖深憚之，遂穿馬埳以自固。

劉牢之至鄴，慕容垂北如新城。鄴中饑甚，丕率鄴城之衆就晉谷於枋頭。牢之入屯鄴城。慕容垂軍人飢甚，多奔中山，幽、冀人相食。初，關東謠曰：『幽州䤳，生當滅。若不滅，百姓絕。』䤳，垂之本名。與丕相持經年，百姓死幾絕。

先是，姚萇攻新平，新平太守苟輔將降之，郡人遼西太守馮傑、蓮勺令馮翊等諫曰：『天下喪亂，忠臣乃見。昔田單守一城而存齊，今秦之所有，猶連州累鎮，郡國百城。臣子之于君父，盡心焉，盡力焉，死而後已，豈宜貳哉！』輔大悅，於是憑城固守。萇為土山地道，輔亦為之。或戰山峰，萇衆死者萬有餘人。輔乃詐降，萇將入，覺之，引衆而退。輔馳出擊之，斬獲萬計。至是，糧竭矢盡，外救不至，萇遣吏謂輔曰：『吾方以義取天下，豈仇忠臣乎？卿但率見衆男女還長安，吾須此城置鎮。』輔以為然，率男女萬五千口出城，萇圍而坑之，男女無遺。初，石季龍末，清河崔悅為新平相，為郡人所殺。悅子液後仕堅，為尚書郎，自表父仇不同天地，請還冀州。堅湣之，禁錮新平人，缺其城角以耻之。新平酋望深以為慚，故相率距萇，以立忠義。

時有羣烏數萬，翔鳴于長安城上，其聲甚悲，占者以為鬬羽不終年，有甲兵入城之象。沖率衆登城，堅身貫甲冑，督戰距之，飛矢滿身，血流被體。時雖兵寇危逼，馮翊諸堡壁猶有負糧冒難而至者，多為賊所殺。堅謂之曰：『聞來者率不善達，誠是忠臣赴難之義。當今寇難殷繁，非一人之力所能濟也。庶明靈有照，禍極災返，善保誠順，為國自愛，蓄糧厲甲，端聽師期，不可徒喪無成，相隨獸口。』三輔人為沖所略者，咸遣使告堅，請放火以為內應。堅曰：『哀諸卿忠誠之意也，何復已已。但時運圮喪，恐無益于國，空使諸卿坐自夷滅，吾所不忍也。且吾精兵若獸，利器如霜，而衄于烏合疲鈍之賊，豈非天也！宜善思之。』衆固請曰：『臣等不愛性命，投身為國，若上天有靈，單誠或冀一濟，没無遺恨矣。』堅遣騎七百應之。而沖營放火者為風焰所燒，其能免者十有一二。堅深痛之，身為設祭而招之曰：『有忠有靈，來就此庭。歸汝先父，勿為妖形。』歔欷流涕，悲不自勝。衆咸相謂曰：『至尊慈恩如此，吾等有死無移。』沖毒暴關中，人皆流散，道路斷絶，千里無煙。堅以甘松護軍仇騰為馮翊太守，加輔國將軍，與破虜將軍蜀人蘭犢慰勉馮翊諸縣之衆。衆咸曰：『與陛下同死共生，誓無有貳。』

每夜有周城大呼曰：『楊定健兒應屬我，宮殿臺觀應坐我，父子同出不共汝。』且尋而不見人迹。城中有書曰《古符傳賈録》，載『帝出五將久長得』。先是，又謡曰：『堅入五將山長得。』堅大信之，告其太子宏曰：『脫如此言，天或導予。今留汝兼總戎政，勿與賊爭利，朕當出隴收兵運糧以給汝。天其或者正訓予也。』於是遣衛將軍楊定擊沖於城西，為沖所擒。堅彌懼，付宏以後事，將中山公詵、張夫人率騎數百出如五將，宣告州郡，期以孟冬救長安。宏尋將母妻宗室男女數千騎出奔，百僚逃散。慕容沖入據長安，從兵大掠，死者不可勝計。

初，秦之未亂也，關中土然，無火而煙氣大起，方數十里中，月餘不滅。堅每臨聽訟觀，令百姓有怨者舉煙於城北，觀而録之。長安為之語曰：『欲得必存當舉煙。』又為謡曰：『長鞘馬鞭擊左股，太歲南行當復虜。』秦人呼鮮卑為白虜。慕容垂之起於關東，歲在癸未。堅之分氐户于諸鎮也，趙整因侍，援琴而歌曰：『阿得脂，阿得脂，博勞舊父是仇綏，尾長翼短不能飛，遠徙種人留鮮卑，一旦緩急語阿誰！』堅笑而不納。至是，整言驗矣。

堅至五將山，姚萇遣將軍吳忠圍之。堅衆奔散，獨侍御十數人而已。神色自若，坐而待之，召宰人進食。俄而忠至，執堅以歸新平，幽之於別室。萇求傳國璽於堅曰：『萇次膺符歷，可以為惠。』堅瞋目叱之曰：『小羌乃敢干逼天子，豈以傳國璽授汝羌也，圖緯符命，何所依據？五胡次序，無汝羌名。違天不祥，其能久乎！璽已送晉，不可得也。』萇又遣尹緯說堅，求為堯、舜禪代之事。堅責緯曰：『禪代者，聖賢之事。姚萇叛賊，奈何擬之古人！』堅既不許萇以禪代，罵而求死，萇乃縊堅于新平佛寺中，時年四十八。中山公詵及張夫人並自殺。是歲太元十年也。

宏之奔也，歸其南秦州刺史楊璧于下辯，璧距之，乃奔武都氐豪強熙，假道歸順，朝廷處宏于江州。宏歷位元輔國將軍。桓玄篡位，以宏為梁州刺史。義熙初，以謀叛被誅。

初，堅强盛之時，國有童謡云：『河水清復清，苻詔死新城。』堅聞而惡之，每征伐，戒軍候云：『地有名新者避之。』時又童謡云：『阿堅連牽三十年，若後欲敗當在江、淮間。』堅在位二十七年，因壽春之敗，其國大亂，後二年，竟死于新平佛寺，咸應謡言矣。丕僭號，偽追謚堅曰世祖宣昭皇帝。

王猛，字景略，北海劇人也，家于魏郡。少貧賤，以鬻畚為業。嘗貨畚於洛陽，乃有一人貴買其畚，而云無直，自言：『家去此無遠，可隨我取直。』猛利其貴而從之，行不覺遠，忽至深山，見一父老，鬚髮皓然，踞胡床而坐，左右十許人，有一人引猛進拜之。父老曰：『王公何緣拜也！』乃十倍償畚直，遣人送之。猛既出，顧視，乃嵩高山也。

猛瑰姿儁偉。博學好兵書，謹重嚴毅，氣度雄遠，細事不幹其慮，自不參其神契，略不與交通，是以浮華之士咸輕而笑之。猛悠然自得，不以屑懷。少游于鄴都，時人罕能識也。惟徐統見而奇之，召為功曹。遁而不應，遂隱于華陰山。懷佐世之志，希龍顔之主，斂翼待時，候風雲而後動。桓温入關，猛被褐而詣之，一面談當世之事，捫虱而言，旁若無人。温察而異之，問曰：『吾奉天子之命，率鋭師十萬，杖義討逆，為百姓除殘賊，而三秦豪傑未有至者何也？』猛曰：『公不遠數千里，深入寇境，長安咫尺而不渡灞水，百姓未見公心故也，所以不至。』温默然無以酬之。温之將還，賜猛車馬，拜高官督護，請與俱南。猛還山咨師，師曰：『卿與桓温豈並世哉！在此自可富貴，何為遠乎！』猛乃止。

苻堅將有大志，聞猛名，遣呂婆樓招之，一見便若平生。語及廢興大事，異符同契，若玄德之遇孔明也。及堅僭位，以猛為中書侍郎。時始平多枋頭西歸之人，豪右縱横，劫盜充斥，乃轉猛為始平令。猛下車，明法峻刑，澄察善惡，禁勒强豪。鞭殺一吏，百姓上書訟之，有司劾奏，檻車征下廷尉詔獄。堅親問之，曰：『為政之體，德化為先，蒞任未幾而殺戮無數，何其酷也！』猛曰：『臣聞宰寧國以禮，治亂邦以法。陛下不以臣不才，任臣以劇邑，謹為明君翦除凶猾。始殺一姦，餘尚萬數，若以臣不能窮殘盡暴，肅清軌法者，敢不甘心鼎鑊，以謝孤負。酷政之刑，臣實未敢受之。』堅謂羣臣曰：『王景略固是夷吾、子產之儔也。』於是赦之。

遷尚書左丞、咸陽內史、京兆尹。未幾，除吏部尚書、太子詹事，又遷尚書左僕射、輔國將軍、司隸校尉，加騎都尉，居中宿衛。時猛年三十六，歲中五遷，權傾內外，宗戚舊臣皆害其寵。尚書仇騰、丞相長史席寶數譖毀之，堅大怒，黜騰為甘松護軍，寶白衣領長史。爾後上下咸服，莫有敢言。頃之，遷尚書令、太子太傅，加散騎常侍。猛頻表累讓，堅竟不許。又轉司徒、録尚書事，餘如故。猛辭以無功，不拜。

後率諸軍討慕容暐，軍禁嚴明，師無私犯。猛之未至鄴也，劫盜公行，及猛之至，遠近帖然，燕人安之。軍還，以功進封清河郡侯，賜以美妾五人，上女妓十二人，中妓三十八人，馬百匹，車十乘。猛上疏固辭不受。

時既留鎮冀州，堅遣猛於六州之內聽以便宜從事，簡召英儁，以補關東守宰，授訖，言臺除正。居數月，上疏曰：『臣前所以朝聞夕拜，不顧艱虞者，正以方難未夷，軍機權速，庶竭命戎行，甘驅馳之役，敷宣皇威，展筋骨之效，故僶俛從事，叨據負乘，可謂恭命于濟時，俟太平於今日。今聖德格於皇天，威靈被於八表，弘化已熙，六合清泰，竊敢披貢丹誠，請避賢路。設官分職，各有司存，豈應孤任愚臣，以速傾敗！東夏之事，非臣區區所能康理，願徙授親賢，濟臣顛墜。若以臣有鷹犬微勤，未忍捐棄者，乞待罪一州，效盡力命。徐方始賓，淮、汝防重，六州處分，府選便宜，輒以悉停。督任弗可虛曠，深願時降神規。』堅不許，遣其侍中梁讜詣鄴喻旨，猛乃視事如前。

俄入為丞相、中書監、尚書令、太子太傅、司隸校尉，持節、常侍、將軍、侯如故。稍加都督中外諸軍事。猛表讓久之。堅曰：『卿昔螭蟠布衣，朕龍潛弱冠，屬世事紛紜，厲士之際，顛覆厥德。朕奇卿於暫見，擬卿為臥龍，卿亦異朕於一言，回《考槃》之雅志，豈不精契神交，千載之會！雖傅巖入夢，姜公悟兆，今古一時，亦不殊也。自卿輔政，幾將二紀，內釐百揆，外蕩羣凶，天下向定，彝倫始敍。朕且欲從容於上，望卿勞心於下，弘濟之務，非卿而誰！』遂不許。其後數年，復授司徒。猛復上疏曰：『臣聞乾象盈虛，惟後則之；位稱以才，官非則曠。鄭武翼周，仍世載詠；王叔昧寵，政替身亡，斯則成敗之殷監，為臣之炯戒。竊惟鼎宰崇重，參路太階，宜妙盡時賢，對揚休命。魏祖以文和為公，貽笑孫後；千秋一言致相，匈奴哂之。臣何庸猥，而應斯舉！不但取嗤鄰遠，實令為虜輕秦。昔東野窮馭，顏子知其將弊。陛下不復料度臣之才力，私懼敗亡是及。且上虧憲典，臣何顏處之！雖陛下私臣，其如天下何！願回日月之鑑，矜臣後悔，使上無過授之謗，臣蒙覆燾之恩。』堅竟不從。猛乃受命。軍國內外萬機之務，事無巨細，莫不歸之。

猛宰政公平，流放尸素，拔幽滯，顯賢才，外修兵革，內綜儒學，勸課農桑，教以廉耻，無罪而不刑，無才而不任，庶績咸熙，百揆時敍。於是兵强國富，垂及升平，猛之力也。堅嘗從容謂猛曰：『卿夙夜匪懈，憂勤萬機，若文王得太公，吾將優遊以卒歲。』猛曰：『不圖陛下知臣之過，臣何足以擬古人！』堅曰：『以吾觀之，太公豈能過也。』常敕其太子宏、長樂公丕等曰：『汝事王公，如事我也。』其見重如此。

廣平麻思流寄關右，因母亡歸葬，請還冀州。猛謂思曰：『便可速裝，是暮已符卿發遣。』及始出關，郡縣已被符管攝。其令行禁整，事無留滯，皆此類也。性剛明清肅，于善惡尤分。微時一餐之惠，睚眦之忿，靡不報焉，時論頗以此少之。

其年寢疾，堅親祈南北郊、宗廟、社稷，分遣侍臣禱河岳諸祀，靡不周備。猛疾未瘳，乃大赦其境內殊死已下。猛疾甚，因上疏謝恩，並言時政，多所弘益。堅覽之流涕，悲慟左右。及疾篤，堅親臨省病，問以後事。猛曰：『晉雖僻陋吳、越，乃正朔相承。親仁善鄰，國之寶也。臣沒之後，願不以晉為圖。鮮卑、羌虜，我之仇也，終為人患，宜漸除之，以便社稷。』言終而死，時年五十一。堅哭之慟。比斂，三臨，謂太子宏曰：『天不欲使吾平一六合邪？何奪吾景略之速也！』贈侍中，丞相餘如故。給東園溫明秘器，帛三千匹，穀萬石。謁者僕射監護喪事，葬禮一依漢大將軍故事。謚曰武侯。朝野巷哭三日。

苻融，字博休，堅之季弟也。少而岐嶷夙成，魁偉美姿度。健之世封安樂王，融上疏固辭，健深奇之，曰：『且成吾兒箕山之操。』乃止。苻生愛其器貌，常侍左右，未弱冠便有臺輔之望。長而令譽彌高，為朝野所屬。堅僭號，拜侍中，尋除中軍將軍。融聰辯明慧，下筆成章，至於談玄論道，雖道安無以出之。耳聞則誦，過目不忘，時人擬之王粲。嘗著《浮圖賦》，壯麗清贍，世咸珍之。未有升高不賦，臨喪不誄，朱肜、趙整等推其妙速。旅力雄勇，騎射擊刺，百夫之敵也。銓綜內外，刑政修理，進才理滯，王景略之流也。尤善斷獄，姦無所容，故為堅所委任。

後為司隸校尉。京兆人董豐遊學三年而返，過宿妻家，是夜妻為賊所殺。妻兄疑豐殺之，送豐有司。豐不堪楚掠，誣引殺妻。融察而疑之，問曰：『汝行往還，頗有怪異及卜筮以不？』豐曰：『初將發，夜夢乘馬南渡水，返而北渡，復自北而南，馬停水中，鞭策不去。俯而視之，見兩日在於水下，馬左白而濕，右黑而燥。寤而心悸，竊以為不祥。還之夜，復夢如初，問之筮者，筮者云：「憂獄訟，遠三枕，避三沐。」既至，妻為具沐，夜授豐枕。豐記筮者之言，皆不從之。妻乃自沐，枕枕而寢。』融曰：『吾知之矣。《周易》《坎》為水，馬為《離》，夢乘馬南渡，旋北而南者，從《坎》之《離》。三爻同變，變而成《離》。《離》為中女，《坎》為中男。兩日，二夫之象。《坎》為執法吏。吏詰其夫，婦人被流血而死。《坎》二陰一陽，《離》二陽一陰，相承易位。《離》下《坎》上，《既濟》，文王遇之囚牖里，有禮而生，無禮而死。馬左而濕，濕，水也，左水右馬，馮字也。兩日，昌字也。其馮昌殺之乎！』於是推檢，獲昌而詰之，昌具首服，曰：『本與其妻謀殺董豐，期以新沐枕枕為驗，是以誤中婦人。』在冀州，有老母遇劫于路，母揚聲唱盜，行人為母逐之。既擒劫者，劫者返誣行人為盜。時日垂暮，母及路人莫知孰是，乃俱送之。融見而笑曰：『此易知耳，可二人並走，先出鳳陽門者非盜。』既而還入，融正色謂後出者曰：『汝真是盜，何以誣人！』其發姦摘伏，皆此類也。所在盜賊止息，路不拾遺。堅及朝臣雅皆嘆服，州郡疑獄莫不折之於融。融觀色察形，無不盡其情狀。雖鎮關東，朝之大事靡不馳驛與融議之。

性至孝，初届冀州，遣使參問其母動止，或日有再三。堅以為煩，月聽一使。後上疏請還侍養，堅遣使慰喻不許。久之，征拜侍中、中書監、都督中外諸軍事、車騎大將軍、司隸校尉、太子太傅、領宗正、録尚書事。俄轉司徒，融苦讓不受。融為將善謀略，好施愛士，專方征伐，必有殊功。

堅既有意荆、揚，時慕容垂、姚萇等常說堅以平吳封禪之事，堅謂江東可平，寢不暇旦。融每諫曰：『知足不辱，知止不殆，窮兵極武，未有不亡。且國家，戎族也，正朔會不歸人。江東雖不絕如綖，然天之所相，終不可滅。』堅曰：『帝王歷數豈有常哉，惟德之所授耳！汝所以不如吾者，正病此不達變通大運。劉禪可非漢之遺祚，然終為中國之所并。吾將任汝以天下之事，奈何事事折吾，沮壞大謀！汝尚如此，況於衆乎！』堅之將入寇也，融又切切諫曰：『陛下聽信鮮卑、羌虜諂諛之言，採納良家少年利口之說，臣恐非但無成，亦大事去矣。垂、萇皆我之仇敵，思聞風塵之變，冀因之以逞其凶德。少年等皆富足子弟，希關軍旅，苟說佞諂之言，以會陛下之意，不足采也。』堅弗納。及淮南之敗，垂、萇之叛，堅悼恨彌深。

苻朗，字元達，堅之從兄子也。性宏達，神氣爽邁，幼懷遠操，不屑時榮。堅嘗目之曰：『吾家千里駒也。』徵拜鎮東將軍、青州刺史，封樂安男，不得已起而就官。及為方伯，有若素士，耽玩經籍，手不釋卷，每談虛語玄，不覺日之將夕；登涉山水，不知老之將至。在任甚有稱績。

後晉遣淮陰太守高素伐青州，朗遣使詣謝玄于彭城求降，玄表朗許之，詔加員外散騎侍郎。既至揚州，風流邁于一時，超然自得，志陵萬物，所與悟言，不過一二人而已。驃騎長史王忱，江東之儁秀，聞而詣之，朗稱疾不見。沙門釋法汰問朗曰：『見王吏部兄弟未？』朗曰：『吏部為誰？非人面而狗心、狗面而人心兄弟者乎？』王忱醜而才慧，國寶美貌而才劣于弟，故朗云然。汰悵然自失。其忤物侮人，皆此類也。

謝安常設宴請之，朝士盈坐，並機褥壺席。朗每事欲誇之，唾則令小兒跪而張口，既唾而含出，頃復如之，坐者為不及之遠也。又善識味，咸酢及肉皆別所由。會稽王司馬道子為朗設盛饌，極江左精肴。食訖，問曰：『關中之食孰若此？』答曰：『皆好，惟鹽味小生耳。』既問宰夫，皆如其言。或人殺雞以食之，既進，朗曰：『此雞棲恒半露。』檢之，皆驗。又食鵝肉，知黑白之處。人不信，記而試之，無豪厘之差。時人咸以為知味。

後數年，王國寶譖而殺之。王忱將為荆州刺史，待殺朗而後發。臨刑，志色自若，為詩曰：『四大起何因？聚散無窮已。既過一生中，又入一死理。冥心乘和暢，未覺有終始。如何箕山夫，奄焉處東市！曠此百年期，遠同嵇叔子。命也歸自天，委化任冥紀。』著《苻子》數十篇行於世，亦《老》、《莊》之流也。

又 卷一一五《苻丕苻登載記》 苻丕，字永叔，堅之長庶子也。少而聰彗好學，博綜經史。堅與言將略，嘉之，命鄧羌教以兵法。文武才幹亞於苻融，為將善收士卒情，出鎮於鄴，東夏安之。堅敗歸長安，丕為慕容垂所逼，自鄴奔枋頭。堅之死也，丕復入鄴城，將收兵趙、魏，西赴長安。會幽州刺史王永、平州刺史苻沖頻為垂將平規等所敗，乃遣昌黎太守宋敞焚燒和龍、薊城宫室，率衆三萬進屯壺關，遣使招丕。丕乃去鄴，率男女六萬餘口進如潞川。驃騎張蠔、并州刺史王騰迎之，入據晉陽，始知堅死問，舉哀于晉陽，三軍縞素。王永留苻沖守壺關，率騎一萬會丕，勸稱尊號，丕從之，乃以太元十年僭即皇帝位於晉陽南。立堅行廟，太赦境内，改元曰太安。置百官，以張蠔為侍中、司空，封上黨郡公；王永為使持節、侍中、都督中外諸軍事、車騎大將軍、尚書令，進封清河公；王騰為散騎常侍、中軍大將軍、司隸校尉、陽平郡公；苻沖為左光祿大夫、尚書左僕射、西平王；俱石子為衛將軍、濮陽公；楊輔為尚書右僕射、濟陽公；王亮為護軍將軍、彭城公；强益耳、梁暢為侍中，徐義為吏部尚書，並封縣公。自餘封授各有差。

是時安西呂光自西域還師，至於宜禾，堅凉州刺史梁熙謀閉境距之。高昌太守楊翰言於熙曰：『呂光新定西國，兵强氣鋭，其鋒不可當也。度其事意，必有異圖。且今關中擾亂，京師存亡未知，自河已西迄於流沙，地方萬里，帶甲十萬，鼎峙之勢實在今日。若光出流沙，其勢難測。高梧谷口，水險之要，宜先守之而奪其水。彼既窮渴，自然投戈。如其以遠不守，伊吾之關亦可距也。若度此二要，雖有子房之策，難為計矣。地有所必争，真此機也。』熙弗從。美水令犍為張統説熙曰：『主上傾國南討，覆敗而還。慕容垂擅兵河北，泓、沖寇逼京師，丁零雜虜，跋扈關、洛，州郡姦豪，所在風扇，王綱弛絶，人懷利己。今呂光回師，將軍何以抗也？』熙曰：『誠深憂之，未知計之所出。』統曰：『光雄果勇毅，明略絶人，今以蕩西域之威，擁歸師之鋭，鋒若猛火之盛于原，弗可敵也。將軍世受殊恩，忠誠夙著，立勳王室，宜在於今。行唐公洛，上之從弟，勇冠一時。為將軍計者，莫若奉為盟主，以攝衆望，推忠義以總率羣豪，則光無異心也。資其精鋭，東兼毛興，連王統、楊璧，集四州之衆，掃凶逆于諸夏，寧帝室於關中，此桓文之舉也。』熙又不從。殺洛於西海，以子胤為鷹揚將軍，率衆五萬距光於酒泉。敦煌太守姚靜、晉昌太守李純以郡降光。胤及光戰于安彌，為光所敗。武威太守彭濟執熙迎光，光殺之。建威、西郡太守索泮，奮威、督洪池已南諸軍事、酒泉太守宋皓等，並為光所殺。

堅尚書令、魏昌公苻纂自關中來奔，拜太尉，進封東海王。以中山太守王兗為平東將軍、平州刺史、阜城侯，苻定為征東將軍、冀州牧、高城侯，苻紹為鎮東將軍、督冀州諸軍事、重合侯，苻謨為征西將軍、幽州牧、高邑侯，苻亮為鎮北大將軍、督幽、并二州諸軍事，並進爵郡公。定、紹據信都，謨、亮先據常山，慕容垂之圍鄴城也，並降于垂，聞丕稱尊號，遣使謝罪。王兗固守博陵，與垂相持。左將軍竇衝、秦州刺史王統、河州刺史毛興、益州刺史王廣、南秦州刺史楊璧、衛將軍楊定，並據隴右，遣使招丕，請討姚萇。丕大悦，以定為驃騎大將軍、雍州牧，沖為征西大將軍、梁州牧，統鎮西大將軍，興車騎大將軍，璧征南大將軍，並開府儀同三司，加散騎常侍，廣安西將軍，皆進位州牧。

於是王永宣檄州郡曰：『大行皇帝棄背萬國，四海無主。征東大將軍、長樂公，先帝元子，聖武自天，受命荆南，威振衡海，分陝東都，道被夷夏，仁澤光於宇宙，德聽侔于《下武》。永與司空蠔等謹順天人之望，以季秋吉辰奉公紹承大統，銜哀即事，棲谷總戎，枕戈待旦，志雪大耻。慕容垂為封豕於關東，泓、沖繼凶於京邑，致乘輿播越，宗社淪傾。羌賊姚萇，我之牧士，乘釁滔天，親行大逆，有生之巨賊也。永累葉受恩，世荷將相，不與驪山之戎、滎澤之狄共戴皇天，同履厚土。諸牧伯公侯或宛沛宗臣，或四七勳舊，豈忍舍破國之醜豎，縱殺君之逆賊乎！主上飛龍九五，實協天心，靈祥休瑞，史不輟書，投戈效義之士三十餘萬，少康、光武之功可旬朔而成。今以衛將軍俱石子為前軍師，司空張蠔為中軍都督。武將猛士，風烈雷震，志殄元凶，義無他顧。永謹奉乘輿，恭行天罰。君臣終始之義，在三忘軀之誠，戮力同之，以建晉、鄭之美。』

先是，慕容驎攻王兗於博陵，至是糧竭矢盡，郡功曹張猗逾城聚衆應驎。兗臨城數之曰：『卿，秦之人也。吾，卿之君也。起衆應賊，號稱義兵，何名實相違之甚！卿兄往合鄉宗，親逐城主，天地不容，為世大戮。身滅未幾，卿復續之。卿見為吾吏，親尋干戈，競為戎首，為爾君者，不亦難乎！今人何取卿一切之功，寧能忘卿不忠不孝之事！古人有云，求忠臣必出孝子之門，卿母在城，不能顧之，何忠義之可望！惡不絕世，卿之謂也。不圖中州禮義之邦邦，而卿門風若斯。卿去老母如脫屣，吾復何論哉！』既而城陷，兗及固安侯苻鑒，並為驎所殺。

丕復以王永為司徒、録尚書事，徐義為尚書令，加右光祿大夫。

初，王廣還自成都也，奔其兄秦州刺史統。及長安不守，廣攻河州牧毛興於枹罕。興遣建節將軍、臨清柏衛平率其宗人千七百夜擊廣軍，大敗之。王統復遣兵助廣，興於是嬰城固守。既而襲王廣，敗之，廣亡奔秦州，為隴西鮮卑匹蘭所執，送詣姚萇。興既敗王廣，謀伐王統，平上邽。枹罕諸氏皆窘於兵革而疲不堪命，乃殺興，推衛平為使持節、安西將軍、河州刺史，遣使請命。

刁雲殺慕容忠，乃推慕容永為使持節、大都督中外諸軍事、大將軍、大單于、雍、秦、梁、涼四州牧、録尚書事、河東王，稱藩於垂。征東苻定、鎮東苻紹、征北苻謨、鎮北苻亮皆降于慕容垂。

丕又進王永為左丞相，苻纂為大司馬，張蠔為太尉，王騰為驃騎大將軍、儀同三司，徐義為司空，苻沖為車騎大將軍、尚書令、儀同三司，俱石子為衛大將軍、尚書左僕射，領官皆如故。永又檄州郡曰：『昔夏有窮夷之難，少康起焉；王莽毒殺平帝，世祖重光漢道；百六之運，何代無之！天降喪亂，羌胡猾夏，先帝晏駕賊庭，京師鞠為戎穴，神州蕭條，生靈塗炭。天未亡秦，社稷有奉。主上聖德恢弘，道侔光武，所在宅心，天人歸屬，必當隆中興之功，復配天之美。姚萇殘虐，慕容垂凶暴，所過滅户夷煙，毀發丘墓，毒遍存亡，痛纏幽顯，雖黃巾之害於九州，赤眉之暴于四海，方之未為甚也。今素秋將及，行師令辰，公侯牧守，壘主鄉豪，或戮力國家，乃心王室，各率所統，以孟冬上旬會大駕于臨晉。』於是天水姜延、馮翊寇明、河東王昭、新平張晏、京兆杜敏、扶風馬郎、建忠高平牧官都尉王敏等咸承檄起兵，各有衆數萬，遣使應丕。皆就拜將軍、郡守，封列侯。冠軍鄧景擁衆五千據彭池，與竇衝為首尾，擊萇平涼太守金熙。安定北部都尉鮮卑没奕於率鄯善王胡員吒、護羌中郎將梁苟奴等，與萇左將軍姚方成、鎮遠强京戰于孫丘谷，大敗之。

枹罕諸氏以衛平年老，不可以成事業，議廢之，而憚其宗强，連日不決。氐有啖青者，謂諸將曰：『大事宜定，東討姚萇，不可沈吟猶豫。一旦事發，反為人害。諸軍但請衛公會儲衆將，青為諸軍決之。』衆以為然。於是大饗諸將，青抽劍而前曰：『今天下大亂，豺狼塞路，吾曹今日可謂休戚是同，非賢明之主莫可濟艱難也。衛公朽耄，不足以成大事，宜反初服，以避賢路，狄道長苻登雖王室疏屬，而志略雄明，請共立之，以赴大駕。諸君若有不同者，便下異議。』乃奮劍攘袂，將斬貳己者，衆皆從之，莫敢仰視。於是推登為帥，遣使於丕請命。丕以登為征西大將軍、開府儀同三司、南安王、持節及州郡督因其所稱而授之。又以徐義為右丞相。

丕留王騰守晉陽，楊輔戍壺關，率衆四萬進據平陽。王統以秦州降姚萇。慕容永以丕至平陽，恐不自固，乃遣使求假道還東，丕弗許。遣王永及苻纂攻之，以俱石子為前鋒都督，與慕容永戰於襄陵。王永大敗，永及石子皆死之。

初，苻纂之奔丕也，部下壯士三千餘人，丕猜而忌之。及永之敗，懼為纂所殺，率騎數千南奔東垣。晉揚威將軍馮該自陝要擊，敗之，斬丕首，執其太子寧、長樂王壽，送于京師，朝廷赦而不誅，歸之於苻宏。徐義為慕容永所獲，械埋其足，將殺之。義誦《觀世音經》，至夜中，土開械脫，於重禁之中若有人導之者，遂奔楊佺期，佺期以為洛陽令。苻纂及弟師奴率丕餘衆數萬，奔據杏城。苻登稱尊號，偽謚丕為哀平皇帝。丕之臣佐皆没慕容永，永乃進據上黨之長子，僭稱大號，改元曰中興。丕在位二年而敗。

登字文高，堅之族孫也。父敞，健之世為太尉司馬、隴東太守、建節將軍，後為苻生所殺。堅即偽位，追贈右將軍、涼州刺史，以登兄同成嗣。毛興之鎮上邽，以為長史。登少而雄勇，有壯氣，粗險不修細行，故堅弗之奇也。長而折節謹厚，頗覽書傳。拜殿上將軍，稍遷羽林監、揚武將軍、長安令，坐事黜為狄道長。及關中亂，去縣歸毛興。同成言於興，請以登為司馬，常在營部。登度量不羣，好為奇略，同成常謂之曰：「汝聞不在其位，不謀其政，無數幹時，將為博識者不許。吾非疾汝，恐或不喜人妄豫耳，自是可止。汝後得政，自可專意。」時人聞同成言，多以為疾登而抑蔽之。登乃屏迹不妄交遊。興有事則召之，戲謂之曰：「小司馬可坐評事。」登出言輒析理中，興內服焉，然敬憚而不能委任。姚萇作亂，遣其弟碩德率衆伐毛興，相持久之。興將死，告同成曰：「與卿累年共擊逆羌，事終不克，何恨之深！可以後事付卿小弟司馬，殄碩德者，必此人也。卿可換攝司馬事。」

登既代衛平，遂專統征伐。是時歲旱衆饑，道殣相望，登每戰殺賊，名為熟食，謂軍人曰：「汝等朝戰，幕便飽肉，何憂於飢！」士衆從之，啖死人肉，輒飽健能鬭。姚萇聞之，急召碩德曰：「汝不來，必為苻登所食盡。」碩德於是下隴奔萇。

及丕敗，丕尚書寇遺奉丕子渤海王懿、濟北王昶自杏城奔登。登乃具丕死問，於是為丕發喪行服，三軍縞素。登請立懿為主，衆咸曰：「渤海王雖先帝之子，然年在幼沖，未堪多難。國亂而立長君，《春秋》之義也。三虜跨僭，寇旅殷强，豺狼梟鏡，舉目而是，自厄運之極，莫甚於斯。大王挺劍西州，鳳翔秦、隴，偏師暫接，姚萇奔潰，一戰之功，可謂光格天地。宜龍驤武奮，拯拔舊京，以社稷宗廟為先，不可顧曹臧、吳劄一介微節，以失圖運之機，不建中興之業也。」登於是以太元十一年僭即皇帝位，大赦境內，改元曰太初。

立堅神主於軍中，載以輜軿，羽葆青蓋，車建黃旗，武賁之士三百人以衛之，將戰必告，凡欲所為，啓主而後行。繕甲纂兵，將引師而東，乃告堅神主曰：「維曾孫皇帝臣登，以太皇帝之靈恭踐寶位。昔五將之難，賊羌肆害於聖躬，實登之罪也。今合義旅，衆餘五萬，精甲勁兵，足以立功，年穀豐穰，足以資贍。即日星言電邁，直造賊庭，奮不顧命，隕越為期，庶上報皇帝酷冤，下雪臣子大恥。惟帝之靈，降監厥誠。」因歔欷流涕。將士莫不悲慟，皆刻鉾鎧為「死休」字，示以戰死為志。每戰以長槊鉤刃為方圓大陣，知有厚薄，從中分配，故人自為戰，所向無前。

初，長安之將敗也，堅中壘將軍徐嵩、屯騎校尉胡空各聚衆五千，據險築堡以自固，而受姚萇官爵。及萇之害堅，嵩等以王禮葬堅於二堡之間。至是，各率衆降登。拜嵩鎮軍將軍、雍州刺史，空輔國將軍、京兆尹。登復改葬堅以天子之禮。又僭立其妻毛氏為皇后，弟懿為皇太弟。遣使拜苻纂為使持節、侍中、都督中外諸軍事、太師，領大司馬，進封魯王，纂弟師奴為撫軍大將軍、并州牧、朔方公。纂怒謂使者曰：「渤海王世祖之孫，先帝之子，南安王何由不立而自尊乎？」纂長史王旅諫曰：「南安已立，理無中改。賊虜未平，不可宗室之中自為仇敵，原大王遠蹤光武推聖公之義，梟二虜之後，徐更圖之。」纂乃受命。於是貳縣虜帥彭沛穀、屠各董成、張龍世、新平羌雷惡地等盡應之，有衆十餘萬。纂遣師奴攻上郡羌酋金大黑、金洛生，大黑等逆戰，大敗之，斬首五千八百。

登以竇衝為車騎大將軍、南秦州牧，楊定為大將軍、益州牧，楊璧為司空、梁州牧。

苻纂敗姚碩德于涇陽，姚萇自陰密距纂，纂退屯敷陸。竇衝攻萇汧、雍二城，克之，斬其將軍姚元平、張略等。又與萇戰於汧東，為萇所敗。登次於瓦亭。萇攻彭沛穀堡，陷之，沛穀奔杏城，萇還陰密。登征虜、馮翊太守蘭櫝率衆二萬自頻陽入于和寧，與苻纂首尾，將圖長安。師奴勸其兄纂稱尊號，纂不從，乃殺纂，自立為秦公。蘭櫝絕之，皆為姚萇所敗。

登進所胡空堡，戎夏歸之者十有餘萬。姚萇遣其將軍姚方成攻陷徐嵩堡，嵩被殺，悉坑戎士。登率衆下隴入朝那，姚萇據武都相持，累戰互有勝負。登軍中大饑，收葚以供兵士。立其子崇為皇太子，弁為南安王，尚為北海王。姚萇退還安定。登就食新平，留其大軍于胡空堡，率騎萬餘圍萇營，四面大哭，哀聲動人。萇惡之，乃命三軍哭以應登，登乃引退。

萇以登頻戰輒勝，謂堅有神驗，亦于軍中立堅神主，請曰：「往年新平之禍，非萇之罪。臣兄襄從陝北渡，假路求西，狐死首丘，欲暫見鄉里。陛下與苻眉要路距擊，不遂而沒。襄敕臣行殺，非臣之罪。苻登陛下末族，尚欲復讎，臣為兄報耻，于情理何負！昔陛下假臣龍驤之號，謂臣曰：「朕以龍驤建業，卿其勉之！」明詔昭然，言猶在耳。陛下雖過世為神，豈假手於苻登而圖臣，忘前征時言邪！今為陛下立神象，可歸休於此，勿計臣過，聽臣至誠。」登進師攻萇，既而升樓謂萇曰：「自古及今，安有殺君而反立神象請福，望有益乎！』大呼曰：『殺君賊姚萇出來，吾與汝決之，何為枉害無辜！』萇懼而不應。萇自立堅神象，戰未有利，軍中每夜驚恐，乃嚴鼓斬象首以送登。

登將軍竇洛、竇於等謀反發覺，出奔於萇。登進討彭池不克，攻彌姐營及繁川諸堡，皆克之。萇連戰屢敗，乃遣其中軍姚崇襲大界，登引師要之，大敗崇于安丘，俘斬二萬五千，進攻萇將吳忠、唐匡於平涼，克之，以尚書苻碩原為前禁將軍、滅羌校尉，戍平涼。登進據苟頭原以逼安定。萇率騎三萬夜襲大界營，陷之，殺登妻毛氏及其子弁、尚，擒名將數十人，驅掠男女五萬餘口而去。

登收合餘兵，退據胡空堡，遣使齎書加竇衝大司馬、驃騎將軍、前鋒大都督、都督隴東諸軍事，楊定左丞相、上大將軍、都督中外諸軍事，楊璧大將軍、都督隴右諸軍事。遣沖率見衆為先驅，自繁川趣長安。登率衆從新平逕據新豐之千户固。使定率隴上諸軍為其後繼，璧留守仇池。又命其幷州刺史楊政、冀州刺史楊楷率所統大會長安。萇遣其將軍王破虜略地秦州，楊定及破虜戰于清水之格奴阪，大敗之。登攻張龍世於鴦泉堡，姚萇救之，登引退。萇密遣其將任瓫、宗度詐為內應，遣使招登，許開門納之。登以為然。雷惡地馳謂登曰：『姚萇多計略，善御人，必為姦變，願深宜詳思。』登乃止。萇聞惡地之詣登也，謂諸將曰：『此羌多姦智，今其詣登，事必無成。』登聞萇懸門以待之，大驚，謂左右曰：『雷征東其殆聖乎！微此公，朕幾為豎子所誤。』萇攻陷新羅堡。萇撫風太守齊益男奔登。登將軍路柴、强武等並以衆降於萇。登攻萇將張業生於隴東，萇救之，不克而退。登將軍魏褐飛攻姚當成於杏城，為萇所殺。

馮翊郭質起兵廣鄉以應登，宣檄三輔曰：『義感君子，利動小人。吾等生逢先帝堯、舜之化，累世受恩，非常伯納言之子，即卿校牧守之胤，而可坐視豺狼忍害君父！裸屍薦棘，痛結幽泉，山陵無松隧之兆，靈主無清廟之頌，賊臣莫大之甚，自古所未聞。雖茹荼之苦，銜蓼之辛，何以諭之！姚萇窮凶肆害，毒被人神，於圖讖歷數萬無一分，而敢妄竊重名，厚顏瞬息，日月固所不照，二儀實亦不育。皇天雖欲絕之，亦將假手於忠節。凡百君子，皆夙漸神化，有懷義方，含恥而存，孰若蹈道而没乎！』衆咸然之。唯鄭縣人苟曜不從，聚衆數千應姚萇。登以質為平東將軍、馮翊太守。質遣部將伐曜，大敗而歸。質乃東引楊楷，以為聲援，又與曜戰于鄭東，為曜所敗，遂歸於萇，萇以為將軍。質衆皆潰散。

登自雍攻萇將金温于范氏堡，克之，遂渡渭水，攻萇京兆太守韋范于段氏堡，不克，進據曲牢。苟曜有衆一萬，據逆方堡，密應登，登去曲牢繁川，次於馬頭原。萇率騎來距，大戰敗之，斬其尚書吳忠，進攻新平。萇率衆救之，登引退，復攻安定，為萇所敗，據路承堡。

是時萇疾病，見苻堅為祟。登聞之，秣馬萬兵，告堅神主曰：『曾孫登自受任執戈，幾將一紀，未嘗不上天錫祐，皇鑒垂矜，所在必克，賊旅冰摧。今太皇帝之靈降灾疢於逆羌，以形類推之，醜虜必將不振。登當因其隕斃，順行天誅，拯復梓宮，謝罪清廟。』於是大赦境內，百僚進位二等。與萇將姚崇爭麥于清水，累為崇所敗。進逼安定，去城九十餘里。萇疾小瘳，率衆距登，登去營逆萇，萇遣其將姚熙隆別攻登營，登懼，退還。萇夜引軍過登營三十餘里以躡登後。旦而候人告曰：『賊諸營已空，不知所向。』登驚曰：『此為何人，去令我不知，來令我不覺，謂其將死，忽然復來，朕與此羌同世，何其厄哉！』遂罷師還雍。

以竇衝為右丞相。尋而沖叛，自稱秦王，建年號。登攻之於野人堡，沖請救于姚萇，萇遣其太子興攻胡空堡以救之。登引兵還赴胡空堡，沖遂與萇連和。

至是萇死，登聞之喜曰：『姚興小兒，吾將折杖以笞之。』於是大赦，盡衆而東，攻屠各姚奴、帛蒲二堡，克之，自甘泉向關中。興追登不及數十里，登從六陌趣廢橋，興將尹緯據橋以待之。登爭水不得，衆渴死者十二三。與緯大戰，為緯所敗，其夜衆潰，登單馬奔雍。

初，登之東也，留其弟司徒廣守雍，太子崇守胡空堡。廣、崇聞登敗，出奔，衆散。登至，無所歸，遂奔平涼，收集遺衆入馬毛山。興率衆攻之，登遣子汝陰王宗質於隴西鮮卑乞伏乾歸，結婚請援，乾歸遺騎二萬救登。登引軍出迎，與興戰于山南，為興所敗，登被殺。在位九年，時年五十二。崇奔於湟中，僭稱尊號，改元延初。偽謚登曰高皇帝，廟號太宗。崇為乾歸所逐，崇、定皆死。

始，健以穆帝永和七年僭立，至登五世，凡四十有四歲，以孝武帝太元十九年滅。

索泮，字德林，敦煌人也。世為冠族。泮少時遊俠，及長，變節好學，有佐世才器。張天錫輔政，以泮為冠軍、記室參軍。天錫即位，拜司兵，歷位禁中録事。執法御擄，州府肅然，郡縣改迹。遷羽林左監，有勤幹之稱。出為中壘將軍、西郡武威太守、典戎校尉。政務寬和，戎夏懷其惠，天錫甚敬之。苻堅見而歎曰：『涼州信多君子！』既而以泮河西德望，拜別駕。呂光既克姑臧，泮固郡不降，光攻而獲之。光曰：『孤既平西域，將赴難京師，梁熙無狀，絕孤歸路，此朝廷之罪人，卿何意阻郡固迷，自同元惡！』泮厲色責光曰：『將軍受詔討叛胡，可受詔亂涼州邪？寡君何罪，而將軍害之？泮但苦力寡，不能固守以報君父之讎，豈如逆氐彭濟望風反叛！主滅臣死，禮之常也。』乃就刑於市，神色不變。

弟菱，有儁才，仕張天錫為執法中郎、冗從右監。苻堅世至伏波將軍、典農都尉，與泮俱被害。

徐嵩，字元高，盛之子也。少以清白著稱。苻堅時舉賢良，為郎中，稍遷長安令，貴戚子弟犯法者，嵩一皆考竟，請托路絕。堅甚奇之，謂其叔父成曰：『人為長吏，故當應耳。此年少落落，有端貳之才。』遷守始平郡，甚有威惠。及壘陷，姚方成執而數之，嵩厲色謂方成曰：『汝姚萇罪應萬死，主上止黃眉之斬而宥之，叨據內外，位為列將，無犬馬識養之誠，首為大逆。汝曹羌輩豈可以人理期也！何不速殺我，早見先帝，取姚萇於地下。』方成怒，三斬嵩，漆其首為便器。登哭之哀慟，贈車騎大將軍、儀同三司，謚曰忠武。

南朝梁·慧皎《高僧傳》卷五《義解二》 釋道安，【略】未終之前隱士王嘉往候安，安曰：『世事如此行將及人，相與去乎？』嘉曰：『誠如所言。師并前行，僕有小債未了，不得俱去。』及姚萇之得長安也。嘉時故在城內，萇與符登相持甚久，萇乃問嘉：『朕當得登不？』答曰：『略得。』萇怒，曰：『得當言得，何略之有？』遂斬之。此嘉所謂負債者也。萇死後，其子興方殺登。興字子略，即嘉所謂『略得』者也。

宋·李昉等《太平御覽》卷一二一《偏霸部五·前秦苻洪》 崔鴻《十六國春秋·前秦録》曰：苻洪，字廣世，略陽臨渭氐人。其先有扈氏之苗裔，子孫强盛，世為氐酋。其後家池生蒲，長五丈，節如竹形，于時咸異之，謂之蒲家，因以氏焉。父懷歸，為部落小帥。母姜氏，寢產洪。先是隴右大雨霖，百姓苦之，謠曰：『雨若不止，洪水必起。』故名之曰洪。年十二，父卒，代為部帥。好學多權略，善騎射。

屬劉氏之亂，散千金，招延俊傑，戎晉繈負奔之，推為盟主。劉聰遣使拜平遠將軍，不受，自稱護氐校尉、秦州刺史、洛陽公，羣氐推為首。劉曜以洪為氐王，及曜敗于洛陽，洪率部人西保隴山。石虎將軍攻上邽，洪詣虎，降。虎跣出迎之，拜冠軍將軍、監六夷諸軍事、涇陽伯。趙建平四年，石生起兵于關中，洪遂西結張駿，自稱晉北平將軍、雍州刺史。石虎既滅生，洪遂率户二萬下隴東，如馮翊，虎拜洪護氐校尉，進爵為侯。徙秦雍州民羌十餘萬户於關東，遷洪龍驤將軍、流民都督，處之枋頭。從征段遼有功，進封西平郡公。佛圖澄言符氏有王氣，虎陰欲殺之。洪稱疾不朝。

太寧元年，進位侍中、車騎大將軍、開府儀同三司、雍州刺史，進封本國略陽郡公。時姚弋仲亦圖據關中，恐洪先之，遣子襄率衆五萬來伐洪。洪逆擊，敗之。於是安定梁擾楞等並關西民望說洪曰：『今胡運已終，中原喪亂，明公神武自天，必繼蹤周、漢，宜稱尊號，以副四海之望。』洪以讖文有『草付應王』，又孫堅之生背有『符』字，遂改姓符氏，自稱大將軍、單于、三秦王。初，趙將軍麻秋西鎮抱罕，聞冉閔之亂，率衆歸鄴，洪使子龍驤雄逆擊獲之，以為軍師將軍。秋說洪西都長安。既而秋因宴鴆洪，將並其衆，世子健收而殺之。洪將死，謂健曰：『關中周、漢舊都，形勝之國，吾亡之後便可鼓行而西。』言終而薨，年六十六。

又《符健》 崔鴻《十六國春秋·前秦録》曰：健字建業，洪第三子。母姜氏夢感大羆而生。生之夜，洪夢族曾氐王蒲健謂之曰：『是兒興家門，可以吾名字之。』於是名羆，字世健，後避石虎外祖張羆之名，故改焉。晉永和六年，自稱晉征西大將軍、開府、都督關西諸軍事、雍州刺史。於是盡衆西行，至盟津，起浮橋以濟，濟訖焚橋。三輔堡壁悉降。十一月，入都長安，於是左長史賈玄碩等依諸葛亮、劉備故事，表健為秦王。玄碩等乃上尊號，健偽讓再三，乃從之。皇始元年正月，僭即天王位於南郊，大赦，改晉永和七年為皇始元年。追尊父洪為太祖武惠皇帝，繕宗廟、社稷于長安。立妻强氏為皇后，子萇為皇太子，靚為平原公，生為淮南公，弟雄丞相、東海公，其餘封授各有差。是年，野蠶成繭，野禾被原，百姓采野繭而衣，收野粟而食，關西家給人足。

二年正月，丞相雄等固請：『宜依漢、晉，兼皇王之美，不可過自謙沖，同趙之初號。』健從之，僭即皇帝位於太極殿，大赦。諸公進爵為王，立五等之封，以次進之。三年正月下書曰：『其令公卿已下，歲舉賢良方正、孝廉、清才多略、博學秀才、異行各一人，或獻書規諫，或面陳朕過。其速以聞，勿俱貴賤。』四年，丞相東海王雄卒，贈相國，進封魏王，謚敬武王。雄字元才，洪之季子，趙建武中拜龍驤將軍，頭大足短，故軍中稱為大頭龍驤。健甚重之，曰：『元才，吾之姬旦。』五年四月，立淮南王生為皇太子。六月，健寢疾，引太師魚尊、丞相雷弱兒、太傅毛貴、司空王隨等囑以後事，受遺輔政。乙酉，薨於太極前殿，年四十九。葬原陵，偽謚明皇帝，廟號世宗。永興初，追尊曰景明皇帝，廟號高祖。

又《苻生》 崔鴻《十六國春秋·前秦録》曰：苻生，字長生，健第三子。幼而粗暴，昏醉無賴，祖洪甚惡之。生無一目，七歲，洪戲之，問侍者曰：『吾聞瞎兒一淚，信乎？』侍者曰：『然。』生怒，引佩刀自刺出血，曰：『此亦一淚耶！』洪大驚，鞭之。生曰：『性耐刀槊，不堪鞭捶。』洪曰：『汝為爾不已，吾將以汝為奴。』生曰：『可不如石勒也。』及長，力舉千鈞，走及奔馬。

皇始五年，僭即皇帝位，大赦，改年。羣臣奏『先帝晏駕甫爾，不宜改號。』生怒，不從，窮推議主。壽光元年七月，殺右僕射段純，以太子門大夫趙韶為僕射，太子舍人趙誨為中護軍，著作佐郎董榮為尚書，並以佞幸進也。九月，中書監胡文言於生：『昆頻有客星孛於大角，熒惑入東井。大角為帝座，東井秦之分野，不出三年，國有大喪，大臣戮死。願陛下遠追周文，修德以攘之』。生曰：『皇后與朕對臨天下，足塞大喪之變。』於是殺皇后梁氏，誅太傅録尚書毛貴、車騎尚書令梁楞、左僕射梁安。后，安之女孫。又誅丞相雷弱兒。諸羌悉叛。弱兒，南安羌酋也。生雖在諒暗，遊飲荒淫，殺戮無道，彎弓露刃以見朝臣，錘鉗鋸鑿備置左右。未幾，后妃公卿已下至於僕隸，誅五百餘人。二年正月，嬖臣右僕射董榮言於生曰：『日蝕之災，宜以貴臣應之。』生曰：『惟有大司馬。』『國之懿戚，不可，其在王司空。』生從之，誅司空王隨。壬戌，饗羣臣於太極殿，樂奏，生親歌以和之。命尚書令辛牢典勸，既而生怒曰：『何不强酒？猶有坐者！』引弓矢射牢殺之。於是百僚大懼，無不引滿昏醉，汙服，蓬頭僵僕，生以為樂。

三年四月，姚襄遣姚蘭等衆二萬七千進據黄洛。生遣平王黄眉、東海王堅、建節將軍鄧羌等步騎萬五千以討之。羌偽不勝，引騎而退。襄追之，至於三原，羌回騎拒襄，大戰，獲襄。襄有駿馬，日行千里，是戰也，馬倒而擒之。眉等振旅而歸。

初，長安謡曰：『東海大魚化為龍，男為王，女為公，問在何所洛門東。』東海，即堅封也，第在洛門東。生荒暴日滋，殘虐彌甚。羣臣朔望漏盡請見，生曰：『知盡乎？須待飲訖。』或日暮而不出，百僚饑弊。或至申酉之間方出臨朝，酒怒色厲，多有殺戮。或連月昏醉，弗堪省覽。或使宫人與男子裸交於殿前，引羣臣臨而觀之。或生剥牛羊驢馬，活閹雞鴨，三五十為羣，放之殿中。或生剥死囚面皮，令其歌舞，觀以為樂。勳戚忠良，殺害略盡。朝士奔逃草野，皆曰從虎口出。左右得度一日，如過十年。至於截脛、刳胎、拉助、鋸頭殺者動有千數。生夜對侍婢曰：『阿法兄弟亦不可信，明當除之。』是夜清河王苻法夢神告之：『旦將禍集汝門，先覺，可以免。』寤而心悸。會侍婢來告，乃與特進梁平老等帥壯士數百人潛入雲龍門，東海王堅帥麾下三百人繼集，宿衛將士皆捨仗歸堅。生猶昏寢不寤，堅衆既至，生驚問左右曰：『此輩何等人？』引生至別室，廢為越王，俄而殺之，時年二十三歲。謚厲王，封子馗為越侯。

又 卷一二二《偏霸部六·前秦苻堅》 崔鴻《十六國春秋·前秦録》：苻堅，字永固，健弟雄之子。趙建武中，母苟氏祈西門豹祠，歸而夜夢與神交，遂孕，十二月而生。有神光之異，自天屬庭，背有赤文，隱起成字，曰：『草付臣又土王咸陽。』秘而莫之傳也。姿貌魁傑，臂垂過膝，目有紫光。祖洪奇而愛之，名『堅頭』，因而謂健曰：『此兒頭大鎮重，身長任大，足短安下，非常相。』趙右光祿大夫司隸校尉高平徐統有知人之鑑，遇堅於路，異之，執其手曰：『符郎，此官之御街，小兒敢戲！』統顧左右曰：『此兒有霸王之相。』後復遇之，統下車謂曰：『符郎當大貴，但僕不及見，如何？』堅曰：『若如公言，不敢忘德。』八歲，請就師學。洪曰：『尚小未可，吾年十三，方欲求師，時人猶以為速成。』健之入關，次於曲沃，夢天神遣使，朱衣赤冠，命拜堅為龍驤將軍。

旦而為壇於曲沃，拜堅，泣謂曰：『先王昔始受此號，汝父次為之，今若若，汝也復為神明所授，可不勉之！』性至孝，有器度，博學多才藝，年十一，便有經略大志。

堅既殺苻生，永興元年六月去皇帝之號，僭稱大秦天王，即位太極殿，誅董龍等二十餘人，改壽光三年為永興元年。追尊父為文桓皇帝，世子宏為皇太子。兄清河王法為丞相、東海公，永安公苻侯為太尉，諸王皆貶爵為公。苻柳為尚書令，封弟融為陽平公，雙河南公，子丕為長樂公，暉為平原公，熙為廣平公。李威為左僕射，梁平老為右僕射，席寶為丞相長史，王猛為中書令侍郎，權翼為黄門郎。諸公卿為生所誅者，悉復本官。十月，丞相東海公法以疑忌賜死，苟太后之意也。堅性友愛，與法訣於東堂，慟哭嘔血。二年四月，堅如雍，祀五時。六月，如河東，祀后土。八月，自臨晉登龍門，顧謂羣臣曰：『美哉！山河之固。』權翼對曰：『吳起有言：「在德不在險。」願陛下追蹤唐、虞，懷遠以德，山河之固不足恃也！』堅大悅。至韓原，觀晉魏顆鬼結草抗秦軍之處，賦詩而歸。

甘露元年正月，起明堂，禪南北郊。六月，甘露降，乃大赦，改年。八月，堅下書曰：『咸陽內史猛聲彰出納，所在著績，有臥龍之才，宜入贊百揆，絲綸王言，可征拜侍中、中書令、領京兆尹。』中丞鄧羌性鯁直，與猛協規齊志，於是百僚肅整，豪右屏氣，風化大行。堅歎曰：『吾今始知天下之有法也！』以猛為吏部尚書，遷太子詹事。十一月，以猛為司隸、侍中，領選如故，猛上疏曰：『伏見陽平公融明德懿親，光祿西河任羣，忠禎淑慎，處士朱彤博識聰辯，並宜左右彌綸，暉贊九棘。愚臣庸鄙，請避賢路。』堅曰：『機務俟才，允屬明哲，朝野所望，豈容致辭？所舉融等，尋別銓授。』於是以融為侍中、中書監、右僕射，任羣為光祿大夫、領太子家令，朱彤為中書侍郎、領太子庶子。

三年九月，鳳皇集於東閣，大赦天下。初，將為赦，與左僕射猛、右僕射融議於露堂，悉屏左右。堅自為文，猛、融進紙筆。有一大蒼蠅入自牖間，鳴聲甚大，集於筆端，而復來，堅惡之，久而乃去。俄而長安街巷市里民相告曰：『官今大赦。』有司以聞。堅驚謂融曰：『事何從而泄？』敕外窮推，咸言有一小人衣黑衣，呼於市曰：『官今大赦。』須臾不見。堅歎曰：『其向蒼蠅乎？聲狀非常，吾固惡之。』四年七月，黄龍見於成紀，梁山崩。五年，白虎見天水。六年，遣鴻臚拜張天錫為大將軍、涼州牧、西平公。建元元年正月，雍州秀才段鏗對策上第，拜吏部郎中。孝廉通經者十餘人皆拜令長。

五年六月，晉大司馬桓温伐燕，次於枋頭。燕師屢敗，遣散騎侍郎樂嵩來乞師，請賂秦以虎牢以西之地。八月，遣將軍苟也、洛州刺史邵羌帥步騎二萬救燕。温敗歸。是月，京兆民王攸上書獻十略：『一曰君道宜明，二曰臣尚忠敬，三曰子貴孝養，四曰民生在勤，五曰教無偏黨，六曰養民在惠，七曰延聘耆賢，八曰懲惡顯善，九曰伐叛柔服，十曰易簡弘大。』堅納之，以攸為諫議大夫。十一月，燕車騎吳王垂來奔。桓温既走，慕容暐悔割河洛之地以賂秦，乃曰：『行人失辭。分災救患，理之常也。』堅大怒。六年，令輔國王猛帥鎮南楊安、虎牙將軍張蠔、建節鄧羌等步騎六萬討平燕冀。八月，猛攻克壺關。暐遣太傅上庸王評等帥四十萬屯於潞川。猛覘知評賣水鬻樵，不撫將士，大笑謂楊安等曰：『慕容評真奴才，雖億兆之衆，尚不足為慮，況數十萬乎！今破之必矣。』甲戌，陳於渭原，猛誓衆曰：『王景略受國厚恩，任兼內外，今與諸君深入賊地，宜各勉進，不可退也。受爵明君之朝，慶觴父母之室，不亦美乎！』衆皆勇奮，破釜棄糧，大呼競進。猛望燕師之衆，惡之，謂鄧羌曰：『今日之事，非將軍莫可以捷也。成敗之機，在此一舉。』羌曰：『若以司隸見與，公無以為憂。』猛曰：『此非吾所及，必以安定太守、萬户侯相處。』羌不悅而退。俄而兵交，猛召羌，羌寢而不應。猛乃馳就許之，羌於是飲，與張蠔、徐成等跨馬馳入，旁若無人，搴旗斬將。燕師敗績，進師圍鄴。猛之未至鄴也，劫盜公行，及猛至，遠近怗然。十一月，堅自帥精鋭十萬攻鄴，七日而至於安陽故宅，引諸耆老語及祖父舊事，泫然流涕。猛潛如安陽迎堅，堅謂曰：『昔亞夫不出軍迎漢文，將軍何以臨敵背衆乎？』猛曰：『臣每覽亞夫之事，常謂前卻人主，以此而為名將，竊未多之。臣奉陛下神算，擊垂亡之虜，若摧枯拉朽，何足憂也！』戊寅，克鄴。慕容暐出奔，將軍郭慶執暐於高陽，送之。辛巳，堅入鄴宮，大赦。閱其圖籍，郡百五十七，縣一千五百七十九，户二百四十五萬八千九百六十九。以王猛為都督諸軍事、車騎大將軍、開府儀同、冀州牧，鎮鄴，封清河郡侯，以偽太宰恪、太傅評之第盡賜之，加美妾五人、上女妓十人、中女妓三十八人。猛辭，堅曰：『昔魏絳和戎，猶有金石絲竹之賞，山甫翼周，實受四牡之錫。卿功超二子，任過管、葛，安得辭也！其敬受之，無逆朕命。』以鄧羌為散騎常侍、安定太守、真定郡侯，邑三千户，賞潞川之功。

七年七月，日堅如洛陽，下書曰：『士死知己，猶來格模，故喬公一言，魏祖追慟。趙司隸高平徐統往在鄴都，識朕於童稚，每思其殷勤之言，弗敢忘也。可召其子孫詣行所。』八年五月，以高平徐攀為琅琊太守。攀，統之少子，以舊恩拔之也。六月，冀州牧猛入為丞相、中書監、司隸校尉，猛固辭丞相，改授司徒，又固辭，不拜，乃停司徒之授。四月，天鼓鳴，彗出於尾箕，長十餘丈，或名蚩尤旗。太史令張猛言於堅曰：『尾，燕之分野；而掃東井，東井秦之分，災深禍大，十年之後，燕滅秦之象。二十年之後，燕當為岱所滅。慕容暐父子兄弟，亡虜也，而布列朝廷，貴盛不二，宜除渠帥以寧皇秦。若旦誅鮮卑，不夕滅客彗者，臣請就妖言之戮。』堅不納，更以暐為尚書，垂為京兆尹，沖為平陽太守。

十年三月，侍中太尉李威卒。威字伯龍，漢陽人，苟太后姑子。少與苻雄刎頸之交，苻生屢欲誅堅，賴威以免。堅深德之，事威如父。誅苻生及法，皆威與太后潛決大謀，遂有辟陽之寵。雅重王猛，勸堅以國事任之。堅常謂猛曰：『李公知卿，猶鮑叔之於夷吾，罕虎之於子產。』猛兄事之。夏四月，堅下書曰：『巴夷　逆，寇亂益州，招引吳軍為唇齒之勢，特進鎮軍將軍護羌校尉鄧羌可帥甲士五萬星夜赴討。』五月，蜀人張育、楊光等起兵二萬以應巴獠晉威遠將軍桓石帥衆三萬入據墊江。張育自號蜀王，稱藩于晉。八月，鄧羌敗晉師於涪，西擊張育、楊光於綿竹，皆斬之。益州平，羌勒銘於岷山而還。十二月，羌至自成都，堅引見東堂，謂之曰：『將軍之先仲華遇漢世祖於前，將軍復逢朕於後，何鄧氏之多幸！』羌曰：『臣常謂光武之遇仲華，非獨仲華之遭光武！』堅笑：『將軍蓋以自貺，非直將軍之幸，亦朕之遇賢。』

十一年正月，以徵士樂陵王忻為國子祭酒，堅雅好文學，英儒畢集，純博之精，莫如忻也，終於太子少傅。五月，猛寢疾，堅親祈南北郊、宗廟、社稷，分遣使臣禱河岳諸神，無不周備。以猛少瘳，赦殊死。七月，堅臨省疾，問以後事，猛曰：『晉僻陋吳越，乃正朔相承。臣没之後，願不以晉為圖。鮮卑、羌虜，我之仇讎，終為大患，宜漸除之，以便社稷。』言終而卒，年五十一。堅哭之慟，謂太子宏曰：『天不欲使吾平一六合，何奪吾景略之速也！』贈侍中、丞相，餘如故，謚武侯。朝野巷哭三日。

十二年正月，高陵民穿井得龜，大三尺六寸，背有八卦文。命太卜池養之，食之以粟。四月，堅下書曰：『涼州刺史張天錫雖稱藩受位，而臣道未純，可遣步兵校尉姚萇等自石城津伐。』天錫率勁勇五萬來拒。戰于赤岸，涼師大潰。天錫率騎數千奔還姑臧，箋降於萇。甲午，大軍至姑臧，天錫素車白馬，面縛舁櫬，降於軍門。萇釋縛焚櫬，送之長安。諸郡悉降，涼州平。九月，以梁熙為西中郎將、涼州刺史，鎮姑臧。徙豪右七千户於關中。封天錫重光縣之東寧鄉二百户，號歸義侯，拜比部尚書，遷右僕射。萇之征也，堅為天錫立第，既至如歸。

十三年正月，太史奏：『有星見於外國之分，當有聖人之輔中國，得之者昌。』堅聞西域有鳩摩羅什，襄陽有釋道安，並遣求之。十七年正月，不雨，至於六月，徹樂減膳，出宮女以迎和氣。八月，堅收起居注及著作所録而觀之，見苟太后、李威之事，慚怒，乃焚其書。著作郎董朏雖更書時事，然十不留一。十八年三月，徙鄴銅駝、銅馬、飛廉、翁仲于長安。十月，堅引羣臣於太極殿議曰：『東南一隅，未賓王化，今欲起天下兵討之。計其兵仗精卒九十七萬，吾將先啓行，薄伐南裔。此行也，朕與陽平公之任，非諸將之事。』左右僕射權翼、沙門道安、陽平公融、尚書石越等上書面諫，前後數十，堅終不納。

十九年，晉車騎桓沖率衆十萬攻襄陽，遣其前將軍劉波攻沔北。堅大怒，遣其子征南鉅鹿公叡、冠軍慕容垂，佐衛毛當等將步卒五萬救襄陽。堅下書曰：『吳人敢恃江山，屢寇王境，宜時進討，以清宇內。便可戒嚴，速修戎備，發州民則十丁遣一，兵若門在灼然者為崇文義從。朕將登會稽，復禹績，伐國存君，義同三王。其以司馬昌明為左僕射，謝安為吏部尚書，桓沖為侍中，勢還不遠，可並為起第。』八月戊午，遣征南大將軍陽平公融、騎從張蠔、撫軍大將軍高陽公符方，衛軍梁成、平南慕容暐、冠軍慕容垂步騎二十五萬為前鋒。甲子，堅發長安戎卒六十餘萬、騎二十七萬，前後千里。九月，堅至項城，涼州之兵始達咸陽，蜀漢之軍順流而下，幽冀之衆至於彭城，東西萬里，水陸齊進。融等攻壽春。晉遣都督謝石、徐州刺史謝玄、豫州刺史桓伊水陸七萬，敗堅于淝水。堅為流矢所中，單騎遁還于淮北，顧謂夫人張氏曰：『朕用朝臣之言，豈見今日之事耶！何面目復臨天下？』泫然流涕。堅諸軍悉潰，及慕容垂一軍獨全。比至洛陽，百官威儀，軍容粗備。未及關而垂有貳志，説堅請巡撫燕、代，並求拜墓，堅許之。權翼固諫，以為不可，堅不從。堅至自淮南，次於長安東之行宫，入告罪於太廟。

丁零翟斌反于河南，長樂公符丕遣慕容垂及符飛龍討之。垂南結丁零，殺飛龍，盡坑其衆。垂引丁零、烏丸之衆二十餘萬，為飛梯、地道以攻鄴城。慕容暐弟泓先為北城長史，聞垂攻鄴，亡命奔關東，收諸馬牧鮮卑，衆數千，還屯華陰。暐乃潛使諸弟及宗人起兵於外。堅遣將軍强永騎擊之，為泓所敗。泓自稱大都督、雍州牧、濟北王，推叔父垂為丞相、大司馬、冀州牧、吴王。

堅謂權翼曰：『將若泓何？』翼曰：『慕容垂正可據山東為亂，不暇近逼。今暐宗族盡在京師，鮮卑之衆布在畿甸，實社稷之憂，宜遣重將討之。』堅乃以廣平公符熙鎮蒲阪；符叡為都督，配兵五萬，姚萇為司馬，討泓于華陽。平原太守慕容沖起兵河東，有衆二萬，進攻蒲阪，堅命竇衝討之。符睿勇果輕敵，戰于華陰，睿敗績被殺。堅大怒，萇懼誅，遂叛。竇衝大破慕容沖於河東，沖奔於泓。泓衆至十萬餘，遣使謂堅曰：『秦師傾敗，將欲興復大燕。吴王以定關東，可速資備大駕，奉送家兄皇帝返鄴都，與秦以虎牢為界，分王天下。』堅大怒，召暐責之。暐叩頭流血陳謝。堅曰：『此自三豎之罪，非卿之過。』復其位，待之如初。命暐以書招諭垂及泓、沖，使息兵。暐密遣使謂之曰：『今秦數已終，當不能復久。吾籠中之人，必無還理，勉建大業，以興復為務。』泓於是進向長安。

堅率步騎二萬討姚萇於北地。萇率衆七萬來攻，堅為萇所敗。聞慕容沖去長安二百餘里，退師而歸，使符方戍驪山，符暉都督中外諸軍事，配兵五萬拒沖。暉師敗績。堅又以尚書姜宇與苻琳率衆三萬，擊沖於霸上，為沖所敗，宇死之，琳中流矢，沖遂據阿房城，進逼長安。堅登城觀之，歎曰：『此虜從何出也？吾不用王景略、陽平公之言，使白虜敢以至於此。』長樂公符丕在鄴糧竭，馬又無草，削松木而食之。會丁零叛慕容垂，引師去鄴，始具西問，知長安危逼，遣從弟求救于謝玄。

二十一年，慕容沖僭稱尊號于阿房，改年更始。沖率衆登城，堅身貫甲胄，督戰拒之，飛矢滿身，血流被體。時雖兵寇危逼，馮翊諸堡猶有負糧冒難而至者，多為賊所殺。先是，謡言『堅入五將久長得』。堅乃留太子宏守長安，謂之曰：『天或導餘，留汝兼總戎政，勿與爭利，吾當出隴收兵運糧以給汝。』自將張夫人及中山公詵率騎數百出奔，如五將山。六月，太子宏將母、妻、數千騎出奔。沖入據長安。

堅至五將山，姚萇遣將軍吴忠圍之。堅衆奔散，獨侍御數十人而已，神色自若，召宰人進食。俄而忠至，執堅以歸新平縣，幽之別室。萇求傳國璽於堅曰：『萇次應符歷，可以為惠。』堅叱之曰：『小羌乃敢幹逼天子，豈以傳國璽授汝羌乎！五胡次序，無汝羌名。違天不祥，其能久乎！璽已送晉，不可得也。』萇遣右僕射尹偉説堅，求為堯舜禪代之事。堅曰：『姚萇叛賊，奈何擬之古人！』因問偉曰：『卿于朕朝作何官？』對曰：『尚書令史。』堅歎曰：『卿宰相才也，王景略之流，而朕不知卿。亡也，不亦宜乎！』

八月，縊堅于新平佛寺中，時年四十八。張夫人、中山公等皆自殺。三軍莫不哀慟。萇欲匿煞殺堅之名，乃謚為莊烈天王。長樂公稱尊號，偽謚堅為世祖宣昭皇帝。初，太子之奔也，假道歸晉，歷位輔國將軍，桓玄篡位，以為梁州刺史。

又《符丕》　崔鴻《十六國春秋・前秦録》曰：符丕字永敘，堅之長庶子。少而聰慧好學，堅與之言將略，嘉之。才幹亞于符融，為將善收士卒，時出鎮於鄴，東夏安之。

堅敗歸長安，丕為慕容垂所逼，自鄴奔於枋頭。堅之死也，建元二十一年丕復入鄴城，將收兵趙、魏，西赴長安。會平州刺史符沖帥幽、并之衆擊慕容垂，頻為垂將帶方等所敗，乃率衆三萬進屯壺關，使招丕。丕乃去鄴，率男女六萬進如潞州。驃騎將軍張蠔、并州刺史王騰迎之，入據晉陽，始知長安不守，堅為姚萇所殺，乃舉哀于晉陽。僭即皇帝位於晉陽南，立堅行廟，大赦，改建元二十一年為太平元年。九月，置百官。是月，安西呂光自西域還師。二年正月，慕容垂僭稱尊號。二月，慕容沖左將軍韓延殺沖，立段隨為燕王，改年昌平。五月，丕以呂光為車騎將軍、梁州牧、酒泉公。是月，姚萇僭稱尊號，氐有啖青者，謂諸將曰：『狄道長符登，雖王室疏屬，而志略雄明，請共立之，以赴大駕。』於是推登為使持節，督隴右，雍河二州牧，率衆五萬，東下隴右，據南安，馳使請命。八月，丕以登為征南大將軍、開府儀同、南安王、持節、雍州牧，因其所稱而授之。九月，丕下書：『鮮卑慕容永，我之騎將，首亂京畿，禍傾社稷，其遣丞相王永帥禁衛虎旅覆而取之。』十月，與慕容永戰於襄陵，王師大敗。丕懼，帥騎數千南奔東垣。晉揚威將軍馮該自陝要擊，斬之，送丕首于江東。符登稱尊號，謚為哀平皇帝。

又《符登》 崔鴻《十六國春秋・前秦録》曰：符登字文高，丕之族子。父敞，太尉司馬。登少勇，有壯氣。建元元年初，拜殿中將，遷羽林監、長安令，坐事黜為狄道長。

太平二年，與姚萇戰于胡奴堆，大破之。十一月，丕子渤海王懿自杏城奔登，登乃具丕死問，於是為丕發喪行服。為壇於隴東。僭即皇帝位，改太平二年為太初元年。十二月，立堅神主於軍中，引師而告堅神主曰：『今收合義族，衆餘五萬，星言邁，直造賊庭，庶上報皇帝酷怨，下雪民人大耻。』二年，登次於凡亭。九月，進據胡空堡，戎夏歸之者十有餘萬。姚萇掘堅屍，鞭撻無數，裸剥衣裳，附之以棘，坎土埋之。三年，登次朝那，姚萇據武都相持，累戰互有勝負。萇以登戰勝，謂堅神象所助，亦於軍中立堅神主，謂曰：『往年新平之禍，非萇之罪。陛下假臣龍驤曰：「朕以龍驤建業，卿其勉之。」明詔昭然，言猶在耳，豈假手符登而圖臣，忘前征時之言耶！今為陛下立神像，可歸休於此，勿計臣過，聽臣至誠。』四年正月，登雲樓謂萇曰：『自古安有殺君反立神像！』大呼曰：『殺君賊姚萇出來，與汝決之，何為枉害無辜！』萇憚而不應。萇自立堅神像，戰未有利，軍每夜驚，乃斬像首送登。六年三月，登自雍攻長安。七月，登攻新平，姚萇救之，登引退。八年十二月，姚萇薨。

九年，登聞萇死，喜曰：『姚興小兒，吾折杖以笞之。』於是大赦，盡衆而東。四月，登從六陌趣廢橋，興將軍尹緯據橋以待。登與緯大戰，為緯所敗，登單馬奔雍。初，登之東也，留太子崇守胡空堡。崇聞登敗，棄城出奔。登至無歸，乃奔平涼，收集遺兵入馬毛山。七月，興攻登于馬毛，登遣子崇質於隴西鮮卑乞伏乾歸，結婚請援。乾歸遣騎二萬救登。登引軍出迎，與興戰于山南，為興所敗，死之，時年五十二。子崇奔隍中，復稱尊號，改年延初。謚登為高皇帝。十月，崇為乾歸所逐，奔于楊定，與崇帥衆二萬攻乾歸，為乾歸所敗，崇、定皆死之。自符健皇始元年，歲在辛亥，晉永和七年；是歲，歲在甲午，四十四年，晉太元十九年也。

【略】

宋・司馬光《資治通鑑》卷九五《晉紀一七・顯宗成皇帝中之上》（晉成帝咸和八年）十月，（石）虎分命諸將屯汧、隴，遣將軍麻秋討蒲洪。

蒲洪說虎徙關中豪傑及氐、羌以實東方，曰：『諸氐皆洪家部曲，洪帥以從，誰敢違者！』

又 卷九六《晉紀一八・顯宗成皇帝中之下》（晉成帝咸康四年）五月，蒲洪以功拜使持節、都督六夷諸軍事、冠軍大將軍，封西平郡公。

【略】

石閔言於（石）虎曰：『蒲洪雄儁，得將士死力，諸子皆有非常之才，且握强兵五萬，屯據近畿；宜密除之，以安社稷。』虎曰：『吾方倚其父子以取吳、蜀，奈何殺之！』待之愈厚。

又 卷九八《晉紀二〇・孝宗穆皇帝上之下》（晉穆帝永和五年）犢遂東掠滎陽、陳留諸郡，虎大懼，以燕王斌為大都督，督中外諸軍事，統冠軍大將軍姚弋仲、車騎將軍蒲洪等討之。【略】

四月，彭城王石遵至李城蒲洪鄧共說遵曰：『今女主臨朝，奸臣用事，上白相持未下，京師宿衛空虛，殿下若聲張豺之罪，鼓行而討之，其誰不開門倒戈而迎殿下者！』遵從之。【略】

五月，武興公（石）閔言於（石）遵曰：『蒲洪，人傑也；今以洪鎮關中，臣恐秦、雍之地非復國家之有。此雖先帝臨終之命，然陛下踐祚，自宜改圖。』遵從之，罷洪都督，餘如前制。洪怒，歸枋頭，遣使來降。【略】

十一月，（秦、雍流民相帥西歸，路由枋頭，共推蒲洪為主，衆至十餘萬。）洪子健在鄴，斬關出奔枋頭。（石）鑑懼洪之逼，欲以計遣之，乃以洪為都督關中諸軍事、征西大將軍、雍州牧、領秦州刺史。洪會官屬，議應受與不；主簿程朴請且與趙連和，如列國分境而治。洪怒曰：

『吾不堪為天子邪，而云列國乎！』引樸斬之。【略】

石虎子新興王祗，時鎮襄國，與姚弋仲、蒲洪等連兵，移檄中外，欲共誅閔、農；（石）閔、（李）農以汝陰王琨為大都督，與張舉及侍中呼延盛帥步騎七萬分討祗等。

（晉穆帝永和六年）正月，蒲洪據枋頭，衆各數萬，皆不附於（石）閔。【略】

閏月，（晉）以蒲洪為氐王、使持節。【略】

（晉以）蒲健為假節、右將軍、監河北征討前鋒諸軍事、襄國公。【略】

姚弋仲遣其子襄帥衆五萬擊洪，洪迎擊，破之，斬獲三萬餘級。【略】

（苻洪）以南安雷弱兒為輔國將軍；安定梁楞為前將軍，領左長史；馮翊魚遵為右將軍，領右長史；京兆段陵為左將軍，領左司馬；王墮為右將軍，領右司馬；天水趙俱、隴西牛夷、北地辛牢皆為從事中郎；氐酋毛貴為單于輔相。【略】

三月，麻秋說苻洪曰：『冉閔、石祗方相持，中原之亂未可平也。不如先取關中，基業已固，然後東爭天下，誰能敵之！』【略】

（苻）去大都督、大將軍、三秦王之號，稱晉官爵，遣其叔父安來告喪。【略】

趙新興王祗即皇帝位於襄國，又以苻健為都督河南諸軍事、鎮南大將軍、開府儀同三司，兗州牧、略陽郡公。【略】

八月，王朗司馬杜洪據長安，自稱晉征北將軍、雍州刺史，以馮翊張琚為司馬。【略】

（苻健欲取杜洪）以趙俱為河內太守，戍温；牛夷為安集將軍，戍懷。【略】

（苻健）以武威賈玄碩為左長史，洛陽梁安為長史，段純為左司馬，辛牢為右司馬，京兆王魚、安定程肱、胡文等為軍咨祭酒，悉衆而西。【略】

苻健悉衆而西進，以魚遵為前鋒，行至盟津，為浮梁以濟。【略】

杜洪聞苻健入關，與健書，侮嫚之。【略】

（杜洪）以張琚弟先為征虜將軍，帥衆萬三千逆戰於潼關之北。先兵大敗，走還長安。【略】

（杜）洪悉召關中之衆以拒（苻）健。洪弟郁勸洪迎健，洪不從；郁帥所部降於健。【略】

（苻）健遣苻雄徇渭北。氐酋毛受屯高陵，徐磋屯好時，羌酋白犢屯黃白，衆各數萬，皆斬洪使，遣子降於健。苻菁、魚遵所過城邑，無不降附。洪懼，固守長安。【略】

十一月甲午，苻健入長安，以民心思晉，乃遣參軍杜山伯詣建康獻捷，並修好於桓温。【略】

趙涼州刺史石寧獨據上邽不下，十二月，苻雄擊斬之。

又 卷九九《晉紀二一・孝宗穆皇帝中之上》（晉穆帝永和七年）正月，苻健左長史賈玄碩等請依劉備稱漢中王故事，表健為都督關中諸軍事、大將軍、大單于、秦王。健怒曰：『吾豈堪為秦王邪！且晉使未返，我之官爵，非汝曹所知也。』【略】

（苻健立子）覲為長樂公，方為高陽公，碩為北平公，騰為淮陽公，柳為晉公，桐為汝南公，廋為魏公，武為燕公，幼為趙公。以苻雄為都督中外諸軍事、丞相、領車騎大將軍、雍州牧、東海公；苻菁為衛大將軍、平昌公，宿衛二宮；雷弱兒為太尉，毛貴為司空，略陽姜伯周為尚書令，梁楞為左僕射，王墮為右僕射，魚遵為太子太師，强平為太傅，段純為太保，呂婆樓為散騎常侍。伯周，健之舅；平，王后之弟；婆樓，本略陽氐酋也。【略】

二月，趙并州刺史張平遣使降秦，秦王以平為大將軍、冀州牧。【略】

三月，秦王健分遣使者問民疾苦，搜羅儁異，寬重斂之稅，弛離宮之禁，罷無用之器，去侈靡之服，凡趙之苛政不便於民者皆除之。【略】

四月，司馬勳屢為秦王健所敗，退歸南鄭。【略】

健以中書令賈玄碩始者不上尊號，銜之，使人告玄碩與司馬勳通，并其諸子皆殺之。

（晉穆帝永和八年）正月，（苻健）言單于所以統壹百蠻，非天子所宜領，以授太子萇。

三月，（姚）襄與秦兵戰，敗，亡三萬餘户。【略】

（姚襄司馬）尹赤奔秦，秦以赤為并州刺史，鎮蒲阪。【略】

四月，秦以張遇為征東大將軍、豫州牧。【略】

六月，（秦）衛大將軍平昌王菁。【略】

七月，秦丞相雄徙張遇及陳、潁、許、洛之民五萬餘户於關中，以右衛將軍楊羣為豫州刺史，鎮許昌。【略】

八月，秦以雷弱兒為大司馬，毛貴為太尉，張遇為司空。【略】

十月，謝尚遣冠軍將軍王俠攻許昌，克之。秦豫州刺史楊羣退屯弘農。

（晉穆帝永和九年，皇始三年）二月，秦主健以領軍將軍苻願為秦州刺史，鎮上邽。【略】

三月，西域胡劉康詐稱劉曜子，聚衆於平陽，自稱晉王；夏，四月，秦左衛將軍苻飛討擒之。【略】

五月，張重華復使王擢帥衆二萬伐上邽，秦州郡縣多應之；苻願戰敗，奔長安。【略】

六月，秦苻飛攻氐王楊初于仇池，為初所敗。丞相雄、平昌王菁帥步騎四萬屯於隴東。【略】

（張遇）因（苻）雄等精兵在外，陰結關中豪傑，欲滅苻氏，以其地來降。秋，七月，遇與黄門劉晃謀夜襲健，晃約開門以待之。會健使晃出外，晃固辭，不得已而行。遇不知，引兵至門，門不開。事覺，伏誅。於是孔持起池陽，劉珍、夏侯顯起鄠，喬秉起雍，胡陽赤起司竹，呼延毒起灞城，衆數萬人，各遣使來請兵。【略】

秦以左僕射魚遵為司空。【略】

九月，秦丞相雄帥衆二萬還長安，遣平昌王菁略定上洛，置荆州于豐陽川，以步兵校尉金城郭敬為刺史。【略】

雄與清河王法、苻飛分討孔持等。【略】

健兄子輔國將軍黄眉。【略】

十月，（殷）浩自壽春帥衆七萬北伐。【略】

十一月，秦丞相雄克池陽，斬孔特。【略】

清河王法、苻飛克鄠，斬劉珍、夏侯顯。

（晉穆帝永和十年，皇始四年）正月，秦丞相雄克司竹；胡陽赤奔霸城，依呼延毒。【略】

三月，秦主健遣太子萇等帥衆五萬軍于嶢柳以拒温。【略】

四月己亥，温與秦兵戰于藍田。秦淮南王生單騎突陳，出入以十數。【略】

桓温進至灞上。秦太子萇等退屯城南，（秦主健）遣大司馬雷弱兒等與萇合兵以拒温。【略】

秦丞相雄帥騎七千襲司馬勳于子午穀，破之，勳退屯女媧堡。【略】

桓温謂北海王猛曰：『江東無卿比也！』乃署猛軍謀祭酒。【略】

桓温與秦丞相雄等戰于白鹿原，温兵不利，死者萬餘人。【略】

呼延毒帥衆一萬從（桓）温還。【略】

秦太子萇等隨温擊之，比至潼關，温軍屢敗，失亡以萬數。【略】

（桓）温之屯灞上也，順陽太守薛珍温徑進逼長安，温弗從。珍以偏師獨濟，頗有所獲。及温退，乃還，顯言於衆，自矜其勇而咎温之持重；温殺之。【略】

秦丞相雄擊司馬勳、王擢于陳倉，勳奔漢中，擢奔略陽。【略】

秦以光祿大夫趙俱為洛陽刺史，鎮宜陽。【略】

秦東海敬武王雄攻喬秉於雍。【略】

丙申，（苻雄卒。）葬禮依晉安平獻王故事。【略】

（苻雄）子堅襲爵。【略】

秦太子萇攻喬秉於雍，八月，斬之，關中悉平。【略】

秦主健賞拒桓温之功，以雷弱兒為丞相，毛貴為太傅，魚遵為太尉，淮南王生為中軍大將軍，平昌王菁為司空。【略】

（苻）健勤於政事，數延公卿咨講治道，承趙人苛虐奢侈之後，易以寬簡節儉，崇儒禮士，由是秦人悦之。【略】

十月，秦太子萇卒，謚曰獻哀。【略】

十一月，（王）擢帥衆降秦，秦以擢為尚書，以上將軍啖鐵為秦州刺史。【略】

秦王健叔父武都王安自晉還，為姚襄所虜，以為洛州刺史。十二月，安亡歸秦，健以安為大司馬、驃騎大將軍、并州刺史，鎮蒲阪。【略】

是歲，秦大饑，米一升直布一匹。

又　卷一〇〇《晉紀二二·孝宗穆皇帝中之下》（晉穆帝永和十一年，皇始五年，厲王壽光元年）以司空、平昌王菁為太尉，尚書令王墮為司空，司隸校尉梁楞為尚書令。【略】

六月丙子，秦主健寢疾。庚辰，平昌王菁勒兵入東宮，將殺太子生而自立。時健執菁，數而殺之，餘無所問。【略】

壬午，以大司馬、武都王安都督中外諸軍事。【略】

甲申，苻健引太師魚遵、丞相雷弱兒、太傅毛貴、司空王墮、尚書令梁楞、左僕射梁安及右僕射段純、吏部尚書辛牢等受遺詔輔政。【略】

（苻）健謂太子生曰：『六夷酋帥及大臣執權者，若不從汝命，宜漸除之。』【略】

丙戌，太子生即位，大赦，改元壽光。羣臣奏曰：『未逾年而改元，非禮也。』【略】

（秦主生）以其嬖臣太子門大夫南安趙韶為右僕射，太子舍人趙誨為中護軍，著作郎董榮為尚書。【略】

秦主生封衛大將軍黄眉為廣平王，前將軍飛為新興王，皆素所善也。【略】

（秦主）生曰：『毛太傅、梁車騎、梁僕射受遺輔政。』【略】

右僕射趙韶、中護軍趙誨，皆洛州刺史俱之從弟也，有寵於（秦主）生，乃以俱為尚書令。俱固辭以疾，謂韶、誨曰：『汝等不復顧祖宗，欲為滅門之事！毛、梁何罪，而誅之？吾何功，而代之？汝等可自為，吾其死矣！』遂以憂卒。【略】

十一月，秦以辛牢守尚書令，趙韶為左僕射，尚書董榮為右僕射，中護軍趙誨為司隸校尉。

（晉穆帝永和十二年，壽光二年）秦司空王墮性剛峻，右僕射董榮、侍中强國皆以佞幸進，墮疾之如仇，每朝，見榮未嘗與之言。或謂墮曰：『董君貴幸無比，公宜小降意接之。』墮曰：『董龍是何雞狗，而令國士與之言乎！』【略】

（王墮）將刑，（董）榮謂之曰：『今日復敢比董龍於雞狗乎？』墮瞋目叱之。洛州刺史杜郁，墮之甥也，左僕射趙韶惡之，譖於生，以為貳于晉而殺之。【略】

閻負、梁殊荅張瓘曰：『江南文身之俗，道汙先叛，化隆後服。』【略】

四月，（秦主生）出黄眉為左馮翊，飛為右扶風，羌行咸陽太守，猶惜其驍勇，故皆弗殺。【略】

五月，太后强氏以憂恨卒，謚曰明德。【略】

六月，姚襄奔平陽，秦幷州刺史尹赤復以衆降襄，襄遂據襄陵。秦大將軍張平擊之，襄為平所敗，乃與平約為兄弟，各罷兵。

（晉穆帝昇平元年四月）曜武將軍姚益生、左將軍王欽盧各將兵招納諸羌。【略】

五月，姚襄與前秦將鄧羌戰，襄兵大敗。襄所乘駿馬曰黧眉騧，馬倒，秦兵擒而斬之，弟萇帥其衆降。【略】

金紫光祿大夫牛夷懼禍，求為荆州，秦主生不許，以為中軍將軍，引見，調之曰：『牛性遲重，善持轅軛，雖無驥足，動負百石。』夷曰：『雖服大車，未經峻壁；願試重載，乃知勳績。』生笑曰：『何其快也，公嫌所載輕乎？朕將以魚公爵位處公。』【略】

（薛）贊、（權）翼密說（東海王）堅曰：『主上猜忍暴虐，中外離心，方今宜主秦祀者，非殿下而誰！願早為計，勿使它姓得之！』【略】

（東海王）堅以問尚書呂婆樓，婆樓曰：『僕，刀鐶上人耳，不足以辦大事。僕里舍有王猛者，其人謀略不世出，殿下宜請而咨之。』【略】

六月，特進、領御史中丞梁平老等謂（東海王）堅曰：『主上失德，上下嗷嗷，人懷異志，燕、晉二方，伺隙而動，恐禍發之日，家國俱亡。此殿下之事也，宜早圖之！』堅心然之，畏生趫勇，未敢發。【略】

（東海王堅兵至，秦主）生驚問左右曰：『此輩何人？』左右曰：『賊也！』生曰：『何不拜之！』堅兵皆笑。生又大言：『何不速拜，不拜者斬之！』堅兵引生置别室，廢為越王。尋殺之，謚曰厲王。【略】

（東海王）堅以位讓法，法曰：『汝嫡嗣，且賢，宜立。』堅曰：『兄年長，宜立。』堅母苟氏泣謂羣臣曰：『社稷重事，小兒自知不能。它日有悔，失在諸君。』羣臣皆頓首請立堅。【略】

（東海王堅）從祖右光祿大夫、永安公侯。【略】

（李）威知王猛之賢，常勸堅以國事任之，堅謂猛曰：『李公知君，猶鮑叔牙之知管仲也。』猛以兄事之。【略】

十月，（張）平寇略秦境，秦王堅以晉公柳都督并、冀州諸軍事，加并州牧，鎮蒲阪以禦之。【略】

十一月，秦王堅行至尚書，以文案不治，免左丞程卓官，以王猛代之。

（晉穆帝昇平二年）二月，（張平養子）蚝多力趫捷，能曳牛卻走；城無高下，皆可超越。與羌相持旬餘，莫能相勝。【略】

三月，秦王堅至銅壁，張平盡衆出戰，張蚝單馬大呼，出入秦陳者四、五。堅募人生致之，鷹揚將軍呂光刺蚝，中之。【略】

張蚝，本姓弓，上黨人也，堅寵待甚厚，常置左右。秦人稱鄧羌、張蚝皆萬人敵。【略】

九月庚辰，秦王堅還長安。

（晉穆帝昇平三年）燕主儁求趙王虎尸，鄴女子李菟告而得於東明觀下。及秦滅燕，王猛為之誅李菟，收而葬之。【略】

秦平羌護軍高離據略陽叛，永安威公侯討之，未克而卒。夏，四月，驍騎將軍鄧羌、秦州刺史啖鐵討平之。【略】

五月，秦王堅如河東。【略】

六月，秦王堅自河東還，以驍騎將軍鄧羌為御史中丞。【略】

八月，光祿大夫强德，太后之弟也，為百姓患。猛下車收德，奏未及報，已陳尸於市；堅馳使赦之，不及。【略】

十一月，（秦王堅）以左僕射李威領護軍；右僕射梁平老為使持節、都督北垂諸軍事、鎮北大將軍，戍朔方之西；丞相司馬賈雍為雲中護軍，戍雲中之南。

又　卷一〇一《晉紀二三・孝宗穆皇帝下》　（晉穆帝昇平四年）正月，秦王堅分司、隸置雍州，以河南公雙為都督雍、河、涼三州諸軍事、征西大將軍、雍州刺史，改封趙公，鎮安定。封弟忠為河南公。【略】

四月，雲中護軍賈雍遣司馬徐贇帥騎襲匈奴劉衛辰，大獲而還。秦王堅黜雍以白衣領職，遣使還其所獲，慰撫之。

（晉穆帝昇平五年）正月，劉衛辰掠秦邊民五十餘口為奴婢以獻于秦；秦王堅責之，使歸所掠。衛辰由是叛秦，專附於代。【略】

九月，張平襲燕平陽，殺段剛、韓苞；又攻雁門，殺太守單男。既而為秦所攻，平復謝罪于燕以求救。燕人以平反復，弗救也，平遂為秦所滅。【略】

秦王堅命牧伯守宰各舉孝悌、廉直、文學、政事，察其所舉，得人者賞之，非其人者罪之。由是人莫敢妄舉，而請托不行，士皆自勵；雖宗室外戚，無才能者皆棄不用。當是之時，內外之官，率皆稱職；田疇修辟，倉庫充實，盜賊屏息。

又　《哀皇帝》　（晉哀帝興寧二年）秦王堅命公國各置三卿，並餘官皆聽自采辟，獨為置郎中令。

（晉哀帝興寧三年）七月，匈奴右賢王曹轂、左賢王劉衛辰皆叛秦，秦王堅使衛大將軍李威、左僕射王猛輔太子宏留守長安。【略】

九月，（秦王）堅如朔方，巡撫諸胡。【略】

十月，征北將軍、淮南公幼帥杏城之衆乘虛襲長安，李威擊斬之。【略】

十一月，秦王堅還長安，以李威守太尉，加侍中。以曹轂為雁門公，劉衛辰為夏陽公，各使統其部落。

又　《海西公上》　（晉海西公太和元年）十月，張天錫遣使至秦境上，告絕于秦。【略】

十二月，羌斂岐以略陽四千家叛秦，稱臣於李儼；儼於是拜置牧守，與秦、涼絕。

（晉海西公太和二年）二月，（秦）揚武將軍姚萇等（討斂岐）。【略】

三月，斂岐部落先屬姚弋仲，聞姚萇至，皆降。【略】

四月，（張）天錫進屯左南。（李）儼懼，退守枹罕，遣其兄子純謝罪于秦，且請救。秦王堅使前將軍楊安、建威將軍王撫帥騎二萬，會王猛以救儼。【略】

（王）猛遺天錫書曰：『吾受詔救儼，不令與京州戰，今當深壁高壘，以聽後詔。曠日持久，恐二家俱弊，非良算也。若將軍退舍，吾執儼

而東，將軍徙民西旋，不亦可乎！』天錫謂諸將曰：『猛書如此，吾本來伐叛，不來與秦戰。』遂引兵歸。【略】

立忠將軍彭越。【略】

張天錫之西歸也，李儼將賀肫說儼曰：『以明公神武，將士驍悍，奈何束手於人！王猛孤軍遠來，士卒疲弊，且以我請救，必不設備，若乘其怠而擊之，可以得志。』儼曰：『求救於人以免難，難既免而擊之，天下其謂我何！不若因守以老之，彼將自退』。猛責儼以不即出迎，儼以賀肫之謀告；猛斬肫，以儼歸。【略】

秦王堅聞（慕容）恪卒，陰有圖燕之計，欲覘其可否，命匈奴曹轂發使如燕朝貢，曹轂，匈奴右賢王也，前年降于秦。以西戎主簿郭辯為之副。晉武帝置西戎校尉于長安，秦蓋因之；主簿，其屬也。《考異》曰：燕建熙八年，皇甫真為太尉。《燕書》及《載記》真傳，郭辯至燕，皆在真為太尉下。《晉春秋》在建熙十年八月。恐皆非是，故附曹轂降秦下。【略】

秦淮南公幼之反也，征東大將軍、并州牧、晉公柳、征西大將軍、秦州刺史趙公雙，皆與之通謀。秦王堅以雙、母弟至親。柳，健之愛子，隱而不問。柳、雙復與鎮東將軍、洛州刺史魏公廋、安西將軍、雍州刺史燕公武謀作亂，鎮東主簿南安姚眺諫曰：『明公以周、邵之親，受方面之任，國家有難，當竭力除之，況自為難乎！』廋不聽。堅聞之，征柳等詣長安。【略】

十月，晉公柳、趙公雙、魏公廋、燕公武皆舉兵反。秦王堅遣使諭之曰：『吾待卿等，恩亦至矣，何苦而反！今止不征，卿宜罷兵，各安其位，一切如故。』【略】

代王什翼犍擊劉衛辰，衛辰奔秦，秦王堅送衛辰還朔方，遣兵戍之。

（晉海西公太和三年正月，秦王）堅命蒲、陝之軍皆距城三十里，堅壁勿戰，俟秦、雍已平，然後并力取之。【略】

三月，秦楊成世為趙公雙將苟興所敗，毛嵩亦為燕公武所敗，奔還。秦王堅復遣武衛將軍王鑒、甯朔將軍呂光、將軍馮翊郭將、翟傉等帥衆三萬討之。【略】

四月，趙公雙、燕公武乘勝至於榆眉，以苟興為前鋒。王鑒欲速戰，呂光曰：『興新得志，氣勢方銳，宜持重以待之。彼糧盡必退，退而擊之，蔑不濟矣！』二旬而興退。光曰：『興可擊矣。』遂追之。【略】

七月，（秦王堅）以左衛將軍苻雅為秦州刺史。【略】

八月，以長樂丕為雍州刺史。【略】

十二月，（秦王猛等拔陝城，獲魏公廋，送長安。）秦王堅問其所以反，對曰：『臣本無反心，但以弟兄屢謀逆亂，臣懼並死，故謀反耳。』堅泣曰：『汝素長者，固知非汝心也；且高祖不可以無後。』乃賜廋死，原其七子，以長子襲魏公，餘子皆封縣公，以嗣越厲王及諸弟之無後者。苟太后曰：『廋與雙俱反，雙獨不得置後，何也？』堅曰：『天下者，高祖之天下，高祖之子不可以無後。至於仲羣，不顧太后，謀危宗廟，天下之法，不可私也！』【略】

（秦王堅）以范陽公抑為征東大將軍、并州刺史，鎮蒲阪；鄧羌為建武將軍、洛州刺史，鎮陝城。擢姚眺為汲郡太守。

又 卷一〇二《晉紀二四·海西公下》（晉海西公太和四年）七月，秦王堅引羣臣議於東堂，皆曰：『昔桓溫伐我，至灞上，燕不我救。今溫伐燕，我何救焉！且燕不稱藩於我，我何為救之！』王猛密言於堅曰：『燕雖強大，慕容評非溫敵也。若溫舉山東，進屯洛邑，收幽、冀之兵，引并、豫之粟，觀兵崤、澠，則陛下大事去矣。今不如與燕合兵以退溫；溫退，燕亦病矣，然後我承其弊而取之，不亦善乎！』堅從之。【略】

（秦王堅）又遣散騎侍郎姜撫報使于燕。【略】

燕、秦既結好，使者數往來。燕散騎侍郎太原郝晷、給事黃門侍郎梁琛相繼如秦。晷與王猛有舊，猛接以平生，問晷東方之事。晷見燕政不修而秦大治，知燕將亡，陰欲自托於猛，頗泄其實。【略】

（燕使梁）琛至長安，秦王堅方畋於萬年，欲引見琛，琛曰：『秦使至燕，燕之君臣朝服備禮，灑掃宮庭，然後敢見。今秦王欲野見之，使臣不敢聞命！』尚書郎辛勁謂琛曰：『賓客入境，惟主人所以處之，君焉得專制其禮！且天子稱乘輿，所至曰行在所，何堂居之有！又，《春秋》亦有遇禮，何為不可乎！』琛曰：『晉室不綱，靈祚歸德，二方承運，俱受明命。而桓溫倡狂，窺我王略，燕危秦孤，勢不獨立，是以秦主同恤時患，要結好援。東朝君臣，引領西望，愧其不競，以為鄰憂，西使之辱，敬待有加。今强寇既退，交聘方始，謂宜崇禮篤義以固二國之歡；若忽慢使臣，是卑燕也，豈修好之義乎！夫天子以四海為家，故行曰乘輿，止曰行在。今寓縣瓜裂，天光分曜，安得以乘輿、行在為言哉！禮，不期而見曰遇；蓋因事權行，其禮簡略，豈平居容與之所為哉！客使單行，誠勢屈于主人；然苟不以禮，亦不敢從也。』堅乃為之設行宮，百僚陪位，然後延客，如燕朝之儀。【略】

事畢，（秦王）堅與之私宴，問：『東朝名臣為誰？』琛曰：『太傅上庸王評，明德茂親，光輔王室；車騎大將軍吳王垂，雄略冠世，折衝禦侮；其餘或以文進，或以武用，官皆稱職，野無遺賢。』【略】

（琛從兄弈為秦尚書郎，堅使典客館琛於弈舍，與琛臥起，閑問琛東國事。琛曰：）『欲言其惡，又非使臣之所得論也。兄何用問為！』【略】

（秦王）堅使太子延（梁）琛相見。秦人欲使琛拜太子，先諷之曰：『鄰國之君，猶其君也；鄰國之儲君，亦何以異乎！』琛曰：『天子之子視元士，欲其由賤以登貴也。尚不敢臣其父之臣，況它國之臣乎！苟無純敬，則禮有往來，情豈忘恭，但恐降屈為煩耳。』乃不果拜。【略】

王猛勸（秦王）堅留（梁）琛，堅不許。【略】

十一月，（秦王堅）執（慕容垂）手曰：『天生賢傑，必相與共成大功，此自然之數也。要當與卿共定天下，告成岱宗，然後還卿本邦，世封幽州，使卿去國不失為子之孝，歸朕不失事君之忠，不亦美乎！』垂謝曰：『羈旅之臣，免罪為幸。本邦之榮，非所敢望！』【略】

（秦王）堅復愛世子令及慕容楷之才，皆厚禮之，賞賜巨萬，每進見，屬目觀之。關中士民素聞垂父子名，皆向慕之。【略】

王猛言於堅曰：『慕容垂父子，譬如龍虎，非可馴之物，若藉以風雲，將不可複製，不如早除之。』堅曰：『吾方收攬英雄以清四海，奈何殺之！且其始來，吾已推誠納之矣。匹夫猶不棄言，況萬乘乎！』【略】

秦留梁琛月餘，乃遣歸。琛兼程而進，比至鄴，吳王垂已奔秦。【略】

（梁）琛曰：『今二國分據中原，常有相吞之志。桓溫之入寇，彼以計相救，非愛燕也。若燕有釁，彼豈忘其本志哉！』評曰：『秦主何如人？』琛曰：『明而善斷。』問王猛，曰：『名不虛得。』評皆不以為然。琛又以告燕主，亦不然之。【略】

（梁）琛以告皇甫真，真深憂之。【略】

秦遣黃門郎石越聘于燕，太傅評示之以奢，欲以誇燕之富盛。高泰及太傅參軍河間劉靖言於評曰：『越言誕而視遠，非求好也，乃觀釁也。宜耀兵以示之，用折其謀。今乃示之以奢，益為其所輕矣。』評不從。泰遂謝病歸。

（晉海西公太和五年）正月，秦王猛遺燕荆州刺史武威王築書曰：『國家今已塞成皋之險，杜盟津之路，大駕虎旅百萬，自軹關取鄴都，金墉窮戍，外無救援，城下之師，將軍所監，豈三百弊卒所能支也！』【略】

燕衛大將軍樂安王臧城新樂，破秦兵于石門，執秦將楊猛。【略】

（王猛之發長安也，請慕容令參其軍事，以為鄉導。）將行，造慕容垂飲酒，從容謂垂曰：『今當遠別，卿何以贈我，使我睹物思人？』垂脫佩刀贈之。【略】

（王）猛至洛陽，賂（慕容）垂所親金熙，使詐為垂使者，謂令曰：『吾父子來此，以逃死也。今王猛疾人如仇，讒毀日深；秦王雖外相厚善，其心難知。丈夫逃死而卒不免，將為天下笑。吾聞東朝比來始更悔悟，主、後相尤。吾今還東，故遣告汝；吾已行矣，便可速發。』令疑之，躊躇終日，又不可審覆。乃將舊騎，詐為出獵，遂奔樂安王臧于石門。【略】

（王猛表令叛狀，慕容垂懼而出走，為追騎所獲。秦王堅引見東堂，曰：）『然燕之將亡，非令所能存，惜其徒入虎口耳。』【略】

（王猛）以輔國司馬桓寅為弘農太守，代羌戍陝城而還。【略】

秦王堅以王猛為司徒，録尚書事，封平陽郡侯。猛固辭曰：『今燕、吳未平，戎車方駕，而始得一城，即受三事之賞，若克殄二寇，將何以加之！』堅曰：『苟不暫抑朕心，何以顯卿謙光之美！已詔有司權聽所守；封爵酬庸，其勉從朕命！』【略】

三月，秦王堅以吏部尚書權翼為尚書右僕射。【略】

四月，鎮南將軍楊安。【略】

秦王猛攻壺關，楊安攻晉陽。八月，燕主暐命太傅上庸王評將中外精兵三十萬以拒秦。《考異》曰：《載記》云『四十萬』，今從《晉春秋》。暐以秦寇為憂，召散騎侍郎李鳳、黃門侍郎梁琛、中書侍郎樂嵩問曰：『秦兵衆寡何如？今大軍既出，秦能戰乎？』鳳曰：『秦國小兵弱，非王師之敵；景略常才，又非太傅之比，不足憂也。』琛、嵩曰：『勝敗在謀，不在衆寡。秦遠來為寇，安肯不戰！且吾當用謀以求勝，豈可冀其不戰而已乎！』暐不悅。【略】

王猛克壺關，執上黨太守南安王越，所過郡縣，皆望風降附，燕人大震。【略】

秦楊安攻晉陽，晉陽兵多糧足，久之未下。王猛留屯騎校尉苟長戍壺關，引兵助安攻晉陽。為地道，使虎牙將軍張蠔帥壯士數百潛入城中，大呼斬關，納秦兵。辛巳，猛、安入晉陽，執燕并州刺史東海王莊。【略】

十月，（燕太傅評）鄣固山泉，鬻樵及水，積錢帛如丘陵；士卒怨憤，莫有鬭志。燕主懼，乃命悉以其錢帛散之軍士，且趣使戰。評大懼，遣使請戰於猛。【略】

（王）猛上疏稱：『臣以甲子之日，大殲醜類。順陛下仁愛之志，使六州士庶，不覺易主，自非守迷違命，一無所害。』秦王堅報之曰：『將軍役不逾時，而元惡克舉，勳高前古。朕今親帥六軍，星言電赴。將軍其休養將士，以待朕至，然後取之。』【略】

（燕民）更相謂曰：『不圖今日復見太原王！』猛聞之，歎曰：『慕容玄恭信奇士也，可謂古之遺愛矣！』設太牢以祭之。【略】

十一月，秦王堅留李威輔太子守長安，陽平公融鎮洛陽，自帥精銳十萬赴鄴，七日而至安陽，宴祖父時故老。王猛潛如安陽謁堅，堅曰：『昔周亞夫不迎漢文帝，今將軍臨敵而棄軍，何也？』猛曰：『陛下忘臣灞上之言邪！』【略】

戊寅，燕散騎侍郎餘蔚帥扶餘、高句麗及上黨質子五百餘人，夜，開鄴北門，納秦兵，燕主與上庸王評、樂安王臧、字襄王淵、左衛將軍孟高、殿中將軍艾朗等奔龍城。【略】

（燕主）稱孟高、艾朗之忠於堅，（秦王）堅命厚加斂葬，拜其子為郎中。【略】

（秦王堅）下詔大赦曰：『朕以寡薄，猥承休命，不能懷遠以德，柔服四維，至使戎車屢駕，有害斯民，雖百姓之過，然亦朕之罪也。其大赦天下，與之更始。』【略】

慕容評敗，（燕主）遂收（梁）琛繫獄。秦王堅入鄴而釋之，除中書著作郎，引見，謂之曰：『卿昔言上庸王、吳王皆將相奇材，何為不能謀畫，自使亡國？』對曰：『天命廢興，豈二人所能移也！』堅曰：『卿不能見幾而作，虛稱燕美，忠不自防，返為身禍，可謂智乎？』對曰：『臣聞「幾者動之微，吉凶之先見者也。」如臣愚暗，實所不及。然為臣莫如忠，為子莫如孝，自非有一至之心者，莫能保忠孝之始終。是以古之烈士，臨危不改，見死不避，以徇君親。彼知幾者，心達安危，身擇去就，不顧家國，臣就使知之，尚不忍為，況非所及邪！』【略】

（秦王）堅聞悅綰之忠，恨不及見，拜其子為郎中。【略】

（秦王堅）以鄧羌為使持節、征虜將軍；郭慶賜爵襄城侯。【略】

（秦王）堅以京兆韋鍾為魏郡太守，彭豹為陽平太守；其餘州縣牧、守、令、長，皆因舊而授之。以燕常山太守申紹為散騎侍郎，使與散騎侍郎京兆韋儒俱為繡衣使者，循行關東州郡，觀省風俗，勸課農桑，振恤窮困，收葬死亡，旌顯節行，燕政有不便於民者，皆變除之。【略】

十二月，王猛表留梁琛為主簿，領記室督。它日，猛與僚屬宴，語及燕朝使者，猛曰：『人心不同。昔梁君至長安，專美本朝；樂君但言桓溫軍盛；郝君微說國弊。』參軍馮誕曰：『今三子皆為國臣，敢問取臣之道何先？』猛曰：『郝君知幾為先。』誕曰：『然則明公賞丁公而誅季布也。』猛大笑。【略】

秦省雍州。

甲寅，（秦王堅以燕故臣）李洪為駙馬都尉，皆奉朝請。李邽為尚書，封衡為尚書郎，慕容德為張掖太守，燕國平睿為宣威將軍，悉羅騰為三署郎。其餘封授各有差。衡，裕之子也。【略】

又　卷一〇三《晉紀二五・太宗簡文皇帝》（晉簡文帝咸安元年）

春正月，袁瑾、朱輔求救于秦，秦王堅以瑾為揚州刺史，輔為交州刺史。【略】

二月，秦以魏郡太守韋鍾為青州刺史，中壘將軍梁成為兗州刺史，射聲校尉徐成為并州刺史，武衛將軍王鑑為豫州刺史，左將軍彭越為徐州刺史，太尉司馬皇甫覆為荆州刺史，屯騎校尉天水姜宇為涼州刺史，扶風內史王統為益州刺史，秦州刺史西縣侯雅為使持節、都督秦、晉、涼、雍州諸軍事、秦州牧，吏部尚書楊安為使持節、都督益、梁州諸軍事、梁州刺史。復置雍州，治蒲阪；以長樂公丕為使持節、征東大將軍、雍州刺史。成，平老之子；統，擢之子也。堅以關東初平，守令宜得人，令王猛以便宜簡召英俊，補六州守令，授訖，言臺除正。【略】

三月，秦後將軍金城俱難攻蘭陵太守張閔子於桃山，大司馬温遣兵擊卻之。【略】

七月，秦以光祿勳李儼為河州刺史，鎮武始。【略】

王猛以潞川之功，請以鄧羌為司隸。秦王堅下詔曰：『司隸校尉，董牧皇畿，吏責甚重，非所以優禮名將。光武不以吏事處功臣，實貴之也。羌有廉、李之才，朕方委以征伐之事，北平匈奴，南蕩揚、越，羌之任也，司隸何足以嬰之！其進號鎮軍將軍，位特進。』【略】

九月，秦王堅還長安。歸安元侯李儼卒於上邽，堅復以儼子辯為河州刺史。【略】

十月，秦王堅如鄴，獵於西山，旬餘忘返。伶人王洛叩馬諫，堅賜洛帛百匹，拜官箴左右。【略】

十一月，秦王堅報王猛曰：『朕之於卿，義則君臣，親逾骨肉，雖復桓、昭之有管、樂，玄德之有孔明，自謂逾之。夫人主勞于求才，逸於得士。既以六州相委，則朕無東顧之憂，非所以為優崇，乃朕自求安逸也。夫取之不易，守之亦難，苟任非其人，患生慮表，豈獨朕之憂，亦卿之責也，故虛位臺鼎而以分陝為先。卿未照朕心，殊乖素望。新政俟才，宜速銓補；俟東方化洽，當袞衣西歸。』【略】

秦以河州刺史李辯領興晉太守，還鎮枹罕。徙涼州治金城。【略】

張天錫聞秦有兼幷之志，立壇于姑臧西，遥與晉三公盟。【略】

秦益州刺史王統攻隴西鮮卑乞伏司繁於度堅山，司繁帥騎三萬拒統于苑川。統潛襲度堅山，司繁部落五萬餘皆降於統；其衆聞妻子已降秦，不戰而潰。

（晉簡文帝咸安二年）二月，秦以清河房曠為尚書左丞，征曠兄默及清河崔逞、燕國韓胤為尚書郎，北平陽陟、田勰、陽瑤為著作佐郎，郝略為清河相，皆關東士望，王猛所薦也。瑤，鶩之子也。【略】

冠軍將軍慕容垂言于秦王堅曰：『臣叔父評，燕之惡來輩也，不宜復汙聖朝，願陛下為燕戮之。』堅乃出評為范陽太守，燕之諸王悉補邊郡。【略】

三月，秦王堅詔：『關東之民學通一經，才成一藝者，在所郡縣以禮送之。在官百石以上，學不通一經，才不成一藝者，罷遣還民。』【略】

六月，秦以陽平公融為使持節、都督六州諸軍事。【略】

八月，（王）猛辭曰：『元相之重，儲傅之尊，端右事繁，京牧任大，總督戎機，出納帝命，文武兩寄，巨細並關，以伊、呂、蕭、鄧之賢，尚不能兼，況臣猛之無似！』章三四上，秦王堅不許，曰：『朕方混壹四海，非卿誰可委者？卿之不得辭宰相，猶朕不得辭天下也。』【略】

王猛為相，秦王堅端拱于上，成官總己於下，軍國內外之事，無不由之。【略】

陽平公融在冀州，高選綱紀，以尚書郎房默、河間相申紹為治中別駕，清河崔宏為州從事，管記室。融年少，為政好新奇，貴苛察；申紹數規正，導以寬和，融雖敬之，未能盡從。後紹出為濟北太守，融屢以過失聞，數致譴讓，乃自恨不用紹言。【略】

（苻）融嘗坐擅起學舍為有司所糾，遣主簿李纂詣長安自理；纂憂懼，道卒。融問申紹：『誰可使者？』紹曰：『燕尚書郎高泰，清辯有膽智，可使也。』先是丞相猛及融屢辟泰，泰不起；至是，融謂泰曰：『君子救人之急，卿不得復辭！』泰乃從命。至長安，丞相猛見之，笑曰：『高子伯於今乃來，何其遲也！』泰曰：『罪人來就刑，何問遲速！』猛曰：『何謂也？』泰曰：『昔魯僖公以泮宮發頌，劉宣王以稷下垂聲。今陽平公開建學宮，追蹤劉、魯，未聞明詔褒美，乃更煩有司舉劾。明公阿衡聖朝，懲勸如此，下吏何所逃其罪乎！』猛曰：『是吾過也。』事遂得釋。猛因歎曰：『高子伯豈陽平所宜吏乎！』言于秦王堅。堅召見，悅之，問以為治之本，對曰：『治本在得人，得人在審舉，審舉在核真，未有官得其人而國家不治者也。』堅曰：『可謂辭簡而理博矣。』以為尚書郎。秦固請還州，堅許之。【略】

十月，秦都督北蕃諸軍事、鎮北大將軍、開府儀同三司、朔方桓侯梁平老卒。平老在鎮十餘年，鮮卑、匈奴憚而愛之。

又《**烈宗孝武皇帝上之上**》（晉孝武帝寧康元年）陽平公融上疏曰：『東胡跨據六州，南面稱帝，陛下勞師累年，然後得之，本非慕義而來。今陛下親而幸之，使其父子兄弟森然滿朝，執權履職，勢傾勳舊。臣愚以為狼虎之心，終不可養，星變如此，願少留意。』堅報曰：『朕方混六合為一家，視夷狄為赤子。汝宜息慮，勿懷耿介。夫惟修德可以禳災，苟能內求諸己，何懼外患乎！』

（晉孝武帝寧康二年）三月，秦太尉建寧烈公李威。【略】

五月，蜀人張育、楊光起兵擊秦，有衆二萬。秦王堅遣鎮軍將軍鄧羌帥甲士五萬討之。益州刺史竺瑤、威遠將軍桓石虔帥衆三萬攻墊江，姚萇兵敗，退屯五城。【略】

十二月，秘書侍郎略陽趙整固請誅諸鮮卑。【略】

（趙）整，宦官也，博聞强記，能屬文，好直言，上書及面諫，前後五十餘事。慕容垂夫人得幸于堅，堅與之同輦游於後庭，整歌曰：『不見雀來入燕室，但見浮雲蔽白日。』堅改容謝之，命夫人下輦。

（晉孝武帝寧康三年）六月，（王）猛上疏曰：『不圖陛下以臣之命而虧天地之德，開闢已來，未之有也。臣聞報德莫如盡言，謹以垂没之命，竊獻遺款。伏惟陛下，威烈振乎八荒，聲教光乎六合，九州百郡，十居其七，平燕定蜀，有如拾芥。夫善作者不必善成，善始者不必善終，是以古先哲王，知功業之不易，戰戰兢兢，如臨深谷。伏惟陛下，追蹤前聖，天下幸甚！』【略】

七月，秦王堅訪以後事，猛曰：『晉雖僻處江南，然正朔相承，上下安和。』【略】

十月，秦王堅下詔曰：『新喪賢輔，百司或未稱朕心，可置聽訟觀于未央南，朕五日一臨，以求民隱。今天下雖未大定，權可偃武修文，以稱武侯雅旨。其增崇儒教，禁老、莊、圖讖之學，犯者棄市。』妙簡學生，太子及公侯百僚之子皆就學受業。【略】

尚書郎王佩讀讖，（秦王）堅殺之，學讖者遂絶。

又 卷一〇四《**晉紀二六·烈宗孝武皇帝上之中**》（晉孝武帝太元元年）二月辛卯，秦王堅下詔曰：『朕聞王者勞於求賢，逸於得士，斯言何其驗也！往得丞相，常謂帝王易為。自丞相違世，鬚髮中白，每一念之，不覺酸慟。今天下既無丞相，或政教淪替，可分遣侍臣周巡郡縣，問民疾苦。』【略】

三月，秦兵寇南鄉，拔之，山蠻三萬户降秦。【略】

（五月）秦王堅下詔曰：『張天錫雖稱藩受位，然臣道未純，可遣使持節、武衛將軍苟萇、左將軍毛盛、中書令梁熙、步兵校尉姚萇等將兵臨西河；河水過敦煌、酒泉、張掖郡南，武威郡東北，為西河。尚書郎閻負、梁殊奉詔征天錫入朝，若有違王命，即進師撲討。』是時，秦步騎十三萬。軍司段鏗謂周虓曰：『以此衆戰，誰能敵之！』用《左傳》齊桓公之言。虓曰：『戎狄以來，未之有也。』周虓拘執于秦，其尊本朝之心，雖造次不忘也。《考異》曰：《虓傳》曰：『呂光征西域，堅出餞之，戎士二十萬，旌旗數百里。問虓曰：「朕衆力何如？」虓曰：「戎夷以來，未之有也。」』按：建元十八年二月，虓謀反，徙朔方。十九年正月，呂光發長安。故知在伐涼州時。今從《十六國春秋》。【略】

七月，閻負、梁殊至姑臧。張天錫會官屬謀之，曰：『今入朝，必不返；如其不從，秦兵必至，將若之何？』禁中録事席仂曰：『以愛子為質，賂以重寶，以退其師，然後徐為之計，此屈伸之術也。』衆皆怒曰：『吾世事晉朝，忠節著於海內。今一旦委身賊庭，辱及祖宗，醜莫大焉！且河西天險，百年無虞，若悉境內精兵，右招西域，北引匈奴，以拒之，何遽知其不捷也！』天錫攘袂大言曰：『孤計決矣，言降者斬！』使謂閻負、梁殊曰：『君欲生歸乎，死歸乎？』殊等辭氣不屈，天錫怒，縛之軍門，命軍士交射之，曰：『射而不中，不與我同心者也。』其母嚴氏泣曰：『秦主以一州之地，横制天下，東平鮮卑，南取巴、蜀，兵不留行，所向無敵。汝若降之，猶可延數年之命。今以蕞爾一隅，抗衡大國，又殺其使者，亡無日矣！』天錫使龍驤將軍馬建帥衆二萬拒秦。【略】

涼驍烈將軍梁濟。【略】

安西將軍敦煌宋皓言於（張）天錫曰：『臣晝察人事，夜觀天文，秦兵不可敵也，不如降之。』天錫怒，貶皓為宣威護軍。廣武太守辛章曰：『馬建出於行陳，必不為國家用。』【略】

辛卯，苻萇及掌據戰于洪池，據兵敗，馬為亂兵所殺，其屬董儒授之以馬，據曰：『吾三督諸軍，再秉節鉞，八將禁旅，十總外兵，寵任極矣。今卒困於此，此吾之死地也，尚安之乎！』乃就帳免冑，西向稽首，伏劍而死。秦兵殺軍司席仂。【略】

癸巳，秦兵入清塞，（張）天錫遣司兵趙充哲帥衆拒之。秦兵與充哲戰於赤岸，大破之，俘斬三萬八千級，充哲死。【略】

九月，以（張）天錫晉興太守隴西彭和正為黃門侍郎，治中從事武興蘇膺、敦煌太守張烈為尚書郎，西平太守金城趙凝為金城太守，高昌楊幹為高昌太守；餘皆隨才擢敍。【略】

梁熙清儉愛民，河右安之，以天錫武威太守敦煌索泮為別駕，宋皓為主簿。西平郭護起兵攻秦，熙以皓為折衝將軍，討平之。【略】

十月，（行唐公）洛，菁之弟也。【略】

苻萇之伐涼州也，遣揚武將軍馬暉、建武將軍杜周帥八千騎西出恩宿，邀張天錫走路，期會姑臧。暉等行澤中，值水失期，于法應斬，有司奏征下獄。秦王堅曰：『水春冬耗竭，秋夏盛漲，此乃苻萇量事失宜，非暉等罪。今天下方有事，宜宥過責功。命暉等回赴北軍，擊索虜以自贖。』衆咸以為萬里召將，非所以應速。堅曰：『暉等喜於免死，不可以常事疑也。』暉等果倍道疾驅，遂及東軍。【略】

十一月，秦王堅欲遷珪于長安，燕鳳固請曰：『陛下有存亡繼絕之德於代，使其子子孫孫永為不侵不叛之臣，此安邊之良策也。』【略】

（秦王堅）下詔曰：『張天錫承祖父之資，藉百年之業，擅命河右，叛換偏隅。索頭世跨朔北，中分區域，東賓穢貊，西引烏孫，控弦百萬，虎視雲中。爰命兩師，分討黠虜，役不淹歲，窮殄二凶，俘降百萬，辟土九千，五帝之所未賓，周、漢之所未至，莫不重譯來王，懷風率職。有司可速班功受爵，戎士悉復之五歲，賜爵三級。』於是加行唐公洛征西將軍，以鄧羌為幷州刺史。【略】

陽平國常侍慕容紹私謂其兄楷曰：『秦恃其强大，務勝不休，北戍雲中，南守蜀、漢，轉運萬里，道殣相望。兵疲於外，民困於內，危亡近矣。冠軍叔仁智度英拔，必能恢復燕祚，吾屬但當愛身以待時耳！』

【略】

初，秦人既克涼州，議討西障氐、羌。秦王堅曰：『彼種落雜居，不相統壹，不能為中國大患。宜先撫諭，征其租稅。若不從命，然後討之。』乃使殿中將軍張旬前行宣慰，庭中將軍魏曷飛帥騎二萬七千隨之。曷飛忿其恃險不服，縱兵擊之，大掠而歸。堅怒其違命，鞭之二百，斬前鋒督護儲安以謝氐、羌。氐、羌大悅，降附貢獻者八萬三千餘落。【略】

雍州士族先因亂流寓河西者，皆聽還本。【略】

劉庫仁分招撫離散，恩信甚著，奉事拓跋珪恩勤周備，不以廢興易意，常謂諸子曰：『此兒有高天下之志，必能恢隆祖業，汝曹當謹遇之。』秦王堅賞其功。

（晉孝武帝太元二年）春，高句麗、新羅、西南夷皆遣使入貢于秦。

【略】

趙故將作功曹熊邈屢為秦王堅言石氏宮室器玩之盛，堅以邈為將作長史，領尚方丞，大修舟艦、兵器，飾以金銀，頗極精巧。慕容農私言于慕容垂曰：『自王猛之死，秦之法制，日以頹靡，今又重之以奢侈，殃將至矣，圖讖之言，行當有驗。大王宜結納英傑以承天意，時不可失也！』垂笑曰：『天下事非爾所及。』

（晉孝武帝太元三年）二月，荆州刺史楊安。【略】

四月，慕容垂拔南陽，執太守鄭裔，與丕會襄陽。【略】

（太元三年七月）秦兗州刺史彭超請攻沛郡太守戴逯于彭城，逯領沛郡太守，戍彭城。楊正衡曰：逯，古『遁』字。【略】（四年二月）兗州刺史謝玄帥衆萬餘救彭城，軍於泗口，【略】彭超置輜重於留城，留縣城也。自漢以來屬彭城郡。謝玄揚聲遣後軍將軍何謙向留城。超聞之，釋彭城圍，引兵還保輜重。戴逯帥彭城之衆，隨謙奔玄，超遂據彭城，《考異》曰：《謝玄傳》云：『何謙進解彭城圍』。又云『於是罷彭城、下邳二戍。』《帝紀》及諸傳皆不言此年彭城陷沒。而《十六國・秦春秋》云：『超據彭城』。又云：『超分兵下邳，留徐褒守彭城。至七月，以毛當為徐州刺史，鎮彭城，王顯為揚州，戍下邳。』是二城俱陷也。【略】（彭）超，越之弟；（邵）保，羌之從弟也。【略】

八月，詔右將軍毛虎生帥衆五萬鎮姑孰以禦秦兵。【略】

九月，秦王堅與羣臣飲酒，以秘書監朱彤為正，命人人以極醉為限。

秘書侍郎趙整作《酒德之歌》曰：『地列酒泉，天垂酒池，杜康妙識，儀狄先知。紂喪殷邦，桀傾夏國，由此言之，前危後則。』堅大悦，命整書之以為酒戒，自是宴羣臣，禮飲而已。【略】

巴西人趙寶起兵梁州，自稱晉西蠻校尉、巴郡太守。【略】

秦豫州刺史北海公重謀反，長史呂光收重，檻車送長安，赦之，以公就第。重，洛之兄也。【略】

十二月，秦御史中丞李柔劾秦：『長樂公丕等擁衆十萬，攻圍小城，日費萬金，久而無效，請徵下廷尉。』【略】

周颺在秦，密與桓沖書，言秦陰計；又逃奔漢中，秦人獲而赦之。

（晉孝武帝太元四年）正月，陽平公融諫曰：『陛下欲取江南，固當博謀熟慮，不可倉猝。若止取襄陽，又豈足親勞大駕乎？未有動天下之衆而為一城者，所謂以隨侯之珠彈千仞之雀也。』梁熙諫曰：『晉主之暴，未如孫皓，江山險固，易守難攻。陛下必欲廓清江表，亦不過分命將帥，引關東之兵，南臨淮、泗，下梁、益之卒，東出巴、峽，又何必親屈鸞輅，遠幸沮澤乎？昔漢光武誅公孫述，晉武帝擒孫皓，未聞二帝自統六師，親執枹鼓，蒙矢石也。』堅乃止。【略】

詔冠軍將軍南郡相劉波帥衆八千救襄陽，波畏秦，不敢進。【略】

二月，襄陽督護李伯護密遣其子送款于秦，請為內應；長樂公丕命諸軍進攻之。【略】

（秦王堅以梁成為荆州刺史，鎮襄陽，）選其才望，禮而用之。【略】

秦以前將軍張蚝為并州刺史。【略】

三月癸未，使右將軍毛虎生帥衆三萬擊巴中，以救魏興。前鋒督護趙福等至巴西，為秦將張紹等所敗，亡七千餘人。【略】

（毛）虎生退屯巴東。蜀人李烏聚衆二萬，圍成都以應虎生，秦王堅使破虜將軍呂光擊滅之。【略】

四月戊申，韋鍾拔魏興，吉挹引刀欲自殺，左右奪其刀；會秦人至，執之，挹不言不食而死。秦王堅歎曰：『周孟威不屈于前，丁彥遠潔己于後，吉祖沖閉口而死，何晉氏之多忠臣也！』挹參軍史穎逃歸，得挹臨終手疏，詔贈益州刺史。【略】

秦毛當、王顯帥衆二萬自襄陽東會俱難、彭超攻淮南。【略】

五月，右衛將軍毛安之等帥衆四萬屯堂邑。秦毛當、毛盛帥騎二萬襲堂邑。【略】

六月戊子，玄與田洛帥衆五萬進攻盱眙。【略】

是歲，秦大饑。

（晉孝武帝太元五年）正月，秦王堅復以北海公重為鎮北大將軍，鎮薊。【略】

二月，（秦王堅）作教武堂於渭城，命太學生明陰陽兵法者教授諸將。秘書監朱彤諫曰：『陛下東征西伐，所向無敵，四海之地，什得其八，雖江南未服，蓋不足言，是宜稍偃武事，增修文德。乃更始立學舍，教人戰鬬之術，殆非所以馴致昇平也。且諸將皆百戰之餘，何患不習於兵，而更使受教于書生，非所以强其志氣也。此無益於實而有損於名，惟陛下圖之！』堅乃止。【略】

（行唐公洛）自以有滅代之功，求開府儀同三司不得，由是怨憤。【略】

三月，（秦）幽州治中平規曰：『逆取順守，湯、武是也；因禍為福，桓、文是也。主上雖不為昏暴，然窮兵黷武，民思有所息肩者，十室而九。若明公神旗一建，必率土雲從。今跨據全燕，地盡東海，北總烏桓、鮮卑，東引句麗、百濟，控弦之士不減五十餘萬，奈何束手就征，蹈不測之禍乎！』【略】

（秦王堅）以平規為幽州刺史，玄菟太守吉貞為左長史，遼東太守趙贊為左司馬，昌黎太守王蘊為右司馬，遼西太守王琳、北平太守皇甫傑、牧官都尉魏敷等為從事中郎。【略】

（行唐公洛）遣兵三萬助北海公重戍薊。【略】

王緝、王琳、皇甫傑、魏敷知其無成，欲告之；（行唐公）洛皆殺之。【略】

吉貞、趙贊曰：『今諸國不從，事乖本圖。明公若憚益州之行者，當遣使奉表乞留，主上亦不慮不從。』【略】

四月，秦王堅召羣臣謀之，步兵校尉呂光曰：『行唐公以至親為逆，此天下所共疾。願假臣步騎五萬，取之如拾遺耳。』堅曰：『重、洛兄弟，據東北一隅，兵賦全資，未可輕也。』光曰：『彼衆迫於凶威，一時

蟻聚耳。若以大軍臨之，勢必瓦解，不足憂也。』【略】

六月，（秦王堅）以征南大將軍、守尚書令、長樂公丕為都督關東諸軍事、征東大將軍、冀州牧。【略】

七月，秦王堅以諸氐種類繁滋分三原、九嵕、武都、汧、雍氐十五萬户，使諸宗親各領之。【略】

（秦王堅以）長樂公丕領氐三千户，以仇池氐酋射聲校尉楊膺為征東左司馬，九嵕氐酋長水校尉齊午為右司馬，各領一千五百户，為長樂世卿。長樂國郎中令略陽垣敞為録事參軍，侍講扶風韋幹為參軍事，申紹為別駕。膺，丕之妃兄也；午，膺之妻父也。【略】

八月，（秦王堅以）撫軍將軍毛興為都督河、秦二州諸軍事、河州刺史，鎮枹罕。長水校尉王騰為并州刺史，鎮晉陽。河、并二州各配氐户三千。興，騰並苻氏婚姻，氐之崇望也。平原公暉為都督豫、洛、荆、南兗、東豫、揚六州諸軍事、鎮東大將軍、豫州牧，鎮洛陽。移洛州刺史治豐陽。以巨鹿公睿為雍州刺史。各配氐户三千二百。【略】

十月，秦王堅以左禁將軍楊壁為秦州刺史，尚書趙遷為洛州刺史，南巴校尉姜宇為甯州刺史。【略】

十二月，（秦王堅）以左將軍都貴為荆州刺史，鎮彭城。【略】

秦置東豫州，以毛當為刺史，鎮許昌。【略】

是歲，秦王堅遣高密太守毛璪之等二百餘人來歸。

（晉孝武帝太元七年）秦王堅徙尚書郎周飏于朔方之北。飏卒于朔方。【略】

（東海公）陽勇力兼人，尋復徙鄯善。及建元之末，秦國大亂，陽劫鄯善之相，欲求東歸，鄯善王殺之。【略】

秦王堅徙鄴銅駝、銅馬、飛廉、翁仲于長安。【略】

四月，（秦王）堅扶風太守王永為幽州刺史。永，皮之兄也。皮兇險無行，而永清修好學，故堅用之。【略】

九月，秦王堅以驍騎將軍呂光與將軍杜進、康盛等伐西域。【略】

陽平公融諫曰：『西域荒遠，得其民不可使，得其地不可食，漢武征之，得不補失。今勞師萬里之外，以踵漢氏之過舉，臣竊惜之。』不聽。【略】

十月，於是朝臣進諫者衆，（秦王）堅曰：『以吾擊晉，校其强弱之勢，猶疾風之掃秋葉，而朝廷內外皆言不可，誠吾所不解也！』【略】

秦太子宏曰：『今歲在吳分，又晉君無罪，若大舉不捷，恐威名外挫，財力內竭，此羣下所以疑也！』【略】

秦王堅欲取江東，陽平公融諫，堅曰：『帝王歷數，豈有常邪！惟德之所在耳！汝所以不如吾者，正病此不達變通耳！』【略】

十一月，秦王堅所幸張夫人諫曰：『今朝野之人皆言晉不可伐，陛下獨決意行之。』【略】

堅幼子中山公詵最有寵，亦諫曰：『臣聞國之興亡，繫賢人之用舍。』【略】

是歲，秦大熟，上田畝收七十石，下者三十石，蝗不出幽州境，不食麻豆，上田畝收百石，下者五十石。

又 卷一〇五《晉紀二七・烈宗孝武皇帝上之下》（晉孝武帝太元八年）六月，桓沖別將攻萬歲、築陽，拔之。【略】

陽平公融言於秦王堅曰：『良家少年皆富饒子弟，不閑軍旅，苟為諂諛之言以會陛下之意。今陛下信而用之，輕舉大事，臣恐功既不成，仍有後患，悔無及也！』【略】

八月，慕容楷、慕容紹言于慕容垂曰：『主上驕矜已甚，叔父建中興之業，在此行也！』垂曰：『然。非汝，誰與成之！』【略】

十月，（陽平公）融以其參軍河南郭褒為淮南太守。【略】

十一月，（晉軍）執秦揚州刺史王顯等。【略】

（晉軍）復取壽陽，執其淮南太守郭褒。【略】

（秦諸軍皆潰，惟慕容垂）所將三萬人獨全。【略】

冠軍行參軍趙秋曰：『明公當紹復燕祚，著於圖讖。今天時已至，尚復何待！若殺秦主，據鄴都，鼓行而西，三秦亦非苻氏之有也！』【略】

慕容農謂慕容垂曰：『尊不迫人於險，其義聲足以感動天地。農聞秘記曰：「燕復興當在河陽。」夫取果於未熟與自落，不過晚旬日之間，然其難易美惡，相去遠矣！』垂心善其言。【略】

權翼諫曰：『國兵新破，四方皆有離心，宜徵集名將，置之京師，以固根本，鎮枝葉。』【略】

（秦王堅答權翼曰：）『若天命有廢興，固非智力所能移也。』【略】

權翼密遣壯士邀垂于河橋南空倉中，垂疑之，自涼馬臺結草筏以渡，使典軍程同衣己衣，乘己馬，與僮僕趣河橋。伏兵發，同馳馬獲免。【略】

十二月，（慕容垂至安陽，）遣參軍田山修箋于長樂公丕。【略】

（長樂公）丕聞（慕容）垂北來，疑其欲為亂，然猶身自迎之。趙秋勸垂於座取丕，因據鄴起兵，垂不從。丕謀襲擊垂，侍郎天水姜讓諫曰：『垂反形未著，而明公擅殺之，非臣子之義，不如待以上賓之禮，嚴兵衛之，密表情狀，聽敕而後圖之。』丕從之，館垂於鄴西。【略】

丁零翟斌起兵叛秦，謀攻豫州牧平原公暉于洛陽，秦王堅驛書使垂將兵討之。【略】

石越言於丕曰：『王師新敗，民心未安，負罪亡匿之徒，思亂者衆，故丁零一唱，旬日之中，衆已數千，此其驗也。慕容垂，燕之宿望，有興復舊業之心。今復資之以兵，此為虎傅翼也。』丕曰：『垂在鄴如藉虎寢蛟，常恐為肘腋之變。今遠之於外，不猶愈乎！且翟斌凶悖，必不肯為垂下，使兩虎相斃，吾從而制之，此卞莊子之術也。』【略】

（慕容）垂留慕容農、慕容楷、慕容紹於鄴，行至安陽之湯池，閔亮、李毘自鄴來，以丕與苻飛龍所謀告垂。垂因激怒其衆曰：『吾盡忠於苻氏，而彼專欲圖吾父子，吾雖欲已，得乎！乃托言兵少，停河內募兵，旬日間，有衆八千。【略】

平原公暉遣使讓（慕容）垂，趣使進兵。垂謂飛龍曰：『今寇賊不遠，當晝止夜行，襲其不意。』飛龍以為然。【略】

壬午，夜，（慕容）垂遣世子寶將兵居前，少子隆勒兵從己，令氐兵五人為伍；陰與寶約，聞鼓聲，前後合擊氐兵及飛龍，盡殺之，參佐家在西者皆遣還，並以書遺秦王堅，言所以殺飛龍之故。【略】

初，（慕容）垂從（秦王）堅入鄴，以其子麟屢嘗告變于燕，立殺其母，然猶不忍殺麟，置之外舍，希得侍見。乃殺苻飛龍，麟屢進策畫，啓發垂意，垂更奇之，寵待與諸子均矣。【略】

慕容鳳及燕故臣之子燕郡王騰、遼西段延等聞翟斌起兵，各帥部曲歸之。平原公暉使武平侯毛當討斌。慕容鳳曰：『鳳今將雪先王之耻，請為斬此氐奴。』乃擐甲直進，丁零之衆隨之，大敗秦兵，斬毛當，遂進攻陵雲臺戍，克之，收萬餘人甲仗。【略】

癸未，慕容垂濟河焚橋，有衆三萬，留遼東鮮卑可足渾潭集兵於河內之沙城。【略】

時日已暮，（慕容）農與慕容楷留宿鄴中；慕容紹先出，至蒲池，盜丕駿馬數百匹以待農、楷。甲申晦，農、楷將數十騎微服出鄴，遂同奔列人。

（晉孝武帝太元九年）正月乙酉朔，秦長樂公丕大會賓客，請慕容農不得，始覺有變。遣人四出求之，三日，乃知其在列人，已起兵矣。【略】

慕容鳳、王騰、段延皆勸翟斌奉慕容垂為盟主；斌從之。【略】

（慕容）垂欲襲洛陽，且未知（翟）斌之誠僞，乃拒之曰：『吾來救豫州，不來赴君。君既建大事，成亨其福，敗受其禍，吾無預焉。』【略】

翟斌復遣長史郭通往說（慕容）垂，垂猶未許。通曰：『將軍所以拒通者，豈非以翟斌兄弟山野異類，無奇才遠略，必無所成故邪？獨不念將軍今日憑之，可以濟大業乎！』垂乃許之。【略】

故扶餘王餘蔚為滎陽太守，及昌黎鮮卑衛駒各帥其衆降（慕容）垂。【略】

（慕容垂以）餘蔚為征東將軍，統府左司馬，封扶餘王；衛駒為鷹揚將軍，慕容鳳為建策將軍。帥衆二十餘萬，自石門濟河，長驅向鄴。【略】

長樂公丕使石越將步騎萬餘討慕容農，農曰：『越有智勇之名，今不南拒大軍而來此，是畏王而陵我也；必不設備，可以計取之。』衆請治列人城，農曰：『善用兵者，結士以心，不以異物。今起義兵，唯敵是求，當以山河為城池，何列人之足治也！』辛卯，越至列人西，農使趙秋及參軍綦毋滕擊越前鋒，破之。參軍太原趙謙言于農曰：『越甲仗雖精，人心危駭，易破也，宜急擊之。』農曰：『彼甲在外，我甲在心，晝戰，則士卒見其外貌而憚之，不如待暮擊之，可以必克。』令軍士嚴備以待，毋得妄動。越立柵自固，農笑謂諸將曰：『越兵精士衆，不乘其初至之鋭以擊我，方更立柵，吾知其無能為也。』向暮，農鼓譟出，陳於城西。牙門劉木請先攻越柵，農笑曰：『凡人見美食，誰不欲之，何得獨請！然汝猛銳可嘉，當以先鋒惠汝。』木乃帥壯士四百騰柵而入，秦兵披靡；農督大衆隨之，大敗秦兵，斬越，送首於垂。越與毛當，皆秦之驍將也，故秦王堅使助二子鎮守；既而相繼敗没，人情騷動，所在盜賊羣起。【略】

（燕王垂）以前岷山公庫傉官偉為左長史，肖尚書段崇為右長史，滎陽鄭豁等為從事中郎。慕容農引兵會垂於鄴，垂因其所稱之官而授之。立世子寶為太子，封從弟拔等十七人及甥宇文輸、舅子蘭審皆為王；其餘宗族及功臣封公者三十七人，侯、伯、子，男者八十九人。【略】

可足渾潭集兵得二萬餘人，攻野王，拔之，引兵會攻鄴。平幼及弟睿、規亦帥衆數萬會垂於鄴。【略】

秦梁州刺史潘猛。【略】

關東六州郡縣多送任請降於燕。

二月，（燕王垂引丁零、烏桓之衆二十餘萬，爲飛梯地道以攻鄴，）不拔；乃築長圍守之。【略】

秦征東府官屬疑參軍高泰，燕之舊臣，有貳心。泰懼，與同郡虞曹從事吳韶逃歸勃海。韶曰：『燕軍近在肥鄉，宜從之。』泰曰：『吾以避禍耳；去一君，事一君，吾所不為也！』申紹見而歎曰：『去就以道，可謂君子矣！』【略】

燕范陽王德擊秦枋頭，取之，置戍而還。【略】

東胡王晏據館陶，爲鄴中聲援，鮮卑、烏桓及郡縣民據塢壁不從燕者尚衆；燕王垂遣太原王楷與鎮南將軍陳留王紹討之。楷謂紹曰：『鮮卑、烏桓及冀州之民，本皆燕臣，今大業始爾，人心未洽，所以小異；唯宜綏之以德，不可震之以威。吾當止一處，爲軍聲之本，汝巡撫民夷，示以大義，彼必當聽從。』楷乃屯于辟陽。紹帥騎數百往說王晏，爲陳禍福，晏隨紹詣楷降，於是鮮卑、烏桓及塢民降者數十萬口。楷留其老弱，置守宰以撫之，發其丁壯十餘萬，與王晏詣鄴。垂大悅，曰：『汝兄弟才兼文武，足以繼先王矣！』【略】

三月，庫傉官偉帥營部數萬至鄴，燕王垂封偉爲安定王。【略】

秦冀州刺史阜城侯定守信都，高城男紹在其國，高邑侯亮、重合侯謨守常山，固安侯鑑守中山。燕王垂遣前將軍、樂浪王温督諸軍攻信都，不克；夏，四月，丙辰，遣撫軍大將軍麟益兵助之。定、鑑，秦王堅之從叔；紹、謨，從弟；亮，從子也。【略】

慕容泓聞秦兵且至，懼，帥衆將奔關東。秦鉅鹿愍公叡粗猛輕敵，欲馳兵邀之。姚萇諫曰：『鮮卑皆有思歸之志，故起而爲亂，宜驅令出關，不可遏也。夫執鼷鼠之尾，猶能反噬於人。彼自知困窮，致死於我；萬一失利，悔將何及。但可鳴鼓隨之，彼將奔敗不暇矣。』叡弗從，戰于華澤，叡兵敗，爲泓所殺。【略】

燕王垂以鄴城猶固，會僚佐議之。右司馬封衡請引漳水灌之；從之。（燕王）垂行圍，因飲於華林園，秦人密出兵掩之，矢下如雨，垂幾不得出，冠軍大將軍隆將騎沖之，垂僅而得免。【略】

竟陵太守趙統攻襄陽，秦荊州刺史都貴奔魯陽。【略】

五月，秦洛州刺史張五虎據豐陽來降。【略】

梁州刺史楊亮帥衆五萬伐蜀，遣巴西太守費統等將水陸兵三萬爲前鋒。亮屯巴郡，秦益州刺史王廣遣巴西太守康回等拒之。【略】

六月，後秦軍中無井，秦人塞安公谷、堰同官水以困之。【略】

將軍劉春攻魯陽，都貴奔還長安。【略】

燕慕容麟拔常山，秦苻亮、苻謨皆降。麟進圍中山，秋，七月，克之，執苻鑑。麟威聲大振，留屯中山。【略】

秦幽州刺史王永、平州刺史苻沖帥二州之衆以擊燕。燕王垂遣平朔將軍平規擊永，永遣昌黎太守宋敞逆戰於范陽，敞兵敗，規進據薊南。【略】

秦康回兵數敗，退還成都。梓潼太守壘襲以涪城來降。【略】

八月，秦幽州刺史王永求救於振威將軍劉庫仁，庫仁遣其妻兄公孫希帥騎三千救之，大破平規於薊南，乘勝長驅，進據唐城。【略】

九月，翟真在承營，與公孫希、宋敞遙相首尾。長樂公丕遣宦者冗從僕射清河光祚將兵數百赴中山，與真相結。長樂公丕又遣陽平太守邵興將數千騎招集冀州故郡縣，與（光）祚期會襄國。是時，燕軍疲弊，秦勢復振，冀州郡縣皆觀望成敗，趙郡人趙粟等起兵柏鄉以應（邵）興。燕王垂遣冠軍大將軍隆、龍驤將軍張崇將兵邀擊（邵）興，命驃騎大將軍農自清河引兵會之。隆與興戰于襄國，大破之；興走至廣阿，遇慕容農，

執之。光祚聞之，循西山走歸鄴。隆遂擊趙粟等，皆破之，冀州郡縣復從燕。【略】

劉庫仁聞公孫希已破平規，欲大舉兵以救長樂公丕，發雁門、上谷、代郡兵，屯繁畤。燕太子太保興句之子文、零陵公慕輿虔之子常時在庫仁所，知三郡兵不樂遠征，因作亂，夜攻庫仁，殺之，竊其駿馬，奔燕。公孫希之衆聞亂自潰，希奔翟真。庫仁弟頭眷代領庫仁部衆。【略】

鮮卑在長安城中者猶千餘人，慕容紹之兄肅，與慕容暐陰謀結鮮卑爲亂。十二月，暐白（秦王）堅，以其子新昏，請堅幸其家，置酒，欲伏兵殺之。堅許之，會天大雨，不果往。事覺，堅召暐及肅，肅曰：『事必泄矣，入則俱死。今城内已嚴，不如殺使者馳出，既得出門，大衆便集。』暐不從，遂俱入。堅曰：『吾相待何如，而起此意？』暐飾辭以對。肅曰：『家國事重，何論意氣！』堅先殺肅，乃殺暐及其宗族，城内鮮卑無少長、男女，皆殺之。燕王垂幼子柔，養於宦者宋牙家爲牙子，故得不坐，與太子寶之子盛乘間得出，奔慕容沖。【略】

秦梁州刺史潘猛棄漢中，奔長安。

又　卷一〇六《晉紀二八·烈宗孝武皇帝中之上》（晉孝武帝太元十年，建元二十一年，哀平帝苻丕太平元年）正月，後秦王萇留諸將攻新平，自引兵擊安定，擒秦安西將軍勃海公珍，嶺北諸城悉降之。【略】

甲寅，秦王堅與西燕主沖戰于仇班渠，大破之。乙卯，戰于雀桑，又破之。甲子，戰于白渠，秦兵大敗。【略】

乙亥，高蓋引兵攻渭北諸壘，太子宏與戰於成貳壁，大破之，斬首三萬。燕帶方王佐與寧朔將軍平規共攻薊，王永兵屢敗。【略】

乙酉，秦益州刺史王廣以蜀人江陽太守李丕爲益州刺史，守成都。己丑，廣帥所部奔還隴西，蜀人隨之者三萬餘人。【略】

秦平原悼公暉數爲西燕主沖所敗。【略】

（秦）前禁將軍李辯、都水使者隴西彭和正恐長安不守，召集西州人屯於韭園；（秦王）堅召之，不至。【略】

西燕主沖攻秦高陽愍公方於驪山，殺之，執秦尚書韋鍾，以其子謙爲馮翊太守，使招集三輔之民。馮翊壘主邵安民等責謙曰：『君雍州望族，今乃從賊，與之爲不忠不義，何面目以行於世乎！』謙以告鍾，鍾自殺，謙來奔。【略】

（俱）石子，難之弟也。【略】

（楊）定，佛奴之孫也。【略】

劉牢之攻燕黎陽太守劉撫于孫就柵，燕王垂留慕容農守鄴圍，自引兵救之。秦長樂公丕聞之，出兵乘虚夜襲燕營，農擊敗之。【略】

四月，劉牢之進兵至鄴。燕王垂逆戰而敗，遂撤圍，退屯新城，乙卯，自新城北遁。牢之不告秦長樂公丕，即引兵追之。丕聞之，發兵繼進。庚申，（劉）牢之追及（慕容）垂於董唐淵。垂曰：『秦、晉瓦合，相待爲强。一勝則俱豪，一失則俱潰，非同心也。今兩軍相繼，勢既未合，宜急擊之。』【略】

會秦王堅來求救，（太保）安乃請自將救之。【略】

新平城爲後秦所攻陷，獨馮傑子終得脱，奔長安。秦王堅追贈（苟）輔等官爵，皆謚曰節愍侯，以終爲新平太守。【略】

五月，秦王堅與張夫人及中山公詵、二女寶、錦出奔五將山。【略】

（秦王）堅過襲韭園，李辯奔燕，彭和正慚，自殺。【略】

七月，長樂公丕帥衆三萬自枋頭將歸鄴城，龍驤將軍檀玄擊之，戰于谷口。【略】

九月，（秦主丕）立妃楊氏爲皇后，子寧爲皇太子，壽爲長樂王，鏘爲平原王，懿爲勃海王，昶爲濟北王。【略】

涼州郡縣皆降於（呂）光，獨酒泉太守宋皓、西郡太守索泮城守不下。光攻而執之，讓泮曰：『吾受詔平西域，而梁熙絶我歸路，此朝廷之罪人，卿何爲附之？』泮曰：『將軍受詔平西域，不受詔亂涼州，梁公何罪而將軍殺之？泮但苦力不足，不能報君父之讎耳，豈肯如逆氏彭濟之所爲乎！主滅臣死，固其常也。』光殺泮及皓。【略】

初，（高）蓋以楊定爲子，及蓋敗，定亡奔隴右，復收集其舊衆。【略】

中山太守王兗，本新平氏也。【略】

十一月，楊定尋徙治歷城，置儲蓄於百頃，自稱龍驤將軍、仇池公，遣使來稱藩；詔因其所號假之。其後又取天水、略陽之地，自稱秦州刺史、隴西王。【略】

十二月，昌黎太守宋敞帥烏桓、索頭之衆救兗，不及而還。秦主丕以敞爲平州刺史。【略】

秦苻定據信都以拒燕，燕王垂以從弟北地王精爲冀州刺史，將兵攻之。

（晉孝武帝太元十一年，太安二年，高帝苻登太初元年）二月，（呂光）輔國將軍杜進。【略】

（張大豫）自號撫軍將軍、涼州牧，改元鳳凰。【略】

四月，秦大赦，以衛平爲撫軍將軍、河州刺史，呂光爲車騎大將軍、涼州牧。使者皆没於後秦，不能達。【略】

（秦主）丕以（鄧）景爲京兆尹。景，羌之子也。【略】

七月，金熙本東胡之種；没弈干，鮮卑多蘭部帥也。【略】

（啖青等推苻）登爲使持節、都督隴右諸軍事、撫軍大將軍、雍河二州牧、略陽公，帥衆五萬，東下隴，攻南安，拔之，馳使請命于秦。【略】

初，後秦主萇之弟碩德統所部羌居隴上，聞萇起兵，自稱征西將軍，聚衆於冀城以應之；以兄孫詳爲安遠將軍，據隴城，從孫訓爲安西將軍，據南安之赤亭。【略】

（後秦主）萇自安定引兵會碩德攻統。【略】

秦略陽太守王皮降之。【略】

九月，後秦主萇以姚碩德爲使持節、都督隴右諸軍事、秦州刺史，鎮上邽。【略】

十月，（苻纂弟）尚書永平侯師奴帥秦衆數萬走據杏城。

又　卷一〇七《晉紀二九・烈宗孝武皇帝中之下》（晉孝武帝太元十二年，太初二年）初，（燕主）垂在長安，秦王堅嘗與之交手語，冗從僕射光祚言於堅曰：『陛下頗疑慕容垂乎？垂非久爲人下者也。』堅以告垂。及秦主丕自鄴奔晉陽，祚與黄門侍郎封孚、巨鹿太守封勸皆來奔。勸，弈之子也。垂之再圍鄴也，秦故臣西河朱肅等各以其衆來奔。詔以祚等爲河北諸郡太守，皆營於濟北、濮陽，羈屬温詳；詳敗，俱詣燕軍降。垂赦之，撫待如舊。垂見光祚，流涕沾衿，曰：『秦主待我深，吾事之亦盡；但爲二公猜忌，吾懼死而負之，每一念之，中宵不寐。』祚亦悲慟。垂賜祚金帛，祚固辭，垂曰：『卿猶復疑邪？』祚曰：『臣昔者惟知忠於所事，不意陛下至今懷之，臣敢逃其死！』祚曰：『此乃卿之忠，固吾求也，前言戲之耳。』待之彌厚，以爲中常侍。【略】

四月，秦主登以其兄同成爲司徒、守尚書令，封潁川王；弟廣爲中書監，封安成王；子崇爲尚書左僕射，封東平王。【略】

九月，後秦主萇軍於泥源。師奴逆戰，大敗，亡奔鮮卑。後秦盡收其衆，屠各董成等皆降。【略】

十月，後秦姚方成攻秦雍州刺史徐嵩壘，拔之，悉坑其士卒，以妻子賞軍。

（晉孝武帝太元十三年，太初三年）五月，秦太弟懿卒，謚曰獻哀。【略】

七月，關西豪桀以後秦久無成功，多去而附秦。【略】

十二月，秦以潁川王同成爲太尉。

（晉孝武帝太元十四年，太初四年）二月，秦主登留輜重於大界，自將輕騎萬餘攻安定羌密造保，克之。【略】

九月，秦主登之東也，後秦主萇使姚碩德置秦州守宰，以從弟常戍隴城，邢奴戍冀城，姚詳戍略陽。楊定攻隴、冀，克之，斬常，執邢奴；詳棄略陽，奔陰密。定自稱秦州牧、隴西王；秦因其所稱而授之。【略】

十月，秦主登以竇衝爲雍州牧。【略】

（秦主登）又約監河西諸軍事、并州刺史楊政、都督河東諸軍事、冀州刺史楊楷各其衆會長安。政、楷皆河東人。秦主丕既敗，政、楷收集流民數萬户，政據河西，楷據湖、陝之間，遣使請命於秦，登因而授之。【略】

十二月，（後秦）東門將軍任瓫；（前秦）征東將軍雷惡地。【略】

（秦主）登以（雷）惡地勇略過人，陰憚之。惡地懼，降於後秦。【略】

秦以安成王廣爲司徒。

（晉孝武帝太元十六年，太初六年）五月，秦兗州刺史强金槌降後秦，以其子逵爲質。【略】

七月，（大）兜微服走，（金城王）乾歸收其部衆而還，歸没弈干二子。没弈干尋叛，東合劉衛辰。【略】

八月，（金城王）乾歸帥騎一萬討没弈干，没弈干奔他樓城，乾歸射之，中目。

又 **卷一〇八《晉紀三〇·烈宗孝武皇帝下》**（晉孝武帝太元十七年，太初七年）正月，秦主登立昭儀隴西李氏爲皇后。【略】

八月，（前秦）安南將軍姚熙隆。

（晉孝武帝太元十八年，太初八年）四月，秦右丞相竇衝矜才尚人，自請封天水王，秦主登不許。六月，（竇）衝自稱秦王，改元元光。

（晉孝武帝太元十九年）正月，（秦主登）留司徒、安成王廣守雍。

【略】

四月，（後秦太子）興馳遣狄伯支謂（尹）緯曰：『苻登窮寇，宜持重以挫之。』緯曰：『先帝登遐，人情擾懼，今不因思奮之力以禽敵，大事去矣！』

論　說

《晉書》卷一一五《苻丕苻登載記論》 自兩京殄覆，九土分崩，赤縣成蛇豕之墟，紫宸遷蛙黽之穴，干戈日用，戰爭方興，猶逐鹿之並驅，若瞻烏之靡定。苻洪擅鑾陬之桀黠，乘羯虜之危亡，乃附款江東而志圖關右，禍生蠆毒，未逞狼心。健既承家，克隆凶緒，率思歸之衆，投山西之隙，據億丈之巖險，總三秦之果銳，敢窺大寶，遂竊鴻名，校數姦雄，有可言矣。長生慘虐，稟自率由。睹辰象之灾，謂法星之夜飲；忍生靈之命，疑猛獸之朝飢。但肆毒于刑殘，曾無心於戒懼。招亂速禍，不亦宜乎！

永固雅量瑰姿，變夷衆夏，葉魚龍之謡詠，挺草付之休徵，克翦姦回，纂承僞歷，遵明王之德教，闡先聖之儒風，撫育黎元，憂勤庶政。王猛以宏材緯軍國，苻融以懿戚贊經綸，權薛以諒直進規謨，鄧、張以忠勇恢威略，儁賢効足，杞梓呈才，文武兼施，德刑具舉。乃平燕定蜀，擒代吞涼，跨三分之二，居九州之七，遐荒慕義，幽險宅心，因止馬而獻歌，托棲鸞以成頌，因以功侔曩烈，豈直化洽當年！雖五胡之盛，莫之比也。既而足已夸世，愎諫違謀，輕敵怒鄰，窮兵黷武。懟三正之末葉，耻五運之猶乖，傾率土之師，起滔天之寇，負其犬羊之力，肆其吞噬之能。自謂戰必勝，攻必取，便欲鳴鑾禹穴，駐蹕疑山，疏爵以侯楚材，築館以須歸命。曾弗知人道助順，神理害盈，雖矜涿野之强，終致昆陽之敗。遂使凶渠候隙，狡寇伺間，步搖啓其禍先，燒當乘其亂極，宗社遷於他族，身首罄於賊臣，貽戒將來，取笑天下，豈不哀哉！豈不謬哉！

苻丕承亂僭竊，尋及傾敗，斯可謂天之所廢，人不能支。苻登集離散之兵，厲死休之志，雖衆寡不敵，難以立功，而義烈慷慨，有足稱矣。

又 **《苻丕苻登載記贊》** 洪惟壯勇，威稜氐種。健藉世資，遂雄關、隴。長生昏虐，敗不旋踵。永固禎祥，肇自龍驤。垂旒負扆，竊帝圖王。患生縱敵，難起矜强。丕、登僭假，淪胥以亡。

藝　文

清·彭定求等《全唐詩》卷六二五《陸龜蒙〈寄懷華陽道士〉》 舊來捫虱知王猛，欲去為龍歎管寧。

又 **卷六六五《羅隱〈南園題〉》** 病憐王猛畚，愚笑隗囂泥。

宋·張舜民《書墁集》卷三《離真州》 日日北風吹上水，年年客思攪新秋。山長水遠連三楚，物態人情又一州。隔岸晚峰如見揖，竝船孤鶩似相留。因知景略非前達，身後猶須具十牛。

《全宋詩》卷二一六八《陸遊〈舒悲〉》 嗜酒苦倡狂，畏人還齷齪。老病始悔歎，天下無此錯。管葛逝已久，千古困俗學；捫虱論大計，使我思景略。中原失枝梧，胡塵暗河洛。天道遠莫測，士氣伏不作。煌煌東觀書，無乃太寂寞。丈夫不徒死，可作一丘貉？歲晚計愈疏，撫事淚零落！

又 **《醉中作》** 人間無復王景略，千載風雲常寂寞。安得熊羆十萬師，蹴踏幽幷洗河洛？

又 **卷二九三二《魏了翁〈安宣撫生日〉》** 知是皇家幾世仁，天開人物作長城。元崇雅號濟時相，景略真成間代英。天路旗常鋪績用，中原草木識威名。北征西略公餘事，應念風胞百萬生。

又 **卷三〇八〇《魏了翁〈演雅二十韻〉》** 學道無所得，惟於鄙事能。九帙後篇什，來世有公評。豈未登社壇，直欲破劉城。六言與七字，如九轉煉成。宇宙中間物，瑣屑不記名。孰能通倫類，挑抉其微情。蛾以燈為光，蚊衆成雷聲。桑老蠶繭白，草腐螢熠明。幽谷聞綿蠻，知有遷喬鶯。落日見科斗，深夜有蟈鳴。蚋嗜醯雜襲，蚓飲泉亦清。蠅吮血美炙，犬以穢為鯖。蛇非性好曲，蠖負屈求伸。蚤懼鵂鶹攝，自匿於衣巾，虱愁犢鼻破，不免景略捫。狐依塚作祟，鼠謂社可憑。痛摑一掌血，飽食五鼎烹。疇昔同袍子，來問儂師承。前柴桑處士，後半山老人。詎能追高雅，或可洗腐陳。

又 卷三六五一《陳普〈詠史下·王猛〉》 魚水歡濃更月氏，便呵氏族使耕炊。浮雲蔽日何難見，獨有操琴趙整知。**【略】**

一奮沖天跨六州，生前天已怒旄頭。問何有意容王猛，肯使魚羊食不留。

又 《顧禧〈答譚子欽惟寅〉》 束髮鄙章句，清狂天下聞。戔戔招隱賦，草草送窮文。捫虱輕王猛，驅車揖范雲。皇家疏結網，麟鳳自為羣。

《全元詩》第一冊《楊奐〈讀汝南遺事二首〉之二》 六朝江水故依然，隔斷中原又百年。長笑桓温無遠略，竟留王猛佐苻堅。

又 第三一冊《洪希文〈讀涑水司馬公和金陵王半山烘虱〉》 文人語多工，徽纆自繩糾。齧蟲至麼麼，謂可懸户牖。胡為大車軸，貫心竟何有。禦寇近道翁，縱此瀾翻口。景略疏救時，袖此無用手。掛名青史中，遺笑傳不朽。後世為美談，姓字記誰某。二公廊廟資，力可扶宇宙。如何唱酬間，爬剔便絮垢。仁義虱其官，有益國家不？三歎《商君書》，掩卷重搔首。

又 第三六冊《陳謙〈虎丘三首鄭君明德偕廉夫伯雨諸公同賦次東坡先生韻〉其三》 昔遊第一峰，遍數東南嶺。傳聞吳闔閭，曾照山上井。誰期此一杯，玉雁閟孤耿。夫差小兒態，踴躍類蛙黽。眼看雙龍劍，迹寄山石礦。再鼓氣已衰，功虧前王猛。成名乞敵豎，車轍斷遐騁。青青土中血，似托仙題哽。中原泣諸姬，大業棄俄頃。青熒溪泉動，蔽翳山木冷。往事何足談，飄花日初永。湛盧有餘輝，中夜湊倒景。好奇誰往候，微月照人影。正恐化蜿蜒，飛揚詎容請。

又 第五七冊《郭鈺〈王猛詠〉》 五馬渡江老臣泣，垂死丹心在王室。當年非不思南來，王謝豈能生羽翼。魏相張儀尚為秦，聊借羌苻展才力。江南雖僻不可圖，青史千年誰獨識。

又 《張憲〈聞説〉》 聞説江城破，歸心夢裏驚。肺肝從此熱，手足近來輕。春事愁花朵，晨齋怯鼓聲。平生慕王猛，今日莫談兵。

又 第五八冊《趙孟頫〈和姚子敬秋懷五首〉之三》 搔首風塵雙短鬢，側身天地一儒冠。中原人物思王猛，江左功名愧謝安。苜蓿秋高戎馬健，江湖日短白鷗寒。金尊緑酒無錢共，安得愁中卻暫歡。

明·王穉登《南有堂詩集》卷八《七十初度漫賦二十六韻》 憶上蓬萊殿，曾讎石室書。史臣陪出入，丞相借吹噓。故國歸來早，長安不可居。為園棲曲巷，種柳拂清渠。西縣琴聲近，南鄰樹影疏。庭馴得食鳥，池躍放生魚。抱膝吟《梁父》，無心賦《子虛》。鄙人荆五羖，醒士楚三閭。白鳥相忘久，青蠅肯舍諸。淺衷同撲滿，傲骨類蘧蒢。漢紀偷桃舊，豳風剥棗初。秋山當几席，春酒滿園廬。大斗勞為壽，新詩賴起予。自慚同襪線，何以報璠璵。浚邑斡旄騎，敦煌鐘鼓車。高僧遺巾拂，名妓進衣袽。丹指楓將變，黄知菊漸舒。何當饗敝帚，不可賴耕鋤。花落從堆積，雲來不掃除。每開池上酌，頻摘雨中蔬。王猛貧捫虱，公孫老牧豬。隕霜嗟獄氣，蔽日憤刑餘。殿上誰扳檻，屏前罷引裾。終朝遊汗漫，豈但夢華胥。中聖曾無計，求仙焉所如。桃花流水渡，願作武陵漁。

清·錢謙益《列朝詩集》甲集第四《高啓〈讀史十首·王猛〉》 軍門被褐異隆中，抱策歸秦竟事戎。猶喜遺言真有識，不教胡馬向江東。

又 甲集第十二《王褘〈長安雜詩十首〉之三》 秦皇并六國，漢武開西方。兵威如雷電，滅戮皆暴强。功成無所欲，但欲年壽長。樓船往東海，仙劑求扶桑。金盤出雲表，沆瀣承天漿。盼睞蓬萊藥，啖餔瑤池觴。終然乖所覬，日夕徒遑遑。欲火既已熾，反使情内傷。神仙不可得，壽齡亦尋常。我聞古神聖，與天同運行。服食享太和，呼吸調陰陽。躋世為壽域，斯民咸樂康。優遊道為體，凋落後三光。曾是弗能效，安得命無疆。坡陀驪山下，零落茂陵旁。至今行路者，佇立為彷徨。崔嵬終南山，形勢甚磅礴。西來挾崆峒，東亘聯華嶽。長雲覆重巒，紫翠入寥廓。杞梓產深林，龍蛇蟄幽壑。淑靈之所鍾，宜有異人作。如何千載間，蹤迹轉蕭索。姬旦不復生，三代已云邈。後來王佐才，勞我思景略。

又 甲集第十九《陳緝〈弔古〉》 投棰渡江江水空，朝馳淮海暮吳中。江東壯士輕王猛，吳下諸公失呂蒙。山鬼有靈啼夜月，野花無主怨東風。盡將骸骨填溝壑，誰在雲臺第一功。

又 乙集第四《郭武〈江南懷古〉》 隔斷中原數百年，囊沙堪笑況投鞭。桓温不合留王猛，安石終能舉謝玄。日落暮雲斜度鳥，雪消春水遠連天。子山空有《江南賦》，北府淒涼最可憐。

又 丁集第六《屠隆〈韓蘄王花園老卒歌和吳淵穎〉》 中原胡塵漲天起，汴城日落大旗靡。翠華北去泥馬南，坐擁西湖衣帶水。蘄王徒步起行間，百戰馳驅劍光駛。金牌晝飛玉塞昏，三字獄成岳飛死。王也扼腕氣衝冠，鳥盡弓藏痛唇齒。飄然角巾歸西湖，自號清涼老居士。湖邊花園春色妍，亭亭百卉紅燒天。守園老卒鬢髮短，白首閑就花陰眠。蕉鹿呦呦蝶栩栩，石頭為枕苔為氈。黑甜正熟履綦響，王來蹴起始矍然。頭顱若此隙駒過，長日如何只高卧。相公勿輕灌園人，渭濱垂釣淮陰餓。龍泉補履鐮刈葵，閑卻英雄無事做。王歎此叟氣何豪，與爾十萬金錯刀。青雀樓船貫月上，紅牙歌吹遏雲高。少女如花雜賓從，鬅鬙白髮炤錦袍。口銜叵羅海霧卷，手揮如意江風飈。酒酣指點掛帆去，鳴笳疊鼓淩波濤。夷王倒屣迎上客，匝地氍毹布瑤席。光生珠貝鮫人採，寒透冰綃龍女織。趙氏璧玉連十城，石家珊瑚高數尺。歸來大蘄王欣，豪傑計倪少伯倫。胸中之奇聊一見，遊戲仍卧花陰春。吁嗟乎！古來英雄何可測，駿骨往往埋埃塵。尉遲微時曾芄鐵，王猛不遇行負薪。為龍為蛇古所歎，從此不敢輕相人。

《全明詩》第一冊卷七《王冕〈次韻〉》 生民日日歎零丁，惟聽中朝説太平。萬里江山雲莽蕩，五更風雨劍悲鳴。桓温豈解知王猛，徐庶從來識孔明。簫管莫吹關塞曲，野花閒草不勝情。

又 卷八《王冕〈山中雜興〉其七》 短策閒尋句，長歌獨倚樓。野雲迷客思，花雨亂春愁。論事思王猛，看書憶馬周。老吾吾道在，一一付滄洲。

又 第二冊卷五三《劉基〈雜詩四十首〉之三一》 桓温一老兵，豈識捫虱士。擁衆臨上流，竟作跋扈鬼。符堅氏羌豎，何能作天子。耽耽視中原，為有景略耳。知人聖難之，求賢在虛己。袁曹豈力敵，生死一彈指。惆悵後來人，慷慨前車軌。

清·張豫章等《御選四朝詩·宋詩卷》卷二二《林亦之〈和李監倉欲遊卧山以海風大作不果往〉》 騎驢學賈島，捫虱喚王猛。

清·袁枚《小倉山房詩集》卷八《王猛墓》 渭南高塚象祁連，一代君臣魚得水，山河割據人才貴，不歎滄桑歎遭際，諸葛能支蜀幾年？三秦宫殿鳥啼煙。華夏興亡歷數偏。為君流淚古碑前。

《晚晴簃詩匯》卷一一《顧炎武〈華山〉》 四序乘金氣，三峰壓大河。巨靈雄贔屭，白帝儼巍峨。地劣窺天井，雲深拜斗阿。夕嵐開翠巘，初月上青柯。欲摘星辰墮，還虞虎豹訶。正冠朝殿閣，持杖叱羲和。勢扼雙崤壯，功從駟伐多。未歸桃塞馬，終負魯陽戈。山鬼知秦帝，巒王屬趙佗。出關收楚魏，浮水下江沱。老尚思三輔，愁仍續《九歌》。唯應王景略，歲晚一來過。

又 卷九四《吳鎮〈華嶽〉》 二華雄關右，三峰插斗杓。彈冠司寇肅，抵掌巨靈驕。日月相遮隱，風雷自泬寥。金神秋執鉞，玉女夜吹簫。帝座鈞梯接，天門箭括遙。船開花十丈，雪掛瀑千條。客偶談禽向，予因訪偓喬。蒼龍森欲動，白鶴似曾邀。仙醞留人醉，雲衣作蝶飄。攜詩慚謝脁，作霧哂張超。山鬼投秦璧，村巫憶漢燎。寧知王景略，弦誦雜漁樵。

又 卷一二五《林則徐〈華陰令姜海珊招遊華山〉》 神君管領金天嶽，坐對三峰看未足。公餘喜共客登臨，恰我西行來不速。櫻筍廚開浴佛時，暫輟放衙事休沐。灝靈宫殿訪碑行，清白園林對床宿。淩晨天氣半陰晴，晝永無煩宵秉燭。竹杖芒鞋結儔侶，酒榼茶鐺付僮僕。雲夢觀裏約乘雲，玉泉院中聞漱玉。同儕各挾濟勝具，初陟坡陀踵相續。嶂疊峰迴路忽窮，誰料重關在山曲。微徑蜿蜒蟻旋磨，絶磴攀躋鯰上竹。箭鏃依稀王猛臺，丹砂隱現張超谷。莎蘿坪與青柯坪，小憩聊尋道書讀。過此巉巖愈危絶，鐵鎖高垂手難觸。五千仞峻徒窘步，十八盤經猶駭目。恨無謝朓驚人詩，恐學昌黎絶頂哭。遊人到此怪山靈，奇險逼人何太酷。豈知山更怪人頑，無端蹴踏穿其腹。茲山峭拔本天成，但以骨挺不以肉。呼吸真教帝座通，避趨一任人間俗。如君超詣迥出塵，上感嶽神造民福。蕩胸自有層雲生，秀語豈徒奪山緑。希夷石峽應重開，海蟾仙庵亦堪築。獨慚塞外荷戈人，何日陰崖結茅屋。惟期歸馬此山陽，遙聽封人上三祝。

又　卷一五一《沈世良〈戲贈青皋〉》　嗟君塵甑今十年，齋時卓午無爨煙。撐腸空飽蒼頡字，餉客絕少王宏錢。瘦羊博士更可憐，持籌握算心悄然。萬金顛倒擲虛牝，三載縛束耕石田。飄茵墮溷偶相值，如風憐目夔憐蚿。文園賣賦苦不數，儈牛牆東亦不惡。關中自鬻王猛畚，市上去賣韓康藥。古人遊戲何事無，今我胡為獨不樂。君本神仙許玉斧，我亦清狂沈昭略。蟠桃未熟三千秋，汗漫且作人間遊。債臺便足供作達，娛老豈復營糟邱。寒山拾得兩窮士，來牛去馬千王侯。今日斷腸草，昨日芙蓉花。東陵去種青門瓜，畫樓曲柄彈箏琶。空堂過眼棲飢鴉，掉頭萬事俱摶沙。區區窮達勿芥蒂，變滅任化風中霞。

又　卷一五三《褚維塏〈湖口山行〉》　春來驅馬出燕京，本擬西江取道行。時局休談王景略，鄉園愁賦庾蘭成。但逢險阻心宜壯，得免流亡願已平。三月舟車遍遊歷，筍輿前去又山程。

又　卷一六五《嚴玉森〈客話太白武功之勝因懷康對山修撰〉》　忽急友難游瑾門，琵琶不以遷高官。死餘大小鼓三百，絕世風流天地存。今日遊公卿，昔日登公山。揚州艷說修撰好，要知公之氣誼山河尊。華山不為高，黃河不為深，公乎奇節超昆侖。文章絲竹偶然耳，後生小子之論何紛紛。丈夫不作王右丞，清流第一申屠蟠。三秦豪傑誰景略，但見涇渭水合流渾渾。潼關望中條，司空詩境愁雲屯。坐客談武功，太白之雪綿秋春。清泉白石忘寒溫，商雒深山多隱淪。蟪蛄朝菌匆匆甚，怪柏寒松愛避人。

又　卷一七五《成多祿〈庚子塞上作〉之一》　談笑公卿王猛意，倉皇戎馬李剛才。

《全清詞·順康卷》第三冊《吳綺〈滿江紅·岳墳次武穆原韻〉》

四海傳烽，問時事、何堪太息。公此去、偏能慷慨，氣淩邊隘。吾急而求應恨晚，天方待治何憂敵。想鳴鞭、萬里過蠶叢，旌旗易。　景略坐，常捫虱。安石墅，曾同弈。但河梁攬袂，黯然送客。八陣河山斜日影，兩川旗鼓清秋色。願詩篇、頻與捷書來，長相憶。

又　第六冊《丁澎〈寶鼎現·遣懷〉》　酒酣後但摩挲一劍，直欲老兵景略。何況小兒趙括，此意不堪牢落。

雜録

北魏·酈道元《水經注》卷一九《渭水》　車頻《秦書》曰：苻堅建元十四年，高陸縣民穿井，得龜，大二尺六寸，背文負八卦古字，堅以石為池，養之，十六年而死，取其骨以問吉凶，名為客龜。大卜佐高魯夢客龜言，我將歸江南，不遇，死于秦。魯于夢中自解曰：龜三萬六千歲而終，終必亡國之征也。為謝玄破於淮肥，自縊新城浮圖中，秦祚因即淪矣。

南朝宋·劉義慶《世說新語·識鑒》　郗超與謝玄不善。苻堅將問晉鼎，既已狼噬梁、岐，又虎視淮陰矣。車頻《秦書》曰：『苻堅字永固，武都氐人也。本姓蒲，祖父洪，詐稱讖文，改曰「苻」。言已當王，應符命也。堅初生，有赤光流其室，及誕，背赤色隱起，若篆文。幼有美度，石虎司隸徐正名知人，堅六歲時，嘗戲於路，正見而異焉，問曰：「苻郎！此官街，小兒行戲，不畏縛邪？」堅曰：「吏縛有罪，不縛小兒。」正謂左右曰：「此兒有王霸相。」石氏亂，伯父健及父雄西入關，健夢天神使者朱衣冠，拜肩頭為龍驤將軍。肩頭，堅小字也。健即拜為龍驤，以應神命。後健僭帝號。死，子生立，凶暴，羣臣殺之而立堅。堅立十五年，遣長樂公丕攻沒襄陽。十九年，大興師伐晉，衆號百萬，水陸俱進，次於項城。自項城至長安，連旗千里，首尾不絕。乃遣告晉曰：「已為晉君於長安城中建廣夏之室，今故大舉渡江相迎，尅日入宅也。」』于時朝議遣玄北討，人間頗有異同之論。唯超曰：『是必濟事。吾昔嘗與共在桓宣武府，見使才皆盡，雖履屐之間，亦得其任。以此推之，容必能立勳。』元功既舉，時人咸歎超之先覺，又重其不以愛憎匿善。《中興書》曰：『于時氐賊彊盛，朝議求文武良將可鎮靖北方者。衛大將軍安曰：「唯兄子玄可任此事。」中書郎郗超聞而歎曰：「安違衆舉親，明也。玄必不負其舉。」』

隋·虞世南《北堂書鈔》卷一二一《武功部九·兜鍪》　車頻《秦書》云：苻登，永固族曾孫。固死，登自立，皆刻兜鍪作『死休』字，示士必死。

又　卷一五九《地部三·沙》　《三十國春秋》曰：秦將符雄攻王擢，敗之。擢單馬奔京。初有童謠曰：『十斗二升沙，誰為謂王擢屬家？』』。

唐・歐陽詢等《藝文類聚》卷八《水部上・總載水》 車頻《秦書》曰：王猛攻鄴，慕容評距猛，而恒賣水與軍人，衆思為亂，猛因得破之。

又 卷一七《人部一・頭》 《秦記》曰：苻堅祖洪，見堅狀貌，欲令頭堅腹軟，字之曰『堅頭』。

又 卷一九《人部三・謳謡》 車頻《秦書》曰：苻堅時，關隴百姓豐樂，民歌之曰：『長安大街，兩邊種槐，下走朱輪，上有鸞棲。』

又 卷八二《草部下・蒲》 《秦記》曰：苻洪之先，居武都，家生蒲，長五丈，狀如竹，咸異之，謂之蒲家，因以氏焉，洪後以讖文草付應王，遂改姓苻氏。

又 卷八八《木部上・桐》 《秦記》曰：初長安謡云：『鳳皇止阿房。』苻堅遂於阿房城植桐數萬株，以至慕容沖入阿房而居。沖小字鳳皇。

又 卷九八《祥瑞部上・慶雲》 車頻《秦書》曰：苻堅立，有黄雲五色，回繞臺觀，時以為景雲。

唐・徐堅《初學記》卷六《地部中・渭水》 裴景仁《苻書》曰：苻建至長安，賈玄等上尊號，依舊儀立百官，設壇城南于渭水之陽。

裴景仁《苻書》曰：苻健皇始四年冬，山雞來入人家，棲宿養子而去，羣聚傍渭水而遊翔，與家雞無異。

又 卷一八《人部中・師》 裴景仁《前秦記》：苻堅幸太學，問博士經典。博士盧壼對曰：《周官》禮注，未有其師。韋逞母宋氏，傳其父業，得周官音義。自非此母，無可授後生。於是就宋立講室書堂，生徒百二十人，隔絳紗幔而授業焉。拜宋爵號宣文君，賜侍婢十人。

又 《諷諫》 崔鴻《前秦録》曰：苻堅如鄴，狩於西山，伶人王洛扣馬而諫，乃止。

又 卷二〇《政理部・赦》 崔鴻《前秦録》曰：王猛疾病未瘳，苻堅大赦殊死以下。

又 卷二二《武部・甲》 車頻《秦書》曰：苻堅使能邈造金銀細鎧，金為綖以繆之。

又 《鞭》 崔鴻《苻秦録》曰：苻堅時，關中謡曰：『長鞘馬鞭擊左股，太歲南行當避虜。』

又 卷二四《居處部・宅》 崔鴻《前秦録》曰：苻堅滅燕趙之後，自長安至於諸州，皆夾路樹槐柳。二十里一亭，四十里一旅。行者取給于途，工商資販於道。

又 《道路》 崔鴻《前秦録》曰：苻堅滅燕趙之後，自長安至於諸州，皆夾路樹槐柳。二十里一亭，四十里一旅。行者取給于途，工商資販於道。

又 卷二六《器物部下・飯》 崔鴻《前秦録》曰：苻堅以乞活夏默為左鎮郎，胡人護磨那為右鎮郎，以奄人申香為拂蓋郎。默等身長一丈八尺，並多力善射。三人每食，飯一石，肉三十斤。

唐・李亢《獨異志》卷上 苻堅三年，鳳凰集於東闕，堅欲赦國中，時無有知者。忽有一童兒，緋帕幕首言於市，曰：『官家有赦。』堅復驗詰，言赦書日有一蒼蠅立於筆端，久而飛去，化為童子，以告市人也。

又 卷中 苻堅委政于王猛，小大無疑。猛卒，其子皮謀反。堅讓曰：『丞相臨終，以十具牛為田，不聞與子求位。知子莫若父，何斯言之驗也。』赦而不誅。

宋・李昉等《太平御覽》卷八《天部八・雲》 車頻《秦書》曰：苻堅時有黄雲五色，時以為瑞，賜民酺五日。

又 卷九《天部九・風》 《前秦録》曰：術士蓋欽，苻堅召至長安，因宴會，以其惑衆，將誅之。酒酣，將執欽，欽化為旋風飛去。

《前秦録》曰：沙公，西域沙門也。有秘術，每旱，苻堅常使咒龍，龍便下鉢中，天輒大雨。

又 卷三七《地部二・塵》 崔鴻《十六國春秋・前秦録》曰：慕容沖叛，苻堅遣平原公暉討之。沖乃令婦人各將一囊盛塵，皆令騎牛，服文采衣，執持長槊於陳後。沖晨攻暉，兵刃交接，昌言班隊何在，於是奔競而進，皆毀囊揚塵，埃霧連天，莫測多少，暉衆大潰。

又 卷三九《地部四・嵩山》 崔鴻《十六國春秋・前秦録》曰：王猛至深山，見一老父據胡床，須鬢皓然。猛進，拜，老父曰：『王公何因拜也？』遣人送猛出山，顧視，乃嵩高山也。

又 卷四四《地部九・關中蜀漢諸山・五將山》 崔鴻《十六國春秋》云：苻堅為慕容沖所逼，長安城中有書曰：帝出五將，久長得免是。又謡曰：堅入五將長得。堅大信之，率騎數百出五將，宣告州郡，期以孟冬救長安。堅至五將山，姚萇遣將軍吴忠圍堅，衆奔散，忠執堅以歸新平。即此山也。

又 卷五七《地部二十二・原》 崔鴻《前秦録》曰：丞相苻雄，與桓温戰白鹿原，晉師敗績。

又曰：苻健攻張琚於宜秋，還登石安原而歎曰：『美哉，斯原也！』悵然有終焉之意。

又曰：晉梁州刺史司馬勳率步騎三萬，自漢中入秦川，苻健拒之五丈原，勳敗還。

又 卷六九《地部三十四・澗》 《異苑》曰：苻堅為慕容沖所襲，堅馳騧馬墮而落澗，追兵幾及，計無由出，馬即踟躕臨澗，垂鞚與堅，堅不能及，馬又跪授焉，堅攀之得登岸而走。又見卷八九七《獸部九・馬五》

又 卷七五《地部四十・瀆》 崔鴻《十六國春秋・前秦録》曰：建元十二年，堅以關中水旱不時，議依鄭白故事，發王侯以下及豪强富民僮隸三萬人，開涇水上源，鑿山起堤，通渠引瀆以溉田，民賴其利。

又 卷一六四《州郡部十・關西道・同州》 《十六國春秋》曰：苻健時，河渭溢，蒲津監寇登得一履於河中，長七尺。健歎曰：『復載之內，何所不有！』

又 《邠州》 《十六國春秋》曰：苻堅時，新平人王雕陳圖讖，王猛以為左道惑衆，勸堅誅之。雕臨刑上疏曰：『臣師劉湛明於圖記，謂臣曰：「新平應出帝王寶器。」願陛下志之。』後果獲玉器焉。

又 卷二三六《職官部三十四・國子祭酒》 崔鴻《十六國春秋・前秦録》曰：建元七年，高平蘇通、長樂劉祥並以碩學耆儒，尤精二禮。堅以通為《禮記》祭酒，居於東庠；祥為《儀禮》祭酒，處於西亭。堅每月朔旦率百僚親臨講論。

又 卷二三九《職官部三十七・四安將軍・冠軍將軍》 車頻《秦書》曰：苻堅與苻健西入關。堅時年十二，未有軍號，健夢有天神遣使者，朱衣武冠，拜堅為龍驤將軍。後加此官，以應神夢。

又 卷二五〇《職官部四十八・司隸校尉》 崔鴻《十六國春秋・前秦録》曰：王猛望燕師之衆，惡之，謂鄧羌曰：『今日之事非將軍莫可以捷也，成敗之機在斯一舉，將軍其勉之！』羌曰：『若以司隸見與者，公無以為憂。』

又 卷二八六《兵部十七・機略五》 《十六國春秋》曰：前秦苻堅陷襄陽，晉將桓沖攻之。堅將慕容垂等率步騎五萬救襄陽，以石越為前鋒，次於沔水。垂、越夜命三軍人持火炬於樹枝，光照數里，沖懼，退還。

又 卷三〇九《兵部四十・戰中》 崔鴻《十六國春秋》曰：前秦苻堅遣將呂光領兵伐龜茲。光軍其城南五里為營，深溝高壘，廣設疑兵，以木為人，被之以甲，羅之壘上。龜茲王帛純嬰城自守，乃傾國財寶，請諸國來救。温宿、尉頭等國王，合七十餘萬衆以救之。胡便弓馬，善矛槊，鎧如連鎖，射不可入，衆甚憚之。諸將咸欲每營結陣按兵以拒之。光曰：『彼衆我寡，衆營又相遠，勢分力散，非良策也。』於是遷營相接，陣為勾鎖之法，精騎為遊軍，彌縫其闕，戰於城西，大敗之。純遁走，王侯降者三十餘國。

又 卷三一二《兵部四十三・決戰中》 崔鴻《十六國春秋》曰：前秦苻堅將王猛討前燕慕容暐。暐遣將慕容評屯於潞川以拒之。猛與評相持，遣裨將郭慶以鋭卒五千，夜從間道出評營後，傍山起火，燒其輜重。暐懼，遣使讓評，催之遣戰。猛知評賣水鬻薪，不撫將士，有可乘之會。評又求戰，乃陳于潞原，而誓衆曰：『今與諸君深入賊地，宜各勉進，不可退也。願戮力行間以報恩，願受爵明君之朝，慶觴父母之室，不亦美乎！』衆皆勇奮，破釜棄糧，大呼競進。猛睹評師之衆也，惡之。謂鄧羌曰：『今日之事，非將軍莫可以捷，將軍其勉之。』羌曰：『若以司隸見與者，公無以為憂。』猛曰：『此非吾之所及，必以本郡太守萬户侯相處。』羌不悦而退。俄而，兵交，猛召之，羌寢而弗應。猛馳就許之。羌於是大飲帳中，與張蠔、徐成等跨馬運矛，馳入評軍。出入數四，傍若無人，搴旗斬將，殺傷甚衆。戰及日中，評衆大敗，俘斬五萬。

又 卷三一四《兵部四十五・追奔》 崔鴻《十六國春秋》曰：前秦苻堅自征晉於壽春，敗還長安。慕容泓起兵于華澤，堅將苻睿、竇衝、姚萇討之。苻睿勇果輕敵，不恤士衆。泓聞其至也，懼，率衆將奔關東，睿馳兵邀之。姚萇諫曰：『鮮卑有思歸之心，宜馳令出關，不可遏也。』睿弗從。戰于華澤，睿敗績，被殺。

又 卷三二二《兵部五十三·勝》 蕭方等《三十國春秋》曰：秦王堅下書曰：『吴人敢恃江山，僭稱大號，輕率犬羊，屢窺王境，朕將巡狩省方，登會稽而朝諸侯，復禹績而定九州。今王師所臨，必有征無戰，伐國存主，義同一體。』

又 卷三三四《兵部六十五·輜重》 崔鴻《十六國春秋》曰：前秦苻堅遣將王猛伐前燕慕容暐，師次潞川。燕將慕容評率兵十萬禦之，以持久制之。猛乃遣其將郭度率騎五千，夜從間道起火於高山，因燒評輜重，火見鄴中。評性貪鄙，障固山泉賣樵鬻水積錢，絹如丘陵，三軍莫有鬭志，因而大敗。

又 卷三四六《兵部七十七·刀下》 陶弘景《刀劍録》曰：前秦苻堅甘露四年造一刀，用五千功，銘曰『神術』，隸書。

又 卷三四七《兵部七十八·弓》 《晉中興書》曰：苻健兇暴，露刃張弓，推鉗鋸鑿，殺人之具備置左右。

又 卷三五五《兵部八十六·甲上》 車頻《秦書》曰：苻堅使熊邈造金銀細鏤鎧，金為綫以縲之。

又 卷三五六《兵部八十七·兜鍪》 車頻《秦書》曰：苻登，堅族曾孫。堅死，登自立，皆刻兜鍪作『死休』字示士。以必死為度，故戰所向無前。

崔鴻《前秦録》曰：苻堅末，慕容沖率衆登城，堅身貫甲冑，飛矢滿身。

又 卷三五九《兵部九十·鞭》 崔鴻《前秦録》曰：符堅起教武堂於渭城，命太學生明陰陽兵法教為將士。朱肜諫曰：『虎將之士受教學生，强幹之術，乃弱本之方。夫養將之法，譬之養馬，秣以高櫪，習以戰馭。長鞭策後，金勒制前，折旋規矩，任知進退。』

又曰：符堅引羣臣議代晉。太子左率右越曰：『今歲鎮守鬭，福德在吴，弗可犯。且國有長江之險，朝無昏政之臣，願保境養民，伺其虚隙。』堅曰：『武王伐紂，逆歲犯星。夫差威陵上國，為勾踐所滅。雖有長江，其能固乎？吾之衆投鞭於江，足斷其流。吾當内斷其心矣。』

又曰：符堅時，關中謡曰：『長鞘馬鞭擊左股，太歲南行當避虜。』秦呼鮮卑為白虜。慕容垂起關東，歲在癸未。

又 卷三六〇《人事部一·孕》 車頻《秦書》曰：苻堅母苟氏，浴漳水，經西門豹祠。歸，夜夢若有龍蛇感己，遂懷孕而生堅。

又 卷三六一《人事部二·產》 《三十國春秋》曰：前秦蒲洪父懷歸，為部落小帥，其母姜氏因寤產洪，驚悸而寤。

又 卷三六三《人事部四·形體》 車頻《秦書》曰：苻堅時，四夷賓服，湊集關中四方種人，皆奇貌異色。晉人為之題目，謂胡人為側鼻，東夷為廣面闊額，北狄為匡脚面，南蠻為腫蹄方，方以類名也。

又 卷三六四《人事部五·頭下》 崔鴻《前秦録》曰：東海王苻雄，字玄才，洪之季子，以功拜龍驤將軍，征伐皆有殊績。雄醜形貌，頭大足短，故軍中稱之為『大頭龍驤』。

《秦記》曰：苻堅祖洪見堅狀貌，欲令頭堅腹軟，字之曰『堅頭』。

又 卷三六六《人事部七·目》 崔鴻《十六國春秋·前秦録》曰：苻生驍果粗暴，昏酒無賴，祖洪甚惡之。生無一目，年七歲，洪戲之問侍者曰：『吾聞瞎兒一淚，信乎？』侍者曰：『然』。生怒，引佩刀自刺出血，曰：『此亦一淚也。』洪大驚。

又 卷三七一《人事部十二·背》 車頻《秦書》曰：苻堅生，肩背赤色隱起，狀若篆文『付』，因吻苻氏。

又 卷三七二《人事部十三·足》 《續晉陽秋》曰：習鑿齒以脚病廢於里巷。苻堅滅樊鄧。素聞其名，與釋道安俱輿而致焉。與語大悦。以其蹇疾，裁堪半丁，與諸鎮書曰：『晉氏平吴，利在二陸；今破漢南，得士一人半耳。』

又 卷三七三《人事部一十四·髮》 車頻《秦書》曰：苻堅建玄十八年，新羅國獻美女。國在百濟東，其人多美髮，髮長丈餘。

又 卷三七四《人事部十五·須髯》 《前秦録》曰：苻堅每曰：『自王丞相薨後，鬚髮中白。』

又 卷三七七《人事部十八·長中國人》 裴景仁《秦書》曰：姚萇圍苻堅，遣僕射尹緯詣闕陳事。堅見緯貌魁梧，志氣秀傑，腰帶十圍，瓌偉異常，驚而問曰：『卿於朕世，何為所作？』緯答曰：『尚書令史。』堅笑曰：『卿宰相才也。』

又 卷三八〇《人事部二十一·美婦人上》《十六國春秋》曰：前秦初，苻堅滅燕，慕容沖妹年十四，有殊色，堅納之。

車頻《秦書》曰：苻堅時，新羅獻美女，國在百濟國東。

又 卷三八二《人事部二十三·醜丈夫》《前秦録》曰：苻雄字玄才，趙建武中拜龍驤將軍，貌醜頭大而足短，故軍稱為大頭龍驤。

又曰：徐成純直亮，素為王猛所知，長不滿六尺，醜極當時。

車頻《秦書》曰：苻堅六歲戲于路，司隸徐統見而異焉。而問曰：『苻郎，此官街，小兒戲不畏縛耶？』答曰：『吏縛犯事者，不縛小兒戲。』統語左右曰：『此兒有王霸相。』左右曰：『此兒狀貌甚醜，而君以為相貴異，何也？』曰：『非爾等所知也。』

又 卷三八六《人事部二十七·健》《前秦録》曰：張蠔本姓弓，上黨泫氏人也。膂力過人，能卻曳牛走，張平愛而子之。淫於平妾，知而責之。蠔慚，割陰以自誓，遂為閹人。堅甚寵之，常侍左右，終為名將。所在有殊功，稱鄧羌、張蠔『萬人敵』也。

又 卷三九六《人事部三十七·偶像》車頻《秦書》曰：姚萇吻苻堅神像，戰求其利。軍中士衆出入並驚恐，皆云畏苻主像。萇嚴鼓斬之，以首送苻登。

又 卷四〇〇《人事部四十一·凶夢》《續晉陽秋》曰：苻堅之遣慕容垂，侍中權翼諫不聽。於是翼乃夜私遣壯士，要路而擊之。垂是夜夢行路，路窮，顧見孔子墓傍墳有八。覺而心惡之，召占夢者占之，曰：『行路窮，道盡也，不可行。孔子名丘，八以配丘，此兵字，路必有伏兵。深宜慎之。』於是，垂遂別路而進，翼伏兵遂不擒之。

又 卷四〇四《人事部四十五·師》裴景仁《前秦記》曰：苻堅幸太學，問博士經典。博士盧壼對曰：『周官禮注，未有其師。韋逞母宋傳其父業，得《周官音義》。自非此母，無可授後。』堅於是就宋立講室書堂，生徒百二十人，隔絳紗幔而授業焉。拜宋爵號宣文君，賜侍婢十人。

《異苑》曰：苻堅將欲南師也，夢葵生城內。明以問婦。婦曰：『若征軍遠行出，難為將也。』堅又夢地東南傾，復以問。云：『江左不可平也。君無南行，必敗之應也。』堅不從，卒敗。

又 卷四二八《人事部六十九·正直下》《前秦録》曰：王墮，字安生，京兆霸城人也。博學有雄才，性剛愎，疾惡，雅好直言。疾董榮如仇讎，每朝見之，略不與言，人謂之曰：『董尚書貴幸一時，以宜降意。』墮曰：『何雞狗而令國士與之言乎？』榮聞而慚恨，故說苻生誅之。及刑，榮謂墮曰：『君今復敢不數董龍作雞狗乎？』墮瞋目而叱之。龍，榮之小字也。

又 卷四三六《人事部七十七·勇四》蕭方等《三十國春秋》曰：苻洛雄勇多力，猛氣絶人，坐制奔牛，射洞犁耳。苻堅深憚之。故常為邊守。

又曰：劉陽少驍猛，甚有勇力，手曳牛尾，卻行百步。

又 卷四三九《人事部八十·貞女上》崔鴻《前秦録》曰：苻登妻毛氏，毛興之女也。善騎射，營壘既陷，猶彎弓跨馬率壯士數百與姚萇交戰，殺賊七百餘人，衆寡不敵，爲萇所執。毛有姿色，萇將納之，毛罵曰：『天子皇后，安可為賊羌所辱。』萇殺之。

又 卷四五四《人事部九十五·諫諍四》崔鴻《前秦録》曰：苻堅如鄴，狩於西山，親馳射獸，遊獵旬餘，昏而忘返。伶人王洛叩馬諫曰：『若禍起須臾，變在不測者，其如宗廟何？其如太后何？』堅曰：『善哉！昔文公悟愆于虞人，朕聞罪于王洛，吾過也。』

又 卷四五六《人事部九十七·諫諍六》蕭方等《三十國春秋》曰：秦王苻堅懸珠簾於正殿以朝羣臣，宮宇服御物極珍飾之奇，尚書僉部郎裴玄略諫曰：『願陛下遵采椽之不斫，鄙瓊室而不居。』堅笑曰：『非卿之忠，朕何由聞過乎？』

又 卷四六五《人事部一百六·歌》崔鴻《前秦録》曰：王猛化洽六州，人移風變，百姓歌之曰：『長安大街，夾樹楊槐。下走朱輪，上有鸞棲。英彥雲集，誨我人黎。』

又曰：苻堅時，鳳皇集于東闕，歌之曰：『鳳皇於飛，其羽翼翼；淵哉聖後，享齡萬億。』

又 《謡》崔鴻《前秦録》曰：苻洪母姜氏因寢產洪，驚悖而寤。先是，隴右大霖雨，百姓苦之，謡曰：『雨若不止，洪水必起。』故名之曰洪。

又曰：初，苻生夢大魚食蒲，又長安謠曰：「東海大魚化為龍，男便為王女為公，問在何所洛門東。」海，堅將也，時為龍驤將軍，第在洛門之東。是月，生以謡夢之，故誅侍中魚遵。

又　卷四七四《人事部一百一十五・禮賢》　崔鴻《前秦録》曰：苻堅要結英豪王景略、吕婆、樓强、汪梁平等，皆有王佐之才。堅並傾身禮之，以為股肱羽翼。

又　卷四七七《人事部一百一十八・施恩下》　《秦書》曰：尚書令苻雅為人樂施，乞人填門。嘗曰：「天下物何常吾今日富，後日貧耳？」忽一日不施則意不泰。時人為之語曰：「不為權異富，寧作苻雅貧。」

又　卷四七八《人事部一百一十九・贈遺》　崔鴻《前秦録》曰：慕容沖進逼長安，苻堅遣使送錦袍一遺沖。使者稱有詔：「古人兵交，使在其間。卿遠來草創，得無勞乎！今送一袍，以明本懷，朕於卿恩分如何？而於一朝忽為此變！」

又　卷四八七《人事部一百二十八・哭》　車頻《秦書》曰：苻登率萬人直到姚萇營下，同聲向哭，哀號動地。萇心惡之，與其衆議，亦哭相應。

又　卷四九二《人事部一百三十三・虐》　《晉中興書》曰：苻健凶淫暴虐，露刃張弓，椎鉗鋸鑿，殺人之具備左右。

崔鴻《前秦録》曰：左光禄大夫强平諫苻生曰：「玄正盛旦，日有蝕之，正陽神昏，風災水旱，於時未息，此皆由陛下不勉强於政治，乖和氣所致也。」生怒，以為妖言，鑿其頂而殺之。

又　卷四九七《人事部一百三十八・酣醉》　崔鴻《前秦録》曰：建武十四年，堅宴羣臣於釣臺，以秘書監朱肜為酒正，堅曰：「今日之飲，當以落池為限。」

又　卷五〇〇《人事部一百四十一・奴婢》　崔鴻《十六國春秋・前秦録》曰：慕容沖進逼長安，堅登城觀之，歎曰：「此虜何從出也，其强若斯！」大言責沖曰：「爾輩羣奴，正可牧牛羊，何為送死？」沖曰：「奴則奴矣。既厭奴苦，復欲取爾見代。」

又　卷五七〇《樂部八・歌一》　崔鴻《十六國春秋》曰：初，苻堅二十五年滅慕容，沖姊清河公主年十四，有姝色，堅納之，寵冠後庭。沖時年十二，亦有龍陽之美，堅又幸之。姊弟專寵，宫人莫進。長安中歌之曰：「一雌與一雄，雙飛入紫宫。」咸懼為亂，王猛切諫，乃出沖。沖卒為堅賊。

又　卷五七七《樂部十五・琴上》　《前秦録》曰：苻堅末年好色，寵倖鮮卑。有趙整者援琴歌曰：「昔聞盟津河，千里作一曲。此水本清白，是誰亂使濁。」

又　卷五八七《文部三・賦》　《前秦録》曰：苻堅宴羣臣於逍遥園，將軍講武，文官賦詩。有洛陽年少者，長不滿四尺而聰博善屬文，因朱肜上《逍遥戲馬賦》一篇，堅覽而奇之，曰：「此文綺藻清麗，長卿儔也。」

又　卷六四五《刑法部十一・轘》　《前秦録》曰：有司奏，人有盜其母之錢而逃者，請投之四裔。太后聞而怒曰：「三千之罪，莫大於不孝，當棄之市朝，奈何投之方外乎？方外豈有無父母之鄉乎？」，於是轘而煞之。

又　卷六九八《服章部十五・屐》　《秦記》曰：符健皇始四年，新平縣有長人見，語民張靖曰：「符氏應天授命，當太平。」健以為妖妄，下靖獄。是月，河渭浦津阪監寇登於河中得隻屐，長七尺三寸，稱履，五指長尺餘，指尺深寸。登以獻健，因赦靖。

又　卷六九九《服用部一・幔》　《秦記》曰：苻堅以太常韋逞母宋傳其父業，得《周官音義》，乃就家立講堂。書生百人，隔紗幔而授業焉。

又　卷七四〇《疾病部三・秃》　《秦書》曰：苻堅徵隱士張臣和至長安，堅賜以衣冠，和辭曰：「年老頭秃，不可加冠。」野服而入，既見，求歸矣。

又　卷七四四《工藝部一・射上》　《前秦録》曰：苻琳，字永瑶，堅之第五子也，有文武才藝，引弓五百斤，射洞犁耳。至於山水文詠，皆綺秀清麗。

又　卷七五六《器物部一・器皿》　車頻《秦書》曰：苻堅建元十

八年，新平縣民耕地獲玉器。初有金雕者，頗知圖記。王猛以為左道，勸堅誅之。雕臨死，表堅曰：『新平地，古顓頊墟。其故有《白雞問記》，言此裏應出古帝王寶。』至是果得之。

又 卷七八一《四夷部二・東夷二・新羅》 （《秦書》）又曰：符堅時，新羅國王樓寒遣使衛頭朝貢。堅曰：『卿言海東之事，與古不同，何也？』答曰：『亦猶中國，時代變革，名號改易。』

又 卷八二八《資產部八・賣買》 車頻《秦書》曰：王猛攻鄴，慕容評拒猛，而恒賣水與軍人，衆思為亂，猛因得敗之。

又 卷八三八《百穀部二・麥》 《前秦録》曰：初，符健聞桓温之來伐也，芟麥以待之。故温掠無所得，軍人大饑。

又曰：新羅王遣使貢其方物，在百濟東，去長安九千八百里，其人食麥。

又 卷八四二《百穀部六・黍》 崔鴻《十六國春秋・前秦録》曰：符堅宴羣臣於釣臺，秘書侍郎趙整以堅頗好酒，因為《酒德》之歌，曰：『獲黍西秦，采菱東齊。春封夏發，鼻納心迷。』

又 卷八七四《咎徵部一・天鳴》 《十六國春秋》曰：前秦符堅建元十四年，天鼓鳴。至二十年，堅為姚萇所殺。

又 卷八七六《咎徵部三・風》 （《十六國春秋》）又曰：符堅建元十八年三月，大風吹壞長安西門，拔宮中大樹倒根於上。至二十一年，堅為姚萇所殺。

又 《冬雷》 《十六國春秋》曰：前秦符登攻姚萇。冬，大雷姚萇營，殺七人。萇軍大敗。

又 卷八七九《咎徵部六・陰》 崔鴻《十六國春秋》曰：前秦符堅時，久陰不雨。俄為姚萇廢而殺之。

又 《晝昏》 崔鴻《十六國春秋》曰：前秦符堅時，大風從西來，俄而晦瞑，恒星皆見。後為謝石所敗。

又 卷八八〇《咎徵部七・地震》 《十六國春秋》曰：前秦符堅時，秦、雍二州地震裂，泉湧。長安大風震電，壞屋殺人。堅懼而愈修德召可。俄而符雙等伐長安，尋為戰敗。

又 《地陷》 《十六國春秋》曰：前秦符堅末年，洛陽地陷。堅後伐晉敗焉。

又 卷八八三《神鬼部三・鬼上》 《晉陽春秋》曰：符堅未敗，長安市鬼夜哭，一月止。

又 卷九一五《羽族部二・鳳》 崔鴻《十六國春秋・前秦録》曰：永興三年九月，鳳皇集翔于東闕，民因歌之曰：『鳳皇於飛，其羽翼翼。淵哉聖後，其齡萬億！』

又 卷九一六《羽族部三・鸞》 車頻《秦書》曰：符堅時，關隴人安，百姓豐樂。民歌曰：『長安大街，兩邊種槐。下走朱輪，上有鸞棲。』

宋・李昉等《太平廣記》卷二七六《夢一・苻堅》 苻堅將欲南伐，夢滿城出菜，又地東南傾。其占曰：『菜多，難為醬也。東南傾，江左不得平也。』出《夢書》

宋・孫逢吉《職官分紀》卷三七《司隸校尉》注 崔鴻《十六國春秋・前秦録》：王猛望燕師之衆，惡之，謂鄧羌曰：『今日之事，非將軍莫可以捷也。成敗之機，在斯一舉，將軍勉之。』羌曰：『若以司隸見與者，公無以為憂。』

後秦興亡

綜　述

《晉書》卷一一六《姚弋仲姚襄姚萇載記》 姚弋仲，南安赤亭羌人也。其先有虞氏之苗裔。禹封舜少子於西戎，世為羌酋。其後燒當雄於洮、罕之間，七世孫填虞，漢中元末寇擾西州，為楊虛侯馬武所敗，徙出塞。虞九世孫遷那率種人內附，漢朝嘉之，假冠軍將軍、西羌校尉、歸順王，處之于南安之赤亭。那玄孫柯回為魏鎮西將軍、綏戎校尉、西羌都督。回生弋仲，少英毅，不營產業，唯以收恤為務，衆皆畏而親之。永嘉之亂，東徙榆眉，戎夏繈負隨之者數萬，自稱護西羌校尉、雍州刺史、扶風公。

劉曜之平陳安也，以弋仲為平西將軍，封平襄公，邑之於隴上。及石季龍克上邽，弋仲說之曰：『明公握兵十萬，功高一時，正是行權立策之日。隴上多豪，秦風猛勁，道隆後服，道洿先叛，宜徙隴上豪强，虚其心腹，以實畿甸。』季龍納之，啓勒以弋仲行安西將軍、六夷左都督。後晉豫州刺史祖約奔於勒，勒禮待之，弋仲上疏曰：『祖約殘賊晉朝，逼殺太后，不忠於主，而陛下寵之，臣恐姦亂之萌，此其始矣。』勒善之，後竟誅約。

勒既死，季龍執權，思弋仲之言，遂徙秦、雍豪傑于關東。弋仲率部衆數萬遷於清河，拜奮武將軍、西羌大都督，封襄平縣公。及季龍廢石弘自立，弋仲稱疾不賀。季龍累召之，乃赴，正色謂季龍曰：『奈何把臂受託而反奪之乎！』季龍憚其强正而不之責。遷持節、十郡六夷大都督、冠軍大將軍。性清儉鯁直，不修威儀，屢獻讜言，無所迴避，季龍甚重之。朝之大議，靡不參決，公卿亦憚而推下之。武城左尉，季龍寵姬之弟也，曾擾其部，弋仲執尉，數以迫脅之狀，命左右斬之。尉叩頭流血，左右諫，乃止。其剛直不回，皆此類也。

季龍末，梁犢敗李農于滎陽，季龍大懼，馳召弋仲。弋仲率其部衆八千餘人屯於南郊，輕騎至鄴。時季龍病，不時見弋仲，引入領軍省，賜其所食之食。弋仲怒不食，曰：『召我擊賊，豈來覓食邪！我不知上存亡，若一見，雖死無恨。』左右言之，乃引見。弋仲數季龍曰：『兒死來愁邪？乃至於疾！兒小時不能使好人輔相，至令相殺。兒自有過，責其下人太甚，故反耳。汝病久，所立兒小，若不差，天下必亂。當宜憂此，不煩憂賊也。犢等因思歸之心，共為姦盜，所行殘賊，此成擒耳。老羌請效死前鋒，使一舉而了。』弋仲性狷直，俗無尊卑皆汝之，季龍恕而不責，於坐授使持節、侍中、征西大將軍，賜以鎧馬。弋仲曰：『汝看老羌堪破賊以不？』於是貫鉀跨馬於庭中，策馬南馳，不辭而出，遂滅梁犢。以功加劍履上殿，入朝不趨，進封西平郡公。

冉閔之亂，弋仲率衆討閔，次於混橋。石祗僭號于襄國，以弋仲為右丞相，待以殊禮。祗與閔相攻，弋仲遣其子襄救祗，戒襄曰：『汝才十倍于閔，若不梟擒，不須復見我也。』襄擊閔于常盧澤，大破之而歸。弋仲怒襄之不擒閔也，杖之一百。

弋仲部曲馬何羅博學有文才，張豺之輔石世也，背弋仲歸豺，豺以為尚書郎。豺敗，復歸，咸勸殺之。弋仲曰：『今正是招才納奇之日，當收其力用，不足害也。』以為參軍。其寬恕如此。

弋仲有子四十二人，常戒諸子曰：『吾本以晉室大亂，石氏待吾厚，故欲討其賊臣以報其德。今石氏已滅，中原無主，自古以來未有戎狄作天子者。我死，汝便歸晉，當竭盡臣節，無為不義之事。』乃遣使請降。永和七年，拜弋仲使持節、六夷大都督、都督江、淮諸軍事、車騎大將軍、儀同三司、大單于，封高陵郡公。八年，卒，時年七十三。

子襄之入關也，為苻生所敗，弋仲之柩為生所得，生以王禮葬之于天水冀縣。萇僭位，追謚曰景元皇帝，廟號始祖，墓曰高陵，置園邑五百家。

襄字景國，弋仲之第五子也。年十七，身長八尺五寸，臂垂過膝，雄武多才藝，明察善撫納，士衆愛敬之，咸請為嗣。弋仲弗許，百姓固請者日有千數，乃授之以兵。石祗僭號，以襄為使持節、驃騎將軍、護烏丸校尉、豫州刺史、新昌公。晉遣使拜襄持節、平北將軍、并州刺史、即丘縣公。

弋仲死，襄秘不發喪，率户六萬南攻陽平、元城、發幹，皆破之，殺掠三千餘家，屯於碻磝津。以太原王亮為長史，天水尹赤為司馬，略陽伏子成為左部帥，南安斂岐為右部帥，略陽黑那為前部帥，强白為後部帥，太原薛贊、略陽王權翼為參軍。南至滎陽，始發喪行服。與高昌、李歷戰于麻田，馬中流矢死，賴其弟萇以免。晉處襄於譙城，遣五弟為任，單騎度淮，見豫州刺史謝尚于壽春。尚命去仗衛，幅巾以待之，一面交款，便若平生。

襄少有高名，雄武冠世，好學博通，雅善談論，英濟之稱著于南夏。中軍將軍、揚州刺史殷浩憚其威名，乃因襄諸弟，頻遣刺客殺襄，刺客皆推誠告實，襄待之若舊。浩潛遣將軍魏憬率五千餘人襲襄，襄乃斬憬而並其衆。浩愈惡之，乃使將軍劉啓守譙，遷襄于梁國蠡臺，表授梁國内史。襄遣權翼詣浩，浩曰：『姚平北每舉動自由，豈所望也。』翼曰：『將軍輕納姦言，自生疑貳，愚謂猜嫌之由，不在於彼。』浩曰：『姚君縱放小人，盜竊吾馬，王臣之體固若是乎？』翼曰：『將軍謂姚平北以威武自强，終為難保，校兵練衆，將懲不恪，取馬者欲以自衛耳。』浩曰：『何至是也。』浩遣謝萬討襄，襄逆擊破之。浩甚怒，會聞關中有變，浩率衆北伐，襄乃要擊浩于山桑，大敗之，斬獲萬計，收其資仗。使兄益守山桑壘，復如淮南。浩遣劉啓、王彬之伐山桑，襄自淮南擊滅之，鼓行濟淮，屯於盱眙，招掠流人，衆至七萬，分置守宰，勸課農桑，遣使建鄴，罪狀殷浩，並自陳謝。

流人郭斁等千餘人執晉堂邑內史劉仕降於襄，朝廷大震，以吏部尚書周閔為中軍將軍，緣江備守。襄將佐部衆皆北人，咸勸襄北還。襄方軌北引，自稱大將軍、大單于，進攻外黃，為晉邊將所敗。襄收散卒而勤撫恤之，於是復振。乃據許昌，將如河東以圖關右，自許遂攻洛陽，逾月不克。其長史王亮諫襄曰：『公英略蓋天下，士衆思效力命，不可損威勞衆，守此孤城。宜還河北，以弘遠略。』襄曰：『洛陽雖小，山河四塞之固，亦是用武之地。吾欲先據洛陽，然後開建大業。』俄而亮卒，襄哭之甚慟，曰：『天將不欲成吾事乎？王亮捨我去也！』

晉征西大將軍桓温自江陵伐襄，戰于伊水北，為温所敗，率麾下數千騎奔於北山。其夜，百姓棄妻子隨襄者五千餘人，屯據陽鄉，赴者又四千餘户。襄前後敗喪數矣，衆知襄所在，輒扶老攜幼賓士而赴之。時或傳襄創重不濟，温軍所得士女莫不北望揮涕。其得物情如此。先是，弘農楊亮歸襄，襄待以客禮。後奔桓温，温問襄於亮，亮曰：『神明器宇，孫策之儔，而雄武過之。』其見重如是。

襄尋徙北屈，將圖關中，進屯杏城，遣其從兄輔國姚蘭略地鄜城，使其兄益及將軍王欽盧招集北地戎夏，歸附者五萬餘户。苻生遣其將苻飛拒戰，蘭敗，為飛所執。襄率衆西引，生又遣苻堅、鄧羌等要之。襄將戰，沙門智通固諫襄，宜厲兵收衆，更思後舉。襄曰：『二雄不俱立，冀天不棄德以濟黎元，吾計決矣。』會羌師來逼，襄怒，遂長驅而進，戰于三原。襄敗，為堅所殺，時年二十七，是歲晉升平元年也。苻生以公禮葬之。萇僭號，追謚魏武王，封襄孫延定為東城侯。

萇字景茂，弋仲第二十四子也。少聰哲，多權略，廓落任率，不修行業，諸兄皆奇之。隨襄征伐，每參大謀。襄之寇洛陽也，夢萇服衮衣，升御坐，諸酋長皆侍立，旦謂將佐曰：『吾夢如此，此兒志度不恒，或能大起吾族。』襄之敗于麻田也，馬中流矢死，萇下馬以授襄，襄曰：『汝何以自免？』萇曰：『但令兄濟，豎子安敢害萇！』會救至，俱免。

及襄死，萇率諸弟降于苻生。苻堅以萇為揚武將軍。歷左衛將軍，隴東、汲郡、河東、武都、武威、巴西、扶風太守，寧、幽、兗三州刺史，復為揚武將軍，步兵校尉，封益都侯。為堅將，累有大功。

初，萇隨楊安伐蜀，嘗晝寢水旁，上有神光煥然，左右咸異之。及苻堅寇晉，以萇為龍驤將軍、督益、梁州諸軍事，謂萇曰：『朕本以龍驤建業，龍驤之號未曾假人，今特以相授，山南之事一以委卿。』堅左將軍竇衝進曰：『王者無戲言，此將不祥之徵也，惟陛下察之。』堅默然。

堅既敗於淮南，歸長安，慕容泓起兵叛堅。堅遣子叡討之，以萇為司馬。為泓所敗，叡死之。萇遣龍驤長史趙都詣堅謝罪，堅怒，殺之。萇懼，奔於渭北，遂如馬牧。西州豪族尹詳、趙曜、王欽盧、王欽盧、牛雙、狄廣、張乾等率五萬餘家，咸推萇為盟主。萇將距之，天水尹緯說萇曰：『今百六之數既臻，秦亡之兆已見，以將軍威靈命世，必能匡濟時艱，故豪傑驅馳，咸同推仰。明公宜降心從議，以副羣望，不可坐觀沈溺而不拯救之。』萇乃從緯謀，以太元九年自稱大將軍、大單于、萬年秦王，大赦境內，年號白雀，稱制行事。以天水尹詳、南安龐演為左右長史，南安姚晃、尹緯為左右司馬，天水狄伯支、焦虔、梁希、龐魏、任謙為從事中郎，姜訓、閻遵為掾屬，王據、焦世、蔣秀、尹延年、牛雙、張乾為參軍，王欽盧、姚方成、王破虜、楊難、尹嵩、裴騎、趙曜、狄廣、黨刪等為帥。

時慕容沖與苻堅相攻，衆甚盛。萇將西上，恐沖遏之，乃遣使通和，以子崇為質於沖，進屯北地，厲兵積粟，以觀時變。苻堅先徙晉人李祥等數千户于敷陸，至是，降於萇，北地、新平、安定羌胡降者十餘萬户。堅率諸將攻之，不能克。

萇聞容慕沖攻長安，議進趨之計，羣下咸曰：『宜先據咸陽以制天下。』萇曰：『燕因懷舊之士而起兵，若功成事捷，咸有東歸之思，安能久固秦川！吾欲移兵嶺北，廣收資實，須秦弊燕回，然後垂拱取之。兵不血刃，坐定天下，此卞莊得二之義也。』堅寧朔將軍宋方率騎三千從雲中將赴長安，萇自貳縣要破之，方單馬奔免，其司馬田晃率衆降萇。萇遣諸將攻新平，克之，因略地至安定，嶺北諸城盡降之。

時苻堅為慕容沖所逼，走入五將山。沖入長安。堅司隸校尉權翼、尚書趙遷、大鴻臚皇甫覆、光祿大夫薛贊、扶風太守段鏗等文武數百人奔於萇。萇遣驍騎將軍吳忠率騎圍堅，萇如新平。俄而忠執堅，送之。

慕容沖遣其車騎大將軍高蓋率衆五萬來伐，戰于新平南，大破之，蓋率麾下數千人來降，拜散騎常侍。

沖既率衆東下，長安空虛。盧水郝奴稱帝于長安，渭北盡應之。扶風王驎有衆數千，保據馬嵬。奴遣弟多攻驎。萇伐驎，破之，驎走漢中。執多而進攻奴，降之。

以太元十一年萇僭即皇帝位於長安，大赦，改元曰建初，國號大秦，改長安曰常安。立妻虵氏為皇后，子興為皇太子，置百官。自謂以火德承苻氏木行，服色如漢氏承周故事。徙安定五千餘户于長安。以弟征虜緒為司隸校尉，鎮長安。

萇如安定，擊平涼胡金熙、鮮卑没奕於，大破之。遂如秦州，與苻堅秦州刺史王統相持，天水屠各、略陽羌胡應萇者二萬餘户，統懼，乃降。因饗將士於上邽，南安人古成詵進曰：『臣州人殷地險，儁傑如林，用武之國也。王秦州不能收拔賢才，三分鼎足，而坐玩珠玉，以至於此。陛下宜散秦州金帛以施六軍，旌賢表善以副鄙州之望。』萇善之，擢為尚書郎。拜弟碩德都督隴右諸軍事、征西將軍、秦州刺史，領護東羌校尉，鎮上邽。

萇還安定，修德政，布惠化，省非急之費，以救時弊，閭閻之士有豪介之善者，皆顯異之。

萇復如秦州，為苻登所敗，語在《登傳》。以其太子興鎮長安，而與登相距。登馮翊太守蘭櫝與苻師奴離貳，慕容永攻之，櫝遣使請救。萇將赴救，尚書令姚旻、左僕射尹緯等言於萇曰：『苻登近在瓦亭，陛下未宜輕舉。』萇曰：『登遲重少決，每失時機，聞吾自行，正當廣集兵資，必不能輕軍深入。兩月之間，足可克此三豎，吾事必矣。』遂師次於渥源。師奴率衆來距，大戰，敗之，盡俘其衆。又擒蘭櫝，收其士馬。萇乃掘苻堅屍，鞭撻無數，裸剥衣裳，薦之以棘，坎土而埋之。慕容永征西將軍王宣率衆降萇。

初，關西雄傑以苻氏既終，萇雄略命世，天下之事可一旦而定。萇既與苻登相持積年，數為登所敗，遠近咸懷去就之計，唯征虜齊難、冠軍徐洛生、輔國劉郭單、冠威彌姐婆觸、龍驤趙惡地、鎮北梁國兒等守忠不貳，並留子弟守營，供繼軍糧，身將精卒，隨萇征伐。時諸營既多，故號萇軍為大營，大營之號自此始也。時天大雪，萇下書深自責罰，散後宮文綺珍寶以供戎事，身食一味，妻不重彩。將帥死王事者，加秩二等，士卒戰没，皆有褒贈。立太學，禮先賢之後。

敦煌索盧曜請刺苻登，萇曰：『卿以身徇難，將為誰乎？』曜曰：『臣死之後，深以友人隴西辛暹仰托。』萇遣之。事發，為登所殺，萇以暹為騎都尉。

登進逼安定，諸將勸萇決戰，萇曰：『與窮寇競勝，兵家之下。吾將以計取之。』於是留其尚書令姚旻守安定，夜襲登輜重於大界，克之。諸將或欲因登駭亂擊之，萇曰：『登衆雖亂，怒氣猶盛，未可輕也。』遂止。萇以安定地狹，且逼苻登，使姚碩德鎮安定，徙安定千餘家安于陰密，遣弟征南靖鎮之。

立社稷于長安。百姓年七十有德行者，拜為中大夫，歲賜牛酒。

尹緯、姚晃謂古成詵曰：『苻登窮寇，歷年未滅，姦雄鴟峙，所在糾扇，夷夏皆貳，將若之何？』詵曰：『主上權略無方，信賞必罰，賢能之士，咸懷樂推，豈慮大業不成，氐賊不滅乎！』緯曰：『登窮寇未滅，姦雄所在扇合，吾等寧無懼乎？』詵曰：『三秦天府之國，主上十分已有其八。今所在可慮者，苻登、楊定、雷惡地耳，自餘瑣瑣，焉足論哉！然惡地地狹衆寡，不足為憂。苻登藉烏合犬羊，偷存假息，料其智勇，非至尊之匹。霸王之起，必有驅除，然後克定大業。昔漢、魏之興也，皆十有餘年，乃能一同於海內，五六年間未為久也。主上神略内明，英武外發，可謂無敵於天下耳，取登有餘力。願布德行仁，招賢納士，厲兵秣馬，以候天機。如其鴻業不成者，詵請腰斬以謝明公。』緯言之於萇，萇大悦，賜詵爵關内侯。

雷惡地率衆降萇，拜為鎮東將軍。魏褐飛自稱大將軍、沖天王，率氐胡數萬人攻安北姚當城於杏城，雷惡地應之，攻鎮東姚漢得于李潤。萇議將討之，羣臣咸曰：『陛下不憂六十里苻登，乃憂六百里褐飛？』萇曰：『登非可卒殄，吾城亦非登所能卒圖。惡地多智，非常人也。南引褐飛，東結董成，甘言美說以成姦謀，若得杏城、李潤，惡地據之，控制遠近，相為羽翼，長安東北非復吾有。』於是潛軍赴之。萇時衆不滿二千，褐飛、惡地衆至數萬，氐胡赴之者首尾不絕。萇每見一軍至，輒有喜色。羣下怪而問之，萇曰：『今同惡相濟，皆來會集，吾得乘勝席捲，一舉而覆其巢穴，東北無復餘也。』褐飛等以萇兵少，盡衆來攻。萇固壘不戰，示之以弱，潛遣子崇率騎數百，出其不意，以乘其後。褐飛兵擾亂，萇遣鎮遠王超、平遠譚亮率步騎擊之，褐飛衆大潰，斬褐飛及首級萬餘。惡地請降，萇待之如初。惡地每謂人曰：『吾自言智勇所施，足為一時之傑。校數諸雄，如吾之徒，皆應跨據一方，獸嘯千里。遇姚公智力摧屈，是吾分也。』惡地猛毅清肅，不可幹以非義，嶺北諸豪皆敬憚之。

萇命其將當城于營處一柵孔中蒔樹一根，以旌戰功。歲餘，問之，城曰：『營所至小，已廣之矣。』萇曰：『少來鬬戰無如此快，以千六百人破三萬衆，國之事業，由此克舉。小乃為奇，大何足貴！』

貳城胡曹寅、王達獻馬三千匹。以寅為鎮北將軍、并州刺史，達鎮遠將軍、金城太守。

萇性簡率，羣下有過，或面加罵辱。太常權翼言於萇曰：『陛下弘達自任，不修小節，駕馭羣雄，苞羅儁異，棄嫌録善，有高祖之量。然輕慢之風，所宜除也。』萇曰：『吾之性也。吾於舜之美，未有片焉；漢祖之短，已收其一。若不聞讜言，安知過也！』

南羌竇鴦率户五千來降，拜安西將軍。

萇下書，有復私仇者，皆誅之。將吏亡滅者，各隨所親以立後，振給長育之。

鎮東苟曜據逆萬堡，密引苻登。萇與登戰，敗于馬頭原，收衆復戰。姚碩德謂諸將曰：『上慎于輕戰，每欲以計取之。今戰既失利，而更逼賊者，必有由也。』萇聞而謂碩德曰：『登用兵遲緩，不識虛實，今輕兵直進，逕據吾東，必苟曜豎子與之連結也。事久變成，其禍難測。所以速戰者，欲使豎子謀之未就，好之未深，散敗其事耳。』進戰，大敗之，登退屯於郿。登將金槌以新平降萇，萇輕將數百騎入槌營。羣下諫之，萇曰：『槌既去苻登，復欲圖我，將安所歸！且懷德初附，推款委質，吾復以不信待之，何以御物乎！』羣氐果有異謀，槌不從而止。

萇如陰密攻登，敕其太子興曰：『苟曜好姦變，將為國害，聞吾還北，必來見汝，汝便執之。』苟曜果見興于長安，興遣尹緯讓而誅之。

萇大敗登于安定東，置酒高會，諸將咸曰：『若值魏武王，不令此賊至今，陛下將牢太過耳。』萇笑曰：『吾不如亡兄有四：身長八尺五寸，臂垂過膝，人望而畏之，一也；當十萬之衆，與天下爭衡，望麾而進，前無橫陣，二也；溫古知今，講論道藝，駕馭英雄，收羅儁異，三也；董率大衆，履險若夷，上下咸允，人盡死力，四也。所以得建立功業，策任羣賢者，正望算略中一片耳。』羣臣咸稱萬歲。

萇下書令留臺諸鎮各置學官，勿有所廢，考試優劣，隨才擢敘。苻登驃騎將軍没奕于率户六千降，拜使持節、車騎將軍、高平公。

萇寢疾，遣姚碩德鎮李潤，尹緯守長安，召其太子興詣行營。征南姚方成言於興曰：『今寇賊未滅，上復寢疾，王統、苻胤等皆有部曲，終為人害，宜盡除之。』興於是誅苻胤、王統、王廣、徐成、毛盛，乃赴召。興至，萇怒曰：『王統兄弟是吾州里，無他遠志，徐成等昔在秦朝，並為名將。天下小定，吾方任之，奈何輒便誅害，令人喪氣！』

萇下書，兵吏從征伐，户在大營者，世世復其家，無所豫。

苻登與竇衝相持，萇議擊之，尹緯言於萇曰：『太子純厚之稱，著于遐邇，將領英略，未為遠近所知。宜遣太子親行，可以漸廣威武，防窺窬之原。』萇從之，戒興曰：『賊徒知汝轉近，必相驅入堡，聚而掩之，無不克矣。』比至胡空堡，沖圍自解。登聞興向胡空堡，引還，興因襲平涼，大獲而歸，咸如萇策。使興還鎮長安。

萇下書除妖謗之言及赦前姦穢，有相劾舉者，皆以其罪罪之。

晉平遠將軍、護氐校尉楊佛嵩率胡蜀三千餘户降于萇，晉將楊佺期、趙睦追之。遣姚崇赴救，大敗晉師，斬趙睦。以佛嵩為鎮東將軍。

萇如長安，至於新支堡，疾篤，輿疾而進。夢苻堅將天官使者、鬼兵數百突入營中，萇懼，走入宮，宮人迎萇刺鬼，誤中萇陰，鬼相謂曰：『正中死處。』拔矛，出血石餘。寤而驚悸，遂患陰腫，醫刺之，出血如夢。萇遂狂言，或稱『臣萇，殺陛下者兄襄，非臣之罪，願不枉臣。』至長安，召太尉姚旻、尚書左僕射尹緯、右僕射姚晃、尚書狄伯支等入，受遺輔政。萇謂興曰：『有毀此諸人者，慎勿受之。汝撫骨肉以仁，接大臣以禮，待物以信，遇黔首以恩，四者既備，吾無憂矣。』以太元十八年死，時年六十四，在位八年。偽謚武昭皇帝，廟號太祖，墓稱原陵。

又　卷一一七《姚興載記上》　姚興，字子略，萇之長子也。苻堅時為太子舍人。萇之在馬牧，興自長安冒難奔萇，萇立為皇太子。萇出征討，常留統後事。及鎮長安，甚有威惠。與其中舍人梁喜、洗馬范勖等講論經籍，不以兵難廢業，時人咸化之。

萇死，興秘不發喪，以其叔父緒鎮安定，碩德鎮陰密，弟崇守長安。碩德將佐言於碩德曰：『公威名宿重，部曲最强，今喪代之際，朝廷必相猜忌，非永安之道也。宜奔秦州，觀望事勢。』碩德曰：『太子志度寬明，必無疑阻。今苻登未滅而自尋干戈，所謂追二袁之蹤，授首與人。吾死而已，終不若斯。』及至，興優禮而遣之。

興自稱大將軍，以尹緯為長史，狄伯支為司馬，率衆伐苻登。咸陽太守劉忌奴據避世堡以叛，興襲忌奴，擒之。苻登自六陌向廢橋，始平太守姚詳據馬嵬堡以距登。登衆甚盛，興慮詳不能遏，乃自將精騎以迫登，遣尹緯領步卒赴詳。緯用詳計，據廢橋以抗登。登因急攻緯，緯將出戰，興馳遣狄伯支謂緯曰：『兵法不戰而制人者，蓋為此也。苻登窮寇，宜持重，不可輕戰。』緯曰：『先帝登遐，人情擾懼，今不因思奮之力，梟殄逆豎，大事去矣。緯敢以死爭。』遂與登戰，大破之，登衆渴死者十二三；其夜大潰，登奔雍。興乃發喪行服。太元十九年，僭即帝位於槐里，大赦境內，改元曰皇初，遂如安定。

先是，苻登使弟廣守雍，子崇屯胡空堡，聞登敗，各棄守走。登無所投據，遂奔平涼，率其餘衆入馬毛山。興自安定如涇陽，與登戰于山南，斬登。散其部衆，歸復農業。徙陰密三萬户于長安，分大營户為四，置四軍以領之。

安南强熙、鎮遠楊多叛，推竇衝為盟主，所在擾亂。興率諸將討之，軍次武功，多兄子良國殺多而降。沖弟彰武與沖離貳，沖奔强熙。熙聞興將至，率户二千奔秦州。竇衝走汧川，汧川氐仇高執送之。沖從弟統率其衆降於興。

封征虜緒為晉王，征西碩德為隴西王，征南靖等及功臣尹緯、齊難、楊佛嵩等並為公侯，其餘封爵各有差。

鮮卑薛勃於貳城為魏軍所伐，遣使請救，使姚崇赴救。魏師既還，薛勃復叛，崇伐而執之，大收其士馬而還。

興追尊其庶母孫氏為皇太后，配饗太廟。

楊盛保仇池，遣使請命，拜使持節、鎮南將軍、仇池公。鮮卑越質詰歸率户二萬叛乞伏乾歸，降於興，興處之于成紀，拜使持節、鎮西將軍、平襄公。

姚碩德討平涼胡金豹於洛城，克之。初，上邽姜乳據本縣以叛，自稱秦州刺史。碩德進討之，乳率衆降。以碩德為秦州牧，領護東羌校尉，鎮上邽。徵乳為尚書。强熙及略陽豪族權幹城率衆三萬圍上邽，碩德擊破之。熙南奔仇池，遂假道歸晉。碩德西討幹城，幹城降。

興令郡國各歲貢清行孝廉一人。

慕容永既為慕容垂所滅，河東太守柳恭等各阻兵自守，興遣姚緒討之。恭等依河距守，緒不得濟。鎮東薛强先據楊氏壁，引緒從龍門濟河，遂入蒲阪。恭勢屈，請降。徙新平、安定新户六千于蒲阪。

興母虵氏死，興哀毀過禮，不親庶政。羣臣議請依漢、魏故事，既葬即吉。興尚書郎李嵩上疏曰『三王異制，五帝殊禮。孝治天下，先王之高事也，宜遵聖性，以光道訓。既葬之後，應素服臨朝，率先天下，仁孝之舉也。』尹緯駁曰：『帝王喪制，漢、魏為准。嵩矯常越禮，愆於軌度，請付有司，以專擅論。既葬即吉，乞依前議。』興曰：『嵩忠臣孝子，有何咎乎？尹僕射棄先王之典，而欲遵漢、魏之權制，豈所望於朝賢哉！其一依嵩議。』

鮮卑薛勃叛奔嶺北，上郡、貳川雜胡皆應之，遂圍安遠將軍姚詳于金城。遣姚崇、尹緯討之。勃自三交趣金城，崇列營掎之，而租運不繼，三軍大饑。緯言於崇曰：『輔國彌姐高地、建節杜成等皆諸部之豪，位班三品，督運稽留，令三軍乏絕，宜明置刑書，以懲不肅。』遂斬之。諸部大震，租入者五十餘萬。興率步騎二萬親討之，勃懼，棄其衆奔于高平公没奕于，於執而送之。

泫氏男姚買得欲因興葬母虵氏殺興，會有告之者，興未之信，遣李嵩詐往。買得具以告嵩，嵩還，以聞，興乃賜買得死，誅其黨與。

興下書禁百姓造錦繡及淫祀。

興率衆寇湖城，晉弘農太守陶仲山、華山太守董邁皆降於興。遂如陝城，進寇上洛，陷之。遣姚崇寇洛陽，晉河南太守夏侯宗之固守金墉，崇攻之不克，乃陷柏谷，徙流人西河嚴彦、河東裴岐、韓襲等二萬餘户而還。

興下書，令士卒戰亡者守宰所在埋藏之，求其近親為之立後。

武都氐屠飛、啖鐵等殺隴東太守姚回，略三千餘家，據方山以叛。興遣姚紹等討之，斬飛、鐵。遣狄伯支迎流人曹會、牛壽萬餘户於漢中。

興留心政事，苞容廣納，一言之善，咸見禮異。京兆杜瑾、馮翊吉默、始平周寶等上陳時事，皆擢處美官。天水姜龕、東平淳于岐、馮翊郭高等皆耆儒碩德，經明行修，各門徒數百，教授長安，諸生自遠而至者萬數千人。興每於聽政之暇，引龕等於東堂，講論道藝，錯綜名理。涼州胡辯，苻堅之末，東徙洛陽，講授弟子千有餘人，關中後進多赴之請業。興敕關尉曰：『諸生諮訪道藝，修己厲身，往來出入，勿拘常限。』於是學者咸勸，儒風盛焉。給事黄門侍郎古成詵、中書侍郎王尚、尚書郎馬岱等，以文章雅正，參管機密。詵風韻秀舉，確然不羣，每以天下是非為己任。時京兆韋高慕阮籍之為人，居母喪，彈琴飲酒。詵聞而泣曰：『吾當私刃斬之，以崇風教。』遂持劍求高。高懼，逃匿，終身不敢見詵。

興遣將鎮東楊佛嵩攻陷洛陽。

班命郡國，百姓因荒自賣為奴婢者，悉免為良人。興以日月薄蝕，灾眚屢見，降號稱王，下書令羣公卿士將牧守宰各降一等。於是其太尉趙公旻等五十三人上疏諫曰：『伏惟陛下勳格皇天，功濟四海，威靈振於殊域，聲教暨于遐方，雖成湯之隆殷基，武王之崇周業，未足比喻。方當廓靖江、吳，告成中嶽，豈宜過垂沖損，違皇天之眷命乎！』興曰：『殷湯、夏禹德冠百王，然猶順守謙沖，未居崇極，況朕寡昧，安可以處之哉！』乃遣旻告於社稷宗廟，大赦，改元弘始。賜孤獨鰥寡粟帛有差，年七十已上加衣杖。始平太守周班、槐里令李彭皆以黷貨誅，於是郡國肅然矣。洛陽既陷，自淮、漢已北諸城，多請降送任。

興下書聽祖父母昆弟得相容隱。姚緒、姚碩德以興降號，固讓王爵，興弗許。

京兆韋華、譙郡夏侯軌、始平龐眺等率襄陽流人一萬叛晉，奔於興。興引見東堂，謂華曰：『晉自南遷，承平已久，今政化風俗何如？』華曰：『晉主雖有南面之尊，無總御之實，宰輔執政，政出多門，權去公家，遂成習俗，刑網峻急，風俗奢宕。自桓温、謝安已後，未見寬猛之中。』興大悦，拜華中書令。

興如河東。時姚緒鎮河東，興待以家人之禮。下書封其先朝舊臣姚驢硿、趙惡地、王平、馬萬載、黄世等子為五等子男。命百僚舉殊才異行之士，刑政有不便於時者，皆除之。兵部郎金城邊熙上陳軍令煩苛，宜遵簡約。興覽而善之，乃依孫吳誓衆之法以損益之。興立律學于長安，召郡縣散吏以授之。其通明者還之郡縣，論決刑獄。若州郡縣所不能決者，讞之廷尉。興常臨諮議堂聽斷疑獄，于時號無冤滯。

姚緒、姚碩德固讓王爵，許之。緒、碩德威權日盛，興恐姦佞小人沮惑之，乃簡清正君子為之輔佐。

興以司隸校尉郭撫、扶風太守强超、長安令魚佩、槐里令彭明、倉部郎王年等清勤貞白，下書褒美，增撫邑一百户，賜超爵關内侯，佩等進位一級。

使碩德率隴右諸軍伐乞伏乾歸，興潛軍赴之，乾歸敗走，降其部衆三萬六千，收鎧馬六萬匹。軍無私掠，百姓懷之。興進如枹罕，班賜王公以下，遍于卒伍。

興之西也，没奕於密欲乘虚襲安定，長史皇甫序切諫乃止。于自恨失言，陰欲殺序。

乞伏乾歸以窮蹙來降，拜鎮遠將軍、河州刺史、歸義侯，復以其部衆配之。

興下書，將帥遭大喪，非在疆埸險要之所，皆聽奔赴，及期，乃從王役。臨戎遭喪，聽假百日。若身為邊將，家有大變，交代未至，敢輒去者，以擅去官罪罪之。遣晉將軍劉嵩等二百三十七人歸於建鄴。

魏人襲没奕于，於棄其部衆，率數千騎與赫連勃勃奔于秦州。魏軍進次瓦亭，長安大震，諸城閉門固守。魏平陽太守貳塵入侵河東。興於是練兵講武，大閲於城西，於勇壯異者召入殿中。引見羣臣於東堂，大議伐魏。羣臣咸諫以為不可，興不從。司隸姚顯進曰：『陛下天下之鎮，不宜親行，可使諸將分討，授以廟勝之策。』興曰：『王者正以廓土靖亂為務，吾焉得而辭之！』

興立其子泓為皇太子，大赦境內，賜男子為父後者爵一級。遣姚平、狄伯支等率步騎四萬伐魏，姚碩德、姚穆率步騎六萬伐呂隆。平等軍次河東，興遣其光遠黨娥、立節雷星、建忠王多等率杏城及嶺北突騎自和寧赴援，越騎校尉唐小方、積弩姚良國率關中勁卒為平後繼，姚緒統河東見兵為前軍節度，姚紹率洛東之兵，姚詳率朔方見騎，並集平望，以會於興。使沒奕于權鎮上邽，中軍、廣陵公斂權鎮洛陽，姚顯及尚書令姚晃輔其太子泓，入直西宮。

碩德至姑臧，大敗呂隆之衆，俘斬一萬。隆將呂他等率衆二萬五千，以東苑來降。先是，秃髮利鹿孤據西平，沮渠蒙遜據張掖，李玄盛據敦煌，與呂隆相持。至是，皆遣使降。

興率戎卒四萬七千，自長安赴姚平。平攻魏乾城，陷之，逐據柴壁。魏軍大至，攻平，截汾水以守之。興至蒲阪，憚而不進。

時碩德攻呂隆，撫納夷夏，分置守宰，節糧積粟，為持久之計。隆懼，遂降。碩德軍令齊整，秋毫無犯，祭先賢，禮儒哲，西土悅之。

姚平糧竭矢盡，將麾下三十騎赴汾水而死，狄伯支等十將四萬餘人，皆為魏所擒。興下書，軍士戰没者，皆厚加褒贈。魏軍乘勝進攻蒲阪，姚緒固守不戰，魏乃引還。

興徙河西豪右萬餘户于長安。

晉輔國將軍袁虔之、寧朔將軍劉壽、冠軍將軍高長慶、龍驤將軍郭恭等貳于桓玄，懼而奔興。興臨東堂引見，謂虔之等曰：『桓玄雖名晉臣，其實晉賊，其才度定何如父也？能辦成大事以不？』虔之曰：『玄籍世資，雄據荊、楚，屬晉朝失政，遂偷竊宰衡。安忍無親，多忌好殺，位不才授，爵以愛加，無公平之度，不如其父遠矣。今既握朝權，必行篡奪，既非命世之才，正可為他人驅除耳。此天以機便授之陛下，願速加經略，廓清吴、楚。』興大悦，以虔之為大司農，餘皆有拜授。虔之固讓，請疆埸自效，改授假節、寧南將軍、廣州刺史。

興立其昭儀張氏為皇后，封子懿、弼、洸、宣、諶、愔、璞、質、逵、裕、國兒皆為公。遣其兼大鴻臚梁斐，以新平張構為副，拜秃髮傉檀車騎將軍、廣武公，沮渠蒙遜鎮西將軍、沙州刺史、西海侯，李玄盛安西將軍、高昌侯。

興遣鎮遠趙曜率衆二萬西屯金城，建節王松忿率騎助呂隆等守姑臧。松忿至魏安，為傉檀弟文真所圍，衆潰，執松忿，送于傉檀。傉檀大怒，送松忿還長安，歸罪文真，深自陳謝。

興下書，録馬嵬戰時將吏，盡擢敍之，其堡户給復二十年。

興性儉約，車馬無金玉之飾，自下化之，莫不敦尚清素。然好游田，頗損農要。京兆杜挻以僕射齊難無匡輔之益，著《豐草詩》以箴之，馮翊相雲作《德獵賦》以諷焉。興皆覽而善之，賜以金帛，然終弗能改。

晉順陽太守彭泉以郡降興，興遣楊佛嵩率騎五千，與其荊州刺史趙曜迎之，遂寇陷南鄉，擒建威將軍劉嵩，略地至於梁國而歸。又遣其兼散騎常侍席確詣涼州，征呂隆弟超入侍，隆遣之。呂隆懼秃髮傉檀之逼，表請內徙。興遣齊難及鎮西姚詰、鎮遠乞伏乾歸、鎮遠趙曜等步騎四萬，迎隆於河西。難至姑臧，以其司馬王尚行涼州刺史，配兵三千鎮姑臧，以將軍閻松為倉松太守，郭將為番禾太守，分戍二城，徙隆及其宗室僚屬于長安。沮渠蒙遜遣弟如子貢其方物。王尚綏撫遺黎，導以信義，百姓懷其惠化，翕然歸之。北部鮮卑並遣使貢款。

桓玄遣使來聘，請辛恭靖、何澹之。興留恭靖而遣澹之，謂曰：『桓玄不推計歷運，將圖篡逆，天未忘晉，必將有義舉，以吾觀之，終當傾覆。卿今馳往，必逢其敗，相見之期，遲不云遠。』初，恭靖至長安，引見興而不拜，興曰：『朕將任卿以東南之事。』靖曰：『我寧為國家鬼，不為羌賊臣。』興怒，幽之别室。至是，恭靖亦逾牆遁歸。

興遣其將姚碩德、姚斂成、姚壽都等率衆三萬，伐楊盛于仇池。壽都等入自宕昌，斂成從下辯而進。盛遣其弟壽距成，從子斌距都。都逆擊擒之，盡俘其衆。楊壽等懼，率衆請降。碩德還師。

晉汝南太守趙策委守奔於興。

興如逍遥園，引諸沙門于澄玄堂聽鳩摩羅什演説佛經。羅什通辯夏言，尋覽舊經，多有乖謬，不與胡本相應。興與羅什及沙門僧略、僧遷、道樹、僧睿、道坦、僧肇、曇順等八百餘人，更出大品，羅什持胡本，興執舊經，以相考校，其新文異舊者皆會於理義。續出諸經並諸論三百餘卷。今之新經皆羅什所譯。興既托意於佛道，公卿已下莫不欽附，沙門自遠而至者五千餘人。起浮圖於永貴里，立波若臺于中宮，沙門坐禪者恒有千數。州郡化之，事佛者十室而九矣。

使姚碩德及冠軍徐洛生等伐仇池，又遣建武趙琨自宕昌而進，遣其將斂俱寇漢中。

時劉裕誅桓玄，迎復安帝，玄衛將軍、新安王桓謙，臨原王桓怡，雍州刺史桓蔚，左衛將軍桓謐，中書令桓胤，將軍何澹之等奔於興。劉裕遣大參軍衡凱之詣姚顯，請通和，顯遣吉默報之，自是聘使不絕。晉求南鄉諸郡，興許之。羣臣咸諫以為不可，興曰：『天下之善一也，劉裕拔萃起微，匡輔晉室，吾何惜數郡而不成其美乎！』遂割南鄉、順陽、新野、舞陰等十二郡歸於晉。

姚碩德等頻敗楊盛，盛懼，請降，遣子難當及僚佐子弟數十人為質，碩德等引還。署盛為使持節、散騎常侍、都督益、寧州諸軍事、征南大將軍、開府、益州牧、武都侯。斂俱陷城固，徙漢中流人郭陶等三千餘家於關中。

興班告境內及在朝文武，立名不得犯叔父緒及碩德之名，以彰殊禮。興謙恭孝友，每見緒及碩德，如家人之禮，整服傾悚，言則稱字，車馬服玩，必先二叔，然後服其次者，朝廷大政，必諮之而後行。

太史令郭黁言於興曰：『戊亥之歲，當有孤寇起於西北，宜慎其鋒。起兵如流沙，死者如亂麻，戎馬悠悠會隴頭，鮮卑、烏丸居不安，國朝疲於奔命矣。』時所在有泉水湧出，《傳》云飲則愈病，後多無驗。屢有妖人自稱神女，戮之乃止。

興大閱，自杜鄄至於羊牧。興以姚碩德來朝，大赦其境內。及碩德歸於秦州，興送之，及雍乃還。

禿髮傉檀獻興馬三千匹，羊三萬頭。興以為忠於己，乃署傉檀為涼州刺史，征涼州刺史王尚還長安。涼州人申屠英等二百餘人，遣主簿胡威詣興，請留尚，興弗許。引威見之，威流涕謂興曰：『臣州奉國五年，王威不接，銜膽棲冰、孤城獨守者，仰恃陛下威靈，俯杖良牧惠化。忽違天人之心，以華土資狄。若傉檀才望應代，臣豈敢言。竊聞乃以臣等貿馬三千匹，羊三萬口，如所傳實者，是為棄人貴畜。苟以馬供軍國，直煩尚書一符，三千餘家户輸一匹，朝下夕辦，何故以一方委此姦胡！昔漢武傾天下之資，開建河西，隔絕諸戎，斷匈奴右臂，所以終能屠大宛王毋寡。今陛下方布政玉門，流化西域，奈何以五郡之地資之犬嚴狁，忠誠華族棄之虐虜！非但臣州里塗炭，懼方為聖朝旰食之憂。』興乃遣西平人車普馳止王尚，又遣使喻傉檀。會傉檀已至姑臧，普以狀先告之。傉檀懼，脅遣王尚，遂入姑臧。

尚既至長安，坐匿呂氏宮人，擅殺逃人薄禾等，禁止南臺。涼州別駕宗敞、治中張穆、主簿邊憲、胡威等上疏理尚曰：

臣州荒裔，鄰帶寇仇，居泰無垂拱之安，運否離傾覆之難。自張氏頹基，德風絕而莫扇；呂數將終，梟鶚以之翻翔。羣生嬰罔極之痛，西夏有焚如之禍。幸皇鑑降眷，純風遠被。刺史王尚受任垂滅之州，策成難全之際，輕身率下，躬儉節用，勞逸豐約，與衆同之，勸課農桑，時無廢業。然後振王威以掃不庭，回天波以蕩氛穢。則羣逆冰摧，不俟朱陽之曜；若秋霜隕籜，豈待勁風之威。何定遠之足高，營平之獨美！經始甫爾，會朝算改授，使希世之功不終於必成，易失之機踐之而莫展。當其時而明其事者，誰不慨然！

既遠役遐方，劬勞於外，雖效未酬恩，而在公無闕。自至京師，二旬於今，出車之命莫逮，萋斐之責惟深。以取呂氏宮人裴氏及殺逃人薄禾等為南臺所禁，天鑑玄鏡，暫免囹圄，譏繩之文，未離簡墨。裴氏年垂知命，首發二毛，嫠居本家，不在尚室，年邁姿陋，何用送為！邊藩要捍，衆力是寄，禾等私逃，罪應憲墨，以殺止殺，安邊之義也。假若以不送裴氏為罪者，正闕奚官之一女子耳。論勳則功重，言瑕則過微。而執憲吹毛求疵，忘勞記過，斯先哲所以泣血于當年，微臣所以仰天而灑淚。

且尚之奉國，歷事二朝，能否效於既往，優劣簡在聖心，就有微過，功足相補，宜弘罔極之施，以彰覆載之恩。

臣等生自西州，無翰飛之翼，久沈偽政，絕進趣之途。及皇化既沾，投竿之心冥發，遂策名委質，位忝吏端。主辱臣憂，故重繭披款，惟陛下亮之。

興覽之大悅，謂其黃門侍郎姚文祖曰：『卿知宗敞乎？』文祖曰：

『與臣州里，西方之英雋。』興曰：『有表理王尚，文義甚佳，當王尚研思耳。』文祖曰：『尚在南臺，禁止不與賓客交通，敞寓於楊桓，非尚明矣。』興曰：『若爾，桓為措思乎？』文祖曰：『西方評敞甚重，優於楊桓。敞昔與呂超周旋，陛下試可問之。』興因謂超曰：『宗敞文才何如？可是誰輩？』超曰：『敞在西土，時論甚美，方敞魏之陳、徐，晉之潘、陸。』即以表示超曰：『涼州小地，寧有此才乎？』超曰：『臣以敞餘文比之，未足稱多。琳琅出於昆嶺，明珠生於海濱，若必以地求人，則文命大夏之棄夫，姬昌東夷之擯士。但當問其文彩何如，不可以區宇格物。』興悅，赦尚之罪，以為尚書。

又 卷一一八《姚興載記下》 晉義熙二年，平北將軍、梁州督護苻宣入漢中，興梁州別駕呂營、漢中徐逸、席難起兵應宣，求救于楊盛。盛遣軍臨濜口，南梁州刺史王敏退守武興。楊盛復通于晉。

興以太子泓録尚書事。

慕容超司徒、北地王鍾，右僕射、濟陽王嶷，高都公始，皆來奔。

華山郡地湧沸，廣袤百餘步，燒生物皆熟，歷五月乃止。

赫連勃勃殺高平公没奕於，收其衆以叛。

先是，魏主拓跋珪送馬千匹，求婚於興，興許之。以魏別立後，遂絶婚，故有柴壁之戰。至是，復與魏通和，魏放狄伯支、姚伯禽、唐小方、姚良國、康宦還長安，皆復其爵位。

時禿髮傉檀、沮渠蒙遜迭相攻擊，傉檀遂東招河州刺史西羌彭奚念，奚念阻河以叛。

蜀譙縱遣使稱藩，請桓謙，欲令順流東伐劉裕。興以問謙，謙請行，遂許之。

使中軍姚弼、後軍斂成、鎮遠乞伏乾歸等率步騎三萬伐傉檀，左僕射齊難等率騎二萬討勃勃。吏部尚書尹昭諫曰：『傉檀恃遠，輕敢違逆，宜詔蒙遜及李玄盛，使自相攻擊。待其斃也，然後取之，此卞莊之舉也。』興不從。勃勃退保河曲。弼濟自金城，弼部將姜紀言於弼曰：『今王師聲討勃勃，傉檀猶豫，未為嚴防，請給輕騎五千，掩其城門，則山澤之人皆為吾有，孤城獨立，坐可克也。』弼不從，進拔昌松，長驅至姑臧。傉檀嬰城固守，出其兵擊弼，弼敗，退據西苑。興又遣衛大將軍姚顯率騎二萬，為諸軍節度。至高平，聞弼敗績，兼道赴之，撫慰河外，率衆而還。傉檀遣使人徐宿詣興謝罪。

齊難為勃勃所擒。興遣平北姚沖、征虜狄伯支、輔國斂曼嵬、鎮東楊佛嵩率騎四萬討勃勃。沖次於嶺北，欲回師襲長安，伯支不從，乃止，懼其謀泄，遂鴆殺伯支。

時王師伐譙縱，大敗之，縱遣使乞師於興。興遣平西姚賞、南梁州刺史王敏率衆二萬救之，王師引還。縱遣使拜師，仍貢其方物。興遣其兼司徒韋華持節策拜縱為大都督、相國、蜀王，加九錫，備物典策一如魏、晉故事，承制封拜悉如王者之儀。

興自平涼如朝那，聞沖謀逆，以其弟中最少，雄武絶人，猶欲隱忍容之。斂成泣謂興曰：『沖凶險不仁，每侍左右，臣常寢不安席，願早為之所。』興曰：『沖何能為也！但輕害名將，吾欲明其罪于四海。』乃下書賜沖死，葬以庶人之禮。

晉河間王子國璠、章武王子叔道來奔，興謂之曰：『劉裕匡復晉室，卿等何故來也』國璠等曰：『裕與不逞之徒削弱王室，宗門能自修立者莫不害之。是避之來，實非誠款，所以避死耳。』興嘉之，以國璠為建義將軍、揚州刺史，叔道為平南將軍、兗州刺史，賜以甲第。

興如貳城，將討赫連勃勃，遣安遠姚詳及斂曼嵬、鎮軍彭白狼分督租運。諸軍未集而勃勃騎大至，興欲留步軍，輕如嵬營。衆咸惶懼，羣臣固以為不可，興弗納。尚書郎韋宗希旨勸興行。蘭臺侍御史姜楞越次而進曰：『韋宗傾險不忠，沮敗國計，宜先腰斬以謝天下。脱車駕動軫，六軍駭懼，人無守志，取危之道也，宜遣單使以征詳等。』興默然。右僕射韋華等諫曰：『若車騎輕動，必不戰自潰，嵬營亦未必可至，惟陛下圖之。』興乃遣左將軍姚文宗率禁兵距戰，中壘齊莫統氐兵以繼之。文宗與莫皆勇果兼人，以死力戰，勃勃乃退。留禁兵五千配姚詳守貳城，興還長安。

譙縱遣其侍中譙良、太常楊軌朝於興，請大舉以寇江東。遣其荆州刺史桓謙、梁州刺史譙道福率衆二萬東寇江陵。興乃遣前將軍苟林率騎會之。謙屯枝江，林屯江津。謙，江左貴族，部曲遍于荆、楚，晉之將士皆有叛心。荆州刺史劉道規大懼，嬰城固守。雍州刺史魯宗之率襄陽之衆救之，道規乃留宗之守江陵，率軍逆戰。謙等舟師大盛，兼列步騎以待之。大戰枝江，謙敗績，乘輕舸奔就苟林，晉人獲而斬之。苟林懼而引歸。

興以國用不足，增關津之稅，鹽竹山木皆有賦焉。羣臣咸諫，以為天殖品物以養羣生，王者子育萬邦，不宜節約以奪其利。興曰：『能踰關梁通利於山水者，皆豪富之家。吾損有餘以裨不足，有何不可！』乃遂行之。

興從朝門游于文武苑，及昏而還，將自平朔門入。前驅既至，城門校尉王滿聰被甲持杖，閉門距之，曰：『今已昏暗，姦良不辨，有死而已，門不可開。』興乃回從朝門而入。旦而召滿聰，進位二等。

乞伏乾歸以衆叛，攻陷金城，執太守任蘭。蘭厲色責乾歸以背恩違義，乾歸怒而囚之，蘭遂不食而死。

赫連勃勃遣其將胡金纂將萬餘騎攻平涼。興如貳城，因救平涼，纂衆大潰，生擒纂。勃勃遣兄子提攻陷定陽，執北中郎將姚廣都。興將曹熾、曹雲、王肆佛等各將數千户避勃勃内徙，興處佛於湟山澤，熾、雲于陳倉。勃勃寇隴右，攻白崖堡，破之，遂趣清水。略陽太守姚壽都委守奔秦州，勃勃又收其衆而歸。興自安定追之，至壽渠川，不及而還。

初，天水人姜紀，呂氏之叛臣，阿諛姦詐，好問人之親戚。興子弼有寵于興，紀遂傾心附之。弼時為雍州刺史，鎮安定，與密謀還朝，令傾心事常山公顯，樹黨左右。至是，興以弼為尚書令、侍中、大將軍。既居將相，虚襟引納，收結朝士，勢傾東宫，遂有奪嫡之謀矣。

興以勃勃、乾歸作亂西北，傉檀、蒙遜擅兵河右，疇咨將帥之臣，欲鎮撫二方。隴東太守郭播言於興曰：『嶺北二州鎮户皆數萬，若得文武之才以綏撫之，足以靖塞姦略。』興曰：『吾每思得廉頗、李牧鎮撫四方，使便宜行事。然任非其人，恒致負敗。卿試舉之。』播曰：『清潔善撫邊，則平陸子王元始；雄武多奇略，則建威王煥；賞罰必行，臨敵不顧，則奮武彭蠔。』興曰：『蠔令行禁止則有之，非綏邊之才也。始、煥年少，吾未知其為人。』播曰：『廣平公弼才兼文武，宜鎮督一方，願陛下遠鑑前車，近悟後轍。』興不從，以其太常索棱為太尉，領隴西内史，綏誘乾歸。政績既美，乾歸感而歸之。太史令任猗言於興曰：『白氣出於北方，東西竟天五百里，當有破軍流血。』乞伏乾歸遣使送所掠守宰，謝罪請降。興以勃勃之難，權宜許之，假乾歸及其子熾磐官爵。

姚詳時鎮杏城，為赫連勃勃所逼，糧盡委守，南奔大蘇。勃勃要之，衆散，為勃勃所執。時遣衛大將軍顯迎詳，詳敗，遂屯杏城，因令顯都督安定嶺北二鎮事。

潁川太守姚平都自許昌來朝，言於興曰：『劉裕敢懷姦計，屯聚芍陂，有擾邊之志，宜遣燒之，以散其衆謀。』興曰：『裕之輕弱，安敢窺吾疆埸！苟有姦心，其在子孫乎！』召其尚書楊佛嵩謂之曰：『吳兒不自知，乃有非分之意。待至孟冬，當遣卿率精騎三萬焚其積聚。』嵩曰：『陛下若任臣以此役者，當從肥口濟淮，直趣壽春，舉大衆以屯城，縱輕騎以掠野，使淮南蕭條，兵粟俱了，足令吳兒俯仰回惶，神爽飛越。』興大悦。

時西胡梁國兒于平涼作壽冢，每將妻妾入冢飲宴，酒酣，升靈床而歌。時人或譏之，國兒不以為意。前後征伐，屢有大功，興以為鎮北將軍，封平輿男，年八十餘乃死。

時客星入東井，所在地震，前後一百五十六。興公卿抗表請罪，興曰：『灾譴之來，咎在元首；近代或歸罪三公，甚無謂也。公等其悉冠履復位。』

仇池公楊盛叛，侵擾祁山。遣建威趙琨率騎五千為前鋒，立節楊伯壽統步卒繼之，前將軍姚恢、左將軍姚文宗入自鷩陜，鎮西、秦州刺史姚嵩入羊頭陜，右衛胡翼度從陰密出自汧城，討盛。興將輕騎五千，自雍赴之，與諸將軍會于隴口。天水太守王松忿言於嵩曰：『先皇神略無方，威武冠世，冠軍徐洛生猛毅兼人，佐命英輔，再入仇池，無功而還。非楊盛智勇能全，直是地勢然也。今以趙琨之衆，使君之威，准之先朝，實未見成功。使君具悉形便，何不表聞？』嵩不從。盛率衆與琨相持，伯壽畏懦弗進，琨衆寡不敵，為盛所敗，興斬伯壽而還。嵩乃具陳松忿之言，興善之。

乾歸為其下人所殺，子熾磐新立，羣下咸勸興取之。興曰：『乾歸先已返善，吾方當懷撫，因喪伐之，非朕本志也。』

以楊佛嵩都督嶺北討虜諸軍事、安遠將軍、雍州刺史，率領北見兵以討赫連勃勃。嵩發數日，興謂羣臣曰：『佛嵩驍勇果鋭，每臨敵對寇，不可制抑，吾常節之，配兵不過五千。今衆旅既多，遇賊必敗。今去已遠，追之無及，吾深憂之。」其下咸以為不然。佛嵩果為勃勃所執，絕亢而死。

興立昭儀齊氏為皇后。又下書以其故丞相姚緒、太宰姚碩德、太傅姚旻、大司馬姚崇、司徒尹緯等二十四人配饗於萇廟。興以大臣屢喪，令所司更詳臨赴之制。所司白興，依故事東堂發哀。興不從，每大臣死，皆親臨之。

姚文宗有寵于姚泓，姚弼深疾之，誣文宗有怨言，以侍御史廉桃生為證。興怒，賜文宗死。是後羣臣累足，莫敢言弼之短。

時貳縣羌叛興，興遣後將軍斂成、鎮軍彭白狼、北中郎將姚洛都討之。斂成為羌所敗，甚懼，詣趙興太守姚穆歸罪。穆欲送殺之，成怒，奔赫連勃勃。

興遣姚紹與姚弼率禁衛諸軍鎮撫嶺北。遼東侯彌姐亭地率其部人南居陰密，劫掠百姓。弼收亭地送之，殺其衆七百餘人，徙二千餘户于鄭城。

弼寵愛方隆，所欲施行，無不信納。乃以嬖人尹沖為給事黄門侍郎，唐盛為治書侍御史，左右機要，皆其黨人，漸欲廣樹爪牙，彌縫其闕。右僕射梁喜、侍中任謙、京兆尹尹昭承間言於興曰：『父子之際，人罕得而言。然君臣亦猶父子，臣等理不容默。並後匹嫡，未始不傾國亂家。廣平公弼姦凶無狀，潛有陵奪之志，陛下寵之不道，假其威權，傾險無賴之徒，莫不鱗湊其側。市巷諷議，皆言陛下欲有廢立之志。誠如此者，臣等有死而已，不敢奉詔。』興曰：『安有此乎！』昭等曰：『若無廢立之事，陛下愛弼，適所以禍之，願去其左右，減其威權。非但弼有太山之安，宗廟社稷亦有磐石之固矣。』興默然。

興寢疾，妖賊李弘反于貳原，貳原氐仇常起兵應弘。興輿疾討之，斬常，執弘而還，徙常部人五百餘户於許昌。

興疾篤，其太子泓屯兵于東華門，侍疾於諮議堂。姚弼潛謀為亂，招集數千人，被甲伏於其第。撫軍姚紹及侍中任謙、右僕射梁喜、冠軍姚贊、京兆尹尹昭、輔國斂曼嵬並典禁兵，宿衛於內。姚裕遣使告姚懿于蒲阪，並密信諸藩，論弼逆狀。懿流涕以告將士曰：『上今寢疾，臣子所宜冠履不整。而廣平公弼擁兵私第，不以忠於儲宮，正是孤徇義亡身之日。諸君皆忠烈之士，亦當同孤徇斯舉也。』將士無不奮怒攘袂曰：『惟殿下所為，死生不敢貳。』於是盡赦囚徒，散布帛數萬匹以賜其將士，建牙誓衆，將赴長安。鎮東、豫州牧姚洸起兵洛陽，平西姚諶起兵於雍，將以赴泓之難。興疾瘳，朝其羣臣，征虜劉羌泣謂興曰：『陛下寢疾數旬，奈何忽有斯事！』興曰：『朕過庭無訓，使諸子不穆，愧于四海。卿等各陳所懷，以安社稷。』尹昭曰：『廣平公弼恃寵不虔，阻兵懷貳，自宜置之刑書，以明典憲。陛下若含忍未便加法者，且可削奪威權，使散居藩國，以紓窺窬之禍，全天性之恩。』興謂梁喜曰：『卿以為何如？』喜曰：『臣之愚見，如昭所陳。』興以弼才兼文武，未忍致法，免其尚書令，以將軍、公就第。懿等聞興疾瘳，各罷兵還鎮。懿、恢及弟諶等皆抗表罪弼，請致之刑法，興弗許。

時魏遣使聘於興，且請婚。會平陽太守姚成都來朝，興謂之曰：『卿久處東藩，與魏鄰接，應悉彼事形。今來求婚，吾已許之，終能分灾共患，遠相接援以不？』成都曰：『魏自柴壁克捷已來，戎甲未曾損失，士馬桓桓，師旅充盛。今修和親，兼婚姻之好，豈但分灾共患而已，實亦永安之福也。』興大悅，遣其吏部郎嚴康報聘，並致方物。

時姚懿、姚洸、姚宣、姚諶來朝，使姚裕言於興曰：『懿等今悉在外，欲有所陳。』興曰：『汝等正欲道弼事耳，吾已知之。』裕曰：『弼苟有可論，陛下所宜垂聽。若懿等言違大義，便當肆之刑辟，奈何距之！』於是引見諮議堂。宣流涕曰：『先帝以大聖起基，陛下以神武定業，方隆七百之祚，為萬世之美，安可使弼謀傾社稷。宜委之有司，肅明刑憲。臣等敢以死請。』興曰：『吾自處之，非汝等所憂。』先是，大司農竇温、司徒左長史王弼皆有密表，勸興廢立。興雖不從，亦不以為責。撫軍東曹屬姜虯上疏曰：『廣平公弼懷姦積年，謀禍有歲，傾諂羣豎為之晝足，釁成逆著，取嗤戎裔。文王之化，刑于寡妻；聖朝之亂，起自愛子。今雖欲含忍其瑕，掩蔽其罪，而逆黨猶繁，扇惑不已，弼之亂心其可革耶！宜斥散凶徒，以絕禍始。』興以虯表示梁喜曰：『天下之人莫不以吾兒為口實，將何以處之？』喜曰：『信如虯言，陛下宜早裁決。』興默然。

太子詹事王周亦虚襟引士，樹黨東宮，弼惡之，每規陷害周。周抗志確然，不為之屈。興嘉其守正，以周為中書監。

興如三原，顧謂羣臣曰：『古人有言，關東出相，關西出將，三秦饒儁異，汝潁多奇士。吾應天明命，跨據中原，自流沙已東，淮、漢已北，未嘗不傾己招求，冀匡不逮。然明不照下，弗感懸魚。至於智效一官，行著一善，吾歷級而進之，不使有後門之歎。卿等宜明揚仄陋，助吾舉之。』梁喜對曰：『奉旨求賢，弗曾休倦，未見儒亮大才王佐之器，可謂世之乏賢。』興曰：『自古霸王之起也，莫不將則韓、吳，相兼蕭、鄧，終不采將於往賢，求相於後哲。卿自識拔不明，求之不至，奈何厚誣四海乎！』羣臣咸悅。

晉荊州刺史司馬休之據江陵，雍州刺史魯宗之據襄陽，與劉裕相攻，遣使求援。興遣姚成王、司馬國璠率騎八千赴之。

弼恨姚宣之毀己，遂譖宣於興。會宣司馬權丕至長安，興責丕以無匡輔之益，將戮之。丕性傾巧，因誣宣罪狀。興大怒，遂收宣於杏城，下獄，而使弼將三萬人鎮秦州。尹昭言於興曰：『廣平公與皇太子不平，握强兵于外，陛下一旦不諱，恐社稷必危。小不忍以致大亂者，陛下之謂也。』興弗納。赫連勃勃攻杏城，興又遣弼救之，至冠泉而杏城陷。興如北地，弼次於三樹，遣弼及斂曼嵬向新平，興還長安。

姚成王至於南陽，司馬休之等為劉裕所敗，引歸。休之、宗之等遂與譙王文思，新蔡王道賜，寧朔將軍、梁州刺史馬敬，輔國將軍、竟陵太守魯軌，寧朔將軍、南陽太守魯範奔於興。

勃勃遣其將赫連建率衆寇貳縣，數千騎入平涼。姚恢與建戰于五井，平涼太守姚興都為建所獲，遂入新平。姚弼討之，戰于龍尾堡，大破之，擒建，送于長安。初，勃勃攻彭雙方于石堡，方力戰距守，積年不能克。至是，聞建敗，引歸。

休之等至長安，興謂之曰：『劉裕崇奉晉帝，豈便有闕乎？』休之曰：『臣前下都，琅邪王德文泣謂臣曰：「劉裕供御主上，克薄奇深。」以事勢推之，社稷之憂方未可測。』興將以休之為荊州刺史，任以東南之事。休之固辭，請與魯宗之等擾動襄陽、淮、漢。乃以休之為鎮南將軍、揚州刺史，宗之等並有拜授。休之將行，侍御史唐盛言於興曰：『符命所記，司馬氏應復河、洛。休之既得濯鱗南翔，恐非復池中之物，可以崇禮，不宜放之。』興曰：『司馬氏脫如所記，留之適足為患。』遂遣之。

揚武、安鄉侯康宦驅略白鹿原氐胡數百家奔上洛，太守宋林距之。商洛人黃金等起義兵以掎宦，宦乃率衆歸罪。興赦之，復其爵位。

時白虹貫日，有術人言於興曰：『將有不祥之事，終當自消。』時興藥動，姚弼稱疾不朝，集兵於第。興聞之怒甚，收其黨殿中侍御史唐盛、孫玄等殺之。泓言於興曰：『臣誠不肖，不能訓諧于弟，致弼構造是非，仰慚天日，陛下若以臣為社稷之憂，除臣而國寧，亦家之福也。若垂天性之恩，不忍加臣刑戮者，乞聽臣守藩。』興慘然改容，召姚贊、梁喜、尹昭、斂曼嵬於諮議堂，密謀收弼。時姚紹屯兵雍城，馳遣告之，數日不決。弼黨凶懼。興慮其為變，乃收弼，囚之中曹，窮責黨與，將殺之。泓流涕固請之，乃止。興謂梁喜曰：『泓天心平和，性少猜忌，必能容養羣賢，保全吾子。』於是皆赦弼黨。

靈臺令張泉又言於興曰：『熒惑入東井，旬紀而返，未餘月，復來守心。王者惡之，宜修仁虛己，以答天譴。』興納之。

正旦，興朝羣臣於太極前殿，沙門賀僧慟泣不能自勝，衆咸怪焉。賀僧者，莫知其所從來也，言事皆有效驗，興甚神禮之，常與隱士數人預於宴會。

興如華陰，以泓監國，入居西宮。因疾篤，還長安。泓欲出迎，其宮臣曰：『今主上疾篤，姦臣在側，廣平公每希覬非常，變故難測。今殿下若出，進則不得見主上，退則有弼等之禍，安所歸乎！自宜深抑情禮，以寧宗社。』泓從之，乃拜迎於黃龍門樽下。弼黨見興升輿，咸懷危懼。尹沖等先謀欲因泓出迎害之，尚書姚沙彌曰：『若太子有備，不來迎侍，當奉乘輿直趣公第。宿衛者聞上在此，自當來奔，誰與太子守乎！吾等以廣平公之故，陷身逆節。今以乘輿南幸，自當是杖義之理，匪但救廣平之禍，足可以申雪前愆。』沖等不從，欲隨興入殿中作亂，復未知興之存亡，疑而不發。興命泓録尚書事，使姚紹、胡翼度典兵禁中，防制內外，遣斂曼嵬收弼第中甲杖，內之武庫。

興疾轉篤，興妹偽南安長公主問疾，不應。興少子耕兒出告其兄愔曰：『上已崩矣，宜速決計。』於是愔與其屬率甲士攻端門，殿中上將軍斂曼嵬勒兵距戰，右衛胡翼度率禁兵閉四門。愔等遣壯士登門，緣屋而入，及于馬道。泓時侍疾於諮議堂，遣斂曼嵬率殿中兵登武庫距戰，太子右衛率姚和都率東宮兵入屯馬道南。愔等既不得進，遂燒端門。興力疾臨前殿，賜弼死。禁兵見興，喜躍，貫甲赴賊，賊衆駭擾。和都勒東宮兵自後擊之，愔等奔潰，逃於驪山，愔黨呂隆奔雍，尹沖等奔于京師。興引紹及贊、梁喜、尹昭、斂曼嵬入內寢，受遺輔政。義熙十二年，興死，時年五十一，在位二十二年。偽謚文桓皇帝，廟號高祖，墓曰偶陵。

尹緯，字景亮，天水人也。少有大志，不營產業。身長八尺，腰帶十圍，魁梧有爽氣。每覽書傳至宰相立勳之際，常輟書而歎。苻堅以尹赤之降姚襄，諸尹皆禁錮不仕。緯晚乃為吏部令史，風志豪邁，郎皆憚之。堅末年，祅星見於東井，緯知堅將滅，喜甚，向天再拜，既而流涕長歎。友人略陽桓識怪而問之，緯曰：『天時如此，正是霸王龍飛之秋，吾徒杖策之日。然知己難遭，恐不得展吾才志，是以欣懼交懷。』

及姚萇奔馬牧，緯與尹詳、龐演等扇動羣豪，推萇為盟主，遂為佐命元功。萇既敗苻堅，遣緯說堅，求禪代之事。堅問緯曰：『卿于朕何官？』緯曰：『尚書令史。』堅歎曰：『宰相之才也，王景略之儔。而朕不知卿，亡也不亦宜乎！』

緯性剛簡清亮，慕張子布之為人。馮翊段鏗性傾巧，萇愛其博識，引為侍中。緯固諫以為不可，萇不從。緯屢衆中辱鏗，鏗心不平之。萇聞而謂緯曰：『卿性不好學，何為憎學者？』緯曰：『臣不憎學，憎鏗不正耳。』萇因曰：『卿好不自知，每比蕭何，真何如也？』緯曰：『漢祖與蕭何俱起布衣，是以相貴。陛下起貴中，是以賤臣。』萇曰：『卿實不及，胡為不也？』緯曰：『陛下何如漢祖？』萇曰：『朕實不如漢祖，卿遠蕭何，故不如甚也。』緯曰：『漢祖所以勝陛下者，以能遠段鏗之徒故耳。』萇默然，乃出鏗為北地太守。

萇死，緯與姚興滅苻登，成興之業，皆緯之力也。歷輔國將軍、司隸校尉、尚書左右僕射、清河侯。

緯友人隴西牛壽率漢中流人歸興，謂緯曰：『足下平生自謂：「時明也，才足以立功立事；道消也，則追二疏、朱雲，發其狂直，不能如胡廣之徒洿隆隨俗。」今遇其時矣，正是垂名竹素之日，可不勉歟！』緯曰：『吾之所庶幾如是，但未能委宰衡於夷吾，識韓信於羇旅，以斯為愧耳。立功立事，竊謂未負昔言。』興聞而謂緯曰：『君之與壽言也，何其誕哉！立功立事，自謂何如古人？』緯曰：『臣實未愧古人。何則？遇時來之運，則輔翼太祖，建八百之基。及陛下龍飛之始，翦滅苻登，蕩清秦、雍，生極端右，死饗廟庭，古之君子，正當爾耳。』興大悅。及死，興甚悼之，贈司徒，謚曰忠成侯。

又 卷一一九《姚泓載記》 姚泓，字元子，興之長子也。孝友寬和，而無經世之用，又多疾病，興將以為嗣而疑焉。久之，乃立為太子。興每征伐巡遊，常留總後事。博學善談論，尤好詩詠。尚書王尚、黃門郎段章、尚書郎富允文以儒術侍講，胡義周、夏侯稚以文章遊集。時尚書王敏、右丞郭播以刑政過寬，議欲峻制，泓曰：『人情挫辱，則壯厲之心生；政教煩苛，則苟免之行立。上之化下，如風靡草。君等參贊朝化，弘昭政軌，不務仁恕之道，惟欲嚴法酷刑，豈是安上馭下之理乎！』敏等遂止。泓受經于博士淳于岐。岐病，泓親詣省疾，拜於床下。自是公侯見師傅皆拜焉。

興之如平涼也，馮翊人劉厥聚衆數千，據萬年以叛。泓遣鎮軍彭白狼率東宮禁兵討之，斬厥，赦其餘黨。諸將咸勸泓曰：『殿下神算電發，蕩平醜逆，宜露布表言，廣其首級，以慰遠近之情。』泓曰：『主上委吾後事，使式遏寇逆。吾綏御失和，以長姦寇，方當引咎責躬，歸罪行間，安敢過自矜誕，以重罪責乎！』其右僕射韋華聞而謂河南太守慕容築曰：『皇太子實有恭惠之德，社稷之福也。』其弟弼有奪嫡之謀，泓恩撫如初，未嘗見於色。姚紹每為弼羽翼，泓亦推心宗事，弗以為嫌。及僭立，任紹以兵權，紹亦感而歸誠，卒守其忠烈。其明識寬裕，皆此類也。

興既死，秘不發喪。南陽公姚愔及大將軍尹元等謀為亂，泓皆誅之。命其齊公姚恢殺安定太守呂超，恢久乃誅之。泓疑恢有陰謀，恢自是懷貳，陰聚兵甲焉。泓發喪，以義熙十二年僭即帝位，大赦殊死已下，改元永和，廬於諮議堂。既葬，乃親庶政，內外百僚增位一等，令文武各盡直言，政有不便於時，事有光益宗廟者，極言勿有所諱。

初，興徙李閏羌三千家于安定，尋徙新支。至是，羌酋黨容率所部叛還，遣撫軍姚贊討之。容降，徙其豪右數百户于長安，餘遺還李閏。北地太守毛雍據趙氏塢以叛于泓，姚紹討擒之。姚宣時鎮李閏，未知雍敗，遣部將姚佛生等來衛長安。衆既發，宣參軍韋宗姦諂好亂，說宣曰：『主上初立，威化未著，勃勃强盛，侵害必深，本朝之難未可弭也。殿下居維城之任，宜深慮之。邢望地形險固，總三方之要，若能據之，虛心撫御，非但克固維城，亦霸王之業也。」宣乃率户三萬八千，棄李閏，南保邢望。宣既南移，諸羌據李閏以叛，紹進討破之。宣詣紹歸罪，紹怒殺之。初，宣在邢望，泓遣姚佛生諭宣，佛生遂贊成宣計。紹數其罪，又戮之。

泓下書，士卒死王事，贈以爵位，永復其家。將封宮臣十六人五等子男，姚贊諫曰：「東宮文武，自當有守忠之誠，未有赫然之效，何受封之多乎？」泓曰：「懸爵於朝，所以懲勸來效，標明盛德。元子遭家不造，與宮臣同此百憂，獨享其福，得不愧於心乎！」贊默然。姚紹進曰：「陛下不忘報德，封之是也，古者敬其事，命之以始，可須來春，然後議之。」乃止。并州、定陽、貳城胡數萬落叛泓，入於平陽，攻立義姚成都於匈奴堡，推匈奴曹弘為大單于，所在殘掠。征東姚懿自蒲阪討弘，戰於平陽，大破之，執弘，送于長安，徙其豪右萬五千落於雍州。

仇池公楊盛攻陷祁山，執建節王總，遂逼秦州。泓遣後將軍姚平救之，盛引退。姚嵩與平追盛及於竹嶺，姚贊率隴西太守姚秦都、略陽太守王煥以禁兵赴之。贊至清水，嵩為盛所敗，嵩及秦都、王煥皆戰死。贊至秦州，退還仇池。先是，天水冀縣石鼓鳴，聲聞數百里，野雉皆雊。秦州地震者三十二，殷殷有聲者八，山崩舍壞，咸以為不祥。及嵩將出，羣僚固諫止之。嵩曰：「若有不祥，此乃命也，安所逃乎！」遂及於難。識者以為秦州泓之故鄉，將滅之徵也。

赫連勃勃攻陷陰密，執秦州刺史姚軍都，坑將士五千餘人。軍都真目厲聲數勃勃殘忍之罪，不為之屈，勃勃怒而殺之。勃勃既克陰密，進兵侵雍，嶺北雜户悉奔五將山。征北姚恢棄安定，率户五千奔新平，安定人胡儼、華韜等率衆距恢，恢單騎歸長安。立節彌姐成、建武裴岐為儼所殺，鎮西姚諶委鎮東走。勃勃遂據雍，抄掠郿城。姚紹及征虜尹昭、鎮軍姚洽等率步騎五萬討勃勃，姚恢以精騎一萬繼之。軍次横水，勃勃退保安定，胡儼閉門距之，殺鮮卑數千人，據安定以降。紹進兵躡勃勃，戰於馬鞍阪，敗之，追至朝那，不及而還。

楊盛遣兄子倦入寇長蛇。平陽氐苟渴聚衆千餘，據五丈原以叛，遣鎮遠姚萬、恢武姚難討之，為渴所敗。姚諶討渴，擒之。泓使輔國斂曼嵬、前將軍姚光兒討楊倦于陳倉，倦奔于散關。勃勃遣兄子提南侵池陽，車騎姚裕、前將軍彭白狼、建義蛇玄距卻之。

尋而晉太尉劉裕總大軍伐泓，次於彭城，遣冠軍將軍檀道濟、龍驤將軍王鎮惡入自淮、肥，攻漆丘、項城，將軍沈林子自汴入河，攻倉垣。泓將王苟生以漆丘降鎮惡，徐州刺史姚掌以項城降道濟，王師遂入潁口，所至多降服。惟新蔡太守董遵固守不降，道濟攻破之，縛遵而致諸軍門。遵厲色曰：「古之王者伐國，待士以禮。君奈何以不義行師，待國士以非禮乎。」道濟怒殺之。姚紹聞王師之至，還長安，言於泓曰：「晉師已過許昌，豫州、安定孤遠，卒難救衛，宜遷諸鎮户內實京畿，可得精兵十萬，足以横行天下。假使二寇交侵，無深害也。如其不爾，晉侵豫州，勃勃寇安定者，將若之何！事機已至，宜在速決。」其左僕射梁喜曰：「齊公恢雄勇有威名，為嶺北所憚，鎮人已與勃勃深仇，理應守死無貳，勃勃終不能棄安定遠寇京畿。若無安定，虜馬必及於郿、雍。今關中兵馬足距晉師，豈可未有憂危先自削損也。」泓從之。吏部郎懿横密言於泓曰：「齊公恢于廣平之難有忠勳于陛下，自陛下龍飛紹統，未有殊賞以答其意。今外則致之死地，內則不豫朝權，安定人自以孤危逼寇，欲思南遷者十室而九，若擁精兵四萬，鼓行而向京師，得不為社稷之累乎！宜徵還朝廷，以慰其心。」泓曰：「恢若懷不逞之心，征之適所以速禍耳。」又不從。

王師至成皋，征南姚洸時鎮洛陽，馳使請救。泓遣越騎校尉閻生率騎三千以赴之，武衛姚益男將步卒一萬助守洛陽，又遣征東、并州牧姚懿南屯陝津為之聲援。洸部將趙玄說洸曰：「今寇逼已深，百姓駭懼，衆寡勢殊，難以應敵。宜攝諸戍兵士，固守金墉，以待京師之援，不可出戰。如脱不捷，大事去矣。金墉既固，師無損敗，吳寇終不敢越金墉而西。困之於堅城之下，可以坐制其弊。」時洸司馬姚禹潛通於道濟，主簿閻恢、楊虔等皆禹之黨，嫉玄忠誠，咸共毁之，固勸洸出戰。洸從之，乃遣玄率精兵千餘南守柏谷塢，廣武石無諱東戍鞏城，以距王師。玄泣謂洸曰：「玄受三帝重恩，所守正死耳。但明公不用忠臣之言，為姦孽所誤，後必悔之，但無及耳。」會陽城及成皋、滎陽、武牢諸城悉降，道濟等長驅而至。無諱至石關，奔還。玄與晉將毛德祖戰于柏谷，以衆寡而敗，被瘡十餘，據地大呼，玄司馬騫鑑冒刃抱玄而泣，玄曰：「吾瘡已重，君宜速去。」

鑑曰：『若將軍不濟，當與俱死，去將安之！』皆死於陣。姚禹逾城奔于王師。道濟進至洛陽、洸懼，遂降。時閻生至新安，益男至湖城，會洛陽已没，遂留屯不進。

姚懿險薄，惑於信受，其司馬孫暢姦巧傾佞，好亂樂禍，勸懿襲長安，誅姚紹，廢泓自立。懿納之，乃引兵至陝津，散谷以賜河北夷夏，欲虚損國儲，招引和戎諸羌，樹已私惠。懿左常侍張敞、侍郎左雅固諫懿曰：『殿下以母弟之親，居分陝之重，安危休戚，與國共之。漢有七國之難，實賴梁王。今吴寇内侵，四州傾没，西虜擾邊，秦、涼覆敗，朝廷之危有同累卵，正是諸侯勤王之日。穀者，國之本也，而今散之。若朝廷問殿下者，將何辭以報？』懿怒，笞而殺之。泓聞之，召姚紹等密謀於朝堂。紹曰：『懿性識鄙近，從物推移，造成此事，惟當孫暢耳。但馳使征暢，遣撫軍贊據陝城，臣向潼關為諸軍節度，若暢奉詔而至者，臣當遣懿率河東見兵共平吴寇。如其逆釁已成，違距詔敕者，當明其罪於天下，聲鼓以擊之。』泓曰：『叔父之言，社稷之計也。』於是遣姚贊及冠軍司馬國璠、建義蛇玄屯陝津，武衛姚驢屯潼關。

懿遂舉兵僭號，傳檄州郡，欲運匈奴堡穀以給鎮人。寧東姚成都距之，懿乃卑辭招誘，深自結托，送佩刀為誓，成都送以呈泓。懿又遣驍騎王國率甲士數百攻成都，成都擒國，囚之，遣讓懿曰：『明公以母弟之親，受推轂之寄，今社稷之危若綴旒然，宜恭恪憂勤，匡輔王室。而更包藏姦宄，謀危宗廟，三祖之靈豈安公乎！此鎮之糧，一方所寄，鎮人何功，而欲給之！王國為蛇畫足，國之罪人，已就囚執，聽詔而戮之。成都方糾合義衆，以懲明公之罪，復須大兵悉集，當與明公會於河上。』乃宣告諸城，勉以忠義，厲兵秣馬，徵發義租。河東之兵無詣懿者，懿深患之。臨晉數千户叛應懿。姚紹濟自薄津，擊臨晉叛户，大破之，懿等震懼。鎮人安定郭純、王奴等率衆圍懿。紹入于蒲阪，執懿囚之，誅孫暢等。

泓以内外離叛，王師漸逼，歲旦朝羣臣於其前殿，凄然流涕，羣臣皆泣。時征北姚恢率安定鎮户三萬八千，焚燒室宇，以車為方陣，自北雍州趣長安，自稱大都督、建義大將軍，移檄州郡，欲除君側之惡。揚威姜紀率衆奔之。建節彭完都聞恢將至，棄陰密，奔還長安。恢至新支，姜紀說恢曰：『國家重將在東，京師空虚，公可輕兵徑襲，事必克矣。』恢不從，乃南攻郿城。鎮西姚諶為恢所敗，恢軍勢彌盛，長安大震。泓馳使徵紹，遣姚裕及輔國胡翼度屯於澧西。扶風太守姚儁、安夷護軍姚墨蠡、建威姚娥都、揚威彭蠔皆懼而降恢。恢舅苟和時為立節將軍，守忠不貳，泓召而謂之曰：『衆人咸懷去就，卿何能自安邪？』和曰：『若天縱妖賊，得肆其逆節者，舅甥之理，不待賓士而加親。如其罪極逆銷，天盈其罰者，守忠執志，臣之體也。違親叛君，臣之所耻。』泓善其忠恕，加金章紫綬。姚紹率輕騎先赴難，使姚洽、司馬國璠將步卒三萬赴長安。恢從曲牢進屯杜成，紹與恢相持於靈臺。姚贊聞恢漸逼，留寧朔尹雅為弘農太守，守潼關，率諸軍還長安。泓謝贊曰：『元子不能崇明德義，導率羣下，致禍起蕭牆，變自同氣，既上負祖宗，亦無顔見諸父。懿始構逆滅亡，恢復擁衆内叛，將若之何？』贊曰：『懿等所以敢稱兵内侮者，諒由臣等輕弱，無防遏之方故也。』因攘袂大泣曰：『臣與大將軍不滅此賊，終不持面復見陛下！』泓於是班賜軍士而遣之。恢衆見諸軍悉集，咸懼而思善，其將齊黄等棄恢而降。恢進軍逼紹，贊自後要擊，大破之，殺恢及其三弟。泓哭之悲慟，葬以公禮。

至是，王鎮惡至宜陽。毛德祖攻弘農太守尹雅于蠡城，衆潰，德祖使騎追獲之，既而殺晉守者奔固潼關。

檀道濟、沈林子攻拔襄邑堡，建威薛帛奔河東。道濟自陝北渡，攻蒲阪，使將軍苟卓攻匈奴堡，為泓寧東姚成都所敗。泓遣姚驢救蒲阪，胡翼度據潼關。泓進紹太宰、大將軍、大都督、都督中外諸軍事，假黄鉞，改封魯公，侍中、司隸、宗正、節録並如故，朝之大政皆往決焉。紹固辭，弗許。於是遣紹率武衛姚鸞等步騎五萬，距王師於潼關。姚驢與并州刺史尹昭為表裏之勢，夾攻道濟。道濟深壁不戰，沈林子說道濟曰：『今蒲阪城堅池僞，非可卒克，攻之傷衆，守之引日，不如棄之，先事潼關。潼關天限，形勝之地，鎮惡孤軍，勢危力寡，若使姚紹據之，則難圖矣。如克潼關，紹可不戰而服。』道濟從之，乃棄蒲阪，南向潼關。姚贊率禁兵七千，自渭北而東，進據蒲津。劉裕使沈田子及傅弘之率衆萬餘人入上洛，所在多委城鎮奔長安。田子等進及青泥，姚紹方陣而前，以距道濟。道濟固壘不戰，紹乃攻其西營，不克，遂以大衆逼之。道濟率王敬、沈林子等逆沖紹軍，將士驚散，引還定城。紹留姚鸞守險，絕道濟糧道。

時裕別將姚珍入自子午，竇霸入自洛谷，衆各數千人。泓遣姚萬距霸，姚强距珍。姚鸞遣將尹雅與道濟司馬徐琰于潼關南，為琰所獲，送之劉裕。裕以雅前叛，欲殺之。雅曰：『前活本在望外，今死寧不甘心。明公將以大義平天下，豈可使秦無守信之臣乎！』裕嘉而免之。

泓遣給事黄門侍郎姚和都屯于堯柳，以備田子。姚紹謂諸將曰：『道濟等遠來送死，衆旅不多，嬰壘自固者，正欲曠日持久，以待繼援耳。吾欲分軍還據閿鄉，以絕其糧運，不至一月，道濟之首可懸之麾下矣。濟等既没，裕計自沮。』諸將咸以為然。其將胡翼度曰：『軍勢宜集不可以分，若偏師不利，人心駭懼，胡可以戰！』紹乃止。薛帛據河曲以叛。紹分道置諸軍為掎角之勢，遣輔國胡翼度據東原，武衛姚鸞營于大路，與晉軍相接。沈林子簡精鋭銜枚夜襲之，鸞衆潰戰死，士卒死者九千餘人。

姚贊屯於河上，遣恢武姚難運蒲阪穀以給其軍，至香城，為王師所敗。時泓遣姚諶守堯柳，姚和都討薛帛於河東，聞王師要難，乃兼道赴救，未至而難敗，固破裕裨將于河曲，遂屯蒲阪。姚贊為林子所敗，單馬奔定城。紹遣左長史姚治及姚墨蠡等率騎三千屯于河北之九原，欲絕道濟諸縣租輸。治辭曰：『夫小敵之堅，大敵之擒。今兵衆單弱，而遠在河外，雖明公神武，然鞭短勢殊，恐無所及。』紹不聽。沈林子率衆八千，要治於河上，治戰死，衆皆没。紹聞治等敗，忿恚發病，托姚贊以後事，使姚難屯關西，紹嘔血而死。

泓以晉師之逼，遣使乞師于魏。魏遣司徒、南平公拔拔嵩，正直將軍、安平公乙旃眷，進據河内，遊擊將軍王洛生屯於河東，為泓聲援。

劉裕次於陝城，遣沈林子率精兵萬餘，越山開道，會沈田子等於青泥，將攻堯柳。泓使姚裕率步騎八千距之，泓躬將大衆繼發。裕為田子所敗，泓退次於灞上，關中郡縣多潛通于王師。劉裕至潼關，遣將軍朱超石、徐猗之會薛帛于河北，以攻蒲阪。姚贊距裕于關西，姚難屯於香城。裕遣王鎮惡、王敬自秋社西渡渭，以逼難軍。鎮東姚璞及姚和都擊敗猗之等於蒲阪，猗之遇害，超石棄其衆奔於潼關。姚贊遣司馬休之及司馬國璠自軹關向河内，引魏軍以躡裕後。姚難既為鎮惡所逼，引師而西。時大霖雨，渭水泛溢，贊等不得北渡。鎮惡水陸兼進，追及姚難。泓自灞上還軍，次於石橋以援之。贊退屯鄭城。鎮北姚强率郡人數千，與姚難陣於涇上，以距鎮惡。鎮惡遣毛德祖擊强，大敗，强戰死，難遁還長安。

劉裕進據鄭城。泓使姚裕、尚書龐統屯兵宫中，姚洸屯於灃西，尚書姚白瓜徙四軍雜户入長安，姚丕守渭橋，胡翼度屯石積，姚贊屯霸東，泓軍於逍遥園。鎮惡夾渭進兵，破姚丕於渭橋。泓自逍遥園赴之，逼水地狹，因丕之敗，遂相踐而退。姚諶及前軍姚烈、左衛姚寶安、散騎王帛、建武姚進、揚威姚蠔、尚書右丞孫玄等皆死於陣，泓單馬還宫。鎮惡入自平朔門，泓與姚裕等數百騎出奔于石橋。贊聞泓之敗也，召將士告之，衆皆以刀擊地，攘袂大泣。胡翼度先與劉裕陰通，是日棄衆奔裕。贊夜率諸軍，將會泓于石橋，王師已固諸門，贊軍不得入，衆皆驚散。

泓計無所出，謀欲降於裕。其子佛念，年十一，謂泓曰：『晉人將逞其欲，終必不全，願自裁決。』泓憮然不答。佛念遂登宫牆自投而死。泓將妻子詣壘門而降。贊率宗室子弟百餘人亦降於裕，裕盡殺之，餘宗遷於江南。送泓于建康市斬之，時年三十，在位二年。建康百里之内，草木皆燋死焉。

姚萇以孝武太元九年僭立，至泓三世，以安帝義熙十三年而滅，凡三十二年。

《北史》卷九三《僭僞附庸傳・後秦姚氏》 姚萇，字景茂，出於南安赤亭，燒當之後也，祖柯回，助魏掎姜維於遝中，以功假綏戎校尉、西羌都督。父弋仲，晉永嘉之亂，東徙榆眉。劉曜以弋仲為平西將軍，平襄公。後隨石季龍遷於清河灄頭，勒以弋仲為奮武將軍，封襄平公。弋仲死，子襄代，屯於譙城。慕容儁以襄為豫州刺史、丹陽公，屯淮南。自稱大將軍、大單于，為晉將桓温所敗，奔河東。後為苻眉所殺。

弋仲有子四十二人，萇第二十四。隨兄襄征伐，襄甚奇之。襄敗，降於苻堅。從堅征伐，頻有功。堅伐晉，以萇為龍驤將軍，督益梁州諸軍事，謂萇曰：『朕本以龍驤建業，龍驤之號，初未假人，今特以相授。山南之事，一以委卿。』堅左將軍竇沖進曰：『王者無戲言，此亦不臧之徵也，惟陛下察之。』堅默然。及慕容泓起兵華澤，堅遣子衛大將軍睿討之，戰敗，為泓所殺。時萇為睿司馬，懼罪奔馬牧。聚衆萬餘，自稱大將軍、大單于、萬年秦王，號年白雀。數月之間，衆至十餘萬。與慕容沖連和，進屯北地。苻堅出五將山，萇執而殺之。

登國元年，僭稱皇帝，置百官，國號大秦，年曰建初。改長安曰常安，以其太子興鎮之。自擊苻登于安定，敗之。萇病，夢苻堅將天官使者、鬼兵數百，突入營中。萇懼，走後宮，宮人迎萇刺鬼，誤中萇陰。鬼相謂曰：『正中死處。』拔矛，出血石餘。寤而驚悸，遂患陰腫，刺之，出血如夢。萇乃狂言，或稱萇，『殺陛下者臣兄襄，非臣之罪，願不枉法。』萇死，子興襲位，秘不發喪。

興字子略，萇長子也。既滅苻登，然後發喪行服。僭稱皇帝，年號皇初。天興元年，興去皇帝之號，降稱天王，號年洪始。興克洛陽，以其弟東平公紹鎮之。三年，興遣使來聘，道武遣謁者僕射張濟使於興。天興五年夏，興遣其弟義陽公平率衆四萬侵平陽，攻乾壁六十餘日，陷之。七月，車駕親征。八月，次永安，平募遣勇將率精騎二百窺軍，為前鋒將長孫肥所禽，匹馬不反。平遂退走。帝急追，及于柴壁，圍之。興乃悉舉其衆，救平。帝增築重圍，內以防平之出，外以距興之入。又截汾曲為南北浮橋，乘西岸築圍。帝帥師度蒙阬南四十里，逆擊興。興晨行北引，未及安營，大軍卒至，興衆怖憂。帝知興氣挫，乃南絕蒙阬之口，東杜新阪之隘，守天度，屯賈山，令平水陸路絕，將坐甲而禽之。又令緣汾帶岡樹柵，以衛芻牧者。九月，興從汾西北下，憑壑為壘以自固。興又將數千騎乘西橋。官軍鉤取，以為薪蒸。興還壘，道武度其必攻西圍，乃命修塹，增廣之。至夜，興果來攻，梯短不及，棄之塹中而還。興又分其衆，臨汾為壘，叩逼水門，與平相望。帝因截水中，興內外隔絕，士衆喪氣。於是平糧盡，窘急，夜悉衆將突西南而出。興列兵汾西，舉烽鼓譟，為平接援。帝簡諸軍精銳，屯汾西固守，南絕水口。興夜聞聲，望平力戰突免；平聞外鼓，望興攻圍引接。故但叫呼，虛相應和，莫敢逼圍。平不得出，窮逼，乃將二妾赴水死。興安遠將軍不蒙世、揚武將軍雷重等將士四千餘人隨平投水，帝令泅水鉤捕，無得免者。平衆三千餘人，皆斂手受執。擒興尚書右僕射狄伯支已下四十餘人。興遠來救，自覩其窮，力不能免，舉軍悲號，震動山谷，數日不止。頻遣使請和，帝不許，乃班師。興還長安。有雀數萬頭鬭於興廟，毛羽折落，多有死者，月餘乃止。識者曰：『今雀鬭廟上，子孫當有爭亂者乎？』又興殿有聲如牛　句。有二狐入長安，一登興殿屋，走入宮，一入市，求之不得。永興三年，興遣周寶來聘。五年，興遣使來聘，並請進女，明元許之。神瑞元年，興遣兼散騎常侍，尚書吏部郎嚴康來聘。二年，興遣散騎常侍、東武侯姚敞、尚書姚軌奉其西平公主于明元，明元以後禮納之。

泰常元年，興死。長子泓，字元子，僭位，號年永和。晉將劉裕伐泓，長驅入關。泓戰敗請降，裕執之，于建康斬之。

宋·李昉等《太平御覽》卷一二三《偏霸部七·後秦姚弋仲》崔鴻《十六國春秋·後秦録》曰：姚弋仲，南安赤亭羌人也。其先有虞氏之苗裔。昔夏禹封舜少子於西戎，世為羌長。其後燒當雄於洮罕之間，當七世孫填虞。虞九世孫遷那率種人內附，漢朝嘉之，假西羌校尉、歸順王，處之赤亭。那玄孫柯迴，魏假綏戎校尉、西羌都督。回生弋仲，少而聰猛，英果雄毅。永嘉之亂，戎夏隨之數萬，自稱雍州刺史、護羌校尉、扶風公。

劉曜以弋仲為平西將軍。石虎廢石弘自立，仲稱疾不賀。虎累召之，乃赴。太寧元年，拜侍中、征西大將軍。石祗稱尊號於襄國，以仲為右丞相。石祗為劉顯所殺，仲乃與燕連和。仲有子四十二人，誡諸子曰：『我死之後，汝歸晉家，竭盡臣節。』乃使使降晉。晉永和七年，拜仲使持節、六夷大都督、江北諸軍事、儀同三司、大單于，封高陵郡公。八年，薨，七十三。後仲屍柩為苻生所得，生以王禮葬之於天水。萇稱尊號，追謚景元皇帝，廟號始祖，陵曰高陵。

又《姚襄》崔鴻《十六國春秋·後秦録》曰：姚襄，字景國，仲第五子。雄武多才藝，能明察，善撫納。士民愛敬之，咸請為嗣。仲以襄非長，不許。石祗僭號，以襄為使持節、驃騎將軍，護烏丸校尉。晉遣使拜襄持節、平北將軍、并州刺史、即丘縣公。

弋仲薨，率户六萬南至滎陽。晉處襄於譙城，遣弟為任，單騎度淮，見豫州刺史謝尚，一面交款，便若平生。楊州刺史殷浩憚其威名，遣謝萬討襄，逆擊破之。鼓行濟淮，屯於盱眙，朝廷大震。襄方軌引北，自稱大將軍、大單于。據許昌，自許遂攻洛陽，逾月不克。晉征西大將軍桓溫自江陵伐襄，溫至伊水，襄徹圍拒之，為溫所敗。襄奔還洛陽，率數千騎奔於北山。百姓隨襄者四千餘户。襄尋從北山將圖關中，進屯杏城，遣輔國

將軍姚蘭略地　城。符生遣符飛拒戰。襄率衆西引，與符堅戰于三原，為堅所殺，時年二十七。萇稱尊，追謚魏武王。

又《姚萇》　崔鴻《十六國春秋·後秦録》曰：姚萇，字景茂，仲之第二十四子。少聰哲，多權略，不修行業。兄襄為符堅所殺，萇率諸弟降秦，符堅以為揚武將軍、步兵校尉。潞川之戰有殊功，遷左衛將軍，累受幽州刺史。符堅伐晉，以萇為龍驤將軍、督益梁二州諸軍事，謂曰：『朕本以龍驤建業，龍驤之號未曾假人，特以相授，山南之事一以委焉。』左將軍竇衛進曰：『王者無戲言，此不祥之徵也。』堅默然。

白雀元年，慕容泓起兵，堅遣子睿討之，萇為睿司馬。既而，為泓所敗，睿死。萇遣參軍姜協謝罪，堅怒，殺之。萇懼，奔於渭北。歸者五萬餘家，咸推萇為盟主。自稱大將軍、大單于、萬年秦王，大赦，改元，稱制行事。二年六月，慕容沖入長安，司隸崔翼、尚書趙遷等數百人來奔。萇聞符堅在五將山，遣驍騎吳忠車騎圍之，萇自故縣如新平。吳忠執堅，送之。萇將求禪代，堅不許，慕容沖遣率騎大將軍尚書令高蓋來伐，戰於新平，大破之，蓋率麾下數千人來降。

建初元年，僭即皇帝位於長安，大赦，改年，國號大秦，改長安為常安。追尊考仲景元皇帝，妣曰德皇后，興為皇太子。秋七月，萇如安定。二年，徙秦州三萬户于安定。七月，以太子興鎮長安。四年十月，立社稷于長安。六年，大敗符登于長安。七年三月，萇寢疾，遣鎮東姚碩德守長安，召太子興詣行在所。八年十月，萇如長安，至於新支堡，疾篤，輿疾而進。十二月，至長安，召太尉姚旻、僕射尹緯等，受遺詔輔政。萇曰：『吾氣力轉微，將不能復臨天下，卿等善相吾子。』謂興曰：『有毁此諸人者，慎勿受之。汝撫骨肉以仁，接大臣以禮，待物以信，遇民以恩，四者既備，吾無恨矣。』庚子，薨于永安宮，年六十四。謚武昭皇帝，葬元陵，廟號太祖。

又《姚興》　崔鴻《十六國春秋·後秦録》曰：姚興，字子略，萇之太子。萇薨，秘不發喪。皇初元年，乃發喪行服。即天子位於槐里，大赦，改元。七月，如涇陽，與符登戰，斬登。徙陰密三萬户於長安。二年，以叔父緒為晉王，征西將軍碩德為隴西王，弟崇為齊公，顯為常山公。三年，以緒為並、冀二州牧，鎮蒲阪。四年二月，遣齊公崇伐洛陽。弘始元年九月，大赦，改元。冬十月，克洛陽，以東平公紹為都督山東諸軍事、豫州牧，鎮洛陽。四年五月，遣大將軍隴西王碩德率步騎六萬伐呂隆於涼州。先是，吐蕃傉檀據西平，沮渠蒙遜據張掖，李駿據敦煌，各制方域，共相侵伐。碩德從金城濟河，直趣廣武，徑蒼松，至隆城下。隆遣弟輔國超、龍驤邈等率衆拒碩德。碩德大破之，生擒邈。傉檀、蒙遜、李駿等各修表奉獻。九月，隆奉表請降。興答報嘉美，以隆為鎮西將軍、涼州刺史、建康公。十一月，鳩摩羅什至長安。七年正月，興如逍遥園，引諸沙門聽什説佛經。九年，以太子泓録尚書事。慕容超遣使稱蕃。十年，與魏通和，貢馬千匹。十一年，蜀譙縱遣使稱藩。

十六年五月，興疾於内寢，太子泓以兵屯東華門，侍疾於諮議堂。尚書令廣平公弼潛謀為亂，招集數千人，持兵於第。興疾損，升前殿，百官咸會，征虜劉羌泣曰：『陛下寢疾數旬，奈何忽有斯事！』興曰：『朕過庭無訓，諸子交惡，含耻胡顔，愧于四海。』興以弼文武兼才，未忍致法，免其尚書令，以公就第。十七年十二月，興疾重，廣平公弼告病不朝，集兵於第，興怒，乃收弼囚之。十二月，興疾甚，遣收廣平公弼第甲仗，還武庫。於是弼黨率甲仗攻端門，興力疾臨前殿，賜弼死。丁未，薨於前殿，年五十三。謚文桓皇帝，廟號高祖，墓曰偶陵。

又《姚泓》　崔鴻《十六國春秋·後秦録》曰：姚泓，字元子，興之太子。興薨，即位，大赦，改為永和元年，廬於諮議堂。訖葬，乃親庶政。

晉相劉裕來伐，遣冠軍檀道濟、龍驤王鎮惡入自淮肥。二年七月，劉裕次於陝城，泓次於灞上。裕至潼關，泓自灞上還軍，次於石橋。裕進據鄭城，泓遣姚裕屯兵宮中，將軍姚丕守渭橋，泓軍於逍遥園。丕為晉所敗。泓自赴之，因丕之敗，遂相踐而退。泓與河間公裕等數百騎出奔于石橋。大將軍東平公贊聞泓之敗，率諸軍赴難。會泓于石橋，晉人已固青門一云諸門，諸軍不得入，衆皆驚散。泓與河間公裕等詣裕請降，泓子彭城公佚念，年十二，謂泓曰：『陛下今雖降晉，劉裕待人無禮，終必不全，願自裁決。』泓憮然不答。念遂登宮牆自投而死。平原公璞、并州刺史尹昭以蒲阪降晉。東平公率宗室子弟百餘人降於裕，裕盡殺之。九月，裕至長安，送泓于建康市戮之，時年三十。建康百里之内，草木焦死。自姚萇白雀元年，歲在甲申，至於是歲，歲在丙辰，三十有三歲。

宋・司馬光《資治通鑑》卷九五《晉紀一七・顯宗成皇帝中之上》

（晉成帝咸和九年）十一月，（姚弋仲）正色謂（後趙丞相）虎曰：『弋仲常謂大王命世英雄，奈何把臂受託而返奪之邪？』虎曰：『吾豈樂此哉！顧海陽年少，恐不能了家事，故代之耳。』心雖不平，然察其誠實，亦不之罪。

又　卷九七《晉紀一九・孝宗穆皇帝上之上》（晉穆帝永和元年）十二月，武城左尉，石虎寵姬之弟也，嘗入弋仲營，侵擾其部衆。弋仲執而數之曰：『爾爲禁尉，迫脅小民；我爲大臣，目所親見，不可縱也。』

又　卷九八《晉紀二〇・孝宗穆皇帝上之下》（晉穆帝永和五年）正月，姚弋仲至鄴，求見趙王虎。虎病，未之見，引入領軍省，賜以己所御食。弋仲怒，不食，曰：『主上召我來擊賊，當面見授方略，我豈爲食來邪！且主上不見我，我何以知其存亡邪？』【略】

趙王虎力疾見姚弋仲，弋仲讓虎曰：『既爲逆而誅之，又何愁焉！』【略】

四月，姚弋仲等共說石遵曰：『今女主臨朝，姦臣用事。』

（晉穆帝永和六年）閏月，姚弋仲、蒲洪各有據關右之志。弋仲遣其子襄帥衆五萬擊洪，洪迎擊，破之，斬獲三萬餘級。【略】

趙主祗以姚弋仲爲右丞相、親趙王。【略】

（姚）弋仲遣其子襄帥騎二萬八千救趙，誡之曰：『冉閔棄仁背義，屠滅石氏。我受人厚遇，當爲復讎，老病不能自行；汝才十倍於閔，若不梟擒以來，不必復見我也！』【略】

（姚）弋仲亦遣使告於燕。【略】

三月，冉閔悉衆出，與（姚）襄、（趙汝陰王）琨戰。悅綰適以燕兵至，去魏兵數里，疏布騎卒，曳柴揚塵，魏人望之恟懼。【略】

初，中原大亂，因以饑疫，人相食。【略】

十一月（姚）襄與秦兵戰，敗，亡三萬餘户。【略】

尹赤奔秦，秦以赤爲幷州刺史，鎮蒲阪。【略】

謝尚、姚襄共攻張遇於許昌。秦主健遣丞相東海王雄、衛大將軍平昌王菁略地關東，帥步騎二萬救之。丁亥，戰于潁水之誠橋，尚等大敗，死者萬五千人。【略】

（謝）尚奔還淮南，（姚）襄棄輜重，送尚于芍陂；尚悉以後事付襄。

又　卷九九《晉紀二一・孝宗穆皇帝中之上》（晉穆帝永和九年）九月，姚襄屯歷陽以燕、秦方强，未有北伐之志，乃夾淮廣興屯田，訓厲將士。【略】

（權）翼曰：『平北英姿絶世，擁兵數萬遠歸晉室者，以朝廷有道，宰輔明哲故也。今將軍輕信讒慝之言，與平北有隙，愚謂猜嫌之端，在此不在彼也。』

又　卷一〇〇《晉紀二二・孝宗穆皇帝中之下》（晉穆帝永和十二年）四月，姚襄自許昌攻周成于洛陽。【略】

七月，姚襄攻洛陽，踰月不克。長史王亮諫曰：『明公英名蓋世，兵强民附。今頓兵堅城之下，力屈威挫，或爲他寇所乘，此危亡之道也！』【略】

八月己亥，（桓）温至伊水，姚襄撤圍拒之，匿精鋭於水北林中，遣使謂温曰：『承親帥王師以來，襄今奉身歸命，願敕三軍小卻，當拜伏路道左。』温曰：『我自開復中原，展敬山陵，無豫君事。欲來者便前，相見在近，無煩使人。』【略】

姚襄帥麾下數千騎奔於洛陽北山，其夜，民棄妻子隨襄者五千餘人。【略】

姚襄奔平陽，秦幷州刺史尹赤復以衆降襄，襄遂據襄陵。【略】

（姚）襄所乘駿馬曰黧眉騧。【略】

（秦主生以王禮）葬弋仲於孤磐。

又　卷一〇一《晉紀二三・海西公上》（晉海西公太和元年）七月，秦輔國將軍王猛、前將軍楊安、揚武將軍姚萇等帥衆二萬寇荆州，攻南鄉郡。【略】

二年二月，秦輔國將軍王猛、隴西太守姜衡、南安太守南安邵羌、揚武將軍姚萇等帥衆萬七千討斂岐。

又　《晉簡文帝咸安元年》三月，秦西縣侯雅、楊安、王統、徐成及羽林左監朱彤、揚武將軍姚萇帥步騎七萬伐仇池公楊纂。【略】

十一月，（秦王堅以）姚萇爲寧州刺史，屯墊江。

又《晉孝武帝太元元年》 五月，秦王堅下詔曰：『張天錫雖稱藩受位，然臣道未純，可遣使持節武衛將軍武都苟萇、左將軍毛盛、中書令梁熙、步兵校尉姚萇等將兵臨西河；尚書郎閻負、梁殊奉詔征天錫入朝，若有違王命，即進師撲討。』

又《晉孝武帝太元三年》 二月，秦王堅遣征南大將軍都督征討諸軍事守尚書令長樂公丕、武衛將軍苟萇、尚書慕容暐帥步騎七萬寇襄陽，以荆州刺史楊安帥樊、鄧之衆爲前鋒，領軍將軍苟池、右將軍毛當、强弩將軍王顯帥衆四萬出武當，會攻襄陽。

又《晉孝武帝太元八年》 六月，晉桓沖帥衆十萬伐秦，遣輔國將軍楊亮攻蜀，拔五城，進攻涪城。秦王堅遣）後將軍張蚝、步兵校尉姚萇救涪城。【略】

是時，朝臣皆不欲（秦王）堅行，獨慕容垂、姚萇及良家子勸之。【略】

陽平公融言於（秦王）堅曰：『鮮卑、羌虜，我之仇讎，常思風塵之變以逞其志，所陳策畫，何可從也！良家少年皆富饒子弟，不閑軍旅，苟爲諂諛之言以會陛下之意。今陛下信而用之，輕舉大事，臣恐功既不成，仍有後患，悔無及也！』

又《晉帝孝武帝太元九年》（後秦姚萇白雀元年） 四月，慕容泓聞秦兵且至，懼，帥衆將奔關東。秦鉅鹿慼公叡粗猛輕敵，欲馳兵邀之。姚萇諫曰：『鮮卑皆有思歸之志，故起而爲亂，宜驅令出關，不可遏也。夫執鼷鼠之尾，猶能反噬於人。彼自知困窮，致死於我；萬一失利，悔將何及。但可鳴鼓隨之，彼將奔敗不暇矣。』叡弗從，戰于華澤，叡兵敗，爲泓所殺。【略】

姚萇遣龍驤長史趙都、參軍姜協詣秦王堅謝罪。【略】

六月，秦王堅自帥步騎二萬以擊後秦軍於趙氏塢，後秦軍中無井，秦人塞安公谷，堰同官水以固之。【略】

（後秦王萇）乃留其長子興守北地，使寧北將軍姚穆守同官川，自將其衆攻新平。【略】

後秦王萇至新平，新平太守南安苟輔欲降之，郡人遼西太守馮傑、蓮勺令馮羽、尚書郎趙義、汶山太守馮苗諫曰：『昔田單以一城存齊。今秦之州鎮，猶連城過百，奈何遽爲叛臣乎！』輔喜曰：『此吾志也，但恐久而無救，郡人橫被無辜。諸君能爾，吾豈顧生哉！』

又《晉孝武帝太元十年》（白雀二年）正月，後秦王萇留諸將攻新平，自引兵擊安定，擒秦安西將軍勃海公珍，嶺北諸城悉降之。【略】

初，（高）蓋以楊定爲子，及蓋敗，定亡奔隴右，復收集其舊衆。

又《晉孝武帝太元十一年》（建初元年）正月，後秦王萇如安定。【略】

鮮卑既東，長安空虛。前榮陽高陵趙穀等招杏城盧水胡郝奴帥户四千入于長安，渭北皆應之，以穀爲丞相。【略】

四月，後秦王萇自安定伐之，驎奔漢中。萇執多而進，奴懼，請降，拜鎮北將軍、六谷大都督。【略】

（後秦王）萇與羣臣宴，酒酣，言曰：『諸卿皆與朕北面秦朝，今忽爲君臣，得無耻乎！』趙遷曰：『天不耻以陛下爲子，臣等何耻爲臣！』萇大笑。【略】

初，後秦主萇之弟碩德統所部羌居隴上，聞萇起兵，自稱征西將軍，聚衆於冀城以應之；以兄孫詳爲安遠將軍，據隴城，從孫訓爲安西將軍，據南安之赤亭，與秦州刺史王統相持。【略】

秦略陽太守王皮降之。【略】

九月，後秦主萇以姚碩德爲使持節、都督隴右諸軍事、秦州刺史，鎮上邽。【略】

秦南安王登既克南安，夷、夏歸之者三萬餘户，遂進攻姚碩德于秦州，後秦主萇自往救之。登與萇戰于胡奴阜，大破之，斬首二萬餘級，將軍啖青射萇，中之。萇創重，走保上邽，姚碩德代之統衆。

又《晉孝武帝太元十二年》（建初二年）四月，後秦征西將軍姚碩德爲楊定所逼，退守涇陽。定與秦魯王纂共攻之，戰于涇陽，碩德大敗。【略】

西燕主永攻（蘭）櫝，櫝請救於後秦，後秦主萇欲自救之。尚書令姚旻、左僕射尹緯曰：『苻登近在瓦亭，將乘虛襲吾後。』萇曰：『苻登

衆盛，非旦夕可制；登遲重少決，必不能輕軍深入。比兩月間，吾必破賊而返，登雖至，無能爲也。』【略】

九月，後秦主萇軍於泥源。師奴逆戰，大敗，亡奔鮮卑。後秦盡收其衆，屠各董成等皆降。【略】

十月，後秦主萇進擊西燕主永於河西，永走。蘭櫝復列兵拒守，萇攻之；十二月，禽櫝，遂如杏城。【略】

後秦姚方成攻秦雍州刺史徐嵩壘，拔之，斬嵩，悉阬其士卒，以妻子賞軍。

又《晉孝武帝太元十四年》（建初四年）八月，（秦主登）據苟頭原（以逼安定。）諸將勸後秦主萇決戰，萇曰：『與窮寇競勝，兵家之忌也，吾將以計取之。』乃留尚書令姚旻守安定，夜，帥騎三萬襲秦輜重於大界，克之。【略】

九月，秦主登之東也，後秦主萇使姚碩德置秦州守宰，以從弟常戍隴城，邢奴戍冀城，姚詳戍略陽。楊定攻隴、冀，克之，斬常，執邢奴；詳棄略陽，奔陰密。定自稱秦州牧、隴西王；秦因其所稱而授之。【略】

十二月，（後秦主萇）東門將軍任瓮，征東將軍雷惡地。【略】

（後秦主）萇以（雷）惡地爲鎮軍將軍。

又《晉孝武帝太元十五年》（建初五年）三月，後秦天水太守張業生。【略】

四月，羣臣怪而問之，（後秦主）萇曰：『揭飛等扇誘同惡，種類甚繁，吾雖克其魁帥，餘黨未易猝平；今烏集而至，吾乘勝取之，可一舉無餘也。』【略】

七月，後秦以（鄭縣人苟）曜爲豫州刺史。

又《晉孝武帝太元十六年》（建初六年）五月，秦兗州刺史强金槌據新平，降後秦，以其子逵爲質。

又《晉孝武帝太元十七年》（建初七年）八月，（後秦）安南將軍姚熙隆。

又《晉孝武帝太元十八年》（建初八年）八月，氐帥楊佛嵩。【略】

十一月，姚晃垂涕問取苻登之策，（後秦主）萇曰：『今大業垂成，興才智足辨，奚所復問！』

又《晉孝武帝太元十九年》（文桓帝姚興皇初元年）七月，（後秦主興）以李後賜姚晃。【略】

十二月，秦主興遣使與燕結好，幷送太子寶之子敏於燕，燕封敏爲河東公。

又《晉孝武帝太元二十一年》（皇初三年）十二月，（楊）盛表苻宣爲平北將軍。【略】

（秦隴西王）碩德西擊（權）千成於略陽，千成降。【略】

初，永嘉之亂，汾陰薛氏聚其族黨，阻河自固，不仕劉、石。及苻氏興，乃以禮聘薛彊，拜鎮東將軍。【略】

（秦主）興以（晉王）緒爲幷、冀二州牧，鎮蒲阪。

又《晉安帝隆安元年》（皇初四年）九月，（秦主興）存問孤貧，舉拔賢俊，簡省法令，清察獄訟，守令之有政迹者賞之，貪殘者誅之，遠近肅然。【略】

十月，（辛）恭靖見秦王興，不拜。

又《晉安帝隆安四年》（弘始二年）七月，西秦王乾歸使武衛將軍慕兀等屯守，秦軍樵采路絶，秦王興潛引兵救之。【略】

八月，（西秦王）乾歸南奔枹罕。【略】

九月，涼呂方降於秦，廣武民三千餘户奔武威王利鹿孤。【略】

初，涼將姜紀降於河西王利鹿孤，廣武公傉檀與論兵略，甚愛重之，坐則連席，出則同車，每談論，以夜繼晝。利鹿孤謂傉檀曰：『姜紀信有美才，然視候非常，必不久留於此，不如殺之。紀若入秦，必爲人患。』傉檀曰：『臣以布衣之交待紀，紀必不相負也。』

又《晉安帝隆安五年》（弘始三年）八月，（姜）紀將數十騎奔秦軍，說碩德曰：『呂隆孤城無援，明公以大軍臨之，其勢必請降；然彼徙文降而已，未肯遂服也。請給紀步騎三千，與王松匆因焦朗、華純之衆，伺其釁隙，隆不足取也。不然，今禿髮在南，兵强國富，若兼姑臧而據之，威勢益盛，沮渠蒙遜、李暠不能抗也，必將歸之，如此，則爲國家之大敵矣。』碩德乃表紀爲武威太守，配兵二千，屯據晏然。【略】

涼之羣臣請與秦連和，涼王隆不許。安定公超曰：『敵去之後，脩德政以息民，【略】不然，坐守困窮，終將何如？』使請降于秦。隆乃從之。

又《晉安帝元興元年》（弘始四年）三月，司馬休之、劉敬宣、高雅之俱奔洛陽，各以子弟爲質於秦以求救。秦王興與之符信，使於關中募兵，得數千人，復還屯彭城間。【略】

四月，乞伏熾磐自西平逃歸苑川，南涼王傉檀歸其妻子。乞伏乾歸使熾磐入朝于秦，秦主興以熾磐爲興晉太守。【略】

（魏主）珪乘勝進攻蒲阪，秦晉公緒固守不戰。

又《晉安帝元興二年》（弘始五年）八月，（齊難）徙（呂）隆宗族、僚屬及民萬户于長安。

又《晉安帝義熙元年》（弘始七年），正月，劉懷肅追斬馮該於石城，桓謙、桓怡、桓蔚、桓謐、何澹之、温楷皆奔秦。【略】

（南燕主）備德聞納有遺腹子在秦，遣濟陰人吳辯往視之，辯因鄉人宗正謙賣卜在長安，以告超。超不敢告其母妻，潛與謙變换姓名逃歸南燕。

又《晉安帝義熙二年》（弘始八年），（傉檀別駕宗敞）因薦本州文武名士十餘人，；檀嘉納之。

又《晉安帝義熙三年》（弘始九年）四月，氐王楊盛以平北將軍苻宣爲梁州督護，將兵入漢中，秦梁州別駕呂瑩等起兵應之；刺史王敏攻之。【略】

十月，秦以乞伏熾盤行河州刺史。【略】

南燕主超使左僕射張華、給事中守正元獻太樂伎一百二十人於秦，秦王興乃還超母妻，厚其資禮而遣之，超親帥六宮迎於馬耳關。

又《晉安帝義熙四年》（弘始十年）五月，［（譙）縱上表請桓謙於秦，欲與之共擊劉裕。］秦王興以問謙，謙曰：『臣之累世，著恩荆、楚，若得因巴、蜀之資，順流東下，士民必翕然響應。』興曰：『小水不容巨魚，若縱之才力自足辦事，亦不假君以爲鱗翼。宜自求多福。』遂遣之。謙至成都，虚懷引士；縱疑之，置於龍格，使人守之。謙泣謂諸弟曰：『姚主之言神矣！』【略】

姜紀言於（姚）弼曰：『今王師聲討勃勃，傉檀猶豫，守備未嚴，願給輕騎五千，掩其城門，則山澤之民皆爲吾有，孤城無援，可坐克也。』【略】

（禿髮）傉檀嬰城固守，出奇兵擊（姚）弼，破之，弼退據西苑。

又《晉安帝義熙五年》（弘始十一年）正月，乞伏熾磐入見秦太原公懿於上邽，彭奚念乘虚伐之。熾磐聞之，怒，不告懿而歸，擊奚念，破之，遂圍枹罕。【略】

乞伏乾歸從秦王興如平涼。【略】

七月，（劉）裕笑曰：『此是兵機，非卿所解，故不相語耳。夫兵貴神速，彼若審能赴救，必畏我知，寧容先遣信命，逆設此言！是自張大之辭也。晉師不出，爲日久矣。羌見伐齊，始將內懼。自保不暇，何能救人邪！』【略】

長水校尉王蒲勸（韓）範奔秦，範曰：『劉裕起布衣，滅桓玄，復晉室；今興師伐燕，所向崩潰，此殆天授，非人力也。燕亡，則秦爲之次矣，吾不可以再辱。』

又《晉安帝義熙七年》（弘始十三年）正月，（秦王興曰：）『自古帝王之興）隨時任才，皆能致治。』

又《晉安帝義熙八年》（弘始十四年）六月，（秦人多勸秦王興乘亂取熾磐，）興曰：『伐人喪，非禮也。』

又《晉安帝義熙九年》（弘始十五年）三月，秦太尉索稜以隴西降（河南王）熾磐，熾磐以稜爲太傅。【略】

十一月，魏主嗣遣使請昏於秦，秦王興許之。

又《晉安帝義熙十一年》（弘始十七年）三月，（司馬）休之至長安，秦王興以爲揚州刺史，使侵擾襄陽。侍御史唐盛言於興曰：『據符讖之文，司馬氏當復得河、洛。今使休之擅兵於外，猶縱魚於淵也；不如以高爵厚禮，留之京師。』興曰：『昔文王卒免羑里，高祖不斃鴻門；苟天命所在，誰能違之！脱如符讖之言，留之適足爲害。』遂遣之。

又《晉安帝義熙十二年》（姚泓永和元年）正月，秦王興使魯宗之將兵寇襄陽，未至而卒。【略】

西秦王熾盤攻秦洮陽公彭利和於漒川，沮渠蒙遜攻石泉以救之。【略】

明日，興卒。年五十一。《考異》曰：《晉·本紀》、《三十國》、《晉春秋》皆云義熙十一年二月姚興卒；《魏·本紀》、《北史·本紀》、《姚興》、《姚泓載記》皆云十二年。按：《後魏書·崔鴻傳》：太祖天興二年，姚興改號，鴻以為元年，故《晉·本紀》、《三十國》、《晉春秋》凡弘始後事皆在前一年，由鴻之誤也。

二月，（太子）泓曰：『臣子聞君父疾篤而端居不出，何以自安！』對曰：『全身以安社稷，孝之大者也。』泓乃止。【略】

秦陳留公洸司馬姚禹陰與檀道濟通，主簿閻恢、楊虔，皆禹之黨也，共嫉趙玄，言於洸曰：『殿下以英武之略，受任方面；今嬰城示弱，得無爲朝廷所責乎！』【略】

西秦王熾磐使秦州刺史王松壽鎮馬頭，以逼秦之上邽。【略】

（寧東將軍姚成都）遣使讓（姚）懿曰：『明公以至親當重任，國危不能救，而更圖非望；三祖之靈，其肯佑明公乎！成都將糾合義兵，往見明公於河上耳。』

又《晉安帝義熙十三年》（永和二年）正月，沈林子謂檀道濟曰：『王鎮惡在潼關，勢孤力弱，不如與鎮惡合勢并力以爭潼關。若得之，尹昭不攻自潰矣。』【略】

三月，（秦魯公）紹退屯定城，據險拒守，謂諸將曰：『道濟等兵力不多，懸軍深入，不過堅壁以待繼援。吾分軍絕其糧道，可坐禽也。』【略】

（姚）鸞遣尹雅將兵與晉戰於關南，爲晉兵所獲，將殺之。雅曰：『雅前日已當死，幸得脫至今，死固甘心。然夷、夏雖殊，君臣之義一也。晉以大義行師，獨不使秦有守節之臣乎！』乃免之。【略】

東平公讃。【略】

太尉裕遣使假道於魏；秦主泓亦遣使請救於魏。魏主嗣使羣臣議之，皆曰：『秦，婚姻之國，不可不救也。』【略】

博士祭酒崔浩曰：『南北異俗，借使國家棄恆山以南，裕必不能以吳、越之兵與吾爭守河北之地，安能爲吾患乎！』【略】

九月，（太尉裕收秦）記里鼓、指南車送詣建康。【略】

十月，西秦王熾磐遣左丞相曇達等擊秦故將姚艾，艾遣使稱藩，熾磐以艾爲征東大將軍、秦州牧。徵王松壽爲尚書左僕射。

論說

《晉書》卷一一九《姚泓載記論》 自長江徙御，化龍創業，巨寇乘機而未寧，戎馬交馳而不息，晦重氛於六漠，鼓洪流於八際，天未厭亂，凶旅實繁。弋仲越自金方，言歸石氏，抗直詞於暴主，闡忠訓于危朝，貽厥之謀，在乎歸順，嗚哀之義，有足稱焉。景國弱歲英奇，見方孫策，詳其幹識，無忝斯言，遂踐迷途，良可悲矣！

景茂因仲襄之緒，躡苻亡之會，嘯命羣豪，恢弘霸業，假容沖之銳，俯定函、秦；挫雷惡之鋒，載寧東北。在茲姦略，實冠凶徒。列樹而表新營，雖云效績；薦棘而陵舊主，何其不仁！安枕而終，斯為幸也。

子略克摧勍敵，荷成先構，虛襟訪道，側席求賢，敦友弟以睦其親，明賞罰以臨其下，英髦盡節，爪牙畢命。取汾、絳，陷許、洛，款僭燕而藩偽蜀，夷隴右而靜河西，俗阜年豐，遠安邇輯，雖楚莊、秦穆何以加焉！既而逞志矜功，弗虞後患。委涼都於禿髮，授朔方于赫連，專己生灾，邊城繼陷，距諫招禍，蕭牆屢發，戰無寧歲，人有危心。豈宜騁彼雄圖，被深恩於介士；翻崇詭說，加殊禮于桑門！當有為之時，肆無為之業，麗衣腴食，殆將萬數，析實談空，靡然成俗。夫以漢朝殷廣，猶鄙鴻都之費；況乎偽境日侵，寧堪永貴之役！儲用殫竭，山林有稅，政荒威挫，職是之由，坐致淪胥，非天喪也。

元子以庸懦之質，屬傾擾之餘，內難方殷，外禦斯輟。王師杖順，弭節而下長安；凶嗣失圖，繫組而降軹道。物極則反，抑斯之謂歟！

又《姚泓載記贊》 弋仲剛烈，終表奇節。襄實英果，萇惟姦傑。興始崇構，泓遂摧滅。貽誡將來，無踐危轍。

雜録

唐·徐堅《初學記》卷一七《人部上·友悌》 崔鴻《後秦録》曰：姚襄與李歷戰，馬中流矢死。弟萇下馬以授襄，襄曰：『汝何以自免？』萇曰：『兄濟，此豎子安敢害萇！』會救至，俱免死。

又　卷一八《人部中・師》　崔鴻《後秦録》曰：初，姚泓之為太子，受經于太學博士淳于岐。岐病在家，泓以師者人之表範，傳先聖之訓，加在三之義，不可以不重，親詣省疾，拜於床下。《孫卿子》曰：師有四術，而傳習不與焉。

唐・李亢《獨異志》卷中　姚泓將妻子降于劉裕，裕斬之于建康市。凡百里之內，草皆焦而死。

宋・李昉等《太平御覽》卷六五《地部三十・關中諸水・湫水》　《周地記》曰：楊班為姚萇將，居黃梁谷，其西有小谷，由來無水。夜忽有人聲云，湫神移徙借車牛，如有影響，至西谷中，忽有水方二百步，其水深淺不測，冬夏湛然。每水旱，百姓祈福屢應也。

又　卷一八二《居處部十・門上》　《後秦録》曰：姚興從朝門游于文武苑，及昏而還，將自平朔門入，前驅既至城門，校尉王滿聰被甲持杖，閉門拒之。乃回從朝門而入。旦而召聰，謂之曰：『卿社稷之臣也，朕有喜焉。』於是進位二等。

又　卷二四九《職官部四十七・府參軍》　《後秦記》云：姚襄遣參軍薛瓚使桓温，温以胡戲瓚，瓚曰：『在北曰狐，居南曰貉，何所問也？』

又　卷二六一《職官部五十九・良太守中》　崔鴻《十六國春秋・前秦録》曰：索棱，字孟則，敦煌人。好學博聞，姚萇甚重之，委以機密，文章詔檄皆棱之文也。後為平原太守，以德化民，民畏而愛之，歌曰：『懿矣明守，庶績允厘；剖符作宰，實獲我思。』

又　卷三一一《兵部四十二・挑戰》　崔鴻《十六國春秋》曰：姚襄據黃落，前秦苻堅遣將黃眉、鄧羌等率步騎討之。襄深溝高壘，固守不戰。鄧羌說黃眉曰：『傷弓之鳥，落於虛發。襄頻為晉將桓張平所敗，鋭氣喪矣。今固壘不戰，是窮寇也。襄性剛狠，易以剛動。若長驅鼓行，且壓其壘，襄必忿而出師，可一戰擒也。』黃眉從之。遣羌追騎三千軍於襄壘。果怒，盡鋭出戰。羌僞不勝，引騎而退。襄追至於三原，羌回騎拒襄。俄而，黃眉至，大戰，斬之，盡俘其衆。

又　卷三四六《兵部七十七・刀下》　陶弘景《刀劍録》曰：後秦姚萇建初元年造二刀，長七尺，一銘曰『雄』，一曰『雌』，隸字。若叩即鳴。

又　卷三六九《人事部十・臂》　《後秦記》曰：姚襄垂臂過膝。

又　卷三八六《人事部二十七・健》　崔鴻《十六國春秋・後秦録》曰：姚興將軍王奚仲，驍悍有膂力。去其弓槊，持短兵出堡，與赫連勃勃力戰，衆多傷。勃勃乃羈縻圖之，斷其水路，堡民執奚仲出降，勃謂奚仲曰：『卿忠臣也，朕方與卿共平天下。』奚曰：『若蒙大恩，速死為惠。』乃與所親數十人自刎而死。

又　卷四〇四《人事部四十五・師》　崔鴻《後秦録》曰：初，姚泓之為太子，受經于太學博士淳于岐。岐病在家，泓以師者人之表范，傳先聖之訓，加在三之義，不可以不重。親詣省疾，拜於床下。

又　卷四〇八《人事部四十九・交友三》　《三十國春秋》曰：姚萇單騎度淮，見豫州刺史謝尚于壽陽，幅巾以待之，一面如舊相識。

又　卷四四六《人事部八十七・品藻中》　《秦記》曰：姚萇大破苻登，置酒高會，諸將咸曰：『若值魏武王，尋破此賊，陛下將牢大過。』上歎曰：『吾不如亡兄者四也：長八尺五寸，垂臂過膝，望而畏之，一也。當十萬之衆，與天下爭衡，望麾直突，前無橫陣，二也。突覽古今，講論道藝，駕御羣賢，收羅俊異，三也。總領大衆，經履險難，大小悦稱，人盡死力，四不如也。』

又曰：魏武王姚襄禮待楊亮，亮奔桓温，温問亮曰：『襄何如人？』答曰：『天下傑也。神明器度，故是孫策之儔，而雄武過之。』

又　卷四六七《人事部一百八・喜》　崔鴻《後秦録》曰：秦末，祆星見於東井。尹緯知秦將滅，心喜，踴躍向天再拜。

又　卷四七五《人事部一百一十六・待士》　崔鴻《十六國春秋・後秦録》曰：太尉文成公姚顯，字子章，興之弟也。清秀明發，文武兼才，為令録十餘年無秕政。機務之暇，賓客如雲，謙虛傳受，待士以布衣之禮，或昏夜靜處，與賢士談論政事。

又　卷五六四《樂部二・雅樂中》　崔鴻《十六國春秋》曰：《後秦録・姚興傳》曰：濟南公邕字子和，興之弟也。尤喜音樂，皆能度其盈虛，增改曲調，世咸傳之，號『濟南新調』。

又　卷五八二《樂部十二·鼓》　《後秦記》曰：姚泓，永和元年，天水冀石鼓鳴，聞數百里，野雉皆雊。

又　卷六一三《學部七·教學》　崔鴻《十六國春秋·後秦録》曰：涼州胡辯者，河西大儒也。前秦建元末，東徙洛陽，隨講受弟子千有餘人，關中後進多赴之。姚興敕關尉曰：『諸生諮訪道義，修己厲身，往來出入，勿拘常限。』於是學者咸勸，儒業盛矣。

又　卷八〇二《珍寶部一·寶》　《晉中興書》曰：姚萇試諸子，謂曰：『吾有一寶物，萬金不易，汝等技藝勝者，吾以與之。』諸子皆索好馬，欲於父前試之。惟略不動，萇以為賢，故越諸兄立為嗣子。

又　卷八八〇《咎徵部七·地震》　《十六國春秋》曰：後秦姚泓時，秦州地震三十二，殷殷有聲，山崩舍壞。識者以為：秦州，泓之故鄉，將滅之徵。後宋高祖入長安，執於建康斬之。

《十六國春秋》曰：姚興四年，所在地震，前後一百五十六。公卿百司抗表請罪，興曰：『災遣之來，咎在玄首，近代或歸罪三公，甚非也。朕當考躬省己，思宋景之義。掛□何愆？宜悉冠履復位。』

又　《地陷》　《十六國春秋》曰：後秦姚泓永和元年，秦州地陷裂，巖嶺崩墜，人舍壞。是年為宋高祖所擒，斬於建康市。

又　《地生毛》　崔鴻《十六國春秋》曰：後秦姚興時，乞伏乾歸鎮州，地震生毛。而乾歸太初十九年七月為兄子夠援所殺。

又　卷九〇二《獸部十四·羊》　崔鴻《十六國春秋·後秦録》曰：羌抑摩獻羊，六角二口，四角八口。

又　卷九〇九《獸部二十一·貉》　《後秦記》曰：姚襄遣參軍薛瓚使桓温。温以胡戲瓚，瓚曰：『在北曰狐，在南曰貉，何所問也？』

又　卷九七七《菜茹部二·葱》　《後秦書》曰：姚興種葱，皆化為韭，其後兵戈日盛。

宋·吴淑《事類賦》卷一一《樂部·鼓》自注　《後秦記》曰：姚泓永和元年，天水石鼓鳴，聞數百里，野雉皆雊。

後燕興亡

綜　述

《晉書》卷一二三《慕容垂載記》　慕容垂，字道明，皝之第五子也。少岐嶷有器度，身長七尺七寸，手垂過膝。皝甚寵之，常目而謂諸弟曰：『此兒闊達好奇，終能破人家，或能成人家。』故名霸，字道業，恩遇踰於世子儁，故儁不能平之。以滅宇文之功，封都鄉侯。石季龍來伐，既還，猶有兼并之志，遣將鄧恒率衆數萬屯于樂安，營攻取之備。垂戍徒河，與恒相持，恒憚而不敢侵。垂少好畋遊，因獵墜馬折齒，慕容儁僭即王位，改名缺，外以慕郤缺為名，內實惡而改之。尋以讖記之文，乃去『夬』，以『垂』為名焉。

石季龍之死也，趙魏亂，垂謂儁曰：『時來易失，赴機在速，兼弱攻昧，今其時矣。』儁以新遭大喪，不許。慕輿根言於儁曰：『王子之言，千載一時，不可失也。』儁乃從之，以垂為前鋒都督。儁既克幽州，將坑降卒，垂諫曰：『弔伐之義，先代常典。今方平中原，宜綏懷以德，坑戮之刑不可為王師之先聲。』儁從之。及儁僭稱尊號，封垂吴王，徙鎮信都，以侍中、右禁將軍録留臺事，大收東北之利。又為征南將軍、荊、兗二州牧，有聲于梁、楚之南。再為司隸，偽王公已下莫不累迹。時慕容暐嗣偽位，慕容恪為太宰。恪甚重垂，常謂暐曰：『吴王將相之才十倍於臣，先帝以長幼之次，以臣先之，臣死之後，願陛下委政吴王，可謂親賢兼舉。』及敗桓温於枋頭，威名大振。慕容評深忌惡之，乃謀誅垂。垂懼禍及己，與世子全奔於苻堅。

自恪卒後，堅密有圖暐之謀，憚垂威名而未發。及聞其至，堅大悦，郊迎執手，禮之甚重。堅相王猛惡垂雄略，勸堅殺之。堅不從，以為冠軍將軍，封賓都侯，食華陰之五百户。王猛伐洛，引全為參軍。猛乃令人詭傳垂語于全曰：『吾已東還，汝可為計也。』全信之，乃奔暐。猛表全叛狀，垂懼而東奔，及藍田，為追騎所獲。堅引見東堂，慰勉之曰：『卿家國失和，委身投朕。賢子志不忘本，猶懷首丘。《書》不云乎：「父父子子，無相及也。」卿何為過懼而狼狽若斯也！』於是復垂爵位，恩待如初。

及堅擒暐，垂隨堅入鄴，收集諸子，對之悲慟，見其故吏，有不悅之色。前郎中令高弼私於垂曰：『大王以命世之姿，遭無妄之運，迍邅棲伏，艱亦至矣。天啓嘉會，靈命暫遷，此乃鴻漸之始，龍變之初，深願仁慈有以慰之。且夫高世之略必懷遺俗之規，方當網漏吞舟，以弘苞養之義；收納舊臣之胄，以成為山之功，奈何以一怒捐之？竊為大王不取。』垂深納之。垂在堅朝，歷位京兆尹，進封泉州侯，所在征伐，皆在大功。

堅之敗於淮南也，垂軍獨全，堅以千餘騎奔垂。垂世子寶言於垂曰：『家國傾喪，皇綱廢馳，至尊明命著之圖籙，當隆中興之業，建少康之功。但時來之運未至，故韜光俟奮耳。今天厭亂德，凶衆土崩，可謂乾啓神機，授之於我。千載一時，今其會也，宜恭承皇天之意，因而取之。且夫立大功者不顧小節，行大仁者不念小惠。秦既蕩覆二京，空辱神器，仇耻之深，莫甚於此，願不以意氣微恩而忘社稷之重。五木之祥，今其至矣。』垂曰：『汝言是也。然彼以赤心投命，若何害之！苟天所棄，圖之多便。且縱令北還，更待其釁，既不負宿心，可以義取天下。』垂弟德進曰：『夫鄰國相吞，有自來矣。秦强而並燕，秦弱而圖之，此為報仇雪辱，豈所謂負宿心也！昔鄧祁侯不納三甥之言，終為楚所滅；吳王夫差違子胥之諫，取禍句踐。前事之不忘，後事之師表也。願不棄湯、武之成蹤，追韓信之敗迹，乘彼土崩，恭行天罰，斬逆氏，復宗祀，建中興，繼洪烈，天下大機，弗宜失也。若釋數萬之衆，授幹將之柄，是郤天時而待後害，非至計也。語曰：「當斷不斷，反受其亂。」願兄無疑。』垂曰：『吾昔為太傅所不容，投身于秦主，又為王猛所譖，復見昭亮，國士之禮每深，報德之分未一。如使秦運必窮，歷數歸我者，授首之便，何慮無之。關西之地，會非吾有，自當有擾之者，吾可端拱而定關東。君子不怙亂，不為禍先，且可觀之。』乃以兵屬堅。初，寶在長安，與韓黃、李根等因讌摴蒱，寶危坐整容，誓之曰：『世云摴蒱有神，豈虛也哉！若富貴可期，頻得三盧。』於是三擲盡盧，寶拜而受賜，故云五木之祥。

堅至澠池，垂請至鄴展拜陵墓，因張國威刑，以安戎狄。堅許之，權翼諫曰：『垂爪牙名將，所謂今之韓、白，世豪東夏，志不為人用。頃以避禍歸誠，非慕德而至，列土幹城未可以滿其志，冠軍之號豈足以稱其心！且垂猶鷹也，飢則附人，飽便高颺，遇風塵之會，必有陵霄之志。惟宜急其羈靽，不可任其所欲。』堅不從，遣其將李蠻、閔亮、尹國率衆三千送垂，又遣石越戍鄴，張蠔戍并州。

時堅子丕先在鄴，及垂至，丕館之於鄴西，垂具說淮南敗狀。會堅將苻暉告丁零翟斌聚衆謀逼洛陽，丕謂垂曰：『惟斌兄弟因王師小失，敢肆凶勃，子母之軍，殆難為敵，非冠軍英略，莫可以滅也。欲相煩一行可乎？』垂曰：『下官殿下之鷹犬，敢不惟命是聽。』於是大賜金帛，一無所受，惟請舊田園。丕許之，配垂兵二千，遣其將苻飛龍率氐騎一千為垂之副。丕戒飛龍曰：『卿王室肺腑，年秩雖卑，其實帥也。垂為三軍之統，卿為謀垂之主，用兵制勝之權，防微杜貳之略，委之於卿，卿其勉之。』垂請入鄴城拜廟，丕不許。乃潛服而入，亭吏禁之，垂怒，斬吏燒亭而去。石越言於丕曰：『垂之在燕，破國亂家，及投命聖朝，蒙超常之遇，忽敢輕侮方鎮，殺吏焚亭，反形已露，終為亂階。將老兵疲，可襲而取之矣。』丕曰：『淮南之敗，衆散親離，而垂侍衛聖躬，誠不可忘。』越曰：『垂既不忠於燕，其肯盡忠於我乎！且其亡虜也，主上寵同功舊，不能銘澤誓忠，而首謀為亂，今不擊之，必為後害。』丕不從。越退而告人曰：『公父子好存小仁，不顧天下大計，吾屬終當為鮮卑虜矣。』

垂至河內，殺飛龍，悉誅氐兵，召募遠近，衆至三萬，濟河焚橋，令曰：『吾本外假秦聲，內規興復。亂法者軍有常刑，奉命者賞不逾日，天下既定，封爵有差，不相負也。』

翟斌聞垂之將濟河也，遣使推垂為盟主。垂距之曰：『吾父子寄命秦朝，危而獲濟，荷主上不世之恩，蒙更生之惠，雖曰君臣，義深父子，豈可因其小隙，便懷二三。吾本救豫州，不赴君等，何為斯議而及於我！』垂進欲襲據洛陽，故見苻暉以臣節，退又未審斌之誠款，故以此言距之。垂至洛陽，暉閉門距守，不與垂通。斌又遣長史河南郭通說垂，乃許之。斌率衆會垂，勸稱尊號，垂曰：『新興侯，國之正統，孤之君也。若以諸君之力，得平關東，當以大義喻秦，奉迎反正。無上自尊，非孤心也。』

謀於衆曰：『洛陽四面受敵，北阻大河，至於控馭燕、趙，非形勝之便，不如北取鄴都，據之而制天下。』衆咸以為然。乃引師而東，遣建威將軍王騰起浮橋于石門。

初，垂之發鄴中，子農及兄子楷、紹，北子宙，為苻丕所留。及誅飛龍，遣田生密告農等，使起兵趙、魏以相應。於是農、宙奔列人，楷、紹奔辟陽，衆咸應之。農西招庫辱官偉於上黨，東引乞特歸於東阿，各率衆數萬赴之，衆至十餘萬。丕遣石越討農，為農所敗，斬越于陳。

垂引兵至滎陽，以太元八年自稱大將軍、大都督、燕王，承制行事，建元曰燕元。令稱統府，府置四佐，王公已下稱臣，凡所封拜，一如王者，以翟斌為建義大將軍，封河南王；翟檀為柱國大將軍、弘農王；弟德為車騎大將軍、范陽王；兄子楷征西大將軍、太原王。衆至二十餘萬，濟自石門，長驅攻鄴。農、楷、紹、宙等率衆會垂。立子寶為燕王太子，封功臣為公侯伯子男者百餘人。

苻丕乃遣侍郎姜讓謂垂曰：『往歲大駕失據，君保衛鑾輿，勤王誠義，邁蹤前烈。宜述修前規，終忠貞之節，奈何棄崇山之功，為此過舉！過貴能改，先賢之嘉事也。深宜詳思，悟猶未晚。』垂謂讓曰：『孤受主上不世之恩，故欲安全長樂公，使盡衆赴京師，然後修復家國之業，與秦永為鄰好。何故暗於機運，不以鄴見歸也？大義滅親，況于意氣之顧！公若迷而不返者，孤亦欲竊兵勢耳。今事已然，恐單馬乞命不可得也。』讓厲色責垂曰：『將軍不容于家國，投命於聖朝，燕之尺土，將軍豈有分乎！主上與將軍風殊類別，臭味不同，奇將軍于一見，托將軍以斷金，寵逾宗舊，任齊懿藩，自古君臣冥契之重，豈甚此邪！方付將軍以六尺之孤，萬里之命，奈何王師小敗，便有二圖！夫師起無名，終則弗成，天之所廢，人不能支。將軍起無名之師，而欲興天所廢，竊未見其可。長樂公主上之元子，聲德邁于唐、衛，居陝東之任，為朝廷維城，其可束手輸將軍以百城之地！大夫死王事，國君死社稷，將軍欲裂冠毀冕，拔本塞源者，自可任將軍兵勢，何復多云。但念將軍以七十之年，懸首白旗，高世之忠，忽為逆鬼，竊為將軍痛之。』垂默然。左右勸垂殺之，垂曰：『古者兵交，使在其間，犬各吠非其主，何所問也！』乃遣讓歸。

垂上表於苻堅曰：『臣才非古人，致禍起蕭牆，身嬰時難，歸命聖朝。陛下恩深周、漢，猥叨微顧之遇，位為列將，爵忝通侯，誓在戮力輸誠，常懼不及。去夏桓沖送死，一擬雲消，回討鄖城，俘馘萬計，斯誠陛下神算之奇，頗亦愚臣忘死之效。方將飲馬桂州，懸旌閩會，不圖天助亂德，大駕班師。陛下單馬奔臣，臣奉衛匪貳，豈陛下聖明鑒臣單心，皇天后土實亦知之。臣奉詔北巡，受制長樂。然丕外失衆心，內多猜忌，令臣野次外庭，不聽謁廟。丁零逆豎寇逼豫州，丕迫臣單赴，限以師程，惟給弊卒二千，盡無兵杖，復令飛龍潛為刺客。及至洛陽，平原公暉復不信納。臣竊惟進無淮陰功高之慮，退無李廣失利之愆，懼有青蠅，交亂白黑，丁零夷夏以臣忠而見疑，乃推臣為盟主。臣受託善始，不遂令終，泣望西京，揮涕即邁。軍次石門，所在雲赴，雖復周武之會于孟津，漢祖之集於垓下，不期之衆，實有甚焉。欲令長樂公盡衆赴難，以禮發遣，而丕固守匹夫之志，不達變通之理。臣息農收集故營，以備不虞，而石越傾鄴城之衆，輕相掩襲，兵陣未交，越已隕首。臣既單車懸軫，歸者如雲，斯實天符，非臣之力。且鄴者臣國舊都，應即惠及，然後西面受制，永守東藩，上成陛下遇臣之意，下全愚臣感報之誠。今進師圍鄴，並喻丕以天時人事。而丕不察機運，杜門自守，時出挑戰，鋒戈屢交，恒恐飛矢誤中，以傷陛下天性之念。臣之此誠，未簡神聽，輒遏兵止銳，不敢竊攻。夫運有推移，去來常事，惟陛下察之。』

堅報曰：『朕以不德，忝承靈命，君臨萬邦，三十年矣。遐方幽裔，莫不來庭，惟東南一隅，敢違王命。朕爰奮六師，恭行天罰，而玄機不弔，王師敗績。賴卿忠誠之至，輔翼朕躬，社稷之不隕，卿之力也。《詩》云：「中心藏之，何日忘之。」方任卿以元相，爵卿以郡侯，庶弘濟艱難，敬酬勳烈，何圖伯夷忽毀冰操，柳惠倏為淫夫！覽表惋然，有慚朝士。卿既不容於本朝，匹馬而投命，朕則寵卿以將位，禮卿以上賓，任同舊臣，爵齊勳輔，歃血斷金，披心相付。謂卿食椹懷音，保之偕老。豈意畜水覆舟，養獸反害，悔之噬臍，將何所及！誕言駭衆，誇擬非常，周武之事，豈卿庸人所可論哉！失籠之鳥，非羅所羈；脫網之鯨，豈罟所制！翹陸任懷，何須聞也。念卿垂老，老而為賊，生為叛臣，死為逆鬼，侏張幽顯，布毒存亡，中原士女，何痛如之！朕之歷運興喪，豈復由卿！但長樂、平原以未立之年，遇卿於兩都，慮其經略未稱朕心，所恨者此焉而已。』

垂攻拔鄴郛，丕固守中城，垂塹而圍之，分遣老弱于魏郡、肥鄉，築新興城以置輜重，擁漳水以灌之。

翟斌潛諷丁零及西人，請斌為尚書令。垂訪之羣僚，其安東將軍封衡厲色曰：『馬能千里，不免羈靮，明畜生不可以人御也。斌戎狄小人，遭時際會，兄弟封王，自驩兜已來，未有此福。忽履盈忘止，復有斯求，魂爽錯亂，必死不出年也。』垂猶隱忍容之，令曰：『翟王之功宜居上輔，但臺既未建，此官不可便置。待六合廓清，更當議之。』斌怒，密應苻丕，潛使丁零決防潰水。事泄，垂誅之。斌兄子真率其部衆北走邯鄲，引兵向鄴，欲與丕為內外之勢，垂令其太子寶、冠軍慕容隆擊破之。真自邯鄲北走，又使慕容楷率騎追之，戰於下邑，為真所敗，真遂屯于承營。垂謂諸將曰：『苻丕窮寇，必守死不降。丁零叛擾，乃我腹心之患。吾欲遷師新城，開其逸路，進以謝秦主疇昔之恩，退以嚴擊真之備。』於是引師去鄴，北屯新城。慕容農進攻翟嵩于黃泥，破之。垂謂其范陽王德曰：『苻丕吾縱之不能去，方引晉師規固鄴都，不可置也。』進師又攻鄴，開其西奔之路。

垂將有北都中山之意，農率衆數萬迎之。羣僚聞慕容暐為苻堅所殺，勸垂僭位。垂以慕容沖稱號關中，不許。

晉龍驤將軍劉牢之率衆救苻丕，至鄴，垂逆戰，敗績，遂撤鄴圍，退屯新城。垂自新城北走，牢之追垂，連戰皆敗。又戰於五橋澤，王師敗績，德及隆引兵要之於五丈橋，牢之馳馬跳五丈澗，會苻丕救至而免。

翟真去承營，徙屯行唐，真司馬鮮于乞殺真，盡誅翟氏，自立為趙王。營人攻殺乞，迎立真從弟成為主，真子遼奔黎陽。

高句驪寇遼東，垂平北慕容佐遣司馬郝景率衆救之，為高句驪所敗，遼東、玄菟遂没。

建節將軍徐巖叛于武邑，驅掠四千餘人，北走幽州。垂馳敕其將平規曰：『但固守勿戰，比破丁零，吾當自討之。』規違命距戰，為巖所敗。巖乘勝入薊，掠千餘户而去，所過寇暴，遂據令支。

翟成長史鮮于得斬成而降，垂入行唐，悉坑其衆。

苻丕棄鄴城，奔於并州。

慕容農攻克令支，斬徐巖兄弟。時伐高句驪，復遼東、玄菟二郡，還屯龍城。

垂定都中山，羣僚勸即尊號，具典儀，修郊燎之禮。垂從之，以太元十一年僭即位。赦其境內，改元曰建興，置百官，繕宗廟社稷，立寶為太子。以其左長史庫辱官偉、右長史段崇、龍驤張崇、中山尹封衡為吏部尚書，慕容德為侍中、都督中外諸軍事、領司隸校尉，撫軍慕容麟為衛大將軍，其餘拜授有差。追尊母蘭氏為文昭皇后，遷皝後段氏，以蘭氏配饗。博士劉詳、董謐議以堯母妃位第三，不以貴陵姜嫄，明聖王之道以至公為先。垂不從。

遣其征西慕容楷、衛軍慕容麟、鎮南慕容紹、征虜慕容宙等攻苻堅冀州牧苻定、鎮東苻紹、幽州牧苻謨、鎮北苻亮。楷與定等書，喻以禍福，定等悉降。

垂留其太子寶守中山，率諸將南攻翟遼，以楷為前鋒都督。遼之部衆皆燕、趙人也，咸曰：『太原王之子，吾之父母。』相率歸附。遼懼，遣使請降。垂至黎陽，遼肉袒謝罪，垂厚撫之。

為其太子寶起承華觀，以寶録尚書政事，巨細皆委之，重總大綱而已。立其夫人段氏為皇后。又以寶領侍中、大單于、驃騎大將軍、幽州牧。建留臺于龍城，以高陽王慕容隆録留臺尚書事。時慕容暐及諸宗室為苻堅所害者，並招魂葬之。

清河太守賀耕聚衆定陵以叛，南應翟遼，慕容農討斬之，毁定陵城。進師入鄴，以鄴城廣難固，築鳳陽門大道之東為隔城。

其尚書郎婁會上疏曰：『三年之喪，天下之達制，兵荒殺禮，遂以一切取士。人心奔兢，苟求榮進，至乃身冒縗絰，以赴時役，豈必殉忠於國家，亦昧利於其間也。聖王設教，不以顛沛而虧其道，不以喪亂而變其化，故能杜豪兢之門，塞奔波之路。陛下鍾百王之季，廓中興之業，天下漸平，兵革方偃，誠宜蠲蕩瑕穢，率由舊章。吏遭大喪，聽終三年之禮，則四方知化，人斯服禮。』垂不從。

翟遼死，子釗代立，攻逼鄴城，慕容農擊走之。垂引師伐釗於滑臺，次於黎陽津，釗于南岸距守，諸將惡其兵精，咸諫不宜濟河。垂笑曰：『豎子何能為，吾今為鯽等殺之。』遂徙營就西津，為牛皮船百餘艘，載疑兵列杖，泝流而上。釗先以大衆備黎陽，見垂向西津，乃棄營西距。垂潛遣其桂林王慕容鎮、驃騎慕容國于黎陽津夜濟，壁于河南。釗聞而奔還，士衆疲渴，走歸滑臺，釗攜妻子率數百騎北趣白鹿山。農追擊，盡擒其衆，釗單騎奔長子。釗所統七郡户三萬八千皆安堵如故。徙徐州流人七千餘户于黎陽。

於是議征長子。諸將咸諫，以慕容永未有釁，連歲徵役，士卒疲怠，請俟他年。垂將從之，及聞慕容德之策，笑曰：『吾計決矣。且吾投老，扣囊底智，足以克之，不復留逆賊以累子孫也。』乃發步騎七萬，遣其丹陽王慕容瓚、龍驤張崇攻永弟支于晉陽。永遣其將刁雲、慕容鍾率衆五萬屯潞川。垂遣慕容楷出自滏口，慕容農入自壺關，垂頓於鄴之西南，月餘不進。永謂垂詭道伐之，乃攝諸軍還杜太行軹關。垂進師入自天井關，至於壺壁。永率精卒五萬來距，阻河曲以自固，馳使請戰。垂列陣於壺避之南，農、楷分為二翼，慕容國伏千兵於深澗，與永大戰。垂引軍偽退，永追奔數里，國發伏兵馳斷其後，楷、農夾擊之，永師大敗，斬首八千餘級，永奔還長子。慕容瓚攻克晉陽。垂進圍長子，永將賈韜潛為內應。垂進軍入城，永奔北門，為前驅所獲，於是數而戮之，並其所署公卿刁雲等三十餘人。永所統新舊八郡户七萬六千八百及乘輿、服御、伎樂、珍寶悉獲之，於是品物具矣。

使慕容農略地河南，攻廩丘、陽城，皆克之，太山、琅邪諸郡皆委城奔潰，農進師臨海，置守宰而還。垂告捷于龍城之廟。

遣其太子寶及農與慕容麟等率衆八萬伐魏，慕容德、慕容紹以步騎一萬八千為寶後繼。魏聞寶將至，徙往河西。寶進師臨河，懼不敢濟。還次參合，忽有大風黑氣，狀若堤防，或高或下，臨覆軍上。沙門支曇猛言於寶曰：『風氣暴迅，魏軍將至之候，宜遣兵禦之。』寶笑而不納。曇猛固以為言，乃遣麟率騎三萬為後殿，以禦非常。麟以曇猛言為虛，縱騎遊獵。俄而黃霧四塞，日月晦冥，是夜魏師大至，三軍奔潰，寶與德等數千騎奔免，士衆還者十一二，紹死之。初，寶至幽州，所乘車軸無故自折。術士靳安以為大凶，固勸寶還，寶怒不從，故及於敗。

寶恨參合之敗，屢言魏有可乘之機。慕容德亦曰：『魏人狃於參合之役，有陵太子之心，宜及聖略，摧其鋭志。』垂從之，留德守中山，自率大衆出參合，鑿山開道，次於獵嶺。遣寶與農出天門，征北慕容隆、征西慕容盛逾青山，襲魏陳留公泥于平城，陷之，收其衆三萬餘人而還。

垂至參合，見往年戰處積骸如山，設弔祭之禮，死者父兄一時號哭，軍中皆慟。垂慚憤歐血，因而寢疾，乘馬輿而進。過平城北三十里，疾篤，築燕昌城而還。寶等至雲中，聞垂疾，皆引歸。及垂至於平城，或有叛者奔告魏曰：『垂病已亡，輿屍在軍。』魏又聞參合大哭，以為信然，乃進兵追之，知平城已陷而退，還館陰山。垂至上谷之沮陽，以太元二十一年死，時年七十一，凡在位十三年。遺令曰：『方今禍難尚殷，喪禮一從簡易，朝終夕殯，事訖成服，三日之後，釋服從政。强寇伺隙，秘勿發喪，至京然後舉哀行服。』寶等遵行之。偽謚成武皇帝，廟號世祖，墓曰宣平陵。

又　卷一二四《慕容寶載記》　慕容寶，字道祐，垂之第四子也。少輕果無志操，好人佞己。苻堅時為太子洗馬、萬年令。堅淮肥之役，以寶為陵江將軍。及為太子，砥礪自修，敦崇儒學，工談論，善屬文，曲事垂左右小臣，以求美譽。垂之朝士翕然稱之，垂亦以為克保家業，甚賢之。

垂死，其年寶嗣偽位，大赦境內，改元為永康。以其太尉庫辱官偉為太師、左光禄大夫，段崇為太保，其餘拜授各有差。遵垂遺令，校閱户口，罷諸軍營分屬郡縣，定士族舊籍，明其官儀，而法峻政嚴，上下離德，百姓思亂者十室而九焉。

初，垂以寶冡嗣未建，每憂之。寶庶子清河公會多材藝，有雄略，垂深奇之。及寶之北伐，使會代攝宮事，總録、禮遇一同太子，所以見定旨也。垂之伐魏，以龍城舊都，宗廟所在，復使會鎮幽州，委以東北之重，高選僚屬以崇威望。臨死顧命，以會為寶嗣，而寶寵愛少子濮陽公策，意不在會。寶庶長子長樂公盛自以同生年長，耻會先之，乃盛稱策宜為儲貳，而非毀會焉。寶大悅，乃訪其趙王麟、高陽王隆，麟等咸希旨贊成之。寶遂與麟等定計，立策母段氏為皇后，策為皇太子，盛、會進爵為王。策字道符，年十一，美姿貌，而蠢弱不慧。

魏伐并州，驃騎農逆戰，敗績，還于晉陽，司馬慕輿嵩閉門距之。農率騎數千奔歸中山，行及潞川，為魏追軍所及，餘騎盡没，單馬遁還。寶引羣臣於東堂議之。中山尹苻謨曰：『魏軍强盛，千里轉鬬，乘勝而來，勇氣兼倍，若逸騎平原，形勢彌盛，殆難為敵，宜度險距之。』中書令眭邃曰：『魏軍多騎，師行剽鋭，馬上齎糧，不過旬日。宜令郡縣聚千家為一堡，深溝高壘，清野待之。至無所掠，資食無出，不過六旬，自然窮退。』尚書封懿曰：『今魏師十萬，天下之勍敵也。百姓雖欲營聚，不足自固，是則聚糧集兵以資强寇，且動衆心，示之以弱，阻關距戰，計之上也。』慕容麟曰：『魏今乘勝氣鋭，其鋒不可當，宜自完守設備，待其弊而乘之。』於是修城積粟，為持久之備。

魏攻中山不克，進據博陵魯口，諸將望風奔退，郡縣悉降于魏，寶聞魏有內難，乃盡衆出距，步卒十二萬，騎三萬七千，次於曲陽柏肆。魏軍進至新梁。寶憚魏師之鋭，乃遣征北隆夜襲魏軍，敗績而還。魏軍方軌而至，對營相持，上下凶懼，三軍奪氣。農、麟勸寶還中山，乃引歸。魏軍追擊之，寶、農等棄大軍，率騎二萬奔還。時大風雪，凍死者相枕於道。寶恐為魏軍所及，命去袍杖戎器，寸刃無返。

魏軍進攻中山，屯于芳林園。其夜尚書慕容皓謀殺寶，立慕容麟。皓妻兄蘇泥告之，寶使慕容隆收皓，皓與同謀數十人斬關奔魏。麟懼不自安，以兵劫左衛將軍、北地王精，謀率禁旅弑寶。精以義距之，麟怒，殺精，出奔丁零。

初，寶聞魏之來伐也，使慕容會率幽、并之衆赴中山，麟既叛，寶恐其逆奪會軍，將遣兵迎之。麟侍郎段平子自丁零奔還，說麟招集丁零，軍衆甚盛，謀襲會軍，東據龍城。寶與其太子策及農、隆等萬餘騎迎會於薊，以開封公慕容詳守中山。會傾身誘納，繕甲厲兵，步騎二萬，列陣而進，迎寶薊南。寶分其兵給農，隆，遣西河公庫辱官驥率衆三千助守中山。會以策為太子，有恨色。寶以告農、隆，俱曰：『會一年少，專任方事，習驕所致，豈有他也。臣當以禮責之。』幽平之士皆懷會威德，不樂去之，咸請曰：『清河王天資神武，權略過人，臣等與之誓同生死，感王恩澤，皆勇氣自倍。願陛下與皇太子、諸王止駕薊宮，使王統臣等進解京師之圍，然後奉迎車駕。』寶左右皆害其勇略，譖而不許，衆咸有怨言。左右勸寶殺會，侍御史仇尼歸聞而告會曰：『左右密謀如是，主上將從之。大王所恃唯父母也，父已異圖；所杖者兵也，兵已去手，進退路窮，恐無自全之理。盍誅二王，廢太子，大王自處東宮，兼領將相，以匡社稷。』會不從。寶謂農、隆曰：『觀會為變，事當必然，宜早殺之。不爾，恐成大禍。』農曰：『寇賊內侮，中州紛亂，會鎮撫舊都，安衆寧境，及京師有難，萬里星赴，威名之重，可以振服戎狄。又逆迹未彰，宜且隱忍。今社稷之危若綴旒然，復內相誅戮，有損威望。』寶曰：『會逆心已成，而王等仁慈，不欲去之，恐一旦釁發，必先害諸父，然後及吾。事敗之後，當思朕言。』農等固諫，乃止。會聞之彌懼，奔于廣都黄榆谷。會遣仇尼歸等率壯士二千餘人分襲農、隆，隆是夜見殺，農中重創。既而會歸於寶，寶意在誅會，誘而安之，潛使左衛慕輿騰斬會，不能傷。會復奔其衆，於是勒兵攻寶。寶率數百騎馳如龍城，會率衆追之，遣使請誅左右佞臣，並求太子，寶弗許。會圍龍城，侍御郎高雲夜率敢死士百餘人襲會，敗之，衆悉逃散，單馬奔還中山，乃逾圍而入，為慕容詳所殺。

詳僭稱尊號，置百官，改年號。荒酒奢淫，殺戮無度，誅其王公以下五百餘人，內外震局，莫敢忤視。城中大饑，公卿餓死者數十人。麟率丁零之衆入中山，斬詳及其親黨三百餘人，復僭稱尊號。中山饑甚，麟出據新市，與魏師戰於義臺，麟軍敗績。魏師遂入中山，麟乃奔鄴。

慕容德遣侍郎李延勸寶南伐，寶大悦，慕容盛切諫，以為兵疲師老，魏新平中原，宜養兵觀釁，更俟他年。寶將從之。撫軍慕輿騰進曰：『今衆旅已集，宜乘新定之機以成進取之功。人可使由之，而難與圖始，惟當獨決聖慮，不足廣采異同，以沮亂軍議也。』寶曰：『吾計決矣，敢諫者斬！』寶發龍城，以慕輿騰為前軍大司馬，慕容農為中軍，寶為後軍，步騎三萬，次於乙連。長上段速骨、宋赤眉因衆軍之憚役也，殺司空、樂浪王宙，逼立高陽王崇。寶單騎奔農，仍引軍討速骨。衆咸憚征幸亂，投杖奔之。騰衆亦潰，寶、農馳還龍城。蘭汗潛與速骨通謀，速骨進師攻城，農為蘭汗所譎，潛出赴賊，為速骨所殺。衆皆奔散，寶與慕容盛、慕輿騰等南奔。蘭汗奉太子策承制，遣使迎寶，及於薊城。寶欲還北，盛等咸以汗之忠款虛實未明，今單馬而還，汗有貳志者，悔之無及。寶從之，乃自薊而南。至黎陽，聞慕容德稱制，懼而退。遣慕輿騰招集散兵于鉅鹿，慕容盛結豪桀于冀州，段儀、段温收部曲于內黄，衆皆響會，剋期將集。會蘭汗遣左將軍蘇超迎寶，寶以汗垂之季舅，盛又汗之壻也，必謂忠款無貳，乃還至龍城。汗引寶入于外邸，弒之，時年四十四，在位三年，即隆安三年也。汗又殺其太子策及王公卿士百餘人。汗自稱大都督、大將軍、大單于、昌黎王。盛僭位，偽謚寶惠愍皇帝，廟號烈宗。

皝之遷于龍城也，植松為社主。及秦滅燕，大風吹拔之。後數年，社處忽有桑二根生焉。先是，遼川無桑，及廆通于晉，求種江南，平州桑悉由吳來。廆終而垂以吳王中興，寶之將敗，大風又拔其一。

又《慕容盛載記》 盛字道運，寶之庶長子也。少沈敏，多謀略。苻堅誅慕容氏，盛潛奔於沖。及沖稱尊號，有自得之志，賞罰不均，政令不明。盛年十二，謂叔父柔曰：『今中山王智不先衆，才不出下，恩未施人，先自驕大，以盛觀之，鮮不覆敗。』俄而沖為段木延所殺，盛隨慕容永東如長子，謂柔曰：『今崎嶇於鋒刃之間，在疑忌之際，愚則為人所猜，智則危甚巢幕，當如鴻鵠高飛，一舉萬里，不可坐待罟網也。』於是與柔及弟會間行東歸於慕容垂。遇盜陝中，盛曰：『我六尺之軀，入水不溺，在火不焦，汝欲當吾鋒乎！試豎爾手中箭百步，我若中之，宜慎爾命，如其不中，當束身相授。』盜用豎箭，盛一發中之。盜曰：『郎貴人之子，故相試耳。』資而遣之。歲餘，永誅儁、垂之子孫，男女無遺。盛既至，垂問以西事，畫地成圖。垂笑曰：『昔魏武撫明帝之首，遂乃侯之，祖之愛孫，有自來矣。』於是封長樂公。驍勇剛毅，有伯父全之風烈。

寶即偽位，進爵為王。寶自龍城南伐，盛留統後事，及段速骨作亂，馳出迎衛。寶幾為速骨所獲，賴盛以免。盛屢進奇策於寶，寶不能從，是以屢敗。寶既如龍城，盛留在後。寶為蘭汗所殺，盛馳進赴哀，將軍張真固諫以為不可，盛曰：『我今投命，告以哀窮。汗性愚近，必顧念婚姻，不忍害我。旬月之間，足展吾志。』遂人赴喪。汗妻乙氏泣涕請盛，汗亦哀之，遣其子穆迎盛，舍之宮內，親敬如舊。汗兄提、弟難勸汗殺盛，汗不從。慕容奇，汗之外孫也，汗亦宥之。奇入見盛，遂相與謀。盛遣奇起兵於外，衆至數千。汗遣蘭提討奇。提驕很淫荒，事汗無禮，盛因間之於汗曰：『奇，小兒也，未能辦此，必內有應之者。提素驕，不可委以大衆。』汗因發怒，收提誅之，遣其撫軍仇尼慕率衆討奇。汗兄弟見提之誅，莫不危懼，皆阻兵背汗，襲敗慕軍。汗大懼，遣其子穆率衆討之。穆謂汗曰：『慕容盛，我之仇也。奇今起逆，盛必應之。兼內有蕭牆之難，不宜養心腹之疾。』汗將誅盛，引見察之。盛妻以告，於是偽稱疾篤，不復出入，汗乃止。有李旱、衛雙、劉志、張豪、張真者，皆盛之舊昵，蘭穆引為腹心。旱等屢入見盛，潛結大謀。會穆討蘭難等斬之，大饗將士，汗、穆皆醉。盛夜因如廁，袒而逾牆，入於東宮，與李旱等誅穆，衆皆踴呼，進攻汗，斬之。汗二子魯公和、陳公楊分屯令支、白狼，遣李旱、張真襲誅之。於是內外怗然，士女咸悅，盛謙揖自卑，不稱尊號。其年，以長樂王稱制，赦其境內，改元曰建平。諸王降爵為公，文武各復舊位。

初，慕容奇聚衆于建安，將討蘭汗，百姓翕然從之。汗遣兄子全討奇，奇擊滅之，進屯乙連。盛既誅汗，命奇罷兵，奇遂與丁零嚴生、烏丸王龍之阻兵叛盛，引軍至横溝，去龍城十里。盛出兵擊敗之，執奇而還，斬龍、生等百餘人。盛於是僭即尊位，大赦殊死已下，追尊伯考獻莊太子全為獻莊皇帝，尊寶後段氏為皇太后，全妃丁氏為獻莊皇后，謚太子策為獻哀太子。盛幽州刺史慕容豪、尚書左僕射張通、昌黎尹張順謀叛，盛皆誅之。改年為長樂。有犯罪者，十日一自決之，無搒捶之罰，而獄情多實。

高句驪王安遣使貢方物，有雀素身綠首，集於端門，棲翔東園，二旬而去，改東園為白雀園。

盛聽詩歌及周公之事，顧謂羣臣曰：『周公之輔成王，不能以至誠感上下，誅兄弟以杜流言，猶擅美于經傳，歌德於管弦。至如我之太宰桓王，承百王之季，主在可奪之年，二寇窺窬，難過往日，臨朝輔政，羣情緝穆，經略外敷，辟境千里，以禮讓維宗親，德刑制羣後，敦睦雍熙，時無二論。勳道之茂，豈可與周公同日而言乎！而燕詠闕而不論，盛德掩而不述，非所謂也。』乃命中書更為《燕頌》以述恪之功焉。又引中書令常忠、尚書陽璆、秘書監郎敷於東堂，問曰：『古來君子皆謂周公忠聖，豈不謬哉！』璆曰：『周公居攝政之重，而能達羣臣之名，及流言之謗，致烈風以悟主，道契神靈，義光萬代，故累葉稱其高，後王無以奪其美。』盛曰：『常令以為何如？』忠曰：『昔武王疾篤，周公有請令之誠，流言之際，義感天地，楚撻伯禽以訓就王德。周公為臣之忠，聖達之美，《詩》《書》已來未之有也。』盛曰：『異哉二君之言！朕見周公之詐，未見其忠聖也。昔武王得九齡之夢，白文王，文王曰：「我百，爾九十，吾與爾三焉。」及文王之終，已驗武王之壽矣。武王之算未盡而求代其死，是非詐乎！若惑於天命，是不聖也。據攝天位而丹誠不見，致兄弟之間有干戈之事。夫文王之化，自近及遠，故曰刑于寡妻，至於兄弟。周公親違聖父之典而蹈嫌疑之蹤，戮罰同氣以逞私忿，何忠之有乎！但時無直筆之史，後儒承其謬談故也。』忠曰：『啓金縢而返風，亦足以明其不詐。遭二叔流言之變，而能大義滅親，終安宗國，復子明辟，輔成大業，以致太平，制禮作樂，流慶無窮，亦不可謂非至德也。』盛曰：『卿徒因成文而未原大理，朕今相為論之。昔周自後稷積德累仁，至於文、武。文、武以大聖應期，遂有天下。生靈仰其德，四海歸其仁。成王雖幼統洪業，而卜世修長，加呂、召、毛、畢為之師傅。若無周公攝政，王道足以成也。周公無故以安危為己任，專臨朝之權，闕北面之禮。管、蔡忠存王室，以為周公代主非人臣之道，故言公將不利於孺子。周公當明大順之節，陳誠義以曉羣疑，而乃阻兵都邑，擅行誅戮。不臣之罪彰于海內，方貽王《鴟鴞》之詩，歸非於主，是何謂乎！又周公舉事，稱告二公，二公足明周公之無罪而坐觀成王之疑，此則二公之心亦有猜于周公也。但以疏不間親，故寄言于管、蔡，可謂忠不見於當時，仁不及于兄弟。知羣望之有歸，天命之不在己，然後返政成王，以為忠耳。大風拔木之徵，乃皇天祐存周道，不忘文、武之德，是以赦周公之始愆，欲成周室之大美。考周公之心，原周公之行，乃天下之罪人，何至德之謂也！周公復位，二公所以杜口不言其本心者，以明管、蔡之忠也。』

又謂常忠曰：『伊尹、周公孰賢？』忠曰：『伊尹非有周公之親而功濟一代，太甲亂德，放于桐宮，思愆改善，然後復之。使主無怨言，臣無流謗，道存社稷，美溢來今，臣謂伊尹之勳有高周旦。』盛曰：『伊尹以舊臣之重，顯阿衡之任，太甲嗣位，君道未洽，不能竭忠輔導。而放黜桐宮，事同夷羿，何周公之可擬乎！』郎敷曰：『伊尹處人臣之位，不能匡制其君，恐成、湯之道墜而莫就，是以居之桐宮，與小人從事，使知稼穡之艱難，然後返之天位，此其忠也。』盛曰：『伊尹能廢而立之，何不能輔之以至於善乎？若太甲性同桀紂，則三載之間未應便成賢後，如其性本休明，義心易發，當務盡匡規之理以弼成君德，安有人臣幽主而據其位哉！且臣之事君，惟力是視，奈何挾智藏仁以成君惡！夫太甲之事，朕已鑑之矣。太甲，至賢之主也，以伊尹歷奉三朝，績無異稱，將失顯祖委授之功，故匿其日月之明，受伊尹之黜，所以濟其忠貞之美。夫非常之人，然後能立非常之事，非常人之所見也，亦猶太伯之三讓，人無德而稱焉。』敷曰：『太伯三以天下讓，至仲尼而後顯其至德。太甲受謗於天下，遭陛下乃申其美。』因而談宴賦詩，賜金帛各有差。

遼西太守李郎在郡十年，威制境內，盛疑之，累徵不赴。以母在龍城，未敢顯叛，乃陰引魏軍，將為自安之計，因表請發兵以距寇。盛曰：『此必詐也。』召其使而詰之，果驗，盡滅其族，遣輔國將軍李旱率騎討之。師次建安，召旱旋師。朗聞其家被誅也，擁三千餘户以自固。及聞旱中路而還，謂有內變，不復為備，留其子養守令支，躬迎魏師于北平。旱候知之，襲克令支，遣廣威孟廣平率騎追朗，及於無終，斬之。初，盛之追旱還也，羣臣莫知其故。旱既斬朗，盛謂羣臣曰：『前以追旱還者，正為此耳。朗新為叛逆，必忌官威，一則鳩合同類，劫掠良善，二則亡竄山澤，未可卒平，故非意而還，以盈怠其志，卒然掩之，必克之理也。』羣臣皆曰：『非所及也。』

李旱自遼西還，聞盛殺其將衛雙，懼，棄軍奔走。既而歸罪，復其爵位。盛謂侍中孫勍曰：『旱總三軍之任，荷專征之重，不能杖節死綏，無故逃亡，考之軍正，不赦之罪也。然當先帝之避難，衆情離貳，骨肉忘其親，股肱失忠節，旱以刑餘之體，效力盡命，忠款之至，精貫白日。朕故録其忘身之功，免其丘山之罪耳。』

盛去皇帝之號，稱庶人大王。

魏襲幽州，執刺史盧溥而去。遣孟廣平援之，無及。

盛率衆三萬伐高句驪，襲其新城、南蘇，皆克之，散其積聚，徙其五千餘户於遼西。

盛引見百遼於東堂，考詳器藝，超拔者十有二人。命百司舉文武之士才堪佐世者各一人。立其子遼西公定為太子，大赦殊死已下。宴其羣臣於新昌殿，盛曰：『諸卿各言其志，朕將覽之。』七兵尚書丁信年十五，盛之舅子也，進曰：『在上不驕，高而不危，臣之願也。』盛笑曰：『丁尚書年少，安得長者之言乎！』盛以威嚴馭下，驕暴少親，多所猜忌，故信言及之。

盛討庫莫奚，大虜獲而還。左將軍慕容國與殿中將軍秦興、段贊等謀率禁兵襲盛，事覺，誅之，死者五百餘人。前將軍、思悔侯段璣、與子興、贊子泰等，因衆心動搖，夜于禁中鼓躁大呼。盛聞變，率左右出戰，衆皆披潰。俄而有一賊從暗中擊傷盛，遂輦升前殿，申約禁衛，召叔父河間公熙屬以後事。熙未至而盛死，時年二十九，在位三年。偽謚昭武皇帝，墓號興平陵，廟號中宗。

盛幼而羈賤流漂，長則遭家多難，夷險安危，備嘗之矣。懲寶暗而不斷，遂峻機威刑，纖芥之嫌，莫不裁之於未萌，防之於未兆。於是上下振局，人不自安，雖忠誠親戚亦皆離貳，舊臣靡不夷滅，安忍無親，所以卒於不免。是歲隆安五年也。

又《慕容熙載記》 熙字道文，垂之少子也。初封河間王。段速骨之難，諸王多被其害，熙素為高陽王崇所親愛，故得免焉。蘭汗之簒也，以熙為遼東公，備宗祀之義。盛初即位，降爵為公，拜都督中外諸軍事、驃騎大將軍、尚書左僕射，領中領軍。從征高句驪、契丹，皆勇冠諸將。盛曰：『叔父雄果英壯，有世祖之風，但弘略不如耳。』

及盛死，其太后丁氏以國多難，宜立長君。羣望皆在平原西元，而丁氏意在於熙，遂廢太子定，迎熙入宮。羣臣勸進，熙以讓元，元固以讓熙，熙遂僭即尊位。誅其大臣段璣、秦興等，並夷三族。元以嫌疑賜死。元字道光，寶之第四子也。赦殊死已下，改元曰光始，改北燕臺為大單于臺，置左右輔，位次尚書。

初，熙烝于丁氏，故為所立。及寵倖苻貴人，丁氏怨恚呪詛，與兄子七兵尚書信謀廢熙。熙聞之，大怒，逼丁氏令自殺，葬以後禮，誅丁信。

熙狩于北原，石城令高和殺司隸校尉張顯，閉門距熙。熙率騎馳返，和衆皆投杖，熙入誅之。於是引見州郡及單于八部耆舊於東宮，問以疾苦。

大築龍騰苑，廣袤十餘里，役徒二萬人。起景雲山于苑內，基廣五百步，峰高十七丈。又起逍遥宮、甘露殿，連房數百，觀閣相交。鑿天河渠，引水入宮。又為其昭儀苻氏鑿曲光海、清涼池。季夏盛暑，士卒不得休息，暍死者太半。熙游于城南，止大柳樹下，若有人呼曰：『大王且止。』熙惡之，伐其樹，乃有蛇長丈餘，從樹中而出。

立其貴嬪苻氏為皇后，赦殊死已下。

熙北襲契丹，大破之。

昭儀苻氏死，偽謚愍皇后。贈苻謨太宰，謚文獻公。二苻並美而豔，好微行遊宴，熙弗之禁也。請謁必從，刑賞大政無不由之。初，昭儀有疾，龍城人王温稱能療之，未幾而卒，熙忿其妄也，立於公車門支解温而焚之。其後好游田，熙從之，北登白鹿山，東過青嶺，南臨滄海，百姓苦之，士卒為豺狼所害及凍死者五千餘人矣。會高句驪寇燕郡，殺略百餘人。熙伐高句驪，以苻氏從，為沖車地道以攻遼東。熙曰：『待剗平寇城，朕當與後乘輦而入，不聽將士先登。』於是城內嚴備，攻之不能下。會大雨雪，士卒多死，乃引歸。

擬鄴之鳳陽門，作弘光門，累級三層。

熙與苻氏襲契丹，憚其衆盛，將還，苻氏弗聽，遂棄輜重，輕襲高句驪，周行三千餘里，士馬疲凍，死者屬路。攻木底城，不克而還。

盡殺寶諸子。大城肥如及宿軍，以仇尼倪為鎮東大將軍、營州刺史，鎮宿軍，上庸公懿為鎮西將軍、幽州刺史，鎮令支；尚書劉木為鎮南大將軍、冀州刺史，鎮肥如。

為苻氏起承華殿，高承光一倍，負土於北門，土與穀同價。典軍杜靜載棺詣闕，上書極諫。熙大怒，斬之。苻氏嘗季夏思凍魚膾，仲冬須生地黄，皆下有司切責，不得，加以大辟，其虐也如此。苻氏死，熙悲號躃踴，若喪考妣，擁其屍而撫之曰：『體已就冷，命遂斷矣！』於是僵仆氣絶，久而乃蘇。大斂既訖，復啓其棺而與交接。服斬縗，食粥。制百僚于宮內哭臨，令沙門素服。使有司案檢哭者，有淚以為忠孝，無則罪之，於是羣臣震懼，莫不含辛以為淚焉。慕容隆妻張氏，熙之嫂也，美姿容，有巧思。熙將以為苻氏之殉，欲以罪殺之，乃毀其襚靴，中有弊氈，遂賜死。三女叩頭求哀，熙不許。制公卿已下至於百姓，率户營墓，費殫府藏。下錮三泉，周輪數里，內則圖畫尚書八坐之象。熙曰：『善為之，朕將隨後入此陵。』識者以為不祥。其右僕射韋璆等並懼為殉，沐浴而待死焉。號苻氏墓曰征平陵。熙被髮徒跣，步從苻氏喪。轜車高大，毀北門而出。長老竊相謂曰：『慕容氏自毀其門，將不久也。』

中衛將軍馮跋、左衛將軍張興，先皆坐事亡奔，以熙政之虐也，與跋從兄萬泥等二十二人結盟，推慕容雲為主，發尚方徒五千餘人閉門距守。中黄門趙洛生奔告之，熙曰：『此鼠盜耳，朕還當誅之。』乃收發貫甲，馳還赴難。夜至龍城，攻北門不克，遂敗，走入龍騰苑，微服隱于林中，為人所執，雲得而弒之，及其諸子同殯城北。時年二十三，在位六年。雲葬之於苻氏墓，偽謚昭文皇帝。

垂以孝武帝太元八年僭立，至熙四世，凡二十四年，以安帝義熙三年滅。初，童謡曰：『一束槁，兩頭然，秃頭小兒來滅燕。』槁字上有草，下有禾，兩頭然則禾草俱盡而成高字。雲父名拔，小字秃頭，三子，而雲季也。熙竟為雲所滅，如謡言焉。

又《慕容雲載記》 慕容雲，字子雨，寶之養子也。祖父和，高句驪之支庶，自雲高陽氏之苗裔，故以高為氏焉。雲沈深有局量，厚重希言，時人咸以為愚，唯馮跋奇其志度而友之。寶之為太子，雲以武藝給事侍東宫，拜侍御郎，襲敗慕容會軍。寶子之，賜姓慕容氏，封夕陽公。

熙之葬苻氏也，馮跋詣雲，告之以謀。雲懼曰：『吾嬰疾歷年，卿等所知，願更圖之。』跋逼曰：『慕容氏世衰，河間虐暴，惑妖淫之女而逆亂天常，百姓不堪其害，思亂者十室九焉，此天亡之時也。公自高氏名家，何能為他養子！機運難邀，千歲一時，公焉得辭也！』扶之而出。雲曰：『吾疾苦日久，廢絶世務。卿今興建大事，謬見推逼。所以徘徊，非為身也，實惟否德不足以濟元元故耳。』跋等强之，雲遂即天王位，復姓高氏，大赦境内殊死以下，改元曰正始，國號大燕。署馮跋侍中、都督中外諸軍事、征北大將軍、開府儀同三司、録尚書事、武邑公，封伯、子、男，鄉、亭侯者五十餘人，士卒賜穀帛有差。熙之羣官，復其爵位。立妻李氏為天王後，子彭為太子。越騎校尉慕輿良謀叛，雲誅之。

雲臨東堂，幸臣離班、桃仁懷劍執紙而入，稱有所啓，拔劍擊雲，雲以几距班，桃仁進而弒之。馮跋遷雲屍於東宫，偽謚惠懿皇帝。雲自以無功德而為豪桀所推，常内懷懼，故寵養壯士以為腹心。離班、桃仁等並專典禁衛，委之以爪牙之任，賞賜月至數千萬，衣食卧起皆與之同，終以此致敗云。

宋·李昉等《太平御覽》卷一二五《偏霸部九·後燕慕容垂》 崔鴻《十六國春秋·後燕録》曰：慕容垂，字道明，皝第五子，小字阿六敦。母蘭淑儀。垂少有器度，身長七尺七寸，手垂過膝。皝甚寵之，常曰：『此兒闊達好奇，終能破人家，或能成人家。』故名霸，字道業。因墜馬傷前二齒。後改名軼，外以慕容軼為名，内實惡而改之。尋以讖記之文，去夬，以垂為名。及儁僭稱尊號，封吳王。

建熙十年，以車騎大將軍敗桓温於枋頭，威名大震。太傅上庸王評深忌之，垂遂出奔秦。苻堅聞垂至，大悦，郊迎執手，禮之甚重。王猛惡垂雄略，勸堅殺之。堅不從，以為冠軍將軍，封賓都侯，歷京兆尹。

苻堅敗於淮南，垂軍獨全，堅以千餘騎奔之。世子寶言於垂曰：『家國傾喪，皇綱廢弛，當隆中興之業，建少康之功。宜恭承皇天之意，因而取之。』垂曰：『彼悉心投命，若何害之！』乃以兵屬堅，垂至澠池，言於堅曰：『王師不利，北境之民或因此輕動，臣請奉詔輯寧朔裔。且龍、鄴舊都，陵廟所在，乞過展拜，以申罔極。』堅許之。權翼諫曰：『垂爪牙名將，今之韓、白，且世豪東夏，志不為人下。頃避禍歸誠，非慕義也。而恐冠軍之號不飽其志，列地百里未滿其心。且垂猶鷹也，飢則附人，飽便高揚，遇風塵之會，必有淩霄之志。』堅曰：『卿言是也，但朕已許之，匹夫猶重信，況萬乘之主乎！』翼曰：『陛下重小信而忽輕社稷，臣見其往，不見其還，關東之變，垂其首乎！』

自涼馬臺結草筏而渡，至安陽，修箋于長樂公丕。垂至，館之於鄴西。會苻暉告丁零翟斌聚衆四千謀逼洛陽，丕於是配垂兵二千，遣廣武將軍苻飛龍率氐騎一千為垂之副貳。戒飛龍曰：『垂為三軍之統，卿為垂之謀主。』苻暉告急，簡書相尋，垂方圖飛龍，停河内不進，悉誅氐兵，命左右殺飛龍，濟河焚橋，衆三萬。及洛陽，苻暉閉門拒守，不與交通。翟斌率衆會垂，勸稱尊號，垂曰：『新興侯國之正統，孤之君也。若以諸軍之力，得平關東，當以大義喻秦，奉迎反正。誣上自尊，非孤心也。』乃自稱大將軍、燕王，承制行事。翟斌為建義將軍，封河南王；弟德為范陽王。衆至二十萬，濟自石門，長驅攻鄴。元年正月，朝羣寮于清陽宫，以暉在長安，依晉湣帝在平陽，中宗稱王，改年建武故事，改秦建元為燕元元年，立太子寶為燕王太子。攻弘鄴郛，丕固守中城，垂塹而圍之。于魏郡肥鄉築新興以置輜重，進師攻鄴，開其西奔之路。二年三月，苻丕棄鄴，奔并州，以魯陽王和為南中郎將鎮鄴。

十二年，垂定都中山。建興元年正月，羣寮勸垂正尊號。辛卯，僭即皇帝位於南郊。大赦，改元。立子寶為皇太子。十年五月，太子寶率衆八萬伐魏，范陽王德為之後繼。魏聞寶將至，徙於河西。寶臨河不敢濟，引師還，次於參合。俄而魏軍大至，三軍奔清，寶與德等數千騎奔免。十一年三月，垂大衆出參合，太子寶出天門。垂至參合，見積骸如山，設祭弔之，死者父兄各皆號哭，軍中哀慟。垂慚憤嘔血，因而寢疾，築燕昌城而還。寶等至雲中，聞垂疾，皆引歸，及垂于平城。夏四月，薨于上谷沮陽，年七十一。謚武成皇帝，廟號世祖。

又《慕容寶》 崔鴻《十六國春秋·後燕録》曰：慕容寶，字道祐，垂第四子。元璽四年生於信都。少輕果無志操，好人佞己。段后謂垂曰：『太子姿質雍容，柔而不斷，非濟世之雄。遼西、高陽，陛下兒之賢者，宜擇一樹之。』垂不納，謂曰：『汝謂我為晉獻公乎！』建興十一年四月，僭即皇帝位。大赦，改為永康元年。寶遣將軍趙王麟逼段后曰：『常謂主上不能嗣守大統，今竟能不？宜早自裁，以全段氏。』后怒曰：『汝兄弟尚逼殺母，豈能保守社稷？吾豈惜死，念國滅。』不久，遂自殺。八月，立妃段氏為皇后，濮陽公策為皇太子。

二年正月，魏使修和，寶不許。二月，魏攻中山。其夜，尚書慕容皓謀殺寶，立趙王麟。寶與太子榮等萬騎就清河王公於薊，以開封公慕容詳守中山。五月，詳遂僭稱尊號。九月，趙王麟率衆入中山殺詳，麟復僭尊號。中山饑，麟出據新市，與魏師戰於義臺，敗績，南奔。魏入中山。

寶遣御史中丞兼鴻臚魯遂持節，授司徒、范陽王德丞相、冀州牧，承制南夏，封公、侯、牧、守。三年二月，寶發龍城，以撫軍慕容騰為前軍，步騎三萬，將南伐，次於乙連。長上段速骨、宋赤眉因民之憚遠役，殺司空樂浪王宙，衆既幸亂，投仗奔走。寶馳還龍城，又與長樂王盛等南奔。尚書蘭汗殺速骨等十餘人，奉太子策承制，大赦，遣迎寶還，及於薊，寶欲北還，盛等咸以汗忠款虛實未明，宜就范陽王德。寶從之，乃自薊而南。四月，寶至鄴，鄴中遺民固請留之，寶不從。南至黎陽城西，聞范陽王德稱制，懼而退，乃還龍城，次於廣都。蘭汗又遣左將軍護超迎寶，具申款誠，忠節無差，寶於是命發。汗遣弟難率五百騎逆寶至龍城。難引寶入于外邸，殺之，年四十四。殺太子榮及王公卿士百餘人。汗自稱大將軍、大單于、昌黎王，號年青龍。七月，長樂公盛襲誅汗。盛即位，偽謚寶惠湣皇帝，廟號列宗。

又《慕容盛》 崔鴻《十六國春秋·後燕録》曰：慕容盛，字道運，寶之庶長子。秦建元十年，生於長安。二十年，符堅誅慕容氏，盛奔。東歸至垂，問以西事，畫地成圖，垂笑，謂之曰：『昔魏武撫明帝之首，遂乃侯之。祖之愛孫，有由來矣。』於是封長樂公。建興六年，領北中郎將鎮薊，進爵為王。

及寶為蘭難所殺，盛馳赴哀。盛潛結大衆，謀討難及汗等，斬之。建平元年七月，告成宗廟，大赦，改青龍元年為建平元年。謙挹自卑，不稱尊號，以長樂王稱制，諸王貶爵為公。東陽公慕容根等九十八人上尊號，盛不許。十月，根等又請，盛許之。丙子，僭即皇帝位。正月，朝羣臣於承乾殿，大赦，改建平元年為長樂元年。二年正月，大赦，盛去皇帝之號，稱庶民天王。

三年八月，右將軍慕容國謀率禁兵襲盛，前將軍段璣等因衆心阻動，潛於禁中，鼓噪大呼。盛聞變，率左右出戰，衆皆披潰，一賊從暗中擊盛，傷足。遂取輦升前殿，召叔公河間公熙囑以後事。熙未至而薨，年二十九，偽謚昭武皇帝，廟號中宗。

《晉書》曰：盛幼而羈賤流漂，長則遭家多難，夷險安危，備嘗之矣。懲寶暗而不斷，遂峻極威刑，纖介之嫌，莫不裁之於未萌，防之於未兆。於是上下震恐，人不自安，雖推忠誠親戚亦皆離貳，舊臣靡無夷滅，安忍無親，所以卒於不免。是歲，隆安五年也。

又《慕容熙》 崔鴻《十六國春秋·後燕録》曰：慕容熙，字道文，一名長生，垂之少子。燕元二年，生於常山。建興八年，封河間王。永康初，隨寶奔龍城，拜司隸校尉。長樂元年，遷僕射、中外督領、昌黎尹。盛薨，遂僭即皇帝位。大赦，改長樂三年為光始元年。

二年正月，熙引見州郡耆舊於東宮，問以民所疾苦。司隸部民劉瓚對問稱旨，拜帶方太守。是春，大治宮室。四月，立符貴人為昭儀。五月，築龍騰苑，廣十里餘，役徒二萬人。起景雲山于苑內。又起逍遙宮、甘露殿，連房數百，觀閣相交。鑿天河渠，引水入宮。又為符昭儀鑿曲光海、清涼池。季夏暑熱，士卒不得休息，渴死者大半。四年二月，昭儀符氏卒，符貴嬪為皇后。九月，符后遊畋，熙從之，北登白鹿山，東過青嶺，南臨滄海，冬十一月乃還。百姓苦之，士卒為狼虎所害及凍死者五千餘人。五年十月，擬鄴之鳳陽作弘光門，累級三層。

建始元年正月，大赦天下。三月，太史丞梁延年夢月化為五白龍，夢中占之，曰：『月，臣也；龍，君也，月化為龍，當有臣為君。』寤而告人，曰：『國符，其將盡乎。』是月，符后起承華殿，高承光一倍。負土檐北門，土與穀同價。典軍杜靜載棺詣闕上書諫，熙大怒，斬之。后嘗季夏思凍魚膾，冬須生地黃，皆下有司切責，不得，加以大辟。四月，符后卒，熙悲號躃踴，若喪考妣，擁其屍而撫之曰：『體已就冷，命遂斷矣！』於是僵僕絕息，久而乃蘇。服斬縗，食粥。百寮宮內設位哭臨，有司按檢哭者，有淚則，無淚則加罪，羣臣振懼，莫不含辛以為淚。高陽王妃張氏，熙之嫂也，美姿容。熙欲以為殉，乃毀其襚靴，中有弊氈，遂賜死。三女叩頭求哀，熙弗許。營陵周輪數里，下固三泉，內圖畫尚書八座之像。熙曰：『善為之，朕將隨后入此陵。』轜車高大，毀北門而出。

中衛將軍馮跋、左衛將軍張興，先皆坐事亡奔，以熙政之虐也。與跋從兄萬泥等二十二人結盟，推夕陽公慕容雲為主，發尚方徒五千人分屯四門，入宮授甲，閉門拒守。中黃門趙洛生奔告熙，熙曰：『此鼠盜耳，朕還，當誅之。』乃收雲貫甲，馳還赴難。夜至龍城，攻北門不克，遂入龍騰苑，左右潰散，熙微服逃于林中，為人執送雲等，殺之，年二十三。雲葬之徽平陵，謚曰昭文皇帝。

又《慕容雲》 崔鴻《十六國春秋・後燕録》曰：慕容雲，字子雨，寶之養子。祖父和，高勾麗之支庶，自云高陽氏之苗裔，故以高為氏。寶之為太子，雲以武藝給侍東宮。永康初，拜侍御郎，以疾去官。及熙葬後，馮跋詣之，告以大謀，雲懼，跋等强之。四月，即天王位，復姓高氏，大赦，改建始元年為正始元年，國仍號大燕。以馮跋為侍中、中外都督、録尚書事、武邑公。二年，慕容歸為遼東公，主燕之宗祀。

三年冬十月，雲臨東堂，幸臣離班、桃仁懷劍執紙而入，稱有啓，抽劍擊雲，雲以几拒班，桃仁進而殺之。推立馮氏為主，跋即位，謚為懿惠皇帝。始垂以丙戌之歲建號中山，馮跋即位之歲，歲在己酉，二十四年。

論説

《晉書》卷一二四《慕容寶等載記論》 四星東聚，金陵之氣已分；五馬南浮，玉塞之雄方擾。市朝屢改，艱虞靡息。慕容垂天資英傑，威震本朝，以雄略見猜而庇身寬政，永固受之而以禮，道明事之而畢力。然而隼質難羈，狼心自野。淮南失律，三甥之謀已構；河朔分麾，五木之祥雲啓。斬飛龍而遐舉，逾石門而長邁，遂使翟氏景從，鄴師宵逸，收羅趙、魏，驅駕英雄。叩囊餘奇，摧五萬于河曲；浮船秘策，招七郡于黎陽。返遼陰之舊物，創中山之新社，類帝禋宗，僭擬斯備。夫以重耳歸晉，賴五臣之功；句踐紿吴，資五千之卒。惡有業殊二霸，衆微一旅，掎拔而傾山嶽，騰嘯而御風雲！雖衛人忘亡復傳于東國，任好餘裕伊愧於西鄰，信苻氏之姦回，非晉室之鯨鯢矣。

寶以浮譽獲升，峻文御俗，蕭牆內憤，勍敵外陵，雖毒不被物而惡足自剿。盛則孝友冥符，文武不墜，韜光而夷仇賊，罪己而遜高危，翩翩然濁世之佳虜矣。熙乃地非奥主，舉因淫德。驪戎之態，取悦于匡床；玄妻之姿，見奇於鬒發。蕩輕舟于曲光之海，望朝涉于景雲之山，飾土木於驕心，窮怨嗟於蒿壤，宗祀夷滅，為馮氏之驅除焉。

又《慕容寶等載記贊》 戎狄憑陵，山川沸騰。天未悔禍，人非與能。疾走而捷，先鳴則興。道明烈烈，鞭笞豪傑。掃燕夷魏，剗屠永滅。大盜潛移，鴻名遂竊。寶心生亂，盛清家難。熙極驕淫，人懷憤惋。孽貽身咎，灾無以逭。

雜録

北魏・酈道元《水經注》卷三《河水》 道出其中，亦謂之參合口。陘在縣之西北，即《燕書》所謂太子寶自河西還師參合，三軍奔潰，即是處也。

又 卷一三《漯水》 按《燕書》，建興十年，慕容垂自河西還，軍敗於參合，死者六萬人。十一年，垂衆北至參合，見積骸如山，設祭吊之禮，死者父兄皆號泣，六軍哀慟，垂慚憤嘔血，因而寢疾焉。輿過平城北四十里，疾篤，築燕昌城而還，即此城也。

唐·徐堅《初學記》卷七《地部下·橋》 崔鴻《後燕録》曰：慕容垂與劉牢之戰於五橋澤，晉大敗。車騎慕容德等引兵要牢之五丈橋。牢之馳馬跳五丈澗，會符丕救至而免。

又　卷八《州郡部·河北道》 《十六國春秋》云：慕容熙光始三年，築龍騰苑，起景雲臺。

又　卷二五《器物部上·鏡》 蕭方等《三十國春秋》曰：慕容垂攻鄴，苻丕遣其從弟就請救，乃遣謝玄青銅鏡、黄金婉轉繩等，以之為信。

又　卷二七《寶器部·金》 崔鴻《後燕録》曰：董統上言于慕容垂曰：臣聞陛下之奇有六焉，厥初之奇，金光耀室。

宋·李昉等《太平御覽》卷二一《時序部六·夏上》 《三十國春秋》曰：燕王慕容熙后苻氏，嘗季夏思凍魚膾，仲冬須生地黄，皆下有司切責之，不得，加之以辟焉。

又　卷七三《地部三十八·橋》 崔鴻《十六國春秋·後燕録》曰：慕容垂與劉牢之戰於五丈橋橋津，晉大敗。車騎將軍慕容德等引兵要牢之五丈橋，牢之馳馬跳五丈澗，會苻丕救至而免。

又　卷一九六《居處部二十四·苑囿》 《後燕録》曰：慕容熙築龍騰苑，廣袤十餘里，役徒二萬人。又起景靈山苑，内基廣五百步，峰高十七丈。又起逍遥宫、甘露殿，連房數百，觀門相交；鑿天河渠引入宫。

又　卷一九八《封建部一·敍封建》 崔鴻《十六國春秋·後燕録》曰：苻定、苻紹等降，慕容垂下書封紹等為侯，以酬秦王之惠，且擬三恪。

又　卷二八六《兵部十七·機略五》 《十六國春秋》曰：後燕慕容盛據遼東，其遼西太守李朗陰引後魏軍上表請發兵以拒寇。盛曰：『此必詐也。』召其使而詰之，果驗，盡滅其族。遣將李旱率騎討之，師次建安，召旱旋師。朗聞其家被誅也，擁二千餘户以自固。及聞旱中路而還，謂有内變，不復為備，留其子養守令，支迎魏師于北平。旱候知之，襲克令支，遣裨將追朗，及于無支，斬之。盛謂羣臣曰：『前以追旱還者，朗新為叛逆，必忌官威。一則鳩合同類，劫害良善；二則亡竄山澤，未可卒平，故非意而還，以盈怠其志，卒然掩之，必克之理也。』羣臣皆曰：『非所及也。』

又　卷二九五《兵部二十六·安衆》 《十六國春秋》曰：後燕慕容寶遣將慕容賀麟率三萬餘人寇新市。甲子晦，後魏道武進軍討之。太史令晁崇奏曰：『昔紂以甲子日亡，兵家忌，不可出。』帝曰：『紂以甲子日亡，周武不以甲子勝乎？』崇無以對。帝遂進軍新市，賀麟退阻泒水，依漸洳澤以自固。甲戌，帝臨其營，戰於義臺塢，大破之。

又　卷三四六《兵部七十七·刀下》 陶弘景《刀劍録》曰：後燕慕容垂興元元年於中山造刀一口，長三尺六寸，隸書。

又　卷三八七《人事部二十八·涕淚》 崔鴻《後燕録》曰：秦宦人光祚先入晉，晉以祚為河北郡。至是來歸，慕容垂見祚，流涕曰：『秦主知我理深，吾事之亦盡。淮南之敗，吾效忠節，每思疇昔之顧，未嘗不中宵忘寢。』祚亦歔欷。

又曰：慕容熙苻后卒，制百僚於宫内，設位哭，令沙門素服，使有司按檢哭者，有淚以為忠孝，無則罪之。於是羣臣振懼，莫不含辛以為淚焉。

又　卷四七八《人事部一百一十九·贈遺》 崔鴻《後燕録》曰：王猛伐洛陽，將發，謂慕容垂曰：『吾將遂清東夏，或為東山之別。見物思人，卿將何以為信？』垂以佩刀遺之。

又　卷七一七《服用部十九·鏡》 （蕭方等《三十國春秋》）又曰：慕容垂攻鄴，符丕遣其從弟龍請救。乃遣謝玄青銅鏡，黄金宛轉繩等，以為之信。

又　卷八七六《咎徵部三·暴風》 《十六國春秋》曰：後燕慕容垂遣太子寶伐魏，次參合。忽大風，黑氣狀若堤防，臨復軍上。沙門支曇猛言於寶曰：『風氣暴逆，魏軍將至，宜遣兵禦之。』寶笑而不納。俄黄霧四塞，日月晦冥，魏師至，三軍奔潰。其年垂死。

西秦興亡

綜　述

《晉書》卷一二五《乞伏國仁載記》　乞伏國仁，隴西鮮卑人也。在昔有如弗斯、出連、叱盧三部，自漠北南出大陰山，遇一巨蟲于路，狀若神龜，大如陵阜，乃殺馬而祭之，祝曰：『若善神也，便開路；惡神也，遂塞不通。』俄而不見，乃有一小兒在焉。時又有乞伏部有老父無子者，請養為子，衆咸許之。老父欣然自以有所依憑，字之曰紇幹。紇幹者，夏言依倚也。年十歲，驍勇善騎射，彎弓五百斤。四部服其雄武，推為統主，號之曰乞伏可汗托鐸莫何。托鐸者，言非神非人之稱也。其後有祐鄰者，即國仁五世祖也。泰始初，率户五千遷于夏緣，部衆稍盛。鮮卑鹿結七萬餘落，屯于高平川，與祐鄰迭相攻擊。鹿結敗，南奔略陽，祐鄰盡并其衆，固居高平川。祐鄰死，子結權立，徙於牽屯。結權死，子利那立，擊鮮卑吐賴于烏樹山，討尉遲渴權于大非川，收衆三萬餘落。利那死，弟祁埿立。祁埿死，利那子述延立。討鮮卑莫侯于苑川，大破之，降其衆二萬餘落，固居苑川。以叔父軻埿為師傅，委以國政，斯引烏埿為左輔將軍，鎮蔡園川，出連高胡為右輔將軍，鎮至便川，叱盧那胡為率義將軍，鎮牽屯山。述延死，子傉大寒立。會石勒滅劉曜，懼而遷于麥田無孤山。大寒死，子司繁立，始遷於度堅山。尋為苻堅將王統所襲，部衆叛降於統。司繁歎謂左右曰：『智不距敵，德不撫衆，劍騎未交而本根已敗，見衆分散，勢亦難全。若奔諸部，必不我容，吾將為呼韓邪之計矣。』乃詣統降於堅。堅大悅，署為南單于，留之長安。以司繁叔父吐雷為勇士護軍，撫其部衆。俄而鮮卑勃寒侵斥隴右，堅以司繁為使持節、都督討西胡諸軍事、鎮西將軍以討之。勃寒懼而請降，司繁遂鎮勇士川，甚有威惠。

司繁卒，國仁代鎮，及堅興壽春之役，征為前將軍，領先鋒騎。會國仁叔父步頹叛於隴西，堅遣國仁還討之。步頹聞而大悅，迎國仁于路。國仁置酒高會，攘袂大言曰：『苻氏往因趙石之亂，遂妄竊名號，窮兵極武，跨僭八州。疆宇既寧，宜綏以德，方虛廣威聲，勤心遠略，騷動蒼生，疲弊中國，違天怒人，將何以濟！且物極則虧，禍盈而覆者，天之道也。以吾量之，是役也，難以免矣。當與諸君成一方之業。』及堅敗歸，乃招集諸部，有不附者，討而並之，衆至十餘萬。及堅為姚萇所殺，國仁謂其豪帥曰：『苻氏以高世之姿而困於烏合之衆，可謂天也。夫守常迷運，先達耻之；見機而作，英豪之舉。吾雖薄德，藉累世之資，豈可睹時來之運而不作乎！』以孝武太元十年自稱大都督、大將軍、大單于、領秦、河二州牧，建元曰建義。以其將乙旃音埿為左相，屋引出支為右相，獨孤匹蹄為左輔，武羣勇士為右輔，弟乾歸為上將軍，自餘拜授各有差。置武城、武陽、安固、武始、漢陽、天水、略陽、漒川、甘松、匡朋、白馬、苑川十二郡，築勇士城以居之。

鮮卑匹蘭率衆五千降。明年，南安秘宜及諸羌虜來擊國仁，四面而至。國仁謂諸將曰：『先人有奪人之心，不可坐待其至。宜抑威餌敵，羸師以張之，軍法所謂怒我而怠寇也。』於是勒衆五千，襲其不意，大敗之。秘宜奔還南安，尋與其弟莫侯悌率衆三萬餘户降于國仁，各拜將軍、刺史。

苻登遣使者署國仁使持節、大都督、都督雜夷諸軍事、大將軍、大單于、苑川王。國仁率騎三萬襲鮮卑大人密貴、裕苟、提倫等三部於六泉。高平鮮卑没奕于、東胡金熙連兵來襲，相遇於渴渾川，大戰敗之，斬級三千，獲馬五千匹。没奕於及熙奔還，三部震懼，率衆迎降。署密貴建義將軍、六泉侯，裕苟建忠將軍、蘭泉侯，提倫建節將軍、鳴泉侯。

國仁建威將軍叱盧烏孤跋擁衆叛，保牽屯山。國仁率騎七千討之，斬其部將叱羅侯，降者千餘户。跋大懼，遂降，復其官位。因討鮮卑越質叱黎于平襄，大破之，獲其子詰歸、弟子復半及部落五千餘人而還。

太元十三年，國仁死，在位四年，偽謚宣烈王，廟號烈祖。

又　《乞伏乾歸載記》　乾歸，國仁弟也。雄武英傑，沈雅有度量。國仁之死也，其羣臣咸以國仁子公府沖幼，宜立長君，乃推乾歸為大都督、大將軍、大單于、河南王，赦其境内，改元曰太初。立其妻邊氏為王后，以出連乞都為丞相，鎮南將軍、南梁州刺史悌眷為御史大夫，自餘封拜各有差。遂還于金城。

太元十四年，苻登遣使署乾歸大將軍、大單于、金城王。南羌獨如率衆七千降之。休官阿敦、侯年二部各擁五千餘落，據牽屯山，為其邊害。乾歸討破之，悉降其衆，於是聲振邊服。吐谷渾大人視連遣使貢方物。鮮卑豆留犍、叱豆渾及南丘鹿結並休官曷呼奴、盧水尉地跋並率衆降於乾歸，皆署其官爵。隴西太守越質詰歸以平襄叛，自稱建國將軍、右賢王。幹歸擊敗之，詰歸東奔隴山。既而擁衆來降，乾歸妻以宗女，署立義將軍。

苻登將没奕於遣使結好，以二子為質，請討鮮卑大兜國。乾歸乃與没奕於攻大兜於安陽城，大兜退固鳴蟬堡，乾歸攻陷之，遂還金城。為呂光弟寶所攻，敗於鳴雀峽，退屯青岸。寶進追乾歸，乾歸使其將彭奚念斷其歸路，躬貫甲冑，連戰敗之，寶及將士投河死者萬餘人。

苻登遣使署乾歸假黄鉞、大都督隴右河西諸軍事、左丞相、大將軍、河南王，領秦、梁、益、涼、沙五州牧，加九錫之禮。時登為姚興所逼，遣使請兵，進封乾歸梁王，命置官司，納其妹東平長公主為梁王后。乾歸遣其前將軍乞伏益州、冠軍翟瑥率騎二萬救之。會登為興所殺，乃還師。

氐王楊定率步騎四萬伐之。乾歸謂諸將曰：『楊定以勇虐聚衆，窮兵逞欲。兵猶火也，不戢，將自焚。定之此役，殆天以之資我也。』於是遣其涼州牧乞伏軻彈、秦州牧乞伏益州、立義將軍詰歸距之。定敗益州于平川，軻彈、詰歸引衆而退。翟瑥奮劍諫曰：『吾王以神武之姿，開基隴右，東征西討，靡不席捲，威震秦、梁，聲光巴、漢。將軍以維城之重，受閫外之寄，宜宣力致命，輔寧家國。秦州雖敗，二軍猶全，奈何不思直救，便逆奔敗，何面目以見王乎！昔項羽斬慶子以寧楚，胡建戮監軍以成功，將軍之所聞也。瑥誠才非古人，敢忘項氏之義乎！』軻彈曰：『向所以未赴秦州者，未知衆心何如耳。敗不相救，軍罰所先，敢自寧乎！』乃率騎赴之。益州、詰歸亦勒衆而進，大敗定，斬定及首虜萬七千級。於是盡有隴西、巴西之地。

太元十七年，赦其境内殊死以下，署其長子熾磐領尚書令，左長史邊芮為尚書左僕射，右長史秘宜為右僕射，翟瑥為吏部尚書，翟勍為主客尚書，杜宜為兵部尚書，王松壽為民部尚書，樊謙為三公尚書，方弘、麴景為侍中，自餘拜授一如魏武、晉文故事。猶稱大單于、大將軍。

楊定之死也，天水姜乳襲據上邽。至是，遣乞伏益州討之。邊芮、王松壽言於乾歸曰：『益州以懿弟之親，屢有戰功，狃於累勝，常有驕色。若其遇寇，必將易之。且未宜專任，示有所先。』乾歸曰：『益州驍勇，善御衆，諸將莫有及之者，但恐其專擅耳。若以重佐輔之，當無慮也。』於是以平北韋虔為長史、散騎常侍務和為司馬。至大寒嶺，益州恃勝自矜，不為部陣，命將士解甲遊畋縱飲，令曰：『敢言軍事者斬！』虔等諫曰：『王以將軍親重，故委以專征之任，庶能摧彼凶醜，以副具瞻。賊已垂逼，奈何解甲自寬，宴安耽毒，竊為將軍危之。』益州曰：『乳以烏合之衆，聞吾至，理應遠竄。今乃與吾決戰者，斯成擒也。吾自揣之有方，卿等不足慮也。』乳率衆距戰，益州果敗。乾歸曰：『孤違蹇叔，以至於此。將士何為，孤之罪也。』皆赦之。

索虜禿髮如苟，率户二萬降之，乾歸妻以宗女。

呂光率衆十萬將伐乾歸，左輔密貴周、左衛莫者羖羝言於乾歸曰：『光旦夕將至。陛下以命世雄姿，開業洮罕，克翦羣光，威振遐邇，將鼓淳風于東夏，建八百之鴻慶。不忍小下屈，與姦豎競于一時，若機事不捷，非國家利也。宜遣愛子以退之。』乾歸乃稱藩於光，遣子敕勃為質。既而悔之，遂誅周等。

乞伏軻彈與乞伏益州不平，奔于呂光。光又伐之，咸勸其東奔成紀，乾歸不從，謂諸將曰：『昔曹孟德敗袁本初於官渡，陸伯言摧劉玄德于白帝，皆以權略取之，豈在衆乎！光雖舉全州之軍，而無經遠之算，不足憚也。且其精卒盡在呂延，延雖勇而愚，易以奇策制之。延軍若敗，光亦遁還，乘勝追奔，可以得志。』衆咸曰：『非所及也。』隆安元年，光遣其子纂伐乾歸，使呂延為前鋒。乾歸泣謂衆曰：『今事勢窮蹙，逃命無所，死中求生，正在今日。涼軍雖四面而至，然相去遼遠，山河既阻，力不周接，敗其一軍而衆軍自退。』乃縱反間，稱秦王乾歸衆潰，東奔成紀。延信之，引師輕進，果為乾歸所敗，遂斬之。

禿髮烏孤遣使來結和親。使乞伏益州攻克支陽、鸇武、允吾三城，俘獲萬餘人而還。又遣益州與武衛慕容允、冠軍翟瑥率騎二萬伐吐谷渾視羆，至於度周川，大破之。視羆遁保白蘭山，遣使謝罪，貢其方物，以子宕豈為質。鮮卑疊掘河內率戶五千，自魏降乾歸。

乾歸所居南景門崩，惡之，遂遷于苑川。姚興將姚碩德率衆五萬伐之，入自南安峽。乾歸次於隴西以距碩德。興潛師繼發。乾歸聞興將到，謂諸將曰：『吾自開建以來，屢摧勍敵，乘機籍算，舉無遺策。今姚興盡中國之師，軍勢甚盛。山川阻狹，無從騎之地，宜引師平川，伺其怠而擊之。存亡之機，在斯一舉，卿等戮力勉之。若梟翦姚興，關中之地盡吾有也。』於是遣其衛軍慕容允率中軍二萬遷于柏陽，鎮軍羅敦將外軍四萬遷于侯辰穀，乾歸自率輕騎數千候興軍勢。俄而大風昏霧，遂與中軍相失，為興追騎所逼，入於外軍。旦而交戰，為興所敗。乾歸遁還苑川，遂走金城，謂諸豪帥曰：『吾才非命世，謬為諸君所推，心存撥亂，而德非時雄，叨竊名器，年逾一紀，負乘致寇，傾喪若斯！今人衆已散，勢不得安，吾欲西保允吾，以避其鋒。若方軌西邁，理難俱濟，卿等宜安土降秦，保全妻子。』羣下咸曰：『昔古公杖策，豳人歸懷；玄德南奔，荆、楚繈負。分岐之感，古人所悲，況臣等義深父子，而有心離背！請死生與陛下俱。』乾歸曰：『自古無不亡之國，廢興命也。苟天未亡我，冀興復有期。德之不建，何為俱死！公等自愛，吾將寄食以終餘年。』於是大哭而別，乃率騎數百馳至允吾，禿髮利鹿孤遣弟傉檀迎乾歸，處之于晉興。

南羌梁戈等遣使招之。乾歸將叛，謀泄，利鹿孤遣弟吐雷屯於捫天嶺。乾歸懼為利鹿孤所害，謂其子熾磐曰：『吾不能負荷大業，致茲顛覆。以利鹿孤義兼姻好，冀存脣齒之援，方乃忘義背親，謀人父子，忌吾威名，勢不全立。姚興方盛，吾將歸之。若其俱去，必為追騎所及。今送汝兄弟及汝母為質，彼必不疑。吾既在秦，終不害汝。』於是送熾磐兄弟于西平，乾歸遂奔長安。姚興見而大悅，署乾歸持節、都督河南諸軍事、鎮遠將軍、河州刺史、歸義侯，遣乾歸還鎮苑川，盡以部衆配之。乾歸既至苑川，以邊芮為長史，王松壽為司馬，公卿大將已下悉降號為偏裨。

元興元年，熾磐自西平奔長安，姚興以為振忠將軍、興晉太守。尋遣使者加乾歸散騎常侍、左賢王。遣隨興將齊難迎呂隆於河西，討叛羌黨龍頭於滋川，攻楊盛將苻帛于皮氏堡，並克之。又破吐谷渾將大孩，俘獲萬餘人而還。尋復率衆攻楊盛將楊玉于西陽堡，克之。既而苑川地震裂生毛，狐雉入於寢內，乾歸甚惡之。姚興慮乾歸終為西州之患，因其朝也，興留為主客尚書，以熾磐為建武將軍、行西夷校尉，監撫其衆。

熾磐以長安兵亂將始，乃招結諸部二萬七千，築城於嵻崀山以據之。熾磐攻克枹罕，遣使告之，乾歸奔還苑川。鮮卑悅大堅有衆五千，自龍馬苑降乾歸。乾歸遂如枹罕，留熾磐鎮之。乾歸收衆三萬，遷於度堅山。羣下勸乾歸稱王，乾歸以寡弱弗許。固請曰：『夫道應符歷，雖廢必興；圖籙所棄，雖成必敗。本初之衆，非不多也，魏武運籌，四州瓦解。尋、邑之兵，非不盛也，世祖龍申，亡新鳥散。固天命不可虛邀，符籙不可妄冀。姚數將終，否極斯泰，乘機撫運，實係聖人。今見衆三萬，足可以疆理秦、隴，清蕩洮河。陛下應運再興，四海鵠望，豈宜固守謙沖，不以社稷為本！願時即大位，允副羣心。』乾歸從之。義熙三年，僭稱秦王，赦其境內，改元更始，置百官，公卿已下皆復本位。

遣熾磐討諭薄地延，師次煩於，地延率衆出降，署為尚書，徙其部落于苑川。又遣隴西羌昌何攻克姚興金城郡，以其驍騎乞伏務和為東金城太守。乾歸復都苑川，又攻克興略陽、南安、隴西諸郡，徙二萬五千户于苑川、枹罕。姚興力未能西討，恐更為邊害，遣使署乾歸使持節、散騎常侍、都督隴西嶺北匈奴雜胡諸軍事、征西大將軍、河州牧、大單于、河南王。乾歸方圖河右，權宜受之，遂稱藩於興。

遣熾磐與其次子中軍審虔率步騎一萬伐禿髮傉檀，師濟河，敗傉檀太子武臺于嶺南，獲牛馬十餘萬而還。又攻克興別將姚龍于伯陽堡，王憬於永洛城，徙四千餘户于苑川，三千餘户于譚郊。乾歸率步騎三萬征西羌彭利發於枹罕，師次於奴葵谷，利發棄其部衆南奔。乾歸遣其將公府追及于清水，斬之。乾歸入枹罕，收羌户一萬三千。因率騎二萬討吐谷渾支統阿若干於赤水，大破降之。

乾歸畋於五溪，有梟集於其手，甚惡之。六年，為兄子公府所弒，並其諸子十餘人。公府奔固大夏，熾磐與乾歸弟廣武智達、揚武木奕於討之。公府走，達等追擒於嵻崀南山，并其四子，轘之于譚郊。葬乾歸於枹罕，偽謚武元王，在位二十四年。

又《乞伏熾磐載記》 熾磐，乾歸長子也。性勇果英毅，臨機能斷，權略過人。初，乾歸為姚興所敗，熾磐質於禿髮利鹿孤。後自西平逃而降興，興以為振忠將軍、興晉太守，又拜建武將軍、行西夷校尉，留其衆鎮苑川。及乾歸返政，復立熾磐為太子，領冠軍大將軍、都督中外諸軍、録尚書事。後乾歸稱藩于姚興，興遣使署熾磐假節、鎮西將軍、左賢王、平昌公，尋進號撫軍大將軍。

乾歸死，義熙六年，熾磐襲偽位，大赦，改元曰永康。署翟勍為相國，麴景為御史大夫，段暉為中尉，弟延祚為禁中録事，樊謙為司直。罷尚書令、僕射、尚書、六卿、侍中、散騎常侍、黄門郎官，置中左右常侍、侍郎各三人。

義熙九年，遣其龍驤乞伏智達、平東王松壽討吐谷渾樹洛幹於澆河，大破之，獲其將呼那烏提，虜三千餘户而還。又遣其鎮東曇達與松壽率騎一萬，東討破休官權小郎、呂破胡于白石川，虜其男女萬餘口，進據白石城，休官降者萬餘人。後顯親休官權小成、呂奴迦等叛保白坑，曇達謂將士曰：『昔伯珪憑險，卒有滅宗之禍；韓約肆暴，終受覆族之誅。今小成等逆命白坑，宜在除滅。王者之師，有征無戰，粤爾輿人，戮力勉之！』衆咸拔劍大呼，於是進攻白坑，斬小成、奴迦及首級四千七百，隴右休官悉降。遣安北烏地延、冠軍翟紹討吐谷渾別統句旁於泣勤川，大破之，俘獲甚衆。熾磐率諸將討吐谷渾別統支旁于長柳川，掘達於渴渾川，皆破之，前後俘獲男女二萬八千。

僭立十年，有雲五色，起于南山，熾磐以為己瑞，大悦，謂羣臣曰：『吾今年應有所定，王業成矣！』於是繕甲整兵，以待四方之隙。聞禿髮辱檀西征乙弗，投劍而起曰：『可以行矣！』率步騎二萬襲樂都。禿髮武臺憑城距守，熾磐攻之，一旬而克。遂入樂都，論功行賞各有差。遣平遠犍虔率騎五千追傉檀，徙武臺與其文武及百姓萬餘户於枹罕。傉檀遂降，署為驃騎大將軍、左南公。隨傉檀文武，依才銓擢之。熾磐既兼傉檀，兵强地廣，置百官，立其妻禿髮氏為王后。

十一年，熾磐攻克沮渠蒙遜河湟太守沮渠漢平，以其左衛匹逵為河湟太守，因討降乙弗窟乾而還。遣其將曇達、王松壽等討南羌彌姐康薄于赤水，降之。

熾磐攻漒川，師次遝中，沮渠蒙遜率衆攻石泉以救之。熾磐聞而引還，遣曇達與其將出連虔率騎五千赴之。蒙遜聞曇達至，引歸，遣使聘於熾磐，遂結和親。又遣曇達、王松壽等率騎一萬伐姚艾於上邽。曇達進據蒲水，艾距戰，大敗之，艾奔上邽。曇達進屯大利，破黄石、大羌二戍，徙五千餘户於枹罕。

令其安東木奕於率騎七千討吐谷渾樹洛幹於塞上，破其弟阿柴于堯扞川，俘獲五千餘口而還，洛幹奔保白蘭山而死。熾磐聞而喜曰：『此虜矯矯，所謂有豕白蹢。往歲曇達東征，姚艾敗走；今木奕於西討，黠虜遠逃。境宇稍清，姦凶方殄，股肱惟良，吾無患矣。』於是以曇達為左丞相，其子元基為右丞相，麴景為尚書令，翟紹為左僕射。遣曇達、元基東討姚艾，降之。

至是，乙弗鮮卑烏地延率户二萬降於熾磐，署為建義將軍。地延尋死，弟他子立，以子軻蘭質于西平。他子從弟提孤等率户五千以西遷，叛於熾磐。涼州刺史出連虔遣使喻之，提孤等歸降。熾磐以提孤姦猾，終為邊患，税其部中戎馬六萬匹。後二歲而提孤等扇動部落，西奔出塞。他子率户五千入居西平。

先是，姚艾叛降蒙遜，蒙遜率衆迎之。艾叔父濬言于衆曰：『秦王寬仁有雅度，自可安土事之，何為從涼主西遷？』衆咸以為然，相率逐艾，推濬為主，遣使請降。熾磐大悦，征濬為侍中、中書監、征南將軍，封隴西公，邑一千户。

使征西孔子討吐谷渾覓地于弱水南，大破之。覓地率衆六千降於熾磐，署為弱水護軍。遣其左衛匹逵，建威梯君等討彭利和於漒川，大破之，利和單騎奔仇池，獲其妻子。徙羌豪三千户於枹罕，漒川羌三萬餘户皆安堵如故。

元熙元年，立其第二子慕末為太子，領撫軍大將軍、都督中外諸軍事，大赦境內，改元曰建弘，其臣佐等多所封授。熾磐在位七年而宋氏受禪，以宋元嘉四年死。子慕末嗣偽位，在位四年，為赫連定所殺。

始國仁以孝武太元十年僭位，至慕末四世，凡四十有六載而滅。

《北史》卷九三《僭偽附庸傳・西秦乞伏氏》 乞伏國仁，隴西人也。其先如弗，自漠北南出。五世祖佑鄰，并兼諸部，衆漸盛。父司繁，擁部落降苻堅，堅以為南單于，又拜鎮西將軍，鎮勇士川。司繁死，國仁為將軍。及堅敗，國仁叔步頽叛于隴石。堅令國仁討之，步頽大悦，迎而推之，部衆十餘萬。道武時，私署大都督、大將軍、大單于、秦河二州牧，號年建義，署置官屬。分部内為十一郡，築勇士城以都之。國仁死，弟乾歸統事，自署大都督、大將軍、大單于、河南王，改年為太初，置百官。登國中，遷于金城。城門自壞，乾歸惡之，遷于苑川。尋為姚興所破，又奔枹罕，遂降姚興。拜為河州刺史，封歸義侯。尋遣還苑川。乾歸乃背姚興，私稱秦王，置百官，號年更始。遣使請援，明元許之。田於五溪，有梟集其手，尋為其兄子公府所殺。

子熾盤殺公府，代統任。熾盤自稱大將軍、河南王，改年為永康。後襲禿髮傉檀于樂都，滅之，乃私署秦王，置百官，改年為建弘。後遣其尚書郎莫者胡、積射將軍乞伏又寅貢金二百斤，請伐赫連昌，太武許之。及統萬事平，熾盤乃遣其叔平遠將軍泥頭、弟安遠將軍安度質于京師。又使其中書侍郎王愷、丞相從事中郎烏訥闐奉表貢其方物。熾盤死，子慕末統任。

慕末字安石跋。既立，改年為永弘。其尚書隴西辛進嘗隨熾盤遊後園，進彈烏，丸誤傷慕末母面。至是，誅進五族二十七人。慕末弟殊羅蒸熾盤左夫人禿髮氏，慕末知而禁之，殊羅與叔父什夤謀殺慕末，使禿髮氏盜門鑰。鑰誤，門不開。門者以告，慕末收其黨，盡殺之。欲鞭什夤，什夤曰：『我負汝死，不負汝鞭。』慕末怒，刳其腹，投屍於河。什夤母弟白養及去列，頗有怒言，又殺之。政刑酷濫，内外崩離，部人多叛。

後為赫連定所逼，遣王愷、烏訥闐請迎于太武。太武許以安定以西，平涼以東封之。慕末乃焚城邑，毁寶器，率户萬五千至高田谷。為赫連定所拒，遂保南安。太武遣師迎之，慕末衛將軍吉毗固諫，以為不宜内徙，慕末從之。赫連定遣其北平公韋代率衆萬人攻南安。城内大饑，人相食。神䴥四年，慕末及宗族五百餘人出降，送於上邽，遂為定滅。

《宋書》卷三《武帝紀下》（永初元年七月）甲辰，鎮西將軍李歆進號征西將軍，平西將軍乞佛熾盤進號安西大將軍。

宋・李昉等《太平御覽》卷一二七《偏霸部十一・西秦乞伏國仁》

崔鴻《十六國春秋・西秦録》曰：乞伏國仁，隴西鮮卑人。其先自漠北南出大陰山。五世祖拓鄰，者晉太始五年率户五萬遷居高平川。鄰卒，子結權立，遷於牽屯。權卒，子利那立。那卒，弟祁泥立。祁泥卒，那子述延立，遷于苑川。延卒，祁泥子傉大寒立，石勒之滅劉曜也，懼而遷于麥田無孤山。寒卒，子司繁立，秦皇始中還於度堅山。建元七年，秦將王統來伐，繁率騎三萬拒統于苑川，統潛襲度堅山，部民五萬餘落悉降於統。繁乃詣統歸降，符堅拜南單于，留之長安。後以為鎮西將軍，鎮勇士川，甚有威惠之稱。

司繁卒，國仁即位。聞符堅征晉奔敗，仁收衆至十餘萬。又聞堅為姚萇所殺，於是自稱大都督、大將軍、大單于、領秦河二州牧，改秦建元二十一年為建義元年。置武陵、苑川等十一郡，築勇士都城以都之。三年，符登遣使拜仁大將軍、苑川王。四年六月，薨，偽謚曰烈王，廟號烈祖。

又《乞伏乾歸》 崔鴻《十六國春秋・西秦録》曰：乞伏乾歸，國仁弟。雄武有度略。仁薨，羣僚以仁子公府幼稚，乃立乾歸為將軍、大單于、河南王。大赦，改四年為太初元年。立妻邊氏為后，以南川侯出連乙都為丞相。

二年正月，符登遣使拜為大將軍、金城王。六年，立子熾盤為太子。七年，登遣使授左丞相、河南王、假黄鉞，加九錫之禮。十月，氐王楊定步騎四萬來伐，歸勒衆而進，大敗定軍，斬定及首級萬有七千。於是盡有隴西之地。十二月，僭稱秦王，大赦。八年，吕光來伐，歸乃稱藩，遣子勃勃為質，既而悔之。

十三年，秦征西大將軍姚碩德率衆來伐，入自南安峽。乾歸次於隴西以拒碩德。興潛師繼發。乾歸聞興至，自率輕騎數千候興。俄與中軍相失，為興追騎所逼，戰敗。遁歸苑川，乃率騎數百馳至允吾。禿髮利鹿孤迎歸，處之于晉。歸將叛，謀泄，懼為利鹿孤所害，謂其子熾盤曰：『姚興方盛，吾將歸之。今送汝兄弟及汝母為質。』於是送熾盤兄弟于西平，歸遂奔長安。姚興大悦，拜河南諸軍事、河州刺史、歸義侯。十四年，姚興遣乾歸還鎮苑川，盡以部民配之。十八年正月，乾歸自長安。十九年五月，苑川地震裂。十一月，又朝于長安。二十年，姚興慮乾歸終為西州之患，留拜主客尚書，以其子熾盤為西夷校尉，行河州刺史。

二十一年，盤以長安亂將始，乃招結諸部，築城於嵻琅山以據之。更始元年，歸隨姚興如平流。盤攻抱罕，克之，遂遣使來告，歸奔還苑川。遂如枹罕，留熾盤鎮之。歸將衆二萬遷於度堅山。諸將勸稱王，七月，僭稱秦王，大赦，改年，置百官，公卿以下皆復命本位，四年五月，歸畋於五溪山，有梟集於其手，歸惡之。六月，為兄子公府所殺，公府出奔。盤遷於枹罕，遣弟廣武將軍智達追擒公府於嵻㟍山南，轘裂之。八月，葬歸於枹罕平元陵。僞謚武元王，廟號高祖。

又《乞伏熾盤》 崔鴻《十六國春秋·西秦録》曰：乞伏熾盤，乾歸太子。歸薨，自稱大將軍、河南王，改年為永康元年。以尚書令翟就為相國，封拜各有差。

二年，討吐谷渾別統屈達於渴渾川，大破之，俘獲男女二萬三千。三年正月，有五色雲起于南山。熾磐悅，謂羣臣曰：『吾今年應有所定，王業成矣！』於是繕甲整兵，以待四方之隙。五月，傉檀西征，率步騎二萬襲樂都，傉檀降。遂并南涼，兵强地廣。

十月，僭即秦王位，置百官，立妻禿髮氏為王后。四年，盤子元基自長安逃歸，拜尚書左僕射。建弘元年，立第二子慕末為太子，領撫軍。改年，大赦。九年，盤寢疾，顧命太子慕末，乃薨於外寢。六月，葬武平陵。謚文昭王，廟號太祖。

又《乞伏慕末》 崔鴻《十六國春秋·西秦録》曰：乞伏慕末，字安石，熾盤之太子。幼而好學，有文才。建弘元年立為太子。盤薨，即秦王位，大赦，改年為永弘元年。二月，立子萬載為太子。

三年九月，部民多叛，末焚城邑，毁寶器，率户五千東如上邽，為赫連定所拒，遂國南安。十一月，魏遣尚書庫結率騎五千迎末。衛軍吉毗固諫，以為不宜遂内徙，從之。庫結引還。

四年，赫連定遣其叔北平公韋代率衆一萬攻南安。城内大饑，人相食，傅侍中乞伏延祚、吏部尚書乞伏跋跋逾城奔代，末乃銜璧出降。送於上邽，及宗族五百餘人，悉為赫連定所誅。自國仁建義元年乙酉歲，至辛未，四十七載。

宋·司馬光《資治通鑑》卷一一二《晉紀三四·安皇帝下》（晉安帝隆安五年）九月，（涼王隆）遣使請降于秦。《考異》曰：《姚興載記》，姚平伐魏與姚碩德伐呂隆同時。《魏書》，天興五年五月姚平未來侵。晉元興元年，秦弘始四年也。《晉·帝紀》、《晉春秋》皆云『隆安五年降秦』。《十六國·西秦春秋》云：『太初十四年、五月，乾歸隨姚碩德伐涼。』《南涼春秋》云：『建和二年七月，姚碩德伐呂隆，孤攝廣武守軍以避之。』皆隆安五年也。按：秦小國，既與魏相持，豈暇更興兵伐涼！蓋《載記》之誤也。今以《晉·帝紀》、《晉春秋》、《十六國·西秦》、《南涼春秋》為據。

又卷一一九《宋紀一·高祖武皇帝》（宋武帝永初元年）秦王熾盤立其子乞伏暮末為太子，《考異》曰：《晉書》作『慕末』，《宋書》作『乞佛茂蔓』。今從崔鴻《十六國春秋》。仍領撫軍大將軍、都督中外諸軍事，改元建弘。

又卷一二一《宋紀三·太祖文皇帝上之中》（宋文帝元嘉七年十月）秦王暮末為河西所逼，遣其臣王愷、烏訥闐請迎于魏，魏人許以平涼、安定封之。暮末乃焚城邑，毁寶器，帥户萬五千，東如上邽。《考異》曰：《後魏·乞伏國仁傳》云：『為赫連定所逼，遣烏訥等求迎。』《宋·氐胡傳》云：『茂蔓聞赫連定敗，將家户及興國東征欲移居上邽。』今從《十六國春秋》。

論説

《晉書》卷一二五《乞伏國仁等載記論》 夫天地閉，大昆生；雲雷屯，羣凶作。自晉室遘孽，胡兵肆禍，封域無紀，干戈是務。國仁陰山遺噍，難以義服，伺我阽危，長其陵暴。向使偶欽明之運，遭雄略之主，已當褫魂沙漠，請命槁街，豈暇竊據近郊，經綸王業者也。

乾歸智不及遠而以力詐自矜。陷呂延之師，姦謀潛斷；俘視羆之衆，威策遐舉。便欲誓湃、隴之餘卒，窺崤、函之奧區，秣疲馬而宵征，翦勍敵而朝食。既而控弦鳴鏑，厥志未逞，沮岸崩山，其功已喪。履重氛於外難，幸以計全；貽巨釁于蕭牆，終成凶禍，宜哉！

熾磐叱吒風雲，見機而動，牢籠潛傑，決勝多奇，故能命將掩澆河之酋，臨戎襲樂都之地，不盈數載，遂隆僞業。覽其遺迹，盜亦有道乎！

又《乞伏國仁等載記贊》 國仁驍武，乾歸勇悍。矯矯熾磐，臨機能斷。孰謂獯虜，亦懷沈算。文起常才，憑時叛換。咸竊大寶，為我多難。

雜録

宋・李昉等《太平御覽》卷三四六《兵部七十七・刀下》（陶弘景《刀劍録》）曰：西秦乞伏國仁建義三年造刀一口，銘曰『建義』，隸字。

又 卷三五〇《兵部八十一・彈》 崔鴻《西秦録》曰：辛進字國都，隴西人。建弘初，為散騎常侍，從乞伏熾盤游於後園。宵觀彈鳥，丸傷暮末母之面。至是末問母面傷之由。母曰：『辛進彈鳥所傷。』末怒，故誅之。

又 卷八八〇《咎徵部七・地裂》 崔鴻《十六國春秋》曰：西秦乞伏乾歸太初十九年，齋川地裂。後四年，乾歸為兄子夠援所殺。

後涼興亡

綜述

《晉書》卷九五《藝術傳》 郭黁，西平人也。少明《老》、《易》，仕郡主簿。張天錫末年，苻氏每有西伐之問，太守趙凝使黁筮之，黁曰：『若郡內二月十五日失囚者，東軍當至，涼祚必終。』凝乃申約屬縣。至十五日，鮮卑折掘送馬於凝，凝怒其非駿，幽之內廄，鮮卑懼而夜遁。凝以告黁，黁曰：『是也。國家將亡，不可復振。』

苻堅末，當陽門震，刺史梁熙問黁曰：『其祥安在?』黁曰：『為四夷之事也。當有外國二王來朝主上，一當反國，一死此城。』歲餘而鄯善及前部王朝於苻堅，西歸，鄯善王死于姑臧。

呂光之王河西也，西海太守王楨叛，黁勸光襲之。光之左丞呂寶曰：『千里襲人，自昔所難，況王者之師天下所聞，何可僥倖以邀成功！黁不可從，誤人大事。』黁曰：『若其不捷，黁自伏鈇鉞之誅。如其克也，左丞為無謀矣。』光從而克之。光比之京管，常參帷幄密謀。

光將伐乞伏乾歸，黁諫曰：『今太白未出，不宜行師，往必無功，終當覆敗。』太史令賈曜以為必有秦隴之地。及克金城，光使曜詰黁，黁密謂光曰：『昨有流星東墮，當有伏屍死將，雖得此城，憂在不守。正月上旬，河冰將解，若不早渡，恐有大變。』後二日而敗問至，光引軍渡河訖，冰泮。時人服其神驗。光以黁為散騎常侍、太常。

黁後以光年老，知其將敗，遂與光僕射王祥起兵作亂。百姓聞黁起兵，咸以聖人起事，事無不成，故相率從之如不及。黁以為代呂者王，乃推王乞基為主。後呂隆降姚興，興以王尚為涼州刺史，終如黁言。黁之與光相持也，逃人稱呂統病死，黁曰：『未也，光、統之命盡在一時。』黁後統死三日而光死。黁嘗曰：『涼州謙光殿后當有索頭鮮卑居之。』終於禿髮傉檀、沮渠蒙遜迭據姑臧。黁性褊酷，不為士庶所附。戰敗，奔乞伏乾歸。乾歸敗，入姚興。黁以滅姚者晉，遂將妻子南奔，為追兵所殺也。

又 卷一二二《呂光載記》 呂光，字世明，略陽氐人也。其先呂文和，漢文帝初，自沛避難徙焉。世為酋豪。父婆樓，佐命苻堅，官至太尉。光生於枋頭，夜有神光之異，故以光為名。年十歲，與諸童兒遊戲邑里，為戰陣之法，儔類咸推為主。部分詳平，羣童嘆服。不樂讀書，唯好鷹馬。及長，身長八尺四寸，目重瞳子，左肘有肉印。沈毅凝重，寬簡有大量，喜怒不形於色。時人莫之識也，惟王猛異之，曰：『此非常人。』言之苻堅，舉賢良，除美陽令，夷夏愛服。遷鷹揚將軍。從堅征張平，戰於銅壁，刺平養子蚝，中之，自是威名大著。

苻雙反于秦州，堅將楊成世為雙將苟興所敗，光與王鑒討之。鑒欲速戰，光曰：『興初破成世，姦氣漸張，宜持重以待其弊。興乘勝輕來，糧竭必退，退而擊之，可以破也。』二旬而興退，諸將不知所為，光曰：『揆其姦計，必攻榆眉。若得榆眉，據城斷路，資儲復贍，非國之利也，宜速進師。若興攻城，尤須赴救。如其奔也，彼糧既盡，可以滅之。』鑒從焉。果敗興軍。從王猛滅慕容暐，封都亭侯。

苻重之鎮洛陽，以光為長史。及重謀反，苻堅聞之，曰：『呂光忠孝方正，必不同也。』馳使命光檻重送之。尋入為太子右率，甚見敬重。

蜀人李焉聚衆二萬，攻逼益州。堅以光為破虜將軍，率兵討滅之，遷步兵校尉。苻洛反，光又擊平之，拜驍騎將軍。

堅既平山東，士馬强盛，遂有圖西域之志，乃授光使持節、都督西討諸軍事，率將軍姜飛、彭晃、杜進、康盛等總兵七萬，鐵騎五千，以討西域，以隴西董方、馮翊郭抱、武威賈虔、弘農楊穎為四府佐將。堅太子宏執光手曰：『君器相非常，必有大福，宜深保愛。』行至高昌，聞堅寇晉，光欲更須後命。部將杜進曰：『節下受任金方，赴機宜速，有何不了，而更留乎！』光乃進及流沙，三百餘里無水，將士失色。光曰：『吾聞李廣利精誠玄感，飛泉湧出，吾等豈獨無感致乎！皇天必將有濟，諸君不足憂也。』俄而大雨，平地三尺。進兵至焉耆，其王泥流率其旁國請降。龜兹王帛純距光，光軍其城南，五里為一營，深溝高壘，廣設疑兵，以木為人，被之以甲，羅之壘上。帛純驅徙城外人入于城中，附庸侯王各嬰城自守。

至是，光左臂内脈起成字，文曰『巨霸』。營外夜有一黑物，大如斷堤，摇動有頭角，目光若電，及明而雲霧四周，遂不復見。旦視其處，南北五里，東西三十餘步，鱗甲隱地之所，昭然猶在。光笑曰：『黑龍也。』俄而雲起西北，暴雨滅其迹。杜進言於光曰：『龍者神獸，人君利見之象。《易》曰：「見龍在田，德施普也。」斯誠明將軍道合靈和，德符幽顯。願將軍勉之，以成大慶。』光有喜色。

又進攻龜兹城，夜夢金象飛越城外。光曰：『此謂佛神去之，胡必亡矣。』光攻城既急，帛純乃傾國財寶請救獪胡。獪胡弟吶龍、侯將馗率騎二十餘萬，並引温宿、尉頭等國王，合七十餘萬以救之。胡便弓馬，善矛槊，鎧如連鎖，射不可入，以革索為羂，策馬擲人，多有中者。衆甚懼之。諸將咸欲每營結陣，案兵以距之。光曰：『彼衆我寡，營又相遠，勢分力散，非良策也。』於是遷營相接陣，為勾鎖之法，精騎為遊軍，彌縫其闕。戰於城西，大敗之，斬萬餘級。帛純收其珍寶而走，王侯降者三十餘國。光入其城，大饗將士，賦詩言志。見其宫室壯麗，命參軍京兆段業著《龜兹宫賦》以譏之。胡人奢侈，厚於養生，家有蒲桃酒，或至千斛，經十年不敗，士卒淪没酒藏者相繼矣。諸國憚光威名，貢款屬路，乃立帛純弟震為王以安之。光撫寧西域，威恩甚著，桀黠胡王昔所未賓者，不遠萬里皆來歸附，上漢所賜節傳，光皆表而易之。

堅聞光平西域，以為使持節、散騎常侍、都督玉門已西諸軍事，安西將軍、西域校尉，道絶不通。光既平龜兹，有留焉之志。時始獲鳩摩羅什，羅什勸之東還，語在《西夷傳》。光於是大饗文武，博議進止。衆咸請還，光從之，以駝二萬餘頭致外國珍寶及奇伎異戲、殊禽怪獸千有餘品，駿馬萬餘匹。而苻堅高昌太守楊翰說其涼州刺史梁熙距守高桐、伊吾二關，熙不從。光至高昌，翰以郡迎降。初，光聞翰之說，惡之，又聞苻堅喪敗，長安危逼，謀欲停師。杜進諫曰：『梁熙文雅有餘，機鑒不足，終不能納善從説也，願不足憂之。聞其上下未同，宜在速進，進而不捷，請受過言之誅。』光從之。及至玉門，梁熙傳檄責光擅命還師，遣子胤與振威姚皓、别駕衛翰率衆五萬，距光於瀝泉。光報檄涼州，責熙無赴難之誠，數其遏歸師之罪。遣彭晃、杜進、姜飛等為前鋒，擊胤，大敗之。胤輕將麾下數百騎東奔，杜進追擒之。於是四山胡夷皆來款附。武威太守彭濟執熙請降。光入姑臧，自領涼州刺史、護羌校尉，表杜進為輔國將軍、武威太守，封武始侯，自餘封拜各有差。

光主簿尉祐，姦佞傾薄人也，見棄前朝，與彭濟同謀執梁熙，光深見寵任，乃譖誅南安姚皓、天水尹景等名士十餘人，遠近頗以此離貳。光尋擢祐為寧遠將軍、金城太守。祐次允吾，襲據外城以叛，祐從弟隨據鸇陰以應之。光遣其將魏真討隨，隨敗，奔祐，光將姜飛又擊敗祐衆。祐奔據興城，扇動百姓，夷夏多從之。飛司馬張象、參軍郭雅謀殺飛應祐，發覺，逃奔。

初，苻堅之敗，張天錫南奔，其世子大豫為長水校尉王穆所匿。及堅還長安，穆將大豫奔秃髮思復鞬，思復鞬送之魏安。是月，魏安人焦松、齊肅、張濟等起兵數千，迎大豫於揟次，陷昌松郡。光遣其將杜進討之，為大豫所敗。大豫遂進逼姑臧，求決勝負，王穆諫曰：『呂光糧豐城固，甲兵精鋭，逼之非利。不如席捲嶺西，厲兵積粟，東向而爭，不及期年，可以平也。』大豫不從，乃遣穆求救于嶺西諸郡，建康太守李隰、祁連都尉嚴純及閻襲起兵應之。大豫進屯城西，王穆率衆三萬及思復鞬子奚于等陣于城南。光出擊，破之，斬奚于等二萬餘級。光謂諸將曰：『大豫若用王穆之言，恐未可平也。』諸將曰：『大豫豈不及此邪！皇天欲贊成明公八百之業，故令大豫迷於良算耳。』光大悅，賜金帛有差。大豫自西郡詣臨洮，驅略百姓五千餘户，保據俱城。光將彭晃、徐炅攻破之，大豫奔廣武，穆奔建康。廣武人執大豫，送之，斬于姑臧市。

光至是始聞苻堅為姚萇所害，奮怒哀號，三軍縞素，大臨于城南，偽謚堅曰文昭皇帝，長吏百石已上服斬縗三月，庶人哭泣三日。光於是大赦境内，建元曰太安，自稱使持節、侍中、中外大都督、督隴右河西諸軍事、大將軍、鄰護匈奴中郎將、涼州牧、酒泉公。王穆襲據酒泉，自稱大將軍、涼州牧。時穀價踴貴，鬭直五百，人相食，死者太半。光西平太守康寧自稱匈奴王，阻兵以叛，光屢遣討之，不捷。

初，光之定河西也，杜進有力焉，以為輔國將軍、武威太守。既居都尹，權高一時，出入羽儀，與光相亞。光甥石聰至自關中，光曰：『中州人言吾政化何如？』聰曰：『止知有杜進耳，實不聞有舅。』光默然，因此誅進。光後宴羣僚，酒酣，語及政事。時刑法峻重，參軍段業進曰：『嚴刑重憲，非明王之義也。』光曰：『商鞅之法至峻，而兼諸侯；吳起之術無親，而荆蠻以霸，何也？』業曰：『明公受天眷命，方君臨四海，景行堯、舜，猶懼有弊，奈何欲以商、申之末法臨道義之神州，豈此州士女所望於明公哉！』光改容謝之，於是下令責躬，及崇寬簡之政。

其將徐炅與張掖太守彭晃謀叛，光遣師討炅，炅奔晃。晃東結康寧，四通王穆，光議將討之，諸將咸曰：『今康寧在南，阻兵伺隙，若大駕西行，寧必乘虚出於嶺左。晃、穆未平，康寧復至，進退狼狽，勢必大危。』光曰：『事勢實如卿言。今而不往，尋坐待其來。晃、穆共相脣齒，寧又同惡相救，東西交至，城外非吾之有，若是，大事去矣。今晃叛逆始爾，寧、穆與之情契未密，及其倉卒，取之為易。且隆替命也，卿勿復言。』光於是自率步騎三萬，倍道兼行。既至，攻之二旬，晃將寇顗斬關納光，於是誅彭晃。王穆以其黨索嘏為敦煌太守，既而忌其威名，率衆攻嘏。光聞之，謂諸將曰：『二虜相攻，此成擒也。』光將攻之，衆咸以為不可。光曰：『取亂侮亡，武之善經，不可以累征之勞而失永逸之舉。』率步騎二萬攻酒泉，克之，進次涼興。穆引師東還，路中衆散，穆單騎奔騂馬，騂馬令郭文斬首送之。

是時麟見金澤縣，百獸從之，光以為己瑞，以孝武太元十四年僭即三河王位，置百官自丞郎已下，赦其境内，年號麟嘉。光妻石氏、子紹、弟德世至自仇池，光迎於城東，大饗羣臣。遣其子左將軍他、武賁中郎將纂討北虜匹勤於三巖山，大破之。立妻石氏為王妃，子紹為世子。宴其羣臣于内苑新堂。太廟新成，追尊其高祖為敬公，曾祖為恭公，祖為宣公，父為景昭王，母曰昭烈妃。其中書侍郎楊穎上疏，請依三代故事，追尊呂望為始祖，永為不遷之廟，光從之。

是歲，張掖督郵傅曜考核屬縣，而丘池令尹興殺之，投諸空井，曜見夢於光曰：『臣張掖郡小吏，案校諸縣，而丘池令尹興贓狀狼藉，懼臣言之，殺臣投于南亭空井中。臣衣服形狀如是。』光寤而猶見，久之乃滅。遣使覆之如夢，光怒，殺興。著作郎段業以光未能揚清激濁，使賢愚殊貫，因療疾於天梯山，作表志詩《九歎》、《七諷》十六篇以諷焉。光覽而悦之。

南羌彭奚念入攻白土，都尉孫峙退奔興城。光遣其南中郎將呂方及其弟右將軍呂寶、振威楊范、彊弩竇苟討乞伏乾歸於金城。方屯河北，寶進師濟河，為乾歸所敗，寶死之。武賁呂篡、彊弩竇苟率步騎五千南討彭奚念，戰於盤夷，大敗而歸。光親討乾歸、奚念，遣篡及揚武楊軌、建忠沮渠羅仇、建武梁恭軍于左南。奚念大懼，于白土津累石為堤，以水自固，遣精兵一萬距守河津。光遣將軍王寶潛趣上津，夜渡湟河。光濟自石堤，攻克枹罕，奚念單騎奔甘松，光振旅而旋。

初，光徙西海郡人于諸郡，至是，謡曰：『朔馬心何悲？念舊中心勞。燕雀何徘徊？意欲還故巢。』頃之，遂相扇動，復徙之于西河樂都。羣議以高昌雖在西垂，地居形勝，外接胡虜，易生翻覆，宜遣子弟鎮之。光以子覆為使持節、鎮西將軍、都督玉門已西諸軍事、西域大都護，鎮高昌，命大臣子弟隨之。

光於是以太元二十一年僭即天王位，大赦境内，改年龍飛。立世子紹為太子，諸子弟為公侯者二十人。中書令王詳為尚書左僕射，段業等五人為尚書。

乾歸從弟軻彈來奔，光下書曰：『乾歸狼子野心，前後反覆。朕方東清秦、趙，勒銘會稽，豈令豎子鴟峙洮南！且其兄弟内相離間，可乘之機，勿過今也。其敕中外戒嚴，朕當親討。』光於是次於長最，使呂纂率楊軌、竇苟等步騎三萬攻金城。乾歸率衆二萬救之。光遣其將王寶、徐炅率騎五千邀之，乾歸懼而不進。光又遣其將梁恭、金石生以甲卒萬餘出陽武下峽，與秦州刺史没奕于攻其東，光弟天水公延以枹罕之衆攻臨洮、武始、河關，皆克之。呂纂克金城，擒乾歸金城太守衛犍，犍　真目謂光曰：『我寧守節斷頭，不為降虜也。』光義而免之。乾歸因大震，泣歎曰：『死中求生，正在今日也。』乃縱反間，稱乾歸衆潰，東奔成紀。呂延信之，引師輕進。延司馬耿稚諫曰：『乾歸雄勇過人，權略難測，破王廣，克楊定，皆羸師以誘之，雖蕞爾小國，亦不可輕也。困獸猶鬭，況乾歸而可望風自散乎！且告者視高而色動，必為姦計。而今宜部陣而前，步騎相接，徐待諸軍大集，可一舉滅之。』延不從，與乾歸相遇，戰敗，死之。耿稚及將軍姜顯收集散卒，屯於枹罕。光還于姑臧。

光荒耄信讒，殺尚書沮渠羅仇、三河太守沮渠麴粥。羅仇弟子蒙遜叛光，殺中田護軍馬邃，攻陷臨松郡，屯兵金山，大為百姓之患。蒙遜從兄男成先為將軍，守晉昌，聞蒙遜起兵，逃奔貲虜，扇動諸夷，衆至數千，進攻福祿、建安。寧戎護軍趙策擊敗之，男成退屯樂涫。呂纂敗蒙遜于忽谷。酒泉太守壘澄率將軍趙策、趙陵步騎萬餘討男成于樂涫，戰敗，澄、策死之。男成進攻建康，說太守段業曰：『呂氏政衰，權臣擅命，刑罰失中，人不堪役，一州之地，叛者連城，瓦解之勢，昭然在目，百姓嗷然，無所宗附。府君豈可以蓋世之才，而立忠於垂亡之世！男成等既唱大義，欲屈府君撫臨鄙州，使塗炭之餘蒙來蘇之惠。』業不從。相持二旬而外救不至，郡人高逵、史惠等言於業曰：『今孤城獨立，臺無救援，府君雖心過田單，而地非即墨，宜思高算，轉禍為福。』業先與光侍中房晷、僕射王詳不平，慮不自容，乃許之。男成等推業為大都督、龍驤大將軍、涼州牧、建康公。光命呂纂討業，沮渠蒙遜進屯臨洮，為業聲勢。戰于合離，纂師大敗。

光散騎常侍、太常郭黁明天文，善占候，謂王詳曰：『于天文，涼之分野將有大兵。主上老病，太子沖暗，纂等凶武，一旦不諱，必有難作。以吾二人久居内要，常有不善之言，恐禍及人，深宜慮之。田胡王氣乞機部衆最强，二苑之人多其故衆。吾今與公唱義，推機為主，則二苑之衆盡我有也。克城之後，徐更圖之。』詳以為然。夜燒光洪範門，二苑之衆皆附之，詳為内應。事發，光誅之。黁遂據東苑以叛。光馳使召纂，諸將勸纂曰：『業聞師回，必躡軍後。若潛師夜還，庶無後患矣。』纂曰：『業雖憑城阻衆，無雄略之才，若夜潛還，張其姦志。』乃遣使告業曰：『郭黁作亂，吾今還都。卿能決者，可出戰。』於是引還。業不敢出。纂司馬楊統謂其從兄恒曰：『郭黁明善天文，起兵其當有以。京城之外非復朝廷之有，纂今還都，復何所補！統請除纂，勒兵推兄為盟主，西襲呂弘，據張掖以號令諸郡，亦千載一時也。』桓怒曰：『吾聞臣子之事君親，有隕無二，吾未有包胥存救之效，豈可安榮其祿，亂增其難乎！呂宗若敗，吾為弘演矣。』統懼，至番禾，遂奔郭黁。黁遣軍邀纂于白石，纂大敗。光西安太守石元良率步騎五千赴難，與纂共擊黁軍，破之，遂入于姑臧。黁之叛也，得光孫八人于東苑。及軍敗，恚甚，悉投之於鋒刃之上，枝分節解，飲血盟衆，衆皆掩目，不忍視之，黁悠然自若。

黁推後將軍楊軌為盟主，軌自稱大將軍、涼州牧、西平公。呂纂擊黁將王斐於城西，大破之，自是黁勢漸衰。光遺楊軌書曰：『自羌胡不靖，郭黁叛逆，南藩安否，音問兩絕。行人風傳，云卿擁逼百姓，為黁脣齒。卿雅志忠貞，有史魚之操，鑒察成敗，遠侔古人，豈宜聽納姦邪，以虧大美！陵霜不凋者松柏也，臨難不移者君子也，何圖松柏凋於微霜，雞鳴已於風雨！郭黁巫卜小數，時或誤中，考之大理，率多虚謬。朕宰化寡方，澤不逮遠，致世事紛紜，百城離叛。戮力一心，同濟巨海者，望之於卿也。今中倉積粟數百千萬，東人戰士一當百餘，入則言笑晏晏，出則武步涼州，吞黁咀業，綽有餘暇。但與卿形雖君臣，心過父子，欲全卿名節，不使貽笑將來。』軌不答，率步騎二萬北赴郭黁。至姑臧，壘於城北。軌以士馬之盛，議欲大決成敗，黁每以天文裁之。呂弘為段業所逼，光遣呂纂迎之。軌謀於衆曰：『呂弘精兵一萬，若與光合，則敵强我弱。養獸不討，將為後患。』遂率兵邀纂，纂擊敗之。郭黁聞軌敗，東走魏安，遂奔於乞伏乾歸。楊軌聞黁走，南奔廉川。

光疾甚，立其太子紹為天王，自號太上皇帝。以呂纂為太尉，呂弘為司徒。謂紹曰：『吾疾病唯增，恐將不濟。三寇窺窬，迭伺國隙。吾終以後，使纂統六軍，弘管朝政，汝恭己無為，委重二兄，庶可以濟。若内相猜貳，釁起蕭牆，則晉、趙之變旦夕至矣。』又謂纂、弘曰：『永業才非撥亂，直以正嫡有常，猥居元首。今外有强寇，人心未寧，汝兄弟緝穆，則貽厥萬世。若內自相圖，則禍不旋踵。』纂、弘泣曰：『不敢有二心。』光以安帝隆安三年死，時年六十三，在位十年。偽謚懿武皇帝，廟號太祖，墓號高陵。

又《呂纂載記》 纂字永緒，光之庶長子也。少便弓馬，好鷹犬。苻堅時入太學，不好讀書，唯以交結公侯聲樂為務。及堅亂，西奔上邽，轉至姑臧，拜武賁中郎將，封太原公。

光死，呂紹秘不發喪，纂排閤入哭，盡哀而出。紹懼為纂所害，以位讓之，曰：『兄功高年長，宜承大統，願兄勿疑。』纂曰：『臣雖年長，陛下國家之冢嫡，不可以私愛而亂大倫。』紹固以讓纂，纂不許之。及紹嗣偽位，呂超言於紹曰：『纂統戎積年，威震內外，臨喪不哀，步高視遠，觀其舉止亂常，恐成大變，宜早除之，以安社稷。』紹曰：『先帝顧命，音猶在耳，兄弟至親，豈有此乎！吾弱年而荷大任，方賴二兄以寧家國。縱其圖我，我視死如歸，終不忍有此意也，卿懼勿過言。』超曰：『纂威名素盛，安忍無親，今不圖之，後必噬臍矣。』紹曰：『吾每念袁尚兄弟，未曾不痛心忘寢食，寧坐而死，豈忍行之。』超曰：『聖人稱知機其神，陛下臨機不斷，臣見大事去矣。』既而纂見紹於湛露堂，超執刀侍紹，目纂請收之，紹弗許。

初，光欲立弘為世子，會聞紹在仇池，乃止，弘由是有憾於紹。遣尚書姜紀密告纂曰：『先帝登遐，主上暗弱，兄總攝內外，威恩被於遐邇，輒欲遠追廢昌邑之義，以兄為中宗何如？』纂於是夜率壯士數百，逾北城，攻廣夏門，弘率東苑之衆斫洪範門。左衛齊從守融明觀，逆問之曰：『誰也？』衆曰：『太原公。』從曰：『國有大故，主上新立，太原公行不由道，夜入禁城，將為亂邪？』因抽劍直前，斫纂中額。纂左右擒之，纂曰：『義士也，勿殺。』紹遣武賁中郎將呂開率其禁兵距戰於端門，驍騎呂超率卒二千赴之。衆素憚纂，悉皆潰散。

纂入自青角門，升於謙光殿。紹登紫閣自殺，呂超出奔廣武。纂憚弘兵强，勸弘即位。弘曰：『自以紹弟也而承大統，衆心不順，是以違先帝遺敕，慚負黃泉。今復越兄而立，何面目以視息世間！大兄長且賢，威名振於二賊，宜速即大位，以安國家。』纂以隆安四年遂僭即天王位，大赦境內，改元為咸寧，謚紹為隱王。以弘為使持節、侍中、大都督、都督中外諸軍事、大司馬、車騎大將軍、司隸校尉、録尚書事，改封番禾郡公，其餘封拜各有差。

纂謂齊從曰：『卿前斫我，一何甚也！』從泣曰：『隱王先帝所立，陛下雖應天順時，而微心未達，惟恐陛下不死，何謂甚也。』纂嘉其忠，善遇之。纂遣使謂征東呂方曰：『超實忠臣，義勇可嘉，但不識經國大體，權變之宜。方賴其忠節，誕濟世難，可以此意諭之。』超上疏陳謝，纂復其爵位。

呂弘自以功名崇重，恐不為纂所容，纂亦深忌之。弘遂起兵東苑，劫尹文、楊桓以為謀主，請宗燮俱行。燮曰：『老臣受先帝大恩，位為列棘，不能隕身授命，死有餘罪，而復從殿下，親為戎首者，豈天地所容乎！且智不能謀，衆不足恃，將焉用之！』弘曰：『君為義士，我為亂臣！』乃率兵攻纂。纂遣其將焦辨擊弘，弘衆潰，出奔廣武。纂縱兵大掠，以東苑婦女賞軍，弘之妻子亦為士卒所辱。纂笑謂羣臣曰：『今日之戰何如？』其侍中房晷對曰：『天禍涼室，釁起戚藩。先帝始崩，隱王幽逼，山陵甫訖，大司馬驚疑肆逆，京邑交兵，友于接刃。雖弘自取夷滅，亦由陛下無棠棣之義。宜考己責躬，以謝百姓，而反縱兵大掠，幽辱士女。釁自由弘，百姓何罪！且弘妻，陛下之弟婦也；弘女，陛下之侄女也。奈何使無賴小人辱為婢妾。天地神明，豈忍見此！』遂歔欷悲泣。纂改容謝之，召弘妻及男女于東宮，厚撫之。呂方執弘繫獄，馳使告纂，纂遣力士康龍拉殺之。是月，立其妻楊氏為皇后，以楊氏父桓為散騎常侍、尚書左僕射、涼都尹，封金城侯。

纂將伐禿髮利鹿孤，中書令楊穎諫曰：『夫起師動衆，必參之天人，苟非其時，聖賢所不為。禿髮利鹿孤上下用命，國未有釁，不可以伐。宜繕甲養銳，勸課農殖，待可乘之機，然後一舉蕩滅。比年多事，公私罄竭，不深根固本，恐為患將來，願抑赫斯之怒，思萬全之算。』纂不從。度浩亹河，為鹿孤弟傉檀所敗，遂西襲張掖。姜紀諫曰：『方今盛夏，百姓廢農，所利既少，所喪者多，若師至嶺西，虜必乘虛寇抄都下，宜且回師以為後圖。』纂曰：『虜無大志，聞朕西征，正可自固耳。今速襲之，可以得志。』遂圍張掖，略地建康。聞傉檀寇姑臧，乃還。

即序胡安據盜發張駿墓，見駿貌如生，得真珠簏、琉璃榼、白玉樽、赤玉簫、紫玉笛、珊瑚鞭、馬腦鍾，水陸奇珍不可勝紀。纂誅安據黨五十餘家，遣使弔祭駿，並繕修其墓。

道士句摩羅耆婆言於纂曰：『潛龍屢出，豕犬見妖，將有下人謀上之禍，宜增修德政，以答天戒。』纂納之。耆婆，即羅什之別名也。

纂游田無度，荒耽酒色，其太常楊穎諫曰：『臣聞皇天降鑑，惟德是與。德由人弘，天應以福，故勃焉之美奄在聖躬。大業已爾，宜以道守之。廓靈基於日新，邀洪福于萬祀。自陛下龍飛，疆宇未辟，崎嶇二嶺之內，綱維未振於九州。當兢兢夕惕，經略四方，成先帝之遺志，拯蒼生於荼蓼。而更飲酒過度，出入無恒，宴安游盤之樂，沈湎樽酒之間，不以寇仇為慮，竊為陛下危之。糟丘酒池，洛汭不返，皆陛下之殷鑑。臣蒙先帝夷險之恩，故不敢避幹將之戮。』纂曰：『朕之罪也。不有貞亮之士，誰匡邪僻之君！』然昏虐自任，終不能改，常與左右因醉馳獵於坑澗之間，殿中侍御史王回、中書侍郎王儒扣馬諫曰：『千金之子坐不垂堂，萬乘之主清道而行，奈何去輿輦之安，冒奔騎之危！銜橛之變，動有不測之禍。愚臣竊所不安，敢以死爭，願陛下遠思袁盎攬轡之言，不令臣等受譏千載。』纂不納。

纂番禾太守呂超擅伐鮮卑思盤，思盤遣弟乞珍訴超於纂，纂召超將盤入朝。超至姑臧，大懼，自結於殿中監杜尚，纂見超，怒曰：『卿恃兄弟桓桓，欲欺吾也，要當斬卿，然後天下可定。』超頓首不敢。纂因引超及其諸臣宴於內殿。呂隆屢勸纂酒，已至昏醉，乘步輓車將超等游於內。至琨華堂東閤，車不得過，纂親將竇川、駱騰倚劍於壁，推車過閤。超取劍擊纂，纂下車擒超，超刺纂洞胸，奔於宣德堂。川、騰與超格戰，超殺之。纂妻楊氏命禁兵討超，杜尚約兵舍杖。將軍魏益多入，斬纂首以徇曰：『纂違先帝之命，殺害太子，荒耽酒獵，昵近小人，輕害忠良，以百姓為草芥。番禾太守超以骨肉之親，懼社稷顛覆，已除之矣。上以安宗廟，下為太子報仇。凡我士庶，同茲休慶。』

偽巴西公呂他、隴西公呂緯時在北城，或說緯曰：『超陵天逆上，士衆不附。明公以懿弟之親，投戈而起，姜紀、焦辨在南城，楊桓、田誠在東苑，皆我之黨也，何慮不濟！』緯乃嚴兵謂他曰：『隆、超弑逆，所宜擊之。昔田恒之亂，孔子鄰國之臣，猶抗言於哀公，況今蕭牆有難，而可坐觀乎！』他將從之，他妻梁氏止之曰：『緯、超俱兄弟之子，何為舍超助緯而為禍道乎！』他謂緯曰：『超事已立，據武庫，擁精兵，圖之為難。且吾老矣，無能為也。』超聞，登城告他曰：『纂信讒言，將滅超兄弟。超以身命之切，且懼社稷覆亡，故出萬死之計，為國家唱義，叔父當有以亮之。』超弟邈有寵於緯，說緯曰：『纂殘國破家，誅戮兄弟，隆、超此舉應天人之心，正欲尊立明公耳。先帝之子，明公為長，四海顒顒，人無異議。隆、超雖不達臧否，終不以孽代宗，更圖異望也，願公勿疑。』緯信之，與隆、超結盟，單馬入城，超執而殺之。

初，纂嘗與鳩摩羅什棊，殺羅什子，曰：『斫胡奴頭。』羅什曰：『不斫胡奴頭，胡奴斫人頭。』超小字胡奴，竟以殺纂。纂在位三年，以元興元年死。隆既篡位，偽謚纂靈皇帝，墓號白石陵。

又《呂隆載記》 隆字永基，光弟寶之子也，美姿貌，善騎射。光末拜北部護軍，稍歷顯位，有聲稱。超既殺纂，讓位於隆，隆有難色。超曰：『今猶乘龍上天，豈可中下！』隆以安帝元興元年遂僭即天王位。超先於番禾得小鼎，以為神瑞，大赦，改元為神鼎。追尊父寶為文皇帝，母衛氏為皇太后，妻楊氏為皇后，以弟超有佐命之勳，拜使持節、侍中、都督中外諸軍事、輔國大將軍、司隸校尉、録尚書事，封安定公。

隆多殺豪望，以立威名，內外囂然，人不自固。魏安人焦朗遣使說姚興將姚碩德曰：『呂氏因秦之亂，制命此州。自武皇棄世，諸子兢尋干戈，德刑不恤，殘暴是先，饑饉流亡，死者太半，唯泣訴昊天，而精誠無感。伏惟明公道邁前賢，任尊分陝，宜兼弱攻昧，經略此方，救生靈之沈溺，布徽政於玉門。篡奪之際，為功不難。』遣妻子為質。碩德遂率衆至姑臧。其部將姚國方言於碩德曰：『今懸師三千，後無繼援，師之難也。宜曜勁鋒，示其威武。彼以我遠來，必決死距戰，可一舉而平。』碩德從之。呂超出戰，大敗，遁還。隆收集離散，嬰城固守。

時熒惑犯帝坐，有羣雀鬬于太廟，死者數萬。東人多謀外叛，將軍魏益多又唱動羣心，乃謀殺隆、超，事發，誅之，死者三百餘家。於是羣臣表求與姚興通好，隆弗許。呂超諫曰：『通塞有時，艱泰相襲，孫權屈身于魏，譙周勸主迎降，豈非大丈夫哉？勢屈故也。天錫承七世之資，樹恩百載，武旅十萬，謀臣盈朝，秦師臨境，識者導以見機，而愎諫自專，社稷為墟。前鑑不遠，我之元龜也。何惜尺書單使，不以危易安！且令卑辭以退敵，然後內修德政，廢興由人，未損大略。』隆曰：『吾雖常人，屬當家國之重，不能嗣守成基，保安社稷，以太祖之業委之于人，何面目見先帝於地下！』超曰：『應龍以屈伸為靈，大人以知機為美。今連兵積歲，資儲內盡，强寇外逼，百姓嗷然無糊口之寄，假使張、陳、韓、白，亦無如之何！陛下宜思權變大綱，割區區常慮。苟卜世有期，不在和好，若天命去矣，宗族可全。』隆從之，乃請降。碩德表隆為使持節、鎮西大將軍、涼州刺史、建康公。於是遣母弟愛子文武舊臣慕容築、楊穎、史難、閻松等五十餘家質于長安，碩德乃還。姚興謀臣皆曰：『隆藉伯父餘資，制命河外。今雖饑窘，尚能自支。若將來豐贍，終非國有。涼州險絶，世難先違，道清後順，不如因其饑弊而取之。』興乃遣使來觀虛實。

沮渠蒙遜又伐隆，隆擊敗之，蒙遜請和結盟，留穀萬餘斛以振饑人。姑臧穀價踴貴，斗直錢五千文，人相食，饑死者十餘萬口。城門晝閉，樵采路絶，百姓請出城乞為夷虜奴婢者日有數百。隆懼沮動人情，盡坑之，於是積屍盈于衢路。

禿髮傉檀及蒙遜頻來伐之，隆以二寇之逼也，遣超率騎二百，多齎珍寶，請迎于姚興。興乃遣其將齊難等步騎四萬迎之。難至姑臧，隆素車白馬迎於道旁。使胤告光廟曰：『陛下往運神略，開建西夏，德被蒼生，威振遐裔。枝嗣不臧，迭相篡弑。二虜交逼，將歸東京，謹與陛下奉訣于此。』歔欷慟泣，酸感興軍。隆率户一萬，隨難東遷，至長安，興以隆為散騎常侍，公如故；超為安定太守；文武三十餘人皆擢敍之。其後隆坐與子弼謀反，為興所誅。

呂光以孝武太元十二年定涼州，十五年僭立，至隆凡十有三載，以安帝元興三年滅。

宋·李昉等《太平御覽》卷一二五《偏霸部九·後涼呂光》 崔鴻《十六國春秋·後涼録》曰：呂光，字世明，洛陽人。其先自沛遷洛陽，因家焉，世為氐酋。父婆樓，字廣平，佐命前秦，官至太尉。光以趙建武中生於方頭，夜有神光之異，故名焉。年十歲，與諸童兒遊戲邑里，為戰陣之法，童兒咸推為主。長而身長八尺四寸，目重童子，左肘有肉印。沉粹凝重，寬簡有大量。人莫之知，惟王猛異之，曰：『此非常人。』言之符堅，舉賢良，除美陽令，民夷憚愛，鄰境肅清。遷鷹揚將軍，以功賜爵關內侯。

建元十九年，以光為使持節、都督西討諸軍事，率將軍姜飛、彭晃、杜進等步騎七萬討西域。十二月，至龜茲，龜茲王帛純捍命不降。光軍其城南，五里為一營，深溝高壘，廣設疑兵，為木被甲，羅之壘上，以為持久之計。二十五年五月，帛純乃傾財寶，請救于獪胡。獪胡王遣弟率二十餘萬救之。胡便弓馬，善矛槊，鎧如連鎖，射不可入，及以革索為羂，策馬擲人，多有中者。衆甚憚之。姑默、宿、尉頭等國及諸胡外內七十萬人。光遷營相接，陣為勾鎖之法，精騎為遊軍，彌縫其闕。秋七月，戰於城西，大敗之。帛純逃奔，王侯降者三十餘國。進入其城，城有三重，廣輪與長安地等。城中塔廟千數，帛純宮室壯麗，煥若神居。胡人奢侈，富於生養，家有蒲桃酒至千斛，經十年不敗，士卒淪没酒藏者相繼。諸國貢款屬路，立帛純弟震為王以安之。

光撫寧西域，威恩甚著，秦以光為使持節、散騎常侍、都督玉門已西諸軍事、安西將軍、西域校尉，進封順鄉侯。二十一年正月，大饗文武，博議進止。衆咸請還，光從之。三月，引還，以駝二萬餘頭致外國珍異千餘品、駿馬萬餘匹而還。九月，光入姑臧，自領涼州刺史，護羌校尉。大安元年，符丕以光為車騎大將軍、涼州牧，領護西域大都督、酒泉公。

光始聞符堅為姚萇所害，奮袂哀怒，三軍縞素，大臨于城南。傳檄諸州，期孟冬大舉。謚堅為文昭皇帝。十月，大赦境內，改建元為大安。十一月，羣寮勸進曰：『長蛇未殄，方掃清國難，宜進位元臺。』十二月，上光為侍中、中外都督隴右諸軍、大將軍、涼州牧、酒泉公。三年八月，甘露降逍遥園，白燕翔於酒泉，衆燕成列而從之。麟嘉元年正月，麟見金澤縣，百獸從之。於是羣寮奉請崇進名號，光從之。二月，僭即王位於南郊，大赦，改元。置官司，丞郎以下猶攝州縣事。三年九月，大廟新成，追尊父為景昭王，祖為宣公，曾祖為恭公，高祖為敬公。

龍飛元年，五龍見於浩亹，羣臣咸賀，勸光稱號。六月，僭即天王位於南郊。大赦，改年。備置羣司，立世子紹為太子。四年九月，光寢疾。十二月，疾甚，立太子紹為天王，光自號為太上皇帝，以子纂為太尉，弘為司徒，詔曰：『吾疾病不濟，吾終之後，使纂統六軍，弘管朝政，汝恭己無為，委重二兄，庶可以濟。今外有强寇，民心未寧，汝兄弟輯睦，則貽厥萬世。若内相圖，則禍不旋踵。』纂、弘泣曰：『不敢有二心。』薨，葬高陵。謚武皇帝，廟號太祖。

又《呂纂》 崔鴻《十六國春秋·後涼録》曰：呂纂，字永緒，光之長庶子。母趙淑媛。少便弓馬，不好書。大安元年，至於姑臧。光臨薨，執手戒之曰：『汝性粗武，深為吾憂。開基既難，守成不易。善輔永業，勿聽讒言。』光薨，紹秘不發喪，纂排閤入哭，盡哀而出。紹懼，以位讓之曰：『兄功高年長，宜承大統。』纂曰：『臣雖長，陛下國家之嫡，不可以私愛而亂大倫。』驍騎呂超謂紹曰：『纂臨喪不哀，步高視遠，觀其舉止，恐成大變，宜早除之。』纂聞超謀，遂率壯士數百，逾北城，攻廣夏門，入自青角門，升謙光殿。紹登紫閣自殺，呂超出奔廣武。纂遂僭即天王位，大赦，改龍飛四年為咸寧元年。謚紹隱王。

纂游田無度，荒躭酒色，常與左右因醉馳獵於坑澗之間。殿中侍御史王回扣馬諫，不納。番和太守呂超擅伐鮮卑思盤。思盤訴超於纂，纂召超入朝，怒曰：『卿恃兄弟桓桓，欲欺吾也，要當殺卿，然後天下可定。』超頓首曰：『不敢。』纂引諸臣宴於内殿，呂隆屢勸纂酒，已至昏醉，乘步雲免車將超等游於内。至琨華堂東閣，車不得過，纂親將竇川、駱騰倚劍於壁，推車過閣。超取劍擊纂，纂下車擒超，超刺纂洞胸，奔於宣德堂。將軍魏益入，斬纂首以徇。隆既篡位，謚纂靈帝，葬白石陵。

又《呂隆》 崔鴻《十六國春秋·後涼録》曰：呂隆，字永基，光弟寶之子。既殺纂，遂僭即王位。大赦，改咸寧三年為神鼎元年。二月，追尊父寶為文皇帝。超有佐命之勳，拜為侍中、都督中外諸軍事、輔國大將軍、録尚書事，封安定公。二年，秦遣鴻臚恒敦拜隆征北大將軍、都督河西諸軍事、涼州牧、建康公。

三年，隆以二涼之逼，遣超齎珍寶請迎於秦。秦遣尚書、左僕射齊難率步騎四萬來迎。隆率户一萬隨難東遷。既至長安，秦以隆為散騎常侍、尚書、公如故，超為安定太守。其後坐與姚興少子廣平公弼謀反，誅。呂光以乙酉歲據涼州，至於是歲，歲在癸卯，凡一十九年。

論說

《晉書》卷一二二《呂光等載記論》 自晉室不綱，中原蕩析，苻氏乘釁，竊號神州。世明委質偽朝，位居上將，爰以心膂，受脤遐征。鐵騎如雲，出玉門而長騖；雕戈耀景，捐金丘而一息。蕞爾夷陬，承風霧卷，宏圖壯節，亦足稱焉。屬永固運銷，羣雄兢起，班師右地，便有覬覦。於是要結六戎，潛窺雁鼎；并吞五郡，遂假鴻名。控黄河以設險，負玄漠而為固，自謂克昌霸業，貽厥孫謀。尋而耄及政昏，親離衆叛，瞑目甫爾，釁發蕭牆。紹、纂凡才，負乘致寇；弘、超凶狡，職為亂階；永基庸庸，面縛姚氏。昔竇融歸順，榮煥累葉；隗囂幹紀，靡終身世。而光棄茲勝躅，遵彼覆車，十數年間，終致殘滅。向使矯邪歸正，革偽為忠，鳴檄而蕃晉朝，仗義而誅醜虜，則燕、秦之地可定，桓、文之功可立，郭麐、段業豈得肆其姦，蒙遜、烏孤無所窺其隙矣。而猥竊非據，何其謬哉！夫天地之大德曰生，聖人之大寶曰位。非其人而處其位者，其禍必速；在其位而忘其德者，其殃必至。天鑑非遠，庸可濫乎！

又《呂光等載記贊》 金行不兢，寶業斯屯。瓜分九寓，沴聚三秦。呂氏伺隙，欺我人神。天命難假，終亦傾淪。

雜録

隋·虞世南《北堂書鈔》卷一一一《樂部七·笛》 段龜龍《涼州記》云：呂纂時，胡人發張駿冢，得玉笛。

又卷一三一《儀飾部下·璽》 段龜龍《涼州記》云：呂光時，陳仲得玉璽，博三寸，長四寸，直看無文字，向日視之，字在腹中。有三十四字，言光當王云。

又卷一五八《地部二·穴》 《涼州記》云：呂光太安二年春正月，大風折木，從申至辰。遣中郎房晷至晉昌祀風穴。

唐·歐陽詢等《藝文類聚》卷八六《果部上·梨》 段龜龍《涼州記》曰：呂光時，敦煌太守獻同心梨。

又　卷九二《鳥部下・燕》　段龜龍《涼州記》曰：呂光大安三年，白燕遊酒泉郡，黑燕列從。

又　卷九八《祥瑞部上・麟》　《涼州記》曰：呂光時，張掖金澤有麟見，羣獸皆從，改年麟嘉。

又　卷九九《祥瑞部下・雀》　段龜龍《涼州記》曰：呂光太安三年，白雀巢陽川令蓋敏室。

又　卷一〇〇《災異部・蝗》　《涼記》曰：涼王呂光麟嘉二年，以且渠羅仇為西寧太守，往年蝗蟲所到之處，產子地中，是月盡生，或一頃二頃，覆地跳躍，宿昔變異，王乃躬臨撲蟲，幸揚川潒水北，大駕所到，蟲尋除盡，是以麥苗損耗無幾。

宋・李昉等《太平御覽》卷一五《天部十五・霧》　段龜龍《涼州記》曰：呂光幸天淵池，時天清朗，忽然起霧，有五色雲在光上。

又　卷二八六《兵部十七・機略五》　《十六國春秋》曰：後涼呂光遣將呂延伐西秦乞伏乾歸，大敗之。乾歸因大泣，歎曰：『死中求生，正在今日也。』乃縱反間，稱乾歸東奔成紀，呂延信之，引師輕進。延司馬耿稚諫曰：『乾歸雄勇過人，權略難測，破王廣，克楊定，皆羸師以誘之，雖蕞爾小國，亦不可輕也。困獸猶鬬，況乾歸而可睹風自散乎？』今宜部陣而前，步騎相接，徐俟諸軍大集，可一舉滅之。』延不從，戰敗，死之。

又　卷二九二《兵部二十三・用間》　崔鴻《十六國春秋》曰：後涼呂光將呂延伐乞伏乾歸，大敗之。乾歸乃縱反間，稱衆潰東奔成紀，延信而追之。延司馬耿稚曰：『告者視高而色動，必有奸計，不可從。』相遇，戰敗死之。

又　卷三一四《兵部四十五・追奔》　《十六國春秋》曰：後涼呂弘攻段業於張掖，不勝，將東走。業議欲擊之，其將沮渠蒙遜諫曰：『歸師勿遏，窮寇弗追，此兵家之戒也，不如縱之以為後圖。』業曰：『一日縱敵，悔將無及。』遂率衆追之，為弘所敗。業歎曰：『不能用子房之言，以至於此。』

又　卷三四六《兵部七十七・刀下》　陶弘景《刀劍録》曰：後涼呂光麟嘉元年造一刀，銘曰『背麟』，長三尺六寸。

又　卷三六九《人事部十・肘》　段龜龍《涼州記》曰：呂光左肘生肉印。及征西域，印內隱起文字曰『巨霸』也。

又　卷三七七《人事部十八・長中國人》　《涼州記》曰：呂光字世明，連結豪賢，好施待士，身長八尺四寸，目重瞳子，左肘生肉印。性沉重，質略寬大，有度量。時人莫之識，惟王猛布衣時異之，曰：『此非凡人。』

又　卷三八五《人事部二十六・幼知下》　《涼州記》曰：武王呂光，字世明，以石氏建武四年生，夜有光輝，舉舍異之，因名曰光。年十歲，與諸兄弟于里巷鬬軍戲，羣童咸推為主，割土處中，部分行伍，鄉黨皆稱之。

又　卷四三九《人事部八十・貞女上》　《後涼録》曰：初，呂紹之死也，美人敦煌張氏，年十四，為沙門，清辯，有姿色，呂隆見而悅之，遣中書郎裴敏說之。張氏善言理，敏為之屈。隆親逼之，張氏曰：『欽樂至法，故投身道門，且一辱於人，誓不毀節，今逼如此，豈非命也。』升門樓自投於地，二脛俱折，口誦佛經，俄而卒。

又曰：呂超殺纂，纂后楊氏擁及侍婢數人，殯纂於城西，超問楊氏玉璽何在？楊氏怒曰：『盡懷之矣。』楊氏，國色也，超將妻之，謂父桓曰：『后若自殺，禍及卿宗。』桓以言告楊氏，楊氏曰：『大人本賣女與氏以圖富貴，一之以甚，可復使女辱于二氏乎？』桓不能强，乃自殺。

又　卷四五四《人事部九十五・諫諍四》　段龜龍《涼紀》曰：太常卿楊頴上疏諫呂纂飲酒過度，出入無恒。纂曰：『不有直亮之臣，誰匡邪僻之君也。』纂雖有此言，終不能改。

又曰：呂光龍飛二年，太常麐反叛，麐以箋書招誘楊軌，推為盟主。軌性直，不慮麐之傾危。西河太守程肇諫軌曰：『將軍之與呂主，可謂臭味是同，今欲釋同，心托異類，背龍頭，尋蛇尾，非將軍之高算也。』

又　卷四九二《人事部一百三十三・虐》　《涼州記》曰：郭麐略地之際，王孫八人年幼，悉隨乳母。先在東苑，麐遂盡投王孫於鋒刃之上，或枝分節解，飲血盟衆。睹者無不掩目寒心，而麐意氣脩然。

又　卷六八二《儀式部三・璽》　段龜龍《涼州記》曰：呂光時，州人陳沖得玉璽，廣三寸，長四寸，直看無文字，向日視之，字在腹裏，言『光當王』。

又 卷七五二《工藝部九・巧》 《涼州記》曰：呂光時，有任躬者，自匿為王欣家奴。發覺，應死。躬有奇巧，王爾、魯般之儔也，故赦之。涼風門及大殿歲久傾敗，躬運巧致思，土木俱正。

又 卷七五四《工藝部十一・博》 《涼州記》曰：呂光太安二年，龜茲國使至，獻寶貨、奇珍、汗血馬。光臨正殿，設會文武博戲。

又 卷七六五《器物部十・斛》 崔鴻《十六國春秋・後涼録》曰：呂光與龜茲王戰，大敗之。故大奢侈，富於養。家有葡萄酒，或千斛，經十年不敗，士卒淪没酒藏者相繼。

又 《梯》 崔鴻《十六國春秋・後涼録》曰：竇荀，洛陽人也，以壯勇知名。從呂光攻龜茲，登雲梯，入地道，或時墮落，蘇而復上。光深奇之。

又 卷八七四《咎徵部一・天崩》 崔鴻《十六國春秋》曰：後涼麟嘉五年，天崩，有聲若雷，久之乃止。

又 卷八九五《獸部七・馬三》 崔鴻《十六國春秋》曰：驍騎將軍呂光封西域，平，上疏曰：『惟龜茲據三十六國擲晷，制彼王侯之命。入其國城，天驤、龍麟、腰裹、丹髦，萬計盈廄。雖伯益再生，衛賜復出，不能辨也。』

又 卷八九六《獸部八・馬四》 《涼州記》曰：呂光麟嘉五年，疏勒王獻火浣布、善舞馬。

南涼興亡

綜　述

《晉書》卷九五《藝術傳》 沙門曇霍者，不知何許人也。禿髮傉檀時從河南來，持一錫杖，令人跪曰：『此是般若眼，奉之可以得道。』時人咸異之。或遺以衣服，受而投之於河，後日以還其本主，衣無所汙。行步如風雲，言人死生貴賤無毫釐之差。人或藏其錫杖，曇霍大哭數聲，閉目須臾，起而取之，咸奇其神異，莫能測也。每謂傉檀曰：『若能安坐無為，則天下可定，祚胤克昌，如其窮兵好殺，禍將及己。』傉檀不能從。傉檀女病甚，請救療，曇霍曰：『人之生死自有定期，聖人亦不能轉禍為福，曇霍安能延命邪！正可知早晚耳。』傉檀固請之。時後宮門閉，曇霍曰：『急開後門，及開門則生，不及則死。』傉檀命開之，不及而死。後兵亂，不知所在也。

又 卷一二六《禿髮烏孤載記》 禿髮烏孤，河西鮮卑人也。其先與後魏同出。八世祖匹孤率其部自塞北遷於河西，其地東至麥田、牽屯，西至濕羅，南至澆河，北接大漠。匹孤卒，子壽闐立。初，壽闐之在孕，母胡掖氏因寢而產於被中，鮮卑謂被為『禿髮』，因而氏焉。壽闐卒，孫樹機能立，壯果多謀略。泰始中，殺秦州刺史胡烈于萬斛堆，敗涼州刺史蘇愉于金山，盡有涼州之地，武帝為之旰食。後為馬隆所敗，部下殺之以降。從弟務丸立。死，孫推斤立。死，子思復鞬立，部衆稍盛。烏孤即思復鞬之子也。及嗣位，務農桑，修鄰好。呂光遣使署為假節、冠軍大將軍、河西鮮卑大都統、廣武縣侯。烏孤謂諸將曰：『呂氏遠來假授，當可受不？』衆咸曰：『吾士衆不少，何故屬人！』烏孤將從之，其將石真若留曰：『今本根未固，理宜隨時。光德刑修明，境內無虞，若致死於我者，大小不敵，後雖悔之，無所及也。不如受而遵養之，以待其釁耳。』烏孤乃受之。

烏孤討乙弗、折掘二部，大破之，遣其將石亦幹築廉川堡以都之。烏孤登廉川大山，泣而不言。石亦幹進曰：『臣聞主憂臣辱，主辱臣死，大王所為不樂者，將非呂光乎！光年已衰老，師徒屢敗。今我以士馬之盛，保據大川，乃可以一擊百，光何足懼也。』烏孤曰：『光之衰老，亦吾所知。但我祖宗以德懷遠，殊俗憚威，盧陵、契汗萬里委順。及吾承業，諸部背叛，邇既乖違，遠何以附，所以泣耳。』其將苻渾曰：『大王何不振旅誓衆，以討其罪。』烏孤從之，大破諸部。呂光封烏孤廣武郡公。又討意云鮮卑，大破之。

光又遣使署烏孤征南大將軍、益州牧、左賢王。烏孤謂使者曰：『呂王昔以專征之威，遂有此州，不能以德柔遠，惠安黎庶。諸子貪淫，三甥肆暴，郡縣土崩，下無生賴。吾安可違天下之心，受不義之爵！帝王之起，豈有常哉！無道則滅，有德則昌。吾將順天人之望，為天下主。』留其鼓吹羽儀，謝其使而遣之。

隆安元年，自稱大都督、大將軍、大單于、西平王，赦其境內，年號太初。曜兵廣武，攻克金城。光遣將軍竇苟來伐，戰於街亭，大敗之。降光樂都、湟河、澆河三郡，嶺南羌胡數萬落皆附之。光將楊軌、王乞基率户數千來奔。烏孤更稱武威王。後三歲，徙于樂都，署弟利鹿孤為驃騎大將軍、西平公，鎮安夷，傉檀為車騎大將軍、廣武公，鎮西平。以楊軌為賓客。金石生、時連珍，四夷之豪儁；陰訓、郭倖，西州之德望；楊統、楊貞、衛殷、麹丞明、郭黄、郭奮、史暠、鹿嵩，文武之秀傑；梁昶、韓疋、張昶、郭韶，中州之才令；金樹、薛翹、趙振、王忠、趙晁、蘇霸，秦雍之世門，皆内居顯位，外宰郡縣。官方授才，咸得其所。

烏孤從容謂其羣下曰：『隴右區區數郡地耳！因其兵亂，分裂遂至十餘。乾歸擅命河南，段業阻兵張掖，虐氏假息，偷據姑臧。吾藉父兄遺烈，思廓清西夏。兼弱攻昧，三者何先？』楊統進曰：『乾歸本我所部，終必歸服。段業儒生，才非經世，權臣擅命，制不由己，千里伐人，糧運懸絶，且與我鄰好，許以分灾共患，乘其危弊，非義舉也。呂光衰老，嗣紹沖暗，二子纂、弘，雖頗有文武，而内相猜忌。若天威臨之，必應鋒瓦解。宜遣車騎鎮浩亹，鎮北據廉川，乘虚迭出，多方以誤之，救右則擊其左，救左則擊其右，使纂疲於奔命，人不得安其農業。兼弱攻昧，於是乎在，不出二年，可以坐定姑臧。姑臧既拔，二寇不待兵戈，自然服矣。』烏孤然之，遂陰有吞并之志。

段業為呂纂所侵，遣利鹿孤救之。纂懼，燒氏池、張掖谷麥而還。以利鹿孤為涼州牧，鎮西平，追傉檀入録府國事。

是歲，烏孤因酒墜馬傷脅，笑曰：『幾使呂光父子大喜。』俄而患甚，顧謂羣下曰：『方難未靜，宜立長君。』言終而死，在王位三年，偽謚武王，廟號烈祖。弟利鹿孤立。

又《秃髮利鹿孤載記》 利鹿孤以隆安三年即偽位，赦其境内殊死已下，又徙居於西平。使記室監麹梁明聘于段業。業曰：『貴主先王創業啓運，功高先世，宜為國之太祖，有子何以不立？』梁明曰：『有子羌奴，先王之命也。』業曰：『昔成王弱齡，周召作宰；漢昭八歲，金、霍夾輔。雖嗣子沖幼，而二叔休明，左提右挈，不亦可乎？』明曰：『宋宣能以國讓，《春秋》美之；孫伯符委事仲謀，終開有吳之業。且兄終弟及，殷湯之制也，亦聖人之格言，萬代之通式，何必胤已為是，紹兄為非。』業曰：『美哉！使乎之義也。』

利鹿孤聞呂光死，遣其將金樹、蘇翹率騎五千屯於昌松漠口。

既逾年，赦其境内，改元曰建和。二千石長吏清高有惠化者，皆封亭侯、關内侯。

呂纂來伐，使傉檀距之。纂士卒精鋭，進度三堆，三軍擾懼。傉檀下馬據胡床而坐，士衆心乃始安。與纂戰，敗之，斬二千餘級。纂西擊段業，傉檀率騎一萬，乘虚襲姑臧。纂弟緯守南北城以自固。傉檀置酒于朱明門上，鳴鐘鼓以饗將士，耀兵于青陽門，虜八千餘户而歸。

乞伏乾歸為姚興所敗，率騎數百來奔，處之晉興，待以上賓之禮。乾歸遣子謙等質于西平。鎮北將軍俱延言于利鹿孤曰：『乾歸本我之屬國，妄自尊立，理窮歸命，非有款誠；若奔東秦，必引師西侵，非我利也。宜徙於乙弗之間，防其越逸之路。』利鹿孤曰：『吾方弘信義以收天下之心，乾歸投誠而徙之，四海將謂我不可以誠信託也。』俄而乾歸果奔于姚興。利鹿孤謂延曰：『不用卿言，乾歸果叛，卿為吾行也。』延追乾歸至河，不及而還。

利鹿孤立二年，龍見於長寧，麒麟游於綏羌，於是羣臣勸進，以隆安五年僭稱河西王。其將鍮勿侖進曰：『昔我先君肇自幽、朔，被髮左衽，無冠冕之義，遷徙不常，無城邑之制，用能中分天下，威振殊境。今建大號，誠順天心。然寧居樂士，非貽厥之規；倉府粟帛，生敵人之志。且首兵始號，事必無成，陳勝、項籍，前鑑不遠。宜置晉人于諸城，勸課農桑，以供軍國之用，我則習戰法以誅未賓。若東西有變，長算以縻之；如其敵强於我，徙而以避其鋒，不亦善乎！』利鹿孤然其言。

於是率師伐呂隆，大敗之，獲其右僕射楊桓。傉檀謂之曰：『安寢危邦，不思擇木，老為囚虜，豈曰智也！』桓曰：『受呂氏厚恩，位忝端貳，雖洪水滔天，猶欲濟彼俱溺，實恥為叛臣以見明主。』傉檀曰：『卿忠臣也！』以為左司馬。

利鹿孤謂其羣下曰：『吾無經濟之才，忝承業統，自負乘在位，三載於茲。雖夙夜惟寅，思弘道化，而刑政未能允中，風俗尚多凋弊；戎車屢駕，無辟境之功；務進賢彥，而下猶蓄滯。豈所任非才，將吾不明所致也？二三君子其極言無諱，吾將覽焉。』祠部郎中史暠對曰：『古之王者，行師以全軍為上，破國次之，拯溺救焚，東征西怨。今不以綏寧為先，惟以徙户為務，安土重遷，故有離叛，所以斬將克城，土不加廣。今取士拔才，必先弓馬，文章學藝為無用之條，非所以來遠人，垂不朽也。孔子曰：「不學禮，無以立。」宜建學校，開庠序，選耆德碩儒以訓冑子。』利鹿孤善之，於是以田玄沖、趙誕為博士祭酒，以教冑子。

時利鹿孤雖僭位，尚臣姚興。楊桓兄經佐命姚萇，早死，興聞桓有德望，征之。利鹿孤餞桓於城東，謂之曰：『本期與卿共成大業，事乖本圖，分岐之感，實情深古人。但鯤非溟海，無以運其軀；鳳非修梧，無以晞其翼。卿有佐時之器，夜光之寶，當振纓雲閣，耀價連城，區區河右，未足以逞卿才力。善勖日新，以成大美。』桓泣曰：『臣往事呂氏，情節不建。陛下宥臣于俘虜之中，顯同賢舊，每希攀龍附風，立尺寸之功，龍門既開，而臣違離，公衡之戀，豈曰忘之！』利鹿孤為之流涕。

遣傉檀又攻呂隆昌松太守孟禕于顯美，克之。傉檀執禕而數之曰：『見機而作，賞之所先；守迷不變，刑之所及。吾方耀威玉門，掃平秦、隴，卿固守窮城，稽淹王憲，國有常刑，于分甘乎？』禕曰：『明公開翦河右，聲播宇內，文德以綏遠人，威武以懲不恪，況禕蕞爾，敢距天命！釁鼓之刑，禕之分也。但忠於彼者，亦忠於此。荷呂氏厚恩，受藩屏之任，明公至而歸命，恐獲罪于執事，惟公圖之。』傉檀大悅，釋其縛，待之客禮。徙顯美、麗靬二千餘户而歸。嘉禕忠烈，拜左司馬。禕請曰：『呂氏將亡，聖朝之並河右，昭然已定。但為人守而不全，復忝顯任，竊所未安。明公之恩，聽禕就戮于姑臧，死且不朽。』傉檀義而許之。

呂隆為沮渠蒙遜所伐，遣使乞師，利鹿孤引羣下議之。尚書左丞婆衍侖曰：『今姑臧饑荒殘弊，穀石萬錢，野無青草，資食無取。蒙遜千里行師，糧運不屬，使二寇相殘，以乘其釁。若蒙遜拔姑臧，亦不能守，適可為吾取之，不宜救也。』傉檀曰：『侖知其一，未知其二。姑臧今雖虛弊，地居形勝，可西一都之會，不可使蒙遜據之，宜在速救。』利鹿孤曰：『車騎之言，吾之心也。』遂遣傉檀率騎一萬救之。至昌松而蒙遜已退，傉檀徙涼澤、段家五百餘家而歸。

利鹿孤寢疾，令曰：『內外多虞，國機務廣，其令車騎嗣業，以成先王之志。』在位三年而死，葬于西平之東南，偽謚曰康王。弟傉檀嗣。

又《禿髮傉檀載記》 傉檀少機警，有才略。其父奇之，謂諸子曰：『傉檀明識幹藝，非汝等輩也。』是以諸兄不以授子，欲傳之于傉檀。及利鹿孤即位，垂拱而已，軍國大事皆以委之。以元興元年僭號涼王，遷于樂都，改元曰弘昌。

初，乞伏乾歸之在晉興也，以世子熾磐為質。後熾磐逃歸，為追騎所執，利鹿孤命殺之。傉檀曰：『臣子逃歸君父，振古通義，故魏武善關羽之奔，秦昭恕頃襄之逝。熾磐雖逃叛，孝心可嘉，宜垂全宥，以弘海嶽之量。』乃赦之。至是，熾磐又奔允街，傉檀歸其妻子。

姚興遣使拜傉檀車騎將軍、廣武公。傉檀大城樂都。姚興遣將齊難率衆迎呂隆于姑臧，傉檀攝昌松、魏安二戍以避之。

興涼州刺史王尚遣主薄宗敞來聘。敞父燮，呂光時自湟河太守入為尚書郎，見傉檀于廣武，執其手曰：『君神爽宏拔，逸氣陵雲，命世之傑也，必當克清世難。恨吾年老不及見耳，以敞兄弟託君。』至是，傉檀謂敞曰：『孤以常才，謬為尊先君所見稱，每自恐有累大人水鏡之明。及忝家業，竊有懷君子。《詩》云：「中心藏之，何日忘之。」不圖今日得見卿也。』敞曰：『大王仁侔魏祖，存念先人，雖朱暉眄張堪之孤，叔向撫汝齊之子，無以加也。』酒酣，語及平生。傉檀曰：『卿魯子敬之儔，恨不與卿共成大業耳。』

傉檀以姚興之盛，又密圖姑臧，乃去其年號，罷尚書丞郎官，遣參軍關尚聘於興。興謂尚曰：『車騎投誠獻款，為國藩屏，擅興兵衆，輒造大城，為臣之道固若是乎？』尚曰：『王侯設險以自固，先王之制也，所以安人衛衆，預備不虞。車騎僻在遐藩，密邇勍寇，南則逆羌未賓，西則蒙遜跋扈，蓋為國家重門之防，不圖陛下忽以為嫌。』興笑曰：『卿言是也。』

傉檀遣其將文支討南羌、西虜，大破之。上表姚興，求涼州，不許，加傉檀散騎常侍，增邑二千户。傉檀於是率師伐沮渠蒙遜，次於氐池。蒙遜嬰城固守，芟其禾苗，至於赤泉而還。獻興馬三千匹，羊三萬頭。興乃署傉檀為使持節、都督河右諸軍事、車騎大將軍、領護匈奴中郎將、涼州刺史，常侍、公如故，鎮姑臧。傉檀率步騎三萬次於五澗，興涼州刺史王尚遣辛晁、孟禕、彭敏出迎。尚出自清陽門，鎮南文支入自涼風門。宗敞以別駕送尚還長安，傉檀曰：『吾得涼州三千餘家，情之所寄，唯卿一人，奈何舍我去乎？』敞曰：『今送舊君，所以忠於殿下。』傉檀曰：『吾今新牧貴州，懷遠安邇之略，為之若何？』敞曰：『涼土雖弊，形勝之地，道由人弘，實在殿下。段懿、孟禕，武威之宿望；辛晁、彭敏，秦、隴之冠冕；斐敏、馬輔，中州之令族；張昶，涼國之舊胤；張穆、邊憲、文齊、楊班、梁崧、趙昌，武同飛、羽。以大王之神略，撫之以威信，農戰並修，文教兼設，可以從横於天下，河右豈足定乎！』傉檀大悅，賜敞馬二十匹。於是大饗文武於謙光殿，班賜金馬各有差。

遣西曹從事史暠聘于姚興。興謂暠曰：『車騎坐定涼州，衣錦本國，其德我乎？』暠曰：『車騎積德河西，少播英問，王威未接，投誠萬里，陛下官方任才，量功授職，彝倫之常，何德之有！』興曰：『朕不以州授車騎者，車騎何從得之？』暠曰：『使河西雲擾、呂氏顛狽者，實由車騎兄弟傾其根本。陛下雖鴻羅遐被，涼州猶在天網之外。故征西以周、召之重，力屈姑臧；齊難以王旅之盛，勢挫張掖。王尚孤城獨守，外逼羣狄，陛下不連兵十年，殫竭中國，涼州未易取也。今以虛名假人，內收大利，乃知妙算自天，聖與道合，雖雲遷授，蓋亦時宜。』興悅其言，拜騎都尉。

傉檀宴羣僚於宣德堂，仰視而歎曰：『古人言作者不居，居者不作，信矣。』孟禕進曰：『張文王築城苑，繕宗廟，為貽厥之資，萬世之業，秦師濟河，漼然瓦解。梁熙據全州之地，擁十萬之衆，軍敗於酒泉，身死于彭濟。呂氏以排山之勢，王有西夏，率土崩離，銜璧秦、雍。寬饒有言：「富貴無常，忽輒易人。」此堂之建，年垂百載，十有二主，唯信順可以久安，仁義可以永固，願大王勉之。』傉檀曰：『非君無以聞讜言也。』傉檀雖受制于姚興，然車服禮章一如王者。以宗敞為太府主簿、録記室事。

傉檀偽遊澆河，襲徙西平、湟河諸羌三萬餘户于武興、番禾、武威、昌松四郡。徵集戎夏之兵五萬餘人，大閱于方亭，遂伐沮渠蒙遜，入西陝。蒙遜率衆來距，戰于均石，為蒙遜所敗。傉檀率騎二萬，運穀四萬石以給西郡。蒙遜攻西郡，陷之。其後傉檀又與赫連勃勃戰于陽武，為勃勃所敗，將佐死者十餘人，傉檀與數騎奔南山，幾為追騎所得。傉檀懼東西寇至，徙三百里內百姓入于姑臧，國中駭怨。屠各成七兒因百姓之擾也，率其屬三百人，叛傉檀於北城。推梁貴為盟主，貴閉門不應。一夜衆至數千。殿中都尉張猛大言於衆曰：『主上陽武之敗，蓋恃衆故也。責躬悔過，明君之義，諸君何故從此小人作不義之事！殿內武旅正爾相尋，目前之危，悔將無及。』衆聞之，咸散。七兒奔晏然，殿中騎將白路等追斬之。軍諮祭酒梁裒、輔國司馬邊憲等七人謀反，傉檀悉誅之。

姚興以傉檀外有陽武之敗，內有邊、梁之亂，遣其尚書郎韋宗來觀釁。傉檀與宗論六國從横之規，三家戰爭之略，遠言天命廢興，近陳人事成敗，機變無窮，辭致清辯。宗出而歎曰：『命世大才、經綸名教者，不必華宗夏士；撥煩理亂、澄氣濟世者，亦未必《八索》、《九丘》。五經之外，冠冕之表，復自有人。車騎神機秀發，信一代之偉人，由余、日磾豈足為多也！』宗還長安，言於興曰：『涼州雖殘弊之後，風化未頹，傉檀權詐多方，憑山河之固，未可圖也。』興曰：『勃勃以烏合之衆尚能破之，吾以天下之兵，何足克也！』宗曰：『形移勢變，終始殊途，陵人者易敗，自守者難攻。陽武之役，傉檀以輕勃勃致敗。今以大軍臨之，必自固求全，臣竊料羣臣無傉檀匹也。雖以天威臨之，未見其利。』興不從，乃遣其將姚弼及斂成等率步騎三萬來伐，又使其將姚顯為弼等後繼。遺傉檀書云『遣尚書左僕射齊難討勃勃，懼其西逸，故令弼等於河西邀之。』傉檀以為然，遂不設備。弼衆至漠口，昌松太守蘇霸嬰城固守，弼喻霸令降，霸曰：『汝違負盟誓，伐委順之藩，天地有靈，將不祐汝！吾寧為涼鬼，何降之有！』城陷，斬霸。弼至姑臧，屯於西苑。州人王鍾、宋鍾、王娥等密為內應，候人執其使送之。傉檀欲誅其元首，前軍伊力延侯曰：『今强敵在外，內有姦豎，兵交勢蹙，禍難不輕，宜悉坑之以安內外。』傉檀從之，殺五千餘人，以婦女為軍賞。命諸郡縣悉驅牛羊於野，斂成縱兵虜掠。傉檀遣其鎮北俱延、鎮軍敬歸等十將率騎分擊，大敗之，斬首七千餘級。姚弼固壘不出，傉檀攻之未克，乃斷水上流，欲以持久斃之。會雨甚，堰壞，弼軍乃振。姚顯聞弼敗，兼道赴之，軍勢甚盛。遣射將孟欽等五人挑戰於涼風門，弦未及發，材官將軍宋益等馳擊斬之。顯乃委罪斂成。遣使謝傉檀，引師而歸。

傉檀於是僭即涼王位，赦其境內，改年為嘉平，置百官。立夫人折掘氏為五後，世子武臺為太子、録尚書事，左長史趙晁、右長史郭倖為尚書左右僕射，鎮北俱延為太尉，鎮軍敬歸為司隸校尉，自餘封署各有差。

遣其左將軍枯木、駙馬都尉胡康伐沮渠蒙遜，掠臨松人千餘户而還。蒙遜大怒，率騎五千至於顯美方亭，破車蓋鮮卑而還。俱延又伐蒙遜，大敗而歸。傉檀將親率衆伐蒙遜，趙晁及太史令景保諫曰：『今太白未出，歲星在西，宜以自守，難以伐人。比年天文錯亂，風霧不時，唯修德責躬可以寧吉。』傉檀曰：『蒙遜往年無狀，入我封畿，掠我邊疆，殘我禾稼。吾蓄力待時，將報東門之耻，今大軍已集，卿欲沮衆邪？』保曰：『陛下不以臣不肖，使臣主察乾象，若見事不言，非為臣之體。天文顯然，動必無利。』傉檀曰：『吾以輕騎五萬伐之，蒙遜若以騎兵距我，則衆寡不敵；兼步而來，則舒疾不同；救右則擊其左，赴前則攻其後，終不與之交兵接戰，卿何懼乎？』保曰：『天文不虛，必將有變。』傉檀怒，鎖保而行，曰：『有功當殺汝以徇，無功封汝百户侯。』既而蒙遜率衆來距，戰於窮泉，傉檀大敗，單馬奔還。景保為蒙遜所擒，讓之曰：『卿明于天文，為彼國所任，違天犯順，智安在乎？』保曰：『臣匪為無智，但言而不從。』蒙遜曰：『昔漢祖困于平城，以婁敬為功；袁紹敗於官渡，而田豐為戮。卿策同二子，貴主未可量也。卿必有婁敬之賞者，吾今放卿，但恐有田豐之禍耳。』保曰：『寡君雖才非漢祖，猶不同本初，正可不得封侯，豈慮禍也。』蒙遜乃免之。至姑臧，傉檀謝之曰：『卿，孤之蓍龜也，而不能從之，孤之深罪。』封保安亭侯。

蒙遜進圍姑臧，百姓懲東苑之戮，悉皆驚散。壘掘、麥田、車蓋諸部盡降于蒙遜。傉檀遣使請和，蒙遜許之，乃遣司隸校尉敬歸及子他為質，歸至胡坑，逃還，他為追兵所執。蒙遜徙其衆八千餘户而歸。右衛折掘奇鎮據石驢山以叛。傉檀懼為蒙遜所滅，又慮奇鎮克嶺南，乃遷于樂都，留大司農成公緒守姑臧。傉檀始出城，焦諶、王侯等閉門作難，收合三千餘家，保據南城。諶推焦朗為大都督、龍驤大將軍，諶為涼州刺史，降于蒙遜。鎮軍敬歸討奇鎮于石驢山，戰敗，死之。

蒙遜因克姑臧之威來伐，傉檀遣其安北段苟、左將軍雲連乘虛出番禾以襲其後，徙三千餘家于西平。蒙遜圍樂都，三旬不克，遣使謂傉檀曰：『若以寵子為質，我當還師。』傉檀曰：『去否任卿兵勢。卿違盟無信，何質以供！』蒙遜怒，築室返耕，為持久之計。羣臣固請，乃以子安周為質。蒙遜引歸。

吐谷渾樹洛幹率衆來伐，傉檀遣其太子武臺距之，為洛幹所敗。

傉檀又將伐蒙遜，邯川護軍孟愷諫曰：『蒙遜初並姑臧，凶勢甚盛，宜固守伺隙，不可妄動。』不從。五道俱進，至番禾、苕藋，掠五千餘户。其將屈右進曰：『陛下轉戰千里，前元完陣，徙户資財，盈溢衢路，宜倍道旋師，早度峻險。蒙遜善於用兵，士衆習戰，若輕軍卒至，出吾慮表，大敵外逼，徙户內攻，危之道也。』衛尉伊力延曰：『我軍勢方盛，將士勇氣自倍，彼徒我騎，勢不相及，若倍道旋師，必捐棄資財，示人以弱，非計也。』屈右出而告其諸弟曰：『吾言不用，天命也。此吾兄弟死地。』俄而昏霧風雨，蒙遜軍大至，傉檀敗績而還。蒙遜進圍樂都，傉檀嬰城固守，以子染幹為質，蒙遜乃歸，久之，遣安西紇勃耀兵西境。蒙遜侵西平，徙户掠牛馬而還。

邯川護軍孟愷表鎮南、湟河太守文支荒酒愎諫，不卹政事。傉檀謂伊力延曰：『今州土傾覆，所杖者文支而已，將若之何？』延曰：『宜召而訓之，使改往修來。』傉檀乃召文支，既到，讓之曰：『二兄英姿早世，吾以不才嗣統，不能負荷大業，顛狽如是，胡顏視世，雖存若隕。庶憑子鮮存衛，藉文種復吳，卿之謂也。聞卿唯酒是耽，荒廢庶事。吾年已老，卿復若斯，祖宗之業將誰寄也。』文支頓首陳謝。

邯川人衛章等謀殺孟愷，南啓乞伏熾磐。郭越止之曰：『孟尹寬以惠下，何罪而殺之！吾寧違衆而死，不負君以生。』乃密告之愷，誘章等飲酒，殺四十餘人。愷懼熾磐軍之至，馳告文支，文支遣將軍匹珍赴之。熾磐軍到城，聞珍將至，引歸。

蒙遜又攻樂都，二旬不克而還。鎮南文支以湟河降蒙遜，徙五千餘户于姑臧。蒙遜又來伐，傉檀以太尉俱延為質，蒙遜乃引還。

傉檀議欲西征乙弗，孟愷諫曰：『連年不收，上下飢弊，南逼熾磐，北迫蒙遜，百姓騷動，下不安業。今遠征雖克，後患必深，不如結盟熾磐，通糴濟難，慰喻雜部，以廣軍資，畜力繕兵，相時而動。《易》曰：「其亡其亡，繫于苞桑。」惟陛下圖之。」傉檀曰：「孤將略地，卿無沮衆。」謂其太子武臺曰：「今不種多年，內外俱窘，事宜西行，以拯此弊。蒙遜近去，不能卒來，旦夕所慮，唯在熾盤。彼名微衆寡，易以討御，吾不過一月，自足周旋。汝謹守樂都，無使失墮。」傉檀乃率騎七千襲乙弗，大破之，獲牛馬羊四十餘萬。

熾磐乘虛來襲，撫軍從事中郎尉肅言于武臺曰：「今外城廣大，難以固守，宜聚國人於內城，肅等率諸晉人距戰於外，如或不捷，猶有萬全。」武臺曰：「小賊蕞爾，旦夕當走，卿何慮之過也。」武臺懼晉人有二心也，乃召豪望有勇謀者閉之於內。孟愷泣曰：「熾磐不道，人神同憤，愷等進則荷恩重遷，退顧妻子之累，豈有二乎！今事已急矣，人思自效，有何猜邪？」武臺曰：「吾豈不知子忠，實懼餘人脫生慮表，以君等安之耳。」一旬而城潰。

安西樊尼自西平奔告傉檀，傉檀謂衆曰：「今樂都為熾磐所陷，男夫盡殺，婦女賞軍，雖欲歸還，無所赴也。卿等能與吾藉乙弗之資，取契汗以贖妻子者，是所望也。不爾，歸熾磐便為奴僕矣，豈忍見妻子在他人懷抱中！」遂引師而西，衆多逃返，遣鎮北段苟追之，苟亦不還。於是將士皆散，惟中軍紇勃、後軍洛肱、安西樊尼、散騎侍郎陰利鹿在焉。傉檀曰：「蒙遜、熾磐昔皆委質於吾，今而歸之，不亦鄙哉！四海之廣，匹夫無所容其身，何其痛也！蒙遜與吾名齊年比，熾磐姻好少年，俱其所忌，勢皆不濟。與其聚而同死，不如分而或全。樊尼長兄之子，宗部所寄，吾衆在北者户垂二萬，蒙遜方招懷遐邇，存亡繼絕，汝其西也。紇勃、洛肱亦與尼俱。吾年老矣，所適不容，寧見妻子而死！」遂歸熾磐，唯陰利鹿隨之。傉檀謂利鹿曰：「去危就安，人之常也。吾親屬皆散，卿何獨留？」利鹿曰：「臣老母在家，方寸實亂。但忠孝之義，勢不俱全。雖不能西哭沮渠，申包胥之誠；東感秦援，展毛遂之操，負羈靮而侍陛下者，臣之分也。惟願開弘遠猷，審進止之算。」傉檀歎曰：「知人固未易，人亦未易知。大臣親戚皆棄我去，終始不虧者，唯卿一人。歲寒不凋，見之於卿。」傉檀至西平，熾磐遣使郊迎，待以上賓之禮。

初，樂都之潰也，諸城皆降於熾磐，傉檀將尉賢政固守浩亹不下。熾磐呼之曰：「樂都已潰，卿妻子皆在吾間，孤城獨守，何所為也！」賢政曰：「受涼王厚恩，為國家藩屏，雖知樂都已陷，妻子為擒，先歸獲賞，後順受誅，然不知主上存亡，未敢歸命。妻子小事，豈足動懷！昔羅憲待命，晉文亮之；文聘後來，魏武不責。邀一時之榮，忘委付之重，竊用恥焉，大王亦安用之哉！」熾磐乃遣武臺手書喻政，政曰：「汝為國儲，不能盡節，面縛於人，棄父負君，虧萬世之業，賢政義士，豈如汝乎！」既而聞傉檀至左南，乃降。

熾磐以傉檀為驃騎大將軍，封左南公。歲餘，為熾磐所鴆。左右勸傉檀解藥，傉檀曰：「吾病豈宜療邪！」遂死，時年五十一，在位十三年，偽謚景王。武臺後亦為熾磐所殺。傉檀少子保周、臘於破羌、俱延子覆龍、鹿孤孫副周、烏孤孫承缽皆奔沮渠蒙遜。久之，歸魏，魏以保周為張掖王，覆龍酒泉公，破羌西平公，副周永平公，承缽昌松公。

烏孤以安帝隆安元年僭立，至傉檀三世，凡十九年，以安帝義熙十年滅。

宋・李昉等《太平御覽》卷一二六《偏霸部十・南涼禿髮烏孤》

崔鴻《十六國春秋・南涼録》曰：禿髮烏孤，河西鮮卑人也。八世祖疋孤自塞北遷於河西。孤卒，子壽闐立。闐孫機能，壯果多謀略。晉太始中，殺秦州刺史胡列于萬斛堆，敗涼州刺史蘇愉于金山，又殺涼州刺史楊欣于丹嶺，盡有涼州之地。武帝為之旰食。能死，從弟務丸代立。丸死，孫推斤立。斤死，子思復鞬立，部落轉盛，遂據涼土。鞬卒，子烏孤襲位，養民務農，循結鄰好。呂光進封孤廣武郡公、益州牧、左賢王。

太初元年正月，改元，自稱大將軍、大單于、西平王。以弟鹿孤為驃騎將軍，傉檀為車騎將軍。二年，改稱武威王。三年正月，徙治樂都。八月，孤因酒走馬，馬倒傷脅，笑曰：「幾使呂光父子大喜。」俄而患甚，顧謂羣臣曰：「方難未靖，宜立長君。」言終而薨。謚武王，廟號高祖。

又《禿髮利鹿孤》 崔鴻《十六國春秋・南涼録》曰：利鹿孤，烏孤弟。太初三年八月，即位，大赦，改治西平。建和元年正月，大赦，改元。延耆老訪政治。二年，羣臣固請即尊號，不許，乃僭稱河西王。

三年三月，寢疾，令曰：「昔我諸兄弟傳位非子者，蓋以泰伯三讓，周道以興故也。武王創踐寶歷，垂諸樊之試，終能克昌家業者，其在車騎乎！吾寢疾悵頓，是將不濟，內外多虞，國機務廣，其令車騎經總百揆，以成先王之志。』薨，謚康王，葬西平陵。

又《禿髮傉檀》 崔鴻《十六國春秋・南涼録》曰：傉檀，利鹿孤弟也。少機警，有才略。建和三年襲位，徙號涼王，遷于樂都，改為弘昌元年。秦遣使拜車騎將軍、廣武公。四年六月，秦遣授河右諸軍事、涼州刺使，鎮姑臧。

七月，宴羣寮於宣德堂，仰視而歎曰：『古人言作者不居，居者不作，信矣。』前昌松太守孟禕進曰：『張文王築城苑，繕宗廟，構此堂為貽厥之資，萬世之業，秦師濟河，漼然瓦解。此堂之建，年垂百載，十有三主，惟信順可以久安，仁義可以永固。願大王勉之。』檀曰：『非君無以聞讜言也。』八月，以鎮南大將軍文支鎮姑臧。檀遷于樂都，雖受制于秦，車服禮制一如王者。十一月，還于姑臧。

嘉平元年十一月，即涼王位於南郊，大赦，改年嘉平，置百官。立世子虎臺為太子。二年正月，以子明德歸為南中郎將，領昌松太守。歸俊爽聰悟，檀甚寵之，年始十三，命為《昌高殿賦》，援筆即成，影不移漏，檀覽而善之，擬之曹子建。

七年，傉檀議欲征西乙弗，孟愷諫曰：『連年不收，上下飢弊，南逼熾盤，北迫蒙遜，今遠征雖克，後患必深。』傉檀曰：『孤將略地，卿無阻衆。』謂其太子武臺曰：『今不種多年，內外俱窘，事宜西行，以拯此弊。蒙遜近去，不能卒來，旦夕所慮，惟在熾盤。彼名微衆寡，易以討禦，吾不過一月，自足周旋。汝謹守樂都，無使失墜。』傉檀乃率騎七千西襲乙弗，大破之，獲牛馬羊四十餘萬。

熾盤乘虛來襲，一旦而城潰。安西樊尼自西平奔告傉檀，傉檀謂衆曰：『今樂都為熾磐所陷，卿等能與吾藉乙弗之資，取契汗以贖妻子者，所望也。』遂引師而西，衆多逃返，遣鎮北段苟追之，苟亦不還。於是將士皆散。傉檀曰：『熾盤昔委質於吾，今而歸之，不亦鄙乎！四海之廣，無所容其身，何其痛哉！吾老矣，寧見妻子而死。』遂歸熾盤。六月，至西平，盤遣使郊迎，以上賓之禮。歲餘，為熾盤所鴆。謚景王，時年五十一。武臺亦為熾磐所害。少子保周歸魏，魏以為張掖王。自烏孤太初元年歲在丁酉，至檀薨之歲甲寅，十有八歲。

宋・司馬光《資治通鑑》卷七九《晉紀一・世祖武皇帝上之上》

（晉武帝泰始七年四月）衆胡皆內叛，與樹機能共圍弘于青山，弘軍敗而死。《考異》曰：崔鴻《十六國春秋・禿髮烏孤傳》云：『其先樹機能本河西鮮卑，泰始中，殺秦州刺史胡烈，斬涼州刺史牽弘。』《晉・帝紀》：『叛虜殺胡烈，北地胡殺牽弘。』皆不言鮮卑。蓋言羣虜內叛，則鮮卑在其中矣。或北地胡即樹機能也。

論說

《晉書》卷一二六《禿髮烏孤等載記論》 禿髮累葉酋豪，擅强邊服，控弦玉塞，躍馬金山，候滿月而窺兵，乘折膠而縱鏑，禮容弗被，聲教斯阻。烏孤納苻渾之策，治兵以討不賓；鹿孤從史暠之言，建學而延胄子。遂能開疆河右，抗衡强國。道由人弘，抑此之謂！

傉檀承累捷之銳，藉二昆之資，摧呂氏算無遺策，取姑臧兵不血刃，武略雄圖，比蹤前烈。既而叨竊重位，盈滿易期，窮兵以逞其心，縱慝自貽其弊，地奪于蒙遜，勢衄于赫連，覆國喪身，猶為幸也。昔宋殤好戰，致灾于華督；楚靈黷武，取殺於乾溪。異代同亡，其于傉檀見之矣。

又《禿髮烏孤等載記贊》 禿髮弟兄，擅雄羣虜。開疆河外，清氛西土。傉檀傑出，騰駕時英。窮兵黷武，喪國頹聲。

雜録

宋・李昉等《太平御覽》卷二八六《兵部十七・機略五》 《十六國春秋》曰：南涼禿髮傉檀守姑臧，伐秦姚興遣將姚弼等至於城下。傉檀驅牛羊於野，弼衆采掠，傉檀分擊，大破之。

又卷三二六《兵部五十七・虜掠》 《十六國春秋》曰：南涼禿髮傉檀伐北涼沮渠蒙遜於姑臧，至番禾苕藋，掠五千餘戶。其將窟古進曰：『陛下轉戰千里，前無完陣。徙戶資財盈溢衢路，宜倍道游師，早度峻嶮。蒙遜善於用兵，士衆習戰，若輕軍卒至，出吾不虞，大敵外逼，徙户内攻，危道也。』衛尉伊力延曰：『我軍勢方盛，將士勇氣自倍，彼徒我騎，勢不相及。若倍道游師，必捐棄資財，示人以弱，非計也。』俄而昏霧風雨，蒙遜軍大至，傉檀大敗而還。

又　卷三四六《兵部七十七·刀下》　陶弘景《刀劍録》曰：南涼禿髮烏孤大初三年造一刀，狹小，長三尺五寸，青色。匠云『當作之時，夢見一人，披朱衣，云「吾是太乙神，故看爾作此刀。有敵至，刀必鳴。」』後落突厥可汗處。

又　卷三六一《人事部二·産》　《三十國春秋》曰：後涼禿髮烏孤七世祖壽闐之在孕也，母夢一老父被髮左衽，乘白馬，謂曰：『爾夫雖西移，終當東返，至京，必生貴男，長為人主。』言終胎動而寤，後因寢生壽闐被中，因以禿髮為號，壽闐為名。

又　卷四一八《人事部五十九·忠貞》　《南涼録》曰：振武將軍尉賢政固守，浩亹不下，熾盤招之曰：『樂都已潰，卿妻子皆在，吾聞孤城獨守，何所為也？』政曰：『受涼王厚恩，為國家藩屏，雖知樂都已陷，妻子為擒，先歸獲賞，後順受誅。然不知主存亡，未敢歸命，妻子小事豈動懷！』盤乃遣虎臺手書喻政，政曰：『為國儲不能盡忠，反面縛於人，棄父負君，虧萬世之業。賢政義士，豈如汝乎？』

又　卷六〇二《文部十八·幼屬文》　崔鴻《十六國春秋·南涼録》曰：禿髮傉檀子歸，年十三，命為《高昌殿賦》，援筆即成，影不移漏。傉檀覽而異之，擬之曹子建。

北涼興亡

綜　述

《宋書》卷九八《氐胡傳》　大且渠蒙遜，張掖臨松盧水胡人也。匈奴有左且渠、右且渠之官，蒙遜之先為此職，羌之酋豪曰大，故且渠以位為氏，而以大冠之。世居盧水為酋豪。蒙遜高祖暉仲歸，曾祖遮，皆雄健有勇名。祖祁復延，封狄地王。父法弘襲爵，苻氏以為中田護軍。

蒙遜代父領部曲，有勇略，多計數，為諸胡所推服。呂光自王於涼州，使蒙遜自領營人配箱直，又以蒙遜叔父羅仇為西平太守。安帝隆安三年春，呂光遣子鎮東將軍纂率羅仇伐枹罕虜乞佛乾歸，為乾歸所敗，光委罪羅仇，殺之。四月，蒙遜求還葬羅仇，因聚萬餘人叛光，殺臨松護軍，屯金山。五月，光揮纂擊破蒙遜，蒙遜將六七人，逃山中，家户悉亡散。時蒙遜兄男成將兵西守晉昌，聞蒙遜反，引軍還，殺酒泉太守壘滕，推建康太守段業為主。業自號龍驤大將軍、涼州牧、建康公，以男成為輔國將軍。男成及晉昌太守王德圍張掖，克之，業因據張掖。蒙遜率部曲投業，業以蒙遜為鎮西將軍、臨池太守，王德為酒泉太守。尋又以蒙遜領張掖太守。

三年四月，業使蒙遜將萬人攻光弟子純于西郡，經旬不克，乃引水灌城，窘急乞降，執之以歸。時王德叛業，自稱河州刺史。業使蒙遜西討，德焚城，將部曲走投晉昌太守唐瑶；蒙遜追德至沙頭，大破之，虜其妻子部落而還。轉西安太守，將軍如故。四年五月，蒙遜與男成謀殺業，男成不許，蒙遜反譖男成於業，業殺男成。蒙遜乃謂其部曲曰：『段公無道，枉殺輔國。吾為輔國報仇。』遂舉兵攻張掖，殺段業，自稱車騎大將軍，建號永安元年。

是月，敦煌太守李皓亦起兵，自號冠軍大將軍、西胡校尉、沙州刺史，太守如故。稱庚子元年，與蒙遜相抗。其冬，皓遣唐瑶及鷹揚將軍宋繇攻酒泉，獲太守大且渠益生，蒙遜從叔也。

呂光死，子纂立。元年，為從弟隆所篡。姚興攻涼州，隆稱臣請降，蒙遜亦遣使詣興，興以為鎮西將軍、沙州刺史、西海侯。二年二月，蒙遜與西平虜禿發傉檀共攻涼州，為隆所破。十月，傉檀復攻隆。三年三月，隆以蒙遜；傉檀交逼，遣弟超詣姚興求迎。七月，興遣將齊難迎隆，隆說難伐蒙遜，蒙遜懼，遣弟為質，獻寶貨於難，乃止，以武衛將軍王尚行涼州刺史而還。

義熙元年正月，李皓改稱大將軍、大都督、涼州牧、護羌校尉、涼公；五月，移據酒泉。姚興假傉檀涼州刺史，代王尚屯姑臧。二年九月，蒙遜襲李皓，至安彌，去城六十里，皓乃覺。引軍出戰，大敗，退還，閉城自守，蒙遜亦歸。六年，蒙遜攻破傉檀，傉檀走屯樂都。武威人焦朗入姑臧，自號驃騎大將軍，臣于李皓。八年，蒙遜攻焦朗，殺之。據姑臧，自號大都督、大將軍、河西王，改稱玄始元年，立子正德為世子。

十三年五月，李皓死，子歆立。六月，歆伐蒙遜，至建康，蒙遜拒之，歆退走，追到西支澗，蒙遜大敗，死者四千餘人，乃收餘衆，增築建康城，置兵戍而還。

十四年，蒙遜遣使詣晉，奉表稱蕃，以蒙遜為涼州刺史。高祖踐阼，以歆為使持節、都督高昌敦煌晉昌酒泉西海玉門堪泉七郡諸軍事、護羌校尉、征西大將軍、酒泉公。

永初元年七月，蒙遜東略浩亹，李歆乘虚攻張掖；蒙遜回軍西歸，歆退走，追至臨澤，斬歆兄弟三人，進攻酒泉，克之。歆弟敦煌太守恂據郡，自稱大將軍。十月，蒙遜遣世子正德攻恂，不下。三年正月，蒙遜自往築長堤引水灌城，數十日，又不下。三月，恂武衛將軍宋丞、廣武將軍弘舉城降，恂自殺，李氏由是遂亡。於是鄯善王比龍入朝，西域三十六國皆稱臣貢獻。

高祖以蒙遜為使持節、散騎常侍、都督涼州諸軍事、鎮軍大將軍、開府儀同三司、涼州刺史、張掖公。十二月，晉昌太守唐契反，復遣正德攻契。景平元年三月，克之，契奔伊吾。八月，芮芮來抄，蒙遜遣正德距之，正德輕騎進戰，軍敗見殺。乃以次子興國為世子。是歲，進蒙遜侍中、都督涼秦河沙四州諸軍事、驃騎大將軍、領護匈奴中郎將、西夷校尉、涼州牧，河西王，開府、持節如故。

太祖元嘉元年，桴罕虜乞佛熾盤出貂渠谷攻河西白草嶺，臨松郡皆没，執蒙遜從弟成都、從子日蹄、頗羅等而去。三年，改驃騎為車騎。世子與國遣使奉表，請《周易》及子集諸書，太祖並賜之，合四百七十五卷。蒙遜又就司徒王弘求《搜神記》，弘寫與之。六年，蒙遜征桴罕，時乞佛熾盤死矣，子茂蔓大破蒙遜，生禽興國，殺三千殺人。蒙遜贖興國，遂穀三十萬斛，竟不遣。蒙遜乃立興國母弟菩提為世子，朝廷未知也。七年，以興國為冠軍將軍、河西王世子。其年夏四月，西虜赫連定為索虜拓跋燾所破，奔上邽。十一月，茂蔓聞定敗，將家户及興國東征，欲移居上邽。八年正月至南安，定率衆禦茂蔓，大破之，殺茂蔓，執興國而還。四月，定避拓跋燾，欲渡河西擊蒙遜。五月，率部曲至治城峽口，渡河，濟未半，為吐谷渾慕璝所邀，見獲，興國被創數日死。

九年，以菩提為冠軍將軍、河西王世子。十年四月，蒙遜卒，時年六十六。私謚曰武宣王。菩提年幼，蒙遜第三子茂虔時為酒泉太守，衆議推茂虔為主，襲蒙遜位號。十一年，茂虔上表曰：『臣聞功以濟物為高，非竹帛無以述德，名以當實為美，非謚號無以休終。先臣蒙遜西復涼城，澤憺昆裔，芟夷羣暴，清灑區夏。暨運鍾有道，備大宋之宗臣，爵班九服，享惟永之丕祚，功名昭著，克固貞節。考終由正，而請名之路無階，懿迹雖弘，而述叙之美有缺。臣子痛感，咸用不安。謹案謚法，克定禍亂曰武，善聞周達曰宣。先臣廓清河外，勳光天府，標榜稱迹，實兼斯義。輒上謚為武宣王。若允天聽，垂之史筆，則幽顯荷榮，始終無恨。』詔曰：『使持節、侍中、都督秦河沙涼四州諸軍事、車騎大將軍、開府儀同三司、領護匈奴中郎將、西夷校尉、涼州牧河西王蒙遜，才兼文武，勳濟西服，爰自萬里，款誠夙著，方仗忠果，翼宣遠略，奄至薨隕，悽悼於懷。便遣使弔祭，並加顯謚。嗣子茂虔，纂戎前軌，乃心彌彰，宜蒙寵授，紹茲蕃業。可持節、散騎常侍、都督涼秦河沙四州諸軍事、征西大將軍、領護匈奴中郎將、西夷校尉、涼州刺史、河西王。』

河西人趙敺善曆算。十四年，茂虔奉表獻方物，並獻《周生子》十三卷，《時務論》十二卷，《三國總略》二十卷，《俗問》十一卷，《十三州志》十卷，《文檢》六卷，《四科傳》四卷，《敦煌實録》十卷，《涼書》十卷，《漢皇德傳》二十五卷，《亡典》七卷，《魏駁》九卷，《謝艾集》八卷，《古今字》二卷，《乘丘先生》三卷，《周髀》一卷，《皇帝王曆三合紀》一卷，《趙敺傳》并《甲寅元曆》一卷，《孔子贊》一卷，合一百五十四卷。茂虔又求晉、趙《起居注》諸雜書數十件，太祖賜之。

十六年閏八月，拓跋燾攻涼州，茂虔兄子萬年為虜内應，茂虔見執。茂虔弟安彌縣侯無諱先為征西將軍、沙州刺史、都督建康以西諸軍事、酒泉太守，第六弟武興縣侯儀德為征東將軍、秦州刺史、都督丹嶺以西諸軍事、張掖太守。燾既獲茂虔，遣軍擊儀德，棄城奔無諱。於是無諱、儀德擁家户西就從弟敦煌太守唐兒。燾使將守武威、酒泉、張掖而還。十七年正月，無諱使唐兒守敦煌，自與儀德伐酒泉，三月，克之。攻張掖、臨松，得四萬餘户，還據酒泉。

十八年五月，唐兒反，無諱留從弟天周守酒泉，復與儀德討唐兒。唐兒將萬餘人出戰，大敗，執唐兒殺之，復據敦煌。七月，拓跋燾遣軍圍酒泉。十月，城中饑，萬餘口皆餓死，天周殺妻以食戰士；食盡，城乃陷，執天周至平城，殺之。于時虜兵甚盛，無諱衆饑，懼不自立，欲引衆西行。十一月，遣弟安周五千人伐鄯善，堅守不下。十九年四月，無諱自率萬餘家棄敦煌，西就安周，未至而鄯善王比龍將四千餘家走，因據鄯善。初，唐契自晉昌奔伊吾，是年攻高昌，高昌城主闞爽告急。八月，無諱留從子豐周守鄯善，自將家户赴之。未至，而芮芮遣軍救高昌，殺唐契，部曲奔無諱。九月，無諱遣將衛嶇夜襲高昌，爽奔芮芮，無諱復據高昌。

遣常侍氾濬奉表使京師，獻方物。太祖詔曰：『往年狡虜縱逸，侵害涼土，西河王茂虔遂至不守，淪陷寇逆，累世著誠，以為矜悼。次弟無諱克紹遺業，保據方隅，外結鄰國，內輯民庶，係心闕庭，踐修貢職，宜加朝命，以褒篤勳。可持節、散騎常侍、都督涼河沙三州諸軍事、征西大將軍、領護匈奴中郎將、西夷校尉、涼州刺史、河西王。』

無諱卒，弟安周立。二十一年，詔曰：『故征西大將軍、河西王無諱弟安周，才略沈到，世篤忠疑，統承遺業，民衆歸懷。雖亡士喪師，孤立異所，而能招率殘寡，攘寇自今，宜加榮授，垂軌先烈。可使持節、散騎常侍、都督涼河沙三州諸軍事、領西域戊己校尉、涼州刺史、河西王。』世祖大明三年，安周奉獻方物。

《魏書》卷四下《世祖紀下》 （太平真君元年）八月甲申，無諱降，送弋陽西元潔及諸將士。

《魏書》卷九九《盧水胡沮渠蒙遜傳》 胡沮渠蒙遜，本出臨松盧水，其先為匈奴左沮渠，遂以官為氏。蒙遜滑稽有權變，頗曉天文，為諸胡所歸。呂光殺其伯父西平太守羅仇，蒙遜聚衆萬餘，屯於金山，與從兄晉昌太守男成共推建康太守段業為使持節、大都督、龍驤大將軍、涼州牧、建康公，稱神璽元年。業以蒙遜為張掖太守，封臨池侯，男成為輔國將軍。委以軍國之任。業自稱涼王，以蒙遜為尚書左丞，忌蒙遜威名，微疏遠之。天興四年，蒙遜內不自安，謂為安西太守。蒙遜欲激怒其衆，乃密誣告男成叛逆，業殺之。蒙遜泣告衆，陳欲復仇之意。男成素有恩信，衆情怨憤，泣而從之。蒙遜因舉兵攻殺業，私署使持節、大都督、大將軍、涼州牧、張掖公，號年永安，居張掖。

永興中，蒙遜克姑臧，遷居之。改號玄始元年，自稱河西王，置百官丞郎以下，頻遣使朝貢。蒙遜寢於新臺，閹人王懷祖斫蒙遜傷足，蒙遜妻孟氏擒懷祖斬之。蒙遜聞劉裕滅姚泓，怒甚，有校書郎言事于蒙遜，蒙遜曰：『汝聞劉裕入關，敢妍妍然也！』遂殺之，其殺峻暴如此。太常中，蒙遜克李歆，尋滅敦煌。後改年承玄。

神䴥中，遣尚書郎宗舒、左常侍高猛朝貢，上表曰：『伏惟陛下天縱睿聖，德超百王，陶育齊於二儀，洪其隆於三代。然鍾運多難，九服紛擾，神旗暫擁，車書未同。上靈降祐，祚歸有道，純風一鼓，殊方革面。羣生幸甚，率土齊欣。臣誠弱才，效無可録，幸遇重光，思竭力命。自欣投老，得睹盛化；冀終餘年，憑倚皇極。前後奉表，貢使相望，去者杳然，寂無旋返。未審津途寇險，竟不仰達，為天朝高遠，未蒙齒録？屏營戰灼，無地自措。往年侍郎郭祗等還，奉被詔書，三接之恩始隆，萬里之心有賴。今極難之餘，開泰唯始，誘勸既加，引納彌篤。老臣見存，遐外無棄，仰荷愷悌之仁，俯蹈康哉之詠。然商胡後至，奉公卿書，援引歷數安危之機，厲以竇融知命之美。顧惟情願。實深悚惕。何者？臣不自揆，遠托大廕，庶微誠上宣，天鑑下降。若萬國來庭，百壁陛賀，高蹈先至之端，獨步知機之首。但世難尚殷，情願未遂，章表頻修，滯懷不暢，未達拱辰之心，延首一隅，低回四極。臣歷觀符瑞，候察天時，未有過於皇魏，逾于陛下。加以靈啓聖姿，幼登天位，美詠侔于成康，道化逾于文景。方將振神綱以掩六合，灑玄澤以潤八荒。況在秦隴荼炭之餘，直有老臣盡效之會。』

後蒙遜遣子安周內侍，世祖遣兼太常李順持節拜蒙遜為假節，加侍中，都督涼州、西域羌戎諸軍事，太傅，行征西大將軍，涼州牧，涼王。册曰：『昔我皇祖胄自黃軒，總御羣才，攝服戎夏，疊曜重光，不殞其舊。逮于太祖，應期協運，大業唯新，奄有區宇，受命作魏。降及太宗，廣辟崇基，政和民阜。朕承天緒，思廓宇縣，然時運或否，雰霧四張，赫連跋扈于關西，大檀陸梁於漠北，戎夷負阻，江淮未賓，是用自東徂西，戎軒屢駕。賴宗廟靈長，將士宣力，克翦凶渠，震服強獷，四方漸泰，表裹無塵。王先識機運，經略深遠，與朕協同，厥功洪茂。當今運鍾時季，僭逆憑陵，有土者莫不跨峙一隅，有民者莫不榮其私號，不遵衆星拱極之道，不慕細流歸海之義。而王深悟大體，率由典章，任土貢珍，愛子入侍。勳義著焉，道業存焉。惟王乃祖乃父有土有民，論功德則無二於當時，言氏族則始因於世爵。古先帝王褒賢賞德，莫不胙土分民，建為藩輔，是以周成命太公以表東海，襄王錫晉文大啓南陽。是用割涼州之武威、張掖、敦煌、酒泉、西海、金城、西平七郡封王為涼王。受茲素土，苴以白茅，用建冢社，為魏室藩輔，盛衰存亡，與魏升降。夫功高則爵尊，德厚則任重，又加命王入贊百揆，謀謨幃幄，出征不懷，登攝侯伯。其以太傅行征西大將軍，仗鉞秉旄，鷹揚河右，遠祛王略，懷柔荒隅，北盡於窮發，南極於庸岷，西被於昆嶺，東至於河曲，王實征之，以夾輔皇室。又命王建國：署將相羣卿百官，承制假授，除文官刺史以還、武官撫軍以下；建天子旌旗，出入警蹕，如漢初諸侯王故事。欽哉惟時，往踐乃職，只服朕命，協亮天工，俾九德咸事，無忝庶官，用終爾顯德，對揚我皇祖之休烈。』崔浩之辭也。

蒙遜又改稱義和元年，延和二年四月，蒙遜死，遣使監護喪事，謚曰武宣王。蒙遜性淫忌，忍于刑戮，閨庭之中，略無風禮。

第三子牧犍統任，自稱河西王，遣使請朝命。先是，世祖遣李順迎蒙遜女為夫人，會蒙遜死，牧犍受蒙遜遺意，送妹于京師，拜右昭儀。改稱承和元年。世祖又遣李順拜牧犍使持節，侍中，都督涼沙河三州、西域羌戎諸軍事，車騎將軍，開府儀同三司，領護西戎校尉，涼州刺史，河西王。牧犍以無功授賞，乃留順，上表乞安、平一號，優詔不許。牧犍尚世祖妹武威公主，遣其相宋繇表謝，獻馬五百匹，黃金五百斤。繇又表請公主及牧犍母妃後定號。朝議謂禮母以子貴，妻從夫爵，牧犍母宜稱河西國太后，公主于其國內可稱王后，于京師則稱公主，詔從之。牧犍遣其將軍沮渠旁周朝京師，世祖遣侍中古弼、尚書李順賜其侍臣衣服有差，產征世子封壇入侍。牧犍乃遣封壇朝于京師。

太延五年，世祖遣尚書賀多羅使涼州，且觀虛實。以牧犍雖稱蕃致貢，而內多乖悖，於是親征之。詔公卿為書讓之曰：『王外從正朔，內不捨僭，罪一也。民籍地圖不登公府，任土作貢不入農司，罪二也。既荷王爵，又授偽官，取兩端之榮，邀不二之寵，罪三也。知朝廷志在懷遠，固違聖略，切稅商胡，以斷行旅，罪四也。揚言西戎，高自驕大，罪五也。坐自封殖，不欲入朝，罪六也。北托叛虜，南引仇池，憑援穀軍，提挈為姦，罪七也。承敕過限，輒假征、鎮，罪八也。欣敵之全，幸我之敗，侮慢王人，供不以禮，罪九也。既婚帝室，寵逾功舊，方恣欲情，蒸淫其嫂，罪十也。既違伉儷之體，不篤婚姻之義，公行鴆毒，規害公主，罪十一也。備防王人，候守關要，有如寇仇，罪十二也。為臣如是，其可恕乎！先令後誅，王者之典也。若親率羣臣，委贄郊迎，謁拜馬首，上策也；六軍既臨，面縛輿櫬，又其次也。如其守迷窮城，不時悛悟，身死族滅，為世大戮。宜思厥中，自求多福也。』

官軍濟河，牧犍曰：『何故爾也！』用其左丞姚定國計，不肯出迎，求救於蠕蠕，又遣弟董來率兵萬餘人拒官軍于城南，戰退。車駕至姑臧，遣使喻牧犍令出。牧犍聞蠕蠕內侵於善無，幸車駕返旆，遂嬰城自守。牧犍兄子祖逾城出降，具知其情，世祖乃引諸軍進攻。牧犍兄子萬年率麾下又來降。城拔，牧犍與左右文武面縛請罪，詔釋其縛。徙涼州民三萬餘家于京師。

初，太延中，有一父老投書于敦煌城東門，忽然不見，其書一紙八字，文曰：『涼王三十年，若七年。』又於震電之所得石，丹書曰：『河西、河西三十年，破帶石，樂七年。』帶石，山名，在姑臧南山祀傍，泥陷不通。牧犍征南大將軍董來曰：『祀豈有知乎！』遂毀祀伐木，通道而行。牧犍立，果七年而滅，如其言。牧犍淫嫂李氏，兄弟三人傳嬖之。李與牧犍姊共毒公主，上遣解毒醫乘傳救公主得愈。上征李氏，牧犍不遣，厚送居於酒泉，上大怒。既克，猶以妹婿待之。其母死，以王太妃禮葬焉。又為蒙遜置守墓三十家。改授牧犍征西大將軍、王如故。

初，官軍未入之間，牧犍使人斫開府庫，取金銀珠玉及珍奇器物，不更封閉。小民因之入盜，巨細蕩盡。有司求賊不得。真君八年，其所親人及守藏者告之，上乃窮竟其事，搜其家中，悉得所藏器物。又告牧犍父子多畜毒藥，前後隱竊殺人乃有百數；姊妹皆為左道，朋行淫佚，曾無愧顏。始罽賓沙門曰曇無讖，東入鄯善，自云『能使鬼治病，令婦人多子』，與鄯善王妹曼頭陀林私通。發覺，亡奔涼州。蒙遜寵之，號曰『聖人』。曇無讖以男女交接之術教授婦人，蒙遜諸女、子婦皆往受法。世祖聞諸行人，言曇無讖之術，乃召曇無讖。蒙遜不遣，遂發露其事，拷訊殺之。至此，帝知之，於是賜昭儀沮渠氏死，誅其宗族，唯萬年及祖以前先降得免。是年，人又告牧犍猶與故臣民交通謀反，詔司徒崔浩就公主第賜牧犍死。牧犍與主訣，良久乃自裁，葬以王禮，謚曰哀王。及公主薨，詔與牧犍合葬。公主無男，有女，以國甥親寵，得襲母爵為武威公主。

蒙遜子秉，字季義。世祖以其父故，拜東雍州刺史。險詖多端，真君中，遂與河東蜀薛安都謀逆。至京師，付其兄弟扼而殺之。

萬年、祖並以先鋒，萬年拜安西將軍、張掖王，祖為廣武公。萬年後為冀定二州刺史，復坐謀逆，與祖俱死。

初，牧犍之敗也，弟樂都太守安周南奔吐谷渾，世祖遣鎮南將軍奚眷討之。牧犍弟酒泉太守無諱奔晉昌，乃使弋陽西元絜守酒泉。真君初，無諱圍酒泉，絜輕之，出城與語，為無諱所執。絜所部相率固守，無諱仍圍之，糧盡，為無諱所陷。無諱又圖張掖不能克，退保臨松，遂還。世祖下詔喻之。時永昌王健鎮涼州，無諱使其中尉梁偉詣健，求奉酒泉，又送絜及統帥兵士于健軍。二年春，世祖遣兼鴻臚持節策拜無諱為征西大將軍、涼州牧、酒泉王。尋以無諱復規叛逆，復遣鎮南將軍、南陽公奚眷討酒泉，克之。

無諱遂謀渡流沙，遣安周西擊鄯善。鄯善王恐懼欲降，會魏使者勸令拒守。安周遂與連戰，不能克，退保東城。三年春，鄯善王比龍西奔且末，其世子乃從安周，鄯善大亂。無諱遂渡流沙，士卒渴死者大半，仍據鄯善。

先是，高昌太守闞爽為李寶舅唐契所攻，聞無諱至鄯善，遣使詐降，欲令無諱與唐契相擊。無諱留安周住鄯善，從焉耆東北趣高昌。會蠕蠕殺唐契，爽拒無諱，無諱將衛興奴詐誘爽，遂屠其城，爽奔蠕蠕。無諱因留高昌。五年夏，無諱病死，安周代立。後為蠕蠕國所并。

《晉書》卷一二九《沮渠蒙遜載記》　沮渠蒙遜，臨松盧水胡人也。其先世為匈奴左沮渠，遂以官為氏焉。蒙遜博涉羣史，頗曉天文，雄傑有英略，滑稽善權變，梁熙、呂光皆奇而憚之，故常遊飲自晦。會伯父羅仇、麴粥從呂光征河南，光前軍大敗，麴粥言于兄羅仇曰：『主上荒耄驕縱，諸子朋黨相傾，讒人側目。今軍敗將死，正是智勇見猜之日，可不懼乎！吾兄弟素為所憚，與其經死溝瀆，豈若勒衆向西平，出苕藋，奮臂大呼，涼州不足定也。』羅仇曰：『理如汝言，但吾家累世忠孝，為一方所歸，寧人負我，無我負人。』俄而皆為光所殺。宗姻諸部會葬者萬餘人，蒙遜哭謂衆曰：『昔漢祚中微，吾之乃祖翼獎竇融，保寧河右。呂王昏耄，荒虐無道，豈可不上繼先祖安時之志，使二父有恨黄泉！』衆咸稱萬歲。遂斬光中田護軍馬邃、臨松令井祥以盟，一旬之間，衆至萬餘。屯據金山，與從兄男成推光建康太守段業為使持節、大都督、龍驤大將軍、涼州牧、建康公，改呂光龍飛二年為神璽元年。業以蒙遜為張掖太守，男成為輔國將軍，委以軍國之任。

業將使蒙遜攻西郡，衆咸疑之。蒙遜曰：『此郡據嶺之要，不可不取。』業曰：『卿言是也。』遂遣之。蒙遜引水灌城，城潰，執太守呂純以歸。於是王德以晉昌，孟敏以敦煌降業。業封蒙遜臨池侯。呂弘去張掖，將東走，業議欲擊之。蒙遜諫曰：『歸師勿遏，窮寇弗追，此兵家之戒也。不如縱之，以為後圖。』業曰：『一日縱敵，悔將無及。』遂率衆追之，為弘所敗。業賴蒙遜而免，歎曰：『孤不能用子房之言，以至於此！』業築西安城，以其將臧莫孩為太守。蒙遜曰：『莫孩勇而無謀，知進忘退，所謂為之築冢，非築城也。』業不從。俄而為呂纂所敗。蒙遜懼業不能容己，每匿智以避之。

業僭稱涼王，以蒙遜為尚書左丞，梁中庸為右丞。

呂光遣其二子紹、纂伐業，業請救于禿髮烏孤，烏孤遣其弟鹿孤及楊軌救業。紹以業等軍盛，欲從三門關挾山而東。纂曰：『挾山示弱，取敗之道，不如結陣衛之，彼必憚我而不戰也。』紹乃引軍而南。業將擊之，蒙遜諫曰：『楊軌恃虜騎之强，有窺覦之志。紹、纂兵在死地，必決戰求生。不戰則有太山之安，戰則有累卵之危。』業曰：『卿言是也。』乃按兵不戰。紹亦難之，各引兵歸。

業憚蒙遜雄武，微欲遠之，乃以蒙遜從叔益生為酒泉太守，蒙遜為臨池太守。業門下侍郎馬權儁爽有逸氣，武略過人。業以權代蒙遜為張掖太守，甚見親重，每輕陵蒙遜。蒙遜亦憚而怨之，乃譖之於業曰：『天下不足慮，惟當憂馬權耳。』業遂殺之。蒙遜謂男成曰：『段業愚暗，非濟亂之才，信讒愛佞，無鑑斷之明。所憚惟索嗣、馬權，今皆死矣，蒙遜欲除業以奉兄何如？』男成曰：『業羈旅孤飄，我所建立，有吾兄弟，猶魚之有水，人既親我，背之不祥。』乃止。蒙遜既為業所憚，內不自安，請為西安太守。業亦以蒙遜有大志，懼為朝夕之變，乃許焉。

蒙遜期與男成同祭蘭門山，密遣司馬許咸告業曰：『男成欲謀叛，許以取假日作逆。若求祭蘭門山，臣言驗矣。』至期日，果然。業收男成，令自殺。男成曰：『蒙遜欲謀叛，先已告臣，臣以兄弟之故，隱忍不言。以臣今在，恐部人不從，與臣剋期祭山，返相誣告。臣若朝死，蒙遜必夕發。乞詐言臣死，說臣罪惡，蒙遜必作逆，臣投袂討之，事無不捷。』業不從。蒙遜聞男成死，泣告衆曰：『男成忠於段公，枉見屠害，諸君能為報仇乎？且州土兵亂，似非業所能濟。吾所以初奉之者，以之為陳、吳耳，而信讒多忌，枉害忠良，豈可安枕臥觀，使百姓離于塗炭。』男成素有恩信，衆皆憤泣而從之。比至氐池，衆逾一萬。鎮軍臧莫孩率部衆附之，羌胡多起兵回應。蒙遜壁于侯塢。

業先疑其右將軍田昂，幽之於內，至是，謝而赦之，使與武衛梁中庸等攻蒙遜。業將王豐孫言于業曰：『西平諸田，世有反者，昂貌恭而心很，志大而情險，不可信也。』業曰：『吾疑之久矣，但非昂無可以討蒙遜。』豐孫言既不從，昂至侯塢，率騎五百歸於蒙遜。蒙遜至張掖，昂兄子承愛斬關內之，業左右皆散。蒙遜大呼曰：『鎮西何在？』軍人曰：『在此。』業曰：『孤單飄一己，為貴門所推，可見丐餘命，投身嶺南，庶得東還，與妻子相見。』蒙遜遂斬之。

業，京兆人也。博涉史傳，有尺牘之才，為杜進記室，從征塞表。儒素長者，無他權略，威禁不行，羣下擅命，尤信卜筮、讖記、巫覡、徵祥，故為姦佞所誤。

隆安五年，梁中庸、房晷、田昂等推蒙遜為使持節、大都督、大將軍、涼州牧、張掖公，赦其境內，改元永安。署從兄伏奴為鎮軍將軍、張掖太守、和平侯，弟挐為建忠將軍、都谷侯，田昂為鎮南將軍、西郡太守，臧莫孩為輔國將軍，房晷、梁中庸為左右長史，張騭、謝正禮為左右司馬。擢任賢才，文武咸悅。

時姚興遣將姚碩德攻呂隆于姑臧，蒙遜遣從事中郎李典聘於興，以通和好。蒙遜以呂隆既降於興，酒泉、涼寧二郡叛降李玄盛，乃遣建忠挐、牧府長史張潛見碩德于姑臧，請軍迎接，率郡人東遷。碩德大悅，拜潛張掖太守，挐建康太守。潛勸蒙遜東遷。挐私于蒙遜曰：『呂氏猶存，姑臧未拔，碩德糧竭將遠，不能久也。何故違離桑梓，受制於人！』輔國莫孩曰：『建忠之言是也。』蒙遜乃斬張潛，因下書曰：『孤以虛薄，猥忝時運。未能弘闡大猷，戡蕩羣孽，使桃蟲鼓翼東京，封豕烝涉西裔，戎車屢動，干戈未戢，農失三時之業，百姓戶不粒食。可蠲省百徭，專功南畝，明設科條，務盡地利。』

時梁中庸為西郡太守，西奔李玄盛。蒙遜聞之，笑曰：『吾與中庸義深一體，而不信我，但自負耳，孤豈怪之！』乃盡歸其妻孥。

蒙遜下令曰：『養老乞言，晉文納輿人之誦，所以能招禮英奇，致時邕之美。況孤寡德，智不經遠，而可不思聞讜言以自鏡哉！內外羣僚，其各搜揚賢儁，廣進芻蕘，以匡孤不逮。』

遣輔國臧莫孩襲山北虜，大破之。姚興遣將齊難率衆四萬迎呂隆，隆勸難伐蒙遜，難從之。莫孩敗其前軍，難乃結盟而還。

蒙遜伯父中田護軍親信、臨松太守孔篤並驕奢侵害，百姓苦之。蒙遜曰：『亂吾國者，二伯父也，何以綱紀百姓乎！』皆令自殺。

蒙遜襲狄洛磐於番禾，不克，遷其五百餘戶而還。

姚興遣使人梁斐、張構等拜蒙遜鎮西大將軍、沙州刺史、西海侯。時興亦拜禿髮傉檀為車騎將軍，封廣武公。蒙遜聞之，不悅，謂斐等曰：『傉檀上公之位，而身為侯者何也！』構對曰：『傉檀輕狡不仁，款誠未著，聖朝所以加其重爵者，褒其歸善即敍之義耳。將軍忠貫白日，勳高一時，當入諧鼎味，匡贊帝室，安可以不信待也。聖朝爵必稱功，官不越德，如尹緯、姚晃佐命初基，齊難、徐洛元勳驍將，並位才二品，爵止侯伯。將軍何以先之乎？竇融殷勤固讓，不欲居舊臣之右，未解將軍忽有此問！』蒙遜曰：『朝廷何不即以張掖見封，乃更遠封西海邪？』構曰：『張掖，規畫之內，將軍已自有之。所以遠授西海者，蓋欲廣大將軍之國耳。』蒙遜大悅，乃受拜。

時地震，山崩折木。太史令劉梁言于蒙遜曰：『辛酉，金也。地動于金，金動刻木，大軍東行無前之征。』時張掖城每有光色，蒙遜曰：『王氣將成，百戰百勝之象也。』遂攻禿發西郡太守楊統于日勒。統降，拜為右長史，寵逾功舊。

張掖太守句呼勒出奔西涼。以從弟成都為金山太守，羅仇子也；鄯為西郡太守，麹粥子也。句呼勒自西涼奔還，待之如初。

蒙遜率騎二萬東征，次於丹嶺，北虜大人思盤率部落三千降之。

時木連理，生於永安，永安令張披上書曰：『異枝同幹，遐方有齊化之應；殊本共心，上下有莫二之固。蓋至道之嘉祥，大同之美徵。』蒙遜曰：『此皆二千石令長匪躬濟時所致，豈吾薄德所能感之！』

蒙遜率步騎三萬伐禿發傉檀，次於西郡。大風從西北來，氣有五色，俄而晝昏。至顯美，徙數千户而還。傉檀追及蒙遜於窮泉，蒙遜將擊之。諸將皆曰：『賊已安營，弗可犯也。』蒙遜曰：『傉檀謂吾遠來疲弊，必輕而無備，及其壘壁未成，可以一鼓而滅。』進擊，敗之，乘勝至於姑臧，夷夏降者萬數千户。傉檀懼，請和，許之而歸。及傉檀南奔樂都，魏安人焦朗據姑臧自立，蒙遜率步騎三萬攻朗，克而宥之。饗文武將士於謙光殿，班賜金馬有差。以敦煌張穆博通經史，才藻清贍，擢拜中書侍郎，委以機密之任。以其弟挐為護羌校尉、秦州刺史，封安平侯，鎮姑臧。旬餘而挐死，又以從祖益子為鎮京將軍、護羌校尉、秦州刺史，鎮姑臧。

俄而蒙遜遷于姑臧，以義熙八年僭即河西王位，大赦境內，改元玄始。置官僚，如呂光為三河王故事。繕宮殿，起城門諸觀。立其子政德為世子，加鎮衛大將軍、録尚書事。

傉檀來伐，蒙遜敗之於若厚塢。傉檀湟河太守文支據湟川，護軍成宜侯率衆降之。署文支鎮東大將軍、廣武太守、振武侯，成宜侯為振威將軍、湟川太守，以殿中將軍王建為湟河太守。蒙遜下書曰：『古先哲王應期撥亂者，莫不經略八表，然後光闡純風。孤雖智非靖難，職在濟時，而狡虜傉檀鴟峙舊京，毒加夷夏。東苑之戮，酷甚長平，邊城之禍，害深獫狁。每念蒼生之無辜，是以不遑啓處，身疲甲胄，體倦風塵。雖傾其巢穴，傉檀猶未授首。傉檀弟文支追項伯歸漢之義，據彼重藩，請為臣妾。自西平已南，連城繼順。惟傉檀窮獸，守死樂都。四支既落，命豈久全！五緯之會已應，清一之期無賒，方散馬金山，黎元永逸。可露布遠近，咸使聞知。』

蒙遜西如苕藋，遣冠軍伏恩率騎一萬襲卑和、烏啼二虜，大破之，俘二千餘落而還。

蒙遜寢於新臺，閹人王懷祖擊蒙遜，傷足，其妻孟氏擒斬之，夷其三族。

蒙遜母車氏疾篤，蒙遜升南景門，散錢以賜百姓。下書曰：『孤庶憑宗廟之靈，乾坤之祐，濟否剥之運會，拯遺黎之荼蓼，上望掃清氛穢，下冀保寧家福。而太后不豫，涉歲彌增，將刑獄枉濫，衆有怨乎？賦役繁重，時不堪乎？羣望不絜，神所譴乎？內省諸身，未知罪之攸在。可大赦殊死已下。』俄而車氏死。

蒙遜遣其將運糧於湟河，自率衆攻克乞伏熾磐廣武郡。以運糧不繼，自廣武如湟河，度浩亹。熾磐遣將乞伏魋尼寅距蒙遜，蒙遜擊斬之。熾磐又遣將王衡、折斐、麹景等率騎一萬據勒姐嶺，蒙遜且戰且前，大破之，擒折斐等七百餘人，麹景奔還。蒙遜以弟漢平為折衝將軍、湟河太守，乃引還。

晉益州刺史朱齡石遣使來聘。蒙遜遣舍人黄迅報聘益州，因表曰：『上天降禍，四海分崩，靈耀擁于南裔，蒼生没於醜虜。陛下累聖重光，道邁周、漢，純風所被，八表宅心。臣雖被髮邊徼，才非時雋，謬為河右遺黎推為盟主。臣之先人，世荷恩寵，雖歷夷險，執義不回，傾首陽，乃心王室。去冬益州刺史朱齡石遣使詣臣，始具朝廷休問。承車騎將軍劉裕秣馬揮戈，以中原為事，可謂天贊大晉，篤生英輔。臣聞少康之興大夏，光武之復漢業，皆奮劍而起，衆無一旅，猶能成配天之功，著《車攻》之詠。陛下據全楚之地，擁荆、揚之鋭，而可垂拱晏然，棄二京以資戎虜！若六軍北軫，克復有期，臣請率河西戎為晉右翼前驅。』

熾磐率衆三萬襲湟河，漢平力戰固守，遣司馬隗仁夜出擊熾磐，斬級數百。熾磐將引退，先遣老弱。漢平長史焦昶、將軍段景密信招熾磐，熾磐復進攻漢平。漢平納昶、景之說，而縛出降。仁勒壯士百餘據南門樓上，三日不下，衆寡不敵，為熾磐所擒。熾磐怒，命斬之。段暉諫曰：『仁臨難履危，奮不顧命，忠也。宜宥之，以厲事君。』熾磐乃執之而歸。在熾磐所五年，暉又為之固請，乃得還姑臧。及至，蒙遜執其手曰：『卿孤之蘇武也！』以為高昌太守。為政有威惠之稱，然頗以愛財為失。

蒙遜西祀金山，遣沮渠廣宗率騎一萬襲烏啼虜，大捷而還。蒙遜西至苕藋，遣前將軍沮渠成都將騎五千襲卑和虜，蒙遜率中軍三萬繼之，卑和虜率衆迎降。遂循海而西，至鹽池，祀西王母寺。寺中有《玄石神圖》，命其中書侍郎張穆賦焉，銘之於寺前，遂如金山而歸。

蒙遜下書曰：『頃自春炎旱，害及時苗，碧原青野，倏為枯壤。將刑政失中，下有冤獄乎？役繁賦重，上天所譴乎？內省多缺，孤之罪也。《書》不云乎：「百姓有過，罪予一人。」可大赦殊死已下。』翌日而澍雨大降。

蒙遜聞劉裕滅姚泓，怒甚。門下校郎劉祥言事于蒙遜，蒙遜曰：『汝聞劉裕入關，敢研研然也！』遂殺之。其峻暴如是。顧謂左右曰：『古之行師，不犯歲鎮所在。姚氏舜後，軒轅之苗裔也。今鎮星在軒轅，而裕滅之，亦不能久守關中。』

蒙遜為李士業敗于解支澗，復收散卒欲戰。前將軍成都諫曰：『臣聞高祖有彭城之敗，終成大漢，宜旋師以為後圖。』蒙遜從之，城建康而歸。

其羣下上書曰：『設官分職，所以經國濟時；恪動官次，所以緝熙庶政。當官者以匪躬為務，受任者以忘身為效。自皇綱初震，戎馬生郊，公私草創，未遑舊式。而朝士多違憲制，不遵典章；或公文御案，在家臥署；或事無可否，望空而過。至今黜陟絕於皇朝，駁議寢於聖世，清濁共流，能否相雜，人無勸競之心，苟為度日之事。豈憂公忘私，奉上之道也！今皇化曰隆，遐邇寧泰，宜肅振綱維，申修舊則。』蒙遜納之，命征南姚艾、尚書左丞房晷撰朝堂制。行之旬日，百僚振肅。

太史令張衍言于蒙遜曰：『今歲臨澤城西當有破兵。』蒙遜乃遣其世子政德屯兵若厚塢。蒙遜西至白岸，謂張衍曰：『吾今年當有所定，但太歲在申，月又建申，未可西行。且當南巡，要其歸會，主而勿客，以順天心。計在臨機，慎勿露也。』遂攻浩亹，而蛇盤於帳前。蒙遜笑曰：『前一為騰蛇，今盤在吾帳，天意欲吾回師先定酒泉。』燒攻具而還，次於川巖。聞李士業徵兵欲攻張掖，蒙遜曰：『入吾計矣。但恐聞吾回軍，不敢前也。兵事尚權。』乃露布西境，稱得浩亹，將進軍黄谷。士業聞而大悅，進入都瀆澗。蒙遜潛軍逆之，敗士業於壞城，遂進克酒泉。百姓安堵如故，軍無私焉。以子茂虔為酒泉太守，士業舊臣皆隨才擢敍。

蒙遜以安帝隆安五年自稱州牧，義熙八年僭立，後八年而宋氏受禪，以元嘉十年死，時年六十六，在偽位三十三年。子茂虔立，六年，為魏所擒，合三十九載而滅。

《北史》卷九三《僭偽附庸傳·北涼沮渠氏》 大沮渠蒙遜，本張掖臨松盧水人也，匈奴有左沮渠官，蒙遜之先為此職，羌之酋豪曰大，故以官為氏，以大冠之。世居盧水為酋豪。遜高祖暉仲歸、曾祖遮，皆雄健有勇名。祖祁復延，封伏地王。父法弘，襲爵。苻氏以為中田護軍。

蒙遜代父領部曲，有勇略，多計數，頗曉天文，為諸胡所推服。呂光自王於涼土，使蒙遜自領營人，配箱直。又以蒙遜叔父羅仇為西平太守。後遣其子纂率羅仇伐乞伏乾歸於枹罕，為乾歸所敗，殺之。蒙遜求還葬羅仇，因聚衆屯金山，與從兄晉昌太守男成共推建康太守段業為使持節、大都督、龍驤大將軍、涼州牧、建康公，稱神璽元年。業以蒙遜為張掖太守，封臨池侯，男成為輔國將軍，委以軍國之任。業又自稱涼王，以蒙遜為尚書左丞。忌蒙遜威名，微疏遠之。天興四年，蒙遜內不自安，請為西安太守。蒙遜欲激怒其衆，乃密誣告男成叛逆，業殺之。蒙遜泣而告衆，陳欲復讎之意。男成素有恩信，衆情怨憤，泣而從之。蒙遜因舉兵攻殺業，私署使持節、大都督、大將軍、涼州牧、張掖公，年號永安。居張掖。是月，涼武昭王亦起兵，年號庚子。

永興中，蒙遜克姑臧，遷居之。改號玄始元年，自稱河西王，置百官。頻遣使朝貢。蒙遜寢於新臺，閹人王懷祖斫蒙遜，傷足，蒙遜妻孟氏禽懷祖斬之。及聞晉滅姚泓，怒甚。有校郎言事于蒙遜，蒙遜曰：『汝聞劉裕入關，敢研研然也！』遂殺之。尋稱藩于晉。泰常中，蒙遜克敦煌，改年承玄。後又稱蕃于宋，並求書。宋文帝並給之。蒙遜又就宋司徒王弘求《搜神記》，弘與之。

神蒨中，遣尚書郎宗舒、左常侍高猛朝貢，上表稱臣。前後貢使相望。後遣子安周內侍。太武遣兼太常李順持節拜蒙遜為假節，加侍中、都督涼州西域羌戎諸軍事、太傅、行征西大將軍、涼州牧、涼王。使崔浩為册書以褒賞之。蒙遜又改義和元年。延和二年四月，蒙遜死，詔遣使監護喪事，私謚武宣王。蒙遜性淫忌，忍于刑戮，閨庭之中，略無風禮。

第三子牧犍統任，自稱河西王，遣使請朝命。並遣使通宋，受宋褒授。先是，太武遣李順迎蒙遜女為夫人，會蒙遜死，牧犍受蒙遜遺意，送妹于京師，並為右昭儀。改稱承和元年。太武又遣李順拜牧犍為使持節、侍中、都督涼沙河三州西域羌戎諸軍事、車騎將軍、開府儀同三司、領護西戎校尉、涼州刺史、河西王。牧犍以無功受賞，乃留順，上表乞安、平一號，優詔不許。牧犍尚太武妹武威公主，遣其相宋繇表謝，獻馬五百匹，黃金百斤。繇又表請公主及牧犍母妃後定號。朝議謂禮母以子貴，妻從夫爵，牧犍母宜稱河西國太后；公主于國内可稱王后，于京師則稱公主。詔從之。牧犍遣建節將軍沮渠旁周朝京師，太武遣侍中古弼、尚書李順賜其侍臣衣服有差，並徵世子封壇入侍。牧犍乃遣封壇朝京師。

太延五年，太武遣尚書賀羅使涼州，且觀虛實。帝以牧犍雖稱藩致貢，而内多乖悖，於是親征之。詔公卿為書讓之，數其罪十二。官軍濟河，牧犍曰：『何故爾也？』用其左丞姚定國計，不肯出迎，求救於蠕蠕。遣大將董來萬餘人拒軍于城南，戰退。車駕至姑臧，遣使喻牧犍令出。牧犍聞蠕蠕内侵善無，幸車駕返旆，遂嬰城自守。牧犍兄子祖踰城出降，具知其情。太武乃引諸軍進攻，牧犍兄子萬年率麾下又來降。城拔，牧犍與左右文武，面縛請罪，詔釋其縛。徙涼州人三萬餘家于京師。初，太延中，有一老父投書于敦煌城東門，忽然不見。其書紙八字，文曰：『涼王三十年，若七年。』又于震電所得石，丹書曰：『河西，河西，三十年。破帶石，樂七年。』帶石青山名，在姑臧南。山祀傍泥陷不通，牧犍征南大將軍董來曰：『祀豈有知乎！』遂毁祀伐木，通道而行。牧犍立，果七年而滅。初，牧犍淫嫂李氏，兄弟三人傳嬖之。李與牧犍姊共毒公主，上遣醫乘傳救公主，得愈。上徵李氏，牧犍不遣，厚送居於酒泉。上大怒，既克，猶以妹婿待之。其母死，以王太妃禮葬焉。又為蒙遜置守冢三十家，授牧犍征西大將軍，王如故。初，官軍未入之間，牧犍使人斫開府庫，取金銀珠玉及珍奇器物，不更封閉，百姓因之入盜，巨細蕩盡。有司求賊不得。真君八年，其所親人及守藏者告之，乃窮竟其事，搜其家中，悉得所藏器物。又告牧犍父子多畜毒藥，前後隱竊殺人，乃有百數，姊妹皆為左道，朋行淫佚，曾無愧顏。始罽賓沙門曰曇無讖，東入鄯善，自云能使鬼療病，令婦人多子。與鄯善王妹曼頭陀林淫通，發覺，亡奔涼州。蒙遜寵之，號曰聖人。曇無讖以男女交接術教授婦女，蒙遜諸女、子婦，皆往受法。太武聞諸行人言曇無讖術，乃召之。蒙遜不遣，遂發露其事，拷訊殺之。至此，帝知之，於是賜昭儀沮渠氏死，誅其宗族。唯萬年及祖以前先降，得免。是年，人又告牧犍猶與故臣交通謀反，詔司徒崔浩就公主第賜牧犍死。與主決良久，乃自裁。葬以王禮，謚曰哀王。及公主薨，詔與牧犍合葬。公主無男，有女，以國甥得襲母爵為武威公主。

蒙遜子季義，位東雍州刺史。真君中，與河東薛安都謀逆，召至京師，付其兄弟扼殺之。萬年、祖並以先降，萬年拜張掖王，祖廣武公。後坐謀逆，俱死。

初，牧犍之敗，弟樂都太守安周南奔吐谷渾，太武遣鎮南將軍奚眷討之。牧犍弟酒泉太守無諱奔晉昌，乃使弋陽西元絜守酒泉。真君初，無諱圍酒泉，陷之。又圍張掖，不能克，退保臨松。太武不伐，詔諭之。時永昌王健鎮涼州，無諱使其中尉梁偉詣健，求奉酒泉。又送絜及統帥兵士于健軍。二年，太武遣使拜無諱為征西大將軍、涼州牧、酒泉王。尋以無諱復規叛，遣南陽公奚眷討酒泉，克之。無諱遂謀度流沙，遣安周西擊鄯善，鄯善欲降，會魏使者勸令拒守，安周不能克，退保東城。三年春，鄯善王比龍西奔且末，其世子乃從安周。鄯善大亂。無諱遂度流沙，士卒渴死者太半，仍據鄯善。先是高昌太守闞爽為李寶舅唐契所攻，聞無諱至鄯善，使詐降，欲令無諱與唐契相擊。無諱留安周住鄯善，從焉耆東北趣高昌。會蠕蠕殺唐契，爽拒無諱。無諱將衛興奴遂屠其城。爽奔蠕蠕，無諱因留高昌。五年夏，無諱病死，安周立，為蠕蠕所并。

宋・李昉等《太平御覽》卷一二四《偏霸部八・北涼沮渠蒙遜》

崔鴻《十六國春秋・北涼録》曰：沮渠蒙遜，臨松盧水胡人。其先世為匈奴左沮渠，遂以官為氏。遜好學，涉羣史，雄烈有英略。後涼龍飛二年，遜伯父羅仇、麴粥從呂光征河南，光前軍大敗，皆為光所煞。宗部會葬者萬餘人，遜哭謂衆曰：『昔漢祚中微，吾之乃祖翼獎竇融，保寧河右。呂王耄荒，虐民無道，豈可坐觀成敗，不上繼先祖安民之志，下使二父有恨黃泉！』衆咸稱萬歲，遂立盟約，一旬之間，衆至萬餘。與從兄男成推建康太守段業為涼州牧、康公，改龍飛二年為神璽元年。業以遜為張掖太守，男成為輔國大將軍，委以軍國之任。

永安元年三月，遜以為業所憚，內不自安，請為安西太守。四月，業收男成，賜死。遜聞男成死，泣告衆曰：『男成忠於段公，枉見屠害，諸君能為報仇乎？』成素有恩信，衆皆憤泣從之，北至氐地，衆餘一萬。業遣右將軍田昂、武衛將軍梁中庸等攻侯塢。遜自氐地救之。昂率騎五百歸遜，軍遂大潰，中庸來奔。五月，遜至張掖，田昂兄子承愛斬關內遜，業左右散走，遜大呼曰：『鎮西何在？』軍人曰：『在此。』業曰：『孤單飄一己，為貴門所推，可見乞餘命，投身嶺南，庶得東還，與妻子相見。』遜遂斬之。六月，右長史梁中庸等推遜為大將軍、涼州牧、張掖公。大赦，改元。四年，秦遣鴻臚梁斐拜遜鎮西大將軍、開府儀同三司、沙州牧、西海公。九年二月，兩月並出。

正始元年冬十月，遷都姑臧。十一月，僭即河西王位於謙光殿，大赦，改元，置百官，始如呂光為三河王故事。二年四月，立子政德為世子。三年二月，與西秦通和。遜西巡，遂循海至鹽池，祀西王母等寺。寺中有玄石圖，命中書侍郎張穆賦焉，銘之於寺前。十四年，起游林堂于內苑，圖列古聖賢之像。九月，堂成，遂宴羣臣，談論經傳，顧謂郎中劉昞曰：『仲尼何如人也？』昞曰：『聖人也。』遜曰：『聖人者，不凝滯於物，而能與世推移。畏于匡，辱于陳，伐樹削迹，聖人固若是乎！』昞不能對。遜曰：『卿知其外，未知其內。昔魯人有浮海而失津者，至於亶州，仲尼及七十二子游於海中，與魯人一木杖，令閉目乘之，使歸告魯侯，築城以備寇。魯人出海，投杖水中，乃龍也。具以狀告魯侯，不信。俄而有羣燕數萬銜土培城，魯侯信之，大城曲阜。訖而齊寇至，攻魯，不克而還。此其所以稱聖也。』義和元年十二月，魏遣太常李慎拜遜太傅、涼州牧、涼王，加九錫之禮。三年夏四月，遜寢疾，立子茂虔為世子。薨于路寢。五月，葬元陵，謚武宣王，號太祖。

又 《沮渠茂虔》 崔鴻《十六國春秋・北涼録》曰：沮渠茂虔，遜第三子。聰穎好學，和雅有度量。義和三年，立為世子，加中外都督、大將軍、録尚書。遜薨，僭即河西王位，大赦，改元為永和元年。立子封疆為世子，加撫軍大將軍、録尚書事。

三年正月，西中郎將、敦煌太守沮渠唐兒上言曰：『有一老父見於郡城東門，投書於地，忽然不見，其書一紙，八字滿之，文曰：「涼王三十年若七年。」』虔訪于奉常張慎，慎曰：『昔虢將亡，神降於莘，深願陛下克念修政，以副三十之慶。若盤于游田，荒於酒色，臣恐七年將有大變。』虔不悅。七年正月，朝羣臣於謙光殿，有狐在於東序，門者不見其入，左右以告，命射之，不獲。二月，端門崩。初，虔為酒泉太守，起浮圖於中街，有石像在焉。是月，目流血。五月，太廟基陷。六月，當陽門崩。魏常山王赤堅率衆至姑臧，虔嬰城拒守。九月，面縛出降。魏釋其縛，徙虔及宗室、士民十萬户于平城，拜虔征西大將軍、王如故。八年，賜死，謚哀王。自遜永安元年歲在辛丑，至是歲庚寅，三十九載。

宋・司馬光《資治通鑑》卷一二二《宋紀四・太祖文皇帝上之下》

（宋文帝元嘉十年四月）涼王蒙遜病甚，國人共議，以世子菩提幼弱，立菩提之兄敦煌太守牧犍為世子，加中外都督、大將軍、録尚書事。《考異》曰：《魏書》、《十六國春秋》作『茂虔』。《後魏書・紀》、《傳》作『牧犍』，今從之。蒙遜卒，謚曰武宣王，廟號太祖。牧犍即河西王位，大赦，改元永和。立子封壇為世，加撫軍大將軍、録尚書事。遣使請命于魏。牧犍聰穎好學，和雅有度量，故國人立之。

又 卷一二三《宋紀五・太祖文皇帝中之上》 （宋文帝元嘉十六年）冬，十月，辛酉，魏主東還，留樂平王丕征西將軍賀多羅鎮涼州，徙沮渠牧犍宗族及吏民三萬户于平城。《考異》曰：《十六國春秋鈔》云『十萬户』，今從《後漢書》。

論說

《宋書》卷九八《氐胡傳論》 氐藉世業之資，胡因倔起之衆，結根百頃，跨有河西，雖戎夷猾夏，自擅荒服，而財力雄富，頗尚禮文。楊氏兵精地險，境接華漢，伺隙邊關，首鼠疆埸，遂西入白馬，東出黃金，乘晉壽之捷，構圍涪之釁，規吞黑水，志傾井絡，紀、郢之勢方危，樊、鄧之心屢駭。天子聽朝不怡，有懷辛、李之將，而齊之宣皇，率偏旅數百，定命先驅，推鋒直指，勢逾風電，雲徹席捲，致屆南城，逐北追奔，全勝萬里，敵人皆裹骨輿屍，越至險而自竄，其餘皆膏身山野，委骸川澤。既而裴、劉二將，藉其威聲，故使濁水靡旗，蘭皋失險，氐族轉徙奔亡，遺燼不滅者若綫，梁土獲乂，以迄於今。由此而言，功烈可謂盛矣！

《晉書》卷一二九《沮渠蒙遜載記論》　蒙遜出自夷陬，擅雄邊塞。屬呂光之悖德，深懷仇粥之冤；推段業以濟時，假以陳、吳之事。稱兵白澗，南涼請和；出師丹嶺，北寇賓服。然而見利忘義，苞禍滅親，雖能制命一隅，抑亦備諸凶德者矣。

又　**《沮渠蒙遜載記贊》**　光猜人傑，業忌時賢。游飲自晦，匿智圖全。凶心既逞，偽績攸宣。挺茲姦數，馳競當年。

雜録

隋・虞世南《北堂書鈔》卷一五八《地部二・穴》　崔鴻《北涼録》曰：沮渠蒙遜曰：『乞伏莫末頻年失信，終日言笑，要當一舉勦其巢穴。』軍次沃幹嶺，枹罕城中饑死大半。

又　**卷一六〇《地部四・石》**　崔鴻《北涼録》曰：沮渠蒙遜永安三年，大風震電，於電所得石冊，云：『河西三十年破。』帶山石，寺名在姑臧南。

唐・徐堅《初學記》卷二《天部下・雪》　崔鴻《北涼録》曰：先酒泉南有銅駝山，言虜犯者大雨雪。沮渠蒙遜遣工取之，得銅數萬斤。

又　**卷二四《居處部・城郭》**　崔鴻《北涼録》曰：沮渠蒙遜等推段業為涼州牧，業築西安城。

宋・李昉等《太平御覽》卷二八六《兵部十七・機略五》　崔鴻《十六國春秋》曰：北涼沮渠蒙遜率兵伐南涼秃髮傉檀，入其境，徙數千户而還。傉檀追及蒙遜於窮泉，蒙遜將擊之，諸將皆曰：『賊已安營，不可犯也。』蒙遜曰：『傉檀謂吾遠來疲弊，必輕而無備，及其壘壁未成，可一鼓而滅。』進擊敗之，乘勝至於姑臧，夷夏降者乃數千户。傉檀懼，請和之而歸。

《十六國春秋》曰：北涼沮渠蒙遜伐西涼李士業於酒泉，先攻浩亹，蛇盤於帳前。蒙遜笑曰：『前一為騰蛇，今盤在吾帳，天意欲吾回師。』燒攻具而還，次於川巖。聞李士業徵兵欲攻張掖，蒙遜曰：『入吾計矣。但恐聞吾回軍，不敢前也。』兵事尚權，乃露布西境，稱得浩亹，將進軍黄谷，士業聞而大悦，直入都瀆澗。蒙遜潛軍逆之，敗士業於懷城，遂進克酒泉。

又　**卷三四六《兵部七十七・刀下》**　陶弘景《刀劍録》曰：北涼沮渠蒙遜永安三年造刀百口，銘曰『永安』，隸書。

又　**卷八三三《資產部十三・牧》**　《三十國春秋》曰：沮渠蒙遜，其先世為匈奴左沮渠，因以官為氏。少牧羊，臥息田畔，忽見沙門，以手摩其頭曰：『爾後當王此土，不久苦焉。』言終而滅。

又　**卷八七七《咎徵部四・氣》**　崔鴻《十六國春秋・北涼録》曰：玄始十一年春正月，饗羣臣於謙光殿。沮渠蒙遜曰：『南方有惡氣經天，暴兵衆也。不出一旬，必有寇。』聞命治兵東苑以備之。西秦遣騎七千來襲，至縣孫猴嶺，聞有備而還。

又　**卷八八〇《咎徵部七・地陷》**　《十六國春秋》曰：北涼沮渠茂乾永和七年，太廟階陷。六月，城門崩。其年九月，茂乾面縛降于魏。

又　**卷九二二《羽族部九・燕》**　崔鴻《北涼録》曰：昔魯人有浮海而失津者，至於澶州，見仲尼及七十子遊於海中。與魯人一木杖，令閉目乘之，使歸告魯侯，築城以備寇。魯人出海，投杖死晷，乃龍也。具以狀告魯侯，不信。俄而，有羣燕數萬銜土培城。魯侯信之，大城曲阜。訖，而齊寇至，攻魯不克而還。

南燕興亡

綜述

《宋書》卷一《武帝紀》　初，偽燕王鮮卑慕容德僭號於青州，德死，兄子超襲位，前後數為邊患。五年二月，大掠淮北，執陽平太守劉千載、濟南太守趙元，驅略千餘家。三月，公抗表北討，以丹陽尹孟昶監中軍留府事。四月，舟師發京都，泝淮入泗。五月，至下邳，留船艦輜重，步軍進琅邪；所過皆築城留守。鮮卑梁父、莒城二戍並奔走。慕容超聞王師將至，其大將公孫五樓說超：『宜斷據大峴，刈除粟苗，堅壁清野以待之。彼僑軍無資，求戰不得，旬月之間，折棰以答之耳。』超不從，曰：『彼遠來疲勞，勢不能久；但當引令過峴，我以鐵騎踐之，不憂不破也。豈有預芟苗稼，先自蹙弱邪！』初，公將行，議者以為賊聞大軍遠出，必不敢戰。若不斷大峴，當堅守廣固，刈粟清野，以絕三軍之資，非唯難以有功，將不能自反。公曰：『我揣之熟矣。鮮卑貪，不及遠計，進利克獲，退惜粟苗。謂我孤軍遠入，不能持久，不過進據臨朐，退守廣固。我一得入峴，則人無退心，驅必死之衆，向懷貳之虜，何憂不克！彼不能清野固守，為諸君保之。』公既入峴，舉手指天曰：『吾事濟矣！』

六月，慕容超遣五樓及廣寧王賀賴盧先據臨朐城。既聞大軍至，留羸老守廣固，乃悉出。臨朐有巨蔑水，去城四十里，超告五樓曰：『急往據之，晉軍得水，則難擊也。』五樓馳進。龍驤將軍孟龍符領騎居前，奔往爭之，五樓乃退。衆軍步進，有車四千兩，分車為兩翼，方軌徐行，車悉張幔，御者執槊，又以輕騎為遊軍。軍令嚴肅，行伍齊整。未及臨朐數里，賊鐵騎萬餘，前後交至。公命兗州刺史劉藩、弟并州刺史道憐、諮議參軍劉敬宣、陶延壽、參軍劉懷玉、慎仲道、索邈等，齊力擊之。日向昃，公遣諮議參軍檀韶直趨臨朐。韶率建威將軍向彌、參軍胡藩馳往，既日陷城，斬其牙旗，悉虜超輜重。超聞臨朐已拔，引衆走。公親鼓之，賊乃大破。超遁還廣固。獲超馬、偽輦、玉璽、豹尾等，送于京師；斬其大將段暉等十餘人，其餘斬獲千計。明日，大軍進廣固，既屠大城。超退保小城。於是設長圍守之，圍高三丈，外穿三重塹。停江、淮轉輸，館穀于齊土。撫納降附，華戎歡悅；援才授爵，因而任之。七月，詔加公北青、冀二州刺史。超大將垣遵、遵弟苗並率衆歸順。公方治攻具，城上人曰：『汝不得張綱，何能為也。』綱者，超偽尚書郎，其人有巧思。會超遣綱稱藩于姚興，乞師請救。興偽許之，而實憚公，不敢遣。綱從長安還，泰山太守申宣執送之。乃升綱於樓上，以示城內，城內莫不失色。於是使綱大治攻具。超求救不獲，綱反見虜，轉憂懼，乃請稱藩，求割大峴為界，獻馬千匹。不聽，圍之轉急。河北居民荷戈負糧至者，日以千數。

錄事參軍劉穆之，有經略才具，公以為謀主，動止必諮焉。時姚興遣使告公云：『慕容見與鄰好，又以窮告急，今當遣鐵騎十萬，徑據洛陽。晉軍若不退者，便當遣鐵騎長驅而進。』公呼興使答曰：『語汝姚興，我定燕之後，息甲三年，當平關、洛。今能自送，便可速來！』穆之聞有羌使，馳入，而公發遣已去。以興所言並答，具語穆之。穆之尤公曰：『常日事無大小，必賜與謀之。此宜善詳之，云何卒爾便答？公所答興言，未能威敵，正足怒彼耳。若燕未可拔，羌救奄至，不審何以待之？』公笑曰：『此是兵機，非卿所解，故不語耳。夫兵貴神速，彼若審能遣救，必畏我知，寧容先遣信命。此是其見我伐燕，內已懷懼，自張之辭耳。』九月，進公太尉、中書監，固讓。偽徐州刺史段宏先奔索虜，十月，自河北歸順。

張綱治攻具成，設諸奇巧，飛樓木幔之屬，莫不畢備。城上火石弓矢，無所用之。六年二月丁亥，屠廣固。超逾城走，征虜賊曹喬胥獲之，殺其亡命以下，納口萬餘，馬二千匹。送超京師，斬于建康市。

《晉書》卷一二七《慕容德載記》 慕容德，字玄明，皝之少子也，母公孫氏夢日入臍中，晝寢而生德。年未弱冠，身長八尺二寸，姿貌雄偉，額有日角偃月重文。博觀羣書，性清慎，多才藝。慕容儁之僭立也，封為梁公，歷幽州刺史、左衛將軍。及暐嗣位，改范陽王，稍遷魏尹，加散騎常侍。俄而苻堅將苻雙據陝以叛，堅將苻柳起兵枹罕，將應之。德勸暐乘釁討堅，辭旨慷慨，識者言其有遠略，暐竟不能用。德兄垂甚壯之，因共論軍國大謀，言必切至。垂謂之曰：『汝器識長進，非復吳下阿蒙也。』枋頭之役，德以征南將軍與垂擊敗晉師。及垂奔苻堅，德坐免職。後遇暐敗，徙于長安，苻堅以為張掖太守，數歲免歸。

及堅以兵臨江，拜德為奮威將軍。堅之敗也，堅與張夫人相失，慕容暐將護致之，德正色謂暐曰：『昔楚莊滅陳，納巫臣之諫而棄夏姬。此不祥之人，惑亂人主，戎事不邇女器，秦之敗師當由於此。宜掩目而過，奈何將衛之也！』暐不從，德馳馬而去之。還次滎陽，言於暐曰：『昔句踐棲於會稽，終獲吳國。聖人相時而動，百舉百全。天將悔禍，故使秦師喪敗，宜乘其弊以復社稷。』暐不納。乃從垂如鄴。

及垂稱燕王，以德為車騎大將軍，復封范陽王，居中鎮衛，參斷政事。久之，遷司徒。于時慕容永據長子，有衆十萬，垂議討之。羣臣咸以為疑，德進曰：『昔三祖積德，遺詠在耳，故陛下龍飛，不謀而會，雖由聖武，亦緣舊愛，燕、趙之士樂為燕臣也。今永既建偽號，扇動華戎，致令羣豎從橫，逐鹿不息，宜先除之，以一衆聽。昔光武馳蘇茂之難，不顧百官之疲，夫豈不仁？機急故也。兵法有不得已而用之，陛下容得已乎！』垂笑謂其黨曰：『司徒議與吾同。二人同心，其利斷金，吾計決矣。』遂從之。垂臨終，敕其子寶以鄴城委德。寶既嗣位，以德為使持節、都督冀、兖、青、徐、荆、豫六州諸軍事、特進、車騎大將軍、冀州牧，領南蠻校尉，鎮鄴，罷留臺，以都督專總南夏。

魏將拓拔章攻鄴，德遣南安王慕容青等夜擊，敗之。魏師退次新城，青等請擊之。別駕韓言卓進曰：『古人先決勝廟堂，然後攻戰。今魏不可擊者四，燕不宜動者三。魏懸軍遠入，利在野戰，一不可擊也。深入近畿，頓兵死地，二不可擊也。前鋒既敗，後陣方固，三不可擊也。彼衆我寡，四不可擊也。官軍自戰其地，一不宜動。動而不勝，衆心難固，二不宜動。城郭未修，敵來無備，三不宜動。此皆兵家所忌，不如深溝高壘，以逸待勞。彼千里饋糧，野無所掠，久則三軍靡資，攻則衆旅多斃，師老釁生，詳而圖之，可以捷矣。』德曰：『韓別駕之言，良、平之策也。』於是召青還師。魏又遣遼西公賀賴盧率騎與章圍鄴，德遣其參軍劉藻請救于姚興，且參母兄之問，而興師不至，衆大懼。德於是親饗戰士，厚加撫接，人感其恩，皆樂為致死。會章、盧內相乖爭，各引軍潛遁。章司馬丁建率衆來降，言章師老，可以敗之。德遣將追破章軍，人心始固。

時魏師入中山，慕容寶出奔于薊，慕容詳又僭號。會劉藻自姚興而至，興太史令高魯遣其甥王景暉隨藻送玉璽一紐，並圖讖秘文，曰：『有德者昌，無德者亡。德受天命，柔而復剛。』又有謡曰：『大風蓬勃揚塵埃，八井三刀卒起來，四海鼎沸中山頹，惟有德人據三臺。』於是德之羣臣議以慕容詳僭號中山，魏師盛于冀州，未審寶之存亡，因勸德即尊號。德不從。會慕容達自龍城奔鄴，稱寶猶存，羣議乃止。尋而寶以德為丞相，領冀州牧，承制南夏。

德兄子麟自義臺奔鄴，因說德曰：『中山既没，魏必乘勝攻鄴，雖糧儲素積，而城大難固，且人情沮動，不可以戰。及魏軍未至，擁衆南渡，就魯陽王和，據滑臺而聚兵積穀，伺隙而動，計之上也。魏雖拔中山，勢不久留，不過驅掠而返。人不樂徒，理自生變，然後振威以援之，魏則內外受敵，使戀舊之士有所依憑，廣開恩信，招集遺黎，可一舉而取之。』先是，慕容和亦勸德南徙，於是許之。隆安二年，乃率户四萬、車二萬七千乘，自鄴將徙於滑臺。遇風，船没，魏軍垂至，衆懼，議欲退保黎陽。其夕流澌凍合，是夜濟師，旦，魏師至而冰泮，若有神焉。遂改黎陽津為天橋津。及至滑臺，景星見於尾箕。漳水得白玉，狀若璽。於是德依燕元故事，稱元年，大赦境內殊死已下，置百官。以慕容麟為司空、領尚書令，慕容法為中軍將軍，慕輿拔為尚書左僕射，丁通為尚書右僕射，自餘封授各有差。初，河間有麟見，慕容麟以為己瑞。及此，潛謀為亂，事覺，賜死。其夏，魏將賀賴盧率衆附之。

至是，慕容寶自龍城南奔至黎陽，遣其中黄門令趙思召慕容鍾來迎。鍾本首議勸德稱尊號，聞而惡之，執思付獄，馳使白狀。德謂其下曰：『卿等前以社稷大計，勸吾攝政。吾亦以嗣帝奔亡，人神曠主，故權順羣議，以繫衆望。今天方悔禍，嗣帝得還，吾將具駕奉迎，謝罪行闕，然後角巾私第，卿等以為何如？』其黄門侍郎張華進曰：『夫爭奪之世，非雄才不振；從横之時，豈懦夫能濟！陛下若蹈匹婦之仁，舍天授之業，威權一去，則身首不保，何退讓之有乎！』德曰：『吾以古人逆取順守，其道未足，所以中路徘徊，悵然未決耳。』慕輿護請馳問寶虚實，德流涕而遣之。乃率壯士數百，隨思而北，因謀殺寶。初，寶遣思之後，知德攝位，懼而北奔。護至無所見，執思而還。德以思閑習典故，將任之。思曰：『昔關羽見重曹公，猶不忘先主之恩。思雖刑餘賤隸，荷國寵靈，犬馬有心，而況人乎！乞還就上，以明微節。』德固留之，思怒曰：『周室衰微，晉、鄭夾輔；漢有七國之難，實賴梁王。殿下親則叔父，位則上臺，不能率先羣後以匡王室，而幸根本之傾為趙倫之事。思雖無申胥哭秦之效，猶慕君賓不生莽世。』德怒，斬之。

晉南陽太守閭丘羨、寧朔將軍鄧啓方率衆二萬來伐，師次管城。德遣其中軍慕容法、撫軍慕容和等距之，王師敗績。德怒法不窮追晉師，斬其撫軍司馬靳瑰。

初，苻登既為姚興所滅，登弟廣率部落降於德，拜冠軍將軍，處之乞活堡。會熒惑守東井，或言秦當復興者，廣乃自稱秦王，敗德將慕容鍾。時德始都滑臺，介於晉、魏之間，地無十城，衆不過數萬。及鍾喪師，反側之徒多歸於廣。德乃留慕容和守滑臺，親率衆討廣，斬之。

初，竇之至黎陽也，和長史李辯勸和納之，和不從。辯懼謀泄，乃引晉軍至管城，冀德親率師，於後作亂。會德不出，愈不自安。及德此行也，辯又勸和反，和不從。辯怒，殺和，以滑臺降于魏。時將士家悉在城內，德將攻之，韓范言於德曰：『魏師已入城，據國成資，客主之勢，翻然復異，人情既危，不可以戰。宜先據一方，為關中之基，然後畜力而圖之，計之上也。』德乃止。德右衛將軍慕容雲斬李辯，率將士家累二萬餘人而出，三軍慶悅。德謀於衆曰：『苻廣雖平，而撫軍失據，進有强敵，退無所托，計將安出？』張華進曰：『彭城阻帶山川，楚之舊都，地險人殷，可攻而據之，以為基本。』慕容鍾、慕輿護、封逞、韓言卓等固勸攻滑臺，潘聰曰：『滑臺四通八達，非帝王之居。且北通大魏，西接强秦，此二國者，未可以高枕而待之。彭城土曠人稀，地平無險，晉之歸鎮，必距王師。又密邇江、淮，水路通瀆，秋夏霖潦，千里為湖。且水戰國之所短，吳之所長，今雖克之，非久安之計也。青、齊沃壤，號曰東秦，土方二千，户餘十萬，四塞之固，負海之饒，可謂用武之國。三齊英傑，蓄志以待，孰不思得明主以立尺寸之功！廣固者，曹嶷之所營，山川阻峻，足為帝王之都。宜遣辯士馳說于前，大兵繼進於後，避閭渾昔負國恩，必翻然向化。如其守迷不順，大軍臨之，自然瓦解。既據之後，閉關養鋭，伺隙而動，此亦二漢之有關中、河內也。』德猶豫未決。沙門郎公素知占候，德因訪其所適。郎曰：『敬覽三策，潘尚書之議可謂興邦之術矣。今歲初，長星起于奎婁，遂掃虛危，而虛危，齊之分野，除舊佈新之象。宜先定舊魯，巡撫琅邪，待秋風戒節，然後北圍臨齊，天之道也。』德大悅，引師而南，兖州北鄙諸縣悉降，置守宰以撫之。存問高年，軍無私掠，百姓安之，牛酒屬路。

德遣使喻齊郡太守避閭渾，渾不從，遣慕容鍾率步騎二萬擊之。德進據琅邪，徐、兖之士附者十餘萬，自琅邪而北，迎者四萬餘人。德進寇莒城，守將任安委城而遁，以潘聰鎮莒城。鍾傳檄青州諸郡曰：『隆替有時，義列昔經；困難啓聖，事彰中籙。是以宣王龍飛于危周，光武鳳起於絕漢，斯蓋歷數大期，帝王之興廢也。自我永康多難，長鯨逸網，華夏四分，黎元五裂。逆賊辟閭渾父蔚，昔同段龕阻亂淄川，太宰東征，剿絕凶命。渾于覆巢之下，蒙全卵之施，曾微犬馬識養之心，復襲凶父樂禍之志，盜據東秦，遠附吳、越，割剥黎元，委輸南海。皇上應期，大命再集，矜彼營丘，暫阻王略，故以七州之衆二十餘萬，巡省貸宗，問罪齊、魯。昔韓信以裨將伐齊，有征無戰；耿弇以偏軍討步，克不移朔。況以萬乘之師，掃一隅之寇，傾山碎卵，方之非易。孤以不才，忝荷先驅，都督元戎一十二萬，皆烏丸突騎，三河猛士，奮劍與夕火爭光，揮戈與秋月競色。以此攻城，何城不克；以此衆戰，何敵不平！昔竇融以河西歸漢，榮被于後裔；彭寵盜逆漁陽，身死于奴僕。近則曹嶷跋扈，見擒于後趙；段龕幹紀，取滅於前朝。此非古今之吉凶，已然之成敗乎？渾若先迷後悟，榮寵有加。如其敢抗王師，敗滅必無遺燼。稷下之雄，岱北之士，有能斬送渾者，賞同佐命。脫履機不發，必玉石俱摧。』渾聞德軍將至，從八千餘家入廣固。諸郡皆承檄降於德。渾懼，將妻子奔于魏。德遣射聲校尉劉綱追斬於莒城。渾參軍張瑛常與渾作檄，辭多不遜。及此，德擒而讓之。瑛神色自若，徐對曰：『渾之有臣，猶韓信之有蒯通。通遇漢祖而蒙恕，臣遭陛下而嬰戮，比之古人，竊為不幸。防風之誅，臣實甘之，但恐堯、舜之化未弘于四海耳。』德初善其言，後竟殺之。德遂入廣固。

四年，僭即皇帝位於南郊，大赦，改元為建平，設行廟于宮南，遣使奉策告成焉。進慕容鍾為司徒，慕輿拔為司空，封孚為左僕射，慕輿護為右僕射。遣其度支尚書封愷、中書侍郎封逞觀省風俗，所在大饗將士。以其妻段氏為皇后。建立學官，簡公卿已下子弟及二品士門二百人為太學生。

後因宴其羣臣，酒酣，笑而言曰：『朕雖寡薄，恭己南面而朝諸侯，在上不驕，夕惕於位，可方自古何等主也？』其青州刺史鞠仲曰：『陛下中興之聖後，少康、光武之儔也。』德顧命左右賜仲帛千匹。仲以賜多為讓，德曰：『卿知調朕，朕不知調卿乎！卿飾對非實，故亦以虛言相賞，賞不謬加，何足謝也！』韓範進曰：『臣聞天子無戲言，忠臣無妄對。今日之論，上下相欺，可謂君臣俱失。』德大悅，賜範絹五十匹。自是昌言競進，朝多直士矣。

德母兄先在長安，遣平原人杜弘如長安問存否，弘曰：『臣至長安，若不奉太后動止，便即西如張掖，以死為效。臣父雄年逾六十，未沾榮貴，乞本縣之祿，以申烏鳥之情。』張華進曰：『杜弘未行而求祿，要利情深，不可使也。』德曰：『吾方散所輕之財，招所重之死，況為親尊而可吝乎！且弘為君迎親，為父求祿，雖外如要利，內實忠孝。』乃以雄為平原令。弘至張掖，為盜所殺，德聞而悲之，厚撫其妻子。

明年，德如齊城，登營丘，望晏嬰冢，顧謂左右曰：『禮，大夫不逼城葬。平仲古之賢人，達禮者也，而生居近市，死葬近城，豈有意乎？』青州秀才晏謨對曰：『孔子稱臣先人平仲賢，則賢矣。豈不知高其梁，豐其禮？蓋政在家門，故儉以矯世。存居湫隘，卒豈擇地而葬乎！所以不遠門者，猶冀悟平生意也。』遂以謨從至漢城陽景王廟，宴庶老于申池，北登社首山，東望鼎足，因目牛山而歎曰：『古無不死！』愴然有終焉之志。遂問謨以齊之山川丘陵，賢哲舊事。謨歷對詳辯，畫地成圖。德深嘉之，拜尚書郎。立冶于商山，置鹽官于烏常澤，以廣軍國之用。

德故吏趙融自長安來，始具母兄凶問，德號慟吐血，因而寢疾。其司隸校尉慕容達因此謀反，遣牙門皇璆率衆攻端門，殿中帥侯赤眉開門應之。中黃門遜進扶德逾城，隱於進舍。段宏等聞宮中有變，勒兵屯四門。德入宮，誅赤眉等，達懼而奔魏。慕容法及魏師戰於濟北之摽榆俗，魏師敗績。

其尚書韓諱上疏曰：『二寇逋誅，國耻未雪，關西為豺狼之藪，楊越為鴟鴞之林，三京社稷，鞠為丘墟，四祖園陵，蕪而不守，豈非義夫憤歎之日，烈士忘身之秋。而皇室多難，威略未振，是使長蛇弗翦，封豕假息。人懷憤慨，常謂一日之安不可以永久，終朝之逸無卒歲之憂。陛下中興大業，務在遵養，矜遷萌之失土，假長復而不役，滑黎庶之息肩，貴因循而不擾。斯可以保寧于營丘，難以經措于秦、越。今羣凶僭逆，實繁有徒，據我三方，伺國瑕釁。深宜審量虛實，大校成敗，養兵厲甲，廣農積糧，進為雪耻討寇之資，退為山河萬全之固。而百姓因秦、晉之弊，迭相陰憲，或百室合户，或千丁共籍，依託城社，不懼燻燒，公避課役，擅為姦宄，損風毀憲，法所不容，但檢今未宣，弗可加戮。今宜隱實黎萌，正其編貫，庶上增皇朝理物之明，下益軍國兵資之用。若蒙採納，冀裨山海，雖遇商鞅之刑，悅綰之害，所不辭也。』德納之，遣其車騎將軍慕容鎮率騎三千，緣邊嚴防，備百姓逃竄。以諱為使持節、散騎常侍、行臺尚書，巡郡縣隱實，得廕户五萬八千。諱公廉正直，所在野次，人不擾焉。

德大集諸生，親臨策試。既而饗宴，乘高遠矚，顧謂其尚書魯邃曰：『齊、魯固多君子，當昔全盛之時，接、慎、巴生、淳于、鄒、田之徒，廕修簷，臨清沼，馳朱輪，佩長劍，恣非馬之雄辭，奮談天之逸辯，指麾則紅紫成章，俯仰則丘陵生韻，至於今日，荒草穨墳，氣消煙滅，永言千載，能不依然！』邃答曰：『武王封比干之墓，漢祖祭信陵之墳，皆留心賢哲，每懷往事。陛下慈深二主，澤被九泉，若使彼而有知，寧不銜荷矣。』

先是，妖賊王始聚衆於太山，自稱太平皇帝，號其父為太上皇，兄為征東將軍，弟征西將軍。慕容鎮討擒之，斬於都市。臨刑，或問其父及兄弟所在，始答曰：『太上皇帝蒙塵於外，征東、征西亂兵所害。惟朕一身，獨無聊賴。』其妻怒之曰：『止坐此口，以至於此，奈何復爾！』始曰：『皇后！自古豈有不破之家，不亡之國邪！』行刑者以刀環築之，仰視曰：『崩即崩矣，終不改帝號。』德聞而哂之。

時桓玄將行篡逆，誅不附己者。冀州刺史劉軌、襄城太守司馬休之、征虜將軍劉敬宣、廣陵相高雅之、江都長張誕並內不自安，皆奔於德。於是德中書侍郎韓範上疏曰：『夫帝王之道，必崇經略。有其時無其人，則弘濟之功闕；有其人無其時，則英武之志不申。至於能成王業者，惟人時合也。自晉國內難，七載於茲。桓玄逆篡，虐逾董卓，神怒人怨，其殃積矣。可乘之機，莫過此也。以陛下之神武，經而緯之，驅樂奮之卒，接厭亂之機，譬猶聲發回應，形動影隨，未足比其易也。且江、淮南北户口未幾，公私戎馬不過數百，守備之事蓋亦微矣。若以步騎一萬，建雷霆之舉，卷甲長驅，指臨江、會，必望旗草偃，壺漿屬路。跨地數千，衆逾十萬，可以西并强秦，北抗大魏。夫欲拓境開疆，保寧社稷，無過今也。如使後機失會，豪桀復起，梟除桓玄，布惟新之化，遐邇既寧，物無異望，非但建鄴難圖，江北亦不可冀。機過患生，憂必至矣。天與不取，悔將及焉。惟陛下覽之。』德曰：『自頃數纏百六，宏綱暫弛，遂令姦逆亂華，舊京墟穢，每尋否運，憤慨兼懷。昔少康以一旅之衆，復夏配天，況朕據三齊之地，藉五州之衆，教之以軍旅，訓之以禮讓，上下知義，人思自奮，繕甲待釁，為日久矣。但欲先定中原，掃除逋孽，然後宣佈淳風，經理九服，飲馬長江，懸旌隴阪。此志未遂，且韜戈耳。今者之事，王公其詳議之。』咸以桓玄新得志，未可圖，乃止。於是講武於城西，步兵三十七萬，車一萬七千乘，鐵騎五萬三千，周亘山澤，旌旗彌漫，鉦鼓之聲，振動天地。德登高望之，顧謂劉軌、高雅之曰：『昔郤克仇齊，子胥怨楚，終能暢其剛烈，名流千載。卿等既知投身有道，當使無慚昔人也。』雅之等頓首答曰：『幸蒙陛下天覆之恩，大造之澤，存亡繼絕，實在聖時，雖則萬隕，何以上報！』俄聞桓玄敗，德以慕容鎮為前鋒，慕容鍾為大都督，配以步卒二萬，騎五千，剋期將發，而德寢疾，於是罷兵。

初，德迎其兄子超于長安，及是而至。德夜夢其父曰：『汝既無子，何不早立超為太子，不爾，惡人生心。』寤而告其妻曰：『先帝神明所敕，觀此夢意，吾將死矣。』乃下書以超為皇太子，大赦境內，子為父後者人爵二級。其月死，即義熙元年也，時年七十。乃夜為十餘棺，分出四門，潛葬山谷，竟不知其屍之所在。在位五年。偽謚獻武皇帝。

又 卷一二八《慕容超載記》 慕容超字祖明，德兄北海王納之子。苻堅破鄴，以納為廣武太守，數歲去官，家於張掖。德之南征，留金刀而去。及垂起兵山東，苻昌收納及德諸子，皆誅之。納母公孫氏以耄獲免，納妻段氏方娠，未決，囚之於郡獄。獄掾呼延平，德之故吏也，嘗有死罪，德免之。至是，將公孫及段氏逃於羌中，而生超焉。年十歲而公孫氏卒，臨終授超以金刀，曰：『若天下太平，汝得東歸，可以此刀還汝叔也。』平又將超母子奔于呂光。及呂隆降于姚興，超又隨涼州人徙于長安。超母謂超曰：『吾母子全濟，呼延氏之力。平今雖死，吾欲為汝納其女以答厚惠。』於是娶之。超自以諸父在東，恐為姚氏所録，乃陽狂行乞。秦人賤之，惟姚紹見而異焉，勸興拘以爵位。召見與語，超深自晦匿，興大鄙之，謂紹曰：『諺云「妍皮不裹癡骨」，妄語耳。』由是得去來無禁。德遣使迎之，超不告母妻乃歸。及至廣固，呈以金刀，具宣祖母臨終之言，德撫之號慟。

超身長八尺，腰帶九圍，精彩秀發，容止可觀。德甚加禮遇，始名之曰超，封北海王，拜侍中、驃騎大將軍、司隸校尉，開府，置佐吏。德無子，欲以超為嗣，故為超起第于萬春門內，朝夕觀之。超亦深達德旨，入則盡歡承奉，出則傾身下士，於是內外稱美焉。頃之，立為太子。

及德死，以義熙元年僭嗣偽位，大赦境內，改元曰太上。尊德妻段氏為皇太后。以慕容鍾都督中外諸軍、録尚書事，慕容法為征南、都督徐、兗、揚、南兗四州諸軍事，慕容鎮加開府儀同三司、尚書令，封孚為太尉，鞠仲為司空，潘聰為左光祿大夫，封嵩為尚書左僕射，自餘封拜各有差。後又以鍾為青州牧，段宏為徐州刺史，公孫五樓為武衛將軍、領屯騎校尉，內參政事。封孚言於超曰：『臣聞五大不在邊，五細不在庭。鍾，國之宗臣，社稷所賴；宏，外戚懿望，親賢具瞻。正應參翼百揆，不宜遠鎮方外。今鍾等出藩，五樓內輔，臣竊未安。』超新即位，害鍾等權逼，以問五樓。五樓欲專斷朝政，不欲鍾等在內，屢有間言，孚說竟不行。鍾、宏俱有不平之色，相謂曰：『黃犬之皮恐當終補狐裘也。』五樓聞之，嫌隙漸遘。

初，超自長安行至梁父，慕容法時為兗州，鎮南長史悅壽還謂法曰：『向見北海王子，天資弘雅，神爽高邁，始知天族多奇，玉林皆寶。』法曰：『昔成方遂詐稱衛太子，人莫辯之，此復天族乎？』超聞而恚恨，形於言色。法亦怒，處之外館，由是結憾。及德死，法又不奔喪，超遣使讓焉。法常懼禍至，因此遂與慕容鍾、段宏等謀反。超知而徵之，鍾稱疾不赴，於是收其黨侍中慕容統、右衛慕容根、散騎常侍段封誅之，車裂僕射封嵩於東門之外。西中郎將封融奔于魏。

超尋遣慕容鎮等攻青州，慕容昱等攻徐州，慕容凝、韓範攻梁父。昱等攻莒城，拔之，徐州刺史段宏奔于魏。封融又集羣盜襲石塞城，殺鎮西大將軍余郁，青土振恐，人懷異議。慕容凝謀殺韓範，將襲廣固。範知而攻之，凝奔梁父。范幷其衆，攻梁父克之，凝奔姚興，慕容法出奔于魏。慕容鎮克青州，鍾殺其妻子，為地道而出，單馬奔姚興。

于時超不恤政事，畋遊是好，百姓苦之。其僕射韓諄切諫，不納。超議復肉刑、九等之選，乃下書於境內曰：

陽九數纏，永康多難。自北都傾陷，典章淪滅，律令法憲，靡有存者。綱理天下，此焉為本，既不能導之以德，必須齊之以刑。且虞舜大聖，猶命咎繇作士，刑之不可已也如是！先帝季興，大業草創，兵革尚繁，未遑修制。朕猥以不德，嗣承大統，撫御寡方，至蕭牆釁發，遂戎馬生郊，典儀寢廢。今四境無虞，所宜修定，尚書可召集公卿。至如不忠不孝若封嵩之輩，梟斬不足以痛之，宜致烹轘之法，亦可附之律條，納以大辟之科。肉刑者，乃先聖之經，不刊之典，漢文易之，輕重乖度。今犯罪彌多，死者稍衆。肉刑之於化也，濟育既廣，懲慘尤深，光壽、建興中二祖已議復之，未及而晏駕。其令博士已上參考舊事，依《呂刑》及漢、魏、晉律令，消息增損，議成燕律。五刑之屬三千，而罪莫大於不孝。孔子曰：『非聖人者無法，非孝者無親，此大亂之道也。』轘裂之刑，烹煮之戮，雖不在五品之例，然亦行之自古。渠彌之轘，著之《春秋》；哀公之烹，爰自中代。世宗都齊，亦湣刑罰失中，咨嗟寢食。王者之有刑糾，猶人之左右手焉。故孔子曰：『刑罰不中，則人無所措手足。』是以蕭何定法令而受封，叔孫通以制儀為奉常。立功立事，古之所重。其明議損益，以成一代准式。周、漢有貢士之條，魏立九品之選，二者孰愈，亦可詳聞。

羣下議多不同，乃止。

超母妻既先在長安，為姚興所拘，責超稱藩，求太樂諸伎，若不可，使送吳口千人。超下書遣羣臣詳議。左僕射段暉議曰：『太上囚楚，高祖不回。今陛下嗣守社稷，不宜以私親之故而降統天之尊。又太樂諸伎，皆是前世伶人，不可與彼，使移風易俗，宜掠吳口與之。』尚書張華曰：『若侵掠吳邊，必成鄰怨。此既能往，彼亦能來，兵連禍結，非國之福也。昔孫權重黎庶之命，屈己以臣魏；惠施惜愛子之頭，舍志以尊齊。況陛下慈德在秦，方寸崩亂，宜暫降大號，以申至孝之情。權變之道，典謨所許。韓範智能回物，辯足傾人，昔與姚興俱為秦太子中舍人，可遣將命，降號修和。所謂屈於一人之下，申于萬人之上也。』超大悅曰：『張尚書得吾心矣。』使範聘於興。及至長安，興謂範曰：『封愷前來，燕王與朕抗禮。及卿至也，款然而附。為依春秋以小事大之義？為當專以孝敬為母屈也？』範曰：『周爵五等，公侯異品，小大之禮，因而生焉。今陛下命世龍興，光宅西秦，本朝主上承祖宗遺烈，定鼎東齊，中分天曜，南面並帝。通聘結好，義尚廉沖，便至矜誕，苟折行人，殊似吳、晉爭盟，滕、薛競長，恐傷大秦堂堂之盛，有損皇燕巍巍之美，彼我俱失，竊未安之。』興怒曰：『若如卿言，便是非為大小而來。』範曰：『雖由大小之義，亦緣寡君純孝過於重華，願陛下體敬親之道，霈然垂湣。』興曰：『吾久不見賈生，自謂過之，今不及矣。』於是為範設舊交之禮，申敘平生，謂範曰：『燕王在此，朕亦見之，風表乃可，於機辯未也。』範曰：『大辯若訥，聖人美之，況爾日龍潛鳳戢，和光同塵，若使負日月而行，則無繼天之業矣。』興笑曰：『可謂使乎延譽者也。』範承間逞說，姚興大悅，賜范千金，許以超母妻還之。慕容凝自梁父奔于姚興，言於興曰：『燕王稱藩，本非推德，權為母屈耳。古之帝王尚興師征質，豈可虚還其母乎！母若一還，必不復臣也。宜先制其送伎，然後歸之。』興意乃變，遣使聘於超。超遣其僕射張華、給事中宗正元入長安，送太樂伎一百二十人于姚興。興大悅，延華入宴。酒酣，樂作，興黃門侍郎尹雅謂華曰：『昔殷之將亡，樂師歸周；今皇秦道盛，燕樂來庭。廢興之兆，見於此矣。』華曰：『自古帝王，為道不同，權譎之理，會于功成。故老子曰：「將欲取之，必先與之。」今總章西入，必由余東歸，禍福之驗，此其兆乎！』興怒曰：『昔齊、楚競辯，二國連師。卿小國之臣，何敢抗衡朝士！』華遜辭曰：『奉使之始，實願交歡上國，上國既遺小國之臣，辱及寡君社稷，臣亦何心，而不仰酬！』興善之，於是還超母妻。

義熙三年，追尊其父為穆皇帝，立其母段氏為皇太后，妻呼延氏為皇后。祀南郊，將登壇，有獸大如馬，狀類鼠而色赤，集於圓丘之側，俄而不知所在。須臾大風暴起，天地晝昏，其行宮習儀皆振裂。超懼，密問其太史令成公綏，對曰：『陛下信用姦臣，誅戮賢良，賦斂繁多，事役殷苦所致也。』超懼而大赦，譴責公孫五樓等。俄而復之。是歲廣固地震，天齊水湧，井水溢，女水竭，河、濟凍合，而澠水不冰。

超正旦朝羣臣于東陽殿，聞樂作，歎音佾不備，悔送伎于姚興，遂議入寇。其領軍韓諄諫曰：『先帝以舊京傾没，輯翼三齊，苟時運未可，上智輟謀。今陛下嗣守成規，宜閉關養士，以待賦釁，不可結怨南鄰，廣樹仇隙。』超曰：『我計已定，不與卿言。』於是遣其將斛谷提、公孫歸等率騎寇宿豫，陷之，執陽平太守劉千載、濟陰太守徐阮，大掠而去。簡男女二千五百，付太樂教之。

時公孫五樓為侍中、尚書，領左衛將軍，專總朝政，兄歸為冠軍、常山公，叔父頹為武衛、興樂公。五樓宗親皆夾輔左右，王公內外無不憚之。

超論宿豫之功，封斛穀提等並為郡、縣公。慕容鎮諫曰：『臣聞縣賞待勳，非功不侯，今公孫歸結禍延兵，殘賊百姓，陛下封之，得無不可乎！夫忠言逆耳，非親不發。臣雖庸朽，忝國戚藩，輒盡愚款，惟陛下圖之。』超怒，不答，自是百僚杜口，莫敢開言。

尚書都令史王儼諂事五樓，遷尚書郎，出為濟南太守，入為尚書左丞，時人為之語曰：『欲得侯，事五樓。』

又遣公孫歸等率騎三千入寇濟南，執太守趙元，略男女千餘人而去。劉裕率師將討之，超引見羣臣于節陽殿，議距王師。公孫五樓曰：『吴兵輕果，所利在戰，初鋒勇鋭，不可爭也。宜據大峴，使不得入，曠日延時，沮其鋭氣。可徐簡精騎二千，循海而南，絶其糧運，別敕段暉率兖州之軍，緣山東下。腹背擊之，上策也。各命守宰，依險自固，校其資儲之外，餘悉焚蕩，芟除粟苗，使敵無所資。堅壁清野，以待其釁，中策也。縱賊入峴，出城逆戰，下策也。』超曰：『京都殷盛，户口衆多，非可一時入守。青苗布野，非可卒芟。設使芟苗城守，以全性命，朕所不能。今據五州之强，帶山河之固，戰車萬乘，鐵馬萬羣，縱令過峴，至於平地，徐以精騎踐之，此成擒也。』賀賴盧苦諫，不從，退謂五樓曰：『上不用吾計，亡無日矣。』慕容鎮曰：『若如聖旨，必須平原用馬為便，宜出峴逆戰，戰而不勝，猶可退守。不宜縱敵入峴，自貽窘逼。昔成安君不守井陘之關，終屈于韓信；諸葛瞻不據東馬之險，卒擒于鄧艾。臣以為天時不如地利，阻守大峴，策之上也。』超不從。鎮出，謂韓𧦧曰：『主上既不能芟苗守險，又不肯徙人逃寇，酷似劉璋矣。今年國滅，吾必死之，卿等中華之士，復為文身矣。』超聞而大怒，收鎮下獄。乃攝莒、梁父二戍，修城隍，簡士馬，畜鋭以待之。

其夏，王師次東莞，超遣其左軍段暉、輔國賀賴盧等六將步騎五萬，進據臨朐。俄而王師度峴，超懼，率卒四萬就暉等於臨朐，謂公孫五樓曰：『宜進據川源，晉軍至而失水，亦不能戰矣。』五樓馳騎據之。劉裕前驅將軍孟龍符已至川源，五樓戰敗而返。裕遣諮議參軍檀韶率鋭卒攻破臨朐，超大懼，單騎奔段暉于城南。暉衆又戰敗，裕軍人斬暉。超又奔還廣固，徙郭內人入保小城，使其尚書郎張綱乞師于姚興。赦慕容鎮，進録尚書、都督中外諸軍事。引見羣臣，謝之曰：『朕嗣奉成業，不能委賢任善，而專固自由，覆水不收，悔將何及！智士逞謀，必在事危，忠臣立節，亦在臨難，諸君其勉思六奇，共濟艱運。』鎮進曰：『百姓之心，係於一人。陛下既躬率六軍，身先奔敗，羣臣解心，士庶喪氣，內外之情，不可復恃。如聞西秦自有內難，恐不暇分兵救人，正當更決一戰，以爭天命。今散卒還者，猶有數萬，可悉出金帛、宫女，餌令一戰。天若相我，足以破賊。如其不濟，死尚為美，不可閉門坐受圍擊。』司徒慕容惠曰：『不然。今晉軍乘勝，有陵人之氣，敗軍之將，何以禦之！秦雖與勃勃相持，不足為患。且二國連横，勢成脣齒，今有寇難，秦必救我。但自古乞援，不遣大臣則不致重兵，是以趙隸三請，楚師不出；平原一使，援至從成。尚書令韓范德望具瞻，燕秦所重，宜遣乞援，以濟時難。』於是遣範與王蒲乞師于姚興。

未幾，裕師圍城，四面皆合。人有竊告裕軍曰：『若得張綱為攻具者，城乃可得耳。』是月，綱自長安歸，遂奔於裕。裕令綱周城大呼曰：『勃勃大破秦軍，無兵相救。』超怒，伏弩射之，乃退。右僕射張華、中丞封愷並為裕軍所獲。裕令華、愷與超書，勸令早降。超乃遣裕書，請為藩臣，以大峴為界，並獻馬千匹，以通和好，裕弗許。江南繼兵相尋而至。尚書張濬自長安還，又降於裕，說容曰：『今燕人所以固守者，外杖韓範，冀得秦援。範既時望，又與姚興舊昵，若勃勃敗後，秦必救燕，宜密信誘範，啖以重利，範來則燕人絶望，自然降矣。』裕從之，表範為散騎常侍，遺範書以招之。時姚興乃遣其將姚强率步騎一萬，隨範就其將姚紹於洛陽，並兵來援。會赫連勃勃大破秦軍，興追强還長安。範歎曰：『天其滅燕乎！』會得裕書，遂降於裕。裕謂範曰：『卿欲立申包胥之功，何以虚還也？』範曰：『自亡祖司空世荷燕寵，故泣血秦庭，冀匡禍難。屬西朝多故，丹誠無效，可謂天喪弊邑而贊明公。智者見機而作，敢不至乎！』翌日，裕將範循城，由是人情離駭，無復固志。裕謂範曰：『卿宜至城下，告以禍福。』範曰：『雖蒙殊寵，猶未忍謀燕。』裕嘉而不强，左右勸超誅範家，以止後叛。超知敗在旦夕，又弟諄盡忠無貳，故不罪焉。是歲東萊雨血，廣固城門鬼夜哭。

明年朔旦，超登天門，朝羣臣於城上，殺馬以饗將士，文武皆有遷授。超幸姬魏夫人從超登城，見王師之盛，握超手而相對泣，韓諄諫曰：『陛下遭百六之會，正是勉强之秋，而反對女子悲泣，何其鄙也！』超拭目謝之。其尚書令董鋭勸超出降，超大怒，繫之於獄。於是賀賴盧、公孫五樓為地道出戰王師，不利。河間人玄文說裕曰：『昔趙攻曹嶷，望氣者以為澠水帶城，非可攻拔，若塞五龍口，城必自陷。石季龍從之，而嶷請降。後慕容恪之圍段龕，亦如之，而龕降。降後無幾，又震開之。今舊基猶在，可塞之。』裕從其言。至是，城中男女患脚弱病者太半。超輦而升城，尚書悅壽言於超曰：『天地不仁，助寇為虐，戰士尪病，日就凋隕，守困窮城，息望外援，天時人事，亦可知矣。苟歷運有終，堯、舜降位，轉禍為福，聖達以先。宜追許、鄭之蹤，以全宗廟之重。』超歎曰：『廢興，命也。吾寧奮劍決死，不能銜璧求生。』於是張綱為裕造沖車，覆以版屋，蒙之以皮，並設諸奇巧，城上火石弓矢無所施用；又為飛樓、懸梯、木幔之屬，遙臨城上。超大怒，懸其母而支解之。城中出降者相繼。裕四面進攻，殺傷其衆，悅壽遂開門以納王師。超與左右數十騎出亡，為裕軍所執。裕數之以不降之狀，超神色自若，一無所言，惟以母托劉敬宣而已。送建康市斬之，時年二十六。在位六年。

德以安帝隆安四年僭位，至超二世，凡十一年，以義熙六年滅。

慕容鍾，字道明，德從弟也。少有識量，喜怒不形於色，機神秀發，言論清辯。至於臨難對敵，智勇兼濟，累進奇策，德用之頗中。由是政無大小，皆以委之，遂為佐命無勳。後公孫五樓規挾威權，慮鍾抑己，因勸超誅之，鍾遂謀反。事敗，奔于姚興，興拜始平太守、歸義侯。

封孚，字處道，渤海蓨人也。祖悛，振威將軍。父放，慕容暐之世吏部尚書。孚幼而聰敏和裕，有士君子之稱。寶僭位，累遷吏部尚書。及蘭汗之簒，南奔辟閭渾，渾表為渤海太守。德至莒城，孚出降，德曰：『朕平青州，不以為慶，喜於得卿也。』常外總機事，內參密謀，雖位任崇重，謙虛博納，甚有大臣之體。及超嗣位，政出權嬖，多違舊章，軌憲日頽，殘虐滋甚，孚屢盡匡救，超不能納也。後臨軒謂孚曰：『朕于百王可方誰？』孚對曰：『桀紂之主。』超大慚怒。孚徐步而出，不為改容。司空鞠仲失色，謂孚曰：『與天子言，何其亢厲，宜應還謝。』孚曰：『行年七十，墓木已拱，惟求死所耳。』竟不謝。以超三年死于家，時年七十一。

文筆多傳於世。

《南史》卷一《宋紀上》 七月，超尚書郎張綱乞師于姚興，自長安反，泰山太守申宣執送之。綱有巧思，先是，帝修攻具，城上人曰：『汝不得張綱，何能爲也。』及至，升諸樓車以示之，城内莫不失色。超既求救不獲，綱反見虜，乃求稱藩，割大峴爲界，獻馬千匹，不聽。時姚興遣使，聲言將涉淮左，帝謂曰：『爾報姚興，我定青州，將過函谷，虜能自送，今其時矣。』録事參軍劉穆之遽入曰：『此言不足威敵，容能怒彼。若鮮卑未拔，西羌又至，公何以待之？』帝乃笑曰：『此兵機也，非子所及。羌若能救，不有先聲，是自强也。』

十月，張綱修攻具成，設飛樓縣梯，木幔板屋，冠以牛皮，弓矢無所用之。劉毅遣上黨太守趙恢以千餘人來援，帝夜潛遣軍會之。明旦，恢衆五千，方道而進，每晉使將到，輒復如之。

六年二月丁亥，屠廣固，超踰城走，追獲之，斬于建康市。殺其王公以下，納生口萬餘，馬二千匹。

宋·李昉等《太平御覽》卷一二六《偏霸部十·南燕慕容德》 崔鴻《十六國春秋·南燕録》曰：慕容德，字玄明，皝之少子。皝每對諸宮人言：『婦人姙娠，夢日入懷，必生天子。』公孫夫人方娠，夢日入臍中，獨喜而不敢言。晉咸康二年，晝寢生德，左右以告，方寤而起。皝曰：『此兒易生，似鄭莊公，必有大德。』遂以德為名。年十二而皝薨，哀毁過禮。年十八，長八尺二寸，額上有日月兩角，下偃月重文。元璽初，封梁公。建熙初，進號安北將軍，封范陽王，入為魏尹。秦滅燕，徙于長安。秦伐涼，德請征自效，後為張掖太守。符堅伐晉，垂請德為副。堅敗，德乃隨垂如鄴。垂稱燕王，復封范陽王。建興元年，為司隸校尉。八年，拜司徒。垂臨薨，謂太子寶曰：『鄴是舊郡，宜委范陽王。』永康元年，以德鎮鄴。

及寶失中山，奔龍城，以德為丞相，領冀州，承制南夏。德曰：『中山既没，魏必乘勝來攻鄴。』元年正月，德率户四萬三千、車二萬七千乘，自鄴徙滑臺黎陽。魏軍垂至，三軍危懼，欲堡據黎陽，昏日流澌冰合，是夜濟訖，冰亦尋消。德大悅，改黎陽津為天橋津。德入滑臺，趙王麟等九十八人上言：『今中山傾陷，龍都蕭條，趙魏遺黎，鵠企皇澤，伏願仰承俯順，以安宗廟，謹上皇帝尊號。』德許之，令曰：『令假順來議，且依燕元故事，統符行帝制奏詔而已。』改永康三年為元年，大赦殊死以下，置百官，封進有差。

竇自龍城南奔，至黎陽城西數里，伏於河西，遣中黄門趙思告北地王鍾曰：『上以去二月得丞相表即自南征，段速骨作逆於乙連，今失據來此，呼丞相奉迎。』鍾馳使白狀。竇遣思之後，見采樵者，知德稱帝，懼而北奔。

初，符登既滅，登弟廣率所部三千來降，拜冠軍將軍，處之乞活塹。至是復叛，稱秦王。德留撫軍魯陽王和守滑臺，德率衆攻廣，斬之。和長史李辨殺和，以滑臺降魏。德曰：『符廣雖平，撫軍失據，進有强敵，退無所托，計將安出？』尚書潘聰曰：『滑臺四通八達，非帝王之居。青、齊沃壤，號曰東秦，地方二千里，户餘十萬，四塞之固，可謂用武之國。』德猶預未決。於是遣牙門蘇撫問沙門朗公，報曰：『山棲絕俗之士，不應預問朝議，但有待之累，非有托無以立。陛下今來，即朗之檀越，敬覽潘尚書之議，可謂興邦。』撫又問以年世，朗以《周易》筮之，曰：『燕衰庚戌。』撫曰：『幾何？』曰：『年則一紀，世則及子。』撫曰：『何其促乎？』朗曰：『卦兆然也，豈關人哉！』撫秘不敢言，德大悦。三月，德引歸而南。五月，次薛城。八月，入廣固，即皇帝位於南郊。大赦，改元為建平元年。又曰：『漢宣憫吏民犯諱，故改名，朕今增一備字，以為復名，庶開臣子避諱之路。』於是敍賞有差。褒德仕賢，新舊咸悦。十月，太極、端門並就，以公匠張剛為材官將軍、尚方令。

二年十月，徐州刺史潘聰、青州刺史鞠仲來朝，宴於延賢堂，酒酣，德歎謂羣臣曰：『朕雖寡薄，拱己南面，在上不驕，夕惕於位，可稱自古何等主也？』仲曰：『陛下中興之聖後，少康、光武之儔也。』顧命左右賜仲帛千匹。仲疑，多陳讓。德曰：『卿知調朕，朕不知戲卿乎！卿飾對非實，故亦虛言相賞。賞不謬加，何足謝也！』韓範進曰：『臣聞天子無戲言，忠臣無妄對。今日之論，可謂君臣俱失。』德大悦，賜範絹五十匹。

三年三月，德如齊城，登營丘，望見晏嬰冢，顧左右曰：『禮，大夫不逼城葬。平仲，古之一賢人達者，而生居近市，死葬近城，豈有意乎？』青州秀才晏謨對曰：『孔子稱臣先人平仲賢矣，豈不知高其梁，豐其禮？蓋政在家門，故儉以矯世。存居湫隘，卒豈擇地而葬乎！所以不遠門者，猶冀悟平生意也。』德悦之。三月，以太牢祀漢城陽景王廟，遂北登社首山，東望鼎足，因目牛山，問謨以齊之山川、賢哲故事。謨歷對詳辯，畫地成圖。德深嘉之，拜尚書郎。

五年二月，夜地震，在棲之雞皆驚擾飛散。三月，德疾動經旬，幾於不振，會前尚書右丞曹默自冀州來奔，以白酒解之，乃瘳。以默為御史中丞，封永熙侯。五年正月，兄子超自秦還。九月，汝水竭。十一月，德疾篤，夜夢兟曰：『汝既無子，何不早立超為太子。不爾，惡人生心。』戊午，引見羣臣于東陽殿，議立超為太子，俄而震起，百寮驚越，德亦不安，還宫，疾甚，呼段后、公主及超申以後事，執超手曰：『若得至曉更見公卿，顧托以汝，死無所恨。』目視公主，欲有所言，竟遂不能。段后大言：『今日召董中書造浩立超。』開目頷之。是夕，薨于顯安宫，年七十。為十餘棺，夜分出四門，潛瘞山谷，莫知其屍所在，虛葬于東陽陵。謚獻武皇帝，廟號世宗，在位五年。

又《慕容超》　崔鴻《十六國春秋·南燕録》曰：慕容超，字祖明，德兄北海王納之子。秦滅燕，以納為廣武太守，數歲去官，與母公孫太妃就弟德于張掖。德從符堅南征，留金刀，辭母而去。及垂兵山東，張掖太守符昌誅納及德之諸子，公孫太妃以耄不合刑，納妻段氏以懷妊未決，執於郡獄。獄掾呼延平，德之故吏也，將公孫、段氏逃於羌中，而生超焉。公孫氏臨卒，授超金刀，曰：『聞汝伯已中興於鄴都，吾朽病將没，相見理絕。汝脱得東歸，可以此刀還汝叔也。』後因呂隆歸秦，秦徙涼州民于長安，超因而東歸。母謂超曰：『母子得全濟者，呼延氏之力也。惠而不報，天不祐人。平今雖死，吾欲為汝納其女，以答厚惠。』於是納之。超至長安，佯狂行乞，由是往來無禁。濟陰人宗正謙善卜相，西至長安，賣術于路，超行而遇之，因就謙相。謙奇其姿貌。超乃内斷於心，不告母妻，辭母詣霸上，乃與謙俱歸。至諸關禁，自稱張伏生。二十日達梁父。建平六年四月，至廣固，呈以金刀，且宣祖母臨終之言，德撫之號慟。

超身長八尺，腰帶九圍，姿器魁傑，有類於德。德愛之，名之曰超，封北海王，拜侍中、驃騎大將軍、司隸校尉，開府置佐。十一月，立為太子。己未，僭即皇帝位，大赦，改建平六年為太上元年。

三年七月，遣中書令韓范聘秦，姚興許還超母妻。八月，秦使兼員外散騎常侍韋宗還聘，贈以千金。超復遣右僕射張華、給事中宗正元聘秦，送大樂伎一百二十人。姚興大悦，還超母妻。十月，華發長安，宗正元馳先反命。超大悦，遣征虜公孫五樓率騎二千迎於境上，超親率六宮迎于馬耳關。四年正月，大赦，尊父北海穆王為穆皇帝，母段氏為皇太后，居長樂宫，妻呼延氏為皇后。

五年二月，晉相劉裕率衆來伐。三月，晉師渡淮，超聞晉軍之盛，自率衆四萬拒戰，大敗，奔還廣固，徙郭内民入保小城。晉攻陷大城，長圍列守，超請為藩臣，以大峴為界，裕不許。六年正月，超登天門，朝羣臣於城上，殺馬以饗將士。十一月，尚書悦壽開門納晉師，超出奔，為晉所執。送建康市斬之，時年二十六。殺鮮卑王公已下三千餘人，以男女萬餘口為軍賞。始德建平元年歲在己亥僭號居齊，至為劉裕所滅在己酉，凡一十一年。

論說

《晉書》卷一二七《慕容德載記論》 慕容德以季父之親，居鄴中之重，朝危未聞其節，君存遽踐其位，豈人理哉！然稟倜儻之雄姿，韞縱橫之遠略，屬分崩之運，成角逐之資，跨有全齊，竊弄神器，撫劍而爭衡秦、魏，練甲而志靜荆、吴，崇儒術以弘風，延讜言而勵己，觀其為國，有足稱焉。

超繼已成之基，居霸者之業，政刑莫恤，畋遊是好，杜忠良而讒佞進，暗聽受而勳戚離，先緒俄頹，家聲莫振，陷宿豫而貽禍，啓大峴而延敵，君臣就虜，宗廟為墟。迹其人謀，非不幸也。

又 《贊》 德實姦雄，轉敗為功。奄有青土，淫名域中。超承僞祚，撓其國步。廟失良籌，庭悲沾露。

宋·洪邁《容齋三筆》卷三《公孫五樓》 南燕慕容超嗣位之後，悉以國事付公孫五樓，燕業為衰。晉劉裕伐之，或曰：『燕人若塞大峴之險，堅壁清野，大軍深入，將不能自歸。』裕曰：『鮮卑貪婪，不知遠計，謂我不能持久，不過進據臨朐，退守廣固，必不能守險清野。』超聞有晉師，引羣臣會議，五樓曰：『吴兵輕果，利在速戰，不可爭鋒，宜據大峴，使不得入。各命守宰，依險自固，焚蕩資儲，芟除禾苗，使敵無所資。彼僑軍無食，可以坐制。若縱使入峴，出城逆戰，此下策也。』超不聽，裕過大峴，燕兵不出，喜形於色，遂一舉滅燕。觀五樓之計，正裕之所憚也。超平生信用五樓，獨於此不然，蓋天意也。五樓亦可謂智士，足與李左車比肩。後世姦妄擅國，以誤大事者多矣，無所謂五樓之智也。

雜録

隋·虞世南《北堂書鈔》卷一五八《地部二·穴》 崔鴻《南燕録》曰：慕容德時，銅官令王瓚得古銅鐘四枚於山穴，獻之列於太極殿前。賜瓚爵關外侯。

唐·徐堅《初學記》卷一一《職官部上·僕射》 張詮《南燕書》曰：慕容德以右僕射。封嵩為左僕射，尚書韓諱為右僕射。時嵩諱並年三十。又以嵩弟融為西中郎將，諱弟軌為東中郎將，嵩等俱拜，帝臨軒詔令四人同入。嵩等升殿方謝。帝顧曰：『躍二龍於長衢，騁雙驥於千里。』朝野榮之。

宋·李昉等《太平御覽》卷七一《地部三十六·津》 崔鴻《十六國春秋》曰：慕容德正月渡黎陽津，流凘冰合，鄴令韓軌言於德曰：『光武渡滹沱，凘冰自合；大王濟河，天橋自成。靈命所扶，徵兆已見。』德大悦，改黎陽津為天橋津。

又 卷一六〇《州郡部六·河南道下·青州》 崔鴻《十六國春秋·南燕録》曰：慕容德初議所都，尚書潘聰曰：『青齊沃壤，號曰東秦，土方二千里，四塞之固，負海之饒，可謂用武之國。廣固者，曹嶷之所營，山川險峻，足為王者之都。』從之。

又 卷三二六《兵部五十七·擒獲下》 《三十國春秋》曰：丁亥，中軍劉裕悉衆攻燕。衆咸諫曰：『今往亡日，兵家所忌。』裕曰：『我往，彼亡，吉孰大焉。』乃命悉登，遂克之。燕王慕容超走，追獲焉。裕責其不降之罪，超神色自若，無餘言。惟以母托劉敬宣而已。蕭方等曰：『美哉，其言也。以言必已親，終不忘孝，可謂人之將死，其言也善，信乎！』

又　卷三三六《兵部六十七・攻具上》（蕭方等《三十國春秋》）曰：劉裕攻南燕，得燕人張綱治攻具。既成，設飛橋懸梯，被以牛皮，火石不能害，攻城之士得肆力焉。

《宋先朝故事》曰：慕容超大將垣遵逾城歸順，高祖使遵等治攻城樟車，築長圍高三丈，外三重塹。

又　卷三六一《人事部二・產》　崔鴻《南燕録》曰：慕容德，皝少子，母公孫夫人，晉咸康中，晝寢生德，左右以告，方寤而起。既生，似鄭莊公，曰：『長必有大德。』遂以德為名。

又　卷三七七《人事部十八・長中國人》　《三十國春秋》曰：燕徵其東萊太守王鸞。鸞身長九尺，腰帶十圍，貫甲跨馬，不據鞍由鐙。燕王德見而奇其魁偉，賜之食，一進一斛餘。德驚曰：『所啖如此，非耕而能飽？但才貌不凡，堪為貴人，可以一縣試之。』由是拜逢陵長，甚有治績。

又　卷三九一《人事部三十二・笑》　《南燕録》曰：慕容德。建平四年妖賊王始聚衆於太山萊蕪谷，自稱太平皇帝。置署公卿。父固為太上皇，兄林為征東，弟秦為征西。討擒之將刑焉，市人皆罵之曰：『何為妖妄，自貽族滅，父兄今並何在？』始曰：『太上皇蒙塵于外，征東征西為亂兵所害，朕躬雖存，復何聊賴。』其妻趙氏怒之曰：『君正坐口過以至於此，如何臨死猶有狂言。』始曰：『皇后何不達天命？自古及今，豈有不亡之國。』行刑者以刀環築之，始曰：『朕當崩，終不改號。』德聞而笑謂左右曰：『熒惑之人，死由狂語，何可不殺。』

又　卷三九八《人事部三十九・吉夢下》　《南燕録》曰：慕容德，皝少子也。皝每對諸夫人言：婦人夢日入懷，當生天子。後孫夫人任身，夢日入其臍中。後晝寢生德。

又　卷六四五《刑法部十一・轘》　崔鴻《南燕録》曰：慕容超即位，太后告超曰：『左僕射封嵩數遣黄門令牟嵩說吾云：「帝非太后所生，依如故法，宜勒斃尷帝，立鍾為主。」超命執嵩斬之。嵩請與母別，超曰：『汝尚知有母，何意問人之親？』以五車裂之。

又　卷七三〇《方術部十一・相中》　《南燕録》曰：慕容德年十八，身高八尺二寸，狀什雄異，額上有日月兩角，足下有偃月重文。太史公黄泓善相，謂德曰：『殿下相法當先為人臣，然後為人君。但恐下官入地，不見殿下升天耳。』德拜范陽王，建平元年即帝位。

又　卷八〇四《珍寶部三・玉上》　崔鴻《十六國春秋・南燕録》曰：鎮南長史悦壽，謂南海王法曰：『向見北海王子，天資弘雅，神爽高邁，始知天族多奇，玉林皆寶。』

又　卷八七六《咎徵部三・暴風》　崔鴻《十六國春秋》曰：南燕慕容超僭位，祠南郊。將登壇，大風暴起，天地晝昏，行宮羽儀皆壞裂。後超為晉將劉裕所滅，斬於建康市。

又　《無雲而雷》　《十六國春秋》曰：南燕慕容超太上二年，無雲而雷。七年，為晉將劉裕所殺。

又　卷八七七《咎徵部四・雨血》　《十六國春秋》曰：南燕慕容超將敗，東萊雨血。俄而國亡。

又　卷八七九《咎徵部六・晝昏》　《十六國春秋》曰：南燕慕容超太上四年，超祠南郊，大風暴起，天地晝昏。至七年，超為晉將劉裕所滅。

又　卷八九五《獸部七・馬三》　《續安帝紀》曰：司馬休植導廣固，慕容超有欲害心，而休之不知。休之常所乘騅馬於床前養飼，忽連鳴不食，注目視鞍。休之試被之，即不動也。訖還床坐，馬又驚跳。因試騎視馬，即驟出，裁至門外，奔而馳之。走行數里，休之顧望所住，已有寇至，乘以南奔，殆而獲免。後還荆州，加騅馬揚武之號。

《十六國春秋》曰：太上四年，高麗使至，獻美女十人、千里馬一匹。兗州民脫喧率衆二千來降，獻千里馬一匹，羊須去地九寸。拜蒲長水校尉、廪丘公。

西燕興亡

綜述

《魏書》卷九五《徒何慕容廆傳》 廆弟運，運孫永。

永，字叔明。暐既為苻堅所幷，永徙于長安，家貧，夫妻常賣靴於市。及暐為堅所殺也，沖乃自稱尊號，以永為小將。沖與左將軍苟池大戰於驪山，永力戰有功，斬池等數千級。堅大怒，復遣領軍將軍楊定率左右精騎二千五百擊沖，大敗之，俘掠鮮卑萬餘而還，堅悉坑之。又敗沖右僕射慕容憲於灞滻之間。定果勇善戰，沖深憚之。納永計，穿馬埳以自固。遷永黄門郎。

沖毒暴關中，人民流散，道路斷絶，千里無煙。及堅出如五將山，沖入長安，縱兵大掠，死者不可勝計。初，堅之末亂也，關中土燃，無火而煙氣大起，方數十里，月餘不滅。堅每臨聽訟觀，令民有怨者，舉煙於城北，觀而録之。長安為之語曰：『欲得必存，當舉煙。』關中謡曰：『長鞘馬鞭擊左股，太歲南行當復虜。』西人呼徒何為白虜。沖果據長安，樂之忘歸，且以慕容垂威名夙著，跨據山東，憚不敢進，課農築室，為久安之計。衆咸怨之。登國元年，沖左將軍韓延因民之怨，殺沖，立沖將段隨為燕王，改年昌平。沖之入長安，王嘉謂之曰：『鳳皇，鳳皇，何不高飛還故鄉？無故在此取滅亡！』

沖敗，其左僕射慕容恆與永潛謀，襲殺段隨，立宜都王子凱為燕王，號年建明，率鮮卑男女三十餘萬口，乘輿服御、禮樂器物，去長安而東，以求為武衛將軍。恆弟護軍將軍韜陰有貳志，誘覬殺之于臨晉。恆怒，去之。永與武衛將軍刁雲率衆攻韜，韜遣司馬宿勤黎逆戰，永執而戮之。韜懼，出奔恆營。恆立慕容衝子望為帝，號年建平。衆悉去望奔永，永執望殺之，立慕容泓之子忠為帝，改年建武。忠以永為太尉，守尚書令，封河東公。至聞喜，知慕容垂稱尊號，託以農要弗集，築燕熙城以自固。刁雲等又殺忠，推永為大都督、大將軍、大單于、雍秦梁涼四州牧、河東王，稱藩於垂。永以苻丕至平陽，恐不能自固，乃遣使求丕假道還東。丕不許，率衆討永，永擊走之，進據長子。永僭稱帝，號年中興。

垂攻丁零翟釗於滑臺，釗請救於永，永謀於衆。尚書郎勃海鮑遵曰：『徐觀其弊，卞莊之舉也。』中書侍郎太原張騰曰：『强弱勢殊，何弊之有！不如救之，成鼎峙之勢。可引兵趣中山，晝多疑兵，夜倍其火，彼必懼而還師。我沖其前，釗躡其後，此天授之機，不可失也。』永不從。釗敗降永，永以釗為車騎大將軍、東郡王。歲餘，謀殺永，永誅之。

垂遣其龍驤將軍張崇攻永弟武鄉公友于晉陽，永遣其尚書令刁雲率衆五萬屯潞川。垂停鄴，月餘不進，永乘詭道伐之，乃攝諸軍還於太行軹關。垂進師，入自木井關，攻永從子征東將軍小逸豆歸、鎮東將軍王次多於臺壁。永遣其從兄太尉大逸豆歸救次多等，垂將平規擊破之。永率衆五萬與垂戰于臺壁南，為垂所敗，奔還長子，嬰城固守。大逸豆歸部將潛為內應，垂勒兵密進，永奔北門，為前驅所獲，垂數而戮之，並斬永公卿已下刁雲、大逸豆歸等三十餘人。永所統新舊民户，及服御、圖書、器樂、珍寶，垂盡獲之。【略】

（慕容）垂議討慕容永，太史令靳安言於垂曰：『彗星經尾箕之分，燕當有野死之王，不出五年，其國必亡，歲在鶉火，必克長子。』垂乃止。安出而謂人曰：『此衆既幷，終不能久。』安意蓋知太祖之興也，而不敢言。

先是，丁零翟遼叛垂，後遣使謝罪，垂不許，遼怒，遂自號大魏天王，有衆數萬，屯於滑臺，與垂相擊。遼死，子釗代之，及垂征克滑臺，釗奔長子。垂議征長子，諸將咸諫，以永國未有釁，連歲征役，士卒疲怠，請待他年。垂將從之。垂弟司徒、范陽王德固勸垂征。垂曰：『司徒議與吾同，二人同心，其利斷金。吾計決矣。且吾投老，叩囊底智足以克之，不復留逆賊以累子孫。』垂率步騎七萬伐永，克之。

《北史》卷九三《僭偽附庸傳·燕》 廆弟運。運孫永，字叔明。暐既為苻堅所並，永徙于長安。家貧，夫妻常賣靴於市。及暐為堅所殺，沖乃自稱尊號，以永為小將。沖毒暴，及堅出如五將山，沖入長安，縱兵大掠，死者不可勝計。初，堅之末亂，關中忽然，無火而煙氣大起，方數十里，月餘不滅。堅每臨聽訟觀，令民有怨者，舉煙於城北，觀而録之。長安為之詔曰：『欲得必存當舉煙。』關中謡曰：『長鞘馬鞭擊左股，太歲南行當復虜。』西人呼徒河為白虜，沖果據長安。樂之忘歸，且以慕容垂名威夙著，跨據山東，憚不敢進，衆咸怨之。登國元年，沖左將軍韓延因人之怨，殺沖，立沖將段隨為燕王，改年昌平。沖之入長安，王嘉謂之曰：『鳳皇，鳳皇，何不高飛還故鄉？無故在此取滅亡。』

沖敗，其左僕射慕容恆與永潛謀，襲殺隨，立宜都王子顗為燕王，號年建明。率鮮卑男女三十餘萬口，乘輿服御，禮樂器物，去長安而東。以永為武衛將軍。恆弟護軍將軍韜，陰有貳志，誘顗殺之于臨晉。恆怒，去之。永與武衛將軍刁雲率衆攻韜。韜遣司馬宿勤黎逆戰，永執而戮之。韜懼，出奔恆營。恆立慕容衝子望為帝，改年建平。衆悉去望奔永，永執望殺之，立慕容泓子忠為帝，改年建武。忠以永為太尉，守尚書令，封河東公。東至聞喜，知慕容垂稱尊號，託以農要弗進，築燕熙城以自固。刁雲等又殺忠，推永為大都督、大將軍、大單于、雍秦梁涼四州牧、河東王，稱蕃於垂。

永進據長子，僭稱帝，號年中興。垂攻丁零翟釗於滑臺，釗敗降永。永以釗為車騎大將軍、東郡王。歲餘，謀殺永，永誅之。垂來攻永，永敗，為前驅所獲，垂數而戮之。並斬永公卿已下刁雲、大逸豆歸等四十餘人。永所統新舊人户、服御、圖書、器樂、珍寶，垂悉獲之。【略】

垂議討慕容永，太史令靳安言於垂曰：『彗星經尾、箕之分，燕當有野死之王。不出五年，其國必亡。歲在鶉火，必克長子。』垂乃止。安出而謂人曰：『此衆既并，終不能久。』安蓋知道武之興也，而不敢言。先是，丁零翟遼叛垂，後遣使謝罪，垂不許。遼怒，遂自號大魏天王，屯滑臺，與垂相擊。死，子釗代之。及垂征克滑臺，釗奔長子。垂議征長子，諸將咸諫。以永國未有釁，請他年。垂將從之，垂弟司徒、范陽王德固勸垂。垂曰：『司徒議與吾同，且吾投老，叩囊底智足以克之，不復留逆賊以累子孫。』乃伐永剋之。

西涼興亡

綜述

《晉書》卷八七《涼武昭王傳》　武昭王諱暠，字玄盛，小字長生，隴西成紀人，姓李氏，漢前將軍廣之十六世孫也。廣曾祖仲翔，漢初為將軍，討叛羌於素昌，素昌即狄道也，衆寡不敵，死之。仲翔子伯考奔喪，因葬于狄道之東川，遂家焉，世為西州右姓。高祖雍，曾祖柔，仕晉並歷位郡守。祖弇，仕張軌為武衛將軍、安世亭侯。父昶，幼有令名，早卒，遺腹生玄盛。少而好學，性沈敏寬和，美器度，通涉經史，尤善文義。及長，頗習武藝，誦孫吳兵法。嘗與呂光太史令郭黁及其同母弟宋繇同宿，黁起謂繇曰：『君當位極人臣，李君有國土之分，家有騧草馬生白額駒，此其時也。』

呂光末，京兆段業自稱涼州牧，以敦煌太守趙郡孟敏為沙州刺史，署玄盛效穀令。敏尋卒，敦煌護軍馮翊郭謙、沙州治中敦煌索仙等以玄盛温毅有惠政，推為寧朔將軍、敦煌太守。玄盛初難之，會宋繇仕於業，告歸敦煌，言于玄盛曰：『兄忘郭黁之言邪？白額駒今已生矣。』玄盛乃從之。尋進號冠軍，稱藩於業。業以玄盛為安西將軍、敦煌太守，領護西胡校尉。

及業僭稱涼王，其右衛將軍索嗣構玄盛於業，乃以嗣為敦煌太守，率騎五百而西，未至二十里，移玄盛使迫己。玄盛驚疑，將出迎之，效穀令經邈及宋繇止之曰：『呂氏政衰，段業暗弱，正是英豪有為之日，將軍處一國成資，奈何束手於人！索嗣自以本邦，謂人情附己，不虞將軍卒能距之，可一戰而擒矣。』宋繇亦曰：『大丈夫已為世所推，今日便授首於嗣，豈不為天下笑乎！大兄英姿挺傑，有雄霸之風，張王之業不足繼也。』玄盛曰：『吾少無風雲之志，因官至此，不圖此郡士人忽爾見推。向言出迎者，未知士大夫之意故也。』因遣繇覘嗣。繇見嗣，啖以甘言，還謂玄盛曰：『嗣志驕兵弱，易擒耳。』於是遣其二子士業、讓與邈、繇及以司馬尹建興等逆戰，破之，嗣奔還張掖。玄盛素與嗣善，結為刎頸交，反為所構，故深恨之，乃罪狀嗣于段業。業將且渠男又惡嗣，至是，因勸除之。業乃殺嗣，遣使謝玄盛，分敦煌之涼興、烏澤，晉昌之宜禾三縣為涼興郡，進玄盛持節、都督涼興已西諸軍事、鎮西將軍，領護西夷校尉。時有赤氣起于玄盛後園，龍迹見於小城。

隆安四年，晉昌太守唐瑤移檄六郡，推玄盛為大都督、大將軍、涼公、領秦涼二州牧、護羌校尉。玄盛乃赦其境內，建年為庚子，追尊祖弇曰涼景公，父昶涼簡公。以唐瑤為征東將軍，郭謙為軍諮祭酒，索仙為左長史，張邈為右長史，尹建興為左司馬，張體順為右司馬，張條為牧府左長史，令狐溢為右長史，張林為太府主簿，宋繇、張謖為從事中郎，繇加折衝將軍，謖加揚武將軍，索承明為牧府右司馬，令狐遷為武衛將軍、晉興太守，氾德瑜為寧遠將軍、西郡太守，張靖為折衝將軍、河湟太守，索訓為威遠將軍、西平太守，趙開為騂馬護軍、大夏太守，索慈為廣武太守，陰亮為西安太守，令狐赫為武威太守，索術為武興太守，以招懷東夏。又遣宋繇東伐涼興，並擊玉門已西諸城，皆下之，遂屯玉門、陽關，廣田積穀，為東伐之資。

初，呂光之稱王也，遣使市六璽玉於于闐，至是，玉至敦煌，納之郡府。仍于南門外臨水起堂，名曰靖恭之堂，以議朝政，閱武事。圖贊自古聖帝明王、忠臣孝子、烈士貞女，玄盛親為序頌，以明鑑戒之義，當時文武羣僚亦皆圖焉。有白雀翔於靖恭堂，玄盛觀之大悅。又立泮宮，增高門學生五百人。起嘉納堂於後園，以圖贊所志。

義熙元年，玄盛改元為建初，遣舍人黃始、梁興間行奉表詣闕曰：

昔漢運將終，三國鼎峙，鈞天之歷，數鍾皇晉。高祖闡鴻基，景文弘帝業，嗣武受終，要荒率服，六合同風，宇宙齊貫。而惠皇失馭，權臣亂紀，懷湣屯邅，蒙塵於外，懸象上分，九服下裂，眷言顧之，普天同憾。伏惟中宗元皇帝基天紹命，遷幸江表，荆揚蒙弘覆之矜，五都為荒榛之藪。故太尉、西平武公軌當元康之初，屬擾攘之際，受命典方，出撫此州，威略所振，聲蓋海內。明盛繼統，不損前志，長旌所指，仍辟三秦，義立兵強，拓境萬里。文桓嗣位，奕葉載德，囊括關西，化被崐裔，遐邇款藩，世修職貢。晉德之遠揚，翳此州是賴。大都督、大將軍天錫以英挺之姿，承七世之業，志匡時難，克隆先勳，而中年降灾，兵寇侵境，皇威遐邈，同獎弗及，以一方之師抗七州之衆，兵孤力屈，社稷以喪。

臣聞歷數相推，歸餘於終，帝王之興，必有閏位。是以共工亂象于黃農之間，秦項篡竊于周漢之際，皆機不轉踵，覆束成凶。自戎狄陵華，已涉百齡，五胡僭襲，期運將杪，四海顒顒，懸心象魏。故師次東關，趙魏莫不企踵；淮南大捷，三方欣然引領。伏惟陛下道協少康，德侔光武，繼天統位，志清函夏。至如此州，世篤忠義，臣之羣僚以臣高祖東莞太守雍、曾祖北地太守柔荷寵前朝，參忝時務，伯祖龍驤將軍、廣晉太守、長寧侯卓，亡祖武衛將軍、天水太守、安世亭侯弇毗佐涼州，著功秦隴，殊寵之隆，勒於天府，妄臣無庸，輒依竇融故事，迫臣以義，上臣大都督、大將軍、涼公、領秦涼二州牧、護羌校尉。臣以為荆楚替貢，齊桓興召陵之師，諸侯不恭，晉文起城濮之役，用能勳光踐土，業隆一匡，九域賴其弘猷，《春秋》恕其專命。功冠當時，美垂千祀。況今帝居未復，諸夏昏墊，大禹所經，奄為戎墟，五嶽神山，狄汙其三，九州名都，夷穢其七，辛有所言，於茲而驗。微臣所以叩心絕氣，忘寢與食，雕肝焦慮，不遑寧息者也。江涼雖遼，義誠密邇，風雲苟通，實如脣齒。臣雖名未結於天臺，量未著於海內，然憑賴累祖寵光餘烈，義不細辭，以稽大務，輒順羣議，亡身即事。轄弱任重，懼忝威命。昔在春秋，諸侯宗周，國皆稱元，以布時令。今天臺邈遠，正朔未加，發號旋令，無以紀數。輒年冠建初，以崇國憲。冀杖寵靈，全制一方，使義誠著於所天，玄風扇於九壤，殉命灰身，隕越慷慨。

玄盛謂羣僚曰：『昔河右分崩，羣豪競起，吾以寡德為衆賢所推，何嘗不忘寢與食，思濟黎庶。故前遣母弟繇董率雲騎，東殄不庭，軍之所至，莫不賓下。今惟蒙遜鴟跱一城。自張掖已東，晉之遺黎雖為戎虜所制，至於向義思風，過於殷人之望西伯。大業須定，不可安寢，吾將遷都酒泉，漸逼寇穴，諸君以為何如？』張邈贊成其議，玄盛大悅曰：『二人同心，其利斷金。張長史與孤同矣，夫復何疑！』乃以張體順為寧遠將軍、建康太守，鎮樂涫，徵宋繇為右將軍，領敦煌護軍，與其子敦煌太守讓鎮敦煌，遂遷居於酒泉。手令誡其諸子曰：

吾自立身，不營世利；經涉累朝，通否任時；初不役智，有所要求，今日之舉，非本願也。然事會相驅，遂荷州土，憂責不輕，門户事重。雖詳人事，未知天心，登車理轡，百慮填胸。後事付汝等，粗舉旦夕近事數條，遭意便言，不能次比。至於杜漸防萌，深識情變，此當任汝所見深淺，非吾敕誡所益也。汝等雖年未至大，若能克己纂修，比之古人，亦可以當事業矣。苟其不然，雖至白首，亦復何成！汝等其戒之慎之。

節酒慎言，喜怒必思，愛而知惡，憎而知善，動念寬恕，審而後舉。衆之所惡，勿輕承信，詳審人，核真僞，遠佞諛，近忠正。蠲刑獄，忍煩擾，存高年，恤喪病，勤省案，聽訟訴。刑法所應，和顔任理，慎勿以情輕加聲色。賞勿漏疏，罰勿容親。耳目人間，知外患苦。禁禦左右，無作威福。勿伐善施勞，逆詐億必，以示己明。廣加諮詢，無自專用，從善如順流，去惡如探湯。富貴而不驕者至難也，念此貫心，勿忘須臾。僚佐邑宿，盡禮承敬，宴饗饌食，事事留懷。古今成敗，不可不知，退朝之暇，念觀典籍，面牆而立，不成人也。

此郡世篤忠厚，人物郭雅，天下全盛時，海内猶稱之，况復今日，實是名邦，正為五百年鄉黨婚親相連，至於公理，時有小小頗迴，為當隨宜斟酌。吾臨莅五年，兵難騷動，未得休衆息役，惠康士庶。至於掩瑕藏疾，滌除疵垢，朝為寇仇，夕委心膂，雖未足希准古人，粗亦無負於新舊。事任公平，坦然無類，初不容懷，有所損益，計近便為少，經遠如有餘，亦無愧於前志也。

初，玄盛之西也，留女敬愛養于外祖尹文。文既東遷，玄盛從姑梁褒之母養之。其後秃髮傉檀假道於北山。鮮卑遣褒送敬愛於酒泉，並通和好。玄盛遣使報聘，贈以方物。玄盛親率騎二萬，略地至於建康，鄯善前部王遣使貢其方物，且渠蒙遜來侵，至於建康，掠三千餘户而歸。玄盛大怒，率騎追之，及于彌安，大敗之，盡收所掠之户。

初，苻堅建元之末，徙江漢之人萬餘户于敦煌，中州之人有田疇不辟者，亦徙七千餘户。郭黁之寇武威，武威、張掖已東人西奔敦煌、晉昌者數千户。及玄盛東遷，皆徙之於酒泉，分南人五千户置會稽郡，中州人五千户置廣夏郡，餘萬三千户分置武威、武興、張掖三郡，築城于敦煌南子亭，以威南虜，又以前表未報，復遣沙門法泉間行奉表，曰：

江山悠隔，朝宗無階，延首雲極，翹企遐方。伏惟陛下應期踐位，景福自天，臣去乙巳歲順從羣議，假統方城，時遣舍人黄始奉表通誠，遙途險曠，未知達不？吴涼懸邈，蜂蠆充衢，方珍貢使，無由展御，謹副寫前章，或希簡達。

臣以其歲進師酒泉，戒戎廣平，庶攘茨穢，而黠虜恣睢，未率威教，憑守巢穴，阻臣前路。竊以諸事草創，倉帑未盈，故息兵按甲，務農養士。時移節邁，荏苒三年，撫劍歎憤，以日成歲。今資儲已足，器械已充，西招城郭之兵，北引丁零之衆，冀憑國威席捲河隴，揚旌秦川，承望詔旨，盡節竭誠，隕越為效。

又臣州界迴遠，勍寇未除，當順鎮副為行留部分，輒假臣世子士業監前鋒諸軍事、撫軍將軍、護羌校尉，督攝前軍，為臣先驅。又敦煌郡大衆殷，制御西域，管轄萬里，為軍國之本，輒以次子讓為寧朔將軍、西夷校尉，敦煌太守，統攝昆裔，輯寧殊方。自餘諸子，皆在戎間，率先士伍，臣總督大綱，畢在輸力，臨機制命，動靖續聞。

玄盛既遷酒泉，乃敦勸稼穡。郡僚以年穀頻登，百姓樂業，請勒銘酒泉，玄盛許之。於是使儒林祭酒劉彦明為文，刻石頌德。既而蒙遜每年侵寇不止，玄盛志在以德撫其境内，但與通和立盟，弗之校也。是時白狼、白兔、白雀、白雉、白鳩皆棲其園囿，其羣下以為白祥金精所誕，皆應時邕而至，又有神光、甘露、連理、嘉禾衆瑞，請史官記其事，玄盛從之。尋而蒙遜背盟來侵，玄盛遣世子士業要擊敗之，獲其將且渠百年。

玄盛上巳日宴於曲水，命羣僚賦詩。而親為之序。於是寫諸葛亮訓誡以勖諸子曰：『吾負荷艱難，寧濟之勳未建，雖外總良能，憑股肱之力，而戎務孔殷，坐而待旦。以維城之固，宜兼親賢，故使汝等未及師保之訓，皆弱年受任。常懼弗克，以貽咎悔。古今之事不可以不知，苟近而可師，何必遠也。覽諸葛亮訓勵，應璩奏諫，尋其終始，周孔之教盡在中矣。為國足以致安，立身足以成名，質略易通，寓目則了，雖言發往人，道師於此。且經史道德如採菽中原，勤之者則功多，汝等可不勉哉！』玄盛乃修敦煌舊塞東西二圍，以防北虜之患，築敦煌舊塞西南二圍，以威南虜。

玄盛以緯世之量，當呂氏之末，為羣雄所奉，遂啓霸圖，兵無血刃，坐定千里，謂張氏之業指期而成，河西十郡歲月而一。既而禿髮傉檀入據姑臧，且渠蒙遜基宇稍廣，於是慨然著《述志賦》焉，其辭曰：

涉至虛以誕駕，乘有輿於本無，稟玄元而陶衍，承景靈之冥符。廕朝雲之庵藹，仰朗日之照煦。既敷既載，以育以成。幼希顏子曲肱之榮，游心上典，玩禮敦經。蔑玄冕於朱門，羨漆園之傲生；尚漁父于滄浪，善沮溺之耦耕，穢鵄鳶之籠哧，欽飛鳳於太清；杜世競於方寸，絕時譽之嘉聲。超霄吟於崇嶺。奇秀木之陵霜；挺修幹之青葱，經歲寒而彌芳。情遙遙以遠寄，想四老之暉光；將戢繁榮于常衢，控雲轡而高驤；攀瓊枝于玄圃，漱華泉之淥漿；和吟鳳之逸響，應鳴鸞于南岡。

時弗獲彰，心往形留，眷駕陽林，宛首一丘；冲風沐雨，載沈載浮。利害繽紛以交錯，歡感循環而相求。乾扉奄寂以重閉，天地絕津而無舟；悼貞信之道薄，謝慚德於圜流。遂乃去玄覽，慶世賓，肇弱巾於東宮，並羽儀于英倫，踐宣德之秘庭，翼明后於紫宸。赫赫謙光，崇明奕奕，岌岌王居，詵詵百辟，君希虞夏，臣庶夔益。

張王頹巖，梁后墜壑，淳風杪莽以永喪，搢紳淪胥而覆溺。呂發釁於閨牆，厥構摧以傾顛；疾風飄于高木，迴湯沸於重泉；飛塵翕以蔽日，大火炎其燎原；名都幽然影絕，千邑闃而無煙。斯乃百六之恒數，起滅相因而迭然。於是人希逐鹿之圖，家有雄霸之想，暗王命而不尋，邀非分於無象。故覆車接路而繼軌，膏生靈於土壤。哀餘類之忪懞，邈靡依而靡仰；求欲專而失逾遠，寄玄珠於罔象。

悠悠涼道，鞠焉荒凶，杪杪餘躬，迢迢西邦，非相期之所會，諒冥契而來同。跨弱水以建基，躡昆墟以為墉，總奔駟之駭轡，接摧轅於峻峰。崇崖崨嶪，重險萬尋，玄邃窈窕，磐紆嶔岑，榛棘交橫，河廣水深，狐狸夾路，鴞鵄羣吟，挺非我以為用，任至當如影響；執同心以御物，懷自彼於握掌；匪矯情而任荒，乃冥合而一往，華德是用來庭，野逸所以就鞅。

休矣時英，茂哉雋哲，庶罩網以遠籠，豈徒射鉤與斬袂！或脫梏而纓蕤，或後至而先列，採殊才于巖陸，拔翘彥於無際。思留侯之神遇，振高浪以蕩穢；想孔明於草廬，運玄籌之罔滯；洪操盤而慷慨，起三軍以激銳。詠羣豪之高軌，嘉關張之飄傑，誓報曹而歸劉，何義勇之超出！據斷橋而橫矛，亦雄姿之壯發。輝輝南珍，英英周魯，挺奇荆吳，昭文烈武，建策烏林，龍驤江浦。摧堂堂之勁陣，鬱風翔而雲舉，紹攀韓之遠蹤，侔徽猷于召武，非劉孫之鴻度，孰能臻茲大祜！信乾坤之相成，庶物希風而潤雨。

崏益既蕩，三江已清，穆穆盛勳，濟濟隆平，御羣龍而奮策，彌萬載以飛榮，仰遺塵於絕代，企高山而景行。將建朱旗以啓路，驅長轂而迅征，靡商風以抗旆，拂招搖之華旌，資神兆於皇極，協五緯之所寧。赳赳干城，翼翼上粥，恣馘奔鯨，截彼醜類。且灑游塵于當陽，拯涼德於已墜。間昌寓之驂乘，暨襄城而按轡。知去害之在茲，體牧童之所述，審機動之至微，思遺餐而忘寐，表略韻於紈素，托精誠于白日。

玄盛寢疾，顧命宋繇曰：『吾少離荼毒，百艱備嘗，於喪亂之際，遂為此方所推，才弱智淺，不能一同河右。今氣力惙然，當不復起矣。死者大理，吾不悲之，所恨志不申耳。居元首之位者，宜深誡危殆之機。吾終之後，世子猶卿子也，善相輔導，述吾平生，勿令居人之上，專驕自任。軍國之宜，委之於卿，無使籌略乖衷，失成敗之要。』十三年，薨，時年六十七。國人上謚曰武昭王，墓曰建世陵，廟號太祖。

先是，河右不生楸、槐、柏、漆，張駿之世，取于秦隴而植之，終於皆死，而酒泉宮之西北隅有槐樹生焉，玄盛又著《槐樹賦》以寄情，蓋歎僻陋遐方，立功非所也。亦命主簿梁中庸及劉彥明等並作文。感兵難繁興，時俗喧競，乃著《大酒容賦》以表恬豁之懷。與辛景、辛恭靖同志友善，景等歸晉，遇害江南，玄盛聞而弔之。玄盛前妻，同郡辛納女，貞順有婦儀，先卒，玄盛親為之誄。自餘詩賦數十篇。世子譚早卒，第二子士業嗣。

涼後主諱歆，字士業。玄盛薨時，府僚奉為大都督、大將軍、涼公、領涼州牧、護羌校尉，大赦境內，改年為嘉興。尊母尹氏為太后，以宋繇為武衛將軍、廣夏太守、軍諮祭酒、録三府事，索仙為征虜將軍、張掖太守。

且渠蒙遜遣其張掖太守且渠廣宗詐降誘士業，士業遣武衛温宜等赴之，親勒大軍為之後繼。蒙遜率衆三萬，設伏於蓼泉。士業聞，引兵還，為遜所逼。士業親貫甲先登，大敗之，追奔百餘里，俘斬七千餘級。明年，蒙遜又伐士業，士業將出距之，左長史張體順固諫，乃止。蒙遜大芟秋稼而還。是歲，朝廷以士業為持節、都督七郡諸軍事、鎮西大將軍、護羌校尉、酒泉公。

士業用刑頗嚴，又繕築不止，從事中郎張顯上疏諫曰：『入歲已來，陰陽失序，屢有賊風暴雨，犯傷和氣。今區域三分，勢不久並，幷兼之本，實在農戰，懷遠之略，事歸寬簡。而更繁刑峻法，宮室是務，人力凋殘，百姓愁悴。致灾之咎，實此之由。』主簿氾稱又上疏諫曰：

臣聞天之子愛人后，殷勤至矣。故政之不修，則垂灾譴以戒之。改者雖危必昌，宋景是也；其不改者，雖安必亡，虢公是也。元年三月癸卯，敦煌謙德堂陷；八月，效穀地烈；二年元日，昏霧四塞；四月，日赤無光，二旬乃復；十一月，狐上南門；今茲春夏地頻五震；六月，隕星于建康。臣雖學不稽古，敏謝仲舒，頗亦聞道于先師，且行年五十有九，請為殿下略言耳目之所聞見，不復能遠論書傳之事也。

乃者咸安之初，西平地烈，狐入謙光殿前，俄而秦師奄至，都城不守。梁熙既為涼州，藉秦氏兵亂，規有全涼之地，外有撫百姓，內多聚斂，建元十九年姑臧南門崩，隕石於閑豫堂，二十年而呂光東反，子敗於前，身戮於後。段業因羣胡創亂，遂稱制此方，三年之中，地震五十餘所，既而先王龍興瓜州，蒙遜殺之張掖。此皆目前之成事，亦殿下之所聞知。效穀，先王鴻漸之始，謙德，即尊之室，基陷地裂，大凶之徵也。日者太陽之精，中國之象，赤而無光，中國將為胡夷之所陵滅。諺曰：『野獸入家，主人將去。』今狐上南門，亦灾之大也。又狐者胡也，天意若曰將有胡人居於此城，南面而居者也。昔春秋之世，星隕于宋，襄公卒為楚所擒。地者至陰，胡夷之象，當靜而動，反亂天常，天意若曰胡夷將震動中國，中國若不修德，將有宋襄之禍。

臣蒙先朝布衣之眷，輒自同子弟之親，是以不避忤上之誅，昧死而進愚款。願殿下親仁善鄰，養威觀釁，罷宮室之務，止游畋之娛。後宮嬪妃、諸夷子女，躬受分田，身勸蠶績，以清儉素德為榮，息茲奢靡之費，百姓租稅，專擬軍國。虛衿下士，廣招英儁，修秦氏之術，以强國富俗。待國有數年之積，庭盈文武之士，然後命韓白為前驅，納子房之妙算，一鼓而姑臧可平，長驅可以飲馬涇渭，方東面而爭天下，豈蒙遜之足憂！不然，臣恐宗廟之危必不出紀。

士業並不納。

士業立四年而宋受禪，士業將謀東伐，張體順切諫，乃止。士業聞蒙遜南伐禿髮傉檀，命中外戒嚴，將攻張掖，尹氏固諫，不聽，宋繇又固諫，士業並不從。繇退而歎曰：『大事去矣，吾見師之出，不見師之還也！』士業遂率步騎三萬東伐，鎰於都瀆澗。蒙遜自浩亹來，距戰於懷城，為蒙遜所敗。左右勸士業還酒泉，士業曰：『吾違太后明誨，遠取敗辱，不殺此胡，復何面目以見母也！』勒衆復戰，敗於蓼泉，為蒙遜所害。士業諸弟酒泉太守翻、新城太守預、領羽林右監密、左將軍眺、右將軍亮等西奔敦煌，蒙遜遂入於酒泉。士業之未敗也，有大蛇從南門而入，至於恭德殿前；有雙雉飛出宮內；通街大樹上有烏鵲爭巢，鵲為烏所殺。又有敦煌父老令狐熾夢白頭公衣帢而謂熾曰：『南風動，吹長木，胡桐椎，不中斲。』言訖忽然不見。士業小字桐椎，至是而亡。

翻及弟敦煌太守恂與諸子等棄敦煌，奔於北山，蒙遜以索嗣子元緒行敦煌太守。元緒粗險好殺，大失人和。郡人宋承、張弘以恂在郡有惠政，密信招恂。恂率數十騎入于敦煌，元緒東奔涼興，宋承等推恂為冠軍將軍、涼州刺史。蒙遜遣世子德政率衆攻恂，恂閉門不戰，蒙遜自率衆二萬攻之，三面起隄，以水灌城。恂遣壯士一千，連版為橋，潛欲決隄，蒙遜勒兵逆戰，屠其城。士業子重耳，脫身奔于江左，仕于宋。後歸魏，為恒農太守。蒙遜徙翻子寶等於姑臧，歲餘，北奔伊吾，後歸於魏，獨尹氏及諸女死于伊吾。

玄盛以安帝隆安四年立，至宋少帝景平元年滅，據河右凡二十四年。

宋·李昉等《太平御覽》卷一二四《偏霸部八·西涼李駿》 崔鴻《十六國春秋·西涼録》曰：李駿，字玄盛，隴西狄道人也，漢前將軍廣十六世孫，廣子侍中敢之後。世李氏世為西州右姓。祖父弇前涼武衛將軍、天水太守、安世亭侯。父昶，字中堅，幼有令名，世子侍講，年十八卒。駿，昶之遺腹子，少而好學，沉敏有器度。後涼龍飛二年，建康太守段業自稱涼牧，號神璽。元年，拜駿郊、禋令。二年，敦煌索仙等以駿溫毅有惠政，推駿為敦煌太守。段業復駿鎮西將軍，領護西夷校尉。

庚子元年十一月，晉昌太守唐瑤移檄六郡，推駿為大將軍、涼公、領秦涼二州牧。大赦，改年。追尊祖弇涼公，父昶涼簡公。以瑤為征東將軍。三年，于南門起靖恭堂，以議朝政，圖贊自古聖帝明王、忠臣孝子、烈士貞女，親為序頌，以作鑑戒。五年正月，起泮宮，增高門學生五百人。四月，敦煌有葛緣木而生，作黃鳥之形。世子譚卒。九月，立二子歆為世子。正月，大赦，改年為建初元年。三月，宴於曲水，命羣寮賦詩，駿親為之序文，寫諸葛亮訓厲以誡諸子。十三年正月，寢疾，顧命長史宋繇曰：『吾終之後，嗣子即卿子也，善相輔導。』二月，薨於恭德殿，年六十七。葬建世陵，謚武昭王，廟號太祖。

初，駿為羣雄所推，定千里之地，謂張氏之業不足成，河西十郡，歲月而一。既而傉檀入據姑臧，蒙遜基宇稍廣，於是慨然著《述志賦》。初，河右不生楸、槐，張駿之世，取秦隴植之，皆死，至是，酒泉宮西北有槐生焉，乃作《槐樹賦》，又作《婦辛氏誄》。自餘賦數十篇。

又《李歆》 崔鴻《十六國春秋·西涼録》曰：李歆字士業，駿第二子。駿薨，左長史宋繇等上為大將軍、涼公、領涼州牧、護羌校尉。大赦，改年為嘉興元年。七月，歆聞蒙遜南伐西秦，命中外戒嚴，將攻張掖。尹太后以為不可，宋瑤亦諫，歆怒不從。遂率步騎三萬東伐，次於都瀆澗。蒙遜自浩亹來，戰於懷城，歆敗。左右勸還，歆曰：『吾違太后明誨，遠取敗辱，不煞此胡，復何面目以見母也！』勒衆復戰，敗於蓼泉，為蒙遜所殺。歆弟驍騎將軍翻、擊虜將軍豫等西奔敦煌，遜遂入酒泉。

翻及敦煌太守恂與諸子等棄敦煌，奔於北山。郡人宋承、張弘等以恂在郡有惠政，密信招恂。恂率數千騎入于敦煌，宋承推恂為涼州刺史。遜率衆二萬攻恂，宋承等開門出降，恂自殺。恂，駿之第六子也。遜獲翻子寶，徙于姑臧，歲餘，北奔伊吾。

後二十餘年，至魏太平三年，寶至伊吾率流人及虜騎南襲敦煌，據之。遣使降魏，魏以寶為使持節、侍中、都督西垂諸軍事、鎮西大將軍、開府儀同三司、領護西戎校尉、沙州牧、敦煌公，承制玉門以西。寶寬雅有度量，甚著威惠於西土，在敦煌三年，徙并州刺史。薨，謚宣公。自駿元年歲在庚子，至為蒙遜所滅，二十一年。

論說

《晉書》卷八七《涼武昭王傳論》 王者受圖，咸資世德，猶混成之先大帝，若一氣之生兩儀。是以中陽勃興，資豢龍之構趾；景亳垂統，本吞燕之開基。涼武昭王英姿傑出，運陰陽而緯武，應變之道如神；吞日月以經天，成物之功若歲。故能懷荒弭暴，開國化家，宅五郡以稱藩，屈三分而奉順。若乃《詩》褒秦仲，後嗣建削平之業；頌美公劉，末孫興配天之祚。或發迹於汧渭，或布化於邠岐，覆簣創元天之基，疏涓開環海之宅。彼既有漸，此亦同符，是知景命攸歸，非一朝之可致，累功積慶，其所由來遠矣。

又《涼武昭王傳贊》 武昭英睿，忠勇霸世。王室雖微，乃誠無替。遺黎飲德，絕壤沾惠。積祉丕基，克昌來裔。

雜録

唐·徐堅《初學記》卷一七《人部上·賢》 西涼武昭王《賢明魯顏回頌》曰：聞一洞十，速於神機，用舍行藏，配德聖師。

宋·李昉等《太平御覽》卷三〇《時序部十五·三月三日》 崔鴻《十六國春秋》曰：李暠三日宴於曲水，命羣僚賦詩，暠為之序。

又 卷一六五《州郡部十一·隴右道·涼州》 劉昞《敦煌實録》曰：晉安帝隆安元年，涼州牧李暠微玄服出城，逢虎道邊，虎化為人，遙呼暠為西涼君，暠因彎弧待之。又遙呼暠曰：『有事告汝，無疑也。』暠知其異，投弓於地。人乃前曰：『敦煌空虛，不是福地。君之子孫王於西涼，不如徙酒泉。』言訖，乃失。暠乃移都酒泉。

又 卷一七六《居處部四·堂》 《三十國春秋·西涼傳》曰：李暠於南門外臨水起堂，名曰靖恭堂，以議朝政，閲武事。堂成，圖贊自古明王忠臣、孝子貞女，暠自為序，以明鑑戒。文武羣僚亦皆圖焉。是月，白雀翔於靖恭堂，暠頌之。

又 卷三四六《兵部七十七·刀下》 陶弘景《刀劍録》曰：西涼

李暠玄威元年造珠碧刀，銘曰『百勝』，隸書。

又 卷四〇八《人事部四十九·交友三》 《三十國春秋》曰：敦煌太守李暠表於段業，暠稱盡忠不貳，横為李嗣所譏，請業殺嗣。暠自歸司敗，業乃殺嗣，遣使謝暠。初，嗣與暠結刎頸之交，嗣常以宗族托暠曰：『我身猶子身，勿為疑也。』及是暠反為嗣所構，暠乃恨之。

又 卷六八八《服章部五·帢》 崔鴻《十六國春秋·西涼録》曰：敦煌父老令孤熾夢白頭公衣帢，謂熾曰：『南風動，吹長木。胡桐椎，不中轂。』言訖，忽然不見。李歆小字桐椎，至期而亡。

又 卷八八〇《咎徵部七·地陷》 《十六國春秋》曰：西涼李歆嘉興元年三月，敦煌且肝門陷。至四年，歆為沮渠蒙遜所敗。

夏興亡

綜 述

《晉書》卷一三〇《赫連勃勃載記》 赫連勃勃，字屈孑，匈奴右賢王去卑之後，劉元海之族也。曾祖武，劉聰世以宗室封樓煩公，拜安北將軍、監鮮卑諸軍事、丁零中郎將，雄據肆盧川。為代王猗盧所敗，遂出塞表。祖豹子招集種落，復為諸部之雄，石季龍遣使就拜平北將軍、左賢王、丁零單于。父衛辰入居塞內，苻堅以為西單于，督攝河西諸虜，屯於代來城。及堅國亂，遂有朔方之地，控弦之士三萬八千。後魏師伐之，辰令其子力俟提距戰，為魏所敗。魏人乘勝濟河，克代來，執辰殺之。勃勃乃奔于叱干部。叱干他斗伏送勃勃于魏。他斗伏兄子阿利先戍大洛川，聞將送勃勃，馳諫曰：『鳥雀投人，尚宜濟免，況勃勃國破家亡，歸命於我？縱不能容，猶宜任其所奔。今執而送之，深非仁者之舉。』他斗伏懼為魏所責，弗從。阿利潛遣勁勇篡勃勃于路，送于姚興高平公没奕于，奕于以女妻之。

勃勃身長八尺五寸，腰帶十圍，性辯慧，美風儀。興見而奇之，深加禮敬，拜驍騎將軍，加奉車都尉，常參軍國大議，寵遇逾於勳舊。興弟邕言于興曰：『勃勃天性不仁，難以親近。陛下寵遇太甚，臣竊惑之。』興曰：『勃勃有濟世之才，吾方收其藝用，與之共平天下，有何不可！』興乃以勃勃為安遠將軍，封陽川侯，使助没奕于鎮高平，以三城、朔方雜夷及衛辰部衆三萬配之，使為伐魏偵候。姚邕固諫以為不可。興曰：『卿何以知其性氣？』邕曰：『勃勃奉上慢，御衆殘，貪暴無親，輕為去就，寵之逾分，終為邊害。』興乃止。頃之，以勃勃為持節、安北將軍、五原公，配以三交五部鮮卑及雜虜二萬餘落，鎮朔方。時河西鮮卑杜崘獻馬八千匹于姚興，濟河，至大城，勃勃留之，召其衆三萬餘人偽獵高平川，襲殺没奕于而并其衆，衆至數萬。

義熙三年，僭稱天王、大單于，赦其境內，建元曰龍昇，署置百官。自以匈奴夏后氏之苗裔也，國稱大夏。以其長兄右地代為丞相、代公，次兄力俟提為大將軍、魏公，叱干阿利為御史大夫、梁公，弟阿利羅引為征南將軍、司隸校尉，若門為尚書令，叱以鞬為征西將軍、尚書左僕射，乙鬬為征北將軍、尚書右僕射，自餘以次授任。

其年，討鮮卑薛干等三部，破之，降衆萬數千。進討姚興三城已北諸戍，斬其將楊丕、姚石生等。諸將諫固險，不從，又復言於勃勃曰：『陛下將欲經營宇內，南取長安，宜先固根本，使人心有所憑係，然後大業可成。高平險固，山川沃饒，可以都也。』勃勃曰：『卿徒知其一，未知其二。吾大業草創，衆旅未多，姚興亦一時之雄，關中未可圖也。且其諸鎮用命，我若專固一城，彼必并力於我，衆非其敵，亡可立待。吾以雲騎風馳，出其不意，救前則擊其後，救後則擊其前，使彼疲於奔命，我則游食自若，不及十年，嶺北、河東盡我有也。待姚興死後，徐取長安。姚泓凡弱小兒，擒之方略，已在吾計中矣。昔軒轅氏亦遷居無常二十餘年，豈獨我乎！』於是侵掠嶺北，嶺北諸城門不晝啓。興歎曰：『吾不用黄兒之言，以至於此！』黄兒，姚邕小字也。

勃勃初僭號，求婚於禿髮傉檀，傉檀弗許。勃勃怒，率騎二萬伐之，自楊非至於支陽三百餘里，殺傷萬餘人，驅掠二萬七千口、牛馬羊數十萬而還。傉檀率衆追之，其將焦朗謂傉檀曰：『勃勃天姿雄驁，御軍齊肅，未可輕也。今因抄掠之資，率思歸之士，人自為戰，難與爭鋒。不如從溫圍北渡，趣萬斛堆，阻水結營，制其咽喉，百戰百勝之術也。』傉檀將賀連怒曰：『勃勃以死亡之餘，率烏合之衆，犯順結禍，幸有大功。今牛羊塞路，財寶若山，窘弊之餘，人懷貪競，不能督厲士衆以抗我也。我以大軍臨之，必土崩魚潰。今引軍避之，示敵以弱。我衆氣鋭，宜在速追。』傉檀曰：『吾追計決矣，敢諫者斬！』勃勃聞而大喜，乃于陽武下陝鑿淩埋車以塞路。傉檀遣善射者射之，中勃勃左臂。勃勃乃勒衆逆擊，大敗之，追奔八十餘里，殺傷萬計，斬其大將十餘人，以為京觀，號『髑髏臺』，還於嶺北。

勃勃與姚興將張佛生戰于青石原，又敗之，俘斬五千七百人。興遣將齊難率衆二萬來伐，勃勃退如河曲。難以去勃勃既遠，縱兵掠野，勃勃潛軍覆之，俘獲七千餘人，收其戎馬兵杖。難引軍而退，勃勃復追擊於木城，拔之，擒難，俘其將士萬有三千，戎馬萬匹。嶺北夷夏降附者數萬計，勃勃於是拜置守宰以撫之。勃勃又率騎二萬入高岡，及于五井，掠平涼雜胡七千餘户以配後軍，進屯依力川。

姚興來伐，至三城，勃勃候興諸軍未集，率騎擊之。興大懼，遣其將姚文宗距戰，勃勃僞退，設伏以待之。興遣其將姚榆生等追之，伏兵夾擊，皆擒之。興將王奚聚羌胡三千餘户於敕奇堡，勃勃進攻之。奚驍悍有膂力，短兵接戰，勃勃之衆多為所傷。於是堰斷其水，堡人窘迫，執奚出降。勃勃謂奚曰：『卿忠臣也！朕方與卿共平天下。』奚曰：『若蒙大恩，速死為惠。』乃與所親數十人自刎而死。勃勃又攻興將金洛生於黄石固，彌姐豪地于我羅城，皆拔之，徙七千餘家於大城，以其丞相右地代領幽州牧以鎮之。

遣其尚書金纂率騎一萬攻平涼，姚興來救，纂為興所敗，死之。勃勃兄子左將軍羅提率步騎一萬攻興將姚廣都于定陽，克之，坑將士四千餘人，以女弱為軍賞。拜廣都為太常。勃勃又攻興將姚壽都于清水城，壽都奔上邽，徙其人萬六千家於大城。是歲，齊難、姚廣都謀叛，皆誅之。

姚興將姚詳棄三城，南奔大蘇。勃勃遣其將平東鹿奕於要擊之，執詳，盡俘其衆。詳至，勃勃數而斬之。

其年，勃勃率騎三萬攻安定，與姚興將楊佛嵩戰于青石北原，敗之，降其衆四萬五千，獲戎馬二萬匹。進攻姚興將黨智隆於東鄉，降之，署智隆光祿勳，徙其三千餘户於貳城。姚興鎮北參軍王買德來奔。勃勃謂買德曰：『朕大禹之後，世居幽、朔。祖宗重暉，常與漢、魏為敵國。中世不競，受制於人。逮朕不肖，不能紹隆先構，國破家亡，流離漂虜。今將應運而興，復大禹之業，卿以為何如？』買德曰：『自皇晉失統，神器南移，羣雄嶽峙，人懷問鼎，況陛下奕葉載德，重光朔野，神武超於漢皇，聖略邁于魏祖，而不於天啓之機建成大業乎！今秦政雖衰，藩鎮猶固，深願蓄力待時，詳而後舉。』勃勃善之，拜軍師中郎將。

乃赦其境内，改元為鳳翔，以叱干阿利領將作大匠，發嶺北夷夏十萬人，于朔方水北、黑水之南營起都城。勃勃自言：『朕方統一天下，君臨萬邦，可以統萬為名。』阿利性尤工巧，然殘忍刻暴，乃蒸土築城，錐入一寸，即殺作者而並築之。勃勃以為忠，故委以營繕之任。又造五兵之器，精鋭尤甚。既成呈之，工匠必有死者：射甲不入，即斬弓人；如其入也，便斬鎧匠。又造百鍊剛刀，為龍雀大環，號曰『大夏龍雀』，銘其背曰：『古之利器，吳、楚湛盧。大夏龍雀，名冠神都。可以懷遠，可以柔逋。如風靡草，威服九區。』世甚珍之。復鑄銅為大鼓，飛廉、翁仲、銅駝、龍獸之屬，皆以黄金飾之，列於宫殿之前。凡殺工匠數千，以是器物莫不精麗。

於是議討乞伏熾磐。王買德諫曰：『明王之行師也，軌物以德，不以暴。且熾磐我之與國，新遭大喪，今若伐之，豈所謂乘理而動，上感靈和之義乎！苟恃衆力，因人喪難，匹夫猶耻為之，而況萬乘哉！』勃勃曰：『甚善。微卿，朕安聞此言！』

其年，下書曰：『朕之皇祖，自北遷幽、朔，姓改姒氏，音殊中國，故從母氏為劉。子而從母之姓，非禮也。古人氏族無常，或以因生為氏，或以王父之名。朕將以義易之。帝王者，係天為子，是為徽赫實與天連，今改姓曰赫連氏，庶協皇天之意，永享無疆大慶。係天之尊，不可令支庶同之，其非正統，皆以鐵伐為氏，庶朕宗族子孫剛鋭如鐵，皆堪伐人。』

立其妻梁氏為王后，子璝為太子，封子延陽平公，昌太原公，倫酒泉公，定平原公，滿河南公，安中山公。

又攻姚興將姚逵於杏城，二旬，克之，執逵及其將姚大用、姚安和、姚利僕、尹敵等，坑戰士二萬人。

遣其御史中丞烏洛孤盟于沮渠蒙遜曰：『自金晉數終，禍纏九服，趙、魏為長蛇之墟，秦、隴為豺狼之穴，二都神京，鞠為茂草，蠢爾羣生，罔知憑賴。上天悔禍，運屬二家，封疆密邇，道會義親，宜敦和好，弘康世難。爰自終古，有國有家，非盟誓無以昭神祇之心，非斷金無以定終始之好。然晉、楚之成，吳、蜀之約，咸口血未乾，而尋背之。今我二家，契殊曩日，言未發而有篤愛之心，音一交而懷傾蓋之顧，息風塵之警，同克濟之誠，戮力一心，共濟六合。若天下有事，則雙振義旗；區域既清，則並敦魯、衛。夷險相赴，交易有無，爰及子孫，永崇斯好。』蒙遜遂遣其將沮渠漢平來盟。

勃勃聞姚泓將姚嵩與氐王楊盛相持，率騎四萬襲上邽，未至而嵩為盛所殺。勃勃攻上邽，二旬克之，殺泓秦州刺史姚平都及將士五千人，毁城而去。進攻陰密，又殺興將姚良子及將士萬餘人。以其子昌為使持節、前將軍、雍州刺史，鎮陰密。泓將姚恢棄安定，奔于長安，安定人胡儼、華韜率户五萬據安定，降於勃勃。以儼為侍中，韜為尚書，留鎮東羊苟兒鎮之，配以鮮卑五千。進攻泓將姚諶於雍城，諶奔長安。勃勃進師次郿城，泓遣其將姚紹來距，勃勃退如安定。胡儼等襲殺苟兒，以城降泓。勃勃引歸杏城，笑謂羣臣曰：『劉裕伐秦，水陸兼進，且裕有高世之略，姚泓豈能自固！吾驗以天時人事，必當克之。又其兄弟内叛，安可以距人！裕既克長安，利在速返，正可留子弟及諸將守關中。待裕發軫，吾取之若拾芥耳，不足復勞吾士馬。』於是秣馬厲兵，休養士卒。尋進據安定，姚泓嶺北鎮戍郡縣悉降，勃勃於是盡有嶺北之地。

俄而劉裕滅泓，入于長安，遣使遺勃勃書，請通和好，約為兄弟。勃勃命其中書侍郎皇甫徽為文而陰誦之，召裕使前，口授舍人為書，封以答裕。裕覽其文而奇之，使者又言勃勃容儀瓌偉，英武絶人。裕歎曰：『吾所不如也！』既而勃勃還統萬，裕留子義真鎮長安而還。勃勃聞之，大悦，謂王買德曰：『朕將進圖長安，卿試言取之方略。』買德曰：『劉裕滅秦，所謂以亂平亂，未有德政以濟蒼生。關中形勝之地，而以弱才小兒守之，非經遠之規也。狼狽而返者，欲速成篡事耳，無暇有意于中原。陛下以順伐逆，義貫幽顯，百姓以君命望陛下義旗之至，以日為歲矣。青泥、上洛，南師之衝要，宜置遊兵斷其去來之路。然後杜潼關，塞崤、陝，絶其水陸之道。陛下聲檄長安，申布恩澤，三輔父老皆壺漿以迎王師矣。義真獨坐空城，逃竄無所，一旬之間必面縛麾下，所謂兵不血刃，不戰而自定也。』勃勃善之，以子璝都督前鋒諸軍事，領撫軍大將軍，率騎二萬南伐長安，前將軍赫連昌屯兵潼關，以買德為撫軍右長史，南斷青泥，勃勃率大軍繼發。璝至渭陽，降者屬路。義真遣龍驤將軍沈田子率衆逆戰，不利而退，屯劉回堡。田子與義真司馬王鎮惡不平，因鎮惡出城，遂殺之。義真又殺田子。於是悉召外軍入於城中，閉門距守。關中郡縣悉降。璝夜襲長安，不克。勃勃進據咸陽，長安樵采路絶。劉裕聞之，大懼，乃召義真東鎮洛陽，以朱齡石為雍州刺史，守長安。義真大掠而東，至於灞上，百姓遂逐齡石，而迎勃勃入于長安。璝率衆三萬追擊義真，王師敗績，義真單馬而遁。買德獲晉寧朔將軍傅弘之、輔國將軍蒯恩、義真司馬毛脩之於青泥，積人頭以為京觀。於是勃勃大饗將士于長安，舉觴謂王買德曰：『卿往日之言，一周而果效，可謂算無遺策矣。雖宗廟社稷之靈，亦卿謀獻之力也。此觴所集，非卿而誰！』於是拜買德都官尚書，加冠軍將軍，封河陽侯。

赫連昌攻齡石及龍驤將軍王敬于潼關之曹公故壘，克之，執齡石及敬送于長安。羣臣乃勸進，勃勃曰：『朕無撥亂之才，不能弘濟兆庶，自枕戈寢甲，十有二年，而四海未同，遺寇尚熾，不知何以謝責當年，垂之來葉！將明揚仄陋，以王位讓之，然後歸老朔方，琴書卒歲。皇帝之號，豈薄德所膺！』羣臣固請，乃許之。於是為壇於灞上，僭即皇帝位，赦其境内，改元為昌武。遣其將叱奴侯提率步騎二萬攻晉并州刺史毛德祖于蒲阪，德祖奔於洛陽。以侯提為并州刺史，鎮蒲阪。

勃勃歸於長安，徵隱士京兆韋祖思。既至而恭懼過禮，勃勃怒曰：『吾以國士徵汝，柰何以非類處吾！汝昔不拜姚興，何獨拜我？我今未死，汝猶不以我為帝王，吾死之後，汝輩弄筆，當置吾何地！』遂殺之。

羣臣勸都長安，勃勃曰：『朕豈不知長安累帝舊都，有山河四塞之固！但荆、吳僻遠，勢不能為人之患。東魏與我同壤境，去北京裁數百餘里，若都長安，北京恐有不守之憂。朕在統萬，彼終不敢濟河，諸卿適未見此耳！』其下咸曰：『非所及也。』乃于長安置南臺，以璝領大將軍、雍州牧、録南臺尚書事。

勃勃還統萬，以宮殿大成，於是赦其境內，又改元曰真興。刻石都南，頌其功德，曰：

夫庸大德盛者，必建不刊之業；道積慶隆者，必享無窮之祚。昔在陶唐，數終厄運，我皇祖大禹以至聖之姿，當經綸之會，鑿龍門而辟伊闕，疏三江而決九河，夷一元之窮灾，拯六合之沈溺，鴻績侔於天地，神功邁於造化，故二儀降祉，三靈葉贊，揖讓受終，光啓有夏。傳世二十，歷載四百，賢辟相承，哲王繼軌，徽猷冠于玄古，高範焕乎疇昔。而道無常夷，數或屯險，王桀不綱，網漏殷氏，用使金暉絶于中天，神轡輟于促路。然純曜未渝，慶綿萬祀，龍飛漠南，鳳峙朔北。長轡遠馭，則西罩昆山之外；密網遐張，則東絚滄海之表。爰始逮今，二千餘載，雖三統迭制於崤、函，五德革運于伊、洛，秦、雍成篡殺之墟，周、豫為爭奪之藪，而幽朔謐爾，主有常尊於上；海代晏然，物無異望於下。故能控弦之衆百有餘萬，躍馬長驅，鼓行秦、趙，使中原疲於奔命，諸夏不得高枕，為日久矣。是以偏師暫擬，涇陽摧隆周之鋒；赫斯一奮，平陽挫漢祖之鋭。雖霸王繼蹤，猶朝日之升扶桑；英豪接踵，若夕月之登濛汜。自開闢已來，未始聞也。非夫卜世與乾坤比長，鴻基與山嶽齊固，孰能本枝于千葉，重光于萬祀，履寒霜而逾榮，蒙重氛而彌耀者哉！

於是玄符告徵，大猷有會，我皇誕命世之期，應天縱之運，仰協時來，俯順時望。龍升北京，則義風蓋于九區；鳳翔天域，則威聲格於八表。屬姦雄鼎峙之秋，羣凶嶽立之際，昧旦臨朝，日旰忘膳，運籌命將，舉無遺策。親御六戎，則有征無戰。故偽秦以三世之資，喪魂于關、隴；河源望旗而委質，北虜欽風而納款。德音著於柔服，威刑彰於伐叛，文教與武功並宣，俎豆與干戈俱運。五稔之間，道風弘著，暨乎七載而王猷允洽。乃遠惟周文，啓經始之基；近詳山川，究形勝之地，遂營起都城，開建京邑。背名山而面洪流，左河津而右重塞。高隅隱日，崇墉際雲，石郭天池，周綿千里。其為獨守之形，險絶之狀，固以遠邁於咸陽，超美于周洛，若乃廣五郊之義，尊七廟之制，崇左社之規，建右稷之禮，御太一以繕明堂，模帝坐而營路寢，閶闔披霄而山亭，象魏排虚而岳峙，華林靈沼，崇臺秘室，通房連閣，馳道苑園，可以陰映萬邦，光覆四海，莫不鬱然並建，森然畢備，若紫微之帶皇穹，閬風之跨后土。然宰司鼎臣，羣黎士庶，僉以為重威之式，有闕前王。於是延王爾之奇工，命班輸之妙匠，搜文梓于鄧林，采繡石于恒嶽，九域貢以金銀，八方獻其瑰寶，親運神奇，參制規矩，營離宮於露寢之南，起別殿于永安之北。高構千尋，崇基萬仞。玄棟鏤棍，若騰虹之揚眉；飛簷舒咢，似翔鵬之矯翼。二序啓矣，而五時之坐開；四隅陳設，而一御之位建。温宮膠葛，涼殿崢嶸，絡以隋珠，綷以金鏡，雖曦望互升於表，而中無晝夜之殊；陰陽迭更於外，而內無寒暑之别。故善目者不能為其名，博辯者不能究其稱，斯蓋神明之所規模，非人工之所經制。若乃尋名以求類，蹤狀以效真，據質以究名，形疑妙出，雖如來、須彌之寶塔，帝釋、忉利之神宮，尚未足以喻其麗，方其飾矣。

昔周宣考室而詠于詩人，閟宮有侐而頌聲是作。況乃太微肇制，清都啓建，軌一文昌，舊章唯始，咸秩百神，賓享萬國，羣生開其耳目，天下詠其來蘇，亦何得不播之管弦，刊之金石哉！乃樹銘都邑，敷贊碩美，俾皇風振于來葉，聖庸垂乎不朽。其辭曰：

於赫靈祚，配乾比靈斯。巍巍大禹，堂堂聖功。仁被蒼生，德格玄穹。帝錫玄珪，揖讓受終。哲王繼軌，光闡徽風。道無常夷，數或不競。金精南邁，天輝北映。靈祉逾昌，世葉彌盛。惟祖惟父，克廣休命。如彼日月，連光接鏡。玄符瑞德，乾運有歸。誕鍾我后，應圖龍飛。落落神武，恢恢聖姿。名教內敷，羣妖外夷。化光四表，威截九圍。封畿之制，王者常經。乃延輸爾，肇建帝京。土苞上壤，地跨勝形。庶人子來，不日而成。崇臺霄峙，秀闕雲亭。千榭連隅，萬閣接屏。晃若晨曦，昭若列星。離宮既作，別宇雲施。爰構崇明，仰准乾儀。懸甍風閲，飛軒雲垂。温室嵯峨，層城參差。楹雕蚪獸，節鏤龍螭。瑩以寶璞，飾以珍奇。稱因褒著，名由實揚。偉哉皇室，盛矣厥章！義高靈臺，美隆未央。邁軌三五，貽則霸王。永世垂節，億載彌光。

其秘書監胡義周之辭也。名其南門曰朝宋門，東門曰招魏門，西門曰服涼門，北門曰平朔門。追尊其高祖訓兒曰元皇帝，曾祖武曰景皇帝，祖豹子曰宣皇帝，父衛辰曰桓皇帝，廟號太祖，母苻氏曰桓文皇后。

勃勃性凶暴好殺，無順守之規。常居城上，置弓劍於側，有所嫌忿，便手自殺之，羣臣忤視者毁其目，笑者決其脣，諫者謂之誹謗，先截其舌而後斬之。夷夏囂然，人無生賴。在位十三年而宋受禪，以宋元嘉二年死。子昌嗣偽位，尋為魏所擒。弟定僭號於平涼，遂為魏所滅。自勃勃至定，凡二十有六載而亡。

《北史》卷九三《僭偽附庸傳・夏赫連氏》 鐵弗劉武，南單于苗裔，左賢王去卑之孫，北部帥劉猛之從子，居於新興慮虒之北。北人謂胡父鮮卑母為『鐵弗』，因以號為姓。武父誥汁爰，世領部落。汁爰死，武代焉。武死，子務桓代領部落，與魏和通。務桓死，弟閼陋頭代立，密謀反叛。後務桓子悉勿祈逐閼陋頭而立。悉勿祈死，弟衛辰代立。

衛辰，務桓之第三子也。既立，遣子朝獻，昭成以女妻之。衛辰潛通苻堅，堅以為左賢王。遣使請堅求田地。春去秋來，堅許之。後乃背堅，專心歸魏。舉兵伐堅，堅遣其將鄧討擒之。堅自至朔方，以衛辰為夏陽公，統其部落，衛辰復附於堅，昭成討大破之，遂走奔苻堅。堅送還朔方，遣兵戍之。

昭成末，衛辰導苻堅寇魏南境，王師敗績。堅遂分國人為二部，自河以西，屬之衛辰；自河以東，屬之劉庫仁。堅後以衛辰為單于，督攝河西新類，屯於代來。慕容永據長子，拜衛辰使持節、都督河西諸軍事、大將軍、朔州牧、朔方王。姚萇亦遣使結好，拜衛辰使持節、都督北朔雜夷諸軍事、大將軍、大單于、河西王、幽州牧。

登國中，衛辰遣子直力鞮寇南部，其衆八九萬。道武軍五六千人，為其所圍。帝乃以車為方營，並戰并前，大破之於鐵岐山南。直力鞮單騎而走。帝乘勝追之，自五原金津南度河，徑入其國。遂至衛辰所居悅跋城，衛辰父子驚遁。乃分遣陳留西元虔南至白鹽池，虜衛辰家屬；將軍伊謂至木根山，擒直力鞮。衛辰單騎遁走，為其部下所殺，傳首行宮。先是河水赤如血，衛辰惡之，及衛辰之亡，誅其族類，並投之於河。衛辰第三子屈丐奔薛干部帥太悉伏。

屈丐，本名勃勃，明元改其名曰屈丐。北方言屈丐者卑下也。太悉伏送之姚興。興高平公破多羅没弈于妻之以女。屈丐身長八尺五寸，興見而奇之。拜驍騎將軍，加奉車都尉，常參軍國大議，寵遇逾於勳舊。興弟濟南公邕言於興曰：『屈丐天性不仁，難以親育，寵之太甚，臣竊惑之。』興曰：『屈丐有濟世之才，吾方收其藝用，與之共平天下，有何不可？』乃以屈丐為安遠將軍，封陽川侯，使助没弈于鎮高平。邕固諫以為不可。興乃止。以屈丐為持節、安北將軍、五原公，配以三交五部鮮卑二萬餘落，鎮朔方。

道武末，屈丐襲殺没弈于而并其衆，僭稱大夏天王，號年龍昇，置百官。興乃悔之。屈丐恥姓鐵弗，遂改為赫連氏，自云徽赫與天連。又號其支庶為鐵伐氏，云族剛鋭如鐵，皆堪伐人。晉將劉裕攻長安，屈丐聞而喜曰：『姚泓豈能拒裕？裕必克之。待裕去後，吾取之如拾遺耳。』於是秣馬勵兵，休養士卒。及劉裕禽泓，留子義真守長安。屈丐伐之，大破義真，積人頭為京觀，號曰髑髏臺。遂僭皇帝于灞上，號年為昌武，定都統萬，勒銘城南，頌其功德，以長安為南都。

性驕虐，視人如草，蒸土以築城，鐵錐刺入一寸，即殺作人而并築之。所造兵器，匠呈必死，射甲不入，即斬弓人，如其入，便斬鎧匠，殺工匠數千人。常居城上，置弓劍於側，有所嫌忿，手自殺人。羣臣忤視者，鑿其目，笑者決其脣，諫者謂之誹謗，先截其舌，而後斬之。議廢其子璝，璝自長安起兵攻屈丐，丐遣子太原公昌破璝殺之。屈丐以昌為太子。始光二年，屈丐死，昌僭立。

昌字還國，一名折，屈丐之第二子也。既僭位，改年承光。太武聞屈丐死，諸子相攻，關中大亂，於是西伐。乃以輕騎一萬八千，濟河襲昌。時冬至之日，昌宴饗，王師奄到，上下驚擾。車駕次於黑水，去其城三十餘里，昌乃出戰。太武馳往擊之，昌退走入城，未閉門，軍士乘勝入其西宮，焚其西門，夜宿城北。明日分軍四出，徙萬餘家而還。

後昌遣弟定與司空奚斤相持于長安，太武乘虛西伐，濟君子津，輕騎三萬，倍道兼行。羣臣咸諫曰：『統萬城堅，非一日可拔。今輕軍討之，進不可克，退無所資。不若步軍攻具，一時俱往。』帝曰：『夫用兵之術，攻城最下，不得已而用之。如其攻具一時俱往，賊必懼而堅守。若攻不時拔，則食盡兵疲，外無所掠，非上策也。朕以輕騎至其城下，彼先聞有步軍，步從見騎至，必當心閑。朕且羸師以誘之，若得一戰，擒之必矣。所以然者，軍士去家二千里，後有黃河之難，所謂置之死地而後生也。以是決戰則有餘，攻城則不足。』遂行，次於黑水，分軍伏於谷，而以少衆至其城下。昌將狄子玉來降，說：昌使人追其弟定，定曰：『城堅峻未可攻拔，待擒斤等，然後徐往，內外擊之，有何不濟？』昌以為然。太武惡之，退軍城北，示昌以弱，遣永昌王健及娥清等分騎五千，西掠居人。會軍士負罪，亡入昌城，言官軍糧盡，士卒食菜，輜重在後，步兵未至，擊之為便。昌信其言，引衆出城，步騎三萬。司徒長孫翰等咸言昌步陣難陷，宜避其鋒，且待步兵，一時奮擊。帝曰：『不然，遠來求賊，恐其不出。今避而不擊，彼奮我弱，非計也。』遂收軍偽北，引而疲之。昌以為退，鼓噪而前，舒陣為翼。行五六里，帝衝之，賊陣不動。稍前行，會有風起，方術官趙倪勸帝更待後日，崔浩叱之。帝乃分騎為左右以掎之。帝墜馬，賊已逼，帝騰馬刺殺其尚書斛黎文，殺騎賊十餘人。流矢中帝，帝奮擊不輟。昌軍大潰，不及入城，奔投上邽。遂克其城。

初，屈丐奢，好修宮室，城高十仞，基厚三十步，上廣十步，宮牆五仞，其堅可以礪刀斧。臺榭高大，飛閣相連，皆雕鏤圖畫，被以綺繡，飾以丹青，窮極文采。帝顧謂左右曰：『蕞爾小國，而用人如此，雖欲不亡，其可得乎？』

侍御史安頡禽昌，帝使侍中古弼迎昌至京師，舍之西宮門內，給以乘輿之副。又詔昌尚始平公主，假會稽公，封為秦王，坐謀反伏誅。

昌弟定，小字直獖，屈丐之第五子也。凶暴無賴。昌敗，定奔於平涼，自稱尊號，改年勝光。定登陰槃山，望其本國，泣曰：『先帝以朕承大業者，豈有今日之事乎！使天假朕年，當與卿諸人建季興之業。』俄而羣狐百數，鳴於其側，定命射之，無所獲。惡之曰：『所見亦大不臧，咄咄天道，復何言哉！』

定與宋連和，遥分河北。自恆山以東，屬宋；恆山以西，屬定。太武親率輕騎襲平涼。定救平涼，方陣自固。帝四面圍之，斷其水草，定不得水，引衆下原，詔武衛將軍丘眷擊之。定衆潰，被創，單騎遁走，由其餘衆，乃西保上邽。神䴥四年，為吐谷渾慕璝所襲，禽定送京師，伏誅。

宋·李昉等《太平御覽》卷一二七《偏霸部十一·夏赫連勃勃》 崔鴻《十六國春秋·夏録》曰：赫連勃勃，朔方人。匈奴右賢王去卑之後，劉元海之族也。曾祖父劉虎，前趙嘉平中以宗室封樓煩公，拜安北將軍、丁零中郎將。祖父豹，後趙建武中拜平北將軍、左賢王。父衛辰，苻堅以為西單于，督攝河西諸虜，屯於代來城。因秦末兵亂，遂有朔方之地，控弦之士三萬八千。姚萇拜辰大將軍、河西王、大單于。魏師來伐。辰遣子右地代率騎二萬拒戰河東，為魏所敗。遂乘勝濟河，攻克代來，執辰殺之。勃勃，辰第三子，奔秦。高平公沒弈于妻之以女。姚興以勃勃為持節、安北將軍、五原公，配以三交五部鮮卑及雜虜二萬餘落，鎮朔方。

時河西鮮卑杜倫獻馬八千匹于秦，濟河至大城，勃勃留之。召其衆二萬襲殺高平公沒弈于而并其衆。衆至數萬。自稱天王、大單于，大赦，改弘始十年為龍昇元年，置百官。以匈奴夏后氏之苗裔，僭稱大夏。以大兄右地代為丞相、代公。發嶺北民夷十萬，于朔方黑渠之南營起京城。大赦，改龍昇七年為鳳翔元年，令曰：『朕之皇祖，北遷幽朔，改姓姒氏，後從母為劉氏。子從母姓，非禮也。古之氏族無常。王者繼天為子，是為徽赫，實與天連。今改姓曰赫連氏，庶協皇天之意。支庶非正統者以鐵伐為氏，庶朕宗子剛鋭如鐵，皆堪伐人。』二年，立夫人梁氏為后，立子璝為太子。

四年九月，劉裕滅秦，入于長安。十二月，裕留子義真鎮長安而還。勃大悦，遂圖進取之計，遣太子璝率騎二萬南伐長安。五年，義真遣龍驤將軍沈田子率衆逆戰，璝擊敗之，退屯劉迴堡。八月，勃進據咸陽。劉裕大懼，乃召義真東鎮洛。勃入長安。正月，羣臣勸勃稱皇帝。三月，壇於霸上，即皇帝位，大赦，改鳳翔六年為昌武元年。冬十月，以太子璝領大將軍、雍州牧、録南臺尚書事，鎮長安。十一月，勃勃還統萬。統萬，勃勃所都之城名也。統萬宮殿大成，大赦，改昌武二年為真興元年。刻石都南，頌紀功德。四月，追尊父衛辰曰桓皇帝，廟號太祖，母苻氏為桓文皇后，祖父豹子曰宣皇帝，曾祖虎曰景皇帝，高祖訓兒曰元皇帝。五月，雨魚于統萬。二年十月，起沖天臺于統萬南山，欲登之以望長安。

六年，勃將廢太子璝為秦王，以酒泉公倫為太子。璝聞將廢己，率衆七萬北伐倫。倫率騎三萬拒之，戰于平城，為璝所敗，倫死之。太原公昌率騎一萬襲殺璝，率衆八萬五千歸於統萬。勃大悦，立昌為太子。七月，勃寢疾。八月，疾甚，輦升永安殿，召羣臣屬以後事，薨于永安殿，年四十五。謚武烈皇帝，葬嘉平陵，廟號世祖。

又《赫連昌》 崔鴻《十六國春秋·夏録》曰：赫連昌，一名折，勃勃之第三子。身長八尺，魁岸美姿貌。

勃薨，即位于永安臺，大赦，改真興七年為永光元年。七月，杏城劉睹川有青石大如馬頭，浮在水上逆流而行，人見而送之。十月，魏乘虛來伐。三年五月，戰于黑渠，為魏所敗，昌與數千騎奔還。魏追騎亦至。昌留河内公費連烏提守高平，徙諸城民七萬户于安定以都之。四年二月，魏軍至安定。三月，城潰，昌奔秦州。魏東平公鵝青追擒之，送于魏。魏封昌秦王，尚始平公主。尋為魏所殺。

又《赫連定》　崔鴻《十六國春秋·夏録》曰：赫連定，勃勃第五子。鳳翔五年，封平原公、雍州牧，鎮長安。率衆赴安定，進封平原王、大將軍、領司徒。

昌為魏所擒，遂率遺衆數萬據平原，僭稱皇帝，大赦，改承光四年為勝光元年。進征南大將軍、白蘭王吐谷渾莫瓆為開府儀同三司、河南王。十月，畋于陰磐，登苛藍山而望統萬城，泣曰：『先帝以朕承大業者，豈有今日之事乎！使天假朕年，當與諸卿建王季之業。』俄而，有羣狐百數鳴於定旁，命射之，無所獲，定惡之曰：『此大不善，咄咄天道，復何言！』

三年八月，魏軍來襲。十月，克安定，進攻平原。十一月，定遂掠民五萬西奔上邽。四年，河南王莫瓆因戎狄之衆，東面以爭天下。魏遣益州刺史没利延、寧州刺史拾虎率騎三萬來伐，遂擒定，送于魏。勃勃初號龍昇元年歲在丁未，至是歲在辛未，二十五載也。

宋·司馬光《資治通鑑》卷一二一《宋紀三·太祖文皇帝上之中》

（宋文帝元嘉五年二月）既而夏主來攻城，（安）頡出應之。夏主出陳前搏戰，軍士識其貌，爭赴之。會天大風揚塵，晝昏，夏主敗走；頡追之，夏主馬蹶而墜，遂擒之。（《考異》曰：《十六國春秋鈔》云：『承光三年五月，戰于黑渠，為魏昌所敗，昌與數千騎奔還，魏追騎亦至。昌河内公費連烏提守高平，徙諸城民七萬户于安定以都之。四年二月，魏軍至安定，三城潰，昌奔秦州，魏東平公娥清追擒之，送于魏。』與《後魏·紀》、《傳》不同，今從《後魏書》。頡，同之子也。安同，永興初八公之一也。

又　卷一二二《宋紀四·太祖文皇帝上之下》　（宋文帝元嘉八年六月）夏主畏魏人之逼，擁秦民十餘萬口，秦民，所得乞伏氏之民也。自治城濟河，欲擊河西王蒙遜而奪其地。吐谷渾王慕瓆遣益州刺史慕利延、寧州刺史拾虔《考異》曰：《十六國春秋》作『没利延、拾虎』，今從《宋書》。帥騎三萬，乘其半濟，邀擊之，執夏主定以歸，赫連氏歷三主二十六年而滅。自是中原及西北之地一歸於魏矣。沮渠興國被創而死。拾虔，樹洛干之子也。樹洛干卒于晉安帝義熙十三年。

論說

《晉書》卷一三〇《赫連勃勃載記論》　赫連勃勃犬熏醜種類，入居邊宇，屬中壤分崩，緣間肆慝，控弦鳴鏑，據有朔方。遂乃法玄象以開宮，擬神京而建社，竊先王之徽號，備中國之禮容，驅駕英賢，窺窬天下。然其器識高爽，風骨魁奇，姚興睹之而醉心，宋祖聞之而動色。豈陰山之韞異氣，不然何以致斯乎！雖雄略過人，而凶殘未革，飾非距諫，酷害朝臣，部内囂然，忠良捲舌。滅亡之禍，宜在厥身，猶及其嗣，非不幸也。

又《赫連勃勃載記贊》　淳維遠裔，名王之餘。嘯羣龍漠，乘釁侵漁。爰創宮宇，易彼氈廬。雖弄神器，猶曰凶渠。

雜録

隋·虞世南《北堂書鈔》卷一六〇《地部四·石》　崔鴻《夏録》曰：赫連孛時，有青石大如馬頭，浮水上，逆流而行，行人見而送之。孛羣臣咸賀，以為石者沉物，浮者隱自出之義，而行荆吳入朝之象。孛大悦。

唐·徐堅《初學記》卷八《州郡部·關内道》　《十六國春秋》云：赫連定登于可藍山。

《十六國春秋》云：赫連勃勃田於三交，至渌蓮池而還。

宋·李昉等《太平御覽》卷一六四《州郡部十·關西道·夏州》

《十六國春秋》曰：赫連勃勃於朔方縣築大城，既成，下書曰：『今都城已建，宜立美名，朕方統一天下，君臨萬國，宜以統萬為名。』

又　卷一七七《居處部五·臺上》　崔鴻《十六國春秋·夏録》

曰：赫連勃勃大破南涼傉檀於百井，殺衆數萬，以人頭為京觀，號曰髑髏臺。

又　卷一八二《居處部十·門上》　崔鴻《十六國春秋·夏録》曰：赫連勃勃宮殿大成，乃刻石都南，頌其功德。其南門曰朝宋門，東門曰招魏門，西門曰平朔門。又起沖天臺於南山，欲登之望長安。

又　卷一九二《居處部二十·城上》　《夏録》曰：赫連勃勃下書曰：『古人制起城邑，或因山水，或以義立名。今都城已建，萬堵斯作，克城弗遠，宜有美名。朕方統一天下，君臨萬國，可以統萬為名焉。』

又　卷三〇二《兵部三十三·伏兵》　《十六國春秋》曰：夏赫連勃勃進屯依力川，後秦姚興來伐，至三城。勃勃率騎禦之，興遣其將姚文宗拒戰。勃勃僞退，設伏以待之，興將姚榆生等追之，伏兵夾擊，皆擒之。

又　卷三一四《兵部四十五·追奔》　《十六國春秋》曰：夏赫連勃勃伐南涼秃髮傉檀，大敗之，驅掠二萬七千口、牛馬羊數十萬而還。傉檀率衆追之，其將焦朗曰：『勃勃天姿雄警，御軍齊肅，未可輕也。今因抄掠之資，率思歸之士，人自為戰，難與爭鋒，不如從温圍北渡，趣萬斛堆，阻水結營，制其咽喉，百戰百勝之術也。』傉檀不從。勃勃聞而大喜，乃于楊武下陜，鑿陵埋車以塞路。勃勃乃勒衆逆擊，大敗之。殺傷萬計。

又　卷三二二《兵部五十三·勝》　蕭方等《三十國春秋》曰：夏王勃勃，自號貞興元年。夏，刻石都南，頌其功曰：『我皇誕命世之期，應天縱之德，仰協時來，俯從民望。屬奸豪鼎峙之際，羣凶嶽立之秋，故運籌命將，舉無遺策，親御六戎，即有征無戰，五稔之間而治風宏闡矣。』

又　卷三三二《兵部六十三·據要》　《十六國春秋》曰：夏赫連勃勃屯依力川，後秦姚興將王奚聚羌胡二千餘户於敕奇堡。勃勃進攻之，奚驍悍有膂力，短兵接戰，勃勃之衆多為所傷。於是揠斷其水，堡人窘迫，執奚出降。

又　卷三四六《兵部七十七·刀下》　陶弘景《刀劍録》曰：夏赫連勃勃龍升二年造五刀，背上有龍雀環，兼金鏤作一龍形，長三尺九寸。劉裕破長安得此刀，後入梁。

又　卷三六二《人事部三·姓》　崔鴻《十六國春秋·夏録》曰：赫連勃勃下書：『朕之皇祖自北遷幽朔，姓改姒氏，音殊中國，故從母氏為劉，子而從母之姓，非禮也，朕將以義易之。帝王者，係天為子，是為徽，實與天連，今改姓曰赫連氏，庶協皇天之意。其非正統皆以鐵伐為氏，庶朕宗族子孫剛鋭如鐵，皆堪伐人。』

又　卷四九二《人事部一百三十三·虐》　崔鴻《夏録》曰：赫連勃勃徵隱士京兆韋思，思至而恭懼逭禍，勃怒曰：『吾以國士徵汝，汝奈何以非類處吾？汝昔不拜姚興，何獨拜我？我今未死，汝猶不以我為帝王，吾死之後，汝輩弄筆，當置我何處！』遂殺之。

又曰：赫連勃勃兇殘好殺，常居城上，置矛劍於側，有所嫌忿，手自戮之。羣臣忤視者毀目，笑者決脣，諫者截其舌而斬之。

又　卷五五五《禮儀部三十四·葬送三》　崔鴻《三十國春秋·夏録》曰：赫連昌發二百里内民二萬五千人鑿嘉平陵，七千人繕清廟於契吳，初，昌父勃北游契吳，升高而歎曰：『美哉斯阜！臨廣澤而帶清流。吾行地多矣，未有若斯之美。』昌以勃平昔之意也，故立廟焉。葬勃於城西十五里，起行宮，摸寫統萬宮殿，飾以金銀珠璣。葬訖，楚之殺駿馬數千匹。

又　卷八七七《咎徵部四·雨魚》　《十六國春秋》曰：夏赫連勃勃鳳翔元年五月，雨魚于統萬。時興役尤甚。

又　卷八八〇《咎徵部七·地陷》　《十六國春秋》曰：夏赫連勃勃鳳翔七年六月，太廟基陷。其年八月，勃勃死。

北燕興亡

綜　述

《晉書》卷一二五《馮跋載記》　馮跋，字文起，長樂信都人也，小字乞直伐，其先畢萬之後也。萬之子孫有食采馮鄉者，因以氏焉。永嘉之亂，跋祖父和避地上黨。父安，雄武有器量，慕容永時為將軍。永滅，跋東徙和龍，家于長谷。幼而懿重少言，寬仁有大度，飲酒一石不亂。三弟皆任俠，不修行業，惟跋恭慎，勤于家產，父母器之。所居上每有雲氣若樓閣，時咸異之。嘗夜見天門開，神光赫然燭於庭內。及慕容寶僭號，署中衛將軍。

初，跋弟素弗與從兄萬泥及諸少年游于水濱，有一金龍浮水而下，素弗謂萬泥曰：『頗有見否？』萬泥等皆曰：『無所見也。』乃取龍而示之，咸以為非常之瑞。慕容熙聞而求焉，素弗秘之，熙怒。及即偽位，密欲誅跋兄弟。其後跋又犯熙禁，懼禍，乃與其諸弟逃于山澤。每夜獨行，猛獸常為避路。時賦役繁數，人不堪命，跋兄弟謀曰：『熙今昏虐，兼忌吾兄弟，既還首無路，不可坐受誅滅。當及時而起，立公侯之業。事若不成，死其晚乎！』遂與萬泥等二十二人結謀。跋與二弟乘車，使婦人禦，潛入龍城，匿于北部司馬孫護之室。遂殺熙，立高雲為主。雲署跋為使持節、侍中、都督中外諸軍事、征北大將軍、開府儀同三司、録尚書事、武邑公。

跋宴羣僚，忽有血流其左臂，跋惡之。從事中郎王垂因說符命之應，跋戒其勿言。雲為其幸臣離班、桃仁所殺，跋升洪光門以觀變。帳下督張泰、李桑謂跋曰：『此豎勢何所至！請為公斬之。』於是奮劍而下，桑斬班於西門，泰殺仁於庭中。衆推跋為主，跋曰：『范陽公素弗才略不恒，志於靖亂，掃清凶桀，皆公勳也。』素弗辭曰：『臣聞父兄之有天下，傳之於子弟，未聞子弟籍父兄之業而先之。今鴻基未建，危甚綴旒，天工無曠，業係大兄。願上順皇天之命，下副元元之心。』羣臣固請，乃許之，於是以太元二十年乃僭稱天王于昌黎，而不徙舊號，即國曰燕，赦其境內，建元曰太平。分遣使者巡行郡國，觀察風俗。追尊祖和為元皇帝，父安為宣皇帝，尊母張氏為太后，立妻孫氏為王后，子永為太子。署弟素弗為侍中、車騎大將軍、録尚書事，弘為侍中、征東大將軍、尚書右僕射、汲郡公，從兄萬泥為驃騎大將軍、幽平二州牧，務銀提為上大將軍、遼東太守，孫護為侍中、尚書令、陽平公，張興為衛將軍、尚書左僕射、永寧公，郭生為鎮東大將軍、領右衛將軍、陳留公，從兄子乳陳為征西大將軍、并青二州牧、上谷公，姚昭為鎮南大將軍、司隸校尉、上黨公，馬弗勤為吏部尚書、廣宗公，王難為侍中、撫軍將軍、潁川公，自餘拜授，文武進位各有差。尋而萬泥抗表請代，跋曰：『猥以不德，謬為羣賢所推，思與兄弟同茲休戚。今方難未寧，維城任重，非明德懿親，孰克居也！且折衝禦侮，為國藩屏，雖有他人，不如我弟兄，豈得如所陳也。』於是加開府儀同三司。

義熙六年，跋下書曰：『昔高祖為義帝舉哀，天下歸其仁。吾與高雲義則君臣，恩逾兄弟。其以禮葬雲及其妻子，立雲廟於韭町，置園邑二十家，四時供薦。』

初，跋之立也，萬泥、乳陳自以親而有大功，謂當入為公輔，跋以二藩任重，因而弗徵，並有憾焉。乳陳性粗獷，勇氣過人，密遣告萬泥曰：『乳陳有至謀，願與叔父圖之。』萬泥遂奔白狼，阻兵以叛。跋遣馮弘與將軍張興將步騎二萬討之。弘遣使喻之曰：『昔者兄弟乘風雲之運，撫翼而起。羣公以天命所鍾，人望攸係，推逼主上光踐寶位。裂土疏爵，當與兄弟共之，奈何欲尋干戈于蕭牆，棄友于而為鬩伯！過貴能改，善莫大焉。宜舍茲嫌，同獎王室。』萬泥欲降，乳陳按劍怒曰：『大丈夫死生有命，決之於今，何謂降也。』遂剋期出戰。興謂弘曰：『賊明日出戰，今夜必來驚我營，宜命三軍以備不虞。』弘乃密嚴人課草十束，畜火伏兵以待之。是夜，乳陳果遣壯士千餘人來斫營。衆火俱起，伏兵邀擊，俘斬無遺。乳陳等懼而出降，弘皆斬之。

署素弗為大司馬，改封遼西公，馮弘為驃騎大將軍，改封中山公。

跋下書曰：『自頃多故，事難相尋，賦役繁苦，百姓困窮。宜加寬宥，務從簡易，前朝苛政，皆悉除之。守宰當垂仁惠，無得侵害百姓，蘭臺都官明加澄察。』初，慕容熙之敗也，工人李訓竊寶而逃，貲至巨萬，行貨于馬弗勤，弗勤以訓為方略令。既而失志之士書之于闕下碑，馮素弗言之於跋，請免弗勤官，仍推罪之。跋曰：『大臣無忠清之節，貨財公行於朝，雖由吾不明所致，弗勤宜肆諸市朝，以正刑憲。但大業草創，彝倫未敍，弗勤拔自寒微，未有君子之志，其特原之。李訓小人，污辱朝士，可東市考竟。』於是上下肅然，請賕路絕。

蠕蠕勇斛律遣使求跋女偽樂浪公主，獻馬三千匹，跋命其羣下議之。素弗等議曰：『前代舊事，皆以宗女妻六夷，宜許以妃嬪之女，樂浪公主不宜下降非類。』跋曰：『女生從夫，千里豈遠！朕方崇信殊俗，奈何欺之！』乃許焉。遣其遊擊秦都率騎二千，送其女婦於蝚蠕。庫莫奚虞出庫真率三千餘落請交市，獻馬千匹，許之，處之于營丘。

分遣使者巡行郡國，孤老久疾不能自存者，振穀帛有差，孝悌力田閨門和順者，皆褒顯之。昌黎郝越、營丘張買成、周刁、温建德、何纂以賢良皆擢敍之。遣其太常丞劉軒徙北部人五百户于長谷，為祖父園邑。以其太子永領大單于，置四輔。跋勵意農桑，勤心政事，乃下書省徭薄賦，墮農者戮之，力田者褒賞，命尚書紀達為之條制。每遣守宰，必親見東堂，問為政事之要，令極言無隱，以觀其志，於是朝野競勸焉。

先是，河間人褚匡言於跋曰：『陛下至德應期，龍飛東夏，舊邦宗族，傾首朝陽，以日為歲。若聽臣往迎，致之不遠。』跋曰：『隔絕殊域，阻迴數千，將何可致也？』匡曰：『章武郡臨海，船路甚通，出於遼西臨渝，不為難也。』跋許之，署匡遊擊將軍、中書侍郎，厚加資遣。匡尋與跋從兄買、從弟睹自長樂率五千餘户來奔，署買為衛尉，封城陽伯，睹為太常、高城伯。

契丹庫莫奚降，署其大人為歸善王。

跋又下書曰：『今疆宇無虞，百姓寧業，而田畝荒穢，有司不隨時督察，欲令家給人足，不亦難乎！桑柘之益，有生之本。此土少桑，人未見其利，可令百姓人殖桑一百根，柘二十根。』又下書曰：『聖人制禮，送終有度。重其衣衾，厚其棺槨，將何用乎？人之亡也，精魂上歸於天，骨肉下歸於地，朝終夕壞，無寒暖之期，衣以錦繡，服以羅紈，寧有知哉！厚於送終，貴而改葬，皆無益亡者，有損於生。是以祖考因舊立廟，皆不改營陵寢。申下境內，自今皆令奉之。』

魏使耿貳至其國，跋遣其黄門郎常陋迎之於道。跋為不稱臣，怒而不見。及至，跋又遣陋勞之。貳忿而不謝。跋散騎常侍申秀言於跋曰：『陛下接貳以禮，而敢驕蹇若斯，不可容也。』中給事馮懿以傾佞有幸，又盛稱貳之陵慠以激跋。跋曰：『亦各其志也。匹夫尚不可屈，況一方之主乎！』請幽而降之，跋乃留貳不遣。

是時井竭三日而復。其尚書令孫護里有犬與豕交，護見而惡之，召太史令閔尚筮之。尚曰：『犬豕異類而交，違性失本，其于《洪範》為犬禍，將勃亂失衆，以至敗亡。明公位極冢宰，遐邇具瞻，諸弟並封列侯，貴傾王室，妖見里庭，不為他也。願公戒滿盈之失，修尚恭儉，則妖怪可消，永享元吉。』護默然不悦。

昌黎尹孫伯仁、護弟叱支、叱支弟乙拔等俱有才力，以驍勇聞。跋之立也，並冀開府，而跋未之許，由是有怨言。每于朝饗之際，常拔劍擊柱曰：『興建大業，有功力焉，而滯於散將，豈是漢祖河山之義乎！』跋怒，誅之。進護左光禄大夫、開府儀同三司、録尚書事以慰之。護自三弟誅後，常怏怏有不悦之色，跋怒，酖之。尋而遼東太守務銀提自以功在孫護、張興之右，而出為邊郡，抗表有恨言，密謀外叛。跋怒，殺之。

跋下書曰：『武以平亂，文以經務，寧國濟俗，實所憑焉。自頃喪難，禮崩樂壞，閭閻絕諷誦之音，後行無庠序之教，子衿之歎復興於今，豈所以穆章風化，崇闡斯文！可營建太學，以長樂劉軒、營丘張熾、成周翟崇為博士郎中，簡二千石已下子弟年十五已上教之。』

跋弟丕，先是因亂投於高句麗，跋迎致之，至龍城，以為左僕射、常山公。

蝚蠕斛律為其弟大但所逐，盡室奔跋，乃館之於遼東郡，待之以客禮。跋納其女為昭儀。時三月不雨，至於夏五月。斛律上書請還塞北，跋曰：『棄國萬里，又無內應。若以强兵相送，糧運難繼；少也，勢不能固。且千里襲國，古人為難，況數千里乎！』斛律固請曰：『不煩大衆，願給騎三百足矣。得達敕勒國，人必欣而來迎。』乃許之，遣單于前輔萬陵率騎三百送之。陵憚遠役，至黑山，殺斛律而還。

晉青州刺史申永遣使浮海來聘，跋乃使其中書郎李扶報之。蝚蠕大但遣使獻馬三千匹，羊萬口。

有赤氣四塞，太史令張穆言於跋曰：『兵氣也。今大魏威制六合，而聘使斷絕。自古未有鄰接境，不通和好。違義怒鄰，取亡之道。宜還前使，修和結盟。』跋曰：『吾當思之。』尋而魏軍大至，遣單于右輔古泥率騎候之。去城十五里，遇軍奔還。又遣其將姚昭、皇甫軌等距戰，軌中流矢死。魏以有備，引還。

跋境地震山崩，洪光門鸛雀折。又地震，右寢壞。跋問閔尚曰：『比年屢有地動之變，卿可明言其故。』尚曰：『地，陰也，主百姓。震有左右，此震皆向右，臣懼百姓將西移。』跋曰：『吾亦甚慮之。』分遣使者巡行郡國，問所疾苦，孤老不能自存者，賜以穀帛有差。

　跋立十一年，至是，元熙元年也，此後事入于宋。至元嘉七年死。弟弘殺跋子翼自立，後為魏所伐，東奔高句麗。居二年，高句麗殺之。始，跋以孝武太元二十年僭號，至弘二世，凡二十有八載。

　馮素弗，跋之長弟也。慷慨有大志，姿貌魁偉，雄傑不羣，任俠放蕩，不修小節，故時人未之奇，惟王齊異焉，曰：『撥亂才也。』惟交結時豪為務，不以產業經懷。弱冠，自詣慕容熙尚書左丞韓業請婚，業怒而距之。復求尚書郎高邵女，邵亦弗許。南宮令成藻，豪濬有高名，素弗造焉，藻命門者勿納。素弗逕入，與藻對坐，旁若無人。談飲連日。藻始奇之，曰：『吾遠求騏驥，不知近在東鄰，何識子之晚也！』當世俠士莫不歸之。及熙僭號，為侍御郎、小帳下督。

　跋之偽業，素弗所建也。及為宰輔，謙虛恭慎，非禮不動，雖廝養之賤，皆與之抗禮。車服屋宇，務於儉約，修己率下，百僚憚之。初為京尹。及鎮營丘，百姓歌之。嘗謂韓業曰：『君前既不顧，今將自取，何如？』業拜而陳謝。素弗曰：『既往之事，豈復與君計之！』然待業彌厚。好存亡繼絕，申拔舊門，問侍中陽哲曰：『秦、趙勳臣子弟今何在乎？』哲曰：『皆在中州，惟桃豹孫鮮在焉。』素弗召為左常侍，論者歸其有宰衡之度。

　跋之七年死，跋哭之哀慟。比葬，七臨之。

《北史》卷九三《僭偽附庸傳·北燕馮氏》　馮跋，字文起，小名乞直代，本出長樂信都。慕容永僭號長子，以跋父安為將。永為垂所滅，安東徙昌黎，家于長谷，遂同夷俗。

　跋飲酒至一石不亂，諸弟皆不修行業，唯跋恭慎。慕容熙僭號，以跋為殿中左監，稍遷衛中將軍。後坐事逃亡。既而熙政殘虐，人不堪命。跋乃與從兄萬泥等二十二人結謀，跋與二弟乘車，使婦人御，潛入龍城，匿于孫護之室，以誅熙。乃立夕陽公高雲為主。雲以跋為侍中、征北大將軍、開府儀同三司，封武邑公。事皆決跋兄弟。明元初，雲為左右所殺，跋乃自立為燕王，置百官，號年太平。于時永興元年也。跋撫納契丹等，諸落頗來附之。明元遣謁者于什門喻之，為跋所留。泰常三年，和龍城有赤氣蔽日，自寅至申。跋太史令張穆以為兵氣，勸跋還魏使，奉修職貢，跋不從。明元詔征東大將軍長孫道生討之，跋嬰城固守，道生不克而還。

　神蒨二年，跋有疾，其長子永先死，立次子翼為世子，攝國事，勒兵以備非常。跋妾宋氏規立其子受居，深忌翼，謂之曰：『主上疾將瘳，奈何代父臨國乎！』翼遂還。樣氏矯絕內外，遣閹人傳問。翼及跋諸子、大臣並不得省疾，唯中給事胡福獨得出入，專掌禁衛。跋疾甚，福慮宋氏將成其計，乃言于跋弟弘。勒兵而入，跋驚怖而死。弘襲位，翼勒兵出戰不利，遂死。跋有子男百餘人，悉為弘所殺。

　弘字文通，跋之少弟也。跋立，為尚書右僕射，封中山公，領中領軍，內掌禁衛，外總朝政。歷位司徒。及自立，乃與宋氏通和。延和元年，太武親討之，弘嬰城固守。其營丘、遼東、成周、樂浪、帶方、玄菟六郡皆降，太武徙其人三萬餘家於幽州。其尚書郭深勸之歸誠進女，乞為附庸，保守宗廟。弘曰：『負釁在前，忿形已露，附降取死。不如守志，更圖所適也。』先是，弘廢其元妻王氏，黜世子崇，令鎮肥如，以後妻慕容氏子曰王仁為世子。崇母弟廣平公朗、樂陵公邈相謂曰：『禍將至矣！』於是遂出奔遼西，勸崇來降，崇納之。會太武使給事中王德陳示成敗，崇遣邈入朝。太武封崇遼西王，錄其國尚書事，遼西十郡，承制假授文官尚書、刺史，武官征虜已下。弘遣其將封羽率衆圍崇，太武詔永昌王健督諸軍救之。封羽又以凡城降，徙其人三千餘家而還。弘遣其尚書高顒請罪，乞以季女充掖庭。帝許之，徵其子王仁入朝，弘不遣。其散騎常侍劉訓諫，弘大怒，殺之。太武又詔樂平王丕等計之。日就蹙削，上下危懼。弘太常陽嶓復勸弘請罪乞降，令王仁入侍。弘不聽，乃密求迎於高麗。太延二年，高麗遣將葛居盧等率衆迎之，弘乃擁其城內士女入於高麗。先是，其國有狼夜繞城羣嗥。如是終歲。又有鼠集於城西，闐滿數里，西行，至水則在前者銜馬矢，迭相齧尾而度。宿軍地燃，一旬而滅，觸地生蛆，月餘乃止。和龍城生白毛，一尺二寸。

　弘至遼東，高麗遣使勞之曰：『龍城王馮君，爰適野次，士馬勞乎？』弘慚怒，稱制答讓之。高麗乃處之于平郭，尋徙北豐。弘素侮高麗，政刑賞罰，猶如其國。高麗乃奪其侍人，質任王仁。弘忿怨之，謀將用奔。太武又徵弘於高麗。乃殺之于北豐，子孫同時死者十餘人。弘子朗、邈。朗子熙，在《外戚傳》。

宋·李昉等《太平御覽》卷一二七《偏霸部十一·北燕馮跋》 崔鴻《十六國春秋·北燕録》曰：馮跋，字文起，長樂信都人。其先畢萬之後也。子孫食采馮鄉，因以氏焉。晉永嘉之亂，祖父和避地上黨。父安，雄武有器量，為慕容永將。永滅，跋東徙和龍。長樂中，跋夜見天門開，神光赫然，燭於庭中。永康末，拜中衛將軍。

建始元年，與二弟結謀，襲殺慕容熙，立高雲為主。正始元年，以跋為中外都督、開府儀同三司、録尚書，封武邑公。太平元年，雲為離班、桃仁所殺。帳下督張垂等誅班及仁。羣臣推跋為主，僭即天王位，大赦，令曰：『義貴適時，不必改作，故陳氏代姜，不徙齊號。即號燕國，改為太平元年。』追尊祖和為元皇帝，父安為宣帝，子永為太子。

三年七月，以太子永領大單于，内置四輔。七年，建太學，以長樂劉軒、營丘張熾、成周翟崇為博士，簡二千石已下子弟年十五以上教之。十四年，宿軍地燃，一旬乃滅。十七年二月，北部人趙壽女既嫁，化為男，娶妻而無子。跋問諸羣臣曰：『此何祥乎？』尚書左丞傅權對曰：『漢世雌雞為雄，陰變為陽，君替臣僭之象。卒有婦人專寵，王莽篡集。今女為男，臣將為君之徵。』跋曰：『將何以禳之？』權曰：『桑穀生朝，大戊修德，而殷道中興。熒惑守心，宋景責躬，延齡二紀。唯修身崇善可以轉禍。』十八年八月，立子翼為太子，跋戒之曰：『吾聞君人以學為本，不學無以立尊。敬師傅，人倫之始。汝其夙夜虔虔，欽承明訓。』

二十二年八月，跋寢疾，召中書監申秀、侍中陽哲於内寢，謂之曰：『吾患當不濟，卿等善相吾子，參決萬機。』九月，跋疾甚，輦而臨軒，命太子翼勒兵聽政，以備非常。宋夫人規立其子受，惡翼聽政，謂之曰：『上疾將瘳，奈何便欲代臨天下乎！』翼性仁弱，遂還東宮，一日三省疾。宋夫人矯絕内外，遣閽寺傳問而已，翼及大臣皆不得見。跋弟弘於是舉壯士數十人裹甲入禁中，宿衛皆不戰而散。宋夫人命閉東閣。弘家僮庫闕頭徑捷有勇力，逾閣而入，至於皇堂，射殺女御一人。跋驚懼而薨。弘遣巡城告曰：『天降凶禍，大帝崩背，太子不侍疾，羣公不奔喪，疑有逆謀國危社稷。吾備太弟之親，遂攝大位以寧國家。百官叩門入者進階二等。』太子翼率東宮兵出戰，敗退，兵皆奔散。弘遣使賜死。命宗正馮哲、黄門盧昭典葬事於東宮。葬跋于長谷陵。偽謚文成皇帝，廟號太祖。

又《馮文通》 崔鴻《十六國春秋·北燕録》曰：馮弘，字文通，跋之季弟。高雲篡位，拜中領軍，封汲郡公。太平元年，拜尚書右僕射，改封中山公，遷尚書令、司徒、録尚書事。

跋薨，僭即天王位。大興元年正月壬午朔，大赦，改年。二月，立夫人慕容氏為皇后。二年正月，立少子王仁為太子。六月，有鼠集城西，盈數里地中，西行至水，前者銜馬尾，後者迭相銜尾而渡。識者以為民遷之象。七月，魏師來伐神高。八月，石城、遼東、營丘、成周四郡並降魏。九月，魏師引還，徙民四萬餘户而西。

三年六月，魏永昌王健來伐。五年四月，遣右衛孫德乞師于宋。十二月，又遣尚書陽伊請迎於句麗。六年三月，端門崩。四月，魏又遣侍中建興公虞弼、東平公鵝青來伐，攻克白狼。句麗將葛居、孟光率數萬隨陽伊來迎，屯於臨川。尚書令郭生因民之憚遷，開門而引魏軍。魏軍疑而不赴，生遂勒衆攻弘。弘引句麗兵入自東門，與生戰于闕下，生中流矢卒。句麗軍既入城中，取武庫甲以給其衆，城内美女皆句麗軍人所掠。五月乙卯，弘率龍城見户東徙，焚燒宮殿，火一旬不絕。令婦人被甲居中，陽伊等勒精兵于外，葛居、孟光率騎後殿，方軌而進，前後八十餘里。魏軍追至遼水，不擊而還，遣使征弘於句麗。後二年為句麗所殺。偽謚昭成皇帝。自馮跋太平元年歲在己酉，至弘亡之歲丙子，二十八載。

論說

《晉書》卷一二五《馮跋載記論》 自五胡縱慝，九域淪胥，帝里神州，遂混之於荒裔，鴻名寶位，咸假之於雜種。嘗謂戎狄凶嚚，未窺道德，欺天擅命，抑乃其常。而馮跋出自中州，有殊醜類，因鮮卑之昏虐，亦盜名於海隅。然其遷徙之餘，少非雄傑，幸以寬厚為衆所推。初雖砥礪，終罕成德，舊史稱其信惑妖祀，斥黜諫臣，無開馭之才，異經決之士，信矣。速禍致寇，良謂在茲。猶能撫育黎萌，保守疆宇，發號施令，二十餘年，豈天意乎，非人事也！

雜録

隋・虞世南《北堂書鈔》卷一六〇《地部四・石》 崔鴻《北燕録》曰：馮跋太平中，有三石，形若輪，大六圍，見於山澗，月餘而滅。

唐・徐堅《初學記》卷八《州郡部・河北道》 《十六國春秋》曰：馮跋弟弘為亂，而跋驚死，弘葬之長谷陵。

宋・李昉等《太平御覽》卷一一《天部十一・祈雨》 高閭《燕志》曰：太平十五年，自春不雨，至於五月。有司奏右部王荀妻產妖，傍人莫覺，俄而失之，乃暴荀妻於社，大雨普洽。

又 卷三三〇《兵部六十一・警備》 《十六國春秋》曰：北燕馮跋據遼東，其弟萬泥阻兵以叛。跋遣將馮弘與將軍張興討之。弘遣使諭之曰：『昔者兄弟乘風雲之運，撫翼而起，羣公天意所鍾，逼奉主上先踐寶位，裂土疏爵，當與兄弟共之。奈何欲尋干戈於蕭牆，棄友于而為鬩伯。過貴能改，善莫大焉。宜舍茲嫌，同奬王室。』萬泥不從，剋期出戰。興謂弘曰：『賊明日出戰，今夜必來驚營，宜備不虞。』弘乃各嚴備，仍人課草十束，束火伏兵以待之。是夜萬泥果遣壯士十餘人斫營，衆火俱起，伏兵邀擊，俘斬無遺。遂平萬泥等。

又 卷三四六《兵部七十七・刀下》 陶弘景《刀劍録》曰：北燕馮跋太平八年造一刀，銘曰『太平』，隸書。

又 卷三七五《人事部十六・血》 《北燕録》曰：馮躍宴郡僚，忽有血流左臂，躍惡之。從事中郎王乘因陳符命之應，躍戒其勿言。

又 卷四七五《人事部一百一十六・待士》 高閭《燕志》曰：李陵居長谷之東，先主與高雲遊宴，往來每憩其家。陵與其妻王氏，每夜自齎酒饌而至。

又 卷八七六《咎徵部三・風》 崔鴻《十六國春秋》曰：北燕馮跋太平二十一年二月，飄風入征南大將軍上黨公姚昭宅，至於司徒中山公宅而散。上黨公家人問太史閔尚，曰：『風者天之號令，所以吹塵去穢，除奸慝之禍。』至二十二年，跋弟弘簒立，以姚昭為大司馬。昭貪暴，其子肇諫曰：『閣人不聞飄風之怪乎？』昭不納。明年，馮弘殺昭並諸子侄四十餘人。

又 卷八八〇《咎徵部七・地生毛》 《十六國春秋》曰：北燕馮跋太平十五年，龍城地生白毛，長一尺二寸，月餘乃滅。後遼西太守高潛謀反伏誅。

鄧至興亡

綜述

《魏書》卷一〇一《鄧至傳》 鄧至者，白水羌也，世為羌豪，因地名號，自稱鄧至。其地自亭街以東，平武以西，汶嶺以北，宕昌以南。土風習俗，亦與宕昌同。其王像舒治遣使內附，高祖拜龍驤將軍、鄧至王，遣貢不絕。鄧至之西有赫羊等二十國，時遣使朝貢，朝廷皆授以雜號將軍、子男、渠帥之名。

《梁書》卷五四《諸夷傳・鄧至》 鄧至國，居西涼州界，羌別種也。世號持節、平北將軍、西涼州刺史。宋文帝時，王象屈耽遣使獻馬。天監元年，詔以鄧至王象舒彭為督西涼州諸軍事，號安北將軍。五年，舒彭遣使獻黄耆四百斤、馬四匹。其俗呼帽曰突何，其衣服與宕昌同。

《周書》卷四九《異域傳上・宕昌羌》 鄧至羌者，羌之別種也。有像舒治者，世為白水酋帥，自稱王焉。其地北與宕昌相接，風俗物產亦與宕昌略同。自舒治至簷桁十一世。魏恭帝元年，簷桁失國來奔，太祖令章武公導率兵送復之。

《南史》卷七九《夷貊傳下・西戎》 鄧至國，居西涼州界，羌別種也。世號持節、平北將軍、西涼州刺史。宋文帝時，王象屈耽遣使獻馬。梁天監元年，詔以鄧至王象舒彭為督西涼州諸軍事，進號安北將軍。五年，舒彭遣使獻黄耆四百斤，馬四匹。其俗呼帽曰突何。其衣服與宕昌同。

《北史》卷九六《鄧至傳》 鄧至者，白水羌也，世為羌豪，因地名號，自稱鄧至。其地自亭街以東，平武以西，汶嶺以北，宕昌以南，土風習俗，亦與宕昌同。其王像舒治遣使內附，高祖拜龍驤將軍、鄧至王，遺貢不絕。周文命章武公導率兵送之。

宋·鄭樵《通志》卷四一《都邑略·四夷都·西羌》　鄧至羌，世居白水，自亭街以東，武平以西，汶嶺以北，宕昌以南，皆其地。

北魏·酈道元《水經注》卷二〇《漾水》　白水又東南徑鄧至城南。

仇池興亡

綜　述

《三國志》卷二《魏志·文帝紀》　（延康元年七月）武都氐王楊僕率種人內附，居漢陽郡。

又　卷三〇《魏志·烏丸鮮卑東夷傳》裴松之注　《魏略·西戎傳》曰：氐人有王，所從來久矣。自漢開益州，置武都郡，排其種人，分竄山谷間，或在福祿，或在汧、隴左右。其種非一，稱槃瓠之後，或號青氐，或號白氐，或號蚺氐，此蓋蟲之類而處中國，人即其服色而名之也。其自相號曰盍稚，各有王侯，多受中國封拜。近去建安中，興國氐王阿貴、白項氐王千萬各有部落萬餘，至十六年，從馬超為亂。超破之後，阿貴為夏侯淵所攻滅，千萬西南入蜀，其部落不能去，皆降。國家分徙其前後兩端者，置扶風、美陽，今之安夷、撫夷二部護軍所典是也。其［太］守善，分留天水、南安界，今之廣魏郡所守是也。其俗，語不與中國同，及羌雜胡同，各自有姓，姓如中國之姓矣。其衣服尚青絳。俗能織布，善田種，畜養豕牛馬驢騾。其婦人嫁時著衽露，其緣飾之制有似羌，衽露有似中國袍。皆編髮。多知中國語，由與中國錯居故也。其自還種落間，則自氐語。其嫁娶有似於羌，此蓋乃昔所謂西戎在於街、冀、獂道者也。今雖都統於郡國，然故自有王侯在其虛落間。

又故武都地陰平街左右，亦有萬餘落。貲虜，本匈奴也，匈奴名奴婢為貲。始建武時，匈奴衰，分去其奴婢，亡匿在金城、武威、酒泉北黑水、西河東西，畜牧逐水草，鈔盜涼州，部落稍多，有數萬，不與東部鮮卑同也。其種非一，有大胡，有丁令，或頗有羌雜處，由本亡奴婢故也。當漢、魏之際，其大人有檀柘，死後，其枝大人南近在廣魏、令居界，有禿瑰來數反，為涼州所殺。今有劭提，或降來，或遁去，常為西州道路患也。

敦煌西域之南山中，從婼羌西至葱領數千里，有月氏餘種葱茈羌、白馬、黃牛羌，各有酋豪，北與諸國接，不知其道里廣狹。傳聞黃牛羌各有種類，孕身六月生，南與白馬羌鄰。

《宋書》卷九八《氐胡傳·略陽清水氐楊氏》　略陽清水氐楊氏，秦、漢以來，世居隴右，為豪族。漢獻帝建安中，有楊騰者，為部落大帥。騰子駒，勇健多計略，始徙仇池。仇池地方百頃，因以百頃為號，四面斗絕，高平地方二十餘里，羊腸蟠道，三十六回。山上豐水泉，煮土成鹽。駒後有名千萬者，魏拜為百頃氐王。千萬子孫名飛龍，漸强盛，晉武假征西將軍，還居略陽。無子，養外甥令狐氏子為子，名戊搜。晉惠帝元康六年，避齊萬年之亂，率部落四千家，還保百頃，自號輔國將軍、右賢王。關中人士奔流者多依之，戊搜延納撫接，欲去者則衛護資遣之。愍帝以為驃騎將軍、左賢王。時南陽王保在上邽，又以戊搜子難敵為征南將軍。建興五年，戊搜卒，難敵襲位。與堅頭分部曲，難敵號左賢王，屯下辯，堅頭號右賢王，屯河池。元帝太興四年，劉曜伐難敵，與堅頭俱奔晉壽，臣于李雄，曜退，復還仇池。

成帝咸和九年，難敵卒，子毅立，自號使持節、龍驤將軍、左賢王、下辯公。以堅頭子盤為使持節、冠軍將軍、右賢王、河池公。咸康元年，遣使稱蕃于晉，以毅為征南，盤征東將軍。三年，毅族兄初襲殺毅，并有其衆，自立為仇池公，臣于石虎。後遣使稱蕃于穆帝。永和三年，以初為使持節、征南將軍、雍州刺史、平羌校尉、仇池公。初子國為鎮東將軍、武都太守。十年，改封初天水公。十一年，毅小弟宋奴使姑子梁式王因侍直手刃殺初，子國率左右誅式王及宋奴，復自立。征西將軍桓温表國為鎮北將軍、秦州刺史、平羌校尉，國子安為振威將軍、武都太守。十二年，國從父楊濬復殺國自立，安奔苻生，濬遣使歸順。

升平三年，以濬為平西將軍、平羌校尉、仇池公。四年，濬卒，子世立，復以為冠軍將軍、平羌校尉、武都太守、仇池公，海西公太和三年，遷征西將軍、秦州刺史，以世弟統為寧東將軍、武都太守。五年，世卒，統廢世子纂自立。纂一名德，聚黨殺統，遣使詣簡文帝自陳，復以纂為平羌校尉、秦州刺史、仇池公。咸安元年，苻堅遣楊安、苻雅等討纂克之，徙其民於關中，空百頃之地。纂後為楊安所殺。

宋奴之死也，二子佛奴、佛狗奔逃關中，苻堅以佛奴為右將軍，佛狗為撫夷護軍。後以女妻佛奴子定，以定為尚書、領軍將軍。孝武帝太元八年，苻堅敗於淮南，關中擾亂，定盡力奉堅。堅死，乃將家奔隴右，徙治歷城，城在西縣界，去仇池百二十里。置倉儲於百頃。招合夷、晉，得千餘家，自號龍驤將軍、平羌校尉、仇池公，稱蕃于晉孝武帝，孝武帝即以其自號假之。求割天水之西縣、武都之上祿為仇池郡，見許。十五年，又以定為輔國將軍、秦州刺史，定已自署征西將軍。又進持節、都督隴右諸軍事、輔國大將軍、開府儀同三司，校尉、刺史如故。其年，進平天水略陽郡，遂有秦州之地，自號隴西王。至十九年，攻隴西虜乞佛乾歸，定軍敗見殺。無子，佛狗子盛先為監國，守仇池，襲位，自號使持節、征西將軍、秦州刺史、平羌校尉、仇池公。謚定為武王。分諸四山氐、羌為二十部護軍，各為鎮戍，不置郡縣。

安帝隆安三年，遣使稱蕃，奉獻方物。安帝以盛為輔國將軍、平羌校尉、仇池公。元興三年，桓玄輔晉，進盛平北將軍、涼州刺史、西戎校尉。義熙元年。姚興伐盛，盛懼，遣子難當為質。興遣將王敏攻城，因梁州別駕呂瑩，求救于盛，盛遣軍次濜口，敏退。以盛為都督隴右諸軍事、征西大將軍、開府儀同三司。時益州刺史毛璩討桓玄所置梁州刺史桓希，敗走，漢中空虛，盛遣兄子平南將軍撫守漢中。三年，又假盛使持節、北秦州刺史。盛又遣將苻寧行梁州刺史代撫。九年，梁州刺史索邈鎮南城，寧乃還。高祖踐阼，進盛車騎大將軍，加侍中。永初三年，改封武都王，以長子玄為武都王世子，加號前將軍，難當為冠軍將軍，撫為安南將軍。盛嗣位三十年，太祖元嘉二年六月卒，時年六十二，私謚曰惠文王。

玄字黃眉，自號使持節、都督隴右諸軍事、征西大將軍、開府儀同三司、平羌校尉、秦州刺史、武都王。雖為蕃臣，猶奉義熙之號。善待士，為流、舊所懷。安南將軍撫有文武智略，玄不能容，三年，因其子殺人，幷誅之。明帝即以玄為使持節、征西將軍、平羌校尉、北秦州刺史、武都王。乃改義熙之號，奉元嘉正朔。初，盛謂玄曰：『吾年已老，當為晉臣，汝善事宋帝。』故玄奉焉。追贈盛驃騎大將軍，餘如故。六年六月，玄卒，私謚曰孝昭王。

弟難當廢玄子保宗，一名羌奴而自立，號使持節、都督雍涼諸軍事、秦州刺史、平羌校尉、武都王。太祖以為冠軍將軍、秦州刺史、武都王。九年，進號征西將軍，加持節、都督、校尉之號。難當拜保宗為鎮南將軍，鎮宕昌；以次子順為鎮東將軍、秦州刺史，守上邽。保宗謀襲難當，事泄，收繫之。先是，四方流民有許穆之、郝恢之二人投難當，並改姓為司馬。穆之自云名飛龍，恢之自云名康之。云是晉室近戚，康之尋為人所殺。十年，難當以益州刺史劉道濟失蜀土人情，以兵力資飛龍，使入蜀為寇，道濟擊斬之。時梁州刺史甄法護刑法不理，太祖遣刺史蕭思話代任。難當因思話未至，法護將軍下，舉兵襲梁州，破白馬，獲晉昌太守張範。法護遣參軍魯安期、沈法慧等拒之，並各奔退。難當又遣建忠將軍趙進攻葭萌，獲晉壽太守范延郎。其年十一月，法護委鎮奔洋川，難當遂有漢中之地。以氐苻粟持為梁州刺史，又以其凶悍，殺之，以司馬趙溫代為梁州。十年正月，思話使司馬蕭承之先驅進討，所向克捷，遂平梁州，事在《思話傳》。四月，難當遣使奉表謝罪，曰：

臣聞生成之德，含氣同係，而榮悴殊塗，遭遇異兆，至於恩降自然，誠無答謝。夫以狂聖道隔，猶存克念之誠，況君親莫二，不期自感者哉！每思自竭，奉遵光訓，丹誠未諒，大謗已臻。梁州刺史甄法護誣臣遣司馬飛龍擾亂西蜀，諸所譖引，言非一事，長塗萬里，無路自明，風塵之聲，日有滋甚。與其逆生，寧就清滅，文武同憤，制不自由。遣參軍姚道賢齎書詣梁州刺史蕭思話，尋續又遣詣臺歸罪。道賢至西城，為守兵所殺，行李蔽擁，日月莫照。法護恇擾，望風奔逃，臣即回軍，秋毫無犯，權留少守，以俟會通。其後數旬，官軍尋至，守兵單弱，懼不自免，續遣輕兵，共相迎接。值秦流民，懷土及本，行將既旋，不容禁制，由臣約防無素，以致斯闕。

臣本歷代守蕃，世荷殊寵，王化始基，順天委命，要名期義，不在今日，豈可假託妖妄，毀敗成功，如此之形，灼然易見，仰恃聖明，必垂鑑察。但臣微心不達，迹違忠順，至乃聲聞朝庭，勞煩師旅，負辱之深，罪當誅責。遠隔遐荒，告謝無地，謹遣兼長史齊亮聽命有司，並奉送所授第十一符策，伏待天旨。

太祖以其邊裔，下詔曰：『楊難當表如此，悔謝前愆，可特恕宥，並特還章節。』十二年，難當釋保宗，遣鎮童亭。保宗奔，索虜主拓跋燾以為都督隴西諸軍事、征西大將軍、開府儀同三司、平羌校尉、南秦王，遣襲上邽。難當子順失守退，以為雍州刺史，守下辯。十三年三月，難當自立為大秦王，號年曰建義，立妻為王后，世子為太子，置百官，具擬天朝；然猶奉朝庭，貢獻不絕。十七年，其國大旱，多灾異，降大秦王復為武都王。

十八年十月，傾國南寇，規有蜀土，慮漢中軍出，遣建忠將軍苻沖出東洛以防之。梁州刺史劉道真擊斬沖。十一月，難當克葭萌，獲晉壽太守申坦，遂圍涪城。巴西太守劉道銀嬰城固守，難當攻之十餘日，不克，乃還。十九年正月，太祖遣龍驤將軍裴方明、太子左積弩將軍劉康祖、後軍參軍梁坦甲士三千人，又發荆、雍二州兵討難當，受劉道真節度。五月，方明等至漢中，長驅而進。道真到武興，攻偽建忠將軍苻隆，克之。安西參軍韋濬、建武將軍姜道盛別向下辯，道真又遣司馬夏侯穆季西取白水，難當子雍州刺史順、建忠將軍楊亮拒之，並望風奔走。閏月，方明至蘭皋，難當鎮北將軍苻義德、建節將軍苻弘祖萬餘人列陣拒戰，方明擊破之，斬弘祖，殺二千餘人，義德遁去。天水任愈之率部曲歸順。難當世子撫軍大將軍和據修城，方明又遣軍率愈之攻和，大破之。於是難當將妻子奔索虜，死於虜中。安西參軍魯尚期追難當出寒峽，生禽建節將軍楊保熾、安昌侯楊虎頭。初，難當遣第二子虎為鎮南將軍、益州刺史，守陰平。聞父走，逃還，至下辯。方明使子肅之要之，生禽虎，傳送京師，斬于建康市。

仇池平。以輔國司馬胡崇之為龍驤將軍、秦州刺史、平羌校尉，守仇池。索虜拓跋燾遣安西大將軍吐奚弼、平北將軍拓跋齊等二萬人邀崇之。二十年二月，崇之至濁水，去仇池八十里，遇齊等，戰敗没，餘衆奔還漢中。

三月，前鎮東司馬苻達、征西從事中郎任朏等舉義，立保宗弟文德為主。拓跋齊聞兵起遁走，達追擊斬齊，因據白崖，分平諸戍。文德自號使持節、都督秦河涼三州諸軍事、征西大將軍、秦河涼三州牧、平羌校尉、仇池公，遣露板馳告朝廷。太祖詔曰：『近者校尉仇池公表虜縱逸，寇竊仇池，將士挫傷，民萌塗炭，眷言西顧，矜慨在懷。楊文德世篤忠順，誠感家國，糾率義徒，奄殄凶醜，鋒旗所向，殲潰無遺，氛昆澄清，蕃境寧一，念功惟事，良有欣嘉。便可遣使慰勞，宣示朝旨，並敕梁州刺史申坦隨宜應援。』又詔曰：『顯録勳效，蓋惟國典，施賞務速，無或逾時。楊文德志氣果到，文武兼全，乘機潛奮，殊功仍集，告捷歸誠，獻俘萬里，朝無暫土，樹難自肅，休烈昭著，朕甚嘉焉。楊氏世祖西勞，方忠累葉，宜紹先緒，膺受寵榮。可使持節、散騎常侍、都督北秦雍二州諸軍事、征西大將軍、平羌校尉、北秦州刺史，封武都王。』任朏祖父岐，伯父祚，父綜，並仕楊氏，為諮議從事中郎。朏有志幹，文德以為左司馬。

文德既受朝命，進戍茄蘆城。二十五年，為索虜所攻，奔於漢中。時世祖鎮襄陽，執文德歸之于京師，以失守，免官，削爵土。二十七年，王師北討，起文德為輔國將軍，率軍自漢中西入，搖動汧、隴。文德宗人楊高率陰平、平武羣氐，據唐魯橋以拒文德，文德水陸俱攻，大破之，衆並奔散。高遁走奔羌，文德追之至黎仰嶺，高單身投羌仇阿弱家，追斬之，陰平、平武悉平。又遣文德伐啖提氐，不克，梁州刺史劉秀之執送荆州，使文德從祖兄頭戍茄蘆。荆州刺史南郡王義宣反，文德不同見殺，世祖追贈征虜將軍、秦州刺史。

孝建二年，以保宗子元和為征虜將軍，以頭為輔國將軍。元和繼楊氏正統，羣氐欲相宗推，年小才弱，不能綏御所部，頭母妻子弟並為索虜所執，頭至誠奉順，無所顧懷。朝廷既不正元和號位，部落未有定主，雍州刺史王玄謨上表曰：『被敕令臣遣使與楊元和、楊頭相聞，並致信餉。即遣中軍行參軍呂智宗齎書並信等，亦自遣使隨智宗。及頭語智宗，頃破家為國，母妻子弟並墜没虜中，不顧孝道，陳力邊捍，竭忠盡誠，未為朝廷所識。若以元和承統，宜授王爵；若以其年小未堪大任，則應別有所委。頃來公私紛紜，華、戎交構，皆此之由。臣伏尋頭元嘉以來，實有忠誠于國，棄親遺愛，誠在可嘉。氐、羌負遠，又與虜咫尺，急之則反，緩之則怨。觀頭使人言語，不敢便望仇池公，所希政在西秦州假節而已。如臣愚見，蕃捍漢川，使無虞患，頭實有力，四千户荒州，殆不足吝。元和小弱，若未可專委。復數年之後，必堪嗣業，用之不難。若才用不稱，則應歸頭。若茄蘆不守，漢川亦無立理。』上不許。其後立元和為武都王，治白水，不能自立，復走奔索虜。

元和從弟僧嗣，復自立，還戍茄蘆，以為寧朔將軍、仇池太守。太宗泰始二年，詔曰：『僧嗣遠守西疆，世篤忠款，宜加旌顯，以甄義概。可冠軍將軍、北秦州刺史、武都王，太守如故。』三年，加持節、都督北秦雍二州諸軍事，進號征西將軍，校尉，刺史如故。僧嗣卒，從弟文度復自立。泰豫元年，以為龍驤將軍、略陽太守，封武都王，又改龍驤為寧朔將軍。

後廢帝元徽四年，加督北秦州諸軍事、平羌校尉、北秦州刺史、將軍如故。文度遣弟龍驤將軍文弘伐仇池，破戍兵于蘭皋。順帝升明元年，詔曰：『茂賞有章，實昭國度，疇庸斯炳，載宣史册。督北秦州諸軍事、寧朔將軍、平羌校尉、北秦州刺史、武都王文度門乘輝寵，世榮邊邑，忠果既亮，才勁兼彰。龍驤將軍楊文弘肅協成規，躬提桴鼓，申稜百頃，席捲蘭皋，功烈之美，並足嘉歎，宜膺爵授，以酬勳緒。文度可使持節、都督北秦雍二州諸軍事、征西將軍，刺史、校尉悉如故。文弘輔國將軍、略陽太守。』其年，虜破茄蘆，文度見殺，追贈本官，加散騎常侍。以文弘督北秦州諸軍事、平羌校尉、北秦州刺史，襲封武都王，將軍如故。退治武興。

《南齊書》卷五九《氐傳》　氐楊氏，與苻氏同出略陽。漢世居仇池，地號百頃，建安中有百頃氐王是也。晉世有楊茂搜，後轉强盛，事見前史。仇池四方壁立，自然有樓櫓卻敵狀，高並數丈。有二十二道可攀緣而升，東西二門，盤道可七里，上有岡阜泉源。氐於上平地立宮室果園倉庫，無貴賤皆為板屋土牆，所治處名洛谷。

宋元嘉十九年，龍驤將軍裴方明等伐氐，克仇池，後為魏虜所攻，失地。氐王楊難當從兄子文德聚衆茄蘆，宋世加以爵位。文德死，從弟僧嗣、文慶傳代之。難當族弟廣香先奔虜，元徽中，為虜攻殺文慶，以為陰平公、茄蘆鎮主。文慶從弟文弘為白水太守，屯武興，朝議以為輔國將軍、北秦州刺史、武都王、仇池公。

太祖即位，欲綏懷異俗。建元元年，詔曰：『昔絕國入贄，美稱前册，殊俗內款，聲流往記。偽虜茄蘆鎮主、陰平郡公楊廣香，怨結同族，釁起親黨，當宋之世，遂舉地降敵。茄蘆失守，華陽暫驚，近單使先馳，宣揚皇威，廣香等追其遠世之誠，仰我惟新之化，肉袒請附，復地千里，氐羌雜種，咸同歸順。宜時領納，厚加優恤。廣香翻迷反正，可特量所授。部曲酋豪，隨名酬賞。』以廣香為督沙州諸軍事、平羌校尉、沙州刺史。尋進號征虜將軍。

梁州刺史范柏年被誅，其親將李烏奴懼奔叛，文弘納之。烏奴率亡命千餘人攻梁州，為刺史王玄邈所破，復走還氐中。荆州刺史豫章王嶷遣兵討烏奴，檄梁州能斬送烏奴首，賞本郡，烏奴田宅事業悉賜之。與廣香書曰：

夫廢興無謬，逆順有恆，古今共貫。賢愚同察。梁州刺史范柏年懷挾詭態，首鼠兩端，既已被伐，盤桓稽命。遂潛遣李烏奴叛。楊文弘扇誘邊疆荒雜。柏年今已梟禽，烏奴頻被摧破，計其餘燼，行自消夷。今遣參軍行晉壽太守王道寶、參軍事行北巴西新巴二郡太守任湜之、行宕渠太守王安會領鋭卒三千，嵓塗風邁，浮川電掩。又命輔國將軍三巴校尉明惠照、巴郡太守魯休烈、南巴西太守柳弘稱、益州刺史傅琰，並簡徒競鶩，選甲爭馳。雍州水步，行次魏興，並山東僑舊，會于南鄭。或泛舟墊江，或飛旍劍道，腹背飆騰，表裏震擊。

文弘容納叛戾，專為淵藪，外侮皇威，內淩國族。君弈世忠款，深識理順，想即起義，應接大軍，共為掎角，討滅烏奴，克建忠勤，茂立誠節。沈攸之資十年之積，權百旅之衆，師出境而城潰，兵未戰而自屠，朝廷無遺鏃之費，士民靡傷痍之弊。況蕞爾小豎，方之蔑如，其取殲殄，豈延漏刻！忝以寡昧，分陝司蕃，清氛蕩穢，諒惟任職。此府器械山積，戈旗林聳，士卒剽勁，蓄鋭積威，除難剿寇，豈俟徵集！但以剪伐萌菌，弗勞洪斧，撲彼蚊蚋，無假多力。皇上聖哲應期，恩澤廣被，罪止首惡，餘無所問。賞罰之科，具寫如別。

使道寶步出魏興，分軍泝墊江，俱會晉壽。太祖以文弘背叛，進廣香為持節、都督西秦州刺史。廣香子北部鎮將軍郡事炅為征虜將軍、武都太守。以難當正胤楊後起為持節、寧朔將軍、平羌校尉、北秦州刺史、武都王，鎮武興，即文弘從兄子也。

三年，文弘歸降，復以為征西將軍、北秦州刺史。先是廣香病死，氐衆半奔文弘，半詣梁州刺史崔慧景。文弘遣從子後起進據白水。白水居晉壽上流，西接涪界，東帶益路，北連陰平、茄蘆，為形勝之地。晉壽太守楊公則啓經略之宜，上答曰：『文弘罪不可恕，事中政應且加恩耳。卿若能襲破白水，必加厚賞。』

世祖即位，進後起號冠軍將軍。永明元年，以征虜將軍炅為沙州刺史、陰平王，將軍如故。二年，八座奏後起勤彰款塞，忠著邊城。進號征虜將軍。四年，後起卒，詔曰：『後起奄至殞逝，惻愴於懷。綏禦邊服，宜詳其選。行輔國將軍、北秦州刺史、武都王楊集始，幹局沈亮，乃心忠款，必能緝境寧民，宣揚聲教。可持節、輔國將軍、北秦州刺史、平羌校尉、武都王。』後起弟後明為龍驤將軍、白水太守。集始弟集朗為寧朔將軍。五年，有司奏集始驅狐剪棘，仰化邊服。母以子貴，宜加榮寵。除集始母姜氏為太夫人，假銀印。九年，八座奏楊炅嗣勤西牧，馳款內昭，宜增戎章，用輝遐外。進號前將軍。

十年，集始反，率氐、蜀雜衆寇漢川，梁州刺史陰智伯遣軍主寧朔將軍桓盧奴、梁季羣、宋□、王士隆等千餘人拒之，不利，退保白馬。賊衆萬餘人縱兵火攻其城柵，盧奴拒守死戰。智伯又遣軍主陰仲昌等馬步數千人救援。至白馬城東千溪橋，相去數里，集始等悉力攻之，官軍內外奮擊，集始大敗，十八營一時潰走，殺獲數千人。集始奔入虜界。

隆昌元年，以前將軍楊炅為使持節、督沙州諸軍事、平西將軍、平羌校尉、沙州刺史。

集始入武興，以城降虜，氐人苻幼孫起義攻之。

建武二年，氐、虜寇漢中。梁州刺史蕭懿遣前氐王楊後起弟子元秀收合義兵，氐衆回應，斷虜運道。虜亦遣偽南梁州刺史仇池公楊靈珍據泥功山以相拒格，元秀病死，苻幼孫領其衆。高宗詔曰：『仇池公楊元秀，氐王苗胤，乃心忠勇，醜虜凶逼，血誠彌厲，宣播朝威，招誘戎種，萬里齊契，響然歸從。誠效顯著，實有可嘉。不幸殞喪，悽愴於懷。夫死事加恩，《陽秋》明義。宜追覃榮典，以弘勸獎。贈仇池公。持歸國。』

氐楊馥之聚義衆屯沮水關，城白馬北。集始遣弟集朗率兵迎拒州軍于黄亙，戰大敗。集始走下辯，馥之據武興。虜軍尋退。馥之留弟昌之守武興，自引兵據仇池。詔曰：『氐王楊馥之，世纂忠義，率厲部曲，樹績邊城，克殄姦醜。復內稟朝律，外撫戎荒，款心式昭，朕甚嘉之。以為持節、督北秦雍二州諸軍事、輔國將軍、平羌校尉、北秦州刺史、仇池公。』沙州刺史楊炅進號安西將軍。三年，炅死，以炅子崇祖為假節、督沙州軍事、征虜將軍、平羌校尉、沙州刺史、陰平王。

四年，偽南梁州刺史楊靈珍與二弟婆羅、阿卜珍率部曲三萬餘人舉城歸附，送母及子雙健、阿皮于南鄭為質。梁州刺史陰廣宗遣中兵參軍猷王思考率衆救援，為虜所得，婆羅、阿卜珍戰死。靈珍攻集始于武興，殺其二弟集同、集衆。集始窮急，請降。以靈珍為持節、督隴右軍事、征虜將軍、北梁州刺史、仇池公、武都王。永元二年，復以集始為使持節、督秦雍二州軍事、輔國將軍、平羌校尉、北秦州刺史。靈珍後為虜所殺。

自虜陷仇池以後，或得或失。宋以仇池為郡，故以氐封焉。

《魏書》卷一〇一《氐傳》　氐者，西夷之別種，號曰白馬。三代之際，蓋自有君長，而世一朝見，故詩稱『自彼氐羌，莫敢不來王』也。秦漢以來，世居岐隴以南，漢川以西，自立豪帥。漢武帝遣中郎將郭昌、衛廣滅之，以其地為武都郡。自汧渭抵于巴蜀，種類實繁，或謂之白氐，或謂之故氐，各有侯王，受中國封拜。

漢建安中，有楊騰者，為部落大帥。騰勇健多計略，始徙居仇池。仇池方百頃，因以為號，四面鬭絕，高七里餘，羊腸蟠道三十六回，其上有豐水泉，煮土成鹽。騰後有名千萬者，魏拜為百頃氐王。千萬孫名飛龍，漸強盛，晉武帝假平西將軍。無子，養外甥令狐茂搜為子。惠帝元康中，茂搜自號輔國將軍、右賢王，羣氐推以為主。關中人士流移者多依之。愍帝以為驃騎將軍、左賢王。茂搜死，子難敵統位，與弟堅頭分部曲。難敵自號左賢王，屯下辨；堅頭號右賢王，屯河池。難敵死，子毅立，自號使持節、龍驤將軍、左賢王下辨公，以堅頭子盤為使持節、冠軍將軍、右賢王、河池公。臣晉，晉以毅為征南將軍。三年，毅族兄初襲殺毅，并有其衆，自立為仇池公，臣于石虎，後稱藩于晉。永和十年，改初為天水公。十一年，毅小弟宋奴使姑子梁三王因侍直手刃殺初，初子國率左右誅三王及宋奴，復自立為仇池公。桓溫表國為秦州刺史，國子安為武都太守。十二年，國從叔後復殺國自立。國子安叛苻生，殺濬，復稱藩于晉。安死，子世自立為仇池公。晉太和三年，以世為秦州刺史，弟統為武都太守。世死，統廢世子纂自立。統一名德。纂聚黨襲殺統，自立為仇池公，遣使詣簡文帝，以纂為秦州刺史。

晉咸安元年，苻堅遣楊安伐纂，克之，徙其民於關中，空百頃之地。宋奴之死，二子佛奴、佛狗逃奔苻堅，堅以妻佛奴子定，拜為尚書、領軍。苻堅之敗，關右擾亂，定盡力於堅。堅死，乃率衆奔隴右。徙治歷城，去仇池百二十里，置倉儲於百頃。招夷夏得千餘家，自稱龍驤將軍、仇池公，稱藩于晉，孝武即以其自號假之，後以為秦州刺史。登國四年，遂有秦州之地，自號隴西王。為後乞伏乾歸所殺，無子。佛狗子盛，先為監國，守仇池，乃統事，自號征西將軍、秦州刺史、仇池公，謚定為武王。分諸氐羌為二十部護軍，各為鎮戍，不置郡縣。遂有漢中之地，仍稱藩于晉。天興初，遣使朝貢，詔以盛為征南大將軍、仇池王。隔礙姚興，不得歲通貢使。盛以兄子撫為平南將軍、梁州刺史，守漢中。

劉裕永初中，封盛為武都王。盛死，私謚曰惠文王，子玄統位。玄字黄眉，號征西大將軍、開府儀同三司、秦州刺史、武都王，雖稱藩于劉義隆，仍奉晉永熙之號，後始用義隆元嘉正朔。初，盛謂玄曰：『吾年已老，當終為晉臣，汝善事宋帝。』故玄奉焉。玄善於待士，為流舊所懷。始光四年，世祖遣大鴻臚公孫軌拜玄為征南大將軍、都督、梁州刺史、南秦王，玄上表請比内藩，許之。

玄死，私謚孝昭王，子保宗統位。初，玄臨終，謂弟難當曰：『今境候未寧，方須撫慰，保宗沖昧，吾授卿國事，其無墜先勳。』難當固辭，請立保宗以輔之。保宗即立，難當妻姚氏謂難當曰：『國險宜立長君，反事孺子，非久計。』難當從之，廢保宗而自立，稱藩于劉義隆。難當拜保宗為鎮南將軍，鎮石昌，以次子順為鎮東將軍、秦州刺史，守上邽。保宗謀襲難當，事泄被繫。

先是，四方流人以仇池豐實，多往依附。流人有許穆之、郝惔之二人投難當，並改姓為司馬，穆之自云名飛龍，惔之自云名康之，云是晉室近戚。康之尋為人所殺。時劉義隆梁州刺史甄法護刑政不理，義隆遣刺史蕭思話代任，難當以思話未至，遣將舉兵襲梁州，破白馬，遂有漢中之地。尋而思話使其司馬蕭承之先驅進討，所向克捷，遂平梁州，因又附義隆。

難當後釋保宗，遣鎮董亭。保宗與兄保顯歸京師，世祖拜保宗征南大將軍、秦州牧、武都王，尚公主；保顯為鎮西將軍、晉壽公。後遣大鴻臚崔頤拜難當為征南大將軍、儀同三司、領護西羌校尉、秦二州牧、南秦王。難當後自立為大秦王，號年曰建義，立妻為王后，世子為太子，置百官，具擬天朝。然猶貢獻于劉義隆不絕。尋而其國大旱，多灾異，降大秦王復為武都王。太延初，難當立鎮上邽，世祖遣車騎大將軍、樂平王丕等督河西高平諸軍取上邽，又詔諭難當，難當奉詔攝守。

尋而傾國南寇，規有蜀土，襲義隆益州，攻涪城，又伐巴西，獲雒州流人七千餘家還于仇池。義隆怒，遣將裴方明等伐之。難當為方明所敗，棄仇池，與千餘騎奔上邽，世祖遣中山王辰迎之赴行宫。方明既克仇池，以保宗弟保熾守之，河間公齊擊走之。

先是，詔保宗鎮上邽，又詔鎮駱谷，復其本國。保宗弟文德先逃氐中，乃說保宗令叛，事泄，齊執保宗送京師，詔難當殺之。氐羌立文德，屯于濁水。文德自號征西將軍、秦河梁三州牧、仇池公，求援於義隆。義隆封文德為武都王，遣偏將房亮之等助之。齊逆擊，禽亮之。文德奔守葭蘆，武都、陰平氐多歸之。詔淮陽公皮豹子等率諸軍討之，文德走漢中，收其妻子僚屬資糧，及保宗妻公主送京師，賜死。初，公主勸保宗反，人問曰：『背父母之邦若何？』公主曰：『禮，婦人外成，因夫而榮，事立，據守一方，我亦一國之母，豈比小縣之主。』以此得罪。

高宗時，拜難當營州刺史，還為外都大官。卒，謚曰忠。子和，隨父歸國，別賜爵仇池公。子德襲難當爵，早卒。子小眼襲，例降為公，拜天水太守，卒。子大眼，別有《傳》。小眼子公熙襲爵。正光中，尚書右丞張普惠為行臺，送租于南秦、東益，普惠啓公熙俱行。至南秦，以氐反不得進，遣公熙先慰氐。東益州刺史魏子建以公熙險薄，密令訪察，公熙果有潛謀，將為叛亂。子建仍報普惠，令其攝録。普惠急追，公熙竟不肯赴，東出漢中。普惠表列其事，公熙大行賄賂，終得免罪。後為假節、別將，與都督元志同守岐州，為秦賊莫折天生所虜，死于秦州。

文德後自漢中入統汧隴，遂有陰平、武興之地，後為劉義隆荆州刺史劉義宣所殺。

保宗之執也，子元和奔義隆，以為武都、白水太守。元和據城歸順，高宗嘉之，拜征南大將軍、武都王，内徙京師。元和從叔僧嗣復自稱武都王于葭蘆。僧嗣死，從弟文度自立為武興王，遣使歸順，顯祖授文度武興鎮將。既而復叛。高祖初，征西將軍皮歡喜攻葭蘆破之，斬文度首。

文度弟弘，小名鼠，犯顯祖廟諱，以小名稱。鼠自為武興王，遣使奉表謝罪，貢其方物，高祖納之。鼠遣子苟奴入侍，拜鼠都督、南秦州刺史、征西將軍、西戎校尉、武都王。鼠死，從子後起統任，高祖復以鼠爵授之。

鼠子集始為白水太守，後起死，以集始為征西將軍、武都王。集始後朝于京師，拜都督、南秦州刺史、安南大將軍、領護南蠻校尉、漢中郡侯、武興王，賜以車旗戎馬錦彩繒纊等。尋還武興，進號鎮南將軍，加督寧、湘等五州諸軍事。後仇池鎮將楊靈珍襲破武興，集始遂入蕭賾。

景明初，集始來降，還授爵位，歸守武興。死，子紹先立，拜都督、南秦州刺史、征虜將軍、漢中郡公、武興王；贈集始車騎大將軍、開府儀同三司，謚安王。紹先年幼，委事二叔集起、集義。夏侯道遷以漢中歸順也，蕭衍白馬戍主尹天保率衆圍之。道遷求援於集起、集義，二人貪保邊藩，不欲救之，唯集始弟集朗心願立功，率衆破天保，全漢川，集朗之力也。集義見梁益既定，恐武興不得久為外藩，遂扇動諸氐，推紹先僭稱大號，集起、集義並稱王，外引蕭衍為援。安西將軍邢巒遣建武將軍傅豎眼攻武興，克之，執紹先送于京師，遂滅其國，以為武興鎮，復改鎮為東益州。前後鎮將唐法樂，刺史杜纂、邢豹，以威惠失衷，氐豪仇石柱等相率反叛。朝廷以西南為憂。正光中，詔魏子建為刺史，以恩信招撫，風化大行，遠近款附，如内地焉。後唐永代子建為州，未幾，氐人悉反，永棄城東走，自此復為氐地。其後，紹先奔還武興，復自立為王。

又 卷四五《裴駿傳》 先是，有陰平氐酋楊孟孫，擁户數萬，自立為王，通引蕭衍，數為邊患。（裴）宣乃遣使招喻，曉以逆順，孟孫感恩，即遣子詣闕。

《梁書》卷五四《諸夷傳・武興國》 武興國，本仇池。楊難當自立為秦王，宋文帝遣裴方明討之，難當奔魏。其兄子文德又聚衆茄盧，宋因授以爵位，魏又攻之，文德奔漢中。從弟僧嗣又自立，復戍茄盧。卒，文德弟文度立，以弟文洪為白水太守，屯武興，宋世以為武都王。武興之國，自於此矣。難當族弟廣香又攻殺文度，自立為陰平王、茄盧鎮主。卒，子炅立；炅死，子崇祖立；崇祖死，子孟孫立。齊永明中，魏氏南梁州刺史、仇池公楊靈珍據泥功山歸款，齊世以靈珍為北梁州刺史、仇池公。文洪死，以族人集始為北秦州刺史、武都王。天監初，以集始為使持節、都督秦、雍二州諸軍事、輔國將軍、平羌校尉、北秦州刺史、武都王，靈珍為冠軍將軍，孟孫為假節、督沙州刺史、陰平王。集始死，子紹先襲爵位。二年，以靈珍為持節、督隴右諸軍事、左將軍、北梁州刺史、仇池王。十年，孟孫死，詔贈安沙將軍、北雍州刺史。子定襲封爵。紹先死，子智慧立。大同元年，克復漢中，智慧遣使上表，求率四千户歸國，詔許焉，即以為東益州。

其國東連秦嶺，西接宕昌，去宕昌八百里，南去漢中四百里，北去岐州三百里，東去長安九百里。本有十萬户，世世分減。其大姓有苻氏、姜氏。言語與中國同。著烏皁突騎帽、長身小袖袍、小口袴、皮靴。地植九穀。婚姻備六禮。知書疏。種桑麻。出紬、絹、精布、漆、蠟、椒等。山出銅鐵。

《周書》卷四九《異域傳上・氐》 氐者，西夷之别種。三代之際，蓋自有君長，而世一朝見。故詩稱『自彼氐、羌，莫敢不來王』也。漢武帝滅之，以其地為武都郡。自汧、渭抵于巴、蜀，種類實繁。漢末，有氐帥楊駒，始據仇池百頃，最為强族。其後漸盛，乃自稱王。至裔孫纂，為苻堅所滅。堅敗，其族人定又自稱王。定為乞伏幹歸所殺。定從弟盛，代有其國。世受魏氏封拜，亦通使于江左。然其種落分散，叛服不恒，隴、漢之間，屢被其害。

盛之苗裔曰集始，魏封為武興王。集始死，子紹先立，遂僭稱大號。魏將傅豎眼滅之，執紹先歸諸京師，以其地為武興鎮。魏氏洛京未定，天下亂，紹先奔還武興，復自立為王。太祖定秦、隴，紹先稱藩，送妻子為質。大統元年，紹先請其妻女，太祖奏魏帝還之。紹先死，子辟邪立。四年，南岐州氐苻安壽反，攻陷武都，自號太白王。詔大都督侯莫陳順與渭州刺史長孫澄討破之。安壽以其衆降。九年，清水氐酋李鼠仁據險作亂，氐帥梁道顯叛攻南由，太祖遣典籤趙昶慰諭之，鼠仁等相繼歸附。語在昶傳。十一年，于武興置東益州，以辟邪為刺史。十五年，安夷氐復叛，趙昶時為郡守，收其首逆者二十餘人斬之，餘衆乃定。於是以昶行南秦州事。氐帥蓋閙等相率作亂，閙據北谷，其黨覃洛聚洮中，楊興德、苻雙圍平氏城，姜樊噲亂武階，西結宕昌羌獠甘，共推蓋閙為主。昶分道遣使宣示禍福，然後出兵討之，擒蓋閙，散其餘黨。興州叛氐復侵逼南岐州，刺史叱羅協遣使告急，昶率兵赴救，又大破之。先是，氐首楊法深據陰平自稱[王]，亦盛之苗裔也。魏孝昌中，舉衆內附。自是職貢不絕。廢帝元年，以法深為黎州刺史。二年，楊辟邪據州反，羣氐復與同逆。詔叱羅協與趙昶討平之。太祖乃以大將軍宇文貴為大都督、六州諸軍事、興州刺史。貴威名先著，羣氐頗畏服之。是歲，楊法深從尉遲迥平蜀，軍回廻，法深旋鎮。尋與其種人楊崇集、楊陳侳各擁其衆，遞相攻討。趙昶時督成武沙三州諸軍事、成州刺史，遣使和解之。法深等從命。乃分其部落，更置州郡以處之。魏恭帝末，武興氐反，圍利州。鳳州固道氐魏天王等亦聚衆響應。大將軍豆盧寧等討平之。

世宗時，興州人[段]吒及下辯、柏樹二縣民反，相率破蘭皋戍。氐酋姜多復率廚中氐、蜀攻陷落叢郡以應之。趙昶率衆討平二縣，並斬段吒。而陰平、盧北二郡氐復往往屯聚，與廚中相應。昶乃簡擇精騎，出其不意，徑入廚中。至大竹坪，連破七柵，誅其渠率，二郡並降。及昶還，廚中主氐復為寇掠。昶又遣儀同劉崇義、宇文琦率兵入廚中討之，大破氐衆，斬姜多及苻肆王等。於是羣氐並平。及王謙舉兵，沙州氐帥開府楊永安又據州應謙，大將軍達奚儒討平之。

《南史》卷七九《夷貊傳下·西戎》　武興國，本仇池。楊難當自立爲秦王，宋文帝遣裴方明討之，難當奔魏。其兄子文德又聚衆葭蘆，宋因授以爵位。魏又攻之，文德奔漢中。從弟僧嗣又自立，復戍葭蘆，卒。文德弟文度立，以弟文弘爲白水太守，屯武興。宋世以爲武都王。武興之國自於此矣。難當族弟廣香又攻殺文度，自立爲陰平王、葭蘆鎮主。死，子炅立。炅死，子崇祖立。崇祖死，子孟孫立。齊永明中，魏南梁州刺史仇池公楊靈珍據泥功山歸齊，齊武帝以靈珍爲北梁州刺史、仇池公。文洪死，以族人集始爲北秦州刺史、武都王。梁天監初，以集始爲持節、都督秦雍二州諸軍事、輔國將軍、平羌校尉、北秦州刺史、武都王。靈珍爲冠軍將軍。孟孫爲假節、督沙州諸軍事、平羌校尉、沙州刺史、陰平王。集始死，子紹先襲爵位。二年，以靈珍爲持節、督隴右諸軍事、左將軍、北涼州刺史、仇池王。十年，孟孫死，詔贈安沙將軍、北雍州刺史。子定襲封爵。紹先死，子智慧立。大同元年，克復漢中，智慧遣使上表，求率四千户歸梁，詔許焉，即以爲東益州。其國東連秦嶺，西接宕昌。其大姓有苻氏、姜氏、梁氏。言語與中國同。著烏皁突騎帽，長身小袖袍，小口褲，皮褲。地植九穀。婚姻備六禮。知書疏。種桑麻。出紬絹布漆蠟椒等，山出銅鐵。

《北史》卷九六《氐傳》　氐者，西夷之別種，號曰白馬。三代之際，蓋自有君長，而世一朝見，故《詩》稱『自彼氐、羌，莫敢不來王』也。秦、漢以來，世居岐、隴以南，漢川以西，自立豪帥。漢武帝遣中郎將郭昌、衛廣滅之，以其地為武都郡。自汧、渭抵于巴、蜀，種類實繁，或謂之白氐，或謂之故氐，各有侯王，受中國封拜。

漢建安中，有楊騰者，為部落大帥。騰勇健多計略，始徙居仇池，方百頃，因以為號。四面斗絕，高七里餘，蟠道三十六回，其上有豐水泉，煮土成鹽。騰後有名千萬者，魏拜為百頃氐王。

千萬孫名飛龍，漸强盛，晉武帝假平西將軍。無子，養外甥令狐茂搜為子。惠帝元康中，茂搜自號輔國將軍、右賢王，羣氐推以為王。關中人士流移者，多依之。湣帝以為驃騎將軍、左賢王。茂搜死，子難敵統位，與弟堅頭分部曲。難敵自號左賢王，屯下辨；堅頭號右賢王，屯河池。難敵死，子毅立。自號使持節、龍驤將軍、左賢王、下辨公；以堅頭子盤為使持節、冠軍將軍、右賢王、河池公。臣晉，晉以毅為征南將軍。

三年，毅族兄初襲殺毅，并有其衆，自立為仇池公。臣于石季龍，後稱蕃于晉。永和十年，改初為天水公。十一年，毅小弟宋奴使姑子梁三王因侍直手刃殺初，初子國率左右誅三王及宋奴，復自立為仇池公。桓温表國為秦州刺史，國子安為武都太守。

十二年，國從叔濬復殺國自立。國子安叛苻生，殺濬，復稱蕃于晉。死，子世自立為仇池公。晉太和三年，以世為秦州刺史，弟統為武都太守。世死，統廢世子纂自立。統一名德。纂聚黨襲殺統，自立為仇池公，遣使詣簡文帝。以纂為秦州刺史。晉咸安元年，苻堅遣楊安伐纂，克之，徙其人於關中，空百頃於地。

宋奴之死，二子佛奴、佛狗逃奔苻堅，堅以女妻佛奴子定，拜為尚書、領軍。苻堅之敗，關右擾亂，定盡力於堅。堅死，乃率衆奔隴右，徙居歷城，去仇池百二十里，置食儲於百頃。招夷夏得千餘家，自稱龍驤將軍、仇池公，稱蕃于晉。孝武即以其自號假之，後以為秦州刺史。登國四年，遂有秦州之地，號隴西王。後為乞佛乾歸所殺，無子。

佛狗子盛，先為監國守仇池，乃統事，自號征西將軍、秦州刺史、仇池公。謚定為武王。分諸氐、羌為二十部護軍，各為鎮戍，不置郡縣。遂有漢中之地，仍稱蕃于晉。天興初，遣使朝貢，詔以盛為征南大將軍、仇池王。隔礙姚興，不得歲通貢使。盛以兄子撫為平南將軍、梁州刺史，守漢中。宋永初中，宋武帝封盛為武都王。盛死，私謚曰惠文王。子玄統位。

玄字黃眉，號征西大將軍、開府儀同三司、秦州刺史、武都王。雖蕃于宋，仍奉晉義熙之號。後始用宋元嘉正朔。初，盛謂玄曰：『吾年已老，當終為晉臣，汝善事宋帝。』故玄奉焉。玄善於待士，為流舊所懷。始光四年，太武遣大鴻臚公孫軌拜玄為征南大將軍、督梁州刺史、南秦王。玄上表請比內蕃，許之。玄死，私謚孝昭王。子保宗統位。

初，玄臨終謂弟難當曰：『今境候未寧，方須撫慰，保宗沖昧，吾授卿國事，其無墜先勳。』難當固辭，請立保宗以輔之。保宗既立，難當妻姚氏謂難當曰：『國險，宜立長君，反事孺子，非久計。』難當從之，廢保宗而自立，稱蕃于宋。難當拜保宗為鎮南將軍，鎮石昌；以次子順為鎮東將軍、秦州刺史，守上邽。保宗謀襲難當，事泄，被繫。先是，四方流人以仇池豐實，多往依附。流人有許穆之、郝惔之二人投難當，並改姓為司馬，穆之自云名飛龍，惔之自云名康之，云是晉室近戚。康之尋為人所殺。時宋梁州刺史甄法護刑政不理，宋文帝遣刺史蕭思話代任。難當以思話未至，遣將舉兵襲梁州，破白馬，遂有漢中之地。尋而思話使其司馬蕭承之先驅進討，所向克捷，遂平梁州。因又附宋。難當後釋保宗，遣鎮董亭。保宗與兄保顯歸京師，太武拜保宗征南大將軍、秦州牧、武都王，尚公主；保顯為鎮西將軍、晉壽公。後遣大鴻臚崔頤拜難當為征南大將軍、儀同三司、領護西羌校尉、秦梁二州牧、南秦王。

難當後自立為大秦王，號年曰建義，立妻為王后，世子為太子，置百官具擬天朝。然猶貢獻于宋不絕。尋而其國大旱，多災異，降大秦王復為武都王。太延初，難當立鎮上邽。太武遣車騎大將軍、樂平王丕等督河西、高平諸軍取上邽，又詔喻難當，奉詔攝守。尋而傾國南寇，規有蜀土，襲宋益州，攻涪城，又伐巴西，獲雍州流人七千餘家，還于仇池。宋文帝怒，遣將裴方明等伐之。難當為方明所敗，棄仇池，與千餘騎奔上邽。太武遣中山王辰迎之赴行宮。方明既克仇池，以保宗弟保熾守之，河間公齊擊走之。

先是，詔保宗鎮上邽，又詔鎮駱谷，復其本國。保宗弟文德先逃氐中，乃說保宗令叛。事泄，齊執保宗送京師，詔難當殺之。氐、羌立文德，屯于濁水。文德自號征西將軍、秦河梁三州牧、仇池公，求援于宋，封文德為武都王，遣偏將房亮之等助之。齊逆擊，禽亮之。文德奔守葭蘆，武都、陰平氐多歸之。詔淮陽公皮豹子等率諸軍討文德，走漢中，收其妻子、僚屬、資糧。及保宗妻公主送京師，賜死。初，公主勸保宗反，人問曰：『背父母之邦若何？』公主曰：『禮，婦人外成，因夫而榮。事立，據守一方，我亦一國之母，豈比小縣之主？』以此得罪。

文成時，拜難當營州刺史，還為外都大官。卒，謚曰忠。子和，隨父歸魏，別賜爵仇池公。子德子襲難當爵，早卒。子小眼襲，例降為公，拜天水太守，卒。子大眼，別有傳。小眼子公熙襲爵。正光中，尚書右丞張普惠為行臺，送租于南秦、東益，普惠啓公熙俱行。至南秦，以氐反不得進，遣公熙先慰氐。東益州刺史魏子建以公熙險薄，密令訪察，公熙果有潛謀，將為叛亂。子建仍報普惠，令其攝録。普惠急追公熙，公熙竟不肯赴，東出漢中。普惠表列其事，公熙大行賄賂，終得免罪。後為假節、別將，與都督元志同守岐州，為秦賊莫折天生所虜，死于秦州。

文德後自漢中入統汧、隴，遂有陰平、武興之地。後為宋荊州刺史劉義宣所殺。

保宗之執也，子元和奔宋，以為武都、白水太守。元和據城歸順，文成嘉之，拜征南大將軍、武都王，內徙京師。

元和從叔僧嗣復自稱武都王于葭蘆。僧嗣死，從弟文度自立為武興王，遣使歸順。獻文授文度武興鎮將，既而復叛。孝文初，征西將軍皮歡喜攻葭蘆破之，斬文度首。

文度弟弘，小名鼠，名犯獻文廟諱，以小名稱。鼠自為武興王，遣使奉表謝罪，貢其方物，孝文納之。鼠遣子狗奴入侍，拜鼠都督、南秦州刺史、征西將軍、西戎校尉、武都王。鼠死，從子後起統位，孝文復以鼠爵授之。鼠子集始為白水太守。後起死，以集始為征西將軍、武都王。集始復朝于京師，拜都督、南秦州刺史、安南大將軍、領護南蠻校尉、漢中郡侯、武興王，賜以車旗、戎馬、錦彩、繒纊。尋還武興，進號鎮南將軍，加督寧、湘五州諸軍事。後仇池鎮將楊靈珍襲破武興，集始遂入齊。景明初，集始來降，還授爵位，歸守武興。死，子紹先立，拜都督、南秦州刺史、征虜將軍、漢中郡公、武興王，贈集始車騎大將軍、開府儀同三司、謚安王。

紹先年幼，委事二叔集起、集義。夏侯道遷以漢中歸順也，梁白馬戍主尹天保率衆圍之。道遷求援於集起、集義，二人貪保邊蕃，不欲救之。唯集始弟集朗心願立功。率衆破天保，全漢川，朗之力也。集義見梁、益既定，恐武興不得久為外藩，遂扇動諸氐，推紹先僭稱大號，集起、集義並稱王，外引梁為援。安西將軍邢巒遣建武將軍傅豎眼攻武興克之，執紹先，送于京師，遂滅其國，以為武興鎮，復改鎮為東益州。

前後鎮將唐法樂、刺史杜纂、邢豹以威惠失衷，氐豪仇石柱等相率反叛，朝廷以西南為憂。正光中，詔魏子建為刺史，以恩信招撫，風化大行，遠近款附，如內地焉。後唐永代子建為州，未幾，氐人悉反。永棄城東走，自此復為氐地。

魏末，天下亂，紹先奔還武興，復自立為王。周文定秦、隴，紹先稱藩，送妻子為質。大統元年，紹先請其女妻，周文奏魏帝許之。紹先死，子辟邪立。

四年，南岐州氐苻壽反，攻陷武都，自號太白王，詔大都督侯莫陳順與渭州刺史長孫澄討降之。九年，清水氐酋李鼠仁據地作亂，氐帥梁道顯叛，攻南由，周文遣典籤趙昶慰諭之，鼠仁等相繼歸附。十一年，于武興置東益州，以辟邪為刺史。十五年，安夷氐復叛。趙昶時為郡守，收首逆者二十餘人斬之，乃定。於是以昶行南秦州事。氐帥蓋閙等作亂，閙據北谷，其黨西結宕昌羌獠甘，共推蓋閙為主。昶分道遣使，宣示禍福，然後出兵討之。擒蓋閙，散其餘黨。興州叛氐復侵逼南岐州，刺史叱羅協遣使告急，昶赴救，又大破之。

先是，氐酋楊法深據陰平自稱王，亦盛之苗裔也。魏孝昌中，舉衆內附，自是職貢不絕。廢帝元年，以深為黎州刺史。二年，楊辟邪據州反，羣氐復與同逆。詔叱羅協與趙昶討平之。周文乃以大將軍宇文貴為大都督、興州刺史。貴威名先著，羣氐頗畏服之。來歲，楊法深從尉遲迥平蜀，軍響，法深尋與其宗人楊崇集、楊陳侳各擁其衆，遞相攻討。趙昶時督成、武、沙三州諸軍事，遣使和解之。法深等從命，乃分其部落，更置州郡以處之。

恭帝末，武興氐反，圍利州，鳳州固道氐魏天王等亦聚衆回應，大將軍豆盧寧等討平之。周明帝時，興州人段吒及下辯、柏樹二縣人反，相率破蘭皋戍。氐酋姜多復率廚中氐屬攻陷落叢郡以應之。趙昶討平二縣，並斬段吒。而陰平、葭蘆氐復往往屯聚，與廚中相應。昶乃簡精騎，出其不意，徑入廚中，至大竹坪，連破七柵，誅其渠帥，二郡並降。及昶還，廚中生氐，復為寇掠。昶又遣儀同劉崇義、宇文琦入廚中討之，於是羣氐並平。

及王謙舉兵，沙州氐帥開府楊永安又據州應謙，大將軍達奚儒討平之。

《宋書》卷五《文帝紀》 （元嘉十五年）是歲，武都王、河南國、高麗國、倭國、扶南國、林邑國並遣使獻方物。**【略】**是歲，武都王、河南王、林邑國、高麗國並遣使獻方物。**【略】**（十七年）是歲，武都王、河南王、百濟國遣使獻方物。

北魏·酈道元《水經注》卷一七《渭水一》 涇谷水又東北，歷董亭下。楊難當使兄子保宗鎮董亭，即是亭也。

又 卷二〇《漾水》 建安水又東徑蘭坑城北，建安城甫，其地故西縣之歷城也。楊定自隴右徙治歷城，即此處也，去仇池百二十里，後改為建安城。**【略】**

建安水又東北，徑塞峽。元嘉十九年，宋太祖遣龍驤將軍裴方明伐楊

難當，難當將妻子北奔，安西參軍魯尚期追出塞峽，即是峽矣。【略】

漢水又東南徑瞿堆西，又屈徑瞿堆南。絕壁峭峙，孤險雲高，望之形若覆唾壺，高二十餘里，羊腸蟠道三十六回，《開山圖》謂之『仇夷』，所謂『積石嵯峨，嶔岑隱阿』者也。上有平田百頃，煮土成鹽，因以百頃為號。山上豐水泉，所謂清泉湧沸，潤氣上流者也。漢武帝元鼎六年開，以為武都郡。天池大澤在西，故以『都』為目矣。王莽更名樂平郡，縣曰循虜。常璩、范曄云『郡居河池，一名仇池，地方百頃』，即指此也。左右悉白馬氐矣。漢獻帝建安中，有天水氐楊騰者，世居隴右，為氐大帥。子駒，勇健多計，徙居仇池。魏拜為百頃氐王。【略】

濁水又東徑武街城南，故下辨縣治也。李玲、李稚以氐王楊難敵妻死，葬陰平。襲武街，為氐所殺於此矣，今廣業郡治。

《魏書》卷五一《皮豹子傳》　真君三年，劉義隆遣將裴方明等侵南秦王楊難當，遂陷仇池。世祖征（皮）豹子，復其爵位。尋拜使持節、仇池鎮將，督關中諸軍，與建興公古弼等分命諸將，十道並進。四年正月，豹子進擊樂鄉，大破之，擒義隆將王奐之、王長卿等六人，斬首二千餘級，俘獲一千人。豹子進軍下辨，義隆將强玄明、辛伯奮棄城遁走，追斬之，悉獲其衆。義隆使其秦州刺史胡崇之鎮仇池，至漢中，聞官軍已西，懼不敢進，方明益其兵而遣之。豹子與司馬楚之至於濁水，擊擒崇之，盡虜其衆。進至高平，義隆將姜道祖降，仇池平。

《晉書》卷八《穆帝紀》　（永和三年）冬十月乙丑，假涼州刺史張重華大都督隴右關中諸軍事、護羌校尉、大將軍，武都氐王楊初為征南將軍、雍州刺史、平羌校尉、仇池公，並假節。【略】

（永和九年）仇池公楊初為苻雄所敗。【略】

（永和十一年正月）平羌校尉、仇池公楊初為其部將梁式所害，初子國嗣位，因拜鎮北將軍、秦州刺史。齊公段龕襲慕容儁將榮國于郎山，敗之。【略】

（永和十二年）是歲，仇池公楊國為其從父濬所殺，濬自立。【略】

（升平）四年春正月，仇池公楊濬卒，子世嗣。

又　《廢帝紀》　（太和六年四月）苻堅將苻雅伐仇池，仇池公楊纂降之。

又　卷一〇三《劉曜載記》　曜大悅，署難敵為使持節、侍中、假黄鉞、都督益寧南秦涼梁巴六州隴上西域諸軍事、上大將軍、益寧南秦三州牧、領護南氐校尉、寧羌中郎將、武都王，子弟為公侯列將二千石者十五人。

論　說

《宋書》卷九八《氐胡傳論》　氐藉世業之資，胡因倔起之衆，結根百頃，跨有河西，雖戎夷猾夏，自擅荒服，而財力雄富，頗尚禮文。楊氏兵精地險，境接華漢，伺隙邊關，首鼠疆埸，遂西入白馬，東出黄金，乘晉熹之捷，構圍涪之釁，規吞黑水，志傾井絡，紀、郢之勢方危，樊、鄧之心屢駭。天子聽朝不怡，有懷辛、李之將，而齊之宣皇，率偏旅數百，定命先驅，推鋒直指，勢逾風雹，雲徹席捲，致届南城，逐北追奔，全勝萬里，敵人皆裹骨輿屍，越至險而自竄，其餘皆膏身山野，委骸川澤。既而裴、劉二將，藉其威聲，故使濁水靡旗，蘭皋失險，氐族轉徙奔亡，遺燼不滅者若線，梁土獲乂，以迄於今。由此而言，功烈可謂盛矣！

《南齊書》卷五九《芮芮虜河南氐羌傳論》　氐、胡獷盛，乘運迭起，秦、趙僭差，相係覆滅，餘類蠢蠢，被西疆而奄北際。芮芮地窮幽都，戎馬天隔。氐楊密邇華、夷，分民接境，侵犯漢、漾，浸逼狼狐，疆埸之心，窺望威德，梁部多難，於斯為梗。殘羌遺種，際運肇昌，盡隴憑河，遠通南驛，據國稱蕃，並受職命。晉氏衰敗，中朝淪覆，滅餘四夷，庶雪戎禍，授以兵杖，升進軍麾，後代因仍，貪廣聲教，綏外懷遠，先名後實。貿易有無，世開邊利，羽毛齒革，無損於我。若夫九種之事，有□□至於此也。

又　《芮芮虜河南氐羌傳贊》　芮芮、河南，同出胡種。稱王僭帝，擅强專統。氐、羌孽餘，散出河、隴。來賓往叛，放命承宗。

宕昌興亡

綜述

《南齊書》卷五九《羌傳》 宕昌，羌種也。各有酋豪，領部衆汧、隴間。宋末，宕昌王梁彌機為使持節、督河涼二州、安西將軍、東羌校尉、河涼二州刺史、隴西公。建元元年，太祖進號鎮西將軍。又征虜將軍、西涼州刺史羌王像舒彭亦進為持節、平西將軍。後叛降虜。永明元年，八座奏前使持節、都督河涼二州軍事、鎮西將軍，東羌校尉、河涼二州刺史、隴西公、宕昌王梁彌機，前使持節、平北將軍、西涼州刺史、羌王像舒彭，並著勤西垂，寧安邊境，可復先官爵。詔又可以隴右都帥羌王劉洛羊為輔國將軍。

機卒。三年，詔曰：『行宕昌王梁彌頡，忠款內附，著績西服，宜加爵命，式隆蕃屏。可使持節、督河涼二州諸軍事、安西將軍、東羌校尉、河涼二州刺史、隴西公、宕昌王。』頡卒。六年，以行宕昌王梁彌承為使持節、督河涼二州諸軍事、安西將軍、東羌校尉、河涼二州刺史、宕昌王。使求軍儀及伎雜書，詔報曰：『知須軍儀等九種，並非所愛。但軍器種甚多，致之未易。內伎不堪涉遠。秘閣圖書，例不外出。《五經集注》、《論語》今特敕賜王各一部。』俗重虎皮，以之送死，國中以為貨。

《魏書》卷一〇一《宕昌傳》 宕昌羌者，其先蓋三苗之胤，周時與庸、蜀、微、盧等八國從武王滅商，漢有先零、燒當等，世為邊患。其地東接中華，西通西域，南北數千里，姓別自為部落，酋帥皆有地分，不相統攝，宕昌即其一也。俗皆土著，居有屋宇，其屋織犛牛尾及羖羊毛覆之。國無法令，無徭賦。惟戰伐之時，乃相屯聚，不然則各事生業，不相往來。皆衣裘褐。收養犛牛、牛、豕以供其食。父子、伯叔、兄弟死者，即以繼母、世叔母及嫂、弟婦等為妻。俗無文字，但候草木榮落，記其歲時。三年一相聚，殺牛羊以祭天。

有梁懃者，世為酋帥，得羌豪心，乃自稱王焉。懃孫彌忽，世祖初，遣子彌黃奉表求內附，世祖嘉之，遣使拜彌忽為宕昌王，賜彌黃爵甘松侯。彌忽死，孫虎子立。其地自仇池以西，東西千里，席水以南，南北八百里，地多山阜，人二萬餘落。世修職貢，頗為吐谷渾所斷絕。虎子死，彌治立。虎子弟羊子先奔吐谷渾，吐谷渾遣兵送羊子，欲奪彌治位。彌治遣使請救，顯祖詔武都鎮將宇文生救之，羊子退走。彌治死，子彌機立，遣其司馬利住奉表貢方物。楊文度之叛，圍武都，彌機遣其二兄率衆救武都，破走文度。高祖時，遣使子橋表貢朱沙、雌黃、白石膽各一百斤。自此後，歲以為常，朝貢相繼。後高祖遣鴻臚劉歸、謁者張察拜彌機征南大將軍、西戎校尉、梁益二州牧、河南公、宕昌王。後朝于京師，殊無風禮。朝罷，高祖顧謂左右曰：『「夷狄之有君，不如諸夏之亡也」，宕昌王雖為邊方之主，乃不如中國一吏。』於是改授領護西戎校尉、靈州刺史，王如故，賜以車騎、戎馬、錦彩等，遣還國。

《梁書》卷五四《諸夷傳·宕昌》 宕昌國，在河南之東南，益州之西北，隴西之西，羌種也。宋孝武世，其王梁奈忽始獻方物。天監四年，王梁彌博來獻甘草、當歸，詔以為使持節、都督河、涼二州諸軍事、安西將軍、東羌校尉、河、涼二州刺史、隴西公、宕昌王，佩以金章。彌博死，子彌泰立；大同七年，復授以父爵位。其衣服、風俗與河南略同。

《周書》卷四九《異域傳上·宕昌羌》 宕昌羌者，其先蓋三苗之胤。周時與庸、蜀、微、盧等八國從武王滅商。漢有先零、燒當等，世為邊患。其地，東接中華，西通西域，南北數千里。姓別自為部落，各立酋帥，皆有地分，不相統攝。宕昌即其一也。俗皆土著，居有棟宇。其屋織犛牛尾及羖羊毛覆之。國無法令，又無徭賦。唯征伐之時，乃相屯聚；不然，則各事生業，不相往來。皆衣裘褐，牧養犛牛羊豕，以供其食。父子伯叔兄弟死者，即以其繼母、世叔母、及嫂（姊妹）〔弟婦〕等為妻。俗無文字，但候草木榮落，以記歲時。三年一相聚，殺牛羊以祭天。

有梁（勤）〔勤〕者，世為酋帥，得羌豪心，乃自稱王焉。其界自仇池以西，東西千里，（帶）〔席〕水以南，南北八百里。地多山阜，部衆二萬餘落。勤孫彌忽，始通使于後魏。太武因其所稱而授之。

自彌忽至仚定九世，每修職貢不絕。後見兩魏分隔，遂懷背誕。永熙末，岔定乃引吐谷渾寇金城。大統初，又率其種人入寇。詔行臺趙貴督儀同侯莫陳順等擊破之。岔定懼，稱藩請罪。太祖捨之，拜撫軍將軍。四年，以岔定為南洮州刺史、要安蕃王。後改洮州為岷州，仍以岔定為刺史。是歲，秦州濁水羌反，州軍討平之。七年，岔定又舉兵入寇。獨孤信時鎮隴右，詔信率衆便討之。軍未至而岔定為其下所殺。信進兵破其餘黨。朝廷方欲招懷殊俗，乃更以其弟彌定為宕昌王。

十六年，彌定宗人獠甘襲奪其位，彌定來奔。先是，羌酋傍乞鐵匆等因岔定反叛之際，遂擁衆據渠林川，與渭州民鄭五醜扇動諸羌，阻兵逆命。至是詔大將軍宇文貴、豆盧寧、涼州刺史史寧等率兵討獠甘等，並擒斬之，納彌定而還。語在貴等傳。其後羌酋東念姐、聾廉俱和等反，大將軍豆盧寧、王勇等前後討平之。

保定初，彌定遣使獻方物。三年，又遣使獻生猛獸。四年，彌定寇洮州，總管李賢擊走之。是歲，彌定又引吐谷渾寇石門戍，賢復破之。高祖怒，詔大將軍田弘討滅之，以其地為宕州。

《南史》卷七九《夷貊傳下·西戎》 宕昌國，在河南國之東、益州之西北隴西之地，西羌種也。宋孝武世，其王梁瑾忽始獻方物。梁天監四年，王梁彌博來獻甘草、當歸。詔以爲使持節、都督河涼二州諸軍事、安西將軍、東羌校尉、河涼二州刺史、隴西公、宕昌王。佩以金章。彌博死，子彌泰立。大同七年，復策授以父爵位。其衣服風俗與河南略同。

《北史》卷九六《宕昌傳》 宕昌羌者，其先蓋三苗之胤。周時與庸、蜀、微、盧等八國從武王滅商。漢有先零、燒當等，世為邊患。其地東接中華，西通西域，南北數千里。姓別自為部落，酋帥皆有地分，不相統攝，宕昌即其一也。俗皆土著，居有屋宇。其屋，織犛牛尾及羖羊毛覆之。國無法令，又無徭賦。唯戰伐之時，乃相屯聚；不然，則各事生業，不相往來。皆衣裘褐，牧養犛牛、羊、豕以供其食。父子、伯叔、兄弟死者，即以繼母、世叔母及嫂、弟婦等為妻。俗無文字，但候草木榮落，記其歲時。三年一相聚，殺牛、羊以祭天。

有梁勤者，世為酋帥，得羌豪心，乃自稱王焉。勤孫彌忽，太武初，遣子彌黃奉表求内附。太武嘉之，遣使拜彌忽為宕昌王，賜彌黃爵甘松侯。彌忽死，孫彪子立。其地自仇池以西，東西千里；席水以南，南北八百里。地多山阜，人二萬餘落。世修職貢，頗為吐谷渾所斷絕。彪子死，彌治立。彪子弟羊子先奔吐谷渾，遣兵送羊子，欲奪彌治位。彌治遣使請救，獻文詔武都鎮將宇文生救之，羊子退走。彌治死，子彌機立，遣其司馬利柱奉表貢方物。楊文度之叛，圍武都，彌機遣其二兄率衆救武都，破走文度。孝文時，遣使子橋表貢朱沙、雄黃、白石膽各一百斤。自此後，歲以為常，朝貢相繼。後孝文遣鴻臚劉歸、謁者張察拜彌機征南大將軍、西戎校尉、梁益二州牧、河南公、宕昌王。以助之。

宋·鄭樵《通志》卷四一《都邑略·四夷都·西羌》 宕昌羌居今宕州，其地自仇池以西，東西千里，廗水以南，南北八百里。

論說

《南齊書》卷五九《芮芮虜河南氐羌傳論》 氐、胡獷盛，乘運迭起，秦、趙僭差，相係覆滅，餘類蠢蠢，被西疆而奄北際。芮芮地窮幽都，戎馬天隔。氐楊密邇華、夷，分民接境，侵犯漢、漾，浸逼狼狐，疆埸之心，窺望威德，梁部多難，於斯為梗。殘羌遺種，際運肇昌，盡隴憑河，遠通南驛，據國稱蕃，並受職命。晉氏衰敗，中朝淪覆，滅餘四夷，庶雪戎禍，授以兵杖，升進軍麾，後代因仍，貪廣聲教，綏外懷遠，先名後實。貿易有無，世開邊利，羽毛齒革，無損於我。若夫九種之事，有□□至於此也。

又《芮芮虜河南氐羌傳贊》 芮芮、河南，同出胡種。稱王僭帝，擅強專統。氐、羌孽餘，散出河、隴。來賓往叛，放命承宗。

吐谷渾興亡

綜述

《南齊書》卷五九《河南傳》 河南，匈奴種也。漢建武中，匈奴奴婢亡匿在涼州界雜種數千人，虜名奴婢為貲，一謂之『貲虜』。鮮卑慕容廆庶兄吐谷渾為氐王。在益州西北，亘數千里。其南界龍涸城，去成都千餘里。大戍有四，一在清水川，一在赤水，一在澆河，一在吐屈真川，皆子弟所治。其王治慕賀川。多畜，逐水草，無城郭。後稍為宮屋，而人民猶以氈廬百子帳為行屋。地常風寒，人行平沙中，沙礫飛起，行迹皆滅。肥地則有雀鼠同穴，生黃紫花；瘦地輒有瘴氣，使人斷氣，牛馬得之，疲汗不能行。宋初始受爵命，至宋末，河南王吐谷渾拾寅為使持節、散騎常侍、都督西秦河沙三州諸軍事、車騎大將軍、開府儀同三司、領護羌校尉、西秦河二州刺史。

建元元年，太祖即本官進號驃騎大將軍。宋世遣武衛將軍王世武使河南，是歲隨拾寅使來獻。詔答曰：『皇帝敬問使持節、散騎常侍、都督西秦河沙三州諸軍事、車騎大將軍、開府儀同三司、領護羌校尉、西秦河二州刺史、新除驃騎大將軍、河南王：寶命革授，爰集朕躬，猥當大業，祇惕兼懷，聞之增感。王世武至，得元徽五年五月二十一日表，夏中濕熱，想比平安。又卿乃誠遙著，保寧遐疆。今詔升徽號，以酬忠款。遣王世武銜命拜授。又仍使王世武等往芮芮，想即資遣，使得時達。又奏所上馬等物悉至，今往別牒錦絳紫碧綠黃青等紋各十匹。』

拾寅子易度侯好星文，嘗求星書，朝議不給。寅卒，三年，以河南王世子吐谷渾易度侯為使持節、都督西秦河沙三州諸軍事、鎮西將軍、領護羌校尉、西秦河二州刺史、河南王。永明三年，詔曰：『易度侯守職西蕃，綏懷允緝，忠績兼舉，朕有嘉焉。可進號車騎大將軍。』遣給事中丘冠先使河南道，並送芮芮使。至六年乃還。得玉長三尺二寸，厚一尺一寸。

易度侯卒，八年，立其世子休留茂為使持節、督西秦河沙三州諸軍事、鎮西將軍、領護羌校尉、西秦河二州刺史。復遣振武將軍丘冠先拜授，并行弔禮。冠先至河南，休留茂逼令先拜，冠先厲色不肯，休留茂耻其國人，執冠先於絕巖上推墮深谷而死。冠先字道玄，吳興人，晉吏部郎傑六世孫也。上初遣冠先，示尚書令王儉，儉答上曰：『此人不啻堪行。』乃再銜命。及死，世祖敕其子雄曰：『卿父受使河南，秉忠守死，不辱王命，我甚賞惜。喪屍絕域，不可復尋，於卿後宦塗無妨，甚有高比。』賜錢十萬，布三十匹。

東晉十六國和戰分部

祖逖北伐

綜　述

《晉書》卷五《愍帝紀》　建興元年夏四月，【略】石勒攻龍驤將軍李惲于上白，惲敗，死之。五月壬辰，以鎮東大將軍、琅邪王睿為侍中、左丞相、大都督陝東諸軍事，大司馬、南陽王保為右丞相、大都督陝西諸軍事。又詔二王曰：『夫陽九百六之厄，雖在盛世，猶或遘之。朕以幼沖，纂承洪緒，庶憑祖宗之靈，羣公義士之力，蕩滅凶寇，拯拔幽宮，瞻望未達，肝心分裂。昔周邵分陝，姬氏以隆；平王東遷，晉鄭為輔。今左右丞相茂德齊聖，國之昵屬，當恃二公，掃除鯨鯢，奉迎梓宮，克復中興。令幽、并兩州勒卒三十萬，直造平陽。右丞相宜帥秦、涼、梁、雍武旅三十萬，徑詣長安。左丞相帥所領精兵二十萬，徑造洛陽。分遣前鋒，為幽并後駐。赴同大限，克成元勳。』【略】

六月，石勒害兗州刺史田徽。是時，山東郡邑相繼陷於勒。

秋八月癸亥，劉蜀等達於揚州。改建鄴為建康，改鄴為臨漳。杜弢寇武昌，焚燒城邑。弢別將王真襲沔陽，荆州刺史周顗奔于建康。九月，司空荀藩薨于滎陽。劉聰寇河南，河南尹張髦死之。冬十月，荆州刺史陶侃討杜弢黨杜曾於石城，為曾所敗。己巳，大雨雹。庚午，大雪。十一月，流人楊武攻陷梁州。十二月，河東地震，雨肉。

又　卷六《元帝紀》　（建武元年六月）石勒將石季龍圍譙城，平西將軍祖逖擊走之。己巳，帝傳檄天下曰：『逆賊石勒，肆虐河朔，逋誅歷載，游魂縱逸。復遣凶黨石季龍犬羊之衆，越河南渡，縱其鴆毒。平西將軍祖逖帥衆討擊，應時潰散。今遣車騎將軍，琅邪王裒等九軍，鋭卒三萬，水陸四道，逕造賊場，受逖節度。有能梟季龍首者，賞絹三千匹，金五十斤，封縣侯，食邑二千户。又賊黨能梟送季龍首，封賞亦同之。』【略】

（太興二年五月）平北將軍祖逖及石勒將石季龍戰於濬儀，王師敗績。【略】冬十月，平北將軍祖逖使督護陳超襲石勒將桃豹，超敗，没於陣。十一月戊寅，石勒僭即王位，國號趙。【略】

（三年）二月辛未，石勒將石季龍寇厭次，平北將軍、冀州刺史邵續擊之，續敗，没於陣。【略】秋七月丁亥，【略】祖逖部將衛策大破石勒別軍于汴水。加逖為鎮西將軍。【略】九月，徐龕又叛，降于石勒。【略】

（四年）春二月，徐龕又帥衆來降。【略】夏四月辛亥，帝親覽庶獄。石勒攻厭次，陷之。撫軍將軍、幽州刺史段匹磾没於勒。

又　卷六二《祖逖傳》　逖以社稷傾覆，常懷振復之志。賓客義徒皆暴傑勇士，逖遇之如子弟。時揚土大饑，此輩多為盜竊，攻剽富室，逖撫慰問之曰：『比復南塘一出不？』或為吏所繩，逖輒擁護救解之。談者以此少逖，然自若也。時帝方拓定江南，未遑北伐，逖進說曰：『晉室之亂，非上無道而下怨叛也。由藩王爭權，自相誅滅，遂使戎狄乘隙，毒流中原。今遺黎既被殘酷，人有奮擊之志。大王誠能發威命將，使若逖等為之統主，則郡國豪傑必因風向赴，沈弱之士欣于來蘇，庶幾國耻可雪，願大王圖之。』帝乃以逖為奮威將軍、豫州刺史，給千人稟，布三千匹，不給鎧仗，使自招募。仍將本流徙部曲百餘家渡江，中流擊楫而誓曰：『祖逖不能清中原而復濟者，有如大江！』辭色壯烈，衆皆慨歎。屯于江陰，起冶鑄兵器，得二千餘人而後進。

初，北中郎將劉演距于石勒也，流人塢主張平、樊雅等在譙，演署平為豫州刺史，雅為譙郡太守。又有董瞻、于武、謝浮等十餘部，衆各數百，皆統屬平。逖誘浮使取平，浮譎平與會，遂斬以獻逖。帝嘉逖勳，使運糧給之，而道遠不至，軍中大饑。進據太丘。樊雅遣衆夜襲逖，遂入壘，拔戟大呼，直趣逖幕，軍士大亂。逖命左右距之，督護董昭與賊戰，走之。逖率衆追討，而張平餘衆助雅攻逖。蓬陂塢主陳川，自號寧朔將軍、陳留太守。逖遣使求救於川，川遣將李頭率衆援之，逖遂克譙城。

初，樊雅之據譙也，逖以力弱，求助於南中郎將王含，含遣桓宣領兵助逖。逖既克譙，宣等乃去。石季龍聞而引衆圍譙，含又遣宣救逖，季龍聞宣至而退。宣遂留，助逖討諸屯塢未附者。

李頭之討樊雅也，力戰有勳。逖時獲雅駿馬，頭甚欲之而不敢言，逖知其意，遂與之。頭感逖恩遇，每歎曰：『若得此人為主，吾死無恨。』川聞而怒，遂殺頭。頭親黨馮寵率其屬四百人歸於逖，川益怒，遣將魏碩掠豫州諸郡，大獲子女車馬。逖遣將軍衛策邀擊于谷水，盡獲所掠者，皆令歸本，軍無私焉。川大懼，遂以衆附石勒。逖率衆伐川，石季龍領兵五萬救川，逖設奇以擊之，季龍大敗，收兵掠豫州，徙陳川還襄國，留桃豹等守川故城，住西臺。逖遣將韓潛等鎮東臺。同一大城，賊從南門出入放牧，逖軍開東門，相守四旬。逖以布囊盛土如米狀，使千餘人運上臺，又令數人擔米，偽為疲極而息於道，賊果逐之，皆棄擔而走。賊既獲米，謂逖士衆豐飽，而胡戍饑久，益懼，無復膽氣。石勒將劉夜堂以驢千頭運糧以饋桃豹，逖遣韓潛、馮鐵等追擊于汴水，盡獲之。豹宵遁，退據東燕城，逖使潛進屯封丘以逼之。馮鐵據二臺，逖鎮雍丘，數遣軍要截石勒，勒屯戍漸蹙。候騎常獲濮陽人，逖厚待遣歸。咸感逖恩德，率鄉里五百家降逖。勒又遣精騎萬人距逖，復為逖所破，勒鎮戍歸附者甚多。時趙固、上官巳、李矩、郭默等各以詐力相攻擊，逖遣使和解之，示以禍福，遂受逖節度。【略】

逖為鎮西將軍。石勒不敢窺兵河南，使成皋縣修逖母墓，因與逖書，求通使交市，逖不報書，而聽互市，收利十倍，於是公私豐贍，士馬日滋。方當推鋒越河，掃清冀朔，會朝廷將遣戴若思為都督，逖以若思是吳人，雖有才望，無弘致遠識，且已翦荆棘，收河南地，而若思雍容，一旦來統之，意甚怏怏。

又　卷八一《桓宣傳》　豫州刺史祖逖出屯蘆洲，遣參軍殷乂詣平、雅。乂意輕平，視其屋，云當持作馬廄，見大鑊，欲鑄作鐵器。平曰：『此是帝王大鑊，天下定後方當用之，奈何打破！』乂曰：『卿能保頭不？而惜大鑊邪！』平大怒，於坐斬乂，阻兵固守。歲餘，逖攻平殺之，而雅據譙城。逖以力弱，求助於含，含遣宣領兵五百助逖。逖謂宣曰：『卿先已說平、雅，信義大著於彼。今復為我說雅。雅若降者，方相擢用，不但免死而已。』宣復單馬從兩人詣雅，曰：『祖逖方欲平蕩二寇，每何卿為援。前殷乂輕薄，非豫州意。今若和解，則忠勳可立，富貴可保。若猶固執，東府赫然更遣猛將，以卿烏合之衆，憑阻窮城，强賊伺其北，國家攻其南，萬無一全也。願善量之。』雅與宣置酒結友，遣子隨宣詣逖。少日，雅便自詣逖，逖遣雅還撫其衆。雅僉謂前數罵辱，懼罪不敢降。雅復閉城自守。逖往攻之，復遣宣入說雅。雅即斬異己者，遂出降。未幾，石勒別將圍譙城，含又遣宣率衆救逖，未至而賊退。逖留宣討諸未服，皆破之。遷譙國內史。

又　卷八二《虞預傳》　預以寇賊未平，當須良將，又上疏曰：【略】壽春無鎮，祖逖孤立，前有勁虜，後無係援，雖有智力，非可持久。願陛下諮之羣公，博舉於衆。若當局之才，必允其任，則宜獎厲，使不顧命。

又　卷一〇四《石勒載記上》　平西將軍祖逖攻陳川于蓬關，石季龍救川，逖退屯梁國，季龍使揚武左伏肅攻之。

又　卷一〇五《石勒載記下》　時晉征北將軍祖逖據譙，將平中原。逖善於撫納，自河以南多背勒歸順。勒憚之，不敢為寇，乃下書曰：『祖逖屢為邊患。逖，北州士望也，儻有首丘之思。其下幽州，修祖氏墳墓，為置守冢二家。冀逖如趙他感恩，輟其寇暴。』逖聞之甚悅，遣參軍王愉使於勒，贈以方物，修結和好。勒厚賓其使，遣左常侍董樹報聘，以馬百匹、金五十斤答之。自是兗豫乂安，人得休息矣。

宋·司馬光《資治通鑑》卷八八《晉紀一〇·孝愍皇帝上》　（晉愍帝建興元年）初，范陽祖逖，少有大志，漢涿郡，魏文帝更名曰范陽郡。與劉琨俱為司州主簿，同寢，中夜聞雞鳴，蹴琨覺曰：蹴，子六翻，蹋也。覺，居效翻，寤也。『此非惡聲也！』因起舞。及渡江，左丞相睿以為軍諮祭酒。逖居京口，吳孫權自吳徙丹徒，謂之京城，有京峴山在其東，其城因山為壘，俯臨江津，故曰京口。糾合驍健，糾三合為糾；糾，言合三為一也。言於睿曰：『晉室之亂，非上無道而下怨叛也，由宗室爭權，自相魚肉，遂使戎狄乘隙，毒流中土。今遺民既遭殘賊，人思自奮，大王誠能命將出師，使如逖者統之以復中原，郡國豪傑，必有望風回應者矣！』睿素無北伐之志，以逖為奮威將軍、豫州刺史，給千人廩，布三千疋，給千人糧廩及布三千疋而已。不給鎧仗，使自召募。逖將其部曲百餘家渡江，中流，擊楫而誓曰：『祖逖不能清中原而復濟者，有如大江！』遂屯淮陰，淮陰縣，前漢屬臨淮郡，後漢屬下邳國，晉屬廣陵郡。起冶鑄兵，募得二千餘人而後進。

又　卷九一《晉紀一三·中宗元皇帝中》　（晉元帝太興二年）初，蓬陂塢主陳川蓬陂，即《左傳》之蓬澤，在濬儀縣。自稱陳留太守。祖逖之攻樊雅也，川遣其將李頭助之。頭力戰有功，逖厚遇之。頭每歎曰：『得此人為主，吾死無恨。』川聞而殺之。頭黨馮寵帥其衆降逖，川益怒，大掠豫州諸郡，逖遣兵擊破之。夏，四月，川以濬儀叛，降石勒。

祖逖攻陳川于蓬關，石勒遣石虎將兵五萬救之，戰於濬儀，逖兵敗，退屯梁國。勒又遣桃豹將兵至蓬關，逖退屯淮南。此淮南郡，治壽春。虎徙川部衆五千户于襄國，留豹守川故城。

（晉元帝太興三年）祖逖將韓潛與後趙將桃豹分據陳川故城，豹居西臺，潛居東臺，豹由南門，潛由東門，出入相守四旬。逖以布囊盛土如米狀，使千餘人運上臺，又使數人擔米，息於道。豹逐之，棄擔而走。豹兵久飢，得米，以為逖士衆豐飽，益懼。先以囊盛土運之，潛所以疑之也；又使人擔米以餌豹兵，示之以實也。後趙將劉夜堂以驢千頭運糧饋豹，逖使韓潛及別將馮鐵邀擊于汴水，《水經注》：蒗蕩渠水，自中牟東流，至濬儀縣分為二水，南流者曰沙水，東注者曰汴水；汴水東流入梁郡。盡獲之。豹宵遁，屯東燕城，即漢東郡燕縣也，後魏置東燕縣，屬陳留郡，隋改為胙城縣，屬東郡唐屬滑州。豹兵已有懼人，糧又為逖所獲，故宵遁也。逖使潛進屯封丘逼之。馮鐵據二臺，逖鎮雍丘，封丘、雍丘二縣，皆屬陳留郡。《春秋傳》：敗狄於長丘，在封丘界。雍丘，故杞國也。數遣兵邀擊後趙兵，後趙鎮戍歸逖者甚多，境土漸蹙。

先是，趙固、上官巳、李矩、郭默，互相攻擊，逖馳使和解之，示以禍福，遂皆受逖節度。秋，七月，詔加逖鎮西將軍。逖在軍，與將士同甘苦，約己務施，勸課農桑，撫納新附，雖疏賤者皆結以恩禮。河上諸塢，先有任子在後趙者，皆聽兩屬，居兩界之上者，聽兩屬，因以為間。時遣遊軍僞抄之，明其未附。塢主皆感恩，後趙有異謀，輒密以告，由是多所克獲，自河以南，多叛後趙歸於晉。

逖練兵積穀，為取河北之計。後趙王勒患之，乃下幽州為逖脩祖、父墓，置守冢二家，逖，范陽人，其祖父墓在焉。下，遐嫁翻。因與逖書，求通使及互市。逖不報書，而聽其互市，收利十倍。逖牙門童建殺新蔡內史周密，降于後趙，《姓譜》：顓頊子老童之後，以為氏。勒斬之，送首於逖曰：『叛臣逃吏，吾之深仇，將軍之惡，猶吾惡也。』逖深德之，自是後趙人叛歸逖者，逖皆不納，禁諸將不使侵暴後趙之民，邊境之間，稍得休息。逖聽河上諸塢兩屬，此用間之智也。然石勒為逖脩祖、父墓，斬童建而送其首，亦所姿懈逖推鋒越河之心。

（晉元帝太興四年）豫州刺史祖逖，以戴淵吳士，淵，廣陵人；廣陵，故吳王濞都也。雖有才望，無弘致遠識；且已翦荆棘、收河南地，而淵雍容，一旦來統之，意甚怏怏；又聞王敦與劉、刁構隙，將有內難，知大功不遂，感激發病；九月，壬寅，卒於雍丘。豫州士女若喪父母，譙、梁間皆為立祠。王敦久懷異志，聞逖卒，益無所憚。王敦之所忌，周訪、祖逖，訪卒而逖繼之，宜其益無所憚也。然溫嶠、郗鑒諸人已在晉朝，卒藉之以清大憝。以此知上天生材以應世，世變無窮而人才亦與之無窮，固非姦雄所能逆睹也。

又　卷九六《晉紀一八·顯宗成皇帝中之下》（晉成帝咸康五年）昔祖士雅在譙，佃於城北界，胡來攻，豫置軍屯以禦其外。穀將熟，胡果至，丁夫戰於外，老弱獲於內，多持炬火，急則燒穀而走。如此數年，竟不得其利。當是時，胡唯據河北，方之於今，四分之一耳；言祖逖與石勒對境時，勒僅有河北之地，比之今來石虎據有之地，止四分之一也。士雅不能捍其一而征西欲以御其四，又所疑也。

論　說

《宋史》卷三六三《李光傳》　光奏疏極論朋黨之害：『【略】晉元帝區區草創，猶能立宗社，修宮闕，保江、浙。劉琨、祖逖與逆胡拒戰于幷、冀、兗、豫、司、雍諸州，未嘗陷沒也。石季龍重兵已至歷陽，命王導都督中外諸軍以禦之，未聞專主避狄如今日也。』

清·王夫之《讀通鑑論》卷一一《晉武帝四》　三代以下，用兵以道，而從容以收大功者，其唯羊叔子乎！祖逖之在雍邱，宗澤之在東京，屹立一方以圖遠略，與叔子等。乃逖卒而其弟稱兵以犯順，澤卒而部衆瓦解以為盜，皆求功已急而不圖其安，未嘗學于叔子之道以弭三軍之驕氣，驕則未有能成而不亂者也。

或曰：叔子之時，晉盛而吳衰，擁盛勢以鎮之，則敵亡可以坐待；而逖與澤抗方張之虜，未可以理折，則時異而不可相師矣。

曰：叔子之可以理服，而逖、澤不能者，遇陸抗耳。若夫敵國之氓，信其仁厚而願歸附之，則逖與澤之鄰壤，猶晉、宋之遺黎；而叔子則晉、吳異主，義不相下者也。使逖與澤以此臨之，不愈效乎！夫陸抗亦智深謀遠不與叔子爭一日之利耳，使其狂逞如石勒、女直之為，則其亡愈速；是遇陸抗者，兩碁逢敵之難，而非易制于石勒、女直也。石勒雖驍，而志不及于江、淮，且未幾而國內大亂，甚于孫皓之猶安處也。女直雖競，而斡離不、撻嬾、兀朮各懷猜忌，豖突鹿奔，無有能如陸抗之持重以相制者。使二子以道御兵，以信撫民，以緩制敵，垂之數十年，趙有冉閔之亂，金有完顔亮之變，以順臨逆，以靜待動，易於反掌矣。叔子之功，亦收之身後者也，何至於子弟為梟獍以伏誅，部曲竄萑葦而僨起哉！故曰逖與澤求之已急而未圖其安也。逖有雍邱之可據，而郭默、邵續之流，皆相倚以戴晉；澤有東京之可恃，而兩河忠義，皆相待以效功；與為憒興，而不與為固結，二子之志義尚矣，惜乎其不講于叔子之道也。

雜　録

唐·杜佑《通典》卷一六一《兵十四》　十六國後趙石勒將石季龍大掠陳、蔡間而去，留將桃豹守譙城，住西臺。東晉將祖逖遣將韓潛等鎮東臺。同一大城，賊從南門出入放牧，逖軍開東門，相守四旬。逖以布囊盛土如米狀，使千餘人運上臺，又令數人擔米，偽為疲極而息於道，賊果逐之，皆棄擔而走。賊既獲米，謂逖士衆豐飽，而胡戎饑久，益懼，無復膽氣也。

宋·王欽若等《册府元龜》卷六八一《牧守部·謠頌感瑞》　祖逖為豫州刺史，百姓感悅，嘗置酒大會，耆老中坐流涕曰：吾等老矣，更得父母，死將何恨！乃歌曰：幸哉遺黎免俘虜，三辰既朗遇慈父，元酒忘勞甘瓠脯，何以詠恩歌且舞。其得人心如此。

元·馬端臨《文獻通考》卷三一五《輿地考一·總敍》 初，元帝命祖逖鎮雍邱。建武初，逖北伐，便屯雍邱。今陳留郡縣。逖死，北境漸蹙。大興四年逖死。於是荆、豫、自淮北，今汝南、汝陰、南陽等郡以北。青、兗四州今東萊、東牟、高密、北海、淄川、濟南等郡地。及徐州之半今彭城、瑯琊等郡。陷劉曜、石勒，以合肥、戴若思鎮守之。淮陰、劉隗鎮守，即今山陽郡縣。壽陽、祖約鎮守，後又陷於石勒，季龍死後復之，即今壽春郡也。泗口劉遐鎮守，即今臨淮郡宿遷縣。角城安帝義熙中置，亦在宿遷縣界。為重鎮。

清·顧祖禹《讀史方輿紀要》卷四七《河南二·蓬陂》 晉大興初，蓬陂塢主陳川自稱陳留太守，附于祖逖，繼而以濬儀叛降石勒。逖攻川于蓬關，勒救之，逖敗退。勒尋遣將桃豹守川故城，逖亦遣將韓潛分據其城，潛由東門，豹由南門。勒遣將運糧饋豹，至汴水，逖遣別將馮鐵邀擊，盡獲之。豹宵遁，逖使韓潛進屯封丘，馮鐵據二臺，逖鎮雍丘，威聲甚振。

庾亮北伐

綜　述

《晉書》卷七《成帝紀》 咸康五年夏四月辛未，征西將軍庾亮遣參軍趙松擊巴郡、江陽，獲石季龍將李閎、黃桓等。九月，石季龍將夔安、李農陷沔南，張貉陷邾城，因寇江夏、義陽，征虜將軍毛寶、西陽太守樊濬、義陽太守鄭進並死之。夔安等進圍石城，竟陵太守李陽距戰，破之，斬首五千餘級。安乃退，遂略漢東，擁七千餘家遷于幽冀。冬十二月丙戌，以驃騎將軍、琅邪王岳為司徒。李壽將李奕寇巴東，守將勞揚戰敗，死之。【略】六年春正月庚子，使持節、都督江豫益梁雍交廣七州諸軍事、司空、都亭侯庾亮薨。

又　卷七三《庾亮傳》 時石勒新死，亮有開復中原之謀，乃解豫州授輔國將軍毛寶，使與西陽太守樊峻精兵一萬，俱戍邾城。又以陶稱為南中郎將、江夏相，率部曲五千人入沔中。亮弟翼為南蠻校尉、南郡太守，鎮江陵。以武昌太守陳囂為輔國將軍、梁州刺史，趣子午。又遣偏軍伐蜀，至江陽，執偽荆州刺史李閎、巴郡太守黃植，送於京都。亮當率大衆十萬，據石城，為諸軍聲援，乃上疏曰：『蜀胡二寇凶虐滋甚，內相誅鋤，衆叛親離。蜀甚弱而胡尚强，並佃並守，修進取之備。襄陽北接宛許，南阻漢水，其險足固，其土足食。臣宜移鎮襄陽之石城下，並遣諸軍羅布江沔。比及數年，戎士習練，乘釁齊進，以臨河洛。大勢一舉，衆知存亡，開反善之路，宥逼脅之罪，因天時，順人情，誅逋逆，雪大耻，實聖朝之所先務也。願陛下許其所陳，濟其此舉。淮泗壽陽所宜進據，臣輒簡練部分。乞槐棘參議，以定經略。』帝下其議。時王導與亮意同，郗鑒議以資用未備，不可大舉。亮又上疏，便欲遷鎮。會寇陷邾城，毛寶赴水而死。亮陳謝，自貶三等，行安西將軍。有詔復位。尋拜司空，餘官如故，固讓不拜。

亮自邾城陷沒，憂慨發疾。會王導薨，徵亮為司徒、揚州刺史、錄尚書事，又固辭，帝許之。咸康六年薨，時年五十二。追贈太尉，謚曰文康。喪至，車駕親臨。及葬，又贈永昌公印綬。亮弟冰上疏曰：『臣謹詳先事，亦會聞臣亮對臣等之言，懇懇於斯事。是以屢自陳請，將迄十年。豈直好讓而不肅恭，顧曩時之釁近出宇下，加先帝神武，算略兼該，是以役不逾時，而凶强馘滅。計之以事，則功歸聖主，推之於運，則勝非人力。至如亮等，因聖略之弘，得效所職，事將何論！功將何賞！及後傷蹶，責逾先功，是以陛下優詔聽許。亮實思自效以報天德，何悟身潛聖世，微志長絕，存亡哀恨，痛貫心膂。願陛下發明詔，遂先恩，則臣亮死且不朽。』帝從之。亮將葬，何充會之，歎曰：『埋玉樹於土中，使人情何能已！』

又　卷七七《蔡謨傳》 時征西將軍庾亮以石勒新死，欲移鎮石城，為滅賊之漸。事下公卿。謨議曰：

時有否泰，道有屈伸，暴逆之寇雖終滅亡，然當其强盛，皆屈而避之。是以高祖受黜于巴漢，忍辱于平城也。若爭强於鴻門，則亡不終日。故蕭何曰『百戰百敗，不死何待』也。原始要終，歸於大濟而已。豈與當亡之寇爭遲速之間哉！夫惟鴻門之不爭，故垓下莫能與之爭。文王身圮於羑里，故道泰於牧野；句踐見屈於會稽，故威申于强吳。今日之事，亦由此矣。賊假息之命垂盡，而豺狼之力尚强，宜抗威以待時。

或曰：『抗威待時，時已可矣。』愚以為時之可否在賊之强弱，賊之强弱在季龍之能否。季龍之能否，可得而言矣。自勒初起，則季龍為爪牙，百戰百勝，遂定中國，境土所據，同于魏世。及勒死之日，將相內外欲誅季龍。季龍獨起於衆異之中，殺嗣主，誅寵臣。內難既定，千里遠出，一攻而拔金墉，再戰而斬石生，禽彭彪，殺石聰，滅郭權，還據根本，內外並定，四方鎮守，不失尺土。詳察此事，豈能乎，將不能也？假令不能者為之，其將濟乎，將不濟也？賊前襄陽而不能拔，誠有之矣。不信百戰之效，而執一攻之驗，棄多從少，于理安乎？譬若射者，百發而一不中，可謂之拙乎？且不拔襄陽者，非季龍身也。桓平北，守邊之將耳。賊前攻之，爭疆埸耳，得之為善，不得則止，非其所急也。今征西之往，則異於是。何者？重鎮也，名賢也，中國之人所聞而歸心也。今而西度，實有席捲河南之勢，賊所大懼，豈與桓宣同哉！季龍必率其精兵，身來距爭。若欲與戰，戰何如石生？若欲城守，守何如金墉？若欲阻沔，沔何如大江？蘇峻何如季龍？凡此數者，宜羣校之。

愚謂石生猛將，關中精兵，征西之虎不能勝也。金墉險固，劉曜十萬所不能拔，今征西之守不能勝也。又是時兗州、洛陽、關中皆舉兵擊季龍。今此三處反為其用，方之於前，倍半之覺也。若石生不能敵其半，而征西欲當其倍，愚所疑也。蘇峻之强，不及季龍，沔水之險，不及大江。大江不能禦蘇峻，而以沔水禦季龍，又所疑也。昔祖士雅在譙，佃於城北，慮賊來攻，因以為資，故豫安軍屯，以禦其外。穀將熟，賊果至，丁夫戰於外，老弱獲於內，多持炬火，急則燒穀而走。如此數年，竟不得其利。是時賊唯據沔北，方之於今，四分之一耳。士雅不能捍其一，而征西欲禦其四，又所疑也。或云：『賊若多來，則必無糧。』然致糧之難，莫過崤函。而季龍昔涉此險，深入敵國，平關中而後還。今至襄陽，路既無險，又行其國內，自相供給，方之於前，難易百倍。前已經至難，而謂今不能濟其易，又所疑也。

然此所論，但說征西既至之後耳，尚未論道路之慮也。自沔以西，水急岸高，魚貫泝流，首尾百里。若賊無宋襄之義，及我未陣而擊之，將如之何？今王士與賊，水陸異勢，便習不同。寇若送死，雖開江延敵，以一當千，猶吞之有餘，宜誘而致之，以保萬全。棄江遠進，以我所短擊彼所長，懼非廟勝之算。

朝議同之，故亮不果移鎮。

又 卷八一《桓宣傳》 後庾亮為荊州，將謀北伐，以宣為都督沔北前鋒征討軍事、平北將軍、司州刺史、假節，鎮襄陽。季龍使騎七千渡沔攻之，亮遣司馬王愆期、輔國將軍毛寶救宣。賊三面為地窟攻城，宣募精勇，出其不意，殺傷數百，多獲鎧馬，賊解圍退走。

又 《毛寶傳》 庾亮西鎮，請為輔國將軍、江夏相、督隨義陽二郡，鎮上明。又進南中郎。隨亮討郭默。默平，與亮司馬王愆期救桓宣于章山，擊賊將石遇，破之，進征虜將軍。亮謀北伐，上疏解豫州，請以授寶。於是詔以寶監揚州之江西諸軍事、豫州刺史，將軍如故，與西陽太守樊峻以萬人守邾城。石季龍惡之，乃遣其子鑒與其將夔安、李菟等五萬人來寇，張貉渡二萬騎攻邾城。寶求救於亮，亮以城固，不時遣軍，城遂陷。寶、峻等率左右突圍出，赴江死者六千人，寶亦溺死。亮哭之慟，因發疾，遂薨。

又 卷一〇六《石季龍載記上》 以夔安為征討大都督，統五將步騎七萬寇荊揚北鄙。石閔敗王師于沔陰，將軍蔡懷死之。宣將朱保又敗王師于白石，將軍鄭豹、談玄、郝莊、隨相、蔡熊皆遇害。季龍將張貉度攻陷邾城，敗晉將毛寶於邾西，死者萬餘人。夔安進據胡亭，晉將軍黄沖、歷陽太守鄭進皆降之。安於是掠七萬户而還。

宋·司馬光《資治通鑑》卷九五《晉紀一七·顯宗成皇帝中之上》

（晉成帝咸和九年）辛未，加平西將軍庾亮征西將軍、假節、都督江，荊，豫，益，梁，雍六州軍事、領江豫，荊三州刺史，鎮武昌。陶侃既沒，庾亮始專制上流。雍，於用翻。亮辟殷浩為記室參軍。浩，羡之子也，與豫章太守褚裒、丹陽丞杜乂，皆以識度清遠，善談《老》、《易》，《老》、《易》、《老子》及《易》也。擅名江東，而浩尤為風流所宗。裒，瀨之孫；褚瀨見七十七卷魏元帝景元元年。瀨，離灼翻。乂，錫之子也。杜錫見八十三卷惠帝元康九年。桓彝嘗謂裒曰：『季野有皮裏春秋。』褚裒，字季野。言其外無臧否否，音鄙。而內有褒貶也。謝安曰：『裒雖不言，而四時之氣亦備矣。』

又　卷九六《晉紀一八·顯宗成皇帝中之下》（晉成帝咸康五年）征西將軍庾亮欲開復中原，表桓宣為都督沔北前鋒諸軍事、司州刺史，鎮襄陽；又表其弟臨川太守懌為監梁、雍二州諸軍事、梁州刺史，鎮魏興；自李矩以司州刺史退屯卒子魯陽，居州已寄治荆州界；今始以司州治襄陽。周訪領梁州，治襄陽；今司州既治襄陽，故梁州治魏興。西陽太守翼為南蠻校尉，領南郡太守，鎮江陵；皆假節。又請解豫州，以授征虜將軍毛寶。詔以寶監揚州之江西諸軍事、豫州刺史，與西陽太守樊峻帥精兵萬人戍邾城。邾城在江北，漢江夏郡邾縣之故城也。楚宣王滅邾，徙其君於此，因以為名，今黃州城是也。杜佑曰：黃州東南百二十里，臨江與武昌相對，有邾城，此言唐黃州治所也。西陽縣，漢屬江夏郡，魏分屬弋陽郡，晉惠帝分弋陽為西陽國，江左廢國為郡。以建威將軍陶稱為南中郎將、江夏相，入沔中。稱將二百人下見亮，亮鎮武昌，稱自上流下見之。亮素惡稱輕狡，數稱前後罪惡，收而斬之。亮素怨陶侃，而稱又間亮于王導，蓋以私忿殺之。後以魏興險遠，命庾懌徙屯半洲；半洲在江州界，康帝時，褚裒為江州刺史，鎮半洲。更以武昌太守陳囂為梁州刺史，趣漢中。遣參軍李松攻漢巴郡、江陽。夏，四月，執漢荆州刺史李閎、巴郡太守黃植送建康。漢置荆州于巴郡。漢主壽以李奕為鎮東將軍，代閎守巴郡。

庾亮上疏，言『蜀甚弱而胡尚强，欲帥大衆十萬移鎮石城，遣諸軍羅布江、沔為伐趙之規。』帝下其議。丞相導請許之。太尉鑑議，以為『資用未備，不可大舉。』

（晉成帝咸康五年）及庾亮鎮武昌，卒使毛寶、樊峻戍邾城。趙王虎惡之，以夔安為大都督，帥石鑑、石閔、李農、張貉、李菟等五將軍、兵五萬人寇荆、揚北鄙，二萬騎攻邾城。毛寶求救於庾亮，亮以城固，不時遣兵。

九月，石閔敗晉兵于沔陰，水南為陰，即沔南也。殺將軍蔡懷；夔安、李農陷沔南；晉人蓋置戍于沔南，以備津要。朱保敗晉兵于白石，殺鄭豹等五將軍；《水經注》：栅水導源巢湖，東逕南譙僑郡城南，又東左會清溪水，又東左會白石山水，水發源白石山西。張貉陷邾城，死者六千人，毛寶、樊峻突圍出走，赴江溺死。夔安進據胡亭，《續漢·志》：汝南汝陰縣西北有胡城，春秋胡子之國也。寇江夏；義陽將軍黃沖、義陽太守鄭進皆降于趙。夔安進圍石城，賢曰：石城故城在今復州沔陽縣東南。《水經注》：沔水逕石城西，城因山為固，晉惠帝元康九年，分江夏西部置竟陵郡，治此。竟陵太守李陽拒戰，破之，斬首五千餘級，安乃退。遂掠漢東，擁七千餘户遷于幽、冀。

是時庾亮猶上疏欲遷鎮石城，聞邾城陷，乃止。上表陳謝，自貶三等，行安西將軍；晉方伯帶將軍，有征、鎮、安、平。亮本征西將軍，乞自貶三等，行安西將軍。有詔復位。以輔國將軍庾懌為豫州刺史，監宣城、廬江、歷陽、安豐四郡諸軍事、假節，鎮蕪湖。

論　說

《晉書》卷七三《庾亮傳論》　外戚之家，連輝椒掖，舅氏之族，同氣蘭闈，靡不憑藉寵私，階緣險謁。門藏金穴，地使其驕；馬控龍媒，勢成其逼。古者右賢左戚，用杜溺私之路，愛而知惡，深慎滿覆之灾，是以厚贈瓊瑰，罕升津要。塗山在夏，靡與离稷同驅；姒氏居周，不預燕齊等列。聖人慮遠，殊有旨哉！晉昵元規，參聞顧命。然其筆敷華藻，吻縱濤波，方駕搢紳，足為翹楚。而智小謀大，昧經邦之遠圖；才高識寡，闕安國之長算。璿蕚見誅，物議稱其拔本；牙尺垂訓，帝念深於負芒。是使蘇祖尋戈，宗祧殆覆。已而猜嫌上宰，謀黜負圖。向使郗鑑協從，必且戎車犯順，則與夫呂、產、安、傑，亦何以異哉！幸漏吞舟，免淪昭憲，是庾宗之大福，非晉政之不綱明矣。懌恣凶懷，鴆加連率，再世之後，三陽存僅，餘殃所及，蓋其宜也。

又《庾亮傳贊》　元規矯迹，寵階椒掖。識暗釐道，亂由乘隙。下拜長沙，有慚忠益。季堅清貞，毓德馳名。處泰逾約，居權戒盈。稚恭慷慨，亦擅雄聲。

宋·李燾《六朝通鑑博議》卷三　臣燾曰：蘇峻之亂，庾亮有以召之，晉之宗社若綴，旒然成帝情鍾渭陽，遂免悮國之戮。復使握兵上流，居方面之任，不惟因失政刑亮，亦無耻甚矣。為亮之計，既不能杜門省愆則必以功補過。所謂功者，非激切生事，以僥倖其萬一者也。苟能綏靖邊陲而固吾圉，則亦可謂功矣。亮又不然，遽欲移鎮石城，妄意興復，貪毫髮之利，生戎狄之心。孰謂亮而有謀乎？石城之不可徙者，非謂兵之不可復出，夷狄之罪不可復討也。蓋其移鎮之際當石虎方强之時，以亮而當虎如以肉而投豺狼也。況石城小戍無益於虎存亡耶？使亮有報國之志，欲立功以刷前憤。則必按甲休士，蓄財務農，待其糧食既豐，士卒之氣既盈，而虎有可乘之勢，一舉而滅之，不在遷鎮也。昔漢高祖定天下，使韓信平齊、平燕、平趙，光武中興使耿弇平關中、吳漢平蜀四方之地，度其可取則移兵取之，不聞諸將有徙鎮之事。如亮之兒戲也。幸而有蔡謨之議，其事遂止。亮不自悛，未幾而為邾城之役，終不免於敗。雖然亮用於朝廷，則致藩鎮之兵用於邊境，則啓夷狄之亂易，曰小人勿用必亂邦也，亮之謂矣。

臣熹曰：武昌臨江，與黄岡相對，邾城在黄岡東南百三十里耳。吳能城而守之，晉雖城之而不能守，何也？吳孫權初都武昌，黄龍之初，始還建業。命陸遜輔太子留鎮于鄂，則建業、武昌為吳東西二郡矣。武昌在江南，邾在江北，相距一水之際。吳嘗都武昌，則邾不可不守，晉不以武昌為都，則邾非晉之所急也。又陸遜戍邾之歲，在魏齊王芳即位之二年，當吳魏虎爭而芳以幼童涖事，政出多門，是不能抗遜堂堂之鋒矣。至庾亮之鎮武昌，則石虎方强，有吞噬之志，而亮以清談禦之，其能免於敗乎？夫晉以清談之亮而取非所急之邾，又以犯石虎之强敵，豈可以陸遜之事同年而語耶？若夫毛寶者，良將也，因是而併棄之，惜夫。

宋·徐夢莘《三朝北盟會編》卷二九〇　士伏於巖穴草野，湮鬱而不振，與朝廷之上所以振拔招徠之者，未盡其道歟？區區謏聞，竊疑於此，故敢以言，伏幸垂察。一論襄漢。伏以自東晉至於梁陳，國于吳越者皆以江淮為境，地勢平衍，無大山深谷以為限蔽。據江淮之上流，屯兵宿將以為巨鎮。其地有三：曰襄陽，曰武昌，曰九江。地當孔道，必得其人而後能守。在東晉世，如陶侃、庾亮之徒，相與戮力，以捍蔽一方。北方之兵睢盱熟視而不敢南渡者，以地利所在，勢當然也。伏見鑾。

明·王褘《大事記續編》卷二八　蘇轍曰：敵國相圖，必審於彼已。府將强敵弱，則利於進取；將弱敵强，則利於自守。東晉渡江，中原雖屢有變，而南兵不出，出亦無功，皆夷狄自相屠滅而已。石勒之死，庾亮為北伐之計。石虎之老，庾翼為徙鎮之役，皆無成而死。及符堅之敗，謝安父子有席捲之意，終以兵將奔潰，無尺寸之得。其後宋文自謂富强，以兵挑元魏。梁武志于併吞，失信于高氏。陳宣乘高氏之衰，攘取淮南，皆繼之以亡敗者何？東南地薄兵脆，將非命世之雄，其世固如此也。

藝文

清·彭定求等《全唐詩》卷二七一《竇庠〈東都嘉量亭獻留守韓僕射〉》　庾亮樓何厄，陳蕃榻更崇。有時閑講德，永日靜觀風。玉斝飛無算，金鐃奏未終。重筵開玳瑁，上客集鵷鴻。接武空慚蹇，修文敢並雄。豈須登峴首，然後奉羊公。

又　卷二九四《崔峒〈書情寄上蘇州韋使君兼呈吳縣李明府〉》　陶潛縣裏看花發，庾亮樓中對月明。誰念獻書來萬里，君王深在九重城。

又　卷四二二《元稹〈所思二首〉》　庾亮樓中初見時，武昌春柳似腰肢。相逢相失還如夢，為雨為雲今不知。鄂渚濛濛煙雨微，女郎魂逐暮雲歸。只應長在漢陽渡，化作鴛鴦一隻飛。

又　卷四九二《殷堯藩〈襄口阻風〉》　雪浪排空接海門，孤舟三日阻龍津。曹瞞曾墮周郎計，王導難遮庾亮塵。鷗散白雲沈遠浦，花飛紅雨送殘春。篙師整纜候明發，仍謁荒祠問鬼神。

又　卷五二四《杜牧〈奉送中丞姊夫儔自大理卿出鎮江西敘事書懷因成十二韻〉》　帷帝憂南紀，搜賢與大藩。梅仙調步驟，庾亮拂櫜鞬。一室何勞掃，三章自不冤。精明如定國，孤峻似陳蕃。灞岸秋猶嫩，藍橋水始喧。紅旆掛石壁，黑槊斷雲根。滕閣丹霄倚，章江碧玉奔。一聲仙妓唱，千里暮江痕。私好初童稚，官榮見子孫。流年休掛念，萬事至無言。玉輦君頻過，馮唐將未論。庸書酬萬債，竹塢問樊村。

又　卷五九〇《李郢〈上裴晉公〉》　四朝憂國鬢如絲，龍馬精神海鶴姿。天上玉書傳詔夜，陣前金甲受降時。曾經庾亮三秋月，下盡羊曇兩路棋。惆悵舊堂扃綠野，夕陽無限鳥飛遲。

又　卷六五二《方幹〈月〉》　桂輪秋半出東方，巢鵲驚飛夜未央。

海上風雲搖皓影，空中露氣濕流光。斜臨户牖通宵燭，回照階墀到曉霜。庾亮恃才高更逸，方聞墨翰已成章。

又　卷六五五《羅隱〈途中獻晉州孟中丞〉》　太平天子念蒲東，又委星郎養育功。昨日隼旟辭闕下，今朝珠履在河中。樓移庾亮千山月，樹待袁宏一扇風。不及政成應入拜，晉州何足展清通。

又　卷六八一《韓偓〈驛步癸酉年在南安縣〉》　暫息征車病眼開，況穿松竹入樓臺。江流燈影向東去，樹遞雨聲從北來。物近劉輿招垢膩，風經庾亮汙塵埃。高情自古多惆悵，賴有南華養不材。

又　卷七三三《劉辟〈登樓望月二首〉》　圓月當新霽，高樓見最明。素波流粉壁，丹桂拂飛甍。下瞰千門靜，旁觀萬象生。梧桐窗下影，烏鵲檻前聲。嘯逸劉琨興，吟資庾亮情。遊人莫登眺，迢遞故鄉程。皎潔三秋月，巍峨百丈樓。下分征客路，上有美人愁。帳卷芙蓉帶，簾褰玳瑁鉤。倚窗情渺渺，憑檻思悠悠。未得金波轉，俄成玉箸流。不堪三五夕，夫婿在邊州。

又　卷八三二《貫休〈避地毗陵上王慥使君時黄賊陷東陽公避地於浙右〉》　至理至昭昭，心通即不遙。聖威無遠近，吾道太孤標。辛苦蘇氓俗，端貞答盛朝。氣高吞海嶽，貧甚似漁樵。庾亮風流澹，劉寬政事超。清須遭貴遇，隱已被誰招。栗塢修禪寺，仙香寄石橋。風雷巡稼穡，魚鳥合歌謠。視事私終殺，憂民態亦凋。道高無不及，恩甚固難消。大寇山難隔，孤城數合燒。烽煙終日起，湯沐用心燋。勇義排千陣，誅鋤擬一朝。誓盟違日月，旌旆過寒潮。古驛江雲入，荒宮海雨飄。仙松添瘦碧，天驥減豐膘。似在陳兼衛，終為宋與姚。已覩雲似鹿，即報首皆梟。盡願回清鏡，重希在此條。應憐千萬户，禱祝向唐堯。

又　卷八四八《虛中〈庾樓〉》　郡樓名甚遠，幾换見樓人。庾亮魂應在，清風到白蘋。晴軒分楚漢，夜酒揖星辰。何必匡山上，獨言無世塵。

《全宋詩》卷二七一《石介〈留守待制視學六首·其一〉》　藝祖與王地，諸侯布教宫。冠纓臨曉集，文雅與時隆。泮水差差緑，春沂習習風。袍輝了衿動，旗映講紗紅。節鉞來門外，聲容播國中。分庭等威殺，更僕宴談終。亹亹聞諄誨，拳拳激懦衷。武昌尊庾亮，蜀郡樂文翁。王化周南始，儒縫魯俗通。四方觀表則，後學發童蒙。木鐸傳遺韻，纚衣纘舊功。願公持此道，黄閣弼清躬。

又　《其六》　泮水淥猶淺，春芹葉始敷。旌旗久停住，衿佩儼相趍。庾亮親臨學，哀公不訴儒。茲為表則地，風教自王都。

又　卷五九三《强至〈彭及之邀吴仲源楊公濟與某夜會望湖樓獨某後期為關所隔偶成四篇〉》　月底雲樓一水湄，天光湖色兩琉璃。樽前更坐清風客，筆下爭翻白雪詞。物外骨毛應自爽，世間笑語不容追。千年庾亮胡床後，此興今人亦未衰。

又　卷一二二二《晁説之〈和高二偶作長句〉》　流落歸來少故人，婆娑白髮强容身。雷霆能斷王敦首，宇宙猶多庾亮塵。以國與盟非所志，在邊不戰豈其仁。兼資文武唯高子，誰識中原有虎臣。

又　卷一九一九《劉子翬〈書齋十詠·紙佛〉》　拂兒雖草創，日用最相親。莫遣維摩室，潛生庾亮塵。

又　卷二六四五《馬之純〈白下亭〉》　白下非今白下亭，府城西北舊曾城。石山四面若環合，江水一條如帶横。庾亮憑高臨賊騎，安都問道走齊兵。地形峻極真如此，全勝當時卻月營。

又　卷二七一九《高似孫〈答武昌吴廣文〉》　平生不識武昌樓，官柳青青好在不。庾亮笛吹黄鵠月，簡棲碑駁碧苔秋。山横赤壁含懷斷，水出瞿唐快意流。何處叫君同一醉，並舟秦女擘箜篌。

又　卷二八八〇《華岳〈登樓晚望〉》　六曲朱闌瞰碧虛，淡煙秋水接平蕪。展開風月添詩料，裝點江山歸畫圖。舉足便堪馳駟馬，折腰何必問雙鳧。當年庾亮今還在，定約樓前醉一壺。

又　卷三〇〇六《王邁〈讀慶元黨人家乘蜀〉》　侂怒如關曦，謀畫比井蛙。公乎拚一死，國爾自忘家。庾亮塵難汙，劉輿膩莫加。修名與姱節，皎皎玉無瑕。

又　卷三一三七《白玉蟾〈武昌懷古十詠·南樓〉》　憑暖朱欄醉已酥，樓前眼纈望中痔。漢陽草樹看來短，淮岸漁家淡欲無。薄暮鴉翻千點墨，晴空雁草數行書。多情庾亮吟魂遠，風泛荒花秋滿湖。

又　卷三五八五《徐鈞〈庾亮〉》　戒君刻薄議申韓，老子申韓豈二端。横勢始辭終復擅，異端每向遁辭看。

又《庾翼》　少有經綸濟世謀，拔温輕浩孰能儔。休言庾亮名居最，當在江東第一流。

又　卷三六三七《黄庚〈題東山玩月圖〉》　謝安躡屐遊東山，袁宏登舟宴牛渚。庾亮南樓今在不，坡仙赤壁知何許。滿眼往事轉頭空，千年人物俱塵土。

又　卷三六八四《仇遠〈江上送友〉》　知爾懷親憶故州，相逢沽酒且遲留。夕陽有恨荒荒白，江水無聲泯泯流。孤鳥出潮投渚尾，野蘆飛雪壓船頭。卻愁明月中秋近，不得同登庾亮樓。

又　卷三七一〇《陸文圭〈奉和子華秋懷四首〉》　況值艱難日，那當老病身。後生欺舊輩，俗吏笑高人。易掃張超霧，難清庾亮塵。監梅正相得，鼎能盍調新。

《全宋詞》第四冊《李曾伯〈沁園春・中秋約僚佐觀擊圓，登懷遠，用前韻〉》　唤曲生來，與嫦娥約，從太守游。把玉簫聲寄，蕭關短笛，霓裳曲换，清塞重裘。桂影飄搖，桐陰立盡，多少征人霜滿頭。油幢暇，不掀髯一笑，辜負中秋。　斗杓矗處中州。還有解聞雞起舞不。看鳴弦中鵠，穿楊電激，飛球戲馬，策篷星流。繡帽歸軍，玳簪環客，薄晚同登庾亮樓。浮生事，是幾番玩月，何苦多愁。

《全金詩》卷九四《李俊民〈和子榮〉》　暫使彭宣到後堂，安昌只以醉為鄉。浮雲世事日千變，流水生涯天一方。老子興雖如庾亮，故人恩不減蘇章。能消幾兩尋山屐，回首狐丘本未忘。

《全元詩》第三冊《劉秉忠〈過天井關其三〉》　青樓歌舞碧城春，王謝風流日鬬新。洛下殘花猶殢客，璠間餘酒也狂人。無田易佩蘇秦印，有扇難遮庾亮塵。白晝錦衣多睥睨，一廛何處不安貧。

又　第三六冊《鄭元祐〈題盤松扇頭〉》　曾障西風庾亮塵，支撐根底妙輪囷。屈將千丈虬龍質，一握生綃敢望伸。

又　第四七冊《葉顒〈玩月〉》　屢動袁宏興，狂呼庾亮名。

又　第五五冊《盧琦〈中秋泊雩都東嶽前對月書懷〉》　纖雲不動清宵永，嫦娥開鏡懸秋影。一輪冰玉碧娟娟，萬頃玻瓈寒炯炯。去年此夕赴帝京，錢塘江上邀月明。今年宦游經贛水，停舟對酒雩溪清。雩溪之水清且真，一杯祝月酬波神。人生三萬六千日，對此中秋能幾人。君不見庾亮登樓興起歌，憑欄長嘯思如何。又不見杜陵年老客他州，遥憐兒女閨中愁。英雄儒術知安在，空有虚名至今留。白水書生今已老，常見嬋娟長是好。宦情羈思徒悠悠，醉臥舟中從潦倒。

又　第六〇冊《吕誠〈七月十五夜對月分得樓字〉》　東池月滿重開席，不減當年庾亮樓。每謂人生須縱飲，固知物色總難留。螢光過幔還星散，雲氣行天似水流。高興無窮一作最憶故人秋滿眼，山陰何處有行舟。

《全金元詞・舒頔〈水龍吟・慶陳仲洪造家慶樓〉》　人間何處無樓，算來積善應難得。操持一念，應乎萬事，盡皆陰德。伯仲怡怡，親朋濟濟，雲仍蟄蟄。任才高王粲，興同庾亮，誰敢與，元龍敵。　珍重劉郎好事，好溪山，為君拈出。眼前標緻，壁間圖畫，屏間松竹。春晚憑高，秋晴眺遠，翠紅如識。待他年，看取飛來五鳳，記如椽筆。

明・劉炳《春雨軒集》卷一《潯陽行》　江頭女牆啼野烏，亂石如壘驚濤呼。潯陽九派控吳澤，匡阜千峰迴楚墟。當時形勝誇疆土，連雲宫苑旌旗樹。庾亮樓船赴國仇，黥王版籍歸英主。盛年一去水流東，冠蓋繁華處處空。兩岸蘆花浸明月，滿汀煙樹鳴秋風。古戍何人晚吹笛，客船莫向城邊繫。翠袖琵琶夢已寒，青衫易灑天涯淚。

又　卷二《鄂城懷古》　黄鶴磯頭鸚鵡洲，星分軫翼據江流。周瑜樓櫓風雲冷，庾亮旌旗草樹秋。折戟戰餘潮蝕鐵，量沙餉絶夜呼籌。賦詩横槊今何在，殘月啼烏故壘愁。

明・胡應麟《少室山房集》卷三四《寄丁元父・其一》　豔識千秋帥，驚看萬里侯。風聲雄海岱，意氣重山丘。報國籌先運，開疆筆暫投。援桴推後勁，仗鉞睹先憂。雨雪霏行旆，冰霜綻賜裘。列營屯虎豹，增灶宿貔貅。諭檄流關外，飛書遍隴頭。漁陽塵驟息，遼水淖全收。月滿劉琨塞，天清庾亮樓。胡床無限興，能似昔時不。

又　卷三八《寄李惟寅兼懷王朱兩生四首・其三》　披褐寧高隱，攜書異昔遊。一身投蜀國，十口寄并州。幕借桓温府，床移庾亮樓。即今離合事，萬感碧雲秋。

清・錢謙益《列朝詩集》丙集第二《李東陽〈團墩秋月〉》　庾亮樓前月正明，謝公墩上雨初晴。

又　丙集第五《顧清〈涯翁示獨酌二詩序云是日飲松江酒次韻奉謝

其二》　左掖文書静，西亭竹樹幽。幾時能獨醉，此日是真休。地遠陶潛社，人懷庾亮樓。賞音知有在，誰復步兵求。

《全明詩》第三册卷七〇《陶安〈早過江州〉》　樓廢猶思庾亮床，山邊廟是九江王。近年割據人何在？一片也煙莎曉色蒼。

《全明詞》第二册《夏言〈蘇武慢・次虞韻，題明月榭〉》　臨水推窗，迎風倚檻，長憶玉樓瓊宇。碧嶺堆螺，銀塘鋪練，簷柳細垂金縷。坐待明蟾，修然池閣，幽意有誰共語。舞婆娑、月色滿庭，顧影三人成侶。

夜深時，露濕星榆，波搖海屋，如在清虚之府。冷浸瑶臺，寒生貝闕，應是廣寒難住。庾亮層樓，坡公短棹，幾度照人今古。且徘徊，今夕清光，休管明朝風雨。

清・曾唯《東甌詩存》上册《［宋］陳某〈王宗起城南溪屋〉》　讀書偏愛虚窗静，不管門前庾亮塵。

《清詩匯》卷一二二《朱浩〈登庾樓〉》　潯陽城北一江秋，高棟淩虚舊有樓。千里舳艫連白下，二分煙樹是黄州。風流未必輸前輩，月上還須共此遊。回首匡廬開半壁，爐煙正在紫峰浮。

又　卷一二三《江之紀〈庾樓夜飲〉》　楚天日落殘雲碧，千山萬山起暝色。東風喜客上樓來，吹送飛花滿茵席。樓前長江水拍天，樓上銀鐙四面懸。鐙光直照波心裏，驚起魚龍不得眠。主人酒酣客耳熱，今夕秪許談風月。若使人生無白頭，月到圓時應不缺。君不見此江滚滚流無窮，此樓閲盡幾英雄。仲謀公瑾俱黄土，何況元規與稚恭。龍驤虎視亦何有，潤色江山還是酒。舉杯問天天不言，長庚墮地大如斗。

又　卷一二五《林則徐〈中秋嶰筠尚書招余及關滋圃軍門飲沙角炮臺眺月有作〉》　坡公渡海詩羅浮，涼天佳月皆中秋。鐵橋石柱我未到，黄灣胥口先句留。今夕何夕正三五，晴光如此胡不遊。南陽尚書清興發，約我載酒同扁舟。日午潮回棹東指，順流一葦如輕鷗。鼓柑健兒好身手，二十四槳可少休。轉眸已失大小虎，須臾沙角風帆收。是時戰艦多貔貅，相隨大樹驅蚍蜉。炮聲裂山雜鼓角，檣影蘸水揚旌斿。樓船將軍肅鈐律，雲臺主帥精運籌。大宣皇威震四裔，彼伏其罪吾乃柔。軍中歡宴豈兒戲，此際正復參機謀。行酒東臺對落日，猶如火傘張鬱攸。莫疑秋暑酷于夏，晚涼會有風颼飀。少焉雲斂金波流，夜潮洶湧拋珠球。涵空一白十萬頃，淨洗素練懸滄洲。三山倒影入海底，玉宇隱現開瓊樓。乘槎我欲淩女牛，舉杯邀月與月酬。霓裳曲記大羅詠，廣寒斧是前身修。試陟峰巔看霄漢，銀河瀉露洗我頭。森森寒芒動星斗，光射龍穴龍為愁。蠻煙一掃海如鏡，清氣長此留炎州。三人不假影為伴，袁宏庾亮皆吾儔。醉歸踏月涼似水，仍屏傔從袪鳴騶。褰簾拂枕月隨入，殘宵旅夢皆清幽。今年此夕銷百憂，明年此夕相對不。留詩準備別後憶，事定吾欲歸田疇。

雜録

《宋書》卷三一《天文志二》　庾亮初出鎮武昌，出石頭，百姓于岸上歌曰：『庾公上武昌，翩翩如飛鳥。庾公還揚州，白馬牽旒旐。』又曰：『庾公初上時，翩翩如飛鳥。庾公還揚州，白馬牽流蘇。』後連徵不入，及薨，還都葬。

《晉書》卷二八《五行志中》　庾亮初鎮武昌，出至石頭，百姓于岸上歌曰：『庾公上武昌，翩翩如飛鳥。庾公還揚州，白馬牽旒旐。』又曰：『庾公初上時，翩翩如飛鳥。庾公還揚州，白馬牽流蘇。』後連徵不入，及薨於鎮，以喪還都葬，皆如謠言。

殷浩北伐

綜述

《晉書》卷八《穆帝紀》　（永和八年）九月，冉智為其將馬願所執，降于慕容恪。中軍將軍殷浩帥衆北伐，次泗口，遣河南太守戴施據石門，滎陽太守劉遂戍倉垣。冬十月，秦州刺史王擢為苻健所逼，奔於涼州。【略】

九年春正月乙卯朔，大赦。張重華使王擢與苻健將苻雄戰，擢師敗績。丙寅，皇太后與帝同拜建平陵。三月，旱。交州刺史阮敷討林邑范佛于日南，破其五十餘壘。【略】冬十月，中軍將軍殷浩進次山桑，使平北將軍姚襄為前鋒，襄叛，反擊浩，浩棄輜重，退保譙城。丁未，涼州牧張重華卒，子耀靈嗣。是月，張祚弒耀靈而自稱涼州牧。十一月，殷浩使部將劉啓、王彬之討姚襄，復為襄所敗，襄遂進據芍陂。【略】

十年春正月己酉朔，帝臨朝，以五陵未復，悉而不樂。涼州牧張祚僭帝位。冉閔降將周成舉兵反，自宛陵襲洛陽。辛酉，河南太守戴施奔鮪渚。丁卯，地震，有聲如雷。二月己丑，太尉、征西將軍桓温帥師伐關中。廢揚州刺史殷浩為庶人，以前會稽内史王述為揚州刺史。夏四月己亥，温及苻健子萇戰于藍田，大敗之。五月，江西乞活郭敞等執陳留内史劉仕而叛，京師震駭，以吏部尚書周閔為中軍將軍，屯于中堂，豫州刺史謝尚自歷陽還衛京師。六月，苻健將苻雄悉衆及桓温戰于白鹿原，王師敗績。秋九月辛酉，桓温糧盡，引還。

又　卷七六《王彪之傳》　時殷浩鎮壽陽，便進據洛，營復山陵。屬彪之疾歸，上簡文帝箋，陳弱兒等容有詐僞，浩未應輕進。尋而弱兒果詐，姚襄反叛，浩大敗，退守譙城。

又　卷七七《殷浩傳》　及石季龍死，胡中大亂，朝過欲遂蕩平關河，於是以浩為中軍將軍、假節、都督揚豫徐兗青五州軍事。浩既受命，以中原為己任，上疏北征許洛。將發，墜馬，時咸惡之。既而以淮南太守陳逵、兗州刺史蔡裔為前鋒，安西將軍謝尚、北中郎將荀羨為督統，開江西田千餘頃，以為軍儲。師次壽陽，潛誘苻健大臣梁安、雷弱兒等，使殺健，許以關右之任。初，降人魏脱卒，其弟憬代領部曲。姚襄殺憬，以並其衆，浩大惡之，使龍驤將軍劉啓守譙，遷襄于梁。既而魏氏子弟往來壽陽，襄益猜懼。俄而襄部曲有欲歸浩者，襄殺之，浩於是謀誅襄。會苻健殺其大臣，健兄子眉自洛陽西奔，浩以為梁安事捷，意苻健已死，請進屯洛陽，修復園陵，使襄為前驅，冠軍將軍劉洽鎮鹿臺，建武將軍劉遁據倉垣，又求解揚州，專鎮洛陽，詔不許。浩既至許昌，會張遇反，謝尚又敗績，浩還壽陽。後復進軍，次山桑，而襄反，浩懼，棄輜重退保譙城，器械軍儲皆為襄所掠，士卒多亡叛。浩遣劉啓、王彬之擊襄于山桑，並為襄所殺。

桓温素忌浩，及聞其敗，上疏罪浩曰：

案中軍將軍浩過蒙朝恩，叨竊非據，寵靈超卓，再司京輦，不能恭慎所任，恪居職次，而侵官離局，高下在心。前司徒臣謨執義履素，位居臺輔，師傅先帝，朝之元老，年登七十，以禮請退，雖臨軒固辭，不順恩旨，適足以明遜讓之風，弘優賢之禮。而浩虚生狡説，疑誤朝聽，獄之有司，將致大辟。自羯胡夭亡，羣凶殄滅，而百姓塗炭，企遲拯接。浩受專征之重，無雪耻之志，坐自封植，妄生風塵，遂使寇仇稽誅，姦逆並起，華夏鼎沸，黎元殄悴。浩懼罪將及，不容於朝，外聲進討，内求苟免。出次壽陽，頓甲彌年，傾天府之資，竭五州之力，收合無賴，以自强衛，爵命無章，猜害罔顧。故范豐之屬反叛於芍陂，奇德、龍會作變於肘腋。羌帥姚襄率衆歸化，遣其母弟入質京邑，浩不能撫而用之，陰圖殺害，再遣刺客，為襄所覺。襄遂惶懼，用致逆命。生長亂階，自浩始也。復不能以時掃滅，縱放小豎，鼓行毒害，身狼狽于山桑，軍破碎于梁國，舟車焚燒，輜重覆没。三軍積實，反以資寇，精甲利器，更為賊用。神怒人怨，衆之所棄，傾危之憂，將及社稷。臣所以忘寢屏營，啓處無地。夫率正顯義，所以致訓，明罰敕法，所以齊衆，伏願陛下上追唐堯放命之刑，下鑑《春秋》無君之典。若聖上含弘，未忍誅殛，且宜遐棄，擯之荒裔。雖未足以塞山海之責，粗可以宣誡於將來矣。

竟坐廢為庶人，徙于東陽之信安縣。【略】浩後將改葬，其故吏顧悦之上疏訟浩曰：

伏見故中軍將軍、揚州刺史殷浩體德沈粹，識理淹長，風流雅勝，聲蓋當時，再臨神州，萬里肅清，勳績茂著，聖朝欽嘉，遂授分陝推轂之任。戎旗既建，出鎮壽陽，驅其豺狼，翦其荆棘，收羅向義，廣開屯田，沐雨櫛風，等勤臺僕。仰憑皇威，羣醜革面，進軍河洛，修復園陵。不虞之變，中路猖蹶，遂令為山之功崩于垂成，忠款之志於是而廢。既受削黜，自擯山海，杜門終身，與世兩絶，可謂克己復禮，窮而無怨者也。尋浩所犯，蓋負敗之常科，非即情之永責。論其名德深誠則如彼，察其補過罪己則如此，豈可棄而不恤，使法有餘冤！方今宅兆已成，埏隧已開，懸棺而窆，禮同庶人，存亡有非命之分，九泉無自訴之斯，仰感三良，昊天罔極。若使明詔爰發，旌我善人，崇復本官，遠彰幽昧，斯則國家威恩有兼濟之美，死而可作，無負心之恨。

疏奏，詔追復浩本官。

又　卷八〇《王羲之傳》　羲之既拜護軍，【略】時殷浩與桓溫不協，羲之以國家之安在於內外和，因以與浩書以戒之，浩不從。及浩將北伐，羲之以為必敗，以書止之，言甚切至。浩遂行果為姚襄所敗。復圖再舉，又遺浩書曰：知安西敗喪，公私惋怛，不能須臾去懷，以區區江左，所營綜如此，天下寒心，固以久矣，而加之敗喪，此可熟念。往事豈復可追，顧思弘將來，令天下寄命有所，自隆中興之業。政以道勝寬和為本，力爭武功，作非所當，因循所長，以固大業，想識其由來也。又與會稽王箋陳浩不宜北伐，並論時事曰：【略】夫廟算決勝，必宜審量彼我，萬全而後動。功就之日，便當因其衆而即其實。今功未可期，而遺黎殲盡，萬不餘一。且千里饋糧，自古為難，況今轉運供繼，西輸許洛，北入黃河。雖秦政之弊，未至於此，而十室之憂，便以交至。今運無還期，徵求日重，以區區吳越經緯天下十分之九，不亡何待！而不度德量力，不弊不已，此封內所痛心歎悼而莫敢吐誠。

往者不可諫，來者猶可追，願殿下更垂三思，解而更張，令殷浩、荀羨還據合肥、廣陵，許昌、譙郡、梁、彭城諸軍皆還保淮，為不可勝之基，須根立勢舉，謀之未晚，此實當今策之上者。若不行此，社稷之憂可計日而待。安危之機，易於反掌，考之虛實，著於目前，願運獨斷之明，定之於一朝也。

地淺而言深，豈不知其未易。然古人處閭閻行陣之間，尚或干時謀國，評裁者不以為譏，況廁大臣末行，豈可默而不言哉！存亡所係，決在行之，不可復持疑後機，不定之於此，後欲悔之，亦無及也。

殿下德冠宇內，以公室輔朝，最可直道行之，致隆當年，而未允物望，受殊遇者所以寤寐長歎，實為殿下惜之。國家之慮深矣，常恐伍員之憂不獨在昔，麋鹿之游將不止林藪而已。願殿下暫廢虛遠之懷，以救倒懸之急，可謂以亡為存，轉禍為福，則宗廟之慶，四海有賴矣。

又　卷八三《江逌傳》　中軍將軍殷浩將謀北伐，請為諮議參軍。浩甚重之，遷長史。浩方修復洛陽，經營荒梗，逌為上佐，甚有匡弼之益，軍中書檄皆以委逌。時羌及丁零叛，浩軍震懼。姚襄去浩十里結營以逼浩，浩令逌擊之。逌進兵至襄營，謂將校曰：『今兵非不精，而衆少於羌，且其壍柵甚固，難與校力，吾當以計破之。』乃取數百雞以長繩連之，繫火於足。羣雞駭散，飛集襄營。襄營火發，其亂，隨而擊之，襄遂小敗。及桓溫奏廢浩佐吏，遂免。

又　卷一一六《姚襄載記》　襄少有高名，雄武冠世，好學博通，雅善談論，英濟之稱著于南夏。中軍將軍、揚州刺史殷浩憚其威名，乃因襄諸弟，頻遣刺客殺襄，刺客皆推誠告實，襄待之若舊。浩潛遣將軍魏憬率五千餘人襲襄，襄乃斬憬而幷其衆。浩愈惡之，乃使將軍劉啓守譙，遷襄于梁國蠡臺，表授梁國內史。襄遣權翼詣浩，浩曰：『姚平北每舉動自由，豈所望也。』翼曰：『將軍輕納姦言，自生疑貳，愚謂猜嫌之由，不在於彼。』浩曰：『姚君縱放小人，盜竊吾馬，王臣之體固若是乎？』翼曰：『將軍謂姚平北以威武自强，終為難保，校兵練衆，將懲不恪，取馬者欲以自衛耳。』浩曰：『何至是也。』浩遣謝萬討襄，襄逆擊破之。浩甚怒，會聞關中有變，浩率衆北伐，襄乃要擊浩于山桑，大敗之，斬獲萬計，收其資仗。使兄益守山桑壘，復如淮南。浩遣劉啓、王彬之伐山桑，襄自淮南擊滅之，鼓行濟淮，屯於盱眙，招掠流人，衆至七萬，分置守宰，勸課農桑，遣使建鄴，罪狀殷浩，並自陳謝。

宋・司馬光《資治通鑑》卷九九《晉紀二一・孝宗穆皇帝中之上》

（晉穆帝永和八年）浩上疏請北出許、洛，詔許之，以安西將軍謝尚、北中郎將荀羨為督統，【略】謝尚、姚襄共攻張遇於許昌。秦主健遣丞相東海王雄、衛大將軍平昌王菁略地關東，帥步騎二萬救之。丁亥，戰于潁水之誡橋，據《晉紀》，誡橋，在許昌。尚等大敗，死者萬五千人。尚奔還淮南，襄棄輜重，送尚於芍陂，尚悉以後事付襄。謝尚既敗，姚襄知晉之不足恃，固有去晉之心，矧殷浩又從而速之乎！殷浩聞尚敗，退屯壽春。秋，七月，秦丞相雄徙張遇及陳、潁、許、洛之民五萬餘户於關中，張遇據有許、潁，豈肯斂手受羈制於人乎！苻雄乘勝以兵威徙之，自此遇之死命制於苻氏矣！以右衛將軍楊羣為豫州刺史，鎮許昌。謝尚降號建威將軍。

（晉穆帝永和十年）中軍將軍、揚州刺史殷浩連年北伐，師徒屢敗，糧械都盡；征西將軍桓溫因朝野之怨，上疏數浩之罪，請廢之。朝廷不得已，免浩為庶人，徙東陽之信安。東陽郡本會稽西部都尉，吳孫晧寶鼎元年立郡。信安縣，漢獻帝初平三年，分太末立新安縣，武帝太康元年，更名信安。

東陽郡，唐為婺州。信安縣，唐為衢州治所。自此內外大權一歸於温矣。史言晉氏失權，由用殷浩違其才。

論説

《南齊書》卷五七《魏虜傳論》 齊、虜分，江南為國歷三代矣。華夏分崩，舊京幅裂，覬覦阻兵，事興東晉。二庾藉元舅之盛，自許專征，元規臨邾城以覆師，稚恭至襄陽而反旆。褚裒以徐、兖勁卒，壹没于鄒、魯。殷浩驅楊、豫之衆，大敗于山桑。

《晉書》卷七七《殷浩傳論》 殷浩清徽雅量，衆議攸歸，高秩厚禮，不行而至，咸謂教義由其興替，社稷俟以安危。及其入處國鈞，未有嘉謀善政，出總戎律，唯聞蹙國喪師，是知風流異貞固之才，談論非奇正之要。違方易任，以致播遷，悲夫！蔡謨度德而處，弘斯止足，置以刑書，斯為過矣。

又 卷九一《范弘之傳》 殷浩宜加贈謚，不得因桓温之黜以為國典，仍多敍温移鼎之迹。時謝族方顯，桓宗猶盛，尚書僕射王珣，温故吏也，素為温所寵，三怨交集，乃出弘之為餘杭令。將行，與會稽王道子箋曰：【略】敢緣斯義，志在輸盡。常以謝石黷累，應被清澄，殷浩忠貞，宜蒙褒顯，是以不量輕弱，先衆言之。而惡直醜正，其徒實繁，雖仰恃聖主欽明之度，俯賴明公愛物之隆，而交至之患，實有無賴。下官與石本無怨忌，生不相識，事無相干，正以國體宜明，不應稍計强弱。與浩年時邈絕，世不相及，無復藉聞，故老語其遺事耳，於下官之身有何痛癢，而當為之犯時干主邪！

宋·李燾《六朝通鑑博議》卷四 臣燾曰：用兵非難，養其氣之為難也。惟按甲休兵，將帥無輕敵之志，則投石超距，士卒有敢死之心，故用其兵不可不養其氣，養而未充，尚不可輕用。況不養而用之，得不謂之棄其師。自元帝南渡至穆帝永和之末，晉之君臣一知有以養其氣，則三四十年之間，國可富矣，勢已成矣，兵可舉而用矣。五胡雖强，其不足以抗吾必矣。祖逖既没之後，祖約用河南則敗；庾亮戍邾城則又敗；庾翼取丹水則又敗；褚裒戰代陂則又敗；殷浩出山桑則又敗；非晉之不能敵胡，非南人之不可用於北，惟其威令不振，敗亡相尋，兵未用而氣已索矣。然五胡之于晉有戴天之讎，詎可一日忘之耶。為晉之計，莫若內撫三流，外撫淮甸，次取巴蜀，張吾形勢，然後命忠勇之將專務養士，以全其氣侯。北人有釁則起而乘之，晉可興而胡可滅矣。惜乎晉之君臣不知計之出，此故臣於浩之敗而並論焉。

宋·司馬光《資治通鑑》卷一〇一《晉紀二三·孝宗穆皇帝下》

（晉穆帝升平四年八月）謝安少有重名，前後徵辟，皆不就；寓居會稽，以山水、文籍自娱。雖為布衣，時人皆以公輔期之，士大夫至相謂曰：『安石不出，當如蒼生何！』【略】士始焉所期望者殷浩，浩既無以滿衆望矣，繼而所望者謝安，而安卒能匡輔晉室。世之論者，皆優安而劣浩。余謂盛名之下，其實難副。浩之所以敗，正以與桓温齊名，其心易温；又值石氏之亂，以為可以立功，敗於輕率也。

宋·王楙《野客叢書》卷二《殷浩失望》 士大夫之名節，要其終而後信。區區于一時，僕未敢以為必然者。殷浩少有盛名，三府交辟不就，二庾請以為屬不從，屏居墓所，且幾十年，時人擬之管、葛。王濛、謝尚，當代偉人，亦伺其出處以卜江左興廢，因相與省之，知浩有確然之志。【略】浩之出也，竊意必能康濟四海，以慰中外之望，然經略中原，疏而無術，與桓温不協，且所用非人，卒底桑山之衄。浩之出，不惟一事無立，而喪師辱國，殆有甚焉，朝野於是大失所望，削爵貶竄，固其宜也；而咄咄書空，不能自遣，又可笑者。浩在貶所，其甥告歸，灑然起貧賤親戚離之感，至於揮淚，何遽至此！後桓温遺書，示以引用之意，斯言未必非戲耳。

浩一聞其說，欣然許之，答書慮有乖謬，以忤其意，開閉數十，竟達空函。臨事顛錯，如此可笑，其胸中可知！且喧寂聚散，人之常態，何必苦為悲戚；仇人見招，未必美意，正以示辱，而甘心從之，其無耻如此，尤可鄙也。且殷浩一殷浩耳，向也諸公翕然引用，堅執不起；今也一聞恒温之言，便欣然相從。向也志節甚厲，爵祿不動；今也貶所失侶，遂至悲泣，何其無特操邪！

是蓋浩平日區區矯飾者，至此而敗矣。人惟誠實不可破，苟或矯僞，未有不敗者。僕嘗論之，向使殷浩始終不起，竟守此志，則天下後世將抱不足之恨。浩之為浩，遂指以為夷、齊、四皓之倫，高名偉德，照耀史冊，與日月爭光可也。彼安、導輩，豈能望其仿佛哉？及是一出，一敗塗地，而浩之為浩，乃始得其真，在向之期望者，皆可指為笑端，於是知士大夫之名節，要其終而後定，而始之區區，皆得以欺人。僕深有感于殷浩之事，且笑晉人幾為殷浩所欺，故極論之。

明・張大齡《晉五胡指掌》卷下《羌姚氏》　時殷浩北伐，襄以燕秦方强，未可輒動，乃廣興屯田，訓厲將士。浩忌之，遣客行刺，客反以情告襄，浩又陰令將軍魏憬襲之。襄斬憬，并其衆，而遣參軍權翼使於浩。浩曰：『身與平北共為王臣，平北舉動自專，甚失輔車之理。』翼曰：『平北英姿絶世，擁兵數萬，而遠歸晉室者，以朝廷有道，宰輔賢明故也。今將軍信讒，隙端在此而不在彼矣。』浩曰：『平北生殺自由，又掠吾馬，隙豈在我！』翼曰：『姦宄之人，亦王法所不容，殺之何害。聞將圖平北，故取馬以自衛耳。』浩笑曰：『何至於是。』浩遂帥衆七萬伐秦，以襄為前鋒。襄伏甲襲之，浩奔譙城，襄濟淮，屯盱眙。

藝文

清・彭定求等《全唐詩》卷二八五《李端〈送雍郢州〉》　厭郎思出守，遂領漢東軍。望月逢殷浩，緣江送范雲。城閑煙草遍，浦迥雪林分。誰伴樓中宿，吟詩估客聞。

又　卷五一〇《張祜〈送外甥〉》　衰年生侄少，唯爾最關心。偶作魏舒別，聊為殷浩吟。白波舟不定，黄葉路難尋。自此尊中物，誰當更共斟。

又　卷五二六《杜牧〈江上逢友人〉》　故國歸人酒一杯，暫停蘭棹共裴回。村連三峽暮雲起，潮送九江寒雨來。已作相如投賦計，還憑殷浩寄書回。到時若見東籬菊，為問經霜幾度開。

又　卷五四八《薛逢〈送衢州崔員外〉》　笑分銅虎別京師，嶺下山川想到時。紅樹暗藏殷浩宅，緑蘿深覆偃王祠。風茅向暖抽書帶，露竹迎風舞釣絲。休指巖西數歸日，知君已負白雲期。

又　卷五七七《温庭筠〈秘書劉尚書挽歌詞二首〉》　王筆活鸞鳳，謝詩生芙蓉。學筵開絳帳，談柄發洪鐘。粉署見飛鵬，玉山猜臥龍。遺風麗清韻，蕭散九原松。麈尾近良玉，鶴裘吹素絲。壞陵殷浩謫，春墅謝安棋。京口貴公子，襄陽諸女兒。折花兼踏月，多唱柳郎詞。

又　卷六一三《皮日休〈奉和魯望寒夜訪寂上人次韻〉》　院寒青靄正沈沈，霜棧幹鳴入古林。數葉貝書松火暗，一聲金磬檜煙深。陶潛見社無妨醉，殷浩譚經不廢吟。何事欲攀塵外契，除君皆有利名心。

又　卷六二六《陸龜蒙〈新定陪太守一百五夜南館玩月〉》　風雨教春處處傷，一宵雲盡見滄浪。全無片燭侵光彩，只有清灘助雪霜。煙蔽棹歌歸浦溆，露將花影到衣裳。卻嫌殷浩南樓夕，一帶秋聲入恨長。

《全宋詩》卷一一七三《張耒〈殷浩〉》　田野高風過有熏，廟堂經畫竟無聞。固應竹馬思元子，江左興亡不在君。

又　卷一七九三《張九成〈擬古〉》　平生澹無營，生計亦草草。吾廬盡有餘，懶問長安道。楚澤鶩屈平，書空吒殷浩。願君且休矣，沈憂令人老。

又　卷二九九二《程公許〈和喬石擇善別若水韻〉》　尼嶺飆不可更期，寥空無路寄幽思。階蘭競秀有誰省，貝錦傷讒徒爾為。默坐勿書殷浩怪，擬騷休作楚臣悲。君看雪澗淩霄幹，長有毿毿緑滿枝。

又　卷三六〇三《孫嵩〈感興〉》　清風有佳意，逢者為一娛。曾不救飢渴，政爾飄襟裾。凡物貴有用，論詩用則無。詩成亦自詠，侘傺或昭蘇。身名不相涉，二者如參商。遲其議論公，曠越百世長。於人已無益，離離墳草荒。不知史冊上，更是誰芬芳。猶足厲世俗，曰此有耿光。生前文字冗，寸劄蓐蕘稂。及後乃大行，家有星河章。君欲知其人，近世蘇與黄。夫有酷吏事，良不為奇屯。俗子來吾前，有語無由伸。其愚正可置，而又何為嗔。勿如孤竹子，宇宙生涯垠。匪惟犴樵牧，浩浩冥疏親。鳥故不亂行，獸故不亂羣。在山為遠志，出山為小草。不足凋謝安，適可謂殷浩。夫亦有所懷，非必著枯槁。

又　卷三六五一《陳普〈詠史下・殷浩〉》　王蒙謝尚不堪論，庾翼桓温亦浪言。兩晉士風真可笑，盡將管葛許深源。

《全宋詞》第二冊《王之道〈沁園春・和彥時兄〉》　城郭蕭條，風雨霏微，醖造春愁。況鶩羣雕鶚，未諧薦禰，棘棲鸞鳳，猶歎棲仇。世路如棋，人情似紙，厚薄高低何日休。逢殷浩，會披雲對月，同賦南樓。堪嗟日月如流。甚首夏揭來今半秋。縱荻花楓葉，强撩歸思，有蓴羹菰飯，歸更何憂。三板松舟，一篙秋水，百里淮山無暫留。何須問，蘧蘧栩栩，孰是莊周。

又 第三冊《京鏜〈洞庭春色·次宇文總領韻〉》 命駕訪嵇，泛舟思戴，此興甚濃。料情侔楊惲，烏烏拊缶，意輕殷浩，咄咄書空。莫訝羣芳淹速異，到時序推排元自同。休悵望，任春來桃李，秋後芙蓉。因嗟錦城四載，漫贏得、齒豁頭童。歎裏門密邇，易成間闊，詩筒頻寄，難續新工。我已懷歸今得請，念此地遲回誰似公。經濟手，看鸞臺鳳閣，晚節收功。

《全元詩》第四冊《郝經〈書磨崖碑後〉》 汝南昔曾謁公祠，霜日皓冽森英姿。乃今江館坐牢落，奪目忽睹中興碑。神明煥若還舊觀，義烈凛凛生見之。滯氣激起天宇豁，快意發塚揮金錘。生平每為二賢惜，以技掩節公義之。不阿桓温止殷浩，遺世脱屣終遊嬉。平原突兀杲卿死，李唐中葉公能持。政令二賢書不工，隻字片楮猶當奇。矧于超出二王筆，冠冕百代書家師。坡仙論書至公止，此本於公又奇至。正筆篆玉藏李斯，出筆存鋒兼漢隸。古硬陵轢瘞鶴銘，韻勝韜抉蘭亭記。離堆雄峻僅能亞，畫贊沈深還櫛比。書法至此為絶塵，頓覺諸家異端異。恢宏正大極遒緊，馳騖剛方窮壯麗。萬古千秋討賊心，二十四城忠義氣。惜哉歲久頗殘缺，苔蝕潮春寖磨滅。去國幾年似者希，滄海遺珠亦奇絶。酒酣對酌虎賁郎，况乃摩挲是明月。斷畫嶄嶄屹斷金，倔彊常山筆端舌。中間剥泐尚含糊，慘澹中丞面餘蔑。載看激裂壯士肝，意苦時危將泣血。置書勿論撫膺歎，更有何人似公節。忠貞端不負巡遠，文字尤令重元結。只今誰識段文昌，世上焉知李希烈！終南太華皆可磨，後人竟莫墮嵯峨。惟餘浯溪青天一片石，照耀邃古馳江河。誰能與世見此不朽業，蕩攘邪穢蠲祆痾。再立元氣攄澆訛，踵武至德肩元和，九原起公吾其歌。

又 第二八冊《陳樵〈送烏經歷歸二十韻〉》 大府羅賓彦，修門得俊賢。明時優外任，密畫制中權。曉日卿雲麗，高秋白月懸。千尋看壁立，百鍊識金堅。殷浩名無忝，崔羣美可專。緋袍臨僻壤，華髮憶流年。山揖金華秀，城當婺女躔。民風仍皞皞，王道故平平。玄暢塵囂外，芙蓉爽氣邊。憲臺依翠柏，幕府擁紅蓮。法謹持三尺，書應受一編。公言歸可否，德意賴承宣。歙郡推夷直，河陽贊巨川。可能羞噲伍，豈復愧盧前。淵媚珠含彩，林輝玉吐煙。豫籌才婉婉，歸思忽翩翩。趨拜麒麟殿，違離玳瑁筵。幾時嗟蠖屈，後日看鶯遷。空遺參軍紙，曾辭太守錢。雙溪清若許，明月送歸船。

又 第四七冊《郯韶〈送趙季文之湖州知事二首·其一〉》 曾聞大郡元僚佐，江左文繁費剩裁。殷浩固稱多士選，郗超元是濟時才。題詩金井穿雲洞，下馬窪尊坐石臺。兼有故人資策畫，春風日日好懷開。

《全金元詞·王惲〈水龍吟·送焦和之赴西夏行省〉》 當年紫禁煙花，相逢恨不知音早。秋風倦客，一杯情話，為君傾倒。回首燕山，月明庭樹，兩枝烏繞。正情馳魏闕，空書怪事，心膽墮，傷殷浩。禍福無端倚伏，問古今，幾人明瞭。滄浪漁父，歸來鷩笑，靈均枯槁。邂逅淇南，歲寒獨在，故人襟抱。恨黄塵障盡，西山遠目，送斜陽鳥。

清·錢謙益《列朝詩集》丙集第七《桑悦〈感懷詩其十四〉》 逝水激飛輪，灘碓日夜舂。黌宮養修翰，一息天池通。鼎食窮水陸，羅衣舞春風。誰知殷浩廢，咄咄能書空。

雜録

南朝宋·劉義慶《世説新語·黜免》 殷中軍（浩）被廢在信安，終日恒書空作字。揚州吏民尋義逐之，竊視唯作『咄咄怪事』四字而已。

《宋書》卷二四《天文志二》 永和五年四月丁未，太白犯東井。占曰：『秦有兵。』九月戊戌，太白犯左角。占曰：『為兵。』十月，月犯昴。占曰：『朝廷有憂，軍將死。』十一月乙卯，彗星見於亢，芒西向，色白，長一丈。占曰：『為兵喪。』是年八月，褚裒北徵兵敗。十月，關中二十餘壁舉兵歸從，石遵攻没南陽。十一月，冉閔殺石遵，又盡殺胡十餘萬人，於是中土大亂。十二月，褚裒薨。八年，劉顯、苻健、慕容儁並僭號。殷浩北伐敗，見廢。

又 卷三〇《五行志一》 晉穆帝永和八年正月乙巳，雨，木冰。是年，殷浩北伐；明年，軍敗；十年，廢黜。又曰，荀羨、殷浩北伐，桓温入關之象也。

又 卷三三《五行志四》 晉穆帝永和四年五月，大水。是時幼主沖弱，母后臨朝；又將相大臣，各爭權政。與咸和初同事也。永和五年五月，大水。永和六年五月，大水。永和七年七月甲辰夜，濤水入石頭，死者數百人。去年，殷浩以私忿廢蔡謨，遐邇非之。又幼主在上，而殷、桓交惡，選徒聚甲，各崇私權。陰勝陽之應也。一説濤入石頭，江右以為兵占。是後殷浩、桓温、謝尚、荀羨連年征伐。

《晉書》卷一三《天文志下》 庚戌，月犯建星。占曰：『大臣相謀。』是時，殷浩敗績，卒致遷徙。

又 卷二七《五行志上》 穆帝永和八年正月乙巳，雨，木冰。是年殷浩北伐，明年軍敗，十年廢黜。又曰，荀羨、殷浩北伐，桓温入關之象也。

清·湯球輯《九家舊晉書輯本》卷七《何法盛〈晉中興書〉》 殷浩北伐，江逌為長史。及丁零反叛，謂張遇，浩軍震懼。姚襄去軍十里結草為營，方欲擊浩，浩甚懷憂，令逌伐之。逌曰：『今兵非不精，而衆少於羌，且塹柵甚固，難與校力。』乃取數百雞，以長繩連之，脚皆繫火，一時驅放，以兵遏後。羣雞駭散，一時飛過塹，並集於羌營，火皆燃。因其驚亂，縱兵擊之，襄遂摧退。

苻堅南征

綜 述

北魏·崔鴻《十六國春秋》卷四《前秦録》 十九年，晉車騎桓沖率衆十萬寇襄陽，遣其前將軍劉波攻沔北。堅大怒，遣其子征南鉅鹿公睿、冠軍慕容垂、左衛毛當等將步卒五萬救襄陽。堅下書曰：『吳人敢恃江山，屢寇王境，宜時進討，以清宇內。便可戒嚴，速修戎備，發州民，則十丁遣一，兵居門在灼然者，為崇文義從。朕將登會稽，復禹績，伐國存君，義同三王。其以司馬昌明為左僕射，謝安為吏部尚書，桓沖為侍郎，勢還不遠，可並為起第。』八月戊午，遣征南大將軍陽平公融、騎從張蠔、撫軍大將軍高陽公苻方、衛軍梁成、平南慕容暐、冠軍慕容垂，步騎二十五萬為前鋒。甲子，堅發長安，戎長戎卒六十餘萬，騎二十七萬，前後千里。九月，堅至項城，涼州之兵始達咸陽。蜀漢之軍，順流而下。幽冀之衆，至於彭城，東西萬里，水陸齊進。融等攻壽春，晉遣都督謝石、徐州刺史謝玄、豫州刺史桓伊、水陸七萬，敗堅於肥水。堅為流矢所中，單騎遁還于淮北，顧謂夫人張氏曰：『朕若用朝臣之言，豈見今日之事邪，當何面目復臨天下乎！』潸然流涕。

堅諸軍悉潰，惟慕容垂一軍獨全。比至洛陽，百官威儀、軍容粗備。未及關而垂有二志，説堅請巡撫燕岱，並求拜墓，堅許之。權翼固諫以為不可，堅不從。

堅至自淮南，次於長安東之行宮，入告罪于太廟。丁零翟斌反于河南，長樂公苻丕遣慕容垂及苻飛龍討之。垂南結丁零，殺飛龍，盡坑其衆。垂引丁零、烏丸之衆二十餘萬，為飛梯地道以攻鄴城。慕容暐弟泓先為北城長史，聞垂攻鄴，亡命奔關東，收諸馬牧鮮卑，衆至數千，還屯華陰。暐乃潛使諸弟及宗人起兵於外，堅遣將軍强永率騎擊之，為泓所敗，泓衆遂盛，自稱大都督、雍州牧、濟北王，推叔父垂為丞相、大司馬、冀州牧、吳王。堅謂權翼曰：『吾不從卿言，鮮卑至是。關東之地，吾不復與之爭，若將泓何？』翼曰：『寇不可長，慕容垂正可據山東為亂，不暇近逼，今暐及宗族種類，盡在京師，鮮卑之衆，布於畿甸，實社稷之憂，宜遣重將討之。』堅乃以廣平公熙鎮蒲阪。苻睿為都督，配兵五萬，姚萇為司馬，討泓于華澤。平陽太守慕容沖起兵河東，有衆二萬，進攻蒲阪，命竇衝討之。苻睿勇果輕敵，至華澤，敗績，被殺。堅大怒，萇懼誅，遂叛。竇衝擊慕容沖於河東，大破之，沖奔於泓。泓至十萬餘，遣使謂堅曰：『秦師傾敗，將興復大燕，吳王以定關東，可速資備大駕，奉送家兄皇帝返鄴都，與秦以虎牢為界，分王天下。』堅怒，召暐責之，暐叩頭流血陳謝。堅久之曰：『此自三豎之罪，非卿之過。』復其位，待之如初。命暐以書招諭垂及泓、沖，使息兵還長安，恕其反叛之罪。而暐遣使謂泓曰：『今秦數已終，當不復能久立，吾既籠中之人，必無還理，勉建大業，以興復為務。』泓於是進向長安，改年曰燕興。堅率步騎二萬討姚萇於北地，姚萇率衆七萬來攻，堅為萇所敗，聞慕容沖去長安一百餘里，引師而歸，使苻方戍驪山，拜苻暉都督中外諸軍事，配兵五萬，拒沖。暉師敗績。

《魏書》卷九五《臨渭氐苻健傳》 堅南伐司馬昌明，戎卒六十萬，騎二十七萬，前後千里，旗鼓相望。堅至項城，涼州兵始達咸陽，蜀漢之軍，順流而下，幽冀之衆，至於彭城，東西萬里，水陸齊進，運漕萬艘，自河入石門，達於汝潁。堅弟陽平公融攻壽春，克之。融馳使白堅曰：『賊少易俘，但懼越逸，宜速進軍。』堅大悅，捨大軍于項城，輕騎八千，兼道赴之。堅與融登城，望昌明將謝石軍，又望八公山上草木皆類人形，顧謂融曰：『此亦勁敵也，何謂少乎！』憮然有懼色。謝石欲戰，苻融陳逼肥水，石遣使謂融曰：『君若小退師，令將士周旋，僕與君公緩轡而觀之，不亦美也？』融於是麾軍卻陳，欲因其濟，覆而取之。軍遂奔退，制之不可止。融馬倒見殺，軍遂大敗。謝石乘勝追擊，至於青岡，死者相枕。堅單騎遁還淮北。初，謡言曰：『堅不出項。』君臣勸堅停項，為六軍聲鎮，堅不從。諸軍悉潰，唯其冠軍慕容垂一軍獨全，堅以千餘騎赴之。收集離散，比至洛陽，衆十餘萬。【略】

行未及關，垂有貳志，説堅請巡撫燕代，並求拜墓，許之。垂遂殺堅驍騎將軍石越、鎮軍將軍毛當，引丁零之衆攻堅子長樂公丕於鄴。慕容泓、沖起兵華澤，堅遣子叡、暉前後擊泓，為泓所敗。長安鬼夜哭三旬。沖又擊殺堅將姜宇於灞上，遂屯阿房，進逼長安。堅登城觀之，歎曰：『此虜何從而出？其强若斯！』大言責沖曰：『爾輩羣奴，正可牧牛羊，何為送死！』沖曰：『奴則奴矣，既厭奴苦，取爾見代。』堅遣使送錦袍一領遺沖，使者稱有詔：『古人兵交，使在其間。卿遠來草創，得無勞乎？今送一袍，以明本懷。朕於卿恩分如何，而於一朝忽為此變？』沖命詹事答之，亦稱皇太弟有令：『孤今心在天下，豈顧一袍小惠。苟能知命，便可君臣束手，早送皇帝。自當寬貸苻氏，以酬曩好，終不使既往之事，獨美於前。』堅大怒曰：『朕不用王景略、陽平公之言，使白虜敢至於此！』

《晉書》卷九《孝武帝紀》 （寧康四年）二月戊午，苻堅使其子丕攻陷襄陽，執南中郎將朱序，又陷順陽。三月，大疫。【略】夏四月，苻堅將韋鍾陷魏興，太守吉挹死之。五月，苻堅將句難、彭超陷盱眙，高密內史毛璪之為賊所執。六月，大旱。戊子，征虜將軍謝玄及超、難戰於君川，大破之。【略】

（六年）十二月甲辰，苻堅遣其襄陽太守閻震寇竟陵，襄陽太守桓石虔討擒之。【略】

（七年）九月，東夷五國遣使來貢方物。苻堅將都貴焚燒沔北田穀，略襄陽百姓而去。【略】

八年春二月癸未，黄霧四塞。三月，始興、南康、廬陵大水，平地五丈。丁巳，大赦。夏五月，輔國將軍楊亮伐蜀，拔五城，擒苻堅將魏光。秋七月，鷹揚將軍郭洽及苻堅將張崇戰于武當，大敗之。八月，苻堅帥衆渡淮，遣征討都督謝石、冠軍將軍謝玄、輔國將軍謝琰、西中郎將桓伊等距之。九月，詔司徒、琅邪王道子録尚書六條事。冬十月，苻堅弟融陷壽春。乙亥，諸將及苻堅戰於肥水，大破之，俘斬數萬計，獲堅輿輦及雲母車。【略】十二月，【略】前句町王翟遼背苻堅，舉兵于河南，慕容垂自鄴與遼合，遂攻堅子暉於洛陽。仇池公楊世奔還隴右，遣使稱藩。【略】

（太元）八年，夏五月，輔國將軍楊亮伐蜀，拔五城，擒苻堅將魏光。秋七月，鷹揚將軍郭洽及苻堅將張崇戰于武當，大敗之。八月，苻堅帥衆渡淮，遣征討都督謝石、冠軍將軍謝玄、輔國將軍謝琰、西中郎將桓伊等距之。九月，詔司徒、琅邪王道子録尚書六條事。冬十月，苻堅弟融陷壽春。乙亥，諸將及苻堅戰於肥水，大破之，俘斬數萬計，獲堅輿輦及雲母車。十一月庚申，詔衛將軍謝安勞旋師于金城。

又 卷七九《謝安傳》 時苻堅强盛，疆埸多虞，諸將敗退相繼。安遣弟石及兄子玄等應機征討，所在克捷。拜衛將軍、開府儀同三司，封建昌縣公。堅後率衆，號百萬，次於淮肥，京師震恐。加安征討大都督。玄入問計，安夷然無懼色，答曰：『已別有旨。』既而寂然。玄不敢復言，乃令張玄重請。安遂命駕出山墅，親朋畢集，方與玄圍棋賭別墅。安常棋劣于玄，是日玄懼，便為敵手而又不勝。

安顧謂其甥羊曇曰：『以墅乞汝。』安遂遊涉，至夜乃還，指授將帥，各當其任。玄等既破堅，有驛書至，安方對客圍棋，看書既竟，便攝放床上，了無喜色，棋如故。客問之，徐答云：『小兒輩遂已破賊。』既罷，還內，過户限，心喜甚，不覺屐齒之折，其矯情鎮物如此。以總統功，進拜太保。

又《謝玄傳》 時苻堅遣軍圍襄陽，車騎將軍桓沖禦之。詔玄發三州人丁，遣彭城內史何謙遊軍淮泗，以為形援。襄陽既没，堅將彭超攻龍驤將軍戴逯于彭城。玄率東莞太守高衡、後軍將軍何謙次於泗口，欲遣間使報逯，令知救至，其道無由。小將田泓請行，乃没水潛行，將趣城，為賊所獲。賊厚賂泓，使云『南軍已敗』。泓偽許之。既而告城中曰：『南軍垂至，我單行來報，為賊所得，勉之！』遂遇害。時彭超置輜重於留城，玄乃揚聲遣謙等向留城。超聞之，還保輜重。謙馳進，解彭城圍。超復進軍南侵，堅將句難、毛當自襄陽來會。超圍幽州刺史田洛于三阿，有衆六萬。詔征虜將軍謝石率水軍次涂中，右衛將軍毛安之、遊擊將軍河間王曇之、淮南太守楊廣、宣城內史丘準次堂邑。既而盱眙城陷，高密內史毛藻没，安之等軍人相驚，遂各散退，朝廷震動。玄於是自廣陵西討難等。何謙解田洛圍，進據白馬，與賊大戰，破之，斬其偽將都顔。因復進擊，又破之。斬其偽將邵保。超、難引退。玄率何謙、戴逯、田洛追之，戰於君川，復大破之。玄參軍劉牢之攻破浮航及白船，督護諸葛侃、單父令李都又破其運艦。難等相率北走，僅以身免。於是罷彭城、下邳二戍。詔遣殿中將軍慰勞，進號冠軍，加領徐州刺史，還于廣陵，以功封東興縣侯。

及苻堅自率兵次於項城，衆號百萬，而涼州之師始達咸陽，蜀漢順流，幽并係至。先遣苻融、慕容暐、張蠔、苻方等至潁口，梁成、王顯等屯洛澗。詔以玄為前鋒、都督徐兗青三州揚州之晉陵幽州之燕國諸軍事，與叔父征虜將軍石、從弟輔國將軍琰、西中郎將桓伊、龍驤將軍檀玄、建威將軍戴熙、揚武將軍陶隱等距之，衆凡八萬。玄先遣廣陵相劉牢之五千人直指洛澗，即斬梁成及成弟雲，步騎崩潰，爭赴淮水。牢之縱兵追之，生擒堅偽將梁他、王顯、梁悌、慕容屈氏等，收其軍實。堅進屯壽陽，列陣臨肥水，玄軍不得渡。玄使謂苻融曰：『君遠涉吾境，而臨水為陣，是不欲速戰。諸君稍卻，令將士得周旋，僕與諸君緩轡而觀之，不亦樂乎！』堅衆皆曰：『宜阻肥水，莫令得上。我衆彼寡，勢必萬全。』堅曰：『但卻軍，令得過，而我以鐵騎數十萬向水，逼而殺之。』融亦以為然，遂麾使卻陣，衆因亂不能止。於是玄與琰、伊等以精鋭八千涉渡肥水。石軍距張蠔，小退。玄、琰仍進，決戰肥水南。堅中流矢，臨陣斬融。堅衆奔潰，自相蹈藉投水死者不可勝計，肥水為之不流。餘衆棄甲宵遁，聞風聲鶴唳，皆以為王師已至，草行露宿，重以飢凍，死者十七八。獲堅乘輿雲母車，儀服、器械、軍資、珍寶山積，牛馬驢騾駱駝十萬餘。詔遣殿中將軍慰勞。進號前將軍、假節，固讓不受。賜錢百萬，彩千匹。

又《謝石傳》 淮肥之役，詔石解僕射，以將軍假節征討大都督，與兄子玄、琰破苻堅。先是，童謡云：『誰謂爾堅石打碎。』故桓豁皆以『石』名子，以邀功焉。堅之敗也，雖功始牢之，而成于玄、琰，然石時實為都督焉。

又 卷八一《朱序傳》 太元中，苻堅南侵，謝石率衆距之。時堅大兵尚在項，苻融以三十萬衆先至。堅遣序説謝石，稱己兵威。序反謂石曰：『若堅百萬之衆悉到，莫可與敵，及其未會，擊之，可以得志。』於是石遣謝琰選勇士八千人涉肥水挑戰。堅衆小卻，序時在其軍後，唱云：『堅敗！』衆遂大奔，序乃得歸。拜龍驤將軍、琅邪內史，轉揚州豫州五郡軍事、豫州刺史，屯洛陽。

又 卷八四《劉牢之傳》 時車騎將軍桓衝擊襄陽，宣城內史胡彬率衆向壽陽，以為沖聲援。牢之領卒二千，為彬後繼。淮肥之役，苻堅遣其弟融及驍將張蠔攻陷壽陽，謝玄使彬與牢之距之。師次硤石，不敢進。堅將梁成又以二萬人屯洛澗，玄遣牢之以精卒五千距之。去賊十里，成阻澗列陣。牢之率參軍劉襲、諸葛求等直進渡水，臨陣斬成及其弟雲，又分兵斷其歸津。賊步騎崩潰，爭赴淮水，殺獲萬餘人，盡收其器械。堅尋亦大敗，歸長安，餘黨所在屯結。牢之進平譙城，使安豐太守戴寶戍之。遷龍驤將軍、彭城內史，以功賜爵武岡縣男，食邑五百户。牢之進屯鄄城，討諸未服，河南城堡承風歸順者甚衆。

又 卷一一四《苻堅載記下》 彗星掃東井。自堅之建元十七年四月，長安有水影，遠觀若水，視地則見人，至是則止。堅惡之。上林竹死，洛陽地陷。**【略】**

晉車騎將軍桓沖率衆十萬伐堅，遂攻襄陽。遣前將軍劉波、冠軍桓石虔、振威桓石民攻沔北諸城；輔國楊亮伐蜀，攻拔伍城，進攻涪城，龍驤胡彬攻下蔡；鷹揚郭銓攻武當；沖別將攻萬歲城，拔之。堅大怒，遣其子征南睿及冠軍慕容垂、左衛毛當率步騎五萬救襄陽，揚武張崇救武當，後將軍張蠔、步兵校尉姚萇救涪城。睿次新野，垂次鄧城。王師敗張崇于武當，掠二千餘户而歸。睿遣垂及驍騎石越為前鋒，次於沔水。垂、越夜命三軍人持十炬火，繫炬於樹枝，光照十數里中。沖懼，退還上明。張蠔出斜谷，楊亮亦引兵退歸。

堅下書悉發諸州公私馬，人十丁遣一兵。門在灼然者，為崇文義從。良家子年二十已下，武藝驍勇，富室材雄者，皆拜羽林郎。下書期克捷之日，以帝為尚書左僕射，謝安為吏部尚書，桓沖為侍中，並立第以待之。良家子至者三萬餘騎。其秦州主簿金城趙盛之為建威將軍、少年都統。遣征南苻融、驃騎張蠔、撫軍苻方、衛軍梁成、平南慕容暐、冠軍慕容垂率步騎二十五萬為前鋒。堅發長安，戎卒六十餘萬，騎二十七萬，前後千里，旗鼓相望。堅至項城，涼州之兵始達咸陽，蜀漢之軍順流而下，幽、冀之衆至於彭城，東西萬里，水陸齊進。運漕萬艘，自河入石門，達於汝、潁。

融等攻陷壽春，執晉平虜將軍徐元喜、安豐太守王先。垂攻陷鄖城，害晉將軍王太丘。梁成與其揚州刺史王顯、弋陽太守王詠等率衆五萬，屯於洛澗，栅淮以遏東軍。成頻敗王師。晉遣都督謝石、徐州刺史謝玄、豫州刺史桓伊、輔國謝琰等水陸七萬，相繼距融，去洛澗二十五里，憚成不進。龍驤將軍胡彬先保硤石，為融所逼，糧盡，詐揚沙以示融軍，潛遣使告石等曰：『今賊盛糧盡，恐不見大軍。』融軍人獲而送之。融乃馳使白堅曰：『賊少易俘，但懼其越逸，宜速進衆軍，掎禽賊帥。』堅大悦，恐石等遁也，捨大軍于項城，以輕騎八千兼道赴之，令軍人曰：『敢言吾至壽春者拔舌。』故石等弗知。晉龍驤將軍劉牢之率勁卒五千，夜襲梁成壘，克之，斬成及王顯、王詠等十將，士卒死者萬五千。謝石等以既敗梁成，水陸繼進。堅與苻融登城而望王師，見部陣齊整，將士精鋭，又北望八公山上草木，皆類人形，顧謂融曰：『此亦勍敵也，何謂少乎！』憮然有懼色。初，朝廷聞堅入寇，會稽王道子以威儀鼓吹求助於鍾山之神，奉以相國之號。及堅之見草木狀人，若有力焉。

堅遣其尚書朱序説石等以衆盛，欲脅而降之。序詭謂石曰：『若秦百萬之衆皆至，則莫可敵也。及其衆軍未集，宜在速戰。若挫其前鋒，可以得志。』石聞堅在壽春也，懼，謀不戰以疲之。謝琰勸從序言，遣使請戰，許之。時張蠔敗謝石于肥南，謝玄、謝琰勒卒數萬，陣以待之。蠔乃退，列陣逼肥水。王師不得渡，遣使謂融曰：『君懸軍深入，置陣逼水，此持久之計，豈欲戰者乎？若小退師，令將士周旋，僕與君公緩轡而觀之，不亦美乎！』融於是麾軍卻陣，欲因其濟水，覆而取之。軍遂奔退，制之不可止。融馳騎略陣，馬倒被殺，軍遂大敗。王師乘勝追擊，至於青岡，死者相枕。堅為流矢所中，單騎遁還於淮北，饑甚，人有進壺飧豚髀者，堅食之，大悦，曰：『昔公孫豆粥何以加也！』使賜帛十匹，綿十斤。辭曰：『臣聞白龍厭天池之樂而見困豫且，陛下目所睹也，耳所聞也。今蒙塵之難，豈自天乎！且妄施不為惠，妄受不為忠。陛下，臣之父母也，安有子養而求報哉！』弗顧而退。堅大慚，顧謂其夫人張氏曰：『朕若用朝臣之言，豈見今日之事邪！當何面目復臨天下乎？』潸然流涕而去。聞風聲鶴唳，皆謂晉師之至。其僕射張天錫、尚書朱序及徐元喜等皆歸順。初，諺言『堅不出項』，羣臣勸堅停項，為六軍聲鎮，堅不從，故敗。

諸軍悉潰，惟慕容垂一軍獨全，堅以千餘騎赴之。垂子寶勸垂殺堅，垂不從，乃以兵屬堅。初，慕容暐屯鄖城，姜成等守漳口，晉隨郡太守夏侯澄攻姜成，斬之，棄其衆奔還。堅收離集散，比至洛陽，衆十餘萬，百官威儀軍容粗備。未及關而垂有貳志，説堅請巡撫燕、岱，並求拜墓，堅許之。權翼固諫以為不可，堅不從。尋懼垂為變，悔之，遣驍騎石越率卒三千戍鄴，驃騎張蠔率羽林五千戍并州，留兵四千配鎮軍毛當戍洛陽。堅至自淮南，次於長安東之行宮，哭苻融而後入，告罪於其太廟，赦殊死已下，文武增位一級，厲兵課農，存恤孤老，諸士卒不返者皆復其家終世。贈融大司馬，謚曰哀公。

苻融，字博休，堅之季弟也。少而岐嶷夙成，魁偉美姿度。堅既有意荆、揚，時慕容垂、姚萇等常説堅以平吳封禪之事，堅謂江東可平，寢不暇旦。融每諫曰：『知足不辱，知止不殆，窮兵極武，未有不亡。且國家，戎族也，正朔會不歸人。江東雖不絶如綖，然天之所相，終不可滅。』堅曰：『帝王歷數豈有常哉，惟德之所授耳！汝所以不如吾者，正病此不達變通大運。劉禪可非漢之遺祚，然終為中國之所幷。吾將任汝以天下之事，奈何事事折吾，沮壞大謀！汝尚如此，況於衆乎！』堅之將入寇也，融又切切諫曰：『陛下聽信鮮卑、羌虜諂諛之言，採納良家少年利口之說，臣恐非但無成，亦大事去矣。垂、萇皆我之仇敵，思聞風塵之變，冀因之以逞其凶德。少年等皆富足子弟，希關軍旅，苟說佞諂之言，以會陛下之意，不足采也。』堅弗納。及淮南之敗，垂、萇之叛，堅悼恨彌深。

又 卷一二五《乞伏國仁載記》 及堅興壽春之役，征為前將軍，領先鋒騎。會國仁叔父步頹叛於隴西，堅遣國仁還討之。步頹聞而大悅，迎國仁于路。國仁置酒高會，攘袂大言曰：『苻氏往因趙石之亂，遂妄竊名號，窮兵極武，跨僭八州。疆宇既寧，宜綏以德，方虛廣威聲，勤心遠略，騷動蒼生，疲弊中國，違天怒人，將何以濟！且物極則虧，禍盈而覆者，天之道也。以吾量之，是役也，難以免矣。當與諸君成一方之業。』及堅敗歸，乃招集諸部，有不附者，討而幷之，衆至十餘萬。及堅為姚萇所殺，國仁謂其豪帥曰：『苻氏以高世之姿而困於烏合之衆，可謂天也。夫守常迷運，先達耻之；見機而作，英豪之舉。吾雖薄德，藉累世之資，豈可睹時來之運而不作乎！』

《北史》卷一五《魏諸宗室傳》 昭成季年，苻堅遣其行唐公苻洛等來寇南境，昭成遣劉庫仁逆戰于石子嶺。昭成時不勝，不能親勒衆軍，乃率諸部避難陰山，度漠北。高車四面寇抄，復度漠南。苻洛軍退，乃還雲中。

初，昭成以弟孤讓國，乃以半部授孤。孤子斤失職懷怨，欲伺隙為亂。獻明皇帝及秦明王翰皆先終，道武年甫五歲，慕容後子閼婆等雖長，而國統未定。斤因是說實君曰：『帝將立慕容所生，欲先殺汝，是以頃來諸子戎服，夜以兵仗繞廬舍，伺便將發。』時苻洛等軍猶在君子津，夜常警備，諸皇子挾仗彷徨廬舍，寔君以斤言為信，乃盡殺諸皇子，昭成亦暴崩。其夜，諸皇子婦及宮人奔告洛軍。堅將李柔、張蠔勒兵內逼，部衆離散。苻堅聞之，召燕鳳問其故，以狀對。堅曰：『天下之惡一也！』

又 卷二一《燕鳳傳》 燕鳳嘗使苻堅，堅問鳳曰：『代王何如人？』對曰：『寬和仁愛，經略高遠，一時雄主也。常有併吞天下之志。』堅曰：『卿輩北人，無剛甲利兵，敵弱則進，敵强則退，安能幷兼邪？』鳳曰：『北人壯悍，上馬持三仗，驅馳若飛。主上雄雋，率服北土，控弦百萬，號令若一。軍無輜重樵爨之苦，輕行速捷，因敵取資。此南方所以疲弊，北方所以常勝也。』堅曰：『彼國人馬多少？』鳳曰：『控弦之士數十萬，見馬一百萬匹。』堅曰：『卿言人衆則可，說馬太多。』鳳曰：『雲中川自東山至西河二百里，北山至南山百餘里，每歲孟秋，馬常大集，略為滿川。以此推之，使人言猶未盡。』鳳還，堅厚加贈遺。

及昭成崩，道武將遷長安。鳳以道武幼弱，固請於苻堅曰：『代主初崩，臣子亡叛，遺孫沖幼，莫相輔立。其別部大人劉庫仁勇而有智，鐵弗衛辰狡猾多端，皆不可獨任。宜分部為二，令人統之。兩人素有深仇，其勢莫能先發，此禦邊之上策。待其孫長，乃存而立之，是陛下大惠于亡國也。』堅從之。

又 卷三六《薛辯傳》 及堅如河東伐張平，自與數百騎馳至强壘下，求與（王猛）相見。强使主簿責之。因慷慨宣言曰：『此城終無生降之臣，但有死節之將耳。』堅諸將請攻之，堅曰：『須吾平晉，自當面縛。捨之以勸事君者。』後堅伐晉，軍敗，强遂總宗室强兵，威振河輔，破慕容永於陝川。

又 卷九三《僭僞附庸傳》 昭成末，衛辰導苻堅寇魏南境，王師敗績。堅遂分國人爲二部，自河以西，屬之衛辰；自河以東，屬之劉庫仁。堅後以衛辰爲單于，督攝河西新類，屯於代來。【略】

堅伐晉，以萇爲龍驤將軍，督益梁州諸軍事，謂萇曰：『朕本以龍驤建業，龍驤之號，初未假人，今特以相授。山南之事，一以委卿。』堅左將軍竇中進曰：『王者無戲言，此亦不臧之徵也，惟陛下察之。』堅默然。及慕容泓起兵華澤，堅遣子衛大將軍睿討之，戰敗，爲泓所殺。時萇爲睿司馬，懼罪奔馬牧。聚衆萬餘，自稱大將軍、大單于、萬年秦王，號年白雀。數月之間，衆至十餘萬。與慕容冲連和，進屯北地。苻堅出五將山，萇執而殺之。

宋·張預《十七史百將傳》卷七《晉謝玄傳》 襄陽既没，堅將彭超攻龍驤將軍戴逯于彭城。玄率東莞太守高衡、後軍將軍何謙次於泗口，欲遣間使報逯，令知救至，其道無由。小將田泓請行，乃没水潛行，將趣城，為賊所獲。賊厚賂泓，使云『南軍已敗』。泓偽許之，既而告城中曰：『南軍垂至，我單行來報，為賊所得，勉之！』遂遇害。時彭超置輜重於留城，玄乃揚聲遣謙等向留城。超聞之，還保輜重。謙馳進，解彭城圍。

及苻堅自率兵次於項城，衆號百萬，而涼州之師始達咸陽，蜀、漢順流，幽、并繼至。先遣苻融、慕容暐、張蠔、苻方等至潁口，梁成、王先等屯洛澗。詔以玄為前鋒，都督徐兗青三州、揚州之晉陵、幽州之燕國諸軍事，與叔父征虜將軍石、從弟輔國將軍琰、西中郎將桓伊、龍驤將軍檀元、建威將軍戴熙、揚武將軍陶隱等拒之，衆凡八萬。玄先遣廣陵相劉牢之五千人直指洛澗，即斬梁成及成弟雲，步騎崩潰，爭赴淮水。

牢之縱兵追之，生禽堅偽將梁佗、王顯、梁悌、慕容屈氏等，收其軍實。堅進屯壽陽，列陣臨淝水，玄軍不得渡。玄使謂苻融曰：『君遠涉吾境而臨水為陣，是不欲速戰。諸君稍卻，令將士得周旋，僕與諸君緩轡而觀之，不亦樂乎！』堅衆皆曰：『宜阻淝水，莫令得上。我衆彼寡，勢必萬全。』堅曰：『但卻軍，令得過，而我以鐵騎數十萬向水，逼而殺之。』融亦以為然，遂麾使卻陣，衆因亂不能止。於是玄與琰、伊等以精銳八千涉渡淝水。

石軍拒張蠔，小退。玄、琰仍進，決戰淝水南。堅中流矢，臨陣斬融。堅衆奔潰，自相蹈藉投水死者不可勝計，淝水為之不流。餘衆棄甲宵遁，聞風聲鶴唳，皆以為王師已至，草行露宿，重以飢凍，死者十七八。詔遣殿中將軍慰勞，進號前將軍，固辭不受。賜錢百萬，彩千匹。既而安奏苻堅喪敗，宜乘其釁會，以玄為前鋒都督，率冠軍將軍桓石虔徑造渦潁，經略舊都。玄復率衆次於彭城，遣參軍劉襲攻堅兗州刺史張崇於鄄城，走之，使劉牢之守鄄城。

兗州既平，玄患水道險澀，糧運艱難，用督護聞人奭謀，堰呂梁水，樹柵，立七埭為派，擁二岸之流，以利運漕。自此公私利便。又進伐青州，故謂之青州派。遣淮陵太守高素以三千人向廣固，降堅青州刺史苻朗。又進伐冀州，遣龍驤將軍劉牢之據碻磝，濟陽太守郭滿據滑臺，奮武將軍顏雄渡河立營。堅子丕遣將桑據屯黎陽。玄命劉襲夜襲據，走之。丕惶遽欲降，玄許之。

論　說

宋·李燾《六朝通鑑博議·卷五》　臣燾曰：智者不獨知人，亦必有以知天。蓋人可以力取，可以智勝，而智謀衆力所不能違者，天而已。況禮樂之地正朔所在，天意眷佑，不可與爭，苻堅恃區區之衆，欲以勝天，其愚甚矣。智如信、勇如布、威如莽，天所不與，終膏斧鉞，況下於此者乎？故王猛、苻融、丁寧為堅言之，彼蓋知此者矣。

宋·司馬光《資治通鑑》卷一〇六《晉紀二八·烈宗孝武皇帝中之上》　（晉武帝太元十年）臣光曰：論者皆以為秦王堅之亡，由不殺慕容垂、姚萇故也，臣獨以為不然。許劭謂魏武帝治世之能臣，亂世之姦雄。使堅治國無失其道，則垂、萇皆秦之能臣也，烏能為亂哉。堅之所以亡，由驟勝而驕故也。魏文侯問李克，吳之所以亡，對曰：『數戰數勝。』文侯曰：『數戰數勝，國之福也，何故亡？』對曰：『數戰則民疲，數勝則主驕，以驕主御疲民，未有不亡者也。』秦王堅似之矣。

《金史》卷七六《宗本傳》　海陵將伐宋，因賜羣臣宴，顧謂玉曰：『【略】朕今欲伐江南，卿以爲如何？』【略】玉曰：『天以長江限南北，舟楫非我所長。苻堅百萬伐晉，不能以一騎渡，以是知其不可。』

《宋史》卷二九二《丁度傳》　度言：『苻堅以百萬師寇晉，謝安命駕出遊以安人心。請給假如故，無使外夷窺朝廷淺深。』

又　卷二九五《尹洙傳》　洙作《敍燕》，曰：【略】勝敗兵家常勢。悉內以擊外，失則舉所有以棄之，苻堅淝水、哥舒翰潼關是也。

又　卷三三八《蘇軾傳》　軾見安石贊神宗以獨斷專任，因試進士發策，以『晉武平吳以獨斷而克，苻堅伐晉以獨斷而亡，【略】事同而功異』為問。

又　卷三五九《李綱傳下》　紹興四年冬，金人及僞齊來攻，綱具防禦三策，謂：【略】昔苻堅以百萬衆侵晉，而謝安以偏師破之。使朝廷措置得宜，將士用命，安知北敵不授首於我？顧一時機會所以應之者如何耳。

又　卷四三三《楊萬里傳》　淳熙十二年五月，以地震，（萬里）應詔上書曰：古者立國必有可畏，非畏其國也，畏其人也。故苻堅欲圖晋，而王猛以爲不可，謂謝安、桓冲江左之望，是存晋者，二人而已。【略】昔者謝玄之北御苻堅，而郗超知其必勝；桓温之西伐李勢，而劉倓知其必取。

清・王夫之《讀通鑑論》卷一四《孝武帝》　先王之教，覿文匿武，非徒以靜民氣而崇文治也。文可覿，武不可覿。不可覿者，不可以教，教之而武黷，黷則衰。苻堅作教武堂，命太學生明陰陽兵法者教諸將，狄道也，而適足以亡。其為狄道者，獎武以蕩人心而深其害氣，言治者或知其不可矣，而妄人猶以迂疏誚之；其適足以亡也，則人未有能信其必然者。善哉岳武穆之言曰：『運用之妙，存乎一心。』武而可以教教者哉？教之習之，其志玩，其氣愒，其取敗亡必矣。

兵之所尚者勇，勇非可教而能者也；所重者謀，謀非可豫設而為教者也。若其束伍之嚴，訓練之勤，甘苦與共之以得士心，則取之六經而已足。其他詭誕不經而適以僨軍殺將者，則陰陽時日壬遁星氣之嘖嘖多言，非可進而進，可乘而不乘，以鬼道敗人之謀者也。至於騎射技擊之法，雖可習焉，而精於態者不給於用；口授而目營之，規行矩止，觀天畫地，疑鬼疑神，以沮其氣而蕩其心，不敗何待焉？自非狂狡虛妄之士，孰敢任為之師。自非市井亡賴竄身幹進之徒，孰樂為之弟子。官為之制，妄人嘗試焉，只以亂天下，而武備日以玩而衰。苻堅之好虛名而無實用，若此類者衆矣，國破身死，而後人猶效之，愚不可瘳，一至此乎！

清・趙翼《陔餘叢考》卷四〇　古來用兵，往往兵多者敗。蓋兵過多則號令不齊，氣勢不貫，必不能有臂指相使之用。且為將者有恃衆之意而謀多疏，為兵者亦有恃衆之心而戰不力。【略】淝水之戰，苻堅戎卒六十餘萬，騎二十七萬，其先至者已三十萬，乃為謝玄等八萬人所敗。

藝　文

清・彭定求等《全唐詩》卷一七六《李白〈送張遙之壽陽幕府〉》

壽陽信天險，天險横荆關。苻堅百萬衆，遥阻八公山。不假築長城，大賢在其間。戰夫若熊虎，破敵有餘閒。張子勇且英，少輕衛霍孱。投軀紫髯將，千里望風顔。勖爾效才略，功成衣錦還。

又　卷五二二《杜牧〈西江懷古〉》　上吞巴漢控瀟湘，怒似連山淨鏡光。魏帝縫囊真戲劇，苻堅投箠更荒唐。千秋釣艇歌明月，萬里沙鷗弄夕陽。范蠡清塵何寂寞，好風唯屬往來商。

又　卷六四七《胡曾〈詠史詩・東晋〉》　石頭城下浪崔嵬，風起聲疑出地雷。何事苻堅太相小，欲投鞭策過江來。

又《八公山》　苻堅舉國出西秦，東晋危如累卵晨。誰料此山諸草木，盡能排難化為人。

又　卷六八五《吴融〈經苻堅墓〉》　百里煙塵散杳冥，新平一隰草青青。八公山石君知否，休更中原作彗星。

又　卷七二九《周曇〈六朝門・苻堅〉》　百萬南征幾馬歸，叛亡如蝟亦何悲。賓擒敵國諸戎主，更遣權兵過在誰。

又《再吟》　空知勇鋭不知兵，困獸孤軍未可輕。安有長驅百餘萬，身馳幾旅欲先征。

又《又吟》　水影星光怪異多，不思修德事干戈。無謀拒諫仍輕敵，國破身擒將奈何。

又　卷七六七《孫元晏〈晋・謝玄〉》　百萬兵來逼合肥，謝玄為將統雄師。旌旗首尾千餘里，渾不消他一局棋。

又《謝公賭墅》　發遣將軍欲去時，略無情撓只貪棋。自從乞與羊曇後，賭墅功成更有誰。

又《苻堅投箠》　投箠填江語未終，謝安乘此立殊功。三臺星爛乾坤在，且與張華死不同。

宋・陸遊《劍南詩稿》卷三一《歲暮感懷以餘年諒無幾休日愴已迫為韻其五》　江左謝太傅，高臥頗自喜。東山豈不佳，惜也終一起。阿堅偶自敗，元子亦適死。區區疑謗中，勳業端有幾？當時嘲小草，雖戲實中理。所以山中人，至今笑園綺。

《全宋詩》卷一九一七《劉子翬〈和士特南浦詩〉》　羽檄分兵控上流，時傳烽火過鄰州。樓船半渡旌旗曉，胡馬欲來江漢秋。淝水投鞭真流語，幄中借箸有奇謀。吾儒雅有康時意，不把詩輕萬户侯。

又　卷二〇一〇《員興宗〈歌兩淮〉》　君不見昔日秦魏之兵扼上流，阿堅阿瞞皆老謀。淝水血腥赤壁潰，兩豪一蹶泯默至死休。

又　卷二五七六《袁説友〈與副伴王領衛論弈象〉》　輕兵三十二，一著見安危。疋馬渡河日，單車馳敵時。棘門漫兒戲，淝水付枰棋。小試平戎手，將軍更出奇。

又　卷二六四五《馬之純〈蔣帝廟〉》　爵以土王從六代，謚為莊武自南唐。緣何血食垂千祀，為有威靈庇一方。魏有鍾離尋敗走，秦屯淝水輒奔亡。蟲生火起徒妖怪，載記還應擇未詳。

又　卷二六八一《張閏〈雜興〉》　南渡人物中，第一數安石。經營江左民，成敗固先識。苻堅擁百萬，朝野總憂色。長驅不量德，在法真餌敵。談笑付兒輩，茲豈試一擲。捷至偶折屐，胸中未易測。議者謂矯情，妄意窺悃愊。

又　卷二七三五《金朋説〈苻堅伐晉〉》　南國山河不易力，鳳鞭欲使斷江流。驕兵百萬填淝水，狼狽歸來國已休。

又　卷二七四四《李璧〈再和雁湖十首〉》　夢鏡紛紜擾棄餘，尚連許國守心俱。投鞭絕笑保邊策，聚米重尋破隴圖。天外悠悠回雁使，眼前擾擾牧豬奴。移床試向春風坐，面旋飛霙卷一湖。

又　卷二七八七《孔葢〈開禧丁卯制置使葉寶文團結淮西山水寨四十七處繪圖見示〉》　專閫威名仰四馳，韜鈴秘鏵快圖披。守江不若守淮陰，禦故何如料敵奇。棋墅無驚惟太傅，風寒能護是良醫。投鞭那有流堪斷，屹立長城報主知。

又　卷二八一八《戴復古〈隨軍轉運司王宣子上巳日會客〉》　蘭亭飲客酬佳節，淝水收功定幾時。

又　卷二八七一《王遂〈牛渚曲〉》　岷江赴東海，牛渚鎮中流。古來濟渡處，落日迷滄洲。江東名勝士，清談付悠悠。氛埃更五閏，毒烈遍九州。六龍起當天，爝火不敢留。長繩繫佛塔，鐵纜濟王舟。執玉朝羣後，職方登九丘。民生三代後，不數李與劉。太平二百年，內寧忘外憂。一馬飛渡江，王氣東南浮。誰為逆胡計，敢作明神羞。飲水昧佛狸，投鞭效堅頭。蕭蕭楊林渡，寒日風飀飀。煙雨出蒙沖，霜雪揮戈矛。夜半虜帳驚，明日無胡酋。笑談折樽俎，心膽落氈裘。諸夷戒謀夏，三邊罷防秋。時從老枝問，吃吃談不休。創業道何盛，中興德幾侔。禹績渺千載，武功待人收。天方厭此虜，吾忍忘其仇。偷安固大患，幸勝非良籌。外防固難馳，內政何當修。兩山點蛾眉，攢此千古愁。小臣乏長策，何以裨前流。請因受邑地，為賦艱難由。

又　卷二八九三《洪咨夔〈送郎丞之桐城〉》　江北江南雪意催，半酣椎起征喂桅。銳從猿鶴歸休去，剛被功名引調來。破虜檄傳淝水定，屯田疏上皖陂開。筆端矍鑠精神在，莫只清吟伴老槐。

又　卷二九三四《魏了翁〈子益教授再用韻賦弈自審機從諫之誨某復和呈〉》　從衡腷膊競相酬，伺擊贏行緯復遊。或把疑兵勝淝水，或乘猛勢失荆州。

又　卷三〇六〇《劉克莊〈竹溪直院盛稱起予草堂詩之善暇日覽之多有可恨者因效顰作十首亦前人廣騷反騷之意內二十九首用舊題惟歲寒知松柏被褐懷珠玉三首效山谷餘十八首別命題或追錄少作並存於卷以訓童蒙之意·圍棋賭墅〉》　安石心夷曠，難將淺見窺。能拚百弓墅，只賭一枰棋。苻虜投鞭急，羊生對弈遲。土山今乞汝，泉石更由誰。侍女收殘局，羣兒走捷旗。拊箏並折屐，無喜亦無悲。

又　《飲馬長城窟》　絕塞多為窟，秦時所築城。因憐吾馬渴，教飲彼泉清。霜雪盧龍塞，風煙驃騎營。遠從貳師壘，瞥過武安坑。心警投鞭虜，身先荷杵兵。寧為伏波死，不作李陵生。

又　卷三二一一《方岳〈十二月二十四日雪蓋予三年於淮纔見此耳時東師授淝水捷書西來走筆呈趙公借官奴與幕友一醉〉》　淝水風聲欲破苻，文城雪意趁禽吳。詩筒擬醉玉跳脫，捷羽已飛金僕姑。剡曲但能乘興逸，灞橋僅不負詩臞。那知莫俯文書外，更解飛瓊打陣圖。

又　卷三二四五《李曾伯〈淮淝懷幼度〉》　世未聞風鶴，香囊一少年。秦非無敵者，晉固有人焉。社稷一枰上，山河孤注然。江東正朔在，或者誘諸天。

又　卷三三四〇《柴望〈淝水〉》　想見西對對壘時，目中先已料安危。淮淝百萬兵雖衆，未抵東山一局棋。

《全宋詞》第二冊《李綱〈喜遷鶯·晉師勝淝上〉》　長江千里。限南北，雪浪雲濤無際。天險難逾，人謀克壯，索虜豈能吞噬。阿堅百萬南牧，倏忽長驅吾地。破强敵，在謝公處畫，從容頤指。奇偉。淝水上，八千戈甲，結陣當蛇豕。鞭弭周旋，旌旗麾動，坐卻北軍風靡。夜聞數聲鳴鶴，盡道王師將至。延晉祚，庇烝民，周雅何曾專美。

又　第三册《辛棄疾〈水調歌頭·舟次揚州和人韻〉》　落日塞塵起，胡騎獵清秋。漢家組練十萬，列艦聳高搜。誰道投鞭飛渡？憶昔鳴髇血污，風雨佛狸愁。季子正年少，匹馬黑貂裘。　今老矣，搔白首，過揚州。倦游欲去江上，手種橘千頭。二客東南名勝，萬卷詩書事業，嘗試與君謀。莫射南山虎，直覓富民侯！

又　《陳亮〈賀新郎·酬辛幼安再用韻見寄〉》　離亂從頭說。愛吾民，金繒不愛，蔓藤累葛。壯氣盡消人脆好，冠蓋陰山觀雪。虧殺我，一星星發。涕出女吴成倒轉，問魯為、齊弱何年月。丘也幸，由之瑟。　斬新換出旗麾别。把當時，一椿大義，拆開收合。據地一呼吾往矣，萬里摇肢動骨。這話把，只成癡絶。天地洪爐誰扇鞴，算于中，安得長堅鐵。淝水破，關東裂。　鶴唳風聲淝水捷，馬騰士飽蔡州平。笑談定取中興策，莫道司存只餉兵。

又　第四册《劉克莊〈沁園春·平章生日丁卯〉》　載籍以來，於宇宙間，有功者誰。自唐堯咨禹，水行由地，宗周微管，夏變為夷。謝傅棋邊，萊公骰畔，淝水澶淵送捷旗。天不偶，生堂堂國老，真太平基。　雅懷厭倦臺司。新天子殷勤留帝師。向朝堂袞繡，萬羊非泰，湖山條褐，兩鶴相隨。壽過磻溪，德如淇澳，進了丹書作抑詩。蒯緱客，願年年歲歲，來獻新詞。

清·袁枚《小倉山房詩集》卷八《過新平弔苻堅》　萬里青蒲一夜霜，如君寧可說天亡。齊桓遠晷生前亂，句踐忘恩舉國狂。三輔烟高風力轉，雙飛人去紫宮涼。休將成敗英雄論，千古遺民哭五將。

雜録

《宋書》卷二五《天文志三》　太元七年十一月，太白晝見，在斗。占曰：『吴有兵喪。』八年四月甲子，太白又晝見，在參。占曰：『魏有兵喪。』是月，桓沖征沔漢，楊亮伐蜀，並拔城略地。八月，苻堅自將號百萬，九月，攻没壽陽。十月，劉牢之破堅將梁成斬之，殺獲萬餘人。謝玄等又破堅于淝水，斬其弟融，堅大衆奔潰。九年六月，皇太后褚氏崩。八月，謝玄出屯彭城，經略中州。十年八月，苻堅為其將姚萇所殺。

又　卷三一《五行志二》　苻堅中，童謡曰：『阿堅連牽三十年，後若欲敗時，當在江湖邊。』後堅敗于淝水，在偽位凡三十年。苻堅中，謡語云：『河水清復清，苻詔死新城。』堅為姚萇所殺，死於新城。苻堅中，歌云：『魚羊田斗當滅秦。』『魚羊』，鮮也；『田斗』，卑也。堅自號秦，言滅之者鮮卑也。其羣臣諫堅，令盡誅鮮卑，堅不從。及淮南敗還，為慕容沖所攻，亡奔姚萇，身死國滅。

又　卷三四《五行志五》　太元二年六月，長安大風拔苻堅宫中樹。其後堅再南伐，身戮國亡。

《魏書》卷四七《盧淵傳》　詔曰：『**【略】**且曹操勝袁，蓋由德義内舉；苻堅瓦解，當緣立政未至。』

又　卷一〇五《私署涼州牧張實傳》　昭成末，苻堅遣將苟萇伐涼州，破之。

《晉書》卷一三《天文志下》　（太元）八年四月甲子，太白又晝見，在參。占曰：『魏有兵喪。』**【略】**八月，苻堅自將，號百萬，九月，攻没壽陽。十月，劉牢之破苻堅將梁成，斬之，殺獲萬餘人。謝玄等又破苻堅于淝水，斬其弟融，堅大衆奔潰。**【略】**十年四月乙亥，又晝見於畢昴。占曰：『魏國有兵喪。』是時苻堅大衆奔潰，趙魏連兵相攻，堅為姚萇所殺。十一年三月戊申，太白晝見，在東井。占曰：『秦有兵，臣强。』六月甲申，又晝見於輿鬼。占曰：『秦有兵。』時魏、姚萇、苻登連兵，相征不息。

又　卷二八《五行志中》　太元四年夏，大旱。八年六月，旱。十年七月，旱，饑。初，八年破苻堅，九年諸將略地，有事徐豫，楊亮、趙統攻討巴沔。是年正月，謝安又出鎮廣陵，使子琰進次彭城，頻有軍役。**【略】**

太元十四年四月，京都地生毛。是時苻堅滅後，經略多事，人勞之應也。十七年四月，地生毛。

又　卷二九《五行志下》　太元二年二月乙丑朔，暴風折木。閏三月甲子朔，暴風疾雨俱至，發屋折木。三年六月，長安大風，拔苻堅宫中樹。其後，堅再南伐，遂有淝水之敗，身戮國亡。四年八月乙未，暴風揚沙石。

《北史》卷一《魏本紀第一》　建國三十九年，苻堅遣其大司馬苻洛帥衆二十萬及其將朱彤、張蠔、鄧羌等諸道來寇，王師不利。帝時不豫，乃率國人避於陰山之北。高車雜種盡叛，四面寇抄，不得芻牧，復度漠南。堅軍稍退，乃還。

唐·李吉甫《元和郡縣圖志》卷二五《江南道一·潤州》　氐父山，在縣西北十里。晉破苻堅，獲氐賊，置此山下，因以為名。今土俗亦謂之金山。

桓温北伐

綜　述

《魏書》卷八四《僭晉司馬叡傳》　桓温率衆北討慕容暐，至金鄉，鑿鉅野三百餘里以通舟軍，自清水入河。慕容垂逆擊破之，獲其資仗。温之北引也，先命西中郎將袁真及趙悦開石門，而袁真等停于梁宋，石門不通，糧竭。温自枋頭回軍，垂以步騎數萬追及襄邑，大敗温軍。

温遂歸罪袁真，除名削爵，收節傳。真子雙之等殺梁國内史朱憲，真據壽陽以叛，真諸子兄弟阻兵自守，招誘陸城戍將陳郡太守朱輔數千人。真遣參軍爨亮通慕容暐，又遣使西降苻堅。真病死，輔立其嫡子瑾為使持節、建威將軍、豫州刺史。瑾弟四五人皆領兵。暐令陳文報爨亮，且以觀變。桓温遣督護竺瑶以軍沂淮伐瑾，瑶次於肥口，屢戰。慕容暐假瑾征南將軍、揚州刺史、宣城公，瑾弟泓等皆郡守、四品將軍，朱輔亦如之。温乃伐瑾，瑾等拒戰，於是築長圍守之，城中震潰，遂平瑾。

《晉書》卷八《穆帝紀》　永和七年，十二月辛未，征西大將軍桓温帥衆北伐，次於武昌而止。時石季龍故將周成屯廩丘，高昌屯野王，樂立屯許昌，李歷屯衛國，皆相次來降。【略】

（十二年）三月，姚襄入於許昌，以太尉桓温為征討大都督以討之。秋八月己亥，桓温及姚襄戰于伊水，大敗之，襄走平陽，徙其餘衆三千餘家于江漢之間，執周成而歸。使揚武將軍毛穆之，督護陳午，輔國將軍、河南太守戴施鎮洛陽。冬十月癸巳朔，日有蝕之。慕容恪攻段龕於廣固，使北中郎將荀羨帥師次於琅邪以救之。

又《哀帝紀》　興寧元年，【略】九月壬戌，大司馬桓温帥衆北伐。【略】。十一月，姚襄故將張駿殺江州督護趙毗，焚武昌，略府藏以叛，江州刺史桓沖討斬之。是歲，慕容將慕容塵攻陳留太守袁披于長平。汝南太守朱斌承虚襲許昌，克之。【略】

二年，春二月【略】慕容將慕容評襲許昌，潁川太守李福死之。評遂侵汝南，太守朱斌遁于壽陽。又進圍陳郡，太守朱輔嬰城固守。桓温遣江夏相劉岵擊退之。改左軍將軍為遊擊將軍，罷右軍、前軍、後軍將軍五校三將官。【略】夏四月甲申，慕容遣其將李洪侵許昌，王師敗績於懸瓠，朱斌奔於淮南，朱輔退保彭城。桓温遣西中郎將袁真、江夏相劉岵等鑿陽儀道以通運，温帥舟師次於合肥，慕容塵復屯許昌。五月，遷陳人于陸以避之。戊辰，以揚州刺史王述為尚書令、衛將軍。以桓温為揚州牧、録尚書事。壬申，遣使喻温入相，温不從。秋七月丁卯，復征温入朝。八月，温至赭圻，遂城而居之。苻堅別帥侵河南，慕容寇洛陽。九月，冠軍將軍陳祐留長史沈勁守洛陽，帥衆奔新城。

又《海西公紀》　太和四年夏四月庚戌，大司馬桓温帥衆伐慕容。秋七月辛卯，將慕容垂帥衆距温，温擊敗之。九月戊寅，桓温裨將鄧遐、朱序遇將傅末波于林渚，又大破之。戊子，温至枋頭。丙申，以糧運不繼，焚舟而歸。辛丑，慕容垂追敗温後軍於襄邑。冬十月，大星西流，有聲如雷。己巳，温收散卒，屯于山陽。豫州刺史袁真以壽陽叛。十一月辛丑，桓温自山陽及會稽王昱會于涂中，將謀後舉。十二月，遂城廣陵而居之。【略】

五年春正月己亥，袁真子雙之、愛之害梁國内史朱憲、汝南内史朱斌。二月癸酉，袁真死，陳郡太守朱輔立真子瑾嗣事，求救于慕容。夏四月辛未，桓温部將竺瑶破瑾于武丘。秋七月癸酉朔，日有蝕之。八月癸丑，桓温擊袁瑾于壽陽，敗之。【略】

六年春正月，【略】丁亥，桓温克壽陽，斬袁瑾。三月壬辰，監益寧二州諸軍事、冠軍將軍、益州刺史、建城公周楚卒。夏四月戊午，大赦，賜窮獨米，人五斛。苻堅將苻雅伐仇池，仇池公楊纂降之。六月，京都及丹陽、晉陵、吳郡、吳興、臨海並大水。秋八月，以前寧州刺史周仕孫為假節、監益梁二州諸軍事、益州刺史。冬十月壬子，高密王濬薨。十一月癸卯，桓温自廣陵屯于白石。丁未，詣闕，因圖廢立，誣帝在藩夙有痿疾，嬖人相龍、計好、朱靈寶等參侍內寢，而二美人田氏、孟氏生三男，長欲封樹，時人惑之，温因諷太后以伊霍之舉。己酉，集百官於朝堂，宣崇德太后令曰：『王室艱難，穆、哀短祚，國嗣不育，儲宮靡立。琅邪王奕親則母弟，故以入纂大位。不圖德之不建，乃至於斯。昏濁潰亂，動違禮度。有此三孽，莫知誰子。人倫道喪，醜聲遐布。既不可以奉守社稷，敬承宗廟，且昏孽並大，便欲建樹儲藩。誣罔祖宗，頌移皇基，是而可忍，孰不可懷！今廢奕為東海王，以王還第，供衛之儀，皆如漢朝昌邑故事。但未亡人不幸，罹此百憂，感念存没，心焉如割。社稷大計，義不獲已。臨紙悲塞，如何可言。』於是百官入太極前殿，即日桓温使散騎侍郎劉享收帝璽綬。帝著白帢單衣，步下西堂，乘犢車出神獸門。羣臣拜辭，莫不覷欷。侍御史、殿中監將兵百人衛送東海第。

又　卷六七《郗愔傳》　簡文帝輔政，【略】俄屬桓温北伐，愔請督所部出河上，用其子超計，以己非將帥才，不堪軍旅，又固辭解職，勸温並領己所統。轉冠軍將軍、會稽內史。【略】

太和中，温將伐慕容氏於臨漳，超諫以道遠，汴水又淺，運道不通。温不從，遂引軍自濟入河，超又進策于温曰：『清水入河，無通運理。若寇不戰，運道又難，因資無所，實為深慮也。今盛夏，悉力徑造鄴城，彼伏公威略，必望陣而走，退還幽朔矣。若能決戰，呼吸可定。設欲城鄴，難為功力。百姓布野，盡為官有。易水以南，必交臂請命。但恐此計輕決，公必務其持重耳。若此計不從，便當頓兵河濟，控引糧運，令資儲充備，足及來夏，雖如賒遲，終亦濟克。若舍此二策而連軍西進，進不速決，退必愆乏，賊因此勢，日月相引，僶俛秋冬，船道澀滯，且北土早寒，三軍裘褐者少，恐不可以涉冬。此大限閡，非惟無食而已。』温不從，果有枋頭之敗，温深慚之。尋而有壽陽之捷，問超曰：『此足以雪枋頭之恥乎？』超曰：『未厭有識之情也。』既而超就温宿，中夜謂温曰：『明公都有慮不？』温曰：『卿欲有所言邪？』超曰：『明公既居重任，天下之責將歸於公矣。若不能行廢立大事、為伊霍之舉者，不足鎮壓四海，震服宇內，豈可不深思哉！』温既素有此計，深納其言，遂定廢立，超始謀也。

又　卷七一《高崧傳》　簡文帝輔政，【略】桓温擅威，率衆北伐，軍次武昌，簡文患之。（崧進言，帝從）便於坐為簡文書草曰：『寇難宜平，時會宜接，此實為國遠圖，經略大算。能弘斯會，非足下而誰！【略】吾與足下雖職有內外，安社稷，保家國，其致一也。天下安危，繫之明德。先存寧國，而後圖其外，使王基克隆，大義弘著，所望於足下。區區誠懷，豈可復顧嫌而不盡哉！』温得書，還鎮。

又　卷九二《袁宏傳》　從桓温北征，作《北征賦》，皆其文之高者。嘗與王珣、伏滔同在温坐，温令滔讀其《北征賦》，至『聞所傳于相傳，云獲麟於此野，誕靈物以瑞德，奚授體于虞者！疚尼父之洞泣，似實慟而非假。豈一性之足傷，乃致傷於天下』，其本至此便改韻。【略】温曰：『卿思益之。』

又　卷九八《桓温傳》　及石季龍死，温欲率衆北征，先上疏求朝廷議水陸之宜，久不報。時知朝廷杖殷浩等以抗己，温甚忿之，然素知浩，弗之憚也。以國無他釁，遂得相持彌年，雖有君臣之迹，亦相羈縻而已，八州士衆資調，殆不為國家用。聲言北伐，拜表便行，順流而下，行達武昌，衆四五萬。殷浩慮為温所廢，將謀避之，又欲以騶虞幡住温軍，內外噂嗒，人情震駭。簡文帝時為撫軍，與温書明社稷大計，疑惑所由。温即回軍還鎮，上疏曰：

臣近親率所統，欲北掃趙魏，軍次武昌，獲撫軍大將軍、會稽王昱書，說風塵紛紜，妄生疑惑，辭旨危急，憂及社稷。省之惋愕，不解所由，形影相顧，隕越無地。臣以暗蔽，忝荷重任，雖才非其人，職在靜亂。寇仇不滅，國恥未雪，幸因開泰之期，遇可乘之會，匹夫有志，猶懷憤慨，臣亦何心，坐觀其弊！故荷戈驅馳，不遑寧處，前後表陳，於今歷年矣。丹誠坦然，公私所察，有何纖介，容此嫌忌？豈醜正之徒心懷怵惕，操弄虛說，以惑朝聽？

昔樂毅謁誠，垂涕流奔，霍光盡忠，上官告變。讒說殄行，姦邪亂德，及歷代之常患，存亡之所由也。今主上富於陽秋，陛下以聖淑臨朝，恭己委任，責成羣下，方寄會通於羣才，布德信於遐荒。況臣世蒙殊恩，服事三朝，身非羈旅之賓，迹無韓彭之釁，而反間起於胸心，交亂過於四國，此古賢所以歎息於既往，而臣亦大懼于當年也。今橫議妄生，成此貝錦，使垂滅之賊復獲蘇息，所以痛心絶氣，悲慨彌深。臣雖所存者公，所務者國；然外難未弭，而內弊交興，則臣本心陳力之志也。

進位太尉，固讓不拜。時殷浩至洛陽修復園陵，經涉數年，屢戰屢敗，器械都盡。温復進督司州，因朝野之怨，乃奏廢浩，自此內外大權一歸温矣。温遂統步騎四萬發江陵，水軍自襄陽入均口。至南鄉，步自淅川以征關中，命梁州刺史司馬勳出子午道。別軍攻上洛，獲苻健荆州刺史郭敬，進擊青泥，破之。健又遣子生、弟雄衆數萬屯嶢柳、愁思堆以距温，遂大戰，生親自陷陣，殺温將應庭、劉泓，死傷千數。温軍力戰，生衆乃散。雄又與將軍桓沖戰白鹿原，又為沖所破。雄遂馳襲司馬勳，勳退次女媧堡。温進至霸上，健以五千人深溝自固，居人皆安堵復業，持牛酒迎温于路者十八九，耆老感泣曰：『不圖今日復見官軍！』初，温恃麥熟，取以為軍資。而健芟苗清野，軍糧不屬，收三千餘口而還。帝使侍中黃門勞温於襄陽。

温遣督護高武據魯陽，輔國將軍戴施屯河上，勒舟師以逼許洛，以譙梁水道既通，請徐豫兵乘淮泗入河。温自江陵北伐，行經金城，見少為琅邪時所種柳皆已十圍，慨然曰：『木猶如此，人何以堪！』攀枝執條，泫然流涕。於是過淮泗，踐北境，與諸僚屬登平乘樓，眺矚中原，慨然曰：『遂使神州陸沈，百年丘墟，王夷甫諸人不得不任其責！』袁宏曰：『運有興廢，豈必諸人之過！』温作色謂四座曰：『頗聞劉景升有千斤大牛，啖芻豆十倍于常牛，負重致遠，曾不若一羸牸，魏武入荆州，以享軍士。』意以況宏，坐中皆失色。師次伊水，姚襄屯水北，距水而戰。温結陣而前，親被甲督弟沖及諸將奮擊，襄大敗，自相殺死者數千人，越北芒而西走，追之不及，遂奔平陽。温屯故太極殿前，徙入金墉城，謁先帝諸陵，陵被侵毀者皆繕復之，兼置陵令。遂旋軍，執降賊周成以歸，遷降人三千餘家于江漢之間。遣西陽太守滕畯出黃城，討蠻賊文盧等，又遣江夏相劉岵、義陽太守胡驥討妖賊李弘，皆破之，傳首京都。温還軍之後，司、豫、青、兗復陷於賊。升平中，改封南郡公，降臨賀為縣公，以封其次子濟。

太和四年，又上疏悉衆北伐。平北將軍郗愔以疾解職，又以温領平北將軍、徐兗二州刺史，率弟南中郎沖、西中郎袁真步騎五萬北伐。百官皆于南州祖道，都邑盡傾。軍次湖陸，攻慕容暐將慕容忠，獲之，進次金鄉。時亢旱，水道不通，乃鑿鉅野三百餘里以通舟運，自清水入河。將慕容垂、傅末波等率衆八萬距温，戰于林渚。温擊破之，遂至枋頭。先使袁真伐譙梁，開石門以通運。真討譙梁皆平之，而不能開石門，軍糧竭盡。温焚舟步退，自東燕出倉垣，經陳留，鑿井而飲，行七百餘里。垂以八千騎追之，戰於襄邑，温軍敗績，死者三萬人。温甚耻之，歸罪於真，表廢為庶人。真怨温誣己，據壽陽以自固，潛通苻堅、慕容。

又　卷一一一《慕容暐載記》　晉大司馬桓温、江州刺史桓沖、豫州刺史袁真率衆五萬伐暐，前兗州刺史孫元起兵應之。温部將檀玄攻胡陸，執寧東慕容忠。遣其將慕容厲與温戰于黃墟，厲師大敗，單馬奔還。高平太守徐翻以郡歸順。温前鋒朱序又破暐將傅顔于林渚，温軍大振，次於枋頭。暐懼，謀奔和龍。慕容垂曰：『不然。臣請擊之，若戰不捷，走未晚也。』乃以垂為使持節、南討大都督，慕容德為征南將軍，率衆五萬距温，使其散騎侍郎樂嵩乞師於苻堅。堅遣將軍苟池率衆二萬，出自洛陽，師於潁川，外為赴援，內實覘隙，有兼并之志矣。慕容德屯于石門，絶温糧漕。豫州刺史李邽率州兵五千斷温餽運。温頻戰不利，糧運復絶，及聞堅師之至，乃焚舟棄甲而退。德率勁騎四千，先温至襄邑東，伏於澗中，與垂前後夾擊，王師大敗，死者三萬餘人。苟池聞温班師，邀擊于譙，温衆又敗，死者萬計。

又　卷一一二《苻健載記》　十年，温率衆四萬趨長安，遣別將入淅川，攻上洛，執健荆州刺史郭敬，而遣司馬勳掠西鄙。健遣其子萇率雄、菁等衆五萬，距温于堯柳城、愁思堆。温轉戰而前，次於灞上，萇等退營城南。健以羸兵六千固守長安小城，遣精鋭三萬為遊軍以距温。三輔郡縣多降于温。健別使雄領騎七千，與桓沖戰于白鹿原，王師敗績，又破司馬勳于子午谷。初，健聞温之來也，收麥清野以待之，故温衆大饑。至是，徙關中三千餘户而歸。及至潼關，又為萇等所敗，司馬勳奔還漢中。

【略】初，桓温之入關也，其太子萇與温戰，為流矢所中死。

又《苻生載記》　桓温之來伐也，生單馬入陣，搴旗斬將者前後十數。

又　卷一一三《苻堅載記上》　太和四年，晉大司馬桓温伐慕容，次於枋頭。【略】晉叛臣袁瑾固守壽春，為大司馬桓温所圍，遣使請救於堅。堅遣王鑒、張蠔率步騎二萬救之，鑒據洛澗，蠔屯八公山。桓温遣諸將夜襲鑒、蠔，敗之，鑒、蠔屯慎城。

宋·司馬光《資治通鑑》卷九九《晉紀二一·孝宗穆皇帝中之上》

（晉穆帝永和七年）初，桓温聞石氏亂，上疏請出師經略中原；温蓋上疏於五年出屯安陸之時。事久不報。温知朝廷杖殷浩以抗己，甚忿之；然素知浩之為人，亦不之憚也。以國無他釁，遂得相持彌年，羈縻而已，八州士衆資調殆不為國家用。永和元年，温都督荆、司、雍、益、梁、寧六州；五年，遣滕畯帥交、廣之兵伐林邑，蓋是時已加督交、廣二州矣。資，財也。調，賦也。屢求北伐，詔書不聽。十二月，辛未，温拜表輒行，帥衆四五萬順流而下，軍于武昌。朝廷大懼。

論説

清·王夫之《讀通鑑論》卷一三《東晉成帝一四》　桓温之北伐，志存乎篡也，而惡温之逆者，忌其成而抑之；於是而中撓之情深於外禦，為宰相保其勳名，為天子防其篡奪，情繫於此，則天下胥以為當然，而後世因之以無異議。嗚呼！天下之大防，人禽之大辨，五帝、三王之大統，即令桓温功成而篡，猶賢于戴異類以為中國主，況僅王導之與庾亮爭權勢而分水火哉！則晉之所謂賢，宋之所謂姦，不必深察其情，而繩以古今之大義，則一也。蔡謨、孫綽、王羲之惡得不與汪、黄、秦、湯同受名教之誅乎？

又《穆帝五》　蔡謨之諫北伐，為庾亮言也；王羲之之諫北伐，為殷浩言也。亮與王導不協，而欲立功以抑導於內；浩與桓温不協，而欲立功以折温於外；內不協而欲制勝千里也，必不可得。故二子之言，當其時而中於事會。雖然，君子之為言，計及當時，計及後世，時有不可明言者，則微言以動之，密謀以正之，而不因一時之急，傷久長之計。亮之正不足以服導，浩之才不足以制温，迫于立功，反致潰敗，【略】若夫浩之欲折温也，亦非謀之不忠也；而折温之術，莫善於收温而用之。北伐之舉，温先請之，而浩沮之；既乃自行而置温於局外，不資其一旅之援，温亦安坐上流而若罔聞；固温之樂禍以乘權，抑浩擯之而使成乎坐視。向令東西並進，而吾擁中樞之制，温固吾之爪牙，抑又惡足以逞？浩非其人，而羲之等不能以此說之，疑温忌温，而温之逆乃有所資以自雄。此所謂微言之，密謀之，制勍敵强臣於尊俎者，淺人不足以及此也。

又《穆帝八》　晉之失久矣！殷浩廢，桓温受征討之命，敗苻萇于藍田，進軍灞上，敗姚襄于伊水，收復雒陽，亦壯矣哉！當是時，石、冉初亡，苻、姚乍興，健雖鷙而立國未固，襄甫颺去，乍集平曠之壤，勢益飄摇，故挫之也易。善攻者攻其瑕，乘瑕以收功，而積衰之氣以振。温可謂知所攻矣。其入關也，糧匱而還，其復雒也，置戍而返。說者曰：温有逆心，舍外而圖內。此以劉裕例之，而逆其詐也。温之歸鎮，未嘗內偪朝廷，如裕之為也。浩既廢，會稽才弱而不足相難，王、謝得政新而望淺，非温內顧之憂也。温何汲汲焉？乃其所以不能進圖全功而亟撤以還者，孤軍乘鋭氣，快於一擊，而無以繼其後也。

晉偏安于江左，而又分焉，建業擁天子以為尊而力弱，荆、襄挾重兵以為强而權輕，且相離以相猜，而分為二。温以荆、襄之全力為孤注，其進其退，一委之温，而朝廷置之若忘，温即有忠誠，亦莫能自遂，而況乎其懷二心哉？臣與主相離也，相與將相離也，東與西相離也，以此而欲縣軍深入，爭勝於蜂起之寇，萬不可得之數矣。尤可嗟異者，温方有事于關、雒，而羡東出山茌以伐燕，欲與温競功，而忘其力之不逮。且燕非苻、姚新造之比也，慕容儁三世雄桀，而植根深固，攖勢重難摇之虜以自取敗衄，曾不知以一旅翼温，乘勝以復故都，豈不偵乎？秦寇平，燕之氣奪；兩都復，晉之勢成；合天下之力以向燕，則燕不能孤立以相抗；協于温以成將就之功，則温之心折而不足以騁。乃彼方西向，我且東指，徒為立異而生其欺怨，謝萬之愚，荀羡之妄，會稽之闇，懷忮以居中，欲温之成功於外，其可得乎？謀國若此，不亡為幸耳。其不亡也，猶温兩捷之威有以起茸苶之氣，讐凶狡之心也。

又 《帝奕二》 桓温伐燕，大敗於枋頭，申胤料之驗矣。胤曰：『晉之廷臣，必將乖阻，以敗其事。』史不著乖阻之實，而以孫盛陽秋直書其敗觀之，則温之敗，晉臣所深喜而樂道之者也。會稽王昱不能自强，而徒畏人之軋己，王彪之弗能正焉。嗚呼！人之瑣尾而偷也，亦至是哉！【略】

温亦未能舉燕之為憂耳。温而舉燕，其篡不篡亦未可知也。為君相者，居重以不失人望之歸，盡道以得民，推誠以得士，以禮待温，以道馭温，静正而不驚，建威以自固，温抑惡能逞志以逆而不恤天下之公討？不然，則王莽、蕭道成固無毫髮之勳庸，而竊大寶如拾芥矣。庸主陋臣，如嬰兒之護餌，而徒忌其姊娣，尚能安于位以有為乎？處堂以嬉，授兵柄于温，而又幸其敗，温之怨且深，其輕朝廷也益甚。故會稽立而憤盈以逞，非其死之速也，晉必移社於桓氏矣。

藝文

《全宋詩》卷五三九《王安石〈游土山示蔡天啓秘校〉》 桓温適自斃，苻堅方天厭。且可緩九錫，寧當快一捷。彼哉斗筲人，得喪易矜怯。妄言屐齒折，吾欲刊史牒。

又 卷一一七六《張耒〈桓温〉》 北征談笑縛姚公，静掃諸陵見洛嵩。不用登高笑夷甫，正緣此輩使君雄。

雜録

南朝宋·劉義慶《世説新語·言語》 桓公北征，經金城，見前為琅邪時種柳，皆已十圍，慨然曰：『木猶如此，人何以堪！』攀枝執條，泫然流淚。

又 《文學》 桓宣武北征，袁虎時從，被責免官。會須露布文，唤袁倚馬前令作。手不輟筆，俄得七紙，殊可觀。東亭在側，極歎其才。袁虎云：『當令齒舌間得利。』

北魏·酈道元《水經注》卷七《濟水》 濟水與河渾濤東注，晉太和中，桓温北伐，將通之，不果而還。

《魏書》卷九五《臨渭氐苻健傳》 建國十四年，【略】健尋自稱皇帝。桓温率衆伐長安，次於灞上。健弟雄擊温，破之，温乃引衆東走。健遣其太子萇追温，比至潼關，九敗之，萇亦為流矢所中死。

《晉書》卷一二《天文志中》 哀帝興寧元年十月丙戌，月奄太白，在須女。占曰：『天下靡散。』一曰：『灾在揚州。』三年，洛陽没。其後桓温傾揚州資實北討，敗績，死亡太半。及征袁真，淮南殘破。【略】

穆帝永和十年十一月，月奄填星，在輿鬼。占曰：『秦有兵。』時桓温伐苻健，健堅壁長安，温退。十二年八月，桓温破姚襄。

又 卷二七《五行志上》 海西太和六年六月，京師大水，平地數尺，浸及太廟。朱雀大航纜斷，三艘流入大江。丹陽、晉陵、吴郡、吴興、臨海五郡又大水，稻稼蕩没，黎庶饑饉。初，四年桓温北伐敗績，十喪其九，五年又征淮南，逾歲乃克，百姓愁怨之應也。

又 卷八一《毛穆之傳》 桓温代翼，復取為參軍。【略】温伐慕容暐，使穆之監鑿鉅野百餘里，引汶會於濟川。及温焚舟步歸，使穆之督東燕四郡軍事。領東燕太守，本官如故。

又 卷一一六《姚襄載記》 晉征西大將軍桓温自江陵伐襄，戰于伊水北，為温所敗，率麾下數千騎奔於北山。【略】後奔桓温。

元·馬端臨《文獻通考》卷三一五《輿地考一·總敘》 穆帝時，平蜀漢，永和三年，桓温西討，擒李勢。復梁、益之地。梁川則漢川，益則蜀川是。又遣軍西入關，至灞上。十年，桓温討苻健於今京兆府萬年縣白鹿原，戰敗。再北伐，一至洛陽，永和十二年，温討慕容儁，破其將姚襄於伊水，時襄已降。一至枋頭。廢帝太和三年，温又討慕容暐，敗還。今汲郡衛縣界。所得郡縣，軍旋又失。洎苻堅東平慕容暐，太和五年。西南陷蜀漢，西北剋姑臧，孝武太和五年，張天錫敗。今武威郡是。則漢水、長淮以北，悉為堅有。及堅敗，太和八年。再復梁、九年，將郭寶平梁州。益、蜀郡太守任權斬苻堅益州刺史李平，益州平。青、徐、兖、豫、司之地。其後青、兖陷於慕容德，安帝隆安三年，德據之，殺幽州刺史辟閭渾，時鎮廣固，即今北海郡。豫、司陷於姚興，隆安三年。以彭城為北境藩扞。朱序鎮守。後益、梁陷於譙縱。義熙初陷。每因劉、石、苻、姚衰亂之際，則進兵屯戍在於漢中、襄陽、彭城，然大抵上明、今江陵郡松滋縣。江陵、夏口、武昌、合肥、壽陽、淮陰，常為晉氏鎮守。其刺史所治，皆置州兵，雖有不經攻圍，互是重鎮，他皆類比。義熙以後，又復青、兗、司、豫、梁、益之地，而政移於宋矣。

《宋史》卷九三《河渠志》 東晉太和中，桓溫北伐前燕，將通之（濬儀渠），不果。

清·湯球輯《九家舊晉書輯本》卷七《何法盛〈晉中興書〉》 初桓溫請范汪為征西長史，復表為江州，並不就還都，因求為東陽太守，溫甚恨之。汪後為徐州，溫北伐，令汪出梁國，失期，溫挾恨奏汪為庶人。汪居吳，後至姑孰見溫。溫語其下曰：「玄平乃來見，當以護軍起之。」汪數日辭歸，溫曰：「卿來何以便去？」汪曰：「有數歲小兒喪，往因經亂，權瘞此境，故來迎之，事竟去耳。」溫愈怒之，竟不屑意。《世說注》八。【略】

鑿齒字彥威【略】。桓溫在荊州，辟為從事，歷治中別駕，遷滎陽太守。溫辟（習）鑿齒為別駕，溫出征伐，齒或從或守，所在任職，每處機要，邪事有績，善尺牘論議。溫甚器遇之，任職十年。《書鈔》。

劉裕北伐

綜　述

《宋書》卷一《武帝紀上》 初偽燕王鮮卑慕容德僭號於青州，德死，兄子超襲位，前後屢為邊患。五年二月，大掠淮北，執陽平太守劉千載、濟南太守趙元，驅略千餘家。三月，公抗表北討，以丹陽尹孟昶監中軍留府事。四月，舟師發京都，泝淮入泗。五月，至下邳，留船艦輜重，步軍進琅邪。所過皆築城留守。鮮卑梁父、莒城二戍並奔走。

慕容超聞王師將至，其大將公孫五樓說超：「宜斷據大峴，刈除粟苗，堅壁清野以待之。彼僑軍無資，求戰不得，旬月之間，折棰以笞之耳。」超不從，曰：「彼遠來疲勞，勢不能久，但當引令過峴，我以鐵騎踐之，不憂不破也。豈有預芟苗稼，先自蹙弱邪。」初公將行，議者以為賊聞大軍遠出，必不敢戰，若不斷大峴，當堅守廣固，刈粟清野，以絕三軍之資，非唯難以有功，將不能自反。公曰：「我揣之熟矣。鮮卑貪，不及遠計，進利克獲，退惜粟苗。謂我孤軍遠入，不能持久，不過進據臨朐，退守廣固。我一得入峴，則人無退心，驅必死之衆，向懷貳之虜，何憂不克。彼不能清野固守，為諸君保之。」公既入峴，舉手指天曰：「吾事濟矣！」

六月，慕容超遣五樓及廣寧王賀賴盧先據臨朐城。既聞大軍至，留羸老守廣固，乃悉出。臨朐有巨蔑水，去城四十里。超告五樓曰：「急往據之，晉軍得水，則難擊也。」五樓馳進。龍驤將軍孟龍符領騎居前，奔往爭之，五樓乃退。衆軍步進，有車四千兩，分車為兩翼，方軌徐行，車悉張幔，御者執槊。又以輕騎為遊軍。軍令嚴肅，行伍齊整。未及臨朐數里，賊鐵騎萬餘，前後交至。公命兗州刺史劉藩、弟并州刺史道憐、諮議參軍劉敬宣、陶延壽、參軍劉懷玉、慎仲道、索邈等，齊力擊之。日向昃，公遣諮議參軍檀韶直趨臨朐。韶率建威將軍向彌、參軍胡藩馳往，即日陷城，斬其牙旗，悉虜超輜重。超聞臨朐已拔，引衆走，公親鼓之，賊乃大奔。超遁還廣固。獲超馬、偽輦、玉璽、豹尾等，送于京師。斬其大將段暉等十餘人，其餘斬獲千計。

明日，大軍進廣固，即屠大城，超退保小城。於是設長圍守之，圍高三丈，外穿三重塹。停江、淮轉輸，館穀于齊土。撫納降附，華戎歡悅，援才授爵，因而任之。七月，詔加公北青、冀二州刺史。超大將垣遵、遵弟苗並率衆歸順。公方治攻具，城上人曰：「汝不得張綱，何能為也。」綱者，超偽尚書郎，其人有巧思。會超遣綱稱藩于姚興，乞師請救。興偽許之，而實憚公，不敢遣。綱從長安還，泰山太守申宣執送之。及升綱于樓車，以示城內，城內莫不失色。於是使綱大治攻具。超求救不獲，綱反見虜，轉憂懼。乃請稱藩，求割大峴為界，獻馬千疋。不聽，圍之轉急。河北居民荷戈負糧至者，日以千數。

録事參軍劉穆之，有經略才具，公以為謀主，動止必諮焉。時姚興遣使告公云：「慕容見與鄰好，又以窮告急，今當遣鐵騎十萬，逕據洛陽。

晉軍若不退者，便當遣鐵騎長驅而進。』公呼興使答曰：『語汝姚興，我定燕之後，息甲三年，當平關、洛。今能自送，便可速來。』穆之聞有羌使，馳入，而公發遣已去。以興所言並答，具語穆之。穆之尤公曰：『常日事無大小，必賜與謀之。此宜善詳之，云何卒爾便答。公所答興言，未能威敵，正足怒彼耳。若燕未可拔，羌救奄至，不審何以待之？』公笑曰：『此是兵機，非卿所解，故不語耳。夫兵貴神速，彼若審能遣救，必畏我知，寧容先遣信命。此是其見我伐燕，内已懷懼，自張之辭耳。』

九月，進公太尉、中書監，固讓。

僞徐州刺史段宏先奔索虜，十月，自河北歸順。

張綱治攻具成，設諸奇巧，飛樓木幔之屬，莫不畢備。城上火石弓矢，無所用之。六年二月丁亥，屠廣固。超踰城走，征虜賊曹喬胥獲之，殺其王公以下，納口萬餘，馬二千疋，送超京師，斬于建康市。

公之北伐也，徐道覆仍有闚闟之志，勸盧循乘虚而出，循不從。道覆乃至番禺說循曰：『本住嶺外，豈以理極於此，正以劉公難與為敵故也。今方頓兵堅城之下，未有旋日。以此思歸死士，掩襲何、劉之徒，如反掌耳。不乘此機而保一日之安，若平齊之後，小息甲養衆，不過一二年間，必璽書徵君。若劉公自率衆至豫章，遣鋭師過嶺，雖復將軍神武，恐必不能當也。今日之機，萬不可失。既克都邑，傾其根本，劉公雖還，無能為也。』循從之，乃率衆過嶺。是月，寇南康、廬陵、豫章，諸郡守皆委任奔走。于時平齊問未至，即馳使徵公。公之初克齊也，欲停鎮下邳，清蕩河、洛，既而被徵使至，即日班師。

鎮南將軍何無忌與徐道覆戰于豫章，敗績，無忌被害。内外震駭。朝廷欲奉乘輿北走就公，尋知賊定未至，人情小安。公至下邳，以船運輜重，自率精鋭步歸。至山陽，聞無忌被害，則慮京邑失守，乃卷甲兼行，與數十人至淮上，問行旅以朝廷消息。人曰：『賊尚未至，劉公若還，便無所憂也。』公大喜，單船過江，逕至京口，衆乃大安。四月癸未，公至京師，解嚴息甲。

又 卷二《武帝紀中》 十二年正月，詔公依舊辟士。加領平北將軍、兖州刺史。增都督南秦，凡二十二州。公以平北文武寡少，不宜別置。於是罷平北府，以併大府。以世子為豫州刺史。三月，加公中外大都督。

初公平齊，仍有定關、洛之意，值盧循侵逼，故其事不諧。荆、雍既平，方謀外略。會羌主姚興死，子泓立，兄弟相殺，關中擾亂，公乃戒嚴北討。加領征西將軍、司豫二州刺史。以世子為徐、兖二州刺史。下書曰：『吾倡大義，首自本州，克復皇祚，遂建勳烈，外夷勍敵，内清姦軌，皆邦人州黨竭誠盡力之效也。情若風霜，義貫金石。今當奉辭西旆，有事關、河，弱嗣叨蒙，復忝今授，情事纏綿，可謂深矣。頃軍國務殷，刑辟未息，眷言懷之，能不多歎。其犯罪繫五歲以還，可一原遣。文武勞滿未蒙榮轉者，便隨班序報。』

公受中外都督及司州，並辭大司馬琅邪王禮敬，朝議從之。公欲以義聲懷遠，奉琅邪王北伐。五月，羌僞黄門侍郎尹沖率兄弟歸順。又加公北雍州刺史，前部羽葆、鼓吹，增班劍為四十人。解中書監。八月丁巳，率大衆發京師。以世子為中軍將軍，監太尉留府事。尚書右僕射劉穆之為左僕射，領監軍、中軍二府軍司，入居東府，總攝内外。九月，公次於彭城，加領徐州刺史。

先是遣冠軍將軍檀道濟、龍驤將軍王鎮惡步向許、洛，羌緣道屯守，皆望風降服。僞兖州刺史韋華先據倉垣，亦率衆歸順。公又遣北兖州刺史王仲德先以水軍入河。仲德破索虜於東郡涼城，進平滑臺。十月，衆軍至洛陽，圍金墉。泓弟僞平南將軍洸請降，送于京師。修復晉五陵，置守衛。

天子詔曰：

夫嵩、岱配極，則幹道增輝，藩嶽作屏，則帝王成務。是以夏、殷資昆、彭之伯，有周倚齊、晉之輔。鑑諸前典，儀刑萬代，翼治扶危，靡不由此。

太尉公命世天縱，齊聖廣淵，明燭四方，道光宇宙。爰自□□初迪，則投袂王國，妖螯孔熾，則功存社稷。固以四維是荷，萬邦攸賴者矣。暨桓玄僭逆，傾蕩四海，公深秉大節，靈武霆震，弘濟朕躬，再造王室。每惟勳德，銘於厥心，遂北清海、岱，南夷百越，荆、雍稽服，庸、岷順軌，克黜方難，式遏寇虐。及阿衡王猷，班序内外，仰興絕風，傍嗣逸業。秉禮以整俗，遵王以垂訓，聲教遠被，無思不洽。爰暨木居海處之酋，被髮彫題之長，莫不忘其陋險，九譯來庭，此蓋播諸徽策，靡究其詳者也。曩者永嘉不綱，諸夏幅裂，終古帝居，淪胥戎虜，永言園陵，率土同慕。公明發遐慨，撫機電征，親董侯伯，稜威致討。旗旝首塗，則八表響震；偏師先路，則多壘雲徹。舊都載清，五陵復禮，百城屈膝，千落影從。自篇籍所載，生民以來，勳德懋功，未有若此之盛者也。

昔周、呂佐叡聖之主，因三分之形，把旄仗鉞，一時指麾，皆大啓疆宇，跨州兼國。其在桓、文，方茲尤儉，然亦顯被寵章，光錫殊品。況乃獨絕百代，顧邈前烈者哉！朕每弘鑑古訓，思遵令圖。以公深秉沖挹，用闕大禮，天人引領，於茲歷載。況今禹迹齊軌，九隩同文，司勳抗策，普天增佇。遂公高挹，大愆國章，三靈眷屬，朕實祇懼。便宜顯答羣望，允崇盛典。其進位相國，總百揆，揚州牧，封十郡為宋公，備九錫之禮，加璽綬、遠遊冠，位在諸侯王上，加相國緑綟綬。策曰：

朕以寡昧，仰贊洪基，夷羿乘釁，蕩覆王室，越在南鄙，遷於九江。宗祀絕饗，人神無位，提挈羣凶，寄命江滸。則我祖宗之業，奄墜於地，七百之祚，翦焉既傾，若涉淵海，罔知攸濟。天未絕晉，誕育英輔，振厥弛維，再造區宇，興亡繼絕，俾昏作明。元勳至德，朕實賴焉。今將授公典策，其敬聽朕命：

乃者桓玄肆僭，滔天泯夏，拔本塞源，顛倒六位，庶僚俛眉，四方莫卹。公精貫朝日，氣淩霄漢，奮其靈武，大殲羣慝，克復皇邑，奉帝歆神。此公之大節，始于勤王者也。授律羣後，泝流長騖，薄伐崢嶸，獻捷南郢，大憝折首，羣逆畢夷，三光旋采，舊物反正。此又公之功也。出藩入輔，弘茲保弼，阜財利用，繁殖生民，編户歲滋，疆宇日啓，導德明刑，四境有截。此又公之功也。鮮卑負衆，僭盜三齊，狼噬冀、青，虔劉沂、岱，介恃遐阻，仍為邊毒。公搜乘秣駟，夐入遠疆，沖櫓四臨，萬雉俱潰，竊號之虜，顯戮司寇，拓土三千，申威龍漠。此又公之功也。盧循妖凶，伺隙五嶺，乘虛肆逆，侵覆江、豫，旍拂寰內，矢及王城，朝野喪沮，莫有固志，家獻徙卜之計，國議遷都之規。公乘轅南濟，義形於色，嶷然內湛，視嶮若夷，攄略運奇，英謨不世，狡寇窮衄，喪旗宵遁，俾我畿甸，拯於將墜。此又公之功也。追奔逐北，揚旍江瀆，偏旅浮海，指日遄至。番禺之功，俘級萬數，左里之捷，魚潰鳥散。元凶遠迸，傳首萬里，海南肅清，荒服來款。此又公之功也。劉毅叛換，負釁西夏，淩上罔主，志肆姦暴，附麗協黨，扇蕩王畿。公御軌以刑，消之不日，倉兕電泝，神兵風掃，罪人斯得，荆、衡清晏。此又公之功也。譙縱怙亂，寇竊一隅，王化阻閡，三巴淪溺。公指命偏師，授以良圖，淩波浮湍，致届井絡，僭豎伏鑕，梁、岷草偃。此又公之功也。馬休、魯宗，阻兵內侮，驅率二方，連旗稱亂。公投袂星言，研其上略，江津之師，勢踰風電，回旆沔川，實繁震懾，二叛奔迸，荆、雍來蘇，玄澤浸育，温風潛被。此又公之功也。永嘉不競，四夷擅華，五都幅裂，山陵幽辱，祖宗懷没世之憤，遺氓有匪風之思。公遠齊伊宰納隍之仁，近同小白滅亡之耻，鞠旅陳師，赫然大號，分命羣帥，北徇司、兖。許、鄭風靡，鞏、洛載清，偽牧逆藩，交臂請罪，百年榛穢，一朝掃滌。此又公之功也。

公有康宇內之勳，重之以明德。爰初發迹，則奇謨冠古，電擊强妖，則鋒無前對，聿寧東畿，大造黔首。若乃草昧經綸，化融于歲計，扶危靜亂，道固于苞桑。辯方正位，納之軌度，蠲削煩苛，較若畫一，淳風美化，盈塞宇宙。是以絕域獻琛，遐夷納貢，王略所宣，九服率從。雖文命之東漸西被，咎繇之邁於種德，何以尚茲。朕聞先王之宰世也，庸勳尊賢，建侯胙土，褒以寵章，崇其徽物，所以協輔皇家，永隆藩屏。故曲阜光啓，遂荒徐宅，營丘表海，四履有聞。其在襄王，亦賴匡霸，又命晉文，備物光錫。惟公道冠前烈，勳高振古，而殊典未加，朕甚懵焉。今進授相國，以徐州之彭城沛蘭陵下邳淮陽山陽廣陵、兖州之高平魯泰山十郡，封公為宋公。錫茲玄土，苴以白茅，爰定爾居，用建冢社。昔晉、鄭啓藩，入作卿士，周、邵保傅，出總二南，內外之重，公實兼之。今命使持節、兼太尉、尚書左僕射、晉寧縣五等男湛授相國印綬，宋公璽紱；使持節、兼司空、散騎常侍、尚書、陽遂鄉侯泰授宋公茅土，金虎符第一至第五左，竹使符第一至第十左。相國位無不總，禮絕朝班，居常之名，宜與事革。其以相國總百揆，去『録尚書』之號。上送所假節、侍中貂蟬、中外都督太傅太尉印綬，豫章公印策。進揚州牧，領征西將軍、司豫北徐雍四州刺史如故。

公紀綱禮度，萬國是式，乘介蹈方，罔有遷志。是以錫公大輅、戎輅各一，玄牡二駟。公抑末敦本，務農重積，采蘩實殷，稼穡惟阜。是用錫公袞冕之服，赤舄副焉。公閑邪納正，移風改俗，陶鈞品物，如樂之和。是用錫公軒縣之樂，六佾之舞。公宣美王化，導揚休風，華夷企踵，遠人胥萃。是用錫公朱户以居。公官方任能，網羅幽滯，九皋辭野，髦士盈朝。是用錫公納陛以登。公當軸處中，率下以義，式遏寇讎，清除苛慝。是用錫公虎賁之士三百人。公明罰恤刑，庶獄詳允，放命干紀，罔有攸縱。是用錫公鈇、鉞各一。公龍驤鳳矯，咫尺八紘，括囊四海，折衝無外。是用錫公彤弓一，彤矢百，盧弓十，盧矢千。公温恭孝思，致虔禋祀，忠肅之志，儀刑萬方。是用錫公秬鬯一卣，圭瓚副焉。宋國置丞相以下，一遵舊儀。欽哉！其祗服往命，茂對天休，簡恤庶邦，敬敷顯德，以終我高祖之嘉命。

置宋國侍中、黄門侍郎、尚書左丞、郎，隨大使奉迎。

十三年正月，公以舟師進討，留彭城公義隆鎮彭城。軍次留城，經張良廟，令曰：『夫盛德不泯，義在祀典，微管之歎，撫事彌深。張子房道亞黄中，照鄰殆庶，風雲玄感，蔚為帝師，大拯横流，夷項定漢，固以參軌伊、望，冠德如仁。若乃神交圯上，道契商洛，顯晦之間，窈然難究，源流淵浩，莫測其端矣。塗次舊沛，佇駕留城，靈廟荒殘，遺象陳昧，撫迹懷人，慨然永歎。過大梁者或佇想於夷門，游九原者亦流連於隨會。可改構榱桷，修飾丹青，蘋蘩行潦，以時致薦。以紓懷古之情，用存不刊之烈。』天子追贈公祖為太常，父為左光祿大夫，讓不受。

二月，冠軍將軍檀道濟等次潼關。三月庚辰，大軍入河。索虜步騎十萬，營據河津。公命諸軍濟河擊破之。公至洛陽。七月，至陝城。龍驤將軍王鎮惡伐木為舟，自河浮渭。八月，扶風太守沈田子大破姚泓于藍田。王鎮惡克長安，生擒泓。九月，公至長安。長安豐全，帑藏盈積。公先收其彝器、渾儀、土圭之屬，獻于京師；其餘珍寶珠玉，以班賜將帥。執送姚泓，斬于建康市。謁漢高帝陵，大會文武於未央殿。

十月，天子詔曰：

朕聞先王之蒞天下也，上則大賓以尊德，下則建侯以褒功。是以成勳告就，文命有玄圭之錫，四海來王，姬旦饗龜、蒙之封。夫翼聖宣績，輔德弘猷，禮窮元賞，寵章希世。況明保沖昧，獨運陶鈞者哉！

朕以不德，遭家多難，雲雷作屯，夷羿竊命，失位京邑，遂播蠻荆，艱難卑約，制命凶醜。相國宋公，天縱睿聖，命世應期，誠貫三靈，大節宏發。拯朕躬於巢幕，迴靈命於已崩，固已道窮北面，暉格八表者矣。及外積全國之勳，内累戡黎之伐，芟夷强妖之始，藴崇姦猾之源，顯仁藏用之道，六府孔修之績，莫不雲行雨施，能事必舉，諒已方軌於三、五，不容於典策者焉。自永嘉喪師，綿踰十紀，五都分崩，然正朔時暨，唯三秦懸隔，未之暫賓。至令羌虜襲亂，淫虐三世，資百二之易守，恃函谷之可關，廟算韜略，不謀之日久矣。公命世撫運，闡曜威靈，内研諸侯之慮，外致上天之罰。故能倉兕甫訓，則許、鄭風偃，鉦鉞未指，則瀍、洛霧披。俾舊闕之陽，復集萬國之軫，東京父老，重睹司隸之章。俾朕負扆高拱，而保大洪烈。是用遠鑑前典，延即羣謀，敬授殊錫，光啓疆宇。乘馬之制，有陋舊章；徽稱之美，未窮上爵。豈足以顯報懋功，允塞民望；藩輔王畿，長轡六合者乎。實以公每秉謙德，卑不可踰，難進之道，以寵為戚。是故降損盛制，且有後命也。自茲迄今，洪勳彌劭，稜威九河，魏、趙底服，迴轅崤、潼，連城冰泮。遂長驅灞、滻，懸旍龍門，逆虜姚泓，繫頸就擒。百稔梗穢，滌於崇朝；祖宗遺憤，雪於一旦。涉禹之迹，方行天下，至於海外，罔有不服。功固萬世，其寧惟永，豈金石雅頌所能讚揚，實可以告於神明，勒銘嵩、岱者已。

朕又聞之，周道方遠，則鸑鷟鳴岐，二南播德，則麟騶呈瑞。自公大號初發，爰暨告成，靈祥炳焕，不可勝紀，豈伊素雉遠至，嘉禾近歸而已哉！朕每仰鑑玄應，俯察人謀，進惟道勳，退惟國典，豈得遂公沖挹，而久藴盛策。便宜敬行大禮，允副幽顯之望。其進宋公爵為王，以徐州之海陵東安北琅邪北東莞北東海北譙北梁、豫州之汝南北潁川北南頓凡十郡，益宋國。其相國、揚州牧、領征西將軍、司豫北徐雍四州刺史如故。

十一月，前將軍劉穆之卒，以左司馬徐羨之代掌留任。大事昔所決于穆之者，皆悉以諮。公欲息駕長安，經略趙、魏，會穆之卒，乃歸。十二月庚子，發自長安，以桂陽公義真為安西將軍、雍州刺史，留腹心將佐以輔之。閏月，公自洛入河，開汴渠以歸。

十四年正月壬戌，公至彭城，解嚴息甲。以輔國將軍劉遵考為并州刺史，領河東太守，鎮蒲阪。公解司州，領徐、冀二州刺史，固讓進爵。

又 卷四三《檀道濟傳》 義熙十二年，高祖北伐，以道濟為前鋒出淮、肥，所至諸城戍望風降服。進克許昌，獲僞寧朔將軍、潁川太守姚坦及大將楊業。至成皋，僞兗州刺史韋華降。徑進洛陽，僞平南將軍陳留公姚洸歸順。凡拔城破壘，俘四千餘人。議者謂應悉戮以為京觀。道濟曰：『伐罪弔民，正在今日。』皆釋而遣之。於是戎夷感悦，相率歸之者甚衆。進據潼關，與諸軍共破姚紹。長安既平，以為征虜將軍、琅邪内史。

又　卷四五《王鎮惡傳》　（義熙）十二年，高祖將北伐，轉鎮惡為諮議參軍，行龍驤將軍，領前鋒。將發，前將軍劉穆之見鎮惡於積弩堂，謂之曰：『公滑此遺黎，志蕩逋逆。昔晉文王委伐蜀于鄧艾，今亦委卿以關中，想勉建大功，勿孤此授。』鎮惡曰：『不克咸陽，誓不復濟江而還也！』鎮惡入賊境，戰無不捷，邵陵、許昌，望風奔散，破虎牢及柏谷塢，斬賊帥趙玄。軍次洛陽，僞陳留公姚洸歸順。進次澠池，造故人李方家，升堂見母，厚加酬賚，即版授方為澠池令。遣司馬毛德祖攻僞弘農太守尹雅于蠡城，生擒之。仍行弘農太守。方軌長驅，徑據潼關。僞大將軍姚紹率大衆拒嶮，深溝高壘以自固。鎮惡懸軍遠入，轉輸不充，與賊相持久，將士乏食，乃親到弘農督上民租，百姓競送義粟，軍食復振。

初，高祖與鎮惡等期，若克洛陽，須大軍至，未可輕前。既而鎮惡等徑向潼關，為紹所拒不得進，而軍又乏食，馳告高祖，求遣糧援。時高祖沿河，索虜屯據河岸，軍不得前。高祖呼所遣人開舫北户，指河上虜示之曰：『我語令勿進，而輕佻深入。岸上如此，何由得遣軍？』鎮惡既得義租，紹又病死，僞撫軍姚贊代紹守險，衆力猶盛。高祖至湖城，贊引退。

大軍次潼關，謀進取之計，鎮惡請率水軍自河入渭。僞鎮北將軍姚強屯兵涇上，鎮惡遣毛德祖擊破之，直至渭橋。鎮惡所乘皆蒙沖小艦，行船者悉在艦内，羌見艦泝渭而進，艦外不見有乘行船人，北土素無舟楫，莫不驚惋，咸謂為神。鎮惡既至，令將士食畢，便棄船登岸。渭水流急，倏忽間，諸艦悉逐流去。時姚泓屯軍在長安城下，猶數萬人。鎮惡撫慰士卒曰：『卿諸人並家在江南，此是長安城北門外，去家萬里，而舫乘衣糧，並已逐流去，豈復有求生之計邪！唯宜死戰，可以立大功，不然，則無遺類矣。』乃身先士卒，衆亦知無復退路，莫不騰踴爭先。泓衆一時奔潰，即陷長安城。泓挺身逃走，明日，率妻子歸降。城内夷、晉六萬餘户，鎮惡宣揚國恩，撫慰初附，號令嚴肅，百姓安堵。

又　卷一〇〇《沈田子傳》　高祖北伐鮮卑。田子領偏師，與龍驤將軍孟龍符為前鋒。慕容超屯臨朐以距大軍，龍符戰没，田子力戰破之。

（義熙）十二年，高祖北伐，田子與順陽太守傅弘之各領別軍，從武關入，屯據青泥。姚泓欲自禦大軍，慮田子襲其後，欲先平田子，然後傾國東出。乃率步軍數萬，奄至清泥。田子本為疑兵，所領裁數百，欲擊之。傅弘之曰：『彼衆我寡，難可與敵。』田子曰：『師貴用奇，不必在衆。』弘之猶固執，田子曰：『衆寡相傾，勢不兩立。若使賊圍既固，人情喪沮，事便去矣。及其未整，薄之必克，所謂先人有奪人之志也。』便獨率所領鼓而進。合圍數重，田子撫慰士卒曰：『諸君捐親戚，棄墳墓，出矢石之間，正希今日耳。封侯之業，其在此乎！』乃棄糧毁舍，躬勒士卒，前後奮擊，所向摧陷。所領江東勇士，便習短兵，鼓噪奔之，賊衆一時潰散，所殺萬餘人，得泓僞乘輿服御。高祖表言曰：『參征虜軍事、振武將軍、扶風太守沈田子，率領勁鋭，背城電激，身先士卒，勇冠戎陳，奮寡對衆，所向必摧，自辰及未，斬馘千數。泓喪旗棄衆，奔還霸西，咸陽空盡，義徒四合，清蕩餘燼，勢在跂踵。』天子慰勞高祖曰：『逋寇阻隘，晏安假日，舉斧函谷，規延王誅，羣師勤王，將離寒暑。公躬秉鈇鉞，棱威首塗，戎略載脂，則郊壘疊卷，崤陝甫踐，則潼塞開扃。姚泓窘逼，棄城送死，藍田偏師，覆之霸川，甲首成林，俘獲蔽野，僞首奔迸，華、戎雲集，積紀逋寇，旦夕夷殄。』長安既平，高祖燕于文昌殿，舉酒賜田子曰：『咸陽之平，卿之功也。』即以咸陽相賞。田子謝曰：『咸陽之平，此實聖略所振，武臣效節，田子何力之有。』即授咸陽、始平二郡太守。大軍既還，桂陽公義真留鎮長安，以田子為安西中兵參軍、龍驤將軍、始平太守。時佛佛來寇，田子與安西司馬王鎮惡俱出北地禦之。

《晉書》卷一〇《安帝紀》　義熙五年春正月辛卯，大赦。庚戌，以撫軍將軍劉毅為衛將軍、開府儀同三司，加輔國將軍何無忌鎮南將軍。庚戌，尋陽地震。二月，慕容超將慕容興宗寇宿豫，陽平太守劉千載、南陽太守趙元並為賊所執。三月己亥，大雪，平地數尺。車騎將軍劉裕帥師伐慕容超。夏六月丙寅，震於太廟。劉裕大破慕容超於臨朐。【略】

六年春正月丁亥，劉裕攻慕容超，克之，齊地悉平。【略】

劉裕之北征也，帝上疏，請帥所莅，啓行戎路，修敬山陵。朝廷從之，乃與裕俱發。十二年春正月，姚泓使其將魯軌寇襄陽，雍州刺史趙倫之擊走之。二月，加劉裕中外大都督。夏六月，赫連勃勃攻姚泓秦州，陷之。己酉，新除尚書令、都鄉亭侯劉柳卒。秋八月，劉裕及琅邪王德文帥衆伐姚泓。丙午，大赦。冬十月丙寅，姚泓將姚光以洛陽降。己丑，遣兼司空、高密王恢之修謁五陵。【略】

十三年春正月甲戌朔，日有蝕之。【略】

三月，龍驤將軍王鎮惡大破姚泓將姚紹於潼關。夏，劉裕敗魏將鵝青于河曲，斬青禅將阿薄干。是月，涼公李士業大敗沮渠蒙遜于鮮支澗。五月，劉裕克潼關。丁亥，會稽王修之薨。六月癸亥，林邑獻馴象、白鸚鵡。秋七月，劉裕克長安，執姚泓，收其彝器，歸諸京師。【略】

十四年春正月辛巳，大赦。青州刺史沈田子害龍驤將軍王鎮惡于長安。

又 卷九二《文苑傳・郭澄之》 從裕北伐，既克長安，裕意更欲西伐，集僚屬議之，多不同。次問澄之，澄之不答，西向誦王粲詩曰：『南登霸陵岸，回首望長安。』裕便意定，謂澄之曰：『當與卿共登霸陵岸耳。』因還。

又 卷一二八《慕容超載記》 （義熙三年）遣公孫歸等率騎三千入寇濟南，執太守趙元，略男女千餘人而去。劉裕率師將討之，超引見羣臣于節陽殿，議距王師。公孫五樓曰：『吴兵輕果，所利在戰，初鋒勇鋭，不可爭也。宜據大峴，使不得入，曠日延時，沮其鋭氣。可徐簡精騎二千，循海而南。絶其糧運，別敕段暉率兗州之軍，緣山東下。腹背擊之，上策也。各命守宰，依險自固，校其資儲之外，餘悉焚蕩，芟除粟苗，使敵無所資。堅壁清野，以待其釁，中策也。縱賊入峴，出城逆戰，下策也。』超曰：『京都殷盛，户口衆多，非可一時入守。青苗布野，非可卒芟。設使芟苗城守，以全性命，朕所不能。今據五州之强，帶山河之固，戰車萬乘，鐵馬萬羣，縱令過峴，至於平地，徐以精騎踐之，此成擒也。』賀賴盧苦諫，不從，退謂五樓曰：『上不用吾計，亡無日矣。』慕容鎮曰：『若如聖旨，必須平原用馬為便，宜出峴逆戰，戰而不勝，猶可退守。不宜縱敵入峴，自貽窘逼。昔成安君不守井陘之關，終屈于韓信；諸葛瞻不據束馬之險，卒擒于鄧艾。臣以為天時不如地利，阻守大峴，策之上也。』超不從。鎮出，謂韓諱曰：『主上既不能芟苗守險，又不肯徙人逃寇，酷似劉璋矣。今年國滅，吾必死之，卿等中華之士，復為文身矣。』超聞而大怒，收鎮下獄。乃攝莒、梁父二戍，修城隍，簡士馬，畜鋭以待之。

其夏，王師次東莞，超遣其左軍段暉、輔國賀賴盧等六將步騎五萬，進據臨朐。俄而王師度峴，超懼，率卒四萬就暉等於臨朐，謂公孫五樓曰：『宜進據川源，晉軍至而失水，亦不能戰矣。』五樓馳騎據之。劉裕前驅將軍孟龍符已至川源，五樓戰敗而返。裕遣諮議參軍檀韶率鋭卒攻破臨朐，超大懼，單騎奔段暉于城南。暉衆又戰敗，裕軍人斬暉。超又奔還廣固，徙郭內人入保小城，使其尚書郎張綱乞師于姚興。赦慕容鎮，進録尚書、都督中外諸軍事。引見羣臣，謝之曰：『朕嗣奉成業，不能委賢任善，而專固自由，覆水不收，悔將何及！智士逞謀，必在事危，忠臣立節，亦在臨難，諸君其勉思六奇，共濟艱運。』鎮進曰：『百姓之心，係於一人。陛下既躬率六軍，身先奔敗，羣臣解心，士庶喪氣，內外之情，不可復恃。如聞西秦自有內難，恐不暇分兵救人，正當更決一戰，以爭天命。今散卒還者，猶有數萬，可悉出金帛、宮女，餌令一戰。天若相我，足以破賊。如其不濟，死尚為美，不可閉門坐受圍擊。』司徒慕容惠曰：『不然。今晉軍乘勝，有陵人之氣，敗軍之將，何以禦之！秦雖與勃勃相持，不足為患。且二國連横，勢成脣齒，今有寇難，秦必救我。但自古乞援，不遣大臣則不致重兵，是以趙隸三請，楚師不出；平原一使，援至從成。尚書令韓范德望具瞻，燕秦所重，宜遣乞援，以濟時難。』於是遣范與王蒲乞師于姚興。

未幾，裕師圍城，四面皆合。人有竊告裕軍曰：『若得張綱為攻具者，城乃可得耳。』是月，綱自長安歸，遂奔於裕。裕令綱周城大呼曰：『勃勃大破秦軍，無兵相救。』超怒，伏弩射之，乃退。右僕射張華、中丞封愷並為裕軍所獲。裕令華、愷與超書，勸令早降。超乃遺裕書，請為藩臣，以大峴為界，並獻馬千匹，以通和好，裕弗許。江南繼兵相尋而至。尚書張濬自長安還，又降於裕，說容曰：『今燕人所以固守者，外杖韓範，冀得秦援。範既時望，又與姚興舊昵，若勃勃敗後，秦必救燕，宜密信誘範，啖以重利，範來則燕人絶望，自然降矣。』裕從之，表範為散騎常侍，遺範書以招之。時姚興乃遣其將姚强率步騎一萬，隨範就其將姚紹於洛陽，並兵來援。會赫連勃勃大破秦軍，興追强還長安。範歎曰：『天其滅燕乎！』會得裕書，遂降於裕。裕謂範曰：『卿欲立申包胥之功，何以虚還也？』範曰：『自亡祖司空世荷燕寵，故泣血秦庭，冀匡禍難。屬西朝多故，丹誠無效，可謂天喪弊邑而贊明公。智者見機而作，敢不至乎！』翌日，裕將範循城，由是人情離駭，無復固志，裕謂範曰：『卿宜至城下，告以禍福。』範曰：『雖蒙殊寵，猶未忍謀燕。』裕嘉而不强，左右勸超誅範家，以止後叛。超知敗在旦夕，又弟諱盡忠無貳，故不罪焉。是歲東萊雨血，廣固城門鬼夜哭。

明年朔旦，超登天門，朝羣臣於城上，殺馬以饗將士，文武皆有遷授。超幸姬魏夫人從超登城，見王師之盛，握超手而相對泣，韓諱諫曰：『陛下遭百六之會，正是勉强之秋，而反對女子悲泣，何其鄙也！』超拭目謝之。其尚書令董鋭勸超出降，超大怒，繫之於獄。於是賀賴盧、公孫五樓為地道出戰王師，不利。河間人玄文説裕曰：『昔趙攻曹嶷，望氣者以為澠水帶城，非可攻拔，若塞五龍口，城必自陷。石季龍從之，而嶷請降。後慕容恪之圍段龕，亦如之，而龕降。降後無幾，又震開之。今舊基猶在，可塞之。』裕從其言。至是，城中男女患脚弱病者太半。超輦而升城，尚書悦壽言於超曰：『天地不仁，助寇為虐，戰士尪病，日就凋隕，守困窮城，息望外援，天時人事，亦可知矣。苟曆運有終，堯、舜降位，轉禍為福，聖達以先。宜追許、鄭之蹤，以全宗廟之重。』超歎曰：『廢興，命也。吾寧奮劍決死，不能銜璧求生。』於是張綱為裕造沖車，覆以版屋，蒙之以皮，並設諸奇巧，城上火石弓矢無所施用；又為飛樓、懸梯、木幔之屬，遥臨城上。超大怒，懸其母而支解之。城中出降者相繼。裕四面進攻，殺傷其衆，悦壽遂開門以納王師。超與左右數十騎出亡，為裕軍所執。裕數之以不降之狀，超神色自若，一無所言，惟以母託劉敬宣而已。送建康市斬之，時年二十六。在位六年。

《南史》卷一《宋紀上》　（義熙）五年二月，偽燕主慕容超大掠淮北。三月，帝抗表北討，以丹陽尹孟昶監中軍留府事。乃浮淮入泗，五月，至下邳，留船，步軍進琅邪，所過築城留守。

超大將公孫五樓請斷大峴，堅壁清野以待，超不從。初謀是役，議者以為賊若嚴守大峴，軍無所資，何能自反？帝曰：『不然。鮮卑性貪，略不及遠，既幸其勝，且愛其穀，必將引我，且亦輕戰。師一入峴，吾何患焉。』及入峴，帝舉手指天曰：『吾事濟矣。』衆問其故，帝曰：『師既過險，士有必死之志，餘糧棲畝，軍無匱乏之憂，勝可必矣。』

大軍分車四千兩為二翼，方軌徐行，車張幰，御者執矟，以騎為游軍，軍令嚴肅。比及臨朐，賊騎交至，帝命兗州刺史劉藩、并州刺史劉道憐等陷其陣。日向昃，戰猶酣，帝用參軍胡藩策，襲克臨朐，賊乃大奔。超遁還廣固，獲其玉璽、豹尾、輦等，送於都。丙子，克廣固大城，超固其小城。乃設長圍以守之，館穀於青土，停江、淮轉輸。

七月，超尚書郎張綱乞師于姚興，自長安反，泰山太守申宣執送之。綱有巧思，先是，帝修攻具，城上人曰：『汝不得張綱，何能為也。』及至，升諸樓車以示之，城内莫不失色。超既求救不獲，綱反見虜，乃求稱藩，割大峴為界，獻馬千匹，不聽。

時姚興遣使，聲言將涉淮左，帝謂曰：『爾報姚興，我定青州，將過函谷，虜能自送，今其時矣。』録事參軍劉穆之遽入曰：『此言不足威敵，容能怒彼。若鮮卑未拔，西羌又至，公何以待之？』帝乃笑曰：『此兵機也，非子所及。羌若能救，不有先聲，是自强也。』

十月，張綱修攻具成，設飛樓縣梯，木幔板屋，冠以牛皮，弓矢無所用之。劉毅遣上黨太守趙恢以千餘人來援，帝夜潛遣軍會之。明旦，恢衆五千，方道而進，每晉使將到，輒復如之。

（義熙）六年二月丁亥，屠廣固，超踰城走，追獲之，斬于建康市。殺其王公以下，納生口萬餘，馬二千匹。

初，帝之北也，徐道覆勸盧循乘虚而出，循不從，道覆乃至番禺説循曰：『今日之機，萬不可失。若克京都，劉公雖還，無能為也。』循從之。是月，寇南康、廬陵、豫章諸郡，郡守皆奔走。時帝將鎮下邳，進兵河、洛，及徵使至，即日班師。鎮南將軍何無忌與道覆戰，敗死于豫章，内外震駭，朝議欲奉乘輿北走。帝次山陽，聞敗，卷甲與數十人造江上徵問，知賊尚未至。【略】

（義熙）十二年正月，晉帝詔帝依舊辟士，加領平北將軍、兗州刺史，增督南秦，凡二十二州。帝以平北文武寡少，不宜別置，於是罷平北府，以并大府。三月，加帝中外大都督。

初，帝平齊，仍有定關、洛意，遇盧循侵逼，故寢。及荆、雍平，乃謀外略。會姚興死，子泓新立，兄弟相殺，關中擾亂。四月乙丑，帝表伐關、洛，乃戒嚴北討，加領征西將軍，司豫二州刺史。以世子為徐、兗二州刺史。帝欲以義聲懷遠，奉琅邪王北伐。五月，廬江霍山崩，獲六鍾，獻之天子。癸巳，加領北雍州刺史，前後部羽葆、鼓吹，增班劍為四十人。八月丁巳，率大衆進發，以世子為中軍將軍，監太尉留府事，尚書右僕射劉穆之為左僕射，領監軍、中軍二府軍司，入居東府，總攝內外。九月，帝至彭城，加領北徐州刺史。十月，衆軍至洛，圍金墉，降之。修復晉五陵，置守衛。【略】

（義熙）十三年正月，帝以舟師進討，留彭城公義隆鎮彭城。軍次陳留城，經張良廟，下令以時修飾棟宇致薦焉。晉帝追贈帝祖為太常，父為特進、左光祿大夫，讓不受。二月，冠軍將軍檀道濟等軍次潼關。三月庚辰，帝率大軍入河。五月，帝至洛陽，謁晉五陵。七月，至陝，龍驤將軍王鎮惡舟師自河浮渭。八月，扶風太守沈田子大破姚泓軍于藍田，王鎮惡克長安，禽姚泓。始義熙九年，歲、鎮、熒惑、太白聚東井，至是而關中平。九月，帝至長安。長安豐稔，帑藏盈積，帝先收其彝器、渾儀、土圭、記里鼓、指南車及秦始皇玉璽送之都；其餘珍寶珠玉，悉以班賜將帥。遷姚宗於江南，送泓斬于建康市。謁漢長陵，大會文武於未央殿。

十月，晉帝詔進宋公爵為王，加十郡益宋國，并前為二十郡。其相國、揚州牧、領征西將軍、司豫北徐雍四州刺史如故。帝欲息駕長安，經略趙、魏，十一月，前將軍劉穆之卒，乃歸。十二月庚子，發自長安，以桂陽公義真為雍州刺史，鎮長安，留腹心將佐以輔之。

又　卷一五《檀道濟傳》　義熙十二年，武帝北伐，道濟為前鋒，所至望風降服。徑進洛陽，議者謂所獲俘囚，應悉戮以為京觀。道濟曰：『伐罪弔人，正在今日。』皆釋而遣之。於是中原感悅，歸者甚衆。長安平，以為琅邪內史。

又　卷一六《王鎮惡傳》　及武帝北伐，為鎮西諮議，行龍驤將軍，領前鋒。將發，前將軍劉穆之謂曰：『昔晉文王委蜀于鄧艾，今亦委卿以關中，卿其勉之。』鎮惡曰：『吾等因托風雲，並蒙抽擢，今咸陽不克，誓不濟江。三秦若定，而公九錫不至，亦卿之責矣。』鎮惡入賊境，戰無不捷。破虎牢及柏谷塢。進次澠池，造故人李方家。升堂見母，厚加酬賚，即授方澠池令。方軌徑據潼關，將士乏食，乃親到弘農督人租。百姓競送義粟，軍食復振。

初，武帝與鎮惡等期，若克洛陽，須待大軍，未可輕前。既而鎮惡等至潼關，為偽大將軍姚紹所拒不得進，馳告武帝求糧援。時帝軍入河，魏軍屯河岸，軍不得進。帝呼所遣人開舫北户指河上軍示之曰：『我語令勿進而深入，岸上如此，何由得遣軍？』鎮惡既得義租，紹又病死，偽撫軍將軍姚贊代紹守險，衆力猶盛。武帝至湖城，贊引退。大軍次潼關，謀進取計。鎮惡請率水軍自河入渭，直至渭橋。鎮惡所乘皆蒙沖小艦，行船者悉在艦內，泝渭而進，艦外不見有行船人。北土素無舟楫，莫不驚以為神。鎮惡既至，令將士食畢，便棄船登岸。渭水流急，諸艦悉逐流去。鎮惡撫慰士卒曰：『此是長安城北門外，去家萬里，而舫乘衣糧並已逐流，唯宜死戰，可立大功。』乃身先士卒。

即陷長安城。城內六萬餘户，鎮惡撫慰初附，號令嚴肅。于灞上奉迎，武帝勞之曰：『成吾霸業者真卿也。』謝曰：『此明公之威，諸將之力。』帝笑曰：『卿欲學馮異邪？』時關中豐全，鎮惡性貪，收斂子女玉帛不可勝計。帝以其功大不問。時有白帝言鎮惡藏姚泓偽輦，有異志。帝使覘之，知鎮惡剔取飾輦金銀，棄輦於垣側，帝乃安。帝留第二子桂陽公義真為安西將軍、雍秦二州刺史，鎮長安。鎮惡以征虜將軍領安西司馬、馮翊太守，委以扞禦之任。

又　卷五七《沈田子傳》　帝北伐廣固，田子領偏師與龍驤將軍孟龍符為前鋒。龍符戰沒，田子力戰破之。及盧循逼都，帝遣田子與建威將軍孫季高海道襲破廣州，還除太尉參軍、淮陵內史，賜爵都鄉侯。義熙八年，從討劉毅。十一年，從討司馬休之。除振武將軍、扶風太守。十二年，武帝北伐，田子與順陽太守傅弘之各領別軍，從武關入，屯據青泥。姚泓將自禦大軍，慮田子襲其後，欲先平田子，然後傾國東出。乃率步騎數萬，奄至青泥。田子本為疑兵，所領裁數百，欲擊之。傅弘之曰：『彼衆我寡，難可與敵。』田子曰：『師貴用奇，不必在衆。』弘猶固執，田子曰：『衆寡相傾，勢不兩立，若使賊圍既固，人情喪沮，事便去矣。及其未整，薄之必克，所謂先人有奪人之志也。』便獨率所領，鼓噪而進。賊合圍數重，田子乃棄糧毀舍，躬勒士卒，前後奮擊，賊衆一時潰散，所殺萬餘人，得泓僞乘輿服御。武帝表言其狀。長安既平，武帝宴于文昌殿，舉酒賜田子曰：『咸陽之平，卿之功也，即以咸陽相賞。』

即授咸陽、始平二郡太守。大軍既還，桂陽公義真留鎮長安，以田子為安西中兵參軍、龍驤將軍、始平太守。時赫連勃勃來寇，田子與安西司馬王鎮惡俱出北地禦之。初，武帝將還，田子及傅弘之等，並以鎮惡家在關中，不可保信，屢言之。帝曰：『今留卿文武將士、精兵萬人，彼若欲為不善，政足自滅耳。勿復多言。』及俱出北地，論者謂鎮惡欲盡殺諸南人，以數十人送義真南還，因據關中反叛。田子乃于弘之營內請鎮惡計事，使宗人敬仁於坐殺之，率左右數十人自歸，義真長史王修收殺田子于長安稿倉門外，是歲十四年正月十五日也。武帝表天子，以田子卒發狂易，不深罪也。

《北史》卷二一《崔浩傳》 泰常元年，晉將劉裕伐姚泓，欲泝河西上，求假道。詔羣臣議之。外朝公卿咸曰：『函谷天險，裕何能西入？揚言伐姚，意或難測。宜先發軍斷河上流，勿令西過。』內朝咸同外計，帝將從之。浩曰：『此非上策也。司馬休之徒擾其荆州，劉裕切齒久矣。今興死子幼，乘其危亡而伐之，臣觀其意，必自入關。勁躁之人，不顧後患。今若塞其西路，裕必上岸北侵。如此則姚無事而我受敵矣。蠕蠕內寇，人食又乏，發軍赴南，則北寇進擊；若其救北，則南州復危，未若假之水道，縱裕西入。然後興兵塞其東歸之路。所謂卞莊刺彪，兩得之勢也。使裕勝也，必德我假道之惠；令姚氏勝也，亦不失救鄰之名。縱裕得關中，懸遠難守。彼不能守，終為我物。今不勞兵馬，坐觀成敗，鬭兩彪而收長久之利，上策也。夫為國之計，擇利為之，豈顧婚姻，酬一女子之惠也？假國家棄恒山以南，裕必不能發吳越之兵爭守河北也。』議者猶曰：『裕西入函谷，則進退路窮，腹背受敵。北上岸，則姚軍必不出關助我。揚聲西行，意在北進，其勢然也。』帝遂從羣議，遣長孫嵩拒之。戰于畔城，為晉將朱超石所敗。帝恨不用浩言。

二年，晉齊郡太守王懿來降。陳計，稱劉裕在洛，勸以軍絶其後路，則裕軍不戰而可克。書奏，帝善之。會浩在前，進講書傳。帝問浩曰：『裕西伐已至潼關，卿觀事得濟否？』浩曰：『姚興好養虛名而無實用，子泓又病，衆叛親離。乘其危亡，兵精將勇，克之必矣。』帝曰：『裕武能何如慕容垂？』浩曰：『垂承父祖之資，生便尊貴。同類歸之，若夜蛾之赴火；少加倚仗，便足立功。劉裕挺出寒微，不因一卒之用，奮臂大呼，而夷滅桓玄。北禽慕容超，南摧盧循。裕若平姚而篡其主。秦地戎夷混幷，裕亦不能守之。秦地亦終當為國家所有。』帝曰：『裕已入關，不能進，不能退，我遣精騎南襲彭城、壽春，裕亦何能自立？』浩曰：『今西北二寇未殄，陛下不可親御六師。長孫嵩有經國之用，無進取之能，非劉裕敵也。臣謂待之不晚。』帝笑曰：『卿量之已審矣。』浩曰：『臣常私論近世人物，不敢不上聞。若王猛之經國，苻堅之管仲也；慕容恪之輔少主，慕容暐之霍光也；劉裕之平逆亂，司馬德宗之曹操也。』帝曰：『卿謂先帝如何？』浩曰：『太祖用漠北淳樸之人，南入漢地，變風易俗，化洽四海。自與羲、農、舜、禹齊烈，臣豈能仰名。』帝曰：『屈丐何如？』浩曰：『屈丐家國夷滅，一身孤寄，為姚氏封植。不思樹黨强鄰，報復仇耻，乃結蠕蠕，背德于姚。撅豎小人，無大經略，正可殘暴，終為人殘滅耳。』帝大悅，說至中夜。賜浩縹醪酒十斛，水精戎鹽一兩，曰：『朕味卿言，若此鹽酒，故與卿同其味也。』

宋·司馬光《資治通鑑》卷一一五《晉紀三七·安皇帝庚》（晉安帝義熙五年）三月，劉裕抗表伐南燕，朝議皆以為不可，惟左僕射孟昶、車騎司馬謝裕、參軍臧熹以為必克，勸裕行。裕以昶監中軍留府事。監中軍將軍留府事也。謝裕，之兄孫也。【略】

己巳，劉裕發建康，帥舟師自淮入泗。五月，至下邳，留船艦、輜重，步進至琅邪，所過皆築城，留兵守之。慮南燕以奇兵斷其後也。或謂裕曰：『燕人若塞大峴之險，《水經注》：沭水出琅邪東莞縣西北山，東南流，右合峴水。水北出大峴山，今有大峴關。魏收《志》，齊郡盤陽縣有大峴山。《五代志》，臨朐縣有峴山。杜佑曰：大峴在沂州沂水縣北。或堅壁清野，大軍深入，不唯無功，將不能自歸，奈何？』裕曰：『吾慮之熟矣，鮮卑貪婪，不佑遠計，進利虜獲，退惜禾苗，謂我孤遠人，不能持久；不過進據臨朐，魏收《志》曰：臨朐即漢之朐縣也，屬東海郡；晉曰臨朐，屬東莞郡。宋白曰：因臨朐山而名。退守廣固，必不能守險清野，敢為諸君保之。』

劉裕過大峴，燕兵不出。裕舉手指天，喜形於色。左右曰：『公未見敵而先喜，何也？』裕曰：『兵已過險，士有必死之志；謂已得過大峴之險。餘糧棲畝，人無匱乏之憂。謂燕人不芟除禾苗。虜已入吾掌中矣。』六月，己巳，裕至東莞。超先遣公孫五樓、賀賴盧及左將軍段暉等將步騎五萬屯臨朐；聞晉兵入峴，自將步騎四萬往就之，使五樓帥騎進據巨蔑水。巨蔑水，《國語》謂之具水，袁宏謂之巨昧水，《水經》謂之巨洋水。水出朱虛縣太山北，過其縣西，又北過臨朐縣東。上下沿水，悉是劉裕伐廣固營壘所在。前鋒孟龍符與戰，破之，五樓退走。裕以車四千乘為左右翼，方軌徐進，與燕兵戰于臨朐南，日向昃，日過中為向昃。勝負猶未決。參軍胡藩言於裕曰：『燕悉兵出戰，臨朐城中留守必寡，願以奇兵從間道取其城，此韓信所以破趙也。』

裕遣藩及諮議參軍檀韶、建威將軍河內向彌潛師出燕兵之後，攻臨朐，聲言輕兵自海道至矣。向彌擐甲先登，遂克之。超大驚，單騎就段暉于城南。超自臨朐城中出城南就暉。

裕因縱兵奮擊，燕眾大敗，斬段暉等大將十餘人，超遁還廣固，獲其玉璽、輦及豹尾。服虔曰：大駕屬車八十一乘，作三行，尚書、御史乘之，最後一乘，懸豹尾，豹尾以前皆為省中。《晉志》：法駕屬車三十六乘，最後車懸豹尾。璽，斯氏翻。裕乘勝逐北至固；丙子，克其大城。超收眾入保小城。裕築長圍守飲，漳高三丈，穿塹三重；撫維降附，采拔賢濬，華、九大悅。於是因齊地糧儲，悉停江、淮漕運。

秋，七月，加劉裕北青、冀二州刺史。晉氏南渡，立南青、冀二州於淮南，北青、冀二州于齊地。

南燕尚書略陽垣尊及弟京兆太守苗踰城來降，裕以為行參軍。垣氏子孫後遂為南國道將，著功名。尊、苗皆超所委任以為腹心者也。

或謂裕曰：『張綱有巧思，若得綱使為攻具，度固必可拔也。』會綱自長安還，太山太守申宣執之，送於裕。裕升綱于樓車，杜預曰：樓車，車上望櫓。

使周城呼曰：『劉勃勃大破秦軍，無兵相救。』城中莫不失色。江南每發兵及遣使者至廣固，裕輒潛遣兵夜迎之，明日，張旗鳴鼓而至，董卓之入洛，計亦出此。

北方之民執兵負糧歸裕者，日以千數，圍城益急。張華、封愷皆為裕所獲。超請割大峴以南地為藩臣，裕不許。

秦王興遣使謂裕曰：『慕容氏相與鄰好，今晉攻之急，秦已遣鐵騎十萬屯洛陽；晉軍不還，當長驅而進。』裕呼秦使者謂曰：『語汝姚興：我克燕之後，息兵三年，當取關、洛；今能自送便可速來！』劉穆之聞有秦使，馳入見裕，而秦使者已去。裕以所言告穆之。穆之尤之，怪也，過也。曰：『常日事無大小，必賜預謀，此宜善詳，善，謂善為之辭；詳，謂審諦也。云何遽爾答之！此語不足以威敵，適足以怒之。若廣固未下，羌寇奄至，不審何以待之？』裕笑曰：『此是兵機，非卿所解，解，戶買翻，曉也。故不相語耳。夫兵貴神速，彼若審能赴救，必畏我知，寧容先遣信命，逆設此言！是自張大之辭也。晉師不出，為日久矣。羌見伐齊，殆將內懼，自保不暇，何能救人邪！』

九月，加劉裕太尉；裕固辭。

初，（秦王）興遣衛將軍姚強帥步騎一萬隨韓範往就姚紹於洛陽，并兵以救南燕，及為勃勃所敗，追強兵還長安。韓範歎曰：『天滅燕矣！』南燕尚書張濬自長安還，降于劉裕，因說裕曰：『燕人所恃者，謂韓範必能致秦師也，今得範以示之，燕必降矣。』裕乃表範為散騎常侍，且以書招之。長水校尉王蒲勸範奔秦，範曰：『裕起布衣，滅桓玄，復晉室，今興師伐燕，所向崩潰，此殆天授，非人力也。燕亡，則秦為之次矣，吾不可以再辱。』遂降於裕。漢李陵降匈奴，霍光、上官桀使其故人任立政招之使歸，陵曰：『大丈夫不能再辱。』裕將範循城，城中人情離沮。將，如字，引也。或勸燕主超誅範家。超以範弟諱盡忠無貳，并範家赦之。

又《晉安帝義熙六年》 丁亥，劉裕悉眾攻城。或曰：『今日往亡，不利行師。』曆書二月以驚蟄後十四日為往亡日。裕曰：『我往彼亡，何為不利！』四面急攻之。悅壽開門納晉師，超與左右數十騎踰城突圍出走，追獲之。裕數以不降之罪，超神色自若，一無所言，惟以母托劉敬宣而已。敬宣先嘗奔燕，故超以母托之。夫孝莫大于寧親，超以母之故，屈節事業，竭聲伎以奉之，既又掠取晉人以足聲伎，由是致寇，至於母子並為俘虜，柔更欲以托劉敬宣，何庸淺也！

裕忿廣固久不下，欲盡阬之，以妻女賞將士。韓範諫曰：『晉室南遷，中原鼎沸，士民無援，强則附之，既為君臣，必須為之盡力。彼皆衣冠舊族，先帝遺氏；今王師弔伐而盡阬之，使安所歸乎！竊恐西北之人無復來蘇之望矣。』湯征諸侯，東面而征西夷怨，南面而征北狄怨，曰：『奚為後我？』攸徂之民，室家胥慶，曰：『傒我後，後來其蘇。』裕改容謝之，然猶斬王公以下三千人，没入家口萬餘，夷其城隍，送超詣建康，斬之。隆安二年，慕容德建國，號南燕，二主，十三年而亡。

又《晉安帝義熙十二年》 八月，丙午，大赦。寧州獻琥珀枕于太尉裕。琥珀出哀牢九。廣雅曰：琥珀生地中，其上及旁不生草。深者八九尺，大如斛削去皮，成琥珀如斸。初時如桃膠，凝堅乃成。《博物志》：松脂淪入地，千年化為茯苓，茯苓千年化為琥珀。今太山有茯苓而無琥珀，永昌有琥珀而無茯苓。裕以琥珀治金創，得之大喜，命碎擣分賜北征將士。

裕以世子義符為中軍將軍，監太尉留府事。劉穆之為左僕射，領監軍、中軍二府軍司，監軍，謂義符，監太尉留府軍也。監，工銜翻。入居東府，總攝內外；以太尉左司馬東海徐羨之為穆之之副；左將軍朱齡石守衛殿省，徐州刺史劉懷慎守衛京師，揚州別駕從事史張裕任留州事。任留州事，任揚州留後事也。懷慎，懷敬之弟也。

劉穆之內總朝政，外供軍旅，決斷如流，事無擁滯。賓客輻湊，求訴百端，內外諮稟，盈階滿室，盈階滿室，謂諮稟之文書也。目覽辭訟，手答牋書，耳行聽受，口並酬應，不相參涉，悉皆贍舉。又喜賓客，談賞笑，彌日無倦。裁有閒暇，手自寫書，尋覽校定性奢豪，食必方丈，旦輒為十人饌，未嘗獨餐。嘗白裕曰：『穆之家本貧賤，贍生多闕。自叨忝以來，雖每存約損，而朝夕所須，微為過豐，自此外一毫不以負公。』中軍諮議參軍張邵言於裕曰：『人生危脆，必當遠慮。穆之若邂逅不幸，誰可代之？尊業如此，尊業，言裕已成之功業也；尊者，尊稱之也。苟有不諱，處分云何？』裕曰：『此自委穆之及卿耳。』

丁巳，裕發建康，遣龍驤將軍王鎮惡、冠軍將軍檀道濟將步軍自淮、淝向許、洛，新野太守朱超石、寧朔將軍胡藩趨陽城，振武將軍沈田子、建威將軍傅弘之趨武關，建武將軍沈林子、彭城內史劉遵考將水軍出石門，自汴入河，汴水首受濟，東南與淮通，《漢書·地理志》所謂狼湯渠是也。昔大禹塞滎澤，開此渠以通淮、泗，《禹貢》所謂『導沇水，東流為濟，入於河，溢為滎，東出於陶丘北』者也。漢脩河陽，始立石門以遏水；水盛則通于河，水耗則輟流。以冀州刺史王仲德督前鋒諸軍，開巨野入河。《水經》：濟水北至東燕縣，與河合。酈道元注曰：濟水自乘氏縣兩分，東北入於巨野濟之故瀆，又北，右合洪水洪水上承巨野薛訓渚，自渚迄於北口一百二十里，名曰洪水。桓温以太和四年率衆北入，掘渠通濟。義熙十三年，劉武帝西入長安，又廣其功。自洪口以上，又謂桓公瀆，濟自是北注也。

遵考，裕之族弟也。劉穆之謂王鎮惡曰：『公今委卿以伐秦之任，卿其勉之！』鎮惡曰：『吾不克關中，誓不復濟江！』

裕既行，青州刺史檀祗自廣陵輒率衆至涂中掩討亡命。劉穆之恐祗為變，議欲遣軍。時檀韶為江州刺史，張邵曰：『今韶據中流，道濟為軍首，謂為伐秦諸軍之首。若有相疑之迹，則大府立危，大府，謂太尉留府，其實指建康也。不如逆遣慰勞以觀其意，必無患也。』穆之乃止。

太尉裕至彭城，加領徐州刺史；以太原王玄謨為從事史。裕領徐州，以玄謨為徐州從事史。漢制：諸州刺史皆有從事史、假佐。其後宋文帝用玄謨以喪師；至孝武之初，義宣、臧質之變，卒賴以寧。則裕之用人，猶有漢高祖、諸葛孔明之識；唐太宗托徐世勣，喜薛仁貴，未足以進此也。

初，王廞之敗也，事見一百九卷隆安元年。沙門曇永匿其幼子華，使提衣襆自隨。襆，帊也，以裹衣物。魏舒『襆被而出』，韓文『襆被入直』，皆此義也。津邏疑之。曇永呵華曰：『奴子何不速行！』棰之數十，由是得免；遇赦，還吳。以其父存亡不測，布衣蔬食，絕交遊不仕十餘年。裕聞華賢，欲用之，乃發廞喪，使華制服。服闋，辟為徐州主簿。裕用王華，亦留以遺文帝。

王鎮惡、道濟入秦境，所向皆捷。秦將王苟生以漆丘降鎮惡，漆丘蓋在梁郡蒙縣。昔莊周為蒙漆園吏，後人因以漆丘名城。徐州刺史姚掌以項城降道濟，諸屯守皆望風款附。惟新蔡太守董遵不下，新蔡縣，漢屬汝南郡。蒙平侯自蔡徙此，故曰新蔡。魏分屬汝陰郡，晉惠帝分汝陰立新蔡郡。道濟攻拔其城，執遵，殺之。進克許昌，獲秦潁川太守姚垣及大將楊業。沈林子自汴入河，襄邑董神虎聚衆千餘人來降，太尉裕版為參軍。林子與神虎共攻倉垣，克之，秦兗州刺史韋華降。神虎擅還襄邑，林子殺之。【略】

王仲德水軍入河，將逼滑臺。魏兗州刺史尉建畏懦，帥衆棄城，北渡河。仲德入滑臺，宣言曰：『晉本欲以布帛七萬匹假道于魏，不謂魏之守將遮城遽去。』魏主嗣聞之，遣叔孫建、公孫表自河內向枋頭，既破劉虎，因遣建等引兵濟河，斬尉建於城下，投尸於河。呼仲德軍人，問以侵寇之狀；仲德使司馬竺和之對曰：『劉太尉使王征虜自河入洛，清掃山陵，非敢為寇于魏也。魏之守將自棄滑臺去，王征虜借空城以息兵，行當西引，于晉、魏之好無廢也；好，呼到翻；下好持同。何必揚旗鳴鼓以曜威乎！』嗣使建以問太尉裕。裕遜辭謝之曰：『洛陽，晉之舊都，而羌據之；晉欲脩復山陵久矣。諸桓宗族，司馬休之、國璠兄弟，魯宗之父子，皆晉之蠹也，而羌收之以為晉患。義熙元年，桓謙等奔秦，六年入寇。十一年，司馬休之、魯宗之等奔秦，秦使將兵擾襄陽。六年，司馬國璠等奔秦，數帥衆擾邊。今晉將伐之，欲假道于魏，非敢為不利也。』魏河內鎮將于栗磾有勇名，築壘於河上以備侵軼。裕以書與之，題曰『黑矟公麾下』。栗磾好操黑矟以自標，故裕以此目之。魏因拜栗磾為黑矟將軍。通俗文：矛長丈八者謂之矟。

秦陽城、滎陽二城皆降，晉兵進至成皋。秦征南將軍陳留公洸鎮洛陽，遣使求救于長安。秦主泓遣越騎校尉閻生帥騎三千救之，武衛將軍姚益男將步卒一萬助守洛陽，又遣并州牧姚懿南屯陝津，陝縣在大河之南，考之水經，則陝縣故城在大河之北二城之間，謂之陝津。《左傳》：秦伯伐晉，自茅津濟，封殽屍而還。茅津即陝津也。姚秦并冀二州治蒲阪。為之聲援。寧朔將軍趙玄言於洸曰：『今晉寇益深，人情駭動；衆寡不敵，若出戰不捷，則大事去矣。宜攝諸戍之兵，固守金墉，以待西師之救。金墉不下，晉必不敢越我而西，是我不戰而坐收其弊也。』司馬姚禹陰與檀道濟通，主簿閻恢、楊虔，皆禹之黨也，共嫉玄，言於洸曰：『殿下以英武之略，受任方面；今嬰城示弱，得無為朝廷所責乎！』洸以為然，乃遣趙玄將兵千餘南守柏谷塢，《水經注》：洛水東逕偃師縣南，又東逕百谷塢北。戴延之《西征記》曰：塢在川南，因高為塢，高一十餘丈。杜佑曰：柏谷塢在緱氏縣東北。廣武將軍石無諱東戍鞏城。玄泣謂洸曰：『玄受三帝重恩，所守正有死耳。萇、興、泓為三帝。但明公不用忠臣之言，為姦人所誤，後必悔之。』既而成皋、虎牢皆來降，檀道濟等長驅而進，無諱至石關，奔還。自洛城東至偃師四十五里。偃師西山有漢廣野君酈食其廟，廟東有二石闕。龍驤司馬滎陽毛德祖與玄戰于柏谷，玄兵敗，被十餘創，據地大呼。玄司馬蹇鑑冒刃抱玄而泣，玄曰：『吾創已重，君宜速去！』鑑曰：『將軍不濟，鑑去安之！』與之皆死。姚禹踰城奔道濟。甲子，道濟進逼洛陽，丙寅，洸出降。道濟獲秦人四千餘人，議者欲盡阬之以為京觀。杜預曰：積屍封土其上，謂之京觀。道濟曰：『伐罪弔民，正在今日！』皆釋而遣之。於是夷、夏感悅，歸之者甚衆。閻生姚益男未至，聞洛陽已沒，不敢進。

己丑，詔遣兼司空高密王恢之脩謁五陵，置守衛。彭城王紘之子濬嗣高密王略國，恢之，其孫也。五陵，宣帝陵在河陰曰高原；景帝陵曰峻平，文帝陵曰崇陽，武帝陵曰峻陽，惠帝陵曰太陽。太尉裕以冠軍將軍毛脩之為河南、河內二郡太守，行司州事，戍洛陽。

（十一月）太尉裕遣左長史王弘還建康，諷朝廷求九錫。時劉穆之掌留任，而旨從北來，穆之由是愧懼發病。劉穆之輔劉裕，豈惟才智不及荀彧，而識又不及焉。弘，珣之子也。王珣始見重于桓溫，後為孝武所親任。十二月，壬申，詔以裕為相國、總百揆、揚州牧、揚州牧，封十郡為宋公，備九錫之禮，位在諸侯王上，領征西將軍、司，豫，北徐，雍四州刺史如故。裕辭不受。

又**《晉安帝義熙十三年》** 太尉裕引軍發城，留其子彭城公義隆鎮彭城。詔以義隆為監徐、兗、青、冀四州諸軍事、徐州刺史。王鎮惡進軍澠池，遣毛德祖襲尹雅於蠡吾城，禽之；秦以雅為弘農太守，屯蠡吾城。據《載記》，蠡吾城當在宜陽之西。宋白曰：蠡吾城，後魏初猶屬弘農，唐以來為澠池縣理所。餘按蠡吾自是漢清河國界亭名，此乃蠡城，非蠡吾城也。通鑑蓋承晉書之襄。雅殺守者而逃。鎮惡引兵徑前，抵澠關。

檀道濟、沈林子自陝北渡河，拔襄邑堡，秦河北太守薛帛奔河東。襄邑堡在河北郡河北縣，漢、晉屬河東郡，秦分立河北郡。又攻秦并州刺史尹昭于蒲阪，不克。別將攻匈奴堡，為姚成都所敗。

沈林子謂檀道濟曰：『蒲阪城堅兵多，不可猝拔攻之傷衆，守之引日。王鎮惡在潼關，勢孤力弱，不如與鎮惡合勢並力以爭潼關；若得之，尹昭不攻自潰矣。』道濟從之。

三月，道濟、林子至潼關。秦魯公紹引兵出戰，道濟、林子奮擊，大破之，斬獲以千數。紹退屯定城，郭緣生《述征記》曰：定城去潼關三十里，夾道各一城，渭水逕其北。據險拒守，謂諸將曰：『道濟等兵力不多，懸軍深入，王遇堅壁以待繼援。吾分軍絕其糧道，可坐禽也。』乃遣姚鸞屯大路以絕道濟糧道。自澠池西入關，有兩路。南路由回谿阪，自漢以前皆由之。曹公惡南路之險，更開北路，遂以北路為大路。《載記》曰：紹留鸞守險以絕道濟糧道。蓋鸞雖屯大路，亦據險而邀絕糧道也。紹初遣胡翼度據東原，蓋與大路相為脣齒，所謂據險也。及沈林子襲鸞營，翼度不能救，何也？人心危駭，面面受敵故也。

鸞遣尹雅將兵與晉戰于關南，關南，潼關之南也。為晉兵所獲，將殺之。雅曰：『雅前日已當死，幸得脫至今，死固甘心。然夷、夏雖殊，君臣之義一也。晉以大義行師，獨不使秦有守節之臣乎！』乃免之。

丙子夜，沈林子將銳卒襲鸞營，斬鸞，殺其士卒數千人。紹又遣東平公贊屯河上以斷水道；沈林子擊之，贊敗走，還定城。薛帛據河曲來降。河水自蒲阪南至潼關，激而東流，蒲阪、河北之間，謂之河曲。

太尉裕將水軍自淮、泗入清河，將泝河西上，先遣使假道于魏；秦主泓亦遣使請救于魏。魏主嗣使羣臣議之，皆曰：『潼關天險，劉裕以水軍攻之甚難；若登岸北侵，其勢便易。裕聲言伐秦，其志難測。且秦，婚姻之國，不可不救也。秦女歸魏，見上卷十一年。宜發兵斷河上流，勿使得西。』博士祭酒崔浩曰：『裕圖秦久矣。今姚興死，子泓懦劣，國多內難。裕乘其危而伐之，其必取。若遏其上流，裕心忿戾，必上岸北侵，是我代秦受敵也。今柔然寇邊，民食又乏，若復與裕為敵，發兵南赴則北寇愈深，救北則南州復危，南州，謂魏之南境相州瀕河諸郡。非良計也。不若假之水道，聽裕西上，然後屯兵以塞其東。使裕克捷，必德我之假道；不捷，吾不失救秦之名；此策之得者也。且南北異俗，借使國家棄恒山以南，裕必不能以吳、越之兵與吾爭守河北之地，安能為吾患乎！夫為國計者，惟社稷是利，豈顧一女子乎！』議者猶曰：『裕西入關，則恐吾斷其後，腹背受敵；北上，則姚氏必不出關助我，其勢必聲西而實北也。』嗣乃以司徒長孫嵩督山東諸軍事，又遣振威將軍娥清、孫愐曰：娥，姓也。冀州刺史阿薄干《魏書·官氏志》，內入諸姓，阿伏干氏後為阿氏。將步騎十萬屯河北岸。

庚辰，裕引軍入河，以左將軍向彌為北青州刺史，留戍碻磝。晉氏南渡，僑置青州於江北；裕平廣固，置北青州于東陽，而江北之青州如故。今向彌以北青州刺史戍碻磝，東陽之青州亦如故。

初，裕命王鎮惡等：『若克洛陽，須大軍到俱進。』鎮惡等乘利徑趨潼關，為秦兵所拒，不得前。久之，乏食，衆心疑懼，或欲棄輜重還赴大軍。沈林子按劍怒曰：『相公志清六合，今許、洛已定，關右將平，事之濟否，繫于前鋒。柰何沮乘勝之氣，棄重成之功乎！且大軍尚遠，賊衆方盛，雖欲求還，豈可得乎！下官授命不顧，《論語》：子張曰：『士見危授命。』今日之事，當自為將軍辦之，未知二三君子將何面以見相公之旗鼓邪！』相公，謂裕也。鎮惡等遣使馳告裕，求遣糧援。裕呼使者，開舫北户，方舟也，大舟也。指河上魏軍以示之曰：『我言令勿進，今輕佻深入。岸上如此，何由得遣軍！』鎮惡乃親至弘農，說諭百姓，百姓競送義租，軍食復振。

魏人以數千騎緣河隨裕軍西行；軍人于南岸牽百丈，百丈者，所以挽船。今南人用麻繩，北人以竹為之。陸遊曰：蜀人百丈，以巨竹四破為之，大如人臂。凡水迅急，有漂渡北岸者，輒為魏人所殺略。裕遣軍擊之，裁登岸則走，退則復來。夏，四月，裕遣白直隊主丁墨裕選白丁之壯勇者人直左右，使墨領之。杜佑曰：白直無月給之數。帥仗士七百人、車百乘，渡北岸，去水百餘步，為卻月陣，兩端抱河車，置七仗士，事畢，使豎一白毦；魏人不解其意，皆未動。裕先命寧朔將軍朱超石戒嚴，白毦既舉，超石帥二千人馳往赴之，齎大弩百張，一車益二十人，設彭排於轅上。魏人見營陣既立，乃進圍之；長孫嵩帥三萬騎助之，四面肉薄攻營，肉薄者，以身迫營血戰。弩不能制。時超石別齎大鎚及矟千餘張，乃斷矟長三四尺，以鎚鎚之，一矟輒洞貫三四人。魏兵不能當，一時奔潰，死者相積；臨陳斬阿薄干，魏人退還畔城。陳，與陣同。魏收《地形志》：平原郡聊城縣有畔城。超石帥寧朔將軍胡藩、寧遠將軍劉榮祖追擊，又破之，殺獲千計。魏主嗣聞之，乃恨不用崔浩之言。

秦魯公紹遣長史姚洽、寧朔將軍安鸞、護軍姚墨蠡、河東太守唐小方帥衆二千屯河北之九原，阻河為固，欲以絕檀道濟糧援。《載記》曰：紹欲以絕弘農諸縣糧援。沈林子邀擊，破之，斬洽、墨蠡、小方，殺獲殆盡。林子因啓太尉裕曰：『紹氣蓋關中，今兵屈于外，國危於內，恐其凶命先盡，不得以膏齊斧耳。』應劭曰：齊，利也。張晏曰：齊，如字，征伐斧也，以整齊天下也。一說：『齊』作『齋』，凡師出入，齋戒入廟而受斧鉞也。紹聞洽等敗死，憤恚，發病嘔血，以兵屬東平公贊而卒。贊既代紹，衆力猶盛，引兵襲林子，林子復擊破之。

太尉裕至洛陽，行視城塹，嘉毛脩之完葺之功，賜衣服玩好，直二千萬。

秋，七月，太尉裕至陝。沈田子、傅弘之入武關，秦戍將皆委城走。田子等進屯青泥，秦主泓使給事黄門侍郎姚和都屯嶢柳以拒之。【略】

太尉裕至閿鄉。沈田子等將攻嶢柳，秦主泓欲自將以禦裕軍，恐田子等襲其後，欲先擊滅田子等，然後傾國東出；乃帥步騎數萬，奄至青泥。田子本為疑兵，所領裁千餘人，聞泓至，欲擊之；傅弘之以衆寡不敵止之，田子曰：『兵貴用奇，不必在衆。且今衆寡相懸，勢不兩立，若彼結圍既固，則我無所逃矣。不如乘其始至，營陳未立，先薄之，可以有功。』遂帥所領先進，弘之繼之。秦兵合圍數重。田子撫慰士卒曰：『諸君冒險遠來，止求今日之戰，死生一決，封侯之業於邇在矣！』士卒皆踴躍譟，執短兵奮擊，秦兵大敗，沈田子以千餘人敗姚泓數萬之衆者，置兵死地，人自為戰也。斬馘萬餘級，得其乘輿服御物，秦主泓奔還灞上。

初，裕以田子等衆少，遣沈林子將兵自秦嶺往助之，秦嶺在長安南，班固《西都賦》所謂『前乘秦嶺』。自此出藍田關。裕蓋遣林子自陽華循山西南至秦嶺。至則秦兵已敗，乃相與追之，關中郡縣多潛送款于田子。

辛丑，太尉裕至潼關，以朱超石為河東太守，使與振武將軍徐猗之會薛帛于河北，共攻蒲阪。秦平原公璞與姚和都共擊之，姚和都，蓋青泥既敗而奔蒲阪也。或曰：『和都』，當作『成都』。猗之敗死，超石奔還潼關。東平公贊遣司馬國璠引魏兵以躡裕後。

王鎮惡請帥水軍自河入渭以趨長安，《水經》：河水歷船司空與渭水會，春秋之渭汭即其地也。裕許之。秦恢武將軍姚難自香城引兵而西，香城在渭水之北，薄津之口。恢武將軍蓋姚秦創置。鎮惡追之；秦主泓自灞上引兵還屯石橋以為之援，石橋，在長安城洛門東北，有石橋。《水經注》曰：石橋水南出馬嶺山，積石據其東，驪出距其西，其水北逕鄭城西，水上有橋，東去鄭城十里，故世以橋名水。三輔黄圖曰：洛門，長安城北出東頭第一門。鎮北將軍姚强與難合兵屯涇上以拒鎮惡。涇水出安定涇陽縣幵頭山，東南至陽陵人渭。此涇上在漢京兆陽陵界。鎮惡使毛德祖進擊，破之，强死，難奔長安。

東平公贊退屯鄭城，太尉裕進軍逼之。泓使姚丕守渭橋，胡翼度屯石積，東平公贊屯灞東，汐屯逍遥園。《水經注》：沈水上承皇子陂，於樊川北逕長安城西與昆明池水合。其枝油東北流，逕鄧艾祠南，又東分為二水，一水入逍遥園。

鎮惡泝渭而上，乘蒙沖小艦，行船者皆在艦內；秦人見艦進而無行船者，皆驚以為神。壬戌旦，鎮惡至渭橋，令軍士食畢，皆持仗登岸，後登者斬。衆既登，渭水迅急，艦皆隨流，倏忽不知所在。時泓所將尚數萬人。鎮惡諭士卒曰：『吾屬並家在江南，此為長安北門，去家萬里，舟楫、衣糧皆已隨流。今進戰而勝，則功名俱顯；不勝，則骸骨不返，無他岐矣。岐，旁出之道。卿等勉之！』乃身先士卒，衆騰踴爭進，大破姚丕於渭橋。泓引兵救之，為丕敗卒所蹂踐，不戰而潰；姚諶等皆死，泓單馬還宮。鎮惡入自平朔門，漢無平朔門，蓋長安城北門也，後人改其名耳。泓與姚裕等數百騎逃奔石橋。東平公贊聞泓敗，引兵赴之，衆潰去；胡翼度降于太尉裕。

泓將出降，其子佛念，年十一，言於泓曰：『晉人將逞其欲，雖降必不免，不如引決。』引決，謂自裁也。泓憮然不應。悵也，失意貌。佛念登宮牆自投而死。姚佛念雖不及劉諶，然以童稚之年，氣烈如此，亦可尚也。癸亥，泓將妻子、羣臣詣鎮惡壘門請降，鎮惡以屬吏。城中夷、晉六萬餘户，鎮惡以國恩撫慰，號令嚴肅，百姓安堵。

九月，太尉裕至長安，鎮惡迎於濡上。裕勞之曰：『成吾霸業者卿也！』鎮惡再拜謝曰：『明公之威，諸將之力，鎮惡何功之有！』裕笑曰：『卿欲學馮異邪？』謂馮異謙退不伐，而能定關中。鎮惡性貪，秦府庫盈積，鎮惡盜取，不可勝紀；裕以其功大，不問。或譖諸裕曰：『鎮惡藏姚泓偽輦，將有異志。』裕使人覘之，鎮惡剔取其金銀，棄輦於垣側，裕意乃安。

裕收秦彝器、渾儀、土圭、記里鼓、指南車送詣建康。《左傳》：祝佗曰：成王分魯公以官司、彝器。杜預注：彝器，常用之器。漢武帝時，洛下閎、鮮妄人、耿壽昌遠員儀以考曆度。和帝時，賈逵又加黃道。順帝時，張衡又制渾象，具內外規、黃赤道、南北極，列二十四氣、二十八宿、中外星官及日月、五緯，以漏水轉之於殿上室內，星中出没，與天相應。其後，吳陸績造渾象，王蕃制渾儀。舊渾象以二分為一度，凡周七尺三寸半分。張衡更制，以四分為一度，凡周一丈四尺六寸。王蕃以古制局小，星辰稠穊，衡器傷大，難可轉移，更制渾象，以三分為一度，凡周天一丈九寸五分分之三。《周禮》：大司徒以土圭之法測土深，正日景，以求地中。日南則景短多暑，日北則景長多寒，日東則景夕多風，日西則景朝多陰。日至之景，尺有五寸，謂之地中。注云：土圭所以致四時、昌月之景也。鄭司農云：測土深，謂南北東西之深也。日南，立表處太南，近日也。日北，謂立表處太北，遠日也。景夕，謂日昳景乃中，立表處太東，近日也。景朝，謂日未中而景中，立表處太西，遠日也。玄謂晝漏半而置土圭，表陰陽，審其南北。景短於日為近東也。西於土圭謂之日西，是地於日為近西也。如是，則寒暑陰風偏而不和，是未得其所求。凡日景於地千里而差一寸。鄭司農又云：土圭之長尺有五寸，以夏至之日立八尺之表，其景適與土圭等，謂之地中。今潁川陽城地為然。《晉書·輿服志》：記里鼓車，駕四馬，制如司南車。崔豹古今注曰：大章車所以識道里也，起於西京，亦曰記里車。車上有二層，皆有木人，行一里，下層擊鼓；行十里，上層擊鐲。黃帝作指南車。《晉書·輿服志》：司南車，一名指南車，駕四馬。其下制如樓，三級四角，金龍銜羽葆。刻木為仙人，衣羽衣，立車上，車雖回轉，手常南指。大駕出行，為先啓之乘。蕭子顯曰：指南車，四周廂上施屋，指南人衣裙襦天衣在廂中，上四角皆施龍子幹，緣唯色；真孔雀毦，烏布皁復幔，漆畫輪，駕牛，皆銅校飾。記里鼓車制如指南，上施華蓋子，每衣漆畫，鼓機皆在內。其餘金玉、繒帛、珍寶，皆以頒賜將士。秦平原公璞、并州刺史尹昭以薄阪降，東平公贇帥宗族百餘人詣裕降，裕皆殺之。送姚泓至建康，斬於市。孝武太元九年，姚萇建國，改元白雀，歲在甲申，傳三主，三十四年而亡。

裕以薛辯為平陽太守，使鎮捍北道。

裕議遷都洛陽。諮議參軍王仲德曰：『非常之事，固非常人所及，必致駭動。今暴師日久，士卒思歸，遷都之計，未可議也。』裕乃止。

羌衆十餘萬口西奔隴上，沈林子追擊至槐里，俘虜萬計。姚氏，羌也；姚氏既滅，故羌衆西奔。

河西王蒙遜聞太尉裕滅秦，怒甚。門下校郎劉祥入言事，自曹操、孫權置校事司察羣臣，謂之校郎，後遂因之。蒙遜置諸曹校郎，如門下校郎、中兵校郎是也。蒙遜曰：『汝聞劉裕入關，敢研研然也！』遂斬之。楊正衡曰：研，五見翻；然有其音而無其義。河西士民乃心晉室。蒙遜胡人，竊據其上，聞裕入關，慮其回應，故斬祥以威衆，以鎮服其心也。姦雄之喜怒，豈苟然哉！《魏書·沮渠傳》作『姸姸』，華人服飾姸靡自喜，故蒙遜云然。

初，夏王勃勃聞太尉裕伐秦，謂羣臣曰：『姚泓非裕敵也。且其兄弟内叛，安能拒人！裕取關中必矣。然裕不能久留，必將南歸；留子弟及諸將守之，吾取之如拾芥耳。』乃秣馬礪兵訓養士卒，進據安定，秦嶺北郡縣鎮戍皆降之。裕遣使遺勃勃書，約為兄弟；勃勃使中書侍郎皇甫徽為報書而陰誦之，對裕使者，口授舍人使書之。裕讀其文，歎曰：『吾不如也！』【略】

辛未，劉穆之卒，太尉裕聞之，驚慟哀惋者累日。始，裕欲留長安經略西北，而諸將佐皆久役思歸，多不欲留。會穆之卒，裕以根本無託，遂決意東還。

裕以次子桂陽公義真為都督雍，梁，秦三州諸軍事、安西將軍、領雍，東秦二州刺史。義真時年十二。以太尉諮議參軍京兆王脩為長史，王鎮惡為司馬、領馮翊太守，沈田子、毛德祖皆為中兵參軍，仍以田子領始平太守，德祖領秦州刺史、天水太守，傅弘之為雍州治中從事史。

先是，隴上流户寓關中者，望因兵威得復本土；及置東秦州，時裕未得天水，東秦州即毛德祖所領。或曰，裕置東秦州，使義真兼領。知裕無復西略之意，皆歎息失望。

關中人素重王猛，裕之克長安，王鎮惡功為多，由是南人皆忌之。沈田子自以嶢柳之捷，與鎮惡爭功平。裕將還，田子及傅弘之屢言於裕曰：『鎮惡家在關中，不可保信。』裕曰：『今留卿文武將士精兵萬人，彼若欲為不善，止足自滅耳。勿復多言。』裕私謂田子曰：『鍾會不得遂其亂者，以有衛瓘故也。會、瓘事見七十八卷魏元帝咸熙元年。語曰：「猛獸不如羣狐。」卿等十餘人，何懼王鎮惡！』為沈田子殺王鎮惡張本。【略】

三秦父老聞裕將還，詣門流涕訴曰：『殘民不霑王化，於今百年，始覩衣冠，人人相賀。長安十陵是公家墳墓，咸陽宮殿是公家室宅，漢高帝長陵、惠帝安陵、文帝霸陵、景帝陽陵、武帝茂陵、昭帝平陵、宣帝杜陵、元帝渭陵、成帝延陵、哀帝義陵、平帝康陵，皆在關中，凡十一陵；言十者，舉大數也。長安、咸陽宮殿皆漢故迹。裕，劉氏子孫，故父老以是為言而留之。捨此欲何之乎！』裕為之愍然，慰諭之曰：『受命朝廷，不得擅留。誠多諸君懷本之志，今以次息次息，猶言次子也。與文武賢才共鎮此境，勉與之居。』十二月，庚子，裕發長安，自洛入河，開汴渠而歸。

論　說

宋·司馬光《資治通鑑》卷一一五《晉紀三七·安皇帝庚》（晉安帝義熙六年）臣光曰：晉自濟江以來，威靈不競，戎狄橫騖，虎噬中原。劉裕始以王師翦平東夏，不於此際旌禮賢潛，慰撫疲民，宣愷悌之風，滌殘穢之政，使羣士向風，遺黎企踵，而更恣行屠戮以快忿心，迹其施設，曾苻、姚之不如，宜其不能蕩壹四海，成美大之業，豈非雖有智勇而無仁義使之然哉！

又　卷一一八《晉紀四〇·安皇帝癸》（晉安帝義熙十三年）臣光曰：古人有言：『疑則勿任，任則勿疑。』裕既委鎮惡以關，而復與田子有後言，是鬭之使為亂也。惜乎，百年之寇，千里之土，得之艱難，失之造次，使豐、鄗之都復輸寇手。荀子曰：『兼并易能也，堅凝之難。』信哉！

清·王夫之《讀通鑑論》卷一四《安帝一四》　桓温抗表而伐李勢，討賊也。李勢之僭，潰君臣之分也；温不奉命而伐之，温無以異於勢。論者惡其不臣，是也，天下之義伸也。劉裕抗表以伐南燕，南燕，鮮卑也。慕容氏世載凶德以亂中夏，晉之君臣弗能問，而裕始有事，暗主不足與謀，具臣不足與議，裕無所可奉也。論者亦援温以責裕，一時之義伸，而古今之義屈矣。如裕者，以春秋之義予之，可也。若其後之終於篡晉，而後伸君臣之義以誅之，斯得矣。於此而遽奪焉，將聽鮮卑之終汙此土，而君尚得為君，臣尚得為臣乎？

又　《安帝一九》　慕容超求救于姚興，姚泓求救於拓拔嗣，夫豈無脣亡齒寒之理足以動之乎？然而興與嗣徒張虛聲，按兵不動，坐視其亡。劉裕縣軍深入，詬姚興擊魏兵於河上，弗慮其夾攻，挑其怒而終無患。蓋超與泓之愚以自亡，興與嗣審於進退，而裕料敵之已熟也。崔浩曰：『裕圖秦久矣，其志必取，若遏其上流，裕心忿怒，必上岸北侵，是我代秦受敵也。』其說韙矣。空國興師，越數千里而攻人，豈畏戰者哉？竇建德輕舉以救王世充，世充未破而建德先禽，其明驗也。攻者志於攻也，三軍之士皆見為必攻；守者志於守也，乘埤之人皆見為必守；兩俱不相下，而生死縣於一決，怒則果怒，懼則果懼也。若夫人不我侵，兩相鬭而我往參之，君與將無致死之心，士卒亦見為無故之勢，情先懈，氣先不奮，取敗而已矣。

嗚呼！君子之所望於人者，以禮相獎、以情相好已耳，非若小人之相倚以雄也。己所怒而欲人怒之，己所憂而欲人憂之，父不能得之於子也。愚者不知，呼籲而冀人之為我怒、為我憂也，弗獲已而應之，安足恃乎？若其不揣而為人憂怒以輕犯人者，則必妄人也。妄人先以自斃，而奚以拯人之危？齊桓次於聶北，能遷邢以存之，而不能為邢與狄戰；吳為蔡請全力以攻楚，而夫概先亂吳國，蔡亦終滅于楚；恃人而忘己，為人恃而捐己，皆愚也。君子不入井以望人之從，則不從井以救人，各求諸己而已矣。嵇叔夜不能取必于子，文信國不能喻志于弟，忠孝且然矣。顏淵曰：『夫子步亦步，趨亦趨，己瞠乎其後矣。』子曰：『當仁不讓于師。』學問且然矣。況一己之成敗利鈍而恃人之我援哉？明者審此，自强之計決，而不怨他人之不我恤，而後足以自立。『謂他人父，亦莫我顧，謂他人昆，亦莫我聞。』情也，勢也，即理也。不得而怨，何其晚也！

又　《安帝二一》　劉裕滅姚秦，欲留長安經略西北，不果而歸，而中原遂終於淪没。史稱將佐思歸，裕之師說也。王、沈、毛、傅之獨留，豈繄不有思歸之念乎？西征之士，一歲而已，非久役也。新破人國，子女玉帛足繫其心，梟雄者豈必故土之安乎？固知欲留經略者，裕之初志，而造次東歸者，裕之轉念也。夫裕欲歸而急於篡，固其情已。然使裕據關中，撫雒陽，捍拓拔嗣而營河北，拒屈丐而固秦雍，平沮渠蒙遜而收隴右，動愈大，威愈張，晉之天下其將安往？曹丕在鄴，而漢獻遙奉以璽綬，奚必反建康以面受之于晉廷乎？蓋裕之北伐，非徒示威以逼主攘奪，而無志于中原者，青泥既敗，長安失守，登高北望，慨然流涕，志欲再舉，止之者謝晦、鄭鮮之也。蓋當日之貪佐命以弋利禄者，既無遠志，抑無定情，裕欲孤行其志而不得，則急遽以行篡弒，裕之初心亦絀矣。

裕之為功於天下，烈於曹操，而其植人才以贊成其大計，不如操遠矣。操方舉事據兗州，他務未遑，而亟於用人；逮其後而丕與叡猶多得剛直明敏之才，以匡其闕失。裕起自寒微，以敢戰立功名，而雄俠自喜，與士大夫之臭味不親，故胡藩言：一談一詠，搢紳之士輻湊歸之，不如劉毅。當時在廷之士，無有為裕心腹者，孤恃一機巧汰縱之劉穆之，而又死矣；傅亮、徐羨之、謝晦，皆輕躁而無定情者也。孤危遠處於外，求以制朝廷而遙授以天下也，既不可得，且有反面相距之憂，此裕所以汔濟濡尾而僅以偏安艸竊終也。當代無才，而裕又無馭才之道也。身殂而弑奪興，況望其能相佐以成底定之功哉？曹操之所以得志於天下，而待其子始篡者，得人故也。豈徒姦雄為然乎？聖人以仁義取天下，亦視其人而已矣。

又　卷一五《宋武帝》　固將曰：『晉平吳、蜀一天下矣，而宋不能。』魏、吳皆僭也，而魏篡，則平吳不可以為晉功；若蜀漢之滅，固殄絕劉氏二十餘世之廟食，古今所肅然而傷心者。混一不再傳而已裂，土宇之廣，又奚足以雄哉？中原之失，晉失之，非宋失之也。宋武興，東滅慕容超，西滅姚泓，拓拔嗣、赫連勃勃斂迹而穴處。自劉淵稱亂以來，祖逖、庾翼、桓溫、謝安經營百年而無能及此。後乎此者，二蕭、陳氏無尺土之展，而浸以削亡。然則永嘉以降，僅延中國生人之氣者，唯劉氏耳。舉晉人坐失之中原，責宋以不蕩平，没其撻伐之功而黜之，亦大不平矣。

清·王鳴盛《十七史商榷》卷五二《晉書十·東晉國勢不弱》　東晉君弱臣强，勢則然矣，而其立國之勢却不爲弱。劉琨、祖逖志在興復，屢有誅翦。桓溫之滅李勢，謝安之破苻堅，劉裕之擒慕容超、姚泓，朱齡石之斬譙縱，皆奇功也。裕之入關中，幾幾欲混一矣，留子義真鎮之而還，旋失之，惜哉。王買德謂赫連勃勃曰：『關中形勝地，劉裕以弱才小兒守之，非經遠之規也。狼狽而返者，欲速成篡事耳，無暇有意於中原。』見《載記·勃勃傳》。買德此言實爲破的，餘詳《南史》。

又　卷五三《南史合宋齊梁陳書一·宋武帝勝魏晉》　《南史·宋武帝·論》曰：『夷凶剪暴，誅内清外，功格上下。樂推所歸，謳歌所集，校之魏晉，可謂收其實矣。』愚謂宋武帝功業，謂其遠過司馬懿則誠然矣，若云曹操亦不如，恐未爲平允。司馬温公《經進稽古録》第十四卷論云：『晉室渡江以來，禍亂相繼。至於盂興，桓氏篡位，宋高祖首唱大義，奮臂一呼，凶黨瓦解，遂梟靈寶之首，奉迎乘輿，再造晉室，厥功已不細矣。既而治兵誓衆，經營四方。揚旗東征，廣固横潰；卷中南趨，盧循殄滅；偏師西上，譙縱授首；鋭卒北驅，姚泓面縛。遂汛掃伊、洛，修奉園陵。南國之盛，未有過於斯時者也。然區宇未一，蹂於天位，委棄秦雍，以資寇敵。使大功不成，惜哉。』此論殊得其實。

關中之失，以王鎮惡、沈田子、王脩二人相繼而死也，而罪首則在田子，以私怨無端妄殺有大功之鎮惡，因而脩殺田子，義真殺脩，使業敗已成，欲曲護其先人之短，豈能掩哉？

裕所最忌者劉毅，故滅之，最倚任爲心腹者惟劉穆之，故北伐使穆之居東統事。關中甫定，穆之遽卒，根本空虚，有内顧憂，故委之而去之。張氏溥評《通鑑紀事本末》第一百四卷云：張氏更定，非原第。『既滅秦，設留功成一統。置之版圖，其將焉往。然螢之自知深矣，或可兼，魏難猝滅。與其不得置也，寧失題史，是以急行而不顧也。關中必危，義真將死，裕豈不念之？然孺子可亡，天位不可失，明知之而明棄之，其後義真逃歸，亦義真之幸，裕固無暇爲之計萬全也。裕初人長安，議遷都洛陽，王仲德止之，終于偏安江左。勃勃得長安，羣下請都之，不從，既而勃勃殂，子昌立，魏取統萬，赫連氏竟奔亡。建國之地所係存亡廢興者大矣。』張氏此論亦佳。

雜録

《魏書》卷一〇五之三《天象志》　（天賜二年九月）是時，南燕慕容氏兼有齊魯之墟，不務修德，而驟侵晉淮、泗。六年四月，劉裕以晉師伐之，大敗燕師於臨朐，進克廣固，執慕容超以歸，戮諸建康。【略】

（太宗永興）三年六月庚子，月犯歲星，在畢；八月乙未，又犯之，在參；四年正月又蝕，在畢。直徹垣之陽，參在山河之右。歲星所以阜農事安萬人也。占曰『月仍犯之，邊萌阻兵而薦饑』。是歲六月癸巳，金、木合于東井；七月甲申，金犯土于井。占曰『其國内兵，有白衣之會』。十一月，土犯井；十二月癸卯，土犯鉞。土主疆理之政，存亡之機也，是為土地分裂，有戮死之君，徵在秦邦。至五年二月丙午，火、土皆犯井。占曰『國有兵喪之禍，主出走』。是月壬辰，歲、鎮、熒惑、太白聚于井。將以建霸國之命也，其地君子憂，小人流。又自三年四月至五年三月，熒惑三干鬼。主命者將夭而國徙焉。是時雍州假王霸之號者六國，而赫連氏據朔方之地，尤為強暴，薦食關中，秦人奔命者殆路。間歲，姚興薨而難作於內。明年，劉裕以晉師伐之，秦師連戰敗績，執姚泓以歸，戕諸建康。【略】

（神䴥）四年三月，有大流星東南行，光燭地，長六七丈，食頃乃滅，後有聲。占曰『大兵從之』。是時諸將方逐宋師，至歷城不及。有聲，駭奔之象也。四月辛未，太白晝見於胃。胃為趙分。五月，太白犯天關；十月丙辰，月又掩之。天關外主勃、碣，山河之險窮焉。占曰『兵革起』。九月丙寅，有流星大如斗，赤色，發太微，至北斗而滅。太微，禮樂之庭，且有昭德之舉，而述宣王命，是以帝車受之。是月壬申，有詔徵范陽盧玄等三十六人，郡國察秀、孝數百人，且命以禮宣喻，申其出處之節。明年六月，上伐北燕，舉燕十餘郡，進圍和龍，徙豪傑三萬餘家以歸。四年八月，金入太微，亦君自將兵象。明年正月庚午，火入鬼。占曰『秦有死君』。四月己丑，太白晝見，為不臣。其後秦王赫連昌叛走伏誅之應也。

《晉書》卷一二《天文志中》　義熙元年四月己卯，月犯填星，在東壁。占曰：『其地亡國。』一曰：『貴人死。』七月己未，月奄填星，在東壁。占曰：『其國以伐亡。』一曰：『人流。』十月丁巳，月奄填星，在營室。占同上。十一月，荊州刺史魏詠之卒。二年二月，司馬國璠等攻没弋陽。三年，恆徒揚州刺史王謐薨。四年正月，太保、武陵王遵薨。三月，左僕射孔安國薨。二年十二月丙午，月奄太白，在危。占曰：『齊亡國。』一曰：『强國君死。』五年四月，劉裕大軍北討慕容超，卒滅之。【略】

義熙二年十二月丁未，熒惑、太白皆入羽林，又合於壁。三年正月，慕容超寇淮北、徐州，至下邳。【略】三年二月癸亥，熒惑、填星、太白、辰星聚于奎、婁，從填星也。徐州分。是時，慕容超僭號于齊，兵連徐兗，連歲寇抄，【略】其五年，劉裕北殄慕容超。其六月辛卯，熒惑犯辰星，在翼。占曰：『天下兵起。』八月己卯，太白奄熒惑。占曰：『有大兵。』其四年，姚略遣衆征赫連勃勃，大為所破。五年四月甲戌，熒惑犯辰星，在東井。占曰：『皆為兵。』十二月辛丑，太白犯歲星，在奎。占曰：『大兵起，魯有兵。』是年四月，劉裕討慕容超。六年二月，滅慕容超于魯地。

又　卷一三《天文志下》　義熙二年二月，太白犯南斗。占曰：『兵起。』己丑，月犯心後星。占曰：『豫州有災。』四月癸丑，月犯太微西上將。己未，月犯房南第二星。乙丑，歲星犯天江。占曰：『有兵亂，河津不通。』五月癸未，月犯左角。占曰：『左將軍死，天下有兵。』壬寅，熒惑犯氐。占曰：『氐為宿宮，人主憂。』六月庚午，熒惑犯房北第二星。

八月癸亥，熒惑犯南斗第五星。丁巳，犯建星。占曰：『為兵。』九月壬午，熒惑犯哭星，又犯泣星。是年二月甲戌，司馬國璠等攻没弋陽。又，慕容超侵略徐、兗，三年正月，又寇北徐州，至下邳。十二月，司徒王謐薨。四年正月，武陵王遵薨。五年，慕容超復寇淮北。四月，劉裕大軍討之，拔臨朐。又圍廣固拔之。三年正月丙子，太白晝見，在奎。

二月庚申，月奄心後星。占同上。五月癸未，月犯左角。己丑，太白晝見，在參。占曰：『益州有兵喪，臣强。』八月己卯，太白犯左執法。辛卯，熒惑犯左執法。九月壬子，熒惑犯進賢星。是年八月，劉敬宣伐蜀，不克而旋。

四年三月，左僕射孔安國卒。七月，司馬叔璠等攻没鄒山，魯郡太守徐邕破走之。姚略遣衆征赫連勃勃，大為破所。五年，劉裕討慕容超，滅之。四年正月庚子，熒惑犯天關。五月丁未，月奄鬬第二星。壬子，填星犯天廩。占曰：『天下饑，倉粟少。』六月己丑，太白犯太微西上將。乙卯又犯左執法。十月戊子，熒惑入羽林。占悉同上。五年，劉裕討慕容超，後南北軍旅運轉不息。

五年二月甲子，月犯昴。占曰：『胡不安，天子破匈奴。』五月戊戌，歲星入羽林。九月壬寅，月犯昴。十月，熒惑犯氐。閏月丁酉，月犯昴。辛亥，熒惑犯鉤鈐。己巳，月奄心大星。占曰：『王者惡之。』是年四月，劉裕討慕容超。

又　卷二五《輿服志》　及義熙五年，劉裕屠廣固，始復獲焉，乃使工人張綱補緝周用。十三年，裕定關中，又獲司南、記里諸車，制度始備。其輦，過江亦亡制度，太元中謝安率意造焉，及破苻堅於淮上，獲京都舊輦，形制無差，大小如一，時人服其精記。義熙五年，劉裕執慕容超，獲金鉦輦、豹尾，舊式猶存。

元・馬端臨《文獻通考》卷一五八《兵考十》　劉裕伐南燕，以車四千乘為左右翼，方軌徐進，與燕兵戰於臨朐，敗之。裕伐秦，假道於魏，魏遣軍徼之。裕遣白直隊主丁旿帥仗士七百人、車百乘，渡北岸，去水百餘步，為卻月陣，兩端抱河，車置七仗士，事畢，使豎一白旄。魏人不解其意，皆未動。裕先命寧朔將軍朱超石戒嚴。白旄既舉，超石率二千人馳往赴之，齎大弩百張，一車益二十人，設彭排於轅上。魏人圍之，超石以大鎚及槊千餘張槊之。魏師奔潰。

清・顧祖禹《讀史方輿紀要》卷二五《南直七・鎮江府》　義熙六年，劉裕滅南燕，會盧循襲建康，裕卷甲南還，自廣陵濟江，出京口。

又　卷三五《山東六・廣縣城》　隆安三年，慕容德據此，其城四周絕澗，阻水深隍。德又於其中築內城，亦曰小城。慕容超名廣固內城南門曰天門，是也。義熙五年，劉裕攻廣固，克其大城，超入保小城，裕築長圍守之，及城下，遂平其城隍，而改築東陽城，為青州治云。

又　《北陽水》　石趙攻曹嶷於廣固，望氣者謂澠水帶城，非可卒拔。南燕慕容超來，河凍皆合，而澠水不冰，超惡之。其臣李宣曰：澠水無冰，良由逼帶京城，近日月也。超悅。既而劉裕來攻，議者謂塞五龍口，城必當陷。塞之，果驗。

又　《臨朐縣》　義熙五年，劉裕伐南燕，【略】慕容超先遣軍屯臨朐，聞晉兵入峴，自將步騎往就之。裕與燕軍戰于臨朐南，參軍胡藩曰：燕悉兵出戰，臨朐城中，留守必寡，願以奇兵從間道取其城，此韓信所以破趙也。裕從之。潛師出燕兵後，襲攻臨朐，克之。超走城南，裕縱兵奮擊，超大敗。

又　《鄆城縣》　劉裕北伐廣固，登之以望大峴。

南北朝對峙部

南朝更替分部

宋受晉禪

綜述

《宋書》卷一六《禮志三》　晉恭帝元熙二年五月，遣使奉策，禪帝位于宋。永初元年六月丁卯，設壇南郊，受皇帝璽紱，柴燎告類。策曰：『皇帝臣諱，敢用玄牡，昭告皇皇后帝。晉帝以卜世告終，歷數有歸，欽若景運，以命於諱。夫樹君司民，天下為公，德充帝王，樂推攸集。越俶唐、虞，降暨漢、魏，靡不以上哲格文祖，元勳陟帝位，故能大拯黔黎，垂訓無窮。晉自東遷，四維弗樹，宰輔焉依，為日已久。難棘隆安，禍成元興，遂至帝王遷播，宗祀湮滅。諱雖地非齊、晉，衆無一旅，仰憤時難，俯悼橫流，投袂一麾，則皇祚克復。及危而能持，顛而能扶，奸宄具殲，僭偽必滅。誠否終必泰，興廢有期。至於撥亂濟民，大造晉室，因藉時運，以尸其勞。加以殊俗慕義，重譯來款，正朔所暨，咸服聲教。至乃三靈垂象，山川告祥，人神和協，歲月茲著。是以羣公卿士，億兆夷人，僉曰皇靈降監于上，晉朝款誠於下；天命不可以久淹，宸極不可以暫曠。遂逼羣議，恭茲大禮。猥以寡德，託於兆民之上。雖仰畏天威，略是小節，顧深永懷，祇懼若厲。敬簡元日，升壇受禪，告類上帝，用酬萬國之嘉望。克隆天保，永祚于有宋。惟明靈是饗。』

《魏書》卷九六《僭晉司馬叡傳》　（神瑞）三年，德宗死，弟德文僭立。四年，改年曰元熙五年，德文禪位於裕，裕封德文為零陵王。德文后河南褚氏，兄季之、弟淡之雖德文姻戚，而盡心於裕。德文每生男，輒令方便殺焉。惑誘內人，密加毒害，前後非一。及德文被廢，囚于秣陵宮，常懼見禍，與褚氏共止一室，慮有鴆毒，自煮食於前。六年，劉裕將殺之，不欲遣人入內，令淡之兄弟視褚氏，褚氏出別宮，於是兵乃逾垣而入，進藥於德文。德文不肯飲，曰：『佛教，自殺者不復人身。』乃以被掩殺之。

自叡之僭江南，至於德文之死，君弱臣强，不相羈制，賞罰號令，皆出權寵，危亡廢奪，釁故相尋，所謂夷狄之有君，不若諸夏之亡也。

《晉書》卷一一八《姚興載記下》 休之等至長安，興謂之曰：『劉裕崇奉晉帝，豈便有闕乎？』休之曰：『臣前下都，琅邪王德文泣謂臣曰：「劉裕供御主上，克薄奇深。」以事勢推之，社稷之憂方未可測。』

論說

《晉書》卷一〇《安帝恭帝紀論》 安帝即位之辰，鍾無妄之日，道子、元顯並傾朝政，主昏臣亂，未有如斯不亡者也。雖有手握戎麾，心存舊國，迴首無良，忽焉蕭散。於是桓玄乘釁，勢逾飆指，六師咸泯，隻馬徂遷。是以宋高非典午之臣，孫恩豈金行之寇。若乃世遇顛覆，則恭皇斯甚。於越之民，詎熏丹穴，會稽之侶，寧歎人臣。去皇屋而歸來，灑丹書而不恨。夫五運攸革，三微數盡，猶高秋凋候，理之自然。觀其搖落，人有為之流漣者也。

又《安帝恭帝紀贊》 安承流湎，大盜斯張。恭乃寓命，他人是綱。猶存周赧，始立懷王。虛尊假號，異術同亡。

宋·洪邁《容齋隨筆》卷五《晉之亡與秦隋異》 自堯、舜及今，天下裂而復合者四：周之末為七戰國，秦合之。漢之末分為三國，晉合之。晉之亂分為十餘國，爭戰三百年，隋合之。唐之後又分為八九國，本朝合之。然秦始皇一傳而為胡亥，晉武帝一傳而為惠帝，隋文帝一傳而為煬帝，皆破亡其社稷。獨本朝九傳百七十年，乃不幸有靖康之禍，蓋三代以下治安所無也。秦、晉、隋皆相似，然秦、隋一亡即掃地，晉之東雖曰『牛繼馬後』，終為守司馬氏之祀，亦百有餘年。蓋秦、隋毒流四海，天實誅之。晉之八王擅兵，孽後盜政，皆本于惠帝昏蒙，非得罪於民，故其亡也，與秦、隋獨異。

又 卷八《東晉將相》 西晉南渡，國勢至弱，元帝為中興主，已有雄武不足之譏，餘皆童幼相承，無足稱算。然其享國百年，五胡雲擾，竟不能窺江、漢，苻堅以百萬之衆，至於送死淝水，後以强臣擅政，鼎命乃移，其于江左之勢，固自若也，是果何術哉？嘗考之矣，以國事付一相，而不貳其任，以外寄付方伯，而不輕其權，文武二柄，既得其道，餘皆可概見矣。百年之間，會稽王昱、道子、元顯以宗室，王敦、二桓以逆取，姑置勿言，卞壼、陸玩、郗鑒、陸曄、王彪之坦之不任事，其真托國者，王導、庾亮、何充、庾冰、蔡謨、殷浩、謝安、劉裕八人而已。方伯之任，莫重于荆、徐，荆州為國西門，刺史常都督七八州事，力雄强，分天下半，自渡江訖於太元，八十餘年，荷閫寄者，王敦、陶侃、庾氏之亮翼、桓氏之温豁沖石民八人而已，非終於其軍不輒易，將士服習於下，敵人畏敬於外，非忽去忽來，兵不適將，將不適兵之比也。頃嘗為主上論此，蒙欣然領納，特時有不同，不能行爾。

清·王鳴盛《十七史商榷》卷四四《晉書二·晉紀總論》 《懷愍紀》末引干寶《晉紀·總論》，此文載《文選》內。『夷曹爽，外襲王凌』，『凌』，彼作『陵』，非。『談者以虛蕩爲辨而賤名檢』，彼作『虛薄』、『名儉』，李善注引劉謙《晉紀》應瞻表曰：『元康以來，以儒術清儉爲羣俗。』則似得兩通。『當官者以望空爲高而笑勤恪』之下，《文選》有『目三公以蕭杌之稱，標上議以虛談之名』，『蕭杌』，善云『未詳』，而五臣良曰『言時名目三公皆蕭然自放，杌爾無爲』，作《晉書》者因其艱晦，刪此二句。『共嗤黜以爲灰塵』，『黜』，彼作『點』，司馬遷《答任少卿書》云『適足見笑而自點』，善云『點，辱也』，則似得兩通。『子真著《崇讓》而莫之省，子雅制九班而不得用，長虞數直筆而不能糾』，謂劉寔子真爲少府，著《崇讓論》；劉頌、子雅爲吏部尚書，作九班之制；傅咸、長虞爲司隸校尉，先後彈奏百寮也，三句層叠而下，極論時弊，甚暢，《晉書》刪『長虞』一句，殊無謂。又論至惠帝有『賈后肆虐於六宮』云云，此扼要之語，《晉書》刪之，亦非。惟『懷帝初載，嘉禾生於南昌』云云一段冗長，《晉書》刪去，是。愚謂此文摹《過秦論》處雖有規仿之痕，借周形晉，文勢亦似迂緩，然其以老、莊虛空爲致亂之由，歸罪阮籍、賈充輩，又以婦女淫妒爲風俗所由壞，實能深探禍本。竇，晉臣，自不便顯黜晉德，然言外已見懿、師、昭、炎作法於涼矣。《晉書》當直用此篇作論，其前不必贅加一冒子。

藝文

《宋書》卷二〇《樂志二》　宋《南郊雅樂登歌》三篇，顏延之造：

夤威寶命，嚴恭帝祖。表海炳岱，系唐胄楚。靈鑑浚文，民屬睿武。奄受敷錫，宅中拓宇。亘地稱皇，罄天作主。月竁來賓，日際奉土。開元首正，禮交樂舉。六曲聯事，九官列序。有牷在滌，有潔在俎。以薦王衷，以答神祐。

右天地郊夕牲歌。

維聖饗帝，維孝饗親。皇乎備矣，有事上春。禮行宗祀，敬達郊禋。金枝中樹，廣樂四陳。陟配在京，降德在民。奔精照夜，高燎煬晨。陰明浮爍，沈崇深淪。告成大報，受厘元神。月御按節，星驅扶輪。遙興遠駕，耀耀振振。

右天地郊迎送神歌。

營泰畤，定天衷。思心睿，謀筮從。建表蕝，設郊宮。田燭置，爟火通。歷元旬，律首吉。飾紫壇，坎列室。中星兆，六宗秩。乾宇晏，地區謐。大孝昭，祭禮供。牲日展，盛自躬。具陳器，備禮容。形舞綴，被歌鐘。望帝閽，聳神蹕。靈之來，辰光溢。潔粢酌，娛太一。明輝夜，華晢日。祼既始，獻又終。煙薌鬯，報清穹。饗宋德，胙王功。休命永，福履充。

右天地饗神歌。

宋《明堂歌》，謝莊造：

地紐謐，乾樞回。華蓋動，紫微開。旌弊日，車若雲。駕六氣，乘芃縕。曄帝京，輝天邑。聖祖降，五靈集。構瑤戺，聳珠簾。漢拂幌，月棲簷。舞綴暢，鐘石融。駐飛景，鬱行風。懋粢盛，潔牲牷。百禮肅，羣司虔。皇德遠，大孝昌。貫九幽，洞三光。神之安，解玉鑾。景福至，萬宇歡。

右迎神歌詩。依漢郊祀迎神，三言，四句一轉韻。

雍臺辨朔，澤宮練辰。潔火夕照，明水朝陳。六瑚賁室，八羽華庭。昭事先聖，懷濡上靈。《肆夏》式敬，升歌發德。永固鴻基，以綏萬國。

右登歌詞。舊四言。

維天為大，維聖祖是則。辰居萬宇，綴旒下國。內靈八輔，外光四瀛。蕃宮仰蓋，日館希旌。復殿留景，重簷結風。刮楹接緯，達嚮承虹。設業設虡，在王庭。肇禋祀，克配乎靈。我將我享，維孟之春。以孝以敬，以立我烝民。

右歌太祖文皇帝詞。依《周頌》體。

參映夕，駟照晨。靈乘震，司青春。雁將向，桐始蕤。柔風舞，暄光遲。萌動達，萬品新。潤無際，澤無根。

右歌青帝詞。三言，依木數。

龍精初見大火中。朱光北至圭景同。帝位在《離》實司衡。水雨方降木槿榮。庶物盛長咸殷阜。恩覃四溟被九有。

右歌赤帝辭。七言，依火數。

履建宅中宇，司繩御四方。裁化遍寒燠，布政周炎涼。景麗條可結，霜明冰可折。凱風扇朱辰，白雲流素節。分至乘結晷，啓閉集恒度。帝運緝萬有，皇靈澄國步。

右歌黃帝辭。五言，依土數。

百川如鏡，天地爽且明。雲沖氣舉，德盛在素精。木葉初下，洞庭始揚波。夜光徹地，翻霜照懸河。庶類收成，歲功行欲寧。浹地奉渥，罄宇承秋靈。

右歌白帝辭。九言，依金數。

歲既晏，日方馳。靈乘坎，德司規。玄雲合，晦鳥路。白雲繁，亘天涯。雷在地，時未光。飭國典，閉關梁。四節遍，萬物殿。福九域，祚八鄉。晨晷促，夕漏延。大陰極，微陽宣。鵲將巢，冰已解。氣濡水，風動泉。

右歌黑帝辭。六言，依水數。

蘊禮容，餘樂度。靈方留，景欲暮。開九重，肅五達。鳳參差，龍已秣。雲既動，河既梁。萬里照，四空香。神之車，歸清都。旋庭寂，玉殿虛。睿化凝，孝風熾。顧靈心，結皇思。

右送神歌辭。漢郊祀送神，亦三言。

右天郊饗神歌。【略】

宋《宗廟登歌》八篇，王韶之造：

綿綿遐緒，昭明載融。漢德未遠，堯有遺風。于穆皇祖，永世克隆。本枝惟慶，貽厥靡窮。

右祠北平府君登歌。

乃立清廟，清廟肅肅。乃備禮容，禮容穆穆。顯允皇祖，昭是嗣服。錫茲繁祉，聿懷多福。

右祠相國掾府君登歌。

四縣既序，籥管既舉。堂獻六瑚，庭舞八羽。先王有典，克禋皇祖。丕顯洪烈，永介休祐。

右祠開封府君登歌。

鐘鼓喤喤，威儀將將。温恭禮樂，敬享曾皇。邁德垂仁，係軌重光。天命純嘏，惠我無疆。

右祠武原府君登歌。

鑠矣皇祖，帝度其心。永言配命，播茲徽音。思我茂猷，如玉如金。駿奔在陛，是鑑是歆。

右祠東安府君登歌。

烝哉孝皇，齊聖廣淵。發祥誕慶，景祚自天。德敷金石，道被管弦。有命既集，徽風永宣。

右祠孝皇帝登歌。

惟天有命，眷求上哲。赫矣聖武，撫運桓撥。功並敷土，道均汝墳。止戈曰武，經緯稱文。烏龍失紀，雲火代名。受終改物，作我宋京。至道惟王，大業有劭。降德兆民，升歌清廟。

右祠高祖武皇帝登歌。

奕奕寢廟，奉璋在庭。笙籥既列，犧象既盈。黍稷匪芳，明祀惟馨。樂具禮充，潔羞薦誠。神之格思，介以休禎。濟濟羣辟，永觀厥成。

右祠七廟享神登歌。並以歌章太后篇。

《世祖孝武皇帝歌》，謝莊造：

帝錫二祖，長世多祜。于穆睿考，襲聖承矩。玄極弛馭，乾紐墜緒。辟我皇維，締我宋宇。刊定四海，肇構神京。復禮輯樂，散馬墮城。澤牣九有，化浮八瀛。慶雲承掖，甘露飛甍。肅肅清廟，徽徽閟宮。舞蹈象德，笙磬陳風。黍稷非盛，明德惟崇。神其歆止，降福無窮。

《宣皇太后廟歌》：

稟祥月輝，毓德軒光。嗣徽嬀汭，思媚周姜。母臨萬宇，訓藹紫房。朱弦玉籥，式載瓊芳。【略】

宋《四廂樂歌》五篇，王韶之造：

於鑠我皇，禮仁包元。齊明日月，比量乾坤。陶甄百王，稽則黃軒。訏謨定命，辰告四蕃。

將將蕃后，翼翼羣僚。盛服待晨，明發來朝。饗以八珍，樂以九《韶》。仰祗天顏，厥猷孔昭。

法章既設，初筵長舒。濟濟列辟，端委皇除。飲和無盈。威儀有餘。温恭在位，敬終如初。

九功既歌，六代惟時。被德在樂，宣道以詩。穆矣太和，品物咸熙。慶積自遠，告成在茲。

右《肆夏》樂歌四章。客入，于四廂振作《于鑠曲》。皇帝當陽，四廂振作《將將曲》。皇帝入變服，四廂振作《於鑠》、《將將》二曲。又黃鍾、太簇二廂作《法章》、《九功》二曲。

大哉皇宋，長髮其祥，纂系在漢，統源伊唐。德之克明，休有烈光。配天作極，辰居四方。

皇矣我后，聖德通靈。有命自天，誕授休禎。龍飛紫極，造我宋京。光宅宇宙，赫赫明明。

右大會行禮歌二章。姑洗廂作。

獻壽爵，慶聖皇。靈祚窮二儀，休明等三光。

右王公上壽歌一章。黃鍾廂作。

明明大宋，緝熙皇道。則天垂化，光定天保。天保既定，肆覲萬方。禮繁樂富，穆穆皇皇。

沔彼流水，朝宗天池。洋洋貢職，抑抑威儀。既習威儀，亦閑禮容。一人有則，作孚萬邦。

烝哉我皇，固天誕聖。履端惟始，對越休慶。如天斯久，如日斯盛。介茲景福，永固駿命。

右殿前登歌三章，别有金石。

晨羲載耀，萬物咸睹。嘉慶三朝，禮樂備舉。元正肇始，典章暉明。萬方畢來賀，華裔充皇庭。多士盈九位，俯仰觀玉聲。恂恂俯仰，載爛其輝。鼓鐘震天區，禮容塞皇闈。思樂窮休慶，福履同所歸。

五玉既獻，三帛是薦。爾公爾侯，鳴玉華殿。皇皇聖后，降禮南面。元首納嘉禮，萬邦同歡願。休哉！君臣嘉燕。建五旗，列四縣。樂有文，禮無倦。融皇風，窮一變。

體至和，感陰陽。德無不柔，繁休祥。瑞徽璧，應嘉鐘。舞靈鳳，躍潛龍。景星見，甘露墜。木連理，禾同穗。玄化洽，仁澤敷。極禎瑞，窮靈符。

懷荒裔，綏齊民。荷天祐，靡不賓。靡不賓，長世弘盛。昭明有融，繁嘉慶。繁嘉慶，熙帝載。合氣成和，蒼生欣戴。三靈協瑞，惟新皇代。

王道四達，流仁布德。窮理詠乾元，垂訓順帝則。靈化侔四時，幽誠通玄默。德澤被八埏，乾寧軌萬國。

皇猷緝，咸熙泰。禮儀焕帝庭，要荒服遐外。被髪襲纓冕，左袵任回衿帶。天覆地載，流澤汪惛。聲教布濩，德光大。

開元辰，畢來王。奉貢職，朝后皇。鳴珩佩，觀典章。樂王度，說徽芳。陶盛化，游太康。丕昭明，永克昌。

惟永初，德丕顯。齊七政，敷五典。彝倫序，洪化闡。王澤流，太平始。樹聲教，明皇紀。和靈祇，恭明祀。衍景祚，膺嘉祉。

禮有容，樂有儀。金石陳，牙羽施。邁《武》《濩》，均《咸池》。歌《南風》，舞德稱。文武焕，頌聲興。

王道純，德彌淑。寧八表，康九服。道禮讓，移風俗。移風俗，永克融。歌盛美，告成功。詠徽烈，邈無窮。

右食舉歌十章。黄鍾、太簇二廂更作。黄鍾作《晨羲》、《體至和》、《王道》、《開元辰》、《禮有容》五曲。太簇作《五玉》、《懷荒裔》、《皇猷緝》、《惟永初》、《王道純》五曲。

宋《前舞後舞歌》二篇，王韶之造：

于赫景明，天監是臨。樂來伊陽，禮作惟陰。歌自德富，儛由功深。庭列宮縣，陛羅瑟琴。翿籥繁會，笙磬諧音。《簫韶》雖古，九成在今。道志和聲，德音孔宣。光我帝基，協靈配乾。儀刑六合，化穆自然。如彼雲漢，為章於天。熙熙萬類，陶和當年。擊轅中《韶》，永世弗騫。

右《前舞歌》一章。晉《正德之舞》，蕤賓廂作。

假樂聖后，實天誕德。積美自中，王猷四塞。龍飛在天，儀刑萬國。欽明惟神，臨朝淵默。不言之化，品物咸德。告成於天，銘勳是勒。翼翼厥猶，娓娓其仁。順天創制，因定和神。海外有截，九圍無塵。冕旒司契，垂拱臨民。乃舞《大豫》，欽若天人。純嘏孔休，萬載彌新。

右《後舞歌》一章。晉《大豫之舞》，蕤賓廂作。

章廟樂舞歌祠。雜歌悉同用太廟詞，唯三后别撰。殷淡造：

賓出入奏《肅成樂》歌詞二章：

彝承孝曲，恭事嚴聖。浹天奉贐，罄壤齊慶。司儀具序，羽容夙彰。芬枝颺烈，黼構周張。助實奠軒，酎珍充庭。璆縣凝會，涓朱佇聲。先期選禮，肅若有承。祇對靈祉，皇慶昭膺。

尊事威儀，暉容昭敍。迅恭神明，粢盛牲俎。肅肅嚴宮，藹藹崇基。皇靈降祉，百祇具司。戒誠望夜，端列承朝。依微昭旦，物色輕霄。鴻慶遐鬯，嘉薦令芳。翊帝明德，永祚流光。

牲出入奏《引牲樂》歌詞：

維誠潔饗，維孝奠靈。敬芬黍稷，敬滌犧牲。騂繭在豢，載溢載豐。以承宗祀，以肅皇衷。蕭芳四舉，華火周傳。神監孔昭，嘉是柔牷。

薦豆呈毛血奏《嘉薦樂》歌詞：

肇禋戒祀，禮容咸舉。六典飾文，九司昭序。牲柔既昭，儀剛既陳。恭滌惟清，敬事惟神。加籩再禦，兼俎重薦。節動軒越，聲流金縣。奕奕幄，娓娓嚴闈。潔誠夕鑑，端服晨暉。聖靈戾止，翊我皇則。上綏四宇，下洋萬國。永言孝饗，孝饗有容。儐僚贊列，肅肅雍雍。

右夕牲歌詞。

迎神奏《韶夏樂》歌詞：

閟宮黝黝，復殿微微。璿除肅炤，釭璧彤輝。黼帟神凝，玉堂嚴馨。圓火夕耀，方水朝清。金枝委樹，翠鐙佇縣。渟波澄宿，華漢浮天。恭事既夙，虔心有慕。仰降皇靈，俯寧依祚。

皇帝入廟北門奏《永至樂》歌詞：

皇明悒矣，孝容以昭。鑾華羽迥，拂漢涵滈。申申嘉夜，翊翊休朝。行金景送，步玉風《韶》。師承祀則，肅對禋祧。

太祝祼地奏《登歌樂》詞二章：

帝容承祀，練時涓日。九重徹關，四靈賓室。肅倡函音，庶旄委佾。休靈告饗，嘉薦尚芬。玉瑚飾列，桂篹昭陳。具司選禮，翼翼振振。

祼崇祀典，酎恭孝時。禮無爽物，信靡愧詞。精華孚悒，誠監昭通。升歌翊節，下管調風。皇心履變，敬明尊親。大哉孝德，至矣交神。

章皇太后神室奏《章德凱容》之樂舞歌詞：

幽瑞浚靈，表彰嬪聖。翊載徽文，敷光崇慶。上緯纏祥，中維飾詠。永屬輝猷，聯昌景命。

昭皇太后神室奏《昭德凱容》之樂舞歌詞，明帝造：

表靈纏象，纘儀緯風。膺華丹耀，登瑞紫穹。訓形霄宇，武彰宸宮。騰芬金會，寫德聲容。

宣皇太后神室奏《宣德凱容》之樂舞歌詞，明帝造：

天樞凝耀，地紐儷輝。聯光騰世，炳慶翔機。薰藹中宇，景纏上微。玉頌鏤德，金龠傳徽。

皇帝還東壁受福酒奏《嘉時》之樂舞詞：

禮薦洽，福時昌。皇聖膺嘉祐，帝業凝休祥。居極乘景運，宅德瑞中王。澄明臨四表，精華延八鄉。洞海周聲惠，徹宇麗乾光。靈慶纏世祉，鴻烈永無疆。

送神奏《昭夏》之樂舞歌詞二章：

大孝備，盛禮豐。神安留，嘉樂充。旋駕聳，泛青穹。延八虛，辟四空。藹流景，肅行風。

昭融教，緝風度。戀皇靈，結深慕。解羽縣，輟華樹。背璿除，端玉輅。流汪惛，慶國步。

皇帝詣便殿奏《休成》之樂歌詞：

醼醴具登，嘉俎咸薦。饗洽誠陳，禮周樂遍。祝詞罷祼，序容輟縣。蹕動端庭，鑾回嚴殿。神儀駐景，華漢亭虛。八靈案衛，三祇解途。翠蓋耀澄，璟奕凝宸。玉鑣息節，金輅懷音。式誠達孝，底心肅感。追憑皇鑒，思承淵範。神錫懋祉，四緯昭明。仰福帝徽，俯齊庶生。

又　卷二二《樂志四》　宋泰始歌舞曲詞：

《皇業頌》，歌自堯至楚元王、高祖，世世載聖德。明帝造：皇業沿德建，帝運資勳融。胤唐重盛軌，胄楚載休風。堯帝兆深祥，元王衍遐慶。積善傳上業，祚福啓英聖。衰數隨金祿，登壓昌水命。維宋垂光烈，世美流舞詠。

《聖祖頌》：聖祖惟高德，積勳代晉歷。永建享鴻基，萬古盛音冊。睿文纘宸馭，廣運崇帝聲。衍德被仁祉，留化洽民靈。孝建締孝業，允協天人謀。宇內齊政軌，宙表燭威流。鐘管騰列聖，彝銘賁重猷。

《明君大雅》，虞龢造：明君應乾數，撥亂紐頹基。民慶來蘇日，國頌《薰風》詩。天步或暫難，列蕃扇迷慝。廟勝敷九代，神謨洞七德。文教洗昏俗，武誼清昆埏。英勳冠帝則，萬壽永衍天。

《通國風》，明帝造：開寶業，資賢昌，謨明盛，弼諧光。烈武惟略，景王勳。南康華容，變政文。猛績爰著，有左軍。三王到氏，文武贊。丞相作輔，屬伊旦。沈柳宗侯，皆殄亂。泰始開運，超百王。司徒驃騎，動德康。江安謀效，殷誠彰。劉沈承規，功名揚。慶歸我後，祚無疆。

《天符頌》，明帝造：天符革運，世誕英皇。在館神炫，既壯龍驤。六鍾集表，四緯騈光。于穆配天，永休厥祥。

《明德頌》，明帝造：明德孚教，幽符麗紀。山鼎見奇，醴液涵祉。鵷雛耀儀，驪虞遊趾。福延億祚，慶流萬祀。

《帝圖頌》：帝圖凝遠，瑞美昭宣。濟流月鏡，鹿毳霜鮮。甘露降和，花雪表年。孝德載衍，芳風永傳。

《龍躍大雅》：龍躍式符，玉耀蓄宮。歲淹豫野，璽屬嬪中。江波澈映，石柏開文。觀毓花蕊，樓凝景雲。白烏三獲，甘液再呈。嘉穟表沃，連理協成。德充動物，道積通神。宋業允大，靈瑞方臻。

《淮祥風》：淮祥應，賢彥生。翼贊中興，致太平。

《宋世大雅》，虞龢造：

宋世寧，在太始。醉酒歡，飽德喜。萬國朝，上壽酒。帝同天，惟長久。

《治兵大雅》，明帝造：王命治兵，有征無戰。巾拂以淨，醜類革面。王儀振旅，載戢在辰。中虛巾拂，四表靜塵。

《白珝篇大雅》，明帝造：在心曰志發言詩，聲成于文被管絲。手舞足蹈欣泰時，移風易俗王化基。琴角揮韻白雲舒，《簫韶》協音神鳳來。拊擊和節詠在初，章曲乍畢情有餘。文同軌壹道德行，國靖民和禮樂成。四縣庭響美勳英，八列陛倡貴人聲。舞飾麗華樂容工，羅裳皎日袂隨風。金翠列輝蕙麝豐，淑姿委體允帝衷。【略】

鼓吹鐃歌十五篇，何承天義熙中私造：

《朱路篇》：朱路揚和鸞，翠蓋耀金華。玄牡飾樊纓，流旆拂飛霞。雄戟辟曠塗，班劍翼高車。三軍且莫喧，聽我奏鐃歌。清鞞驚短簫，朗鼓節鳴笳。人心惟愷豫，茲音亮且和。輕風起紅塵，渟瀾發微波。逸韻騰天路，頹響結城阿。仁聲被八表，威震振九遐。嗟嗟介胄士，勖哉念皇家。

《思悲公篇》：思悲公，懷袞衣。東國何悲，公西歸。公西歸，流二叔，幼主既悟，偃禾復。偃禾復，聖志申。營都新邑，從斯民。從斯民，德惟明。制禮作樂，興頌聲。興頌聲，致嘉祥。鳴鳳爰集，萬國康。萬國康，猶弗已。握髮吐餐，下羣士。惟我君，繼伊周。親睹盛世，復何求。

《雍離篇》：雍士多離心，荆民懷怨情。二凶不量德，構難稱其兵。王人銜朝命，正辭糾不庭。上宰宣九伐，萬里舉長旌。樓船掩江濆，駟介飛重英。歸德戒後夫，賈勇尚先鳴。逆徒既不濟，愚智亦相傾。霜鋒未及染，鄢郢忽已清。西川無潛鱗，北渚有奔鯨。淩威致天府，一戰夷三城。江漢被美化，宇宙歌太平。惟我東郡民，曾是深推誠。

《戰城南篇》：戰城南，衝黃塵。丹旌電烻，鼓雷震。勍敵猛，戎馬殷。橫陳亙野，若屯雲。仗大從，應三靈。義之所感，士忘生。長劍擊，繁弱鳴。飛鏑炫晃，亂奔星。虎騎躍，華毦旋。朱火延起，騰飛煙。驍雄斬，高旗搴。長角浮叫，響清天。夷羣寇，殪逆徒。餘黎霑惠，詠來蘇。奏愷樂，歸皇都。班爵獻俘，邦國娛。

《巫山高篇》：巫山高，三峽峻。青壁千尋，深谷萬仞。崇巖冠靈，林冥冥。山禽夜響，晨猿相和鳴。洪波迅澓，載逝載停。悽悽商旅之客，懷苦情。在昔陽九，皇綱微。李氏竊命，宣武耀靈威。蠢爾逆縱，復踐亂機。王旅薄伐，傳首來至京師。古之為國，惟德是貴。力戰而虛民，鮮不顛墜。矧乃叛戾，伊胡能遂。咨爾巴子，無放肆。

《上陵者篇》：上陵者，相追攀。被服纖麗，振綺紈。攜童幼，升崇巒。南望城闕，鬱盤桓。王公第，通衢端。高甍華屋，列朱軒。臨浚谷，掇秋蘭。士女悠奕，映隰原。指營丘，感牛山。爽鳩既沒，景君歎。嗟歲聿，遊不還。志氣衰沮，玄鬢斑。野莽宿，墳土乾。顧此纍纍，中心酸。生必死，亦何怨。取樂今日，展情歡。

《將進酒篇》：將進酒，慶三朝。備繁禮，薦嘉肴。榮枯換，霜霧交。緩春帶，命朋僚。車等旗，馬齊鑣。懷溫克，樂林濠。士失志，慍情勞。思旨酒，寄遊遨。敗德人，甘醇醪。耽長夜，或淫妖。興屢舞，厲哇謠。形傞傞，聲號呶。首既濡，志亦荒。性命夭，國家亡。嗟後生，節酣觴。匪酒辜，孰為殃。

《君馬篇》：君馬麗且閑，揚鑣騰逸姿。駿足躡流景，高步追輕飛。冉冉六轡柔，奕奕金華暉。輕霄翼羽蓋，長風靡淑旗。願為范氏驅，雍容步中畿。豈效詭遇子，馳騁趣危機。鉛陵策良駟，造父為之悲。不怨吳阪峻，但恨伯樂稀。赦彼岐山盜，實蹟韓原師。柰何漢魏主，縱情營所私。疲民甘藜藿，廄馬患盈肥。人畜貿厥養，蒼生將焉歸。

《芳樹篇》：芳樹生北庭，豐隆正裴徊。翠穎陵冬秀，紅葩迎春開。佳人閑幽室，惠心婉以諧。蘭房掩綺幌，綠草被長階。日夕遊雲際，歸禽命同棲。皓月盈素景，涼風拂中閨。哀弦理虛堂，要妙清且悽。嘯歌流激楚，傷此碩人懷。梁塵集丹帷，微飆揚羅袿。豈怨嘉時莫，徒惜良願乖。

《有所思篇》：有所思，思昔人。曾閔二子，善養親。和顏色，奉晨昏。至誠烝烝，通明神。鄒孟軻，為齊卿。稱身受祿，不貪榮。道不用，獨擁楹。三徙既辭，禮義明。飛鳥集，猛獸附。功成事畢，乃更娶。哀我生，遘凶旻。幼罹荼毒，備艱辛。慈顏絕，見無因。長懷永思，托丘墳。

《雉子游原澤篇》：雉子游原澤，初懷耿介心。飲啄雖勤苦，不願棲園林。古有避世士，抗志清霄岑。浩然寄卜肆，揮棹通川陰。消搖風塵外，散髮撫鳴琴。卿相非所眄，何況于千金。功名豈不美，寵辱亦相尋。

冰炭結六府，憂虞纏胸襟。當世須大度，量已不克任。三復泉流誡，自驚良已深。

《上邪篇》：上邪下難正，衆枉不可矯。音和響必清，端影緣直表。大化揚仁風，齊人猶偃草。聖王既已没，誰能弘至道。開春湛柔露，代終肅嚴霜。承平貴孔孟，政敝侯申商。孝公明賞罰，六世猶克昌。李斯肆濫刑，秦氏所以亡。漢宣隆中興，魏祖寧三方。譬彼針與石，效疾故稱良。《行葦》非不厚，悠悠何詎央。琴瑟時永調，改弦當更張。矧乃治天下，此要安可忘。

《臨高臺篇》：臨高臺，望天衢，飄然輕舉，陵太虛。攜列子，超帝鄉。雲衣雨帶，乘風翔。肅龍駕，會瑤臺。清暉浮景，溢蓬萊。濟四海，濯洧盤。佇立雲岳，結幽蘭。馳迅風，遊炎州。願言桑梓，思舊遊。傾霄蓋，靡電旌。降彼天塗，頹窈冥。辭仙族，歸人羣。懷忠抱義，奉明君。任窮達，隨所遭。何為遠想，令心勞。

《遠期篇》：遠期千里客，肅駕候良辰。近命城郭友，具爾惟懿親。高門啓雙闈，長筵列嘉賓。中唐儛六佾，三廂羅樂人。簫管激悲音，羽毛揚華文。金石響高宇，弦歌動梁塵。修標多巧捷，九劍亦入神。遷善自雅調，成化由清均。主人垂隆慶，羣士樂亡身。願我聖明君，邇期保萬春。

《石流篇》：石上流水，湔湔其波。發源幽岫，永歸長河。瞻彼逝者，歲月其偕。子在川上，惟以增懷。嗟我殷憂，載勞寤寐。遘此百罹，有志不遂。行年倏忽，長勤是嬰。永言没世，悼茲無成。幸遇開泰，沐浴嘉運。緩帶安寢，亦又何慍。古之為仁，自求諸己。虛情遙慕，終於徒已。

《聖人制禮樂》一篇，《巾舞歌》一篇，按《景祐廣樂記》言，字訛謬，聲辭雜書。宋鼓吹鐃歌辭四篇，舊史言，詁不可解。漢鼓吹鐃歌十八篇，按《古今樂録》，皆聲、辭、豔相雜，不復可分。

清・彭定求等《全唐詩》卷六五八《羅隱〈建康〉》 潮平遠岸草侵沙，東晉衰來最可嗟。庾舅已能窺帝室，王都還是預人家。山寒老樹啼風曲，泉暖枯骸動芷牙。欲起九原看一遍，秦淮聲急日西斜。

《全宋詩》卷一九一二《劉子翬〈建康六感・宋〉》 寄奴真偉人，落拓龍潛地。據筵呼五木，已有吞世氣。世期值陽九，天綱日淪替。偏邦或跨州，卑號猶稱帝。匪乘艱棘運，英姿疇能濟。南戡奠番禺，西狩澄涇渭。功雖與世隆，道亦因人廢。緬懷揖讓風，黃屋身如寄。頹波日奔迫，夜壑遷神氣。巢由獨賢哉，高蹤邈難繼。

又 卷二〇二四《王十朋〈宋武帝〉》 宋武英雄世莫加，長驅千里定中華。乘機不據金湯險，自剖乾坤作兩家。

又 卷二〇三三《王十朋〈宋武帝廟〉》 規模仍舊晉乾坤，遺恨於今失所尊。廟食鐵山精爽在，鑄兵思欲定中原。

又 卷二一六八《陸遊〈書陶靖節桃源詩後〉》 寄奴談笑取秦燕，愚智皆知晉鼎遷。獨為桃源人作傳，固應不仕義熙年。

又 卷二五八九《楊簡〈歷代詩・宋〉》 宋武是劉裕，傳位從東晉。滎陽與文帝，遂傳武帝駿。前廢乃有明，後廢乃立順。八主六十年，蕭齊因繼運。

又 卷二六八〇《曾極〈宋受禪壇〉》 赤紙藤書宋鼎歸，寄奴柴燎告功時。普天大慶交新主，唯有徐公雙淚垂。

《全元詩》第三二冊《吳師道〈十臺懷古・戲馬臺〉》 項王戰馬從東來，意氣蹴踏全秦摧。入關不並沛公轡，還鄉卻上彭城臺。重瞳按劍風雲靡，萬匹騰空煙霧起。淒涼垓下泣名騅，零落江邊餘數騎。寄奴千載心爭雄，登高把酒臨秋風。詐移晉鼎非男子，君看百戰東城死。

又 第五七冊《郭鈺〈甲子〉》 淵明賦歸去，正合書義熙。衣冠晉江左，寄奴我何知。春秋乾侯筆，凡例日星垂。誅心雖探微，臨難將安施。乃知書甲子，當在永初時。古人日已遠，澆風日已漓。空餘五柳樹，蕭瑟西風吹。

明・謝榛《謝榛全集校箋上》卷二《陶淵明圖為楊考功虛卿題》

異代知心不識面，年書甲子甘貧賤。孤雲橫天高莫攀，白石在水清自見。徵君歿後柴桑空，千古猶存五柳傳。彤庭九錫加寄奴，典午山河王氣變。南國從教麟鳳歸，中原不息龍蛇戰。

清・汪端《明三十家詩選初集》卷五上《孫一元〈三隱逸詩・陶淵明〉》 淵明豪傑人，出處亦有道。昔讀荊軻詩，彷佛見懷抱。晉室漸陵夷，一官非所好。劉裕乃何人，天意亦草草。歸來臥潯陽，甲子紀年號。酒乃寓真情，菊也見孤操。

《全明詩》第二册卷五四《劉基〈題李伯時畫淵明歸來圖〉》 江左昔潰亂，桓盧遞相尋。劉裕起寒微，長驅掃氛祲。秋草雖未枯，霜雪已駸駸。陶公節義士，素食豈其心？我才非管葛，誰能起淪沉？所以歌去來，歸臥五柳陰。悠悠多感激，愴恨寄謳吟。哲人貴知幾，芳名留至今。展圖三歎息，懷古一何深！

又 第三册卷六九《陶安〈淵明醉圖〉》 何勞一縣惱閑情，五柳柴桑老此生。每向黄花作沈湎，寄奴已據石頭城。

清・賈鳧西《賈鳧西木皮詞校注・歷代史略鼓詞・正傳》 眼看著晉家的江山又打個兩起，不多時把個刀把給了劉聰。只見他油鍋裏的螃蟹支不住，没行李的蠍子就往南蹦。巧機關小吏通姦牛換了馬，大翻案白版登舟蛇做了龍。次後來糊裏糊塗又挨了幾日，教一個掃槽的劉裕餅卷了葱。這又是五代干戈起了手，可憐見大地生靈戰血紅！南朝創業起劉郎，販鞋的光棍手段强。他龍行虎步生成的貴，是怎麼好幾輩的八字都犯刑埸？那江山似吃酒巡杯排門轉，頭一個是齊來第二個是梁。

《清詩匯》卷一一九《沈欽韓〈河内〉》 太行走幽都，昂首始欲放。翠色灑晴空，奔雲掣奇狀。濟源王屋來，澎濞誰能障。挽强角大河，激箭出其上。邑居固殷賑，表裏實雄壯。晉文啓南陽，伯業乃高抗。寇公昔剖符，日光耀甲仗。長鯨十萬崩，洛城氣沮喪。藹郁桑棗陰，厜㕒雉堞向。據鞍望黄華，攬古神猶王。復憶屠沽豪，井裏一相訪。崩褫指故墓，彷佛濁鹿城。獻帝辭天位，投閒此吞聲。何知舜禹事，强飾揖讓名。幽囚結氣慘，備恪假禮嬴。竟保天年歿，復土禪陵成。敚攘心不愧，猜嫌意猶輕。殘忍肇寄奴，解綬無活情。輾轉絕命祝，天家勿復生。菀裘寧非幸，傷哉榮悴並。

《全清詞・順康卷》第一册《吴偉業〈滿江紅・題畫壽總憲龔芝麓・重陽感舊〉》 把酒登高，望北固，崩濤中斷。還記得，寄奴西伐，彭城高宴。飲至淩歊看馬射，秋風落木堪傳箭。歎黄花，依舊故宫非，江山換。獨酌罷，微吟倦。斜照下，東籬畔。念柴桑居士，高風誰見。佳節又逢重九日，明年此會知誰健。論人生，富貴本浮雲，非吾願。

雜録

《宋書》卷三《武帝紀下》 （永初二年）九月己丑，零陵王薨。

又 卷五《文帝紀》 （元嘉二十五年）六月庚戌，零陵王司馬元瑜薨。

又 卷八《明帝紀》 （泰始四年正月）乙亥，零陵王司馬勔薨。

《南齊書》卷三《武帝紀》 （永明八年）二月壬辰，零陵王司馬蘗師薨。

《南史》卷一《宋紀上》 （永初二年）九月己丑，零陵王殂，《宋・志》也。車駕率百僚臨於朝堂三日，如魏明帝服山陽公故事。使兼太尉持節護喪事，葬以晉禮。

又 卷二《宋紀中》 （元嘉十三年）秋七月己未，零陵王太妃殂，追崇爲晉皇后，葬以晉禮。【略】

（元嘉二十五年）六月庚戌，零陵王司馬元瑜薨。

又 卷三《宋紀下》 （泰始四年正月）乙亥，零陵王司馬勔薨。

又 卷四《齊紀上》 （永明八年）二月辛卯，零陵王司馬蘗師薨。

又 卷三三《荀伯子傳》 （荀伯子）又上表曰：『百官位次，陳留王在零陵王上，臣愚竊以為疑。昔武王克殷，封神農後於焦，黄帝後于祝，帝堯後於薊，帝舜後於陳，夏后後於杞，殷後於宋。杞、陳並為列國，而薊、祝、焦無聞。斯則褒崇所承，優於遠代之顯驗也。是以春秋次序諸侯，宋居杞、陳之上。考之近代，事亦有徵。晉泰始元年，詔賜山陽公劉康子弟一人爵關内侯，衛公姬署、宋侯孔紹子弟一人駙馬都尉。又泰始三年，太常上言博士劉嘉等議，稱衛公署于大晉在三恪之數，應降稱侯。臣以為零陵王位宜在陳留之上。』從之。

宋・李昉等《太平御覽》卷九九《皇王部二十四・孝武皇帝》 《異苑》曰：晉孝武太元末，帝每聞手巾箱中有鼓吹鼙角之響音。於是請僧齋會，夜見一臂，長三丈許，手長數尺，來摸經案。晉祚自此而衰。

又 卷一〇〇《皇王部二十五・恭皇帝》 《中興書》曰：昔中宗以丁丑之歲始稱晉王，改築宗廟，使郭璞筮之，云：『載祀二百。』暨今禪代庚申之歲，凡百有二年，而天祿永終。璞精於數術，理無乖二，抑以百二期促，故謬其嗣為二百乎？

史臣曰：安帝即位之辰，鍾無妄之日，道子、元顯並傾朝政，主昏臣亂，未有不亡者也。雖有手握戎麾，心存舊國，回首無良，忽焉消散。於是桓玄承釁，勢逾飆指，六師咸泯，隻馬徂遷。是以宋高非典午之臣，孫恩豈金行之寇。若乃世遇顛覆，則恭皇斯甚。於越之民，詎燻丹穴，會稽之侶，寧歎入臣。去黃屋而歸來，灑丹書而不恨。夫五運攸革，三微數盡，猶高秋凋候，理之自然。觀其零落，人有為之流涕者也。

又　卷三四六《兵部七十七·刀下》（陶弘景《刀劍録》）又曰：宋高祖劉裕永初元年造一刀，銘其背曰『定國』，小篆書，長八尺。後入梁。

齊受宋禪

綜　述

《宋書》卷一〇《順帝紀》　昇明元年，改元，大赦天下，賜文武位二等。甲午，鎮軍將軍齊王出鎮東城，輔政作相。丙申，【略】征西大將軍、荆州刺史沈攸之進號車騎大將軍、開府儀同三司；尚書左僕射、中領軍、鎮軍將軍、南兗州刺史齊王為司空、録尚書事、驃騎大將軍，刺史如故。中書令、衛將軍、開府儀同三司、撫軍將軍劉秉為尚書令，加中軍將軍；鎮西將軍、郢州刺史晉熙王燮為撫軍將軍、揚州刺史；南陽王翽為郢州刺史。【略】

給司空齊王錢五百萬，布五千匹。【略】

丙午，以安西參軍明慶符為青、冀二州刺史，武陵王贊為郢州刺史，新除郢州刺史南陽王翽為湘州刺史，司空、南兗州刺史齊王改領南徐州刺史，征虜將軍李安民為南兗州刺史。【略】

（八月）齊王固讓司空，庚辰，以為驃騎大將軍、開府儀同三司。九月己丑，詔曰：『昔聖王既没，淳風已衰，龜書永湮，龍圖長秘。故三代之末，德刑相擾。世淪物競，道陂人詖。然猶正士比轂，奇才接軫。朕襲運金樞，纂靈瑤極，負扆巡政，日晏忘疲，永言興替，望古盈慮。姬、夏典載，猶傳緗帙，漢、魏餘文，布在方册。故元封興茂才之制，地節創獨行之品。振維務本，存乎得人。今可宣下州郡，搜揚幽仄，摽采鄉邑，隨名薦上。朕將親覽，甄其茂異。庶野無遺彥，永激遐芬。』【略】

（十二月）丁卯，録公齊王入守朝堂，侍中蕭嶷鎮東府。【略】

（閏月）假録公齊王黃鉞。【略】

乙巳，録公齊王出頓新亭。【略】

（二年春正月）丙子，解嚴。【略】

是日，録公齊王旋鎮東府。【略】

（二月）癸未，録公齊王加授太尉，衛將軍褚淵為中書監、司空。【略】

（三月）丙子，給太尉齊王羽葆、鼓吹。【略】

八月辛卯，太尉齊王表斷奇飾麗服，凡十有四條。乙未，以江州刺史齊王世子為領軍將軍、撫軍將軍。丙申，以領軍蕭嶷為江州刺史。【略】

（九月）丙午，加太尉齊王黃鉞、都督中外諸軍事、太傅，領揚州牧，劍履上殿，入朝不趨，贊拜不名。置左右長史、司馬、從事中郎、掾、屬各四人。中軍將軍、揚州刺史晉熙王燮為司徒。戊申，行南兗州刺史蕭映為南兗州刺史。甲寅，給太傅齊王三望車。【略】

（三年春正月）乙卯，太傅齊王表諸負官物質役者，悉原除。【略】領軍將軍、撫軍將軍齊王世子加尚書僕射，進號中軍大將軍、開府儀同三司。丙辰，加太傅齊王前部羽葆、鼓吹。丁巳，詔太傅府依舊辟召。【略】

（三月）甲辰，崇太傅為相國，總百揆，封十郡，為齊公，備九錫之禮，加璽紱遠遊冠，位在諸王上；加相國緑綟綬，其驃騎大將軍、揚州牧、南徐州刺史如故。丙午，以中軍大將軍蕭諱為南豫州刺史、齊公世子，副貳相國，緑綟綬。【略】

丁巳，以齊國初建，給錢五百萬，布五千匹，絹千匹。夏四月壬申，進齊公爵為齊王，增封十郡。甲戌，安西將軍武陵王贊薨。丙戌，命齊王冕十有二旒，建天子旌旗，出警入蹕，乘金根車，駕六馬，備五時副車，置旄頭雲罕，樂舞八佾，設鍾虡宮縣。進世子為太子，王子、王女、王孫爵命之號，壹如舊儀。辛卯，天祿永終，禪位於齊，壬辰，帝遜位於東邸。既而遷居丹陽宮。齊王踐阼，封帝為汝陰王，待以不臣之禮。行宋正朔，上書不為表，答表不為詔。

建元元年五月己未，殂于丹陽宮，時年十三。謚曰順帝。六月乙酉，葬于遂寧陵。

《南齊書》卷一《高帝紀上》（太祖）遷散騎常侍、中領軍、都督南兗徐兗青冀五州軍事、鎮軍將軍、南兗州刺史，持節如故。進爵為公，增邑二千户。【略】

（元徽）四年，加太祖尚書左僕射，本官如故。【略】

太祖密謀廢立。【略】

迎立順帝。於是長刀遮粲、秉等，各失色而去。甲午，太祖移鎮東府，與袁粲、褚淵、劉秉各甲仗五十人入殿。丙申，進位侍中、司空、録尚書事、驃騎大將軍，持節、都督、刺史如故，封竟陵郡公，邑五千户，給油幢絡車，班劍三十人。太祖固辭上命，即驃騎大將軍、開府儀同三司。庚戌，進督南徐州刺史。【略】

（升明二年正月）丙子，太祖旋鎮東府。二月癸未，進太祖太尉，增封三千户，都督南徐、南兗、徐、兗、青、冀、司、豫、荆、雍、湘、郢、梁、益、廣、越十六州諸軍事。太祖解驃騎，辭都督，不許，乃表送黄鉞。三月己酉，增班劍為四十人，甲仗百人入殿。丙子，加羽葆鼓吹，餘並如故。【略】

九月丙午，進位假黄鉞、都督中外諸軍事、太傅、領揚州牧，劍履上殿，入朝不趨，贊拜不名。置左右長史、司馬、從事中郎、掾、屬各四人，使持節、太尉、驃騎大將軍、録尚書、南徐州刺史如故。固辭，詔遣敦勸，乃受黄鉞，辭殊禮。甲寅，給三望車。

三年正月，乙巳，太祖表蠲百姓逋負。丙辰，加前部羽葆鼓吹。丁巳，命太傅府依舊辟召。丁卯，給太祖甲仗五百人，出入殿省。甲午，重申前命，劍履上殿，入朝不趨，贊拜不名。三月甲辰，詔進位相國，總百揆，封十郡為齊公，備九錫之禮，加璽紱遠遊冠，位在諸侯王上，加相國緑綟綬，其驃騎大將軍、揚州牧、南徐州刺史如故。太祖三讓，公卿敦勸固請，乃受。甲寅，策相國齊公曰：

天地變通，莫大乎炎涼；懸象著明，莫崇乎日月。嚴冬播氣，貞松之操自高；光景時昏，若華之映彌顯。是故英睿當亂而不移，忠賢臨危而盡節。自景和昏虐，王綱弛紊，太宗受命，紹開中興，運屬屯難，四郊多壘。蕭將軍震威華戎，實資義烈，康國濟民，於是乎在。朕以不造，夙罹閔凶。嗣君失德，書契未紀。威侮五行，虔劉九縣，神厭靈繹，海水羣飛。彝器已塵，宗禋誰主？綴旒之殆，未足為譬，豈直《小宛》興刺，《黍離》作歌而已哉！天贊皇宋，實啓明宰，爰登寡昧，纂承大業，鴻緒再維，閎基重造，高勳至德，振古絶倫。昔保衡翼殷，博陸匡漢，方斯蔑如也。今將授公典禮，其敬聽朕命。

乃者，袁鄧構禍，實繁有徒；子房不臣，稱兵協亂。跨蹈五湖，憑陵吴、越，浮祲虧辰，沈氛晦景，桴鼓振于王畿，鋒鏑交乎天邑。顧瞻宫掖，將成茂草，言念邦國，翦為仇讎。當此之時，人無固志。公投袂殉難，超然奮發，執金板而先馳，登寅車而戒路，軍政端嚴，卒乘輯睦，麾皞一臨，凶黨冰泮。此則霸業之基，勤王之始也。

安都背叛，竊據徐方，敢率犬羊，陵虐淮濟；索兒愚悖，同惡相濟，天祚無象，背順歸逆；北鄙黔黎，奄墜塗炭，均人廢職，邊師告警。公受命宗祊，精貫朝日，擁節和門，氣逾霄漢，破釜之捷，斬馘蔽野，石梁之戰，禽其渠帥，保境全民，江陽即序。此又公之功也。

張淹迷昧，弗顧本朝，爰自南區，志圖東夏，潛軍間入，竊覬不虞。于時江服未夷，皇塗薦阻。公忠誠慷慨，在險彌亮，深識九變，妙察五色，以寡制衆，所向風偃。朝廷無東顧之憂，閩越有來蘇之慶。此又公之功也。

匈奴野心，侵掠疆埸，前師失律，王旅崩撓，灑血成川，伏尸千里。醜羯侜張，勢振彭、泗，乘勝長驅，窺覦京甸，冠帶之軌將湮，被髮之容行及。公奉辭伐罪，戒旦晨征，兵車始交，氛祲時蕩，弔死撫傷，弘宣皇澤，俾我淮、肥，復沾盛化。此又公之功也。

自茲厥後，玁狁孔熾，封豕長蛇，重窺上國。而世故相仍，師出日老。戰士無臨陣之心，戎卒有懷歸之思。是以下邳精甲，望風振恐，角城高壘，指日淪陷。公眷言王事，發憤忘食，躬擐甲胄，視險若夷。短兵纔接，巨猾鳥散，分疆畫界，開創青、兗。此又公之功也。

泰始之末，入參禁旅，任兼軍國，事同顧命。桂陽負衆，輕問九鼎，裂冠毀冕，拔本塞源，入兵萬乘之國，頓戟象魏之下，烈火焚于王城，飛矢集乎君屋。機變倏忽，終古莫二，羣後憂惶，元戎無主。公按劍凝神，則奇謀貫世；秉旄指麾，則懦夫成勇。曾不崇朝，新亭獻捷；信宿之間，宣陽底定。雲霧廓清，區宇康乂。此又公之功也。

皇室多難，釁起戚蕃。邗、晉、應、韓，翻為讎敵，建平失圖，興兵內侮。公又指授六師，義形乎色，役未逾旬，朱方寧晏。此又公之功也。

蒼梧肆虐，諸夏糜沸，淫刑以逞，誰則無罪？火炎昆岡，玉石俱焚，黔首相悲，朝不謀夕。高祖之業已淪，文、明之軌誰嗣？公遠稽殷、漢之義，近遵魏、晉之典，猥以眇身，入奉宗祏，七廟清謐，九區反政。此又公之功也。

袁粲無質，劉秉攜貳，韞、述相扇，成此亂階；醜圖潛構，危機竊發，據有石頭，志犯應、路。公神謀內運，霜鋒外舉，妖沴載澄，國塗悅穆。此又公之功也。

沈攸之苞禍，歲月滋彰，蜂目豺聲，阻兵安忍。哀彼荆漢，獨為匪民，乃眷西顧，緬同異域。而經綸維始，九伐未申，長惡不悛，遂逞兇逆。驅合奸回，勢過虓虎，朝野憂疑，三軍沮氣。公秉皞出關，凝威江甸，正情與皦日同亮，明略與秋雲競爽。至義所感，人百其心，鼓一麾，夏首寧謐，雲梯未舉，魯山克定。積年逋誅，一朝顯戮，沮浦安流，章臺順軌。此又公之功也。

公有濟天下之勳，重之以明哲，道庇生民，志匡宇宙，戮力肆心，劬勞王室，自東徂西，靡有寧晏，險阻艱難，備嘗之矣。若乃締構宗稷之勤，造物資始之澤，雲布霧散，光被六幽，弼予一人，永清四海。是以秬草騰芳於郊園，景星垂暉於清漢，遐方款關而慕義，荒服重譯而來庭。往哉邈乎！無得而名焉。

朕聞疇庸表德，前王盛典，崇樹侯伯，有國攸同。所以文命成功，玄珪顯錫；姬旦秉哲，曲阜啓蕃。或改玉以弘風，或胙土以宣化。禮絕常班，寵冠羣辟，爰逮桓文，車服異數。惟公勳業超于先烈，而褒賞闕于舊章。古今之道，何其爽歟？靜言欽歎，良有缺然。

今進授相國，以青州之齊郡，徐州之梁郡，南徐州之蘭陵、魯郡、琅邪、東海、晉陵、義興，揚州之吳郡、會稽，凡十郡，封公為齊公。錫茲玄土，苴以白茅，定爾邦家，用建冢社。斯實尚父故蕃，世作盟主，紀綱侯甸，率由舊則。往者周、召建國，師保兼任，毛、畢執珪，入作卿士，內外之寵，同規在昔。今命使持節、兼太尉、侍中、中書監、司空、衛將軍、雩都縣開國侯淵授公相國印綬，齊公璽紱；持節、兼司空副、守尚書令僧虔授齊公茅土，金虎符第一至第五左，竹使符第一至第十左。相國位總百辟，秩逾三事，職以禮移，號隨事革。其以相國總百揆，去録尚書之稱。送所假節、侍中貂蟬、中外都督太傅太尉印綬、竟陵公印策。其驃騎大將軍、揚州牧、南徐州刺史如故。又加公九錫，其敬聽後命：以公執禮弘律，儀刑區宇，遐邇一體，民無異業，是用錫公大輅、戎輅各一，玄牡二駟。公崇修南畝，所寶惟谷，王府充實，百姓繁阜，是用錫公袞冕之服，赤舄副焉。公居身以謙，導物以義，熔鈞庶品，罔不和悅，是用錫公軒縣之樂，六佾之儛。公翼贊王猷，聲教遠洽，蠻夷竭歡，回首內附，是用錫公朱户以居。公明鑑人倫，澄辨涇渭，官方與能，英乂克舉，是用錫公納陛以登。公保佑皇朝，厲身化下，杜漸防萌，含生黃式，是用錫公虎賁之士三百人。公御宄以刑，禦奸以德，君親無將，將而必誅，是用錫公鈇皞各一。公鳳舉四維，龍騫八表，威靈所振，異域同文，是用錫公彤弓一，彤矢百，栟弓十，栟矢千。公明發載懷，肅恭禋祀，孝敬之重，義感靈祇，是用錫公秬鬯一卣，珪瓚副焉。齊國置丞相以下，一遵舊式。往欽哉！其祇服朕命，經緯乾坤，宏亮洪業，茂昭爾大德，闡揚我高祖之休命。

太祖三讓，公卿敦勸固請，乃受之。

丁巳，下令赦國內殊死以下；今月十五日昧爽以前，一皆原赦；鰥寡孤獨不能自存者，賜穀五斛，府州所領，亦同蕩然。

宋帝詔齊公十郡之外，隨宜除用。以齊國初建，給錢五百萬，布五千匹，絹五千匹。四月癸酉，詔進齊公爵為王，以豫州之南梁、陳郡、潁川、陳留，南兗州之盱眙、山陽、秦郡、廣陵、海陵、南沛十郡增封。使持節、司空、衛將軍褚淵奉策授璽紱，金虎符第一至第五左，竹使符第一至第十左，錫茲玄土，苴白茅，改立王社。相國、揚州牧、驃騎大將軍、南徐州刺史如故。丙戌，命齊王冕十有二旒，建天子旌旗，出警入蹕，乘金根車，駕六馬，備五時副車，置旄頭雲罕，樂儛八佾，設鍾虡宮縣。王世子為太子，王女王孫爵命一如舊儀。

辛卯，宋帝禪位，下詔曰：

惟德動天，玉衡所以載序；窮神知化，億兆所以歸心。用能經緯乾坤，彌綸宇宙，闡揚鴻烈，大庇生民。晦往明來，積代同軌，前王踵武，世必由之。

宋德湮微，昏毀相襲。景和騁悖於前，元徽肆虐於後，三光再霾，七廟將墜。璿極委馭，含識知泯，我文、武之祚，眇焉如綴。靜惟此紊，夕惕疚心。

相國齊王，天誕睿聖，河嶽炳靈，拯傾提危，澄氛靜亂，匡濟艱難，功均造物。宏謀霜照，秘算雲回，旌旆所臨，一麾必捷；英風所拂，無思不偃，表裏清夷，遐邇寧謐。既而光啓憲章，弘宣禮教，奸宄之類，睹隆威而隔情，慕善之儔，仰徽猷而增厲。道邁于重華，勳超乎文命，蕩蕩乎無得而稱焉。是以辮髮左衽之酋，款關請吏；木衣卉服之長，航海來庭。豈惟肅慎獻楛，越裳薦翬而已哉！故四奧載宅，六府克和；川陸效珍，禎祥鱗集；卿煙玉露，旦夕揚藻；嘉穟芝英，晷刻呈茂。革運斯炳，代終彌亮，負扆握樞，允歸明哲，固以獄訟去宋，謳歌適齊。

昔金政既淪，水德締構，天之歷數，皎焉攸徵。朕雖寡昧，暗于大道，稽覽隆替，為日已久，敢忘列代遺則，人神至願乎？便遜位別宮，敬禪于齊，一依唐虞、魏晉故事。

是日宋帝遜于東邸。備羽儀，乘畫輪車，出東掖門，問今日何不奏鼓吹，左右莫有答者。壬辰，策命齊王曰：

伊太古初陳，萬物紛綸，開耀靈以鑑品物，立元后以馭蒸人。若夫容成、大庭之世，宓羲、五龍之辰，靡得而詳焉。自軒黄以降，墳素所紀，略可言者，莫崇乎堯舜。披金繩而握天鏡，開玉匣而總地維，德之休明，宸居靈極，期運有終，歸禪與能。所以大唐遜位，謗然興歌，有虞揖讓，卿雲發采。亮符命之攸臻，坦至公以成務，懷生載懌，靈祇效祉，遺風餘烈，光被無垠。漢魏因循，弗敢失墜，爰逮晉氏，亦遵前儀。惟我祖宗英睿，勳格幽顯，從天人而齊七政，凝至德而撫四維。末葉不造，仍世多故，日蝕星隕，山淪川竭。

惟王聖哲淵明，榮鏡宇宙，體望日之威，資就雲之澤，臨下以簡，御衆以寬，仁育羣生，義征不譓，國塗薦阻，弘五慮而鳩寧，皇緒將湮，秉六術以匡濟。及至權臣內侮，蕃屏陵上，兵革雲翔，萬邦震駭，裁之以武風，綏之以文化，遐邇清夷，表裏肅穆。戢琱戈而事黼黻，委旌門而恭儒館，聲化遠洎，荒服無塵，殊類同規，華戎一揆。是以五光來儀於軒庭，九穗含芳於郊牧。象緯昭澈，布新之符已顯；圖讖彪炳，受終之義既彰。靈祇乃眷，兆民引領。朕聞至道深微，惟人是弘，天命無常，惟德是與。所以仰鑑玄情，俯察羣望，敬禪神器，授帝位於爾躬。四海困窮，天祿永終。於戲！王其允執厥中，儀刑前式，以副率土之欣望。命司衮而謁蒼昊，奏《雲門》而升圜丘。時膺大禮，永保洪業，豈不盛歟！

再命璽書曰：

皇帝敬問相國齊王。大道之行，與三代之英，朕雖暗昧，而有志焉。夫昏明相襲，晷景之恒度；春秋遞運，時歲之常序。求諸天數，猶且隆替，矧伊在人，能無終謝？是故勳華弘風于上葉，漢魏垂式於後昆。

昔我高祖，欽明文思，振民育德，皇靈眷命，奄有四海。晚世多難，奸宄實繁，鼖鼓宵聞，元戎旦警，億兆夷人，啓處靡厝。加以嗣君荒怠，敷虐萬方，神鼎將遷，寶策無主，實賴英聖，匡濟艱危。惟王體天則地，舍弘光大，明並日月，惠均雲雨。國步斯梗，則棱威外發，王猷不造，則淵謨內昭。重構閩、吳，再寧淮、濟，靜九江之洪波，卷海沂之氛沴。放斥凶昧，存我宗祀，舊物惟新，三光改照。逮至寵臣裂冠，則裁以廟略；荆漢反噬，則震以雷霆。麾旆所臨，風行草靡；神算所指，龍舉雲屬。諸夏廓清，戎翟思韙，興文偃武，闡揚洪烈。明保沖昧，翺翔禮樂之場；撫柔黔首，咸蹐仁壽之域。自霜路所墜，星辰所經，正朔不通，人迹罕至者，莫不逾山越海，北面稱蕃，款關重譯，修其職貢。是以禎祥發采，左史載其奇；玄象垂文，保章審其度。鳳書表肆類之運，龍圖顯班瑞之期。重以珠衡日角，神資特挺，君人之義，在事必彰。《書》不云乎，『皇天無親，惟德是輔』。民心無常，惟惠之懷。神祇之眷如彼，蒼生之願如此。

笙管變聲，鍾石改調。朕所以擁璿持衡，傾佇明哲。

昔金德既淪，而傳祚于我有宋，歷數告終，實在茲日，亦以水德而傳于齊。式遵前典，廣詢羣議，王公卿士，咸曰惟宜。今遣使持節、兼太保、侍中、中書監、司空、衛將軍、雩都縣侯淵，兼太尉、守尚書令僧虔奉皇帝璽綬，受終之禮，一依唐虞故事。王其允副幽明，時登元后，寵綏八表，以酬昊天之休命。

太祖三辭，宋帝王公以下固請。兼太史令、將作匠陳文建奏符命曰：『六，亢位也。後漢自建武至建安二十五年，一百九十六年而禪魏；魏自黄初至咸熙二年，四十六年而禪晉；晉自太始至元熙二年，一百五十六年而禪宋；宋自永初元年至昇明三年，凡六十年。咸以六終六受。六，亢位也。驗往揆今，若斯昭著。敢以職任，備陳管穴。伏願順天時，應符瑞。』二朝百辟又固請。尚書右僕射王儉奏：『被宋詔遜位，臣等參議，宜剋日輿駕受禪，撰立儀注。』太祖乃許焉。

又 卷二《高帝紀下》 建元元年夏，四月，甲午，上即皇帝位於南郊，設壇柴燎告天曰：『皇帝臣道成敢用玄牡，昭告皇皇后帝。宋帝陟鑒乾序，欽若明命，以命于道成。夫肇自生民，樹以司牧，所以闡極則天，開元創物，肆茲大道。天下惟公，命不于常。昔在虞、夏，受終上代，粵自漢、魏，揖讓中葉，咸炳諸典謨，載在方冊。水德既微，仍世多故，實賴道成匡拯之功，以弘濟於厥艱。大造顛墜，再構區宇，宣禮明刑，締仁緝義。晷緯凝象，川嶽表靈，誕惟天人，罔弗和會。乃仰協歸運，景屬與能，用集大命於茲。辭德匪嗣，至於累仍，而羣公卿士，庶尹御事，爰及黎獻，至於百戎，僉曰「皇天眷命，不可以固違，人神無托，不可以曠主」。畏天之威，敢不祇從鴻歷？敬簡元辰，虔奉皇符，升壇受禪，告類上帝，以永答民衷，式敷萬國。惟明靈是饗！』

禮畢，大駕還宮，臨太極前殿。詔曰：『五德更紹，帝迹所以代昌；三正迭隆，王度所以改耀。世有質文，時或因革，其資元膺歷，經道振民，固以異術同揆，殊流共貫者矣。朕以寡昧，屬值艱季，推肆勤之誠，藉樂治之數，賢能悉心，士民致力，用獲拯溺龕暴，一匡天下。業未參古，功殆侔昔。宋氏以陵夷有徵，歷數攸及，思弘樂推，永鑒崇替，爰集天祿於朕躬。惟志菲薄，辭弗獲昭，遂欽從天人，式躋景命，祗月正于文祖，升禋晵於上帝。猥以寡德，光宅四海，纂革代之蹤，托王公之上，若涉淵水，罔知所濟。寶祚初啓，洪慶惟新，思俾利澤，宣被億兆，可大赦天下。改昇明三年為建元元年。賜民爵二級，文武進位二等，鰥寡孤獨不能自存者穀人五斛。逋租宿債勿復收。有犯鄉論清議，贓汙淫盜，一皆蕩滌，洗除先注，與之更始。長徒敕繫之囚，特皆原遣。亡官失爵，禁錮奪勞，一依舊典。』

封宋帝為汝陰王，築宮丹陽縣故治，行宋正朔，車旗服色，一如故事，上書不為表，答表不稱詔。降宋晉熙王燮為陰安公，江夏王躋為沙陽公，隨王棨為舞陰公，新興王嵩為定襄公，建安王禧為荔浦公，郡公主為縣君，縣公主為鄉君。詔曰：『繼世象賢，列代盛典，疇庸嗣美，前載令圖。宋氏通侯，乃宜隨運省替。但欽德懷義，尚表墳閭，況功濟區夏，道光民俗者哉？降差之典，宜遵往制。南康縣公華容縣公可為侯，萍鄉縣侯可為伯，減户有差，以繼劉穆之、王弘、何無忌後。』【略】

庚子，詔『宋帝后蕃王諸陵，宜有守衛。』有司奏帝陵各置長一人，兵有差，王陵五人，妃嬪三人。

五月，丙午，【略】詔曰：『宸運革命，引爵改封，宋氏第秩，雖宜省替，其有預效屯夷，宣力齊業者，一仍本封，無所減降。』有司奏留襄陽郡公張敬兒等六十二人，除廣興郡公沈曇亮等百二十二人。改《元嘉曆》為《建元曆》，木德盛卯終未，以正月卯祖，十二月未臘。【略】

己未，汝陰王薨，追謚為宋順帝，終禮依魏元、晉恭帝故事。辛酉，陰安公劉燮等伏誅。追封謚上兄道度為衡陽元王，道生為始安貞王。丙寅，追尊皇考曰宣皇帝，皇妣為孝皇后，妃為昭皇后。

（六月）乙酉，葬宋順帝于遂寧陵。【略】

冬，十月，丙子，立彭城劉胤為汝陰王，奉宋帝後。己卯，車駕殷祠太廟。辛巳，詔曰：『朕嬰綴世務，三十餘歲，險阻艱難，備嘗之矣。末路屯夷，戎車歲駕，誠藉時來之運，實資士民之力。宋元徽二年以來，諸從軍得官者，未悉蒙祿，可催速下訪，隨正即給。才堪餘任者，訪洗量序。若四州士庶，本鄉淪陷，簿籍不存，尋校無所，可聽州郡保押，從實除奏。荒遠闕中正者，特許據軍簿奏除。或戍扞邊役，末由旋反，聽於同軍各立五保，所隸有司，時為言列。』汝陰太妃王氏薨，追贈為宋恭皇后。

十一月，庚子，以太子左衛率蕭景先為司州刺史。辛亥，立皇太子妃裴氏。甲申，封功臣驃騎長史江謐等十人爵户各有差。

又　卷二六《王敬則傳》　太祖受禪，材官薦易太極殿柱，從帝欲避土，不肯出宮遜位。明日，當臨軒，帝又逃宮內。敬則將轝人迎帝，啓譬令出。帝拍敬則手曰：『必無過慮，當餉輔國十萬錢。』

論　說

《宋書》卷一〇《順帝紀論》　聖王膺籙，自非接亂承微，則天歷不至也。自三、五以來，受命之主，莫不乘淪亡之極，然後符樂推之運。水德遷謝，其來久矣。豈止于區區汝陰揖禪而已哉！

《南齊書》卷一《高帝紀論》　案《太一九宮占》推漢高五年，太一在四宮，主人與客俱得吉，計先舉事者勝，是歲高祖破楚。晉元興二年，太一在七宮，太一為帝，天目為輔佐，迫脅太一，是年安帝為桓玄所逼出宮。大將在一宮，參相在三宮，格太一。經言，格者，已立政事，上下格之，不利有為，安居之世，不利舉動。元興三年，太一在七宮，宋武破桓玄。元嘉元年，太一在六宮，不利有為，徐、傅廢營陽王。七年，太一在八宮，關囚惡歲，大小將皆不得立，其年到彥之北伐，初勝後敗，客主俱不利。十八年，太一在二宮，客主俱不利，是歲氐楊難當寇梁、益，來年仇池破。十九年，大小將皆見關不立，凶，其年裴方明伐仇池，克百頃，明年失之。泰始元年，太一在二宮，為大小將奄擊之，其年景和廢。二年，太一在三宮，不利先起，主人勝，其年晉安王子勛反。元徽二年，太一在六宮，先起敗，是歲桂陽王休範反，並伏誅。四年，太一在七宮，先起者客，西北走，其年建平王景素敗。升明元年，太一在七宮，不利為客，安居之世，舉事為主人，應發為客，袁粲、沈攸之等反，伏誅。是歲太一在杜門，臨八宮，宋帝禪位，不利為客，安居之世，舉事為主人，禪代之應也。

又　卷二《高帝紀論》　孫卿有言：『聖人之有天下，受之也，非取之也。』漢高神武駿聖，觀秦氏東游，蓋是雅多大言，非始自知天命；光武聞少公之論讖，亦特一時之笑語；魏武初起義兵，所期『征西』之墓；晉宣不內迫曹爽，豈有定霸浮橋？宋氏崛起匹夫，兵由義立；咸皆一世推雄，卒開鼎祚。宋氏正位八君，卜年五紀，四絕長嫡，三稱中興，內難邊虞，兵革世動。太祖基命之初，武功潛用，泰始開運，大拯時艱，龍德在田，見猜雲雨之迹。及蒼梧暴虐，釁結朝野，百姓懍懍，命懸朝夕。權道既行，兼濟天下。元功振主，利器難以假人，羣才戮力，實懷尺寸之望。豈其天厭水行，固已人希木德。歸功與能，事極乎此。雖至公于四海，而運即時來；無心于黃屋，而道隨物變。應而不為，此皇齊所以集大命也。

又　《高帝紀贊》　於皇太祖，有命自天，同度宇宙，合量山淵。宋德不紹，神器虛傳。寧亂以武，黜暴資賢。庸發西疆，功興北翰，偏師獨克，孤旅霆斷。援旆東夏，職司靜亂；指斧徐方，時惟伐叛；抗威京輦，坐清江漢。文藝在躬，芳塵淵塞。用下以才，鎮民以德。端己雄晬，君臨尊默。苞括四海，大造家國。

宋·李昉等《文苑英華》卷七五四［南朝梁］裴子野〈宋略·總論〉　宋高祖武皇帝以蓋代雄才，起匹夫而并六合，克國得儁，寄迹多於魏武，功施天下，盛德厚於晉宣，懷荒伐叛之勞，而夷邊蕩險之力。□□百勝，可得而論者矣。有脫文。政足行陣之間，有脫文。卻孫恩蟻聚之衆，一朝奮臂，掃桓玄磐石之宗，方軌長驅，則三齊無堅壘，迴戈內赴，則五嶺靡餘妖，命孫季高於巨海之上，而番禺席捲，擢朱齡石於百夫之下，而庸蜀來王，羌胡畏威，交為表裏，董率虎旅，以事中原，石門巨野之隘，指麾開闢，關頭霸上之阻，曾莫藩蘺，虜其酋豪，遷其重寶，登未央而灑酒，過長陸而下拜，盛矣哉，悠悠百年，未之有也。於是倒載干戈，休兵泗水，彤弓納陛，肇有宋都，蔕芥必除，華夷莫拒，然後請乎上帝，步驟前王，零陵去之，而莫猜心，高祖受之，而無愧色，古之所謂義取天下者，斯之謂乎。若其提挈草創，則魏孟何劉，輔相摠持，則穆之、徐羨、鎮惡，道濟經其武，傳亮、謝晦緯其文，長沙以冢弟共艱難，武烈以清貞定南楚，其他胥附奔走，雲合霧集，若榱椽之構大廈，衆星之仰河漢，或取之於民舉，或得之於未名，羣才必逞，智能咸效，爵不妄加，官無私謁，晉末所以荒濟淆混，阿黨容縱，莫不驅掃革易，與之更始，君行卑菲，而國不為陋，民勤征戍，而下無怨讟，品令宥密，賞罰端平，遠無不懷，邇無不附，屬為郡縣者，則南過交趾，西包劍閣，北劃黄河，而繞東海，七分天下，而有其四。

自永初末歲，天子負扆務懷，以燕代為戎，岐梁重梗，將誓六師，屠桑乾而境北地，三事大夫願相謂曰，待夫振旅凱入，乘轅南反，請具銀繩瓊檢，告報東嶽。既而洮弗興即年獻世，營陽王狎於弗訓以敗興，太祖寬肅宣惠，大臣光表，超越二昆，來應寶命，沈明內斷，不欲政由寧氏，克滅權逼，不使芒刺在躬，親臨朝事，率尊恭德，斟酌先王之典，强宣當時之宜，吏久其職，育孫長子，民樂其生，鮮陷刑辟，仁厚之化，既已播流，率土忻欣，無思不服。每駕巡幸，簫鼓聽聞，百姓扶攜老幼，想望儀刑，愛之孜孜，如日不足。初徐傅伏誅，繼求內相，王弘處之而思降，彭城欲之而弗違，王華殷景仁，以忠允熙帝載，謝弘微王曇首，以沈密贊樞機，徐□王僧綽，以體國彰義信，謝方明劉道生，以治惠稱良能，高簡則令明，清貴則王舊，文章則顏延之謝靈運，有藻麗之鉅才，儒雅則裴荀何傅，擅師表之高學，剛亮骨鯁，則袁粲、蔡子度，建言忠益，則范泰、何尚之，宗室蕃翰，帝弟帝子，則江夏、衡陽、廬陵、隋王、建平、臨川、新喻，或清令而審，或文敏而洽，皆博愛以禮士，明靡以流譽，十三四年，為多士矣。上亦蘊籍義文，思弘儒府，庠序建於國都，四學聞乎家巷，天子乃移蹕下輦以從之，束帛宴語以勸之，士莫不敦悅詩書，沐浴禮義，淑慎規矩，斐然向方，其行修言道者，然後登朝受職，威儀輕佻者，不齒於鄉閭，公宮非儐羽不來庭，私家非軒蓋不逾國，冠冕之流，雍容如也。於是文教既興，武功亦著，命將受律，指日如期，檀蕭薄伐，則南登象浦，劉裴爰整，則西踐仇池，良駒巨象，充塞外廄，奇琛環貨，下逮百遼，禽獸草木之瑞，月有六七，繩山諷海之譯，歲且十餘，江東以來，有國有家，豐功茂德，未有如斯之盛者。

然值北虜方强，周韓歲擾，金墉虎牢，代失其御，二十七年，偏師克復河南，横蹂强胡百萬之衆，匈奴遂跨彭沛，航淮浦，設穹廬於瓜步，請公主以和親。于時精兵猛將，嬰城而不敢鬬，謀臣智士，折撓而無可稱，天子乃朝饗單于，臨江高會，於是起盡屍之役，貸富室之財，舳艫千里，緣江而陳，我守既嚴，胡兵亦怠，且大川所以限南北也，疲老而退，歸我追奔之師，櫜弓裹足，係虜之民，流離道路，江淮以北蕭然矣。重以含章巫蠱，始自三逆，合殿酷帝，史籍未聞，仲尼以為非一朝一夕之故，其所由來者漸矣，辨之不早辨也。元嘉之禍，其有以焉。世祖率先九牧，大雪冤耻，身當歷數，正位天居，聰明絢達，博聞强記，威可以整法，智足以勝奸，君人之略，幾將備矣。一時之風流領袖，則謝莊、何偃、王彧、蔡興宗、索顗、袁粲，禦武名將，則沈慶之、柳元景、宗慤之，或潔清以秀雅，或驍果以步類，因以軌道，廓之中方，知向時之士，若顏竣之經綸忠勁，匪躬諒直，雖晉之狐趙，無以尚焉。帝即位二三年間，方逞其欲，拒諫是己，天下失望。夫以世祖才明，少以禮度自肅，思皇武之節儉，追太祖之寬恕，則漢之文景，宗何足云。景和申之以淫虐，太宗易之以昏縱，師旅薦興，邊鄙蹙迫，人懷苟且，朝無紀綱，內寵方議共安，外物已睹其敗已。初世祖登遐，委重於二載。太宗晏駕，亦托孤於王阮，渫近之道同歸，沖人之釁如一，然宋祚未絕於永光，更以宗王之見窘，水德遂亡於後□實由强臣之受辱，且顧命羣公，從容自重，畏懦伊霍之機，綺靡唐虞之際，於是蔚炳胥變，明命就遷，俯仰之間，興衰易用矣。周自平王東遷，崎嶇河洛，其後二十四世，而赧始亡之。漢自章和以降，顛覆閹豎，其後百有餘載，而獻始禪之。何則？周漢靈長，如彼難拔，近代脆促，若此易崩，非天時，亦人事也。聞夫鴻荒者難為慮，因事者易為力。曹馬規模，懸乎前載，苟有斯會，實啓英雄；而況太宗為之驅除，先顛其本根，本根既蹙，枝葉遂摧，斯則始於人事也，昔二代將亡，殷辛夏癸，相去數百年間，異世而後出；宋則景和、元徽，首尾不能十載，而降虐過於二君，斯則天之所棄，篤於前王者也。天意人事，其微如是，雖欲勿賈，其可得乎？若乃拯厥塗炭，蒙逆取之辱者，湯武之志也。私鉏當路，飾揖讓之名者，近代之事也。其應天從民，道有優劣，故宗廟社稷，修短異數，不然，則何殊尤緬邈，如斯之遠也。夫山嶽崩頹，必有朽壞之隙，春秋迭代，亦有去故之悲，是以臨危亡而撫理運，未有不扼腕流連者也。近古之弊化薄俗，行乎□□，宋氏之成敗得失，著乎行事，從而言之，載於篇矣。繫敘非所以創業垂統，而懷其舊俗遺風，逮於賢人君子，英聲餘論，以附於兹。

子野曾祖宋中大夫西鄉侯，以文帝之十二年受詔撰《元嘉起居注》，二十六年，重被詔續成何承天《宋書》，其年終於位，書則未遑述作，齊興後數十年，宋之新史，既行於世也。子野生乎泰始之季，長於永明之年，家有舊書，聞見又接，是以不用浮淺，因宋之新史，為《宋略》二十卷，翦截繁文，刪撮事要，即其簡寡，志以為名。夫黜惡章善，臧否與奪，則以先達格言，不有私也。豈以勒成一家，貽之好事，蓋司典之後，而不忘焉。

宋·司馬光《資治通鑑》卷一三二《宋紀一四·太宗明皇帝中》

（宋明帝泰始二年）裴子野論曰：昔齊桓公矜於葵丘，而九國叛，曹公不禮張松，而天下分，一失豪釐，其差遠矣。太宗之初，威令所被，不滿百里，卒有離心，士無固色，而能開誠心，布款實，莫不感恩服德，致命效死，故西摧北蕩，宇內褰開。既而六車獻捷，方隅束手，天子欲賈其餘威，師出無名，長淮以北，倏忽為戎，惜乎，若以向之虛懷，不驕不伐，則三叛奚為而起哉？高祖蟣虱生甲胄，經啓疆埸，後之子孫，日蹙百里，播獲堂構，豈云易哉？

又 卷一三三《宋紀一五·太宗明皇帝下》 （宋明帝泰始七年）裴子野論曰：夫噬虎之獸，知愛己子，搏狸之鳥，非護異巢。太宗保字螟蛉，剿拉同氣，既迷在原之天屬，未識父子之自然，宋德告終，非天廢也。夫危亡之君，未嘗不先棄本枝，嫗煦旁孽，推誠嬖狎，疾惡父兄，前乘覆車，後來並轍。獵使仲叔有國，猶不失配天，而他人入室，將七廟絕祀，曾是莫懷，甘心揃落。晉武背文明之托，而覆中州者賈后，太祖棄初寧之誓，而登合殿者元兇，禍福無門，奚其豫擇，友于兄弟，不亦安乎？

清·王鳴盛《十七史商榷》卷六二《南史合宋齊梁陳書十·官》

《王敬則傳》：『敬則逼宋順帝禪位於齊，引令出宮，順帝不肯，敬則曰：「官先取司馬家亦如此。」』此語《南齊書》無之，或疑『官』下脱『家』字。

藝 文

《全宋詩》卷二〇二四《王十朋〈齊太祖〉》 天厭金刀水德終，一時人望屬蕭公。能論魏武周文事，獨有區區謝侍中。

梁受齊禪

綜 述

《南齊書》卷八《和帝紀》 （中兴元年）九月，乙未，詔梁王若定京邑，得以便宜從事。【略】

十二月，丙寅，建康城平。己巳，皇太后令以梁王為大司馬、録尚書事、驃騎大將軍、揚州刺史，封建安郡公，依晉武陵王遵承制故事，百僚致敬。【略】

二年春，正月，戊戌，宣德太后臨朝，入居內殿。大司馬梁王解承制，致敬如先。【略】甲寅，詔大司馬梁王進位相國，總百揆，揚州牧，封十郡為梁公，備九錫之禮，加遠遊冠，位在諸王上，加相國緑綟綬。【略】

（二月）戊辰，詔進梁公爵為梁王，增封十郡。三月，乙未，皇太后令給梁國錢五百萬，布五千匹，絹千匹。【略】甲午，命梁王冕十有二旒，建天子旌旗，出警入蹕，乘金根，駕六馬，備五時副車，置旄頭雲罕，樂舞八佾，設鍾虡宮懸。王子王女爵命一如舊儀。庚戌，【略】車駕東歸至姑孰。丙辰，禪位梁王。【略】夏，四月，辛酉，禪詔至，皇太后遜外宮。丁卯，梁王奉帝為巴陵王，宮于姑孰，行齊正朔，一如故事。戊辰，薨，年十五。追尊為齊和帝，葬恭安陵。

《梁書》卷一《武帝紀上》 （中興元年十二月）授高祖中書監、都督揚、南徐二州諸軍事、大司馬、録尚書、驃騎大將軍、揚州刺史，封建安郡公，食邑萬户，給班劍四十人，黃鉞、侍中、征討諸軍事並如故；依晉武陵王遵承制故事。【略】

二年正月，天子遣兼侍中席闡文、兼黃門侍郎樂法才慰勞京邑。追贈高祖散騎常侍左光祿大夫，考侍中丞相。【略】

戊戌，宣德皇后臨朝，入居內殿。拜帝大司馬，解承制，百僚致敬如前。詔進高祖都督中外諸軍事，劍履上殿，入朝不趨，贊拜不名。加前後部羽葆鼓吹。置左右長史、司馬、從事中郎、掾、屬各四人，並依舊辟士，餘並如故。

詔曰：夫日月麗天，高明所以表德；山嶽題地，柔博所以成功。故能庶物出而資始，河海振而不泄。二象貞觀，代之者人。是以七輔、四叔，致無為於軒、昊；韋、彭、齊、晉，靖衰亂于殷、周。

大司馬攸縱自天，體茲齊聖，文洽九功，武苞七德。欽惟厥始，徽猷早樹，誠著艱難，功參帷幙。錫賦開壤，式表厥庸。建武升歷，邊隙屢啓，公釋書輟講，經營四方。司、豫懸切，樊、漢危殆，覆强寇於沔濱，僵胡馬于鄧汭。永元肇號，難結羣醜，專威擅虐，毒被含靈，溥天惴惴，命懸晷刻。否終有期，神謨載挺，首建大策，惟新鼎祚。投袂勤王，沿流電舉，魯城雲撤，夏汭霧披，加湖羣盜，一鼓殄拔，姑孰連旍，倏焉冰泮。取新壘其如拾芥，撲朱爵其猶掃塵。霆電外駭，省闥內傾，餘醜纖蠹，蚳蝝必盡。援彼已溺，解此倒懸，塗懽里抃，自近及遠。畿甸夷穆，方外肅寧，解茲虐網，被以寬政。積弊窮昏，一朝載廓，聲教遐漸，無思不被。雖伊尹之執茲壹德，姬旦之光于四海，方斯蔑如也。

昔呂望翼佐聖君，猶享四履之命；文侯立功平後，尚荷二弓之錫，況于盛德元勳，超邁自古。黔首惵惵，待以為命，救其已然，拯其方斫，式閭表墓，未或能比；而大輅渠門，輟而莫授，眷言前訓，無忘終食。便宜敬升大典，式允羣望。其進位相國，總百揆，揚州刺史；封十郡為梁公，備九錫之禮，加璽紱遠遊冠，位在諸王上，加相國綠綟綬。其驃騎大將軍如故。依舊置梁百司。

策曰：二儀寂寞，由寒暑而代行，三才並用，資立人以為寶，故能流形品物，仰代天工。允茲元輔，應期挺秀，裁成天地之功，幽協神明之德。撥亂反正，濟世寧民，盛烈光於有道，大勳振於無外，雖伊陟之保乂王家，姬公之有此丕訓，方之蔑如也。今將授公典策，其敬聽朕命：

上天不造，難鍾皇室，世祖以休明早崩，世宗以仁德不嗣，高宗襲統，宸居弗永，雖夙夜劬勞，而隆平不洽。嗣君昏暴，書契弗睹。朝權國柄，委之羣甗。剿戮忠賢，誅殘臺輔，含冤抱痛，噍類靡餘。實繁非一，並專國命。嚬笑致災，睚眥及禍。嚴科毒賦，載離比屋，溥天熬熬，置身無所。冤頸引決，道樹相望，無近無遠，號天靡告。公藉昏明之期，因兆民之願，援帥羣後，翊成中興。宗社之危已固，天人之望允塞，此實公紐我絕綱，大造皇家者也。

永明季年，邊隙大啓，荆河連率，招引戎荒，江、淮擾逼，勢同履虎。公受言本朝，輕兵赴襲，縻以長算，制之環中。排危冒險，强柔遞用，坦然一方，還成藩服。此又公之功也。在昔隆昌，洪基已謝，高宗慮深社稷，將行權道。公定策帷帳，激揚大節，廢帝立王，謀猷深著。此又公之功也。建武闡業，厥猷雖遠，戎狄內侵，憑陵關塞，司部危逼，淪陷指期。公治兵外討，卷甲長騖，接距交綏，電激風掃，摧堅覆鋭，咽水塗原，執俘象魏，獻馘海渚，焚廬毀帳，號哭言歸。此又公之功也。樊、漢阽切，羽書續至。公星言鞠旅，稟命徂征，而軍機戎統，事非己出，善策嘉謀，抑而莫允。鄧城之役，胡馬卒至，元帥潛及，不相告報，棄甲捐師，餌之虎口。公南收散卒，北禦雕騎，全衆方軌，案路徐歸，拯我邊危，重獲安堵。此又公之功也。漢南迥弱，咫尺勍寇，兵糧蓋闕，器甲靡遺。公作藩爰始，因資靡托，整兵訓卒，蒐狩有序，俾我危城，翻為强鎮。此又公之功也。永元紀號，瞻烏已及，雖廢昏有典，而伊、霍稱難。公首建大策，爰立明聖，義逾邑綸，勳高代人，易亂以化，俾昏作明。此又公之功也。文王之風，雖被江、漢，京邑蠢動，湮為洪流，句吳、於越，巢幕匪喻。公投袂萬里，事惟拯溺，義聲所覃，無思不韙。此又公之功也。魯城、夏汭，梗據中流，乘山置壘，縈川自固。公御此烏集，陵茲地險，頓兵坐甲，寒往暑移，我行永久，士忘歸願，經以遠圖，御以長策，費無遺矢，戰未窮兵，踐華之固，相望俱拔。此又公之功也。惟此羣凶，同惡相濟，緣江負險，蟻聚加湖。水陸盤據，規援夏首，桴鵊一臨，應時褫潰。此又公之功也。奸甗震皇，復懷舉斧，蓄兵九派，用擬勤王。公棱威直指，勢逾風電，旌旆小臨，全州稽服。此又公之功也。姑孰衝要，密邇京畿，凶徒熾聚，斷塞津路。公偏師啓塗，排方繼及，兵威所震，望旗自駭，焚舟委壁，卷甲宵遁。此又公之功也。羣豎倡狂，志在借一，豕突淮涘，武騎如雲。公爰命英勇，因機騁鋭，氣冠版泉，勢逾洹水，追奔逐北，奄有通津，熊耳比峻，未足雲擬，睢水不流，曷其能及。此又公之功也。琅邪、石首，襟帶岨固，新壘、東墉，金湯是埒。憑險作守，兵食兼資，風激電駭，莫不震疊，城復於隍，於是乎在。此又公之功也。獨夫昏很，憑城靡懼，鼓鐘鞺鞳，慠若有餘。狎是邪孍，忌斯冠冕，凶狡因之，將逞孥戮。公奇謨密運，盛略潛通，忠勇之徒，得申厥效，白旗宣室，未之或比。此又公之功也。

公有拯億兆之勳，重之以明德，爰初厲志，服道儒門，濯纓來仕，清猷映代。時運艱難，宗社危殆，昆崗已燎，玉石同焚。驅率貔貅，抑揚霆電，義等南巢，功齊牧野。若夫禹功寂漠，微管誰嗣，拯其將魚，驅其被髮，解茲亂網，理此棼絲，復禮衽席，反樂河海。永平故事，聞之者歎息；司隸舊章，見之者隕涕。請我民命，還之鬭極。憫憫搢紳，重荷戴天之慶；哀哀黔首，復蒙履地之恩。德逾嵩、岱，功鄰造物，超哉邈矣，越無得而言焉。

朕又聞之：疇庸命德，建侯作屏，咸用克固四維，永隆萬葉。是以《二南》流化，九伯斯征，王道淳洽，刑措罔用。覆政弗興，歷茲永久，如毀既及，晉、鄭靡依。惟公經綸天地，寧濟區夏，道冠乎伊、稷，賞薄于桓、文，豈所以憲章齊、魯，長轡宇宙。敬惟前烈，朕甚懼焉。今進授相國，改揚州刺史為牧，以豫州之梁郡歷陽、南徐州之義興、揚州之淮南宣城吳吳興會稽新安東陽十郡，封公為梁公。錫茲白土，苴以白茅，爰定爾邦，用建塚社。在昔旦、奭，入居保佑，逮于畢、毛，亦作卿士，任兼內外，禮實宜之。今命使持節兼太尉王亮授相國揚州牧印綬，梁公璽紱；使持節兼司空王志授梁公茅土，金虎符第一至第五左，竹使符第一至第十左。相國位冠羣後，任總百司，恒典彝數，宜與事革。其以相國總百揆，去録尚書之號，上所假節、侍中貂蟬、中書監印、中外都督大司馬印綬，建安公印策，驃騎大將軍如故。又加公九錫，其敬聽後命：以公禮律兼修，刑德備舉，哀矜折獄，罔不用情，是用錫公大輅、戎輅各一，玄牡二駟。公勞心稼穡，念在民天，丕崇本務，惟穀是寶，是用錫公袞冕之服，赤舃副焉。公熔鈞所被，變風以雅，易俗陶民，載和邦國，是用錫公軒懸之樂，六佾之舞。公文德廣覃，義聲遠洽，椎髻髽首，夷歌請吏，是用錫公朱户以居。公揚清抑濁，官方有序，多士聿興，《棫呻樸》流詠，是用錫公納陛以登。公正色御下，以身軌物，式遏不虞，折衝惟遠，是用錫公虎賁之士三百人。公威同夏日，志清奸宄，放命圮族，刑茲罔赦，是用錫公鈇、鉞各一。公跨躡嵩溟，陵厲區宇，譬諸日月，容光必至，是用錫公彤弓一，彤矢百；盧弓十，盧矢千。公永言惟孝，至感通神，恭嚴祀典，祭有餘敬，是用錫公秬鬯一卣，圭瓚副焉。梁國置丞相以下，一遵舊式。欽哉！其敬循往策，祇服大禮，對揚天眷，用膺多福，以弘我太祖之休命！

高祖固辭。府僚勸進曰：『伏承嘉命，顯至佇策。明公逡巡盛禮，斯實謙尊之旨，未窮遠大之致。何者？嗣君棄常，自絕宗社，國命民主，剪為仇仇，折棟崩榱，壓焉自及，卿士懷脯斫之痛，黔首懼比屋之誅。明公亮格天之功，拯水火之切，再躔日月，重綴參辰，反龜玉于塗泥，濟斯民於坑岸，使夫匹婦童兒，羞言伊、呂，鄉校里塾，耻談五霸。而位卑乎阿衡，地狹于曲阜，慶賞之道，尚其未洽。夫大寶公器，非要非距，至公至平，當仁誰讓？明公宜祇奉天人，允膺大禮。無使後予之歌，同彼胥怨，兼濟之人，翻為獨善。』公不許。

二月辛酉，府僚重請曰：『近以朝命蘊策，冒奏丹誠，奉被還令，未蒙虛受，搢紳顒顒，深所未達。蓋聞受金於府，通人弘致，高蹈海隅，匹夫小節，是以履乘石而周公不以為疑，贈玉璜而太公不以為讓。況世哲繼軌，先德在民，經綸草昧，歎深微管。加以朱方之役，荊河是依，班師振旅，大造王室。雖復累繭救宋，重胝存楚，居今觀古，曾何足云。而惑甚盜鐘，功疑不賞，皇天后土，不勝其酷。是以玉馬駿奔，表微子之去；金板出地，告龍逢之冤。明公據鞍輟哭，厲三軍之志，獨居掩涕，激義士之心，故能使海若登祇，罄圖效祉，山戎、孤竹，束馬影從，伐罪弔民，一匡靜亂。匪叨天功，實勤濡足。且明公本自諸生，取樂名教，道風素論，坐鎮雅俗，不習孫、吳，遘茲神武。驅盡誅之氓，濟必封之穀，龜玉不毀，誰之功與？獨為君子，將使伊、周何地？』於是始受相國梁公之命。

是日，【略】詔追贈梁公故夫人為梁妃。

乙丑，南兗州隊主陳文興於桓城內鑿井，得玉鏤騏驎、金鏤玉璧、水精環各二枚。又建康令羊瞻解稱鳳皇見縣之桐下里。宣德皇后稱美符瑞，歸於相國府。

丙寅，詔：『梁國初建，宜須綜理，可依舊選諸要職，悉依天朝之制。』

高祖上表曰：臣聞以言取士，士飾其言，以行取人，人竭其行。所謂才生於世，窮達惟時；而風流遂往，馳騖成俗，媒孽誇炫，利盡錐刀，遂使官人之門，肩摩轂擊。豈直暴蓋露冠，不避寒暑，遂乃戢屨杖策，風雨必至。良由鄉舉里選，不師古始，稱肉度骨，遺之管庫。加以山河梁畢，闕輿徵之恩；金、張、許、史，忘舊業之替。吁，可傷哉！且夫譜牒訛誤，詐偽多緒，人物雅俗，莫肯留心。是以冒襲良家，即成冠族；妄修邊幅，便為雅士；負俗深累，遽遭寵擢；墓木已拱，方被徽榮。故前代選官，皆立選簿，應在貫魚，自有銓次。胄籍升降，行能臧否，或素定懷抱，或得之餘論，故得簡通賓客，無事掃門。頃代陵夷，九流乖失。其有勇退忘進，懷質抱真者，選部或以未經朝謁，難於進用。或有晦善藏聲，自埋衡蓽，又以名不素著，絕其階緒。必須畫刺投狀，然後彈冠，則是驅迫廉撝，獎成澆競。愚謂自今選曹宜精隱括，依舊立簿，使冠屨無爽，名實不違，庶人識崖涘，造請自息。

且聞中間立格，甲族以二十登仕，後門以過立試吏，求之愚懷，抑有未達。何者？設官分職，惟才是務。若八元立年，居皁隸而見抑；四凶弱冠，處鼎族而宜甄。是則世祿之家，無意為善；布衣之士，肆心為惡。豈所以弘獎風流，希向後進？此實巨蠹，尤宜刊革。不然，將使周人有路傍之泣，晉臣興漁獵之歎。且俗長浮競，人寡退情，若限歲登朝，必增年就宦，故貌實昏童，籍已逾立，滓穢名教，於斯為甚。

臣總司內外，憂責是任，朝政得失，義不容隱。伏願陛下垂聖淑之姿，降聽覽之末，則彝倫自穆，憲章惟允。

詔依高祖表施行。

丙戌，詔曰：

嵩高惟岳，配天所以流稱；大啓南陽，霸德所以光闡。忠誠簡帝，番君膺上爵之尊；勤勞王室，姬公增附庸之地。前王令典，布諸方策，長祚字甿，罔不由此。

相國梁公，體茲上哲，齊聖廣淵。文教內洽，武功外暢。推轂作藩，則威懷被於殊俗；治兵教戰，則霆雷赫於萬里。道喪時昏，讒邪孔熾。豈徒宗社如綴，神器莫主而已哉！至於兆庶殲亡，衣冠殄滅，餘類殘喘，指命崇朝，含生業業，投足無所，遂乃山川反覆，草木塗地。與夫仁被行葦之時，信及豚魚之日，何其遼敻相去之遠歟！公命師鞠旅，指景長騖。而本朝危切，樊、鄧遐遠，凶徒盤據，水陸相望，爰自姑孰，屈于夏首，嚴城勁卒，憑川為固。公沿漢浮江，電激風掃，舟徒水覆，地險雲傾，藉茲義勇，前無强陣，拯危京邑，清我帝畿，撲既燎于原火，免將誅於比屋。悠悠兆庶，命不在天；茫茫六合，咸受其賜。匡俗正本，民不失職。仁信並行，禮樂同暢。伊、周未足方軌，桓、文遠有慚德。而爵後藩牧，地終秦、楚，非所以式酬光烈，允答元勳。實由公履謙為本，形於造次，嘉數未申，晦朔增佇。便宜崇斯禮秩，允副遐邇之望。可進梁公爵為王。以豫州之南譙、廬江、江州之尋陽、郢州之武昌、西陽、南徐州之南琅邪、南東海、晉陵、揚州之臨海、永嘉十郡，益梁國，并前為二十郡。其相國、揚州牧、驃騎大將軍如故。

公固辭。有詔斷表。相國左長史王瑩等率百僚敦請。

三月辛卯，延陵縣華陽邏主戴車牒稱云：『十二月乙酉，甘露降茅山，彌漫數里。正月己酉，邏將潘道蓋于山石穴中得毛龜一。二月辛酉，邏將徐靈符又于山東見白麞一。丙寅平旦，山上雲霧四合，須臾有玄黃之色，狀如龍形，長十餘丈，乍隱乍顯，久乃從西北升天。』丁卯，兗州刺史馬元和籤：『所領東平郡壽張縣見騶虞一。』

癸巳，受梁王之命。令曰：『孤以虛昧，任執國鈞，雖夙夜勤止，念在興治，而育德振民，邈然尚遠。聖朝永言舊式，隆此眷命。侯伯盛典，方軌前烈，嘉錫隆被，禮數昭崇。徒守願節，終隔體諒。羣後百司，重茲敦獎，勉茲厚顏，當此休祚。望昆、彭以長想，欽桓、文而歎息，思弘政塗，莫知津濟。邦甸初啓，藩宇惟新，思覃嘉慶，被之下國。國內殊死以下，今月十五日昧爽以前，一皆原赦。鰥寡孤獨不能自存者，賜穀五斛。府州所統，亦同蠲蕩。』

丙午，命王冕十有二旒，建天子旌旗，出警入蹕，乘金根車，駕六馬，備五時副車，置旄頭雲罕，樂舞八佾，設鍾虡宮縣。王妃王子王女爵命之號，一依舊儀。

丙辰，齊帝禪位於梁王。詔曰：

夫五德更始，三正迭興，馭物資賢，登庸啓聖，故帝迹所以代昌，王度所以改耀，革晦以明，由來尚矣。齊德淪微，危亡薦襲。隆昌凶虐，實違天地；永元昏暴，取紊人神。三光再沉，七廟如綴。鼎業幾移，含識知泯。我高、明之祚，眇焉將墜。永惟屯難，冰谷載懷。

相國梁王，天誕睿哲，神縱靈武，德格玄祇，功均造物。止宗社之横流，反生民之塗炭。扶傾頹構之下，拯溺逝川之中。九區重緝，四維更紐。絕禮還紀，崩樂復張。文館盈紳，戎亭息警。浹海宇以馳風，罄輪裳而稟朔。八表呈祥，五靈效祉。豈止鱗羽禎奇，雲星瑞色而已哉！勳茂于百王，道昭乎萬代，固以明配上天，光華日月者也。河獄表革命之符，圖讖紀代終之運。樂推之心，幽顯共積；歌頌之誠，華裔同著。昔水政既微，木德升緒，天之歷數，實有所歸，握鏡璿樞，允集明哲。

朕雖庸蔽，暗于大道，永鑑崇替，為日已久，敢忘列代之高義，人祇之至願乎！今便敬禪于梁，即安姑孰，依唐虞、晉宋故事。

四月辛酉，宣德皇后令曰：

『西詔至，帝憲章前代，敬禪神器于梁。明可臨軒遣使，恭授璽紱，未亡人便歸於別宮。』壬戌，策曰：

諮爾梁王：惟昔邃古之載，肇有生民，皇雄、大庭之辟，赫胥、尊盧之後，斯並龍圖鳥迹以前，慌忽杳冥之世，固無得而詳焉。洎乎農、軒、炎、皞之代，放勳、重華之主，莫不以大道君萬姓，公器御八紘。居之如執朽索，去之若捐重負。一駕汾陽，便有窅然之志；暫適箕嶺，即動讓王之心。故知戴黄屋，服玉璽，非所以示貴稱尊；乘大輅，建旗旌，蓋欲令歸趣有地。是故忘己而字兆民，殉物而君四海。及于精華内竭，畚橇外勞，則撫茲歸運，惟能是與。況兼乎笙管革文，威圖啓瑞，攝提夜朗，螢光晝發者哉！四百告終，有漢所以高揖；黄德既謝，魏氏所以樂推。爰及晉、宋，亦弘斯典。我太祖握《河》受歷，應符啓運，二葉重光，三聖係軌。嗣君喪德，昏棄紀度，毁紊天綱，凋絕地紐。茫茫九域，剪為仇仇，溥天相顧，命縣晷刻。斫涉刳孕，於事已輕；求雞徵杖，曾何足譬。是以谷滿川枯，山飛鬼哭，七廟已危，人神無主。

惟王體茲上哲，明聖在躬，稟靈五緯，明並日月。彝倫攸序，則端冕而協邕熙；時難孔棘，則推鋒而拯塗炭。功逾造物，德濟蒼生，澤無不漸，仁無不被，上達蒼昊，下及川泉。文教與鵬翼齊舉，武功與日車並運。固以幽顯宅心，謳訟斯屬；豈徒桴鼓播地，卿雲叢天而已哉！至如晝睹争明，夜飛枉矢，土淪彗刺，日既星亡，除舊之徵必顯，更姓之符允集。是以義師初踐，芳露凝甘，仁風既被，素文自擾，北闕槁街之使，風車火徼之民，膜拜稽首，願為臣妾。鍾石畢變，事表于遷虞；蛟魚並出，義彰于事夏。若夫長民御衆，為之司牧，本同己於萬物，乃因心于百姓。寶命無常主，帝王非一族。今仰祇乾象，俯藉人願，敬禪神器，授帝位於爾躬。大祚告窮，天禄永終。於戲！王允執其中，式遵前典，以副昊天之望。禋上帝而臨億兆，格文祖而膺大業，以傳無疆之祚，豈不盛歟！

又璽書曰：

夫生者天地之大德，人者含生之通稱，並首同本，未知所以異也。而稟靈造化，賢愚之情不一；託性五常，强柔之分或舛。羣后靡一，爭犯交興，是故建君立長，用相司牧。非謂尊驕在上，以天下為私者也。兼以三正迭改，五運相遷，緑文赤字，徵《河》表《洛》。在昔勳、華，深達茲義，眷求明哲，授以蒸民。遷虞事夏，本因心于百姓；化殷為周，實受命於蒼昊。爰自漢、魏，罔不率由；降及晉、宋，亦遵斯典。我高皇所以格文祖而撫歸運，畏上天而恭寶歷者也。至於季世，禍亂薦臻，王度紛糾，奸回熾積。億兆夷人，刀俎為命，已然之逼，若線之危，跼天蹐地，逃形無所。羣凶挾煽，志逞殘戮，將欲先殄衣冠，次移龜鼎。衡、保、周、召，並列宵人。巢幕累卵，方此非切。自非英聖遠圖，仁為己任，則鵄梟厲吻，剪焉已及。

惟王崇高則天，博厚儀地，熔鑄六合，陶甄萬有。鋒馹交馳，振靈武以遐略；雲雷方扇，鞠義旅以勤王。揚旍旆於遠路，戮奸宄于魏闕。德冠往初，功無與二。弘濟艱難，緝熙王道。懷柔萬姓，經營四方。舉直措枉，較如畫一。待旦同乎殷后，日昃過於周文。風化肅穆，禮樂交暢。加以赦過宥罪，神武不殺，盛德昭于景緯，至義感於鬼神。若夫納彼大麓，膺此歸運，烈風不迷，樂推攸在。治五韙於已亂，重九鼎於既輕。自聲教所及，車書所至，革面回首，謳吟德澤。九山滅祲，四瀆安流。祥風扇起，淫雨靜息。玄甲游於芳荃，素文馴于郊苑。躍九川於清漢，鳴六象于高崗。靈瑞雜遝，玄符昭著。至於星孛紫宮，水效孟月，飛鴻滿野，長彗横天，取新之應既昭，革故之征必顯。加以天表秀特，軒狀堯姿，君臨之符，諒非一揆。《書》云：『天鑑厥德，用集大命。』《詩》云：『文王在上，於昭於天。』所以二儀乃眷，幽明允葉，豈惟宅是萬邦，緝茲謳訟而已哉！

朕是用擁璿沉首，屬懷聖哲。昔水行告厭，我太祖既受命代終；在日天祿雲謝，亦以木德而傳于梁。遠尋前典，降惟近代，百辟遐邇，莫違朕心。今遣使持節、兼太保、侍中、中書監、兼尚書令汝南縣開國侯亮，兼太尉、散騎常侍、中書令新吳縣開國侯志，奉皇帝璽紱。受終之禮，一依唐虞故事。王其陟茲元后，君臨萬方，式傳洪烈，以荅上天之休命！

高祖抗表陳讓，表不獲通。於是，齊百官豫章王元琳等八百一十九人，及梁臺侍中臣雲等一百一十七人，並上表勸進，高祖謙讓不受。是日，太史令蔣道秀陳天文符讖六十四條，事並明著。羣臣重表固請，乃從之。

又　卷二《武帝紀中》　天監元年夏四月丙寅，高祖即皇帝位於南郊。設壇柴燎，告類於天曰：『皇帝臣衍，敢用玄牡，昭告於皇天后帝：齊氏以歷運斯既，否終則亨，欽若天應，以命於衍。夫任是司牧，惟能是授；天命不于常，帝王非一族。唐謝虞受，漢替魏升，爰及晉、宋，憲章在昔。咸以君德馭四海，元功子萬姓，故能大庇氓黎，光宅區宇。齊代云季，世主昏凶，狡焉羣慝，是崇是長，肆厥奸回暴亂，以播虐於我有邦，俾溥天惴惴，將墜於深壑。九服八荒之內，連率岳牧之君，蹶角頓顙，匡救無術，臥薪待然，援天靡訴。衍投袂星言，摧鋒萬里，厲其掛冠之情，用拯兆民之切。銜膽誓衆，覆銳屠堅，建立人主，克翦昏亂。遂因時來，宰司邦國，濟民康世，實有厥勞。而晷緯呈祥，川嶽效祉，朝夕坰牧，日月郊畿。代終之符既顯，革運之期已萃，殊俗百蠻，重譯獻款，人神遠邇，罔不和會。於是羣公卿士，咸致厥誠，並以皇乾降命，難以謙拒。齊帝脫屣萬邦，授以神器。衍自惟匪德，辭不獲許。仰迫上玄之眷，俯惟億兆之心，宸極不可久曠，民神不可乏主，遂藉樂推，膺此嘉祚。以茲寡薄，臨御萬方，顧求夙志，永言祇惕。敬簡元辰，恭茲大禮，升壇受禪，告類上帝，克播休祉，以弘盛烈，式傳厥後，用永保于我有梁。惟明靈是饗。』

禮畢，備法駕即建康宮，臨太極前殿。詔曰：『五精遞襲，皇王所以受命；四海樂推，殷、周所以改物。雖禪代相舛，遭會異時，而微明迭用，其流遠矣。莫不振民育德，光被黎元。朕以寡暗，命不先後，寧濟之功，屬當期運，乘此時來，因心萬物，遂振厥弛維，大造區夏，永言前蹤，義均慚德。齊氏以代終有徵，歷數云改，欽若前載，集大命於朕躬。顧惟菲德，辭不獲命，寅畏上靈，用膺景業。執禋柴之禮，當與能之祚，繼迹百王，君臨四海，若涉大川，罔知攸濟。洪基初兆，萬品權輿，思俾慶澤，覃被率土。可大赦天下。改齊中興二年為天監元年。賜民爵二級；文武加位二等；鰥寡孤獨不能自存者，人穀五斛。逋布、口錢、宿債勿復收。其犯鄉論清議，贓汙淫盜，一皆蕩滌，洗除前注，與之更始。』

封齊帝為巴陵王，全食一郡。載天子旌旗，乘五時副車。行齊正朔。郊祀天地，禮樂制度，皆用齊典。齊宣德皇后為齊文帝妃，齊后王氏為巴陵王妃。

詔曰：『興運升降，前代舊章。齊世王侯封爵，悉皆降省。其有效著艱難者，別有後命。惟宋汝陰王不在除例。』又詔曰：『大運肇升，嘉慶惟始，劫賊餘口沒在臺府者，悉可蠲放。諸流徙之家，並聽還本。』

追尊皇考為文皇帝，廟曰太祖；皇妣為獻皇后。追謚妃郗氏為德皇后。追封兄太傅懿為長沙郡王，謚曰宣武；齊後軍諮議敷為永陽郡王，謚曰昭；弟齊太常暢為衡陽郡王，謚曰宣；齊給事黃門侍郎融為桂陽郡王，謚曰簡。

是日，詔封文武功臣新除車騎將軍夏侯詳等十五人為公侯，食邑各有差。以弟中護軍宏為揚州刺史，封為臨川郡王；南徐州刺史秀安成郡王；雍州刺史偉建安郡王；左衛將軍恢鄱陽郡王；荊州刺史憺始興郡王。

丁卯，加領軍將軍王茂鎮軍將軍。以中書監王亮為尚書令、中軍將軍，相國左長史王瑩為中書監、撫軍將軍，吏部尚書沈約為尚書僕射，長兼侍中范雲為散騎常侍、吏部尚書。

詔曰：『宋氏以來，並恣淫侈，傾宮之富，遂盈數千。推算五都，愁窮四海，並嬰罹冤橫，拘逼不一。撫弦命管，良家不被蠲；織室繡房，幽厄猶見役。弊國傷和，莫斯為甚。凡後宮樂府，西解暴室，諸如此例，一皆放遣。若衰老不能自存，官給廩食。』

論說

《南齊書》卷八《和帝紀論》　夏以桀亡，殷隨紂滅，郊天改朔，理無延世。而皇符所集，重興西楚，神器暫來，雖有冥數，徽名大號，斯為幸矣。【略】

和帝晚隆，掃難清宮。達機睹運，高頌永終。

宋·李昉等《文苑英華》卷七五四《史論一·［南朝陳］何之元〈梁典·高祖革命論〉》　歷究前書，詳觀往行，昭晰千載，氛氲萬古，考其寬猛，知布政之善惡，驗其黜陟，識其主之是非，以曩求今，工拙可見。

齊季昏虐，政由羣小，朝宰被無辜之誅，藩戚懼淫刑之害，高祖痛兄弟之戮，因天下之心，舉荆雍之師，興易武之伐，指揮則智勇風從，號令則遐邇回應，取鄢郢若拉枯，定金陵如沃雪，黄越既斬，白旗乃懸，師不疲勞，民無怨讟，樂推口在，代德是膺，逆取順治，享年四紀，萬幾事廣，六職務殷，負扆君臨，勤於聽覽，兢兢罔倦，乾乾不已，加以藝業之美，莫以比倫，洞曉儒玄，該羅內外，舉洙泗之餘教，針其膏肓，采周孔之遺文，正其魚魯，於是廣開庠序，敦勸後生，親自觀試，策其優劣，由近及遠，咸從風化，執經者連袂，負笈者排肩，濟濟多士，于斯為盛。至若御民之術，未為得也，敢以狂瞽，請究其說。夫根深者葉茂，源廣者流長，故聖王欲其茂長，前為深廣，是以擇沃壤以置王畿，國都圜於六鄉，封域號於千里，其外則布之以五等，列之以萬國，分疆畫野，立樹黨閭，境隴以懷其仁，桑梓以安其俗，諸侯守境土，以事于上，天子執賞罰，以臨于下，有功則褒，無道則廢，二伯弼于內朝，九牧佐於外政，間之以賢戚，參之以懿親，弘仁義于區中，被禮樂於遐表，忠信之禮達，謙讓之風行，爾乃覬覦之心絕，兵戈疊息疑當作『兵戈之疊息』，刑辟靡用，獄訟罔興，然後龜龍遊於池沼，鸞鳳棲于苑囿。及其末世，雖主昏於上，民亂於下，猶晉鄭有依，桓文是相，絕而更續，顛而必扶，數百年內，方至於滅。周道既沒，斯風漸喪，洎於後代，其弊尤甚，罔恤民之不存，而憂士之不祿，蒞民之長，守次更為，前人未安，後人便及，迎新送故，疲於道途，為君者甚多，為民者甚少，由是君臣之義薄，狡惡之萌興，下上遞憎，甚於仇敵，百城恣其暴奪，億兆困其徵求，損棄舊卿，奔亡他縣，地荒邑散，私少官多，於是倉庫既空，賦斂更重，天示譴禍，地出妖祥，饑疫互生，水旱交至，民不堪命，轟然土崩，數十年間，還為黎庶。高祖博覽今古，備觀興亡，猶復躡其遺風弊法，澆薄逾甚，淆紊日滋。梁氏之有國，少漢之一郡，大半之人，並為部曲，不耕而食，不蠶而衣，或事王侯，或依將帥，攜帶妻累，隨逐東西，與藩鎮共侵漁，助守宰為蝥賊，收縛無罪，逼迫善人，民蓋疑作『盡』流離，邑皆荒毀，由是劫抄蜂起，盜竊羣行，陵犯公私，經年累月，抵父者比室，陷辟者接門，眚災亟降，囹圄隨滿，夕散朝聚，有若市廛。加以朝霧內叢，而官方外曠，有其位而無其職，非其事而侵其官，四海至殷，機事輻湊，人君雖敏，有所不周，人君雖明，有所不照，豈可專於親覽，忘彼責成？就此而言，大失有二，習守膠之弊，棄更張之善，屈子投江，寧論其痛，賈生慟哭，豈喻斯悲？自五胡競逐，晉室權寓江濱，遂淹時代，桓伐燕、秦而不振，劉克函、洛而還亡。至於宋、齊，疆埸侵蹙。高祖躡斯頹運，有志吞併，斯實王者之宏材，有國之通准。然六納魏主，一入洛陽，竟無所成，得不補失，民既勞止，訖可小康，昔勾踐之欲滅吳，前為其政，兵强國富，然後用之，一舉而虜夫差，再舉而霸中國；高祖進不擇將，退不教民，雖慕古人，安能有濟？孫子曰，『善戰者前勝而後求戰，善勝者前戰而後求勝』。明者出師，必前料敵，豈可暗茲人事，幸彼天時者哉？且國有累卵之憂，俗有土崩之勢，開幸人之志，兆亂臣之心，遂使侯景被吾甲而寇王城，驅我入而圍天闕，勢如破竹，易若轉圜，萬里靡沸，四方瓦解，社稷淪胥，龜玉毀廢，事非一夕，其所由來漸矣。太宗孝慈仁愛，實守文之君，惜乎為賊所殺，至乎文章妖豔，隳墜風典，誦於婦人之口，不及君子之聽，斯乃文士之深病，政教之厚疵。然雕蟲之技，非關治忽，壯士不為，人君焉用。世祖聰明特達，才藝兼美，詩筆之麗，罕與為匹，伎能之事，無所不該，極星象之功，窮蓍龜之妙，明筆法于馬室，不愧鄭玄，辨雲物于魯臺，無慚梓慎，至於帷籌將略，朝野所推，遂乃撥亂反正，夷凶殄逆，紐地維之已絕，扶天柱之將傾，黔首蒙拯溺之恩，蒼生荷仁壽之惠，微管之力，民其戎乎？鯨鯢既誅，天下且定，早應移鑾西楚，旋駕東都，禋祀宗祊，清蹕宮闕，西周岳陽之敗績，信□宇文之和通，以萬乘之尊，居二境之上，夷虜乘釁，再覆皇基，率土分崩，莫知攸暨，謀之不善，乃至於斯。敬皇世祖之裔，允膺下武，而貞陽以旁枝外入，濫尸非次，陳武興勤王之師，至正當□璧之後，驅斥潛王，誅鉏亂臣，國亡重康，彝倫復敍。既而天不福善，早世登遐，土德代興，火行告謝，驃騎王琳，懷申胥之志，蘊荀息之忠，爰納嗣君，更紹頹運，於是嘯命方岳，大興師旅，龍虎，水潰山崩，君臣播越，寄命齊土，若乃萇弘興周而速咎，王永復秦而延殃，天欲亡之，非人能救。夫創天下者，至明者也，喪天下者，至暗者也，是以禹湯興其功，桀紂廢其業，莫不得之者前主，失之者後君，逮茲梁室，有異于此。何則？高祖撥亂除殘，反身招於禍亂，世祖復讎雪耻，翻手命於寇讎，敬皇繼祀而鼎移，後嗣紹基而祚徙。《書》曰：『皇天無親，惟德是輔』。自天所祐，歸於有德。

之元官自有梁，備觀成敗，昔因出軸，流寓齊都，窮愁著書，竊慕虞子，但梁室極促，簡牘多闕，所得遺逸，略不盡舉，未獲旋反，更窮搜訪，采其聞見，撮其衆家，一代之事，可得觀矣。

《梁書》卷三《武帝紀論》　齊季告終，君臨昏虐，天棄神怒，衆叛親離。高祖英武睿哲，義起樊、鄧，仗旗建號，濡足救焚，總蒼兕之師，翼龍豹之陣，雲驤雷駭，剪暴夷凶，萬邦樂推，三靈改卜。於是御鳳歷，握龍圖，辟四門，弘招賢之路，納十亂，引諒直之規。興文學，修郊祀，治五禮，定六律，四聰既達，萬機斯理，治定功成，遠安邇肅。加以天祥地瑞，無絶歲時。征賦所及之鄉，文軌傍通之地，南超萬里，西拓五千。其中瑰財重寶，千夫百族，莫不充牣王府，蹶角闕庭。三四十年，斯為盛矣。自魏、晉以降，未或有焉。

藝　文

清・賈凫西《賈凫西木皮詞校注・歷代史略鼓詞・正傳》　南朝創業起劉郎，販鞋的光棍手段强。他龍行虎步生成的貴，是怎麼好幾輩的八字都犯刑場？那江山似吃酒巡杯排門轉，頭一個是齊來第二個是梁。姓蕭的他一筆寫不出兩個字，一般的狠心毒口似豺狼。那蕭衍有學問的英雄偏收了侯景，不料他是掘尾巴的惡狗亂了朝綱！在臺城餓斷了肝花想口蜜水，一輩子幹念些彌陀瞎燒了香。

陳受梁禪

綜　述

《梁書》卷六《敬帝紀》　（太平元年）秋七月丙子，車騎將軍、司空陳霸先進位司徒，加中書監，餘如故。丁亥，以開府儀同三司侯瑱為司空。【略】

（九月）進新除司徒陳霸先為丞相、録尚書事、鎮衛大將軍、揚州牧，封義興郡公。【略】

（十二月）甲午，以前壽昌令劉睿為汝陰王，前鎮西法曹、行參軍蕭鸞為巴陵王，奉宋、齊二代後。【略】

（二年）秋八月甲午，加丞相陳霸先黄鉞，領太傅，劍履上殿，入朝不趨，贊拜不名，給羽葆、鼓吹。九月辛丑，崇丞相為相國，總百揆，封十郡為陳公，備九錫之禮，加璽紱遠遊冠，位在王公上。加相國緑綟綬。置陳國百司。冬十月戊辰，進陳公爵為王，增封十郡，并前為二十郡。命陳王冕十有二旒，建天子旌旂，出警入蹕，乘金根車，駕六馬，備五時副車，置旄頭雲罕，樂舞八佾，設鍾鎼宮縣。王后王子女爵命之典，一依舊儀。辛未，詔曰：

五運更始，三正迭代，司牧黎庶，是屬聖賢，用能經緯乾坤，彌綸區宇，大庇黔首，闡揚洪烈。革晦以明，積代同軌，百王踵武，咸由此則。梁德湮微，禍難薦發：太清云始，用困長蛇；承聖之年，又罹封豕；爰至天成，重竊神器。三光亟改，七廟乏祀，含生已泯，鼎命斯墜，我皇之祚，眇若綴旒，靜惟《屯》、《剥》，夕惕載懷。相國陳王，有縱自天，降神惟嶽，天地合德，晷曜齊明。拯社稷之横流，提億兆之塗炭。東誅叛逆，北殲獯醜，威加四海，仁漸萬國。復張崩樂，重紀絶禮，儒館聿修，戎亭虛候。雖大功在舜，盛績維禹，巍巍蕩蕩，無得而稱。來獻白環，豈直皇虞之世；入貢素雉，非止隆周之日。故效珍川陸，表瑞煙雲，玉露醴泉，旦夕凝湧，嘉禾瑞草，孳植郊甸，道昭於悠代，勳格於皇穹。明明上天，光華日月，革故著于玄象，代德彰於讖圖，獄訟有違，謳歌爰適，天之歷數，實有攸在。朕雖庸藐，暗于古昔，永稽崇替，為日已久，敢忘列代之遺典，人祇之至願乎！今便遜位別宮，敬禪于陳，一依唐虞、宋齊故事。

陳王踐阼，奉帝為江陰王，薨于外邸，時年十六，追謚敬皇帝。

《陳書》卷一《高祖紀上》（紹泰元年十月）壬子，詔授高祖侍中、大都督中外諸軍事、車騎將軍、揚南徐二州刺史，持節、司空、班劍、鼓吹並如故。仍詔高祖甲仗百人，出入殿省。【略】

（二年）七月丙子，詔授高祖中書監、司徒、揚州刺史，進爵為公，增邑并前五千户，侍中、使持節、都督中外諸軍事、將軍、尚書令、班劍、鼓吹、甲仗並如故，並給油幢皁輪車。【略】

八月癸卯，太府卿何敱、新州刺史華志各上玉璽一。高祖表以送臺，詔歸之高祖。是日詔高祖食安吉、武康二縣，合五千户。九月壬寅，改年曰太平元年。進高祖位丞相、録尚書事、鎮衛大將軍，改刺史為牧，進封義興郡公，侍中、司徒、都督、班劍、鼓吹、甲仗、皁輪車並如故。丁未，中散大夫王彭箋稱今月五日平旦于御路見龍迹，自大社至象闕，亘三四里。庚申，詔追贈高祖考侍中、光禄大夫，加金章紫綬，封義興郡公，謚曰恭。十月甲戌，敕丞相自今入問訊，可施別榻以近扆坐。二年正月壬寅，天子朝萬國於太極東堂，加高祖班劍十人，并前三十人，餘如故。丁未，詔贈高祖兄道譚散騎常侍、使持節、平北將軍、南兗州刺史、長城縣公，謚曰昭烈；弟休先侍中、使持節、驃騎將軍、南徐州刺史、武康縣侯，謚曰忠壯，食邑各二千户。甲寅，遣兼侍中謁者僕射陸繕策拜長城縣夫人章氏為義興國夫人。丁卯，詔贈高祖侍中、太常卿，謚曰孝。追封高祖祖母許氏吳郡嘉興縣君，謚曰敬；妣張氏義興國太夫人，謚曰宣。

二月庚午，蕭勃舉兵，自廣州渡嶺，頓南康，遣其將歐陽頠、傅泰及其子孜為前軍，至於豫章，分屯要險，南江州刺史余孝頃起兵應勃，高祖命周文育、侯安都率衆討平之。

八月甲午，進高祖位太傅，加黃鉞，劍履上殿，入朝不趨，贊拜不

名，並給羽葆鼓吹一部，其侍中、都督、録尚書、鎮衛大將軍、揚州牧、義興郡公、班劍、甲仗、油幢皁輪車並如故。丙申，加高祖前後部羽葆鼓吹。是時，湘州刺史王琳擁兵不應命，高祖遣周文育、侯安都率衆討之。九月辛丑，詔曰：

肇昔元胎剖判，太素氤氳，崇建人皇，必憑洪宰。故賢哲之后，牧伯征于四方，神武之君，大監治乎萬國。又有一匡九合，渠門之賜以隆，斅帶圍温，行宮之寵斯茂，時危所以貞固，運泰所以光熙，斯乃千載同風，百王不刊之道也。

太傅義興公，允文允武，乃聖乃神，固天生德，康濟黔首。昔在休期，早隆朝寄，遠逾滄海，大拯交、越。皇運不造，書契未聞，中國其亡，兵凶總至。哀哀噍類，譬彼窮牢，悠悠上天，莫云斯極。否終則泰，元輔應期，救此將崩，援茲已溺，乘舟履華，架險浮深，經略中途，畢殲羣醜。洎乎石頭、姑孰，流髓履腸，一朝指捴，六合清晏。是用光昭下武，翼亮中都，雪三後之勍仇，夷三靈之巨慝。堯臺禹佐，未始能階，殷相周師，固非云擬。重之以屯剥餘象，荆楚大崩，天地無心，乘輿委御，五胡薦食，競謀諸夏，八方棋跱，莫有匡救，强臣放命，黜我沖人，顧影於荼孺之魂，甘心于寧卿之辱。卻按下髻，求哀之路莫從，竊鈇逃責，容身之地無所。公神兵奄至，不日清澄，惟是孱蒙，再膺天録。斯又巍巍蕩蕩，無德而稱焉。加以仗茲忠義，屠彼祆逆，震部夷氛，稽山罷昆，番禺、蠡澤，北鄙西郊，殲厥凶徒，罄無遺種。斯則兆民之命，修短所縣，率土之基，興亡是賴。於是刑禮兼訓，沿革有章，中外成平，遐邇寧一，用能使陽光合魄，曜象呈暉，棲閣遊庭，抱仁含信，宏勳該於厚地，大道格于玄天。羲、農、炎、昊以來，卷領垂衣之世，聖人濟物，未有如斯者也。夫備物典策，桓、文是膺，助理陰陽，蕭、曹不讓，未有功高於宇縣，而賞薄于伊、周，凡厥人祇，固懷延佇，是由公謙捴自牧，降損為懷，嘉數遲回，永言增歎。豈可申茲雅尚，久廢朝猷，宜戒司勳，敬升鴻典。且重華大聖，媯汭惟賢，盛德之祀無忘，公侯之門必復。是以殷嘉亶甫，繼後稷之官，堯命羲和，纂重黎之位。況其本枝攸建，宜誓山河者乎？其進公位相國，總百揆，封十郡為陳公，備九錫之禮，加璽紱，遠遊冠、緑綟綬，位在諸侯王上，其鎮衛大將軍、揚州牧如故。

策曰：

大哉乾元，資日月以貞觀，至哉坤元，憑山川以載物。故惟天為大，陟配者欽明，惟王建國，翼輔者齊聖。是以文、武之佐，磻溪蘊其玉璜，堯、舜之臣，滎河鏤其金版。況乎體得一之鴻姿，寧陽九之危厄，拯橫流于碣石，撲燎火于昆岑，驅馭于韋、彭，跨弩于齊、晉，神功行而靡用，聖道運而無名者乎？今將授公典策，其敬聽朕命：

日者昊天不弔，鍾亂於我國家，綱漏吞舟，强胡內鼠，茫茫宇宙，慄慄黎元，方足圓顱，萬不遺一，太清否亢，橋山之痛已深，大寶屯如，平陽之禍相繼。上宰膺運，康救兆民，鞠旅于滇池之南，揚旌于桂嶺之北，懸三光於已墜，謐四海於羣飛，屠猰貐于中原，斬鯨鯢于濛汜。蕩寧上國，光啓中興。此則公之大造於皇家者也。

既而天未悔禍，夷醜薦臻，南夏崩騰，西京蕩覆，羣胡孔熾，藉亂乘間，推納藩枝，盜假神器，塚司昏攜，旁引寇讎，既見貶于桐宮，方謀危於漢閣。皇運已殆，何殊贅旒，中國搖然，非徒如綫。公赫然投袂，匡救本朝，復莒齊都，平戎王室。朕所以還膺寶歷，重履辰居，挹建武之風猷，歌宣王之雅頌。此又公之再造於皇家者也。

公應務之初，登庸惟始，三川五嶺，莫不窺臨，銀洞珠宮，所在寧謐。孫、盧肇釁，越貊為災，番部阽危，勢將淪殄。公赤旗所指，袄壘洞開，白羽才撝，凶徒粉潰。非其神武，久喪南藩。此又公之功也。

大同之末，邊政不修，李賁狂迷，竊我交、愛，敢稱大號，驕恣甚于尉他，據有連州，雄豪熾于梁碩。公英謨雄算，電掃風行，馳御樓船，直跨滄海，新昌、典澈，備履艱難，蘇歷、嘉寧，盡為京觀。三山獠洞，八角蠻陬，逖矣水寓之鄉，悠哉火山之國，馬援之所不届，陶璜之所未聞，莫不懼我王靈，爭朝邊候，歸賧天府，獻狀鴻臚。此又公之功也。

自寇虜陵江，宮闈幽辱，公枕戈嘗膽，提劍拊心，氣湧青霄，神飛紫闥。而番禺連率，本自諸夷，言得其朋，是懷同惡。公仗此忠誠，乘機剿定，執沛令而釁鼓，平新野而據鞍。此又公之功也。

世道初艱，方隅多難，勳門桀黠，作亂衡嶷，兵切池隍，衆兼夷獠。公以國盜邊讐，知無不為，恤是同盟，誅其醜類，莫不魚驚鳥散，面縛頭懸。南土黔黎，重保蘇息。此又公之功也。

長驅嶺嶠，夢想京畿，緣道酋豪，遞為榛梗，路養渠率，全據大都，蓄聚逋逃，方謀阻亂，百樓不戰，雲梯之所未窺，萬弩齊張，高軿之所非敵。公龍驤虎步，嘯吒風雲，山靡堅城，野無强陣，清妖氛于贛石，滅沴氣於雩都。此又公之功也。

遷仕凶慝，屯據大皐，乞活類馬騰之軍，流民多杜弢之衆，推鋒轉鬬，自北徂南，頻歲稽誅，實惟勍虜。公坐揮三略，遙制六奇，義勇同心，貔貅騁力，雷奔電擊，谷靜山空，列郡無犬吠之驚，叢祠罷狐鳴之盜。此又公之功也。

王師討虜，次屆淪波，兵乏兼儲，士有飢色。公回麾蠡澤，積穀巴丘，億庾之詠斯豊，壺漿之迎是衆，軍民轉漕，曾無砥柱之難，艫舳相望，如運敖倉之府，犀渠貝冑，顧蔑雷霆，高艦層樓，仰捫霄漢，故使三軍勇鋭，百戰無前，承此兵糧，遂殄凶逆。此又公之功也。

若夫英圖邁俗，義旅如雲，溢壘猜攜，用淹戎略。公志唯同獎，師克在和，鵠塞非虞，鴻門是會，若晉侯之誓白水，如蕭王之推赤心，屈禮交盟，人祇感咽，故能使舟師並路，遠邇朋心。此又公之功也。

姑孰襟要，崤函阻憑，寇虜據其關梁，大盜負其扃鐍。公一校裁撝，三雄並奮，左賢、右角，沙潰土崩，木甲殪于中原，氈裘赴於江水，他他藉藉，萬計千羣，鄂阪之隘斯開，夷庚之道無塞。此又公之功也。

義軍大衆，俱集帝京，逆豎凶徒，猶屯皇邑。若夫表裏山河，金湯險固，疏龍首以抗殿，揃華嶽以為城，雜虜憑焉，强兵自若。公回茲地軸，抗此天羅，曾不崇朝，俾無遺噍，軍容甚穆，國政方修，物重睹於衣冠，民還瞻于禮樂，楚人滿道，爭睹于葉公，漢老銜悲，俱歡于司隸。此又公之功也。

內難初靜，諸侯出關，外郡傳烽，鮮卑犯塞，莫非且渠、當户，中貴名王，冀馬迥于淮南，胡笳動于徐北。公舟師步甲，亘野横江，殲厥羣羝，遂殫封豨，莫不絓木而止，戎車靡遺，遇濘而旋，歸驂盡殪。此又公之功也。公克黜禍難，劬勞皇室，而孫寧之黨，翻啓狄心，伊、洛之間，咸為虜戍，雖金陵佳氣，石壘天嚴，朝暗戎塵，夜喧胡鼓。公三籌既畫，八陣斯張，裁舉靈鉦，亦抽金僕，咸俘醜類，悉反高墉，異李廣之皆誅，同龐元之盡赦。此又公之功也。

任約叛渙，梟聲不悛，戎羯貪婪，狼心無改，穹廬氈幕，抵北闕而為營，烏孫天馬，指東都而成陣。公左甄右落，箕張翼舒，掃是攙槍，驅其獫狁，長狄之種埋於國門，椎髻之酋烹於軍市，投秦坑而盡沸，噎濉水而不流。此又公之功也。

一相居中，自折彝鼎，五湖小守，妄懷同惡。公夙駕兼道，秉羽杖戈，玉斧將揮，金鉦且戒，妖酋震慴，遽請灰釘，爇櫬以表其含弘，焚書以安其反側。此又公之功也。

賊龕兇橫，陵虐具區，阻兵安忍，憑災怙亂，自古蟲言鳥迹，渾沌洪荒，凡或虔劉，未此殘酷。公雖宗居汝潁，世寓東南，育聖誕賢之鄉，含章挺生之地，眷言桑梓，公私憤切，卓爾英狀，丞規奉算，戮此大憝，如烹小鮮。此又公之功也。

亂離永久，羣盜孔多，浙左凶渠，連兵構逆，豈止千兵、五校、白雀、黃龍而已哉！公以中軍無率，選是親賢，奸寇途窮，涔然冰泮，刑溏之所，文命動其大威，雷門之間，句踐行其嚴戮，英規聖迹，異代同風。此又公之功也。

同姓有扈，頑凶不賓，憑藉宗盟，圖危社稷，觀兵匯澤，勢震京師，驅率南蠻，已為東帝。公論兵於朝堂之上，決勝於樽俎之間，寇、賈、樊、滕，浮江下瀨，一朝揃撲，無待甸師，萬里澄清，非勞新息。此又公之功也。

豫章妖寇，依憑山澤，繕甲完聚，多歷歲時，結從連橫，爰洎交、廣。呂嘉既獲，吳濞已鏦，命我還師，征其不恪，連營盡拔，偽黨斯擒，曜聖武于匡山，回神旌於蠡派。此又公之功也。

自八紘九野，瓜剖豆分，竊帝偷王，連州比縣。公武靈已暢，文德又宣，折簡馳書，風猷斯遠，至於蒼蒼浴日，杳杳無雷，北洎丈夫之鄉，南逾女子之國，莫不屈膝膜拜，求吏款關。此又公之功也。

京師禍亂，亟積寒暄，雙闕低昂，九門寥豁。寧秦宮之可顧，豈魯殿之猶存！五都簪弁，百僚卿士，胡服縵纓，咸為戎俗，高冠厚履，希復華風，宋微子《麥遂》之歌，周大夫《黍離》之歎，方之於斯，未足為悲矣。公求衣昧旦，昃食高春，興構宮闈，具瞻遐邇，郊禋稷宗之典，六符十等之章，還聞太始之風流，重睹永平之遺事。此又公之功也。

公有濟天下之勳，重之以明德，凝神體道，合德符天，用百姓以為心，隨萬機而成務，耻一物非唐、虞之民，歸含靈于仁壽之域，上德不德，無為以為，夏長春生，顯仁藏用，忠信為寶，風雨弗愆，仁惠為基，牛羊勿踐，功成治定，樂奏《咸》、《雲》，安上治民，禮兼文質，物色丘園，衣裾里巷，朝多君子，野無遺賢，菽粟同水火之饒，工商富猗頓之旅。是以天無蘊寶，地有呈祥，瀁露卿雲，朝團曉映，山車澤馬，服馭登閑，既景煥于圖書，方葳蕤于史諜。高勳逾於象緯，積德冠于嵩、華，固無德而稱者矣。

朕又聞之，前王宰世，茂賞尊賢，式樹藩長，總征羣伯，《二南》崇絕，四履遐曠，泱泱表海，祚土維齊，巖巖泰山，俾侯于魯；抑又勤王反鄭，夾輔遷周，召伯之命斯隆，河陽之禮咸備；況復經營宇宙，寧唯斷鰲足之功，弘濟蒼生，非直鑿龍門之險；而疇庸報德，寂爾無聞，朕所以垂拱當寧，載懷慚悸者也。今授公相國，以南豫州之陳留、南丹陽、宣城，揚州之吳興、東陽、新安、新寧，南徐州之義興，江州之鄱陽、臨川十郡，封公為陳公。錫茲青土，苴以白茅，爰定爾邦，用建冢社。昔旦、奭分陝，俱為保師，晉、鄭諸侯，咸作卿士，兼其內外，禮實攸宜。今命使持節兼太尉王通授相國印綬、陳公璽紱。使持節兼司空王瑒授陳公茅土，金虎符第一至第五左，竹使符第一至第十左。相國秩逾三鉉，任總百司，位絕朝班，禮由事革。其以相國總百揆，除録尚書之號，上所假節侍中貂蟬、中書監印章、中外都督太傅印綬、義興公印策，其鎮衛大將軍、揚州牧如故。

又加公九錫，其敬聽後命：以公禮為楨幹，律等銜策，四維皆舉，八柄有章，是用錫公大輅、戎輅各一，玄牡二駟。以公賤寶崇穀，疏爵待農，室富京坻，民知榮辱，是用錫公袞冕之服，赤舄副焉。以公調理陰陽，爕諧風雅，三靈允降，萬國同和，是用錫公軒縣之樂，六佾之舞。以公宣導王猷，弘闡風教，光景所照，鞮象必通，是用錫公朱户以居。以公抑揚清濁，褒德進賢，髦士盈朝，幽人虛谷，是用錫公納陛以登。以公嶷然廊廟，為世鎔範，折衝四表，臨御八荒，是用錫公武賁之士三百人。以公執茲明罰，期在刑措，象恭無赦，干紀必誅，是用錫公斧、鉞各一。以公英猷遠量，跨厲嵩溟，包一車書，括囊寰宇，是用錫公彤弓一、彤矢百、巘弓十、巘矢千。以公天經地義，貫徹幽明，春露秋霜，允恭粢盛，是用錫公秬鬯一卣，圭瓚副焉。陳國置丞相已下，一遵舊式。往欽哉！其恭循朕命，克相皇天，弘建邦家，允興洪業，以光我高祖之休命！

十月戊辰，進高祖爵為王，以揚州之會稽、臨海、永嘉、建安，南徐州之晉陵、信義，江州之尋陽、豫章、安成、廬陵幷前為二十郡，益封陳國。其相國、揚州牧、鎮衛大將軍並如故。又命陳王冕十有二旒，建天子旌旗，出警入蹕，乘金根車，駕六馬，備五時副車，置旄頭雲罕，樂舞《八佾》，設鍾虡宮縣。王妃、王子、王女爵命之號，陳臺百官，一依舊典。

辛未，梁帝禪位於陳，詔曰：

五運更始，三正迭代，司牧黎庶，是屬聖賢，用能經緯乾坤，彌綸區宇，大庇黔首，闡揚鴻烈。革晦以明，積代同軌，百王踵武，咸由此則。梁德湮微，禍亂薦發，太清云始，見困長蛇，承聖之季，又罹封豕。爰至天成，重竊神器，三光亟沈，七廟乏祀，含生已泯，鼎命斯墜，我武、元之祚，有如綴旒，靜惟屯剝，夕惕載懷。

相國陳王，有命自天，降神惟嶽，天地合德，晷曜齊明，拯社稷之橫流，提億兆之塗炭，東誅逆叛，北殲獯醜，威加四海，仁漸萬國，復張崩樂，重興絕禮，儒館聿修，戎亭虛候，大功在舜，盛績惟禹，巍巍蕩蕩，無得而稱。來獻白環，豈直皇虞之世，入貢素雉，非止隆周之日。固以效珍川陸，表瑞煙雲，甘露醴泉，旦夕凝湧，嘉禾朱草，孳植郊甸。道昭於悠代，勳格於皇穹，明明上天，光華日月，革故著于玄象，代德彰於圖讖，獄訟有歸，謳歌爰適，天之歷數，實有攸在。朕雖庸貌，暗于古昔，永稽崇替，為日已久，敢忘列代之遺典，人祇之至願乎。今便遜位別宮，敬禪于陳，一依唐、虞、宋、齊故事。

策曰：

咨爾陳王：惟昔上古，厥初生民，驪連、栗陸之前，容成、大庭之代，並結繩寫鳥，杳冥慌忽，故靡得而詳焉。自羲、農、軒、昊之君，陶唐、有虞之主，或垂衣而御四海，或無為而子萬姓，居之如馭朽索，去之如脫敝屣。裁遇許由，便能捨帝，暫逢善卷，即以讓王。故知玄扈璿璣，非關尊貴，金根玉輅，示表君臨。及南觀河渚，東沈刻璧，精華既竭，耄勤已倦，則抗首而笑，唯賢是與，謗然作歌，簡能斯授，遺風餘烈，昭晰圖書。漢、魏因循，是為故實。宋、齊授受，又弘斯義。我高祖應期撫運，握樞御宇，三后重光，祖宗齊聖。及時屬陽九，封豕薦食，西都失馭，夷狄交侵，乃皋天成，輕弄龜鼎，喋喋黔首，若崩厥角，徽徽皇極，將甚綴旒。

惟王乃聖乃神，欽明文思，二儀並運，四時合序，天錫智勇，人挺雄傑，珠庭日角，龍行武步，爰初投袂，日乃勤王，電掃番禺，雲撤彭蠡，揃其元惡，定我京畿。及王賀帝弘，貿茲冠屨，既行伊、霍，用保沖人。震澤、稽陰，並懷叛逆，獯羯醜虜，三亂皇都，裁命偏師，二邦自殄，薄伐獫狁，六戎盡殪。嶺南叛渙，湘、郢結連，賊帥既擒，凶渠傳首，用能百揆時序，四門允穆，無思不服，無遠不屆，上達穹昊，下漏淵泉，蛟魚並見，謳歌攸屬。況乎長彗橫天，已徵布新之兆，璧日斯既，實表更姓之符。是以始創義師，紫雲曜彩，肇惟尊主，黃龍負舟。苦矢素翬，梯山以至，白環玉玦，慕德而臻。若夫安國字萌，本因萬物之志，時乘御宇，良會樂推之心。七百無常期，皇王非一族，昔木德既季，而傳祚于我有梁，天之歷數，允集明哲。式遵前典，廣詢羣議，王公卿尹，莫不攸屬，敬從人祇之願，授帝位於爾躬。四海困窮，天祿永終，王其允執厥中，軌儀前式，以副溥天之望。禋祀上帝，時膺大禮，永固洪業，豈不盛歟！

又璽書曰：

君子者自昭明德，達人者先天弗違，故能進退咸亨，動靜元吉。朕雖蒙寡，庶乎景行。何則？三才剖判，九有區分，情性相乖，亂離雲起，是以建彼司牧，推乎聖賢，授受者任其時來，皇王者本非一族，人謀是與，屈己從萬物之心，天意斯歸，鞠躬奉百靈之命。謳歌所往，則攘袂以膺之，菁華已竭，乃褰裳而去之。昔在唐、虞，鑑於天道，舉其黎獻，授彼明哲，雖復質文殊軌，沿革不同，歷代因循，斯風靡替。我大梁所以考庸太室，接禮貳宮，月正元日，受終文祖。但運不常夷，道無恒泰，山嶽傾偃，河海沸騰，電目雷聲之禽，鉤爪鋸牙之獸，咀嚼含生，不知紀極。二后英聖，相仍在天，六夷貪狡，爭侵中國，縣王都帝，人懷干紀，一民尺土，皆非梁地。朕以不造，幼罹閔凶，仰憑衡佐，亟移年序。周成、漢惠，邈矣無階，惟是童蒙，必貽顛蹶。若使時無聖哲，世靡艱難，猶當高蹈於滄洲，自求于泰伯者矣。

惟王應期誕秀，開籙握圖，性道故其難聞，嘉庸已其被物，乾行同其燾覆，日御比其貞明，登承聖于復禹之功，樹鞠子于興周之業，滅陸渾于伊、洛，殲驪戎於鎬京，大小二震之驍徒，東南兩越之勍寇，遽行天討，無遺神策。於是祖述堯舜，憲章文武，大樂與天地同和，大禮與天地同節，鼓之以雷霆，潤之以風雨，仁沾葭葦，信及豚魚，殷牖斯空，夏臺虛設，民惟大畜，野有同人，升平頌平，無偏無黨，固以雲飛紫蓋，水躍黃龍，東伐西征，晻映川陸。榮光曖曖，已冒郊廛，甘露瀼瀼，亟流庭苑。車轍馬迹，誰不率從？蟠水流沙，誰不懷德？祥圖遠至，非唯赤伏之符，靈命昭然，何止黃星之氣。海口河目，賢聖之表既彰，握旄執鉞，君人之狀斯偉。且自攝提無紀，孟陬殄滅，枉矢宵飛，天弧曉映，久矣夷羊之在牧，時哉蛟龍之出泉。革運之兆咸徵，惟新之符並集，朕所以欽若勳、華，屢回星琯。昔者水運斯盡，予高祖受焉。今歷去炎精，神歸樞紐，敬以火德，傳于爾陳。遠鑒前王，近謀羣辟，明靈有悦，率土同心。今遣使持節兼太保侍中尚書左僕射平樂亭侯王通，兼太尉司徒左長史王錫奉皇帝璽綬。受終之禮，一依唐、虞故事。王其時陟元后，寧育兆民，光闡洪猷，以承昊天之休命！

是日，梁帝遜于别宮。高祖謙讓再三，羣臣固請，乃許。

又　卷二《高祖紀下》　永定元年冬十月乙亥，高祖即皇帝位於南郊，柴燎告天曰：『皇帝臣霸先，敢用玄牡昭告於皇皇后帝：梁氏以圮剥薦臻，歷運有極，欽若天應，以命於霸先。夫肇有烝民，乃樹司牧，選賢與能，未常厥姓。放勳、重華之世，咸無意於受終，當塗、典午之君，雖有心於揖讓，皆以英才處萬乘，高勳御四海，故能大庇黔首，光宅區縣。有梁末運，仍葉遘屯，獯醜憑陵，久移神器，承聖在外，非能祀夏，天未悔禍，復罹寇逆，嫡嗣廢黜，宗枝僭詐，天地蕩覆，紀綱泯絕。霸先爰初投袂，大拯橫流，重舉義兵，實戡多難，廢王立帝，實有厥功，安國定社，用盡其力。是謂小康，方期大道。既而煙雲表色，日月呈瑞，緯聚東井，龍見譙邦，除舊佈新，即彰玄象，遷虞事夏，且協謳歌，九域八荒，同布衷款，百神羣祀，皆有誠愿。梁帝高謝萬邦，授以大寶，霸先自惟菲薄，讓德不嗣，至於再三，辭弗獲許。僉以百姓須主，萬機難曠，皇靈眷命，非可謙拒。畏天之威，用膺嘉祚，永言夙志，能無慚德。敬簡元辰，升壇受禪，告類上帝，用答民心，永保于我有陳。惟明靈是饗！』先是氛霧，晝夜晦冥，至於是日，景氣清晏，識者知有天道焉。禮畢，輿駕還宮，臨太極前殿。詔曰：『五德更運，帝王所以御天，三正相因，夏、殷所以宰世，雖色分辭翰，時異文質，揖讓征伐，迄用參差，而育德振民，義歸一揆。朕以寡昧，時屬艱危，國步屢屯，天維三絕，肆勤先後，拯厥橫流，藉將帥之功，兼猛士之力，一匡天下，再造黔黎。梁氏以天祿永終，歷數攸在，遵與能之典，集大命於朕躬。顧惟菲德，辭不獲亮，式從天眷，俯協民心，受終文祖，升禋上帝，繼迹百王，君臨萬宇，若涉川水，罔知攸濟。寶業初建，皇祚惟新，思俾惠澤，覃被億兆。可大赦天下，改梁太平二年為永定元年。賜民爵二級，文武二等。鰥寡孤獨不能自存者人穀五斛。逋租宿債，皆勿復收。其有犯鄉里清議贓汙淫盜者，皆洗除先注，與之更始。長徒敕繫，特皆原之。亡官失爵，禁錮奪勞，一依舊典。』又詔曰：『《禮》陳杞、宋，《詩》詠二客，弗臣之重，歷代斯敦。梁氏欽若人祇，憲章在昔，濟河沈璧，高謝萬邦，茅賦所加，宜遵舊典。其以江陰郡奉梁主為江陰王，行梁正朔，車旗服色，一依前准，宮館資待，務盡優隆。』又詔梁皇太后為江陰國太妃，皇后為江陰國妃。又詔百司依位攝職。

丙子，輿駕幸鍾山祠帝廟。戊寅，輿駕幸華林園，親覽詞訟，臨赦囚徒。己卯，分遣大使宣勞四方，下璽書敕州郡曰：『夫四王革代，商、周所以應天，五勝相推，軒、羲所以當運。梁德不造，喪亂積年，東夏崩騰，西都蕩覆。蕭勃干紀，非唯趙倫，侯景滔天，逾于劉載。貞陽反篡，賊約連兵，江左累屬於鮮卑，金陵久非于梁國。自有氤氳混沌之世，龍圖鳳紀之前，東漢興平之，西朝永嘉之亂，天下分崩，未有若于梁朝者也。朕以虛薄，屬當興運，自昔登庸，首清諸越，徐門浪泊，靡不征行，浮海乘山，所在戡定。冒朔風塵，驅馳師旅，六延梁祀，十翦强寇，豈曰人謀，皆由天啓。梁氏以天祿斯改，期運永終，欽若唐、虞，推其鼎玉，朕東西退讓，拜手陳辭，避舜子於箕山之陽，求支伯于滄洲之野，而公卿敦逼，率土翹惶，天命難稽，遂享嘉祚。今月乙亥，升禮太壇，言念遷桐，但有慚德。自梁氏將末，頻月亢陽，火運斯終，秋霖奄降。翌日成禮，圓丘宿設，埃雲晚霽，星象夜張。朝景重輪，泫三危之膏露，晨光合璧，帶五色之卿雲。顧惟寡薄，彌慚休祉，昧旦丕顯，方思至治。卿等擁旄方岳，相任股肱，剖符名守，方寄恤隱。王歷惟新，念有欣慶，想深求民瘼，務在廉平，愛惠以撫孤貧，威刑以禦强猾。若有萑蒲之盜，或犯戎商，山谷之酋，擅强幽險，皆從肆赦，咸使知聞。如或迷途，俾在無貸。今遣使人具宣往旨，念思善政，副此虚懷。』【略】

辛巳，追尊皇考曰景皇帝，廟號太祖；皇妣董太夫人曰安皇后。追謚前夫人錢氏號為昭皇后，世子克為孝懷太子。立夫人章氏為皇后。癸未，尊景帝陵曰瑞陵，昭皇后陵曰嘉陵，依梁初園陵故事。立刪定郎，治定律令。戊子，遷景皇帝神主祔於太廟。【略】

癸巳，追贈皇兄梁故散騎常侍、平北將軍、兗州刺史長城縣公道譚驃騎大將軍、太尉，封始興郡王；弟梁故侍中、驃騎將軍、南徐州刺史武康縣侯休先車騎大將軍、司徒，封南康郡王。【略】

十一月丙申，詔曰：『東都齊國，義乃親賢，西漢城陽，事兼功烈。散騎常侍、使持節、都督會稽等十郡諸軍事、宣毅將軍、會稽太守長城縣侯蒨，學尚清優，神宇凝正，文參禮樂，武定妖氛，心力謀猷，為家治國，擁旄作守，期月有成，辟彼關河，功逾蕭、寇，萑蒲之盜，自反耕農，篁竹之豪，用稟聲朔。朕以虚寡，屬當興運，提彼三尺，賓於四門，王業艱難，賴乎此子，宜隆上爵，稱是元功。可封臨川郡王，邑二千户。兄子梁中書侍郎頊襲封始興王，弟子梁中書侍郎曇朗襲封南康王，禮秩一同正王。』己亥，甘露降于鍾山松林，彌滿巖谷。庚子，開善寺沙門采之以獻，敕頒賜羣臣。

論説

《梁書》卷六《敬帝紀論》 梁季横潰，喪亂屢臻，當此之時，天歷去矣，敬皇高讓，將同釋負焉。

史臣侍中、鄭國公魏徵曰：『高祖固天攸縱，聰明稽古，道亞生知，學為博物，允文允武，多藝多才。爰自諸生，有不羈之度，屬昏凶肆虐，天倫及禍，收合義旅，將雪家冤。曰紂可伐，不其而會，龍躍樊、漢，電擊湘、郢，翦離德如振槁，取獨夫如拾遺。其雄才大略，固無得而稱矣。既懸白旗之首，方應皇天之眷，布德施惠，悦近來遠，開蕩蕩之王道，革靡靡之商俗，大修文教，盛飾禮容，鼓扇玄風，闡揚儒業，介胄仁義，折衝樽俎，聲振寰宇，澤流遐裔，干戈載戢，凡數十年。濟濟焉，洋洋焉，魏、晉已來，未有若斯之盛。然不能息末敦本，斫雕為樸，慕名好事，崇尚浮華，抑揚孔、墨，流連釋、老。或經夜不寢，或終日不食，非弘道以利物，惟飾智以驚愚。且心未遺榮，虚廁蒼頭之伍；高談脱屣，終戀黄屋之尊。夫人之大欲，在乎飲食男女，至於軒冕殿堂，非有切身之急。高祖屏除嗜欲，眷戀軒冕，得其所難而滯于所易，可謂神有所不達，智有所不通矣。逮夫精華稍竭，鳳德已衰，惑於聽受，權在奸佞，儲後百辟，莫得盡言。險躁之心，暮年愈甚。見利而動，愎諫違卜，開門揖盜，棄好即仇，釁起蕭牆，禍成戎羯，身殞非命，災被億兆，衣冠斃鋒鏑之下，老幼粉戎馬之足。瞻彼《黍離》，痛深周廟；永言《麥秀》，悲甚殷墟。自古以安為危，既成而敗，顛覆之速，書契所未聞也。《易》曰：「天之所助者信，人之所助者順。」高祖之遇斯屯剥，不得其死，蓋動而之險，不由信順，失天人之所助，其能免於此乎！

『太宗聰睿過人，神彩秀發，多聞博達，富贍詞藻。然文豔用寡，華而不實，體窮淫麗，義罕疏通，哀思之音，遂移風俗，以此而貞萬國，異乎周誦、漢莊矣。我生不辰，載離多難，桀逆構扇，巨猾滔天，始自牖裏之拘，終類望夷之禍。悠悠蒼天，其可問哉！

『昔國步初屯，兵纏魏闕，羣后釋位，投袂勤王。元帝以磐石之宗，受分陝之任，屬君親之難，居連率之長，不能撫劍嘗膽，枕戈泣血，躬先士卒，致命前驅；遂乃擁衆逡巡，內懷觖望，坐觀時變，以為身幸。不急莽、卓之誅，先行昆弟之戮。又沉猜忌酷，多行無禮。騁智辯以飾非，肆忿戾以害物。爪牙重將，心膂謀臣，或顧眄以就拘囚，或一言而及菹醢。朝之君子，相顧懔然。自謂安若泰山，舉無遺策，怵於邪説，即安荆楚。雖元惡克翦，社稷未寧，而西鄰責言，禍敗旋及。上天降鑒，此焉假手，天道人事，其可誣乎！其篤志藝文，采浮淫而棄忠信；戎昭果毅，先骨肉而後寇仇。雖口誦《六經》，心通百氏，有仲尼之學，有公旦之才，適足以益其驕矜，增其禍患，何補金陵之覆没，何救江陵之滅亡哉！

『敬帝遭家不造，紹茲屯運，征伐有所自出，政刑不由於己，時無伊、霍之輔，焉得不為高讓歟？』

《陳書》卷二《高祖紀論》 陳吏部尚書姚察曰：世稱繼體守文，宗枝承統，得失之間，蓋亦祥矣。大抵以奉而勿墜為賢能，撓而易之為不肖；其有光揚前軌，克荷曾構，固以少焉。世祖自初發迹，功庸顯著，寧亂靜寇，首佐大業。及國禍奄臻，入承寶祚，兢兢業業，其若馭朽，加以崇尚儒術，愛悅文義，見善如弗及，用人如由己，恭儉以御身，勤勞以濟物，自昔允文允武之君，東征西怨之後，賓實之迹，可為聯類。至於杖聰明，用鑑識，斯則永平之政，前史其論諸。

唐·歐陽詢等《藝文類聚》卷一四《帝王部四》 陳沈炯《為百官勸進陳武帝表》曰：臣聞春榮秋落，四時所以迭代，金行水流，五德所以互序。昔陶唐告終，有虞氏作，漢魏禪讓，晉宋以之登庸。夫有非常之功，有非常之賞，能利天下者，受天下之利。陛下造化之功，日用之德褰裳去之，物誰仰訴？頃五星夜聚，八風通吹，豐露呈甘，卿雲舒族，白狼遠至，素雉朝飛，天意顯然，靈貺可睹。

宋·李昉等《文苑英華》卷七五三《興亡下·［唐］朱敬則〈陳武帝論〉》 孔子曰：『夏道不亡，商德不作；商道不亡，周德不作。』自侯景入寇，蕭纚外奔，西鄰責言，南風不競，篡殺三帝，覆没兩都，可謂亡矣。但人育既深，天道亦悔，是以大命集於有陳也。

武帝身長七尺，垂手過膝，蓋姚襄、劉備之儔也。惟寬以容物，明以知人，曠蕩不羈，雄勇蓋世，聲振嶺表，功濟日南。屬王室不綱，大難未已，江湖羣盜，日尋戈戎，是以投袂而呼，夕不待旦。以梁大寶三年二月，會王僧辨於白茅灣。齊小白之合諸侯，以謀王室；臧子源之要天地，惟討賊臣。故戮力盡心，有死無二；義聲一發，其從如雲。端居不言，神光滿室，建牙將指，飛龍在天，其所志也。叛而伐之，伏而舍之，伐叛刑也。柔伏德也，德刑既舉，人知其心，旦為仇讎，暮為賓友。文公指白水，蕭王推赤心，不足加也。

若乃侯瑱賊將也，降無季布之疑；安都敗帥也，歸受孟明之任。重孝穆之義，待之如賓；釋歐陽之囚，惟賢是用。故得羣材畢用，衆勇合威。蕩遍地之橫流，廓溥天之巨祿。爨侯景於竹町，執王偉於草間。爰其息歸，瞻烏遂止。仍以新不間舊，疏不間親，高讓近臣，方求別統。昔魏推袁紹，漢謝項王，道貴能伸，理不嫌屈，及江陵不守，喪君有君，疆埸無虞，羣臣輯睦。足以攄三瞳疑之遺憤，歇萬國之夙悲。既上宰變圖，假立非次，晉出子圉，秦納貞陽，陵谷遷移，對之長歎。君臣易位，但覺悲哉！

況乃居汜不歸，焉用方伯？在鄭未納，誰曰勤王？於是潛謀腹心，陰召武旅。囚杜陵於別室，告文帝於臨時。舟乘旦潮，旗寢夜月。掃重氛於絳闕，反宸極於紫微。役不浹辰，區宇大定。加以北挫蕭軌，西拒王琳，聖德日新，元勳漸茂。然後繼宋齊之丕業，承舜禹之大名，昇壇而告上元，分珪以揖羣後。大哉美哉！人無間焉。但雲雷尚屯，邊塵未弭；翌日告漸，綴衣在庭。楚之王孫，歎布衣之未返；燕之太子，踐機橋而不歸。悲夫！

宋·洪邁《容齋隨筆》卷九《皇甫湜正閏論》 晉魏以來，正閏之說紛紛，前人論之多矣。蓋以宋繼晉，則至陳而無所終，由隋而推之，為周為魏，則上無所起。故司馬公於《通鑑》取南朝承晉訖于陳亡，然後係之隋開皇九年，姑藉其年以紀事，無所抑揚也。唯皇甫湜之論不然，曰：『晉之南遷，與平王避戎之事同，而元魏種實匈奴，自為中國之位號。謂之滅耶，晉實未改；謂之禪耶，已無所傳。而往之著書者有帝元，今之為録者皆閏晉，失之遠矣。晉為宋，宋為齊，齊為梁，江陵之滅，則為周矣。陳氏自樹而奪，無容於言。故自唐推而上，唐受之隋，隋得之周，周取之梁，推梁而上以至於堯、舜，為得天下統。則陳僭于南，元閏於北，其不昭昭乎？』此說亦有理。然予復考之，滅梁江陵者，魏文帝也，時歲在甲戌。又三年丁丑，周乃代魏。不得云江陵之滅，則為周也。

清·王鳴盛《十七史商榷》卷五五《南史合宋齊梁陳書三·陳氏子弟安全》 《陳後主紀》敍至亡國被俘至隋之下云：『隋文帝以陳氏子弟既多，恐京下爲過，皆分置諸州縣，每歲賜以衣服以安全之。』愚請隋文帝篡周，盡滅宇文氏之族，與蕭道成同，乃毒於周而獨慈於陳，何也？周，其得位所從來，心所最忌；陳，俘虜之餘，不爲嫌耳。後煬帝又以陳後主第六女嫄爲貴人，絕愛幸，悉召陳子弟至京官之，亡國之後，陳爲多幸矣。

清・彭定求等《全唐詩》卷七六七《孫元晏〈陳・武帝蚌盤〉》　金翠絲黃略不舒，蚌盤清宴意何如。豈知三閤繁華日，解為君王妙破除。

又　卷八二六《貫休〈陳宮詞〉》　緬想當時宮闕盛，荒宴椒房蔑堯舜。玉樹花歌百花裏，珊瑚窗中海日迸。大臣來朝酒未醒，酒醒忠諫多不聽。陳宮因此成野田，耕人犁破宮人鏡。

《全宋詩》卷一五六《夏竦〈奉和御製讀陳書二首・其一〉》　猛奴多勇驟，大稍事戎征。新蔡兇圍陷，魚梁寇壘傾。遡風輕古法，問道貴奇兵。懋賞宜開府，番禺已盡平。

又　《其二》　靈洗雖驍勇，忠規詎可輕。石城嘗力戰，黟歙本連盟。京口殊勳茂，臨川叛寇驚。既能明號令，何惜務寬平。

又　卷一五九《夏竦〈金陵〉》　虎踞龍盤委薜蘿，臺城春雨長寒莎。梁家不覺市朝改，蕭寺只聞鐘磬多。雲樹暮堤攢劍戟，風篁虛谷轉笙歌。須知王氣隨明主，不據金陵又若何。

又　卷二〇二四《王十朋〈陳武帝〉》　一旦權臣外召君，已知天帝欲興陳。江淮若道無神物，誰報齊兵至壽春。

又　卷二五八九《楊簡〈歷代詩・陳〉》　陳武名霸先，文帝廢帝傳。宣帝及後主，共三十二年。六朝至此滅，天下歸楊堅。

又　卷三一四八《周弼〈陳武帝釣臺〉》　路纔容馬盡荒茅，誰識仙人舊釣鼇。流水不隨船影斷，亂山猶帶彈痕高。春煙粉黑重生葑，暮雨灰紅半拆桃。今日故宮何處問，東風應長對江濤。

又　卷三四八三《方回〈陳〉》　倏忽還如晉滅吳，六朝宮殿永榛蕪。千嬌玉座酣醽醁，一命青絲繫轆轤。早使閣中無貴嬪，未應闕下有蠻奴。他時月夜逢楊廣，衣缽相傳不早無。

清・錢謙益《列朝詩集》甲集第八《張羽〈陳武帝宅遺址〉》　霸先亦人傑，出自太丘陳。洗馬初南遷，卜宅苕溪津。山川鍾奇秀，末運生異人。出當梁祚衰，殷憂致經綸。拯溺濟橫流，受禪主生民。化家乃為國，霸業誰與倫。我來吊遺址，四望靜無鄰。狐兔竄古瓦，寒煙暮氛氳。哀泉瀉幽壑，鬼火明荆榛。感此興廢理，乘時各有因。憂來藉芳草，歎息淚盈巾。

又　丙集第六《王鏊〈陳朝舊城〉》　江東天險天削成，長江為塹山為城。南朝天子慎封守，城外築城隨地形。盤盤青山出覆沒，築城密補青山缺。龍潭起至金川門，百里綿延城不絕。青山四繞城四周，雁飛不過神鬼愁。北兵縱健無羽翼，禮樂兵刑何用修。益州樓船夜飛度，雖有金湯沒人戍。

清・賈鳧西《賈鳧西木皮詞校注・歷代史略鼓詞・正傳》　陳霸先陰謀弱主篡了位，隋楊堅害了他外甥纔起了家。【略】那蕭衍有學問的英雄偏收了侯景，不料他是掘尾巴的惡狗亂了朝綱！在臺城餓斷了肝花想口蜜水，一輩子幹念些彌陀瞎燒了香。

周隋立廢後梁

綜　述

《周書》卷四八《蕭詧傳》　蕭詧字理孫，蘭陵人也，梁武帝之孫，昭明太子統之第三子。幼而好學，善屬文，尤長佛義。特為梁武帝所嘉賞。梁普通六年，封曲江縣公。中大通三年，進封岳陽郡王。歷官宣惠將軍，知石頭戍事，琅邪、彭城二郡太守，東揚州刺史。初，昭明卒，梁武帝舍詧兄弟而立簡文，內常愧之，寵亞諸子，以會稽人物殷阜，一都之會，故有此授，以慰其心。詧既以其昆弟不得為嗣，常懷不平。又以梁武帝衰老，朝多秕政，有敗亡之漸，遂蓄聚貨財，交通賓客，招募輕俠，折節下之。其勇敢者多歸附，左右遂至數千人，皆厚加資給。

中大同元年，除持節，都督雍梁東益南北秦五州、郢州之竟陵、司州之隨郡諸軍事，西中郎將，領寧蠻校尉，雍州刺史。詧以襄陽形勝之地，又是梁武創基之所，時平足以樹根本，世亂可以圖霸功，遂克己勵節，樹恩于百姓，務修刑政，志存綏養。乃下教曰：

昔之善為政者，不獨師所見。藉聽衆賢，則所聞自遠；資鑑外物，故在矚致明。是以龐參恤民，蓋訪言于高逸；馬援居政，每責成于掾史；王沉爰加厚賞，呂虔功有所由：故能顯美政于當年，流芳塵于後代。

吾以陋識，來牧盛藩。每慮德不被民，政道或紊。中宵拊枕，對案忘飢，思納良謨，以匡弗逮。雍州部内有不便於民，不利於政，長吏貪殘，戍將懦弱，關市恣其裒刻，豪猾多所苞藏，並密以名聞，當加鼇正。若刺史治道之要，弛張未允，循酷乖理，任用違才，或愛狎邪佞，或斥廢忠謇，彌思啓告，用袪未悟。鹽梅舟烜，允屬良規，苦口惡石，想勿餘隱。並廣示鄉閭，知其款意。於是境内稱治。

太清二年，梁武帝以詧兄河東王譽為湘州刺史，徙湘州刺史張纘為雍州以代詧。纘恃其才望，志氣矜驕，輕譽少年，州府迎候有闕。譽深銜之。及至鎮，遂托疾不與纘相見。後聞侯景作亂，頗淩蹙纘。纘懼為所擒，乃輕舟夜遁，將之雍部，復慮詧拒之。梁元帝時鎮江陵，與纘有舊，纘將因之以斃詧兄弟。會梁元帝與譽及信州刺史、桂陽王慥各率所領，入援金陵。慥下峽至江津，譽次江口，梁元帝届郢州之武成。屬侯景已請和，梁武帝詔罷援軍。譽自江口將旋湘鎮，慥欲待梁元帝至，謁督府，方還州。纘時在江陵，乃貽梁元帝書曰：『河東戴檣上水，欲襲江陵。岳陽在雍，共謀不逞。』江陵游軍主朱榮又遣使報云：『桂陽住此，欲應譽、詧。』梁元帝信之，乃鑿船沉米，斬纜而歸。至江陵，收慥殺之。令其子方等、王僧辯等相繼攻譽於湘州。譽又告急於詧。詧聞之大怒。

初，梁元帝將援建業，令所督諸州，併發兵下赴國難。詧遣府司馬劉方貴領兵為前軍，出漢口。及將發，元帝又使諮議參軍劉鈺喻詧，令自行。詧辭頗不順，元帝又怒。而方貴先與詧不協，潛與元帝相知，剋期襲詧。未及發，會詧以他事召方貴，方貴疑謀泄，遂據樊城拒命。詧遣使魏益德、杜岸等衆軍攻之。方貴窘急，令其子遷超乞師於江陵。元帝乃厚資遣纘，若將述職，而密援方貴。纘次大堤，樊城已陷。詧擒方貴兄弟及黨與，並斬之。

纘因進至州。詧遷延不受代，乃以西城居之，待之以禮。軍民之政，猶歸於詧。詧以構其兄弟，事始於纘，將密圖之。纘懼，請元帝召之。元帝乃征纘於詧，詧留不遣。杜岸兄弟紿纘曰：『民觀岳陽殿下，勢不仰容。不如且往西山，以避此禍。使君既得物情，遠近必當歸集，以此義舉，事無不濟。』纘深以為然，因與岸等結盟誓。纘又要雍州人席引等於西山聚衆。纘乃服婦人衣，乘青布轝，與親信十餘人出奔。引等與杜岸馳告詧。詧令中兵參軍尹正共岸等率兵追討，並擒之。纘懼不免，因請為沙門。

詧時以譽危急，乃留諮議參軍蔡大寶守襄陽，率衆二萬、騎千匹伐江陵以救之。于時江陵立柵，周遶郭邑，而北面未就。詧因攻之。元帝大懼，乃遣參軍庾奂謂詧曰：『正德肆亂，天下崩離。汝復效尤，將欲何謂？吾蒙先（帝）愛顧，以汝兄弟見屬。今以侄伐叔，逆順安在？』詧謂奂曰：『家兄無罪，累被攻圍。同氣之情，豈可坐觀成敗。七父若顧先恩，豈應若是。如能退兵湘水，吾便旋旆襄陽。』

詧既攻柵不克，退而築城。又盡鋭攻之。會大雨暴至，平地水四尺，詧軍中沾漬，衆頗離心。其將杜岸、岸弟幼安及其兄子龕，懼詧不振，以其屬降於江陵。詧衆大駭，其夜遁歸襄陽，器械輜重，多没于湕水。初，詧因張纘於軍，至是，先殺纘而後退焉。

杜岸之降也，請以五百騎襲襄陽。去城三十里，城中覺之。蔡大寶乃輔詧母保林龔氏，登陴閉門拒戰。會詧夜至，龔氏不知其敗，謂為賊也，至曉見詧，乃納之。岸等以詧至，遂奔其兄巘于廣平。詧遣將尹正、薛暉等攻拔之，獲巘、岸等，並其母妻子女，並於襄陽北門殺之。盡誅諸杜宗族親者，其幼稚疏屬下蠶室。又發掘其墳墓，燒其骸骨，灰而揚之。

詧既與江陵構隙，恐不能自固，大統十五年，乃遣使稱藩，請為附庸。太祖令丞相府東合祭酒榮權使焉。詧大悦。是歲，梁元帝令柳仲禮率衆進圖襄陽。詧懼，乃遣其妻王氏及世子賚為質以請救。太祖又令榮權報命，仍遣開府楊忠率兵援之。十六年，楊忠擒仲禮，平漢東，詧乃獲安。時朝議欲令詧發喪嗣位，詧以未有璽命，辭不敢當。榮權時在詧所，乃馳還，具言其狀。太祖遂令假散騎常侍鄭穆及榮權持節策命詧為梁王。詧乃於襄陽置百官，承制封拜。十七年，詧留蔡大寶居守，乃自襄陽來朝。太祖謂詧曰：『王之來此，頗由榮權，王欲見之乎？』詧曰：『幸甚。』太祖乃召權與詧相見。仍謂之曰：『榮權，起士也，寡人與之從事，未嘗見其失信。』詧曰：『榮常侍通二國之言無私，故詧今者得歸誠魏闕耳。』

魏恭帝元年，太祖令柱國于謹伐江陵，詧以兵會之。及江陵平，太祖立詧為梁主，居江陵東城，資以江陵一州之地。其襄陽所統，盡歸於我。詧乃稱皇帝于其國，年號大定。追尊其父統為昭明皇帝，廟號高宗，統妃蔡氏為昭德皇后。又尊其所生母龔氏為皇太后，立妻王氏為皇后，子巋為皇太子。其慶賞刑威，官方制度，並同王者。唯上疏則稱臣，奉朝廷正朔。至於爵命其下，亦依梁氏之舊。其戎章勳級，則又兼用柱國等官。又追贈叔父邵陵王綸太宰，謚曰壯武。贈兄河東王譽丞相，謚曰武桓。太祖乃置江陵防主，統兵居於西城，名曰助防。外示助詧備禦，內實兼防詧也。

初，江陵滅，梁元帝將王琳據湘州，志圖匡復。及詧立，琳乃遣其將潘純陀、侯方兒來寇。詧出師禦之，純陀等退歸夏口。詧之四年，詧遣其大將軍王操率兵略取王琳之長沙、武陵、南平等郡。五年，王琳又遣其將雷又柔襲陷監利郡，太守蔡大有死之。尋而琳與陳人相持，稱藩乞師於詧。詧許之。師未出而琳軍敗，附于齊。是歲，其太子巋來朝京師。詧之六年夏，震，其前殿崩，壓殺二百餘人。

初，江陵平，詧將尹德毅說詧曰：『臣聞人主之行，與匹夫不同。匹夫者，飾小行，競小廉，以取名譽。人主者，定天下，安社稷，以成大功。今魏虜貪惏，罔顧弔民伐罪之義，必欲肆其殘忍，多所誅夷，俘囚士庶，並為軍實。然此等戚屬，咸在江東，念其充餌豺狼，見拘異域，痛心疾首，何日能忘！殿下方清宇宙，紹茲鴻緒。悠悠之人，不可門到户說。其塗炭至此，咸謂殿下為之。殿下既殺人父兄，孤人子弟，人盡讎也，誰與為國。但魏之精銳，盡萃於此。犒師之禮，非無故事。若殿下為設享會，因請於謹等為歡。彼無我虞，當相率而至，預伏武士，因而斃之。分命果毅，掩其營壘，斬馘逋醜，俾無遺噍。江陵百姓，撫而安之，文武官寮，隨即詮授。既荷更生之惠，孰不忻戴聖明。魏人攝息，未敢送死。王僧辯之徒，折簡可致。然後朝服濟江，入踐皇極，纘堯復禹，萬世一時。晷刻之間，大功可立。古人云：「天與不取，反受其咎，時至不行，反受其殃。」願殿下恢弘遠略，勿懷匹夫之行。』詧不從，謂德毅曰：『卿之此策，非不善也。然魏人待我甚厚，未可背德。若遽為卿計，則鄧（祈）［祁］侯所謂人將不食吾餘也。』

既而闔城長幼，被虜入關，又失襄陽之地。詧乃追悔曰：『恨不用尹德毅之言，以至於是。』又見邑居殘毀，干戈日用，耻其威略不振，常懷憂憤。乃著湣時賦以見意。其詞曰：嗟余命之舛薄，實賦運之逢屯。既殷憂而彌歲，復坎壈以相鄰。晝營營而至晚，夜耿耿而通晨。望否極而云泰，何杳杳而無津。悲晉璽之遷趙，痛漢鼎之移新。無田、范之明略，愧夷、齊之得仁。遂胡顔而苟免，謂小屈而或申。豈妖沴之無已，何國步之長淪。

恨少生而輕弱，本無志于爪牙。謝兩章之雄勇，恧二東之英華。豈三石于杜鄠，異五馬於琅邪。直受性而好善，類蓬生之在麻。冀無咎而沾慶，將保靜而蠲邪。何昊穹之弗惠，值上帝之紆奢。神州鞠為茂草，赤縣遶於長蛇。徒仰天而太息，空撫衿而咨嗟。

惟古人之有懷，尚或感于知己。況托萼於霄極，寵渥流於無已。或小善而必褒，時片言而見美。昔待罪于禹川，歷三考而無紀。獲免戾于明時，遂超隆于宗子。始解印於稽山，即驅傳于湘水。彼南陽之舊國，實天漢之嘉祉。既川岳之形勝，復龍躍之基趾。此首賞之謬及，謂維城之足恃。值諸侯之攜貳，遂留滯于樊川。等勾踐之絕望，同重耳之終焉。望南枝而灑泣，或東顧而潺湲。歸歟之情何極，首丘之思邈然。

忽值魏師入討，于彼南荆。既車徒之赩赫，遂一鼓而陵城。同瘖生之舍許，等小白之全邢。伊社稷之不泯，實有感於恩靈。矧吾人之固陋，迥飄薄於流萍。忽沉滯於茲土，復期月而無成。昔方千而畿甸，今七里而盤縈。寡田邑而可賦，闕丘井而求兵。無河內之資待，同滎陽之未平。夜騷騷而擊柝，晝孑孑而揚旌。烽凌雲而迥照，馬伏櫪而悲鳴。既有懷於斯日，亦焉得而云寧。

彼雲夢之舊都，乃標奇於昔者。驗往記而瞻今，何名高而實寡。寂寥井邑，荒涼原野。徒揄揚于宋玉，空稱嗟于司馬。南方卑而歎屈，長沙濕而悲賈。余家國之一匡，庶興周而祀夏。忽縈憂而北屈，豈年華之天假。

加以狗盜鼠竊，蜂蠆狐狸。羣圉隸而為寇，聚臧獲而成師。窺覦津渚，跋扈江眉。屢征肇于殷歲，頻戰起于軒時。有扈興于夏典，采蚺著于周詩。方叔振于蠻貊，伯禽捷于淮夷。在逋穢其能幾，會斬馘而搴旗。彼積惡之必稔，豈天靈之我欺。交川路之雲擁，理惆悵而未怡。

詧在位八載，年四十四，保定二年二月，薨。其羣臣等葬之于平陵，謚曰宣皇帝，廟號中宗。

詧少有大志，不拘小節。雖多猜忌，而知人善任使，撫將士有恩，能得其死力。性不飲酒，安於儉素，事其母以孝聞。又不好聲色，尤惡見婦人，雖相去數步，遙聞其臭。經御婦人之衣，不復更著。又惡見人髮，白事者必方便以避之。其在東揚州頗放誕，省覽（薄）領，好為戲論之言，以此獲譏於世。篤好文義，所著文集十五卷，內典《華嚴》、《般若》、《法華》、《金光明義疏》四十六卷，並行於世。詧疆土既狹，居常怏怏。每誦『老馬伏櫪，志在千里。烈士暮年，壯心不已』，未嘗不盱衡扼腕，歎吒者久之。遂以憂憤發背而殂。高祖又命其太子巋嗣位，年號天保。

巋字仁遠，詧之第三子也。機辯有文學。善於撫御，能得其下歡心。嗣位之元年，尊其祖母龔太后曰太皇太后，嫡母王皇后曰皇太后，所生曹貴嬪曰皇太妃。其年五月，其太皇太后薨，謚曰元太后。九月，其太妃又薨，謚曰孝皇太妃。二年，皇太后薨，謚曰宣靜皇后。

五年，陳湘州刺史華皎、巴州刺史戴僧朔並來附。皎送其子玄響為質於巋，乃請兵伐陳。巋上言其狀。高祖詔衛公直督荆州總管權景宣、大將軍元定等赴之。巋亦遣其柱國王操率水軍二萬，會皎于巴陵。既而與陳將吳明徹等戰於沌口，直軍不利，元定遂没。巋大將軍李廣等亦為陳人所虜，長沙、巴陵並陷於陳。衛公直乃歸罪於巋之柱國殷亮。巋雖以退敗不獨在亮，然不敢違命，遂誅之。吳明徹乘勝攻克巋河東郡，獲其守將許孝敬。明年，明徹進寇江陵，引江水灌城。巋出頓紀南以避其銳。江陵副總管高琳與其尚書僕射王操拒守。巋馬軍主馬武、吉徹等擊明徹，敗之。明徹退保公安。巋乃還江陵。

巋之八年，陳又遣其司空章昭達來寇。江陵總管陸騰及巋之將士擊走之。昭達又寇章陵之青泥。巋令其大將軍許世武赴援，大為昭達所破。

初，華皎、戴僧朔從衛公直與陳人戰敗，率其麾下數百人歸於巋。巋以皎為司空，封江夏郡公。以僧朔為車騎將軍，封吳興縣侯。巋之十年，皎來朝。至襄陽，請衛公直曰：『梁主既失江南諸郡，民少國貧。朝廷興亡繼絕，理宜資贍，豈使齊桓、楚莊獨擅救衛復陳之美。望借數州，以禆梁國。』直然之，乃遣使言狀高祖。高祖許之，詔以基、平、鄀三州歸之於巋。

及高祖平齊，巋朝於鄴。高祖雖以禮接之，然未之重也。巋知之，後因宴承間，乃陳其父荷太祖拯救之恩，並敍二國艱虞，脣齒掎角之事。詞理辯暢，因涕泗交流。高祖亦為之歔欷。自是大加賞異，禮遇日隆。後高祖復與之宴，齊氏故臣吒列長釜亦預焉。高祖指謂巋曰：『是登陴罵朕者也。』巋曰：『長釜未能輔桀，飛敢吠堯。』高祖大笑。及酒酣，高祖又命琵琶自彈之。仍謂巋曰：『當為梁主盡歡。』巋乃起，請舞。高祖曰：『梁主乃能為朕舞乎？』巋曰：『陛下既親撫五弦，臣何敢不同百獸。』高祖大悅，賜雜繒萬段、良馬數十匹，並賜齊後主妓妾，及常所乘五百里駿馬以遺之。

及隋文帝執政，尉遲迥、王謙、司馬消難等各起兵。時巋將帥皆密請興師，與迥等為連衡之勢，進可以盡節于周氏，退可以席捲山南。巋固以為不可。俄而消難奔陳，迥等相次破滅。

隋文帝既踐極，恩禮彌厚。遣使賜金三百兩、銀一千兩、布帛萬段、馬五百匹。開皇二年，隋文帝備禮納巋女為晉王妃。又欲以其子瑒尚蘭陵公主。由是罷江陵總管，巋專制其國。四年，巋來朝長安，隋文帝甚敬待之。詔巋位在王公之上，賜縑萬匹，珍玩稱是。及還，親執其手謂之曰：『梁主久滯荆、楚，未復舊都，故鄉之念，良軫懷抱。朕當振旅長江，相送旋反耳。』

巋在位二十三載，年四十四，五年五月薨。其羣臣葬之於顯陵，謚曰孝（文）皇帝，廟號世宗。

巋孝悌慈仁，有君人之量。四時祭享，未嘗不悲慕流涕。性尤儉約，御下有方，境內稱治。所著文集及《孝經》、《周易義記》及《大小乘幽微》，並行於世。隋文帝又命其太子蕭琮嗣位，年號廣運。琮字温文。性倜儻不羈，博學有文義，兼善弓馬。初封東陽王，尋立為皇太子。及嗣位，隋文帝征琮叔父岑入朝，因留不遣。復置江陵總管以監之。

琮之二年，隋文帝又征琮入朝。琮率其臣下二百餘人朝于長安。隋文帝仍遣武鄉公崔弘度將兵戍江陵。軍至鄀州，琮叔父巖及弟（巘）等懼弘度掩襲之，遂虜居民奔于陳。隋文帝於是廢梁國，曲赦江陵死罪，給民復十年。梁二主各給守墓十户。尋拜琮為柱國，封莒國公。

自詧初即位，歲在乙亥，至是，歲在丁未，凡三十有三歲矣。

詧子巋，追謚孝惠太子；巖，封安平王；岌，東平王；岑，河間王，後改封吳郡王。巋子瓛，義興王；瑑，晉陵王；璟，臨海王；珣，南海王；瑒，義安王；瑀，新安王。

詧之在藩及居帝位，以蔡大寶為股肱，王操為腹心，魏益德、尹正、薛暉、許孝敬、薛宣為爪牙，甄玄成、劉盈、岑善方、傅准、褚珪、蔡大業典衆務。張綰以舊齒處顯位，沉重以儒學蒙厚禮。自餘多所奬拔，咸盡其器能。及巋纂業，親賢並用，將相則華皎、殷亮、劉忠義，宗室則蕭欣、蕭巽，民望則蕭確、謝温、柳洋、王湜、徐岳，外戚則王凝、王誦、殷璉，文章則劉孝勝、范迪、沈君游、君公、柳信言，政事則袁敞、柳莊、蔡延壽、甄詡、皇甫兹。故能保其疆土，而和其民人焉。今載詧子巋等及蔡大寶以下尤著者，附于左。其在梁、陳、隋已有傳，及巋諸子未任職者，則不兼録。

巋字道遠，詧之長子也。母曰宣靜皇后。幼聰敏，有成人之量。詧之為梁主，立為世子。尋病卒。及詧稱帝，追謚焉。巖字義遠，詧第五子也。性仁厚，善於撫接。歷侍中、荊州刺史、尚書令、太尉、太傅。入陳，授平東將軍、東揚州刺史。及陳亡，百姓推巖為主，以禦隋師。為總管宇文述所破，伏法于長安。

岌，詧第六子也。性淳和，幼而好學。位至侍中、中衛將軍。巋之五年，卒，贈侍中、司空。謚曰孝。

岑字智遠，詧第八子也。位至太尉。性簡貴，御下嚴整。及琮嗣位，自以望重屬尊，頗有不法，故隋文徵入朝。拜大將軍，封懷義郡公。

瓛字欽文，巋第三子也。幼有令譽，能屬文，特為巋所愛。位至荊州刺史。

初，隋師至都州，梁之百寮咸恐懼，計無所出。唯瓛建議南奔。入陳，授侍中、安東將軍、吳州刺史。及陳亡，吳人推為主以禦隋師。戰而敗，與巖同時伏法。

蔡大寶字敬位，濟陽考城人。祖履，齊尚書祠部郎。父黠，梁尚書儀曹郎、南兗州別駕。大寶少孤，而篤學不倦，善屬文。初以明經對策第一，解褐武陵王國左常侍。嘗以書干僕射徐勉，大為勉所賞異。乃令與其子遊處，所有墳籍，盡以給之。遂博覽羣書，學無不綜。

詧初出第，勉仍薦大寶為侍讀，兼掌記室。尋除尚書儀曹郎。出鎮會稽，大寶為記室，領長流。詧莅襄陽，遷諮議參軍。及梁元帝與河東王譽結隙，詧令大寶使江陵以觀之。梁元帝素知大寶，見之甚悦。乃示所制玄覽賦，令注解焉。三日而畢。元帝大嗟賞之，贈遺甚厚。大寶還白詧云：『湘東必有異圖，禍亂將作，不可下援臺城。』詧納之。及為梁主，除中書侍郎，兼吏部，掌大選事，領襄陽太守，遷員外散騎常侍、吏部郎，俄轉吏部尚書。軍國之事，咸委決焉。加授大將軍，遷尚書僕射，進號輔國將軍。又除使持節、宣惠將軍、雍州刺史。詧於江陵稱帝，徵為侍中、尚書令，參掌選事，又加雲麾將軍，荊州刺史。進位柱國、軍師將軍，領太子少傅，轉安前將軍，封安豐縣侯，邑一千户。從巋入朝，領太子少傅。巋嗣位，册授司空、中書監、中權大將軍，領吏部尚書。固讓司空，許之。加特進。巋之三年，卒。巋哭之慟，自卒及葬，三臨其喪。贈司徒，進爵為公。謚曰文凱。配食詧廟。

大寶性嚴整，有智謀，雅達政事，文詞贍速。詧之章表書記教令詔册，並大寶專掌之。詧推心委任，以為謀主。時人以詧之有大寶猶劉先主之有孔明焉。所著文集三十卷，及尚書義疏並行於世。有四子。

次子延壽，有器識，博涉經籍，尤善當世之務。尚詧女宣成公主。歷中書郎、尚書右丞、吏部郎、御史中丞。從琮入隋，授開府儀同三司，秘書丞。終於成州刺史。大寶弟大業。

大業字敬道。有至行，父没，居喪過禮。性寬恕，學涉經史，有將命材，屢充使詣闕。初以西中郎府參軍隨詧之鎮。詧稱帝，歷尚書左丞、開遠將軍、監利郡守、散騎常侍、衛尉卿。巋嗣位，遷都官尚書，除貞毅將軍、漳川太守。入為左民尚書、太常卿。巋之七年，卒，贈金紫光禄大夫。謚曰簡。有五子，允恭最知名。起家著作佐郎、太子舍人。梁滅入陳，拜尚書庫部郎。陳亡入隋，授起居舍人。

王操字子高。其先，太原晉陽人也。詧母龔氏之外弟也。祖靈慶，海鹽令。父景休，臨川内史。

操性敦厚，有籌略，博涉經史，在公恪勤。初為詧外兵參軍，親任亞于蔡大寶。詧承制，除尚書左丞。及稱帝，遷五兵尚書、大將軍、郢州刺史。尋進位柱國，封新康縣侯。巋嗣位，授鎮右將軍、尚書僕射。

及吳明徹為寇，巋出頓紀南，操撫循將士，莫不用命。明徹既退，江陵獲全，操之力也。遷侍中、中衛將軍、尚書令、開府儀同三司，參掌選事，領荆州刺史。操既位居朝右，每自挹損，深得當時之譽。巋之十四年，卒。巋舉哀於朝堂，流涕謂其羣臣曰：『天不使吾平蕩江表，何奪吾賢相之速也。』及葬，親祖於瓦官門。贈司空，進爵為公。謚曰康節。有七子。次子衡最知名。有才學，起家秘書郎。歷太子洗馬、中書、黄門侍郎。

魏益德，襄陽人也。有才幹，膽勇過人。數從軍征討，以功累遷至郡守。詧莅襄陽，以益德為其府司馬。詧承制，拜將軍。尋加大將軍。及詧稱帝，進位柱國，封上黄縣侯，邑千户，加車騎將軍。詧之二年，卒，贈司空。謚曰忠壯。進爵為公。巋之五年，以益德配食詧廟。

尹正，其先天水人。詧莅雍州，正為其府中兵參軍。擒張纘，獲杜岸，皆正之力。詧承制，以為將軍。尋拜大將軍。及稱帝，除護軍將軍，進位柱國，封新野縣侯，邑千户。詧之三年，卒，贈開府儀同三司。謚曰剛。巋之五年，以正配食詧廟。子德毅，多權略，位至大將軍。後以見疑賜死。

薛暉，河東人也。有才略。身長八尺，形貌甚偉。嘗督禁旅，為詧爪牙，當禦侮之任。與尹正攻獲杜岸於南陽。詧承制，拜將軍。尋加大將軍，進位柱國，除領軍將軍。巋之二年，卒，贈開府儀同三司。有六子，子建、子尚知名。

許孝敬，吳人，小名嗣兒。勁勇過人，為詧驍將。以大將軍守河東。既無救援，為吳明徹所擒，遂戮于建康市。贈車騎大將軍。子世武嗣。少襲父大將軍，好勇不拘行檢。重賓客，施與不節。資產既盡，鬱鬱不得志，遂謀奔陳。事覺，伏誅。又有大將軍李廣，會稽人。早事詧，以敢勇聞。沌口之役，先登力戰。及華皎軍敗，為吳明徹所擒。將降之，廣辭色不屈，遂被害。贈太尉，追封建興縣公。謚曰忠武。

甄玄成字敬平，中山人。博達經史，善屬文。少為簡文所知。以録事參軍隨詧鎮襄陽。轉中記室參軍，掌書記，頗參政事。以江陵甲兵殷盛，遂懷貳心。密書與梁元帝，申其誠款。遂有得其書者，進之於詧。詧深信佛法，常願不殺誦《法華經》人。玄成素誦《法華經》，遂以此獲免。詧後見之，常曰：『甄公好得《法華經》力。』歷位中書侍郎、御史中丞、祠部尚書、吏部尚書。詧之六年，卒，贈侍中、護軍將軍。有文集二十卷。子翊，少沉敏，閑習政事。歷中書舍人、尚書右丞。從琮入隋，授開府儀同三司，終於太府少卿。

劉盈，彭城人，以西中郎府録事參軍隨詧之鎮。有器度，勤於在公。詧之軍國經謀，頗得參預。歷黄門郎、中書監、雍州刺史、尚書僕射。巋之七年，卒，贈本官。第三子然，于時頗知名。隋鷹擊郎將。

岑善方字思義，南陽棘陽人，漢征南大將軍彭之後也。祖惠甫，給事中。父昶，散騎侍郎。

善方有器局，博綜經史，善於辭令。以刑獄參軍隨詧至襄陽。詧初請內附，以善方兼記室，充使詣闕。應對閑敏，深為太祖所嘉。自此往來，凡數十反。魏恭帝二年，授驃騎大將軍、開府儀同三司，封長寧縣公。詧之承制也，授中書舍人，遷襄陽郡守。及稱帝，徵為太（府）卿，領中書舍人，轉太府，領舍人如故。尋遷散騎常侍、起部尚書。善方性清慎，有當世幹能，故詧委以機密。詧之七年，卒，贈太常卿。謚曰敬。所著文集十卷。

有七子，並有操行。之元、之利、之象最知名。之元，太子舍人，早卒。高祖録善方充使之功，追之利、之象入朝。授之利帥都督、代王記室參軍。後仕隋，歷安固令、郴義江三州司馬、零陵郡丞。之象掌式中士，隋文帝相府參軍事。後仕隋，歷尚書虞部員外郎、邵陵上宜渭南邯鄲四縣令。

傅准，北地人。祖照，金紫光禄大夫。父謂，湘東王外兵參軍。准有文才，善詞賦。以西中郎參軍隨詧之鎮。官至度支尚書。巋之七年，卒，贈太常卿。謚曰敬康。所著文集二十卷。有二子，曰秉曰執，並材兼文史。秉，尚書右丞。執，中書舍人、尚書左丞。

宗如周，南陽人。有才學，容止詳雅。以府僚隨詧，歷黄門、散騎、列卿，後至度支尚書。巋之九年，卒。如周面狹長，以《法華經》云

「聞經隨喜，面不狹長」，嘗戲之曰：「卿何為謗經？」如周踧踖，自陳不謗。詧又謂之如初。如周懼，出告蔡大寶。大寶知其旨，笑謂之曰：「君當不謗餘經，政應不信法華耳。」如周乃悟。又嘗有人訴事于如周，謂為經作如州官也，乃曰：「某有屈滯，故來訴如州官。」如周曰：「爾何小人，敢呼我名！」其人慚謝曰：「祇言如州官作如州，不知如州官名如周。早知如州官名如周，不敢喚如州官作如周。」如周乃笑曰：「命卿自責，見侮反深。」衆咸服其寬雅。有七子。希顔、希華知名。希顔有文學，仕至中書舍人。希華博通經術，為荊楚儒宗。

蕭欣，梁武帝弟安成康王秀之孫，煬王機之子也。幼聰警，博綜墳籍，善屬文。詧踐位，以欣襲機封。歷侍中、中書令、尚書僕射、尚書令。巋之二十三年，卒，贈司空。欣與柳信言，當巋之世，俱為一時文宗。有集三十卷。又著梁史百卷，遭亂失本。

柳洋，河東解人。祖惔，尚書左僕射。父昭，中書侍郎。洋少有文學，以禮度自拘，與王湜俱以風範方正為當時所重。位至吏部尚書，出為上黃郡守。梁國廢，以郡歸隋，授開府儀同三司。尋卒。

徐岳，東海人，尚書左僕射、開府儀同三司、簡肅公勉之少子也。少方正，博通經史。初為東陽王琮師。琮為皇太子，授詹事。及嗣位，除侍中、左民尚書，俄遷尚書僕射。從琮入隋，授上開府儀同三司。終於陳州刺史。子凱，秘書郎。岳兄矩，有文學，善吏事。頗黷於貨賄。位至度支尚書。子敬，鴻臚卿。

王漩，琅邪臨沂人。祖琳，侍中、太府卿。父錫，侍中。漩少有令譽，尚詧妹廬陵長公主。歷秘書郎、太子舍人、宣成王友、廬陵内史。詧踐位，授侍中、吏部尚書。巋之四年，使詣闕，卒於賓館。贈侍中、右光禄大夫。子瓘，有文詞，黃門侍郎。漩弟湜，方雅有器識。位至都官尚書。巋之二十年，卒。子懷，秘書郎，隋沔陽令。

范迪，順陽人。祖縝，尚書左丞。父胥，鄱陽内史。迪少機辯，善屬文。歷中書黃門侍郎、尚書右丞、散騎常侍。巋之十七年，卒。有文集十卷。子裒。迪弟適，文采劣於迪，而經術過之。位至中衛、東平王長史。

沈君游，吳興人。祖僧旻，左民尚書。父巡，東陽太守。君游博學有詞采，位至散騎常侍。巋之十二年，卒。有文集十卷。弟君公，有幹局，美風儀，文章典正，特為巋所重。歷中書黃門侍郎、御史中丞。自都官尚書為義興王瓛師。從瓛奔陳，授侍中、太子詹事。隋平陳，以瓛同謀度江，伏誅。

袁敞，陳郡人。祖昂，司空。父士俊，安成内史。敞少有器量，博涉文史。以吏部郎使詣闕。時主者以敞班在陳使之後，敞固不從命。主者詰之，敞對曰：「昔陳之祖父乃梁諸侯之下吏也，棄忠與義，盜有江東。今大周朝宗萬國，招攜以禮，若使梁之行人在陳人之後，便恐彝倫失序。豈使臣之所望焉。」主者不能屈，遂以狀奏。高祖善之，乃詔敞與陳使異日而進。還，以稱旨，遷侍中，轉左民尚書。從琮入隋，授開府儀同三司。終於譙州刺史。子謐、謙。

《北史》卷九三《僭偽附庸傳·梁》 梁帝蕭詧，字理孫，蘭陵人，武帝之孫，昭明太子統之第三子也。幼好學，善屬文，尤長佛義，特為梁武嘉賞。梁普通中，封曲江縣公。及昭明太子薨，封詧岳陽郡王，位東揚州刺史，領會稽太守。初，昭明卒，梁武捨詧兄弟而立簡文，内常愧之，故寵亞諸子。以會稽人物殷阜，一都之會，故有此授，以慰其心，詧既以其昆季不得為嗣，常懷不平。又以梁武衰老，朝多秕政，有敗亡之漸，遂蓄聚貨財，交通賓客，招募輕俠，折節下之。其勇敢者，多歸附焉。左右遂至數千人，皆厚加資給。中大同元年，除西中郎將、雍州刺史，都督五州諸軍事，寧蠻校尉。詧以襄陽形勝之地，又梁武創基之所，時平足以樹根本，時亂足以圖霸功，遂務修刑政。

太清二年，梁武以詧兄河東王譽為湘州刺史，徙湘州刺史張纘為雍州。纘恃才輕譽，州府迎候有闕，譽深銜之，遂托疾不與相見。後聞侯景作亂，頗陵蹙纘。纘構譽及詧于梁元帝，元帝令其世子方等及王僧辯相繼攻譽。譽告于詧，詧聞之大怒。及梁元將援建業，令所督諸州並發兵赴都，詧遣府司馬劉方貴領兵為前軍，出漢口。及將發，梁元又使諮議參軍劉玨召詧自行，詧不從。而方貴潛與梁元相知，剋期襲詧。未及發，會詧以他事召方貴，謀泄，遂據樊城拒命。詧遣軍攻之。梁元乃厚資遣張纘，若將述職，而密援方貴。纘次大堤，而樊城已陷。詧擒方貴兄弟黨與，並斬之。詧時以譽危急，乃留諮議參軍蔡大寶守襄陽，率衆伐江陵以救之。梁元大懼，乃遣參軍庾奐謂詧曰：「以侄伐叔，逆順安在？」詧曰：

『家兄無罪，屢被攻圍，七父若顧先恩，豈應若是？如能退兵湘水，吾便旋旆襄陽。』時攻柵不克，會大雨暴至，平地四尺，衆頗離心。軍主杜岸、岸弟幼安及其兄子龕，以其屬降於江陵。詧夜遁歸襄陽，器械輜重多没于湕水。詧恐不能自固，乃遣蔡大寶求附庸於西魏。時西魏大統十五年也。周文令丞相東閤祭酒榮權使焉。

是歲，梁元令柳仲禮圖襄陽，詧乃遣妃王氏及世子嶚為質，請救。周文令榮權報命，仍遣開府楊忠為援。十六年，忠擒仲禮，平漢東。西魏命詧發喪嗣位，使假散騎常侍鄭孝穆及榮權策命詧為梁王。乃於襄陽置百官，承制封拜。十七年，留尚書僕射蔡大寶守雍部而朝于京師。周文謂曰：『王之來此，頗由榮權。』乃召權見，曰：『權起士也，寡人與之從事，未嘗見失信。』詧曰：『榮常道二國之言無私，故詧今者得歸誠魏闕耳。』

魏恭帝元年，周文命柱國于謹伐江陵，詧以兵會之，及江陵平，周文命詧主梁嗣，居江陵東城，資以江陵一州之地。其襄陽所統，盡入于周。詧乃稱皇帝于其國，年號大定。追尊其父統為昭明皇帝，廟號高宗；統妃蔡氏為昭德皇后。又尊其所生母龔氏皇太后。立妻王氏為皇后，子巋為皇太子。其慶賞刑威，官方制度，並同王者。唯上疏則稱臣，奉朝廷正朔。至於爵命其下，亦依梁氏之舊。其戎章勳級，則又兼用柱國等官。又追贈叔父邵陵王綸太宰，謚曰壯武。贈兄河東王譽丞相，謚曰武桓。周文仍置江陵防主，統兵居於西城，外云助詧備禦，內實防詧。

初，江陵滅，梁元將王琳據湘州，志圖匡復。及詧立，琳乃遣其將潘純陀、侯方兒來寇。詧禦之，純陀等退歸夏口。詧之四年，詧遣其大將軍王操略取王琳之長沙、武陵、南平等郡。五年，王琳又遣其將雷文柔襲陷監利郡，太守蔡大有死之。尋而琳與陳人相持，稱蕃乞師於詧，詧許之。師未出而琳軍敗，附于齊。是歲，其太子巋來朝京師。六年四月，大雨震，前殿崩，壓二百餘人。七年冬，有鵩鳥鳴於寢殿。八年二月，詧終於前殿，時年四十四。是歲，周保定二年也。八月，葬于平陵，謚曰宣皇帝，廟號中宗。

詧少有大志，不拘小節，雖多猜忌，而知人善任使，撫將士有恩，能得其死力。性不飲酒，安於儉素。事母以孝聞。又不好聲色，尤惡見婦人，雖相去數步，亦云遙聞其臭。經御婦人之衣，更不著，並皆棄之。一幸姬媵，病臥累旬。又惡見人髮，白事者，必方便避之，擔輿者，冬月必須裹頭，夏日則加蓮葉帽。其在東揚州，頗放誕，省覽簿領，好為戲弄之言，以此獲譏於世。及江陵平，宿將尹德毅謂詧曰：『臣聞人主之行，與匹夫不同。匹夫者，飾小行，競小廉，以取名譽；人主者，定天下，安社稷，以成大功。今魏虜貪婪，罔顧弔伐之義，俘囚士庶，並充軍實。然此等戚屬，咸在江東。悠悠之人，可門到户說？既塗炭至此，咸謂殿下為之。殿下既殺人父兄，孤人子弟，人盡讎也，又誰與為國？但魏之精鋭，盡萃於此，犒師之禮，非無故事。若殿下為設享會，固請于謹等為歡，彼無我虞，當相率而至，預伏武士，因而斃之。江陵百姓，撫而安之，文武官僚，隨即銓授。魏人慑息，未敢送死；僧辯之徒，折簡可致。然後朝服濟江，入踐皇極，纘堯復禹，萬世一時。』詧謂德毅曰：『卿此策非不善也，然魏人待我甚厚，未可背德。若遽為卿計，則鄧祁侯所謂人將不食吾餘。』既而闔城長幼，被虜入關，又失襄陽之地。詧恨，乃曰：『不用德毅之言，以至於是！』又見邑居殘毀，干戈日用，恥其威略不振，常懷憂憤，乃著《愍時賦》，以見志焉。居常怏怏，每誦『老馬伏櫪，志在千里。烈士暮年，壯心不已』，未嘗不盱衡扼腕歎吒者久之。遂以憂憤發背而死。

詧篤好文義，所著文集十五卷，內典《華嚴》、《般若》、《法華》、《金光明義疏》三十六卷，並行於世。武帝又命其太子巋嗣位，年號天保。

巋字仁遠，詧之第三子也。機辯有文學，善於撫御，能得其下歡心。嗣位之元年，尊其祖母龔太后曰太皇太后，嫡母王皇后曰皇太后，所生曹貴嬪曰皇太妃，其年五月，其太皇太后薨，謚曰元太后。九月，其太妃又薨，謚曰孝皇太妃。二年，其皇太后薨，謚曰宣靜皇后。

五年，陳湘州刺史華皎、巴州刺史戴僧朔並來附。皎送其子玄響為質於巋，仍請兵伐陳。巋上言其狀。武帝詔衛公直督荊州總管權景宣、大將軍元定等赴之。巋亦遣其柱國王操率水軍二萬，會皎于巴陵。既而與陳將吳明徹等戰於沌口，直軍不利，元定遂没，巋大將軍李廣等亦為陳人所虜，長沙、巴陵並陷於陳。衛公直乃歸罪於巋之柱國殷亮。巋雖以退敗不獨罪亮，然不敢違命，遂誅之。吳明徹乘勝攻克巋河東郡，獲其守將許孝敬。明年，明徹進寇江陵，引江水灌城。巋出頓紀南，以避其鋭。江陵副總管高琳與其尚書僕射王操拒守。巋馬軍主馬武、吉徹等擊明徹，明徹退保公安，巋乃還江陵。巋之八年，陳又遣其司空章昭達來寇，江陵總管陸騰及巋之將士擊走之。昭達又寇竟陵之青泥，巋令其大將軍許世武赴援，大為昭達所破。

初，華皎、戴僧朔從衛公直與陳人戰敗，率其麾下數百人歸於巋。巋以皎為司空，封江夏郡公；僧朔為車騎將軍，封吳興縣侯。巋之十年，皎將來朝，至襄陽，請衛公直曰：『梁主既失江南諸郡，人少國貧，朝廷興亡繼絶，理宜資贍。豈使齊桓、楚莊獨擅救衛復陳之美？望借數州，以裨梁國。』直然之，乃遣使言狀。帝許之，詔以基、平、鄀三州歸之於巋。

及平齊，巋朝於鄴，帝雖以禮接之，然未之重也。巋知之，後因宴承間，乃陳其父荷周文拯救之恩，並敍二國艱虞，脣齒掎角之事。辭理辯暢，因涕泣交流，帝亦為之嘘欷。自是大加賞異，禮遇日隆。後帝復與之宴，齊氏故臣叱列長叉亦預焉，帝指謂巋曰：『是登陴罵朕者也。』巋曰：『長叉未能輔桀，翻敢吠堯！』帝大笑。及酒酣，帝又命琵琶自彈之，仍謂巋曰：『當為梁主盡歡。』巋乃起請舞，帝曰：『王乃能為朕舞乎？』巋曰：『陛下既親撫五弦，臣何敢不同百獸？』帝大悦，賜雜繒萬段、良馬數十疋，並賜齊後主妓妾，及帝所乘五百里駿馬以遺之。

及隋文帝執政，尉遲迥、王謙、司馬消難等各起兵。時巋將帥皆密請興師，與迥等為連衡之勢，進可以盡節于周氏，退可以席捲山南。巋以為不可。俄而消難奔陳，迥等相次破滅。隋文帝既踐極，恩禮彌厚，遣使賜金五百兩、銀千兩、布帛萬疋、馬五百疋。開皇二年，隋文帝備禮納巋女為晉王妃，又欲以其子瑒尚蘭陵公主，由是罷江陵總管，巋專制其國。四年，來朝長安。帝甚敬待之，詔巋位在王公之上。巋被服端麗，進退閑雅，天子矚目，百僚傾慕。帝賜巋縑萬疋，珍玩稱是。及還，親執其手謂之曰：『梁主久滯荆楚，未復舊都，朕當振旅長江，相送旋反。』巋拜謝而歸。五年五月，寢疾薨。臨終上表奉辭，並獻所服金裝劍，帝覽而嗟悼。巋在位二十三年。梁之臣子，葬之顯陵，謚曰孝明皇帝，廟號世宗。巋孝悌慈仁，有君人之量。四時祭享，未嘗不悲慕流涕。性尤儉約，御下有方，境内安之。所著文集及《孝經》、《周易義記》及《大小乘幽微》，並行於世。文帝又命其太子琮嗣位。

琮字温文，性倜儻不羈，博學有文義。兼善弓馬，遣人伏地持帖，琮奔馬射之，十發十中，持帖者亦不懼。初封東陽王，尋立為梁太子。及嗣位，帝賜以璽書，敦勉之。又賜梁之大臣璽書，誡勉之。時琮年號廣運，有識者曰：『運之為字，軍走也，吾君將奔走乎！』其年，琮遣大將軍戚昕以舟師襲陳公安，不克而還。文帝徵琮叔父岑入朝，拜大將軍，封懷義公，因留不遣。復置江陵總管以監之。琮所署大將軍許世武密以城召陳將宜黄侯陳紀，謀泄，琮誅之。後二歲，上徵琮入朝，率臣下二百餘人朝京師。江陵父老莫不殞涕曰：『吾君其不反矣！』上以琮來朝，遣武鄉公崔弘度將兵戍之。軍至鄀州，琮叔父巖及弟瓛等懼弘度掩襲之，遂引陳人至城下，虜居人而叛。於是廢梁國。上遣左僕射高熲安集之，曲赦江陵死罪，給復十年。梁二主各給守墓十户，拜琮柱國，賜爵莒國公。

自詧初即位，歲在乙亥，至是，歲在丁未，凡三十三載而亡。

琮至煬帝嗣位，甚見親重，拜内史令，改封梁公。琮之宗族，緦麻以上，並隨才擢用，於是諸蕭昆弟，布列朝廷。琮性淡雅，不以職務自嬰，退朝縱酒而已。内史令楊約與琮同列，帝令約宣旨誡勵。約復以私情諭之，琮曰：『琮若復事事，則何異公哉？』約笑而退。約兄素時為尚書令，見琮嫁從父妹于鉗耳氏，謂曰：『公帝王之族，何乃適妹鉗耳氏？』琮曰：『前已嫁妹于侯莫陳氏，此復何疑？』素曰：『鉗耳，羌也，侯莫陳，虜也。何得相比？』琮曰：『以羌異虜，未之前聞。』素慚而止。琮雖羈旅，見北間豪貴，無所降下。常與賀若弼深友，弼既誅，復有童謡曰『蕭蕭亦復起』，帝由是忌之，遂廢於家。卒，贈左光禄大夫。

子鉉，位襄城通守。復以琮弟子鉅為梁公。鉅小名曰藏，煬帝甚昵之，以為千牛。與宇文皛出入宮掖，伺察内外。帝每有遊宴，鉅未嘗不從。遂于宮中，多行淫穢。江都之變，為宇文化及所殺。

詧子嶚，追謚孝惠太子；巖，封安平王；岌，封東平王；岑，封河間王，後改封吳郡王。琮弟瓛，義興王；璩，晉陵王；璟，臨海王；珣，南海王；瑒，義安王；瑀，新安王。

以蔡大寶為股肱，王操為腹心，魏益德、尹正、薛暉、許孝敬、薛宣為爪牙，甄玄成、劉盈、岑善方、傅淮、褚珪、蔡大業典衆務，張綰以舊齒處顯位，沈重以儒學蒙厚禮。自餘多所奬拔，咸盡其器能。及巋纂業，親賢並用。將相則華皎、殷亮、劉忠義，宗室則蕭欣、蕭翼，人望則蕭確、謝温、柳洋、王湜、徐岳，外戚則王洋、王誦、殷璉，文章則劉孝勝、范迪、沈君遊、君公、柳信言，政事則袁敞、柳莊、蔡延壽、甄詡、皇甫茲。故能保其疆土而和其人焉。今載詧子嶚等及蔡大寶以下尤著者，附于左。其在梁、陳、隋已有傳，及巋諸子未任職者，則不兼録。

嶚字道遠，詧之長子也。母曰宣靜皇后。詧之為梁王，立為世子。尋病卒。及詧稱帝，追謚焉。

巖字義遠，詧第五子也。性仁厚，善撫接，歷尚書令、太尉、太傅。入陳，授東揚州刺史。及陳亡，百姓推巖為主。為總管宇文述所破，伏法于長安。

岌，詧第六子也。性淳和，位至侍中、中衛將軍。巋之五年，卒。贈司空，謚曰孝。

岑字智遠，詧第八子也。位至太尉。性簡貴，御下嚴整。及琮嗣位，自以望重屬尊，頗有不法。故隋文徵入朝，拜大將軍，封懷義郡公。

瓛字欽文，巋第三子也。幼有令譽，能屬文。位荆州刺史，頗有能名。崔弘度兵至鄀州，瓛懼，與其叔父巖奔陳。陳主以為侍中、吳州刺史，甚得物情。三吳父老皆曰：『吾君之子。』陳亡，吳人推之為主。吳人見梁武、簡文及詧、巋等兄弟中並第三，而踐尊位。瓛自以巋第三子，深自矜負。有謝異者，頗知廢興，梁陳之際，言無不驗，江南人甚敬信之。及陳主被禽，異奔瓛，由是益為衆所歸。宇文述討之，瓛遣王褒守吳州，自將拒述。述遣兵別道襲褒，褒衣道士服，棄城而遁。瓛敗，將左右數人，逃於太湖，匿於人家。被執，述送長安斬之。

璟，仕隋，尚衣奉御；瑒，衛尉卿、秘書監、陶丘侯；瑀，內史侍郎、河池太守。

蔡大寶，字敬位，濟陽考城人。祖履，齊尚書祠部郎。父點，梁尚書儀曹郎、南兖州別駕。

大寶少孤，而篤學不倦，善屬文。初以明經對策第一，解褐武陵王國

左常侍。嘗以書干僕射徐勉，勉大賞異，乃令與其子遊處，所有墳籍，盡以給之。遂博覽羣書，學無不綜。詧初出第，勉仍薦大寶為侍讀，兼掌記室。尋除尚書儀曹郎。詧出鎮會稽，大寶諮選曹求諮議，不得，以為記室。大寶攘臂而出曰：『不為孫秀，非人也。』詧涖襄陽，遷諮議參軍，謀謨皆自大寶出。及梁元與河東王譽結隙，詧令大寶使江陵以觀之。梁元素知大寶，見之甚悦，乃示所制《玄覽賦》，令注解焉。三日而畢。梁元大嗟賞之，贈遺甚厚。大寶還，白詧云：『湘東必有異圖，禍亂將作，不可下援臺城。』詧納之。及詧於江陵稱帝，為侍中、尚書令，參掌選事，進位柱國、軍師將軍，封安豐縣侯。巋嗣位，冊授司空、中書監、中權大將軍，領吏部尚書。固讓司空，許之，加特進。巋之三年，卒。及葬，巋三臨其喪。贈司徒，進爵為公，謚曰文凱，配食詧廟。

大寶性嚴整，有智謀，雅達政事，文辭贍速。詧之章表、書記、教令、詔冊，並大寶專掌之。詧推心委任，以為謀主。時人以詧之有大寶，猶劉先主之有孔明焉。所著文集三十卷，及《尚書義疏》，並行於世。

有四子。次於延壽有器識，博涉經籍，尤善當世之務。尚詧女宣城公主，歷中書郎、尚書右丞、吏部郎、御史中丞。從琮入隋。授開府儀同三司、秘書丞。終於成州刺史。

大寶弟大業，字敬道。有至行，位散騎常侍、衛尉卿、都官尚書、太常卿。卒，贈金紫光禄大夫，謚曰簡。有五子，允恭最知名。位太子舍人。梁滅入陳，為尚書庫部郎。陳亡仕隋，起居舍人。

王操，字子高，其先太原晉陽人，詧母龔氏之外弟也。性敦厚，有籌略。初為詧外兵參軍，親任亞于蔡大寶。及詧稱帝，歷五兵尚書、郢州刺史，進位柱國，封新康縣侯。巋嗣位，授鎮右將軍、尚書僕射。及吳明徹為寇，巋出頓紀南，操撫循將士，莫不用命。明徹既退，江陵獲全，操之力也。遷侍中、中衛將軍、尚書令、開府儀同三司，領荆州刺史。操既位居朝右，每自挹損，深得當時之譽。卒，巋舉哀於朝堂，流涕曰：『天不使吾平蕩江表，何奪吾賢相之速也！』及葬，親祖於瓦官門。贈司空，進爵為公，謚曰康節。

有七子，次子衡最知名。有才學，位中書、黃門侍郎。

魏益德，襄陽人也。有材幹，膽勇過人。詧稱帝，進位柱國，封上黃

縣侯。卒，贈司空，謚曰忠壯，進爵為公。巋之五年，以益德配食察廟。

尹正，其先天水人。詧莅雍州，正為其府中兵參軍。禽張纘，獲杜岸，皆正之力。詧稱帝，除護軍將軍，位柱國，封新野縣侯。卒，贈開府儀同三司，謚曰剛。巋之五年，以正配食詧廟。

子德毅，多權略，位大將軍。後以見疑賜死。

甄玄成，字敬平，中山人。博達經史，善屬文。少為簡文所知。以録事參軍隨詧鎮襄陽，轉中記室參軍，頗參政事。以江陵甲兵殷盛，遂懷貳心，密書與元帝，具申誠款。或有得其書，送於詧。詧深信佛法，常願不殺誦《法華經》人。玄成素誦《法華經》，遂以此獲免。詧後見之，常曰：『甄公好得《法華經》力。』後位吏部尚書，有文集二十卷。

子詡，少沈敏，閑習政事。歷中書舍人、尚書右丞。從琮入隋，授開府儀同三司，終於太府少卿。

岑善方，字思義，南陽棘陽人。祖惠甫，給事中。父昶，散騎侍郎。善方有器局，博綜經史。同刑獄參軍隨詧至襄陽。詧初請內附，以善方兼記室充使，往來凡數十反。魏恭帝二年，封長寧縣公。及詧稱帝，位散騎侍郎、起部尚書。善方性清慎，有當世幹能，故詧委以機密。卒，贈太常卿，謚曰敬。所著文集十卷。

有七子，並有操行。之元、之利、之象最知名。之元太子舍人，早卒。之利仕隋，位零陵郡丞。之象仕隋，尚書虞部員外侍郎，邵陵、上宜、渭南、邯鄲四縣令。

宗如周，南陽人。有才學，以府僚隨詧，後至度支尚書。如周面狹長，詧以《法華經》云：『聞經隨喜，面不俠長。』嘗戲之曰：『卿何為謗經？』如周踧踖，自陳不謗。詧又謂之如初。如周懼，出告蔡大寶。大寶知其旨，笑謂之曰：『君當不謗餘經，正應不信《法華》耳。』如周乃悟。又嘗有人訴事于如周，謂為經作如州官也。乃曰：『某有屈滯，故來訴如州官。』如周曰：『爾何小人，敢呼我名！』其人慚謝曰：『祇言如周官作如州，不知如州官名如周，早知如州官名如周，則不敢喚如周官作如州。』如周乃笑曰：『令卿自責，見侮反深。』衆咸服其寬雅。

袁敞，陳郡人。祖昂，司空。父士俊，安成內史。敞少有識量，博涉文史。以吏部郎使詣周。時主者以敞班在陳使之後，敞固不從命曰：『昔陳之祖父，乃梁諸侯下吏，盜有江東。今周朝宗萬國，招攜以禮。若使梁之行人在陳之後，便恐彝倫失序。豈使臣之所望焉。』主者不能屈，遂以狀奏。周武帝善之，乃詔敞與陳使異日而進。使還，以稱旨，遷侍中。轉左户尚書。從琮入隋，授開府儀同三司。終於譙州刺史。

《隋書》卷七九《外戚傳・蕭巋》　蕭巋，字仁遠，梁昭明太子統之孫也。父詧，初封岳陽王，鎮襄陽。侯景之亂，其兄河東王譽與其叔父湘東王繹不協，為繹所害。及繹嗣位，詧稱藩於西魏，乞師請討繹。周太祖以詧為梁主，遣柱國於謹等率騎五萬襲繹，滅之。詧遂都江陵，有荆郡、其西平州延袤三百里之地，稱皇帝于其國，車服節文一同王者。仍置江陵總管，以兵戍之。詧薨，巋嗣位，年號天保。巋俊辯有才學，兼好內典。周武帝平齊之後，巋來賀，帝享之甚歡。親彈琵琶，令巋起舞，巋曰：『陛下親御五絃，臣敢不同百獸！』高祖受禪，恩禮彌厚，遣使賜金五百兩，銀千兩，布帛萬匹，馬五百匹。巋來朝，上甚敬焉，詔巋位在王公之上。巋被服端麗，進退閒雅，天子矚目，百僚傾慕。賞賜以億計。月餘歸藩，帝親餞于滻水之上。後備禮納其女為晉王妃，又欲以其子瑒尚蘭陵公主。由是漸見親待。獻皇后言于上曰：『梁主通家，腹心所寄，何勞猜防也。』上然之，於是罷江陵總管，巋專制其國。歲餘，巋又來朝，賜縑萬匹，珍玩稱是。及還，上親執手曰：『梁主久滯荆楚，未復舊都，故鄉之念，良軫懷抱。朕當振旅長江，相送旋反耳。』巋拜謝而去。其年五月，寢疾，臨終上表曰：『臣以庸暗，曲荷天慈，寵冠外藩，恩逾連山，爰及子女，尚主婚王。每願躬擐甲胄，身先士卒，掃蕩逋寇，上報明時。而攝生乖舛，遽罹屙疾，屬纊在辰，顧陰待謝。長違聖世，感戀嗚咽，遺嗣孤藐，特乞降慈。伏願聖躬與山岳同固，皇基等天日俱永，臣雖九泉，實無遺恨。』並獻所服金裝劍，上覽而嗟悼焉。巋在位二十三年，年四十四薨，梁之臣子謚曰孝明皇帝，廟號世宗。子琮嗣。巋著《孝經》、《周易義記》及《大小乘幽微》十四卷，行於世。

琮字温文，性寬仁，有大度，倜儻不羈，博學有文義。兼善弓馬，遣人伏地著帖，琮馳馬射之，十發十中，持帖者亦不懼。初封東陽王，尋立為梁太子。及嗣位，上賜璽書曰：『負荷堂構，其事甚重，雖窮憂勞，常須自力。輯諧內外，親任才良，聿遵世業，是所望也。彼之疆守，咫尺陳人，水潦之時，特宜警備。陳氏比日雖復朝聘相尋，疆埸之間猶未清肅，唯當恃我必不可幹，勿得輕人而不設備。朕與梁國，積世相知，重以親姻，情義彌厚。江陵之地，朝寄非輕，為國為民，深宜抑割，恆加饘粥，以禮自存。』又賜梁之大臣璽書，誡勉之。時琮年號廣運，有識者曰：『運之為字，軍走也，吾君將奔走乎？』其年，琮遣大將軍戚昕以舟師襲陳公安，不克而還。征琮叔父岑入朝，拜為大將軍，封懷義公，因留不遣。復置江陵總管以監之。琮所署大將軍許世武密以城召陳將宜黃侯陳紀，謀泄，琮誅之。後二歲，上徵琮入朝，率其臣下二百餘人朝于京師，江陵父老莫不隕涕相謂曰：『吾君其不反矣！』上以琮來朝，遣武鄉公崔弘度將兵戍之。軍至鄀州，琮叔父巖及弟瓛等懼弘度掩襲之，遂引陳人至城下，虜居民而叛，於是廢梁國。上遣左僕射高熲安集之，曲赦江陵死罪，給民復十年。梁二主各給守墓十户。拜琮為柱國，賜爵莒國公。煬帝嗣位，以皇后之故，甚見親重。拜內史令，改封梁公。琮之宗族，緦麻以上，並隨才擢用，於是諸蕭昆弟布列朝廷。琮性淡雅，不以職務自嬰，退朝縱酒而已。內史令楊約與琮同列，帝令約宣旨誡勵，約復以私情喻之。琮答曰：『琮若復事事，則何異於公哉！』約笑而退。約兄素，時為尚書令，見琮嫁從父妹于鉗耳氏，因謂琮曰：『公，帝王之族，望高戚美，何乃適妹鉗耳氏乎？』琮曰：『前已嫁妹于侯莫陳氏，此復何疑！』素曰：『鉗耳，羌也，侯莫陳，虜也，何得相比！』素意以虜優羌劣。琮曰：『以羌異虜，未之前聞。』素慚而止。琮雖羈旅，見北間豪貴，無所降下。嘗與賀若弼深相友善，弼既被誅，復有童謠曰：『蕭蕭亦復起。』帝由是忌之，遂廢於家，未幾而卒。贈左光祿大夫。子鉉，襄城通守。復以琮弟子鉅為梁公。

鉅小名藏，煬帝甚昵之，以為千牛，與宇文皛出入宮掖，伺察內外。帝每有遊宴，鉅未嘗不從焉，遂于宮中多行淫穢。江都之變，為宇文化及所殺。

瓛字欽文，少聰敏，解屬文。在梁為荊州刺史，頗有能名。崔弘度以兵至鄀州，瓛懼，與其叔父巖奔于陳。陳主以為侍中、安東將軍、吳州刺史，甚得物情，三吳父老皆曰：『瓛吾君子也。』及陳亡，吳人推瓛為主。吳人見梁武、簡文及詧、巋等兄弟並第三而踐尊位，瓛自以巋之第三子也，深自矜負。有謝異者，頗知廢興，梁、陳之際，言無不驗，江南人甚敬信之。及陳主被擒，異奔於瓛，由是益為衆所歸。褒國公宇文述以兵討之，瓛遣王哀守吳州，自將拒述。述遣兵別道襲吳州，哀懼，衣道士服，棄城而遁。瓛衆聞之，悉無鬭志，與述一戰而敗。瓛將左右數人逃於太湖，匿於民家，為人所執，送於述所，斬之長安，時年二十一。

弟璟，為朝請大夫、尚衣奉御。瑒，歷衛尉卿、秘書監、陶丘侯。瑀，歷內史侍郎、河池太守。

論說

《周書》卷四八《蕭詧傳論》 梁主任術好謀，知賢養士，蓋有英雄之志，霸王之略焉。及淮海版蕩，骨肉猜貳，擁衆自固，稱藩內款，終能據有全楚，中興頹運。雖土宇殊於舊邦，而位號同於曩日。貽厥自遠，享國數世，可不謂賢哉。嗣子纂承舊業，增修遺構，賞罰得衷，舉厝有方。密邇寇讎，則威略具舉；朝宗上國，則聲猷遠振。豈非繼世之令主乎。

《北史》卷九三《僭僞附庸傳論》 自金行運否，中原喪亂，元氏唯天所命，方一函夏。鐵弗、徒何之輩，雖非行録所歸，觀其遞為割據，亦一時之傑。然而卒至夷滅，可謂魏之驅除。梁主任術好謀，愛賢養士，蓋有英雄之志，霸王之略焉。及淮海版蕩，骨肉猜貳，擁衆自固，稱藩內款，終能據有全楚，中興頹運。雖土宇殊於舊邦，而位號同於曩日。貽厥自遠，享國雖短，可不謂賢哉！嗣子纂業，增修遺構，賞罰得衷，舉厝有方。密邇寇讎，則威略具舉；朝宗上國，則聲猷遠振。豈非繼世之令主乎？琮大去其邦，因而不反，遂為外戚。不事自持，蓋亦守滿之道也。

《隋書》卷七九《外戚傳論》 三五哲王，防深慮遠，舅甥之國，罕執鈞衡，母后之家，無聞傾敗。爰及漢、晉，顛覆繼軌，皆由乎進不以禮，故其斃亦速。若使獨孤權侔呂、霍，必敗于仁壽之前，蕭氏勢均梁、竇，豈全于大業之後！今或不隕舊基，或更隆先構，豈非處之以道，不預權寵之所致乎！

清·王鳴盛《十七史商榷》卷五七《南史合宋齊梁陳書五·江左不可無蜀》 梁州、益州二刺史所領，則三國時蜀境也。江左不可無蜀，蓋其爲國，東則倚淮南數郡爲屏蔽，中則資荆、襄、夔、鄧爲藩籬，而西則巴蜀亦其右臂。險既足恃，吴楚溯流直達，由漢中可窺關陝。晉滅蜀，吴不能救，失掎角之勢，晉之取吴易矣。自晉惠帝時蜀爲李特所據，後爲桓温所滅，義熙中又暫爲譙縱所據，約九年，旋爲朱齡石所滅，自此歷宋、齊、梁，蜀長爲江左有矣。《梁書·武帝紀》天監元年六月，前益州刺史劉季連據成都反，二年五月，益州刺史鄧元起克成都，曲赦益州。此當梁武初受禪，小有反側而旋定。天監四年，魏王足攻涪城，邢巒規定巴西，已而自却，蜀仍梁有，梁武享國最久，勢頗雄盛，蜀之南屬久矣，直至侯景大亂後，而武陵王紀尚據有全蜀，前後在蜀十七年，南開寧州越巂，西通資陵、吐谷渾，士馬殷富，若梁之子弟多賢，有此藩翰，國豈易亡？無奈紀與元帝同一無人心，侯景之難不赴援，侯景已平，反率兵東下，欲圖即尊坐，使骨肉相殘，爲元帝所誅，西魏乘其國中空虚，遂取蜀矣。西魏太師泰問大將軍代人尉遲迥以取蜀方略，迥曰：『蜀與中國隔絶百有餘年。』計蜀自東晉穆帝永和三年入晉，至梁元帝承聖二年入西魏，實二百有七年，迥言百有餘年者，豈以譙縱稱藩於姚秦，除去數年，不滿二百之數乎？且迥方言蜀之易取，應屬中國，欲言其竊據之日淺，不欲言其久也。此二百年中，晉、宋、齊、梁立國不全恃蜀，而蜀實足以壯其形勢，譬常山率然之蛇，擊首尾應，擊中首尾皆應，吴楚蜀實然，陳承梁，土宇迫陿，東既無淮肥，西又失蜀，文軌所同不過江外，故隋之取陳勢如破竹，與晉取吴同，信乎江左不可無蜀也。厥後趙宋南遷，猶賴吴玠保蜀焉。

又　卷六八《北史合魏齊周隋書四·後梁最難位置》　史家最難位置，莫如後梁蕭詧三世矣。詧初附於西魏，似應入《魏書》，然其時名雖魏，實宇文泰秉權，不入魏而入之周可也。詧死於周代，謂之純周可也。其子歸、其孫琮皆隋人，又當入《隋書》，但歸、琮方爲隋臣，豈得因子孫歸隋，追命祖父爲隋乎？似應仍歸梁，但梁元帝雖無人道，畢竟侯景係其所討誅，不得不以正統歸之，舍此正統幾無所係，然則詧是元帝之逆臣，若入《梁書》，將舍敬帝而以詧嗣元帝，列於本紀，有此理乎？若與正德輩合傳，列於侯景之前，又覺太過。梁元帝無故聽讒，殺桂陽王糙，滅河東王譽，詧救譽結怨，逃死附魏，豈與正德等比？且正德等轉眼即亡，詧稱帝三世，存梁祀三十三年，亦未可爲列傳。輾轉思之，無可安頓，故令狐德棻不得已而附末，然多所牴牾，名實不副，究屬欠妥。李延壽於《北史》末別立《僭僞附庸》一目而入之，但赫連勃勃等於魏爲敵國，後梁於周、隋爲臣屬，二者何可强合？愚謂此特礙難作傳耳，若竟作傳，以詧入《周書》，以歸、琮入《隋書》，似可。總之，史家最難位置莫如後梁。

北朝更替分部

綜　述

《魏書》卷一一《出帝平陽王紀》　（永熙三年）秋七月辛巳朔，以鎮東將軍、前大鴻臚卿、太原王昶特爲車騎大將軍、儀同三司。己丑，帝親總六軍十餘萬衆次於河橋。以斛斯椿爲前軍大都督，尋詔椿鎮虎牢。又詔荆州刺史賀拔勝赴於行所。勝率所部次於汝水。庚子，以使持節、征西將軍、岐州刺史越肱特爲儀同三司。丁未，帝爲椿等迫脅，遂出於長安。己酉，齊獻武王入洛，賀拔勝走還荆州。

八月甲寅，推司徒公、清河王亶爲大司馬，承制總萬幾，居尚書省。辛酉，齊獻武王西迎車駕。戊辰，制曰：『晦爲明始，亂實治基，爰著天道，又符人事。故姬祚中微，踐土有勤王之役；劉氏將傾，北軍致左袒之舉。用能隆此遠年，克兹卜世。永熙之季，權佞擅朝，羣小是崇，勳賢見害。官緣價以貴賤，獄因貨而死生。宗祏飄若綴旒，民命棄如草莽。大丞相位居晉鄭，任屬桓文，興甲汾川，問罪伊洛。羣奸畏威，擁迫人主，以自蔽衛，遠出秦方。雖車駕流移，未即返御，然權佞將除，天下延頸。魏邦雖舊，其化惟新，思與兆民，同兹更始。可大赦天下。』行臺侯景討荆州，賀拔勝戰敗，走奔蕭衍。

九月癸巳，以衛大將軍、河南尹元子思爲使持節、行臺僕射，使持節、驃騎大將軍、開府儀同三司、領軍將軍婁昭爲西道大都督，并率左右侍官西迎車駕。己酉，椿黨毛鴻賓守潼關，齊獻武王破擒之。是日，齊獻武王東還於洛。是月，東清河人傅晶殺太守韓子捷，據郡反。會赦，乃降。

冬十月戊辰，使持節、驃騎大將軍、開府儀同三司、行青州事侯淵克東陽，斬刺史東萊王貴平，傳首京師。

閏十二月癸巳，帝爲宇文黑獺所害，時年二十五。

又　卷一二《孝靜帝紀》　孝靜皇帝，諱善見，清河文宣王亶之世子也，母曰胡妃。永熙三年，拜通直散騎侍郎，八月，爲驃騎大將軍、開府儀同三司。出帝既入關，齊獻武王奉迎不克，乃與百僚會議，推帝以奉肅宗之後，時年十一。

冬十月丙寅，即位于城東北，大赦天下，改永熙三年爲天平元年。庚午，以太師、趙郡王諶爲大司馬，以司空、咸陽王坦爲太尉，以開府儀同三司高盛爲司徒，以開府儀同三司高昂爲司空。壬申，有事于太廟。

詔曰：『安安能遷，自古之明典；所居靡定，往昔之成規。是以殷遷八城，周卜三地。吉凶有數，隆替無恆。事由於變通，理出於不得已故也。高祖孝文皇帝式觀乾象，俯協人謀，發自武州，來幸嵩縣，魏雖舊國，其命惟新。及正光之季，國步孔棘，喪亂不已，寇賊交侵，俾我生民，無所措手。今遠遵古式，深驗時事，考龜襲吉，遷宅漳滏。庶克隆洪基，再昌寶曆。主者明爲條格，及時發邁。』丙子，車駕北遷于鄴。詔齊獻武王留後部分。改司州爲洛州，以衛大將軍、尚書令元弼爲驃騎大將軍、儀同三司、洛州刺史，鎮洛陽。詔從遷之戶，百官給復三年，安居人五年。

十有一月，兗州刺史樊子鵠、南青州刺史大野拔據瑕丘反。庚寅，車駕至鄴，居北城相州之廨。改相州刺史爲司州牧，魏郡太守爲魏尹，徙鄴舊人西徑百里以居新遷之人，分鄴置臨漳縣，以魏郡、林慮、廣平、陽丘、汲郡、黎陽、東濮陽、清河、廣宗等郡爲皇畿。十有二月丁卯，燕郡王賀拔允薨。庚午，詔內外解嚴，百司悉依舊章，從容雅服，不得以矛鈠從事。丙子，遣侍中封隆之等五人爲大使，巡諭天下。丁丑，赦畿內。閏月，蕭衍以元慶和爲鎮北將軍、魏王，入據平瀨鄉。宇文黑獺既害出帝，乃以南陽王寶炬僭尊號。初置四中郎將，於礓石橋置東中，蒲泉置西中，濟北置南中，洺水置北中。【略】

（武定八年）五月甲寅，詔齊王爲相國，總百揆，封冀州之勃海、長樂、安德、武邑，瀛州之河間、高陽、章武，定州之中山、常山、博陵十郡，二十萬戶，備九錫之禮；以齊國太妃爲王太后，王妃爲王后。丙辰，詔歸帝位於齊國，即日遜於別宮。

齊天保元年五月己未，封帝爲中山王，邑一萬戶；上書不稱臣，答不稱詔，載天子旌旗，行魏正朔，乘五時副車；封王諸子爲縣公，邑各一千戶；奉絹三萬匹，錢一千萬，粟二萬石，奴婢三百人，水碾一具，田百頃，園一所；於中山國立魏宗廟。二年十二月己酉，中山王殂，時年二十八。三年二月，奉謚曰孝靜皇帝，葬于漳西山崗。其後發之，陵崩，死者六十人。

《北齊書》卷二《神武帝紀下》　（天平元年）二月，永寧寺九層浮圖災。既而人有從東萊至，云及海上人咸見之於海中，俄而霧起乃滅。說者以爲天意若曰，永寧見災，魏不寧矣，飛入東海，渤海應矣。

魏帝既有異圖，時侍中封隆之與孫騰私言，隆之喪妻，魏帝欲妻以妹。騰亦未之信，心害隆之，洩其言於斛斯椿。椿以白魏帝。又孫騰帶仗入省，擅殺御史。並亡來奔。稱魏帝撾舍人梁續於前，光祿少卿元子幹攘臂擊之，謂騰曰：『語爾高王，元家兒拳正如此。』領軍婁昭辭疾歸晉陽。魏帝於是以斛斯椿兼領軍，分置督將及河南、關西諸刺史。華山王鷙在徐州，神武使邸珍奪其管籥。建州刺史韓賢、濟州刺史蔡儁皆神武同義，魏帝忌之。故省建州以去賢，使御史中尉綦儁察儁罪，以開府賈顯智爲濟州。儁拒之，魏帝逾怒。

五月下詔，云將征句吳，發河南諸州兵，增宿衛，守河橋。六月丁巳，魏帝密詔神武曰：『宇文黑獺自平破秦、隴，多求非分，脫有變詐，事資經略。但表啓未全背戾，進討事涉忽忽，遂召羣臣，議其可否。僉言假稱南伐，內外戒嚴，一則防黑獺不虞，二則可威吳楚。』時魏帝將伐神武，神武部署將帥，慮疑，故有此詔。神武乃表曰：『荆州綰接蠻左，密邇畿服，關隴恃遠，將有逆圖。臣今潛勒兵馬三萬，擬從河東而渡；又遣恒州刺史厙狄干、瀛州刺史郭瓊、汾州刺史斛律金、前武衛將軍彭樂擬兵四萬，從其來違津渡；遣領軍將軍婁昭、相州刺史竇泰、前瀛州刺史堯雄、并州刺史高隆之擬兵五萬，以討荆州；遣冀州刺史尉景、前冀州刺史高敖曹、濟州刺史蔡儁、前侍中封隆之擬山東兵七萬、突騎五萬，以征江左。皆約所部，伏聽處分。』魏帝知覺其變，乃出神武表，命羣官議之，欲止神武諸軍。神武乃集在州僚佐，令其博議，還以表聞。仍以信誓自明忠款曰：『臣爲嬖佞所間，陛下一旦賜疑，今猖狂之罪，爾朱時討。臣若不盡誠竭節，敢負陛下，則使身受天殃，子孫殄絶。陛下若垂信赤心，使干戈不動，佞臣一二人願斟量廢出。』辛未，帝復録在京文武議意以答神武，使舍人温子昇草勑。子昇逡巡未敢作。帝據胡牀，拔劍作色。子昇乃爲勑曰：

前持心血，遠以示王，深冀彼此共相體悉，而不良之徒坐生間貳。近孫騰倉卒向彼，致使聞者疑有異謀，故遣御史中尉綦儁具申朕懷。今得王啓，言誓懇惻，反覆思之，猶所未解。以朕眇身，遇王武略，不勞尺刃，坐爲天子，所謂生我者父母，貴我者高王。今若無事背王，規相攻討，則使身及子孫，還如王誓。皇天后土，實聞此言。

近慮宇文爲亂，賀拔勝應之，故纂嚴，欲與王俱爲聲援。宇文今日使者相望，觀其所爲，更無異迹。賀拔在南，開拓邊境，爲國立功，念無可責。君若欲分討，何以爲辭。東南不賓，爲日已久，先朝已來，置之度外。今天下戶口減半，未宜窮兵極武。

朕既闇昧，不知佞人是誰，可列其姓名，令朕知也。如聞厙狄干語王云：『本欲取懦弱者爲主，王無事立此長君，使其不可駕御，今但作十五日行，自可廢之，更立餘者。』如此議論，自是王間勳人，豈出佞臣之口。去歲封隆之背叛，今年孫騰逃走，不罪不送，誰不怪王！騰既爲禍始，曾無愧懼，王若事君盡誠，何不斬送二首。王雖啓圖西去，而四道俱進，或欲南度洛陽，或欲東臨江左，言之者猶應自怪，聞之者寧能不疑。王若守誠不貳，晏然居北，在此雖有百萬之衆，終無圖彼之心。王脫信邪棄義，舉旗南指，縱無匹馬隻輪，猶欲奮空拳而爭死。朕本寡德，王已立之，百姓無知，或謂實可。若爲他所圖，則彰朕之惡，假令還爲王殺，幽辱虀粉，了無遺恨。何者？王既以德見推，以義見舉，一朝背德舍義，便是過有所歸。本望君臣一體，若合符契，不圖今日分疏到此。古語云：『越人射我，笑而道之；吾兄射我，泣而道之。』朕既親王，情如兄弟，所以投筆拊膺，不覺歔欷。

初，神武自京師將北，以爲洛陽久經喪亂，王氣衰盡，雖有山河之固，土地褊狹，不如鄴，請遷都。魏帝曰：『高祖定鼎河洛，爲永永之基，經營制度，至世宗乃畢。王既功在社稷，宜遵太和舊事。』神武奉詔，至是復謀焉。遣三千騎鎮建興，益河東及濟州兵，於白溝虜船不聽向洛，諸州和糴粟運入鄴城。魏帝又勑神武曰：『王若厭伏人情，杜絶物議，唯有歸河東之兵，罷建興之戍，送相州之粟，追濟州之軍，令蔡儁受代，使邸珍出徐，止戈散馬，各事家業，脫須糧廩，別遣轉輸，則讒人結舌，疑悔不生。王高枕太原，朕垂拱京洛，終不舉足渡河，以干戈相指。王若馬首南向，問鼎輕重，朕雖無武，欲止不能，必爲社稷宗廟出萬死之策。決在於王，非朕能定，爲山止簣，相爲惜之。』魏帝時以任祥爲兼尚書左僕射，加開府，祥棄官走至河北，據郡待神武。魏帝乃勑文武官北來者任去留，下詔罪狀神武，爲北伐經營。神武亦勒馬宣告曰：『孤遇爾朱擅權，舉大義於四海，奉戴主上，義貫幽明，横爲斛斯椿讒構，以誠節爲逆首。昔趙鞅興晉陽之甲，誅君側惡人。今者南邁，誅椿而已。』以高昂爲前鋒，曰：『若用司空言，豈有今日之舉。』司馬子如答神武曰：『本欲立小者，正爲此耳。』

魏帝徵兵關右，召賀拔勝赴行在所，遣大行臺長孫承業、大都督潁川王斌之、斛斯椿共鎮武牢，汝陽王暹鎮石濟，行臺長孫子彥帥前恒農太守元洪略鎮陝，賈顯智率豫州刺史斛斯元壽伐蔡儁。神武使竇泰與左廂大都督莫多婁貸文逆顯智，韓賢逆暹。元壽軍降。泰、貸文與顯智遇於長壽津，顯智陰約降，引軍退。軍司元玄覺之，馳還，請益師。魏帝遣大都督侯幾紹赴之，戰於滑臺東，顯智以軍降，紹死之。

七月，魏帝躬率大衆屯河橋。神武至河北十餘里，再遣口申誠款，魏帝不報。神武乃引軍渡河。魏帝問計於羣臣，或云南依賀拔勝，或云西就關中，或云守洛口死戰。未決。而元斌之與斛斯椿爭權不睦，斌之棄椿徑還，紿帝云：『神武兵至。』即日，魏帝遜於長安。己酉，神武入洛陽，停於永寧寺。

八月甲寅，召集百官，謂曰：『爲臣奉主，匡救危亂，若處不諫爭，出不陪隨，緩則耽寵爭榮，急便逃竄，臣節安在！』遂收開府儀同三司叱列延慶、兼尚書左僕射辛雄、兼吏部尚書崔孝芬、都官尚書劉廞、兼度支尚書楊機、散騎常侍元士弼並殺之，誅其貳也。士弼籍没家口。神武以萬機不可曠廢，乃與百僚議以清河王亶爲大司馬，居尚書下舍而承制決事焉。王稱警蹕，神武醜之。神武尋至恒農，遂西剋潼關，執毛洪賓。進軍長城，龍門都督薛崇禮降。神武退舍河東，命行臺尚書長史薛瑜守潼關，大都督厙狄温守封陵。於蒲津西岸築城，守華州，以薛紹宗爲刺史。高昂行豫州事。神武自發晉陽，至此凡四十啓，魏帝皆不答。

九月庚寅，神武還於洛陽，乃遣僧道榮奉表關中，又不答。乃集百僚四門耆老，議所推立。以爲自孝昌喪亂，國統中絶，神主靡依，昭穆失序，永安以孝文爲伯考，永熙遷孝明於夾室，業喪祚短，職此之由。遂議立清河王世子善見。議定，白清河王。王曰：『天子無父，苟使兒立，不惜餘生。』乃立之，是爲孝靜帝。魏於是始分爲二。神武以孝武既西，恐逼崤、陜，洛陽復在河外，接近梁境，如向晉陽，形勢不能相接，乃議遷鄴，護軍祖瑩贊焉。詔下三日，車駕便發，户四十萬狼狽就道。神武留洛陽部分，事畢還晉陽。自是軍國政務，皆歸相府。先是童謡曰：『可憐青雀子，飛來鄴城裏，羽翮垂欲成，化作鸚鵡子。』好事者竊言，雀子謂魏帝清河王子，鸚鵡謂神武也。

又 卷四《文宣帝紀》 武定七年八月，世宗遇害，事出倉卒，内外震駭。帝神色不變，指麾部分，自臠斬羣賊而漆其頭，徐宣言曰：『奴反，大將軍被傷，無大苦也。』當時内外莫不驚異焉。乃赴晉陽，親總庶政，務從寬厚，事有不便者咸蠲省焉。

冬十月癸未朔，以咸陽王坦爲太傅，潘相樂爲司空。

十一月戊午，吐谷渾國遣使朝貢。梁齊州刺史茅靈斌、德州刺史劉領隊、南豫州刺史皇甫慎等並以州内屬。

十二月己酉，以并州刺史彭樂爲司徒，太保賀拔仁爲并州刺史。

八年春正月庚申，梁楚州刺史宋安顧以州内屬。辛酉，魏帝爲世宗舉哀於東堂。梁定州刺史田聰能、洪州刺史張顯等以州内屬。戊辰，魏詔進帝位使持節、丞相、都督中外諸軍事、録尚書事、大行臺、齊郡王，食邑一萬户。甲戌，地豆于國遣使朝貢。

三月辛酉，又進封齊王，食冀州之渤海長樂安德武邑、瀛州之河間五郡，邑十萬户。自居晉陽，寢室夜有光如晝。既爲王，夢人以筆點己額。旦以告館客王曇哲曰：『吾其退乎？』曇哲再拜賀曰：『王上加點，便成主字，乃當進也。』

夏五月辛亥，帝如鄴。甲寅，進相國，總百揆，封冀州之渤海長樂安德武邑、瀛州之河間高陽章武、定州之中山常山博陵十郡，邑二十萬户，加九錫，殊禮，齊王如故。【略】

魏帝以天人之望有歸，丙辰，下詔曰：

三才剖判，百王代興，治天静地，和神敬鬼，庇民造物，咸自靈符，非一人之大寶，實有道之神器。昔我宗祖應運，奄一區宇，歷聖重光，暨於九葉。德之不嗣，仍離屯圮，盜名字者遍於九服，擅制命者非止三公，主殺朝危，人神靡繫，天下之大，將非魏有。賴齊獻武王奮揚靈武，剋翦多難，重懸日月，更綴參辰，廟以掃除，國由再造，鴻勳巨業，無德而稱。逮文襄承構，世業逾廣，邇安遠服，海内晏如，國命已康，生生得性。迄相國齊王，緯文經武，統兹大業，盡叡窮幾，研深測化，思隨冥運，智與神行，恩比春天，威同夏日，坦至心於萬物，被大道於八方，故百僚師師，朝無秕政，網疏澤洽，率土歸心。外盡江淮，風靡屈膝，辟地懷人，百城奔走，關隴慕義而請好，瀚漠仰德而致誠。伊所謂命世應期，實撫千載。禎符雜遝，異物同途，謳頌填委，殊方一致，代終之迹斯表，人靈之契已合，天道不遠，我不獨知。

朕入纂鴻休，將承世祀，籍援立之厚，延宗社之算。静言大運，欣於避賢，遠惟唐、虞禪代之典，近想魏、晉揖讓之風，其可昧興替之禮，稽神祇之望？今便遜於别宫，歸帝位於齊國，推聖與能，眇符前軌。主者宣布天下，以時施行。

又使兼太尉彭城王韶、兼司空敬顯儁奉册曰：

咨爾相國齊王：夫氣分形化，物繫君長，皇王遞興，人非一姓。昔放勳馭世，沉璧屬子；重華握曆，持衡擁璇。所以英賢茂實，昭晰千古，豈盛衰有運，興廢在時，知命不得不授，畏天不可不受。是故漢劉告否，當塗順民，曹歷不永，金行納禪，此皆重規襲矩，率由舊章者也。

我祖宗光宅，混一萬宇。迄於正光之末，奸孽乘權，厥政多僻，九域離盪。永安運窮，人靈殄瘁，羣逆滔天，割裂四海，國土臣民，行非魏有。齊獻武王應期授手，鳳舉龍驤，舉廢極以立天，扶傾柱而鎮地，剪滅黎毒，匡我墜曆，有大德於魏室，被博利於蒼生。及文襄繼軌，誕光前業，內剿凶權，外摧侵叛，遐邇肅晏，功格上玄。王神衹協德，舟梁一世，體文昭武，追變窮微。自舉迹藩旗，頌歌總集，入統機衡，風猷弘遠。及大承世業，扶國昌家，相德日躋，霸風愈邈，威靈斯暢則荒遠奔馳，聲略所播而鄰敵順款。以富有之資，運英特之氣，顧眄之間，無思不服。圖諜潛蘊，千祀彰明，嘉禎幽秘，一朝紛委，以表代德之期，用啓興邦之迹，蒼蒼在上，照臨不遠。朕以虛昧，猶未逡巡，靜言愧之，坐而待旦。且時來運往，嬀舜不暇以當陽，世革命改，伯禹不容於北面，況於寡薄，而可踟躕。是以仰協穹昊，俯從百姓，敬以帝位式授於王。天祿永終，大命格矣。於戲！其袛承曆數，允執其中，對揚天休，斯年千萬，豈不盛歟！

又致璽書於帝，遣兼太保彭城王韶、兼司空敬顯俊奉皇帝璽綬，禪代之禮一依唐虞、漢魏故事。又尚書令高隆之率百僚勸進。戊午，乃即皇帝位於南郊，升壇柴燎告天曰：

皇帝臣洋敢用玄牡，昭告於皇皇后帝：否泰相沿，廢興迭用，至道無親，應運斯輔。上覽唐、虞，下稽魏、晉，莫不先天揖讓，考歷歸終。魏氏多難，年將三十，孝昌已後，內外去之。世道横流，蒼生塗炭。賴我獻武，拯其將溺，三建元首，再立宗祧，掃絕羣凶，芟夷奸宄，德被黔黎，勳光宇宙。文襄嗣武，克構鴻基，功浹寰宇，威稜海外，窮髮懷音，西寇納款，青丘保候，丹穴來庭，扶翼危機，重匡頹運，是則有大造於魏室也。

魏帝以卜世告終，上靈厭德，欽若昊天，允歸大命，以禪於臣洋。夫四海至公，天下爲一，總民宰世，樹之以君。既川岳啓符，人神效祉，羣公卿士，八方兆庶，僉曰皇極乃顧於上，魏朝推進於下，天位不可以暫虛。遂逼羣議，恭膺大典。猥以寡薄，託於兆民之上，雖天威在顔，咫尺無遠，循躬自省，實懷袛惕。敬簡元辰，升壇受禪，肆類上帝，以答萬國之心，永隆嘉祉，保祐有齊，以被於無窮之祚。

是日，京師獲赤雀，獻於南郊。事畢，還宮，御太極前殿。詔曰：『無德而稱，代刑以禮，不言而信，先春後秋。故知惻隱之化，天人一揆，弘宥之道，今古同風。朕以虛薄，功業無紀。昔先獻武王值魏世不造，九鼎行出，乃驅御侯伯，大號燕、趙，拯厥顛墜，俾亡則存。文襄王外挺武功，內資明德，纂戎先業，闢土服遠。年踰二紀，世歷兩都，獄訟有適，謳歌斯在。故魏帝俯遵曆數，爰念褰裳，遠取唐、虞，終同脫屣。實幽憂未已，志在陽城，而羣公卿士誠守愈切，遂屬代終，居於民上，如涉深水，有眷終朝。始發晉陽，九尾呈瑞，外壇告天，赤雀效祉。惟爾文武不貳心之臣，股肱爪牙之將，左右先王，克隆大業，永言誠節，共斯休祉。思與億兆同始茲日，其大赦天下。改武定八年爲天保元年。其百官進階，男子賜爵，鰥寡六疾義夫節婦旌賞各有差。』

己未，詔封魏帝爲中山王，食邑萬戶；上書不稱臣，答不稱詔，載天子旌旗，行魏正朔，乘五時副車；封王諸子爲縣公，邑一千戶；奉絹萬匹，錢千萬，粟二萬石，奴婢二百人，水碾一具，田百頃，園一所。詔追尊皇祖文穆王爲文穆皇帝，妣爲文穆皇后，皇考獻武王爲獻武皇帝，皇兄文襄王爲文襄皇帝，祖宗之稱，付外速議以聞。辛酉，尊王太后爲皇太后。乙丑，詔降魏朝封爵各有差。其信都從義及宣力霸朝者，及西來人並武定六年以來南來投化者，不在降限。辛未，遣大使於四方，觀察風俗，問民疾苦，嚴勒長吏，厲以廉平，興利除害，務存安靜。若法有不便於時，政有未盡於事者，具條得失，還以聞奏。甲戌，遷神主於太廟。

又 卷八《幼主紀》 幼主名恒，帝之長子也。母曰穆皇后，武平元年六月生於鄴。其年十月，立爲皇太子。

隆化二年春正月乙亥，即皇帝位，時八歲，改元爲承光元年，大赦，尊皇太后爲太皇太后，帝爲太上皇帝，后爲太上皇后。於是黄門侍郎顔之推、中書侍郎薛道衡、侍中陳德信等勸太上皇帝往河外募兵，更爲經略，若不濟，南投陳國，從之。丁丑，太皇太后、太上皇后自鄴先趣濟州。周師漸逼，癸未，幼主又自鄴東走。己丑，周師至紫陌橋。癸巳，燒城西門。太上皇將百餘騎東走。乙亥，渡河入濟州。其日，幼主禪位於大丞相、任城王湝，令侍中斛律孝卿送禪文及璽紱於瀛州，孝卿乃以之歸周。又爲任城王詔，尊太上皇爲無上皇，幼主爲守國天王。留太皇太后濟州，遣高阿那肱留守。太上皇並皇后攜幼主走青州，韓長鸞、鄧顒等數十人從。太上皇既至青州，即爲入陳之計。而高阿那肱召周軍，約生致齊主，而屢使人告言，賊軍在遠，已令人燒斷橋路。太上所以停緩。周軍奄至青州，太上窘急，將遜於陳，置金囊於鞍後，與長鸞、淑妃等十數騎至青州南鄧村，爲周將尉遲綱所獲。送鄴，周武帝與抗賓主禮，并太后、幼主、諸王俱送長安，封帝温國公。至建德七年，誣與宜州刺史穆提婆謀反，及延宗等數十人無少長咸賜死，神武子孫所存者一二而已。至大象末，陽休之、陳德信等啓大丞相隋公，請收葬，聽之，葬長安北原洪瀆川。

《周書》卷一《文帝紀》（永熙三年）八月，齊神武襲陷潼關，侵華陰。太祖率諸軍屯霸上以待之。齊神武留其將薛瑾守關而退。太祖乃進軍討瑾，虜其卒七千，還長安，進位丞相。

冬十月，齊神武推魏清河王亶子善見爲主，徙都於鄴，是爲東魏。

十一月，遣儀同李虎與李弼、趙貴等討曹泥於靈州，虎引河灌之。明年，泥降，遷其豪帥于咸陽。

閏十二月，魏孝武帝崩。太祖與羣公定策，尊立魏南陽王寶炬爲嗣，是爲文皇帝。

又　卷三《孝閔帝紀》（西魏恭帝三年）十月乙亥，太祖崩，丙子，嗣位太師、大冢宰。十二月丁亥，魏帝詔以岐陽之地封帝爲周公。庚子，禪位於帝。詔曰：『予聞皇天之命不於常，惟歸於德。故堯授舜，舜授禹，時其宜也。天厭我魏邦，垂變以告，惟爾罔弗知。予雖不明，敢弗龔天命，格有德哉。今踵唐虞舊典，禪位於周，庸布告遐邇焉。』使大宗伯趙貴持節奉冊書曰：『咨爾周公，帝王之位弗有常，有德者受命，時乃天道。予式時庸，荒求於唐虞之彝踵。曰我魏德之終舊矣，我邦小大罔弗知，今其可久怫於天道而不歸有德歟。時用詢謀，僉曰公昭考文公，格勳德於天地，丕濟生民。洎公躬，又宣重光。故玄象徵見於上，謳訟奔走於下，天之歷數，用實在焉。予安敢弗若。是以欽祇聖典，遜位於公。公其享茲大命，保有萬國，可不慎歟。』魏帝臨朝，遣民部中大夫、濟北公元迪致皇帝璽紱。固辭。公卿百辟勸進，太（師）［史］陳祥瑞，乃從之。是日，魏帝遜于大司馬府。

元年春正月辛丑，即天王位。柴燎告天，朝百官於路門。追尊皇考文公爲文王，皇妣爲文后。大赦天下。封魏帝爲宋公。是日，槐里獻赤雀四。百官奏議云：『帝王之興，罔弗更正朔，明受之於天，革民視聽也。逮於尼父，稽諸陰陽，云行夏之時，後王所不易。今魏曆告終，周室受命，以木承水，實當行録，正用夏時，式遵聖道。惟文王誕玄氣之祥，有黑水之讖，服色宜烏。』制曰可。以大司徒、趙郡公李弼爲太師，大宗伯、南陽公趙貴爲太傅、大冢宰，大司馬、河内公獨孤信爲太保、大宗伯，柱國、中山公護爲大司馬。以大將軍寧都公毓、高陽公達奚武、武陽公豆盧寧、小司寇陽平公李遠、小司馬博陵公賀蘭祥、小宗伯魏安公尉遲迥等並柱國。

壬寅，祠圓丘。詔曰：『予本自神農，其於二丘，宜作厥主。始祖獻侯，啓土遼海，肇有國基，配南北郊。文考德符五運，受天明命，祖于明堂，以配上帝，廟爲太祖。』癸卯，祠方丘。甲辰，祠太社。初除市門稅。乙巳，祠太廟。丁未，會百官於乾安殿，班賞各有差。

又　卷六《武帝紀下》（建德）六年春正月乙亥，齊主傳位於其太子恒，改年承光，自號爲太上皇。壬辰，帝至鄴。齊主先於城外掘塹竪柵。癸巳，帝率諸軍圍之，齊人拒守，諸軍奮擊，大破之，遂平鄴。齊主先送其母并妻子於青州，及城陷，乃率數十騎走青州。遣大將軍尉遲勤率二千騎追之。是戰也，於陣獲其齊昌王莫多婁敬顯。帝責之曰：『汝有死罪者三：前從并走鄴，攜妾棄母，是不孝；外爲偽主戮力，内實通啓於朕，是不忠；送款之後，猶持兩端，是不信。如此用懷，不死何待。』遂斬之。是日，西方有聲如雷者一。

甲午，帝入鄴城。齊任城王湝先在冀州，齊主至河，遣其侍中斛律孝卿送傳國璽禪位於湝。孝卿未達，被執送鄴。詔去年大赦班宣未及之處，皆從赦例。封齊開府、洛州刺史獨孤永業爲應國公。丙申，以上柱國、越王盛爲相州總管。己亥，詔曰：『自晉州大陣至于平鄴，身殞戰場者，其子即授父本官。』尉遲勤擒齊主及其太子恒於青州。

庚子，詔曰：『偽齊之末，姦佞擅權，濫罰淫刑，動挂羅網，偽右丞相、咸陽王故斛律明月，偽侍中、特進、開府故崔季舒等七人，或功高獲罪，或直言見誅。朕兵以義動，翦除凶暴，表閭封墓，事切下車。宜追贈謚，并窆措。其見存子孫，各隨蔭敍録。家口田宅没官者，並還之。』

辛丑，詔曰：『偽齊叛渙，竊有漳濱，世縱淫風，事窮彫飾。或穿池運石，爲山學海；或層臺累構，槩日淩雲。以暴亂之心，極奢侈之事，有一於此，未或弗亡。朕菲食薄衣，以弘風教，追念生民之費，尚想力役之勞。方當易茲弊俗，率歸節儉。其東山、南園及三臺可並毀撤。瓦木諸物，凡入用者，盡賜下民。山園之田，各還本主。』

二月丙午，論定諸軍功勳，置酒於齊太極殿，會軍士以上，班賜有差。丁未，齊主至，帝降自阼階，以賓主之禮相見。高湝在冀州擁兵未下，遣上柱國、齊王憲與柱國、隨公楊堅率軍討平之。齊定州刺史、范陽王高紹義叛入突厥。齊諸行臺州鎮悉降，關東平。合州五十五，郡一百六十二，縣三百八十五，戶三百三十萬二千五百二十八，口二千萬六千八百八十六。乃於河陽、幽、青、南兗、豫、徐、北朔、定並置總管府，相、并二總管各置宮及六府官。

癸丑，詔曰：『無侮煢獨，事顯前書；哀彼矜人，惠流往訓。僞齊末政，昏虐寔繁，災甚滔天，毒流比屋。無罪無辜，係虜三軍之手；不飲不食，僵仆九逵之門。朕爲民父母，職養黎人，念甚泣辜，誠深罪己。除其苛政，事屬改張，宜加寬宥，兼行賑恤。自僞武平三年以來，河南諸州之民，僞齊被掠爲奴婢者，不問官私，並宜放免。其住在淮南者，亦即聽還。願住淮北者，可隨便安置。其有癃殘孤老，饑餒絕食，不能自存者，仰刺史守令及親民長司，躬自檢校。無親屬者，所在給其衣食，務使存濟。』

乙卯，帝自鄴還京。丙辰，以柱國、隨公楊堅爲定州總管。

三月壬午，詔山東諸州，各舉明經幹治者二人。若奇才異術，卓爾不羣者，弗拘多少。

夏四月乙巳，至自東伐。列齊主於前，其王公等並從，車轝旗幟及器物以次陳於其後。大駕布六軍，備凱樂，獻俘於太廟。京邑觀者皆稱萬歲。戊申，封齊主爲溫國公。庚戌，大會羣臣及諸蕃客於露寢。

論說

《北齊書》卷八《後主 幼主紀論》 論曰：武成風度高爽，經算弘長，文武之官，俱盡其力，有帝王之量矣。但愛狎庸豎，委以朝權，帷薄之間，淫侈過度，滅亡之兆，其在斯乎？玄象告變，傳位元子，名號雖殊，政猶己出，迹有虛飾，事非憲典，聰明臨下，何易可誣。又河南、河間、樂陵等諸王，或以時嫌，或以猜忌，皆無罪而殞，非所謂知命任天道之義也。

後主以中庸之姿，懷易染之性，永言先訓，教匪義方。始自襁褓，至于傳位，隔以正人，閉其善道。養德所履，異乎春誦夏弦；過庭所聞，莫非不軌不物。輔之以中宮嬭媪，屬之以麗色淫聲，縱韝紲之娱，恣朋淫之好。語曰『從惡若崩』，蓋言其易。武平在御，彌見淪胥，罕接朝士，不親政事，一日萬機，委諸凶族。內侍帷幄，外吐絲綸，威厲風霜，志迴天日，虐人害物，搏噬無厭，賣獄鬻官，溪壑難滿。重以名將貽禍，忠臣顯戮，始見浸溺之萌，俄觀土崩之勢，周武因機，遂混區夏，悲夫！蓋桀、紂罪人，其亡也忽焉，自然之理矣。

鄭文貞公魏徵總而論之曰：神武以雄傑之姿，始基霸業；文襄以英明之略，伐叛柔遠。于時喪君有君，師出以律。河陰之役，摧宇文如反掌；渦陽之戰，掃侯景如拉枯。故能氣攝西鄰，威加南服，王室是賴，東夏宅心。文宣因累世之資，膺樂推之會，地居當璧，遂遷魏鼎。懷譎詭非常之才，運屈奇不測之智，網羅俊乂，明察臨下，文武名臣，盡其力用。親戎出塞，命將臨江，定單于於龍城，納長君於梁國，外內充實，疆埸無警，胡騎息其南侵，秦人不敢東顧。既而荒淫敗德，罔念作狂，爲善未能亡身，餘殃足以傳後。得以壽終，幸也；胤嗣不永，宜哉。孝昭地逼身危，逆取順守，外敷文教，內蘊雄圖，將以牢籠區域，奄一函夏，享齡不永，績用無成。若或天假之年，足使秦、吳旰食。武成即位，雅道陵遲，昭、襄之風，濯焉已墜。洎乎後主，外內崩離，衆潰於平陽，身禽於青土。天道深遠，或未易談，吉凶由人，抑可揚搉。

觀夫有齊全盛，控帶遐阻，西苞汾、晉，南極江、淮，東盡海隅，北漸沙漠，六國之地，我獲其五，九州之境，彼分其四。料甲兵之衆寡，校帑藏之虛實，折衝千里之將，帷幄六奇之士，比二方之優劣，無等級以寄言。然其太行、長城之固自若也，江淮、汾晉之險不移也，帑藏輸稅之賦未虧也，士庶甲兵之衆不缺也；然而前王用之而有餘，後主守之而不足，其故何哉？前王之御時也，沐雨櫛風，拯其溺而救其焚，信賞必罰，安而利之，既與共其存亡，故得同其生死。後主則不然，以人從欲，損物益己。彫牆峻宇，甘酒嗜音，廛肆遍於宮園，禽色荒於外內，俾晝作夜，罔水行舟，所欲必成，所求必得。既不軌不物，又暗於聽受，忠信不聞，萋斐必入，視人如草芥，從惡如順流。佞閹處當軸之權，婢媼擅迴天之力，賣官鬻獄，亂政淫刑，刳剒被於忠良，祿位加於犬馬，讒邪並進，法令多聞，持瓢者非止百人，搖樹者不唯一手。於是土崩瓦解，衆叛親離，顧瞻周道，咸有西歸之志。方更盛其宮觀，窮極荒淫，謂黔首之可誣，指白日以自保。馳倒戈之旅，抗前歌之師，五世崇基，一舉而滅，豈非鐫金石者難爲功，摧枯朽者易爲力歟？

抑又聞之：皇天無親，唯德是輔；天時不如地利，地利不如人和。齊自河清之後，逮于武平之末，土木之工不息，嬪嬙之選無已，征稅盡，人力殫，物產無以給其求，江海不能贍其欲。所謂火既熾矣，更負薪以足之，數既窮矣，又爲惡以促之，欲求大廈不燔，延期過曆，不亦難乎！由此言之，齊氏之敗亡，蓋亦由人，匪唯天道也。

《北史》卷五《魏紀論》 論曰：莊帝運接交喪，招納勤王，雖時事孔棘，而卒有四海。猾逆剪除，權强擅命，神慮獨斷，芒刺未除，而天未忘亂，禍不旋踵。自茲之後，魏室土崩，始則制屈强胡，終乃權歸霸政。主祭祀者不殊於寄坐，遇黜辱者有甚於弈棋。雖以節閔之明，孝武之長，祇以速是奔波。文帝以剛强之質，終以守雌自賓。靜、恭運終天祿，高蹈唐、虞，各得其時也。

宋·司馬光《傳家集》卷六七《魏孝武帝初立》 甚矣，高歡之無道也！其視君不如奕棋，廢而置之，在造次爾。立君大事，不詳如此，取悔宜哉！

又《魏孝武帝西遷》 《周書》曰：『天之所壞，不可支也。』元氏失政久矣，而孝武欲興之。脫於高歡，得宇文黑獺，其所以異者無幾耳。嗚呼，爲人君者，必制治於未亂，保安於未危，兢兢業業，日愼一日，不然怠惰荒滛，使禍流子孫。既亂且危，然後愼之，其可乎？

宋·洪邁《容齋續筆》卷一〇《賊臣遷都》 自漢以來，賊臣竊國命，將欲移鼎，必先遷都以自便。董卓以山東兵起，謀徙都長安，驅民數百萬口，更相蹈藉，悉燒宮廟、官府、居家，二百里內無復鷄犬。高歡自洛陽遷魏於鄴，四十萬戶狼狽就道。朱全忠自長安遷唐於洛，驅徙士民，毀宮室百司，及民間廬舍，長安自是丘墟。卓不旋踵而死，曹操迎天子都許，卒覆劉氏。魏、唐之祚，竟爲高、朱所傾。凶盜設心積慮，由來一揆也。

明·胡應麟《少室山房集》卷九七《高歡》 君臣之義，自曹氏攘斂朝綱，辱戮主后，踵接以師、昭、劉裕諸人，滅絶淩夷于天地之內，久矣。當其時，君其上者徒竊空名，寄頓廊廟，社屋祚夷，非酖則縊，迺强臣悍帥劍履入朝，睥睨其君，殆如無物。五朝因襲，謂爲當然。而孰意元魏之衰，爾朱之亂，又有北齊之高歡氏也。歡始出秀容麾下，滅兆殪隆，位大丞相，其舉兵晉陽，致孝武出奔，律以人臣之誼，罪亾所逃。苐自榮穆殞身，人戒前轍，歡執言討賊，有社稷功。而魏主偏聽回邪，致生攜貳，則播遷之罪固難盡蔽于歡也。至嗣君繼立，大創前愆，引分輸誠，靡所不極。噫！典午以還，冠裳倒置，君之生殺，懸命一人，首領獲全已爲至幸，而歡也曲拳擎跽，恭順自將，敬事至尊，終身毋越，即道非粹白，不謂難乎？夫歡在當時割據中原，兵精士衆，垂旒而王，孰能禦者？彼草昧之雄，富疆是急，區區名義，不啻贅疣，寧假是以塗民耳目哉。大都激發真心，巽追曩失，較諸六代諸臣，遂非文過。隸視其君而卒弑之，非徒倍蓰而什百也。夫前歡而司馬以迄爾朱，後歡而宇文以逮普六，其位皆歡之位，而其勢皆歡之勢也。有能爲歡之爲者，誰乎？而世以晉陽之甲蔽罪于歡，必夷諸司馬、宇文而後已。吾恐自新之路絶，而人無爲善之望。司馬、宇文輩且相率揶揄于地下矣。

清·王夫之《讀通鑑論》卷一七《梁武帝·二〇》 宗國危而逡巡畏死以墮其忠孝，是懦夫也。而更有甚焉者，憯不懲而乘之以僥非望，如蛾之自赴於火，相逐而唯恐後也。夫人不知義矣，或知害矣；心不能知，目能見矣；目熒於黑白，耳能聞矣；目見之，耳聞之，然且不知害焉，貪夫之閔不畏死，其將如之何哉！

爾朱榮之暴横，不擇而狂噬，有目皆見，有耳皆聞也。立元子攸以爲君，而挾之犯闕。以榮之勢如彼，而子攸其能自許爲榮之君乎？孑然一身，孤危無輔，而爾朱天光一往告，子攸遽欣然潛渡，謂榮之且以己爲君也，榮已目笑之矣。然猶曰榮惡未著而不察也。榮伏誅，而爾朱兆修怨於其主，兆之凶横又倍於榮矣。子攸廢死，元曄以疏遠之族，又欣然附兆以立，立未數月，兆又廢之，而元恭以陽瘖幸免之身，褰裳而就之恐後。高歡之狡，又倍於榮與兆者也。歡起兵，而元朗以一郡守急起而爲歡之君，立之數月，元修已聞斛斯椿『變態百端，何可保也』之語，曾不懼而又起而奪朗之位也。五年之中，子攸也、曄也、恭也、朗也、修也，或死、或幽、或廢，接迹相仍，而前者覆，後者急趨焉。元顥且倚梁七千之孤旅，相謀相猜之陳慶之，高拱雒陽，爲兩月之天子，卒以奔竄而死。元氏之欲爲天子，自信其能爲天子，信人之以己爲天子者何其多也？

嗚呼！欲爲天子者多，而民必死；欲爲將相大臣者多，而君必危；欲爲士大夫者多，而國必亂。其亂也，始於欲爲士大夫者之多也。士大夫不厭其欲，而求爲將相大臣矣；爵祿賤，廉恥隳，其苟可爲天子者，皆欲爲天子矣。是以先王慎之於士大夫之途，而定民之志，所以戢躐等猖狂之心而全其軀命，義之盡，仁之至也。

又《梁武帝·二一》 國無與立，則禍亂之至，無之焉而可，雖有智者，不能爲之謀也。元修畏高歡之逼，將奔長安就宇文泰以圖存，裴俠曰：『雖欲投之，恐無異避湯入火。』王思政再問之，而俠亦無術以處，雖知之，又何裨焉？高歡者，爾朱榮之部曲也；宇文泰，葛榮之部曲也。拓拔氏有中原數世矣，而其挾持天下者，唯秀容之裔夷，六鎮之殘胡，此外更無一人焉，而其主舍此而更將何依？爾朱榮河陰之殺，魏之人殫矣。雖然，彼駢死於河陰者，皆依違於淫后女主之側，趨赴逆臣戎馬之間，羶以迷心，柔若無骨，上不知有君國，內不惜其身名者也。即令幸免而瓦全，亦惡有一人焉可倚爲社稷之衞哉？

夫拓拔氏之無人也，非但胡后之虐，鄭儼、徐紇之姦，秏士氣於淫昏也，其由來漸矣。自遷雒以來，塗飾虛僞，始於儒，濫於釋，皆所謂沐猴而冠者也。糜天下於無實之文，自詫昇平之象，强宗大族，以侈相尚，而上莫之懲，於是而精悍之氣銷矣，樸固之風斲矣。內無可用之禁兵，外無可依之州鎮，部落心離，浮華氣長；一旦羣雄揭竿而起，出入於無人之境，唯其所欲爲，拓拔氏何復有尺土一民哉？此亦一寇讎也，彼亦一寇讎也，舍此而又奚之也！

詩書禮樂之化，所以造士而養其忠孝，爲國之楨幹者也。拓拔氏自以爲能用此矣，乃不數十年之間，而君浮寄於無人之國，明堂辟雍，養老興學，所爲德成人、造小子者安在哉？沐猴之冠，冠敝而猴故猴矣，且並失其爲猴矣，不亦可爲大笑者乎！高歡、宇文泰適還其爲猴，而跳梁莫制，冠者欲復入於猴羣，而必爲其所侮，不足哀而抑可爲之哀也！

故覊詩書禮樂於［非］類之廷者，其國之妖也。其迹似，其理逆，其文詭，其說淫，相帥以嬉，不亡也奚待？虞集、危素祇益蒙古之亡，而爲儒者之恥，姚樞、許衡實先之矣。雖然，又惡足爲儒者之恥哉？君子之道，《六經》、《語》、《孟》之所詳，初不在文具之浮榮、談說之瑣辯也。

又《梁武帝·二二》 元修依宇文泰而居關中，元善見依高歡而居鄴，將以何者爲正乎？曰：君子所辨爲正不正者，其義大以精，而奚暇爲修與善見辨定分邪？拓拔氏以夷而據中原，等竊也，不足辨，一也。修之在關中，宇文泰之贅疣也；善見之在鄴，高歡之贅疣也；不足辨，二也。乃即置此而尤有大不足辨者焉，就拓拔氏之緒而言之，亦必其可爲君者而後可嗣其世，非但其才之有爲與否也。修之淫亂，不齒於人類，善見孱弱，而其父亶以躁薄爲高歡所鄙，等不可以爲君。而尤非此之謂也，修之立，豈其分之所當立者？即令當立，而豈如光武之起南陽，晉元帝、宋高宗之特爲臣民所推戴者哉？魏有君矣，修傲寵於高歡，乘時以竊位，曄也、恭也、朗也，皆修所嘗奉以爲君者，而皆弑之，修亦元氏之賊而已矣。修入關中，未死也，未廢也，元亶固修之臣，介高歡之怒而亟欲自立其子，君存而自立，其爲篡賊也無辭，是善見又修之賊也。兩俱爲賊，而君子屑爲之辨哉？

凡亂臣之欲攘奪人國也，其君以正而承大統，則抑不敢蔑天理以妄干之；其蔑理以妄干者，則速以自滅，王莽、朱泚是已。劉彧乘君弑而受命於賊，蕭鸞與蕭衍比而弑其君，皆賊也，而後賊乘之以進。由此言之，則漢獻帝之所以終見脅於權臣者，董卓弑其君兄而己受之，則亦賊之徒也；故袁紹、韓馥欲不以爲君，而曹操姑挾以爲自篡之資。『其身不正，雖令不從』，承平無事之日，天子不能行之於匹夫，而況權姦之在肘腋乎？己爲賊，而欲弭人之弗賊也不能。賊者，互相利而互相害者也。修之於泰，善見之於歡，且不足辨其孰君而孰臣，況修與善見而屑爲之軒輊哉？假修以正而絀善見者，隋人得國於宇文，宇文得國於修，因推以爲統，而君子奚擇焉？

雜　録

《北史》卷五《魏紀第五》（永熙三年）五月丙戌，置勳府庶子，箱別六百人；騎官，箱別二百人；閤内部曲，數千人。帝内圖高歡，乃以斛斯椿爲領軍，使與王思政等統之，以爲心膂。軍謀朝政，咸決於椿。分置督將及河南、關西諸刺史。辛卯，下詔戒嚴，揚聲伐梁，實謀北討。

是夏，契丹、高麗、吐谷渾並遣使朝貢。

秋七月己丑，帝親總六軍十餘萬，次河橋。高歡引軍東度。丙午，帝率南陽王寶炬、清河王亶、廣陽王湛、斛斯椿以五千騎宿於瀍西楊王別舍，沙門都維那惠臻負璽持千牛刀以從。有牛百頭，盡殺以食軍士。衆知帝將出，其夜亡者過半。清河、廣陽二王亦逃歸。略陽公宇文泰遣都督駱超、李賢和各領數百騎赴。駱超先至。戊申，賢和會帝於崤中。己酉，高歡入洛，遣婁昭及河南尹元子思領左右侍官追帝，請廻駕。高昂率勁騎及帝於陝西。帝鞭馬長騖至湖城，飢渴甚，有王思村人以麥飯壺漿獻帝，帝甘之，復一村十年。是歲二月，熒惑入南斗，衆星北流，羣鼠浮河向鄴。梁武跣而下殿，以禳星變，及聞帝之西，慚曰：『虜亦應天乎？』帝至稠桑，潼關大都督毛洪賓迎獻食。

八月，宇文泰遣大都督趙貴、梁禦甲騎二千來赴，乃奉迎。帝過河謂禦曰：『此水東流而朕西上，若得重謁洛陽廟，是卿等功也。』帝及左右皆流涕。宇文泰迎帝於東陽，帝勞之，將士皆呼萬歲。遂入長安，以雍州公廨爲宮，大赦。甲寅，高歡推司徒、清河王亶爲大司馬，承制總萬機，居尚書省。歡追車駕至潼關。

九月己酉，歡東還洛陽。帝親督衆攻潼關，斬其行臺薛長瑜，又克華州。

其冬十月，高歡推清河王亶子善見爲主，徙都鄴，是爲東魏。魏於此始分爲二。

帝之在洛也，從妹不嫁者三：一曰平原公主明月，南陽王同產也；二曰安德公主，清河王懌女也；三曰蒺藜，亦封公主。帝内宴，命諸婦人詠詩，或詠鮑照樂府曰：『朱門九重門九閨，願逐明月入君懷。』帝既以明月入關，蒺藜自縊。宇文泰使元氏諸王取明月殺之。帝不悅，或時彎弓，或時推案，君臣由此不安平。

閏十二月癸巳，潘彌奏言：『今日當甚有急兵。』其夜，帝在逍遥園宴阿至羅，顧侍臣曰：『此處彷彿華林園，使人聊增悽怨。』命取所乘波斯騮馬，使南陽王躍之，將攀鞍，蹶而死，帝惡之。日晏還宮，至後門，馬驚不前，鞭打入。謂潘彌曰：『今日幸無他不？』彌曰：『過夜半則大吉。』須臾，帝飲酒，遇酖而崩，時年二十五。謚曰孝武。殯於草堂佛寺，十餘年乃葬雲陵。始宣武、孝明間謠曰：『狐非狐，貉非貉，焦梨狗子齧斷索。』識者以爲索謂本索髮，焦梨狗子指宇文泰，俗謂之黑獺也。

文皇帝諱寶炬，孝文皇帝之孫，京兆王愉之子也。母曰楊氏。帝正始初坐父愉罪，兄弟皆幽宗正寺。及宣武崩，乃得雪。正光中，拜直閤將軍。時胡太后多嬖寵，帝與明帝謀誅之，事泄，免官。武泰中，封邵縣侯。永安三年，進封南陽王。孝武即位，拜太尉，加侍中。永熙二年，進位太保、開府、尚書令。三年，孝武與高歡構難，以帝爲中軍四面大都督。及從入關，拜太宰、録尚書事。孝武崩，丞相、略陽公宇文泰率羣公卿士奉表勸進，三讓乃許焉。

大統元年春正月戊申，皇帝即位於城西，大赦，改元。追尊皇考爲文景皇帝，皇妣楊氏爲皇后。己酉，進丞相、略陽公宇文泰都督中外諸軍、録尚書事、大行臺，改封安定郡公。以尚書令斛斯椿爲太保，廣平王贊爲司徒。乙卯，立妃乙氏爲皇后，立皇子欽爲皇太子。甲子，以廣陵王欣爲太傅，以儀同三司万俟壽樂干爲司空。【略】

恭皇帝諱廓，文皇之第四子也。大統十四年，封爲齊王。廢帝三年正月，即皇帝位，改元。【略】

三年春正月丁丑，初行《周禮》，建六官，以安定公宇文泰爲太師、冢宰；以柱國李弼爲大司徒，趙貴爲太保、大宗伯，以尚書令獨孤信爲大司馬，以于謹爲大司寇，以侯莫陳崇爲大司空。

冬十月乙亥，安定公宇文泰薨。

十二月庚子，帝遜位於周。周閔帝元年正月，封帝爲宋公，尋殂。

東魏孝静皇帝諱善見，清河文宣王亶之世子也。母曰胡妃。永熙三年八月，拜開府儀同三司。孝武帝既入關，勃海王高歡乃與百僚會議，推帝以奉明帝之後，時年十一。

天平元年冬十月丙寅，皇帝即位于城東北，大赦，改元。庚午，以太師、趙郡王諶爲大司馬，以司空、咸陽王坦爲太尉，以開府儀同三司高盛爲司徒，以開府儀同三司高昂爲司空。壬申，享太廟。丙子，車駕北遷于鄴。詔勃海王高歡留後部分。改司州爲洛州，以尚書令元弼爲儀同三司、洛州刺史，鎮洛陽。【略】

（武定）八年春正月辛酉，帝爲勃海王高澄舉哀於東堂。戊辰，詔太原公高洋嗣事，徙封齊郡王。甲戌，地豆干、契丹並遣使朝貢。二月庚寅，以尚書令高隆之爲太保。三月庚申，進齊郡王高洋爵爲齊王。

夏四月乙巳，蠕蠕遣使朝貢。

五月甲寅，詔齊王爲相國，總百揆，備九錫之禮。以齊國太妃爲王太后，王妃爲王后。丙辰，遜帝位於齊。天保元年己未，封帝爲中山王，邑一萬戶，上書不稱臣，答不稱詔，載天子旌旗，行魏正朔，乘五時副車。封王諸子爲縣公，邑各一千戶。奉絹一萬疋，錢一萬貫，粟二萬石，奴婢三百人，水碾一具，田百頃，園一所，於中山國立魏宗廟。二年十二月己酉，中山王殂，時年二十八。三年二月，奉謚曰孝靜皇帝。葬於鄴西漳北。其後發之，陵崩，死者六十人。

又 卷一〇《周紀下》（建德）六年春正月乙亥，齊主傳位於其太子恒，改年曰承光，自號太上皇。壬辰，帝至鄴。癸巳，帥諸軍圍之，齊人拒守，諸軍奮擊大破之，遂平。齊主先送其母及妻子於青州，及城陷，帥數十騎走青州，遣大將軍尉勤追之。

是戰也，於陣獲其齊昌王莫多婁敬顯，帝數之曰：『汝有死罪三：前從并州走鄴，棄母攜妻妾，是不孝；外爲偽主勠力，內實通啓於朕，是不忠；送款之後，猶持兩端，是不信。如此用懷，不死何待。』遂斬之。是日，西方有聲如雷。

甲午，帝入鄴城。詔去年大赦班宣未及之處，皆從赦例。己亥，詔曰：『晉州大陣至鄴，身殞戰場者，其子即授父本官。』尉勤禽齊主及其太子恒於青州。

庚子，詔曰：『偽齊之末，姦佞擅權，濫罰淫刑，動挂羅網。偽右丞相咸陽王故斛律明月、偽侍中特進開府故崔季舒等七人，或功高獲罪，或直言見誅。朕兵以義動，翦除凶暴，表閭封墓，事切下車。宜追贈謚，并加窆措。其見在子孫，各隨蔭敍録。家口田宅没官者，並還之。』辛丑，詔偽齊東山、南園及三臺，並毀撤。瓦木諸物凡入用者，盡賜百姓。山園之田，各還本主。

二月丙午，論定諸軍勳，置酒於齊太極殿，會軍士以上，班賜有差。丁未，齊主至，帝降自阼階，見以賓主禮。齊任城王湝在冀州，擁兵未下，遣上柱國、齊王憲與柱國、隋公楊堅討平之。齊范陽王高紹義叛入突厥。齊諸行臺州鎮悉降，關東平。合州五十五，郡一百六十二，縣三百八十五，戶三百三十萬二千五百二十八，口二千萬六千八百八十六。乃於河陽及幽、青、南兗、豫、徐、北朔、定州置總管府。相、并二總管，各置宮及六府官。

癸丑，詔自偽武平三年以來，河南諸州人，偽齊破掠爲奴婢者，不問公私，並放免之。其住在淮南者，亦即聽還；願住淮北者，可隨便安置。癃疾孤老不能自存者，所在矜恤。乙卯，車駕發自鄴。

三月壬午，詔山東諸州各舉士。

夏四月乙巳，至自東伐。列齊主於前，其王公等並從，車輿旌旗及器物以次陳於其後。大駕布六軍，備凱樂，獻俘於太廟。京邑觀者，皆稱萬歲。戊申，封齊主爲温國公。庚戌，大會羣臣及諸蕃客於路寢。乙卯，廢蒲、陝、涇、寧四州總管。己巳，享太廟。詔分遣使人，巡方撫慰，觀風省俗。

南北朝和戰分部

綜述

《宋書》卷四《少帝紀》（永初三年）十二月庚戌，魏軍克滑臺。明年春正月己亥朔，大赦，改元為景平元年。文武進位二等。辛丑，

祀南郊。虜將達奚印破金墉，進圍虎牢。毛德祖擊虜敗之，虜退而復合。拓跋木末又遣安平公涉歸寇青州。癸卯，河南郡失守。【略】

（二月）甲子，豫州刺史劉粹遣軍襲許昌，殺虜潁川太守庾龍。乙丑，虜騎寇高平。初，虜自河北之敗，請修和親；及聞高祖崩，因復侵擾，河、洛之地騷然矣。

夏四月，檀道濟北征，次臨朐，焚虜攻具。乙未，魏軍克虎牢，執司州刺史毛德祖以歸。

又　卷五《文帝紀》（元嘉七年）三月戊子，遣右將軍到彦之北伐，水軍入河。【略】

秋七月戊子，索虜碻磝戍棄城走。丙申，以平北諮議參軍甄法護為梁、南秦二州刺史。戊戌，索虜滑臺戍棄城走。【略】

（十月）戊寅，金墉城為索虜所陷。

十一月癸未，虎牢城復為索虜所陷。壬辰，遣征南大將軍檀道濟北討，右將軍到彦之自滑臺奔退。【略】

（元嘉八年正月）丁酉，征南大將軍檀道濟破索虜於東平壽張。

二月乙卯，以平北司馬韋郎為青州刺史。戊午，以尚書右僕射江夷為湘州刺史。辛酉，滑臺為索虜所陷。癸酉，征南大將軍檀道濟引軍還。丁丑，青州刺史蕭思話棄城走。以太子右衛率劉遵考為南兗州刺史。

三月甲申，車駕於延賢堂聽訟。戊申，詔曰：『自頃軍役殷興，國用增廣，資儲不給，百度尚繁。宜存簡約，以應事實。內外可通共詳思，務令節儉。』【略】

（元嘉二十三年）三月，索虜寇兗、豫、青、冀刺史申恬破之。【略】

（元嘉二十七年二月）辛亥，索虜寇汝南諸郡，陳南頓二郡太守鄭琨、汝陽潁川二郡太守郭道隱委守走。索虜攻懸瓠城，行汝南郡事陳憲拒之。以軍興減百官俸三分之一。

三月乙丑，淮南太守諸葛闡求減俸祿同內百官，於是州及郡縣丞尉並悉同減。戊寅，罷國子學。乙酉，以新除吏部尚書蕭思話為護軍將軍。

夏四月壬子，安北將軍、徐兗二州刺史武陵王駿降號鎮軍將軍。

六月丁酉，侍中蕭斌為青、冀二州刺史。

秋七月庚午，遣寧朔將軍王玄謨北伐。太尉江夏王義恭出次彭城，總統諸軍。乙亥，索虜碻磝戍委城走。

冬閏月癸亥，玄謨攻滑臺，不克，為虜所敗，退還碻磝。辛未，雍州刺史隨王誕遣軍攻弘農城，克之。丙戌，又克關城。

十一月戊子，索虜陷鄒山，魯、陽平二郡太守崔邪利没。甲午，隨王誕所遣軍又攻陝城，克之。癸卯，左軍將軍劉康祖於壽陽尉武戍與虜戰敗見殺。丁未，大赦天下。

十二月戊午，內外纂嚴。乙丑，冗從僕射胡崇之、太子積弩將軍臧澄之、建威將軍毛熙祚於盱眙與虜戰敗，並見殺。庚午，虜偽主率大衆至瓜步。壬午，內外戒嚴。

二十八年春正月丙戌朔，以寇逼不朝會。丁亥，索虜自瓜步退走。丁酉，攻圍盱眙城。是月，寧朔將軍王玄謨自碻磝退還歷下。

二月丙辰，索虜自盱眙奔走。癸酉，詔曰：『玁狁孔熾，難及數州，眷言念之，寤寐興悼。凶羯痍挫，迸迹遠奔，凋傷之民，宜時振理。凡遭寇賊郡縣，令還復居業，封屍掩骼，賑贍饑流。東作方始，務盡勸課。貸給之宜，事從優厚。其流寓江、淮者，並聽即屬，並蠲復稅調。』甲戌，太尉、領司徒江夏王義恭降為驃騎將軍、開府儀同三司。辛巳，鎮軍將軍、徐兗二州刺史武陵王諱降號北中郎將。壬午，車駕幸瓜步，是日解嚴。

三月乙酉，車駕還宮。壬辰，征北將軍始興王濬解南兗州。庚子，以輔國將軍臧質為雍州刺史。戊申，徐州刺史武陵王諱為南兗州刺史。甲寅，護軍將軍蕭思話為撫軍將軍、徐兗二州刺史。【略】

（元嘉二十九年）八月丁卯，蕭思話攻碻磝，不拔，退還。

九月丁亥，以平西將軍吐谷渾拾寅為安西將軍、秦河二州刺史。己丑，撫軍將軍、徐兗二州刺史蕭思話加冀州刺史，兗州如故。

冬十月癸亥，司州刺史魯爽攻虎牢不拔，退還。

又　卷六《孝武帝紀》（大明元年二月）索虜寇兗州。【略】

（大明二年）是冬，索虜寇青州，刺史顏師伯頻大破之。【略】

（大明四年三月）索虜寇北陰平孔堤，太守楊歸子擊破之。【略】

（十二月）索虜遣使請和。

又　卷八《明帝紀》（泰始二年十二月）薛安都要引索虜，張永、

沈攸之大敗，於是遂失淮北四州及豫州淮西地。【略】

（泰始三年八月）壬寅，以中領軍沈攸之行南兗州刺史，率衆北討。

又　卷九五《索虜傳》　永初三年十月，（拓跋）嗣自率衆至方城，遣鄭兵將軍揚州刺史山陽公達奚斤、吳兵將軍廣州刺史蒼梧公公孫表、尚書滑稽，領步騎二萬餘人，於滑臺西南東燕縣界石濟南渡，輜重弱累自隨。滑臺戍主、寧遠將軍、東郡太守王景度馳告冠軍將軍、司州刺史毛德祖，戍虎牢，遣司馬翟廣率參軍龐諮、上黨太守劉談之等步騎三千拒之。德祖以滑臺戍軍次卷縣土樓，虜徙營滑臺城東二里，造攻具，日往脅城。德祖以滑臺戍人少，使翟廣募軍中壯士，遣寧遠將軍劉芳之率領，助景度守。芳之將八十餘人，突得入城。德祖又遣討虜將軍、弘農太守竇應明領五百人，建武將軍竇霸領二百五十人，並以水軍相繼發，咸受翟廣節度。

初，亡命司馬楚之等常藏竄陳留郡界，虜既南渡，馳相要結，驅扇疆埸，大為民患。德祖遣長社令王法政率五百人據邵陵，將劉憐領二百騎至雍丘以防之。楚之於白馬縣襲憐，為憐所破。會臺送軍資至，憐往迎之，而酸棗民王玉知憐南，馳以告虜；虜將滑稽領千乘襲倉垣，兵吏悉逾城散走。陳留太守嚴慢為虜所獲，虜即用王玉為陳留太守，給兵守倉垣。

十一月，虜悉力攻滑臺城，城東北崩壞，王景度出奔，景度司馬陽瓚堅守不動，衆潰，抗節不降，為虜所殺。竇應明擊虜輜重於石濟，破之，殺賊五百餘人，斬其戍主囗連內頭、張索兒等。應明自石濟赴滑臺，聞城已没，遂進屯尹卯，竇霸馳就翟廣。虜既克滑臺，幷力向廣等，力不敵，引退，轉鬬而前，二日一夜，裁行十許里。虜步軍續至，廣等矢盡力竭，大敗，廣、霸、談之等各單身迸還。

虜乘勝遂至虎牢，德祖出步騎欲擊之，虜退屯土樓，又退還滑臺。長安、魏昌、藍田三縣民居在虎牢下，德祖皆使入城。虜別遣黑槊公率三千人至河陽，欲南渡取金墉。德祖遣振威將軍、河陰令竇晃五百人戍小壘，緱氏令王瑜四百人據監倉，鞏令臣琛五百人固小平，參軍督護張季五百人屯牛蘭，又遣將領馬隊，與洛陽令楊毅合二百騎，緣河上下，隨機赴接。

十二月，虜置守於洛川小壘，德祖遣翟廣馳往擊之，虜退走。廣安立守防，修治城塢，復還虎牢。豫州刺史劉粹遣治中高道瑾領步騎五百據項，又遣司馬徐瓊繼之，臺遣將輔伯遣、姚珍、杜坦、梁靈宰等水步諸軍續進。徐州刺史王仲德率軍次湖陸。黑槊公遣長史將千人逼竇晃、楊毅，晃等逆擊，禽之，生獲二百人。其後鄭兵將軍五千騎掩襲晃等，黑槊渡與幷力，四面攻壘，晃等力少衆散，晃、毅皆被重創。虜將安平公鵝青二軍七千人南渡，於確磝東下，至泗瀆口，去尹卯百許里。兗州刺史徐琰委軍鎮走，於是泰山諸郡並失守。

鄭兵與公孫表及宋兵將軍、交州刺史交阯侯普幾萬五千騎，復向虎牢，於城東南五里結營，分步騎自成皋開向虎牢外郭西門，德祖逆擊，殺傷百餘人，虜退還保營。鎮北將軍檀道濟率水軍北救，車騎將軍廬陵王義真遣龍驤將軍沈叔狸三千人就豫州刺史劉粹，量宜赴援。少帝景平元年正月，鄭兵分軍向洛，攻小壘，小壘守將竇晃拒戰，陷没，河南太守王涓之棄金墉出奔。

自虜分軍向洛，德祖每戰輒破之。嗣自率大衆至鄴。鄭兵既克金墉，復還虎牢，德祖於城內穴地，入七丈，二道，出城外，又分作六道，出虜陣後。募敢死之士四百人，參軍范道基率二百人為前驅，參軍郭王符、劉規等以二百人為後係，出賊圍外，掩襲其後。虜陣擾亂，斬首數百級，焚燒攻具。虜雖退散，隨復更合。

虜又遣楚兵將軍徐州刺史安平公涉歸幡能健、越兵將軍青州刺史臨菑侯薛道千、陳兵將軍淮州刺史壽張子張模東擊青州，所向城邑皆奔走。冠軍將軍、青州刺史竺夔鎮東陽城，聞虜將至，斂衆固守。龍驤將軍、濟南太守垣苗率二府郡文武奔就夔。夔與將士盟誓，居民不入城者，使移就山阻，燒除禾稼，令虜至無所資。虜衆向青州，前後濟河凡六萬騎。三月，三萬騎前追脅。城內文武一千五百人，而半是羌蠻流雜，人情駭懼。竺夔夜遣司馬車宗領五百人出城掩擊，虜衆披退。間二日，虜步騎悉至，繞城四圍，列陣十餘里。至晡退還安水結營，去城二十里，大治攻具，日日分步騎常來逼城。夔夜使殿中將軍竺宗之、參軍賈元龍等領百人，於楊水口兩岸設伏。虜將阿伏斤領三百人晨渡水，兩岸伏發，虜騎四迸，殺傷數十人，梟阿伏斤首。虜又進營水南，去城西北四里。

嗣自鄴遣兵益虎牢，增圍急攻，鄭兵於虎牢率步騎三千，攻潁川太守李元德於許昌。車騎參軍王玄謨領千人，助元德守，與元德俱散敗。虜即用潁川人庾龍為潁川太守，領騎五百，幷發民丁以戍城。德祖出軍擊公孫表，大戰，從朝至晡，殺虜數百。會鄭兵軍從許昌還，合圍，德祖大敗，失甲士千餘人，退還固城。嗣又於鄴遣萬餘人從白沙口過河，於濮陽城南寒泉築壘。朝議以：『項城去虜不遠，非輕軍所抗，使劉粹召高道瑾還壽陽。若沈叔狸已進，亦宜且追。』粹以虜攻虎牢，未復南向，若便攝軍舍項城，則淮西諸郡，無所憑依。沈叔狸已頓肥口，又不宜便退。時李元德率散卒二百人至項，劉粹使助高道瑾戍守，請宥其奔敗之罪，朝議並許之。

檀道濟至彭城，以青、司二州並急，而所領不多，不足分赴，青州道近，竺夔兵弱，先救青州。竺夔遣人出城作東西南塹，虜於城北三百餘步鑿長圍。夔遣參軍閭茂等領善射五十人，依牆射虜，虜騎數百馳來圍牆，牆內納射，固牆死戰。虜下馬步進，短兵接，城上弓弩俱發，虜乃披散。虜遂填外塹，引高樓四所，蝦蟆車二十乘，置長圍內。夔先鑿城北作三地道，令通外塹，復鑿裏塹，內去城二丈作子塹，遣三百餘人出地道，欲燒虜攻具。時回風轉燗，火不得燃，虜兵矢横下，士卒多傷，斂衆還入。虜填三塹盡平，唯餘子塹，蝦蟆車所不及。虜以橦攻城，夔募人力，於城上繫大磨石堆之，又出於子塹中，用大麻絙張骨骨，攻車近城，從地道中多人力挽令折。虜復於城南掘長圍，進攻逾急。夔能持重，垣苗有膽幹，故能堅守移時。然被攻日久，城轉毁壞，戰士多死傷，餘衆困乏，旦暮且陷，檀道濟、王仲德兼行赴之。

劉粹遣李元德襲許昌，庾龍奔迸，將宋晃追躡，斬龍首。元德因留綏撫，并上租糧。虜悦勃大肥率三千餘騎，破高平郡所統高平、方與、任城、金鄉、亢父等五縣，殺略二千餘家，殺其男子，驅虜女弱。兖州刺史鄭順之戍湖陸，以兵卒不敢出。冠軍將軍申宣戍彭城，去高平一百餘里，懼虜至，移郭外居民，并諸營署，悉入小城。

嗣又遣并州刺史伊樓拔助鄭兵攻虎牢，填塞兩塹。德祖隨方抗拒，頗殺虜，而將士稍零落。

四月壬申，虜聞道濟將至，焚燒器械，棄青州走。竺夔上言東陽城被攻毁壞，不可守，移鎮長廣之不其城。夔以固守功，進號前將軍，封建陵縣男，食邑四百戶。夔字祖季，東莞人也。官至金紫光禄大夫。

嗣率大衆至虎牢，停三日，自督攻城，不能下，回軍向洛陽，留三千人益鄭兵。停洛數日，渡河北歸。虜安平公等諸軍從青州退還，徑趨滑臺，檀道濟、王仲德步軍乏糧，追虜不及。道濟於泰山分遣仲德向尹卯，道濟停軍湖陸。仲德未至尹卯，聞虜已遠，還就道濟，共裝治水軍。虜安平公諸軍就滑臺，西就鄭兵，共攻虎牢。虎牢被圍二百日，無日不戰，德祖勁兵戰死殆盡，而虜增兵轉多。虜撞外城，德祖於內更築三重，仍舊為四，賊撞三城已毁，德祖唯保一城，晝夜相拒，將士眼皆生創，死者太半。德祖恩德素結，衆無離心。德祖昔在北，與虜將公孫表有舊，表有權略，德祖患之，乃與交通音問，密遣人説鄭兵，云表與之連謀，每答表書，輒多所治定。表以書示鄭兵，鄭兵倍疑之，言於嗣，誅表。虜衆盛，檀道濟諸救軍並不敢進。劉粹據項城，沈叔狸屯高橋。

二十一日，虜作地道偷城內井，井深四十丈，山勢峻峭，不可得防。至其月二十三日，人馬渴乏饑疫，體皆乾燥，被創者不復出血。虜因急攻，遂克虎牢。自德祖及翟廣、竇霸，凡諸將佐及郡守在城內者，皆見囚執，唯上黨太守劉談之、參軍范道基將二百人突圍南還。城將潰，將士欲扶德祖出奔，德祖曰：『我與此城並命，義不使此城亡而身在也。』嗣重其固守之節，勒衆軍生致之，故得不死。司空徐羨之、尚書傅亮、領軍將軍謝晦表曰：『去年逆虜縱肆，陵暴河南，司州刺史臣德祖竭誠盡力，抗對强寇，孤城獨守，將涉期年，救師淹緩，舉城淪没，聖懷垂悼，遠近嗟傷。陛下殷憂諒暗，委政自下，臣等謀猷淺蔽，托付無成，遂令致節之臣，抱忠傾覆，將士殲辱，王略虧挫，上墜先規，下貽國恥。稽之朝典，無所辭責。雖有司撓筆，未加准繩，豈宜屍禄，昧安殊寵，乞蒙屏固，以中國法。』不許。

德祖，滎陽南武陽人也。晉末自鄉里南歸。初為冠軍參軍、輔國將軍，道規為荆州，德祖為之將佐。復為高祖太尉參軍。高祖北伐，以為王鎮惡龍驤司馬；加建武將軍。為鎮惡前鋒，斬賊寧朔將軍趙玄石於柏谷，破弘農太守尹雅於梨城，又破賊大帥姚難於涇水，斬其鎮北將軍姚强。鎮惡克立大功，蓋德祖之力也。長安平定，以為龍驤將軍、扶風太守，仍遷秦州刺史，將軍如故。時佛佛虜為寇，復以德祖為王鎮惡征虜司馬，尋復為桂陽公義真安西參軍、南安太守，將軍如故。復徙馮翊太守。

高祖東還，以德祖督司州之河東平陽二郡諸軍、輔國將軍、河東太守，代并州刺史劉遵考戍蒲阪。長安不守，合部曲還彭城，除世子中兵參軍，將軍如故。又除督司州之河東平陽河北雍州之京兆豫州之潁川兗州之陳留九郡軍事、滎陽太守，將軍如故，又加京兆太守。高祖踐阼，進號冠軍。論前後功，封觀陽縣男，食邑四百戶。又除督司雍並三州豫州之潁川兗州之陳留諸軍事、司州刺史，將軍如故。太祖元嘉六年，死於虜中，時年六十五。世祖大明元年，以德祖弟子熙祚第二息詡之紹德祖封。

虜既克虎牢，留兵居守，餘衆悉北歸。少帝曰：『故寧遠司馬、濮陽太守陽瓚，滑臺之逼，厲誠固守，投命均節，在危無撓，古之忠烈，無以加之。可追贈給事中，并存恤遺孤，以慰存亡。』尚書令傅亮議瓚家在彭城，宜即以入臺絹一百匹，粟三百斛賜給。文士顏延之為誄焉。龍驤將軍兗州刺史徐琰、東郡太守王景度並坐失守，鉗髡居作，琰五歲，景度四歲。

時宣威將軍、潁川太守李元德戍許昌，仍除滎陽太守，督二郡軍事。其年十一月，虜遣軍並招集亡命，攻逼許昌城，以土人劉遠為滎陽太守。李元德欲出戰，兵仗少，至夜，悉排女牆散潰，元德復奔還項城。虜又圍汝陽，太守王公度將十餘騎突圍奔項城。虜又破邵陵縣，殘害二千餘家，盡殺其男丁，驅略婦女一萬二千口。劉粹遣將姚聳夫率軍助守項城，又遣司馬徐瓊五百人繼之。虜掘破許昌城，又毀壞鍾離城，以立疆界而還。

【略】

太祖踐阼，便有志北略。七年三月，詔曰：『河南，中國多故，湮没非所，遺黎荼炭，每用矜懷。今民和年豐，方隅無事，宜時經理，以固疆埸。可簡甲卒五萬，給右將軍到彥之，統安北將軍王仲德、兗州刺史竺靈秀舟師入河；驍騎將軍段宏精騎八千，直指虎牢；豫州刺史劉德武勁勇一萬，以相掎角；後將軍長沙王義欣可權假節，率見力三萬，監征討諸軍事。便速備辦，月內悉發。』先遣殿中將軍田奇銜命告燾：『河南舊是宋土，中為彼所侵，今當修復舊境，不關河北。』燾大怒，謂奇曰：『我生頭髮未燥，便聞河南是我家地，此豈可得河南。必進軍，今權當斂戍相避，須冬行地淨，河冰合，自更取之。』

後將軍長沙王義欣出鎮彭城，總統羣帥，告司、兗二州曰：

夫王者之兵，以義德相濟，非徒疆理土地，恢廣經略，將以大庇蒼生，保全黎庶。是以蒙踐霜雪，逾歷險難，匡國寧民，肅清四表。昔我高祖武皇帝，誕膺明命，爰造區夏，內夷篡逆，外寧寇亂，靈武紛紜，雷動風舉，響斬龍堆，聲浮雲、朔，陵天振地，拔山蕩海。於是華域肅清，謳歌允集，王綱帝典，煥哉惟文，太和煙熅，流澤洋溢。中葉諒暗，委政塚宰，黠虜乘釁，侵侮上國。遂令司、兗良民，復蹈非所，周、鄭遺黎，重隔王化。

聖皇踐阼，重光開朗，明哲柔遠，以隆中興，遐夷慕義，雲騰波湧。方將蹈德履信，被藝襲文，增修業統，作規於後，勤施洽於三方，惠和雍於北狄。夫養魚者除其猵獺，育禽者去其豺狼，故智士研其慮，勇夫厲其節，嘉謀動蒼天，精氣貫辰緯。莫府忝任，稟承廟算，剪爪明衣，誓不顧命，提吳、楚之勁卒，總八州之銳士，紅旗絳天，素甲奪日，虎步中原，龍超河渚。興雲散雨，慰大旱之思；弔民伐罪，積後己之情。師以順動，何征而不克，況乎遵養耆昧，綏復境土而已哉！

昔淮、泗初開，狡徒縱逸，王旅入關，羣豎飆扇，襄邑之戰，素旗授首，半城之役，伏屍蔽野，支解體分，羽翼摧挫。加以構難西虜，結怨黃龍，控弦燼滅，首尾逼畏，蜂屯蟻聚，假息旦夕，豈復能超蹈長河，以當堂堂之陳哉！夫順從貴速，歸德惡晚，賞褒先附，威加後服。是以秦、趙羈旅，披棒委誠，施紱乘軒，剖符州郡。慕容、姚泓，恃强作禍，提挈萬里，卒嬰鈇鉞。皆目前之誠驗，往世之所知也。聖上明發愛恤，以道懷二州士民，若能審決安危，翻然革面，率其支黨，歸投軍門者，當表言天臺，隨才敍用。如其迷心不悛，竄首巢穴，長圍既周，臨衝四至，雖欲壺漿厥篚，其可得乎？幸加三思，詳擇利害。

彥之進軍，虜悉斂河南一戍歸河北。太祖以前征虜司馬、南廣平太守尹沖為督司雍并三州豫州之潁川兗州之陳留二郡諸軍事、奮威將軍、司州刺史，戍虎牢。十一月，虜大衆南渡河，彥之敗退，洛陽、滑臺、虎牢諸城並為虜所沒。尹沖及司馬滎陽太守崔模抗節不降，投塹死。沖字子順，天水冀人也。先為姚興吏部郎，與興子廣平公弼結黨，欲傾興太子泓；泓立，沖與弟弘俱逃叛南歸。至是追贈前將軍。太祖與江夏王義恭書曰：『尹沖誠節志概，繼蹤古烈，以為傷惋，不能已已。』

上以滑臺戰守彌時，遂至陷沒，乃作詩曰：

逆虜亂疆埸，邊將嬰寇仇。堅城效貞節，攻戰無暫休。覆沈不可拾，離機難復收。勢謝歸塗單，於焉見幽囚。烈烈制邑守，舍命蹈前修。忠臣表年暮，貞柯見嚴秋。楚莊投袂起，終然報强讎。去病辭高館，卒獲舒國憂。戎事諒未殄，民患焉得瘳。撫劍懷感激，志氣若雲浮。願想凌扶搖，弭旆拂中州。爪牙申威靈，帷幄騁良籌。華裔混殊風，率土浹王猷。惆悵懼遷逝，北顧涕交流。

其後，燾又遣使通好，幷求婚姻，太祖每依違之。【略】

先是，虜中謠言：『滅虜者吳也。』燾甚惡之。二十三年，北地瀘水人蓋吳，年二十九，於杏城天台舉兵反虜，諸戎夷普並響應，有衆十餘萬。燾聞吳反，惡其名，累遣軍擊之，輒敗。【略】

燾攻吳大小數十戰，不能克。太祖遣使送雍、秦二州所統郡及金紫以下諸將印合一百二十一紐與吳，使隨宜假授。屠各反叛，吳自攻之，為流矢所中，死。吳弟吾生率餘衆入木面山，皆尋破散。其年，太原民顏白鹿私行入荒，為虜所録，相州刺史欲殺之，白鹿詐云『青州刺史杜驥使其歸誠』。相州刺史送白鹿至桑乾，燾喜曰：『我外家也。』使其司徒崔浩作書與驥，使司徒祭酒王琦齎書隨白鹿南歸。遣從弟高梁王以重軍延驥，入太原界，攻冀州刺史申恬於歷城，恬擊破之。杜驥遣其寧朔府司馬夏侯祖歡、中兵參軍吉淵馳往赴援，虜破略太原，得四千餘口，牛六千餘頭。尋又寇兗、青、冀三州，遂及清東，殺略甚衆。【略】

二十七年，燾自率步騎十萬寇汝南。初，燾欲為邊寇，聲云獵於梁川。太祖慮其侵犯淮、泗，乃敕邊戍：『小寇至，則堅守拒之；大衆來，則拔民戶歸壽陽。』諸戍偵候不明，虜奄來入境，宣威將軍陳南頓二郡太守鄭緄、綏遠將軍汝南潁川二郡太守郭道隱并棄城奔走。虜掠抄淮西六郡，殺戮甚多。攻圍懸瓠城，城內戰士不滿千人。先是，汝南、新蔡二郡太守徐遵之去郡，南平王鑠時鎮壽陽，遣左軍行參軍陳憲行郡事。憲嬰城固守，燾盡銳以攻之，憲自登郛城督戰。起樓臨城，飛矢雨集，衝車攻破南城，憲於內更築捍城，立柵以補之。虜肉薄攻城，死者甚衆，憲將士死傷亦過半。燾唯恐壽陽有救兵，不以彭城為慮。

燾遣從弟永昌王庫仁真步騎萬餘，將所略六郡口，北屯汝陽。時世祖鎮彭城，太祖遣隊主吳香爐乘驛敕世祖，遣千騎，齎三日糧襲之。世祖發百里內馬，得千五百匹。衆議舉別駕劉延孫為元帥，延孫辭不肯行，舉參軍劉泰之自代。世祖以問司馬王玄謨、長史張暢，暢等並贊成之。乃分為五軍，以泰之為元帥，與安北騎兵行參軍垣謙之、田曹行參軍臧肇之、集曹行參軍尹定、武陵國左常侍杜幼文五人，各領其一。謙之領泰之軍副殿中將軍程天祚督戰，至譙城，更簡閱人馬，得精騎千一百匹，直向汝陽。虜不意奇兵從北來，大營在汝陽北，去城三里許。泰之等至，虜都不覺，馳入襲之，殺三千餘人，燒其輜重。營內有數區氈屋，屋中皆有帳，器仗甚精，食具皆是金銀，帳內諸大主帥，悉殺之。諸亡口悉得東走，大呼云：『官軍痛與手。』虜衆一時奔散，因追之，行已經日，人馬疲倦，引還汝南。城內有虜一幢，馬步可五百，登城望知泰之無後繼，又有別帥鉅鹿公餘嵩自虎牢至，因引出擊泰之。泰之軍未食，旦戰已疲勞，結陣未及定，垣謙之先退，因是驚亂，棄仗奔走。行迷道趨溵水，水深岸高，人馬悉走水爭渡，泰之獨不去，曰：『喪敗如此，何面復還。』下馬坐地，為虜所殺。肇之溺水死，天祚為虜所執，謙之、定、幼文及將士免者九百餘人，馬至者四百匹。世祖降安北之號為鎮軍將軍，玄謨、延孫免官，暢免所領沛郡，謙之伏誅，定、幼文付尚方。

燾初聞汝陽敗，又傳彭城有係軍，大懼，謂其衆曰：『但聞淮南遣軍，乃復有奇兵出。今年將墮人計中。』即燒攻具，欲走。會泰之死問續至，乃停壽陽。遣劉康祖救懸瓠，燾亦遣任城公拒康祖，與戰破之，斬任城。燾攻城四十二日不拔，死者甚多，任城又死，康祖救軍漸進，乃委罪大將，多所斬戮，倍道奔走。太祖嘉憲固守，詔曰：『右軍行參軍、行汝南新蔡二郡軍事陳憲，盡力捍禦，全城摧寇，忠敢之效，宜加顯擢，可龍驤將軍、汝南新蔡二郡太守。』又以布萬匹委憲分賜汝南城內文武吏民戰守勤勞者。

燾雖不克懸瓠，而虜掠甚多，南師屢無功，為燾所輕侮。與太祖書曰：

彼前使間諜，誸略姦人，竊聞朱修之、申謨，近復得胡崇之，敗軍之將，國有常刑，乃皆用為方州，虞我之隙，以自慰慶。得我普鍾蔡一豎子，何所損益，無異得我舉國之民，厚加奉養。禽我卑將衛拔，非其身，各便鎖腰苦役以辱之。觀此所行，足知彼之大趣，辨校以來，非一朝一夕也。

頃關中蓋吴反逆，扇動隴右氐、羌，彼復使人就而誘勸之。丈夫遺以弓矢，婦人遺以環釧，是曹正欲譎誑取賂，豈有遠相順從。為大丈夫之法，何不自來取之，而以貨誸引誘我邊民，募往者復除七年，是賞姦人也。我今來至此土，所得多少，孰與彼前後得我民戶邪。彼今若欲保全社稷，存劉氏血食者，當割江以北輸之，攝守南度，如此釋江南使彼居之。不然，可善敕方鎮、刺史、守宰，嚴供張之具，來秋當往取揚州，大勢已至，終不相縱。頃者往索真珠璫，略不相與，今所馘截髑髏，可當幾許珠璫也。

彼往日北通芮芮，西結赫連、蒙遜、吐谷渾，東連馮弘、高麗。凡此數國，我皆滅之。以此而觀，彼豈能獨立。芮芮吴提以死，其子菟害真襲其凶迹，以今年二月復死。我今北征，先除有足之寇。彼若不從命，來秋當復往取。以彼無足，故不先致討。諸方已定，不復相釋。

我往之日，彼作何方計，為塹城自守，為築垣以自鄣也。彼土小雨，水便迫掖，彼能水中射我也。我顯然往取揚州，不若彼翳行竊步也。彼來偵諜，我已禽之放還，其人目所盡見，委曲善問之。彼前使裴方明取仇池，既得，疾其勇功，不能容。有臣如此，尚殺之，烏得與我校邪。彼非敵也。彼常願欲共我一過交戰，我亦不癡，復不是苻堅。何時與彼交戰，晝則遣騎圍繞，夜則離彼百里宿去，彼人民好，降我者驅來，不好者盡刺殺之。近有穀米，我都啖盡，彼軍復欲食啖何物，能過十日邪？彼吴人正有斫營伎，我亦知彼情，離彼百里止宿，雖彼軍三里安邏，使首尾相次，募人裁五十里，天自明去，此募人頭何得不輸我也。彼謂我攻城日，當掘塹圍守，欲出來斫營，我亦不近城圍彼，止築堤引水，灌城取之。彼揚州城南北門有兩江水，此二水引用，自可如人意也。

知彼公時舊臣，都已殺盡，彼臣若在，年幾雖老，猶有智策，今已殺盡，豈不天資我也。取彼亦不須我兵刃，此有能祝婆羅門，使鬼縛彼送來也。

此後復求通和，聞太祖有北伐意，又與書曰：『彼此和好，居民連接，為日已久，而彼無厭，誘我邊民，其有往者，復之七年。去春南巡，因省我民，即使驅還。自天地啓闢已來，爭天下者，非唯我二人而已。今聞彼自來，設能至中山及桑乾川，隨意而行，來亦不迎，去亦不送。若厭其區宇者，可來平城居，我往揚州住，且可博其土地。傖人謂換易為博。彼年已五十，未嘗出戶，雖自力而來，如三歲嬰兒，復何知我鮮卑常馬背中領上生活。更無餘物可以相與，今送獵白鹿馬十二匹並氈藥等物。彼來馬力不足，可乘之。道里來遠，或不服水土，藥自可療。』其年，大舉北討，下詔曰：

虜近雖摧挫，獸心靡革，驅逼遺氓，復規竊暴。比得河朔秦雍華戎表疏，歸訴困棘，跂望綏拯，潛相糾結，以候王師。并陳芮芮此春因其來掠，掩襲巢窟，種落畜牧，所亡太半，連歲相持，於今未解。又猜虐互發，親黨誅殘，根本危敝，自相殘殄。芮芮間使適至，所說並符，遠輸誠款，誓為犄角。遐邇注情，既宜赴獎，且水雨豐澍，舟楫流通，經略之會，實在茲日。

可遣寧朔將軍王玄謨率太子步兵校尉沈慶之、鎮軍諮議參軍申坦等，戈船一萬，前驅入河。使持節、督青冀幽三州徐州之東安東莞二郡諸軍事、輔國將軍、青冀二州刺史霄城侯蕭斌，推三齊之鋒，為之統帥。持節、都督徐兗青冀幽五州豫州之梁郡諸軍事、鎮軍將軍、徐兗二州刺史武陵王駿，總四州之衆，水陸並驅。太子左衛率始興縣五等侯臧質勒東宮禁兵，統驍騎將軍安復縣開國侯王方回、建武將軍安蠻司馬新康縣開國男劉康祖、右軍參軍事梁坦步騎十萬，徑造許、洛。使持節、督豫司雍秦并五州諸軍事、右將軍、豫州刺史、領安蠻校尉南平王鑠悉荊、河之師，方軌繼進。東西齊舉，宜有董一，使持節、侍中、都督揚南徐二州諸軍事、太尉、領司徒、録尚書、太子太傅、國子祭酒江夏王義恭，德望兼崇，風略遐被，即可三府文武，并被以中儀精卒，出次徐方，為衆軍節度。別府司空府使所督諸鎮，各遣虎旅，數道爭先。督梁南北秦三州諸軍事、綏遠將軍、西戎校尉、梁南北秦三州刺史秀之，統輔國將軍楊文德、宣威將軍巴西梓潼二郡太守劉弘宗，連旗深入，震蕩汧、隴。護軍將軍、封陽縣開國侯蕭思話，部龍驤將軍杜坦、寧遠將軍竟陵太守南城縣開國侯劉德願，籍荊雍之勁，攬羣師之鋭，宜由武關，稜威震。指授之宜，委司空義宣議量。

是歲軍旅大起，王公妃主及朝士牧守，各獻金帛等物，以助國用，下及富室小民，亦有獻私財至數十萬者。又以兵力不足，尚書左僕射何尚之參議發南兗州三五民丁，父祖伯叔兄弟仕州居職從事、及仕北徐兗為皇弟皇子從事、庶姓主簿、諸皇弟皇子府參軍督護國三令以上相府舍者，不在發例，其餘悉倩暫行征。符到十日裝束，緣江五郡集廣陵，緣淮三郡集盱眙。又募天下弩手，不問所從，若有馬步衆藝武力之士應科者，皆加厚賞。有司又奏軍用不充，揚、南徐、兗、江四州富有之民，家資滿五十萬，僧尼滿二十萬者，並四分換一，過此率討，事息即還。

歷城建武府司馬申元吉率馬步口餘人向碻磝，取泗瀆口。虜碻磝戍主、濟州刺史王買德憑城拒戰，元吉破之。買德棄城走，獲奴婢一百四十口，馬二百餘匹，驢騾二百，牛羊各千餘頭，氈七百領，粗細車三百五十乘，地倉四十二所，粟五十餘萬斛，城內居民私儲又二十萬斛，虜田五穀三百頃，鐵三萬斤，大小鐵器九千餘口，餘器仗雜物稱此。

玄謨攻滑臺不克，燾自率大衆渡河，玄謨敗走。燾從弟永昌王庫仁真發關西兵趨汝、潁，從弟高梁王阿斗泥青州道，燾自碻磝，並南出。諸鎮悉斂民保城。其十一月至鄒山，鄒山戍主、宣威將軍、魯陽平二郡太守崔耶利敗没。燾登鄒山，見秦始皇刻石，使人排倒之。遣楚王樹洛真、南康侯杜道雋進軍清西，至蕭城，步尼公進軍清東，至留城。世祖遣參軍馬文恭至蕭城，江夏王義恭遣軍主嵇玄敬至留城，並為覘候。蕭城虜偃旗旌，文恭斥候不明，卒與相遇，乃舍汴趣南山，東至山而虜圍合，文恭戰敗，僅以身免。玄敬亦與留城虜相值，幢主華欽繼其後，虜望玄敬後有軍，引去，趨苞橋。至，欲渡清西，沛縣民燒苞橋，夜於林中擊鼓。虜謂官軍大至，爭渡苞水，水深，溺死殆半。

先是，燾遣員外散騎侍郎王老壽乘驛就太祖乞黄甘，太祖餉甘十簿、甘蔗千挺。并就求馬，曰：『自頃歲成民阜，朝野無虞，春末當東巡吳、會，以盡遊豫。臨滄海，探禹穴，陟姑蘇之臺，搜長洲之苑，舟楫雖盛，寡於良駟，想能惠以逸足，令及此行。』老壽反命，未出境，虜兵深入，乃録還。

虜又破尉武戍，執戍主左軍長兼行參軍王羅漢。先是，南平王鑠以三百人配羅漢出戍，而尉武東北有小壘，因據之。或曰：『賊盛不足自固，南依卑林，寇至易以免。』羅漢以受命來此，不可輒去。是日虜攻之，矢盡力屈，遂没。虜法，獲生將，付其三郎大帥，連鎖鎖頸後。羅漢夜斷三郎頭，抱鎖亡走，得入盱眙城。

永昌王破劉康祖於尉武，引衆向壽陽，自青岡屯孫叔敖塚，脅壽陽城，又焚掠馬頭、鍾離。南平王鑠保城固守。

燾自彭城南出，十二月，於盱眙渡淮，破胡崇之等軍。留尚書韓元興數千人守盱眙，自率大衆南向，中書郎魯秀出廣陵，高梁王阿斗泥出山陽，永昌王於壽陽出横江。凡所經過，莫不殘害。燾至瓜步，壞民屋宇，及伐蒹葦，於滁口造箄筏，聲欲渡江。太祖大具水軍，為防禦之備。

初，領軍將軍劉遵考率軍向彭城，至小澗，虜已斷道，召還，與左軍將軍尹弘守横江，少府劉興祖守白下，建威將軍、黄門侍郎蕭元邕守禅洲，羽林左監孟宗嗣守新洲上，建武將軍泰容守新洲下，征北中兵參軍事向柳守貴洲，司馬到元度守蒜山，諮議參軍沈曇慶守北固，尚書褚湛之先行京陵，仍守西津，徐州從事史蕭尚之守練壁，征北參軍管法祖守譙山，徐州從事武仲河守博落，尚書左丞劉伯龍守采石。

尋還建武將軍、淮南太守，仍總守事。遊邏上接於湖，下至蔡洲，陳艦列營，周亙江畔，自采石至於暨陽，六七百里，船艦蓋江，旗甲星燭。皇太子出戍石頭城，前將軍徐湛之守石頭倉城，都水使者樂詢、尚書水部郎劉淵之並以裝治失旨，付建康。乘輿數幸石頭及莫府山，觀望形勢。購能斬佛狸伐頭者，封八千戶開國縣公，賞布絹各萬匹，金銀各百斤；斬其子及弟、偽相、大軍主，封四百戶開國縣侯，布絹各五千匹；自此以下各有差。又募人齎冶葛酒置空村中，欲以毒虜，竟不能傷。

燾鑿瓜步山為盤道，於其頂設氈屋。燾不飲河南水，以駱駝負河北水自隨，一駱駝負三十斗。遣使餉太祖駱駝名馬，求和請婚。上遣奉朝請田奇餉以珍羞異味。燾得黄甘，即啖之，并大進酃酒，左右有耳語者，疑食中有毒，燾不答，以手指天，而以孫兒示奇曰：『至此非唯欲為功名，實是貪結姻援，若能酬酢，自今不復相犯秋毫。』又求嫁女與世祖。二十八年正月朔，燾會於山上，并及土人。會竟，掠民戶，燒邑屋而去。虜初緣江舉烽火，尹弘曰：『六夷如此必走。』正月二日，果退。

初，太祖聞虜寇逆，焚燒廣陵城府船乘，使廣陵、南沛二郡太守劉懷之率人民一時渡江。虜以海陵多陂澤，不敢往。山陽太守蕭僧珍亦斂居民及流奔百姓，悉入城。臺送糧仗給盱眙，賊逼，分留山陽。又有數萬人攻具，當往滑臺，亦留付郡。城內垂萬家，戰士五千餘人。有白米陂，去郡數里，僧珍逆下諸處水，注令滿，須賊至，決以灌之。虜既至，不敢停，引去。自廣陵還，因攻盱眙，盡銳攻城，三十日不能克，乃燒攻具退走。燾凡破南兗、徐、兗、豫、青、冀六州，殺略不可稱計，而其士馬死傷過半，國人並尤之。【略】

先是，虜寧南將軍魯爽兄弟率衆歸順。二十九年，太祖更遣張永、王玄謨及爽等北伐，青州刺史劉興祖建議伐河北，曰：『河南阻饑，野無所掠，脫意外固守，非旬月可拔，稽留大衆，轉輸方勞。伐罪吊民，事存急速，今偽帥始死，兼逼暑時，國內猜擾，不暇遠赴，關內之衆，裁足自守。愚謂宜長驅中山，據其關要。冀州已北，民人尚豐，兼麥已向熟，資因為易。向義之徒，必應響赴，若中州震動，黃河以南，自當消潰。臣城守之外，可有二千人，今更發三千兵，假別駕崔勳之振威將軍，領所發隊，並二州望族，從蓋柳津直衝中山。申坦率歷城之衆，可有二千，駱驛俱進。較略二軍，可七千許人，既入其心腹，調租發車，以充軍用。若前驅乘勝，張永及河南衆軍，便宜一時濟河，使聲實兼舉。愚計謬允，宜並建司牧，撫柔初附。定州刺史取大嶺，冀州刺史向井陘，并州刺史屯雁門，幽州刺史塞軍都，相州刺史備大行，因事指麾，隨宜加授。畏威欣寵，人百其懷，濟河之日，請大統版假。常忿將率憚於深遠，勳之等慷慨之誠，誓必死效。若能成功，清一可待；若不克捷，不為大傷。並催促裝束，伏聽敕旨。』上意止存河南，不納。玄謨攻碻磝，不克退還。

世祖即位，索虜求互市，江夏王義恭、竟陵王誕、建平王宏、何尚之、何偃以為宜許；柳元景、王玄謨、顏竣、謝莊、檀和之、褚湛之以為不宜許。時遂通之。大明二年，虜寇青州，為刺史顏師伯所破，退走。

前廢帝永光元年，浚死，謚文成皇帝。子弘之字第豆胤代立。

景和中，北討徐州刺史義陽王昶，昶單騎奔虜。太宗泰始初，江州刺史晉安王子勳為逆，四方反，徐州刺史薛安都、青州刺史沈文秀、冀州刺史歷城鎮主崔道固等，亦各舉兵。【略】

既而晉安王子勳事平，太宗遣張永、沈攸之北討，薛安都大懼，遣使引虜。虜遣萬騎救之，永、攸之敗退，虜攻青、冀二州，並克，執沈文秀、崔道固。【略】

此後虜復和親，信餉歲至，朝庭亦厚相報答。泰豫元年，虜狄石鎮主白虎公、安陽鎮主莫索公、貞陽鎮主鵝落生、襄陽王桓天生等，引山蠻馬步二萬餘人，攻圍義陽縣義陽戍。司州刺史王贍遣從弟司空行參軍思遠、撫軍行參軍王叔瑜擊大破之，虜退走。

《南齊書》卷二《高帝紀下》 （建元）二年春正月戊戌朔，大赦天下。以司空、尚書令褚淵為司徒，中軍將軍張敬兒為車騎將軍，中領軍李安民為領軍將軍，中護軍陳顯達為護軍將軍。辛丑，車駕親祠南郊。癸卯，詔索虜寇淮、泗，遣衆軍北伐，內外纂嚴。

二月丁卯，虜寇壽陽，豫州刺史垣崇祖破走之。【略】

閏（七）月辛巳，遣領軍將軍李安民行淮、泗。庚寅，索虜攻朐山，青、冀二州刺史盧紹之等破走之。【略】

（建元三年正月）領軍將軍李安民等破虜于淮陽。

又 卷三《武帝紀》 （永明十一年七月）虜侵邊，戊辰，遣江州刺史陳顯達鎮雍州樊城。

《梁書》卷一《武帝紀上》 建武二年，魏遣將劉昶、王肅帥衆寇司州，以高祖為冠軍將軍、軍主，隸江州刺史王廣為援。距義陽百餘里，衆以魏軍盛，趑趄莫敢前。高祖請為先啓，廣即分麾下精兵配高祖。爾夜便進，去魏軍數里，逕上賢首山。魏軍不測多少，未敢逼。黎明，城內見援至，因出軍攻魏柵。高祖帥所領自外進戰。魏軍表裏受敵，乃棄重圍退走。軍罷，以高祖為右軍晉安王司馬、淮陵太守。還為太子中庶子，領羽林監。頃之，出鎮石頭。

四年，魏帝自率大衆寇雍州，明帝令高祖赴援。十月，至襄陽，詔又遣左民尚書崔慧景總督諸軍，高祖及雍州刺史曹虎等並受節度。明年三月，慧景與高祖進行鄧城，魏主帥十萬餘騎奄至。慧景失色，欲引退，高祖固止之，不從，乃狼狽自拔。魏騎乘之，於是大敗。高祖獨帥衆距戰，殺數十百人，魏騎稍卻，因得結陣斷後，至夕得下船。慧景軍死傷略盡，惟高祖全師而歸。俄以高祖行雍州府事。

又 卷二《武帝紀中》 （天監三年）二月，魏陷梁州。【略】

八月，魏陷司州，詔以南義陽置司州。【略】

（天監四年）冬十月丙午，北伐，以中軍將軍、揚州刺史臨川王宏都督北討諸軍事，尚書右僕射柳惔為副。是歲，以興師費用，王公以下各上國租及田穀，以助軍資。【略】

（天監五年）三月丙寅朔，日有蝕之。癸未，魏宣武帝從弟翼率其諸弟來降。輔國將軍劉思效破魏青州刺史元繫於膠水。丁亥，陳伯之自壽陽率衆歸降。【略】

五月辛未，太子左衛率張惠紹克魏宿預城。乙亥，臨川王宏前軍克梁城。辛巳，豫州刺史韋睿克合肥城。丁亥，廬江太守裴邃克羊石城；庚寅，又克霍丘城。辛卯，太白晝見。

六月庚子，青、冀二州刺史桓和前軍克朐山城。【略】

冬十一月甲子，京師地震。乙丑，以師出淹時，大赦天下。魏寇鍾離，遣右衛將軍曹景宗率衆赴援。【略】

（天監六年）夏四月壬辰，置左右驍騎、左右遊擊將軍官。癸巳，曹景宗、韋睿等破魏軍於邵陽洲，斬獲萬計。癸卯，以右衛將軍曹景宗為領軍將軍、徐州刺史。【略】

（十二月）乙丑，魏淮陽鎮都軍主常邕和以城內屬。【略】

（天監七年）冬十月丙寅，以吳興太守張稷為尚書左僕射。丙子，魏陽關主許敬珍以城內附。詔大舉北伐。以護軍將軍始興王憺為平北將軍，率衆入清；車騎將軍王茂率衆向宿預。丁丑，魏懸瓠鎮軍主白皁生、豫州刺史胡遜以城內屬。以皁生為鎮北將軍、司州刺史，遜為平北將軍、豫州刺史。【略】

（天監）八年春正月辛巳，輿駕親祠南郊，赦天下，內外文武各賜勞一年。壬辰，魏鎮東參軍成景儁斬宿預城主嚴仲賓，以城內屬。【略】

（四月）丁卯，魏楚王城主李國興以城內附。【略】

（天監十年）三月辛丑，盜殺東莞、琅邪二郡太守鄧晰，以朐山引魏軍，遣振遠將軍馬仙琕討之。是月，魏徐州刺史盧昶帥衆赴朐山。【略】

（十二月）庚辰，馬仙琕大破魏軍，斬馘十餘萬，克復朐山城。【略】

（天監十三年）是歲作浮山堰。

又　卷三《武帝紀下》　（普通二年）六月丁卯，信威將軍、義州刺史文僧明以州叛入于魏。

秋七月丁酉，假大匠卿裴邃節，督衆軍北討。甲寅，老人星見。魏荆州刺史桓叔興帥衆降。【略】

（普通五年六月）庚子，以員外散騎常侍元樹為平北將軍、北青、兗二州刺史，率衆北伐。

秋七月辛未，賜北討義客位一階。

八月庚寅，徐州刺史成景儁克魏童棧。

九月戊申，又克睢陵城。戊午，北兗州刺史趙景悅圍荆山。壬戌，宣毅將軍裴邃襲壽陽，入羅城，弗克。

冬十月戊寅，裴邃、元樹攻魏建陵城，破之。辛巳，又破曲木。掃虜將軍彭寶孫克琅邪。甲申，又克檀丘城。辛卯，裴邃破狄城。丙申，又克甓城，遂進屯黎漿。壬寅，魏東海太守韋敬欣以司吾城降。定遠將軍太守曹世宗破魏曲陽城。甲辰，又克秦墟。魏郿、潘溪守悉皆棄城走。

十一月丙辰，彭寶孫克東莞城。壬戌，裴邃攻壽陽之安城，克之。丙寅，魏馬頭、安城並來降。

十二月戊寅，魏荆山城降。乙巳，武勇將軍李國興攻平靜關，克之。辛丑，信威長史楊法乾攻武陽關；壬寅，攻峴關，並克之。

六年春正月丙午，安北將軍晉安王綱遣長史柳津破魏南鄉郡，司馬董當門破魏晉城。庚戌，又破馬圈、彫陽二城。辛亥，輿駕親祠南郊，大赦天下。庚申，魏鎮東將軍、徐州刺史元法僧以彭城內附。己巳，雍州前軍克魏新蔡郡。詔曰：『廟謨已定，王略方舉。侍中、領軍將軍西昌侯淵藻，可便親戎，以前啓行；鎮北將軍、南兗州刺史豫章王綜董馭雄桀，風馳次邁；其餘衆軍，計日差遣，初中後師，善得嚴辦。朕當六軍雲動，龍舟濟江。』癸酉，克魏鄭城。甲戌，以魏鎮東將軍、徐州刺史元法僧為司空。

二月丁丑，老人星見。庚辰，南徐州刺史廬陵王續還朝，稟承戎略。乙未，趙景悅下魏龍亢城。

三月丙午，歲星見南斗。賜新附民長復除，應諸罪失，一無所問。己酉，行幸白下城，履行六軍頓所。乙丑，鎮北將軍、南兗州刺史豫章王綜權頓彭城，總督衆軍，並攝徐州府事。己巳，以魏假平東將軍元景隆為衡州刺史，魏征虜將軍元景仲為廣州刺史。

夏五月己酉，築宿預堰，又修曹公堰於濟陰。太白晝見。壬子，遣中護軍夏侯亶督壽陽諸軍事，北伐。

六月庚辰，豫章王綜奔於魏，魏復據彭城。

秋七月壬戌，大赦天下。【略】

（普通七年）二月甲戌，北伐衆軍解嚴。【略】

（十一月）辛巳，夏侯亶、胡龍牙、元樹、曹世宗等衆軍克壽陽城。丁亥，放魏揚州刺史李憲還北。以壽陽置豫州，合肥改為南豫州。以中護軍夏侯亶為豫、南豫二州刺史。平西將軍、郢州刺史元樹進號安西將軍。魏新野太守以郡降。【略】

（大通元年正月）是月，司州刺史夏侯夔進軍三關，所至皆剋。【略】

夏五月丙寅，成景雋克魏臨潼竹邑。

秋八月壬辰，老人星見。

冬十月庚戌，魏東豫州刺史元慶和以渦陽內屬。甲寅，曲赦東豫州。

十一月丁卯，以中護軍蕭淵藻為北討都督、征北大將軍，鎮渦陽。戊辰，加尚書令、中衛將軍、開府儀同三司袁昂中書監。以渦陽置西徐州。【略】

（大通二年二月）築寒山堰。

三月壬戌，以江州刺史南康王績為安右將軍。

夏四月辛丑，魏郢州刺史元顯達以義陽內附，置北司州。時魏大亂，其北海王元顥、臨淮王元彧、汝南王元悅並來奔，其北青州刺史元世雋、南荆州刺史李志亦以地降。

六月丁亥，魏臨淮王元彧求還本國，許之。

冬十月丁亥，以魏北海王元顥為魏主，遣東宮直閤將軍陳慶之衛送還北。魏豫州刺史鄧獻以地內屬。【略】

（中大通元年四月）癸巳，陳慶之攻魏梁城，拔之，進屠考城，擒魏濟陰王元暉業。

五月戊辰，克大梁。癸酉，克虎牢城。魏主元子攸棄洛陽，走河北。乙亥，元顥入洛陽。

六月壬午，大赦天下。辛亥，魏淮陰太守晉鴻以湖陽城內屬。

閏月己未，安右將軍、護軍南康王績薨。己卯，魏爾朱榮攻殺元顥，復據洛陽。【略】

（十一月）戊子，魏巴州刺史嚴始欣以城降。【略】

（中大通二年）六月丁巳，遣魏太保汝南王元悅還北為魏主。庚申，以魏尚書左僕射范遵為安北將軍、司州牧，隨元悅北討。林邑國遣使獻方物。壬申，扶南國遣使獻方物。

秋八月庚戌，輿駕幸德陽堂，設絲竹會，祖送魏主元悅。【略】

（中大通四年正月）太子右衛率薛法護為平北將軍、司州牧，衛送元悅入洛。庚午，立嫡皇孫大器為宣城郡王。癸未，魏南兗州刺史劉世明以城降，改魏南兗州為譙州，以世明為刺史。

二月壬寅，老人星見。新除太尉元法僧還北，為東魏主。以安右將軍元景隆為征北將軍、徐州刺史，雲麾將軍羊侃為安北將軍、兗州刺史，散騎常侍元樹為鎮北將軍。【略】

（中大通五年）六月己卯，魏建義城主蘭寶殺魏東徐州刺史，以下邳城降。

秋七月辛卯，改下邳為武州。【略】

（中大通六年）冬十月丁卯，以信武將軍元慶和為鎮北將軍，率衆北伐。【略】

（大同元年四月）甲辰，以魏鎮東將軍劉濟為徐州刺史。【略】

（十一月）壬戌，北梁州刺史蘭欽攻漢中，克之，魏梁州刺史元羅降。癸亥，賜梁州歸附者復除有差。甲子，雄勇將軍、北益州刺史陰平王楊法深進號平北將軍。月行左角星。

十二月乙酉，以魏北徐州刺史羊徽逸為平北將軍。戊戌，以平西將軍、秦南秦二州刺史武興王楊紹先進號車騎將軍，平北將軍、北益州刺史陰平王楊法深進號驃騎將軍。【略】

（大同二年五月）乙巳，以魏前梁州刺史元羅為征北大將軍、青冀二州刺史。【略】

冬十月乙亥，詔大舉北伐。

十一月己亥，詔北伐衆班師。辛亥，京師地震。

十二月壬申，魏請通和，詔許之。【略】

（大同三年）秋七月癸卯，魏遣使來聘。【略】

（大同四年）五月甲戌，魏遣使來聘。【略】

（大同五年）冬十一月乙亥，魏遣使來聘。【略】

（大同六年）秋七月丁亥，魏遣使來聘。【略】

（大同七年）夏四月戊申，魏遣使來聘。【略】

（十二月壬寅）魏遣使來聘。【略】

（太清元年）二月己卯，白虹貫日。庚辰，魏司徒侯景求以豫、廣、潁、洛、陽、西揚、東荊、北荊、襄、東豫、南兗、西兗、齊等十三州內屬。壬午，以景為大將軍，封河南王，大行臺，制承如鄧禹故事。【略】

（三月）甲辰，遣司州刺史羊鴉仁、兗州刺史桓和、仁州刺史湛海珍等應接北豫州。【略】

六月戊辰，以前雍州刺史鄱陽王範為征北將軍，總督漢北征討諸軍事。

秋七月庚申，羊鴉仁入懸瓠城。甲子，詔曰：『二豫分置，其來久矣。今汝、潁克定，可依前代故事，以懸瓠為豫州，壽春為南豫，改合肥為合州，北廣陵為淮州，項城為殷州，合州為南合州。』

八月乙丑，王師北伐，以南豫州刺史蕭淵明為大都督。詔曰：『今汝南新復，嵩、潁載清，瞻言遺黎，有勞鑑寐，宜覃寬惠，與之更始。應是緣邊初附諸州部內百姓，先有負罪流亡，逃叛入北，一皆曠蕩，不問往愆。並不得挾以私仇而相報復。若有犯者，嚴加裁問。』戊子，以大將軍侯景録行臺尚書事。

九月癸卯，王遊苑成。庚戌，輿駕幸苑。

冬十一月，魏遣大將軍慕容紹宗等至寒山。丙午，大戰，淵明敗績，及北兗州刺史胡貴孫等並陷魏。紹宗進圍潼州。

十二月戊辰，遣太子舍人元貞還北為魏主。辛巳，以前征北將軍鄱陽王範為安北將軍、南豫州刺史。

二年春正月戊戌，詔在位各舉所知。己亥，魏陷渦陽。辛丑，以尚書僕射謝舉為尚書令，守吏部尚書王克為尚書僕射。甲辰，豫州刺史羊鴉仁，殷州刺史羊思達，並棄城走，魏進據之。乙卯，以大將軍侯景為南豫州牧，安北將軍、南豫州刺史鄱陽王範為合州刺史。【略】

秋八月乙未，以右衛將軍朱異為中領軍。戊戌，侯景舉兵反，擅攻馬頭、木柵、荊山等戍。甲辰，以安前將軍、開府儀同三司邵陵王綸都督衆軍討景。曲赦南豫州。

九月丙寅，加左光禄大夫元羅鎮右將軍。

冬十月，侯景襲譙州，執刺史蕭泰。丁未，景進攻歷陽，太守莊鐵降之。戊申，以新除光禄大夫臨賀王正德為平北將軍，都督京師諸軍，屯丹陽郡。己酉，景自橫江濟於采石。辛亥，景師至京，臨賀王正德率衆附賊。

十一月辛酉，賊攻陷東府城，害南浦侯蕭推、中軍司馬楊曒。庚辰，邵陵王綸帥武州刺史蕭弄璋、前譙州刺史趙伯超等，入援京師，頓鍾山愛敬寺。乙酉，綸進軍湖頭，與賊戰，敗績。丙戌，安北將軍鄱陽王範遣世子嗣、雄信將軍裴之高等帥衆入援，次於張公洲。

十二月戊申，天西北中裂，有光如火。尚書令謝舉卒。丙辰，司州刺史柳仲禮、前衡州刺史韋粲、高州刺史李遷仕、前司州刺史羊鴉仁等並帥軍入援，推仲禮為大都督。

三年春正月丁巳朔，柳仲禮帥衆分據南岸。是日，賊濟軍於青塘，襲破韋粲營，粲拒戰死。庚申，邵陵王綸、東揚州刺史臨成公大連等帥兵集南岸。乙丑，中領軍朱異卒。丙寅，以司農卿傅岐為中領軍。戊辰，高州刺史李遷仕、天門太守樊文皎進軍青溪東，為賊所破，文皎死之。壬午，熒惑守心。乙酉，太白晝見。

二月丁未南兗州刺史南康王會理、前青冀二州刺史湘潭侯蕭退帥江州之衆，頓於蘭亭苑。庚戌，安北將軍、合州刺史鄱陽王範以本號開府儀同三司。

三月戊午，前司州刺史羊鴉仁等進軍東府北，與賊戰，大敗。己未，皇太子妃王氏薨。丁卯，賊攻陷宮城，縱兵大掠。己巳，賊矯詔遣石城公大款解外援軍。庚午，侯景自為都督中外諸軍事、大丞相、録尚書。辛未，援軍各退散。丙子，熒惑守心。壬午，新除中領軍傅岐卒。

夏四月己丑，京師地震。丙申，地又震。己酉，高祖以所求不供，憂憤寢疾。是月，青、冀二州刺史明少遐、東徐州刺史湛海珍、北青州刺史王奉伯各舉州附於魏。

五月丙辰，高祖崩於淨居殿，時年八十六。

又　卷四《簡文帝紀》（太清三年）秋七月甲寅，廣州刺史元景仲謀應侯景，西江督護陳霸先起兵攻之，景仲自殺，霸先迎定州刺史蕭勃為刺史。

（大寶元年正月）西魏寇安陸，執司州刺史柳仲禮，盡没漢東之地。丙寅，月晝見。癸酉，前江都令祖皓起義，襲廣陵，斬賊南兗州刺史董紹先。侯景自帥水步軍擊皓。

二月癸未，景攻陷廣陵，皓等並見害。【略】

是月，邵陵王綸自尋陽至於夏口，郢州刺史南平王恪以州讓綸。丙午，侯景逼太宗幸西州。

夏五月庚午，征北將軍、開府儀同三司鄱陽嗣王範薨。自春迄夏，大饑，人相食，京師尤甚。【略】

八月甲午，湘東王繹遣領軍將軍王僧辯率衆逼郢州。乙亥，侯景自進位相國，封二十郡為漢王。邵陵王綸棄郢州走。

冬十月乙未，侯景又逼太宗幸西州曲宴，自加宇宙大將軍、都督六合諸軍事。立皇子大鈞為西陽郡王，大威為武寧郡王，大球為建安郡王，大昕為義安郡王，大摯為綏建郡王，大圜為樂梁郡王。壬寅，景害南康嗣王會理。

十一月，任約進據西陽，分兵寇齊昌，執衡陽王獻送京師，害之。湘東王繹遣前寧州刺史徐文盛督衆軍拒約。南郡王前中兵張彪起義於會稽若邪山，攻破浙東諸縣。

二年春二月，邵陵王綸走至安陸董城，為西魏所攻，軍敗，死。

三月，侯景自帥衆西寇。丁未，發京師，自石頭至新林，舳艫相接。

四月，至西陽。乙亥，景分遣偽將宋子仙、任約襲郢州。丙子，執刺史蕭方諸。閏月甲子，景進寇巴陵，湘東王繹所遣領軍將軍王僧辯連戰不能克。

五月癸未，湘東王驛遣遊擊將軍胡僧祐、信州刺史陸法和援巴陵，景遣任約帥衆拒援軍。

六月甲辰，僧祐等擊破任約，擒之。乙巳，景解圍宵遁，王僧辯督衆軍追景。庚申，攻魯山城，克之，獲魏司徒張化仁、儀同門洪慶。辛酉，進圍郢州，下之，獲賊帥宋子仙等。鄱陽王故將侯瑱起兵，襲偽儀同於慶於豫章，慶敗走。

秋七月丁亥，侯景還至京師。辛丑，王僧辯軍次湓城，賊行江州事范希榮棄城走。【略】

（八月）戊午，侯景遣衛尉卿彭儁、廂公王僧貴率兵入殿，廢太宗為晉安王，幽於永福省。【略】

（十月）太宗崩於永福省，時年四十九。

又　卷五《元帝紀》　大寶二年，世祖猶稱太清五年。二月己亥，魏遣使來聘。三月，侯景悉兵西上，會任約軍。閏四月丙午，景遣其將宋子仙、任約襲郢州，執刺史蕭方諸。戊申，徐文盛、陰子春等奔歸，王珣、尹悦、杜多安並降賊。庚戌，領軍將軍王僧辯帥衆屯巴陵。甲子，景進寇巴陵。五月癸未，世祖遣遊擊將軍胡僧祐、信州刺史陸法和帥衆下援巴陵。任約敗，景遂遁走。以王僧辯為征東將軍、開府儀同三司、尚書令，胡僧祐為領軍將軍，陸法和為護軍將軍。仍令僧辯率衆軍追景，所至皆捷。八月甲辰，僧辯下次湓城。【略】

（大寶三年）二月，王僧辯衆軍發自尋陽。【略】

三月，王僧辯等平侯景，傳其首於江陵。【略】

（五月）魏遣太師潘樂、辛術等寇秦郡，王僧辯遣杜掞帥衆拒之。以陳霸先為征北大將軍、開府儀同三司、南徐州刺史。是月，魏遣使賀平侯景。【略】

（承聖二年正月）西魏遣大將尉遲迥襲益州。【略】

（五月）甲戌，尉遲迥進逼巴西，潼州刺史楊虔運以城降，納迥。己丑，蕭紀軍至西陵。

六月乙卯，湘州平。尉遲迥圍益州。秋七月辛未，巴人苻升、徐子初斬賊城主公孫晃，舉城來降。紀衆大潰，遇兵死。乙未，王僧辯班師江陵，詔諸軍各還所鎮。八月戊戌，尉遲迥陷益州。【略】

（九月）魏遣郭元建治舟師於合肥，又遣大將邢杲遠、步六汗薩、東方老率衆會之。

冬十一月辛酉，僧辨次於姑孰，即留鎮焉。遣豫州刺史侯瑱據東關壘，征吳興太守裴之横帥衆繼之。戊戌，以尚書右僕射王褒為尚書左僕射，湘東太守張綰為尚書右僕射。

十二月，宿預土民東方光據城歸化，魏江西州郡皆起兵應之。【略】

（承聖三年三月）丁未，魏遣將王球率衆七百攻宿預，杜僧明逆擊，大破之。【略】

六月壬午，魏復遣將步六汗薩率衆救涇州。【略】

（九月）乙巳，魏遣其柱國萬紐於謹率大衆來寇。冬十月丙寅，魏軍至於襄陽，蕭察率衆會之。丁卯，停講，內外戒嚴，輿駕出行都柵。是日，大風拔木。丙子，征王僧辯等軍。

十一月，以領軍胡僧祐都督城東城北諸軍事，右僕射張綰為副；左僕射王褒都督城西城南諸軍事，直殿省元景亮為副。王公卿士各有守備。丙戌，世祖遍行都柵，皇太子巡行城樓，使居民助運水石，諸要害所，並增兵備。丁亥，魏軍至柵下。丙申，徵廣州刺史王琳入援。丁酉，大風，城內火。以胡僧祐為開府儀同三司，巂州刺史裴畿為領軍將軍。庚子，信州刺史徐世譜、晉安王司馬任約軍次馬頭岸。戊申，胡僧祐、朱買臣等率兵出戰，買臣敗績。己酉，降左僕射王褒為護軍將軍。辛亥，魏軍大攻，世祖出枇杷門，親臨陣督戰。胡僧祐中流矢薨。六軍敗績。反者斬西門關以納魏師，城陷於西魏。世祖見執，如蕭察營，又遷還城內。

十二月丙辰，徐世譜、任約退戍巴陵。辛未，西魏害世祖，遂崩焉，時年四十七。太子元良、始安王方略皆見害。乃選百姓男女數萬口，分為奴婢，驅入長安；小弱者皆殺之。

又　卷六《敬帝紀》　（紹泰元年）三月，齊遣其上黨王高渙送貞陽侯蕭淵明來主梁嗣，至東關，遣吳興太守裴之横與戰，敗績，之横死。太尉王僧辯率衆出屯姑孰。四月，司徒陸法和以郢州附於齊，遣江州刺史侯瑱討之。【略】

十一月庚辰，齊安州刺史翟子崇、楚州刺史劉仕榮、淮州刺史柳達摩率衆赴任約，入於石頭。庚寅，司空陳霸先旋於京師。

十二月庚戌，徐嗣徽、任約又相率至采石，迎齊援。丙辰，遣猛烈將軍侯安都水軍於江寧邀之，賊衆大潰，嗣徽、約等奔於江西。庚申，翟子崇等請降，並放還北。

（太平元年二月）癸亥，賊徐嗣徽、任約襲采石戍，執戍主明州刺史張懷鈞，入於齊。

（三月）戊戌，齊遣大將蕭軌出柵口，向梁山，司空陳霸先、軍主黃逆擊，大破之。軌退保蕪湖。遣周文育、侯安都衆軍，據梁山拒之。

夏四月丁巳，司空陳霸先表詣梁山撫巡將帥。壬申，侯安都輕兵襲齊行臺司馬恭於歷陽，大破之，俘獲萬計。

五月癸未，太傅建安公淵明薨。庚寅，齊軍水步入丹陽縣。丙申，至秣陵故治。敕周文育還頓方丘，徐度頓馬牧，杜棱頓大桁。癸卯，齊軍進據兒塘，輿駕出頓趙建故籬門，內外纂嚴。

六月甲辰，齊潛軍至蔣山龍尾，斜趨莫府山北，至玄武廟西北。乙卯，司空陳霸先授衆軍節度，與齊軍交戰，大破之，斬齊北兗州刺史杜方慶及徐嗣徽弟嗣宗，生擒徐嗣產、蕭軌、東方老、王敬寶、李希光、裴英起、劉歸義等，皆誅之。戊午，大赦天下，軍士身殞戰場，悉遣斂祭，其無家屬，即為瘞埋。辛酉，解嚴。

《陳書》卷一《高祖紀上》　（大寶三年）五月，齊遣辛術圍嚴超達於秦郡，高祖命徐度領兵助其固守。齊衆七萬，填塹，起土山，穿地道，攻之甚急。高祖乃自率萬人解其圍，縱兵四面擊齊軍，弓弩亂發，齊平秦王中流矢死，斬首數百級，齊人收兵而退。【略】

（紹泰元年十月）震州刺史杜龕據吳興，與義興太守韋載同舉兵反。高祖命周文育率衆攻載于義興，龕遣其從弟北叟將兵拒戰，北叟敗歸義興。辛未，高祖表自東討，留高州刺史侯安都、石州刺史杜棱宿衛臺省。甲戌，軍至義興。丙子，拔其水柵。秦州刺史徐嗣徽據其城以入齊，又要南豫州刺史任約共舉兵應龕、載，齊人資其兵食。嗣徽等以京師空虛，率精兵五千奄至闕下，侯安都領驍勇五百人出戰，嗣徽等退據石頭。丁丑，載及北叟來降，高祖撫而釋之。以嗣徽寇逼，卷甲還都，命周文育進討杜龕。

十一月己卯，齊遣兵五千濟渡據姑熟。高祖命合州刺史徐度於冶城寺立柵，南抵淮渚。齊又遣安州刺史翟子崇、楚州刺史劉仕榮、淮州刺史柳達摩領兵萬人，於胡墅渡米粟三萬石馬千匹，入於石頭。癸未，高祖遣侯安都領水軍夜襲胡墅，燒齊船千餘艘，周鐵虎率舟師斷齊運輸，擒其北徐州刺史張領州，獲運舫米數千石。仍遣韋載於大航築城，使杜棱據守。齊人又於倉門水南立二柵以拒官軍。甲辰，嗣徽等攻冶城柵，高祖領鐵騎精甲，出自西明門襲擊之，賊衆大潰。嗣徽留柳達摩等守城，自率親屬腹心，往南州採石，以迎齊援。

十二月癸丑，高祖遣侯安都領舟師，襲嗣徽家口於秦州，俘獲數百人。官軍連艦塞淮口，斷賊水路。先是太白自十一月丙戌不見。乙卯出於東方。丙辰，高祖盡命衆軍分部甲卒，對治城立航渡兵，攻其水南二柵。柳達摩等渡淮置陣，高祖督兵疾戰，縱火燒柵，煙塵張天。賊潰，爭舟相排擠，溺死者以千數。時百姓夾淮觀戰，呼聲震天地。軍士乘勝，無不一當百，盡收其船艦，賊軍懾氣。是日嗣徽、約等領齊兵水步萬餘人，還據石頭，高祖遣兵往江寧。據要險以斷賊路。賊水步不敢進，頓江寧浦口，高祖遣侯安都領水軍襲破之，嗣徽等乘單舸脫走，盡收其軍資器械。己未，官軍四面攻城，自辰訖酉，得其東北小城，及夜兵不解。庚申，達摩遣使侯子欽、劉仕榮等詣高祖請和，高祖許之，乃於城門外刑牲盟約，其將士部曲一無所問，恣其南北。辛酉，高祖出石頭南門，陳兵數萬，送齊人歸北者。

壬戌，齊和州長史烏丸遠自南州奔還歷陽。江寧令陳嗣、黃門侍郎曹朗據姑熟反，高祖命侯安都、徐度等討平之，斬首數千級，聚為京觀。石頭、採石、南州悉平，收獲馬仗船米不可勝計。

是月杜龕以城降。

二年正月癸未，誅杜龕於吳興，龕從弟北叟、司馬沈孝敦並賜死。

二月庚申，高祖遣侯安都、周鐵虎率舸艦備江州，仍頓梁山起柵。甲子，敕司空有軍旅之事，可騎馬出入城內。戊辰，前寧遠石城公外兵參軍王位於石頭沙際獲玉璽四紐，高祖表以送臺。

三月戊戌，齊遣水軍儀同蕭軌、厙狄伏連、堯難宗、東方老、侍中裴英起、東廣州刺史獨孤辟惡、洛州刺史李希光，并任約、徐嗣徽等，率衆十萬出柵口，向梁山，帳內蕩主黃叢逆擊，敗之，燒其前軍船艦，齊頓軍保蕪湖。高祖遣定州史沈泰、吳郡太守裴忌就侯安都，共據梁山以禦之。

自去冬至是，甘露頻降於鍾山、梅崗、南澗及京口、江寧縣境，或至三數升，大如弈棋子，高祖表以獻臺。

四月丁巳，高祖詣梁山軍巡撫。

五月甲申，齊兵發自蕪湖，丙申，至秣陵故治。高祖遣周文育屯方山，徐度頓馬牧，杜棱頓大航南。己亥，高祖率宗室王侯及朝臣將帥，於大司馬門外白虎闕下刑牲告天，以齊人背約，發言慷慨，涕泗交流，同盟皆莫能仰視，士卒觀者益奮。辛丑，齊軍於秣陵故縣跨淮立橋柵，引渡兵馬。其夜至方山。侯安都、周文育、徐度等各引還京師。癸卯，齊兵自方山進及兒塘，遊騎至臺。周文育、侯安都頓白土崗，旗鼓相望，都邑震駭。高祖潛撤精卒三千配沈泰，渡江襲齊行臺趙彥深於瓜步，獲舟艦百餘艘，陳粟萬斛。即日天子總羽林禁兵，頓於長樂寺。

六月甲辰，齊兵潛至鍾山龍尾。丁未，進至莫府山。高祖遣錢明領水軍出江乘，要擊齊人糧運，盡獲其船米，齊軍於是大餒，殺馬驢而食之。庚戌，齊軍逾鍾山，高祖衆軍分頓樂遊苑東及覆舟山北，斷其衝要。壬子，齊軍至玄武湖西北莫府山南，將據北郊壇。衆軍自覆舟東移，頓郊壇北，與齊人相對。其夜大雨震電，暴風拔木，平地水丈餘，齊軍晝夜坐立泥中，懸鬲以爨，而臺中及潮溝北水退路燥，官軍每得番易。甲寅，少霽，高祖命衆軍秣馬蓐食，遲明攻之。乙卯旦，自率帳內麾下出莫府山南，吳明徹、沈泰等衆軍首尾齊舉，縱兵大戰，侯安都自白下引兵橫出其後，齊師大潰，斬獲數千人，相蹂藉而死者不可勝計，生執徐嗣徽及其弟嗣宗，斬之以徇。追奔至於臨沂。其江乘、攝山、鍾山等諸軍相次克捷，虜蕭軌、東方老、王敬寶、李希光、裴英起等將帥凡四十六人。其軍士得竄至江者，縛荻筏以濟，中江而溺，流屍至京口，翳水彌岸。丁巳，衆軍出南州，燒賊舟艦。己未，斬劉歸義、徐嗣彥、傅野豬於建康市。是日解嚴。庚申，蕭軌、東方老、王敬寶、李希光、裴英起皆伏誅。高祖表解南徐州以授侯安都。

又　卷二《高祖紀下》　（永定二年）二月壬申，南豫州刺史沈泰奔于齊。辛卯，詔車騎將軍、司空侯瑱總督水步衆軍以遏齊寇。【略】

五月乙未，京師地震。癸丑，齊廣陵南城主張顯和、長史張僧那各率其所部入附。【略】

（永定三年二月）壬午，司空侯瑱督衆軍自江入合州，焚齊舟艦。

三月丙申，侯瑱至自合肥，衆軍獻捷。

又　卷三《世祖紀》　（天嘉元年二月）乙未，高州刺史紀機自軍叛還宣城，據郡以應王琳，涇令賀當遷討平之。丙申，太尉侯瑱敗王琳于

梁山，敗齊兵于博望，生擒齊將劉伯球，盡收其資儲船艦，俘馘以萬計，王琳及其主蕭莊奔于齊。【略】

（三月）丁巳，江州刺史周迪平南中，斬賊率熊曇朗，傳首京師。先是，齊軍守魯山城，戊午，齊軍棄城走，詔南豫州刺史程靈洗守之。甲子，分荆州之天門、義陽、南平，郢州之武陵四郡，置武州。其刺史督沅州，領武陵太守，治武陵郡。其都尉所部六縣為沅州。別置通寧郡，以刺史領太守，治都尉城，省舊都尉。以安南將軍、南兗州刺史、新除右衛將軍吳明徹為安西將軍、武州刺史，偽郢州刺史孫瑒為安南將軍、湘州刺史。【略】

（八月）甲午，周將賀若敦率馬步一萬，奄至武陵，武州刺史吳明徹不能拒，引軍還巴陵。丁酉，上幸正陽堂閱武。

九月癸丑，彗星見。乙卯，周將獨孤盛領水軍將趣巴、湘，與賀若敦水陸俱進，太尉侯瑱自尋陽往禦之。辛酉，遣儀同徐度率衆會瑱於巴丘。丙子，太白晝見。丁丑，詔侯瑱衆軍進討巴、湘。

十月癸巳，侯瑱襲破獨孤盛於楊葉洲，盡獲其船艦，盛收兵登岸，築城以保之。丁酉，詔司空侯安都率衆會侯瑱南討。【略】

（天嘉二年正月）乙卯，合州刺史裴景徽奔于齊。辛未，周湘州城主殷亮降，湘州平。【略】

秋七月丙午，周將賀若敦自拔遁歸，人畜死者十七八。武陵、天門、南平、義陽、河東、宜都郡悉平。【略】

（天嘉三年四月）乙巳，齊遣使來聘。【略】

（天嘉五年五月）是月，周、齊並遣使來聘。【略】

（十二月）癸未，齊遣使來聘。【略】

（天嘉六年四月）辛酉，有彗星見。周遣使來聘。【略】

冬十月辛亥，齊遣使來聘。

又　卷四《宣帝紀》　（大建元年）夏五月甲午，齊遣使來聘。

【略】

（大建二年五月）壬午，齊遣使來弔（皇太后）。

（大建三年）夏四月壬辰，齊遣使來聘。【略】

（大建四年）秋八月辛未，周遣使來聘。【略】

（大建五年）三月壬午，分命衆軍北伐，以鎮前將軍、開府儀同三司吳明徹都督征討諸軍事。丙戌，西衡州獻馬生角。己丑，皇孫胤生，內外文武賜帛各有差，為父後者爵一級。北討大都督吳明徹統衆十萬，發自白下。

夏四月癸卯，前巴州刺史魯廣達克齊大峴城。辛亥，吳明徹克秦州水柵。庚申，齊遣兵十萬援歷陽，儀同黃法氍破之。辛酉，齊軍救秦州，吳明徹又破之。癸亥，詔北伐衆軍所殺齊兵，並令埋掩。甲子，南譙太守徐槾克石梁城。

五月己巳，瓦梁城降。癸酉，陽平郡城降。甲戌，徐槾克廬江郡城。丙子，黃法氍克歷陽城。己卯，北高唐郡城降。辛巳，詔征南大將軍、開府儀同三司、南豫州刺史黃法氍徙鎮歷陽，齊改縣為郡者並復之。乙酉，南齊昌太守黃詠克齊昌外城。丙戌，廬陵內史任忠軍次東關，克其東西二城，進克蘄城。戊子，又克譙郡城，秦州城降。癸巳，瓜步、胡墅二城降。

六月庚子，郢州刺史李綜克灄口城。乙巳，任忠克合州外城。庚戌，淮陽、沭陽郡並棄城走。癸丑，景雲見。豫章內史程文季克涇州城。乙卯，宣毅司馬湛陀克新蔡城。癸亥，周遣使來聘。黃法氍克合州城。吳明徹師次仁州，甲子，克其州城。是月，治明堂。

秋七月乙丑，鎮前將軍、開府儀同三司吳明徹進號征北大將軍。戊辰，齊遣衆二萬援齊昌，西陽太守周炅破之。己巳，吳明徹軍次峽口，克其北岸城，南岸守者棄城走。周炅克巴州城。淮北絳城及穀陽士民，並誅其渠帥，以城降。丙戌，吳明徹克壽陽外城。

八月乙未，山陽城降。壬寅，盱眙城降。戊申，罷南齊昌郡。壬子，戎昭將軍徐敬辯克海安城。青州東海城降。戊午，平固侯陳敬泰等克晉州城。九月甲子，陽平城降。壬申，高唐太守沈善度克馬頭城。甲戌，齊安城降。丙子，左衛將軍樊毅克廣陵楚子城。癸未，尚書右僕射、領吏部、駙馬都尉沈君理卒。丁亥，前鄱陽內史魯天念克黃城小城，齊軍退保大城。戊子，割南兗州之盱眙郡屬譙州。壬辰晦，夜明。黃城大城降。

冬十月甲午，郭默城降。戊戌，以中書令王瑒為吏部尚書。己亥，以特進、領國子祭酒周弘正為尚書右僕射。乙巳，吳明徹克壽陽城，斬王琳，傳首京師，梟于朱雀航。丁未，齊兵萬人至潁口。樊毅擊走之。辛亥，齊遣兵援蒼陵，又破之。丙辰，詔曰：『梁末得懸瓠，以壽陽為南豫州，今者克復，可還為豫州。以黄城為司州，治下為安昌郡，嬀湍為漢陽郡，三城依梁為義陽郡，並屬司州。』以征北大將軍、開府儀同三司吴明徹為豫州刺史，進號車騎大將軍；征南大將軍、開府儀同三司、南豫州刺史黄法𣰰為征西大將軍、合州刺史。戊午，湛陀克齊昌城。

十一月甲戌，淮陰城降。庚辰，威虜將軍劉桃根克朐山城。辛巳，樊毅克濟陰城。己丑，魯廣達等克北徐州。

十二月壬辰朔，詔曰：『古者反噬叛逆，盡族誅夷，所以藏其首級，誡之後世。比者所戮止在一身，子胤或存，梟懸自足，不容久歸武庫，長比月支。惻隱之懷，有仁不忍。維熊曇朗、留異、陳寶應、周迪、鄧緒等及今者王琳首，並還親屬，以弘廣宥。』乙未，譙城降。乙巳，立皇子叔明為宜都王，叔獻為河東王。壬午，任忠克霍州城。【略】

（大建六年正月）甲申，廣陵金城降。周遣使來聘。【略】

七年春正月辛未，輿駕親祠南郊。乙亥，左衛將軍樊毅克潼州城。辛巳，輿駕親祠北郊。

二月戊申，樊毅克下邳、高柵等六城。

三月辛未，詔豫、二兗、譙、徐、合、霍、南司、定九州及南豫、江、郢所部在江北諸郡置雲旗義士，往大軍及諸鎮備防。戊寅，以新除征西大將軍、合州刺史、開府儀同三司黄法𣰰為豫州刺史。改梁東徐州為安州，武州為沅州。移譙州鎮於新昌郡，以秦郡屬之。盱眙、神農二郡還隸南兗州。【略】

秋八月壬寅，移西陽郡治保城。癸卯，周遣使來聘。

閏九月壬辰，都督吴明徹大破齊軍於呂梁。【略】

（大建九年）冬十月戊午，司空吴明徹破周將梁士彦衆數萬於呂梁。

【略】

（大建十年）二月甲子，北討衆軍敗績於呂梁，司空吴明徹及將卒已下，並為周軍所獲。

三月辛未，震武庫。丙子，分命衆軍以備周：中軍大將軍、開府儀同三司淳于量為大都督，總水陸諸軍事；明威將軍孫瑒都督荆、郢水陸諸軍事，進號鎮西將軍；左衛將軍樊毅為大都督，督朱沛、清口上至荆山緣淮衆軍，進號平北將軍；武毅將軍任忠都督壽陽、新蔡、霍州等衆軍，進號寧遠將軍。乙酉，大赦天下。丁酉，以中軍大將軍、開府儀同三司、護軍將軍淳于量為南兗州刺史，進號車騎將軍。【略】

（四月）丁巳，以新除鎮右將軍新安王伯固為護軍將軍。戊午，樊毅遣軍度淮北對清口築城。庚申，大雨雹。壬戌，清口城不守。【略】

（大建十一年十一月）甲午，周遣柱國梁士彦率衆至肥口。戊戌，周軍進圍壽陽。辛丑，以車騎將軍、開府儀同三司、南兗州刺史淳于量為上流水軍都督；中領軍樊毅都督北討諸軍事，加安北將軍；散騎常侍、左衛將軍任忠都督北討前軍事，加平北將軍；前豊州刺史皋文奏率步騎三千趣陽平郡。癸卯，任忠率步騎七千趣秦郡。丙午，新除仁威將軍、右衛將軍魯廣達率衆入淮。是日，樊毅領水軍二萬自東關入焦湖，武毅將軍蕭摩訶率步騎趣歷陽。戊申，豫州陷。辛亥，霍州又陷。癸丑，以新除中衛大將軍、揚州刺史始興王叔陵為大都督，總督水步衆軍。

十二月乙丑，南北兗、晉三州，及盱眙、山陽、陽平、馬頭、秦、歷陽、沛、北譙、南梁等九州，並自拔還京師。譙、北徐州又陷。自是淮南之地盡没於周矣。【略】

（大建十二年）秋八月己未，周使持節、上柱國、鄖州總管滎陽郡公司馬消難以鄖、隨、温、應、土、順、沔、儇、岳等九州，魯山、甑山、沌陽、應城、平靖、武陽、上明、涢水等八鎮内附。詔以消難為使持節、侍中、大都督，總督安隨等九州八鎮諸軍事、車騎將軍、司空，封隨郡公，給鼓吹、女樂各一部。庚申，詔鎮西將軍樊毅進督沔、漢諸軍事。遣平南將軍、南豫州刺史任忠率衆趣歷陽；通直散騎常侍、超武將軍陳慧紀為前軍都督，趣南兗州。戊辰，以新除司空司馬消難為大都督水陸諸軍事。庚午，通直散騎常侍淳于陵克臨江郡。癸酉，智武將軍魯廣達克郭默城。甲戌，大雨霖。丙子，淳于陵克祐州城。

九月癸未，周臨江太守劉顯光率衆内附。是夜，天東南有聲，如風水相擊，三夜乃止。丙戌，改安陸郡為南司州。丁亥，周將王延貴率衆援歷陽，任忠擊破之，生擒延貴等。己酉，周廣陵義主曹藥率衆入附。

《魏書》卷四上《世祖紀上》

（神䴥元年十月）劉義隆淮北鎮將王

仲德遣步騎二千餘入寇濟陽、陳留。是月，車駕還宮。閏月辛巳，義隆又遣將王玄謨、兖州刺史竺靈秀步騎二千人寇滎陽，將襲虎牢。豫州遣軍逆擊走之。

（神䴥三年三月）帝聞劉義隆將寇邊，乃詔冀、定、相三州造船三千艘，簡幽州以南戍兵集于河上以備之。【略】

八月，清河羣盜殺太守。劉義隆將到彥之，自清水入河，泝流西行。帝以河南兵少，詔攝四鎮。乃治兵，將西討。丙寅，到彥之遣將渡河攻冶阪，冠軍將軍安頡督諸軍擊破之，斬首五千餘級，投水死者甚衆。甲戌，行幸南宮，獵於南山。戊寅，詔征西大將軍長孫道生屯於河上。【略】

冬十月庚申，到彥之、王仲德沿河置守，還保東平。乙亥，冠軍將軍安頡濟河，攻洛陽。【略】

丙子，拔之，擒義隆將二十人，斬首五千級。時河北諸軍會於七女津，彥之恐軍南度，遣將王蟠龍泝流欲盜官船，征南大將軍杜超等擊破，斬之。辛巳，安頡平虎牢，義隆司州刺史尹沖墜城死。【略】

（十一月）甲午，壽光侯叔孫建、汝陰公長孫道生濟河。到彥之、王仲德從清入濟，東走青州。義隆兖州刺史竺靈秀棄順昌，南奔湖陸。【略】

辛丑，冠軍將軍安頡率諸軍攻滑臺。琅邪王司馬楚之破劉義隆將於長社。【略】

（神䴥）四年春正月壬午，車駕次於木根山，大饗羣臣，賜布帛各有差。丙申，劉義隆將檀道濟、王仲德從清水救滑臺，丹陽王叔孫建、汝陰公長孫道生拒之，道濟等不敢進。是月，乞伏慕末為赫連定所滅。二月辛酉，安頡、司馬楚之平滑臺，擒義隆將朱羒之、李元德及東郡太守申謨。癸酉，車駕還宮，飲至策勳，告於宗廟，賜留臺百官各有差，戰士賜復十年。丁丑，行幸南宮。定州民饑，詔啓倉以賑之。義隆將檀道濟、王仲德東走，諸將追之，至歷城而還。三月庚戌，冠軍將軍安頡獻義隆俘萬餘人，甲兵三萬。

又　卷四下《世祖紀下》　（太平真君三年）閏（五）月，劉義隆龍驤將軍裴方明、梁州刺史劉康祖寇南秦，南秦王楊難當敗，奔於上邽。六月丙戌，難當朝於行宮。先是，起殿於陰山之北，殿始成而難當至，因名曰廣德焉。

秋七月丙寅，詔安西將軍、建興公古弼督隴右諸軍及殿中虎賁與武都王楊保宗等從祁山南入，征西將軍、淮陽公皮豹子與琅邪王司馬楚之等督關中諸軍從散關西入，俱會仇池；鬱林公司馬文思為征南大將軍，進爵譙王，督洛豫諸軍事南趣襄陽；征南將軍、東安公刁雍東趣廣陵，邀方明歸路。【略】

（太平真君）四年春正月己巳，征西將軍皮豹子等大破劉義隆將於樂鄉，擒其將王奐之、王長卿等。强玄明、辛伯奮棄下辨遁走，追斬之，盡虜其衆。庚午，行幸中山。二月丙子，車駕至於恒山之陽，詔有司刊石勒銘。是月，克仇池。【略】

冬十一月，將軍皮豹子等追破劉義隆將於濁水。【略】

（太平真君六年十一月）選六州兵勇猛者二萬人，使永昌王仁、高涼王那分領，為二道，各一萬騎，南略淮泗以北，徙青徐之民以實河北。【略】

（太平真君）九年春正月，劉義隆遣使朝貢。氐楊文德受義隆官號，守葭蘆城，招誘武都、陰平五部氐民。詔仇池鎮將皮豹子討之。文德棄城南走，擒其妻子僚屬。義隆白水太守郎啓玄率衆救文德，豹子逆擊，大破之。啓玄、文德走還漢中。宕昌羌酋梁瑾慈遣使內附，並貢方物。【略】

（太平真君十一年二月）永昌王仁大破劉義隆將劉坦之、程天祚於汝東，斬坦之，擒天祚。【略】

秋七月，義隆遣其輔國將軍蕭斌之率衆六萬寇濟州。刺史王買得棄州走，斌之遂入城，仍使寧朔將軍王玄謨西攻滑臺。詔枋頭鎮將、平南將軍、南康公杜道俊助守兖州。八月癸亥，田於河西。癸未，治兵於西郊。九月辛卯，輿駕南伐。癸巳，皇太子北伐，屯於漠南。吳王餘留守京都。庚子，曲赦定冀相三州死罪已下。發州郡兵五萬分給諸軍。

冬十月癸亥，車駕止枋頭。詔殿中尚書長孫真率騎五千自石濟渡，備玄謨遁走。乙丑，車駕濟河。玄謨大懼，棄軍而走。衆各潰散，追躡斬首萬餘級。器械山積。帝遂至東平。蕭斌之棄濟州，退保歷城。乃命諸將分道並進：使征西大將軍、永昌王仁自洛陽出壽春，尚書長孫真趨馬頭，楚王建趨鍾離，高涼王那自青州趨下邳。車駕自中道，十有一月辛卯，至於鄒山。劉義隆魯郡太守崔邪利率屬城降。使使者以太牢祀孔子。壬子，次於彭城，遂趨盱眙。頞盾國獻師子一。十有二月丁卯，車駕至淮。詔刈雚葦，泛筏數萬而濟。義隆盱眙守將臧質閉門拒守。將軍胡崇之等率衆二萬援盱眙。燕王譚大破之，梟崇之等，斬首萬餘級，淮南皆降。是月，永昌王仁攻懸瓠，拔之，獲義隆守將趙淮，送京師斬之。過定項城，及淮西，大破義隆將劉康祖，斬之，並虜將軍胡盛之、王羅漢等，傳致行宫。癸未，車駕臨江。起行宫於瓜步山。永昌王仁自歷陽至於江西，高涼王那自山陽至於廣陵，諸軍皆同日臨江，所過城邑，莫不望塵奔潰，其降者不可勝數。甲申，義隆使獻百牢，貢其方物，又請進女於皇孫以求和好。帝以師婚非禮，許和而不許婚，使散騎侍郎夏侯野報之。詔皇孫為書致馬通問焉。

正平元年春正月丙戌朔，大會羣臣於江上，班賞各有差，文武受爵者二百餘人。丁亥，輿駕北旋。是月，破洛那、罽賓、迷密諸國各遣使朝獻。二月戊寅，車駕濟河。癸未，次於魯口。皇太子朝於行宫。三月己亥，車駕至自南伐，飲至策勳，告於宗廟。以降民五萬餘家分置近畿。賜留臺文武所獲軍資生口各有差。

夏五月壬寅，大赦。六月壬戌，改年。

又　卷五《高宗紀》　（和平元年）秋七月乙丑，劉駿遣使朝貢。

又　卷六《顯祖紀》　（天安元年）九月，劉彧司州刺史常珍奇以懸瓠內屬。己酉，初立鄉學，郡置博士二人、助教二人、學生六十人。劉彧徐州刺史薛安都以彭城內屬。彧將張永、沈攸之擊安都。詔北部尚書尉元為鎮南大將軍、都督諸軍事，鎮東將軍、城陽公孔伯恭為副，出東道救彭城；殿中尚書、鎮西大將軍、西河公元石都督荆、豫、南雍州諸軍事，給事中、京兆侯張窮奇為副，出西道救懸瓠。

冬十月，曹利、肜曷國各遣使朝獻。十有一月壬子，劉彧兗州刺史畢衆敬遣使內屬。十有二月己未，尉元軍次於秺，彧將周凱、張永、沈攸之相繼退走。皇弟安平薨。

是歲，州鎮十一旱，民饑，開倉賑恤。

皇興元年春正月癸巳，尉元大破張永、沈攸之於呂梁東，斬首數萬級，凍死者甚衆。獲劉彧秦州刺史垣恭祖、羽林監沈承伯。永、攸之單騎走免。獲軍資器械不可勝數。劉彧遣使朝貢。庚子，東平王道符謀反於長安，殺副將駙馬都尉萬古真、鉅鹿公李恢、雍州刺史魚玄明。丙午，詔司空、平昌公和其奴、東陽公元丕等討道符。丁未，道符司馬段太陽攻道符，斬之，傳首京師。道符兄弟皆伏誅。閏月，以頓丘王李峻為太宰。劉彧青州刺史沈文秀、冀州刺史崔道固並遣使請舉州內屬。詔平東將軍長孫陵，平南將軍、廣陵公侯窮奇赴援之。二月，詔使持節、都督諸軍事、征南大將軍慕容白曜督騎五萬次於碻磝，為東道後援。濟陰王小新成薨。高麗、庫莫奚、具伏弗、鬱羽陵、日連、匹黎爾、於闐諸國各遣使朝貢。劉彧東平太守申纂戍無鹽，遏絕王使，詔征南大將軍慕容白曜督諸軍以討之。三月甲寅，克之。沈文秀、崔道固復叛歸劉彧，白曜回師討之，拔彧肥城、垣苗、麋溝三戍。

夏四月，白曜攻升城，戍主房崇吉遁走。秋八月，白曜攻歷城。【略】

（皇興二年二月）崔道固及劉彧梁鄒戍主、平原太守劉休賓舉城降。是月，徐州羣盜司馬休符自稱晉王，將軍尉元討平之。三月，白曜進圍東陽。戊午，劉彧遣使朝貢。【略】

（皇興）三年春正月乙丑，東陽潰，虜沈文秀。戊辰，司空、平昌公和其奴薨。二月，蠕蠕、高麗、庫莫奚、契丹國各遣使朝獻。己卯，以上黨公慕容白曜為都督青齊東徐三州諸軍事、征南大將軍、開府儀同三司、青州刺史，進爵濟南王。

又　卷七《高祖紀上》　（延興元年十月）劉彧將垣崇祖率衆二萬自郁洲寇東兗州，屯于南城固。十有一月，刺史于洛侯討破之，崇祖還郁洲。【略】

（延興三年七月）劉昱遣將寇緣淮諸鎮，徐州刺史、淮陽公尉元擊走之。【略】

（九月）乙亥，劉昱遣使朝貢。【略】

冬十月，太上皇帝親將南討。詔州郡之民，十丁取一以充行，戶收租五十石，以備軍糧。【略】

（延興四年）九月，以劉昱內相攻戰，詔將軍元蘭等五將三萬騎及假東陽王丕為後繼，伐蜀漢。【略】

（太和二年七月）劉准遣將寇仇池，陰平太守楊廣香擊走之。【略】

冬十月壬辰，詔員外散騎常侍鄭羲使於劉準。【略】

（太和三年）夏四月壬申，劉準遣使朝獻。【略】

（十一月）癸丑，進假梁郡西元嘉爵為假王，督二將出淮陰；隴西西元琛三將出廣陵，河東公薛虎子三將出壽春。【略】

（太和四年正月）蕭道成徐州刺史崔文仲寇淮北，陷茬眉戍。二月，遣尚書遊明根率騎二千南討。【略】

蕭道成角城戍主請舉城內屬。八月丁酉，詔徐州刺史、假梁郡王嘉赴接之。又遣平南將軍郎大檀三將出朐城，將軍白吐頭二將出海西，將軍元泰二將出連口，將軍封匹三將出角城，鎮南將軍賀羅出下蔡。【略】

蕭道成梁州刺史崔慧景遣長史裴叔保率衆寇武興，關城氐帥楊鼠擊破之。叔保還南鄭。九月，蕭道成汝南太守常元真、龍驤將軍胡青苟率戶內屬。【略】

假梁郡王嘉破蕭道成將盧紹之、玄元度於朐山，其下蔡戍主棄城遁走。

冬十月丁未，詔昌黎王馮熙為西道都督，與征南將軍桓誕出義陽；鎮南將軍賀羅，自下蔡東出鍾離。【略】

（太和五年二月）南征諸將擊破蕭道成遊擊將軍桓康於淮陽。道成豫州刺史垣崇祖寇下蔡，昌黎王馮熙擊破之。假梁郡王嘉大破道成將，俘獲三萬餘口送京師。【略】

秋七月甲子，蕭道成遣使朝貢。【略】

九月庚子，閱武於南郊，大饗羣臣。蕭道成使車僧朗以班在劉准使殷靈誕之後，辭不就席。劉准降人解奉君，刃僧朗於會中。詔誅奉君等。

（太和七年）十有一月辛丑，蕭賾遣使朝貢。【略】

（太和八年五月）甲申，詔員外散騎常侍李彪、員外郎蘭英使於蕭賾。【略】

冬十月，高麗國遣使朝貢。蕭賾雙城戍主王繼宗內屬。十有一月乙未，詔員外散騎常侍李彪、員外郎蘭英使於蕭賾。

又　卷七下《高祖紀下》　（太和十年三月）庚申，蕭賾遣使朝貢。【略】

（太和十二年四月）蕭賾將陳顯達等寇邊。甲寅，詔豫州刺史元斤率衆禦之。【略】陳顯達攻陷醴陽，左僕射、長樂王穆亮率騎一萬討之。【略】

（太和十三年正月）戊辰，蕭賾遣衆寇邊，淮陽太守王僧俊擊走之。【略】

八月乙亥，詔兼員外散騎常侍邢產、兼員外散騎侍郎侯靈紹使於蕭賾。【略】

（十二月）甲午，蕭賾遣使朝貢。【略】

（太和十四年四月）甲午，詔兼員外散騎常侍邢產、兼員外散騎侍郎蘇季連使於蕭賾。【略】

（十一月）丁巳，蕭賾遣使朝貢。【略】

（太和十五年四月）甲戌，詔員外散騎常侍李彪、尚書郎公孫阿六頭使於蕭賾。【略】

九月辛巳，蕭賾遣使朝貢。【略】

（太和十六年三月）蕭賾遣使朝貢。【略】

（七月）甲戌，詔兼員外散騎常侍宋弁、兼員外散騎侍郎房亮使於蕭賾。【略】

（十二月）是月，蕭賾遣使朝貢。【略】

（太和十七年）九月壬子，詔兼員外散騎常侍高聰、兼員外散騎侍郎賈禎使於蕭昭業。【略】

（太和十八年二月）癸卯，濟河。蕭昭業遣使朝貢。【略】

六月己巳，詔兼員外散騎常侍盧昶、兼員外散騎侍郎王清石使於蕭昭業。

秋七月乙亥，以宋王劉昶為大將軍。【略】

（十一月）蕭鸞雍州刺史曹虎據襄陽請降。十有二月辛丑朔，遣行征南將軍薛真度督四將出襄陽，大將軍劉昶出義陽，徐州刺史元衍出鍾離，平南將軍劉藻出南鄭。壬寅，革衣服之制。癸卯，詔中外戒嚴。戊申，優復代遷之戶租賦三歲。己酉，詔王、公、侯、伯、子、男開國食邑者：王食半，公三分食一，侯伯四分食一，子男五分食一。辛亥，車駕南伐。丁卯，詔鄄豫二州之民：百齡以上假縣令，九十以上賜爵三級，八十以上賜爵二級，七十以上賜爵一級；孤寡鰥老不能自存者，賜以穀帛；緣路之民復田租一歲；孝悌廉義、文武應求具以名聞。戊辰，車駕至懸瓠。己巳，詔壽陽、鍾離、馬頭之師所獲男女之口皆放還南。

十有九年春正月辛未朔，朝饗羣臣於懸瓠。癸酉，詔禁淮北之民不得侵掠，犯者以大辟論。甲戌，檄喻蕭鸞。丙子，鸞龍陽縣開國侯王朗自渦陽來降。壬午，講武於汝水之西，大齎六軍。丙申，平南將軍王肅頻破蕭鸞將，擒其寧州刺史董巒。己亥，車駕濟淮。二月甲辰，幸八公山。路中雨甚，詔去蓋；見軍士病者，親隱恤之。戊申，車駕巡淮而東，民皆安堵，租運屬路。壬子，高麗國遣使朝獻。丙辰，車駕至鍾離。戊午，軍士擒蕭鸞三千卒。帝曰：『在君為君，其民何罪。』於是免歸。辛酉，車駕發鍾離，將臨江水。司徒馮誕薨。壬戌，乃詔班師。丁卯，遣使臨江數蕭鸞殺主自立之罪惡。三月戊寅，幸邵陽。戊子，太師馮熙薨。乙未，幸下邳。鄧至國遣使朝貢。

夏四月庚子，車駕幸彭城。辛丑，帝為太師馮熙舉哀於行在所。丁未，曲赦徐豫二州，其運漕之士，復租賦三年。辛亥，詔賜百歲以上假縣令，九十以上賜爵三級，八十以上賜爵二級，七十以上賜爵一級；孤寡老疾不能自存者，賜以穀帛；德著丘園者具以名聞；蕭鸞民降者，給復十五年。癸丑，幸小沛，遣使以太牢祭漢高祖廟。己未，行幸瑕丘，遣使以太牢祠岱嶽。詔宿衛武官增位一級。庚申，行幸魯城，親祠孔子廟。辛酉，詔拜孔氏四人、顏氏二人為官。詔兗州刺史舉部內士人才堪軍國及守宰治行，具以名聞。又詔賜兗州民爵及粟帛如徐州。又詔選諸孔宗子一人，封崇聖侯，邑一百戶，以奉孔子之祀。又詔兗州為孔子起園柏，修飾墳壟，更建碑銘，褒揚聖德。戊辰，行幸碻磝。太和廟成。五月己巳，城陽王鸞赭陽失利，降為定襄縣王。廣川王諧薨。庚午，遷文成皇后馮氏神主於太和廟。甲戌，行幸滑臺。丙子，次於石濟。庚辰，皇太子朝於平桃城。高麗、吐谷渾國並遣使朝貢。癸未，車駕至自南伐，告於太廟。甲申，減閑官祿以裨軍國之用。乙酉，行飲至之禮，班賜有差。甲午，皇太子冠於廟。六月己亥，詔不得以北俗之語言於朝廷，若有違者，免所居官。辛丑，詔復軍士從駕渡淮者租賦三年。【略】

（太和二十一年）六月庚申，車駕至自長安。壬戌，詔冀、定、瀛、相、濟五州發卒二十萬，將以南討。癸亥，司空穆亮遜位。丁卯，部分六師，以定行留。【略】

秋七月甲午，立昭儀馮氏為皇后。戊辰，以前司空穆亮為征北大將軍、開府儀同三司，為京兆王，懌為清河王，懷為廣平王。壬申，行幸河南城。甲戌，講武於華林園。庚辰，車駕南討。九月丙申，詔曰：『哀貧恤老，王者所先，鰥寡六疾，尤宜矜湣。可敕司州洛陽之民，年七十已上無子孫，六十以上無期親，貧不自存者，給以衣食；及不滿六十而有廢痼之疾，無大功之親，窮困無以自療者，皆於別坊遣醫救護，給醫師四人，豫請藥物以療之。』丁酉，詔河南尹李崇討梁州叛羌，受征西源懷節度。辛丑，帝留諸將攻赭陽，引師而南。癸卯，至宛城，夜襲其郛，克之。丁未，車駕發南陽，留太尉咸陽王禧、前將軍元英攻之。己酉，車駕至新野。

冬十月丁巳，四面進攻，不克，詔左右軍築長圍以守之。乙亥，追廢貞皇后林氏為庶人。十有一月甲午，蕭鸞前軍將軍韓秀方、弋陽太守王副之、後軍將軍趙祖悅等十五將來降。丁酉，大破賊軍於沔北，獲其將軍王伏保等。於是民皆復業，九十以上假以郡守，六十五以上假以縣令。新野民張睹柵萬餘家，拒守不下。十有二月庚申，破之，俘斬萬餘。丁卯，詔流徙之囚，皆勿決遣，有登城之際，令其先鋒自效。庚午，車駕臨沔，遂巡沔東還。戊寅，車駕還新野。己卯，親行營壘，隱恤六軍。蕭鸞將王曇紛等萬餘人寇南青州黃郭戍，戍主崔僧淵擊破之，悉虜其衆。以齊郡王子琛紹河間王若後。高昌國遣使朝貢。

二十有二年春正月癸未朔，朝饗羣臣於新野行宮。丁亥，拔新野，獲蕭鸞輔國將軍、新野太守劉忌，斬之於宛。戊子，鸞湖陽戍主蔡道福棄城遁走。辛卯，鸞赭陽戍主成公期、軍主胡松棄城遁走。壬辰，鸞輔國將軍、舞陰戍主黃瑤起及直閤將軍、臺軍主鮑舉、南鄉太守席謙相尋遁走，瑤起、鮑舉為軍人所獲送。庚戌，行幸南陽。二月乙卯，進攻宛北城。甲子，拔之，鸞冠軍將軍、南陽太守房伯玉面縛出降。庚午，車駕幸新野。辛未，詔以穰民首歸大順終始若一者，給復三十年，標其所居曰『歸義鄉』；次降者給復十五年。三月壬午朔，大破鸞平北將軍崔惠景、黃門郎蕭衍軍於鄧城，斬獲首虜二萬有餘。庚寅，行幸樊城，觀兵襄沔，耀武而還。曲赦二荆、魯陽郡。鎮南將軍王肅攻鸞義陽。鸞遣將裴叔業寇渦陽。乙未，詔將軍鄭思明、嚴虛敬、宇文福等三軍繼援。辛丑，行幸湖陽。乙未，次比陽。戊申，詔荆州諸郡之民，初降次附，復同穰縣。辛亥，行幸懸瓠。

夏四月甲寅，從征武直之官進位三階，文官二級，外官一階。庚午，發州郡兵二十萬人，限八月中旬集懸瓠。趙郡王幹薨。五月丙午，詔在征身喪者，四品已下及卑兼之職給帛有差。

六月庚申，詔諸王將士戰没皆加優贈。

秋七月壬午，詔曰：『朕以寡德，屬茲靖亂，實賴羣英，凱清南夏，宜約躬賞效，以勸茂績。后之私府，便可損半；六宫嬪御，五服男女，常恤恒供，亦令減半；在戎之親，三分省一。』是月，蕭鸞死，子寶卷僭立。八月辛亥，皇太子自京師來朝。壬子，蕭寶卷奉朝請鄧學擁其齊興郡内屬。敕勒樹者相率反叛。詔平北將軍、江陽王繼都督北討諸軍事以討之。壬午，高麗國遣使朝獻。九月己亥，帝以蕭鸞死，禮不伐喪，乃詔反旆。庚子，仍將北伐叛虜。丙午，車駕發懸瓠。

冬十月己酉朔，曲赦二豫殊死已下，復民田租一歲。十有一月辛巳，幸鄴。十有二月甲寅，以江陽王繼定敕勒，乃詔班師。

二十有三年春正月戊寅朔，朝羣臣，以帝疾瘳上壽，大饗於澄鸞殿。壬午，幸西門豹祠，遂歷漳水而還。蕭寶卷遣太尉陳顯達寇荆州。癸未，詔前將軍元英討之。乙酉，車駕發鄴。戊戌，至自鄴。庚子，告於廟社。癸卯，行飲至策勳之禮。甲辰，大赦天下。太保、齊郡王簡薨。二月辛亥，以長兼太尉、咸陽王禧為正太尉。癸亥，以中軍大將軍、彭城王勰為司徒，復樂陵王思譽本封。癸酉，顯達攻陷馬圈戍。

三月庚辰，車駕南伐。癸未，次梁城。甲申，以順陽被圍危急，詔振武將軍慕容平城率騎五千赴之。丙戌，帝不豫，司徒、彭城王勰侍疾禁中，且攝百揆。丁酉，車駕至馬圈。詔鎮南大將軍、廣陽王嘉斷均口，邀顯達歸路。戊戌，頻戰破之。其夜，顯達及崔惠景、曹虎等宵遁。己亥，收其戎資億計，班賜六軍。諸將追奔及於漢水，斬獲及赴水而死者十八九，斬寶卷左軍將軍張於達等。賊將蔡道福、成公期率數萬人棄順陽遁走。庚子，帝疾甚，車駕北次穀塘原。甲辰，詔賜皇后馮氏死。詔司徒勰征太子於魯陽踐阼。

又　卷八《世宗紀》　（太和二十三年八月）癸亥，南徐州刺史沈陵南叛。【略】

（景明元年正月）丁未，蕭寶卷豫州刺史裴叔業以壽春内屬，驃騎大將軍、彭城王勰帥車騎十萬赴之。二月戊戌，復以彭城王勰為司徒。寶卷將胡松、李居士率衆萬餘屯宛，陳伯之水軍泝淮而上，以逼壽春。

夏四月丙申，彭城王勰、車騎將軍王肅大破之，斬首萬數。【略】

秋七月，寶卷又遣陳伯之寇淮南。庚子，吐谷渾國遣使朝獻。八月乙酉，彭城王勰破伯之於肥口。乙未，高麗國遣使朝貢。九月乙丑，東豫州刺史田益宗破寶卷將吳子陽、鄧元起於長風。齊州民柳世明聚衆反。

冬十月丁卯朔，車駕謁長陵。庚寅，齊、兗二州討世明，平之。丁亥，改授彭城王勰為司徒、録尚書事。甲午，詔壽春置兵四萬人。十有一月己亥，荆州刺史桓道進攻寶卷下笮戍，拔之，降者二千餘戶。【略】

（景明二年十月）辛未，蕭寶卷零陵戍主華侯率戶内屬。【略】

（景明三年）五月，揚州小峴戍主黨法宗襲蕭衍大峴戍，破之，擒其龍驤將軍邾菩薩，送之京師。【略】

八月癸卯，蕭寶融鎮南大將軍、江州刺史陳伯之遣使請降。【略】

（景明四年三月）庚辰，揚州破蕭衍將於陰山，斬其龍驤將軍吳道爽等數千級。

夏四月癸未朔，以蕭寶夤為鎮東將軍、東揚州刺史，封丹陽郡開國公、齊王。【略】

八月庚子，以吏部尚書元英假鎮南將軍，攻蕭衍義陽。勿吉國貢楛矢。辛丑，行幸河南城離宫。冬十有一月壬子，揚州大破蕭衍軍，斬其徐州刺史潘佃憐，擒司馬明素。己未，以武興國世子楊紹先為其國王。癸亥，詔尚書左僕射源懷撫勞代都、北鎮，隨方拯恤。乙亥，鎮南將軍元英大破蕭衍將吳子陽於白沙，擒斬千數。【略】

（十二月）癸卯，蕭衍梁州刺史平陽縣開國侯翟遠、徐州刺史永昌縣開國侯陳虎牙降。

正始元年春正月庚戌，江州刺史曲江公陳伯之破蕭衍將趙祖悅於東關。丙辰，東荆州刺史楊大眼大破羣蠻樊季安等。丙寅，大赦，改年。二月戊子，蕭衍將姜慶真襲陷壽春外郭，州軍擊走之。丁酉，揚州統軍劉思祖大破衍衆於邵陽，擒其冠軍將軍、邵陽縣開國侯張惠紹，驍騎將軍、祁陽縣開國男趙景悅等十將，斬獲數千級。三月壬申，元英破衍將王僧炳於樊城。【略】

秋七月癸丑，蕭衍角城戍主柴慶宗以城來降。李崇大破諸蠻帥樊素安。八月丙子，元英破蕭衍將馬仙琕於義陽。詔洛陽令有大事聽面敷奏。乙酉，元英攻義陽，拔之，擒送蕭衍冠軍將軍蔡靈恩等十餘將。辛卯，英又大破衍將，仍清三關。丁酉，封元英為中山王。戊戌，西羌宋萬率戶四千內附。九月丙午，詔緣淮南北所在鎮戍，皆令及秋播麥，春種粟稻，隨其土宜，水陸兼用，必使地無遺利，兵無餘力，比及來稔，令公私俱濟也。又詔諸州蠲停徭役，不得横有徵發。甲子，詔中山王英所執蕭衍冠軍將軍、監司州事蔡靈恩等隨才擢敍。乙丑，肅衍霍州刺史田道龍、義州刺史張宗之遣使內附。【略】

閏（十二）月癸卯朔，蕭衍行梁州事夏侯道遷據漢中來降，假尚書邢巒鎮西將軍，率衆以赴之。【略】

（正始二年）二月，梁州氐反，絕漢中運路。刺史邢巒頻大破之。【略】

（四月）丙寅，以仇池氐叛，詔光祿大夫楊椿假平西將軍，率衆以討之。邢巒遣統軍王足西伐，頻破蕭衍諸軍，遂入劍閣，執衍輔國將軍范始男送京師。五月辛巳，氐賊口虎率衆降。【略】

（六月）甲寅，蕭衍冠軍將軍李畋等置營始平郡東、涪水之北。王足逆擊敗之，斬衍冠軍將軍張湯，輔國將軍馬市，寧朔將軍李當、姜見祖，輔國將軍馮文豪，龍驤將軍何營之等。【略】乙丑，蕭衍冠軍將軍王景胤、輔國將軍魯方達等攻竹亭，王足大破之，斬其輔國將軍王明達、龍驤將軍張方熾。丁卯，揚州刺史薛真度大破蕭衍將王超宗，俘斬三千級。戊辰，蕭衍將魯方達屯戍新城，足又遣統軍盧祖遷等擊敗之，斬衍冠軍將軍楊伯仁、寧朔將軍任安定。【略】

（七月）戊子，王足擊破蕭衍軍，斬其龍驤將軍喻增暉、寧朔將軍庫保壽、輔國將軍魯天惠、建武將軍王文標。王足逼涪城。壬辰，蕭衍巴西太守庾域，冠軍將軍、統軍主李畋等逆戰，足擊破之，俘斬千數。八月壬寅，詔中山王英南討襄、沔。庚戌，王足遣統軍紀洪雅、盧祖遷等攻破衍軍，斬其秦梁二州刺史魯方達等十五人。壬子，王足又遣統軍盧祖遷等擊破衍軍，斬其都督、冠軍將軍、梓潼縣開國子王景胤，劉達等二十四將軍。甲寅，揚州擊衍將姜慶真於羊石，破之。是月，衍沔東太守田青喜率郡七、縣三十一、戶萬九十內附。九月己巳，揚州刺史元嵩擊破衍湘州刺史楊公則等，斬獲數千。冬十有一月戊辰朔，武興國王楊紹先叔父集起謀反，詔光祿大夫楊椿討之。王足圍涪城，益州諸郡戍降者十二三，民送編籍者五萬餘戶。既而足引軍而退。十有二月庚申，又詔驃騎大將軍源懷慎，令討武興反氐。

三年春正月丁卯朔，皇子生，大赦天下。壬申，梁秦二州刺史邢巒連破氐賊，克武興。蕭衍冀州刺史桓和入寇南青州，州軍擊走之。【略】

（二月）乙丑，平南將軍陳伯之破蕭衍徐州刺史昌義之於梁城。是月，衍將蕭昞率衆五萬寇淮陽。三月己巳，以戎旅大興，詔罷諸作。己卯，詔荆州刺史趙怡、平南將軍奚康生赴淮陽。樂良王長命坐殺人賜死，國除。戊子，名皇子曰昌。庚寅，平南將軍、曲江縣開國公陳伯之自梁城南奔。

夏四月乙未，詔罷鹽池禁。甲辰，詔遣使者巡慰北邊酋庶。庚戌，以中山王英為征南將軍、都督揚徐二道諸軍事，指授邊將。蕭衍江州刺史王茂先寇荆州，屯於河南城，詔平南將軍楊大眼討之。辛酉，大破之，斬其輔國將軍王花，首虜二千餘。進攻河南城，茂先逃潰，追奔至於漢水，拔其五城。將軍宇文福略衍司州，俘獲千餘口而還。五月乙丑朔，詔尚書拯義陽初附之戶。丙寅，詔曰：『掩骼埋胔，古之令典；順辰修令，朝之恒式。今時澤未降，春稼已旱。或有孤老餒疾，無人贍救，因以致死，暴露溝塹者，洛陽部尉依法棺埋。』壬申，蕭衍將張惠紹入寇，陷宿豫。乙亥，衍將蕭容陷梁城。辛巳，衍將韋睿陷合肥城。壬午，詔尚書元遙率衆南討。癸未，以秦隴未平，詔征西將軍於勁節度諸軍。己丑，衍將又陷羊石、霍丘二城。六月辛丑，又陷小峴戍。乙巳，安西將軍元麗大破秦賊，斬賊帥王智五人，梟首六千。丁未，假平南將軍奚康生破蕭衍將張惠紹，斬其徐州刺史宋黑。丁巳，詔尚書邢巒出討徐兗。

秋七月丙寅，衍將桓和寇孤山，陷固城。庚辰，元麗大破秦賊，降呂苟兒及其王公三十餘人。秦涇二州平。戊子，中山王英大破衍徐州刺史王伯敖於陰陵，斬其將二十五人，首虜五千有餘。己丑，詔發定、冀、瀛、相、江、肆六州十萬人以濟南軍。八月壬寅，安東將軍邢巒破蕭衍將桓和於孤山，斬首萬餘級。將軍元恒別克固城，斬衍冠軍將軍桓方慶。統軍畢祖朽別克蒙山，斬衍龍驤將軍矯道儀等，斬賊及赴沂死者四千餘人。兗州平。己酉，詔平南將軍、安樂王詮督後發諸軍以赴淮南。壬戌，曲赦涇、秦、岐、涼、河五州。

九月癸酉，邢巒大破衍軍於宿豫，斬其大將藍懷恭等四十餘人。張惠紹棄宿豫，蕭昞棄淮陽南走，追斬數萬級。徐州平。己丑，中山王英大破衍軍於淮南，衍中軍大將軍、臨川王蕭宏，尚書右僕射柳惔，徐州刺史昌義之等棄梁城沿淮東走。追奔次於馬頭，衍冠軍將軍、戍主朱思遠棄城宵遁，擒送衍將四十餘人，斬獲士卒五萬有餘。英遂攻鍾離。高麗國遣使朝貢。蕭衍遣將士卒三萬寇義陽。丁酉，夜遁走。郢州刺史婁悅追擊，破之。戊申，蠕蠕國遣使朝貢。己未，征虜將軍趙遐大破衍衆於灘城桑坪。

【略】

（正始四年）夏四月戊戌，鍾離大水。中山王英敗績而還。【略】

（八月）己亥，中山王英、齊王蕭寶夤坐鍾離敗退，並除名為民。

【略】

（十月）庚午，淮陽太守安樂以城南叛。【略】

永平元年春正月戊戌，潁川太守王神念奔於蕭衍。【略】

（九月）庚子，郢州司馬彭珍、治中督榮祖等謀叛，潛引蕭衍衆入義陽。郢州刺史婁悅擊走之。詔將軍胡季智、屈祖等南赴義陽。三關戍主侯登、陽鳳省等以城南叛，婁悅嬰城固守。遣中山王英督步騎三萬以赴之。

冬十月丁巳，詔復故北海王詳本封，葬以王禮。豫州彭城人白早生殺刺史司馬悅，據城南叛，蕭衍遣將齊苟仁等四將以助之。詔尚書邢巒行豫州事，督將軍崔暹率騎討之。丙子，邢巒大破早生及苟仁軍於鮑口。丁丑，前宿豫戍主成安樂子景俊殺宿豫戍主嚴仲賢，以城南叛。十有一月庚寅，詔安東將軍楊椿率衆四萬攻宿豫。十有二月己未，邢巒克懸瓠，斬白早生，擒齊苟仁等，俘蕭衍卒三千餘人，分賜王公已下。癸亥，中山王英破衍將於楚城，擒衍寧朔將軍張疑等。郢州刺史婁悅破衍將馬仙琕於金山。壬申，漢東蠻民一萬七千戶相率內附。【略】

二年春正月，蕭衍遣王神念寇南兗。詔輔國將軍長孫稚假平南將軍為都督，率統軍邴虯等五軍以討之。【略】

丙申，中山王英進逼蕭衍長薄戍。戊戌，宵潰，殺傷千數。丁酉，拔武陽關，擒衍雲騎將軍、松滋縣開國侯馬廣，冠軍將軍、遷陵縣開國子彭甕生，驍騎將軍、當陽縣開國伯徐元季等二十六將，俘獲七千餘人。進攻黃峴、西關。衍將馬仙琕棄西關，李元履棄黃峴遁走。是月，涇州沙門劉慧汪聚衆反。詔華州刺史奚康生討之。二月乙卯，詔曰：『比軍役頻興，仗多毀敗，在庫戎器，見有無幾。安不忘危，古人所戒；五兵之器，事須充積，經造既殷，非衆莫舉。今可量造四萬人雜仗。』【略】

（永平四年）九月甲寅，蕭衍九山戍主苟仁以戍來降。【略】

（十一月）己亥，詔李崇、奚康生等治兵壽春，以分朐山之寇。【略】

（延昌二年二月）庚辰，蕭衍郁州民徐玄明等斬送衍鎮北將軍、青冀二州刺史張稷首，以州內附。詔前南兗州刺史樊魯率衆赴之。【略】

五月，壽春大水，遣平東將軍奚康生等步騎數千赴之。【略】

（延昌三年）三月，三關別將李世哲大破羣蠻，斬蕭衍龍驤將軍文思之、文天生。【略】

六月，南荊州刺史桓叔興大破蕭衍軍於九山，斬其虎旅將軍、新豐縣開國子蔡令孫，冠軍將軍席世興，貞義將軍藍次孫。【略】

（十一月）辛亥，詔司徒高肇為大將軍、平蜀大都督，步騎十萬西伐。益州刺史傅豎眼出巴北，平南將軍羊祉出涪城，安西將軍奚康生出綿竹，撫軍將軍甄琛出劍閣。乙卯，以中護軍元遙為征南將軍、東道都督，鎮遏梁楚。

又 卷九《肅宗紀》 （延昌四年正月）己未，征下西討東防諸軍。

【略】（二月）蕭衍寧州刺史任太洪率衆寇關城，益州長史成興孫擊破之。

【略】（三月）先是，蕭衍於浮山堰淮，規為揚徐之害，詔平南將軍楊大眼討之。【略】

夏四月，梁州刺史薛懷古破反氐於沮水。五月甲寅，南秦州刺史崔暹擊破氐賊，解武興圍。【略】

（八月）庚辰，蕭衍定州刺史田超秀率衆三千請降。【略】

（九月）蕭衍將趙祖悅襲據硤石。癸亥，詔定州刺史崔亮假鎮南將軍，率諸將討之；冀州刺史蕭寶夤為鎮東將軍，次淮堰。【略】

（十月）甲午，蕭衍弘化太守杜桂舉郡內屬。十有二月辛丑，以高陽王雍為太師。己酉，鎮南崔亮破祖悅，遂圍硤石。【略】

（熙平元年正月）荆沔都督元志大破蕭衍軍，斬其恒農太守王世定等。以吏部尚書李平為鎮軍大將軍兼尚書右僕射，為行臺，節度討硤石諸軍。二月乙巳，鎮東蕭寶夤大破衍將於淮北。【略】乙丑，鎮南崔亮、鎮軍李平等克硤石，斬衍豫州刺史趙祖悅，傳首京師，盡俘其衆。【略】三月辛未，以揚州刺史李崇為驃騎將軍、儀同三司。壬辰，以硤石俘虜分賜百僚。【略】

（七月）丙子，詔兵士征硤石者復租賦一年。傅豎眼大破張齊，齊遁走。【略】九月丁丑，淮堰破，蕭衍緣淮城戍村落十餘萬口，皆漂入於海。【略】

（熙平二年）五月辛酉，詔曰：『揚州硤石、荆山、新淮、鄭城兵士戰沒者，追給斂財，復一房五年；若無妻子，復其家一人二年。身被三創，賞一階；雖一創而四體廢落者，亦同此賞。』【略】

十有一月甲子，蕭衍平西將軍、巴州刺史牟漢寵遣使請降。【略】

（正光二年四月）蕭衍義州刺史文僧明率衆內屬。五月辛巳，南荆州刺史桓叔興自安昌南叛。【略】

（正光四年）十有二月，蕭衍遣將寇邊，詔假征南將軍崔延伯討之。【略】

（正光五年九月）是月，蕭衍遣將裴邃、虞鴻襲據壽春外城，刺史長孫稚擊走之，邃退屯黎漿。詔河間王琛總衆援之。衍又遣將寇淮陽，詔秘書監、安樂王鑒率衆討之。【略】

孝昌元年春正月庚申，徐州刺史元法僧據城反，害行臺高諒，自稱宋王，號年天啓，遣其子景仲歸於蕭衍。衍遣其將胡龍牙、成景儁、元略等率衆赴彭城。詔秘書監、安樂王鑒回師以討之。鑒於彭城南擊元略，大破之，盡俘其衆。既而不備，為法僧所敗。衍遣其豫章王綜入守彭城。法僧擁其僚屬、守令、兵戍及郭邑士女萬餘口南入。詔鎮軍將軍、臨淮王彧，尚書李憲為都督，衛將軍、國子祭酒、安豐王延明為東道行臺，復儀同三司李崇官爵，為東道大都督，俱討徐州。崇以疾不行。【略】

（三月）蕭衍遣其北梁州長史錫休儒、司馬魚和、上康太守姜平洛等入寇直城，梁州刺史傅豎眼遣息敬紹率衆拒擊，大破之，擒斬三千餘人；休儒等走還魏興。【略】

夏四月，蕭衍益州刺史蕭淵猷遣將樊文熾、蕭世澄等率衆圍小劍戍。益州刺史邴虯遣子子達、行臺魏子建遣別將淳于誕拒擊之。【略】壬辰，征西將軍、都督崔延伯大敗於涇川，戰歿。

五月戊辰，淳于誕等大破蕭衍軍，俘斬萬計，擒蕭世澄等十一將。文熾僅以身免，走成都。【略】

（六月）諸將逼彭城，蕭綜夜潛出降，蕭衍諸將奔退，衆軍追躡，免者十一二。【略】

（孝昌二年閏十一月）齊州平原民劉樹、劉蒼生聚衆反，州軍破走之。劉樹奔蕭衍。衍將元樹逼壽春，揚州刺史李憲力屈，以城降之。初留州、郡、縣及長史、司馬、戍主副質子於京師。衍又遣將攻逼新野，詔都督魏承祖討之。【略】

（孝昌三年正月）辛卯，蕭衍將湛僧珍圍東豫州，詔散騎常侍元暐為都督以討之。是月，衍又遣將彭羣、王辯等率衆數萬逼琅邪，詔青州、南青二州討之。【略】（二月）是月，蕭衍將成景儁寇彭城，詔員外常侍、崔孝芬為行臺，率將擊走之。【略】

（七月）是月，青州刺史、彭城王劭，南青州刺史胡平，遣將斬蕭衍將彭羣首，俘獲二千餘人。【略】

九月辛卯，東豫州刺史元慶和以城南叛。

又 卷一〇《孝莊帝紀》（建義元年四月）是月，汝南王悅、北海王顥、臨淮王彧前後奔蕭衍，郢州刺史元願達據城南叛。【略】（五月）先是，蕭衍遣其將曹義宗寇荆州。癸未，以中軍將軍、吏部尚書費穆為使持節、都督南征諸軍事，節度荆州刺史王羆以討之。【略】

（六月）辛卯，南荆州刺史李志據城南叛。【略】

八月，太山太守羊侃據郡引蕭衍將軍王辯攻兗州。甲辰，詔大都督宗正珍孫率南廣州刺史、都督鄭先護討劉舉於濮陽，破平之。【略】

（十月）大都督費穆大破蕭衍軍，擒其將曹義宗，檻送京師。蕭衍以

北海王顥為魏王，號年孝基，入據南兗之銍城。【略】

（永安二年四月）元顥攻陷考城，執行臺元暉業、都督丘大千。五月壬子朔，元顥克梁國。丁巳，以撫軍將軍、前徐州刺史揚昱為使持節、鎮東將軍、東南道大都督，率衆鎮滎陽；尚書僕射爾朱世隆鎮虎牢；侍中爾朱世承鎮崿岅。辛酉，詔私馬仗從戎優階授官。壬戌，又詔募士一依征葛榮。甲子，又詔職人及民出馬，優階各有差。乙丑，內外戒嚴。癸酉，元顥陷滎陽，執楊昱。爾朱世隆棄虎牢遁還。甲戌，車駕北巡，乙亥，幸河內。丙子，元顥入洛。丁丑，進封城陽縣開國西元祉為平原王，安昌縣開國侯元鷙為華山王，並加儀同三司。戊寅，行臺崔孝芬、大都督刁宣破元顥後軍都督侯暄於梁國，斬之，擒其卒三千人。以侍中、車騎將軍、尚書右僕射爾朱世隆為使持節、行臺僕射、本將軍、相州刺史，鎮鄴城，以便宜從事。又詔上黨百年以下九十以上板三品郡，八十以上四品郡，七十以上五品郡。太原王爾朱榮會車駕於長子，即日反旆。上黨王天穆北渡，會車駕於河內。六月己丑，儀同三司費穆為顥所害。壬寅，克河內，斬太守元襲、都督宗正珍孫。

秋七月戊辰，都督爾朱兆、賀拔勝從硤石夜濟，破顥子冠受及安豐王延明軍，元顥敗走。庚午，車駕入居華林園，升大夏門，大赦天下。以使持節、車騎將軍、都督、潁川郡開國公爾朱兆為車騎大將軍、儀同三司。詔以前朝勳書多竊冒，宜一切焚棄之。若立效灼然為時所知者，別加科賞。蕃客及邊酋翻城降，有勳未敘者，不在焚斷之限。北來軍士及隨駕文武、馬渚立義，加泛五級；河北執事之官，二級；河南立義及迎駕之官，並中途扈從，亦二級。壬申，以柱國大將軍、太原王爾朱榮為天柱大將軍，加前後部羽葆、鼓吹。癸酉，臨潁縣卒江豐斬元顥，傳首京師。【略】

十有二月辛亥，蕭衍兗州刺史張景邕、荊州刺史李靈起、雄信將軍蕭進明來降。【略】

三年春正月己丑，益州刺史長孫壽、梁州刺史元儁等，遣將與征巴州都督元景夏討嚴始欣，斬之。蕭衍都督蕭玩、何難尉、陳愁敗走，斬玩首，俘獲萬餘人。

又 卷一一《出帝平陽王紀》（永熙元年七月）是月，夏州徙民郭遷據宥州反，刺史元嶷棄城走。詔行臺侯景率齊州刺史尉景、濟州刺史祭儁等攻討之。城陷，遷奔蕭衍。東南道大行臺樊子鵠大破蕭衍軍於譙城，擒其鄴王元樹及譙州刺史朱文開。【略】

（永熙二年正月）蕭衍勞州刺史曹鳳、東荊州刺史雷能勝等舉城內屬。【略】

（四月）是月，青州人耿翔襲據膠州，殺刺史裴粲，通於蕭衍。【略】

（五月）東徐州城民王早、簡實等殺刺史崔庠，據州入蕭衍。【略】

（永熙三年二月）己未，蕭衍假節、豫州刺史、南昌王毛香舉城內附，授以持節、安南將軍、信州刺史、義昌王。【略】

（八月）行臺侯景討荊州，賀拔勝戰敗，走奔蕭衍。

又 卷一二《孝靜帝紀》（天平元年）閏（十二）月，蕭衍以元慶和為鎮北將軍、魏王，入據平瀨鄉。【略】

（天平二年正月）乙亥，兼尚書右僕射、東南道行臺元晏討元慶和，破走之。【略】（二月）戊戌，蕭衍司州刺史陳慶之寇豫州，刺史堯雄擊走之。【略】

六月，元慶和寇南豫州，刺史堯雄大破之。【略】

冬十有一月丁未，蕭衍將柳仲禮寇荊州，刺史王元摯破之。【略】

（天平三年七月）蕭衍夏州刺史田獨鞞、潁川防城都督劉鸞慶並以州內附。【略】

九月壬寅，以定州刺史侯景兼尚書右僕射、南道行臺，節度諸軍南討。【略】

（十一月）侯景攻克蕭衍楚州，獲刺史桓和。十有二月，以并州刺史尉景為太保。【略】

（天平四年六月）先是，蕭衍因益州刺史傅和請通好。秋七月甲辰，遣兼散騎常侍李諧、兼吏部郎中盧元明、兼通直散騎常侍李鄴使於蕭衍。【略】

十有二月甲寅，蕭衍遣使朝貢。【略】

（元象元年）冬十月，蕭衍遣使朝貢。十有一月庚寅，遣陸操使於蕭衍。【略】

興和元年（六月）丁酉，蕭衍遣使朝貢。【略】

八月壬辰，兼散騎常侍王元景、兼通直散騎常侍魏收使於蕭衍。【略】

（元象二年）冬十月丁未，蕭衍遣使朝貢。十有二月乙卯，遣兼散騎常侍崔長謙使於蕭衍。【略】

（元象三年）六月乙丑，蕭衍遣使朝貢。【略】

八月甲子，遣兼散騎常侍李騫使於蕭衍。【略】

四年春正月丙辰，蕭衍遣使朝貢。夏四月丙寅，遣兼散騎常侍李繪使於蕭衍。【略】

冬十月甲寅，蕭衍遣使朝貢。【略】

十有二月辛亥，遣兼散騎常侍陽斐使於蕭衍。【略】

（武定元年）六月乙亥，蕭衍遣使朝貢。【略】

（武定二年）三月，蕭衍遣使朝貢。【略】

五月甲午，遣散騎常侍魏季景使於蕭衍。【略】

三年春正月丙申，遣兼散騎常侍李獎使於蕭衍。【略】

秋七月庚子，蕭衍遣使朝貢。【略】

四年夏五月壬寅，蕭衍遣使朝貢。【略】

（武定五年正月）乙丑，蕭衍遣使朝貢。

二月，侯景復背竇炬，歸於蕭衍。衍署景河南大將軍，承制。【略】

（九月）辛酉，蕭衍遣其兄子貞陽侯淵明帥衆寇徐州，堰泗水於寒山，灌彭城，以應侯景。

冬十月乙酉，以尚書左僕射慕容紹宗為東南道行臺，與驃騎大將軍、儀同三司、大都督高岳，潘相樂討淵明。十有一月，大破之，擒淵明及其二子瑀、道，將帥二百餘人，俘斬五萬級，凍乏赴水死者不可勝數。十有二月乙亥，蕭淵明至闕，帝御閶闔門讓而宥之。岳等回師討侯景。是歲，高麗、勿吉國並遣使朝貢。

六年春正月己亥，大都督高岳等於渦陽大破侯景，俘斬五萬餘人，其餘溺死於渦水，水為之不流。景走淮南。己未，齊文襄王來朝，請以寒山獲士賜百官及督將等，各有差。二月己卯，蕭衍遣使款闕乞和，並修書弔齊文襄王。【略】

九月乙酉，蕭衍遣使朝貢。

冬十月戊申，侯景濟江，推蕭衍弟子臨賀王正德為主，以攻建業。是歲，高麗、室韋、蠕蠕、吐谷渾國並遣使朝貢。

七年春正月戊辰，蕭衍弟子北徐州刺史、封山侯蕭正表以鍾離內屬，封蘭陵郡開國公、吳郡王。三月丁卯，侯景克建業，還以蕭衍為主。衍弟子北兗州刺史、定襄侯蕭祇，相譚侯蕭退來降。衍江北郡國皆內屬。

又 卷九七《島夷劉裕傳》 （劉）裕既僭立，頻請和通，太宗許之。六年，裕遣其中軍將軍沈範、索季孫等朝貢。七年五月裕死。子義符僭立。太守以其禮敬不足，遣山陽公奚斤等率步騎二萬於滑臺渡河南討。義符司州刺史毛德祖遣司馬翟廣領步騎三千來拒。司空奚斤以千餘騎徇陳留，太守嚴稜率衆降。仍攻滑臺，其郡太守王景度奔走，斬其司馬陽瓚。德祖又遣其將竇應明攻輜重於石濟。奚斤於土樓大破廣等，乘勝徑至虎牢。義符遣其將杜垣等與徐州刺史王仲德次湖陸。太宗詔安平公叔孫建等軍於泗瀆口，義符兗州刺史徐琰委尹卯城奔退，於是泰山諸郡悉棄戍而走。太宗詔蒼梧子公孫表等復攻虎牢，義符遣將檀道濟率師赴救。八年，義符改年為景平。奚斤進攻金墉，義符河南太守王涓之出奔。太宗南巡至鄴。奚斤自金墉還圍虎牢。太宗又詔安平公叔孫建等東擊青州，其刺史竺夔守東陽城，濟南太守垣苗自梁鄒奔夔。奚斤分軍攻潁川，太守李元德奔還項城。斤又遣騎破高平郡所統五縣，略居人二千餘家。叔孫以時暑班師。檀道濟、王仲德向青州，遂不敢進。太宗至虎牢，因幸洛陽，乃北渡河。斤克虎牢，擒德祖及其滎陽太守翟廣、廣武將軍竇霸等，義符豫州刺史劉粹屯項城，不敢進。斤遣步騎至許昌，潁川太守索元德奔項城，遂圍汝陽，太守王公度突圍而出，仍破邵陵，掠萬餘口而還。【略】

（傳）亮等立義符弟荊州刺史義隆，號年元嘉。遣使趙道生朝貢。二年，徐羨之、傅亮等歸政於義隆，不許。三年，義隆信其侍中王華之言，誅羨之、傅亮，遣其將檀道濟等討荊州刺史謝晦。晦率衆東下，謀廢義隆，以討王華為辭，破義隆將到彥之。及聞道濟將至，晦衆崩散。晦走江陵，乃攜其弟遁等北走，至安陸延頭，為戍主光順之所執，斬于建業。八月，義隆使其殿中將軍吉恒朝貢。神䴥二年，又遣殿中將軍孫横之朝貢。三年，又遣殿中將軍田奇朝貢。

尋遣其右將軍到彥之、安北將軍王仲德、兗州刺史竺靈秀舟師入河，驍騎將軍段横寇虎牢；又遣其豫州刺史劉德武、後將軍、長沙王義欣至彭城為後繼。到彦之寇碻磝，分軍向虎牢及洛陽。世祖詔河南諸軍收衆北渡以驕之。尋詔冠軍將軍安頡等率衆自盟津渡，攻金墉，義隆建武將軍杜驥出奔，遂乘勝進攻虎牢，陷之，斬其司州刺史尹沖。叔孫建大破竺靈秀，追至湖陸。四年，頡攻滑臺，彦之與王仲德等焚舟棄甲，走歸彭城。義隆又遣檀道濟救滑臺，叔孫建、長孫道生擊之。道濟至高梁山，頡等攻克滑臺，擒其司徒從事中郎朱修之等，道濟走奔歷城，夜乃遁還。義隆青州刺史蕭思話亦棄鎮奔于平昌，其東陽積粟為百姓所焚。

延和元年五月，義隆又遣趙道生朝貢。二年二月，詔兼散騎常侍宋宣使於義隆，且為皇太子結親。九月，義隆遣趙道生貢馴象一。太延二年三月，義隆遣使會元紹朝貢。義隆忌其司空檀道濟，遂誅之。道濟臨死，脱幘投地曰：『乃復壞汝萬里長城。』三年三月，義隆遣其散騎常侍劉熙伯朝貢，且論納幣。六月，義隆女死，不果為婚。五年十一月，義隆遣黄延年獻馴象。真君初，義隆徙其弟大將軍義康於豫章。二年，其龍驤參軍巴東扶令育詣義隆理義康，義隆大怒，收育殺之。四月，義隆遣使黄延年朝貢。十二月，義隆又遣黄延年朝貢。

是歲，義隆梁州刺史劉真道將裴方明攻擊楊難當，難當捨仇池，將妻子來奔。三年，世祖詔琅邪王司馬楚之等討之。西安將軍古弼、平西將軍元濟等邀義隆秦州刺史胡崇之於濁水，破擒之，餘衆奔漢中。義隆立難當兄子文德為秦州刺史、武都王，戍茄蘆，弼等討平之。義隆遂殺真道、方明。

五年，義隆復遣使朝貢。六年，其員外散騎侍郎孔熙先以才學而不見用，太子詹事范曄以家門淫汙，為世所薄，與熙先及外生謝綜謀殺義隆，立其弟前大將軍義康。丹陽尹徐湛之告之，乃誅曄等，徙義康於安成郡，御史監守。七年，詔諸軍掠濟陰、金鄉等七縣，並驅其青冀二州民戶而還。北地人蓋吳聚衆反，義隆以吳為安西將軍、雍州刺史，封北地公，規亂雍州，詔諸軍討平之。義隆好行小計，扇動邊民，内起山苑，窮侈極麗，役使百姓，江南苦之。九年正月，義隆遣使獻孔雀。

十一年二月，世祖欲獵於雲夢，發使告義隆，勿相猜阻，義隆請奉詔。世祖南巡，義隆邊城閉門拒守，世祖忿之，乃攻懸瓠。分遣使者安慰降民，其不服者誅戮之。義隆汝南、南頓、汝陽、潁川太守，並棄城奔走。義隆安北將軍、武陵王駿遣參軍劉泰之、臧肇之，殿中將軍尹懷義、程天祚等以千餘騎至汝陽，永昌王位擊破之，斬泰之、肇之，執天祚等。

義隆又遣寧朔將軍王玄謨率其太子步兵校尉沈慶之、鎮軍諮議參軍申坦等入河，青冀二州刺史蕭斌以駿水陸並進，太子左衛率臧質統驍騎將軍王方回、安蠻司馬劉康祖、右軍參軍梁坦造許、洛，右將軍豫州刺史南平王鑠。太尉江夏王義恭為諸軍節度，梁、南秦二州刺史劉秀之統輔國將軍楊文德、宣威將軍劉洪宗向汧隴，護軍將軍蕭思話部龍驤將軍杜坦、竟陵太守劉德願向武關。義隆令王公妃主及其朝士牧守下逮富人通出私財，以助軍費，士庶怨之。南兖及青、冀、兖、豫三吳簡發，以配戎行；楊、南徐、兖、江州富民並四分之一。建威司馬申元吉趣泗瀆，蕭斌至碻磝，王玄謨遣軍主王寶惠政滑臺，右軍蕭鑠遣中兵參軍梁坦等進軍小索。世祖詔諸軍援滑臺，大敗王寶惠等，王玄謨走還碻磝。蕭斌遣申坦與梁坦、垣護之據兩當城，斌退還歷下。及車駕渡河，梁坦退走，棄甲山。車駕發滑臺，過碻磝，義隆又遣雍州刺史、竟陵王誕率其將薛安都、柳元景等入盧氏，進攻弘農。詔洛州刺史張提率衆度峭，蒲城鎮將何難於風陵堆濟河，秦州刺史杜道生至閿鄉。元景退走。

十一月，車駕從東安山出下邳，義隆鄒山戍主、魯陽陽平二郡太守崔邪利降。楚王建、南康侯杜道俊進軍清西，至留建成。義隆鎮軍劉駿參軍馬文恭至蕭城，軍主嵇玄敬至留城，並為覘候，見官軍俱時退走。永昌王仁攻懸瓠，拔之，獲義隆守將趙淮，過定項城，破尉武戍，執其戍主。進攻壽陽，屯兵於孫叔敖家，掠馬頭、鍾離二郡。義隆遣左軍將軍劉康祖赴壽陽，與仁相遇，仁大破之，盡坑其衆，斬康祖，傳首示壽春，獲其將胡盛之、王羅漢等。以所斬首使軍士曳之，繞城三匝，積之城西，高與城齊。劉鑠乃焚四郭廬舍，嬰城固守。車駕至盱眙、淮、泗。義隆遣輔國將軍臧質率師至盱眙，頓軍城北。六軍於上流濟淮，質遣司馬胡崇之等率所領於山上立營，建威將軍毛熙祚據城前大浦。詔攻二軍，斬崇之、熙祚等及佗首數千級，衆悉赴水死。淮南之民皆詣軍降。高梁王那出山陽，永昌王仁於壽陽出横江，凡所經過，莫不風靡。車駕登於瓜步，伐葦結筏，示欲渡江。義隆大懼，欲走吳會。建業士女咸荷擔而立。義隆遣黄延年朝於行宮，獻百牢，貢其方物，並請和，求進女於皇孫。世祖以師婚非禮，許和而不許婚。

初，義隆欲遣軍侵境，其臣江湛、徐湛之贊成其事，而義隆太子劭與蕭思話、沈慶之諫義隆曰：『昔檀道濟、到彥之無利而反，今將帥士衆不及於前，不可輕動兵甲。』時湛等在坐，義隆使與慶之詰議。慶之曰：『治國如治家，耕當問奴，織當問婢，今欲伐國，而與白面書生輩謀之，事何由濟。』義隆大笑，遂不納慶之言。至是，登石頭城樓而望，甚有憂色，歎曰：『若檀道濟在，豈應至此！』劭乃委罪於江、徐。義隆曰：『引自吾意，不關二人也。』

正平元年正月，世祖饗會於瓜步，既許和好，詔班師。其江北之民歸隆者數十萬計。凡克南兗、豫、徐、兗、青、冀六州，其軍鋒殺掠不可勝算。時義隆江北蕭條，境内搔擾。義隆慮義康為亂，遣使殺之，葬以侯禮。義隆慚恚，歸罪於下，降義恭為儀同三司，蕭斌、王玄謨並免所居職。十月，義隆遣其將軍孫蓋等朝貢。

興安九年，義隆遣撫軍將軍蕭思話率其將張永等攻碻磝，詔諸軍擊破之，永等退走。思話遣建武將軍垣護之至梁山逆軍，尚書韓茂率騎逆擊之，思話退還麋溝。義隆又遣雍州刺史臧質向崤陝，梁州刺史劉秀之、輔國將軍楊文德出子午。豫州刺史長孫蘭遣騎破之，季之等僅以身免。臧質、柳元景、薛安都等至關並相繼敗走。【略】

（太安）四年，駿遣其將殷孝祖寇濟州，高宗遣清水公封敕文等擊走之，又詔征西將軍支豹子擊孝祖於清東。五年，豹子還，遂掠地至高平，大獲而還。【略】

和平元年七月，駿使其散騎常侍明僧皓朝貢。二年三月，又使其散騎常侍尹顯朝貢。【略】

（劉）彧南新蔡太守常珍奇奉啓請降，顯祖詔遣西河公元石、京兆侯張窮奇率軍援之。皇興元年正月，彧遣其散騎常侍貝思、散騎侍郎崔小白朝貢。初，彧遣其鎮軍張永、領軍沈攸之以大衆迎其徐州刺史薛安都。安都聞永將發，乃遣信請降。顯祖詔博陵公尉元、城陽公孔伯恭率騎二萬救之。永等。前後奮擊，斬首凍没死者不可勝數。又其兗州刺史畢衆敬亦來降款，至是，徐兗及淮西諸郡、青齊二州相尋歸附。彧又遣其中領軍沈攸之、太子左衛率劉勔寇彭城，兗州刺史申纂守無鹽。時薛安都略有廣平、順陽、義成、扶風諸郡。深攸之至下邳，與元等戰敗而走。初，彧青州刺史沈文秀、冀州刺史崔道固並請歸順，詔遣征南大將軍慕容白曜率衆援之，文秀等復叛歸彧。白曜進軍圍城。二年，克歷城，獲道固。彧遣其員外散騎常侍李豐朝貢。彧遣沈文秀弟文靜海道救青州，文靜至東萊之不期城，白曜遣軍克之。尋獲東陽城。彧遣其員外散騎常侍王希涓朝貢。四年六月，彧又遣員外散騎常侍劉航朝貢。【略】

（劉）彧死，子昱僭立，改為元徽。昱遣員外散騎常侍田惠紹、員外散騎侍郎劉惠秀朝貢。【略】

（劉）準改年為升明。遣其員外散騎常侍李祖、員外散騎侍郎陶貞寶赴國訃，並貢方物。准司徒袁粲、丹陽尹劉秉、中領劉韞、前湘州刺史王蘊等以道成專恣，潛謀圖之，共推粲為主，要引沈攸之以為外援。丹陽丞王遜告道成，並斬之。准遣外散騎常侍何倜、員外散騎侍郎孔逷朝貢。三年正月，准遣其員外散騎常侍殷靈誕、員外散騎侍郎苟昭先朝貢。

又　卷九八《島夷蕭道成　島夷蕭衍傳》　於是高祖詔梁郡王嘉督二將出淮陰，隴西西元操三將出廣陵，河東公薛虎於三將出壽春以討之。元操等攻其馬頭戍，克之。道成遣其徐州刺史崔文仲攻陷茬眉戍，詔遣尚書遊明根討之。又遣平南將軍郎大檀三將出朐城，將軍白吐頭二將出海西，將軍元泰二將出漣口，將軍封延三將出角城，鎮南將軍賀羅出下蔡。道成梁州刺史崔慧景遣長史裴叔保率衆寇武興關城，氐帥楊鼠擊破之，叔保還南鄭。梁郡王嘉破道成將盧紹之、玄元度於朐山。下蔡戍主棄城遁走。又詔昌黎王馮熙為西道都督，與征南將軍桓誕出義陽，鎮南將軍賀羅自下蔡東出鍾離，道成遊擊將軍桓康於淮陽，破之。道成豫州刺史垣崇祖寇下蔡，昌黎王馮熙擊破之。梁郡王嘉大破道成將，俘獲二萬餘口送京師。道成遣後軍參軍車僧朗朝貢。先是，劉準遣使殷靈誕、苟昭先，未反而道成僭立。及僧朗至，朝廷處之靈誕之下，僧朗與靈誕競前後，降人解奉君遂於朝會刃僧朗。詔加殯斂，送喪令還。

道成死，子賾僭立，改年為永明。賾遣其驍騎將軍劉纘、前將軍張謨朝貢。八年，又遣兼員外散騎常侍司馬憲、兼員外散騎侍郎庾習朝獻。九年，遣輔國將軍劉纘、通直郎裴昭明朝貢。十年，又遣昭明與冠軍參軍司

馬迪之朝貢。【略】

（太和）十三年，遣平南參軍顏幼明、冗從僕射劉思效朝貢。十四年，賾巴東王子響殺長史劉寅、司馬席恭穆，謀殺賾，賾遣丹陽尹蕭順之討殺之。十五年二月，遣員外散騎常侍裴昭明、員外散騎侍郎謝竣朝貢。九月，又遣司徒參軍蕭琛、范縝朝貢。十六年，復遣琛與司徒參軍范雲朝貢，又遣車騎功曹庾蓽、南豫州別駕何憲朝貢。十七年，賾雍州刺史王奐與南蠻長史劉興祖論衆罪，賾以興祖付獄，令送還建業。奐輒於獄殺之，而雲自死。賾怒，遣其直閤將軍曹道剛、梁州刺史曹虎等收奐，奐閉門拒戰。司馬黃瑤起於城內，起兵攻奐，殺之，奐子秘書丞肅、肅弟秉來降。【略】

（蕭）鸞雍州刺史曹虎據襄陽請降，高祖詔行征南將軍薛真度督四將出襄陽，太將軍劉昶出義陽，徐州刺史元衍出鍾離，平南將軍劉藻出南鄭，車駕南伐。十九年，鸞龍陽縣開國侯王朗自渦陽來降。左將軍元麗大破鸞將，擒其寧州刺史董巒。車駕濟淮，幸八公山。逕淮而東，發鍾離，將臨江水，司徒馮誕薨，乃詔班師，遣使臨江數鸞罪惡。

鸞殺其西陽王子明、南海王子罕、邵陵王子真。

二十一年，車駕討鸞，鸞前將軍韓李萬、弋陽太守王嗣之、後將軍趙祖悅等十五將來降。大破鸞軍於江北，獲其將軍王伏保等。車駕遂巡沔東而還。鸞將王曇紛等萬餘人寇南青州，黃郭戍主崔僧淵擊破之，悉虜其衆。又克新野城，斬鸞輔國將軍、新野太守劉忌。鸞湖陽戍主蔡道福，赭陽戍主成公期及軍主胡松，舞陰戍主、輔國將軍、西汝南北義陽二郡太守黃瑤起及直閤將軍、軍主鮑舉，南鄉太守席謙並委戍走，擒瑤起、鮑舉。

鸞又殺其河東王鉉、臨賀王子岳、西陽王子文、衡陽王子珸、湘東王子建、南郡王子夏、巴陵王昭秀、桂陽王昭粲。

軍駕幸南陽，進攻宛北城，拔之，冠軍將軍、南陽太守房伯玉以城降。又大敗鸞平北將軍崔慧景、黃門郎蕭衍於鄧城，斬獲首虜二萬有餘。鸞憂怖，遂疾甚。乃大赦，改年為永泰。其大司馬王敬則於會稽舉兵，將以誅鸞，鎮北諮議謝朓，敬則女夫也，告之，敬則敗而死。

鸞死，子寶卷借立。二十三年春，寶卷改元為永元，遣其太尉陳顯達率崔慧景攻馬圈城，詔前將軍元英討之。寶卷遣將寇順陽，詔振威將軍慕容平城率騎討之。顯達攻陷馬圈城，車駕南伐，詔鎮南大將軍、廣陽王嘉斷均口。顯達戰敗，潰圍夜走，斬其左軍將軍張子順。賊將蔡道福、成公期等數萬人棄順陽遁走。【略】

景明初，寶卷豫州刺史裴叔業以壽陽降，寶卷遣其衛尉蕭懿為征虜將軍、豫州刺史，步道伐壽陽，頓軍小峴。詔遣軍司李煥及統軍奚康生、楊大眼等率衆入壽陽。驃騎大將軍、彭城王勰，車騎將軍王肅率步騎十萬赴之。寶卷遣將胡松、李居士率衆餘屯死虎，陳伯之水軍泝淮而上，以逼壽春。勰、肅大破之，斬首萬數。陳伯之又寇淮南，勰破之肥口。豫州刺史田益宗破寶卷將吳子陽、劉元超於長風。

寶卷遣侍中崔慧景率諸軍自廣陵水路，欲赴壽陽。慧景見寶卷狂虐，不復自保，及得專征，欣然即路。慧景子覺時為直閤，與之密期。慧景至廣陵，覺遂出奔。慧景過廣陵數十里便回軍還，時廣陵闕鎮，司馬崔恭納之，因率衆濟江，遂攻建業。寶卷嬰城自守。寶卷豫州刺史蕭懿擊破慧景，擒殺之。【略】

世宗詔冠軍將軍、南豫州刺史席法友三萬人圍寶卷輔國將軍北新、安豐二郡太守胡景略於建安城，克之，擒景略。【略】

（蕭）衍尋借立，自稱曰梁，號年天監。五月，揚州小峴戍主黨法宗襲衍大峴戍，破之，擒其龍驤將軍邾菩薩送京師。衍又遣將張囂寇揚州，州軍擊破之，斬二千餘級。四年三月，揚州刺史、任城王澄遣長風戍主奇道顯攻衍陰山戍，破之，斬其龍驤將軍、都亭侯梅興祖；仍攻白槁戍，又破之，斬其寧朔將軍吳道爽等，獲數千級。衍又遣其徐州長史潘伯憐屯軍淮陵，徐州刺史司馬明素又據九山，澄遣軍並擊破之，斬伯憐，擒明素。衍將吳子陽寇白沙，中山王英大破之，擒斬千數。衍梁州刺史平陽縣開國侯翟遠、徐州刺史、永昌縣開國侯陳虎牙來降。

正始元年正月，衍將趙祖悅屯據東關，江州刺史陳伯之擊破之。二月，衍將姜慶真襲陷壽春外郭，州軍擊走之。中山王英圍衍鍾離。衍遣冠軍張惠紹率衆軍送糧於鍾離，任城王澄遣統軍王足、劉思祖邀擊於邵陽，大破之，生擒惠紹，並其驍騎將軍祁縣陽開國男趙景悅等十將，斬獲數千級。惠紹，衍舅子也。衍乃移書求之，朝議欲示威懷，遂聽惠紹等還。三月，元英破衍將王僧炳於樊城。八月，英又攻衍義陽，克之，破衍將馬仙瑋，擒其冠軍將軍蔡靈恩等十餘將。九月，衍霍州刺史田道龍、義州刺史張宗之遣使內附。

十二月，衍梁秦二州行事夏侯道遷據漢中內附，詔尚書邢巒率衆赴之。二年四月，巒頻破衍軍，遂入劍閣，執其輔國將軍范始男送京師。巒又遣統軍王足破衍諸將，斬其輔國將軍馮文豪等。六月，衍遣將王超宗寇邊，揚州刺史薛真度大破之，俘斬三千級。七月，王足又大破衍衆，斬其秦梁二州刺史魯方達、王明達等三十餘將，俘虜二千五百人。九月，衍湘州刺史楊公則率衆寇壽春，揚州刺史元嵩擊破之，斬獲數千級。

三年正月，衍徐州刺史昌義之寇梁城，江州刺史王茂先寇荆州，屯河南城。平南將軍陳伯之擊義之，平南將軍楊大眼擊茂先，並大破之，斬其輔國將軍王花，俘斬二千，茂先逃潰，追奔至於漢水，拔其五城。將軍宇文福略衍司州，俘獲千餘口而還。五月，衍將蕭昞寇淮陽，張惠紹寇宿豫，蕭密寇梁城，韋叡寇合肥。平南將軍奚康生破惠紹，斬其徐州刺史宋黑。七月，衍徐州刺史王伯敖入寇陰陵，中山王英大破之，斬將二十五人，首虜五千。衍又遣將桓和屯孤山，冠軍將軍常方慶屯固城，龍驤將軍矯道儀屯蒙山。八月，安東將軍邢巒擊桓和，破之。將軍元常攻克固城，統軍畢祖朽攻克蒙山，斬獲及赴沂水死者四千有餘。衍又遣張惠紹屯宿豫，蕭昞屯淮陽。九月，都督邢巒大破之，斬其大將藍懷恭等三十餘人，惠紹、蕭昞並棄戍南去，追斬數萬級。衍中軍大將軍、臨川王蕭密，右僕射柳惔，徐州刺史昌義之等屯據梁城，中山王英大破之，密等棄城沿淮東走，追奔至於馬頭，衍冠軍將軍、馬頭戍主朱思遠棄城走，擒衍將三十餘人，斬獲五萬有餘。十月，衍征虜將軍馬仙琕率衆三萬寇義陽，郢州刺史婁悅以州軍擊走之。

永平元年十月，懸瓠城民白早生據州反叛，衍遣將齊苟仁等四將以助之。詔尚書邢巒率騎討之，巒攻克懸瓠，斬早生，擒苟仁，俘衍衆三千餘人。初，早生之反也，世宗遣主書董紹銜詔宣慰，紹為早生所執，送之於衍。衍乃厚資遣紹，令奉書朝廷，請割宿豫內屬，以求和好。時朝議或有異同，世宗以衍辭雖款順，而不稱藩，詔有司不許。十二月，衍寧朔將軍張凝等率衆寇楚城，中山王英破擒之。衍將馬仙琕據金山，郢州刺史婁悅擊走之。

二年正月，中山王英攻克衍長薄戍，殺傷數萬；仍攻撥武陽關，擒衍雲騎將軍、松滋縣開國侯馬廣，冠軍將軍、遷陵縣開男子彭甕，驍騎將軍、當陽縣開國伯徐元秀等二十六將，俘獲七千餘人；又進攻黃峴西關，衍將軍馬仙琕棄西關，李元履棄黃峴遁走。

四年春三月，衍琅邪郡民王萬壽等斬衍輔國將軍、琅邪東莞二郡太守、帶昫山戍主劉晰並將士四十餘人，以城內屬。徐州刺史盧昶遣兼郯城戍副張天惠率衆赴之，而衍郁洲已遣二軍以拒天惠，天惠與萬壽等內外齊擊，俘斬數百。永仍遣琅邪戍主傅文驥入城據守，衍又遣將張稷、馬仙琕等攻圍文驥。詔昶率衆赴之，而文驥以糧盡降衍，昶遂失利而還。

延昌二年二月，郁洲徐玄明斬送衍鎮北將軍、青冀二州刺史張稷首，以州內附。三年六月，衍遣衆寇九山，荆州刺史桓叔興大破之，斬其虎旅將軍蔡令孫、冠軍將軍席世興、貞義將軍藍次孫。四年二月，衍寧州刺史任太洪率衆寇關城，益州長史成興孫擊破之。熙平元年正月，衍遣其恒農太守王定世等寇邊，都督元志破之，斬定世，悉俘其衆。衍豫州刺史趙祖悅率衆數萬，偷據硤石，詔鎮南將軍崔亮、鎮軍將軍李平討克之，斬祖悅，傳首京師。衍衡州刺史張齊寇益州，刺史傅豎眼討之，斬其將任太洪，齊遁走。初，衍每欲稱兵境上，窺伺邊隙，常為諸將摧破，雖懷進趣之計，而勢力不從。遂於浮山堰淮，規為壽春之害。肅宗詔征南蕭寶夤率諸將討之，大破衍衆於淮北。秋九月，堰自潰決，漂其緣淮城戍居民村落十餘萬口，流入於海。

正光元年，衍改稱普通，至三年，其弟子西豐侯正德棄衍來奔，尋復亡歸，衍初忿之，改其姓為背氏，既而復焉，封為臨賀王。五年九月，衍將裴邃、虞鴻襲據壽春外郭，刺史長孫稚擊走之。

孝昌元年正月，徐州刺史元法僧據城南叛，衍遣豫章王綜鎮彭城，綜，蕭寶卷之遺腹子也。初，衍平建業，因納其母吳氏，吳氏先有孕，後生綜，衍謂為己子，甚寵愛之。綜既長，母密告綜，綜遂潛圖叛衍，既鎮彭城，及大軍往討，綜乃拔身來奔。餘將退走，國軍追躡，所獲萬計。衍初聞之，慟哭氣絕，甚為慚惋，猶云其子，言其病風所致，時人咸笑之。

三月，衍遣其北梁州長史錫休儒、司馬魚和、上庸太守姜平洛等入寇直城，梁州刺史傅豎眼遣息敬紹率衆大敗之，擒斬三千人，休儒等遁走。

四月，衍益州刺史蕭潤猷將焚文熾等率衆圍小劍戍，益州刺史邴虯遣子子達，行臺魏子建遣別將淳於誕拒擊之。五月，誕等大破文熾，俘斬二萬，擒其次將蕭世隆等十二人，文熾走免。是歲，衍又改年為大通。

二年七月，衍將元樹、湛僧珍等寇壽春。又攻逼新野，詔都督魏承祖討破之。三年二月，衍將成景俊寇彭城，行臺崔孝芬率諸將擊走之。

建義元年，衍遣其將曹義宗寇荆州，大都督費穆大破之，生擒義宗，檻送京師。初，爾朱榮入洛，北海王顥奔於衍，衍以顥為魏主，資顥士馬，令其大將陳慶之部率送顥。永安二年夏，遂入洛陽，車駕還討，破走之，唯慶之一身走免，自餘部衆皆見俘執。閏月，巴州刺史嚴始欣據州入衍，衍遣將蕭玩、張鴻等率衆赴援，都督元景夏率益梁二州軍討之。三年正月，斬始欣，衍衆敗走，又斬蕭玩等首，俘獲萬餘人。

普泰元年春，南青州刺史茹懷朗遣部將何竇率步騎三千擊衍守將於琅邪，擒其雲麾將軍、徐兗二州刺史沈預，斬其宣猛將軍、齊州刺史劉相如。

永熙元年夏，衍遣其鄴王元樹及譙州刺史朱文開入據譙城，東南道行臺樊子鵠率諸軍攻克之，擒元樹、文開等送於京師。

天平元年十月，衍雄信將軍紀耕率衆入寇嶓嵣，都督曹仲尼破走之，斬其軍主沈達、閔莊等。二年正月，衍將湛僧珍寇南兗州，州軍擊破之。行臺元晏又破湛僧珍等於項城，虜其□□刺史楊驃。二月，衍司州刺史陳慶之、郢州刺史田朴特等寇邊，豫州刺史堯雄擊走之。五月，衍仁州刺史黄道始寇北濟陰，徐州刺史任祥討破之。十月，衍將梁秉俊寇單父，祥又大敗之，俘斬萬餘人。十一月，衍雍州刺史蕭恭遣將柳仲禮寇荆州，刺史王元軌破之於牛飲，斬其將張殖、王世興。是年，衍又改號為中大通。三年五月，豫州刺史堯雄攻衍白苟堆鎮，克之，擒其北平太守苟元曠。十月，行臺侯景攻陷衍楚城，獲其楚州刺史桓和兄弟。四年九月，衍青冀二州刺史除子彥寇圍城，南青州刺史陸景元擊走之。

先是，益州刺史傅和以城降衍，衍資送和，令申意於齊獻武王，求通交好，王志綏邊遠，乃請許之。四年冬，衍遣其散騎常侍張皋、通直常侍劉孝儀、通直常侍崔曉朝貢。二年夏，又遣散騎常侍沈山卿、通直常侍劉研朝貢。興和二年春，又遣散騎常侍柳豹、通直常侍劉景彥朝貢。其年冬，又遣散騎常侍陸晏子、通直常侍沈景徽朝貢。是年，衍改號大同。三年夏，又遣散騎常侍明少遐、通直郎謝藻朝貢。四年春，又遣散騎常侍袁狎、通直常侍賀文發朝貢。其年冬，又遣散騎常侍劉孝勝、通直常侍謝景朝貢。武定元年夏，又遣散騎常侍沈衆、通直常侍殷德卿朝貢。其年冬，又遣散騎常侍蕭確、通直常侍陸緬朝貢。三年秋，又遣散騎常侍徐君房、通直常侍庾信朝貢。四年夏，又遣散騎常侍蕭瑳、通直常侍賀德玚朝貢。五年春，又遣散騎常侍謝蘭、通直常侍鮑至朝貢。朝廷亦遣使報之。十餘年間，南境寧息。

六年，衍又改號為中大同，其年又改為太清。是歲，司徒侯景反，遣使通衍，請其拯援。衍惑景遊說，遂絶貢使。衍子綱及朝臣並切諫以為不可，衍不從。乃遣其兄子豫州刺史、貞陽侯淵明，北兗州刺史胡貴孫等寇逼徐州，與侯景為聲援，仍堰泗水以灌彭城。齊文襄王遣行臺慕容紹宗、儀同三司高岳、潘相樂等率衆討之。【略】

冬十二月，紹宗、高岳等大破衍衆寒山，擒淵明、貴孫等，俘斬五萬，其凍溺燒之而死，不可勝數。衍既慚悔，六年，復遣使羊珍孫款關乞和，並修弔書於齊文襄王。文襄王欲以威德懷之，許其通而不復其書。衍於是遣其散騎常侍謝班、通直常侍徐陵詣闕朝貢。

班等未及還而侯景舉兵襲衍，密與衍弟子臨賀王正德交通，許推為主。景至横江，衍令正德率軍拒景，正德因而迎之。景濟江，立以為主，以趣建業。衍好人佞己，末年尤甚，或有云國家强盛者，即便忿怒，有云朝廷衰弱者，因致喜悦。是以其朝臣左右皆承其風旨，莫敢正言。初景之將渡江也，衍沿道軍戍，皆有啓列，而中領軍朱异恐忤衍意，且謂景不能渡，遂不為聞。景至嵫湖，方大驚駭，乃令其太子綱守中書省，軍事悉以季之。又逼居民入城，百姓因相剝掠，不可禁止。衍令直從臨俞景茂赦二冶、尚方、錢署罪人及建康、廷尉諸囚，欲押令入城以充防捍。諸徒因放火燒冶，一時散走。衍憂懣無計，唯令其王公已下分屯諸門；攝諸寺藏錢皆入聚德陽堂，以充軍實。

景既至，便圍其城，縱火燒爇，掘長圍，築土山以攻衍。衍亦於城内起山以應之。衍令文武運土，人責二十石，於是其王侯朝貴皆自負簣。蕭綱亦欲自負，僉議以為太示迫屈，乃止。衍每募人出戰，素無號令，初或暫勝，後必奔背。景宣言曰『城中非無菜，但無醬耳』，以戲侮之。衍太官及軍人無柴，乃發取尚書省、武庫、左右藏以充用。衍州鎮外援雖有至者，而景圍柵深固，內外斷色。衍數募人出戰，常為景所執獲。有一小兒請以飛鵄傳致消息，綱乃作數千丈繩，綴紙鵄於繩端，縛書其背，又題鵄口：『若有得鵄送援軍者賞銀百兩。』綱出太極殿，因西北風而颺之，頻放數鵄，景令走馬射取之，竟不能達也。

衍城內大饑，人相食，米一斗八十萬，皆以人肉雜牛馬而賣之。軍人共於德陽堂前立市，屠一牛得絹三千匹，賣一狗得錢二十萬。皆燻鼠捕雀而食之，至是雀鼠皆盡，死者相枕。初有盜取其池魚者，衍猶大怒，敕付廷尉，既而宿昔都盡。其不識事宜如此。

景久攻未拔，而衍外援雖多，各各乖張，無有總制，更相妒忌，不肯奮擊。唯衍子邵陵王綸再於鍾山決戰，戰敗而走。景糧既少，遂譎衍求和。衍信之，乃割江西四州授景，封為壽陽王，遣其朝貢。與部下歃血盟訖，景詐引軍還石頭。衍乃敕授軍令下，諸軍初不受詔，後重敕乃從。衍又令援軍以船三百艘給景，景猶嫌其少，又敕付二百。衍永安侯蕭確、直閤將軍趙威方頗有勇略，為景所憚。景乃謂衍曰：『確與威方頻隔岸見罵，云：「天子自與汝和，我終不置汝！」我今便不敢去，若召此二人入城者，吾當解圍。』衍復遣使徵確等，確等不從。衍又為手書與諸軍，云：『確若不入者，宜以軍法送之。』確等不得已，乃赴衍。景夏謂衍曰：『始有西信至，北軍已克壽春、鍾離，我今便無委足處，求權借廣陵、譙州，待征復兩城，還以此州相歸。』衍又許之。景外云欲和，伺其懈怠，衍君臣上下信景欺詐，所有戰具，悉皆收去。後知非實，更狼狽設備，有甚於初。城轉危急，衍等計窮，乃復遣使詣景。景又詭云：『今時既熱，便不能得去，正當乞留京師，為朝廷立效耳。』而悉力大攻，七年三月遂拔之。

景自至建業，縱軍士前後虜掠，倉庫所有皆掃地盡矣。景乃從數百騎見衍，歔欷流涕，因請香火為作義兒，還以衍為主。令正德通啓云：『前為景所擒，使攝四海，辭不獲免，權總萬機，今景既入輔，乞解僭濫，以王還邸。』自景圍建業，城中多有腫病，死者相繼，無復板木，乃刳柱為棺。自雲龍、神虎門外，橫屍重遝，血汁漂流，無復行路。及景入城，悉聚屍焚之，煙氣張天，臭聞數十里。初，城中男女十餘萬人，及陷，存者纔二三千人，又皆帶疾病，蓋天亡之也。衍尋為景所餓殺。自衍為景攻圍歷百餘日，衍子荊州刺史、湘東王繹，益州刺史、武陵王紀各擁兵自守，坐看衍之懸危，竟不奔赴。始景渡江至陷城之後，江南之民及衍王侯妃主、世胄子弟為景軍人所掠，或自相賣鬻，漂流入國者蓋以數十萬口，加以饑饉死亡，所在塗地，江左遂為丘墟矣。

初，衍崇信佛道，於建業起同泰寺，又於故宅立光宅寺，於鍾山立大愛敬寺，兼營長千二寺，皆窮工極巧，殫竭財力，百姓苦之。曾設齋會，自以身施同泰寺為奴，其朝臣三表不許，於是內外百官共斂珍寶而贖之。衍每禮佛，捨其法服，著乾陀袈裟。令其王侯子弟皆受佛誡，有事佛精苦者，輒加以菩薩之號。其臣下奏表上書亦稱衍為皇帝菩薩。衍所部刺史郡守初至官者，皆責其上禮獻物，多者便云稱職，所貢微少，言為弱惰。故其牧守，在官皆競事聚斂，劫剝細民，以自封殖，多妓妾、粱肉、金綺。百姓怨苦，咸不聊生。又發召兵士，皆須鎖械，不爾便即逃散。其王侯貴人，奢淫無度，弟兄子侄，侍妾或及千數，至乃回相贈遺。其風俗頹喪，綱維不舉若此。衍自以持戒，乃至祭其祖禰，不設牢牲，時人皆竊云，雖僭司王者，然其宗廟實不血食矣。衍未敗前，宵其同泰寺，衍祖父墓前石麟一旦亡失，識者咸知其將滅也。景又立衍子綱，尋復殺之。衍之親屬並見屠害矣。

《周書》卷二《文帝紀下》 （大統三年）八月丁丑，太祖率李弼、獨孤信、梁禦、趙貴、于謹、若干惠、怡峰、劉亮、王德、侯莫陳崇、李遠、達奚武等十二將東伐。至潼關，太祖乃誓於師曰：『與爾有衆，奉天威，誅暴亂。惟爾士，整爾甲兵，戒爾戎事，無貪財以輕敵，無暴民以作威。用命則有賞，不用命則有戮。爾衆士其勉之。』遣於謹居軍前，徇地至盤豆。東魏將高叔禮守柵不下，謹急攻之，乃降。獲其戍卒一千，送叔禮於長安。戊子，至弘農。東魏將高干、陝州刺史李徽伯拒守。於時連雨，太祖乃命諸軍冒雨攻之。庚寅，城潰，斬徽伯，虜其戰士八千。高干走度河，令賀拔勝追擒之，並送長安。於是宜陽、邵郡皆來歸附。先是河南豪傑多聚兵應東魏，至是各率所部來降。

齊神武懼，率衆十萬出壺口，趨蒲阪，將自后土濟。又遣其將高敖曹以三萬人出河南。是歲，關中饑。太祖既平弘農，因館穀五十餘日。時戰士不滿萬人，聞齊神武將度，乃引軍入關。齊神武遂度河，逼華州。刺史王羆嚴守。知不可攻，乃涉洛，軍於許原西。太祖據渭南，徵諸州兵皆［未］會。乃召諸將謂之曰：『高歡越山度河，遠來至此，天亡之時也。吾欲擊之何如？』諸將咸以衆寡不敵，請待歡更西，以觀其勢。太祖曰：『歡若得至咸陽，人情轉騷擾。今及其新至，便可擊之。』即造浮橋於渭，令軍人齎三日糧，輕騎度渭，輜重自渭南夾渭而西。

冬十月壬辰，至沙苑，距齊神武軍六十餘里。齊神武聞太祖至，引軍來會。癸巳旦，候騎告齊神武軍且至。太祖召諸將謀之。李弼曰：『彼衆我寡，不可平地置陣。此東十里有渭曲，可先據以待之。』遂進軍至渭曲，背水東西為陣。李弼為右拒，趙貴為左拒。命將士皆偃戈於葭蘆中，聞鼓聲而起。申時，齊神武至，望太祖軍少，競馳而進，不為行列，總萃於左軍。兵將交，太祖鳴鼓，士皆奮起。

于謹等六軍與之合戰，李弼等率鐵騎橫擊之，絕其軍為二隊，大破之，斬六千餘級，臨陣降者二萬餘人。齊神武夜遁，追至河上，復大克獲。前後虜其卒七萬。

留其甲士二萬，餘悉縱歸。收其輜重兵甲，獻俘長安。還軍渭南，於是所征諸州兵始至。乃於戰所，准當時兵士，人種樹一株，以旌武功。進太祖柱國大將軍，增邑並前五千戶。李弼等十二將亦進爵增邑。并其下將士，賞各有差。

遣左僕射、馮翊王元季海為行臺，與開府獨孤信率步騎二萬向洛陽；洛州刺史李顯趨荊州；賀拔勝、李弼渡河圍蒲阪。牙門將高子信開門納勝軍，東魏將薛崇禮棄城走，勝等追獲之。太祖進軍蒲阪，略定汾、絳。於是許和殺張瓊以夏州降。初，太祖自弘農入關後，東魏將高敖曹圍弘農，聞其軍敗，退守洛陽。獨孤信至新安，敖曹復走度河，信遂入洛陽。東魏潁川長史賀若統與密縣人張儉執刺史田迅舉城降。滎陽鄭榮業、鄭偉等攻梁州，擒其刺史鹿永吉；清河人崔彥穆、檀琛攻滎陽，擒其郡守蘇定：皆來附。自梁、陳已西，將吏降者相屬。

於是東魏將堯雄、趙育、是云寶出潁川，欲復降地。太祖遣儀同宇文貴、梁遷等逆擊，大破之。趙育來降。東魏復遣將任祥率河南兵與雄合，儀同怡峰與貴、遷等復擊破之。又遣都督韋孝寬取豫州。是云寶殺其東揚州刺史那（椿）［椿］，以州來附。

四年春三月，太祖率諸將入朝。禮畢，還華州。

七月，東魏遣其將侯景、厙狄干、高敖曹、（元）［韓］軌、可朱渾元、莫多婁貸文等圍獨孤信於洛陽。齊神武繼其後。先是，魏帝將幸洛陽拜園陵，會信被圍，詔太祖率軍救信，魏帝亦東。

八月庚寅，太祖至穀城，莫多婁貸文、可朱渾元來逆，臨陣斬貸文，元單騎遁免，悉虜其衆送弘農。遂進軍瀍東。是夕，魏帝幸太祖營，於是景等夜解圍去。及旦，太祖率輕騎追之，至於河上。景等北據河橋，南屬邙山為陣，與諸軍合戰。太祖馬中流矢，驚逸，遂失所之，因此軍中擾亂。都督李穆下馬授太祖，軍以復振。於是大捷，斬高敖曹及其儀同李猛、西兗州刺史宋顯等，虜其甲士一萬五千，赴河死者以萬數。

是日置陣既大，首尾懸遠，從旦至未，戰數十合，氛霧四塞，莫能相知。獨孤信、李遠居右，趙貴、怡峰居左，戰並不利，又未知魏帝及太祖所在，皆棄其卒先歸。開府李虎、念賢等為後軍，遇信等退，即與俱還。由是乃班師，洛陽亦失守。大軍至弘農，守將皆已棄城西走。所虜降卒在弘農者，因相與閉門拒守。進攻拔之，誅其魁首數百人。

大軍之東伐也，關中留守兵少，而前後所虜東魏士卒，皆散在民間，乃謀為亂。及李虎等至長安，計無所出，乃與公卿輔魏太子出次渭北。關中大震恐，百姓相剽劫。於是沙苑所俘軍人趙青雀、雍州民於伏德等遂反。青雀據長安子城，伏德保咸陽，與太守慕容思慶各收降卒，以拒還師。長安大城民皆相率拒青雀，每日接戰。魏帝留止閿鄉，遣太祖討之。長安父老見太祖至，悲且喜曰：『不意今日復得見公！』士女咸相賀。華州刺史導率軍襲咸陽，斬思慶，擒伏德，南度渭與太祖會攻青雀，破之。太傅梁景睿先以疾留長安，遂與青雀通謀，至是亦伏誅。關中於是乃定。魏帝還長安，太祖復屯華州。

冬十一月，東魏將侯景攻陷廣州。

十二月，是云寶襲洛陽，東魏將王元軌棄城走。都督趙剛襲廣州，拔之。自襄、廣以西城鎮復內屬。

五年冬，大閱於華陰。

六年春，東魏將侯景出三鵶，將侵荆州，太祖遣開府李弼、獨孤信各率騎五千出武關，景乃退還。【略】

（大統十二年）九月，齊神武圍玉壁，大都督韋孝寬力戰拒守，齊神武攻圍六旬不能下，其士卒死者什二三。會齊神武有疾，燒營而退。

十三年春正月，茹茹寇高平，至於方城。是月，齊神武薨。

論說

《宋書》卷九五《索虜傳》 史臣曰：久矣，匈奴之與中國並也。自漢氏以前，綿跨年世，紛梗外區，驚震中宇。周無上算，漢收下策。魏代分離，種落遷散，數十年間，外郡無風塵之警，邊城早開晚閉，胡馬不敢南臨。至于晉始，姦黠漸著，密邇畿封，窺候疆埸，俘民略畜者，無歲月而闕焉。元康以後，《風雅》雕喪，五胡遞襲，翦覆諸華。及涉珪以鐵馬長驅，席捲趙、魏，負其衆力，遂與上國爭衡矣。

高祖宏圖盛略，欲以苞括宇宙為念，逮于懸旗清洛，飲馬長涇，北狄恤銳挫鋒，閉重嶮而自固。於時戎車外動，王命相屬，裳冕委蛇，軺軒繼路，舊老懷思古之情，行人或為之殞涕。自是關、河響動，表裏寧壹。宮車甫晏，戎心外駭，覆我牢、滑，翦我伊、瀍，是以太祖忿之，開定司、兗，而兵無勝略，棄師隕衆，委甲橫原，捐州亙水，荆、吴銳卒，逸氣未攄，偏城孤將，銜冤就虜，遂蹙境延寇，僅保清東。自是兵摧勢弱，邊隙稍廣，壯騎陵突，鳴鏑日至，芻牧年傷，禾麥歲犯。小則囚虜吏民，大則俘執長守，羽書繼塗，奔命相屬，青、徐、兗、冀之間蕭然矣。而自木末以來，並有賢才狡算，妙識兵權，深通戰術，屬鞬淩厲，氣冠百夫，故能威服華甸，志雄羣虜。至於狸伐篡偽，彌煽凶威，英圖武略，事駕前古，雖冒頓之鷙勇，檀石之驍强，不能及也。遂西吞河右，東舉龍碣，總括戎荒，地兼萬里。雖裂土分區，不及魏、晉，而華氓戎落，衆力兼倍。至乃連騎百萬，南向而斥神華，胡旆映江，穹帳遵渚，京邑荷簷，士女喧惶。天子內鎮羣心，外禦羣寇，役竭民徭，費殫府實，舉天下以攘之，而力猶未足也。既而虜縱歸師，殲累邦邑，剪我淮州，俘我江縣，喋喋黔首，跼高天，蹐厚地，而無所控告。强者為轉屍，弱者為繫虜，自江、淮至於清、濟，戶口數十萬，自免湖澤者，百不一焉。村井空荒，無復鳴雞吠犬。時歲唯暮春，桑麥始茂，故老遺氓，還號舊落，桓山之響，未足稱哀。六州蕩然，無復餘蔓殘構，至於乳燕赴時，銜泥靡托，一枝之間，連窠十數，春雨裁至，增巢已傾。雖事舛吴宮，而殲亡匪異，甚矣哉，覆敗之至於此也。

太祖懲禍未深，復興外略，頓兵堅城，棄甲河上，是我有再敗，敵有三勝也。自此以後，通互市，納和親，而侵疆軼戍，於歲連屬。逮泰始構紛，邊將外叛，致夷引寇，亡我四州。高祖劬勞日昃，思一區宇，旍旗卷舒，僅而後克。後主守文，刑德不樹，一舉而棄司、兗，再舉而喪徐方，華服蕭條，鞠為茂草，豈直天時，抑由人事。夫地勢有便習，用兵有短長。胡負駿足，而平原悉車騎之地；南習水鬥，江湖固舟楫之鄉。代馬胡駒，出自冀北；楩柟豫章，植乎中土，蓋天地所以分區域也。若謂氈裘之民，可以決勝於荆、越，必不可矣；而曰樓船之夫，可以爭鋒於燕、冀，豈或可乎！虞詡所謂『走不逐飛』，蓋以我徒而彼騎也。因此而推勝負，殆可以一言蔽之。

清·王夫之《讀通鑑論》卷一五《宋文帝八》 元嘉之北伐也，文帝誅權姦，修內治，息民六年而用之，不可謂無其具；拓拔氏伐赫連，伐蠕蠕，擊高車，兵疲於西北，備弛於東南，不可謂無其時；然而得地不守，瓦解蝟縮，兵殲甲棄，並淮右之地而失之，何也？將非其人也。到彥之、蕭思話大潰於青、徐，邵弘淵、李顯忠大潰於符離，一也，皆將非其人，以卒與敵者也。文帝、孝宗皆圖治之英君，大有為於天下者，其命將也，非信左右佞幸之推引，如燕之任騎劫、趙之任趙葱也；所任之將，亦當時人望所歸，小試有效，非若曹之任公孫强、蜀漢之任陳祗也；意者當代有將才而莫之能用邪？然自是以後，未見有人焉，愈於彥之、思話而當時不用者，將天之吝於生材乎？非也。天生之，人主必有以鼓舞而培養之，當世之士，以人主之意指為趨，而文帝、孝宗之所信任推崇以風示天下者，皆拘葸異謹之人，謂可信以無疑，而不知其適以召敗也。道不足以消逆叛之萌，智不足以馭梟雄之士，於是乎摧抑英尤而登進柔輭；則天下相戒以果敢機謀，而生人之氣為之坐痿；故舉世無可用之才，以保國而不足，況欲與猾虜爭生死於中原乎？

夫江東之不振也久矣。謝玄監軍事，始收驍健以鼓勵之，於是北府之兵破苻堅而威震淮北；宋武平廣固、收雒陽、入長安，而姚興、拓拔嗣不能與之敵，皆恃此也。已而宋武老矣，北府之兵，老者退，少者未能興也。宋武顧諸子無駕御之才而慮其逼上，故鬬王鎮惡、沈田子諸人於關中，使自相殘劉而不問。文帝入立，懲營陽之禍，急誅權謀之士，區區一檀道濟而劍已擬其項領。上之意指如彼，下之禍福如此，王曇首諸人雍容談笑以俟天下之澄清，雖有瑰瑋之才，不折節以趨荏苒者，幾何也？乃於其中擇一二錚錚者使與猾虜競，拓拔燾固曰：『龜鼈小豎，夫何能為。』其墮彼目中久矣。孝宗之任邵、李以抗女直，亦猶是也。岳誅韓廢，天下戒心於有為，風靡而弗能再振矣。身無英武之姿，外有方張之寇，獎柔順以挫英奇，雖抱有為之志，四顧無可用之人，前以取敗而不自知，及其敗也，抑歸咎於天方長亂，而虜勢之不可攖也，愈以衰矣！

又《宋文帝九》 闇而弱者之用兵，其防之也，如張幬帳以禦蟲蠓，薄絺疏綌使弗能入焉，則鼾睡以終夕；若此而不棄師失地以近於亡也，不可得矣。崔浩策宋兵之易敗也，曰：『東西列兵，徑二千里，一處不過數千，形分勢弱，可席捲而使無立草之地。』宋終不出其所料，金墉破而到彥之走，滑臺敗而蕭思話走，守者分，攻者聚，一方潰，而諸方之患在腹心，不可支矣。故以戰為守者，善術也；以守為戰者，敗道也；無他，將無略而以畏謹為萬全之策也。

然則孔子之於戰也慎，於行軍也懼，又何以稱焉？夫列兵千里，尺護而寸防之，豈其能懼哉？櫛比株連以外蔽而安處其中，則心為之適然而忘憂；寇之來也，於彼乎，於此乎，我皆有以防之，則處敗而聲息先聞，固可自全以退，而無忽出吾後以夾攻之患；於是乎而懼之情永忘，弗懼也，則亦無所慎矣。若夫懼以慎者，一與一相當，虔矯三軍，履死地而生之，曾是瓜分碁布為能慎也與？不戰而慎，未臨事而懼先之，不敗何待焉？

又《宋文帝十》 滑臺陷，青州没，宋師熸，而拓拔氏旋遣使人聘宋以求和親，踰年而宋報禮焉，此南北夷夏講和之始也。宋大敗，而劉振之且棄下邳以奔逃，拓拔氏乘之以卷江、淮也易矣；顧斂兵以退而先使請和，豈其無吞宋之心哉？力疲於蠕蠕，而固不能也。乃乘宋之惴慄以收宋，知宋之得釋重憂，必欣然恐後，此虜之狡也。夫宋新敗之餘，弗能急與之爭，則姑受其和而緩敵以待時，庸詎非策。且其於拓拔氏也，既非君父之讎，又無割地稱臣之辱，如趙宋然者，則抑非義之所不許。顧亦思彼之先我以求和者何心乎？和者，利於夷狄而不利於中國，利於屢勝之兵，而不利於新敗之國者也。

夷狄以戰而强，以戰而亡者也；其能悔禍以息兵，則休息其兵，生聚其民，蕃育其馬，而其騎射技擊，則性焉習焉，而不以不用而廢。中國則恃和以安而忘危矣；士爭虛名於廷，兵治生計於郊，人心解散，冀長此輯睦而罷兵以偷安，一旦聞警而魂搖，其敗亡必矣。屢勝之餘，敗之幾也，雖屈己以和人，不以為辱而喪其氣，抑以免驕兵之取敗也，善居勝者也。若敗矣，君方悔前者之妄動以致衄，而情不競，惴惴危慄，得和以無虞，而渙然冰釋，於是乎戒戰之危，而歆和之利，雖不弭兵，兵必弭矣。邊陲戍守之士，皆贅設而聊以逍遥，尚足恃以禦非常之變邪？驕貪無厭之虜，方養全力以乘我，而我幸其馴擾，抱虎而望其息機牙，不亦愚乎？

劉宋以和而罷兵，趙宋欲罷兵而講和，趙宋尤憊矣。以和而弭兵者，志不在弭兵，弭於外未忘於内，故劉宋猶可不亡。以弭兵而和者，唯恐己之不弱也，故趙宋君臣竄死於海濱而莫能救。且曰：『君無失德，民不知兵。』可勝悼哉！

又《宋文帝十八》 王玄謨北伐之必敗也，弗待沈慶之以老成宿將見而知之也；今從千餘歲以下，繇其言論風旨而觀之，知其未有不敗者也。文帝曰：『觀玄謨所陳，令人有封狼居胥意。』坐談而動遠略之雄心，不敗何待焉？

兵之所取勝者，謀也、勇也，二者盡之矣。以勇，則鋒鏑雨集車馳騎驟之下，一與一相當，而後勇怯見焉。以言說勇者，氣之浮也，侈於口而餒於心，見敵而必奔矣。若謀，則疑可以豫籌者也；而豫籌者，進退之大綱而已。兩相敵而兩相謀，扼吭抵虛，聲左擊右，陽進陰退之術，皎然於心目者，皆不可恃前定以為用。唯夫呼吸之頃，或斂、或縱、或虛、或實，念有其萌芽，而機操於轉眄；非沈潛審固、凝神聚氣以内營，則目熒而心不及動，辨起而智不能決。故善謀者，未有能言其謀者也。指天畫地，度彼參此，規無窮之變於數端，而揣之於未事，則臨機之束手，瞀於死生而噤無一語也，必矣。

玄謨之勇，大聲疾呼之勇也；其謀，雞鳴而寤、畫衾捫腹之謀也；是以可於未事之先，對人主而拄笏掀髯，琅琅驚四筵之衆。今亦不知其所陳者何如，一出諸口，一濡之筆，而數十萬人之要領已塗郊原之草矣，況又與江、徐文墨之士相協而鳴也哉！

薛安都之攻關、陝而勝也，魯方平謂安都曰：『卿不進，我斬卿，我不進，卿斬我。』流血凝肘而不退，兵是以勝。武陵王駿之守彭城而固也，張暢謂江夏王義恭曰：『若欲棄城，下官請以頸血污公馬蹄。』駿聽之，誓與城存亡，城是以全。繇此觀之，拓拔氏豈果有不可當之勢哉？勇奮於生死之交，謀決於安危之頃，武帝之所以滅慕容、俘姚泓，罵姚興而興不敢動，奪拓拔嗣之城以濟師而嗣不敢遏，亦此而已矣。皆玄謨所引以自雄者，而心妄度之，目若見之，口遂言之，反諸中而無一虛靜靈通之牖，以受情勢之變，而生其心；則事與謀違，倉皇失措，晉寇以屠江、淮，不待智者而早已灼見之矣。

言兵者必死於兵，聽言而用兵者，必喪其國，趙括之所以亡趙，景延廣之所以亡晉，一也。最下而郭京、申甫之妖誕興焉。有國家者，亟正以刑可也。但廢不用，猶且著為論說以惑後世，而戕民於無已。《易》曰：『弟子輿屍。』坐而論兵者之謂也。

又　卷一七《梁武帝八》　將不和，則師必覆，將豈易言和者哉？武人之才不競，則不足以爭勝，有功而驕，其氣鋭也；無功而忮，其恥激也；智者輕勇者而以為爪牙，勇者藐智者而譏其嘯諾，氣使之然也。呴呴然易與，而於物無爭，抑不足稱武人之用矣。韓信任為大將，而羞伍樊噲；關羽自命親臣，而致忿黄忠；不和也而導之以和，非君與當國大臣善為調馭，安能平其方剛之氣乎？漢高能將將矣，而不能戢韓信之驕，無以得信之情也。武侯、費詩能消關羽之戾，能得羽之情也。

曹景宗，驍將也，韋叡執白角如意、乘板輿以麾軍，夫二將之不相若，固宜其相輕矣。武帝豫敕景宗曰：『韋叡，卿之鄉望，宜善敬之。』得將將之術矣。敕叡以容景宗易，敕景宗以下叡難。然而非然也，叡能知景宗之鷙，而景宗不能知叡之弘，景宗之氣斂，而何患叡之不善處景宗邪？且其詔之曰『韋叡，卿之鄉望』，動之以情，折之以禮，而未嘗有所抑揚焉。叡以景宗之下己，而讓使先己告捷，景宗乃以叡之不伐，而變盧雉以自抑。如其不然，叡愈下而景宗愈亢，叡抑豈能終為人屈乎？武帝曰：『二將和，師必濟。』自信其御之之道得也。鍾離之勝，功侔淝水，豈徒二將之能哉。

又　《梁武帝一二》　壅水以灌人之國邑，未聞其能勝者也，幸而自敗，不幸而即以自亡，自亡者智伯，敗者梁武也。智伯曰：『一吾今而知水之可以亡人之國。』前乎智伯者，未之有也，而趙卒不亡，智自亡耳。後乎智伯者，梁人十餘萬漂入於海，而壽陽如故；宋太祖引汾水以灌太原，而劉氏終未有損。天下後世至不仁者，或以此謀獻之嗜殺之君，其亦知所鑑乎！

人有相殺之具，而天不廢之；天有殺物之用，人不得而用之。虎豹犀象，天之所産，於人為害者也，紂用之，王莽用之，而皆以速亡。彼其以勢用而不可以情使，能激之以勢，而不能感其情以為我用，一發而不聽人之收，自且無如之何，而可使如我之志以效功乎？水無擇湮，獸無擇噬，以其無擇也，故禹與周公抑之驅之，為功烈矣。從而狎之，因而自斃，惡孰甚焉？且夫人之相殺，一與一相當而已，曲直因乎理，彊弱因乎勢，殺戮雖多，固一與一相當也。阻滔天之浸，不擇順逆，而逞其欲以使殲焉，方謂我能殺彼而彼不能加我也，然而還自殺矣。志憯而行逆，豈有生理哉？

或曰：『以水灌城而城不壞，退水而城必圮，後世必有行是謀者，引師退水以進攻，彼城圮而我無漂溺之憂。』乃軍行泥淖之中，樵蘇無備，以攻必死之敵，城雖圮，終不能入，而先為敵禽矣。殘忍之謀，愈變而愈左，勿惑其說，尚自免於敗亡乎！

又　《梁武帝一九》　張駿傷中原之不復，而曰：『先老消謝，後生不識，慕戀之心，日遠日忘。』嗚呼！豈徒士民之生長於夷狄之世者不知有中國之君哉？江左君臣自忘之，自習而自安之，固不知中原為誰氏之土，而盡河山以不相及之量矣！拓拔氏封劉昶為宋王、蕭贊為齊王，以為宋、齊之主，使自爭也，梁亦以元顥為魏王而使之爭。拓拔氏遣將出兵，助劉昶、蕭寶寅以南侵，梁亦使陳慶之奉元顥而北伐。相襲也，相報也，以雒陽為拓拔氏固有之雒陽，唯其子孫應受之，而我不能有也。嗚呼！梁之喪心失志一至此哉！

六鎮亂，冀、并、雍皆為賊藪，胡后弒主，爾朱榮沈其幼君，分崩離析，可乘而取也，梁之時也。下廣陵，克渦陽，郢、青、南荆南向而歸己，元悦、元彧、羊侃相率而來奔，梁之勢也。時可乘，勢可振，即未能盡復中原，而雒陽為中國之故都，桓温、劉裕兩經收復，曾莫之念，而委諸元顥，聽其自王，授高歡以納叛之詞，忘晉室淪没之恨，恬然為之，漫不知恥。浸令顥之終有中原也，非梁假之羽翼以授之神州也哉？雒陽已拔，子攸已走，馬佛念勸慶之殺顥以據雒，而慶之猶不能從，則其髠髪以逃，固喪心失志者之所必致也。君忘其為中國之君，臣忘其為中國之臣，割棄山河，恬奉非類，又何怪乎士民之視衣冠之主如寇賊，而戴殊族為君父乎？至於此，而江左之不足自立決矣。幸宇文、高氏之互相吞齕而不暇南圖也，不然，豈待隋之横江以濟而始亡邪？

清·趙翼《廿二史劄記》卷一四《魏齊周隋書并北史·南北朝通好以使命為重》 南北通好，嘗藉使命增國之光，必妙選行人，擇其容止可觀，文學優贍者，以充聘使。如魏游明根嘗三使於宋，李彪嘗六使於齊，齊武帝以裴昭明有將命之才，特命使魏，皆以能稱使職也。其後益以使命為重，《李諧傳》謂南北交聘，務以俊乂相矜，銜命接客，必盡一時之選，無才地者不得與焉。梁使每入，鄴下為之傾動，貴游子弟，盛飾聚觀，館門成市，魏使至梁亦如之，一時風尚如此。凡充使及伴使，皆不輕授。邢邵在魏，為一時文人之冠，特以不持威儀，遂不令出使。《邢邵傳》北齊李緯與崔暹不協，嘗曰：『雖失貴人意，聘梁使不能捨我。』後果使梁。《李緯傳》崔瞻曾經熱病，面多瘢痕，然雍容可觀，詞韻温雅，遂出使於陳。《崔瞻傳》此出使之精於選擇也。其出使而增重鄰國者，魏游明根使宋，宋孝武稱其長者，迎送禮加常使。《游明根傳》高推使宋，宋稱其才辨。《高允傳》李彪使齊，將還，齊主親至琅琊山，命羣臣賦詩送别。《李彪傳》北齊崔將使梁，曰：『文采與識，㥄不推李諧，口頰顧顧，諧乃大勝。』乃以李諧、盧元明、李業興出使。梁武謂左右曰：『卿輩嘗言北方無人，此等從何處來？』《李諧傳》李渾聘梁，梁武曰：『伯陽之後，久而彌盛，趙李人物，今實良多。』《李渾傳》魏收與王昕聘梁，昕風流文辨，收詞藻富逸，梁君臣咸敬禮。《魏收傳》周使崔彦穆聘陳，彦穆風韻閑曠，器度方雅，為江表所稱。《崔彦穆傳》，以上皆《魏書》。此皆出使之有光者也。其鄰國之接待聘使，亦必選有才行者充之。魏使至齊，齊以宗夬與任昉同接魏使，皆時選也。《宗夬傳》王融有才辨，乃命兼主客接魏使，房景高、宋弁以融年少，問主客年幾，融曰：『五十之年，已踰其半。』景高曰：『在北聞君《曲水詩序》，實願一見。』融乃示之。弁曰：『昔觀相如《封禪》，知漢武之德。今覽王生《詩序》，用見齊主之盛。』《王融傳》劉繪以才辨奉敕接魏使，事畢當撰記，繪曰：『無論潤色未易，但得我語亦難矣。』《劉繪傳》，以上皆《齊書》。齊永明中，魏使至，詔選朝士有詞辨者接使於界，乃以范岫往迎。《范岫傳》魏使劉善明聘梁，梁使朱异接之，預讌者皆歸化北人，善明欲見王錫、張纘，乃使錫、纘入宴。善明遍論經史，錫、纘隨而酬對，善明深嘆服之。《張纘傳》，以上皆《梁書》。齊使劉纘至魏，文成命李安世接之。安世善舉止，纘嘆曰：『不有君子，豈能國乎！』《李安世傳》李諧、盧元明聘梁，梁武以蕭撝詞令可觀，令受幣於賓館。《蕭撝傳》梁使至魏，陸卬每接讌，即席賦詩，卬必先成，遂以敏速見美。《陸卬傳》劉孝儀聘魏，魏詔邢昕迎於境上。《邢昕傳》徐君房、庾信聘魏，名譽甚高，選接待者皆一時之秀，盧元景之徒皆降階攝職，更遞司賓。《祖珽傳》梁使至北齊，齊每令裴讓攝主客郎接待之。《裴讓之傳》陳使傅縡聘北齊，齊令薛道衡接對，縡贈詩五百韻，道衡和之，南北稱美。《薛道衡傳》陳使賀徹、周濆相繼聘隋，隋每令盧昌衡接待之。《盧昌衡傳》隋陸爽博學有口辨，每陳使至，文帝嘗使爽迎勞。《陸爽傳》此又可見伴使者亦必慎選也。今按劉纘聘魏，指方山問接伴李安世曰：『此山去燕然遠近？』安世曰：『亦石頭之於番禺耳。』《李安世傳》魏李繪使梁，與梁人泛言氏族，袁狎自謂出自黄帝，姓在十四之限，繪曰：『兄所出雖遠，當共車千秋分一字耳。』《李繪傳》李業興使梁，梁朱异問：『洛中委粟山是南郊耶？』業興曰：『是圓邱，非南郊。』异曰：『北間郊邱異地，是用鄭義，此中用王義。』業興曰：『江左用王義，除禫應是二十五月，何以王儉喪禮仍用鄭義二十七月？』《李業興傳》梁徐陵使東魏，宴日甚暑，魏收曰：『今日之熱，當由徐常侍帶來。』陵曰：『昔王肅至魏，為魏制禮儀；今我來聘，使卿復知寒暑。』《陳書·徐陵傳》此等猶不過以言語文學見長，無大關係。若事涉朝政邊事，而能以片言全國體，折敵謀，則尤有足尚者。如魏太武南伐，宋太尉江夏王義恭、安北將軍武陵王駿守彭城，太武使李孝伯至城下勞問曰：『主上有詔，詔太尉、安北可暫出相見。』宋張暢出對曰：『有詔之言，何得稱之於此？』孝伯曰：『鄰國之君，何為不稱詔於鄰國之臣，何至杜門絕橋。』暢曰：『二王以魏帝營壘未立，此間精甲十萬，恐相淩踐故耳。』孝伯曰：『主將令行禁止，何待絕橋杜門，又何必以十萬誇大。我亦有良馬百萬，可以此相矜乎。』孝伯應答如流，風容閑雅，暢甚相嗟賞。《魏書·李孝伯傳》宋人亦稱孝伯足辭辨，北土之美。暢隨宜應答，音韻詳雅，北人美之。《宋書·張暢傳》劉纘使魏，市肆交易，金玉甚賤。纘曰：『當是山川所出。』李安世曰：『我朝不貴金玉，故同於瓦礫耳。』纘初將大市，聞安世言，慚而罷。《李安世傳》齊高帝篡位，使車僧朗於魏。魏主問齊王何故奪宋天下，僧朗辨對甚明。《齊書·車僧朗傳》魏文明太后崩，齊使裴昭明來弔，欲朝服行事，不肯喪服。魏成淹折之曰：『玄冠不弔，童稚共聞。昔季孫將行，請遭喪之禮。何得以朝服行弔。』昭明言：『我高帝崩，魏遣李彪來弔，不喪服。』淹曰：『彪本請喪服以行，及至齊，齊已即吉，君臣皆鳴玉行庭，使臣何容衰服？今我皇方親行喪服，豈得以此方比也。』昭明遂以喪服入。《成淹傳》及魏使李彪報謝，則入宴辭樂，曰：『我皇孝性自天，除縗後尚以素服從事，使臣不敢聞樂。』齊不能屈。《李彪傳》齊明帝廢，海陵王自立，魏孝文來伐壽春，城中遣王慶遠出與孝文語，遂退兵。《齊書·蕭遙昌傳》陳文帝弟安成王頊在梁，魏克江陵，隨例遷長安，宇文泰欲歸之，遣杜杲使陳道意，陳文帝大喜，即賂以黔中及魯山郡。後杲送頊歸陳，帝曰：『家弟得歸，實貴朝大惠，然不還魯山，恐未能如此。』杲曰：『安成在我朝，咸陽一布衣耳，然是陳之介弟，其貴豈止一城。我朝親睦九族，推己及人，所以送歸。今謂以土地易骨肉，何以聞之四方？』陳帝大慚，曰：『前言戲之耳。』後杲又使陳，宣帝謂曰：『若欲合從圖齊，當以樊、鄧見與。』杲曰：『合從圖齊，豈惟敝邑之利，必須城鎮，宜待得之於齊。今先索漢南，使臣不敢聞命。』宣帝甚敬之。《邢杲傳》此等使臣實能為國家折衝樽俎之間，使鄰國不敢輕視，真所謂使於四方，不辱君命者，又不徒以言語文學見長而已，宜是時南北皆以選使為重也。

藝文

清·彭定求等《全唐詩》卷五三九《李商隱〈北齊二首〉》 一笑相傾國便亡，何勞荊棘始堪傷。小憐玉體橫陳夜，已報周師入晉陽。

巧笑知堪敵萬機，傾城最在著戎衣。晉陽已陷休回顧，更請君王獵一圍。

又 卷六四七《胡曾〈沙苑〉》 馮翊南邊宿霧開，行人一步一徘徊。誰知此地凋殘柳，盡是高歡敗後栽。

又 卷六八二《韓偓〈北齊二首〉》 任道驕奢必敗亡，且將繁盛悅嬪嬙。幾千奩鏡成樓柱，六十間雲號殿廊。後主獵回初按樂，胡姬酒醒更新妝。綺羅堆里春風畔，年少多情一帝王。

神器傳時異至公，敗亡安可怨匆匆。犯寒獵士朝頻戮，告急軍書夜不通。並部義旗遮日暗，鄴城飛焰照天紅。周朝將相還無體（一作禮），寧死何須入鐵籠。

宋·辛棄疾《稼軒長短句》卷五《永遇樂·京口北固亭懷古》 千古江山，英雄無覓，孫仲謀處。舞榭歌臺，風流總被，雨打風吹去。斜陽草樹，尋常巷陌，人道寄奴曾住。想當年，金戈鐵馬，氣吞萬里如虎。

元嘉草草，封狼居胥，贏得倉皇北顧。四十三年，望中猶記，烽火揚州路。可堪回首，佛狸祠下，一片神鴉社鼓。憑誰問，廉頗老矣，尚能飯否？

宋·秦觀《淮海集》卷一《浮山堰賦并引》 梁武帝天監十三年，用魏降人王足計，欲以淮水灌壽陽。乃假太子右衛康絢節，督卒二十萬，作浮山堰於鍾離；而淮流湍駛漂疾，將合復潰。或曰：『淮有蛟龍，喜乘風雨壞岸，其性惡鐵。』絢以為然，乃引東西冶鐵器數千萬斤，益以薪石沉之，猶踰年乃合，堰袤九里，水逆淮而上，所蒙被甚廣。魏人患之，果徙壽陽，戍頓八公山，餘民分就岡壠。未幾，淮暴漲，堰壞，奔于海，有聲如雷，水之怪祆蔽流而下，死者數十萬人。初鎮星犯天江，而堰實退舍而壞。嗚呼，異哉！感而作浮山堰賦。其詞曰：

繄四瀆之並釃兮，實脈絡於坤靈。惟長淮之淼漫兮，自桐柏而發源。

貫江河以下騖兮，拉泗沂而左奔。走獰雷以赴海兮，駕扶搖而薄山。固元氣之宣節兮，熄衆兆之災患。

粵蕭梁之服命兮，抗北魏以爭衡。信降虜之詭計兮，阻湯湯而倒征。依兩崖以受土兮，羌合脊於中央。揵竹畚石之不足兮，又沈鐵以厭不祥。展源袤九里以中峙兮，截萬派之奔茫。大隄矻乎如墉兮，杞柳藂其成行。若燃犀之深而支永兮，雖壍否而必通。倏鯨吼以奔潰兮，與蒼蒼而俱東。若燃犀之照渚兮，旅百怪而爭遒。馬怒而噓蹀兮，虎蛟咆而相糾。哀死者之數萬兮，孤魂逝其焉游？

背自然以司鑿兮，固神禹之所惡。世苟近以昧遠兮，或不改其此度。螳蜋怒臂以當車兮，精衛銜石而填海。憯梁人之不思兮，卒取非於異代。豈方迫於尋引兮，不遑議夫無窮。將姦臣取容以幸入兮，公相援而欺蒙。抑五材囚壯之有數兮，特假手於憧憧。

系曰：敦阜寇冥大川屯，精氣扶輿變乾文。運徒力頓漂無垠，潮波復故彌億年。

雜　録

《北史》卷六《齊紀上》 （武定）四年八月癸巳，神武將西伐，自鄴會兵於晉陽。殿中將軍曹魏祖曰：『不可，今八月西方王，以死氣逆生氣，為客不利，主人則可。兵果行，傷大將。』神武不從。自東西魏構兵，鄴下每先有黃黑螘陣鬥。占者以為黃者東魏戎衣色，黑者西魏戎衣色，人間以此候勝負。是時黃螘盡死。

九月，神武圍玉壁以挑西師，不敢應。西魏晉州刺史韋孝寬守玉壁。城中出鐵面。神武使兀盜射之，每中其目。用李業興孤虛術，萃其北。北，天險也。乃起土山，鑿十道。又於東面鑿二十一道，以攻之。城中無水，汲於汾。神武使移汾，一夜而畢。孝寬奪據土山。頓軍五旬，城不拔，死者七萬人，聚為一冢。有星墜於神武營，衆驢並鳴，士皆懾懼。神武有疾。

十一月庚子，輿疾班師。庚戌，遣太原公洋鎮鄴。辛亥，徵世子澄至晉陽。有惡鳥集於亭樹，世子使斛律光射殺之。己卯，神武以無功，表解都督中外諸軍事。魏帝優詔許焉。是時，西魏言神武中弩。神武聞之，乃勉坐見諸貴。使斛律金敕勒歌，神武自和之，哀感流涕。【略】

五年正月朔，日蝕。神武曰：『日蝕其為我邪？死亦何恨。』丙午，陳啓於魏帝。是日，崩於晉陽，時年五十二。秘不發喪。

《周書》卷三一《韋孝寬傳》 （大統）十二年，齊神武傾山東之衆，志圖西入，以玉壁衝要，先命攻之。連營數十里，至於城下，乃於城南起土山，欲乘之以入。當其山處，城上先有兩高樓。孝寬更縛木接之，命極高峻，多積戰具以禦之。齊神武使謂城中曰：『縱爾縛樓至天，我會穿城取爾。』遂於城南鑿地道。又於城北起土山，攻具，晝夜不息。孝寬復掘長塹，要其地道，仍飭戰士屯塹。城外每穿至塹，戰士即擒殺之。又於塹外積柴貯火，敵人有伏地道內者，便下柴火，以皮韝吹之。火氣一衝，咸即灼爛。城外又造攻車，車之所及，莫不摧毀。雖有排楯，莫之能抗。孝寬乃縫布為縵，隨其所向則張設之。布既懸於空中，其車竟不能壞。城外又縛松於竿，灌油加火，規以燒布，並欲焚樓。孝寬復長作鐵鉤，利其鋒刃，火竿來，以鉤遙割之，松麻俱落。外又於城四面穿地，作二十一道，分為四路，於其中各施梁柱，作訖，以油灌柱，放火燒之，柱折，城並崩壞。孝寬又隨崩處豎木柵以扞之，敵不得入。城外盡其攻擊之術，孝寬咸拒破之。

神武無如之何，乃遣倉曹參軍祖孝徵謂曰：『未聞救兵，何不降也？』孝寬報云：『我城池嚴固，兵食有餘，攻者自勞，守者常逸。豈有旬朔之間，已須救援。適憂爾衆有不反之危。孝寬關西男子，必不為降將軍也。』俄而孝徵復謂城中人曰：『韋城主受彼榮祿，或復可爾，自外軍士，何事相隨入湯火中耶。』乃射募格於城中云：『能斬城主降者，拜太尉，封開國郡公，邑萬戶，賞帛萬疋。』孝寬手題書背，反射城外云：『若有斬高歡者，一依此賞。』孝寬弟子遷，先在山東，又鎖至城下，臨以白刃，云若不早降，便行大戮。孝寬慷慨激揚，略無顧意。士卒莫不感勵，人有死難之心。

神武苦戰六旬，傷及病死者十四五，智力俱困，因而發疾。其夜遁去。後因此忿恚，遂殂。魏文帝嘉孝寬功，令殿中尚書長孫紹遠、左丞王悅至玉壁勞問，授驃騎大將軍、開府儀同三司，進爵建忠郡公。